DICTIONNAIRE

DES

OUVRAGES ANONYMES

1161

Paris. — Imp. Gauthier-Villars, quai des Grands-Augustins, 55. — 2029-73.

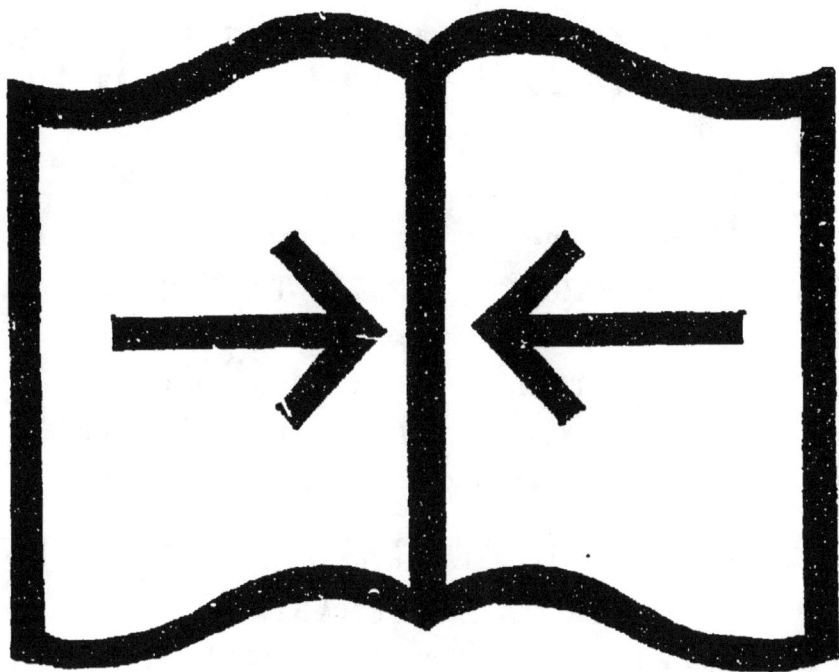

RELIURE SERRÉE
ABSENCE DE MARGES INTÉRIEURES

VALABLE POUR TOUT OU PARTIE DU
DOCUMENT REPRODUIT

DICTIONNAIRE

DES

OUVRAGES ANONYMES

PAR

ANT.—ALEX. BARBIER

TROISIÈME ÉDITION, REVUE ET AUGMENTÉE PAR

MM. OLIVIER BARBIER, RENÉ ET PAUL BILLARD

De la Bibliothèque nationale

TOME II. — E. — L.

SUITE DE LA SECONDE ÉDITION DES

SUPERCHERIES LITTÉRAIRES DÉVOILÉES

PAR J.-M. QUÉRARD

PUBLIÉE PAR MM. GUSTAVE BRUNET ET PIERRE JANNET

TOME V.

AVEC UNE TABLE GÉNÉRALE DES NOMS RÉELS

DES ÉCRIVAINS ANONYMES ET PSEUDONYMES CITÉS DANS LES DEUX OUVRAGES

PARIS

PAUL DAFFIS, LIBRAIRE-ÉDITEUR

RUE GUÉNÉGAUD, 7

CI-DEVANT 9, RUE DES BEAUX-ARTS

1874

Eau (l') de mille fleurs, comédie-ballet en trois actes. (Par Barbier, de Lyon.) *Lyon*, 1707, in-12. D. M.

Eaux (les) de Chaudfontaine, comédie-vaudeville en un acte. (Par MM. Math.-Lamb. Polain, L.-S. Alvin et le comte de Lannoy, plus tard prince de Rheina-Wolbeck.) *Verviers, Beaufays*, 1827, in-8, 42 p.

Eaux (les) de Passy ou les coquettes à la mode, comédie-nouvelle en un acte et en prose, avec des divertissements. (Par Pierre Naquet.) *Paris*, 1761, in-12, 2 ff. et 74 p.

Eaux (les) de Pirmont, comédie; représentée à Pirmont au mois de juin 1669, devant la serenissime maison de Brunswic et Lunebourg. *Lion, Jean Girin et Barthelemy Rivière, s. d.*, in-12, 6 ff. et 72 p.

L'épître à la duchesse de Brunswic est signée C. (Chapuzeau).

Réimprimé dans « la Muse enjouée » de l'auteur. *Lyon*, 1674, pet. in-12.

Eaux (les) minérales de Pougues, par M. D. L. R. (de La Rue). *Nevers*, 1746, in-12.

Eaux (les) minérales de Provins, comédie-vaudeville en un acte, avec un divertissement, par M. O... (Christophe Opoix), inspecteur honoraire des eaux minérales. *Provins, Lebeau*, 1824, in-8.

Voy. « Supercheries », II, 1278, d.

Eaux (les) thermales en Chine, par le docteur T. D. B. (le docteur Tibulle Desbarreaux-Bernard), seconde édition. *Toulouse, Chauvin*, 1870, in-8, 7 p.

Les noms de *Chong-ly* (Luchon ?) et de *Lo-fol-hi* Filhol ?) donnent lieu de penser qu'il s'agit d'eaux thermales qui ne sont pas précisément dans le Céleste Empire.

Ébauche d'un cours préliminaire de droit naturel, ayant pour objet de ramener la morale et la politique à la loi de Dieu et de nature, et aux maximes de l'Evangile. Première partie : Notes analytiques et critiques sur le « Contrat social » de J.-J. Rousseau. Par A. de V. (Aimé de Virieu). *Lyon, Barret*, 1829, in-8, tomes I et IV.

Les tomes II et III n'ont pas été publiés. L'auteur, né à Lyon vers 1752, est mort à Alger en décembre 1834 sans avoir pu terminer son travail.

Ébauche de la religion naturelle, par Wollaston, ouvrage traduit de l'anglois, avec un supplément et autres additions considérables (par Garrigue). *La Haye, J. Swart*, 1726, in-4; — 1756, 3 vol. in-12.

Voy. la « Bibliothèque britannique », *La Haye*, 1733, in-12, t. XI, p. 60, et t. XV, p. 222.

C'est à tort que quelques rédacteurs de catalogues ont attribué cette traduction à Genest.

Ébauche pour donner une idée de la forme du gouvernement de l'empire de Russie. (Par le comte Munnich.) *Copenhague*, 1774, in-8. A. L.

Ebaudisseman dijonnoy sur l'heurôse naissance de Monseigneur duc de Bregogne. (Par Aimé Piron.) 1682, in-12, 27 p.

Voir Mignard, « Hist. de l'idiome bourguignon », p. 254.

Eburonade (l') en vers burlesques, ou guerre des Liégeois. (Par l'abbé Hansotte.) *A Visé, de l'imprimerie des vrais citoyens*, 1791, in-8, 2 ff. lim., 106 p. et 1 f. d'errata.

Il y a deux tirages distincts. M. Ul. Capitaine a donné la clef des noms qui figurent dans ce pamphlet. Voy. p. 111, note 1 de ses « Recherches sur l'introduction de l'imprimerie dans la principauté de Liége ». *Bruxelles*, 1867, in-8.

Eburons (les) liégeois, les hauteurs. droits, priviléges, franchises et liberté, de MM. les maistres jurez et conseil, et XXXII métiers de la noble cité de Liéges *Liége, P. Danthez*, 1678, in-4, 6 ff. lim., 136 p.

L'auteur, Antoine Rolandi, commissaire de la cité de Liége, défend dans ce livre les droits et les priviléges des Liégeois contre l'esprit d'envahissement de Maximilien de Bavière. Il existe une suite des Eburons... *S. l. n. d.*, in-4, 31 p.

Ul. Capitaine, p. 136 de la « Bibliographie liégeoise » de M. de Theux.

Écarté (l'), ou un lendemain de bal, comédie en un acte, mêlée de vaudevilles, par MM. J.-A. JACQUELIN, OURRY et A. B. (André-René-Balthazar ALISSAN DE CHAZET) ; représentée, pour la première fois, à Paris, sur le théâtre du Vaudeville, le 25 septembre 1822. *Paris, Quoy*, 1822, in-8, 34 p.

Écarts (les) des théologiens de M. d'Auxerre sur la Pénitence et l'Eucharistie. *Liége (Paris)*, 1748, in-4, 51 p.

On donnait cette critique au P. PATOUILLET, jésuite ; mais le P. BERNARD, d'Arras, avoua à l'abbé Goujet qu'il en était l'auteur.

Écarts (les) du tempérament, ou le Catéchisme de Figaro, esquisses dramatiques. (Par ANDREA DE NERCIAT.) *Londres*, 1785, petit in-12.

C'est le commencement d'un ouvrage fort libre de Nerciat, « le Diable au corps ». Il paraît que ce fragment avait été dérobé à l'auteur et qu'il fut imprimé clandestinement en Allemagne.

Ecce homo. (Par Louis-Claude DE SAINT-MARTIN.) *Paris, chez les directeurs de l'imp. du Cercle social*, 1792, in-12.

Ecclesiæ gallicanæ in schismate status. Ex actis publicis. Estat de l'Église gallicane durant le schisme. Extrait des registres et actes publics. (Publié par Pierre PITHOU.) *Paris, imp. de M. Patisson*, 1594, in-8.

Ecclésiaste (l') de SALOMON, traduit de l'hébreu en latin et en françois, par les auteurs des « Principes discutés » (les PP. capucins LOUIS de Poix, JÉRÔME d'Arras et Claude-Robert HURTAULT, connu sous le nom de SÉRAPHIN de Paris). *Paris, Cl. Hérissant*, 1771, in-12.

Ecclésiastique (l') accompli, ou plan d'une vie vraiment sacerdotale, par l'auteur des « Pensées ecclésiastiques » (l'abbé Guy-Touss.-Jul. CARRON). *Londres*, 1800, in-18.

Réimprimé avec le nom de l'auteur.

Échange (l'), ou quand est-ce qu'on me marie ? comédie en deux actes. (Par VOLTAIRE.) *Vienne*, 1765, in-8, 47 p.

Cette pièce avait été jouée à Cirey en 1731, sous le titre du « Comte de Boursoufle ».

Eschantillon des premières fleurs du bouquet de philosophie sur les attributs et questions tant de la philosophie en général que de la logique ; par M. V. (Claude WAFLART), docteur ès arts et professeur de philosophie en l'Université de Paris. *Paris, s. d.*, in-8.

Échantillon du bon sens des temps modernes. Par un prêtre vosgien (l'abbé J.-B. PETITNICOLAS). *Paris, J. Lecoffre*, 1855, in-16, VII-463 p.

Échelle (l') catholique, ou histoire de la religion chrétienne par siècle ; suivie d'un tableau des fêtes et des cérémonies de l'Eglise. Par l'abbé J.-B.-A. A. (l'abbé J.-B.-Armand AUGER, mort en 1854). *Paris, Vrayet de Surcy*, 1847, in-12.

Voy. « Supercheries », I, 139, e, et II, 368, b.

Échelle (l') de saint Jean Climacus, nouvellement traduite en françois par M. R. G. A. G. (René GAUTIER, avocat général). *Paris*, 1603, in-12.

Voy. « Supercheries », III, 405, e.

Échelle du cloître et apologie à Guillaume, abbé de Saint-Thierry. (Par GUIGNES, premier prieur de la Grande-Chartreuse, traduite en françois par Jean LE NOIR.) *Paris, Savreux*, 1650, in-18.

Le deuxième ouvrage est de S. BERNARD ; le premier lui a été faussement attribué.

Échelle mystique, composée de vingt-quatre échellons, pour monter au ciel ; en forme de méditations et prières, pour les vingt-quatre heures du jour ; composée par P. D. B. L. *Paris, Pierre de Bresche*, 1649, in-12.

Il y a apparence que ces quatre lettres signifient Pierre DE BRESCHE, libraire. (Note de M. Boulliot.)

Échelle physiologique gravée et coloriée, précédée d'une explication extraite de la mappemonde physico-climatologique du docteur W. Butte. Par J.-N. C. (CHAMPION). *Paris, Pelicier*, 1822, in-8, 1 f. de titre, 4 p. et 1 pl. grav.

Échelles (les) mobiles, dites *Fahrkunst* ; leur inventeur : Hubert Sarton, de Liége. (Par Jules PONSON, étudiant à l'Université de Liége.) *Liége, Renard*, 1860, in-8, 16 p.   Ul. C.

Echer de la Linth, ou le véritable patriote, par l'auteur de « Fontenelle et la marquise de G*** dans les mondes » (H. FAVRE, de Wufflens, canton de Vaud). *Genève et Paris*, 1826, in-8.

Écho (l') de l'Élysée, ou dialogues de quelques morts célèbres sur les Etats-généraux de la nation et les provinces. (Par DINGÉ, ancien bibliothécaire du prince de Condé.) Octobre 1788, in-8.

Écho (l') de l'Europe. (Par l'abbé FRÉVILLE.) *Paris*, 1791, 30 numéros in-8.

Écho (l') de la sainte montagne visitée par la mère de Dieu, ou un mois de séjour dans la société des petits bergers de la Salette. (Par Mlle Marie DES BRULAIS.) *Nantes, imp. Charpentier*, 1852, in-8.

L'auteur a signé la dédicace.

Écho (l') de Sainte-Hélène, traduit de l'anglais d'OMEARA, avec préface (par Auguste-Alexis-Floréal BARON, professeur à l'Université de Liége). *Bruxelles, Lacrosse*, 1824, 3 vol. in-8.   J. D.

Écho (l') des salons de Paris depuis la Restauration, ou recueil d'anecdotes sur l'ex-empereur Bonaparte, sa cour et ses agents. (Par Jacques-Thomas VERNEUR.) *Paris, Delaunay*, 1814-1815, 3 vol. in-12.

Écho (l') du Parnasse, ou choix des œuvres inédites des auteurs contemporains. (Recueilli et publié par B. FURCY.) *Paris, B. Furcy*, 1823, in-12.

Écho (l') du public, comédie en vers et en un acte. Représentée pour la première fois, par les comédiens italiens, le 7 mars 1741. (Par Jean-Antoine ROMAGNÉSI et Antoine-François RICCOBONI.) *Paris, veuve Delormel*, 1741, in-12.—*La Haye, A. Van Dale*, 1742, in-12, 39 p.

Écho (l') du public, ouvrage périodique. (Par Ph. BRIDARD DE LA GARDE.) 1740, in-12.

Écho du rivage septentrional du Pont, lettre à ... M. Kœhler, ou examen de la critique de l'écrit : « Antiquités de la côte septentrionale du Pont », par l'auteur de cet ouvrage (V. KOEPPEN). *Vienne, Carl Gerold*, 1823, in-8, 16 p.

Écho et Narcisse, poëme en trois chants... (Par PEYRAUD DE BEAUSSOL.) *Paris, Robustel*, 1769, in-8.   V. T.

Écho (l') et trompette des bienfaits dont Dieu a bienheuré la France, et particulièrement en cette renaissance et baptême de monseigneur le Dauphin et de mesdames ses sœurs. *Fontainebleau, par Fleury Bourriquant*, 1606, in-8, 22 p.

Signé : O. DE BASS. (probablement Claude DE BASSECOURT).

Trois tirages la même année.

Écho français. (Publié par C. CONSTANT.) *Bruxelles*, 1833, in-18, 90 p.

Recueil de pièces en vers et en prose contre Louis-Philippe.

Écho (l') médical, ou précis de tous les ouvrages périodiques relatifs aux sciences médcales... rédigé par une société de médecins. (Par J.-F. LACOMBE.)

Paris, Chevalier, mars 1818-février 1819, in-8.

Éclair de lumière descendant des cieux pour découvrir, sur la nuit des peuples de la terre, la corruption qui se trouve dans leurs ténèbres, etc. (Par J. ALLUT.) *S. l.*, 1711, in-8.   V. T.

La « Biographie universelle » n'a point donné d'article à cet auteur, dont on a encore quelques autres ouvrages où l'on trouve des lettres écrites sous le nom d'Elie Marion, de Nicolas Facio et de Charles Portalès. Les savants rédacteurs du Catalogue de la Bibliothèque Casanate soupçonnent qu'un seul et même individu pourrait s'être caché sous ces différents noms. Toutes ces productions sont pleines de fanatisme et d'ineptie. La conjecture de mes habiles confrères me semble ne pouvoir être adoptée que relativement à Elie Marion ; car Nicolas Facio et Charles Portalès parlent de la *personne qui leur est connue sous ce nom*. Voyez les « Avertissements prophétiques d'Elie Marion », etc., *Londres, Robert Roger*, 1707, in-8.

Misson, dans son « Théâtre sacré des Cévennes », cite plusieurs fois ces trois individus.

Éclair sur l'association humaine. (Par Louis-Claude DE SAINT-MARTIN.) *Paris*, an V-1797, in-8.

Éclairage (de l'). (Par L.-F. DE TOLLENARE.) *Nantes, imp. de Mellinet-Malassis*, in-8.

Éclaircissement à l'amiable entre la noblesse et le tiers-état. (Par Ch.-G. TOUSTAIN DE RICHEBOURG.) *S. l.*, 1789, in-8, 1 f. de tit. et 18 p.

Éclaircissement au sujet des dépêches du Prince régent de Portugal, concernant les Jésuites, envoyées à son ministre à Rome... par M. S** (Louis SILVY), ancien magistrat. *Paris, Egron*, 1816, in-8, 48 p.

Voy. « Supercheries », III, 488, f.

Éclaircissement d'un fait tiré de saint Chrysostome. (Par Gabriel-Nicolas MAULTROT.) 1791, in-8, 69 p. Douteux.

Éclaircissement de cette célèbre et importante question : Si le Concile de Trente a décidé ou déclaré que l'attrition conçue par la seule crainte des peines de l'enfer, et sans aucun amour de Dieu, soit une disposition suffisante pour recevoir la rémission des péchés. (Par QUÉRAS, docteur de Sorbonne.) *Paris, A. Dezallier*, 1685, in-8:

Éclaircissement de plusieurs difficultés touchant les Conciles généraux... par l'auteur de l' « Instruction théologique sur les promesses faites à l'Eglise » (le P. TRANQUILLE, de Bayeux, connu sous le nom d'OSMONT DU SELLIER, suivant la « France littéraire » de 1769 ; le chanoine LE GROS, suivant l'abbé Ladvocat). *Amsterdam (Rouen), Zacharie Chastelain* , 1734 , 2 parties en 1 vol. in-12.

La seconde partie est intitulée : « Autorités des Conciles, des SS. Pères, des grands papes et des théologiens de tous les siècles... »

Éclaircissement de quelques difficultés sur la signature du fait. (Par Antoine ARNAULD et DE LA LANE.) *S. l.*, 1664, in-4, 8 p.

Éclaircissement décisif sur la question des Jurés. (Par l'abbé J.-A. BRUN.) 1791, in-8.

Éclaircissement des véritables Quatrains de Michel Nostradamus, docteur et professeur en médecine, conseiller et médecin ordinaire des roys Heni II, François II et Charles IX, grand astrologue de son temps, et spécialement pour la connoissance des choses futures. (Par Etienne JAUBERT, médecin.) *S. l.*, 1656, petit in-12.

Éclaircissement pacifique sur l'essence du sacrifice de J.-C. (Par l'abbé BOULLIETTE.) 1779, in-12, 84 p.

Éclaircissement sur l'ordonnance et l'Instruction pastorale de Mgr l'archevêque duc de Cambrai, prince du Saint-Empire... portant condamnation d'un imprimé intitulé : « Cas de conscience proposé par un confesseur de province touchant un ecclésiastique qui est sous sa conduite, et résolu par plusieurs docteurs de la Faculté de théologie de Paris. » (Par l'abbé EUSTACE.) *S. l. n. d.* (1703), in-8, 83 p.

Voy. précédemment, IV, 504, f.

Éclaircissement sur la philosophie hermétique. (Par GHERARDINI.) 1750.

Note de l'inspecteur de la librairie d'Hemery.

Éclaircissement sur la tolérance, ou entretien d'une dame et de son curé. (Par Pierre DE DOYAR, DU DOYART, DES DOYARDS, ou DEDOYAER, ci-devant jésuite des Pays-Bas.) *Rouen (Liége)*, 1782, in-12.

Éclaircissement sur la véritable relique de sainte Reine d'Alyse, donnée à Mgr de Longueville, par l'évêque et chapitre d'Osnabrug ; pour servir de réponse à un libelle intitulé : « Apologie pour les véritables reliques de Flavigny », etc. Par les religieux de Saincte-Royne-d'Alyse. (Par le P. Pierre GOUJON, cordelier.) *Paris, imp. de E. Martin*, 1651, in-8.

Éclaircissement sur le discours de Zachée à J.-C. (Par l'abbé DE SAINT-RÉAL.) *Paris, René Guignard*, 1682, in-12.

Éclaircissement sur le péché originel. (Par Jos.-L.-Vincens DE MAULÉON DE CAUSANS, chevalier de Malte.) *Cologne, Marteau*, 1755, in-8.

Éclaircissement sur le projet de banque nationale, réponse aux objections faites contre ce projet. (Par Ch.-Cés.-Loup-Jos.-Math. D'AGOULT.) *Paris, A. Egron*, 1816, in-4.

Voy. « Projet d'une banque nationale ».

Éclaircissement sur les mœurs, par l'auteur des « Mœurs » (François-Vincent TOUSSAINT). *Amsterdam , M.-Michel Rey*, 1762, in-12, LX-333 p.

Éclaircissement sur les scandales injustement pris d'un livre intitulé : « l'Ouverture de l'Epître aux Romains. » (Par P. JURIEU.) *Londres, A. Hill*, 1686, in-12. — *Rotterdam, Acher*, 1687, in-12, 192 p.

Voyez les mots « Ouverture de l'Epître... »

Éclaircissement sur quatre questions importantes, sur les plaisirs des sens et sur la liberté, pour servir de réponse à un écrit de M. Arnauld. (Par le P. MALEBRANCHE.) *Lewarde , Scobart*, 1687, in-12.

Éclaircissements au sujet de la maladie d'un officier d'artillerie, qui a donné occasion à la « Lettre raisonnée de Louis **», etc. (voyez ces mots) ; par M. F. S. (François SIMON) et S. (SEBASTER), médecin de la faculté de Perpignan. 1744, in-4, 39 p.

Éclaircissements de divers sujets intéressants pour l'homme d'Etat et de lettres. (Par J.-Christ-Guillaume STEEK. conseiller intime de guerre à Berlin.) *Ingolstadt ,* 1795, in-8, 48 p.

Éclaircissements de Méliton sur les « Entretiens curieux d'Hermodore et du voyageur inconnu », à la justification du directeur désintéressé, par le prieur de Saint-Agatange (J.-P. CAMUS, évêque de Belley). 1635, in-4.

Voy. « Supercheries », III, 248, b.

Éclaircissements de plusieurs faits relatifs à la persécution qui a eu lieu dans une partie du diocèse de Lyon. (Par Louis SILVY.) *Paris, Baudouin frères* (1820), in-8, 32 p.

Extrait de la « Chronique religieuse ».

Éclaircissements de plusieurs points de l'histoire ancienne de France et de Bourgogne. (Par dom Claude JOURDAIN.) *Paris,* 1774, in-8.

Éclaircissements de quelques difficultés que l'on a formées contre le traité de la

« Sainteté et des devoirs de l'état monastique ». (Par l'abbé DE RANCÉ.) *Paris, Muguet*, 1685, in-4 ; — 1686, in-12.

Éclaircissements demandés à M. l'archevêque d'Aix, par un prêtre catholique français. *Londres*, **A**. *Dulau*, 1801, in-8, 96 p.

Signé : D. C. G. (l'abbé D.-M. DE CHATEAU-GIRON).

Voy. « Supercheries », III, 237, *a*.

Éclaircissements demandés à M. N*** (Necker), sur ses principes économiques et sur ses projets de législation. (Par l'abbé BLONDEAU.) *Paris*, 1775, in-8.
D. M.

Éclaircissements des antiquités de la ville des Nismes, par M. *** (Ch. CAUMETTE), avocat de la même ville (mort en 1747). *Nismes, Belle*, 1743, in-8 ; — *Tarascon et Nismes*, 1746. — Nouvelles éditions. *Nismes*, 1771, 1775, 1785, 1790, in-8.

Voy. « Supercheries », III, 1041, *e*.

Éclaircissements donnés à M. Charrier de La Roche, sur un écrit intitulé : « Lettres pastorales de l'évêque de Rouen aux fidèles de son diocèse. » (Par l'abbé Guillaume-André-René BASTON.) *Rouen*, 1791, in-8.

Éclaircissements géographiques sur l'ancienne Gaule. *Paris, veuve Estienne*, 1741, in-12.

A la suite du « Traité des mesures itinéraires des Romains », par d'Anville.

Des bibliographes ont attribué à tort à l'abbé Augustin BELLEY, cet ouvrage du célèbre D'ANVILLE. Cette erreur, qui tombe devant plusieurs passages de ces mêmes « Eclaircissements » (pages 341, 432 et 439), et de la préface où d'Anville en parle comme de son propre ouvrage, provient, sans doute, de la citation qui se trouve dans les « Mémoires géographiques de quelques antiquités de la Gaule », par Pasumot, ingénieur-géographe, publiés à Paris, en 1765, 1 vol. in-12. Cet écrivain dit dans une note des mémoires (pages 29 et 30), que les « Eclaircissements géographiques » sont de l'abbé Belley, et se trouvent à la suite d'un « Petit Traité sur les mesures itinéraires et la lieue gauloise », par M. d'Anville.   D. M.

Éclaircissements historiques et impartiaux sur les causes secrètes et les effets publics de la révolution de 1789. (Attribués à l'abbé DE PRADT.) *S. l.*, 1790, in-8.

Éclaircissements historiques sur le clergé séculier et régulier, par M. H. C. D. S. O. (HENNEBERT, chanoine de Saint-Omer). *S. l.*, juin 1790, in-8.

Éclaircissements historiques sur les causes de la révocation de l'Édit de Nantes, et sur l'état des protestants en France, depuis le commencement du règne de Louis XIV jusqu'à nos jours. Tiré des différentes archives du gouvernement. (Par Claude - Carloman DE RULHIÈRE.) *S. l.* (*Paris*), 1788, 2 vol. in-8.

Éclaircissements historiques sur les États généraux de France, considérés dans leur rapport avec la province de Languedoc ; par M. le marquis DE S.... (DE SAINT-MAURICE, député de la noblesse de Montpellier à l'Assemblée des notables). *S. l.*, 1788, in-8.

Éclaircissements historiques sur les origines celtiques et gauloises, avec les quatre premiers siècles des annales des Gaules, par le R. P. D*** (don Jacques MARTIN). *Paris, Durand*, 1744, in-12.

Éclaircissements littéraires sur un projet de Bibliothèque alphabétique, sur l'Histoire littéraire de Cave, et sur quelques autres ouvrages semblables, avec des règles pour étudier et pour bien écrire ; ouvrage périodique. (Par dom Jacques MARTIN.) *Paris* (1736), in-4 de 55 p.

Cet ouvrage n'eut pas de suite.

Éclaircissements sur l'Apocalypse de S. Jean. Système nouveau... (Par Jacques PHILIPOT.) *Amsterdam, Daniel du Fresne*, 1687, in-12, 12 ff. lim., 257 p. et 2 ff. de table.

On doit au même auteur « Défense des Éclaircissemens, etc. » Voyez ci-dessus, IV, col. 861, *d*.

Éclaircissements sur l'autorité des Conciles généraux et des Papes, etc., ouvrage posthume de M. *** (Antoine ARNAULD, publié par Nic. PETITPIED, avec un avertissement de l'éditeur). (*Hollande*), 1711, in-8.

Éclaircissements sur l'organisation de l'Académie des Beaux-Arts. (Par Emile-Laurent RENARD.) *Liége, Collardin*, 1836, in-8, 6 p.

Éclaircissements sur la doctrine et l'histoire ecclésiastique des deux premiers siècles. (Par l'abbé P.-V. FAYDIT.) *Maëstricht*, 1695, in-8.

Éclaircissements sur la question : Si les religieux belges, supprimés avant la réunion, peuvent toucher leur pension sans se soumettre aux lois qui exigent le serment, ou réponse à diverses objections pour l'affirmative, etc. (Par l'abbé DUVIVIER.) *Mons, Bocquet*, 1800, in-8, 16 p.
J. D.

Éclaircissements sur la science cachée de la philosophie et les mystères secrets de la nature. (Traduits de l'allemand du baron d'ORBET, par sa veuve.) *Marseille, imp. de J. Achard fils*, 1806, in-8, t. I.

Ouvrage peu connu, dont l'auteur se montre l'émule de Swedenborg, Falk, Schropfer, etc.

Les tomes II et III, qui devaient paraître, n'ont pas été imprimés, ni même traduits, vu le défaut de sous-cripteurs. J'ignore si l'original allemand a été publié en tout ou en partie. (Extrait de ma correspondance avec M. Hubaud, membre des académies de Marseille et de Dijon.)

Éclaircissements sur la vie de messire Jean d'Aranthon, d'Alex., évêque et prince de Genève...(Par dom Innocent LE MASSON, général des Chartreux.) *Chamberry, J. Gorrin*, 1699, in-8.

Éclaircissements sur le cadastre. (Par le chevalier Alb.-Jos.-Ulpien HENNET.) *Paris*, 1816, in-8.

Éclaircissements sur le Collége royal de France. (Par l'abbé Jean-Jacques GARNIER.) 1789), in-12.

On trouve un long extrait de cet opuscule dans le « Journal des Savans » de 1790, in-4, p. 544 ; et dans l' « Esprit des Journaux », janvier 1791.

Éclaircissements sur le livre rouge en ce qui concerne Monsieur, frère du roi. *Paris, de l'imprimerie de Monsieur*, 1790, in-8, 19 p.

Ce mémoire, orné des armes de Monsieur (depuis Louis XVIII) et qui roule sur des affaires financières le concernant personnellement, paraît avoir été rédigé par lui-même. (Quérard, « France littéraire ».)

Éclaircissements sur le magnétisme animal. (Par Jos.-Jacq. GARDANE, médecin.) *Londres*, 1784, in-8, 36 p.

Éclaircissements sur les comptes-matières de la marine ; par un contrôleur in partibus (G.-B.-F. ALLIX, ingénieur de la marine à Cherbourg). *Paris, Ledoyen*, 1849, in-8, 40 p.

Voy. « Supercheries », I, 784, e.

Esclaircissements sur les lettres patentes du roy du mois de juillet MDCLI, en faveur de la Sainte-Chapelle de Dijon. *Dijon, P. Palliot*, 1651, in-4, 37 p.

Une note manuscrite sur l'exemplaire de la Bibliothèque nationale porte : Donné par M. BOULIER, autheur du livre.

Éclaircissements sur les lois, les budgets et les comptes de finances, depuis la Restauration (par François-Nicolas MOLLIEN), en réponse à la brochure récemment publiée sur ce sujet (par M. Ganilh). *Paris, imp. de Le Normant*, 1818, in-4, 84 p.

Esclaircissemens sur quelques difficultez touchant la grâce. (Par l'abbé Mathieu

FEYDEAU.) *S. l. n. d.*, in-12, 45 p. — *Liége, veuve Streel*, 1679, in-12, 45 p.

Réimpression du « Catéchisme de la grâce ». Voy. ce titre, IV, 528, *f*.

Éclaircissements sur quelques ouvrages de théologie. (Par Noël GAILLANDE.) *Paris, Simon Langlois*, 1712, in-12.

« Ces « Éclaircissemens », est-il dit dans l'avertissement, ne sont que sur ce qui regarde le P. Quesnel ; on espère en donner dans la suite sur d'autres ouvrages non moins intéressants.

« Quoique ce volume soit attribué aux Jésuites, un jeune docteur nommé GAILLANDE l'a adopté, et la Sorbonne l'a désavoué après délibération d'en aller en corps faire excuse à M. le cardinal de Noailles. Le jour fut assigné au premier jeudi de l'année, qui était le premier jour d'audience. Il y eut un très-grand nombre de docteurs, au nombre desquels était M. Dumas. »

Voici la lettre de M. le chancelier (de Pontchartrain) à M. l'abbé Bignon, datée de Versailles, le 6 janvier 1713, sur ce sujet :

« L'approbation que M. Quinot, monsieur, a donnée à un livre intitulé « Éclaircissemens », soulève si justement tous les honnêtes gens, qu'il ne m'est pas possible de supporter patiemment la honte qui rejaillit sur moi d'avoir choisi un aussi indigne personnage pour l'honorer de ma confiance. Faites-lui donc savoir, je vous prie, monsieur, que je ne veux plus me servir de lui dans un emploi qui demande toutes les qualités qu'il n'a pas ; et ne lui envoyez plus, s'il vous plaît, aucun livre à examiner. Il n'est pas permis de trahir, comme il a fait, la vérité et la pureté dans les maximes, sa patrie dans ses priviléges, et M. le cardinal de Noailles, son bienfaiteur, dans tout ce qui lui est dû ; et s'il est curieux de rendre mes sentimens publics, je lui donne toute la liberté qu'il peut désirer. Je suis, etc. »

(Copie des notes manuscrites que renferme mon exemplaire des « Éclaircissemens ».)

Éclaircissements sur quelques rits particuliers à l'Église d'Auxerre... (Par François-André POTEL, chanoine de la cathédrale.) 1770, in-12, 117 p.

Éclaircissements sur un contrat de vente égyptien, en écriture grecque cursive, publié pour la première fois, par M. Bœckh, par M. ****** (Edme-François JOMARD). *Paris, Éberhart*, 1822, in-4, 2 pl.

Éclaircissements touchant les motifs et les circonstances de la détention de M. Alph. Mahul, suivis d'observations sur les prisons de la Force et de la Conciergerie. (Par Alph. MAHUL.) *Paris, Ponthieu*, 1823, in-8.

Éclaireur (l') marseillais et Journal de Provence. (Par Louis-François JAUFFRET.) *Marseille*, 1815, in-8.   G. M.

Éclaireur (l'). Recueil de pièces destinées à concourir au rétablissement du règne de Dieu et de son Christ sur toute la terre. (Par Camille ROSTAN.) *Paris, Éber-*

hart, 1822, in-8, 48 p., n° 1, seul publié.

Éclipses de soleil observées aux années 1652 et 1654, par les ordres de Son Altesse royale. (Par AGARRAT.) *Paris*, 1654, in-4.

Eclogues. Voy. « Eglogues ».

École d'agriculture. (Par Henri-Louis DUHAMEL DU MONCEAU.) *Paris, Estienne*, 1759, in-12.

Voyez les « Annales de l'Agriculture française », par MM. Tessier et Bosc, 1811, t. XLVII, p. 25.

École d'agriculture pratique suivant les principes de M. Sarcey de Sutières, par M. DE G.... (Thomas-François DE GRACE). *Paris*, 1770 ; — *Meurant*, an V-1796, in-12.

Escole d'amour (où l'auteur donne plusieurs leçons d'amour, et introduit les principaux héros et les héroïnes des romans, et les allie ensemble) en vers et en prose. *Grenoble*, 1666, in-12.

L'ancien catalogue ms. de la Bibliothèque où cet ouvrage est porté parmi les desiderata, l'attribue à ALLUIS, mais M. Roches, « Biographie du Dauphiné », ne mentionne pas « l'École d'amour » parmi les ouvr. de cet auteur.

École (l') d'Uranie, ou l'art de la peinture, traduit du latin d'Alph. DUFRESNOY (par ROGER DE PILES), et de M. l'abbé DE MARSY (par Anne-Gabriel MEUSNIER DE QUERLON), avec des remarques ; édition revue et corrigée par le sieur M. D. Q. (MEUSNIER DE QUERLON). *Paris, Le Mercier*, 1753, in-8.

Même ouvrage que l' « Art de peinture... » Voy. ci-dessus, IV, col. 292, *f*.

École de l'administration maritime, ou le matelot politique. (Par DE CHATEAU-VERON.) *La Haye, s. d.* (1765), in-8.
                                        V. T.

L'épître dédicatoire, à S. M. l'impératrice de toutes les Russies, est signée des lettres L. CH. DE ***.

Ce volume n'est qu'une espèce de précis d'un ouvrage que l'auteur devait publier en deux volumes grand in-8, avec des estampes, et pour lequel il proposa une souscription. Il se vendait à La Haye, *chez la veuve Van Thol et fils* : ainsi on doit avoir confiance dans l'indication de M. Van Thol, qui a fait pendant plusieurs années avec sa mère le commerce de la librairie.   B.

École (l') de l'amitié. (Par le marquis Henri-Lambert D'ERBIGNY DE THIBOU-VILLE.) *Amsterdam*, 1758, 2 vol. in-12.

École (l') de l'homme, ou parallèle des portraits du siècle et des tableaux de l'Écriture sainte, ouvrage moral, critique et anecdotique. *Londres*, et aussi *Ams*-*terdam* (*Noyon, Rocher*), 1752, 3 vol. in-12.

L'Épître adressée « à la vertueuse et aimable Mlle F. L. D. » (Françoise Le Duc, suivant une note manuscrite) est signée DE GRAN...., anagramme du nom de GÉNARD. Chacun de ces volumes est accompagné d'une « Clef naturelle des portraits.... » mais on trouve de plus une « Clef anecdotique... » c'est-à-dire avec les noms véritables, dans les éditions de *Londres*, 1753, 1762, 2 vol. pet. in-8.

Il y a des exemplaires de l'édition de 1752 qui ne portent que le second titre.

L'inspecteur de la librairie d'Hemery dit dans une note sur un abbé Desplaces : « Né en 1716, garçon d'esprit qui a été bénédictin sous le nom de dom Bon ou dom Benoît. Lorsqu'on l'arrêta, dom Trablaine, procureur général de l'ordre, lui prit 55 louis d'or qu'il avait cachés dans la ceinture de sa culotte.

« Le 15 mars 1752, le nommé Laroche qu'on arrêta pour avoir fait imprimer à Noyon un livre intitulé : « l'École de l'homme, » qui a fait tant de bruit et qu'il avait fait composer par GÉNARD, déclara que l'abbé DESPLACES, demeurant rue S.-Louis au Marais, lui avait prêté 600 livres pour l'impression de ce livre. Par les informations que j'ai faites à ce sujet, j'ai su que notre abbé demeurait effectivement rue S.-Louis, chez Mme Cousin, et que c'est le même dont Laroche a parlé, ce qui me fait penser qu'il a eu sûrement part à cet ouvrage. »

L'abbé Sepher, dans ses notes manuscrites sur la « Bibliothèque des Romans » de Lenglet du Fresnoy, soutient que l'auteur de cet ouvrage était un soldat aux gardes, nommé DUPUIS ; il ajoute qu'il a eu une de ses lettres ainsi signée.

Escole (l') de l'intérêt et l'université d'amour, songes véritables ou vérités songées, galanterie morale, trad. d'espagnol (d'Ant. de PIETRA BUENA) par C. LE PETIT. *Paris, Pépingué*, 1662, in-12, 12 ff. et 151 p.

L'ouvrage espagnol est intitulé : « Universidad de amor y escuela de el interes, » *Zaragoza*, 1640, 1662, 1664. Il a paru en 1862 une réimpression de ce livre, précédée d'un avant-propos par PHILOMNESTE junior (Gustave BRUNET). *Paris, J. Gay*, pet. in-12, VIII-92 p. Elle a été tirée à cent exemplaires, dont 2 sur vélin.

Voir au sujet de Le Petit les « Variétés bibliographiques » de M. Tricotel, p. 338, la « Bibliographie des livres relatifs à l'amour » et « Supercheries », I, 792, *d*.

École de l'urbanité française, ou entretiens d'un père avec ses enfants sur l'usage du monde, etc., par l'auteur du « Manuel de la bonne compagnie » (J.-P. COSTARD). *Paris, Tardieu*, 1810, in-12.

École (l') de la chasse aux chiens courants, par LE VERRIER DE LA CONTERIE ; précédée d'une bibliothèque historique et critique des théreuticographes. (Par Nicolas et Richard LALLEMANT.) *Rouen, Nic. et Rich. Lallemant*, 1763, 2 part. in-8.

École de la jeunesse. (Par N.-E RÉTIF

DE LA BRETONNE.) *Amsterdam (Paris)*, 1771, 4 vol. in-12.

École (l') de la mignature, dans laquelle on peut apprendre aisément à peindre sans maître, avec le secret de faire les plus belles couleurs, l'or bruni et l'or en coquilles. Nouvelle édition augmentée. *Lyon, François Duchesne*, 1679, in-12. XII-164 p. et 1 f. de priv. —3ᵉ éd. *Paris, C. Ballard*, 1696, in-12. — 4ᵉ éd. *Paris, C. Ballard*, 1697, in-12. —*Rouen, P. Dumesnil*, 1724, in-12. — *Bruxelles, J. Moris*, 1759, in-12. — *Paris, J.-B.-G. Musier*, 1769, in-12. — *Paris, Musier*, 1782, in-12. — *Paris, Moutardier*, an XI-1802, in-12. — *Paris, Bachelier*, 1817, in-12.

L'auteur a signé l'épître à Mˡˡᵉ Fouquet des initiales C. B. (Claude BOUTET).

Les premières éditions, qui portent le titre de : « Traité de la mignature », furent imprimées en 1672 et 1674.

Barbier, dans sa seconde édition, avait, d'après une note de L.-T. Hérissant, attribué cet ouvrage à Christophle BALLARD, lib.-imp., auquel avait été accordé le privilège et dont les initiales se rapportaient à celles du signataire de l'épître.

École (l') de la raison, comédie en 1 acte et en vers. (Par DE LAFOSSE, premier commis de la direction générale des monnaies.) *Paris, Prault père*, 1739, in-8.

Dans la seconde édit. de ce Dictionnaire, cette pièce avait été confondue avec l' « École du monde ». Voy. ci-après, col. 20, *a*.

École (l') de la volupté. *Cologne, P. Marteau*, 1746, in-8.

Par LA METTRIE, d'après une note manuscrite.

École de littérature, tirée de nos meilleurs écrivains. (Par l'abbé Jos. DE LA PORTE.) *Paris*, 1763, 2 vol. in-12.

Réimprimé en 1767 avec des augmentations et le nom de l'auteur, ou plutôt du compilateur.

École (l') de perfection, tirée de quelques leçons spirituelles, faites par M. I. P. C. E. de Belley (Jean-Pierre CAMUS, évêque). *Paris*, 1640, in-12.

Eschole (l') de Salerne, en vers burlesques, par L. M. P. (Louis MARTIN, Parisien, docteur en médecine). *Grenoble, Nicolas*, 1647, in-12. — *Paris, Hesnault*, 1649, in-4. — *Id.*, 1652, in-12.

L' « École de Salerne » a été composée au commencement du XIIᵉ siècle, en vers latins, par JEAN le Milanais.

Eschole (l') de Salerne, en vers burlesque (*sic*). (Par Louis MARTIN.) *Lyon, Pierre Compagnon*, 1657, in-8 de 5 ff. prélim. n. chiff. et 52 p. chiff.

A la p. 39 commence le *Poema macaronicum de bello huguenotico*, par Remy BELLEAU.

La dernière page non chiffrée contient ces deux pièces :

PERMISSION.

Veu l'echancé (*sic*) du Privilège accordé par Sa Majesté au sieur Martin, pour l'impression du livre intitulé : « l'Eschole de Salerne en vers burlesques, et à la fin *Poema macaronicum de bello huguenotico*, » Je n'empes- (*sic*) pour le Roy que le dict livre soit réimprimé par Pierre Compagnon, marchand libraire de cette ville avec deffenses, à tous autres en tel cas requise et accoutumés (*sic*), fait à Lyon ce 12 décembre 1657.

..... Vidaud.

Soit fait suivant les conclusions du Procureur du Roy, ce 13 décembre 1557 (*sic*).

Eschole (l') de Salerne, en vers burlesques, et Poema macaronicum de bello huguenotico. *Rouen, Clém. Malassis*, 1660, pet. in-12 de 144 p., la pagination ne commençant qu'à la page 22.

Après le titre, une gravure représentant un personnage assis, coiffé du bonnet de docteur et montrant dans un cadre ovale ce titre : l'Eschole de Salerne, en vers burlesque (*sic*), par L. M. P. (Louis MARTIN, Parisien, docteur en médecine). Vient ensuite une dédicace à M. Patin, docteur en médecine de la... faculté de Paris, signée Jean Henault.

A la p. 101 l'on trouve : traduction du poëme macaronique tiré du livre intitulé : « l'Escholle burlesque de Salerne, » sur la fin, en l'année 1660. Poëme macaronique de la guerre huguenotique, traduit d'un plaisant latin en deux soirs et un matin.

Cette traduction est en vers de huit syllabes.

Eschole (l') de Salerne, ensuite le Poëme macaronique, en vers burlesques. *Paris, Ant. Rafflé* (s. d.), in-12.

La dédicace à Patin, la même que celle de l'édition de *Rouen, Malassis*, 1660, est signée A. R.

L'ode burlesque à Louis Martin sur son Escole de Salerne travestie, signée François COLLETET, fils de Guillaume Colletet, a été supprimée.

Autre édit. *Paris, Jean Cochart*, 1664, petit in-12, avec portr. grav. Même suppression. La dédicace est signée des initiales du libraire.

Autre édit. *Paris, Guil. Quinet*, 1664, petit in-12, portr. grav., id., id.

École (l') de Salerne, où l'art de conserver sa santé ; en vers latins et français. Suivi d'un discours sur l'école de Salerne et sur les vers léonins. *Avignon, F. Séguin aîné*, 1816, in-18.

Précédée d'une épître en vers à M. Duperron, de Montpellier, signée : B. L. M. (BRUZEN DE LA MARTINIÈRE).

Réimpression de « l'Art de conserver sa santé... » Voy. ci-dessus, IV, col. 286, *a*.

École (l') de Salerne, ou Préceptes généraux pour conserver sa santé. Nouvelle édition. *Paris, de Poilly*, 1736, in-8, 46 p. plus 1 f. pour le privilège.

Il n'y a pas d'autre pièce préliminaire que l'Avis au lecteur des éditions antérieures, bien que le privilège, daté du 27 juillet 1736, soit donné pour autoriser l'impression d'un manuscrit et bien que le censeur Jolly, dans son approbation datée du 12 juillet 1736, déclare avoir lu le manuscrit qui a pour titre : « l'Ecole de Salerne, traduction libre en vers burlesques. » Cette traduction en vers n'est autre que celle de Louis MARTIN.

École (l') de village, ou l'enseignement mutuel défendu contre ses ennemis. Par un amateur (Fr. GRILLE). *Paris, imp. de Imbert*, 1818, in-8, 43 p.

Attribué à tort à ROUSSELIN CORDEAU DE SAINT-ALBIN.

Voy. « Supercheries », I, 289, d.

École (l') des amants, ballet en trois leçons et un prologue. (Par L. FUZELIER.) *Paris, Ballard*, 1745, in-4.

École (l') des amis, comédie en vers et en cinq actes. (Par P.-Cl. NIVELLE DE LA CHAUSSÉE.) *Paris, Le Breton*, 1737, in-12, 2 ff. lim. et 127 p. — *S. l. n. d.*, in-12, 104 p.

École (l') des arpenteurs, où l'on enseigne toutes les pratiques de géométrie qui sont nécessaires à un arpenteur. (Par Philippe DE LA HIRE.) *Paris*, 1689, in-8. — Sec. éd. rev. et corr. *Paris, Th. Moette*, 1692. — 3e éd., *Paris, Montalant*, 1728, in-12.

École (l') des biches, ou mœurs des petites dames de ce temps. *Paris (Bruxelles)*, 1863 (1868), in-8 de 274 p.

Tiré à 64 exemplaires numérotés.

Attribué à MM. BAROCHE, fils de l'ancien ministre, HANKEY, riche amateur anglais, bien connu à Paris, DUP..., B...., et autres.

École (l') des bourgeois, comédie en trois actes et en prose. (Par l'abbé Léon-J. D'ALLAINVAL.) *Paris, Vve Ribou*, 1728, in-12.

École (l') des coquettes, ou la coquette punie, anecdote du dernier voyage de Fontainebleau. (Par DE MONTANGLOS.)

Note de l'inspecteur de la librairie d'Hémery.

École (l') des coquettes, ou le faux bohémien, comédie en un acte. (Par A.-C. CAILLEAU.) *Paris, Cailleau, s. d.*, in-12.

École (l') des factieux, des peuples et des rois, ou supplément à l'histoire des conjurations de L. J. P. d'Orléans et de Max. Robespierre, par un témoin oculaire (RICHER-SÉRIZY). *Paris*, 1800, 2 vol. in-12.

École (l') des faux nobles, comédie en un acte, par M. *** (l'abbé J.-F. LA BAUME DESDOSSAT, chanoine d'Avignon). *Au Monomotapa, Chikinkars*, 1755, in-8, 40 p.

Eschole (l') des femmes, comédie. (Par

MOLIÈRE.) *Suivant la copie imprimée à Paris (Hollande)*, 1663, pet. in-12, 88 p.

Avec une dédicace à Madame signée : MOLIÈRE.

Escole (l') des filles, en dialogues. *Paris, Louis Chambourdy, et Avignon, Antoine Dupérier*, 1672, avec permission des supérieurs, pet. in-12 de 6 ff. prélim. y compris le titre et 240 pp.

Ouvrage dont l'auteur n'est pas connu, mais qu'il ne faut pas confondre, comme l'a fait Peignot, avec le suivant. Il est fort rare. M. Clément Tiroux en a donné de curieux fragments dans la « Revue municipale » de Louis Lazare, 1850, in-4, p. 347-348.

Escole des filles, ou la philosophie des dames, divisée en deux dialogues... *Imprimée à Fribourg, chez Roger Bon-Temps*, 1668, in-12, 224 et 32 p.

L'auteur est nommé dans un madrigal de son livre : MILILOT. Guy-Patin le désigne sous le nom de MILOT et Carpentier sous celui de HÉLOT.

La première édition de ce livre licencieux, imprimée à Paris en 1655, ayant été déférée à la justice, l'auteur, qui avait prudemment pris la fuite, fut condamné à être pendu en effigie, et les exemplaires de son livre furent brûlés au pied de la potence.

Cette première édition est devenue introuvable. Voyez pour le détail de ses nombreuses réimpressions, Brunet, « Manuel du libraire, » 5e édit., II, col. 939, et la « Bibliographie des ouvrages relatifs à l'amour ».

Une réimpression faite à Bruxelles en 1865, d'après l'édition de 1668, ci-dessus décrite, est précédée d'une notice bibliographique.

Peignot, dans son « Dictionnaire des livres condamnés au feu, » a confondu ce livre avec le précédent, qui en est plutôt la contre-partie.

École (l') des francs-maçons. (Par Martin COURET DE VILLENEUVE, imprimeur.) *Jérusalem (Orléans)*, 1748, in-8, 4 ff. et 155 p.

École (l') des jeunes filles. Par le comte de *** (la comtesse de CHOISEUL-MEUSE). Avec gravures. *Paris, A. Eymery*, 1822, 2 vol. in-12.

C'est le même ouvrage que les « Nouvelles contemporaines » ; le titre seul est changé.

Voy. « Supercheries », III, 1105, a.

École (l') des médecins de Salerne, enrichie de plusieurs beaux et doctes discours. (Par Louis MARTIN.) *Lyon*, 1660, in-12.

Voy. les mots « Eschole de Salerne ».

C'est sans fondement qu'on attribue cette version à GUY-PATIN.

École des mœurs ou réflexions morales et historiques sur les maximes de la sagesse, par Jean-Baptiste BLANCHARD. 5e édition. *Lyon*, 1804, 6 vol. in-12.

On trouve à la tête de cette édition l'éloge de Blanchard par M. F. D. H. (M. DURETESTE, petit-neveu de Blanchard, ancien notaire à Tourteron).

Escole (l') des Muses, dans laquelle sont enseignées toutes les règles qui concernent la poésie françoise, recueillies par le sieur C. (COLLETET). *Paris, Louis Chamhoudry*, 1656, in-12.

École (l') des pères et mères, ou les trois infortunés. (Par l'abbé Antoine SABATIER de Castres.) *Amsterdam et Paris, L.-G. de Hansy*, 1767, 2 vol. in-12.

École (l') du bonheur, ou Tableau des vertus sociales, par M. *** (Jean-René SIGAUD DE LA FOND). *Paris, rue et hôtel Serpente*, 1782, in-12. — Nouvelle édition, augmentée. *Paris*, 1791, 2 vol. in-12.

École (l') du chasseur, suivie d'un traité sur l'oisellerie, la pêche... par M. V. L. (J.-P.-R. CUISIN). *Paris, Lécrivain*, 1822, in-12.

École (l') du chirurgien, ou les principes de la chirurgie, par un docteur en médecine de la Faculté de Montpellier (G.-Charl. LE CLERC). *Paris, Michallet*, 1684, in-12.

École (l') du commerce, comédie en cinq actes et en vers. (Par F. GRILLE.) *Angers, Cosnier et Lachèse*, 1838, in-8, VII-108 p.

L'auteur a signé l'avant-propos.

École du douanier, ou recueil pratique à l'usage des employés du service actif. (Par SOHIER, directeur des contributions à Hasselt.) *Mons, Hoyois*, 1834, in-8, 155 p.
                       J. D.

École du gentilhomme, ou entretiens de feu M. le chevalier de B. avec son neveu, publiés par M. M. B. DE G... (J.-Henri MAUBERT DE GOUVEST). *Lausanne, P.-A. Verney*, 1754, in-12.

École du jardin fleuriste. (Par FRÉARD DU CASTEL.) 1764, in-12.

École du jardin potager. *Paris, Boudet*, 1750, 2 vol. in-12.

Par DE COMBES, d'après Barbier.

Réimprimé plusieurs fois avec le nom de l'auteur, que les éditeurs ont mal à propos, dit également Barbier, écrit DE COMBLES.

L. Dubois, éditeur de la 6ᵉ édition, *Paris*, 1822, 3 vol. in-12, dit au contraire que l'auteur se nomme DE COMBLES et non pas DE COMBES ou DESCOMBES.

École (l') du jour, ou toutes vérités sont bonnes à dire. Ouvrage historique. (Par SONNET.) *Paris, André*, an IX-1801, 2 vol. in-12, fig.

École (l') du monde, à l'usage des jeunes gens de l'un et l'autre sexe. (Par DE BOISMINON.) *Amsterdam*, 1770, 2 vol. in-12.

École (l') du monde, dialogue en vers (par l'abbé DE VOISENON), précédée du prologue de l'Ombre de Molière (par BRÉCOURT). *Amsterdam, Paris, Prault*, 1739, in-8, 56 p. — *La Haye*, 1740, in-12.

Cet ouvrage avait été à tort attribué à LA FOSSE dans la précédente édition de ce Dictionnaire, par suite d'une confusion avec l' « Ecole de la raison » voy. ce titre, col. 15, c.

École du monde, ou instruction d'un père à son fils touchant la manière dont il faut vivre dans le monde. (Par Eust. LE NOBLE.) *Paris*, 1695, in-12.

Réimprimé plusieurs fois avec le nom de l'auteur. L'édition, *suivant la copie de Paris (Amsterdam), chez Martin Jouvenel*, 1700, est en 5 vol. in-12, avec grav.; le premier volume seul ne porte pas le nom de l'auteur.

École (l') du pur amour de Dieu dans la vie d'une pauvre fille idiote, Armelle Nicolas, décédée en Bretagne, par une fille religieuse de sa connoissance (Jeanne DE LA NATIVITÉ, ursuline de Vannes, ou plutôt dom Olivier ÉCHALLARD, bénédictin) : nouvelle édition (publiée par Pierre POIRET). *Cologne (Hollande)*, 1704, in-12.

Voy. « Supercheries », II, 42, c.

École (l') du Sauveur, ou bréviaire du chrétien, renfermant une leçon de christianisme pour chaque jour de l'année. *Paris, Crapart*, 1791-1793, 7 vol. in-12.

Barbier présente ce livre comme traduit par l'abbé CHOMEL, de la « Schola Christi », ouvrage de Jacques PLANAT. L'abbé LASAUSSE l'a pourtant compris dans toutes les listes de ses ouvrages qu'il a fait imprimer.

(Note extraite du t. IV de la « France littéraire » de Quérard.)

École (l') du Val d'Amont. (Par le pasteur César-Henri-Abraham MALAN.) *Paris, Smith*, 1826, in-12.

École Galin-Paris-Chevé, notice sur la vie et les travaux de Pierre Galin, lue par le secrétaire de la Société de Paris (M. VIALAY), dans la fête musicale du 6 mai 1852. *Paris, imp. de de Soye*, 1852, in-8, 15 p.

École historique et morale du soldat et de l'officier. (Rédigée par Laur.-P. BÉRENGER.) *Paris, Nyon l'aîné*, 1788, 3 vol. in-12.

École militaire, ouvrage composé par ordre du gouvernement. (Par l'abbé Thomas-Guillaume-François RAYNAL.) *Paris, Durand*, 1762, 3 vol. in-12.

École polytechnique. Organisation, régime, conditions d'admission. Deuxième article, ou réfutation d'objections diverses et de principes contraires au but de son institution. Par un ancien officier supérieur d'artillerie (le lieutenant-colonel Charles RICHARDOT). *Paris, J. Corréard,* 1842, in-8.

École (l') pour rire, ou la manière d'apprendre le françois en riant, par le moyen de certaines histoires choisies, plaisantes et récréatives... par J. S. D. D. (J. Sr DE DAMPIERRE). *Francfort,* 1670, in-12, 88 p.

Il y a une lacune dans la pagination de 48 à 59. La dédicace, l'avis au lecteur et des vers à la louange de l'auteur n'ont pas été reproduits dans la réimpression faite à la suite des « Dialogues françois selon le langage du temps ». Voy. ci-dessus, IV, col. 951, *a,* et « Supercheries », II, 345, *c,* et 420, *f.*

Écoles (les) de marine. (Par M. Émile DE BONNECHOSE.) *Paris, René,* 1845, in-8, 12 p.

Écoles (des) du dimanche, de leur importance, et de la manière de les diriger. (Par J.-G.-A.-N. CHABRAND.) *Toulouse, impr. de Navarre,* 1817, in-8.

Écoles primaires de Belgique. Récompenses aux enfants sages et studieux. Louise-Marie d'Orléans, reine des Belges. (Par Bernard-Henri MERTENS.) *Liége, Grandmont,* 1850, in-12, 96 p.   Ul. C.

Écolier (l') de Brienne, ou le chambellan indiscret; mémoires historiques et inédits, publiés par le baron de B*** (par Charles DONIS, de Bourges). *Paris, H. Vauquelin,* 1817-1818, 3 vol. in-12.

Voy. « Supercheries », I, 440, *a.*

Écolier (l') devenu maître, ou le pédant joué, comédie en trois actes et en prose, composée pour essai du ridicule du caractère inventé par Molière, et introduit par Goldoni sur les théâtres d'Italie. Représenté à Paris pour la première fois le 6 novembre 1767, sur le théâtre de la barrière du Temple, et à la foire S.-Germain, 1768. (Par F.-A. QUÉTANT.) *Paris, Cailleau,* 1768, VIII-80 p.

Écolier (l') en vacances, comédie en un acte et en prose, mêlée d'ariettes, représentée pour la première fois, sur le théâtre de l'Opéra-Comique national, rue Favart, le 22 vendémiaire an III de la république française. Paroles de L.-B. PICARD et de L*** (LORAUX). Musique de L. Jadin. *Paris, Huet,* in-8, 38 p.

Écolier (l') en vacances, ou Voyage de La Haye à Bruxelles. (Par DE VILLENEUVE.) *La Haye, Aillaud,* 1764, in-8.

Écolier (l') vertueux, ou vie édifiante d'un écolier de l'université de Paris (Decaogne)... par M. l'abbé *** (Liévain-Bona-

venture PROYART). *Paris, Berton,* 1772, in-18.

Réimprimé très-souvent avec le nom de l'auteur.

Écoliers (les) en vacances, comédie-vaudeville en trois actes et en vers; par L. V. R. (Louis-Victor RAOUL). *Tournay, D. Casterman,* 1817, in-12.

Voy. « Supercheries », II, 998, *c.*

Économe (l') de la basse-cour, ou recueil d'instructions nécessaires pour élever, nourrir et engraisser tous les animaux de la basse-cour. (Par VIALART.) *Paris,* 1810, in-12.

Économe (l') politique, projet pour enrichir et pour perfectionner l'espèce humaine. (Par Joachim FAIGUET DE VILLENEUVE.) *Paris, Moreau,* 1763, in-12.

L'auteur a reproduit cet ouvrage en 1766, sous ce titre : « l'Ami des pauvres, ou l'Économe politique... avec deux Mémoires intéressans sur les maîtrises et sur les fêtes », in-12.

On a essayé des signes ou caractères nouveaux pour l'impression du dernier. Il est signé FAIGUET, T. D. F. (trésorier de France), de la société de Bretagne. Cet auteur avait été maître de pension à Paris.

Voyez tome IV, col. 134, *c.*

Œconomie (l') champêtre, poëme traduit du latin du P. VANIÈRE (par Antoine LE CAMUS). *Paris,* 1755, in-12, dans le *Journal œconomique,* janvier 1755 - avril 1756.

« Éloge historique d'Ant. Le Camus », 1772, in-12. Il ne faut pas confondre cette traduction avec celle de Berland, qui a été imprimée en 1756, sous le titre d' « Œconomie rurale », 2 vol. in-12.

Économie de la nature. (Par le comte And.-P. BERNSTORFF.) *Amsterdam, et Paris, Didot le jeune,* 1783, in-8.   V. T.

Permission tacite.

Économie (l') de la Providence dans l'établissement de la religion, suite de la « Religion défendue », etc. (Par Jean-René SIGAUD DE LA FOND.) *Paris, Cuchet,* 1787, 2 vol. in-12.

Voyez les mots « Religion défendue... »

Économie de la vie humaine.

Cet ouvrage fut dans l'origine attribué à lord Chesterfield, puis au philosophe Hutchison; mais il a pour auteur le libraire anglais Rob. DODSLEY. Il est à remarquer que son nom ne figure sur aucune des traductions dont nous donnons ici la liste par ordre chronologique. Dodsley publia un supplément, ou seconde partie, qui fut traduit et publié séparément par d'Harnouville, *La Haye, Scheurleer,* 1753, in-8°, 118 pages. Cette seconde partie ne se retrouve que dans les traductions de Mme Dupont, 1782, de Mme de Rivarol, 1803, et L. Vastel, 1803. Le texte original a paru pour la première fois dans les « Miscellanies or Trifles » de l'auteur, *London,* 1745, 2 vol. in-8°.

La première édition séparée parut en 1751, sous le titre de « The Œconomy of human Life ».

Œconomie (l') ou la Règle de la vie humaine. Traduite de l'anglois (de Rob. DODSLEY), par le sieur Michel DESPRÉFAYS, ancien conseiller du roi, lieutenant assesseur au présidial de Saint-Pierre-le-Moutier. *Londres, l'auteur,* 1751, in-8°, 96 p.

Bramine (le) inspiré, trad. par Desormes, comédien français. *Berlin, Q. Birnsthield,* 1751, in-8. Une copie frauduleuse de cette traduction a été imprimée la même année pour le compte et avec le nom de LESCALLIER, secrétaire et copiste de Desormes. *Berlin, Et. de Bourdeaux,* in-8°.

Économie de la vie humaine. Traduite sur un manuscrit indien composé par un ancien bramine. On a mis à la tête une lettre d'un gentilhomme anglois demeurant à la Chine, adressée au comte de ***, qui contient un récit de la manière dont ce manuscrit a été découvert. Ouvrage traduit de l'anglois. *Francfort et Leipzig, veuve Knoch et J.-G. Eslinger,* 1752, petit in-8°.

La dédicace adressée par le traducteur à la princesse Caroline d'Orange et de Nassau est signée S. DE LA DOUESPE.

Œconomie de la vie humaine, ouvrage traduit en françois, par Marius-Jean-Baptiste-Nicolas DAINE ou D'AINE, sur la traduction angloise du manuscrit indien d'un ancien bramine. *Edimbourg,* 1752, petit in-8°, titre gravé et une grav.

Economie de la vie humaine, 1755 ; traduction de l'abbé DE GUASCO, indiquée par Ladvocat, mise en doute par Barbier, « Magasin encyclopédique », 9e année, tome I, p. 14.

Elixir (l') de la morale indienne, ou Œconomie de la vie humaine, composé par un ancien bramine et publié en langue chinoise par un fameux bonze de Pékin ; avec une lettre écrite par un gentilhomme anglois demeurant actuellement à la Chine, contenant la manière dont le manuscrit de cet ouvrage a été trouvé ; le tout traduit de l'anglois. *Paris, Ganeau,* 1760.

Le privilége est du 6 mai 1760.

Traduction assez plate d'un inconnu ; elle a inspiré à Fréron, « Ann. littér. », 1760, t. V, p. 167, » une critique aussi vive que l'éloge qu'il fait comparativement de la traduction de Desormes est complet et mérité.

Cette traduction a reparu la même année sous ce titre : « le Philosophe indien, ou l'art de vivre heureux dans la société, renfermé dans un petit nombre de préceptes les plus épurés de la morale » ; rédigés par un ancien bramine. *Amsterdam, E. Van Harrevelt,* 1760, in-18 ; et en 1773 et en 1785, sous celui de : « Manuel de l'homme, ou Economie de la vie humaine », trad. de l'anglais, *Paris, Bastien,* 1773 ; *Pichard,* 1785, in-12. Cette dernière édition a été donnée la même année par le même éditeur, sous le titre de : « Morale indienne ».

Manuel de tous les âges, ou Economie de la vie humaine ; trad. d'un manuscrit indien en anglois, et de l'anglois en françois, sur la dernière édition, par miss D. P. (DU PONT, depuis Mme BRISSOT). *Paris, Belin,* 1782, in-8.

Cette traduction contient 12 parties.

Economie de la vie humaine, trad. de l'anglois par L.-G. TAILLEFER. *Falaise, Brée frères, imprim.-lib.,* an X-1802, in-12, 242 p. Contient les 7 parties et le texte anglais, en regard de la traduction. Voy. pour une nouv. édition de cette traduction le dernier article de cette note.

Conduite (la) de l'homme, ou Economie de la vie humaine, en deux livres, trad. de l'anglais (par Louis VASTEL). *Caen, Chalopin,* 1802, in-12.

Cette traduction renferme la 2e partie.

Encyclopédie morale, contenant les Devoirs de l'homme en société, ou Economie de la vie civile, trad. de l'anglais par Mme DE RIVAROL. *Paris, Favre,* an XI-1803, in-12.

Manuel de tous les âges, ou Economie de la vie humaine, en deux livres, tirés d'un manuscrit indien. Ouvrage traduit de l'italien par DELION-BARUFFA. *Sedan, Jacquet,* an XI-1803, in-8.

On lit dans le *nota* placé au verso du titre : Le traducteur..., en traduisant cet ouvrage, a eu pour but de le rendre classique, et non pas d'en faire une traduction libre, afin que les personnes qui voudront en faire usage pour la langue italienne, puissent y trouver un mot-à-mot plutôt qu'un style sublime, et trop éloigné de l'italien.

Manuel de tous les âges, ou Economie de la vie humaine, trad. de l'anglais en français et en allemand. *Mayence, Kupferberg,* 1812, in-12.

Miroir des dames et de la jeunesse, ou Leçons de toutes les vertus qui honorent les deux sexes ; ouvrage tiré d'un manuscrit indien, rempli de maximes et de sentences appropriées à tous les âges et à tous les temps ; version libre de l'anglais. *Paris, Lefuel,* 1812, in-16.

Guide de la vie humaine, ou la Route du vrai bonheur ; trad. de l'anglais par MOREL. *Paris, Lenormant,* 1813, in-18.

Economie (l') de la vie humaine, traduit de l'anglais (par D'ESTOURNELLES). *Paris, Migneret,* 1812, in-18.

Indispensable (l'), ou raisonnement humain. Ouvrage utile à la jeunesse par Henri LEMAIRE. *Paris, Blanchard,* 1815, in-18.

Traduction ou imitation de « l'Economie de la vie humaine », publiée la même année avec ce nouveau titre :

Epictète (l') de la jeunesse, ou Pensées morales sur les principaux devoirs de la société, exprimées de manière à se graver facilement dans la mémoire, par Henri LEMAIRE, seconde édition. *Paris, P. Blanchard,* 1815, in-18.

Pas un mot qui fasse connaître que cet ouvrage n'est qu'une traduction de l'ouvrage de DODSLEY.

Bramine (le) inspiré, ou Economie de la vie humaine, ouvrage traduit de l'indien et vérifié sur tous les textes de la Bibliothèque royale ; suivi de l'art d'utiliser ses loisirs par rapport à l'esprit et au cœur, par J. S. *Paris, impr. de Béraud,* 1815, in-18.

En annonçant cette publication dans la Bibliographie de la Fr., 1815, n° 3171, Beuchot dit n'avoir pu vérifier quelle était la traduction de l'ouvrage de Dodsley, que l'on reproduisait sous le nouveau titre.

Sous le n° 3170 il avait indiqué les diverses traductions alors connues de « l'Economie de la vie humaine».

Economie de la vie humaine, trad. de l'anglais par Mme la comtesse DE RIVAROL. *Paris, Bossange,* 1821, in-12.

C'est la 2e édit. de la trad. publiée en 1802 par Mme L. de Rivarol, sous le titre de : « Encyclopédie morale ».

Esprit de la morale universelle, ou Manuel de tous les âges. Traduit d'un ancien manuscrit indien ; dédié à la jeunesse et mis en concordance avec l'Ecriture sainte, par M. P.-A.-Ascension GARROS. *Paris, impr. de Bailleul,* 1821, in-18.

Guide de la vie humaine. *Paris, Braconnier et Cie,* 1838, in-12.

Reproduction de la traduction de TAILLEFER, mais dans laquelle on a remplacé le texte anglais par une lecture morale par jour tirée de la Bible. Cette édition citée par Julien Travers, « Bulletin du bouquin », 1859, p. 570, n'est pas annoncée dans le « Journal de la librairie ».

Voy. « Supercheries », I, 322, 323.

Économie (l') des ménages. Par un professeur d'architecture rurale (Franç. COINTERAU). *Paris,* 1793, in-4.

Voy. « Supercheries », III, 256, b.

Œconomie (l') des trois familles du monde sublunaire. (Par Jean PAGÈS.) *Paris,* 1625, in-8.

Réimprimé l'année suivante avec le nom de l'auteur.

Économie domestique et rurale, par XÉNOPHON; traduction nouvelle, d'après le texte grec, par V. B. (l'abbé Vincent BOURDILLON). *Grenoble, imp. Prud'homme,* 1863, in-12, XIX-108 p.   D. M.

Économie domestique. Quelques considérations sur nos laines indigènes et sur la multiplication des troupeaux à laine fine. (Par CORDIER père.) *Paris, imp. de veuve Courcier,* 1817, in-8, 16 p.

Catal. Huzard, II, n° 3138.

Économie et réformes dès cette année, ou le cri général sur les dépenses publiques, par un contribuable sans appointements (Félix BODIN). *Paris, Delaunay,* 1819, in-8, 64 p.

Œconomie (l') ou la règle de la vie humaine. Voy. Economie de la vie humaine.

Œconomie ou Mesnage des terres inutiles, propres à brusler et à faire charbon de forge, divisé en douze parties. (Par Charles DE LAMBERVILLE, avocat au conseil privé du roi et en la cour du parlement.) *Paris, Melchior Mondière,* 1628, in-12.

L'auteur, qui avait été commissaire député en Hollande et en Danemark pour informer du transport du bois de chauffage en France, avait déjà recueilli en 1626 cinq de ses opuscules, et les avait publiés sous le titre de « Discours politiques œconomiques », dédiés au Roi.

Le volume de 1628 en contient seize. Il a été inconnu aux éditeurs de la nouvelle édition de la « Bibliothèque historique de la France ».

Le portrait de Charles de Lamberville a été gravé en 1626 par C. David. On en a collé une épreuve sur le verso de la dernière page de l'épître dédicatoire des « Discours politiques œconomiques », dans l'exemplaire de la Bibliothèque du Roi.

N° 7896 du Catalogue de Burette, médecin. *Paris, Martin,* 1748, 2 vol. in-12.

Économie politique. De la puissance des

faits accomplis dans les questions qui s'agitent. (Par M. F. LARREGUY.) *Angoulême, imp. de Reynaud,* 1834, in-8, 100 p. plus x p. intitulées : Carton de 1836.

Économie politique du comte DE VERRI, traduit de l'italien sur la VIIe édition (par CHARDIN, professeur au prytanée français), ou considérations sur la valeur de l'argent et les moyens d'en faire baisser les intérêts, sur les banques, la balance du commerce, l'agriculture, la population, les impôts, etc., etc. *Paris, Ducauroy,* an VIII-1800, in-8, VIII-207 p.

Économie (de l') politique et morale de l'espèce humaine. (Par J.-Fréd. DE HERRENSCHWAND.) *Londres, Cooper et Graham,* 1796, 2 vol. in-8.

La préface est signée.

Économie (de l') politique moderne, discours fondamental sur la population. (Par J.-Fréd. DE HERRENSCHWAND.) *Londres, Hookham,* 1786, in-8, 497 p.

La dédicace à Louis XVI est signée.

Une nouvelle édition, avec le nom de l'auteur, *Paris, Maradan,* an III-1795, in-8, 16 et 289 p., contient de plus que la précédente une table alphabétique des matières ajoutées par le nouvel éditeur. La dédicace a été retranchée.

Économie (de l') publique réduite à un principe. (Par Eugène DE VITROLLES.) *Paris, Desenne,* an IX-1801, in-8, 96 p.

Économie rurale et civile..... (Par Achille-Guillaume LE BÈGUE DE PRESLE.) *Paris, Buisson,* 1789-1790, 6 vol. in-8.

Cet ouvrage a été continué par l'abbé C.-F.-A. DE LA LAUZE, qui a rédigé les quatre derniers volumes.

Économie rurale. Notice historique sur l'agriculture de la France, suivie de quelques considérations sur la nécessité de créer des chambres consultatives pour l'industrie agricole. (Par le chevalier D. DE LA CHAUVINIÈRE.) *Paris, J.-B. Gros* (*s. d.*), in-8, 16 p.

Catalogue de Nantes, n° 17749.

Économie rustique, ou notions simples et faciles sur la botanique, la médecine, etc. (Par Jacq.-Fr. DEMACHY et PONTEAU.) *Paris, Lottin le jeune,* 1769, in-12.

Je vais transcrire ici ce que j'ai mis sur ce livre, en tête de mon exemplaire.

« Cet ouvrage est l'enfant de plusieurs pères. L'idée, le titre et la préface sont de M. LOTTIN le jeune (Antoine-Prosper); les courtes introductions de chaque livre sont de L. T. H. (L.-T. HÉRISSANT), son ami, ainsi que la première et la cinquième section du troisième livre. Le premier livre, à commencer par la première section, est du célèbre pharmacien DEMACHY; le second livre, à commencer de même par la première section, est d'un avocat (Nicolas-J.-B. PONTEAU), à l'exception de quelques pages sur les eaux et forêts, conservées de la première édition du « Manuel des champs » ; et le troisième livre, depuis la seconde section jusqu'à la cinquième exclusivement, est d'un expert dont celui qui écrit cette note a oublié le nom. Une chose assez plaisante, c'est que le petit traité d'arithmétique, qui de cette manière se trouve être de L. T. H., très-faible calculateur, n'est composé que des extraits qu'il avait faits de Rivard, étant en philosophie sous l'abbé Rolland, et qui furent trouvés assez exacts par l'expert dont il s'agit, pour pouvoir être mis à la tête de son travail. *Suum cuique.* »

Puisque je suis en train de tout dire, j'ajouterai que, dans la contrefaçon qui fut faite à Liège l'année d'après, on a copié une faute d'impression importante de l'édition de Paris, dans la cinquième section, que je réclame pour moi. J'avais écrit : *Le temps* est la pierre de touche des bâtiments. On a mis *la terre* dans les deux éditions.   (Note de L. T. Hérissant.)

Économies dans l'administration. Remplacement des droits sur les boissons, et suppression des receveurs généraux. Par M. A*** (Aubré). *Paris, imp. d'Everat,* 1830, in-8, 88 p.

Œconomique (l') du prince, (Suivie de la Politique du prince, par La Mothe Le Vayer.) *Paris,* 1653, in-8,

Œconomiques. (Par Claude Dupin, fermier général.) *Carlsruhe,* 1745, 3 vol. in-4.

Cet ouvrage n'a été imprimé qu'au nombre de douze à quinze exemplaires, pour être distribué à des amis. Un de ces exemplaires s'étant égaré, a été vendu près de 400 francs.

La rareté ne fait pas le seul mérite de ces trois volumes ; Rousselot de Surgy en a inséré plusieurs morceaux dans le « Dictionnaire des finances de l'Encyclopédie méthodique ».

Il y avait avant 1814, dans la bibliothèque de la Malmaison, un exemplaire de cet ouvrage relié en un seul volume, imprimé sur grand papier de Hollande, et enrichi de notes marginales écrites au crayon. Elles paraissent être l'ouvrage d'un homme supérieur.

Économiques (les), par L. D. H., (l'ami des hommes, c'est-à-dire le marquis de Mirabeau). *Paris, Lacombe,* 1769, 2 vol. in-4 ou 4 vol. in-12.

Voy. « Supercheries », II, 709, e.

Écossais de Saint-André d'Écosse, contenant le développement total de l'art royal de la franc-maçonnerie, et le but direct, essentiel et primitif de son institution, dont le collège est établi à Metz ; avec des notes historiques et critiques, par un enfant de sept ans qui ne compte plus (le baron de Tschoudy). *Paris,* 1780, in-8, fig.

Voy. « Supercheries », I, 1287, e.

Écossais (l'), en Irlande, ou foi et superstition. Par l'auteur du « Père Clément » (miss Kennedy). *Paris, Servier,* 1828, in-12.

Écosseuse (l'), parodie de l'Ecossaise, opéra-comique en un acte. Par MM. P..... (Charles-François Pannard) et A.... (Anseaume). Représenté sur le théâtre de l'Opéra-Comique. *Paris, Cuissart,* 1761, in-8, 56 p.

Léris attribue cette pièce à A.-A.-H. Poinsinet le jeune.

Écosseuses (les), ou les Œufs de Pâques. (Par Vadé, le comte de Caylus et la comtesse de Verrue.) *Troyes, veuve Oudot,* 1739, in-12.

Note manuscrite de Jamet le jeune.

Réimprimé dans les « Œuvres badines » du comte de Caylus.

Écrans contenant en quatre cartons cinq tables de règles de la prononciation latine, et celles de la conjugaison françoise. (Par Laurent - Et. Rondet.) *Paris, Rondet,* 1726, in-4.

Voyez le « Journal des Savans », avril 1726, petit in-12, édition de Hollande, p. 528 ; février 1727, p. 286.

On lira peut-être ici avec intérêt le *privilége* suivant, qui est d'un genre particulier :

« Notre bien-aimé Laurent-Etienne Rondet fils, nous ayant représenté qu'il désireroit travailler par ses mains dans l'imprimerie de Laurent Rondet son père, libraire, exerçant l'imprimerie dans notre bonne ville de Paris, pour faire graver ou imprimer des feuilles qui ont pour titre *Etrennes* ou *Ecrans*, s'il nous plaisoit de lui accorder nos lettres de privilége sur ce nécessaires ; à ces causes, nous voulant favoriser l'exposant, âgé de sept ans et demi, et récompenser son amour pour sa profession, qui nous a été connu par un abrégé de la grammaire hébraïque (de Nicolas Henry), dont il a fait la composition (c'est-à-dire, en termes de l'art, l'assemblage des lettres qui forment les planches destinées à l'impression), nous lui avons permis et permettons par ces présentes de faire graver ou imprimer lesdites feuilles ou « Etrennes en écrans », et de les faire vendre et débiter par tout notre royaume, etc. Donné à Paris le 30 novembre, l'an de grâce 1724. Ce privilége est enregistré sur le registre VI de la chambre royale des libraires et imprimeurs de Paris, et l'enregistrement daté du 19 décembre suivant. Ce fut en vertu de ce privilége que parurent les premiers *écrans imprimés*, qui bientôt furent suivis de plusieurs autres ; ils étoient environnés d'un quadre dessiné en cuivre fondu. » (Extrait de la notice des travaux littéraires de Laurent-Etienne Rondet, écrite de sa propre main, in-4 de 23 pages.)

Escript de l'Evesque de Sainct-Brieu, contenant les raisons qui l'ont retenu en l'union des catholiques, contre la partialité des hérétiques et schismatiques leurs associez et fauteurs. A monsieur, monsieur leuesque du Mans. *Dinan, J. Aubinière,* 1593, in-8.

Signé N. L. E. D. S. B. (Nicolas Langelier, évêque de Saint-Brieuc).

Écrit où l'auteur du « Discours sur la prédication » explique un des principaux moyens qu'il a proposés pour la rendre plus utile au public. (Par GUIOT, conseiller.) *Paris, J. Estienne*, 1715, in-12.

Écrits (les) sacrés du Nouveau Testament, édition due à des secours charitables. *Strasbourg, Lorenz et Schouler*, 1783, in-8.

Traduction faite par STUBER, ministre luthérien au Ban de la Roche, puis à Strasbourg, où il est mort.

Écriture aussi prompte que la parole, ou la sténographie mise à la portée de tout le monde, par M. F... (FAYET) et M. B. DUTERTRE. Troisième édition. *Paris, Garnier*, 1831, in-8.

Écrivain (l') public, ou le rédacteur universel, présentant des modèles de lettres, missives.... (Par J.-P.-R. CUISIN.) *Paris, Corbet jeune*, 1826, in-18, fig.

Écrivain (l') public, ou observations sur les mœurs et les usages du peuple au commencement du XIXe siècle, recueillies par feu LE RAGOIS, et publiées par mad. Sophie P**** (PANNIER), auteur du « Prêtre », etc. *Paris, Pillet aîné*, 1825-1827, 4 vol. in-12.

Voy. « Supercheries », II, 270, a, et III, 10, b.

Écrivains (les) belges. Études de littérature contemporaine. Première série : les Poëtes. *Liége, Meyers*, 1854, in-18, 56 p.

MEYERS, l'imprimeur de cette brochure consacrée aux poëtes de Stassart et Ledegank, en est aussi l'auteur. Ce travail n'a pas été continué.

E. de Theux.

Écrivains (les) de l'histoire auguste, traduits en françois (par Guillaume DE MOULINES). *Berlin, Decker*, 1783, 3 vol. in-12.— Nouvelle édition, revue et corrigée, avec une notice sur la vie du traducteur (par Ant.-Alex. BARBIER). *Paris, imprimerie bibliographique*, 1806, 3 vol. in-12.

Écrivains et poëtes de Normandie, A. Bétourné. *Alençon, Poulet-Malassis, s. d.*, in-12, 12 p.

Signé Paul DELASALLE ; non compris dans la réimpression des « Œuvres ».

Voy. l'art. « Une voix perdue ».

Écu (l') de six francs. (Par L.-Ant. DE CARACCIOLI.) *Genève et Paris, Esprit*, 1778, in-12.

Écueils (les) du sentiment. (Par Charles-Armand L'ESCALOPIER DE NOURAR.) 1756, in-12.

Écumoire (l') ou Tanzaï et Neardané, histoire japonnoise. (Par CRÉBILLON fils.) *Pékin (Paris)*, 1734, 2 vol. in-12.

Réimprimé sous le titre de « Tanzaï et Néardané ».

C'est une satire du cardinal de Rohan, de la constitution *Unigenitus*, et de la duchesse du Maine.

Il existe une dizaine d'éditions de cet écrit bien oublié aujourd'hui ; les dernières sont sous la rubrique de *Maestricht*, 1779, et de *Londres*, 1785, 2 vol. in-18 ; cette dernière entre dans la collection Cazin.

Écumoire, tragi-comédie en un acte et en vers. (Par Ch. COLLÉ.) *La Haye*, 1768, in-8.

Inséré dans le 3e vol. du « Théâtre de Société » de Collé.

Escuirie (l') du S. Federic GRISON... naguieres traduitte d'italien en françois (par Th. SIBILLET). *Paris, Ch. Perrier*, 1568, in-4, fig. s. b.

Écurie (l') et le cheval, fantaisie équestre par un palefrenier philosophe. (Par Jean SAINT-RIEUL-DUPOUY.) *Bordeaux, Féret fils*, 1850, in-32.

Edèle de Ponthieu, nouvelle historique, par *** (Adr. DE LA VIEUVILLE D'ORVILLE, comte DE VIGNACOURT). *Paris, J. Musier*, 1723, in-12.

Édelzinde, fille d'Amalazonte, reine des Goths. (Par DE FRESNAY.) *Strasbourg, frères Gay, et Paris, Durand*, 1780, 2 parties in-12.

Voltaire goûta beaucoup la société de cet auteur. Voyez « Mon Séjour auprès de Voltaire », par Collini. *Paris*, 1807, in-8, p. 111, 186 et suiv.

Edgard, ou le pouvoir du remords ; traduit de l'anglais de R. SIKELMORE (par T.-P. BERTIN). *Paris*, 1799, 2 vol. in-12.

V. T.

Édilité parisienne, vues administratives d'ensemble en considération des besoins de l'avenir. *Paris, imp. de Vinchon*, 1843, in-8.

Signé : LANQUETIN.

Édit du roi pour le règlement des imprimeurs et libraires de Paris. (Rédigé sur les recherches de J. DE LA CAILLE.) *Paris*, 1687, in-4.

Edmond d'Allanville, ou les effets des haines héréditaires. Par l'auteur du « Solitaire des Pyrénées » (GAUDIN DE LA GRANGE). *Paris, Maradan*, 1821, 4 vol. in-12.

Edmond et Arthur, par l'auteur de « Lorenzo » (E.-S. DRIEUDE).

Voy. « Edmour et Arthur ».

Edmond et Éléonore, par E. MARSHALL, A. M., traduit de l'anglais par un homme qui aime les mœurs simples (J.-H. DE CASTÉRA). *Paris, Buisson*, 1797, 3 vol. in-12.

Edmour et Arthur, par l'auteur de

« Lorenzo » (E.-S. Drieude). *Lille, Lefort,* 1837, 3 vol. in-18.

Réimprimé sous le titre de « Edmond et Arthur ». Les dernières éditions portent le nom de l'auteur.

Édouard et Clémentine, ou les erreurs de la jeunesse, pouvant servir de suite aux « Victimes de l'amour et de l'inconstance », ou lettres de Mᵐᵉ de Blanville, par Mᵐᵉ DE N... (Mᵐᵉ LORY DE NARP), auteur de ces lettres. *Paris, Ducauroy,* an IX-1801, 3 vol. in-12.

Édouard et Elfride, ou la comtesse de Salisbury... par l'auteur des « Annales du crime et de la vertu » (Ph.-Aristide-Louis-Pierre PLANCHER DE VALCOUR). *Paris, Pigoreau,* 1816, 3 vol. in-12.

Au lieu de *Annales du crime et de la vertu,* il faut lire... *et de l'innocence.*

Édouard et Mathilde, ou la caverne du brigand. Par l'auteur de l' « Enfant du boulevard » (Mᵐᵉ WOILLEZ). *Paris, Lerouge,* 1822, 2 vol. in-12.

Édouard, histoire d'Angleterre. (Par Henri DE JUVENEL.) *Paris, Barbin,* 1696, 2 vol. in-12.

Voy. « Examen critique des Dictionnaires historiques », p. 485.

Édouard, ou le spectre du château, traduit de l'anglais. *Paris,* an VIII, 2 vol. in-16.

C'est une nouvelle transformation du roman de Clara REEVE, trad. en français par P. Ant. DE LA PLACE, en 1787, sous le titre du « Vieux Baron anglais » et dont il y a des exemplaires intitulés : « le Champion de la vertu ». Dans la dernière publication, le nom d'Édouard a remplacé le nom d'Edmond.

Édouard, ou tableaux variés de la nature humaine, etc., traduit de l'anglais du Dʳ MOORE (par And.-Sam.-Mich. CANTWEL). *Paris, Maradan,* 1797, 3 vol. in-12.

Édouard, par l'auteur d' « Ourika » (Mᵐᵉ la duchesse DE DURAS, née Claire LECHAT DE KERSAINT). *Paris, Ladvocat,* 1825, 2 vol. in-18.

L'édition originale, *Paris, Jules Didot,* 1825, 2 vol. in-12, tirée à petit nombre, n'a pas été mise dans le commerce.

Édouard III et les bourgeois de Calais, ou les Anglais en France. 1346-1558. (Par Mᵐᵉ Conrad DE WITT, née Henriette Guizot.) Ouvrage revu par M. Guizot. *Paris, Hachette,* 1854, in-12.

Édouard III, roi d'Angleterre, en Flandre. (Par Octave DELEPIERRE.) In-4, 30 p.

Extrait des « Mélanges » publiés par la Société philobiblon de Londres.

Éducation (de l'). (Par M. Nicolas HALMA, né à Sedan le 31 décembre 1755, successivement professeur de mathématiques et principal du collège de Sedan, secrétaire de l'École polytechnique, professeur de géographie au Prytanée de Paris, et plus tard chanoine honoraire de l'église de Notre-Dame.) *Bouillon (Précourt),* 1791, in-8, xiv-237 p. et 1 tableau.

Éducation (de l') belgique, ou réflexions sur le plan d'études adopté par Sa Majesté pour les collèges des Pays-Bas autrichiens. (Par Jean-Bapt. LESBROUSSART.) *Bruxelles, Lemaire,* 1783, in-12.

Éducation chrétienne, à l'usage de l'un et de l'autre sexe. Ouvrage posthume de l'auteur de « l'École des mœurs » (l'abbé J.-B. BLANCHARD). *Lyon, Bruyset,* 1807, 2 vol. in-12.

Éducation (de l') chrétienne des enfants, selon les maximes de l'Écriture sainte et les instructions des SS. PP. de l'Église. (Par Alexandre VARET.) *Paris, Pierre Promé,* 1666, in-12. — *Bruxelles, Foppens (Leyde, Elzevier),* 1669, in-12.

Éducation (de l') chrétienne des filles, ouvrage distribué en plusieurs instructions sur les sujets les plus importants de la morale; seconde édition. *Paris,* 1740, in-12.

Ce livre, qui, selon le « Journal des savans », mai 1740, ne peut convenir « qu'aux personnes qui prennent le parti de la retraite, et qui se livrent entièrement à la vie austère », a pour auteur SALAS, prêtre languedocien, établi à Lyon, d'où M. de Saint-Georges, archevêque alors, eut le chagrin d'être forcé par la cour de l'éloigner. C'est TABOURIN qui a procuré cette réédition de 1740. La première avait paru à *Lyon, chez Boudet,* 1710, in-12, sous le titre d' « Instructions sur divers sujets de morale, pour l'éducation chrétienne des filles ». Voyez Patouillet, « Dictionnaire des Livres jansénistes », t. II, p. 332. (Note tirée du catalogue de la Doctrine chrétienne, par M. Boulliot.)

Éducation civile d'un prince, par L. D. H. (l'ami des hommes, Victor RIQUETTI, marquis DE MIRABEAU). *Dourlac, Muller,* 1788, in-8.

Voy. « Supercheries », II, 710, a.

Éducation (de l') commerciale à Anvers. Lettres extraites du « Précurseur ». (Par COUNE, préfet des études à Anvers.) *Anvers, de La Montagne,* 1862, in-8, 79 p.

Ul. C.

Éducation (de l') d'un jeune seigneur. (Par l'abbé Nicolas BAUDOUIN, de Laval.) *Paris, Jacques Estienne,* 1728, in-12.

Éducation (de l') d'un prince, divisée

en trois parties, dont la première contient divers traittez utiles à tout le monde. (Par P. NICOLE, sieur DE CHANTERENES.) *Paris, veuve C. Savreux*, 1670, in-12, 14 ff. lim. et 426 p. — *Bruxelles*, 1671, in-12.

L'approbation et le privilége sont au nom du sieur DE CHANTERENES.

Éducation (l') d'une fille. (Par VOLTAIRE.) *S. l. n. d.*, in-8, 7 p.

Éducation (l') de Henri IV, par feu M. l'abbé *** (DUFLOS), censeur royal. *Paris, Moutard*, 1789, 2 vol. in-12. — Par M. D***, Béarnais. *Paris, Duflos le jeune*, 1790, 2 vol. in-8. — (Autre éd.) revue et corrigée ; suivie des maximes et pensées de Louis XIV ... par M. P.-H. ROBERT, éditeur. *Paris, Amyot*, 1822, in-12.

Éducation (l') de l'Amour, par l'auteur des « Mémoires du marquis de Solanges » (J.-Auguste JULIEN, connu sous le nom de DESBOULMIERS). *Amsterdam et Paris, Le Jay*, 1769, 2 parties in-12.

Cet ouvrage est une nouvelle édition augmentée de « Rose, ou les effets de l'Amour », etc., roman publié par le même auteur en 1766.

Éducation de l'enfance, ou guide des mères et des institutrices, traduit de l'anglais et augmenté par Mlle C. F. (FOUET). *Paris, Fouet*, 1835, in-12, xi-228 p. et 1 f. de table.

Voy. « Supercheries », I, 1214, b.
Cet ouvrage y est par erreur indiqué sous les initiales E. F.

Éducation de Montaigne, ou l'art d'enseigner le latin à l'instar des mères latines. *Paris*, 1818, in-8.

Le faux titre porte : « Mode des mères. » La dédicace est signée : l'abbé MANGIN, ancien prêtre de l'Oratoire.

Éducation (de l') des colléges, par l'auteur de l' « Education du peuple » (Louis PHILIPON LA MADELAINE). *Londres et Paris, Moutard*, 1784, in-12.

La préface est signée. Voy. « Discours sur les moyens de perfectionner l'éducation des colléges... »

Éducation (de l') des dames pour la conduite de l'esprit dans les sciences et dans les mœurs. (Par Fr. POULLAIN DE LA BARRE.) *Paris, Dezallier*, 1679, in-12.

Éducation (de l') des enfants, trad. de l'anglois par P. C. A. *Amsterdam*, 1695, in-12.

Attribué à Jean LOCKE, dans l' « Hist. des ouvrages des savants », 1695, p. 435.

Éducation des filles, par monseigneur l'archevêque de Cambray (FÉNELON). *Paris, Pierre Aubouyn*, 1696, in-12.

Éducation (de l') des filles, par FÉNELON, nouvelle édition (augmentée d'un avertissement par l'abbé BASILE). *Paris, Hérissant*, 1763, in-12.

Éducation (de l') des filles, par FÉNELON, avec des réflexions, par S. J. B. V. (l'abbé Sim.-Jér. BOURLET DE VAUXCELLES). *Paris, Lamy*, 1800, in-12.

Voy. « Supercheries », III, 612, d.

Éducation (de l') des filles, par M. DE FÉNELON, archevêque de Cambray. Nouvelle édition, augmentée d'une lettre du même auteur à une dame, sur l'éducation de sa fille, et du discours préliminaire sur quelques-uns des changements introduits dans l'éducation ; par S. J. B. V. (Sim.-Jér. BOURLET DE VAUXCELLES). *Paris, Lamy*, an IX-1801, in-12, avec le portrait de Fénelon.

Voy. « Supercheries », III, 652, d.

Éducation (de l') des princes destinés au trône, par M. BASEDOU, traduit de l'allemand par M. de B..... (J.-F. DE BOURGOING, officier au régiment d'Auvergne). *Yverdun, la Société littéraire et typographique*, 1777, in-8.

Éducation (l') doit-elle être libre ? *S. l. n. d.*, in-8, 40 p.

Signé : C. R. (Aug.-Ch. RENOUARD).

Extrait de la « Revue encyclopédique », octobre et novembre 1828.

Éducation domestique, ou instructions morales de la première enfance des deux sexes, dédiées à toutes les mères et aux personnes destinées à les remplacer. (Par Mme Marg. GODON.) *Moscou, imp. de l'Université impér.*, 1836, in-16 de IV-206 p.

Mme Godon étant en France en 1838, reçut par l'ambassade russe à Paris une somme de trois mille francs qui lui était adressée par une personne de Moscou qui avait traduit son ouvrage sans son autorisation. Le fait m'a été certifié par cette dame elle-même, et je pense qu'il mérite d'être consigné ici ; comme cette dame n'a pas pu me donner le nom d'un si loyal écrivain, j'ai cherché et trouvé que c'était un M. Alexandre Volkaff, dont la traduction a été imprimée à Moscou en 1837, in-8.

« L'Education domestique » a été réimprimée avec le nom de l'auteur, *Paris, Hachette*, 1839, in-8 de IV, XVI et 96 p., avec une dédicace à M. Villemain, ministre de l'instruction publique. Cette dédicace a été supprimée dans les exemplaires venus en Russie.

Mme Marguerite GODON, née GOULARD, alternativement marchande de modes à Moscou et gouvernante, née à Pontarlier (Doubs), est morte à l'hospice des vieillards de Sainte-Darie, à Moscou, le 16 février 1849, à l'âge de 65 ans.

A. L.

Éducation (l') du genre humain, de LESSING, traduit pour la première fois de l'allemand sur l'édition de Berlin de 1785, par E. R. (Eugène RODRIGUES). *Paris, Froment*, 1830, in-8, 36 p.

Éducation (l') du marquis de ***, ou mémoires de la comtesse de Zurlac. par Mme de P*** (Madelaine D'ARSANT, dame DE PUISIEUX). *Paris, Bauche*, 1753, 2 vol. in-12.

Éducation (l') française, ramenée à ses véritables principes, par Ange P*** DE LA F*** (Ange-Augustin-Thomas PIHAN DE LA FOREST, imprimeur). *Paris, Le Bègue*, septembre 1815, in-8, 104 p.   D. M.

Éducation lorraine élémentaire. Tom. I, Abécédaire. (Par E.-A. BÉGIN.) *Metz, Verronnais*, 1835, in-18, 100 p.

Éducation (l'), maximes et réflexions de M. de Moncade, avec un Discours du sel dans les ouvrages d'esprit. (Par D. Bonaventure D'ARGONNE.) *Rouen, veuve Amaulry*, 1691, in-12.

Coste, dans les pièces liminaires de ses éditions de Montaigne, attribue cet ouvrage à M. DE LA CHÉTARDIE.

Éducation (de l') philosophique de la jeunesse, ou l'art de l'élever dans les sciences humaines. (Par l'abbé DE LA MOTHE.) *Paris, Cailleau*, 1767, 2 parties in-12.

Éducation (l') physique et morale des femmes, avec une notice de celles qui se sont distinguées dans les différentes carrières... (Par RIBALLIER, frère du théologien.) *Bruxelles et Paris, frères Estienne*, 1779, in-12.

Les lettres C. D. L. C., par lesquelles l'auteur indique p. 88 une personne qui l'a aidé, désignent Mlle COSSON.

Éducation (l'), poëme divisé en deux chants. (Par LAVAU.) *S. l.*, 1739, in-8, 34 p.

Éducation (l'), poëme en quatre chants... la Conquête de la Sicile... traduction en vers des quatre premiers livres de l'Enéide de VIRGILE, par J. Fr. M. (J.-Fr. MUTEL DE BOUCHEVILLE). 1807 et 1809, 2 vol. in-8.

Voy. « Supercheries », II, 398, d.

Éducation (l'), poëme en quatre chants, par M. J. LA....T (J. LACOURT). *Paris, chez les marchands de nouveautés*, 1803, in-12.

Éducation (l'), poëme en quatre discours. (Par Ph.-Simon DE CALVI, de Semur en Auxois.) *Paris, Guillyn*, 1757, in-8, 47 p.

Cet ouvrage est dédié au duc de Cadaval, dont l'auteur avait été gouverneur. (Note de Bourrée, bibliothécaire de Châtillon-sur-Seine.

C'est donc à tort que la « France littéraire » de 1769 attribue cet ouvrage à Joseph DE CUERS, chevalier DE COGOLIN.

Éducation (de l') publique. (Attribué à DIDEROT, dans la « France littér. » de 1769.) *Amsterdam*, 1763, in-12.

La moitié de cet ouvrage paraît écrite par un philosophe, et l'autre moitié par un janséniste. C'est sans doute ce qui a empêché Naigeon de l'insérer dans la collection des Œuvres de Diderot. Je serais porté à croire que celui-ci l'a rédigé sur les notes qui lui ont été fournies par un disciple de Port-Royal.

Depuis l'impression de cet article en 1806, j'ai trouvé un exemplaire de cet ouvrage avec une note manuscrite qui le donnait à J.-B.-L. CREVIER. Le caractère connu de ce professeur rend cette note très-vraisemblable.

Éducation (l') publique doit-elle être confiée au clergé? (Par J.-M. BENABEN.) *Paris, imprimerie de veuve Jeunehomme-Crémière*, 1817, in-8, 32 p.

Éducation publique. Le Brahmane aux législateurs de France. (Par Ph.-A. AUBE.) *Metz, imp. de Verronnais*, 1845, in-8.

Edward Blackford, ou la malédiction d'une folle. Episode de l'histoire d'Angleterre du XVIIe siècle. (Par Mlle Elisabeth BRUN.) *Paris, Gaume frères*, 1841, in-18.

Ce petit livre a été primitivement composé par un prêtre; mais il a été refait entièrement par Mlle Brun.

Edward Mowbray, par Mme C. D*** (Mme CAZENOVE d'Arlens), auteur des « Orphelines de Covent-Garden », des « Lettres de Clémence et d'Hippolyte », etc. *Paris, A. Bertrand*, 1818, 2 vol. in-12.

Edward, ou le Somnambule, mélodrame militaire, en trois actes et à grand spectacle ; par MM. A... (Hyacinthe ALBERTIN) et B... (Eugène CANTIRAN DE BOIRIE), musique de M. Alexandre Piccini. Représenté au Panorama dramatique, le 2 novembre 1822. *Paris, Barba*, 1822, in-8, 60 p.

Edwige de Milvar. Par Mme G... VAN... (Mme GRANDMAISON VAN ESBECQ). *Paris, Fréchet*, 1807, 3 vol. in-12.

Voy. « Supercheries », II, 227, f.

Effet des assignats sur le prix du pain, par un ami du peuple (DUPONT de Nemours). *Paris*, 1790, in-8, 4 p.

Voyez « le Point du jour », t. XIV, p. 105.

Effet (de l') moral de la loi sur la révision des listes. (Par le marquis DE LA GERVAISAIS.) *Paris, imp. d'A. Pihan-Delaforêt*, 1828, in-8, 27 p.

Effets d'un privilége exclusif en matière de commerce, sur les droits de propriété, etc., mai 1765. (Par Louis-Paul ABEILLE.) *Paris, A.-L. Regnard, s. d.,* in-8, 82 p.

Effets de l'air sur le corps humain, considérés dans le son, ou discours sur la nature du chant. (Par le marquis Eugène-Eléonore de BETHIZI DE MEZIÈRES.) *Amsterdam et Paris, Lambert,* 1760, in-4.

Effets (les) de l'amour du bien public dans l'homme d'Etat, considérés dans la vie de Suger, par l'auteur de « l'Eloge de Monseigneur le Dauphin » (P.-L.-Cl. GIN). *Lyon et Paris, Moutard,* 1779, in-8, 61 p.

Inséré dans le tome cinquième de la « Religion, par un homme du monde », ouvrage du même auteur.

Effets (les) de l'impôt indirect prouvés par les deux exemples de la gabelle et du tabac. (Par Guillaume-François LE TROSNE.) *Paris,* 1770, in-12.

Effets (des) de l'ivresse. (Par J.-H. BATON.) *Bruxelles, Leemans,* 1863, in-8, 24 p.   J. D.

Effets (des) de la poudre. Par le comte F. DU B. (F. DU BOUCHAGE). *Paris, Huzard,* 1834, in-8.

Effets (les) de la prévention, ou la Marquise de Ben***. *Spa et Paris, Buisson,* 1788, 2 vol. in-12.

Des exemplaires ont reçu un nouveau titre portant : « Les Infortunes de la marquise de Ben***, ou la vertu malheureuse, par l'auteur du « Comte de Valmont ». *Spa,* 1789, 2 vol. in-12.

Cette attribution à l'abbé Gérard est une véritable imposture littéraire. Cet ouvrage à double titre a pour auteur J.-Ch.-Vincent BETTE D'ETIENVILLE.

Effets des passions, ou mémoires de M. de Floricourt. (Par J.-Gasp. DUBOIS-FONTANELLE.) *Londres et Paris,* 1768, 3 vol. in-12.

Effets (les) divers de l'amour divin et humain, en latin et en françois, richement exprimés par petits emblèmes tirés des saintes Ecritures et des SS. Pères. (Par Michel VAN LOCHOM.) *Paris, Guillaume Lenoir,* 1628, in-16.

Effets (les) du mouvement, ou ôte-toi de là que je m'y mette. (Par M. LANCHAMP, ancien payeur du trésor royal.) *Paris, imprimerie de P. Dupont,* 1832, in-8, 25 p.

Effets du sommeil et de la veille dans le traitement des maladies externes; mémoire couronné par l'Académie de chirurgie en 1781. (Par Clément-Joseph TISSOT.) *Paris, A. Kœnig,* an VI-1798, in-8, un feuillet de titre et 136 p.

Efficacité (de l') du sel employé en agriculture, affranchi de tous droits en Belgi-

que. Par le chevalier E. P. (E. PEERS.) *Bruges, Bogaert,* 1847, in-12, 29 p.   J. D.

Effondrement (l') du palais de justice de Fontenay - le - Comte, arrivé le 8 janvier 1699; suivi d'un poëme sur le même sujet et de stances à la gloire de M. le maire perpétuel de cette ville. *Niort, Clouzot,* 1866, in-8, 28 p.

Réimpression faite par les soins de M. Benjamin FILLON, qui signe la préface, d'un poëme par lui attribué à François DUCHESNE, de Depant.

Efforts (les) et assauts faicts et donnez à Lusigen...

Voy. « Supercheries », III, 54, *c*, et « Discours des choses... », tome IV, col. 1012, *c*.

Effroyable (de l') et merveilleux desbord de la rivière du Rhosne en 1570. Publié par P. M. G. (Pierre-Marie GONON). *Lyon, J. Nigon,* 1848, in-16, 6 p.

Voy. « Supercheries », III, 194, *a*.

Effusion de cœur dans une extrémité d'affliction. (Par sœur Anne-Marie DE SAINTE-EUSTOQUIE DE FLECELLES DE BREGI.) *S. l.,* 11 octobre 1664, in-4, 4 p.

Effusion de cœur, ou entretiens spiri- tuels et affectifs d'une âme avec Dieu, sur chaque verset des psaumes et des cantiques de l'Eglise. (Par dom Robert MOREL, bénédictin.) *Paris, Vincent,* 1716, 4 vol. in-12.

Réimprimé plusieurs fois depuis.

Égalité (de l') des deux sexes, discours moral et physique, où l'on voit l'importance de se défaire des préjugés. (Par François POULLAIN DE LA BARBE et par FRELIN.) *Paris, Dupuis,* 1673, in-12. — 2e éd. *Paris, A. Dezallier,* 1679, in-12.

Voy. la « République des Lettres », par Bayle, décembre 1685, à la fin de la table.

Égalité des hommes et des femmes. (Par Mlle Marie DE JARS DE GOURNAY, fille d'alliance de Montaigne.) 1622, in-8.

Égalité (de l'), ou principes généraux sur les institutions civiles, politiques et religieuses, précédés de l'éloge de J.-J. Rousseau. (Par Fr.-L. D'ESCHERNY, comte du Saint-Empire.) *Paris, Fuchs,* 1796, 2 vol. in-8.

Cet ouvrage a été annoncé en 1798, sous le titre de la « Philosophie de la Politique, ou Principes généraux sur les institutions sociales », et avec le nom de l'auteur.

Égarements (les) de Julie. (Par Jacques-Antoine-René PERRIN, avocat.) *Paris,* 1755, 3 parties in-12.

Souvent réimprimé.

Égarements (les) de l'amour, ou Lettres de Fanély et de Milfort, par Mme ***. (Par

Barthélemy Imbert,de Nîmes.) *Amsterdam, Paris*, 1776, 2 vol. in-8.

Voy. « Fanéli ».

Égarements (les) de l'impiété moderne. Six lettres du rédacteur en chef de « la Science sociale au point de vue chrétien » (l'abbé Léonard Leynen), à M. A. Peyrat... auteur de l' « Histoire élémentaire et critique de Jésus ». *Bruxelles, Haenen*, 1864, in-8, 70 p.   J. D.

Égarements (les) de la philosophie, pour servir de supplément au livre intitulé : « le Déisme réfuté par lui-même. » (Par l'abbé Marc, ancien professeur de philosophie en l'université de Nancy.) *Amsterdam, Marc-Michel Rey (Nancy)*, 1777.

Égarements (les) du cœur et de l'esprit, ou mémoires de M. de Meilcour. (Par Crébillon fils.) *La Haye*, 1736, 1764. — *Paris, Prault*, 1765, 3 vol. in-12. *Londres (Cazin)*, 1788, 2 vol. in-18.

Voy. « Supercheries », II, 1098, d.

Égarements réparés, ou histoire de miss Louise Mildmay, traduction libre de l'anglois (de Hugues Kelly), par Mlle Matné de Morville. *Paris, Musier fils*, 1773, in-12.

Égide (l') de Pallas, ou théorie et pratique du jeu de dames. *Paris, Rebuffe*, 1727, in-8, xii-98 p.

La dédicace à maître de Tout, fameux joueur de dames, est signée : D. Diego cavallero del Quercetano. Rich. Twiss (« Miscellanies ». *London*, 1795, 2 vol. in-8) parle d'une édition de ce livre qui aurait été imprimée à Paris en 1700, je n'en ai vu nulle part d'autres indications. (Voy. Camille-Théod.-Fréd. Alliey, « Bibliographie complète, analytique... de tous les ouvr. connus en toutes langues sur le jeu de dames.. Troisième édit. rev., corr. et augm. » *Commercy, Cabasse*, 1852, in-8 de 44 p. et 8 p. pour la Bibliographie du Jeu des échecs. Le tout annexé à l' « Encyclopédie du jeu des dames ... par Q. Poisson-Prugneaux ». *Commercy, Cabasse*, 1855 (sic), in-8 de viii-295 p. plus 44 et 8 p.)

Suivant le « Mercure », 1770, juillet, I, p. 220, et août, p. 193, l'auteur serait un nommé Mars.

Églai, ou amour et plaisir. Par l'auteur de « l'Infidèle par circonstance » (L.-P.-P. Legay). *Paris, Chaumerot*, 1807, 2 vol. in-12. — Nouv. édit. *Ibid.*, 1820, 4 vol. in-12.

Voy. « Supercheries », III, 1088, d.

Églantine, légende. *Lyon, imp. de Pélagaud*, 1855, in-8.

Signé : Eugène Yemeniz. Tiré à cent exemplaires.

Égléides (les), poésies amoureuses. Par M. P. (Louis Poinsinet de Sivry). *Londres et Paris*, 1754, in-8.

Église (de l') catholique, apostolique et romaine, bonheur de la connaître et de lui appartenir, par M. L. B. (Fr.-Jos. Lafuite). *Lille, Lefort*, 1830, 3 vol. in-18.

Voy. « Supercheries », II, 692, f.

Église catholique française. Profession de foi. *Nantes, V. Mangin*, 1834; — *Rennes, imp. de A. Marteville*, 1834, in-8.

Signé : MM. Virgile Caland et Julien Le Rousseau, vicaires généraux de l'Église catholique française.

Église (l') catholique justifiée contre les attaques d'un écrivain qui se dit orthodoxe, ou réfutation d'un ouvrage intitulé : « Considérations sur la doctrine et l'esprit de l'Église orthodoxe, par Alex. de Stourdza, » à Weimar, 1816 ; par M*****. *Lyon et Paris, Rusand*, 1822, in-8.

M. A. Ladrague pense que cet ouvrage peut être attribué à la comtesse Catherine Rostopchine, née Pratassof.

Église (de l') chrétienne primitive et du catholicisme romain de nos jours. (Par une réunion d'ecclésiastiques.) *Paris, Houdaille*, 1833, in-8, 240 p. et une feuille d'erratum.

Par Bernard-Raymond Fabré-Palaprat, d'après le « Catalogue de l'Histoire de France » de la Bibliothèque nationale, t. V, p. 771, n° 8.

Par Aimé Guillon, d'après les « Supercheries », III, 400, c.

Pour une suite, voy. « Jérusalem et Rome ».

Église (l') constitutionnelle confondue par elle-même... Par une société de théologiens. (Par les abbés Den. Berardier et Blandin, depuis chanoine d'Orléans.) *Paris, Crapart*, 1792, in-8, xi-407 p.

Église (l') constitutionnelle convaincue d'erreur, de mensonge et de schisme, ou réponse à la lettre, dite pastorale, du 23 mai 1791, de M. Suzor, curé d'Ecueillé en Touraine, se disant évêque de Tours. Par l'auteur de l'ouvrage intitulé : « les Premiers Efforts du schisme dans la Touraine repoussés par la voix de la vérité. » *Paris, Dufresne*, 1791, in-8, un f. de tit., 97 p. et un f. blanc.

Par Normand, d'après le catalogue de l'abbé Lequien de La Neuville, 1845, n° 4463.

Église de Saint-Quentin en Vermandois, toujours maintenue dans ses droits contre les évêques de Noyon. (Par Cl. Bendier.) *S. l.*, 1691, in-4.   V. T.

Église (l') de Saint-Willibrod, à Anvers. In-8, 5 p.

Tirage à part de la « Revue d'histoire et d'archéologie ». Signé : C. B.

Ces initiales sont celles de Ch. Berthels, pseudonyme sous lequel l'abbé DERIDDER, vicaire de l'église des Minimes à Bruxelles, écrit dans cette revue.

J. D.

Église (de l'), du pape, de quelques points de controverse, et moyens de réunion de toutes les Eglises chrétiennes. (Par L. DUTENS.) *Genève, 1781, in-8.*

Réimprimé plusieurs fois sous le nom de l'auteur. La dernière édition est intitulée : « Considérations théologo-politiques sur les moyens de réunir », etc. 1798, in-8.

Église (l'), élégie, par le chevalier A. P. (le chevalier A. PHILPIN, ex-sous-préfet). *Paris, Leclerc, 1824, in-8, 16 p.*

Église (l') et les Eglises. (Par F. OLIVIER.) *Lausanne, impr. Sam. Delisle, 1833, in-8, 52 p.*

Église (l') et les institutions impériales, par un libre penseur catholique (Jules LE CHEVALIER SAINT-ANDRÉ). *Paris, E. Dentu, 1860, in-8, 48 p.*

Église (l') et les Jésuites. (Par F. OLIVIER, pasteur à Lausanne.) *Lausanne, Delille, 1823, in-8, 52 p.*

D. M.

Église (l') et les nationalités. (Par Jules AMIGUES.) *Paris, Dentu, 1860, in-8.*

Église (de l') gallicane dans ses rapports avec le souverain pontife, pour servir de suite à l'ouvrage intitulé : « du Pape ». Par l'auteur des « Considérations sur la France » (le comte Jos. DE MAISTRE). *Paris, Beaucé-Rusand, 1821. — Sec. édit. Ibid., 1822. — Trois. édit. Ibid., 1829, in-8.*

Ouvrage posthume. La première édition a été revue par Guy-Marie DESPLACES, la préface est de lui.

Voy. l'ouvrage de l'abbé Baston, intitulé : « Réclamations pour l'Église de France et pour la vérité, contre l'ouvrage de M. le comte de Maistre, etc. » *Paris, 1822 et 1824, 2 vol. in-8.*

Église protestante (l') justifiée par l'Église romaine, sur quelques points de controverse. (Par Jean GRAVEROL, ministre à Lyon.) *Genève, 1682, in-12.*

Église (l') romaine pleinement convaincue d'antichristianisme. (Par DU VIDAL.) *Amsterdam, 1701, in-12.*

V. T.

Église (l') Saint-Jacques, à Liége. Plans et coupes mesurés et dessinés, par J.-C. Delsaux, gravés par J. Coune ; avec une notice historique. (Par Edouard LAVELLEYE.) *Liége, Avanzo, 1845, gr. in-fol.*

Ul. C.

Voy. « Supercheries », I, 1217, d.

Église (l'), son autorité, ses institutions, et l'ordre des Jésuites, défendus contre les attaques et les calomnies de leurs ennemis ; instruction pastorale, par monseigneur l'archevêque de Paris, Christophe DE BEAUMONT ; suivie des témoignages et jugements rendus en faveur des Jésuites par les papes, les évêques, le clergé, les rois ... Documents recueillis, annotés, augmentés d'une introduction et d'une conclusion par un homme d'État (M. Alex. DE SAINT-CHÉRON). *Paris, Débécourt, 1844, in-8, xxv-285 p.*

Églises (les) de Paris. (Par M. Édouard GOURDON.) Précédé d'une introduction de M. l'abbé PASCAL... *Paris, J. Martinet et G. Mathieu, 1843, gr. in-8.*

Un nouveau titre imprimé en 1854 porte le nom de l'auteur.

Églises (des) et des temples des chrétiens. (Par Jean GIRARD DE VILLETHIERRY.) *Paris, Pralard, 1706, in-12, 6 ff. lim., 258 p. et 3 ff. de table.*

Le nom de l'auteur se trouve dans le privilège.

Quérard, dans sa « France littéraire », a reproduit l'attribution de cet ouvrage à Jean GIRARD DE VILLETHIERRY, d'après le n° 4751 du « Dictionnaire des Anonymes », et, dans la première édition des « Supercheries » comme dans la seconde, I, 299, b, il le met au compte de l'abbé Olivier DES BORDS DES DOIRES, sous le pseudonyme D'AMELINCOURT. Ce nom ne figure nulle part dans le volume.

Églises (des) gothiques. Appel au clergé, aux hommes religieux, aux artistes. (Par M. J.-P. SCHMIT, chef de la division du culte catholique au ministère des cultes.) *Paris, Angé, 1837, in-8.*

Églogue et deux sonnets, par D. L** (DECLAIRE). *Paris, Bastien, 1772, in-8, 19 p.*

Églogue ou bergerie à quatre personnages. *Lyon, 1563, in-8. — Églogue ou bergerie à cinq personnages. Lyon, 1563, in-8.*

Ces deux ouvrages sont de F. D. B. P.

De Beauchamps, dans ses *Recherches sur les Théâtres,* pense que ces lettres pourraient bien signifier : FERRAND DE BEZ, Parisien. V. T.

Églogue sur la naissance de Mgr le Duc de Bourgogne. (Par Charles-Etienne PESSELIER.) *Paris, Prault, 1751, in-4, 9 p.*

Églogues, bucoliques. Par l'auteur des « Géorgiques françaises » (Jean-Baptiste ROUGIER, baron DE LABERGERIE). *Paris, Audot, 1833, in-18.*

Églogues choisies de CALPURNIUS, traduites librement en vers français avec le texte en regard. (Par M. l'abbé H. BELLOT, chanoine honoraire de Bordeaux.) *Bordeaux, Gounouillou, 1868, gr. in-8, 138 p.*

Églogues de VIRGILE, traduction nouvelle en vers français (par Cl. DELOYNE D'AUTROCHE). *Paris, Leprieur,* 1813, in-18.

Églogues de VIRGILE, traduites en français, le latin à côté, avec des notes critiques et historiques (par le P. Fr. CATROU). *Paris, J. Estienne,* 1708, in-12.

Egmont (d'); Paris et Saint-Cloud au 18 brumaire. (Par Philippe BUSONI.) *Paris, H. Fournier,* 1831, in-8.

Égoïste (l'), comédie-ballet en 4 actes et en vers. (Par A.-J. DUCOUDRAY.) *Paris, J.-B. Brunet,* 1774, in-8, 100 p.

Égout (l') collecteur. (Par Ém. ALEXIS.) *Bruxelles,* 1869, in-18.

Égyptienne (l'), poëme épique en douze chants. (Par le P. Jos.-Romain JOLY, capucin.) *Paris, Lacombe,* 1776, in-12, xx-373 p.

Il y a une seconde édition de cet ouvrage sous le titre suivant : « l'Egyptiade », ou le Voyage de S. François d'Assise à la cour du roi d'Égypte ; *Paris, Jaubert,* 1786, in-12, avec le nom de l'auteur.

Égyptiens (les) sur les bords du lac Léman, ou Sébastien de Montfaucon, dernier évêque de Lausanne, chronique du commencement du XVIe siècle. (Par Emm. DEVELEY.) *Genève,* 1828, 2 vol. in-12.

Εἰκὼν Βασιλική. Le Portrait du roy de la Grand'Bretagne durant sa solitude et ses souffrances. (Par Jean GAUDEN, évêque d'Exeter.) *Rouen, Jean Berthelin,* 1649, in-8, 26 ff. prélim. y compris le titre, plus une gravure en deux compartiments, 398 p. et 1 f. d'errata.

L'épître à Charles II est signée PORNÉE. Les trente pages qui suivent intitulées : « Au lecteur chrétien », sont du traducteur ; il y déclare être né Français et faire profession de la religion réformée.

Après la table vient un fragment d'arrêt du Parlement de Rouen, du 19 juin 1647, qui accorde à Jean Berthelin le droit d'imprimer et vendre ledit ouvrage pendant le temps de six ans.

Une seconde édition corrigée et augmentée de plusieurs pièces de la façon de S. M., publiée la même année, par le même libraire, porte de plus sur le titre, après le mot Bretagne : *fait de sa propre main.* Cette 2e édit. se compose de 30 ff. prélim. y comp. le titre, et 442 p. plus une gravure en deux compartiments et différant de celle qui est dans la première édition où l'on ne voit pas comme ici, dans le premier compartiment, le fauteuil du roi avec ses armoiries et les lettres : C. R.

Dans la note qui accompagnait le no 4755 du « Dictionnaire des anonymes » (voy. « Supercheries », I, 647, *a,* art. Carolus I), l'on décrit une autre édit. de *La Haye* ou plutôt *Londres,* 1649, où se trouvent des poésies françaises du sieur D. C.,...

Éjouissance de la ville de Paris, sur le retour de Leurs Majestés.... (Par Antoine MATHAS.) *Paris, P. Ramier,* 1614, in-8, 16 p.

L'auteur a signé la dédicace.

Éjouissance (l') des François. A la reine. Sur la solennité et publication des nouvelles alliances de France et d'Espagne. *Lyon, par P. Roussin, jouxte la copie imp. à Paris,* 1612, in-8, 14 p.

Signé : PELLETIER.

Élan d'un cœur royaliste; opuscules poétiques par mad. la baronne de M... (MANDELOT). *Paris, imp. de Hocquet,* 1814, in-8, 40 p.

Élan (l') de l'âme et du cœur (sept impromptus en vers libres), à Napoléon Ier, à la liberté et aux braves de tous les rangs, par un jeune prisonnier de guerre rentré (N.-V. ROYER). *Paris, imp. Renaudière,* 1815, in-8.

Élan (l') du cœur; divertissement villageois à l'occasion de l'accouchement de la reine et de la naissance de monseigneur le Dauphin, représenté à Nantes, le mercredi 31 octobre 1781, sous la direction du sieur Desmarest. *Nantes, Brun aîné,* 1781, in-8, 18 p.

La dédicace à François de Neufchâteau est signée : DUPRAY.

Catalogue de Nantes, no 29880.

Élans civiques et raisonnés, écrits pour être lus en public par les propagateurs de la raison et de la vérité. *Paris, l'auteur,* 1793, in-8, 1 f. de titre et 45 p.

Signé : PERROT.

Élans (les) du cœur et de la raison, ou justice rendue à la reine. Dédié aux Français. (Par Mme LEVACHER DE VALINCOURT.) *Paris, Baudouin,* 1789, in-8, 22 p.

Le nom de l'auteur se trouve à la fin de la brochure.

Électeurs (des), *S. l.,* mars 1695, in-fol. plano.

Par M. l'abbé DE DANGEAU, d'après une note manuscrite de d'Hozier.

Électeurs, prenez garde !!! Debuck et les jésuites, cour d'assises du Brabant. (Par Emile PETIT, avocat à la cour d'appel de Bruxelles.) *Bruxelles, Parys,* 1864, in-8, 8 p.   J. D.

Élection (de l') des évêques et nomination des curés, d'après les monuments de l'histoire ecclésiastique. (Par Ath.-Alex. CLÉMENT DE BOISSY.) *Paris, Longuet,* 1791, in-8, 216 p.

Élection (l') divine de S. Nicolas à l'archevêché de Myre, avec un sommaire de sa vie en poëme dramatique, sentencieux et moral. P. N. S. R. (par Nicolas SORET, Rémois). *Reims, Nic. Constant*, 1624, pet. in-12, 87 p.

Élection (de l') et de la nomination des évêques. (Par l'abbé GUÉRENGER.) *Paris, Bricon*, 1831, in-8.

Élections de 1842. Électeurs, que demandez-vous? Extrait de « l'Hermine, journal des intérêts de la Bretagne et de la Vendée ». *Nantes, imp. Hérault*, 1842, in-8, 40 p.

Signé : E. M. L...Y (LEGEAY).
Catalogue de Nantes, n° 49915.

Élections (les) de 1850, par un bourgeois de Bruxelles (Adolphe LE HARDY DE BEAULIEU). *Bruxelles, Vanderauwera*, 1850, in-8, 17 p.

Élections (les) de 1859. 1re partie. Le libéralisme au pouvoir. Examen de la situation, par un membre de la gauche (Albert LACROIX, éditeur et conseiller communal à Bruxelles). Deuxième partie. Le jeune libéralisme et son programme.... *Bruxelles, Van Meenen*, 1859, in-8, 63 et 64 p.   J. D.

Élections de 1863. L'Abstention. (Par M. Auguste ROGEARD.) *Paris, imprimerie de la liberté, aux Catacombes*, 1863, in-32.

Réimprimé dans les « Pamphlets de A. Rogeard, avec un avant-propos de l'auteur ». *Bruxelles*, 1869, in-18.

Élections de 1863. Les enfarinés, réponse à Joseph Boniface, par un démocrate belge (Joseph GOFFIN, imprimeur à Verviers). *Verviers, Gonay*, in-8, 8 p.
                                              J. D.

Élections (les) des évêques et de la manière d'y procéder. (Par l'abbé Aug.-J.-Ch. CLÉMENT, depuis évêque constitutionnel de Versailles.) *Paris*, 1790, in-8.
                                              V. T.

Élections (des) du département de la Sarthe en 1818. (Par Ch. GOYET.) *Le Mans, imp. de Renaudin*, 1818, in-8.

Élections (les) du 10 juin. Par le poëte borain (Philippe-Auguste VUILLOT, de Pâturages, en Hainaut). *Bruxelles*, 1845, in-8, 12 p.   J. D.

Élections (des) qui vont avoir lieu, considérées sous le rapport des vrais intérêts de tous les Français et du gouvernement, à l'époque du 1er août 1815 : par un membre d'un collége électoral (Marc-Antoine JULLIEN). *Paris, Babeuf*, 1815, in-8, 40 p.

Électre d'EURIPIDE, tragédie traduite du grec. (Par P.-Henri LARCHER.) *Paris, Cailleau*, 1750, in-12, 81 p. et 1 f. de privilége.

Réimprimé dans le « Théâtre bourgeois », 1765, in-12. Voy. ce titre.

Électre, tragédie (lyr.) en 3 actes (et en vers libres; par Nicolas-François GUILLARD). *Paris, P. Delormel*, in-8.

Électre, tragédie lyrique en trois actes, par M. Th. *Paris, imp. de Chaignieau aîné*, 1808, in-8, 48 p.

Attribué par Beuchot à Jean-Charles THILORIER.

Électricité (l'), son origine et ses progrès, poëme en deux livres, traduit de l'allemand par M. l'abbé Jos.-Ant. DE C. (Georges-Mathias BOSE, auteur de l'ouvrage). *Leipsig*, 1754, in-12.

Voyez la « Biographie universelle ».

Électricité (l') soumise à un nouvel examen dans différentes lettres adressées à M. l'abbé Nollet, par l'auteur du « Dictionnaire de physique » (le P. Aimé-Henri PAULIAN). *Paris, veuve Girard*, 1768, in-12.

Élégantes Épîtres, extraites du Panégyrique du chevalier sans reproche Louis de La Trémoille, composées par le « Traverseur des voyes périlleuses » (J. BOUCHET). *Paris*, 1536, in-8.

Élégie à Mademoiselle ..... Par l'Observateur (F.-A. HENRY). *Troyes, s. d.*, in-8, 4 p.

Voy. « Supercheries », II, 1280, d.

Élégie au Jésuite qui lit gratis en l'Université à Paris, prise du latin qui commence :

Te gratis narras,
Soterice, velle docere...

1565, in-4 de 4 ff.

Traduction par Est. PASQUIER, en vers françois, de la satire écrite en 72 vers latins, par Adrien TURNÈDE, sous ce titre : Ad Sotericum gratis docentem. Cette satire latine se trouve dans le 3e vol. des Œuvres de l'auteur (Argentorati, 1600, in-fol.). Estienne Pasquier l'a traduite en autant de vers français.

Voy. Brunet, « Manuel du libraire », 5e éd., tome II, col. 197.

Élégie composée dans un cimetière de campagne, traduite en français, vers pour vers, de l'anglais de GRAY, par M. P. G. D. B. (Pierre GUÉDON DE BERCHÈRE), avec une traduction en vers latins de la même pièce, par un membre de l'Université de Cambridge. *Paris*, 1788, in-8, 21 p.

Voy. « Supercheries », II, 146, d, et III, 95, a.

Élégie de ce que la Lorraine a souffert depuis quelques années, par la peste, famine et guerres. (Par Jean HÉRAUDEL, avocat à Nancy.) *Nancy, Charlot*, 1660, in-4.

Cette élégie est la traduction du livre intitulé : « Deplorandi Lotharingiæ status ».

Réimprimé en 1839, à Nancy, par les soins de M. J. Cayon.

Élégie sur la mort conspirée au seigneur duc de Guise, lieutenant général de la majesté du Roy, avec les exhortations faites par le clergé aux citoyens de Paris, par M. L. (MERLE ou MARLE). *Paris, Nyverd*, 1563, in-8.

Voy. « Supercheries », II, 1170, *e*.

Élégie sur la mort d'Anneessens. (*Bruxelles, Weissenbruch*), in-8, 12 p.

Traduction en vers français par Théodore PARDON, conseiller à la cour d'appel de Bruxelles, d'une complainte flamande sur la mort d'Anneessens, imprimée dans le tome II du « Procès d'Anneessens », publié par M. Galesloot, pour la Société de l'histoire de Belgique.   J. D.

Élégie sur la mort de Louis Boullye, curé de Soissons. (Par A.-P.-P. PHILPIN.) *S. l. n. d.*, in-8.

Catalogue de Nantes, nº 27121.

Élégie sur la mort de M. *** (Coypel). Par son fils. — A M. le marquis de C*** (Calvière) en lui envoyant cette élégie. — Éloge funèbre de Mme *** (Coypel), par son fils. — Epistre sur l'amitié à M. le marquis de C*** (Calvière). — (*Paris, imp. du Roy*, 1725), in-4, 8 p.

Par Charles COYPEL, d'après une note autogr. de Cangé.

Élégie sur la mort de Napoléon, suivie de ses adieux à Marie-Louise; par la veuve d'un Polonais (Mme BERNARD). *Paris, s. d.*, in-8, 15 p.

Catalogue de Nantes, nº 27131.

Élégie sur un ami fiancé avec la sœur de son ami et tué malheureusement par lui à la chasse. (Par BOUTROUX DE MONTCRESSON.) *Paris*, 1773, in-8.

Élégies. (Par M. le comte Amédée DE PASTORET.) *Paris, imp. de J. Didot*, 1824, in-8, 160 p., avec titre gravé.

Tiré à 100 exemplaires. N'a pas été mis dans le commerce.

Élégies (les) choisies des Amours d'Ovide, traduites en vers françois (par le marquis DE VILLÈNES, gouverneur de Vitry-le-François). *Paris, Barbin*, 1667, petit in-12.

Des exemplaires datés de *Paris*, chez Barbin,

1668, ou Charles Osmont, 1672, portent le nom du traducteur sur le frontispice.

Élégies d'OVIDE pendant son exil, traduites en françois le latin à côté, avec des notes critiques et historiques. (Par le P. J.-Martin DE KERVILLARS.) *Paris, d'Houry*, 1723, in-12.

Réimprimé avec le nom du P. Kervillars, qui reconnaît devoir une partie de ses observations au P. Noël-Etienne SANADON.

Élégies de M. L. B. C. (l'abbé Jean-Bernard LE BLANC), avec un discours sur ce genre de poésie. *Paris, Chaubert*, 1731, in-8.

Élégies (les) de TIBULLE, chevalier romain, en quatre livres, de la traduction de M. D. M. A. D. V. (DE MAROLLES, abbé de Villelloin). *Paris, G. de Luyne*, 1653, in-8.

Voy. « Supercheries », I, 964, *f*.

Élégies de TIBULLE, traduction nouvelle, avec des notes, et les meilleures imitations qui en ont été faites en vers françois (par le marquis Emm.-Claude-Joseph-Pierre DE PASTORET). *Paris, Jombert jeune*, 1783, in-8.

Élégies sacrées, tirées des Lamentations de Jérémie. (Par P.-T. MASSON.) *Paris*, 1754, in-12.

Élégies sur les neuf leçons de Job. (Par DE LA GROUDIÈRE.) *Paris*, 1660, in-12.   V. T.

Éléments carlovingiens, linguistiques et littéraires. (Par J. BARROIS et P. CHABAILLE.) *Paris, impr. de Crapelet*, 1846, in-4, avec pl.

Éléments complets de la langue anglaise, mis à la portée des enfants et des personnes qui veulent étudier sans maître, etc. Augmenté d'un traité complet de prononciation et d'une notice sur la langue anglaise. Par Edmond L. P. DE L. (Edmond LE POITTEVIN DE LA CROIX). *Anvers, Vve Le P (oittevin) de La Croix*, 1842, in-8, 66 p.   J. D.

Éléments d'agriculture, ou traité de la manière de cultiver toutes sortes de terres. (Par Robert-Xavier MALLET.) Nouvelle édition. *Paris, an III-1794*, in-12.

Même ouvrage probablement que le « Précis élémentaire d'agriculture », publié avec le nom de l'auteur, en 1780, *Paris, Belin*, in-12.

Éléments d'algèbre, à l'usage de l'école centrale des Quatre-Nations. (Par S.-F. LACROIX.) *Paris, an IX-1801*, in-8.

Réimprimé plusieurs fois avec le nom de l'auteur.

Éléments d'algèbre, par CLAIRAUT,

Cinquième édition, avec des notes et additions, tirées en partie des leçons données à l'Ecole normale, par Lagrange et Laplace, et précédée d'un traité élémentaire d'arithmétique (par Charles-Marie THEVENEAU). *Paris, Duprat,* an V-1797, 2 vol. in-8.

Éléments d'algèbre, par Léonard EULER, traduits de l'allemand (par J. BERNOULLY), avec des notes et additions (par Jos.-Louis LAGRANGE). *Lyon, Bruyset,* 1774 et an III-1795, 2 vol. in-8.

Éléments d'architecture, de fortification et de navigation, avec un vocabulaire français et anglais. Par P. D. L. F. (Denis-Pierre-Jean PAPILLON DE LA FERTÉ). *Paris, veuve Ballard,* 1787, in-8.

Éléments d'astronomie et de géographie, à l'usage des négocians. (Par André-Joseph PANCKOUCKE.) *Lille,* 1739, in-12.

Éléments d'économie politique, suivis de quelques vues, etc. (Par le comte Alex.-Maurice BLANC D'HAUTERIVE.) *Paris, imprimerie royale,* 1817, in-8.

Réimpr. sous ce titre : « Notions élémentaires d'économie politique... par le comte d'H*** ». *Paris,* 1825, in-8, Voy. ces mots,

Éléments d'oryctologie, ou distribution méthodique des fossiles, par M. B. C. P. de la C. de P. (Bern.-Nic. BERTRAND, conseiller palatin de la cour de Pologne). *Neufchâtel,* 1773, in-8.

Éléments de castramétrie et de tactique. (A la fin): *Sans-Souci,* le 12 novembre 1770. FRÉDÉRIC, pet. in-fol., 86 p., avec titre gravé de Schleuen et 37 pl.

Cet écrit, qui est accompagné d'une traduction allemande, a été imprimé pour la première fois dans les Œuvres de FRÉDÉRIC II, dans l'édition donnée par M. Preuss. Voir le t. XXIX.

Éléments de chimie, par Herman BOERHAAVE, traduits du latin (par J.-Nic.-Séb. ALLAMAND, et augmentés par Pierre TARIN). *Paris,* 1754, 6 vol. in-12.

Éléments de chimie théorique et pratique. (Par Louis-Bernard GUYTON DE MORVEAU, Hughes MARET et J.-Fr. DURANDE.) *Dijon, Frantin,* 1777, 3 vol. in-12.

Éléments de conversation espagnole, ou dialogues espagnols et français à l'usage des deux nations, par .... (S. BALDWIN). *Paris, L. Théophile Barrois fils,* 1803, in-8.

Éléments de docimastique, ou de l'art des essais... traduit du latin de M. CRAMER (par Jacques-François DE VILLIERS). *Paris, Briasson,* 1755, 4 vol. in-12.

La dédicace est signée: DE V****.

Éléments de finances nécessaires à tous ceux qui voudront juger avec connaissance des abus à réformer. (Par Théodore VERNIER, depuis comte de MONT-ORIENT.) *Paris, Clavelin,* 1789, in-8, 158 p.

Catalogue de Nantes, n° 42982.

Éléments de géographie. (Par P.-L. MOREAU DE MAUPERTUIS.) *Paris,* 1740, in-8.

Éléments de géographie. (Par Edm. PONELLE.) *Paris, Dauthereau,* 1827, in-32.

Éléments de géographie. (Par Denis-Pierre-Jean PAPILLON DE LA FERTÉ.) *Paris, veuve Ballard,* 1783, in-8, 116 p., avec 20 cartes géographiques.

Éléments de géographie, à l'usage des maisons d'éducation. (Par Jean-Bapt.-Gabriel-Marie DE MILCENT.) *Paris,* an IX-1801, in-12.   V. T.

Éléments de géographie, ou nouvelle méthode simple et abrégée pour apprendre en peu de temps et sans peine la géographie. On y a joint une liste des meilleures géographies et voyages dans toutes les parties du monde ; par M. D. S. H. (probablement DE SAINT-HILAIRE). *Paris, Nyon,* 1750, in-8.

Voy. « Supercheries », I, 988, c.

Éléments de géographie, précédés d'une introduction en forme de conversation. 5e édition, revue et augmentée par l'auteur (Claude-Ignace BARANTE). *Riom et Clermont, Landriot et Rousset,* 1821, in-12.

La 1re édition est de 1796.   D. M.

Éléments de géographie, suivant les meilleurs géographes, dédiés aux jeunes pensionnaires des maisons religieuses, par L*** Q*** D. G. (LE QUEU, dessinateur-géographe). (*Paris*), 1782, in-8.

Cet opuscule fut plus tard réuni à une « Description de la sphère armillaire », publiée par Le Queu, avec son nom et la qualification de maître de dessin et de géographie, *Alençon, Poulet-Malassis le jeune,* 1784, in-8.   D. M.

Éléments de géométrie, avec leurs applications au dessin linéaire et à l'arpentage ; 2e édit., revue... par M. A. E. (A. D'EYSSAUTIER), ingénieur civil, ancien professeur, etc. *Paris, Jouby,* 1760, in-12, 280 p.

Voy. « Supercheries », I, 203, f.

Éléments de géométrie de monseigneur le duc de Bourgogne. *Trévoux,* 1705, in-4.

La dédicace, au duc de Bourgogne, est de BOISSIÈRE, bibliothécaire du duc du Maine, qui se donne pour l'éditeur de cet ouvrage. On voit dans sa préface qu'il était *écrit de la propre main du prince,* et *qu'on peut dire qu'il est de sa composition ; que* cependant Nicolas DE MALEZIEU y a eu une grande part (et aussi lui est-il communément attribué) ; que le fond de ces élémens n'est pas fort différent de ceux de M. ARNAULD, qui sont beaucoup plus féconds que les élémens d'Euclide, plus aisés à comprendre et à retenir. *(Note de M. Boulliot.)*

Éléments de géométrie, ou de la mesure de l'étendue, etc., par le P. LAMY, de l'Oratoire. Septième édition, augmentée d'un abrégé de l'analyse, de l'application de l'algèbre à la géométrie, et d'un traité complet des sections coniques (par Nic. DESMAREST). *Paris, Jombert*, 1758, in-12.

Éléments de géométrie, traduits de l'anglois de Thomas SIMPSON (par Aug. DARQUIER DE PELLEPOIX). *Paris, Vincent*, 1755, in-8.

Éléments de grammaire française. (Par Edme PONELLE.) *Paris, Dauthereau*, 1826, in-32.

Forme le tome XXVIII de la « Bibliothèque économique ».

Éléments de grammaire française, par MM. A. D*** et P***, du lycée impérial (A. DUMOUCHEL fils et PICHON). *Paris, Hénée*, 1805, in-12, 2 ff. de tit., IV-112 p.

Éléments de grammaire française pour servir d'introduction au cours de grammaire générale. (Par Pierre-François-Toussaint DELARIVIÈRE.) *Caen, an VIII*, in-8.

Éléments de Jurisprudence administrative sur la propriété des biens affectés au culte et leur administration en Belgique, par H. D. K. (Henri DE KERCKOVE, docteur en droit). *Louvain, Nussart*, 1845, in-8, XXII-177 p,   J. D.

Éléments de jurisprudence, par M. R.... (RABELLEAU). *Paris, Delormel*, 1762, in-8.

Éléments de l'Architecture civile, par le P. J.-B. Izzo, traduits de l'italien par un père de la compagnie de Jésus (le P. Nicolas BOSSICART, professeur au collège Thérésien). *Vienne*, 1776, in-8.

Éléments de l'art de penser, ou la logique réduite à ce qu'elle a de plus utile, par BORELLY, suivie d'un Manuel de morale. *Liège, Dauvrin*, 1844, in-12.

M. LESPÉRANT, avoué, est l'auteur du Manuel. J. D.

Éléments de l'art des Accouchements, par J.-G. ROEDERER, traduits sur la dernière édition par M. *** (PATRIS, médecin à l'île de Cayenne). *Paris, Didot le jeune*, 1765, in-8.

Éléments (les) de l'art du comédien, ou l'art de la représentation théâtrale, par

C. P. P. D. (C.-P.-P. DORFEUILLE). *Paris, Desenne, Vente*, an IX-1801, in-12.

Ce vol. a été publié en 8 cahiers : l'ouvrage devait en avoir environ 30.

Éléments de l'art militaire, par D'HÉRICOURT, nouvelle édition, augmentée des nouvelles ordonnances militaires, depuis 1741 jusqu'à présent. (Par F.-A. AUBERT DE LA CHENAYE DES BOIS.) *Paris, Jombert*, 1752-1758, 6 vol. in-12.

Éléments de l'éducation. (Par René DE BONNEVAL.) *Paris, Prault*, 1743, in-12.

L'auteur a publié une suite, sous le titre de : « Progrès de l'éducation ». *Paris, Prault*, 1743, pet. in-8, Il en a signé l'épître dédicatoire. Enfin il a publié, avec son nom, et, comme supplément à ces deux ouvrages : « Réflexions sur le premier âge de l'homme. » *Paris, Prault*, 1751, in-8.

Éléments de l'histoire de France et romaine, de la géographie, de la fable et du blason. (Par l'abbé J.-B. MORVAN DE BELLEGARDE.) *Paris, Le Gras*, 1729, 2 vol. in-12.

Éléments de l'histoire des anciens peuples du monde.... Par M. P*** (PERREAU, gouverneur des enfants de M. de Caraman). *Paris, Costard*, 1775, in-8.

Éléments de l'histoire ecclésiastique, par l'auteur du « Nouveau Dictionnaire des hommes illustres » (l'abbé L.-Mayeul CHAUDON). *Caën, Le Roy*, 1785, in-8. — Nouvelle édition entièrement refondue. *Caen, Le Roy*, 1787, 2 vol. in-12.

Éléments (les) de l'histoire, par l'abbé DE VALLEMONT (nouvelle édition, augmentée par l'abbé L.-J. LE CLERC). *Paris*, 1729, 4 vol. in-12.

Quelques bibliographes attribuent à l'abbé GRANET les augmentations contenues dans cette édition ; ils ont été induits en erreur par le « Second Supplément au Dictionnaire de Moréri » de l'année 1749, et par le « Moréri » de 1759, à l'article de l'abbé de Vallemont. L'abbé Desfontaines, dans la table des matières du « Nouvelliste du Parnasse », assure que ces augmentations sont de l'abbé Le Clerc ; et je suis d'autant plus porté à le croire, qu'ayant inséré une notice exacte sur la vie et les ouvrages de l'abbé Granet, son collaborateur, dans le tome vingt-quatrième des « Observations sur les écrits modernes », il n'a point compris les « Élémens de l'Histoire » parmi les ouvrages réimprimés par les soins de cet abbé.

Ces « Elémens » ont encore été réimprimés en 1745 et en 1758, avec de nouvelles augmentations, dont plusieurs sont de l'abbé Goujet. L'édition de 1758 a cinq volumes ; c'est la plus estimée.

Éléments de l'histoire profane, ancienne et moderne. (Par l'abbé L.-Sébastien JACQUET DE MALZET.) *Vienne, Trattnern*, 1756, in-8.

Éléments de l'histoire romaine. (Par

Edme MENTELLE.) *Paris, Delalain*, 1766, in-12.

Réimprimés avec le nom de l'auteur en 1773, 2 vol. in-12.

Éléments de la géographie moderne, d'après les derniers traités de paix, en français et en polonais. (Par A.-J. DE WYBICKI.) *Breslau*, 1804, in-8.

Éléments de la géométrie de l'infini. (Par FONTENELLE.) *Paris, imprimerie royale*, 1727, in-4.

Éléments de la grammaire anglaise et française. Par P. P. P. (PITT, prêtre). *Rouen, veuve Trenchard-Behourt*, 1814, in-8.

Éléments de la grammaire françoise, à l'usage des enfants qui apprennent à lire, et méthode naturelle pour apprendre à lire, en deux parties. (Par François-Dominique RIVARD.) *Paris, Butard*, 1760, in-12.

Éléments de la grammaire françoise, à l'usage des petites écoles. (Par François-Dominique RIVARD.) *Paris, Butard*, 1760, in-12.

Éléments de la grammaire française de LHOMOND; mis dans un nouvel ordre et augmentés d'un petit traité de la composition. (Par Louis-Joseph ALVIN.) *Liége, de Sartorius de Laveux*, 1829, in-18, 56 p. J. D.

Éléments de la grammaire latine, à l'usage des colléges, par LHOMOND. Nouv. édit., entièrement revue et corrigée avec soin, augmentée d'un numéro d'ordre pour chaque règle, pouvant servir de questionnaire, par un professeur de l'Université (A. POILLEUX, libraire-éditeur à Paris). *Paris, A. Poilleux*, 1847, in-12.

Éléments de la guerre. (Par LE ROI DE BOSROGER.) *Paris, Valade*, 1772, in-8, XVI-319 p. et 5 pl. — *Paris, Costard*, 1773, in-8.

L'auteur a signé la dédicace.

Éléments de la langue hollandaise, par l'auteur des « Traductions interlinéaires de hollandais en français. » (Par Henri-Augustin LE PILEUR.) *Leyde et Paris*, 1807, in-8.

Éléments de la langue russe, ou méthode courte et facile pour apprendre cette langue conformément à l'usage. (Suivis d'exercices sur la langue russe, de dialogues et de 214 proverbes, par CHARPENTIER, avec l'aide et les conseils de MARIGAN.) *Saint-Pétersbourg, imp. de l'Académie des sciences*, 1768, in-8, XII-368 p. — 2ᵉ édit. *Ibid.*, 1794, in-8, XII-368 p. (et non 668). —

3ᵉ édit. *Ibid.* 1795, id. — 4ᵉ édit. *Ibid.*, 1805, id.

La dédicace au comte Wladimir Orlow signée par l'auteur a été supprimée dans les éditions suivantes qui ont reproduit servilement les erreurs et les fautes de typographie de la première.

Cet ouvrage a été imprimé avec une nomenclature bizarre et peu intelligible par J.-B. MAUDRU, dans l'ouvrage intit.: « Élémens raisonnés de la langue russe ». *Paris, Courcier*, an X-1802, 2 vol. in-8.
A. L.

Éléments de la logique françoise. Par P. D. M. (Pierre DU MOULIN, le père). *Rouen, J. Cailloué*, 1623, in-12, 6 ff. lim., 262 p. et 4 ff. de table.

Plusieurs fois réimprimée avec le nom de l'auteur. Voy. « Supercheries », III, 60, c.

Éléments de la logique, ou principes propres à former la raison avant de l'appliquer à l'étude des hautes sciences. Par M. le curé P. J. D. R. (P.-J. DE RÉ, curé à Oost-Nieuwkerke, près de Roulers). *Roulers, Bayaert-Feys*, 1817, in-8, 98 p. J. D.

Éléments de la morale universelle, ou catéchisme de la nature. Par feu M. le baron D'HOLBACH. (Ouvrage refondu et mis au jour par Jacques-André NAIGEON.) *Paris, G. de Bure*, 1790, in-18.

Éléments de la philosophie de l'esprit humain. (Par Dugald STEWART, traduit par P. PREVOST.) *Genève*, 1808, 2 vol. in-8. Tome III (traduit par François-Charles FARCY). *Genève*, 1826, in-8.

Éléments de la philosophie morale, traduits du latin de P. D. M. (Pierre DU MOULIN le père; traduits par lui-même). *Sedan, Abdias Buizard*, 1624, in-12 et in-24. — *Rouen, Jacq. Cailloué*, 1629, in-12 et in-24. — *Paris*, 1631, in-24. — *Genève, Pierre Aubert*, 1637, in-8.

Voy. « Supercheries », III, 60, f.

Éléments de la philosophie newtonienne, par le docteur PEMBERTON; traduits de l'anglois (par Elie DE JONCOURT). *Amsterdam*, 1755, in-8.

Éléments de la police d'un État. (Par Fortuné-Barthélemy DE FELICE.) *Yverdun*, 1781, 2 vol. in-12.

Éléments de la politique, ou recherche des vrais principes de l'économie sociale. (Par le comte L.-Gabriel DUBUAT-NANCAY.) *Londres*, 1773, 6 vol. in-8.

Éléments de la procédure criminelle suivant les ordonnances de France, les constitutions de Savoie et les édits de Genève. (Par Jean-Pierre SARTORIS.) *Amsterdam*, 1773, 3 vol. in-8.

Éléments de la tactique de l'infanterie, ou instruction d'un lieutenant général prussien (DE SALDERN), pour les troupes de son inspection; traduits de l'allemand, avec plans. S. l., 1783, in-8.

Éléments de mathématiques. (Par le P. PRESTET, de l'Oratoire.) *Paris, Pralard*, 1675, in-4.

Réimprimés sous le nom de l'auteur, avec des augmentations, en 1689, 2 vol. in-4.

Éléments de mathématiques de P. VARIGNON (trad. du latin par J.-B. COCHET). *Paris, P.-M. Brunet fils*, 1731, in-4.

Éléments de mécanique et de physique. Par M. *** (A. PARENT), de l'Académie royale des sciences. *Paris, de l'Aulne*, 1700, in-8.

Éléments de métaphysique. (Par Pierre DE LA ROMIGUIÈRE.) *Toulouse*, 1793, 2 cahiers in-8.

Éléments de métaphysique, tirés de l'expérience. (Par Joseph-Adrien LELARGE DE LIGNAC.) *Paris, Desaint*, 1753, in-12.

Éléments de morale, rédigés d'une manière simple, claire et proportionnée à l'intelligence des jeunes gens. Par un ancien principal de collége (Gabriel PEIGNOT). *Dijon, V. Lagier*, 1833, in-18.

Voy. « Supercheries », I, 340, a.

Éléments de musique, ou exposé des principes de cet art, détaillés par ordre, et, pour la facilité des élèves, distribués par demandes et par réponses. Rédigés par le citoyen M*** (MANGIN, professeur de musique). *Nancy, Vincent*, an IX-1801, in-8.   D. M.

Éléments de musique pratique. (Par LE NAIN.) *Londres et Paris, Dessaint junior*, 1766, in-12.

Éléments de musique théorique et pratique, suivant les principes de Rameau, avec des planches notées.(Par D'ALEMBERT.) *Paris, David*, 1752, in-8. — Nouvelle édition augmentée. *Lyon, Bruyset*, 1762, in-8, avec le nom de l'auteur.

Éléments de nouvelle tactique, ou nouvel art de la guerre; ouvrage utile à tous les militaires, et singulièrement aux commençants. (Par FIEFFÉ-LACROIX.) *Metz, Antoine aîné, imp.*, an XI-1803, in-8, XIV-503 p.

Éléments de philosophie rurale. (Par Victor DE RIQUETTI, marquis DE MIRABEAU, et Fr. QUESNAY.) *La Haye, libraires associés*, 1767, 1768, in-12.

Éléments de physiologie. (Par Bern.-Nic. BERTRAND.) *Paris*, 1756, in-12.

Éléments de physiologie, traduits du latin de HALLER (par Pierre TARIN). *Paris*, 1752 ou 1761, in-12.

C'est la même édition sous deux dates.

Éléments de physique, par Jean LOCKE; avec les pensées du même auteur sur la lecture et les études qui conviennent à un gentilhomme; ouvrages nouvellement traduits de l'anglois (par Jean SALVEMINI DE CASTILLON). *Amsterdam et Leipsic, Schreuder*, 1757, in-8.

Éléments de plain-chant à l'usage des séminaires, des colléges; par un prêtre du diocèse de Nancy (M. LANGE, curé de Saint-Nicolas). *Nancy, Vagner*, 1846, in-8.

Éléments de poésie françoise. (Par l'abbé Claude JOANNET.) *Paris*, 1752, 3 vol. in-12.

Ouvrage qui a été mis à contribution par les rédacteurs de l'Encyclopédie ; ils ont pris entre autres l'article « Jeux de mots », mais sans nommer l'auteur.

Éléments de poésie latine, où les règles ont pour exemple des vers qui renferment un trait ingénieux ou une pensée morale... (Par l'abbé Jean-Charles-François TUET.) *Sens, Tarbé; Paris, Gogué*, 1778, 1783, in-12.

Éléments de prosodie à l'usage des élèves du collége de Liége. (Par J.-H.-Ch.-Aug. LIOULT DE CHÉNÉDOLLÉ, né à Hambourg, mort à Bruxelles le 11 février 1862.) *Liége* (vers 1827), in-12.

Éléments de rhétorique et de l'art d'écrire, extraits des éléments de littérature de 'Marmontel. (Par F. VALENTIN.) *Paris, Delalain*, 1820, in-12.

Éléments de rhétorique française. (Par Edme PONELLE.) *Paris, Dauthereau*, 1826, in-32.

Forme le 29e volume de la « Bibliothèque économique ».

Éléments de séméiotique. Dictionnaire des symptômes. Dictionnaire des pronostics. Par M. M. D. T. (Michel DU TENNETAR), docteur et professeur en médecine. *Bouillon*, 1777, 2 part. in-12.

Éléments de topographie militaire, ou instruction détaillée sur la manière de lever à vue et de dessiner avec promptitude les cartes militaires, par J.-L.-G. HAYNE, ingénieur royal au service de Prusse, ouvrage traduit de l'allemand; revu et augmenté de notes et figures additionnelles, par un officier au corps impérial du génie de France (BAYARD). *Paris, Magimel,* 1806, in-8.

Éléments des finances. (Par DUVAL.) *Paris,* 1736, in-fol.   V. T.

Éléments des preuves de la religion en forme de dialogues d'un père avec ses enfants. (Par J.-M. RÉPÉCAUD.) *Besançon, Petit,* 1820, in-12.

Éléments des sciences et des arts littéraires, traduits de l'anglois de Benjamin MARTIN (par Philippe-Florent DE PUISIEUX). *Paris, Nyon,* 1756, 3 vol. in-12.

Éléments (les) des sections coniques, démontrées par la synthèse (par Antoine-René MAUDUIT); ouvrage dans lequel on a renfermé le petit traité des sections coniques de M. DE LA HIRE. *Paris, Desaint,* 1757, in-8.

Éléments du calcul des probabilités, par CONDORCET (publiés par Fr.-Jos.-Mar. FAYOLLE). *Paris, Royez,* 1805, in-8.

Éléments du commerce. (Par Fr. VÉRON DE FORBONNAIS.) *Leyde et Paris,* 1754. — Nouvelle édition, augmentée. *Paris, an IV-*1796, 2 vol. in-12.

Éléments généraux de police, traduits de l'allemand de JUSTI (par Marc-Ant. EIDOUS). *Paris, Rozet,* 1769, in-12.

Éléments généraux des principales parties des mathématiques nécessaires à l'artillerie et au génie, par l'abbé DEIDIER. Nouv. édit. dirigée, rectifiée... par l'auteur de la « Théorie des êtres sensibles » (l'abbé PARA DU PHANJAS). *Paris, Jombert,* 1773, 2 vol. in-8, fig.

Éléments géographiques, ou description abrégée de la surface du globe terrestre. (Par l'abbé L.-Sébastien JACQUET DE MALZET.) *Vienne, Trattnern,* 1755, in-8.

Éléments historiques, ou méthode courte et facile pour apprendre l'histoire aux enfants. (Ouvrage traduit du latin d'un jésuite allemand, par l'abbé J.-B. DROUET DE MAUPERTUY.) *Paris, Cailleau,* 1730, 2 vol. in-12.

Éléments philosophiques du citoyen, traité politique où les fondements de la société civile sont découverts, par Thomas HOBBES; traduits en françois par un de ses amis (Samuel SORBIÈRE). *Amsterdam, Jean Blaeu,* 1649, in-8. — *Paris, veuve Pépingué,* 1651, in-8.

Réimprimés en 1787, avec les traductions de deux autres ouvrages de l'auteur, sous le titre d' « Œuvres philosophiques et politiques de HOBBES ». V. ces mots.

On recherche les exemplaires de l'édition d'Amsterdam, contenant. le portrait de l'auteur et une curieuse épître dédicatoire au duc de Devonshire.

Voy. « Supercheries », 1, 307, *e,* et 313, *d.*

Éléments (les), poëme. (Par DE LAVERGNE, conseiller au présidial de Villefranche en Rouergue.) *La Haye, P. Gosse; et Paris, J.-P. Costard,* 1770, in-8, 32 p.

Éléments primitifs des langues découverts par la comparaison des racines de l'hébreu avec celles du grec, du latin et du françois. (Par l'abbé N.-S. BERGIER.) *Paris, Humblot,* 1764, in-12. — Nouvelle édition (avec le nom de l'auteur, augmentée d'un essai de grammaire générale, par l'imprimeur-éditeur (P.-J. PROUDHON, alors compositeur d'imprimerie). *Besançon, imp. de Lambert,* 1837, in-8.

P.-J. Proudhon vendit à l'épicier ce qui lui restait de cette édition. Un libraire racheta ces exemplaires, et, en 1852, les mit en vente avec le nom du célèbre socialiste. De là, procès. Voir pour les détails : « P.-J. Proudhon et les Majorats littéraires ». *Paris,* 1863, in-12 de 262 p., note 1 de la p. 62.

Éléments succincts de la langue et des principes de la botanique, ouvrage orné de 16 planches en taille-douce, avec leur explication. (Par L.-C.-P. AUBIN.) *Paris, Baudouin, an XI-1803, in-8.   D. M.

Éléments théoriques et pratiques du jeu des échecs, avec des réflexions morales, politiques et militaires, relatives à ce jeu. (Par Louis-F.-J. HOCQUART.) *Paris,* 1810, in-8.

Éléonore d'Amboise, duchesse de Bretagne, roman historique; par M. DEV. (Anne-Pierre-Jacques DEVISMES DU VALGAY). *Paris, Guillemot,* 1807, 2 vol. in-12.

Éléonore de Fioretti. (Par DE NORMANDIE, sous-préfet de Béthune.) *Douai, imp. de Wagrez,* juin 1823, in-12.

Éléonore de Rosalba, ou le confessionnal des pénitents noirs, par Anne RADCLIFFE. (Traduit en français par Mary GAY-ALLARD.) *Paris,* 1797, 7 vol. in-18.

Éléonore et Monval, nouvelle, par J.-H. H. (J.-H. HUBIN, de Huy). *Bruxelles, Stapleaux,* 1798, in-18.

Voy. « Supercheries », II, 402, *a.*

Éléonore et Sophie, ou les leçons de l'amitié, ouvrage dédié à la jeunesse, par l'auteur d' « Armand et Angela » (Mlle Désiré CASTÉRA). *Paris, L. Collin,* 1809, 3 vol. in-12.

Éléonore Powle, par l'auteur de : « le Vaste monde » et de « Queechy » (miss

Susan WARNER, connue sous le nom d'Elisabeth WETHERELL). Traduit de l'anglais. *Paris, Lévy frères*, 1865, 2 vol. in-12.

Éléphants (les) détrônés et rétablis, apologue historique indien, par M. A. L. LE D**** (Auguste-Louis LEDRECT, de Paris). *Paris, L.-G. Michaud*, 1814, in-8.

Dédié à Son Altesse royale Monsieur, frère du roi, lieutenant général du royaume.

Élévation du chrétien malade et mourant. (Par l'abbé Jean-Paul PÉRONET.) *Paris*, 1764, in-12.

Élévations sur la vie et les mystères de Jésus-Christ, par l'auteur du « Sacrifice de la messe » (l'abbé François PLOWDEN). Ouvrage publié par l'abbé SICARD. *Paris*, 1806, 2 vol. in-12. — Seconde édition, augmentée d'une notice sur l'auteur. *Paris, Letellier*, 1809, 2 vol. in-12.

Élève (l') d'Alfort et le chirurgien de vaisseau, pièces nationales et anecdotiques. (*Marseille*), 1791, in-8, 2 ff. lim., VIII-80 p. et 1 f. d'errata.

La dédicace est signée : S. LEU.

Élève (l') de l'Ecole polytechnique, ou la révolution de 1830, par Hippolyte W... (WALLÉE). *Paris, Lachapelle*, 1830, 3 vol. in-12.

Élève (l') de la nature. (Par Gasp.-Guillard DE BEAURIEU.) *La Haye et Paris*, 1763; — *Amsterdam*, 1764, 2 vol. in-12. — Nouvelle édition, augmentée. *Lille, G.-F.-J. Lehoucq*, 1771, 1777, 1783, 3 vol. in-12. — *Genève*, 1790, 2 vol. in-8. — *Paris*, 1794, 3 vol. in-12.

Il existe une édition de cet ouvrage avec le nom de J.-J. ROUSSEAU.

L'édition de Genève diffère des autres en ce qu'on en a retranché le 3e volume pour y substituer d'autres détails plus liés au corps de l'ouvrage.

Élève (l') de la raison et de la foi. (Par l'abbé DE BERNIÈRE, curé de Thorigné.) *Au Mans, Charles Monnoyer*, 1771, 2 vol. in-12.

Voy. les extraits du « Journal de Paris » placés en tête du tome I de la 2e éd. de ce « Dictionnaire », p. xliij et suiv.

Élève (l') de Minerve, ou Télémaque travesti, en vers. (Par Jean-Baptiste DE JUNQUIÈRES.) *Senlis et Paris, Duchesne*, 1759, 3 vol. in-12.

Élève (l') de Saint-Denis, par Mme P..... C... (CHAS). *Paris , rue Saint-André-des-Arts*, 30, 1829, 3 vol. in-12.

Élève (l') de Terpsicore, ou le nourrisson de la Satire (recueil publié par L. DE BOISSY). *Amsterdam*, 1718, 2 vol. in-12.

Élève (l') du Plaisir, traduit de l'anglois de M. PRATT (par A.-J. LEMIERRE D'ARGY). *Paris, T. Barrois*, 1787, 2 vol. in-12.

Élexir.

Voy. « Elixir ».

Elfrida, imité de l'anglais par M. B. DE LA L... (F.-L.-Mar. BELIN DE LA LIBORLIÈRE), auteur de «Célestine ». *Hambourg*, 1798, 2 vol. in-12.

Voy. « Supercheries », I, 479, a.

Elfrida, ou l'ambition paternelle ; traduit de l'anglais (par F.-J. MOREAU). *Paris*, 1798, 3 vol. in-12, fig.

Elfrida, ou la vengeance, tragédie en cinq actes, par l'auteur de « Marie de Bourgogne » (M. Edouard SMITS). *Bruxelles, Tarlier*, 1825, in-8.

Élie Mariaker. (Par Evariste BOULAY-PATY.) *Paris, Dupuy*, 1834, in-8.

Éligible (l'), tableau électoral en un acte et en vaudeville, par MM.*** (T. SAUVAGE et E.-J.-E. MAZÈRES) ; reçu, répété et non représenté au théâtre du Gymnase dramatique. *Paris, Ladvocat*, 1822, in-8, 2 ff. de titre et 44 p.

Réimprimé en 1825 avec les noms des auteurs.

Voy. « Supercheries », III, 1103, f.

Élina et Nathalie, ou les Hongrois, drame en trois actes, trad. de Kotzebue, et arrangé par les cit. DE*** (Hyacinthe-Eug. LAFFILARD, dit DECOUR) et DUMANIANT. *Paris*, an X, in-8.

Catalogue Soleinne, supplément, no 2240.

Élisa Bermont, par madame de *** (D'ARGEBOUSE). *Paris, Ch. Pougens*, an XI-1803, 2 vol. in-12, fig.

Élisa et Widmer. (Par Rodolphe TOPFFER.) *Genève*, 1834, in-8.

Élisa, ou le voyage au mont Bernard, opéra en deux actes. Paroles du citoyen R. S. C. (Jacques-Antoine DE RÉVÉRONI SAINT-CYR). Musique du citoyen Cherubini. *Paris, Huet* (1795), in-8, 44 p.

Voy. «Supercheries », III, 470, a.

Élisa, ou les trois chasseurs ; par l'auteur de la « Princesse de Chypre » (Ursule SCHEULTERIE, pseudonyme de Mlle Mélanie BOILEAU). *Paris, Fréchet*, 1808, 2 vol. in-12.

Élisabeth Allen, ou le serviteur fidèle, imité de l'anglais. Par Mme R. C. (Mme RILLIET DE CONSTANT). *Genève*, 1836, in-12.

Élisabeth de France, sœur de Louis XVI, tragédie en trois actes et en vers. (Par

GAMOT, ancien préfet de l'Yonne.) *Paris, Robert*, 1797, in-8, VIII-47 p. — *Paris, Robert*, 1797, in-18, XVI-88 p., fig. — Nouv. édit. *Paris, Lebègue*, 1814, in-8, 38 p.

Donné sous ce nom dans le catalogue Soleinne, n° 2511, et attribué par erreur, dans le même catalogue, n° 3174, à Et. AIGNAN et à J.-J.-G. BERTHEVIN.

Élisabeth de S...., ou l'histoire d'une Russe, publiée par une de ses compatriotes (madame DE GOLOWKIN). *Paris, Ducauroy*, 1802, 3 vol. in-12.

Élisabeth, héritière de Toggenbourg, ou histoires des dames de Sargans.... trad. de l'allem. (de Mme Bénéd. NAUBERT). *Paris, J. Baillio*, an V, 6 vol. in-18.

Marc, dans son « Dictionnaire des Romans », attribue cet ouvrage à M.-G. LEWIS.

Élisabeth Lange, ou le jouet des événements ; par M. L*** (Louis-Pierre-Prudent LE GAY), auteur d' « Églai, ou amour et plaisir », et de « l'Infidèle par circonstance ». *Paris, Chaumerot*, 1808, 3 vol. in-12.

Élisabeth, ou les exilés de Sibérie. (Par Mme COTTIN.) Précédée d'une notice historique sur l'auteur. (Par L.-G. MICHAUD.) *Paris, Chassaignon*, 1833; 2 vol. in-18.

La notice sur Mme Cottin est extraite de la « Biographie universelle ».

Élisabeth, roman. (Par Fr.-Albine PUZIN DE LA MARTINIÈRE, dame BENOÎT.) *Amsterdam (Lyon)*, 1766, 4 parties in-12.

Élise, ou l'idée d'une honnête femme. (Par Alexis-Jean LE BRET.) *Amsterdam et Paris*, 1766, in-12.

Ce volume n'est autre chose que la seconde partie de l' « Honnête Femme » du père DU BOSC, cordelier, publiée pour la première fois en 1634, dont le style a été légèrement retouché par Le Bret.

Élise. Par l'auteur du « Journal de Lolotte » (la baronne Fréd.-Henr. WIESENHUTTEN). *Paris, Ouvrier*, an X-1801, 2 vol. in-12.

Élite de poésies décentes. (Recueillies et publiées par Laur.-P. BÉRENGER ou par l'abbé J.-Ant. DE LA SERRE.) *Lyon*, 1772, 3 vol. in-12.

Élite de poésies fugitives. *Londres (Paris)*, 1769, 5 vol. in-12.

Les trois premiers volumes ont été choisis par BLIN DE SAINMORE, et les deux autres par LUNEAU DE BOISJERMAIN.

Élite de quatrains moraux imités de PIBRAC, DU FAUR et MATHIEU, suivie de maximes et adages, par J. A. M.... (Jean-

Antoine MARC, de Vesoul). *Paris, Villier*, an IX-1801, in-8.

Voy. « Supercheries », II, 359, *c*.

Élite des nouvelles de toutes les cours de l'Europe. (Par Gatien DE SANDRAS DE COURTILZ.) Janvier-mai. *Amsterdam, Louis Duval*, 1698, 5 vol. in-12.

Cet ouvrage a été supprimé au cinquième mois, et l'imprimeur banni d'Amsterdam. (Dictionnaire de Prosper Marchand, t. I, p. 293.)

Élixir américain, ou le salut des dames par rapport à leurs maladies particulières. (Par Et. CHARDON DE COURCELLES.) *Châlons*, 1771, in-8. — 5e éd. *Châlons*, 1787, in-12.

Élixir de la morale indienne... (Par Rob. DODSLEY.) 1760.

Voy. « Economie de la vie humaine ».

Élixir (l') littéraire, ou journal de l'Europe. (Par J.-Fr. DE BASTIDE.) 1766, 3 vol. in-12.

Éliza Rivers, ou la favorite de la nature, roman traduit de l'anglais, par Mme S. *Paris, Ladvocat*, 1823, 5 vol. in-12.

D'après M. de Manne, ce roman serait traduit de miss Mary BRUNTON, par la comtesse MOLÉ, née DE LA BRICHE, et un romancier nommé Charles-Frédéric Faillot passerait pour n'avoir pas été étranger à cette traduction, ainsi qu'à la plupart de celles que Mme Molé a faites de l'anglais.

D'après Quérard, l'auteur serait miss KELTEY, et le traducteur Mme Sophie PANNIER.

Enfin ce roman a aussi été attribué à miss BAILLIE.

Elle est morte ! ou quelques fleurs à la reine d'Angleterre ; par A. T. D. DE SAINT-A. (Antoine-Toussaint DESQUIRON DE SAINT-AIGNAN), auteur de l' « Histoire du procès de la reine d'Angleterre », etc. *Paris, Dondey-Dupré*, 1821, in-8, 8 p.

Voy. « Supercheries », I, 394, *a*.

Ellen Percy, ou leçons de l'adversité, roman traduit de l'anglais par Mme de M. (Mlle FOURCHEUX DE MONTROND, du canton de Vaud). *Paris, Lelong*, 1818, 3 vol. in-12.

Ellival et Caroline. Par M. le comte DE L. (Bernard-Germain-Étienne LA VILLE-SUR-ILLON, comte DE LACÉPÈDE). *Paris, Panckoucke*, 1816, 2 vol. in-12.

Elma, ou le retour à la vertu. Par Mme S. H. D*** (D'ISJONVAL), auteur de « Miss Below » et du « Lord Clarendon ». *Paris, Chaumerot*, 1808, 2 vol. in-12.

Elmine, ou la fleur qui ne flétrit jamais. (Par Chr.-Fr.-Ph. MASSON.) *Berlin*, 1790, in-8.

Ce conte se trouve aussi dans le « Journal encyclopédique », 1790, t. VIII, et dans l' « Esprit des journaux ».

Éloge à l'allemande des réflexions sur les sermons nouveaux de M. Bossuet, par M. l'abbé Maury, vicaire général, chanoine et official de Lombez... Par M.*** (l'abbé Jean-Joseph RIVE). *A Eleutheropolis, chez Alethophile,* l'an des préjugés littéraires, 1773, in-8, 95 p.

Éloge de l'**agriculture**, poëme, par M. J. F. M. (J.-Fr. MUTEL DE BOUCHEVILLE). 1808, in-8.

Voy. « Supercheries », II, 398, *b*.

Éloge de M. d'**Alembert** (par CONDORCET), lu dans l'assemblée publique de l'Académie des sciences, le 21 avril 1784. *Paris, Moutard,* 1784, in-12.

Éloge du cardinal d'**Amboise**. Discours prononcé (par l'abbé BURGEVIN) en 1786, dans une séance publique de l'Académie roy. des sciences et belles-lettres d'Angers. *Angers, impr. de Mame,* 1786, in-8.

Éloge de l'**asne**, par un docteur de Montmartre (dom Joseph CAJOT). *Londres et Paris,* 1769, in-12.

Voy. « Supercheries », I, 968, *c*, et III, 114, *d*.

Éloge de Tite **Antonin**, par M. le baron D*** (DESLYONS). *Liège,* 1778, in-8, 72 p.

Voyez ci-après : « Éloge de Montauzier ».

Éloge de M. **Aubry**, ancien prieur bénédictin, membre de l'Académie de Nancy. (Par Étienne PSAUME.) *Nancy et Paris, Colas, s. d.,* in-8, 53 p.

Éloge (l') et les devoirs de la profession d'**avocat**. (Par Fr. FYOT DE LA MARCHE, baron DE MONTPONT.) *Paris, Nic. Mazuel,* 1713, in-12.

Éloge de M. Augustin-François **Bailliet**, prêtre du diocèse de Paris. (Attribué à Ch.-J. SAILLANT.) *Paris, Charpentier,* 1808, in-8, 71 p.

Éloge historique de J. Silvain **Bailly**, au nom de la république des lettres, par une société de gens de lettres ; suivi de notes et de quelques pièces en prose et en vers. *Londres, S.-P. Rinistad-Stumear (Paris),* 1794, in-18.

Ouvrage tiré sur papier vélin, à vingt-cinq exemplaires seulement. Six exemplaires ont été tirés avec un deuxième titre qui porte : Par MÉRARD DE SAINT-JUST.

Éloge funèbre de T. H. et P. Sgr messire François-Louis, marquis de **Bassom**-

pierre, seigneur de Dombal... *Nancy,* 1715, in-4.

Par l'abbé MARTEL, précepteur du marquis mort âgé de 15 ans.

Catalogue Noël, nº 2255.

Éloge de Pierre du Terrail, appelé le chevalier **Bayard**, sans peur et sans reproche. (Par l'abbé Hugues DUTEMS.) *Paris, Vulade,* 1770, in-8.

Éloge du **beau sexe**. Publié par M. C***. *Paris, Dubois,* 1773, in-8.

Par COULON, d'après une note mss. de Jamet.

Éloge de messire Jean-Baptiste-Charles-Marie de **Beauvais**... prononcé le 1er décembre 1806, dans une assemblée composée de parents et d'amis de ce prélat... par l'éditeur des « Sermons de M. l'ancien évêque de Senez » (l'abbé GALLARD). *Paris, imp. de l'institution des Sourds-muets,* 1807, in-12, 60 p.

Ce n'est que la moitié de l'éloge. L'auteur est mort avant d'en avoir publié la fin.

L'abbé Gallard ressemblait un peu à un théologien bavarois nommé Thomas Raselbach, lequel, ayant entrepris de composer un traité sur le prophète Isaïe, et de l'enseigner publiquement à Vienne, y employa vingt-deux ans, sans en achever seulement le premier chapitre, qui demeura imparfait par la mort de ce docteur.

Ce même abbé Gallard avait été chargé en 1786, par l'assemblée du clergé de France, de préparer l'édition complète des *Œuvres* de l'illustre Fénelon : ses recherches furent si lentes, qu'on a été obligé de le débarrasser de ce travail pour le confier au P. Querbeuf, ex-jésuite, qui ne s'en est pas trop bien acquitté ; car les neuf volumes qu'il a publiés n'offrent aucun travail littéraire sur les ouvrages qu'ils reproduisent.

Éloge historique de Gaspard-François **Belou de Fontenay**, lieutenant général, etc., par l'auteur des « Mémoires du chevalier de Kilpar » (Louis-Laurent-Joseph GAIN DE MONTAGNAC). *Nevers et Paris, Durand neveu,* 1770, in-8, 30 p.

Éloge de Georges-Louis de **Berghes**, évêque et primat de Liège, etc., composé par J.-F. B. (Jean-François BASSOMPIERRE, imprimeur). *Liège et Bruxelles, François Bassompierre et Delorme* (vers 1845), in-12.
Ul. C.

Éloge du cavalier **Bernin**. (Par l'abbé DE LA CHAMBRE.) *Paris,* 1687, in-4.

Éloge de monseigneur Louis-Antoine de Gontaut, duc de **Biron**, pair et maréchal de France. (Par l'abbé BARRAL, professeur d'éloquence au collège royal de Montpellier.) *S. l.,* 1776, in-8.

Éloge de **Blanche de Castille**, présenté aux jeux Floraux, 1828. (Par Eug. BOULLAY.) *Paris, J. Pinard* (1828), in-8.

Éloge historique de M. Charles-Guillaume Loys de **Bochat**, lieutenant-baillival et contrôleur général à Lausanne, etc. (Par CLAVELS DE BREULES.) *Lausanne,* 1755, in-8.

Réimprimé dans le dix-septième volume de la « Nouvelle Bibliothèque germanique », par Formey.

Éloge de **Boileau**, an XI. (Extrait d'une brochure intitulée : « Essai de poésie et d'éloquence », par J.-Pons-Guillaume VIENNET.) *Paris, Fusch,* an XIII-1805, in-8.

Éloge de **Boissier de Sauvages**. (Par E.-H. DE RATTE.) *Lyon,* 1768, in-4.   V. T.

Éloge de **Bonaparte**, par un ami de la paix. *Nismes, B. Farge,* an VIII, in-12.

Signé : A... L... (A. LAVANT).

Éloge funèbre du marquis de **Bonchamps**... prononcé sur sa tombe, le 18 octobre 1817, jour anniversaire de sa mort. (Par Mathurin-Jos. MARTIN, curé de Montevrault.) *Paris, impr. de Lebègue* (*s. d.*), in-8.

Éloge de la ville de **Bordeaux**. (Par l'abbé Pierre JOUBERT, chanoine.) 1767, in-12.

Éloge du citoyen **Bosquillon de Bouchoir**. (Par BOUCHER, de Montdidier.) *S. l.* (1800), in-4, 11 p.

Éloge de **Bossuet**. (Par DE BALLAINVILLIERS.) *Paris, Pillet aîné,* 1826, in-8, 62 p.

Éloge historique de M. l'abbé **Boullemier**, garde de la bibliothèque de Dijon. (Par P.-L. BAUDOT l'aîné, de l'Académie de Dijon.) *Dijon, veuve Frantin,* an XII-1803, in-8.

Éloge historique de monseigneur le duc de **Bourgogne**. *Paris, Impr. royale,* 1761, in-8.

Signé : LE FRANC DE POMPIGNAN.

Éloge histor. et critique de M. **Breyer**, chanoine de l'église de Troyes. (Par Pierre-Jean GROSLEY.) *S. l.* (*Troyes*), 1753, in-12.

Éloge du bienheureux Laurent de **Brindes** ; discours prononcé lors de la solennité de sa béatification. (Par Charles-Louis FONTAINES, archidiacre du diocèse de Lausanne.) *Fribourg,* 1784, petit in-8.

Éloge de la **Brotiade** (poëme par Julien Pascal), par un enthousiaste (Jean-Marie CHASSAIGNON), étrennes à l'auteur. *Genève* (*Lyon*), 1779, in-12.

M. Weiss s'est trompé en donnant à cet écrit le titre d' « Éloge de la Brotiade » (Biographie universelle, t. LX, p. 526). Il aura sans doute été induit en erreur par M. Breghot du Lut, qui a commis la même faute dans ses *Mélanges biographiques et littéraires pour servir à l'histoire de Lyon.* Lyon, 1828, t. I, p. 401. Voy. ci-dessus l'art. Brotiade, IV, 462, *f*.

Éloge historique de **Callot**, noble lorrain, célèbre graveur... *Bruxelles,* 1766, in-8.

Signé : F. HUSSON, religieux cordelier.

Éloge de M. **Capperonnier** (Claude). *S. l.* (1747), in-8, 16 p.

Signé : C.-H. LE FEBVRE DE SAINT-MARC.

Éloge de **car**, dédié à la langue française, à l'usage des personnes qui se servent de car, et qui s'intéressent aux beautés de la langue. (Par l'abbé Léonor-J.-Christine-Soulas D'ALLAINVAL.) *Paris, Ant. de Heuqueville,* 1731, in-12.

Éloge de **Catilina**, dans lequel on venge ce Romain célèbre des calomnies de Cicéron... (Par l'abbé Jean-Claude LUCET.) *Amsterdam* (*Paris*), 1780, in-8.

Éloge de Nicolas **Catinat**... suivi de notes et de pièces historiques. (Par Augustin-Martin LOTTIN.) *Paris, Lottin aîné,* 1775, in-8.

Éloge du maréchal de **Catinat**. (Par Jacq.-Ant.-Hipp. DE GUIBERT.) *Edimbourg,* 1775, in-8.

Éloge du maréchal de **Catinat**, dédié à lui-même ; discours qui n'a point concouru pour le prix de l'Académie françoise. (Par Rob.-Mart. LE SUIRE.) *Amsterdam et Paris, Quillau,* 1775, in-8.

Éloge de M. de **Caumartin**, évêque de Blois, lu à l'Académie royale des inscriptions et belles-lettres. (Par Cl. GROS DE BOZE.) *Blois, imp. de P.-J. Masson,* 1740, in-4.

Éloge funèbre consacré au Dieu tout-puissant, et à la mémoire immortelle de M. de **Caylus**, évêque d'Auxerre. (Par l'abbé François-André POTEL.) *Auxerre,* 1754, in-12.

Cet éloge en style lapidaire est en latin et en français.

Éloge funèbre de M. de **Caylus** en vers. (Par S. DE SAINT-ABEL.) *Auxerre,* 1754, in-12.   V. T.

Éloge de **Cazalès**, député aux États-Généraux, par l'auteur de l'ouvrage intitulé « de l'Influence des romans sur les mœurs » (REYNOUARD d'Avignon). *Paris, Grabit*, 1820, in-8, 45 p.

Éloge de **Charlemagne**, suivi du discours de réception de son auteur à l'Académie française, par un ami de M. d'Arlincourt (TEZÉNAS). *Paris, Dentu*, 1818, in-8, 16 p.

Éloge de **Charles V**, roi de France. Discours qui a concouru pour le prix de l'Académie française, en 1767. (Par Gabriel-Henri GAILLARD.) *Paris, veuve Regnard*, 1767, in-8.

Éloge de **Charles V**, surnommé le Sage, roi de France. (Par GUYTON DE MORVEAU.) *Amsterdam et Paris, Valleyre jeune*, 1767, in-8, 1 f. de tit. et 70 p.

Éloge de **Charles V**, roi de France, surnommé le Sage. (Par L.-S. MERCIER.) *Amsterdam*, 1767, in-8, 55 p. — Autre édit. *S. l. n. d.* (1768), in-8, 46 p.

Éloge de **Charles V**, dit le Sage, roi de France. (Par Jean-Sylvain BAILLY.) *S. l.* (1770), in-8, 24 p.

Éloge historique de **Charles-Emmanuel III**, roi de Sardaigne, par le comte sénateur T. DE F. (TORINI DE FOGARIERRA). *Milan*, 1739, in-8.   Melzi.

Éloge funèbre de M. **Charlot**, curé de la paroisse de Notre-Dame de Nancy, décédé le 15 mars 1826, par M. S. A. (S. ADAM, avocat). *Nancy, Ch. Lescure*, in-4.

Éloge (l') de la **chasse**, avec plusieurs aventures surprenantes et agréables qui y sont arrivées. (Par le chevalier DE MAILLY.) *Paris, Nyon*, 1723; — *Amsterdam*, 1724, in-12, front. gr.

Éloge de M.-J. de **Chénier**, membre de l'Académie française et de la Légion d'honneur; suivi d'un catalogue raisonné de tous ses ouvrages, par J. L. (J. LINGAY). *Paris, Rosa*, 1814, in-8, IV-99 p.

Éloge de la **chirurgie**. (Par COUANIER-DESLANDES, chirurgien-major dans les possessions françaises de Saint-Domingue.) *Paris, Dufour*, 1768, in-12.

Voy. Hauréau, « Hist. littér. du Maine, » 2e édit. (1871), t. III, p. 147.

Éloge historique de madame la comtesse de **Choiseul-Daillecourt**. (Par l'abbé MÉRAULT.) *Orléans, imp. de Darnault-Maurant*, 1818, in-8.

Éloge historique de M.-T. **Cicéron**. (Par Pierre POTIER, abbé, né dans le diocèse de Coutances, le 5 juin 1750.) *Lisieux*, 1776, in-8, 76 p.

Éloge de J.-Bapt. **Colbert**, discours qui a remporté le prix de l'Académie françoise en 1773. (Par NECKER.) *Paris, J.-B. Brunet*, 1773, in-8.

Éloge de J.-B. **Colbert**, discours qui a obtenu le second accessit au jugement de l'Académie françoise, en 1773, par M. P******* (Jean DE PECHMEJA). *Paris, Brunet et Demonville*, 1773, in-8, 52 p.

Éloge de **Colbert** qui a concouru pour le prix de l'Académie françoise, par M. L*** R*** (l'abbé Joseph-Honoré REMY). *Paris, Valade*, 1773, in-8.

Éloge de **Colbert**, n° 41. (Par Jean-Baptiste-Bertrand DURBAN.) *Paris, Prault*, 1773, in-8, 64 p.

Éloge de M. l'abbé de **Condillac**, prononcé dans la Société royale d'agriculture d'***, le 18 de janvier 1781. (Par Cl. DE LOYNES D'AUTROCHE.) *Amsterdam*, 1781, in-12.

Éloge historique de M. de **Coppet**. (Par J. PERDRIAU.) *Genève*, 1785, in-8.

Éloge de Pierre **Corneille**, qui, au jugement de l'Académie de Rouen, a obtenu l'accessit du prix d'éloquence en 1768, par M.*** (Jean-Sylvain BAILLY). *Rouen, Machuel; et Paris, Saillant*, 1767, in-8.

Réimprimé avec des changements en 1770. Voy. ci-après, « Eloges de Charles V, de Molière, de Corneille... »

Éloge de **Corneille**. (Par DE MONTYON.) *Londres, de l'imp. de P. da Ponte, s. d.* (vers 1807), in-8, 43 p.

On dit en note que, par des considérations particulières, cet éloge n'a point été admis au concours ouvert par l'Institut national.

Voyez la « Biographie universelle », au mot Montyon.

Éloge de Pierre **Corneille**, discours qui a concouru pour le prix d'éloquence proposé par la classe de la langue et de la littérature françaises de l'Institut, par M. G. D. L. B*** (Paul-Philippe GUDIN DE LA BRENELLERIE). *Paris, C.-F. Patris*, 1808, in-8.

Éloge de Pierre **Corneille**; par M. A. J. (Ant. JAY). *Paris, L. Collin*, 1808, in-8, 45 p.

Éloge de P. **Corneille**, par un jeune Français (Jules PORTHMANN). *Paris, Martinet*, in-8, 44 p.

Éloge historique de M. **Coustou** l'aîné, sculpteur ordinaire du roi... auquel on a joint des descriptions raisonnées de quelques ouvrages de peinture et de sculpture.

(Par Cousin de Contamine.) *Paris, Huart,* 1737, in-12.

On s'avisa, dit l'abbé Goujet dans son catalogue manuscrit, de trouver le prétendu jansénisme dans quelques-unes de ces descriptions ; et Lancelot, qui les a approuvées comme censeur, manqua d'être révoqué.

Éloge historique de M. Jolyot de **Crébillon**, de l'Académie françoise. *S. l. n. d.,* in-12.

Attribué par les uns à de La Place et par d'autres à Crébillon fils.

Éloge de M. de **Crébillon** (ou plutôt, satire contre Crébillon, par Voltaire). *Paris,* 1762, in-8, 1 f. de tit. et 34 p.

Éloge de madame **Dacier**. (Par Pierre-Jean Burette.) *Paris, P. Witte,* (1721), in-4.   V. T.

Éloge chrétien de monseigneur Louis, **Dauphin**, présenté à Clément XIII. *Rome, Salomoni,* 1766, in-18.

Signé : l'abbé de Caveirac.

Éloge du vrai sage, pour le jour de l'anniversaire de monseigneur le **Dauphin**, par M. L*** D*** (l'abbé Delfaud). *Paris, Simon et Bauche,* 1766, in-8, 119 p.

Réimprimé la même année avec le nom de l'auteur.

Éloge de monseigneur le **Dauphin**, père de Louis XVI. (Par P.-L.-Cl. Gin.) *Lyon et Paris, Moutard,* 1779, in-8, 58 p.

Inséré dans le tome cinquième de « la Religion, par un homme du monde ».

Éloges historiques de Louis, **Dauphin** de France, par M. l'abbé *** (de Bonnefoy de Bouyon). *Paris, Mérigot le jeune,* 1780, in-8, 73 p.

Attribué à tort par Quérard à l'abbé Liévain-Bonaventure Proyart. Voy. « Supercheries », III, 1072, c.

Éloge de monseigneur le **Dauphin**, père du roi. (Par Antoine-Prosper Lottin.) *Amsterdam et Paris, Berton,* 1780, in-8, x-68 p.

L'épître dédicatoire à la société, amie de la religion et des lettres, qui a ouvert le concours pour cet éloge, est signée de Saint-Fauste ; c'est un masque dont l'estimable auteur a voulu se couvrir.

Éloge de feu M. le **Dauphin**, père de Louis XVI. *Amsterdam et Paris, Mérigot jeune,* 1780, in-8, 64 p.

Il y a des exemplaires dont la dédicace est signée du nom de l'auteur, l'abbé Poissonnier des Perrières.

Éloge de madame la **Dauphine**, sur l'heureuse naissance de Mgr le duc de Bourgogne... (Par Caissel.) *Paris, P. Variquet,* 1682, in-4.

Éloge de messire Philippe **Delamet**, curé de S.-Laurent ; par M. H. C. (Henri Colas). *Paris, imp. de Gissey,* 1737, in-8.

Voy. « Supercheries », II, 248, d.

Éloge de Maurice-Quentin **Delatour**, peintre de Louis XV. *Saint-Quentin, imp. de Cottenest,* 1856, in-8.

Signé : Emile Beaudemont. En vers.

Éloge de **Delille**, et critique de son genre et de son école, par L*** (J. Lingay). *Paris, Chanson,* 1814, in-8.

Éloge de René **Descartes**, proposé par l'Académie françoise. (Par Fabre de Charrin.) *Paris, Jorry,* 1765, in-8, 69 p.

Éloge de René **Descartes**, par l'auteur de « Camedris » (mademoiselle Claire-Marie Mazarelli, depuis marquise de La Vieuville de Saint-Chamond). *Paris, veuve Duchesne,* 1765, in-8.

Éloge historique de M. **Deshayes**. (Par J. Fontaine-Malherbe.) 1767, in-12.

Réimprimé dans le « Nécrologe des hommes célèbres de France ».

Éloge de Claude-Joseph **Dorat** ; suivi de poésies qui lui sont relatives... *La Haye et Paris, Gueffier,* 1781, in-8.

Signé : le chevalier de *** (Cubières).

Éloge de Guy **du Faur de Pibrac**, par M. *** (Floret), de l'Académie de Marseille. *Amsterdam, chez les associés,* 1778, in-8, 44 p.

Éloge du citoyen **Dufresne**, conseiller d'État, directeur général du trésor public. (Par Fr. Barbé-Marbois.) 30 pluviôse an X-19 février 1802. *Paris, de l'imprimerie de la république,* in-8, 24 p.

Éloge historique de M. **Dulerain**, lu dans l'assemblée publique de la Société des sciences et belles-lettres de la ville d'Auxerre, le 3 décembre 1764, par le secrétaire perpétuel (Marie de Saint-George). *Auxerre, Fournier,* 1765, in-8.

Éloge de M. le président **du Paty**, suivi de notes sur plusieurs points importants de l'ordre public. (Par Antoine Diannyère.) *Naples et Paris,* 1789, in-8, 87 p.

Éloge de messire Charles-Marguerite-Jean-Baptiste Mercier **du Paty**, président à mortier au parlement de Bordeaux, par M. R..., avocat au parlement. 1789, in-8, 46 p.

Attribué par Barbier à François-Maximilien-Joseph-Isidore Robespierre.

Cette attribution est combattue par M. Delayant, bibliothécaire de la Rochelle, qui donne avec plus de vraisemblance pour auteur de cet éloge, M. Réaud avocat au parlement.

Éloge historique d'Abraham **Duquêne**, lieutenant général des armées navales de France. (Par Sim.-Ant.-Ch. DAGUES DE CLAIRFONTAINE.) *Paris, Nyon,* 1766, in-8, VIII-37 p. et 1 f. de priv.

L'auteur a signé l'épître.

Éloge d'Abraham **Duquêne**. (Par P. MARQUEZ.) *Toulouse,* 1766, in-8.   V. T.

Éloge funèbre d'**Élisabeth-Philippine-Marie-Hélène**, sœur de Louis XVI, ci-devant roi des Français. (Par A. FERRAND, corrigé et augmenté d'après l'édition publiée en Allemagne, par Aimé GUILLON.) *Paris, chez les marchands de nouveautés, s. d.* (Lyon, 1795), in-8, 52 p.

Ce livre a été composé sur des notes communiquées à l'auteur par Mme de Bombelles, et a été imp. pour la première fois à Ratisbonne, avec le nom de Ferrand.

L'édition publiée en 1814, à Paris, par l'auteur et avec son nom, est devenue un ouvrage tout nouveau par les changements et les augmentations qu'il y a faits.

Nouvelle édition. *Paris, Le Clerc,* 1861, in-8. Cette édition, augmentée d'un grand nombre de lettres inédites et de *fac-simile*, est due aux soins du duc Aimé-Marie-Gaspard DE CLERMONT-TONNERRE, ancien ministre de la marine et de la guerre, sous la Restauration.

Éloge de l'**Encyclopédie** et des encyclopédistes. *La Haye,* 1759, in-12.

Attribué au P. FRUCHET, cordelier, ou plutôt au P. BONHOMME, bibliothécaire des cordeliers de Paris.

Voy. « Supercheries », II, 85, d.

Éloge de l'**Enfer**, ouvrage critique, historique et moral. *La Haye, P. Gosse,* 1759, 2 vol. in-12, fig.

M. Van Thol croit que cet ouvrage est d'un nommé BÉNARD, qui demeurait à La Haye ; c'était le bruit public lorsque cette critique parut.

M. P. Lacroix, dans une note du catalogue Pixé-recourt, n° 1509, émet cette opinion, que « le bruit public recueilli par Van Thol aura bien pu défigurer le nom du savant libraire, Jean-Frédéric BERNARD, qui a été amené naturellement à écrire l'Éloge de l'enfer, en rédigeant le texte des « Superstitions anciennes et modernes », qu'il publiait en 1736. J'invoquerai en faveur de ma présomption, ajoute-t-il, l'épigraphe de l'Éloge de l'enfer, qu'on lit derrière le titre et qui n'a pas été empruntée sans dessein aux écrits de saint Bernard. L'auteur, en traitant un sujet si délicat, s'est mis à couvert derrière l'autorité de son bienheureux patron. »

Éloge historique de Mgr le prince duc d'Anguien (**Enghien**), contenant tout ce qui s'est passé de plus mémorable en ses campagnes, depuis la bataille de Rocroy jusqu'à présent, avec les plans et figures des villes qu'il a conquises. *Paris, C. Besongne,* 1647, in-4.

Signé : PUGET DE LA SERRE. Cet ouvrage a été reproduit, avec augmentations, sous ce titre : « les Siéges,

les Batailles, les Victoires... de Mgr le prince de Condé... » *Paris, Cardin Besongne,* 1651, in-4.

Éloge funèbre de S. A. S. Mgr le duc d'**Enghien**. (Par le comte DE DION.) *Londres, Dulau,* juin 1804, in-8, 20 p.

Éloge du maréchal **Fabert** ; ouvrage couronné par l'Académie royale de Metz, le 15 mai 1837. (Par E.-A. BÉGIN.) *Metz, Lamort,* 1837, in-8, IV-50 p.

Éloge des **femmes**, ou voilà pourquoi les hommes doivent aimer et respecter le beau sexe. *Paris, imp. G.-A. Dentu* (1836), placard in-4. — *Paris, imp. Pollet et Cᵉ,* placard in-4. — *Paris, imp. Pollet, Soupe et Guillois,* placard in-4. — *Paris , imp. Maulde et Renou,* placard in-4. — *Châlons-s.-S., imp. J. Duchesne,* placard in-4.

L'édition impr. chez Maulde et Renou est signée : C. G., ce qui avait fait attribuer ce poëme à César GARDETON.

Deux éditions imprimées en 1840, *Paris, Lottin de S.-Germain,* in-8, 8 et 7 p., portent le nom de l'auteur Claude-François-Emmanuel BANGUE.

Éloge de François de Salignac de La Motte **Fénelon**... Discours qui a concouru pour le prix de l'Académie française en 1771. (Par le marquis MASSON DE PEZAY.) *Paris, veuve Regnard,* 1771, in-8.

Éloge de **Fénelon**. *Cambrai, imp. de Defrémery et Raparlier* (1804), in-8, 1 f. de tit. et 13 p.

Le titre de départ porte : par M. DUMOLARD, sous-préfet de l'arrondissement de Cambrai.

Inséré dans la « Feuille de Cambrai » du 18 août 1804 et réimprimé dans la 3° éd. de « Fénelon, poëme, par Fr. Marchand », *Lille,* 1838, in-8.

Éloge de la **Folie**, traduit d'ÉRASME (par PETIT). *Amsterdam , Lhonoré,* 1731, in-12.

Éloge de la **Folie**, traduit du latin d'E-RASME, revu et corrigé (par Anne-Gabriel MEUSNIER DE QUERLON). *Paris, Hochereau,* 1751, in-4 et in-12.

Querlon a pris pour base de son travail la traduction de Gueudeville.

Éloge prononcé par la **Folie**, devant les habitants des Petites-Maisons. (Par Math. CHARBONNET.) *Avignon,* 1764, in-12.

C'est une critique ingénieuse des folies du marquis de Bacqueville.

Voy. « Supercheries », art. Borde, I, 562.

Éloge de Bernard le Bovyer de **Fontenelle**, par M. le baron D... (DESLYONS), capitaine d'infanterie. *Liége,* 1783 , in-8, 81 p.

Voy. ci-après : « Éloge de Montauzier ».

Éloge de feu M. Bernard de **Fontenelle**... (Par le comte DE TRESSAN.) *S. l.,* 1783, in-8, 37 p.

Éloge de **Fontenelle**... (Par l'abbé DE FLERS.) 1784, in-8.   V. T.

Éloge historique de François Véron de **Forbonnois**... lu à la Société libre des arts du Mans, dans la séance du 29 brumaire an IX... (Par LEPRINCE D'ARDENAY.) *Le Mans, imp. de Pivron*, an IX, in-8, 16 p.

Éloge de **Franklin**, lu à la séance publique de l'Académie des sciences. (Par CONDORCET.) *Paris, Pyre*, 1791, in-8.

Éloge du roi de Prusse (**Frédéric II**), par l'auteur de l'« Essai général de tactique » (Jacq.-Ant.-Hip. DE GUIBERT). *Londres*, 1787, in-8.

Cet éloge a été réimprimé, en 1812, dans le recueil intitulé : « Choix d'éloges français ».

Éloge de messire Ch.-Magd. de **Frezeau** de La Frezelière, évêque de La Rochelle... (Par TARDIF.) *Paris, imp. de P.-A. Lemercier* (1703); in-4, 7 p.

Éloge funèbre de très-haut et très-enfoncé philosophe **Frisesomoron**, contenant tout le fin de la philosophie péripatéticienne, avec des réflexions critiques et badines. (Par le P. Clément SOURCIAT, carme.) *Paris*, 1737, in-12.

Éloge d'Antoine **Froissart**. (Par J. HOLLANDER.) 1614, in-12.   V. T.

Éloge de la **Gaieté**. (Par PERCHERON DE LA GALÉZIÈRE, professeur au collége de Chartres.) 1784.   V. T.

Éloge de M. J.-Pierre **Gibert**, docteur de théologie et en droit. (Par l'abbé Cl.-P. GOUGET.) *Paris*, 1736, in-4.

Éloge de la **Goutte**. (Par L. COQUELET.) *Paris, Prudhomme*, 1727, in-12, 29 p.

Éloge de **Gresset**, de l'Académie françoise et de celle de Berlin, etc. (Par Ant. DIANNYÈRE.) *Berlin et Paris*, 1784, in-8.

Éloge de **Gresset**. (Par J.-S. BAILLY.) *Genève, Barde, Mangot et C°*, 1785, in-8.

Éloge de J.-B.-Louis **Gresset**. (Par Simon-Pierre MÉRARD DE ST-JUST.) *Londres et Paris*, 1785, in-18, 70 p.

Éloge de **Gresset**, discours qui a concouru pour le prix proposé par l'Académie d'Amiens en l'année 1785, par M... (François-Maximilien-Joseph-Isidore ROBESPIERRE), avocat en parlement. *Londres et Paris, Royez*, 1786, in-8, 48 p.

Éloge de la **Guerre**. Voy. « Discours sur la guerre », IV, col. 1038, a.

Éloge de la **Guerre**, ou réfutation des doctrines des amis de la paix. (Par Al.-H.

BRIALMONT, lieutenant-colonel d'état-major.) *Bruxelles, Kiessling*, 1850, in-12, 60 p.

Éloge véridique de François-Apolline de **Guibert**, par un ami (François-Emmanuel DE TOULONGEON). *Paris, Lejay*, 1790 in-8.

Une nouvelle édition, revue et corrigée a été imprimée en tête du « Voyage de Guibert en Allemagne ». *Paris, Treuttel*, an XI-1803, 2 vol. in-8.

Éloge historique d'Albert de **Haller**, avec un catalogue complet de ses œuvres. (Par Jean SENEBIER.) *Genève, Bardin*, 1778, in-8.

Éloge de messire François de **Harlay**, archevêque de Paris... *Paris, Jacques Langlois*, 1695, in-8, 28 p. et 1 f.

Signé : LEGENDRE, chanoine de l'église de Paris.

Éloge de M. l'abbé **Hautefage**, ancien chanoine d'Auxerre, prononcé dans une réunion de ses amis et de ses élèves. (Par Louis SILVY, ancien magistrat.) *Paris, Égron*, 1816, in-8, 24 p.

Éloge historique du général d'**Hautpoul**, inspecteur général de cavalerie. (Rédigé par Nic. BERGASSE, d'après les notes qui lui ont été fournies par M. BOILEAU, notaire, ami du général.) *Paris, Arthus-Bertrand*, 1807, in-8.

Éloge d'**Hélène**, traduit d'ISOCRATE. (Par Paul-Louis COURIER.) *Paris*, an XI-1803, in-8, 41 p.

Éloge d'**Helvétius**. (Par Fr.-Jean DE CHASTELLUX.) *S. l.*, 1774, in-8, 28 p.

Louis-Théodore Hérissant attribuait cet éloge à SAURIN. Voyez le volume intitulé : « Fables et Discours en vers », etc. *Paris*, 1783, in-12, p. 164.

Éloge de **Henri IV**. Discours qui a concouru pour le prix de l'Académie de La Rochelle en 1768, par M. S** D** E** P** (Jos.-Jér. SIMÉON, d'Aix en Provence). *Aix et Paris, Desaint*, 1769, in-8.

Éloge historique de **Henri IV**, roi de France, par M. L. B. D. N. P. (le baron DE NAVAILLES POEYFERRÉ). *Paris, Lacombe*, 1776, in-8.

Les exemplaires datés de *Pau, chez Vignancourt*, portent le nom de l'auteur.

Éloge historique de **Henri IV**, prononcé en 1771, dans le collége royal agrégé à l'Université de Montpellier (par l'abbé G.-Ant.-Ign. BARRAL DE BESSODES, professeur d'éloquence à Montpellier, puis vicaire de Saint-Méry, à Paris). *S. l.*, 1777, in-8, 36 p.

Éloge du prince **Henri de Prusse**, par

main de maître (FRÉDÉRIC II). *La Haye,
Gibert*, 1768, in-8.

Éloge de feu L.-A.-P. **Hérissant**...
Extrait des « Lettres à un médecin de
province, pour servir à l'histoire de la
médecine ... » (Par Jean GOULIN.) *S. l.*,
1769, in-8, 14 p.

Éloge historique de M. L.-A.-P. **Hérissant**... (Par Ch.-Jacques-Louis COQUE-
REAU.) *Paris*, 1771, in-8.

Éloge historique et critique d'**Homère**,
traduit de l'anglois de POPE (par KEATING).
Paris, de la Guette, 1749, in-12.

Éloge historique et généalogique de feu
messire Pierre d'**Hozier**..: envoyé par
M. L. R. D. B. (l'abbé ROBERT de Briançon) à un de ses amis. *S. l. n. d.*, in-12,
20 p.

Pierre d'Hozier est mort en 1660.

Éloge historique de l'**imprimerie**. (Par
J.-L.-M. PORTHMANN.) *Paris, Martinet*,
1811, in-8, 64 p.

La première édition qui parut la même année était
intitulée : « Essai historique sur l'imprimerie, »
Paris, Martinet, in-8, 80 p. Elle contenait des notes
qui ont toutes été retranchées dans la seconde. (Beuchot.)

Éloge (l') de l'**ivresse**. (Par Albert-Henri
SALLENGRE.) *La Haye, P. Gosse*, 1715,
in-8. — Nouvelle édition, revue, corrigée
et considérablement augmentée (par P.-A.-
M. MIGER). *Paris, Michel*, an VII-1800,
in-12.

Les additions et les changements de cette édition
sont si nombreux, qu'on peut considérer l'édition de
MIGER comme un nouveau livre dont la base appartient
à SALLENGRE.

Une nouvelle édition, j'ignore si c'est une reproduction de celle de Miger, porte : *A Bacceopolis, an VI,
de l'imprimerie du vieux Silène, l'an de la Vigne*
5515 (1815), in-12, front. grav.

Éloge sur la vie de très-illustre seigneur
messire Pierre Janin, par P. S. (Pierre
SAUMAISE, seigneur de Chasans, conseiller
au parlement de Dijon, fils de Jérosme).
S. l. (1623), in-4, 54 p.

Éloge de **Jeanne d'Arc**. Par M. CR. G.
(CRIGNON-GUINEBAUD), d'Orléans. *Orléans,
Darnaud-Maurans*, 1822, in-8, 49 p.

Éloge de **Jeanne d'Arc**, dite la Pucelle
d'Orléans, offert à ses concitoyens, par
M. *** (CRIGNON-GUINEBAUD), d'Orléans.
Orléans, Rouzeau-Montaut aîné, 1829, in-8,
59 p.

Autre que l'Éloge de 1822.

Éloge de saint **Jérôme**. (Par Gustave-
François FOURNIER-PESCAY fils, mort en

1818.) *Paris, Delaunay*, 1817, in-12,
160 p.

Éloge funèbre du général **Joubert**, prononcé à Lyon, le 10 vendémiaire an X.
(Par Louis PIESTRE, de l'Académie de
Lyon.) *Lyon, imp. de Bernard*, in-8,
18 p.   D. M.

Éloge historique de Jean **Jouffroy**, cardinal d'Alby, lu à la séance publique de
l'Académie des sciences de Besançon par
un membre de cette Académie (dom P.-
Philippe GRAPPIN), le 22 avril 1785. *Besançon, imp. de J.-F. Couché*, 1785, in-12,
64 p.

Éloge historique du **Journal encyclopédique** et de P. Rousseau, son imprimeur.
(Par GARRIGUES DE FROMENT.) *Paris, chez
l'imprimeur, rue de la Huchette, au Perroquet*, 1760, in-8, IV-103 p.

Ce prétendu éloge est une violente satire contre
l'abbé Rousseau.

Éloge historique de dom Pierre-Daniel
Labat, religieux bénédictin. (Par dom
Mich.-J.-Jos. BRIAL.) *Paris, imp. de Cellot*
(1803), in-8.

Éloge de M. l'abbé de **La Caille**. (Par
J.-S. BAILLY.) (*Paris*), 1770, in-8.

OEttinger, « Bibliogr. biog. », 2e édit., col. 2081.

Éloge historique de M. François de
Lafayette, évêque de Limoges. (Par Joseph DE VOYON, supérieur du séminaire
de la Mission.) *Limoges, Chapoulaud*, 1771,
in-12.

Éloge de **La Fontaine**, qui a concouru
pour le prix de l'Académie de Marseille,
en 1774. (Par Jacques-André NAIGEON.)
*Bouillon, aux dépens de la Société typogra-
phique*, 1775, in-8, 75 p.

Cet ouvrage a été refondu par l'auteur dans la notice
placée en tête des éditions des Fables de La Fontaine,
imprimées chez Didot, pour l'éducation du Dauphin.
Voyez « Notice sur la vie de La Fontaine ».

Éloge de **La Fontaine**, avec cette épigraphe : *Cui quando invenient parem?* In-8,
61 p.

Cet éloge, qui ne se trouve que dans le Recueil de
l'Académie de Marseille pour l'année 1774, comme
ayant eu un *accessit*, est attribué à Gabr.-Henri
GAILLARD. M. Solvet l'a inséré dans ses « Études de
La Fontaine », *Paris*, 1842, in-8.

Il n'est fait aucune mention de cet éloge dans les
« Mélanges littéraires » de Gaillard. *Paris*, 1806,
4 vol. in-8.

Éloge historique de M. de **La Lande**,
par Mme la comtesse (depuis princesse)
Constance DE S. (SALM). *Paris, Sajou*, 1810,
in-8.

Extrait du « Magasin encyclopédique ».

Éloge du sieur **La Mettrie**, médecin de la Faculté de Paris, avec un catalogue de ses ouvrages. (Par Frédéric II, roi de Prusse.) *La Haye, Pierre Gosse*, 1752, in-12.

Éloge de M. **Lancret**, peintre du roi. (Par Balot de Sovot.) *Paris, imp. de J. Guérin*, 1743, in-12, 29 p.

Éloge historique de M. de **Lapeyronnie**. *Paris, Bonin.*

Par Saunier, de Montpellier, maître des requêtes, mari de la nièce de Lapeyronie.

Note de police de l'inspecteur de la librairie d'Hemery du 19 juillet 1750.

Éloge historique de François-Alexandre-Frédéric, duc de **La Rochefoucauld**. (Par M. Edouard Servan.) *Paris, Pichon et Didier*, 1830, gr. in-8, VIII-89 p.

Éloge historique du R. P. **Laurent**, augustin, de la place des Victoires. (Attribué à l'abbé Jacq.-Franç.-René de La Tour du Pin de La Charce.) *Paris, Prault*, 1758, in-12 ou in-8.

Le P. Laurent était prédicateur.

Suivant une note des éditeurs de la « Bibliothèque historique de la France », t. IV, p. 356, le P. Hyacinthe de Montarnon est le véritable auteur de cet éloge.

Éloge du vénérable Joseph-Ignace **Le Clerc de Coulaines**, chanoine en l'église du Mans... (Par Aimé Morand, chanoine du Mans.) *Le Mans, H. Olivier* (s. d.), in-12.

Les approbations sont des 21 et 22 janvier 1691. Cet éloge, retouché et amplifié par Fr. Bondonnet, a été publié avec le nom de ce dernier sous le titre de « Vie du vénérable J. Ignace.... *Le Mans, P. Pichon*, 1694, in-8.

Voy. Hauréau, « Hist. littér. du Maine », 2e édit., 1871, t. II, p. 144.

Éloge historique de M. l'abbé **Legrand**. (Par le P. Joseph Bougerel.) *S. l.* (*Paris*, 1733), in-12.

Éloge de **Leibnitz**, qui a remporté le prix à l'Académie royale des sciences et belles-lettres de Prusse, en 1768. (Par Jean-Sylvain Bailly.) *Paris*, 1770, in-8.

Éloge de **Lesage**, discours qui a obtenu la première mention honorable au jugement de l'Académie française, le 15 août 1822. (Par Anaïs de Raucou, dit Bazin de Raucou.) *Paris, C.-J. Trouvé*, 1822, in-8.

Éloge de M. **Levier**, prêtre. (Par l'abbé Cl.-P. Goujet.) *Paris*, 1735, in-4.

Éloge historique de Michel de **L'Hôpital**, par un vieux avocat retiré du service (Bourgeois, avocat à La Rochelle). *Edim-*

bourg (*Paris, Demonville*), 1776, in-8, 193 p.

Éloge de Michel de **L'Hôpital**, chancelier de France. (Par de Bruny, ancien syndic de la Compagnie des Indes.) *Londres* (1777), in-8.

Éloge de Michel de **L'Hôpital**, chancelier de France, discours présenté à l'Académie françoise en 1777. (Par le marquis de Condorcet.) *Paris, Demonville*, 1777, in-8.

Voyez la Lettre anonyme (de M. de Bertrand) à l'auteur de cet éloge. *Paris*, 1778, in-6. L'objet principal est de défendre le garde des sceaux Bertrand contre les assertions de Condorcet.

Éloge historique de Michel de **L'Hôpital**, chancelier de France. (Par Jacq.-Ant.-Hip. de Guibert.) *S. l.*, 1777, in-8.

M. de Guibert, soupçonné d'être l'auteur de cet éloge, alla trouver M. de Maurepas pour désavouer les bruits répandus à ce sujet. Le mentor, toujours riant volontiers, lui a répondu : « Tant mieux pour vous et pour votre tranquillité, si vous ne l'avez pas fait, et tant pis pour votre gloire, si vous n'en êtes pas l'auteur. »

Éloge de Michel de **L'Hôpital**, discours qui a obtenu le second accessit du prix de l'Académie françoise en 1777. *Paris, Demonville*, 1777, in-8, 59 p.

Le premier accessit fut décerné à l'abbé Talbert. La « Biographie universelle » nous apprend, à l'article Montyon, que ce vertueux magistrat obtint un *accessit* pour le même éloge ; ce fut donc le second : ainsi M. de Montyon est l'auteur de l'éloge cité ici, où l'on remarque une connaissance approfondie de la législation française. Quelques bibliographes l'avaient attribué à Pechméja ; mais cette assertion m'a toujours paru très-hasardée.

Éloge du chancelier de **L'Hôpital**, ouvrage qui a concouru pour le prix de l'Académie françoise en 1777; par M. *** (J.-A. Perreau). *Paris, imp. de Moutard*, 1777, in-8, 32 p.

Éloge de Joseph-Adam **Lorentz**, médecin en chef de l'armée du Rhin, prononcé au conseil de santé le 2 germinal an IX-3 mars 1801, par le premier médecin des armées (J.-Fr. Coste). *Paris, imp. de Hy*, in-8, 56 p.

Éloge de **Louis XII**, surnommé le Père du peuple, par M. P*** (Jacques-François Papion du Chateau le jeune). *Paris, Demonville*, 1788, in-8, 54 p.

Éloge de **Louis XII**, surnommé le Père du peuple, discours qui a concouru pour le prix de l'Académie en l'année 1788, par M. D. L. C. (Jacq.-Vinc. de La Croix). *Paris, Demonville*, 1788, in-8, 48 p.

Voy. « Supercheries », I, 954, *e*.

Éloge historique de **Louis XIV**, sur

ses conquêtes depuis 1672 jusqu'en 1678, par RACINE et BOILEAU. (Publié par L.-Stan. FRÉRON fils.) *Amsterdam (Paris), Bleuet,* 1784, in-8.

Cet éloge n'est que la réimpression de la « Campagne de Louis XIV », par PELLISSON, imprimée pour la première fois en 1730, in-12, à Paris, chez *Mesnier,* et réimprimée en 1749, à l'exception des quatre dernières pages, par les soins de l'abbé Le Mascrier, dans le t. III de l'« Histoire de Louis XIV », par Pellisson.

Éloge de **Louis XV,** prononcé dans une Académie, le 25 mai 1774. (Par VOLTAIRE.) *S. l.,* in-8, 16 p. — Autre édit., avec un essai sur la fatalité à l'occasion de la mort du même prince : par M. de V***. *Ferney et Berlin, Haud et Spener, s. d.,* in-8.

L'édition originale du second morceau est intitulée : « de la Mort de Louis XV et de la fatalité. » Voy. ces mots.

Voy. aussi « Supercheries », art. *Chambon,* I, 690, *e.*

Éloge historique et funèbre de **Louis XVI.** (Par F.-L.-C. MONTJOYE.) *Neufchâtel, Imp. royale,* 1796, in-8.

Réimprimé en 1815, avec le nom de l'auteur.

Éloge historique de **Louis XVI.** (Par l'abbé Liévain-Bonaventure PROYART.) *Manheim,* 1799, in-8. — *Paris,* 1803, in-8.

Éloge de très-haut, très-puissant et très-excellent prince **Louis XVI,** par la grâce de Dieu roi de France et de Navarre. (Par F.-D. PORT DE GUY.) *Toulouse, A. Manavit,* 1815, in-8, 84 p.

La dédicace, en italien, au pape Pie VII, est signée.

Éloge funèbre de Louis-Joseph **Louvain** de Pescheloche, colonel du 15ᵉ de dragons, vénérable fondateur de la R∴ L∴ EC∴ de Saint-Alexandre d'Écosse ; tué à la bataille d'Austerlitz ; prononcé le 31ᵉ jour du 3ᵉ mois 5806 (31 mai 1806); dans le sein de la R∴ L∴ de Saint-Alexandre d'Écosse et le contrat social réunis à l'O∴ de Paris. (Par le R. F. ROBLOT.) *(Paris), F∴ Porthmann, imp.,* 5806 (1806), in-8, 20 p.

Éloge de Jean-Paul **Marat**... par un canonnier de Paris (Vincent FORMALEONY, Vénitien). *Paris, imp. de Renaudière,* an II, in-8. 26 p.

Éloge à la mémoire immortelle de la princesse **Marguerite de Savoie,** marquise de Montferrat. (Par Hier. LE BRUN.) *Anvers,* 1674, in-12.   V. T.

Éloge historique de **Marie-Antoinette** reine de France. (Par F.-L.-C. MONTJOYE.) 1797, in-8.

Refondu par l'auteur, en 1814, sous le titre de : « Histoire de Marie-Antoinette ». 2 vol. in-8.

Éloge historique de **Marie-Clotilde-Adélaïde-Xav.** de France, reine de Sardaigne, avec des notes et des pièces inédites. (Par Victor-Modeste PAROLETTI.) *Paris, Pillet,* 1814, in-8.

Éloge historial de **Marie de Médicis,** royne de France et de Navarre, régente du royaume, mère du roy. *Paris, G. Loyson,* 1626, in-8, 184 p.

La dédicace au roy est signée : J.-B. MATTHIEU, et le privilége est au nom de Jean-Baptiste MATTHIEU. Cet ouvrage est la réimpression de : « Eloge historial sur la vie, les vertus... de la reine, mère du roy ». *S. l.,* 1616, in-4, publié sous la signature de Pierre MATTHIEU, père de Jean-Baptiste Matthieu. Voy. ci-après ce titre, col. 87, *a.*

Éloge historique du R. P. Michel-Ange **Marin,** minime, avec le catalogue historique et critique de ses ouvrages. (Par l'abbé L.-Mayeul CHAUDON.) *Avignon, Niel et Aubanel,* 1769, in-12.

Cet éloge, imprimé séparément, fut mis à la têt des « Lettres ascétiques et morales du P. Marin » 2 vol. in-12, 1769, chez les libraires précédents. J' le composai d'abord à la prière de M. Marin, secrétaire général de la librairie, mon ami. Il fut inséré dans le « Mercure de France ». Ce n'était qu'une esquisse, et je lui donnai ensuite beaucoup plus d'étendue. Les Minimes d'Avignon m'ayant fait prier de faire valoir leur confrère et de donner une analyse de ses ouvrages, je me prêtai avec plaisir à leurs vues. Pour rendre l'éloge un peu moins insipide, j'y avais inséré des réflexions sur le despotisme claustral, sur le peu d'indulgence de certains supérieurs, et sur la gêne où ils mettaient des gens de lettres qui souvent valaient beaucoup mieux qu'eux ; je peignais le P. Marin comme exempt de tous ces défauts. Ces réflexions, qui étaient cependant exprimées avec sagesse et modération, déplurent aux Minimes, et ils y substituèrent la peinture assez plate des pieux exercices du P. Marin. Son portrait est à la tête de l'éloge, avec ces quatre vers :

> Modèle des vrais sages,
> Marin dans la retraite assura son bonheur:
> Le ciel eut ses désirs, la vertu ses ouvrages,
> L'humilité son cœur.

(Note de M. Chaudon.)

Éloge des **martyrs** de Lyon, présenté à S. A. R. Mgr le duc d'Angoulême, par S*** (SONNERAT), de Lyon. *Lyon, Boursy,* 1815, in-8, 146 p.

Éloge de **Maupertuis** en vers. (Par LE FÈVRE DE BEAUVRAY.) *Paris,* 1755, in-12.   V. T.

Éloge (l') funèbre de l'éminentissime cardinal Jules **Mazarin.** *Rome, impr. de la chambre apostolique,* 1661, in-fol. — *Louvain, Hierosme Nempe. Conformément à l'exempl. imprimé à Rome,* petit in-12, 70 et 52 p.

Cet éloge, écrit en latin, en italien, en espagnol et en français, est de la composition de Fr. LÉON, carme de Rennes, qui a signé la dédicace au roi, en tête de l'éloge en français.

Éloge de la **méchante femme**, dédié à Mlle Honesta. *Paris, Ant. de Heuqueville*, 1732, in-12.

Barbier attribue cet « Éloge » à l'abbé Léonor-J.-Christine SOULAS D'ALLAINVAL, et s'appuie sur une citation extraite du « Nouvelliste du Parnasse » (1731, p. 271) ; mais, outre que la préface de cet opuscule est signée de l'initiale C., dans une annonce de librairie qu'on rencontre à la fin du volume, et où, sous ce titre : « les Œuvres de M. C** », sont énumérés des ouvrages qui appartiennent indubitablement à COQUELET, la première œuvre citée est l'« Éloge de la méchante femme ». Louis COQUELET, né en 1676, mort en 1754, a composé une foule de pièces du genre badin et a eu part aux « Mémoires historiques » d'Amelot de La Houssaye.
G. M.

Éloge de M. M. (probablement **Métra** ; par N. LE CLERC DE SEPT-CHÊNES). *Londres (Paris)*, 1786, in-8, 8 p.

C'est l'éloge d'un fameux nouvelliste, Joachim-Alexandre M***, né à Paris le 21 avril 1714. Métra mourut en 1786. Voy. « Correspondance littéraire secrète », IV, col. 776, d.

Éloge de l'abbé **Millot**, de l'Académie française, couronné par l'Académie de Besançon dans sa séance publique du 24 août 1814. *Paris, Chanson*, 1814, in-8, 70 p.

Signé : J. L. (J. LINGAY).

Éloge de milord **Contenant**. (Par Ch. BORDE.) *Londres (Paris)*, 1783, pet. in-12.

Facétie peu décente.

Éloge de milord **Maréchal**, par M. D*** (D'ALEMBERT). *Berlin, Chrét.-Frédéric Voss*, 1779, in-12.

Éloge de **Minetto Ratoni**, chat du pape (Benoît XIV) en son vivant, et premier soprano de ses petits concerts. (Par le comte Antoine DE RIVAROL.) *Felisonte*, 1795, petit in-4, 25 p., pap. vélin rose.

Tiré à quinze exemplaires. Voy. le « Répertoire des bibliographies spéciales, curieuses et instructives », par M. Peignot, *Paris, Renouard*, 1810, in-8, p. 116.

Éloge de **Mirabeau**. (Par Jean-Baptiste-Joseph-Innocent-Philadelphe REGNAULT-WARIN.) *Paris*, 1791, in-8. V. T.

Éloge de **Molière**, par M. D*** (DAILLANT DE LA TOUCHE). *Paris, Prault fils*, 1769, in-8.

Éloge de **Molière**. (Par Jean-Sylvain BAILLY.) 1770, in-8, 32 p.

Éloge de **Molière** en vers, avec des notes curieuses, par le petit cousin de Rabelais (DACQUIN DE CHATEAULYON). *Londres (Paris)*, 1775, in-8.

Voy. « Supercheries », III, 86, b.

Éloge historique de M. **Molin**, médecin consultant du roi, etc. (Par Jean-Baptiste-Louis CHOMEL.) *Paris*, 1751, in-12.

Éloge funèbre de M. **Monge**, comte de Péluse... mort le 28 juillet 1818 ; par un élève de l'École polytechnique (N. GUYON) ; précédé d'une notice sur la vie et les ouvrages de cet homme célèbre. *Paris, Plancher*, 1818, in-8, 16 p.

Voy. « Supercheries », I, 1225, f.

Éloge de **Montaigne**, discours qui a obtenu une mention honorable au jugement de la seconde classe de l'Institut, dans sa séance du 9 avril 1812. (Par le marquis Scipion DU ROURE.) *Paris, Fain*, 1812, in-8, 39 p.

Éloge historique du général **Montalembert**. (Par Sulpice DE LA PLATIÈRE et DELISLE DE SALES.) *Paris (Magimel)*, 1801, in-4, XII-75 p.

Éloge historique de Charles de Sainte-Maure, duc de **Montauzier**. *Liége*, 1781, in-8, 68 p.

Le lieu de l'impression, les caractères et le papier me semblent indiquer un nouvel ouvrage du baron DESLYONS, qui publia en 1778 l'éloge de Tite-Antonin, et en 1779 celui de Suger.
Les titres de ces trois publications portent l'indication de *Liége* ; il en est de même pour l' « Éloge de Fontenelle ». (Voy. ci-dessus, col. 72, e.) Ce dernier éloge est le seul qui figure dans la « Bibliographie liégeoise » de M. de Theux (1867), p. 305.

Éloge funèbre de M. le président de **Montesquieu**. (Par Pierre LE FÈVRE DE BEAUVRAY.) S. l., 1755, in-8, 10 p.

En vers.

Éloge de **Montesquieu**. (Par le chevalier Jean-Jacques DE RUTLIDGE.) *Londres, imp. de Jos. de Boffe*, 1786, in-8, 80 p.

Éloge de **Montesquieu**, suivi de l'analyse de l'Esprit des lois ; par M. B*** (BÉRAUD, de Bordeaux). *Londres*, 1787, in-8, 24 p.

Éloge de dom **Moreau**, ancien prieur de l'abbaye de Cîteaux, vicaire général de l'ordre... (Par Philibert MOREAU DE MAUTOUR.) *Nancy, Cusson*, 1628, in-4, 20 p.

Éloge funèbre de **Moreau**. (Par le comte Serge OUVAROFF.) *Saint-Pétersbourg, imp. de Pluchart*, 1813, petit in-4 de II-44 p.

Reproduit dans la « Vie politique, militaire et privée du général Moreau, par A. de Beauchamp » (1814), p. 422-55. Sur l'exemplaire de l'ouvrage de Beauchamp, de sa bibliothèque, le comte S. Ouvaroff a écrit : *tronqué en plusieurs endroits*.
Le comte S. Ouvaroff était lié d'amitié avec l'infortuné rival du général Bonaparte ; les archives de la famille conservent un assez grand nombre de lettres de Moreau.
A. L.

Éloge de **Napolionne Bonaparte**, surnommé le Pacificateur, général en chef et premier Consul de la République, adressé aux membres du sénat conservateur et dédié au peuple français. (Par P.-J. GRIFFON, officier de santé.) *S. l. n. d.*, in-4, 3 p.

Catalogue de Nantes, nº 44629.

Éloge de la **noblesse**, par l'auteur des « Drames de la guerre » (le marquis Eugène DE LONLAY). *Paris, imp. d'Alcan Lévy* (1872), in-12, 36 p.

Édition elzévirienne tirée à 200 exemplaires.

Éloge des **Normands**, ou histoire abrégée des grands hommes de cette province. *Paris, Ch. Guillaume*, 1748, 2 vol. in-12.

Les continuateurs du P. Le Long ont attribué cet ouvrage à dom Jean-Philippe LE CERF DE LA VIEUVILLE, bénédictin (voy. le t. IV, nº 45727) ; mais il n'est qu'une réimpression de l'« Éloge des Normands... par M. RIVIÈRE ». *Paris, veuve Guillaume*, 1731, in-12, 44 p., dans laquelle on a inséré des articles tirés de la « Bibliothèque historique et critique des auteurs de la congrégation de Saint-Maur », par dom Le Cerf. On voit à la page 118 de la seconde partie une prétendue dissertation sur l'origine du royaume d'Yvetot : il n'y a que deux pages relatives à ce bourg du pays de Caux ; le reste est la continuation de l'opuscule de l'abbé Rivière.

Cet ouvrage avait déjà été réimprimé dans les « Nouveaux Amusements sérieux et comiques ». *La Haye, Gosse et Néaulme (Paris, Guillaume)*, 1736, 2 vol. in-12.

Éloge historique de Philippe, duc d'**Orléans**, régent du royaume. (Par L.-T. HÉRISSANT.) *Amsterdam et Paris*, 1778, in-8.

Éloge de Louis-Philippe, duc d'**Orléans**. (Par le Dʳ Aimé-Antoine DORNIER.) *(Paris), imp. de J.-L. Bellemain*, 1830, in-8, 4 p.

Éloge de M. Fr. **Ours de Balthasar**. (Par Amédée-Emmanuel HALLER.) 1763, in-8.

Éloge historique de M. **Papillon**, chanoine de la Chapelle-aux-Riches de Dijon. (Par l'abbé Ph.-Louis JOLY.) *Dijon, P. Marteret*, 1738, in-8, 1 f. de tit. et 29 p.

Signé : JOLY.

Éloge de la **paresse**. Dédié au marquis d'Argens. (Par FRÉDÉRIC II, roi de Prusse.) (1768), in-8, 15 p.

Le seul exemplaire connu se trouve au gymnase de Joachim, à Berlin (Preuss).

Éloge historique du **Parlement**, traduit du latin du P. Jacques DE LA BAUNE, jésuite ; prononcé au collège de Louis-le-Grand au mois d'octobre 1684. Avec des notes et une suite chronologique et historique des premiers présidents, depuis Hugues de Courcy jusqu'à M. de Meaupeou. (Par J.-Fr. DREUX DU RADIER.) 1753, in-4. — *S. l.*, 1753, in-12, 8, 114 et 80 p.

Éloge historique du **parlement** de Normandie depuis Louis XII jusqu'à nos jours, discours qui a remporté le prix de l'Académie des sciences, belles-lettres et arts de Rouen, en 1776. (Par M. D'ANNEVILLE, conseiller au parlement de Rouen.) *Londres (Paris)*, 1777, in-8.

Éloge et Pensées de **Pascal**, par M. DE *** (CONDORCET). *Londres*, 1776, in-8. — Nouvelle édition, commentée, corrigée et augmentée. En trois parties, par M. DE *** (VOLTAIRE). *Londres*, 1778, in-8, VIII-95 et 104 p.

Réimprimé dans le t. XVI de l'« Évangile du jour ».

Éloge de Blaise **Pascal** ; discours présenté en 1813 au concours de l'Académie des jeux floraux par M. B. D*********** (B. DESMOUSSEAUX). *Gand, imp. de J.-N. Houdin*, mai 1813, in-8, 35 p.

Éloge de Blaise **Pascal**. (Par WORBE.) *Rouen, F. Baudry*, 1815, in-8, 31 p.

Réimprimé la même année avec le nom de l'auteur.

Éloge historique du cardinal **Passionei**. (Par l'abbé Cl.-P. GOUJET.) *La Haye*, 1763, in-12.

Éloge des **Paysans**, aux paysans. (Par Guy-Mathurin D..., masque de L. COQUELET.) *Paris et La Haye*, 1731, in-12, 81 p.

Éloge historique de M. de **Périgord**, adressé à Mᵐᵉ *** (Mᵐᵉ Turretin), par Mˡˡᵉ D. S. (DE SAUSSURE). *S. l. (Montpellier, Tournel père et fils)*, an VIII-1800, in-8, 83 p.

Éloge du **pet**, dissertation historique, anatomique et philosophique... (Par Claude-Fr.-X. MERCIER, de Compiègne.) *Paris, Favre*, 1799, in-18.

Éloge (l') de la **peur**, prononcé par elle-même, en présence de l'Assemblée nationale et des Parisiens. (Par Ch.-Franç. LENORMANT.) *S. l.*, 1790, in-8, 62 p.

Éloge du czar **Pierre I**. (Par FONTENELLE.) In-12, 52 p.

Lu à l'assemblée publique de l'Académie des sciences du 14 novembre 1725.

Éloge historique de **Pigal**, célèbre sculpteur ; suivi d'un mémoire sur la sculpture en France. Avec son portrait. (Par MOPINOT DE LA CHAPOTTE.) *Londres et Paris, Hardouin et Gathey*, 1786, in-4, 34 p.

Le nom de l'auteur est indiqué au verso du titre.

Éloge de M. **Pilastre du Rozier**, lu dans l'assemblée publique de la Société royale de physique... d'Orléans, le 6 décembre 1785. (Par J.-B. HUET DE FROBERVILLE.) *Orléans, Couret de Villeneuve*, 1785, in-8, 34 p.

Éloge de **Pilâtre du Rozier**, lu le 14 juillet 1785, dans une assemblée du premier musée établi en 1781, sous la protection de Monsieur et de Madame. (Par Pierre-Louis ROEDERER.) *Paris, Jorry*, 1786, in-8, 16 p.

Éloge académique de Marie **Pizzelli**, en vers français. (Par Pierre HESMIVY D'AURIBEAU.) *Rome*, 1805, in-12.

Éloge de M. le cardinal de **Polignac**, lu à... l'Académie royale des sciences du 4 avril 1742. (Par Jean-Jacques DORTOUS DE MAIRAN.) *Paris, Imp. royale*, 1742, in-12, 6 f. lim. et 40 p.

Éloge funèbre de feu messire **Pompone de Belièvre**, premier président, adressé à Mgr de Metz. *Paris, S. Cramoisy*, 1657, in-4, 63 p.

La dédicace est signée LE BOSSU, de la compagnie de Jésus.

Éloge de R. J. **Pothier**, par M. C. G. (CRIGNON-GUINEBAUD), d'Orléans. *Orléans, Jacob aîné*, 1823, in-8, 61 p.

Éloge de messire **Pouffier**, doyen du parlement de Bourgogne. (Par J.-Bapt. LANTIN DE DAMEREY.) *Dijon, veuve Sirot et J. Causse* (1754), in-4.

Réimprimé la même année, in-12, avec le nom de l'auteur.

Éloge de l'abbé **Poulle**... (Par le baron Guill.-Emm.-Jos. GUILHEM DE CLERMONT-LODÈVE DE SAINTE-CROIX.) *Avignon, J.-J. Niel*, 1783, in-8.

Éloge historique de Pierre **Puget**, sculpteur, peintre et architecte. Ouvrage qui a concouru pour le prix proposé par l'Académie de Marseille. (Par Jean DUCHESNE aîné et Théophile MARION-DUMERSAN.) *Paris, imp. bibliographique*, 1807, in-8, 29 p.

Extrait du « Magasin encyclopédique ».

Éloge (l') de **quelque chose** dédié à quelqu'un, avec une préface chantante. (Par L. COQUELET.) *Paris, A. de Heuqueville*, 1730, in-12 de 34 p. — Seconde édition, augmentée de l'apologie des brochures (par le même). *Paris, A. de Heuqueville*, 1730, in-12. — *Caen, Manoury*, 1748, in-12. — Nouvelle édition précédée d'une épître liminaire à Mᵐᵉ la baronne de Haut-

lepied (par M. Aug. MOREL, imprimeur à Liége). *Liége, Renard*, 1861, in-32, 59 p.

Réimprimé par les soins de Claude-Fr.-X. MERCIER, de Compiègne, en 1793 et en 1795, in-18.

Éloge de François **Quesnay**. (Par le marquis Germain-Hyacinthe DE ROMANCE DE MESMON.) *Londres et Paris, Didot le jeune*, 1775, in-8, 102 p.

M. de Romance, plus connu sous le nom de chevalier de Mesmon, village près de Rethel, dont il était seigneur, fut obligé de s'expatrier au commencement de la Révolution de 1789 ; on a de lui plusieurs productions anonymes, entre autres les « Eloges de Quesnay et de Suger ». Le même auteur a fourni plusieurs morceaux en 1776 au « Journal de lecture », entre autres le morceau intitulé « de la Lecture des Romans », fragment d'un manuscrit sur la sensibilité. Cet opuscule a été réimprimé en 1785, in-8, à *Bruxelles, chez la veuve Pion*, avec le portrait de Cléobuline et la maison de Myrto. Il a été reproduit en 1797, à Hambourg, dans le « Spectateur du Nord », et à Paris, dans le « Journal littéraire » de Clément, de Dijon.

M. de Mesmon a encore inséré dans le « Spectateur du Nord » : 1º « Essai sur la politesse des mœurs », septembre 1797 ; 2º « Idées sur le beau », octobre 1797 ; 3º « des Avantages qu'une nation peut retirer de ses malheurs », novembre 1797 ; 4º « du Goût pour les vrais plaisirs », novembre 1797. Les trois premiers articles ne sont que l'esquisse d'un ouvrage qui devait avoir pour titre : « Principes métaphysiques de philosophie morale ».

M. Auguste de Labouisse a inséré dans le « Magasin encyclopédique », juillet 1805, un opuscule de M. de Mesmon, intitulé : « Oraison funèbre de ma petite chienne », 12 p. in-8. Elle avait paru dès 1784, in-8.

M. de Mesmon a aussi traduit de l'anglais de Lloyd l'« Introduction à l'Histoire de la guerre en Allemagne, en 1756 ». *Bruxelles*, 1784, in-4 ; — *Paris*, 1801, in-8. Voy. ce titre.

M. de Mesmon a publié pendant quelque temps, à Hambourg, un journal intitulé : « le Censeur », feuille qui a provoqué son arrestation en 1800. Voy. le « Journal de Paris » du 11 mars 1803. Depuis, il a été nommé par l'empereur de Russie secrétaire près du ministre de l'instruction publique, pour la correspondance étrangère. M. de Mesmon est revenu en France vers l'époque de la Restauration.

Éloge historique de M. **Quesnay**, par M. le comte d'A*** (Cl.-Cam.-Fr. D'ALBON). *Paris, imp. de Didot*, 1775, in-8.

Il y a une nouvelle édition in-8 de la même année 1775, portant le nom de l'auteur. Ce morceau parut d'abord dans les « Ephémérides économiques ». Il a été réimprimé dans le « Nécrologe des hommes célèbres de France » de 1777.

Éloge historique de la **Raison**, prononcé dans une académie de province. (Par VOLTAIRE.)

A la suite de « don Pèdre », dans le t. XII de « l'Evangile du jour ».

Voy. aussi « Supercheries », art. *Chambon*, I, 690, f.

Éloge de **Regnard**. (Par M. D.-L. GIL-

BERT.) *Paris, imp. de Renou et Maulde* (1859), in-8.

Une autre édition porte le nom de l'auteur.

Éloge historial sur la vie, les vertus, la fortune, les plus mémorables actions et l'heureuse régence de la **reine**, mère du roy. *S. l.*, 1616, in-4, 2 ff. lim. et 56 p.

La dédicace au roy est signée : P. MATTHIEU.

Réimprimé en 1626 sous le titre de : « Eloge historial de Marie de Médicis... » Voyez ci-dessus, col. 80, *a*.

Éloge de la **reine**, accompagné de quelques anecdotes sur la vie de cette princesse. (Par l'abbé DU ROUZEAU.) *Paris*, 1769, in-8.

Éloge (l') de **rien**, dédié à personne, avec une postface ; troisième édition peu revue, nullement corrigée et augmentée de plusieurs riens. (Par COQUELET.) *Paris, A. de Heuqueville*, 1730, in-12, 43 p. — Sixième édition, enrichie de quelques riens, et diminuée de beaucoup d'autres. (Par Aug. MOREL, imprimeur à Liége.) *Liége, Renard*, 1861, in-32, 63 p.

Cet ouvrage a été réimprimé à Paris en 1793 et en 1795. Voy. ci-dessus, col. 85, *f*.

Éloge du **roy**. Voyez « Inscription faicte ».

Éloge de **Romainville** (comédien du théâtre de Bordeaux). (Par J.-E. LHOSPITAL.) *Londres* (*Bordeaux*), 1785, in-8, 35 p. — Nouv. édit., *Bordeaux, imp. de Balarac jeune*, 1850, in-8, 30 p., avec le nom de l'auteur.

Éloge de la **roture**. Dédié aux roturiers. (Par l'abbé JAUBERT.) *Londres et Paris, Dessain junior*, 1766, in-12.

Éloge de la ville de **Rouen**, en vers françois, où sont contenues plusieurs remarques curieuses sur les antiquités et les priviléges autrefois accordés par nos rois à cette ville... par P. D. L. E. S. D. (Pierre DELAMARE, écuyer, seigneur de Durécu). *Rouen, N. Letourneur*, 1685, in-4, 14 p.

Éloge de J.-J. **Rousseau**, par M. D. L. C. (Jacq.-Vinc. DE LA CROIX), avocat, *Amsterdam et Paris, Lejai*, 1778, in-8.

Voy. « Supercheries », I, 954, *d*.

Éloge de J.-J. **Rousseau**. (Par J.-F. BILHON.) *Genève et Paris, Moureau*, 1788, in-8, 68 p.

Réimprimé en 1794 et en 1799, avec le nom de l'auteur.

Éloge de J.-J. **Rousseau**, mis au con-cours de 1790... (Par G.-A. DELORTHE.) *Paris, l'auteur*, 1790, in-8.

Éloge de J.-J. **Rousseau**. (Par L.-M. PATRIS DE BREUIL, juge de paix à Troyes.) *Paris, chez Patris*, 1810, in-12.

Réimprimé en tête des Opuscules en prose et en vers de l'auteur.

Éloge de M. **Roux**, docteur régent et professeur de chymie à la Faculté de Paris. (Par Alex. DELEYRE ; suivi de l'extrait d'une lettre écrite sur M. Roux, par Jacques-André NAIGEON.) *Amsterdam, Wetsteins*, 1777, in-12.

Éloge de M. **Roux**. (Par Jean D'ARCET.) *S. l.*, in-8, 20 p.

Extrait du « Journal de médecine », janvier 1777.

Éloge historique de M. de **Saint-Foix**.. avec plusieurs de ses bons mots et pensées. (Rédigé d'après les notes de l'abbé VERRY, doctrinaire, par le chevalier Alexandre-Jacques DU COUDRAY.) *Paris, veuve Duchesne*, 1776, in-12.

Éloge funèbre de la très-excellente et très-religieuse dame Marie de **Saint-Marsal de Conros**, abbesse de l'abbaye royale de Saint-Jean du Buis-lez-Aurillac. Prononcé en chapitre par la mère prieure de ladite abbaye, le jour de l'anniversaire de sa mort, le sixième janvier 1754. *S. l.*, 1754, in-4.

Fait en quatre jours par M. FROQUIÈRES, théologa de Noyon, d'après une note manuscrite.

Éloge historique de feu M. Charles-Louis de **Salmon du Chatellier**, évêque d'Evreux ; par un de ses grands vicaires. *Evreux, imp. de Canu*, 1842, in-8, 30 p.

Signé : D. (l'abbé Pierre-Charles DELANOE).

Éloge de Maurice, comte de **Saxe**... par M. D*** (Antoine MAILLET-DUCLAIRON). *Dresde et Paris, Duchesne*, 1759, in-8.

Éloge du **sein des femmes**... (Par Jean-Pierre-Nicolas DU COMMUN, dit VÉRON.) Nouvelle édition, entièrement refondue et augmentée de trois chapitres nouveaux. *Paris*, 1800, in-18. — Réimpr. en 1803.

On a attribué cette réimpression à Cl.-Fr.-Xav. MERCIER, de Compiègne, qui y aurait fait quelques additions en changeant le titre, probablement à dessein pour faire croire que cet ouvrage était le sien. Voy. « Supercheries », II, 427, *d*.

Éloge de madame la marquise de **Sévigné**, qui a remporté le prix à l'Académie de Marseille en l'année 1777. (Par madame la présidente BRISSON.) *Amsterdam et Paris, veuve Méquignon*, 1778, in-12.

Éloge de la **Sologne**. (Par M. DELOYNES

DE GAUTRAY.) *Orléans, impr. de Guyot aîné,* 1826, in-8. — Nouv. édit., *ibid.*, 1851, in-12, avec le nom de l'auteur.

Éloge de M. **Soubry**, trésorier de France de la généralité de Lyon, par M. BT D. M...EUX (BRUYSET DE MANIVIEUX). *Chambéry,* 1775, in-8, 38 p.

Éloge du cardinal de **Sourdis**, ancien archevêque de Bordeaux, discours couronné, le 14 septembre 1813, dans la séance publique de la Société polymathique de Bordeaux ; par F. J......T (François JOUANNET), régent au collége de Périgueux. *Périgueux, F. Dupont,* 1813, in-8.

Éloge historique de **Stanislas Auguste**, roi de Pologne, par un citoyen (Valère TEGOBORSKI). *Varsovie,* 1785, in-4. A. L.

Éloge historique de **Suger**. (Par le baron DESLYONS.) *Liége,* 1779, in-8, 90 p.

Voy. ci-dessus, « Éloge de Montausier », col. 82, *c.*

Éloge historique de **Suger**, abbé de Saint-Denis, régent du royaume sous le règne de Louis VII, dit le Jeune, roi de France, par G. M. D. C. (Franç.-Gabriel-Jos. marquis DU CHASTELER). *Amsterdam,* 1779, in-8.

Éloge de **Suger**, abbé de Saint-Denis, ministre d'Etat sous le règne de Louis VI, dit le Gros, régent du royaume pendant la croisade de Louis VII, dit le Jeune ; par M.*** (Mar.-Jean HÉRAULT DE SÉCHELLES). *Paris, Demonville,* 1779, in-8, 38 p.

Éloge de **Suger**, abbé de Saint-Denis, premier ministre sous les règnes de Louis le Gros et de Louis le Jeune, et régent du royaume. (Par le marquis Germ.-Hyacinthe DE ROMANCE DE MESMON.) *Amsterdam et Paris,* 1779, in-8, 2 f. lim. et 131 p.

Il n'existe d'autres exemplaires de cet ouvrage que ceux donnés par l'auteur à ses amis, et tous portent ces mots écrits de sa main : Cet ouvrage ne se vend point.

Éloge historique du duc de **Sully**. (Par Rich. DE BURY, avocat.) *Paris,* 1763, in-8.

Éloge historique de Maximilien de Béthune, duc de **Sully**. (Par Mlle DE MASCARANY.) *Lyon, Benoît Duplain,* 1763, in-8, 67 p.

Éloge des **tableaux** exposés au Louvre, le 26 août 1773, suivi de l'entretien d'un lord avec l'abbé A.... *Paris,* 1773, in-8, 79 p.

Par DAUDÉ DE JOSSAN, suivant les additions de Bachaumont, XXIV, 346.

Éloge du sénateur comte de **Tessin**, par le sénateur comte DE HOEPKEN, traduit du

suédois par le comte H. D. C. (HERMANN DE CALLENBERG). *Dresde, Walther,* 1774, in-12.

Éloge des **tétons**, ouvrage curieux et galant, en vers et en prose, par *** (Jean-Pierre-Nicolas DU COMMUN, dit VÉRON). *Francfort-sur-le-Meyn, Delacour,* 1746, in-8. —*Cologne, à l'Enclume de la vérité,* 1775, in-8.

Voy. ci-dessus, col. 88, *e,* et « Supercheries », II, 426, *e,* et III, 1042, *f.*

Éloge de M. **Thiéry de Ménonville**, avocat en parlement, botaniste breveté du roi, à Saint-Domingue... (Par ARTHAUD, docteur-médecin.) *Au Cap françois, Dufour de Rians,* 1785, in-4.

Catalogue Noël, n° 2284.

Éloge de Mr de **Thou**, proposé par l'Académie française, pour le prix d'éloquence, en 1824. *Paris, imp. de Eberhart, s. d.,* in-12.—*Paris, H. Servier,* 1827, in-12.

La couverture imprimée de la deuxième édition porte en plus : « Par J.-M.-G.-E. O'EGGER ».

M. de Manne désigne cet auteur sous le nom de l'abbé With-Casp. Lineweg O'EGGER, vicaire à Notre-Dame.

Éloge historique de **Tiraboschi**, traduit de l'italien de LOMBARDI (par Ant.-Mar.-Henri BOULARD). *Paris, Caillot,* an X-1802, in-8.

Éloge du **tonnerre**, ou observations physiques et politiques sur les orages. (Attribué à Jean-Henri MARCHAND DE BURBURE, avocat et censeur royal.) *Paris, Quillau* (vers 1782), in-8, 20 p.

Éloge de M. de **Tourny**, ancien intendant de Guienne, discours couronné, le 2 septembre 1808, dans la séance publique de la Société des sciences et arts de Bordeaux, par J......T (François JOUANNET). *Périgueux, Dupont,* 1809, in-8, 83 p.

Éloge funèbre de M. L. C. V. **Trincano**, écuyer, avocat en parlement... prononcé en la R. L. des Neuf-sœurs à ***, le 15 février 1786. (Par Charles-François DE BICQUILLEY.) *S. l.,* 1786, in-8, 23 p.

L'auteur a signé la dédicace.

Éloge de sainte **Ursule**... en Sorbonne, par un docteur de cette maison (COULAN). 1705, in-4.

Éloge de M. de **Vallière**. *S. l. n. d.,* in-4, 10 p.

Par Jean-Paul GRANDJEAN DE FOUCHY. — Extrait de l' « Histoire de l'Académie des sciences », année 1759.

Éloge de messire Guy-Louis-Henri marquis de **Valory**, lieutenant général des armées du roy, grand-croix de Saint-Louis, gouverneur de la citadelle de Lille, bailly d'épée au bailliage d'Etampes, et gouverneur de la même ville, prononcé en l'audience du bailliage d'Etampes, le 24 avril 1775, par M. C*** (Cl.-Christ. COURTIN), avocat du roi au même bailliage, lors de l'installation de messire Charles-Jean-Marie marquis de Valory... dans la place de conseiller du roi, bailli d'épée au bailliage de la même ville. *S. l.*, 1766 (*sic*, 1776), in-8, VIII–47 p.

Éloge de Charles **Vanloo**. (Par J. FONTAINE-MALHERBE.) 1767, in-12.

Cet éloge avait été imprimé l'année précédente dans le « Nécrologe des hommes célèbres de France ».

Éloge de Sébastien Le Prestre, chevalier, seigneur de **Vauban**... discours qui a remporté le prix de l'Académie de Dijon, le 2 d'août 1784; par M. CARNOT... Ouvrage enrichi d'observations par un amateur (le marquis Marc-René DE MONTALEMBERT). *La Haye, de Tune*, 1786, in-8, 50 p.

Éloge historique de M. le maréchal de **Vaux**. (Par Ch.-Mar. DE CRÉQUY.) *S. l.*, 1788, in-8, 1 f. de tit. et 40 p.

Éloge historique de M. **Venel**, professeur en médecine dans l'Université de Montpellier... qui sera suivi d'un recueil ou précis de ses différents ouvrages; par M. J.-J. M.... (Jean-Jacques MENURET DE CHAMBAUD). *Grenoble, J. Cuchet*, 1777, in-8.

Éloge de **Victor-Amédée III**, duc de Savoie, roi de Sardaigne, etc. (Par Joseph DE MAISTRE.) *Chambéry*, 1775, in-8, 71 p.

Éloge de la **vieillesse**, par le citoyen M*** (le P. Jean-François MANDAR, prêtre de l'Oratoire). *Paris, Pougens*, an X-1802, in-8.

Éloge d'Elie **Vinet**, professeur de belles-lettres et principal du collège de Guyenne dans le XVIᵉ siècle ; discours couronné le 21 décembre 1815 par l'Académie royale des sciences, belles-lettres et arts de Bordeaux : par F. J.....T (François JOUANNET), associé correspondant de la société et régent de rhétorique à Sarlat. *Périgueux, F. Dupont*, 1816, in-8, 2 f. lim. et 87 p.

Éloge de **Voltaire** (composé par FRÉDÉRIC II, roi de Prusse), lu (par Thiébault) à l'Académie royale des sciences et belles-lettres de Berlin, dans une Assemblée publique extraordinairement convoquée pour cet objet, le 26 nov. 1778. *Berlin, G.-J. Decker*, in-8, 52 p.

Cette édition est indiquée par Preuss, qui ne parle pas d'une autre édition, de même date, n'ayant que 44 pp. et dont le titre porte, entre deux filets :

Par Sa M....; le R.... de P....

Éloge de **Voltaire**, suivi de poésies diverses. (Par le chevalier DE CUBIÈRES DE PALMÉZEAUX.) *La Haye et Paris, Gueffier*, 1783, in-8, 80 p.

Le faux titre porte : 2ᵉ édition.

La première édition est intitulée : « Éloge de Voltaire, composé par Voltaire lui-même. » *Amsterdam et Paris, Demonville*, 1780, in-8.

Éloge de feu M.**nd (Wieland), écrivain très-célèbre en poésie et en prose. (Par J.-M.-R. LENZ.) *Hanau*, 1775, in-8.

Éloges de Charles V, de Molière, de Corneille, de l'abbé de La Caille et de Leibnitz. (Par J.-S. BAILLY.) *Berlin et Paris, Delalain*, 1770, in-8.

Réimprimé dans le Recueil qui a été indiqué ci-devant, sous ce titre : « Discours et Mémoires ». Voy. t. IV, 1016, *a*.

Éloges de plusieurs personnes illustres en piété de l'ordre de S.-Benoît. (Par la mère Jacqueline DE BLÉMUR.) *Paris*, 1679, 2 vol. in-4.

Éloges de quelques auteurs françois. *Dijon, Marteret*, 1742, in-8.

Contient douze éloges. Celui de Montaigne est du président BOUHIER ; ceux de Dalechamp et de M. de Meré sont de J.-B. MICHAULT ; les autres sont de l'abbé Ph.-L. JOLY.

Éloges de quelques-uns des plus célèbres guerriers français... (Par le chevalier DUVERNOIS.) *Strasbourg*, 1797, in-12.

Avait paru d'abord en 1779, sous le titre de : « Hommage à la vertu guerrière, ou éloges... ». Voy. ces mots.

Éloges de Voltaire, pièces qui ont concouru pour le prix de l'Académie française, en 1779. (Par Emm.-Claude-Joseph-Pierre DE PASTORET.) *Amsterdam et Paris, Demonville*, 1779, in-8, 20 p.

L'auteur a signé la dédicace.

Éloges des évêques français qui se sont rendus les plus illustres par leur doctrine et leur sainteté... Édition revue et corrigée, d'après celle publiée par M. Godeau, évêque de Vence, en 1665... (Par Gaspard-Jean-André-Joseph JAUFFRET.) *Paris, veuve Nyon*, an X-1802, in-8.　　　　G. M.

Éloges des hommes savants, tirés de l'histoire de M. DE THOU, avec des additions par Antoine TEISSIER, quatrième édition, revue, corrigée et augmentée, outre un très-grand nombre de nouvelles remarques (par J. DE LA FAYE), d'un quatrième tome. *Leyde, Th. Haak*, 1715, 4 vol. in-12.

Éloges des personnes illustres de l'Ancien Testament, pour donner quelque teinture de l'histoire sacrée. A l'usage de M. le duc de Bourgogne. (Par J. Doujat.) *Paris, Gabr. Martin*, 1688, in-8, avec 50 médaillons grav. à l'eau-forte.

Éloges du satyrique françois , dictés au public (par Est.-Martin de Pinchesne). in-4, 55 p.

C'est un recueil d'une vingtaine de pièces critiques, composées et publiées à la fin de 1674 et au commencement de 1675. Cet opuscule était resté inconnu à tous les éditeurs de Boileau, avant que M. Berriat en parlât en détail. Voy. son édition de Boileau, t. I, p. ccxix.

Éloges et caractères des philosophes les plus célèbres depuis la naissance de J.-C. jusqu'à présent. (Par Dupont-Bertres.) *Paris, Gissey*, 1726, in-12.

Éloges et discours philosophiques qui ont concouru pour les prix de l'Académie françoise et de plusieurs autres. (Par Louis-Sébastien Mercier.) *Amsterdam, Van Harrevelt*, 1776, in-8.

Voy. ci-dessus, « Discours sur la lecture », IV, 1038, b.

Éloges et discours sur la triomphante réception du roy (Louis XIII) en sa ville de Paris, après la réduction de La Rochelle. (Par J.-B. de Machault, jésuite.) Accompagnés des figures tant des arcs de triomphe que des autres préparatifs (gravées par Melchior Tavernier et Pierre Fierens). *Paris, P. Rocolet*, 1629, in-fol.

Éloges et poésies sur la naissance du Dauphin, par le P. L. et le P. L. M. (Ph. Labbe et P. Le Moine). *Lyon*, 1638, in-4.
V. T.

Éloges funèbres de Marc-Antoine Regnaud, curé de Vaux ; Louis Eschausses, curé de Bazarnes, et Joachim-Nicolas Durand, curé de Villiers-le-Bel... par Ch.-J. S. (Ch.-J. Saillant, diacre de l'Eglise de Paris). 1797, in-12, 36 p.

Éloges historiques de Charles V et de Henri IV, rois de France, par M. le M. de V***. Nouvelle édition. *Amsterdam (Paris)*, 1772, in-4.

La première édition est intitulée : « Eloge historique de Charles V, roi de France, par M. de Villette. *Paris, Grangé*, 1767, in-4.

Éloges historiques des evesques et archevesques de Paris qui ont gouverné cette Eglise depuis environ un siècle jusques au décès de M. François de Harlay Chanvalon, nommé par le roy au cardinalat. (Par Est. Algay, Sr de Martignac.)

Paris, Fr. Muguet, 1698, in-4, avec portraits gravés sur cuivre par Duflos.

Éloges historiques des hommes illustres de la province du Thymerais, avec un catalogue raisonné de leurs ouvrages, par M. D. D. (J.-Fr. Dreux du Radier). *Paris, Jos. Berthier*, 1749, in-12.

M. Doublet de Boisthibault en a donné une nouvelle édition avec le nom de l'auteur. *Chartres*, 1859, in-18.

Élomire hypocondre, ou les médecins vengez, comédie en cinq actes et en vers. (Par Le Boulanger de Chalussay). *Paris, Ch. de Sercy*, 1670, in-12, 4 f. et 112 p.

Pour le détail des éditions, voy. Brunet, « Manuel du libraire », 5e éd., I, col. 1761.

Nouv. édit., *Genève, Gay*, 1867. Voy. « Revue critique », 1868, t. I, art. 27.

Éloquence (de l') du barreau, par un avocat au parlement de Paris (P.-L.-Cl. Gin). *Paris*, 1776 (1767), in-12.

Réimprimé en 1803, avec le nom de l'auteur. Voy. « Supercheries », I, 419, f.

Éloquence (l') du temps enseignée à une dame de qualité et accompagnée de quantité de bons mots et de pensées ingénieuses, par M. ****, de l'Académie françoise. Nouvelle édition, revue et augmentée de maximes choisies pour former l'esprit et le cœur. *Paris*, 1707, in-12.

Par Jos. Leven de Templery, de la chambre des comptes d'Aix, qui, dès 1698, avait publié ses « Nouvelles Remarques sur la langue française ». Voy. ce titre.

Éloquence (de l') française. *Paris, Abel L'Angelier*, 1590, in-32, 5 ff. lim. et 412 ff. — *Id.* 1595, in-32, 4 ff. lim. et 283 ff. — *Ibid.*, 1606, in-8, 2 ff. lim. et 438 p. — *Ibid.*, 1610, in-8, 2 ff. lim. et 438 p.

L'épître des éd. de 1590 et 1595 est signée G. D. V. Les éditions de 1606 et 1610 portent sur le titre : Par le Sr D. V. Pr. Pr. au Parl. de Pr. (Guillaume du Vair, premier président au parlement de Provence). Ces deux dernières éditions sont suivies de « Traictez philosophiques ». Par le Sr D. V. Pr. Pr. au Parl. de Pr. *Paris, Abel Langelier*, 1606 (ou 1610), in-8, 2 ff. lim., 144 et 196 p.

Éloquence (l') militaire, ou l'art d'émouvoir le soldat, d'après les plus illustres exemples... Par une société de militaires et d'hommes de lettres. (Par J.-G. Ymbert, auteur de « l'Art d'obtenir des places ».) *Paris, Magimel*, 1818, 2 vol. in-8.

Élu (l') et son président, ou histoire d'Eraste et de Sophie. *Amsterdam et Paris, Delalain*, 1769, 2 vol. in-12.

Attribué à Louis Charpentier. Avait été par erreur donné par Barbier, dans sa deuxième édition, sous le nom de Savin. Cette indication avait été rectifiée dans la table.

Elwina, par l'auteur du « Prieuré de

S. Bernard » et des « Infortunes de Maria»; traduit de l'anglais par M. M*** (F.-J. MOREAU), traducteur d'« Elfrida , de Caroline de Montmorency », du « Château de Saint-Donats », etc. *Paris*, 1813, 2 vol. in-12.

Élysée Bourbon (l'). (Par M. Jules JANIN.) *Paris, Urbain Canel*, 1832, in-12.

Élysée (l') , ou quelques scènes de l'autre monde. (Par MIMAUT, mort consul général de France en Egypte en 1837.) *Paris, impr. de Poulet*, 1821, in-8.

Embarras (l') de Godard, ou l'accouchée, comédie. (Par Jean DONNEAU DE VISÉ.) *Paris, J. Ribou*, 1668, in-12.

Catalogue Soleinne, nº 1412.

Enbarras (l') de la fieiro de Beaucaire, (ParJean MICHEL, de Nîmes.) *Nîmes*, 1657, in-8, 4 f., 94 p. et 1 f.

La dédicace est signée : L'Incogneu.
Réimprimé avec le nom de l'auteur. *Amsterdam, D. Pain*, 1700, in-8, 191 p.

Embarras du père de famille, comédie en cinq actes et en vers; imitation libre du théâtre allemand. (Par M.-L.-J. DE BOILEAU.) *Paris*, 1787, in-8.

Embellissements (les) d'Aix-les-Bains, par un baigneur (le comte E. DE QUINSONAS). *Aix-les-Bains, typ. Bachet*, 1862, in-8, 58 p. et 1 f. de table.

La couv. imp. porte : Par un baigneur indécoré et membre d'aucune société savante.

Embellissements (les) de la capitale, songe d'un Français en 1709, publié en 1809; suivi du Songe de Scipion, par CICÉRON, traduit en vers, par J.-B.-N. CA*** (Jean-Baptiste-Nicolas CANNET) et fils. *Paris*, 1809, in-12, 45 p.

Embellissements (les) de Lyon. Pochade rimée, par un vieux canut... (PEYROUSE, avocat à Lyon). *Lyon, imp. de L. Perrin* (1858), in-8.

Voy. « Supercheries », III, 954, b.

Emblème des fleurs, ou parterre de Flore. (Par Ch.-Jos. CHAMBET.) Seconde édition. *Lyon, Chambet fils*, 1825, in-18.

Emblesmes (les) du seigneur ALCIAT, de nouueau translatez en françois, vers pour vers jouxte les latins (par Barthel. ANEAU)... avec... figures nouvelles appropriées aux derniers emblesmes. *Lyon, Guill. Rouille*, 1549, pet. in-8.

Souvent réimprimé.
Voy. aussi « Livret des emblèmes ».

Emblèsmes (les) du Sr ADRIAN le jeune,

médecin et historien des Estats de Hollande, faicts françois, sommairement expliquez (par Jacques GRÉVIN). *A Anvers, de l'imp. de Christophle Plantin* , 1575, in-16, fig. sur b.

Émerance, ou les solitaires de Marly, par l'auteur de « Marie de Bourgogne » (Mme DE SAINT-VENANT). *Paris, Pigoreau*, 1808, 2 vol. in-12.

Émigration (de l') en Angleterre de fabricants et d'ouvriers français, considérée notamment en ce qui concerne l'industrie lyonnaise. (Par BERNARD, auteur des « Opuscules théosophiques ». Voyez ce titre.) *Paris, Warée*, 1824, in-8.

Émigré (l') en 1794, ou une scène de la Terreur, drame en cinq actes et en prose. (Par le marquis D'HERBOUVILLE, pair de France.) *Paris, imp. de Feugueray*, 1820, in-8, 123 p.

Émigré (l'), roman historique. (Par Gabriel SÉNAC DE MEILHAN.) *Hambourg*, 1797, 4 vol. in-8.

Émigrés (les) à Quiberon, caricature en un acte et en prose du citoyen B.... (Mathieu-Joseph BOULLAULT), représentée sur le grand théâtre de Nantes, le 12 thermidor an III. *Nantes*, an III, in-8, 32 p.

L'auteur se nomme à la page 2. Cette pièce est devenue très-rare.

Émigrés (les) trompés à Quiberon. (Par Errard DE L'ISLE, né à Brainville, près de Bourmont, Lorraine, le 18 mars 1741, mort audit lieu le 11 juillet 1823; neveu de dom Joseph de l'Isle, auteur de l'« Histoire de Saint-Mihiel».) *Londres*, 1795, in-8.

Émile de Girardin et Cavaignac, ou la guerre à un homme ; par un patriote ancien, capitaine-commandant dans la 10e légion. *Paris, imp. de J. Juteau*, 1848, in-8, 8 p.

Sans frontispice. La couverture imp. sert de titre.
Signé : GARON, Dr médecin, chirurgien-major en retraite.

Émile et Rosalie, ou les époux amants. Par Mlle Elisabeth C*** (Mlle Elisabeth-Félicie CANARD, depuis Mme BAYLE-MOUILLARD). *Paris, Villet*, 1820, 3 vol. in-12.

Émile et Sophie, ou les époux désunis, mélodrame, par M.*** (Nicolas LEMOYNE, connu sous le nom de DESESSARTS). *Paris, Nyon*, 1784, in-12, 19 p. — *Paris, Mérigot le jeune*, 1784, in-8.

Émile. Fragments. (Par M. Emile DE GIRARDIN.) *Paris, A. Desauges*, 1828, in-8.

Souvent réimprimé avec le nom de l'auteur.

Émile Vadé, petit cousin de Guillaume, à Mme Duchaume, marchande coquetière à Pontoise. (Par le général JUBÉ, baron DE LA PÉRELLE.) *Paris, Delaunay, 1817, in-8,* 40 p.

Émilia, ou le danger de l'exaltation. (Par Alfred DE MAUSSION.) *Paris, Maradan, 1817, 2 vol. in-12.*

Émilia, ou le legs d'une mère, par l'auteur de la « Cité du devoir » (Alphonse LEVRAY). *Paris, imp. de Meyrueis, 1862,* in-12, 275 p. — Deuxième édit. *Paris, id., 1869, in-18.*

Émilia Wyndham, par l'auteur de « Two old mens' Tales, Mount Sorel », etc. (Mme Anna MARSH). Traduit librement de l'anglais par l'auteur des « Réalités de la vie domestique » (Mme Zélia LONG). *Paris, Reinwald, 1850, 2 vol. in-12.*

Émilie, comédie (lyr.) en un acte et en vers libres, faisant partie de « la Fête de Mirza », ballet de Gardel. (Par Nic.-Fr. GUILLARD.) 1781.

Émilie Corbett, ou les malheurs d'une guerre civile : roman politique, à l'occasion de la dernière guerre entre l'Angleterre et ses colonies, traduit de l'anglois (de Samuel-Jackson PRATT, par Jean-Nicolas JOUIN DE SAUSSEUL), sur la quatrième édition. *Londres et Paris, Delalain jeune, 1783, 4 vol. in-12.*

Émilie de Choisy, roman historique, par l'auteur de « Marie de Bourgogne ».... (Mme DE SAINT-VENANT). *Paris, Pigoreau, 1811, 2 vol. in-12.*

Émilie de Coulanges.

Voy. « Scènes de la vie du grand monde... »

Émilie de Valbrun, ou les malheurs du divorce. Par l'auteur d' « Irma » (Mme GUÉNARD). *Paris, libr. économique, 1808, 3 vol. in-12.*

Émilie de Varmont, ou le divorce nécessaire, et les amours du curé Sevin; par l'auteur de « Faublas » (Jean-Baptiste LOUVET). *Paris, Bailly, 1792, 3 vol. in-12.* — *Londres, 1794, 3 vol. in-12. — Paris, 1815, in-12.*

Une contrefaçon de cet ouvrage a donné lieu à un procès. Voy. Dalloz, « Jurisprudence générale du royaume », 1830, in-4, XI, 481 et note.

Émilie et Alphonse, ou le danger de se livrer à ses premières impressions. (Par Mme DE FLAHAUT, depuis Mme DE SOUZA.) *Paris, Pougens, 1799, 3 vol. in-12.*

Réimprimé dans les « Œuvres » de l'auteur.

Émilie et Erlach, ou les heureuses familles suisses ; trad. de l'allemand d'Aug. LAFONTAINE, par L. F. (L. FUCHS). *Paris, Lecointe et Durey, 1821, 3 vol. in-12.*

Émilie, ou le triomphe des arts, comédie en cinq actes. (Par CLAUDET.) *La Haye et Paris, Panckoucke, 1763, in-8.*

Émilie, ou les joueurs, comédie en cinq actes et en vers. (Par le marquis Anne-Pierre DE MONTESQUIOU-FEZENZAC.) *Paris, Didot ainé, 1787, in-18, 144 p.*

Tiré à 50 exemplaires.

Emire et Agathée, Mirson et Zelide, Cléophir et Syrka. (Par François LE ROY DE LOZEMBRUNE.) *Vienne, 1784, in-8.*

Emma, ou l'enfant du malheur, traduit de l'anglois (par Mlle HAUDRY). *Paris, 1788, 2 vol. in-12.*

On croit que MESSAN a revu cette traduction.

Emma, ou la prière d'une mère, par l'auteur des « Récits d'une grand'mère » (Mme Zélia LONG, de Genève). *Paris, Delay, 1844, in-12, 203 p.* — *Paris, 1852, in-12.*

Emma, ou quelques lettres de femme. (Par Jacques BOUCHER CRÈVECOEUR DE PERTHES, dit BOUCHER DE PERTHES.) *Abbeville, Briez, 1852, in-8.*

Emma, par l'auteur de « Trevelyan », de « Doverston », etc., etc. (lady Charlotte BURY). *Paris, Dumont, 1839, 2 vol. in-8.*

Emmanuel Erneste, dialogue sur l'état des Pays-Bas. *Anvers, 1580, in-12.*

Ouvrage rare de Pierre DEVENTER, pensionnaire de la ville de Bois-le-Duc. (Catal. J.-G. Gérard. *Brux.,* 1819, n° 2011.)

Emmanuel, ou Dieu avec nous. (Par M. le comte Jean DE TRISTAN.) *Paris, Débecourt, 1842, in-8, 375 p.*

Emmeline et Marie, suivi des « Mémoires sur Mme BRUNTON », traduit de l'anglais par M*** (madame la comtesse MOLÉ, née DE LA BRICHE). *Paris, Barbezat, 1830, 4 vol. in-12.*   D. M.

Emméric et Emma, ou la famille bavaroise, anecdote du dix-huitième siècle; par Mme Sophie M****** DE C****** (MAILLARD DE CHAMBURE). *Paris, chez les marchands de nouveautés, 1824, 2 vol. in-12.*

Emmerich, cours de morale en action. Trad. de l'allemand par Mme Isabelle DE MONTOLIEU. *Paris, 1810, 6 vol. in-12.*

Cet ouvrage et « le Comte de Waldheim » (Voy. ce titre, IV, 601, f) sont la traduction d'une partie de la collection publiée par J. Gottwerth MULLER, d

1784 à 1791, sous le titre de : « Komische Romane aus den Papieren des braunen Mannes. »

Emmerich de Mauroger, par l'auteur des « Trois Soufflets », de « Marguerite Aymon » (la comtesse DESPANS DE CUBIÈRES, née BUFFAUT). *Paris, Victor Masson,* 1837, in-8.   D. M.

Empereur (l') à Grenoble. 1815-1852. (Par Auguste VITU.) *Grenoble, imp. de F. Allier père et fils,* 1852, in-12.

Empereur (l') Alexandre à Bar-sur-Aube, en 1814. (Par P. BÉRAULT.) *Paris, T.-L. Clerc jeune,* 1816, in-8.

Réimprimé avec le nom de l'auteur.

Empereur (l') Alexandre et Buonaparte (Par le comte Serge OUVAROF.) *Saint-Pétersbourg, de l'imprimerie de Pluchart et Cie,* 1814, in-8, VIII-40 p.

La préface, signée du nom de l'auteur, apprend que l'ouvrage est composé dans l'esprit du « Buonaparte et des Bourbons » de Chateaubriand. M. Ouvarof ne manque pas de relever la mémoire de Moreau, dont il était l'ami.   A. L.

Empereur (l') de la Chine et le F. Rigolet. (Par VOLTAIRE.)

Reproduit dans le t. II des « Pièces détachées ». Voy. ce titre.

Empereur (l') et l'Empire trahis par qui et comment? (Par Jean Paul, comte DE CERDAN.) *Cologne,* 1681, in-12.

Catal. des livres de la comtesse d'Yve, rédigé par M. Gaudefroy. *Bruxelles,* 1820, in-8, t. II, n° 5801.

Empereur (l') François-Joseph Ier et l'Europe. (Par Charles DUVEYRIER.) *Paris, Dentu,* 1860, in-8.

Empereur (l'), la Pologne et l'Europe. (Par M. GRANIER, de Cassagnac.) *Paris, Dentu,* 1863, in-8, 29 p.

Empereur (l') Napoléon et M. le duc de Rovigo, ou le revers des médailles. Par le S. I. M. A*** (le sous-intendant militaire Antoine ANNÉE). *Paris, P. Mongie,* 1828, in-8, 108 p.

Empereur (de l') Napoléon, par un Belge (Félix TINDEMANS). *Bruxelles, impr. Nys,* 1865, in-8, 7 p.   J. D.

Empereur (l') Napoléon III et l'Angleterre. *Paris, Dentu,* 1858, in-8.

Attribué à M. le vicomte Arth. DE LA GUÉRONNIÈRE.

Empereur (l') Napoléon III et l'Italie. (Par le vicomte Arthur DE LA GUÉRONNIÈRE.) *Paris, Dentu,* 1859, in-8, 64 p.

Empereur (l') Napoléon III et la Pologne. (Attribué à M. Charles MARCHAL, dit

DE BUSSY.) *Paris, Lebigre-Duquesne,* 1863, in-8, 45 p.

Empereur (l') Napoléon III et les principautés roumaines. (Par Armand LÉVY.) *Paris, E. Dentu,* 1858, in-8, 48 p.   D. M.

Empereur (l'), Rome et le roi d'Italie. (Par Armand LÉVY.) *Paris, E. Dentu,* 1861, in-8, 31 p.   D. M.

Empire (l') des Nairs ou le paradis de l'amour, par le chev. L..... (James LAWRENCE). *Hambourg,* 1814, 4 vol. in-12.

Voy. « Supercheries », II, 474, b.

Empire (l') des passions, ou mémoires de Gersan. (Par Jacques-Antoine-René PERRIN, avocat.) *Londres, Nourse,* 1756, in-12.

Empire des Solipses.....

Voy. « Atlas universel indiquant les établissements... »

Empire (l') des Zaziris sur les humains, ou la zazirocratie. (Par Charles-François TIPHAIGNE.) *Pékin, Paris, chez Dsmgtlfpqxz* (1761), in-12.

Empire (de l') ottoman et de l'équilibre de l'Europe. (Par le comte Pierre-Louis RIGAUD DE VAUDREUIL.) *Paris, Egron,* 1821, in-8, 48 p.

Empire (l'), ou dix ans sous Napoléon. (Par le baron DE LA MOTTE-LANGON.) *Paris, Allardin,* 1836, 4 vol. in-8.

Max. DE VILLEMAREST a revu cet ouvrage et y a ajouté quelques chapitres. Voy. « Supercheries », I, 323, e.

Empirisme (de l') et du progrès scientifique en médecine, à propos des conférences de M. le professeur Trousseau, par un rationaliste, docteur en médecine de la Faculté de Paris (le docteur A. CRÉTIN). *Paris, J.-B. Baillière,* 1862, in-18, 177 p.

Emploi (de l') de l'argent, par le marquis MAFFEI, traduit de l'italien (par l'abbé Claude-François NONNOTTE). *Avignon,* 1787, in-8.

Emploi (de l') des alcalis et du café de santé dans le traitement du choléra-morbus à son invasion à Paris et pendant sa recrudescence. Par C. B. *Paris, imp. de Carpentier-Méricourt,* 1832, in-8, 24 p.

Signé : C. BAUD.

Emploi (de l') des conjonctions, suivi des modes conjonctifs dans la langue grecque. (Par Nicolas-Maximilien-Sidoine SÉGUIER DE SAINT-BRISSON, ancien préfet du Calvados.) *Paris, Eberhart*, 1814, in-8, 296 p.

Emploi (de l') des femmes dans l'imprimerie. Par un ancien typographe (ALKAN aîné). *Paris*, 1860, in-8, 8 p.

Emploi (de l') des fonds de l'industrie sous le gouvernement précédent. Relevé de sommes restant à rembourser en 1830 aux fonds de l'industrie nationale, du chef de différentes avances qui ont été accordées aux industriels de la Belgique. (Par Charles-Joseph DE MAT.) *Vilvorde, C.-J. de Mat*, 1854, in-18, 13 p.   J. D.

Emploi (l') du temps dans la solitude, par l'auteur des « Entretiens d'une Ame pénitente » (Alex. LE BRET). *Paris, Humblot*, 1773, in-12.

Emprunt (l') de vingt millions, par M. Trois-Étoiles (Émile CRUGY, rédacteur en chef du « Courrier de la Gironde »). *Bordeaux, imp. de Mme Crugy*, 1850, in-18, 36 p.

Emprunt en mai 1828. (Par L.-F. DE TOLLENARE.) *Nantes, imp. de Mellinet-Malassis*, in-8.

Emprunt (l') forcé, considéré sous le rapport de l'impôt et du crédit de l'assignat, par l'auteur de « Donnons notre bilan » (G. SAINT-AUBIN). *Paris, Desenne*, 22 niv. an IV, in-8, 66 p.

Emprunts faits depuis 1778 jusqu'en 1789. (Par L.-H. DUCHESNE, de Voiron.) S. *l. n. d.*, in-8, 4 p.

En Ardenne, par quatre Bohémiens. (Par Félix DELHASSE, P. DOMMARTIN, H. MARCETTE et Théophile THORÉ.) *Bruxelles, Vanderauwera*, 1856, 2 vol. in-18.

En attendant, in-8, 14 p.

Publié le 10 mars 1788. Pièce en vers alexandrins, avec des notes presque aussi amples que le texte. L'auteur est M. DULAURENT. L'abbé de Calonne (frère du ministre contre qui cette invective est dirigée) a fait les plus grandes recherches de cette brochure, et la police en a saisi mille exemplaires.

En avant. (Par Paul BOITEAU.) *Paris, Perrotin*, 1859, in-12, 72 p.

Cette brochure a été supprimée dès son apparition.

En France. (Par Pierre-Joseph-Edouard PUYSÉGUR.) *Nantes, imp. de Ch. Mellinet*, 1841, in-8, 4 p.

Vers sur le retour des cendres de Napoléon. Catalogue de Nantes, n° 26848.

En Orient. Impressions et réminiscences. (Par le comte Nicolas ADLERBERG.) *Saint-Pétersbourg, impr. centrale du ministère des finances*, 1867, 2 vol. in-8.   A. L.

En politique point de justice, ou réplique judiciaire dans la cause des héritiers du duc de Normandie contre Mme la duchesse d'Angoulême, M. le duc de Bordeaux et Mme la duchesse de Parme, par l'auteur des « Intrigues dévoilées, etc. » (le comte Modeste GRUAU DE LA BARRE, ancien procureur du roi à Mayenne). *Breda, Broese et Cie*, 1851, in-8.

En quoi la piété des Français diffère de celle des Espagnols dans une profession de même religion. (Par François DE LA MOTHE LE VAYER.) *Paris, Courbé*, 1658, in-4, 38 p.

Enchiridion (ou Manuel) du chevalier chrestien, aorné de commandemens très-salutaires par Desideré ERASME de Roterodame, avec ung prologue merveilleusement utile de nouveau adjousté (traduit du latin par Louis DE BERQUIN, gentilhomme du pays d'Artois, brûlé en 1529). *Par Martin Lempereur (célèbre imprimeur d'Anvers)*, 1529, in-8.

A dater de l'année 1525, Erasme parle plusieurs fois dans ses « lettres » de cette traduction et de son imprudent auteur, dont le zèle pour les principes de Luther lui attira la haine de la Sorbonne ; mais il ne nous apprend pas en quelle année ni en quel lieu elle fut imprimée pour la première fois : ce qui ferait croire qu'elle est restée longtemps manuscrite, comme les traductions de plusieurs autres ouvrages d'Erasme par le même L. Berquin. Erasme s'exprime ainsi, au sujet du « Chevalier chrétien », dans une lettre datée de Bâle, au mois de juin 1525 :

« Comme il (Louis Berquin) a jugé à propos de traduire en françois mon « Manuel du soldat chrétien », je regrette qu'il n'ait pas aussi traduit mon « Traité du libre arbitre » et celui qui concerne la *manière de prier Dieu*. »

Ce passage s'entend aussi bien d'un manuscrit que d'un imprimé. L'édition française du « Manuel » que je cite est probablement la première, et elle est d'une extrême rareté ; jusqu'à ce jour aucun bibliographe ne l'a citée : on ne connaissait que la réimpression qui en fut faite à Lyon par Dolet, en 1542, 1 vol. in-18. (Voy. tome IV, col. 584, *d*.) C'est donc bien à tort que Dolet a été considéré par quelques écrivains comme l'auteur de cette version.

Pour mettre les amateurs qui posséderaient une des éditions de cet ouvrage en état de juger si elle n'est qu'une réimpression de celle qui est sortie des presses de Martin Lempereur, je place ici le commencement de ce dernier volume. Après le long prologue adressé à Paul Dolsio ou Dolsium, daté de Bâle le 17 août 1548, on lit :

ÉRASME de Roterodame *à quelque ami de la cour, salut.*

« Mon bien-aimé frère en nostre Seigneur, selon vostre requeste faite par grand désir vers moy : avez prié que vous couchasse aucune briefue raison de viure, par l'instruction de laquelle vous puissiez parvenir, avoir ung esperit digne de Christ. Car vous dites que de long-temps vous ennuie la vie courtisienne, et que ceste solicitude vous tient, par quelle maniere vous pourrez fuyr l'Egipte ensemble avec les siens et ses vices et délices, et par la conduite de Moyse heureusement parvenir au chemin de vertus. »

L'édition de Dolet ne diffère que par le nom du religieux auquel le prologue est adressé, il y est appelé Volfio ou Volfium.

Il existe une autre édition de la même date, également imprimée à Lyon, mais chez Jean de Tournes, et qui est tout aussi rare que celle de Dolet.

Claude Bosc a publié à Paris, en 1711, une nouvelle traduction de cet ouvrage. Voyez les mots « Manuel du Soldat chrétien... »

L'original latin parut pour la première fois, sans le prologue, à Strasbourg, en 1515, in-4, et avec le prologue, à Strasbourg aussi, mais seulement en 1519, in-4. Voy. Panzer, « Annales typographici ».

L'exemplaire de l'ancienne traduction de cet ouvrage que je possède a appartenu au célèbre Samuel Bochard, dont il porte la signature : il se trouvait, avant la révolution, dans la bibliothèque de l'université de Caen. Vers 1820, on l'a compris parmi les livres de *rebut* qui ont été vendus à un libraire de Paris.

Le « Manuel du libraire », tome II, col. 1043, signale deux autres éditions de cette traduction. *Anvers, Antoyne des Goys*, 1543, in-16, et *s. l. n. d.*, in-8, 166 ff.

Encore Blaye. Illusions, déceptions. (Par le marquis DE LA GERVAISAIS.) *Paris, imp. de Pihan-Delaforest*, 1833, in-8, 32 p.

Voy. ci-dessus, « de la Captivité de Mme la duchesse de Berry », IV, col. 406, *f.*

Encore des calembours, précédé d'une notice apologétique sur les jeux de mots et la manière d'en faire usage. Par Ch. MA... (Ch. MALINGREAU). Sec. édition. *Paris, Pillot frères*, 1801, in-18, 144 p.

Encore du rejet de la loi amendée sur la révision des listes. (Par le marquis DE LA GERVAISAIS.) *Paris, Pihan-Delaforest*, 1828, in-8, 8 p.

Encore l'intendance militaire. (Par P.-V.-U. LANDEAU, ex-officier d'administration du service des subsistances.) *Lyon, imp. de Nigon*, 1864, in-8, 40 p.

Encore l'observateur des maisons de jeu. (Par Henri-Alexis CAHAISSE.) *Paris, Petit*, 1819, in-8, 32 p.

Encore la princesse d'Elide. In-8, 4 p.

Signé O. P. (Charles RUELENS).

Tirage à part d'un article publié dans le « Courrier de Bruxelles, journal de librairie et de ventes publiques », 1852. J. D.

Encore la religion d'argent, par le même auteur (par Mme Zélia LONG, née PELON). *Paris, Delay*, 1844, in-32.

Encore M. le comte Anglès, préfet de police, sous le manteau de M. Jean-François Anglès, son père, escorté par M. le colonel Tassin, colonel de gendarmerie. (Par J.-B.-Magloire ROBERT.) *Paris, l'auteur*, 1821, in-8, 48 p.

Encore quatre cris, ou sermon d'un patriote (AUBERT DE VITRY) à prononcer par l'abbé F..... (Fauchet) dans la chaire de quelque district. *Paris, Garnery et Volland*, 1789, in-8, 1 f. de tit. et 44 p.

Voy. « Supercheries », III, 38, *f.*

Encore quatre repas. (Par le vicomte A.-B.-L. DE MIRABEAU.) *S. l. n. d.*, in-8.

Voy. « Déjeuner du mardi », IV, col. 870, *d.*

Encore quelques argumens contre le zodiaque. (Par C.-G. SCHWARTZ.) *Paris, imp. de Mme veuve Migneret, s. d.*, in-8.

Encore quelques mots sur l'ouvrage de M. de Custine, par M*** (Michel YERMOLOFF). *Paris, Ferra*, 1843, in-8, 40 p.

Voy. « Supercheries », III, 478, *b.*

Encore quelques mots sur la censure des théâtres. Par SUARD. *Paris, Everat*, 1830, in-8, 16 p.

Les notes de cette réimpression, signées J. R., son de M. Jules RAVENEL.

Encore quelques mots sur la question d'Orient, par l'auteur de la brochure intitulée : « de la Politique anglo-française » (Louis DE TEGOBORSKI). *Bruxelles, Hayez*, 1854, in-8, 86 p. J. D.

Encore quelques mots sur la question de savoir si le tiers-état peut être représenté par des membres des ordres privilégiés; par l'auteur du « Jugement impartial » (Charles-Nicolas DUCLOZ DU FRESNOY). *Paris, Clousier*, 1788, in-4, 7 p.

Encore quelques mots sur les pensions, par l'auteur d'un écrit intitulé : « Observations sur le travail de la commission...» (Félix LECHANTRE). *Paris, Cosson*, 1835, in-8, 46 p.

Encore un coup de patte pour le dernier dialogue sur le Salon de 1787. (Par LEFEBVRE.) 1787, in-8, 39 p.

Encore un mot, satire crue de M. Baour-Lormian. (Par le comte Charles-Pierre-Gaspard DE PONS.) *Paris, imp. de Tastu*, 1825, in-8, 16 p.

Encore un mot sur l'armée. (Par le capitaine d'état-major, depuis général BEDEAU.) *Paris, imp. de Le Normant*, 1835, in-8, 110 p.

Encore un mot sur l' « Excellence de la guerre avec l'Espagne », par A. L. B. (Vict.-

Laur.-Suzanne-Moïse Anglviel La Beaumelle). *Paris*, mars 1823, in-8.

Voy. « Excellence (de l') de la guerre avec l'Espagne ».

Voy. « Supercheries », I, 230, c.

Encore un mot sur la Constitution. (Par F.-J.-F. Durbach.) *Paris*, 1814, in-8.

Encore un mot sur la. liberté de la presse, par M. de B*** (L.-Gabr.-Ambr. de Bonald). *Paris, place Saint-Sulpice,* 1814, in-8, 25 p.

Encore un mot sur la maladie de la pomme de terre. (Par Le Roy-Mabille.) *Boulogne-sur-Mer, Berger frères,* 1851, in-8, 16 p.

Catalogue de Nantes, n° 18167.

Encore un mot sur le remboursement des 5 0/0 consolidés. Par un économiste de province (le docteur Hunauld de La Peltrie, d'Angers). *Angers, Launay-Gaynot,* 1838, in-8, viii-40 p.

Encore un mot sur le serment de haine à la royauté, par un homme de sang-froid (le chanoine S.-P. Ernst). *Anvers (Maestricht)*, an VIII-1800, in-8, 56 p.

Encore un mot sur les dernières restaurations de tableaux de la galerie du Louvre, par un ancien peintre et restaurateur de tableaux (Delange, marchand de curiosités, quai Voltaire). *Paris, imp. de Pillet fils aîné,* 1860, in-8.

Encore un mot sur les Deux gendres et sur Conaxa, ou lettre d'un habitant de Versailles à l'auteur de la réponse à M. Hoffman. (Par François Fournier-Pescay.) *Paris*, 1811, in-8.

Encore un mot sur Napoléon, par P'... D. *Paris, imp. de Brasseur*, juillet 1821, in-8, 8 p.

Signé P..... T.
Réimprimé sous le titre de : « Encore un mot sur Napoléon le Grand, précédé d'une adresse au roi, par L. Picquot. 2e édition. » *Paris*, août 1821, in-8.

Encore une assemblée des journaux pour juger les procès de « l'Aristarque français » et de la « France chrétienne ». (Par Gilles.) *Paris, imp. de Gœtschy,* 1824, in-8.

Voy. tome IV, col. 307, e.

Encore une constitution incomplète. Pas d'hérédité dans la nouvelle noblesse, une restriction au *veto* absolu, le droit de faire la paix partagé par les deux Chambres. *Paris, Plancher,* 1815, in-8, 32 p.

Il y a des exemplaires qui ne portent pas sur le titre, mais à la fin, comme signature, le nom de l'auteur Grenier.

Encore une nuit de la garde nationale, ou le poste de la barrière, tableau-vaudeville en un acte. Par MM. Delestre-Poirson et Eugène S. (Eugène Scribe). Représenté pour la première fois, à Paris, sur le théâtre de la Porte-Saint-Martin, le 15 décembre 1815. *Paris, Fages,* 1815, in-8, 24 p. — 1816, in-8.

Encore une question importante en matière de biens nationaux, et projet de loi générale et définitive, revendiquée par la justice et la politique en faveur des acquéreurs, par un jurisconsulte (Louis-Simon Martineau, ancien avocat aux conseils, avocat en la Cour de cassation). *Paris*, an IX, in-8.

Voy. « Supercheries », II, 441, c.

Encoêre îne trâlée d'âchet qu'aviant rasté d'dan le pot à creite a Beurgau et qui s'rant vendut peur lés MM. Didot frère et fi, rue Jâcob, Paris, le dist dau moe de mai 1861. (Par Henri Burgaud des Marets.) *Paris, typ. F. Didot* (1861), in-18, 36 p.

Encyclique (l') de Benoît XIV, *Vix pervenit*, expliquée par les tribunaux de Rome. Par un curé, ancien professeur de théologie (Louis Figon). *Marseille, Camoin,* 1822, in-8, 40 p.

Encyclique (l') du 8 décembre 1864. Par un docteur en théologie (l'abbé René-François-Wladimir Guettée). *Paris, Dentu,* 1865, in-8.

Encyclopédiana, ou Dictionnaire encyclopédique des *Ana*. (Par Jacques Lacombe.) *Paris, Panckoucke,* 1791, in-4, vii-963 p.

Encyclopédie (de l'). (Par Voltaire.)

A la suite de « Don Pèdre » dans le t. XII de « l'Evangile du jour ».

Encyclopédie carcassière, ou tableaux des coiffures à la mode, gravés sur les desseins (*sic*) des petites maîtresses de Paris. *Paris, Hochereau,* 1753, in-8, 44 p.

Attribué à Jean-Henri Marchand, avocat.
Voy. Catalogue Soleinne, n° 1942.

Encyclopédie de la jeunesse, ou nouve essai élémentaire des sciences et des arts, extraits des meilleurs auteurs, par Mme H. T. (Henri Tardieu). *Paris, H. Tardieu,* an VIII-1800, in-12.

Depuis Formey, l'académicien de Berlin, qui a publié l' « Abrégé de toutes les sciences » (voy. tome IV, 38, c), une douzaine d'arrangeurs ont remanié cet ouvrage, entre autres le père Loriquet ; l'abbé de Mann ;

inspecteur des études en Belgique ; BARTHÉLEMI, de Grenoble ; François MATHÉRON, libraire à Lyon, etc.

D. M.

Encyclopédie de pensées, de maximes et de réflexions sur toutes sortes de sujets... *Paris, Guillyn,* 1761, in-8.

Par le P. Dominique DE BÉTHUNE, d'après une note manuscrite sur l'exemplaire de la Bibliothèque nationale.

Par Pons-Aug. ALLETZ, d'après la « France littér. » de 1769.

Encyclopédie des jeunes étudiants et des gens du monde, ou dictionnaire raisonné des connaissances humaines, des mœurs et des passions... par une société de gens de lettres et de savants. (Par Eusèbe GIRAULT, de Saint-Fargeau.) *Paris, L. Hachette, F. Didot,* 1833 et ann. suiv., 2 vol. in-8.

Encyclopédie domestique, recueil de procédés et de recettes concernant les arts et métiers, l'économie rurale et domestique... Extraits des ouvrages spéciaux de MM. Appert, Berthollet, etc. Par A. F*** (Adolphe FOSSET). *Paris, Raymond,* 1821, 3 vol. in-8. — 2° édit., entièrement refondue et augmentée, par M. M***, pharmacien. *Paris, Salmon,* 1829-1830, 4 vol. in-8 et atlas.

Encyclopédie élémentaire, ou rudiment des sciences et des arts. (Par J.-M. CROMMELIN.) *Autun, Dejussieu,* 1773, 3 vol. in-8.

Encyclopédie littéraire, ou nouveau dictionnaire raisonné et universel d'éloquence et de poésie. Par M. C*** (l'abbé Ét. CALVEL). *Paris, J.-P. Costard,* 1772, 3 vol. in-8.

Encyclopédie maçonnique, contenant les faits historiques sur la maçonnerie et sur les sociétés qui ont avec elle des rapports prochains ou éloignés... (Par J.-B. CHEMIN-DUPONTÈS.) *Paris, l'auteur,* 1819-1825, 4 vol. in-12.

Encyclopédie médicale, faisant suite au journal de « la Vraie théorie », ouvrage renfermant de nouvelles découvertes dans la médecine, la chirurgie et les branches accessoires à ces deux sciences, par une société de médecins français et étrangers (F.-F. CHORTET et autres). *Paris, Allut,* 1807, in-8, XXVIII-212 p.

Voy. « Supercheries », III, 685, c.

Encyclopédie militaire, années 1770, 1771 et 1772, par une société d'anciens officiers et de gens de lettres (Adrien-Marie-François DE VERDY, DU VERNOIS et autres). *Paris, Valade,* 1770, 1771 et 1772, 12 vol. in-12.

Encyclopédie morale.

Voy. « Economie de la vie humaine ».

Encyclopédie, ou dictionnaire universel raisonné des connaissances humaines, mis en ordre par M. DE FELICE. *Yverdun,* 1770-1780, 58 vol. in-4.

Voici d'après un avis de l'éditeur de l'Encyclopédie, inséré dans le « Courrier de l'Europe » du 25 avril 1780, la traduction des initiales mises au bas des différents articles de cet ouvrage :

A. — Ch.-L.-F. ANDRY, docteur-régent de la Faculté de médecine de Paris.

A. E. — Léon EULER.

B. C. — Elie BERTRAND. Il a traité la minéralogie et fourni des articles de morale et de religion.

B. M. — BOURGEOIS, docteur en médecine à Yverdun.

C. C. — Alex.-Cés. DE CHAVANNES, professeur en théologie à Lausanne.

D. — DE LEUZE, botaniste.

D'A. — Vincent-Bernard TSCHARNER, bailli d'Aubonne.

D. G. — ANDRIÉ, baron DE GORGIER. Il a traité la géographie et le droit public de l'Allemagne, des Pays-Bas, de l'Angleterre, du Nord, etc.

D. F. — Fortuné-Barthélemy DE FÉLICE. Il a fait des articles de philosophie, de physique, de mathématiques, de droit naturel, de droit romain, etc., avec les principaux éloges des personnes distinguées dans ces sciences.

D. L. — Jos.-Jérôme LE FRANÇOIS DE LALANDE. Il a fourni presque toute l'astronomie, avec plusieurs éloges d'astronomes célèbres.

G. — Jér.-Dav. GAUBIUS. Articles de pathologie.

G. C. — Math.-Bern. GOUDIN, mathématicien.

G. M. — J.-Pierre-Daniel MINGARD. Un très-grand nombre d'articles sur la philosophie, la morale et la religion.

Cet écrivain a aussi, pour dérouter les critiques qui attaquaient ses articles de religion, employé pour ces derniers la marque M. D. B., marque tirée du nom de sa campagne près de Lausanne.

H. — Amédée-Emmanuel HALLER.

H. D. G. — Albert DE HALLER.

H. D. P. — DUPUIS, professeur aux écoles militaires de Grenoble. Articles de fortifications.

I. A. E. — J.-Alb. EULER.

J. — JEANNERET. Articles de physique, de mathématiques et de métiers.

L. — LECUYER, de Neufchatel. Il s'était chargé des belles-lettres. Il est mort au commencement de l'impression du tome IV.

L. P. — LE PREUX, docteur-régent de la Faculté de médecine de Paris.

M. — MACLAINE, ministre à La Haye. Il est l'auteur du droit public des Provinces-Unies.

M. D. B. — J.-Pierre-Daniel MINGARD.

Voy. ci-dessus G. M.

P. — Antoine PORTAL. Articles de chirurgie.

Les articles *Bandage, Corps étrangers, Inoculation,* qui portent la même marque, appartiennent à PERRELET, chirurgien suisse.

P. B. — Le Père BARLETTI, professeur de physique dans l'Université de Pavie.

P. F. — Le Père FERRY, minime, professeur de mathématiques à Reims.

T. — Joseph Lieutaud, de l'Académie royale des sciences, premier médecin du Roi.

V. A. L. — Pierre Vallet, lieutenant général de police à Grenoble. Articles relatifs aux inscriptions et aux arts et métiers.

Endymion, conte comique, suivi du Jugement de Pâris (imitations de Christophe-Martin Wieland, par Louis d'Ussieux). In-8, 52 p.

Endymion, ou l'amour vengé, pastorale italienne en trois actes, mêlée de scènes françaises, suivie d'un divertissement de chants et de danses... (Par Louis Ricco-boni.) Paris, Ballard, 1721, in-4.

Énéide (l') de Publius Virgile, en vers français. (Par Frécot Saint-Edme.) L'auteur et Le Normant, an XII, in-8, viii-448 p.

Cette traduction, d'un grotesque achevé et qui commence par ce vers devenu fameux :

Moi, celui qui, jadis, sur un pipeau champêtre...

est devenue excessivement rare, la famille de l'auteur en ayant retiré presque tous les exemplaires. L'auteur était un ancien lieutenant général au bailliage de Dijon, mort à Héloup, près d'Alençon, vers 1812.

Il serait possible qu'il y eût eu deux frontispices différents, dont l'un avec le nom de l'auteur, car on rencontre des exemplaires dont le frontispice a été coupé.

L. D. L. S.

Voir sur cette traduction et celle de C. P. B. (Boissière), dont la 2e édition venait de paraître en cette même année 1803, un article de Nodier, « Décade philosophique », 1803, 1er trimestre, page 493. Cet article a été reproduit dans le « Bulletin du Bibliophile », 1864.

Æneide de Virgile, mise en prose françoise par C. M. S. (Claude Malingre, Sénonois). Paris, Cl. Collet, 1618, in-8.

Voy. « Supercheries », I, 760, e.

Énéide de Virgile, traduite en vers français par C. P. B*** (C.-P. Boissière). Paris, an XI-1803, 2 vol. in-8.

Les frontispices originaux de cette traduction sont de 1798. Voy. la note de l'avant-dernier article.

Énéide (l'), par un ancien professeur de Bruxelles (Auguste Giron, ancien professeur d'histoire à l'Athénée de Bruxelles). Livre 6e. Bruxelles, Manceaux, 1863, in-8, 43 p.   J. D.

Énéide (l'), traduite en vers français par Jacques Delille, avec des remarques sur les beautés du texte. Paris, Giguet, 1805, 4 vol. in-8 et in-18.

Les notes des quatre premiers livres sont de l'abbé Delille ; celles des deux suivants ont pour auteur Fontanes. Joseph Michaud a fait les autres.

Énéide (l') travestie, quatrième livre, contenant les amours d'Énée et de Didon,

traduit par A. F. (Ant. Furetière). Paris, Courbé, 1649, in-4.

Enfance (l') de l'homme, ou les bornes de l'esprit humain. (Par l'abbé Martin, vicaire, mort en 1775.) Paris, 1747, in-12, 35 p.

Enfance (l') de S. A. R. le duc de Bordeaux, en douze croquis, avec texte, dédiés aux bons petits Français, par A... M... (Alexandre Mazas, officier de cavalerie légère). Paris, Motte, 1821, in-8 oblong.

On trouve à la fin de ce volume « la Nouvelle Valentine à son fils », en vers (par Mme Pomaret), et le « Remerciement impromptu », de cette dame à S. A. R. Mme la duchesse de Berry.

Enfant (l') de famille, par J. C. Rou*** (Rousseau). Paris, Ouvrier, 1801, in-12, 180 p.

Voyez l' « Annuaire de la Librairie », par Fleischer, p. 520, n° 432.

Enfant (l') de l'amour. Par l'auteur d' « Élisabeth Lange » (L.-P.-P. Legay). Paris, Chaumerot, 1808, 4 vol. in-12.

Voy. « Supercheries », III, 1088, d.

Enfant (l') de Marie, un frère de plus. (Par le baron Th. de Bussières.) Rome, Fr. de Merle, 1842, in-16, 108 p. — Clermont-Ferrand, 1842, in-32.

Souvent réimprimé. C'est la reproduction d'un écrit publié sous le titre de « Conversion de M. M.-A. Ratisbonne », et aussi sous celui de : « Relation authentique de la conversion ».

Enfant (l') de six jours, guide des étrangers au Muséum, ou le dernier venu. Paris, de l'impr. expéditive, an X-1802, in-8, 20 p.

Revue critique du Salon de l'an X, en vers, par J.-A.-Q. Beuchot. Le libraire-éditeur, peu content du titre de cet opuscule, six semaines après, lui substitua celui-ci : « les Croûtes au Muséum » ; mais ce ne fut pas une reproduction pure et simple, l'auteur y ajouta : 1° sur le frontispice même une épigramme, et 2° remplaça sept vers libres de la première page par une épigramme en huit vers « sur les portraits », qui, cette année, étaient en grand nombre.

(Quérard, « Littérature contemporaine », tome p. 441.)

Enfant (l') de trente-six pères, roman sérieux, comique et moral, par D*** A***. Paris, A. Delalain, an IX-1801, 3 vol. in-12.

Attribué à Antoine-Joseph-Nicolas de Rosny ou à Desprez-Valmont. Voy. « Supercheries », I, 853, a.

Enfant (l') des déserts. (Par Antoine-Joseph-Nicolas de Rosny.) Paris, 1801, 3 vol. in-18.

Enfant du boulevard, ou mémoires de la

comtesse de Tourville, par Mme W..... (Mme WOILLEZ). *Paris, Lerouge.* 1819, 2 vol. in-12.

Enfant (l') du carnaval, histoire remarquable et surtout véritable. (Par Guillaume-Charles-Antoine PIGAULT-LEBRUN.) *Paris, Barba,* 1824, in-12.

La première édition est de l'an V-1797.
Nombreuses éditions avec le nom de l'auteur.

Enfant (l') du crime et du hasard, ou les erreurs de l'opinion. Mémoires historiques d'un homme retiré du monde, rédigé sur ses manuscrits. (Par Jean-Armand CHARLEMAGNE.) *Paris, Barba,* an XI-1803, 4 vol. in-12.   D. M.

Enfant (l') du hasard, trouvé dans une corbeille et devenu seigneur de Perse. Par P. C. (J.-P.-R. CUISIN), auteur des « Duels et Suicides ». *Paris, Dabo jeune,* 1825, 3 vol. in-12.

Enfant (l') du Marché-Neuf, ou les Aventures du duc de ***. (Par Mme GUÉNARD.) *Paris,* 1812, 4 vol. in-12.

Enfant (l') du mardi gras. (Par Den. BAILLOT.) *Paris, Locard,* an X-1802, in-12, fig.

Enfant (l') grammairien, ouvrage qui contient : 1º des principes de grammaire générale ; 2º une grammaire latine ; 3º une méthode française-latine. (Par Ath.-Alex. CLÉMENT DE BOISSY.) *Blois, P.-P. Charles,* 1755, in-12.

Réimprimé sous le titre de : « Grammaire latine, contenant le rudiment et la syntaxe... » Voy. ces mots.

Enfant (l'), par Mme ******. *Paris, Hachette,* 1859, in-18, XXVII-403 p. — 2e éd. *Paris, Hachette,* 1859, in-18, XXXII-360 p.

Attribué à Mme MICHELET. Voy. « Supercheries », III, 1116, *e*.
Cet ouvrage, dans le même vol. III, 1129, *a*, est donné sous le nom de M. et Mme ARMAND-DELILLE. Cette dernière attribution est probablement le résultat d'une confusion avec « le Petit Enfant », ouvrage anonyme de M. et Mme Armand-Delille. Voy. ce titre.

Enfant (l') peintre, ou le nouveau portrait de maman, pièce en vers indécasyllabiques, présentée à Mme Foullière par ses enfants, la veille de sa fête, le 3 oct. 1771. (Par DAUBERMINY.) *S. l.,* 1771, in-8.

Catalogué Soleinne, nº 3582.

Enfant (l') perdu, conte pour les enfants. Par l'auteur des « OEufs de Pâques » (l'abbé Christ. SCHMID). Traduit de l'allemand. *Strasbourg, Paris, Levrault,* 1828, in-18.

Souvent réimprimé avec le nom de l'auteur.

Enfant (l') perdu et retrouvé, poëme latin, par son grand-père (M. Eugène CAUCHY). Traduction française en regard. *Paris, imp. de Claye,* 1863, in-8, 71 p.

Poëme latin composé à l'occasion de l'enlèvement de son petit-fils.   D. M.

Enfant (l') prodigue, comédie en vers de dix syllabes. (Par VOLTAIRE.) *Paris, Prault,* 1738, in-8.

Réimprimée avec le nom de l'auteur.

Enfant (l') prodigue, conte allégorique. (Par GOBET.) *S. l. n. d.,* in-18, 6 p.

Enfant (l') prodigue, opéra en trois actes et en vers, par MM. *** (François-Louis RIBOUTTÉ et J.-M. SOURIGUIÈRES DE SAINT-MARC). Musique de M. P. Gavaux. Représenté, pour la première fois, à Paris, sur le théâtre impérial de l'Opéra-Comique, le 23 novembre 1811. *Paris, J.-N. Barba,* 1811, in-8, 54 p.

Enfant (l') saige à trois ans, avecque la semilitude de l'enffant prodigue, publié d'après les manuscrits par W. M. (William MARTIN). *Paris, Aug. Aubry,* 1859, in-8, 32 p.

Gothique, avec titre rouge et noir. Tiré à 52 exemplaires.

Enfant (l') trouvé, ou mémoires de Menneville. (Par And.-Guill. CONTANT D'ORVILLE.) *Paris, Durand neveu,* 1763, 2 part. in-8.

Enfantement (l') de Jupiter, ou la fille sans mère, par M. C. H. D. L. M. (Fr.-Ch. HUERNE DE LA MOTHE), avocat en parlement. *Londres, Paris, Bauche,* 1763, 2 vol. in-12.

Enfantement (l') de la Vierge, poëme traduit du latin, de SANNAZAR, précédé d'une préface sur la vie et les ouvrages de cet auteur, et suivi de l'hymne de VIDA à la sainte Vierge, par le traducteur de la « Christiade » (l'abbé DE LA TOUR, curé de Saint-Thomas-d'Aquin). *Paris, Merlin,* 1830, in-18.

Enfantines (les), poésies, par L. T. (Louis TOURNIER, pasteur à Genève). *Genève,* 1853, in-18, 80 p.

Enfants (les) célèbres chez toutes les nations anciennes et modernes, par P.-J.-B. N. (Pierre-Jean-Baptiste NOUGARET). — 2e éd. *Paris,* 1811, 2 vol. in-12.

Le titre de la première édition porte : « les Enfants devenus célèbres chez les peuples anciens et modernes.... »

Voy. « Supercheries », II, 372, *d*.

Enfants (les) de deux lits, ou la belle-sœur. Par Auguste LAFONTAINE. Traduit de l'allemand par Léon A... (Léon ASTOIN), traducteur d'un « Voyage en Grèce et aux îles Ioniennes ». *Paris, Ponthieu*, 1822, 4 vol. in-12.

Voy. « Supercheries », I, 145, *a*.

Enfants (les) de la mère Gigogne. Par V. ADAM et A. E. D. S. (Alexis EYMERY, de Saintes). *Paris, Désirée Eymery*, 1838, in-16.

Voy. « Supercheries », I, 208, *e*.

Enfants (les) de Maurice, (Par Mlle A. DE PETITVAL.) *Paris, Bleuet*, 1821, in-12.

Enfants (les) des Vosges. Par S. C*** (Simon COIFFIER DE MORET). *Paris, Frechet*, 1808, 2 vol. in-12.

Enfants (les) devenus célèbres chez les peuples anciens et modernes...

Voy. « les Enfants célèbres chez toutes les nations... »

Enfants (des) devenus célèbres par leurs études ou par leurs écrits, traité historique. (Par Adrien BAILLET.) *Paris, Dezallier*, 1688, in-12.

Enfants (les) du loisir. (Par GUICHARD, huissier priseur.) 1748, in-8.

Enfants (les) du vieux château, ouvrage destiné à l'instruction et l'amusement de la jeunesse, dédié à S. A. I. et R. la princesse Zénaïde, infante d'Espagne. Par Mme J****** (Emilie MILLON-JOURNEL). (*Paris, Renard*), 1810-1818, 40 vol. in-18.

Le nom de l'auteur se trouve sur le titre à partir du tome XIX.

Enfants (des) trouvés. *Auxerre, imp. de Gallot-Fournier*, 1837, in-8.

Par DE MATTES, d'après une note manuscrite sur l'exemplaire de la Bibliothèque nationale, et par Alexandre-Jacques-Denis DE MOLÈNES, suivant une note de Beuchot.

Enfer (l') burlesque, le Mariage de Belphégor, épitaphes de M. de Molière. (Par Charles JAULNAY.) *Cologne (Bruxelles)*, 1677, in-12.

C'est la troisième édition d'un ouvrage qui avait paru en 1668, sans nom de lieu ni de libraire, sous le titre de l' « Enfer burlesque tiré des visions de dom F. de Quevedo », par M. C. I., et qui avait été réimprimé avec le nom de l'auteur et avec un titre modifié, le premier ayant causé quelque scandale : « les Horreurs sans horreur, poëme comique tiré des visions de dom F. Quevedo, avec plusieurs satires et pièces galantes. » *Paris, Loyson*, 1670, in-12. Voy. la notice de M. Paul Lacroix, mise en tête de la réimpression de « l'Enfer burlesque ». *Genève, J. Gay et fils*, 1868, in-18.

Enfer (l') de Joseph Prudhomme, c'est à savoir : Deux Gougnottes, la Grisette et l'Étudiant, dialogues agrémentés d'une figure infâme et d'un autographe accablant. (Par H. MONNIER.) *Hollande* ou *Belgique*, vers 187..., in-8.

Enfer (l') de la mère Cardine, traitant de la cruelle bataille qui fut aux enfers, entre les diables et les maquerelles de Paris, aux nopces du portier Cerberus et de Cardine, qu'elles vouloyent faire royne d'enfer; et qui fut celle d'entr'elles qui donna le conseil de la trahyson, etc. Outre plus est adioustée vne chanson de certaines Bourgeoises de Paris, qui feignant d'aller en voyage furent surprinses au logis d'vne maquerelle, à S. G. des Prez. *Paris*, 1583, in-8, 32 p.

Attribué à Flaminio DE BIRAGUE, gentilhomme ordinaire de la chambre de François Ier, et petit-cousin du cardinal de ce nom.

Pour le détail des éditions de cette facétie, voy. Brunet, « Manuel du libraire », 5e éd., II, col. 981.

Réimprimé dans le tome III du « Recueil de poésies françaises », publié par M. Anatole de Montaiglon dans la « Bibliothèque elzévirienne ».

Enfer (l') des hommes d'État et le purgatoire des peuples, histoire abrégée et chronologique de la fin tragique des personnages célèbres et fameux des quatre parties du monde... depuis les temps les plus reculés jusqu'au 30 mars 1814, suivi d'une table alphabétique. Par L. P. (Louis PRUDHOMME). *Paris, Prudhomme*, 1815, in-12, tome I.

L'ouvrage devait avoir 5 volumes.
Voy. « Supercheries », II, 973, *a*.

Enfer (l') détruit, ou examen raisonné du dogme de l'éternité des peines (suivi d'une dissertation critique sur les peines de l'enfer, par WHITEFOOT), ouvrages traduits de l'anglois par le baron D'HOLBACH. *Londres (Amsterdam, M.-M. Rey)*, 1769, in-12.

Enfer (l') dévoilé, par M. B. DE L. V. (Bayard DE LA VINGTRIE). *Paris, L. Hivert*, 1834, in-8, 36 p.   D. M.

Enfer (l'), poëme du DANTE, traduit de l'italien, suivi de notes, par un membre de la société colombaire de Florence, etc. (ARTAUD DE MONTAUR). *Paris, Smith*, 1812, in-8.

Cette traduction, de même que celle du « Paradis », 1811, et du « Purgatoire », 1813, a été reproduite avec le nom du traducteur sous le titre de : « la Divine Comédie de DANTE ALIGHIERI, avec le texte italien en regard et des notes ». *Paris, F. Didot*, 1828-30, 9 vol. in-32.

Enfer (l'), poëme, par le DANTE, traduction nouvelle (par Antoine DE RIVAROL).

Londres (*Paris*), *Mérigot le jeune et Barrois le jeune*, 1783, ou *Didot jeune*, 1785, in-8.

C'est la même édition sous deux dates différentes ; il n'y a eu qu'un changement de frontispice.

Cette traduction a été réimprimée dans le tome III des « Œuvres » de Rivarol. *Paris, Léopold Collin,* 1808, in-8.

Engagements (les) du hasard, comédie (en cinq actes et en vers, par Thomas Cor-neille). *Rouen, L. Maury,* 1657, in-12.

English (the) literary journal of Moscow (Journal littéraire anglais de Moscou, rédigé pour l'anglais par Baxter, et par Georges Lecointe de Laveau pour le français). *Moscow, printed by A. Semen,* 1823, 5 numéros in-8, ensemble de 282 p. pour les quatre premiers numéros, et 78 pour le cinquième.   A. L.

Engrais (des) artificiels, par Justus Lie-big, trad. de l'allemand (par Gustave Bru-net). *Bordeaux, Chaumas; Paris, veuve Bouchard-Huzard,* 1846, in-8, 38 p.

Engrais (des) verts pour les vignes. (Par Victor Chatel.) *Caen, impr. B. de Laporte,* (1860), in-8, 8 p.

Catalogue de Nantes, n° 18135.

Enguerrand, ou le duel, anecdote du règne de Louis XIII, suivie de Zoé, ou la Femme légère, et du curé de Bériles. Par Mme*** (Tarbé des Sablons), auteur d'« Eu-dolie », de « Sidonie » et de « la Marquise de Valcour ». *Paris, Lecointe et Durey,* 1825, 2 vol. in-12.

Enlèvement (l') d'Éripe, traduit du grec de Parthénius de Nicée ; suivi de quelques pièces de poésie, par *** (Philippe Le Febvre). 1751, in-8.

Enlèvement (l') d'Hélène, poëme, tra-duit du grec de Coluthus, avec des re-marques (par Charles du Molard). *Paris, Robustel,* 1742, in-16, 77 p.

Inséré dans les « Nouveaux Mélanges de poésie grecque », publiés par S. Allut, 1779, et dans le tome II de la « Bibliothèque choisie de contes, facé-ties, etc. » *Paris,* 1786.

Enlèvement (de l') des boues et immon-dices de Paris considéré sous le rapport de la salubrité et de l'économie des dépenses. (Par J.-B. Huzard fils.) *Paris, imp. de Mme Huzard,* 1826, in-4, 27 p.

Enlvminvres (les) dv famevx almanach des PP. Iesvites, intitulé la Deroute et la Confusion des Iansenistes, ov triomphe de Molina, Iesvite, sur S. Avgvstin. (Par Isaac-Louis Lemaistre de Sacy.) S. l. *Enlvminé*

pour la première fois le 15 janvier, et pour la seconde le 8 février 1654, in-8.

Suivi de : « Réponse à la lettre d'une personne de condition, touchant les règles de la conduite des saints Pères dans la composition de leurs ouvrages pour la défense des veritez combattuës, ou de l'Innocence calomniée. Du 20 mars 1654. » (Par Antoine Ar-nauld.)

L'éloquente « Réponse » du docteur Arnauld a été insérée dans le tome vingt-septième de la collection de ses Œuvres ; *Lausanne,* 1775 et ann. suiv., 42 vol. in-4. On la trouve aussi dans un Recueil de plusieurs lettres de M. Arnauld, docteur de Sorbonne, *Cologne, P. Marteau,* 1697, in-12 ; et dans le tome second d'un « Recueil de plusieurs pièces concernant l'origine, la vie et la mort de M. Arnauld », publié à *Liége* en 1698, in-12.

Enluminures (les) du fameux Alma-nach, etc , ou triomphe de Molina, jésuite, sur S. Augustin (par Isaac-Louis Le Mais-tre de Sacy). Avec l'Onguent pour la brû-lure, ou le secret d'empêcher aux Jésuites de brûler les livres (par J. Barbier d'Aucour). *Liége, Jacques le Noir,* 1683, in-8. — *Liége, Lecurieux,* 1733, in-8.

La « Réponse » d'Antoine Arnauld se trouve aussi dans cette nouvelle édition des « Enluminures ».

Ennemis (les) déclarés de la constitution *Unigenitus* privés de toute juridiction spi-rituelle dans l'Église. *Nancy, Barbier,* 1719, in-12. — 2e éd. *Nancy, J.-B. Bar-bier,* 1720, in-12.

Signé : F. P. D. L. (le P. Paul, de Lyon, capucin). Cet ouvrage a été aussi attribué au P. André de Grazac, capucin.

Ennemis (les) réconciliés, pièce drama-tique en trois actes et en prose, dont le sujet est tiré d'une des anecdotes les plus intéressantes du temps de la Ligue. (Par l'abbé Bruté de Loirelle.) *La Haye et Paris, Lacombe,* 1766, in-8.

Un certain nombre d'exemplaires portent sur le titre le pseudonyme de Merville. Voy. « Supercheries », II, 1122, *d.*

C'est à tort que quelques bibliographes attribuent cette pièce à Guyot de Merville, qui s'était noyé l'année précédente dans le lac de Genève.

Ennui (l') d'un quart d'heure. (Par l'abbé de La Marre.) *Paris, Rollin fils,* 1736, in-8, 24 p.

Énormité (de l') du duel, traité traduit de l'italien de M. le docteur P. V. (Paul Vergani), par M. C*** (Cousin), des Ar-cades de Rome. *Berlin, C.-F. Woss,* 1783, in-12.

Enquête au sanctuaire des révérends pères. (Par l'abbé A. Charvoz.) *Paris, Doyen* (sic), 1847.

Cité par l'auteur p. 35 de son « Appel aux Israé-lites ». Voy. IV, 201, *f.*

Enquête faite par ordre du parlement d'Angleterre pour constater les progrès de l'industrie en France et dans les autres pays du continent, présentée à la Chambre de commerce à Paris. (Par Raymond-Balthazar MAISEAU.) *Paris, Baudouin frères,* 1825, in-8.

Enquête sur l'exploitation et la construction des chemins de fer, publiée par ordre de S. Exc. le ministre des travaux publics. *Paris. Imp. impériale,* 1863, gr. in-4, CXLVI-346 p.

Ce travail a été rédigé par M. Michel CHEVALIER, son nom ne se trouve pas sur le titre, mais il est indiqué dans le cours du volume.

Enquête sur la condition des classes ouvrières et sur le travail des enfants. (Par M. Édouard DUCPÉTIAUX.) *Bruxelles, Th. Lesigne,* 1846, 3 vol. in-8.

Enquête (de l') sur le chemin de fer de Caen à Alençon. (Par M. Léon DUCHESNE DE LA SICOTIÈRE.) *Alençon, Bonnet,* 1845, in-8, 11 p.

Enseigne (l'), conte en vers, dédié à son ami V. D. Z. (Van den Zande), par J. G. H. (Jean-Guillaume HILLEMACHER, directeur de la compagnie des Quatre-Canaux). *Paris, imp. de Fournier,* 1839, in-12, 24 p.

Voy. « Supercheries », II, 400, *b*.

Enseignement (de l') actuel de la médecine et de la chirurgie. (Par Anthelme RICHERAND.) *Paris, imp. de Didot jeune,* in-4, 19 p.

Brochure imprimée aux frais de la Faculté de médecine à la fin de 1840.

Elle a été attribuée par la « Nouvelle Biographie universelle » à C.-F.-V.-G. PRUNELLE.

Enseignement (de l') moyen, par P. L*** (Philippe LESBROUSSART). *Liége, Oudard,* 1844, in-8, 13 p.

Extrait de la « Revue de Liége ».   J. D.

Enseignement (l') mutuel, ou histoire de l'introduction et de la propagation de cette méthode par les soins du docteur Bell, de J. Lancaster et autres.... traduit de l'allemand de Joseph HAMEL (par J.-J. GUIZOT). *Paris, Colas,* 1818, in-8.

Enseignement primaire. Nécessité de réformer la loi du 23 septembre 1842. (Par F. GÉRIMONT, avocat.) *Liége, Redouté,* 1858, in-8, 29 p.

Tiré à part de la « Tribune ».   Ul. C.

Enseignement (de l') public, par M*** (MATHIAS), principal du collége de Langres. *Paris, Couturier,* 1776, in-8, XVI-125 p.

L'auteur est nommé dans la permission.

Enseignement universel mis à la portée de tous les pères de famille, par un disciple de J. Jacotot (Henri-Barthélemy AIGRE). *Paris, P. Dupont,* 1829-1830, 3 part. in-8.

La seconde édition, publiée en 1830, a paru sous le nom de Henri A*** DE B***, disciple de Jacotot. *Paris, P. Dupont,* in-8. La 3e éd. porte le nom de l'auteur.

Enseignes (les) parlantes, revue critique de quelques tableaux, avec une explication mêlée de chants, par MM. H. S. (Henri SIMON) et C. H. Représentée à Paris, dans la salle Mont-Thabor, le 10 février 1817. *Paris, Barba,* 1817, in-8, 15 p.

Ensemble (de l'), ou essai sur les grands principes de l'administration. (Par René THOMÉ, maréchal de camp, mort en 1805.) *Paris, Gattey,* 1788, 2 vol. in-8.

Ensilage des grains, ou mémoire sur leur conservation, par la privation de l'air atmosphérique et l'isolement de l'humidité, adressé à S. Exc. le ministre secrétaire d'État au département de l'intérieur, le 7 août 1819, et à la Société royale et centrale d'agriculture, le 16 du même mois, par J..... (JOURDAIN), ancien directeur des subsistances des armées et adjoint à l'administrateur du service des fourrages militaires de Paris. Imprimé par ordre de la Société royale et centrale d'agriculture. *Paris, imp. de Mme Huzard,* 1819, in-8, 50 p. et 1 pl.

Extrait des « Annales de l'agriculture française », tome VII, 2e série.

Ensuyt (s') le nouveau monde.

Voy. « Nouveau (le) Monde ».

Entendement (de l') et de la raison. Introduction à l'étude de la philosophie, par J.-F. THUROT... précédé d'une notice sur la vie et les ouvrages de l'auteur (par P.-Cl.-F. DAUNOU). *Paris, Aimé André,* 1832, 2 vol. in-8.

Entendement (l') humain mis à découvert d'après les principes de la physiologie et ceux de la métaphysique. (Par l'abbé BESNARD.) *Paris, Brunot-Labbe,* 1819, in-12.

Entendons-nous, ou radotage d'un vieux notaire sur la « Richesse de l'État ». (Par J.-N. MOREAU.) *Amsterdam,* 1763, in-8, 32 p.

Voy. « Supercheries », III, 953, *f*.

Entendons-nous, ouvrage posthume de M. Gobe-Mouche. (Par Barth.-Cl. GRAILLARD DE GRAVILLE et Jean-François GUICHARD.) *Aux Boulevards,* 1760, in-12.

Voy. « Supercheries », II, 191, *b*.

Entente (l') est au diseur, proverbe dramatique. Par M. M..... des V..... (Benoît-Joseph MARSOLLIER DES VIVETIÈRES). *S. l. n. d.*, in-8.

Enterrement (l') du Dictionnaire de l'Académie, ouvrage contenant la réfutation de la « Réponse » de M. de M*** (Cl. Mallement de Messange). 1697, in-12.

<small>FURETIÈRE étant mort en 1688, c'est à tort qu'on lui a attribué cet ouvrage. L' « Enterrement » paraît être du même auteur que l' « Apothéose ». Voy., pour le détail des différents auteurs auxquels ont été attribués ces deux ouvrages, tome IV, col. 256, *e*.

L'ouvrage réfuté est intitulé : « Réponse à une critique satirique », intitulée : « l'Apothéose ». Il n'est pas anonyme.</small>

Enthousiasme (de l') de la Suisse pour la cause de Neufchâtel. (Par M. Alex. DAGUET.) *Fribourg, Marchand,* 1858, in-8, 416 p.

<small>Ouvrage en partie traduit de l'allemand et en partie original.</small>

Enthousiaste (l'), ou : l'avez-vous vue? dialogue en vers sur l'arrivée de Mme de Staël à Vienne, suivi de Mélanges de littérature. Par un membre de l'Académie de Naples (le comte Auguste MESSENCE DE LA GARDE). *Saint-Pétersbourg, Lesznowski,* 1810, in-8, 196 p.

Entier discours de la vertu et propriété des bains de Plombières, contenant la manière d'user de l'eau d'iceux en toutes sortes de maladies, par A. T. M. C. (Ant. TOIGNARD, médecin consultant). *Paris, J. Hulpeau,* 1581, in-16, 2 et 45 ff.

Entomologie helvétique, ou Catalogue des insectes de la Suisse, rangés d'après une nouvelle méthode, avec une description (en français et en allemand) et des figures. (Par DE CLAIRVILLE.) *Zurich, Orell, Fussli et Cie,* 1798-1806, 2 vol. in-8.

Entomologie (l') ou histoire naturelle des insectes, enseignée en 15 leçons... Par R. A. E. (R. AUCHER-ELOY, impr.-libr. à Blois). *Paris, Audin,* 1826, in-12, fig.

Entre chien et loup, par l'auteur de « Julie ou j'ai sauvé ma rose ». *Paris,* 1808, 2 vol. in-12.

<small>Ce roman est attribué à la comtesse Félicité DE CHOISEUL-MEUSE, qui aurait voulu tromper les amateurs en l'attribuant à l'auteur de « Julie », qui passe pour être de Mme GUYOT.</small>

Entrée à Lyon de l'armée autrichienne le 21 mars 1814. Défense glorieuse de cette ville par l'armée française. Retraite honorable du maréchal Augereau. (Par le marquis J.-B.-D. MAZADE D'AVÈZE.) *Paris (Lyon, impr. de Barret),* 1814, in-8, 24 p.

Entrée (l') célèbre des evesques d'Orléans, ou la description exacte de toutes les cérémonies qui y sont pratiquées, avec plusieurs remarques historiques. (Par Louis DU SAUSSAY.) *Orléans, Fr. Borde,* 1707, in-8.

Entrée (l') dans le monde, par miss Jane PORTER; traduit de l'anglais, par Mme *** (la comtesse MOLÉ, née DE LA BRICHE). *Paris, Mame-Delaunay,* 1829, 4 vol. in-12. D. M.

Entrée (l') de la reine à Lyon le 3 décembre 1600. (Par P. MATTHIEU.)

<small>Voy. « l'Entrée de très-grande... princesse Marie de Médicis... »</small>

Entrée (l') de la royne en sa ville et cite de Paris. Imprimée par le commandement du roy nostre Sire. *Paris, G. Tory,* 1531, in-4, 22 ff.

<small>On lit au bas du recto du 21e feuillet : « La dicte entree par le commandement du Roy a este mise et redigee par escript au vray..., par moy BOCHETEL ».</small>

Entrée de Louis XIII, roi de France et de Navarre, dans sa ville d'Arles, le 29 octobre 1622, étant consuls et gouverneurs de ladite ville, Pierre de Boches et Nicolas Dycard, de l'état des nobles; et Gauchier Peint et Claude Jamin, de celui des bourgeois. (Par Pierre SANI.) *Avignon, imp. de J. Bramereau,* 1623, in-fol.

Entrée de Louis XIV dans la ville d'Auxerre. (Par M. Léon DE BASTARD.) *Auxerre, imp. de Perriquet et Rouillé,* 1858, in-18.

Entrée (l') de très-grand, très-chrétien... prince Henri IIII, roy de France et de Navarre, en sa bonne ville de Lyon, le 4 sept. 1695. (Par P. MATTHIEU.) *Lyon, P. Michel, s. d.,* in-4, 4 ff. prél. et 104 portr. et gr. pl. en taille-douce.

<small>Reproduit avec un nouveau titre dans le volume intitulé : « les Deux plus grandes, plus célèbres et mémorables réjouissances... » Voy. tome IV, col. 929, *b*.</small>

Entrée (l') de très-grande... princesse Marie de Médicis, royne de France et de Navarre, en la ville de Lyon, avec l'histoire de l'origine et progrez de l'illustrissime maison de Médicis. *Lyon, T. Ancelin,* 1600, in-8, 76 ff., avec planches.—*Rouen, J. Osmont,* 1601, pet. in-8, 163 p.

<small>La dédicace à la reine est signée DE MATTHIEU.

L'édition de Lyon a un frontispice gravé qui porte : « l'Entrée de la reine à Lyon, le 3 décembre 1600. »</small>

Entrée de très-haut... prince Henry de Bourbon, prince de Condé... en la ville de Dijon, le 30 sept. 1632. (Par P. MALPOY.) *Dijon, veuve C. Guyot,* 1632, in-fol.

Entrée (l') des Français à Madrid, drame en un acte et en vers. (Par GROSLEY, conseiller de préfecture à Luxembourg.) *Luxembourg*, 1809, in-8.

Entrée du P. Coton dans les enfers. (Par Ant. REMY.) 1626.

Entrée du roy à Tolose. *Tolose, par R. Colomiez*, 1622, in-8, 6 ff. lim., 146 p. et 1 f. d'avis aux lecteurs.

Les dédicaces sont signées : ALARD.

Entrée (l') du très-heureux et ioyeulx aduenement du roy puissant et magnanime Henry de Valois en sa noble ville de Tours... le 5 de may 1551. (Par Guillaume VINCENT, de Clamecy.) *Tours, Iehan Rousset, s. d.*, in-8, 4 ff.

Entrée (l') pompeuse et magnifique du roi Louis XIV en sa bonne ville de Paris, par N. J. T. (Nicolas JAMIN, Tourangeau). *S. l.*, 1649, in-4, 8 p.

Entrée (l'), sacre et couronnement de Henry, à présent roi de Pologne. Le tout faict à Cracovie... et récité par une lettre-missive d'un gentilhomme françois. (Par Nicolas DU MONT.) *Paris, Denis du Pré*, 1574, in-8.

Entrée solemnelle de la reine Eléonore à Dijon en janvier 1530, par C. X. G. (Cl.-Xav. GIRAULT). *Dijon, Bernard Defay*, 1819, in-18, 24 p.

Voy. « Supercheries », I, 823, b.

Entrée triomphante de Louis XIV et de Marie-Thérèse d'Autriche, son épouse, dans Paris, au retour de la signature de la paix et de leur mariage; avec fig. (Publiée par Jean TRONÇON.) *Paris, Le Petit*, 1662, in-fol.

Entrepreneurs (les) entrepris, ou complainte d'un musicien opprimé par ses camarades, en vers et en prose. (Par Louis TRAVENOL.) 1758, in-8.

Entreprise (l') de Venise, avec les villes, citez, chasteaulx, forteresses et places que usurpent et detiennent les ditz Veniciês; des roys, duciz, prîces et seigneurs crestiens. (Par Pierre GRINGORE.) *S. l.* (vers 1509), in-8 goth., 8 ff.

En stances de sept vers. A la fin se lisent huit vers en acrostiche, qui donnent le nom de GRINGORE.

Entrerai-je au collége philosophique? (Par le baron Fréd.-Aug.-Ferd.-Thomas DE REIFFENBERG.) *Louvain*, 1828, in-8.

Entretien d'Eusèbe et de Théophile sur le sacrifice de la messe. (Par Noël DE LARRIÈRE.) *S. l.* (1779), in-12, 28 p.

Entretien d'un abbé commendataire et d'un religieux sur les commendes (par dom DELFAUD), avec des Réflexions sur ces entretiens. *Cologne*, 1674, in-12.

Les Réflexions, qui sont de J. BARBIER D'AUCOUR, ont été publiées séparément sous le nom du sieur DE BONNEFOY.

Voy. « Supercheries », I, 557, a.

Entretien d'un acolyte avec son directeur sur le célibat ecclésiastique. (Par l'abbé HERMÈS, vicaire de Saint-André-des-Arcs.) *Paris, Crapart*, 1791, in-12, 107 p.

Entretien d'un citoyen avec un théologien, sur le bref du pape Pie VI aux évêques de l'Assemblée nationale de France. (Par l'abbé HERMÈS.) *Paris, Crapart*, 1791, in-12, 67 p.

Entretien d'un curé et d'un laïque sur la question : « Est-il permis d'assister aux messes des prêtres assermentés?... » (Par le curé d'Afden, S.-P. ERNST.) *Maestricht, Neypols*, an V-1797, in-8, 33 p.

Ernst, qui avait prêté le serment, publia plusieurs brochures pour défendre cette mesure. La plupart sont anonymes, ce qui se conçoit facilement. La bibliothèque du séminaire de Liége possède un recueil en six volumes, formé par Ernst lui-même, et qui comprend toutes les pièces relatives à cette question.

(De Theux, « Bibliogr. liégeoise », 1867, p. 354.)

Ce curé d'Afden est le même savant dont le baron de Reiffenberg a si audacieusement utilisé les ouvrages. Voy. l'art. Reiffenberg dans les « Supercheries ».

Entretien d'un ecclésiastique et d'un laïc, au sujet de la constitution *Unigenitus*. (Par Nicolas LE GROS.) *Utrecht, aux dépens de la compagnie*, 1737, in-8, 59 p.

Entretien d'un électeur avec lui-même. (Par Benjamin CONSTANT DE REBECQUE.) *Paris, Delaunay*, 1817, in-8, 20 p.

            D. M.

Entretien d'un électeur de Paris avec un père de l'Oratoire sur le choix des nouveaux pasteurs. (Par l'abbé HERMÈS.) *Paris, Crapart*, 1791, in-12, 73 p.

Entretien d'un European (*sic*) (Stanislas LESZCZYNSKI, roi de Pologne) avec un insulaire du royaume de Dumocala. *S. l.*, 1752, pet. in-8, 96 p.

A la suite : Réponse à la lettre d'un ami. *S. l.*, 1752, p. 89-158. Une autre édition de l'Entretien porte : « par Sa Majesté le R. D. P. D. D. L. E. D. B**r (le Roi de Pologne, duc de Lorraine et de Bar). Nouvelle édition à laquelle on a joint les extraits et les jugements qui ont paru dans quelques journaux. » *Paris*, 1755, in-12.

Entretien d'un musicien françois avec un gentilhomme russe, sur les effets de la musique moderne, ou tableau des concerts de province, par M. D. (DE CHAR-GEY). *Dijon*, 1773, in-8.

Entretien [d'un néophyte avec un missionnaire sur le schisme. (Par l'abbé HER-MÈS.) *Paris, Crapart*, 1791, in-12, 87 p.

Entretien d'un paroissien avec son curé sur le serment exigé des ecclésiastiques fonctionnaires publics. (Par l'abbé HER-MÈS.) *Paris, Crapart*, 1791, in-12, 73 p. — 2e édit. *Paris, Crapart*, 1791, in-12.

Entretien d'un philosophe chrétien et d'un philosophe chinois. (Par N. MALE-BRANCHE.) *Paris*, 1708, in-12.

Entretien de la créature avec son créateur sur l'état actuel des affaires du temps. (Par M.-J. DE BAST.) *S. l.* (1792), in-8.

Entretien de M. Necker avec madame la comtesse de Polignac, M. le baron de Breteuil et l'abbé de Vermont. (Par Antoine-Joseph-Michel SERVAN.) *Londres*, 1789, in-8, 108 p.

Entretien de Philarète et d'Eugène sur la question du temps, agitée à Nimwègue (*sic*), touchant le droit d'ambassade des électeurs et princes de l'empire. (Par Godefroy-Guillaume LEIBNITZ.) *Duisbourg*, 1677, in-18, 65 p.

Voyez sur cette pièce infiniment rare, même en Allemagne, le tome 2, page 413, de l' « Esprit de Leibnitz », par Emery.

Ce petit volume n'a point été inséré dans la collection des Œuvres de Leibnitz, publiée en 1768 par Dutens : l'ouvrage est d'autant plus curieux, que c'est un résumé fait par l'auteur même du livre *de Jure suprematus*, publié la même année, lequel fait époque dans l'histoire du droit public d'Allemagne, et même du droit public de l'Europe.

Entretien de Scarron et de Molière. (Par Eustache LENOBLE.) *Cologne, P. Marteau*, 1690, in-12.

Entretien du cit. S. B. (Jos.-Balth. SUN-DERSON BERARD), curé jacobin, avec un maître d'école, dans la commune de ***, département des Hautes-Alpes. *Gap, J. Allier*, an II-1794, in-12, 59 p.

Entretien du sage ministre d'Etat sur l'égalité de sa conduite en faveur et en disgrâce. *A Leyden, chez les Elzevier*, 1645, pet. in-12, 8 ff. prélim. et 103 p. — Autre édit. avec date de 1652. Toutes deux se correspondent page pour page.

L'auteur, qui s'est caché sous le nom d'ERGASTE, dont il a signé la préface, est Edmond BRUCHÉ DE LA CROIX, conservateur des priviléges de l'ordre de Malte, qui fut longtemps curé de Flemalles, près de Liége. Voy. H. Helbig dans le « Bulletin du bibliophile belge », 1858, p. 298.

Entretien en forme de dialogue françois et bourguignon, entre un vigneron de Dijon et un soldat, par C. D. L. (Claude DE LAUNAY). *Dijon, Palliot*, 1671, in-8.

Entretien entre Voltaire et un docteur de Sorbonne sur la nécessité de la foi catholique au salut. (Par l'abbé François-Xavier DE FELLER.) *Liége*, 1771, in-8.

Entretien politique sur la situation actuelle de la France et sur les plans du nouveau gouvernement. (Par Marc-Antoine JULLIEN, ci-devant sous-inspecteur aux revues à Amiens.) *Paris, Léger*, frimaire an VIII-1800, in-8.

Entretien socratique sur la véracité et la fidélité à remplir ses engagements; ouvrage traduit de l'anglois de PERCIVAL (par A.-M.-H. BOULARD). *Paris*, 1786, in-12, xx-126 p.

Entretien sur le caractère que doivent avoir les hommes appelés à la représentation nationale. Par l'auteur du « Voyage d'un étranger en France » et du « Paysan et le gentilhomme » (René-Théophile CHATELAIN). *Paris, Lhuillier*, janvier 1848, in-8, VIII-146 p.

Entretien sur les tragédies de ce temps. (Par l'abbé P. DE VILLIERS.) *Paris, Michallet*, 1675, in-12.

Réimprimé dans le premier volume du « Recueil de Dissertations sur plusieurs tragédies de Corneille et de Racine ». Voy. ces mots.

Entretiens abrégés avec N.-S. Jésus-Christ avant et après la messe. (Par Claude FYOT DE VAUGIMOIS, supérieur du séminaire de Saint-Irénée de Lyon.) *Lyon*, 1721, in-12. — *Lyon*, 1729, 4 vol. in-12.

Le Moréri de 1750 l'a confondu avec FYOT DE LA MARCHE.

Entretiens affectifs et religieux, propres aux communautés religieuses. Par un anonyme, publiés par N. M. V. D. D. S. A. (N. M. VERON, directeur de Sainte-Aure). *Paris*, 1792, in-12.

Entretiens avec Jésus-Christ dans le Très-Saint-Sacrement de l'autel, par un religieux bénédictin de la congrégation de Saint-Maur (le P. DUSAULT). *Toulouse, Vialar*, 1701 et 1703, 5 vol. in-12.

Souvent réimprimés.

Le premier volume se réimprime plus souvent que les quatre derniers.

Entretiens curieux. *Amsterdam, Daniel du Fresne*, 1683, in-18.

Même ouvrage que les « Dialogues rustiques », par J. D. M. *Genève, J. de Baptista*, 1649, in-8; Rotterdam, *Abraham Acher*, 1711, in-12. On n'en connaît pas l'auteur, à moins que, d'après la conjecture de quelques amateurs, on ne reconnaisse pour tel le libraire ou l'imprimeur J. DE BAPTISTA.

Entretiens d'Angélique, pour exciter les jeunes personnes du sexe à l'amour et à la pratique de la vertu, par une jeune demoiselle (Mlle Mar.-Franç. LOQUET). *Paris, Morin*, 1781, in-12.

Voy. ci-après : « Entretiens de Clotilde... », col. 127, *a*.

Entretiens d'Anselme et d'Isidore sur les affaires du temps. (Par P.-Fr. LAFITAU, évêque de Sisterón, et non par le P. CASTET, jésuite.) *En France*, 1756, in-12. — *Douay et Paris*, 1759, in-12, 227 p.

Entretiens d'Ariste et d'Eugène. (Par le P. Dom. BOUHOURS.) *Paris, Cramoisy*, 1671, in-4; frontisp. gravé par Chauveau. — 1672, in-12.

Souvent réimprimés. Voy. de Backer, 2° éd., I, col. 808.

Barbier d'Aucour a publié une excellente critique de cet ouvrage. Voyez « Supercheries », I, 752, *b*.

Entretiens d'Ariste et d'Eugène sur les affaires du temps, par M. *** (GUESNOIS, curé du diocèse de Blois), élève de M. Duguet. *S. l.*, 1743, in-12.

Entretiens d'Eudoxe et d'Erigène, sur les indulgences. (Par Raymond MASSUAU, ancien maire d'Orléans, mort en 1775.) *Paris, J.-Th. Hérissant*, 1760, in-12.

On a encore : « Défense de la doctrine de l'Eglise sur le jubilé, par M. Raymond MASSUAU ; nouvelle édition » (par l'abbé Fr.-Ph. DE LAURENS DE REYRAC). *Paris*, 1776, in-12.

C'est peut-être une réimpression de l'ouvrage de 1760.

Entretiens d'Eudoxe et d'Eucharíste, sur les histoires de l'Arianisme et des Iconoclastes du P. Maimbourg. (Par Jacques LE FEVRE.) *Cologne*, 1683, pet. in-12.

Ces deux entretiens parurent successivement à Paris en 1674, dans le format in-4. Il en existe une autre édition in-12, sans date, augmentée d'un avertissement et d'une lettre apologétique pour la religion chrétienne, contre les Eusébiens de ce temps.

Entretiens d'un homme de cour et d'un solitaire, sur la conduite des grands. (Par l'abbé Etienne LOCHON.) *Paris, Papillon*, 1713, in-12.

Entretiens d'un jeune prince avec son gouverneur... (Par Victor DE RIQUETTI, marquis DE MIRABEAU.) Publiés par M. G....L (Guil. GRIVEL). *Paris, Moutard*, 1785, 4 vol. in-12.

Entretiens d'un père avec sa fille lorsqu'elle se préparait à faire sa première

communion. (Par Pierre KERSTEN.) *Liége, Kersten*, 1834, in-18, 131 p.   Ul. C.

Entretiens d'un père avec ses enfants sur la nature et la religion. (Par l'abbé L.-Fr. VOYNIER.) *Nancy*, 1809, 5 vol. in-12.

Entretiens d'un seigneur avec son fermier, particulièrement utiles pour les communautés de la subdélégation de Mézières, et relatifs au climat, à la nature des terres et aux abus qu'on remarque dans ce pays. Par M. C*** (André-Joseph COLLOT, subdélégué de l'intendance de Champagne). *Rasteville*, 1784, in-8.

Entretiens d'un supérieur de communauté au sujet des affaires présentes, par rapport à la religion. (Par le P. J.-Ph. LALLEMANT.) *S. l.*, 1743, in-12, 263 p.

Entretiens d'une âme avec Dieu... Nouvelle édition. *Avignon*, 1740, in-12.

Traduit par dom Edm.-J.-B. DURET de l'*Ægræ animæ ... soliloquia*, ouvrage anonyme de J. HAMON. C'est la suite de celui qui a paru sous le titre de « Soliloques sur le pseaume 118 », en 1685, et sous le titre de « Gémissements d'un cœur chrétien », en 1731 ; voy. ces mots.

Entretiens d'une âme pénitente avec son créateur, mêlés de réflexions et de prières relatives aux divers événements de la vie. (Par Alexis-Jean LE BRET.) *Paris, Saillant*, 1767, in-12. — *Lille, Henry*, 1771, 3 vol. in-12.

Entretiens d'une mère avec sa fille, sur le bonheur de la campagne. (Par DE RINCOURT.) *Amsterdam et Paris, Fétil*, 1770, in-12, 11 p.   V. T.

Permission tacite.

Entretiens dans lesquels on traite des entreprises de l'Espagne, des prétentions de M. le chevalier de Saint-Georges et de la renonciation de S. M. Catholique. (Par THÉMISEUL DE SAINT-HYACINTHE.) *La Haye, A. de Rogissart*, 1719, in-12.

Entretiens de Christine et de Pélagie, maîtresses d'école, sur la lecture des épîtres et évangiles des dimanches et fêtes. (Par le P. J.-Cl. FABRE, de l'Oratoire.) *S. l.*, 1718, in-12, 43 p. — Second entretien... *S. l.*, avec approbation, in-12, 86 p., et sous le titre de : « Nouvel Entretien de Christine et de Pélagie, maîtresses d'école, sur la constitution *Unigenitus* ». *S. l.*, 1719, in-12, 80 p.

Entretiens de CICÉRON sur la nature des dieux, traduits en françois (par l'abbé Joseph THOULIER D'OLIVET). *Paris, Barbou,* 1721, 3 vol. in-12.

Réimprimés plusieurs fois en 2 volumes, avec le nom du traducteur.

Entretiens de Cléandre et d'Eudoxe sur les « Lettres provinciales » (de Pascal ; par le P. Gabr. DANIEL, jésuite). *Cologne, P. Marteau (Rouen),* 1694, 1697, in-12.

Entretiens de Clotilde pour exciter les jeunes personnes du sexe à la vertu et servir de suite aux « Entretiens d'Angélique ». *Paris,* 1788, in-12.

L'auteur, Mlle LOQUET, a signé l'épître.

Voy. ci-dessus, col. 125, *a*.

Entretiens de collége sur la nécessité de relever l'étude des langues anciennes ou de les retrancher complétement du programme de l'enseignement moyen, par un ancien professeur (François DAMOISEAUX● professeur à l'Athénée royal de Mons). *Liége, Lardinois,* 1849, in-8, 19 p.
J. D.

Entretiens (les) de Dieu-Donné et de Romain, où l'on explique la doctrine chrétienne touchant la prédestination, etc. (Par G. GERBERON.) *Cologne,* 1691, in-12.

Entretiens de l'âme dévote sur les principales maximes de la vie intérieure, traduits de deux opuscules de THOMAS A KEMPIS. *Paris, P. et J. Hérissant,* 1707, in-12, 309 p.

On trouve des exemplaires du même ouvrage ainsi intitulés : « Suite de l'Imitation de J.-C., entretiens, etc., par le P. C. D. L. C. D. J. » *Paris, Nicolas le Clerc,* 1714, in-12, 309 p. Il est facile de se convaincre que c'est la même édition du même ouvrage, dont le frontispice seul a été changé.

Les deux opuscules traduits par cet anonyme sont le *Vallis liliorum* et le *Soliloquium animæ*. Mais ces deux traités ne contiennent chacun que vingt-cinq chapitres, et il y en a cinquante-six dans la traduction. Leur ordre n'est pas le même que dans les originaux ; le traducteur ne s'est pas montré non plus fort exact à rendre le sens de l'original. Du reste, la traduction est bien écrite. Tel est le précis du jugement des auteurs du « Journal des Savans » sur cette traduction. J'étais curieux de savoir le nom du traducteur, et j'avais de la peine à le reconnaître sous la lettre initiale C.

Le dictionnaire de Moréri m'apprend que cette lettre désigne le P. CHARENTON, connu depuis par la traduction de l'histoire d'Espagne de Mariana.

Entretiens (les) de la grille, ou le moine au parloir, historiettes familières. (Par DE CHAVIGNY.) *Cologne,* 1682, in-12. — 1721, in-12, 91 p.

Réimp. à *Genève, J. Gay,* 1868, in-12, VIII et 63 p. Voy. la « Bibliographie des ouvrages relatifs à l'amour », etc., t. III, p. 182.

Entretiens (les) de la Truche, ou les amours de Jean Barnabas et de la mère Roquignard. *Genève, Gay et fils,* 1868, in-18.

Réimpression d'un livret en style populaire, publié en 1745. L'avant-propos est signé d'une † (M. Paul LACROIX).

Entretiens de Mme la comtesse *** au sujet des affaires présentes par rapport à la religion. (Par le P. Jacques-Philippe LALLEMANT, jésuite.) *S. l.,* 1734, 1736, 1737, 1747, 4 vol. in-12.

Entretiens de Mme la prieure *** au sujet des affaires présentes par rapport à la religion. (Par le P. Jacques-Philippe LALLEMANT, jésuite.) *S. l.,* 1736, 1737, in-12, 262 p.

Entretiens de Marc-Aurèle, Lycurgue, Brutus, Aristide et Epictète aux Champs-Elysées. Par PHILARÈTE et PHILADELPHE, disciples d'Epictète ; traduits par C.-R. F. (C.-R. FEBURIER). *Paris, Truchy,* 1831, in-8.

Entretiens de Maxime et de Thémiste (par Pierre BAYLE), ou réponse à « l'Examen de la Théologie de Bayle » (par Jaquelot). *Rotterdam, Leers,* 1707, in-12.

Entretiens de monseigneur l'évêque de *** au sujet des affaires présentes par rapport à la religion. (Par le P. J.-Ph. LALLEMANT.) 1738, in-12, 2 ff. lim. et 334 p. — Même titre. Tome 4e. 1738, in-12, 334 p. (C'est une autre édit.) — 1743, in-12, 334 p.

Entretiens de M. Colbert, ministre d'Etat, avec Bouin, fameux partisan, sur plusieurs affaires curieuses, entre autres sur le partage de la succession d'Espagne. (Par Gatien SANDRAZ DE COURTILZ.) *Cologne, Marteau,* 1701, in-8. — Nouvelle édition augmentée. *Id.,* 1709, in-8.

Entretiens de M. de Balzac. (Publiés par GIRARD.) *Leyde, J. Elzevier,* 1659, in-12, fig. gr. — *Amsterdam,* 1663, in-12.

Entretiens de M. l'abbé de *** au sujet des affaires présentes par rapport à la religion. (Par le P. J.-Ph. LALLEMANT.) *S. l.,* 1730, in-12, 304 p.

Entretiens de M. l'abbé de ***, grand vicaire, au sujet des affaires présentes par rapport à la religion. (Par le P. J.-Ph. LALLEMANT.) *S. l.,* 1739, in-12, 267 p., 6e vol. — Même titre, 1739, in-12, 158 (pour 258) p. sans l'avertissem. et le titre.

Entretiens de M. le commandeur de *** au sujet des affaires présentes par rapport à la religion. (Par le P. Jacques-Philippe LALLEMANT, jésuite.) 1737, in-12,

3 ff. lim., 309 p. et 3 ff. de table. — Même titre, 1737, in-12, 321 p.

Entretiens de M. le curé de *** au sujet des affaires présentes par rapport à la religion. (Par le P. J.-Ph. LALLEMANT.) *S. l.*, 1741, in-12, 291 p.

Entretiens de morale, dédiés au roi. (Par Mlle DE SCUDÉRY.) *Paris, J. Anisson*, 1692, 2 vol. in-12.

Les dédicaces de Mlle de Scudéry consistaient en une pièce de vers courte et non signée ; mais elle se dédommageait de cette brièveté en plaçant l'éloge de Louis XIV dans presque tous ses entretiens.

Entretiens de Périclès et de Sully aux Champs-Elysées sur l'administration, ou balance entre les avantages du luxe et ceux de l'économie. (Par LALANDE.) *Paris, Costard*, 1776, in-8.

Cet ouvrage avait été attribué à tort à J. AUFFRAY.

Entretiens de Philalèthe et de Philerène, ou sont examinées les propositions contenues dans la déclaration du clergé du mois de mars 1682 et dans la thèse du P. Buhy, carmélite, soutenue au mois de novembre 1681, et où sont proposés les moyens justes et efficaces pour ramener dans le sein de l'Eglise catholique ceux qui en sont séparés. (Par DE VIGNE, ministre de Grenoble, qui a changé depuis de religion.) *Cologne, P. Marteau*, 1684, in-12.

Entretiens de Phocion sur le rapport de la morale avec la politique, traduits du grec de NICOCLÈS, avec des remarques. *Amsterdam (Paris)*, 1763, in-12. — *Zurich*, 1763, in-8.

Par l'abbé Gabriel BONNOT DE MABLY. Traduction supposée.

Voy. « Supercheries », II, 1248, *b*.

Il y a des exemplaires de la même date, qui portent le nom de MABLY, avec les mots : Seconde édition.

Entretiens (les) de Théandre et d'Isménie sur l'ancien et fameux différend de la prééminence de sexe entre l'homme et la femme, par J. B. D. C. (J.-B. DECRUES). *Paris, Pepie*, 1689, in-12, 6 ff. lim. et 266 p.

Le nom de l'auteur se trouve dans le privilége et dans l'approbation.

Entretiens de Théophile et d'Eugène, sur la religion chrétienne, avec un discours sur la nécessité de l'étudier, et une bibliothèque chrétienne. (Le tout tiré de « l'Exposition de la doctrine chrétienne » de l'abbé François-Philippe MESENGUY.) *S. l.*, 1760, in-12.

Entretiens de Zerbès, roi de Lydie, et de son ministre, sur la situation des af-

faires de son royaume. Questions soumises à l'examen des cabinets politiques, dédiées aux puissances de l'Europe. (Par J.-F. ANDRÉ.) *Berne, société typographique*, 1788, in-8, XIV-99 p.

Entretiens (les) des cafés de Paris, et les différends qui y surviennent. (Par le chevalier DE MAILLY.) *Trévoux, Ganeau*, 1702, in-12.

Entretiens des Champs-Elysées. *Paris*, 1631, in-8.

Varillas donne ce livre à Louis DE GURON ; mais il est certain que Paul HAY, sieur DU CHASTELET, en est l'auteur.

Il en existe quatre éditions au moins avec cette date, et deux sans date.

Entretiens des cheminées de Paris. (Par l'abbé L. BORDELON.)

Voy. « Entretiens sérieux et comiques », col. 133, *e*.

Entretiens (les) des voyageurs sur la mer. (Par Gédéon FLOURNOIS.) *Cologne, Marteau*, 1683, 2 vol. in-12. — *Amsterdam, Roger*, 1704, 2 vol. in-12. — Nouvelle édition, augmentée par un anonyme, *Cologne, P. Marteau*, 1715, 4 vol. in-12. — *Amsterdam*, 1740, 4 vol. in-12.

Voy. l'article sur cet ouvrage publié dans le « Bulletin du bibliophile », XIVe série, p. 1580 et 1581, sous la signature P. L. (Paul LACROIX).

Entretiens (les) du citoyen S. B. (SUNDERSON BÉRARD), curé jacobin. 1793, in-8.

Entretiens du docteur *** au sujet des affaires présentes par rapport à la religion. (Par le P. J.-Ph. LALLEMANT.) *S. l.*, 1738, in-12, 2 ff. lim., 331 p. et 6 ff. de table. — Même titre, tome 5e, 1740, in-12, 331 p. — Même titre : *Ypres, P. J. de Rave*, 1738, in-12, 331 p. sans l'avertissement.

Entretiens du frère ermite du mont Liban avec un jeune Français arrivé dans la solitude, sur la philosophie moderne, le prêt à usure et les plaisirs impurs ou libertinage. (Par l'abbé D. RAYMOND.) *Avignon, imp. de Rastoul*, 1836, in-8.

Entretiens du juste et du pécheur sur la proposition : l'homme souffre beaucoup plus de maux pour se damner que pour se sauver; dédiés à MM. de l'Académie françoise, par un père de famille, ancien avocat au Parlement de Paris (B. LORDELOT). *Paris*, 1709, in-12.

Voy. « Supercheries », III, 69, *c*.

Entretiens (les) du Luxembourg, sur l'utilité de la promenade et sur un voyage fait depuis peu en Flandres, par M. de R. H. (J.-B. DE ROCOLES, historiographe).

Paris, Louis Billaine, 1666, petit in-12, 213 p.

Voy. « Supercheries », III, 406, *b*.

Entretiens (les) du Palais-Royal. (Attribués à L.-Ant. DE CARACCIOLI.) *Utrecht (Paris), Buisson,* 1786, 4 parties petit in-12. — *Spa,* 1788, 4 vol. in-12.

Note manuscrite de Laus de Boissy.

Le « Journal de Paris » du 24 septembre 1787 dit que l'auteur est le même que celui des « Adieux du quai de Gesvres à la bonne ville de Paris ».   V. T.

Dans le registre manuscrit pour les permissions tacites, j'ai trouvé, à la date du 15 janvier 1785 : « Lettre écrite du Palais-Royal aux quatre parties du monde, par de Caraccioli ». Je ne sais pas si c'est le même ouvrage ; mais l'apostille est : Rayé jusqu'à ce que M. de Villedeuil ait pu voir lui-même s'il n'y a rien qui puisse offenser personne.

Registre manuscrit 101.   V. T.

Il existe des exemplaires avec le nom de L.-S. MERCIER.

Entretiens du P. Raymond ; dialogues à l'usage des enfants. (Par Mᵐᵉ DE MAUSSION.) *Paris, Guyot,* 1822, 4 vol. in-12, fig.

Entretiens du R. P. Bernard pendant sa maladie, et ses dernières paroles à la mort, écrites par son successeur (Thomas LE GAUFFRE) à ses enfants. *Paris, G. Alliot,* 1641, in-8, 30 p. — *Paris, G. Alliot,* 1641, in-8, 31 p. — *Paris, imp. de Targa,* 1641, in-8, 23 p.

Entretiens du sage PÉTRARQUE sur les plus beaux sujets de morale, ou l'art de vivre heureux (traduit du latin par CHATOUNIÈRE DE GRENAILLE). *Paris, Besogne,* 1678, 2 vol. in-12.

Cette traduction a été réimprimée plusieurs fois ; quelques éditions portent le nom du traducteur. La première a pour titre : « le Sage résolu contre la fortune ». Voyez ces mots.

Entretiens entre un socialiste parisien et M. Frère, à propos du projet de loi sur l'enseignement moyen. (Par l'abbé LUPUS.) *Namur, Douxfils,* 1850, in-12, 89 p.

                        J. D.

Entretiens et colloques d'ÉRASME où il est traité du génie des hommes, de la conduite des femmes... avec des remarques. (Par Samuel CHAPPUZEAU.) *Paris, Est. Loyson,* 1673, in-12.

Entretiens familiers d'ÉRASME (traduits du latin par Samuel CHAPPUZEAU). *Paris, Th. Jolly ou Louis Billaine,* 1662, 3 parties en 1 vol. in-12.

Le nom du traducteur est à la dédicace.

Chappuzeau a joint à sa traduction des sommaires et des remarques ; mais il n'a traduit dans cette première édition que ce qu'il appelle trois décades, c'est-à-dire trente entretiens.

Une édition de *Genève, F.-Hermann Widerhold,* 1669, 2 vol. in-12, contient cinq décades. Le nom de Chappuzeau se trouve également à la suite de la dédicace qui est différente de celle de 1662.

Entretiens familiers sur quelques questions de morale et d'économie politique, par Mⁱⁿ B. *Paris, René,* 1856-1862, 2 vol. in-8.

L'auteur, J.-N.-Marcellin BARDONNAUT, ancien ingénieur des ponts et chaussées, a un article dans le « Catalogue général » d'Otto Lorenz sous le nom BAURANDONT, anagramme sous lequel il a publié « le Diamant », nouvelle, 1854.

Voy. « Supercheries », I, 429, *c*.

Entretiens historiques et politiques de plusieurs grands personnages qui ont vécu depuis 1689 jusqu'à la fin de 1815, recueillis et publiés par M. S*** (Antoine SERIEYS). *Paris, Tiger,* 1816, 2 vol. in-18.

Entretiens historiques sur le christianisme de l'empereur Philippe, dans lesquels on prouve et on établit ce christianisme, etc., adressés à M. P*** (Pictet), pasteur et professeur en théologie. (Par P. DE LA FAYE, ministre du S. Évangile.) *Basle,* 1690, in-8. — *Utrecht,* 1692, in-12.

Entretiens instructifs et pieux sur la communion, le saint sacrifice de la messe et la confession, par l'auteur de « l'Explication du nouveau catéchisme » (l'abbé Jean-Baptiste LASAUSSE), à l'usage des maisons d'éducation de jeunes demoiselles. *Paris, veuve Nyon,* 1808, in-18.

Il y a une édition pour les demoiselles et une édition pour les jeunes gens. Les interlocuteurs ne sont pas les mêmes.

Entretiens moraux d'une gouvernante avec son élève. (Par M.-W. MERCIER, dame DE STEVENS.) *Breslau,* 1776, in-8.

Entretiens, ou amusements sérieux et comiques...

Voy. ci-dessus : « Amusements sérieux et comiques », IV, 160, *f*.

Entretiens où on explique la doctrine de l'Eglise catholique par la sainte Ecriture, et où on fait un juste discernement de sa croyance d'avec celle des protestants. (Par l'abbé Th. GOULD.) *Paris, Coignard,* 1727, in-12.

Entretiens pacifiques de deux nouveaux catholiques. (Par D.-A. BRUEYS.) *Strasbourg,* 1686, in-12.

Ce sont les « Entretiens », lisez le « Traité sur l'Eucharistie » de M. de Brueys, fameux converti et convertisseur, auxquels on a changé le nom en les faisant changer de climat, dit J. Le Clerc : « Bibliothèque universelle » (1686), III, 510-512.   A. L.

Entretiens pacifiques de Marcien et de

Clémile sur les affaires de la religion. *a*
Amiens, de l'imprimerie de M. l'évêque (vers la fin de 1802), in-8.

Un article communiqué, inséré sous le n° 22402 de la 2° édit. du « Dictionnaire des anonymes », attribuait cet ouvrage à l'abbé Jacq.- And. EMERY. On sait aujourd'hui qu'il est de l'abbé CAZAINTRE, chanoine honoraire, curé de Saint-Papoul, canton de Castelnaudary.

Voy. Quérard, « France littéraire, » II, 94; III, 20, et les tables de « l'Ami de la religion » de Picot.

Cet écrit a été réimprimé sous le titre suivant : *b*

Entretiens pacifiques sur les affaires de la religion en France. (Par M. l'abbé CAZAINTRE.) *Bruxelles, chez les libraires associés (Carcassone, imp. de Teissié)*, 1802, in-8, 104 p.

Avait paru d'abord sous le titre de « Entretiens pacifiques de Marcien... » Voy. l'article précédent.

Entretiens philosophiques et politiques, suivis de Betzi, ou l'amour comme il est, roman qui n'en est pas un. (Par J.-H. MEISTER.) *Hambourg (Paris)*, 1800, in-12.

Réimprimé sous le titre de « Betzi ». Voy. IV, 402, *a*.

Entretiens philosophiques sur la religion, avec la suite. (Par l'abbé Louis GUIDI.) *Paris, Moutard*, 1772-1780, 3 vol. in-12.

Entretiens philosophiques sur la réunion des différentes communions chrétiennes, par feu M. le baron DE STARCK, trad. de l'allemand sur la 5° édition, enrichi de suppléments, par M. l'abbé de K...... (Fr.-Jos. DE KENTZINGER), docteur en droit canon, ancien secrétaire de légation. *Paris, imp. de Ad. Leclère*, 1818, in-8.

Entretiens sérieux et comiques des cheminées de Paris. (Par l'abbé L. BORDELON.) *Paris, Prault*, 1712, in-12.

Voy. les « Dialogues des vivants » (par le même auteur), 1717, in-12, p. 262.

Les quatre entretiens dont se compose ce volume ont été réimprimés avec six nouveaux entretiens, sous ce titre : Entretiens des cheminées de Paris, ouvrage rempli de caractères vrais et fidèlement copiés d'après les originaux. *La Haye, P. Dehondt*, 1736, in-8, 120 p.

Voy. « le Diable boiteux », IV, 938, *f*.

Entretiens solitaires d'une âme dévote *f* avec son Dieu. 4° édition revue et corrigée. *Amsterdam*, 1745, in-12.

L'auteur de cet ouvrage est George-Guill. DE KNIPHUYSEN, comte du Saint-Empire, seigneur de Nienoort, Vredewold, etc. La dédicace au roi d'Angleterre, Guillaume, et à la reine Marie, datée de Nienoort, le 20 déc. 1693, est signée par l'auteur.

Il existe deux titres d'une impression différente portant tous deux : Troisième édition, revue, corrigée et augmentée par l'auteur, *Amsterdam, J. Desbordes*, l'un avec la date de 1697, l'autre avec celle de 1706; tous deux portent au verso un avertissement déclarant que « cette dernière édition est augmentée de plus d'un tiers », ce qui n'est vrai que de l'édition de 1706. Voici le contenu de l'édition avec date de 1697: 6 ff. prélim. non chiff. y compris le titre, le portr. du roi et de la reine et celui de l'auteur, 455 p., plus la table constatant que la première partie a 18 chapitres et la seconde 16. L'édition de 1706 a de plus une troisième partie dont les chapitres ne sont pas numérotés et dont le texte finit à la page 648.

Il y a là une supercherie commerciale grossière qui ne peut être le fait de l'éditeur Desbordes.

On trouve dans chaque chapitre des vers qui ne sont pas mal tournés.

Entretiens (les) spirituels d'une espouse chrestienne... par un prêtre solitaire (Charles PROU, célestin). *Orléans*, 1667, in-12.

Entretiens spirituels en forme de prières, pour servir de préparation à la mort. (Par dom Robert MOREL.) *Paris, Jacq. Vincent*, *c* 1721, in-12.

Entretiens spirituels en forme de prières sur la passion de N.-S. Jésus-Christ, distribuez pour tous les jours du carême par un religieux bénédictin de la congrégation de Saint-Maur (dom Robert MOREL). *Paris, J. Vincent*, 1714, in-12, 6 ff. lim. et 416 p.

Voy. « Supercheries », III, 382, *f*.

Entretiens spirituels en forme de prières sur les évangiles des dimanches, etc. (Par *d* dom Robert MOREL.) *Paris, Vincent*, 1714, 1715, 2 vol. in-12.

Entretiens spirituels sur le Cantique des cantiques, par un religieux bénédictin de la congrégation de Saint-Maur (dom Robert MOREL). *Paris, Vincent*, 1730, in-12.

Voy. « Supercheries », III, 383, *a*.

Entretiens sur ce qu'il y a de plus intéressant pour l'homme. (Par DUMONT, pas- *e* teur.) *Berlin*, 1760, in-8.   V. T.

Entretiens sur différentes questions de physique, par M. L. L. M. P. de P. au C. de R. (l'abbé LE MARCHAND, professeur de philosophie au collège de Rennes). *Rennes*, 1778, in-12.

Entretiens sur divers sujets d'histoire, de littérature, de religion et de critique. (Par Mathurin VEYSSIÈRE DE LACROZE.) *Cologne, P. Marteau*, 1711, 1733, 1740, in-12.

Entretiens sur divers sujets d'histoire, de politique et de morale (tirés des manuscrits de l'abbé Nicolas DE CAMPION, par l'abbé DE GARAMBOURG, chanoine d'Evreux). *Paris, Delaulne*, 1704, in-12.

Le nom de l'auteur se trouve au milieu du privilége

dans la plupart des exemplaires. J'en ai vu un où il ne se trouve pas, et celui-ci contenait un *errata* assez long.

Entretiens sur diverses matières de théologie. (Par Ch. Le Cène et J. Le Clerc.) *Amsterdam, H. Wetstein*, 1685, in-12.

On trouve quelquefois à la suite les « Conversations sur diverses matières de religion ». Voy. ce titre, IV, 757, *f*.

Entretiens sur l'art de régner, divisés en cinq soirées. 1766, in-12, 24 p.

C'est la première édition du pamphlet devenu célèbre sous le titre de « Matinées du roi de Prusse ». Voy. ces mots.

Entretiens sur l'assemblée des Etats de Bretagne de 1766. *S. l.*, in-8, 77 p.

La 1re Lettre d'un gentilhomme breton à un noble espagnol, p. 82, dit que cet ouvrage fut composé à la demande du duc d'Aiguillon par l'ex-jésuite Legai et son ancien secrétaire Voello, et imprimé à 7000 exemplaires. Voy. Catalogue de la bibliothèque de Nantes, n° 48491.

Entretiens sur l'éloquence de la chaire et du barreau. (Par Gabriel Gueret.) *Paris, J. Coignard*, 1666, in-12.

Entretiens sur l'état actuel de l'Opéra de Paris. (Par C.-P. Coqueau, architecte.) *Paris, Esprit*, 1779, in-12, 174 p.

Voy. aussi : « Suite des Entretiens sur l'état actuel de l'Opéra de Paris, ou Lettres à M. S....., auteur de l'extrait de cet ouvrage dans « le Mercure ». *S. l.*, 1779, in-8, 48 p.

Entretiens sur l'état de la musique grecque vers le milieu du IVe siècle avant l'ère vulgaire. (Par l'abbé J.-J. Barthélemy.) *Amsterdam, et se trouve à Paris, de Bure*, 1777, in-8, 110 p. et 1 feuillet d'*errata*.

Quérard a imprimé : « Entretien ».

Entretiens sur la clôture religieuse, par M. P. C. (Philibert Collet, ex-jésuite et avocat à Dijon). *Dijon, Michard*, 1697, in-12.

Entretiens sur la correspondance fraternelle de l'Eglise anglicane avec les autres Eglises réformées. (Par Claude Grosteste, sieur de La Mothe, ministre réfugié à Londres.) *Amsterdam et Londres*, 1707, in-12.   V. T.

Entretiens sur la franc-maçonnerie, par un philosophe bien digne de l'être. (Traduit de l'allemand de G.-E. Lessing.) *Rotterdam, Haacke*, 1789, in-12, 82 p.
                     A. L.

Entretiens sur la nature de l'âme des bêtes. *Colmar*, 1756, in-12.

Cet ouvrage est d'un chanoine régulier de Saint-

Antoine, nommé François Aubert. Quelques exemplaires ont la date de *Bâle*, 1760. Comme ils se vendaient à Paris, chez Lambert, c'est peut-être ce qui les aura fait attribuer à l'abbé Lambert, ainsi qu'on le voit dans la « France littéraire » de 1769.

Entretiens sur la pluralité des mondes. (Par Le Bouvier de Fontenelle.) *Paris, veuve C. Blageart*, 1686, in-12. — Seconde édit., *Paris, Michel Guérout*, 1687, in-12. — 3e éd., augmentée d'un nouvel entretien, *Paris, Michel Brunet*, 1694, in-12.

Souvent réimprimé depuis avec le nom de l'auteur.

Entretiens sur la raison; suite de la critique des ouvrages de Bayle. (Par le P. Jacques Le Febvre, jésuite.) *Paris, Cailleau*, 1747, in-12. — *Amsterdam, Châtelain*, 1747, in-12.

Suite de « Bayle en petit ». Voy. IV, 390, *c*.

Entretiens sur la religion. (Par Jacques Basnage.) *Rotterdam*, 1709, in-12. — Nouvelle édition, augmentée, 1711, in-12. — 3e édition, plus ample et plus correcte, 1713, 2 vol. in-12.

Entretiens sur la religion entre un jeune incrédule et un catholique, à l'occasion d'un miracle opéré par le Saint-Sacrement, sur un paralytique, à la procession de la paroisse Saint-Côme, le jour de la Fête-Dieu, 25 mai 1769. (Par l'abbé Louis Guidi.) *En France*, 1769, in-12.

Entretiens sur la sanctification des dimanches et des fêtes. (Par Ambroise Paccori.) *Orléans*, 1691, in-8.

Entretiens sur le grand scandale causé par un livre intitulé : « la Cabale chimérique. » (Par Pierre Bayle.) *Cologne (Rotterdam)*, 1691, in-12.

Entretiens sur le sacrement de confirmation, par Mgr l'évêque de Metz (Gasp.-J.-André-Joseph Jauffret). *Paris*, 1809, in-8. — Nouvelle édition augmentée... *Paris, Ad. Leclère*, 1814, in-8.

Entretiens sur les affaires du temps, avec des considérations sur leurs principales circonstances depuis la fin de 1706 jusqu'au mois d'août 1707, etc. (Par Casimir Freschot.) *Cologne (Amsterdam), J. Henry*, 1707, 2 vol. in-12.

Voyez mon « Examen critique des Dictionnaires historiques », et le Catalogue du cardinal Dubois, *La Haye*, 1735, in-8, t. III, p. 660.

Entretiens sur les anciens auteurs, contenant leurs vies et le jugement de leurs ouvrages. (Par Et. Algay de Martignac.) *Paris*, 1697, in-12.

Entretiens sur les comètes, par M. D. R.

(G. Basset des Rosiers). *Paris*, 1747, in-12.

Entretiens sur les contes des fées et sur quelques autres ouvrages du temps. (Par l'abbé P. de Villiers.) *Paris, Collombat,* 1699, in-12.

Entretiens sur les dixmes, aumônes et autres libéralités faites à l'Eglise. (Par Philib. Collet.) 1693, in-12.

Entretiens sur les fêtes, les jeûnes, usages et principales cérémonies de l'E-glise. (Par J.-Den. Cochin, curé de Saint-Jacques-du-Haut-Pas.) *Paris, Desprez,* 1778, in-12. — *Paris, Méquignon,* 1786, 1789, in-12.

Entretiens sur les ouvrages de peinture, sculpture et gravure exposés au mu-sée Napoléon en 1810, etc. (Par Gueffier.) *Paris*, 1811, in-8, 179 p.

Entretiens sur les romans, ouvrage mo-ral et critique, par l'abbé J*** (Armand-P. Jacquin). *Paris, Duchesne,* 1755, in-12.

Entretiens sur les sciences... On y donne des avis importants à ceux qui vivent dans des maisons ecclésiastiques. (Par le P. Bernard Lamy, de l'Oratoire.) *Lyon et Paris; Bruxelles,* 1684, pet. in-12.

Souvent réimprimés avec le nom de l'auteur, dans le format grand in-12.

La troisième édition, qui est également anonyme, publiée à Lyon en 1706, contient beaucoup d'augmen-tations. La lettre qui se trouve entre le quatrième et le cinquième entretien, touchant l'étude des humanités, est de J.-J. Duguet.

Le style du P. Lamy a été rajeuni dans l'édition de *Lyon,* 1752.

Entretiens sur les voyages de Cyrus. (Par les abbés P.-Fr. Guyot Desfontaines et François Granet.) *Nancy, Nicolay,* 1728, in-12.

Entretiens sur un nouveau système de morale et de physique, ou recherche de la vie heureuse, selon les lumières natu-relles. (Par L.-F. Ladvocat, maître des comptes.) *Paris, Boudet,* 1721, in-12.

Entretiens touchant l'entreprise du prince d'Orange sur l'Angleterre... (Par dom Denis de Sainte-Marthe.) *Paris, Se-neuze,* 1689, in-12.

L'épître est signée : F. D. D. S. M.

L'auteur a publié en 1691 la « Suite » de ces « En-tretiens », pour répondre au livre de Jurieu, intitulé : « Religion des Jésuites. »

Entrevues (les) du pape Ganganelli, ser-vant de suite aux « Lettres » du même auteur. Nouv. édit. augm.; ouvrage tra-duit de l'italien, de monsignor S***. (Par l'abbé Guill.-André-René Baston.) *Anvers* (*Rouen*), 1777, in-12.

Environs de Paris. Histoire topogra-phique et anecdotique de Saint-Germain-en-Laye, par B* D* L* (J.-C. de Beau-repaire). *Paris, chez tous les libraires,* 1831, in-18.

Avait déjà paru en 1829 avec le nom de l'auteur sous le titre de « Saint-Germain-en-Laye et ses environs ».

Épagathe, martyr de Lyon, tragédie re-présentée le 27 mai 1668... par les rhéto-riciens du collège de la compagnie de Jé-sus. *Lyon, Jacques Cuyne,* 1668, in-4.

Programme rédigé par le P. Gaspar Charonier.
D. M.

Épagneul (l') à ma tante, mémoires d'Azor, écrits sous sa dictée, par l'auteur des « Scènes de la vie des hommes cé-lèbres », des « Leçons d'une mère », etc. (M. Maxime Fourcheux de Montrond). *Paris, Marcilly,* 1848, in-8.

Épanchements (les) du cœur et de l'es-prit, ou mélanges de littérature et de l'histoire, destinés à l'usage des collèges. (Par Et. de Lafargue.) 1787, in-8.

Épanchements (les) du cœur humain, ou une faute de jeunesse, drame en trois actes, destiné à être représenté sur les théâtres de Paris, par M. le D. J.-B. L. (J.-B. Lavy). *Paris, imp. de Cosson,* 1827, in-8, 3 ff. lim. et 130 p.

Épaves (les), par un Louisianais (Al-lard, de la Louisiane). *Paris, H. Bossange,* 1847, in-8, VIII-388 p.

Voy. « Supercheries », II, 955, *a*.

Épée (l') de Frédéric II, roi de Prusse, octaves. (Trad. de l'italien de V. Monti, par Ch.-J. Lafolie.) *Milan,* 1807, in-12, 48 p.

Avec le texte en regard.

Le même sujet a été traité dans le « Discours pro-noncé par M. le président du Corps législatif (Fon-tanes), pour la translation aux Invalides de l'épée de Frédéric le Grand ». *Paris, imp. d'Hacquart (s. d.),* in-8, 12 p.

Épée (l') de Jeanne d'Arc, ou les cinq... demoiselles, à-propos burlesques et gri-vois en un acte, à spectacle, mêlé de cou-plets, par MM. *** (Eugène Laffilard, dit Décour, Alexandre-Marie Maréchalle et Ch. Hubert). Représenté pour la première fois sur le théâtre de la Porte-Saint-Mar-tin, le 1ᵉʳ juin 1819. *Paris, Barba,* 1819, in-8, 35 p.

La 3ᵉ éd., *Paris, Quoy,* 1819, in-8, 32 p., porte : « Par MM. Maréchalle, Ch. Hubert et.*** ».

Les mêmes auteurs ont publié en 1821 : Scène ajoutée à l' « Epée de Jeanne d'Arc », à l'occasion de la pièce jouée à Feydeau. *Paris, Quoy*, 1821, in-8; 8 p.

Éphémères (les). *Paris, imp. d'Everat*, 1839, in-8.

La dédicace « à mes enfants » est signée : BER-GON, comtesse DU PONT.

Éphémères (les), tragi-comédie en trois actes et en prose, précédée d'un prologue et suivie d'un épilogue, par M. PICARD, de l'Académie française, et M... (Edouard-Joseph-Ennemond MAZÈRES). Représentée pour la première fois sur le théâtre royal de l'Odéon, le 14 février 1828. *Paris, Barba*, 1828, in-8, 2 ff. de tit. et 84 p.

Éphémérides cosmographiques pour 1750. (Par l'abbé And.-Fr. DE BRANCAS-VILLENEUVE.) *Paris*, 1750, in-12.

Il en donna aussi pour les deux années suivantes, dit Lalande dans sa « Bibliographie astronomique », relativement à son système de cosmographie; mais on n'en tint aucun compte.

Éphémérides d'un solitaire (Joseph DE-JAER), ou journal passe-temps de l'année 1853. *Liége, Noël*, 1853, in-8, 666 p.
J. D.

Éphémérides de l'humanité, ou bibliothèque raisonnée des sciences morales. (Par A.-F.-J. FRÉVILLE.) *S. l.*, 1789, 2 vol. in-8.
V. T.

Éphémérides (les) de l'opinion, ou observations politiques, philosophiques et littéraires sur les écrits du temps. (Par J.-J. VAN BOECKHOUT.) *Bruxelles*, 1815-1817, 2 vol. in-8.
J. D.

Éphémérides du citoyen, ou chronique de l'esprit national (4 nov. 1765 – mars 1772). *Paris, N.-A. Delalain*, 1767-1772, 69 vol. in-12.

Par l'abbé Nic. BEAUDEAU et Victor DE RIQUETTI, marquis DE MIRABEAU, depuis 1765 jusqu'en mai 1768 ; par DUPONT, de Nemours, à dater de mai 1768, jusques et compris le mois de mars 1772. Le colonel Saint-Maurice DE SAINT-LEU a coopéré à ce journal.

BIGOT DE SAINTE-CROIX est l'auteur de la traduction anonyme du Discours de BECCARIA sur le commerce.

Des ordres supérieurs ayant suspendu ce journal, dont 9 vol. étaient dus aux souscripteurs, l'auteur envoya à ceux-ci en acquit d'un de ces tomes l'ouvrage intitulé : « Etat actuel de l'art et de la science militaire ». (Voy. ce titre.)

A la fin de 1774, l'abbé Beaudeau profita de l'avénement de Turgot au ministère pour ressusciter cette publication sous le titre de « Nouvelles Ephémérides économiques » ; il en parut 19 numéros in-12 de décembre 1774 à juin 1776.

Éphémérides historiques de La Rochelle, avec un plan... par J.-B.-E. J. (Jean-Baptiste-Ernest JOURDAN), juge à La Rochelle. *La Rochelle, imp. de Siret*, 1861, 1871, 2 vol. in-8.

Éphémérides historiques de la ville de Douai. Seconde édition... (Par PLOUVAIN.)

Voy. « Faits historiques ».

Éphémérides lyonnaises, par A. P. (Ant. PÉRICAUD) et B. D. L. (BREGHOT DU LUT). *Lyon, Rusand*, 1830, in-8, 14 p.

Voy. « Supercheries », I, 308, c.

Éphémérides militaires depuis 1792 jusqu'en 1815, ou anniversaires de la valeur française ; par une société de militaires et de gens de lettres. (Par Louis-Eugène D'ALBENAS.) *Paris, Pillet aîné*, 1818-1820, 6 vol. in-8.

Éphémérides (les) perpétuelles de l'air, autrement l'astrologie des rustiques, donnant un chacun jour par signes très-familiers, vraie et asseurée cognoissance de toutz changementz de temps en quelque païs et contrée qu'on soit. (Par Ant. MIZAULD.) *Paris, Jacq. Kerver*, 1554, in-16. —*Anvers, Chr. Plantin*, 1556, in-12.

Cet ouvrage est une traduction ou nouvelle rédaction des Ephemerides aeris perpetuæ, *Paris., Kerver*, 1554, in-16.

Voy. Brunet, « Manuel du libraire », 5e édit., III, 1778, et « Annales plantiniennes, par C. Ruelens et H. de Backer », 1866, p. 10.

Éphémérides politiques, littéraires et religieuses. (Par François-Joseph-Michel NOEL.) *Paris, Neuville*, 1796-1797, 4 vol. in-8.

Éphémérides (les) troyennes. (Par Pierre-Jean GROSLEY.) *Troyes, veuve L.-G. Michelin*, 1757-1768, 12 vol. in-32.

A dater de leur origine jusqu'en 1764, ces « Ephémérides » furent supprimées par sentence du présidial de Troyes, comme contenant des calomnies, des faussetés, des indécences, etc.

On a une nouvelle édition de cet ouvrage sous ce titre : « Ephémérides de GROSLEY, membre de plusieurs académies ; ouvrage historique mis dans un nouvel ordre, corrigé sur les manuscrits de l'auteur ; et augmenté de plusieurs morceaux inédits, avec un précis de sa vie et de ses écrits, et des notes ; par L. M. PATRIS DE BREUIL, éditeur ». *Troyes et Paris, Durand*, 1811, 2 vol. in-8 et in-12.

Voy. pour des critiques de cet ouvrage, « Dialogue entre un curé et son filleul », IV, 945, c, et « Supercheries », article Hugot, II, 317, c.

Éphésienne (l'), tragi-comédie (imitée du latin de BUCHANAN par Pierre DE BRINON). *Rouen, Jean Osmont*, 1614, in-12, 50 p.

Catalogue Soleinne, n° 962.

Éphraïm justifié, mémoire historique et raisonné sur l'état passé, présent et futur des finances de Saxe, avec le parallèle de l'œconomie prussienne et de l'œconomie saxonne... adressé par le juif Ephraïm de Berlin à son cousin Manasses, d'Amsterdam. (Par J.-H. MAUBERT DE GOUVEST.) *Erlang*, 1758, in-8.

Épi (l') glané sur une grande route, par l'éditeur de « Ce que Dieu garde est bien gardé » (le pasteur César MALAN). *Genève*, s. d., in-12.

Épicière (l') bel esprit, comédie en un acte et en prose, par les citoyens G. (Etienne GOSSE) et B. V. (F. BERNARD VAL-VILLE); représentée pour la première fois sur le théâtre Montansier, le 8 germinal an VIII, dédiée aux garçons épiciers de la commune et banlieue de Paris. *Paris, Huet*, an VIII, in-8, 29 p.

Voy. « Supercheries », I, 597, *c*, et II, 113, *d*.

Épicurien (l'), par Thomas MOORE (traduit de l'anglais par Ant.-Aug. RENOUARD père). *Paris, J. Renouard*, 1827, in-12.

Épigone, ou l'histoire du siècle futur, par M. D. P. (Jacques GUTTIN). *Paris, P. Lamy*, 1659, in-8.

Épigrammes anecdotiques, inédites, concernant des hommes célèbres, etc., par l'Hermite de la chaussée du Maine (Ant. SERIEYS). *Paris, Mme veuve Perroneau*, 1814, in-12.

Voy. « Supercheries », II, 261, *c*.

Épigrammes choisies d'OWEN, trad. en vers français par feu M. DE KÉRIVALANT, auxquelles on a joint diverses imitations par P. CORNEILLE, SAINT-USSANS, etc. (et MM. C. BREGHOT DU LUT et A. PÉRICAUD), publ. par M. DE LABOUÏSSE. *Lyon, veuve Buynan*, 1819, in-12, XXXII-360 p.

Épigrammes contre Martial, ou les mille et une drôleries, sottises ou platitudes de ses traducteurs, ainsi que les castrations qu'ils lui ont fait subir, mises en parallèle entre elles et avec le texte, par un ami de Martial (Eloy JOHANNEAU). *Paris, Alex. Johanneau*, 1835, in-8, 158 p.

Épigrammes (les) d'OWEN, traduites en vers françois par M. LE B... (Ant.-Louis LE BRUN). *Paris, Ribou*, 1709, in-12. — *Bruxelles*, 1719, in-12.

Voy. « Supercheries », II, 716, *a*.

Épigrammes de MARTIAL, d'OWEN et autres poëtes latins, anciens et modernes, par M. .... (le général François-René-Jean DE POMMEREUL). *Ixelles*, 1818, in-8, VI-98 p.

Édition tirée à 25 exemplaires, portant chacun leur numéro respectif.

Épigrammes de MARTIAL, traduites en français (par Denis VOLLAND). *Paris*, 1806, 3 vol. in-8.

Épigrammes de SENECÉ (publiées par le P. J.-Ant. DU CERCEAU, jésuite). *Paris, Giffard*, 1727, in-12.

Titon du Tillet accuse l'éditeur d'avoir tronqué et changé quelques endroits de ces épigrammes qui lui parurent trop libres. Il lui reproche aussi d'avoir réduit ce volume à la moitié.

Épigrammes faites dans un bon dessein (contre J.-L. Geoffroy, par J.-Fr. GUICHARD). *S. l.*, 1809, in-8, 15 p.

Épilogueur (l').

Voy. le « Magasin des événements... »

Espinette (l') du jeune prince, conquérant le royaulme de bonne renommée. *Nouvellement imprimé à Paris par Michel Lenoir*, 1514, petit in-fol.

Les premières lettres d'une pièce de vers qui termine ce volume font connaître le nom de l'auteur, Simon BOUGOUYNE.
Voy. Brunet, « Manuel du libraire », 5e éd., II, 1062.

Episémasie, ou relation d'Aletin le martyr, concernant l'origine, antiquité, noblesse, sainteté de la Bretagne armorique. (Par P. BIRÉ.) *Nantes, Sébastien de Hucqueville*, 1637, in-4.

Épisode de 1815. Souvenirs d'un écolier (P.-M. BAINVEL, curé de Sèvres). *Paris, Pillet*, 1846, in-18.

Catalogue de Nantes, n° 49350.

Épisode du passage des alliés en 1815. Blocus et siége de Marienbourg. (Par SCHOLLAERT.) In-8.

Épisodes et documents pour servir à l'histoire de la révolution de 1848, par un témoin oculaire (P.-L. SILLIER, dit CILIÉ). *Bruxelles, Gambin*, 1848, in-8, 80 p.
                   J. D.

Épisodes vendéens, par A. C...o, de la Loire-Inférieure (Ant.-Etienne CARRO). *Paris, Schwartz et Gagnot*, 1837, in-8.

Épitaphe de feu très-illustre Maximilien d'Autriche (à la fin : Par le Songeur, c'est-à-dire par Nicaise LADAM ou L'ADAM). *S. l. n. d.* (vers 1519), in-4, 2 ff.

Épitaphe (l') du bibliothécaire. (Par P.-Ch. JAMET.) 1747, in-4.

Pièce satirique en vers, précédée d'un avertissement.
Réimprimé dans le « Conservateur » du mois d'avril 1758, p. 107.

Épitaphes des rois de France, qui ont régné depuis le roy Pharamond jusques au roy Francoys premier de ce nom (par J. Bouchet), avec les effigies portraictes au vif, ainsi qu'elles sont taillées en pierre, par ordre en la grant salle du Palais-Royal de Paris. Augmentées de mectres en latin composés par scientifique personne monsieur maistre Barth. Chasseneu. *Imprimez nouvellement pour Jehan Mentcle, alias de Vaten, libraire, demourant à Bordeaux, s. d.* (vers 1540), in-8.

Épitaphes tant anciens que modernes, recueillis de diverses villes et nations. (Par Gaspar Méturas.) *Paris, Gaspar Méturas*, 1647, 2 parties in-12.

Épithalame de la France sur le sainct et heureux mariage du roy (Henry IV), contenant les anagrammes latins et françois des noms de Leurs Majestés, par L. M. D. E. T. (Le Maistre, docteur en théologie). *Paris, Mettayer*, 1601, in-4, 16 p.

Épithalame de Mgr le dauphin, par M. L. D. B. (M. l'abbé Fr.-Joach.-Pierre de Bernis), de l'Académie françoise. *Paris, Coignard*, 1745, in-8.

Épithalame sur les mariages de France et d'Espagne. (Par Jean Massol, seigneur de Marcilly.) *Dijon*, 1616, in-12.

Épithalame un peu soigné, je ne dis que cela, pour les noces de M. Victor Bironneau de Tours et Mlle Adèle Varlez de Bruxelles, célébrées le 27 décembre 1853, ou plutôt le 28. (Par le colonel Alexandre-Joseph Moyard.) *Bruxelles, Lelong*, 1856, in-8, 14 p.   J. D.

Épitome des principes fondamentaux de l'économie politique. (Par J.-B. Say.) *Paris*, 1831, in-8.

Cet épitome a paru pour la première fois à la fin de la seconde édition du « Traité d'économie politique ». *Paris*, 1814, 2 vol. in-8.

Épitome, ou abrégé des vies de cinquante et quatre notables et excellens personnaiges tant grecs que romains... extraict du grec de Plutarque de Chéronée (par Ph. des Avenelles). *Paris, Ph. Danfrie et R. Breton*, 1558, in-8.

Imprimé en caractères de civilité. Le tome Ier est le seul qui ait été publié.

Épitomes (les) de Valère le Grand. (Trad. par Guillaume Michel de Tours.) *Paris, D. Janot*, 1541, in-16.

Épître à Boileau. (Par Voltaire.) *S. l. n. d.*, in-8, 6 p.

Épître à Boileau. (Par Joseph Dumas, né à Lyon le 25 mars 1755, mort à Paris

le 25 février 1837.) *Paris, Fournier*, 1836, in-8, 76 p.

Épître à Catherine II, impératrice de toutes les Russies. (Par Cl.-J. Dorat.) *Saint-Pétersbourg (Paris)*, 1765, in-8.
     V. T.

Épître à Corneille au sujet de la statue qui doit être placée dans la nouvelle salle de spectacle de Rouen. (Par Duval-Sanadon.) *Paris, Didot*, 1775, in-8.

Épître à Damis. (Par Merrine.) *Bordeaux, imp. de Moreau*, 1816, in-8, 8 p.

Signé : Verax.

Épître à Damon sur le luxe des femmes de Lyon (par A. Phérotée de Lacroix), ensemble les nouvelles satires du sieur D***, avec l'art du geste des prédicateurs. (Par le P. Louis de Sanlecque.) *Lyon*, 1685, in-12.   D. M.

Épître à David, premier peintre de Sa Majesté... sur son tableau du couronnement. Par M. L... D... L... M... (Etienne-Léon de Lamothe-Langon). *Paris, Levallois*, 1808, in-8, 8 p.

Épître à Dieu, par l'auteur des « Considérations religieuses, morales et politiques ». *Paris, Chaumerot*, 1820, in-8, 15 p.

Signé : le chevalier de Port de Guy.

Épître à Diognète (qui est parmi les ouvrages de S. Justin), dans laquelle l'auteur, sur les ruines de l'idolâtrie et du judaïsme, établit les plus solides fondements de la religion chrétienne, ouvrage du premier siècle, traduit de l'original grec (par le P. Ant. Le Gras, alors de l'Oratoire). *Paris, Armand*, 1725, in-12.

Réimprimé à la suite des « Ouvrages des SS. PP. qui ont vécu du temps des apôtres ». Voy. ces mots.

Cette traduction, dit l'abbé Goujet dans le « Catalogue des livres de sa bibliothèque », manque d'exactitude en bien des endroits ; le traducteur n'a pas assez bien entendu le texte grec. L'épître en elle-même est un écrit excellent ; on la croit avec raison d'un auteur encore plus ancien que S. Justin. Le portrait qu'on y voit des mœurs des premiers chrétiens est admirable. L'abbé Gaultier a publié une traduction plus exacte de cette épître ; on la trouve à la fin du troisième volume de ses « Lettres théologiques contre le P. Berruyer », 1756, in-12.

L'attribution de cette épître à saint Justin est fort contestée par la critique moderne. Bunsen, qui en a inséré une traduction dans l'ouvrage qu'il a publié sous le titre d' « Hippolytus and his age », *London*, 1854, 2 vol. in-8, la regarde comme l'œuvre de Marcion (voir tome I, p. 170). Diognète fut le précepteur de Marc Aurèle et l'un des philosophes les plus respectés de cette époque.   G. B.

Épître à Gilbert, datée de l'Hôtel-Dieu,

où il est mort. (*Paris, Bobée*, 1816), in-4, 4 p.

L'auteur de cette épître, le sieur POUPINET, était malade à l'Hôtel-Dieu quand il l'a publiée.

Épître à Henri IV sur l'avénement de Louis XVI, par M. DE V. (VOLTAIRE). *Paris, Stoupe*, 1774, in-8.

Épître à Horace. (Par VOLTAIRE.)

Réimprimé dans le t. X de « l'Evangile du jour ».

Épître à Hortense : Quel est le plus beau trait d'une belle ? Par P. F. L. N. (LE NORMAND, de Vire, fils d'un apothicaire). *Paris, Caillot*, 1807, in-8, 8 p.

Épître à Jean VI, roi de Portugal ; par A.-T. D*** DE ST-A** (Ant.-Touss. DESQUIRON DE SAINT-AGNAN). Avec la traduction portugaise en regard, par B.-L. VIANNA. Dédiée à la nation portugaise. *Paris, Ladvocat*, 1821, in-8, 16 p.

Épître à l'amitié. (Par Claude GUYMOND DE LA TOUCHE.) *Londres* (*Paris*), 1758, in-8.

Épître à l'auteur de l' « Anti-Uranie » (le P. Bonhomme, cordelier ; par J.-C. COURTALON-DELAISTRE). *Troyes*, 1765, in-8.
                                    V. T.

Épître à l'auteur de la « Petite Ville », comédie (de M. Picard) par un poëte de province (Alphonse BLONDEAU), suivie de notes. *Paris, Dentu*, in-8, 22 p.

Épître à l'auteur du livre des « Trois imposteurs ». (Par VOLTAIRE.)

Réimprimé dans le t. VI et dans le t. X de « l'Evangile du jour ».

Épître à L.-B. Picard sur son roman intitulé : « les Aventures d'Eugène de Senneville et de Guillaume de Lorme, par un Normand » (P.-A. VIEILLARD) ; suivie d'Herminie, scène lyrique. *Paris, Mlle Lecouvreur*, 1813, in-8, 16 p.

Épître à l'humanité et à la patrie en particulier, sur le bon ordre et l'idée de la véritable liberté... Par un citoyen français, citadin de Paris. *Au temple de la vérité*, 1789, in-8.

Signé : Cn***** (J. CHEVRET). Réimprimé avec le nom de l'auteur.

Épître à l'ombre d'un ami, suivie de deux odes. (Par Cl.-J. DORAT.) *Paris*, 1777, in-8, 45 p.

Épître à la Chambre des députés de 1829. Par A*** (J.-D.-V. AUBURTIN), de Sainte-Barbe. *Paris, Bréauté*, 1829, in-8, 16 p.

Épître à la Chambre des députés sur la liberté de la presse, par M. DE L. (C.-O.-D. DÉ LISLE). *Paris, Petit*, 1818, in-8, 24 p.

Épître à la Chambre des députés sur la session de 1820. (Par le marquis Jean-Charles-Alexandre-François DE MANNOURY-DECTOT.) *Paris, Anthelme Boucher*, 1820, in-8.

Épître à la philosophie sur les aumôniers des régiments. (Par F. PONCHON.) *Paris, imp. de Pihan-Delaforest, Morinval*, 1829, in-8, 18 p.

Quelques exemplaires portent le nom de l'auteur.

Épître à la princesse de ***. (Par Cl.-J. DORAT.) 1758, in-8.

Épître à la raison, ou l'éloge de la vraie philosophie. Par un vieillard désabusé (Cl.-Nic. AMANTON). *Dijon, L.-N. Frantin*, 1784, in-4, 17 p.

Voy. « Supercheries », III, 949, c.

Épître à la vertu, par W. DA*** (François-Jean WILLEMAIN D'ABANCOURT). *Paris*, 1767, in-12, 15 p.

Voy. « Supercheries », III, 903, c.

Épître à Louis XVI, sur son acceptation des lois constitutionnelles. (Par J.-H. VALANT.) 1791, in-8.

Épître à Louise. (Par Ch.-Fr.-J. BIDAUT DE MONTIGNY.) *Paris, Cailleau*, 1747, in-4, 8 p.

Épître à ma femme. (Par Jean-Louis DUPAIN TRIEL.) *Paris, Cellot*, 1762, in-12.

Épître à Mme la comtesse de Salm ; par un antique membre de l'Académie des antiquités de Hesse-Cassel (Michel CUBIÈRES DE PALMEZEAUX). *Paris, imp. de Lefebvre*, 1812, in-8, 24 p.

Épître à Mlle Émilie Kinard (alors actrice au théâtre de Troyes). Par l'observateur (F.-A. HENRY). *Troyes, s. d.*, in-8, 4 p.

Voy. « Supercheries », II, 1280, d.

Épître à Mlle Mars. Par le vicomte Henry DE V. (Henry DE VALORY). *Paris, imp. de Gaultier-Laguionie*, 1827, in-8.

Voy. « Supercheries », III, 885, d.

Épître à Mathon de La Cour. (Par Claude BRÉGHOT DU LUT.) *Lyon, Barret*, 1827, in-8, 27 p.   D. M.

Épître à mes dieux pénates. (Par l'abbé, depuis cardinal, Fr.-Joachim-Pierre DE BERNIS.) *Paris, Didot*, 1736, in-12, 15 p.

Épître à Minette. (Satire, par Ch.-P. COLARDEAU.) *Paris*, 1762, in-8, 19 p.

Épître à Molière, par A. N*** (J.-A.-N. NAUDET). *Paris, Chaumerot*, 1818, in-8, 24 p.

Épître à mon esprit. (Par J.-O. DE LA METTRIE.) *Paris, Valade*, 1774, in-8.

Épître à M......, mon protecteur. (Par Pierre-Honoré ROBBÉ DE BEAUVESET.) *Paris*, 1768, in-8.

Épître à mon poêle, dédiée à mes amis par M. l'abbé DE L....... (Auriol DE LAURAGUEL, né à Limoux). *Paris*, 1787, in-8, 15 p.

Il y a des exemplaires qui portent le nom de l'auteur.

Épître à mon verroux. (Par Barn. FARMIAN DE ROSOI, connu sous le nom de DUNOSOI.) *A Tempé*, 1762, in-8.

Épître à Mgr de Talleyrand, coadjuteur de l'archevêché de Reims. (Par l'abbé Pierre DE SAULX, chancelier de l'Université.) *Reims, Piérard*, 1766, in-4, 4 p.

Épître à Mgr le duc d'Havré et de Croï... (Par DELILLE.) *Paris, imp. d'Eberhart*, 1816, in-8, 24 p.

Épître à M. Arnault. (*Gand*), juin 1821, in-8, 7 p.

Signé : Baron DE R. (baron Frédéric DE REIFFENBERG).

Épître à M. Bouniol de Saint-Geniez, par J. R. (Jean Rigoleur), devenu triste. (*Paris*), *imp. de A. Guyot* (janvier et juin 1852), in-8, 7 et 8 p.

Jean Rigoleur est le pseudonyme de Lambert-Ferdinand-Joseph VAN DEN ZANDE.

Tiré à 25 exemplaires.

Voy. « Supercheries », II, 428, c, et III, 850, a.

Épître à M. C. D. V. D. S. J. (Courtalon-Delaistre, vicaire de S.-Jean de Troyes), sur le respect dû aux grands hommes. (Par Ed.-Th. SIMON.) *Amsterdam*, 1765, in-8.

Il est question dans cette satire d'un P. B. C. Il s'agit du P. Bertin, capucin, auteur de la chanson des *Petits Trous*, pièce érotique assez jolie et peu connue.

Épître à M. Ch. Rogier, satire. Par T. J. D. (Thomas-Joseph DOYEN, d'Enswal, près de Liège). *Bruxelles*, 1832, in-8, 13 p.

Épître à monsieur D*** (Boileau-Despréaux) sur son dialogue ou satyre x. (Par GACON.) In-8, 5 p. et une préface.

Cette pièce a été réimprimée dans le Recueil de Moetjens (tom. I, part. 17); elle se retrouve dans la préface et sous le titre de Satire X, dans le « Poëte sans fard ». *Cologne*, 1696. (Berriat Saint-Prix, édit. de Boileau, tom. I, p. CCXXVI.)

Épître (en vers) à M. de Chalabre, administrateur des jeux de Paris; par M. B.......Y (Auguste-Marseille BARTHÉLEMY). *Paris, Delaforest (Morinval)*. 1825, in-8, 25 p.

Voy. « Supercheries », I, 427, f, et 598, b.

Épître à M. de Chateaubriand. Par un paysan de la vallée aux loups (Henri TABAUD DE LA TOUCHE). *Paris, Ponthieu*, 1824, in-8, 24 p. — 2e éd., *Paris, Ladvocat*, 1824, in-18, 29 p.

Épître à M. de Guilleragues, par le sieur D*** (BOILEAU-DESPRÉAUX). *Paris, L. Billaine*, 1674, in-4. — *Paris, D. Thierry*, 1674, in-4.

Épître à M. de J*** (Jaubert, ancien officier au corps royal de l'artillerie, et bibliothécaire de Metz), par M. P. F. (PAULINIER DE FONTENILLE). *Metz, Antoine*, 1814, in-8.

Épître à M. de M. (Par BARTHE? note manuscrite de Beuchot.)

Dans le t. VIII de « l'Evangile du jour ».

Épître à M. de Sainte-Foix. (Par Pierre-Honoré ROBBÉ DE BEAUVESET.) 1767, in-12.

Épître à M. de Saintine, qui a bien voulu se charger de voir les épreuves de l'un de nos ouvrages. (Par J. MÉRY et A. BARTHÉLEMY.) *Paris, imp. de J. Tastu*, janv. 1830, in-8, 31 p.

Épître à M. de Voltaire, par le R. P. G...., de la compagnie de Jésus. (Par Jean-Baptiste DE JUNQUIÈRES.) *Paris, Dauvin*, 1826, in-8, 24 p.

Réimpression de : « Épître du père Gribourdon »... Voy. ci-après, col. 158, d.

Épître à M. de Voltaire pendant son séjour à Mayence, à son retour de Berlin. (Attribuée à FOUGERET DE MONBRON.) Août 1753, in-4.

Épître à M. Frappier, chanoine d'Auxerre, défenseur des prétentions des Églises cathédrales. (Par BALBEDAR, curé de Saint-Louis de Gien-sur-la-Loire.) *Auxerre*, 1780, in-12, 12 p.

Épître à M. Gresset, par M. de B*** (René DE BONNEVAL). *Paris*, 1737, in-12.

Voy. « Supercheries », I, 432, d.

Épître à M. Guichardot, marchand de dessins et d'estampes anciennes, par J. R. (Jean Rigoleur). *Paris, imp. de A. Guyot*, 1825, in-8, 11 p.

Jean Rigoleur est le pseudonyme de Lambert-Ferdinand-Joseph VAN DEN ZANDE.

Tiré à 25 exemplaires.

Voy. « Supercheries », II, 428, b.

Épître à M. Hippolyte Lefebvre, ancien professeur d'éloquence à l'académie royale de Juilly, et l'un des régénérateurs de cette maison. (Par L.-G.-B.-E. Vigée.) *Paris, imp. de P.-N. Rougeron*, 1820, in-8, 16 p.

Épître à M. J.-J. Rousseau, citoyen de Genève, sur sa « Nouvelle Héloïse », donnée au public par les soins, le sincère attachement et l'admiration de son très-humble, très-obéissant serviteur et compatriote F. G.... (Fr. Grasset, libraire à Lausanne).

Épître à M. Joanny, acteur tragique. *Toulouse, imp. de Bénichet cadet*, 1818, in-8.

Signé : Belmontet.

Épître à M. l'abbé L*******, par J. R. (Jean Rigoleur). (*Paris*), *imp. de A. Guyot* (1852), in-8, 8 p.

Jean Rigoleur est le pseudonyme de Lambert-Ferd.-Jos. Van den Zande.

Tiré à 25 exemplaires.

Épître à M. l'abbé Marquet, par l'auteur de « Vert-Vert ». *A. Blois, ce 21 décembre 1735*, in-12, 4 p.

Signé G... (Gresset).

Épître à M. L. P. sur ma retraite, par M. L. D. L. (l'abbé Gabr.-Ch. de Lattaignant.) *Paris, veuve Duchesne*, 1769, in-8, 12 p.

Épître à M. Lamourette, se disant évêque de Rhône et Loire, métropolitain du sud-est, sur son instruction pastorale et doctrinale du 16 juillet 1791. (Par l'abbé Aimé Guillon.) *Paris (Vienne en Dauphiné)*, 1791, in-8, 101 p.

Le rédacteur de l' « Ami de la religion et du roi », dans son numéro du 23 juin 1821 (page 206 du tome XXVIII), a mal à propos attribué cet opuscule à M. Camille Jordan, parce qu'il l'a confondu avec la « Lettre à M. Lamourette » (voy. ce titre), publiée sous le voile de l'anonyme, par MM. Camille Jordan et de Gérando, contre la même instruction pastorale.

Le même journaliste, étonné de l'érudition théologique qu'offre l'*épître* de M. Guillon, en a conclu que M. Camille Jordan avait fait un cours de théologie au séminaire de Saint-Irénée de Lyon, tandis qu'il n'y passa que deux ans pour son cours de philosophie, dans le pensionnat particulier que les Sulpiciens y tenaient.

Épître à M. le comte de Villèle ; par l'auteur de l' « Épître à Sidi-Mahmoud » (J.-P.-A. Méry). *Paris, chez tous les marchands de nouveautés*, 1825, in-8.

La 2º et la 3º éd. portent le nom de l'auteur.

Épître à M. le comte François de Neufchâteau. *Paris, Ponthieu*, 1825, in-8, 16 p.

Signé : H. B. (Hippolyte Bonnelier).   D. M.

Épître à M. le docteur Poumier, membre du conseil de l'arrondissement de Savenay ; par le baron de B. (le baron de Beaumont). *Nantes, Mellinet-Malassis*, 1827, in-8, 12 p.

Épître à M. le marquis de La Londe, maire de la ville de Versailles. Par Munito, chien savant (Alex.-Aug. de Berruyer). *Versailles, de l'imp. de Vitry*, 1827, in-8, 8 p.

Voy. « Supercheries », II, 1213, b.

Épître à M. le prince de Metternich. (Par Pierre-Marie-François Servan de Sugny.) *Paris, Riga*, 1831, in-8.

Épître à M. le vicomte S. de la Rochefoucauld. (Par M. Paul Lacroix.) *Paris, Gaultier-Laguionie, imp.*, 1826, in-8, 16 p.

Épître à M. M.....k (Meunynck, à Château-Thébaud). (Par Narcisse-Léonard Caron.) *Nantes, imp. A. Guéraud* (1859), in-8, 4 p.

Catalogue de Nantes, nº 26697.

Épître à M. Palissot, par un habitant du Jura (Emmanuel Jobez). *Paris, Debray*, 1806, in-8.

Cette épître a aussi été attribuée à Cl.-Mar. Guyetand.

Voy. « Supercheries », II, 237, e.

Épître à M. Vandernoot (le baron Westreenen de Tiellandt), ancien ministre de la république batave, retiré dans une solitude philosophique auprès d'Arnhem, par un Français, ami de la liberté (Marc-Antoine Jullien, de Paris). *Liége, veuve Desoer*, 1826, in-8, 8 p.   J. D.

Épître à Napoléon Bonaparte. (Par P.-A. Vieillard.) *Paris, Chaumerot*, 1814, in-8.

Épître à Nicolas Poussin, par un jeune peintre (Paul-Emile Detouches). *Paris, imp. de Dentu*, 1819, in-8, 16 p.

Épître à Ninon de L'Enclos, et réponse à M. de V***, publiées par M. Asinoff, ancien pasteur d'Oldenbourg. Nouvelle édition. *Genève*, 1774, in-8.

Cette épître, attribuée à tort à Voltaire, est bien réellement de M. le comte André de Schouwaloff, comme le porte le titre de départ. La réponse, attribuée à tort par Barbier, et par les « Supercheries », I, 389, f, à Moucheral de Longpré, personnage imaginaire, est de Jean-Henri Marchand. Voltaire n'a été que l'éditeur de ces deux pièces. Voy. Correspondance (tome LXVIII de l'éd. Beuchot).

Voy. aussi un long article de M. S. Poltoratzky dans le « Bulletin du bibliophile belge », tom. XX, p. 198-204.

Épître à S. M. l'Empereur de Russie,

pour compléter les cent pages décisives et pour accomplir la réforme de la mécanique céleste, par l'auteur de la « Réforme du savoir humain » (Hoëné WRONSKI). *Metz, Alcan*, 1851, in-4.

La couverture porte : « Explication de l'univers physique et moral. »

Épître à Sa Majesté l'empereur des Français, par C.-D. V. (C.-D. VILLENOISY). *Paris*, 1806, in-8.

Épître à Saint-Lambert. (Par VOLTAIRE.)

Dans l' « Evangile du jour », t. VI.

Épître à saint Pierre, suivie de notes contenant les faits les plus importants de l'histoire des papes. (Par Louis-Joseph DE POTTER.) *Bruxelles*, 1823, in-12.   J. D.

Épître à Sidi-Mahmud. (Par J.-P.-A. MÉRY et Eléonore VAULABELLE.) *Paris, Ladvocat*, 1825, in-8, 16 p.

Réimprimée avec la Réponse par Barthélemy, et une autre pièce sous le titre de « Sidiennes ». Voy. à ce mot.

Épître à Talma. In-8, 7 p.

Signé : Bⁿ DE R. (le baron Frédéric DE REIFFENBERG).   J. D.

Épître à Themire, par J. R. (Jean Rigoleur). *Paris, imp. de A. Guyot*, 1852, in-8, 8 p.

Jean Rigoleur est le pseudonyme de Lambert-Ferdinand-Joseph VAN DEN ZANDE.

Tiré à 25 exemplaires.

Voy. « Supercheries », II, 428, b.

Épître à tous les preneurs de tabac, par l'auteur de l' « Épître à mon nez » (DESMARES, avocat au siège présidial de Caen). *Paris, Mᵐᵉ Cornet*, 1805, in-8.   D. M.

Épître à tout le monde, sur l'esprit de parti. Par M. P. D. (Paul DUPORT). *Paris, Nouzou*, 1818, in-8, 8 p.   D. M.

Épître à un ami, en lui envoyant pour étrennes les différents poëmes adressés au roi, suivie d'une autre épître en vers et d'un remerciement à M. Sautr. de Mar. (Sautreau de Marsy, par Nicolas-Charles SALAUN). *Paris*, 1775, in-8, 19 p.

Épître à un anonyme qui a délivré deux cents prisonniers à la naissance de monseigneur le Dauphin. (Par Nicolas RICHARD, alors professeur au collége d'Harcourt, ex-jésuite.) 1782, in-8.

Épître à un électeur. Par M. DE *** (Gabriel DE MOYRIA). *Bourg, Janinet*, 1814, in-8, 8 p.

L'auteur a fait imprimer en 1816 une autre Epître portant le même titre. *Bourg, Janinet*, in-8, 8 p.

Épître à un électeur. Par M. DE *** (DE LA VILLE DE MIRMONT). *Paris, Renard*, 1817, in-8, 13 p.

Épître à un grand ministre. (Par J.-H. DE CASTERA.) *Paris*, 1786, in-18.

Épître à un homme de lettres retiré à la campagne. (Par l'abbé BILLARDON DE SAUVIGNY.) 1777, in-8.

Épître à un honnête homme qui veut devenir intrigant. Par Mᵐᵉ la princesse C. DE S. (Constance DE SALM). *Paris, Arthus Bertrand*, 1820, in-8, 16 p.

Épître à un jeune auteur sur l'abus des talents de l'esprit. (Par Charles-Etienne PESSELIER.) *Paris, Prault*, 1750, in-12.

Épître à un patriote, habitant des Champs-Elysées. Par le nouvel Atticus (DE CHAUMAREYS). *S. l. n. d.*, in-4, 4 p.

Voy. « Supercheries », II, 1274, b.

Épître à une dame de Valogne. *S. l. n. d.*, in-8, 16 p.

Signé : Par M. D... (l'abbé Guill.-Ant. LE MONNIER, 1772), d'après une note manuscrite.

Épître à une dame qui allaite son enfant. (Par Urbain-René-Thomas LE BOUVIER-DESMORTIERS.) *Paris, Régnard*, 1766, in-8, 16 p.

Épître à une femme raisonnable, ou essai sur ce qu'on doit croire. (Par Eusèbe SALVERTE). *Paris*, 1793, in-8.

Épistre apologétique pour le « Discours de l'origine des armes », contre quelques lettres de M. C.-F. Ménestrier, cy-devant professeur d'éloquence et maintenant étudiant en théologie de Lyon, par C. L. L. A. P. (Claude LE LABOUREUR, ancien prévot), de l'isle Barbe. *S. l.* (*Valence*), 1660, in-4, 119 p.

Épître au citoyen Laugier, faiseur d'indienne en papier et de vers en prose. (Par GENTILLIATRE). *Nancy, Duplan, s. d.*, in-12, 20 p.

Toutes les œuvres de Gentilliatre sont curieuses : elles sont remplies de personnalités. Il avouait être méchant et médisant, mais non pas menteur. Il jette une vive lumière sur tous ses contemporains. Il était républicain intolérant, critiquant avec haine les Jacobins et les aristocrates. Il a un vrai talent dans la méchanceté. Nous ne concevons pas comment aucun biographe ne s'est occupé de lui. Malgré les imperfections de son style, il est bien supérieur à une foule d'écrivains dont les biographies ont conservé les noms. (Catalogue Noël, n° 4562.)

Épître au collége de Juilly. (Par ANDRÉ, de Nanteuil.) *Paris, imp. d'Ant. Bailleul*, 1823, in-8, 8 p.

Épître au démoncule Corniculot, par J. R. (Jean Rigoleur). *Paris, imp. de A. Guyot,* 1852, in-8, 8 p.

Jean Rigoleur est le pseudonyme de Lambert-Ferdinand-Joseph VAN DEN ZANDE.

Tiré à 25 exemplaires.

Voy. « Supercheries », II, 428, *c.*

Épître au général Bonaparte. (Par T. ROUSSEAU.) *Paris, Deroy,* an V-1797, in-8. D. M.

Épître au général La Fayette, par Albin T.... (Albin THOUREL). *Paris,* 1825, in-8, 16 p.

Épître au peuple du XIXᵉ siècle, par M. L. B. (P.-A. LEBLANC). *Paris, imp. de Panckoucke,* 1826, in-8, 16 p.

Épître au prince Lebrun. (Par A.-B. MARIE DU MESNIL.) *Amsterdam,* 1811, in-8.

Épître au public par un méchant poëte (J.-Ch. BIDAUT DE MONTIGNY), tant en son nom qu'au nom de ses confrères, qui sont en très-grand nombre. (*Angers, de l'imp. de veuve Hubault*), 1745, in-4, 7 p.

Catalogue manuscrit de l'abbé Goujet.
Voy. « Supercheries », II, 1094, *c.*

Épître au roi. (Par M. LINGAY.) *Paris, Crapelet,* 1840, in-4.

Épître au roi de la Chine. (Par VOLTAIRE.) 3ᵉ édition, purgée de toutes les fautes des premières et accompagnée de notes. *S. l. n. d.,* in-8, 14 p.

Épître au roi, du sieur D*** (BOILEAU-DESPRÉAUX). *Paris, L. Billaine,* 1670, in-4. — *Paris, F. Léonard,* 1672, in-4. — *Paris, D. Thierry,* 1672, in-4. — *Paris, L. Billaine,* 1672, in-4.

Épître au roi, par le premier marguillier de la paroisse de Fontenoy (LEUDÉ DE SEPMANVILLE, avocat). *Vis-à-vis de Fontenoy,* 1745, in-4, 14 p. — *Id.,* 1745, in-8, 16 p.

Voy. « Supercheries », I, 502, *c.*

Épître au roi, par un philosophe parisien (J.-Ch. BIDAUT DE MONTIGNY). *Paris, Mathey,* 1744, in-4, 8 p.

Suivant l'abbé Goujet, dans son catalogue manuscrit, l'auteur n'avait alors que vingt-quatre ans.

Épître au roi sur la prise de Gand. (Par GENEST le fils.) *Paris, J. Chardon,* 1745, in-4, 3 p.

Épître au roi sur la prise de Gand et de Bruges et sur la rapidité de ses conquêtes. *Bruges,* 1745, in-8, 8 p.

Signé : J. L. D******R (J.-L. DUPÉRIER).

Épître au roi sur la révolte du mois de mars 1815, par F. T. D. (F.-T. DELBARE). *Paris, Egron,* 1815, in-8, 8 p.

Épistre au roy sur le faict de la religion. *S. l.,* 1654, in-8, 24 p.

Par Pierre DE LA PLANE, premier président des généraux des aides, à Paris, d'après une note manuscrite contemporaine.

Épître au trois pour cent, par C...... D.......... (Cyprien DESMARAIS). *Paris, imp. de Chassaignon,* 1825, in-8, 15 p.

Une seconde édition ou plutôt un second tirage porte le nom de l'auteur.

Épître au vice-roi d'Italie. (Par L.-V. RAOUL.) In-8, 6 p.

Épître aux acteurs du Vaudeville. (Par E.-D. DE MANNE.) *Paris,* 1844, in-8. D. M.

Épître aux Belges, par Mᵐᵉ .... (Mᵐᵉ VANLANGENDONCK, femme de l'imprimeur). Au profit des blessés belges. *Anvers, Vanlangendonck,* 1830, in-8, 16 p.. J. D.

Épître aux classiques. (Par le colonel DEYDIER, ancien aide de camp du maréchal Macdonald.) *Paris, Truchy,* 1829, in-18, 53 p.

Épître aux Français. (Par le prince Alexandre BELOSSELSKY, mort en 1809.) *Saint-Pétersbourg,* 1802, in-4, 39 p.

Épître aux habitants de Séez, par Annibal O...... (OLIVIER). *Paris, imp. Poussin,* 1830, in-8, 24 p.

Voy. « Supercheries », II, 1279, *b.*

Épître aux haricots, dédiée au beau sexe...

Voyez « Rions un moment ».

Épître aux hommes de lettres de Belgique, relativement à la décision du 18 août 1839, prise par la commission nommée parmi la Société pour le progrès de la langue et de la littérature flamande, par M. S...... (SOMENS), avocat, auteur de plusieurs ouvrages grammaticaux et d'une « Dissertation critique sur trois points de la grammaire », etc. *Anvers, Janssens,* 1839, in-8, 68 p. J. D.

Épître aux incorrigibles. *S. l.,* 1805, in-4, 7 p.

Par A. EGRON, d'après une signature autogr.

Épître aux malheureux, pièce qui a eu l'accessit du prix de l'Académie françoise en 1766, par M. *** (Gabr.-Henri GAILLARD). *Paris,* 1766, in-8.

Épître aux mânes de Dorvienes, ou l'apologie des buveurs, par un auteur du boulevard du Temple, président de la société littéraire du Pré-Saint-Gervais, membre de l'athénée de Montmartre, de Ménilmontant, etc., membre correspondant de ceux de Gonesse, d'Aubervilliers, et secrétaire perpétuel de l'académie de la Courtille (Mich. CUBIÈRES DE PALMEZEAUX), *Paris, imp. de Nicolas Vaucluse*, 1813, in-8.

Épitre aux monarques du Nord qui se sont réunis en congrès à Munchengraetz, ou réfutation du système de la sainte alliance... par l'auteur de l' « Essai sur la pacification générale et l'équilibre politique de l'Europe » (MERCIER - DESPONTEILLES). *Paris*, 1834, in-8, 68 p.

Épitre aux romantiques, crue de Baour de Lormian. (Par GERMEAU.) *Paris, s. d.*, in-8.

Sur cette brochure le mot *crue* se trouve intercalé à dessein en très-petits caractères; ce qui tend à faire croire que M. Baour-Lormian en est l'auteur.
D. M.

Épistre chagrine à Mgr le maréchal d'Albret. (Attribué à SCARRON.) *Paris*, 1659, in-4.

Épitre chagrine du chevalier Pompon à la Babiole contre le bon goût, ou apologie de « Sémiramis », tragédie de M. de Voltaire. (Par Louis TRAVENOL.) 1748, in-12, 24 p.

Épitre d'Héloïse à Abailard. Imitation nouvelle de Pope. (Par MERCIER DE BODÈNE.) *Londres (Paris)*, 1763, in-8.

Épitre d'Héloïse à Abailard, traduite de l'anglois (de POPE, par la duchesse d'AIGUILLON; précédée d'un abrégé de la vie d'Abailard, par François-Louis-Claude MARIN). *Paris*, 1758, in-8.

Épitre d'Horace aux Pisons sur l'art poétique, traduite en vers français, par M. *** (Ant. BAUDOUIN, président de chambre de la cour royale de Bourges), pour servir aux études de ses fils. *Paris, Lecointe et Pougin, Laon, imp. de Varlet-Berleux*, 1834, in-8, 62 p.

Épitre d'un constitutionnaire aux évêques de France. (En vers, par l'abbé Louis GUIDI) 1755, in-8, 31 p.

Épitre d'un évêque (Jean DU TILLET, évêque de Meaux) aux ministres des églises nouvelles. *Paris*, 1563, in-8.

Voyez Placcius, *Hamburgi*, 1708, in-fol., n° 2166.

Épitre d'un jeune poëte à un jeune guerrier, pièce qui a concouru pour le prix de l'Académie françoise en 1773. (Par ANDRÉ, nom de l'auteur, qui depuis s'est appelé DE MURVILLE.) *Paris*, 1773, in-8.

Épitre d'un journaliste (Geoffroy) à l'empereur, par un journaliste (VINCENS SAINT-LAURENT). 1805, in-8.

Épitre d'un Maroquin à sa belle, pendant son séjour à Vienne. (Par Alphonse-Henri TRAUNPAUR, chevalier d'Ophanie.) *Vienne*, 1784, in-8.

Épitre d'un officier russe, écrite de Scio, à son ami à Moscow, par C. de l'O. (COURNAND, de l'Oratoire, professeur de rhétorique à Lyon). *Lyon, Aimé de La Roche*, 1771, in-8, 8 p.

Épitre d'un Parisien (le baron F.-A.-F.-T. DE REIFFENBERG) à la statue d'Erasme. *Paris*, 1825, in-8, 16 p.

Épitre d'un père à son fils sur la naissance d'un petit-fils. (Par Séb.-Roch.-Nicolas CHAMFORT.) *Paris, Regnard*, 1764, in-8.

Épitre de Clio à M. de B... (de Berci), au sujet des nouvelles opinions répandues depuis peu contre la poésie. (Par P.-Cl. NIVELLE DE LA CHAUSSÉE.) *Paris, veuve Foucault*, 1731, in-12, 33 p.

Épistre de Clorinde à Rheginus. (Par Jehan DE L'ESPINE DU PONTALAIS.) *S. l. n. d.*, in-8.

Le « Manuel du libraire », 5 éd., t. II, col. 1775, attribue cet ouvrage à Pierre GRINGORE.

Voy. « Supercheries », III, 710, e.

Épitre de Henri IV aux habitants de Fribourg contre les jésuites; publié par un anonyme (Jean-Pons-Guillaume VIENNET), avec des notes philosophiques, théologiques, etc. *Paris, Emery*, 1818, in-8.

Épitre de la modération en tout, dans l'étude, dans l'ambition, dans les plaisirs. (Par VOLTAIRE.) *S. l.*, 1738, in-8, 8 p.

Epistre de la persecution meve en Angleterre contre l'Eglise chrestienne catholique et apostolique, et fideles membres d'icelles, où sont declarez, les tres-grandes afflictions, miseres et calamitez, les tourments tres-cruels, et martyres admirables, que les fideles chrestiens anglois y souffrent pour leur foi et religion (trad. du lat. du P. Rob. PARSONS, par Matthieu DE LAUNAY). *Paris, Thomas Brumen*, 1582, pet. in-8.

L'ouvrage original porte le titre de : « de Persecutione ». Voy. aux « Anonymes latins ».

Épître de M. DE B** (René DE BONNE-VAL) à M. Gresset. *Paris, Prault*, 1737, in-8, 8 p.

Épître de M. DE V*** (VOLTAIRE), en arrivant dans sa terre près du lac de Ge-nève, en mars 1755. *S. l. n. d.*, in-4, 6 p. — *S. l. n. d.*, in-8, 8 p. — *S. l. n. d.*, in-8, 7 p.

Épître de M. le président de THOU au roi. *Paris, P. Chevalier*, 1614, in-8.

C'est la préface de l'Histoire de de Thou, trad. par Nic. RAPIN, suivant le P. Lelong.

Épître de Nestor à Léodamie, sur la mort de Protésilas (Louis de Thermes). Par C. B. M. (Cl.-B. MORISOT). *Dijon*, 1621, in-4.　　　　　　　　　V. T.

Épître de Pierre BAGNOLET, citoyen de Gonesse, aux grands hommes du jour. (Par Cl.-Jos. DORAT.) *S. d.*, in-8.　　V. T.

Voyez « Correspondance de La Harpe », t. II, p. 73.

Épître de remercîment, en vers libres et marotiques, au cocher du premier Con-sul, au sujet de l'attentat du 3 nivôse. Par le cit. M... (MOLIN). *Paris, Mous-sard*, 1801, in-8, 24 p.

Épître de VOLTAIRE à M. Beuchot, l'un de ses éditeurs. (Par Jean PASSERON.) *Paris, Lottin de Saint-Germain, imp., s. d.*, in-8. — *Paris, imp. de Cellot*, 1818, in-8.

Voy. « Supercheries », III, 974, e.

Épître de VOLTAIRE aux nombreux édi-teurs de ses œuvres complètes, avec notes et pièces justificatives; publiée par N. (Ant. SERIEYS). *Paris, Lefebvre*, 1817, in-8, 20 p.

D'après une note manuscrite de Beuchot, cette épître aurait pour auteur TESTAS, âgé de 28 ans.

Voy. « Supercheries », III, 974, d.

Épître dédiée à mes concitoyens. (Par Charles-Camille FROMENT.) *Paris, Delau-nay*, 1819, in-8, 7 p.

Épître des Nancéiens aux Messins, sur le bruit que Metz veut venir à Nancy s'emparer de la châsse de saint Sigisbert et de la statue de Louis XV, le tout avec des notes. (Par GENTILLATRE.) *Nancy*, 1790, in-8, 11 p.

En vers. Catalogue Noël, nº 1305.

Epistre (l') du chevalier gris, envoyée à la très-noble et très-super-illustre prin-cesse et très-sacrée vierge Marie, fille et mère du très-grand et très-souverain mo-narche universel Jésus de Nazareth. *Lyon*, J. Lambany, in-8 goth., 12 ff.

L'auteur a signé son nom en acrostiche dans le pre-mier rondeau, dont les lettres initiales, et pour le

9º et 10º vers, le premier mot, donnent : frère Estienne DAME. Plus loin on retrouve en acrostiche DAMIEN, qui pourrait plutôt être son vrai nom. Réimpr. par M. de Montaiglon dans le t. III du « Recueil de poésies françaises », de la « Bibliothèque elzevirienne », d'où la présente note est tirée.

Épître du citoyen F. de N. (FRANÇOIS DE NEUFCHATEAU) au citoyen C..., député, sur son voyage de Paris à Neufchâteau. *Paris, nivôse an IV-1796*, in-8.

Épître du diable à M. de Voltaire, par M. le marquis D***. *Avignon et Lille*, 1760, in-8, 16 p. — Autre édition, avec des notes historiques. *Aux Délices, près de Ge-nève. Aux enfers, de l'imprimerie de Bel-zébuth*, 1760, in-8 de 20 p., vign. — *Ge-nève*, 1760, in-12, 21 p..

La « France littéraire » de 1769, t. I, p. 278, et t. II, p. 248, attribue cet écrit au médecin franc-com-tois Claude-Marie GIRAUD. Le « Dictionnaire des anonymes » avait reproduit cette attribution, mais il est à remarquer que Diderot donne cet écrit à M. DE RESSÉ-GUIER. Voy. « Mémoires, correspondance et ouvrages inédits de Diderot ». *Paris, Paulin*, 1830, t. I, p. 256, lettre XXXVIII.

On a publié : « Réponse de Voltaire aux Epîtres du diable », 1762, in-8. Voy. Quérard, « Biblio-graphie voltairienne », nº 1117.

Voy. aussi « Supercheries », I, 840, c.

Épître du général des jésuites à un jeune père. (Par F.-A.-F.-T. DE REIFFEN-BERG.) *Bruxelles, Tarlier*, 1827, in-8.

Voy. « Supercheries », II, 153, a.

Épître du père Gribourdon à M. de V*** sur le poëme de la Pucelle. (Par Jean-Baptiste DE JUNQUIÈRES.) *S. l.*, 1756, in-8, 11 p.

Réimprimé sous le titre de « Epître à M. de Vol-taire, par le R. P. G...., de la compagnie de Jésus ». *Paris, Dauvin*, 1826, in-8, 24 p. Voy. col. 148, d.

Épître du roy de France (FRANÇOIS Iᵉʳ), envoyée aux électeurs de l'empire assem-blez à Nuremberg (translatée de latin en françois par Pierre COLLET), l'an 1543. *Imprimée à Bourges, s. d.*, in-4, 4 ff. n. chiff. goth. — Autre édit. *Paris, par Jehan Lhome*, 1543, in-8, 8 ff. goth.

Épître en vers à Arnal, par un sociétaire du Théâtre-Français (Jean-Bernard BRISEBARRE, dit JOANNY). *Paris, Lacrampe et Cᵉ*, 1846, in-8, 24 p.　　　D. M.

Épître en vers à M. A. Petit. (Par Claude-Germain LECLERC DE MONTMERCY.) *Paris, Gogué*, 1770, in-12.

Épître en vers d'un G. de D. à un de ses amis. Supplément aux Mémoires d'une fameuse académie. (Par Simon-Ni-colas-Henri LINGUET.) *Liège*, 1764, in-8.

Épître en vers en langage vulgaire de

Grenoble, sur la réjouissance qu'on y a faite pour la naissance de Mgr le Dauphin. (Par Blanc La Goutte.) *Grenoble, Faure,* 1729, in-4.

Épître en vers français à Viviani, secrétaire d'Alfiéri, sur sa traduction des psaumes en vers italiens. (Par l'abbé P. d'Hesmivy d'Auribeau.) *Rome,* 1805, in-12.

Épître en vers sur l'alliance des beaux-arts et des travaux plus sérieux, à M. ***, par l'auteur de « la Censure ». (Desarps). *Paris, Delaunay,* 1814, in-8, 16 p.

Epistre envoiée au tigre de la France. *S. l. n. d.*, pet. in-8.

Voy. sur cet écrit attribué à François Hotman la lettre de Sturm publiée par M. Dareste dans la « Bibliothèque de l'école des chartes », 3ᵉ série, t. V, p. 360, année 1854. Voy. aussi Brunet, « Manuel du libraire », II, 1032, et Ch. Nodier dans le « Bulletin du bibliophile », 1835.

Epistre exhortative touchant la perfection et commodité des arts libéraux mathématiques... *Imprimée à Paris par Pierre Leber,* 1531, le 8 de janvier, in-8, 8 ff.

On lit à la fin : « Hanc epistolam sub ipsa philosophia dictabat Orontius F. [Fine] Delph..... » *Lutetiæ Parisiorum,* MDXXII (sic).

Épître familière à Sylvain Van de Weyer, au sujet de Simon Stevin et M. Dumortier. (Par Philippe-Auguste Wuillot.) *Bruxelles, Parys,* 1845, in-8, 16 p.   J. D.

Épître newtonienne sur le genre de philosophie propre à rendre heureux. (Par de Lafautrière.) *Paris,* 1739, in-8, 12 p.

Épître nouvelle sur l'amour du plaisir et de la gloire. (Par L.-G. Baillet de Saint-Julien.) *Paris, de La Guette,* 1750, in-12, 7 p.

Épître, ou instruction de la reine Christine aux souverains. (Par P. Nicoleau.) *Angers,* 1770, in-8.

Epistre, ou voirement oraison tres-parfaicte dung quidam aleman, homme sçavant et de la liberte germanique trestudieux (Jean Stabius). Traduicte de latin en francoys, descouvrant lintention de Charles d'Austriche, Cesar, et l'innocence et iuste querelle du treschrestien roy Francoys premier de ce nom. *S. l. n. d.*, in-8.

Voy. pour l'original latin : « Illustrissimis sacri romani imperii electoribus. ... »

Épître politique à mon père, par D.-A.

Ph... (David-Antoine Philippon), garçon boulanger. Ornée du portrait de l'auteur. *Paris, Auffray,* 1832, in-8, 15 p. D.M.

Épître première au roi, par l'ermite de la Berlière (François-Joseph-Narcisse Robert, baron de Saint-Symphorien). *Bruxelles, Dekeyn,* 1822, in-8. J. D.

Épître première des Héroïdes d'Ovide, traduction nouvelle en vers, par M. le comte D*** (Pierre Dupont). *Paris, Panckoucke,* 1834, in-8, 19 p.

Épître secrète à S. A. le prince Louis-Napoléon, président de la République française, sur les destinées de la France et généralement sur l'absolue impossibilité de rétablir actuellement, par les moyens connus, un ordre stable dans le monde civilisé, et sur l'actuelle et progressive dissolution politique des Etats, résultant d'un pieux malentendu dans notre sainte religion, par l'auteur de la « Réforme du savoir humain » (Hoëné Wronski). *Metz, Alcan,* 1851, in-4.

Épître sur l'enseignement, ou interprétation du système de la nature. Système ou doctrine philosophique. (Par Herpain, chirurgien à Genappe.) *Nivelles,* 1850, in-12.   J. D.

Épître sur l'honneur. (Par Voltaire.) *S. l. n. d.,* in-8, 7 p.

Épître sur l'indépendance des gens de lettres, pièce envoyée au concours de poésie de l'Institut national pour l'an XIII-1805. (Par J. Joly, de Salins.) *Paris, Solvet,* 1805, in-8, 14 p.

Épître sur l'utilité de la satyre. (Par Alexis Maton.) *Lille,* 1763, in-12. V. T.

Épître sur la comédie des « Deux Gendres », par L. V. R. (Louis-Victor Raoul). *Meaux, Raoul,* 1812, in-8, 24 p.

Extrait du « Journal des Arts », nº 139. Voy. « Supercheries », I, 1259, b, et II, 998, b.

Épître sur la consommation. (Par Jean-Nicolas-Marcellin Guérineau de Saint-Peravi.) *Londres et Paris,* 1761, in-8, 25 p.

Épître sur la manie des jardins anglois. (Par Mich.-Paul-Guy de Chabanon.) 1775, in-8, 16 p.

Épître sur la paresse, à M. de *** (et quelques autres poésies légères, par l'abbé, depuis cardinal Fr.-Joach.-Pierre de Bernis). *Paris, s. d.,* in-12, 15 p.

Épître sur le danger et l'injustice de ne pas assez honorer les emplois de finance.

(Par DESARPS.) *Paris, imp. de P. Didot,* 1812, in-8, 7 p.

Épître sur les ecclésiatiques, adressée à l'abbé Lambert. (Par Cl.-M. GIRAUD.) *Paris,* 1759, in-12.   V. T.

Épître sur les premiers jours de juillet 1815. *Paris, imp. de Fain, s. d.,* in-8, 15 p.

Le titre de départ, page 3, porte : Epître à M. le comte de S... sur les premiers jours de juillet 1815. Par J.-P. G. V. (Jean-Pons-Guillaume VIENNET).

Voy. « Supercheries », II, 426, a.

Épître sur les spectacles, ou mon retour à Paris. (Par Franç.-Ch. HUERNE DE LA MOTHE, avocat au Parlement.) *Paris, A.-Ch. Cailleau,* 1761, in-8, 14 p.

Supprimé par arrêt du conseil du 31 mai 1761.

Épître troisième. De l'envie. (Par VOLTAIRE.) *S. l.,* 1738, in-8, 6 p. et 1 f. de privilége.

Épîtres à Mlle Ch. (Par BARTHE, suivant une note manuscrite de Beuchot.)

Réimprimé dans le t. VIII de « l'Evangile du jour ».

Épîtres à messieurs les hauts dignitaires de l'ordre de Loyola, à leurs adhérents et suppôts de robe longue et de robe courte. (Par MALLET DE TRUMELLY.) *Paris, Pagnerre,* 1844, in-8.

Épîtres aux Français, aux Anglais et aux républicains de Saint-Marin. (Par le prince russe BÉLOSELSKI; publiées par MARMONTEL.) *Paris, de l'imprimerie de Didot l'aîné,* 1789, in-8.

Il y a des exemplaires avec un premier titre portant : « Poésies françaises d'un prince étranger ».

Épîtres aux médecins sur la grippe. (Par Charles-Hubert MILLEVOYE.)

Épîtres choisies de CICÉRON (traduites en français par Fr. HÉNAULT). *Paris, J. Hénault,* 1664, in-12.

Épîtres choisies de CICÉRON, divisées en quatre livres, nouvelle traduction (par Jean-Amable PANNELIER, ancien professeur) avec le texte en regard. *Paris, Delalain,* 1806, in-18.

Épîtres choisies de saint GRÉGOIRE le Grand, traduites en françois (par Louis-Ant. DE PARDAILLAN DE GONDRIN, archevêque de Sens; publiées par l'abbé Jacques BOILEAU). *Paris, veuve Dupuis,* 1676, in-12.

Épîtres choisies, ou les plus belles lettres de CICÉRON, traduites en françois par

M. D. L. B., de l'Académie françoise. *Wesel, Jacques de Wesel,* 1703, pet. in-12.

On ne trouve aucune pièce liminaire en tête de ce volume; mais, en le comparant avec les anciennes traductions des mêmes lettres, j'ai reconnu que le prétendu libraire Jacques de Wesel n'avait fait que reproduire la traduction publiée à Paris en 1675, par le libraire Simon Benard, avec une épître dédicatoire au fils aîné du ministre Louvois : et, en effet, il n'existait à l'époque de 1703 aucun académicien dont les lettres initiales fussent D. L. B.

Épîtres (les) cupidiniques du banni de Liesse, présentées aux dames de la cour de Vénus. (Par François HABERT.) *Paris, Alain Lotrian* (vers 1530), in-8 goth.

Épîtres (les) (et toutes les élégies amoureuses) d'OVIDE, trad. en vers françois (par l'abbé Jean BARRIN). *Paris, Audinet,* 1676. — *Londres, Groenevegen,* 1725, in-12.

Voyez les mots « Nouvelle traduction », « Œuvres galantes » et « Traduction ».

Il est certain que cette traduction a été attribuée à l'abbé Barrin. Voyez la « Bibliothèque françoise » de l'abbé Goujet, t. V, p. 425. Cependant Michault assure, dans le tome Ier de ses « Mélanges », p. 185, que le gouverneur de cet abbé en est le véritable auteur ; il proposa à son élève de laisser croire dans le monde qu'elle était de lui : l'abbé accepta la proposition, sans prévoir que ces vers galants indisposèrent fortement Louis XIV, et l'empêcheraient de parvenir à l'épiscopat. L'abbé Barrin mourut grand-vicaire de l'évêque de Nantes, le 7 septembre 1718, âgé de soixante-dix-huit ans.

Épîtres (les) de la séraphique vierge sainte CATHERINE de Sienne, traduites de l'italien en françois (par J. BALESDENS). *Paris, Seb. Huré,* 1644, in-4.

Épîtres (les) de maître François RABELAIS, escrites pendant son voyage d'Italie, nouvellement mises en lumière avec des observations historiques, et l'abrégé de la vie de l'auteur. (Par les frères Scévole et Louis DE SAINTE-MARTHE.) *Paris, de Sercy,* 1651, in-8.

Réimprimé sous le titre de « Lettres de M. Fr. Rabelais », avec le nom des éditeurs. *Brusselles, Foppens,* 1710, in-8.

Épistres (les) de saint PAUL, traduites en françois et glosées par un docteur en théologie (Claude GUILLAUD). *Paris, Abel l'Angelier,* 1544, 1555, pet. in-8.

Épîtres (les) de SÉNÈQUE, nouvelle traduction (par PINTREL; revues et publiées par Jean DE LA FONTAINE, son parent). *Paris, Barbin,* 1681, 2 vol. in-12.

Il n'y a que les premiers exemplaires de cette traduction qui soient anonymes. Il est aisé de voir que ceux où l'on trouve le nom du traducteur et celui de l'éditeur ont des titres rafraîchis.

Épîtres diverses sur des sujets différens. (Par Geo.-L. DE BAAN.) *Londres, Changuion*, 1740, in-12. — 2e édition, augmentée. *Londres, Changuion*, 2 vol. in-12. — Autre édition. *Francfort et Leipsick*, 1763, 2 vol. in-12.

Un troisième volume contient les « Rêveries poétiques sur des sujets différents, par l'auteur des Épîtres diverses ». *Francfort et Leipsick*, 1763, in-12.

J.-Q. Beuchot dit avoir vu une édition de 1750, 2 vol. in-12, qui pourrait bien avoir été rajeunie en 1763; dans cet exempl. le vol. des « Rêveries » qui y était joint était daté de 1755.

Épîtres dorées, morales et familières de dom Antoine DE GUEVARE, traduites d'espagnol en françois par le seigneur DE GUTERRY. *Lyon, Macé Bonhomme*, 1558. — Le troisième livre des Épîtres illustres composées en espagnol par dom Antoine DE GUEVARE (avec un Traité des travaux et priviléges des galères, par le même; le tout nouvellement traduit en françois (par Ant. DU PINET) sûr la version italienne d'Alphonse D'ULLOA. *Lyon, Macé Bonhomme*, 1560, in-4, tit. gr.

Cette traduction a été plusieurs fois réimprimée.

Épîtres en vers à l'auteur du poëme sur la Grâce (Racine le fils; par l'abbé Henri FAVIER DU BOULAY). *Paris, Garnier*, 1724, in-8.

Épîtres et évangiles, avec de courtes réflexions, des explications sur tous les mystères, etc. (Par l'abbé DE LA MARE, chanoine de l'Eglise de Paris.) *Paris, Hérissant*, 1732, 3 vol. in-12.

Épîtres et évangiles, avec des explications par demandes et par réponses (ouvrage de François PERDOUX, prêtre d'Orléans, augmenté par l'abbé Ambroise PACCORI). *Paris, Mariette*, 1727, 4 vol. in-12. — Nouvelle édition (très-différente de la précédente, revue par l'abbé Cl.-P. GOUJET). *Paris, Mariette*, 1737, 3 vol. in-12.

Épistres (les) et évangiles des cinquante et deux dimanches de l'an, avec briefves et très-utiles expositions d'ycelles. (Le tout traduit en françois par Jac. LEFEVRE D'Etaples.) *Lyon, Estienne Dolet*, 1542, in-16.

Cette version parut pour la première fois en 1523. Voyez la « Vie de Dolet », par M. Née de La Rochelle, 1779, in-8, p. 116.

Épîtres et évangiles des dimanches, des fêtes, etc., avec de courtes explications, réflexions et pratiques. (Par Laurent BLONDEL.) *Paris, des Hayes et Savoye*, 1736, in-16.

Épîtres et évangiles des dimanches et

fêtes de l'année, avec de courtes réflexions. (Par l'abbé DE LA MARE.) *Paris*, 1713, 1714, in-12.

Épîtres et évangiles des dimanches et fêtes de toute l'année, de l'avent, du carême et des autres grandes féries; avec de nouvelles réflexions. (Par l'abbé H. JABINEAU.) *Paris, Desprez*, 1775, in-12.

Épîtres et évangiles des dimanches et fêtes de toute l'année et des féries du carême, avec des réflexions, des pratiques et des prières. (Par l'abbé François-Philippe MESENGUY.) *Lyon, Tournachon-Molin*, 1810, in-12.

La première édition est de *Paris, chez Lottin et Desaint*, 1737, in-12.

Épîtres et évangiles pour toute l'année. (Avec des réflexions tirées du « Nouveau Testament » du P. Pasquier QUESNEL.) *Paris, Pralard*, 1705, 3 vol. in-12.

Épîtres et fragments d'un poëme de Marengo. (Par Jean-Pons-Guillaume VIENNET.) *Paris, Lebour, s. d.*, in-12, 91 p.

Épîtres familières de CICÉRON, traduites en françois par J. B. (Jean BACHOU, qui a dédié cette traduction au fameux abbé de Marolles). *Paris, G. Benard*, 1666, in-12.

Épîtres morales et familières du traverseur (Jehan BOUCHET). *Poitiers, Jacq. Bouchet et de Marnef*, 1545, in-fol.

Épistres nouvelles du sieur D*** (BOILEAU-DESPRÉAUX). *Paris, D. Thierry*, 1698, in-4.

Première édition des épîtres 10, 11 et 12.

Épîtres, satires, contes, odes et pièces fugitives du poëte philosophe, dont plusieurs n'ont point encore paru; enrichis de notes curieuses et intéressantes. *Londres (Genève)*, 1771, in-8.

On ne parle de ce recueil que parce que les notes dont VOLTAIRE l'a accompagné sont non-seulement curieuses, mais très-piquantes. Il a pourtant tâché d'adoucir le sel qu'il avait répandu sur *Pompignan*, qu'il appelle *Tonsignan*. Il rend justice à ses connaissances en littérature. Il dit que ses *facéties* sur ce magistrat laissent subsister le mérite de l'homme de lettres et celui du galant homme, et ne portent pas sur l'essentiel.

Il paraît que les éditeurs de Kehl ont négligé ou n'ont pas connu quelques-unes de ces remarques.

On a exclu de ce recueil toutes les épîtres légères en petits vers, et il ne renferme guère que des pièces qui sont en vers alexandrins ou en vers de dix syllabes, à l'exception des odes.

(Article envoyé par M. Chaudon.)

Épîtres sur le bonheur. *Paris, Prault*, 1738, 8, 8, 7, 6 p. et 1 f. d'approbation.

Ce sont les trois premiers « Discours en vers sur

l'homme » par Voltaire. Chaque épître a sa pagination séparée. Cette publication fut réimprimée en Hollande avec le nom de l'auteur.

Épîtres sur quelques genres dont Boileau n'a pas fait mention dans son « Art poétique ». (Par P. Jean-Baptiste-Publicola Chaussard.) *Paris, 1811, in-4.*

Épîtres (les) vénériennes de l'esclave fortuné (Michel d'Amboise), privé de la cour d'Amour. *Paris, Jehan Longis et Denis Janot,* 1532 et 1534, in-8, 86 ff.

Voy. « Supercheries », I, 1254, *b.*

Éponge des notes, pour servir de réponse aux remarques d'un anonyme, mises en marge d'une consultation sur le Traité de l'impuissance (du président Bouhier, par J.-Bapt. Fromageot). *Luxembourg,* 1739, in-12.

Voy. « Consultation pour M. l'abbé de ***... », tome IV, 737, *d.*

Éponine et Sabinus. (Par Jean-Baptiste Leclerc.) *Liége,* 1827, in-8.   D. M.

Époque (l') de 1815, ou choix de propositions, lois, rapports discutés à la Chambre des députés, d'ordonnances rendues par le gouvernement, d'arrêts, proclamations des commissaires extraordinaires et préfets du Midi, et particulièrement du département du Gard; suivis de notes et d'observations sur l'administration de la justice et de l'État de la France en 1815. (Par E. Guérard, de Provins.) *Paris, Delaunay,* 1821, in-8.

Époques, anecdotes, inventions intéressantes et remarquables. (Par Fr. Cointereau.) *Paris, imp. de Mme Huzard,* 1818, in-8.

Époques (les) de l'Assemblée constituante. (Par le comte d'Hautefort.) *Paris, Godefroy jeune,* an V-1797, in-8, 30 p.

Époques de l'histoire universelle, depuis le commencement du monde jusqu'à nos jours... Par F. J. L. (François-Joseph Lafuite). *Lille, Lefort,* 1817, in-12.

Voy. « Supercheries », II, 46, *b.*

Époques des diverses innovations arrivées dans l'Eglise catholique, apostolique, romaine, soi-disant sainte, toujours une, toujours infaillible, toujours la même. *S. l. n. d.,* in-8, 132 p.

Signé : A. F. Th. D. F. (A.-F. Thomas du Fossé).

Voy. « Supercheries », I, 213, *d.*

Époques raisonnées sur la vie d'A. de Haller. (Par Maximilien de Lamberg.) *Leipzig,* 1778, in-8.

Époques remarquables et événements singuliers de la ville de Lyon, depuis sa fondation jusqu'à l'an 1600. (Par D. Thomas, d'abord commissaire de police à Lyon, plus tard bibliothécaire de la même ville.) Impr. dans l' « Almanach de Lyon pour 1745 et 1746 ». — Précis de l'histoire de Lyon, depuis 1600 jusqu'à 1643 (par le même), publié d'après un manuscrit inédit, par A. Péricaud. *Lyon, imp. de Gabr. Rossary.* 1835, in-8, 16 p.

La première page de l'opuscule publié par M. A. Péricaud porte pour titre « Suite des époques remarquables... »

Épouse (l') infortunée, histoire italienne, galante et tragique, par M. D. P. B. (P. de Billy). *Paris,* 1733, in-12.

Note manuscrite de M. Adry.

Épouse (l') modèle. Portrait. *Paris, typ. Lacrampe.* 1844, in-8, 4 p.

Signé : par un témoin oculaire (Jean-Bernard Brisebarre, acteur, connu sous le nom de Joanny).

Épousera-t-il (l')? impromptu en un acte et en prose, mêlé de vaudevilles. Par MM. M. B. (Bié) et F. P. (Félix Petit), auteurs des « Bandoléros »... *Lyon, Chambet,* 1805, in-8, 29 p.

Époux (les) charitables, ou vies de M. et de Mme de La Garaye. 2e édition. *Lille, L. Lefort,* 1852, in-32, VIII-209 p.

La première édition, *Nantes, N. Audran,* 1782, in-12, est indiquée au Catalogue de la Ville de Nantes sous le n° 38165, comme portant sur le titre : par M. D. V. C. E., et cet ouvrage y est attribué à l'abbé Gui-Toussaint Julien Carron. Mais il est demeuré anonyme pour le nouvel éditeur qui reconnaît y avoir fait quelques légères corrections de style.

Époux (l') généreux, ou le pouvoir des procédés, comédie en un acte. (Par J.-Cl. Bedeno Dejaure.) *Paris, Cailleau,* 1791, in-8.

Cette pièce a été remise en opéra-comique par B. Dejaure jeune, sous le même titre. *Paris, Mme Masson,* 1804, in-8.

Époux (les) malheureux, ou histoire de M. et Mme de La Bédoyère, écrite par un ami (François-Thomas-Marie d'Arnaud de Baculard). *La Haye,* 1745, 1749, in-12. — Nouvelle édition, 1758, 1780, 2 vol. in-12. — Suite, 1783, 2 parties.

Voy. « Supercheries », I, 302, *b.*

Époux (les) par chicane, parodie d'Hypermnestre, en deux actes, en vers libres, mêlée d'ariettes, par M. T*** (Toussaint-Gaspard Taconet). *En Normandie, et Paris, Cuissart,* 1759, in-8.

Époux (l') par stratagème, opéra-comique tout en vaudevilles, par M. V. (VA-ROQUIER). *Bruxelles, J.-J. Boucherie,* 1748, in-8.

Époux (les) philosophes au XVIIIᵉ siècle, par Mᵐᵉ G.... VAN..... (GRAND-MAISON VAN ESBECQ), auteur d' « Adolphe », etc., d' « Edwige de Milvar »; etc. *Paris, Allais,* 1808, 3 vol. in-12.

Voy. « Supercheries », II, 227, *f.*

Époux (les) réunis, comédie en un acte et en vers. (Par J.-Cl. BEDENO DEJAURE.) *Paris, Cailleau,* 1790, in-8.

Épreuve (l'), conte, par M. C. D. M. (COUSTARD DE MASSY). 1768, in-12.

Une autre édition porte : par un mousquetaire. *Londres,* 1768, in-12.

Voy. « Supercheries », II, 1210, *a.*

Épreuves (les), comédie en un acte et en prose, mêlée de vaudevilles, par les citoyens HENRION et A. R*** (Armand RAGUENEAU). Représentée pour les premières fois, les 25, 27, 29 germinal, et les 1ᵉʳ, 3, 5 floréal an IX, sur le théâtre des Jeunes-Artistes, à Paris. *Paris, Hugelet,* an IX, in-8, 36 p.

Épreuves (les) de l'amour et de la vertu, ou lord Clarendon et miss Belhowe, histoire anglaise. (Par Mᵐᵉ S.-H. QUATREMÈRE DISJONVAL.) *Paris, Ponthieu,* an V-1797, 2 vol. in-18.

Épreuves (les) de la piété filiale, suite d' « Edmond et Arthur ». (Par E. - S. DRIEUDE.) *Lille,* 1859, in-8.

Réimprimé avec le nom de l'auteur.

Épreuves (les) de la vie, par l'auteur d' « Eliza Rivers ».... (miss KELTEY), trad. de l'angl. par le traducteur des romans de W. Scott (A.-J.-B. DEFAUCONPRET). *Paris, Mᵐᵉ Cardinal,* 1824, 4 vol. in-12.

Épreuves (les) de Marguerite Lindsay, roman traduit de l'anglais d'Allan CUNINGHAM, par Mᵐᵉ la comtesse M*** (MOLÉ, née DE LA BRICHE). Précédé d'une notice par M. DE BARANTE. *Paris, Amb. Dupont et Urbain Canel,* 1825, 4 vol. in-12.	D. M.

Équation des tributs. (Par Claude DURIVAL.) *Nancy,* 1764, in-8.

Équilibre (de l') du pouvoir en Europe, traduit de l'anglais de Gould-Francis LECKIE, par W. (Louis-Edouard GAUTTIER DU LYS D'ARC). *Paris, Maradan,* 1819, in-8. — *Paris, Baudouin,* 1820, in-8.

Equipée (l'), poëme histori-comique. (Par P.-J.-B. NOUGARET et J. - H. MAR-CHAND.) *Londres et Paris, veuve Duchesne,* 1776, in-12.	V. T.

Équivoque (l'). (Par VOLTAIRE.) *S. l.,* 1771, in-8, 13 p.

Équivoques et bizarreries de l'orthographe françoise. (Par l'abbé Sébast. CHERRIER.) *Paris, Gueffier fils,* 1766, in-12.

Cet ouvrage avait paru en 1716 sous le titre de « l'Homme inconnu ». Voy. ces mots.

Érard du Châtelet. Esquisses du temps de Louis XIV. 1661-1664. Par l'auteur du « Duc de Guise à Naples » (le comte Amédée DE PASTORET). *Paris, Delloye,* 1835, 2 vol. in-8.

Une autre édition porte le nom de l'auteur.

ÉRASME Roterodame, de la déclamation des louanges de follie, stile facessieux et profitable pour congnoistre les erreurs et abus du monde. *Paris, Galliot-Dupré,* 1520, in-4, 4 et 68 ff., avec 37 fig. gravées en bois.

Cette traduction de « l'Eloge de la folie » est probablement celle d'HALLOUIN, dont Erasme fut très-mécontent, parce que ce traducteur lui fait dire des choses auxquelles il n'a point pensé. Elle a pu paraître dès 1517. Voy. les lettres d'Erasme, liv. 13, lett. 9.

M. de Burigny, dans sa Vie d'Erasme, ne fait connaître aucune édition de cette traduction. Il ne cite pas non plus celle qui parut anonyme sous ce titre : « la Louange de la Sottise, déclamation d'ERASME de Roterdam, mise en françois. » *La Haye, chez Théodore Maire,* 1642, petit in-12.

L'abbé Joly, dans sa Vie manuscrite d'ERASME, regarde cette traduction comme différente de celle d'Hallouin.

Éraste, nouvelle. (Par Claude COLLIN.) *Paris, Barbin,* 1664, in-12.

Éraste, ou l'ami de la jeunesse, par J.-J. FILASSIER. *Paris,* 1773, in-8.

Souvent réimprimé.

Composé en société avec Louis ROSE, anc. échevin de Béthune. Les auteurs, dit Chaudon, ont, pour la partie qui concerne l'histoire de France, beaucoup puisé dans notre « Dictionnaire », quoiqu'ils n'en aient rien dit.

Éricie, ou la Vestale, drame en trois actes. (Par J.-Gasp. DUBOIS-FONTANELLE.) *Londres (Paris),* 1768, in-8, 56 p.; — 1772, 1779. — Nouvelle édit., revue et corrigée. *Grenoble,* 1799, in-8.

Condamné par arrêt du Parlement du 24 sept. 1768, ce drame a été réimprimé dans les « Nouveaux Mélanges sur différents sujets » du même auteur. Voy. ce titre.

Ermenonville, ou le tombeau de Jean-Jacques. (Poëme par Joseph MICHAUD, membre de l'Institut.) In-8, 10 p.

Tiré de la « Décade philosophique », année 1794, t. III, p. 105.

L'auteur a ajouté aux exemplaires qu'il a fait tirer

en particulier une lettre d'envoi à son frère, dans laquelle il lui rappelle les délicieuses soirées qu'ils ont passées ensemble à étudier le « Contrat social ».

Erminia dans les ruines de Rome; traduit de l'allemand (de W.-A. LINDAU) par J.-N.-Et. BOCK. *Paris, Lemarchand, 1801,* in-12, fig.

Ermitage (l').

Voy. l'Hermitage.

Ermite (l').

Voy. l'Hermite.

Ernest. (Par J. BRISSET.) *Paris, N. Pichard, 1820,* in-12.

Ernest et Lydie. Par Mme DE *** (Mme LORY DE NARP), auteur d' « Edouard et Clémentine ». *Paris, Pigoreau, 1813,* 4 vol. in-12.

Eromène (l'), traduit de l'italien de J.-F.-R. BIONDI, par D'A.... (Pierre D'AUDIGUIER neveu). *Paris, 1633,* in-4 et 2 vol. in-8.

Erotasmes de Phidie et Gélasine. Plus le chant panégyricque de l'isle Pontine, avec la gayeté de may. (Par Philibert BUGNYON.) *Lyon, J. Temporal, 1557,* in-8, 128 p.

Voyez la « Bibliothèque françoise », par Goujet, t. XII, p. 114 et 454.

Erotée, histoire tragique et amoureuse. (Par BOGLIANO.) *La Haye, 1748,* in-12.

Erotopsie, ou coup d'œil sur la poésie érotique et les poëtes grecs et latins qui se sont distingués en ce genre. Ouvrage pouvant faire suite à celui du docteur Petit-Radel, intitulé : *de Amoribus Pancharitis et Zoroæ. Paris, de l'impr. de Paris,* an X-1802, in-8, 206 p., non compris le faux titre, le titre et 4 p. d'avant-propos.

L'ouvrage se termine à la page 152, puis vient un extrait de l'ouvrage du docteur Petit-Radel, intitulé : *de Amoribus Pancharitis et Zoroæ,* etc., lu le 17 ventose an X, à la Société libre des Sciences, Belles-Lettres et Arts, séante au Louvre. Cet extrait, signé MARROU, se termine à la page 197. De la page 199 à 206, se trouve la liste des ouvrages de Petit-Radel.

Philippe PETIT-RADEL est l'auteur de l' « Erotopsie ».

Errata de l' « Abrégé de l'histoire du Poitou », ou lettres à M. Thibaudeau, suivies d'un petit commentaire, par M. *** (ALLARD DE LA RESNIÈRE), Poitevin. *En France, 1783, 1786,* 3 parties in-12.

La 3e partie porte le nom de l'auteur.

Errata de l' « Essai sur la musique ancienne et moderne » (de M. de La Borde),

a ou lettre à M. ***, par Mme DE *** (LATOUR DE FRANQUEVILLE). *(Suisse), 1780,* in-12 de 95 p.

On assure que le célèbre violon GAVINIÉS est le principal auteur de cette critique, ainsi que de la réplique publiée sous ce titre : *Mon dernier mot.*

Voy. « Supercheries », II, 1012, *a,* et III, 1071, *c.*

b **Errata** de l' « Histoire des congrégations *de auxiliis* », composé par l'abbé Leblanc, et condamné par l'inquisition générale d'Espagne. Avec une réfutation de la réponse au livre des questions importantes. *Liége, G.-H. Streel, 1702,* in-8.

Par le P. Barthel. GERMONT, jésuite. Voy. de Theux, p. 183.

Errata de quelques brochures sur les finances, par M. B. M. D. R. (N. BRICOGNE, maître des requêtes). *Paris, Pelicier, 1818,* in-8, 90 p.

c **Errata** du « Mémorial alphabétique des livres qui composent la bibliothèque de l'ordre de MM. les avocats du parlement de Normandie, mis en ordre par MM. Bourienne et Roger du Quesnay, bibliothécaires ». (Par l'abbé Jean SAAS.) *Rouen, de l'imprimerie de la veuve Besogne, 1765,* in-8, 8 p.

Cette brochure est signée MM. ..., avocats au parlement de Normandie.

d Quérard a supprimé cette note dans ses « Supercheries », I, 570, *a.* L'abbé SAAS, caché sous l'initiale M..., est auteur de l'Errata, tandis que le « Mémorial alphabétique » est de Bourienne et Roger du Quesnay ; c'est donc à tort qu'il a considéré ces deux noms comme un pseudonyme sous lequel s'était caché l'abbé Saas.

Errata du troisième volume de l' « Essai sur l'indifférence », ou observations critiques adressées à M. l'abbé de Lamennais, par un ancien professeur en théologie (l'abbé J.-B.-M. FLOTTES). *Montpellier, imp. de Tournel aîné, 1823,* in-8, 36 p.

e

Voy. « Supercheries », II, 573, *a.*

Errata ou correction des principaux ouvrages publiés à Bruxelles, par T. T. B. (TRIFAUT, ancien correcteur d'imprimerie). Première livraison. *Bruxelles, Sacré, 1845,* in-12, 42 p.   J. D.

f **Erreur** (l') confondue, poëme en six chants. (Par l'abbé DE BÈZE, chanoine de Sainte-Opportune à Paris, arrière-petit-neveu de Théodore de Bèze.) *Avignon (Paris), 1762,* in-8.

Erreur (l') du péché philosophique combattue par les Jésuites. (Par le P. LE TELLIER, jésuite.) *Liége, P. Borgelot, 1691,* in-12, 4 ff. et 298 p.

Erreur et désavantage pour l'Etat de

ses emprunts des 7 janvier et 7 février 1777. (Par Roch-Antoine DE PELISSERY.) *Basle*, 1777, in-8, 50 p.

Erreur et mystère. Par madame L. V***. (VILDÉ), auteur des « Soirées bretonnes ». *Paris, Pigoreau*, 1813, 4 vol. in-12.

Voy. « Supercheries », II, 996, *f.*

Erreurs (les) amoureuses, en vers françois, augmentées d'une tierce partie et d'un livre de vers lyriques. (Par PONTUS DE TYARD, seigneur de Bissy.) *Lyon, Jean de Tournes*, 1555, in-8.

La première édition est de *Lyon*, 1549, in-8. Elle ne contenait qu'un seul livre. — 2e édition aug. d'un second livre. *Paris*, 1554, in-16. Les trois livres ont été réimprimés dans les « Œuvres poétiques de Ponthus de Tyard ». *Paris*, 1573, in-4.

Erreurs (les) d'une jolie femme, ou l'Aspasie moderne. (Par Françoise-Albine PUZIN DE LA MARTINIÈRE, dame BENOÎT.) *Bruxelles et Paris, veuve Duchesne*, 1781, 2 vol. in-12.

L'auteur de ce roman, dit M. de Querlon, est une dame qui en a composé plusieurs autres. Il a paru aussi sous le titre d' « Aveux d'une jolie femme ». Voyez tome IV, 356, *b.*

Erreurs de l'amour et de la vanité, Mémoires de la marquise de Bercaville. (Par LIÉBAUT.) *La Haye, Néaulme*, 1755, in-12.

Erreurs (les) de M. de Voltaire sur les faits historiques et dogmatiques. (Par l'abbé Claude-François NONNOTTE.) *Avignon. Ant.-Ign. Fez*, 1762, 2 vol. in-12.

Un troisième volume, imprimé pour la première fois en 1770, porte le nom de l'auteur.

Les trois volumes ont été réimprimés en 1820. Voir dans la Correspondance de Voltaire sa réponse au libraire Fez qui voulait lui vendre l'édition de ce livre.

Voy. « Supplément aux « Erreurs de Voltaire ».
Voy. aussi Quérard, « Bibliographie voltairienne », n° 904.

Erreurs (les) des protestants touchant la communion sous les deux espèces. (Par R. GANDON, prêtre.) *Paris, Anisson*, 1693, in-12.

Erreurs (les) du ci-devant ministre. (Par le marquis de LA GERVAISAIS.) *Paris, Pihan-Delaforest*, 1828, in-8, 11 p.

Erreurs (des) et de la Vérité, ou les hommes rappelés au principe universel de la science, par un Ph*** (philosophe) Inc... (inconnu) (Louis-Claude DE SAINT-MARTIN). *Edimbourg*, 1775, in-8. — Nouvelle édition. *Edimbourg*, 1782, 2 vol. in-8.

Un anonyme a publié : « Suite des erreurs et de la vérité, ou développement du livre des hommes rappelés au principe universel de la science. » *Salomonopolis,*

chez Androphile, à la colonne inébranlable, 5874, in-8, 435 p.

C'est une critique de l'ouvrage de Saint-Martin, composé de nombreux extraits du « Traité des délits et des peines » de Beccaria.

M. A. Ladrague décrit sept éditions dans le Catalogue de la bibliothèque Ouvaroff, sous le n° 139.

Erreurs et vérité. Un mot du système Baucher et sur les freins régulateurs. (Par Cas. NOEL.) *Paris, Leneveu*, 1856, in-8, II-144 p.

Erreurs (les) instructives, ou mémoires du comte de ***. (Par JONVAL.) *Paris, Cuissart*, 3 parties in-12.

Erreurs sur la musique pratique dans l'Encyclopédie. (Par Jean-Philippe RAMEAU.) *Paris, Jorry*, 1755-56, 2 parties in-8.

Errotika biblion. (Par Honoré-Gabriel RIQUETTI, comte DE MIRABEAU.) *Rome, impr. du Vatican*, 1783, in-8.

Il existe d'autres éditions : *Rome*, 1783, in-8, 2 ff. lim. et 188 p. C'est une contrefaçon, faite à Mons par H. Hoyois. — *Paris*, 1792, in-8, — *Paris*, 1801, in-12, etc. Une édition accompagnée d'un commentaire étendu, rédigé en grande partie, à ce qu'on assure, par l'auteur du *Glossarium eroticum linguæ latinæ*, fut imprimée à Paris en 1833, petit in-8, XII et 271 pages, mais elle fut détruite en presque totalité ; elle reparut en 1866, in-12, à *Bruxelles, chez tous les libraires ;* on a reproduit la préface et les notes de 1833, le tout est précédé d'un avant-propos de 6 pages.

Erudition (l') enjouée. (Par Mlle Marie-Jeanne L'HÉRITIER.) *Paris*, 1703, 3 vol. in-12.

Ervue (l') de Mons, ou les contes en patois montois. (Par Aug. BOUILLOT.) *Mons*, 1857 et années suiv.

Le premier de ces almanachs porte le nom de l'auteur, les autres sont anonymes.   J. D.

Escalier (l') des sages, ou la philosophie des anciens, avec des belles figures ; par un amateur de la vérité, qui a pour l'anagramme de son nom : *En debes pulchra ferundo scire* (BARENT COENDERS VAN HELPEN). *Groningue, Charles Pieman*, 1689, in-fol., 240 p. avec fig.

Voy. « Supercheries », I, 293, *b.*

Escamoteur (l') habile, ou l'art d'amuser agréablement une soirée, etc. ; contenant les tours de carte et de passe-passe les plus nouveaux.... (Par GALLIEN.) *Francfort, Andréa*, 1816, in-18.

Escher de la Linth, ou le véritable patriote, par l'auteur de « Fontenelle et la marquise de G*** dans les mondes » (H. FAVRE). *Genève et Paris, Paschoud*, 1826, in-8.

Eschole.

Voy. « Ecole ».

Esclavage (l') poëme, par M. D. (Ange-Benjamin-Marie DUMESNIL), membre de plusieurs académies. *Paris, impr. de Firmin Didot*, 1823, in-8, 36 p.

Esclavage (l') rompu, ou la Société des Francs-Péteurs. (Par Pierre-Jean LE CORVAISIER.) *A Porde-Polis, à l'enseigne du Zéphire-artillerie* (*Paris, imp. d'Auguste-Martin Lottin*), 1756, in-12.

Cet écrit a été reproduit à la suite de diverses éditions de l' « Art de péter »; voy. ci-dessus, IV, 293, *b*. L'édition originale a paru en 1763, sous le titre de « Zéphire-artillerie ». Voy. ces mots.

Voir dans les « Archives du Bibliophile », n° XXI, 1859, p. 167 à 171, une notice de M. A. Canel sur cet ouvrage.

Esclave (l') blanc. Par l'auteur des « Révélations sur la Russie » (M. Cyprien ROBERT). Ouvrage traduit de l'anglais. *Paris, Jules Labitte*, 1846-1847, 3 vol. in-8.

                  D. M.

Esclave (l') couronnée, trag.-comédie (cinq actes, vers, par DE BOURZAC). *Paris, A. de Sommaville*, 1638, in-12, 6 ff. et 106 p.

Catalogue Soleinne, n° 1167.

Esclave (l') fortuné, le Babilon, autrement la confusion de l'esclave fortuné, où sont contenues plusieurs lettres récréatives et joyeuses. (Par Michel D'AMBOISE.) *Lyon, Olivier Arnoullet*, 1535, in-8.

Voy. « Supercheries », I, 1251, *b*.

Escole.

Voy. « École ».

Escraignes dijonnoises (composées par DU BUISSON, baron DE GRANNAS), recueillies par le sieur DES ACCORDS (Et. TABOUROT). *Paris*, 1588, in-12.

Réimprimé à la suite des « Bigarrures et Touches ».

Escrime (l') appliquée aux dames. Fragment d'un poëme inédit sur l'escrime. Par un amateur de Nancy (le baron Antoine-Charles PERRIN DE BRICHAMBAULT, colonel du génie). *Paris, impr. de Pihan-Delaforest*, 1835, in-8, 4 p.

Esculapéide (l'), poëme, divisé en huit chants, par M. S*** (COLOMB DE SEILLANS). *Amsterdam* (*Paris*), 1757, in-8.

Escurie.

Voy. « Écurie ».

Esope à la foire, comédie épisodique, en un acte et en vers, représentée pour la première fois à Paris, sur le théâtre des Va-

riétés amusantes, le 30 juillet 1782. *Amsterdam et Paris, Cailleau*, 1782, in-8, 38 p. — Nouvelle édition, conforme à la représentation. *Id.*, 1782, in-8, 45 p.

Attribué successivement par Quérard à MAGUE DE SAINT-AUBIN et à Jean-Charles LE VACHER DE CHARNOIS.

Dans le catalogue Soleinne, sous le n° 2297, cette pièce est classée dans le théâtre de MAGUE DE SAINT-AUBIN, mais dans les corrections elle est attribuée LEVACHER DE CHARNOIS et à LANDRIN.

Esope au bal de l'Opéra, ou tout Paris en miniatures, dédié à tous ceux qui se reconnoîtront. (Par Mlle Caroline WUIET.) *Paris, Gueffier*, 1806, 2 vol. in-12.

Esope au village, opéra-comique en vaudevilles. (Par Fr. NAU.) *La Haye, Pierre Witte* (1750), in-8.

Catalogue Soleinne, n° 2951.

Esope en belle humeur, ou dernière traduction de ses fables, en prose et en vers. (Par l'abbé J.-Chr. BRUSLÉ DE MONTPLEINCHAMP.) *Amsterdam, A. Michiels*, 1690, in-12. — *Bruxelles, Foppens*, 1693, in-12. — *Paris, J. Boudot*, 1695, in-12. — *Bruxelles, Foppens*, 1700, 2 vol. in-12, avec fig.

A. FURETIÈRE et LA FONTAINE y ont travaillé. (Journal des Savants, déc. 1695.)

Esope en trois langues, ou concordance de ses fables avec celles de Phèdre, Faerne, Desbillons, La Fontaine et autres fabulistes français. (Par Ben. MORIN, ancien libraire.) *Paris, Le Prieur*, 1803, in-12. — *Paris, Delalain*, 1816, in-12.

Espagne (l') en fête pour l'heureux mariage de la reine d'Espagne. (Par le P. Claude-François MÉNESTRIER.) *Paris, E. Michallet*, 1679, in-4.

Espagne (l') en 1808, par M. REHFUES; traduit de l'allemand (par M. F. GUIZOT). *Paris*, 1811, 2 vol. in-8.

Espagne (l') et la France. Du mariage d'Isabelle II, reine d'Espagne. (Par le baron BILLING.) *Paris, Amyot*, 1843, in-8.

Espagne (l') littéraire. (Par Nic. BRICAIRE DE LA DIXMERIE.) *Paris, Lacombe*, 1774, 4 vol. in-12.

Espagne (l'), ou l'orgueil de la naissance, nouvelle. (Par Alexis DU BUC.) *Paris, Galignani*, 1812, in-12.

Espartero. Etudes biographiques. (Par M. GRIMALDI.) *Paris, Bohaire*, 1841, in-18, VII-151 p.

Espérance. (Par P.-A. JEANRON, peintre.) *Paris, Guillaumin*, 1838, in-18.

Le nom de l'auteur se trouve sur la couverture.

Espérance. (En vers, par Hippolyte LU-CHAIN.) *Paris*, 1843, in-8, 24 p.

Espérance (de l') chrétienne et de la confiance en Dieu. (Par dom Robert Mo-REL.) *Paris, Vincent*, 1728, 1743, in-12.

Espérance (l'), poëme. (Par Jacques-Maximilien-Benjamin BINS DE SAINT-VIC-TOR.) *Paris, Barba*, 1804, in-12.

Espérances (des) de l'Italie. Ouvrage traduit de l'italien, avec notes et préface, par P.-S. LÉONARDI. *Paris, F. Didot*, 1844, in-12, XIII-374 p.

L'auteur, C. BALBO, est nommé dans la préface du traducteur. Le texte italien a été publié à la même époque à la même librairie et dans le même format. L'auteur n'y est nommé que dans la dédicace.

Espièglerie (l') amoureuse, ou l'amour matois, opéra-bouffon-tragi-comico-poissard en un acte, mêlé de chansons grivoises sur des airs connus. (Par And.-Ch. CAILLEAU.) Joué sur plusieurs théâtres bourgeois. *Aux Porcherons, Paris, Cailleau, s. d.*, in-12.

Catalogue Soleinne, n° 3563.

Espièglerie (l') de collége, ou le fauteuil renversé, poëme héroï-comique en quatre chants, par F. D. (VIGNE.) *Paris, imp. d'Adrian Garnier*, an XIII-1805, in-8.

Espiègleries d'un mousquetaire novice à dix-neuf ans, maintenant homme de lettres, histoire véritable écrite par lui-même. (Par Ch.-Jacq.-Louis-Aug. Ro-CHETTE DE LA MORLIÈRE.) *Paris, Tiger*, an XI, in-18, 108 p.

Voy. « Supercheries », II, 1210, b.

Espiègleries, joyeusetés, bons mots, folies, etc. (Par MÉRARD DE SAINT-JUST.) *Kehl*, 1789, 3 vol. in-18.

Quelques exemplaires portent le titre de : « Œuvres de la marquise de PALMARÈZE. »
Voy. « Supercheries », III, 19, c.

Espion (l') anglois, ou correspondance secrète entre milord All'eye et milord All'ear. (Par PIDANSAT DE MAIROBÉRT.) *Londres, Adamson*, 1777-1785, 10 vol. in-12.

Les quatre premiers volumes de ce recueil ont paru en 1777-78 sous le titre de « l'Observateur anglois ». Les six derniers ont été publiés après la mort du rédacteur principal, Pidansat de Mairobert, censeur royal, qui s'ouvrit les veines dans le bain, le 17 mars 1779, parce qu'il se voyait accusé de ses relations avec la presse clandestine de Londres. « L'Espion anglois »

a eu une réimpression, dont les dix volumes sont datés de 1784 à 1786, et un « Supplément » attribué à Joseph DE LANJUINAIS, mais qui n'a pas été donné par ses éditeurs, car ils le désavouent dans la préface du tome V : « Supplément à l'Espion anglois, ou Lettres intéressantes sur la retraite de M. Necker; sur le sort de la France et de l'Angleterre; et sur la détention de M. Linguet à la Bastille. Adressées à milord All'eye. Par l'auteur de « l'Espion anglois ». *Londres, John Adamson*, 1784, in-12, 222 p.

Espion (l') anglais, ou correspondance entre deux milords sur les mœurs publiques et privées des Français. (Par Jean-Toussaint MERLE.) *Paris, L. Collin*, 1809, 2 vol. in-8.

Abrégé de l'ouvrage précédent.

Espion (l') chinois en Europe. (Par DU-BOURG.) *Pékin, chez Oucha-lou-lou, libraire de l'empereur Choanty, dans la rue des Tygres*, 1745, 2 tom. pet. in-8.

La seconde partie est intitulée : « le Mandarin chinois en Europe ». Ouvrage très-rare et qui paraît avoir échappé à tous les bibliographes jusqu'à M. Hatin, qui en parle avec détail dans la « Bibliographie de la presse », p. 59. Le vrai nom de l'auteur était Victor DE LA CASTAGNE; il avait pris ensuite celui de sa mère; arrêté à Francfort en 1745, il fut conduit au mont Saint-Michel et enfermé dans une cage de fer; il y mourut dans un accès de fureur, après un an et quatre jours de captivité. M. Eugène de Robillard de Beaurepaire a fait connaître ces faits jusqu'alors ignorés dans une notice très-curieuse insérée dans le tome XXVI des « Mémoires de la Société des Antiquaires de Normandie », et publiée ensuite à part. M. Hatin n'a eu connaissance que d'un seul exemplaire de ce libelle qui attira une si terrible punition à son auteur; il est à la bibliothèque de l'Arsenal.

Espion (l') chinois, ou l'envoyé secret de la cour de Pékin pour examiner l'état présent de l'Europe. Traduit du chinois. (Par Ange GOUDAR.) *Cologne*, 1765, 1768, 1774, 6 vol. in-12.

Espion (l') dans les cours des princes chrétiens. (Par Jean-Paul MARANA.) *Amsterdam (Paris)*, 1756, 9 vol. in-12.

Le premier volume de cet ouvrage parut pour la première fois en 1684, à Paris, chez Cl. Barbin, sous ce titre :
« L'Espion du Grand Seigneur, et les Relations secrètes envoyées au Divan de Constantinople, découvertes à Paris pendant le règne de Louis le Grand; traduites de l'arabe en italien, par Jean-Paul MARANA, et de l'italien en françois, par *** ». In-12, 285 p. Marana était le véritable auteur de cet ouvrage, qu'il composa en italien. On croit que PIDOU DE SAINT-OLON, protecteur de l'auteur, eut beaucoup de part à la traduction française. C'est d'après le privilége que le « Journal des Savans » annonça l'ouvrage comme imprimé en italien et en français. Dreux du Radier, qui a fait insérer dans le « Journal de Verdun » (voyez les mois de septembre et octobre 1754) une notice très-curieuse sur la vie et les écrits de Marana, déclare qu'il n'a pu découvrir d'autre édition qu'en

français. Il dit que Marana quitta la France en 1689, après avoir publié six volumes de son ouvrage.

Je serais porté à croire que Marana ne publia que quatre volumes de l' « Espion turc ». En effet, les plus anciennes éditions des deux derniers volumes sont de 1696, et il est dit dans la préface du cinquième que l'on a tardé longtemps à publier ces deux volumes. Si l'ouvrage eût été fini en 1689, il n'y avait pas à s'excuser du moindre retard, puisqu'il n'avait été commencé qu'en 1684. Il est probable que les tomes V et VI ne sont pas de Marana, mais de Ch. COTOLENDI. La Monnoye (voyez ses « Œuvres », édition in-8, t. III, p. 197) l'affirme avec connaissance de cause. Aussi le public a-t-il toujours plus estimé les premiers volumes de l'« Espion turc » que les derniers. Les six volumes contiennent l'histoire du dix-septième siècle, depuis 1637 jusqu'en 1682. La quinzième édition, qui parut en 1742, augmentée d'un septième volume, va jusqu'en 1693. Il manque à cette espèce d'histoire ce qui s'est passé de 1683 à 1687. Enfin l'édition de 1756, partagée en neuf volumes, l'histoire a été continuée jusqu'en 1697. Les récits de Marana ont paru suspects à beaucoup de critiques ; comme ses continuateurs lui sont très-inférieurs, l' « Espion turc » est généralement décrié aujourd'hui ; il ne reste d'autre mérite à Marana que d'avoir fourni à Montesquieu l'idée des « Lettres persanes », qui durèrent autant que la langue française.

Une édition de l' « Espion turc », publiée à Amsterdam en 1696, conserve encore le titre de la première avec le nom de Marana, sa dédicace à Louis XIV, sa préface et son avertissement. Mais la même année l'ouvrage commença à être intitulé : « l'Espion dans les cours des princes chrétiens », etc., sans nom d'auteur, avec une préface générale pour tout l'ouvrage et une préface particulière pour le premier volume. Cette édition porte le titre de Cologne, quoiqu'elle soit de Rouen.

La portion qui est de COTOLENDI parut en 1696, sous le titre de « Suite de l'Espion turc ».

Voy. sur cet ouvrage l'opuscule suivant : « On the authorship of the turkish Spy by Bolton Corney », extrait du « Gentleman's Magazine » march 1841, pag. 265 à 270.

Nous ajoutons ici les renseignements ci-après, dus à notre ancien collègue à la Bibliothèque nationale, P. Richard :

Le « Journal des Savans » a annoncé avec raison l' « Espion du Grand Seigneur » comme ayant paru en italien et en français en 1664. L'éd. italienne est intitulée : l' « Esploratore turco e le dilui relazioni segrete alla Porta ottomana », etc. Parigi, Barbin, 1684, in-12.

Bien que le titre porte : « Contengono le piu nobili azioni della Francia, della Christianità, dall'anno 1637, fino al 1682 » ; le vol. de 1684 ne renferme que des relations de 1637 à 1638.

En 1686, Barbin publ. une nouvelle édition en 3 volumes, dont le 3e porte à la fin fin du quatrième tome. Cette édition va de 1637 à 1642. Elle a été réimprimée à Amsterdam, Weistein, 1688, in-12, en un seul vol.

Dans les éditions postérieures et en grand nombre imprimées à Cologne, 1696, etc., en 6 vol. in-12, le t. Ier seul est de Marana. La suite n'est plus une apologie perpétuelle de Louis XIV ; à partir du t. III, l'ouvr. est intitulé : « Suite de l'Espion dans les cours », et les t. V et VI impr. en français en 1699 portent : traduit de l'anglais.

Barbier dit avec raison que Marana ne publia que 4 vol., mais il confond les édit. de Paris avec celles de Cologne. Celles-ci, en effet, n'ont de nouveau que le 1er vol.

Le Catal. de la bibl. royale (note autographe de Clément) dit que Marana est mort à Paris en décembre 1693.

La notice de Dreux du Radier dans le « Journal de Verdun » est curieuse, mais doit être consultée avec réserve.

Espion (l') de Vienne. (Par Edouard ELIÇAGARAY.) *Paris, Dureuil*, 1829, 2 vol. in-12.

Espion (l') des boulevards. (Par MAYEUR DE SAINT-PAUL.) 2 vol. in-8.

Voyez « le Désœuvré », IV, 910, f.

Espion (l') dévalisé. (Par BAUDOUIN DE GUÉMADEUC, ancien maître des requêtes.) *Londres*, 1782, 1783, in-8.

On attribue ordinairement cet ouvrage au comte DE MIRABEAU ; mais M. Baudouin m'a avoué qu'il en était le seul auteur.

Voy. pour des détails sur cet ouvrage l' « Analecta biblion » de M. du Roure, tome II, p. 464 à 470. MIRABEAU y est désigné comme auteur.

Espion (l'), ou l'histoire du faux baron de Maubert. (Par SAINT-FLOUR.) *Liége*, 1759, in-12.

Espion (l'), roman nouveau, contenant des détails sur la guerre de l'Amérique... traduit de l'anglais de Fenim. COOPER par le traducteur des romans de Walter Scott (A.-J.-B. DEFAUCONPRET). *Paris, Ch. Gosselin*, 1822, 3 vol. in-12. — Seconde édit., rev., corr. et conforme à l'édit. origin. *Ibid.*, 1824, 4 vol. in-12.

Espion (l') russe, ou la société parisienne, par Mme la comtesse O. D...... (le baron Etienne-Léon DE LAMOTHE-LANGON). *Paris, La Chapelle*, 1838, 2 vol. in-8.

Voy. « Supercheries », II, 1283, d.

Espion (l') turc à Francfort, pendant la diète et le couronnement de l'empereur en 1741. (Par le comte de VITT.) *Londres*, 1741, in-12, 376 p.

Cet ouvrage avait d'abord été à tort attribué à DUFRESNE DE FRANCHEVILLE.

Esprit (de l'). (Par Jean-Claude-Adrien HELVÉTIUS.) *Paris, Durand*, 1758, in-4, 643 p.

Condamné par la congrégation de l'Index le 31 janv. 1759, et par arrêt du parlement du 6 février. L'auteur, par égard et par amitié pour son censeur, Texier, qui avait éprouvé beaucoup de désagréments au sujet de son livre, signa une rétractation que l'on trouve jointe à quelques exemplaires de l'édition in-4. Ces exemplaires sont cartonnés aux pages 4-16, 35-38, 59-62, 67-70, 75-78, 139-142, 145-154, 159-

160, 169-176, 187-190, 227-230, 233-234, 239-240, 459-462, 545-550 et 603-606.

Souvent réimprimé avec le nom de l'auteur.

Esprit (l') à la mode, ou catalogue des livres qui en donnent. Edition nouvelle, augmentée d'une réflexion inutile et d'un avertissement superflu. (Par A.-C. TESSIN.) *A Sornette, Baliverne le cadet*, 1749, in-8.

Esprit des **adresses** des départements, avec les réponses du roi et le mandement de Son Eminence monseigneur le cardinal-archevêque de Paris, ou cri général à l'occasion du fatal événement du 13 février ... *Paris*, 1820, in-8, 99 p.

Signé : l'abbé C. F. M. (C.-F. MULLER), auteur de la « Notation pasigraphique.... »

Esprit, maximes et principes de M. d'Aembert. (Par J. CHAS.) *Paris, Briand*, 1789, in-12.

Esprit de l'**Almanach des Muses** depuis sa création jusqu'à ce jour. (Par René-Alissan DE CHAZET.) *Paris, Chaumerot, s. d.*, 2 vol. in-18.

Esprit (l') des **almanachs**, analyse critique et raisonnée de tous les almanachs tant anciens que modernes. *Paris, veuve Duchesne*, 1783, in-12, XXII p., 6 ff. et 250 p.

Le privilége est au nom de WOLF D'ORFEUIL, pseudonyme de Nicolas LE CAMUS DE MÉZIÈRES.

Voy. « Supercheries », II, 1309, c.

Esprit (l') des **apologistes** de la religion chrétienne. (Par Jean BARDOU, curé de Rilly-aux-Ois, Ardennes.) *Bouillon, Brasseur*, 1776, 3 vol. in-12.

Esprit (l') de M. **Arnauld**. (Par P. JURIEU.) *Deventer, Colombiers*, 1684, 2 vol. in-12.

Esprit de Sophie **Arnould**. (Par Fr.-Jos.-Mar. FAYOLLE.) *Paris, F. Louis*, 1813, in-18.

Il ne faut pas confondre cet ouvrage avec celui qui a pour titre : « Arnoldiana, ou Sophie Arnould et ses contemporains... par l'auteur du « Bievriana » (A. Deville). *Paris, Gérard*, 1813, in-12. Voy. IV, 278, *b*.

Esprit (l') des **beaux-arts**. (Par Pierre ESTÈVE.) *Paris, Bauche*, 1753, 2 vol. in-12.

Esprit (l') du bourgemaître **Becmann**, retourné de l'autre monde, aux fidèles bourgeois de la cité de Liége. (Par Samuel DES MARETS.) 1633, in-8.

Esprit de **Bourdaloue**, tiré de ses sermons et de ses pensées, par M. l'abbé DE L. P. (Jos. DE LA PORTE). *Paris, Bauche*, 1762, in-12.

Voy. « Supercheries », I, 960, *c*.

Esprit (l') des **Cahiers** présentés aux Etats généraux de l'an 1789, augmenté de vues nouvelles, ou projet complet de la régénération du royaume de France, le tout en bref, par M. L. T. *S. l.*, 1789, 2 vol. in-8.

M. Meusel, dans le tome IX, partie première de sa « Bibliotheca historica », indique M. TARGET comme l'auteur de cet ouvrage ; il a été induit en erreur par les lettres initiales L. T.

Ersch, « France littéraire », tome III, p. 327, attribua cet ouvrage à l'abbé Pierre-Anastase TORNÉ. La 2e éd. du « Dictionnaire » avait indiqué d'une façon dubitative cette dernière attribution.

Une note autographe de Barbier porte : « Ces initiales me semblent plutôt désigner le marquis Louis-Marie-René DE THOMÉ, dont l'ouvrage intitulé : « de l'Ensemble ou Essai.... » (voy. IV, 118, *b*), est annoncé au verso de la page qui précède le frontispice de l' « Esprit des cahiers. »

Esprit, saillies et singularités du P. **Castel**. (Par l'abbé Jos. DE LA PORTE.) *Amsterdam et Paris, Vincent*, 1763, in-12, XXXVI-393 p.

La notice biographique et bibliographique sur le P. Castel ne donne pas la liste de ses Dissertations, insérées dans le « Journal de Trévoux » et dans le « Mercure de France » ; les principales sont indiquées par de Backer, 2e édit., I, col. 1416 et suiv.

Esprit, maximes et principes de M. François-Auguste de **Chateaubriand**, membre de l'Institut. *Paris, Delaunay*, 1815 ; et avec titre de nouv. édit. *Paris*, 1818, in-8.

L'avertissement, signé : Augustin L*** (LEFEBVRE), ancien contrôleur principal des droits réunis, avait fait attribuer à cet auteur cet « Esprit » qui, suivant Quérard (Fr. littér., VI, 252), est du comte J.-G.-Maurice ROCQUES DE MONTGAILLARD.

Esprit de MM. de **Chateaubriand**, Bonald, Lamennais, Fiévée, Salaberry... ou extrait de leurs ouvrages politiques et périodiques depuis la Restauration jusqu'à ce jour. (Publié par le baron SATGÉ.) *Paris, A. Egron*, 1819, in-8.

Esprit (de l') des **choses**, ou coup d'œil philosophique sur la nature des êtres et sur l'objet de leur existence... par le philosophe inconnu (Louis-Claude DE SAINT-MARTIN). *Paris, Laran*, an VIII-1800, 2 vol. in-8.

Esprit (l') **chrétien** et l'esprit sectaire au XIXe siècle, par l'auteur de la « Nouvelle Philosophie positive et chrétienne, intitulée : Providentialisme » (Luc-Pierre RICHE-GARDON). *Paris, Delcambre*, 1854, in-12, 48 p.

Esprit du **christianisme**. (Par le P. René RAPIN, jésuite.) *Paris, Cramoisy*, 1674, in-12.

Esprit du pape **Clément XIV**, mis au jour par le R. V. B., confesseur de ce souverain pontife, traduit de l'italien par l'abbé C... (Composé par Joseph Lanjuinais.) *Moudon*, 1775, in-12.

Esprit du **clergé**, ou le christianisme primitif vengé des entreprises et des excès de nos prêtres modernes, traduit de l'anglois (de J. Trenchard et de Th. Gordon, et refait en partie par le baron d'Holbach). *Londres (Amsterdam, M.-M. Rey)*, 1767, 2 vol. in-8.

Ce livre a été traduit et corrigé par le baron, ensuite par mon frère, qui l'a « athéisé » le plus possible. (Note manuscrite de Naigeon le jeune.)

C'est la traduction par le baron d'Holbach des 54 petits traités datés du 20 janvier 1720 au 18 janvier 1721, publiés sous ce titre : « The independant whig », et signés « T. and G. », c'est-à-dire John Trenchard, qui est mort en 1723, et Thom. Gordon. L'édition la plus récente citée par Lowndes est la huitième ; elle forme les tomes I et II de la publication faite sous ce titre général, Lond., 1752, 4 vol. in-12, et qui comprend la réunion de diverses pièces de Gordon publiées postérieurement à sa collaboration avec Trenchard.

Esprit (l') de la **compagnie de Jésus**, tiré des bibliothèques de Montrouge et de Saint-Acheul, pour servir de complément au livre intitulé : « Origine, progrès et limites de la puissance des papes... » (voy. ces mots), par l'auteur de ce dernier ouvrage (l'abbé Nic. Beaussieu, prêtre de l'Oratoire, ancien grand-vicaire, ancien professeur de droit canonique, bibliothécaire de Vendôme, mort à Paris en 1827 plus qu'octogénaire, revu et mis en ordre par Fr.-Ch. Farcy). *Paris, Baudouin,* 1826, in-8, 244 p.

Esprit (l') **consolateur**, ou réflexions sur quelques paroles de l'Esprit-Saint, par l'auteur de l' « Imitation de la sainte Vierge » (l'abbé d'Hérouville). *Paris, Berton,* 1775, in-12.

Souvent réimprimé.

Esprit d'une **constitution** nationale, par un curé de campagne. *Paris, Devaux,* 1790, in-8.

Par l'abbé Py, curé d'Effiat, d'après une note manuscrite sur l'exemplaire de la Bibliothèque nationale.

Esprit (de l') des **constitutions** politiques et de son influence sur la législation, par J.-P.-F. Ancillon ; ouvrage traduit de l'allemand par C. M. (Charles Muteau, docteur en droit). *Paris, Belhomme; Dijon, imp. de Loireau-Feuchot,* 1850, in-8.

Esprit du **Contrat social**, ou méthode sur la perception de l'impôt. (Par Tes-

tard-Dubreuil.) *Paris, Cailleau,* 1788, in-8.

Esprit du grand **Corneille**, extrait de ses œuvres dramatiques ; dédié à M. de Voltaire. (Par Charlier.) *Bouillon,* 1773, 2 vol. in-8.

Esprit des **cours** de l'Europe, où l'on voit ce qui s'y passe de plus important sur la politique... (Par Nic. Gueudeville.) *La Haye et Amsterdam,* juin 1699 – avril 1710, 19 vol. in-12.

Suspendu pendant trois mois sur la plainte de l'ambassadeur de France, d'Avaux. Ces trois mois furent remplis, nous dit Bayle, par les « Nouvelles des cours de l'Europe », par le sieur Lamberty, Grison de nation. Voy. Hatin, les « Gazettes de Hollande », p. 190.

Esprit de la **coutume de Normandie**. (Par Bertrand Hubin, avocat à Vire.) *Rouen,* 1691, 1701, 1720, in-4.

Esprit des **croisades**... (Par Jean-Baptiste Mailly.) *Paris, Moutard,* 1780, 4 vol. in-12.

Esprit (l') de l'abbé **Desfontaines**, ou réflexions sur différents genres de sciences et de littérature (recueillies par l'abbé Jos. de La Porte, avec une préface par Cl.-Mar. Giraud). *Londres (Paris), Duchesne,* 1757, 4 vol. in-12.

Esprit (l') des **deux ordonnances** de Louis XV sur les donations et sur les testaments... par M. ***, avocat au Parlement (J.-A. Sallé). *Paris,* 1752, in-8.

Esprit (l') des **deux ordonnances** de Louis XV sur les substitutions et sur le faux principal. (Par J.-A. Sallé.) *Paris,* 1754, 3 vol. in-12. — 1759, in-4.

Esprit (l') et la pratique de la **dévotion** au Sacré-Cœur de Jésus. (Par dom Joseph Demontnard, chartreux.) *Paris,* 1761, 1785, in-12.

Ouvrage extrait en grande partie de celui du P. Jos. de Galliffet.

Esprit (l') de la **discipline militaire** relative au génie, aux mœurs, à la gloire de la nation françoise et au principe d'activité de sa constitution politique, précédé d'un discours... *S. l. n. d.,* in-8.

Ne contient que le plan et la division de cet ouvrage, dont les fonctions militaires de l'auteur, Bullécourt, ont suspendu l'impression.

Esprit de M. **Duguet**. (Par l'abbé André, ancien bibliothécaire de M. d'Aguesseau.) *Paris, Desaint et Saillant,* 1764, in-12.

Esprit (l') des **économistes**, ou les économistes justifiés d'avoir posé, par leurs principes, les bases de la révolution française, par le prince D.... DE G...... (Dimitri DE GALLITZIN). *Brunswick*, 1796, 2 vol. in-8.

Esprit (l') de l'**Écriture sainte.** (Par le baron DESCOUTURES.) Avec des réflexions. *Paris*, 1686, 2 vol. in-8.

Esprit des **édits** enregistrés militairement au parlement de Grenoble le 10 mai 1788. (Par A.-P.-J.-M. BARNAVE.) *Grenoble, aux dépens de la province*, 1788, in-8, 36 p.

Cet écrit a eu plusieurs éditions.

Esprit (l') de l'**Église** dans la célébration des saints mystères. (Par ROBINET, grand-vicaire de Rouen.) *S. l.*, 1724, in-4.

Réimprimé sous le titre de « Réflexions sur la nouvelle liturgie d... (d'Anières) ». (1724), in-8.

V. T.

Voyez mon « Examen critique des Dictionnaires historiques », au mot JUBÉ, curé d'Anières.

Esprit (l') de l'**Église** dans la récitation de l'office des Complies, en forme de dialogue. (Par le P. DURANTI DE BONRECUEIL, oratorien.) *Paris, Cailleau*, 1734, in-12, 439 p.

Esprit (l') de l'**Église** pour suivre le prêtre à la messe. (Par l'abbé JAUNON, prêtre de Saint-Sulpice à Paris.) *Paris, Villette*, 1694, in-12.

Esprit (l') de l'**Encyclopédie**, ou choix des articles les plus curieux, les plus agréables, les plus piquants et les plus philosophiques de ce grand dictionnaire. (Par l'abbé Jos. LAPORTE.) *Paris, Vincent*, 1768, 5 vol. in-12.

Esprit (l') de l'**Encyclopédie**, ou choix des articles les plus agréables, les plus curieux et les plus piquants de ce grand dictionnaire... (Par Remi OLLIVIER.) *Paris, Fauvelle et Sagnier*, 1798, 1800, 12 vol. in-8.

On lit dans la préface due à l'abbé Sim.-Jér. BOURLET DE VAUXCELLES :

« ...Nous avons adopté le titre des premiers collecteurs, en étendant la moisson et mêlant même quelque léger travail à certains articles.

Un « Nouvel Esprit de l'Encyclopédie » a été publié de nos jours par J.-Fr.-Gabriel HENNEQUIN, mort en 1842. *Paris, Verdière*, 1822, 15 vol. in-8. L'éditeur a marqué d'un astérisque les articles qui n'avaient pas été donnés dans les éditions précédentes.

Esprit (l') d'**Esope.** (Par Eustache LE NOBLE.) *Paris, C. Mazuel*, 1694, in-12.

Voy. le « Catalogue de la bibliothèque nationale, Histoire de France », t. IV, p. 353.

Esprit de l'**Esprit des lois.** (Par le marquis Jean-Louis DE MALETESTE.)

Fait partie des « Œuvres diverses d'un ancien magistrat ». Voy. ce titre.

Voy. aussi « Supercheries », II, 730, *c*.

Esprit des **femmes** célèbres du siècle de Louis XIV et de celui de Louis XV. (Par Pons-Aug. ALLETZ.) *Paris, Pissot*, 1768, 2 vol. in-12.

Esprit du chevalier **Folard**, tiré de ses commentaires sur l'histoire de Polybe, pour l'usage d'un officier ; de main de maître (FRÉDÉRIC II, roi de Prusse). *Paris (Berlin)*, 1760 ; *Leipsick*, 1761, in-8. — Nouvelle édition, corrigée et plus ample d'un tiers que toutes celles qui ont paru jusqu'à présent. *Berlin, Voss, et Lyon, Bruyset*, 1761, in-8.

Voy. « Supercheries », II, 1029, *a*.

Esprit (l') de **Fontenelle**, ou recueil de pensées tirées de ses ouvrages sur l'homme, le bonheur, les matières de littérature et sur différentes sciences. (Par André-Pierre LE GUAY DE PRÉMONTVAL.) *La Haye, P. Gosse (Paris, Vincent)*, 1744, 1753, 1767, in-12.

Voici ce que l'auteur dit de cet ouvrage dans ses « Mémoires », *la Haye*, 1749, in-8, p. 201 :

« Un nouvel incident m'avait encore mis sur les bras les partisans de deux hommes que j'ai quelque honte de nommer ensemble, le célèbre Rollin et le fameux Desfontaines.

» Ce fut au sujet de l'excellent livre intitulé « l'Esprit de Fontenelle », ouvrage que je puis vanter d'autant plus librement que je n'y suis que pour la collection des pensées et pour une espèce d'apologie de cet académicien, que j'ai mise à la tête en forme de discours. Mon nom n'y est pas, je n'ai eu garde de l'associer à celui de Fontenelle ; mais j'ai fait mettre à la place une vignette, qui n'est autre chose que mon cachet, un *pré*, une *montagne* et une *vallée*, le tout surmonté d'un soleil qui dissipe des nuages, avec cette devise : *Illuminat et fœcundat*. J'y pousse assez vivement M. Rollin, et, ce qu'il y a de pis, j'ai trop démonstrativement raison pour que ses partisans ne me voulussent du mal. Pour l'abbé Desfontaines, je ne l'ai point nommé, pas même désigné : mais il s'est reconnu dans la foule ; et, soit qu'il ait pris mon silence comme il le devoit, soit par cette rage qui l'animoit sans cesse contre M. de Fontenelle, il voulut se venger. Qu'a-t-il fait? dit du mal de mon livre? Oh ! non ; il savoit que je l'aurois pris pour un éloge, comme je prends pour un grand malheur le bien qu'il avoit dit d'un de mes discours à la première ou la seconde année de mes conférences. Qu'a-t-il donc fait? Oh ! tout ce qui se peut voir de plus noir ; il m'a mis de son odieuse cabale. Il a prétendu très-sérieusement que cette apologie de M. de Fontenelle n'étoit qu'une satire où la *perfidie perce*, dit-il (dans les « Jugemens sur quelques ouvrages nouveaux », t. I, p. 24 et suiv.), en plus d'un endroit. O postérité ! daignez la lire, et jugez ensuite du caractère d'esprit et de la bonne foi de ce fameux abbé. Il n'y a point de calomnie plus étrange et plus manifeste. La chose ne laissant pourtant pas de s'accréditer, j'allai tout éperdu chez M. de Fontenelle : « Eh, quoi ! n'y a-t-il pas longtemps point « j'ai dit qu'il n'y avoit rien qui ne dût être dit ? » Ce fut toute la réponse de ce grand homme, en haussant les épaules avec un sourire d'indignation : parole bien ingénieuse, et qui montre à quel titre seulement une extravagance pareille pouvoit avoir lieu. »

La réflexion que Prémontval attribue ici à Fontenelle ne me paraît pas assez bien exprimée pour venir d'un homme qui parlait ordinairement avec tant de grâce et de finesse. Prémontval n'en serait-il pas le véritable auteur ? ne pourrait-on pas même affirmer qu'il ne fait mention ici d'une prétendue visite faite à Fontenelle que pour pallier le tort qu'il a eu de quitter Paris sans avoir remercié ce grand homme d'un éminent service qu'il en avait reçu?

L'honnête Beauzée me paraît avoir exposé d'une manière plus véridique cette époque de la vie de Prémontval. Voici à quelle occasion.

Linguet, dans les numéros 18 et 19 de ses « Annales politiques », avait outragé la mémoire de Fontenelle; deux anonymes prirent sa défense dans le « Journal de Paris ». Ils n'avaient rien articulé de bien authentique en faveur du grand homme calomnié; Beauzée profita de l'occasion pour révéler au public les obligations qu'il avait à Fontenelle, ainsi que Prémontval.

« A la fin de 1743, dit-il, M. de Prémontval, qui faisoit avec le plus grand succès des leçons publiques et gratuites de mathématiques, et s'en assuroit ainsi de particulières qui le dédommageoient, se trouva forcé, par quelque sentence consulaire, de vivre dans la retraite et de renoncer par conséquent à une ressource dont il ne pouvoit jouir qu'en allant en ville. Il pensa à une autre; ce fut de tirer parti du manuscrit de l'ouvrage qui parut depuis sous le titre de « l'Esprit de Fontenelle ». Mais il lui falloit le consentement par écrit de l'auteur qu'il avoit extrait; il ne pouvoit aller le solliciter, et il m'en donna la commission.

« L'aimable académicien n'avoit jamais ouï parler de M. de Prémontval; il m'interrogea sur son âge, sur son état, sur la cause qui l'empêchoit de venir lui-même, et l'on juge bien que je lui prêtai la première maladie qui me passa par la tête, au lieu d'avouer la véritable. Mais un cœur honnête a aussi de la sagacité. « M. de « Prémontval, dit alors le prétendu monstre qu'on dé- « voue aujourd'hui à l'exécration publique, n'a-t- « trente-cinq à trente-six ans; il est malade, il ne « peut ni venir me voir ni attendre sa convalescence : « j'ai, je crois, un excellent remède contre une pa- « reille maladie. » Là-dessus il me quitte un instant, et revient bientôt avec un sac de 1200 liv., qu'il me prie de remettre à celui qui m'a envoyé, quoiqu'il ne connût ni lui ni moi. Je me défendis de m'en charger, parce que je n'avais que la commission de demander son consentement pour imprimer; mais je fus obligé de lui donner ma parole d'honneur que je reviendrois le lendemain, mieux instruit des intentions de M. de Prémontval. Je revins en effet chargé d'une lettre de remerciement et d'acceptation : dès que je fus annoncé, M. de Fontenelle sortit de son cabinet avec le sac, et il me parut souverainement flatté que je fusse autorisé à le recevoir. « L'Esprit de Fontenelle » fut bientôt imprimé ; un exemplaire en fut envoyé au véritable auteur par le rédacteur, sous prétexte que celui-ci étoit encore malade, et, quelques semaines après, il quitta Paris sans avoir vu son bienfaiteur : j'avoue que ce procédé m'indigna d'autant plus qu'il ne me fut plus

a *b* *c* *d* *e* *f*

possible de cultiver un grand homme dont le cœur et les vertus m'avoient inspiré autant de vénération que j'avois eu jusque-là d'admiration pour ses talents et pour son esprit. Dans mon enthousiasme, je racontois ce trait à tous ceux que je connoissois ; j'aurois voulu que tout le monde eût pour Fontenelle les mêmes sentimens que moi.

» Quatre ans après j'allai m'établir à Verdun, ma patrie. Au bout de quelques mois je tombai dans une maladie dont la durée épuisa mes petites avances, et me jeta dans une détresse dont je ne rougis point, parce que *pauvreté n'est pas vice.* Un jour que je me plaignois de mes malheurs à M. Désandrouins, aujourd'hui lieutenant-colonel au corps royal du génie, alors jeune officier nouvellement réformé, il fut le premier à me rappeler ce que je lui avois appris de la généreuse bienfaisance de Fontenelle, et me proposa de lui écrire et de lui exposer fidèlement ma situation. Je sentis tout le prix de l'amitié que dictoit ce conseil : mais je fis remarquer à mon ami que l'ingratitude de M. de Prémontval devoit avoir dégoûté M. de Fontenelle d'être bienfaisant sans examen ; que cependant mon nom ne lui étant point connu, et mon propre intérêt ne me permettant pas de lui indiquer que j'eusse eu la moindre part à un événement que je regardois comme un crime, je ne devois espérer de lui aucun secours, à moins qu'il ne fût insensible à l'offense. « N'en doutez pas, me répliqua avec chaleur le jeune militaire que mon récit avoit mis dans le parti de Fontenelle, un cœur si disposé à compatir aux malheurs de l'humanité doit l'être également à oublier ses foiblesses. » Il insista, et me jura qu'il ne me quitteroit point qu'il n'eût de moi une lettre pour M. de Fontenelle, afin de la remettre lui-même à la poste. Je la fis par complaisance et sans aucun espoir de succès. Quel fut mon étonnement lorsque six jours après je reçus la réponse la plus honnête, qui me grondoit d'un ton véritablement affectueux de ce qu'en faisant connaître mes besoins je n'indiquois aucune voie pour me faire parvenir le secours ! Cet homme impitoyable, qui admettoit, dit-on, ce principe affreux, que pour être heureux il falloit avoir l'*estomach bon* et le *cœur mauvais*, se félicitoit pourtant du *bonheur* qu'il avoit eu de rencontrer quelqu'un qui lui avoit donné une lettre de change de 600 liv. à vue, incluse dans la lettre qu'il m'adressoit.

» Je ne ferai, messieurs, aucune réflexion sur ces deux faits : je ne prétends pas séduire les esprits ; je n'invoque que le témoignage des cœurs honnêtes et des âmes sensibles.

Signé BEAUZÉE, de l'Académie françoise.
(Extrait du « Journal de Paris », 24 mars 1778.)

Esprit, maximes et principes de Fontenelle. (Par J. CHAS, ancien avocat.) *Paris, Briand,* 1788, in-12.

Esprit (l') du bienheureux Pierre Fourrier, contenant sa vie et ses lettres, et un abrégé de l'Histoire de la congrégation des chanoines réguliers. (Par DHANGEST, chanoine régulier.) *Lunéville,* 1757, in-8.

Esprit de la franc-maçonnerie dévoilé relativement au danger qu'elle renferme, etc., par feu M. l'abbé B*** (BAISSIE), ancien professeur de théologie. *Montpellier, Aug. Seguin,* 1816, in-8.

Esprit du dogme de la franche-maçon-

nerie, recherches sur son origine et celle de ses différents rites, compris celui du carbonarisme, par F∴ M∴ R∴ de S∴ (F. REGHELLINI, de Scio). *Bruxelles, Tarlier,* 1825, in-8.

Voy. « Supercheries », II, 58, *a.*

Esprit de S. François de Sales, recueilli de divers écrits de Jean-Pierre Camus, évêque de Belley. (Par Phil. COLLOT, docteur de Sorbonne.) *Paris, Estienne,* 1727, 1737, 1747, in-8.

Souvent réimprimé.

Voy. « Supercheries », III, 54, *c.*

L'auteur y a été par erreur nommé Pierre COLLET.

Esprit (l') de la Fronde, ou histoire politique et militaire des troubles de France pendant la minorité de Louis XIV. (Par J.-B. MAILLY.) *Paris, Moutard,* 1772, 1773, 5 vol. in-12. — *La Haye,* 1773, 5 vol. in-12.

Esprit (l') de Gerson. (Par Eustache LE NOBLE.) *S. l.,* 1691, 1692, in-12.— *Londres,* 1710, in-12. — *Paris, Varin,* 1801-messidor an IX, in-8.

Le titre de départ, p. 1, et le frontispice de l'édition de Londres portent en plus : « ou Instructions catholiques touchant le Saint-Siège », et c'est sous ce titre que l'on retrouve cet ouvrage à la suite de l'édition des « Provinciales », édit. de Londres, 1741, 4 vol. in-12. En 1691 et 1692, cet ouvrage a aussi été publié sous ce titre : « le Bouclier de la France, ou les Sentiments de Gerson et des Canonistes touchant les différends des rois de France avec les papes. » *Cologne, J. Sambix le jeune.* On le trouve aussi à la suite du « Dialogue entre saint Pierre et Jules II à la porte du Paradis ». Voy. ce titre, IV, 944, *e.*

Cet ouvrage a aussi été attribué à Cl. DE SAINT-GEORGES, archevêque de Lyon.

Esprit (l') de guerre des Parisiens contre l'Esprit de paix du Corinthien réfuté article par article. (Par DU BOSC DE MONTANDRÉ.) *S. l.,* 1652, in-4, 20 p.

Esprit (l') de Henri IV, ou anecdotes les plus intéressantes, traits sublimes, réparties ingénieuses et quelques lettres de ce prince. (Par L.-Laurent PRAULT.) *Paris, Prault,* 1770, in-8.

Souvent réimprimé et notamment à la suite des « Mémoires de Sully », édition de *Londres,* 1778, 10 vol. in-12.

Esprit (l') de Henry septiesme, jadis roy d'Angleterre; à Henry huitiesme, à présent régnant. (Par Jean BOUCHET.) *Lyon, Macé Bonhomme,* 1544, in-4, 42 p. plus un f. contenant un fleuron.

Voy. pour plus de détails sur cette pièce intéressante, Brunet, « Manuel du libraire », 5e éd., II, col. 1004.

Esprit de l'histoire générale de l'Eu- rope depuis l'an 476 jusqu'à la paix de Westphalie. *Londres, Spissbury,* in-8.

Ouvrage remarquable attribué à Sim.-Nic.-Henri LINGUET, par Née de La Rochelle dans sa « Bibliothèque historique », 1803, n° 813, mais qui ne figure pas dans la liste des publications de Linguet imprimée au dos des livraisons de ses « Annales ».

Esprit (l') des hommes illustres, rois, empereurs, capitaines, philosophes, etc., dans leurs bons mots et leurs pensées les plus remarquables. (Par Charles DE BESANÇON, docteur en médecine.) *Paris,* 1680, in-12.

Esprit (de l') humain, substance différente du corps, active, libre, immortelle, etc. (Par J.-P. DE CROUSAZ.) *Basle,* 1741, in-4.   V. T.

Esprit (l') de l'institut des filles de Saint-Louis. (Par Mme DE MAINTENON.) *Paris, Jean Anisson,* 1699, in-32.

Voy. « Supercheries », II, 192, *d.*

Esprit (l') de Jésus-Christ sur la tolérance, pour servir de réponse à plusieurs écrits de ce temps sur la même matière et particulièrement à l' « Apologie de Louis XIV sur la révocation de l'édit de Nantes » et à la « Dissertation sur le massacre de la Saint-Barthélemy ». (Par Fréd.-Guill. DE LA BROUE.) *S. l.,* 1760, in-8, 360 p.

Le comte de Mirabeau possédait l'édition originale de cet ouvrage, faite en Hollande l'année 1759 ; son exemplaire était en grand papier, signé de l'auteur. Voyez le Catalogue de sa bibliothèque, n° 873.

Esprit des journalistes de Hollande les plus célèbres. (Par Pons-Aug. ALLETZ.) *Paris,* 1778, 2 vol. in-12.

Esprit (l') des journalistes de Trévoux, ou morceaux précieux de littérature, répandus dans les Mémoires pour l'histoire des sciences et des beaux-arts, depuis leur origine, en 1701, jusqu'en 1762. (Par Pons-Aug. ALLETZ.) *Paris, de Hansy le jeune,* 1771, 4 vol. in-12.

Esprit (l') des journaux françois et étrangers, ouvrage périodique et littéraire... *Liége, Paris,* etc., 1772 à 1818, 487 vol., y compris 7 vol. de tables.

Voy., pour la nomenclature des rédacteurs successifs de ce journal, « Supercheries », III, 669, *a.*

Esprit (l') du Judaïsme, ou examen raisonné de la loi de Moyse et de son influence sur la religion chrétienne (traduit de l'anglais d'Ant. COLLINS, par le baron D'HOLBACH). *Londres (Amsterdam, M.-M. Rey),* 1770, in-8.

Esprit de J.-F. de La Harpe, de l'Académie française, avec une notice sur cet académicien. (Par René PERIN.) *Paris, G. Hubert*, 1814, in-8.

Esprit (l') de **La Mothe Le Vayer**, par M. DE M. C. D. S. P. D. L. (DE MONTLINOT, chanoine de Saint-Pierre de Lille). *S. l.*, 1763, in-12.

Voy. « Supercheries », II, 1086, e.

Esprit (l') des **langues**... (Par FRÈRE DE MONTIZON.) *Paris, Lambert*, 1761, in-8.

Esprit (de l') de la **législation** pour encourager l'agriculture, etc. Deux dissertations dont l'une (par J. BERTRAND) a été couronnée par la Société économique de Berne, l'autre (par Benj. CARRARD) a mérité l'accessit. *Berne*, 1766, in-8.   A. L.

Esprit de **Leibnitz**, ou recueil de pensées choisies sur la religion, la morale, l'histoire, la philosophie, etc. Extraites de toutes ses œuvres latines et françaises. (Par Jacq.-And. EMERY.) *Lyon, Bruyset*, 1772, 2 vol. in-12.

Dans la préface de cet ouvrage, l'auteur se montre zélé défenseur des libertés de l'Eglise gallicane ; il les a attaquées avec beaucoup d'art en 1807, dans la préface qu'il a mise en tête des « Nouveaux Opuscules de Fleury ».

Voy. « Pensées de Leibnitz ».

Esprit (l') de la **Ligue**, ou histoire politique des troubles de la Ligue pendant les XVIᵉ et XVIIᵉ siècles. (Par le P. L.-P. ANQUETIL, génovéfain.) *Paris, J.-T. Hérissant fils*, 1767, 3 vol. in-12. — 2ᵉ éd. Id., 1777, 3 vol. in-12.

Réimprimé plusieurs fois depuis avec le nom de l'auteur. L'abbé de Saint-Léger a fourni à l'auteur une grande partie de la notice raisonnée des ouvrages, insérée en tête du premier volume, et il m'a dit plusieurs fois que cet estimable ouvrage avait été composé par un de leurs confrères.

Esprit des **livres** défendus. (Par l'abbé DE FONTENAY.) *Paris*, 1777, 4 vol. in-12.

Même ouvrage que « Antilogies... » Voy. IV, 245, d.

Esprit (de l') des **lois**, ou du rapport que les lois doivent avoir avec la constitution de chaque gouvernement, mœurs, climat, religion, commerce, etc. (*sic*) ; à quoi l'auteur a ajouté des recherches sur les lois romaines touchant les successions, sur les lois françaises et sur les lois féodales. (Par Ch. DE SECONDAT, baron DE MONTESQUIEU.) *Genève, Barillot et fils*, s. d. (1748), 2 vol. in-4 ou 3 vol. in-12. — Nouvelle édition, avec des remarques philosophiques et politiques d'un anonyme (Elie LUZAC). *Amsterdam*, 1759-64, 4 vol. in-12. — Nouv. édit. (avec un avertissement de Fr. RICHER, où il critique les re-

marques d'Elie Luzac et de Crevier). *Londres (Paris)*, 1767-1769, 4 vol. in-12.

Ce long titre subsista pendant toute la vie de l'auteur.

L'édition originale, sans date, a été publiée par les soins de J.-Jacob VERNET. Il en existe deux tirages. Le premier est avec cartons, le deuxième avec errata. Voyez, pour plus de détails, « Montesquieu, Bibliographie de ses œuvres », par M. Louis Vian. *Paris, l'auteur*, 1872, in-8, 32 p.

Esprit des **lois canoniques** et politiques qui ont régi l'Eglise gallicane dans les quatre premiers siècles de la monarchie... (Par Mˡˡᵉ Marie-Pauline DE LEZARDIÈRE.) *Paris, Nyon l'aîné*, 1791, 2 vol. in-8.

Ces deux volumes sont des tirages à part des tomes IV et V de la « Théorie des lois politiques de la monarchie française ». Voyez ces mots.

Esprit (l') des **lois** quintessencié par une suite de lettres analytiques. (Par l'abbé DE BONNAIRE.) 1751, 2 vol. in-12.

Esprit (l') de Raymond **Lulle**. (Par Nic. DE HAUTEVILLE, chanoine de Genève.) *Paris*, 1666, in-8.

Réimprimé avec le nom de l'auteur.

Esprit (l') des **magistrats** philosophes, ou Lettres ultramontaines d'un docteur de la Sapience à la faculté de droit de l'Université de Paris, *Chez l'auteur*, 1765, in-8, 726 p.

L'exemplaire de la Bibliothèque de la ville de La Rochelle porte écrit d'une main inconnue : « Composé à Rome par M. l'abbé D'AZAIS, ex-jésuite ». La « France littéraire » de 1769, qui fait mourir cet auteur à Naples en 1766, écrit son nom DAZÈS. La Bibliothèque du P. de Backer, 2ᵉ édit., ne le mentionne sous aucune de ces formes.

Esprit de Mᵐᵉ de **Maintenon**, avec des notes, par l'auteur des « Mémoires du chevalier de Kilpar ». *Paris, Durand*, 1771, in-12.

Signé : M...... C...... D. (Louis-Laurent-Joseph DE MONTAGNAC).

Esprit (l') **malin**, nouvelle historique et galante, par D*** (le chevalier DE PONTIEU). *Paris, Prudhomme*, 1710, in-12.

Esprit (l') de **Marivaux**, ou Analectes de ses ouvrages, précédé de la Vie de l'auteur. (Par Louis DE LESBROS DE LA VERSANE.) *Paris, veuve Pierres*, 1769, in-8. — *Paris, veuve Duchesne*, 1769, in-8 (même éd.). — *Paris, Costard*, 1774, in-8.

Esprit, pensées et maximes de M. l'abbé **Maury**, député à l'Assemblée nationale. (Rédigé par J. CHAS.) *Paris, Cuchet*, 1791, in-8, 384 p.

Voy. « Supercheries », II, 1082, c.

Esprit des **meilleurs écrivains** français, ou recueil de pensées les plus ingénieuses, etc. (Par Blaise-Louis Pelée de Chenouteau.) *Paris, Nyon l'aîné,* 1777, 2 vol. in-8.

Même ouvrage que le « Dictionnaire des pensées ingénieuses », etc. Voy. IV, 970, *a.*

Esprit (l') du **Mémorial de Sainte-Hélène,** par le comte de Las Cases, extrait de l'original, et reproduit sans commentaires, avec l'agrément de l'auteur. (Par Teste,) *Paris, Boucher, impr.,* 1823, 3 vol. in-12.

Esprit du **Mercure** de France, depuis son origine (en 1672) jusqu'à 1792. (Par Jean-Toussaint Merle.) *Paris, Barba,* 1811, 3 vol. in-8.

Esprit (l') du **militaire.** (Par Dey ou d'Ey, sergent des grenadiers aux gardes-françaises.) 1771, in-8. — *Rouen,* 1772, in-12, avec le nom de l'auteur.

Esprit (de l') **militaire.** (Par M. de Lessac ou de Laissac, capitaine au régiment Dauphin.) *Londres,* 1783. — Nouvelle édition augmentée. *La Haye,* 1785, in-8. — Troisième édition. *Bruxelles et Paris,* 1789, in-8, avec le nom de l'auteur.

Esprit (l') de **Milton,** ou traduction en vers du « Paradis perdu ». (Par Cl. Deloynes d'Autroche.) 1808, in-8.

Esprit (l') du **ministère** depuis le commencement de la révolution jusqu'à nos jours. (Par F.-C.-H. Farcy.) *Pdris,* 1818, in-8, 48 p.

Esprit de **Mirabeau,** ou Manuel de l'homme d'Etat, des publicistes, etc., précédé d'un précis historique sur sa vie. (Par P.-Jean-Bapt.-Publicola Chaussard.) *Paris, Buisson,* 1797, 2 vol. in-8.

Réimprimé en 1803, avec des augmentations et le nom de l'auteur.

Esprit (l') des **mœurs** du xviiiᵉ siècle, ou la petite maison, proverbe en trois actes et en prose. *Lampsaque,* 1790, in-8.

Cette pièce donnée comme traduite du Congo, par M. Dunsi-Terma, anagramme de Mérard Saint-Just, se trouve aussi dans les « Espiègleries » (voy. ci-dessus, col. 175, *e*), mais en 2 actes seulement.

Esprit (l') de **Molière,** ou choix de maximes, pensées ... tirées de ses ouvrages... (Par L.-Fr. Beffara.) *Londres et Paris, Lacombe,* 1777, 2 vol. in-12.

L'auteur a signé l'épître.

Esprit (l') des **monarques philosophes,** Marc-Aurèle, Julien, Stanislas et Frédéric.

(Par l'abbé Jos. de La Porte.) *Paris, Vincent,* 1764, in-12, 423 p.

Esprit (l') de **Montaigne,** ou les maximes, pensées, jugemens et réflexions de cet auteur, rédigés par ordre de matières. (Par Charles-Estienne Pesselier.) *Londres,* 1783, 2 vol. in-32.

Esprit de la **morale** et de la philosophie, divisé en quatre parties, par M.*** (J.-L. Carra). *La Haye,* 1777, in-12.

Voyez le premier supplément au « Dictionnaire des athées », par de Lalande, p. 40.
Voy. « Supercheries », III, 1068, *e.*

Esprit de la **morale universelle.**

Voy. « Economie de la vie humaine ».

Esprit (l') des **moralistes.** Recueil de pensées, réflexions, maximes et sentences choisies dans les meilleurs auteurs tant sacrés que profanes, par M. V... de La P... (Valentin de La Pelouze). *Paris, typ. Renou,* 1860, in-8.   D. M.

Esprit (l') des **nations.** (Par l'abbé Fr.-Ign. d'Espiard.) *La Haye, Beauregard,* 1752, 2 vol. in-12.

Avait paru d'abord sous le titre de « Essais sur le génie et le caractère des nations ». Voy. ces mots.

Esprit (l') de M. **Necker.** (Par Duclos.) *Londres et Paris, Prault,* 1788, in-12.

Dans la 2ᵉ édition de ce « Dictionnaire », cet ouvrage avait été attribué à L.-J. Prault ; mais, à la table, il est donné à Duclos.

Esprit de madame **Necker,** extrait des cinq volumes des Mélanges tirés de ses manuscrits, publiés en 1798 et en 1801, par M. B. D. V. (Bertrand Barère de Vieuzac). *Paris, L. Collin,* 1808, in-8.

Voy. « Supercheries », I, 484, *b.*

Esprit de M. **Nicole,** ou instructions sur les vérités de la religion. (Par l'abbé René Cerveau). *Paris, Desprez,* 1765, in-12.

Esprit (l') des **orateurs** chrétiens, ou morale évangélique... Deuxième édition, augmentée... Par E. L. (Antoine Seriéys). *Paris, Dentu,* 1819, 4 vol. in-12.

La première édition est de 1807.
Voy. « Supercheries », I, 1217, *a.*

Esprit (l') des **ordonnances** de Louis XV. sur les donations et sur les testamens, les substitutions, et sur les faux ; l'esprit des édits et déclarations de Louis XV. (Par J.-A. Sallé.) *Paris,* 1752-1754, 3 vol. in-12. — 1771, in-4.

Esprit (l') d'**Orphée,** ou de l'influence respective de la musique, de la morale et de la législation. (Par Jean de Dieu OLI-VIER.) *Paris, Pougens,* 1798, in-8. — Troisième étude, ou dissertation touchant les relations de la musique avec l'universalité des sciences. *Ibid., id.,* 1804, in-8.

Esprit (l') de **paix**. *S. l.* (1652), in-4, 4 p. — *Paris, jouxte la copie semée par la ville de Paris,* in-4, 7 p.

Attribué par Barbier au cardinal de RETZ.

Cette opinion est combattue par M. Moreau dans la « Bibliographie des mazarinades ». D'après lui, l'auteur de ce pamphlet serait bien plutôt le P. FAURE.

Esprit (l') de **parti**, comédie en trois actes et en vers, représentée sur le théâtre royal de l'Odéon, le 22 novembre 1817. Conforme à la deuxième représentation. (Par Pierre-Nicolas BERT et Onésyme LEROY.) *Paris, mad. Ladvocat,* 1818, in-8, x-80 p.

Esprit (l') de Guy **Patin**. (Par l'abbé L. BORDELON, ou par Antoine LANCELOT.) *Amsterdam, H. Schelten (Paris),* 1709, in-12.

Esprit des **philosophes** ou écrivains célèbres de notre siècle, ou le Génie de M. d'Alembert. (Par Aug.-Pierre DAMIENS DE GOMICOURT.) *Paris, Gueffier,* 1772, in-12.

Esprit (l') des **poésies** de M. Houdart de LA MOTTE, de l'Académie françoise. (Publié avec un éloge de l'auteur par L.-T. HÉRISSANT.) *Genève et Paris, Lottin,* 1767, in-12.

Esprit de la **présente guerre**, discours de M. de G., pour et contre les deux opinions dominantes dans le parlement de la Grande-Bretagne. (Par J.-Henri MAUBERT DE GOUVEST.) 1758, in-12. — 1759, petit in-8.

Esprit (l') et l'excellence de la **profession militaire**, selon les principes de vertu et de religion. (Par le P. Pierre MAUBERT, dominicain.) *S. l.,* 1774, in-12, 322 p., plus titre et avertissement.

Esprit (de l') **prophétique**. (Par l'abbé HERVIEUX DE LA BOISSIÈRE.) *Paris,* 1767, in-12.

Esprit (l') **public**. (Par François-Emmanuel DE TOULONGEON.) 1797, 5 numéros in-8. — 2ᵉ éd. 1802, in-8.

Esprit (de l') **public** en France, par M. de C......, ancien élève de l'École polytechnique. Introduction. *Paris, Delaunay,* novembre 1816, in-8.

Par M. DE CAUNES, d'après une note manuscrite.

Esprit de **Rabelais**, contenant les principaux traits de Gargantua, Pantagruel, Panurge et autres héros des œuvres de cet auteur. (Par Pierre-Louis GINGUENÉ.) *Paris, Gay et Gide,* an II, in-8.

Même ouvrage que celui publié sous ce titre : « de l'Autorité de Rabelais... » Voy. IV, 321, *f.*

Esprit et génie de **Raynal**, tirés de ses ouvrages. (Par l'abbé J.-B. HÉDOUIN.) *Montargis, Le Quatre,* 1777, in-8. — *Londres (Paris, Cazin),* 2 vol. in-18. — *Genève, J. Léonardi,* 1782, in-8, 3 ff. lim. et 399 p.

Cet ouvrage fut supprimé aussitôt qu'il parut, et le libraire menacé de la Bastille s'il ne nommait l'auteur. M. Hédouin avait alors l'espoir d'être nommé secrétaire de l'abbé de Prémontré. La crainte d'un sort bien différent le détermina à aller voir son parent M. Hédouin de Ponsludon, au château de Ham, où il était enfermé. Il lui exposa ses inquiétudes, et l'engagea à s'avouer l'auteur de « l'Esprit de Raynal ». Celui-ci entra dans les vues de son parent, et envoya au censeur de la police, Pidansat de Mairobert, une déclaration qui est pour ainsi dire mentionnée dans les « Mémoires secrets », sous la date du 16 juin 1777.

Esprit de **Rivarol**. (Par Fr.-Jos.-Mar. FAYOLLE et Charles DE CHÉNEDOLLÉ.) *Paris, Béchet,* 1808, in-12.

Esprit (l') des **Romains**, considéré dans les plus belles sentences, maximes et réflexions des auteurs de l'ancienne Rome. (Par Pons-Aug. ALLETZ.) *Paris, Saugrain,* 1768, in-12.

Esprit, maximes et principes de J.-J. **Rousseau**. (Recueillis par PRAULT, libraire, avec une préface par l'abbé J. DE LAPORTE.) *Paris, Duchesne,* 1763-1764, in-8 et in-12. — *Neufchâtel,* 1764, in-12. — *Ibid.,* 1791, in-8.

Souvent réimprimé.

Esprit (l') de J.-J. **Rousseau**, avec une préface. (Par dom Alex.-Nic. DUPUIS.) *Paris,* 1764, in-12.

Esprit (l') du **sage médecin**, poëme par M. D*** (le docteur DELAUNAY). *Avignon, T.-F. Domergue fils* (1769), in-8.

Réimprimé en 1772 avec le nom de l'auteur, *Paris, Mérigot,* in-8.

Esprit (l') de **Saint-Evremont**, par l'auteur du « Génie de Montesquieu ». (Attribué à Alex. DELEYRE.) *Amsterdam, Arkstée et Merkus,* 1761, in-12.

On trouve dans ce volume la fameuse conversation du P. Canaye, jésuite, avec le maréchal d'Hocquincourt, laquelle est en très-grande partie de CHARLEVAL. Cette conversation se trouvait déjà dans le volume intitulé : « Recueil A. » *Fontenoy,* 1745, in-12.

Esprit de l'abbé de **Saint-Réal**. (Par

CHICANEAU DE NEUVILLÉ.) *Paris, Vincent,* 1768, in-12.

Cet ouvrage a été aussi attribué à Louis LESBROS DE LA VERSANE.

Esprit (l') du **saint sacrifice** de la messe, avec les mystères de la passion, exprimés en 35 figures. (Par Jean GÉRARD, capucin, connu en religion sous le nom du P. Jean-Baptiste DE BOUILLON, l'un des auteurs des « Principes discutés »). *Paris, Guillot,* 1784, in-12, 278 p.

Esprit (l') de **Saurin**, ouvrage utile à toutes les familles chrétiennes. (Tiré de ses sermons, par Jacques-François DURAND.) *Lausanne, J.-P. Heubach,* 1767, 2 vol. in-12.

L'abbé Pichon s'empara de cet ouvrage : après y avoir fait des retranchemens et des additions, il le publia sous le titre de « Principes de la religion et de la morale, extraits des ouvrages de J. Saurin ». *Paris,* 1768, 2 vol. in-12.

M. van Thol croit que « l'Esprit de Saurin », fait par J.-F. Durand, fut refusé à la police de la librairie (voyez le registre 42, janvier 1768), ce qui a pu déterminer l'abbé Pichon à reproduire l'ouvrage sous une autre forme.

Esprit (l') de mademoiselle de **Scudéry**. (Par J.-Fr. DE LA CROIX.) *Paris, Vincent,* 1766, in-12.

Esprit (l') du **siècle**. *Paris, P.-Fr. Emery,* 1707, in-12.

C'est par erreur que cet ouvrage était, dans la seconde édition, attribué à un nommé DE LUBERT ; c'est l'abbé DE LUBIÈRES qu'il faut lire.

Esprit (l') du **siècle**. (Par DE SAINT-HILAIRE.) *Amsterdam (Paris),* 1745, in-12.

Esprit (l') familier de **Socrate**, en latin et en françois, traduction nouvelle (d'APULÉE), avec des remarques et sa vie (par le baron DES COUTURES). *Paris et La Haye,* 1702, in-12.

Titre rafraîchi. C'est le même ouvrage et de la même édition que « Apulée, de l'esprit familier de Socrate... » Voy. IV, 265, c.

Esprit (l') des **sots** passés, présents et à venir, ou traité d'élognostie ; par l'auteur de « Saint-Géran » (Ch.-L. CADET-GASSICOURT). *Paris,* 1813, in-18.

Catalogue Leber, t. I, n° 2447. Le « Dictionnaire des anonymes », 2° édit., et la « France littéraire », d'après lui, ne citent qu'une édition de 1803.

Esprit de **Sully**, ou Extrait de tout ce qui se trouve dans les Mémoires de Béthune, duc de Sully, concernant son administration des finances et ses maximes de police, etc. (Par Thérèse-Willems DE SAINT-VAST.) *Dresde et Varsovie,* 1768, in-8.   A. L.

Esprit du **système de guerre** moderne, par un officier prussien (H.-G. DE BULOW), traduit de l'allemand (par Léger-Mar.-Ph. TRANCHANT-LAVERNE). *Paris, Bernard et Magimel,* an XI-1801, in-8.

Esprit (l') et la doctrine céleste de sainte **Thérèse**. (Par J.-P. ROBYNS.) *Anvers,* 1707, in-8.

Catalogue van Hultem, n° 10231.

Esprit de sainte **Thérèse**, recueilli de ses Œuvres. (Par l'abbé J.-A. EMÉRY.) *Lyon, P. Bruyset-Ponthus,* 1775, in-8.

Plusieurs exemplaires portent sur le frontispice : *seconde édition ;* la préface en est imprimée en caractères ronds : ils ont une dédicace à l'impératrice-reine Marie-Thérèse, rédigée par Emery ; l'idée de cette dédicace ne vint au libraire qu'après la vente de plusieurs exemplaires.

Des religieuses carmélites ont affirmé à l'abbé de Saint-Léger qu'elles trouvaient plus d'onction dans l'ancien ouvrage qui a pour titre :

« L'Esprit, et la doctrine céleste de sainte Thérèse ». *Anvers,* 1707, in-8.

Esprit, maximes et principes de M. **Thomas**, de l'Académie française. (Rédigé par J. CHAS.) *Paris, Briand,* 1788, in-12.

Esprit des **tragédies** et tragi-comédies qui ont paru depuis 1630 jusqu'en 1761, par forme de dictionnaire. (Par D. ROLAND, maître écrivain, frère de Roland le virloys.) *Paris,* 1762, 3 vol. in-12.

Réimprimé sous le titre de « Dictionnaire portatif des tragédies... » Voy. IV, 983, c.

Esprit (l') de la **vérité**, représentant nûment la puissance et l'autorité du roi. *Paris,* 1652, in-4, 16 p.

Par DUBOSC-MONTANDRÉ, suivant la « Bibliographie des mazarinades ».

Esprit (l') de M. **Voltaire**. (Par Claude VILLARET.) S. l., 1759, in-8, 284 p. — Autre édit. (s. l.), 1759, petit in-8, 298 p. plus 2 ff. pour la table. — Autre édit. *Paris, aux dépens de la compagnie, s. d.,* pet. in-8, 273 p. plus 3 pages pour la table.

Condamné par décret de la cour de Rome du 19 mai 1760.

Réimprimé plusieurs fois.

Esprit, maximes et pensées d'**Young**, extraits de ses « Nuits », par l'auteur de « l'Ame élevée à Dieu » (l'abbé Barth. BAUDRAND). *Paris, Cailleau,* 1786, in-12.

Esprit (l') d'Ive (**Yves**) de Chartres, dans la conduite de son diocèse et dans les cours de France et de Rome. (Par Antoine VARILLAS.) *Paris, Anisson,* 1701, in-12.

Esprit (l') et la chose. *Paris*, 1768, in-8.

Attribué par Ersch à J.-H. MARCHAND.
D'autres auteurs donnent ce volume à J.-A. DES-BOULMIERS.

Esprit (l') et le vœu des Français en l'an VII-1799. (Par Paul DIDIER.) *Paris, imp. de Hocquet*, 1814, in-8, VIII-23 p.

La dédicace est signée : DIDIER. L'édition de l'an VII qui a paru sous le même titre était entièrement anonyme.

Esquisse biographique de Son Altesse sérénissime le prince Alexandre de Gonzaga, prince de l'empire romain et de Castiglione (delle Stivière), duc de Mantoue, de Guastalla, de Sabionetta et de Solferino, marquis de Medole, etc. Par un ancien diplomate (Aimé FERRARIS). *Paris, imp. de Mme Dondey-Dupré*, 1844, in-8, 16 p.

Esquisse biographique sur Jacques d'Artevelde. *Bruxelles, Delevingne et Callewaert*, 1841, in-8, 51 p.

Par M. MOKE, professeur à l'Université de Gand, d'après une note ms. de Quérard ; par M. KERVYN DE LETTENHOVE, d'après M. J. Delcourt.

Esquisse biographique sur J.-M.-B. Vianey, curé d'Ars, né à Dardilly (Rhône), le 8 mai 1786, mort le 4 août 1859. (Par M. GADDA.) *Lyon, imp. de B. Boursy*, 1860 ; — 1861 ; — (1864), in-18.

Esquisse d'un cours d'optique élémentaire. (Par P. PRÉVOST.) *Genève*, 1824, in-8.

Esquisse d'un grand tableau, ou mémoires pour servir à l'histoire des Provinces-Unies des Pays-Bas, et particulièrement à celle de Guillaume V, depuis l'année 1776 jusqu'à 1786. (Par DUMONT-PIGALE.) *En Hollande*, 1786, 2 vol. in-8.

Esquisse d'un système de civilisation et de colonisation de l'Algérie, par un étranger qui a habité ce pays et qui n'y possède rien. *Paris, imp. de Panckoucke*, 1840, in-8.

Signé : le comte Venceslas JABLONOWSKI.

Esquisse d'un tableau politique. *Paris, imp. de Boucquin*, 1853, in-8, 40 p.

Par le marquis DE SALES ou DE SALLES, d'après un envoi manuscrit.

Esquisse d'un voyage de Nancy à Bourbonne. Souvenirs lorrains. *Nancy, imp. de Wagner*, 1846, in-8, 15 p.

Extrait de « l'Espérance, courrier de Nancy ».
Signé : P. G.-D. (Auguste-Prosper-François GUERRIER-DUMAST).

Esquisse d'une histoire de ce qui s'est passé en Europe, depuis le commencement de la révolution française jusqu'au renversement de l'empire de Bonaparte, par l'auteur de l' « Histoire abrégée des Traités de paix » (Maximilien-Samson-Frédéric SCHOELL). *Paris*, 1823, in-8, 225 p.

Ce volume, tiré à 50 exemplaires, n'a point été mis en vente. Il est extrait du « Tableau des révolutions de l'Europe », par Koch.

Esquisse d'une nouvelle encyclopédie, ou Introduction à la philosophie du XIXe siècle, ouvrage dédié aux penseurs. Premier aperçu. (Par H. SAINT-SIMON.) *Paris, impr. de Moreaux* (1810), in-4, 8 p. et 1 pl.

N'est pas cité dans la « Bibliographie saint-simonienne » de H. Fournel. *Paris*, 1833, in-8.

Esquisse de Bruxelles, par un valet de place (FIOCARDO, propriétaire et rédacteur du journal « l'Oracle »). *Bruxelles, veuve Stapleaux*, 1827, in-12, 158 p. J. D.

Par le duc D'ARENBERG, d'après M. de Manne et d'après les « Supercheries », III, 897, f.

Esquisse de la nature humaine, expliquée par le magnétisme animal ; précédée d'un aperçu du système général de l'Univers, et contenant l'explication du somnambulisme magnétique et de tous les phénomènes du magnétisme animal. (Par C. CHARDEL.) *Paris, Dentu ; Delaunay*, 1826, in-8, 308 p.

Esquisse du projet d'amélioration du cours de la Meuse, par P. G. D*** (Pierre-Germinal DANDELIN), officier supérieur du génie. *Liége, Fassin, s. d.*, in-4, 9 p. et un plan. Ul. C.

Esquisse historique des principales institutions administratives depuis 1789 jusqu'à notre époque. In-8.

Signé : Jules D. (Jules DEL MARMOL, avocat à Liége).
Tiré à part de la « Revue belge ».

Esquisse historique et monumentaire de Tournai et de ses environs, par A. G. C. (A.-G. CHOTIN, à Tournai). *Tournai*, 1842, in-12. J. D.

Esquisse historique sur l'ancienne Eglise catholique dans les Pays-Bas, en partie traduit du hollandais par C. H. V. V. (VAN VLOOTEN), prêtre cathol. et curé de l'anc. Egl. cathol. à La Haye. *Paris*, 1861, in-8. V. D.

Esquisse historique sur le maréchal Brune, publiée d'après sa correspondance et les manuscrits originaux conservés dans sa famille, par le lieutenant-colonel L. B*** (L. BOURGOIN), l'un de ses anciens aides de camp, et accompagnée d'un

grand nombre de pièces justificatives inédites et authentiques. *Paris, Rousseau,*
1840, 2 vol. in-8.

Esquisse historique sur le T. R. P.
Roothaan, XXIe général de la compagnie
de Jésus, par Ed. T.(Edouard TERWECOREN,
jésuite). Nouvelle édition, revue et augmentée. *Bruxelles, Vandereydt,* 1854, in-8,
61 p., av. portrait et fac-simile.   J. D.

Esquisse historique sur les langues considérées dans leurs rapports avec la civilisation et la liberté des peuples, par un
Belge (Jean-Baptiste-Joseph-Ghislain PLASS-
CHAERT). *Bruxelles, de Mat,* 1817, in-8,
60 p.

Voy. « Supercheries », I, 499, c.

Esquisse politique. (Par le comte de
PEYRONNET.) *Paris, J.-J. Blaise,* 5 janvier
1829, in-8.

A. Madrolle a publié une suite à cet ouvrage sous
le titre de : « Méditations politiques ». Voy. ces mots.

Esquisses bureaucratiques. (Par François-Charles FARCY.) *Paris, chez Farcy,
rue de la Tabletterie,* 9, 1826, in-8.

C'est une seconde édit. des deux écrits intitulés :
« les Commis » et « le Ministère chinois ». L'auteur
était employé au ministère de la guerre lorsqu'il
composa ces deux pièces.

Esquisses de l'histoire, de la religion,
des sciences et des mœurs des Indiens,
avec un exposé très-court de l'état politique actuel des puissances de l'Inde : ouvrage traduit de l'anglais (de Quentin
CRAWFURD, par M. le comte Anne-Pierre
DE MONTESQUIOU-FEZENSAC). *Dresde,* 1791,
2 vol. in-8.

Tiré à vingt exemplaires.

Esquisses dramatiques. (Par A. DE
BORDESOULLE.) *Paris, imp. de Fournier,*
1837, in-8.

Esquisses généalogiques, contenant un
grand nombre de familles alliées entre
elles et remontant jusqu'à saint Louis,
Rodophe de Habsbourg, Jean-sans-Terre...
(Par Jean-Charles-Aimé DU HAYS, employé
supérieur à la division des haras.) *Paris,
J.-B. Dumoulin,* 1848, in-8, IV-449 p.
         D. M.

Esquisses genevoises, poésies. (Par
GAUDY-LEFORT.) *Genève,* in-8.

Esquisses historiques. (Par M. A. STAHL,
membre de la Société asiatique de Paris,
alors professeur à Strasbourg.) *Strasbourg,
lithogr. s. n. d'impr.,* 1839, in-8, 77 p.

Esquisses historiques et biographiques
des progrès de la botanique en Angleterre,
depuis son origine jusqu'à l'adoption du
système de Linné, par Richard PULTENEY;
traduit de l'anglais (par Ant.-Mar.-Henri
BOULARD). *Paris, Maradan,* 1809, 2 vol.
in-8.

Esquisses historiques, ou Marseille de-
puis 1789 jusqu'en 1815, par un vieux
Marseillais (Laurent LAUTARD). *Marseille,
Olive,* 1844, 2 vol. in-8.   D. M.

Esquisses historiques. Promenades dans
Toulon ancien et moderne ; par H. V.
(VIENNE), archiviste de la ville... *Toulon,
Laurent,* 1841, in-12.

Esquisses historiques. Quatre femmes
au temps de la Révolution. Par l'auteur
des « Souvenirs de Mme Récamier »
(Mme Charles LENORMANT). *Paris, Didier,*
1866, in-12, VIII-399 p. et 1 f. de table.

Esquisses historiques sur la révolution
de la Belgique. (Par DE WARGNY, avocat.)
Bruxelles, Tarlier, 1830, in-8, 531 p. —
Supplém. *Ibid., Méline,* 1831, in-8, 311 p.
               J. D.

Esquisses historiques sur la ville et le
prétendu royaume d'Yvetot, par V......;
gradué en l'université (Victor COLOMBEL,
depuis inspecteur de l'instruction primaire dans le département de l'Orne).
Yvetot, veuve Hérambourg, 1844, in-12,
XVI-127 p.   D. M.

Esquisses polonaises, ou fragments de
traits détachés pour servir à l'histoire de
la révolution de Pologne actuelle. Par une
Polonaise (Mme GRABOWSKA : publiées par
M. Léon CHODZKO). *Paris, Hect. Bossange,
A. André,* 1831, in-8.

Esquisses religieuses du chrétien. Principes généraux de sa conduite. (Par l'abbé
Christ.-Edouard, comte de MALLET, supérieur des religieuses de Sainte-Marie de
Lorette après avoir servi dans l'armée
comme général.) *Paris, Gaume frères,*
1833, in-8 obl.

Esquisses religieuses offertes aux gens
du monde. (Par Mme la marquise DE Godefroy MENILGLAISE.) *Paris, Ch. Douniol,*
1868, in-12, 533 p.

Esquisses sur la Bretagne, ou vues de
châteaux historiques, abbayes et monumens anciens dessinées sur les lieux, avec
des notices formant texte pour chaque vue.
(Par Armand-Bon-Louis MAUDET DE PEN-
HOUET.) *Rennes, imp. de A. Marteville,*
1829, in-4.

Essai à la Mosaïque. (Par F.-G. HA-
MANN.) *Mitau,* 1762, in-8.

Essai analytique et critique sur le newtonianisme. (Par le chevalier DE MARTILLAT.) *Clermont, Landriot*, 1815, in-8, 208 p.

Essai analytique sur la richesse et sur l'impôt. (Par Louis-Franç. GRASLIN.) *Londres*, 1767, in-8.

Essai analytique sur les impositions, par M. D. S. (le général Etienne DE SÉNOVERT). *Paris, imp. de F. Didot*, 1825, in-8, 24 p.

Tiré à 100 exemplaires.

Essai analytique sur les lois naturelles de l'ordre social, ou du pouvoir, du ministre et du sujet dans la société. *Paris*, 1800, in-8.

Il y a des exemplaires sous le pseudonyme de SEVERIN, le nom du libraire, Le Clère, et la date de 1801. La seconde édition, *Paris, Leclère*, 1817, est anonyme. Cet ouvrage a été réimprimé plusieurs fois avec le nom de l'auteur, le vicomte L.-G. A. DE BONALD, qui depuis l'a refondu dans celui intitulé : « Législation primitive », et publié sous le titre de « Traité du ministère public ».

Essai bibliographique sur les éditions des Elzevirs les plus précieuses et les plus recherchées (par S. BÉRARD, maître des requêtes) ; précédé d'une notice sur ces imprimeurs célèbres (abrégée par le même de celle de J.-Fél. ADRY). *Paris, Firmin Didot*, 1852, in-8.

Cet ouvrage a été refait et complété sous le titre d' « Annales de l'imprimerie elzévirienne », par Ch. Pieters. *Gand*, 1851, in-8. — 2e éd. rev. et augm. *Gand*, 1858, in-8, LXXII-528 et 26 p. d'additions publiées en 1860.

Essai biographique sur M. Perceval, premier ministre d'Angleterre ; traduit de l'anglais (par Henri LA SALLE), avec des notes du traducteur. *Paris, Galignani*, 1812, in-8, 117 p.

Essai chronologique sur les hivers les plus rigoureux, depuis 396 ans av. J.-C., jusqu'en 1829 inclusivement ; suivi de quelques recherches sur les effets les plus singuliers de la foudre, depuis 1676 jusqu'au 1821, le tout précédé d'un précis élémentaire sur l'hiver considéré sous les rapports astronomique et météorologique ; avec des notes sur les objets et sur les tables les plus curieux ; des tableaux, des tables, etc., etc. Par G. P. (Gabriel PEIGNOT). *Paris, A.-A. Renouard*, etc., 1821, in-8, xv-240 p.

Voy. « Supercheries », II, 203, c.

Essai critique de la littérature françoise, par M. L. L. P. *Amsterdam* (Avignon), *Pierre Mortier*, 1757, 5 vol. in-12.

Voy. « Supercheries », II, 794, f.

Essai critique sur l'état présent de la république des lettres. (Par J.-G. LEFRANC DE POMPIGNAN.) 1744, in-4. — Nouv. édit. 1764, in-18, avec le nom de l'auteur.

Essai critique sur l'histoire de la Livonie, suivi d'un tableau de l'état actuel de cette province, par L. C. D. B. (le comte DE BRAY). *Dorpat, de l'impr. de J.-C. Schünmann*, 1817, 3 vol. in-8.

La dédicace à l'empereur Alexandre est signée du nom de l'auteur.   A. L.

Essai critique sur l'histoire des ordres royaux et militaires de S.-Lazare, de Jérusalem et de N.-D. du Mont-Carmel. (Par Laur.-Ben. DESPLACES.) *Liége, J.-J. Tutot*, 1775, in-12, 260 pages.

Essai critique sur le nouvel ouvrage de l'abbé Pluche, ou Apologie de la méthode en usage pour enseigner les langues. (Par l'abbé LABRO.) *Paris, veuve Lottin*, 1751, in-12.

Essai d'ampélographie, ou description des cépages les plus estimés dans les vignobles de l'Europe de quelque renom, par l'auteur de l' « Exposé des divers modes de culture de la vigne » (le comte Alexandre-Pierre ODARD). *Tours, imp. de Mame*, 1841, in-8.

Réimprimé avec le nom de l'auteur sous ce titre : « Ampélographie universelle... », 4e éd., 1859, in-8.

Essai d'analyse sur les jeux de hazard. (Par Pierre-Remond DE MONTMORT.) 2e édition revue et augmentée de plusieurs lettres. *Paris*, 1713 ou 1714, in-4.

La première édition est de 1708.

Essai d'apologie des auteurs censurez dans le « Temple du goust » de M. de Voltaire. *S. l.*, 1733. — Observations critiques sur le « Temple du goust ». Seconde édition augmentée. (Par l'abbé Pierre-Charles ROY.) *S. l.*, 1733, in-8, 32 p.

Essai d'arithmétique. Par un professeur de mathématiques (J.-J. MASSABIAU). *Rodez, Carrère*, 1820, in-8, 92 p.

Essai d'économie politique. (Par le baron A.-F. DE HEINITZ.) *Bâle*, 1785, in-4.
       A. L.

Essai d'explication de deux quatrains de Nostradamus à l'occasion du livre de M. Bouys, intitulé : « Nouvelles Considérations sur les oracles... » (Par MOTRET de Nevers.) *Nevers, Bonnot, et Paris, Pichard*, 1806, in-8, 65 p.

Essai d'inductions philosophiques d'après les faits. (Par Jean-Baptiste ROGNIAT.) *Paris, Ladrange*, 1836, in-8.

Essai d'inscription pour la statue de Henri le Grand, roi de France et de Navarre. (Par l'abbé P. D'HESMIVY D'AURIBEAU, ancien vicaire général de Digne.) *Paris, Boucher*, sept. 1818, in-8, 1 f. de titre et 15 p.

Essai d'instruction morale, ou les devoirs envers Dieu, le prince et la patrie, la société et soi-même ; à l'usage des jeunes gens élevés dans une monarchie, et plus particulièrement des jeunes Français. (Par M. le chevalier DE L'ESPINASSE DE LANGEAC.) *Paris, Brunot-Labbe*, 1812, 2 vol. in-4 et in-8. — Troisième édition, revue et corrigée. *Paris, id.*, 1813, 2 vol. in-12.

Compilation très-bien faite dans le genre du *Selectæ è profanis*. M. Adry a communiqué beaucoup de morceaux au rédacteur. On doit au rédacteur lui-même les cent cinquante dernières pages du second volume : elles pourront fournir des matériaux aux historiens de Napoléon, dont on voit le portrait en tête de beaucoup d'exemplaires des éditions in-4 et in-8.

Essai d'organisation sociale. Mars 1848. (*Paris*), *imp. de Mme de Lacombe* (1848), in-12, 20 p.

Signé : C. J. D. (C.-J. DUMÉRY), ingénieur civil.

Essai d'un abrégé chronologique de l'histoire de Villeneuve-les-Avignon. (Par J. VALHEN.) 1743, in-8.   V. T.

Essai d'un abrégé critique et chronologique de l'histoire d'Orléans, avec des remarques. *S. l. n. d.*, in-8.

Signé : LIPHARD LE COMEUX (Michel-Gabriel PERDOULX DE LA PERRIÈRE). 3 juin 1744.

Essai d'un art de fusion à l'aide de l'air, du feu, ou air vital, par M. EHRMANN, traduit de l'allemand (par J.-Fr. DE FONTALLARD), suivi des Mémoires de LAVOISIER sur le même sujet. *Strasbourg*, 1787, in-8.

Essai d'un citoyen. (Par Ant. FERRAND.) *S. l.* (*Paris*, 1789), in-8, 76 p.

Essai d'un cours abrégé de grammaire générale, par N. B. (Nicolas BIGNON). *Rouen, imp. F. Baudry*, an XI, in-8.

Voy. « Supercheries », II, 1234, *b*.

Essai d'un dictionnaire complet grammatical et critique du dialecte haut-allemand, avec une comparaison perpétuelle des autres dialectes, mais principalement du haut-allemand. (Par ADELUNG.) On a ajouté la dissertation couronnée de M. FULDA, sur les deux principaux dialectes allemands. *Leipsig, Breitkorpt*, 1774 et 1786, 5 vol. in-4.

Essay d'un dictionnaire comtois-françois. (Par M.-Marg. DE MAISONFORTE, dame

BRUN, et PETIT-BENOIST.) Seconde édition. *Besançon, veuve Rochet*, 1755, in-8, 39 p.

La 1re édition est de 1753.

Essai d'un dictionnaire contenant la connoissance du monde, etc., représenté par des figures hiéroglyphiques expliquées en prose et en vers. (Par Daniel DE LA FEUILLE.) *Amsterdam, chez l'auteur*, 1700, in-4, front. gr. et fig.

Essai d'un dictionnaire des ouvrages anonymes et pseudonymes publiés en Belgique au XIXe siècle et principalement depuis 1830, par un membre de la Société des bibliophiles belges (M. Jules DELECOURT). *Bruxelles, F. Heussner*, 1863, in-8, 548 p. et 1 f. d'errata.

Ce travail a paru d'abord par fragments dans le « Bulletin du Bibliophile belge », publié par F. Heussner, t. XVIII, 2e sér., t. X et suiv. Nous y avons puisé de nombreux articles que nous avons fait suivre des lettres J. D.

Essai d'un dictionnaire historique de la langue française. *Paris, Techener*, 1847, in-4, XVII-56 p.

Discours préliminaire signé P. P. (Paulin PARIS), et pages 1-56 (A-Accessoirement).

Essai d'un discours religieux à la gloire de Napoléon le Grand, pacificateur du continent de l'Europe, et à celle des armées françaises, pour la célébration de la mémorable paix de Tilsitt, par M. *** (Louis DUBROCA). *Paris, Dubroca*, 1807, in-12.

Voy. « Supercheries », III, 1088, *e*.

Essai d'un discours religieux pour l'anniversaire du couronnement de S. M. Napoléon... (Par Louis DUBROCA.) *Paris, Le Normant*, 1806, in-12, 340 p.

Essai d'un éloge historique de Marie-Thérèse, impératrice, par M. M*** (Mlle Marie-Caroline MURRAY). *Bruxelles*, 1781, in-4.

Essai d'un glossaire occitanien, pour servir à l'intelligence des poésies des troubadours. (Par DE ROCHEGUDE.) *Toulouse, impr. de Bénichet*, 1819, in-8.

Essai d'un nouveau calendrier liturgique, ou classification nouvelle et raisonnée des fêtes, pour tout le cours de l'année chrétienne. (Par N. DUFFAUT). *Paris, Brajeux*, 1803, in-8.

Essai d'un nouveau cours de langue allemande, ou Choix des meilleurs poëmes de ZACHARIE, KLEIST et HALLER, avec deux traductions françaises, dont une absolument littérale est destinée à faciliter l'étude de cette langue. (Par A.-M.-H.

Boulard.) *Paris, König*, an IV-1798, in-8, IV-156 p.

Essai d'un nouveau journal, intitulé le « Littérateur impartial », ou Précis des ouvrages périodiques. (Par Jacq. Fleury et Ign. Hugary de Lamarche-Courmont.) *La Haye et Paris, Vallat-la-Chapelle*, 1760, in-12.

Essai d'un plan de réforme, ayant pour objet d'éclairer la nation juive en Pologne et de redresser par là ses mœurs. (Par Mendel de Satanow.) *Varsovie, s. d.*, in-8.
A. L.

Essai d'un système nouveau concernant la nature des êtres spirituels, fondé en partie sur les principes de Locke. (Par Cuentz, ancien magistrat de Saint-Gall en Suisse.) *Neufchâtel*, 1742, 4 vol. in-8.

Le cardinal Gerdil et dom Sinsart ont réfuté quelques principes de cet ouvrage.

Essai d'une bibliographie annuelle, ou Résumé des différens catalogues de livres qui ont paru dans le cours de l'an IX, avec les prix des articles... (Par G.-M. Bontemps.) *Paris, Debray*, an X-1802, in-8, 60 p.

Essai d'une bibliographie générale du théâtre ou Catalogue raisonné de la bibliothèque d'un amateur complétant le catalogue Soleinne. *Paris, Tresse*, 1861, in-8, VII-224 p.

Contient 1947 numéros et est terminé par une seule table, celle des noms d'auteur. La préface est signée : J. D. F. (Joseph de Filippi). Tiré à 200 exemplaires.

Dans sa préface, l'auteur déclare n'avoir pas suivi la mode ordinaire de classer les ouvrages d'après la forme apparente des œuvres, il les a classés suivant leur nature intrinsèque et le principal usage qu'on en peut faire. Il n'a pas non plus admis le système des divisions d'après les langues ou les pays ; peu importe, dit-il avec raison, à celui qui cherche à s'éclairer sur un sujet spécial, que les ouvrages qu'il consulte aient été imprimés en France ou en Allemagne, rédigés en anglais ou en italien.

Essai d'une description générale des peuples policés et des peuples non policés, considérés sous le point de vue physique et moral, traduit de l'allemand de M. Steebs (par Le Seurre de Mussey). *Amsterdam, Reviol*, 1769, in-12, x-254 p.

Essai d'une dissertation sur les lois naturelles et sur les lois qui en dérivent. (Par Gasp.-J.-L. Pirotte, avocat.) *Liége*, 1820, in-8, 75 p.

Un certain nombre d'exempl. portent pour titre : « Essai sur les lois naturelles. » Ul. C.

Essai d'une exposition succincte de la critique de la raison, par J. Kinker, trad. du hollandais par J. Le F. (J. Lefèvre). *Amsterdam*, 1801, in-8.

Essai d'une histoire de la musique. (Par P.-J. Caffiaux, bénédictin.)

L'ouvrage de dom Caffiaux, cité dans les bibliographies sous le titre ci-dessus, tantôt avec la date de 1757, tantôt avec celle de 1769, est resté manuscrit. Il existe au département des manuscrits de la Bibliothèque nationale, fonds français, n°ˢ 22536-22538 (Ancien Corbie, n° 16).

Essai d'une histoire de la paroisse de Saint-Jacques-de-la-Boucherie.... Par M. L** V** (l'abbé Etienne-François Villain). *Paris, Prault*, 1758, in-12.

Essai d'une histoire naturelle des couches de la terre, traduit de l'allemand de Lehmann (par le baron d'Holbach). *Paris*, 1759, in-12.

Essai d'une instruction sur les parties les plus importantes de l'agriculture... par M. L. X. (Ledouix), propriétaire. *Nantes, Mellinet-Malassis*, 1829, in-8. — 2ᵉ édition. Par M. L., notaire à Savenay. *Nantes, imp. Merson*, 1839, in-8, 52 p.
D. M.

Essai d'une lithographie de Mlocin, écrit à Varsovie en 1777. (Par Jean-Philippe de Carosi.) *Dresde*, 1777, in-8.

Essai d'une méthode d'employer les instruments microscopiques avec utilité et plaisir dans la saison du printemps. Par l'auteur des « Amusements microscopiques » (M.-F. Ledermuller). *Nuremberg, Campe*, 1764, in-fol., avec 12 pl. color.

Essai d'une morale relative au militaire françois, par M. de *** (P.-Augustin de Varennes, ancien officier de la 1ʳᵉ compagnie des mousquetaires). *Paris, Durand*, 1771, in-12.

Voyez « Morale militaire ».

Cet essai a été faussement attribué, dans le « Journal encyclopédique », janvier 1772, t. I, p. 24, à Conti, ancien professeur de l'Ecole militaire, qui seulement en a dirigé l'impression et au nom duquel le privilège a été donné.

Réimprimé sous le titre de « Réflexions morales relatives au militaire français ». Voy. ces mots.

Essai d'une nouvelle traduction complète des Odes d'Horace (par Jacques-Joseph Rouvière, de Montpellier). *Paris, Debeausseaux*, 1807, petit in-12.

Essai d'une nouvelle traduction d'Homère (par Paul-Jér. Bitaubé). *Berlin*, 1769, in-12.

Essai d'une nouvelle traduction d'Horace en vers françois, par divers auteurs. (Publiée par Ant.-Aug. Bruzen de La Martinière.) *Amsterdam, Wytwerf*, 1727, in-12.

Essai d'une nouvelle traduction des

Pseaumes en vers, avec quelques cantiques, par M. T. (Fr. Terond). *Amsterdam*, 1715, in-8. — *La Haye*, 1721, in-12.

Essai d'une philosophie naturelle, applicable à la vie, aux besoins, aux affaires, et convenable aux deux sexes. (Par l'abbé Desfourneaux.) *Paris*, 1724, in-12.

Quelques exemplaires de cet ouvrage portent un frontispice ainsi conçu : « Nouvelle Philosophie des Dames ». *La Haye*, 1727.

Essai d'une poétique à la mode, épître à M. ***. (Par A. Bret.) *Paris, Gueffier*, 1770, in-8.

Essai d'une traduction des dissertations sur les partis qui divisent l'Angleterre. (Traduit de l'anglois de Bolingbroke par Etienne de Silhouette.) *Londres*, 1739, in-12.

Essai d'une traduction en vers de l' « Iliade » d'Homère, précédée d'un discours sur Homère et accompagnée de remarques (par Guill. de Rochefort). *Paris, Barbou*, 1765, in-8.

Essai d'une traduction en vers français de la « Callipédie » (de Cl. Quillet) et du « Rossignol » (d'Albus Ovidius Juventinus), poëmes latins, accompagnés des textes et poésies diverses ; par M. Camus-Daras. *Paris*, 1832, in-18, 162 p.

Essai de bien public, cu mémoire raisonné pour lever à coup sûr tous les obstacles qui s'opposent à l'exécution des défrichements et desséchements, etc. (Par Collignon, avocat.) *Neufchâtel, Société typographique* (vers 1781), in-12, 108 p.

Essai de chymie mechanique. *S. l. n. d.*, in-4.

Un titre manuscrit porte : Essai de chymie mechanique, couronné en 1788 par l'Académie de Rouen, quant à la 2e partie de cette question : « Déterminer les affinités qui se trouvent entre les principaux mixtes », ainsi que l'a commencé M. Geoffroy ; et trouver un système physico-mechanique de ces affinités. Par G.-L. Le Sage, associé étranger de la Société royale des sciences de Montpellier…
N. B.
Pour faire imprimer le titre, l'introduction, le jugement de l'Académie, etc., l'auteur attend d'avoir achevé quelques autres dissertations analogues, qu'il pourrait bien y joindre sous un titre commun.

Essai de comparaison entre la déclamation et la poésie dramatique. (Par Pierre-Alexandre Lévesque de La Ravallière.) 1729, in-12, 55 p.

Cette brochure a été critiquée par l'auteur même, dans le « Mercure » de mai 1730.

Essai de complément de la statistique du département de la Gironde. (Par MM. Gustave Brunet et Léonce de Lamothe.) *Bordeaux, P. Chaumas*, 1847, in-4, 2 et 164 p.

Les noms des auteurs sont indiqués à la table des matières, pour les divers articles qu'ils ont fournis à cet ouvrage.

Essai de contes moraux et dramatiques, par M. B*** (A. Bret). *Amsterdam et Paris, Prault*, 1765, in-12.

Voy. « Supercheries », I, 434, b.

Essai de critique, où l'on tâche de montrer en quoi consiste la poésie des Hébreux. (Par Pierre Lambert.) *Amsterdam*, 1689, in-12.　　　V. T.

Essai de discussion oratoire sur les bals. (Par l'abbé L. de Sambucy Saint-Estève.) *Paris*, 1832, in-8, 123 p.

Essai de dissertation sur le mariage en sa qualité de contrat et de sacrement. (Par Paul-Charles Lorry, avocat au Parlement et conseiller d'Etat.) *Paris, Martin*, 1670, in-12.

L'auteur est nommé dans le privilége.

Essai de dissertation sur les lois des secondes noces et notamment sur l'article 279 de la coutume de Paris. (Attribué à Duplessis de La Davière, avocat.) *Paris, Dupuis*, 1737, in-12.

Essai de fables. *Besançon, s. d.*, in-12.

Par Jacquemard.
L'exemplaire indiqué sous le n° 817 du catalogue Pixérécourt portait un envoi autographe de l'auteur. Tiré à 20 exemplaires.

Essai de fables, par J. B. A. H. D. P. (J.-B.-A. Huard du Parc, juge de paix de l'arrondissement de Sceaux). *Paris, Théophile Barrois père*, 1805, in-12.

Essai de feuilles élémentaires pour apprendre le latin sans grammaire ni dictionnaire. (Par P.-C. Chompré.) *Paris, Delatour*, 1768, in-8.

Essai de géographie, avec un dictionnaire géographique françois-latin et latin-françois. (Par Et.-André Philippe de Prétôt.) *Paris*, 1744, in-8.

Essai de grammaire françoise, ou dissertation sur les prétérits composés de notre langue, à l'occasion de l'écrit de M. l'abbé d'Olivet, inséré dans les « Opuscules sur la langue », et des remarques insérées par M. Duclos dans la « Grammaire générale et raisonnée ». (Par l'abbé Guillaume-Marie du Breil de Pontbriant.) *Paris, Chaubert*, 1754, in-8.

Voyez « l'Année littéraire », 1755, t, I, p. 145 et suiv.

L'auteur nie dans cette brochure l'existence des participes prétérits, et par conséquent leur déclinabilité. Il y représente la langue française moins telle qu'elle est que telle qu'il l'imagine.

Essai de grammaire polonaise pratique et raisonnée pour les Français. (Par On. KOPCZYNSKI.) *Varsovie*, 1807, in-8.   A. L.

Essai de l'Eloge historique de Stanislas Ier, roi de Pologne, par M. M*** (Jean-Henri MARCHAND). *Paris, Cl. Hérissant,* 1766, in-4. — *Bruxelles*, 1766, in-8.

Essai de l'histoire du commerce de Venise. (Par ROMA.) *Paris, P.-G. Le Mercier fils,* 1729, in-12.

J'ai copié, sur l'exemplaire de cet ouvrage que possédait le cardinal de la Luzerne, une note ainsi conçue :

« M. Roma, supposé que ce soit son véritable nom, étoit connu de M. Nanisse, demeurant chez M. Philippe Masson, banquier, rue Thibautodé, à Paris, et d'un avocat au conseil, nommé Deprime.

» Il a extrait ce livre de manuscrits concernant le commerce d'Italie, 3 vol. in-fol.

» Il doit être passé à Berlin, dans l'espérance d'y trouver de l'emploi dans le ministère des finances. »

Essai de l'histoire monastique d'Orient, par un religieux bénédictin (Louis BULTEAU). *Paris, Billaine,* 1680, in-8.

Essay de la critique, imité de l'anglois de M. POPE (par ROBETON, secrétaire du roi d'Angleterre George Ier, mort vers 1740). *Amsterdam, L'Honoré et Chatelain,* 1717, in-4, 27 p.

Cet essai, en cinq chants, a été réimprimé en 1736 dans les « Nouveaux Amusements sérieux et comiques », publiés à Paris par le libraire Guillaume.

On en avait fait, dès 1717, une nouvelle édition, réduite à un chant, sous le titre de : « Essai sur la critique ; imité de l'anglais de M. POPE. » *Londres, par G. Delage, et se vend par P. Dunoier, lib.,* 1717, in-4, 19 p.

L'abbé Goujet, tome VIII, p. 231 de la « Bibliothèque françoise », dit, sans doute par suite d'une mauvaise transcription du titre ci-dessus : Un M. J. DELAGE en était présenté comme l'auteur. Il ajoute que cette imitation a été aussi attribuée à tort au sieur de LA PILLONIÈRE, ex-jésuite devenu anglican.

Essai de littérature musicale concernant l'origine, les progrès et les révolutions de la musique italienne... trad. de l'italien (de A. MAJER), par Gius. DE VALERIANI. *Augsbourg, Wirth,* 1827, in-8, et avec un nouveau titre, *Ratisbonne*, 1829, petit in-8.

Essay de logique. (Par Edme MARIOTTE, prieur de Baume-la-Roche, et non de Beaumont, comme le dit Condorcet.) *Paris, Michallet,* 1678, in-12.

Réimprimé dans les « Œuvres » de l'auteur, *Leyde,* 1717, ou *La Haye,* 1740, 2 vol. in-4.

Essai de manœuvre pour l'infanterie

françoise, dans lequel on a tâché de prévoir toutes les circonstances possibles à la guerre. *Vitry, imp. de Seneuze,* 1773, in-8.

La dédicace au prince de Condé est signée DELAURENS DE BEAUJEU.

Essai de médecine pratique, suivant la méthode des indications. (Par le docteur DOÉ.) *Paris*, 1826, in-8, 166 p.

Essay de méditations poétiques sur la passion, mort et résurrection de Nostre-Seigneur Jésus-Christ. (Par J.-Z. DE VAURE ?) *Paris*, 1659, in-8.   G. M.

Essai de métaphysique, ou principes sur la nature et les opérations de l'esprit. (Par l'abbé Claude MEY.) *Paris, Desaint,* 1756, in-12, 398 p.

Essai de morale à l'usage de l'Église gallicane non assermentée. (Par l'abbé Guillaume-André-René BASTON.) *Rouen,* 1792, in-8.

L'auteur fit paraître un supplément peu de temps après.

Essai de morale, ou fables nouvelles, morales, politiques et philosophiques, par J.-J.-F. DE B***. *Paris, Mme Huzard,* 1826, in-12.

Par J.-J.-F. DE BARIN, colonel en retraite, d'après Quérard.

Par Jean-Jacques-Félix DE BIENVENU, d'après M. de Manne.

Essai de philosophie morale. (Par Pierre-Louis MOREAU DE MAUPERTUIS.) *Berlin,* 1749 ; *Londres,* 1750, in-12.

Réimprimé depuis avec le nom de l'auteur.

Essai de philosophie rationnelle sur l'origine des choses, etc., par D. G. (David GRADIS). *Bordeaux,* 1802, in-8. — *Id.,* 1825, in-8.

Voy. « Supercheries », I, 934, a.

Essai de physiognomonie, par R. T. (Rodophe TOPFFER). *Autographié chez Smidt, à Genève,* 1845, in-4, dessins à la plume.

Essai de physique. (Par le P. Ph. BUNOU, jésuite.) *Rouen,* 1716, in-12.

Essai de physique, augmenté d'une lettre sur l'aimant, de réflexions sur l'électricité, et d'un petit traité sur le planétaire. (Par DE RANCY.) *Paris, Hérissant,* 1768, in-12.

Essai de physique, par Pierre VAN MUSSCHENBROECK, avec une description de nouvelles sortes de machines pneumatiques, et un recueil d'expériences, par

M. J. V. M. (J. van Musschenbroek), trad. du hollandois par M. Pierre Massuet. *Leyden, S. Luchtnans,* 1739 ou 1771, 2 vol. in-4.   A. L.

Essai de poëme sur l'esprit. (Par Henri Pajon.) *S. l.,* 1757, in-8, 16 p.

Essai de poésies diverses, par M. V*** (Vignée). *Genève et Paris, Charpentier,* 1763, in-8.

Essai de poésies légères. (Par l'abbé François-Valentin Mullot.) *Mayence,* 1798, in-8.

Essai de poésies religieuses, par M. M... (Jacques-Henri Meister). *Paris, Didot,* an IX-1801, in-12. — *Zurich, Orell, Fuesli,* 1815, in-12.

Voy. « Supercheries », II, 1003, *d.*

Essai de politique et de morale calculée, tome I (et unique). 1759, in-12.

L'auteur de cet ouvrage est bien connu sous le nom de d'Hancarville, mais c'est un pseudonyme, il se nommait Hugues; Il était fils d'un marchand de toile, demeurant place du Marché, à Nancy. Il s'était présenté à la cour de Berlin sous le nom de Lenoncourt, ce qui lui avait valu d'être mis en prison à Spandau, d'où il sortit grâce au duc de Wurtemberg, auquel par reconnaissance il dédie son ouvrage. Il y combat l'emploi des machines dont il veut que l'usage soit réglé d'après la population. Voy. dans l' « Examen critique » de A.-A. Barbier, l'article d'Hancarville communiqué par Lamouroux.

Essai de politique, où l'on traite de la nécessité, de l'origine, des droits, des bornes et des différentes formes de la souveraineté, selon les principes de l'auteur de « Télémaque ». (Par And.-Mich. de Ramsay.) *La Haye, s. d.,* 2 parties in-12.

C'est une nouvelle édition de l'ouvrage intitulé : « Essai philosophique sur le gouvernement civil. » Voyez ci-après, col. 222, *f.*

Essai de psaumes et cantiques, mis en vers par mademoiselle *** (Elis.-Soph. Chéron), avec des figures gravées par L. Chéron. *Paris, Brunet,* 1694, in-8.

Essai de psychologie, ou Considérations sur les opérations de l'âme, sur l'habitude et sur l'éducation, avec des principes philosophiques sur la cause première et sur son effet. (Par Ch. Bonnet.) *Londres,* 1755, in-12.

C'est à tort que cet ouvrage a été attribué à Thurneysen.

Essai de quelques genres divers de poésie. (Par le marquis Augustin-Louis de Ximenès.) *S. l. n. d.,* in-8, 36 p.

Essai de recueil d'arrêts notables du

conseil souverain d'Alsace. (Par de Corberon.) *Colmar, Decker,* 1740, in-fol.

Essai de réformation d'un jugement rendu par un avocat au parlement de Paris, sur une dispute littéraire entre deux avocats au parlement de Dijon. (Par Jean-Baptiste Fromageot.) (*Dijon*), 1730, in-12.

Essai de réfutation d'un pamphlet intitulé : « Traité de la nature du droit de charbonnage dans le ci-devant Hainaut ». (Par Alexandre Miché, ingénieur en chef des mines du département de Jemmapes.) *Mons, Hoyois,* 1810, in-8, 18 p.   J. D.

Essai de réhabilitation de la vieillesse, sous forme de paraphrase d'un passage d'Horace. *Tours, impr. de Bouserez,* 1857, in-8, 10 p.

Signé : « l'auteur de l' Ampélographie universelle, né le 1er mai 1778 » (M. le comte Alexandre-Pierre Odard).

Essai de réplique à la « Lettre d'un avocat au parlement de Paris » (le président Bouhier; voy. ces mots) à un de ses amis. (Par Jean-Baptiste Fromageot, professeur en droit à l'université de Dijon.) *Dijon,* 1731, in-8.

Il existe une réponse manuscrite du président Bouhier à cette réplique ; mais le président ne voulut pas la faire imprimer, pour ne pas perpétuer, a-t-il écrit en marge, cette querelle avec un pédant tel que Fromageot.

Essai de réponse aux réflexions ou notes de M•***, avocat à la cour, sur les six lettres de N. pour servir d'éclaircissement à la question du testament des fils de famille en Bourgogne, etc., par M° *** (Jean-Bapt. Fromageot, avocat en parlement et professeur en droit à l'université de Dijon). 1729, in-12.

Essai de réunion des protestans aux catholiques romains, par M. P. D. R. (P.-D. Rouvière, avocat). *Paris, Hérissant,* 1756, in-12.

Essai de rhétorique françoise à l'usage des jeunes demoiselles. (Par Gabr.-H. Gaillard.) *Paris,* 1746, in-12.

Première édition d'un ouvrage qui a eu un grand succès, et qui se réimprime encore aujourd'hui sous le titre de « Rhétorique française à l'usage des demoiselles ».Voyez ces mots.

Essai de simplificacion du français en vue de le fair accepter come langue internacionale, par E. A. C. (E.-A. Clerc). *Lyon, imp. de Chanoine,* 1863, in-8, 151 p. — Apendice, p. 153-184. — Dernière modificacion, p. 185-216.

Essai de traduction de la Messiade,

poëme de KLOPSTOCK, fragments des deuxième et troisième chants, traduits de l'allemand en français, avec le texte en regard, et les imitations de Milton. Par *** (Henri TOPIN), professeur de l'Université. *Paris, Eymery; Niort, Morisset*, 1825, in-8, 139 p.

Voy. « Supercheries », II, 313, *f*.

Essai de traduction de quelques épîtres et autres poésies latines de Michel DE L'HOSPITAL, avec des éclaircissemens sur sa vie et sur son caractère... (par J.-M.-L. COUPÉ). *Paris, Moutard*, 1778, 2 vol. in-8.

Essai de traduction de quelques odes et de l'Art poétique d'HORACE (par l'abbé P.-L. LE FÈVRE DE LA ROCHE). *Paris, Didot aîné*, 1788, in-8.

Tiré à cinquante exemplaires, dont huit portent le nom de l'auteur.

Essai de traduction, en vers burlesques, d'une pièce de poésie latine intitulée : *Excidium Augi*, par M. ***. *Amsterd. et Rouen, chez E.-V. Machuel*, 1768 (et 1778), pet. in-12, 91 p.

Le poëme latin est attribué à un professeur nommé Ch.-J. ROUSSEL. La parodie est signée T. P. C. de S. Jacques d'Eu (T. P., curé de...).

Essai de traduction en vers du Roland le Furieux de l'ARIOSTE (par DUPONT de Nemours). *Paris, Jombert*, 1781, in-8, 75 pages. — Nouvelle édition (contenant trois chants). *Paris, F. Didot*, 1812, in-8.

Essai de traduction interlinéaire des cinq langues, hollandaise, allemande, danoise, suédoise et hébraïque, contenant la traduction d' « Hermann et Dorothée » (de GOETHE), en allemand, et celle du premier acte de « Mérope » (de VOLTAIRE), en suédois. (Traduit par Ant.-Mar.-Henri BOULARD.) *Paris, Fuchs*, an X-1802, in-8.

Essai des effets de l'air sur le corps humain, par Jean ARBUTHNOT, traduit de l'anglois (par P. BOYER DE PREBANDIER). *Paris, Barrois*, 1742, in-12.

Essai des Essais de GOLDSMITH, ou recueil de contes et d'anecdotes, traduit de l'anglois (par DE LARIVAL). *Paris, Royez*, 1788, in-18.

Essai du nouveau conte de ma mère l'Oye, ou les Enluminures du jeu de la constitution. (Par l'abbé DEBONNAIRE.) *S. l.* (1722), in-8, 7 ff. lim., 208 p. et 1 f. d'errata.

Essai en forme de mémoire sur l'éducation de la jeunesse pour servir de réponse à deux questions générales qui renferment toutes celles que l'on peut faire sur cette matière. Sçavoir : 1º Quels sont les vices de l'éducation actuelle, tant par rapport à l'esprit, que par rapport au cœur ? 2º Quels sont les moyens de les corriger ? (Par Nicolas ADAM.) *Londres et Paris, B. Morin*, 1787, in-8, 40 p.

Essai généalogique sur la maison de Saint-Phalle d'après monuments, et d'après titres existant encore en 1860 dans des dépôts publics et dans des chartiers. Notice sur un grand nombre de maisons, et digressions épisodiques sur des titres, mœurs, usages et coutumes des temps.(Par Henri-Roger GOUGENOT DES MOUSSEAUX.) *Coulommiers, imp. de A. Moussin*, 1860, in-4, 156 p.

Essai général d'éducation physique, morale et intellectuelle, suivi d'un plan d'éducation pratique pour l'enfance, l'adolescence et la jeunesse, par M. A. J. (Marc-Antoine JULIEN). *Paris, Didot*, 1808, in-4, 308 p.

Essai général de fortification, d'attaque et de défense des places... (Par BOUSMARD.) *Berlin*, 1799, 4 vol. in-4 et atlas in-fol. — Nouvelle édition faite sur un texte augmenté par l'auteur. *Paris, Magimel*, 1815, 4 vol. in-8 et atlas de 62 pl. in-4.

La 3ᵉ édition publiée par M. AUGOYAT, *Paris*, 1837, porte le nom de l'auteur.

Essai général de tactique, précédé d'un discours sur l'état actuel de la politique et de la science militaire en Europe, avec le plan d'un ouvrage intitulé : « la France politique et militaire ». (Par Jacques-Antoine-Hippolyte DE GUIBERT.) *Londres, libraires associés*, 1772, in-4. — *Liège, C. Plomteux*, 1773, in-4, et 2 vol. in-8.

Réimprimé avec le nom de l'auteur, *Paris, Magimel*, 1804, 2 vol. in-8.

Essai grammatical sur le gascon de Bordeaux ou Guillaoumet debingut grammérien. Par G. D... (DADOR, sacristain de Saint-Nicolas). *Bordeaux, Coderc, Degréteau et Poujol*, 1867, in-8, 19 p.

Essai historique, critique, philologique, politique, moral, littéraire et galant sur les lanternes... par une société de gens de lettres. (Par J.-Fr. DREUX DU RADIER, le médecin Ant. LE CAMUS, l'abbé Jean LE BEUF et JAMET le jeune.) *Dôle, Lucnophile* (*Paris*), 1755, in-12.

Essai historique et critique sur l'insuffisance et la vanité de la philosophie des anciens, comparée à la morale chrétienne, traduit de l'italien de D. Gaëtan SERTOR (par CHASSANIS). *Paris, Berton,* 1783, in-12.

Essai historique et critique sur la révolution française... seconde édit. augmentée du gouvernement consulaire et du règne de Napoléon, par M. P. P. (Pierre PAGANEL), ex-législateur... La prem. édit. fut enlevée entière par ordre de l'ancien gouvernement en 1810 et détruite en totalité en 1813. *Paris, C.-L.-F. Panckoucke,* 1815, 3 vol. in-8. — Troisième édit. revue et augmentée du gouvernement consulaire et du règne de Napoléon, par M. ***, ex-législateur... (Suit la même note que sur le titre de la 2e édit.) *Ibid., id.,* 1815, 3 vol. in-8.

Le troisième volume de cette édition existe aussi avec ce titre : « Histoire de Napoléon Bonaparte, depuis ses premières campagnes jusqu'à son exil à l'isle de Sainte-Hélène. Par M. ***, ex-législateur...» *Paris, C.-L.-F. Panckoucke,* 1815, in-8, et avec le nom de l'auteur, *Liége, impr. de C.-A. Bassompierre,* 1815, in-8 de xxxij-424 p.

La réimpression de Liége porte la signature III, j'ignore si les deux autres volumes ont été réimprimés à Liége. La « Bibliographie liégeoise » de M. A. Theux ne cite pas cet ouvrage.

On lit p. iij de l'avant-propos du t. III :

« Mon livre fut saisi et consigné dans les magasins de l'imprimeur, en vertu d'un ordre écrit et signé de la main de l'empereur... L'ordre fut exécuté sans nul examen préalable. L'ouvrage, après avoir subi l'épreuve de la censure, avoit été imprimé avec l'autorisation du ministre de la police. A cette époque, la direction de la librairie fut établie. Pour justifier la confiance de l'empereur, le chef de cette inquisition littéraire évoqua à son tribunal une affaire jugée ; et par une précaution aussi délicate que judicieuse, il fit enlever l'édition et la transférer dans une espèce d'écurie de son hôtel, où j'ai acquis la certitude que les scellés avaient été brisés. »

Voy. « Supercheries », III, 1095, d.

Essai historique et critique sur les priviléges et exemptions des réguliers. (Par l'abbé Ambroise RIBALLIER, censeur royal.) *Venise et Paris, Desaint,* 1769, in-12.

Essai historique et légal sur la chasse. (Par Jean-Henri MARCHAND, avocat.) *Londres (Paris), Lejay,* 1769, petit in-12.

Quelques exemplaires de cet ouvrage ont reparu sous le titre de « Calendrier, ou essai historique », etc. *Paris, Lejay,* 1770.

Essai historique et militaire sur l'art de la guerre, depuis son origine jusqu'à nos jours. (Par D'ECRAMMEVILLE.) *Paris, Bleuet,* 1789, 3 vol. in-8.

Réimprimé en 1793, sous le titre d' « Examen des causes des succès et des disgrâces à la guerre, arrivés depuis Cyrus jusqu'à nos jours ». *Paris,* in-8. Voy. ces mots.

Essai historique et militaire sur la province du Roussillon,... par M. le chev. D. L. G. (DE LA GRAVE). *Londres,* 1787, in-8.

Essai historique et patriotique sur les Arbres de la Liberté. (Par l'abbé Henri GRÉGOIRE.) *Paris, Didot,* an II, in-8.

Réimprimé avec le nom de l'auteur.

Essai historique et philosophique sur le goût. (Par l'abbé Nic. CARTAUD DE LA VILLATE.) *Amsterdam,* 1736, in-8.

L'édition de *Paris,* 1736, porte le nom de l'auteur.

Essai historique et philosophique sur les principaux ridicules des différentes nations. (Par GAZON-DOURXIGNÉ.) *Pékin et Paris, Durand neveu,* 1766, in-12. — 2o éd. Par G... DOURX... *Amsterdam, Rey,* 1766, in-12.

Essai historique et politique sur l'état de Gênes. (Par A. DE LA FLOTTE, ministre plénipotentiaire à Florence, et fils de celui qui a fait un Essai sur l'Inde.) *Paris, Forget,* an II-1793, in-8.

Essai historique et politique sur le gouvernement présent de la Hollande. (Par FAVIER.) *Londres,* 1748, 2 vol. in-12.

Essai historique et politique sur le royaume de Pologne (1815-1830), trad. du polonais (de Maurice MOCHNASKI) par J. N. I. (Jean-Népomucène IANOWSKI). *Paris,* 1846, in-8.

Essai historique et politique sur les garanties, et en général sur les diverses méthodes des anciens et des nations modernes de l'Europe, d'assurer les traités publics. (Par P.-Jos. NEYRON.) *Gottingue, Dieterich,* 1777, in-8.

Essai historique et statistique sur Thury-Harcourt, par M. B. (BOSCHER). *Caen, Th. Chalopin,* 1831, in-8, 82 p. et planches.

Essai historique, politique et moral sur les révolutions anciennes et modernes, considérées dans leurs rapports avec la révolution française. (Par CHATEAUBRIAND.) *Londres,* 1797, tome 1, 2 parties in-8. — *Londres, J. Deboffe,* 1797, in-8. — Nouvelle édition. *Londres,* 1814, 2 vol. in-8.

Quelques exemplaires de la première édition portent le nom de l'auteur. V. « Variantes ».

Un exemplaire de l'édition originale avec des notes manuscrites fort curieuses de l'auteur s'est trouvé à la vente de la bibliothèque de M. Sainte-Beuve : il a été vendu 3400 francs. Voici la note du catalogue :

Cet exemplaire précieux est chargé de notes de la main de Chateaubriand.

Lorsqu'elles ont été écrites, le célèbre écrivain

n'avait pas encore fait son retour au christianisme. On a besoin de le savoir, en les lisant, pour ne pas être étonné que quelques-unes de ces notes aient pu tomber de la plume de l'auteur du « Génie du christianisme ».

Cet exemplaire est celui dont M. Sainte-Beuve a cité des passages dans son article sur Chateaubriand, inséré dans les « Causeries du Lundi », tome X, pages 60-73. Il a appartenu à M. Augustin Soulier, qui a dirigé l'édition des Œuvres de Chateaubriand, publiée par Ladvocat, et à M. Aimé-Martin. Il y a, en tête du volume, des notes de ces deux bibliophiles, que nous transcrivons ci-dessous pour donner toute l'histoire du livre :

« Ce livre fut trouvé dans les papiers que Chateaubriand avait laissés en Angleterre, et qui lui furent rendus en 1814, après la chute de Napoléon. L'exemplaire avait été préparé pour une seconde édition. Ne se souvenant plus des notes écrites sur les marges, M. de Chateaubriand le donna à M. Augustin Soulier, éditeur de ces Œuvres, publiées chez Ladvocat. L'exemplaire devait servir de copie. Heureusement M. Soulier eut l'idée de le conserver, et plus tard il consentit à s'en défaire en ma faveur. La note ci-jointe est de la main de M. Soulier, dont aujourd'hui, 20 mars 1845, les journaux annoncent la mort. C'était un homme excellent, mais habituellement triste. Sa physionomie, distinguée et mélancolique, l'avait fait surnommer le beau ténébreux. »   L. AIMÉ-MARTIN.

Note de M. Soulier : « Cet exemplaire de l'édition originale de l' « Essai sur les révolutions » est d'autant plus précieux, qu'il renferme plusieurs pages chargées de notes qui n'ont aucun rapport avec celles que M. de Chateaubriand a faites depuis dans l'édition des Œuvres complètes, publiée par le libraire Ladvocat : celles-ci expriment des sentiments particuliers de l'auteur à une époque où il était très-jeune, et des particularités curieuses sur des écrivains contemporains, tels que Lebrun, Parny, Fontanes, Bernardin de Saint-Pierre, etc., etc. »

Pour plus de détails sur ce livre précieux, nous renverrons à la Notice de M. Scherer placée en tête du catalogue de M. Sainte-Beuve placé en tête du catalogue. Quelques-unes des plus curieuses notes de Chateaubriand y sont citées.

Essai historique sur l'abbaye de Solesmes, suivi de la description de l'église abbatiale, avec l'explication des monuments qu'elle renferme. (Par dom Prosper GUÉRANGER.) Le Mans, 1846, in-8, viij-131 p.

Il y a trois éditions.

Essai historique sur l'Aquitaine. (Par l'abbé P.-J. BOUDOT.) S. l., 1753, in-8, 32 p.

Essai historique sur l'autorité des évêques de Laon au moyen âge. (Par A. MASSON.) Laon, imp. de E. Fleury, 1856, in-8, 95 p.

Essai historique sur l'église de Saint-Paul, ci-devant collégiale, aujourd'hui cathédrale de Liége. (Par l'abbé THIMISTER.) Liége, Grandmont, 1867, in-8, avec 22 gr.

Publié d'abord dans le « Bulletin archéologique liégeois », t. VI et VII.

Essai historique sur l'Hôtel-Dieu de Paris, ou tableau chronologique de sa fondation, etc. (Par RONDONNEAU DE LA MOTHE.) Paris, l'auteur, 1787, in-8.

Essai historique sur l'imprimerie. (Par J.-L.-M. PORTHMANN.) Paris, 1811, in-8, 80 p.

Seconde édition sous le titre de : « Eloge historique de l'imprimerie ». Paris, 1811, in-8, 64 p. Voy. ci-dessus, col. 75, c.

Essai historique sur l'influence de la religion en France pendant le XVIIe siècle, ou tableau des établissements religieux formés à cette époque... (Par Michel-Joseph-Pierre PICOT.) Paris, Adrien Leclère, 1824, 2 vol. in-8.

Essai historique sur l'Institution des jeunes aveugles de Paris. (Par le docteur A.-B. PIGNIER, ancien directeur de cet établissement.) Paris, imp. veuve Bouchard-Huzard, 1860, in-8, 286 p.

Essai historique sur l'institution du rit écossais et sur la puissance légale qui doit le régir en France, par un disciple de Zorobabel (le docteur Pierre-Gérard VASSAL). Paris, imp. de Bellemain, 1827, in-8.

Essai historique sur l'origine des dîmes... (Par Charles-Lambert D'OUTREPONT.) S. l., 1780, in-8.

Essai historique sur l'origine du pouvoir judiciaire et du droit public français. (Par M. L'ECUREL.) Paris, 1789, in-12.

Essai historique sur la bibliothèque du roi et sur chacun des dépôts qui la composent, avec la description des bâtiments et des objets les plus curieux à voir dans ces différents dépôts. Paris, Belin, 1782, in-18, XXIV-372 p.

Par Nic.-Thom. LE PRINCE aîné, inspecteur de la librairie près la chambre syndicale de Paris, chargé de veiller au recouvrement des exemplaires dus à cette bibliothèque.

Il y a des exemplaires avec le nom de l'auteur. Bignon, le bibliothécaire du Roi, écrivit au garde des sceaux pour lui demander de faire arrêter l'édition de l'ouvrage qui contenait, disait-il, beaucoup d'erreurs. Le garde des sceaux répondit qu'il ne pouvait pas faire droit à sa requête.

Voy. à la Bibliothèque nationale, au département des Mss., fonds du bureau de la librairie, le vol. 209 et la « Correspondance littéraire », Paris, 5 avril 1857, où la réponse du garde des sceaux est reproduite.

A la suite des difficultés que lui suscita M. Bignon, l'auteur supprima d'un certain nombre d'exemplaires les pages 337-372 relatives aux « Bibliothèques publiques et particulières », et fit réimprimer une table cotée 337 à 343, de manière à dissimuler la lacune.

C'est d'après un de ces exemplaires qu'a été faite

l'édition de l'ouvrage de Leprince, publiée par M. Louis PARIS en 1856.

Le « Bulletin universel des sciences » de Férussac, 1828, a fait connaître que M. J.-L.-A. Bailly avait réimprimé textuellement et presque en entier le texte de Le Prince, sans prévenir ses lecteurs de la vol. par lui publié sous ce titre : « Notices historiques sur les bibliothèques anciennes et modernes ».

Essai historique sur la dernière persécution de l'Eglise, par M. *** (l'abbé Paul VERGANI, ex-législateur; revu par Mathieu – Mathurin TABARAUD). *Paris, A. Egron*, 1814, in-8, 96 p.

Essai historique sur la franc-maçonnerie à Caen, par le F∴ A∴ D∴ T∴ 3e édit. *Caen, Le Gosse-Clérisse* (1860), in-16, 24 p.

Par Georges MANCEL, bibliothécaire de la ville de Caen.

Tiré à part à 34 exemplaires.

Essai historique sur la franc-maçonnerie, depuis son origine jusqu'à nos jours, par le F∴ V∴ F∴ (VIDAL, avocat à Montauban). *Bordeaux, Lawalle*, 1830, in-12, 312 p.

Essai historique sur la lithographie... par G. P. (Gabriel PEIGNOT). *Dijon et Paris, Renouard*, 1819, in-8, 60 p.

Voy. « Supercheries », II, 203, *b*.

Essai historique sur la maison de Savoye. (Par le comte MONET, Piémontais.) *Paris, Jorry*, 1779, in-8.

Cette brochure fut publiée à l'occasion du mariage de la princesse de Piémont. Voyez le « Dictionnaire » de l'abbé Grellet, t. I, p. 391.

Essai historique sur la médecine en France. (Par J.-B.-Louis CHOMEL.) *Paris, Lottin l'aîné*, 1762, in-12.

Essai historique sur la puissance temporelle des papes et sur l'abus qu'ils ont fait de leur ministère spirituel... Ouvrage traduit de l'espagnol. *Paris*, 1810, in-8.

Il y a de cet ouvrage, qui fut commandé à C.-P.-F. DAUNOU, alors garde général des Archives, trois éditions imprimées à l'imprimerie impériale, l'une du mois de février 1810, l'autre du mois de mai de la même année. Une troisième fut imprimée en 1811, puis supprimée vers 1813. Il en existe, dit-on, soixante exemplaires environ. Elle est augmentée d'un volume dans lequel se trouvent 12 pièces inédites jusqu'alors. Une 4e édit., revue, corrigée et augmentée, *Paris*, 1818, *au bureau du Censeur européen*, 2 vol. in-8, offre des additions importantes, mais plusieurs morceaux de la 3e ne s'y trouvent pas.

Essai historique sur la puissance temporelle des papes, traduit de l'italien de GUICHARDIN (par TURPETIN, employé à la recette générale de l'Orne). *Paris. Lhuillier*, 1810, in-8.

Essai historique sur la religion en France pendant le XVIIe siècle, ou tableau des établissements religieux formés à cette époque, et des exemples de piété, de zèle et de charité qui ont brillé dans le même intervalle. (Par Michel-Joseph-Pierre PICOT.) *Louvain, Van Linthout et Vandenzande*, 1824, 2 vol. in-8. J. D.

Voy. ci-dessus, col. 208, *b* : « Essai historique sur l'influence... »

Essai historique sur la rentrée des biens, tant à l'Eglise qu'à la nation ; avec des réflexions sur la nature de ces biens. (Par GAMBIER, récollet de la ville de Bavay en Hainaut.) *S. l.*, 1789, in-8. V. T.

Essai historique sur la vie et les écrits d'Abailard et d'Héloïse. (Par M. GUIZOT.) *S. l. n. d.*, gr. in-8.

Catalogue du marquis L. de Laborde, 2e part. 1872, no 3161.

Essai historique sur la vie et les écrits de François (de Neufchâteau), entremêlé de quelques conseils qu'on lui adresse sur son ministère, par un ermite de Seine-et-Marne (Michel DE CUBIÈRES DE PALMÉZEAUX). *Paris, J.-B. Chemin*, an VII, in-8.

Voy. « Supercheries », II, 266, *b*.

Essai historique sur la ville de Bayonne... (Par M.-P. MASEIN.) *Paris, Guillot et Denné*, et *Bayonne, Fr. Trebosc*, 1792, in-8, avec un plan de la ville.

L'auteur a signé la dédicace.

Il y a des exemplaires de la même date qui portent le nom de l'auteur sur le titre avec l'adresse, *Paris, chez l'auteur*.

Essai historique sur la ville de Meaux, ancienne capitale de la Brie. (Par P. NAVARRE, ancien avocat.) *Meaux, Dubois-Berthault*, 1819, in-8, 111 p.

Essai historique sur le commerce et la navigation de la mer Noire. (Par Ant.-Ign. ANTHOINE, baron de SAINT-JOSEPH.) *Paris, Agasse*, an XIII-1805, in-8.

Réimprimé en 1820, avec le nom de l'auteur.

Essai historique sur le docteur Swift et sur son influence dans le gouvernement de la Grande-Bretagne, depuis 1710 jusqu'à la mort de la reine Anne, en 1714, suivi de notices historiques sur plusieurs personnages d'Angleterre célèbres dans les affaires et dans les lettres. (Par Quentin CRAUFURD.) *Paris*, 1808, in-4 et in-8.

Essai historique sur le Louvre (ouvrage posthume de Jean OLIVIER, de Paris, mort le 1er février 1758, âgé de 36 ans, publié par DE BEAUMONT, avec une épître dédicatoire au marquis de Marigny, signée DE B***). *Paris, P. Prault,* 1758, in-12, 43 p.

Cet ouvrage est adressé à une dame. L'éditeur, dans son *épître dédicatoire*, cite la mort récente de l'auteur. A la dernière page, après une strophe tirée d'une « Ode sur la reconstruction du Louvre », par M. de Beaumont, l'auteur dit qu'il emprunte une plume étrangère pour peindre les sentiments de tous les citoyens.

Ces divers rapprochements me font croire que M. de Beaumont était lié avec M. Olivier, et qu'il a cru remplir le devoir d'un ami en publiant l'opuscule que celui-ci venait de terminer.

Il est à regretter que cet ouvrage ne soit pas mentionné dans la nouvelle édition de la « Bibliothèque historique de la France ».

L'idée de l'attribuer à Jean Olivier m'est venue de la lettre d'un de mes correspondants, qui le donne à René Olivier, prêtre de l'Oratoire. Cet oratorien, dont on a quelques opuscules, vivait encore en 1769. Voyez la « France littéraire », t. I.

Essai historique sur le progrès des lumières dans le royaume des Pays-Bas, et en particulier sur la liberté indéfinie des opinions religieuses... (Par l'abbé DE SURE.) 1re partie (et unique). *Gand, Poelman,* 1816, in-8, 2 ff. lim., 176 p. et 8 p. de notes.

Essai historique sur le système de colonisation militaire de la Russie, traduit de l'anglais (par le comte DE MARNE), de l'ouvrage du docteur Robert LYALL, ayant pour titre : « Sur l'organisation, l'administration et l'état actuel des colonies militaires nouvellement établies en Russie » (publié et annoté par TOURNACHON DE MONVÉRAN). *Paris,* 1825, in-8.

Essai historique sur les arts en Danemark. (Par Aug. HENNINGS.) *Copenhague,* 1778, in-8.

Essai historique sur les eaux de Luxeuil. (Par FABERT.) *Paris, Vincent,* 1773, in-12.

Essai historique sur les provinces basques (Alava, Guipuzcoa, Biscaye et Navarre) et sur la guerre dont elles sont le théâtre. (Par M. DE BOIS-LE-COMTE.) *Bordeaux, Teycheney,* 1836, in-8, 2 ff. de tit. et 361 p.

Les 240 premières pages avaient déjà été imprimées en 1835, à Bordeaux, mais elles n'avaient été tirées qu'à 80 exempl.

Essai historique sur les usages, les croyances, les traditions, les cérémonies et pratiques religieuses et civiles des Belges anciens et modernes, par A. G. S. (Antoine-Guillaume-Bernard SCHAYES). *Louvain,* 1834, 1re partie, in-8, 238 p.

Voy. « Supercheries », I, 218, a.

Essai historique sur quelques gens de lettres nés dans le comté de Bourgogne,

avec une notice de leurs écrits. *Besançon, Félix Charmet,* 1806, in-8, 2 ff. lim., 208 et VIII p.

Attribué par Barbier à GIROD-NOVILLARS et par Girault de Saint-Fargeau à l'abbé Nic.-Ant. LABBEY DE BILLY.

Essai historique sur Thadée Kosciuzko. (Par Alfred FAYOT.) *Paris, Poulet,* 1820, in-8, 12 p.

La dédicace, adressée à M. le duc de Cazes, est signée A. DE LOW.

Essai lyrique sur la religion. (Par J.-Rodolphe FREY DES LANDRES.) *Francfort,* 1753, in-8.

Essai ou note élémentaire sur le magné tisme animal, par M. *** (COLARDEAU, de Charleville). *Avallon, imp. de Garet, s. d.,* in-8, 38 p.

Essai particulier de politique, dans lequel on propose un partage de la Turquie européenne, par M. C*** (J.-L. CARRA). *Constantinople (Paris),* 1777, in-8, 66 p.

Essai philologique sur les commencements de la typographie à Metz et sur les imprimeurs de cette ville, puisé dans les matériaux d'une histoire littéraire, biographique et bibliographique de Metz et de sa province. (Par Guillaume-Ferdinand TEISSIER, sous-préfet de Thionville.) *Metz, C. Dosquet,* 1828, in-8, 293 p., avec un portr.

Essai philosophique sur l'âme des bêtes... (Par Dav.-R. BOULLIER.) *Amsterdam, Fr. Changuion,* 1728, in-12. — Nouvelle édition augmentée, 1737, 2 vol. in-12.

Essai philosophique sur la crainte de la mort. (Par l'abbé HUEL.) *S. d.,* in-12.

Essai philosophique sur la dignité des arts. (Par Jean-Baptiste-Publicola CHAUSSARD.) *Paris,* 1798, in-8.

Essai philosophique sur la Providence. (Par l'abbé Cl.-Fr. HOUTEVILLE.) *Paris, G. Dupuis,* 1728, in-12.

Essai philosophique sur le corps humain; pour servir de suite à la « Philosophie de la nature ». (Par DELISLE DE SALES.) *Amsterdam et Paris, Saillant et Nyon,* 1774, 3 vol. in-12.

Essai philosophique sur le gouvernement civil selon les principes de Fénelon. (Par And.-Mich. DE RAMSAY.) *Londres,* 1721, in-12.

Voy. ci-dessus, col. 211, d : « Essai de politique ».

Essai philosophique sur le monachisme,

par M. L. (LINGUET). *Paris*, 1775, 1777, in-8 et in-12.

Cet ouvrage n'est autre chose que les vingt-quatre premiers chapitres de l' « Histoire impartiale des Jésuites », par le même auteur.

Essai philosophique sur les phénomènes de la vie, par sir Th.-Ch. MORGAN, traduit de l'anglais sous les yeux de l'auteur (par Mlle SOBRY). *Paris, Dufart*, 1819, in-8.

Essai philosophique sur les prêtres et la prédication, par J. C. D. L. V. P. R. A. B. (Jean-Charles DE LA VEAUX, professeur royal, ancien bénédictin). *Rome, imprimerie du Vatican*, 1785, in-8 de 168 p.

On trouve à la suite la traduction de deux sermons de G.-J. Zollikofer.

Essai philosophique sur les principaux systèmes politiques, par A. D. B. (Auguste DE BOVE), docteur en droit. *Mons, Chevalier-Asnon*, 1855, in-32, xiv-271 p. J. D.

Essai philotechnique. Nouvelle joute française, ou tournois des arts. Moyen d'apprécier les produits des arts par l'analyse. (Par Louis-Antoine FOUQUET.) *Paris*, an XI, in-8, 14 p.

Essai physique sur l'heure des marées dans la mer Rouge, comparée avec l'heure du passage des Hébreux. (Par l'abbé Pierre HARDY.) *Paris, Lambert*, 1755, in-12, 103 p.

Cet opuscule estimé a été réimprimé à *Gottingue* en 1758, in-8, avec des remarques du savant Jean-David MICHAELIS.

Essai poétique à l'occasion du mariage de S. A. R. Mgr le duc de Brabant avec S. A. I. et R. Mme Marie-Henriette-Anne, archiduchesse d'Autriche. (Par Mlle Adélaïde BEHAEGEL.) *Bruges, Vande Casteele-Werbrouck*, 1853, in-8, 8 p. J. D.

Essai poétique sur les souvenirs de l'Angoumois. (Par Ch. DE CHANCEL.) *Angoulême, J. Broquisse*, 1825, in-8, 64 p.

Essai politique d'un cousin de Charlotte Corday. — Juillet 1869. — Octobre 1870. — Février 1871. (Par le marquis DE CHENNEVIÈRES-POINTEL.) *Nogent-le-Rotrou, Gouverneur*, 1871, in-16, 100 p.

Essai politique des gouvernements représentatifs modernes et de leur rapport avec la Belgique en 1847, ou appel au roi, aux chambres et aux électeurs, par un conseiller provincial du Hainaut (CAM-BIEN, notaire à Elouges). *Mons, Masquillier et Lamir*, 1847, in-8, 110 p. J. D.

Essai politique sur le commerce, par M. M*** (Jean-François MELON). (*Rouen ou Bordeaux*). 1734, in-12, 273 p. — *Amsterdam, Changuyon*, 1735, in-8.

Une édition de 1736, en 1 vol. in-12, qui est augmentée de sept chapitres, porte le nom de l'auteur. Il y a eu une nouvelle réimpression en 1761.

Essai politique sur les avantages que la France peut retirer de la conquête de l'île de Minorque... (Par Ignace HUGARY DE LA MARCHE-COURMONT.) *Citadella (Lyon)*, 1757, in-12.

Essai portatif de bibliographie, rédigé et imprimé par un imprimeur-libraire de dix-huit ans pour son instruction particulière. (Par Fr.-Ignace FOURNIER.) *Paris, Didot le jeune*, 1796, in-8.

Ouvrage tiré à vingt-cinq exemplaires.

Essai pour servir à l'histoire de la putréfaction. (Par Mme Gen.-Ch. THIROUX D'ARCONVILLE.) *Paris*, 1766, in-8.

Essai satirique et amusant sur les vieilles filles, traduit de l'anglais (de William HAYLEY), par M. SIBILLE. *Paris*, 1788, 2 vol. in-12.

Essai sur cette question : Quand et comment l'Amérique a-t-elle été peuplée d'hommes et d'animaux? Par E. B. D'E. (Sam. ENGEL, bailli d'Echalens). *Amsterdam, M.-M. Rey*, 1767, in-4, 8 ff. lim. et 610 p. — *Amsterdam*, 1767, 5 vol. in-12.

Essai sur cette question : Quels sont les moyens de rendre le commerce de Narbonne plus florissant que jamais ? Par M. E* (ENJALRIC), correspondant de la Société d'agriculture de Paris. *Narbonne*, 1821, in-8, 27 p.

Essai sur de prétendues découvertes nouvelles, dont la plupart sont âgées de plusieurs siècles, par M. C*** (C. COSTE D'ARNOBAT). *Paris, Patris*, an XI-1803, in-8.

Voy. « Supercheries », I, 607, c.

Essai sur Démosthène et sur son éloquence, contenant la traduction des Olynthiaques, avec le texte en regard, et suivis de considérations sur l'éloquence de l'orateur athénien. (Par le baron Charles DUPIN.) *Paris, veuve Courcier*, 1814, in-8.

Essai sur des monuments armoricains qui se voient sur la côte méridionale du département du Morbihan, proche de Quiberon, par M. DE *** (Armand-Bon-Louis MAUDET DE PENHOUET), ancien officier de la marine. *Nantes, Busseuil jeune*, 1805, in-4, 44 p.

Essai sur divers procédés d'expéditive française, contenant douze écritures différentes, avec une planche pour chaque procédé. (Par Charles BARBIER.) *Paris, imp. de P. Gueffier*, 1815, in-8, 33 p. et 10 pl.

L'auteur a publié la même année un extrait de ce travail sous le titre de : *Petite Typographie privée...* Voy. ces mots.

Ch. Barbier n'a d'article dans aucune biographie. C'était un chercheur qui, aux dépens d'une bonne partie de sa fortune, se proposa de mettre les aveugles à même d'écrire et de se relire, et cela sans connaître la figure des lettres, l'usage de la plume et du crayon, les règles de l'orthographe, ni les difficultés de l'épellation. Il fut le premier, pense M. Guadet, qui entra dans cette voie nouvelle, et il le fit de manière à s'assurer des droits éternels à la reconnaissance des aveugles. Le système de Ch. Barbier a été profondement modifié et amélioré par Louis Braille, aveugle et professeur de l'Institution de Paris. Voy. « Exposé du système d'écriture en points saillants à l'usage des aveugles de l'Institution royale de Paris, par J. Guadet ». *Paris, impr. de Fain et Thunot*, 1844, in-8, 14 p. (Extrait des « Annales de l'éducation des Sourds-Muets et des Aveugles ».)

Essai sur l'abbaye royale de Saint-Jean-des-Vignes, par un membre du comité archéologique de Soissons (M. Emilien FOSSÉ-DARCOSSE). *Soissons, Fossé-Darcosse*, 1848, in-8, 23 p.

Extrait des « Publications du Comité archéologique de Soissons ».

Essai sur l'administration. (Par V.-D. DE MUSSET-PATHAY.) *S. l. n. d. (Paris)*, in-8, 108 p.

Volume sans titre ni faux titre, et dont il n'a été tiré que quelques exemplaires pour les amis de l'auteur.

Essai sur l'administration des terres. *Paris, J.-T. Hérissant*, 1759, in-8, 2 ff. lim., VIII-203 p.

Le privilége est au nom de BELLIAL DES VERTUS, pseudonyme du docteur François QUESNAY.

Essai sur l'administration, par le sous-préfet de Béthune (M. DE NORMANDIE). *Béthune, imp. de Savary, et Paris, Pillet*, 1830, in-8, 186 p.

Essai sur l'admission des navires neutres dans nos colonies. (Par Fr. VÉRON DE FORBONNAIS.) *Paris*, 1759, in-12.

Essai sur l'agriculture moderne... (Par les abbés NOLIN et J.-L. BLAVET.) *Paris*, 1755, petit in-12.

Essai sur l'Allemagne à propos de la guerre de 1870, par un ancien diplomate (l'abbé MENEVAL, fils du secrétaire de Napoléon Ier). 2e édit. *Paris, Jos. Albanel*, 1871, in-12, 174 p. — 3e édit. *Paris, J. Albanel*, 1872, in-12, 144 p.

Essai sur l'Almanach général d'indication d'adresse personnelle et domicile fixe des six corps, arts et métiers. Pour l'année 1769. (Par ROZE DE CHANTOISEAU.) *Paris, veuve Duchesne, etc.*, 1769, in-8 encadré, sans pagination.

Essai sur l'amélioration de l'agriculture dans les pays montueux, et en particulier dans la Savoie... (Par le marquis Ch. DE COSTA DE BEAUREGARD.) *Chambéry, Gorrin*, 1774, in-8.

Cet ouvrage a été réimprimé en 1802, avec le nom de l'auteur.

Essai sur l'amélioration des terres. *Paris, Durand neveu*, 1758, 1759, 1765, in-12.

L'auteur, PATTULLO, a signé la dédicace à Mme de Pompadour, mais elle est de MARMONTEL.

Il y a des exemplaires avec le titre de « Traité... »

Essai sur l'amour, par M. D... (P.-Luc DREUX, ancien secrétaire du comte de Vergennes). *Amsterdam*, 1783, in-18. — 2e édition. *Amsterdam*, 1786, in-12. — 3e édition. *Paris, an X-1802*, in-18, 136 p.

Essai sur l'amour-propre, envisagé comme principe de morale. (Par FRÉDÉRIC II, roi de Prusse.)

Voy. « Discours prononcé à l'assemblée ordinaire... », IV, 1026, d.

Essai sur l'Apocalypse, avec des éclaircissements sur les prophéties de Daniel, qui regardent les derniers temps. (Par Théodore CRINZOS, protestant.) *S. l.*, 1729, in-4, 432 p.

Le même auteur a publié la même année, avec son nom : 1° « le Livre de Job, traduit en françois, avec des notes », *Rotterdam, Acher*, in-4; 2° « le Livre des Psaumes, traduit en françois », *Yverdon, Genalth*, in-4.

Voy. le « Journal littéraire » de La Haye, t. XV et XVI.

Essai sur l'Apocalypse, ou explication littérale et historique de la révélation de l'apôtre saint Jean, avec des remarques sur le système de M. Pastorini. (Par l'abbé Etienne BAUDOIN, né à Rouen.) *Paris, Durand*, 1781, 2 vol. in-12. — Nouvelle édition. *Paris, Moutard*, 1784, 2 vol. in-12.

Essai sur l'architecture. (Par Marc-Ant. LAUGIER, Provençal, ex-jésuite, mort en

1769.) *Paris, Duchesne,* 1753, in-8; xvi-293 p. et 9 ff. de table et d'errata.

Réimprimé en 1755, in-8, avec le nom de l'auteur.

Essai sur l'architecture militaire. (Par F.-F. DE NICOLAÏ.) *Berlin,* 1755, in-4.

Essai sur l'art de cultiver la canne et d'en extraire le sucre, par M. DE C....X (Ch. DE CASAUX), de la Société royale de Londres. *Paris, Clousier,* 1781, in-8.

Essai sur l'art de la gravure. (Par ROYER.) *S. l. n. d.,* in-12.

Essai sur l'art de lire, etc. (Par M. le marquis P.-Mar. DE GRAVE, pair de France.) *Twickenham, imp. de G. White,* 1816, in-12, 67 p.

Essai sur l'art de plaire, poëme. (Par MAUGER.) 1746, in-8.

Réimprimé avec des changements, sous ce titre : « L'Art de plaire, poëme en trois chants, dédié aux dames, et autres poésies intéressantes. » *S. l.,* 1756, in-8. Voy. IV, 293, *f.*

Essai sur l'art de rendre les révolutions utiles. (Par l'abbé J.-E. BONNET, natif de Fréjus.) *Paris, Maradan,* 1801, 2 vol. in-8.

Réimprimé en 1802, avec le nom de l'auteur. On prétend que cet ouvrage a été rédigé dans le cabinet de Napoléon, et qu'il est lui-même auteur de plusieurs chapitres, tels que celui du prétendant (Sa Majesté Louis XVIII) et celui de l'hérédité du trône. Voyez l' « Almanach du vieux astrologue », *Paris, Petit,* 1814, in-12, p. 52.

Essai sur l'art du vol aérien. (Par L.-G. GÉRARD.) *Paris,* 1784, in-12, figures.

Essai sur l'art poétique en général, et en particulier sur la versification française, divisé en quatre épîtres aux Pisons modernes, par l'ermite de Seine-et-Marne (Michel CUBIÈRES DE PALMÉSEAUX). *Paris, Froullé,* 1812, in-18.

Voy. « Supercheries », II, 266, *c.*

Essai sur l'économie politique de l'Angleterre, considérée dans ses rapports avec ses richesses nationales, son agriculture, son industrie et son commerce, par T. W. (Thomas WILSON). *Bruxelles, Demat,* 1846, in-8, 98 p.

Ouvrage rédigé par Alexandre ISABEAU. D'après M. Delecourt, Thomas Wilson a publié et signé de son nom un autre ouvrage d'Alexandre Isabeau, intitulé : « de l'Influence des capitaux anglais sur l'industrie européenne, depuis la révolution de 1688 jusqu'en 1846.» *Bruxelles, Decq,* 1847, in-8, 220 p.

Essai sur l'éducation de l'enfance. (Par Mme DE LARIVE DUPAS.) *Genève,* 1837, in-8.

Essai sur l'éducation de la noblesse, par M. le chevalier de ** (DE BRUCOURT); nouvelle édition, corrigée et augmentée. *Paris, Durand,* 1748, 2 vol. in-12 tirés sur pap. in-4.

La première édition avait paru l'année précédente.

Essai sur l'éducation des demoiselles, par Mlle DE *** (DE LESPINASSY). *Paris, Hochereau,* 1764, in-12, 86 p.

Le nom de cet auteur est souvent écrit DESPINASSY ou D'ESPINASSY.

Essai sur l'éducation des enfants dans le premier âge.(Par M. FABRE.) *Paris, imp. de Gratiot,* 1843, in-8, 66 p.

Essai sur l'éducation des princes dans une monarchie constitutionnelle. (Par Mlle DE F***** (FRAGTEIN). *Paris, Goujon,* 1832, in-8.   D. M.

Essai sur l'éducation, par Mme D*** (DESPLECHIN, fille de PRUDHOMME), institutrice. *Paris, Lebègue,* 1825, in-8, 24 p.— *Paris, Lebègue,* 1829, in-8, 20 p. —*Paris, Johanneau,* 1829, in-8, 20 p., avec le nom de l'auteur.

Essai sur l'éducation, par M. L*** DE B*** (Louis DE BAUCLAS). *Bruxelles, Hublou,* 1825, in-8.   J. D.

Essai sur l'éducation publique. (Par J.-Rud. SINNER.) *Berne,* 1765, in-8.

Essai sur l'éloge de François de Salignac de La Mothe-Fénelon, lu dans la séance publique de la société nationale des Neuf-Sœurs. *Paris, Onfroy,* 1791, in-8, 28 p.

Signé : Edmond CONDIER.

Essai sur l'emplacement du théâtre ou du xyste de la colonie de Nîmes. (Par Auguste PELET.) *Nîmes, typ. Clavel-Ballivet (s. d.),* in-8, 6 p.

Essai sur l'emploi du temps, ou méthode qui a pour objet de bien régler l'emploi du temps, premier moyen d'être heureux; par M. M.-A. J. (M.-A. JULLIEN). *Paris, Didot,* 1808, 1810, in-8.

Essai sur l'entomologie du département du Puy-de-Dôme; monographie des lamelli-antennes, par J. B. L. (BAUDET-LAFARGE). *Clermont,* 1838, in-8.

Essai sur l'envie. *Liége, Bollen,* an IX-1803, in-12, 22 p.

L'auteur, JARDINET, était à cette époque juge de paix à Namur; après le concordat, il devint, sous le nom de DUCOUDRAY, grand vicaire du diocèse. J. D.

Essai sur l'esprit de conversation et sur quelques moyens de l'acquérir, par M. P.

H. D...Y, ci-devant avocat à la cour royale de Paris (Marie-Pierre-Henry Durzy, mort en janvier 1822, conseiller à la cour d'appel d'Orléans). *Paris, Delaunay,* 1819, in-8.

L'édition de 1821, donnée pour seconde, est la même, au frontispice près.

Essai sur l'esprit de la législation favorable à l'agriculture, à la population, au commerce et aux arts et métiers. (Par J. Bertrand.) *Berne,* 1766, in-8.

Essai sur l'esprit militaire et l'organisation de l'armée... sous le régime constitutionnel. (Par le comte A. de Montureux.) *Montpellier, imp. veuve Picot,* 1828, 2 parties in-8.

Essai sur l'esprit, ses divers caractères et ses différentes opérations... (Par de La Sarraz de Fransquesnay.) *Paris, Cailleau,* 1731, in-12.

Essai sur l'établissement des hôpitaux dans les grandes villes. (Par C.-P. Coqueau, architecte.) *Paris, Desenne,* 1787, in-8.

Cet auteur, natif de Dijon, fut guillotiné à Paris, le 9 thermidor an II (27 juillet 1794), pour avoir retiré chez lui, pendant vingt-quatre heures, le malheureux Pétion ; il n'avait que trente-neuf ans.

Essai sur l'état actuel de l'agriculture dans le département de l'Aube, et sur quelques améliorations à y introduire. (Par Dubois de Morembert.) *Troyes, Bouquot,* 1819, in-8, 104 p.

Essai sur l'état du commerce d'Angleterre (traduit de l'anglois de John Cary, et considérablement augmenté par Geor.-Mar. Butel-Dumont). *Londres et , Paris, Nyon,* 1755, 2 vol. in-12.

Essai sur l'état militaire en 1825. Observations sur le sort des officiers, sous-officiers et soldats de l'armée. (Par A. d'Illens, major au 64ᵉ de ligne.) *Paris,* 1825, in-8, 68 p.

Essai sur l'étude de la littérature. (Par Edward Gibbon.) *Londres et Paris, Duchesne,* 1762, in-12.

Essai sur l'étude des belles-lettres. (Par Edme Mallet.) *Paris, Ganeau,* 1747, in-12.

Essai sur l'extirpation du fanatisme. (Par F.-C.-B. Tobie.) 1793, in-4.

Essai sur l'histoire ancienne et moderne de la nouvelle Russie. Statistique des provinces qui la composent. Fondation d'Odessa... (Par le marquis Gabriel de Castelnau.) *Paris, Rey et Gravier,* 1820. Ou

2ᵉ édition. *Ibid., id.,* 1827, 3 vol. in-8, avec cartes, plans et fig.

La dédicace à l'empereur Alexandre Iᵉʳ est signée du nom de l'auteur. La 2ᵉ édition pourrait bien n'être que la première rajeunie par un nouveau titre. A. L.

Essai sur l'histoire de Condé-sur-Noireau. (Par l'abbé Marie .) *Amsterdam (Caen),* 1785, in-8.

Essai sur l'histoire de l'économie politique des peuples modernes jusqu'au commencement de l'année 1817. (Par R.-H.-B. de Bosse.) *Leipzig, Brockhaus,* 1818, 2 part. in-8.

Essai sur l'histoire de l'ordre Teutonique, par un chevalier de l'ordre (le baron Guillaume-Eugène-Joseph de Wal). *Paris, veuve Valade, et Liége, Tutot,* 1784, 1785, 1786 et 1790, 8 vol. in-12.

Essai sur l'histoire de la Bourbonnaise de Margon, près de Nogent-le-Rotrou. (Par Giroust, ancien membre de la Convention, président du tribunal de Nogent-le-Rotrou.) *Nogent-le-Rotrou,* 1832, in-8.
D. M.

Essai sur l'histoire de la maison d'Autriche, par le comte de G*** (de Girecourt). *Paris,* 1778 et 1785, 9 vol. in-12.

Essai sur l'histoire de la Livonie, suivi d'un tableau actuel de cette province, par L. C. B. (le comte Fr.-Gabr. de Bray). *Dorpat,* 1819, 3 vol. in-8.

Voy. « Supercheries », II, 698, *a.*

Essai sur l'histoire de la versification française au XVIᵉ siècle. *S. l. n. d.,* in-8, 76 p.

Réunion de quatre articles signés Fréd. C. (Frédéric Chavannes), publiés dans la « Revue suisse », recueil mensuel. *Neufchâtel,* 1847.

Essai sur l'histoire de la ville de Honfleur, par L. V. C. D. G., auteur de la notice sur l'ancienne et sur la nouvelle chapelle de Grâce. *Honfleur, imp. Léon Regnée,* 1834, in-12, xxx-224 p. et 1 f. de table.

Signé : Vastel, Ch. de Grâce.

Essai sur l'histoire de Longwy, par M. C****** (Clauteaux, de Longwy, notaire), suivi de considérations relatives à l'industrie et au commerce de cette ville, et de notices biographiques sur les hommes illustres qui y ont pris naissance. (Par E.-A. Bégin.) *Metz, Verronnais,* 1829, in-8, 208 p.

Attribué par M. de Manne à M. Courtois, ancien officier d'artillerie.

Essai sur l'histoire de Neustrie ou de

Normandie, depuis Jules-César jusqu'à Philippe-Auguste, suivi d'une esquisse historique de la province, de 1204 à 1788. (Par Charles-Gaspard DE TOUSTAIN DE RICHEBOURG.) *Paris, Desenne,* 1789, 2 vol. in-12.

Essai sur l'histoire de Normandie... par un page du roi (Charles-Gaspard DE TOUSTAIN DE RICHEBOURG, alors âgé d'environ dix-neuf ans). *Amsterdam et Rouen, Machuel,* 1766, in-12.

C'est la première édition de l'article précédent.

Essai sur l'histoire de Provence, suivi d'une notice des Provençaux célèbres. (Par Charles-François BOUCHE.) *Marseille, J. Mossy,* 1785, 2 vol. in-4, front. gravé.

Ce n'est, en général, qu'un abrégé de l'ouvrage du grand-oncle de l'auteur, Honoré BOUCHE : « la Chorographie, ou description de Provence ». *Aix,* 1664, 2 vol. in-fol.   G. M.

Essai sur l'histoire des comices de Rome, des états généraux de la France et du Parlement d'Angleterre, par M. *** (Paul-Philippe GUDIN DE LA BRENELLERIE.) *Philadelphie et Paris, Maradan,* 1789, 3 vol. in-8.

Essai sur l'histoire des premiers rois de Bourgogne et sur l'origine des Bourguignons. (Par Bénigne LEGOUX DE GERLAND.) *Dijon, Frantin, et Paris, Delalain.* 1770, in-4.

Essai sur l'histoire du ban ou du vingtième article de la capitulation, par D.-E.-J. S. (D.-E.-J. SCHMIDT). *S. l. (Iéna).*

Voy. « Journal encyclopédique », 15 septembre 1762, p. 163.

Essai sur l'histoire du droit naturel. (Par Martin HUBNER.) *Londres,* 1757, 2 vol. in-8.

Le nom de l'auteur se trouve au bas de l'épître dédicatoire, dans quelques exemplaires tirés sur grand papier.
Réimprimé avec le nom de l'auteur, *Paris,* 1759, 2 vol. in-12.

Essai sur l'histoire du gouvernement et de la constitution d'Angleterre, depuis le règne de Henri VII jusqu'à nos jours, par lord John RUSSEL (traduit de l'anglais par J.-Henri LA SALLE). *Paris, Rosa,* 1821, in-8.

Essai sur l'histoire du royaume des Deux-Siciles. Traduction de C. M. (Camille MINIERI). *Naples, de l'impr. de Minerve,* 1835, in-12.

Essai sur l'histoire du saint sang, depuis les premiers siècles du christianisme.

(Par l'abbé Charles CARTON.) *Bruges, Vandecasteele-Werbrouck,* 1850, in-8, 116 p.
                     J. D.

Essai sur l'histoire et les antiquités de la ville de Domfront, précédé d'une esquisse historique sur Le Passais. *Mayenne, Roullois,* 1807, in-18, 66 p. — 2ᵉ édit. *Caen, Poisson,* 1816, in-18, 2 ff. de tit., XII-103 p.

Signé : CAILLEBOTTE le jeune, marchand à Domfront.

Essai sur l'histoire générale de Picardie, les mœurs, les usages, le commerce et l'esprit de ses habitants, jusqu'au règne de Louis XIV. (Par Louis-Alexandre DEVÉRITÉ.) *Abbeville, veuve Devérité,* 1770, 2 vol. in-12. — Supplément. 1774, in-12.

Essai sur l'histoire générale et sur les mœurs et l'esprit des nations, depuis Charlemagne jusqu'à nos jours. (Par VOLTAIRE.) *Genève,* 1756, 7 vol. in-8. — *Paris,* 1757, 6 vol. in-12. — *Genève,* 1757, 8 vol. in-8.

Voy. ci-après, « Essai sur les mœurs ».

Essai sur l'histoire littéraire de Belfort et du voisinage (Haut-Rhin), avec un grand nombre de notes, par J. J. C. D. C. P. C. R. (J.-Jos.-Cl. DESCHARRIÈRES, professeur à l'école secondaire de Belfort, et depuis aumônier du lycée de Strasbourg). *Belfort, J.-P. Clerc,* 1808, in-12, IV-192 p.

Essai sur l'histoire littéraire de Pologne, par M. D... (J.-B. DUBOIS). *Berlin, Decker,* 1778, in-8, 556 p.

Voy. « Supercheries », I, 854, f.

Essai sur l'histoire militaire du bourg de Saint-Loup, chef-lieu de canton, au département de la Haute-Saône, dédié aux gardes nationales ; par un citoyen. (Par Claude DE SÉBARRIÈRES, maire de Saint-Loup.) *Au Champ-de-Mars, entre l'oriflamme et la bannière du département,* 1790, in-8, 43 p.

Essai sur l'histoire monastique d'Orient, par *** (D. Louis BULTEAU, de la congrégation de Saint-Maur). *Paris,* 1680, in-8.

Essai sur l'histoire municipale de la ville de Valenciennes. Extrait des « Archives historiques et littéraires du nord de la France et du midi de la Belgique ». (Par Aug. DUBOIS.) *Valenciennes, imp. de A. Prignet,* 1840, in-8, 24 p. — *Id.,* 1841, in-8, 94 p.

L'auteur a signé la préface de l'édition de 1841.

Essai sur l'histoire naturelle de la mer Adriatique, par le docteur Vitaliano DONATI, avec une lettre du docteur Léonard

Sesler sur une nouvelle espèce de plante terrestre, traduit de l'italien (par Jean Salvemini de Castillon). *La Haye, Pierre de Hondt*, 1758, in-4.

Essai sur l'histoire naturelle de quelques espèces de moines, décrites à la manière de Linné. Ouvrage traduit du latin (d'Ignace de Born) et orné de figures. Par M. Jean d'Antimoine, naturaliste du Grand-Lama, etc., etc. *A Monachopolis*, 1784, in-8, 3 ff., xxxi-48 p., avec 3 planches. — Même édit., avec titre nouveau. *Paris, Obré*, an VI-1798.

L'exemplaire de la Bibliothèque nationale est accompagné d'un portrait gravé par Canu, et qui doit être celui de Broussonnet.

Le traducteur (P.-M.-A. Broussonnet), dans un Avis qui suit le titre, dit : « Je n'offre pas au public une traduction purement littérale du latin ; je me suis permis de faire quelques petits changements et additions au texte et j'ai ajouté une grande partie de la préface. » Le titre français ne rend pas certaines plaisanteries du titre latin. Il en est de même pour celui de la traduction allemande publiée en 1783, et qui met cet ouvrage au compte du P. Ignaz Kuttenpeitscher, c'est-à-dire fouetteur de frocs. Cette traduction allemande n'est citée ni par Graesse, ni par Brunet ; les trois planches qui l'accompagnent et qui ont été copiées dans les éditions françaises contiennent 43 sujets, tandis qu'il n'y en a que 34 dans l'édition latine de 1783. Au verso du titre de ces éditions, on trouve comme épigraphe un fragment de Linné « de Noxa insectorum » que Broussonnet a remplacé par un extrait de « Pantagruel », liv. IV, chap. II, III, IV.

Voy. plus loin : « Histoire des moines », « Histoire naturelle des moines », et « Monacologie ». Voy. aussi « Supercheries », I, 363 ; e, et III, 121, d.

Essai sur l'histoire naturelle de Saint-Domingue. (Par le P. Nicolson.) *Paris, Gobreau*, 1776, in-8.

Essai sur l'histoire naturelle des corallines... par J. Ellis, traduit de l'anglois (par J.-N.-S. Allamand). *La Haye, de Hondt*, 1756, in-4.

Essai sur l'histoire naturelle du Brabant. Mammifères. Analyse et extraits par de Selys-Longchamps. (Par Vanderstegen de Putte.) *Bruxelles*, 1848, in-4, 28 p.   J. D.

Essay sur l'histoire universelle et recherches sur celle de la Sarmatie. (Par le comte Jean Potocki.) *Varsovie, W. Drukarni Wolney*, 1789, in-8, 193 p. et 1 carte.

C'est le livre I, paru d'abord anonyme. L'ouvrage, plus le livre II, a été reproduit dans la même ville, 1789-90, avec un second volume contenant les livres III et IV, mais avec le nom de l'auteur.   A. L.

Essai sur l'homme, nouvellement traduit de l'anglois (d'Alexandre Pope), avec des notes critiques et un discours sur la philosophie angloise (par l'abbé Claude-François-Xavier Millot). *Lyon, frères Duplain*, 1761, petit in-12.

Essai sur l'homme, par Pope, traduit de l'anglois en françois (par Etienne de Silhouette). *Londres, Pierre Dunoyer, et Amsterdam, J.-Fr. Bernard*, 1736, in-12. — Nouvelle édition, avec l'original anglois. *Lausanne*, 1762, in-4.

Essai sur l'homme, poëme philosophique, par Alex. Pope, en cinq langues, savoir : anglois, latin, italien, françois et allemand (publié avec un avertissement par J. Schweighaeuser, de Strasbourg). Nouv. édit. *Strasbourg, Am. Kœnig*, 1772, in-8.

Essai sur l'honneur, en forme de lettres (traduit de l'anglois). *S. l. (Paris)*, 1745, petit in-12. — *Londres*, 1748, in-12.

La préface est signée R. Hooker, masque de Guillaume Webster, théologien anglais, mort le 4 décembre 1758. Il était né en décembre 1689. L' « Essai sur l'honneur » est tiré de ses « Mélanges hebdomadaires ». On a de lui beaucoup d'ouvrages sur différents objets de théologie. Voyez Nichols, « Anecdotes littéraires du dix-huitième siècle ». Londres, 1812, t. V, p. 162.

Essai sur l'hydropisie et ses différentes espèces, par Monro le fils, traduit de l'anglois sur la seconde édition et augmenté de notes et d'observations par M. S. D. M. P. (Jacques Savary). *Paris, Ganeau*, 1760, in-12.

Essai sur l'île d'Otahiti, située dans la mer du Sud, et sur l'esprit et les mœurs de ses habitants. (Par Taitbout.) *Avignon et Paris, Froullé*, 1779, in-8.

Cet ouvrage a été faussement attribué à L.-A. Bougainville.

Essai sur l'imprimerie des Nutius. *Bruxelles*, 1856, in-8.

Signé : C. J. N. (Charles-Joseph Nuyts). Une deuxième édition a paru en 1858, in-8, 133 p., avec le nom de l'auteur.   J. D.

Essai sur l'impuissance du parti légitimiste, opposé à l'intelligence d'une monarchie... qu'il a faite par ses fautes, et qui lui tend la main ; et d'une république qui ne veut point de la sienne. Mot unique de la situation du pays. Par l'auteur du « Tableau de la dégénération de la France et des grandeurs de la patrie » (Antoine Madrolle). *Paris, Hauquelin*, 1844, in-4.

Essai sur l'indifférence en matière de religion. (Par l'abbé F. Robert de La

MENNAIS.) *Paris, Tournachon-Molin et Seguin*, 1817-1823, 4 vol. in-8.

Les trois premières éditions du tome Ier sont seules anonymes.

Essai sur l'intérêt des nations en général et sur l'homme en particulier. (Par le marquis M.-R. DE MONTALEMBERT.) *Paris*, 1748, in-8.

Essai sur l'irritabilité, par D. G. (J.-Ch.-Marq.-Guill. DE GRIMAUD). *Avignon*, 1775, in-12. — *Montpellier*, 1776, in-4.

Essai sur l'opéra, traduit de l'italien du comte ALGAROTTI, par M. *** (le chevalier François-Jean DE CHASTELLUX) (suivi d'Iphigénie en Aulide, opéra, par le traducteur). *Pise et Paris, Ruault*, 1773, in-8.

Essai sur l'opinion, considérée comme une des principales causes de la révolution de 1789. (Par le vicomte Alexandre-Joseph-Pierre DE SÉGUR.) *Paris, imp. de Vezard et Le Normant*, 1790, in-8, 48 p.

On trouve cette note à la page 46 : « La véritable cause de nos malheurs actuels est l'étonnante médiocrité qui égalise tous les individus. Si un homme de génie paroissoit, il seroit le maître. »

Essai sur l'opinion publique, fragments de poésies fugitives. (Par Caroline WUIET DE M....., plus tard baronne AUFFDIENER.) Dédié à Mme Bonaparte. *Paris*, 1800, in-12.

Essai sur l'ordre de Malthe ou de Saint-Jean, et sur ses rapports avec l'Allemagne en général et avec le Brisgau en particulier. (Par J.-L. KLUBER, ancien professeur d'Erlang et conseiller référendaire de l'électeur de Bade.) *Basle*, 1806, in-12, 64 p.

Essai sur l'organisation du monde physique et moral, par L. L***, auteur de l' « Etude analytique de l'éloquence » (L.-F.-H. LE FÉBURE). *Commercy, imp. de Denis; Paris, C. Volland*, 1806, in-8, 106 p.

Essai sur l'organisation du travail, par deux ingénieurs de l'industrie privée (Edouard HEUSSCHEN et SMITS). *Bruxelles, Méline, Cans et Ce*, 1848, in-8, 43 p.

J. D.

Essai sur l'origine de Toulon, ou mémoires pour servir à l'histoire des premiers siècles de cette ville, par H. V. (l'abbé Henri VIDAL). *Toulon*, 1827, in-8, 172 p.

Essai sur l'origine des connoissances humaines. (Par l'abbé DE CONDILLAC.) *Amsterdam, Pierre Mortier*, 1746, 2 vol. in-12.

Souvent réimprimé.

Essai sur l'origine et l'antiquité des langues. (Par J.-B. PERRIN.) *Londres, Vaillant*, 1767, in-12.

Essai sur l'origine et les progrès de la réformation à La Rochelle; précédé d'une notice sur Philippe Vincent... (Par L.-M. MESCHINET DE RICHEMOND.) *La Rochelle, A. Siret*, 1859, in-8.

Essai sur l'union de la poésie et de la musique. (Par Fr.-Jean DE CHASTELLUX.) *La Haye et Paris*, 1765, in-12.

Essai sur l'union douanière de la France et de la Belgique. (Par E.-Laurent RENARD.) *Liége, Collardin*, 1843, in-4, 80 p.

Le baron de Stassart reproduit dans ses « Œuvres complètes », 1854, p. 1021, un compte rendu de cette brochure qu'il attribue par erreur à M. Ch. DUBOIS, banquier à Liége.   Ul. C.

Essai sur l'usage. (Par Matthieu MATY.) *Utrecht*, 1741, in-12.

Essai sur l'usage de l'artillerie, par un officier du corps (DUPUGET). *Amsterdam et Paris, veuve Desaint*, 1771, in-8.

Essai sur l'usage de la raillerie et de l'enjouement dans les conversations qui roulent sur les matières les plus importantes, traduit de l'anglois (d'Antoine-Ashley COOPER, comte DE SHAFTESBURY, par Juste VAN-EFFEN). *La Haye, Scheurleer*, 1710, in-12, front. gr.

Essai sur l'usage et les effets de l'écorce du garou, vulgairement appelé le saint bois, employé extérieurement contre des maladies rebelles et difficiles à guérir, par M. A. L*** (J.-Agathange LE ROY), docteur en médecine... *Paris, Didot*, 1767, in-12.

Réimprimé en 1774, avec le nom de l'auteur.

Essai sur l'usage, l'abus et les inconvénients de la torture dans la procédure criminelle, par M. S. D. C. (François SEIGNEUX DE CORREVON). *Lausanne, Grasset*, 1768, in-8; 1779, in-12.

Voy. « Supercheries », III, 619, a.

Essai sur la bibliographie et sur les talents du bibliothécaire. (Par le P. J.-Félicissime ADRY.) *Paris, l'auteur*, an IX, in-8.

Catalogue l'Escalopier, n° 5713.

Essai sur la cavalerie, tant ancienne que moderne. (Par Ch.-L. D'AUTHVILLE DES AMOURETTES.) *Paris*, 1756, in-4.

Essai sur la chasse au fusil. (Par MAGNÉ DE MAROLLES.) *Paris*, 1781, in-8; 1782, in-8.

Cet essai forme, avec beaucoup de corrections et d'additions, la première partie du traité complet publié par l'auteur sous ce titre : « la Chasse au fusil, ouvrage divisé en deux parties, etc. » *Paris*, *Théophile Barrois*, 1788, in-8 de plus de 600 p.

Voy. tome IV, 572, e.

Essai sur la chronologie. (Par Ant. COURT DE GÉBELIN.) *Londres (Paris)*, 1751, 3 parties en 1 vol. in-12. D. M.

Essai sur la cochenille et le nopal... (Par A.-C. BRULLEY.) *Paris*, 1795, in-8. V. T.

Essai sur la colonie de Sainte-Lucie, par un ancien intendant de cette île (Daniel-Marc-Antoine CHARDON). *Neufchâtel*, 1779, in-8.

Essai sur la comédie moderne, où l'on réfute les nouvelles observations de M. Fagon, au sujet des condamnations portées contre les comédiens, par M. M. L. J. D. B. (MESLÉ le jeune, de Besançon). *Paris*, 1752, in-12.

Essai sur la composition et l'ornement des jardins, ou recueil de plans de jardins de ville et de campagne, de fabriques propres à leur décoration et de machines pour élever les eaux. (Par GUIOL, ingénieur.) *Paris*, *Audot*, 1808, in-12, 118 p., 44 planches.

Cet ouvrage a eu une seconde édition, *Paris*, 1823, petit in-4 oblong, 104 p. et 83 planches. Il a reparu en 1825 sous le titre de « Traité de la composition et de l'ornement des jardins », 3ᵉ édit., refondue par BOITARD ; 4ᵉ et 5ᵉ édit., 1836 et 1839 ; 6ᵉ sans date. Voy. la « Bibliographie des ouvrages publiés sur les constructions rurales et sur la disposition des jardins », par M. Louis Bouchard, dans son « Traité des constructions rurales », *Paris*, 1860, p. 839. Il a été tiré à part 50 exemplaires de cette « Bibliographie ».

Essai sur la conciliation de l'intérêt et de la justice, ou réflexions sur la liquidation du papier-monnaie en France. (Par Antoine-Joseph-Michel SERVAN.) Mars 1795, in-8, 177 p. — *Paris*, *Louvet*, 1795, in-12, 108 p.

Essai sur la connaissance de soi-même ; traduit de l'anglais du R. J. MASON A. M. (par Mˡˡᵉ SOBRY). *Paris*, *Treuttel et Würtz*, 1817, in-12.

Essai sur la connoissance des théâtres françois. (Par Antoine MAILLET-DUCLAIRON.) *Paris*, *Prault père*, 1751, in-12.

Essai sur la constitution des régiments de chasseurs et sur les manœuvres et évolutions propres aux troupes légères. *Genève*, 1786, in-8.

Cet ouvrage est de M. POULTINET ; il renferme des principes contraires aux ordonnances militaires, et a été condamné en conséquence par un arrêt du conseil. Il n'est cependant pas très-rare à Besançon.

Essai sur la constitution divine de l'E-glise, offert à tous les chrétiens comme préservatif dans les circonstances présentes, par un vicaire général (l'abbé MARGUET, chanoine de la cathédrale). *Nancy, Hæner, et Paris, Adrien Leclère*, 1831, in-12.

Essai sur la constitution et l'organisation des armées françaises. (Par le général D'URRE.) An VIII-1800, in-4.

Essai sur la constitution et les fonctions des assemblées provinciales. (Par CONDORCET.) *S. l.*, 1788, 2 vol. in-8.

Essai sur la Constitution, par V. C. (Victor CHANTELAUZE). *Paris*, 1814, in-8, 40 p.

Essai sur la construction des routes et voitures, par Richard Lovell EDGEWORTH, traduit de l'anglais, etc. (par BAILLIET, maître des requêtes). *Paris, Anselin et Pochard*, 1827, in-8.

Essai sur la critique ; imité de l'anglais de M. POPE.

Voy. ci-dessus, « Essai de la critique... », col. 209, c.

Essai sur la critique, poëme, traduit de l'anglois de POPE, avec un discours et des remarques (par l'abbé J.-Fr. DU BELLAY, sieur DU RESNEL). *Paris, Phil.-Nic. Lottin*, 1730, in-8. — *Paris, Alix*, 1736, in-12.

Essai sur la culture du mûrier blanc et du peuplier d'Italie. (Par Louis-Madeleine BOLET.) *Dijon, Lagarde*, 1766, in-8.

Essai sur la danse. (Par PEERS, maire de la commune de Bassevelde.) *Gand*, 1816. J. D.

Essai sur la déclamation tragique, poëme. (Par Cl.-Jos. DORAT.) 1758, in-8.

Réimprimé sous le titre de la « Déclamation théâtrale ». Voy. IV, 844, d.

Essai sur la décomposition de la pensée, par P. C*** (P. CASE). *Paris, à la librairie économique, rue de la Harpe*, 1804, in-8.

Essai sur la défense de la Belgique, par un Belge (Alfred-Léon CAMBRELIN, capitaine d'état-major). Anvers.—Bruxelles. — La Meuse. *Bruxelles, Decq*, 1858, in-8, 155 p. et 1 plan. J. D.

Essai sur la défense des États par les fortifications. Par un ancien élève de l'École polytechnique (Franciades-Fleurus DUVIVIER). *Paris, Anselin*, 1826, in-8.

Essai sur la dernière révolution de l'ordre civil en France. (Par Jean-de-Dieu OLIVIER.) *Londres*, 1780, 3 vol. in-8. — *Londres*, 1782, 3 vol. in-8.

Essai sur la destination de l'homme. (Par GIROD DE CHANTRANS.) *Aux Verrières de Suisse, s. d.*, in-8.

Tiré à un petit nombre d'exemplaires.

Essai sur la destination de l'homme. (Traduit de l'allemand de Jean-Joachim SPALDING par Christian-Frédéric PFEFFEL, alors secrétaire d'ambassade du prince électeur de Saxe à Paris.) *Dresde*, 1754, in-8.

Essai sur la diplomatie, manuscrit d'un Philhellène (le prince Adam CZARTORYSKI), publié par M. TOULOUZAN. *Marseille, Feissat; Paris, Firmin Didot*, 1830, in-8.

Essai sur la discipline et la subordination, et sur la hiérarchie militaire dans les régiments. (Par le général de brigade J. ROMANET.) *S. l.*, 1790, in-8, 223 p. et 2 ff. de table.

Essai sur la divine autorité du Nouveau Testament, traduit de l'anglais de David BOGUE, pasteur de l'Eglise et professeur de l'Académie de Gosport (par J.-Jacq. COMBES-DOUNOUS). *Paris, J. Smith*, an XI-1803, in-12.

Essai sur la foiblesse des esprits forts, par J. T. C. D. S. E. R. (Joseph TELEKY DE SZEK, comte du Saint-Empire romain). *Amsterdam, M.-M. Rey*, 1761, in-12. — *Augsbourg*, 1762, in-12.

Essai sur la femme, en trois épîtres, traduit de l'anglois. *Londres, imprimé pour l'auteur* (1763), in-8, 40 p.

Le fameux Jean WILKES fut jugé coupable par la cour du banc du roi d'avoir imprimé et publié ce poëme licencieux, auquel il avait joint, dans une autre édition que celle-ci, des notes impies sous le nom de Warburton, évêque de Glocester. Cette édition d'un poëme qui fit beaucoup de bruit en Angleterre présente en regard de l'anglais une traduction française, qui, à en juger par le style, ne peut être que l'ouvrage d'un Anglais. Je soupçonne qu'elle a été faite par Wilkes lui-même, ou par son ami Churchill, auquel le fougueux écrivain s'adresse dès son début, en le désignant seulement par la lettre C. (Note communiquée par M. Barbier jeune, mon neveu.)

Les ministres anglais (lord Halifax et lord Egremont), qui en voulaient à l'auteur, firent saisir chez lui cet ouvrage comme obscène; mais ils furent condamnés à quatre mille louis de dommages et intérêts pour avoir violé la *liberté* et la *propriété* de M. Wilkes, en lui prenant son livre. Voyez les « Mélanges de littérature » de M. Morellet, t. III, p. 172. *Paris*, 1818, in-8.

Voy. pour plus de détails sur cet ouvrage le « Gentleman's magazine », vol. XXXIII, p. 520, et XXXIV, p. 583.

Essai sur la force animale et sur le principe de mouvement volontaire. (Par Abraham-Louis BREGUET.) *Paris, imp. de F. Didot*, 1811, in-4, 39 p. et 1 pl.

D'après une note manuscrite sur un exemplaire de cet ouvrage, Bréguet n'aurait fait que publier un travail trouvé dans les papiers de son ami GAUTEROT.
Voy. « Supercheries », I, 578, c.

Essai sur la force, la puissance et la richesse nationales. (Par M. Eug. DE BRAY.) *Paris*, 1812, in-8. — Seconde édit. *Paris, Bailleul*, 1814, in-8, avec le nom de l'auteur.

Essai sur la formation des corps organisés. (Par Pierre-Louis MOREAU DE MAUPERTUIS.) *Berlin*, 1754, in-12.

Essai sur la formation du dogme catholique. (Par la princesse Christine DE BELGIOJOSO.) *Paris, Renouard*, 1842, 1843, 4 vol. in-8.

Essai sur la fortification, ou examen de la grande supériorité de l'attaque sur la défense. (Par HORST.) *La Haye, Gosse*, 1755, in-8.

Essai sur la franc-maçonnerie, ou du but essentiel et fondamental de la F∴ M∴.... (Par Jean-Pierre-Louis BEYERLÉ.) *Latomopolis, Xiste Andron, l'an de la V∴ L∴* 5788, 2 vol. in-8, 318-416 p., avec tableaux.

Cette édition pourrait bien être avec un nouveau titre la même que Klozs (n° 170) cite avec date de 1784 comme composée de LX-260 et 416 p. (A. Ladrague, catalogue Ouvaroff, n° 273.)

Essai sur la jurisprudence universelle. (Par le P. Bernard LAMBERT.) *Paris, veuve Desaint*, 1779, in-12.

On lit dans le privilège le nom du frère Thomas JACOB, prieur des Jacobins; mais l'ouvrage est certainement du père Lambert, qui le composa pour servir d'introduction aux Œuvres du chancelier d'Aguesseau.

Suivant de bons critiques, l'auteur découvre avec plus de succès que la plupart des publicistes et des philosophes le fondement de la loi naturelle. Aucun ouvrage peut-être ne fait mieux connaître les méprises des philosophes anciens et modernes sur cet important objet. L'élégance du style s'y trouve unie à la force des raisonnements.

Essai sur la lecture et sur la bibliomanie. (Par L. BOLLIOUD-MERMET.) *Lyon, Duplain*, 1765, in-8.

Essai sur la législation de la presse. Par l'auteur des « Lettres à un jacobin » (Ch.-Cés.-Loup-Jos.-Math. D'AGOULT, évêque de Pamiers). *Paris, Egron*, 1817, in-8, 53 p.

Essai sur la légitimité des rois, considérée dans ses rapports avec l'intérêt des peuples et en particulier avec l'intérêt des Français. (Par Nicolas-François BELLART.)

Paris et Bruxelles, P.-J. de Mat, 1815, in-8, 1 f. de tit. et 65 p.   **D. M.**

Essai sur la liberté de produire ses sentiments. (Par Elie Luzac.) *Au pays libre, pour le bien public*, 1749, avec privilége de tous les véritables philosophes, in-12.

Essai sur la littérature espagnole. (Par DE MALMONTET. Publié par Barthélemy LECOUTEULX DE CANTELEU, comte DE FRESNELLES.) *Paris, Charles Barrois*, 1810, in-8, 194 p.

Essai sur la littérature russe, contenant une liste des gens de lettres russes qui se sont distingués depuis le règne de Pierre le Grand. Par un voyageur russe (le prince BÉLOSELSKY). *Livourne*, 1771, in-8, 3 ff. lim. et 23 p.

Voy. « Supercheries », III, 983, *c.*

Essai sur la Loire. Extrait des « Nouvelles Annales des voyages ». (Par Adrien EGRON.) *Paris, A. Pihan de la Forest*, 1837, in-8.   **D. M.**

Essai sur la manière de mélanger et de composer toutes les couleurs, par A.-L. PFANNENSCHMIDT, traduit de l'allemand (par Aug.-Simon D'ARNAY ou D'ARNEX). *Lausanne*, 1784, in-8.

Essai sur la manière de traiter la controverse, en forme de lettre adressée à M. de La Chapelle, avec la suite. (Par J. VAN EFFEN.) *Utrecht*, 1730, in-8.   **V. T.**

Essai sur la manière la plus sûre d'établir un système de police des grains. (Par Sam. ENGEL, membre du gouvernement de Berne.) 1772, in-12, 210 p.

Essai sur la marine ancienne des Vénitiens, traduit de l'italien de FORMALEONI (par le baron Et.-Félix D'HENIN DE CUVILLERS). *Venise*, 1788, in-8.

Essay sur la marine et sur le commerce. (Par DESLANDES.) *S. l.*, 1743, in-8, 176 p. — Autre édit. Par M. D****. *Amsterdam, Fr. Changuion*, 1743, in-12, xx-252 p.

Cette réimpression est augmentée d'un « Mémoire historique sur les Indes braves et sur les forbans français du golfe de Darien », qui n'est pas de Deslandes, p. 190 et suiv.

La « France littéraire » de 1769 attribue cet ouvrage à André-François BOUREAU-DESLANDES, de l'Académie de Berlin ; tandis que dans le Catalogue de la librairie Bourdeau, *Berlin*, 1791, on le donne, par erreur, à DUTOT, qui est auteur de « Réflexions politiques sur les finances et le commerce ». (Voy. ce titre.)

Essai sur la minéralogie des monts Pyrénées, suivi d'un catalogue des plantes observées dans cette chaîne de montagnes.

(Par l'abbé PALASSOU.) *Paris, Didot le jeune*, 1781, in-4.

Essai sur la morale de l'homme. (Par J.-B.-Cl. ISOARD DELISLE DE SALES.) *Amsterdam, Arkstée (Paris, Saillant)*, 1769, 3 vol. in-12.

Ce sont les trois premiers volumes de la « Philosophie de la nature ». Voy. ce titre.

Essai sur la musique ancienne et moderne. (Par Jean-Benj. DE LA BORDE.) *Paris, Pierres*, 1780, 4 vol. in-4.

Il faut joindre à ces 4 vol. un supplément publié par l'auteur en 1781. Voy. ci-dessus, « Errata de l'Essai », col. 160, *f.*

Essai sur la nature champêtre, poëme en cinq chants, avec des notes. (Par le marquis Claude-François-Adrien DE LEZAY-MARNÉZIA.) *Paris, Prault*, 1787, in-8.

Réimprimé, avec le nom de l'auteur, sous le titre de « les Paysages, ou Essai..... » *Paris, Louis*, 1800, in-8.

Essai sur la nature de l'air...

Voy. « Avis au public », IV, 358, *f.*

Essai sur la nature de l'âme, où l'on tâche d'expliquer son union avec le corps, et les lois de cette union. (Par Ant. LOUIS.) *Paris, Ch. Osmont*, 1747, in-12, 38 p., avec un avertissement.

Cet ouvrage est l'analyse d'un autre plus étendu de SAINT-HYACINTHE, intitulé : « Recherches sur les moyens de s'assurer par soi-même de la vérité. » *Londres*, 1743, in-8. Voyez la Notice des ouvrages de Louis, en tête du Catalogue de sa bibliothèque. *Paris, Née de la Rochelle*, 1793, in-8.

Essai sur la nature de l'autorité souveraine. Par un docteur de Sorbonne (Cl.-Fr. THIOLLOZ, depuis évêque d'Annecy). *Lyon, Rusand*, 1816, in-8.

Essai sur la nature du commerce en général, traduit de l'anglois. (Composé par DE CANTILLON.) *Londres (Paris)*, 1755, in-12.

Essai sur la nature du feu et sur sa propagation. (Par VOLTAIRE.) 1738.

Mémoire de 52 p. imprimé dans le tome IV de « Prix de l'Académie des Sciences », 1739.

Voy. Quérard, « Bibliographie voltairienne », n° 84.

Essai sur la nature et l'exercice de l'autorité du peuple dans un Etat. (Par MORISSET) *S. l.*, 1789, in-8.

Essai sur la nature et la répartition de l'impôt en Auvergne ; par un habitant de la province (MABRU). *S. l.*, 1787, in-8, 125 p.

Essai sur la nature et le choix des aliments, traduit de l'anglois de J. ARBUTH-

NOT. (par Boyer de Prebandier). *Paris,* 1741, 2 part. in-12.

Essai sur la nature et les divers agents de la conspiration présente, ou lettres à un représentant du peuple. (Par le comte Chaumont-Quitry.) *S. l. n. d.,* in-8.

Essai sur la nature et les principes du système représentatif. (Par Benj. Jaïn.) *Lausanne,* 1799, in-8.

Essai sur la navigation, ou moïens proposés aux navigateurs et soumis au jugement des physiciens, pour faire remonter les rivières aux bateaux sans emploïer la force des hommes ni celle des chevaux. (Par N. de Tombeur.) *Varsovie,* 1787, in-8.   A. L.

Essai sur la nécessité d'une régénération morale en France et sur quelques moyens de l'opérer. (Par F. Ponchon.) *Paris (Lyon),* 1814, in-8, 104 p.

Essai sur la nécessité de créer une vice-royauté en Algérie. (Par Gaétan Citati, banquier, juge au tribunal de commerce d'Alger, naturalisé Français après 1832.) *Marseille, Carnaud,* 1847, in-8, 30 p.

Essai sur la nécessité du rétablissement du royaume des Pays-Bas, sous le rapport du système politique connu sous le nom de système de la barrière. *Liége, Collardin,* 1833, in-8, 45 p.

Attribué par M. J. Délecourt à l'abbé Moens, curé de Tilff, ancien aumônier du collège de Liége, et par M. Van Doorninck à Corn. Van Marle.

Essai sur la nécessité et sur les moyens d'établir des fontaines dans la ville d'Amiens. (Par de Sachy de Carouge, trésorier de France.) *S. l. n. d.,* in-4.

Essai sur la noblesse des Basques, pour servir d'introduction à l'histoire générale de ces peuples, rédigé sur les mémoires d'un militaire basque par un ami de la nation (dom Sanadon, bénédictin, depuis évêque constitutionnel d'Oléron). *Pau,* 1788, in-8, 250 p.

Voyez le « Mercure de France », n° 37.

Essai sur la peinture en mosaïque; par Le V** (Pierre Le Viel). *Paris, Vente,* 1768, in-12.

Essai sur la peinture, la sculpture et l'architecture. (Par L. Petit de Bachaumont.) 1751, in-8. — Par M. de B********** Seconde édition, revue, corrigée et augmentée. *S. l.,* 1752, in-12.

Essai sur la pesanteur. (Par J.-B. Lacoste.) *Dijon, Defay,* et *Paris, Barrois,* 1762, in-12.

Essai sur la philologie slave et sur l'influence politique et religieuse qui l'a dirigée; par M. D. S.......k (Schoeppingk), avec un avant-propos par M. H. C. L. Landrin fils. *Paris, A. Franck,* 1846, in-8, xv-95 p., plus une planche gravée des différents alphabets slaves.

Essai sur la physiologie. (Par Toussaint Bordenave.) *Paris,* 1756, 1764, in-12.

Essai sur la poésie épique, traduit de l'anglois de Voltaire, par M. *** (l'abbé Desfontaines). *Paris, Chaubert,* 1728, in-12, 170 p.

Voy. « Supercheries », III, 1033, *f.*

Essai sur la police générale des grains. (Par Claude-Jacques Herbert.) *Londres,* 1753, in-8. — *Londres,* 1754, in-8. — *Berlin,* 1755, in-12.

La première édition, imprimée à l'insu de l'auteur, ne contient que la moitié de l'ouvrage.

Essai sur la politique et la législation des Romains, traduit de l'italien de Beccaria (par François-Antoine Quetant). *Paris, Jansen,* 1795, in-12.

Barbier avait donné à Quétant Henri Jansen pour collaborateur. Voici ce qu'on lit à ce sujet dans la « Biographie universelle » : « Quétant est le seul auteur de cette traduction. Jansen en avait commencé une qu'il abandonna et jeta au feu, dès qu'il connut celle dont s'occupait Quétant. »

Essai sur la position d'Uxellodunum. (Par M. Delpon, député du Lot.) *S. l. n. d.,* in-8.

Cet essai, extrait d'un travail que l'auteur avait adressé au ministre de l'intérieur, en 1817, forme la deuxième partie de l' « Annuaire statistique du département du Lot, » pour 1832, imprimé à Cahors.

Essai sur la possibilité d'un droit unique. (Par Jean-François Le Vayeu.) *Londres,* 1764, in-12.

Essai sur la prédication, carême entier, en un seul discours. (Par l'abbé Gabr. Fr. Coyer.) *Paris, veuve Duchesne,* 1781, in-12.

Voyez les « Œuvres complètes » de l'auteur.

Essai sur la profession de procureur. (Par Louis Groustel, procureur.) *S. l.,* 1749, in-8, 2 ff. lim. et 77 p.

Essai sur la propreté de Paris, par un citoyen français (Pierre Chauvet). *Paris, Labrousse,* an V-1797, in-8, 40 p.

Essai sur la question des rapports du gouvernement belge avec la Société générale pour favoriser l'industrie; par un membre de la représentation nationale (Pierre-Auguste-Florent Gérard). *Bruxelles, Berthot,* 1835, 72 p.   J. D.

Essai sur la réforme du clergé, par un vicaire de campagne, docteur de Sorbonne (l'abbé LAURENT, depuis curé de Saint-Leu à Paris, mort en 1819). *Paris, Durand père et fils*, 1789, in-8, LXIII-380 p. et 1 f. de table.

Voy. « Supercheries », III, 939, *b*.

Essai sur la religion des anciens Grecs. (Par LECLERC DE SEPT-CHÊNES.) *Lausanne*, 1787, 2 vol. in-8.

Essai sur la science de la guerre. (Par Jean-Bapt.-Jos. DAMARZIT DE SAHUGUET, baron D'ESPAGNAC.) *Paris, Ganeau*, 1753, 3 vol. in-8.

Essai sur la secte des illuminés. (Par Jean-Pierre-Louis DE LA ROCHE DU MAINE, marquis DE LUCHET.) *Paris*, 1789, grand in-8, II-XV-127 p. — Autre édit., in-8, XX-192 p. — Autre édit. *Paris*, 1789, in-8, XXXII-256 p. — Autre édit. *S. l.*, 1789, pet. in-8, II-XVI-147 p. — Autre édit. *Londres*, 1789, in-8, XXIV-176 p.

Le catalogue P. Morand indique sous le n° 72 une 3ᵉ édition, avec la date de 1792, faite sur la 2ᵉ, et augmentée par M. DE MIRABEAU.

En présence des cinq éditions ci-dessus décrites, il n'y a plus à tenir compte de la note de Lerouge reproduite par Quérard, « Supercheries », 2ᵉ édit., II, 1160, *d*, où il est dit que « ces trois éditions (lesquelles?) n'en formaient véritablement qu'une seule rajeunie au moyen de nouveaux titres. »

Cet ouvrage a été plusieurs fois attribué à l'abbé BARRUEL. (A. Ladrague, « Bibliophile belge », 4ᵉ année, 1869, pp. 242-43, et aussi Catalogue Ouvaroff, specimen, nᵒˢ 511 et suivants.)

Essai sur la situation des finances de France et la libération des dettes de l'État. (Par Antoine-Joseph-Michel SERVAN, ancien avocat général.) 1789, in-8 d'environ 200 p. *Douteux.*

Essai sur la situation politique de l'Espagne... traduit de l'anglais de Jér. BENTHAM (par Phil. CHASLES). *Paris*, 1823, in-8.

Essai sur la solidarité littéraire entre les savants de tous les pays... (Par Henri GRÉGOIRE.) *Paris, imp. de Plassan*, 1824, in-8, 23 p.

Essai sur la solidité des motifs et la justice du choix déjà fait d'un port primaire français dans la Manche. *Cherbourg, imp. de Boulanger*, 24 germinal an IX, in-4, 43 p.

Signé : Par un officier français (Jean-Julien-Michel SAVARY).

L'exemplaire de la Bibliothèque nationale est précédé d'une lettre d'envoi autographe au Premier Consul, signée : SAVARY.

Voy. « Supercheries », II, 1292, *f*.

Essai sur la souveraineté et sur le droit de justice qui y est attaché, ou mémoire pour les officiers du bailliage et siége présidial de Beauvais. (Par L.-J.-E. BUCQUET.) *Paris, Simon*, 1767, in-8.

Essai sur la tactique de l'infanterie, ouvrage méthodique, etc. (Par Gabriel PICTET, brigadier au service du roi de Sardaigne.) *Genève*, 1761, 2 vol. in-4.

Voyez l' « Histoire littéraire de Genève », par Senebier, t. III, p. 179.

Essai sur la taille des arbres fruitiers. (Par PELLETIER DE FREPILLON.) 1773, in-12.

Il y a des exemplaires portant ces mots au frontispice, « par une société d'amateurs », avec l'adresse de *Paris, de La Tour.*

Essai sur la théorie des trois éléments, comparée aux éléments de la chimie pneumatique, par M. TISSIER. *Lyon*, an XII-1804, in-8.

Ch. DEVILLERS, auteur du « Colosse aux pieds d'argile », et Jean-Simon THENANCE, auteur du « Forceps non croisé », ont eu part à cet ouvrage, qui n'a pas été mis en vente. Il n'a été distribué qu'aux savants.

Essai sur la théorie des volcans d'Auvergne. (Par François-Dominique REYNAUD DE MONTLOSIER.) *Paris, Delalain*, 1789, in-8. — *Paris, Belin*, an X-1802, in-8.

Essai sur la théorie du somnambulisme magnétique, par M. T. D. M. (A.-A. TARDY DE MONTRAVEL). *Londres*, 1786, in-12, 74 p.

Voy. « Supercheries », III, 767, *a*.

Essai sur la tolérance chrétienne, divisé en deux parties. (Par l'abbé Jacques TAILHÉ et Gabriel-Nicolas MAULTROT.) *En France (Paris)*, 1760, in-8.

Même ouvrage que les « Questions sur la tolérance », imprimées en 1758. Voyez ces mots.

On a changé le titre et réimprimé les premières pages de la première et de la seconde partie.

Essai sur la topographie d'Olivet, publié par la Société royale de physique, d'histoire naturelle et des arts d'Orléans. *Orléans, Couret de Villeneuve*, 1784, in-8, IV-93 et IV p.

Rédigé au nom d'une commission composée de MM. Roussel, Prozet, Couret de Villeneuve et BEAUVAIS DE PRÉAU, par ce dernier.

Attribué à tort par Barbier à HUET DE FROBERVILLE.

Essai sur la tradition du chant ecclésiastique depuis saint Grégoire, suivi d'un tonal inédit de Bernon de Reichenau; par un supérieur de séminaire (l'abbé L. Chustain). *Toulouse, imp. Ratier,* 1867, in-12, vii-371 p. et 5 pl.

Essai sur la tragédie, par un philosophe (Delisle de Sales). 1772, in-8.

Essai sur la tutelle et la curatelle publiques. (Par Desmagny, économe de la maison des élèves de la Patrie.) *Paris, Maradan,* an IX-1801, in-8.

Essai sur la vérité et la sincérité, par rapport aux affaires présentes de l'Eglise. (Par l'abbé Jean-Bapt.-Raimond Pavie de Fourquevaux.) *S. l.,* 1754, in-12, 248 p.

Voyez sur cet ouvrage les « Nouvelles ecclésiastiques », 1755, p. 20, et 1768, p. 157, col. 1.

Essai sur la vie de Jean-Gaspard Lavater. (Par Mlle Herminie Chavannes, de Lausanne.) *Lausanne,* 1844, in-8. — 2e édit. *Toulouse,* 1838, in-12.

Essai sur la vie de Jules César. (Par Rich. de Bury, avocat.) Extrait du « Mercure de France » des mois de juillet, août et septembre 1756. In-12.

Essai sur la vie de M. de Rochemore... curé de Notre-Dame et Saint-Castor de Nîmes; par Mlle ***** (Mlle de Beaufort). *Nîmes, imp. de J. Gaude,* 1811, in-8, 49 p.

Essai sur la vie de Pline le Jeune, trad. d'une lettre du comte d'Orreri au lord Boyle, son fils (par le comte de Magnières). *Nancy,* 1776, in-8.

Essai sur la vie de Sénèque le Philosophe, sur ses écrits et sur les règnes de Claude et de Néron. (Par Diderot, publié avec des notes par Naigeon.) *Paris, Debure,* 1779, in-12.

Voy. « Essai sur les règnes de Claude... »

Essai sur la vie et le règne de Frédéric II, roi de Prusse, pour servir de préliminaire à l'édition de ses œuvres posthumes. *Berlin, Decker,* 1788, in-8, xxvi-470 p.

La dédicace est signée : l'abbé Denina.

Une réimpression parut l'année suivante avec le nom de l'auteur, sous le titre de : « Nouvelle Vie de Frédéric II, ou essai sur son règne... » *Amsterdam,* 1789, in-8. Elle est augmentée de trois gravures et de quelques notes de l'éditeur.

Essai sur la vie et les écrits de du Cerceau, par M. A. P. (Antoine Péricaud). *Lyon, imp. de G. Rossary,* 1828, in-8, 28 p.

Voy. « Supercheries », I, 368, c.

Essai sur la vie et les ouvrages du P. Daire... par M. de Cayrol... avec les « Epîtres farcies »... publiées pour la première fois... par M. M.-J. R. (Rigollot). *Amiens, Caron-Vitet,* 1838, in-8.

Essai sur la vie et sur les ouvrages de l'abbé Prévost. (Par Pierre Bernard.) *S. l. n. d.,* in-8, 1 f. de titre et 72 p. — *Paris, Leblanc,* 1810, in-8, 2 ff. de tit. et 90 p.

Tirage à part des Préliminaires des « Œuvres choisies de l'abbé Prévost », 1783.

Essai sur la vie et sur les ouvrages de Linguet, par F. M. G....z (François-Marie Gardaz). *Paris, Brunot-Labbe,* et *Lyon, Yvernaut et Cabin,* 1809, in-8, 143 p.

Essai sur la vie spirituelle, par un supérieur de séminaire (l'abbé X. Raffray). *Vannes, Lamarzelle,* et *Paris, Gaume frères,* 1851, in-18.

Voy. « Supercheries », III, 740, c.

Essai sur la ville de Rouen. Travaux faits et à faire pour la plus grande utilité et le plus grand agrément de cette ville, par M. D..... (Dornay)... *Rouen, imp. de V. Guilbert,* 1806, in-8, 1 f. de tit. et 41 p.

Essai sur le barreau grec, romain et françois. (Par Ambr. Falconnet.) *Paris, Grangé,* 1773, in-8.

Essai sur le beau. (Par le P. Yv.-Mar. André, jésuite.) *Paris,* 1741, in-12. — Nouvelle édition, avec un discours préliminaire, par Formey. *Amsterdam, Schneider,* 1758, in-12. — Nouvelle édition (publiée par l'abbé C.-G. Guyot). *Paris,* 1763, in-12.

Essai sur le blanchiment des toiles; traduit de l'anglois de Homme, avec des notes (par P.-Henri Larcher). *Paris, Ganeau,* 1762, in-12.

Essai sur le bonheur, où l'on recherche si l'on peut aspirer à un vrai bonheur sur la terre, par l'abbé de G*** (de Gourcy). *Vienne et Paris, Mérigot,* 1777, in-8.

Essai sur le bonheur, ou réflexions philosophiques sur les biens et les maux de la vie humaine. (Par Louis de Beausobre.) *Berlin, A. Haude,* 1758, in-12.

Réimprimé dans le recueil intitulé : « Temple du bonheur ».

Essai sur le caractère du grand médecin, ou éloge critique de M. Herman Boerhaave. (Par le docteur Michel Maty.) *Cologne, P. Marteau,* 1747, in-8.

Essai sur le caractère et les mœurs des François, comparées à celles des Anglois. (Par le chevalier Jean-Jacques de Rutlidge.) *Londres,* 1776, in-12.

Essai sur le château de Serrant, avec une notice des familles qui l'ont possédé, et particulièrement de la maison Walsh.

(Par BLORDIER-LANGLOIS.) *Angers, imp. de Pavie,* 1822, in-8.

Opuscule tiré à 60 exempl. et qui n'a pas été mis dans le commerce.

Essai sur le classement chronologique des médailles grecques. (Par A.-Th.-Zénon PONS.) *Toulon, de l'imp. de Duplessis-Ollivaut,* 1826, in-8, 40 p.

Essai sur le classement chronologique des sculpteurs les plus célèbres. (Par Toussaint-Benoît EMÉRIC-DAVID, membre de l'Académie des inscriptions et belles-lettres.) *Paris, Firmin-Didot, s. d.,* in-8.

Cet ouvrage a été publié, pour la première fois, en 1800, et réimprimé en 1807. Réimprimé une troisième fois, il renferme de nombreuses additions.

Essai sur le commerce de Russie. (Par MARBAULT.) *Amsterdam,* 1777, in-8.

N.-G. LECLERC affirme, dans son « Atlas du commerce », *Paris,* 1786, grand in-4, que cet ouvrage est copié en très-grande partie d'un mémoire qu'il avait envoyé à M. Durand, ministre de France en Russie à cette époque, dont Marbault était le secrétaire.

D'autres personnes croient que Marbault l'a rédigé d'après les Mémoires de RAINBERT, négociant français établi à Saint-Pétersbourg.

Essai sur le crédit commercial considéré comme moyen de circulation, et suivi de l'exposition des principes de la science du crédit public et de celle de l'imposition. (Par DE GUER.) *Paris,* 1801, in-8.

Essai sur le crédit commercial, suivi du prospectus de la traduction de « l'Essai sur les finances d'Angleterre » de John Sainclair, par J. N. M. (J.-N. MARNIÈRE). *Paris, Petit,* 1801, in-8, IV-133 p. et 1 tableau.

Essai sur le crédit mobilier, par M. L. DE T.....I (Louis TEGOBONSKI, conseiller d'État de l'empire de Russie), auteur de plusieurs ouvrages en matière de finances et d'économie politique. *Bruxelles, Hayez,* 1856, in-8, 115 p.   J. D.

Essai sur le crédit public, suivi des moyens par lesquels on pourrait ranimer en France la confiance de la nation... par M. D...... (MICOUD D'UMONS, ancien préfet). Imprimé au mois de septembre 1788 et publié en avril 1789. *Paris, Bailly,* 1789, in-8.

Essai sur le despotisme. (Par le comte DE MIRABEAU.) *Londres,* 1775, 1776, in-8. — 3e édit., augmentée. *Paris, Lejay,* 1792, in-8, avec le nom de l'auteur.

Essai sur le droit des gens. (Par le baron DE CHAMBRIER-D'OLEIRES.) *Parme, Bodoni,* 1795, in-4.

Essai sur le droit public de l'Allemagne. (Par le comte DE MORETON DE CHABRILLAN, ancien attaché à l'ambassade de France à Berlin.) *S. l.* (1851), in-4 de 262 p. autograph.

La préface est signée F. M.

Essai sur le feu sacré et sur les Vestales. (Par J.-Gasp. DUBOIS-FONTANELLE.) *Amsterdam et Paris, Lejay,* 1768, in-8, 109 p.

Se trouve ordinairement joint au drame du même auteur : « Ericie, ou la vestale... » Voy. ci-dessus, col. 168, e.

Réimprimé dans les « Nouveaux Mélanges » de l'auteur, *Bouillon,* 1784, 3 vol. in-8.

Essai sur le gaz animal considéré dans les maladies, ou renouvellement de la doctrine de Galien, concernant l'esprit flatueux; ouvrage de M. B. VIDAL, docteur en médecine. (Publié par Cl.-Fr. ACHARD, bibliothécaire de la ville de Marseille.) *Marseille,* 1807, in-8.   D. M.

Essai sur le génie original d'Homère, traduit de l'anglais de WOOD (par J.-Nic. DEMEUNIER). *Paris, frères de Bure,* 1777, in-8.

L'« Essay » de Robert Wood publié en 1775, in-4°, a été réimprimé à Dublin, 1776, in-8, et à Londres, 1824, in-8. John Nichols mentionne dans ses « Anecdotes of J. Bowyer », 1782, p. 416, une édition antérieure, datée de 1769 et qui n'aurait été tirée qu'à sept exemplaires ; il n'en est pas question dans le « Bibliographer's Manual » de Lowndes. Il existe des traductions espagnole, italienne et allemande de cet « Essay ».

Essai sur le goût ancien et moderne de la musique françoise relativement aux paroles d'opéra. (Par l'abbé DESCREAU.) 1754, in-4, 11 p.

Essai sur le goût (par Alexandre GÉRARD), augmenté de trois dissertations sur le même sujet, par VOLTAIRE, D'ALEMBERT et MONTESQUIEU; traduit sur la seconde édition angloise (par Marc-Ant. EIDOUS). *Paris, Delalain,* 1766, in-12.

On ne trouve ni dans l'édition de Kehl, ni dans celle de Beuchot, aucun écrit de Voltaire sous ce titre ; il est vraisemblable que c'est le morceau qui se rencontre dans le tôm. XI des « Nouveaux Mélanges » de 1765, p. 348.

Essai sur le gouvernement de Rome, par Walter MOYLE, traduit de l'anglais (par Bertrand BARRÈRE). *Paris, Léger,* 1801, in-8.

Essai sur le gouvernement du Languedoc depuis les Romains jusqu'à notre siècle, par M. J.-J. D*** (J.-J. DOMERGUE), avocat au parlement, ancien premier consul de Saint-Hippolyte. *Avignon, P.-J. Roberty,* 1773, in-8.

Essai sur le jeu, considéré sous le rapport de la morale et du droit naturel. *Lyon, Ainé fils*, 1835, in-8, 160 p.

Par RAYMOND, de Lyon, d'après Quérard.

Par Michel DESGRANGES, en religion le Père ARCHANGE, d'après M. de Manne.

Essai sur le jeu de domino, suivi des règles du domino à quatre et du whist à trois, avec des problèmes d'échecs, par L. (A. LAURENT), de Mons. *Gand, Jacqmain*, 1857, in-12, 54 p.

Essai sur le journalisme depuis 1735 jusqu'à l'an 1800. (Par DELISLE DE SALES.) *Paris, Colas*, 1811, in-8.

L'auteur a publié une « Défense de l'Essai »... en 1813, in-8 de 80 p.

Essai sur le langage. (Par A. CHARMA.) *Caen, Chalopin*, 1831, in-8. — 2ᵉ édit. *Paris*, 1846, in-8, avec le nom de l'auteur.

Essai sur le livre de Job. (Par les PP. capucins LOUIS de Poix, JÉRÔME d'Arras, etc.) *Paris, Claude Hérissant*, 1768, 2 vol. in-12.

Essai sur le livre de M. Jacotot intitulé : « Enseignement universel. » (Par MM. J.-S. VAN DE WEYER et VAN MEENEN.) *Louvain*, 1823, in-8.

Essai sur le luxe. (Par Jean-François DE SAINT-LAMBERT.) *S. l.*, 1764, in-12.

C'est l'article *Luxe* de l' « Encyclopédie ».

Essai sur le luxe, considéré relativement à la population et à l'économie. (Par Isaac DE PINTO.) *Amsterdam*, 1762, in-12.

Essai sur le mariage considéré sous des rapports naturels, moraux et politiques. (Par Jérôme PÉTION DE VILLENEUVE.) *Londres (Chartres, Deshayes)*, 1785, in-8.

La publication de cet ouvrage a été arrêtée.

Il se trouve réimprimé dans les « Œuvres » de l'auteur, tome I, 243-390.

Essai sur le mécanisme de la guerre, par un officier français, de la Légion d'honneur et de plusieurs académies (Jacques-Antoine DE RÉVÉRONY-SAINT-CIR). *Paris, Magimel*, 1808, in-8.

Réimprimé sous le titre de : « Statique de la guerre ». Voy. ces mots.

Essai sur le monopole de l'enseignement aux Pays-Bas, par l'abbé C. R. (Corneille VAN BOMMEL, depuis évêque de Liége). *Anvers, Janssins*, 1829, in-8, 174 p.

Essai sur le mouvement des partis en Belgique, depuis 1830 jusqu'à ce jour... par un ancien membre de la représenta-tion nationale (le baron E.-C. DE GERLACHE). *Bruxelles, A. Decq*, 1852, in-8, 87 p.

Deux éditions.

Essai sur le moyen de forcer les Anglais à lever immédiatement le blocus des côtes françaises, par M. DE M. (DE MONTLEZUN). *Nantes, imp. de Brun*, 1809, in-8, 55 p., avec une carte de la Manche.

Catalogue de Nantes, nº 44731.

Essai sur le nivellement. (Par P. BUSSON DESCARS, ingénieur en chef des ponts et chaussées.) *Paris, Firmin Didot et Delance*, an XIV-1805, in-8.

Essai sur le notariat, ou ce qu'il devrait être dans le nouveau système judiciaire; ouvrage lu à la Société des amis de la Constitution, par C. M. (Charles METMAN), membre de cette Société. *Paris, chez tous les marchands de nouveautés*, 1790, in-8, 39 p.

Essai sur le perfectionnement des beaux-arts par les sciences exactes, ou calculs et hypothèses sur la poésie, la peinture et la musique, par R. S. Cᵗ (Jacques-Antoine DE RÉVÉRONY-SAINT-CIR), membre de la Société des sciences et arts de Paris, etc. *Paris, Henrichs, Magimel*, 1804, 2 vol. in-8.

Voy. « Supercheries », III, 409, *c*.

Essai sur le personnel militaire de la marine française. (Par Ch. BAUDIN, des Ardennes, capitaine de frégate.) *Paris, Bachelier*, 1818, in-8, VIII-82 p.

Essai sur le personnel militaire de la marine, par un officier du corps (Claude-Henry DUPUY). *Lorient, Baudoin*, 1821, in-8, XXIV-107 p. et 10 tableaux.

Essai sur le phlogistique et la constitution des acides, traduit de l'anglais de M. KIRWAN (par Mme LAVOISIER). *Paris, Cuchet*, 1788, in-8.

Essai sur le principe générateur des Constitutions politiques et des autres institutions humaines. (Par le comte Jos. DE MAISTRE.) *Saint-Pétersbourg, impr. de Pluchart et Cᵒ*, 1814, in-8, XII-108 p.

Mahul, « Annuaire nécrologique », et d'après lui, sans doute, Quérard, se sont trompés en donnant à ce volume la date de 1810 ; ces écrivains ont certainement été trompés par la mention que fait l'auteur que l'ouvrage a été écrit en mai 1809 ; écrit oui, mais non publié à cette époque. A. L.

Réimprimé à *Paris*, 1814, in-8, et à *Braunschweig*, 1815, in-8.

Réimprimé aussi à la suite de la 3ᵉ éd. des « Considérations sur la France ». Voy. tome IV, col. 715, *b*.

Essai sur le rachat des rentes et rede-vances foncières. (Par François-Vincent Toussaint.) *Londres*, 1751, in-8, 51 p.

Essai sur le salon de 1817, ou examen critique sur les principaux ouvrages dont l'exposition se compose ; accompagné de gravures au trait. Par M. M*** (Edme-François-Marie-Antonin Miel). *Paris, Delaunay*, 1817, in-8.

Essai sur le sénat romain, traduit de l'anglois de Chapman (par P.-Henri Larcher). *Paris, Ganeau*, 1765, in-12.

Essai sur le système moderne de fortification adopté pour la défense de la frontière rhénane, par le lieutenant-colonel J.-A. Humfrey. Traduit de l'anglais par Napoléon F*** (Napoléon Fanjat). *Paris, Corréard*, 1845, in-fol.

Essai sur le système social. (Par Bourget, bibliothécaire de Cherbourg.) *Paris, Sajou*, 1819, in-8, 280 p.

Essai sur le triomphe de la force, ou Mahomet II, par un ancien professeur de belles-lettres A. D. F. E. O. (l'abbé Léon-Gaspard Baylet). *Paris, Paulmier*, 1862, in-12, 271 p.

Essai sur les accusations intentées aux Templiers et sur le secret de cet ordre, avec une Dissertation sur l'origine de la franc-maçonnerie ; traduit de l'allemand de M. Nicolaï (par Henri Renfner). *Amsterdam*, 1783, in-8; 2 ff. et 224 p.

Essai sur les aliments, pour servir de commentaire aux livres diétiques d'Hippocrate. (Par Anne-Ch. Lorry, médecin.) *Paris, Vincent*, 1754, in-12. — Avec un nouveau titre et un second volume. *Ibid.*, 1757. — Nouv. édit. corrigée et augmentée. *Paris, Didot jeune*, 1781, 2 vol. in-12.

Cette dernière édition est anonyme, mais il y a aussi des exemplaires avec le nom de l'auteur et sous ce titre : « Essai sur l'usage des alimens … »

La dédicace au maréchal de Richelieu signée par l'auteur ne se retrouve pas dans la réimpression.

Essai sur les apanages, ou mémoire historique de leur établissement. (Par Louis-François du Vaucel, grand-maître des eaux et forêts au département de Paris.) *S. l.*, 2 vol. in-4, le premier de 372 pages, et le second de 403, sans les pièces justificatives, qui, avec la table, ont 142 pages.

Il n'a été tiré que douze exemplaires de cet ouvrage, l'auteur n'ayant pas voulu le rendre public. (Note extraite des manuscrits de l'abbé de Saint-Léger.)

Je crois avoir acquis la certitude qu'il existe au moins vingt-cinq exemplaires de cet ouvrage : dix environ ont passé par mes mains.

Le véritable auteur de l' « Essai sur les apanages » paraît avoir été M. de Laulne, premier commis de M. du Vaucel.

Dans la première édition du Dictionnaire, cet ouvrage était positivement attribué à L.-Fr. du Vaucel. Quérard, dans sa « France littéraire », a reproduit cette première attribution.

Essai sur les arbres d'ornement, les arbrisseaux et arbustes de pleine terre, extrait du Dictionnaire de Miller, 7ᵉ édition, publiée en 1759. (Par le chevalier Etienne-François Turgot.) *Amsterdam et Paris, Grangé*, 1778, in-8.

Essai sur les assemblées de communautés, de bailliages et d'arrondissements de la Lorraine, destinées à procéder, tant aux élections qu'à la rédaction des cahiers pour les États généraux, présenté à ces assemblées par un citoyen (Antoine, lieutenant général de Boulay en 1789). In-4.

Catalogue Noël, n° 726.

Essai sur les avantages que retireroient les femmes en cultivant les sciences et beaux-arts, par un amateur (le comte François de Paule de Hartig). *Prague*, 1775, in-8.

Essai sur les besognes périodiques de l'administration provinciale et communale en Belgique, par H. D. K. (Henri de Kerckove, docteur en droit). *Gand, C.-J. Van Ryckeyem*, 1835, in-8.   J. D.

Essai sur les bienséances oratoires. (Par l'abbé Edme Mallet.) *Paris, Prault*, 1753, 2 vol. in-12. — *Amsterdam*, 1753, 2 vol. in-12.

Essai sur les bornes des connaissances humaines, par M. G. Vᵉ D. V. (Jac.-Nicolas Moreau, historiographe de France). Nouvelle édition, à laquelle on a joint une lettre du même auteur sur la tolérance. *Lausanne et Paris, Mérigot le jeune*, 1785, in-12.

Moreau a voulu se cacher, dans le frontispice de cet ouvrage, sous la lettre initiale d'un prétendu vicaire de Ville-d'Avray, où il avait une maison de campagne.

Essai sur les Bucoliques de Virgile. (Par Denis Bertholon de Pollet.) *Lyon*, 1809, in-12.

Reproduit plus complet, et avec le nom de l'auteur, sous ce titre : « les Bucoliques de Virgile » (trad. en vers avec le texte en regard). Nouvelle édition. *Paris*, 1832, in-8.

Essai sur les capitaineries royales et autres, et sur les maux incroyables qui en résultent depuis Louis XI… par M. B. D. L. R. A. A. P. (Gilles Boucher de La Richarderie, avocat au parlement). *S. l.*, 1789, in-8, 186 p.

Essai sur les catacombes de Paris. *Paris, imp. de Hacquart*, 1812, in-8, 32 p.

Signé : T. D*** (T. DESTRUISSART, curé de Gentilly).

Essai sur les causes de la diversité des taux de l'intérêt de l'argent chez les peuples. (Par BUCHET DU PAVILLON.) *Londres (Paris), Duchesne*, 1756, 1758, in-12.

Essai sur les causes de la révolution française, suivi de deux lettres à mylord*** et d'une pièce de vers inédits; par un officier général (le comte Cl.-Fr. RIVAROL). *Paris*, 1827, in-8, 52 p.

Essai sur les causes du déclin du commerce étranger de la Grande-Bretagne, traduit de l'anglois (du chevalier DECKER, par l'abbé Jean-Paul DE GUA DE MALVES). 1757, 2 vol. in-12.

Essai sur les causes principales qui ont contribué à détruire les deux premières races des rois de France, par l'auteur de la « Théorie du luxe » (Geor.-Mar. BUTEL-DUMONT; ouvrage couronné par l'Académie des belles-lettres en 1775). *Paris, veuve Duchesne*, 1776, in-8.

Essai sur les chemins de fer en général et sur le chemin de fer de Paris à Cherbourg en particulier. Par un habitant du département de l'Eure (le duc Aimé-Marie-Gaspard DE CLERMONT-TONNERRE). *Paris, Delaunay*, 1846, in-8, 80 p., plus une carte.

Essai sur les cœurs. (Par l'abbé Jacques PERNETTI.) *Amsterdam*, 1765; in-12, 96 p.
G. M.

Essai sur les colonies françoises, ou discours politiques sur la nature du gouvernement, de la population et du commerce de la colonie de S.-D. (Par SAINTARD.) *Paris*, 1754, in-12.

Essai sur les colonies orientales, depuis 1753 jusqu'à présent, par un adjoint de l'état-major de l'armée du Rhin (DELANGLE, de Mortagne, département de l'Orne). *Alençon*, 1801, in-8.

Essai sur les comètes, où l'on tâche d'expliquer les phénomènes qu'offrent leurs queues, et où l'on fait voir qu'elles sont probablement destinées à rendre les comètes des mondes habitables ; par André OLIVER, traduit de l'anglois (par J.-Nic.-Séb. ALLAMAND). *Amsterdam, M.-M. Rey*, 1777, in-8.

Essai sur les communes et sur le gouvernement municipal dans le canton de Vaud. Par un membre du grand conseil (François CLAVEL). *Lausanne*, 1828, 2 vol. in-8.

Essai sur les comtes de Paris. Au profit de l'œuvre des mères de famille. (Par l'abbé DUPRÉ, chanoine de Bordeaux.) *Paris, Vaton*, 1841, in-8 de 135 p.

C'est par erreur que dans le « Catalogue de l'Histoire de France » de la Bibliothèque nationale, t. III, p. 479, cet ouvrage est attribué à Horace Raisson, auteur de la brochure intitulée : « les Comtes de Paris », *Paris, marchands de nouveautés*, août 1838, in-8 de 30 p., et à laquelle il a mis son nom.

Essai sur les différentes espèces de fièvres... par Jean HUXHAM... On y a joint deux autres essais : l'un sur la manière de nourrir et d'élever les enfants, depuis leur naissance jusqu'à l'âge de trois ans (par W. CADOGAN) ; l'autre sur leurs différentes maladies (par Rich. CONYERS). Le tout traduit de l'anglais par MM. EIDOUS et LAVERY. *Paris, Laurent d'Houry fils*, 1752, in-12. — Nouv. édit. augm. de trois ouvrages du même auteur (J. HUXHAM) *Paris, d'Houry*, 1764, in-12. — *Ibid., id.*, 1768, in-12.

Le nom des traducteurs ne figure plus sur les éditions de 1764 et 1768.

Essai sur les différentes méthodes tant anciennes que nouvelles, de construire des murs de revêtements... par J.-G.-W. MERKES. Traduit du hollandais (par Fr. X.-J. RIEFFEL) et annoté par H.-C. GAUBERT. *Paris*, 1841, in-8.

Essai sur les différens styles dans la poësie, poëme en quatre chants. (Par l'abbé Ant. DE COURNAND.) *Paris, Brunet*, 1780, in-18.

Réimprimé sous ce titre : « les Styles » poëme, etc. Voyez ces mots.

Essay sur les dogmes de la métempsycose et du purgatoire, enseignés par les bramines de l'Indostan ; suivi d'un récit abrégé des dernières révolutions de l'état présent de cet empire, tiré de l'anglois d'Alex. Dow (par J.-Rud. SINNER). *Leipzig*, 1773, in-8.

Essai sur les dragons, ou abrégé de l'histoire de cette arme. Par un officier de l'état-major de la réserve de cavalerie (Alexandre DE CABANIS). *Hanovre*, 1808, in-8, 68 p.

Essai sur les droits des hommes, des citoyens et des nations, ou adresse au roi sur les États généraux et les principes d'une bonne constitution. (Par J.-Louis SECONDS.) *S. l.*, 1789, in-8, 60 p.

Essai sur les eaux thermales de Balaruc, où l'on assigne leurs vertus, la manière dont on les emploie, les préparations nécessaires avant leur usage, et les maladies auxquelles elles sont utiles. (Par Jacques FARJON, médecin-praticien de Montpellier.) *Montpellier, Rigaud et Pons,* 1773, in-8.

Essai sur les erreurs et les superstitions anciennes et modernes, par M. L. C... (J.-L. CASTILLON). *Amsterdam, Arkstée,* 1765, in-12. — *Paris, Lacombe,* 1767, 2 vol. in-8.

Réimprimé en grande partie sous le titre de « Considérations sur les causes physiques et morales de la diversité du génie, des mœurs et du gouvernement des nations ». *Bouillon,* 1770, 3 vol. in-12, avec le nom de l'auteur.

Essai sur les erreurs populaires, par Thomas BROWNE, traduit de l'anglois (par l'abbé Jean-Baptiste SOUCHAY). *Paris, Briasson,* 1738, 2 vol. in-12.

Essai sur les études et l'exercice du saint ministère. (Par Fr.-Sam. DUVOISIN.) *Lausanne,* 1795, 2 vol. in-8.   A. L.

Essai sur les feux d'artifice pour le spectacle et la guerre, par P. D'O. (PERRINET D'ORVAL). *Paris, Coustelier,* 1745, in-8. — Nouvelle édition, fort augmentée, par F. F. (Améd.-Fr. FREZIER). *Paris,* 1747, in-8. — *Basle,* 1750, in-8.

Essai sur les fièvres aiguës. (Par Etienne DE LAMONTAGNE.) *Bordeaux,* 1762, in-12.

Essai sur les fièvres, avec des dissertations sur la fièvre lente nerveuse, les fièvres putrides, etc., par J. HUXHAM, une méthode de guérir les fièvres continues par un fébrifuge; traduit de l'anglois de J. CLUTTON (par MARINIER). *Paris,* 1752, in-12. — Nouvelle édition, revue sur la dernière édition angloise (par Jean GOULIN). *Paris, d'Houry,* 1768, in-12.

Essai sur les finances de la république françoise et sur les moyens d'anéantir les assignats. (Par le général Cyrus-Marie-Alexandre DE VALENCE.) *Hambourg,* 1796, in-8.

Essai sur les finances, présenté en 1775 à M. Turgot, par l'auteur du « Secret des finances », imprimé en 1763 (VIEILH). *Alençon,* 1789, in-8, 2 ff. lim., vi-104 p.

Essai sur les formes de gouvernement et sur les devoirs des souverains. (Par FRÉDÉRIC II, roi de Prusse.) *Berlin,* 1777, in-8, 42 p.

Edition originale imprimée à huit exemplaires.

Essai sur les goûts ancien et moderne de la musique françoise, relativement aux

paroles d'opéra. (Par Fr. COLIN DE BLAMONT.) *Paris,* 1754, in-8. (En vers.)

Attribué aussi à N. CAUX DE CAPPEVAL.

Essai sur les grandes opérations de la guerre. (Par Jean-Bapt.-Jos. DAMARZIT DE SAHUGUET, baron D'ESPAGNAC.) *Paris, Ganeau,* 1755, 4 vol. in-8.

Essai sur les grands événemens par des petites causes, tiré de l'histoire. (Par Adrien RICHER.) *Genève et Paris, Hardy,* 1758, in-12.

Voyez « Nouvel Essai ».

Essai sur les grands hommes d'une partie de la Champagne, par un homme du pays (J.-Ant. HÉDOUIN DE PONSLUDON). *Paris, Goguê,* 1768, in-8. — 2ᵉ éd. *Amsterdam,* 1770, in-8.

Essai sur les gravures, par William GILPIN... traduit de l'anglais, sur la quatrième édition, par le baron DE B*** (DE BLUMENSTEIN). *Breslau, imp. de G.-T. Korn,* 1800, in-8.

Voy. « Supercheries », I, 435, a.

Essai sur les guerres civiles de France, tiré de plusieurs manuscrits curieux, traduit de l'anglois de M. DE VOLTAIRE (par l'abbé François GRANET). *La Haye, Guyot de Merville,* 1729, in-8, 60 p.

Voy. Quérard, « Bibliographie voltairienne », n° 388.

Essai sur les haras, ou examen méthodique des moyens propres pour établir, diriger et faire prospérer les haras, suivi de deux courts traités. Dans l'un on montre une méthode facile de bien examiner les chevaux que l'on veut acheter... Dans l'autre on traite de la méchanique du mors.... (Par le marquis DE BRÉZÉ.) *Turin, Reycends,* 1769, in-8, xx-288 p. et 4 pl.

Essai sur les hiéroglyphes égyptiens, où l'on voit l'origine et le progrès du langage et de l'écriture, l'antiquité des sciences en Égypte et l'origine du culte des animaux, trad. de l'anglois de WARBURTON, avec des observations sur l'antiquité des hiéroglyphes scientifiques et des Remarques sur la chronologie et sur la première écriture des Chinois. (Par Marc-Antoine LÉONARD DES MALPEINES.) *Paris, Guérin,* 1744, 2 vol. in-12, avec 7 fig.

Les Remarques sur la chronologie sont de Nic. FRÉRET.

Essai sur les hiéroglyphes, ou nouvelles lettres sur ce sujet. (Par Fréd.-Just. BERTUCH.) *Weimar,* 1804, in-4.

Essai sur les hiéroglyphes, ou nouvelles

lettres sur ce sujet (par M. le comte DE PAHLIN), avec deux planches et une vignette au frontispice, contenant vingt-quatre inscriptions et figures hiéroglyphiques, tirées la plupart du Voyage en Égypte, par M. DENON. *Weimar, au bureau d'industrie, 1804, in-4, 120 p.*

Essai sur les illusions de la vie humaine. (Par le colonel John WARREN, mort à Pondichéry, le 9 février 1830.) *Isle Maurice, 1818, in-4, 84, 8 et 6 p.*

Essai sur les impôts dans le canton de Neuchâtel. (Par G. PETITPIERRE et HUMBERT-DROZ, avocat.) *Berne, au bureau du « Patriote suisse », 1833, in-8, 22 p.*

Essai sur les intérêts du commerce maritime, par M. D*** (O'HEGUERTY, comte DE MAGNIÈRES). *La Haye, 1754, in-12.*

Essai sur les lieux et les dangers des sépultures. Trad. de l'italien (de Scipion PIATTOLI) ; publié avec quelques changements... par VICQ D'AZYR. *Paris, Didot, 1778, in-12.*

Essai sur les lois naturelles...

Voy. ci-dessus, col. 205, *f*, « Essai d'une dissertation... »

Essai sur les machines en général. (Par Lazare-Nicolas-Marguerite CARNOT.) *Dijon, 1783, in-8.*

Une nouvelle édition (*Dijon, 1786*) porte le nom de l'auteur. Cet « Essai » a été réimprimé dans les « Œuvres mathématiques de CARNOT », *Basle, 1797,* in-8. Une nouvelle édition refondue parut en 1813, sous le titre de : « Principes fondamentaux de l'équilibre ».   D. M.

Essai sur les maladies de Dunkerque. (Par Florent-Guillaume TULLY.) *Dunkerque, 1760, in-8.*

Essai sur les maladies qui attaquent le plus communément les gens de mer... par G. M. (G. MAURAN). *Marseille, Mossy, 1766, in-12.*

Réimprimé avec le nom de l'auteur sous ce titre : « Avis aux gens de mer sur leur santé ». *Marseille, 1786, in-12.*

Essai sur les mœurs. (Par J. SORET, avocat au Parlement de Paris.) *Bruxelles, 1756, in-12.*

Une nouvelle édition très-augmentée, avec 4 lettres y relatives, a été publiée sous le titre d' « Œuvres ». *Paris, Vᵉ Duchesne, 1784, 2 vol. in-12.*

Essai sur les mœurs champêtres. Par J.-J. G****** (J.-J. GAUTIER). *Londres (Alençon, Malassis le jeune), 1787, pet. in-8, 238 p. avec l'errata.*

Voy. l'art. « Histoire de l'essai sur les mœurs champêtres ».

Essai sur les mœurs de la fin du XVIIIᵉ siècle. (Par Ch. MOREL DE VINDÉ.) *La Haye (Paris), 1794, in-12.*   V. T.

Essai sur les mœurs des habitants modernes de l'Égypte. (Par le comte Gilbert-Joseph-Gaspard DE CHABROL DE VOLVIC.) *Paris, impr. de Panckoucke, 1826, in-8.*

Extrait de la seconde édition de la « Description de l'Égypte ».

Essai sur les mœurs des temps héroïques de la Grèce, tiré de l'histoire grecque de M. GILLIES (par And.-Sam.-Mich. CANTWELL). *Londres et Paris, Lejay, 1787, in-8, 36 p.*

Essai sur les mœurs du temps. (Par REBOUL.) *Londres et Paris, Vincent, 1768, in-12.*

Essai sur les mœurs et l'esprit des nations. (Par VOLTAIRE.) *Genève, 1775, 6 vol. in-8.*

Réimprimé sous ce titre dans la collection de Beaumarchais. Voyez l'édition in-8, tomes XVI-XIX.

Cet ouvrage a été composé vers 1740, pour la marquise du Châtelet.

Dès 1745 l'auteur du *Mercure* avait publié avec éloge le travail de Voltaire, qui lui en avait confié les premiers cahiers. Voyez la brochure intitulée : « Critique de l'Histoire universelle de M. de Voltaire, au sujet de Mahomet et du mahométisme ». *S. d., in-4, 43 p.*

Quelques fragments dérobés à l'auteur avaient été imprimés en 1754, sous le titre d' « Abrégé de l'Histoire universelle », et l'année précédente sous celui de « Nouveau Plan de l'Histoire de l'esprit humain », *Berlin, 1753, in-12,* à la suite de « Micromégas » et de l' « Histoire des Croisades ».

Un huitième volume a paru sous ce titre : « Additions à l'Essai sur l'histoire générale et sur l'esprit et les mœurs des nations, » etc., pour servir de supplément à l'édition de 1756 en 7 vol, 1763, in-8.

On trouve à la suite de ces « Additions » des « Remarques » pour servir de supplément à l' « Essai sur l'histoire générale et sur les mœurs et l'esprit des nations, » etc. 1763, in-8, 86 p. Voy. ci-dessus, col. 232, *b*.

Voy. aussi Quérard, « Bibliographie voltairienne », nᵒ 414.

Essai sur les mœurs et la littérature des Anglais et des Français, trad. de l'anglais de lord John RUSSEL (par Alfred THIERY, capitaine d'artillerie). *Paris, Pillet, 1822, in-12.*

Voy. sur l'auteur, « Supercheries », I, 784, *a*.

Essai sur les monnoyes, ou réflexions sur le rapport entre l'argent et les denrées. (Par Nic.-Fr. DUPRÉ DE SAINT-MAUR.) *Paris, Coignard, 1746, in-4.*

Essai sur les montagnes. (Par le Cᵗᵉ DE NOGARET.) *Amsterdam, 1785, 2 vol. in-8.*

Essai sur les moyens d'améliorer en France la condition des laboureurs... par un Savoyard (Simon CLICQUOT DE BLERVACHE). *Chambéry*, 1789, in-8.

Voy. l' « Ami du Cultivateur », IV, 134, *e*, et « Supercheries », III, 611, *a*.

Essai sur les moyens d'améliorer le sort de la classe indigente de la société. (Par F.-C.-B. TOBIE.).... 1792, in-4.

Essai sur les moyens d'améliorer les études actuelles des colléges. (Par Michel DU TENNETAR.) *Nancy, Lamort*, 1769, in-12.

Essai sur les moyens d'encourager l'agriculture. (Par Jean-François LE VAYER.) 1764, in-12.

Essai sur les moyens d'inspirer aux hommes le goût de la vertu. (Par Fr. BARBÉ-MARBOIS.) 1769, in-8.

Essai sur les moyens de diminuer les dangers de la mer, par DE LELYVELD, traduit du hollandois (et publié avec des corrections par BRAHIN DU CANGE). *Amsterdam, M.-M. Rey*, 1776, in-8.

Réimprimé dans le septième volume du « Recueil philosophique » de Bouillon. Voyez ces mots.

Essai sur les moyens de rendre la comédie utile aux mœurs, par M. DE B*** (L.-Fr. NOUEL DE BUZONNIÈRE). *Paris, Debure père*, 1767, in-12.

Voy. « Supercheries », I, 434, *d*.

Essai sur les moyens de rendre le reculement des barrières véritablement avantageux au commerce, tant intérieur qu'extérieur. Par M. R.... (Antoine-Augustin RENOUARD), fabricant de gaze. *Paris*, 1790, in-8.

Réimprimé sans initiales sur le titre, avec la signature de l'auteur. *Paris, imp. de Chalon*, sept. 1790, in-8, 32 p.

Essai sur les moyens de rendre les facultés de l'homme plus utiles à son bonheur, traduit de l'anglois de Jean GREGORY (par mademoiselle DE KÉRALIO). *Paris et Deux-Ponts, Lacombe*, 1775, in-12.

Essai sur les moyens de rétablir les sciences et les lettres en Portugal, adressé aux auteurs du « Journal des Savans », composé en latin par Ant. TEIXEIRA-GAMBOA (Louis-Antoine VERNEY), avec la traduction françoise (par François TURBEN). *Paris, Le Prieur*, 1762, in-8.

Essai sur les moyens employés par les Romains pour fabriquer les vins et les conserver. (Par J.-C. DUMERIL.) *Lyon, Ballanche*, an XIII, in-8.

Essai sur les moyens propres à conserver la santé des gens de mer, par LIND,

traduit de l'anglois (par l'abbé Guill. MAZÉAS). *Paris*, 1758, in-12.

Essai sur les mystères d'Eleusis. (Par le comte S. OUVAROFF.) *Saint-Pétersbourg, Pluchart*, 1812, in-8, XII-85 p. avec titre grav. et 2 grav. dans le texte, tiré à 100 exempl. — 2e édit. rev. et augm. *Saint-Pétersbourg, Pluchart*, 1815, in-8, XX-138 p., avec les mêmes pl. — 3e édit., revue, corr. et augm. (publiée par le baron Silvestre DE SACY). *Paris, impr. royale*, 1816, in-8, XXIV-142 p., avec grav.

Cet Essai a encore été reproduit dans les deux éditions des « Etudes de philologie et de critique » de l'auteur. A. L.

Essai sur les mystères et le véritable objet de la confrérie des francs-maçons. (Par Carl-Friedr. KOPPEN.) *La Haye (Paris)*, 1771, in-8. — 2e édit. *Amsterdam*, 1776, in-8.

Essai sur les N. N. ou sur les inconnus. (Par F.-Guill. GOTTER.) *Altenburg*, 1777, pet. in-8, 147 p. avec 5 fig. dans le texte.

Il y a deux éditions, l'une avec un errata qui corrige vingt fautes, l'autre dont l'errata ne corrige que les deux dernières. A. L.

Essai sur les nombres approximatifs... (Par J.-A.-F. MASSABIAU.) *Paris, Duprat*, an VII-1799, in-8.

Essai sur les oblats, sur les moines lais, sur les lettres de pain (Panis-briefe), par un jurisconsulte de Bavière (J.-Chr.-W. VON STECK). *Ingolstadt (Berlin)*, 1783, in-8.

Essai sur les origines et antiquités de l'arrondissement de Remiremont... *Remiremont, imp. de veuve Dubiez*, 1835, in-8.

La couverture imprimée porte : « Recherches... par Ch. F**** (Ch. FRIRY), membre correspondant du ministère de l'instruction publique pour les recherches historiques. »

Essai sur les pensions et les réformes à introduire dans la législation qui les régit. (Par M. BOURLON, auditeur au conseil d'État.) *Paris, F. Didot*, 1833, in-8, 32 p.

Essai sur les plaisirs, par E. O*** (E. ORTOLANI). *Paris, Debure*, an XI-1803, in-8, XII-168 p. — 2e édit. *Paris, Démonville*, an XII-1804, XII-168 p., avec le nom de l'auteur.

Essai sur les préjugés et principalement de la nature et de l'influence des préjugés philosophiques. (Attribué à J. TREMBLEY, Genevois.) *Neufchâtel et Genève*, 1790, in-8.

Essai sur les préjugés, ou de l'influence des opinions sur les mœurs et sur le bon heur des hommes. Ouvrage contenant l'apologie de la philosophie, par M. D. M. (Par le baron d'HOLBACH, avec des notes par Jacques-André NAIGEON.) *Londres (Amsterdam, M.-M. Rey)*, 1770, in-8.

Les initiales placées sur le frontispice ont fait attribuer cet ouvrage à DUMARSAIS ; aussi fut-il réimprimé avec son nom. *Paris, Chambon*, an III, in-8, VIII-336 p.

Voy. « Supercheries, » I, 963, *e*.

Essai sur les preuves directes et rigoureuses de l'immortalité de l'âme et de la création, par M. *** (AMILLET, capitaine du génie). *Paris et Versailles*, 1825, in-8, XVI-50 p.

Essai sur les principes à adopter par les États généraux, et sur leurs premières opérations.... (Par Jean-Nicolas-Marcellin GUÉRINEAU DE SAINT-PÉRAVI.) *S. l.*, 1789, in-8.

Essai sur les principes de la physique. (Par le chevalier Fr. DE VIVENS, des académies de Metz et de Bordeaux.) *Bordeaux*, 1746, in-12.

Essai sur les priviléges. (Par l'abbé Emmanuel-Joseph SIÉYÈS.) 1788-1789, in-8.

Essai sur les probabilités du somnambulisme magnétique, pour servir à l'histoire du magnétisme animal, par M. F*** (J.-F. FOURNEL, avocat au parlement). *Amsterdam et Paris*, 1785, in-8, 70 p.

Essai sur les probabilités en fait de justice. (Par VOLTAIRE.) *S. l.*, 1772, in-8 et in-12.

Réimprimé dans le « Voltaire » de Beaumarchais, t. XXX, édition in-8.

Voltaire, dans une lettre du 14 août 1772, parle d'une seconde édition beaucoup plus ample que la première.

Essai sur les problèmes de situation. (Par Denis BALLIÈRE DE LAISMENT.) *Rouen, Racine*, 1782, in-8, IV-74 p., avec 7 planches.

Essai sur les publicistes au XIXe siècle, par A. G*** (Amédée GUIRAUD, de Cahors). M. Guizot. *Paris, Amyot*, 1846, in-8.

Essai sur les qualités et les propriétés des arbres, arbrisseaux... (Par G.-A.-J. HÉCART.) *Valenciennes*, an III-1795, in-4, 132 p. et un index de 4 feuillets.

Essai sur les réformes à faire dans l'administration de la justice en France, dédié aux États généraux, par M*** (MÉZARD, avocat). *S. l.*, 1788, in-8.

L'auteur a publié avec son nom : « Lettres à un membre de l'Assemblée nationale, servant de supplé-

ment à l' « Essai sur les réformes à faire dans l'administration de la justice », par M. MÉZARD... » *Avignon et Paris, Moutard*, 1790, in-8.

Essai sur les réformes à faire dans notre législation criminelle. (Par Fr.-Mic. VERMEIL.) *Paris, Demonville*, 1781, in-12.

Essai sur les réformes applicables à l'éducation, par M. B. (J.-N.-Marcellin BARDONNAUT). *Paris, Ducrocq*, 1858, in-8.

Voy. ci-dessus, col. 132, *a*, « Entretiens familiers », et « Supercheries », I, 429, *c*.

Essai sur les règnes de Claude et de Néron, et sur les mœurs et les écrits de Sénèque. (Par DIDEROT.) *Londres (Bouillon)*, 1782, 2 vol. in-8 et in-12.

C'est une nouvelle édition très - augmentée de l' « Essai sur la vie de Sénèque », qui forme le septième volume de la traduction des Œuvres de ce philosophe, par La Grange.

Voy. ci-dessus, col. 247, *d*.

Essai sur les révolutions de la musique en France. (Par MARMONTEL.) *Paris*, 1777, in-8, 38 p.

Réimprimé dans le volume intitulé : « Mémoires pour servir à l'histoire de la musique ». Voyez ces mots.

Essai sur les signes inconditionnels dans l'art, par D. P. G. H. DE S. (HUMBERT DE SUPERVILLE). *Leyde*, 1839, in-fol.

Essai sur les trois castes, ou richesse et pauvreté, vieilles comme le monde, par C. DE V*** (Charles DE VOLLAIGE, auteur de la « Situation de la France et de l'Europe », etc.). *Angers*, in-8.

L'auteur a signé la dédicace.

Essai sur les troubles actuels de Perse et de Georgie, par M. DE P*** (PEYSSONNEL). *Paris, Desaint et Saillant*, 1754, in-12.

Voy. « Supercheries », III, 7, *a*.

Essai sur les troupes provinciales. *S. l.*, 1773, in-8.

Par M. DE MERLET, d'après une note manuscrite sur l'exemplaire de la Bibliothèque nationale.

Essai sur les usurpations, par le baron S. DE B. (le baron DE SELLE DE BEAUCHAMP). *Paris, Giraud*, 1849, in-12.

La dédicace, à MM. les électeurs de Seine-et-Oise, 12 avril 1849, est signée du nom de l'auteur.

Essai sur les variations de l'esprit humain. (Par l'abbé JOUBERT.) *Paris, Cailleau*, 1784, 2 vol. in-12.   V. T.

Essai sur les variétés de la vigne qui végète en Andalousie, par D.-Simon-Roxas CLEMENTE, traduit par L.-M. C.

(L.-M. Caumels). *Paris, Poulet, 1814,* in-8.

Essai sur les vertus de l'eau de chaux pour la guérison de la pierre, par Whytt (traduit de l'anglois par Augustin Roux). *Paris*, 1757, 1767, in-12.

Essai sur Martial, ou épigrammes choisies de ce poëte, imitées en vers français, suivies de quelques autres pièces, par Ant. P. (Antoine Péricaud). *L'an de Rome* 2569 (*Lyon, veuve Buynand, 1816*), in-8, 24 p.

Tiré à 30 exemplaires.

Essai sur Martial, ou imitations de ce poëte, suivies de quelques autres pièces, par C. B. D. L. (Claude Breghot du Lut, avocat du roi à Lyon). *L'an de Rome 2569* (*Lyon, veuve Buynand, née Bruyset, 1816*), in-8, 24 p.

Tiré à 30 exemplaires.
Voy. «Supercheries», I, 668, *c*.

Essai sur quelques changements qu'on pourrait faire dès à présent dans les lois criminelles de la France, par un honnête homme, qui, depuis qu'il connaît ces lois, n'est pas bien sûr qu'il ne sera pas pendu un jour. (Attribué à Trophime Gérard, marquis de Lally-Tollendal.) 1787, in-8.

Essai sur un nouveau plan de réforme concernant les ordres religieux. *S. l.* (mars 1780), in-12, 40 p.

Cet opuscule est attribué à Adamoli, ancien négociant, mort en 1769. Nous croyons que c'est à tort. Ce bibliomane ne savait pas écrire. Il a laissé un catalogue de ses livres qu'il a légués à la Bibliothèque de Lyon ; les fautes de grammaire et même d'orthographe y fourmillent.

(Note de M. A. Péricaud l'aîné.)

Essai sur un nouveau système de défense de places fortes, camps retranchés... (Par de Hertogh, avocat à Gand.) *Gand,* 1842, in-8, 52 p., et atlas de 4 gr. pl. pet. in-fol. — Seconde édition. *Ibid.*, 1846, 59 p. et 5 pl.   J. D.

Essai sur un point important de notre législation pénale... (Par Poncet, de Dijon.) *Dijon, Bernard-Defay et Coquet,* an -X 1802, in-8, 60 p.

Essai sur un problème de géométrie (la trisection de l'angle). (Par Tardi). 1789, in-4.

Essai sur un système de défense de la frontière méridionale de la Belgique. (Par de Hertogh, avocat à Gand.) *Gand, Annoot, Braeckmann,* 1847, in-4, 13 p.

Cet opuscule, tiré à petit nombre, n'a pas été mis dans le commerce.   J. D.

Essai sur une maladie singulière des yeux, par M. M... M. D. (Jean-Paul Marat).

Voy. « Supercheries », II, 1171, *e*.

Essai synthétique sur l'origine et la formation des langues. (Par l'abbé Copineau.) *Paris, Ruault,* 1774, in-8.

Essai théorique et pratique sur la phthisie. *Senlis, Desroques, et Paris, Duchesne,* 1759, in-12.

L'épître est signée : B***.
Par Brillouet, chirurgien, d'après la « France littéraire » de 1769 et d'après Barbier.
Par Bender, d'après le « Catalogue des sciences médicales » de la Bibliothèque nationale.

Essai théorique et pratique sur les maladies des nerfs. *Paris, Delalain,* 1766, in-12, x p., 1 f. de priv. et 69 p.

Par J.-A. Millard, d'après Quérard ; par Milliard, d'après la « France littéraire » de 1769.
Par Brillouet, d'après une note manuscrite sur un exemplaire.

Essays à la louange du roy. *Paris, P. Rocolet,* 1672, in-4.

Par M. de La Tuillière, d'après une note manuscrite contemporaine.

Essais académiques, par M. B... (Georg. Bayeux, avocat au parlement de Rouen). *S. l.,* 1785, in-8, 64 p.

Essais archéologiques, historiques et physiques sur les environs du Havre, par M. P.... (Louis-Auguste Pinel, juge de paix au Havre). *Au Havre, S. Faure,* 1824, in-8, 64 p.

Essais d'agriculture en forme d'entretiens sur la nature et la progression des pépinières des arbres étrangers, des arbres fruitiers... par un cultivateur de Vitry-sur-Seine. (Par Cl.-Fr. de Calonne.) *Paris, chez l'auteur,* 1778, in-12, xii-439 p. — *Id.,* 1779, in-12.

Le nom de l'auteur se trouve dans le privilége.

Essais d'éclaircissements, où tous les points de controverse sont décidés par un seul principe, etc., par un prêtre de la Doctrine chrétienne (le P. Beuf). *Avignon,* 1745, in-8.

Essais d'études bibliographiques sur Rabelais. *Paris, Techener,* 1841, in-8, vi-88 p.

La dédicace à M. Beuchot est signée G. Brunet.
Tiré à 60 exemplaires.

Essais d'études sur la puissance navale de la France. (Par Gust. Brunet, de Bordeaux.) *Bordeaux,* 1844, in-8.

Essais d'interprétation d'allégories anciennes et modernes par l'étymologie des noms, la signification des symboles et des noms de nombres. (Par A.-N. NOIZET.) *Soissons, imp. de Barbier* (1823), in-8, 32 p.

Essais d'un byronien, par M. H*** (H. MAUBERT, docteur en droit). *Salins, G.-T. Considérant*, 1831, in-12, VIII-108 p., plus une pièce de vers de 3 p., intitulée : « le Treize Septembre ! » et signée G.-A. TOUBIN.

Essais dans le goût de ceux de Montagne, composés en 1736, par l'auteur des « Considérations sur le gouvernement de France ». (Par R.-L. DE VOYER DE PAULMY, marquis D'ARGENSON, publié par le marquis DE PAULMY, son fils.) *Amsterdam*, 1785, in-8. — *Paris, Buisson*, 1788, in-8.

Voy. les mots « Loisirs d'un ministre... »

Essais de biographie et de bibliographie médicales. (Par le baron René-Nic. DESGENETTES.) *Paris*, 1825, in-8.

Essais de conversations sur toutes sortes de matières. (Par Jos. DU FRESNE DE FRANCHEVILLE.) 1741, in-12.

Essais de critique : 1° sur les écrits de M. Rollin, 2° sur les traductions d'Hérodote, 3° sur le dictionnaire géographique et critique de Bruzen de La Martinière. (Par l'abbé Fr. BELLENGER.) *Amsterdam, L'Honoré et fils*, 1740, in-12.

L'auteur se donne pour Flamand dans sa préface, page 9, et il prend le nom de VAN DER MEULEN à la tête de sa première lettre. Il publia l'année suivante un supplément de 128 pages, sous les noms de WAARHEIT et de VAN DER MEULEN. Ce supplément manque à beaucoup d'exemplaires.

Essais de deux amis. (Par J.-L. LAYA et Gab.-Mar.-J.-Bapt. LEGOUVÉ.) *Paris, Belin*, 1786, in-8.

Essais de discours religieux pour la fête anniversaire du couronnement et du sacre de Sa Majesté Napoléon, pour celle de la naissance de ce prince et pour l'anniversaire du rétablissement de la religion dans l'empire françois ; suivis de deux autres discours sur l'amour de la patrie, les devoirs des citoyens et la fidélité qui est due au prince, et à la gloire de Napoléon le Grand et à celle des armées françoises. (Par Louis DUBROCA, ancien religieux barnabite.) *Paris, Le Normant et Dubroca*, 1806, in-12, 340 p.

Essais de géographie, de politique et d'histoire, sur les possessions de l'empereur des Turcs en Europe, par M. L. C. D. M. D. L. D. G. D. C. D. M. L. C. D'A.

(M. le chevalier Adrien-Marie-François VERDY DU VERNOIS, maréchal des logis des gardes du corps de monseigneur le comte d'Artois), pour servir de suite aux « Mémoires » du baron de Tott. *Londres*, 1785, in-8.

Essais de grammaire, contenus en trois lettres d'un académicien (l'abbé DE DANGEAU) à un autre académicien. *Paris, J.-B. Coignard*, 1694, in-4. — Nouvelle édition augmentée d'une lettre sur l'orthographe, avec un supplément. *Paris, Dupuis*, 1711, in-8.

Voy. « Supercheries », I, 172, a,

Essais de jurisprudence. (Par Jacques DE TOURREIL.) *Paris, Coignard*, 1694, in-12.

Essais de jurisprudence sur toutes sortes de sujets, par H. D. L. M. (Fr.-Ch. HUERNE DE LA MOTHE). *Paris, Desaint*, 1758, 5 vol. in-12.

Essais de lettres familières sur toutes sortes de sujets, avec un discours sur l'art épistolaire et quelques remarques nouvelles sur la langue françoise ; œuvre posthume de l'abbé *** (CASSAGNE, mis en ordre par Ant. FURETIÈRE). *Paris, Jacq. Lefèvre*, 1690, in-12.

Voy. « Supercheries », I, 154, b.

Essais de littérature et de morale. (Par Mlle DE MEULAN, depuis Mme GUIZOT.) *Paris*, 1802, in-8, 175 p.

Il n'existe qu'un petit nombre d'exemplaires de ce volume. Les articles qui le composent ont été fournis par l'auteur au « Publiciste », journal très-connu, dont Suard était le principal propriétaire et le principal rédacteur. Depuis 1802, Mlle de Meulan a analysé dans le même journal quelques ouvrages d'érudition ; elle les a jugés avec son imagination.

Mme Guizot a composé beaucoup d'articles pour les « Archives philosophiques, politiques et littéraires », journal dont les principaux rédacteurs ont été MM. Royer-Collard et Guizot. *Paris, Fournier*, 1817, 5 vol. in-8.

On trouve aussi un assez grand nombre d'articles de Mme Guizot, sous les lettres E. H., dans les « Archives littéraires de l'Europe », autre journal rédigé par M. Vanderbourg. *Paris, Xhrouet*, 1804-1808, 17 vol. in-8.

Essais de littérature montoise, contenant quelques faufes de La Fontaine, été el' mariage d' el' fie chose, scène en trois tableaux, pa n'un curé montois (l'abbé LETELLIER). Au profit des paufes d' s' village. *Mons, Hoyois*, s. d., in-8, 52 p.

Réimprimé en 1848, par *Masquillier*, 68 p.
                                                          J. D.

Essais de littérature pour la connoissance des livres, depuis le mois de juillet

1702 jusqu'au mois de juillet 1704. (Par l'abbé Anthelme TRICAUD.) *Paris, Moreau et Ribou*, 1702, 1703 et 1704, 4 vol. in-12.

PELLISTRE, bibliothécaire du grand couvent des Cordeliers de Paris, publia en 1703 des « Remarques critiques » sur ces Essais, brochure in-12 de 92 pages. L'abbé Faydit publia aussi un « Supplément des Essais », etc. 1703 et 1704, 5 parties in-12.

Le P. Baizé fait observer, dans le « Catalogue de la Doctrine chrétienne », qu'il y a réellement quelques-uns de ces suppléments qui sont de l'abbé Faydit ; mais les autres, moins vifs, plus modérés, sont de l'abbé Tricaud lui-même.

Essais de maximes et de poésies morales. (Par l'abbé SERGÉ.) *Paris, veuve Claude Thiboust*, 1682, in-12.

Essais de mémoires sur M. Suard. (Par madame SUARD.) *Paris, Didot l'aîné*, 1820, in-12, 322 p.

Tiré à 300 exemplaires imprimés pour les amis de l'auteur.

Essais de métaphysique. (Par LE MAITRE, ancien payeur du trésor de la couronne.) *Paris, L. Collin*, 1809, in-8, 74 p.

Essais (les) de Michel DE MONTAIGNE, avec des notes par COSTE. (Nouv. édition, dirigée par Thom.-Sim. GUEULLETTE et P.-Ch. JAMET l'aîné.) *Paris*, 1725, 3 vol. in-4.

Suivant une note placée par M. Jamet le jeune en tête de l'exemplaire qu'il possédait de cet ouvrage, M. Coste préférait cette édition à celle de Londres, dont il avait pris soin lui-même ; M. Jamet jeune a déposé sur les marges du même exemplaire une multitude de notes historiques, morales et littéraires, qu'il se proposait d'employer dans une nouvelle édition des Essais de Montaigne. Il paraît qu'il n'a pas réalisé son projet. L'exemplaire dont il est ici question, et que j'ai vu dans le cabinet de M. de La Tourette, gendre de M. Chaptal, est très-précieux : on sait en effet que M. Jamet le jeune avait des connaissances très-étendues et très-variées.

L'annonce de la collaboration de Gueulette et de Jamet l'aîné à l'édition de Rabelais, 1732, en 6 vol., a donné lieu dans la « France littéraire », t. III, 1778, p. 105, à une erreur dont l'explication a été donnée par M. Paul Lacroix. (Voy. « Bulletin du bouquiniste », 1857, pp. 192-193.)

L'abbé de La Porte, article Jamet l'aîné, disait : « Il a eu part avec Gueulette aux Pieds de mouches et aux Nouvelles Notes sur Rabelais ».

Mais à l'article Gueulette, on lisait : « Il a eu part avec M. Jamet l'aîné aux Pieds de mouches ou Nouvelles Notes de Rabelais », 1732, 6 vol. in-8.

C'est malheureusement ce titre erroné qui a été reproduit par Quérard (France littér.), ce qui fait qu'on le retrouve à l'article Jamet l'aîné dans la « Nouvelle Biographie générale », tome XXVII (1858).

Essais (les) de Michel DE MONTAIGNE (publiés par Jacques-André NAIGEON). Édition stéréotype. *Paris, Pierre et Firmin Didot*, 1802, 4 vol. in-8.

Nouveaux tirages en 1811, 1816, 1823, 1828.

Voir au sujet de cette édition le « Manuel du libraire », tom. III, col. 1839.

Essais de Michel DE MONTAIGNE. Édition nouvelle, corrigée sur les manuscrits et les plus anciennes impressions, enrichie des variantes des principaux textes et annotée. Spécimen du texte proposé au docteur J. F. P. (Payen) par R. D. (Reinholt DEZEIMERIS.) *Bordeaux, imp. Gounouilhou*, juin 1866, in-8, 9 p.

Essais (les) de Michel MONTAIGNE. Leçons inédites recueillies par un membre de l'académie de Bordeaux (M. Gustave BRUNET), sur les manuscrits autographes conservés à la Bibliothèque publique de cette ville. *Paris, Techener*, 1844, in-8, 51 p.

Voy. « Supercheries », II, 1102, *f*.

Essais de MONTAIGNE, nouvelle édition (donnée par Eloy JOHANNEAU). *Paris, Lefebvre*, 1818, 5 vol. in-8.

Essais de MONTAIGNE (donnés par Fr.-H.-Stan. DE L'AULNAYE). *Paris, Desoer*, 1818, gr. in-8.

Essais de morale. (Par Fr. BARBÉ-MARBOIS.) 1772, in-12.

Essais de morale contenus en divers traitez sur plusieurs devoirs importans. *Paris, veuve Charles Savreux*, 1671, in-12.

L'auteur, P. NICOLE, a publié successivement sous ce titre 14 volumes, lesquels, réunis à d'autres traités, forment une collection de 23 vol. qui ont été souvent réimprimés.

L'approbation, datée du 1er avril 1671, dit que l'ouvrage a été composé par le sieur DE MOMBRIGNY. Ce nom figure aussi dans le Privilège daté du 11 janvier 1671.

En 1675, Guillaume Desprez obtint un privilège pour une réimpression de ces « Essais ». L'auteur est masqué, dans ce privilège et dans l'approbation, sous le nom de CHANTERÊME ou CHANTERESME. Il avait publié en 1670 son « Traité sur l'éducation d'un prince », sous le nom de CHANTERESNE.

Essais de morale et de politique. (Par le comte Louis-Mathieu DE MOLÉ.) *Paris, H. Nicolle*, 1806, in-8.

Réimprimés en 1809 avec le nom de l'auteur.

Essais de palingénésie sociale. (Par Pierre-Simon BALLANCHE.) *Paris, impr. de J. Didot aîné*, 1827, 5 vol. in-8.

Cette édition tirée à petit nombre n'a pas été mise dans le commerce.

Essais de panégyriques des Saints, par le P. R. J. (le P. REYNAUD, jacobin). *Paris, Couterot*, 1688, in-8.

Essais de panégyriques pour les fêtes principales, etc. (Par l'abbé DU JARRY.) *Paris, Denys Thierry*, 1692, 2 vol. in-8.

Essais de philosophie, de métaphysique

et de morale. (Par REY.) *Paris, Dentu,* 1803, in-8.

Essais de philosophie, de morale et de politique. (Par Fr.-J.-Phil. AUBERT DE VITRY.)

Ces « Essais » furent attribués à plusieurs écrivains connus, entre autres à Antoine LA SALLE.

Essais de physique. (Par Jean-Philippe LOYS DE CRÉSEAUX.) *Paris, Durand,* 1743, in-12.

Un petit avertissement, placé depuis l'impression en tête de quelques exemplaires, présente d'une manière fort inexacte les noms de l'auteur.

Essais de physique prouvés par l'expérience et confirmés par l'Écriture sainte. (Par don Edme DIDIER.) *Paris, A. Pralard,* 1684, trois parties en 2 vol. in-12.

Edme Didier était prieur de l'abbaye de la Charmoise, et fils de Laurent Didier. J'ai trouvé ces particularités sur un exemplaire qui avait appartenu à Sébastien Biannet, chirurgien à Saint-Martin de Blois, et petit-neveu de ce religieux.

Il y a des choses curieuses dans ces « Essais », et déjà plus de chimie que dans Rohault.

(Note communiquée par L.-T. Hérissant.)

Essais de poésies. (Par Fr.-Charlemagne GAUDET.) 1745, in-12.   V. T.

Essais de poésies. (Par le comte Stan. DE CLERMONT-TONNERRE.) *Paris, Gueffier,* 1786, in-8, 74 p.

Essais de poésie. (Par M. le comte René DE BOUILLÉ.) *Paris,* 1826, in-18.

Tiré à 200 exemplaires.

Essais de poésie et de littérature, par M. P*** (Nicolas PERRIN, ancien officier de marine). *Utrecht (Aix),* 1742, in-8.

Essais de poésie offerts au public par M. B*** (Jacq.-Guill.-Raph. BOSCHERON-DESPORTES), membre du conseil du département de la Seine. *Paris, F. Didot,* 1824, in-8.

Essais de poésies, par M. D. P. (Laurent-François DU POIRIER). *Paris, Hérissant,* 1771, in-8.

Essais de poésies, par R. D. T. (RANDON DE LA TOUR). *Versailles, Lebel,* 1817, in-12.

Essais de pomologie, ou études sur l'art de créer, d'entretenir les jardins fruitiers et les vergers, et de leur faire produire, sans interruption, la plus grande quantité possible des meilleurs fruits. Par A. F. L. (Adolphe-F.-L. MASSÉ, avocat). *Bourges, Just Bernard,* 1855, in-8.

Essais de sermons pour les dominicales et l'avent. (Par l'abbé DU JARRY.) *Paris, Thierry,* 1696, 3 vol. in-8.

Essais de sermons prêchés à l'Hôtel-Dieu de Paris, par M. M***, docteur en théologie, C. R. et B. de S. V. (François-Valentin MULLOT, chanoine régulier et bibliothécaire de Saint-Victor). *Paris, Berton,* 1781, in-12.

Essais de Théodicée sur la bonté de Dieu, la liberté de l'homme, etc. (Par Godefroy-Guillaume LEIBNITZ.) *Amsterdam,* 1710, in-8. — Nouvelle édition augmentée de la vie de l'auteur, par L. DE NEUFVILLE (le chevalier Louis DE JAUCOURT). *Amsterdam, Changuion,* 1734, 2 vol. in-8.

Le chevalier de Jaucourt se trouve désigné par son nom en tête de l'édition publiée en 1747, par le même libraire.

Essais de Théologie sur la Providence et sur la Grâce, où l'on tâche de délivrer M. Jurieu... (Par Isaac PAPIN.) *Rotterdam, Frederick Arnaud,* 1687, in-12.

Essais de traduction, ou remarques sur les traductions françoises du Nouveau Testament, pour les rendre plus parfaites et plus conformes au génie des livres sacrés, par le sieur CHIRON, prêtre (le P. Jean MARTIANAY, bénédictin). *Paris, Witte,* 1709, in-12. — Nouvelle édition augmentée, et sans nom d'auteur. *Paris, veuve Lambin,* 1709, in-12.

Essais divers, lettres et pensées de madame DE TRACY (publ. par M. A. TEULET). *Paris, typogr. de Plon,* 1852-1855, 3 vol. in-12.

Cet ouvrage n'a pas été mis dans le commerce. L'avertissement est signé : A. T.

Essais dramatiques et moraux, par l'auteur de « Florence » (JUCHEREAU) et Mlle E. P. (Elisa PACCAUD). *Lille, Lefort,* 1823, in-18, 106 p.

Souvent réimprimé.

Essais du chevalier BACON, chancelier d'Angleterre, sur divers sujets de politique et de morale. (Publiés en françois avec une préface de l'abbé Cl.-P. GOUJET.) *Paris, Emery,* 1734, in-12.

Essais en divers genres de littérature et de poésie; par P. L. J. D*** (DREUX). *Tours, Mame, et Paris, H. Nicolle,* 1809, in-18, 292 p. et 1 f. de table.

Essais en vers et en prose de M. le capitaine de B*** (P.-Fr. DE BOATON). *Berlin,* 1783, in-8.

Essais en vers, présentés à M. Lambert, contrôleur général, par l'auteur des « Contes orientaux » (madame MONNET, née Marie MOREAU), au profit des cultivateurs maltraités par l'orage du 13 juillet dernier. *Paris, Demonville*, 1788, in-8.

Voy. « Supercheries », II, 1011, *f*.

Essais historiques, critiques, littéraires et philosophiques, par M. MA... (Louis-Pierre MANUEL). *Genève*, 1783, petit in-12.

Essais historiques et apologétiques sur la Cour plénière, par l'auteur de l'héroï-tragi-comédie (le baron Hon.-Mar.-Nic. DUVEYRIER). *S. l. n. d.* (1788), in-8, 14 pp.

Voy. « Supercheries », article VERMOND, III, 920, *c*.

Essais historiques et critiques sur la marine de France, de 1661 à 1789, par un ancien officier de la marine royale de France (le chevalier DE LA SERRE). *Londres, de l'imprimerie de Schulze et Dean*, 1813, in-8.

Réimprimé à Paris en 1814, chez Janet et Cotelle, avec le nom de l'auteur.

Essais historiques et critiques sur la suppression des monastères et autres établissemens pieux en Angleterre, traduits de l'anglais (de DODD, article IV du livre I de son Histoire ecclésiastique); par J. F. G. (J.-F. GODESCARD). *Paris*, 1791, in-8, 90 p.

Essais historiques et critiques sur le département de la Meuse-Inférieure en général et la ville de Maestricht, chef-lieu, en particulier. *Maestricht, Cuvelier*, 1803, in-8, XI-377 p.

Par Adrien-Louis PÉLERIN, échevin du tribunal brabançon de Maestricht, né à Maestricht le 10 janv. 1738, mort à Holswyk (commune de Houthem) le 5 mai 1804.
                      Ul. C.

Essais historiques par M. J*** M***, prof. à S********, contenant : 1° Vue générale de l'Histoire politique de l'Europe pendant le moyen âge; 2° Considérations sur le gouvernement de Berne; 3° Tableau des troubles de la république de Genève, depuis leur origine jusqu'à nos jours. *Berlin, G.-J. Decker*, 1781, in-12, 110 p.

Voy. « Supercheries », II, 409, *a*.

Essais historiques pour servir d'introduction à l'histoire de la révolution française, par un ancien magistrat (Guy-Marie SALLIER). *Paris, Le Riche*, 1802, in-8.

Réimprimé en 1810 avec le nom de l'auteur.

Essais historiques, statistiques, chronologiques,... sur le département de Seine-et-Marne, publiés sur des documents authentiques... Ornés d'une carte du département. (Par Louis MICHELIN.) *Melun, Michelin*, 1829, 3 vol. in-8.

Essais historiques sur l'Angleterre. (Par E.-J. GENET.) *Paris, frères Estienne*, 1761, 2 vol. in-12.

Essais historiques sur l'origine et les progrès de l'art dramatique en France. (Par J. BAUDRAIS.) *Paris, Belin*, 1791, 3 vol. in-18.

Essais historiques sur la vie de Marie-Antoinette d'Autriche. (Attribué à P.-E.-A. GOUPIL.) *Londres*, 1789, in-8.

Voy. la « Bibliographie des ouvrages relatifs à l'amour, aux femmes », etc., par le C. d'I**, 3e édit. *Turin*, 1870, t. III, p. 223. D'après M. Paul Lacroix, « Enigmes bibliographiques », p. 325, s'appuyant sur le témoignage d'un vieux bouquiniste qui avait joué quelque rôle pendant la Révolution, ce serait BRISSOT qui, payé par le duc d'Orléans, aurait composé ce libelle.

Essais historiques sur la ville de Bar-sur-Aube, publiés d'après un manuscrit inédit portant la date de 1785; par J. F. G. (J.-F. GADAN). *Troyes, Laloy*, 1838, in-12, 42 p.

Extrait de l' « Annuaire de l'Aube pour 1838 », tiré à 100 exemplaires.

Ces « Essais », présentés comme publiés d'après un manuscrit de 1785, ont été composés par le prétendu éditeur.

Essais historiques sur la ville de Reims. Par un de ses habitans (N.-R. CAMUS-DARAS). *Reims, Frenau fils*, 1823, in-8.

Essais historiques sur la ville de Valence, avec des notes et des pièces justificatives inédites (par Jules OLLIVIER). *Valence et Paris, Didot*, 1831, in-8.

L'auteur a signé la dédicace.

Essais historiques sur la ville et le pays de Laval... Par un ancien magistrat de Laval. Essai sur le régime féodal. (Par DUCHEMIN DE VILLIERS.) *Laval, imp. de Feillé-Grandpré*, 1837, 1843, in-8.

Essais historiques sur le Béarn, par FAGET DE BAURE. (Publiés par le comte P.-Ant.-Noël-Bruno DARU, son beau-frère.) *Paris, Denugon*, 1818, in-8, 499 p.

Essais historiques sur le sacre et couronnement des rois de France, les minorités et les régences; précédés d'un discours sur la succession à la couronne. Par L*** V*** G*** DE TH. (Louis-Vincent GOEZMANN DE THURN). *Paris, Vente*, 1775, in-8.

Essais historiques sur les causes et les effets de la Révolution de France, avec des notes sur quelques institutions et sur quelques événements. (Par Cl.-Fr. BEAULIEU.) *Paris, Maradan*, 1801-1803, 6 vol. in-8.

Voy. « Souvenirs de l'histoire, ou le Diurnal de la Révolution française ».

Essais historiques sur les deux compagnies des Mousquetaires du roi de France, supprimées le 17 janvier 1776... Par .....‥, instituteur au corps impérial de MM. les cadets de terre à St-Pétersbourg. *La Haye, Detune*, 1778, 2 vol. in-12.

Signé : LE THUEUX.

Essais historiques sur les lois, trad. de l'anglois de lord KAIMS (par Math.-Ant. BOUCHAUD). *Paris, Vente*, 1766, in-12.

Essais historiques sur les modes et la toilette française, par le chevalier de*** (Henri DE VILLIERS), *Paris, P. Mongie*, 1824, 2 vol. in-18.

Essais historiques sur les modes et sur les costumes en France. Nouvelle édition pour servir de supplément aux « Essais historiques sur Paris » par M. de Saint-Foix. *Paris, Costard*, 1776, et *Mérigot*, 1777, in-12.

Même ouvrage que : « Histoire des modes françaises »... Voy. ces mots. Le titre seul a été réimprimé.

Barbier donne les deux ouvrages et non-seulement il ne signale pas leur identité, mais encore il indique deux auteurs différents.

Il attribue, d'après la « France littér. » de 1769, l' « Histoire des modes françaises » à Guillaume-François-Roger MOLÉ et les « Essais » à L. CHARPENTIER.

Essais historiques sur Orléans, ou description topographique et critique de cette capitale et de ses environs. (Par Daniel POLLUCHE.) Augmentés d'un tableau chronologique et raisonné de ses évêques, rois, ducs... depuis le quatrième siècle jusqu'à nos jours ; avec plan et fig... (par Ch.-Nic. BEAUVAIS DE PREAU). *Orléans, Couret-de-Villeneuve, et Paris, Nyon*, 1778, in-8.

Essais littéraires par une société de jeunes gens (Charles NODIER, Charles WEISS, COMPAGNY, BAUD et Antoine MONNOT). *Besançon, s. d.*, in-12.

Tiré à 50 exemplaires.

Essais métaphysiques. (Par P.-C. JAMET.) 1732, in-12.

Essais militaires où l'on traite des armes défensives... Par M. J. DE M*** (Paul-Gédéon JOLY DE MAIZEROY). *Amsterdam, Gosse, et Paris, Mérigot père*, 1763, in-8.

Réimprimé en 1773, à la suite de l'ouvrage du même auteur, intitulé : « Mémoire sur les opinions qui partagent les militaires ».

Essais philosophiques sur l'entendement humain, par HUME (traduits en françois par Jean-Baptiste MÉRIAN, avec une préface et des notes par J.-H.-Sam. FORMEY). *Amsterdam, Schneider*, 1758, 2 vol. in-12.

Essais philosophiques sur l'homme, ses principaux rapports, sa destinée, fondés sur l'expérience et la raison, suivis d'observations sur le beau. Publiés par L.-H. DE JACOB d'après les manuscrits confiés par l'auteur (Michel DE POLETIKA). *Halle*, 1818, 2 part. in-8. — Nouv. édit. augm. *Saint-Pétersbourg*, 1822, in-8.

Essais philosophiques sur les mœurs de divers animaux... (Par FOUCHER D'OBSONVILLE.) *Paris, Couturier fils*, 1783, in-8 et in-12.

Essais physico-pathologiques sur la nature, la qualité et les effets des bains des boues de Barbotan, par I. G*** (Isaac GARLON). *Bordeaux*, 1756, in-12.

Essais poétiques. (Par dom P.-Philippe GRAPPIN.) *Besançon, Couché*, 1786, in-8.

Essais poétiques. (Par J.-H. LE MONNIER DE LAUNAY.) 1770, in-12.

Essais poétiques. *Liége (Rongier)*, 1837, in-12, 24 p.

Brochure tirée à 60 exemplaires, renfermant 13 morceaux littéraires composés par quatre jeunes gens de Liége, dont le plus âgé n'avait pas atteint sa seizième année.

A. L. (Alphonse LEROY).
V. H. (Victor HÉNAUX).
I. J. (Isidore JOASSART).
H. DE S. (H. DE SIMONI).   Ul. C.

Essais poétiques d'un jeune montagnard. (Par Aug. DEMESMAY.) *Besançon, imp. de Ch. Deis*, 1828, in-18, 106 p.

Tiré à 100 exemplaires.

Essais poétiques d'un jeune Stéphanois. *St-Etienne, Motte*, 1830, in-18, 144 p.

Ces essais sont suivis d'un « Voyage à Rochetaillée » (en prose et en vers), opuscule d'une pagination distincte de celle des « Essais », 30 p.

L'auteur de ces deux ouvrages est M. Auguste CALLET, né à Saint-Etienne (Loire) le 27 octobre 1812, ancien représentant de la Loire de 1848 à 1851.

Essais poétiques d'une jeune solitaire (Mlle Angélique GORDON, de Pons, Charente-inférieure). *Paris, au bureau de la « Bibliothèque catholique »*, 1826, in-8, 2 ff. de tit. et 83 p.

Voy. « Supercheries », II, 395, d.

Essais poétiques de M. G. R** , de Nantes (Vincent GACHE et Gustave-Antoine RICHELOT). *Nantes, Hérault*, 1829, in-8, 205 p.

Catalogue de Nantes, n° 25929.

Essais poétiques, par deux amis (BELANGER et Joachim DUPONT). *Amsterdam*, 1776, in-8.

Voy. « Supercheries », I, 312, d.

Essais poétiques, par H. D'E. (le comte Honoré D'ESTERNO). *Paris, imp. de Moreau,* 1822, in-8.

Essais poétiques. Par Max B*** (Max BUCHON), *Besançon, imp. de Sainte-Agathe,* 1839, in-12.

Essais poétiques, par quelques élèves de l'Université de Gand. *Gand, Vᵉ Bivort,* 1842, in-12, IV-110 p. et 1 f. de table.

Recueil de pièces en vers signées des initiales suivantes :

G. F., de Gand (Gustave FACON).
A. M. I., de Bruges (Amand INGELS).
C. W., de Gand (Charles WALDROECK).
G. H., d'Anvers (G. HAGHE).
B. M. S., de Gand (Benoît-Marie SCHOLAERT).
A. H., de Gand (Auguste HAUS).
E. T., de Gand (Eugène THIBAUT).
J. V. B., . . .
B. de K., de Nieuport (B. DE KEUWER).
La préface est du professeur MOKE.   J. D.

Essais poétiques, souvenirs, par Ch. S. DE N.. (Charles SOUDAIN DE NIEDERWERTH). *Bruxelles, Remy* (1835), in-12, 72 p.

Tiré à 50 exemplaires, qui n'ont pas été mis dans le commerce.   J. D.

Essais politiques. (Par le marquis D'ARGENZEL.) *Amsterdam, Arkstée,* 1756, 1757, 2 vol. in-12. — *Paris,* 1766, 2 vol. in-12.

Essais politiques, économiques et philosophiques, par Benjamin, comte DE RUMFORD, traduits de l'anglais par L. M. D. C. (le marquis Tanneguy DE COURTIVRON, et par Paul SEIGNETTE). *Genève, Manget, et Paris, Fuchs,* 1799, 2 vol. in-8.

Le dixième essai, en trois parties, a été traduit par MM. Seignette et de Courtivron. Ce dernier a traduit, seul, du onzième au quinzième essai.

Essais politiques et militaires. (Par DE MOUCHEMBERT.) *Paris,* 1627, in-8.

Essais politiques sur l'autorité et les richesses que le clergé séculier et régulier ont acquises depuis leur établissement. (Par Louis-Val. DE GOEZMANN.) 1776, in-8.

Essais politiques sur l'état actuel de quelques puissances, par M. R. C. B. (Jean-Jacques RUTLIGE, chevalier baronnet). *Londres (Genève),* 1777, in-8.

Essais politiques sur la Pologne. (Par le P. Rog.-P. BOSCOVICH, jésuite.) *Paris,* 1764, in-12.

Essais posthumes en vers et en prose, par un Belge de l'Ac. d'A. (GOSSE, de l'Académie d'Arras, prieur de l'abbaye d'Arrouaise en Artois). *Lille,* 1791, in-8.

Voy. « Supercheries », I, 500, c.
Cet auteur y est par erreur désigné sous le nom de GOSSE.

Essais pour servir à l'histoire métallique de Stanislas le Bienfaisant. (Par MATHIEU DE MOULON.) *Nancy, Antoine,* 1754, in-fol.

Essais pour servir d'introduction à l'histoire de la Révolution française, par un ancien magistrat du parlement de Paris (Guy-Marie SALLIER). *Paris, Leriche,* an X-1802, in-8, x, 1 f. de table et 228 p.

Réimprimé en 1819 avec le nom de l'auteur.

Essais sur divers sujets de politique et de jurisprudence. (Par Jean-Christophe-Guillaume DE STECK, conseiller du roi de Prusse.) (*Halle*), 1779, in-8.

Essais sur divers sujets intéressans de politique et de morale. (Par Georges-Louis SCHMIDT d'Avenstein.) (*Aaraw*), 1760 et 1763, 2 vol. in-8.

C'est à tort que quelques bibliographes ont attribué ces deux vol. au célèbre Alb. DE HALLER.

Voyez l' « Année littéraire » de Fréron, 1787, t. VI, p. 129.

Essais sur divers sujets; par M. DE C. (Charles-Claude-Florent THOREL DE CAMPIGNEULLES). *Londres,* 1758, in-12, 142 p.

Essais sur l'abus du bien moral, première et seconde parties. (Par François LE ROY DE LOZEMBRUNE.) *Bude,* 1780, in-8.

Essais sur l'architecture des Chinois, sur leurs jardins, leurs principes de médecine, et leurs mœurs et usages, avec des notes. (Par L.-Fr. DELATOUR.) *Paris, imp. de Clousier,* an XI-1803, 2 parties in-8.

Tiré à trente-six exemplaires.

Essais sur l'éducation des hommes, et particulièrement par les femmes, pour servir de supplément aux « Lettres sur l'éducation ». (Par madame DE GENLIS.) *Amsterdam et Paris, Guillot,* 1782, in-8, 55 p.

Essais sur l'esprit et les beaux esprits. (Par Julien-Offroy DE LA METTRIE.) *Amsterdam, frères Bernard,* 1740, in-12, 42 p.

Essais sur l'étude de la morale. (Par Sigismond-Louis LERBER, professeur de droit à Berne.) *Berne,* 1773, in-8. — Nouvelle édition augmentée de quelques morceaux de poésie. *Berne,* 1776, in-8.

Essais sur l'histoire de la Révolution française, par une société d'auteurs latins. (Par Ant.-Mar. HÉRON DE VILLEFOSSE, ingénieur en chef des mines; CHAMBRY et Ch.-Fr. DUROZOIR, mort en 1803.) *Romæ, prope*

Cæsaris hortos ; et à Paris, près du jardin des Tuileries, an VIII-1800, in-8, 85 p.

Voy. « Supercheries », III, 663, a.

Essais sur l'idée du parfait magistrat, où l'on fait voir une partie des obligations des juges, par le sieur F. D. T. D. L. R. D. (FRAIN DU TRAMBLAY, de La Roche Dosseau). *Paris, P. Emery,* 1701, in-12.

Essais sur l'organisation d'une armée régulière en Grèce et sur l'emploi des forces qui s'y trouvent présentement. Par un philhellène français (E. RICARD-CARRAT), ex-capitaine-commandant d'artillerie au service de la Grèce. *Paris, Anselin et Pochard,* janv. 1829, in-8, 4 ff. lim. et 127 p., avec une planche.

Essais sur la construction et la comparaison des thermomètres, sur la communication de la chaleur, etc., traduit de l'anglois de MARTINE (par CASTET). *Paris, Durand,* 1751, in-12.

Essais sur la critique et sur l'homme, traduit de l'anglois de POPE, avec le texte (par Etienne DE SILHOUETTE). *Londres, Darres,* 1741, in-4.

Essais sur la littérature française, écrits pour l'usage d'une dame étrangère, compatriote de l'auteur. *Paris,* 1803, 2 vol. in-4, tirés à 100 exemplaires.

Cette production est un hommage rendu à notre langue et à notre littérature par un étranger, M. Quintin CRAUFURD, Ecossais d'origine, domicilié à Paris pendant un assez grand nombre d'années, et mort dans cette ville en 1819. L'auteur ne fit d'abord imprimer ces « Essais » que pour les donner à ses amis. Des libraires qui n'en connaissaient pas la rareté en ont vendu plusieurs exemplaires à bas prix. En 1815, M. Craufurd, pour concourir à un acte de bienfaisance, a mis en vente une seconde édition de ses « Essais sur la littérature française », en 3 vol. in-8. Cet ouvrage est généralement rédigé dans les principes d'un goût assez pur ; on peut cependant reprocher à l'auteur d'avoir accordé trop de confiance aux assertions de l'abbé Sabatier de Castres, qui, dans les vingt-cinq dernières années de sa vie, a suffisamment prouvé par la conduite la plus immorale que ses jugements sur les hommes célèbres du dix-huitième siècle lui avaient été inspirés par une profonde hypocrisie.

M. Craufurd a publié en 1809 un troisième volume in-4, sous le titre de « Mélanges d'histoire, de littérature », etc.

Les « Essais sur la littérature française » ont encore été réimprimés à Paris, chez Gratiot, en 1818, 3 vol. in-8, avec beaucoup d'augmentations. On doit au même auteur un « Essai historique sur le docteur Swift et sur son influence dans le gouvernement de la Grande-Bretagne, depuis 1710 jusqu'à la mort de la reine Anne en 1714, suivi de notices historiques sur plusieurs personnages célèbres d'Angleterre dans les affaires et dans les lettres ». *Paris,* 1808, in-4.

Essais sur la marine française (1839-1852). L'Escadre de la Méditerranée. Note sur l'état naval des forces de la France. (Par le prince DE JOINVILLE.) *Paris, Amyot,* 1853, in-8.

Réunion de deux articles publiés dans la « Revue des Deux-Mondes », 15 mai 1844, 1er août 1852.

Essais sur la nature des impositions nouvelles qui peuvent être adoptées par les états généraux, pour le soulagement des peuples avec accroissement des revenus de la France. (Par ALLIGRE DE BLANVILLE.) 1790, in-8, 66 p.

Essais sur la nécessité et sur les moyens de plaire. (Par François-Augustin PARADIS DE MONCRIF.) *Paris, Prault,* 1738, in-12, 6 ff. lim., 290 p. et 2 ff. de priv. — 2e éd. *Paris, id.,* 1738, in-12, XVI-194-104 p. et 2 ff. de priv. — *Amsterdam,* 1738, in-12.

Réimprimé la même année, avec le nom de l'auteur. *Genève, Pellissari,* 1738, in-12, 4 ff. lim. et 266 p.

Essais sur la noblesse de France, par le comte de BOULAINVILLIERS ; avec des notes historiques, critiques et politiques (par J.-Fr. DE TABARY). *Amsterdam (Rouen),* 1732, in-8.

Essais sur la peinture, par J.-A. M. (J.-A. MARC, de Vesoul). *Paris,* an IX-1800, in-8.

Voy. « Supercheries », II, 359, c.

Essais sur la physiognomonie, par J.-G. LAVATER (traduits en français par madame DE LA FITE, Ant.-Bern. CAILLARD et Henri RENFNEN). *La Haye,* 1781-1787, 3 vol. gr. in-4.

Un quatrième volume a paru en 1803.

Essais sur la Providence et sur la possibilité physique de la résurrection, traduits de l'anglois du docteur B***. *La Haye, Isaac Vaillant,* 1719, in-12. — *Amsterdam, Elie Ledet,* 1731, in-12.

Ce petit ouvrage n'est nullement traduit de l'anglais ; il a été composé en français à Rotterdam, par un réfugié français (Jean BION), homme d'esprit et de réflexion, et mis en l'état où il est, quant au style, par un de ses amis (Pr. MARCHAND), et avec son agrément.

Ces « Essais » ont été mal à propos attribués à Gilbert BURNET et à Jacques BOYD.

Voy. « Supercheries », I, 431, f.

Essais sur la Religion chrétienne, etc., par un ancien militaire retiré (DE LAULANHÉR, évêque d'Egée). *Paris, Pierres,* 1770, in-12.

Voyez les mots « Pensées sur différents sujets », et ceux-ci : « Réflexions critiques et patriotiques ».

Essais sur la vertu et l'harmonie morale, par William JAMESON, traduits de l'anglois par M. E. (Marc-Ant. EIDOUS). *Paris, Dupuis*, 1770, 2 parties in-12.

Essais sur la vie et sur les tableaux du Poussin. (Par Jacques CAMBRY.) *Rome et Paris, Le Jay*, 1783, in-8, 38 p.

Réimprimé en l'an VII avec le nom de l'auteur.

Essais sur la ville de Nancy... *La Haye, aux dépens de la comp.*, 1779, in-8.

La dédicace est signée : J. J. L. P. P. H. D. D. L. F. D. A. D. l'U. D. N. (Jean-Jacques LYONNOIS, prêtre, principal honoraire, doyen de la faculté des arts de l'Université de Nancy).

Essais sur le bien public, et Observations (de DU TILLET DU VILLARS) sur les «Mémoires relatifs à la vie et aux ouvrages de Turgot,» par Dupont de Nemours. *Poitiers*, 1782, in-4, 18 p.

Essais sur le caractère de l'homme sage et prudent, par M. B*** (Pierre-Abel BOURRET). *Paris, J. Hérissant et veuve Mergé*, 1699, in-12. — 1709, in-12, XII-232 p.

Essais sur le commerce, le luxe, l'argent, etc.; par David HUME, traduction nouvelle (dédiée à madame d'Arconville par le traducteur, ou plutôt par la traductrice, son amie intime, probablement mademoiselle DE LA CHAUX). *Amsterdam*, 1766, in-12.

Les exemplaires de cette traduction répandus dans le commerce n'ont pas d'épître dédicatoire, et ils contiennent des réflexions du traducteur, avec l'adresse de *Paris et Lyon*, 1767. Ces « Réflexions » n'étaient pas dans l'exemplaire de Mme d'Arconville. Ma conjecture sur le nom de l'amie de cette dame explique un passage de Diderot (voyez le tome XII de ses « Œuvres », édition de Naigeon, p. 373 et suiv.), qui attribue à Mlle de La Chaux la traduction des « Essais sur l'entendement humain » de Hume. Diderot, qui cite ordinairement d'une manière fort inexacte, aura confondu les « Essais sur l'entendement » avec les « Essais sur le commerce ». Il est certain que la seule traduction française qui existe du premier ouvrage est de Merian. La première traduction du second est de Mauvillon.

Essais sur le droit et le besoin d'être défendu quand on est accusé, et sur le rétablissement d'un conseil ou défenseur après la confrontation; par M. ...., avocat au parlement (DESGRANGES, mort vers 1789). *Boston et Paris, Savoye*, 1785, in-12.

Quelques exemplaires portent ce frontispice : « Essais sur la justice criminelle, ou Moyens sur le droit et le besoin, etc. ; par feu M. DESGRANGES, avocat au parlement. » *Paris, Lecomte*, 1789, in-12.

Essais sur le génie et le caractère des nations. (Par l'abbé Fr.-Ign. D'ESPIARD.) *Bruxelles, Léonard*, 1743, 3 parties in-12.

Réimprimés sous le titre d' « Esprit des nations ». Voy. ci-dessus, col. 192, b.

Essais sur le raisonnement. *S. l. n. d.*, in-8.

La dédicace, datée du 1er août 1744, est signée L. M. (LE MERCIER).

Essai sur le vrai mérite de l'officier, par l'auteur des « Loisirs d'un soldat » (Ferdinand DESRIVIÈRES, dit BOURGUIGNON). *Dresde et Paris, Dufour*, 1769, in-12.

La dédicace est signée : D. R. S.

Cet ouvrage a reparu en 1771, sous ce titre : « Suite des Loisirs d'un soldat. Le Guerrier d'après l'antique et les bons originaux modernes ».

Voy. « Supercheries », III, 690, a.

Essais sur les connoissances de l'homme, par un solitaire des bords de la Vienne (CHARMET, chanoine d'Ingrade). *Paris, Lagrange*, 1785, in-12.

Essais sur les contes des fées et sur quelques autres ouvrages du temps. (Par Jacq. COLOMBAT.) *Paris, Colombat*, 1699, in-12.

Essais sur les effets réels de la musique chez les anciens et chez les modernes. (Par A.-J. BRUAND.) *Tours*, 1815, in-8.

Essais sur les maximes et les lois fondamentales de la monarchie françoise, ou canevas d'un code constitutionnel, pour servir de suite à l'ouvrage intitulé « les Vœux d'un Français » par le même auteur (P.-Fr.-Joach.-Henri LE MERCIER DE LA RIVIÈRE). *Paris, Valiat-la-Chapelle*, 1789, in-8, XXIV-96 p.

Essais sur les mœurs, ou point de constitution durable sans mœurs; ouvrage adressé à l'Assemblée nationale par M. D. C. (DE CRESSY, huissier-priseur). *Paris, Grégoire*, 1790, in-8, 160 p.

Voy. « Supercheries », I, 873, b.

Essais sur les passions et les caractères. (Par MONTENAULT.) *La Haye, Néaulme*, 1748, 2 vol. in-12.

Essais sur les philosophes et la philosophie, avec des dissertations sur l'amour, la jalousie, les projets, l'agriculture, le luxe et le commerce. (Par Georges-Louis SCHMIDT d'Avenstein.) *Londres*, 1776, in-12.

La première édition de cet ouvrage a paru sous le titre d' « Essais sur divers sujets de philosophie et de morale ». Voy. ci-dessus, col. 278, b.

Essais sur les philosophes, ou les égaremens de la raison sans la foi. (Par A.-Ch.-Jos. PANCKOUCKE.) *Amsterdam*, 1743, in-12.

Essais sur les ponts et chaussées, la voirie et les corvées. (Par DUCLOS.) *Amsterdam, Chatelain (Paris)*, 1759, in-12.

Voyez les mots « Réflexions sur la corvée... »

Je n'avais pas ajouté foi à la « France littéraire »

de 1778, où l'on trouve cet ouvrage attribué à Duclos ; mais mes doutes ont été entièrement levés par la « Notice sur la vie et les ouvrages de Duclos », que M. Villenave a placée en tête des « Œuvres de Duclos ». *Paris, Belin,* 1821, 3 vol. in-8.

Essais sur les principaux événemens de l'histoire de l'Europe... (Par Jean-Pierre-Louis DE LA ROCHE DU MAINE, marquis DE LUCHET.) *Londres et Paris,* 1766, 2 parties in-12.

Essais sur les principes des finances. (Par J.-B.-Bertr. DURBAN.) *Paris, Prault père,* 1769, in-8, IV, 2 et 194 p. avec un f. d'*errata*.

Essais sur quelques odes d'HORACE. (Par Jean DU HAMEL, professeur de rhétorique au collège des Grassins.) *Paris, J. Desaint,* 1734, in-12, 76 p.

On avait dit à l'abbé Goujet que cet écrit venait de Provence ; mais il n'en connaissait pas l'auteur (Bibliothèque françoise, t. V, p. 376). Pour moi, je pense que l'ouvrage a été composé à Paris, et que son auteur est Jean DU HAMEL, professeur de rhétorique au collège des Grassins. Ce professeur avait publié en 1720 une édition des Œuvres d'Horace, avec une interprétation latine et des notes que les savans ont trouvées plus hardies que justes. Le P. Sanadon les critiqua avec sévérité. On voit dans les « Nouvelles littéraires » du P. des Molets, du 15 décembre 1723, que Jean Du Hamel se proposait de publier une traduction française d'Horace, conforme à son interprétation latine. Or les critiques du P. Sanadon, relatives à l'Horace de 1720, s'appliquent également aux « Essais sur quelques odes d'Horace ». On est donc très-porté à croire que J. du Hamel est aussi l'auteur du second ouvrage.

Essais sur quelques parties de l'artillerie et des fortifications, par le général comte de C*** (CHASSELOUP-LAUBAT). *Milan,* 1811, in-8.

Avait déjà paru en 1805 sous le titre de « Extraits de Mémoires sur quelques parties de l'artillerie... » Voy. ces mots.

Essay et Essays.

Voy. « Essai » et « Essais ».

Essayons des rouges. *Besançon, imp. de J. Jacquin* (1849), in-8, 4 p.

Signé : C. (CHIFLET).

Essor (l'), poëme dédié à MM. les abbés du séminaire de Saint-Sulpice, prenant l'essor à Issy pendant les vacances. (Par le P. FOUCAULT, jésuite.) 1736, in-12.

La morale de ce poëme est fort commode. Voyez les « Observations » de l'abbé Desfontaines, t. VI, p. 118, et l' « Année littéraire », 1755, t. V, p. 116.

Est-ce la paix? Est-ce la guerre? (Par Louis JOURDAN.) *Paris, Lib. nouvelle,* 1859, in-8.

Estaminet (l'), esquisses nationales. Fragments publiés au profit des vieillards

de Sainte-Gertrude. *Bruxelles, Raes,* 1859, in-18, 23 p.

Signé : L. S. (Louis SCHOONEN GEELHAND). J. D.

Estat.

Voy. « Etat ».

Estelle, ou la fugitive...

Voy. « la Fugitive »...

Esther, ou l'éducation paternelle, poëme en six chants, dédié aux demoiselles à marier, par L. R. F. (LESNÉ, relieur français). *Paris, Lesné, rue Vivienne, nᵒ 12,* 1839, in-18, 144 p.

Voy. « Supercheries », II, 980, a.

Esther, tragédie tirée de l'Écriture sainte. (Par Jean RACINE.) *Paris, Denys Thierry,* 1684, in-4. — *Paris, Denys Thierry* ou *Cl. Barbier,* 1689, in-12, 7 ff. et 86 p. — *Paris, D. Thierry,* 1689, 6 ff. et 83 p. — *Suivant les copies (Amsterdam, Abraham Wolfgang),* 1689, petit in-12.

Estreines.

Voy. « Etrennes ».

Et cætera (les) de du Plessis (Mornay), parsemés de leurs *qui pro quo,* avec autres de l'orthodoxe mal nommé Rotan, Loque, Vignier, et quelques prétendus ministres; le tout sur les poincts de la sainte Messe, Eucharistie et autres principaux controversez de present en la religion chrestienne, par un prestre natif de Bourdeaux (le P. Jean DE BORDES, jésuite). *Toulouse, veuve Colomiez,* 1600, in-8, 8 ff. lim. 133 ff. et 3 ff. d'approbation et de table.

Et un de plus, aventure galante, par un jeune mari (M. le comte DE SALSE). *Metz, imp. de Mᵐᵉ Verronnais,* 1821, in-32, 123 p.

Établissement d'une caisse générale des épargnes du peuple, susceptible d'exécution dans les principaux gouvernements de l'Europe. (Par DE LA ROCQUE.) *Bruxelles et Paris,* 1785, in-8.

Le nom de l'auteur se trouve à la fin de la seconde introduction de l'édition de *Bruxelles,* 1786, in-8, xxviij-119 p. et 1 f. d'errata.

Voy. « Avantages des caisses... » IV, 329, e.

Établissement de la foi dans la Nouvelle-France, avec une relation des voyages entrepris pour la découverte du fleuve Mississipi, par le P. C. L. C*** (Chrétien LE CLERCQ, récollet). *Paris,* 1691, 2 vol. in-12. V. T.

Catalogue manuscrit des Barnabites.

Établissement des Karls Saxons en Flandre. (Revue de l' « Histoire de Flandre » de M. Kervyn de Lettenhove.)

Bruges, Vande Casteele-Werbrouck. 1848, in-8, 20 p.

Tiré à part des « Annales de la Société d'émulation de Bruges ». Signé : C. C. (Charles CARTON).
J. D.

Établissement (de l') des Turcs en Europe. (Par lord John RUSSELL.) Traduit de l'anglais par A. B., ancien secrétaire d'ambassade. *Paris, Ponthieu et Cᵉ*, 1828, in-8.

Quel est cet A. B.? Est-ce Adolphe BILLECOCQ? Il n'était pas alors, plus qu'à présent, ancien secrétaire d'ambassade. Serait-ce M. BILLING?

Établissement du laboratoire de S. A. R. (le duc de Savoie), et de son académie chymique, avec le combat de la médecine galénique contre elle, fait dans la salle de l'auguste sénat de Savoie. (Par Denis DE COPPONDY DE GRIMALDIS.) *Chambéry*, 1684, in-12, 429 p.

L'auteur a signé la dédicace.

Établissement qui intéresse l'utilité publique et la décoration de la capitale (ou plan de bains publics). (Par l'abbé AR-NAUD, chanoine de la Sainte-Chapelle du Dunois.) *Paris*, 1790, in-8, XIV-26 p., avec fig.

Ce Projet, dont l'idée remonte à 1777, fut repoussé par l'administration. Le magistrat de la librairie reçut de M. Amelot l'ordre d'en arrêter l'impression. Il fallut le faire imprimer à l'étranger. La police parvint à confisquer les 2000 exemplaires expédiés à l'auteur. Quelques exemplaires adressés à un ami de l'abbé Arnaud, sous contre-seing de M. de Vergennes, furent seuls sauvés.

Établissement thermal de Saint-Honoré-les-Bains, Nièvre. (Par M. Richard COR-TAMBERT.) *Paris, imp. de C. Lahure*, 1860, in-8, 14 p. et 1 carte.

Établissements charitables fondés à Lausanne par de simples citoyens, jusqu'à la fin de 1832. (Par C.-V.-Amédée DE LA HARPE.) *Lausanne*, 1833, in-8.

Établissements français de l'Océanie. (Par M. E.-G. DE LA RICHERIE, capitaine de frégate.) *Paris, imp. P. Dupont*, 1865, in-8, 76 p. et 2 cartes.

Extrait de la « Revue maritime et coloniale », juillet, août et septembre 1865.

Étalon fixe de poids et mesures, ou mémoire pour servir à la solution d'un ancien problème renouvelé par l'Assemblée constituante, sur le choix d'un étalon fixe, perpétuel et universel, pris dans la nature pour servir de base aux mesures de toutes les nations. (Par VERDET, membre de l'Assemblée constituante, curé de Sarreguemines, diocèse de Metz.) *Paris, Verdet*, 1815, in-8, 48 p.

Étapes de la Vera-Cruz à Mexico. (Par le marquis Gaston-Alexandre-Auguste DE GALLIFET.) *Paris*, 1865, in-12.   D. M.

Étapes (les) du P. La Ramée. (Par Ant. CAMUS.) *Paris, Brunet*, 1864, in-12.

État abrégé de la cour de Saxe sous le règne d'Auguste III, roi de Pologne et électeur de Saxe. (Par le baron Charles-Louis DE POLLNITZ.) *S. l.*, 1734, in-8, XVI-96 p.   A. L.

État abrégé des lois, revenus et productions de la Grande-Bretagne. (Par BON-NEL DU VALGUIER et MAISONVAL.) *Londres et Paris, veuve Delormel*, 1757, in-8.

État (l') actuel de l'art et de la science militaire à la Chine, tiré des livres militaires des Chinois. (Par DE SAINT-MAURICE DE SAINT-LEU et le marquis J.-Fr.-Maxime CHASTENET DE PUYSÉGUR, revu par le comte Fél.-Fr. D'ESPIE.) *Paris, Didot l'aîné*, 1773, in-12.

État actuel de l'artillerie de campagne en Europe, par G.-A. JACOBI. Ouvrage traduit de l'allemand (par Fr.-X.-J. RIEF-FEL), revu, corrigé et augmenté par le capitaine d'artillerie MAZÉ. *Paris*, 1838, in-8, avec 5 pl.

État (de l') actuel de l'Ecole de santé de Paris. (Par Michel-Augustin THOURET.) *Paris*, an VI-1798, in-4.

État (de l') actuel de l'Église en France. (Par C.-A. LACOMBE DE CROUZET.) 1817, in-12.

Ce petit écrit est en forme de lettre. L'auteur en a publié douze successivement sur le même sujet. Dans les huit premières, l'auteur se prononce contre le Concordat; dans la neuvième, il commence à changer de couleur. Ces Lettres ont paru en 1817, 1818, 1819, et peut-être un peu après.

État actuel de l'empire ottoman. (Par l'abbé Jos. DE LA PORTE.) *Paris, veuve Duchesne*, 1759, in-12.

Cet ouvrage parut dès 1757, sous le titre de « Tableau de l'Empire ottoman ». Il est copié de celui qui a pour titre : « la Cour ottomane, ou l'interprète de la Porte », par A. D. S. M. (Alcide DE SAINT-MAURICE). *Paris*, 1673, in-12.

État (de l') actuel de l'Espagne et de ses colonies, considéré sous le rapport des intérêts politiques et commerciaux de la France et des autres puissances de l'Europe. (Par Jacq.-Dom.-Armand DE HER-MANN.) *Paris, Trouvé*, 1824, in-8, 124 p.

État actuel de la France. (Par A.-F.-C. FERRAND.) *Paris*, janvier 1790, in-8, 60 p.

— *Paris*, 1790, in-8, 38 p. — *Paris*, 1790, in-8, 63 p.

La dernière édition porte : par l'auteur de « Nullité et Despotisme de l'Assemblée prétendue nationale ».

Cet ouvrage a été attribué par Ersch à J. DUVAL D'ESPRÉMÉNIL.

État actuel de la musique et des spectacles de S. A. R. Mgr le landgrave régnant (Frédéric II). (Par J.-P.-L. DE LA ROCHE DU MAINE, marquis DE LUCHET.) *Cassel*, 1777, in-12.

État (l') actuel de la Pologne. (Par l'abbé Jean-Bapt. DE CHEVREMONT.) *Cologne, Bouteux*, 1702, in-12.

État actuel de la querelle sur l'artillerie. (Par Ch. TRONSON DU COUDRAY.) *Amsterdam et Paris*, 1777, in-8.

État actuel de la Savoie. Frontières naturelles, nationalité des peuples, en réponse à un livre de MM. d'Herhan et Darbier, intitulé : « de la Savoie en 1833 ». (Par le chev. A.-P.-D. PICOLET.) *Genève, Abr. Cherbuliez*, 1833, in-8, x-112 p.

Ecrit publié par ordre du gouvernement sarde, et imprimé à Genève pour mieux donner le change.

État (de l') actuel de la traite des nègres, extrait des renseignements déposés récemment à ce sujet sur le bureau de la Chambre des communes d'Angleterre; composant le rapport présenté le 8 mai 1821 aux directeurs de l'institution africaine, par le comité spécial nommé à cet effet, etc.; traduit de l'anglais et accompagné d'un avant-propos du traducteur (Benjamin LA ROCHE). *Londres*, 1821, in-8.

État actuel de la Turquie, ou description... par Th. THORNTON. Traduit de l'anglais par M. DE S****. *Paris, Dentu*, 1812, 2 vol. in-8.

Cet ouvrage a été traduit en français par M. DE SANCÉ, officier d'artillerie prisonnier en Angleterre. C'est M. Charles, de l'Institut, qui en a vendu le manuscrit à M. Dentu. Quant à moi, j'en ai revu les épreuves, corrigé les noms défigurés, vérifié la plupart des citations et traduit l'appendice.

Signé : Am. JOURDAIN.

(Copie d'une note que M. Jourdain avait écrite sur son exemplaire acheté. à sa vente le 25 mai 1848, n° 317 de son catalogue.)

État (l') actuel des finances et du crédit en Autriche, par un homme d'État impartial. 2e édition. Traduit de l'allemand par Ch. L. (Charles LEBEAU, secrétaire d'ambassade). *Bruxelles*, 1854, in-8.

J. D.

État (de l') actuel du royaume des Pays-Bas et des moyens de l'améliorer. (Par Charles VANDERSTRAETEN, rédacteur du journal « le Belge ».) *Bruxelles, Wahlen*, 1819, 2 vol. in-8.

L'ouvrage fut saisi et l'auteur condamné à un an de prison.

J. D.

État ancien et moderne des duchés de Florence, Modène, Mantoue et Parme, etc. (Par l'auteur des « Mémoires de la cour de Vienne », Casimir FRESCHOT.) *Utrecht, Guillaume Broedelet*, 1711, in-8.

État canonial des Dominicains, ou extrait d'une dissertation excellente et rare, imprimée à Béziers en 1750, etc. (Par le P. SECONDS, prieur de Saintes.) *Avignon, Faure*, 1766, in-12, 62 p.

État civil de la famille Napoléon. (Par M. Jacq.-Ant.-Jean-Franç.-Regis REYMOND DES MÉNARS.) *Troyes, Anner-André*, 1852, in-8.

État (de l') civil des personnes et de la condition des terres dans les Gaules dès les temps celtiques, jusqu'à la rédaction des coutumes. (Par C.-J. PERRECIOT, ancien trésorier de France à Besançon.) *En Suisse, aux dépens de la Société*, 1784 et 1786, 2 vol. in-4.

Réimprimé en 1845, *Paris, Dumoulin*, 3 vol. in-8, avec le nom de l'auteur.

État (l') civil, politique et commerçant du Bengale, ou histoire des conquêtes et de l'administration de la compagnie des Indes angloises dans ce pays. (Ouvrage traduit de l'anglois de William BOLTS, par J.-Nic. DÉMEUNIER.) *Maestricht, Dufour*, 1778, 2 vol. in-8.

On trouve le nom de l'auteur et celui du traducteur en tête de l'édition originale de cet ouvrage. *A La Haye, Gosse fils (Paris)*, 1775, 2 vol. in-8.

Réimprimé de nos jours sous le titre de « Histoire des conquêtes et de l'administration de la compagnie anglaise au Bengale, par William BOLTS » (édition publiée avec notes et additions, par Victor LUZARCHES). *Paris, Lévy frères (Tours, imprimerie Bouserez)*, 1858, in-12.

État conjugal, par M. C*** (J.-P. COSTARD.) *Paris*, 1809, in-12.

État (l') de guerre dans la société. (Par le marquis DE LA GERVAISAIS.) *Paris, Pihan Delaforest*, 1833, in-8, 35 p.

.État de l'Angleterre au commencement de 1822, considéré sous le rapport des finances, des relations extérieures, du département de l'intérieur, des colonies, etc., etc. (Par le marquis DE LONDONDERRY.) Publié par ordre du ministère de S. M. Britannique; traduit de l'anglais par MM. P.-A. D.... (P.-A. DUFAU) et J. G. (J. GUADET). *Paris, J.-L. Chanson*, 1822, in-8, VIII-238 p. et 1 f. de table et d'errata. — 2ᵉ édit., soigneusement revue sur la 7ᵉ édit. anglaise, augmentée d'un appendice, suivie d'une réponse de l'opposition... *Paris, J.-L. Chanson*, 1822, in-8, x-238 p. — 3ᵉ édit., *Paris, J.-L. Chanson*, 1822, in-8, viii-354 p., 2 tableaux et 1 f. de table.

La 2ᵉ et la 3ᵉ éd. sont intitulées : « État de l'Angleterre en 1822... » La 3ᵉ éd. porte les noms des traducteurs sur la couverture imprimée. On trouve sur cette même couverture la mention suivante : Augmentée du Tableau de l'administration de la Grande-Bretagne en 1823 ; traduit sur la 4ᵉ édition anglaise.

Le titre de l'ouvrage anglais est : « The state of the nation... »

Les mêmes traducteurs ont publié l'année suivante : « État de l'Angleterre au commencement de 1823 ; écrit officiel publié par le ministère de S. M. Britannique. Traduit sur la 4ᵉ édition anglaise ; par MM. P.-A. DUFAU et J. GUADET, traducteurs de l' « État de l'Angleterre en 1822 ». *Paris, Béchet*, 1823, in-8, 2 ff. de tit., IV-233 p. — 2ᵉ éd. *Paris, Béchet*, 1823, in-8, 2 ff. de tit., IV-234 p.

La seconde édition est intitulée : « État de l'Angleterre en 1823... »

Le titre de l'ouvrage anglais est « Administration of the affairs of great Britain, Ireland and their dependencies at the commencement of the year 1823... »

Estat (l') de l'Église, avec le discours des temps, depuis les Apostres jusques à présent. Augmenté et reveu tellement en cette édition que ce qui concerne le siège romain, et autres royaumes depuis l'Église primitive jusques à ceux qui règnent aujourd'huy, y est en breves annales proposé. *S. l.*, 1564, petit in-8 de xvi ff. n. chiff., 616 p. et 2 ff. n. chiff. pour la table.

Le titre porte la marque de Jean Crespin, donnée par Silvestre sous le nᵒ 796, et le verso du dernier feuillet en a une autre que Silvestre n'a pas reproduite.

Le volume commence par une épître de Jean CRESPIN à l'Église de Jésus-Christ. Suivant l'Avertissement du f. xvi, « cette façon d'Annales » a pour auteur primitif Jean DE HAINAUT, ministre de Saconex (sic).

Le « Bulletin du bibliophile belge », 1858, pp. 335-336, cite des éditions de 1556, 1568, 1581 et enfin une de *Bergues-sur-le-Zoom*, par Jacques Canin, 1605, in-4.

Le titre de cette édition ressemble à celui donné en tête de cet article ; mais après le mot « proposé » par lequel il finit, on lit : « par J. TAFFIN Item un traité de la religion et république des Juifs, depuis le retour de l'exil de Babylone jusques au dernier saccagement de Jérusalem (par P. EDER). »

État de l'Église et de la colonie française de la Nouvelle-France, par M. l'évêque de Québec (Jean-Baptiste LA CROIX CHEVRIÈRES DE SAINT-VALIER, mort le 26 décembre 1727). *Paris*, 1688, in-8.

État (de l') de l'Église et de la puissance légitime du pontife romain. *Wurtzbourg (Bouillon)*, 1766, 2 vol. in-12.

Abrégé de l'ouvrage de J.-Nic. DE HONTHEIM intitulé : « Justini Febronii... de statu presenti ecclesiæ » (voy. « Supercheries », II, 23, e), par J. Remacle LISSOIRE, prémontré.

État de l'Église gallicane durant le schisme, extrait des registres et actes publics. (Par Pierre PITHOU.)

Voy. ci-dessus, « Ecclesiæ gallicanæ in schismate status », col. 3, d.

État (l') de l'Église gallicane sous le règne de Louis XIV et sous la minorité du roi Louis XV. (Par J. BASNAGE.) *Rome (Amsterdam)*, 1719, petit in-8.

État de l'empire d'Allemagne, par Samuel DE PUFFENDORFF ; ensemble la capitulation et la pragmatique sanction de l'empereur Charles VI ; traduit en françois (par J.-Fr. SPON), avec des notes historiques et politiques. *Strasbourg*, 1728, 2 vol. in-4.

État (l') de l'empire, ou abrégé du droict public d'Alemagne, mis en dialogues pour plus grande commodité d'un jeune prince à qui il a esté enseigné, par Louis DU MAY. (Traduit du latin par D'ALEXIS.) *Paris*, 1659, in-12. A. L.

État de l'esclavage des chrétiens au royaume d'Alger, avec celui de son gouvernement, etc. (Par LAUGIER DE TASSY.) *Amsterdam*, 1723, in-12.

C'est une nouv. édition, déguisée, de l' « Histoire du royaume d'Alger », etc.

État (de l') de l'homme après le péché, et de sa prédestination au salut. (Par Charles LE CÈNE.) *Amsterdam, Henry Desbordes*, 1684, in-12.

Cet ouvrage ayant été attribué à P. ALLIX, Bayle soutint dans ses Lettres qu'il n'en était pas, et que son véritable auteur était P. LE CÈNE.

État de l'homme dans le péché originel, où l'on fait voir quelle est la source et quelles sont les causes et les suites de ce péché dans le monde. *Imprimé dans le monde en* 1714, in-8, front. gr., titre r. et noir.

Réimprimé un an plus tard avec beaucoup de corrections et quelques augmentations. Cette édition est sans front. Dans l'Avertissement placé en tête, l'auteur désavoue l'édition précédente « comme absurde, pleine de fautes et de négligences ». La 3ᵉ édition de 1731, in-18, bien imprimée et sur bon papier, n'a pas l'Avis de l'édit. précédente, mais elle lui est préférable par les nouvelles corrections et les nombreuses additions que l'auteur y a faites. La 4ᵉ édition, *Hollande*, 1740, in-12, a beaucoup de retranchements. La cinquième, enfin, de 1741, et du même format, n'en est que la réimpression.

On trouve dans la nouvelle édition du « Chef-d'Œuvre d'un inconnu », publiée par M. Leschevin, t. II, p. 459, une note très-curieuse sur cet ouvrage, qui n'est pas une traduction du latin de BÉVERLAND, mais dans lequel l'auteur, en adoptant les idées de Béverland sur la nature du péché d'Adam, expose les mêmes raisonnemens d'une manière aussi licencieuse que lui, et les accompagne de récits plus ou moins extravagans.

M. Leschevin n'a pas connu la sixième édition, imprimée en 1774.

On avait attribué cette traduction à un nommé MEIER ; mais il l'a nié. Kraft, qui a publié six volumes de la « Neue theologische Bibliothek », *Iena et Leipzig*, 1746, in-8, attribue cette traduction à un M. DE LA FONTANNÉ. Voyez t. V, p. 65, où il rend compte d'une traduction allemande du même ouvrage ; *Francfort*, 1746, in-8. Mais un même tome, p. 896, le traducteur français est appelé FONTENAI.

Une note manuscrite de A.-A. Barbier dit que cet ouvrage a été traduit et imité en partie de BÉVERLAND, par J.-Fr. BERNARD, et il renvoie à l'article où il est parlé de ce volume dans l' « Histoire critique des journaux » de Camusat, dont Bernard a été l'éditeur.

Réimprimé récemment sous le titre de : « le Péché originel, traduit librement du latin d'Adrien Beverland, par F.-Frédéric Bernard. Réimpression sur l'édition la plus complète de 1741. Notice bio-bibliographique, par un bibliophile ». *Bruxelles, Ch. Muquardt*, 1869, in-8, 784 p.

État (l') de l'illustre confrérie de Saint-George, autrement dite de Rougemont en Franche-Comté, en Bourgogne... offert et gravé aux frais de Pierre de Loisy (et dressé par Thomas VARIN, sieur D'ANDEUX). *Besançon, Jean Couché*, 1663, in-fol.

État de l'inoculation de la petite vérole en Écosse, par M. Alexandre MONRO le père... Traduit de l'anglois par M.*** (Jean-Louis-Marie SOLIER ou SOLLIER DE LA ROMILLAIS). *Edimbourg et Paris, P.-G. Cavelier*, 1766, in-8, 75 p.

Ce traducteur a été par erreur désigné dans les « Supercheries », III, 1057, *a*, sous le nom de SOLIER DE LA BOUILLAIS.

État de l'instruction primaire en Belgique de 1830 à 1840. *Bruxelles, veuve H. Remy*, 1842, in-8. — État de l'instruction moyenne en Belgique de 1830 à 1840. *Bruxelles, Devroye*, 1843, in-8. — État de l'instruction supérieure en Belgique de 1794 à 1840. *Bruxelles, Devroye*, 1844, 2 vol. gr. in-8.

Ces trois documents ont été rédigés par M. ALVIN, conservateur de la Bibliothèque royale de Belgique, avec le concours de plusieurs fonctionnaires de l'administration, revus et présentés aux chambres législatives par M. Nothomb, ministre de l'intérieur.   J. D.

État de l'instruction supérieure en Belgique. Rapport présenté aux Chambres législatives, le 6 avril 1843, par M. le ministre de l'intérieur (DE THEUX). *Bruxelles, E. Devroye*, 1843, in-fol., CCXIX-1259 p.

Voy. « Supercheries », II, 1140, *e*.

État de la campagne dans notre province aux temps de Charles le Téméraire et de Maximilien. *Bruges, Van de Casteele-Verbrouck*, 1844, in-8, 9 p.

Tiré à part des « Annales de la Société d'Émulation de Bruges ». Signé : C. D. P. (Charles CARTON de Pitthem).   J. D.

État de la Corse, caractère et mœurs de ses habitants, par P. S. POMPEI. *Paris, Kleffer*, 1821, in-8.

Le général François-Horace-Bastien SEDASTIANI est en grande partie l'auteur de cet ouvrage.

État de la Corse pendant la révolution française, ou mémoires en faveur des réfugiés corses. (Par J.-J.-D. VALADE.) 1800, in-8.

État de la Corse, suivi d'un journal d'un voyage dans l'isle et de mémoires de Pascal PAOLI ; par M. James BOSWEL... traduit de l'anglois et de l'italien par M. S. D. C. (SEIGNEUX DE CORBEVON). *Londres (Lausanne)*, 1769, 2 vol. in-12.

Voy. « Supercheries », III, 649, *b*.

État de la cour du Grand Turc, l'ordre de sa gendarmerie et de ses finances, avec ung brief discours de leurs conquestes, depuis le premier de cette race. *Paris, Chr. Wechel*, 1542, in-4.

Première édition de la « Briefve description de la cour du Grand Turc... par F.-A. GEUFFROY ». *Paris, A. Wechel*, 1546, in-4.

Cette première édition fut publiée à l'insu de l'auteur par Jean Quintinus. Voy. le « Manuel du libraire », 5e édit., II, 1574.

État (de l') de la France à la fin de l'an VIII. (Par Alex.-Maurice BLANC D'HAUTERIVE, conseiller d'État.) *Paris, Henrichs*, brumaire an IX-octobre 1800, in-8, 302 p. — Nouvelle édition, augmentée. *Paris, même adresse et même date*, in-8, 352 p.

Jos. de Maistre dit, à propos de cet ouvrage (Correspondance diplomatique, 1860, t. II, p. 290) : « M. de Talleyrand a fait écrire sous ses yeux, par un homme de confiance, et même a composé en grande partie un ouvrage intitulé : « de l'État... » A. L.

État (de l') de la France au mois de mars et au mois d'octobre 1814. (Par CHATEAUBRIAND.) *Paris, Lenormant*, 1814, in-8, 16 p.

Extrait du « Journal des Débats » du 14 octobre.

Estat de la France comme elle estoit gouvernée en l'an 1648. Où sont contenues diverses remarques et particularitez de nostre temps. *S. l.* (*à la Sphère*), 1649, in-18, 188 p. — Estat de la France comme elle est gouvernée à présent. Revu, corrigé et augmenté de beaucoup en cette dernière édition. *Paris, Edme Pepingué*, 1650, in-8 de 3 ff. prélim. et 185 p.

L'édition de 1650 a une dédicace à J. Amelot et signée DE LA MARINIÈRE; il y est dit que « cet ouvrage a déjà paru depuis quelque temps, mais non pas achevé comme il l'est en cette dernière impression, sa première ayant été fautive et seulement ébauchée »....

Cet auteur s'est appelé plus tard PINSON ou PINSSON DE LA MARTINIÈRE.

— Autre édition (1651).

— Estat de la France, comme elle est gouvernée à présent en la majorité de notre incomparable monarque Louis XIV, à présent régnant. *Paris, J. Guignard et P. David*, 1651, in-12.

Le privilége, daté du 14 août 1651, est au nom du sieur DE LINGENDES, l'un des gentilshommes ordinaires du roi, lequel a « avec soin et travail corrigé, augmenté et mis au plus haut point de sa perfection le livre intit. : *l'Estat de la France...* lequel livre ayant été imprimé plusieurs fois, même en païs étrangers et en notre bonne ville de Paris en l'année 1650, avec des erreurs tout à fait insupportables, et quoique nous eussions donné nos lettres de permission le 12 avril en ladite année 1550 pour la vente et distribution dudit livre, nous avons trouvé qu'il était tout contraire à nos intentions... »

Cet ouvrage a reparu en 1653 sous le titre suivant :

— Véritable (le) estat de la France et comme elle est gouvernée à présent. Ensembles les rangs, préséances, dignitez, que tiennent les princes, ducs et pairs, et officiers de la couronne. Avec l'extrait des officiers commençaux des maisons du roy, de la reine et leurs principales fonctions. *Paris, Jean Guignard*, 1653, in-12.

On a reproduit le privilége du 14 août 1651, mais le nom de LINGENDES y est remplacé par celui de LA LANDE, qualifié également de « l'un des gentilshommes ordinaires du Roi ».

Le titre de départ porte : « État de la France, comme elle est gouvernée en l'an 1651 ».

Les éditions de 1656 à 1698 ont été rédigées par N. BESONGNE, celle de 1699 à 1718 par L. TRABOUILLET, celle de 1722 par frère ANGE, celle de 1727 par frère SIMPLICIEN, celle de 1736 par les religieux Augustins déchaussés, enfin celles de 1749 par les religieux Bénédictins de la congrégation de Saint-Maur.

État de la France, contenant le clergé, la noblesse et le tiers-état. Recueil de devises héraldiques. Par M. le comte DE W. DE M. DE C. (WAROQUIER DE MÉRICOURT DE COMBLES). *Paris, chez l'auteur*, 1783, in-12.

État de la France et description de Paris en 1815, par *** (Léopold KEIL), ancien professeur d'histoire et bibliothécaire. *Paris, Eberhardt*, 1820, in-12, 2 ff. de titre et 464 p.

Attribué aussi à Eloy JOHANNEAU. Voy. Catalogue Tross, de 1856, n° 68.

État (de l') de la France sous le rapport des idées politiques, par J. R*** (Joseph-Philippe-Etienne REY), de Grenoble. *Paris*, 1814, in-8, 23 p.

État de la Gaule au ve siècle, à l'époque de la conquête des Francs. Extrait des Mémoires d'EURIBALD, ouvrage inédit et contenant des détails sur l'entrée des Francs dans la Gaule. (Par J.-F. FOURNEL.) *Paris, Rondonneau*, an XIII-1805, 2 vol. in-12. — *Paris, Garnery*, 1805, 2 vol. in-12.

État de la littérature française en Angleterre. (Par ERRARD DE LISLE, émigré français.) *Londres*, 1796, 2 vol. in-8.

Ouvrage périodique dont il est difficile de trouver des exemplaires, même en Angleterre.

État de la magistrature en France, année 1788. (Rédigé par DUHAMEL).*Paris, l'auteur*, 1788 et 1789, 2 vol. in-8.

Voy. « Etat actuel de Paris », par WATIN fils, quartier Notre-Dame, chang. et addit. p. VIII. Les ministres de Brienne et de Lamoignon ont exigé de l'auteur qu'il ne fît point imprimer dans ce recueil les *Chambres des Requêtes et des Enquêtes*, qu'ils voulaient supprimer conformément à leur édit de la Cour plénière et des grands Bailliages du mois de mai 1788.

État de la médecine ancienne et moderne, avec un plan pour perfectionner celle-ci, par M. CLIFTON, docteur en méd....... traduit de l'anglais par M. L. D. F., avec... *Paris, Quillau*, 1742, 4 ff., xx-298 p., figures de Cochin.

L'abbé DES FONTAINES est nommé comme traducteur, p. 248, dans l' « approbation de Boyer, médecin ordinaire du roi ».

État de la médecine, chirurgie et pharmacie en Europe pour l'année 1776. Présenté au roi. (Par René-Guill. LE FEBURE DE SAINT-ILDEPHONT et L.-Alex. DE CEZAN.) *Paris, P.-Fr. Didot jeune*, 1776, in-12.

Cet ouvrage et le suivant ne forment qu'un seul article dans les « Supercheries », III, 684, f, ce qui a motivé une note rectificative inexacte de l'article de Barbier ci-après.

État de la médecine, chirurgie et pharmacie en Europe, et principalement en France, pour l'année 1777. Dédié à Mgr le comte d'Artois par une société de médecins. *Paris, veuve Thiboust*, 1777, in-12.

La dédicace est signée : DE HORNE, DE LA SERVOLLE ET GOULIN.

État de la médecine et de la chirurgie en France. (Par TRÉCOURT.) 1773, in-8.

État de la noblesse, année 1782... pour servir de supplément à tous les ouvrages historiques, chronologiques, généalogiques, et de suite à la collection des Étrennes à la noblesse. (Par le comte Louis-Charles DE WAROQUIER, sieur DE MÉRICOURT, DE LA MOTTE et DE COMBLES.) *Paris, Boucher*, 1782, 5 vol. pet. in-12.

Les tomes III à V ont un titre particulier, portant : « Armorial des principales maisons de France et étrangères et de plusieurs villes du royaume ». Cet ouvrage forme la suite de ceux publiés par Aubert de La Chesnaye des Bois sous les titres successifs de « Calendrier des princes... » Voy. IV, 477, *a*, et « Etrennes de la noblesse ». Voy. ci-après, col. 314, *c*.

État (l') de la noblesse de Provence.

Voy. « Etat de la Provence ».

État de la Pologne, avec un abrégé de son droit public et les nouvelles constitutions. (Par Christian-Fréd. PFEFFEL, avec une préface par L.-T. HÉRISSANT.) *Paris, Hérissant fils*, 1770, in-12, carte.

Cet ouvrage avait paru dès 1759, sous le titre de « Mémoires sur le gouvernement de la Pologne ».

État (l') de la Provence, concernant ce qu'il y a de plus remarquable dans la police, dans la justice, dans l'Eglise et dans la noblesse de cette province ; avec les armes de chaque famille. Par M. l'abbé R. D. B. (Dominique ROBERT DE BRIANÇON). *Paris, Clousier ou Aubouin*, 1693, 3 vol. in-12.

Cet ouvrage a été donné comme seconde édition sous ce nouveau titre : « l'Etat et la noblesse de Provence, où l'on voit ce qu'il y a de plus remarquable... » Seconde édition. Or, dit le « Manuel du libraire », 5ᵉ édit., IV, 1326, dans cette prétendue seconde édit., il n'y a de réimprimé que le titre et l'épître dédicatoire, où l'on annonce des changements et des observations qui n'existent pas. — Il y a une contrefaçon de cet ouvrage que l'on peut reconnaître par l'intitulé de chaque page qui est en italique au lieu d'être en petites capitales.

Voy. « Supercheries », III, 344, *e*.

État de la question italienne ; la Lombardie et l'Autriche ; Metternich et Charles-Albert ; par un Milanais (le colonel FRAPOLLI). *Paris*, 1848, in-8.

État de la question sur l'exploitation de la mine de sel gemme. (Par le marquis DE LA GERVAISAIS.) *Paris, Egron*, 1825, in-8, 96 p.

État (de l') de la question sur le système d'ensemble des places fortes, par l'auteur de la « Réfutation des lettres de M. A*** sur les fortifications de Paris » (Ch. RICHARDOT). *Paris, Corréard*, 1844, in-8.

État (l') de la République de Naples sous le gouvernement de Henri de Lorraine, duc de Guise, traduit de l'italien

(du P. CAPECE) par Marie TURGE LOREDAN (Marguerite LÉONARD). *Paris*, 1672, in-12. — *Amsterdam, Brunel*, 1695, in-12.

Voy. « Supercheries », III, 861, *e*.

État (l') de la Suisse, écrit en 1714, traduit de l'anglois (d'Abraham TEMPLE STANYAN). *Amsterdam, Wetstein*, 1714, in-8.

Estat (de l') de vieillesse (de CICÉRON), translaté du latin en françoys (par Laurens DE PREMIERFAICT). *Paris, Denys Janot*, 1540, in-8. — Autre édit. *Paris, Jean Real, s. d.*, in-8, 60 ff.

État des archevêchez, évêchez, abbayes et prieurez de France, tant d'hommes que de filles, de nomination et collation royale... (Par dom BEAUNIER, religieux bénédictin.) *Paris, A. Boudet*, 1743, 2 vol. in-8.

Le nom de l'auteur se trouve dans le privilège. Cet ouvrage avait été publié en 1726 sous le titre de « Recueil historique, chronologique et topographique des archevêchés... par dom BEAUNIER... » *Paris, A.-X.-R. Mesnier*, 1726, 2 vol. in-4.

État des baptêmes, des mariages et des mortuaires de la ville de Lyon pendant vingt-cinq années, depuis 1750 jusqu'en 1775, par un de messieurs de l'Académie de Lyon (l'abbé DE LA CROIX). *Lyon*, 1776, in-4.

État (de l') des beaux-arts à Liége. L'Académie des beaux-arts et l'étude industrielle. (Par H. LARMOYER, avocat.) *Liége, Redouté*, 1858, in-8, 18 p.   J. D.

État des contestations entre la Faculté de médecine en l'Université de Paris... et la communauté des maîtres chirurgiens jurés de la ville de Paris et M. La Peyronie... Par M. *** (Jean ASTRUC), docteur régent de la Faculté de médecine de Paris. *Paris, imp. de Quilleau*, 1747, in-4, 18 p.

État (de l') des finances de France au 1ᵉʳ janvier 1792, par un député suppléant à l'Assemblée constituante (Ant.-Laurent LAVOISIER). *Paris, Dupont*, 1791, in-8.

État (de l') des forces navales de la France, avec l'appendice et les notes. *Francfort-sur-le-Mein*, 1846, in-16.

C'est une réimpression de la « Note sur l'état des forces navales de la France », par le prince de JOINVILLE. Voy. ces mots.

État des missions de la Grèce. (Par le P. Th.-Ch. FLEURIAU.) *Paris*, 1695, in-12.

État des pauvres, ou histoire des classes travaillantes de la société en Angleterre... Extrait de l'ouvrage publié en anglais par sir Morton Eden (par le duc François-Alexandre-Frédéric de La Rochefoucauld-Liancourt). *Paris, Agasse*, an VIII-1800, in-8, 262 p. avec 3 tableaux.

État des prisons, des hôpitaux et des maisons de force, par John Howard ; traduit de l'anglois (par Mⁱˡᵉ de Kéralio). *Paris, La Grange*, 1788, 2 vol in-8.

État (l') des Provinces-Unies et particulièrement de celles de Hollande, et leur vrai intérêt opposé au faux pour le temps présent (traduit de l'anglois du chevalier William Temple par Le Vasseur). 1690, pet. in-12.

État des réformés en France... (Par Claude Brousson.) *Cologne, P. du Marteau*, 1684, 3 vol. in-12. — *La Haye, Barent Beeck*, 1685, 3 vol. in-12 ; — 1686, 2 vol. in-8.

On trouve à la suite l' « Apologie du projet des réformés », fait au mois de mai 1683 (par le même auteur).

État des royaumes de Barbarie, Tripoly, Tunis et Alger, contenant l'histoire naturelle et politique de ce pays, etc., avec la tradition de l'Eglise pour le rachat et le soulagement des captifs. (Par le P. J.-B. de La Faye, mathurin.) *Rouen*, 1703, in-12. — *La Haye*, 1704, in-12.

Voy. « Voyage pour la rédemption des captifs... »

État du corps impérial du génie. (Par A. Allent, lieutenant-colonel du génie.) *Paris*, 1809, in-8.

État du domaine du roi dans le bailliage de Troyes, en 1595, pour une année finie au jour de la Madeleine. *S. l.* (1854), in-16, 16 p.

Par M. T. Boutiot, suivant une note manuscrite.

État du royaume de Danemarck tel qu'il étoit en 1692, traduit de l'anglois (de Molesworth). *Amsterdam, Braakman*, 1695, in-12.

Cet ouvrage avait paru l'année précédente sous le titre de « Mémoires de M. de Molesworth... » Voyez ces mots.

Il existe aussi sous le titre de « Relation de l'Etat du Danemarck... »

Une critique a été publiée sous le titre de « Défense du Danemarck... » Voy. IV, 865, *a*.

État (l') du siége de Rome dès le commencement du siècle jusqu'à présent.... avec une idée du gouvernement, des manières et des maximes politiques de la cour de Rome. (Par Casimir Freschot.) *Cologne, P. Marteau* (1707), 3 vol. in-12.

Freschot, dans la préface de son « Etat des duchés de Florence », renvoie à sa « Relation de la cour de Rome ».

État du théâtre royal italien depuis la direction de Mᵐᵉ Catalani. (Par Charles-Maxime de Villemarest.) *Paris, imp. de Patris*, 1818, in-8.

État ecclésiastique et civil du diocèse de Soissons. *Compiègne, Bertrand, et Paris, Mérigot jeune*, 1783, in-8.

Signé : H. C. D. S. C. (Houllier, chanoine de la cathédrale).

État (de l') et de la direction des arts en France, des règlements et usages en vigueur, des réformes nécessaires et des moyens d'augmenter les encouragements, par M. D. (C.-A. de Laval.) *Paris, imp. de Ducessois*, 1835, in-8.

Extrait du « Journal des artistes ».

État (de l') et du sort des colonies des anciens peuples... (Par Guill.-Emm.-Jos. Guilhem de Clermont-Lodève, baron de Sainte-Croix.) *Philadelphie* (*Paris*), 1779, in-8.

État et gouvernement de la France, comme il est depuis la majorité du roi Louis XIV, à présent régnant. (Par Jean Pinsson de La Martinière.) 6ᵉ édition, revue et augmentée. *La Haye, Adrian Vlacq*, 1652, pet. in-12.

L'auteur est mort en 1678. Il était procureur du roi en la juridiction de la connétablie et maréchaussée de France à Paris. La première édition de son ouvrage parut en 1649, sous le titre de « Vrai Etat de la France ». Le libraire Vlacq donne à entendre que cet Etat de la France a été rédigé la première fois en 1648, par un étranger, auteur d'un « Voyage de France ». Il a voulu probablement parler du compilateur du Verdier ; mais c'est en 1654 seulement qu'il paraît avoir publié une nouvelle édition de l' « Etat de la France ».

État (l') et le nobiliaire de la Provence.

Voy. ci-dessus, « Etat de la Provence », col. 295, *c*.

État (l') et le pays. (Par le marquis de La Gervaisais.) *Paris, imp. de Pihan-Delaforest*, 1835, in-8, 19 p.

État (l') et les délices de la Suisse, en forme de relation critique. (Tirée des ouvrages d'Abraham Ruchat, Abraham Stanyan, et de quelques autres Mémoires, par Altmann.) *Amsterdam, Wetstein*, 1730 4 vol. in-12.

La dernière édition de *Neufchâtel*, 1778, 2 vol. in-4, a été entièrement refondue, et est plus exacte que les précédentes.

État général des affaires de France sur tout ce qui s'est passé tant dedans que dehors le royaume, depuis la mort de Henri le Grand. (Par d'Autreville.) *Paris, Adrien Tifaine*, 1617, in-8.

Réimprimé sous le titre de : « Inventaire général

des affaires de France, contenant les guerres et émotions civiles du royaume... » *Paris, J. Petit-Pas*, 1620, in-8.

Estat général des officiers et commensaux de la maison du roy, de la reyne et de M. le duc d'Anjou... (Par J. PINSSON DE LA MARTINIÈRE.) *Paris, Marin le Ché*, 1653, 1657, 2 vol. in-8.

État général et particulier du royaume et de la ville d'Alger...

Voy. « Histoire des États barbaresques ».

État militaire du corps royal d'état-major pour 1840. (Par le capitaine d'état-major J.-A.-A. DE BOURGUIGNON, né en 1796, alors attaché à la section historique du Dépôt de la guerre.) *Paris, Terzuolo*, 1840, in-8, iv-340 p. et 1 tableau.

État moral, civil et politique de la maison de Savoie. (Par le général Fr.-Amédée DOPPET.) *Paris, Buisson*, 1791, in-8. — 2ᵉ édit. *Paris, F. Buisson*, 1792, in-8.

État (de l') moral et politique de l'Europe en 1832, par l'auteur de la « Revue politique de l'Europe en 1825 » (Pierre-Franç.-Xav. BOURGUIGNON D'HERBIGNY). Premier discours au roi. *Paris, Ladvocat*, 1832, in-8, 100 p.

État (de l') naturel des peuples, ou essai sur les points les plus importants de la société civile et de la société générale des nations. (Par GAVOTY, négociant à Toulon.) *Paris, veuve Hérissant*, 1786, 3 vol. in-8.

Voyez l'article *Peine* dans le Dictionnaire de jurisprudence de l'« Encyclopédie méthodique », t. VI.

État (l'), ou la république de Platon, traduction de GROU, revue et corrigée sur le texte grec d'Emmanuel Becker (par Henri TRIANON, bibliothécaire à Sainte-Geneviève). *Paris, Lefebvre et Charpentier*, 1840, in-18, xi-91 p.   D. M.

État ou tableau de la ville de Paris. (Par DE JEZE, avec une préface par Charles-Étienne PESSELIER.) *Paris, Prault*, 1760, 1761, 1765, in-8.

État politique actuel de l'Angleterre, ou lettres sur les écrits publics de la nation angloise. (Par E.-J. GENET.) 1757-1759, 10 vol. in-12.

État politique de l'Europe... (Par Ant.-Aug. BRUZEN DE LA MARTINIÈRE). *La Haye, Moetjens*, 1738-1749, 13 vol. in-12.

Jean ROUSSET DE MISSY a coopéré à cet ouvrage.

État (de l') politique et économique de la France sous sa Constitution de l'an III-1795, ouvrage traduit de l'allemand (ou plutôt de l'anglais de B. VAUGHAN, membre du parlement d'Angleterre, par BLACHON, ministre protestant). *Strasbourg, Levrault; Paris, Fuchs*, an IV-1796, in-8, 114 p.

L'original anglais n'a pas été imprimé.
Voy. sur Vaughan les « Mémoires » de l'abbé Grégoire, I, p. 361-362.

État (l') politique et religieux de la France, devenu plus déplorable encore par l'effet du voyage de Pie VII en ce pays. Seconde suite à la « Controverse pacifique », par l'auteur de la « Controverse pacifique » (l'abbé P.-L. BLANCHARD). *Londres, Dulau*, 1806, in-8.

Voy. « Controverse pacifique », IV, 754, d, et « Première Suite à la Controverse pacifique ».

État présent d'Espagne ; origine des grands d'Espagne... Relation de ce qui se passa à l'entrée du roi Louis XIV, en 1660, au sujet des rangs des ducs et pairs de France, entre eux et avec les princes étrangers (par le duc Louis-Charles D'ALBERT DE LUYNES). — Nouveau voyage d'Angleterre (par And.-Fr. BOUREAU DESLANDES). (Le tout recueilli et publié par DUBOIS DE SAINT-GELAIS.) *Villefranche, Le Vray*, 1717, in-12.

Voyez le Catalogue des livres de Lancelot, de l'Académie des belles-lettres, *Paris, Martin*, 1741, in-8, nº 3540.

Estat (de l') présent de ce royaume, quant à la religion, justice et police. (Par Jean DU LAURIER.) *Paris, par A. Pinet*, 1583, in-8.

État présent de l'Angleterre sous Guillaume III, traduit de l'anglois de CHAMBERLAYNE, par M. D. N. (DE NEUVILLE). *Amsterdam, P. Mortier*, 1688, 2 vol. in-12. — Nouvelle édition (augmentée par GUY MIEGE). *La Haye*, 1692, 2 vol. in-8. — Autre édition (revue et augmentée par Henri SCHEURLÉER). *La Haye, Scheurléer*, 1728, 3 vol. in-8.

La première traduction de l'ouvrage de Chamberlayne parut à *Amsterdam* en 1669, petit in-12.

État présent de l'Archipel. (Par Ant. DESBARRES.) *Paris*, 1678, in-12.

C'est une relation du Voyage que M. de Nointel, ambassadeur de France, fit dans l'Archipel.

État présent de l'Arménie. (Par le P. Th.-Ch. FLEURIAU.) *Paris*, 1694, in-12.

État présent de l'Église gallicane, contenant divers cas de conscience sur ses divisions, etc. (Par Jacques BASNAGE.) *Amsterdam*, 1719, in-8.

Même ouvrage que « État de l'Église gallicane... » Voy. ci-dessus, col. 290, b.

État présent de l'Église romaine dans toutes les parties du monde, écrit pour l'usage du pape Innocent XI, par Urbano CERRI, secrétaire de la congrégation de *Propag. fide* (traduit de l'italien en anglois par Michel DE LA ROCHE), avec une épître dédicatoire du chevalier Richard STEELE (ou plutôt de Benjamin HOADLEY, évêque de Winchester), traduit de l'anglois (par Jean RÉMOND). *Amsterdam, Pierre Humbert,* 1716, in-8.

Voy. « Supercheries », III, 726, c.

Il n'est guère admissible que R. Steele ait composé une *Epître dédicatoire* (de 96 pages) et une *préface* en anglais pour la traduction française du livre d'Urbano CERRI, traduction dont il prend la peine de désigner l'auteur. La traduction comme ces pièces préliminaires sont toutes certainement de la même main. Barbier nomme Jean RÉMOND ; cependant dans la préface il est dit positivement que le travail de Cerri a été « traduit en français par l'auteur des « Mémoires de littérature » (c'est-à-dire : Albert-Henri SALLENGRE). Quoi qu'il en soit, les protestants ne sont pas moins maltraités que les catholiques dans ce volume. G. M.

État présent de l'empire de Maroc. (Par PIDOU DE SAINT-OLON.) *Paris, Brunet,* 1694, in-12, fig. d'Ertinger.

État présent de l'Espagne, par Edouard CLARKE, traduit de l'anglois (par Guillaume IMBERT). *Paris, veuve Duchesne,* 1770, 2 vol. in-12.

État (l') présent de l'Europe, ou introduction aux « Entretiens du temps ». (Par Casimir FRESCHOT.) *Cologne,* 1707, in-12.

Voy. ci-dessus, col. 136, f.

État (l') présent de la fortune de tous les potentats et de toutes les puissances de l'Europe ; en proverbes. (Par SANDRICOURT.) *Paris,* 1652, in-4, 16 p.

État présent de la France ecclésiastique.

Voy. « Catalogue alphabétique des Archevêchés... », IV, 515, e.

État (l') présent de la France, par les bénédictins (J. DE BAR, Fr. PRADIER et Nic. JALLABERT). *Paris, Lebreton,* 1749, 6 vol. in-12.

État présent de la grande Russie ou Moscovie, traduit de l'anglois de Jean PERRY (par HUGONY). *Paris, J. Boudot,* 1717, in-12. — *La Haye, du Sauzet,* 1717, in-12.

État présent de la Russie. (Traduit de l'allemand sur la version faite de l'original hollandais du doct. P. VAN WONZEL, ancien médecin du corps des cadets de terre à Saint-Pétersbourg.) *Saint-Pétersbourg et Leipzig,* 1783, in-8. A. L.

État présent de la ville d'Orléans et de ses dépendances. (Par Daniel JOUSSE.) *Orléans, Ch. Jacob,* 1743, in-8.

État présent des affaires de l'Allemagne... (Par le sieur BRUNEAU.) *Paris, P. Le Petit,* 1675, in-12.

État présent des différends survenus entre le roy de Danemarc et le duc de Holstein-Gottorp... trad. par l'auteur des « Additions à la Défense du Danemarc » (DE LA FOULERESSE). *Amsterdam, Gallet,* 1697, in-12.

Voyez précédemment, IV, 865, a.

État présent des possessions de Sa Majesté Britannique en Allemagne, traduit de l'anglois (par l'abbé J.-Ignace DE LA VILLE). *Paris, Duchesne,* 1760, in-8.

État (l') présent des Provinces-Unies des Pays-Bas (traduit de l'anglois du chevalier W. TEMPLE par A. LE VASSEUR). *Paris,* 1689, 2 parties in-12. V. T.

État présent du royaume de Perse. (Par SANSON, missionnaire.) *Paris,* 1694, in-12.

État présent du royaume de Portugal en 1766. (Par C.-F. DUMOURIEZ.) *Lausanne, Grasset,* 1775, in-12. — *Hambourg, Chateauneuf,* 1797, in-4.

État (de l') réel de la France à la fin de 1795, et de la situation politique des puissances de l'Europe à la même époque. (Par le marquis L. DE LA MAISONFORT.) *Hambourg,* 1796, 2 vol. in-8.

État (de l') religieux. Chap. I. Son esprit. Chap. II. Son établissement et ses progrès. Chap. III. Services qu'il a rendus à l'Église... Par M. l'abbé de B*** et M. l'abbé B. de B***, avocat en Parlement (MM. les abbés de BONNEFOY, DE BOUYON et BERNARD). *Paris, veuve Hérissant,* 1784, in-12.

État véritable des affaires ecclésiastiques dans la ville de Montpellier, présenté par un prêtre du diocèse. *Montpellier, par D. Pech,* 1650, in-4.

Le P. Lelong conjecture que l'ouvrage est de Pierre GARIEL.

États (les) de Blois, ou la mort de MM. de Guise, scènes historiques. Décembre 1588. Par l'auteur des « Barricades » (Louis VITET). *Paris, Ponthieu,* 1827, in-8.

États (les) d'Espagne tenus à Tolède, l'an 1560, par le mandement du roi Philippe II de ce nom, traduit de l'espagnol en françois par G. A. D. V. (G. A. DE

VILLAR). *Paris, Nic. Edouard,* 1562, in-4. — *Blois, Cl. de Montrœil,* 1588, in-4.

États (des) de France et de leur puissance, traduit de l'italien de Mathieu ZAMPINI, de Recanati... *Paris, par R. Thierry,* 1588, in-8.

La dédicace du traducteur est signée : J.-D. M. (J.-D. MATTHIEU).

États, droits, usages en Lorraine. Lettre d'un gentilhomme lorrain à un prince allemand. (Par F.-D. MORY D'ELVANGE.) *Nancy, veuve Bachot,* 1788, in-8.

Estats (les), empires et principautés du monde représentez par la description des pays, mœurs des habitants, richesses des provinces... Par le sieur D. T. V. Y. (Pierre DAVITY). *Saint-Omer,* 1614, in-4. — *Genève, P. Aubert,* 1619, in-4. — *Rouen,* 1633, in-4.

Voy. « Supercheries », I, 989, *f.*

Estats (les), esquels il est discouru du prince, du noble et du tiers estat, conformément à nostre temps... Par D. D. R. (David DU RIVAULT), de Florence. *Lyon, B. Rigaud,* 1596, in-12.

Estats (premier livre des) et maisons plus illustres de la chrestienté. (Par Jean DE MOUSTIERS, sieur DU FRAISSE, de Besançon.) *Paris, Vincent Sertenas,* 1549, in-4.

États (les) généraux convoqués par Louis XVI. (Par Guy-Jean-Baptiste TARGET.) *Paris,* 1789, in-8, 1 f. de tit., 75 p. avec deux suites de 41 et 62 p.

États (les) généraux de Cythère ; imitation très-libre de l'italien du comte ALGAROTTI, par M. le chevalier DE C....... (Mich. DE CUBIÈRES DE PALMEZEAUX). *Paris,* 1789, in-8.

États (les) généraux de l'autre monde, vision prophétique, ou le tiers-état rétabli pour jamais dans tous ses droits, par la résurrection des bons rois et la mort éternelle des tyrans. (Par J.-M. JULIEN, religieux de Sept-Fonds.) *Langres,* 1789, 2 vol. n-8.

Ersch, « France littéraire », tome II.

Breghot du Lut attribue ces 2 vol. au Lyonnais J.-M. CHASSAIGNON, et il les dit imprimés à Lyon.

États (les) généraux des bêtes. (Par J.-N.-M. DE GUERLE.) 1790, in-8.

États généraux et autres assemblées nationales. (Par Charles-Joseph MAYER.) *Paris, Buisson,* 1788, 1789, 18 vol. in-8.

États (des) généraux, et principalement des pouvoirs. (Par J. DEVAINES.) *S. l.,* 1789, in-8, 27 p.

Un complément a paru sous ce titre : « des États généraux, et principalement de l'esprit qu'on doit y apporter ». *S. l.,* 1789, in-8, 45 p.

États-Unis (les) et l'Angleterre, ou souvenirs et réflexions d'un citoyen américain (M. LÉE, consul américain à Bordeaux) ; essais traduits sur le manuscrit de l'auteur (par Ant. JAY). *Bordeaux, Coudert,* 1814, in-8.

Éteignoir (l'), ou le nouveau sceptre. (En vers, par M. MAIGE.) *Angers, Cornilleau et Maige,* 1844, in-8, 8 p.

Étendard (l'), journal politique et universel. *Rotterdam,* 19 févr.-août 1834.

L'éditeur H.-J.-W. THOMPSON fut en même temps le rédacteur : mais il avait pour collaborateurs : J.-B.-D. WIDMER, Henri VAN HERBERGHEN, A.-J. OFFEREVANS, A. MAY VAN VOLLENHOVEN, J.-J. VAN DEN ABEELE et d'autres. Le but de ce journal était d'encourager l'opposition contre le gouvernement hollandais en faveur du gouvernement belge, qui en fit les frais pendant les premiers mois. Le 6 d'août l'éditeur comparut devant la cour d'assises de La Haye qui le condamna à un emprisonnement de 5 années. Telle fut la fin de cette entreprise passagère. Voir l'art. intéressant de M. Santyn Kluyt, dans le « Nederl. Spectator », 1872, p. 134.   V. D.

Étendue (de l') de la puissance ecclésiastique et de la temporelle... par feu M. LE M*** (LE MERRE) père, avocat au Parlement. *S. l. n. d.,* in-12, 44 p.

Étendue du pouvoir souverain.

Voy. « Etrennes à Napoléon... », col. 307, *b.*

Éther (l'), l'électricité et la matière. Deuxième édition de *Quærc et invenies...* (Par Louis GOUPY.) *Paris, Ledoyen,* 1854, in-8.   D. M.

Éther (l'), ou l'Être suprême élémentaire, poëme philosophique et moral, à priori, en cinq chants. (Par MARTIN DE BUSSY, publié par Jér. DE LALANDE.) *Paris,* 1796, in-8.

Éthocratie, ou le gouvernement fondé sur la morale. (Par le baron D'HOLBACH.) *Amsterdam, M.-M. Rey,* 1776, in-8.

Ethwald, esquisse dramatique en 5 actes et en vers ; par l'auteur de « la Fiancée de Messine » (J.-G.-J. ROENTGEN). *Paris, chez l'auteur,* 1843, in-8.

Étincelles (les), le départ de l'hirondelle, dédié à la Société protectrice des animaux ; par un Girondin. *Paris, Librairie internationale,* 1864, in-8, 7 p.

Par Henri GALLAY, de Bordeaux, d'après M. de Manne.

Par Henri GALLAIS, d'après les « Supercheries », II, 186, *c.*

Étiquette du palais impérial. *Paris, impr. impér.*, germ. an XIII, in-4, 139 p. — *Paris, impr. impér.*, avril 1806, in-4, 159 p. — *Paris, de l'impr. impér.*, 1808, in-18 de 306 p.

La 1ʳᵉ éd. se compose de 10 Titres, la seconde de 12 et la 3ᵉ de 13 Titres. Cette « Étiquette » a été reproduite en 1810 avec modifications dans le volume intitulé : « Organisation de la Maison de l'Empereur et de l'Impératrice ». Le comte Louis-Philippe DE SÉGUR, conseiller d'État et Grand-Maître des Cérémonies de 1809 à 1813, a été le principal rédacteur de cette « Étiquette ».

Etna (l') de Cornélius SÉVÉRUS, et les Sentences de Publius SYRUS, traduites en françois avec des remarques (par Jos. ACCARIAS DE SÉRIONNE). *Paris*, 1736, in-12.

Étoile (l') flamboyante, ou la société des Francs-Maçons considérée sous tous les aspects. (Par Théodore-Henri DE TSCHOUDY, conseiller au parlement de Metz, et BARDOU-DUHAMEL.) *Francfort et Paris, Boudet*, 1766, 2 vol. in-12.

Réimprimé plusieurs fois.

Étonnement de l'Europe, ou examen du différend entre S. M. I. et les Provinces-Unies. (Par J.-B. BRIATTE.) *Francfort*, 1785, in-8.

Étourdie (l'), ou histoire de miss Betsi Tatless, traduite de l'anglois (de mistriss HEYWOOD, par le chevalier DE FLEURIAN). *Paris, Prault*, 1754, 4 vol. in-12. — *Londres, Cazin*, 3 vol. in-24.

Étourdis (les), ou le mort supposé, comédie en trois actes, en vers. Représentée pour la première fois, par les comédiens italiens ordinaires du roi, le vendredi 14 décembre 1787. (Par François-Guillaume-Jean-Stanislas ANDRIEUX.) *Paris, Bailly*, 1788, in-8.

Étourneau (l'), ou les aventures du sansonnet de... poëme héroïque. (Par DENESLE.) 1736, in-12.

Étrangère (l') dans sa famille, ou l'obstacle invincible, par l'auteur d' « Armand et Angelo », du « Fantôme blanc », etc. (Par Mˡˡᵉ Désirée CASTÉRA.) *Paris, Béchet*, 1814, 4 vol. in-12.

Étrangère (l') dans sa famille, par l'auteur de « la Fille du proscrit » (Mˡˡᵉ Stéph. BIGOT). *Lille, Lefort*, 1861, in-12, 232 p.

Étrangers (les) en Suisse, ou aventures de M. de Tarlo et de ses amis, traduites de l'allemand (de Christ.-Heinr. KORN, par Jakob SCHULTES). *Ulm*, 1771, in-8.

Être (l') pensant. (Par J.-Fr. DE BASTIDE.) *Paris, Hochereau*, 1755, 2 parties in-12.

Étrenne au pape, ou les francs-maçons vengés. Réponse à la bulle d'excommunication lancée par le pape Benoît XIV, l'an 1751... avec une copie exacte de ladite bulle, et une traduction françoise. Conférence épistolaire entre un Napolitain et un ministre de l'Église romaine. (Par le baron Théodore-Henri DE TSCHOUDY, qui prenait alors le titre de chevalier DE LUSSY.) *La Haye, Saurel*, 1752, in-8, VIII-94 p.

Voy. « Supercheries », II, 459, *a*, et 992, *b*.

Voici sur les Tschoudy une note d'un de leurs amis et compatriotes : « Il y avait à Metz deux frères du nom de Tschoudy, originaires de la Suisse. L'un d'eux, ancien chevalier de Saint-Louis, fut père de Théodore Henri, baron de Tschoudy, auteur de l' « Étoile flamboyante » et de l' « Écossais de Saint-André » ; l'autre, chevalier d'honneur et grand bailli de la noblesse, eut trois enfants mâles. L'aîné épousa Mˡˡᵉ de Tschoudy, sa cousine, sœur du baron. Les deux autres, qui étaient jumeaux, ont servi, l'un en Suisse, et l'autre dans un régiment français, sous le nom de Colombé, à cause d'une terre. » Voir sur la filiation de cette famille le supplément à la Correspondance de Grimm (1829, p. 380). Le baron Théodore-Henri de Tschoudy mourut en 1769 ; on doit lui attribuer : 1° « le Caméléon littéraire », IV, col. 482, *e* ; 2° « les Danaïdes », IV, 835, *e* ; 3° « l'Étoile flamboyante », ci-dessus, col. 305, *b* ; 4° « la Folle sensée » ; 5° « le Philosophe au Parnasse » ; 6° « le Vatican vengé » ; quant à l'ouvrage « Vénus dans la vallée de Tempé » (*Larisse et Metz*, 1773), s'il est du même auteur, il serait alors posthume.   G. M.

Estreine de Pierrot à Margot. Réimpression avec notice bibliographique, par M. P. L. (Paul LACROIX). *Genève, J. Gay et fils*, 1868, in-18, VIII-32 p.

Réimpression à cent exempl. (plus deux sur vélin), d'une facétie en vers plusieurs fois réimprimée et dont la première édition est de *Paris, P. Menier*, 1614, in-8, 16 ff.

Étrennes à F. M. A. D. V. (à François-Marie Arouet de Voltaire), ode philosophique. (Par G.-Fr. MARION DU MERSAN, père du vaudevilliste.) *Paris*, 1769, in-8, 12 p.

Étrennes à la noblesse, ou précis historique et critique sur l'origine des ci-devant ducs, comtes, barons, etc., excellences, monseigneurs, grandeurs, demiseigneurs et anoblis. (Par Jacq.-Ant. DULAURE.) *Londres ; et Paris, Jean Thomas, l'an troisième de la liberté* (1791), in-8, 230 p.

Réimpression de la « Collection de la liste des ci-devant ducs, marquis... » Voy. tome IV, 631, *d*.

Étrennes à mes compatriotes, par un Laonnais (L.-Et. BEFFROY DE BEAUVOIR, frère du *Cousin Jacques*). *Paris*, 1789, in-8.

Étrennes à MM. les ribotteurs, les suppléments aux Ecosseuses, ou Margot la mal peignée en belle humeur. (Par Jean-Joseph VADÉ.) *Paris, 1749, 1752, in-12.*

Étrennes à M. de La Harpe, à l'occasion de sa brillante rentrée dans le sein de la philosophie. (Par Charles PALISSOT.) *Paris, an X-1802, in-12, 72 p.*

Étrennes à Napoléon le Grand, ou étendue du pouvoir souverain. (Par A.-J. GUYOT.) *Paris, Debray,* 1810, in-8.

Le titre de départ, p. 1, porte : « la Puissance temporelle rentrée enfin dans ses droits sous l'empire de Napoléon le Grand. »

L'auteur a publié une suite, avec son nom, sous ce titre : « Accord du gouvernement français avec l'Evangile... » *Paris, l'auteur,* 1811, in-8.

Étrennes agréables et utiles aux pères de famille sur l'éducation de leurs enfants. (Par LE QUEU.) *Alençon,* 1770, in-8.

Étrennes au clergé de France (ou explication d'un des plus grands mystères de l'Église, par François-René-Jean DE POMMEREUL). *S. l.,* 1786, in-8, 29 p.

Étrennes au plus offrant et dernier enchérisseur. (Par Ferd.-Cam. DUCHEMIN DE LA CHENAYE.) 1767, in-12.

Étrennes au public. (Par CÉRUTTI.) *S. l.,* 1789, in-8, 56 p.

Étrennes aux amateurs de vers et de prose. (Par A.-J.-L. DU COUDRAY.) *Paris,* 1755, in-12.

Étrennes aux âmes pieuses, par un curé de campagne (l'abbé CHARPENTIER, curé de Conflans). *Paris, Egron,* 1822, in-18, 132 p.

Étrennes aux amis du 18, ou almanach pour l'an de grâce 1798. *Paris, de l'imprimerie des Théophilanthropes, à l'enseigne de Polichinel, an VII de la République,* 1799, in-8.

En face du frontispice se trouvait une gravure où l'on voyait un polichinelle en costume de directeur, et posé sur le point le plus élevé d'un quart de cercle figurant une portion du calendrier républicain, avec ces mots en bas : *Mahomet, théophilanthrope.*

Celui qu'on avait raison d'en croire l'auteur fut arrêté, subit un long procès criminel qui se compliqua, parce qu'il fut alors dénoncé comme auteur de l'« Histoire du siège de Lyon », publiée en 2 vol. in-8 quelques semaines avant le 18 fructidor. Il faillit être condamné à mort, parce que les jurés déclarèrent unanimement que les « Etrennes aux amis du 18 » étaient contre-révolutionnaires, et il n'échappa au supplice que parce que sept d'entre eux refusèrent de se dire convaincus qu'il en fût l'auteur. L..... (La Révellière-Lepeaux), dans son dépit, le fit aussitôt livrer

au bureau central de police, qui voulut le faire déporter à Sinnamary comme ecclésiastique. C'était l'abbé A. GU. (Aimé GUILLON, aujourd'hui conservateur de la Bibliothèque Mazarine), qui a dans la suite éprouvé bien d'autres persécutions non moins cruelles et beaucoup plus longues.

(Extrait d'une brochure publiée en 1815 par M. Fauche-Borel, ancien imprimeur-libraire de Hambourg.)

Étrennes aux beaux esprits, épître. (Par CLÉMENT.) *Paris, chez les marchands de nouveautés,* 1783, in-12.

Étrennes aux bibliographes, ou notice abrégée des livres les plus rares, avec leurs prix. (Par l'abbé Charles-Ant.-Jos. LE CLERC DE MONTLINOT.) *Paris, Duchesne,* 1760, in-24.

Étrennes aux chevaliers du lys... par DE M... (Théodore DE MAISON). *Paris, Herhan,* 1815, in-32.

Étrennes aux dames, avec le calendrier de l'année 1763. (Par Jean-Baptiste-Guillaume MUSIER, libraire.) *Paris, Musier fils,* 1763-1764, 2 vol. in-16.

Étrennes aux émigrés, ou les émigrants en route, dialogues, contes et poésies. (PAR JACQUEMART.) *Paris, imprimerie bibliographique de la rue des Ménestriers,* 1793, in-12, 76 p.

Recueil de contes assez libres encadrés dans un dialogue insignifiant. Les contes et les poésies dont il se compose se retrouvent dans l'ouvrage intitulé « Contes et Poésies du citoyen COLLIER, commandant général des croisades du Bas-Rhin ». *Saverne,* 1792, 2 vol. in-16.　D. M.

Il va sans dire que le nom de COLLIER n'est qu'un pseudonyme.

Voy. « Supercheries », I, 763, f.

Étrennes aux esprits forts. (Par DIDEROT.) *Londres,* 1757, in-12.

C'est une nouvelle édition des « Pensées philosophiques » de cet auteur, avec une épître philosophique en vers à un philosophe.

Étrennes aux femmes de goût et d'un sentiment délicat. (Par PEYRAUD DE BEAUSSOL.) *La Haye et Paris, Valleyre,* 1763, in-8, 36 p.

Étrennes aux gens d'Église, ou la chandelle d'Arras, poëme héroïque en dix-huit chants. (Par l'abbé Henri-Jos. DULAURENS.) *Arras, aux dépens du chapitre,* 1774, in-8.

Voy. « Chandelle d'Arras », IV, 558, e.

Étrennes aux habitants de Douai, pour l'année 1809. (Par Pierre-Antoine-Samuel PLOUVAIN.) In-12.

Étrennes aux Parisiens. La tour de Babel. *Paris, Lachaud,* 1871, in-18, 48 p.

Signé : Emile D*** (Emile DELAUNAY).

Étrennes aux rédacteurs du « Courrier de Lyon », à tous les journalistes, lecteurs, clubs, démocrates, démagogues, maniaques, crisiaques, cyniques... — Supplément et suite des Étrennes. (Par J.-M. CHASSAIGNON.) Autun, 1er janvier 1790, in-8.

Étrennes aux sociétés qui font leur amusement de jouer la comédie, ou catalogue raisonné et instructif de toutes les tragédies, comédies, etc., qui peuvent se représenter sur les théâtres particuliers. (Par le marquis Antoine-René DE PAULMY D'ARGENSON.) Bruxelles et Paris, Bradel, libraire à l'Arsenal, cour des Célestins, 1784, in-18, 120 p., avec deux suppléments de 8 p.

Réimprimé dans le second volume des « Mélanges tirés d'une grande bibliothèque », sous le titre de « Manuel des sociétés qui font leur amusement de jouer la comédie ».

Étrennes aux sots. Paris, Capelle, 1802, in-12, 24 p.

Attribué à Charles-Hubert MILLEVOYE, mais ne se trouve pas dans ses « Œuvres ».

Étrennes aux trois Andrés (Mignot, Potel et Blonde d'Auxerre), ou apologie du Précis historique sur l'année séculaire de la délivrance de la ville d'Auxerre, contre les observations d'un anonyme, insérées dans le journal de Verdun, octobre 1769-1770, in-12, 48 p.

L'auteur est E.-J.-P. HOUSSET, médecin des hôpitaux d'Auxerre, qui a publié plusieurs autres ouvrages sur le Précis historique en question. Il termine ainsi son épître dédicatoire aux trois Andrés : « J'ai l'honneur d'être, avec la soumission si convenable à un bon disciple Q. S. F. G. D. V. P. (qui se fait gloire de vous plaire), messieurs et chers maîtres, votre très-humble », etc. Sur mon exemplaire on a donné ainsi par apostille l'explication de ces lettres initiales : « Qui se flatte grandement de vous persuader. »

Étrennes aux uns et aux autres, par quelqu'un qui a fait connaissance avec eux. Année 1789. (Par Jos.-Fr.-Nic. DUSAULCHOY DE BERGEMONT.) Paris, chez un imprimeur, in-12.

Étrennes badines, ou le poëte de cour ; relation comiquement fidèle, par le chevalier DE MENT....., ci-devant capitaine d'infanterie. (Par DE MONTICOURT, alors lieutenant de robe-courte de la prévôté de l'Hôtel, et AFFORTI, l'un des secrétaires de la Chancellerie.) Vers 1739, in-8.

Voy. « Supercheries », II, 1116, c.

Étrennes binchoises pour l'an 1829, par C.-E. DE B*** (Eugène DE BISEAU, de Hauteville). Binche, imp. d'Hip. Fontaine, in-18, 60 p. et 2 tableaux.   J. D.

Étrennes curieuses et amusantes, souvenirs offerts par l'année 1828 à l'année 1829. (Par PLINGIER-VARLET.) Paris, 1828, in-18, 120 p.

Étrennes d'économie rurale et domestique... (Par L.-Fr. DUBOIS.) Paris, Raynal, 1821, in-24.

Reproduit en 1826 avec additions faites au moyen de cartons.

Étrennes d'un médecin à sa patrie, dédiées à MM. de Sénac et de Voltaire. (Par P.-J. DUMONCHAUX.) Berlin, C.-F. Voss, 1761, in-18, 9 ff. lim., xv-62 p. et 1 f. de table.

Étrennes d'un père à ses enfants. (Par And.-Guill. CONTANT D'ORVILLE.) Paris, Grangé, 1770 et 1773, 3 parties in-12.

Étrennes d'un père à ses enfants. (Par le vicomte Ch.-Gilbert DE MOREL VINDÉ.) Paris, 1790, in-18.

Voy. « Supercheries », III, 67, e.

Étrennes de Cadmus, manière facile et amusante d'apprendre à lire sans épeler. (Par Mme MÉRIGOT.) Paris, l'an X-1801, in-12.   V. T.

Étrennes de Clio et de Mnémosine. (Par Henri-Simon-Thibault POULLIN DE FLEINS.) Paris, 1774, in-12.

Étrennes de Clio et de Mnémosine. (Par Mme POULLIN DE FLEINS, fille de PHILIPPE DE PRÉTOT.) Paris, 1785, in-12.   V. T.

Étrennes (les) de Félicité (Mme Bayard). (Par BAYARD DE PLAINVILLE, député de la Somme au conseil des Cinq-Cents.) Cythère (Paris), 1792, in-12.

« Je tiens de l'auteur lui-même que ce petit volume « n'a été tiré qu'à un très-petit nombre d'exemplaires, « et seulement pour sa famille. Il n'a malheureuse- « ment guère d'autre mérite ». (Nodier, cat. Crozet, no 580.)

Étrennes de J. J. R. A. F. M. A. D. V. (de Jean-Jacques Rousseau à François-Marie Arouet de Voltaire). (Par Guillaume-François MARION DU MERSAN.) S. l. n. d., in-8, 12 p.

En vers.

Il existe une autre édition augmentée d'un opuscule qui a pour titre : « Étrennes D. M. D. M. A. M. D. M. (de M. du Mersan à Mme du Mersan). Selon une variante : « A M. le duc de Montmorency ».

Étrennes (les) de l'amour. (Par J.-Fr. GUICHARD.) Paris, Grangé, 1750.

Note de l'inspecteur de la librairie d'Hémery.

Étrennes de l'Helvétie romande, pour l'an 1849. (Par J.-D. BLAVIGNAC.) Gex, 1848, in-18.

Étrennes de l'Institut national, ou revue

littéraire de l'an VII (et de l'an VIII). *Paris, Moller*, ans VIII et IX, 2 vol. in-12.

Attribuées à Ch.-Jos. COLNET. La dédicace de l'an VIII est signée : Jacques l'inconnu.

Étrennes de l'Orateur du genre humain (Anacharsis CLOOTZ) aux cosmopolites. *Le premier nouvel an de la République, au chef-lieu du globe (Paris)*, 1793, in-8, 66 p.

Étrennes de la cour. *Lyon, G. Barbier*, 1659, in-4.

Signé : C. F. M. (Claude-François MÉNESTRIER).

Étrennes de la jeunesse. Recueil d'historiettes morales, en vers et en prose, pour l'éducation. (Par Ant.-L. GUÉNARD DEMONVILLE.) *Paris, Demonville* (1809), in-18.

Étrennes de la liberté, ou le triomphe de l'égalité, divertissement en un acte et en vaudevilles, adressé aux Liégeois pour le 1er janvier 1793. (Par Hyacinthe CHRISTOPHE.) *Liége, veuve Bolten*, 1793, in-8.
Ul. C.

Étrennes de la noblesse. (Publiées par AUBERT DE LA CHESNAYE-DES-BOIS). *Paris*, 1770 à 1780, 9 vol. pet. in-12.

« Suite du Calendrier des princes et de la noblesse... » Voy. IV, 477, a.

On y réunit : « Etat de la noblesse », 1781, publ. par le même. Voy. ci-dessus, 294, f.

Étrennes (les) de la Saint-Jean. (Par le comte de MAUREPAS, le président de MONTESQUIEU, le comte de CAYLUS, MONCRIF, CRÉBILLON fils, SALLÉ, LA CHAUSSÉE, DUCLOS, D'ARMENONVILLE, et l'abbé DE VOISENON.) *Troyes, veuve Oudot*, 1742, 1750, 1757, in-12.

Voyez les « Lettres de L. B. Lauraguais à Mme *** », *Paris, Buisson*, 1802, in-8, p. 242.

La troisième édition, « revue, corrigée et augmentée par les auteurs de plusieurs morceaux d'esprit qui n'ont point encore paru », fut publiée en 1751.

Réimprimé dans les « Œuvres » du comte de Caylus.

Étrennes (les) de la Saint-Martin, ou la guerre de Sceaux, poëme fou. (Attribué en partie au comte DE MAUREPAS.) *Amsterdam (Paris)*, 1738, in-12, 29 p.

Réimprimé dans les « Amusemens du cœur et de l'esprit » pour l'année 1748, t. I, p. 95.

Étrennes de la vertu, contenant les actions de bienfaisance, de courage, d'humanité, qui se sont passées en 1781. (Recueillies et publiées par Robert ESTIENNE, libraire.) *Paris, Savoye*, 1782-1793, 12 v. in-18.

Étrennes de la vertu, ou choix de traits d'histoire, contes... par Ch... D... P... S. (J.-B. CHEMIN-DUPONTÈS). *Paris, Demoraine*, 1805-1812, 8 vol. in-18.

Étrennes de Mercure, ou le bonnet magique, opéra-comique en trois actes et en vaudeville... (Par Auguste DE PIIS et P. Yon BARRÉ.) *Paris, Vente*, 1781, in-8, 55 p.

Étrennes de Mnémosyne, ou recueil d'épigrammes et de contes en vers. (Par Mme POULLIN DE FLEINS.) *Paris, Knapen et fils*, 1788-1789, 2 vol. in-12.

Étrennes (les) de mon cousin, ou l'almanach pour rire, année 1787 (et année 1789), par M. C. D. (CARRIÈRE DOISIN). *Falaise et Paris, Desenne*, 1787-1789, 2 v. in-12.

Voy. « Supercheries », I, 670, d.

Étrennes de Salomon, contenant autant de sentences qu'il y a de jours dans l'année, en distiques françois. (Par le père Jean-Philippe VALETTE, doctrinaire.) *Paris, Lottin*, 1741, in-24.

Étrennes (les) de santé, ou l'art de se bien porter, par M. DE C. (L.-Alex. DE CEZAN). *Paris, Cailleau*, 1775, in-24, 93 p.

Étrennes des auteurs...

Voy. « Partie (la) de campagne... »

Étrennes des esprits forts. (Par DIDEROT.) *Londres*, 1757, pet. in-16.

Avec un second titre intitulé : « Pensées philosophiques ». (Voy. ci-après ces mots.)

Étrennes (les) des filles de Paris. In goth. de 4 ff.

Poésie « digne des mirlitons de la foire », dit M. DE Montaiglon, t. IV de son « Recueil de poésies françaises », et terminée par ces mots : *Riand jhe vu*, sont l'anagramme de Jehan DIVRY. Sans l'h on voit plus aisément le sens : Je vis en riant.

Voy. « Supercheries », III, 410, b.

Étrennes dramatiques, à l'usage de ceux qui fréquentent les spectacles, par un amateur (Fabien PILLET, de Lyon). *Paris, Garnier*, 1798, in-18, 160 p.

Même ouvrage que celui intitulé : Vérités à l'ordre du jour.

Étrennes (les) du cœur, ou l'hommage des amis du château de Livry... (Par MÉNARD DE SAINT-JUST.) *Paris, impr. de F.-A. Didot*, in-12.

Tiré à 12 exempl.

Étrennes du goût où l'on trouve ce que les sciences, les arts et l'industrie fournissent de plus rare. (Par L.-A. DE CÉZAN.) *Londres (Paris)*, 1775, in-12.

Étrennes du Parnasse. (Par J.-Fr. DREUX DU RADIER.) 1739, in-12.

Étrennes du Parnasse, contenant la vie des poëtes grecs et latins, des réflexions sur la poésie, et un choix de poésies...

J.-B. MILLIET, attaché à la bibliothèque du roi, mort le 15 juillet 1774.) *Paris, Fétil*, 1770-1774, 11 vol. in-12.

Cette collection a été continuée après la mort du premier rédacteur.

Étrennes du sens commun pour l'année MDCCL, dédiées à M. de Guebriant, par M. D. V*** (DE VAULABRÉE). *Londres (Francfort)*, 1750, in-8.

Estreines (les) et apophorettes, ou les presens de MARTIAL, qui composent les deux derniers livres des epigrammes de ce poëte. Traduites en vers, par M. D. M. A. D. V. (Michel DE MAROLLES, abbé de Villeloin). *Paris*, 1667, in-8, 120 p.

Voy. « Catalectes, ou pièces choisies des anciens poëtes latins... », IV, 507, *d*.

Étrennes et avis charitables à MM. les inquisiteurs, en vers. (Par dom Gabr. GERBERON.) 1700, in-12.

Étrennes et vacances, ou morceaux d'histoire, de morale et de biographie. (Par P.-M. HERLUISON.) *Orléans, E.-P. Herluison*, 1840, in-12.

Étrennes financières, ou recueil des matières les plus importantes en finance, banque, commerce,... 1789. Première année... Avec le portrait de M. Necker... (Par Mar.-Jos.-Désiré MARTIN.) *Paris*, in-8, XLVIII-244 p.

Étrennes fourrées dédiées aux jeunes frilleuses, ou les pelisses sympathiques. (Par Antoine-Fabio STICOTTI.) *Genève et Paris, Merlin*, 1770, in-12. V. T.

Étrennes gentilles, suivies de l'oracle du jour. (Par A.-C. CAILLEAU.) *Paris*, 1754, in-12.

Étrennes jansénistes, ou journal des principaux faits de l'histoire du prétendu jansénisme, depuis son origine, et des miracles opérés par l'intercession du B. H. Pâris, en forme d'almanach, pour l'année 1733. (Par les frères QUESNEL.) *S. l.*, 1733, in-24, 8 ff. lim. et 149 p.

Étrennes jésuitiques ou les jésuites démasqués, ou annales historiques de la société. (Par ROUSSEL, avocat à Épinal.) *Cologne (Épinal)*, 1760, in-8, 108 p.

Réimprimé d'une manière incomplète. *Nancy*, 1845, in-8, 45 p. La première édition est intitulée : « les Jésuites démasqués... » Voy. ces mots.

Étrennes libérales pour l'année 1822. *Paris, Raynal*, 1821, in-18.

L'avertissement est signé : L. D. B. (L.-Fr. DUBOIS).

Étrennes littéraires, ou almanach offert aux amis de l'humanité. (Par Thomas RIBOUD.) *S. l. (Lyon)*, 1785, in-8.

Étrennes logogryphes du théâtre et du Parnasse, avec la clef pour en faciliter l'intelligence. (Par Charles-François PANNARD.) *A Sipra (Paris)*, 1741, in-12, XXVIII p.

Ces étrennes ont été publiées pendant plusieurs années. Le « Bulletin du bibliophile », XIVe série, p. 1145, en cite une éd. de *Paris, Prault*, 1734, in-24, 48 p. ; Quérard, « France littéraire », une autre de 1744.

Étrennes lyriques. *Paris, Ganet*, in-18.

Ch. MALO a été l'éditeur des années XXXI à XXXVIII (1812-1818).

Étrennes maçonniques. Première année. Par le F. J. R*** (Jules ROZE, architecte), chev.˙., R.˙. +. *Paris, Silvestre*, 1827, in-18, 144 p.

Étrennes mortainaises. 1re-6e années. 1854-1859. *Mortain, Lebel*, 6 vol. in-16.

M. Hippolyte-Louis-Jean-Baptiste SAUVAGE en est le principal auteur.

Étrennes nanceyennes pour l'année bissextile 1792, accommodées à la croque-au-sel pour l'appétit de ceux qui lisent tout, ou recueil de pièces patriotiques et fugitives. (Par GENTILLIATRE.) *A Libertat, de l'imprimerie nationale de la Vérité*, 1792, in-12.

Estrennes, Nihil, Nemo, quelque chose, tout, le moyen, si peu que rien, on, il. (Par J. PASSERAT et Phil. GIRARD.) *Caen et Paris, veuve Lebas*, 1596, in-8. — *Paris, Est. Prevosteau*, 1597, in-8.

Étrennes orléanaises pour l'an XII. (Rédigées par HUET-PERDOUX, imprimeur-libraire.) *Orléans, Huet-Perdoux*, 1804, in-18. D. M.

Étrennes patriotiques aux citoyens, sur les dangers du moment. *Paris, Guillot*, 1791, in-12.

Par M. COSTE, suivant une note manuscrite sur l'exemplaire de la Bibliothèque nationale.

Étrennes pieuses, instructives, historiques pour l'année 1801, par le cit. P. DE LA G. (Guillaume PONCET DE LA GRAVE). *Paris*, an IX-1801, in-18, 56 p.

Étrennes poétiques aux fidèles. (Par Charles FROMENT.) *Gand, principaux libraires*, 1834, in-16, 119 p. J. D.

Étrennes poétiques de 1867 (à 1872), ou épisodes de la paroisse Saint-Vincens... par G. D... (G. DADON). 12e (à 17e) année. *Bordeaux, Coderc, Degreteau et Poujol*, in-8.

Étrennes pour les enfants, à l'usage des grandes personnes qui voudront bien s'en amuser (ou douze fables en vers, par P. Ganeau). *Paris, Ganeau*, 1758, in-12.

Étrennes pour les fidèles dévoués à Jésus, à Marie et aux saints, par l'auteur des « Dialogues chrétiens » (l'abbé Jean-Baptiste Lasausse). *Paris, veuve Nyon*, 1803, in-18 et in-32. ·

Estrennes présentées aux gouverneur et magistrats de la ville de Lion, l'an 1665, en devises et en madrigaux. (Par le P. Claude-François Ménestrier.)

Étrennes religieuses. *Lyon.* ·

L'abbé Fr.-Marie Bigex est auteur des premières Etrennes religieuses qui ont commencé à paraître en 1788, et dont la publication a été continuée chaque année jusqu'en 1825, avec plus ou moins de régularité par l'abbé Bétend, de Lyon. (Quérard, « France littér. », I, p. 329.)

Suivant une note manuscrite de Beuchot, la 10e année a paru en 1810 et a été saisie.

Étrennes religieuses pour 1850 et 1851. *Genève et Paris, Cherbuliez*, in-12.

Les auteurs de ces Etrennes sont MM. Bungener, Cellerier père et fils, Chapuis, Chenevière, Duby, Gaberel, E. Naville, Pallard, Rœhrich.

Étrennes (les) royales, trophées historiques et poétiques, offrant en couplets, romances, élégies et tableaux, la vie de Sa Majesté Charles X, par les ermites du jour de l'an (P. Cuisin). *Paris, Dabo jeune*, 1824, in-18, fig.

Voy. « Supercheries », I, 1248, b.

Étrennes salutaires aux riches voluptueux et aux dévots trop économes, ou lettre d'un théologien infortuné à une dévote de ses amies. (Par L. Travenol.) *Amsterdam et Paris, Dufour*, 1766, in-8.

Étrennes sans pareilles de Falaise, etc., pour l'année 1832, par B*** l'aîné (Brée, imprimeur). *Falaise, chez les principaux libraires*, 1832, in-32.   D. M.

Étrennes spirituelles, tirées des monuments de l'Eglise et adressées au clergé et au peuple catholiques de France. (Par l'abbé Buée.) *Paris, Crapart*, janvier 1792, in-8, 44 p.

Étrennes universitaires pour l'année 1829. (Par l'imprimeur A. Morel, qui n'est nullement parent de A. Morel, Français réfugié à Liége, auteur de l' « Annuaire de l'université de Liége, » pour 1859.) *Liége, Morel*, 1829, in-18, xxviii-93 p.   J. D.

Étrennes voluptueuses dédiées aux Grâces, par Mme la M. D. P. (Fr.-Ant. Chevrier), contenant la jouissance des cinq sens et plusieurs autres pièces. *Londres*

a (*La Haye*), 1761, in-8. — Autre édition. *Londres*, 1798, in-8.

Nº 53 de la notice de M. Gillet sur Chevrier.

Estrille (l') du Pégase janséniste aux rimailleurs du Port-Royal. *S. l.*, in-8.

Moréri attribue cette pièce au P. Pierre Le Moine; cependant l'auteur dit dans la préface : « et sans être jésuite, je suis assez catholique ».

De Backer, 2e édit., in-fol., t. II, col. 1398, nº 43.

b Etteilla, ou manière de se récréer avec un jeu de cartes. (Par Alliette.) *Paris, Lesclapart*, 1770, in-12.

Étude biographique et littéraire sur Monseigneur de Belzunce, évêque de Marseille, par F. T. (F. Tamisier). *Marseille, veuve Camoin* (1853), in-8, 24 p.

Étude biographique. Guillotin (Joseph-Ignace). *Paris, imp. Panckoucke* (1851), in-8, 23 p.

c Extrait du « Moniteur universel » des 25 février et 10 mars 1851.

Signé : R.-P. (Joseph-Henri Réveillé-Parise).

Étude critique et bibliographique des œuvres d'Alfred de Musset, pouvant servir d'appendice à l'édition dite de souscription. (Par le vicomte De Spoelberg.) *Paris, Pincebourde*, 1867, gr. in-8, vi-20 p.

d Étude critique sur le dernier tableau de M. Gallait, salon de 1851. (Par Louis Hymans.) *Bruxelles, Lesigne*, 1851, in-8, 45 p.   J. D.

Étude d'économie politique. (Par Xavier Bougard.) *Liége, Noël*, 1853, in-8, 16 p.   Ul. C.

Étude (l') de la nature, épître à Mme .., pièce qui a concouru pour le prix de l'Académie française en 1771, par M***. *Paris, veuve Regnard-Demonville*, 1771, in-8, 30 p.

e Attribuée par les « Supercheries », III, 1061, a, à Antoine-René Mauduit ou à Ph.-Fr.-Nazaire Fabre d'Eglantine.

Cette dernière attribution avait déjà été donnée par Barbier avec la mention : Douteux. Elle est probablement le résultat d'une confusion avec la pièce suivante : « Etude de la nature, poëme à M. de Buffon, par M. Fabre d'Eglantine. » *Londres*, 1783, in-8, 1 f. de tit. et 14 p.

f Nous n'avons pu malheureusement voir la pièce anonyme pour la comparer avec celle qui porte le nom de Fabre d'Eglantine.

Étude de législation pénale comparée. (Par Raux.) *Bruxelles, Méline*, 1851, in-8.   D. M.

Étude (l') des belles-lettres, divisée en deux parties. (Publié par Louis Leblanc.) *Paris, F. Barrois*, 1712, petit in-12.

Étude (de l') des hiéroglyphes. (Par le comte PAHLIN.) *Paris, Delaunay*, 1812, 5 vol. in-12.

Étude (de l') des langues en général et de la langue latine en particulier. Essai servant de préface à un extrait de Pline destiné aux commençans, par M. M*** (MATHIAS), principal du collége de Langres. *Langres, P. Defay*, 1777, in-8, 80 p.

Étude du cœur humain, suivi des cinq premières semaines d'un journal écrit sur les Pyrénées. (Par madame DE GENLIS.) *Paris, Maradan*, 1805, in-12.

Étude épigraphique sur le monument érigé à Bruxelles en 1848 à la mémoire de Godefroid de Bouillon. *Bruxelles, Victor Devaux*, 1866, in-8, 34 p.

Extrait de la « Revue générale de Belgique ». Signé : H. (le baron HODY, procureur du roi à Bruxelles).   J. D.

Étude poétique sur les libres penseurs. (Par le comte DE CHADONNET.) *Besançon, imp. Jacquin*, 1864, in-8, 31 p.

Étude raisonnée du magnétisme animal et preuves de l'intervention des puissances infernales. Par M*** (Louis-Philibert MA-CUET, de la Marne), un des rédacteurs de l'« Éclair ». *Paris, Hivert*, 1828, in-8.

Étude sur la prophétie de Blois par un théologien (l'abbé LOUVEL, chanoine de Sées). *Caen, Chenel*, 1871, in-12, 46 p.

Étude sur la réforme administrative. (Par Éd. DUCPÉTIAUX.) *Bruxelles, Decq*, 1859, in-18, 55 p.   J. D.

Étude sur Lambert Lombard, peintre liégeois, 1506-1566. *Liége, impr. de J.-G. Carmanne*, 1858, in-8, 25 p.

Signé : F. C. (Félix CAPITAINE).

Étude sur le président Bourcier. (Par M. Ch.-Aug. SALMON.) *Toul, veuve Bastien*, 1848, in-8, 46 p.

Étude sur le président Le Febvre. (Par M. Ch.-Aug. SALMON.) *Toul, veuve Bastien*, 1842, in-8, 43 p.

Étude sur le renouvellement partiel de l'Assemblée nationale et sur la constitution d'un Sénat, par le vicomte R. de S. (René DE SEMALLÉ). *Versailles, Aubert*, 1872, in-8, 12 p.

Étude sur le XVIᵉ siècle. « Estienne Do-let... par M. Jos. Boulmier. » *Orléans, impr. E. Puget*, 1857, in-8, 15 p.

Cette étude critique sur l'ouvrage de M. Boulmier, due à M. B. AUDÉ, alors professeur de logique au lycée impérial d'Orléans, était destinée à un journal ;

elle n'a pas paru ; il n'en a été tiré que 3 ou 4 exemplaires. (Herluison.)

Étude sur les drames consacrés à Jeanne Darc par Schiller, L. d'Avrigny, A. Sou-met, et spécialement sur « la Mission de Jeanne Darc », drame par Porchat, de Lausanne. (Par Louis GUILLARD.) *Lyon*, 1844, in-8.

Étude sur les maîtres liégeois dans les musées de l'Allemagne, par J. H. (Jules HELBIG). *Liége, Desoer*, 1854, in-8, 16 p.

Étude sur M. J.-J. Marquis... premier préfet de la Meurthe. (Par M. Charles-Auguste SALMON.) *St-Mihiel, imp. de Casner*, 1847, in-12, 24 p.

Études bibliographiques sur les périodiques publiées à Dijon depuis leur origine jusqu'au 31 décembre 1860. (Par Phil. MILSAND.) *Dijon, veuve Decailly*, 1861, in-8, 88 p.

Études biographiques. Par un indépendant (Louis LOUVET). M. Michelet. *Paris, imp. de Duverger*, 1847, in-16, 62 p. et 1 portrait.

Études chronologiques pour l'histoire de N.-S. Jésus-Christ, et Restitution du Calendrier hébraïque pour le siècle qui précéda la ruine du second temple. (Par le P. MÉMAIN.) *Paris, Putois-Cretté*, 1869, in-8.

Études convenables aux demoiselles. (Par André-Joseph PANCKOUCKE.) *Paris, veuve Bordelet*, 1749, 1755, 2 vol. in-12.

Souvent réimprimé.

Études d'un jeune philosophe chrétien, ou Morceaux extraits des plus célèbres défenseurs de la religion, suivie d'une réfutation abrégée du livre des « Ruines » de Volney, par M. D. N. (l'abbé MARTIN DE NOIRLIEU), aumônier de l'Ecole royale polytechnique. *Paris, Méquignon junior*, 1823, in-8.

Voy. « Supercheries », I, 965, f.

Études de géographie appliquée.

Voy. « Nouveau Projet de paix perpétuelle ».

Études de l'enfance, ou Etude conjointe de la lecture et du latin. (Par l'abbé Antide MANGIN.) *Paris*, 1817, in-16.

Études de l'homme physique et moral, considéré dans ses différens âges. (Par J.-A. PERREAU.) *Paris, Dufart*, an VI-1798, in-8.

Études de littérature. (Par l'abbé QUI-BEL.) *Besançon, Charles Deis*, 1836, in-12.   D. M.

Études de philologie et de critique par le comte Serge OUVAROFF. (Publ. par les soins de M. Jacques TOLSTOY.) *Paris, Didot frères*, 1843, gr. in-8.

Études de poésie latine appliquées à Racine; par C. F. Q. A. G. (C.-F. QUEQUET, avocat général). *Paris, imp. royale*, 1823, in-8, 55 p.

Études et recherches...

Voy. « Nunc est bibendum ».

Études et souvenirs. (Par Hyacinthe VINSON.) *Bordeaux*, 1846, in-12, 162 p.

Tiré à 72 exemplaires.

Études historiques sur l'ancien pays de Foix, par A. G. (Adolphe GARIGOU). No 1. Notice sur la chapelle de Subar, près de Tarascon. *Toulouse, A. Hénault*, 1843, in-8.

C'est tout ce qui a paru de cette édition. Une autre édition, *Toulouse, A. Hénault*, 1846-1851, 2 vol. in-8, porte le nom de l'auteur.

Études historiques sur la déposition des princes de l'Église au moyen âge, par un prêtre du diocèse de Malines (A. DELVIGNE, professeur au petit séminaire). *Bruxelles et Louvain, Fonteyn*, 1854, in-8, 2-26 p.

                     J. D.

Études historiques sur le Mexique au point de vue politique et social, d'après des documents originaux mexicains; par F. L*** (Félix LAVALLÉE), ancien consul. *Paris, imp. de Chaix*, 1859, in-8, 99 p.

Études législatives, par M. J. N. (J. NAVARRO). *Paris, A. Bertrand*, 1836, in-8, 3 ff. lim. et 327 p.

« La Littérature française contemporaine » dit, par erreur :

Publié sous les initiales G. N.

On trouve dans le même recueil la note suivante :

On croit que LOUIS-PHILIPPE a pris part à la rédaction de ce livre.

Études morales et littéraires. (Par Auguste VIALE, président du tribunal de Montmorillon, né à Bastia le 3 juillet 1818.) *Paris, E. Dentu*, 1860, gr. in-18, 371 p.

Études morales et religieuses. (Par Mme la comtesse DE LA GRANVILLE, née DE BEAUFORT.) *Paris, Debécourt et Dentu*, 1836, in-8.   D. M.

Études politiques et historiques; par l'auteur de la « Revue politique de l'Europe en 1825 » (Pierre-François-Xavier BOURGUIGNON D'HERBIGNY). *Paris, Ambr. Dupont*, 1836, in-8, 396 p.

Études. Premier cahier; contenant l'appel au public même du jugement du public sur J.-J. Rousseau, ou la discussion analytique de la première partie du Discours de cet écrivain sur l'origine de l'inégalité parmi les hommes; avec diverses dissertations sur des sujets importants qui se lient au sujet primordial. (Par Clément-Alexandre DE BRIE-SERRANT.) *Paris, Guerbart, impr.*, an XI, in-8, 32 p.

Études sur l'art de la guerre par un officier général russe. *Paris, Dumaine*, 1852, in-32.

Les « Supercheries », tom. II, 1295, c, indiquent le général BURNOD. Ce doit être une erreur. M. Poltoratzky nomme le général JOMINI. Voy. « Bulletin du Bibliophile belge », t. XX, p. 77.

Études sur l'art théâtral, suivies d'anecdotes inédites sur Talma et de la correspondance de Ducis avec cet artiste, depuis 1792 jusqu'en 1815, par Mme veuve TALMA, née Vanhove, maintenant comtesse de Chalot. (Précédées d'une notice sur l'auteur et revues par G.-T. VILLENAVE.) *Paris, H. Féret*, 1836, in-8.   D. M.

Études sur l'éducation. (Par François-Jean-Philibert AUBERT DE VITRY.) *Paris, de l'imprimerie des Amis de l'ordre*, 1792, in-8, 22 p.

Études sur l'Église de Lyon, par un membre de son clergé (l'abbé CROZET). *Lyon, Girard et Josserand*, 1860, in-8, 2 ff. de titre et 100 p.

Voy. « Supercheries », II, 1112, b.

Études sur La Fontaine, ou notes et excursions littéraires sur ses fables (par P.-L. SOLVET), précédées de son éloge inédit, par feu M. GAILLARD... *Paris, Grabit*, 1812, in-8.

Études sur la marine. (Par François-Ferdinand-Philippe-Louis-Marie D'ORLÉANS, prince DE JOINVILLE.) *Paris, Lévy frères*, 1859, in-8, 385 p. et 1 f. de table.

Réunion d'articles publiés dans la « Revue des Deux-Mondes » des 1er août 1852, 1er juin 1857 et 15 février 1859, sous la signature V. DE MANS et sous les titres : L'Escadre de la Méditerranée. — La Question chinoise. — La marine à vapeur dans les guerres continentales.

Le premier avait déjà paru à la suite d'un autre article du même auteur sous ce titre : « Essais sur la marine française ». Voy. ci-dessus, col. 279, f.

Tous ces articles, réunis à d'autres publiés depuis dans la même Revue, ont été réimprimés avec le nom de l'auteur sous le titre : « Études sur la marine et récits de guerre, par M. le prince de Joinville ». *Paris, M. Lévy*, 1870, 2 vol. in-18.

Études sur la question de l'abolition du servage en Russie; par un contemporain (Th. THORNER). *Paris, Office du Nord*, 1859, in-8, 360 p.   A. L.

Études sur la Révolution française. Lettres adressées à un électeur... (Par N.-J. COLBERT, marquis de CHABANAIS.) *Paris, imp. de Béthune*, 1845, in-8.

Études sur la théorie de l'avenir, ou Considérations sur les merveilles et les mystères de la nature, relativement aux futures destinées de l'homme. (Par l'abbé François-Claude TURLOT, de la bibliothèque du roi, anciennement précepteur de l'abbé de Bourbon, et vicaire général de Nancy.) *Paris, Maradan*, 1810, 2 vol. in-8.

Études sur le nouveau dogme de l'Immaculée Conception. L'Immaculée Conception devant l'Écriture sainte et la tradition des Pères... (Par M. Ad. STAPPAERTS.) *Paris, Chamerot*, 1857, in-12.

C'est une seconde édit. augm. d'un travail publié d'abord dans les « Essais sur la réforme catholique, par BORDAS-DEMOULIN et F. HUET. » *Paris, Chamerot*, 1856, 12 p.

Études sur le socialisme. Réponse à M. le professeur Thonissen, par un Socialiste phalanstérien (Auguste-Hubert DE FORMANOIR). *Louvain, L. Jorand-Dusart*, 1850, in-12, 15 p.   J. D.

Études sur le texte d'Isaïe, ou le livre du prophète Isaïe expliqué à l'aide des notions acquises sur les usages, les croyances, les mœurs... des peuples anciens. Par M. J. B. M. N*** (J.-B.-M. NOLHAC). *Lyon, Périsse*, 1830-1833, 3 vol. in-8.

Études sur le texte des Psaumes, ou le Livre des psaumes expliqué à l'aide des connaissances acquises sur les usages, les croyances... des peuples anciens; par M. J. B. M. N... (J.-B.-M. NOLHAC). *Lyon, Périsse*, 1836-37, 4 vol. in-8.

Études sur les eaux minérales de Vals. *Privas, typ. Rome fils*, 1865, in-8, 44 p. et 2 ff.

Par le Dr CHABANNES, médecin inspecteur.
Réimprimé en 1867 et 1870, avec le nom de l'auteur.

Études sur les idées et sur leur union au sein du catholicisme; par L. V. D. F. (la comtesse DE LUDRE). *Paris, Debécourt*, 1842, 2 vol. in-8.

Études sur les relations commerciales entre la France et la Belgique. (Par M. HOURY.) *Paris, Heideloff*, 1844, in-8, 202 p.

Études (des) théologiques, ou Recherches sur les abus qui s'opposent au progrès de la théologie dans les écoles publi-

ques et sur les moyens possibles de les réformer en France, par un docteur manceau (l'abbé Thomas-Jean PICHON). *Avignon et Paris, Vente*, 1767, in-12.

Étudiants (les) à Paris, scènes contemporaines, par E. M. R. (Jean-Baptiste-Émile RENOUARD). *Paris, Schwartz et Gagnot*, 1835, in-8.

Étudiants (les) et les femmes du quartier latin en 1860, par un étudiant (Léon GRENIER). *Paris, Marpon*, 1860, in-18.

Étymologicon françois de l'Hétropolitain (Jean LE BON). *Paris*, 1571, in-12.

Voy. « Supercheries », II, 282, e.

Étymologies du nom des villes et des villages... de la Moselle. (Par Auguste TERQUEM.) *Metz, Lorette*, 1860, in-8.

Eucologe à l'usage de l'Église catholique française. *Paris, chez l'auteur*, 1831, in-18, 76 p. — *Paris, Delaunay*, 1832, in-18, 480 p.

Rédigé par Ant.-Jean-Er. BLANCHELAINE DE SAINTE-ESTÈVE, né vers 1784, mort à Nantes le 4 oct. 1834.

Eudolie, ou la jeune malade. Par madame *** (TARBÉ DES SABLONS), auteur de « Sidonie ». *Paris, Maradan*, 1822, 2 vol. in-12. — *Louvain, Vanlinthout et Vandenzande*, 1823, in-18. — 3e éd. *Paris, Lecointe et Pougin*, 1833, 2 vol. in-12. — 4e éd. *Paris, Gaume frères*, 1838, 2 vol. in-18.

Eudoxe; tragédie en 5 actes. (Par le marquis DE LA SALLE.) *Paris, S. Jorry*, 1765, in-12.

Eudoxie, ou l'amie généreuse, par Henri V....N (Henri VILLEMAIN), auteur du roman d' « Ordre et désordre, ou les deux amis ». *Paris, Janet et Cotelle*, 1813, 2 vol. in-12.

Voy. « Supercheries », III, 889, b, et 968, d.

Eugène de Montferrier, ou les mœurs du XIXe siècle. Par J. B. J.... (J.-B. JOUDOU), auteur du « Voyage dans les Hautes-Pyrénées ». *Paris, Chanson*, 1821, 3 vol. in-12.

Eugène de Rothelin. (Par madame DE FLAHAUT.) *Paris, Nicolle*, 1808, 2 vol. in-12.

Réimprimé dans les « Œuvres » de l'auteur.

Eugénie de Monclare, ou histoire de la mère et de la fille. Par C. M...... (MOYLIN-FLEURY), l'un des rédacteurs de la « Bibliothèque des romans ». *Paris, La Villette et Ce*, an IX-1801, 3 vol. in-12, fig.

Eugénie de Nermon. (Roman par A.-M.-T. MÉTRAL.) *Paris*, 1810, 2 vol. in-18.

Eugénie et Mathilde, ou mémoires de la famille du comte de Revel; par l'auteur d' « Adèle de Sénange » (Mme DE SOUZA). *Paris, Schœll*, 1811, 3 vol. in-12.

Mme de Blesensky a publié une suite à ce roman, sous le titre de : « Ladislas... » Voy. ce mot.

Eugénie et Rosalbe, ou les suites de l'inconséquence. (Par madame JOANNET.) *Paris*, an X-1802, 2 vol. in-12. V. T.

Eugénie, ou la Sainte par amour, nouvelle historique, par T......E (E.-L.-J. TOULOTTE). *Paris, Lepetit*, 1809, in-12, 246 p.

Eugénie, ou n'est pas femme de bien qui veut, par Mme de C*** (Mlle DE CHOISEUL-MEUSE), auteur de « Coralie, ou le danger de se fier à soi-même. » *Paris, Pigoreau*, 1813, 4 vol. in-12.

Voy. « Supercheries », I, 600, *d*.

Eugenio et Virginia. (Par mademoiselle Louise BRAYER DE SAINT-LÉON.) *Paris, Ch. Pougens*, an VIII-1799, 2 vol. in-12.

Réimprimé en 1822.

Eulalie de Rochester, vicomtesse de ***; nouvelle vendéenne. (Par Fr.-J. DE LA SERRIE.) *Paris*, 1801, in-18, avec 2 grav.

Eulalie, ou le Repentir. (Par Mlle MARNÉ DE MORVILLE, dame DE ROME.) *Paris, Lottin*, an VII-1799, 3 vol. in-18.

Eulalie, ou les Préférences amoureuses, drame en cinq actes et en prose. (Par BOHAIRE-DUTHEIL.) *La Haye et Paris, Couturier*, 1777, in-8.

Eulogies paschales adressées aux catholiques de France, par un prêtre catholique de leur communion, qui leur a déjà adressé des « Étrennes spirituelles » (l'abbé BUÉE, supérieur du séminaire de S.-Marcel à Paris). *Paris, Crapart*, 1792, in-8.

Euménides (les). Recueil de pamphlets et de libelles sur les hommes et les choses en Belgique depuis 1830. (Par MICHAELS, ancien officier de cavalerie.) *Bruxelles, Michaels*, 1837-1838, 5 vol. in-8.   J. D.

Eumenie et Gondamir, histoire françoise. (Par Gabriel MAILHOL.) *Londres et Paris, Delalain*, 1766, in-12.

Eunuque (l'), comédie (imitée de TÉRENCE, par J. DE LA FONTAINE). *Paris, A. Courbé*, 1654, in-4, 152 p. et 4 ff. prél.

Premier ouvrage que La Fontaine ait livré à l'impression.

Eunuque (l'), ou la fidelle infidélité, parade en vaudeville, mêlée de prose et de vers, par ***** (Ch.-F. RAGOT fils, dit GRANDVAL). *Montmartre*, 1750, in-4, 4 et 54 p. plus 16 planch. de musique, tit. gr. — *S. l. n. d.*, in-8, 54 p. et 20 pl. de musique. — *S. l. n. d.*, in-8, 47 p. et 2 f. d'épître et de prologue.

Euphémie, ou les suites du siége de Lyon; roman historique. Par l'auteur d' « Illyrine ». *Paris*, an XI-1801, 4 vol. in-12, avec grav.

Voir dans la « Petite Bibliographie biographico-romancière » de Pigoreau, ce qu'il dit de l'auteur, Mme Suzanne G....X DE MORENCY, épouse divorcée de Q....ET, avocat de Soissons.

Euphrasie, ou l'enfant abandonnée. Par Marie-Ange DE T*** (Just-Jean-Étienne ROY). *Tours, Mame*, 1867, in-8.

Nouvelles éd. en 1869 et 1870.

Europe, comédie héroïque. *Paris, H. Le Gras*, 1643, in-4, fig., et sous la même date, pet. in-12. — *Paris, Ch. de Sercy*, 1661, pet. in-12.

Quoique portant le nom de Paris, cette dernière édition, qu'on place dans la collection des Elsevier, a été imprimée à Bruxelles par Foppens. L'auteur est DESMARESTS DE S.-SORLIN; mais on croit que le cardinal de RICHELIEU est pour quelque chose dans l'arrangement de la pièce.

Europe (l') conquise avec une plume et du coton, ou court exposé de la puissance du commerce anglais, par C... COL... du Calvados (C. DE COLLEVILLE). *Paris, Marel*, an IX-1801, in-8.

Europe (l') ecclésiastique, ou État du clergé; contenant : 1. L'Église universelle... 2. Le Clergé de France,... 3. Le Clergé de Paris... 4. La Chapelle du Roi. (Par l'abbé DE MALVAUX.) *Paris, Duchesne*, 1767, 3 part. en 1 vol. in-12.

Une suite a paru sous le titre de : « Abrégé de l'Europe ecclésiastique... » Voy. IV, 19, *f*.

Europe (l') en 1864, lettres politiques. (Par M. le comte PORTIER DE VILLENEUVE.) *Paris, impr. de Claye*, 1864, in-8.

Europe (l') esclave si l'Angleterre ne rompt ses fers... (Par Jean-Paul, comte de CERDAN.) *Cologne, Jean l'Ingénu, à la Vérité*, 1677, in-12.

Europe (l') et l'Asie en estampes; par A. E. D. S. (Alexis EYMERY, de Saintes). *Paris, Désirée Eymery*, 1838, in-8 obl.

Voy. « Supercheries », I, 208, *f*.

Europe (l') et la Belgique. (Poëme) à M. le comte de Mérode-Westerloo, premier souscripteur en faveur des pauvres de Thielt, par un anonyme flamand (madame Mélanie Van Biervliet, à Thielt). *Bruxelles, Vanderborgt, s. d.*, in-8, 7 p.

J. D.

Europe (l') et la France devant le trône de l'Éternel, par M*** (Mignonneau), auteur du « Règne de Louis XVI »... décembre 1792, réimprimé, et avec des additions, en mai 1814. *Paris, Desenne,* 1814, in-8, 2 ff. de tit., 34 p. et 1 f. de notes.

Réimprimé avec additions nombreuses sous le titre de « l'Europe et la France devant le trône de l'Eternel, drame religieux et national, en un acte et en prose... par M***. » *Paris, imp. d'A. Clo,* 1810, in-8, 2 ff. de tit. et 75 p.

Europe (l') et ses Colonies en décembre 1819. (Par le comte de Beaumont de Brivazac.) *Paris, Brissot-Thivars,* 1820, 2 vol. in-8. — 2e éd. *Paris, Chasseriau,* 1822, 2 vol. in-8.

Voy. « Supercheries », I, 794, b.

Europe (l') françoise. (Par le marquis L.-Ant. de Caraccioli.) *Paris, veuve Duchesne,* 1776, in-12.

Cet ouvrage a été annoncé l'année suivante, sous le titre de « Paris, le modèle des étrangers ». Voyez ces mots.

Europe (l') pacifiée par l'équité de la R. de Hongrie. (Par l'abbé Lenglet du Fresnoy.) *Bruxelles, F. Foppens,* 1745, in-12.

Europe (l') politique et littéraire. Par une société des gens de lettres (par C.-F.-L. Galart de Montjoye et Guth), depuis le 1er prairial an V (20 mai 1797) jusqu'au 18 fructidor suivant (4 septembre 1798). 108 numéros, grand in-4.

Europe (l') ridicule, ou Réflexions politiques sur la guerre présente. (Par Jac.-Nic. Moreau.) *Cologne,* 1757, in-12.

C'est un volume de l' « Observateur hollandois », par le même auteur.

Voy. « Supercheries », II, 1281, a.

Europe (l') savante. (Par Thémiseul de Saint-Hyacinthe, J. Van Effen, Pierre-François Le Courayer, J. Lévesque de Burigny, L.-J. Lévesque de Pouilly, Lévesque de Champeaux, et autres.) *La Haye, de Rogissart,* 1718-1720, 12 vol. in-8.

Europe (l') tourmentée par la révolution en France, ébranlée par dix-huit années de promenades meurtrières de Napoléon Bonaparte... Par L.P. (Louis Prudhomme). Orné de portraits. *Paris, Pélicier,* 1816, 2 vol. in-12.

Voy. « Supercheries », II, 973, a.

Europe (l') vivante et mourante, ou tableau annuel des principales cours de l'Europe. (Par l'abbé Jacq. Destrées.) *Bruxelles (Paris),* 1759 et 1760, in-24.

Suite de l' « Almanach généalogique... Voy. IV, 111, d, et du « Manuel de chronologie... » Voy. ce titre.

Europe (l') vivante, ou Relation historique et politique de tous les États. (Par Samuel Chapuzeau.)

Voy. « Journal des Savans », 1667, p. 70.

Européen (l'), journal des sciences morales et économiques. *Paris,* 31 décembre 1837-1838, in-4.

Fondé par MM. Philippe-Benj.-Jos. Buchez, J.-F.-A. Boulland, de Boislecomte, Hipp.-Nic.-Just Auger Saint-Hippolyte.

Eusèbe, ou les beaux profits de la vertu dans le siècle où nous vivons. (Par J.-Ch.-Thiébault Laveaux). *Amsterdam, héritiers de M.-M. Rey,* 1785, in-8, 144 p.

Eusebie, ou de la religion, remonstrance faite en la ville de Saintes, à l'ouverture de la Cour de justice envoyée par le roy en ses pays et duché de Guienne. (Par Antoine Loisel.) *Paris, Denys Duval,* 1585, in-8, 28 feuillets.

Réimprimé en 1596 dans le recueil intitulé : « Sept remontrances publiques : six sur le sujet des édits de pacification, la VIIe sur la réduction de la ville et restablissement du parlement de Paris... » par M. A. L'Oisel, *Paris, A. L'Angelier,* 1596, in-8, et en 1605 dans « la Guyenne, de M. Ant. L'Oisel, qui sont huit remonstrances faictes en la chambre de justice de Guyenne sur le subject des edicts de pacification... » *Paris, L'Angelier,* 1605, in-8.

Eustache, histoire imitée de l'allemand, par M. l'abbé H***** (l'abbé T.-F.-X. Hunkler). *Paris, à la Société des bons livres,* 1832, in-12.

Eustache, ou Épisode des premiers temps du christianisme, traduit de l'allemand (de l'abbé Christ. Schmid, par L. Friedel). *Tours, Mame,* 1837, in-18.

Euterpilia, ou mes Bucoliques aux armées. (Par Jean-Antoine Marc, de Vesoul.) *En Arcadie (Vesoul),* an VIII-1800, gr. in-8, pap. vélin, 92 p.

Ouvrage tiré à dix-huit exemplaires, avec une carte géographique dessinée et enluminée par l'auteur.

Eutrope, ou abrégé de l'histoire romaine, traduction nouvelle avec des remarques historiques par M. de P*** (de Préfontaine). *Paris, Broeas,* 1710, in-12.

Voy. « Supercheries », III, 5, e.

Euvres.

Voy. « Œuvres ».

Eux, drame contemporain en un acte et en prose, par moi (Alexis DOINET). *Caen, Le Gost-Clérisse*, 1860, in-18, 51 p.

Voy. « Supercheries », II, 1174, *c.*

Eva, roman traduit de l'anglais de Mistr. HEDGELAND, par M. D. C. (F.-J.-MOREAU). *Paris*, 1803, 3 vol. in-12.

Evaireman de la peste, poëme bourguignon sur les moyens de se préserver des maladies contagieuses, par Aimé PIRON, Dijonnais, avec une introduction et des notes philologiques, par M. B****, Dr M. (BOURRÉE, docteur-médecin et bibliothécaire de la ville de Châtillon). *Châtillon-sur-Seine, Cornillac*, 1832, in-8, 50 p.

La première édition de ce poëme, *ai Dijon, chè Glaude Michard*, 1721, pet. in-12 de 30 p., est anonyme.

Évaluation de l'or et argent, et nouveau pied de monnaye, pour empescher que les monnoyes de France ne puissent être à jamais surhaussées de prix, rognées, falsifiées ny transportées hors le royaume. Présenté à MM. les commissaires députez par Sa Majesté, par maistre N. D. C. P. (Nicolas DE COQUEREL), le 14 mai 1609. *Paris, F. Jacquin*, 1609, in-8.

Évander et Fulvie, histoire tragique. (Par Cl.-Et. BOURDOT DE RICHEBOURG.) *Paris, Amaulry*, 1726, in-12.

Évangélistes (les) du jour. (Par Jac.-Ant. DULAURE, ouvrage périodique dont il n'a paru que seize numéros.) *Paris, Garnery*, 19 avril au 20 juillet 1790, in-8.

Cet ouvrage était dirigé contre les auteurs des « Actes des Apôtres ».

Évangile (l') annoncé aux Français, par l'auteur des « Déistes sans Dieu » (Napolon ROUSSEL). *Paris, Risler*, 1838, in-12, 75 p.

Évangile (l'), code du bonheur, ou recueil de préceptes et de conseils, seuls propres à rendre l'homme heureux sur la terre, en le conduisant au ciel. Par M. L. H. R. D. (l'abbé L.-H. ROUSSEAU), confesseur de Madame Adélaïde de France. *Trieste, de l'impr. imp. et roy. des Pères Arméniens meghitaristes*, MDCCC, in-8, xxxvi-264 p.

Évangile (l') de la raison. (Publié par l'abbé Henri-Joseph DULAURENS.) *S. l.*, 1768, in-12, 456 p.

Réimprimé sous le titre de : « l'Évangile de la raison. Ouvrage posthume de M... D... V... et D... F... » *Se trouve chez tous les imprimeurs et libraires*, an X, in-8, xvi-224 pp.

Ce volume contient :

1. Testament de Jean MESLIER.

2. Examen de la religion, dont on cherche l'éclaircissement de bonne foi, attribué à M. DE SAINT-EVREMONT.

3. Le Philosophe. (Par DU MARSAIS.)

4. Réflexions sur l'argument de MM. Locke et Pascal, concernant la possibilité d'une autre vie à venir.

5. Sentiments des philosophes sur la nature de l'âme.

6. Traité sur la liberté.

7. Réflexions sur l'existence de l'âme et sur l'existence de Dieu.

Voy. « Ouvrages philosophiques pour servir de preuves... »

Évangile (l') du jour. *Londres (Amsterdam)*, 1769-1778, 18 vol. in-8.

Collection d'opuscules faits ou publiés par VOLTAIRE, de 1769 à 1778. Suivant le « Dictionn. des Anonymes », 2e édit., n° 6108, elle se compose de 18 volumes. Beuchot n'avait pu en réunir que 16.

Voici le détail du contenu de chacun des 16 volumes que nous avons pu voir. La pagination n'est pas toujours continue.

I. 1769. 1. Les Colimaçons. 2. Conseils raisonnables à Bergier. 3. Discours aux confédérés catholiques de Kaminick en Pologne, par le major Kaiserling au service du Roi de Prusse. 4. Les Droits des hommes et les usurpations des autres, trad. de l'italien, 1768. 5. L'Épître aux Romains. 6. Homélie du pasteur Bourn, prêchée à Londres le jour de la Pentecôte, 1768. 7. Fragment d'une lettre de lord Bolingbroke. 8. La Profession (et non confession, comme porte le titre) de foi des Théistes. 9. Remontrances du corps des pasteurs du Gévaudan à Ant. Jean Rustan, pasteur suisse à Londres. En tout 98 p.

N'a pas toujours de faux titre, et par conséquent pas de tomaison.

Toutes ces pièces sont de VOLTAIRE. Le tome premier a une seconde édition augmentée, 1772, avec une pagination unique de 180 p., et qui contient de plus que la première :

10. Sermon du papa Nicolas Chariteski. 11. Le Tocsin des rois.

II. 1. L'Examen de la Nouvelle Histoire de Henri IV de M. de Burigny, par M. le marquis de B***. Lu dans une séance d'Académie, avec des notes. 2. L'A B C en seize entretiens, ou Dialogues curieux, traduits de l'anglais de M. Huet. En tout 191 p.

L'Examen n'est pas de Voltaire, mais de LA BEAUMELLE. Quelques notes seulement sont de Voltaire. A la suite de l'Examen, on a réimprimé « le Président de Thou justifié », écrit de Voltaire dans lequel il y a trois lettres de Henri IV à Corisandre d'Andoin, comtesse de Grammont, qu'il a depuis reportées au chapitre de l'Essai sur les mœurs. Dans une seconde édition du tome II publiée en 1775 et qui a le même nombre de pages que la première, le titre est plus complet et annonce : l'Examen, le Président de Thou justifié, les Lettres de Henri IV à Corisandre et l'A B C.

III. 1769. 1. Le Marsellois (sic) et le lion, par feu M. de SAINT-DIDIER, secrétaire perpétuel de l'Académie de Marseille (en vers). 2. Les Trois Empereurs (sic) en Sorbonne, par M. l'abbé Caille (en vers). (Les deux fautes ci-dessus indiquées n'existent pas sur tous les exemplaires.) 3. Lettre de M. le marquis D'ARGENCE, brigadier des armées du roi. 4. Réponse de M. DE VOLTAIRE. 5. Réponse de M. DE VOLTAIRE à M. l'abbé d'Olivet, sur la nouvelle édition de sa Prosodie. 6. Lettre de Voltaire à L'Élie de Beaumont (sic). 7. Déclaration juridique de la servante de Mme Calas. 8. Lettre d'un membre du conseil de Zurich à M. D***. 9. Anecdote sur Bélisaire. 10. Seconde anecdote sur Bélisaire. 11. Lettre de l'Archevêque de Cantorbéri à l'Archevêque de Paris. 12. Lettre pastorale à l'Archevêque d'Auch. 13. La Prophétie de la Sorbonne, de l'an 1530, tirée des manuscrits de M. Baluze (en vers). 14. Instruction pastorale de l'humble évêque d'Alétopolis, à l'occasion de l'Instruction pastorale de Jean George, évêque du Puy. 15. A Warburton. 16. Essai historique et critique sur les dissentions des Églises de Pologne, par Jos. BOURDILLON. 17. Lettre d'un avocat à l'ex-jésuite Nonotte. 18. Lettre sur les Panégyriques, par Irénée Aléthès. 19. Lettres à S. A. Mgr le prince de *** sur Rabelais, sur Vanini, sur les auteurs anglais, sur Swift, sur les Allemands, sur les Français, sur l'Encyclopédie, sur les Juifs, et sur Spinosa. En tout 207 p.

IV. 1769. 1. Le Pirronisme de l'histoire, par l'abbé BIG... en XXXVIII chapitres. (Il est à croire, suivant Beuchot, que c'est là la première édition de cet écrit.) 2. Les Singularités de la nature en XXXVIII chapitres.

V. 1769. 1. Discours de l'empereur JULIEN contre les Chrétiens, trad. par le marquis D'ARGENS. Berlin, Voss, 1769, in-8, 114 p. 2. La Canonisation de Saint Cucufin, 16 p. (Par VOLTAIRE. Voy. « Supercheries », I, 413, f.) 3. Lettres (3) de l'évêque d'Annecy à Voltaire, avec les réponses. 4. Confession de foi de Voltaire. 5. 5e homélie prononcée à Londres. 6. Le Cri des nations. Table du vol. (Les 4 dernières parties ont une pagin. commune de 62 p.)

VI. 1769 et aussi 1770. 1. Lettres d'Amabed. 2. Histoire de la félicité, par l'abbé de VOISENON. 3. Supplément aux « Causes célèbres ». Procès de Claustre. 4. Adam et Eve, poëme, 1769. Il commence ainsi : « Je veux chanter ces deux premiers parents ». 5. Trois épîtres, savoir : celle à Boileau, celle à l'auteur du « Livre des trois imposteurs », et celle à Saint-Lambert. Les deux premières sont reproduites dans le t. X. En tout 175 p.

VII. 1770. 1. Dieu et les hommes, œuvre théologique, mais raisonnable, en XLIV chapitres. (Par VOLTAIRE.) 148 p. 2. De la paix perpétuelle par le docteur GOODHEART. (Par VOLTAIRE.) 3. Instruction du P. Gardien des Capucins de Raguse à frère Pediculoso, partant pour la Terre sainte. (Par VOLTAIRE.) 4. Tout en Dieu, commentaire sur Malebranche. Signé par l'abbé de TILLADET. (Par VOLTAIRE.) Les 3 dernières pièces ont une pagination commune de 55 p. La pièce n° 2 commence à la signature typographique L.

VIII. 1770. 1. Réflexions philosophiques sur la marche de nos idées. (Par VOLTAIRE.) 2. Lettre d'un avocat à M. d'Alembert. 3. Le Symbole d'un laïque, ou la Profession de foi d'un homme désintéressé. (Par un fidèle élève de Voltaire, si ce n'est pas du maître lui-même.) 4. Diverses épîtres, savoir : trois à Mlle Ch. et une à M. de M. (Pourraient être de BARTHE, suivant Beuchot.) 5. Les Adorateurs, ou les Louanges de Dieu, 1769. (Par VOLTAIRE.) 6. Requête à tous les magistrats du royaume. (Par VOLTAIRE.) 7. Défense de Louis XIV. (Par VOLTAIRE.) 8. Pensées détachées de M. l'abbé de Saint-Pierre. (Par VOLTAIRE.) 9. Dieu, Réponse au système de la nature. (Par VOLTAIRE.) 10. Fonte. Art de jeter en fonte des figures considérables d'or ou de bronze. Article tiré des « Questions sur l'Encyclopédie », t. IV,

et qui n'est qu'une courte réponse aux « Lettres de quelques Juifs » que Guénée avait publiées en 1769. Voltaire compléta sa réponse en donnant : « Un Chrétien contre six juifs. (Voy. t. XIV de « l'Evangile du jour ».) 11. Au Roi, en son conseil, pour les sujets du Roi qui réclament la liberté de la France. Contre des moines bénédictins devenus chanoines de Saint-Claude. (Signé : LAMY-CHAPUIS et PAGET, procureurs spéciaux.) 12. Anecdotes sur Fréron, écrites par un homme de lettres à un magistrat qui voulait être instruit des mœurs de cet homme. 13. De la Lettre de M. Royou, avocat au parlement de Rennes, mardi, 6 mars 1770. Ces cinq derniers articles se trouvent reliés dans l'exemplaire Beuchot à la suite des huit premiers, bien qu'ils ne figurent pas sur le titre. 60, 60 et 56 p.

IX. 1773. 1. Jean Hennuyer, évêque de Lisieux, drame. (Par L.-S. MERCIER.) 92 pp. dont XI de préface. 2. Le Dépositaire, comédie en cinq a. par M. DE VOLTAIRE, 112 pp. dont VII de préface. 3. Les Systèmes avec des notes instructives. 4. Les Cabales, avec des notes instructives. 5. La Bégueule, conte moral. 6. Jean qui pleure et Jean qui rit. 7. Réponse à M. de Voltaire, par M. l'abbé VOISENON. (N'est pas annoncé sur le titre.) 8. Sur le procès de Mlle Camp. 9. Réponse à l'abbé de Caveyrac. 10. Vers pour le 24 auguste ou août 1772. 11. Lettres de M. l'abbé PINZO au surnommé Clément XIV. En tout 48 p. pour les 9 dernières pièces. Voy. l'article Pinto à la table du Voltaire Beuchot. Toutes les pièces de ce volume, excepté la première, sont de Voltaire.

X. 1773. 1. Les Lois de Minos, tragédie avec les notes de M. de Morza. (Par VOLTAIRE.) XIII-82 pp. 2. Epître à Boileau. (Par VOLTAIRE.) Avec neuf notes, il n'y en a que deux dans la reproduction donnée t. VI. 3. Epître à Horace. (Par VOLTAIRE.) 4. Réponse d'Horace à M. de Voltaire. Par M. de La H... (LA HARPE.) 5. Epître à l'auteur du nouveau livre des « Trois Imposteurs ». (Par VOLTAIRE.) Avec 6 notes, il n'y en a que deux dans la reproduction donnée t. VI. 6. La Loi naturelle, poëme en quatre parties. (Par VOLTAIRE.) 7. Le père Nicodème et Jeanot. (Par VOLTAIRE.) 8. Quelques petites hardiesses de M. Clair, à l'occasion d'un Panégyrique de saint Louis, par VOLTAIRE. 9. Lettre de M. Thiriot à Mme du P***. (Par VOLTAIRE?) 10. Discours en vers sur les Disputes », par M. Rulhière. (Par VOLTAIRE.) Reproduit par l'auteur dans ses Questions sur l'Encyclopédie (ou Dictionnaire philosophique, au mot : Dispute). 11. Discours de M. Belleguier, ancien avocat, sur le texte proposé par l'Université de Paris pour le sujet de prix de l'année 1773. (Par VOLTAIRE.) 12. Prière à Dieu (elle forme le XXIIIe chapitre du « Traité de la tolérance », qui est de Voltaire). 13. Le Philosophe, par du Marsay (sic). Cette pièce, qui date de 1730 (voy. l'Eloge de M. du Marsay dans le 3e volume du grand « Dictionnaire encyclopédique »), n'est pas de du Marsais ; elle pourrait bien être de Voltaire. 14. Eloge des beaux-arts et de Louis XIV, par M. le marquis de CHIMÈNE (lisez XIMENEZ, en vers). 15. Lettre de M. THIRIOT à M. de Witte. 16. Extrait d'une Lettre de M. CLÉMENT, de Dijon, à M. de Voltaire, du 6 déc. 1769. 17. Lettre du roi de Prusse à M. d'Alembert, 28 janvier 1770. 18. Lettre de l'Impératrice de Russie, Catherine II. 19. Pièces authentiques annexées à cette lettre. 20. Dialogue aux Champs-Élysées entre Descartes et Christine, reine de Suède. (Par D'ALEMBERT.) (Extraits des Lettres de Catherine des 11 et 22 aug. 1765, et de

l'article Puissance du « Dictionnaire encyclopédique ».)
21. Lettre (en vers) de M. DE VOLTAIRE à M. Pigal.
22. Ode sur la mort de S. A. Mme la princesse de
Bareith (sic), avec des notes de M. de Morza. 23. Lettre
de M. DE VOLTAIRE au roi de Prusse, 1er février 1773.
24. Déclaration de M. de Voltaire sur le procès entre
M. le comte de Morangis et les Verron. 25. Réponse
d'un avocat à l'écrit intitulé : Preuves démonstratives
en fait de justice. 26. Nouvelles Probabilités en fait de
justice. En tout 170 p. pour les 25 dernières pièces.

Toutes ces pièces, moins la dernière, se trouvent
dans le volume intitulé : « les Lois de Minos », tragédie,
avec les notes de M. DE MORZA, et plusieurs pièces
curieuses détachées (s. l., s. n.), 1773, in-8 de XV
et 395 pp., plus deux pages d'errata, dans lequel on
rencontre, pp. 192-208, « la Bégueule », « le Marseil-
lois et le lion », et « les Deux Siècles », trois pièces en
vers, qui ne sont pas reproduites dans le t. X de
« l'Evangile du jour ».

XI. 1774. 1. Le Taureau blanc, traduit du syriaque
(composé par VOLTAIRE), 48 p. 2. Fragments sur
l'Inde, sur le général Lally et sur le comte de Moran-
giès. (Par VOLTAIRE.) 134 p. Oraison funèbre de
Charles-Emmanuel, roi de Sardaigne, prononcé le
17 mars 1773, par M***, vicaire de la paroisse de
S*** à Chambéry. (Voy. « Supercheries ».)

XII. 1775. 1. Don Pèdre, roi de Castille, tragédie.
(Par VOLTAIRE.) 2. Eloge historique de la raison (par
le même). 3. De l'Encyclopédie (par le même). 4. Petit
écrit sur l'Arrêté du conseil du 13 sept. 1775 (1774),
qui permet le libre commerce des blés dans le royaume
(par le même), signé F. D. V. S. de F., et T. G. O. D. R.
2 janvier 1775. 5. La Tactique, augmentée d'une
note très-intéressante. (Par VOLTAIRE.) 6. Histoire de
Jenni, ou le Sage et l'Athée, par M. Sherloc, trad.
par M. de La Caille (composé par VOLTAIRE). En tout
107 p. pour les 5 premiers ouvrages, et 72 pour
le 6e.

XIII. 1777. Lettres chinoises, indiennes et tartares.
A M. Paw, par un bénédictin, avec plusieurs autres
pièces intéressantes. Londres, 1776, in-8, 184 p.

L'exemplaire Beuchot est sans faux titre de « Evangile du jour ». Il en est de même pour les volumes XIV,
XV et XVI.

XIV. 1777. Un Chrétien contre six juifs. (Par
VOLTAIRE.) Londres, 1777, in-8, 188 p.

XV. 1777. 1. Dialogues d'Evhémère. (Par VOL-
TAIRE.) Londres, 1777, 32 p. 2. Lettre à Messieurs
de l'Académie française sur la nouvelle traduction de
Shakspeare, 32 p.

XVI. 1780. Eloge et Pensées de Pascal. Nouvelle
édition, commentée, corrigée et augmentée, en trois
parties, par M. de ***. Londres, 1778, VIII-59-95
et 104 pp.

Cet éloge est de CONDORCET, mais Voltaire y a
ajouté des notes, en le faisant réimprimer.

Évangile (l') du jour. (Par l'abbé BER-
TRAND, prêtre à Dijon.) Dijon, impr. de
Mme Noellat, 1849, in-8, 163 p.

Évangile (l') du peuple. (Par M. Alphonse ESQUIROS.) Paris, Le Gallois, éd.,
imp. Pommeret et Guénot, 1840, in-12,
353 p.

Livre condamné par arrêt de la cour d'assises de la
Seine, du 30 janvier 1841. Le « Procès » a été imprimé, Paris, s. d., in-8.

Évangile (l') du règne futur. Une feuille

de l'Esprit-Saint, solution du monde. Edition nouvelle. Paris, Garnier frères, 1852,
in-12, 36 p.

Signé : A. M. E. (Ant. MADROLLE).

Évangile (l') éternel, unique moyen de
ramener les Eglises égarées, fin du « Livre
des manifestes ». Environ 5806 de la
création du genre humain, et 1806 de la
naissance de J.-C. (Par DE CHAIS DE SOUR-
CESOL.) In-12.

Évangile maçonnnique (en 31 quatrains
moraux, par Pierre-Joseph-Edouard PUYS-
SÉGUR). Nantes, lith. Malnoë, s. d., placard gr. in-fol.

Catalogue de Nantes, no 38280.

Évangile (l') médité et distribué pour
tous les jours de l'année, suivant la concorde des quatre évangélistes. (Par le P.
Bonaventure GIRAUDEAU, jésuite, publié
par les soins de l'abbé Arn.-Bern. D'ICARD
DUQUESNE.) Paris, Berton, 1773, 12 vol.
in-12.

Évangile nouveau du cardinal Pallavi-
cin. (Par Jean LE NOIR.) Paris, J. Martel,
1666, in-12. — Cologne, P. Marteau, 1687,
in-12.

Cet ouvrage a aussi paru sous le titre de « Politique et intrigues de la Cour de Rome ». Cologne,
1696, in-12, et sous celui de « Nouvelles Lumières
politiques ». Voy. ces mots.

Évangile (l'). Partie morale et histori-
que. (Par J.-A.-S. COLLIN, de Plancy.)
Paris, Touquet, 1826, in-32.

Forme la cinquième livraison de la « Bibliothèque
populaire ».

Évangile républicain, ou la morale de
l'Évangile d'accord avec la morale répu-
caine. Ouvrage terminé par l'Histoire
abrégée des anciennes républiques, et divisé en leçons décadaires. (Par J.-B. CHE-
MIN-DUPONTÈS.) 7e édition. Paris, an VII
de la République, 1799, in-16, 87 p.

Évangile (l') vengé par la politique dans
la question romaine. (Par Franç. BOUVET.)
Paris, E. Dentu, 1861, in-8, 48 p.

Évangiles. Concordance en forme de
registre. (Par la princesse Anne GALIT-
ZINE, née Vsévolojski.) Saint-Pétersbourg,
1824, 2 vol. in-8.

L' « Avis » placé en tête du tome Ier est signé
G. Saint-Pétersbourg, le 14 juillet 1824. Voy. le
« Bulletin du Bibliophile belge », tome XX, p. 74
et 77.

Évangiles (les) des quenoilles. (Par
Me FOUQUART, de Cambray, Me Antoine
DUVAL, et Jean d'ARRAS, dit CARON.) S. l.

Bruges, Colard Mansion, vers 1475, in-fol. goth. — *Lyon, Joan Mareschal,* 1493, in-4 goth.

Cet ouvrage curieux a été réimprimé dans la collection des « Joyeusetez » publiées par le libraire Techener ; une autre édition, fort soignée, avec le texte revu sur les manuscrits, et accompagnée d'une préface et d'un glossaire, *Paris, Jannet,* 1855, in-16, fait partie de la « Bibliothèque elzevirienne.

Voy., pour plus de détails, Brunet, « Manuel du libraire », 5ᵉ éd., II, col. 1125 et 1126.

Évasion des prisonniers français détenus à bord du ponton la Vieille-Castille, en rade de Cadix, le 15 mai 1810 ; par M. C*** (POINÇOT), capitaine en non-activité.... *Paris, Delaunay,* 1818, in-8.

Éveil du patriotisme sur la révolution, par un citoyen de Paris (FOUCHER-D'OBSONVILLE). *Paris,* 1791, in-8.

Éveil sur la position financière du royaume des Deux-Siciles. Par un ancien agent de change de la ville de Naples (M. Numa PRESTEAU). *Paris, imp. de Selligue,* 1829, in-8.

Évélina, ou l'entrée d'une jeune personne dans le monde ; traduit de l'anglois de miss BURNEY (par Henri RENFNER). *Amsterdam, Changuion,* 1779, 3 vol. in-12.

Évélina, ou l'entrée d'une jeune personne dans le monde, traduite de l'anglois (de miss Frances BURNEY ; plus tard mistriss D'ARBLAY), et abrégée (par Antoine-Gilbert GRIFFET DE LABAUME). *Bouillon,* 1783, 2 vol. in-12. — *Paris, Maradan,* 1816, 2 vol. in-12.

Évélina, ou les aventures d'une jeune Anglaise. Par M. R. M. (R. MARCÉ). *Paris, Aubry,* 1816, 2 vol. in-18.

Voy. « Supercheries », III, 435, *b.*

Éveline. (Par Félix BODIN.) *Paris, Ladvocat,* 1824, in-12.

Ce roman a été, lors de sa publication, attribué à la duchesse DE DURAS.

Événement des plus rares, ou l'histoire du sieur abbé comte de Buquoy (*sic*), singulièrement son évasion du Fort-l'Evêque et de la Bastille, l'allemand à côté, revue et augmentée, deuxième édition, avec plusieurs de ses ouvrages, vers et proses (*sic*), et particulièrement (*sic*) la Game des Femmes. *Et se vend chez Jean de la Franchise, rue de la Réforme, à l'Espérance, à Bonnefoy,* 1719, in-12, 237 p. Front. gravé représentant la Bastille.

L'impression est allemande. On croyait que ce récit des évasions de l'abbé DE BUCQUOY, avait été fait par lui-même, mais il est emprunté aux « Lettres historiques et galantes » de Mᵐᵉ DU NOYER, ainsi que l'a prouvé

M. POULET-MALASSIS dans la notice anonyme d'une réimpression de ce petit livre faite en 1866. *Paris, Pincebourde,* éd. in-32, XXII-121 p. Les pièces à la suite, politiques, satiriques et biographiques, sont bien de l'abbé DE BUCQUOY.

Événements arrivés en France, depuis la restauration de 1815, par Hélène-Marie WILLIAMS. Traduit de l'anglais (par F.-J. MOREAU). *Paris, Rosa,* 1819, in-8.

Événements (les) d'Avignon, par un témoin oculaire (M. DURAND), pour faire suite à l'ouvrage « les Crimes d'Avignon depuis les Cent-Jours ». Précédé d'une notice sur le maréchal Brune. *Paris, Plancher,* 1818, in-8, 63 p.

Événements (des) de Lyon, à propos de l'indemnité réclamée par cette ville ; par L. B.... (Louis BONNARDOT), de Lyon. *Paris, Estibal,* 1835, in-8, 80 p.

Événements de Lyon, ou les trois journées de novembre 1831..., par J.-F.-R. M.... (Jean-François-René MAZON). *Lyon, Guyot,* 1832, in-8, 48 p.

Événemens (les) imprévus, comédie en trois actes, en prose, mêlée d'ariettes, représentée devant Leurs Majestés, à Versailles le 11 novembre 1779. *Paris, imp. de P.-R.-C. Ballard,* in-8, 2 ff. de tit. et 67 p. — *Paris, veuve Duchesne,* 1780, in-8, 2 ff. de tit. et 71 p.

On lit au verso du faux titre : les paroles sont de M. D'HÈLE, la musique de M. Grétry.

Événements (les) les plus considérables du règne de Louis le Grand, écrits en italien, par M. MARANA, et traduits en françois par... (F. PIDOU DE SAINT-OLON). *Paris, M. Jouvenel,* 1690, in-12.

Malgré l'indication formelle du titre, le véritable auteur de ce livre est Jean-Baptiste PRIMI VISCONTI, comte DE SAINT-MAJOLE.

Voy. « Supercheries », II, 1046, *c.*

Événements qui ont précédé et suivi l'évacuation de Saint-Domingue, publiés par un officier de l'état major de l'armée (Armand LEVASSEUR). *Paris, Desprez,* an XIII-1804, in-8.

Événements remarquables et intéressans, à l'occasion des décrets de l'auguste Assemblée nationale... (Attribué à Antoine-Joseph-Michel SERVAN.) 1790, in-8, 37 p.

Éventail (l'), poëme traduit de l'anglois (de John GAY), en trois chants, par Coustard DE MASSI. *A Paphos,* 1768, in-12.

Évesque (l') de cour, opposé à l'évêque apostolique. (Par Jean LE NOIR.) *Cologne,* 1674, petit in-12. — *Cologne,* 1682, in-12.

Voy. « Supercheries », III, 928, *b.*

Évêque (l') Gozlin, ou le siége de Paris par les Normands; chronique du IXe siècle. (Par Amaury DUVAL.) *Paris, Dufey et Vezard*, 1832, 2 vol. in-8.

Une autre édition, *Paris*, 1835, sous le titre de : « le Siége de Paris par les Normands », porte le nom de l'auteur.

Évêques (des) nommés, et de leur envoi dans les églises vacantes pour en prendre possession. (Par l'abbé DASTROS, ci-devant chanoine de Notre-Dame, plus tard évêque de Bayonne.) *Paris*, 1811, in-8.

Évêques (des), ou tradition des faits qui manifestent le système d'indépendance que les évêques ont opposé, dans les différents siècles, aux principes invariables de la justice souveraine du Roi sur tous ses sujets indistinctement... (par Louis-Philippe CHAUVELIN); avec notes et introduction historique. *Paris, chez les marchands de nouveautés*, 1825, in-8.

L'introduction est signée : A. G. (A. GERMAIN, avocat à la cour royale de Paris, et depuis maître des requêtes au Conseil d'Etat).

Réimpression d'un ouvrage imprimé en 1753 sous le titre de « Tradition des faits qui manifestent... » *S. l. n. d.*, in-4. Voy. ces mots.

Éverard T'Serclaes. Chronique brabançonne, par Ph. L. (Philippe LESBROUSSART, professeur à l'université de Liége). *Liége, Jeunehomme*, 1839, in-8, 114 p.

Voy. « Supercheries », III, 119, *f.*

Évidence (de l') de la Religion chrétienne, ouvrage traduit de l'anglais de JENNINGS, par LE TOURNEUR ; quatrième édition augmentée d'un plan de FÉNELON et de pensées sur la Providence (publiée par Guill.- Emm.-Jos. DE SAINTE-CROIX). *Paris, Delance*, an XI-1803, in-12.

Evidence (de l') et de l'autorité de la divine révélation, traduit de l'anglais de Robert HALDANE, par le traducteur de « Essai sur la divine autorité du Nouveau Testament par Dav. Bogue » (Jean-Jacques COMBES-DOUNOUS). *Montauban, Crosilhes*, 1817-1818, 2 vol. in-12.

Évidence (l') ou quelques mots sur le divorce. Par M. A. B. DE W. (Anacharsis BRISSOT DE WARVILLE). *Paris, imp. d'Imbert*, 1816, in-8, 24 p.

Exaltation (l'), comédie en un acte et en prose, pour les théâtres de société. (Par le doct. Charles PHILIPPS.) *Liége, J.-P.-B. Latour*, 1826, in-16, 11 ff.

Tiré à 25 exempl. seulement.

Examen approfondi des difficultés de l'auteur d'Emile, contre la religion chrétienne. (Par l'abbé Guillaume MALEVILLE.) *Lausanne et Paris*, 1769, in-18.

Examen chirurgical et pratique des eaux de Loire. (Par PROZET et Toussaint GUINDANT.) 1769, in-12.

Examen comparé du mode de construction et d'entretien des routes, suivi à diverses époques, en France et en Angleterre, et spécialement du système dit à la Mac-Adam. (Par N.-R.-D. LE MOYNE.) *Metz, imp. de Lamort*, 1829, in-8, 16 p.

Examen critique d'un mémoire publié par M. Le Roy, horloger du roi, sur l'épreuve des horloges propres à déterminer les longitudes en mer, et sur les principes de leur construction. (Par Ch.-P. CLARET DE FLEURIEU.) *Londres et Paris, Vente*, 1768, in-4, XII-72 p.

L'auteur supprima lui-même cet ouvrage. M. Beuchot en a vu un exemplaire, qu'il croit unique. Voyez la « Biographie universelle », article LE ROY.

Examen critique d'une traduction nouvelle de l'Imitation de J.-C., par l'abbé de La Mennais, ou M. de La Mennais convaincu de plagiat. (Par J.-B. SALGUES.) *Paris, Dentu*, 1824, in-8, 12 p.

Examen critique de l'équilibre social européen, ou abrégé de statistique politique et littéraire ; accompagné de tableaux statistiques et d'une planche gravée. Par le baron de R*** , ancien colonel d'état-major (Jacques-Antoine RÉVÉRONY SAINT-CYR). *Paris, Magimel*, 1820, in-8.

Examen critique de l'ouvrage intitulé: « Lettres inédites de Voltaire, adressées à Mme la comtesse de Lutzelbourg, auxquelles on a joint une Lettre autographe de Voltaire, gravée par Miller » ; du discours préliminaire mis en tête de ces Lettres inédites, et de la lettre écrite par M. R*** à l'éditeur. *Paris, imp. de J.-B. Sajou*, 1812, in-8, 45 p.

Extrait du « Magasin encyclopédique », février 1812. Signé : P. R. A. (P.-R. AUGUIS).

Examen critique de la proposition de M. de Bonald, relative à l'abolition du divorce. (Par le comte Jean-Denis DE LANJUINAIS.) *Paris, Plancher*, 1816, in-8.

Examen critique de la « Relation d'un voyage fait en 1791, à Bruxelles et à Coblentz » (par Louis XVIII) ; ou Problème politique, par M. R****** W******. Sec. édit. augmentée d'un avertissement polémique. *Paris, Plancher,* 1823, in,8, xij-98 p.

La première édition a été publiée la même année sous le titre de : « Problème politique, par M. Wilhelm ROBERTS », mais dans l'avertissement de l'Examen il est donné clairement à entendre que cet ouvrage est de J.-B.-J.-I.-P. REGNAULT WARIN.

Examen critique de la seconde partie de la Confession de foi du vicaire savoyard, (Par Antoine-Jacques ROUSTAN.) *Londres,* 1776, in-8.

Examen critique de la théologie du séminaire de Poitiers. (Par le P. MAILLE, de l'Oratoire.) 1765, in-42, 671 p.

Voy. sur cet ouvrage, p. 88 et suiv. de l'écrit de l'abbé E. Michaud : « de la Falsification des catéchismes français ». *Paris, Sandoz et Fischbacher,* 1872, in-12.

Examen critique de la vie et des ouvrages de St Paul (traduit de l'anglois de Pierre ANET, par le baron D'HOLBACH), avec une dissertation sur St Pierre, par BOULANGER. *Londres (Amsterdam, M.-M. Rey),* 1770, in-8.

Examen critique des historiens d'Alexandre. (Par le baron G.-E.-J. DE SAINTE-CROIX.) *Paris,* 1775. — Nouvelle édition, très-augmentée. *Paris, Delance,* 1804, in-4.

La table de cette dernière édition est due à J.-P.-A. PARISON.

Examen critique des historiens qui ont prétendu que les chansons de Thibaut, roi de Navarre... s'adressaient à la reine Blanche de Castille, mère de saint Louis. (Par Pierre-Alexandre LÉVESQUE DE LA RAVALIÈRE.) *S. l.* (1737), in-12, 27 p.

Examen critique des huit discours sur le catholicisme et la philosophie, prononcés à Notre-Dame, en décembre 1844 et janvier 1845, par M. l'abbé Lacordaire... par M*** (Théod. DEZAMY). *Paris, imp. de Béthune,* 1845, in-8, 2 ff. de tit. et 35 p.

L'ouvrage était annoncé en 10 livraisons. La 1re seule a paru.

Examen critique des Mémoires de Fléchier (sur les grands jours tenus à Clermont, en 1665 et 1666). (Par Lambert-Elisab. D'AUBERT, comte DE RÉSIE.) *Paris, Perrodil,* 1845, in-8, 80 p. plus 3 fac-simile.

Examen critique des « Observations sur l'Atlantide de Platon, de Bailly, par l'abbé Crey* »** (Creyssent de la Moselle). (Par l'abbé Jean-Basptiste BONNAUD, ex-jésuite.) *Lausanne (Paris), Berton,* 1779, in-12 de 53 p.

Ces « Observations » de l'abbé de la Moselle se trouvent dans le « Journal des Savans », février 1779.

Examen critique des ouvrages de Bayle. (Par le P. Jacques LE FÈVRE, jésuite.) *Amsterdam, Zacharie Châtelain,* 1747, 2 parties in-12.

Publié précédemment sous les titres de « Bayle en petit ». Voy. IV, 390, c, et « Entretiens sur la raison ». Voy. ci-dessus, 136, b.

Examen critique des quatre dernières campagnes de Turenne, par B..... (BOUTOURLIN), ancien général. *Paris, Gaultier-Laguionie,* 1839, in-8.

Examen critique des « Recherches historiques sur l'esprit primitif et sur les anciens collèges de l'ordre de Saint-Benoît. » (Par dom Nic. LAMBELINOT, bénédictin.) *Paris,* 1788, in-8.

Examen critique du cours de philosophie de M. Cousin, année 1828. Par M. A. M. (Armand MARRAST). *Paris, J. Corréard jeune,* 1829, 90 p.

La Couverture imp. porte : « Examen critique des leçons de M. Cousin... »

Examen critique du cours de philosophie de M. Cousin. Leçon par leçon. (Par Armand MARRAST.) *Paris, J. Corréard jeune,* 1829, in-8.

Ouvrage différent du précédent.
Vingt livr. formant ensemble un vol. de 400 p.
L'ouvrage n'est pas terminé.
Dès la 5e livraison on lisait sur la couverture le nom de M. A. MARRAST, et sur la 7e l'adjonction de *et une Société de gens de lettres.*
Une note de l'avant-propos indique que ce sont des articles qui avaient d'abord paru dans le « Journal de la langue française ».

Examen critique du militaire françois... par M. le M. B. D. B. (le baron Fr.-Phil. LOUBAT DE BOHAN). *Genève,* 1781, 3 vol. in-8.

Examen critique du nouveau Calendrier (Par M. l'abbé G.-J.-A.-Jos. JAUFFRET.) *Paris,* 1797, in-8. — *Metz,* 1822, in-8.

Examen critique du poëme de « la Pitié », de Jacques Delille; précédé d'une notice sur les faits et gestes de l'auteur, et de son Antigone. (Par le chevalier DUPUY DES ISLETS.) *Paris, Dabin,* an XI-1803, in-8.

Examen critique du projet de loi sur l'abolition des octrois communaux. (Par P. DE HAULLEVILLE, anc. professeur à l'Université de Gand.) *Bruxelles, Decq,* 1860, in-8, 83 p.

Examen critique et complément des Dictionnaires historiques les plus répandus... Tome Ier (le seul publié) A.-J. Par l'auteur du « Dictionnaire des ouvrages anonymes et pseudonymes » (A.-A.

Barbier). *Paris, Rey et Gravier*, 1820, in-8.

Examen critique et impartial du tableau de M. Girodet (Pygmalion et Galathée), ou Lettre d'un amateur à un journaliste. (Par M. le chevalier B.-F.-A. de Fonvielle.) *Paris, Boucher*, 1819, in-8, 23 p.

Examen critique et raisonné de la résolution du 17 floréal an IV, relative aux prêtres dits réfractaires. (Par l'abbé L. Godard.) *Paris, Leclerc, an* IV-1795, in-8, 64 p.

Examen critique ou réfutation de l'« Histoire de Bordeaux (de Bernadau)» ... Par l'ermite de Floirac (Marandon). *Bordeaux, Balarac*, 1838, in-8, 152 p.

Voy. « Supercheries », I, 1246, *a*.

Examen critique, ou réfutation du livre des Mœurs. (Par l'abbé Claude-François Nonnotte.) *Paris, veuve Bordelet*, 1757, in-12, 95 p.

Examen critique, physique et théologique des convulsions et des caractères divins qu'on croit voir dans les accidents des convulsionnaires. (Par l'abbé L. de Bonnaire.) *S. l.*, 1733, in-4, xii-126 p. et 1 f. d'errata.

Examen d'un avis proposé sur le cours des quarts d'écus. (Par Antoine de La Pierre.) *S. l. n. d.* (vers 1645), in-4, 5 p.

Examen d'un diplôme de l'an 877, par un membre de la société des antiquaires de Normandie et de la commission des antiquités... de la Seine-Inférieure (L.-Aug. Le Ver). *Paris, imp. de J. Tastu*, 1829, in-8. — 2e éd. *Paris, imp. de Lottin de Saint-Germain*, in-8.

Le titre de départ, page 5, porte : « Confirmation d'une donation d'un lieu nommé Uscias, faite à Hodo, abbé de Corbie, par un diplôme de l'an 877. »

Examen d'un discours de M. Thomas, qui a pour titre : « Éloge de Louis, Dauphin de France ». (Par l'abbé Fr.-Mar. Coger.) *Paris, de Hansy*, 1766, in-8.

Examen d'un discours prononcé par M. Morand, à la séance publique de l'Académie royale de chirurgie, le 22 avril 1762. (Par Ant. Louis.) *S. l. n. d.*, in-8, 13 p.

Examen d'un essai sur l'architecture, avec quelques remarques sur cette science. (Par de La Font de Saint-Yenne.) *Paris, Lambert*, 1753, in-8.

Examen d'un libelle contre la religion, contre l'Etat et contre la révolution d'An-

gleterre, intitulé : « Avis important aux réfugiés sur leur prochain retour en France ». (Par Pierre Jurieu.) *La Haye, A. Troyel*, 1691, in-12.

Examen d'un livre qui a pour titre : « la Vie du P. Romillon », avec plusieurs éclaircissemens sur la première institution des congrégations de la Doctrine chrétienne et des Ursulines en France. (Par le P. Augustin Riboti, doctrinaire, contre un P. de l'Oratoire, qui prétend que le P. Romillon est le premier instituteur de ces deux congrégations, et qu'il y a eu plus de part que le P. César de Bus.) *Toulouse, J. Pech*, 1676, in-8.

Examen d'un livre qui a pour titre : « Parallèle des différentes méthodes de traiter la maladie vénérienne ». (Par Keyser.) *Amsterdam et Paris*, 1765, in-12.

Examen d'un livre (de Necker) qui a pour titre : « Sur la législation et le commerce des grains. » (Par Jean-Pierre-Louis de La Roche du Maine, marquis de Luchet.) *S. l.*, 1775, in-8.

Examen d'un livre qui a pour titre : « T. Tronchin... de colica Pictonum », par un médecin de Paris (Mich.-Ph. Bouvart). *Genève*, 1758, in-8. — *Genève*, 1767, in-8.

Examen d'un ouvrage qui a pour titre : « Illustrationes Theophrasti, in usum botanicorum præcipue peregrinantium, » auctore J. Starkhouse,... (Par J.-J. Paulet.) *Paris, M*me *Huzard*, 1816, in-8, 62 p.

Examen d'un projet de réforme maçonnique proposé par la R.·. [＿＿] : de la parfaite union, à l'or.·. de Mons, délibéré et amendé par le G.·. Or.·. de Belgique. (Par Laurent Renard.) *Liège, Collardin*, 1839, in-8, 29 p.   J. D.

Examen d'une brochure qui a pour titre : « Caroli Le Roy de aquarum mineralium natura et usu, propositiones prælectionibus accommodatæ ». (Par Pierre Estève.) *Montpellier, Martel*, 1758, in-8.

Examen d'une controverse au sujet de grammaires grecques publiées en Allemagne, en Angleterre et en France. (Par Jean-Baptiste-Vincent Pirault des Chaumes.) *Paris, Rignoux*, 1825, in-8, 4 p.

Extrait de la « Revue encyclopédique ».

Examen d'une dissertation sur l'existence des anciens comtes d'Hesdin. (Par Nicolas Gobet, garde des archives de Monsieur.) *S. l. n. d.*, in-4, 29 p.

Examen de ce que coûtent à la nation la gabelle et le tabac. (Par Guillaume-François LE TROSNE.) *Paris*, 1777, in-12.

C'est l'ouvrage intitulé « Effets de l'impôt indirect... » décoré d'un nouveau frontispice. Voyez ci-dessus, col. 37, b.

Examen de certains priviléges et autres pièces, pour servir au jugement du procès qui est entre monseigneur l'archevêque de Paris et les moines de Saint-Germain-des-Prés. In-4, 390 p.

L'exemplaire que j'ai sous les yeux contient une note manuscrite ainsi conçue :

« L'auteur de ce livre est M. DE LAUNOY, docteur de la Faculté de Paris, suivant la lettre qu'il m'écrit de Paris, le 9 janvier 1670, et se vend chez Côme Martin, rue Saint-Jacques, à Paris. »

　　　　　　　　Signé : BREYER.

Breyer était un chanoine de Troyes, connu dans la république des lettres. Grosley a publié son éloge. Voy. ci-dessus, col. 65, e.

Examen de cette question : convient-il de diminuer le nombre des sermens qui se font ? (Par J. VERNES.) *Genève*, 1775, in-8.　　　　　　　　　　V. T.

Examen de deux lettres des Observations sur les écrits modernes, au sujet de la « Description géographique et historique de la haute Normandie ». (Par D.-Mich.-Touss. CHRÉTIEN DUPLESSIS.) *S. l. n. d.*, in-12, 12 p.

Extrait du « Mercure », mai 1741.

Examen de deux propositions de loi qui doivent être faites aux chambres, l'une sur la célébration du mariage, l'autre sur la tenue des registres de l'état civil. (Par Mathieu-Mathurin TABARAUD.) *Limoges et Paris*, M. Ardant, 1824, in-8, 64 p.

Examen de deux questions importantes sur le mariage : Comment la puissance civile peut-elle déclarer des mariages nuls, sans entreprendre sur les droits de la puissance ecclésiastique? Quelle est en conséquence l'étendue du pouvoir des souverains sur les empêchements dirimant le mariage ? (Par Pierre LE RIDANT.) *S. l.*, 1753, in-4.

Voy. « Dissertation théologique et historique... » IV, 1087, f.

Examen de l'administration civile en France et des changements qu'il serait convenable d'y apporter pour l'approprier au régime de la charte ; par A.-J. L. B... (A.-J. LE BOULLENGER), ingénieur en chef des ponts et chaussées. *Paris, Gœury*, 1818, in-8.

Examen de l' « Apologie de l'abbé de

Prades ». (Par le P. Gabr. BROTIER, jésuite.) 1753, in-8, 74 p.

Voy. « Apologie de M. l'abbé de Prades », IV, 242, d.

Examen de l'apologie du sieur Peletier pour les Pères jésuites. (Par DU FERRIER.) *Paris*, J. Bouillerot, 1625, in-8.

Examen de l'eau fondante de Guilbert de Préval. (Par H.-A. TESSIER.).... *Paris*, 1777, in-4.　　　　　　　　V. T.

Examen de l'écrit de M. Guizot intitulé : « de la Peine de mort en matière politique ». (Par Maurice-André PHILIPP.) *Paris, Pélicier*, 1822, in-8, 67 p.

Examen de l'écrit intitulé : « Ultimatum à M. l'évêque de Nancy ». (Par Gab.-Nic. MAULTROT.) 1791, 3 parties in-8, 296 p.

L' « Ultimatum » fut publié en 1790, par Bertollo, électeur et représentant de la commune de Paris.

Examen de l'esclavage en général, et particulièrement de l'esclavage des nègres dans les colonies françaises de l'Amérique, par V. D. C. (Ch.-Fr. VALENTIN DE CULLION). *Paris, Maradan*, an XI-1802, 2 vol. in-8.

Voy. « Supercheries », III, 919, e.

Examen de l'essai de M. de Voltaire sur la poésie épique. Par M. Paul ROLLI. Traduit de l'anglais, par M. L. A** (l'abbé Ann. ANTONINI). *Paris, Rollin fils*, 1728, in-12, 8 ff. et 135 p.

Le nom du traducteur se trouve dans le privilége.

Examen de l' « Essai sur les préjugés » (de du Marsais ; par FRÉDÉRIC II, roi de Prusse, publié par l'abbé BASTIANI). *Londres, Nourse (Berlin, Voss)*, 1770, in-8, 70 p.

Examen de l' « Histoire de Napoléon et de la grande armée », par M. le comte Ph. de Ségur, et de la critique qu'en a faite le général Gourgaud. (Par le chef de bataillon d'état-major J.-B.-Fr. KOCH.) *Paris, impr. de Fain*, 1826, in-8, 40 p.

Tirage à part du « Bulletin des sciences militaires », tome III (1826).　　　　　　　　A. L.

Examen de l'homme des champs. Appel aux principes, ou observations classiques et littéraires sur les Géorgiques françaises... par un professeur de belles-lettres (P.-J.-B.-P. CHAUSSARD). *S. l.*, an IX, in-8.

Voy. « Supercheries », III, 256, c.

Examen de l'inoculation, par un médecin de la Faculté de Paris (Ant.-Cl. DORIGNY). *Paris, Dessain junior*, 1764, in-12.

Examen de l'instruction de l'Assemblée nationale sur la constitution du clergé. (Par l'abbé FRANÇOIS, lazariste.) *S. l. n. d.*, in-8, 38 p.

Examen de l'opinion de Son Eminence le cardinal de la Luzerne sur la publication du concordat. (Par Mathieu-Mathurin TABARAUD.) *Paris, Brajeux,* 1821, in-8, 23 p.

Examen de l'Origénisme sur l'état des âmes séparées des corps. (Par le professeur Abraham RUCHAT.) *Lausanne,* 1733, in-12.

Ruchat attaquait, dans cet écrit, Mlle Huber, auteur du « Système des anciens et des modernes », en 14 lettres. Voyez ces mots ci-après. Mlle Huber fit à Ruchat une réponse fort judicieuse, par l'ouvrage intitulé : « Suite du Livre des 14 Lettres ». Voyez ces mots.

Examen de l'ouvrage intitulé : « De la Défense du territoire... » par l'auteur de l'ouvrage intitulé : « du Projet de fortifier Paris » (Ch. RICHARDOT). *Paris, Corréard,* 1841, in-8.

Voy. tome IV, 867, *a.*

Examen de la brochure (de MM. Itard et Yvan) dirigée contre l'ouvrage de médecine légale criminelle publiée par Jacques Poilroux. (Par le docteur J. POILROUX.) *Brignoles, imp. de Perreymond-Dufort,* 1834, in-8, 2 ff. lim. et 40 p.

Examen de la conduite de la Grande-Bretagne, à l'égard de la Hollande, depuis la naissance de la république. (Par PLUMARD DE DANGEUL.) *Paris (La Haye),* 1756, in-8.

Examen de la conduite des religieuses de Port-Royal, touchant la signature du fait de Jansenius, selon les règles de l'Eglise et de la morale chrétienne. (Par Noël DE LA LANE.) *S. l.,* 1064, in-4, 1 f. de tit. et 18 p.

Examen de la constitution de don Pedro et des droits de don Miguel... (Par le comte DE BORDIGNÉ.) *Paris, de la Forest (Morinval),* 1827, in-8. D. M.

Examen de la constitution de la France en 1799, et comparaison (de cette constitution) avec la constitution monarchique de cet Etat. (Par le baron A.-J.-B. AUGET DE MONTYON.) *Londres, Dulau,* 1800, in-8, 159 p.

Examen de la critique des « Martyrs » (de M. de Chateaubriand) insérée dans le « Journal de l'Empire » (du 13 mai 1809, etc.). (Par Guy-Marie DEPLACE.) *Lyon, Ballanche,* 1809, in-8, 96 p.

Extrait du « Bulletin du Rhône » des 13, 20 et 29 mai, 14 et 21 juin, et 5 juillet 1809.

Réfutation des articles publiés par Hoffman dans le journal cité.

On trouve dans cette brochure trois articles sur le « Génie du Christianisme », tous signés G.

M. Deplace a encore publié un « Examen de la nouvelle critique des Martyrs », insérée dans le « Journal de l'Empire ». *Lyon, Ballanche,* 1810, in-8, 23 p.

Examen de la Doctrine touchant le salut des payens, ou nouvelle apologie pour Socrate, par J. Aug. EBERHARD, traduit de l'allemand (par Ch.-Guill.-Fréd. DUMAS). *Amsterdam, Van Harrevelt,* 1773, in-8.

Les littérateurs français savent que le célèbre Turgot publia, sous le nom d'un BACHELIER UBIQUISTE, les « Trente-sept Vérités opposées aux Trente-sept Impiétés contenues dans Bélisaire ».

Cet ouvrage, qui est une réfutation ironique des hérésies que la Sorbonne trouvait dans le roman de Marmontel, a été pris par Eberhard, dans l'ouvrage ci-dessus décrit, pour le jugement de la Sorbonne elle-même.

Voy. « Supercheries », I, 450, *f.*

Examen de la latinité du P. Jouvency, avec la critique de Fréron. (Par l'abbé Joseph VALART.) *S. l. n. d,.* in-12, 26 p.

Examen de la législation sur le service en campagne et dans les places assiégées, ou recueil interprétatif de tout ce qui a été officiellement publié à ce sujet depuis 1753 jusqu'à présent, par l'auteur du « Manuel d'infanterie » (le colonel Et.-Alex. BARDIN). *Paris, Magimel,* 1814, in-12.

Examen de la lettre circulaire de l'assemblée tenue à Paris, le 2 octobre 1663. (Par Antoine ARNAULD,) *S. l. n. d.,* in-4, 71 p.

Examen de la lettre de J. J. Rousseau sur la musique françoise. (Par BATON.) 1753, in-8.

Réimprimé la même année avec le nom de l'auteur.

Examen de la lettre de MM. les vicaires généraux du chapitre à MM. les curés et desservans du diocèse de Troyes. (Par l'abbé GROU.) *Troyes, veuve André,* 1814, in-8, 88 p.

Examen de la Liberté originaire de Venise (attribuée à D. Alfonse DE LA CUEVA, ou plutôt à Marcus VELSERUS), traduit de l'italien (par Ab.-Nic. AMELOT DE LA HOUSSAYE), avec une harangue de Louis HÉLIAN, ambassadeur de France, contre les Vénitiens, traduite du latin (par le même AMELOT), et des remarques historiques. *Ratisbonne, Jean Aubri,* 1677, in-12.

Réimprimé à Amsterdam en 1683 et avec l' « Histoire du gouvernement de Venise » du même Amelot, *Paris, Léonard,* 1685, 2 tom. in-12. Cet ouvrage est la traduction du *Squitinio della liberta Veneta, Mirandola*, 1612, in-4, 1619, 1658, 1681. Voir sur ce livre, qui fit grand bruit et que le Sénat de Venise condamna au feu, un article détaillé dans le « Dictionnaire des Anonymes et Pseudonymes Italiens » de Melzi, tom. III, p. 93.

Examen de la loi sur les tabacs, proposée par M. Mercier, adressé aux chambres législatives, au nom des fabricants et des débitants de tabac, etc. (Par Laurent RENARD.) *Liége, Collardin*, 1844, in-8, 80 p.   J. D.

Examen de la manière de prêcher des protestans françois, et du culte extérieur de leur sainte religion, où l'on rapporte quatre lettres sur ces matières et sur quelques autres qui en dépendent. (Attribué à Armand BOISBELEAU DE LA CHAPELLE, auteur des articles théologiques de la « Bibliothèque raisonnée ».) *Amsterdam, Covens*, 1730, in-8.

« Critique désintéressée des journaux littéraires » (par Bruys), t. III, p. 158 et suiv.

Examen de la méthode d'enseignement ordinaire et des améliorations dont elle est susceptible.... (Par D. MARTIN.) *Huy*, 1835, in-8, 48 p.

Examen de la « Notice sur l'épizootie qui règne sur le gros bétail, par Girard et Dupuy ». par E. T. N. (E.-T.-N. BARTHÉLEMY ainé). *Paris*, 1817, in-8, 60 p.

Examen de la nouvelle critique des « Martyrs ». (Par Guy-Marie DEPLACE.) *Lyon, Ballanche*, 1810, in-8, 23 p.

Voyez ci-dessus, « Examen de la critique... », col. 343, *f*.

Examen de la nouvelle Histoire de Henri IV de M. de Bury, par M. le marquis de B*** (DE BELLESTAT, ou plutôt par LA BEAUMELLE), lu dans une séance de l'Académie, auquel on a joint une pièce analogue (le Président de Thou justifié.... par VOLTAIRE): *Genève, C. Philibert*, 1768, in-8, 99 p. — *Londres*, 1769, in-8, 76 p. Voy. « Supercheries », I, 434, *e*.

Examen de la nouvelle organisation du service des postes, en ce qui concerne le contrôle spécial des grands bureaux, par un ancien employé des postes (Ph. DE MÉVIUS). *Bruxelles, Tircher*, 1842, in-8.   J. D.

Examen (par J.-J. PAULET) de la partie botanique de l'Essai d'une histoire pragmatique de la médecine, par Kurt Sprengel, trad. sur la 2e édit. par Ch.-Fred. Geiger, médecin. *Paris, Bailleul*, 1815, in-8, 24 p.

Examen de la possession des religieuses de Louviers. (Par Pierre YVELIN, médecin du roi.) *Paris*, 1643, in-4, 18 p.

Voyez « Response à l'Examen... » (Par LEMPERIERE et MAIGNART, médecins agrégés.) *Rouen*, 1643, in-4, 44 p.

Le titre de départ, page 3, porte en plus : Tiré d'une lettre escrite par une personne de croyance à un sien amy.

Voy. « Supercheries », III, 84, *d*.

Le nom de l'auteur y est, par erreur, écrit : YSALIN.

Examen de la poudre, traduit de l'italien (d'Alex.-Vic. PAPACINO D'ANTONI), par DE FLAVIGNY. *Paris, Ruault*, 1773, in-8.

Examen de la prétendue possession des filles de la paroisse de Landes, diocèse de Bayeux, et Réfutation du mémoire par lequel on s'efforce de l'établir. (Par l'abbé Charles-Gabriel PORÉE.) *A Antioche (Rouen), chez les héritiers de la Bonne Foi, à la Vérité*, 1737, in-4, 27 p. plus x p. prélimin.

Le mémoire réfuté est celui présenté à douze docteurs de la Sorbonne, par M. de Leaupartie, père des demoiselles déclarées possédées.

Voy. p. 64-65 de « Notice biogr. et littér. sur les deux Porée » ; par M. Alleaume. *Caen, Hardel*, 1854, in-8, 90 p. Travail couronné par l'Académie de Caen et extrait de ses « Mémoires... »

Ce mémoire a été reproduit dans un autre ouvrage du même auteur : « le Pour et le Contre de la possession des filles de la paroisse de Landes... » 1738, in-8; voy. ces mots.

Consulter, au sujet de divers écrits relatifs à cette affaire, le « Manuel du Bibliographe normand », par M. Frère, tom. II, p. 404.

Examen de la proposition de MM. Dubus et Brabant, tendant à conférer à l'Université catholique de Louvain la qualité de personne civile. (Par BAGUET, professeur de langues anciennes et secrétaire de l'Université catholique de Louvain.) *Louvain, Van Linthout*, 1841, in-8.   J. D.

Examen de la question de l'obéissance militaire dans les rapports de l'armée avec les citoyens. Par l'auteur de la brochure : « Encore un mot sur l'armée » (le capitaine d'Etat-major et depuis général BEDEAU). *Paris, imp. de L. Normant*, 1836, in-8.

Examen de la question de savoir si les anciens cimetières appartiennent aux communes ou s'ils sont la propriété des fabriques, par I. V. O. (Isidore VAN OVERLOOP), avocat. *Bruxelles, Decq*, 1842, in-8, 16 p.   J. D.

Examen de la question militaire belge, dans ses rapports avec les intérêts généraux du pays, pour servir de réponse à

M. H. Marichal, par un officier d'artillerie (le capitaine Jean-Nicolas MERJAI). *Bruxelles, Desprez-Parent*, 1844, in-8, 66 p.

Examen de la question, si les décimateurs ont l'intention fondée en droit à la perception de la dime des fruits insolites en Flandres...? (Par MASSEZ, conseiller au conseil de Flandres.) *Gand*, 1780, in-8.

V. T.

Examen de la question, si les inscriptions des monumens publics doivent être en langue nationale? (Par Adrien-Jean-Baptiste LE ROI, ancien commissaire de marine.) *Amsterdam et Paris*, 1783, in-8, 52 p.

Examen de la question : si les prêtres doivent recevoir un traitement de l'État. Par M. Frédéric*** (Frédéric CHARRASSIN cadet), avocat près la cour royale de Lyon. *Paris, Prévot*, 1831, in-8, 71 p.

Examen de la religion soi-disant réformée, par M. le curé de *** (l'abbé DE LA VENTE). *Amsterdam*, 1787, in-8.

Examen de la Réponse de M. Necker à M. l'abbé Morellet, sur la Compagnie des Indes. (Par l'abbé André MORELLET.) *Paris, Desaint*, 1769, in-4.

Examen de la « Requête présentée à la reine » par le gazetier (c.-à-d. Renaudot ; par René MOREAU). *S. l.*, 4 nov. 1643, in-4, 40 p.

Examen de la seconde lettre du jurisconsulte français au ci-devant notaire des Pays-Bas sur la communication, en fait de religion, avec les prêtres qui ont prêté le serment. (Par S.-P. ERNST.) *Maestricht*, in-8, 54 p.

Examen de la suite des papes, sur les prophéties attribuées à saint Malachie. (Par le P. Claude-François MENESTRIER.) *Paris, R.-J.-B. de La Caille*, in-4.

Examen de la théologie de M. Bayle, répandue dans son Dictionnaire, etc. (Par Isaac JAQUELOT.) *Amsterdam, L'Honoré*, 1706, in-12.

Examen de la théorie et de la pratique de M. Necker dans l'administration des finances de la France. (Par le président DE COPPONS.) *S. l.*, 1785, in-8, 536 p.

« Correspondance secrète, politique et littéraire ». *Londres*, 1790, t. XVIII, p. 222.

Examen de la traduction des livres 34, 35 et 36 de Pline l'Ancien, avec des notes, par M. Falconet, imprimée à *Amsterdam* en 1772. (Par C.-G.-F. DUMAS.) In-12, dans

le « Journal encyclopédique » de juillet à septembre 1775, et in-8, dans le sixième volume des « Œuvres d'Étienne FALCONET, » *Lausanne*, 1781.

Voyez la Lettre de M. Falconet à M. ***, ou Réponse à un prétendu examen de la traduction de trois livres de Pline (*Saint-Pétersbourg*), 1776, in-8 de 75 pages, et dans le sixième volume de la collection des « Œuvres » de l'auteur.

Examen de la tragédie d'Inès de Castro. (Par Philippe LEFEBVRE.) *Paris*, 1723, in-8.

Examen de la Transsubstantiation. (Ouvrage posthume de LE COQ, conseiller au Parlement de Paris.) *Londres, de Wats*, 1720, in-8.

Examen de plusieurs questions importantes sur le commerce des grains et sur les moyens d'assurer la subsistance des villes. Par M. DE B..... (Louis DE BOISLANDRY), député de la prévôté-vicomté de Paris hors murs. *Paris, imp. nationale*, 1789, in-8, 24 p.

Examen de quatre actes publiés de la part des jésuites ès années 1610, 1612 et 1626, contenant la déclaration de leur doctrine sur le temporel des rois... (Par Godefroi HERMANT.) *Paris*, 1633, in-8. — *Paris*, 1643, in-8.

Examen de quelques objections faites à l'auteur du nouvel Abrégé chronologique de l'Histoire de France, dans l'ouvrage (de Dreux du Radier) intitulé : « Mémoires historiques, critiques et anecdotes de France. » (Par l'abbé P.-J. BOUDOT.) *Paris, Prault*, 1764, in-8.

Examen de quelques passages de la traduction du Nouveau Testament imprimé à Mons. (Par Charles MALLET.) *Rouen, Viret*, 1676, in-12, 495 p. — 2e édit. *Ibid. id.*, 1677, in-12, 496 p.

Examen de trois ouvrages sur la Russie par MM. Chantreau, Rulhières et Masson ; par l'auteur du « Voyage de deux Français, » etc. (Alph.-T.-Jos.-And.-Mar. DE FONTIA dè Piles). *Paris, Ba- tilliot*, 1802, in-12, 176 p.

Examen des apparitions et révélations de l'ange Raphaël à Thomas Martin, serviteur de Dieu, dans les mois de janvier, février, mars et avril 1816. (Par le président L.-Ph.-Jos. JOLY DE BÉVY.) *Dijon, Coquet*, 1817, in-8, 96 p.

Examen des articles organiques publiés à la suite du concordat de 1801, dans leurs rapports avec nos libertés, les règles générales de l'Église et la police de l'État... (Par M. JAUFFRET, maître des requêtes.) *Paris, Eymery*, novembre 1817, in-8, VIII-147 p.

Examen des avantages et des désavantages de la prohibition des toiles peintes. (Par Fr. VÉRON DE FORBONNAIS.) *Marseille*, 1755, in-12.

Examen des budgets de l'exercice 1814... par J.-B. B. (J.-B. BERTHELIN), négociant de Troyes. *Troyes, Gobelet*, 1817, in-4, 24 p. et 6 ff.

Examen des budgets pour l'année 1818, des directions générales et administrations de finances. (Par Eus. SALVERTE.) *Paris, J.-G. Dentu*, 1818, in-8.

4 cahiers. Le dernier porte le nom de l'auteur.

Examen des causes des succès et des disgrâces à la guerre, arrivés depuis Cyrus jusqu'à nos jours. (Par D'ÉCRAMMEVILLE.) *Paris*, 1793, in-8.

C'est le même ouvrage que l'« Essai historique et militaire sur l'art de la guerre ».

Voyez ci-dessus, col. 215, *f*.

Examen des causes destructives du théâtre de l'Opéra, et des moyens qu'on pourrait employer pour le rétablir ; ouvrage spéculatif, par un amateur de l'harmonie. *Londres et Paris, veuve Duchesne*, 1776, in-8, 40 p.

Par GABRIEL, d'après une note manuscrite sur l'exemplaire de la Bibliothèque nationale.

Par Joseph GABRIEL, de Bordeaux, d'après M. DE MANNE.

Examen des Confessions du comte de ***, écrites par lui-même à un ami. (Par Jean SOUBEIRAN DE SCOPON.) *Amsterdam*, 1742, in-12.

Examen des critiques du livre intitulé : « de l'Esprit. » (Par Georges LE ROY.) *Londres*, 1760, in-12, 276 p.

Examen des décrets du Concile de Trente, et de la jurisdiction françoise sur le mariage. (Par Gabriel-Nicolas MAULTROT.) *En France*, 1788, 2 vol. in-12.

Examen des défauts théologiques, où l'on examine les moyens de les réformer. (Par le P. Jos. BARRE, genovéfain.) *Amsterdam, Uitwerf*, 1744, 2 vol. in-12.

Examen des difficultés qu'on oppose à la promesse de fidélité à la Constitution. (Par l'abbé JALABERT.) *Paris, Leclere*, 1800 et 1801, in-8.

Examen des diverses opinions émises à la Chambre des députés dans la session de 1828, sur la fabrication et la libre impor-

tation du salpêtre. (Rédigé par A.-M.-J.-J. DUPIN aîné, d'après les notes de LECOQ, commissaire des poudres et salpêtres à Paris.) *Paris, imp. d'Everat*, 1829, in-8.

Examen des doctrines de MM. Fiévée et de Chateaubriand dans les ouvrages intitulés : « Histoire de la session de 1815 », et « de la Monarchie selon la Charte ». *Paris, imp. de Cellot*, 1816, in-8, 123 p.

Par DE WOLX, d'après une note manuscrite sur l'exemplaire indiqué sous le n° 44942 du « Catalogue de la Bibliothèque de Nantes ».

Le Rédacteur du catalogue ajoute : « Ce DE WOLX n'est-il pas un pseudonyme, et le véritable auteur ne serait-il pas le chevalier Armand PHILPIN ? »

Examen des eaux minérales de Verberie. (Par l'abbé Cl. CARLIER, pour la partie historique, et par Jacq.-Franç. DE MACHY, apothicaire de Paris, pour l'analyse chimique.) *Paris, Guérin*, 1759, in-12.

Examen des effets que doivent produire l'usage et la fabrication des toiles peintes. (Par Jacq.-Nic. MOREAU.) *Genève et Paris, veuve Delaguette*, 1759, in-12.

Examen des endroits de l'accomplissement des prophéties de M. Jurieu, etc. (Par Jacq. GOUSSET, qui demeurait alors à Dordrecht, et qui a été depuis professeur à Groningue.) 1687, in-12.

Cet ouvrage a eu deux éditions. La seconde est augmentée.

Examen des esprits propres et naiz aux sciences, où, par merveilleux et utiles secrets, tirez tant de la vraye philosophie naturelles (*sic*) que divine, est démonstrée la différence des grâces et habilitez qui se trouvent aux hommes, et à quel genre de lettres est convenable l'esprit de chacun... (Par J. HUARTE.) Trad. de l'espagnol en françois par Gabr. CHAPPUIS. Édition dernière. *Paris*, 1619, in-12. — Autre édition, *Rouen, Th. Reinsart*, 1688, in-16.

La première édit. de cette traduction est intit. : « Anachrèse ou parfait jugement et examen des esprits », *Lyon*, 1580, in-16.

— Autre traduction. (Par Charles VION D'ALIBRAY.) *Paris, Le Bouc*, 1645, in-8, 825 p., réimprimée avec le nom de son auteur.

Voy. Graesse, « Trésor », t. III, p. 384.

Examen des études de M. N. Considérant sur la révolution du XVIe siècle dans les Pays-Bas espagnols. (Par Arsène LOIN.) *Bruxelles, Vanderauwera*, 1852, in-32, 78 p.   J. D.

Examen des faits et des doctrines consignées dans le rapport adopté par le conseil communal de Liége, dans sa séance du 27 mars 1841, par l'évêque du diocèse de Liége (Corneille Van Bommel). *Liége*, 1841, in-8.   J. D.

Examen des faussetés sur les cultes chinois, avancées par le P. Jouvenci, jésuite, dans l'histoire de la compagnie de Jésus (livre 19); traduit d'un écrit latin composé par le R. P. Minorelli, de l'ordre de Saint-Dominique, missionnaire à la Chine, avec le texte en latin. 1714, in-12.

La traduction est de Nicolas Petitpied, docteur de la maison et société de Sorbonne. Quant à l'original latin, on a tort de le donner au P. Minorelli, et de le supposer missionnaire de la Chine, où il n'a jamais été. Cet écrit est de Charles Maigrot, vicaire apostolique, évêque de Conon. (Note tirée du Catalogue de l'abbé Goujet.)

Examen des méthodes proposées par messieurs de l'assemblée du clergé de France en l'année 1682. (Par Jacques Basnage, ministre de Rouen.) *Cologne, P. Marteau*, 1684, in-4. — *Rotterdam, de Graef*, 1684, in-12.

Examen des motifs à la vertu, tirés du principe de l'amour-propre; trad. de l'allemand (de Steinbart) avec des remarques et des additions du traducteur. *Amsterdam*, 1774, in-8.

Examen des moyens adoptés pour augmenter le pouvoir et améliorer le sort du tiers-état. (Par C.-P. Coquéau.) 1789, in-8.

Examen des nouveaux écrits de la province sur la propriété du Rhône. (Par dom Fr.-Nic. Bourotte.) *Paris*, 1768, in-4.

Examen des nouvelles fables de Phèdre qui ont été trouvées dans le manuscrit de Perotto... Doutes sur leur authenticité. Par A. E. (A. Egron). *Paris, imp. de A. Egron*, 1812, in-12, 2 ff. de tit. et 68 p.

Examen des Œuvres de M. l'abbé de Brion, ouvrage en forme de catéchisme, dans lequel on découvre le vrai système de cet auteur; par un docteur de Sorbonne (l'abbé Olivier). *Paris*, 1725, in-12.

L'abbé de Brion a répondu à cet examen.

Examen des opérations et des travaux de César au siége d'Alésia. Par Léopold Vacca Berlinghieri, lieutenant-colonel dans l'armée française. *Lucques*, 1812, in-8.

Une notice placée en tête de cet ouvrage, publiée après la mort de l'auteur, est signée : « Un capitaine français ». Elle est de M. Charles Dupin, alors capitaine du génie maritime.

Examen des ordinans, par un supérieur

de séminaire (le P. P.-E.-V. du Vivier). *Paris, Est. Michallet*, 1692, in-8.

Réimprimé avec le nom de l'auteur.

Examen des pièces concernant les différents entre l'archevêque de Tours et son chapitre. (Par J. de Launoy.) In-4.

Examen des plaintes des médecins de province présentées au roi par la Faculté de médecine de Paris. (Par Ant. Louis.) *S. l.*, 1749, in-4, 13 p. — Addition à l' « Examen... » *S. l. n. d.*, in-4, 11 p.

Examen des poésies sacrées de M. Le Franc. (Par Victor de Riquetti, marquis de Mirabeau.) 1755, petit in-12.

Examen des préjugés vulgaires, pour disposer l'esprit à juger sainement de tout. (Par Cl. Buffier, jésuite.) *Paris, Mariette*, 1704, in-12. — Nouvelle édit., considérablement augmentée. *Evreux et Paris, Giffart*, 1725, in-12.

Réimprimé dans les « Œuvres philosophiques du P. Buffier ». *Paris, Delahays*, 1843, in-12.

Examen des principes d'après lesquels on peut apprécier la réclamation attribuée à l'Assemblée du clergé en 1760. *S. l. n. d.*, in-12, 71 p.

Cette brochure, qui regarde l'excommunication des comédiens, a été attribuée à Fr. Richer, avocat.

Examen des principes de gouvernement qu'a voulu établir l'auteur des « Observations sur le refus que fait le Châtelet de reconnaître la chambre royale ». (Attribué au vicomte d'Alès de Corbet.) *S. l.* (1753), in-12, 168 p.

Examen des principes de la constitution civile du clergé, par M. l'évêque de Viviers (Ch. de La Font de Savine). *Lyon*, 1792, in-8.

Examen des principes de la Révolution française. (Par l'abbé Duvoisin.) *Wolfenbuttel*, 1795, in-8.

Réimprimé sous le titre de : « Défense de l'ordre social ». Voy. IV, 854, c.

Examen des principes des alchymistes sur la pierre philosophale. (Par François Pousse, docteur en médecine.) *Paris*, juillet 1711, in-12.

Examen des principes du pastoral de Paris sur le sacrement de l'ordre. In-12, 158 p. — Sur le ministre du sacrement de pénitence et son pouvoir. In-12, 128 p. — Sur les censures et les cas réservés. In-12, 236 p. — Sur le sacrement de mariage. In-12, 243 p. — Sur les dispenses de mariages. In-12, 128 p. — Nouvel examen des principes du pastoral de Paris sur le sacrement de mariage, et récit de la dispute qui subsiste entre les cours de Rome et de Naples, sur une question matrimoniale. In-12, 348 p.

Tous ces écrits sont de Gab.-Nic. MAULTROT ; ils ont paru dans le cours des années 1788 et 1789.

Examen des principes émis par les membres de la majorité et de l'opposition de la Chambre des députés pendant la session de 1816, par L. T. (Léon THIESSÉ). Paris, Lhuillier, 1817, in-8, 141 p.

Examen des principes les plus favorables aux progrès de l'agriculture, des manufactures et du commerce de France, par L. D. B. (Louis DE BOISLANDRY). Paris, Ant.-Aug. Renouard, 1815, 2 vol. in-8.

Examen des principes sur l'intrusion, posés par M. Larrière, dans son ouvrage intitulé « Suite du préservatif contre le schisme... » (Par Gabriel-Nicolas MAULTROT.) Paris, Dufresne, 1792, in-8, 259 p.

Examen des principes sur le schisme posés par M. Larrière dans son ouvrage intitulé : « Suite du préservatif contre le schisme », etc., et nouvelle défense de la « Véritable Idée du schisme », contre M. Larrière, et contre l'auteur des anciennes « Nouvelles ecclésiastiques ». (Par Gabriel-Nicolas MAULTROT.) Paris, Dufresne, 1792, in-8.

Examen des priviléges et autres pièces du procès entre l'archevêque de Paris et les moines de Saint-Germain-des-Prés. (Par J. DE LAUNOY.) S. l. (1657), in-4.

Examen des prophéties qui servent de fondement à la Religion chrétienne... (Traduit de l'anglois de COLLINS, par le baron D'HOLBACH.) Londres (Amsterdam, M.M. Rey), 1768, in-8.

Examen des rapports établis par la charte entre le gouvernement et les Églises catholiques romaines du royaume de France. (Par le comte PASSERO DE CORNELIANO.) Paris, Bailleul, 1817, in-8, 16 p.

Examen des « Recherches philosophiques sur l'Amérique et les Américains », et de la défense de cet ouvrage. (Par Ant.-Jos. PERNETY.) Berlin, Decker, 1771, 2 vol. in-8.

Examen des règlements des 9 et 23 octobre 1787, par rapport à l'ordonnance du roi du 6 mai 1814, portant établissement d'un conseil de la guerre. (Par LACROIX, ancien secrétaire de la section de la guerre du conseil d'État.) 1814, in-8, 34 p.

On doit au même auteur des « Réflexions sur le règlement du Conseil d'Etat ». S. d., in-8, 8 p.

Examen des septante semaines de Daniel, du vœu de Jephté et du décret apostolique, art. XV. (Par Jean LE BLANC, Français réfugié, ministre luthérien à Copenhague.) Amsterdam, Étienne Roger, 1707, in-12, 384 p.

« Bibliothèque sacrée » de dom Calmet, quatrième partie.

Dom Calmet cite deux fois cet ouvrage à l'article du vœu de Jephté, une fois avec le nom de l'auteur et une fois comme anonyme ; il le cite une troisième fois sous le voile de l'anonyme, à l'article des 70 semaines de Daniel.

Examen des systèmes de J.-J. Rousseau et M. Court de Gebelin. (Par l'abbé Jos.-Marie LE GROS.) Genève, 1786, in-8.

Examen des systèmes du monde, où l'on discute quel est le véritable. (Par François-Dominique RIVARD.) 1765, in-12, 64 p. — Supplément. Paris, 1768, in-12.

L'auteur rejette le système de Copernic, et n'admet celui de Tycho qu'avec la correction de Longomontanus.

Examen des trois Dissertations que M. Desaguliers a publiées sur la figure de la Terre, insérées dans les « Transactions philosophiques » de la Société royale de Londres, nos 386, 387 et 388. (Par DE MAUPERTUIS.) Oldenbourg, Bachmuller; Paris, 1738, in-12, 46 p.

Examen désintéressé des différents ouvrages qui ont été faits pour déterminer la figure de la Terre. (Par DE MAUPERTUIS.) Oldenbourg (Paris), 1738, in-12.— Seconde édition, augmentée de l'Histoire de ce livre. Amsterdam, 1741, in-8.

Voyez la « Bibliographie astronomique » de La Lande, Paris, 1803, in-4, p. 406.

Examen détaillé de l'importante question de l'utilité des places fortes et retranchements. Strasbourg, 1789, in-8.

Dans la seconde édit. du « Dictionnaire », cet ouvrage était donné sous le nom du général J.-C.-E. LEMICHAUD D'ARÇON, mais à la table cette attribution est qualifiée de fausse avec renvoi au nom du général F.-P. FOISSAC-LATOUR. Quérard, dans sa « France littéraire », le donne sous le nom de chacun de ces généraux.

Examen du Bélisaire de M. Marmontel. (Par l'abbé Fr.-Marie COGER.) Paris, de Hansy, 1767, in-12, 138 p.

Cette critique a été réimprimée.

Examen du budget proposé par le ministre des finances pour l'année 1817, par l'auteur des « Considérations sur l'organisation sociale », imprimées à Paris, chez Migneret, en 1802 (Jean Saint-Sardos de Montagu, marquis de Mondenard). *Paris, Dentu, 1817, in-8.*

Examen du budget proposé pour 1818 par le ministre des finances, avec l'indication des moyens de faire cesser les désordres de l'administration du royaume, par l'auteur des « Considérations sur l'organisation sociale », imprimées à Paris, chez Migneret, en 1802 (Jean Saint-Sardos de Montagu, marquis de Mondenard). *Paris, A. Bailleul,* janvier 1818, in-8.

Examen du Catéchisme de l'honnête homme, ou dialogue entre un Caloyer et un homme de bien. (Par l'abbé Laurent François.) *Bruxelles et Paris, Babuty,* 1764, in-12.

Examen du compte rendu par M. C., dans le premier « Bulletin universel des annonces et nouvelles scientifiques de 1815 », de l'ouvrage intitulé : « Considérations sur la défense des États d'après le système militaire actuel de l'Europe ». (Par Lambel.) *Paris, imp. Dondey-Dupré,* 1825, in-4.

Examen du décret de l'Assemblée constituante, du 27 août 1791, où l'on traite de la question du célibat ecclésiastique, de l'indissolubilité du mariage, pour les concilier avec ce décret, par M. Ch. D. L. R., anc. E. D. R. (L. Charrier de La Roche, ancien évêque de Rouen). *Paris, Leclere,* 1792, in-8.

Examen du décret du concile de Trente, sur l'approbation des confesseurs. (Par Gabriel-Nicolas Maultrot.) 1784, 2 vol. in-12.

Examen du discours publié contre la maison royale de France, et particulièrement contre la branche de Bourbon... par un catholique... mais bon François (Pierre de Belloy)... (*Paris*), 1587, in-8.

Une autre édition, publiée la même année, porte : « Examen du discours publié par ceux de la Ligue contre la maison royalle de France... »

Examen du discours qui a remporté le prix de l'Académie françoise l'an 1760 (l'Éloge de Daguesseau), ou lettres à M. Thomas, professeur au collége de Beauvais. (Par le P. Isidore Mirasson, barnabite.) *S. l.* (1760), in-12.

Examen du fatalisme, ou exposition et réfutation des différents systèmes de fata-lisme. (Par l'abbé François-André-Adrien Pluquet.) *Paris, Didot,* 1757, 3 vol. in-12.

Examen du gouvernement d'Angleterre, comparé aux constitutions des États-Unis, traduit de l'anglais (de Robert-A. Livingston, par M. Fabre), avec des notes (par Dupont de Nemours, Condorcet et J.-Ant. Gauvain Gallois). *Londres et Paris, Froullé,* 1789, in-8.

Examen du libelle intitulé : « Histoire de l'établissement des moines mendians... » (Par le P. Charles-Louis Richard, dominicain.) *Avignon,* 1767, in-12, 100 p.

Examen du livre de la « Réunion du christianisme », où l'on traite de la tolérance en matière de religion et de la nature et de l'étendue des points fondamentaux. Avec une courte réponse à l' « Apologie pour le livre de la Réunion ». (Par P. Jurieu.) *S. l.* (*Orléans, Rousselet*), 1671, in-12, 424 p.

Examen du livre intitulé : « du Témoignage de la vérité dans l'Église », par le P. D. J. (le P. Gabriel Daniel, jésuite). *Paris, Nic. Le Clerc,* 1715, in-12.

Examen du livre intitulé : « Réflexions politiques sur les finances et le commerce ». (Attribué à François-Michel-Chrétien Deschamps.) *La Haye, frères Vaillant,* 1740, 2 vol. in-12.

Joseph Paris-Duverney a été en grande partie l'auteur de cet ouvrage.
Voy. « Supercheries », I, 910, f.

Examen du livre intitulé : « Remontrances et conclusions des gens du roi, et arrêt du Parlement du vingt-sixième novembre MDCX », attribué faussement à M. Servin, conseiller du roi et son avocat en la cour de Parlement de Paris, sur le livre du cardinal Bellarmin... (Par Michel de Marillac, depuis garde des sceaux.) *S. l.,* 1610, in-8. — *S. l.,* 1611, in-8.

Le P. de Backer a donné une Bibliographie complète de tout ce qui a été publié à l'occasion de l'ouvr. du P. Bellarmin : *Tractatus de potestate summi Pontificis.* Voy. la 2e édit. de la « Bibliothèque des Écrivains de la compagnie de Jésus ». *Liége-Paris,* 1869, in-fol., t. I.

Examen du ministère de M. Colbert. (Par de Bruny, ancien directeur de la compagnie des Indes.) *Paris, d'Houry,* 1774, in-8, 295 p.

Dutensiana, p. 38.

Examen du ministère de M. Pitt, traduit de l'anglois (de Jean Almon), avec des notes par DE CHAMPIGNY. *La Haye*, 1764, in-8.

Examen du nouvel ouvrage du P. Berruyer, intitulé : « Réflexions sur la foi ». (Par P.-J. GOURLIN.) *Paris*, 1762, in-12.

Examen du partage de la Pologne. (Par Ernest KORTUM.) In-4.

Examen du poëme sur la grâce (de Racine). *Bruxelles (Paris)*, 1723, in-8.

Cet examen est en 3 lettres : la première est du P. Pierre BRUMOY, la 2e du P. Pierre-Julien ROUILLÉ, et la 3e du P. HONGNANT.

Examen du pouvoir législatif de l'Église sur le mariage, où l'on relève quelques-unes des erreurs du livre (de Tabaraud) intitulé : « Principes sur la distinction du contrat et du sacrement de mariage », avec une dissertation sur la réception du concile de Trente dans l'Église de France. (Par M. l'abbé P.-Denis BOYER, sulpicien.) *Paris, Leclere*, 1817, in-8.

Examen du « Prince » de Machiavel, avec des notes historiques et politiques. *La Haye, Van Duren*, 1741 (fin sept. 1740), in-8, XXXII-364 p. (ou mieux 342).

Le faux titre porte : l' « Anti-Machiavel ou Examen... » La vignette sur le titre est signée *D. Coster inv. I. Besset fecit*.

C'est la première publication du texte de FRÉDÉRIC II, revu en partie par VOLTAIRE, puis en partie par BRUZEN DE LA MARTINIÈRE, sur l'ordre et pour le compte de l'éditeur Van Duren, à la suite de sa rupture avec Voltaire. (Voy. l'art. Anti-Machiavel, IV, 215, f.)

La traduction du « Prince » et les notes historiques et politiques sont de A.-N. AMELOT DE LA HOUSSAYE. L' « Examen » seul est du roi de Prusse. C'est le texte qui a été suivi dans l'édition des « Œuvres de Frédéric », publiées du vivant de l'auteur, en 1789. Il a été reproduit aussi en 1834 et en 1848, mais sous le titre de l' « Anti-Machiavel ». Voy. à la fin du présent article.

— Autre édition. *Londres, Guill. Meyer*, 1741, in-8, XX, 2 ff. n. chiff. et 340 pp.

La vignette du titre est la même que celle de l'édition de La Haye. Les différences qu'offrent ces deux éditions sont insignifiantes. La même composition a servi jusqu'à la p. 336 pour celle de Londres, où l'on a donné en 4 pages les 6 dern. p. de l'édition de La Haye (337-342).

— Même titre. *Genève, H.-A. Gosse*, 1759, in-8, XX, 2 ff. n. ch. et 335 pp.

Contrefaçon de l'édition de Londres, avec la marque de Van Duren contrefaite, et qui ne porte que ce nom : CROVIN.

— Même titre. Troisième édition, enrichie de plusieurs pièces nouvelles et originales, la plupart fournies par M. F. de Voltaire. *La Haye, Van Duren*, 1741, 2 vol. in-8.

Le texte, refondu par Voltaire, est imprimé dans le bas des pages.

— Nouv. édit. où l'on a mis au bas, par des renvois en forme de notes, les diverses leçons de toutes les

éditions précédentes, et enrichie de plusieurs pièces originales touchant l'impression de cet ouvrage. *La Haye*, 1743, in-8.

De nos jours le texte de l'édition Van Duren a été réimprimé deux fois, d'abord sous ce titre :

Anti-Machiavel ou Examen du « Prince » de Machiavel, corrigé pour la plus grande partie d'après le manuscrit original de Frédéric II. Avec une introduction et des notes historiques. *Hambourg, Fred. Perthes*, 1834, in-8, XLIV-243 pp., et un fac-simile.

M. G. Friedlander, qui a publié cette édition, possède le manuscrit original donné à son grand-père par le libraire Voss, qui le tenait de M. de Moulines, membre de la commission, chargé d'éditer les Œuvres de Frédéric en 1789. Tout en suivant le texte de cette édition, l'éditeur « s'est imposé la tâche d'y donner place à la plus légère variante que présente le manuscrit original en l'indiquant toujours par des caractères particuliers.... Mais on a rectifié l'orthographe presque partout fautive ».

Le manuscrit Friedlander est incomplet, mais les chapitres III et XXVI s'y trouvent en double rédaction et l'éditeur les donne toutes deux.

M. Preuss, chargé de l'édition des Œuvres de Frédéric publiée à *Berlin* en 1846 et années suivantes, en 31 vol. in-4 ou 31 vol. in-8, y a donné, dans le t. VIII, une réimpression du texte de l'édition Van Duren, bien qu'elle ne contienne pas tout ce qui se trouve dans le manuscrit original. Le nouvel éditeur s'est contenté de corriger quelques fautes légères, d'après l'édition publiée par Voltaire chez Pauple, et d'après la 3e édition de Van Duren, mais il donne pour la première fois la Réfutation du « Prince » de Machiavel (c'est le titre primitif) d'après le manuscrit original du roi, sans y rien changer, n'y introduisant que quelques corrections grammaticales indispensables. Malheureusement tout le chapitre II manque.

Examen du projet de desséchement du lac de Grandlieu... *Nantes, imp. de Guéraud*, 1850, in-8, 16 p.

Signé : Un Riverain (M.-N.-L. FLEURY, avocat).

Examen du projet de loi relatif au nouveau concordat, pour faire suite à l' « Examen des articles... » (Par G.-J.-A.-J. JAUFFRET.) *Paris, Eymery*, mars 1818, in-8.

Examen du Psautier françois des révérends pères Capucins. (Par le P. Ch.-Fr. HOUBIGANT.) *Paris, Didot jeune*, 1764, in-8.

Les Capucins ont publié une réponse à cet écrit, elle a 200 p. in-12.

Examen du résultat que va produire la construction d'un chemin de fer dans l'Entre-Sambre-et-Meuse pour le bassin houiller de Liége, et recherche des moyens qu'il conviendrait d'employer pour prévenir la ruine totale de ce dernier. (Par Henri BORGUET, entrepreneur de travaux à Liége.) *Liége, Oudart*, 1844, in-8, 15 p.

J. D.

Examen du salon de 1827. (Par A.-D. VERGNAUD.) *Paris, Roret*, 1827, in-8, 64 p.

Examen du sentiment des SS. Pères et des anciens juifs sur la durée des siècles, où l'on traite de la conversion des juifs, et où l'on réfute deux traités, l'un de la fin du monde, et l'autre du retour des juifs. (Par l'abbé J.-Bapt. DESESSARTS.) *Paris, Ph.-Nic. Lottin*, 1739, in-12.

Examen du système de législation établi par les édits du mois de mai 1788... adressé aux princes du sang royal et aux pairs de France... (au nom du parlement de Nancy). (Par J.-Hyacinthe DE BOUTEILLER, conseiller audit parlement, et mort président de la cour royale.) *Nancy*, 1788, in-8, 78 p.

Examen du système politique de M. Necker; mémoire joint à la lettre écrite au roi par M. de Calonne, le 9 février 1789. (Par l'abbé Jos.-Marie LE GROS, mort le 21 janvier 1790.) Avril 1789, in-8, 51 p.

Ce pamphlet a fait le tourment de Necker. Il a eu trois éditions. La première fut épuisée en peu de jours. Un ami de l'abbé Le Gros en fit faire une seconde, et la fit distribuer à tous les députés de l'Assemblée nationale à Versailles.

Examen du Traité de la liberté de penser (de A. Collins), écrit à M. D. Lig***, par M. D. Cr***** (J.-P. DE CROUZAS). *Amsterdam, L'Honoré et Chatelain*, 1718, in-12.

Voy. t. IV, 1038, d.

Examen du Traité de M. Jean Savaron, de la souveraineté du roi et de son royaume. (Par Jean LE COQ.) *S. l.*, 1615, in-8.

Examen du vuide, ou espace newtonien, relativement à l'idée de Dieu. (Par DE LA FAUTRIÈRE.) *Paris, Gissey*, 1739, in-12.

Examen et réfutation des leçons de physique expliquées par l'abbé de Molières, au collège royal. (Par l'abbé Pierre SIGORGNE.) *Paris, Jacq. Clousier*, 1741, in-12.

Voy. « Réponse aux principales objections... »

Examen et résolution des difficultés qui se présentent dans la célébration des saints mystères, par l'auteur du « Traité des dispenses » (Pierre COLLET). *Paris, de Bure*, 1752, in-12.

Souvent réimprimé avec le nom de l'auteur sous le titre de « Traité des saints mystères... »

Examen exact et détaillé du fait d'Honorius. (Par le P. MERLIN, jésuite.) 1738, in-12.

Examen fait par M. MENDES d'un ouvrage ayant pour titre : « Méthode simplifiée de la tenue des livres en partie simple ou double », par E.-T. Jones. Traduit de l'anglais par M. J. G..... (Joseph GABRIEL). *Paris, Debray*, an XII, in-8.   D. M.

Examen historique de la révolution espagnole, suivi d'observations sur l'esprit public, la religion, les mœurs et la littérature d'Espagne, par Edward BLAQUIÈRE, auteur des « Lettres écrites de la Méditerranée », traduction de l'anglais par J.-C. P*** (J.-C. PAGÈS). *Paris, Rosa*, 1823, 2 vol. in-8.

Examen historique sur l'apparition de la maladie vénérienne en Europe... (Par A.-R. SANCHÈS.) *Lisbonne (Paris, veuve Barrois et fils)*, 1774, in-8.

L'auteur avait publié en 1750 (voy. IV, 1008, a) une « Dissertation sur l'origine de la maladie vénérienne ».

Examen impartial de l'acte fait par les prétendus trois États du royaume de Portugal, assemblés à Lisbonne le 25 juin 1828, suivi d'une notice biographique sur don Miguel. Par MM. *** (A.-C. DE MELLO et SILVA). *Gand, Mestre*, 1829, in-8, 80 p.   J. D.

Examen impartial de l'avis du conseil d'Etat touchant la lettre pastorale de M. le cardinal de Clermont-Tonnerre. (Par Fr. DE LA MENNAIS.) *Paris, Blaise*, 1824, in-8, 37 p.

Cet écrit ne se retrouve dans aucun des trois volumes de « Mélanges » de l'auteur.

Examen impartial de la critique des cartes de la mer Baltique présentées au maréchal de Castries. (Par N.-G. CLERC, dit LECLERC.) *Paris*, 1786, in-4.

Se trouve aussi avec l' « Atlas de commerce », du même auteur. *Paris*, 1786, in-fol.

Examen impartial de la vie privée et publique de Louis XVI. (Par J.-Fr. ANDRÉ, des Vosges.) *Hambourg et Paris*, 1797, in-8.

Par le général Aug. DANICAN, d'après une note manuscrite.

Examen impartial de plusieurs observations sur la littérature. (Par l'abbé LE NOIR-DUPARC, ci-devant jésuite.) *Paris, Ch.-Pierre Berton*, 1779, in-8.

Examen impartial des contestations des médecins et des chirurgiens, considérés par rapport à l'intérêt public, par M. de B** (le docteur François QUESNAY). *S. l.*, 1748, in-12, 220 p.

Examen impartial des devoirs et des

droits respectifs des trois ordres, où sont indiquées les lois anciennes qui ont prononcé sur la plupart des demandes contenues dans leurs cahiers. (Par Ant. MAUGARD, généalogiste.) *Paris, Cailleau,* 1789, in-8.

Examen impartial des édits du 8 mai 1788. (Par J.-E. M. PORTALIS.) *Aix,* 1788, in-8.

Examen impartial des Epoques de la nature de M. le C. de Buffon, par l'abbé F. X. D. F. (Franç.-Xav. DE FELLER, ex-jésuite). *Luxembourg, Chevalier,* 1780, in-12.

Plusieurs fois réimprimé.

L'abbé Rossignol, ex-jésuite, comme l'abbé de Feller, et son grand ami, a donné une seconde édition de cet ouvrage, avec des corrections auxquelles l'auteur ne s'attendait pas. Elles portaient sur les erreurs de Feller en matière de physique et d'astronomie. L'abbé de Feller, loin de se fâcher, fit l'éloge du travail de son ami dans le « Journal de Luxembourg », qu'il rédigeait. (Mémoire de l'abbé Rossignol sur la généalogie de J. G. *Turin,* vers 1802, in-8, 16 p.)

Voy. « Supercheries », II, 109, *e.*

Examen impartial des immunités ecclésiastiques... (Par l'abbé CHAUVELIN.) *Londres* (*Paris*), 1751, in-12.

Examen impartial des meilleures tragédies de Racine. (Par le marquis Augustin-Louis DE XIMENÈS.) (*Paris, Merlin*), 1768, in-8, 8-80 p.

Examen impartial des « Observations sur la Constitution primitive et originaire des trois Etats de Brabant », publ. par la Société des (soi-disant) Amis du bien public à Bruxelles. (Par le curé d'Afden, S.-P. ERNST.) *Maestricht* (*Bruxelles*), 1791, in-8, 90 p.

Examen impartial du budget proposé à la Chambre des députés, le 23 décembre 1815, et projets d'amendements. Par l'auteur de l' « Opinion » et des « Observations d'un créancier de l'État » (N. BRICOGNE l'aîné). *Paris, imp. de C.-F. Patris,* janvier 1816, in-8, 198 pag. — 2e éd. *Paris, imp. de C.-F. Patris,* mars 1816, in-8.

Examen impartial du livre intitulé : « des Erreurs et de la Vérité. » Par un frère laïque en fait de science (F.-F.-G. RODE). 1791, in-8.

Examen impartial du projet de loi sur l'enseignement moyen. (Par Th. JUSTE.) *Bruxelles, Decq,* 1850, in-8, 94 p.　J. D.

Examen impartial du Siege de Calais, poème dramatique de M. de Belloy. (Par MANSON.) *Calais,* 1765, in-8.

Examen impartial et consciencieux sur le résultat des élections de l'arrondissement de Bruxelles, par un Penseur arithméticien (H. CARPENTIER). *Bruxelles, Leroy,* 1864, in-18, 4 p.　J. D.

Examen impartial et paisible des objections proposées à l'auteur des « Éclaircissements », etc. (Par l'abbé D.-M. DE CHATEAUGIRON, prêtre du diocèse de Rennes.) *Londres, chez les libraires français,* 1802, in-8, 507 et CLXVI p.

L'auteur avait examiné la grande question des démissions dans une brochure intitulée : « Eclaircissements demandés à M. l'archevêque d'Aix », in-8. Voy. ci-dessus, 9, *a.* On lui doit encore une infinité de petits ouvrages donnés sans nom d'auteur aux différentes époques de la révolution. Voyez le « Journal historique et religieux de l'émigration et déportation du clergé de France en Angleterre », par l'abbé DE LUBERSAC. *Londres, Dulau,* 1802, in-8, p. 226 et suiv.

Examen littéraire et grammatical des deux dernières traductions de Tacite, par M. Burnouf et par M. C.-L.-F. Panckoucke. Par un membre de l'Université (Jules PIERROT DE SELLIGNY, ancien proviseur du collège Louis-le-Grand). Réponse impartiale à un article colporté dans l'Université. *Paris, Brunot-Labbe,* 1834, in-8, 136 p.　D. M.

Examen (de l') militaire considéré comme entrave au recrutement des officiers de santé de l'armée. (Par A. FESTRAETS, docteur en médecine.) *S. l. n. d.,* in-8, 6 p.　J. D.

Examen pacifique adressé (par l'abbé P.-L. BLANCHARD) à messieurs (suivent les noms de vingt-deux prêtres), signataires d'une brochure intitulée : « Déclaration de quelques ecclésiastiques français résidants dans le district de Londres. » *Londres,* in-8, 92 p.

On attribue la rédaction de la brochure intitulée : « Déclaration », à l'abbé P. FEUILLET.

Examen pacifique des paradoxes d'un célèbre astronome en faveur des athées... (Par J.-B.-Claude ISOARD, plus connu sous le nom de DELISLE DE SALES.) 1804, in-8.

Ouvrage tiré à petit nombre. Dans la prétendue seconde édition des « Mémoires de Dieu », ce volume forme le tome II. (Quérard, « France littéraire », II, page 456.)

Examen philologique et littéraire de l'Histoire de Jules César (par Napoléon III), par l'auteur du « Grand Dictionnaire universel du XIXe siècle » (Pierre LAROUSSE). *Paris, Larousse et Boyer,* 1865, in-8, 23 p.

Examen philosophique de la liaison réelle qu'il y a entre les sciences et les mœurs. (Par J.-H.-Sam. FORMEY.) Avignon, 1755, in-12.

Examen philosophique de la règle de Saint-Benoît. (Par dom J.-Jos. CAJOT, bénédictin.) Avignon, 1767, in-12.

Examen raisonné des progrès de l'état actuel de la fortification permanente, par J.-G.-W. MERKES. Traduit du hollandais (par F.-X.-J. RIEFFEL). Paris, Corréard, 1846, in-8, 96 p. et 1 pl.

Examen raisonné (par l'abbé Louis TALLOT) du livre intitulé : « Dieu et l'Homme » (par Sissous, de Troyes, sous le pseudon. de Valmire, voy. « Supercheries », III, 899, f). Amsterdam, 1771, in-12, 330 p.

On a souvent confondu « Dieu et l'Homme » avec « Dieu et les Hommes » ; ce dernier écrit est de Voltaire.

Voy. « Supercheries », II, 1279, c.

Examen raisonné, ou décisions théologiques sur les commandements de Dieu et de l'Église... par un ancien professeur de théologie de la société de Saint-Sulpice (l'abbé VALENTIN). 2e édition. Lyon, Pélagaud et comp., 1839, 2 vol. in-8.

Le même auteur a publié deux autres ouvrages dont le titre commence de même : l'un « sur les devoirs et les péchés des diverses professions de la société », Lyon, Pélagaud, 1842, 2 vol. in-8 ; l'autre « sur les devoirs des prêtres, pasteurs et autres, concernant leur conduite personnelle », Lyon, L. Lesne, 1843, 2 vol. in-8.

Ces trois ouvrages ont été plusieurs fois réimprimés.

Examen rapide des questions commerciales et industrielles à l'ordre du jour en Belgique. (Par Adolphe LEHARDY DE BEAULIEU.) Bruxelles, Wouters, 1844, in-8, 102 p.　　　　　　　　J. D.

Examen rapide du gouvernement des Bourbons en France, depuis le mois d'avril 1814 jusqu'au mois de mars 1815. (Par le docteur Ant.-Fr. JENIN DE MONTÈGRE.) Paris, Colas, 1815, in-8, 72 p. — 2e éd. Paris, Colas, 1815, in-8.

Examen rapide et familier du pamphlet de Royou intitulé : « de la Bureaucratie maritime ». Par un Extrait de commissaire (VIGNETTI). Paris, Michel, 1818, in-8.

Examen sérieux et comique des Discours sur l'esprit, par l'auteur des « Lettres américaines » (l'abbé Jos.-Adrien LELARGE DE LIGNAC). Amsterdam, 1759, 2 vol. in-8.

Examen sérieux et impartial du magnétisme animal. (Par P.-A.-O. MAHON.) Londres et Paris, 1784, in-8, 43 p.

Examen sérieux et très-important de l'ouvrage qui a pour titre : « Exposition des principes sur la constitution du clergé », par les évêques députés à l'Assemblée nationale (voy. ci-après), ou Apologie des décrets sur la constitution civile du clergé, par un prêtre, docteur catholique, apostolique et romain (l'abbé J. BELLUGOU). Béziers, Fuzier, 1791, in-8.

Examen sur les eaux minérales de la fontaine de Bussang... par M. D** (Nicolas DIDELOT). Epinal, Vautrin, 1777, in-12.

Examen sur toutes les cartes générales des quatre parties de la terre, mises au jour par feu Mr de Lisle, depuis l'année 1700 jusqu'en 1725... (Par Vincent DU TOURET.) Paris, J.-B. La Mesle, 1728, in-12, 25 p. et 1 f. de priv.

Le nom de l'auteur se trouve dans l'approbation et dans le privilége.

Examen théologique de l'instruction pastorale, approuvée par l'assemblée du clergé de France, et proposée à tous les prélats du royaume pour l'acceptation et la publication de la Bulle de N. S. P. le pape Clément XI du 8 sept. 1713... (Par l'abbé Nicolas PETITPIED.) S. l., 1715-1716, 2 part. en 3 vol. in-12. — Seconde édit. rev., corr. et augmentée. S. l., 1717-1718, 2 part. en 3 vol. in-12.

Examen théologique sur la société du prêt à rente, dialogue entre Bail et Pontas, docteurs en théologie. (Par le P. GRANGIER.) Paris, 1741, in-12. — Par M***. Nancy, Duzanzo, 1762, in-12.

Examens particuliers sur divers sujets, à l'usage de toutes les sœurs consacrées à Dieu. (Par G.-J.-A.-J. JAUFFRET, évêque de Metz.) Paris, 1800, in-12. — Paris-Lyon, Rusand, 1823, in-12.

Examens particuliers sur divers sujets propres aux ecclésiastiques... par un prêtre du clergé (Louis TRONSON). Lyon, 1690, 2 vol. in-12. — 4e édit. Lyon, Declaustre, 1700, 2 vol. in-12.

Excellence de la dévotion au cœur adorable de Jésus-Christ. (Ouvrage composé en latin, et publié à Rome par le P. Joseph DE GALLIFFET, jésuite, traduit en français avec des additions par l'auteur.) Lyon, P. Valfray, 1733, in-4. — Lyon, H. Declaustre, 1743, in-4. — Nancy, veuve Balthasar, 1745, in-4. — 6e édition revue et considérablement augmentée. (Par l'abbé Ch.-Jacq. LE QUIEN DE LA NEUVILLE.) Paris, 1799, 2 vol. in-12. — Paris, Rusand, 1819, 2 vol. in-12.

Excellence (l') de la guerre d'Espagne, par A. L. B. (Laurent ANGLIVIEL LA BEAUMELLE). *Paris*, janvier 1823, in-8.

Voy. ci-dessus, « Encore un mot », col. 104, *f.*

Voy. « Supercheries », I, 230, *c.*

Excellence de la religion catholique, ou correspondance entre une société de protestans religieux et un théologien catholique ; traduit de l'anglais de M. MILNER, évêque et vicaire apostolique en Angleterre (par MASSON DE LA VERONIÈRE, émigré). *Paris*, 1823, 2 vol. in-8.

Excellence de la virginité chrétienne. *Paris*, *Martin-Beaupré*, 1864, in-8.

Le nom de l'auteur, l'abbé J.-E.-A. CHEVROTON, ne se trouve qu'au bas de la dédicace de son ouvrage à la Vierge.

Excellence (de l') des hommes contre l'égalité des sexes. (Par Fr. POULLAIN DE LA BARRE.) *Paris*, *Dupuis*, 1675, in-12.

Excellence (de l') des roys et du royaume de France, par H. B. P. (Hiérome BIGNON). *Paris*, *Hier. Drouart*, 1610, in-8.

Excellent et libre discours sur l'estat présent de la France... Par un docte personnage, bien versé aux affaires de l'estat de la France (Michel HURAULT, sieur DU FAY). *S. l.*, 1588, in-8.

Voy. « Satyre Ménippée », t. III, p. 84, et « Mémoires de la Ligue », t. III, p. 2, in-4.

C'est le premier des « Quatre excellens Discours » et du « Recueil des excellens et libres Discours ». Voy. ces mots.

Les continuateurs du P. le Long (t. II, p. 297) présentent ce Discours comme l'ouvrage d'un huguenot, et ils n'en nomment pas l'auteur. Comment n'ont-ils pas remarqué que c'était la même chose que le « Franc et libre Discours » qu'ils attribuent à Michel HURAULT, et dont ils ont fait un juste éloge? L'auteur ne se montre ni huguenot ni catholique ; mais il paraît bon chrétien, et surtout bon Français. Meusel, dans sa « Bibliotheca historica », t. VIII, part. I, p. 58, attribue, comme moi, l' « Excellent et libre Discours » à Michel HURAULT.

Excellent (l') jeu de Trique-trac, très-doux estat des nobles compagnies. (Par E. DE JOLLIVET, sieur DE VOHILLEY.) *Troyes*, *sans date*, in-8.

Selon le libraire, « ce livre avait déjà été imprimé plus de vingt fois sans le nom de son modeste auteur ».

(Article de M. Boulliot.)

Excellent. Traité de la mortification de nos passions et affections désordonnées ; trad. de l'italien du P. Jules FACIE (de la compagnie de Jésus), par F. S. (François SOLIER, Limousin, de la même compagnie). *Paris*, *G. Chaudière*, 1598, in-12. — *Chambéry*, 1598, in-16.

Excellentes (les), magnifiques et triumphantes chroniques... du... valeureux

prince Judas Machabeus... nouuellement translate de latin en françois... (Par Charles DE SAINT-GELAIS,) *Paris*, *Anthoine bon Mere* (sic), 1514, in-fol., 2 ff. lim. et 96 ff. goth., fig.

Le traducteur est nommé dans le prologue.

Voy. Brunet, « Manuel du libraire », 5e éd., t. V, col. 45.

Excellens discours de J. DE L'ÉPINE, touchant le repos et contentement de l'esprit, mis en lumière avec annotations, par S. G. S. (Simon GOULART, Senlisien). *Genève*, *Boreau*, 1599, in-16.

Voy. « Supercheries », III, 641, *e.*

Excerpta, ou Morceaux choisis de TACITE, avec des sommaires et des notes en français, précédés d'une notice sur cet historien, ouvrage prescrit et adopté pour la classe des belles-lettres dans les lycées. (Par Ambroise RENDU.) *Paris*, 1805, in-12.

Souvent réimprimé avec le nom de l'éditeur.

Exclusifs (les) ; roman fashionable, traduit de l'anglais (de lord NORMANBY), sur la troisième édition, par MM. PAQUIS et CLAUDON. *Paris*, *Gagnard*, 1830, 5 vol. in-12.

Excommunication (de l'). (Par Jean HAMON.) *S. l.*, 3 févr. 1665, in-4.

Excommunication des ecclésiastiques, principalement des évesques, abbez et docteurs, qui ont assisté au diuin service, sciemment et volontairement auec Henry de Vallois, après le massacre du cardinal de Guyse. Traduit du latin d'un docteur (Gilbert GENEBRARD), par I. M. *Paris*, *G. Gourbin*, 1589, in-8.

Excommunication politique lancée sur le clergé, contre les sentimens du coadjuteur.... (Par DU BOSC DE MONTANDRÉ.) *S. l.*, 1652, in-4, 19 p.

Excursion à l'abbaye d'Altemberg et au château de Nesselroth dans le pays de Berg, légendes des XIIIe et XIVe siècles. (Par Fl. VAN ERTBORN.) *Paris*, *Guyot*, 1842, in-8, 64 p.

Excursion aux ruines de Jumiéges, par Mme C*** B. (Mme C. BADOU). 1836, in-4.

Excursion dans l'Amérique du Sud, esquisses et souvenirs. (Par A. DUCHATELLIER.) *Paris*, *Renard*, 1828, in-8.

Excursion dans la haute Kabylie et ascension au tamgoutt de Lella Khedidja, par un juge d'Alger en vacances (Félix HUN). *Alger*, *Bastide*, 1859, in-8, 2 ff. de tit. et 280 p.

La 1re édit., publiée en 1854, était intitulée : « Une Excursion dans la haute Kabylie... » Voy. ce titre.

Excursion dans le Sonnais. *Le Mans, impr. de C. Richelet,* 1840, in-8, 28 p.

Signé : L. D. L. (Léon DE LA SICOTIÈRE).
Voy. « Supercheries », II, 711, d.

Excursion, ou l'escapade, par madame BROOKE, traduit de l'anglais (par Henri RIEU). *Lausanne, F. Grasset,* 1778, 2 parties in-12.

Excursion sur la côte nord de l'Afrique. (Par Alexandre DE CONTRERAS, ancien officier de cavalerie.) *Audenarde, Devos,* 1851, in-8.　　　　J. D.

Excursion sur les côtes et dans les ports de Normandie, avec les vues d'après les dessins de Bonington, Luttringshausen et autres. (Par J.-N. LEFEBVRE-DURUFLÉ.) *Paris, J.-F. Ostervald,* 1823-1825, in-fol. avec 40 pl.

Les trois premiers cahiers ont paru sous le titre de : « Voyage pittoresque dans les ports et sur les côtes de France ». On trouve séparément le cahier consacré à la ville de Rouen. *Paris, Osterwald,* 1823, 14 ff. de texte avec 6 pl. Voy. Frère, « Manuel du bibliogr. normand » (1860), II, 190.

Excursions dans l'Amérique méridionale, le nord-ouest des États-Unis et des Antilles, dans les années 1812, 1816, 1820 et 1824... Par Charles WALERTON, esq.; suivies d'une notice sur les sauvages de l'Amérique septentrionale. Traduit de l'anglais (par DECAZE). *Rouen, Périaux,* 1833, in-8.

La notice sur les sauvages, ajoutée à cette traduction, n'est pas de Walerton, mais de Washington IRVING.

Excursions dans le Maine. *Le Mans, Ch. Richelet,* 1841, in-8, 120 p.

Signé : Léon DE LA SICOTIÈRE.

Excursions parisiennes. Par un Parisien de Mulhouse (M. E. BOISSIÈRE, professeur à l'école supérieure des sciences appliquées). *Mulhouse, E. Perrin,* 1862, in-8, 104 p.

Tiré à 200 exemplaires.

Excuse à Ariste. Rondeau. (Par Pierre CORNEILLE.) *S. l.,* 1637, in-8, 4 p.

Exemple (de l') du père de famille, Extr. des « Lettres à Théotime ». (Par l'abbé T. ROUSSEL, curé de Hans.) *Sainte-Menehould, impr. de Duval,* 1854, in-24.

Exemples des œuvres de Dieu et des hommes, prises du livre de Genèse. (Par Gilles CORROZET.) *Paris, Corrozet,* 1551, in-8.

Exercice académique sur l'histoire de France, soutenu dans le collège de Beau-vais. (Par P.-J.-B.-P. DU BOIS.) *Beauvais,* 1815, in-8, 12 p.

Exercice d'éducation pour la ville de Dammartin. (Par l'abbé P.-S. LE MIRE, curé de Versigny, près de Nanteuil-le-Haudouin.) *Senlis,* 1822, in-8, 32 p.

Exercice du *Via crucis.* (Par le docteur Auguste-Pierre-François LEGOUAIS.) *Nantes, Mellinet-Malassis,* 1816, in-16, 16 p.

Catalogue de la Bibliothèque de Nantes, n° 38199.

Exercices chrétiens des gens de guerre, où les instructions les plus intéressantes sont confirmées par des traits d'histoire curieux et édifians. (Par le P. Ant-Alex. DAGUET, jésuite.) *Lyon, Delaroche,* 1759, in-12.

Exercices d'écriture et de lecture à l'usage des commençants. (Par GHEUR, premier instituteur à l'école communale payante de Liége.) *Liége, lith. de Daxhelet,* 1862, in-12, 12 p.　　　J. D.

Exercices (les) de ce temps, contenant plusieurs satyres contre les mauvaises mœurs, revues et corrigez par l'autheur (Thomas DE COURVAL-SONNET) en cette dernière édition. *Rouen, Laurens Maury,* 1631, in-4. — *Rouen, de la Mare,* 1645, in-8. — *Rouen, David Ferrand,* 1657, in-8, et aussi *s. d.,* pet. in-12.

Ces quinze satires, qui ne sont pas sans mérite, ont été attribuées mal à propos à Rob. ANGOT, notamment par Frère, « Manuel du bibliophile normand », p. 23, parce qu'on les a confondues avec les « Nouveaux Satyres et Exercices gaillards de ce temps », ouvrage de ce poète; mais elles sont de Courval-Sonnet, et se trouvent même sous la date de 1626 et 1627, impr. à la suite des satires de ce dernier, édit. de *Rouen, G. de La Haye,* 1627, in-8. Voy. Brunet, « Manuel du libraire », 5° édit., V, col. 444.

Exercices de dévotion à S. Louis de Gonzague... *Paris, Lesclapart,* 1785, in-12.

L'auteur a signé l'épître dédicatoire : P.-J. PICOT DE CLORIVIÈRE, recteur de Paramé.
Souvent réimprimé.

Exercices de dévotion de M. Henri Rode avec Mme la duchesse de Condor. (Attribué à l'abbé Claude-Henri DE FUSÉE DE VOISENON.) *S. l. n. d. (Paris,* vers 1780), petit in-12.

Catalogue Pixerécourt, n° 1434.
Il a paru en 1870 une réimpression de cette facétie. *(Turin, J. Gay),* in-12.

Exercices de la dévotion au Sacré-Cœur de Jésus, à l'usage de la confrérie établie à Semur-en-Brionnais... (Par l'abbé Bon-

NARDEL.) *Lyon et Paris, Pélagaud,* nouv.
édit., 1864, in-18, 360 p.

Souvent réimprimé.

La première édit. est de 1815.

**Exercices de la vertu et de la perfection
chrétienne,** traduits de l'espagnol d'Alphonse RODRIGUEZ ; traduction nouvelle.
(Par N. B. A. A. P. D. P., c'est-à-dire par
Nicolas BINET, avocat au Parlement de
Paris.) *Paris, Coignard,* 1674, 2 vol. in-4.

Voy. « Supercheries », II, 1234, *d.*

**Exercices (les) de la vie intérieure, ou
l'esprit intérieur dont on doit animer ses
actions durant le jour.** (Par le P. Jérôme
DE GONNELIEU, jésuite.) *Paris, Est. Michallet,* 1684, in-12.

Souvent réimprimé.

**Exercices de lecture d'arabe littéral à
l'usage de ceux qui commencent l'étude
de cette langue.** *Alexandrie, de l'imp.
orientale et française,* an VI, in-4, 12 p.

Signé : J.-J. M. (J.-J. MARCEL).

**Exercices de méditations, de prières et
de stations, pour occuper saintement pendant la semaine sainte.** (Par Mme DE MIÉRY.) *Paris, Warin-Brajeux,* 1807, in-18.

D. M.

**Exercices de piété du jeune chrétien,
ou recueil de prières et de réflexions à
l'usage des enfans.** (Par Mme Ol. COTTU.)
Paris, Rusand, 1831, in-18.

**Exercices de piété, ou prières pendant
la messe.** *Paris,* 1762, in-12.

Tel paraît être le titre de la première édit. tirée à
25 exemplaires, dit-on, des : « Prières chrétiennes
composées pour feu S. A. R. Mme la princesse de
Condé » (par le P. Henri GRIFFET, jésuite). *Basle,*
J. Decker, 1797, in-18 de 72 p. Voy. le P. de Backer, 2e édit., in-fol., t. I; col. 2285, n. 15.

**Exercices de piété pendant la sainte
messe,** extrait du catéchisme de Bourges
par M. le curé de Saint-Sulpice (Joachim
TROTTÉ DE LA CHÉTARDIE). *Paris,* 1713,
in-12.

**Exercices de piété pour le renouvellement des trois consécrations du baptême,
de la profession religieuse et du sacerdoce.**
(Par le P. Pasquier QUESNEL.) *Paris, Ch.
Robustel,* 1693, in-16 ; — 1713, in-12.

**Exercices de style à l'usage des écoles
primaires,** ouvrage imité de l'allemand,
par J. J. G. (J.-J. GHEUR, premier instituteur à l'école communale payante de
Liége). 1re partie. Guide du maître.
Liége, Dessain, 1856, in-8, 120 p.

Ul. C.

Exercices du chrétien, contenant les
préservatifs les plus sûrs contre le péché,
où les instructions les plus salutaires sont
confirmées par des traits d'histoire, par
un Père de la compagnie de Jésus (le P.
Pierre-Antoine-Alexandre DAGUET, jésuite).
Lyon, Delaroche, 1759, in-12.

Exercices en forme de plaidoyers, par
les rhétoriciens du collége de Louis-le-Grand. (Composés par le P. J.-B. GEOFFROY, jésuite.) *Paris, Thiboust,* 1756,
in-12.

**Exercices et manœuvres du canon à
bord des vaisseaux du roi... nouvelle
édition augmentée... par un officier de
marine** (Étienne-Joseph WILLAUMEZ).
Paris, Bachelier, 1815, in-8, 80 p. av.
grav. sur bois.

Voy. « Supercheries », II, 1290, *d.*

**Exercices littéraires et philosophiques,
à l'usage de la jeunesse,... par une société
de gens de lettres** (l'abbé G.-P. TARENNE
DE LAVAL). Sec. édit. *Paris, veuve Le
Normant,* 1834, in-8.

Voy. « Supercheries », III, 681, *b.*

**Exercices orthographiques mis en rapport avec la grammaire française, à l'usage
des écoles chrétiennes,** par L. C. et F. P.
B. (Léon CONSTANTIN et Pierre FOURNIER).
Paris, A. Saintin, 1836, in-12.

Exercices pour se préparer à la mort...
(Par l'abbé BONNARDEL.) *Avignon, L. Aubanel,* 1815, in-18.

Souvent réimprimé.

Exercices spirituels des religieux convers. Par Fr. A. D. (frère Ambr. DRWE).
Bruxelles, 1638, in-8.   V. T.

**Exercices spirituels, ou les véritables
pratiques de piété pour honorer Jésus-Christ.** (Par Fr. MESPOLIÉ.) *Paris,* 1703,
in-12.   V. T.

**Exercices spirituels pour une retraite
de dix jours.** (Par le P. J.-B.-Élie AVEILLON, prêtre de l'Oratoire.) *Paris, J. de
Nully,* 1699, in-12.

Réimprimés à Lyon en 1764, avec le nom de l'auteur.

**Exercices sur la tactique ou la science
du héros.** (Par le P. L.-Bertr. CASTEL.)
Paris, Garnier, 1757, in-8, XXIV-173 p.

Exercices sur le sacrement de pénitence. (Par dom Gabr. GERBERON.) *Paris,*
1719, in-12.   V. T.

Exercices sur le Télémaque, suivis des
trois premiers livres de Télémaque, d'a-

près l'édition A. M. D. G. (Par HANQUEZ.) *Namur, Gérard*, 1832, in-18.   J. D.

Exercices sur les sacremens de pénitence et de la sainte eucharistie, par des prières courtes... tirées des Confessions de saint Augustin et de l'Evangile. (Par Marc-Ant. HERSAN.) *Paris, Josset*, 1707, in-12.   V. T.

Il existe plusieurs éditions de cet ouvrage.

Exhaure ou dessèchement des houillères et description du Flénu avec ses accidents... (Par Pierre-J. DELNEUFCOUR, né à Mons, le 4 janvier 1756, mort le 8 avril 1827.) *Mons, Hoyois*, 1823, in-8, IV-114 p.   J. D.

Exhortation à l'amour de la justice. Au roi. (Par le sieur DE LA BROSSE.) *Paris, P. Durand*, 1612, in-8.

Exhortation à la concorde envoyée aux États généraux sous le nom du roi. (Par Jos.-Ant.-Joach. CÉRUTTI.) *S. l.*, 1789, in-8, 78 p.

Exhortation à la lecture de l'Écriture sainte, surtout à celle du Nouveau Testament. (Par l'abbé RUFIN.) *S. l.*, 1718, in-12.

Exhortation à une novice de Sainte-Catherine, prenant le voile. Prononcée le 12 septembre 1784, par M. M... G. P. de S. V. D. en T. (l'abbé François-Valentin MULLOT, grand prieur de Saint-Victor, docteur en théologie). *Paris, imp. de Cailleau*, 1784, in-12, 29 p.

Exhortation au martyre, par laquelle les fideles sont admonestez à constamment mourir pour le tesmoignage de la verité de l'Evangile, avec une brefve confession d'un homme fidele. *Genève, Jean de Laon*, 1560, in-16.

Attribué à J. CALVIN. Voy. Brunet, « Manuel du libraire », 5ᵉ édit., I, col. 1507.

Exhortation aux princes et seigneurs du conseil privé du roy, pour obvier aux séditions qui occultement semblent nous menacer pour le faict de la religion. *S. l.*, 1561, in-8, 44 p. — Aut. éd. *S. l.*, 1561, in-8, 27 ff.

On lit à la fin : « S. P. P. (Stephanus PASQUIER, parisiensis) faciebat. »

Réimprimé sous le titre de : « Exhortation et remonstrance aux princes du sang et seigneurs du privé conseil du Roy, pour obvier... » *S. l.*, 1561, in-8.

Exhortation aux vrais catholiques, pour passer saintement le carême, et se disposer à la Pâque. (Par MAYNAUD DE

PANCEMONT, curé de Saint-Sulpice.) *Paris, Crapart*, 1792, 7 brochures in-8.

Pendant le carême de cette année 1792, M. de Pancemont fit paraître régulièrement chaque semaine une « Exhortation » d'environ une feuille d'impression, adressée à ses paroissiens. Quoiqu'elle fût imprimée sans nom d'auteur, un grand nombre d'habitants de la paroisse Saint-Sulpice n'ignoraient pas, à cette époque, que ces instructions leur étaient données par M. le curé. Aujourd'hui elles sont véritablement anonymes.

Exhortation et remonstrance aux princes du sang et seigneurs du privé conseil du roy, pour obvier...

Voy. « Exhortation aux princes... »

Exhortation faite en l'église paroissiale de Saint-Pierre-des-Arcis, à l'occasion des aumônes du roi... *S. l.*, 1757, in-4, 4 p.

Par le curé de cette église, J.-Ch.-Louis CRESPEAUX, suivant une note manuscrite sur l'exemplaire de la Bibliothèque nationale.

Exhortation pour les mariages de la ville, célébrés en l'église de Saint-Pierre-des-Arcis, le mardi 9 novembre 1751, à l'occasion de la naissance de Mgr le duc de Bourgogne. *S. l. n. d.*, in-4, 4 p.

Par Jean-Ch.-Louis CRESPEAUX, curé de Saint-Pierre-des-Arcis, suivant une note manuscrite sur l'exemplaire de la Bibliothèque nationale.

Exhortation pour un mariage, faite dans l'église de Saint-Paul, à Paris, par M*** (l'abbé F.-V. MULLOT), le 22 janvier 1778. In-8.

Exhortation pressante aux trois ordres de la province de Languedoc. (Par Ant. Jos.-Michel SERVAN.) 1788, in-8, 44 p.

Exhortation sur le rétablissement de la santé du roi, pour entrer dans les vues de Sa Majesté et de Mgr l'archevêque. *S. l.*, 1744, in-4.

Par BRUTÉ, curé de Saint-Roch, suivant une note manuscrite sur l'exempl. de la Bibliothèque nationale.

Exhortations courtes et pathétiques pour les personnes affligées et mourantes. (Par Nic. MARTIN.) *Paris, Delespine*, 1712, in-12.

Exhortations sur les principaux devoirs de l'état religieux. (Par le P. CHÉRON, théatin.) *Paris, Berton*, 1772, 2 parties in-8.

Exilée (l') d'Holy-Rood. (Par Et.-Léon DE LAMOTHE-LANGON.) *Paris, L. Mame et Delaunay*, 1831, in-8, 2 ff. de tit. et 370 p. — *Bruxelles, Méline*, 1832, in-12.

Exilés (des). (Par Ch. NODIER.) *Paris, Gide*, 1818, in-8, 24 p.

Existence (l') de Dieu démontrée par les merveilles de la nature. (Ouvrage com-

posé en hollandois, par Bernard NIEU-
WENTYT, et traduit en françois par P.
NOGUEZ, sur la cinquième édition de la
version angloise.) *Paris, Vincent, 1725,
in-4.* — *Amsterdam, 1760, in-4.*

Le traducteur a publié : « Observations critiques
sur l'art. 6 du «Journal des savants», de novembre 1725,
au sujet du livre de « l'Existence de Dieu démontrée ».
Paris, 1726, in-4.

Existence (de l') de Dieu pour servir de
suite au « Retour du siècle d'or », par le
même auteur (N.-J. SARRAZIN). *Metz,
Pierret, 1868, in-8.*

Existence (l') de la pierre merveilleuse
des philosophes, prouvée par des faits in-
contestables ; dédiée aux adeptes, par un
amateur de la sagesse. *En France, 1765,
in-12*, XVI-108 p.

Attribué par Ersch à Étienne-César RIGAUD, de
Marseille. Le même bibliographe indique un ouvrage de même titre, sous la date de 1783, qu'il place
sous le nom de Sabine-Stuart DE CHEVALIER. (Cet auteur est probablement, ajoute-t-il, le même que Claude
CHEVALIER, médecin ordinaire du roi et des Cent-
Suisses.)

Quérard, dans sa « France littéraire », reproduit
successivement les deux attributions.

Barbier a adopté la première.

M. Ladrague (Catalogue de la Bibliothèque Ouvaroff,
nº 598) attribue cet ouvrage à Claude CHEVALIER.

Existence (de l') des éléments de la
matière, de ses effets, de l'univers, des
animaux et des plantes. Recherches physiques, météorologiques, sur les éléments,
la matière, leurs mouvements, les différents phénomènes qu'ils opèrent. *Paris,
Treuttel et Wurtz, 1841, in-8.*

Par M. P. (Urbain-Firmin PIAULT), ancien maire du
Xe arrondissement de Paris.

Existence (de l') et de ses fins. (Par
Urbain-Firmin PIAULT.) *Paris, imp. de
Lefebvre, 1825, in-12.*

Existence (de l') légale des institutions
charitables créées par les particuliers et
de l'injustice et du danger de ne pas respecter la volonté des fondateurs. Lettre à
M. le ministre de la justice, par un ancien
membre de la chambre des représentants
(D'ANETHAN, ancien ministre, sénateur).
Bruxelles, Périchon, 1849, in-8, 57 p. —
Deuxième lettre. *1849*, 44 p. — Troisième
lettre. Des droits et devoirs des congrégations hospitalières de femmes, 1849. —
Quatrième lettre. Un mot sur quelques
idées, etc., 1849.   J. D.

Existence (l') réfléchie, ou coup d'œil
moral sur le prix de la vie. (Par Julie
CARON, sœur de Caron de Beaumarchais.) *Paris, Belin, 1784, in-12.*

C'est un extrait des Nuits d'Young et des Médita-

tions d'Hervey. Suivant M. Boulliot, l'auteur est DE-
MANDRE, maître en géographie, né à Paris, mort près
d'Auxerre, en mars 1808.

M. de Loménie, dans une note de « Beaumarchais et
son temps », tome I, p. 46, affirme avoir vu le manuscrit de Julie CARON, tout entier de sa main, et
accompagné du visa du censeur.

Exorciste (l') de la reine... (Par DUBOSC
MONTANDRÉ.) *S. l., 1652, in-4, 16 p.*

Expédition (l') de Cyrus, ou la Retraite
des dix mille, ouvrage traduit du grec de
XÉNOPHON (par le comte DE LA LUZERNE).
Paris, Cellot et Jombert jeune, 1777, in-8.
— Nouvelle édition, 1778, 2 vol. in-12.
— Troisième édition, 1786, 2 vol. in-12.

L'édition de 1778 contient des réflexions sur la
traduction du même ouvrage par Larcher.

Expédition (de l') de Quiberon, par un
officier français à bord de la « Pomone »
(DE SANAT). *Londres (Hambourg), 1795,
in-8.*

Expédition sentimentale, par E***
D*** (Eugène DUMONT), dédiée à M. H. D.
*Caen, Manoury ; et Paris, Brunot-Labbe,
1833, in-32.*   D. M.

Expérience (l') de l'architecture militaire, où l'on apprend à fond la méthode
de faire travailler dans les places, par le
sieur D. (DESMARTINS). *Paris, Maur. Vil-
lery, 1685, in-12, fig.*

Expérience (l') justifiée, pour l'élévation des eaux par un nouveau moyen. (Par
le P. CHÉRUBIN d'Orléans.) *Paris, Muguet,
1681, in-12.*

Expériences et nouvelles observations
sur les houilles d'engrais. Par L. S. D. L.
B. (PERTHUIS DE LAILLEVAULT). *La Haye,
1780, in-12.*

Voy. « Supercheries », II, 983, b.

Expériences et observations sur l'électricité, traduites de l'anglois de FRANKLIN
(par Th.-Fr. DALIBARD). *Paris, Durand,
1756, 2 vol. in-12.*

Expériences et observations sur l'usage
interne de la pomme épineuse, de la
jusquiame et de l'aconit, traduites du
latin de STORK (par Ach.-Guill. LE BÈGUE
DE PRESLES). *Paris, 1763, in-12.*

Expériences, machines et recherches
utiles à l'humanité, aux hospices, au commerce et aux arts, trad. de plusieurs
langues, et recueillies de divers voyages...
trouvés dans les papiers de feu M. P.....
(J.-C. PINGERON), ingénieur. *Paris, 1805,
in-8.*

Expériences nouvelles touchant le vide,
faites dans des tuyaux et siphons de plu-

sieurs longueurs et figures, avec diverses liqueurs, par B. P. (Blaise PASCAL). *Paris, Margat,* 1647, in-8.

Expériences sur la propagation des sons et de la voix dans les tuyaux prolongés à une grande distance... (Par GAUTHEY.) *Philadelphie et Paris, Prault,* 1783, in-8, 32 p.

Ersch, tome II, page 89.
Indiqué au Catalogue de la Bibliothèque de Nantes, n° 12718, avec l'attribution : Par GARDEUR?

Explication abrégée des coutumes et des cérémonies observées chez les Romains, ouvrage écrit en latin par M. NIEUPORT, et traduit par M. l'abbé **** (l'abbé DESFONTAINES). *Paris, Jean Desaint,* 1741, in-12.

Voy. « Supercheries », III, 1118, *f.*

Explication abrégée des principales questions qui ont rapport aux affaires présentes, suivies d'un Parallèle des propositions du P. Quesnel. (Par Jean-Louis BOURSIER, avec des fig. dessinées par Nic. Godonesche et pour lesquelles il fut mis à la Bastille.) *S. l.,* 1731, in-12.

Explication d'un ancien monument trouvé en Guyenne, dans le diocèse d'Auch. (Par l'abbé Cl. NICAISE.) *Paris,* 1689, in-4, 26 et 46 p. et 1 pl.

Explication d'une inscription antique, trouvée à Lyon, où sont décrites les particularités des sacrifices que les anciens appeloient Tauroboles. (Par Cl. GROS DE BOZE.) *Paris, Cot,* 1705, in-8, 49 p.

Explication d'une médaille singulière de Domitien, présentée à l'Académie de Lyon. (Par Antoine LAISNÉ, avocat.) *Paris,* 1735, in-12.

Biographie universelle.

Explication d'une pierre gravée du cabinet de M. le comte de Pontchartrain. (Par Ch.-César BAUDELOT.) *Paris,* 1710, in-12.

Explication de cinq chapitres du Deutéronome, et des prophéties d'Habacuc et de Jonas. (Par Jacq.-Jos. DUGUET.) *Paris, Babuty,* 1734, in-12.

Explication de divers monumens singuliers qui ont rapport à la religion des anciens peuples... (Par dom Jacques MARTIN.) *Paris, Saugrain,* 1727, 2 vol. in-4. — *Paris,* 1739, in-4.

Explication de l'Apocalypse d'après l'Écriture sainte et l'histoire ecclésiastique, par M. L. B. (L.-M. BRIDOU). *Paris, Leclère et Brajeux,* 1818, in-8.

Explication de l'Apocalypse par l'histoire ecclésiastique, pour prémunir les catholiques et les nouveaux convertis contre la fausse interprétation des ministres. (Par DE LA CHÉTARDIE, curé de Saint-Sulpice.) *Bourges, Toubeau,* 1692, in-8. — 4e éd. *Paris,* 1707, in-4, avec le nom de l'auteur.

Réimprimé sous le titre de l' « Apocalypse expliquée... » Voy. IV, 234, *b.*

Explication de l'énigme du roman (de M. Montjoie) intitulé : « Histoire de la conjuration de Louis-Philippe-Joseph d'Orléans. » (Par Jacques-Marie ROUZET DE FOLMON, ex-conventionnel.) *Veredishto (Paris),* 4 vol. in-8.

Cet ouvrage fut imprimé aux frais de la duchesse douairière d'Orléans avant 1814. Aucun exemplaire ne fut mis en vente ni en circulation du vivant de la duchesse.

Voy. le « Manuel du libraire », 5e éd., tome II, col. 1157.

Explication de l'Evangile selon saint Jean. Trad. nouv. avec Appendice; par un chrétien (M. J.-Fr. ASTIÉ). *Genève, Cherbuliez,* 1862-64, 3 vol. in-8.

Le dernier volume porte le nom de l'auteur.

Explication de l'histoire de Josèphe, selon divers sens que les SS. Pères y ont donnés. (Par François JOUBERT.) 1728, in-12.

Explication de l'objection que MM. de la R. P. R. font en toutes rencontres aux Catholiques, prise du chap. VI de S. Jean : « C'est l'esprit qui vivifie, la chair ne profite de rien », etc., par un ecclésiastique de Châlons (LE SUEUR). *Châlons,* 1666, in-8. — Quatrième édition, portant le nom de l'auteur. *Paris,* 1678, in-8.

Explication de l'Oraison dominicale en forme de prière, par un solitaire (le P. SAUVAGE, camaldule). *Paris,* 1724, in-12.

Explication de l'ordonnance du mois d'aoust 1735, concernant les testamens. Par M. *** (J.-P.-Ren. AYMAR). *Avignon, F. Girard,* 1740, in-4.

Explication de l'ouverture du côté et de la sépulture de J.-C., suivant la Concorde. (Par Jacq.-Jos. DUGUET.) *Bruxelles, veuve Foppens (Paris),* 1731, in-12.

Explication de l'univers physique et moral. (Par Hoëné WRONSKI.)

Voy. ci-dessus, « Epître à S. M. l'empereur de Russie, pour compléter les cent pages... » col. 450, *f.*

Explication de la comète qui a paru sur la fin de l'année 1680. (Par le P. Ay-

THELME, chartreux de Dijon.) *Lyon*, 1681, in·4 et in-12.

Explication de la généalogie de ... Henri, prince de Condé... recueillie en latin par R. P. F. Jos. Tex. (Joseph Texera)... et mise en françois par I. D. M. (Jean de Montlyard). *Paris*, *Plantin*, 1596, in-8.

Explication (l') de la machine exposée pour le feu de joye de la Saint-Jean-Baptiste sur le pont de Saône, par les ordres de messieurs les prévost des marchands et échevins de la ville de Lyon, le mercredi 23 juin 1694. (Par le P. Claude-François Ménestrier.) *Lyon*, *F. Sarrazin*, in·4.

Explication de la médaille de Louis le Grand pour l'affiche du collège. (Par le P. Claude-François Ménestrier.) *Paris*, *R.-J.-B. de La Caille*, 1683, in-4.

Explication de la prophétie d'Isaïe. (Par Jacq.-Jos. Duguet.) *Paris*, *Babuty*, 1734, 6 vol. in-12.

Explication de la quatrième églogue de Virgile. (Par Ribaud de Rochefort, nommé depuis de La Chapelle.) *Paris*, *Chaubert*, 1745, in-12.

Explication de la question de fait touchant les cinq propositions condamnées par les Papes... (Par Martin Barcos.) *Paris*, 1666, in-4.

Explication de plusieurs textes difficiles de l'Ecriture sainte, par le R. P. dom *** (dom Jacques Martin), religieux bénédictin de la congrégation de Saint-Maur. *Paris*, *Emery*, 1730, 2 vol. in-4, av. une pagin. unique.

Explication de quelques marbres antiques, dont les originaux sont dans le cabinet de M. *** (Le Bret). (Par le président J. Bouhier.) *Aix*, *David*, 1733, in-4, 60 p.

Explication de S. Augustin et des autres Pères latins sur le Nouveau Testament. *Paris*, *Lambert Roulland*, 1675, 2 vol. in-8.

C'est une édition déguisée de la traduction du Nouveau Testament dite de *Mons*. Il en existait déjà une sous ce titre :

Abrégé de S. Jean Chrysostome sur le N. T., par Paul-Antoine de Marsilly. *Paris*, *P. Le Petit*, 1670, 2 vol. in-8.

(« Histoire littéraire (et manuscrite) de Port-Royal », par dom Clémencet, t. II, article Sacy.)

Explication de saint Augustin et des saints Pères sur le Nouveau Testament.

(Par Nicolas Fontaine.) *Paris*, *Roulland*, 1682, 2 vol. in-4. — 1689, 4 vol. in-8.

C'est l'ouvrage précédent revu et augmenté.

Explication des armes de la reine mère. A la reine, mère du roi. (Par Alexis Trousset.) *Paris*, *J. Jacquin*, 1622, in-8.

Explication des caractères de la charité selon S. Paul. (Par Jacq.-Jos. Duguet.) Nouvelle édition, revue et corrigée. *Paris*, 1735, in-12.

Voy. ci-après, « Explication des qualités... », col. 379, c.

Explication des cérémonies de la Fête-Dieu d'Aix en Provence... *A Aix*, 1777, in-12, 220 p., portr., 13 pl.

Cet ouvrage est de Gaspard Grégoire, natif d'Aix. Les figures ont été dessinées par Paul Grégoire, un de ses fils, et gravées par Gaspard, frère de Paul. Ce sont ces deux fils Grégoire qui sont les inventeurs de la peinture sur velours.

Explication des commandemens de Dieu. (Par l'abbé Fr. Paris.) *Paris*, *Villette*, 1693, 2 vol. in-12.

Explication des desseins des tombeaux des ducs de Bourgogne qui sont à la chartreuse de Dijon, présentez à S. A. S. Monseigneur le duc le 1er mai 1736, par le Sr J.-P. Gilquin, peintre. (Par Jean-Bernard Michault.) *Nuys*, *imp. d'A. Migneret*, s. d., in-4, 8 p. — 2e éd. *Dijon*, *Marteret*, 1737, in-8. — 3e éd. *Dijon*, *Hucherot*, 1752, in-4.

Explication des épîtres de saint Pierre, par M. P. D. C. A. J. (Pierre-Joseph Picot de Clorivière, ancien jésuite). *Paris*, *librairie de la Société typographique*, 1809, 3 vol. in-12.

Explication des livres des Rois et des Paralipomènes. (Par Jacq.-Jos. Duguet et Jos.-Vincent Bidel d'Asfeld.) *Paris*, 1738, 6 vol. in-12.

Explication des parties de l'office et des cérémonies de la Messe, tirée de la préface de l'office de la Semaine sainte (de Nicolas Le Tourneux). *Paris*, *P. Le Petit*, 1682, in-12.

Explication des premières causes de l'action dans la matière, et de la cause de la gravitation, traduite de l'anglois (de Cadwallader Colden, par Dominique Castel ou Castels). *Paris*, *Durand*, 1751, in-12.

Explication des premières vérités de la Religion, par P. C. (Pierre Collot), docteur de Sorbonne. *Paris*, *Ganeau*, 1739. *Berton*, 1779, in-8. — Nouvelle édition,

Paris, Onfroy, 1804, in-8, avec le nom de l'auteur.

Voy. « Supercheries », III, 51, *e.*

Explication des principales prophéties de Jérémie, d'Ézéchiel et de Daniel, disposées selon l'ordre des temps. (Par François JOUBERT.) *Avignon, Girard (Paris, Desaint),* 1749, 5 vol. in-12.

Explication des proportions géométrales du cheval, vu dans ses trois principaux aspects... (Par Cl. BOURGELAT.) *Paris, Vallat La Chapelle,* 1770, in-8, 14 p. et 1 pl.

Explication des Psaumes à l'usage des collèges. (Par le P. Eustache GUIBAUD, de l'Oratoire.) *Avignon,* 1781, 3 vol. in-8.

Cet ouvrage a été annoncé avec un nouveau frontispice. *Paris, Le Clere,* 1792, 3 vol. in-8.

Explication des qualités ou des caractères que saint Paul donne à la charité. (Par Jacq.-Jos. DUGUET.) *Amsterdam,* 1727, in-12.

Même ouvrage que « Explication des caractères... » Voy. *ci-dessus, col.* 378, *a.*

Explication des tableaux de la galerie de Versailles et de ses deux salons. (Par Pierre RAINSSANT, garde des médailles du roi.) *Versailles, imp. de F. Muguet,* 1687, in-12.

Explication du canon XVII du concile de Chalcédoine... (Par Gabr.-Nic. MAULTROT.) *(Paris), Leclère* (1791), in-8, 66 p. *Douteux.*

Explication du Cantique des cantiques, tirée des SS. PP. et des auteurs ecclésiastiques. (Par Michel BOURDAILLE.) *Paris, Desprez,* 1689, in-12.

Explication du « Catéchisme à l'usage de toutes les églises de l'empire français ». (Par l'abbé J.-B. LA SAUSSE.) *Paris, veuve Nyon,* 1807, in-12.

Réimprimé plusieurs fois.

Voyez une vive critique de cet ouvrage, publiée par le P. Lambert, sous ce titre : « la Pureté du dogme ». *Paris,* 1808, in-8.

Explication du feu d'artifice dressé devant l'Hôtel-de-Ville, par l'ordre de MM. les prévôt des marchands et échevins de la ville de Paris, le jeudi 30 janvier 1687. (Par le P. Claude-François MÉNESTRIER.) *Paris, T. Guillain, s. d.,* in-4, 4 p.

Explication du flux et du reflux, qui manifeste combien ce phénomène inexplicable dans tout autre système que le moderne, en prouve l'exactitude et l'universalité. (Par l'abbé And.-Fr. DE BRANCAS.) *Paris,* 1749, in-4.

Explication du livre de Job. (Par Jacq.-Jos. DUGUET et Jos.-Vinc. BIDEL D'ASFELD.) *Paris,* 1732, 4 vol. in-12.

Explication du livre de la Genèse. (Par Jacq.-Jos. DUGUET et Jos.-Vinc. BIDEL D'ASFELD.) *Paris, Babuty,* 1732, 6 vol. in-12.

Explication du livre des psaumes. (Par Jacq.-Jos. DUGUET et Jos.-Vinc. BIDEL D'ASFELD.) *Paris, Babuty,* 1733, 1739, 5 tomes en 9 vol. in-12.

Explication du mot de Religieux, par J.-P. C. (J.-P. CAMUS, évêque de Belley.) *S. l.,* 1642, in-8.

Écrit satirique qui n'est pas mentionné par Niceron.

Explication du mystère de la passion de N. S. J. C., suivant la Concorde. Jésus-Christ crucifié. (Par Jacq.-Jos. DUGUET.) *Paris, J. Estienne,* 1728, 2 vol. in-12.

Duguet a publié plusieurs ouvrages sous le même titre, également anonymes, avec les sous-titres suivants : « Jésus accusé devant Pilate. » *Amsterdam, Van der Haghen,* 1731, in-12.

« Jésus-Christ crucifié, contenant les blasphèmes des passans et les saintes femmes. » *Amsterdam, Van der Haghen,* 1731, in-12.

« Le Crucifiement. » *S. l.,* 1732, in-12.

« Le Portement de la croix et le Crucifiement de J. C. » *Amsterdam, Van der Haghen,* 1732, in-12.

Explication du Nouveau Testament, à l'usage principalement des collèges. (Par le P. Eustache GUIBAUD, de l'Oratoire.) *Paris, Barbou,* 1785, 8 vol. in-8, qui se relient en 5.

Explication du projet de monument public exposé au concours ouvert par le ministre de l'intérieur, le 20 décembre 1806, pour être exécuté sur le terrain de la Madeleine. (Par J.-P.-L.-L. HOUEL, architecte.) *Paris,* 1807, in-8.

Explication du Psaume 118 : *Beati immaculati,* etc., tirée de S. AUGUSTIN (par l'abbé DE LA MARE). *Paris,* 1729, in-12.

Explication du tombeau de M. de Santeuil. (Par Valentin FAYDIT.) *(Paris), imp. de veuve C. Mazuel, s. d.,* in-4, 24 p.

Explication du zodiaque de Denderah (Tentyris). Observations curieuses sur ce monument précieux et sur sa haute antiquité. (Par MM. J. CHABERT et L.-D. FERLUS.) *Paris, Martinet,* 1822, in-8, 16 p.

Une seconde édition, publiée la même année, porte le nom de M. FERLUS. D. M.

Explication en vers du Cantique des cantiques, avec des notes. (Par Jean THOMAS, conseiller au Châtelet de Paris.) *Paris, V.-R. Mazières,* 1717, in-12.

Explication et critique impartiale de toutes les peintures, sculptures, gravures, dessins, etc., exposés au Louvre d'après le décret de l'Assemblée nationale du mois de septembre 1791, l'an III° de la liberté, par M. D..., citoyen patriote et véridique (Philippe Chéry, peintre). *Paris*, 1791, in-8.

Explication et description de tous les tableaux.

Voy. « Description de tous les tableaux », IV, 897, *d*.

Explication exacte et complète du Sothiaque dynastique, chronologique, zodiacal, historique et religieux de Denderah. (Par Fr. Ricardi, d'Oneille.) *Paris, Ch. Bechet*, 1826, in-12, 80 p.

Explication familière des principales vérités de la religion, à l'usage des enfants. (Par Mme E. de Lamartine.) *Paris, Lyon, Périsse*, 1843, in-18.

Explication françoise et latine des discours ou satyres d'Horace, à l'usage des écoliers. Livre second. (Par le P. Henri Boillot, jésuite.) *Lyon*, 1710, in-12.

Explication historique d'un tableau en relief. (Par Ad.-Stan. Grabowski, évêque de Varmie.) 1752, in-4.

Il y a une seconde édition de la même année.

A. L.

Par le pasteur Samuel Lafont, d'après Quérard.

Explication historique, dogmatique et morale de toute la doctrine chrétienne et catholique... (Par l'abbé J.-Fr. Duclot.) Seconde édition. *Lyon*, 1818, 7 vol. in-8.

La première édition est de 1796. La troisième édition, *Paris*, 1822, porte le nom de l'auteur.

Explication littérale de l'ouvrage des six jours de la création. (Par Jacq.-Jos. Duguet et Jos.-Vinc. Bidel d'Asfeld.) *Bruxelles et Paris*, 1740, 1741, in-12. — Édition conforme à celle de 1740 (avec une notice sur Duguet, par J. Adry). *Paris, Leprieur*, 1812, in-8, fig.

C'est le commencement de l' « Explication de la Genèse »

Explication littérale et morale des Évangiles de S. Mathieu et de S. Marc. (Par le P. Jean Polinier.) *Paris*, 1699, 2 vol. in-8. — De S. Luc. *Paris*, 1701, in-8. — De S. Jean. *Paris*, 1702, 2 vol. in-8.

Explication littérale sur le catéchisme du diocèse de Paris. (Par l'abbé M.-A. de Villiers.) *Paris*, 1768, in-12.

Explication physique de la noirceur des nègres, par le P. M*** J. (Margat, jésuite)

à S. Domingue, à monsieur ***. *S. l. n. d.*, in-8.

Extrait des « Mémoires pour l'histoire des sciences et des beaux-arts », juin 1738, 2e partie, article LXXI.

Explication physique et mécanique des effets de la saignée par rapport à la transpiration, ou traduction d'une thèse soutenue aux Écoles de médecine de Paris. (Par Ph. Hecquet.) *Paris, L. d'Houry*, 1706, in-12, 68 p. et 2 ff. d'approb. et de priv.

Réimprimé sous le titre de : « Explication... des effets de la saignée et de la boisson dans la cure des maladies... » *Chambéry, Gorin*, 1707, in-12, 17 ff. lim., 200 p., 4 ff. et 87 p. La dernière partie, avec pagin. partic., est occupée par le « Traité de la boisson » qui ne se trouvait pas dans la 1re édition.

Explication simple et scientifique des principaux phénomènes de la vie domestique (imité de l'anglais, par Fréd.-Jacq.-Louis Rilliet de Constant). *Toulouse, Société des livres religieux*, 1854, in-18.

Explication sur l'Apocalypse. (Par l'abbé Rémi Pothier.) (*Douai*), 1773, 2 vol. in-12.

Explications des devises générales.

Voy. « Devises générales », IV, 933, *d*.

Explications des douze premiers livres prophétiques de l'Ancien Testament. *Neuchâtel, Michaud*, 1841-45, 3 vol. in-8.

Le premier volume est fait d'après les travaux allemands de S. Preiswerk ; celui-ci n'ayant pas continué cette étude, M. Fréd. de Rougemont a achevé l'ouvrage à lui seul.

Explications des emblèmes héroïques inventés par M. le chevalier D***, pour la décoration des arcs de triomphe érigés aux portes de Reims, lors de la cérémonie du sacre de Louis XV... *Reims, N. Pottier*, 1722, in-4, 16 p.

Par de La Touche, d'après une note manuscrite sur l'exemplaire de la Bibliothèque nationale. Ce nom a été par erreur transcrit de La Tour dans les « Supercheries », I, 836, *c*.

Explications du maréchal Clauzel. (Rédigées et mises en ordre par son neveu, Frédéric-Melchior Soulié de Lavelanet.) *Paris, Amb. Dupont*, 1837, in-8, 192 p.

D. M.

Explications sur le Crédit public et les opérations qui se font à la bourse de Paris, à l'occasion de la proposition de M. Harlé fils. (Par M. Vandermarq.) *Paris, Everat*, déc. 1832, in-8, 26 p.

La couv. imp. sert de titre.

Explications sur les conséquences que peuvent avoir les articles 3 et 4 du projet de loi sur la navigation intérieure, votés par la Chambre des députés dans la séance du 1 juin. (Par le vicomte DEJEAN, député de Castelnaudary..) *Paris, imp. de E. Duverger*, 1838, in-8, 24 p.

Exploitation (de l') des sucreries, ou conseils d'un vieux planteur (PAYEN DE SAINTE-MARIE) aux jeunes agriculteurs des colonies... *Paris, au dépôt de la librairie*, 1803. in-8, x-212 p.

Exploits (les) et les amours de frère Diable, général de l'armée du cardinal Ruffo, traduit de l'italien de B. N. (Bartolomeo NARDINI, par Adrien-César ÉGRON, imprimeur-libraire). *Paris, Ouvrier, an IX-1801*, in-18.

Voy. « Supercheries », I, 176, b, et 539, b.

Exportation (de l') des produits belges à propos du développement du commerce direct avec le sud des États-Unis d'Amérique. (Par CORR-VANDERMAEREN, négociant à Bruxelles.) *Bruxelles, tous les libraires*, 1859, in-12, 40 p.   J. D.

Exportation (de l') des vins de Bordeaux, ce qu'elle a été en 1842 et ce qu'elle était il y a un siècle. Par G. B. (Pierre-Gustave BRUNET). *Bordeaux*, 1843, in-8.

Exposé au corps diplomatique européen. (Par le baron C.-F. SIRTEMA DE GROVESTINS.) *Paris*, 1864, in-8, 12 p.

Exposé conciliateur des différentes opinions du Clergé, et justificatif du serment, par B. D. H. (l'abbé BEUZELIN DU HAMEAU), prêtre assermenté, curé de S... département de l'Orne. *Alençon*, an XI-1803, in-8.

Exposé d'un système philosophique, suivi d'une Théorie des sentiments ou perceptions. (Par F. COYTEUX.) *Paris, Moreau*, 1845, in-8.

Exposé de l'état actuel de l'établissement d'éducation fondé à Dessau. (Par Ch.-G. KOLBE.) *Leipzig, W. Vogel*, 1785, in-8.

Exposé de l'état, du régime, de la législation et des obligations des frères prescheurs. (Par le P. DE LA BERTHONIE.) *Paris*, 1767, in-12, 124 p.

Exposé de la ligne politique de M. de La Gervaisais. *Paris, A. Pihan de la Forest*, 1834, in-8, 159 p. et 4 p. intit. : « Note sur l'exposé. »

L'introduction formant les 16 premières pages et signée P... est de A. PECQUEUR.

Exposé de la manière de penser de M. l'abbé de *** (D'ETEMARE), touchant l'événement des convulsions, où il propose des difficultés sur la consultation des trente docteurs.... *S. l.* (1735), in-4, 32 p.

Exposé de la question de la misère et du paupérisme en Belgique et spécialement dans les Flandres. (Par Ed. DUCPÉTIAUX.) *Bruxelles, Lesigne.* 1867, in-8, 16 p.
J. D.

Exposé de la situation administrative de la province de Brabant. (Par M. DE STASSART.) *Bruxelles*, 1836, in-8, 71 p.

Exposé de quelques-unes des vérités rigoureusement démontrées et rejettées par l'auteur du « Compendium de physique ». (Par Christ. GADBLED, professeur à Caen.) *Amsterdam (Caen)*, 1779, in-8, 39 p.

Exposé des faits qui ont précédé et suivi la cession de Parga ; ouvrage écrit originalement par un Parganiote, et trad. en français par un de ses compatriotes (André MUSTOXIDI), publié par Amaury DUVAL. *Paris, Brissot-Thivars*, 1819, in-8.

Exposé des griefs au nom du quartier du Nord (de la ville de Liége). (Par Félix CHARPENTIER, dit F.-C. DE DAMERY, avocat et ancien maire de Damery, France.) *Liége, Lardinois*, 1843, in-8, 12 p.   J. D.

Exposé des motifs de la constitution belge, par un docteur en droit (Isidore VAN OVERLOOP, avocat, membre de la chambre des représentants). *Bruxelles, H. Goemaere*, 1864, in-8, 10 et 694 p.
J. D.

Exposé des motifs qui ont déterminé le clergé de France à se retirer en pays étranger. *Londres, Cochlan.* 1795, in-12, 2 ff. lim., 88 et v p.

Par l'abbé Louis-Egidius DE LA HOGUE, d'après Barbier. Par RENOULT, d'après M. de La Sicolière.

Exposé des motifs qui ont engagé, en 1808, S. M. C. Ferdinand VII à se rendre à Bayonne, par D. Juan ESCOIQUIZ, traduit librement de l'espagnol (par A.-J. BNUAND). *Paris*, 1816, in-8.

Exposé des principaux inconvénients qui résulteraient de la plantation de l'arbre de la liberté dans la principauté de Neufchâtel et de Vallengin. Par un bourgeois de Vallengin (le pasteur Jonas DE GÉLIEU). *S. l.*, 1793, in-8.

Voy. « Supercheries », I, 568, b.

Exposé des principes sur le serment de liberté et d'égalité, et sur la déclaration exigée des ministres du culte, par la loi du 7 vendémiaire an IV-29 septembre 1795.

(par M. le cardinal L.-Fr. DE BAUSSET, ancien évêque d'Alais); publié avec un avertissement, par M. *** (Jacq.-And. ÉMERY). *Paris, Guerbart*, in-8, LVI-171 p.

Exposé des vrais principes sur l'instruction publique, primaire et secondaire, considérée dans ses rapports avec la religion. (Par l'évêque de Liége, VAN BOMMEL.) *Liége, Kersten*, 1840, 3 part. in-8.

Exposé du droit public de l'Allemagne, par E. H. de S. (le baron E.-H. DE SCHWARZKOPF). *Genève; et Paris, Paschoud*, 1821, in-8.

Exposé du système de l'emprunt progressif sur le revenu, adopté par le conseil communal de Verviers... précédé d'un Examen des diverses bases de l'impôt actuel. (Par François MULLENDORFF, filateur, mort le 1er janvier 1858, à Polleur.) *Bruxelles, Raas*, 1848, in-8, 100 p.   Ul. C.

Exposé du système de succession adopté par le code civil des îles Ioniennes ; par un Ionien (Théodore CARAMALIKIS, de l'île de Zante). *Paris, imp. de Gros*, 1844, in-8, 78 p.

Exposé historique des faits concernant la neutralité de la Suisse envers la France. (Par Charles-Louis DE HALLER.) 1797, in-8.
D. M.

Exposé historique des finances du royaume des Pays-Bas, depuis 1815, trad. de l'allemand (de OSIANDER, employé dans la maison Hope) par H... *Bruxelles*, 1829, in-8.

Exposé par ordre alphabétique des cures opérées en France par le magnétisme animal, depuis Mesmer jusqu'à nos jours (1774-1825)... Par M. S. (Simon MIALLE)... *Paris, J.-G. Dentu*, 1826, 2 vol. in-8.

Exposé rapide des persécutions exercées contre les catholiques arméniens en Orient, pendant les années 1827 et 1828. (Par LEVAILLANT DE FLORIVAL.) *Paris, imp. de Gratiot*, 1830, in-4, 24 p.

Exposé statistique du Tonkin, de la Cochinchine, du Camboge, etc. (par Ant.-Jean-Bapt. DE MONTYON), sur la relation de LA BISSACHÈRE. *Londres*, 1811, 2 vol. in-8.

Réimprimé sous le titre de : « Etat actuel du Tunkin... par M. DE LA BISSACHÈRE... »
Voy. « Supercheries », II, 478, d.

Exposé succinct d'un nouveau système d'organisation des bibliothèques publiques ; par un bibliothécaire (F. DANJOU.)
T. V.

Montpellier, imp. de Boehm, 1845, in-8, 29 p.

Voy. « Supercheries », I, 526, e.

Exposé succinct de la contestation qui s'est élevée entre M. HUME et M. ROUSSEAU, avec les pièces justificatives. (Trad. par J.-B.-A. SUARD.) *Londres*, 1766, in-12, XIV-127 p. — Exposé... auquel on a joint « le docteur Pansophe, ou lettres de M. DE VOLTAIRE ». *Londres*, 1766, in-12, 132 p.

Exposé succinct des droits de S. M. le roi de Prusse sur le duché de Pomerellie et sur plusieurs autres districts du royaume de Pologne. (Par le comte Ewald-Fréd. DE HERTZBERG.) *Berlin*, 1772, in-8. V. T.

« Journal encyclopédique », an III-1794, seconde partie, p. 521.

Exposé succinct des événemens qui ont eu lieu dans le département de la Drôme, depuis l'invasion de Bonaparte jusqu'au 7 avril 1815. (Par M. Alexandre-Laurent GARNIER DE LA BAREYRE.) *Paris*, 1815, in-8.

Exposé succinct des principes d'un amendement propre à compléter et à faire tourner au profit de l'agriculture du royaume la loi sur les sucres, présentée par M. Cunin-Gridaine, le 10 janvier 1843. Par M. P. C. (Pierre CAZEAUX), ancien ingénieur au service de l'État. Quatrième note sur l'urgence de créer de nouvelles causes d'union entre le nord et le midi de la France. *Paris, Bouchard-Huzard*, 1843, in-8, 46 p.

Exposé sur le cadastre. Par un propriétaire électeur (Jérôme QUINET, ancien commissaire des guerres). *Bourg*, 1818, in-8, 20 p.

Exposition abrégée des loix, avec des observations sur les usages des provinces de Bresse et autres réglées par le droit écrit. (Par L. DAMOURS.) *Paris*, 1751, in-8.

Exposition abrégée des preuves fondamentales du catholicisme. *Lyon, Girard et Guyet*, 1847, in-18, 108 p.

La couv. imp. porte en plus : Par l'abbé DUB... (par l'abbé DUBOIS).

Exposition claire et précise des différens points de doctrine qui ont rapport aux matières de religion. (Par l'abbé Fr. ILHARAT DE LA CHAMBRE.) *Utrecht*, 1745, 2 vol. in-12.

Il est bon de lire une lettre adressée par l'auteur aux journalistes de Trévoux, et insérée dans le mois d'octobre 1748, p. 2266 et suiv.
Après avoir reconnu que l'ouvrage est réellement de

lui, et déclaré qu'il a été imprimé à son insu, sans qu'il sache par qui et en quel endroit, il en explique plusieurs propositions qu'il était facile d'interpréter dans un sens contraire à ses véritables sentiments.

Exposition d'un plan pour les malades de l'Hôtel-Dieu. (Par Cl.-Humb. PIARRON DE CHAMOUSSET.) *Paris*, 1756, in-12.

V. T.

Exposition d'une méthode raisonnée pour apprendre la langue latine. (Par César CHESNEAU DU MARSAIS.) *Paris, Ganeau,* 1722, in-8. — *Paris, Forget*, 1795, in-12.

Exposition de l'état actuel de l'Algérie, du gouvernement et de la législation qui la régit. (Par le général M.-J.-E. DAUMAS.) *Alger, impr. du gouvernement*, 1844, gr. in-8.

Exposition de l'histoire de France, depuis le commencement de la monarchie jusqu'à la paix d'Aix-la-Chapelle... en 1748, par M. C*** (CAVAILLON). *Paris, Saillant*, 1775, in-12, 4 ff. lim., 514 p. et 1 f. d'errata.

Exposition de l'Oraison dominicale. Par un supérieur de séminaire (l'abbé X. RAFFRAY). *Vannes, Lamarzelle, et Paris, Gaume frères*, 1851, in-18.

Voy. « Supercheries », III, 740, *c*.

Exposition de la doctrine chrétienne. (Par l'abbé Franc.-Phil. MESENGUY.) *Utrecht (Paris)*, 1744, 6 vol. in-12. — Nouvelles éditions augmentées et corrigées. *Cologne, (Paris)*, 1754, 4 vol. in-12; — 1758, in-4.

Exposition de la doctrine de l'Église catholique (par BOSSUET), nouvelle édition, augmentée de la traduction latine (par l'abbé Cl.-P. FLEURY, publiée par l'abbé Claude LEQUEUX). *Paris, Desprez*, 1764, in-12.

L'estimable éditeur a mis en tête de cet ouvrage une longue et instructive préface sur les différentes éditions et traductions qui en ont été faites ; il a joint aussi au texte des notes plus ou moins importantes : comme il ne présente que des notions vagues et inexactes sur la première édition, je crois devoir placer ici les détails que j'ai publiés le 15 fructidor an XII (1804), dans le « Journal des Débats ».

Les personnes instruites savent que Bossuet, avant de publier le petit, mais important ouvrage de l' « Exdosition », ouvrage qui a opéré plusieurs conversions d'éclat, parmi lesquelles on cite celles de l'abbé Dangeau et du maréchal de Turenne, en fit imprimer un très-petit nombre d'exemplaires, qu'il communiqua à quelques amis afin d'avoir leur sentiment sur la manière dont les dogmes de l'Église catholique y étaient exposés. Ces amis déposèrent sur les marges de l'ouvrage les remarques qui leur furent suggérées par sa lecture, et le remirent dans cet état à l'illustre auteur. Deux ou trois exemplaires, d'après le témoignage de Bossuet lui-même, restèrent entre les mains de ceux qui les

avaient reçus ; celui de Turenne est de ce nombre. Cela n'empêcha pas Bossuet de livrer son ouvrage au public : ce fut en l'année 1671 que Cramoisy imprima l'édition dite *d'amis*, et celle qui devait être mise dans le commerce.

Les chefs de l'Église protestante, ayant entendu parler du petit nombre d'exemplaires que Bossuet avait soumis aux observations de ses amis, publièrent qu'il s'agissait d'une édition dans laquelle les dogmes de l'Église catholique étaient exposés d'une manière peu exacte. Selon eux, la Sorbonne en avait exigé la suppression ; mais, quelques années après, Bossuet déclara hautement n'avoir jamais communiqué son ouvrage à la Sorbonne.

Cependant les exemplaires *d'amis* qui n'avaient pas été rendus à l'auteur furent recherchés avec une sorte d'avidité ; et l'un d'eux, imparfait du frontispice et de plusieurs pages, tomba entre les mains de l'archevêque de Cantorbéry, Wake, qui y attacha une grande importance. Cet exemplaire, complété depuis à la main sur celui de Turenne, se voit aujourd'hui dans la fameuse bibliothèque Lambeth, c'est-à-dire dans le palais même de l'archevêque.

Il s'est passé plus d'un siècle sans qu'on ait eu une description exacte de ces exemplaires. David Clément s'en plaignit en 1754, à l'article *Bossuet* de sa « Bibliothèque curieuse, historique et critique ». Burigny, dans la « Vie de Bossuet », qu'il donna en 1761, in-12, ne parle pas de la double édition de l' « Exposition », publiée en 1671.

Le public eut enfin, en 1781, des détails satisfaisants sur cet objet, de l'homme qui était le plus capable de les lui donner ; je veux parler du savant bibliographe Mercier, plus connu sous le nom d'abbé de Saint-Léger. Il annonça, dans le « Journal d ris » du 21 août de cette année, qu'il possédait une édition de l' « Exposition de la Doctrine catholique » imprimée en 1671, mais d'une autre impression que celle qui était connue. Celle-ci a 189 pages ; la sienne n'en avait que 174 : il paraissait persuadé que c'était un des exemplaires prêtés par Bossuet à ses amis avant de rendre son ouvrage public ; mais il n'y trouvait aucune variante capable d'alarmer les partisans de la doctrine catholique. Il promit alors un mémoire détaillé sur cette rarissime édition, et il s'engagea à déposer à la bibliothèque de Sainte-Geneviève son exemplaire, d'autant plus précieux que les marges offrent des corrections de la main même de Bossuet. Il renouvela cette promesse dans une autre lettre adressée au rédacteur du « Journal général de France », le 8 janv. 1786. L'abbé de Saint-Léger est mort sans avoir réalisé l'une ni l'autre de ses promesses ; et parmi les livres qu'il a laissés, celui-ci ne s'est pas trouvé : on sait néanmoins qu'il a été longtemps entre les mains d'un curieux de la capitale (l'abbé de Tersan).

[Depuis 1825, cet exemplaire faisait partie de la Bibliothèque du Louvre, et il y a été détruit en mai 1871, lors de l'incendie de cette bibliothèque.]

L'annonce de l'abbé de Saint-Léger fit du bruit parmi les savans, et surtout parmi les bibliographes. Il avait un rival dans le fameux abbé Rive, bibliothécaire du duc de La Vallière. Cet homme, qui joignait un orgueil démesuré à un grand fonds de connaissances bibliographiques, dit à ses amis qu'il possédait un exemplaire de l' « Exposition », de la première édition, tout différent de celui qu'avait décrit le moine Mercier : il désignait ainsi l'ancien bibliothécaire de Sainte-Geneviève, dont la réputation lui faisait ombrage. Cependant il refusait de montrer son exemplaire. Il en donna la description en 1789, dans l'ouvrage singulier qu'il intitula : « la Chasse aux Bibliographes et aux Antiquaires mal avisés ». Ce sont deux volumes qui contiennent plus d'injures que de raisons. Les hommes morts ou vivans qui se sont le plus distingués par leurs connaissances dans l'histoire littéraire et dans la bibliographie, y sont traités de la manière la plus révoltante. L'abbé Rive s'est montré, dans cette production et dans l usieurs autres, le digne émule de Pierre Aretin, surnommé dans son temps le *fléau des princes*, à cause des injures qu'il adressait à tous les rois. Si Rive eût vécu plus long-temps, il eût certainement été appelé le *fléau des bibliographes*.

On trouve, à la page 439 du tome premier de « la Chasse aux Bibliographes », la description de l'exemplaire de l' « Exposition », auquel l'abbé Rive attachait tant d'importance. J'y ai remarqué deux choses qui me la rendirent suspecte : 1º L'abbé Rive prétend que dans son édition seule existe, en tête de la première page, une vignette en taille-douce, laquelle, suivant lui, est grossièrement gravée sur bois dans l'édition commune de 1671. Il est de fait que cette vignette est une fort belle taille-douce dans tous les exemplaires de 1671. 2º Il assure qu'on lit dans son édition, page 210 : « Il suffit de reconnoître un chef établi de Dieu pour conduire tout le troupeau dans ses voies », tandis que dans l'autre on lit seulement : « Il suffit de reconnoître un chef établi de Dieu ». Je possède un exemplaire de l'édition commune de 1671, où se trouve la première leçon.

D'après ces détails, on se fera sans peine une idée du désir que j'avais de connaître cet exemplaire, sur lequel je ne doutais pas que l'abbé Rive eût fait la pompeuse description dont je viens de parler. Comme il n'avait pas été p.. .sur le catalogue des livres vendus à Marseille en 1793 après sa mort, j'écrivis à M. Achard, bibliothécaire instruit de cette ville, et de plus rédacteur du catalogue des livres de notre terrible bibliographe. Mais quelle fut ma surprise lorsque je vis, par cette note assez rare, que me donna M. Achard avec une complaisance assez rare, que l'exemplaire tant vanté par l'abbé Rive était sans frontispice, et que la description contenue dans « la Chasse aux Bibliographes » n'était en grande partie que la copie des notes écrites sur le premier feuillet blanc par l'abbé Sepher, mort à Paris en 1786, chanoine de Saint-Etienne-des-Grès, et possesseur d'une très-nombreuse bibliothèque !

L'abbé Rive n'ayant rapporté ni l'une ni l'autre de ces circonstances, je fus à peu près convaincu qu'il en avait imposé au public sur sa prétendue première édition. Ayant montré la lettre de M. Achard à une personne qui m'honorait de son amitié (M. Adry), et qui a eu communication de l'exemplaire de l'abbé de Saint-Léger, je vis très-clairement, à la simple inspection des différentes éditions que la personne dont je parle avait réunies dans son cabinet, que celle qui fait le sujet de la longue note de l'abbé Rive et de la lettre de M. Achard n'est autre chose que la seconde édition de l' « Exposition », imprimée par Cramoisy en 1673. Elle a en effet les deux cent quinze pages, la vignette, qui est réellement inférieure à celle de l'édition commune, parce que le tirage en est postérieur ; enfin le cul-de-lampe, qui n'existe que dans cette édition.

C'est ainsi que je suis parvenu à éclaircir un point de bibliographie relatif à un des meilleurs ouvrages du plus éloquent de nos écrivains.

M. de Bure l'aîné, libraire, rue Serpente, possède un exemplaire parfaitement semblable, aux notes près,

à celui de l'abbé de Saint-Léger. Le temps a donc épargné les trois exemplaires qui ne revinrent jamais entre les mains de Bossuet, puisqu'il en existe un en Angleterre, et deux à Paris.

M. Adry possédait un exemplaire de la seconde édition ; il l'a collationné avec un exemplaire de la première, dont il a figuré le frontispice. Son exemplaire représente donc la première édition ; il avait le projet de le faire réimprimer sous ce titre : « Exposition de la doctrine de l'Église catholique sur les matières de controverse », par messire J.-B. Bossuet, évêque de Meaux, etc., nouvelle édition conforme à l'édition qui précéda celle qui passe pour la première, avec des notes où l'on examine si les différences qui se trouvent dans ces deux éditions sont de quelque importance.

Cet exemplaire précieux de M. Adry se trouve aujourd'hui (1822) dans le cabinet de mon ami Deville.

Au reste, tout ce qui concerne les premières éditions de l' « Exposition » de Bossuet se trouve parfaitement développé par M. le cardinal de Bausset, à la fin du premier volume de son excellente « Histoire de Bossuet ». *Paris*, 1814, 4 vol. in-8.

« L'abbé Lequeux paraît n'avoir point connu d'autre version anglaise du livre de l' « Exposition » que celle de l'abbé de Montaigu, imprimée à Paris en 1672. On peut s'étonner qu'il n'ait point entendu parler de la version plus belle et plus élégante du P. Johnston, bénédictin anglais, dont il se fit trois éditions en Angleterre coup sur coup en 1686. La troisième édition, ornée de l'*avertissement* du célèbre auteur et de toutes les approbations données à son livre, a ceci de particulier, que le roi (Jacques II) avait fait ajouter ces mots au titre : *Publié par ordre de Sa Majesté*. Les exemplaires de ces éditions sont si communs en Angleterre, et même en France, qu'il est assez étonnant que le nouvel éditeur n'en ait point parlé. Pour peu qu'il eût jeté les yeux sur la belle et savante préface du P. Johnston, mise à la tête de sa troisième édition, il aurait vu que ce père était en relation directe avec Bossuet; qu'il lui communiquait les difficultés faites contre son livre par les protestans d'Angleterre ; que Bossuet les réfutait toutes avec sa netteté et sa précision ordinaires ; qu'enfin le P. Johnston ne faisait que traduire en anglais les réponses du prélat : de sorte que la préface du bénédictin est, à proprement parler, l'ouvrage même de Bossuet. Il semble que des faits de cette importance devaient naturellement trouver place dans l'histoire du livre de l' « Exposition ». Les lettres originales des pères Shirburne et Johnston, bénédictins anglais, écrites à ce sujet au grand Bossuet, et les minutes des réponses de la propre main du prélat, étaient dans le dépôt des papiers du savant évêque (entre les mains de Le Roy, ex-oratorien). » (Ce dernier paragraphe est extrait du « Journal de Verdun ».)

Exposition de la doctrine de l'Église gallicane, par rapport aux prétentions de la cour de Rome. (Par César CHESNEAU DU MARSAIS.) *Genève, Kramer*, 1757, 3 vol. in-12. — *Paris*, 1758, in-12.

Réimprimé avec le nom de l'auteur, *Paris, Duponcet*, 1817, in-8.

Exposition de la doctrine de l'Église sur le prêt à intérêt, extraite des « Conférences d'Angers ». (Par l'abbé Th. GOUSSET, depuis archevêque de Reims et cardi

nal.) *Besançon et Paris*, 1825, in-12. —
Sec. édit. augm. *Ibid.*, 1826, in-12.

Exposition de la doctrine de l'Église,
sur les vertus chrétiennes, contre les articles que M. l'évêque du Mans a fait signer
aux PP. de l'Oratoire, et examen de la
lettre apologétique du P. Verdier, assistant
du P. Général de l'Oratoire. (Par dom
J.-P. DÉFORIS.) *En France*, 1776, in-12.

Exposition de la doctrine des philosophes modernes. (Par le P. Charles-Louis
RICHARD.) *Malines*, 1785, in-12.

Exposition de la doctrine orthodoxe sur
le mystère de la Trinité. (Par D.-R. BOUL-
LIER, ministre à Amsterdam.) *Amsterdam*,
1734, in-8.

Exposition de la doctrine physionomi-
que du docteur Gall, ou nouvelle théorie
du cerveau, considéré comme le siége des
facultés intellectuelles et morales. (Par le
général NORMANT, ancien aide de camp du
général Moreau.) *Paris, Henrichs*, an XII,
in-8, 255 p.

Exposition de la foi catholique touchant
la grâce et la prédestination. (Par Martin
DE BARCOS.) *Mons, Migeot*, 1696, in-8 ; —
1699, in-12.

Exposition de la foi et de la doctrine du
P. Berruyer. (Par l'abbé DE LA MOTTE.)
Avignon, 1756, 3 parties in-12.

Exposition de la loi naturelle, par
M. l'abbé B*** (BAUDEAU). *Amsterdam et
Paris, Lacombe*, 1767, in-12.

Exposition de la morale chrétienne ou
suite du « Manuel du Catholique... » Ouvrage composé par ordre du prince-arche-
vêque de Saltzbourg, et traduit pour la
première fois en français sur la troisième
édition allemande de 1797. (Par LE SAGE,
prémontré.) *Lyon, Rusand*, 1817, 2 vol.
in-12.

L'original est d'un bénédictin. L'abbé LE SAGE aver-
tissait dans sa préface qu'il avait traduit le reste de
l'ouvrage ; et qu'il se proposait de le publier sous le
titre de « Manuel du Catholique ». Cet ouvrage, qui
devait avoir au moins cinq vol. in-12, n'a pas été
publié.

Exposition de 1867. Délégation des ouvriers relieurs. Première partie : la reliure
aux expositions de l'industrie. *Paris*, 1868,
in-12, xxvij-278 p.

La 2e partie, devant contenir le rapport sur la reliure
à l'Exposition de 1867, avec planches, n'a pas été
publiée. — La principale part de la rédaction de ce
volume revient à M. Adolphe CLÉMENCE, qui essaya
de fonder en mai 1869 une « Revue de la reliure »,
qui n'a eu que 3 numéros. Voici les noms des membres de la *délégation* : E. Varlin, Delacour, Leclère,
V. Wynants, Paillet.   G. M.

Exposition de Nantes en 1825, par
MM. G*** (Vincent GACHE) et V*** ALÉ-
THOCRITE (Gustave-Antoine RICHELOT).
Nantes, Hérault, juillet 1825, in-8, 41 p.

Catalogue de Nantes, no 21421.

Exposition de quelques principes politiques et de quelques opinions religieuses.
(Par J. CHAS.) *Paris, Tutot*, in-8.

Exposition des beaux-arts de Spa. (Par
Emile LECLERCQ, peintre et romancier à
Bruxelles.) *Spa, G. Goffin*, 1863, in-8,
7 p.   J. D.

Exposition des caractères des genres de
plantes établis par les botanistes, rangés
suivant l'ordre du système sexuel. (Par
N. DESPORTES le jeune, naturaliste.) 1801,
in-16, 588 p.

Exposition des coutumes sur la largeur
des chemins, etc., et sur la durée de la
garantie des ouvrages publics. *Paris,
Charles Saugrain*, 1686, in-12, 150 p. —
Ibid., Cl. Gérard, 1728, in-12.

Le privilége au nom de Saugrain, en date du
24 mai 1686, désigne ainsi l'auteur : M. F. T. D. F.
(M. FRÉMIN, trésorier de France, suivant une note
manuscrite).

Exposition des derniers produits de
l'industrie de la censure, et réclamation
d'icelle contre une omission du jury. (Par
N.-A. DE SALVANDY.) *Paris, Sautelet*, 9 oct.
1827, in-8, 1 f. de tit., 62 p. et 1 f. de table.

Exposition des droits des souverains sur
les empêchemens dirimants de mariage, et
sur leurs dispenses. (Par le P. Jos. DUFOUR,
dominicain.) *Paris, Leclère*, 1787, in-12.

Ouvrage imprimé avec approbation et privilége du
roi. La distinction du contrat civil du mariage et de la
bénédiction nuptiale y est parfaitement établie.

Exposition (l') des evangiles et des epistres de tout l'an, translatees de nouveau
de latin en françoys. *Chambery, Anthoine
Neyret*, 1484, 6 iuillet, in-fol. goth.

Cette Exposition n'est autre chose qu'une ancienne
traduction des Sermons de Maurice DE SULLY, évêque
de Paris, mort à la fin du XIIe siècle. Voy. pour plus
de détails, Brunet, « Manuel du libraire », 5e édit.,
II, col. 1138. Il cite encore d'autres éditions.

Exposition des lois, actes et monuments
authentiques concernant l'origine et la
constitution de la cour souveraine séante
à Nancy. (Par COLLIN DE BENAVILLE, conseiller au parlement.) *Nancy, Lamort*,
1775, in-8.

Exposition des motifs apparens et réels
qui ont causé et perpétué la guerre pré-

sente, par M. R. G. D. M. R. D. M. (Jean ROUSSET). *Amsterdam, Compagnie,* 1746, in-8, 456 p.

Note manuscrite.

Exposition des motifs de l'appel interjeté par l'Université de Paris au futur concile général, le 5 oct. 1718, de la constitution *Unigenitus...* et des Lettres de Sa Sainteté publiées à Rome le 8 sept. 1718. *S. l.*, 3 déc. 1718, in-4, 43 ou 36 p.

La *Declaratio universitatis* a été rédigée et signée par Charles COFFIN, en qualité de recteur. Le P. Le-long en attribue la traduction française à Pierre RES-TAUT.

Exposition des objets discutés dans les États généraux de France depuis l'origine de la monarchie, par M. le marquis de S***** (DE SERENT). *S. l.*, 1788, in-8, 180 p. et 3 ff. de table et d'*errata*. — *Londres et Paris, Maradan,* 1789, in-8, 180 p. et 3 ff. de table et d'*errata*.

Exposition des principaux règlements concernant l'administration économique des communautés de Provence... (Par Jos. DUBREUIL.) *Aix, imp. de A. David,* 1786, in-4.

Exposition des principes de la foi catho-lique sur l'Église, recueillis des « Instruc-tions familières » de M. JAB*** (H. JABI-NEAU, ex-doctrinaire). *Paris, Leclère,* 1792, in-8.

Exposition des principes et de la disci-pline de l'Unité évangélique des Frères de la Confession d'Augsbourg. Traduit de l'allemand (de J. LORETZ). *Neuwied, impri-merie de la Société typographique,* 1794, in-8, VIII-296 p.

La préface est signée. L'ouvrage original allemand porte ce premier titre latin : « Ratio disciplinæ uni-tatis fratrum, A.-C. BARBY ». 1789, in-8.

Exposition des principes qu'on doit suivre dans l'ordonnance des théâtres mo-dernes, par M. X. (le chevalier DE CHAU-MONT), commissaire des guerres et secré-taire de M. le D. de C. (secrétaire du duc de Chartres). *Amsterdam et Paris, Jaubert,* 1769, in-12.

Exposition des principes sur la consti-tution du clergé, par les évêques députés à l'Assemblée nationale. (Rédigée par BOISGELIN, archevêque d'Aix.) 1791, in-8.

Voy. ci-dessus, « Examen sérieux... », col. 364, a.

Exposition des produits de l'industrie du département de la Loire-Inférieure, à Nantes. (Par L.-F. DE TOLLENARE.) *Nantes, imp. de Mellinet-Malassis,* 1825, in-8.

Exposition des propriétés du spalme... (Par J. MAILLE.) *Paris, Le Breton,* 1763, in-8.

Exposition des trois États du pays et du comté de Flandre. (Par P. DE ZAMAN.) *S. l. (Gand),* 1711, in-8.

Exposition du calcul des quantités né-gatives. (Par dom Donat PORRO.) *Avignon (Besançon).* 1784, in-8.

Exposition du psaume *Miserere,* nou-vellement imprimé, revu et corrigé par l'auteur, chanoine de la Sainte-Chapelle (probablement Jean DE GAIGNY, en latin J. GAGNÆUS). *Paris, Nicolas Barbou,* 1545, in-8.

Exposition du sens primitif des psaumes, totalement conservé dans la Vulgate et dans une nouvelle traduction française... par M. V*** (l'abbé Pierre-François VI-GUIER, lazariste). Seconde édition, revue, améliorée et considérablement augmentée. *Paris, imp. Denugon,* 1818-1819, 2 vol. in-8.

La 1re éd. a paru sous le titre de « Distinction primitive des psaumes ». Voy. « Supercheries », III, 886, f, et tome IV, 1094, f.

Exposition du système de l'enseigne-ment public dans le royaume des Pays-Bas, par un professeur belge (L.-V. RAOUL). *Tournay,* 1817, in-12.

Exposition (Cy commence l') et la vraye declaration de la Bible, tant du Vieil que du Novel Testament, principalement sur toutes les ystoires ppales dud. Vieil et Novel Testament, novellement faicte par ung tres-excellent clerc, lequel par sa science fut pape (Æneas SYLVIUS, pape sous le nom de PIE II), et apres la trans-lacion a eté vû, lû et corret de point en point par venerable docteur maistre JULIEN (MACHO), de l'ordre des Augustins sur le Rosne... *(Lyon,* vers 1480), in-fol.

Exposition familière de la doctrine de l'Église catholique, à l'usage des Français épars en Espagne, par un curé du diocèse de Nancy (l'abbé Nicolas VIALLEMIN). *Augsbourg* (1798), in-8, XXXX-206 p.

Exposition géométrique des principales erreurs newtoniennes sur la génération du cercle et de l'élipse. (Par Gasp.-Fr.-Anne DE FORBIN.) *Paris,* 1760, in-12.

Exposition méthodique de l'Apocalypse, conforme à la tradition de l'Église catho-lique... (Par le comte Ch. PASERO DE CORNELIANO.) *Paris, A. Leclère,* 1817, in-8, 28 p.

. Exposition nationale. Coup d'œil impartial sur le salon de 1839, par MM. V. J. et E. G. (Victor Joly et Eugène Gens). *Bruxelles, Raabé*, 1839, in-8, 72 p.

                     J. D.

Exposition nationale de Nantes, odes. (Par Pierre-Joseph-Édouard Puységur.) *Nantes, Guéraud*, s. d., in-4, 4 p.

    Catalogue de Nantes, n° 26898.

Exposition précise de la nouvelle-doctrine médicale italienne, ou considérations pathologico-pratiques sur l'inflammation et la fièvre continue, etc., par Tommasini, professeur à l'Université de Bologne, traduit de l'italien par J. T. L. (J.-T. Lefébure). *Paris, Béchet jeune*, 1821, in-8.

Exposition publique des produits de l'industrie française. 1834. — Notice sur les appareils et machines... inventées par M. Humbert père. *Bar-le-Duc, F. Gigault d'Olincourt*, in-8, 32 p.

    C'est le docteur N. Jacquier qui a rédigé tout ce qui a été publié sur les inventions orthopédiques de M. Humbert.

Exposition raisonnée des principes de l'Université, relativement à l'éducation. (Par l'abbé Gosse, ancien professeur de belles-lettres au collége de la Marche, et avocat au Parlement.) *Paris, Buisson*, 1788, in-8.

    Attribué par erreur, par la « Biographie univ. et port. des Contemporains », à Et. Gosse, qui n'avait que 15 ans lorsque cet écrit parut.

Exposition sommaire de la doctrine de la nouvelle Église, qui est entendue dans l'Apocalypse par la nouvelle Jérusalem, par Emmanuel Swedenborg, Suédois, traduite du latin (par Bénédict Chastanié). *Paris, Dupuis*, an V-1797, in-8.

Exposition sommaire de la structure et des différentes parties de l'encéphale ou cerveau... avec 6 planches. (Par Fr. Chaussier.) *Paris, T. Barrois*, 1807, in-8.

Exposition sommaire et sur documents authentiques, de la situation de la Compagnie des Indes et du commerce anglais en 1823, par M. de M*** (Tournachon de Montvéran), auteur de « l'Histoire critique et raisonnée de la situation de l'Angleterre ». *Paris, Bossange frères*, 1823, in-8.

    Extrait du « Bulletin universel des sciences ».

Exposition succincte des principes et des propriétés des eaux minérales qu'on distribue au bureau de Paris. (Par Joseph Raulin.) *Paris, Hérissant*, 1775, in-12.

Exposition succincte et comparaison de la doctrine des anciens et nouveaux philosophes. (Par l'abbé J.-B. Rivière, plus connu sous le nom de Pelvert.) *Paris, Mequignon*, 1787, 2 vol. in-12.

Exposition versaillaise dans la salle du Jeu-de-Paume. (Poésie, par Auguste Michaut.) *Versailles, Klefer* (1848), in-8, 14 p.

Expositions des Évangiles en françoys.

    Voy. « Exposition des Évangiles ».

Expression (de l') dans les arts, et particulièrement dans la musique, à propos du concert de Mme Pleyel. *Liége*, 1843, in-8, 11 p.

    Tiré à part de « la Tribune ».
    Signé : R....d (Laurent Renard.)   J. D.

Expression du vœu d'un citoyen. (Par F.-A. Daubermenil.) *S. l. n. d.*, 1789, in-8, 16 p.

Exterminateur (l') des parlements. (Par l'auteur de l' « Extrait du Charnier des Innocents ».) *Paris, imp. de la Cour du Parlement*, septembre 1789, in-8, 29 p.

    Signé : de Droiture, avocat.
    D'après M. de Manne, ce pamphlet serait de Pierre-Mathieu Parein, d'abord avocat, puis général de brigade.

Extinction (de l') du paupérisme, par F. P. (Félix de Pachtere, imprimeur à Bruges). *Bruges*, 1847, in-8.   J. D.

Extrait d'un article du journal du mois d'octobre 1729, au sujet de la naissance de monseigneur le Dauphin. *S. l. n. d.*, in-4, 3 p.

    Par M. Lambin, d'après une note manuscrite sur l'exemplaire de la Bibliothèque nationale.

Extrait d'un Dictionnaire inutile, composé par une société en commandite, et rédigé par un homme seul (Jean-Pierre Gallais). *A 500 lieues de l'Assemblée nationale*, 1790, in-8, viii-285 p.

Extrait d'un écrit signé par trois ecclésiastiques résidant au Mans, et qui a pour titre : « Profession de foi de MM. les Curés, etc. » *Paris, Everat*, in-8, 7 p.

    Voy. « Profession de foi de MM., etc. » ; elle est de 1819. L'Extrait qui en fut fait à Paris parut peu de temps après. On l'attribue à l'abbé Proust, prêtre du diocèse de Blois : il s'est trompé en disant que les trois signataires résidaient au Mans. L'abbé Poirier, l'un d'entre eux, résidait à Nogent-le-Rotrou, et il est mort.

Extrait d'un itinéraire de Hhaleb (Alep) à Moussel (Mosul), par la voie du Djezire (la Mésopotamie), par M. R....... (Jean-

Baptiste-Louis-Jacques ROUSSEAU). *Paris,* Gœtschy, 1823, in-8, 52 p.

Extrait du 50ᵉ cahier du « Journal des Voyages », rédigé par Verneur.

M. de Manne attribue cet ouvrage à Jean-François-Xavier ROUSSEAU, père de l'auteur, mort en 1808.

Voy. « Supercheries », III, 291, *f.*

Extrait d'un itinéraire en Perse par la voie de Baghdad (1807) ; par M..... (Jean-Baptiste-Louis-Jacques ROUSSEAU). *Paris, imp. de Sajou,* 1813, in-8, 24 p.

Voy. « Supercheries », III, 1093, *f.*

Extrait d'un Mémoire sur une meule antique trouvée à Malain (Côte-d'Or)... (Par P.-L. BAUDOT.) *Besançon,* 1810, in-8.

Extrait d'un plan intitulé : « Ressources consolantes pour soutenir la guerre des Francs contre les tyrans des Germains... » (Par CHENANTAIS, administrateur du département d'Indre-et-Loire.) *S. l. n. d.,* in-4.

Extrait d'un Sermon prêché le jour de S.-Polycarpe, à S.-Jean-en-Grève à Paris. Avec les preuves des faits qui y sont avancés. (Par l'abbé P.-V. FAYDIT.) *Liége, Henry,* 1685, in-12.

Réimprimé sous le titre de : « Conformité des Églises de France... » Voy. IV, 684, *e.*

Extraict d'un Traité de la grandeur, droicts, prééminences et prérogatives des roys et du royaume de France. (Par François PITHOU.) *S. l.,* 1594, in-8, 50 p.

Cet opuscule est véritablement extrait d'un Traité de la grandeur, etc., du royaume de France, imprimé à Troyes dès 1587, et qui n'a été connu ni du P. le Long, ni de Grosley, ni des continuateurs du P. le Long. Voyez les mots « Lettres d'un François sur certain discours ».

Le traité a 81 pages. Ce n'est donc pas un *grand ouvrage,* comme le présumait Grosley. Voyez la Vie des frères Pithou, *Paris,* 1756, in-12, t. II, p. 160.

Extrait d'un voyage, manuscrit intitulé : Lettres d'un Français voyageur à un de ses amis en France. (Par Médéric-Louis-Élie MOREAU DE SAINT-MÉRY.) *S. l. n. d.,* in-8, 45 p.

Extrait d'un voyage pittoresque en Espagne, en 1788, 1789 et 1790. Description d'une partie des appartements du palais du duc d'Albe, à Madrid. (Par Fr. GROGNARD, négociant de Lyon.) *Bayonne, imp. de veuve Dubart-Fauvet,* 1792, petit in-8, 60 p.

Imprimé à petit nombre.

Extrait d'une lettre écrite de Rouen, à l'auteur de ces « Nouvelles », pour montrer que l'écrit publié depuis peu par M. Arnauld n'est pas de saint Athanase. (Par J. BASNAGE.)

« Nouvelles de la République des lettres », 1685, p. 744.

Extrait d'une nouvelle théorie de l'univers, par A,... (J.-D.-V. AUBURTIN), de Sainte-Barbe. Chapitre VII, 1ʳᵉ partie. Découverte des causes réelles du flux et du reflux des mers. *Paris, Ledoyen,* 1841, in-8, 16 p.

Extrait d'une question sur l'inoculation de la petite vérole, insérée dans le « Journal de médecine » du mois de février 1755. *S. l. n. d.,* in-8, 16 p.

Par H.-J. MACQUART, suivant une note manuscrite sur l'exemplaire de la Bibliothèque nationale.

Extrait de divers moralistes anciens et modernes. (Par Joseph DROZ.) An IV de la République (1796), in-12, 93 p.

N'a été tiré qu'à 24 exemplaires.

Extrait de l' « Ami des lois », lacéré en 1775, dédié en 1790 à l'Assemblée nationale, par M. D*** (MARTIN DE MARIVAUX), avocat au parlement de Paris. *Paris, imp. de Potier de Lille,* 1790, in-8, 48 p.

Voy. « Supercheries », I, 843, *d.*

Extrait de l'analyse botanique de la « Flore française » (de Lamarck). (Par J.-M. NÉRET et sa femme.) *Compiègne,* 1790, in-8.

Extrait (par le marquis DE FRIMEUR) de l' « Histoire de la conjuration de L.-Ph.-Joseph d'Orléans, surnommé Égalité ». Ouvrage imprimé pour la première fois en 1796, à Paris, par M. de Montjoie. *Paris, Bricon,* 1831, in-8.

Extrait de l'histoire générale et économique des trois règnes, partie des annonces, ou la nature considérée sous ses différents aspects. (Par P.-Jos. BUC'HOZ.) *Paris, Lamy,* 1783, in-8.

Extrait de « l'Organisateur ». Correspondance. *Paris, imp. de Everat* (1830) in-8, 14 p.

Signé : Ch. D. (Charles DUVEYRIER).

Extrait de la « Gazette de Londres », du 20 février 1762. (Par VOLTAIRE.) *S. l. n. d.,* in-12, 6 p.

Extrait de la généalogie de Hugues, surnommé Capet, roi de France, et des derniers successeurs de la race de Charlemagne en France. *Paris, Mamert Patisson,* 1594, in-8.

De Thou, dans le soixante-dix-septième livre de son

« Histoire », attribue cet ouvrage à PONTUS DE TYARD, évêque de Châlons ; et Duchesne, page 30 de sa « Bibliothèque des Historiens de France », dit qu'il l'a fait en réponse au livre de François de Rozières, intitulé : « Stemmata Lotharingiæ ac Barri Ducum ». *Paris*, 1580, in-fol.   (Note de M. Boulliot.)

Extrait de la généalogie de la maison de Mailly, dressé sur les titres originaux sous les yeux de M. de Clairambaut, et pour l'histoire, par M. *** (Paul LUCAS, dit le P. SIMPLICIEN). *Paris, Ballard*, 1757, gr. in-4.

Extrait de la « Revue chrétienne ».... *Paris, imp. de Meyrueis*, 1859, in-8.

Compte rendu de l'ouvrage intitulé : « Mme la duchesse d'Orléans... » (par Mme George d'Harcourt), signé : E. DE P. (E. DE PRESSENSÉ).

Extrait de Platon. (Par l'abbé Joseph DE BEAUFORT, prieur de Saint-Éloi de Lonjumeau.) *Paris, Josse*, 1698, in-12.

Extrait de quelques lettres de Mme la comtesse de GRIGNAN, du chevalier de GRIGNAN, du marquis de SÉVIGNÉ et de M. de BUSSY-RABUTIN, évêque de Luçon, qui n'ont point été comprises dans les différentes éditions de Mme de Sévigné; suivi d'un fragment inédit d'une lettre de Mme de SÉVIGNÉ à Mme de Grignan. *Troyes, Bouquot*, 1854, in-8.

Publié par CORRARD DE BRÉBAN.

Extrait des « Annales de l'honneur en France », publiées par Pierre Blanchard. Nécrologie. (*Paris*), *imp. de J.-B. Imbert* (1818), in-8, 4 p.

Article sur G.-J. Gochaux, signé : B* (Michel BERR).

Extrait des différents ouvrages publiés sur la vie des peintres, par M. P. D. L. F. (Denis-Pierre-Jean PAPILLON DE LA FERTÉ). *Paris, Ruault*, 1776, 2 vol. in-8.

Voy. « Supercheries », III, 59, e.

Extrait des journaux d'un magnétiseur attaché à la Société des amis réunis de Strasbourg... (Par le comte DE LUTZEBOURG.) Seconde édition augmentée. (*Strasbourg*), *à la Librairie académique*, 1786, in-8, 165 p.

L'auteur a publié en 1788 de « Nouveaux Extraits des journaux d'un magnétiseur », in-8, 99 p.

La 1re éd., publiée la même année et tirée à très-petit nombre, est-intitulée : « Extrait du Journal d'une cure magnétique ». Voy. ci-après ce titre, col. 401, f.

Extrait des lettres d'un gentilhomme de la suite de M. de Rambouillet... à un seigneur de la cour touchant la légation dudit seigneur et autres choses mémorables observées en son voyage de Cracovie, le 12 décembre 1573. (Par Nic. DU MONT.)

Paris, Denis du Pré, 1574, in-8, 7 ff. — *Lyon, B. Rigaud*, 1574, in-8, 7 ff.

Extraict des prophéties et révélations des sainctz Pères. Ensemble la noble fleur de lys de Louis treiziesme, roy de France et de Navarre. *Paris, Cl. Percheron*, 1617, in-8, 24 p.

Il y a deux autres éditions de même date, portant... par Claude VILLETTE, chanoine en l'église de Sainct Marcel lez Paris, et curé d'Ivery sur Seyne. Une contrefaçon porte ce titre :

« Extraict des prophéties et rerelations (sic) des saincts Pères qui doivent arriver durant le règne du très chrestien Louis XIII... » *Suivant la copie imprimée à Paris, chez Claude Percheron (s. d.), pet. in-8, 24 p., avec le nom de l'auteur.*

Une autre contrefaçon porte : « Extraict... trouvé dans l'Estude de deffunct maistre Iean BELOT, curé de Mil-mont (sic) ». *Paris, Claude Percheron, imprimeur (s. d.), pet. in-8 de 23 p., au verso de la* dernière se trouve le portrait de M. L. Belot, médaillon grossièrement gravé sur bois.

Ces deux réimpressions sans date ne reproduisent pas le dernier alinéa des éditions originales intit. : « les Marques devancières de tout ce que dessus. »

Extrait des registres de l'Académie royale des sciences, du 22 novembre 1786. Rapport des commissaires chargés, par l'Académie, de l'examen d'un projet d'un nouvel Hôtel-Dieu. (Rédigé par J.-Silv. BAILLY.) *Paris, Moutard*, 1787, in-8, 147 p.

Ce rapport a été rédigé sur des matériaux fournis par TENON, l'un des commissaires, qui depuis a publié ces matériaux dans ses « Mémoires sur les hôpitaux de Paris ». C'est ce qu'a démontré jusqu'à l'évidence Prévost-Saint-Lucien en 1791, dans son « Analyse des Mémoires de Tenon ». Voyez le « Journal des Sciences et des Arts ». D'un autre côté, Gaillard déclara en 1804 avoir entendu Bailly lui-même renvoyer modestement à Tenon les compliments qu'il recevait sur son « Rapport ».

Extrait des registres des délibérations de l'administration du Mont-de-Piété, du 12 vendémiaire an IX. (Par HENRY, secrétaire-greffier de l'administration du Mont-de-Piété). *Paris, de l'imprimerie des sciences et arts*, an IX, in-8, 20 p.

Réfutation du « Mémoire pour les administrateurs des maisons de prêts connues à Paris sous le nom de Lombard–Hussan, Serrilly, et de Caisse auxiliaire, quai Malaquais, contre la compagnie financière établie dans les bâtiments du Mont-de-Piété ». Mémoire signé Verpy, Bosse, Gilbert, administrateurs des maisons de prêts, et Delaporte, jurisconsulte-conseil.

Extrait des registres du bureau de l'Hôtel-Dieu d'Étampes. *Paris, imp. de Monsieur*, 1785, in-4.

Par M. GABAILLE, d'après une note manuscrite sur l'exemplaire de la Bibliothèque nationale.

Extrait des voyages du docteur KARAMSIN, médecin de Moscou. (Traduit sur la version anglaise, par TUAULT DE LA

BOUVERIE.) *Vannes, Galles aîné*, 1815, in-8, 73 p.

Cet Extrait est relatif à Londres (Cat. de la Bibl. du baron Silvestre de Sacy, n° 4866). La relation des voyages de Karamsin, trad. en anglais, a paru à Londres, 1803, 3 vol. in-12; voy. Lowndes, III, 1252. Malgré la fausse qualité de médecin donnée ici à l'auteur, c'est bien de l'historien Nicolas KARAMSIN dont il est question. A. L.

Extrait du chapitre de l'ordre de Saint-Michel, tenu aux Cordeliers le 8 mai 1749, le 7 décembre 1750, le 29 novembre 1751, le 4 déc. 1752. (Par Roy, chevalier et secrétaire de l'ordre.) (*Paris*), *s. d.*, 1751, 1752, 1753, in-4.

Extrait du charnier des Innocents, ou cri d'un plébéien immolé. *A Bordeaux, de l'imprimerie P..... P....., imprimeur des citoyens malgré ceux qui ne le veulent pas*, 1789, in-8, 25 p. — Supplément. 1789, in-8, 22 p.

Signé : DE DROITURE, avocat en Parlement. Cet auteur a publié la même année : « le Massacre des Innocents... », in-8, 20 p.; et l' « Exterminateur des Parlements... », in-8, 29 p. Ces deux ouvrages portent : « Par l'auteur de l' « Extrait du charnier des Innocents ». Le véritable nom de l'auteur de ces brochures serait, d'après M. de Manne, Pierre-Mathieu PAREIN, d'abord avocat, puis général de brigade, né au Ménil-Aubry, près d'Ecouen.

Extrait du « Courrier lorrain ». Nancy, le 20 janvier 1832. *Nancy, imp. de Richard-Durupt*, s. d., in-8, 7 p.

Article au sujet du procès de l'Ecole libre et du journal « l'Avenir », signé D. (GUERRIER DE DUMAST).

Extrait du « Dictionnaire historique et critique » de Bayle, divisé en deux volumes, avec une préface. *Berlin, Ch.-Fréd. Voss*, 1767, 2 vol. in-12. — Nouv. édit. augm. *Amsterdam*, 1780, 2 vol. in-8.

Cet ouvrage a été fait de concert par FRÉDÉRIC II et le marquis D'ARGENS. Dieudonné THIÉBAUT en a été l'éditeur. (Voy. les « Mémoires » de ce dernier, 4e édit., 1826, t. V, pp. 333-334.) Voy. aussi : « Lettre de Frédéric II à Voltaire, du 25 nov. 1766 ».

Extrait du journal d'un officier supérieur, attaché à la deuxième division de l'armée d'Afrique (le général LOVERDO). *Paris, Anselin*, 1831, in-8.

Extrait du journal d'une cure magnétique (par le comte de LUTZEBOURG). *Strasbourg*, 1786, in-8 de 65 p.

Réimprimé sous le titre de « Extrait des journaux d'un magnétiseur... » Voy. ci-dessus, col. 399, e.

Extrait du « Journal des Débats » du

a — 24 juin 1824. (Par CHATEAUBRIAND.) *Paris, imp. de Le Normant*, 1824, in-8.

Extrait du « Journal des Savans ». *S. l. n. d.* (*Paris*, 1816), in-8, 2 ff., 42 p. plus 4 p. supplém. au Roman de la Rose, édit. de 1813.

b — L'avertissement offre une note signée M.... (Dominique-Martin MÉON). Cette réimpression de l'article de RAYNOUARD sur « le Roman de la Rose » édité par Méon (*Paris*, 1813, 4 vol. in-8, fig.), a été donnée par ce dernier et doit être jointe à son édition du poëme de Jean de Meung. G. M.

Extrait du « Journal œconomique ». *S. l. n. d.*, in-12, 12 p.

Le titre de départ porte en plus : « Lettre de M*** (Pierre-Antoine MARTEAU) à M. Le Camus, docteur régent de la Faculté de médecine de Paris ». Contre l'emploi de la saignée dans les fluxions de poitrine.

Extrait du livre de l' « Esprit des lois », *c* — chapitre par chapitre. (Par Fr. VÉRON DE FORBONNAIS.) 1753, in-12.

Réimprimé la même année dans le troisième volume des « Opuscules » de FRÉRON.

Extrait du livre de M. Burke sur la révolution française. (Par L.-Ph.-Jos. JOLY DE BÉVY.) *Dijon, Frantin*, 1819, in-8.

Extrait du livre intitulé : « Considéra-*d* — tions politiques sur le fait du commerce de France, par un habitant de la ville de Nantes » (Jean EON, en religion le père Mathias DE SAINT-JEAN). *Paris*, 1659, in-4.

Extrait du « Moniteur » du vendredi 14 janvier 1820. Au rédacteur. Paris, le 12 janvier 1820. *Paris, imp. de veuve Agasse*, s. d., in-8, 2 p.

Signé : C.... (J.-Jos. CHAMPOLLION-FIGEAC), bibliothécaire à ... (Grenoble).

Extrait du Pacte de famille donné par la *e* — « Gazette de France », le 27 décembre 1761 (avec des notes par CONDORCET). *Paris, imprimerie nationale*, 1790, in-8.

Extrait du parfait accord de la parole et de l'écriture, etc. (Par MÉNARD BOURNICHON.) *Le Mans, Monnoyer*, 1838, in-8, 68 p.

Catalogue de Nantes, n° 22967.

Extrait du Projet de paix perpétuelle, de *f* — M. l'abbé de Saint-Pierre. (Par J.-J. ROUSSEAU.) *Amsterdam*, 1761, in-12.

Extrait du règlement fixant la dimension des canons de l'artillerie de France. (Par Jean-Baptiste VAQUETTE FRECHENCOURT DE GRIBEAUVAL.) *Paris, imp. royale*, 1787, in-fol.

A. Bernard, « Histoire de l'Imprimerie royale », p. 237.

Extrait du Sermon prêché par le doyen SWIFT, en Irlande, le jour de la commémoration de la mort de Charles I, en 1725-26, traduit de l'anglais (par l'abbé André MORELLET). *Paris, Delaunay,* 1814, in-8, 30 p.

Extrait du « Vade-mecum des joueurs de whist ». (Par le vicomte PERNETY, lieutenant général d'artillerie.) *Paris, imp. de Gratiot,* 1849, in-12, 24 p.

Voy. « Supercheries », I, 291, a.

Extrait et sommaire du secret de l'avis sérieux, présenté au roi dès le mois d'octobre 1603 ; plus au long représenté au livre intitulé : « l'Anti-Hermaphrodite ». (Par Jean PETIT.) *Paris,* 1607, in-8.
V. T.

Extrait raisonné du Traité de l'homme physique et moral, et des institutions médicinales. (Par Louis DE LA CAZE.) *Paris, Guérin,* 1758, in-12.

Louis de La Caze était parent et ami de Théoph. BORDEU, et l'on pense que ce dernier participa d'une manière très-active à la composition des ouvrages de son parent.

Extraits d'histoire et de littérature, par Mme B*** (Mme BAUDIN), institutrice. *Paris, imp. bibliographique,* 1806, in-18.

Extraits d'un dictionnaire wallon-français, composé en 1793, par A.-F. VILLERS, de Malmédy. (Publiés par M. Charles GRANDGAGNAGE.) *Liége, Carmanne,* 1865, in-8, 73 p.
Ul. C.

Tiré à part du « Bulletin de la Société liégeoise de littérature wallonne ».

Extraits d'un manuel d'ornithologie domestique, ou histoire naturelle des oiseaux de volière, par F*** (Félix VAN HULST), membre de la Société des sciences de Stockholm. *Liége, Oudart,* 1847, in-8, 72 p.

Extrait de la « Revue de Liége ». Le Manuel que M. Van Hulst se proposait de publier n'a pas paru.
Ul. C.

Extraits d'un manuscrit intitulé : « le Culte des Adorateurs », contenant des fragments de leurs différents livres sur l'institution du culte, les observances religieuses, l'instruction, les préceptes et l'adoration. (Par F.-A. DAUBERMÉNIL, député à la Convention nationale.) *Paris,* an IV-1796, in-8, 175 p.

Extraits de deux pamphlets. *Paris, Pihan-Delaforest,* 1827, in-8, 12 p.

Signé : L. G. (le marquis DE LA GERVAISAIS).

Les deux pamphlets sont : « le Procès de la pairie », et « le Dernier trait de la censure », du même auteur.

Extraits de Mémoires sur quelques parties de l'artillerie et des fortifications, publiés par M. T*** (THIÉRON). *Milan, Destefanis,* 1805, in-8.

L'auteur est M. CHASSELOUP DE LAUBAT.

Réimprimé en 1811, sous le titre de « Essais sur quelques parties de l'artillerie... » Voy. ci-dessus, col. 283, d.

Voy. « Supercheries », III, 751, f.

Extraits de quelques écrits de l'auteur des « Mémoires pour servir à l'Histoire de la persécution française », par un Français toujours fidèle aux lis de saint Louis et de Henri IV (Pierre D'HESMIVY D'AURIBEAU). (Pise), 1814, 2 vol. in-8.

Les « Mémoires » du même auteur ont paru à Rome, 1794, 2 vol. in-4.

Extraits de quelques poésies des XIIe, XIIIe et XIVe siècles (choisies par Jean-Rodolphe SINNER, bibliothécaire de Berne, dans les manuscrits de la bibliothèque de Bongars). *Lausanne,* 1759, in-8.

Extraits des Archives de Malte, ouvrages généalogiques manuscrits, pièces détachées... (Par Jules HUYTTENS.) *Gand, Van der Haegen,* 1855, in-8, 40 p. J. D.

Extraits des assertions dangereuses et pernicieuses en tout genre que les soi-disant jésuites ont, dans tous les temps et persévéramment, soutenues, enseignées et publiées dans leurs livres avec l'approbation de leurs supérieurs et généraux... (Par ROUSSEL DE LA TOUR, aidé des abbés MINARD et Cl.-P. GOUJET.) *Paris, P.-G. Simon,* 1762, in-4. — *Paris, P.-G. Simon,* 1762, 4 vol. in-12. — 3e éd. Sur la copie de *Paris, Amsterdam,* 1763, 3 vol. in-8. *Paris,* 1776, in-4.

Je trouve ces renseignements dans le catalogue manuscrit rédigé par l'abbé Goujet lui-même, des livres qui composaient sa bibliothèque. C'est donc à tort que l'abbé Proyart, dans le volumineux ouvrage intitulé « Louis XVI détrôné avant d'être roi », attribué à dom CLÉMENCET l' « Extrait des assertions », et profite de cette occasion pour tracer un portrait calomnieux du monastère des Blancs-Manteaux.

Réimprimé sous le titre de : « Résumé de la doctrine des Jésuites, ou Extraits des assertions dangereuses... » *Paris, Bourgeois,* 1826, in-18, 2 éditions la même année. Voy. ces mots.

Voy. aussi : « Réponse au livre intitulé... »

Les mêmes auteurs ont publié : « Maximes de la morale des Jésuites prouvées par les extraits de leurs livres déposés au greffe du parlement, ou Table analytique des Assertions dangereuses... » *S. l. n. d.,* in-4. Voy. aussi ces mots.

Extraits des « Mémoires » du prince Talleyrand-Périgord, ancien évêque d'Autun, recueillis et mis en ordre par Mme la comtesse O.... DE C.... (le baron LAMOTHE-LANGON), auteur des « Mémoires d'une femme de qualité ». *Paris, C. Le Clère*, 1838–1839, 4 vol. in-8.

Extraits des ouvrages de plusieurs Pères de l'Église et autres auteurs modernes, sur différens points de morale. (Par Ambroise LALLOUETTE.) *Paris, Etienne*, 1694, in-12.

Extraits des « Recherches statistiques sur la ville de Paris et le département de la Seine »... tirés du « Bulletin universel des sciences et de l'industrie »... (Par BENOISTON DE CHATEAUNEUF.) *Paris, Treuttel et Wurtz*, 1824, in-8, 2 ff. de tit., 50 p. et 1 f.

Extraits du « Courrier de l'Ain », numéro du 20 septembre 1828. *Bourg, Dufour*, 1828, in-8, 14 p.

Compte rendu des « Byroniennes » de M. Eug. Gromier, signé : A. L. (Adalbert POMMIER-LACOMBE.) Voy. « Supercheries », I, 227, *d*.

Extraits du « Journal de la Meurthe » des 18, 20 et 22 octobre 1832. *Nancy, imp. de Lepage*, s. d., in-4, 2 ff.

Notice sur M. le duc de Broglie, signée M. B. (Michel BERR).

Extraits du journal « le Franchimontois »... ; à la mémoire de M. Pierre David, bourgmestre de Verviers. (Publiés par T.-J. ANGENOT père.) *Verviers, Angenot fils*, 1839, in-8, 34 p.   J. D.

Extraits poétiques et morceaux choisis dans les meilleurs poëtes anglais (traduits par F.-M. GUINCHARD). *Paris, Antoine-Aug. Renouard*, 1807, in-18.

Extraordinaires du Mercure depuis janvier 1678 jusqu'au mois d'octobre 1685. (Par Jean DONNEAU, sieur de VISÉ.) *Paris*, s. d., 32 vol. in-12.

Ces « Extraordinaires » paraissaient tous les trois mois.

Extrême (l') onction de la marmite papale, petit traité auquel est amplement discouru des moyens par lesquels la marmite papale a été jusques icy entretenue à profit et mesnage. Par JO. DU CH. *S. l.*, 1563, pet. in-8, 37 p.

D'après les initiales du titre, l'on a supposé avec beaucoup de vraisemblance (« Archives du Bibliophile », 1800, n° 28, pp. 160-2) que l'ouvrage était de JO. DU CHOUL. Le « Manuel du libraire », 5° édit., II, 1141, cite une édition de 1561, pet. in-8 de 14 ff., sur le titre de laquelle ces initiales n'existent pas, mais à la fin de laquelle se lisent les lettres T. A. R. E. P. A. P.

Extrêmes (les), par Mme Gillembourg, traduit du danois (par P.-D. DANDELY et Mlle M. DANDELY). *Liége, Desoer*, 1858, in-16, 265 p.

Publié d'abord en feuilleton dans le « Journal de Liége ».   Ul. C.

Exurgat tenebris. La Vérité tout entière sur les vrais acteurs de la journée du 2 septembre 1792.... *Paris, au bureau de l'Ami des citoyens, de l'imprimerie de la Vérité* (1794), in-8, 69 p.

Signé : FELHÉMÉSI (MÉHÉE fils). Voy. « Supercheries », II, 25, *e*.

Ezour-Védam (l'), ou l'ancien commentaire du Védam, contenant l'exposition des opinions religieuses et philosophiques des Indiens, traduit du samscretan, par un brame. (Publié par le baron G.-E.-J. DE SAINTE-CROIX.) *Yverdun (Avignon)*, 1778, 2 vol. in-12.

L'Ezour-Védam a été attribué au missionnaire Roberto DE NOBILI, qui se rendit dans l'Inde en 1606, et qui fut le premier Européen ayant surmonté toutes les difficultés du sanscrit. L'ouvrage est probablement de quelque brahme qu'il avait converti. Ce poème, en vers sanscrits, offre un étrange amalgame des idées hindoues et des idées chrétiennes. La traduction française fut envoyée à Voltaire, qui déclara que l'original était de quatre siècles antérieurs à l'époque d'Alexandre et que c'était le don le plus précieux que l'Orient eût jamais fait à l'Occident. Plus tard, Ellis découvrit l'original sanscrit à Pondichéry (« Asiatic Researches », vol. XIV).

F

Fable (l'Ours et le Lionceau). (Par François-Jean WILLEMAIN D'ABANCOURT.) *Amsterdam (Paris), Louis Cellot,* 1777, in-8.

Fable adressée à Mgr l'ancien évêque d'Avranches (Huet) sur le rétablissement de sa santé. (Par Gabriel FLEURIAU.) *Caen, imp. Ant. Cavalier, s. d.,* in-8, 3 ff.

Catalogue de Nantes, n° 26353.

Fable (la) de Christ dévoilée, ou Lettre du Muphti de Constantinople à Jean Ange Braschi, muphti de Rome (Pie VII, pape). *Paris, de l'imp. de Franklin, Desenne,* an II-1794, in-8.

Attribué à Sylvain MARÉCHAL. Voy. « Supercheries », II, 1213, c.

Fable (la) de Psyché (D'APULÉE, trad. en fr. par BREUGIÈRE DE BARANTE, avec le texte latin et une dissertation sur cette fable, par F.-N.-S. DE L'AULNAYE), avec les fig. de Raphaël. *Paris, H. Didot,* 1802, gr. in-4, avec 32 fig. au trait.

On a inséré dans cette édition les anciens vers français de J. Maugin. (Voy. « Amour de Cupido », IV, 140, a.) Les éditeurs ont été DUBOIS et MARCHAIS, peintres.

Fable (la) des abeilles, ou les Fripons devenus honnêtes gens. Avec le commentaire, où l'on prouve que les vices des particuliers tendent à l'avantage du public. Traduit de l'anglois (de B. DE MANDEVILLE) sur la dixième édition (par J. BERTRAND). *Londres (Amsterd.),* 1740, 4 vol. in-8.

La première édition de l'original anglais parut sans nom d'auteur en 1714; l'ouvrage reparut avec des augmentations en 1723, en 1724, en 1732; il a été plusieurs fois réimprimé depuis.

Fable (la) du baudet. (Par Eustache LE NOBLE.) *Jouxte la copie imprimée à Asnières, chez Jean le Singe,* 1691, pet. in-12, 24 p.

Fable du faux cuyder, contenant l'histoire des nymphes de Diane, transformées en saulle, faicte par une notable dame de la court (MARGUERITE DE VALOIS), envoyée à Madame Marguerite, fille unique du roy de France. *Paris, A. Saulnier,* 1543, pet. in-8.

Ce poëme anonyme a été réimprimé dans la seconde partie des « Marguerites de la Marguerite », sous le titre de « Histoire des satyres et nymphes de Diane ». Il en existe aussi plusieurs réimpressions. Voy. Brunet, « Manuel du libraire », 5e éd., tom. III, col. 1415.

Fable (la) du rossignol et du coucou, avec la lettre de maître Pasquin à maître Jacquemart. (Par Eustache LE NOBLE.) *Jouxte la copie imprimée à la ville aux Asnes,* 1692, pet. in-12.

Fable (la) du temps, ou un Coq noir qui bat deux Renards. (Par dom Gabr. GERBERON.) 1674, in-12.

Fable nouvelle, pour orner la mémoire des petits-sans-culottes. (Par N.-L. FRANçois, de Neufchâteau.) *Paris,* 1792, in-8.

Dom Porc avec dame Panthère.

Fables. (Par Victor DELERUE, juge de paix à Lille.) *Lille, imp. L. Danel,* 1850-1852, 2 vol. in-16.

Une seconde édition, *Lille, J. Minart,* 1854, in-8, porte le nom de l'auteur.

Un 3e vol., *Lille, Danel,* 1857, in-8, porte également le nom de l'auteur.

Fables. *Paris, impr. de F. Didot,* 1849, in-12, VII-328 p.

Tiré à 200 exempl. qui n'ont pas été mis dans le commerce.

La dédicace est signée : Lambert-Ferdinand-Joseph V*** (VAN DEN ZANDE).

Fables allemandes (de G.-E. LESSING) et contes françois en vers, avec un essai sur la Fable. (Par Alex.-Jacq. DU COUDRAY.) *Paris, Jorry,* 1770, in-8. — Seconde édition. *Paris, Monory,* 1772, in-8, avec une seconde partie intitulée : « Mes trente-six Contes et tes trente-six Contes. »

Cette dernière partie a paru en 1782, sous le titre d' « Almanach conteur », voy. IV, 100, d; il n'y a eu que le frontispice de changé.

Les Fables et les Contes ont été aussi reproduits en 1775 sous le titre d' « Œuvres mêlées de M. le chevalier D*** », nouvelle édition ». *Paris. Durand*, 2 part. in-8. Voy. ces mots, et de nouveau en 1778, sous le titre d' « Œuvres ».

Fables choisies de GAY, mises en vers français (par DE MAUROY). *Paris, 1784*, in-12.

Fables choisies de John GAY, traduites en vers françois (par J. JOLY, de Salins). *Paris, Ancelle*, 1814, in-18.   D. M.

Fables choisies de KRILOFF, traduites en vers français (par RIFFÉ). *Saint-Pétersbourg*, 1822, in-8, VIII-125 p.   D. M.

Fables choisies de M. DE LA FONTAINE, traduites en vers latins (1° par les PP. Modeste VINOT et P. TISSARD, oratoriens; 2° par le P. DELFAULT, aussi oratorien), et autres pièces de poésie latine et françoise (le tout publié avec une préface par l'abbé Jean SAAS). *Anvers (Rouen), Michel Bonnefoy*, 1738, in-12, 288 p.

Le recueil des PP. Tissard et Vinot parut à Troyes en 1690, in-12; celui du P. Delfault fut imprimé à Rouen en 1694, sous la rubrique d'*Amsterdam*.

Fables choisies de LA FONTAINE, précédées de la vie de l'auteur et de celle d'Esope. Nouvelle édition à laquelle on a ajouté des notes explicatives et diverses pièces de poésie du même auteur. A. M. D. G. (Publiées par le père J.-N. LORIQUET.) *Lyon, Rusand*, 1821, 1 vol. in-12.

Le faux titre porte : « Collection classique à l'usage de la jeunesse ». Poëtes français. Tome 1er.   D. M.

Fables choisies de PHÈDRE et de FAERNE, et autres pièces relatives à la morale, présentées aux jeunes étudians dans l'ordre qui doit leur être le plus utile (par J.-M. DE PONS DE FRUGÈRE, professeur à l'École centrale du Puy-de-Dôme). *Riom, Landriot*, an VII, in-18.

Fables choisies, mises en vers par M. DE LA FONTAINE, nouvelle édition revue avec soin, avec la vie de l'auteur (par E.-C. FRÉRON), et suivie d'un vocabulaire qui tiendra lieu de notes (par J.-F. ADRY). *Paris, H. Barbou*, 1806, in-12.

Fables choisies, traduites en français (par l'auteur, le P. Fr.-Jos. TERRASSE DESBILLONS). *Francfort-sur-Mein*, 1768, in-8. — Autre édit. avec le texte latin corrigé de nouveau. *Manheim*, 1779, 2 vol. pet. in-8.

Fables complètes de LA FONTAINE, accompagnées de « la Vie d'Ésope, de Philémon et Beaucis », etc., etc., nouvelle édition avec le sens moral de l'apologue,

par J. M. (Joseph MORONVAL). *Paris, Moronval*, 1833, 1 vol. in-18.   D. M.

Fables, contes et esquisses de caractères, dialogues en vers, par J. B. (J.-B. LANOS). *Paris, Cérioux*, an VII-1799, in-12, 100 p.

Fables d'Esope en quatrains, dont il y a une partie au labyrinthe de Versailles. (Par Isaac de BENSERADE.) *Paris, Séb. Mabre-Cramoisy*, 1678, in-12.

Fables de circonstance, par J. S. (J. SAUNIER). *Paris, imp. Saunier* (1858), in-8, 5 ff.

La couv. imp. sert de titre.

Fables de fleuves ou fontaines, avec la description pour la peinture et les épigrammes, par P. D. T. (PONTUS DE THIARD). *Paris, J. Richer*, 1586, in-12.

Fables (les) de HOUDART DE LA MOTTE, traduites en vers par le P. S. F. (le poëte sans fard, c'est-à-dire GACON). *Asinus ad lyram, et se vend au café du Mont-Parnasse*, in-12.

Voy. « Supercheries », III, 270, e.

Fables de KRILOFF, traduites en français (par J.-B.-M. DE VIENNE). *Paris, Firmin Didot*, 1828, in-18.   D. M.

Fables de LA FONTAINE, précédées de la vie de l'auteur (par DE MONTENAULT). *Paris, Bastien*, 1778, in-12.

Fables de LA FONTAINE, imprimées par ordre du roi, pour l'éducation du Dauphin (précédées d'une notice sur la vie de La Fontaine, par Jacques-André NAIGEON). *Paris, Didot aîné*, 1788, in-4; 1789, 2 vol. in-8 ; 1789, 2 vol. in-18.

Fables de LA FONTAINE, avec un choix des notes de COSTE et des observations de CHAMFORT, avec des variantes, etc. (édition publiée par M. Louis DU BOIS, bibliothécaire de l'Orne). *Alençon et Paris, Lenoir*, an IX-1801, 2 vol. in-12, avec 202 gravures en bois par Godard.

Fables de LA FONTAINE, suivies d'un complément en patois picard (par l'abbé GORIN). *Amiens, Caron-Berquier*, 1806, in-12.

Fables de LA FONTAINE (avec la Vie de La Fontaine, par Aug. CREUZÉ DE LESSER). *Paris, Didot aîné*, 1813, 2 vol. in-8 et aussi 2 vol. in-12.

Cette édit. fait partie de la « Collection des meilleurs ouvrages de la langue française ».

Le travail de Creuzé de Lesser a été reproduit dans l'édit. des Fables de La Fontaine. *Parme, Bodoni*, 1814, 2 vol. gr. in-fol.

Fables (les) de LA FONTAINE, avec notes et 75 figures gravées sur bois. *Paris, Delaunay, imp. Crapelet,* 1829, 2 vol. in-32.

L'Avertissement de l'éditeur est signé G. A. C. (G.-A. CRAPELET). La Notice sur LA FONTAINE est signée C. A. W. (Charles-Athanase WALCKENAER). Les figures sur bois ont été gravées par Godard, d'Alençon, sur les dessins de Constant Viguier.

Fables de LESSING, en allemand et en français, avec deux traductions, dont une interlinéaire (par Ant.-Mar.-Henri BOULARD). *Paris,* 1799, in-8.

La seconde traduction est celle de P.-Th. D'ANTELMY.

Fables de LESSING. Traduction interlinéaire, par H. T., professeur de l'Université. *Paris, J. Duplessis; Metz, imp. Adamard,* 1825, in-12, 127 p.

Attribué successivement à Hippolyte TOPIN et à Théod. TOUSSENEL.

Voy. « Supercheries », II, 313, *f*, et 314, *a*.

Fables de LOQMAN, surnommé le Sage ; édition arabe, accompagnée d'une traduction française, et précédée d'une notice sur ce célèbre fabuliste (par Jean-Jacques MARCEL). *Au Kaire, de l'imprimerie nationale,* an VIII-1799, in-8.

M. Marcel a publié à Paris, en 1803, in-18, une seconde édition de sa traduction seulement, augmentée de quatre fables inédites.

Fables de M. H. G. B. (H. GAULDRÉE DE BOILEAU, marquis de LA CAZE), en XIV livres. *Paris, Testu,* 1812, 2 vol. in-12.

Fables (les) de PHÈDRE, affranchy d'Auguste, traduites en françois, avec le latin à costé, pour servir a bien entendre la langue latine et à bien traduire en françois. (Par Louis-Isaac LE MAISTRE DE SACY.) *Paris, veuve Martin Durand,* 1647, in-12.

Souvent réimprimé.

Voy. « Supercheries », III, 521, *d*.

Fables (les) de PHÈDRE, affranchi d'Auguste, traduites en françois, augmentées de huit fables, avec des remarques (par l'abbé René PRÉVOST). *Paris, Coignard,* 1702 ; — *Armand,* 1728, 1734 ; — *Brocas,* 1757 ; — *Barbou,* 1776, in-12.

C'est par erreur que cette traduction est attribuée au P. PRÉVOST, dans la « France littéraire » de 1769. Ce bibliothécaire de Sainte-Geneviève avait pour nom de baptême « Claude » ; et la dédicace du livre, adressée à M. Mérault, conseiller au parlement, dont l'auteur avait sans doute instruit les enfans, est signée R. P., deux lettres qui, selon un court renseignement donné par le P. Daire, dans son « Histoire de la ville et du doyenné de Doullens », *Amiens,* 1784, in-12, p. 157, doivent désigner René PRÉ-

VOST, né à Doullens en 1654, et mort en 1730, doyen des curés d'Amiens. Le P. Daire dit que l'abbé Prévost laissa en mourant un « Phèdre » et un « Térence », dont la publication serait d'une grande utilité pour la jeunesse ; il ignorait que le « Phèdre » avait paru depuis longtemps.

Fables (les) de PHÈDRE, affranchi d'Auguste, en latin et en françois, traduction nouvelle, avec des notes critiques, morales et historiques (par le P. J.-Cl. FABRE, de l'Oratoire). *Paris, frères Barbou,* 1727, in-12.

Il y a des exemplaires qui portent la date de 1728.

Fables (les) de PHÈDRE, nouvellement traduites, le texte vis-à-vis la traduction, avec des remarques et les fables que M. de La Fontaine a composées à l'imitation de Phèdre (par le comte François MATTUSCHKA). *Breslau,* 1751, 1762, 1775, in-8.

Voyez « Phædri Augusti liberti fabularum Æsopiarum libri V, ex edit. Joann. Gottl. Sam. Schwabe », *Brunsvigæ,* 1806, 2 vol. in-8, t. I, p. 145 et suiv.

Fables (les) de PHÈDRE, affranchi d'Auguste, en latin et en françois, nouvelle traduction, avec des remarques (par l'abbé R.-X.-F. LALLEMANT DE MAUPAS). *Rouen, Nicolas et Richard Lallemant,* 1757, in-18 ; — 1758, in-8.

Fables de PHÈDRE, avec des notes, des éclaircissemens et un petit dictionnaire à la fin, par M. *** (BOURGEOIS), maître ès arts dans l'Université de Paris. *Paris, veuve Lottin et Butard,* 1757, in-12.

On lit le nom de l'éditeur dans le privilége du roi. La huitième édition de cet ouvrage a paru en 1804, chez H. Barbou.

Fables (les) de PHÈDRE, affranchi d'Auguste, en latin et en françois (de la traduction de l'abbé LALLEMANT), avec les fables de LA FONTAINE qui y sont relatives ; l'interlinéaire des deux premiers livres, suivi des règles de syntaxe qui y sont indiquées ; le dictionnaire des termes dont l'auteur a fait usage (par BOURGEOIS). *Amsterdam, Marc-Michel Rey,* 1769, in-8.

On assure que Philippe DUMAS, ancien principal du collège d'Yssoudun, a dirigé cette édition ; il a fait quelques augmentations aux règles et au dictionnaire.

Fables (les) de PHÈDRE, affranchi d'Auguste, traduites en vers blancs italiens, accompagnées de la traduction françoise et d'un dictionnaire très-commode en faveur des personnes qui apprennent la langue italienne par le moyen des grammaires italienne et française, à l'usage des dames (par Nicolas ADAM). *Paris, Morin,* 1783, in-8.

Fables de PHÈDRE, traduites en françois,

avec le texte et des figures. *Paris, Didot l'aîné*, 1806, 2 vol. in-18.

C'est la traduction de Port-Royal (SACY) retouchée en quelques endroits par C.-S. CAMUS, autrefois imprimeur, et alors prote chez Didot l'aîné.

Fables de PHÈDRE, traduites en vers français, et précédées d'une épître à un écolier de sixième (par DE JOLY). *Paris, Duprat-Duverger*, 1813, in-18.

Le traducteur a publié en même temps, sous un autre titre (voyez les mots « Traduction en vers français... »), une édition complète de Phèdre, latine et française, dans le format in-8.

Fables (les) de PILPAI, philosophe indien, ou la Conduite des rois, trad. sur une version persanne de l'original indien. *Paris, Barbin*, 1698, in-12.

Cette traduction est pour ainsi dire la même que celle qui a été publiée en 1644, par David SAHID, Persan de nation, sous le titre de « Livre des lumières ». Voy. ces mots.

Selon Silvestre de Sacy, un anonyme en a retouché le style, mais en commettant des bévues qui mettent au grand jour l'ignorance du nouvel éditeur. Cet éditeur ignorant ne saurait, ainsi que le fait remarquer Brunet, être GALLAND, comme l'avait dit Barbier dans la 2e édition de ce « Dictionnaire ».

Fables diverses, critiques, politiques et littéraires, faisant suite aux « Fables pour l'enfance et la jeunesse », par J.-L. G. (Jacques-Louis GRENUS, de Genève). *Paris, Bossange*, 1807, in-16.

Les « Fables pour l'enfance et la jeunesse » ont paru en 1806.   D. M.

Fables diverses tirées d'ÉSOPE et d'autres auteurs, avec des explications par R. D. F. (Raphaël TRICHET DU FRESNE), et des figures gravées par Sadeler. *Paris, Léonard*, 1689, in-4.

Voy. « Supercheries », III, 347, b.

Fables du père DESBILLONS, traduction nouvelle, par M. P. (J.-A. PANNELIER, ancien professeur), augmentée d'une trentaine de fables qui n'avaient pas encore été traduites. *Paris, A. Delalain*, 1809, 2 vol. in-12.

Fables du très-curieux Ésope, Phrygien, mises en rithme françoise (par Gilles CORROZET). *Paris, Denis Janot*, 1544, in-8.

Fables en vers du XIIIe siècle publiées pour la première fois d'après un manuscrit de la bibliothèque de Chartres. *Chartres, Garnier*, 1834, in-8, 2 ff. de tit. et 63 p.

L'avis de l'éditeur est signé G. D. (P.-A. GRATET DUPLESSIS).

Fables, épîtres, chansons. Par deux amis (BÉLANGER et Joachim DUPONT). 1778, in-8.

Voy. « Supercheries », I, 312, d.

Fables et autres poésies, par J. M. G. M. (MARIQUE, chef de division à l'administration provinciale de Namur). *Namur*, 1847, in-8.

En 1850 parut à Namur, chez Lambert Deroisin, une nouvelle éd., qui fut divisée en deux parties ; la 1re fut qualifiée de 1re éd. et les exempl. portèrent le nom de l'auteur ; pour la seconde, on changea les titres et l'on mit seconde édition.   J. D.

Fables et Contes (traduits principalement de l'allemand de GELLERT, par BOULANGER DE RIVERY). *Paris, Duchesne*, 1754, in-12.

Fables et Contes de GELLERT, traduits en vers par une femme aveugle (Marie-Wilhelmine MERCIER, dame de STEVENS). *Breslau et Leipsick*, 1777, in-8.

Fables et Contes dédiés à S. A. I. Mgr le grand duc de toutes les Russies. (Par DE LA FERMIÈRE.) *Paris, Lacombe*, 1776, in-8, 231 p.

Fables et Contes en vers. (Par Simon-Pierre MÉRARD DE SAINT-JUST.) *Paris*, 1787-1792, 2 tom. en 1 vol. in-12. — *Parme, Bodoni*, 1792, in-12. — *Paris*, 1796, in-12. — *Paris*, 1799, 4 vol. gr. in-18.

Fables et Contes, par l'auteur des « Esquisses genevoises » (GAUDY LE FORT). *Genève*, 1831, in-8.

Fables et Discours en vers, suivis de différens morceaux en vers et en prose. (Par Louis-Th. HÉRISSANT.) *Paris, Th. Barrois*, 1783, in-12.

Fables et poésies diverses, par M. B*** (BRESSIER, de Dijon). *Paris, Firmin Didot*, 1828, 1 vol. in-12.

Cette édition, qui est la seconde, a été tirée à 300 exemplaires et n'a pas été mise en vente.

La 1re a paru en 1824 sous le titre de : « Fables nouvelles ». Voy. ci-après, col. 416, a.

Fables et tragédies, par M. le marq. DE T.... (le marquis Marc-Louis DE TARDY), ancien adjudant général et ancien député. *Paris, Sagnier et Bray* (1847), in-8, XII-436 p.

Voy. « Supercheries », III, 754, e.

Fables héroïques, par AUDIN, avec des discours historiques sur chaque fable, par B. L. M. (Ant.-Aug. BRUZEN DE LA MARTINIÈRE). *Amsterdam, Pauli*, 1720, 2 vol. in-8 et in-12.

Réimprimées en 1754, avec le nom de l'éditeur. Voy. « Supercheries », I, 536, e.

Fables imitées d'Ésope, par PHÈDRE, corrigées par A. H. B. (Abraham-Henri

BENARD) et E. V. (Emmanuel VERNE-ZOBRE). *Dresde*, 1748, in-8.

Réimprimées en 1750 et en 1756.

Fables inédites de M. E... C...s. *Paris, Poulet-Malassis*, 1860, in-8.

Ces fables, au nombre de douze, placées à la fin du volume intitulé : « Fables, par F.-E-A. Charpentier, ancien officier supérieur », sont de M. E.-COLLAS, d'Alençon, conseiller à la cour d'appel de Caen, et parent de M. Charpentier.   **D. M.**

Fables (les) mises en action, suivies de pièces fugitives et de quelques comédies. Par M. C*** (CARRIÈRE-DOISIN). *Paris, de Senne*, 1787, 2 vol. in-8.

Fables nouvelles. (Par LA MOTTE-HOUDANCOURT.) *Paris, Dupuis*, 1719, in-4, fig. de Coypel et Gillot, gr. à l'eau-forte.

Fables nouvelles, avec un discours sur la manière de lire les fables. (Par l'abbé J.-L. AUBERT.) *Paris, Duchesne*, 1756, in-12.

Réimprimées plusieurs fois avec le nom de l'auteur.

Fables nouvelles en vers. (Par LA BARRE, de Tours, capitaine au régiment Royal, né vers 1644.) *Cologne*, 1687, in-8.

Fables nouvelles en vers (traduites du latin de l'ouvrage de Jacques REGNIER, médecin, intitulé *Apologi Phœdrii. Divione*, 1643, pet. in-12). *Paris, Blageart*, 1685, in-12.

Suivant l'abbé Goujet, « Bibliothèque françoise », t. VII, p. 199, les uns ont attribué ce recueil de fables à DONNEAU DE VIZÉ, auteur du « Mercure »; d'autres à un jeune homme appelé D'AUBIGNY. Le catalogue des livres de Simpson leur donne pour auteur MOREAU DE MAUTOUR; mais l'auteur véritable est DAUBAINE, dont le nom se trouve cité p. 79 du « Mercure galant » de mars 1682, à la tête d'une de ses fables qu'on y a insérée sous le titre de *l'Aigle et la Corneille*. C'est la onzième de ce recueil. On en trouve encore beaucoup d'autres de DAUBAINE, avec beaucoup d'additions, dans le tome VII des « Amusemens du cœur et de l'esprit », pages 335 et 338, savoir, *le Payen et l'Idole, le Vers luisant, l'Abeille et le Vers à soie. Voyez* pages 16 et 125 de ce recueil.

(Note communiquée par M. Le Bailly.)

Fables nouvelles en vers, par P... (Charles-Étienne PESSELIER). *Paris, Prault père*, 1748, in-8.

Fables nouvelles et autres pièces en vers, avec un examen critique des principaux fabulistes anciens et modernes, par M. D. D. L. P. C. (J.-Fr. DREUX DU RADIER). *Paris*, 1744, in-12.

Fables nouvelles, morales et philosophiques. (Par LE JEUNE.) *Paris, Duchesne*, 1765, in-12.

Fables nouvelles, par M. B*** (BRESSIER). *Dijon, imp. de Frantin*, 1824, in-12.

Tiré à 200 exemplaires.

Une seconde édition a paru sous le titre de « Fables et poésies diverses... » Voy. ci-dessus, col. 414, a.

Fables nouvelles, par P. D. C. (Jean-Baptiste-Vincent PIRAULT DES CHAUMES). *Paris, Ladvocat*, 1829, in-18.   **D. M.**

Fables nouvelles, suivies de pièces fugitives, en vers, par M. l'abbé G*** (A.-L. GUILLOUTET), de plusieurs sociétés. *Paris, Arthus Bertrand*, 1816, in-12.

Quérard donne successivement cet ouvrage sous le nom de l'abbé A.-L. GUICHELET, et ensuite de l'abbé A.-L. GUILLOUTET.

Hécart de Valenciennes, qui avait réuni une très belle collection de fabulistes, lui donnait pour auteur l'abbé P.-Philibert GUICHELET, doyen du chapitre de Pont-de-Vaux en Bresse.

Fables nouvelles, traduction libre de l'allemand de LICHTWEHR (par Conrad-Théophile PFEFFEL, de Colmar). *Strasbourg, Bauer*, 1763, petit in-8.

Fables orientales et Poésies diverses, par M. B*** (A. BRET). *Paris*, 1772, 3 vol. in-8. — *Aux Deux-Ponts, imprimerie ducale*, 1772, 3 vol. in-8.

Voy. « Supercheries », I, 434, b.

Fables, ou Allégories philosophiques. La Haye ; et *Paris, Delalain*, 1773, 2 tomes en 1 vol. in-8.

Ces Fables sont de Cl.-Jos. DORAT, dont le nom sé lit sur le frontisp. gravé qui a été enlevé dans beaucoup d'exemplaires, tout comme la grande planche qui doit se trouver en regard de la p. 1, de sorte que des quatre charmantes gravures d'après C.-P. Marillier, il ne reste que la vignette du titre imprimé et les deux culs-de-lampe des pp. 1 et 176.

Fables. Par M. A. H. (A. HOPE). *Paris, marchands de nouveautés*, 1836, in-8.

1re partie, pag. 1 à 48. C'est tout ce qui a paru.

Fables pour l'enfance et la jeunesse, par J. L. G. (Jacques-Louis GRENUS, de Genève). *Paris, Bossange*, 1806, 2 vol. petit in-12.

Voy. « Supercheries », II, 407, b.

Fables pour les dames, traduites de l'anglois. *Amsterdam, Boitte*, 1764, in-8.

Ces fables sont celles d'Edouard MOORE, qui se joignent communément à celles de Gay dans beaucoup d'éditions de ce dernier.

Fabliaux choisis, mis en vers et suivis de l'Histoire de Rosemonde. (Par Barthél. IMBERT.) *Paris, Belin*, 1785, in-12.

Voy. Viollet-Leduc, « Biblioth. poétique », suppl. p. 71.

Fabliaux et Contes des poëtes françois des XIIe, XIIIe, XIVe et XVe siècles, tirés des meilleurs auteurs. (Par Et. DE BARBAZAN.) *Paris*, 1756, 3 vol. in-12. — Nouvelle édition, corrigée et augmentée, par M. MÉON, 1808, 4 vol. in-8.

Fabliaux ou Contes, fables et romans du XII⁰ et du XIII⁰ siècle, traduits ou extraits d'après divers manuscrits du temps. (Par P.-J.-Bapt. LEGRAND D'AUSSY.) *Paris, Onfroy*, 1779-81, 4 vol. in-8, y compris les « Contes dévots ». — Nouv. édit. *Paris*, 1781, 5 vol. in-8.

Fablier de la jeunesse et de l'âge mûr. (Par L.-P. BÉRENGER.) *Lyon, Bruyset, et Paris, Leclère*, an IX-1801, 2 vol. in-12.

Fablier (le) des dames, ou Choix de fables en vers pour les filles, les épouses et les mères... (Par J.-B. DUMAS.) *Lyon, J. Targe*, 1820, in-18, avec fig.

Fablier en vers, servant d'introduction et de complément au fablier de la jeunesse. (Par L.-P. BÉRENGER.) *Lyon*, 1802, in-12.

Fablier (le) françois, ou Élite des meilleures Fables, depuis La Fontaine. (Par L.-T. HÉRISSANT.) *Paris, Lottin le jeune*, 1771, in-12.

Fablos, contos, epitros et autres pouesios prouvençalos. (Par J.-J.-Marius DIOULOUFET.) *A-z-ai, Gaudibert*, 1829, in-8.

L'auteur a signé la dédicace.

Fabricisme (le) ou histoire secrète de la révolution de Liége. Drame en trois actes. (Par Jérôme LOCHET.) *A Monsterbilsen (Liége), chez le sieur Clairvoyant, imprimeur pacifique*, 1791, in-4, 36 p. et 1 f.

Fabrique (la), la ferme et l'atelier. Revue populaire illustrée. (Publ. sous la direction de M. Julien TURGAN.) *Paris*, 1851-52, in-8.

Fabulettes, ou courtes fables. (Par Claude-Théophile DUCHAPT, magistrat à Bourges.) *Paris, E. Dentu*, 1857, in-12.
                  D. M.

Facéties et motz subtilz d'aucuns excellens espritz et très-nobles seigneurs, en françois et en italien. (Par Loys DOMENICHI.) *Lyon, Rob. Grandjon*, 1559, in-8, 64 f. — *Lyon, Ben. Rigaud*, 1574, in-16, 205 p. — *Paris, Nic. Bonfons*, 1582, in-16. — *Lyon, Ben. Rigaud*, 1597, in-16.

Facétieuses (les) Journées, contenant cent certaines et agréables nouvelles, par G. C. D. T. (Gabriel CHAPUIS, de Tours). *Paris, Houzé*, 1584, in-8.

Voy. « Supercheries », II, 145, b.

T. V.

Facecieuses (les) Nuictz du seigneur STRAPAROLE. *Lyon, G. Rouille*, 1560, in-8.

Première partie seulement, traduite de l'italien par Jean LOUVEAU. La seconde partie, traduite par Pierre DE LARIVEY, n'a paru qu'en 1572.

Voy. pour le détail des nombreuses réimpressions de ces 2 vol., Brunet, « Manuel du libraire », 5⁰ éd., V, col. 560.

Nous citerons seulement l'édition de *Paris, Abel l'Angelier*, 1585, 2 vol. in-16, dans laquelle la traduction de Louveau a été revue par P. de Larivey. C'est ce texte corrigé qui est donné dans l'édition d'*Amsterdam, Fréd. Bernard*, 1725, 3 vol. in-12.

L'édition *sans lieu (Paris, Guérin)*, 1726, 2 vol. in-12, a une préface de Bernard DE LA MONNOYE et des notes du poëte Alex. LAINEZ.

La meilleure édition que nous ayons de ces « Facétieuses Nuits » est celle de *Paris, P. Jannet*, 1857, 2 vol. in-16. Elle fait partie de la « Bibliothèque elzevirienne ».

Elle reproduit l'édition de 1585, augmentée d'une préface et d'un excellent travail de l'éditeur P. Jannet.

Facétieux (le), drolifique et comique recueil...

Voy. « Nouveau Recueil de pièces comiques ».

Facilité (de la) et des avantages de l'introduction en France de la culture en grand du coton, du café, et notamment de la canne à sucre... par un propriétaire français qui a habité pendant douze ans les Antilles (A.-J. REY DE MORANDE). *Paris, Mme Huzard*, 1830, in-8, 87 p.

Voy. « Supercheries », III, 264, f.

Facilité (de la) pour la France d'acquitter les dettes provenant des confiscations. (Par C.-F.-A. FAYOT.) *Paris, imp. de Herhan*, 1824, in-8, 36 p.

Façon de voir d'une bonne vieille qui ne radote pas encore. (Par Ant.-Louis SÉGUIER, avocat général.) *S. l.* (juin 1789), in-8, 104 p.

Factionnaire (le), par J... J... L... R... D... T... (Jean-Jacques LEROUX). *Paris, Bailly*, 1790, in-8, 112 p.

Factum contre F. Saunier, feignant d'être possédée. (Par BRISSET.) *S. l.*, 1694, in-4.

Œttinger, « Bibliographie biographique... »

Factum de l'office de receveur provincial alternatif des décimes en la généralité de Bourges. (Par Nicolas CATHERINOT.) *S. l. n. d.*, in-4.

Factum de la France, ou moyens très-faciles de faire recevoir au roi 80 millions par-dessus la capitation, praticables par deux heures de travail de MM. les ministres et un mois d'exécution de la part des peuples. *S. l. n. d.* (vers 1707), in-12, 212 p.

Ce titre a est donné dans l' « Examen critique des dictionn. histor. », d'après une note de Mercier de Saint-Léger, et dans le « Manuel du bibliographe normand » de Frère ; mais je n'ai pas rencontré d'édition séparée de ce travail qui forme le 2e vol. du « Détail de la France », de Pierre LE PESANT DE BOIS- GUILBERT.

Cet écrit a été imprimé à Rouen, sans nom d'au- teur, si l'on en croit une ordonnance du conseil privé datée du 14 mars 1707, prescrivant d'en faire la re- cherche, et reproduite par M. Félix Cadet, p. 88, de son intéressant ouvrage intit. : « Pierre de Boisguil- bert, précurseur des économistes ». *Paris, Guillau- min,* 1871, in-8. Cette ordonnance, transcrite à la suite d'une autre de même date portant suppression du vol. intit. : « Projet d'une dixme royale... » 1707, in-4, se trouve à l'exemplaire de ce dernier ouvrage appartenant à la Biblioth. nat., lequel porte le titre : « Ex dono domini mareschalchi de Vauban ».

M. Cadet (*loc. cit.*, p. 42 et 74) signale un « Sup- plément au « Factum de la France », dont Frère ne parle pas.

Voy. « Détail de la France ».

Factum de la Sapience éternelle et re- quête remonstrative présentée au Parle- ment... (Par Fr. DAVENNE.) *S. l.* (1652), in-4, 11 p.

Factum justificatif. (Par le P. Claude- François MÉNESTRIER.) 1694, in-8.

Défense de l' « Histoire du Roy Louis le Grand par les médailles ».

Factum narratif de ce qui s'est passé en l'abrogation de l'institut qui avait été reçu et pratiqué par autorité apostolique... en la congrégation de Saint-Maur... (Par dom FARON DE CHALLUS.) *S. l.*, 1645, in-4, 68 p.

Factum, ou Mémoire qui était destiné à être prononcé dans une affaire conten- tieuse, où il s'agissait de deux têtes, l'une en plâtre et l'autre en marbre. (Par Égide- Norbert CORNELISSEN, né à Anvers, 12 juillet 1769, mort à Gand, le 31 juillet 1849.) *Gand (Bogaert),* brum. an XI-nov. 1802, in-12, 95 p.

Cette facétie fut écrite à propos d'une discussion qui avait pris naissance au sujet d'un concours ouvert par l'Académie de Gand pour le buste de Jean Van Eyck, sur le véritable portrait duquel on n'était pas d'accord. M. Delecourt, en donnant la clef des initiales que l'on rencontre dans cette brochure, ajoute que ce n'est pas sur elle qu'il faut juger l'auteur comme écrivain.

Factum ou Propositions succinctement recueillies des questions qui se forment aujourd'hui sur la matière de l'usure... (Par Fr. GUINET, avocat.) *Jouxte la copie imprimée à Ville-sur-Illon en 1680,* in-4, 12 p.

Catalogue Noël, n° 3653.

Factum, ou traité historique des écoles de l'Université de Paris. *Paris,* 1689, in-4.

Le catalogue manuscrit de l'abbé Goujet n'est pas d'accord avec la « Bibliothèque historique de la France » sur cet article. Suivant Goujet, ce factum est d'Edme POURCHOT. Le nouveau Le Long, t. VI, n° 44578, le donne à Jacques DE L'ŒUVRE, prêtre.

Factum pour ceux qui ont fait ou im- primé les deux écrits des « Nullités » contre le dernier Mandement de Paris. (Par Noël DE LA LANE.) *S. l.* (1662), in-4, 3 p.

Factum pour demander justice aux puis- sances contre Noël Aubert, dit de Versé. (Par Pierre JURIEU.)

Aubert de Versé répliqua par « Manifeste contre l'auteur anonyme d'un libelle intitulé : « Factum... » 1684, in-4.

Hauréau, « Hist. litt. du Maine », 2e édit., p. 00.

Factum pour les consuls et habitants de la religion pr. réformée de la ville de Nîmes en Languedoc, concernant une por- tion du collège établi dans ladite ville. *S. l. n. d.,* in-4, 8 p.

L'exemplaire de la Bibliothèque nationale est signé à la main : LORIDE, avocat ; PELATAN, député.

Factum pour les directeurs des villages du païs du Franc de Bruges, au sujet des dixmes : contre les ecclésiastiques et au- tres, prétendans icelles dixmes. (Par L. LOOTYNS.) *S. l.,* 1688, in-fol.

Factum pour les prêtres et les hermites du mont Valérien, pour servir de réplique aux Jacobins réformés de la rue Saint- Honoré (qui avoient usurpé cette maison à main armée, en 1664 ; par Alexandre VARET). In-12, 122 p.

On y trouve l'histoire du mont Valérien, etc.

Factum pour les religieuses de Port- Royal du S.-Sacrement, pour servir de réponse à une lettre imprimée de Mme la marquise de Crevecœur. (Par LE MAISTRE.) *S. l.,* 1663, in-4, 22 p.

Factum pour les religieuses de Sainte- Catherine-les-Provins contre les Pères Cordeliers. (Par le grand vicaire de Sens, Alexandre VARET.) *Imprimé avec approba- tion, l'an de N.-S. Jésus-Christ* (1668), in-4. — *S. l. n. d.,* in-12. — *Doregnal, D. Braessen (s. d.),* et avec date de 1679, in-12, 210 p. et 3 p. de table.

C'est à tort que ces dernières éditions ont été attribuées aux presses des Elzeviers.

Voy. « Toilette de l'archevêque de Sens ».

Factum pour mademoiselle Petit, dan- seuse de l'Opéra, révoquée, complaignante

au public. (Par l'abbé DE LA MARRE, auteur de l'opéra de « Zaïde ».)

Réimprimé dans le tome Ier des « Causes amusantes et connues ».

Factum servant de réponse au livre intitulé : « Abrégé du Procès fait aux Juifs de Metz. (Par Richard SIMON.) (*Paris*), 1670, in-4, 18 p.

Le « Nouveau Dictionnaire historique » de Caen donne ce livre à AMELOT DE LA HOUSSAYE; c'est une erreur.

Voy. tome IV, 42, f.

Faculté (la) vengée, comédie en trois actes, par M*** (DE LA METTRIE), docteur-régent de la Faculté de Paris. *Paris, Quillau*, 1747, in-8.

Voy. « Supercheries », III, 1043, b.

Facultés (des) de théologie. Réponse à M. A. R... avocat à la cour royale de Lyon. *Lyon, imp. de C. Rey jeune* (1843), in-8, 24 p.

Signé : N. D.... (Nicolas DESGARETS), chanoine.

Fagot d'épines. (Par F.-J. GRILLE.) Dédié au marquis de Fortia. *Angers, veuve Pavie*, 1844, in-8.

L'ouvrage n'a pas été destiné au commerce.

Ce sont des mélanges politiques et littéraires faisant suite à deux autres volumes : « le Bouquet de violettes » (Voy. IV, col. 453, a), et « le Siége d'Angers ».

Fagot (le) d'épines, ou Recueil de couplets mordants, piquants, galants, etc., volés à droite et à gauche. (Par G. DUVAL.) *Paris, chez le receleur*, an IX-1801, in-18.

— Sec. édit. *Ibid. id.*

Faiblesse (la) du feu précipité du canon et du mousquet démontrée par les faits; par M*** L. D. P. R. O. N. (G. KNOCK, lieutenant du premier régiment Orange-Nassau). *Frankfort et Leipzig*, 1759, in-8.

Faiblesses (les) d'une jolie femme, ou Mémoires de Mme de Villefranc. (Par P.-J.-B. NOUGARET.) *Paris, Belin*, 1776, in-12; 1783, in-8; 1798, 2 vol. in-12.

Mme Briquet, prenant *madame de Villefranc* pour un être réel, l'a placée dans son « Dictionnaire des Françaises », *Paris*, 1804, in-8.

Faicts, voy. « Faits ».

Faillibilité (la) des papes dans les décisions dogmatiques, démontrée par toute la tradition, d'où il résulte qu'on n'est point obligé de recevoir aveuglément la constitution *Unigenitus*, ni aucune autre décision des souverains pontifes. (Par Servais HOFFREUMONT, ancien curé de Grâu, près de Liége, né à Vervins, ville du pays de Liége, vers l'an 1665, mort à

Rhynwick le 2 mai 1737, âgé d'environ 72 ans.) *S. l.*, 1720, 2 vol. in-12.

« Mémoires » de Paquot, t. III, in-fol., ou t. XV, in-8.

Faintises (les) du monde qui règne. *S. l. n. d.*, in-4 goth.

Nombreuses éditions; la dernière est celle donnée par M. GRATET-DUPLESSIS, *Douai, impr. de V. Adam*, 1841, in-8 de 40 p., y compris la notice littéraire qu'il a reproduite en tête de son « Trésor de poésie récréative ». *Paris, Passard*, 1848, in-32.

G. Duplessis, comme J.-Ch. Brunet, suivant en cela Niceron (XIV, 60), et l'abbé Goujet (XI, 228), attribuent les « Faintises » à P. GRINGORE. Mais cette attribution tombe devant un passage de Pierre Fabry, dans son « Grand et vray art de plaine rhétorique », (édit. de 1530, f. XVII, recto); signalé par M. de Ludre à M. An. de Montaiglon et où on lit : « le Moyne ALEXIS en ses Faintises les croyse ainsi qu'il suit : »

Voy. An. de Montaiglon dans l' « Annuaire du bibliophile », 1863, pp. 46-50.

Fais ce que dois, advienne que pourra. La légitimité et la souveraineté du peuple. (Par le baron DE RIVIÈRE.) *Paris, G.-A. Dentu*, 17 mai 1831, in-8, 35 p.

Catalogue de Nantes, n° 45347.

Faisanderies (des) particulières, ou nouvelle instruction sur l'art d'élever les faisans de la manière usitée en Bohême; traduit de l'allemand, enrichi de notes par un ancien faisandier des chasses de Charles X (DE QUINGERY). *Paris, Mme Huzard*, 1837, in-8, 64 p., av. 5 pl.

Faisceau (le) myrrhe de l'épouse du Cantique, par le S^r DE S. M. B. P. S. (St-Mamert BEAUSSIEU, prêtre séculier). *Rouen, Le Boullenger*, 1617, in-12.

Ce titre rectifie celui donné dans la seconde édition de ce « Dictionnaire » et reproduit dans les « Supercheries », I, 871, f. L'auteur y est par erreur désigné sous le nom de Mamer DE BEAULIEU.

« Faites tout au nom du Seigneur Jésus », sermon traduit de l'anglais (du docteur PUSEY). *Jersey, imp. de C. Le Feuvre; Londres, Masters et Cie*, 1856, in-8, 16 p.

Faits concernant la ville de Metz et le pays Messin. (Par le comte J.-L.-Claude EMMERY.) (*Metz*, 1788), in-8, 76 p.

Faits des causes célèbres et intéressantes, augmentés de quelques causes. (Par F.-Alex. DE GARSAULT.) *Amsterdam, Chatelain (Paris)*, 1757, in-12.

Faits électoraux. A mes collègues, messieurs les membres du Corps législatif. (Par M. le marquis DE GRAMMONT.) *Paris, imp. de Paul Dupont* (1868), in-4, 10 p.

Faits (les) et Dits de Jehan Molinet, par le traverseur des voies périlleuses (Jeh. BOUCHET). *Paris*, 1531, in-fol. goth.

Faits (des) et Gestes du pape Jules III, et ce qui se peut espérer de ce concile, lequel il prétend recommencer à Trente, là où sont découvertes les pratiques et menées papales par lesquelles ce pape cuidoit abuser le monde sous la couverture du nom de concile ; traduit en françois de l'italien (de Pierre-Paul VERGERIO). 1551, in-8.

Faits (les) et Gestes du preux Godeffroy de Boulion, et de ses chevaleureux frères Baudouin et Eustache, issus de la noble lignée du chevalier au Cyne, avec leur généalogie ; aussi plusieurs cronicques et histoires tant du roy sainct Loys que de plusieurs autres chevaliers (le tout traduit, l'an 1499, du latin du « Speculum historiale » de VINCENT, de Beauvais, de l'ordre des Frères Prescheurs, par Pierre DESREY). *Paris, Nicolas Chrestien, s. d.*, in-4.

Maittaire cite une édition de 1500, sous le même titre. Voyez le mot « Généalogie », et pour le détail des différentes éditions Brunet, « Manuel du libraire », 5e éd., II, col. 1636 et 1637.

Faits (des) et non des mots ; sur Napoléon 1er, empereur des Français. (Par P.-C. LECOMTE.) *Paris, Rondonneau*, 1804, in-8.

Faits et notions magnétiques. (Par le comte DE LUTZEBOURG.) *Strasbourg*, 1788, in-8, 99 p.

Faits historiques relatifs à la ville de Douai. (Par P.-A.-S.-J. PLOUVAIN.) *Douai, imp. de Deregnaucourt*, 1810, in-8.

Réimprimé en 1828 sous ce titre : « Ephémérides historiques de la ville de Douai. Sec. édit. corr. et augm. de faits inédits ». *Douai, Deregnaucourt*, in-12.

Faits illustres (les) des monarques français, depuis l'origine des Gaulois jusques et y compris le règne de Louis XVIII. (Par J.-P.-R. CUISIN.) *Paris, Masson*, 1824, 2 vol. in-12.

Faits inédits des événements de juin, à Paris, par un détenu politique échappé aux persécutions (Th. BEGHIN). *Liège, Charron*, 1848, in-8, 12 p.

Presque tous les exemplaires de cette brochure ont été saisis à la frontière et détruits par ordre du gouvernement français.   Ul. C.

Faits mémorables advenus depuis Pharamond... jusques à l'an 1557... (Par Jean DU TILLET.) *Lyon, B. Rigaud*, 1577, in-12.

Même ouvrage que la « Chronique des rois de France ». Voy. IV, 598, *b*.

Faictz (les) merveilleux de Virgille. (A la fin) : *Paris, Guillaume Nyverd*, pet. in-8, 16 p.

Réimpression faite en 1831, à *Paris, chez Pinard*, par les soins de G. V. (G. VEINANT), et tirée à 42 exempl.

Faits militaires du capitaine Druge, de Vienne. *Vienne, imp. de Timon*, 1839, in-8, 49 p.

Cette biographie militaire, rédigée par M. A.-F. (Adrien FEYTAUD), d'après les documents fournis par le Dr Bruge, neveu du capitaine, avait paru d'abord dans la « Revue de Vienne », t. II, p. 143-154.

Faits (des) opposés à des mensonges, ou Réponse à un libelle intitulé : « Confidences de l'hôtel Bazancourt, par M. Pigeon ». (Attribué à René-Charles GUILBERT DE PIXÉRÉCOURT.) *Paris, imp. d'Everat*, 1818, in-8, 24 p.

Faits qui ont influé sur la cherté des grains en France et en Angleterre. (Par Louis-Paul ABEILLE.) *Paris*, 1768, in-8, 48 p.

Faits qui servent de base à « la Prévention nationale ». (Par RÉTIF DE LA BRETONNE.) *Genève et Paris, Regnault*, 1784, 2 vol. in-12.

C'est la troisième partie de « la Prévention nationale ». Voy. l'ouvrage de Monselet sur Rétif e la Bretonne, *Paris*, 1854, in-18, p. 141.

Fakir (le), conte en vers. (Par E.-F. DE LANTIER, publié par Alex.-Barth.-Laur. GRIMOD DE LA REYNIÈRE.) *Constantinople*, 1780, in-8.

D'après Quérard, c'est à tort que cet ouvrage a été attribué à Lantier.

Falsification (de la) du pain, contenant le détail des substances introduites dans les farines de qualité inférieure pour obtenir du pain plus blanc... (Par Ch.-Jos. DE MAT.) *Vilvorde, de Mat*, 1854, in-18, 13 p.   J. D.

Fameuse (la) Comédienne, ou Histoire de la Guérin, auparavant femme et veuve de Molière. *Francfort, chez Frans Rottenberg, marchand libraire*, 1688, in-12, 89 p., plus 3 p. contenant les portraits en vers de huit comédiennes du théâtre Guénégaud.

Dans la première édition de ce Dictionnaire, n° 8672 (premier supplément), sous le titre des « Intrigues amoureuses de M.... (de Molière) et de mad.... (Guérin), son épouse », *Dombes*, 1690, in-8, j'avais placé cette note :

« Lancelot et l'abbé Lebœuf croyaient cet ouvrage de BLOT (1) ou du célèbre LA FONTAINE. » (Note tirée

(1) Il faut laisser de côté Blot, baron de Chavigny, chansonnier de la Fronde, puisque l'on sait maintenant qu'il était mort en 1655 (J. Bonnassies, p. XI).

des *Stromates* de Jamet le jeune, par l'abbé de Saint-Léger.)

Mais depuis j'ai trouvé dans le « Glaneur français », 1736, tome II, page 8, un article sur Guérin d'Elriché, auquel il est parlé de la « Histoire de la Molière », à présent femme de Guérin, par feu Mme BOUDIN, qui avait été elle-même comédienne de campagne.

Jusqu'à ce qu'il nous arrive des renseignements plus précis, Mme Boudin peut donc être considérée comme auteur de la « Fameuse Comédienne ».

On lira peut-être ici avec quelque intérêt des détails sur les différentes éditions de cet ouvrage; je les dois à M. Beffara, avantageusement connu par l' « Esprit de Molière », *Paris*, 1777, 2 vol. in-12, et par la « Dissertation sur J.-B. Poquelin-Molière, sur ses ancêtres, l'époque de sa naissance, qui avait été inconnue jusqu'à présent, etc. » *Paris, Vente*, 1821, in-8.

Les deux premières éditions sont conformes entre elles, excepté qu'on a fait des changements à la seconde dans une grande quantité de phrases, parties de phrases, ou même de mots seulement.

La troisième édition paraît avoir été faite d'après la seconde : mais on n'y a point compris ce qui, dans la « Fameuse Comédienne », aux pages 30 à 32, et dans les « Intrigues amoureuses », aux pages 37 à 40, est relatif aux amours du duc de Bellegarde et de Baron.

Il y a été fait encore d'autres changements, et on a pris plusieurs phrases, parties de phrases ou mots seulement, soit dans la première édition, soit dans la seconde, qu'on avait sûrement sous les yeux.

Dans le tome IV des « Pièces intéressantes et peu connues pour servir à l'histoire et à la littérature », par La Place, *Paris, Prault*, 1785, in-12, on trouve, pages 175 à 184, ce qui suit :

« Conversation intéressante entre Molière et son ami Chapelle », tirée d'un petit livre devenu très-rare, intitulé : « les Intrigues amoureuses de M*** (Molière) et de son épouse », à *Dombes*, 1690, in-12. La Place dit en note, à la page 178 : « Nous avons pensé, dans ce qui va suivre, ne devoir rien changer aux expressions du dialogue, ne fût-ce que pour montrer ce que le courant d'un siècle peut apporter de différence dans le style d'une nation dont la langue était regardée comme fixée. »

On croirait, d'après cela, que La Place a copié littéralement la « Conversation » dans la seconde édition, intitulée : les « Intrigues amoureuses », 1690, 120 pages; mais il est certain que non, puisqu'il y a beaucoup de différences. Il ne l'a pas non plus copiée dans l'édition intitulée : « Intrigues de Molière et de sa femme », en 88 pages.

Dans les trois premières éditions on termine la « Conversation » en disant que « Chapelle se retira et laissa Molière, qui rêva encore fort longtemps aux moyens d'*amuser*, d'*apaiser* sa douleur. » Et la copie de La Place se termine ainsi : « Mais, dit-il en s'interrompant tout à coup, j'aperçois Jonsac et Desbarreaux qui nous arrivent... Allons nous mettre à table, mon ami, et commençons par ce qui vous a déjà plusieurs fois réussi, c'est-à-dire par vous relâcher sur l'austérité de votre triste et maudit régime. Imitez-nous enfin, quoique de loin, et parlons de choses plus gaies. »

On doit donc penser que c'est sur une autre édition des « Intrigues amoureuses », faite encore à *Dombes* en 1690, in-12, que La Place a pris et copié littéralement la « Conversation », et que par conséquent cette édition est la quatrième.

Lancelot et l'abbé Lebœuf ayant pensé que la « Fameuse Comédienne » était de Blot ou de La Fontaine, Blot ne serait-il pas l'auteur des changements faits pour la seconde édition en 120 pages, et plus particulièrement pour la troisième en 88 pages, ou pour la quatrième ?

On ne peut croire que cet ouvrage soit de La Fontaine; il est indigne de lui, et il n'était pas capable d'insulter, par un pareil libelle, aux mânes de Molière, qui avait toujours été son ami. (1).

Il serait intéressant de savoir quelle était cette Mme BOUDIN, comédienne de campagne, que le « Glaneur » indique comme l'auteur de la « Fameuse Comédienne ».

On voit dans la « Bibliothèque des théâtres », dans les « Recherches sur les théâtres », dans les « Tablettes dramatiques », dans le « Dictionnaire de Léris », par un *manuscrit* particulier contenant des noms de beaucoup d'auteurs de pièces représentées au Théâtre-Français, etc., etc., qu'il y a eu un A. P. P. Châteauneuf, qu'on croyait avoir fait partie de la troupe des comédiens de M. le Prince, et qui était auteur de la « Feinte Mort de Pancrace », comédie en un acte et en vers de quatre pieds, donnée par cette troupe en 1663. Ce Châteauneuf n'a jamais joué sur le théâtre Guénégaud. On ne parle ni de lui ni de la pièce dans l' « Histoire du Théâtre-François » de Parfait.

Dans la « Fameuse Comédienne » on voit, page 18, qu'il y avait (quelques années après le mariage de Molière) un *Châteauneuf portier, et dont la femme ouvroit les loges à l'hôtel de Guénégaud.* Cette femme, « qui avait assez vu le monde pour en pouvoir parler », fut pendant plusieurs années la confidente de Mme Molière; elle était bien instruite de toutes ses aventures, principalement de ses liaisons avec Duboulai après la mort de Molière; elle joue un grand rôle, par ses conseils, dans la « Fameuse Comédienne » (pages 18 à 66) : mais ces deux dames se brouillèrent, et n'étaient point raccommodées lors de l'impression de cet ouvrage en 1688.

Ce Châteauneuf, de comédien de M. le Prince, serait-il devenu portier du théâtre de Guénégaud? Ce qui ne serait point étonnant.

On avait d'abord pensé qu'il pouvait avoir épousé une demoiselle Boudin, ancienne comédienne de province, et que celle-ci, après sa brouillerie avec Mme Molière, aurait composé la « Fameuse Comédienne », pour se venger de ce qu'elle n'avait pas toujours voulu suivre ses conseils, ou pour tout autre motif : mais, comme cette Châteauneuf ne joue pas un trop beau rôle et n'a pas été peinte sous de trop belles couleurs dans la « Fameuse Comédienne » (pages 18 à 30), on a été obligé d'abandonner cette idée et de croire que la Châteauneuf et Mme Boudin sont deux personnes distinctes, et il est impossible de se procurer d'autres renseignements sur ces deux dames (2).

---

(1) M. Paul Lacroix, dit M. J. Bonassies, p. XII, a étonné bien des gens en employant sa vaste érudition à soutenir le contraire. A l'appui de son dire, il accumule des hypothèses et des affirmations qui semblent peu solides ou téméraires.

(2) Jamet le jeune demanda un jour au fils de Jean Racine si son illustre père n'avait pas eu part à l'ouvrage que j'attribue à cette dame; le fils ne répondit ni oui, ni non (Stromates, t. II). (Note ajoutée à l'article Boudin dans la table de la 2e édit. du « Dictionnaire des anonymes ».)

Réimprimé sous les titres suivants :

« Les Intrigues amoureuses de M*** (Molière) et de Mme *** (Guérin), son épouse ». *Dombes*, 1690, in-12, 120 pp.

Reproduction de l'édition de la « Fameuse Comédienne », d'une exécution matérielle inférieure, avec modifications dans le style de la première partie surtout, et qui n'ajoutant rien au sens, ne sont qu'une fade paraphrase du texte primitif.

« Histoire des intrigues amoureuses de Molière et de celles de sa femme », *Francfort, Frédéric Arnaud*, 1697, in-12, 96 pp.

Reproduction française (*Troyes*, ou *Rouen*?) de l'édition précédente, moins fautive toutefois. On la trouve presque toujours suivie du « Voyage de Chapelle et Bachaumont ». Les deux livres étant sortis des mêmes presses, on a tâché, au moyen de cette ruse, de faire endosser le premier par le fameux épicurien, ce qui devait paraître naturel, puisqu'il en est un des principaux acteurs.

« Les Intrigues de Molière et celles de sa femme ». *S. l. n. d.*, in-12, 88 pp.

Telles sont les éditions originales connues de ce célèbre libelle. Mais il y en a probablement d'autres; il paraît, en effet, exister plusieurs éditions avec la date de 1688 et offrant entre elles quelques différences. De nos jours, il en a été fait trois réimpressions, dont deux sont dues à M. Paul Lacroix, qui n'a pas hésité à donner la première dans le volume qu'il a publié sous le titre d' « Œuvres inédites de La Fontaine ». *Paris, Hachette*, 1863, in-8. Cette réimpression, accompagnée d'une notice bibliographique, reproduit l'édition de 1688, mais avec la paraphrase faite dans l'édition sans date ; suppression que M. P. Lacroix n'a pas maintenue dans sa seconde édition qui fait partie de la « Bibliothèque moliéresque ». *Genève, Gay*, 1868, in-12 de 79 pp. La notice bibliographique a été modifiée, tout en maintenant l'attribution à La Fontaine.

La troisième réimpression moderne a été donnée par M. Jules Bonnassies ; elle est suivie des variantes des autres éditions, et elle est accompagnée d'une intéressante et consciencieuse préface et de notes. *Paris, Barraud*, 1870, in-12. XXVIII et 73 pp., avec 2 portr.

Tout en reproduisant ci-dessus, et sans y rien changer, la note du n° 6625 de la 2e édit. du Dictionn. des Anonymes, j'ai pensé que deux passages de la préface de M. J. Bonnassies seraient ici à leur place :

(P. XVI.) « Il est toujours périlleux de vouloir « éclairer, au bout de deux siècles, des faits restés « obscurs pour les contemporains : tout ce qu'on peut, « c'est de préserver certains noms. »

(P. XXVIII.) « Notre conclusion est donc que l'on « ne peut attribuer à aucun personnage marquant ce « livre qui accuse cependant une main supérieure; « qu'il faut l'attribuer à La Fontaine moins qu'à tout « autre, et que, parmi ceux qui ont été soupçonnés de « l'avoir écrit ou d'y avoir eu part, c'est Mlle Guyot, « aidée peut-être de la Chasteauneuf, qui nous « paraît la moins invraisemblable ».

Voy. Catal. Leber, t. Ier, nos 2245 et 2246.

Fameuse (la) Compagnie de la Lésine ou Alesne, c'est-à-dire la manière d'épargner, acquérir, conserver... Traduit de l'italien. *Paris, Abrah. Saugrin*, 1604, in-12.

Le même libraire a publié la même année le volume suivant :

La Contre-Lésine, ou plustost Discours, Constitutions et Louanges de la Libéralité, etc., augmentée d'une comédie intitulée : les « Noces d'Anti-Lésine », ouvrage du pasteur monopolitain, et traduit nouvellement de l'italien. *Paris, Rollet Boutonné*, 1618, in-12.

Le recueil italien dont ces deux volumes sont la traduction se compose de pièces qui ont paru successivement et qui sont peut-être de plusieurs auteurs. Celui de la Compagnia della Lesina serait, selon Baillet (édit. in-12, VI, 2e part., p. 203), d'un nommé VIALARDI, mais le P. Merati (cité par Melzi, p. 179) attribuait l'ouvrage à Tommaso BUONI, prêtre lucquois, lequel a donné sous le nom de Buoso Tomani, un écrit du même genre, intitulé : « Della Compagnia de Tagliacantone... » Voy. « Manuel du libraire », 5e édit., t. II, 1175.

Fameux (le) voyageur. (Par DE PRÉCHAC.) *Paris, Padeloup*, 1682, in-12.

Famille (la) allemande, ou la Destinée, par l'auteur de « Paola », d' « Elvire » (Mme Félicité DE CHOISEUL-MEUSE). *Paris, Maradan*, 1815, 2 vol. in-12.

Famille (la) Bertrand, roman traduit de l'anglais. Par l'auteur de « Jeunesse et Folie » (DUBERGIER), *Paris, Pigoreau*, 1823, 4 vol. in-12.

Famille (la) chrétienne, sous la conduite du P. Joseph, fondée à Paris par le roi et la reine. (Par Alexandre COLAS DE PORTMORAN.) *Paris*, 1644, in-12.

Famille (la), comédie en un acte, représentée par les comédiens italiens ordinaires du Roi, le 17 septembre 1736. (Par Th. L'AFFICHARD et Ch.-Fr. PANNARD.) *Paris, Ribou*, 1737, in-12, 2 ff. de tit., 57 p. et 1 f. de priv.

Réimprimé avec le nom de L'AFFICHARD. *Paris, J. Clousier*, 1746, in-8, 59 p.

Famille (la) d'Almer, ou le souterrain du château de L***. (Par DONAT.) *Paris, Pigoreau*, 1812, 2 vol. in-12.

D. M.

Famille (la) d'Aubeterre, ou Scènes du XVIe siècle. Roman historique, par madame DE *** (DE MARAISE, ensuite madame DE VILLE-D'AVRAY). *Paris, Ch. Gosselin*, 1829, 4 vol. in-12.

D. M.

Famille (la) de Halden, traduit de l'allemand, d'Auguste LA FONTAINE, par M. V*** (Henri VILMAIN). Seconde édition revue et corrigée. *Paris, Maradan*, 1805, 4 vol. in-12.

D. M.

Famille (la) des badauts, comédie en un acte, imitée de l'anglais. Représentée pour la première fois, sur le théâtre des Variétés étrangères. (Par J.-And. BOURLAIN, connu sous le nom de DUMANIANT.) *Paris, Rénouard*, 1807, in-8, 52 p.

Famille (la) des Grignols-Talleyrand descend-elle des anciens comtes de Périgord? Son origine. Discussion historique et généalogique. Par M. DE F..... (Gaëtan DE RAXIS DE FLASSAN). *Paris*, 1836, in-8, 3 ff. lim., IX-142 p.

Famille (la) des menteurs, ouvrage véridique. Par l'auteur de « Brick-Bolding, etc. » (C.-A.-B. SEWRIN). *Paris, Mme Masson*, an X-1801, in-12, avec 2 grav.

Famille (la) infortunée, ou les Mémoires de mad. la marquise de la Feuille-Belu. (Par J.-F.-J. NŒUFVILLE DE MONTADOR.) *Paris*, 1737, in-12.

Famille (la) irlandaise, mélodrame en trois actes. Par MM. THÉODORE (Théodore NÉZEL) et *** (E.-F. VAREZ). Musique composée et arrangée par M. Adrien; ballet de M. Maximilien. Représenté sur le théâtre de l'Ambigu-Comique, le 22 mars 1821. *Paris, Quoy*, 1821, in-8, 56 p.

Voy. « Supercheries », III, 1003, d.

Famille (la) Mourtray, trad. de l'anglais (de mistriss Eliza HERVEY) par E*** A*** (Étienne AIGNAN). *Paris, Ouvrier*, an X-1802, 4 vol. in-12, grav.

Voy. « Supercheries », I, 142, e.

Famille (la), ou les Devoirs et les Joies de la piété domestique, trad. de l'angl. de l'ABBOTT (par M. le pasteur VIVIEN). *Paris, Risler*, 1836, in-18.

Famille (la) ridicule, comédie messine (en 5 a. et en v.), revue, corrigée et augmentée; achevée d'imprimer pour la première fois en 1720. *Berlin, Jean Toller*, s. d., in-8.

Il y a deux éditions qui ne présentent aucune différence dans le titre; mais l'une a 76 p. et l'autre 77 p.

Cette comédie en patois messin est attribuée au célèbre annotateur J. LE DUCHAT qui, né à Metz, est mort à Berlin, où il était réfugié.

Famille (la) royaliste, par l'auteur de « Lionel » (le comte DE LA TOUR DU PIN, officier). *Paris, Maradan*, 1822, 3 vol. in-12.

Famille (la) Saint-Julien aux bains de Rockbeack, ou le Faussaire anglais; par M. B**SON DE C***VE (BRESON DE COCOVE). *Paris, G. Mathiot*, 1812, 4 vol. in-12.

Famille (la) Sainte-Amaranthe, ou le règne de la Terreur, nouvelle héroïque, ornée de deux portraits, par Mme E. L., née C. L. (Mme Eugène LA BAUME, née

Caroline LA PLACE). *Paris, Corbet aîné*, 1827, in-12.

Toute la partie historique a été rédigée par M. Eugène LA BAUME, mari de l'auteur.

Famille (la) Sainte-Amaranthe. Par Mme A. R... (Amandine ROLLAND). (Publié par M. DELAMBRE.) *Paris, V. Goupy*, 1864, in-8, VII-203 p. — 2e éd. *Id.*, 1869, in-8, VII-203 p.

Famille (la) sainte, ou l'histoire de Tobie. (Par l'abbé J. COUTURIER, ex-jésuite, publié avec des changements par l'abbé Ch. LATASSE.) *Bruyères*, 1788, in-12. — 3e édit., *Besançon, imp. de Chalandre*, 1817, in-18. — 3e éd. (*sic*). *Lyon, Rusand*, 1821, in-18.

Réimprimé en 1823 et 1825, avec le nom de l'auteur, sous le titre de : « la Sainte Famille ».

Famille (la) Walther, ou Prudence humaine et confiance en Dieu; trad. de l'allem. de BAUMBLATT (par Alph. LENOY). *Liège, Dessain*, 1855, in-8, 177 p.   J. D.

Familles (les) de Darius et d'Éridame, ou Statira et Amestris, histoire persane. (Par Nic.-Jos.-Laurent GILBERT.) *La Haye et Paris, de Hansy le jeune*, 1770, 2 parties in-12.

Cet ouvrage paraît avoir été le véritable début du fameux satirique Gilbert, car son « Début poétique » ne parut qu'en 1771. Voyez la « Bibliographie parisienne », 1770, t. V, p. 81.

Famine (la), tragédie, prise de la Bible, et suyvant celle de Saül. (Par Jean DE LA TAILLE.) *Rouen, Raph. du Petit-Val*, 1602, in-12.

Fanal (le) du Tiers-État, par l'auteur du « Jugement » du Champ de Mars » (LE TELLIER, avocat). *S. l.* (1789), in-8, 60 p.

Fanal (le) parisien, journal nécessaire aux citoyens qui veulent s'éclairer sur leurs vrais intérêts. (Par Jacq. LABLÉE.) *Paris*, an I, 5 nos in-8, formant 160 p.

Voy. Hatin, « Bibliographie de la presse », p. 227.

Fanatisme (le) anti-catholique. (Par le marquis DE LA GERVAISAIS.) *Paris, Pihan-Delaforest*, 1826, in-8, 56 p.

Fanatisme (le) de l'ignorance confondu, ou réponse à l' « Apologie des décrets par le R.P. Lalande, de l'Oratoire ». (Par l'abbé H. JABINEAU.) *S. l.*, 1791, in-8, 1 f. de tit. et 49 p.

Le P. Lalande a répliqué par un « Supplément à l'Apologie ».

Fanatisme (le) des philosophes. (Par S.-

N.-H. Linguet.) *Abbeville, Devérité*, 1764, in-8, 43 p.

Fanatisme (le) du libertinage confondu, ou Lettres sur le célibat des ministres de l'Église... (Par l'abbé P.-Grég. Herluison.) *Paris, Leclère*, 1792, in-8, 8-15-24-31-25-50 p.

Réunion de six lettres ayant chacune une pagin. part. et portant toutes la signature de l'auteur.

Fanatisme (le) renouvelé, ou l'Histoire des sacriléges, des incendies... et autres attentats que les calvinistes révoltés ont commis dans les Cévennes depuis le commencement de leur révolte. (Par le P. Jean-Bapt. L'Ouvreleuil.) *Avignon, Chastaignier*, 1701-1706, 4 vol. in-12.

Il existe une seconde édition du tome premier avec le nom de l'auteur, et qui parut en même temps que le tome second, en 1704. Plus tard, le P. L'Ouvreleuil a publié : « Lettre de l'auteur du « Fanatisme renouvelé » à M. Brueys de Montpellier » (2 mai 1710). *S. l. n. d.*, in-4.

Fanchette, danseuse de l'Opéra, suivie du « Quart-d'heure d'une jolie femme ». *Londres (Paris)*, 1796, 2 vol. in-18.

C'est sous un autre titre : « Margot la Ravaudeuse », par Fougeret de Montbron ; voy. ces mots.

Fanchon, ou la vielleuse du boulevard du Temple, par L. P. *Paris, Renard*, an XI-1803, in-18.

La 2e édit. de ce « Dictionnaire » avait donné comme auteur L. Polay au lieu de Louis Ponet. Cette erreur a été reproduite dans les « Supercheries », II, 972, f.

Faneli, ou les Égarements de l'amour. (Par Barthélemy Imbert.) *S. l.*, in-8. — *Londres*, 1793, 3 vol. in-18.

C'est le même ouvrage que les « Égaremens de l'amour ». Voy. ci-dessus, col. 38, f.

Fanfares et covrvées abbadesques des Roule-Bontemps de la havte et basse coqvaigne et dépendances. Réimpression textuelle précédée d'une introduction (par M. Gustave Brunet). *Paris, J. Gay*, 1868, in-18, 8 f. et 176 p.

Réimpression d'un livre fort singulier, imprimé à Chambéry en 1613. L'auteur, qui ne s'est désigné que par les lettres I. P. A., est resté inconnu. Le rédacteur du Catalogue de la Bibliothèque dramatique de M. de Soleinne a supposé que ces lettres pouvaient désigner Jean Prévost, avocat poitevin et alchimiste, qui faisait imprimer en 1614 des tragédies complétement oubliées ; mais cette hypothèse est bien contestable.

Fanfiche, ou les Mémoires de mademoiselle de *** (par Gimat de Bonneval). *Paris*, 1743, in-8. — *Paris*, 1748, 2 parties in-12. — *Amsterdam (Paris)*, 1751, in-12.

La note manuscrite qui m'a fait connaître cet auteur

lui attribue aussi le « Voyage de Mantés » et des « Lettres sur l'éducation ». La « France littéraire » de 1769 n'indique pas ce dernier ouvrage.

Fanfreluche et Gaudichon, mythistoire baragouine de la valeur de dix atomes, pour la récréation de tous bons Fanfreluchistes. (Par Guillaume des Autelz.) *Lyon*, 1559, in-8 ; — 1560, in-16.

Voyez les « Jugemens des Savans », édition de La Monnoye, t. VI, in-4, p. 308, et « Supercheries », I, 161, d.

Fanfreluches poétiques, par un matagraboliseur (Lambert-Ferdinand-Joseph Van den Zande). *Paris, Firmin Didot*, 1845, in-12, xvi-342 et 3 p.

Tiré à 100 exemplaires.

Avec un supplément intitulé : « Quatre épîtres, par un matagraboliseur ». *Paris, imp. de Didot*, 1845, in-12, 23 p. av. des cartons.

Voy. « Supercheries », II, 1072, d.

Fanny de Caernarvon, ou la Guerre des Roses. (Par César Pradier.) *Paris*, 1809, 2 vol. in-12. — Autre édit. *Ibid., Tiger, s. d.*, 2 vol. in-18.

Fanny de Varicourt, ou le Danger des soupçons. (Par P. Duputel, de l'Académie de Rouen.) *Paris, Renard*, 1802, in-12, xxiii-210 p. et 1 f. d'errata.

Fantaisies de Bruscambille (Deslauriers), contenant plusieurs discours, paradoxes, harangues et prologues facétieux, reveues et augmentées de nouveau par l'auteur. *A Lyon, jouxte la copie imprimée à Paris*, M.DXVIII, in-18, 315 p.

Réimpression faite à *Bruxelles, impr. A. Mertens et fils*, 1863, tirée à 100 exempl. Les « Notes » sur les « Fantaisies », p. 301-315, sont de M. G. Brunet ; elles comprennent celles que Jamet avait inscrites sur un exempl. de l'édition des « Œuvres de Bruscambille », *Rouen, R. Séjourné*, 1629, in-12.

Voy. « Supercheries », I, 585, c, et Brunet, « Manuel du libraire », 5e éd., I, col. 1302.

Fantaisies de mère Sote. *Paris, Jehan Petit, s. d.*, in-4, goth., 111 ff.

L'ouvrage est terminé par un acrostiche de 14 vers donnant les deux noms de l'auteur, Pierre Gringore. Voy. Brunet, « Manuel du Libraire », 5e édit., II, 1750.

Fantaisies militaires, par un officier autrichien (le prince de Ligne). 1780, in-8.

Réimprimé en 1783, à la suite des « Préjugés militaires » du même auteur. Voy. ces mots.

Fantasmagoriana, ou recueil d'histoires d'apparitions de spectres, revenants, fantômes, etc., traduit de l'allemand par un amateur (J.-B.-Ben. Eyriès). *Paris*, 1812, 2 vol. in-12.

Fantastiques Batailles des grands roys Rodilardus et Croacus, translaté de latin en françois. *Lyon, François Juste*, 1534, in-8, goth., 78 ff. — *Paris*, 1532; — *Poitiers*, 1535; — *Lyon*, 1536; — *Blois*, 1554; — *Lyon*, 1559; — *Rouen*, 1603, in-8.

Cet ouvrage est une traduction ou plutôt une imitation du poëme latin de Calentius : *de Bello ranarum et murium*, souvent réimprimé dans la première moitié du seizième siècle. Une édition nouvelle, tirée à 102 exemplaires du livret français, a paru à *Genève* (*J. Gay et fils*, 1867, in-18, xII et 119 p.); elle est accompagnée d'une notice bibliographique signée P. L. (Paul Lacroix), où sont développés les motifs qui autorisent à attribuer cette production à Rabelais.

Fantôme (le) blanc, ou le protecteur mystérieux; par l'auteur d' « Armand et Angéla, etc. » (Mlle Désirée Castéra). Deuxième édition. *Paris, Béchet*, 1823, 3 vol. in-12.

Fantôme (le) vivant, ou les Napolitains... (Par M.-J. Boullault.) *Paris, Marchand*, 1801, in-12.

Fantômes (les) et le Jaloux, comédies italiennes (de Hercule Bentivoglio), traduites en françois (par Jean Fabre). *Oxford*, 1731, in-8.

Faramond, ou Histoire de France (les sept premiers volumes par De La Calprenède, les cinq derniers par De Vaumorière). *Paris, Ant. de Sommaville*, 1641-1664, 12 vol. in-8. — *Amsterdam*, 1664, 1666, et 1671, 12 vol. in-8

Faramond, ou le Triomphe des héros. Tragi-comédie. (Par Lapoujade.) *Bourdeaux, S. Boe*. 1672, in-12, 6 ff. et 106 p.

Catalogue Soleinne, n° 1447.

Faramond, roman (abrégé de La Calprenède, par le Mis De Surgères, publié par J.-P. Moet). *Paris*, 1753, 4 vol. in-12.

Farce (la) de la Pipée. *Paris, Crapelet*, 1832, in-8, goth., 54 p.

M. Paul Lacroix, « Biblioth. dram. de M. de Soleinne », tome I, p. 134, attribue cette farce à F. Villon ou à Cl. Marot, mais nous ne pensons pas qu'aucune de ces attributions puisse subsister après la lecture de cette pièce, dont le savant bibliophile a, suivant nous, fort exagéré le mérite.

Cette impression a été faite par les soins de M. Francisque Michel.

G. M.

Farce (la) de Maistre Pierre Pathelin, avec son testament à quatre personnages. *Paris, Coustelier*, 1723, in-8.

Guillaume De Lorris, dit M. de Tressan dans ses « Œuvres diverses », 1776, in-8, p. 99, est peut-être l'auteur de la farce de Pathelin, parce que son continuateur, Jean de Meun, en cite des passages dans la continuation du Roman de la Rose.

Les anciennes éditions de cette fameuse pièce ont pour titre : « Le grand et petit Patelin », ou « Maistre Pierre Patelin. »

Brunet, dans le « Manuel du Libraire », 5e édition,

tom. IV, signale de nombreuses et précieuses éditions de cette farce. La meilleure édition moderne est celle publiée par M. F. Génin, *Paris*, 1854, in-8, avec préface, notes et variantes.

« Le nouvel éditeur, dit M. J.-Ch. Brunet, fixe à l'an 1460 la date de la composition de cette pièce, dont, par conséquent, Pierre Blanchet, né en 1459, ne saurait être l'auteur, comme depuis près d'un siècle, la plupart des bibliographes l'ont répété sans examen, d'après une simple conjecture émise par Beauchamp, « Recherches sur les théâtres », t. I, p. 288. Après avoir prouvé que ni Villon, ni Blanchet, ne sont les auteurs de Patelin, Génin attribue cette pièce à Antoine De La Salle, écrivain bien connu auquel on doit le charmant roman du « Petit Jehan de Saintré » et les « Quinze Joies de mariage ». Ce n'est là, il est vrai, qu'une simple conjecture fondée sur l'analogie du style de Patelin avec celui des ouvrages de La Salle ». »

F. Génin terminait ainsi l'article qu'il a consacré à P. Blanchet, en 1853, dans le tom. VI de la « Nouvelle Biographie générale » : « Le problème de l'auteur de la farce de Pathelin reste à trouver ; seulement il me paraît démontré que cet auteur ne saurait être P. Blanchet. »

M. Edouard Fournier a publié : « La Farce de maître Pathelin » mise en trois actes, avec traduction en vers modernes vis-à-vis du texte du XVe siècle, et précédée d'un prologue par Edouard Fournier. Représentée pour la première fois à la Comédie-Française le 26 novembre 1872. *Paris, lib. des Bibliophiles*, 1872, in-16, xxiv-199 p.

Farce (la) de Pates Ouaintes, pièce satyrique représentée par les écoliers de Caen au carnaval de 1492 (par Pierre De L'Esnauderie, alors secrétaire de l'Université et plus tard recteur), publiée (par Th. Bonnin) d'après un manuscrit contemporain. *Evreux, Ancelle*, 1843, in-8, vi-29 p. et 1 fac-simile.

Voy. E. Frère, « Manuel du Bibliographe normand, » t. I, p. 127.

Farfadets (les), ou tous les démons ne sont pas de l'autre monde. Par Al.-Vinc.-Ch. Berbiguier de Terre-Neuve du Thym. Orné de 8 superbes dessins lithographiés. *Paris, P. Gueffier*, 1822, 3 vol. in-8.

« Le « Discours préliminaire » est attribué à la « plume obligeante et flexible de M. F.-V. Raspail. « L'avocat J.-P.-P. Brunel a concouru, dit-on, avec « M Raspail à régulariser le plan et la forme de cet « ouvrage, dont M. Berbiguier seul a pris le fond au « sérieux. » (Extrait du « Dictionnaire théorique, biographique et bibliographique du départem. de Vaucluse ». Article inédit sur le docteur Berbiguier inséré dans l' « Écho de Vaucluse » du 1er juillet 1841.)

Farville, ou blanc, noir et couleur de rose, par M. Rab*** (Raban). *Paris, Locard et Davi*, 1819, 2 vol. in-12.

« *Fasciculus temporum* », en françois (par Pierre Farget). *Genève* (*Loys — M. Cruse*), 1495, in-fol.

L'auteur de l'ouvrage latin est un chartreux nommé Wernerus Rolewinck.

Édition plus complète que celle intitulée : « les Fleurs et les Manières des temps passés ». Voy. ces mots ; elle a reparu sous le titre de : « Fasciculus en françois : les fleurs et manières... » *Paris*, 1505, in-fol.

Fastes. *Paris, imprimé par ordre du conseiller d'État, préfet de la Seine, chez P. Didot l'aîné, an XIII-1804, in-4, in-8 et in-12.*

Recueil des inscriptions latines qui décoraient la salle du banquet donné à l'Hôtel-de-ville de Paris, à l'occasion du mariage de l'empereur Napoléon. Les inscriptions sont ici accompagnées d'une traduction française et précédées d'un Rapport au Préfet de la Seine, signé par l'auteur des inscriptions, l'abbé L. PETIT-RADEL. Ce système d'inscriptions écrites en latin donna lieu à la publication d'une brochure intitulée : « Réflexions d'un Français (Ronesse) sur cette question : les inscriptions des monuments français doivent-elles être mises en latin ou en français? » Voyez « Supercheries », I, 374, d.

Fastes (les) de la gloire, ou les braves recommandés à la postérité. Monument élevé aux défenseurs de la patrie ; par une société d'hommes de lettres et de militaires. (Par L.-Fr. L'HÉRITIER, de l'Ain.) *Paris, Raimond, 1818-1822, 5 vol. in-8.

Voy. « Supercheries », III, 687, b.

Fastes (les) de la Grande-Bretagne... *Paris, Costard, 1769, in-12.*

La dédicace au prince de Ligne est signée CONTANT DORVILLE.

Fastes (les) de la Pologne et de la Russie... (Par And.-Guill. CONTANT DORVILLE.) *Paris, Costard, 1770, 2 vol. in-8.*

Cette attribution est reproduite par Quérard, qui cependant place aussi cet ouvrage sous le nom de Pons-Aug. ALLETZ.

Fastes (les) de Louis le Grand. *Paris, J. Anisson, 1694, in-8, 2 ff. lim. et 69 p.* — Fasti Ludovici Magni. Editio quarta. *Parisiis, J. Anisson, 1694, in-8, 28 p.*

L'épître est signée : J.-E. DU LONDEL.

Réimprimé avec la trad. française en regard du texte latin. *Rennes, F. Vatar, 1694, in-8, 4 ff. lim. et 88 p.*

La traduction française a encore été réimprimée sous les titres suivants :

« Les Fastes ou l'histoire chronologique de Louis le Grand ». *Rouen, J.-B. Besongne, 1694, in-12, 36 p.*

« Journal du règne de Louis le Grand ». *Toulouse, J. Boude, 1694, in-12, 56 p.*

Fastes (les) de Louis XV, de ses ministres, maîtresses, généraux et autres notables personnages de son règne. (Par BOUFFONIDOR, attaché au chevalier Zeno, autrefois ambassad. de Venise en France.) *Villefranche, chez la veuve Liberté, 1782, 2 vol. in-8.*

Voyez les « Mémoires secrets », dits de Bachaumont.

Londres, John Adamson, t. 21, p. 144, sous la date du 8 septembre 1782. Voyez aussi l'ouvrage du président de Lévy, aux mots : « Journal historique, ou Fastes de Louis XV... »

Fastes des rois de la maison d'Orléans et de celle de Bourbon, depuis 1497 jusqu'à 1697. (Par le P. DU LONDEL, jésuite.) *Paris, 1697, in-8.*   V. T.

Fastes (les) du goût. (Par Nic.-Hyac. PARADIS DE TAVANNES.) *Francfort, 1769-74, in-8.*

Fastes françois, par M. J...... (JACQUIN). *Paris, Hérissant, 1747, in-16.*

Fastes juifs, romains et françois, ou Éléments pour le cours d'histoire du collège Godran, de Dijon... (Par J.-B. MAILLY.) *Dijon, Frantin, 1782, 2 vol. in-12.*

L'auteur a signé la dédicace.

Fastes militaires des Belges, ou histoire des guerres, siéges, conquêtes. (Par COLIN DE PLANCY.) *Bruxelles, 1835, 4 vol. in-8.*   J. D.

Fastes militaires des Français ; par une société de militaires, de gens de lettres et d'artistes. (Par F. TERNISIEN-D'HAUDRICOURT.) *Paris, Mame, 1812, gr. in-fol.*

Ouvrage non terminé.

Voy. « Bataille d'Austerlitz... », IV, 380, e.

Fastes (les) ou l'Histoire chronologique de Louis le Grand. (Par J.-E. DU LONDEL.)

Voy. « Les Fastes de Louis le Grand. »

Fastes, ruses et intrigues de la galanterie, ou tableaux de l'amour et du plaisir. Par P. C* (J.-P.-R. CUISIN). *Paris, Terry, 1834, in-18.**

Fat (le) puni, comédie avec un divertissement. Représentée pour la première fois par les comédiens françois, le 7 avril 1738. (Par Antoine FERRIOL, marquis DE PONT-DE-VEYLE.) *Paris, Prault, 1738, 2 ff. lim. et 60 p.* — *La Haye, Ant. Van Doll, 1739, in-12, 62 p.*

Fatale précision des astres pour l'an 1529. (Par Pierre TURRET.) *Lyon, 1528, in-4.*

Fatalité (la) de Saint-Cloud, près Paris. (Par le P. Bernard GUYART, jacobin. (S. l. n. d., in-fol. — S. l., 1672, in-8. — S. l., 1674, in-8.

Réimprimé dans l'édition de la « Satyre Ménippée » en 3 vol. in-8, t. II, p. 435.

Fatum (le), par E. A. C. (Élie-Abel CARRIÈRE). *Paris, Dentu, 1864, in-8, 155 p.*

Faubourg (le) Saint-Germain et le faubourg Saint-Antoine. (Correspondance po-

litique de deux jeunes personnes, par Eug. GARAY DE MONGLAVE.) *Paris, imp. de Guiraudet*, 1824, in-8, 24 p.

Faucon, comédie (en 1 a. et en v.). (Par Mlle Ann.-Mar. BARBIER.) *Paris, Vve Pierre Ribou*, 1719, in-12, 47 p.

Faucon (le) et les oyes de Bocace. Comédie en trois actes, avec un prologue. Représentée pour la première fois par les comédiens italiens ordinaires du roy, en février 1725. (Par L.-F. DE LA DREVETIÈRE DELISLE.) *Paris, Flahault*, 1725, in-12, 60 p. — *Paris, Briasson*, 1731, in-12.

Le privilége est donné au sieur DE LILLE.

Faunillane, ou l'Infante jaune, conte. *Badinopolis, chez les frères Panthommes (Paris, Prault)*, 1741, 1743, in-12 et in-4.

Ce roman est du comte DE TESSIN, ministre plénipotentiaire de Suède en France.

Il n'existe que deux exemplaires de format in-4, imprimés aux frais de l'auteur. Il a été réimprimé in-8, mais avec de nouvelles planches. L'auteur étant retourné en Suède, Prault voulut utiliser les planches in-4 gravées avec soin d'après Boucher. Il s'adressa pour cela à Duclos, qui put satisfaire Prault en composant « Acajou et Zirphile ». Voy. IV, 53, a.

Fausse (la) Clélie, histoire françoise, galante et comique. (Par SUBLIGNY.) *Paris*, 1670, 2 vol. in-12. — *Amsterdam, Wagener*, 1671, in-12. — *Nimègue*, 1680, in-12. — *Paris, Witte*, 1718, 2 vol. in-12.

Fausse (la) communion de la Reine, soutenue au moyen d'un faux. Nouvelle réfutation appuyée sur de nouvelles preuves, par l'auteur des « Mémoires secrets et universels de la reine de France ». (LAFONT-D'AUSSONE). *Paris, Pélicier*, 1824, in-8, 28 p.   D. M.

Fausse (la) délicatesse, comédie en trois actes et en prose, imitée librement de l'anglois de Hugh Kelly; par M. M*** (Benoit-Joseph MARSOLLIER DES VIVETIÈRES). *Paris, Ballard*, 1776, in-8.

Voy. « Supercheries », II, 1010, f.

Fausse (la) duègne, opéra-comique en trois actes. Paroles de G. D. (G. MONTEAUX D'ESPINAY). Musique posthume de Della-Maria; représenté pour la première fois sur le théâtre national de l'Opéra-Comique, au mois de fructidor de l'an X. *Paris, Huet*, an XI-1803, in-8, 79 p.

Fausse (la) marquise, mélodrame en trois actes, à spectacle. Paroles de MM*** (J.-B. DUBOIS et GOBERT, alors directeurs-propriétaires du théâtre de la Porte-Saint-Martin). Représenté sur le théâtre de la

Porte-Saint-Martin, le 9 messidor an XIII. *Paris, Barba*, an XIII-1805, in-8, 64 p.

Voy. « Supercheries », III, 1128, d.

Fausse (la) peur, comédie en un acte mêlée d'ariettes, représentée pour la première fois par les comédiens italiens, le lundi 18 juillet 1774. Par M. N*** (Benoit-Joseph MARSOLLIER DES VIVETIÈRES). La musique est de M. d'Arcis, élève de M. Grétry... *Paris, Valade*, 1774, in-8, 68 p. — *Paris, imp. de Ballard*, 1778, in-8, 2 ff. de tit. et 64 p.

Fausse (la) sorcière, opéra-comique en un acte, représenté sur le théâtre de l'Amitié. (Par VALADE, imprimeur.) *Paris*, 1791, in-8, 31 p.

Catalogue Soleinne, n° 3566.

Faust, ou les premières amours d'un métaphysicien romantique, pièce de théâtre de GOETHE arrangée pour la scène française, en quatre actes, en prose. (Par M. ROUSSET, médecin.) *Paris, Pélicier et Chatet*, 1829, in-8, 2 ff. lim. et 80 p.
            D. M.

Faustin, ou le siècle philosophique. (Par DORAY DE LONGRAIS.) *Amsterdam*, 1784, in-8.

Faustus et Fausta, ou Monsieur Papier-Brouillard de Crotin. Bêtise de vaudeville de l'histoire de 1837. Par A. H. (A. HOPE). *Paris, Barba*, 1837, in-8.

Faut-il fortifier Bruxelles ? Réfutation de quelques idées sur la défense des États. (Par Alexis BRIALMONT.) *Bruxelles, Hayez*, 1850, in-12.   J. D.

Voy. « Supercheries », II, 1291, d.

Faut-il une nouvelle constitution ? (*Paris), imp. de Cellot* (1814), in-8, 7 p.

Signé : DE S*** (DE SALES).

Faut-il une Pologne ? (Trad. du polonais de Maurice MOCHNACKI, par Vincent BUDGENSKI, avec des notes du traducteur.) *Paris, H. Lebrun*, 1854, in-12, 48 p.

L'auteur, né en 1804 dans la Gallicie, et mort à Auxerre à l'âge de 30 ans, est nommé dans l'avant-propos du traducteur.

Fautes (les) remarquées en la tragi-comédie du Cid (de P. Corneille, par de SCUDÉRY). *Paris, aux dépens de l'auteur*, 1637, in-8.

Une première édition avait paru la même année sous ce titre : « Observations sur le Cid... » Voy. ces mots.

Fauteuil (le) de Molière, par M*** (Par MM. François ASTRUC et SABATIER.) *Pézénas, Gabriel Bonnet*, 1836, in-8.   D. M.

Fauteuil (le) de M. Etienne, ouvrage presque académique, contenant la fameuse préface avec des commentaires, et le procès-verbal extrait des registres de l'Académie, au sujet de l'expulsion de Furetière, par M. D. J*** (CHOLET DE JETPHORT). *Paris, Dentu.* 1812, in-8.

Voy. « Supercheries », I, 951, *a*, et 1259, *b*.

Faux (le) Aristarque reconnu, ou Lettres critiques sur le « Dictionnaire néologique »... (Par Franç. GAYOT DE PITAVAL.) *Amsterdam, G. Le Sincère,* 1733, in-12.

Faux (le) Arnauld, ou Recueil des écrits publiés contre « la Fourberie de Douay » avec le libelle diffamatoire du faux Arnauld. (Par Adrien DELCOURT.) *S. l.,* 1693, in-4.

Faux (le) Childebrand relégué aux fables. Childebrandus fictus ad larvas amandatus. Opus genealogicum, gallice et latine de industria mixtum. *S. l.,* 1659, in-4.

Signé Jean-Jac. CHIFFLET.

Faux (le) Dauphin en France, ou histoire d'un imposteur, se disant le dernier fils de Louis XVI, rédigée sur des pièces authentiques... Par Alphonse B. (Alphonse DE BEAUCHAMP). *Paris, Le Rouge,* an XI-1803, 2 vol. in-12.

Le faux Dauphin dont il est ici question est Jean-Marie Hervagault, le premier qui ait paru.

Faux (le) dépôt, ou réfutation de quelques erreurs populaires touchant l'usure. (Par Louis BULTEAU.) *Mons, Amiot,* 1674, in-12.

Voy. « Traité de l'Usure... »

Faux (le) duel, ou le mariage par sensibilité, comédie en un acte, mêlée de vaudevilles, par MM. Henri SIMON et T*** (M.-E.-G.-M. THÉAULON DE LAMBERT). Représentée, pour la première fois à Lyon, le 22 mai 1812, et à Paris, sur le théâtre de la Gaîté, le 14 novembre 1816. *Paris, J.-N. Barba,* 1816, in-8, 34 p.

Faux (le) ermite, pantomime dialoguée en trois parties, paroles de M. M... DE R. (Maxime DE REDON). Musique arrangée par M. Bosisio, mise en scène de M. Auguste. Représentée pour la première fois à Paris, sur le théâtre forain du Luxembourg, le vendredi 29 août 1828. *Paris, Chassaignon,* 1828, in-8, 36 p.

Voy. « Supercheries », II, 1091, *b*.

Faux (les) Frères, ou la Vérité dans un plus grand jour ; ouvrage curieux, inté-ressant... par M*** (JEUDI). *Amsterdam et Paris, Belin,* 1774, in-8, 66 p.

Faux (le) grand-maître du Grand-Orient de France, ou la comédie de MDCCCXV, comédie en un acte et en vers, par un vrai Français (TYPHEONON). *Paris, Cussac,* août 1815, in-8, 74 p.

Faux (le) heureux détrompé, ou l'impie fortuné devenu malheureux, par un chanoine régulier de Saint-Augustin (JOLICART). *Bruxelles (Besançon),* 1758, in-12.

Faux (le) Ibrahim, conte arabe, et le Rêve impatientant, conte françois, suivis des réformes de l'amour, et précédés de réflexions sur Montesquieu. (Par Cl.-Jos. DORAT.) *Paris,* 1777, in-8.

Faux (le) indifférent, ou l'art de plaire, comédie en un acte et en vers, par M*** (J. LANDON, de Soissons). *S. l. n. d. (Soissons, vers 1750),* in-8, 48 p.

Catalogue Soleinne, n° 1916.

Faux (le) instinct, comédie. Par M. F* R* (Ch. RIVIÈRE DU FRESNY). *Paris, P. Ribou,* 1707, in-12, 1 f. de tit. et 70 p.

Faux (les) inventeurs, ou le brasseur désillusionné, comédie en trois actes et en vers, par Ulric DE B.... (Ulric DE BEAUNE). *Bruxelles, Decq,* 1866, in-16, 92 p. J. D.

Faux (le) oracle et l'illusion d'un instant, anecdotes. (Par J.-Fr. DE BASTIDE.) *Paris,* 1752, 2 parties in-12.

Faux (les) pas, ou les mémoires vrais ou vraisemblables de la baronne de *** traduits du breton (par Pierre ROUSSEAU, de Toulouse). *Paris, Duchesne,* 1755, 2 parties in-12.

Réimprimé dans « la Bibliothèque de campagne » tome XIV.

Faux (le) philosophe, discours à J.-J. Rousseau. (Par Gasp.-Guill. DE BEAURIEU.) *Paris, Desaint,* 1763, in-12.

Faux (le) Prosélyte, ou Lettres qui découvrent les illusions de celles que dom Mathieu Petitdidier... écrivit, au mois d... 1723... (Par l'abbé L. DE BONNAIRE.) *S. l.,* 1724, in-4, 1 f. de tit. et 40 p.

Faux (le) proverbe dramatique, à l'occasion du mariage de Mgr le Dauphin, par M. M*** (MENSION). *S. l.,* 1770, in-8, 21 p.

Faux (le) sçavant, drame comique sera représenté sur le théâtre du collège de la compagnie de Jésus, mercredi 13 févr. 1697. (Par le P. DE CROIXMARRE.) *Amiens, imp. de Nic. Caron-Hubault,* in-4, 6 p.

Faux (le) sincère, comédie (en 5 actes et en vers. Par Ch. RIVIÈRE DU FRESNY). Paris, Briasson, 1731, in-12.

Faves de LAFONTAINE (livres I-IV) mettowes es ligeois, par J. D... (DEHIN) et F. B... (BAILLEUX), publiais a bénéfice des sourdans mouais et des aveugles. Liége, J.-G. Carmanne, 1851-52, in-8, 38 p.

M. CARMANNE a publié, avec son nom, la trad. des livres V et VI. Liége, 1856, in-8, 64 p.

Favori (le) de Court... nouvellement traduit d'espaignol (d'Ant. DE GUEVARA) en françois, par maistre Jacques DE ROCHEMORE. Anvers, Chr. Plantin, 1557, pet. in-8.

Favori (le) de la Fortune (traduit de l'anglois, par Jean-Bapt.-René ROBINET). Amsterdam et Paris, veuve Duchesne, 1779, 2 parties in-12.

Réimprimé l'année suivante à Amsterdam.

Fedaretta, traduit de l'anglais, par madame DE G*** (la comtesse Louise-Alex. DE GUIBERT). Paris, Lenormant, an XI-1803, 2 vol. in-12.

Fédéraliste (le), ou Collection de quelques écrits en faveur de la constitution américaine, par MM. HAMILTON, MADISSON et GAY. (Traduit de l'anglais par TRUDAINE DE LA SABLIÈRE.) Paris, Buisson, 1792, 2 vol. in-8.

Fédération (la) italienne. Deux discours par M. Joseph FERRARI, prononcés au Parlement de Turin, dans les séances des 8 et 11 octobre 1860; traduits sur le texte officiel (par MM. CERNUSCHI et J. WALLON). Paris, Dentu, 1860, in-8, 32 p.

Fédération lorraine. Ville de Nancy, séance d'ouverture, du 10 juin 1815. (Par Azaïs.) S. l., in-8.

Catalogue Noël, nº 1543.

Fédération maçon... belge. Examen d'un projet de réforme maçonnique proposé par la R... |———| ... de la Parfaite-Union à l'or... de Mons, délibéré et amendé par le G... Or... de Belgique. (Par Laurent RENARD, orateur de la loge de Liége.) Liége, Collardin, 1839, in-8, 20 p.   J. D.

Fédération (la), ou offrande à la liberté française, poëme lyrique en un acte... (Par Cl.-Fr.-X. MERCIER, de Compiègne.) Paris, 1792, in-8, 36 p.

Fée (la) Mignonnette, Laurent l'Orphelin. Conte et Légende, par M. le duc DE D***

(DINO). Illustrations de C. Reidhart. Paris, Dentu, 1862, in-12, 154 p.

Voy. « Supercheries », I, 848, c.

Fée (la) Urgèle, ou ce qui plaît aux dames, comédie en 4 actes, meslée d'ariettes, représ. dev. Leurs Majestés, par les coméd. italiens... à Fontainebleau, le 26 octobre 1765 et à Paris le 4 déc. suiv. (Par Ch.-Sim. FAVART et l'abbé C.-H. DE VOISENON.) Paris, veuve Duchesne, 1765, in-8.

Féeries nouvelles. (Par le comte A.-Cl.-Ph. DE CAYLUS.) La Haye (Paris), 1741, 2 vol. in-8.

Fées (les), comédie en trois actes, représentée pour la première fois par les comédiens italiens ordinaires du Roy, le 14 juillet 1736. Par MM. ROMAGNÉSI et C*** (Michel PROCOPE-COUTEAUX). Paris, Le Breton, 1736, in-8, 78 p. et 1 f. de priv.

Fées (les), contes des contes, par Mlle DE *** (Charl.-Rose DE CAUMONT DE LA FORCE). Paris, Brunet, 1707, in-12.

Fées (les) ou les contes de ma mère l'Oye, comédie. (Par Claude-Ignace BRUGIÈRE DE BARANTE et Charles RIVIÈRE DU FRESNY.) Paris, 1697, in-12.

Catalogue Soleinne, nº 3352.

Fées (les) rivales, comédie italienne en 4 actes... (Par Charles-Antoine VÉRONÈSE.) Paris, Delaguette, 1748, in-8.

Feinte (la) mort de Jodelet, comédie. (Par Guillaume MARCOUREAU DE BRECOURT.) Paris, J. Guignard, 1660, in-12.

Feinte (la) par amour, comédie en 3 actes et en vers. (Par Cl.-Jos. DORAT.) Paris, Delalain, 1773, in-8.

Feinte (la) supposée, comédie. (Par Didier-Pierre CHICANEAU DE NEUVILLÉ.) Paris, Cailleau, 1750, in-12. — Vienne, 1757, in-8, 61 p.

Félicia, ou mes fredaines. (Par le chevalier Andréa DE NERCIAT.) Amsterdam, s. d., 2 vol. in-8. — Autre édition. 1784, 4 vol. in-12.

Cet ouvrage a passé pour être d'ANDRÉA, notaire à Lyon, mis à mort après le siége de cette ville en 1793. Une dame qui était sa parente ou sa belle-sœur m'a assuré qu'il en était effectivement l'auteur. (Note ms. d'Eus. Salverte adressée à A. A. B—r.)

Souvent réimprimé. Voy. la « Bibliographie des ouvrages relatifs à l'amour, aux femmes, au mariage ». 3º édit., tom. III, p. 302.

Félicie et Florestine, par l'auteur des « Mémoires d'une famille émigrée »

(Mme J.-Fr. DE POLIER DE BOTTENS).
Genève et Paris, 1803, 3 vol. in-12.

Félicien David. Le Désert, ode olympique, Biographie, par l'auteur de « Taglioni à Lyon » (P.-F.-M. CHASTAING). *Lyon, s. d.*, in-8, 16 p.

Félicitations adressées à l'auteur du factum intitulé : « Lettre d'un plaideur (Barbanson) sur l'office ministériel et sur les dissensions du barreau », par un autre plaideur (SANFOURCHE-LAPORTE). *Bruxelles, Deprez-Parent*, 1839, in-4, 8 p. J. D.

Félicité (de la) de la vie à venir et des moyens pour y parvenir, trad. de l'anglois. *Amsterdam*, 1700, in-8.

Dans un exemplaire, j'ai trouvé écrit à la main, par COISMART. V. T.

Cet ouvrage est peu estimé.

Félicité (la) mise à la portée de tous les hommes. (Par Jean-Pierre MOET.) (*Paris*), 1742, in-12.

Félicité (la) publique, considérée dans les paysans cultivateurs de leurs propres terres, par VIGNOLI, trad. de l'ital. (par BÉARDÉ DE L'ABBAYE).... *Lausanne et Paris*, 1771, in-8.

Félicité (de la) publique, ou considérations sur le sort des hommes dans les différentes époques de l'histoire. (Par Fr.-Jean DE CHASTELLUX.) *Amsterdam, Rey*, 1772, 2 vol. in-8. — Seconde édition, augmentée. *Bouillon, Société typographique*, 1776, 2 vol. in-8. — Nouvelle édition, augmentée de notes inédites de VOLTAIRE. *Paris, Renouard*, 1822, 2 vol. in-8.

Félicité Robert dit de La Mennais, par Ed. T. (Edouard TERWECOREN). *S. l. n. d.*, in-8, 15 p. J. D.

Félix, ou le jeune amant et le vieux libertin. 1803, in-8.

Même ouvrage que « les Sonnettes, ou mémoires du marquis D*** ». (Voy. aux « Supercheries », I, 838, e.) Les noms y sont changés, ainsi que les titres des chapitres. L'auteur, Jean-Baptiste GUIARD ou GUILLARD DE SERVIGNÉ, avocat au Parlement de Rennes, fut mis à la Bastille pour ses « Sonnettes ».

Femme (la) comme en n'en connoit point, ou Primauté de la femme sur l'homme. (Par Étienne-Guill. DE SAINTE-COLOMBE.) *Londres, Gabriel Goldt, au Phœnix, et chez les meilleurs libraires de l'Europe*, 1786, in-12, 165 p.

Voy. « Supercheries », II, 415, b.

Femme (la) criminelle par ambition, ou Lady Annondale, roman traduit de l'anglais par M*** (DUBERGIEN); traducteur des

« Ruines du château de Dumysmoile », etc. *Paris, Pigoreau*, 1823, 6 vol. in-12.

Voy. « Supercheries », III, 1105, c.

Femme (la) d'intrigues, comédie. *Paris, Thomas Guillain*, 1694, in-12, 2 ff., 156 p.

Le privilège est donné au libraire pour les œuvres de théâtre du sieur P** (sic) (Florent-Carton DANCOURT).

Femme (la) dans les trois états de fille, d'épouse et de mère, histoire morale, comique et véritable. (Par RÉTIF DE LA BRETONNE.) *Londres et Paris, de Hansy*, 1773, 3 vol. in-12.

Femme (la) de César. Biographie d'Eugénie Kirkpatrick Theba de Montijo, impératrice des Français, par l'auteur des « Nuits de Saint-Cloud » (Hippolyte MAGEN). *Londres (Bruxelles)*, 1862, in-8, 16 p. — *Londres et Genève*, 1865, in-8.

Femme (la) de chambre, ou la vengeance d'un Gascon, comédie en un acte et en prose, mêlée de vaudevilles. Par MM*** (C.-F.-J.-B. MOREAU et A.-M. LAFORTELLE) *Paris, Mme Masson*, 1812, in-8.

Voy. « Supercheries », III, 1087, d.

Femme (la) démasquée, ou l'Amour peint selon l'usage nouveau. (Par J.-J. QUESNOT.) *La Haye, Abr. de Honde*, 1698, in-12.

Femme (la) docteur, ou la Théologie tombée en quenouille, comédie. (Par le P. Guil.-Hyac. BOUGEANT.) *Liège, veuve Procureur, s. d.*, in-8. — 1730, in-12.

Souvent réimprimé. Voy. de Backer, 2e éd. t. 804, et de Theux, p. 224.

Femme (la) du banquier, histoire contemporaine. Par la comtesse O*** DU *** (le baron Etienne-Léon DE LAMOTHE LANGON). *Paris, Lachapelle*, 1832, 2 vol. in-8.

Voy. « Supercheries », II, 1283, b.

Femme (la) du monde selon l'Évangile, conseils à ma fille et à ma petite-fille, par Mme *** (Mme DUSILLET, fille du président Bourgon, veuve d'Auguste Dusillet, président à la cour impériale de Besançon). *Besançon, Jacquin, et Paris, Bray*, 1861, in-8, XXX-173 p. — Deuxième édition, revue et corrigée. *Besançon, Turbergue; Paris, Bray*, 1862, in-18, XXXVII-276 p.

Femme (la) errante, ou les embarras d'une femme, par miss BURNEY. Trad. de l'anglais (par J.-B.-J. BRETON DE LA MARTINIÈRE et A.-J. LEMIERRE D'ARGY). *Paris, Chaumerot*, 1814, 5 vol. in-12.

Femme (la) et les Vœux, par M*** (Ch. Elie DE FERRIÈRES). *Amsterdam et Paris, Poinçot*, 1788, 2 parties in-12.

Femme (la) foible, où l'on représente aux femmes les dangers auxquels elles s'exposent par un commerce fréquent et assidu avec les hommes. (Par Jean-Bapt. DROUET DE MAUPERTUY.) *Nancy (Vienne),* *Chenois,* 1714, in-12. — *Paris, Prault,* 1733, in-12.

Voy. « le Commerce dangereux entre les deux sexes. » IV, 649, a, et « Supercheries », III, 484, e.

Femme (la) grenadier, anecdote française. (Par madame Mar.-Armande-Jeanne D'HUMIÈRE, depuis dame GACON DUFOUR.) *Paris,* an IX-1801, in-12.

Femme (la) infidelle. (Par RÉTIF DE LA BRETONNE.) *La Haye et Paris, Maradan,* 1788, 4 vol. in-12.

L'avant-propos est signé, p. 10, MARIBERT-COURTENAY, et ce nom se trouve sur les titres datés de Neufchatel et Paris, Maradan, 1788.

Voy. « Supercheries », II, 1054, d.

Femme (la) innocente, malheureuse et persécutée, ou l'Époux crédule et barbare, pantomime en quatre actes et en prose, tirée des meilleurs auteurs, jouée avec le plus grand succès sur le théâtre de Pontoise, le mardi-gras de l'année dernière, et précédée d'un prologue en prose, par M. B. de R** (Michel-Nicolas BALISSON DE ROUGEMONT). *Paris, Martinet,* 1811, in-8.

Cette pièce a été reprise en 1824, au second Théâtre-Français, et affichée sous le pseudonyme de GILLES, de Pontoise.

Femme (la) jalouse. (Par le vicomte A.-J.-P. DE SÉGUR.) *Paris, Henry,* 1790, in-8, 228 p.

Femme (la) jalouse, comédie en cinq actes, et en vers françois, dédiée à son A. R. Madame, régente. *Nancy, Pierre Antoine,* 1734, in-8, 124 p.

Dans le catalogue de la bibliothèque de Pont-de-Veyle, cette pièce est attribuée à Thimothée THIBAUT, dit DE BERNARD, avocat de Nancy. Le rédacteur du catalogue de la « Bibliothèque dramatique », de Soleinne, conteste cette paternité et, d'après La Vallière, signe comme auteur de cette comédie DESCAZEAUX DES GRANGES.   D. M.

Femme (la), l'enfant et le penseur. (Par Louis DEFRÉ, avocat à la Cour d'appel de Bruxelles.) *Bruxelles, Lelong,* 1848, in-8, 31 p.

Femme (la) malheureuse, ou histoire d'Élize Windham, racontée par elle-même dans un voyage de Salisbury à Londres (trad. de l'anglois par DUMANOIR). *Amsterdam (Paris),* 1771, 2 parties in-12.

Note ms.

Femme (la) n'est pas inférieure à l'homme, traduit de l'anglois (par Philippe-Florent DE PUISIEUX). *Londres (Paris),* 1750, in-12.

Femme (la), ou Ida l'Athénienne, roman traduit de l'anglais de miss OWENSON (depuis lady MORGAN, par DUBUC). *Paris, Nicolle,* 1812, 4 vol. in-12.

Femme (la) poussée à bout, comédie traduite de la pièce anglaise « The provok'd Wife ». (Par SAINT-ÉVREMOND.) *Sur l'imprimé à Londres (Hollande), chez Jan Wite,* 1700, in-12, 2 ff. de titre et 211 p.

Femme (la), réponse à un article du « Journal de Renaix », du 8 juin. (Par B. DELESALLE.) *Renaix,* 1850, in-16.   J. D.

Femme (la) sans tête et la tête sans corps, mélodrame-féerie en trois actes. Par MM. D. V. (DESTIVAL DE BRABAN) et R. (César RIBIÉ). *Paris, Maldan,* 1806, in-8.

Femme (la) testue, ou le Médecin hollandois, comédie. Représenté par la troupe du Roy. (Par BARQUEBOIS.) *Paris, G. de Luynes,* 1686, in-12, 38 p.

Le chevalier de Mouhy prétend que cette pièce a été imprimée sous le nom de ROBBÉ.

Femmes (les) à l'Académie, par J. S. (SIMONET). *Paris, E. Dentu,* 1863, in-8, 32 p.   D. M.

Femmes (les) blondes, selon les peintres de l'école de Venise, par deux Vénitiens (Armand BASCHET et Félix-Sébastien FEUILLET DE CONCHES). *Paris, Aubry,* 1865, in-8.

Femmes (les) comme il convient de les voir, ou Apperçu de ce que les femmes ont été, de ce qu'elles sont et de ce qu'elles pourraient être. (Par Mme DE COICY.) *Londres et Paris, Bacot,* 1785, 2 vol. in-12.

M. Pouy, dans ses « Recherches sur l'imprimerie dans le département de la Somme », nous apprend que l'ouvrage a été imprimé à Abbeville, et que Mme de Coicy ou Coisy, née Devérité, est morte en avril 1841, à l'âge de 95 ans.

Femmes (les) compositrices d'imprimerie sous la Révolution française en 1794, par un ancien typographe (M. ALKAN aîné). *Paris, Dentu,* 1862, in-8, 12 p.

Les deux pages signées U. A. T. (un ancien typographe) précèdent la réimpression de la Pétition du citoyen DELTUFO à la Convention nationale pour l'établissement d'une école typographique des femmes.

Femmes (des) considérées sous le point de vue social, et de la recherche de la paternité, à l'occasion des enfants trouvés. Par un sous-chef à l'administration générale des hospices (P.-M. ROZIER). *Paris, Mme Huzard*, 1837, in-8, 32 p.

Tiré à 25 exemplaires.

Femmes (les) de bonne humeur, ou les Commères de Windsor, comédie de Shakespeare. (Par Louis-Alexandre de CÉZAN, docteur médecin.) *S. d.*, in-12.

Cette pièce est tirée du tome IV, page 135, d'un ouvrage qui est intitulé : « Pièces non traduites de Shakespeare. »   D. M.

Femmes (les) de mérite, histoires françoises. (Par YON.) 1759, in-8.

Femmes (les) de plaisir, ou Représentations à M. le lieutenant de police sur les courtisanes à la mode et les demoiselles de bon ton. *Paris, de l'imprimerie d'une société d'hommes ruinés par les femmes*, 1760, 1772, petit in-8.

Attribué à TURMEAU DE LA MORANDIÈRE, dans une note insérée au « Bulletin du bibliophile », 1858, p. 1308.

Femmes (les), dialogue, 16 p.

Opuscule que l'abbé Mercier de Saint-Léger, « Journal de Paris », 14 avril 1789, attribue à l'abbé Ferdinand GALIANI. Réimprimé dans les « Tablettes d'un curieux », 1789, et dans les « Opuscules philosophiques et littéraires », 1796.

Femmes (des), éloge comme il y en a peu, ou plutôt comme il y en a beaucoup. (Par Henri DELMOTTE.) (*Bruxelles, Weissembruch*), in-12, 31 p.   J. D.

Femmes (les) entretenues dévoilées dans leurs fourberies galantes, ou le Fléau des familles et des fortunes, par une de leurs victimes (J.-P.-R. CUISIN). *Paris, les lib. du Palais-Royal (veuve Lepetit)*, 1821, 2 vol. in-12.

Femmes (des) et de leurs différents caractères, par A.-Alexandre F..... (A.-Alexandre FAUQUEUX), simple particulier. *Paris, Delaunay*, 1817, in-8, 74 p. D. M.

Par FAUCHEUX, d'après les « Supercheries », II, 7, b.

Femmes (les) filles, ou les Maris battus; parodie d' « Hypermnestre », en un acte et en vers. (Par S.-N.-A. LINGUET.) *Paris*, 1759, in-12.

Femmes (les) galantes des Napoléons. Secrets de cour et de palais, documents et conversations authentiques. (Par C.-J.-B. JACQUOT, dit Eugène DE MIRECOURT.) (Livr. 5, 6 et fin.) *Londres, librairie universelle, s. d. (Berlin)*, 1863.

Les 4 prem. livraisons publiées en 1863 portent l'indication de Berlin et le nom de Mirecourt.

Weller, 3e suppl. p. 165.

Femmes (les), leur condition et leur influence dans l'ordre social chez les différens peuples anciens et modernes, par J.-A., vicomte DE SÉGUR. Nouv. édit. augmentée de l'Influence des femmes sous l'empire et de notes historiques (par Ch. NODIER). *Paris, Raymond*, 1820, 2 vol. in-8., fig. — Autre édit. *Paris*, 1822, 4 vol. in-18.

Le dernier vol. de l'éd. de 1822 est intit. : « De la condition des femmes sous l'Empire et la Restauration, par S. R. (Mar.-Stan. RATIER, avocat). Voy. IV, 670, a.

Femmes (les) militaires, relation historique d'une île nouvellement découverte. (Par L. RUSTAING DE SAINT-JORY.) *Paris, Simon*, 1735, in-12. — *Paris, Didot*, 1750, in-12.

Femmes (les), ou Lettres du chevalier de K*** au marquis de ***. (Par DE MÉRAY.) *La Haye (Paris)*, 1754, in-12.

L'exempl. de la vente Chavin de Malan portait écrit à la main : par le chevalier DE BASTIDE.

Femmes (des), par une femme (la princesse KOLZOFF-MASSALSKY, née Hélène GHIKA, connue sous le pseudonyme de comtesse DORA D'ISTRIA). *Bruxelles, Lacroix*, 1864, 2 vol. in-8.

Femmes (les) publiques ou la vie des prostituées. (Par JOOSTENS, imprimeur à Molenbeck-Saint-Jean.) *Bruxelles, chez les marchands de nouveautés*, 1854, in-12, 94 p.   J. D.

Femmes (les) vengées de la sottise d'un philosophe du jour, ou Réponse à un projet de loi de M. S*** M*** (Sylvain Maréchal), portant défense aux femmes d'apprendre à lire. (Par Mme CLÉMENT, née Hémery.) *Paris, Benoit*, 1801, gr. in-8.   D. M.

Féodalité (la) comme moyen de conserver et de civiliser l'Algérie, par P. D. (P. DUVERGER, ex-sous-intendant militaire). *Paris, Delloye*, 1839, in-8, 32 p.

Fer (le), poëme latin par le P. DE LA SANTE, jésuite, traduit en vers françois par M. de M... (DE MONTFLEURY, chanoine de Bayeux). 1725, in-8, 31 p.

Ferdinand. Histoire d'un jeune comte espagnol, écrite pour les parents et pour les enfants, par l'auteur des « Œufs de Pâques » (l'abbé Christ. SCHMID), trad. de l'allem. par F.-C. GÉRARD. *Paris, Langlumé*, 1834, in-18.

Fermentation (de la) des vins, et la meilleure manière de faire l'eau-de-vie, Mémoires. (Par J. Rozier, de Vaume et Étienne Munier.) *Lyon, 1770*, in-8.

V. T.

Fermeté, justice, humanité. Mémoire sur la pacification de la Vendée par un habitant du pays (Bancelin). *Angers, imp. de Jahyer et Geslin*, in-8.

Catalogue du dépôt de la guerre, t. I, p. 287, n° 38.

Fermier (le) aveugle et sa famille, trad. de l'angl. (par Mlle de Montrond, du canton de Vaud). *Genève et Paris, Paschoud, 1822*, in-12.

Fermier (le) belge, ou le mariage par concours ; hommage offert à LL. MM. et à LL. AA. R. et I., par la Société lyrico-dramatique sur le théâtre du parc, le 9 novembre 1816. Paroles de Ph. L*** et Phi. Lesb.... (Philippe Lesbroussart), musique de M. Mees. *Bruxelles, Wahlen, 1816*, in-8, 28 p.   J. D.

Fermier (le) cru sourd, ou les Méfiances, comédie en trois actes, mêlée d'ariettes. (Par Pierre Laujon.) *Paris, 1772*, in-8.

Fermier (le) de la forêt d'Inglewood, ou les effets de l'ambition. Par Elisabeth Helme, traduit de l'anglais sur la quatrième édition, par Henri V..n (Henri Villemain). *Paris, Dentu, 1818*, 4 vol. in-12.

Fernand Colomb, sa vie, ses œuvres. Essai critique par l'auteur de la « Bibliotheca americana vetustissima » (Henry Harrisse). *Paris, Tross, 1872*, très-gr. in-8, VIII-231 p.

Tiré à 250 exemplaires.

Fernandes, Espagnol rendu à son père et à la foy catholique, comédie... (par le P. Martin du Cygne)... elle sera représentée en la salle du collége de Luxembourg par les élèves de la compagnie de Jésus, le 11 sept. 1657. *Trèves, H. Relandt, 1657*, in-4, 4 p.

Fernandino, suite et conclusion des Aventures de Rinaldo Rinaldini, trad. de l'allem. (de C.-A. Vulpius) par M. Dupencue. *Paris, 1816*, 2 vol. in-12.

Fernando. Histoire d'un jeune comte espagnol. Par l'auteur des « Œufs de Pâques » (l'abbé Christ. Schmid), trad. de l'allem. *Strasbourg et Paris, 1835*, in-18.

Ferney-Voltaire. Chapitre XCII de « l'Ermite en province », de Jouy. Rectifications du « Journal des Débats », avec des notes, par un bibliophile russe. *Paris, imp. Maulde et Renou, 1848*, in-8, 7 p.

Signé : S. P. (Serge Poltoratzki).

T. V.

Fervent (le) chrétien dévot aux mystères de J.-Ch.... (Par l'abbé J.-B. Lasausse.) *Paris, 1798*, in-32 ou in-18, grav.

Il y en a une édition, in-32, sans grav., sous le titre d' « Almanach de piété », 1797.

Fervent (le) ecclésiastique, se pénétrant chaque jour de l'année des devoirs de son état, avec une explication des cérémonies de la messe, et des exercices pour la préparation et l'action de grâces. (Par l'abbé Jean-Baptiste Lasausse.) *Paris, Mame (Lyon et Paris, Rusand), 1814*, in-12, 568 p.

Festin (le) de Pierre, comédie mise en vers sur la prose de feu M. de Molière. (Par Thomas Corneille.) *Paris, sur le quay des Augustins, 1683*, in-12, 115 p.

Festin (le) des État ai S. A. S. monseigneur le Duc, gouvarneu de lai province. (Par Aimé Piron.) *Dijon, J. Resseyre, 1706*, in-12.

Mignard, « Histoire de l'idiome bourguignon », p. 209.

Festin (du) du Roi-boit. (Par l'abbé J.-B. Bullet.) *Besançon, Charmet, 1762*, in-12, 17 p.

Cette dissertation était devenue si rare, qu'on n'en connaissait que deux exemplaires ; elle a été réimprimée en 1808, à Besançon, au nombre de cinquante exemplaires, in-8, et en 1856 à Lille, par Vanackere.

On la trouve aussi dans le « Magasin encyclopédique » de décembre 1810, t. XC, avec des notes par M. Amanton, conseiller de préfecture de la Côte-d'Or.

Festin (le) fait par Mazarin devant son départ de la cour de la ville de Pontoise, et tous ceux de sa cabale, laissant le reste à la volonté de la reine. *Paris, N. Le Drut, 1652*, in-4, 7 p.

Réimpression de la dernière partie de la pièce qui porte ce titre : « le Festin de Mazarin, avec les entretiens faits avec son maître d'hôtel, pendant son festin dans la ville de Saumur ; par le sieur Euzenat. S. l., 28 janv. (1652), in-4, 8 p.

Festin joyeux, ou la cuisine en musique en vers libres. *A Paris, chez l'Esclapart, 1738*, in-12, musique notée et gravée.

Livre singulier où l'art de préparer les mets est indiqué par des pièces en vers. L'auteur J. Le Bas a signé la préface.

Feste d'Athènes, représentée sur une cornaline antique du cabinet du Roi. (Par Ch.-César Baudelot de Dairval.) *Paris, Cot, 1712*, in-4.

Fête de bienfaisance, 15 mars 1860. Cavalcade historique représentant l'entrée du roi Henri IV dans la ville de Chartres, lorsqu'il vint s'y faire sacrer roi de France. *Chartres, Garnier, 1860*, in-16.

Signé : K. L. M. (Kergestain Lucien Merlet).

Fête (la) de Cateau, divertissement en un acte et en vaudevilles. (Par LA HAYE DE CORMENIN et DE LAUS DE CLAUSEAU.) *Montargis*, 1781, in-8.

Fête de la Toison d'or, célébrée à Bruges en 1478. (Par Octave DELEPIERRE.) *Bruges, Vande Casteele*, 1842, in-8, 16 p., avec fig. coloriées.   J. D.

Fête (la) des halles... en un acte et en prose mêlée de vaudev. (Par Ch.-J. GUILLEMAIN.) *Paris, Cailleau*, 1782, in-8.

Fête (la) des Lys, com. en un acte... (Par Didier MORY.) *Metz*, 1814, in-8.

Fête (la) Dieu, par l'auteur de « la Vraie Croix » (le pasteur C. MALAN). Épisode historique. *Paris, Delay*, 1843, in-12.

Fête (la) Dieu, sainte Julienne et l'église Saint-Martin à Liége ; esquisses historiques, par un membre de l'archiconfrérie du Saint-Sacrement (Edouard LAVALLEYE). *Liége, Dessain*, 1846, in-12, XI-308 p. et 5 planches.

Donné ainsi par M. de Theux, « Bibliographie liégeoise », p. 459, et par M. Delecourt sous le n° 1568 de son « Essai d'un dictionnaire des ouvrages anonymes », le même ouvrage est attribué au n° 810 du même « Essai » à M. Victor DESCHAMPS, de la compagnie de Jésus.

Fête (la) du château, divertissement mêlé de vaudevilles et de petits airs, par M.*** (Ch.-Sim. FAVART). Représenté pour la première fois par les comédiens italiens ordinaires du Roi, le 25 septembre 1766. *Paris, veuve Duchesne*, 1766, in-8, 76 p. et 1 f. d'approb.

Fête du triomphe de la foi, le second dimanche de janvier dans l'octave de l'Épiphanie, latin-français. (Par l'abbé Claude MARDUEL, curé de Saint-Roch.) *Paris, Porthman*, 1815, in-12, 60 p.

Fête du 25 avril 1846. (Par Léon BOITEL.) *S. l., n. d.*, in-8.   D. M.

Fête pour la paix, donnée par le Gr. O. de France. Par G. B. (G. BEAUMONT). *Paris, an IX*, in-8.

Fête (la) séculaire de Corneille, comédie en un acte et en vers. (Par Mich. CUBIÈRES DE PALMEZEAUX.) *Paris, Hardouin et Gattey*, 1785, in-8, 29 p.

Fête solsticiale du 8ᵉ jour du 11ᵉ mois de l'année 5842. A la R∴ ☐ de la Parfaite intelligence et de l'Étoile réunies à l'Or∴ de Liége. Allocution du F∴ R.... (Laurent RENARD), R∴ +∴, orat∴. *Liége, Collardin*, 5843, in-8, 20 p.   Ul. C.

Fêtes (les) d'enfants, scènes et dialogues, avec une préface de M. l'abbé BAUTAIN. *Paris, L. Hachette*, 1862, in-18, XII-363 p.

La dédicace à l'abbé Bautain est signée S. E. J. L'auteur est Anne-Charlotte JEANNEL, en religion sœur ÉLISABETH, supérieure de la maison de Paris des dames de Saint-Louis, fondée par l'abbé Bautain et la baronne de Vaux.

Fêtes de Bruges. Projet du cortége historique. (Par le chanoine CARTON.) *Bruges, Daveluy*, 1853, in-8, 37 p.   J. D.

Tirage à part des « Annales de la Société d'émul. de Bruges ».

Fêtes (les) de jeunes filles, scènes et dialogues, par l'auteur des « Fêtes d'enfants » (Anne-Charlotte JEANNEL). *Paris, L. Hachette*, 1865, in-18, VII-377 p.

Fêtes (les) de l'Amour et de Bacchus, pastorale en trois actes et un prologue, représentée par l'Académie royale de musique. *Paris, F. Muguet*, 1672, in-4.

QUINAULT passe pour être l'arrangeur de cette pastorale, composée de scènes d'intermèdes choisies dans les comédies de Molière, et mises en musique par Lully, mais on peut affirmer que MOLIÈRE a eu la plus grande part à cet arrangement et qu'il y a même ajouté quelques vers nouveaux. (P. Lacroix, « Bibliographie moliéresque », p. 37.)

Fêtes (les) de l'hymen, ou la Rose, opéra-comique... (Par Alexis PIRON.) *Bruxelles*, 1744, in-8, 79 p. — *S. l.*, 1746, in-8, 48 p. — *Bruxelles, Pierre Manchoux*, 1752, in-8, 56 p.

C'est par erreur que, d'après une note manuscrite d'Haillet de Couronne, cette pièce a été donnée dans la 2ᵉ édit. du Diction. sous le nom de Den. BALLIÈRE DE LAISMENT. Quérard a reproduit cette attribution, t. I, p. 163 de la « France littéraire ».

Fêtes de l'inauguration de la statue de Henri IV à la Flèche, le 28 et le 29 juin 1857. *S. l.* (1857), in-18.

Tirage à part paginé 97 à 120, signé : J. C. (Jules CLÈRE).

Fêtes (les) de la mission, par L. M. D. (Louis-Mayenne DENIZOT). *Dijon, Douillier*, 1824, in-8, 32 p.

Festes (les) de la paix, divertissement en un acte, à l'occasion de l'inauguration de la statue du Roi, et de la publication de la paix, représ. pour la prem. fois par les coméd. ital. ordin. du Roi, le 4 juillet 1763. Nouv. édit. (Par Ch.-Sim. FAVART.) *Paris, Duchesne*, 1763, in-8, 72 p.

Fêtes (les) de la république française, par A. H. (HOPE). *Paris, Barba*, 1837, in-8, 26 p.

Drame en prose.

Fêtes de septembre illustrées, 20e anniversaire de l'indépendance nationale. Inauguration du monument dédié au Congrès national et à la Constitution, le 25 septembre 1850. (Par Th. Juste.) *Bruxelles, Géruzet*, 1850, gr. in-8, 30 p. J. D.

Fêtes (les) de Versailles, ou les Plaisirs de l'isle Enchantée. (Rédigé par Molière.) 1664, grand in-fol.

Ce volume fait partie du beau recueil connu sous le nom de « Cabinet du Roi ».

Il y en a une édition sans gravures, intitulée : « Les Plaisirs de l'isle Enchantée, course de bague, collation ornée de machines, comédie de Molière de la Princesse d'Elide, meslée de danse et de musique, Ballet du palais d'Alcine, Feu d'artifice et autres festes galantes et magnifiques ; faites par le Roy à Versailles, le 7 mai 1664, et continuées plusieurs autres jours. » *Paris, Ballard*, 1665, in-8, 132 p.

Fêtes des bonnes gens de Canon et des Rosières de Briquebec. (Par l'abbé Guillaume-Antoine Le Monnier.) *Paris, Prault*, 1777, in-8, viii-208 et 7 p. — *Paris, Prault*, 1778, in-8, viii-216 p. et un supplément de 73 p. et 1 f. de priv.

Fêtes (les) des environs de Paris, parodie des Fêtes grecques et romaines. Représenté pour la première fois par les comédiens italiens ordinaires du Roi, le mercredi 4 juillet 1753. (Par Gondot.) *Paris, Vve Delormel*, 1753, in-8, 56 p.

Festes (les) du Cours, comédie. (Par Florent-Carton Dancourt.) *Paris, Pierre Ribou*, 1714, in-12, 4 ff. lim. et 55 p.

L'auteur a signé la dédicace.

Fêtes et Courtisanes de la Grèce ; supplément aux Voyages d'Anacharsis et d'Antenor. (Par J.-B.-P. Chaussard.) *Paris, Buisson*, an IX-1801. — Seconde édition. *Paris, Barba*, an XI-1803, 4 vol. in-8. — Troisième édition, *Paris, Germain Mathiot*, 1820, 4 vol. in-8. — 4e édit. *Paris*, 1821, 4 vol. in-8.

Fêtes (des), ou quelques Idées d'un citoyen français relativement aux fêtes publiques et à un culte national. (Par Charles-Alexandre de Moy, ancien curé de Saint-Laurent.) *Paris, Garnery*, an VII, in-8, 160 p.

Fêtes (les) roulantes et les regrets des petites rues. (Par le comte A.-C.-P. de Caylus.) *S. l.*, 1747, in-12, 78 p.

Réimprimé dans les « Œuvres badines du comte de Caylus », *Amsterdam*, 1787, in-8 ; et dans les « Romans et contes attribués à M. de Voisenon », 1re partie, *Amsterdam*, 1781, in-8.

Feu (le) d'Hélie pour tarir les eaux de Siloë, auquel est amplement prouvé le

Purgatoire, contre le ministre du Moulin. (Par André Duval, docteur de Sorbonne.) *Paris, Rolin Thierry*, 1603, in-8, 82 p.

Feu (le) des Vestales renouvellé. (Par le P. Claude-François Ménestrier.) *Lyon*, 1662, in-8.

Feu M. le Dauphin à la nation en deuil depuis six mois. Poëme. (Par Alexis Piron.) *Paris, Vve Duchesne*, 1766, in-4, 12 p.

« Mercure de France », octobre 1766, second volume, p. 114, et dans l' « Almanach des muses », 1767, p. 141.

Feu partout, voilà le ministère Polignac ! (Par MM. Léon Vidal et Léon Gozlan.) *Paris, L. Dureuil*, 1829, in-8.

Feuille du Cultivateur (rédigée par J.-B. Dubois, P.-M.-A. Broussonnet, J.-Laurent Lefebvre et Ant.-Aug. Parmentier). *Paris*, 1790 à an VIII, 8 vol. in-4, plus un volume d'introduction publié en l'an III par Dubois.

Feuille du Salut public, rédigée par une Société de gens de lettres patriotes. (Par A. Rousselin.) *Paris, imp. de la feuille du Salut public, rue Christine, 11*. 1er juillet 1793-20 ventôse an III, in-4, 609 nos, en 2 séries de 441 et de 168 nos.

Le no 274, le 14 germ. an II, s'intitule : « Feuille de la République ».

Hatin, « Bibliographie de la presse », p. 240.

Feuille (la) helvétique. (Par Emm. Develey.) *Lausanne*, 1799, in-4.

Feuille jetée aux vents. (Par Ant.-Jos.-Michel Servan.) — Seconde feuille jetée aux vents, suite sur la Tolérance. *Vers* 1787, in-8, 72 p.

Feuille (la) nécessaire, contenant divers détails sur les sciences, les lettres et les arts. (Par P.-J. Boudier de Villemert et Jean Soret.) *Paris, Michel Lambert*, 1759, in-8, 752 p.

Paraissait tous les quinze jours. Continué par l' « Avant-coureur ». Voy. IV, 327, *e*.

Feuille politique, littéraire et dramatique. (Par Louis-Aug. Bertin d'Antilly.) *Paris*, an V, in-4.

Une des feuilles légères qui harcelaient vivement le Directoire en prose et en vers. L'auteur, compris au nombre des proscrits du 18 fructidor, se retira à Hambourg, où il rédigea en 1799-1800 une petite feuille intitulée « le Censeur ». Voir Hatin, « Hist. de la presse », tom. VII, p. 307.

Feuille (la) prophétique du triomphe du socialisme par les hommes d'Etat mêmes qui, après en avoir invoqué le principe à leur profit contre les rois, en 1830 et

1848, dans le suffrage universel... s'arrogent d'en arrêter les conséquences, à leur profit toujours... *Paris, Hivert*, 1849-1850, in-12, 46 p.

Signé : A. M. (Antoine MADROLLE).

Le titre porte 5ᵉ édit. Les 4 premières ne sont pas indiquées au « Catalogue de l'histoire de France » de la Bibliothèque nationale.

Feuille (la) villageoise. (Commencée par CÉRUTTI et RABAUT DE SAINT-ETIENNE, le 30 septembre 1790, continuée après la mort de Cérutti par GROUVELLE et GINGUENÉ, jusqu'au 23 thermidor an III — 18 août 1795.) *Paris*, 1790-1795, 10 vol. in-8.

Feuilles (les) de figuier, ou Vanité des excuses de ceux qui ont succombé sous la persécution. *La Haye, A. Troyel*, 1687, in-12, 288 p.

Ouvrage composé par le ministre MATHURIN et publié par Jean Rou. Voy. les « Mémoires » de ce dernier, t. II, p. 195 et 198. Voy. aussi sur Mathurin, le « Bulletin de la Société de l'histoire du protestantisme français », t. III, p. 591, 594, t. IV, p. 119, 372.

Feuilleton littéraire. (Par Guill. LALLEMENT et autres.) *Paris*, 1824, in-4.

Feuilletons. *Orléans, impr. d'Al. Jacob*, 1840, pet. in-12.

Articles insérés pour la plupart dans le « Garde national du Loiret », par F. DUPUIS.

Feuillets de Lucien, recueillis sur une plage. Le rêve, le savetier Micylle et son coq. (Par BORTIER.) *Furnes, Bonhomme*, 1845, in-8, 7 p.   J. D.

Feuillets (les) de plusieurs anciens philosophes recueillis sur une plage. (Par BORTIER, propriétaire à La Panne, près de Furnes.) *Furnes, Bonhomme*, 1846, in-8, 30 p.   J. D.

Feuillets (les) du bonhomme Richard, recueillis sur une plage. (Par BORTIER.) *Furnes, Bonhomme*, 1845, in-8.   J. D.

Feuillets et sentences de Publius Syrus, l'an 690 de Rome, recueillis sur une plage. (Par BORTIER.) *Furnes, Bonhomme*, 1845, in-8, 11 p.   J. D.

Feux (les) de joie faits à Paris, pour l'arrivée du roi en France, avec l'ordre tenu à son entrée et réception en la ville de Lyon, en sept. 1574. (Par Nic. DU MONT.) *Paris, Denis du Pré*, 1574, in-8, 31 p.

Feux (les) de joie pour la réjouissance publique par la déclaration de la majorité du roi... (Par J. BAUDOUIN.) *Paris, impr. d'A. du Breuil*, 1614, in-8.

Fiammette (la) amoureuse de J. BOCCACE, traduit en françois par G. C. D. T. (Gabriel CHAPPUIS, de Tours). *Paris, L'Angelier*, 1585, in-12. — *Paris, Guillemot*, 1609, in-12.

Voy. « Supercheries », II, 145, c.

Fiançailles (les) (trad. de l'allem. de Louis TIECK). *Liége, Oudart*, 1843, in-8, 63 p.

Tirage à part de la « Revue belge ».   J. D.

Fiancée (la) de Lammermoor, par W. SCOTT, trad. de l'angl. (par MM. CHAILLOT). *Avignon, Chaillot jeune*, 1828, 3 vol. in-18.

Fiancée (la) de Messine, tragédie en 5 actes et en vers. (Par J.-G.-J. ROENTGEN.) *Paris, impr. de Smith*, 1843, in-18.

Fiancés (les), histoire milanaise du dix-septième siècle. Par Alexandre MANZONI, traduit de l'italien par M. G. (GOSSELIN). *Paris, Dauthereau*, 1828, 6 vol. in-32.

Fiasque, mêlé d'allégories. Illustre illustration d'illustres illustralisés, illustrée par un illustrissime illustrateur, illustrement illustre. (Par A.-J. LORENTZ.) *Paris, Auguste*, 1840, 2 part. in-8.

Fiat Lux (le) du chaos français, où l'on voit la déviation de tout principe, de toute vérité et de toute tradition... (Par l'abbé Aug. HESPELLE.) *Bruxelles*, 1799, in-8, 264 p.

L'auteur avait publié en 1797 l' « Aurore du Fiat Lux ».

Fictions nouvelles de l'Aristenète français, ou l'Antipode de Marmontel. (Par Félix NOGARET.) *Paris*, an IX-1801, 2 vol. in-18.

Fictions (les) poétiques... avec la Joyeuse description d'Hercules de Gaule, traduite du grec (de LUCIEN) en françois par l'Innocent égaré (GILLES D'AURIGNY, dit le Pamphile). *Lyon, B. Rigaud et J. Saugrain*, 1557, in-16.

Voy. « Supercheries », II, 340, b.

Fideicommis (le), par Mᵐᵉ Emilie CARLEN. Traduit du suédois (par P.-D. DANDELY et Mˡˡᵉ DANDELY). *Liége, Desoer*, 1855, 2 vol. in-12. — Autre édit. *Gand*, 1862, 2 vol. in-12.

Fidèle (le) Berger.

Voy. « Berger (le) fidèle », IV, 400, a.

Fidèle (le) domestique, à monseigneur le duc d'Orléans, sur les affaires de ce temps. *Paris, impr. de N. Jacquard*, 1649, in-4, 8 p.

Signé J. L. (Jacques LABBÉ, d'après la « Bibliographie des Mazarinades »).

Fidelle (le) et vaillant gouverneur, représenté dans l'histoire de la vie et de la mort de Jean d'Allamont, par un patriote luxembourgeois (le P. de WAHA, jésuite): seconde édition (publiée par Thomas DES HAYONS, seigneur du village des Hayons, près de Bouillon). *Liége, Streel,* 1688, in-12, 22 ff. lim., 268 p. et 4 ff. de table.

La première édition parut en 1668.

L'éditeur a signé l'épître dédicatoire.

Voy. « Supercheries », II, 39, *c.*

Fidelle Exposition sur la Declaration du duc de Mayenne, contenant les Exploicts de la guerre qu'il a faite en Guyenne. (Par Philippe DU PLESSIS-MORNAY.) *S. l.,* imprimé nouvellement, 1587, in-8, 53 p.

Fidelle (le) Suiect à la France. *S. l.,* 1605, in-8, 165 ff.

Peut-être par Hector DE LAUNEY LES LOGES, dont le portrait est gravé sur le frontispice de l'ouvrage.

Fidèles (les) Catholiques aux évêques et à tous les pasteurs de l'Eglise de France, au sujet des nouvelles éditions des OEuvres de Voltaire et de Rousseau. (Par Louis SILVY, ancien magistrat.) *Paris, Egron,* 1817, in-8, 54 p.

Fidelissimæ Picardorum Genti. (Par le vicomte François-Louis DE SULEAU.) *Amiens, dans le palais épiscopal,* 1789, in-8, 25 p.

Fidélité (la) couronnée, ou Histoire de Parmenide, prince de Macédoine. (Par LE COQ-MADELEINE.) *Bruxelles, Ant. Claudinot,* 1706, in-12. — *Lyon,* 1711, in-12.

Fièvre (la) de chaume, maladie périodique chez les Danois, lors de la récolte. (Par L.-J. BELLEPIERRE DE NEUVE-EGLISE.) *Paris,* 1766, in-12.   V. T.

Fièvre (la), épître. (Par P.-Aubin HÉRAULT.) *S. l.* (*Nantes, P.-F. Hérault*), s. d., in-8, 4 ff.

Catalogue de Nantes, n° 26000.

Fièvre (la) sympathique. Confabulations. Suite des « Mémoires d'une créole du Port-au-Prince ». *Paris, imp. Malteste,* 1848, in-8.

Tiré à 100 exemplaires. La conclusion est signée : Laurette-Aimée MOZARD, veuve RAVINET.

Voy. « Supercheries », I, 806, *b.*

Figaro au salon de peinture, pièce épisodi-critique en prose et en vaudevilles, par l'auteur de « Momus au salon » (J.-B. PUJOULX). *Rome,* 1785, in-8. — *Paris,* 1785, in-8.

Figaro directeur de marionnettes, comédie en un acte et en prose, mêlée de vau-

devilles et d'ariettes. Par M. E. D. (*Paris*), *Hardouin,* 1785, in-8.

Le catalogue Soleinne, n° 2106 , donne cette pièce à Emmanuel DUPATY; cette attribution est reproduite dans les « Supercheries », I, 1207, *d,* mais cet écrivain est né le 30 juillet 1775; il est dit au supplément de ce même catalogue, p. 75, que l'auteur est Antoine-François EVE, dit MAILLOT, ou DE MAILLOT, ou DESMAILLOTS.

Figure emblematique en trois langues et seulement en un visible de Soy... (Par E. DE CLAVIÈRES.) *Paris, R. Fouet,* 1607, in-8.

Figures d'Homère d'après l'antique, par H. G. Tischbein, avec les explications de Chr.-G. HEYNE (trad. de l'allem. par Ch. DE VILLERS). *Metz,* 1801-1806, in-fol., liv. 1-6.

C'est tout ce qui a paru, l'ouvrage ayant été interrompu par la mort de Tischbein, puis par celle de Heyne.

Figures de la Bible contenues en cinq cents tableaux, avec des explications et un discours préliminaire (par Laurent-Etienne RONDET). *Paris, Desprez,* 1767, in-4.

Les figures sont de L.-A. de Marne.

Figures de la Bible déclaréés par stances, par G. C. T. (Gabriel CHAPPUIS, Tourangeau), augmentées de grand nombre de figures aux Actes des Apôtres. *Lyon, Michel,* 1582, in-8.

Voy. « Supercheries », II, 145, *d.*

Figures de la Bible illustrées de huictains françoys, pour l'interprétation et intelligence d'icelles (par Guillaume GUEROULT). *Lyon, Guillaume Rouille,* 1565, in-8, fig. en bois. — Figures du Nouveau Testament illustrées de huictains françoys, pour l'interprétation et intelligence d'icelles (par Claude DE PONTOUX). *Lyon, G. Rouille,* 1570, in-8, fig. en bois.

Voy. Brunet, « Manuel du libraire », II, 1255.

Figures des monnaies de France. (*S. l.*), 1619, in-4.

Recueillies par LAUTIER, général des monnaies, et publiées par HAULTIN, conseiller au Châtelet, suivant le « Manuel du libr. », 5e édit., art. Haultin.

Figures diverses tirées des fables d'ÉSOPE et d'autres, gravées par Gilles Sadeler, et expliquées par R. D. F. (Raphaël DU FRESNE). *Paris,* 1659, in-4.

Voy. « Supercheries », III, 347, *b.*

Figures du Nouveau Testament. *Lyon, Ian de Tournes,* 1556, pet. in-8, 52 ff.

Au feuillet (E6) commencent les figures de l'Apocalypse, accompagnées, comme celles du N. T., d'un

sizain de Charles FONTAINE, qui a signé de l'anagramme : *Hante le François*, l'Avertissement aux
lecteurs à la fin de l'Apocalypse.

Sur le titre de l'édition de 1558 le nom de l'auteur
est impr. Charles FONTEINE.

**Figures du Nouveau Testament illus-
trées...**

Voy. « Figures de la Bible... »

**Figures historiques du Vieux et du Nou-
veau Testament, avec quatrins en latin et
en françois. (Par Claude PARADIN.)** *Genève,
de Tournes*, 1680, pet. in-8.

Réimpression d'une publication qui avait déjà eu
plusieurs éditions sous le titre de « Quadrins ». Voy.
ce mot.

Figurines du salon de M. W. Johnston
(négociant à Bordeaux), précédées de son
éloge et de son portrait. (Par L. LACOUR.)
Bordeaux (vers 1820), in-8.

**Fil (le) d'Ariane offert à l'intérêt public
et à l'histoire, pour sortir du labyrinthe
libéral et doctrinaire... par M. DE L.
(H. LELARGE DE LOURDOUEIX).** *Paris,
Ponthieu*, 1820, in-8, iv-92 p.

**Filature, commerce et prix des laines
en Angleterre et correspondance sur ces
matières entre MM. Banks, Arthur Young
et plusieurs grands propriétaires, traduit
de l'anglais, par M. C. P. (C. PINEL).** *Paris, Cuchet*, 1789, in-8.

Voy. « Supercheries », I, 800, *e*.

**Filet (le) d'Ariadne, pour entrer avec
seureté dans le labirinthe de la Philosophie
hermétique.** *Paris, L. d'Houry*, 1695, in-12.

L'édition allemande de *Leipzig et Gotha*, 1690, in-8,
porte sur le titre : Par Heinrich VON BATSDORFF.
D'après M. A. Ladrague, « Catalogue de la Bibliothèque
Ouvaroff », ce nom serait le pseudonyme de Henri DE
REIBEHAND.

Cet ouvrage a été attribué par Brunet à Gaston LE
DOUX, ou DULCO, ou DUCLO, dit DE CLAVES.

Filis (la) de Scire, comédie pastorale
(5 a. v.), tirée de l'italien (de Guidubaldo
BONARELLI DELLA ROVERE) par le sieur
PICHON. *Paris, Fr. Targa*, 1631, in-8,
24 ff. prélimin., 139 ff. chiff. et 2 ff. non
chiff.

L'édit. orig. du texte italien est de 1607.

**Fille (la) abandonnée, ou l'heureuse
désobéisance. Roman traduit de l'anglais
par Mᵐᵉ DE M***. Figure.** *Paris, Arthus
Bertrand*, 1821, 3 vol. in-12.

Même ouvrage que « la Désobéissance, roman traduit de l'anglais » (d'Eugénie ACTON, par Mᵐᵉ GODART).
Les titres seuls ont été réimprimés, voy. IV, 910, *e*.

**Fille (la) d'Aristide, comédie en cinq
actes, représentée pour la première fois**
par les comédiens françois ordinaires du
Roi, le 29 avril 1758. (Par Mᵐᵉ D'HAPPON-
COUR DE GRAFFIGNY.) *Paris, N.-B. Duchesne*, 1759, in-12, 119 p.

L'auteur a signé la dédicace.

**Fille (la) d'une femme de génie, ouvrage
traduit de l'anglais de Mᵐᵉ HOFLAND (par
Mˡˡᵉ CUVIER, fille du célèbre savant de ce
nom).** *Paris, Barbezat*, 1829, 2 vol. in-12.

Quérard, dans sa « France littéraire », attribue cette
traduction à Mᵐᵉ WOIDELL.   D. M.

**Fille (la) de Jephté, tragédie en trois
actes et en vers, par .... une femme
inconnue qui ne dit pas son nom (Mˡˡᵉ Stéphanie BIGOT).** *La Rochelle, Boutet*, 1845,
in-12.

**Fille (la) de joye, ouvrage quintessencié
de l'anglois (de CLELAND).** *Lampsaque,*
1751, in-12.

Traduit par LAMBERT, fils d'un banquier de Paris,
d'après la « France littéraire » de 1769.

Cette traduction a été aussi attribuée à Charles-Louis
FOUGERET DE MONTBRON.

L'original anglais est intitulé : Memoirs of
****
**
****

London, G. Fenton, s. d., 2 vol. in-12.

Une autre édition porte :

Memoirs of a woman of pleasure. *London, G. Fenton*, 1749, 2 vol. in-12.

La traduction française a eu de nombreuses réimpressions, parmi lesquelles nous citerons les suivantes :

Nouvelle traduction de Woman of pleasure ou la fille
de joie, par M. CLELAND, contenant les Mémoires de
Mˡˡᵉ Fanny, écrits par elle-même. *Londres, G. Fenton*,
1776, 2 vol. in-18.

La Fille de joie, par M. CLELAND, contenant les Mémoires de Mˡˡᵉ Fanny, écrits par elle-même. Avec figures. *Londres*, 1776, 2 vol. in-18. (Réimpression
moderne de l'édition précédente.)

La Fille de joie, ou Mémoires de miss Fanny écrits
par elle-même. *Paris, chez Mᵐᵉ Gourdan*, 1786,
in-8. — *Id.*, 1798, 2 vol. in-18. — *Amsterdam et
Paris*, 1788, 2 vol. in-18. (Bruxelles, réimpression
moderne.)

**Fille (la) de l'Emigré, épisode de 1815,
par Mᵐᵉ Jenny L*** (Jenny LE GRAND),
auteur des « Séductions ».** *Paris, Mongie
aîné*, 1824, 3 vol. in-12.

La 2ᵉ éd., *Paris, A. Imbert*, 1825, 3 vol. in-12,
porte le nom de l'auteur.

**Fille (la) de la Fille d'honneur, ou la
famille Palvoisin. Par le petit-fils de Rétif
de la Bretonne (Fréd.-Stéph. DE VEN-
DÔME, dit Victor VIGNON).** *Paris, Locard
et Davi*, 1819, 2 vol. in-12.

**Fille (la) de Ruescar, nouvelle espagnole.
(Par Mᵐᵉ DE BEAUNAY, née Carrefourt de
La Pelouze.)** *Paris, Everat*, 1829, in-12.

Fille (la) de seize ans, drame en 3 actes et en prose. Par l'auteur de la « Prise de Sainte-Lucie » (MULLER DE FRIEDBERG). *Neufchâtel, Sam. Fauche,* 1785, in-8, 125 p.

L'auteur a signé la dédicace.

Fille (la) de seize ans, ou la Capricieuse, comédie en trois actes et en vers. (Par Louis-Laurent-Joseph DE MONTAGNAC.) *Neufchâtel,* 1783, in-8.

Fille (la) de trente ans, comédie. (Par J. TESSON DE LA GUÉRIE.) *Paris, Clousier,* 1776, in-8, 76 p.

Fille (la) des cèdres. Tableaux historiques, par l'auteur de « Péricla » (Mlle Sophie GALLOT). *Paris, Meyrueis,* 1859, 2 vol. in-18.

Fille (la) du baigneur d'Augsbourg, ou l'honneur, l'amour et la féodalité, imité librement de l'allemand, par le C. Henri DE L...... (Henri VERDIER DE LACOSTE). *Paris, Arthus Bertrand,* 1818, in-12.

Forme le tome 3 des « Chroniques allemandes ».
Voy. ci-dessus, IV, col. 604, b.
Voy. aussi « Supercheries », II, 475, d.

Fille (la) du comte, par l'auteur de « Gertrude », « Amy Herbert » (miss Elisabeth SEWELL) ; traduit de l'anglais par le traducteur de « Maintenant et alors ». *Paris, Grassart,* 1854, 2 vol. in-12.

Fille (la) du croisé, épisode du temps féodal. (Par l'abbé T.-F.-X. HUNCKLER.) *Paris, Gaume frères,* 1834, in-12.

Fille (la) du curé, roman de mœurs. Par M. Arsène DE C*** (François-Arsène CHAIZE DE CAHAGNE). *Paris, Lecointe et Pougin,* 1832, 4 vol. in-12.

Cet écrivain est connu sous le pseudonyme d'A. DE CEY.
D. M.

Fille (la) du docteur. Par Marie-Ange DE T*** (Just-Jean-Etienne ROY). *Tours, Mame,* 1867, in-8.

Nouvelles éditions en 1869 et 1870.

Fille (la) du mandarin, par M. C..., ancien curé (l'abbé CORRIER, du clergé de Saint-Roch). *Paris, Fleschelle,* 1861, in-12, XII-258 p.

Fille (la) du meunier. Imité du hongrois de Eotvos (par P.-D. DANDELY et Mlle DANDELY). *Liége, Desoer,* 1863, in-16, 103 p.

Publié d'abord en feuilleton dans le « Journal de Liége ».
Ul. C.

Fille (la) du proscrit. (Par Mlle Stéphanie BIGOT.) *Lille, Lefort,* 1857, in-12.

Réimprimé plusieurs fois.

Fille (la) du proscrit et le roi des montagnes. Par l'auteur d' « Armand et Angela » (Mlle Désirée CASTÉRA). *Paris, Béchet,* 1818, 3 vol. in-12.

Fille (la) enlevée, entretenue, prostituée et vertueuse, ou les progrès de la vertu, par M. R. D. L. B. (RÉTIF DE LA BRETONNE). *Paris, de Hansy,* 1774, in-12.

Même ouvrage que « Lucie ou les progrès de la vertu... »
Voy. « Supercheries », III, 347, f.

Fille (la) héroïque, ou sainte Reine, martyre. (Par MÉAT.) *Paris,* 1644, in-12.
V. T.

Fille (la), la Veuve et la Femme, parodie nouvelle des « Fêtes de Thalie » (de Lafond, en 3 actes et toute en vaudevilles, par P. LAUJON). *Paris, Delormel,* 1745, in-8.

Fille (de la) légitime de Bonaparte, l'Université, ci-devant impériale et royale, protectrice de la confédération d'instruction, médiatrice des trente-six cantons académiques, par M. C. J. G. P. D. S. C. (l'abbé Ch.-Jean GINOD, prêtre de Saint-Claude). *Paris, Laurens aîné,* 1814, in-8, 48 p.

Fille (la) mère, par Mme Louise MAIGNAUD, auteur de : « la Femme du monde et la Dévote », avec une préface par l'auteur de « l'Ane mort et la Femme guillotinée » (Jules JANIN). *Paris, Eugène Renduel,* 1829, 4 vol. in-12.

Fille (la) naturelle. (Par RÉTIF DE LA BRETONNE.) *La Haye et Francfort, Georges Eslinger,* 1769, in-12.

Pour le détail des réimpressions, voy. Monselet, pag. 111.

Fille (la) naturelle, ou l'Abus de l'indépendance, drame historique en trois actes et en vers. Reçu sur plusieurs théâtres de société à Paris. Par M. DE B...... (Ant.-Jos. BARRUEL-BEAUVERT). *Paris, Chambon,* an XI-1803, in-8, 84 p.

Fille-tambour (la), scènes en trois parties à grand spectacle, par MM. FRÉDÉRIC (Pierre-Frédéric DU PETIT-MÉRÉ), et CH***** (Pierre-Joseph CHARRIN)... représenté pour la première fois sur le théâtre des Jeux Forains, salle Montansier, le 1er octobre 1811. *Paris, Mme Masson,* 1811, in-8, 24 p.
D. M.

Fille (la) valet, comédie en un acte et en prose. (Par ABEILLE, comédien, neveu de l'abbé de ce nom.) *Paris,* 1712, in-12.
D. M.

Filles (les) de Minée, poëme... par *a*
A. L. P. (A.-L. Poinsignon). *Paris, imp.
de F. Didot, 1819, in-8, 24 p.*

Tiré à 50 exemplaires.

Filles (les) enlevées. (Par DE MOREAU.)
Paris, 1643, in-12. V. T.

Filles (les), opéra-comique-ballet en un
acte, représenté pour la première fois sur
le théâtre de la foire S.-Laurent, le
14 août 1753. *Paris, Duchesne, 1753,* *b*
in-8, 22 p. et 4 ff.

Par Marc-Antoine-Jacques ROCHON DE CHADANNES,
d'après Barbier.

Par ROCHON DE LAVALLETTE, son frère, d'après
Quérard.

Fillis de Scire, comédie pastorale tirée
de l'italien (de G. DE BONARELLI DELLA
ROVERE). *Tolose, Raimond Colomiez, 1624,*
in-8, 8 ff. et 249 p.

Voy. ci-dessus, « Filis », et ci-après, « Philis ». *c*

Fils (le) adoptif. En partie imité du
danois. (Par P.-D. DANDELY et Mlle DAN-
DELY.) *Liége, Desoer, 1860, in-16, 238 p.*

Publié d'abord en feuilleton dans le « Journal de
Liége ». Ul. C.

Fils (le) banni, ou la retraite des brigands, par Regina-Marie ROCHE, auteur
des « Enfans de l'abbaye », de « la Fille du
hameau », etc., traduit de l'anglais (par *d*
M. et Mᵐᵉ DE SENNEVAS). *Paris, Chaumerot, 1808, 4 vol. in-12. — Paris, Pigoreau, 1820, 4 vol. in-12.*

Fils (le) chéri et le fils abandonné, ou
le Mentor moderne. Par L*** (Louis-Pierre-
Prudent LEGAY). *Paris, 1809, 5 vol. in-12.*

Voy. « Supercheries », II, 469, *f*.

Fils (le) d'Asmodée, suivi de : « Il y a
des choses plus extraordinaires, ou lettres *e*
de la marquise de Cézannes à la comtesse
de Mirville ». (Par madame D'ANTRAIGUES.)
Paris, Guillaume, 1811, 3 vol. in-12.

Fils (le) d'Ethelwolf, conte historique
par Anne FALLER, ou plutôt FULLER ; traduit de l'anglais (par P.-L. LE BAS). *Paris,
1789, 2 vol. in-12.*

Reproduit en 1792, sous ce titre : « l'Adversité,
ou l'Ecole des Rois », 2 vol. in-12.

Voy. IV, 74, *e*.

Fils (le) du curé, traduit de l'anglais
d'A. PLUMPTER (par M. CHOMEL, fils du
botaniste). *Paris, 1801, 3 vol. in-12.*

Fils (le) naturel, ou les épreuves de la
vertu, comédie en cinq actes et en prose,
avec l'histoire véritable de la pièce. (Par
DIDÉROT.) *Amsterdam (Paris), 1757, in-8,*
299 p.

Fils (le) naturel, ou mémoires de Gré-
ville ; traduit de l'anglois (par Mˡˡᵉ HAU-
DRY). *Amsterdam et Paris, 1786, in-12.*

Fin (la) de la Ligue, ou Henri IV à la
bataille de Fontaine-Française, comédie
en trois actes. (Par C.-A. CHAMBELLAND,
de Dijon.) *Besançon, veuve Métoyer, s. d.,*
in-8, 66 p.

Fin (de la) de la Révolution française et
de la stabilité possible du gouvernement
actuel de la France. (Par ISOARD, dit DE-
LISLE DE SALES.) *Paris, Maradan, 1800,*
in-8.

Fin (la) de la tyrannie. Par A. Simon
C*** (Auguste-Simon COLLIN de PLANCY),
professeur. *Paris, Tiger, 1815, in-12.*

Fin (la) de nos maux, ou les premières
vêpres de prairial de l'an V. (Par C. BEL-
LANGER.) *Paris, Moller, 1797, an V, in-8,*
24 p.

L'auteur a signé la préface.

Fin (la) des temps, ou l'accomplissement
de l'Apocalypse... par Pierre L. (Pierre LA-
CHÈZE), de Paris. *Paris, Debécourt, 1840,*
in-8.

Fin (la) du bail, ou le repos des fermiers, divertissement. (Par L.-A. BEF-
FROY DE REIGNY.) *Paris, Belin, 1788, in-8.*

Fin (la) du chrétien, ou traité dogmatique et moral sur le petit nombre des
élus, en trois parties (ou refonte avec
augmentation de la « Science du salut »,
ouvrage d'Olivier DESBORDS DES DOIRES,
dit d'AMELINCOURT ; ladite refonte faite
par l'abbé TROYA D'ASSIGNY). *Avignon (Paris), 1751, 3 vol. in-12.*

Voy. « Supercheries », I, 299, *b*.

Fin (la) du XVIIIᵉ siècle, ou anecdotes
curieuses et intéressantes... pour servir...
à l'histoire de la République française...
(Par Ant. SERIEYS et J.-F. ANDRÉ.) Nouvelle édition... *Paris, Monory, an XIV-
1805 et 1816, in-8.*

C'est le même ouvrage que celui qui a été annoncé
sous le titre de « Anecdotes inédites... » Voy. IV,
184, *c*. On n'a changé que le frontispice.

M. le comte Rœderer a très-bien prouvé, dans le
« Journal de Paris », la supposition de la plus grande
partie des deux conversations entre Louis XVI et
Bailly, qui se trouvent pages 37-54 de ces « Anecdotes ».

Cela n'a pas empêché l'abbé Proyart de les insérer
comme des pièces authentiques dans son volumineux
ouvrage intitulé « Louis XVI et ses vertus aux
prises avec la perversité de son siècle », 5 vol. in-8.

Fin (la) du monde, poëme. (Par L.-J.-
B.-E. VIGÉE.) *Paris, Villet, 1806, in-8.*

Fin (la) du monde, pour faire suite au jugement dernier. (Par Louis DEJAER.) *Liége*, 1852, in-8, 24 p.   Ul. C.

Fin (la) du monde toute prochaine, résultat nécessaire d'un système philosophique très en faveur actuellement. (Par Germain PETITAIN.) *Paris*, an IX-1801, in-8.

Ersch, tome V, page 409, dit que c'est un extrait des « Mémoires d'économie politique », par Rœderer.

Fin (le) matois, ou histoire du grand Taquin, traduite de l'espagnol de QUEVEDO ; avec des notes historiques et politiques, nécessaires pour la parfaite intelligence de cet auteur. *La Haye*, 1776, 3 parties in-12.

Après la préface, le premier vol. contient un second titre, ainsi conçu : « Œuvres choisies de don François de Quévédo ». Traduites de l'espagnol, en trois parties. Contenant le « Fin Matois », les « Lettres du chevalier de l'Epargne », la « Lettre sur les qualités d'un mariage ».

RÉTIF DE LA BRETONNE a publié cet ouvrage en collaboration avec VAQUETTE D'HERMILLY, censeur royal, mais les « Lettres du chevalier de l'Epargne », très-curieuses, sont tout entières de l'invention de Rétif.

Le libraire Costard, à qui les auteurs cédèrent 500 exemplaires du « Fin Matois », fit changer sur ces exemplaires le titre en celui de l' « Aventurier Buscon ». Voy. IV, 346, f. (Monselet, « Rétif », p. 122.)

Finances (les) considérées dans le droit naturel et politique des hommes... (Par BUCHET DU PAVILLON.) *Amsterdam*, 1762, in-12.

Finances ; crédit. (Par M. le duc F.-A.-F. DE LA ROCHEFOUCAULD-LIANCOURT.) 1789, 2 parties in-8.

Finances (des) de France et du budget proposé pour 1816 ; avec un projet de loi pour un meilleur établissement financier, par l'auteur des « Considérations sur l'organisation sociale », imprimées à Paris, chez Migneret, en 1802 (J. SAINT-SARDOS DE MOMTAGU, marquis DE MONDENARD). *Paris, J.-G. Dentu*, janvier 1816, in-8.

Finances (les) de la ville de Bruxelles. (Par ANDRÉ, architecte à Bruxelles.) *Bruxelles, Verteneuil*, 1859, in-12, 36 p.   J. D.

Finances. Supplément aux cahiers des bailliages, dont aucun n'indique comment seront remplacés les impôts distinctifs... par l'auteur des « Réflexions sur la nécessité d'assurer l'amortissement » (J.-F. LESPARAT, ancien avocat au Parlement de Paris). *Paris, de Pierres*, 1789 in-4.

Financier (le) citoyen. (Par Jean-Bapt. NAVEAU.) *Paris*, 1757, 2 vol. in-12.

Financier (le), comédie en un acte (et en prose par G.-F. POULLAIN DE SAINT-FOIX). *Paris, Ballard*, 1761, in-12.

Flagellans (les), roman historique par M. A. H. (A. HOPE). *Paris, marchands de nouveautés*, 1836, in-8, 432 p.

Flamand (du), du wallon et du français en Belgique, par un ami des lettres (Charles SOUDAIN DE NIEDERWERTH). *Liége, Redouté*, 1857, in-8, 27 p.   J. D.

Voy. « Supercheries », I, 309, b.

Flambeau (le) de l'indépendance italienne. Garibaldi, poëme. *Paris*, 1859, in-8, 13 p.

Signé : Marius G. (Marius CHAVANT).

Flambeau (le) de la guerre allumée au Rhin. (Par P. SCHENK.) *S. l. (Amsterdam)*, in-8.   V. T.

Flambeau (le) de la sagesse et de la religion. (Par J.-P. COSTARD, ancien libraire.) *Paris, Marrot*, 1805, in-12.

Flambeau (le) des comptoirs, contenant toutes les écritures et opérations du commerce. (Par Pierre GIRAUDEAU.) *Marseille*, 1764, in-4.

Flamboyante (la) colonne des Pays-Bas, autrement dite les dix-sept Provinces. *Paris*, 1636, in-4.

Avec un titre gravé dont quelques exemplaires portent par surcharge la date de 1646. Après le titre vient un avis signé : Jacob AERTSZ COLOM.

Flaminie, ou les erreurs d'une femme sensible. (Par Mlle Fanny RAOUL.) *Paris, Cussac*, 1813, 2 vol. in-12.

Flammes (les) saintes, poésies. (Par Denis POURRÉE.) *Caen*, 1588, pet. in-8, et *Rouen*, 1595, pet. in-8.

Très-rare.

M. Edouard Frère, dans sa « Bibliogr. normande », mentionne ce livre (t. II, p. 410) sous ce titre plus complet : « Flammes saintes, poëmes spirituels et meditations chretiennes pleines de pieté et de dévotion. » *Caen, Jacques Le Bas*, 1588, p. in-8.

Flammette. Complainte des tristes amours de Flammette à son amy Pamphile, transtatée d'italien (de BOCCACE) en vulgaire francoys. *Nouvellement impr. à Lyon par Claude Nourry dict le Prince, près Notre-Dame de Confort*, 1532, in-8 goth.

Flandre (la) françoise, ou traité des droits du roi sur la Flandre. (Par Ch. SOREL) *Paris*, 1658, in-fol.   V. T.

Flandres (les). A M. Rogier. (Par Philippe-Auguste Vuillot.) *Bruxelles, Parys,* 1848, in-8.   J. D.

Flandres (les) et l'industrie linière, août 1849. (Par Adrien Carton de Wiart, avocat à Bruxelles.) *Bruxelles, impr. d'Em. Devroye,* 1849, in-8, 32 p.

Flandricismes, wallonismes et expressions impropres dans la langue française. (Par l'abbé Poyart et J. Tarte.) *Bruxelles, Rampelberg,* 1821, in-8.

Flâneur (le), galerie pittoresque, philosophique et morale de tout ce que Paris offre de curieux et de remarquable... Par un habitué du boulevard de Gand (J.-B.-Auguste d'Aldeguier). *Paris, chez tous les marchands de nouveautés,* 1826, in-12.

Flatterie (de la) considérée sous ses plus pernicieux rapports. (Par F.-C.-B. Tobie.) 1800, in-8.

Flatteur (le), comédie (en cinq actes et en prose, par J.-B. Rousseau). *Paris, Barbin,* 1597 (lisez 1697), in-12.

Cette pièce, représentée au mois de décembre 1696, ne fut que longtemps après mise en vers; c'est sous cette dernière forme qu'elle est imprimée dans les Œuvres de J.-B. Rousseau.

Flatteur (le), comédie en cinq actes et en vers libres; représentée, pour la première fois, sur le théâtre de la Nation, le vendredi 15 février 1782. (Par E.-F. de Lantier. Publiée par A.-B.-L. Grimod de La Reynière.) *Paris, veuve Duchesne,* 1782, in-8, xvi-120 p.

Flave Vegèce René, homme noble et illustre, du fait de guerre et fleur de chevalerie, quatre livres; Sixte-Jules Frontin, homme consulaire, des stratagèmes et subtilités de guerre, quatre livres; Ælian, de l'ordre et instruction des batailles, ung livre; Modeste, des vocables du fait de guerre, ung livre : le tout traduit de latin en françois, par le polygraphe, humble secrétaire et historien du parc d'honneur (Nicolas Volkier, de Bar-le-Duc). *Paris, Chrétien Wechel,* 1536, in-fol.

Voy. « Supercheries », III, 203, *f.*

Fléau (le) d'Aristogiton, ou contre le calomniateur des Pères jésuites sous le titre d' « Anticoton ». *Paris, F. Rousselet,* 1610, in-8.

Réimprimé plusieurs fois avec le nom de l'auteur, Louis de Montgommery, sieur de Courbouzon. Voir Anticoton, aux « Supercheries », I, 361, *c,* et l'article P. Coton, dans de Backer, 2e édit., I, col. 1414.

Fléau (le) des démons et des sorciers, par J. B. (Jean Bodin). *Nyort, du Terroir,* 1616, in-8.

Voy. « Supercheries », II, 324, *b.*

Fléau (le) des dilapidateurs de la république française, ou la justification du citoyen Jacques-Joseph Lebon... (Par Guyot.) *Paris, Meurant, an VI-1798,* in-8, 2 ff. de tit. et 159 p. — *Cambrai, imp. de A. Regnier-Farez,* 1858, in-18, 2 ff. de tit. et 185 p.

Fléau (le) des Tyrans et des Septembriseurs, ou Réflexions sur la révolution française... par un vrai Patriote de 1789 (Auguste Danican). *Lausanne et Paris,* 1797, in-8, 211 p.

Voyez la « Biographie des hommes vivans ».

Flèches (les) d'Apollon, ou nouveau Recueil d'épigrammes, anciennes et modernes. (Par l'abbé Esprit-Joseph Chaudon.) *Londres (Paris), Cazin,* 1787, 2 vol. in-8.

Fleur d'Épine, comédie en deux actes, mêlée d'ariettes, tirée d'Hamilton, par M. de V*** (l'abbé C.-H. Fusée de Voisenon). Représentée pour la première fois, par les comédiens italiens ordinaires du Roi, le 22 août 1776. *Paris, veuve Duchesne,* 1776, in-8, 48 p.

Fleur de lys (la), qui est un discours d'un François retenu dans Paris, sur les impietez et desguisemens contenus au manifeste d'Espagne publié au mois de janvier dernier 93. S. l., 1593, in-8. — *Lyon, Jullieron,* 1594, in-8.

Ce discours a été attribué à F. Dufresne Forget, secrétaire d'Etat, Arnauld d'Andilly, dans ses « Mémoires », *Hambourg,* 1734, 2 parties in-8, p. 16, le revendique pour son père Ant. Arnauld.

Réimprimé dans les « Quatre excellents discours », etc., 1593, pet. in-12.

Fleur (la) de toute ioyeuseté, contenant epistres, ballades et rondaulx ioyeux et fort nouueaulx. S. l. (vers 1530), in-8, 56 ff. — *Lyon, Bernabé Chaussard,* 1546, in-8, 64 ff.

Réimprimé avec quelques changements sous le titre de « Petit Traicte », et de « Recueil de tout soulas ». Voy. ces différents titres dans Brunet, « Manuel du libraire ».

L'auteur se désigne sous le nom de Luc, dans un quatrain à son ami Estienne Dusseulx, inséré dans le « Recueil de tout soulas ».

D'après Brunet, ce Luc serait probablement le même que Charles de Luc, nommé par Antoine du Saix dans une épître en tête de la « Touche naïve ».

Voy. encore sur cet ouvrage un article de M. Aimé-Martin, inséré dans le « Bulletin du bibliophile », 2e série, n° 13, mars 1837, page 412.

La « Fleur de toute ioyeuseté » a été réimprimée dans la collection des « Joyeusetez », publiée par le libraire Techener, dont elle forme le tome V. *Paris, 1830, in-16, 8 ff. et clxxviij p.*

Fleur de vertu, auquel est traicté de l'effet de plusieurs vertus et vices contraires à icelles. *Paris, Galliot du Pré, 1530, petit in-8; — J. Longis, 1532, petit in-8, 99 ff.*

C'est la traduction d'un ouvrage italien, attribué à Tomaso LEONI, et composé vers 1320 : « Fiore di virtu che tratta di tutti i vitii humani ». *Venetia, 1475, in-4.* Souvent réimprimé. Voy. Brunet, « Manuel du libraire », 5e éd., tom. II, col. 1203.

Fleur (la) des antiquitez, singularitez et excellences de la plus que noble et triomphante ville et cité de Paris... *Paris, pour Denis Janot, 1532, in-8.*

Le nom de l'auteur, Gilles CORROZET, se lit à la fin. Réimprimé plusieurs fois. La dernière édition paraît être celle de *Paris, P. Sergent, 1543, in-16.* Voy. « Antiquitez (les), histoires et singularitez de Paris », IV, 223, *a.*

Fleur (la) des sentences, des aphorismes d'Hippocrate et commentaires de Galien. (Par Pierre DE TRUEULX.) *Lyon, P. Rigaud, 1606, in-16.*

Voy. le « Bulletin du bibliophile », XIVe série, p. 774.

Fleur (la) et antiquité des Gaules, auquel livre il est traité principalement des anciens philosophes gaulois appelés Druides... (Par Jean LE FEBVRE, prêtre natif de Dreux.) *Paris, P. Sergent, 1532, in-8.*

Voy. « Supercheries », I, 784, *a.*

Fleurons artistiques, ou sonnets aux peintres belges. (Par Antonin ROQUES.) *Anvers, Decort, 1839, in-8.*   J. D.

Fleurs à Marie, cueillies dans le champ des Écritures, ou paraphrase des litanies de la sainte Vierge. (Par Isidore VANOVERLOOP.) *Gand, C.-J. Vanryckegem-Lepère, 1846, in-12.*   J. D.

Fleurs cueillies sur la montagne et dans la plaine. Épigrammes politiques. (Par Prosper POITEVIN.) *Paris, imp. de Gros, 1849, in-16.*

Il a paru que quatre livraisons de cette publication qui devait en avoir vingt.

Fleurs d'oranger. (Par Charles FROMENT.) *Gand, Van Loocke, 1838, in-8, 156 p.*   J. D.

Fleurs (les) de l'enfance, premières lectures, dédiées par une institutrice (Mme Pauline BRAQUAVAL, née l'OLIVIER) à ses élèves. *Tournai, Casterman, 1857, in-16.*   J. D.

Fleurs de l'Inde, comprenant la mort de Yaznadate, épisode tiré de la Ramaïde de Valmiki, traduit en vers latins et en vers français avec texte sanscrit en regard, et plusieurs autres poésies indoues, suivies de deux chants arabes et de l'apologue du derviche et du petit corbeau ; on y a joint une troisième édition de l'Orientalisme rendu classique dans la mesure de l'utile et du possible. (Par A.-P.-F. GUERRIER-DUMAST.) *Nancy, N. Vagner, 1857, in-8, XII-267 p.*

Fleurs (les) de la Maison de ville de Rouen, ou les estrennes présentées à MM. les conseillers, eschevins et autres officiers d'icelle estant en charge le 1 janv. 1674, par L. J. L. B. G. N. *Rouen, Jean Oursel, 1674, in-4, 16 p.*

La dédicace est signée : LES ISLES LE BAS G. N. (gentilhomme normand).

Voy. « Supercheries », II, 786, *f.*

Fleurs de mai. Traduction de l'allemand du chanoine SCHMID (par M. LAPIERRE). *Paris, Audin, 1836, in-12.*

Fleurs de poésie anglaise, avec la traduction en vers français par C*** D*** (C. DARGENTON, m. en 1872), précédées d'une lettre de M. Émile DESCHAMPS au traducteur. *Paris, Amyot, 1859, in-12, 126 p.*

Fleurs (les) des pratiques du compas de proportion. (Par le P. Nic. FOREST DU CHESNE, jésuite, né au Chesne-le-Populeux, Ardennes, en 1585). 2e édit. *Paris, 1639, in-8, 112 p. (Boulliot).*

Fleurs (les) des Pseaumes et les saintes affections d'une belle âme, revues et augmentées par l'auteur (Étienne BINET, jésuite). *Lyon, 1628, 2 vol. in-12.*

Fleurs des secrets moraux concernant les passions du cœur humain. (Par le P. François LONYOT, jésuite.) *Paris, 1700, in-4.*

La première édition, *Paris, Cl. Desmarquets, 1614, in-4,* porte le nom de l'auteur.

Dans la 2e éd. de ce « Dictionnaire », cet ouvrage avait été par erreur attribué à Julien LORIOT, de l'Oratoire. Quérard a reproduit cette indication fautive.

Fleurs (les) du bien dire, recueillies ès cabinets des plus rares esprits de ce temps. (Par François DES RUES.) *Langres, Pierre La Roche, 1598, in-12. — Paris, Guillemot, 1598, in-12. — Paris, 1600, 1603, 1609, in-12.*

D'après Brunet, « Manuel du libraire », 5e éd., II, 1289, c'est par erreur qu'on aurait attribué cet ouvrage à Fr. Desrues, auteur de « les Marguerites françoises », ou seconde partie des « Fleurs de bien dire... »

Fleurs (les) du Printemps. Poésies, suivies d'une Notice fidèle sur l'île de Saint-Domingue, par M. M*** (Jean-Henri MARCHAND). *Paris, Prault, 1784, in-8.*

Fleurs (les) emblématiques, étrennes des anniversaires, contenant le langage allégorique des fleurs... Par Mme L. L. N. V. X. (Mme Louise LENEVEUX). *Paris, chez Mme Leneveux, 1832, in-32, avec 16 pl. col.*

Fleurs (les) et antiquitez des Gaules, selon Julien CÉSAR... et de la singularitez de la ville de Dreux en France... *Paris, à l'enseigne Saint-Nicolas.* (A la fin) : *Imprimées à Paris pour Pierre Sergent, s. d.,* pet. in-8 goth. de 24 ff.

L'auteur, Jean LE FÈVRE, qui était prêtre et natif de Dreux, se nomme en tête de la pièce « Aux nobles et bons bourgeois... »

Les « Fleurs et Antiquitez des Gaules » ont été reproduites avec de nombreuses annotations par M. de Montaiglon dans le t. VIII du « Recueil de poésies françaises », qui fait partie de la « Bibliothèque elzévirienne ».

Fleurs (les) et les manières des temps passés et des faits merveilleux de Dieu, tant en l'Ancien Testament comme au Nouveau, etc., translatées du latin (du *Fasciculus temporum* de Wernerus ROLEWINCK) en françois par Me Pierre FARGET, docteur en théologie, de l'ordre des Augustins du couvent de Lyon, l'an 1483. *Genève, Loys-M. Cruse, 1495, in-fol.*

Il existe une autre édition, *Paris, Jehan Petit et Michel Le Noir,* in-fol. Le travail de Pierre Farget, qui s'arrête à l'an 1483, a été continué jusqu'à 1495, par Pierre DESREY.

Voy. ci-dessus, col. 434, *f.*

Fleurs, fleurettes et passetemps, ou les divers caractères de l'amour honnête. (Par Robert-Alcide DE BONNECASE DE SAINT-MAURICE.) *Paris, Jacques Cottin, 1666, in-12.*

Fleurs inconnues. *Cambray, 1852, in-12.*

Voici ce qu'on lit au sujet de ce livre dans « la Bretagne », de M. E. Loudun : « M. Raymond DU DORÉ avait publié, il y a vingt ans, sans le signer, un volume de poésies ; un jour, dans une ville du Nord, quelqu'un, une âme aimante, sans doute, en rencontra un exemplaire, et il fut si ému par cette poésie douce et tendre, qu'il voulut faire partager à d'autres le charme qu'il avait ressenti. Rendant à l'auteur l'hommage le plus rare et le plus délicat, il le fit imprimer de nouveau, et ne sachant quel nom y inscrire, il lui donna le gracieux titre de « Fleurs inconnues ».

D. M.

Fleurs (les) morales et épigrammatiques tant des anciens que des nouveaux auteurs. Dédié à monseigneur le Dauphin. (Par LE

BACHELIER, c'est-à-dire par Thomas GUYOT.) *Paris, veuve de Claude Thiboust, 1669, in-12, 390 p.,* avec un avis au lecteur de 13 p.

Fleurs poétiques et parlementaires. (Par Ad. MATHIEU.) *Mons, Piérart, 1846, in-32, 11 p.*

Fleurs (les), rêve allégorique, dédié à S. M. la reine Hortense, par Mme Victorine M*** (Victorine MAUGINARD). *Paris, Buisson, 1808, in-8, 54 p.* — *Paris, imp. de Dondey-Dupré, 1811, in-18, 108 p.*

La 4e éd., *Paris, 1843, in-18,* porte le nom de l'auteur.

Fleurs (les) taquines et jalouses, et l'origine de la Dalia. (Par Norbert CORNELISSEN.) *Gand, 1818, in-8, 2 p.*   J. D.

Flibustier (le) littéraire, ouvrage hypercritique. (Par DE SAINT-AULAS.) *Londres (Paris), 1751, in-12, 78 p.*

Floire et Blanceflors, poëme du XIIIe siècle, publié d'après les manuscrits, avec une introduction et des notes par M. Éd. DU MÉRIL. *Paris, Jannet, 1855, in-16.*

Une version, en vers allemands, écrite vers 1230, a été publiée en 1846 par Émile Sommer ; le traducteur Konrad Fleck donne cet ouvrage à un poëte français qu'il nomme Robert D'ORBENT. Voy. sur cette attribution, J.-V. Leclerc, « Histoire littér. de la France au XIVe siècle », 2e éd., P. 1865, tome II, page 29.

Voy., pour les différentes éditions de ce poëme reproduit dans toutes les langues européennes, Brunet, « Manuel du libraire », 5e éd., tom. II, col. 1299.

Floralier (le), recueil et epithome de hystoires, dictz et sentences du grand VALÈRE... profitablement extrait par... Robert DE VALLE . (Trad. en françois par MICHEL, de Tours.) *Paris, Ant. Couteau pour P. Le Brodeux, 1525, in-4, goth.*

Flore de Bourgogne. (Par J.-Fr. DURANDE.) *Dijon, Frantin, 1782, 2 vol. in-8.*

Flore de l'arrondissement de Furnes et d'une partie de celui d'Ypres, avec description géologique, accompagnée d'une liste zoologique et de détails sur quelques animaux et insectes de ce pays, par un pharmacien (DETOLLENARE, de Ransbrughe). *Ypres, Simon-Lafonteyne, 1857, in-8.*

J. D.

Flore de Paris, *genera et species,* ou première application faite du système floral aux plantes vivantes. (Par L.-F.-H. LEFÉBURE.) *Paris, Cassin, 1835, in-8.*

Flore de Terre-Neuve et des îles de Saint-Pierre et Miquelon, avec figures dessinées par l'auteur (A.-J.-M. BACHELOT

DE LA PYLAIE) sur la plante vivante. Paris, F. Didot, 1829, in-4, 128 p.

Il n'a paru qu'une livraison.

Flore (la) des jeunes personnes, ou Lettres élémentaires sur la botanique, écrites par une Anglaise (miss Priscilla WAKEFIELD) à son amie, et traduites de l'anglais (par Octave DE SÉGUR, noyé en 1819, avec une préface par Louis-Philippe DE SÉGUR le père). Paris, Buisson, an IX-1801, in-12.

Flore des salons. Culture des fleurs dans les appartements, par la baronne DE W. (GAUSSOIN, ancien capitaine d'artillerie). Bruxelles, Jamar, 1848, in-18, xx-90 p. J. D.

Flore économique des plantes qui croissent aux environs de Paris, au nombre de plus de quatre cents genres, et de quatorze cents espèces .... Par une société de naturalistes. (Par P.-Jos. BUC'HOZ.) Paris, Courcier, an X-1802, in-8.

Voy. « Supercheries », III, 688, a.

Flore et Faune de Virgile, ou histoire naturelle des plantes et des animaux (reptiles, insectes) les plus intéressants à connaître, et dont ce poëte a fait mention. (Par J.-J. PAULET.) Paris, Mme Huzard, 1824, in-8, avec 4 pl.

Flore et Zéphire, à-propos vaudeville en un acte, de MM. Eugène S... (SCRIBE) et DELESTRE-POIRSON. Représenté... sur le théâtre du Vaudeville, le jeudi 8 février 1816... Paris, Fages, 1816, in-8, 39 p.

Voy. « Supercheries », III, 491, c.

Flore parisienne, par L. B. F. (Louis-Benjamin FRANCŒUR). Paris, an IX-1801, in-18.

Florella, ou l'Infortunée Vénitienne. (Par Mme de SAINT-VENANT.) Paris, Bernard, 1802, 2 vol. in-12.

Florence Macarthy, nouvelle irlandaise de lady MORGAN, traduite de l'anglais, sous les yeux de l'auteur (par A.-J.-B. DEFAUCONPRET) ; enrichie de notes et d'une préface de sa main, qui ne se trouvent pas dans l'édition originale. Paris, Nicolle, 1819, 4 vol. in-12.

Florence, ou modèle de vraie piété offert aux jeunes personnes. (Par JUCHEREAU.) Lille, L. Lefort, 1831, in-18.

Souvent réimprimé.

La 9e éd., Lille, 1870, porte le nom de l'auteur.

Floreska, ou les déserts de la Sibérie ; tableaux en trois actions et à grand spec-

tacle, par M. Augustin *** (J.-B.-Augustin HAPDÉ). Musique arrangée et composée par M. Faguet. Représentés, pour la première fois, sur le théâtre des Jeux-Gymniques, le 16 mars 1812. Paris, Barba, 1812, in-8, 28 p.

Florine, ou l'Histoire de la veuve persécutée. (Par PIQUÉ.) Paris, 1645, 4 vol. in-12.

Note manuscrite de Lenglet du Fresnoy.

Fluctuations de la bourse pendant une période de vingt ans, de 1835 à 1855, ou statistique des fonds publics... (Par J. VIVIER.) Bruxelles, Vanderauwera, 1855, in-8, 234 p. J. D.

Fluide (du) universel, de son activité et de l'utilité de ses modifications par les substances animales dans le traitement des maladies... (Par M. l'abbé DE VÉLY.) Paris, Amand Kœnig, 1806, in-8, xv-220 p.

L'auteur a traité pour la première fois ce sujet dans une communication qu'il adressa au rédacteur du « Citoyen français », depuis « Courrier français ». Elle se trouve dans le n° 1034 (2 et 3 complémentaires an X).

Foi (la) de l'Église catholique touchant l'Eucharistie, prouvée d'une manière invincible. (Par Paul BRUZEAU.) Paris, Desprez, 1684, in-12.

Foy (de la), de l'Espérance et de la Charité. (Par Martin DE BARCOS.) Anvers, 1688, 2 vol. in-12.

Foy (la) des derniers siècles. (Par le P. René RAPIN.) Paris, Cramoisy, 1679, in-12; — 1726, in-16.

Foi et incrédulité. (Par Napoléon ROUSSEL.) Sèvres, imp. d'A. René, s. d., in-18, 36 p. — Toulouse, imp. de J.-P. Froment, 1836, in-18, 36 p.

Foi et Lumières. Considérations sur les rapports actuels de la science et de la croyance... (Par Aug.-Prosp.-Fr. GUERRIER-DUMAST.) Paris, Nancy, 1845, in-8.

Foy (la) et religion des politiques de ce temps. (Par dom Robert A., religieux bénédictin, d'après le P. Lelong.) Paris, G. Bichon, 1588, in-8. — 2e éd. Paris, G. Bichon, 1588, in-8.

Foi (la) justifiée de tout reproche de contradiction avec la raison. (Par le P. J.-Fr. LAMARCHE, jésuite.) Paris, Brocas, 1762, in-12. — Paris, Humblot, 1766, in-12.

Foi (la), l'Espérance et la Charité, par M. L. B. (J.-F. LAFUITE). Lille, Lefort, 1833, 2 vol. in-18, ou 1 vol. in-12.

Voy. « Supercheries », II, 693, a.

Foi (la) nouvelle cherchée dans l'art. De Rembrandt à Beethoven. (Par Alfred Dumesnil.) *Paris, Cormon*, 1880, in-18.

Foi (de la) politique et des partis en 1832. (Par Eugène Greslou.) *Paris, chez les marchands de nouveautés* (s. d.), in-8, 34 p.

Foi (de la) publique envers les créanciers de l'État ; lettres à M. Linguet, sur le n° cxvi de ses « Annales », par M. *** (Etienne Clavière). *Londres*, 1788, in-8.

Foi (la) réduite à ses véritables principes, et renfermée dans ses justes bornes, par P. P. D. L. A. (Isaac Papin, prêtre de l'Église anglicane). *Rotterdam, Leers*, 1687, in-12.

Foire (la) d'Augsbourg, ou la France mise à l'encan, ballet allégorique (4 parties, par le P. Dom. Colonia)... pour servir d'intermède à la tragédie de « Germanicus ». *Lyon, Jacques Guerrier*, 1693, in-12 de 5 ff., 94 pp. et le privil.

« Tout le monde sait, dit l'auteur, que c'est à Augsbourg que se tint cette fameuse assemblée où l'on fit il y a quelques années le plan d'une conspiration générale contre Louis le Grand. Ce fut dans cette ville que tous ces souverains liguez partagèrent entre eux la France, dont ils regardèrent la conquête comme chose infaillible. C'est ce que nous représentons dans ce ballet sous des allégories continuelles. »

Ce ballet a beaucoup d'analogie avec « Europe », comédie allégorique du cardinal de Richelieu, mais le P. Colonia a égayé son sujet par des personnages plaisants, les gazetiers de Berne et de Hollande, les espions, etc.

En tête du ballet est imprimée la pièce de « Germanicus », du même auteur.

Note du n° 3753 du Catalogue de Soleinne. Voy. aussi le P. de Backer, 2e édit., t. I, col. 1336.

Foire (la) de la Brière. Octobre 1865. (Par le marquis de Chennevières-Pointel.) *Alençon, de Broise*, 1865, in-8, 23 p.

Foire (la) de Saint-Germain. (Par Paul Scarron.) *Paris, Jonas Brequigny*, 1643, in-4, 19 pp.

Foire (la) Saint-Ovide, drame satirique en 1 acte et en prose, par M. C. D. M. (Coustard de Massy), mousquetaire du roy. *Madrid* (*Paris*), 1758, in-8.

Foires privilégiées. S. l. n. d., in-4, 4 p.

Par L'Aignel, d'après un envoi autographe de l'auteur.

Foka, ou les Métamorphoses, conte chinois, dérobé à M. de V***. (Par Paul Baret ou plutôt Barret.) *Paris, veuve Duchesne*, 1777, 2 parties in-12.

Folie de la nuit... (Par Michel Marescot.) 1754, in-12.

Folie (de la), de la Raison et de la Foi. Par M. M*** (Maffioli, conseiller référendaire à la cour des comptes), un des membres fondateurs de la Société de géographie. *Paris, Félix Malteste*, 1846, in-8, 46 p.

Folie (la) du jour, ou conversation entre quelques membres du cercle des Gobe-Mouches de ..., ville de Suisse. (Par Henri Monod.)

Quérard, « France littéraire », VI, 246.

Folie (la) du jour, ou Dialogue entre un Anglais et un François, sur les actions des eaux de Paris. (Par Hilliard d'Auberteuil.) *Londres*, 1785, in-8, 24 p.

Folie (la) du jour, ou la promenade des boulevards. (Par Michel Marescot.) 1754, in-12, 17 p.

Folie (la) du sexe. (Par l'abbé J. Roy.) 177., in-12.

Folie (la) et l'Amour, comédie en un acte et en vers libres. (Par Yon.) *Paris, veuve Duchesne*, 1755, in-12.

Catalogue Soleinne, n° 1936.

Folie (la) et la raison, comédie en un acte et en vers. (Par Yon.) *Paris, Duchesne*, 1755, in-12.

Folie et raison. (Par Anach. Brissot de Warville.) *Paris, Pigoreau*, 1815, 2 vol. in-12.

Folies (les) amoureuses, comédie, par M. R*** (Jean-François Regnard). *Paris, P. Ribou*, 1714, in-12, 4 ff. lim. et 92 p.

Folies (les) d'un homme sérieux, ou petits vers d'un inconnu (F. Grille, d'Angers). *Paris, Colas et Delaunay*, 1820, in-18.

Folies (les) de Calot. (Par M. J. Sedaine.) 1752, in-12.

Folies (les) de ce temps-là, ou le trente-troisième siècle, par T*** (Théophile Marion du Mersan). *Paris, Fontaine*, an XI-1803, 2 vol. in-8.

Voy. « Supercheries », III, 751, e.

Folies (les) de Coraline, comédie nouvelle italienne en cinq actes. (Par Charles-Antoine Véronèse.) S. l. (1746), in-8. — *Paris, veuve Delormel*, 1750, in-8.

Folies (les) du siècle, roman philosophique. Par M. *** (Lelarge de Lourdoueix). *Paris, Pillet*, 1817, in-8, avec 7 grav.

Voy. « Supercheries », III, 1097, f.

Folies, ou poésies diverses de M. F*** (Jacques FLEURY, avocat). *Paris, Duchesne, 1761*, in-12.

Réimprimé sous le titre de : « Poésies diverses de M. Fleury... » *Amsterdam; et Paris, Duchesne*, 1769, in-12.

Folies (les) philosophiques, par un homme retiré du monde (le marquis J.-P.-L. DE LUCHET). 1784, 2 vol. in-8.

Folies (les) sentimentales, ou l'Égarement de l'esprit par le cœur, contenant la Folle par amour, ou Lucile et Lindamore (par Michel CUBIÈRES DE PALMEZEAUX); la Folle de S. Joseph (par le marquis P.-M. DE GRAVE); la Folle du Pont-Neuf (attribuée à J. DEVAINES). *Paris, Royez*, 1787, 2 vol. in-12.

Folle (la) épreuve, comédie en un acte et en prose, représentée pour la première fois à Paris, sur le théâtre de l'Ambigu-Comique, le mardi 6 novembre 1787. (Par F.-B. HOFFMAN.) *Paris, Cailleau*, 1788, in-8, 34 p.

Folle (la) pour rire, comédie en un acte, mêlée de couplets, par MM. Ch. HuBERT et Hipp. LEV*** (Hippolyte LEVESQUE), représentée pour la première fois sur le théâtre de la Gaîté, le 9 décembre 1824. *Paris, Quoy*, 1824, in-8, 32 p.

Voy. « Supercheries », II, 770, *c*.

Folle (la) querelle, ou critique d'Andromaque. (Par DE SUBLIGNY.) *Paris*, 1668, in-12.   V. T.

Folle (la) Mlle F*** sensée, ou Histoire de V...., dédiée à Mme la marquise de ... par le chevalier D. L. (DE LUSSI, c'est-à-dire par le baron Théodore-Henri DE TSCHOUDI). *Londres*, 1752, in-8.

Voy. « Supercheries », I, 952, *d*.

Folle (la) soirée, parodie du « Mariage de Figaro ». Par l'abbé B. Y DE B. N. (Louis DE LAUS DE BOISSY). *Paris*, 1784, in-8.

Les initiales que porte cette pièce signifient Bonnefoy de Bouyon, auquel l'auteur voulait la laisser attribuer.

Folies (les) Entreprises qui traitent de plusieurs choses morales. (Par P. GRINGORE.) *Paris, Ledru*, 1505, in-8 goth.

Le nom de l'auteur se trouve formé par les lettres initiales des huit derniers vers. Le « Manuel du libraire », 5e édit., t. II, col. 1746 à 1748, décrit en détail quatre éditions.

Folies (les) Images, caricatures. (Par Charles FOURNEL.) *Grenoble et Paris, Houin*, 1859, in-18, 196 p.

En vers.

Folles (les) Nuits, légende du Prado, par un invalide du sentiment. (Gaston-Robert DE SALLES.) *Paris, imp. d'Aubusson*, 1854, in-32, 56 p.

Folliculus, poëme en quatre chants, par M. L*** (LUCE DE LANCIVAL). *Paris, J.-J. Laurens et Delaunay*, 1812, in-8, 52 p.

Voy. « Supercheries », II, 470, *b*.

Fonctionnaire (le), études de mœurs politiques et administratives, par l'auteur de « Vienne et Bruxelles » (RASTOUL DE MONGEOT). *Bruxelles, Méline*, 1854, in-18, 245 p.   J. D.

Fonctions et droits du clergé des églises cathédrales. (Par l'abbé Edme MOREAU.) *Amsterdam (Auxerre)*, 1780, in-12, 163 p.

On a publié : « Préservatif contre certaine brochure imprimée à Amsterdam sur les fonctions.... » *Alençon*, 1784, in-12, 73 p.

Fonctions (des) et du principal devoir d'un officier de cavalerie. (Par DE LANGEAIS.) *Paris, Étienne Ganeau*, 1725, in-12, 154 p.

Je trouve le nom de l'auteur écrit de la main du bon abbé de Saint-Pierre, sur l'exemplaire qui lui a appartenu avec cette note, *ouvrage de peu de valeur*. Cependant cet ouvrage fut réimprimé dès l'année suivante, avec des augmentations.

Fond (le) du sac et à chacun son sac, par l'auteur de « la Lanterne magique de la rue Impériale »... (Ant. CAILLOT). *Paris, imp. de Cellot* (1814), in-8, 8 p.

Fond (le) du sac, ou les rognures de la censure. (Par Jacques ARAGO.) *Bordeaux, imp. de Laguillotière*, 1827, in-8.

Fond (le) du sac, ou Restant des Babioles de M. X*** (Félix NOGARET). *Venise (Paris, Cazin)*, 1780, 2 vol. in-18. — **Fond** (le) du sac renouvelé, ou Bigarrures et Passetemps critiques de l'Aristénète français (le même Félix NOGARET). *Paris, Capelle et Renand*, an XIII-1805, 3 vol. petit in-12.

Voy. « Supercheries », III, 1005, *d*.

Fondateurs (les) de la congrégation de N.-D. de la Présentation de Manosque, 1re partie. M. l'abbé Proal, sa vie et ses lettres choisies. (Par le P. Gabriel BOUFFIER, jésuite.) *Avignon, Aubanel frères*, 1858, in-8, VII-568 p.

Fondation, construction, œconomie, etc., des hôpitaux du Saint-Esprit, de N.-D. de la Charité, en la ville de Dijon. (Par Philibert BOULIER.) *Dijon*, 1649, in-4.
    V. T.

Fondation de la quatrième dynastie ou de la dynastie impériale. (Par le comte J.-G.-M. ROCQUES DE MONTGAILLARD.) (*Paris*), 18 brumaire an XIII-3 novembre 1804, in-8, 102 p.

Fondations en faveur de l'enseignement public ou au profit des boursiers. Examen du projet de loi déposé le 13 novembre 1862. (Par C. WAELBROUCK.) *Gand, Vandeweghe*, 1863, in-8, 80 p.   J. D.

Fondement (le) et origine des titres de noblesse et excellents états de tous nobles et illustres.... *Paris*, 1535, in-12. — *Paris, D. Janot*, 1544, in-16. — *Lyon, Jean de Tournes*, 1548, in-16.

Le « Petit Dialogue » qui est à la fin est de Symphorien CHAMPIER, il avait été publié par son auteur dans la « Nef des princes et des batailles », à la suite du « Doctrinal des princes ». Voy. Allut, « Etude biogr. et bibliogr. sur S. Champier ». *Lyon*, 1859, gr. in-8.

Voy. aussi Brunet, « Manuel du libraire », 5e éd., II, 1323.

Fondemens (les) de la jurisprudence naturelle, traduits du latin de PESTEL (par BLONDE). *Utrecht*, 1774, in-8.

C'est d'après Camus, ami de Blonde, que j'attribue ce dernier la présente traduction. M. Prudhomme, dans son « Dictionnaire universel », attribue une traduction du même ouvrage à M. KERROUX, auteur d'un « Abrégé de l'histoire de Hollande » en 4 vol. in-8 et 2 vol. in-4. Le « Journal des Savans combiné », du mois d'octobre 1777, p. 519, parle en effet de deux *éditions* françaises de l'ouvrage de Pestel.

Fondemens (les) de la morale, ou Fénelon et Théodore. (Par l'abbé René-Michel LE GRIS-DUVAL.) *Paris, Laran*, 1797, petit in-12.

Même ouvrage que le « Mentor chrétien ». Voy. ces mots.

Fondemens (les) de la vie spirituelle, tirés du livre de l'Imitation de J.-C., par J. D. S. F. P. (Jean DE SAINT-FOY, c'est-à-dire le père Jean-Joseph SURIN, jésuite). *Paris, Cl. Cramoisy*, 1669, in-12. — Nouvelle édition, revue par le P. B. J. (le Père Jean BRIGNON, jésuite). *Paris*, 1697, in-12.

Ouvrage souvent réimprimé. Il a été approuvé par Bossuet, alors doyen de l'église de Metz.

Voy. « Supercheries », II, 378, *f*, et III, 1027, *b*.

Fondements (les) intérieurs du christianisme, ou la Science et l'esprit des saints. (Par Pierre THUREAU.) *Orléans, G. Hotot*, 1666, in-12.

Fonds (le) des dîmes ecclésiastiques mis en circulation, ou création d'un crédit territorial pour la liquidation de la dette

de l'Etat. Par l'auteur du « Disciple de Montesquieu » (P. MARCON). (*S. l.*), 18 sept. 1789, in-8. — Autre édit. *Ibid. id.*, avec le nom de l'auteur.

Fontaine (la) d'amours, contenant élégies, etc. (Par Charles FONTAINE.) *Paris, J. de Marnef*, 1546, in-16, 120 ff.

Fontaine (la) des amoureux. (Par JEHAN DE LA FONTAINE.) *S. l. n. d.*, in-4 goth. — *Paris, J. Janot, s. d.*, petit in-4.

Imprimé aussi sous le titre de : « la Fontaine des devis amoureux pour la reiouissance des vrays amants ». *Lyon, H. Barbou*, 1562, in-16.

L'édition de *Lyon, J. de Tournes*, 1564, in-8, porte le nom de l'auteur, et il en existe une autre, *Paris*, 1561, sous le titre de : « Transformation métallique ».

Plusieurs fois réimprimé, et en dernier lieu par M. Ach. Genty, sous le titre de : « la Fontaine des Amoureux de science... poëme hermétique du XVe siècle... » *Paris, Poulet-Malassis*, 1861, in-16, 100 p.

Fontaine (la) minérale d'Arles, nouvellement découverte par J. S. D. E. D. (Joseph SEGUIN, docteur en droit). *Arles, Mesnier*, 1681, in-8.

Fontaine (la) périleuse avec la chartre d'amours. (Par Jacques GOHORRY.) *S. l. n. d.*, in-8 goth., 28 ff.

Fontainebleau. Études pittoresques et historiques sur ce château... par feu A.-L. CASTELLAN, orné de 85 planches gravées à l'eau-forte, par l'auteur. (Accompagné d'une Notice sur cet ouvrage et sur son auteur, par M. A.-E. GIGAULT DE LASALLE, correspondant de l'Institut et ancien préfet de la Haute-Marne.) *Paris, Gaillot*, 1840, gr. in-8.

Fontaines (des) de Pougues en Nyvernois, de leur vertu, faculté et manière d'en user ; discours qui peut servir aux fontaines de Spa et autres acides de mesme goût ; ensemble un avertissement sur les bains chauds de Bourbon-Archambault. (Par Jean PIDOUX, médecin du roi et doyen de la Faculté de médecine à Poitiers.) *Paris, Nicolas Nivelle*, 1584, in-8, 24 ff. non chiffrés.

Fontaines (les), les promenades et les jeux de Spa décrits par un touriste consciencieux (Eugène-Charles-Franç.-Bernard COUSSEMENT). *Bruxelles, Guyot*, 1868, in-32, 40 p.   J. D.

Fontainiana, ou recueil d'anecdotes, bons mots, naïvetés de M. de La Fontaine. (Par COUSIN D'AVALON.) *Paris*, 1801, in-18.

Fontenelle jugé par ses pairs, ou Éloge de Fontenelle, en forme de dialogue entre

trois académiciens, des Académies françoise, des sciences et des belles-lettres.
(Par le chevalier Mich. CUBIÈRES DE PAL-
MEZEAUX.) *Londres, et Paris, Belin*, 1783,
in-8, 47 p. — Sec. édit. *Ibid.*, *id.*, in-8.
— Seconde édit. Précédée d'un Extrait
des jugements que M. l'abbé Royou a
porté de cet ouvrage et suivie d'une
Galerie poétique de quelques événements
de l'année 1783. *Paris, Belin et Bailli*,
s. d., in-8, 144 p.

Fontenelliana, ou Recueil des bons
mots, réponses ingénieuses, etc., de Fontenelle, par C. (COUSIN), d'Av. (Avalon).
Paris, an IX-1801, in-18.

Voy. « Supercheries », I, 671, *e*.

Force (la) de l'éducation. (Par l'abbé
AUNILLON.) *Londres*, 1750, in-12.

Force (la) de l'opinion contre l'oppres-
sion... (Par P.-Ch. LECOMTE.) *Paris, Dentu*,
1815, in-8, 52 p.

Force (de la) publique, considérée dans
tous ses rapports. (Par J.-A.-H. DE GUI-
BERT.) *Paris, Didot aîné*, 1790, in-8.

Cet ouvrage n'est pas compris dans les « Œuvres de
Guibert ». *Paris*, 1804, 5 vol. in-8.

Forces (des) contributives du département des Deux-Sèvres... (Par DAZARD.)
Paris, imp. de Fain, 1817, in-8.

Forces (des) militaires de l'empire
russe, en l'année 1835, ou mon Voyage
à Saint-Pétersbourg, par le lieutenant
général, comte DE BISMARCK, trad. de
l'allem. par un officier général (le comte
Armand DE DURFORT). *Paris, imp. de Bourgogne*, 1836, in-8, 100 p.

Extrait à 100 exemplaires du « Spectateur militaire », tom. XXI et XXII.

Forces (des) militaires de la France
comparées à celles de l'Allemagne, par
W. STREUBEL, officier d'artillerie, traduit
de l'allemand (par Léopold VAN STALLE).
Bruxelles, Van Meenen, 1859, in-12.
     J. D.

Forestiers (les) de Flandre. Liderik de
Buc. (Par KERVYN DE LETTENHOVE.) *Bruges*, 1846, in-8.

Tirage à part des « Annales de la Société d'émulation de Bruges ».   J. D.

Forest (la) de conscience, contenant la
chasse des princes spirituelle. *Paris, Michel
Le Noir*, 1516, 1520, in-8 goth.

L'auteur, Guillaume MICHEL, dit de Tours, est
nommé à la fin de l'ouvrage. Voy. Brunet, « Manuel
du libraire », 5e édit., III, 1704.

a   Forêt (la) de Montalbano, ou le fils
généreux, traduit de l'anglais, de l'auteur
des « Visions du château des Pyrénées »,
par Mme P*** (Mlle Julie PÉRIN). *Paris,
Dentu*, 1813, 5 vol. in-12.   D. M.

Forêt (la) de Saint-Elpe. (Par DE LAUBÉ-
PIN.) *Paris*, an IX-1801, 2 vol. in-8.
     V. T.

b   Forêt (la) des Hermites et des Hermi-
tesses d'Égypte et de la Palestine, représentée en figures en taille-douce, de l'invention d'Abraham BLOMMAERT, gravées
par Boèce BOLSWERT, tiré de la vie des
Pères, par H. R. (Héribert ROSWEYDE).
Anvers, Jérôme Verdussen, 1619, in-4.

Voy. « Supercheries », II, 312, *b*.

c   Forêt (la) noire, ou les Aventures de
M. de Lusy. Par l'auteur de « la Roche du
diable », du « Marchand forain », etc.
(Louis-Pierre-Prudent LE GAY). *Paris,
Hubert*, 1820, 4 vol. in-12.   D. M.

Forest (la) nuptiale, où est représentée
une variété bigarrée de divers mariages
selon qu'ils sont observez et pratiquez
par plusieurs peuples. *Paris, Bertault*,
1600, petit in-12.

d   Une réimpression a été faite à *Bruxelles, imp.
A. Mertens et fils*, 1865, in-18, 196 p., 2 ff.
et 6 pages pour une notice anonyme, mais qui est de
M. P. LACROIX.

Cette notice a été reproduite dans le livre de M. Paul
Lacroix « Énigmes et Découvertes bibliographiques »,
1866, p. 186-192.

La « Forest » est de CHOLIÈRES. Il cite dans la
préface sa « Guerre des masles contre les femelles » ;
nous ne saurions dire si c'est à dessein qu'on trouve
le nom de « COLIÈRES » dans l'approbation, très-
probablement supposée, des docteurs régents de la
Faculté de théologie.

e   Forêt (la) ou l'abbaye de Saint-Clair,
par Anne RADCLIFFE. (Trad. par François
SOULÈS.) *Paris*, 1800, 1820, 2 vol. in-12.

L'édition originale est de *Londres*, 1791. L'ouvrage a été souvent réimprimé.

Forêt (la) Saint-Germain, poëme, par
M. H. V*****N (Henri VERNON.) *Paris, Firmin Didot*, 1813, in-12, 45 p.

Ce poëme a été aussi attribué à M. Henri VILMAIN.

f   Forfaits (les) de l'intolérance sacerdotale,
ou Calcul modéré de ce que les hérésies,
les pratiques prétendues pieuses, l'ambition et la cupidité, tant des papes que du
clergé, ont produit de victimes humaines
dans la chrétienté. Par le feu lord *** (P.-
A. LAPLACE). 1791, in-8.

Forfaits (les) du 6 octobre, ou examen
approfondi du rapport de la procédure du
Châtelet, sur les faits des 5 et 6 octobre

T. V.

16

1789, fait à l'Assemblée nationale, par M. Charles Chabroud, de Vienne en Dauphiné... Suivi d'un précis historique de la conduite des gardes du corps. (Par DE BLAIRE.) S. l., 1790, 2 vol. in-8.

Forfaiture (la). (Par le marquis DE LA GERVAISAIS.) *Paris, A. Pihan de Laforest*, 1835, in-8, 24 p.

Forges (des), des vignobles et des colonies, pour faire suite aux « Réflexions » sur le rapport présenté au Roi le 5 octobre 1828 par Mgr le ministre du commerce. (Par Benj. GRADIS.) *Paris, imp. de David*, 1829, in-8.

Formation de la Sainte-Alliance des peuples pour l'établissement de l'ordre. (Par ANDRÉ, architecte à Bruxelles.) *Bruxelles, Verteneuil*, 1859, in-8, 23 p.

Extrait du « Bien-être social ».   J. D.

Formation (de la) des mœurs et de l'esprit, ou connoissances nécessaires aux jeunes gens, et surtout à ceux destinés à des professions qui n'exigent pas le cours ordinaire des études. (Par Pons.-Aug. ALLETZ.) *Paris, Delalain le jeune*, 1781, in-12.

En 1803, M. Delalain a fait annoncer cet ouvrage sous le titre de « Guide des jeunes gens ».

Formation géométrique des quatre ordres de l'architecture grecque, et leurs proportions déduites des proportions arithmétiques et fondées sur la stabilité... par M*** (Louis LEBRUN), architecte, ancien élève de l'Ecole polytechnique. *Paris, Lottin*, 1816, in-8 obl., 152 p. et 21 pl.

Forme du gouvernement de Suède en 1756. (Par P.-H. MALLET.) *Copenhague (Genève)*, 1756, in-8.

Forme (la) et manière de la ponctuation et accents de la langue françoise. (Par Etienne DOLET.) *Paris, B. Regnault*, 1560, in-16, 16 ff.

Réimpression d'un petit traité qui avait paru à la suite d'un opuscule intitulé : « la Manière de bien traduire d'une langue en aultre », *s. l. n. d.* (1540), in-8, plusieurs fois réimprimé. Voy. le « Bulletin du bibliophile », 14e série, p. 916.

Forme générale et particulière de la convocation et de la tenue des assemblées nationales ou états généraux de France, justifiée par pièces authentiques. (Recueilli par les soins de LALOURCÉ et DUVAL, conseillers au Châtelet.) *Paris, Barrois l'aîné*, 1789, 3 vol. in-8.

La 2e partie de ce recueil est intitulée : « Recueil de pièces originales et authentiques, concernant la tenue des états généraux d'Orléans, en 1560, sous

Charles IX ; de Blois en 1576, de Blois en 1588, sous Henri III ; de Paris en 1614, sous Louis XIII ». *Paris, Barrois l'aîné*, 1789, 9 vol. in-8.

La 3e partie : « Recueil des cahiers généraux des trois ordres aux états généraux d'Orléans, en 1560, sous Charles IX ; de Blois en 1576; de Blois en 1588, sous Henri III ; de Paris, en 1614, sous Louis XIII ». *Paris, Barrois l'aîné*, 1789, 4 vol. in-8.

Formes canoniques du gouvernement ecclésiastique essentielles à la régénération du royaume, dont s'occupe l'Assemblée nationale. (Par l'abbé Aug.-J.-Ch. CLÉMENT.) *Paris*, 1790, in-8.   V. T.

Formulaire de consentement des Eglises réformées de Suisse sur la doctrine de la grâce universelle... *Amsterdam*, 1722, in-8, 135 p.

La traduction française de ce formulaire, rédigé officiellement en 1675 par Jean-Henri HEIDEGGER, est due à Barthélemy BARNAUD et à Jean BARBEYRAC, qui y ont ajouté le texte latin et de nombreuses remarques.

Formulaire (le) de l'Etat, faisant voir par la raison et par l'histoire : 1° que les lois fondamentales de la monarchie sont au-dessus de l'autorité du roi ; 2° qu'il n'y a que les états généraux qui puissent impunément enfreindre les lois fondamentales, et que par conséquent l'autorité des états généraux est au-dessus de celle du roi... (Par DUBOSC-MONTANDRÉ.) *S. l.*, 1652, in-4.

Formulaire de prières à l'usage des fidèles qui observent saintement les devoirs religieux, par M*** (l'abbé HUVEY), prêtre du diocèse d'Amiens (de Clermont-Oise). *Mondidier, Radenez, s. d.*, in-8, 247 p.

Formulaire des gardes champêtres, contenant une instruction sur les fonctions qui leur sont attribuées. (Par F. CRETTÉ-PALLUEL.) *Paris, an IV-1796*, in-8.

Formulaire des notaires contenant : 1° des formules de tous les actes qui se passent par-devant notaires... (Par RIPPERT jeune.) *Paris*, 1812, in-8.

Formulaire du cérémonial en usage dans l'ordre de la Félicité. 1745, in-12.

On trouve dans ce volume une oraison à M. Saint-Nicolas (par le poëte Roy), et deux chansons (par l'abbé DE BERNIS).

Note manuscrite de Jamet le jeune.

Formulaire général, ou modèles d'actes rédigés sur chaque article du Code de procédure civile, etc. ; par J. B. H. C. et P. (J.-B.-H. CARDON et A.-P. PESCHART.) *Paris*, 1810, 2 vol. in-8. — 2e édit., par J. B. H. C. *Paris, Mlle Leloir*, 1817, 2 vol. in-8. — 3e éd., par A. P. P**** et

J. B. H. C****. *Paris, Mlle Leloir,* 1823, 2 vol. in-8.

Formulaire magistral d'éducation sociale. (Par CHAPTAL.) *Bruxelles,* 1841, in-8.
J. D.

Formulaire, ou manuel pratique des huissiers (matières civiles), conforme au texte du Code civil et à celui du Code de procédure... par D... (A.-G. DAUBANTON, avocat). *Paris, F. Buisson,* 1824, in-12.

Formulaire pharmaceutique, à l'usage des hôpitaux militaires de la France ; rédigé par le conseil de santé des armées... (Par A.-A. PARMENTIER.) *Paris, Méquignon aîné,* 1821, in-8.

Formule (de la) générale de l'expédilive française, et des avantages qu'elle présente pour l'état militaire et la diplomatie. (Par Charles BARBIER.) *Paris, Bachelier,* 1822, in-8, 22 p. et 1 pl.

Formule pour administrer méthodiquement l'eau minérale anti-putride et antiscorbutique de Beaufort. Avec un traité des maladies relatives à la marine, où elle est propre. Par M. F. D. B. (FAURE DE BEAUFORT), ancien professeur royal de médecine et médecin ordinaire du roi. *Paris, imp. de Cailleau,* 1783, xvi-188 p. et 2 ff.

Formules de pharmacie pour les hôpitaux militaires du roy... (Par Sauveur-François MORAND et Cl.-Jos. GEOFFROY.) *Paris, imp. royale,* 1747, in-12, xxviii-100 p.

Forte (la) Romaine (tragédie), en vers françois, divisée en cinq parties. (Par VALLÉE.) *S. l. n. d.,* in-8.

Fortifications de Paris. Première note sur la nécessité de repousser ou d'ajourner le projet de loi sur les fortifications de Paris, et de provoquer la formation d'une commission nationale d'enquête sur cette question. (Par M.-A. JULLIEN.) *Paris, Mme Delacombe, impr.,* 1840, in-8, 15 p.

Fortune (la) de la cour, ouvrage curieux tiré des mémoires d'un des principaux conseillers du duc d'Alençon, frère du roi Henri III. *Paris, N. de Sercy,* 1642; in-8. — 2e éd. *Id.,* 1644, in-8.

Réimprimé à la suite des « Mémoires de la reine Marguerite », éd. de *Bruxelles,* 1716, in-8.

Attribué par Barbier à Pierre DE DAMPMARTIN, procureur général du duc d'Alençon. M. V. Luzarche, dans les notes du « Journal de Fayet », p. 104, dit : Ce livre est de LA NEUVILLE, sieur DES ILES, quoi qu'en dise Barbier.

Voy. « Supercheries », I, 776, *a,* et le « Bonheur de la cour », IV, 445, *b.*

Fortune (de la), des moyens de l'acquérir, de l'accroître et de la conserver. Par M. A. G. D. (A.-G. DARRU, directeur de la banque de prévoyance), membre de l'industrie agricole, manufacturière et commerciale. *Paris, imp. de Poussielgue,* 1834, in-8.

Fortune (la), histoire critique. (Par And.-Fr. BOUREAU-DESLANDES.) *S. l.,* 1751, in-8, 198 p.

Fortune (la) justifiée, ou moyens de vivre content dans tous les états, de ne point s'endetter et de s'enrichir dans la pauvreté. Par J. J. R. (LANSEL DE MAGNY, médecin). *S. l. n. d.* (*Paris,* 1772), in-12, 24 p.

Fortunes et Vertus du roi Henri IV, comparées à celles d'Alexandre le Grand, par J. D. C. (G. DE REBOUL). *Paris,* 1604, in-12.
V. T.

Voy. « Supercheries », II, 377, *d.*

Foscarini, ou le patricien de Venise. (Par Mme DE SALUCES.) *Paris, Ridan,* 1826, 4 vol. in-12.

Fossé (le) des Tuileries, revue-vaudeville en un acte, par MM. Philippe D*** (DUMANOIR), Julien de M** (MALLIAN) et LHÉRIC ; représentée, pour la première fois, sur le théâtre des Variétés, le 10 décembre 1831. Avec les suppressions ordonnées par la censure de 1831. *Paris, J.-N. Barba,* 1832, in-8, 32 p.

Fou (le) de qualité, ou histoire de Henri, comte de Moreland, traduit de l'anglais de M. BROOKE (par GRIFFET DE LA BAUME). *Paris, Royez,* 1789, 2 vol. in-12.

Fou (le) des Tuileries, charmeur de palombes, par l'auteur du « Faubourg Saint-Germain » (le marquis Eugène DE LONLAY). Edition elzévirienne. *Paris, chez les principaux libraires,* 1867, in-16, 34 p. et 1 f. de table.

Fou (le) et le philosophe allopatho-homœopathe (Laville de Laplaigne) ; la Savate et le philosophe allopathe (Clertan). *Dijon, imp. D. Brugnot,* 1843, in-8, 16 p.

Critique des médecins homœopathes et allopathes, par le Dr D. BLAGNY.

Fou (le) raisonnable, comédie dédiée à M. le marquis d'Angely et représentée sur le théâtre royal de l'hôtel de Bourgogne. (Par R. POISSON.) *Paris, Gabriel Quinet,* 1664, in-12, 5 ff. lim. et 52 p. — *Suivant la copie imp. à Paris* (*à la Sphère*), 1665, in-12, 60 p.

L'auteur a signé la dédicace.

Fouché de Nantes et Collot d'Herbois, proconsuls à Lyon en 1793 et 1794, leur commission temporaire et leur tribunal révolutionnaire ; révélations peu connues jusqu'à ce jour, par un témoin oculaire. *Paris, imp. de Fournier*, 1833, in-8.

Ce volume forme le tome III des « Mémoires pour servir à l'histoire de Lyon pendant la Révolution », par l'abbé Aimé GUILLON DE MONTLÉON.

Fouché de Nantes, sa vie privée, politique et morale... (Par Ant. SERIEYS.) *Paris, G. Mathiot*, 1816, in-12.

Réimprimé sous le titre de : « Vie de Fouché... » Voy. ces mots.

Fouet (le) de nos pères, ou l'éducation de Louis XII en 1469, comédie historique en trois actes. (Par le comte P.-L. ROEDERER.) *Paris, impr. de Lachevardière*, 1827, in-8.

Une première édition avait été faite à Bruxelles, en 1816.

Cette pièce avait aussi été imprimée, en 1826, dans le 3° vol. des « Comédies, proverbes, parades », de M. Rœderer le fils. Elle a été réimprimée dans le 1er vol. des « Comédies historiques » de l'auteur.

Fouet (le) des jureurs et blasphémateurs du nom de Dieu, par un religieux de l'ordre de Saint-François (Vincent MUSSART). *Rouen, Feron*, 1608, in-12. — *Lyon*, 1615, in-16.

Voy. « Supercheries », III, 78, b, et 388, e.

Fouet (le) des paillards, ou juste punition des voluptueux et charnels, conforme aux arrests divins et humains, par M. L. P. (Mathurin LE PICARD), curé du Mesnil-Jourdain. *Rouen, Estienne Vereul*, 1623, 1628, pet. in-12. — *Rouen, L. Loudet*, 1628, pet. in-12.

Voy. « Supercheries », I, 820, d.

Fouine (la) de Séville, ou l'hameçon des bourses, traduit de l'espagnol d'Alonso de Castillo SOLORZANO (par A. LE METEL D'OUVILLE). *Paris, L. Billaine*, 1661, in-8.

D'après le « Manuel du libraire », cette traduction est probablement l'œuvre de BOISROBERT, frère de LE METEL D'OUVILLE. L'ouvrage espagnol « la Garduña de Sevilla » parut à Madrid en 1642 ; il a été réimprimé plusieurs fois.

Fourbaries (lei) dau siècle, ou lou Troumpo que poou, comedio en tres actes (et en vers, par P. TRONC DE CODOLET). *Coulogno, aquo de Jaques Marteou*, 1757, in-8, 60 p.

Fourbe (le), comédie en cinq actes, en prose, traduite de l'anglois de CONGREVE, par M. P*** (Jean-François PEYRON). *Paris, Ruault*, 1775, in-8.

Fourier, sa vie et sa théorie. Chapitres ajoutés en 1871. *Saint-Germain, imp. de L. Toinon*, 1871, in-16, 32 p.

L'ouvrage pour lequel ce complément a été publié porte le nom de l'auteur, le docteur Charles PELLARIN. La 1re éd., pub. en 1839, est intitulée : « Notice biographique sur Charles Fourier » ; la 2e éd. « Charles Fourier, sa vie et sa théorie... »

Fourrier (le) d'Etat, marquant le logis d'un chacun selon sa fortune présente. (Par SANDRICOURT.) *Paris*, 1652, 2 part. in-4.

Fourmis (les) du parc de Versailles, raisonnant ensemble dans leurs fourmilières ; fable allégorique et philosophique, traduite de l'anglais par feu Ch..... L..... DE BEL..... (Ch. LAMBERT DE BELAN, député à la Convention nationale). *Londres, Volf*, 1803, in-12.

Ce livre a été imprimé à Dijon, d'après une note manuscrite de Capperonnier.

Fournaise (la) ardente et le Four de réverbère, pour évaporer les prétendues eaux de Siloë et pour corroborer le Purgatoire, contre les hérésies, erreurs, calomnies, faussetés et cavillations ineptes du prétendu ministre du Moulin. (Par Victor-Palma CAYET.) *Paris, Bourriquant*, 1603, in-8.

Fourneau-marmite. Notice et plan. (Par Adolphe TERWANGNE, major au régiment des grenadiers.) *Bruxelles, Guyot*, 1858, in-8, 28 p.   J. D.

Fourvières au XIXe siècle, ou tableau des événements principaux survenus à Lyon pendant la moitié de ce siècle... Deuxième édition revue et augmentée... Par un serviteur de Marie (G. MEYNIS, secrétaire de la rédaction au bureau de la Propagation de la Foi). *Lyon, J.-B. Pélagaud*, 1853, in-12.   D. M.

Fous (les) amoureux, contenant la description du palais des Fous amoureux, etc., et plusieurs autres galanteries divertissantes en vers burlesques, par le sieur D. F. C. D. M. (DU FOUR DE LA CRESPELIÈRE, docteur-médecin). *Paris, Loyson*, 1669, in-12.

Voy. « Supercheries », I, 932, e.

Fous (les) des boulevards, parodie de la « Soirée des boulevards », en un acte, mêlé de chants et de danse. (Par Toussaint-Gaspard TACONET.) *Paris, Ballard*, 1760, in-8.

Foux (les) divertissants, comédie par R. P. (Raymond POISSON). *Paris, J. Ribou*, 1681, in-12, 2 ff. lim. et 87 p.

Le nom de l'auteur se trouve dans le privilège.

F.....manie (la). (Attribuée par M. Salgues à SENAC DE MEILHAN.) *Sardanapalis*, 1775, in-8.

Voyez la « Correspondance » de Grimm, seconde partie, t. III, p. 204.

Le Catalogue Soleinne attribue ce poëme à C.-F.-X. MERCIER DE COMPIÈGNE, ce qui est fort douteux.

Pour la liste des nombreuses réimpressions, voy. la « Bibliographie des ouvrages relatifs à l'amour ».

Foy (de la).

Voy. « Foi »,

Foyer (le) de l'amour et Sa Sainteté Pie IX. (Par Prosper DARIS.) *Saint-Trond, Vanwest-Pluymers*, 1861, in-8, 40 p.

                J. D.

Fra-maçonnes (les). Parodie de l'acte des amazonnes, dans l'opéra des Fêtes de l'amour et de l'hymen en un acte. Représenté pour la première fois sur le théâtre de la foire Saint-Laurent, le 28 août 1754. (Par Antoine-Alexandre-Henri POINSINET.) *Paris, Duchesne*, 1754, in-8, 35 p.

Fragment d'un ouvrage inédit intitulé : Recherches sur la formation du langage politique en France. (Par Jean REY.) *Paris, Dentu*, 1831, in-8, 8 p.

Fragment d'un poëme moral sur Dieu, ou le nouveau Lucrèce. (Par Sylvain MARÉCHAL.) 1781, in-8.

Réimprimé sous le titre de « Dieu et les prêtres » (voy. IV, 990, c,) et ensuite sous celui de « le Lucrèce français, fragments d'un poëme »; par Sylvain M***L. Nouv. éd., rev., corr. et consid. augm. » *Paris, Grabit*, an VI-1798, in-8. Voy. ces mots.

Fragment d'un poëme sur l'Egypte. (Par J.-Cl. FULCHIRON.) *S. l. n. d.*, in-8.

Fragment d'un voyage fait au mois de mai 1810, dans le Brabant hollandais et dans les îles de la Zélande, par M... (Vict.-Donatien MUSSET-PATHEY). *Paris, Colas*, 1810, in-8, 36 p.

Fragment d'une comédie intitulée « les Etrangers en Belgique ». Par la comtesse R*** (Louis ALVIN, bibliothécaire à Bruxelles). *Liége, Oudart*, 1845, in-8, 28 p.

Voy. « Supercheries », III, 293, d.

Fragment d'une histoire du pays de Liége. Histoire d'un évêque de Liége (Henri de Gueldre) et des premiers bourgmestres élus par le peuple de cette ville, par M*** (C.-P.-M. MOULAN), avocat. *Liége, Jeunehomme*, 1833, in-8, 43 p.

Fragment d'une lettre à M. P. sur le rapport de la grandeur du corps avec celle de l'âme. (Par BOULLÉ.) *Paris, Knapen*, 1750, in-8.

Note de l'inspecteur de la librairie d'Hémery.

Fragment d'une lettre écrite de Genève, 19 mars 1771, par un bourgeois de cette ville, à un bourgeois de L***. (Par VOLTAIRE.) *A Genève*, 1771, in-8, 12 p.

Fragment d'une lettre sur Didon...

Voy. « Recueil des facéties parisiennes ».

Fragment d'une lettre (adressée à Malesherbes) sur la police des grains. (Par l'abbé André MORELLET.) *Bruxelles et Paris, Musier*, 1764, in-12, 35 p.

Fragment d'une notice historique sur la Dombe. Par C. D. L. (César DE LA FERRIÈRE). *Lyon, L. Boitel*, 1862, in-8, 62 p.

Fragment de l'Art poétique d'HORACE (traduit en vers français par J. LE DEIST DE BOTIDOUX). *S. l.* (vers 1812), in-8, 14 p.

On doit au même auteur la traduction de quelques satires d'Horace en vers français, 1795, in-8, 87 p.

Fragment de l' « Examen du Prince de Machiavel » où il est traicté des confidens, ministres et conseillers particuliers du Prince, ensemble de la fortune des favoris. (Par Didier HÉRAULD.) *Paris, Pacard*, 1622, in-12. — Sec. édit. augm., 1633, in-12.

Fragment de l'histoire de Maligny (XIVe siècle). Gilles de Maligny. Extrait du « Bulletin de la Société des sciences historiques et naturelles de l'Yonne ». (Par M. Léon DE BASTARD.) *Auxerre, imp. Perriquet et Rouillé*, 1857, in-8, 41 p.

Fragment de XÉNOPHON, nouvellement trouvé dans les ruines de Palmyre par un Anglois, traduit du grec par un François. (Composé par Gabriel BRIZARD.) *Paris, Ph.-D. Pierres*, 1783, in-18.

Ouvrage allégorique sous une forme historique, ayant trait à la révolution d'Amérique ; en voici la clef, écrite par l'auteur même sur l'exemplaire qu'il envoya à Mlle Cosson, sœur du professeur de ce nom :

Thalès.	Franklin.
Erugènes.	Vergennes.
Tangidès.	D'Estaing.
Tusingonas.	Washington.
Fylaalète.	La Fayette.
Olybule.	Bouillé.
Cherambos.	Rochambeau.
Ucocide.	Couëdic.
Usanas.	Le prince de Nassau.
Cheroïclète.	La Clocheterie.
Frusen.	Suffren.
Ubatomen.	Le vicomte de Beaumont.

Fragment des instructions pour le prince royal de ***. (Par VOLTAIRE.) *Londres*, 1767, in-8, 30 p. — *Berlin*, 1768, in-8, 64 p.

Fragment généalogique de la maison de Waroquier, seigneur du Bois, dressé sur les originaux... Par M. le Cte *** (L.-Ch. de WAROQUIER). *Paris,* 1789, in-8, 31 p.

Fragment historique. (Par Ant. PÉRICAUD.) *Lyon,* 1829, in-8.

Fragment sur l'électricité humaine. (Par RETZ, médecin de Rochefort.) *Paris, Méquignon,* 1785, in-8.

Fragment sur les principes du vrai bonheur. (Par Corneille-François DE NELIS, évêque d'Anvers.) *Louvain,* 1763, in-12.

Une critique de cet ouvrage a été publiée sous le titre de : « les Deux Chrysippes ou le stoïcien démasqué. Roman comique pour servir d'introduction à l'essai de paraphrase de la nouvelle Apocalypse du nouvel apôtre de l'amour, connue sous le nom du « Fragment sur les principes du vrai bonheur, etc., » *Leyde, pour Henri Coster, s. d.,* et aussi *Vérone, s. d.* (*Louvain,* 1763), in-8.

Fragments. (Par P.-Sim. BALLANCHE.) *Paris, Renouard,* 1819, in-18, 80 p.

Fragmens. (Par Louis LACOUR.) *Bordeaux, s. d.,* in-8, 24 et 22 p.

Tiré à 125 exempl. Le premier fragment est intitulé : « Incertitude des assertions théosophiques » ; le second : « Coup d'œil sur l'origine du monothéisme ». En tête du titre de chacun d'eux, sur un feuillet séparé, on lit : *Al sha Daï Alem,* « le Dieu noir, Dieu multiple ».

Fragments à la manière de Sterne, trad. de l'anglais par MELLINET aîné. *Paris,* an VIII, in-12.

L'original anglais n'existe pas. Mellinet est auteur et non pas traducteur. On lui a toutefois contesté la propriété de l'ouvrage, mais je crois que c'est à tort.
(Note de M. Eus. Salverte.)

Fragments biographiques et historiques, extraits des registres du conseil d'Etat de la république de Genève, de 1535 à 1792. (Par le baron GRENUS-SALADIN.) *Genève, Manget et Cherbuliez,* 1815, in-8.

Fragments d'histoire et de littérature. (Par Nic.-Hyacinthe LARROQUE, de Rouen.) *La Haye, Adrien Moetjens,* 1706, in-12.

Fragmens d'un ouvrage sur la conscription. (Par J. DELAHAYE.) *Paris,* 2 mars 1814, in-8, 28 p.

Fragmens d'un roman politique (Usong) sur le gouvernement aristocratique, trad. de l'allem. de M. Alb. DE HALLER (par A.-S. D'ARNEX ou D'ARNAY). *Berne,* 1791, in-8.

Fragments d'une lettre à M. d'Aubusson. Par le nouvel Atticus (DE CHAUMAREYS). Août 1791, in-8, 3 p.

Voy. « Supercheries », II, 1274, b.

Fragmens de la vie d'Agricola (en latin et en français, par C.-F. PANCKOUCKE).

Paris, veuve Panckoucke, an XII-1803, in-8, 35 p.

Fragmens de lettres originales de Madame Charlotte-Elisabeth DE BAVIÈRE, veuve de Monsieur, frère unique de Louis XIV... (Traduits de l'allemand, par J. DE MAIMIEUX.) *Hambourg et Paris, Maradan,* 1788, 2 vol. in-12.

Réimprimés en 1807, en un vol. in-8, par *Léopold Collin,* sous le titre de « Mélanges historiques, Anecdotes et Critiques », etc.

Cet ouvrage ne donne qu'une idée fort imparfaite de la correspondance de la Princesse palatine, duchesse d'Orléans ; des publications plus complètes ont été faites depuis, et en dernier lieu on a imprimé : « Correspondance complète de Madame, duchesse d'Orléans... mère du régent. Traduction entièrement nouvelle, par M. G. Brunet, accompagnée d'une annotation historique, biographique et littéraire du traducteur. » *Paris, Charpentier,* 1855, 2 vol. in-18, réimprimés en 1857, 1863 et 1860.

Lettres nouvelles et inédites de la Princesse palatine, traduites par A.-A. Rolland. *Paris, Hetzel,* 1863, in-18.

Fragmens (les) de Molière, comédie. (Par Charles CHEVILLET, sieur DE CHAMPMESLÉ.) *Paris, J. Ribou,* 1682, in-12, 1 f. de tit. et 58 p.

Réimprimé en hollandais avec le nom du comédien BRÉCOURT. *La Haye, A. Moetjens,* 1682, in-12, 41 p. On peut supposer que l'éditeur hollandais aura confondu cette comédie avec « l'Ombre de Molière », qui est, en effet, de Brécourt. Voy. « Supercheries » I, 576, a, et « Bibliographie moliéresque », par P. Lacroix (1872), p. 16.

Fragments de mon album et nigrum. Ecrit en 1811, revu et augmenté de souvenirs en 1836. (Par A.-F. SERGENT-MARCEAU, ancien conventionnel.) *Brignolles, imp. de Perreymont-Dufort,* 1837, in-8, 108 p., plus un portrait et un fac-simile.

Voy. « Supercheries », I, 1243, a.

Fragments de poésie en langue d'oc. (Publiés par M. G. BRUNET.) *Paris, Techener,* 1843, in-8, 36 p.

Tiré à 50 exempl. Cet opuscule avait pour but de faire connaître quelques morceaux des poésies romanes publiées en Allemagne par le laborieux F.-C. Diez. C'est à tort que ce livret est inscrit au nom de Raynouard dans le « Catalogue général de la librairie française », publié par M. Otto Lorenz.

Fragments de satire médicale, par un médecin de campagne (N. CLOQUET, médecin à Feluy, Hainaut). *Nivelles, Cuisenaire,* 1848, in-8, 64 p.

Petite généalogie du charlatanisme.   J. D.

Fragmens de tactique, ou six mémoires, etc., précédés d'un discours préliminaire sur la tactique et sur les systèmes.

(Par DE MESNIL-DURAND.) *Paris, Jombert* (1774), in-4.

L'auteur a publié la même année une suite contenant trois autres mémoires.

Fragments de voyages dans toute la Russie. *Rome, Société typographique,* 1792, 2 vol. in-4.

Une note de M. Huzard (voir son Catalogue, I, 5236) signale ces deux volumes comme étant les tomes I et III de l' « Histoire des découvertes faites par divers savants voyageurs dans plusieurs contrées de la Russie et de la Perse », publiés à Berne, de 1779 à 1781. Voir l'article « Histoire des découvertes ».

Fragments de voyages en Allemagne en 1840, recueillis pour la famille et dédiés à l'amitié par d'OT..... DE B....... (Albert D'OTREPPE DE BOUVETTE). *S. l.,* 1844, in-8, 26 et 38 p.

Tirage à part de la « Revue universelle ».   J. D.

Fragmens du voyage de LA PÉROUSE. (Publiés par Jacq. CAMBRY.) *Quimper,* in-8.

Fragments et passages de l'Ecriture sainte, choisis pour les enfants. (Par Mlle Herminie CHAVANNES.) *Lausanne,* in-18.

Fragments extraits du portefeuille de M. Cicogne, surnuméraire, observateur et compilateur. 1° Formation d'un budget : Apologue. 2° Trait de dévouement d'Urbain Bavardier envers Henri IV. 3° Portrait d'Urbain Bavardier, surintendant des finances. 4° Autre portrait. Pour faire suite à deux facéties intitulées, l'une, « M. Cigogne » (par Victor Masson) ; l'autre, « Nouveaux moyens de parvenir » (par Den.-Jos.-Cl. Lefebvre), par deux anonymes inconnus, chefs au ministère des finances. (Par BELMONDI.) *Paris, les march. de nouv.,* 1819, in-8, 32 p. — 2° éd. *Id.,* 1819, in-8, 32 p.

Contre M. Bricogne.

Fragmens généalogiques. (Par DUMONT.) *Genève,* 1776, 6 vol. pet. in-8, blasons.

Les tomes V et VI sont très-rares, et dans ces deux volumes, par des circonstances inconnues, la place des gravures est restée en blanc. Ils ont été réimprimés, par M. Duquesne, à Gand, en 1860. Voy. « Bibliophile belge », t. XVI, p. 241.

Fragments historiques et géographiques sur la Scythie, la Sarmatie et les Slaves. (Par le comte Jean POTOCKI.) *Imprimés à Brunswick* en 1795, 4 vol. in-4.

Ce sont les « Fragments... recueillis et commentés par le comte J. Potocki », *Brunsvic* (sic), *dans la librairie des Ecoles,* 1796, avec des cartons, non-seulement pour les titres qui ne portent plus le nom de l'auteur, mais dans le corps de l'ouvrage. Cet ouvrage, recueil de textes dans le genre des *Memoriæ populorum* de Stritter, a besoin d'une collation attentive, d'autant plus qu'il ne possède pas de tables ; je me suis livré à ce travail qu'on trouvera dans le Catalogue de la biblioth. de M. le comte Alexis Ouvarof. Il faut observer que le supplément, pour être complet, doit être composé de deux parties de 231 et 148 pages ; ces deux parties avaient été imprimées antérieurement à Varsovie, en 1793.   A. L.

Fragments historiques sur les états généraux en Lorraine, la manière de délibérer les objets qui s'y traitaient. (Par F.-D. DE MORY D'ELVANGE.) *Metz, Laurent,* 1788, in-8, 34 p.

Fragments historiques sur Pierre III et Catherine II. (Par GOEBEL, auteur d'une grammaire allemande.) *Paris, impr. du Cercle social,* 1797, in-12, 130 p.

Fragmens. Naples et Venise. (Par Mme la comtesse DE MONTARAN.) *Paris, Laisné,* 1836, in-8.

Fragments patriotiques sur l'Irlande, par miss OWENSON (lady MORGAN) ; traduit de l'anglais par Mme A. E. (A. ESMÉNARD). *Paris, Lhuillier,* 1817, in-8.

Fragmens relatifs à l'Histoire ecclésiastique des premières années du XIXe siècle. (Par L.-M. DE BARRAL, archevêque de Tours.) *Paris, Egron,* 1814, in-8.

Ces « Fragments » ne sont pas complets ; on en a retranché des parties essentielles. Voyez l' « Ami de la Religion et du Roi », t. III, p. 369.
On trouve dans le tome premier de la « Politique chrétienne », par M. l'abbé Aimé Guillon, pour le premier trimestre de 1815, p. 161 et suiv., les variantes de quelques-uns de ces « Fragments ».

Fragments sur divers sujets de religion et de morale. (Par la duchesse DE BROGLIE, née Albertine-Ida-Gustavine DE STAEL, à Paris en 1797, morte en 1839.) *Paris, imprimerie royale,* 1840, in-8, 370 p.

Fragmens sur l'histoire politique et littéraire de l'ancienne république de Raguse et sur la langue slave. (Par Ant. DE SORGO.) *Paris, Porthmann,* 1839, in-8, 116 p.

Fragments sur l'Inde et sur le général Lalli. (Par VOLTAIRE.) *S. l.,* 1773, in-8, 2 ff. lim. et 162 p. — *S. l.,* 1773, in-8, VIII-184 p. — *Londres,* 1774, in-8, VIII-400 p.

Fragments sur la campagne de Russie extraits de l' « Ambigu » (journal rédigé à Londres par J.-G. PELTIER). *Paris, marchands de nouveautés,* 1814, in-8, 123 p.

Fragments sur les campagnes d'Italie et de Hongrie. Par un capitaine de chevau-légers. *Paris, imp. de Chaix*, 1851, in-8, 191 p. et 10 lithogr. signées du monogr. J. A. L. z.

Les lithographies ont été exécutées par M. J.-A. Lorentz, d'après les dessins savamment exprimés au crayon par l'auteur de ce livre atribué par les « Supercheries », I, 641, e, à Mme Constant qui a peut-être été chargée de mettre en ordre les notes du capitaine de chevau-légers.

Un autre récit de ces campagnes portant le nom du marquis de Pimodan a paru plus tard sous ce titre : « Souvenirs des campagnes d'Italie et de Hongrie ». (Voy. ces mots.)

Fragmens sur les colonies en général et sur celles des Anglois en particulier (traduit de l'anglois de Adam Smith, par Elie-Salomon-François Reverdil). *Lausanne*, 1778, in-8.

Fragments sur les institutions républicaines, ouvrage posthume de Saint-Just. (Publiés par M. Briot, depuis député du Doubs.) *Paris, Fayolle* (1800), in-8, 88 p.

M. Ch. Nodier a publié une nouv. édit. de cet ouvr. *Paris, Techener*, 1831, in-8. Voy. sur l'édition de 1800, les « Mélanges tirés d'une petite bibliothèque », par M. Nodier, p. 319.

M. de Manne indique cette édition comme publiée par Lemare.

Fragments tirés des Œuvres de J.-J. Rousseau, suivis de huit lettres inédites (publiées par Moulton). *Genève*, 1829, in-8.

Fragoletta, Naples et Paris en 1799. (Par Hyacinthe Thabaud de Latouche.) *Paris, Levavasseur*, 1829, 2 vol. in-8.
D. M.

Franc-Alleu (le) de la province de Languedoc établi et défendu. (Par Pierre de Caseneuve.) *Tolose, Boude*, 1645, in-fol.

La première édition, également anonyme, porte le titre de : « Instruction pour le Franc-alleu ». Voy. ces mots.

Franc-Alleu de Provence. (Par Joseph-Laurent Gensollen, avocat au parlement d'Aix.) *Aix, Joseph David*, 1732, in-4, 295 p.   D. M.

Franc-Alleu (du), et origine des droits seigneuriaux, etc. (Par Auguste Galland.) *Paris, Et. Richer*, 1637, in-4.

Il y a une première édition de 1620, bien moins étendue. Voyez IV, 753, c ; voyez aussi la « Biographie universelle », et une note de M. A. Taillandier dans l' « Athenæum français » du 6 oct. 1855.

Franc (le) bourguignon pour l'entretien des alliances de France et d'Espagne. (Par Cl. d'Esternod.) *Paris, G. Le Veau*, 1615, in-8.

Réimprimé la même année avec le nom de l'auteur.

Franc (le) et libre discours sur l'état présent de la France. (Par Michel Hu-

rault, sieur du Fay.) 1591, 1593, in-12.

C'est la même pièce que l' « Excellent et libre discours » décrit ci-dessus, col. 365, c.

Franc (le) et véritable discours au roi, sur le rétablissement qui lui est demandé pour les jésuites. (Par Ant. Arnauld, père du célèbre docteur.) *S. l. n. d.*, in-4. — *S. l.*, 1602, 1603, 1610, in-8. — Nouvelle édition (publiée par l'abbé Cl.-P. Goujet, avec des notes). 1762, in-12.

Franc (le) libéral. Essai de poëme satyrico-moral et politique, en sixains réguliers distribués en deux chants ; suivi de l'Ode historique à Henri IV, et de pièces fugitives : dédié à la nation française ; par l'auteur de la « Galerie de cent tableaux littéraires, sur la guerre, la paix, la France et le commerce » (A. Poujol, ancien professeur du collége d'Alais). *Montpellier, imp. de J.-G. Tournel*, 1819, in-8, 109 p.

Franc-Maçon (le) dans la république, ou réflexions apologiques sur la persécution des F. M. par un membre de l'ordre, avec une lettre à Mme de ***, où l'on invite plusieurs auteurs célèbres d'entrer dans ledit Ordre. (Par Phil.-Friedr. Steinheil.) *Francfort et Leipzig*, 1746, in-8.   A. L.

Franc-maçonnerie (la), considérée philosophiquement, par J. D. (J. Desenne). *Lyon, Perrin*, 1829, in-8.

Franc-maçonnerie (la) expliquée, par un ami de la vérité (le docteur A. N***). *Metz*, 1844, in-12.

Ce livre est, selon toute probabilité, du docteur A. Neyen, né à Luxembourg, auteur de la « Biographie luxembourgeoise » et d'un grand nombre d'autres écrits.   D. M.

Franc-maçonnerie (la) justifiée de toutes les calomnies répandues contre elle, ou réfutation du livre de l'abbé Barruel contre les francs-maçons, par le F∴. N. C. D. S. C. (Nicolas Charpy de Sainte-Croix), auteur du « Véritable Lien des peuples », écrit à Paris en 1829. *Lyon, Baron*, 1839, in-8, xx-91 p.

Franc-maçonnerie ; Orient de Liége ; loge de la Parfaite Intelligence, sépulture ecclésiastique. (Par l'abbé Léon de Foere, membre du Congrès national.) *Bruges*, 1819, in-8.   J. D.

Franc (le) parleur de Normandie, almanach instructif et amusant, pour l'an 1845, par un ermite du Roumois (Nicolas-Armand Harel). *Evreux, imp. Thinet et Costerousse*, in-16.

Franc parleur (le), ou guerre aux abus, aux travers et aux sottises de tous genres, par un Hi! ha!! de Schaerbeek (COOMANS). *Bruxelles*, 1864, in-8, 15 p.   J. D.

François (le) à Amsterdam, ou les apparences trompeuses, comédie en 5 actes et en prose. (Par CARRIÈRE-DOISIN.) *Amsterdam, B. Ulam*, 1767, in-8.

Français (les) à Cythère, comédie héroïque en un acte en prose mêlée de chants. (Par Louis-Germain PETITAIN.) *Paris*, an VI-1798, in-8.

Au verso du titre, on lit : A F. J. P. A. S. G. D. D. D. N., c'est-à-dire : A François-Jean-Philibert Aubert, secrétaire général du département des Deux-Nèthes. Cette pièce, qui est anonyme, n'a pas été représentée. Celle qui porte le même titre, et qui fut rejouée le 27 ventose sur le théâtre du Vaudeville, a pour auteurs : Auguste CREUZÉ-DELESSERT, CHAZET et DUPATY.
            (Biographie Rabbe.)

François (les) à la Grenade, ou l'impromptu de la guerre et de l'amour, comédie-divertissement en deux actes et en prose mêlée de chants, de danses et de vaudevilles... par C***** d'H***** (COLLOT D'HERBOIS). *Lille et Douai*, 1779, in-8, 36 p. — *Bordeaux*, 1780, in-8.

Français (le) alsacien. Fautes de pronociation et germanismes. Essai par I... D... (I. DHAUTEVILLE). *Strasbourg, Derivaux*, 1852, in-12, 247 p.

Français (les) aux officiers et soldats des armées liguées contre eux. *Bar-le-Duc, Choppin*, 1791, in-4, 4 p.

Par DENIS, ex-prêtre, suivant une note ms. sur l'exemplaire de la Bibliothèque nationale.

Français (les) en Egypte, ou souvenirs des campagnes d'Egypte et de Syrie, par un officier de l'expédition (le colonel CHALBRAND). Recueillis et mis en ordre par J.-J.-E. ROY. *Tours, Mame*, 1855, in-8.

Réimprimé en 1856, 1857, 1861.

Français (les) en Espagne, esquisse dramatique et historique, précédée d'une notice sur la vie de M. de Fongeray. (Par CAVÉ et DITTMER.) *Bruxelles*, 1827, in-18.
     J. D.

Français (le) philanthrope, ou considérations patriotiques, relatives à une ancienne et nouvelle aristocratie. (Par FOUCHER D'OBSONVILLE.) *Paris*, 1789, in-8, 112 p.

Françoises (les), ou trente-quatre exemples choisis dans les mœurs actuelles. (Par N.-E. RÉTIF DE LA BRETONNE.) *Neufchâtel*, 1786, 4 vol. in-12, av. 34 grav.

France (la) à Mgr le duc d'Elbeuf, général des armées du roy. Parénétique. *Paris*, 1649, in-4, 14 p. et 1 f. bl.

En vers. Avec une dédicace ajoutée et signée DU BOS.

France (la) agricole et marchande. (Par Henri DE GOYON DE LA PLOMBANIE.) *Avignon (Paris), Boudet*, 1762, 2 vol. in-8.

France (la) au Parlement, poëme. (Par l'abbé Louis GUIDI.) *Paris*, 1761, in-12, 43 p. — Nouvelle éd., avec des notes de l'éditeur. *Liège, imp. de Haleng*, 1826, in-12, 27 p.

France (de la) au 1er mai 1822, par l'auteur du « Système des doctrinaires... » (Jean COHEN). *Paris, Egron*, 1822, in-8, 1 f. de tit. et 32 p.

France (la) auguste en abrégé... (Par DAMOND.) *Utrecht, R. van Zyll*, 1681, in-12.   D. M.

France (la) avant César, sous César, après César. Introduction à l'histoire du premier empire. Par V..., de Saint-Calais. *Le Mans, imp. de Beauvais*, 1864-1867, in-4, 92 et 122 p.

La dédicace est signée : A. VOISIN, prêtre.

France : Berry. Désarmement : délivrance. (Par le marquis DE LA GERVAISAIS.) *Paris, imp. de Pihan Delaforest*, 1833, in-8, 32 p.

Voy. ci-dessus, « la Captive », et « de la Captivité de Mme la duchesse de Berry », IV, col. 496, e et f.

France (la) catholique, recueil de nouvelles dissertations religieuses et catholico-monarchiques sur l'état actuel des affaires de l'Eglise, suivant les principes de Bossuet. *Paris*, 1825-1826, 4 vol. in-8.

Le principal rédacteur a été l'abbé Aimé GUILLON ; dans le t. III, p. 74-92, il s'est caché sous le pseudonyme de GENEST.

France (la) chevaleresque et chapitrale, ou précis de tous les ordres existans de chevalerie..., par M. le vicomte de G**** (DE GABRIELLY). *Paris, Le Roy*, 1785, in-12. — *Paris, Le Roy*, 1787, in-12.

France (la) chrétienne, journal religieux, politique et littéraire. (Rédigée par MM. P.-S. LAURENTIE, MUTIN et RATHIER.) *Paris, rue Christine, no 9*, 1821-1828, in-8 et in-4.

France (la) chrétienne, juste et vraiment libre. (Par l'abbé J.-B. DUVOISIN, mort évêque de Nantes.) *S. l.*, 1789, in-8, 219 p. et 2 ff. n. chif.

France (la) chrétienne, ou Etat des archevêchés et évêchés de France... (Par

J. Chevillard.) *Paris, J. Chevillard*, 1693, in-4.

France (la) considérée sous le rapport de la géographie physique et politique, de la statistique, du commerce, de l'industrie et de l'histoire. (Par P.-Ch. Picquet et Kilian, son beau-frère.) *Paris, A.-J. Kilian*, 1828, in-18, 2 ff. de tit., iv-216 p. — 3ᵉ édit. *Paris, Picquet*, 1830, in-32.

France (la) consolée, épithalame pour les nopces du très-chrestien Louis XIII et d'Anne d'Austriche. (Par Favereau.) *Paris, J. Petit Pas*, 1625, in-8.

France (la) délivrée, ode. *Paris, imp. de Dehansy*, 1814, in-8, 12 p.

Signé : X. V. D..P. Arnaud (Prud.-M.-V.-X. Draparnaud).

France (la) devant l'Europe, ou la question des frontières. (Par Charles Grun.) *Bruxelles, Lacroix*, 1860, in-12, 55 p.

France (la) doit-elle conserver Alger ? Par un auditeur au conseil d'Etat (Agénor de Gasparin). *Paris, imp. de Béthune et Plon*, 1835, in-8, 70 p.

France (la) ecclésiastique, ou Etat présent du clergé séculier et régulier, des ordres religieux, militaires et des universités.... (Par H.-Gab. Duchesne.) *Paris, G. Desprez*, 1768-1789, 16 vol. in-12.

France (la) en Afrique. (Par J. Lingay.) *Paris*, 1846, in-8.

France (la) en convulsion pendant la seconde usurpation de Buonaparte. (Par J.-P. Mouton-Fontenille de Laclotte.) *Lyon, impr. de J.-M. Boursy*, 1815, in-8.

L'auteur a publié, avec son nom, et la même année : « la France en délire pendant les deux usurpations de Buonaparte ». *Paris, Saint-Michel*, in-8.

France (la) en 1814 et 1815, ou lettre de M. D. M. à M. W. Bew. (Par Pierre-Louis Blanchard.) *Londres, Juigné*, 1815, in-8.

Voy. « Supercheries », I, 963, *d*.

France (la) en 1825, ou mes regrets et mes espérances, discours en vers, par un Français, attaché aux véritables intérêts de la religion, de la morale publique, de la liberté, de la patrie et du roi (Marc-Ant. Jullien). *Paris, A.-A. Renouard*, 1825, in-8, 24 p.

Une 2ᵉ éd., imp. la même année, porte le nom de l'auteur.

France (la) en 1829 et 1830, par lady Morgan ; traduit par le traducteur de

« l'Italie » (Mˡˡᵉ Adèle Sobry). *Paris, Fournier*, 1830, 2 vol. in-8.

Chaque volume se compose de deux parties, qui ont paru à certain intervalle l'une de l'autre. Les deux premières portent seules le nom du traducteur.

D. M.

France (la) en 1834, ou appel au patriotisme de tous les partis. Par M. D.˙˙S.˙G.˙. (de Saint-Genis, commis aux écritures à la maison centrale de Montpellier), ancien officier, membre de la Légion d'honneur. *Montpellier, Patras*, 1834, in-8.

France (la) est constante. (Par Mᵐᵉ la comtesse Regnault de Saint-Jean-d'Angély.) *Paris, imp. de Mᵐᵉ de Lacombe* (1848), in-8, 1 p.

France (la) et l'Espagne en 1808 et 1823, par M. de B... V. (Alex.-Jos. de Bray-Valfresne). *Paris, C.-J. Trouvé*, 1823, in-8, 44 p.

France (la) et la Belgique. 1830-1831. (Par Ad. Mathieu.) *Mons, Hoyois-Derely*, 1833, in-12, 42 p.

J. D.

France (la) et la révolution. Juillet 1848. *Bruxelles, J.-B. de Mortier*, 1848, in-8, 40 p.

Par P. Braff, d'après une note manuscrite sur l'exemplaire de la Bibliothèque nationale.

France (la) et le pape, ou dévouement de la France au siége apostolique. Discussion sur l'assemblée de 1682 et sur la déclaration du clergé de France; le tout suivi de pièces importantes relatives à cette matière; par M. l'abbé ***, ancien vicaire général. Ouvrage dédié aux évèques de France. (Par Clément Villecourt, depuis cardinal, ancien évêque de La Rochelle.) *Paris, Migne*, 1849, in-8.

France (la) et le pape. Réponse à M. le comte de Montalembert. (Par Etienne-Louis Chastel, pasteur à Genève.) *Paris, Dentu*, 1860, in-8, 31 p. — 2ᵉ éd. *Paris, Dentu*, 1860, in-8, 30 p.

France (la) foutue, tragédie lubrique et royaliste, en trois actes et en vers. A Barbe-en-con, en Foutro-manie, l'an des fouteurs 5796, in-18, 179 p. et 1 f.

M. Paul Lacroix, dans une note du catalogue Seleinne (nᵒ 3876), attribue cette pièce au marquis de Sade, ce qui est assez contestable. Malgré la date de 5796 ou 1796, l'impression n'a eu lieu qu'en 1799 ou 1800, comme le montrent les allusions à Bonaparte. Ce volume a figuré sur divers catalogues de vente (Saint-Morys, Boulard, Baillot, etc.). Il a été publié en 1871 une réimpression avec l'indication supposée de Strasbourg (petit in-12, vii et 115 p.); elle est précédée d'une notice bibliographique signée :

J. B. D. N., et elle est annoncée comme imprimée à cent exemplaires.

France (la) gouvernée par des ordonnances, ou esprit des conseils d'Etat sous les principaux règnes des rois de France... par Gustave B*** (Gustave BALLARI), imprimeur-compositeur. *Paris, chez les marchands de nouveautés,* octobre 1829, in-8.

France (la) guérie, odes adressées au roi sur sa maladie, sa guérison miraculeuse... par un religieux de la compagnie de Jésus (Pierre LE MOINE). *Paris, S. Cramoisy,* 1631, in-fol.

France (la) intéressée à rétablir l'édit de Nantes. *Amsterdam, Henry Desbordes,* 1690, in-12, 13 ff. lim., 263 p. et 4 ff. de table.

Attribué par Barbier à Charles ANCILLON.

L'avertissement, qui se trouve à la fin de la préface, parle de l'ouvrage d'Ancillon, « l'Irrévocabilité de l'édit de Nantes... » (Voy. ce titre), de façon à faire douter que les deux ouvrages soient du même auteur.

France (la) justifiée de complicité dans l'assassinat du duc de Berry, ou réflexions sur le Mandement de M. le cardinal-archevêque de Paris, relativement au service pour le repos de l'âme de ce prince. (Par P.-J. AGIER.) *Paris,* 1820, in-8.

Extrait de la « Chronique religieuse ».

France (la), l'Italie et l'Europe, impressions d'un Américain (Lawrence LABADIE). *Bordeaux, J. Delmas,* 1859, in-8.

France (la) languissante résolue à vaincre ou à mourir. *Paris,* 1649, in-4, 16 p.

Attribué par Naudé au curé de Saint-Roch, BROUSSE.

France (la), le Mexique et les Etats confédérés contre les Etats-Unis. *Paris, E. Dentu,* 1863, in-8.

Attribué à M. RASETTI, de Turin.   D. M.

France (la) législative, ministérielle, judiciaire et administrative sous les quatre dynasties... par M. V**** (Nicolas VITON DE SAINT-ALLAIS). *Paris, Mme veuve Le Petit,* 1813, 4 vol. in-18.

Voy. « Supercheries », III, 885, f.

France (la) libre. (Par Camille DESMOULINS.) 1789, in-8, 75 p.

France (la) libre, ou apostrophe d'un Français, après le départ des ennemis, aux lâches qui ont trahi leur patrie. Par A. M..... DE LA V..... (Alphonse MARGEOT DE LA VILLEMENEUR). *Evreux, imp. d'Abel Lanoë, s. d.,* in-8, 2 p.

Voy. « Supercheries », I, 297, e.

France (la) littéraire, contenant : 1° les Académies établies à Paris et dans les dif-

férentes villes du royaume ; 2° les auteurs vivants, avec la liste de leurs ouvrages ; 3° les auteurs morts, depuis l'année 1751 inclusivement, avec la liste de leurs ouvrages ; 4° le catalogue alphabétique des ouvrages de tous ces auteurs. (Par les abbés Jacq. D'HÉBRAIL et Jos. DE LA PORTE.) *Paris, veuve Duchesne,* 1769, 2 vol. in-8.

Un supplément en deux parties, formant le t. III, a été donné par l'abbé DE LA PORTE seul en 1778. Le « Nouveau supplément », publié en 1784, est de l'abbé Jos.-And. GUIOT, victorin. Je ne sais sur quoi Quérard s'est appuyé pour donner ce dernier travail à Magné de Marolles (« Fr. littér. », V, 428), quand il l'avait déjà attribué à GUIOT (« Fr. littér. », III, 545).

Dès 1756, l'abbé de La Porte avait fait paraître une « France littéraire, ou les Beaux-Arts, contenant les noms et les ouvrages des gens de lettres, des sçavans, et des artistes célèbres, qui vivent actuellement en France ; augmentée du catalogue des Académies établies tant à Paris que dans les différentes villes du royaume. » *Paris, veuve Duchesne,* in-24 de 5 ff. prélim., LXXXIV-262 p. et 1 f. d'errata.

En 1758, il publiait un nouveau volume, dont le titre simplifié porte : « la France littéraire, contenant les noms... » in-24 de 6 ff. prélim., 96, 202 p. et 1 f. pour le privilége daté du 27 août 1757. Ce volume eut trois suppléments en 1760, 1762 et 1764. L'auteur préparait une nouvelle édition en 1767 ; c'est ce travail qui forme les deux volumes ci-dessus pour la publication desquels il s'adjoignit l'abbé D'HÉBRAIL.

Le premier travail de La Porte a été réimprimé par J.-H.-S. FORMEY à Berlin, sous ce titre : « la France littéraire, ou Dictionnaire des auteurs françois vivants, corrigé et augmenté. » *Berlin, Haude et Spener,* 1757, in-8 de XIV et 344 p.

Le commencement de « la France littéraire » remonte à 1751, et portait le titre de « Almanach des Beaux-Arts » (Voy. IV, 105, a), ainsi que nous l'apprend l'avertissement du t. Ier, de l'édition de 1760, p. 3.

France (la) militaire sous les quatre dynasties, par M. V*** (Nicolas VITON DE SAINT-ALLAIS). *Paris, veuve Le Petit,* 1812, 2 vol. in-18.

Voy. « Supercheries », III, 885, f.

France (la) mourante, dialogue : le chancelier de L'Hospital, le capitaine Bayard, dit le Chevalier sans reproche, la France malade. *S. l.* (1621), in-8.

Cinq éditions, au moins, la même année, 77, 59 ou 63 p.

Attribué par le P. Lelong à l'évêque de Luçon, depuis cardinal DE RICHELIEU.

Réimprimé à *Paris, imp. de Crapelet,* 1829, in-8, 2 ff. de tit. et 75 p.

France (la) pacifiée, poëme en 25 chants, accompagné de notes historiques, par M. N. J. B. (N.-J.-B. MONTALAN). *Paris, Dondey-Dupré,* 1823, 2 vol. in-8.

Le titre de cet ouvrage, rafraîchi en 1824, contient le nom de l'auteur.

France (la), par lady Morgan, ci-devant miss Owenson. *Paris et Londres, Treuttel et Wurtz*, 1817, 2 vol. in-8. — 2ᵉ éd. *Id.*, 1817, 2 vol. in-8. — 3ᵉ éd. *Id.*, 1818, 2 vol. in-8. — 5ᵉ éd. *Paris, Tillois*, 1848, 3 vol. in-12.

La 2ᵉ et la 3ᵉ éd. portent : traduit de l'anglais, par A. J. B. D. (A.-J.-B. Defauconpret).

Voy. « Supercheries », I, 222, *b*.

La « Biographie des hommes vivants », attribue cette traduction à Phil.-Alex. Lebrun de Charmettes, que ne semblent pas désigner les lettres initiales du frontispice.

Barbier, qui, dans son premier supplément, avait adopté la première attribution, dit dans son supplément général (nᵒ 22537 de la 2ᵉ éd. de ce dictionnaire) : « C'est par erreur que M. Defauconpret est désigné, sous le nᵒ 13507, comme traducteur de cet ouvrage. »

France (la) prise et sauvée, ou le siége de Paris, par P. F. P*** (P.-F. Palloy). *S. l. n. d.*, in-8, 15 p.

Voy. sur Palloy, la « France littéraire », tom. XI, p. 387.

France (la) punie. *S. l. n. d.*, in-fol.

L'exemplaire de la Bibliothèque nationale porte la signature autographe : Fèvre, Offʳ.

France (la) régénérée. (Par l'abbé J.-A. Brun.) 1788, in-8.

France (la) ruinée sous le règne de Louis XIV. Par qui et comment. Avec les moyens de la rétablir en peu de temps. *Cologne, P. Marteau*, 1696, in-18, 214 p., avec un frontispice et une carte.

Beaucoup d'anciens auteurs et, de nos jours encore, la « Nouv. biogr. génér. » donnent cet écrit à l'abbé J.-B. de Chevremont; c'est ce qu'avait fait aussi le « Dictionnaire des anonymes sous le nᵒ 3588, mais sous le nᵒ 17605, il avait reconnu que cet ouvrage n'était sous un nouveau titre que le « Testament politique de M. de Vauban » ou mieux du « Détail de la France », par Le Pesant de Bois Guilbert. (Voy. ci-dev., IV, 913, *f*, et « Supercheries », III, 914, *c*. Voy. aussi catal. Ch. Leber, t. III, nᵒ 5398.)

France (la) sauvée (par la condamnation à mort de Louis XVI), ou honneur à la représentation nationale. (Par L. Durocher.) *S. l.* (*Paris*), impr. *Franklin, s. d.*, in-8.

France (la) sauvée, ou la faction dévoilée. (Par M. Dudot.) *Paris, Pihan Delaforest*, 1829, in-8, 15 p.

France (la) sauvée, poëme. (Par Fr.-Th.-Mar. de Baculard d'Arnaud.) *S. l.*, 1757, in-4, 25 p.

France (la) secourant les incendiés de Salins. Épître en vers. (Par M. Trémollières, président du tribunal de première instance à Besançon.) *Besançon, Charles Deis*, 1827, in-8, 11 p.

France (la) seigneuriale, ou les principautés, duchés... et autres seigneuries considérables de France... (Par P. Duval.) *Paris, Le Prest*, 1650, in-8, 2 ff. lim., 40 p. et 2 ff.

France (la) sous le règne de la Convention. (Par le vicomte Félix de Conny.) *Paris, Le Normant*, 1820, in-8. — 2ᵉ éd. *Paris, Jeulin*, 1822, in-8.

France (la) telle qu'elle est et non la France de lady Morgan, par William Playfair ; ouvrage traduit de l'anglais par l'auteur des « Observations sur la France de lady Morgan » (A.-J.-B. Defauconpret). *Paris, Nicole*, 1820, in-8.

France (la) telle que M. Kératry la rêve, ou analyse raisonnée de sa dernière brochure (intit. : « la France telle qu'on l'a faite »). (Par A.-J.-Ph.-L. Cohen, conservateur à la Bibliothèque Sainte-Geneviève, né en 1781, mort le 6 août 1848.) *Paris, Delaunay*, janvier 1821, in-8, 60 p.

France (la) toute catholique sous le règne de Louis XIV, contre le livre de M. Jurieu, en parallèle du papisme et du calvinisme. (Par Gauthereau, ministre calviniste converti.) *Lyon*, 1685, 3 vol. in-12.

M. de Manne attribue ce livre à Laurenceau, jésuite, nom qui ne se trouve pas dans la 2ᵉ édit. de P. de Backer.

Voy., pour une réponse à cet ouvrage, IV, 544, *b*.

France (la) vengée, poëme. (Par Edme Billardon de Sauvigny.) *Paris*, 1757, in-12.

France (la) vivifiée par l'industrie et par les travaux publics dans la capitale et les provinces du royaume, par un patriote (Dubuquois). *Paris*, 1790, in-8, 35 p.

France (la) vue de l'armée d'Italie. Journal de politique, d'administration et de littérature française et étrangère. (Par M.-L.-E. Regnault de Saint-Jean d'Angely et Corbigny.) *Milan*, thermidor an V à vendém. an VI, in-8.

Quoique indiqué comme in-4 dans plusieurs bibliographies, ce journal est de format in-8. La Bibliothèque nationale en possède un exemplaire qui lui vient de La Bédoyère, et qui est complet en 18 nᵒˢ ou 288 pages. On lit, p. 176, à la fin du nᵒ 11 (1ᵉʳ vendém. an VI) : « Le Citoyen Regnaud, de Saint-Jean-d'Angély, annonce qu'il n'est l'auteur que des six premiers numéros de ce journal, et qu'il n'avouera désormais que les articles qui seront souscrits des lettres initiales de son nom. Le reste, y compris l'article *sur la légion polonaise* du nᵒ 6, est d'une autre main. »

Franche-Comté (la) ancienne et moderne, avec des cartes géographiques. Lettres (du P. Joseph-Romain JOLY) à Mlle d'Udressier. *Paris, veuve Hérissant,* 1779, in-12.

Franche-Comté (la) ancienne et moderne, ou exposition des principaux changements survenus dans l'État du comté de Bourgogne, depuis l'antiquité jusqu'à nos jours. (Par le comte Marie-Joseph-Henri-Paul D'AUGICOUR.) *Besançon, G. Jacquin,* 1857-1859, 2 vol. in-8.

M. D'AUGICOUR était plus connu sous le nom de HUGON DE POLIGNY, qui était celui de sa mère, mais dont un jugement intervenu en 1865 lui a interdit l'usage.

Franche (la) Marguerite... (Par DU-BOSC-MONTANDRÉ.) *S. l.* (1652), in-4, 16 p.

Trois éditions au moins la même année.

Franchises (des) du Roussillon et des barons de Thoren. (Par Célestin-Xavier DE VILLARD.) *S. l.,* 1840, in-8, 15 p.

Franchises (les) et les paix générales de la nation liégeoise vengées, ou les cent variétés et anecdotes. (Par l'abbé T.-J. JEHIN.) *Au temple de la Vérité,* juin 1867, in-12, 240 p. et 1 f. d'errata.   Ul. C.

Franciade (la), poëme. (Par P. DELAU-DUN.) 1604, in-12.   V. T.

Francinisme (le), ou la philosophie naturelle. (Par François VERNES, de Genève.) *Londres (Genève),* 1794, in-12, 338 p.

Francisque. Nouvelle ; par M. le comte Alexandre DE Q...... (Alexandre DE QUE-RELLES). *Paris, Dentu,* 1828, in-12, 156 p.

François de Mentel, nouvelle historique. (Par Mme DE CHEVREUSE.) *Paris, chez les marchands de nouveautés,* 1807, in-12, 72 p.

Mme de Chevreuse, née Narbonne-Fritzlard, est morte à Lyon, en juin 1813, âgée de vingt-huit ou vingt-neuf ans.

François Ier et sa cour. (Par B. HAU-RÉAU.) *Paris, Hachette,* 1853, in-16.

Réimprimé avec le nom de l'auteur.

François II, roi de France. En cinq actes. (Par le président Ch.-J.-Fr. HÉ-NAULT.) *S. l. (Paris, Prault),* 1747, in-8, 10 ff. lim. et 151 p.

On lit en tête du titre : « Nouveau Théâtre-Français ».

Réimprimé avec « le Réveil d'Épiménide » sous le titre de « Deux Pièces de théâtre en prose ». *Amster-* 154 (?) et 30 p. *et Merkus,* 1757, in-8, 11 ff. lim.,

François II, roi des des Deux-Siciles, à

Gaëte, et Victor-Emmanuel, se disant roi d'Italie, devant l'histoire. (Par VAN HUF-FEL.) *Bruxelles,* 1865, in-8, 20 p.   J. D.

François Gacon et Jean-Baptiste Rousseau. Extrait de la « Revue du Lyonnais »... *Lyon, imp. de L. Boitel,* 1835, in-8, 1 f. de titre et 37 p.

Signé : J. S. P. (J.-S. PASSERON).

Voy. « Supercheries », II, 430, c.

Francophile (le) pour très-grand... très-belliqueux prince Henry Auguste IV, roy de France et de Navarre. Contre les conspirations du roy d'Espagne, du pape et des rebelles de France. *A Chartres,* 1591, in-8, 85 p. — *S. l.,* 1591, pet. in-8, 134 p. — *S. l.,* 1606, in-12, 113 p.

La dédicace au roi est signée : A. M. (André MAILLARD).

Des exemplaires de cette dernière édition, dont la p. 112 est chiffrée 11, ont été intercalés dans le « Recueil des excellens et libres discours... » Voy. ce titre.

Francs-juges (les), ou les temps de barbarie, mélodrame historique en quatre actes, du XIIIe siècle, par M. J. H. F. L. (Jean-Henri-Ferdinand LAMARTELLIÈRE)... Représenté pour la première fois à Paris, sur le théâtre de l'Ambigu-Comique, le mercredi 17 juin 1807. *Paris, Barba,* 1807, in-8, 52 p.   D. M.

Francs-maçons (les) écrasés, suite du livre intitulé : « l'Ordre des francs-maçons trahi ». (de l'abbé G.-L. Pérau). Traduit du latin. (Par l'abbé LARUDAN.) *Amsterdam,* 1747, in-12, XXVIII-340 p., avec 5 pl.

Il existe de nombreuses éditions de cet ouvrage, qui n'est pas traduit, mais bien composé par l'abbé LARUDAN.

Voy. Klosz, « Bibliographie der Freimaurerei », no 1860 et no 278 du « Catalogue Ouvarof ». Specimen par A. Ladrague. Voy. ci-après, « l'Ordre des Francs-maçons ».

Francs-maçons (les). Lettre à M. Bara, par un catholique (Félix TINDEMANS). *Bruxelles, à l'Office de publicité,* 1865, in-8, 28 p.   J. D.

Francs-péteurs (les), poëme en quatre chants, précédé d'un aperçu historique sur la société des Francs-péteurs, fondée à Caen dans la première moitié du XVIIIe siècle, et suivi de notes historiques, philosophiques et littéraires (par M. Julien TRAVERS). *Caen, Poisson,* décembre 1853, in-12, 62 p.

Tiré à petit nombre.

Frankenstein, ou le Prométhée moderne. Par Mme SHELLY, traduit de l'anglais par J. S*** (Jules SALADIN). *Versailles et Paris, Corréard,* 1821, 3 vol. in-12.

Fraternité et charité internationales en temps de guerre. (Par Henri DUNAND.) *Paris, Hachette*, 1864, in-8.

Réimprimé plusieurs fois.

Frayeurs (les) de Crispin, comédie, par le Sr C.... (Samuel CHAPPUZEAU). *Leyde, Félix Lopez*, 1682, pet. in-12.

Fredaines du diable, ou recueil de morceaux épars, pour servir à l'histoire du diable et de ses suppôts; tirés d'auteurs dignes de foi, par M. SANDRAS; mis en nouveau style et publiés par J. Fr. N. D. L. R. (J.-Fr. NÉE DE LA ROCHELLE). *Paris*, 1797, in-12.

Frédéric de Sicile. (Par Mlle DE BERNARD.) *Suivant la copie à Paris, chez Jean Ribou (Hollande)*, 1680, 3 part. en 1 vol. pet. in-12. — Nouv. édit. sous le titre de « le Prince Frédéric de Sicile, par Mlle DE B... » *Paris, Guillain*, 1690, 3 vol. in-12.

D'après M. P. L. (Paul Lacroix), le véritable auteur de cet ouvrage est Nicolas PRADON, qui renonçait à la tragédie pour faire du roman en prose, mais qui, n'osant se nommer, annonçait son livre comme « le coup d'essai d'une personne de dix-sept ans ». L'ouvrage ne se vendit pas; on lui donna dix ans plus tard un nouveau titre.

Frédéric II. *Paris, Dumaine*, 1869, in-12, 296 p.

Contient un Recueil de Pensées, Réflexions, etc., extr. des Œuvres du grand Frédéric, édition officielle de 1846 en 31 vol. in-8, le tout classé sous XVI chapitres comprenant LXXVII paragr. renfermant 999 pensées, etc.

C'est un des volumes publiés par le général ROGUET sans autre titre que le nom du personnage dont il donne l' « Esprit ». Voy. ci-devant, l'art. « Bacon », IV, 376, a.

Frédéric II, roi de Prusse, ou l'école des rois et des peuples. (Par MOPINOT DE LA CHAPOTTE.) *Paris, Laurens junior*, 1790, in-8, 22 p.

Frédéric II, Voltaire, Jean-Jacques, d'Alembert et l'Académie de Berlin vengés du secrétaire perpétuel de cette académie, ou M. Formey peint par lui-même. Avec plusieurs lettres curieuses de M. Voltaire. (Par J.-Ch. LAVEAUX.) *Paris, Denné*, 1789, in-8, 268 p.

Frédéric Guillaume, roi de Prusse, et la reine Louise, traduit librement de l'allemand de l'évêque EYLERT, par l'auteur de « Albert de Haller » (Mlle Herm. DE CHAVANNES). *Neufchâtel*, 1846, in-8, 201 p.

Frédéric le Grand au temple de l'immortalité. (Par Mlle DE FAUQUE.) *Londres*, 1758, in-8.

a

Frédéric le Grand et sa cour, par L. MUHLBACH. Traduit de l'allem. (par P. D. DANDELY et Mlle DANDELY). *Liége*, 1857, 2 vol. in-12.

Publié d'abord en feuilletons dans le « Journal de Liége ». Ul. C.

Frédéric, par J. F. (J. FIÉVÉE), auteur de la « Dot de Suzette ». *Paris, Plassan*, an VII-1799, 3 vol. in-12. — *Paris, Maradan*, an VIII-1799, 3 vol. in-18.

b

Frédériciana, ou recueil d'anecdotes, bons mots et mots piquants de Frédéric II, roi de Prusse. (Par H.-L. PELLETIER, d'abord libraire, mort impr.-libr. à Genève.) *Paris, Lemarchand*, an IX-1801, in-18, av. portr.

Fredons pour préluder à un concert universel ayant pour motif les productions de l'homme, sa destinée et l'objet de l'univers. (Par J.-B.-J. DOILLOT.) *Paris, A. Bertrand*, 1829, in-8, 16 p.

c

Free-Holder (le), ou l'Anglois jaloux de sa liberté, traduit de l'anglois (de J. ADISON et de Richard STEELE). *Amsterdam, Uitwerf*, 1727, in-12.

Frelon (le) et les abeilles, apologue à l'occasion du retour de S. M. Louis XVIII et de son rétablissement au trône des Bourbons. (Par Mar.-Jacq.-Arm. BOIELDIEU, oncle du célèbre compositeur de ce nom.) *Rouen, impr. de P. Périaux*, 1814, in-8, 12 p.

d

Fréquente (de la) communion, avec la tradition sur la pénitence et l'eucharistie. (Par Ant. ARNAULD.) *Paris*, 1643 et 1644, 2 vol. in-4.

Frère-Ange, ou l'avalanche du mont Saint-Bernard, par l'auteur de « Sélisca » (Mme DE SAINT-VENANT). *Paris, Maison*, 1802, 2 vol. in-12.

e

Frères (les) amis, comédie en deux actes, en prose, par M. DE B*** (Alexandre-Louis-Bertrand DE BEAUNOIR, anagramme de ROBINEAU, nom réel de l'auteur). Représentée, pour la première fois à Paris, sur le théâtre du Palais-Royal, le 21 mai 1788. *Paris, Cailleau*, 1788, in-8, 35 p. D. M.

Frères (les) anglais, roman traduit de l'anglais, par Mme Elisabeth DE B.... (Mme Elisabeth DE BON), traducteur de la « Dame du Lac », etc. *Paris, Nicole*, 1814, 3 vol. in-12. D. M.

f

Frères (les) d'armes. I. L'obligeance du bâtard de Monflanquin. II. La Revanche du marquis Friedrich. (Par Edouard DÉT-

PRAT, avocat.) *Paris, imp. Jouaust,* 1865, in-8, 32 p.

Frères (les) de lait, par Mme Emilie Carlen. Traduit du suédois (par P.-D. DANDELY et Mlle DANDELY). *Liége, Desoer,* 1858, 2 vol. in-12.

Publié d'abord dans le « Journal de Liége ».

Ul. C.

Frères (les) hongrois, roman traduit de l'anglais de miss Anna-Maria PORTER, sur la troisième édition, par Mlle Aline DE L*** (Aline DE LACOSTE). *Paris, Arthus Bertrand,* 1817, 3 vol. in-12.

Voy. « Supercheries », II, 471, c.

Frères (les) invisibles, mélodrame en trois actes, à grand spectacle. Par MM. MÉLESVILLE (A.-H.-J. DUVEYRIER) et *** (Eugène SCRIBE). Représenté... sur le théâtre de la Porte-Saint-Martin, le 10 juin 1819. *Paris, Quoy,* 1819, in-8, 67 p.

Fréron (les). .

Voy. « Recueil des facéties parisiennes ».

Fridrichsdorf, ou village de Frédéric, par M. R. A. (Raymond D'AIGUY, avocat général). *Toulouse, Delboy,* 1849, in-8.

Frimaçons (les), hyperdrame. (Par VINCENT, masque de P. CLÉMENT de Genève.) *Londres,* 1740, in-12.

Friponnerie laïque des prétendus esprits forts d'Angleterre, ou remarques de PHILELEUTÈRE, de Leipsik (Th. BENTLEY), sur le « Discours de la liberté de penser », traduit de l'anglois, par M. N. N. (par Armand DE LA CHAPELLE). *Amsterdam, Wetstein,* 1738, in-12.

Voyez les « Lettres de quelques Juifs portugais » (par l'abbé Guénée), t. I, p. 193, édition de 1803.

Friponneries (les) de Londres mises au jour, ou publications des artifices, tours d'adresse, ruses et scélératesses employés journellement dans cette grande ville... (Par Noël-Laurent PISSOT.) *Paris, Hénée,* an XIII-1805, in-12.

Fripons (les) parvenus, ou l'histoire du sieur Delzenne. (Par H.-A. CAHAISSE et Mme BOURNON-MALARME.) *Paris,* 1782, in-12.

Voy. l'art. Cahaisse, par V. A. S., dans le t. XI de la « France littéraire ».

Froment (le) des élus... (Par l'abbé Cl. D'ARVISENET.) *Troyes, Cardon,* 1823, in-18.

Souvent réimprimé avec le nom de l'auteur.

Frondeur (le) bien intentionné aux faux frondeurs. *Paris, N. Vivenay,* 1651, in-4, 8 p.

Par SARRAZIN, d'après une note manuscrite sur l'exemplaire de la Bibliothèque de l'Arsenal.

Frondeur (le), ou observations sur les mœurs de Paris et de la province au commencement du XIXe siècle... (Par le chevalier Gérard JACOB.) *Paris, Pillet aîné,* 1829, in-12, avec une grav.

Frontière du Rhin. Lettre d'un Prussien Rhénan (Philippe-Jacob, baron de REIFFUES) à M. Mauguin, membre de la Chambre des députés de France. *Liége, Collardin,* 1840, in-8, 48 p.   Ul. C.

Frontières (les) de la France considérées sous un point de vue politique et militaire. (Par Pierre-Jean-Bapt. BEAUGEARD, député à la Convention nationale.) *Rennes,* in-8.

Frontispice d'un ancien monument de la ville de Reims. (Par Pierre RAINSSANT.) *S. l. n. d.,* in-fol. plano.

Fruict (le) de la coustume du pays et comté de Poictou dernièrement réformée. (Par J. MENAUTEAU DE NANTEUIL.) *Poictiers, pour Pierre Moyne,* 1566, in-8.

« Archives du bibliophile, » no 9261.

Fruit (le) de ma quête, ou l'ouverture du sac, par X.... (François-Félix NOGARET). *Venise, Pantaleon Phébus,* 1779, 2 vol. in-8.

Fruit (le) de mes lectures, ou pensées extraites des auteurs profanes, relatives aux différents ordres de la société, accompagnées de quelques réflexions de l'auteur, par dom (Nicolas) JAMIN, religieux de la congrégation de Saint-Maur. *Dijon et Paris, Victor Lagier,* 1825, in-12.

La notice est signée : G. P. (Gabriel PEIGNOT).

D. M.

Fruits (les) de l'automne, par M*** (J.-H. MARCHAND). *Paris, Bastien,* 1781, in-8.

Fruits (les) de l'entendement, ou guide moral par la recherche de la nature des êtres ; précédé de Sagesse et folie, ou les rêves de l'imagination. (Par WEISS DE LA RICHERIE.) *Paris, Bossange,* 1825, in-8.

Fruits (les) de la grâce, ou les opuscules spirituels de deux F. M. du vrai système, dont le but est le même que celui des vrais chrétiens. (Par le sénateur Jean LOPOUKHINE et le prince Nicolas REPNINE.) (*Moscou, imp. Novikaf*), 1790, in-12, 120 p.

Réimprimé sous le titre de : « les Fruits de la grâce, ou opuscules spirituels de deux amateurs de la sagesse ». (*Moscou*), 1790, in-12, 120 p. A. L.

Fruicts (les) de la paix soubs le nom de Trefves conclue en Anvers le 9 du mois d'avril 1609. (Par Jean-François LE PETIT.) *Utrecht,* 1609, in-4.   V. D.

Fruits (les) de Notre-Dame de Bonne-Espérance, ou l'histoire de l'origine et continuation de grâces et faveurs, miracles et merveilles faites par la sainte Vierge, honorée sous le titre de Bonne-Espérance-lez-Valenciennes, recueillis par un père carme (PHILIPPE DE LA VISITATION). *Namur*, 1667, in-12.

Fugitif (le), traduit de l'anglais de M. SMITH par É*** A*** (Étienne AIGNAN). *Paris, Ouvrier*, 1803, 3 vol. in-12.

Voy. « Supercheries », I, 142, *f*.

Fugitive (la) de la forêt, trad. de l'anglais (de Maria-Lavinia SMITH, par MALHERBE). *Paris*, 1803, 1805, 1807, 2 vol. in-12.

Existe aussi avec la date de 1803, sous le titre de « Estelle ou la Fugitive... »

Fuite et arrestation du conspirateur Didier. Par A. D. (Albert DUBOIS). *Paris*, 1831, in-8.

Fulminante (la) pour feu très-grand et très-chrestien prince Henri III, roy de France et de Polongne. Contre Sixte V soy disant pape de Rome et les rebelles de la France. (Par André MAILLARD.) *S. l. n. d.*, in-8. — *S. l.*, 1590, in-8, 54 p. — *S. l.*, 1606, in-12, 45 p.

Reproduit dans le « Recueil des excellens et libres discours... » Voy. ce titre.

Funérailles (des) chrétiennes. Pieux souvenirs, par Ed. T. (Edouard TERWECOREN). *Bruxelles, Goemaere*, 1852, in-12, 83 p.   J. D.

Voy. « Supercheries », I, 1211, *f*.

Funérailles (les) de la reine, faites au collège Louis-le-Grand, le 16 août 1683. (Par le P. Claude-François MÉNESTRIER.) In-4, 16 p.

Funérailles (les) de Napoléon, ode, précédée de son éloge. (Par Louis BELMONTET.) *Paris, Dupont*, 1821, in-8, 16 p.

Funérailles des rois de France et cérémonies anciennement observées pour leurs obsèques. Par M. A. B. DE G*** (Alexandre BARGINET, de Grenoble). *Paris, Baudouin frères*, 1824, in-8, 36 p.

Voy. « Supercheries », I, 163, *f*.

Funérailles du général Foy (en vers allemands), avec une traduction. (Par J.-J. GOEPP.) 1825, in-8.

Funérailles du professeur Baud. (Par VANDERTAELEN.) *Louvain, Fonteyn*, 1852, gr. in-8.   J. D.

Funérailles (les) méditées et amour de la mort. (Par Jean-Bapt. DUVAL.) *Paris, Eust. Foucault*, 1605, pet. in-12.

Avec front. et onze grav. de Léon Gaultier.

Funeste (la) et agréable résolution du lutin du cardinal Mazarin.... (Par DU CREST.) *Paris*, 1652, in-4, 15 p.

Furet (le) littéraire, ou les fleurs du Parnasse, recueil des plus rares ouvrages en vers et en prose... (Par Claude-Fr.-X. MERCIER, de Compiègne.) *Paris, Glisau*, an VIII-1800, 3 numéros in-12.

Furet (le) littéraire, ou recueil contenant ce qu'il y a de plus agréable en anecdotes, faits historiques et contes; par le citoyen DUC.....LY (S.-J. DUCOEUR-JOLY). *Paris, Debray*, 1802, in-12.

Furet (le), par Charles *** (Charles-Robert). *Paris, Chaumerot*, 1818-1819, 2 livraisons in-8, 64 p.

Attribué par les « Supercheries », III, 1128, *c*, à Charles NODIER.

Il a paru une suite, sous le titre de : « C'est encore moi, le Furet constitutionnel »; par Charles ***. *Paris*, 1818, in-8, 63 p.

Fureteur (le), ou l'Anti-Minerve. (Par Frédéric ROYOU, capitaine de vaisseau, le major Auguste CAREL, Auguste JAL, Hugues NELSON-COTTREAU et Louis-François-Théodore ANNE.) *Paris, Dentu, mars-avril* 1818, 4 livraisons in-8.

Furetiriana (sic), ou les bons mots et les remarques d'histoire, de morale, de critique, de plaisanterie et d'érudition de M. FURETIÈRE (mis au jour par Guy MIRAIS). *Paris, Guillain*, 1696, in-12. *Bruxelles, F. Foppens*, 1696, in-12.

Il y a des exemplaires intitulés : « F***ana, ou les Bons mots », etc. Ce n'est qu'un changement du frontispice.

Fureurs (les) de l'amour, tragédie burlesque... par Philidor R... (Joseph-Henri FLAÇON ROCHELLE, avocat). *Paris, an IX-*1801, in-8. — *Paris, Fages*, 1817, in-8, 8 p. — *Paris, Fages*, 1823, in-8, 8 p. — *Marseille, imp. d'H. Terrasson*, 1825, in-8, 8 p. — *Paris, Bezou*, 1835, in-8, 8 p. — *Paris, Misliez*, 1861, in-8, 8 p.

Voy. « Supercheries », III, 290, *c*.

Fureurs (les) de Saül, poème. (Par l'abbé Claude-Henri FUSÉE DE VOISENON.) 1759, in-4.

Fusée (la) volante. (Par Jos.-Fr.-Nic. DUSAULCHOY DE BERGEMONT.) *Paris, an III,* 8 numéros in-8.

Fusion des intérêts territoriaux et commerciaux, ou nouveau système de crédit Applicable par le commerce en France à la propriété foncière et aux industries agricoles et manufacturières. Par J. B. C. (J.-B. CLUZEL). *Paris, Renard*, 1843, in-8.

Gabelle (la), épisode de l'histoire de Guienne, en 1548, par M. S. P.... (Saint-Poncy). *Bordeaux, Cruzel,* 1844, in-8, 303 p.

Publié d'abord dans la « Revue méridionale » de Bordeaux.

Gabelles (les) épuisées, à Mgr le duc de Beaufort, par N. I. T. (Nicolas Iamin, Tourangeau). *S. l.,* 1649, in-4, 7 p.

Gabinie, tragédie chrétienne. *Paris, Pierre Ribou,* 1699, in-12, 6 ff. lim. et 64 p.

La dédicace est signée : B** (D.-A. Brueys).

Gabriela. Par Mme la duchesse d'*** (Mme de Pienne, duchesse d'Aumont, auteur des « Deux Amis ». *Paris, Egron,* 1822, 3 vol. in-12.

Gabrielle d'Estrées, tragédie en cinq actes et en vers. (Par L.-Edme Billardon de Sauvigny.) *Paris,* 1778, in-8.

Plusieurs fois réimprimée avec le nom de l'auteur.

Gabrielle de Passi, parodie de « Gabrielle de Vergi », en un acte, en prose et en vaudevilles, représentée pour la première fois, par les comédiens italiens ordinaires du roi, le 30 août 1777. (Par Barthél. Imbert et Louis d'Ussieux.) *Paris, veuve Duchesne,* 1777, in-8, 46 p.

Gaëte. (Par Edouard de La Bassetière.) *Nantes, imp. F. Masseaux, s. d.,* in-4, 4 p.

Catalogue de Nantes, n° 26897.

Gage (le) touché, histoires galantes et comiques. (Attribué à Eustache Le Noble.) *Paris, Jouvenel,* 1696, 1698, 2 vol. in-12. — *Amsterdam,* 1697, 2 vol. in-12. — *Paris, Witte,* 1718, 2 vol. in-12. — *Liége, de Boubers,* 1771, 2 vol. in-12.

L'abbé Lenglet du Fresnoy, dans les notes manuscrites qu'il a déposées sur un exemplaire de sa « Bibliothèque des Romans », attribue cet ouvrage à M. D***.

Ce qui a fait attribuer ces *histoires* à Le Noble est peut-être l'annonce du libraire mise au bas de

l'extrait du privilége de la première édition du premier volume :

On trouve chez le même libraire tous les ouvrages de M. Le Noble.

Gageure (la), comédie en trois actes et en vers libres, avec un divertissement. Par M. du P*** (Michel Procope et Nic. Lagrangé). Représentée pour la première fois par les comédiens italiens ordinaires du roi le 9 février 1741. Remise au théâtre plusieurs fois, et en dernier lieu le 14 juillet 1751. *Paris, veuve Cailleau,* 1752, in-12, 103 p.

Gageure (la) de village, comédie en un acte et en prose. (Par Colomb de Seillans.) *Paris, veuve Duchesne,* 1756, in-12.

Gageure (la), ou lettre du rédacteur de l'article « Spectacles », dans le fameux feuilleton, à M*** (Par P.-P.-A. Gobet, avocat.) *Paris, Dabin,* 1803, in-8.

Gaieté (la), poëme (avec des notes, par Jean Dromgold). *Amsterdam, et Paris, Gueffier,* 1772, in-8, 25 p.

Gala (lou) de moussu Flari. (Par M. Ant. Perrin.) *Apt,* 1853, in-32.

En vers.

Galant (le) escroc, comédie en un acte en prose, précédée des Adieux de la parade. Prologue en vers libres. (Par Ch. Collé.) *La Haye, et Paris, Gueffier fils,* 1767, in-8, 69 p.

Galant (le) escroc, ou le faux comte de Brion, aventures d'original. (Par S. Bremond.) *Imprimé à Paris (Londres), pour Jacques Magnes et Rich. Bentley,* 1676, in-12.

Galant (le) nouvelliste, histoires du temps. *Paris, J. Guignard,* 1693, in-12. — *La Haye, H. de Bulderin,* 1693, in-12.

Ce roman est de Mlle de Gomez de Vasconcelle, dame Gillot (de Beaucour).

Il a été reproduit sous le nom de la comtesse de L***. *A Paris, chez Ribou,* en 1703, in-12.

Voy. « Supercheries », II, 464, *b.*

Galanterie françoise, recueil de complimens... (Par E.-T. SIMON.) *Paris*, 1786, in-12.   V. T.

Galanteries (les) angloises, par le chevalier DE R. C. D. S. (DE RUSTAING, chevalier DE SAINT-JORY). *La Haye*, 1710, in-12.

Galanteries de la cour de France. (Par VANEL.) *Cologne (Paris)*, 1753, 3 vol. in-12.

Voy. ci-après, « Galanteries des rois de France ».

Galanteries de la cour de Pékin.

Voy. « Mémoires historiques et Anecdotes de la cour de France... »

Galanteries (les) de Thérèse.... (Par Claude VILLARET.) 1745, in-12.

Réimprimé sous le titre de « la Belle Allemande ». Voy. IV, 395, f.

Galanteries des rois de France, depuis le commencement de la monarchie jusques à présent... (Par VANEL.) *Bruxelles*, 1694, 2 vol. in-8. — *Cologne, P. Marteau, s. d.*, 3 vol. in-12. — Nouvelle édition enrichie de figures en taille-douce de B. Picart, et augmentée des amours des rois de France sous plusieurs races, tirées de l' « Histoire de la ville de Paris », par M. Henry SAUVAL. *Suivant la copie imp. à Paris chez C. Moette*, 1738, 2 vol. in-12.

Réimprimé sous le titre de : « Intrigues galantes de la cour de France », et sous celui de « Galanteries de la cour de France ». Voy. ces mots.

Galanteries des rois et reines de France... (Par W.-A. FOUGERET.) *Paris. Gauvain*, 1837, 2 vol. in-12.

Galanteries diverses, arrivées pour la plupart en France. *Nuremberg, Tauber.* 1685, in-12.

Réimpression avec traduction allemande des quatre nouvelles publiées sous le titre de : « les Soirées des Auberges ». Voy. ce titre.

Galanteries (les) du jeune chevalier de Faublas, ou les folies parisiennes, par l'auteur de « Felicia » (Andréa DE NERCIA). *Paris*, 1788, 4 vol. in-12.

Galanteries (les) du roi, ou Thomas Becket et Henri II. (Par J.-M. COURNIER.) *Paris, imp. de Beaulé*, 1848, 2 vol. in-8.

Voy. « Supercheries », III, 189, f.

Galanteries (les) et les débauches de l'empereur Néron et de ses favoris, par PETRONE (traduit par François NODOT) *Cologne, P. Marteau (Hollande)*, 1694, 2 vol. in-12.

Galantes (les) vertueuses, histoire véritable et arrivée de ce temps pendant le

siége de Thurin, tragi-comédie. (Attribuée à DESFONTAINES.) *Avignon, J. Piot*, 1642, in-12.

Galathée (le), ou la manière et fasson comme le gentilhomme se doit gouverner en compagnie, traduit de l'italien (de Jean DE LA CASE) en françois, par Jean DU PERRAT. *Paris, J. Kerver*, 1562, pet. in-8.

Galatée (le), premierement composé en italien par J. DE LA CASE, et depuis mis en françois, latin et espagnol par divers auteurs... (*Lyon*), *par Jean de Tournes*, 1598, pet. in-8, 2 ff. et 459 p.

Dans une dédicace à J.-A. Sarrazin, datée du 13 août 1598, Jean DE TOURNES, « son parrain et entier ami », se reconnaît auteur de la traduction française. Celle en latin est de Nich. CHYTRAEUS, et celle en espagnol est de Domingo DE BEZERRA.

A ces diverses traductions Jean de Tournes joignit, en 1609, la traduction anglaise citée par Graesse et dont il ne fait pas connaître l'auteur ; elle avait été publiée en 1597, à Francfort.

Galerie (la) agréable du monde, où l'on voit en un grand nombre de cartes et de figures, les empires, royaumes, etc. (Publiée par P. VAN DER AA.) *Leyde, P. Van der Aa*, 66 tomes qui se relient ordinairement en 35 vol. in-fol.

Galerie anglaise (la), ou recueil de traits plaisants, d'anecdotes, etc.. extrait du portefeuille d'un émigré français, traduit par N. L. P.... (Noël-Laurent PISSOT). *Paris, du Rosiers*, 1802, in-18.

Voy. « Supercheries », II, 1254, b.

Galerie autographique. Physiologie de l'écriture des hommes célèbres. (Par Ludovic CHAPPLAIN.) *Nantes, impr. C. Mellinet, s. d.*, in-4, 28 p.

Galerie biographique des artistes dramatiques. (Par Adolphe LAUGIER et A. MOTTET.) *Paris, Ponthieu*, 1826-1827, in-8.

Trois livraisons, comprenant l'Académie royale de musique, le Théâtre-Italien et le Théâtre-Français. C'est tout ce qui a paru.

Galerie de caractères prussiens. (Par Paul-Ferd.-Fréd. BUCHHOLZ, auteur du « Nouveau Leviathan ».) *Paris, Colnet*, 1808, in-12.

Cet ouvrage a été publié en allemand, sous le titre de : « Germanien ». 1808, in-8.

Galerie (la) de l'Académie royale de musique, contenant les portraits en vers des principaux sujets qui la composent en la présente année 1754, dédiée à J.-J. Rousseau, de Genève. (Par Louis TRAVENOL.) *Paris*, 1754, in-8.

Galerie de l'Hermitage, gravée au trait, avec la description historique par CAMILLE de Genève, et publiée par F. X. (F.-X. LABENSKY). *Saint-Pétersbourg*, 1805-1809, 6 liv. gr. in-4.

Galerie de l'Université. XIX° siècle. *Paris, imp. de Ducessois, s. d.*, in-8.

13 notices, formant 97 pages. La plupart des articles sont signées : C. R. (Charles RICHOMME).

Cet ouvrage, inachevé, paraissait par livraisons mensuelles dans la « Gazette spéciale de l'instruction publique » en 1839.

Galerie de Mignard, ou collection de dix-huit lithographies représentant les amours de Théagène et Chariclée, sujet historique, publié en grec par HÉLIODORE, Phénicien d'Emèse, dessinées d'après les tableaux originaux, par M. Drouillière, peintre d'histoire, auteur du frontispice. (Publiée avec texte, par LABUSSIÈRE.) *Saint-Pétersbourg, de la typogr. et lithogr. d'Alexandre Pluchart*, 1824, in-fol. oblong de 19 pl. lithogr. y compris le frontispice et texte.   A. L.

Galerie de portraits d'artistes musiciens du royaume de Belgique. *Bruxelles, De-prens*, 1842-1843, in-fol.

Ce recueil se compose de 19 notices écrites par différentes personnes. M. Félix DELHASSE est auteur des notices suivantes : Vieuxtemps (signée F. D.), Félis, Hanssens, de Bériot, Haumen, Snel, Prume (signées D.), Servais, Batta (signées **), et de Fiennes (signée D. A.) ; M. LOUMYER a écrit sous l'initiale L. l'article Wéry.   J. D.

Galerie de sculpture de l'école française moderne... publiée et dirigée par M. Ulysse Denis, et précédée d'une introduction historique et d'un texte explicatif par M. Alph. R***** (Alphonse RABBE). *Paris, Clément*, 1824, pet. in-fol.

Galerie des antiquités grecques, trad. de l'allemand de HORNER (par M. H. FAVRE.) *Genève*, 1824, 2 cah. in-4, avec pl. lithogr.

Galerie des aristocrates militaires et mémoires secrets (de la guerre de 1757). *Paris*, 1790, in-8.

Cet ouvrage a été composé par Ch.-Fr. DUMOURIEZ, chez Mme la baronne de ***, sœur de Rivarol. C'est d'elle-même que je tiens cette circonstance.

(Note de M. Pluquet, libraire.)

Galerie des contemporains illustres, par un homme de rien (Louis DE LOMÉNIE), avec une lettre-préface de M. de Chateaubriand. *Paris, A. René*, 1840-1847, 10 vol. in-18, av. portraits gr. — *Bruxelles, Hen*, 1841-1848, 2 vol. gr. in-8.

Voy. « Supercheries », II, 294, c.

Galerie (la) des dames françaises, pour servir de suite à la « Galerie des États Généraux ». (Par J.-P.-L. DE LUCHET, P.-A.-F. CHODERLOS DE LACLOS et autres.) *Londres*, 1790, in-8, 207 p.

Galerie des ducs de Lorraine au château de Fléville. (Par Mme DE LAMBEL.) *Nancy, Wagner*, 1857, in-12, 2 ff. de tit., 101 p. et 1 tableau.

Galerie (la) des États Généraux. (Par le marquis J.-P.-L. DE LUCHET, le comte A. DE RIVAROL, le comte DE MIRABEAU et P.-A.-F. CHODERLOS DE LACLOS.) *S. l.*, 1789, 2 parties in-8.

Cet ouvrage a été distingué de la foule des brochures qui ont paru en 1789 et en 1790 ; les portraits qu'il contient sont en général tracés avec autant de talent que d'impartialité.

Suivant l'auteur de la brochure intitulée : « le comte de Mirabeau dévoilé », ouvrage posthume trouvé dans les papiers d'un de ses amis qui le connaissait bien, 1789, in-8, Rivarol aurait eu la plus grande part à cette « Galerie » ; Mirabeau n'aurait tracé que le portrait de *Necker*, sous le nom de *Narsès*, et le sien, sous celui d'*Iramba* ; Rivarol se serait peint sous le nom de *Cnéis*. J'avais cru d'abord que *Cnéis* était le portrait de Laclos, fait par lui-même ; des renseignements ultérieurs m'ont prouvé que j'étais dans l'erreur.

Grimm dit qu'on a cru reconnaître dans cette « Galerie » la manière de Senac de Meilhan. Voyez sa « Correspondance », troisième partie, t. V, p. 271.

Galerie des femmes, collection incomplète de huit tableaux, recueillis par un amateur (Vict.-Jos. ÉTIENNE JOUY). *Hambourg (Paris)*, 1799, 2 vol. in-12.

Voy. « Supercheries », I, 287, f.

Galerie des hommes illustres de la révolution ; par l'historiographe Alf*** (Alfred MEILHEURAT). *Paris, Desloges*, (1847), in-18.

Il n'a paru que 2 livraisons. Voy. « Supercheries » III, 1116, a.

Gallerie (la) des peintures ou Recueil des portraits en vers et en prose. (Par Mlle DE MONTPENSIER et autres.) *Paris*, 1659, in-8, fr. gravé, 325 p. — *Paris, Ch. de Sercy*, 1663, 2 vol. in-12.

Même ouvrage que le « Recueil de portraits et éloges en vers et en prose ». *Paris, Barbin*, 1659, in-8.

Galerie des Portraits, ou Portraits des hommes illustres. (Par H. LACOMBE DE PREZEL.) *Paris*, 1768, in-8.

Forme le 4e vol. du « Dictionnaire de portraits historiques... » Voy. IV, 963, b.

Galerie des Pritchardistes ; par « le National ». (Par Armand MARRAST.) *Paris, Pagnerre*, 1846, in-32. — 2e éd. *Paris, Pagnerre*, 1846, in-32.

Extrait du « National » des 12-21 juillet 1846.

Galerie (la) du Palais, ou l'Amie rivale, comédie. (Par Pierre CORNEILLE.) *Paris, Aug. Courbé* ou *Targa*, 1637, in-12 de 4 ff. et 143 p.

L'auteur a signé l'épître.

Galerie du Palais-Royal, gravée d'après les tableaux des différentes écoles qui la composent, par J. COUCHÉ ; avec un abrégé de la vie des peintres par l'abbé DE FONTENAY (MOREL et autres). *Paris*, 1786-1808, 3 vol. in-fol.

Galerie espagnole, ou notices biographiques sur les membres des Cortès et du gouvernement... (Par BARON.) *Paris, Béchet aîné*, 1823, in-8.

Galerie française de femmes célèbres par leurs talents, leur rang ou leur beauté. Portraits en pied, dessinés par M. Lanté... gravés par M. Gatine et coloriés ; avec des notes biographiques et des remarques sur les habillements. (Par P. DE LAMÉSANGÈRE.) *Paris, chez l'éditeur*, 1827, in-fol. — 1840. Avec nouv. titre seulement, portant le nom de l'auteur.

Galerie françoise, par une société de gens de lettres. *Paris, Hérissant fils*, 1771 et 1772, 2 vol. in-fol.

Cet ouvrage a été publié par les soins de Jean-Baptiste COLLET DE MESSINE, censeur royal, qui a écrit la préface et les éloges de Rameau, de Moncrif, de Mme de Graffigny, du maréchal de Noailles, etc. Les autres collaborateurs sont MM. BERGON, auteur de l'éloge du maréchal d'Estrées ; Ch.-J.-L. COQUEREAU, médecin, auteur des éloges de l'abbé Chappe, de M. Deparcieux, de Lecat, de Louis XIV, de l'abbé d'Olivet, de Servandoni et de Winslow ; J.-B.-L. COQUEREAU, avocat ; Laurent-François DUPOIRIER, auteur des éloges de Chevert, de l'abbé Prévost, etc. ; P.-P.-N. HENRION de Pansey, auteur de l'éloge de l'abbé Pluche ; L.-T. HÉRISSANT, auteur des éloges du comte de Caylus, de Joly de Fleury, et du duc d'Orléans, régent ; DE THOURY, avocat, auteur des éloges du roi Stanislas et de l'abbé Nollet.

Il existe une édition in-4, datée de mai et juin 1770, avec grav. en manière noire, par Gautier d'Agoti, et une autre, in-fol., datée de févr. 1771, avec portr. en taille-douce d'après Restout ; cette édition a été interrompue à la 9e livraison, qui est restée en épreuves.

Galerie historique des Contemporains, ou nouvelle biographie, seule édition dans laquelle se trouvent réunis les hommes morts ou vivants de toutes les nations qui se sont fait remarquer à la fin du XVIIIe siècle et au commencement de celui-ci... *Bruxelles, Aug. Wahlen*, 1818-1820, 8 vol. in-8. — Supplément. *Mons, Leroux (Bruxelles, imp. de Voglet)*, 1826-1830, 2 vol. in-8.

Par Pierre-Louis-Pascal JULLIAN, de Montpellier, pour la partie politique, Philippe LESBROUSSART, pour la partie littéraire en général, et G. VAN LENNEP pour

ce qui concerne la Hollande ; le supplément a été donné par D. MARIE, attaché à la librairie parisienne dirigée à Bruxelles par Quesné. Voy. dans le « Bulletin du Bibliophile belge », tome III, p. 463, une notice de M. de Reiffenberg sur cet ouvrage et sur Jullian.

Galerie historique des illustres Germains, avec leurs portraits et des gravures. (Par le chevalier DE KLEIN.) *Paris, Didot l'aîné*, 1806, in-fol.

Galerie historique et républicaine des hommes célèbres. Par les citoyens R—u J—n et E—e D—n (Rousseau JACQUIN et Etienne DUPIN). *Paris, Rousseau Jacquin*, in-12.

3 cahiers ou nos de 120, 111 et 173 p. Le 1er cahier a paru en 1793, la 2e dans l'année suivante, et le 3e à la fin de 1795 ou au commencement de 1796. Le 4e est resté inédit. Les 2 premiers ont été réimprimés après des suppressions. Jacquin, ancien imprimeur d'un journal du matin à Paris, est mort à Spolette, en Italie, secrétaire particulier de M. Rœderer fils, préfet du département de Trasimène, dont il avait été le précepteur, et près duquel il avait été envoyé avec l'espoir d'obtenir une place de s.-préfet ou de secrétaire général de préfecture. Etienne Dupin était beau-frère du bibliophile Lerouge.

Galerie historique universelle. Par M. DE P*** (Alex.-Den.-Jos. PUJOL). *Paris, Mérigot ; et Valenciennes, Giard*, 1786-1789, 18 livraisons in-4.

L'ouvrage n'a pas été terminé. Voy. « Supercheries », III, 7, d.

Galerie littéraire de nos grands, de nos moyens et de nos petits littérateurs ; premier cahier (et unique)... Par H. A........ (Auguste HUS). *Paris, Béchet*, 1815, in-8, 16 p.

Voy. « Supercheries », I, 149, b.

Galerie rabelaisienne ornée de 76 gravures, ou Rabelais mis à la portée de tout le monde. Par L. J. C.....N (L.-J. CATALAN). *Paris, Barba*, 1829, in-8.

Cet ouvrage n'a pas été terminé. Voy. « Supercheries », I, 700, c.

Galerie universelle des hommes qui se sont illustrés dans l'empire des lettres. (Par Sulpice IMBERT, comte DE LA PLATIÈRE.) *Paris, Bailly*, 1787, 8 vol. in-4.

Galerie (la) Vandenschrieck. (Par WOUTERS.) *Louvain, Ickx et Geets*, 1839, in-8, 94 p. J. D.

Galettes (les) du jour, à propos vaudeville en 3230 et quelques tableaux y compris le supplément. Par M. GABRIEL (et M.-E.-G.-M. THÉAULON). Représenté pour la première fois à Paris, sur le théâtre du Palais-Royal, le 30 mars 1833. *Paris, Barba*, 1833, in-8, 27 p.

Gamin (le) de Montmartre. Drame historique en un acte. Par A. H. (A. Hope). *Paris, Barba*, 1836, in-8, 37 p.

La couverture porte de plus : « Suivi de Grütli, de Fontainebleau et ses environs, de Jeanne d'Arc, d'Archimède, et don Carlos, poésie. »

Gamme (la), démontrée par des notes mobiles. Nouvel abécédaire musical. Par un amateur (P.-L. Mercadier, professeur de musique). *Paris, Martinet*, 1838, in-8 obl., VIII-151 p.

Gange, ou le Commissionnaire de Lazare, fait histor. en un acte et en prose. (Par Gamas.) *Paris, Mme Toubon*, an III-1795, in-8.

Garantie (la). (Par Franç.-Aug. Parseval-Grandmaison.) *Paris*, 14 germinal an XII-1804, in-8, 29 p.

Note ms.

Garde à vous !!! ou les Fripons et leurs dupes... par l'auteur « des Repaires du crime ...» (Mme Guénard). *Paris, Corbet*, 1819, in-18.

Garde civique. Ecole du chasseur-éclaireur, suivie de la nomenclature de la carabine à tige, de la manière de la démonter... par A. F. (Auguste Florenville, capitaine de la 4e compagnie des chasseurs-éclaireurs de Liége). *Liége, Denoël*, 1852, in-18, 112 p.   J. D.

Garde (la) du Lys à l'entrée du maréchal de Vitry dans la ville d'Aix... Par G. M. (Guill. Masset). *Aix, Roize*, 1631, in-4.   V. T.

Garde (le) national à l'obélisque de Masséna ; anecdote historique, suivie du « Renégat ou la Vierge de Missolonghi », par Mme S... E..., auteur des « Anecdotes du XIXe siècle » et des « Mémoires d'une Contemporaine » (Mme Elzélina Van-Aylde Jonghe). *Paris, Ladvocat*, 1827, in-8, 32 p.

Les initiales S. E. cachent le pseudonyme Saint-Elme, sous lequel cette femme auteur est connue dans le monde littéraire.

Voy. « Supercheries », I, 782, f.

Garde (la) nationale, ou 24 heures de service... (Par J.-C. Maldan.) *Paris, Maldan*, 1831, in-8, 8 p. — *Bordeaux, imp. de J. Peletingeas*, 1833, in-8, 8 p. — *Toulouse, imp. de J.-M. Corne* (1834), in-8, 8 p.

Garde (la) royale pendant les événements du 26 juillet au 5 août 1830 ; par un officier employé à l'état-major (Hippolyte Ponçet de Bermond). *Paris, G.-A. Dentu*, 1830, in-8, 132 p.

Gardes-malades (des) et de la nécessité d'établir pour elles des cours d'instruction. Par M. G. A. E. D. B. (Henri Grégoire, ancien évêque de Blois). *Paris, Baudouin*, 1819, in-8, 11 p.

Voy. « Supercheries », II, 126, c.

Gardons nos cinq pour cent ! avis aux rentiers, par un de leurs compagnons d'infortune, qui ne veut pas croire que quatre francs soient préférables à cinq... (Par Bonnardin.) *Paris, chez les principaux libraires*, 1825, in-8, 22 p.

Gargantua. Ἀγαθὴ τύχη. La vie inestimable du grand Gargantua, père de Pantagruel, iadis côposée par l'abstracteur de quite essèce (François Rabelais) livre plein de pantagruelisme. *Lyon, F. Juste*, 1535, in-24 allongé, 102 ff. non chiffrés.

Pour le détail des éditions, voy. Brunet, « Manuel du libraire », 5e éd., IV, col. 1042.

Garrick, ou les Acteurs anglois, contenant des observations sur l'art de la représentation et le jeu des acteurs ; traduit de l'anglois (par Antoine-Fabio Sticotti). *Paris, Lacombe*, 1769, in-8. — *Paris, Costard*, 1770, in-12.

Gascon (le) de la rue Saint-Denis, eu Histoire de mon père ; par Mme L. F. (Mme de Choiseul-Meuse), auteur de « Coralie de Beaumont ». *Paris*, an XI-1803, 4 vol. in-12.

Voy. « Supercheries », II, 773, d.

Gasconiana, ou recueil des hauts faits et jeux d'esprit des enfants de la Garonne. (Par Cousin, d'Avalon). *Paris*, an IX-1801, in-18. — *Paris, Marchand*, 1809, in-18, 180 p.

Gaston de Foix, quatrième du nom, nouvelle historique, galante et tragique. (Par le comte de Vignacourt.) *Constantinople (Paris)*, 1741, 2 vol. in-12.

Voy. précédemment, « Amour suivi de regrets... », IX, 143, c.

Gastronome (le) à Paris, épître à l'auteur de la Gastronomie, par S. C. C. M. (S.-C. Croze-Magnan). *Paris, Desenne*, an XI-1803, in-18.

Gastronomie (la), ou l'homme des champs à table ; poëme didactique en quatre chants, pour servir de suite à l'Homme des champs. Par Joseph B******x (Joseph Berchoux). *Paris, imp. de Giguet*, 1801, in-12.

Souvent réimprimé avec le nom de l'auteur.

Gaudinettes, ou Lettres à M. Gaudin... (Par J. Barbier d'Aucour.) 1666, in-8.

Gaule (la) françoise de Fr. HOTOMAN, jurisconsulte, nouvellement traduite du latin en françois (par Simon GOULARD). *Cologne, par H. Bertulphe*, 1574, in-8.

Réimpr. dans le t. II des « Mémoires du règne de Charles IX ». *Middlebourg*, 1573, in-8.

Gaulois (le), journal des jeunes personnes, nº 1. 1ᵉʳ janvier 1870. — *Rue Vide-Gousset*, 10. — 60 centimes par an.

Spirituelle plaisanterie due à la plume tintamaresque de M. COMMERSON.

À ce nº 1ᵉʳ et unique on a pu joindre, à l'époque des étrennes, en 1870, 7 autres nᵒˢ 1, également uniques des publications ci-après dues à la même plume et qui n'ont circulé qu'avec accompagnement de bonbons vendus par les premiers confiseurs de Paris.

« Le Journal pour rire, à l'usage des gens tristes. » — Abonnement : 1 franc par an. — Paraissant quelquefois.

« Le Martinet des salons, journal des dames. » — Abonnement : un kilo de chocolat. — Directeur : M. CACAO.

« Le Petit Figaro. » — Directeur : BEAUMARCHAIS. — Paraissant le 1ᵉʳ janvier.

«.Le Petit Journal. » — Rédacteur en chef : TRIPOTÉTRIMM. — Tirage 6 482 644 exemplaires. — Trois éditions par jour.

« Le Petit Juvénal, journal satirique et bon enfant. » — Un an : 600 fr. — Six mois : 400 fr. — Rue Coq-Héron, 5.

« La Tartempion, feuille de commerce. » — Joseph PRUDHOMME, rédacteur en chef.

« Le Tocsin, feuille essentiellement modérée. » — On s'abonne partout. — Journal gratis.

Gaz (du) hydrogène et de son emploi dans le nouveau système d'éclairage. Par DUP.-DELC... (J.-Fr. DUPUIS-DELCOUR). *Paris), Ponthieu*, 1823, in-8, 32 p.

Gazetier (le) cuirassé, ou Anecdotes scandaleuses de la Cour de France. (Par Ch. THEVENEAU DE MORANDE.) *Imprimé à cent lieues de la Bastille, à l'enseigne de la Liberté*, 1771, in-8, IV-134 p. avec 1 fig.

Pour deux suites à cet ouvrage, voy. « Mélanges confus... » et « le Philosophe cynique... »

Voy. aussi « Supercheries », II, 141, d.

Gazette d'agriculture, commerce, arts et finances. (Rédigée par Thomas-François DE GRACE, J.-B.-G.-M. DE MILCENT et autres.) *Paris, imp. de Knapen*, 1769-1783, in-4.

Suite de la « Gazette du commerce », 1763 à mai 1765, et de la « Gazette du commerce, de l'agriculture et des finances », juin 1765 à 1768.

Gazette (la) d'Altona. (Depuis juillet 1795 jusqu'au mois de janvier 1796. Par Marie-J.-L.-A. DE BAUDUS.)

Gazette d'Utrecht, 1710-1784. (Par Nicolas CHEVALIER et Fr.-M. JANIÇON.) In-4.

Voy. Hatin, « Gazettes de Hollande », p. 168.

Gazette de Bruxelles.

Voy. « Courrier véritable des Pays-Bas », IV, 708, f.

Gazette de Cythère, ou Aventures galantes et récentes arrivées dans les principales villes de l'Europe ; avec le précis de la vie de la comtesse du Barry. (Par J.-F. BERNARD, libraire hollandois.) *Londres*, 1774, in-8. — *Londres*, 1775, in-8.

Gazette de France. (Fondée par Théophraste RENAUDOT.) 1631 — 21 septembre 1803, 180 vol. in-4 ; 23 septembre 1803, jusqu'à nos jours, in-fol.

Il faut joindre à cette collection une table des cent trente-cinq premiers volumes, depuis son commencement jusqu'à la fin de l'année 1765. (Par Edme-Jacques GENET.) *Paris, de l'imprimerie de la Gazette de France*, 1766, 3 vol. in-4.

C'est au célèbre généalogiste P. d'Hozier qu'on est redevable de l'établissement de la « Gazette de France ». Comme il avait de grandes correspondances au dedans et au dehors du royaume, il était exactement informé de tout ce qui s'y passait. Il communiquait les nouvelles qu'il apprenait à Théophraste Renaudot, son ami, et ils formèrent entre eux le plan de la Gazette, commencée si heureusement en 1631.

Voyez le « Journal des Savans », édition de Hollande, janvier 1753, p. 161.

Voy. aussi Hatin, « Bibliographie de la presse », pag. 1 à 11.

Gazette de Leyde.

Voyez « Nouvelles extraordinaires de divers endroits ».

Gazette de Médecine, depuis avril 1761 jusqu'en 1762. (Par Jacq. BARBEU DU BOURG.) *Paris, Grangé*, 1761 et 1762, 4 vol. in-8.

Cette gazette a été d'abord intitulée : « Gazette d'Épidaure ». Il a été imprimé pour les quatre volumes des frontispices sous ce dernier titre et avec le nom de l'auteur.

Gazette de santé, contenant les nouvelles découvertes sur les moyens de se bien porter et de guérir quand on est malade. *Paris, Ruault*, juillet 1773 — décembre 1829, 56 vol. in-4.

Rédigé successivement par J.-J. GARDANE, Marie DE SAINT-URSIN, A.-F. JÉNIN DE MONTÈGRE, G.-F. PILLIEN, Antoine MIQUEL et M. Jules GUÉRIN.

Continué jusqu'à nos jours sous le titre de « Gazette médicale de Paris », rédacteur en chef : M. Jules GUÉRIN.

Gazette des banquiers. Ouvrage périodique. Par M*** (REY, négociant, né à Belfort, en Alsace). *Paris, Ducrocq*, 1775, in-8.

Voy. « Supercheries », III, 1065, d.

Gazette des Gazettes, ou Journal politique. 1764-1793, in-12.

Le titre s'intervertit en 1768. Cette publication est plus connue sous le titre de « Journal de Bouillon ».

Jacques Reneaume de Latache la rédigea pendant 27 ans.

Voy. Hatin, « Bibliographie de la presse », p. 63.

Gazette des Tribunaux. (Par Mars, avocat.) *Paris*, 1775-1780, 20 vol. in-8.

Gazette du commerce.

Voy. « Gazette d'agriculture, commerce... »

Gazette évangélique. (Par le pasteur Ch.-Fr. Recordon.) *Lausanne*, 1831-35, 4 vol. in-4.

Gazette françoise (commencée en 1691, par Jean Tronchin du Breuil, et continuée par ses fils). *Amsterdam*, 1691-1762, in-4.

Cette collection forme plus de soixante volumes.

Gazette littéraire de l'Europe. (Par J.-B.-A. Suard et l'abbé Fr. Arnaud.) *Paris, imprimerie de la Gazette de France*, 1764-1766, 8 vol. in-8.

Voy. Hatin, « Bibliographie de la presse », p. 48.

Gazette littéraire de l'Europe, par une société de gens de lettres, contenant l'analyse et l'annonce de ce qu'offre de plus pittoresque et de plus piquant la littérature françoise, angloise et allemande, avec les faits et anecdotes les plus intéressans. *Amsterdam, Van Harrevelt*, mai 1764 — déc. 1785, 120 vol. in-12.

Ce fut dans l'origine une réimpression ou plutôt une contrefaçon de la « Gazette littéraire » de l'abbé Arnaud et de Suard, augmentée de plusieurs articles qui ne se trouvaient pas dans l'édition de Paris. Il en paraissait un volume par mois.

Voy. Hatin, « Bibliographie de la presse », p. 48 et 627.

Gazette nationale, ou le Moniteur universel, commencé le 5 mai 1789. Précédé d'une introduction historique (rédigée par Thuau-Grandville). *Paris, C.-J. Panckoucke*, 5 mai 1789 — 31 déc. 1810, in-f.

On joint à la collection : « Avant-Moniteur, ou tableau sommaire des huit premiers mois de la Révolution française, principalement composé des Mémoires de Jean-Sylvain Bailly, pouvant servir d'introduction au « Moniteur » jusqu'au 24 novembre 1789, époque où ce journal a commencé. *Paris, Levrault, Schœll et compagnie*, an XIII-1805, in-fol.

A partir du 1er janvier 1811, ce journal prend le titre qu'il a conservé jusqu'à nos jours de : « le Moniteur universel ». *Paris, imp. de H. Agasse*, etc., in-fol., et à partir du 1er janvier 1853, gr. in-fol. Du 14 juillet 1815 au 27 janvier 1816, le « Moniteur » a été remplacé, comme journal officiel, par la « Gazette officielle ». *Paris, imp. de veuve Agasse*, 81 numéros in-4. Le 1er janvier 1869, il a cessé d'être journal officiel.

A partir de 1815, il a été publié une table particulière pour chaque année. On a donné pour la partie antérieure les tables suivantes :

Révolution française, ou analyse complète et impartiale du « Moniteur »; suivie d'une table alphabétique des personnes et des choses. (Mise en ordre par Girod, P.-A.-M. Migen et autres.) *Paris, Girardin*, ans IX-X (1801-1802), 4 vol. in-fol. ou 7 vol. in-4.

Tables du « Moniteur universel ». Histoire du Consulat et de l'Empire. An VIII (1799) à 1814. *Paris, veuve Agasse*, in-fol.

Voy. pour des détails sur ce journal et ses rédacteurs successifs, Hatin, « Histoire de la presse », tome V, p. 110, et « Bibliographie de la presse », p. 125.

Voy. encore : « Notice historique sur la Collection et les Tables du « Moniteur », depuis son origine jusqu'à ce jour; accompagnée d'un Tableau chronologique pour la vérification des collections générales ou partielles des numéros et de leurs suppléments. Par M. Bidault, ancien directeur du « Moniteur ». *Paris, Mme veuve Agasse*, 1838, in-8, 116 p.

« Notice sur le « Moniteur universel », extraite de l' « Encyclopédie des gens du monde ». *Paris*, 1843, in-4, 8 p. (Signée : Vieillard.)

« Les Grands Journaux de France ». Directeurs : Jules Brisson, Félix Ribeyre. *Paris*, 1863, gr. in-8, pages 197 à 260.

Origines bibliographiques du « Moniteur universel », par Henri Trianon; article publié dans le « Moniteur universel » du 31 juillet 1871, et reproduit dans la « Chronique du Journal général de l'imprimerie et de la librairie », des 14, 21 et 28 octobre 1871.

Il a été publié une « Réimpression de l'ancien Moniteur, depuis la réunion des états généraux jusqu'au Consulat ». *Paris*, 1840-1845, 32 vol. gr. in-8.

Plusieurs volumes portent en plus sur le titre : « Par M. Léonard Gallois ». Les tables ont été dressées par M. A. Ray.

Gazette (la) noire, par un homme qui n'est pas blanc, ou Œuvres posthumes du Gazetier cuirassé (Ch. Théveneau de Morande). *Imprimée à cent lieues de la Bastille*, etc. *Londres*, 1784, in-8, IV-292 p.

Voy. « Supercheries », II, 142, a.

Gazette (la) ordinaire d'Amsterdam. (Par Jean-Alexandre de La Fond ou La Font.) *Amsterdam, O.-B. Smient*, 1667, in-fol.

Voir, pour plus de détails, E. Hatin, « les Gazettes de Hollande », 1865, in-8, p. 142 et suiv., où se trouve reproduit un portrait de La Fond.

Gazette salutaire. (Rédigée par F.-E. Grunwald.) *Bouillon, Soc. typogr.*, 1er déc. 1760 au 21 nov. 1793, in-12.

Voy. sur cette publication et sur Grunwald, l' « Histoire de la ville et du duché de Bouillon, par M. J.-F. Ozeray ». *Bruxelles*, 1864, p. 213 et 576.

Gazette universelle. (Rédigée par A.-M. Cérisier, à dater du 1er décembre 1790, proscrite le 10 août 1792.) In-4.

Ce journal a été continué par J.-B.-A. Suard, sous le titre de « Nouvelles politiques », et ensuite sous celui de « Publiciste ».

Gazette universelle de politique et de littérature de Deux-Ponts. (Rédigée par Le Tellier et J.-Gasp. Dubois-Fonta-

NELLE.) *Deux-Ponts*, 1770 *et années suivantes*, in-8.

Après une interruption de deux ans, cette Gazette fut reprise en 1783 sous le titre de « Journal de littérature française et étrangère ». Voy. Hatin, « Bibliographie de la presse », p. 48.

Gazettin (le), Bruxelles, 1760-1767, in-fol.

Cette feuille, dont le nom semble contraster avec son format, alors très-peu usité, eut pour rédacteurs successifs J.-H. MAUBERT DE GOUVEST, F.-A. CHEVRIER et BASTIDE. Voy. Hatin, « Bibliographie de la presse », p. 90.

Gazettin (le), ouvrage périodique, par l'ancien rédacteur du « Courrier de l'Europe » (SERRES DE LA TOUR). *Paris, au bureau de la Gazette de France*, 1er juin 1790 au 1er mars 1791, in-4.

Suite aux Bulletins de la « Gazette de France ».

Géans (les), poëme épique. (Par Blaise-Henri DE CORTE, baron DE WALEFF.) *Paris, Leclerc*, 1725, in-12.

Réimpression avec quelques différences de l'ouvrage publié la même année, avec le nom de l'auteur, sous ce titre : « les Titans ou l'Ambition punie ». *Liége*, 2 vol. in-8. Voy. de Theux, « Bibliogr. liégeoise ». *Brux.*, 1837, in-8, p. 218.

Gémeaux (les), parodie de « Castor et Pollux », en trois actes, ariettes et vaudevilles, avec spectacle et divertissemens, représentée par les comédiens italiens ordinaires du roi, en 1777. (Par GONDOT.) *Paris, veuve Duchesne*, 1777, in-8, 86 p. et 1 f. d'errata.

Gémissement d'une âme vivement touchée de la destruction du saint monastère de Port-Royal-des-Champs. *S. l.*, 1710, in-12. — Second gémissement... *S. l.*, 1710, in-12. — Troisième gémissement... *S. l.*, 1713, in-12. — Quatrième gémissement d'une âme vivement touchée de la constitution de N. S.-P. le pape Clément XI du 8 septembre 1713. *S. l.*, 1714, in-12.

Les trois premiers Gémissements sont par l'abbé LE SESNE D'ÉTEMARE et le quatrième par le P. Fr. BOYER, oratorien.

2e éd. *S. l.*, 1714, in-12. Réimpression collective sous le titre de : « Premier gémissement..., second gémissement... », etc.

3e éd. *S. l.*, 1734-1735, in-12. Réimpression collective sous le titre de : « les Gémissements d'une âme... »

Gémissement (du) de la colombe, ou du bonheur des larmes, en trois livres, composés en latin par le cardinal BELLARMIN, et traduits en françois (par l'abbé COMPAING, chanoine d'Arras). *Paris, veuve George Josse*, 1686, in-12.

Note manuscrite.

Gémissemens (les) d'un cœur chrétien, exprimés dans les paroles du pseaume 118, par M. H*** (Jean HAMON, traduits du latin par l'abbé Sébastien-Joseph DU CAMBOUT DE PONT-CHATEAU ; nouvelle édition, augmentée par l'abbé Cl.-P. GOUJET). *Paris, Lottin*, 1731, 1733, 1734, 1740, 1750, in-12.

Cette traduction fut imprimée pour la première fois, à Paris, en 1683, sous le titre de « Soliloques sur le Pseaume 118. » Voyez Moréri, article *Fontaine*.

Hamon a publié un second volume latin, qui a été traduit en français par dom Duret, bénédictin. Voyez ci-dessus, « Entretiens d'une âme... », col. 126, c.

Gémissements (les) d'un solitaire, ou élégies sur le sort de la France, par M. L.....R (LHUILLIER, vicaire à Saint-Hilaire-en-Voivre). 1793, in-8. D. M.

Gémissemens d'une âme pénitente, tirés de l'Ecriture sainte (par le père Eustache GUIBAUD, de l'Oratoire). *Bruxelles*, 1778, in-16. — Troisième édition, augmentée des maximes propres à conduire un pécheur à une véritable conversion. *Louvain*, 1779 ; — *Rouen*, 1780, in-12.

Gémissemens (les) d'une âme vraiment touchée de la destruction du saint monastère de Port-Royal-des-Champs.

Voy. ci-dessus, « Gémissement d'une âme... », col. 527, d.

Gémissements (les) du Midi. (Par P. CHAILLOT.) *Avignon, impr. de P. Chaillot jeune*, 1819, in-8.

Gendarmes (les) de Canisy, chanson. (Par Albert GLATIGNY.) Musique de M. de Beauplan. *Canisy (Paris), chez tous les libraires*, 1871, in-32, 7 p.

Opuscule non livré au commerce. Il a été composé au sujet d'un procès-verbal dressé contre l'éditeur Lemerre pour délit de chasse.

Généalogie ascendante jusqu'au quatrième degré inclusivement, de tous les rois et princes des maisons souveraines de l'Europe actuellement vivans, réduite en CXIV tables selon les principes du blason. (Par le chancelier AMMON.) *Berlin, aux dépens de l'auteur, chez Et. de Bourdeaux*, 1768, in-fol.

Les armes de l'auteur se trouvent au verso du titre.

Genealogie (la) avecques les gestes et nobles faicts darmes du trespreux et renomme prince Godeffroy de Boulion : et de ses chevalereux freres Baudouin et Eustace... (Par Pierre DESREY, de Troyes.) *Paris, J. Petit*, 1504, in-fol. — *Paris, Michel Le Noir*, 1511, in-fol.

L'auteur, dans son prologue, daté de 1499, dit que ce sont des chapitres de VINCENT DE BEAUVAIS, *spe-*

culum historiale, lib. xxv, cap. 90 et seqq., qu'il a translatés en françois. Ce translateur y a ajouté une continuation tirée de divers manuscrits. Pour le détail des éditions et des traductions, voy. Brunet, « Manuel du libraire », 5e éd., II, col. 1636 à 1638.

Voy. ci-dessus, col. 423, b.

Voy. aussi ci-après, col. 532, d.

Généalogie curieuse de M. Peixoto. (Par P.-J.-Th.-M. SAINT-GEORGES.) *Avignon*, 1789, in-8.

Généalogie de l'instruction moderne, par M. V. H*** (VAN HOOLROUCK). *Gand, van Ryckeghem*, 1829, in-8, 24 p. J. D.

Généalogie de la famille de Clugny, dressée sur les titres originaux, pour servir de réponse aux généalogies et autres écrits donnés au public par François de Clugny, seigneur de Thenissey. (Par DE CLUGNY, conseiller honoraire au parlement de Dijon.) *Dijon, imp. de A. de Fay*, s. d., in-4.

Généalogie de la famille de Coloma, par J. F.-A. F. (P. Alph.-LIVIN, comte DE COLOMA.) *Louvain*, 1777, in-fol.

Généalogie de la famille de La Gorgue Rosny. *Paris, Bachelin-Deflorenne*, 1868, in-8, 2 ff. de titre et 131 p.

L'avertissement est signé : E. DE R. (Louis-Eugène DE LA GORGUE DE ROSNY.)

Généalogie de la famille Wouters, dite de Rummen. (Par J. WOLTERS et le baron Léon DE HERCKENRODE.) *Gand, Hebbelynck*, 1847, in-8, 191 p., fig.

Généalogie de la maison Colins, dressée sur les titres et mémoires de cette maison. (Par DE VEGIANO, seigneur de Hoves.) 1773, in-fol. D. M.

Généalogie de la maison de Belloy, dressée sur titres originaux... (Par Cl.-Fr.-Marie, marquis DU BELLOY.) *Paris, Thiboust*, 1747, in-4.

Généalogie de la maison de Brouckhoven, sortie de celle de Roovere par la branche des seigneurs de Stakenborch, dressée... par M. D. S. D. H. (DE VEGIANO, seigneur de Hoves). *Malines*, 1771, in-fol. D. M.

Généalogie de la maison de Courvol en Nivernais, dressée sur les titres originaux... (Par Fr.-Ch. DE COURVOL.) Imprimée en l'année 1750 (à *Poitiers, chez Faulcon*), in-4. — 2e éd. S. l., 1753, in-4, 78 p.

Généalogie de la maison de France, extraite du tome Ier de l' « Histoire généalogique et héraldique des pairs de France, des grands dignitaires de la couronne, des principales familles nobles du royaume, et des maisons princières de l'Europe ; par M. le chevalier de Courcelles »... (Par A.-J.-F.-X.-P.-E.-S.-P.-A. DE FORTIA D'URBAN.) *Paris, Moreau*, 1822, in-4.

Généalogie de la maison de Ludres, branche cadette ; de la maison de Frolois, puînée de Bourgogne, tirée des dictionnaires héraldiques... (Par le marquis DE FROLOIS, comte DE LUDRES, ancien chambellan du roi Stanislas.) *Nancy, Hisselte*, 1832, in-4.

Sous le nº 2046 de son Catalogue, M. Noël cite une curieuse omission préméditée par l'auteur.

Généalogie de la maison de Montesquiou-Fezensac, suivie de ses preuves. (Par L.-N.-H. CHERIN et VERGÈS.) *Paris, imp. de Valade*, 1784, in-4.

Généalogie de la maison de Pol en Berry... Par un parent et ami de MM. de Pol, seigneurs de Piégu-Pol (le chevalier DE CHAMBORANT). *Paris, Simon*, 1782, in-fol., 72 p.

Généalogie de la maison de Scepeaux. (Par D'AUVIGNY.) S. l. n. d., in-4, 8 p.

Généalogie de la maison de Vélard (Velard, Vellard ou Vellar) en Bourbonnais, en Auvergne, en Berry et en Orléanais.... (Par E. DE CORNULIER.) *Orléans, impr. Chenu*, 1868, in-8, avec blason.

Généalogie de la maison de Waroquier... dressée sur titres originaux... (Par le comte L.-Ch. DE WAROQUIER.) *Paris, impr. de veuve Thiboust*, 1782, in-4, 24 p.

Généalogie de la maison de Wisches, originaire d'Allemagne, dressée... par M. D. S. D. H. (DE VEGIANO, seigneur de Hoves). S. l. (*Malines*), 1775, in-fol. D. M.

Généalogie de la maison des Thibaults, justifiée par divers titres, histoires, arrêts et autres bonnes et certaines preuves. (Par Jean ROYER DE PRADE.) S. l., in-4.

Généalogie de la maison du Chasteler, avec les preuves. (Par François-Gabriel-Joseph, marquis DU CHASTELER, lieutenant général au service de l'empereur.) Seconde édition, 1777, in-fol.

La première édition de 1741, in-fol., est due à dom CALMET qui, dans la 2e édition de son « Histoire de Lorraine », avoue s'être trompé dans sa Généalogie de la maison du Châtelet.

Généalogie de la maison Le Roux (d'Esneval), barons d'Acquigny, châtelains de Cambremont et du Mesnil-Jourdain, seigneurs de Becdal, Vironvé, la Metairie et autres lieux. *S. l. n. d.* (*Rouen*, 1689 ou 1692), in-4, 63 p.

Louis BULTEAU, commis-clerc de la congrégation de Saint-Maur, est l'auteur de cette généalogie, publiée, sans titre, à l'occasion de l'épitaphe de messire Claude Le Roux de Cambremont, conseiller du roi au parlem. de Rouen. (Frère, « Bibliographie normande », I, 434.)

Généalogie de la noble et ancienne famille de Biseau. (Par Maurice CHARLÉ.) *Fayt, Capart*, 1854, in-8, 24 p. et 2 p. de corrections. J. D.

Généalogie des comtes de Provence, depuis l'an 577 jusqu'à présent (traduite du latin de M. DE CLAPPIERS, sieur de Vauvenargues, conseiller du roi en la chambre des comptes, par François DU FORT). *Aix, Nicolas Pillheotte*, 1598, in-4, 12 feuillets non chiffrés.

Note manuscrite.

Généalogie des comtes et ducs de Bar, jusqu'à Henri, duc de Lorraine et de Bar, l'an 1608... (Par Théodore GODEFROY.) *Paris, Edme Martin*, 1627, in-4, 60 p.

Généalogie des comtes héréditaires de Troyes et de Meaux, ou de Champagne et de Brie, avec les preuves. (Par Pierre PITHOU.) In-4.

« Biblioth. Bultelliana », n° 7821.

Généalogie (la) des dieux poétiques, composée par l'Innocent égaré (Gilles D'AURIGNY, dit le Pamphile) ; la Description d'Hercule de Gaule, composée en grec par LUCIEN et par ledit Innocent égaré, traduite en françois. *Poitiers, à l'enseigne du Pélican*, 1545, in-12.

Voy. « Supercheries », II, 340, b.

Généalogie des ducs de Lorraine fidèlement recueillie de plusieurs histoires et tiltres authentiques. (Par Denis GODEFROY.) *S. l.*, 1624, in-4.

Généalogie des illustres comtes de Nassau, avec la description de toutes les victoires des Estats des Provinces-Unis, sous la conduite de Maurice de Nassau. (Par J. ORLERS, imprimeur et bourguemestre de la ville de Leyden.) *Leyden, Orlers*, 1615, in-fol. V. T.

Généalogie des lords Dormer, comtes de Coernavon, vicomtes d'Ascott, baron de Wange, baronnets et pairs d'Angleterre. (Par DE VEGIANO, seigneur de Hoves.) 1775, in-8. D. M.

Généalogie des maisons souveraines de l'Europe depuis le 1er jany. 1846 jusqu'à Guillaume Ier le Conquérant, duc de Normandie, roi d'Angleterre, auteur commun

né à Falaise (Calvados) en 1027, et depuis Guillaume et Mathilde jusqu'à l'empereur Charlemagne. (Par M. BELLENCONTRE, notaire à Falaise.) *Paris, imp. de Crapelet*, 1846, in-fol., 11 pag. en forme de tableaux dont une double.

Généalogie (la) des princes de Savoie, faite en prose et vers latins par Julian TABOET... et depuis traduite en prose et vers héroïques françois par P. T. A. (Pierre TREHEDAM, angevin). *Lyon, N. Edoard*, 1650, in-4, 36 p.

Généalogie des rois de Portugal issus en ligne directe masculine de la maison de France qui règne aujourd'hui. (Par Th. GODEFROY.) *Paris*, 1610, in-4. V. T.

Généalogie des seigneurs de La Motte-Saint-Florentin... du surnom de Melun... *S. l. n. d.*, in-4, 51 p.

Par le sieur DELACOUR, attaché à la Bibliothèque, d'après une note manuscrite de l'abbé Sallier, sur l'exemplaire de la Bibliothèque nationale.

Généalogie et alliances de MM. de Nyau, comtes de Châteaubourg, composée par un gentilhomme (Charles DE NYAU, comte de Châteaubourg, seigneur de Cangé, conseiller au parlement de Bretagne), sur les actes et titres de leur maison. *Paris, imp. de F. Muguet*, 1685, in-16.

Généalogie (la) et nobles faitz d'armes du tres-preux et renomme prince Godelfroy de Buillon... aussi le voyage d'outre mer en la Terre saincte faict par le roy sainct Loys, et plusieurs autres cronicques et histoires miraculeuses. (Par Pierre DESREY.) *Lyon, Arnoullet*, 1580, in-8.

Voy. ci-dessus, col. 528, f.

Généalogie historique de la maison de Lastic. *Poitiers, imp. H. Oudin*, 1868, gr. in-8, x-114 p.

La préface est signée : A. L. (A. LASTIC).

Généalogie historique et critique de la maison de La Roche-Aymon, pour servir au supplément ou continuation de l' « Histoire généalogique et chronologique de la maison de France et des grands officiers de la couronne ». (Par l'abbé J. DESTRÉES.) *Paris, veuve Ballard et fils*, 1776, in-fol. V. T.

Généalogies de quelques familles des Pays-Bas, dressées en partie sur titres, etc. (Par DUMONT, official des Etats de Brabant.) *Amsterdam*, 1774, in-8. V. T.

Généalogies des familles nobles et anciennes des XVII provinces des Pays-Bas. (Par DE COLOMA.) *S. l.*, 1781, t. I à III, in-8, les seuls publiés.

Généalogies (les), effigies et epitaphes des roys de France... (Par Jean BOUCHET.) *Poitiers, Jacques Bouchet*, 1545, in-fol.

Voir, pour les différentes éditions de cet ouvrage, Brunet, « Manuel du libraire », 5ᵉ édition, I, col. 1159.

Généalogies historiques des rois, empereurs, et de toutes les maisons souveraines qui ont subsisté jusqu'à présent, tirées des tables de Jean Hubner, etc. (Par Louis CHASOT DE NANTIGNY.) *Paris*, 1736-1738, 4 vol. in-4.

Ouvrage non terminé.

Général (le) comte Dumonceau. (Par Antoine DE BAVAY.) *Bruxelles*, 1850, in-8.

Œttinger, « Bibliographie biographique ».

Général (le) d'Autichamps, notice extraite de l' « Union de l'Ouest ». *Angers*, *Barassé*, s. d., in-8.

Par M. BOUGLER, conseiller à la cour d'appel d'Angers.

Réimprimé avec son nom dans la « Revue de l'Anjou », et dans le tome II de la « Biographie des députés de l'Anjou ».   D. M.

Général (le) d'Orgoni, sa mission en France et à Rome, et plan de campagne pour une croisade française en Indo-Chine et en Chine. (Par M. Prosper DU MONT.) *Nancy, Vagner*, 1858, in-8.

Voy. « Supercheries », II, 1309, *d*, pour le nom véritable du général d'Orgoni.

Généralité (la) de Paris, divisée en ses vingt-deux élections, par le sieur D*** (J. CHALMERT-DANGOSSE). *Paris, David*, 1710, in-12.

Génération (la) de l'homme, ou tableau de l'amour conjugal, par Nic. VENETTE, nouvelle édition, augmentée de remarques importantes par M. F. P. D. E. M. (François PLANQUE, docteur en médecine). *Londres (Paris)*, 1751, 2 vol. in-12. — Le même ouvrage sous le même titre, mais sans les lettres initiales de l'éditeur. *Londres*, 1751, 2 vol. in-12. — Le même ouvrage, nouvelle édition, augmentée d'observatons curieuses et historiques, et de remarques utiles et importantes pour l'humanité. S. l., 1764, 2 vol. in-12.

Voy. « Supercheries », II, 72, *b*.

Génération (la) de l'homme par le moyen des œufs et la production des tumeurs impures par l'action des sels examinés dans une lettre écrite à M ***, D. M... *Rouen, J. Lucas*, 1675, in-8, 59 p.

Signé : Guillaume DE HOUPPEVILLE.

Un anonyme, qui signe ......, docteur en médecine de l'Université de Montpellier, a publié : « Réponse à la lettre de M. ***, agrégé au collège de Rouen. De

la Génération de l'homme par le moyen des œufs et la production des tumeurs impures par l'action des sels ». *Rouen, C. Jores*, 1675, in-8.

Ce qui amena comme réplique : « la Génération de l'homme... et la Production des tumeurs impures... défendues par Eudoxe et Philotime contre Antigène » (signé : DE HOUPPEVILLE). *Rouen, J. Lucas*, 1676, in-12.

Génération (la), ou exposition des phénomènes relatifs à cette fonction naturelle, traduite de la physiologie du baron DE HALLER (par PIET, chirurgien-accoucheur), avec des notes et une dissertation sur l'origine des eaux de l'amnios. *Paris, Desventes*, 1774, 2 vol. in-8.

Générations (des) actuelles, absurdités humaines. — Rêveur des Alpes. L'an 1793 de l'ère chrétienne (vieux style), in-8.

Par E.-P. PIVERT DE SENANCOUR, qui n'est connu que sous ce dernier nom. Il existe un écrit portant le même titre, publié l'année précédente, ne formant qu'une soixantaine de pages : c'est le ballon d'essai du second. (Quérard, « France littéraire », XI, 460-462.)

Généreuses (les) Françaises, anecdote historique. Prompts effets du bon exemple. Nécessité de l'établissement d'une caisse patriotique. Par M. R. D. B. (A.-J. RAUP DE BAPTESTEIN DE MOULIÈRES), citoyen français, associé de l'Académie des belles-lettres de Marseille... S. l. n. d., in-8, 22 p.

Voy. « Supercheries », III, 344, *f*.

Généreux (les) ennemis. (Par François LEMÉTHEL DE BOIS-ROBERT.) *Paris, G. de Luynes*, 1655, in-12, 3 ff. lim. et 92 p.

L'auteur a signé la dédicace.

Généreux (les) exercices de Sa Majesté, ou la montre paisible de la valeur, représentée en devises et en emblesmes. (Par le P. Claude-François MÉNESTRIER.) *Lyon, G. Barbier*, 1659, in-4.

Genèse (la), avec des réflexions, traduction nouvelle (par le baron DES COUTURES). *Paris, Hortemels*, 1687, 4 vol. in-12.

Genèse (la) de M. Pierre ARETIN, avec la vision de Noé, en laquelle il vit les mystères du Vieux et du Nouveau Testament ; traduit du thuscan en françois (par Jean DE VAUZELLES). *Lyon, Sébastien Gryphyus*, 1542, in-8, 258 p.

A la tête de la dédicace se lit la devise : *Vray zèle*, sous laquelle s'est caché le traducteur.

Le texte italien, publié en 1538, fut plusieurs fois réimprimé.

Genèse (la), en latin et en françois, avec une explication du sens littéral et du sens spirituel. (Par Frédéric-Maurice FOINARD.) *Paris, Emery*, 1732, 2 vol. in-12.

Genèse (la) lue avec ma famille, ou explication très-simple de ce livre... (Par Mᵐᵉ Rochat, d'origine anglaise, femme du pasteur de ce nom.) *Genève, Mᵐᵉ S. Guers*, 1835, in-18, 178 p.

Genethliac musical et historial de la conception et nativité de J. C., par vers et chants divers. (Par B. Aneau). *Lyon*, 1559, in-8.   V. T.

Geneviève et Siffrid, correspondance inédite du viiiᵉ siècle, par M. L. D. B. (Louis-François Dubois, ou du Bois). *Paris, Lhuillier*, 1810, 2 vol. in-12.

Voy. « Supercheries », II, 706, *b*.

Geneviève, ou la grande chaumière, par Mˡˡᵉ L... M... A... B... de C... (Mˡˡᵉ L.-M.-A. Barbereux, de Châteaudun). *Paris, Eyron*, 1816, 3 vol. in-12.

Geneviève, ou le hameau, histoire de huit journées ; par Mᵐᵉ S*** C*** (Amélie-Julie Simons-Candeille), auteur de la « Belle Fermière ». *Paris, Arthus-Bertrand*, 1822, in-12.

Génie (le) d'Alphonse V, roi d'Aragon et de Sicile, d'après l'original latin d'Antoine de Palerme (Beccatelli), par l'abbé M. de La Can*** (Joseph Méry de La Canorgue). *Paris, de Hansy*, 1765, in-18.

Génie (le) de Bossuet, ou recueil des plus grandes pensées et des plus beaux morceaux d'éloquence répandus dans tous les ouvrages de cet écrivain, précédé de son éloge. Par E. L. (Antoine Serieys). *Paris, Dentu*, 1810, in-8.

Voy. « Supercheries », I, 1217, *a*.

Génie (le) de Buffon, par M *** (J.-L Ferry, de Saint-Constant). *Paris, Panckoucke*, 1778, in-12, xxviii-386 p.

Génie (le) de Calvin. (Par P. Jordan.) *Avignon*, 1682, in-12.

Génie (le) de La Fontaine, ou choix de ses plus belles fables, et de celles de ce poëte célèbre qui sont relatives à la politique, accompagnées de notes et d'observations tirées de ses commentateurs. (Par Cl. Delmasse.) *Dijon*, 1817, in-8.

Génie de la langue françoise, par le sieur D*** (d'Aisy). *Paris*, 1685, in-12. — *Paris, Laur. d'Houry*, 1687, 2 vol. in-12.

Génie (le) de la littérature italienne. (Par Jul.-Rob. Sanseverino, et B.-C. Graillard de Graville.) *Paris, Chaubert*, 1760, 2 vol. in-12.

Génie (le) de la reine Christine de Suède. In-4, 15 p.

Colomiès de La Rochelle, dans ses « Opuscules », à la page 122, dit qu'il a sçu de M. Isaac Vossius

que M. Chevreau a fait le « Génie de la Reine Christine ». Peut-être qu'il l'a ouï dire à M. Vossius qui parmi nous a toujours passé pour un grand menteur...

Ce « Génie de Christine » était l'ouvrage d'un certain Saint-Maurice, qui avait conduit en Suède un des enfants de M. de Saumaise, et comme la Reine ne fit nul état de ce prétendu gouverneur, qui s'en maître de langue à Blois pour les étrangers, il s'en vengea par une satyre.

(Note manuscrite de Chevreau sur son ex. de « Chevreana ». — « Bullet. du Bibliophile », xiiiᵉ série, p. 1004.)

Génie (le) de la révolution considéré dans l'éducation, ou mémoires pour servir à l'histoire de l'instruction publique depuis 1789 jusqu'à nos jours, par l'auteur de la « Régence à Blois » (J.-B.-G. Fabry). *Paris, Le Normant*, 1817, 3 vol. in-8.

Génie (le) de Montesquieu. (Par Alex. Deleyre.) *Amsterdam, Arkstée*, 1758, 1762, in-12.

Génie (le) de Pétrarque, ou imitation en vers françois de ses plus belles poésies, précédée de la vie de cet homme, dont les actions et les écrits font une des plus singulières époques de l'histoire et de la littérature modernes (par l'abbé J.-J.-T. Roman, d'Avignon). *Parme et Paris, Bastien*, 1778, in-8. — Édition contrefaite à *Avignon*, 1778, in-12.

Le libraire Cussac, ayant acquis en 1786 plusieurs exemplaires de l'édition in-8, les intitula : « Vie de Pétrarque », etc. Voyez ces mots.

Génie (du) des peuples anciens, par la C. V.... de C.... (Mᵐᵉ Victorine de Chastenay). *Paris, Maradan*, 1808, 4 vol. in-8.

Voy. « Supercheries », III, 920, *b*.

Génie (le) du cimetière. Conte fantastique, par l'auteur des « Réalités de la vie domestique » (Mᵐᵉ Zélia Long, née Pelох). *Genève, Cherbuliez*, 1851, in-16, 239 p.

Génie (le) du Louvre aux Champs-Élysées... (Par La Font de Saint-Yenne.) *S. l.*, 1756, in-12, xvi-146 p.

Génie du whist méconnu jusqu'à présent, quoique joué avec une espèce de fureur par toute l'Europe, avec des explications et des maximes certaines pour gagner, par le général baron de V.... (Vautré). *Paris, Ledoyen*, 1839, in-18. — *Bruxelles, Mary-Muller*, 1839, in-18, 141 p.

Génie (le), la politesse, l'esprit et la délicatesse de la langue françoise. Nouvelles remarques, contenant les belles manières et nouv. de parler de la cour... Le tout vû et nouvellement approuvé de l'Académie françoise et augmenté de pensées ingénieuses, d'exemples et de bons mots ; par l'auteur de l'« Éloquence du temps ». *Bruxelles,* 1701, in-12. — *Paris, J. et P. de Cot,* 1705, in-12. — Autre édit. publiée par COLOM DU CLOS. *Gottingue,* 1755, in-8.

C'est une réimpression des « Nouvelles Remarques sur la langue française » de Jos. LEVEN DE TEMPLERY.

Génie (le), le goût et l'esprit, poëme en quatre chants. *Amsterdam et Paris, Delalain,* 1766, in-8.

Attribué par Ersch à L.-S. MERCIER, et par la « France littéraire », de 1769, II, 283, à Barn. FARMIAN DU ROSOY ; Barbier a reproduit cette dernière attribution.

Quérard le donne successivement sous les deux noms.

Génie (le) ombre et la Sala-Gno-Silphondine Chimboraço, conte physique (contre Voltaire, par DE LA ROUGÈRE). A *Chimerie (Paris),* 1746, in-12, iv-110 p.

Catalogue manuscrit de l'abbé Goujet.

Génies (les) assistans et Gnomes irréconciliables, ou suite au comte de Gabalis (de l'abbé de Villars). (Par le P. Ant. ANDROL, célestin.) *Amsterdam,* 1715 ; *La Haye,* 1718, in-8.

Réimprimé avec le « Comte de Gabalis » en 1732, 2 vol. in-12.

Voy. « Nouveaux entretiens ».

Genres (des) poétiques, poëme, avec des notes et des observations sur ce poëme. (Par Aug. GILLES, plus connu sous le nom de SAINT-GILLES.) *Paris, Barrois l'aîné,* 1790, in-8.

Gens (les) de communauté sont-ils aussi propres à l'éducation publique que les particuliers ? (Par le P. SERPETTE, bibliothécaire de la Doctrine chrétienne.) 1763, in-12.   V. T.

Genséric, tragédie, par madame **** (Mme DESHOULIÈRES). *Paris, Claude Barbin,* 1680, in-12, 2 ff. de tit. et 80 p.

Gentil (le) Bernard. (Par Ch. MALO.) *Paris, L. Janet,* 1823, in-24.

Gentilhomme (le) Guespin, ou le campagnard, comédie en un acte et en vers, avec une préface. (Par Jean DONNEAU DE VISÉ.) *Paris, Claude Barbin,* 1670, in-12.   D. M.

Géo-Chronologie de l'Europe, ou abrégé de géographie et d'histoire des divers empires, royaumes et Etats de cette partie du monde, par J. ASPIN ; traduit de l'anglais sur la dernière édition, considérablement augmentée, par M. B. D. V.

(Bertrand BARRÈRE DE VIEUZAC). *Paris, Delaunay,* 1810, in-8.

Voy. « Supercheries », I, 484, b.

Géographe (le), manuel de l'abbé EXPILLY, rédigé d'après des vues nouvelles. (Par Victor COMEIRAS.) *Paris,* 1801, 1803, in-8.

Géographe (le) méthodique, ou introduction à la géographie ancienne et moderne, à la chronologie et à l'histoire (par l'abbé P.-M. DE GOURNÉ), avec cartes et figures, et une préface historique, ou essai sur l'histoire de la géographie (par A.-G. MEUSNIER DE QUERLON). *Paris, Robinot,* 1741 et 1742, 2 vol. in-12.

Géographe (le) parisien, ou le conducteur chronologique et historique des rues de Paris. (Par LE SAGE.) *Paris, Valleyre,* 1769, 2 vol. in-8.

Géographie à l'usage des négocians. (Par And.-Jos. PANCKOUCKE.) *Lille,* 1740, in-12.

Géographie abrégée de la Grèce ancienne, par un professeur d'histoire et de géographie (Edme MENTELLE). *Paris, Barbou,* 1772, in-8.

Géographie ancienne et historique, composée d'après les cartes de d'Anville, par L. B. D. M. (L. BARENTIN DE MONTCHAL). *Paris, Egron,* 1807, 2 vol. in-8, et atlas in-fol. — 2e éd. *Paris, Egron,* 1823, 2 vol. in-8.

Géographie (la) ancienne, moderne et historique. *Paris,* 1689, 3 vol. in-4.

La dédicace est signée : J.-B. AUDIFFRET.
Ces trois volumes renferment l'Europe.

Géographie classique. (Par l'abbé B. DE SAIVE.) *Liége, Lemarié,* 1784, in-12.

Géographie classique... de l'Yonne.... par un membre de l'Université (E. BADIN, directeur de l'École normale d'Auxerre). *Auxerre, G. Maillefer,* 1842, in-12.

Géographie de la France, d'après la nouvelle division... avec la carte, par P. C. (P.-L. DU COUÉDIC). *Paris, Garnery,* l'an Ier de la République, 2 vol. in-8.

Géographie de la province de Hainaut, par V. D. M. (Paul VAN DER MAESEN). *Bruxelles, Janssens,* 1830, in-18, 184 p.

Voy. « Supercheries », III, 921, f.

Géographie de la province de Liége, par V. D. M. (Paul VAN DER MAESEN). *Bruxelles, Seres,* 1842, in-18, 303 p.

Voy. « Supercheries », III, 921, e.

Géographie de la province de Limbourg, par V. D. M. (Paul Van der Maesen). *Bruxelles, Seres,* 1842, in-18, 163 p.

Voy. « Supercheries », III, 921, f.

Géographie de la province de Namur, par V. D. M. (Paul Van der Maesen). *Bruxelles, Seres,* 1842, in-18, 256 p.

Voy. « Supercheries », III, 921, f.

Géographie des dames, ou almanach géographique et historique. (Par Pasquier, procureur au parlement de Paris, et L. Denis.) 1764, in-24.

Géographie (la) des écoles primaires en vingt-deux leçons, par l'auteur du « Syllabaire chrétien » (Charles Duvivier, curé de Saint-Jean, à Liége). *Liége, Grandmont-Donders,* 1835, in-18, 53 p.   J. D.

Géographie (la) des légendes. (Par l'abbé Cl. Jouanneaux.) *Paris, Simon,* 1737, in-12.

L'auteur est nommé dans le privilége.

Géographie (la) du prince. (Par Franç. de la mothe Le Vayer.) *Paris, Courbé,* 1651, in-12.

Géographie élémentaire. (Par le baron G.-J.-A. de Stassart.) *Paris,* 1804, 2 vol. in-8. — 2ᵉ éd. *Paris,* 1806, 3 vol. in-8.   D. M.

Géographie élémentaire, par P. C. (Coppens) et B. D. (Deselle), pour servir à l'étude de l'atlas géographique de la Belgique, à l'usage de la jeunesse des écoles, publié en 1852. *Bruxelles, Coppens,* 1853, in-16, 63 p.   J. D.

Géographie élémentaire universelle destinée à l'enseignement dans le royaume des Pays-Bas. (Par A. Pelletier.) *Bruges, de Moor,* 1825, in-12.   J. D.

Géographie générale composée en latin par Bernard Varenius, revue par Isaac Newton, augmentée par Jacques Jurin, traduite en anglois d'après les éditions latines données par ces auteurs, avec des additions sur les nouvelles découvertes ; et présentement traduite de l'anglois en françois (par Ph.-Fl. de Puisieux), avec des figures en taille-douce. *Paris, Vincent,* 1755, 4 vol. in-12.

Le traducteur a signé la dédicace.
L'original latin est de *Cantab.,* 1672, in-8.

Géographie historique, avec un cours de géographie élémentaire. (Par Frédéric Osterwald.) *Berne,* 1757, in-8 ; — 1761, vol. in-12 ; — 1783, 2 vol. in-12.

Géographie (la) historique et littéraire

de la France. (Par Pierre La Mésangère.) *Paris,* 1791-1796, 4 vol. in-12.   V. T.

Il y a quatre éditions de cette géographie.

Géographie historique, où l'on trouve réunies à la connaissance des lieux et de leur position, la généalogie des seigneurs, la patrie des auteurs célèbres, etc. (Par le marquis Ch. de Baschi d'Aubais.) *Paris, Ballard,* 1761, 2 vol. in-8.

Cet ouvrage se distribuait par cahiers.

Géographie (la), ou description générale du royaume de France divisé en ses généralités... le tout enrichi d'une collection choisie d'un nombre considérable de cartes, par M. de *** (Dumoulin), *Amsterdam, M.-M. Rey,* 1762, in-8.

Voy. « Supercheries », III, 1052, d.

Géographie physique et politique, ou introduction à l'histoire de France, par M. G. Chas*****-Desterre (G. Chastenet-Desterre). *Toulouse, imp. de Benichet frères,* 1807, in-12.

Géographie physique, historique, statistique et topographique de la France en cent huit départemens... (Par M. Moreau,) *Paris, Bernard,* 1804, in-8.

Voy. « Abrégé élémentaire... », IV, 44, a.

Géographie (la) rendue aisée, ou traité méthodique pour apprendre la géographie. (Par Ant. de Lénis.) *Paris, Ant. Jombert,* 1753, in-8.

Géographie sacrée et historique de l'Ancien et du Nouveau Testament (par Jean-Adrien Sérieux et Gilles Robert de Vaugondy). avec plusieurs dissertations des sieurs Samson et autres, mise au jour par Robert. *Paris, Durand,* 1747, 3 vol. in-12.

Géographie statistique et spéciale de la France. Par G. P...... (Gabriel Peignot). *Dijon, V. Lagier,* in-12, 110 p.

Voy. « Supercheries », II, 203, e.

Géographie universelle, par Buffier, revue et corrigée par l'abbé D. S. (B. de Saive, ancien jésuite). *Liége,* 1786, in-12. — Id., an XIII, 2 vol. in-12. — Id., 1822, in-12.

Le second volume de l'éd. de l'an XIII a pour titre : « Supplément à la Géographie... », par M. l'abbé D. S***.

Géographie (la) universelle, où l'on donne une idée abrégée des quatre parties du monde, etc., par Jean Hubner (traduit de l'allemand par Duvernois, compatriote de M. Cuvier). *Basle,* 1746, 1757, 6 vol. in-8.

Géographie universelle, traduite de l'allemand de M. Busching (par J. M. Gé-

RARD DE RAYNEVAL, C.-T. PFEFFEL et J.-Fr. DE BOURGOING). *Strasbourg, Bauer et Treuttel*, 1768-1779, 14 vol. in-8.

Voyez les mots : « Nouveau Traité de géographie... » C'était le premier titre de cette traduction.

Geolier (le) de soy-même, comédie. (Par Th. CORNEILLE.) *Imp. à Rouen, par L. Maury, pour G. de Luynes*, 1656, in-12, 5 ff. lim. et 94 p. — *Leyde*, 1658, in-12.

L'auteur a signé la dédicace.

Géometrie (la) et practique générale d'icelle ; par J. ERRARD. 3e éd., rev., corr. et grandement augm. par D. H. P. E. M. (Denis HENRION, professeur en mathématiques). *Paris, M. Daniel*, 1619, in-8, fig.

Géométrie métaphysique, ou essai d'analyse sur les élémens de l'étendue bornée. (Par l'abbé Paul FOUCHER.) *Paris*, 1758, in-8.

Géométrie pratique à l'usage du peuple, publiée par la Société *tot nut van't algemeen* ; traduit du hollandais par J.-B -L. G.... (J.-B.-L. GERUZET). *Bruxelles, Brest van Kempen*, 1826, in-12.

Voy. « Supercheries », II, 371, e.

Géométrie usuelle, dessin géométrique et dessin linéaire sans instruments, en 120 tableaux ; dédié à M. le baron Feutrier, préfet de l'Oise, par C. B*** (Charles BOUTEREAU), professeur des cours publics et gratuits de géométrie, de mécanique et de dessin linéaire à Beauvais. *Beauvais, Tremblay*, 1832, in-4. D. M.

Geomyler (le), traduit de l'arabe. (Ouvrage de l'abbé DE MONTFAUCON DE VILLARS.) *Paris, Guérin*, 1729, in-12.

Cet ouvrage avait déjà paru sous le titre d' « Amour » . Voy. IV, 143, d.

Géoponiques (les)...

Voyez « Abrégé des Géoponiques », IV, 39, f.
Voyez aussi de curieuses recherches sur les auteurs des « Géoponiques » et sur les traductions françaises qui en existent, dans la « Bibliographie agronomique » de M. Musset-Pathay, *Paris*, 1810, in-8, p. 97 et 430.

Georgeana, ou la Vertu persécutée et triomphante. (Par Mme Marie-Armande-Jeanne D'HUMIÈRE, depuis dame GACON-DUFOUR.) *Paris*, an VI-1798, 2 vol. in-12.
            V. T.

Georges Cadoudal, dit Larive, suivi de la Péruvienne, des classiques et des romantiques, et du Voyage à Versailles. Par A. H. (A. HOPE). *Paris, Barba*, 1837, in-8.

Georges et Clary. (Par DUPUIS.) *Paris, Maradan*, 1812, 2 vol. in-12.

Georges et Molly, drame en trois actes (en prose, mêlé d'ariettes, par B.-J. MARSOLLIER DES VIVETIÈRES). *Amsterdam (Paris), Valade*, 1774, in-8.

Georges, nouvelle par Mme DE S*** (SENILHES, née DE SAINT-BRICE), auteur de « Amour et devoir ». *Paris, H. Bossange*, 1827, in-12.

Georges III, sa cour et sa famille, trad. de l'anglais (de J. AIKIN, et publié avec un avant-propos). *Paris, Michaud*, 1823, in-8.

Georget et Georgette, opéra-comique en un acte ; représenté pour la première fois sur le théâtre de l'opéra-comique de la foire Saint-Laurent, le 28 juillet 1761. (Par HARNY DE GUERVILLE.) *Paris, Duchesne*, 1761, in-8, 60 p.

Georgina, histoire véritable, par l'auteur de « Cecilia », trad. de l'angl., par M. V***. *Genève et Paris, Maradan*, 1788, 4 vol. in-12.

Cecilia est de miss F. Burney, depuis mistriss d'Arblay, mais « Georgina » est de mistr. HOWEL.

Georgine, nouvelle ; manuscrit trouvé dans les papiers d'un jeune homme, et publié par M*** (E. BARATEAU). *Paris, imp. de Lottin de Saint-Germain*, 1820, in-12.

Géorgiques (les) de VIRGILE, traduites en vers françois, ouvrage posthume de SÉGRAIS (publiées avec un avertissement, par Hubert LETORS, avocat). *Paris, P. Huet*, 1712, in-8.

Géraldine, ou Histoire d'une conscience, traduit de l'anglais (de miss AGNEAU, anglicane convertie), par Mme la marquise DE M*** (DE MOLIGNY). *Paris, Vaton*, 1839, 2 vol. in-12.

« Rev. bibliogr. », 1839, no 22.

Géraldine, traduit de l'anglais, par Mme SAINT-H*** (Mme SAINTE-HÉLÈNE). *Paris, Maradan*, 1841, 3 vol. in-12.

Gérard de Roussillon. S'ensuyt l'hystoire de Mgr Gérard de Roussillon, jadis duc et conte de Bourgongne et d'Aquitaine. (Publiée par M. Alfred TERREBASSE.) *Lyon, L. Perrin*, 1856, in-8, XLIX-149 p.   D. M.

Gérard de Velsen, nouvelle. (Par C.-F.-X. MERCIER, de Compiègne.) *Paris*, 1795, in-12. — 1797, in-18.

Ce sujet a été traité souvent, et tient à la liberté batave ; P. C. Hooft en a fait une excellente tragédie.   V. T.

Germain le bûcheron. (Par le pasteur César MALAN.) *Toulouse, imp. de veuve Na-*

varre, 1821, in-12. — *Paris, imp. de Smith,* 1825, in-12.

Germaine de Foix, reine d'Espagne, nouvelle historique. (Par Nic. BAUDOT DE JUILLY.) *Paris, de Luyne,* 1701, in-12.

Germaine, nouvelle, par l'auteur des « Orphelines de Flower Garden » (Mme CAZENOVE D'ARLENS). *Genève et Paris, Paschoud,* 1814, in-12.

Germanicus, tragédie (en 5 a. et en v., par le P. dom DE COLONIA). *Lyon, J. Guerrier,* 1697, in-12. — Autre édit., 1733, in-12.

Gérocomie (la), ou Code physiologique et philosophique pour conduire les deux sexes à une longue vie... (Par Jacq.-André MILLOT.) *Paris, F. Buisson,* 1807, in-8.

Géronte, comédie en trois actes et en vers. Par B.... C.... (Bernard CAMPAN, docteur en médecine). *Montpellier,* 1749, in-8.

Voy. « Supercheries », I, 476, *e*.

Gerson (le) de la perfection religieuse, traduit de l'italien du père Lucas PINELLI, de la compagnie de Jésus (par le père Franç. SOLIER, jésuite). *Verdun,* 1601, in-12.

La même traduction a reparu sous ce titre : « de la Perfection religieuse », *Paris,* 1625 et 1633.

Gertrude, par l'auteur de « Amy Herbert » (miss Eliz. SEWELL), traduit de l'anglais par Mlle RILLIET DE CONSTANT. *Genève et Paris,* 1851, in-12. — *Paris, Grassart,* 1860, in-12.

Gestes de l'an V. (Par J. LA VALLÉE.) *Paris,* 1797, 3 vol. in-8.

Gestes (les) des Tolosains et autres nations de l'environ, composées premièrement par N. BERTRAND, et faites françoises, reveues et augmentées de plusieurs histoires (par Guill. DE LA PERRIÈRE). *Tolose,* 1555, in-fol.

Catalogue de La Vallière, par Nyon, t. VI, n° 23857.

Le « Manuel du libraire », 5e éd., tom. I, col. 823, décrit en détail une édition antérieure, *Lyon, O. Arnoullet,* 1517, in-4 ; il n'indique pas le nom du traducteur. L'ouvrage latin avait paru à Toulouse en 1515, in-fol.

Giacomo Meyerbeer, à propos de l' « Étoile du Nord ».

Voy. « Critique musicale », IV, 824, *f*.

Giboulées (les) de l'hiver, par M*** (Jean-Henri MARCHAND). *Paris, Guillot,* 1781, in-8.

Gigantologie. Discours sur la grandeur des géants... *Paris, A. Périer,* 1618, in-8, 128 p.

Signé : RIOLAN.

Gigantomachie, pour répondre à la « Gigantostéologie. » (Par J. RIOLAN.) *S. l.,* 1613, in-8, 47 p.

Le titre de départ porte en plus : Par un écolier en médecine.

Gilbert ou le poëte malheureux, par M. l'abbé P... (l'abbé C. PINARD). *Tours, Mame,* 1840, in-12.

Souvent réimprimé avec le nom de l'auteur.

Gilles, garçon peintre, Z'amoureux-t-et rival. Parade représentée pour la première fois sur le théâtre de la foire Saint-Germain, le 2 mars 1758. (Par Antoine-Alexandre-Henri POINSINET.) *Paris, N.-B. Duchesne,* 1758, in-8, 48 p.

L'auteur a signé l'épître.

Giphantie. (Par Ch.-Fr. TIPHAIGNE DE LA ROCHE.) *La Haye (Paris),* 1760, 2 parties in-12.

Girandoles (les), comédie-proverbes. (Par Germain GARNIER.) *Paris, Cailleau,* 1781, in-8.

Selon une note de l'auteur, l'édition de cette pièce a été détruite, à la réserve de deux exemplaires.

Girouette (la) française, ou le despotisme ressuscité, par un député du Tiers-État (Pierre-Mathieu PAREIN). *De l'imp. de l'archevéché,* 1789, in-8, 31 p. D. M.

Girouette, ou sans frein... (Par Ch.-Fr. TIPHAIGNE DE LA ROCHE.)

Voy. « Sans frein ».

Girouettes (les) du château, par l'auteur de « Ajoutez à la foi la science » (le pasteur César MALAN). *Genève,* 1828, in-12.

Glaces (les) enlevées, ou la Rapaxiade, poëme héroï-comique en V chants. (Par le marquis Louis-Augustin LE VER.) *Paris, imp. de Tastu,* 1827, in-8, 80 p.

Tiré à 25 exemplaires.

Glaires (des), de la bile, des dartres, et des moyens de les combattre. (Par T. SÉGUIN-GRIFFON.) *Paris, Lerond, s. d., in-8,* 24 p. et 1 f. de table. — Par M. T. S. G. *Paris, Lerond,* 1826, in-8, 47 p. — *Paris, Lerond,* 1828, in-8, 48 p.

Glaive (le) du géant Goliath, Philistin et ennemy de l'Église de Dieu. C'est un recueil de quelques certains passages, par lequel il sera aisé à tous les fidèles qui le liront, de connoître que le pape a la gorge coupée de son propre glaive. *S. l.*, 1561, in-8, 55 p.

Ľépître dédicatoire est signée : Charles LÉOPARD. Sur le titre d'une autre édition de 1561, le nom de ľauteur se trouve accompagné de la qualification de « Ministre de la parole de Dieu en lisle d'Aruert ». Pour une 3e édit. de 1579, voy. Brunet, « Manuel du libraire », 5e édit., III, 988.

Réimprimé en 1586 sous le titre de : « le Magnificat du pape... » Voyez ces mots.

Glaive (le) vengeur de la République françoise, une et indivisible, ou galerie révolutionnaire... par un ami de la révolution, des mœurs et de la justice (H.-G. DULAC). *Paris*, an II, in-8, 216 p.

Voy. « Supercheries », I, 304, *a*.

Glaneur (le) à Londres. (Par DUBERGIER.) *Paris (Bruxelles)*, 1820, in-8.

Glaneur (le) françois. (Par J.-F. DREUX DU RADIER et C.-E. PESSELIER.) *Paris, Prault*, 1735-1737, 4 vol. in-12.

Dreux du Radier ne fait aucune mention de ce journal dans le catalogue de ses ouvrages. *Rouen*, 1776, in-12.

On assure que le médecin C.-F. TIPHAIGNE a coopéré à ce journal.

Glaneur (le) historique, moral, littéraire et galant, etc., pour ľannée 1731 et ann. suiv. (Par J.-B. DE LA VARENNE.) *Amsterdam, Utrecht et La Haye*, 1731-1733, 3 vol. petit in-8.

Voy. E. Hatin, « les Gazettes de Hollande », 1865, in-8, p. 196.

Glaneur (le) missionnaire. Extraits tirés de la correspondance de diverses sociétés de missions. (Par Ed. PANCHAUD, pasteur.) *Bruxelles*, 1844-1857, in-8.

Glicère, ou la philosophie de ľamour, poème champêtre. (Attribué à Camille SAINT-AUBIN.) *Zurich*, 1796, in-8.

Tiré à cent exemplaires sur papier vélin.

Globe (le) céleste, cours d'astronomie contemplative, par M. H.... (A.-J.-W. HENNET). *Paris, Delamarche et Dien*, 1820, in-8.

Gloire (la) d'Apollon, scènes présentées à M. Fouillière, par ses pensionnaires, le 24 juin 1770. (Par PÊME.) *S. l.*, 1770, in-8.

Catalogue Soleinne, no 3582.

Gloire (la) de ľhyménée, ou le feu de joie élevé par les soins de MM. les lieutenant, gens du conseil et échevins de la ville de Reims, et tiré devant ľhôtel de ville, pour la naissance de monseigneur le Dauphin, le dimanche 2 octobre 1729.

T. V.

(Par ľabbé DE VINAY.) *Reims, veuve B. Multeau*, 1729, in-4, 20 p.

On lit à la fin de cette brochure : Les emblèmes et les devises ont été inventées et les inscriptions en vers composées par M. DUSAULX, professeur au collège de ľUniversité.

Gloire (la) du Val de Grâce. (Par MOLIÈRE.) *Paris, Le Petit*, 1669, in-4, avec 2 grav.

Gloire et malheur, ou les suites de ľambition, par ľauteur des « Deux Marins » (GUILLEMART). 3e édit. *Lille, Lefort*, 1854, in-18. — 4e éd. *Id.*, 1865, in-18. — 5e éd. *Id.*, 1869, in-18.

Gloires (les) de Marie, par le Père Alphonse DE LIGUORI. Traduction nouvelle par D. L. C. (Théodore DELACROIX). *Paris, Gaume frères*, 1835, 2 vol. in-8.

La couverture imprimée porte le nom de ľauteur.

Gloires (les) du romantisme appréciées par leurs contemporains et recueillies par un autre bénédictin (le baron Charles-Frédéric SIRTÉMA DE GROVESTINS). *Paris, Dentu*, 1859, 3 vol. in-12.

Glorieux (le) avénement à la couronne impériale de Louis XIV, de Dieu donné... (Par MENGAU.) *Rouen, J. Ľ'Oyselet et P. de La Motte*, 1648, in-8, 6 ff. lim. et 56 p.

Ľ'auteur a signé ľépître.

Glorieux (le) jubilé de mille ans de S. Lambert... patron de la ville et pays de Liége, célébré le 17 sept. 1696 avec grande solennité... et représenté par une petite tragédie dudit saint... *Liége, C. Broncart et J.-F. Broncart (s. d.)*, pet. in-8 de 3 ff., 63 p. et 3 ff. pour les chroniqua et chronodistica.

« Nous croyons, dit M. de Theux (« Bibliogr. liégeoise », I, 165), que cette tragédie anonyme est du P. CORET. En tous cas, on ne saurait trouver une tragédie plus bouffonne et plus ridicule ; c'est, avec sa rareté, la seule raison qui puisse la faire rechercher. »

Glorioso-Demonio, ou le grand diable, chef de brigands; trad. de ľallemand de ľauteur de « Rinaldo Rinaldini » (C.-A. VULPIUS, par J.-J.-M. DUPERCHE). *Paris, Mme Benoît*, an IX-1801, 2 vol. in-12.

Glorvina, ou la jeune Irlandaise, histoire nationale... par miss OWENSON, traduit de ľanglais par le traducteur d' « Ida » et du « Missionnaire » (DUBUC), ouvrages du même auteur. *Paris, Gide fils*, 1813, 4 vol. in-12.

Glose et remarque sur ľarrêté du parlement de Paris, du 5 décembre 1788. (Par Ant.-Jos.-Michel SERVAN.) *Londres*, 1789, in-8, 59 p.

Glossaire du patois rochelais, suivi d'une liste des expressions curieuses usitées à La Rochelle, recueillie en 1780 par M***. (Par M. H. Burgaud des Marets.) *Paris, Didot*, 1860, in-4, 8 p.

Glossaire genevois, ou recueil étymologique des termes dont se compose le dialecte de Genève. (Par le professeur Gaudy-Lefort.) *Genève*, 1820, in-8. — 2e édit. corrigée et considérablement augmentée par Jean Humbert. *Genève et Paris*, 1827, in-8.

Une troisième édition, 1842, 2 vol. in-12, porte le nom de J. Humbert, seul.

Glossaire polyglotte, ou tableau comparatif d'un grand nombre de mots grecs, latins, français, espagnols, italiens, allemands, irlandais, anglais, etc., qui, pour la forme et le sens, ont encore conservé de nos jours le plus grand rapport avec le celte-breton de l'Armorique et paraissent avoir appartenu primitivement à cette langue. *S. l. n. d.*, in-8, paginé 101 à 164, plus une page de table et 8 pages de corrections.

Ce glossaire est de T.-Malo Corret de La Tour d'Auvergne, qui l'avait fait imprimer pour le placer à la suite de la 1re éd. de ses « Origines gauloises »; mais comme il s'y trouvait un certain nombre de fautes d'impression, l'auteur en arrêta la publication et fit supprimer tous les exemplaires. Cinq à six de ceux-ci se sont retrouvés parmi ses papiers, après sa mort.

D. M.

Gnome (le). (Par l'abbé Saunier de Beaumont.) *Paris, de La Tour*, in-12.

Gnomonique (la) universelle, ou la science de tracer les cadrans solaires sur toutes sortes de surfaces tant stables que mobiles. (Par l'abbé Claude Richer.) *Paris, Jombert*, 1701, in-8.

Gobe-Mouches (les). (Par le marquis de Champcenetz.) *Au Palais-Royal*, 1788, in-8, 16 p.

L'auteur s'est peint lui-même à l'article du Gobe-Mouche sans souci.

Goddam ou le rebut des étrennes lyriques et almanach des muses, pour l'année 1787. (Par Paris l'aîné.) *Paris*, 1788, in-12, 76 p.

Goddam, poëme en quatre chants, par un french dog (Evariste Parny). *Paris*, an XII, in-8.

Réimprimé dans les « Œuvres » de l'auteur.

Godefroy, ou la Jérusalem délivrée, poëme héroïque (du Tasse), traduit en vers françois. *Paris*, 1671, 2 vol. in-16, fig.

Le traducteur Vincent Sablon, de Chartres, est nommé dans le privilége.

Godolphin, ou le serment. (Par sir Edward Litton Bulwer.) Traduit de l'anglois par Mlle Sobry. *Paris, Dumont*, 1836, 2 vol. in-8.

Goffin, ou les mineurs sauvés, opuscule, par U. G. (Ulric Guttinguer). *Rouen, Baudry*, 1812, in-8.

Gomez Arias, ou les Maures des Alpujarras, roman historique espagnol, par don Telesforo de Trueba y Cosio, traduit par l'auteur de « Olesia, ou la Pologne », de « Edgar » et de « Vanina d'Ornano » (Mme Lattimore Clarke, née Rosine Mame). *Paris, C. Gosselin*, 1829, 4 vol. in-12.   D. M.

Gomgam, ou l'homme prodigieux transporté dans l'air, sur la terre et sous les eaux. (Par l'abbé L. Bordelon). *Paris, Saugrain*, 1711, in-12 ; — *Prault*, 1713, 2 vol. in-12.

Goualana (la) ou collection incomplète des œuvres prototypes d'un habitant de la ville de Cena (Caen), département du Salvocad (Calvados) ; par une société d'oisifs (Poubel et Pitet). Première et dernière édition. (*Valenciennes*), *de l'imp. de Carnaval aîné* (vers 1812), in-18, 22 p.

D'après une note de Louis Dubois, le principal auteur de cet ouvrage aurait été Dupray, avocat à Caen.

Cette facétie a été réimprimée à 26 exemplaires sans lieu ni date, mais à *Valenciennes, chez Prignet*, par les soins de G.-A.-J. Hécart. Voy. « Supercheries », II, 234, d, et III, 694, e.

Goupillon (le), poëme héroï-comique trad. du portugais d'Antoine Dinys (par Fr. Boissonade). *Paris, Werdet et Lequin*, 1828, in-16. — Deuxième édit. revue et précédée d'une notice sur l'auteur par Ferdin. Denis. *Paris, Techener*, 1867, in-12, lx-216 p., avec le nom du traducteur.

Gourmand (le) puni, comédie en un acte et en prose, par E. F. V. (E.-F. Varez). *Paris, Rilliot*, an XII-1804, in-8.

Goût (le) du siècle, satyre. (Par Fr. Riccoboni.) *Londres (Paris)*, 1762, in-8. — *Genève*, 1765, in-12.

Goût (du) et de la beauté considérés dans les productions de la nature et des arts. (Par F.-G. Bertrand, doyen de la Faculté des lettres de Caen.) *Caen, Chalopin*, 1829, in-8, 96 p.

Goûté (le) des Porcherons, ou nouveau discours des halles et des ports. (Par A.-Ch. Cailleau.) *Paris*, 1759, in-12.   V. T.

Gouvernement (le) admirable, ou la république des abeilles... (Par J.-B. Simon, censeur royal.) *La Haye, P. de Hondt*,

1740, in-12. — *Paris, Lambert et Durand,* 1740, in-12, même édit.

Réimprimé en 1742 et en 1758, avec le nom de l'auteur.

Gouvernement (du) belge sous les constitutions de 1815 et 1830 et dans ses rapports avec la banque, dite Société générale pour favoriser l'industrie, par M. B***** (BERGÉ), jurisconsulte, ancien avocat à la cour royale de Paris. *Bruxelles, Deprez-Parent,* 1840, in-8, 76 p.   J. D.

Gouvernement (du) civil (par J. LOCKE), traduit de l'anglois (par David MAZEL). *Amsterdam,* 1691; *Genève,* 1724, in-12. — Nouvelle édition, exactement revue et corrigée sur la dernière édition de Londres, et augmentée de quelques notes, par L. C. R. D. M. A. D. P. *Amsterdam,* 1755, 1780, in-12.

L'ouvrage original est aussi anonyme, il parut pour la première fois en 1690.

Gouvernement (du) de Berne. *En Suisse,* 1793, in-8.

On a attribué ce livre à Bernard-Frédéric TSCHARNER. M. Ersch, dans son premier supplément à la « France littéraire », *Hambourg,* 1802, in-8, dit qu'on l'attribue aussi à un habitant du canton de Léman; mais il ne le nomme pas.   V. T.

Gouvernement (le) de juillet, les partis et les hommes politiques de 1830 à 1835, par l'auteur de l' « Histoire de la Restauration » (B.-H.-R. CAPEFIGUE). *Paris, Dufey,* 1835, 2 vol. in-8.

Voy. « Supercheries », II, 296, *f.*

Gouvernement (du) de l'Eglise, et du droit des curés et des paroisses. (Par l'abbé Henri REYMOND, depuis évêque concordataire de Dijon.) *Constance,* 1791, 3 vol. in-12.

Voy. « Droits des curés… », IV, 1124, *f.*

Gouvernement (du) de l'industrie, par l'auteur de « la Question de la dette hollandaise » (J. MEEUS-VANDERMAELEN). Complément de l'ouvrage intitulé : « Loi sur les sucres ». *Bruxelles, Périchon,* 1844, in-8.   J. D.

Gouvernement (du) de l'industrie pour prévenir une fausse organisation du travail, par J. M. (Joseph MEEUS-VANDERMAELEN). *Bruxelles, Decq,* mai 1844—mars 1848, in-8, 103 p.   J. D.

Gouvernement (le) de Sanche Pansa, comédie. (Par GUYON GUÉRIN DE BOUSCAL.) *Paris, Ant. de Sommaville,* 1642, in-4.

Voy. IV, 1112, *f.*

Gouvernement (du) des diocèses en commun par les évêques et par les curés.

(Par Guy DRAPIER, curé à Beauvais.) *Basle (Rouen),* 1707, 2 vol. in-12.

Gouvernement (du) des mœurs. (Par Ant. DE POLIER DE SAINT-GERMAIN.) *Lausanne, Henri Pott,* 1784, in-8.

Gouvernement (du) des mœurs et des conditions en France avant la Révolution. (Par Gabriel SENAC DE MEILHAN.) *Hambourg,* 1795, in-8.

Réimprimé la même année à *Paris,* avec le nom de l'auteur. — Autre édition, avec quelques notes. *Paris, Deterville,* 1814, in-8. Autre éd., avec introduction et notes par H. DE LESCURE. *Paris, Poulet-Malassis,* 1862, in-12.

Gouvernement (le) des princes. Le Thrésor de noblesse et les fleurs de Valère le Grant. *Paris, pour Ant. Vérard,* 1497, in-fol. de 75 ff. chiff.

Le premier traité est la traduction anonyme d'un écrit supposé d'Aristote, fait sur la version latine de Philippus CLERICUS, laquelle a pour titre : *Liber qui dicitur secreta secretorum, vel liber de regimine regum et principum,* et a été plusieurs fois imprimée de format in-4. Le Trésor de noblesse est de Jacques VALÈRE, Espagnol; il a été traduit par Hugues DE SALVE, prévôt de Furnes. Le troisième ouvrage n'est qu'un extrait de VALÈRE-MAXIME, fait en 1458 par Jean HANGEST, troisième du nom, chambellan de Charles VII, d'après la compilation de Simon de Hesdin. Voy. Brunet, « Manuel du libraire », 5e édit., t. I, col. 471.

Gouvernement (le) et l'administration en Grèce, depuis 1833, par un témoin oculaire (C.-N. LEVIDIS). *Gênes, imp. nationale,* 1863, in-8, 168 p.

Gouvernement (le) français justifié du reproche d'inconséquence. Réponse de M. L. (LA MARCHE, évêque de Saint-Pol de Léon) à M. le curé de P. *Londres,* 1804, in-8.

Gouvernement (le) légitime de Louis XVIII peut seul sauver la France et l'Europe, (Par DEBAUVE, ancien génovéfain.) *Paris, Gueffier,* 1816, in-8.

Gouvernement. Ouvrage posthume de M. B. I. D. P. et C. (Nic.-Ant. BOULANGER, ingénieur des ponts et chaussées). *Londres,* 1776, in-12, 111 p.

Voy. « Supercheries », I, 527, *f.*

Gouvernement politique des provinces des Pays-Bas, sous l'obéissance de S. M. Catholique. (Par P. ROOSE, chef et président du conseil privé.) *Leide, Abrah. Gagat, s. d.* (vers 1685), *à la Sphère,* in-12.

Catalogue Van Hulthem, n° 24785.

Gouvernement politique et économique. (Par Jean DE SERRES, président en la cour des comptes, etc., de Montpellier, ayeul de M. Marcel de Serres.) *Amsterdam* (*Pezenas, Joseph Fazier*), 1766, 3 vol. in-12.

Gouvernement (le) présent, ou Éloge de Son Éminence (le cardinal de Richelieu, pièce de mille vers, et par cette raison appelée la Milliade). *Paris*, 1643, in-8.

Cette satire, publiée vers 1633, existe aussi sans indication de ville, sans nom d'imprimeur et sans date. (*Anvers*), in-8, 66 p. On n'est pas bien certain du nom de son auteur : les uns l'attribuent à FAVE-REAU, conseiller en la cour des aides ; les autres à D'ESTELAN, fils du maréchal de Saint-Luc ; d'autres au sieur BEYS, bon poëte du temps. Cette dernière opinion paraît la plus fondée. Voyez la « Bibliothèque historique de la France », t. II, n° 32485. Dans ses « Mémoires » (Collection Petitot, 2e série, tome 59, p. 356), La Porte attribue formellement cette satire à Louis D'ÉPINAY, abbé de Chartrice, en Champagne, comte D'ESTELAN... De toutes les pièces qui furent publiées contre le cardinal de Richelieu, aucune ne l'irrita plus que celle-ci. On la trouve aussi à la tête du recueil satirique intitulé : « Tableau de la vie et du gouvernement des cardinaux de Richelieu et Mazarin », *Cologne*, 1694, in-12.

M. Ed. Fournier l'a insérée dans le tome IX de ses « Variétés ». Elle a été de nouveau réimprimée dans un volume intitulé : « la Pure Vérité cachée et autres mazarinades rares et curieuses », *Amsterdam*, 1867 (*Genève, Gay*), in-18, p. 55-82.

Gouvernement (du) représentatif. (Par l'abbé THARIN.) *Lyon-Paris*, 1834, in-8. — Deuxième éd. *Paris, A. Leclère*, 1835, in-8, avec le nom de l'auteur.

Gouvernement (du) révolutionnaire, ou du refus des subsides. (Par le marquis DE LA GERVAISAIS.) *Paris, Pihan Delaforest*, 1830, in-8, 47 p.

Gouvernement (du) spirituel doux et rigoureux. Livret pour les supérieurs de religion. (Par le P. Étienne BINET, jésuite.) *Paris*, 1637, in-8.

Gouvernements (des) passés et du gouvernement à créer, suite de l' « Exposé succinct de l'État des Pays-Bas »... par B. (Antoine BARTHELEMY), avocat à la cour supérieure de justice à Bruxelles. *Bruxelles, Stapleaux*, 1815, in-8, 76 p.
                                                        J. D.

Gouverneur (le), ou Essai sur l'éducation, par M. D** L** F**** (DE LA FARE), ci-devant gouverneur de LL. AA. SSmes les princes de Sleswig-Holstein-Gottorp. *Londres et Paris, Desaint*, 1768, in-12.

Gracches (les) français. (Par Michel-Ange-Bernard MANGOURIT.) *S. l.* (*Nantes, Malassis*, 1787), in-8, 15 p. — *S. l. n. d.*, in-12, 12 p.

Le titre de départ porte en plus : Suite du « Tribun du peuple ». Voy. ces mots.

Grâce (la) et la Nature, poëme. (Par l'abbé J.-G. DE LA FLECHIÈRE.) *Londres*, 1785, in-8.

Grâces (les), comédie en un acte. Représentée sur le théâtre de la Comédie Françoise le jeudi 23 juillet 1744. (Par G.-F. POULLAIN DE SAINT-FOIX.) *Paris, Prault*, 1745, in-8, 48 p.

Grâces (les) pleurantes sur le tombeau de la Reine Très-Chrestienne. Dessein de l'appareil funèbre dressé dans l'église du collège des PP. de la compagnie de Jésus. (Par le P. Claude-François MÉNESTRIER.) 1666, in-8.

Grâces (les), recueil de différents ouvrages sur les Grâces. (Publié par A.-G. MEUSNIER DE QUERLON, précédé d'une dissertation par l'abbé Guill. MASSIEU et suivi d'un discours par le P. Yv.-Mar. ANDRÉ.) *Paris, Fétil*, 1769, 1771, 1774, in-8.

Gradations (les) de l'amour. (Par B.-L. VERLAC DE LA BASTIDE.) *Amsterdam et Paris*, 1772, in-8, 52 p.

En vers.

Grains de santé à l'usage du conseil permanent, et quelques pilules détersives pour M. le commissaire du district de Liége (J.-H. Demonceau), par un médecin malgré lui (R. MORRITT et L. RENARD). Première boîte (unique). *Liége, Collardin*, 1846, in-12, 40 p.   Ul. C.

Signé : R. MORRITT.

Gramère. (Par Pierre DE LA RAMÉE.) *A Paris, de l'imp. d'A. Wechel*, 1562, pet. in-8, 126 p. et 1 f. d'errata.

Réimpr. avec le nom de l'auteur.

Grammaire anglaise, contenant l'explication des huit parties du discours... (Par Louis ODIER, docteur et professeur en médecine de l'Académie de Genève.) *Genève*, 1817, in-12.

Grammaire anglaise simplifiée à l'usage de ceux qui ont déjà appris le français, par un ancien professeur (DEBAL). — 1re édition. *Gand, veuve Vanderschelden*, 1836, in-8, 77 p.   J. D.

Grammaire arabe, en tableaux, à l'usage des étudiants qui cultivent la langue hébraïque. Par P.-G. A. (Prosper-Gabriel AUDRAN). *Paris, Méquignon junior et Brajeux*, 1818, in-4.

Grammaire de la langue allemande à l'usage des Français. (Par M.-S.-F. SCHOELL.) *Strasbourg*, 1793, in-8.

Grammaire de la langue arabe vulgaire et littérale (en fr. et en lat.), ouvrage posthume de Savary, augmentée de quelques contes arabes, par l'éditeur (L. Langlès). *Paris, Imprim. impériale*, 1813, in-4.

Grammaire des commençants, à l'usage des écoles primaires de la Belgique, par G. R. (Germain Raingo, ancien professeur à Mons). Nouvelle édition. *Mons, Manceaux-Hoyois*, 1856, in-12, 122 p.

Cette nouvelle édition est due à la collaboration de plusieurs instituteurs.　　　　　　J. D.

Grammaire des Dames, par M. de P. (de Prunay), chevalier de Saint-Louis. *Paris, Lottin l'aîné*, 1777, in-12 ; — 1783, in-12.

Grammaire des Sciences philosophiques, ou Analyse abrégée de la philosophie moderne, appuyée sur les expériences ; traduite de l'anglois de Martin (par Philippe-Florent de Puisieux). *Paris, Briasson*, 1749, in-8.

Grammaire double franco-latine, adaptée au système de Rollin, etc., par un curé du diocèse de Montpellier (l'abbé Alvernhe, curé de Cournonsec). *Avignon*, 1771, in-8.

Grammaire élémentaire liégeoise (française-wallonne), par L. M. (L. Micheels, colonel d'artillerie). *Liége, Renard*, 1863, in-8, vi-156 p.

M. A. L. (Alphonse Leroy) a rendu compte de ce travail dans « la Meuse », 1er mai 1863 ; ce compte rendu a été tiré à part sous ce même titre. *Liége, de Thier et Lovinfosse*, 1863, in-12, 10 p. Il a encore été publié dans le même journal, à la date du 8 mai de la même année, et tiré à part : « Lettre de M. A. L. (Alph. Leroy), à M. L. M. (L. Micheels). » *Liége, de Thier et Lovinfosse*, 1863, in-12, 8 p.

Grammaire espagnole abrégée. (Par J. Doujat.) *Paris*, 1644, in-12.

Grammaire française. (Par Mucherez.) *Metz, Lamort*, 1818, in-8.

Grammaire française. (Par Planson.) *Vilna*, 1825, in-8.　　　　　　A. L.

Grammaire française à l'usage des étudiants du collège d'Houdain à Mons, par P. J. D. J. P. D. P. A. C. D. H. (Pierre-Joseph du Jardin, professeur de poésie au collège de Houdain). *Mons, H. Bottin*, 1760, pet. in-12.

Grammaire françoise, contenant reigles très-certaines et addresse très-asseurée à la naïve connaissance et pur usage de notre langue, en faveur des estrangers qui en seront désireux, par C. M. Bl. (Ch. Maupas, chirurgien à Blois). *Bloys, Phi-*

lippe Cottereau, 1607, in-16 ou pet. in-8. — Nouv. édit. 1625, petit in-12, avec le nom de l'auteur.

Grammaire françoise dans un goût nouveau, réduite en tables, à l'usage des dames et des autres personnes qui ne savent pas le latin. Ouvrage.... (Par D.-Et. Choffin, en fr. et en allem.) *Berlin*, 1747, 2 vol. in-8.　　　　A. L.

Grammaire française de J. des Roches refaite et corrigée, par P. J. D. B. (de Bal). *Gand, Vanderschelden*, 1822, pet. in-8.　　　　　　J. D.

Grammaire française de Lhomond, revue, augmentée et mise dans un nouvel ordre par Al. P. M. (l'abbé Aloys Penrault-Maynand). *Lyon, Pélagaud*, 1839, in-12.

Voy. « Supercheries », I, 279, a.

Grammaire française en vaudevilles, ou Lettres à Caroline sur la langue française, par M. S.... (Ant.-Jean-Bapt. Simonnin). *Paris*, brumaire an XIV-1806, in-16.

Grammaire françoise extraite des meilleurs grammairiens françois, ou Dialogue entre un grammairien et son élève, par M. R*** (J.-B.-René Robinet). *Amsterdam, E. Van Harrevelt*, 1763, in-8.

Grammaire française, par M. François B. (François Bida). *Paris*, 1813, in-8.

Grammaire françoise raisonnée, par un philosophe (André Bonté, en religion le P. François-Xavier, capucin, bibliothécaire du monastère de Rouen). *Paris, Barrois l'aîné*, 1789, in-12.

Grammaire française théorique et pratique, par l'auteur du Syllabaire chrétien (Charles Duvivier). 1re partie. Orthographe d'usage. *Liége, Gandmont-Donders* (1836), in-18, 74 p.

Grammaire générale et raisonnée, contenant les fondemens de l'art de parler, expliquez d'une manière claire et naturelle, les raisons de tout ce qui est commun à toutes les langues et des principales différences qui s'y rencontrent ; et plusieurs remarques nouvelles sur la langue françoise. *Paris, P. Le Petit*, 1660, in-12, 147 p. plus 1 f. de table et l'extrait du privilége.

Dans le privilége, daté du 26 août 1659, l'auteur est désigné par les lettres D. T. Le volume est terminé par ces mots : « Achevé d'imprimer pour la première fois le 28 avril 1660. »

Dans un certain nombre d'exemplaires, après la p. 4, on trouve un titre portant :

« Grammaire générale et raisonnée. Avec les nouvelles méthodes pour apprendre facilement et en peu de temps les langues italienne et espagnole. »

Vient ensuite, après la « Grammaire générale », « Nouvelle Méthode pour apprendre facilement et en peu de temps la langue italienne ». *Paris, P. Le Petit*, 1660, in-12, xvii-120 p.

Le vol. commence par un extrait du privilége, daté du 26 août 1659 ; l'auteur de cette nouvelle méthode est encore désigné sous les lettres D. T. L'extrait du privilége est suivi de ces mots : Achevé d'imprimer pour la première fois le 20 de mars 1660.

Après la Méthode italienne vient la « Nouvelle Méthode pour apprendre... la langue espagnole ». *Paris, P. Le Petit*, 1660, in-12 de 9 ff. prélim., 121 p. et 2 ff. de tables.

Au verso du dernier feuillet : « Extr. du privilége », daté du 26 août 1659, au nom du sieur D. T., et terminé par : Achevé d'imprimer pour la première fois le 20 de mars 1660.

En tête de cette dernière méthode se trouve une dédicace à l'infante d'Espagne doña Maria Theresa, et signée : DE TRIGNY. Ce nom cache celui de Cl. LANCELOT, l'auteur de ces trois ouvrages, pour lesquels il a eu recours, ainsi qu'il le dit dans sa préface, à un de ses amis ; c'est d'Ant. ARNAULD qu'il veut parler. On pense que P. NICOLE a aussi cooporé à la Grammaire générale.

Les noms d'ARNAULD et de LANCELOT figurent sur le titre de l'édition donnée par Cl.-Bern. PETITOT. *Paris, Perlet*, 1803, in-8.

La méthode pour l'italien a été réimprimée de nos jours sous le titre de « Grammaire italienne de messieurs de Port-Royal ».

Il existe plusieurs éditions de ces trois ouvrages, savoir : 2e, 1664 ; 3e, 1676 ; 4e, 1679 ; 5e, 1709. — Autre édition avec plusieurs remarques sur la langue françoise (par C. DUCLOS) et accompagnée de Réflexions sur les fondements de l'art de parler, pour servir de supplément et d'éclaircissement à la Grammaire générale. 3e édit., 1708.

Grammaire géographique, ou Analyse exacte et courte du corps entier de la géographie moderne, traduite de l'anglois de GORDON (par Philippe-Florent DE PUISIEUX, et augmentée par François-Vincent TOUSSAINT). *Paris, Pissot*, 1748, in-8.

Suivant l'abbé Lenglet, la partie qui concerne la France a été composée par Gilles ROBERT DE VAUGONDY. Voyez la « Méthode pour étudier l'histoire », édition de 1772, t. X, p. 37.

Grammaire grecque, la plus courte et la plus aisée qui ait encore paru. (Par le P. ESCOULANT, jésuite.) *Paris, Thiboust*, 1736 ; — *Barbou*, 1738, in-12.

M. Van Thol attribue cette grammaire à MESSIER ou MESLIER. Ce serait une erreur relativement à ce dernier auteur, parce que sa grammaire grecque porte son nom, et est bien antérieure à l'année 1736.

Grammaire hébraïque, en tableaux, par P. G. A. (Prosper-Gabriel AUDRAN). *Paris, Eberhart*, 1805, in-4. — 2e éd. *Paris, Brajeux*, 1818, in-4.

Grammaire italienne. (Par Nic. ADAM.) *Paris, Morin*, 1787, in-8.

Cet auteur a publié plusieurs grammaires. Voyez ces mots : « la Vraie Manière d'apprendre une langue... »

Grammaire italienne composée en françois. (Par Jean-Pierre DE MESMES.) *Paris, Est. Groulleau*, 1548, in-8.

Pour le détail des éditions, voy. Brunet, « Manuel du libraire », 5e éd., II, col. 1692.

Grammaire italienne de MM. de Port-Royal (Cl. LANCELOT et Ant. ARNAULT.) 5e édit. précédée de Réflexions sur cette grammaire... (par Ch.-J. LAFOLIE). *Paris, A. Bertrand*, 1803, in-8.

Voy. ci-dessus, « Grammaire générale ».

Grammaire italienne, divisée en quatre parties, etc. (Par G. GRASSY.) *Paris, Rob. Pepie*, 1690, in-12.

L'auteur a signé la dédicace. La 1re partie comprend les « Règles françoises » (80 p.). Après 2 feuillets blancs vient un nouveau titre : « Grammaire italienne divisée en trois parties » (303 p.).

Grammaire italienne, ou recueil de règles et observations grammaticales, par F. R. (F. REBIGIANI). *Lyon, imp. de Perrin*, 1844, in-12.

Grammaire latine, contenant le rudiment et la syntaxe, et une méthode françoise-latine précédée d'une introduction aux langues, mise à la portée des enfans. (Par A.-A. CLÉMENT DE BOISSY.) *Paris, Cellot*, 1775, in-12.

Grammaire latine mise à la portée des commençants. (Par BIZOUARD l'aîné.) *Dijon*, 1787, in-12.

Grammaire latine. (Par BIDA, médecin du roi à Compiègne.) Mise au jour par BERTRAND. *Paris et Compiègne, chez l'éditeur*, 1785, in-12.

Cet ouvrage est divisé en trois parties, les rudiments, la syntaxe et la méthode. Chacune forme un volume séparé.

Grammaire latine, ou manière d'apprendre et d'enseigner la langue latine. (Par MERCIER, ministre du saint Évangile.) *Genève*, 1761, 2 vol. in-8.   V. T.

Grammaire latine pour servir de rudiment et de méthode à l'usage des colléges. (Par l'abbé LE MOINE.) *Paris*, 1775, in-8.

Grammaire latine. Supplément à la partie élémentaire. (Par A. VAN ISEGHEM, de la compagnie de Jésus.) *Gand, J. Poelman*, 1840, in-12. — *Gand, veuve Poelman*, 1843, in-12.   J. D.

Grammaire portugaise, ou méthode abrégée pour faciliter l'étude de cette langue. *Paris, Théoph. Barrois,* 1806, in-12, XXXVI-362 p.

La dédicace est signée : L'... D* B*** (l'abbé DU Bois).

Grammaire pour apprendre le flamand ; contenant les principes généraux et raisonnés avec une méthode courte et facile... De plus un vocabulaire, quelques dialogues et formulaires de diverses sortes de lettres... (Par J. DES ROCHES ?) *Bruxelles, J. Moris,* 1757, in-8. V. D.

Grammaire raisonnée et méthodique, contenant en abrégé les principes de cet art et les règles les plus nécessaires de la langue françoise. (Par Denis VAIRASSE, d'Allais.) *Paris, chez l'auteur, D. V. (Denis Vairasse), d'Allais,* 1681, in-12. — *Paris, D. Mariette,* 1702, in-12.

Grammaire turque, d'une toute nouvelle méthode d'apprendre cette langue en peu de semaines, avec un vocabulaire enrichi d'anecdotes utiles et agréables. (Par Joseph DE PREINDL.) *Berlin,* 1789, in-8.

Grammaire turque, ou méthode courte et facile pour apprendre la langue turque, avec un recueil des noms, des verbes et des manières de parler les plus nécessaires à savoir, avec plusieurs dialogues familiers. (Par le P. Jean-Bapt. HOLDERMANN, jésuite.) *Constantinople,* 1730, pet. in-4, 194 p. sans les 2 p. d'errata qui se trouvent après le titre ; l'épître dédicatoire, la préface, l'introduction à la langue prennent 7 p. et la table 6 p.

Grammatiste (le) latin. (Par Jos.-Fr.-Nic. LOUMEYEN.) Prem. part. *Bruxelles, Wouters, Raspaet et Cᵉ,* 1843, in-12, 148 p.

Grammont, son origine et son histoire du moyen âge, d'après J. Van Waesberge et autres écrivains. (Par M. Benoît JOURET.) *Grammont, J.-A. Stocquart,* 1840, in-12, 162 p.

Granby, roman fashionable, traduit de l'anglais de lord NORMANBY, par M. P ···· s (PAQUIS). *Paris, Boulland,* 1829, 4 vol. in-12. D. M.

Grand Alcandre (le) frustré, ou les derniers efforts de l'amour et de la vertu, histoire galante. *Cologne, P. Marteau (Hollande, à la Sphère),* 1696, in-18. — *Montauban,* 1709, 1717, 1729, in-12.

Attribué à Gatien DE SANDRAS DE COURTILZ. Voyez Sallengre, « Mémoires de littérature » , t. I, p. 197.

Grand (le) Alcandre, ou les Amours du

roy Henri le Grand, par M. L. P. D. C. (Mᵐᵉ la princesse DE CONTI). *Paris,* 1651.

Voy. « Supercheries », II, 974, *d,* et « les Amours du grand Alcandre », IV, 152, *c.*

Grand bal (le) de la reine Marguerite fait devant le roi, la reine et Madame, le dimanche 26 août, en faveur de M. le duc de Pastrana, ambassadeur extraordinaire pour les alliances de France et d'Espagne. (Par F. FASSARDI.) *Paris, J. Nigaut,* 1612, in-8, 14 p.

Réimprimé avec le nom de l'auteur. *Lyon, par C. Gautherin,* 1612, in-8, 8 p.

Grand ballet de la Reyne, représentant le soleil, dansé en la salle du Petit-Bourbon en l'année 1621. (Prose et vers, par BORDIER.) *Paris, R. Griffart,* 1621, in-8, 16 p.

Catalogue Soleinne, nº 3260.

Grand (le) ballet de la Reyne, représentant les festes de Junon la Nopcière, représenté au Louvre le 5 mars de l'an 1623. (Par l'abbé François LEMETEL DE BOISROBERT.) *Paris, René Giffart,* 1623, in-8.

Réimprimé dans les « Ballets et Mascarades de cour sous Henri IV et Louis XIII ». *Genève, Gay,* 1868, tome II, p. 347.

Grand (le) ballet des Effets de la Nature, présenté au roy et dansé le lundi 27 décembre 1632 et les trois jours suivants. (Par Guillaume COLLETET.) *Paris, Jean Martin,* 1632, in-8, 32 p.

Réimprimé dans les « Ballets et Mascarades de cour sous Henri IV et Louis XIII ». *Genève, Gay,* 1868, t. IV, p. 194.

Grant (le) blason des faulces amours. (Par Guillaume ALEXIS.) *Paris, Jean Lambert,* 1493, in-4, 26 ff.

Souvent réimprimé. Pour le détail des éditions, dont plusieurs portent le nom de l'auteur, voy. Brunet, « Manuel du libraire », 5ᵉ éd., I, col. 170.

Réimprimé à 100 exempl. avec une notice bibliographique par PHILOMNESTE junior (M. Gustave BRUNET). *Genève, J. Gay,* 1867, in-18.

Grand (le) cabinet romain, ou Recueil d'antiquités romaines que l'on trouve à Rome, avec les explications de Michel-Ange DE LA CHAUSSE (traduit en françois, avec des remarques, par dom Joachim ROCHE, bénédictin de Sᵗ-Vannes). *Amsterdam, Fr. L'Honoré,* 1706, in-fol.

Voyez la « Bibliothèque lorraine », par dom Calmet, *Nancy,* 1751, in-fol., p. 833.

Grand (le) Calendrier, ou Journal historique de la ville et diocèse de Rouen... par un curé du diocèse. (PEUFFIER, curé de Saint-Sever). *Rouen, G. Machuel,* 1698, in-12.

Grand (le) Castriotto d'Albanie, histoire. (Par le prétendu prince d'Albanie, Stéphano ZANNOVICH.) *Francfort, J.-J. Kesler*, 1779, in-8, 112 p.

Cet ouvrage est dédié au comte d'Oginski, grand-général du grand-duché de Lithuanie.

Grand (le) cathalogue des sainctz et sainctes nouvellement translate de latin (de Pierre DES NATALLES) en françois par Guy BRESLAY. *Paris, Galliot-Dupré*, 1523-1524, 2 vol. in-fol.

Grand (le) chasseur, ou l'île des palmiers, mélodrame en trois actes, en prose et à grand spectacle. Par MM. LOAISEL-TRÉOGATE et *** (René-Charles GUILBERT, DE PIXERECOURT). Représenté pour la première fois à Paris, sur le théâtre de l'Ambigu-Comique, le 15 brumaire an XIII: *Paris, Fages,* an XIII-1804, in-8, 48 p.

Grand (le) combat des ratz et des grenovilles, par HOMÈRE, traduict du grec (par Ant. MACAULT). *Paris, C. Wechel*, 1540, petit in-4.

Un acrostiche de sept vers, placé à la fin de ce livret, donne le nom du traducteur.

Grand commentaire sur un petit article, par un vivant remarquable sans le savoir, ou Réflexions et notices générales... à propos d'un article qui le concerne dans la Biographie des vivants (par l'abbé L.-Arborio-Gattinara DE BRÊME). *Paris, Paschoud*, 1817, in-8.

Voy. « Supercheries », III, 967, b.

Grand (le) Coustumier général de pratique, autrement appellé Somme rural ; contenant la forme commune de procéder et pratiquer en toutes courts et juridictions (par Jean LE BOUTILLER) : nouvellement, oultre les précédentes impressions, revu et corrigé... restituées les allégations et raisons de droit; adjouté plusieurs décisions, coutumes, ordonnances et arrêts de la court, selon les matières occurrentes (par Michel DU BOILLE, de Chartres, avocat au parlement, et Denis GODEFROY, de Paris). *Paris, Galliot du Pré,* 1537, in-fol

Après avoir cité cette édition, Prosper Marchand, dans son curieux article de J. Boutiller, dit : « Depuis, Denis Godefroy, *jurisconsulte plus renommé*, la fit réimprimer avec ses annotations...: Mais je n'en connois point l'édition. »

Il parait que Prosper Marchand n'a cité que d'après des catalogues l'édition de Galliot du Pré ; car, s'il l'eût eue entre les mains, il n'eût pas manqué de remarquer en tête la préface de Denis Godefroy, qu'il paraît avoir confondu avec le célèbre jurisconsulte de ce nom, qui ne naquit qu'en 1549.

Pour la description de diverses autres éditions,

voy. Brunet, « Manuel du libraire », 5e éd., II, col. 345 et 346.

Grand désespoir des royalistes, ils n'ont plus de queue. *Paris, Laurens aîné,* 1815, in-8, 4 p.

Signé : PIGASSE.

C'est par erreur que l'on a imprimé PIGAGE dans le « Catalogue de l'histoire de France » de la Bibliothèque nationale, t. V, p. 315, n° 220.

Grand Dictionnaire des petits hommes de 1831, par un descendant de Rivarol (L.-F. RABAN). *Paris, les marchands de nouveautés*, 1831, in-32.

Grand (le) Dictionnaire des précieuses, historique, poétique, géographique... (Par Ant. BAUDEAU, sieur DE SOMAIZE.) *Paris, G. Ribou,* 1660, 2 vol. in-12. — Nouv. édit. augm. de divers opuscules du même auteur relatifs aux précieuses et d'une clef historique et anecdotique, par Ch. LIVET. *Paris, P. Jannet,* 1856, 2 vol. in-16.

Grand (le) Dictionnaire des rimes françoises selon l'ordre alphabétique, etc. (Par DE LANOUE.) *Cologne,* 1624, in-8.

Voy. « Dictionnaire des rimes françoises... », IV, 970, f.

Grand (le) Dictionnaire historique, ou Mélange curieux de l'Histoire sacrée et prophane, par MORÉRI. Nouvelle édition, revue et augmentée par DROUET. *Paris, chez les libraires associés,* 1759, 10 vol. in-folio.

La première édition de ce dictionnaire parut en 1674, à Lyon, chez Jean Gyrin, et en un seul volume in-folio. La vingtième et dernière est celle dont on donne ici le titre. Les personnes qui ont le plus coopéré aux suppléments et différentes éditions de cet important ouvrage, sont l'abbé DE SAINT-USSAN, en 1689; Jean LE CLERC, en 1691, 1702 et 1725 ; VAULTIER, aidé du P. ANGE, augustin, en 1705 et 1707 ; L.-E. DU PIN, en 1712 et 1718 ; Jacques BERNARD, en 1716; Louis-François-Joseph DE LA BARRE, en 1725 ; l'abbé Cl.-P. GOUJET, en 1732, 1735, 1749 et 1759 ; Pierre ROQUES, en 1731 et 1743 ; PLATEL, en 1740 ; E.-F. DROUET, bibliothécaire des avocats, en 1759. L'abbé Goujet peut passer pour l'auteur de la moitié de cette dernière édition, puisqu'on y a réuni les supplémens qu'il avait publiés, et les additions qu'il fournit à différentes époques. Dès 1732 et avant, l'abbé Jos. DU MASBARET y a fait insérer des articles bien rédigés. Le même savant a laissé six gros vol. in-4 de corrections et d'additions à cet important ouvrage. Possédant ce manuscrit depuis plusieurs années, j'en profite pour la composition de mon « Examen critique des Dictionnaires historiques » (1).

_____

(1) Acquis à la vente de A.-A. Barbier, par Richard Heber, ce manuscrit, lors de la vente de ce dernier, vint enrichir la Bibliothèque du Louvre, où il a été brûlé en mai 1871.

C'est le Dictionnaire de Georgi qui m'a appris, t. V, p. 117, que PLATEL avait soigné l'édition d'Amsterdam, 1740, 8 vol. in-fol.

Voy. sur les deux Suppléments de l'abbé Goujet, les renseignements curieux qu'il donne dans le catalogue manuscrit de sa Bibliothèque, reproduits dans la Notice du Catalogue raisonné des livres de la Bibliothèque de l'abbé Goujet, par A.-A. Barbier, insérée dans le « Magasin encyclopédique » de 1803.

Voy. aussi « Remarques critiques sur la nouvelle édition du Dictionnaire historique de Moréri... » (par l'abbé A. TRICAUD et le P. Alexis GAUDIN), et « Remarques sur différens articles... du Dictionnaire de Moréri... » (par l'abbé L.-J. LE CLERC).

Grand (le) divertissement royal de Versailles. Paris, R. Ballard, 1668, in-4.

Édition originale donnée par MOLIÈRE, qui a fait lui-même la relation en prose de ce divertissement, où fut représentée pour la première fois sa comédie de « Georges Dandin ». Cette relation n'a pas été recueillie dans les Œuvres de Molière.

P. Lacroix, « Bibliographie moliéresque », p. 102.

Grand (le) Éclaircissement de la Pierre philosophale, pour la transmutation de tous les métaux, par Nicolas FLAMEL ; mis au jour, avec une préface, par P. BÉRAUD. Paris, Louis Vendosme, 1628, in-8.

L'exemplaire de Bellanger, trésorier général du sceau de France, contenait des remarques manuscrites qui ont fourni au célèbre Martin, rédacteur du catalogue des livres de cet amateur distingué (Paris, 1740, in-8, n° 1712), les réflexions suivantes :

« Il y a des remarques manuscrites à la fin du livre, suivant lesquelles il est à présumer que Nicolas Flamel n'en est pas l'auteur, comme le porte le titre ; et cette conjecture paraît juste, puisque ce traité a été écrit en 1466, ainsi qu'il paraît à la fin, et que Flamel vivait sur la fin du XIVᵉ siècle et au commencement du XVᵉ, et a écrit son commentaire de la Pierre philosophale en 1413, suivant qu'il le marque lui-même. C'est donc plutôt un disciple de Raymond Lulle qui a écrit ce traité, et ce Pierre Béraud l'a traduit en latin ; les remarques manuscrites en apportent d'assez bonnes raisons. »

Grand (le) empire de l'un et l'autre monde, divisé en trois royaumes, le royaume des aveugles, des borgnes et des clairvoyants. (Par J. DE LA PIERRE.) Paris, 1630, in-8.

Pièce à la louange du cardinal de Richelieu.

Grand erratum. Source d'un nombre infini d'Errata, à noter dans l'histoire du XIXᵉ siècle. (Par J.-B. PÉRÈS.) Agen, Nouvel, imp., 1836, in-32. — Sec. édit. revue par l'auteur. Paris, Risler, 1836, in-32.

Les éditions suivantes portent le titre de : « Comme quoi Napoléon n'a jamais existé ». Voy. IV, 643, a, et à partir de la 4ᵉ l'auteur est nommé.

Grand (du) et loyal Devoir, fidélité et obéissance de Messieurs de Paris envers le Roi et couronne de France... (Par Louis REGNIER, sieur DE LA PLANCHE.) S. l..

1565, in-8. — S. l., 1565, in-12. — S. l., 1567, in-12.

Grand (le) Hercule gallique qui combat contre deux. S. l. n. d. (vers 1543), in-4.

Pièce de vers signée C. C. (Claude CHAPPUYS), en l'honneur de François Iᵉʳ ; elle est indiquée par Lacroix du Maine et Niceron.

Grand jeu de société. Pratiques secrètes de Mᶫᶫᵉ Le Normand... par Mᵐᵉ la comtesse DE *** (Mᵐᵉ BRETEAU, femme du libraire parisien de ce nom). Paris, l'éditeur, rue Vivienne, n° 46, 1845, 5 part. in-12.

Voy. « Supercheries », III, 1115, b.

Grand (le) jour approche, ou lettres sur la première communion. Par un ancien missionnaire d'Amérique (l'abbé J. GAUME). Paris, Gaume, 1836, in-18. — Bruxelles, Société nationale, 1840, in-32.

Voy. « Supercheries », I, 337, c.

Grand (le) Livre des peintres, par Gérard DE LAIRESSE, traduit du hollandois (par Henri JANSEN). Paris, hôtel de Thou, 1787, 2 vol. in-4.

Grand Magus (le), tragi-comédie (4 actes en vers, par DE LA MOTTE). Orange, Edouard Raban, 1656, in-8, 64 p.

Grand (le) Mareschal, où il est traité de la parfaite connoissance des chevaux... (Par J. JOURDIN.) Paris, Estienne Loyson, 1667, in-fol.

Publié d'abord sous les titres suivants :
« La Vraye Cognoissance du cheval... », 1647, in-fol.;
« Le Parfait Cavalier... », 1655, in-fol.
Voy. ces titres.

Grand (le) médecin. Traité d'hygiène et de médecine. (Par MALART.) Paris, l'auteur, 1867, in-16, 126 p.

Grand (le) Messager boiteux des électeurs de France, ou le Courrier de la ville et de la campagne, pour l'an 1824, par M. SCH... (SCHONEN), avocat. Session de 1823. Belfort, J.-P. Clerc, in-4, 1 f. de tit. et 147 p.

Grand (le) miroir des financiers tiré du cabinet des curiosités du défunt cardinal de Richelieu... Paris, 1652, in-4, 4 ff. lim. et 47 p.

Même ouvrage que « le Ministre sans reproche... » par le P. Pierre LE MOINE.

Grand (le) Miroir du monde, par J. DUCHESNE, sieur DE LA VIOLETTE. Seconde édition. A la fin de chaque livre sont de nouveau adjoustées amples annotations, etc., par S. G. S. (Simon GOULART, Senlisien). Lyon, 1593, in-8.

« Bibliothèque françoise », par Goujet, t. XIV,

p. 474. La première édition parut à Lyon la même année.

Voy. « Supercheries », III, 641, d.

Grand (le) mystere ou l'Art de méditer sur la garde-robe, renouvellé et dévoilé, par l'ingénieux docteur SWIFT... trad. de l'anglais (par l'abbé P.-F. GUYOT DESFONTAINES). *La Haye, J. Van Duren*, 1729, in-8, 218 p.

L'écrit attribué à Swift remplit les 40 prem. pages.

La suite du volume jusqu'à la p. 193 est occupée par une nouv. édit., corrigée et augmentée des « Pensées hazardées sur les études, la grammaire, la rhétorique et la poétique », par G.-L. LE SAGE. Le Catalogue des livres publiés par Van Duren termine le volume.

La première édition des « Pensées hasardées » est de 1725. *La Hage, J. Van Duren*, in-12.

Le premier traité de ce recueil a été réimprimé sous l titre de l' « Art de méditer sur la chaise percée... » 1743. Voy. « Bibliotheca scatologica (1850) », n° 27.

C'est à tort qu'en a attribué à Swift cette facétie d'assez mauvais goût. L'auteur est resté inconnu. La première édition, *London*, 1726, a pour titre : « The grand Mystery, et Art of meditating over an House of Office, restored and unveiled after the manner of the ingenious Dr S..FT. (Lowndes, « Bibliographer's Manual », p. 2561.)

Grand (le) Modèle des princes, ou les Vertus royales d'un jeune prince (Louis XIII)... (Par Pierre BERTIUS.) 1652, in-4. V. T.

Grand (du) ou du sublime dans les mœurs, et dans les différentes conditions des hommes. Avec quelques observations sur l'éloquence des bienséances. (Par le P. R. RAPIN.) *Paris, Cramoisy*, 1686, in-12, 4 ff. et 124 p. — *Amsterdam, Mortier*, 1686, in-12.

Contient les éloges de Louis XIV, de Lamoignon, de Turenne et de Condé. Réimprimé dans les « Œuvres diverses » de l'auteur, tome II. *Amsterdam, Wolfgang*, 1686, 2 vol. in-12.

Grand-papa (le), ou les contes du temps passé, traduit de l'anglais. Par M*** (DUBERGIER). *Paris, Tenon*, 1826, in-12.

Grand-père (le), ou l'incendie de Moscou, roman traduit de l'anglais par M*** (DUBERGIER), auteur de « Jeunesse et Folie », etc. *Paris, Masson*, 1823, 4 vol. in-12.

Voy. « Supercheries », III, 1105, e.

Grand (le) prophète et le grand roi... de la république française, appelés par toute la suite de l'Écriture sainte et la tradition universelle du genre humain à réaliser le droit divin des peuples... *Paris, Garnier frères*, 1851, in-8.

Signé : l'auteur de la « Législation générale de la Providence ».... (Ant. MADROLLE).

Grand (le) propriétaire qui traite de toutes les propriétés des choses naturelles (par Barthélemy DE GLANVILLE), translaté de latin en françois (par frère Jean CORBICHON, et revu et corrigé par frère Pierre FORGET). *Lyon, Jehan Cyber, s. d*, in-fol. goth. — *Paris, E. Groulleau*, 1556, in-fol.

Voy. pour le détail des éd. latines et des traductions françaises, Brunet, « Manuel du libraire », 5e éd., II. col. 1620 à 1623.

Presque toutes les traductions sont intitulées : « le Propriétaire des choses ». Voy. ces mots.

Grant (le) roy de Gargantua. Les grdes cronicques du grant et enorme geant Gargantua... (Par François RABELAIS.) *Lyon, s. d*, in-4 goth. de 12 ff.

La 1re éd. avait été publiée sous le titre de « les Grandes et inestimables croniqs... » Voy. sur ces différentes éditions Brunet, « Manuel du libraire », 5e éd., IV, col. 1037 et suivantes.

Grand (le) Scanderberg, nouvelle. (Par Mlle DE LA ROCHE-GUILHEM.) *Amsterdam*, 1688, in-12. V. T.

Grand secret de l'exagération des calculs coperniciens sur les distances et les grosseurs des astres, dévoilé par l'auteur de l'Anti-Copernic » (l'abbé P. MATALÈNE). *Paris, Mansut*, 1843, in-8.

Grand (le) Selim, ou le couronnement tragique, tragédie. *Paris, N. de Sercy*, 1645, in-4.

Cette tragédie a été attribuée à François LE VAYER DE BOUTIGNY. De Beauchamps, dans ses « Recherches sur les théâtres de France », donne pour auteur Fr. TRISTAN L'HERMITE. V. T.

Grand (le) Tamerlan et Bajazet, tragédie (5 act., par Jean MAGNON). *Paris, T. Quinet*, 1648, in-4.

Grant (le) THERENCE en françoys tant en rime que en prose... *Imp. à Paris, par Guillaume de Bossozel, pour Guillaume le Bret*, 1539, in-fol.

Il existe deux traductions anciennes des Comédies de Térence, l'une faite en 1466 par Guillaume RIPPE, secrétaire de Louis XI, l'autre par maître Gilles CYBILE. D'après van Praet, c'est probablement l'une de ces traductions qui a été imprimée pour le compte de Vérard sous le titre de « Therence en françois » (voy. ces mots), et qui a été publiée une seconde fois sous le titre ci-dessus.

Barbier l'attribue à Octavien DE SAINT-GELAIS.

Brunet adopte l'attribution à Guillaume RIPPE. Voy. pour le détail des différentes traductions de Térence, « Manuel du libraire », 5e éd., V, col. 720 et suivantes.

M. Eugène Talbot, dans l'introduction de sa traduction des « Comédies de Térence », dit que cette traduction est d'un nommé Octave GALLOIS.

Grand (le) Théâtre historique, ou Nouvelle Histoire universelle. (Par Nic. GUEUDEVILLE.) *Leyde, Vander Aa*, 1703-1705, 5 vol. in-fol.

illustré de 571 eaux-fortes, parmi lesquelles il s'en trouve un certain nombre avec la signature de Romeyn de Hooghe.

Grand (le) théâtre sacré du duché de Brabant avec figures en taille-douce (traduit du latin d'Antoine Sanderus, par Jacques Le Roy). *La Haye*, 1729, 3 vol. in-fol.

On doit au même J. Le Roy le « Grand Théâtre profane du duché de Brabant », *La Haye*, 1730, in-fol.

Grand (le) Tout. ou le Monde Dieu, par un citoyen d'Honfleur (Gaillard, mort à Honfleur vers 1810). 1788, in-8, 30 p.

Grand (le) trésor historique et politique du florissant commerce des Hollandois, dans tous les États et empires de ce monde. (Attribué à Pierre-Daniel Huet, évêque d'Avranches.) *Rouen, Ruault*, 1712, in-12.

D. M.

Grand (le) trictrac, ou Méthode pour apprendre sans maître la marche, les termes, les règles et une grande partie des finesses de ce jeu, enrichie de 270 planches ou figures... *Avignon, F. Girard*, 1738, in-8, 4 ff. lim., 320 p. et 2 ff. de table. — *Paris, Giffard*, 1756, in-8, vi-324 p. — *Paris, Dehansy*, 1766, in-8, xvi-357 p. et 1 f. de priv.

La dédicace est signée : L** S*** (l'abbé Soumille, de Villeneuve-lez-Avignon).

Grand (le) Vocabulaire françois, par une société de gens de lettres (P.-J.-J.-Guill. Guyot, S.-R.-N. Champfort, F.-C. Duchemin de La Chenaye, et autres). *Paris, Panckoucke*, 1767-1774, 30 vol. in-4.

On connaît les deux lettres publiées contre cet ouvrage par M. Midy, de l'académie de Rouen, *Amsterdam*, 1767 et 1768, in-8. Le « Journal des Savans » du mois de janvier 1768, in-4, renferme une lettre très-judicieuse sur le même objet. Une note manuscrite de M. de La Lande m'apprend que l'anonyme de Brest qui l'a écrite est M. Savary, médecin.

Grand (le) vol des princes faisant voir : 1° quelle doit être leur ambition pour estre véritablement grand et pour bien establir la durée de leur puissance ; 2° quels doivent estre leurs efforts pour la liberté publique... (Par Bertius.) *S. l.*, 1652, in-4.

Grande (la) apostasie dans le lieu saint, génératrice de tous les maux de l'Eglise et du monde, dont la fin est la république divine et sociale, qu'elle accélère en voulant l'arrêter. (Par A. Madrolle.) *Paris, Garnier frères, imp. de J.-B. Gros*, 1850, in-8, 377 p.

Grande biographie dramatique, ou silhouette des acteurs, actrices, chan-

teurs, etc. Par l'ermite du Luxembourg, (Maurice Alhoy). *Paris*, 1825, in-18. — Supplém. *Ibid.*, *id.*

Grande-Bretagne (la) en 1840, ou annuaire financier, commercial et statistique du Royaume-Uni, par F. S. C. (F.-S. Constancio). *Paris, Charpentier*, 1840, in-18.

Grande (la) Chartreuse (de l'Isère), ou les Malheurs de la comtesse d'Orméne ; histoire véritable... par l'auteur de l' « Abbaye de la Trappe », etc. (J.-E. Paccard). *Paris, Pigoreau*, 1826, 3 vol. in-12, fig.

Grande (la) Chartreuse. Par le vicomte Eugène de R. (Eugène Fontaine de Resbecq). *Lille, Lefort*, 1859, in-12, 136 p. — 2e éd. *Id.*, 1861, in-12, 136 p.

La 3e éd. porte le nom de l'auteur.

Grande chaumière, galerie historique et morale, suivie de la correspondance de plusieurs dames qui fréquentent cet établissement, par un vieil habitué de toutes les sociétés dansantes du faubourg Saint-Germain... (Édouard Eliçagaray). *Paris, Garnier*, 1829, in-18.

Grande complainte tirée des journaux et des audiences de la cour d'assises de la Meuse, avec les portraits des deux criminels, sur l'horrible et épouvantable assassinat commis le 27 octobre de l'an 1828, dans la forêt dite de Hazois, avec préméditation et guet-apens, sur la personne de M. Étienne Psaume, de son vivant avocat et homme de lettres. (Par Brosset, de Vaucouleurs.) *S. l.*, 1829, in-8, 13 p.

Grant (la) Danse macabre des hommes et des femmes, avec le débat du corps et de l'âme, etc. *Lyon*, 1499, in-fol. goth. ; 1501, in-4 goth. — La même, avec les dits des trois mors et des trois vifs. *Genève*, 1503, in-4.

De Bure le jeune a décrit cet ouvrage d'une manière fort inexacte dans sa « Bibliographie instructive », sous le no 3100.

La « Danse macabre des hommes » parut pour la première fois sous ce simple titre : « la Danse macabre », *Paris, Guyot-Marchand*, 1485, petit in-fol. La « Danse macabre des femmes » parut en 1401, chez le même imprimeur, que l'on est porté à regarder comme l'auteur des deux ouvrages, en considérant la souscription de la seconde édition de la « Danse des hommes », publiée en 1486.

Voyez une très-curieuse dissertation sur les anciennes éditions de la « Danse macabre », par M. Champollion-Figeac, « Magasin encyclopédique », 1811, t. VI, p. 355.

M. Champollion prouve très-bien qu'on a eu tort d'attribuer à Michel Marot les vers de la « Danse macabre ».

Voy. aussi pour le détail des nombreuses éditions

anciennes et modernes, Brunet, « Manuel du libraire », 5ᵉ éd., II, col. 490 à 495.

Grande découverte d'une grande conspiration !!!! histoire sérieuse, titre pour rire. Lettre à quelques amis. De la prison de Sainte-Pélagie, an III de la quasi-liberté. *Paris, imp. de A. Mie* (1833), in-8, 4 p. — *Lyon, imp. de J.-M. Boursy* (1833), in-8.

Signé : Ad. R. (Ad. RION).

Grande dispute au Panthéon, entre Marat et Jean-Jacques Rousseau. (Par DUBRAIL.) *Paris, imp. des sans-culottes, s. d.*, in-8, 15 p.

Une seconde édition porte le nom de l'auteur.

Grande (la) et merveilleuse patience de Griselidis, fille d'un pauvre homme appelé Janicolle, du pays de Saluces (trad. du latin de Fr. PÉTRARQUE). *Lyon, Cl. Nourry, alias le Prince*, 1525, in-4 de 12 ff. goth. — *Lyon, Pierre de Sainte-Lucie, dit le prince, s. d.*, in-4 de 12 ff. goth.

Cet ouvrage a été aussi publié sous les titres suivants :

La Patience de Griselidis. *Imp. par Robin Foucquet et Jehan Cres à Brehant Lodeac* (en Bretagne), 1484, in-4, 14 ff. — *Paris, Jehan Trepperel, s. d.*, in-4, 11 ff. — *Paris, à l'enseigne de l'Écu de France, s. d.*, in-4, 10 ff.

Hystoire et patience de Griselidis. *S. l. n. d.*, in-4, 22 ff.

Singulier et proufitable exemple pour toutes femmes mariées qui veulent (*sic*) faire leur devoir en mariage envers Dieu et leurs marys et avoir louange du monde : Lystoire de dame Grisilidis jadis marquise de Saluces. *S. l. n. d.*, in-fol., 13 ff.

Histoire mémorable et délectable à lire à toutes personnes en laquelle est contenue la patience de Gryselydis, femme du marquis de Saluces, ensemble l'obéissance que doivent avoir les femmes envers leurs maris. *Paris, Noël Le Coq* (vers 1575), in-8.

Voy. Brunet, « Manuel du libraire », 5ᵉ éd., IV, col. 570 et 571.

Grande exécution d'Automne. N° 1. Weston. (Par H.-J. KLAPROTH.) *Peking (Paris, imp. de L.-G. Michaud), 20ᵉ année Kià-King, 8ᵉ lune, jour malheureux*, 1815, in-8, 20 p.

Cette brochure tirée à 300 exempl. est une critique amère et souvent impertinente des traductions du chinois de A. Weston. (Quérard, « Fr. littér. »)

Grande (la) galerie de Versailles et les deux sallons qui l'accompagnent, peints par Ch. LE BRUN... avec l'explication (par P. RAINSSANT). *Paris, imp. royale*, 1752, in-folio. V. T.

Grande généalogie de Frippelippes, composée par ung jeune poëte champestre (Mathieu ou Macé DE VAUCELLES, imprimeur et libraire au Mans), adressant le tout à Françoys Sagon. *On les vend au* Mont Saint-Hylaire au Phœnix, *Paris*, 1537, pet. in-8, 8 ff.

Cet opuscule fait partie du recueil intitulé : « Plusieurs traictez par aucuns nouveaux poëtes du différent de Marot, Sagon et la Hueterie », imprimé en 1537 et en 1539. Voy. Brunet, « Manuel du libraire », 5ᵉ éd., II, col. 1701, et IV, col. 731. Ces petits écrits ont été réimprimés dans les éditions de Marot, revues par Lenglet-Dufresnoy.

Grande (la) guide des chemins....

Voy. « Guide des chemins ».

Grande Lettre (de Aug.-Martin LOTTIN l'aîné), sur la petite édition du Cato Major (dirigée par l'abbé Valart), dans laquelle on pourra trouver quelques avis utiles aux éditeurs, fondeurs, compositeurs et imprimeurs. *Avignon (Paris)*, 1758, avec un post-scriptum de 1761, in-12, 48 p.

Voy. le « Journal des Savans », édition de Hollande, février 1762, p. 509 et suiv.

Grant (la) malice des femmes. *S. l. n. d.* (vers 1540), pet. in-8, 8 ff.

Opuscule en vers qui se trouve dans la « Nef des princes et des batailles », par Robert de Balsat ; il a été réimprimé plusieurs fois à la suite de la farce de « Martin Bâton », et M. A. de Montaiglon l'a compris dans son recueil de « Poésies françoises des XVᵉ et XVIᵉ siècles, tome V (*Paris, Jannet*, 1856), p. 305-318. C'est l'œuvre d'un plagiaire qui a fait un ramassis de vers pris au hasard dans le « Matheolus », ouvrage anonyme composé en latin vers 1260, par MATHIEU ou MATHIOLET, de Boulogne-sur-mer, mis en vers français par J. LEFEBVRE, de Therouane, et imprimé en 1492. Voy. « Supercheries », II, 1074, e.

Grand (Sensuyt la) Nef des fols du monde...

Voyez, pour le détail des éditions de cet ouvrage, traduit de l'allemand de BRANDT en latin par Jacques LOCHER, et du latin en français par Jean DROUYN, Brunet, « Manuel du libraire », 5ᵉ éd., tome I, col. 1202-1209. La plupart des éd. portent les noms de l'auteur et des traducteurs. Quelques-unes sont anonymes.

Grande (la) Période, ou le Retour de l'âge d'or, ouvrage dans lequel on trouve les causes des désordres passés, etc., par M. D*** (J. DELORMEL, avocat et ancien professeur). *Paris*, 1790, in-8.

Réimprimé en 1797 et en 1805 avec le nom de l'auteur.

Grande (la) queue de Laurent Lecointre. *S. l. n. d.* (1794), in-8, 22 p.

Signé : FELHÉMÉSI (MÉHÉE, fils).

Grande (la) science justifiée de l'imputation d'idées nouvelles par l'analyse de M. Pluche. (Par le marquis J.-F.-M. DE PUYSÉGUR.) *Orléans*, 1772, in-12.

Cet ouvrage est l'abrégé du « Spectacle de la nature ».

Grande (la) semaine de juillet 1830, ou le dernier acte de la révolution française

qui a renversé du trône la branche aînée des Bourbons... Par J. L...s (Jean LIONS). *Lyon, Lions*, 1830, 2 vol. in-12.

Grande (la) semaine des Polonais, ou histoire des mémorables journées de la révolution de Varsovie (par C.-A. HOFFMANN), trad. du polonais par un Polonais (Wladislas PLATER). *Paris, Dentu*, 1831, in-8, 52 p.

Grande (la) semaine. Récit des événements de Paris, avec des considérations morales et politiques, traduit de l'anglais (de Charles STUART COCHRANE) par J. ADOLPHE. *Paris, Amyot*, 1830, in-8, 64 p.

Grande tactique et manœuvres de guerre, suivant les principes de S. M. Prussienne, renfermant des réflexions sur la nécessité de conformer la discipline militaire et la tenue des troupes au génie de chaque nation; suivies d'un précis de la campagne de 1778 entre les armées autrichiennes et prussiennes, traduit de l'allemand (de J.-W. von BOURSCHEID) par le chevalier M*** DE C***. *Cologne, Vve Metternich*, 1780, in-4.

Grande trahison découverte du comte de Mirabeau. (Par LACROIX, fils d'un procureur du Roi au siége de Châlons-sur-Marne.) *S. d.*, 1790, in-8.   D. M.

Grandes (les) annalles ou cronicques parlans tant de la Grant Bretaigne à présent nomme Angleterre, que de nostre petite Bretaigne... (Par Alain BOUCHARD.) *S. l.*, 1541, in-fol.

Les premières éditions portaient le titre suivant :

(Par Alain BOUCHARD.) Grandes (les) croniques de Bretaigne... *Paris, Galliot du Pré*, 1514, in-fol. — *Caen, M. Angier*, 1518, in-fol. — *S. l.*, 1532, in-fol.

Réimprimé avec le nom de l'auteur sous le titre de : « les Croniques annalles des pays Dangleterre et Bretaigne... » *Paris, Galliot du Pré*, 1531, in-fol.

Grandes chroniques de France, ou Chroniques de Saint-Denis.

Voy. « Chroniques de France », IV, 601, *c*.

Grandes (les) Cronicques, excellens faitz et vertueux gestes des tres illustres, tres chrestiens, magnanimes et victorieux roys de France,... composees en latin par maistre Robert GAGUIN... et depuys en l'an Christicfere mil cinq cens et quatorze. Première édition de cette traduction. Reduictes et translatées... en nostre vulgaire françois... ensemble... plusieurs additions des choses advenues es temps et regnes des tres chrestiens roys... Charles VIII et Loys XII,.. a present re-

a — gnant... (Par Pierre DESREY.) *Paris, Poncet Le Preux*, 1514, pet. in-fol. goth., fig. sur bois.

Première édit. de cette traduction.

Voy. pour les réimpressions de cette traduction, « la Mer des Croniques ».

Grandes et incomparables aventures de milord Stitt et de herr Rodomont-Mic-Mak ; de quelques autres preux chevaliers ; de leurs dames, de leurs écuyers ; ensemble des rois pour les quels ils se sont battus ou fait battre. Histoire admirable traduite de l'anglais et du napolitain. (Composée par M. LOCRÉ.) *Paris, an VII*, 1798, 2 vol. in-12.

L'édition de cet ouvrage a été presque entièrement détruite par l'auteur.

Grandes (les) et inestimables cronicqs du grand et enorme geant Gargantua... (Par François RABELAIS.) *Lyon*, 1532, in-4, 16 ff.

Voy. ci-dessus, « le Grand roy de Gargantua », col. 564, *b*, et Brunet, « Manuel du libraire », 5e éd., IV, col. 1037.

Grandes et récréatives pronostications pour ceste présente année 08145000470, selon les promenades et beuvettes du soleil par les douze cabarets du zodiaque, par maistre Astrophisle le Roupieux, intendant des affaires de Saturne... dédiées à Jean Potage. *Paris, Jean Martin*.

Cette facétie a été réimprimée à *Bruxelles, Mertens et fils*, 1863, in-18, à 106 exempl., 88 pages, avec des notes (p. 45-88) signées PHILOMNESTE junior (M. Gustave BRUNET).

Grandes (les) magnificences préparées...

Voy. « Description de tous les tableaux », IV, 897, *d*.

Grandes (les) marionnettes. (Par L.-Ch.-A.-G. GALLOIS.) *Paris*, in-8.

Grandes nouvelles du Mexique. Discours merveilleux du cheval du général mexicain Arteaga aux sénateurs belges. (Par M. Ernest LEBLOYS.) *Bruxelles, imp. Delimal*, in-4, 4 p.

Grandes (les) prophéties du grand Nostradamus sur le grand Salon de peinture de l'an de grâce 1787, contenant les prédictions en vers et en prose sur les tableaux qui sont exposés au Salon et sur les critiques qui paroîtront cette année, le tout dicté par Jean Lait Par. Mif. (J.-B. PUJOULX), mis en ordre et en langage moderne par le mesme. *A Salon, en Provence*, 1787, in-8, 44 p.

Voy. « Supercheries », II, 1272, *d*.

Grandeur (la) d'âme. (Par L.-Ant. DE CARACCIOLI.) *Francfort*, 1761, in-12.

Réimprimé avec le nom de l'auteur.

Grandeur (de la) de Dieu, et de la cognoissance qu'on peult avoir de luy par ses œuvres (en vers alexandrins, par Pierre DU VAL, évêque de Sées). *Anvers, Plantin*, 1555, pet. in-8. — *Paris*, 1568, in-8.

Grandeur (la) de Dieu. Ode. (Par M. PAULINIER DE FONTENILLE, lieutenant-colonel au corps royal du génie.) *Montpellier*, 1819, in-8.

Grandeur (de la) et de l'excellence des femmes au-dessus des hommes; ouvrage composé en latin par H.-C. AGRIPPA, et traduit en françois avec des notes curieuses et la vie d'Agrippa par *** (D'ARNAUDIN neveu). *Paris, Fr. Babuty*, 1713, in-12.

Grandeur (de la) et figure de la terre. (Par Jacq. CASSINI.) *Paris, imprimerie royale*, 1720, in-4.

Grandeur (la) et la bonté de Dieu manifestées dans ses œuvres, ou entretiens sur les beautés de la nature; par A. E. D. S. (Alexis EYMERY, de Saintes). *Limoges et Paris, Ardant*, 1847, 1853, in-12. av. une grav.

Voy. « Supercheries », I, 209, *a*.

Grandeurs (les) de J.-C. et la défense de sa divinité, contre les PP. Hardouin et Berruyer. (Par Prudent MARAN, bénédictin.) *En France (Paris)*, 1756, in-12.

Grandeurs (les) de la maison de France. *Paris, L. Bilaine*, ou *T. Jolly*, in-4.

La dédicace au roi est signée M. D. L. D. M., initiales du nom de Gabriel DE LODERAN (LAUBERAN, LABERAN?) DE MONTIGNY, ministre.

Grandeurs (les) de la mère de Dieu, ou Triple couronne de la sainte Vierge, par le R. P. POIRÉ, de la compagnie de Jésus (publiée à Paris en 1630), revue, corrigée et augmentée dans cette dernière édition par S. I. D. B. (sœur Jacqueline DE BLÉMUR). *Paris*, 1684, 2 vol. in-4.

Grands (les) corps politiques de l'État. Biographie complète des membres du Sénat, du Conseil d'État et du Corps législatif, par un ancien député. *Paris, Dentu*, 1852, in-18. — 2e édit. *Paris, Dentu*, 1853, in-18.

Par André-François-Jos. BOREL, dit BOREL D'HAUTERIVE, d'après M. de Manne et d'après les « Supercheries », I, 320, *a*.

Par Charles BAJU, d'après Œttinger, « Bibliographie biographique ».

* Grands (des) et des petits théâtres de la capitale. (Par J.-B.-Augustin HAPDÉ.) *Paris, Le Normant*, 1816, in-8.

Grands (les) événements de la France prévus par un sage espagnol, ou sentiment d'un colonel de cette nation sur la chute prématurée de Napoléon, le rétablissement des Louis sur le trône de France... (Par J.-M.-J.-Aristide DE MONVEL.) *Paris, Pillet*, 1815, in-8.

Grans (les) graces de France, nouvellement composees pour le joyeux retour du roy nostre Sire. (Par Celse-Hugues Descousu.) *S. l. n. d.* (vers 1509), petit in-4.

Le nom de l'auteur est indiqué dans un acrostiche de 8 vers placé à la fin de ce petit poëme.

Grands (les) hommes du jour. *S. l.*, 1790-1791, 3 vol. in-8.

Suite de la « Galerie des États Généraux », par les mêmes auteurs. Voy. ci-dessus, col. 518, *b*.

Grands (les) Juremens de la mère Duchesne. (Par l'abbé BUÉE.) *Paris, Crapart*, 1792, in-8.

Grands (les) poëtes malheureux, par B. DE S. V. (J.-M.-B. BINS DE SAINT-VICTOR). *Paris, Barba*, 1802, in-8.

Grans (les) regrets et complaintes de madamoyselle du palais. (Par Jehan CHAPERON.) Petit in-8 goth., 4 ff.

L'auteur se nomme dans un rondeau en acrostiche placé à la fin. Cette pièce en vers de dix syllabes a été reproduite dans la collection d'opuscules réimprimés en caractères gothiques chez le libraire Silvestre, de 1838 à 1858 ; elle forme la 17e livraison.

Grands (les) Sabats, pour faire suite aux « Sabats jacobites » du même auteur (François MARCHANT). *S. l.*, 1792, 9 n°°, in-8, 144 p.

Un 10e numéro avait été composé, mais il n'a pas été tiré.

Une épreuve de ce numéro formant les pag. 145 à 160 se trouve dans l'exemplaire de la Bibliothèque nationale.

Grands (les) souvenirs de l'église de Lyon, par l'auteur de la « Couronne de Marie, ou Fourvières au XIXe siècle » (G. MEYNIS). *Lyon, J.-B. Pélagaud*, 1860, in-12, VIII-528 p. — 2e éd. *Ibid.*, 1867, in-8, X-542 p.   D. M.

Granoul-ratomacheo (la), o la furioso e descarado bataillo des Rats è de las Grenouillos... par B. G. T. (Bernard GRIMAUD, Toulousain). *Toulouse, B. Bosc*, 1664, in-12.

Voy. Noulet, « Essai sur l'histoire littéraire de cette patois du Midi », p. 114. Des extraits étendus de cette paraphrase de la Batrachomyomachie en vers languedociens ont été donnés par M. G. Brunet, dans ses « Notices sur divers ouvrages écrits en patois », 1840, in-12.

Grant (la) danse.

Voyez « Grande (la) Danse ».

Grapinian, ou Arlequin procureur. (Par N. DE FATOUVILLE.) *Paris*, 1684. in-12.

« Biographie universelle ».

Grave et Gai. Rose et Gris. Par miss A. F. T. (miss Anne-Fraser TYTLER). Trad. par mesdames Louise Sw. BELLOC et Adélaïde MONTGOLFIER. *Paris, Louis Janet,* 1837, 1844, 2 vol. in-16. — 3e éd. *Paris, id.,* 1855, in-18. — 4e éd. *Paris, Magnin,* 1860, in-18, 247 p.

Réimprimé avec le nom de l'auteur. Voy. « Supercheries », I, 213, *a*.

Grave supplément à la lettre intitulée : « Encore un mot sur les anciens sires de Pons et leur branche Pons-Asnières ». *Paris, imp. de F. Didot frères* (1843), in-8, 6 p.

Signé : P. P.-A. (Prince PONS-ASNIÈRES).

Graves (les) et saintes remontrances de l'Empereur FERDINAND à N. S. P. le Pape, Pie IV de ce nom, sur le fait du concile de Trente, etc.; traduit du latin en français (par Jean DE MAUMONT). *Paris, Nicolas Chesneau,* 1563, in-8.

Voyez du Verdier, in-4, t. II, p. 468.

Gravure de la Bibliothèque royale à Bruxelles, au millésime de 1418. (Extrait du « Messager des sciences ».) *Gand,* 1846, in-8.

Signé : A. V. (VAN LOKEREN, à Gand).   J. D.

Gravure (la), poëme. *Paris, Le Mercier,* 1753, in-12, XII-90 p.

C'est la traduction par le P. L. DOISSIN, de son poème latin : « Sculptura carmen », dont le titre porte le nom de l'auteur. Le texte doit se trouver en tête de la traduction.

Grèce (la) et la France, ou Réflexions sur le tableau de Léonidas de M. David, adressées aux défenseurs de la patrie, par une Française (madame LE NOIR LA ROCHE, née Claire REGUIS); suivies de la Correspondance d'un officier d'artillerie pendant la campagne de 1814, et de différentes pièces relatives à cette époque. *Paris, Rey et Gravier,* 1815, in-8, 86 p.

Grèce (la) sauvée, ou le songe d'un jeune Hellène, chant guerrier, par M. Adolphe D. (Adolphe DIDOT). *Paris, imp. de Béraud,* 1826, in-8.

Grecs (des), des Turcs et de l'esprit public européen. Opuscule de 1821, par M. L. C. D. B. *Paris, J. Renouard,* 1828, in-8, XXXII-176 p.

Les initiales sont traduites dans les « Supercheries », I, 1072, *b*, le comte DE BERNSTORFF, et II, 698, *f*, le comte DE BOUTOURLIN.

Grecs (des), par un philanthrope (DE WOLFF). *Ypres, Gambart-Dujardin,* 1822, in-8, 163 p.   J. D.

L'avertissement est signé : L. C. D. W.

Grégoire à Tunis. ou les bons effets du vin, vaudeville en un acte. Par MM. LEBLANC et *** (Cl.-Aimé DESPREZ et DESPREZ SAINT-CLAIR). Représenté sur le théâtre de l'Ambigu-Comique, le 25 décembre 1819. *Paris, Barba,* 1820, in-8, 3 p.

Grêle (de la) et du tonnerre, par saint AGOBARD. *Lyon, Rouet et Sibuet,* 1841, in-8.

Trad. du latin, avec le texte en regard. L'avertissement est signé : *Secula nudo pristina,* anagramme d'Antonius PERICALDUS (Antoine PÉRICAUD l'aîné).

Grelot (le), ou les Etc. Etc., ouvrage dédié à moi. (Par Paul BARET.) *Ici, à présent* (1754), 2 parties in-12. — Nouvelle édition, augmentée de l'Anti-Grelot, et suivie de l'Ivrogne, conte tragi-comique et moral. 1762, in-12. Titre gravé. — *Londres (Cazin),* 1782, in-18.

Grelot (le), par un salinier de Bouvignes (RABOEUF). *Namur, Martin,* an XI-1803, in-8.   J. D.

Greluchon (le). (Par BONNEVAL, comédien.) Vers 1751.

Note de l'inspecteur de la libr. d'Hémery.

Grenadier (le) de Louis XV, ou le lendemain de Fontenoy, pièce en un acte et en prose, mêlée de couplets. Par M. D*** (J.-B. DUBOIS). Nouvelle édition. *Paris,* 1817, in-8.

Greneblou malhérou à monsieur ***. (Par BLANC, dit LA GOUTTE, marchand épicier à Grenoble.) *Grenoble, Faure,* 1733, in-4, 26 p.

Au sujet de l'inondation de Grenoble, du 15 septembre 1733.

Cette pièce a été réimprimée à Grenoble vers 1800, in-8; à Grenoble, en 1820, dans les « Poésies en langage patois du Dauphiné », in-8, pag. 1 à 18; et enfin de nos jours, avec dessins de Rahoult, gravures de Dardelet, préface de George Sand. *Grenoble, Rahoult et Dardelet,* 1864, in-4, IX-135 p. et 2 ff. de table.

Grétry (le) des dames. (Par Charles MALO.) *Paris, Louis Janet,* 1823, in-18, 152 p., fig.   D. M.

Griefs, conclusions incidentes, et défenses du sieur Lelarge de Parassay, appellant, contre le sieur Barbes d'Avrilly, intimé. (Par Nicolas CATHERINOT.) *S. l. n. d.,* in-4.

Griefs et moyens d'appel proposés pardevant nosseigneurs les illustrissimes archevêque de Sens, évêques d'Auxerre et d'Uzès, juges délégués de Sa Sainteté, et déduits par les religieux de l'abbaye de Cîteaux... (Par Nicolas DE CHEVANES.) *Dijon, G.-A. Guyot,* 1643, in-4.

Griefs et plaintes des femmes mal mariées. (Par DE CAILLY.) *Paris, Bôulard,* 1789, in-8.

Grigri, histoire véritable, traduite du japonois en portugois par Didaque HADECZUCA, et du portugois en françois par l'abbé de *** (composée par L. DE CAHUSAC). *Nangazaki, Klnpozzen-Kru, l'an du monde* 59,749 (1739), 2 parties in-8. — Nouvelle édition. *Amsterdam,* 1774, in-12.

Grille (la) du parc, ou le premier parti, opéra-comique. Paroles de MM***. Musique de M. Panseron. Représenté pour la première fois à Paris, sur le théâtre de l'Opéra-Comique, le 9 septembre 1820. *Paris, J.-N. Barba,* 1820, in-18, 35 p.

Par J.-F.-A. ANCELOT et Xav. BONIFACE-SAINTINE, d'après Quérard.

Par Joseph PAIN, ANCELOT et Aug. AUDIBERT, d'après le Catalogue Soleinne.

Grippe (la), comédie épisodique en prose et en un acte, suivie de Réflexions curieuses et amusantes sur l'état actuel du Théâtre-Français. Par M****. *Paris, J.-F. Bastien,* 1775, in-8, 75 p.

Attribuée successivement par Quérard à Fr. NAU et à Pierre-Jean-Baptiste NOUGARET.

Gris (le) de lin, histoire galante. (Par DE PRÉCHAC.) *Lyon,* 1680; — *Paris (Hollande),* 1681, pet. in-12.

Griselidis, nouvelle, avec le conte de Peau d'Asne et celui des Souhaits ridicules. (Par Ch. PERRAULT.) *Paris, Coignard,* 1694, in-12.

La première pièce avait d'abord paru sous le titre de : « la Marquise de Saluces... » Voy. ces mots. Les deux autres pièces n'avaient pas encore été publiées.

Griselidis, ou la marquise de Saluces, par mademoiselle A. de M*** (ALLEMAND DE MONTMARTIN). *Paris, Cailleau,* 1724, in-12.

On lit le nom de cette demoiselle en tête d'une pièce de vers qui lui est adressée à la fin du volume. Voy. « Supercheries », I, 194, b.

Griseldis, poëme dramatique en cinq actes, par F. HALM, trad. de l'allem. par M. MILLENET, de Gotha. *Paris, L. Curmer,* 1840, in-12.

La préface est signée : A. DE L. (DE LATOUR). On y désigne l'auteur sous le nom de MUNK BELLINGHAUSEN ; lisez MUNCH-BELLINGHAUSEN (E.-Fr.-Jos. Chev. DE) ; on le dit fils du président de la diète de Francfort, tandis que son père est le chevalier Kajetan de Münch-Bellinghausen.

M. Millenet a traduit et fait représenter en Allemagne, sous le pseudon. de M. Tenelli, anagramme de son nom, une foule de drames et de comédies empruntées à la France.

Grisette (la) et l'étudiant, pièce en un acte, par l'auteur des « Bas Fonds de la Société » (Henri MONNIER).

Pièce en un acte et en prose, insérée dans le premier volume du Théâtre de la rue de la Santé. *Partout et nulle part (Bruxelles),* 2 vol. in-12.

Grisettes (les) de race. (Par Jules RENOUVIER.) *Montpellier, impr. de L. Christin,* 1851, in-8, 8 p.

Tirage à part à 50 exemplaires d'un article inséré dans « le Babillard ».

Grisettes (les) ou Crispin Chevalier, comédie. (Par Charles CHEVILLET, sieur DE CHAMPMESLÉ.) *Paris, Jean Ribou,* 1683, in-12, 2 ff. lim. et 40 p.

Le nom de l'auteur se trouve dans le privilége.

Grivoisiana, ou Recueil facétieux, par MARTAINVILLE (et A.-H. RAGUENEAU DE LA CHAINAYE). *(Paris), Barba,* an XII-1801, in-18.

Grondeur (le), satire sur les mœurs et la littérature. Par M. M..... (A.-P.-F. MÉNÉGAULT), ancien officier d'artillerie. *Paris, Béchet et Delaunay,* 1813, in-8.

Voy. « Supercheries », II, 1014, a.

Gros-Jean et son curé, dialogues sur l'église. (Par M. Auguste ROUSSEL.) *Bruxelles, Lacroix et Verboeckhoven,* 1864, in-18, 324 p. — Nouvelle éd. *Bruxelles, id.,* 1865, in-32, 314 p.

Gros Lot (le), ou il faut tenir sa parole, bluette en un acte, mêlée de vaudevilles, par MM. Charles D*** (Charles DESALLEURS) et Auguste C*** (Auguste CICÉRON), étudiants en médecine de la Faculté de Montpellier. Représentée pour la première fois sur le grand Théâtre de la ville de Montpellier, le 30 septembre 1817. *Montpellier, Sevalle,* 1817, in-12.

Grosse (la) Envvaraye messine, ou devis amoereux d'un gros vertugay de village ; escript en vray langage du haut pays messin. (Publié par M. Gustave BRUNET.) *(Paris), Techener, s. d.* (1840), in-18, 34 p.

Grosse (de la) et de la petite marine en rivière de Seine, entre Rouen et Paris, par B..... D. H*** (André BOREL d'Hauterive). *Paris, Selligue,* 1832, in-4.

D. M.

Grotte (la) d'Hautecour. *Bourg, impr. de Milliet-Bottier*, 1849, in-8, 8 p.

Signé : J. P. (l'abbé Joseph PARRODIN). Extrait de l'« Annuaire du département de l'Ain ».

Grotte (la) d'Hautecourt, dans le Revermont (Ain). (Par A. VINGTRINIER.) *Lyon*, 1850, in-8, 24 p.

Grotte (la) de Westbury, ou Mathilde et Valcourt, roman traduit de l'anglais par madame DE CÉRENVILLE, trad. des « Barons de Bleming », « Walter de Monbarey », « Potemkin », etc., etc. (Composé par DE LAVERNE, auteur de « Potemkin ».) *Paris, Xhrouet*, 1809, 2 vol. in-12.

Grottes (les) de Chartres, ou Clémentine, par Mme D'H*** (Mme D'HOZIER), auteur d' « Amour et Scrupule ». *Paris, Michaud frères*, 1810, 2 vol. in-12.

Grottes (les) de Rochefort. La ville de Rochefort et ses environs. Avec deux vues des grottes gravées sur les dessins de Puttaert. (Par M. Aug. POULET-MALASSIS.) *Bruxelles, imp. J.-H. Briard*, pet. in-18, 30 p. et 3 ff.

Guebres, ou la tolérance, tragédie. Par M. D*** M***. (Par VOLTAIRE.) *S. l.*, 1769, in-8, 115 p. — *S. l.*, 1769, in-8, 82 p. — *Genève*, 1769, in-8, 60 p. — 3e éd. *Rotterdam, Reinier Leers*, 1769, in-8, 2 ff. lim. et 104 p.

Voy. « Supercheries », I, 964, a.

Guéres de Trois, pour servir de suite aux deux précédents : les Calembours comme s'il en pleuvait (Brunetiana) et les Calembours de Mme Angot (Angotiana). (Par A.-H. RAGUENEAU DE LA CHAINAYE.) *Paris, chez les libraires qui donnent trois livres pour 45 sous (madame Cavanagh), à l'an de la grande omelette, mille huit cent d'œufs* (1809), in-18.

Guérison (de la) des fièvres par le quinquina. (Par François DE MONGINOT, médecin.) *Lyon et Paris*, 1679, in-12. — *Paris*, 1680, in-12.

Souvent réimprimé ; traduit en latin, avec le nom de l'auteur, dans le recueil de François-Marie Nigrisoli, intitulé : *Febris chind chinæ expugnata, Ferrare*, 1687, in-4.

C'est à M. Walkenaer, membre de l'Institut, que je dois la connaissance de cet ouvrage anonyme et de sa traduction latine.

Albert de Haller, dans la table de sa *Bibliotheca botanica, Tiguri*, 1771, 2 vol. in-4, a confondu notre auteur avec un médecin du même nom qui lui est antérieur.

Traduit en anglais sans le nom de l'auteur, sous ce titre : « A New Mystery in Physick discovered by curing of Fewers and Agues by quinquina or Josuites

T. V.

powder. Translated from the French by Dr BELON with Additions. » *Lond.*, 1681, pet. in-12.

Guérison (la) du cancer au sein. (Par DE HOUPPEVILLE.) *Rouen, Behourt*, 1693, in-12.

Guerre (de la). (Par le marquis DE LA GERVAISAIS.) *Paris, imp. d'A. Pihan Delaforest*, 1831, in-8, 23 p.

Guerre (la). (Par BORTIER.) *Furnes, Bonhomme*, 1850, in-8, 32 p. — 2e éd. *Paris, Didot*, 1850, in-8, 32 p. — 3e éd. *Bruxelles, Guyot*, 1859, in-8, 28 p.   J. D.

Guerre à l'apostasie ! M. Emile de Girardin peint par lui-même ; par MM. A. C. et DE V. (Aurélien DE COURSON et DE VILLENEUVE). *Paris, Ledoyen*, 1850, in-18, VIII-144 p.

Guerre à la Russie ! ! ! Etat de l'Europe en 1854. (Par Jules DE LAUNAY.) *Paris, imp. de Raçon*, 1854, in-8.

Guerre à Morphée, ou le Triomphe de l'insomnie, nouveau souffle de vie du vieux conteur Aristénète. (Par François-Félix NOGARET.) *Paris, Leclerc*, 1829, in-8, 52 p.

Guerre à qui la cherche, ou petites Lettres sur quelques-uns de nos grands écrivains (MM. de Bonald, de Chateaubriand, Fievée, de Pradt, Benjamin Constant, etc.), par un ami de tout le monde ennemi de tous les partis (Charles LOYSON). *Paris, Delaunay*, 1818, in-8.

Cet ouvrage a eu trois éditions. La troisième porte le nom de l'auteur.

Guerre au crédit, ou considérations sur les dangers de l'emprunt, par un banquier (BOURON). *Paris, Videcoq*, 1850, in-8.

Guerre au mélodrame ! ! ! *Paris, Delaunay*, 1818, in-8, 36 p.

Signé : le Bonhomme du Marais. — Par René-Charles GUILBERT DE PIXÉRÉCOURT.

Guerre aux fripons. Chronique secrète de la Bourse et des chemins de fer. Par l'auteur de « Rothschild Ier, roi des Juifs » (G. MATTHIEU-DAIRNWAELL). *Paris*, 1846, in-32. — 4e éd. *Paris*, 1846, in-64.

Guerre aux Juifs ! ou la vérité sur MM. de Rothschild, par A. D*** (A. DEPREZ), avocat, ancien directeur de la « Bibliothèque ecclésiastique ». *Paris, Martinon*, 1846, in-18, 36 p.

Guerre aux pamphlets ou appel à la postérité. *Paris, imp. de Lefebvre*, 1814, in-8, 16 p.

Une note du prince de Ligne, citée dans le « Bulletin

du Bibliophile belge », tome XVI, p. 150, porte : *On a attribué cet écrit à* CARNOT, *en* 1814.

Cette opinion ne nous paraît avoir aucune espèce de fondement.

Guerre aux passions! ou Dictionnaire du modéré, par M. D...Y (P.-H. DURZY, conseiller à la cour d'Orléans), royaliste constitutionnel. *Paris, Janet et Cotelle*, décembre 1821, in-8.

Guerre (de la) avec l'Espagne, et de ses causes immédiates; par C. J. V. D. (C.-J.-V. DARTHEY), de Marseille. *Paris*, 1822, in-8.

Guerre (la) burlesque. (Par DE LA FRE-NAYE.) *Paris*, 1649, in-4.   V. T.

Guerre (la) civile de César et de Pompée, avec les caractères historiques de ceux qui en ont été les principaux auteurs. (Par le P. QUARTIER.) *Paris*, 1688, in-8.   V. T.

Guerre (la) civile de Genève, ou les amours de Robert Covelle. Poëme héroïque avec des notes instructives. (Par VOL-TAIRE.) *Londres*, 1768, in-8. — *Besançon, Nic. Grandvel*, 1768, in-8, XVI-68 p. — *S. l.*, 1775, in-8, 56 p.

Guerre (la) comique, ou la Défense de l'Ecole des femmes. (Par Pierre DE LA CROIX.) *Paris*, 1654, in-12.   V. T.

Guerre (la) comme la font les Prussiens. *Paris, Plon*, 1871, in-12, 128 p.

La dédicace est signée : DAUBAN.

Guerre (de la) continuelle et perpétuel combat des chrétiens contre leurs plus grands et principaux ennemis, traité fort utile et propre pour ce temps et tout autre, nouvellement mis en françois par F. M. (Frédéric MOREL). *Paris, F. Morel*, 1564, in-8, 143 p.

F. Morel ne nomme en aucun endroit l'auteur qu'il a traduit; c'est ce qui me fait croire que La Caille a eu raison d'avancer, dans son « Histoire de l'imprimerie », que cet ouvrage avait été composé par Frédéric Morel. Maittaire, dans le tome IV de ses « Annales typographici », le cite aussi comme un ouvrage de la composition de F. Morel.

Voy. « Supercheries », II, 56, *a*.

Guerre (la) cruelle entre le roy blanc et le roy maure, traduicte en vers par le sieur DESMAZURES (du latin de Jérosme VIDA, évesque de Cremone). *Paris*, 1556, in-4.   V. T.

Guerre (la) d'Ænée en Italie, appropriée à l'histoire du temps, en vers burlesques. (Par le sieur BARCIET.) *Paris, Fr. Lecointe*, 1650, in-12.   P. L.

Guerre (la) d'Afrique. Lettre d'un lieutenant de l'armée d'Afrique à son oncle, vieux soldat de la Révolution et de l'Empire. (Par le général BUGEAUD.) *Paris, imp. de Gaultier-Laguionie*, 1839, in-8.

Guerre (la) d'Alsace pendant le grand schisme d'Occident, terminée par la mort du vaillant comte Hugues, surnommé le soldat de S.-Pierre, drame historique. (Par L.-F.-E. RAMOND DE CARBONNIÈRES.) *Basle, Thurneissen*, 1780, in-8.

Guerre d'Amérique. Campagne du Potomac. Mars-juillet 1862. (Par le prince de JOINVILLE.) *Paris, M. Lévy*, 1862, in-18, 215 p.

Guerre (la) d'Espagne, de Bavière et de Flandres, ou Mémoires du marquis D***. (Par Gatien SANDRAS DE COURTILZ.) *Cologne, Marteau*, 1707, in-12. — 1710, 2 vol. in-12.

Réimprimé sous le titre de : « Mémoires du marquis D***. » Voy. ces mots.

Voy. aussi « Supercheries », I, 834, *a*.

Guerre (la) d'Espagne, poëme en stances régulières... (Par B.-F.-A. FONVIELLE.) *Paris, Boucher*, 1824, in-8.

Guerre (la) d'Italie. Exposé et plan des hostilités. Bulletin hebdomadaire. (Par A. MAURAGE.) *Bruxelles, veuve Parent*, 1859, in-18, 240 p., avec planches.

                                  J. D.

Guerre (la) d'Italie, ou Mémoires du comte D*** (par DE GRANDCHAMP, tué en 1702 dans l'attaque de la citadelle de Liége). *Cologne, Marteau*, 1702, 1707, in-12.

L'édition de 1707 a été augmentée par un anonyme, qui n'est autre que le fameux SANDRAS DE COURTILZ; voilà pourquoi différents bibliographes lui ont attribué cet ouvrage. Il est à remarquer que la réimpression parut à *La Haye*, chez le libraire Foulque, en même temps que la « Guerre d'Espagne ». Voy. ci-dessus ce titre.

Guerre (la) d'Orient, ses causes et ses conséquences, par un habitant de l'Europe continentale. *Bruxelles, Labroue*, 1854, in-8, 170 p.

Par DELSIGNY DE BEAUMONT, d'après M. Delecourt. Par M. DE BRUNOW, ancien ambassadeur de Russie à Londres, d'après les « Supercheries », II, 234, *f*.

Guerre (la) de l'an 1809 entre l'Autriche et la France, par un officier autrichien (le général-major Ch. DE STUTTERHEIM), avec cartes et plans. *Vienne, de l'imprimerie d'Antoine Strauss*, 1811, 2 vol. in-8 et atlas.

Cet ouvrage a paru à la même époque en allemand.

aussi anonyme sous ce titre : « Der Krieg von 1809 », mais la 2ᵉ partie allemande ne fut pas mise dans le commerce, et c'est d'elle probablement que Barbier veut parler, quand il dit, t. IV, p. 490, qu'il fallait un ordre de l'empereur d'Autriche pour obtenir cet ouvrage.

Le récit de cette campagne, demeuré incomplet par la mort de l'auteur, arrivée en décembre 1811, a été continué par le baron de Welden, mort lui-même en août 1853, et dont les dernières volontés ont été que son travail ne parût que dix ans après sa mort. Ce n'est qu'en 1872 qu'il a vu le jour, par les soins du Dʳ J. Hirtenfeld. *Wien, C. Gerold,* in-8.

Voy. « Supercheries », II, 1286, *b.*

Guerre (de la), de l'armée et de la garde civique. Réfutation des doctrines des amis de la paix. (Par BRIALMONT.) *Bruxelles, Kiessling,* 1850, in-12.

Il existe des exemplaires portant le nom de l'auteur.

Guerre (la) de l'Opéra. Lettre écrite à une dame en province, par quelqu'un qui n'est ni d'un coin ni de l'autre. *S. l.,* 1752, in-8, 24 p.

Attribué à Jacq. CAZOTTE, mais non réimprimé dans ses Œuvres.

Guerre (la) de la Péninsule sous son véritable point de vue, ou Lettre à M. l'abbé F*** (par FUNCHAL, ambassadeur de Portugal à Rome), sur l'histoire de la dernière guerre, publiée dernièrement à Florence ; traduite de l'original italien, imprimé en 1816. *Bruxelles,* 1819, in-8.

Guerre (la) de 1870. Notes au jour le jour, par un neutre (Marc DEBRIT). *Paris, Sandoz et Fischbacher,* 1872, in-12.

Guerre (la) de René II, duc de Lorraine, contre Charles Hardy, duc de Bourgogne, où sont détaillées la mort de Charles Hardy et la déroute de l'armée bourguignonne devant Nancy. (Par le P. Aubert ROLAND, cordelier.) *Luxembourg, André Chevalier,* 1742, in-8.

Voyez la « Bibliothèque lorraine », par dom Calmet, article ROLAND.

Guerre (la) de Trente-Ans. Par A. H. (A. HOPE). *Paris, Barba,* 1837, in-8, 30 p.

Le nom des imprimeurs Herhan et Bimont est suivi de la qualification de : Imprimeurs de M. HOPE.

Guerre (la) de trois jours, poëme héroï-comique en trois chants, dédié aux élèves de l'École de droit de Paris. Par A. B. D. G. (Alexandre BARGINET, de Grenoble). *Paris, Ladvocat,* 1819, in-8, 36 p.

Voy. « Supercheries », I, 163, *e.*

Guerre (la) des auteurs. (Par Gabriel GUÉRET, avocat.) *Paris, Jolly,* 1671, pet. in-12, 4 ff. et 228 p.

Cet ouvrage fut réimprimé sous la même date « avec

la requeste et arrest en faveur d'Aristote (par BOILEAU) ». *La Haye, Arnout Leers,* 1671, pet. in-12. On l'a joint au « Parnasse réformé », publié avec le nom de l'auteur, à *La Haye,* en 1716, pet. in-8, front. gravé ; enfin, il a reparu, avec des changements, sous son premier titre : « la Guerre des auteurs anciens et modernes ». *Amsterdam,* 1723, in-12.

Guerre (la) des bois et la guerre des montagnes, avec des rapports sur la défense et l'attaque d'un bois et sur l'attaque et la défense d'une grande chaîne de montagnes ; supplément au recueil des rapports militaires, par un officier de l'armée belge (le major VANDEVELDE). *Bruxelles, Van Roy,* 1847, in-8.   J. D.

Guerre (la) des médecins, poëme en quatre chants. Par un malade (J. MORLENT, ancien libraire au Havre). *Paris (Rouen),* 1829, in-12.

Guerre (la) des parasites de SARAZIN, traduite du latin en françois (par P. Toussaint MASSON). 1757, in-12, 61 p.

Cet opuscule, qui est une satire contre P. de Montmaur, a été réimprimé dans le t. II du recueil intitulé : « Histoire de Pierre de Montmaur, professeur royal en langue grecque dans l'Université de Paris, par A.-H. DE SALLENGRE. » *La Haye,* 1715, 2 vol. in-8.

Le texte latin a été reproduit dans les Œuvres de l'auteur. Il a été publié sous le pseudonyme d'ATTICUS SECUNDUS.

Voy. « Supercheries », I, 396, *f.*

Guerre (la) des petits Dieux, ou le Siége du lycée Thelusson par le Portique républicain, poëme héroïco-burlesque, suivi de mon Apologie, satire, par l'auteur des « Etrennes de l'Institut » et de la « Fin du xviiiᵉ siècle ». (Ces trois ouvrages ont été attribués à COLNET, libraire.) *Paris, an VIII-1800,* in-12, 67 p.

Réimprimé dans le tome II des « Satiriques du dix-huitième siècle », recueil en 7 vol. in-8, publié par le même C.-J. COLNET.

Guerre (la) du Schleswig envisagée au point de vue belge. Anvers et la nouvelle artillerie. (Par le colonel d'État-major belge A.-H. BRIALMONT.) *Bruxelles,* 1864, in-8, avec une carte.

Guerre (la) et le débat de la langue, les membres et le ventre, c'est assavoir la langue, les yeux, les oreilles... qu'ils ne veulent plus rien bailler ni administrer au ventre, et cessent chacun de besongner. *Paris, rue Neuve-Notre-Dame, à l'enseigne Sainct-Nicolas, s. d.* in-4 goth., 18 ff.

Cette traduction du traité latin de JEAN de Salisbury, intit. : « Dialogus linguæ et ventris » (voy. ces mots), est attribuée par Duverdier à Jean D'ADUNDANCE. Il en existe plusieurs éditions indiquées au « Manuel du libraire », 5ᵉ édit., II, 1703.

Guerre (la) grammaticale, trad. du latin d'André GUARNA de Salerne, par H.-B. G.

(H.-B. Gibault). *Poitiers, Cotineau*, 1811, in-12.

Voy. « Supercheries », II, 248, a.

Guerre (la) libre, traité auquel est décidée la question, s'il est loisible de porter armes au service d'un prince de diverse religion, traduit de l'anglois (par J. Bouillon). *La Haye, Th. Maire*, 1641, in-12.

Guerre littéraire, ou Choix de quelques pièces de M. DE V*** (DE VOLTAIRE). 1759, in-12.

Reproduit sous le titre de : « Choix de quelques pièces ». Voy. IV, 580, a. Voy. aussi « Supercheries », III, 882, d.

Guerre (la), par L. L. (Louis Lemaitre). *Paris, Ledoux*, 1831, in-8.

Guerre (de la) perpétuelle et de ses résultats probables pour l'Angleterre, ouvrage appuyé sur des documens officiels anglais, par M. T. D. D. P. (Th. Duverne de Prelle), ancien officier de marine. *Paris, Petit, s. d.*, in-8, 60 p.

Guerre (la) séraphique, ou Histoire des périls qu'a courus la barbe des Capucins, par les violentes attaques des Cordeliers, avec une dissertation sur l'inscription du grand portail de l'église des Cordeliers de Reims. (Par J.-B. Thiers.) *La Haye*, 1740, in-12.

Guerre (la) théâtrale, poëme en trois chants, dédié à Mlle Duchesnois. (Par D. Mater.) *Paris, Surosne*, an XI-1803, in-18.

Guerres des Vendéens et des Chouans contre la République française, ou Annales des départements de l'Ouest pendant ces guerres... Par un officier supérieur des armées de la République, habitant dans la Vendée avant les troubles (Jean-Julien-Michel Savary). *Paris, Baudouin frères*, 1824-1825, 6 vol. in-8.

Cet ouvrage fait partie de la « Collection des Mémoires relatifs à la Révolution française ».
Voy. « Supercheries », II, 1208, d.

Guerrier (le) d'après l'antique.

Voy. « Loisirs d'un soldat ».

Guerrier (le) philosophe, ou Mémoires de M. le duc de **, contenant, etc., par M. J** (J.-B. Jourdan). *La Haye (Paris)*, 1744, 4 parties en 2 vol. in-12.

Voy. « Supercheries », II, 351, e.

Guerriers (les) les plus célèbres de la France... par l'auteur des « Découvertes » (Maxime Fourcheux de Montrond). *Lille, Lefort*, 1848, in-12.

Souvent réimprimé.

Guersillon (le). *Mons, typogr. d'Adolphe Mathieu*, 1844, in-12, 316 p.

Satire contre le bourgmestre de Mons, M. Sirault, et l'administration communale. Elle avait paru sous forme de revue mensuelle en six numéros. Pour être indépendant de son imprimeur, l'auteur, Adolphe Mathieu, avait pris une patente d'imprimeur. Guersillon est une sorte de pilori. Le frontispice représente la victime de l'auteur, dont la tête et les mains sont passées à travers les vides d'une grosse pièce de bois.   J. D.

Gueuse (la) parfumée.

Voy. Ancienne Provence, IV, 175, c.

Gueux (le) de mer, ou la Belgique sous le duc d'Albe. (Par Henri-Guill.-Phil. Moke, né au Havre le 11 janv. 1803, mort à Gand le 29 déc. 1862.) *Bruxelles*, 1827, 2 vol. in-12.

Réimprimé avec le nom de l'auteur.   J. D.

Gueux (les) des bois, ou les Patriotes belges en 1566, par l'auteur des « Gueux de mer » (H.-G.-P. Moke). *Bruges*, 1828, 2 vol. in-12.

Réimprimé à Paris, la même année, avec le nom de l'auteur.

Gueux (les), ou la Vie de Guzman d'Alfarache ; image de la vie humaine en laquelle toutes les fourbes et les méchancetés qui se pratiquent dans le monde sont plaisamment et utilement découvertes, version nouvelle et fidèle d'espagnol (de Mathieu Aleman) en françois. *Paris*, 1621, in-8.

C'est sans doute cette traduction qui a reparu sous ce titre : « le Voleur, ou la Vie de Guzman d'Alfarache. Pourtrait du tems et Miroir de la vie humaine. Seconde partie ou toutes les fourbes. Pièce non encore vuë et renduë fidèlement à l'original espagnol de son premier et véritable autheur Mateo Alleman. Seconde édit., rev. et corr. » *Paris*, 1625, in-8.

On a, dit Formey, « Catal. Bourdeaux », n° 791, une autre traduction, qui a fait tomber celle-ci dans un oubli complet. Il s'agit probablement de la suivante :

Gueux (les), ou la Vie de Guzman d'Alfarache, image de la vie humaine, etc. (traduit de l'espagnol de Mathieu Aleman par Jean Chapelain). *Paris, Le Gras*, 1633, 2 parties in-8.

Voy. « Bibliothèque françoise », de l'abbé Goujet, t. XVII, p. 354.

Guichets (les). *S. l. n. d.* (1785), in-12, 8 p.

Cette pièce existe à la Bibliothèque nationale dans un recueil des opuscules de l'abbé André Morellet formé par lui-même. Il a mis, de sa main, la date de 1785 sur cette brochure.

Guicriff, scènes de la Terreur, dans une paroisse bretonne. (Par Louis de Carné.) *Paris, Dentu*, 1835, in-8.   D. M.

Guide à Nantes, description de tout ce que la ville offre de curieux en monuments et antiquités, musées... Orné de vingt belles lithographies. (Texte et figures par Théodore VELOPPÉ.) *Nantes, Mme Veloppé*, 1869, in-18, 86 p.

Guide-album du voyageur à la grotte de Han-sur-Lesse, par un habitant du village (le baron Edouard DE SPANDL, propriétaire de la grotte), orné de 12 vues dessinées d'après nature, par G. Vanderhecht, et accompagné d'un plan par Pochet. *Bruxelles, Ph. Hen*, 1859, in-8, 48 p.   J. D.

Guide artistique et commercial du voyageur à Alençon. Annuaire pour 1854. (Par A. POULET-MALASSIS.) *Alençon, Bodé*, in-16, 80 p.

Guide aux monuments de Nîmes, antiques et modernes. (Par C.-Ogé BARBAROUX.) *Nîmes, Gaude*, 1824, in-8, fig.

Guide (le) d'Angleterre, ou relation curieuse du voyage de M. de B*** (MORNEAU DE BRASEY). *Amsterdam, Wetstein*, 1744, in-8. — *Amsterdam, Changuion*, 1769, in-8.

Guide (le) d'Italie, pour faire agréablement le voyage de Rome, etc. (Par GUILLAUME.) *Paris*, 1775, in-8.   V. T.

Guide dans Liége. (Par A. MOREL.) *Liége, Renard*, 1859, in-12, 130 p., orné de vues et de cartes.

Ce volume est extrait de la « Meuse belge ».
                      J. D.

Guide dans Séraing, ses principaux établissements industriels et ceux de ses environs, précédé de son histoire. (Par Hippolyte KUBORN.) *Seraing, Liége et Bruxelles* (Liége, Desoer), 1862, in-8, 220 p.   Ul. C.

Guide de Florence et d'autres villes principales de Toscane. (Par Jean MARENIGHI.) *Florence, J. Marenighi*, 1822, in-18.   D. M.

Guide de l'étranger à Lyon, ou Description des curiosités, des monuments et des antiquités que cette ville renferme, avec le plan de la ville, par C.-J. CH...T (CHAMBET), de l'Académie de Bourg. *Lyon, Chambet*, 1817, in-18.

Plusieurs fois réimprimé. Le nom de l'auteur figure sur le titre à partir de la 7e éd. *Lyon*, 1839, in-18.

Guide de l'étranger à Metz. (Par E.-A. BÉGIN.) *Metz, Verronnais*, 1834, in-12.

Réimprimé avec le nom de l'auteur.

Guide de l'étranger dans la ville de Gand. (Par P.-F. DE GOESIN, imprimeur à Gand.) In-4, 40 p.

Ce guide n'a jamais été publié complètement ; il n'en existe que les 40 premières pages, dont trois exemplaires seulement ont été conservés. Le reste de l'édition a été détruit.   J. D.

Guide de l'étranger. Nouvelle description des ville, château et parc de Versailles, par l'auteur du « Voyage descriptif de Paris » (L. PRUDHOMME). Nouv. édit. *Paris*, 1826, in-12. — *Versailles, Angé*, 1832, in-12.

Guide (le) de l'histoire, à l'usage de la jeunesse et des personnes qui veulent la lire avec fruit ou l'écrire avec succès... commencé par M. D..... (J.-L.-H.-S. DEPERTHES), avocat, auteur de l' « Histoire des naufrages », continué et mis au jour par J.-Fr. NÉE DE LA ROCHELLE, ci-devant libraire à Paris. *Paris, Bidault*, an XI-1803, 3 vol. in-8.

Guide de l'instructeur pour l'école du soldat, enseigné en 30 jours ; par Armand LEGROS et A. D. (A. DUPONT). *Paris, Leneveu*, 1844, in-18.

Voy. « Supercheries », I, 182, f, et 183, f.

Guide de l'instructeur pour la méthode d'application de l'école du cavalier et du peloton, à pied et à cheval, d'après la progression suivie à l'école de cavalerie de Saumur. (Par A. DUPONT, alors capitaine-instructeur à Saumur.) *Paris*, 1850, in-32, 224 p. et 40 fig.

Guide de l'officier en campagne. (Par Jean-Gérard LACUÉE DE CESSAC.) *Paris*, 1786, in-8.

Réimprimé avec le nom de l'auteur.

Guide de l'Université impériale de Moscou, ou Description abrégée des cabinets et autres établissements qui se trouvent à l'Université, avec la notice de tout ce qu'ils contiennent de plus remarquable. (Par George LECOINTE DE LAVEAU.) *Moscou, de l'impr. de l'Université*, 1826, in-8, 132 p.   A. L.

Guide de la Bibliothèque impériale publique de Saint-Pétersbourg. (Par R. MINZLOFF, conservateur en chef de cette bibliothèque.) *Saint-Pétersbourg*, 1863, in-12, 66 p.

Guide de la Bibliothèque royale à Dresde. (Par J. PETZHOLDT, traduit en français par H. DITTRICH dit FABRICIUS.) *Dresden*, 1841, in-8, 15 p. et 2 pl.

Voy. « Petzholdt's, Neuer Anzeiger », 1863, p. 256.

Guide de la correspondance télégraphique... (Par Joseph GIRARDIN, chef du bureau central des télégraphes.) *Bruxelles, Greuze*, 1863, in-8, 100 p. J. D.

Guide de la jeunesse, à l'usage du collége royal thérésien. (Par le P. Fr.-Xav. BOUJART.) *Vienne*, 1773, in-12. V. T.

Guide (le) de la jeunesse dans la voie du salut, ou traduction libre du *Manuductio juvenum ad sapientiam*. Composé par l'auteur du *Memoriale vitæ sacerdotalis* (l'abbé Cl. D'ARVISENET, et traduit par lui-même). Nouvelle édition. *Troyes, Gobelet*, 1819, in-32.

Guide de la vie humaine. (Par Rob. DODSLEY.)

Voy. ci-dessus, « Economie de la vie humaine », col. 24, *c*, et 25, *a*.

Guide des amateurs et des étrangers voyageurs dans les maisons royales, châteaux, lieux de plaisance... et séjours les plus renommés aux environs de Paris... (Par L.-V. THIERY). *Paris, Hardouin et Gattey*, 1788, in-12.

Guide (la) des arts et sciences, et promptuaires de tous livres tant composés que traduits en françois. (Par l'abbé Philibert MARESCHAL.) *Paris, Fr. Jaquin*, 1598, in-8.

Guide (la) des chemins de France. (Par Charles ESTIENNE,) *Paris, Ch. Estienne*, 1552, pet. in-8, 8 ff. lim. et 207 p.

Ch. Estienne a publié la même année : « le Voyage de plusieurs endroits de France, et encores de la Terre saincte , d'Espaigne , d'Italie, et autres pays. Les Fleuves du royaume de France ». 1552, pet. in-8.

Il existe, dit le « Manuel du libraire », deux éditions ou tout au moins deux tirages de la « Guide » sous la date de 1552, et il cite un exemplaire où il a lu, non sur le titre, mais au commencement du livre : Revue et augmentée pour la seconde fois. Le titre de la troisième fois porte : « Revue et augmentée pour la troisième fois. Les Fleuves du royaume de France , aussi augmentez. » *Paris, Ch. Estienne*, 1553, pet. in-8, et aussi : *Paris, pour la veufve Regnault*, 1554, in-16, et encore : *Paris, pour Estienne Groulleau*, 1560, in-16.

Nombreuses réimpressions. Il y en a une qui porte ce titre : la « Grande Guide des chemins pour aller et venir par tout le royaume de France... » *Troyes, Nic. Oudot*, 1612, in-24.

Guide des chemins de la France, contenant toutes ses routes générales et particulières. troisième édition... (Par DAUDET, de Nismes.) *Paris, Vincent*, 1768, in-12, xx-280 p.

La 1re éd., intitulée: « Nouveau Guide des chemins du royaume de France », *Paris, E. Ganeau*, 1724, in-12, porte le nom de l'auteur.

Guide des corps des marchands et des communautés des arts et métiers, en forme de dictionnaire. (Par Etienne-Olivier PARY.) *Paris, veuve Duchesne*, 1766, in-12.

Guide des curieux et des étrangers dans les Bibliothèques publiques de Paris... Seconde édit., corr. et augm. (Par Théophile MARION-DUMERSAN.) *Paris*, 1808, in-12, 47 p. — *Paris*, 1816, in-12, 48 p. — *Paris*, 1818, in-12, 48 p.

Guide (le) des curieux qui visitent les eaux de Spa, ou indication des lieux où se trouvent les curiosités de la nature et de l'art à voir à l'entour de ce rendez-vous célèbre... (Par L.-F. DETHIER, de Theux.) *Verviers, Loxhay*, 1814, in-8, VI-122 p. — 2e éd. *Liége, Collardin*, 1818, in-8, VIII-103 p.   Ul. C.

Par L.-J. WOLFF, d'après M. de Manne.

Guide (le) des dîneurs, ou Statistique des principaux restaurants de Paris, etc. (Par Honoré BLANC.) *Paris*, 1814, in-18.

Guide des écoles primaires, ou lois, règlements et instructions concernant les écoles primaires, recueillis et mis en ordre par un recteur d'académie (Jean-Joseph SOULACROIX, alors recteur de l'Académie de Lyon). *Paris, Hachette*, 1828, in-8. — 8e éd. *Id.*, 1842, in-8.

Guide des électeurs, par un électeur. *Paris, Chamerot*, 1842, in-32, 64 p.

Signé : P..... (PERDON).

Guide (le) des épouseurs pour 1823, ou le Conjugalisme : Etrennes aux futurs. Par un homme qui s'est marié sept fois (P. CUISIN). *Paris, au Palais-Royal*, 1823, in-18.

Réimpression de l'ouvrage publié en 1823, sous le titre de : « le Conjugalisme... » Voy. IV, 690, b.

Guide des fondateurs et des maîtres pour l'établissement et la direction des écoles élémentaires de l'un et de l'autre sexe, basées sur l'enseignement mutuel. (Par le Dr BAILLY.) *Paris, L. Colas*, 1816, in-12.

Guide des frères de la Sainte-Famille, contenant les règles de conduite qui leur sont prescrites, et qui sont approuvées par Mgr l'évêque de Belley, premier supérieur de l'Institut. (Par frère GABRIEL.) *Bourg, impr. de Bottier*, 1839, in-12, VIII-308 p.

Guide (le) des humanistes... (Par l'abbé J.-C.-F. TUET.) *Paris, Gogué*, 1780, in-12. — *Paris, Barbou*, 1801, in-12.

Souvent réimprimé.

Guide (le) des jeunes mathématiciens, sur les leçons de M. l'abbé de La Caille, par un ami de l'auteur (l'abbé Aimé-Henri PAULIAN). *Avignon, et Paris, de La Tour*, 1766, in-8.

Bernard de Valabrègue obtint le privilége de cet ouvrage, qu'il ne faut pas confondre avec celui du même abbé Paulian, qui en est la suite, et qui a pour titre : « le Guide des jeunes mathématiciens , ou Commentaire des leçons de mécanique de l'abbé de La Caille ». *Avignon et Paris, de Hansy*, 1771, in-8.

Guide (le) des jeunes mathématiciens, traduit de l'anglois de WARD (par le P. Esprit PEZENAS). *Paris, Jombert*, 1757, in-8.

Guide (le) des maires et adjoints de maires... par M. LÉOPOLD, docteur en droit, 9e éd., revue, corrigée et augmentée par R. D. V. (J.-Jos.-Fr. ROLLAND DE VILLARGUES), juge au tribunal de la Seine. *Paris, Eymery*, 1826, in-12.

Voy. « Supercheries », III, 340, a.

Guide des notaires et employés de l'enregistrement. Sec. édit. (Par RIPPERT.) *Paris*, 1809, 6 vol. in-12.

Guide (le) des personnes pieuses, ou règle de conduite pour les personnes pieuses, appelées à vivre dans le monde. A. M. D. G. et B. M. V. S. L. C. (Par M. L.-X. LAFONT.) *Toulouse, Delsol*, 1841, 2 ff. de tit. et 146 p. — 2e éd. *Toulouse, Delsol*, 1843, in-18, 232 p. — 3e éd. *Toulouse, Delsol*, 1847, in-18, 4 ff. lim., 272 p. et 1 tableau.

Guide des voyageurs en Suisse... (Par J.-L.-A. REYNIER.) *Genève (Paris)*, 1791, in-12.

Ouvrage que quelques bibliographes attribuent à J.-F. REYNIER père.

Guide du baigneur aux eaux minéro-thermales de Bagnoles-de-l'Orne. Notice sur l'établissement et ses environs. (Par M. RICHARD, principal propriétaire de l'établissement.) *Alençon, Thomas*, 1869, in-8, 67 p.   L. D. L. S.

Guide du baigneur et du touriste aux eaux de Plombières, à Remiremont et lieux voisins... (Par FRIRY, de Remiremont.) *Epinal, Cabasse*, 1846, in-8, 74 p., avec une carte. — Seconde partie. *Commercy, Cabasse*, 1847, in-8, 161 p., avec une carte.

Guide (le) du bonheur, ou Recueil de pensées, maximes et prières dont la lecture peut contribuer à rendre heureux dans cette vie et dans l'autre ; choisies dans différens auteurs. Par M. B. D. (Benjamin DELESSERT). *Paris, Roussaux*, 1839, in-18.

Souvent réimprimé avec le nom de l'auteur.

Guide (le) du chemin du Ciel, traduit du latin du cardinal BONA, avec son éloge et son testament (par Pierre LOMBERT). *Paris, A. Pralard*, 1683, in-12.

Guide (le) du commerce de l'Amérique, principalement par le port de Marseille. (Par CHAMBON.) 1777, 2 vol. in-4.

Même ouvrage que le « Commerce de l'Amérique... » Voy. IV, 649, b.

Guide (le) du Fermier, ou Instructions pour élever, nourrir, acheter et vendre les bêtes à cornes, les brebis, etc., traduit de l'anglois (d'Arthur YOUNG, par Jos.-P. FRENAIS). *Paris*, 1770, 1782, 2 parties in-12.

Guide (le) du jeune militaire, ou instructions d'un père à son fils sur l'art militaire, ses devoirs, ses vertus et les talents qu'il exige. Par M. le baron D'A*** (D'ANGLÉSY), colonel d'infanterie, Nouvelle édition, refondue et augmentée par DUBROCA. *Paris, Dubroca*, an X-1802, in-12, 432 p.

La 1re éd. a paru sous le titre de : « Conseils d'un militaire à son fils ». Voy. IV, 699, b. Voy. aussi « Supercheries », I, 140, d, et 142, c.

Guide (le) du jeune prêtre dans une partie de sa vie privée et dans ses différents rapports avec le monde ; par M. REAUME, curé de Mitry. Edition revue et appropriée pour la Belgique (par H.-J. JACQUEMOTTE, vicaire général du diocèse de Liége). *Liége, Lardinois*, 1854, in-12.   Ul. C.

Guide du naturaliste dans les trois règnes de la nature, par M. V. D. S. DE P. (le baron VAN DER STEGE DE PROT). *Bruxelles*, 1792, in-8.

Guide (le) du promeneur aux Tuileries, ou Description du palais et du jardin... des Tuileries en l'an VI. (Par Louis PHILIPPON LA MADELAINE.) *Paris, Hautbout-Dumoulin*, an VI, in-18.

Réimprimé avec le nom de l'auteur, sous le titre de : « Manuel ou Nouveau Guide... »

Guide du Prussien, ou Manuel de l'artilleur sournois, à l'usage des personnes constipées ... (Par Prosper MARS.) *Paris, Ponthieu*, 1825, in-18, 157 p.

Reproduction de l'« Art de péter.... » Voy. IV, 293, b.

Guide du spéculateur au trente-quarante et à la roulette, avec la manière de faire en six mois plus de cinquante capitaux. Par un ancien notaire (M. TULASNE). *Hombourg*, 1854, in-18, VI-41 p.

Guide du visiteur au château d'Ecouen. Notice historique et descriptive; par M*** (Pierre-Charles-Armand LOYSEAU DE GRANDMAISON). Avec gravures. *Paris, Saint-Jorre*, 1846, in-16, 36 p. et 1 pl.

Guide (le) du voyageur aérien : faits recueillis, explorations, découvertes, appels aux aéronautes. (Par Ludovic CHAPPLAIN.) *Paris, M. Mathias* (1850), in-8, 24 p.

Guide du voyageur au mont Saint-Michel et au mont Tombelaine. (Par M. Léon REGLEY.) Nouv. édit. refondue... *Avranches, Bourée*, 1856, in-8.

Guide du voyageur aux bains de Bagnères, Baréges, Saint-Sauveur et Cauteretz... Orné de gravures. Publié par J.-B. J*** (J.-B. JOUDOU). *Paris, Lerouge*, 1819, in-12, XII-324 p.

Guide du voyageur dans la ville et les environs de Liége. (Par Charles TESTE, frère de J.-B. Testé, ministre sous Louis-Philippe.) *Liége, Collardin*, 1830, in-18.

Il n'a paru que 72 p. de ce petit volume, resté inachevé par suite des événements de 1830.

Ul. C.

Guide du voyageur de Nantes à Paris, par les routes du Mans et de La Levée, orné d'une carte des deux routes. (Par Jules FOREST.) *Nantes, s. d.*, in-18.

Guide du voyageur sur la Meuse, ou description du fleuve, des villes, villages, châteaux et objets remarquables. (Par Hippolyte GUILLERY.) *Bruxelles, Van Dooren*, 1844, in-12, 97 p.　Ul. C.

Guide du voyageur sur le canal du Midi et ses embranchements, et sur les canaux des Etangs et de Beaucaire, par M. le comte G. DE C*** (G. DE CARAMAN). *Toulouse, Douladoure*, 1836, in-8, 178 p. et 2 cartes.

Guide du voyageur sur le chemin de fer de Tours à Nantes. Section de Tours à Angers. (Par Just-Jean-Etienne ROY.) *Tours, Mme A. Royer*, 1849, in-32.

Guide (le) en affaires, ou Manuel général judiciaire et commercial, civil, criminel... (Par J.-M. DUFOUR.) *Paris, Patris*, 1811, in-12.

Réimprimé en 1817 avec le nom de l'auteur.

Guide et modèle des âmes pieuses qui aspirent à la perfection chrétienne et religieuse, ou Vie de la vénérable sœur Françoise-Radegonde LE NOIR, morte en odeur de sainteté au couvent de la Visitation de Limoges, écrite en partie par elle-même (terminée et donnée au public par M. l'abbé Pierre-Grégoire LABICHE DE REIGNEFORT). *Paris, Leclère*, 1802, in-12.

Guide historique du voyageur à Blois et aux environs. (Par M. J.-Franç.-de-Paule-Louis PETIT DE LA SAUSSAYE.) *Blois, Marchand*, 1855, in-18.

Réimprimé sous le titre de : « Blois et ses environs ».

Guide historique et pittoresque de Lyon à Chalon, sur la Saône, par M*** (ACHARD-JAMES). *Paris, Lyon, Chambet aîné*, 1844, in-18, 198 p.

Guide historique et statistique du département d'Ille-et-Vilaine. Par E. D. V. (Ernest DUCREST-VILLENEUVE), auteur des notices de l' « Album breton ». *Rennes, Landais et Oberthur*, 1847, in-8.

Guide indispensable au citoyen belge pour les formalités obligatoires à remplir par lui à l'état civil dans les principales circonstances de la vie... (Par L. BAUFF.) *Bruxelles, Hen*, 1856, in-12, 154 p.

J. D.

Guide ou description historique et topographique de la ville de Leide. (Par Nic.-God. VAN KAMPEN.) Avec un plan. *Leide, C.-C. van der Hock*, 1826, in-8.

V. D.

Guide pittoresque du voyageur dans Tarascon... *Tarascon, imp. de D. Serf*, 1855, in-8.

Signé : C. T. (Charles TURRIER).

Guide pittoresque du voyageur en France, contenant la statistique et la description complète des quatre-vingt-six départements... par une société de gens de lettres, de géographes et d'artistes. (Par GIRAULT DE SAINT-FARGEAU.) *Paris, F. Didot frères*, 1838, 6 vol. in-8.

Guide pittoresque du voyageur en Touraine, par un membre de la Société archéologique de Touraine (M. l'abbé J.-J. BOURASSÉ). *Tours, imp. de Ladevèze*, 1852, in-18.

Guide pittoresque et artistique du voyageur en Belgique, par A. F... (Alexandre FERRIER), avec cartes, plans, gravures. *Bruxelles*, 1838, in-12.

J. D.

Guide pittoresque et artistique du voyageur en Hollande, par A. F... (Alexandre FERRIER). *Bruxelles*, 1838, in-12. J. D.

Guide-poche de l'étranger à Bordeaux et dans la Gironde... Par Raoul L..... (Raoul-L. DE LAMORILLIÈRE). *Bordeaux*, 1860, in-16, 188 p.

La première édition, *Bordeaux*, 1857, in-16, 287 p., porte le nom de l'auteur.

Guide portatif, ou nouveau conducteur des étrangers dans Lille et sa banlieue, publié par S. B*** (Simon BLOCQUEL). *Lille*, 1850, in-24.

Guide pour les lecteurs des romans de Walter Scott et de Cooper. Par un amateur (Emm. DEVELEY, mathématicien suisse). *Paris (Lausanne)*, 1835, in-8.

Guide religieux à l'usage des baigneurs protestants, pour 1857, par un protestant (M. J. RÉVILLE, président de l'Eglise réformée consistoriale de Dieppe). *Dieppe, Marais*, 1857, in-16, 16 p.

Guide (le) spirituel, ou le Miroir des âmes religieuses, par le vénérable LOUIS DE BLOIS, traduction nouvelle (par l'abbé F. DE LA MENNAIS). *Paris, Société typographique*, 1809, petit in-12.

Réimprimé dans la « Bibliothèque des dames chrétiennes ». Voy. « Supercheries », II, 515, b. L'ouvrage original est intitulé : *Speculum monachorum*. Voy. « Supercheries », article DACRIANUS, I, 853, a.

Guido Reni et Quintin Metsys, ou Revers et prospérité. Par M. ABBEMA (Nicolas CHATELAIN, de Rolle, canton de Vaud, Suisse) et Mme Caroline PICHLER. (Trad. de l'allemand par Mlle CHAVANNES.) *Paris, Cherbuliez*, 1838, in-12.

Guidon (le) de la navigation, ou Traité du mouvement de la mer et des vents, traduit du latin d'Isaac VOSSIUS (par le châtelain DE CRÉCY). *Paris*, 1665, in-4.

Guidon (le livre appelle) de la practique en cyrurgie. (Par GUY DE CHAULIAC.) *Lyon, B. Buyer*, 1478, in-fol. goth.

Le « Guidon », de Cauliac, composé en 1363, a été long-temps en grand usage dans toute l'Europe, et on l'a très-souvent réimprimé, soit en latin, soit en français, en italien ou en espagnol. La plupart de ces éditions ne portent pas le nom de l'auteur, ou ne le portent que dans la souscription. Voy. pour le détail de ces éditions et l'indication des différents traducteurs ou annotateurs, Brunet, « Manuel du libraire », 5e éd., I, col. 1685 à 1689.

Guidon (le) des parens en l'instruction et direction de leurs enfans. Aultrement appelle Francoys PHILELPHE, de la Manière de nourrir, instruire et conduire jeunes enfans. *On les vend à Paris, en la maison de Gilles de Gourmont* (s. d.), in-8 goth., avec 2 fig. sur bois.

C'est une traduction de l'ouvrage latin de Mapheus

VEGIUS, *de Educatione puerorum*, faite sur une édition de *Paris, Gourmont*, 1508, où l'auteur est nommé Fr. PHILELPHUS. Le traducteur est Jean LODE, étudiant en l'Université d'Orléans, natif du diocèse de Nantes.

Voy. « Supercheries », III, 1242, e, et Brunet, « Manuel du libraire », 5e éd., V, col. 1113-1114.

Guidon (le) et gouvernement du monde utile et necessaire a toutes gens de quelque estat quilz soyent auquel sont contenus plusieurs proverbes et motz dorez des philosophes et docteurs bien authenticques... *Nouvellement imprimé à Paris, s. d.*, in-8 goth. de 20 ff.

Au recto du 19e f. se lisent seize vers à *à la louange du livre*, et donnant en acrostiche le nom de Gervais DE LA FOSSE, auteur du « Guidon ».

Voyez Brunet, « Manuel du libraire », 5e éd., II, col. 1812.

Guidon (le) général des finances. (Par J. HENNEQUIN.) *Paris*, 1681, 2 vol. in-8.
                               V. T.

Guignolet, ou la Béatomanie ; poëme héroï-comique, en neuf chants, suivi de poésies diverses, par M. B. A. B. (B.-A. BRULÉBOEUF). *Paris, Lenormand*, 1810, in-18.   D. M.

Guillaume Frédéric d'Orange-Nassau, avant son avénement au trône sous le nom de Guillaume Ier. (Par Lucien JOTTRAND.) *Bruxelles, Tarlier*, 1827, in-8, XII-112 p.   J. D.

Guillaume le Conquérant, ou l'Angleterre sous les Normands (1027-1087). (Par Mme Cornelis DE WITT, née Pauline Guizot.) Ouvrage revu par M. GUIZOT. *Paris, Hachette*, 1854, in-12. — 3e éd. *Paris, Hachette*, 1865, in-12.

Guillaume le Conquérant, poëme, couronné par l'Académie de Rouen. (Par Ch. LEMESLE.) *Paris, Prault*, 1759, in-8.

Nouv. édit. sous ce titre : « la Conquête de l'Angleterre , par Guillaume le Bâtard, duc de Normandie, poëme... » *Paris, Bastien*, 1779, in-8.

Guillaume le Conquérant, tragédie en cinq actes ; suivie du Véridique, comédie en un acte ; par un officier général (le comte Claude-François DE RIVAROL). *Paris, Delaforest*, 1827, in-8, XII-125 p. et 1 f. de table.

L'auteur a signé la préface.
Voy. « Supercheries », II, 1294, e.

Guillaume le Franc-parleur, ou Observations sur les mœurs françaises au commencement du XIXe siècle, suite de « l'Hermite de la chaussée d'Antin » (par le même auteur, ÉTIENNE DE JOUY), et orné de gravures. *Paris, Pillet*, 1815, in-12.

Voy. « Supercheries », II, 274, a.

Guillaume le Têtu, roi des Pays-Bas. Pièce en trois journées. (Par Aug. Jouhaud.) *Liége*, 1830, in-8.　　J. D.

Guillaume Ier, de Mortagne. (Par Prévost, de la Compagnie de Jésus.) *Bruxelles, Devroye*, 1861, in-8, 29 p.　　J. D.

   Tiré à part de la « Revue d'histoire et d'archéologie ».

Guillaume, prêtre dans le diocèse de Rouen, à M. Louis C. de La R. (Charrier de La Roche), évêque constitutionnel du département de la Seine-Inférieure ; salut et retour à l'unité. (Par l'abbé Guillaume-André-René Baston.) *Rouen*, 1791. in-8.　　D. M.

Guillaume sans cœur, par l'auteur des « Deux Pâtres » (Paul Jouhannaud). *Lille, Lefort*, 1855, in-18.

   La 7e éd., *Lille, Lefort*, 1872, in-12, porte le nom de l'auteur.

Guillaume Tell, fable danoise. (Par Uriel Freudenberger, publ. par Gottl.-Emmanuel V. Haller.) (*Berne*), 1760, in-8.

   M. Albert Rilliet a donné toutes les pièces qui constituent cette légende dans ses « Origines de la Confédération suisse. Histoire et légende ». *Genève et Bâle, H. Georg.*, 1868, in-8, VIII-376 p.

Guillaume Tell, imitations du drame de Schiller. (Par Th. Fuss, substitut du procureur du roi à Tongres.) *Liége, Redouté*, 1857, in-16, 32 p.　　Ul. C.

Guillotine (la), par un Paria (Raymond Pelez). No 1 (et unique). *Paris, de l'imp. Frey*, 1848.

   Voy. « Supercheries », III, 29, a.

Guillotine (la), par un vieux jacobin. N° 1, mars 1848. *Paris, imp. de Bonaventure*, in-fol.

   Signé : Olusi-Lippephi (anagramme de Louis-Philippe, pseudonyme de M. Achille Philippe).

   Voy. « Supercheries », II, 954, e, et III, 952, f.

Guinguette (la), pièce en prose, avec un prologue, par monsieur C*** (A. Carrière-Doisin). *Amsterdam, Constapel*, 1767, in-8.

   Catalogue Soleinne, n° 2872.

Guinguette (la), vaudeville, par P. (Royer-Timothée Regnard de Pleinchesne). *Paris*, 1770, in-8.

Guirlande (la) de roses, recueil de chansons. (Par P.-J. de Béranger.) *Péronne, Laisney*, 1797.

   Il est impossible de retrouver la trace de ce recueil indiqué par les biographes de Béranger (F. Pouy, « Recherches historiques sur l'imprimerie dans le département de la Somme », 1864, p. 236).

Guirlande (la) des dames. (Par P.-Fr. Albéric Deville.) *Paris, Marcilly*, 1815-1829, 15 vol. in-18.

Guirlande (la), opéra-comique. Représenté pour la première fois sur le Théâtre de Rouen, le jeudi 24 mars 1757. (Par Den. Ballière de Laisement.) *Rouen et Paris, Duchesne*, 1757, in-8, 1 f. de tit. et 32 p.

Guirlande (la), ou les Fleurs enchantées, acte de ballet (en vers libres, par J.-F. Marmontel). *Paris, Vve Delormel et fils*, 1751, in-4.

Guiscri, scène de la Terreur dans une paroisse bretonne, précédé d'une notice historique sur la chouannerie. (Par Louis de Carné.) *Paris, Dentu*, 1835, in-12.

Guisiade, tragédie nouvelle, en laquelle au vray et sans passion est représenté le massacre du duc de Guise. (Par Pierre Mathieu.) *Lyon*, 1589, in-8. — Troisième édition. *Lyon*, 1589, in-8, avec le nom de l'auteur.

   Voy. « Supercheries », II, 344, d.

Guizot, par un homme de rien (Louis-René Léonard de Loménie). *Paris, A. René*, 1840, in-18.　　D. M.

Guizotide (la), poëme par A. H. (Auguste Housset, avocat), paysan de la Mayenne. *Laval, imp. de Godbert*, 1847, in-16.　　L. D. L. S.

Guliane, conte physique et moral, traduit de l'anglois, et enrichi de notes (par le comte Fr. Barbé de Marbois). *Londres et Paris, Hardy*, 1769, in-12.

Gulistan, ou l'Empire des roses, traité des mœurs des rois, composé par Musladini Saadi, prince des poëtes persiens, traduit du persan par M*** (d'Alègre). *Paris, Compagnie des libraires*, 1704, in-12. — *Paris, Prault*, 1737, in-12.

Gulistan, ou le Hulla de Samarcande, opéra-comique en trois actes. Représenté sur le théâtre de l'Opéra-Comique, par les comédiens ordinaires de l'Empereur, le 8 vendémiaire an XIV, 30 septembre 1805. Paroles de *** (Ch.-Guill. Etienne et Aug.-Et.-Xav. Poisson de La Chabeaussière). Musique de M. Dalayrac… *Paris, Mme Masson*, 1805, in-8, 52 p.

Gulistan, ou le Jardin des Roses, traduit du persan de Saady (par l'abbé Jacq. Gaudin). *Paris, Volland*, 1791, in-8.

   Cet ouvage a été publié dès 1789, chez Le Jay, sous le titre d' « Essai historique sur la législation de la Perse », avec le nom du traducteur.

Gulliver, farce-vaudeville historique. Par A. H. (A. Hope). *Paris, Barba*, 1837, in-8, 34 p.

Gulliver ressuscité, ou les Voyages, campagnes et aventures extraordinaires du baron de Munchausen. *Londres et Paris*, 1787, 2 part. in-12, ensemble de 113 p. Y compris la table.

C'est la première traduction d'un écrit dont le texte anglais fut réimpr. trois fois l'année même de sa publication en 1786.

Cet ouvrage, qui a été considéré comme une satire des Mémoires du baron de Tott, a été attribué à SAINT-JOHN, d'Oxford, par M. Wast (Fifty Years recollections of an old Bookseller), et à Rud.-Eric RASPE, le malencontreux conservateur du Musée d'antiquités à Cassel, par Charles Lyell (Principles of geology, 1850), p. 44, attribution assez vraisemblable.

En 1787, le célèbre BÜRGER publiait de cet ouvrage une traduction allemande en ajoutant quelques scènes au texte original, ce qui lui a fait attribuer l'ouvrage; aussi le nom de Bürger figure-t-il sur le volume publié à Bruxelles, sous ce titre : « Aventures du célèbre chevalier baron de Munchhausen. (Voy. ci-dessus, IV, 342, *f*, et « Supercheries », III, 937, *a*.)

Gunima, nouvelle africaine du dix-huitième siècle, imitée (traduite) de l'allemand (de VANDER WELDE), par M. Hippolyte C***, (Lazare-Hippolyte CARNOT). *Paris, Barba*, 1824, in-12.   D. M.

Gusmanade (la), ou l'établissement de l'Inquisition. *Amsterdam*, 1778, in-8.

Ouvrage attribué à H.-G. MIRABEAU, sans aucune certitude. Voy. « Supercheries », II, 1157, *d*.

Gustave Adolphe. Drame historique en 5 actes, 1549. Par A. H. (A. HOPE). *Paris, Barba*, 1836, in-8, 52 p.

Gustave Vasa, histoire de Suède. (Attribué à Ch.-Rose DE CAUMONT DE LA FORCE.) *Paris*, 1698, 2 vol. in-12.

Gustave Vasa, ou le Libérateur de son pays, tragédie, par Henri BROOKE, écuyer, traduite de l'anglois (par MAILLET DU CLAIRON). *Londres et Paris*, veuve Duchesne, 1766, in-8, 126 p. et 1 f. de priv.

Guy Mannering, astrologue : nouvelle écossaise. Trad. de l'angl. (de W. SCOTT),

sur la troisième édition, par Jos. MARTIN. *Paris, Plancher*, 1816, 4 vol. in-12.

C'est, dit Quérard (« Fr. littér. »), le premier ouvrage de W. Scott trad. en français.

Guyane (de la) française, de son état physique, de son agriculture, de son régime intérieur et du projet de la peupler avec des laboureurs européens, ou Examen d'un écrit de Barbé-Marbois... (Par P.-M.-S. CATINEAU-LAROCHE.) *Paris, Trouvé*, 1822, in-8, xi-232 p.

Guzla (la), ou choix de poésies illyriques, recueillies dans la Dalmatie, la Bosnie, la Croatie et l'Herzégovine. (Composé par Prosper MÉRIMÉE.) *Strasbourg et Paris*, Levrault, 1827, gr. in-18, avec une lithogr.

Gymnase (le), recueil de morale et de littérature. (Par MM. Hipp. CARNOT et H.-N.-J. AUGER.) *Paris, de l'impr. de Balzac*, 1828, 4 vol. in-12 qui ont été publ. en 12 livraisons.

Gynographes (les), ou Idées de deux honnêtes femmes sur un projet de règlement proposé à toute l'Europe, pour mettre les femmes à leur place et opérer le bonheur des deux sexes. (Par RÉTIF DE LA BRETONNE.) *Paris, Humblot*, 1776, 2 part. in-8.

L'année suivante, cet ouvrage porta le nom de l'auteur, sous la rubrique de *La Haye, Gosse et Pinet*, in-8, 567 p.

Gyron le Courtois. Auecques la devise des armes de tous les chevaliers de la Table ronde. *Paris, A. Verard, s. d.* (vers 1501), in-fol. — *Paris, Michel Le Noir, s. d.*, in-fol. — *Paris, le même*, 1519, in-fol.

On lit en tête du texte : Cy commence Lhystoire de Gyron le Courtois. Et parle premierement le maistre qui le translata de Branor le Brun le vieil chevalier...

Ce roman a été originairement composé en latin, et c'est sur cette phrase mal comprise que Barbier, dans sa 2e éd., avait fondé l'attribution de l'original latin à Branor le Brun, qui est un des personnages du roman.

L'ouvrage a été traduit au commencement du XIIIe siècle par Hélie DE BORRON et par maître RUSTICIEN, de Pise. Le texte de ces traductions a été rajeuni dans les éditions ci-dessus décrites. Voyez, pour le détail complet de ces éditions, Brunet, « Manuel du libraire », 5e éd., II, col. 1480 à 1482.

H. B. (Henry Beyle). (Par Prosper Méri-MÉE.) *Paris, typ. de Firmin Didot frères* (1850), in-8, 1 f. de tit. et 16 p.

Seule édition publiée avec l'autorisation de l'auteur. Elle n'a été, dit-on, tirée qu'à 15 exemplaires. Les noms cités dans cet opuscule sont tous restés en blanc.

Réimprimé sous le titre de : H. B. P. M. S. l. n. d. (*Alençon, imp. Poulet-Malassis*, 1859), in-16 carré, en tout de 44 p.

Le dernier feuillet porte, en grec, au recto : « De l'imprimerie des amis de Julien l'Apostat, la première année de la 658ᵉ olympiade, le jour anniversaire de la naissance de Lucien de Samosate. »

Cette édition, tirée à 30 exempl. papier vergé, donne les noms des personnages d'après un exempl. de l'éd. originale, où l'auteur les avait écrits. Elle a été réimprimée en Belgique, avec un frontispice à l'eau-forte, anonyme, de M. Félicien Rops, sous le titre de : H. B. Par un des Quarante. *Eleutheropolis (Bruxelles)*. 1864, in-8 et in-18. Voy. « Supercheries », III, 279, *b*.

Il est intéressant de rappeler ici ce que dit de H. B. M. Eugène Pelletan (« la Nouvelle Babylone », *Paris*, 1863, p. 178) :

« Les noms propres sont partout laissés en blanc pour dérouter la curiosité. On dirait une conspiration vénitienne où tous les personnages sont masqués... Cette brochure, écrite avec amour et imprimée avec luxe, contient la plus incroyable orgie de paroles qu'un bel esprit entre deux vins ait jamais faite dans une ruelle. Si cette oraison funèbre, qui pleure le défunt le rire sur la lèvre, avait été écrite par quelque malheureux affamé de réputation qui cherche le scandale à défaut de talent, nous ne l'eussions pas arrachée à son mystère. Mais cette brochure n'est pas l'œuvre du premier venu ; quelle que soit la prudence du romancier qui l'a écrite, on le reconnaît aisément à ce style à part, qui parle court et qui expédie rondement le lecteur. Pas un mot de trop, pas un détail de luxe ; le fait, rien que le fait, et le fait toujours sur pied, toujours pressé d'arriver, comme un facteur de la poste ou un conscrit en congé.

« A défaut du style, on reconnaîtra encore le biographe de Beyle à son mépris de la femme et de l'amour. L'amour, pour lui, n'est qu'un trictrac avec un dé pipé. Quiconque met à ce jeu-là doit tricher ou perdre la partie.

« Ai-je besoin, maintenant, de nommer l'anonyme ? Regardez, cherchez ; vous le trouverez sûrement à l'Académie, et peut-être même au Sénat. »

Habit (l') du chevalier de Grammont, opéra-comique en un acte, paroles de *** (J.-M.-B. Bins DE SAINT-VICTOR), musique d'Eler. Représenté, pour la première fois, sur le théâtre Feydeau, le 14 frimaire an XII. *Paris, Barba*, an XII-1804, in-8, 43 p.

Habitante (l') des ruines, ou l'Apparition du dominicain, par l'auteur des « Prisonniers de la Montagne » (Mlle Désirée CASTÉRA). *Paris, Béchet*, 1813, 3 vol. in-12.

Habitants (les) de Bellesme au citoyen Delestang, sous-préfet du 4ᵉ arrondissement de l'Orne. (Par le comte DE FONTENAY, d'Igé, près de Bellesme.) *S. l.* (vers 1804), in-8, 18 p.   D. M.

Habitants (les) du monde invisible, ou les purs esprits, les anges déchus et les possédés. (Par M. Adolphe BACHELET-VAUXMOULINS.) *Auxerre, Boudin*, 1850, in-8.

Hagiographie belge. Albéron I, évêque de Liège. (Par le chanoine DE RAM.) *S. l. n. d.*, in-8, 8 p.

Extrait de la « Revue catholique ».   J. D.

Hagiographie de l'illustre martyr saint Hermès, patron de la ville de Renaix, suivi de ses litanies... par un prêtre de Renaix (l'abbé BATTAILLE). *Renaix, imp. Bataille et Vandendaele*, 1860, in-12, 119 p.   J. E.

Haine (la) et l'amour d'Arnoul et de Clairemonde, par P. B. S. D. R. (DU PÉRIER). *Paris*, 1600, 1609, in-12. — *Paris, Corrozet*, 1627, in-8.   V. T.

Hairangou (lès) de Dijon ai Son Altesse sérénissime Mgr le Duc. (Par Aimé PIRON.) *Dijon, C. Michard*, 1697, in-12, 17 p.

Mignard, « Hist. de l'idiome bourguignon », p. 289.

Hairangue dè vaigneron de Dijon ai Son Altesse serenissime monseigneu le Duc. (Par Aimé PIRON.) *Dijon, A. de Fay*, 1712, in-8.

Mignard, « Hist. de l'idiome bourguignon », p. 311.

Hajji Baba, trad. de l'anglais (de James MORIER), par le traducteur des Romans de

W. Scott (A.-J.-B. DEFAUCONPRET). *Paris, Hautecœur*, 1824, 4 vol. in-12.

Halte là ! Réponse d'un garde civique à M. le major Alvin. (Par Eugène GENS.) *Bruxelles, Perichon*, 1850, in-18, 32 p.

J. D.

Ham. Août 1829-janvier 1834. Par un ancien attaché à la présidence du conseil des ministres de la Restauration (Alexandre MAZAS). *Paris, U. Canel*, 1833, in-8. — 2e éd. *Paris, id.*, 1834, in-8.

Hameau (le) de l'Agniélas, suivi du Ruisseau, de Cécile et Blondel, etc., par l'auteur du « Citoyen des Alpes » (l'abbé J.-B. POLLIN, de Grenoble). *Paris, Perlet*, 1792, petit in-12. — 3e édition. *Grenoble, J. Allier*, 1798, 2 vol. in-12.

Han d'Islande. (Par Victor HUGO.) *Paris, imp. de Nicolas Vaucluse*, 1823, 4 vol. in-12.

Souvent réimprimé avec le nom de l'auteur.

Hanovriade (l'), poëme héroï-burlesque, en cinq chants, orné de notes historiques, allégoriques, morales et critiques, par l'auteur de l' « Albionide » (F.-A. CHEVRIER). *Closter-Seven*, 1759, in-8, 79 p.

Reproduit par l'auteur avec d'autres pièces, sous ce titre : « Poëmes sur des sujets pris dans l'histoire de notre temps ». Voy. « Supercheries », I, 839, e.

Harangue à très-haute et très-illustre princesse Marie de Medicis, Royne de France, à son arrivée à Marseille. Par M. D. V. P. P. du P. d'Aix (DU VAIR, premier président du Parlement d'Aix). *Rouen, du Petit-Val*, 1601, in-8, 8 p.

La première édition avait paru sous le titre de : « Harangue faicte à la Royne, par M. DU VAIR ». *Paris, C. de Monstr'œil*, 1600, in-8, 10 p.

Harangue burlesque faite à Mademoiselle, au nom des bateliers d'Orléans, concernant le narré de son entrée dans la ville. (Par DANGERVILLE.) *Orléans, G. Hottot, s. d.*, in-4.

Harangue (la) célèbre faite à la reine sur sa régence. (Par BALZAC.) *Paris, T. Quinet*, 1649, in-4, 30 p.

Harangue de monseigneur l'illustrissime et reverendissime cardinal DE LORRAINE, faite en l'assemblée du concile général de Trente... avec la réponse dudict concile... Ensemble l'Oraison de M. Arnoult DU FERRIER... Le tout traduict fidelement de latin en françois (par Nic. DU MONT). *Paris, I. Macé*, 1564, in-8, 28 p.

Harangue des députés de MM. de Rohan et de Soubize, et des habitans de La Ro-

chelle, Montauban, Castres et Millau, le 5 juillet 1625, au Roi. (Par le sieur DE COUVRELLES.) *S. l.*, 1625, in-8, 16 p.

Réimprimé la même année avec le nom de l'auteur.

Harangue des habitans de la paroisse de Sarcelles à monseigneur Christophe de Beaumont du Repaire, archevêque de Paris. (Par Nic. JOUIN.) *Aix*, 1754, in-12.

L'auteur a été enfermé à la Bastille pour cette satire ; on prétend que c'est par la trahison de son propre fils.

Il est aussi l'auteur des cinq Sarcelades à M. de Vintimille et autres.

Catalogue manuscrit de l'abbé Goujet.

Voyez « Pièces et Anecdotes, le vrai Recueil des Sarcelles... »

L'abbé Roger SCHABOL doit y avoir eu part. Voy. la « Biogr. univ. », au mot SCHABOL, et aussi la notice en tête de la « Théorie du jardinage », 1774, in-12.

Harangue du seigneur de Passy (Jacques-Paul SPIFAME, ci-devant évêque de Nevers, depuis ministre à Genève) à l'empereur Ferdinand I, au nom du prince de Condé et des protestans de France, à la diète de Francfort, en 1562.

Cette pièce est imprimée dans les « Additions » de Le Laboureur aux « Mémoires de Castelnau », t. II, p. 29, et dans les « Mémoires de Condé », édition de 1743, 6 vol. in-4, t. IV.

Harangue (la) et proposition faicte au roy sur l'union de toute la noblesse catholique de France présentée au roy. Par M. de Mande (Renaud de Beaune), archevesque de Bourges. *Paris, A. Le Coq*, 1588, in-8, 22 p. — *Suivant la coppie imprimée à Paris par J. Morin*, in-8, 8 ff.

Une note manuscrite sur l'exemplaire de la Bibliothèque nationale porte : « C'est le discours que feu CAUMONT fit et recita à Blois, devant le roy dans son cabinet, lors des Estatz de l'an 1577, faussement attribué à Mgr de Bourges. »

Harangue (la) et remontrance du peuple et tiers-estat de France, prononcée devant le roy très-chrestien Charles neufiesme, tenant ses Estats à Saint-Germain-en-Laye. (Par Jacques BRETAIGNE.) Imprimé nouvellement. *S. l.*, 1561, in-8, 19 ff.

Une autre édition de la même année porte le nom de l'auteur.

Harangue faicte à la Royne d'Angleterre pour la desmouvoir de n'entreprendre aucune Iurisdiction sur la Royne d'Escosse. (Par M. DE BELLIÈVRE.) *S. l.*, 1588, in-8, 128 p.

Il y a une édition de même date qui porte le nom de l'auteur.

Harengue faicte au nom de l'Université de Paris devant le Roi Charles VI... (Par

Jean GERSON.) *Paris, V. Sertenas*, 1561, in-8, 48 ff.

Réimprimé plusieurs fois avec le nom de l'auteur et en dernier lieu sous la rubrique : 3° éd. *Paris, Debeausseaux*, 1824, in-8, 2 ff. lim., VI-52 p. La préface est signée : A. M. H. B. (A.-M.-H. BOULARD). Voy. « Supercheries », I, 301, *b*.

Harangue prononcée au Parlement par M. T. S. l., 1626, in-8, 16 p.

Par TALON, d'après une note manuscrite contemporaine sur l'exemplaire de la Bibliothèque nationale. Au sujet de sa réception au parlement.
Une autre édition, *Paris, C. Morlot*, 1626, in-8, 16 p., porte : Par M. S.

Harangue prononcée au Roi en sa ville de Blois, le vingt-quatrième d'avril mil six cent seize, par un conseiller du parlement de Dijon (CHEVALIER), sur le sujet de la conférence dernière, tenue entre Sa Majesté et nosseigneurs les Princes. *Paris, J. Brunet*, 1616, in-8, 8 p.

Réimprimé la même année sous ce même titre avec le nom de l'auteur.
Une autre édition anonyme est intitulée : « Libre Discours fait au roi par un grand de la cour, pour le rétablissement de la paix ». *S. l.*, 1616, in-8, 13 p. Voy. ce titre.

Harangue sur la tyrannie, par M. A.-C. DE C*** (A.-C. DE CHEPPE).** *Paris, Potey*, 1814, in-8, 56 p.

Harangues choisies des historiens latins SALLUSTE, TITE-LIVE, TACITE et QUINTE-CURCE, traduction nouvelle (par THOMAS). *Paris, Nyon*, 1778, 2 vol. in-12.

J'ignore si ce Thomas est le célèbre Antoine-Léonard THOMAS, auteur des éloges, ou son frère, qui a été aussi professeur de l'Université, ou un autre écrivain du même nom ; ce qu'il y a de certain, c'est que le traducteur se nommait ainsi, puisque ce nom se lit dans un privilège inséré par Joseph Barbou à la fin des « Pensées de Cicéron », 9° édition, 1787, in-12.

Harangues de Demosthène (traduites en fr. par Jacq. DE TOURREIL), avec des remarques. *Paris*, 1691, in-8.

L'épître est signée du nom du traducteur. C'est de lui que Racine disait : « Le bourreau ! il fera tant qu'il donnera de l'esprit à Démosthène ».

Harangues des historiens grecs et latins, traduction nouvelle. *Lyon, J. Girin et Barth. Rivière*, 1669, 2 vol. in-12, petit format.

L'épître du second volume est signée : A. V. D. L. C. D. I. (Antoine VERJUS, de la compagnie de Jésus).
Dans l'extrait du privilège, l'ouvrage est intitulé : « l'Accademie (sic) de l'ancienne et de la nouvelle éloquence, ou Harangues tirées des histoiriens (sic) grecs et latins ». Voy. IV, 49, *c*.

Harangues facétieuses remplies de doctrines et sentences sur la mort de divers animaux, composées par divers autheurs, trad. de l'italien (d'Ortensio LANDI) en

français par P. R. L. *Lyon, Pierre Roussin*, 1618, pet. in-12.

Cette édition a douze harangues, tandis que l'ouvrage de Landi n'en renferme que onze dans les éditions du XVI° siècle. M. A. B(riquet) pense que l'on peut attribuer cette traduction à Pierre ROUSSIN, Lyonnais, l'imprimeur. Nous sommes de son avis. Voy. « Bulletin du bibliophile » de Techener, XIV, p. 1583. Pour une autre traduction, voy. l'article suivant et « Regrets facétieux... ».
L'ouvrage d'Ort. Landi a paru pour la première fois sans nom d'auteur, sous ce titre : « Sermoni funebri di varj autori nella morte di diversi animali ». *Venegia*, 1548, in-8.
Voy. « Supercheries », III, 251, *a*.

Harangues lamentables sur la mort de divers animaux, extraictes du tuscan (d'Ortensio LANDI), rendues et augmentées en notre vulgaire (par Cl. PONTOUX), avec une rhétorique gaillarde. Livre fort plaisant et facétieux. *Lyon, Ben. Rigaud*, 1569, in-16, 160 p., avec gravures sur bois.

Cette traduction ne contient que huit harangues. Voy. l'article précédent.

Harangues (les) ou Discours académiques de J.-B. MANZINI (traduits de l'italien par George DE SCUDÉRY). *Paris*, 1642, in-8. — *Lyon, Claude Rivière*, 1654, in-8.

Harangues panégyriques, au roi, sur l'ouverture de ses états, et à la reine, sur l'heureux succès de sa régence. (Par Jean-Louis Guez, sieur DE BALZAC.) *Paris, T. du Bray*, 1615, in-18, 16 p. — *Rouen, L. Dumesnil (s. d.)*, in-8, 32 p.

Le nom de l'auteur se trouve dans le privilège de l'édition de Paris.

Harangues prononcées à la cour de Lorraine à l'occasion du rétablissement de S. A. Royale dans ses Etats. (Par PILLEMENT DE RUSSANGE, doyen de la Faculté de droit de Pont-à-Mousson.) *Paris*, 1700, in-12.

Catalogue Noël, n° 4023.

Harangues prononcées au parlement, au grand-conseil et à la cour des aides, sur la présentation des lettres de M. Seguier chancelier de France. (Par Antoine LE MAISTRE, avocat.) *Paris, J. Camusat*, 1636, in-4.

Harangues sur toutes sortes de sujets, avec l'art de les composer. (Par Pierre DORTIGUE DE VAUMORIÈRE.) *Paris, J. Guignard*, 1687, in-4 ; — 1696, 4 vol. in-12.

Placcius, 2583.

Haras (les), ce qu'ils n'ont pas fait, ce qu'ils pourraient faire. Par un ancien membre du Jockey-Club (Raymond-Daniel

marquis D'EURVILLE DE GRANGUES). *Paris, E. Dentu*, 1857, in-8, 16 p.

Signé : D., éleveur.

Haras (des) dans leurs rapports avec la production des chevaux et des remontes militaires. Par M. DE P. (M.-L.-G. DE PUIBUSQUE). *Paris, Mme Huzard*, 1833, in-8, 72 p.

Quérard, après avoir donné cette brochure à Puibusque, « France littéraire », tome VIII, l'attribue aussi tome XI du même ouvrage à M. DE PORTES.

Hardie (la) Messinoise. (Par Henri JUVENEL, père de Juvenel de Carlencas.) *Paris*, 16.., in-12.

Harems (les) du Nouveau-Monde. Vie des femmes chez les Mormons. Traduit par B.-H. RÉVOIL. *Paris, Michel Lévy*, 1856, in-18.

L'ouvrage original américain est de Maria WARD ; il est intitulé : « Female life among the Mormons ».

Harmonie (l') de justice, renouvelée à l'ouverture des parlements. (Par Pierre DE BERNARD.) *Paris*, 1619, in-8, 23 p.

Harmonie de l'amour et de la justice de Dieu, au roy, à la reine et à messieurs du Parlement. (Par François DAVENNE.) *La Haye*, 1650, in-12, 225 p. — *Jouxte la copie imprimée à La Haye*, 1650, in-12, 225 p.

D'après Brunet, « Manuel du libraire », 5e éd., II, col. 534, la 2e éd. porterait seule le titre donné ci-dessus, avec le nom de l'auteur que Brunet écrit François DAVESNE.

La 1re éd. anonyme serait intitulée : « Histoire du temps et harmonie de l'amour et de la justice de Dieu au Roy, à la reine régente et à messieurs du Parlement. La Haye (*Paris*), 1650, in-12, 225 p.

M. Moreau, « Bibliographie des mazarinades », tome II, p. 42, n° 1618, décrit avec beaucoup de détails ces deux éditions, sans faire aucune mention du titre donné par Brunet. Le savant bibliographe n'aurait-il pas eu sous les yeux une troisième édition ou plutôt un troisième état de ce livre singulier? M. Moreau, comme Barbier, appelle l'auteur François DAVENNE.

Harmonie de la raison et de la religion, ou Réponses philosophiques aux arguments des incrédules; ouvrage du père Théodore ALMEYDA; traduit sur la deuxième édition espagnole de don FRANCISCO VAZQUEZ par M. le curé de Saint-Jacques-du-Haut-Pas (l'abbé Louis-Edouard RÉMARD). *Paris, Demonville*, 1823, 2 vol. in-12.

Harmonie des cultes catholique, protestant et mosaïque, avec nos constitutions; par l'auteur de l'« Anti-Machiavel » (F.-N. DE FOULAINES). *Paris*, 1809, in-8.

C'est probablement le même ouvrage que j'ai vu avec ce titre : « Harmonie des cultes catholique, pro-

testant et mosaïque, avec les Constitutions de l'Empire français. Ouvrage dans lequel on a principalement insisté sur les propositions suivantes... par M^*** , jurisconsulte ». *Paris, Gautier et Bretin*, 1808, in-8, 460 p.

Harmonie (l') du monde, où il est traité de Dieu et de la nature essence, en trois livres... par Mre F. V. C. (Fr. VIDAL COMNÈNE), docteur en la sacrée faculté et advocat en parlement. *Paris, veuve Claude Thiboust*, 1671, in-12, XVI-262 p. — *S. l.* (*Moscou*), 1786, in-8, VIII-152 p.

Réimprimé en 1671, avec le nom de l'auteur.

Harmonie et accomplissement des prophéties sur la durée de l'Antechrist et les souffrances de l'Église. (Par Jacques MASSARD, médecin.) *Cologne et Amsterdam*, 1686-1688, 5 parties in-12.

Voyez la « Bibliothèque universelle » de J. Le Clerc, t. XII, table des livres.

Harmonie (l'), journal de l'organisation sociale. *Liége, Charron*, in-4.

Publié assez irrégulièrement depuis 1853, par n°s de 4 pp. à 3 sol. De 1856 au 11 avril 1858, il fut remplacé par l' « Harmonie, revue sociale », paraissant à Liége, tous les mois, et dont la collection forme 30 n°s petit in-4. Ces deux journaux étaient rédigés par X. BOUGARD DE THEUX.

Harmonie ou Concorde évangélique, contenant la vie de Jésus-Christ selon les quatre évangélistes, suivant la méthode et avec les notes de Nicolas TOINARD, traduite en françois (par André CRAMOISY). *Paris, Lamesle*, 1716, in-8.

Harmonie théorico-pratique. (Par BLAINVILLE.) *Paris*, 1746, in-4.

Harmonie universelle, ou Revue sentimentale et philosophique de l'existence. (Par WEISS.) *Paris, Egron*, 1824, in-8.

L'ouvrage mis en souscription devait former 3 vol. in-8.

Harmonies du cœur, ou deux épreuves de l'amour, par E. P., de Verviers (Edouard POLLET, président du tribunal de commerce de Verviers). *Paris, Sirou et Desquers*, 1847, in-8, 264 p.

Voy. « Supercheries », I, 1240, c.

Haro sur la F...(euille) des B...(énéfices), par Thomas-Guillaume B. E. R. (Thomas-Guillaume BÉRENGER), secrétaire de feu monseigneur de Jar...(ente). *A Grenoble, l'an de justice* 1789, in-8, 50 p.

Harold, le dernier des rois saxons, traduit de l'anglais, de sir E.-L. BULWER, auteur du « Dernier des barons », de « Zannoni »... (par le baron DE COOLS). *Paris, Guiraudet et Jouaust*, 1852, 2 vol. in-8.

D. M.

Harpagon, c. en 3 a., d'après MOLIÈRE, arrangée pour un divertissement de jeunes gens, et adaptée au théâtre du collége de Cambrai (par ALTEYRAC, professeur au collége). *Cambrai, Hurez*, 1806, in-12.

Harpagoniana, ou Recueil d'aventures, d'anecdotes, etc., sur l'avarice, par C. d'Aval. (COUSIN, d'Avalon). *Paris*, 1801, in-18.　　　　　　　　　　　V. T.

Voy. « Supercheries », I, 671, *f*.

Harpula, ou la toupie d'Allemagne. *S. l. n. d.*, in-8, 8 p.

Satire contre Laharpe, par François-Félix NOGARET.

Harrington. Par Marie EDGEWORTH... trad. de l'anglais par Ch.-Aug. DEF. (Ch.-Aug. DEFAUCONPRET). *Paris, Gide fils*, 1817, 2 vol. in-12.

Hasard (le) du coin du feu, dialogue moral. (Par DE CRÉBILLON fils.) *Paris*, 1763, in-12. — *La Haye*, 1764, in-12. — *Bruxelles, J. Rozes*, 1869, in-18, 148 p.

Hasards (les) de la guerre, comédie en un acte, mêlée de vaudevilles, représentée le 2 prairial an X, au théâtre du Vaudeville ; par Maurice S... (le baron Armand-Louis-Maurice SÉGUIER), auteur de l' « Entrevue », du « Rendez-vous » et du « Maréchal d'Anvers ». *Paris, Mme Masson*, an X-1802, in-8, 48 p.

Hasards (les) du jeu de l'hombre, à Mme la duchesse de Bourgogne (poëme par Jacques ROBBE, maire de Saint-Denis). *Paris, Grég. Dupuis*, 1700, in-4, fig.

Hassem, ou la Vengeance, mélodrame en trois actes, de MM*** (L.-A. LAMARQUE DE SAINT-VICTOR). *Paris, Barba*, 1817, in-8.

Hattigé, ou les Amours du roy de Tamaran, nouvelle. (Par BREMOND.) *Cologne, Simon l'Africain*, 1676, in-12.

L'auteur a signé la dédicace.

Ce roman contient l'histoire secrète des amours de Charles II, roi d'Angleterre, avec la duchesse de Cléveland.

L'abbé Sépher a trouvé sur son exemplaire une clef manuscrite ainsi conçue :

Le roi de Tamaran.	Le roi d'Angleterre Charles II.
Hattigé	La duchesse de Cléveland.
Zara	Sa confidente.
Osman	Le duc de Buckingham.
Moharen	Milord Candish.
Roukia	La femme de milord.

Nodier avait un exemplaire avec une clef imprimée du temps de l'édition. Voy. « Mélanges d'une petite bibliothèque », p. 95. Nous y trouvons en plus que dans celle de l'abbé Sépher :

Rajep . . . . . . M. de Chasuille, amant de la duchesse.

a Les noms historiques sont étrangement défigurés dans cette clef imprimée.

Réimprimé sous le titre : « la Belle Turque, s. l., 1680, in-12, et inséré dans les « Histoires tragiques ». *Amsterdam*, 1680, tome II.

Hau Kiou Choaan, histoire chinoise (traduite du chinois en anglais par un anonyme, revue par le célèbre PERCY, évêque de Dromore, et de l'anglais en français par M.-A. EIDOUS). *Lyon, Duplain*, 1766, *b* 4 vol. in-12.

Le titre signifie plutôt : « Histoire amusante et instructive ».

Ce livre, trop peu connu, est très-propre à donner une idée exacte des mœurs chinoises, dont les voyageurs ne peuvent rendre compte pour la Chine aussi bien que pour les autres pays.

Voir une analyse dans la « Bibliothèque des romans », juin 1778. En 1829, un sinologue anglais, Davies, a publié une autre traduction de ce roman.

Haute (la) chevalerie françoise, ou la *c* Généalogie, noms et armes des plus illustres seigneurs du royaume ; avec les préceptes du blason et la signification des meubles d'armoiries. Par L.C.(LE CELLIER). *Paris*, 1660, in-4, gravé.

Haute (de la) et de la basse pression dans la navigation à vapeur. (Par Casimir MERSON.) *Nantes, impr. Merson*, 1842, in-8, 56 p.

d Hauts faits, actes et paroles mémorables de Napoléon, général, consul, empereur et prisonnier de la Sainte-Alliance... par le baron LII***. *Paris, Corbet ainé*, 1841, in-12.

Attribué à COUSIN d'Avallon par les « Supercheries », II, 779, *b*, où l'on donne par erreur à cet ouvrage la date de 1824.

Hauts (les) Faits d'Esplandian, suite *e* d'Amadis des Gaules.(Par Mlle DE LUBERT.) *Amsterdam et Paris, Pissot*, 1751, 2 vol. in-12.

L'original de cet ouvrage est en langue espagnole.

Le « Manuel du libraire », 5e éd., t. I, col. 303, indique diverses éditions de « las Sergas de Esplandian » ; la plus ancienne est de *Toléde*, 1521, in-fol. Le bibliographe Antonio donne cet ouvrage à Garci Ordonez DE MONTALVO, quoiqu'il n'y porte pas son nom et que ce personnage n'en soit peut-être que le réviseur, comme il l'a été des quatre premiers livres de l' « Amadis ».

f Montalvo suppose qu'il l'a traduit du grec de maitre ELISADAT ; c'est ce qui a déterminé Baillet à le placer sous ce dernier nom dans la « Liste des auteurs déguisés ». Voy. aussi « Supercheries », I, 1230, *b*.

Hecatomgraphie, c'est-à-dire les déclarations de plusieurs apophthegmes, proverbes, sentences et dictz tant des anciens que des modernes. *S. l. n. d.*, in-8, 525 p.

Le privilége est daté du 25 mai 1540.

Ouvrage en vers, composé par Gilles CORROZET, par...

le nom se lit à la tête de l'épître qui commence au verso du titre de la 1re éd. *Paris. Denys Janot,* 1540, in-8, 104 ff.

Voy. pour le détail des différentes éditions, Brunet, « Manuel du libraire », 5e éd., II, col. 299.

Hécatomphile, du vulgaire italien (de Léon Batista ALBERTI), tourné en langaige françoys... *Paris, Galliot du Pré,* 1534, in-8, 103 p.

Voy. pour la description de plusieurs autres éditions, Brunet, « Manuel du libraire », 5e éd.. I, col. 132.

Hécatomphonie, ou Choix de cent nouvelles épigrammes, suivi des Mœurs au XIXe siècle, satire. (Par J.-B.-F.-A. DE PONS, marquis DE LA CHATAIGNERAYE.) *Paris, imp. de Patris,* 1818, in-8.

Hector, tragédie (5 a. v., par A. SCONIN). *Soissons, Louis Mauroy,* 1675, in-8, 3 ff. et 71 p.

Catalogue Soleinne, n° 1466.

Hector, tragédie en cinq actes, par P.-A. PÉLOUX DE CLAIRFONTAINE. Nouvelle édition (publiée par F.-J.-M. FAYOLLE). *Paris, Masson,* 1809, in-8, VIII-49 p.

Hécube et Polixène, tragédie en cinq actes et en vers, représentée le 13 janvier 1819, par les comédiens français ordinaires du Roi. (Par BOURGUIGNON D'HERBIGNY.) *Paris, Vente,* 1819, in-8, XIV-67 p.

Hécube et Pyrrhus, héroïde. (Par L.-S. MERCIER.) *S. l.,* 1760, in-8.

Hécube, tragédie lyrique en trois actes. (Par J.-B.-G.-M. MILCENT.) *Paris, Pallard,* 1800, in-8, portr. de Gluck.

Hedwige, reine de Pologne, tragédie. (5 act., par G.-J. DE BOUSSU.) *Mons, Gilles-Albert Havart,* 1713, in-8, 86 p.

Catalogue Soleinne, n° 1637.

Héléna, ou la Jeune conseillère, par *** (Mlle Stéph. BIGOT). *Lille, Lefort,* 1853, 2 vol. in-8.

Héléna, ou les Miquelets, opéra en deux actes (en vers libres). Par R****Y DE SAINT-CYR (le baron Jacques-Antoine DE REVEL, DE SAINT-CYR). *Paris, cit. Toubon,* an III-1795, in-8.

Héléna, par A. H. (A. HOPE). *Paris, Barba,* 1837, in-8, 26 p.

Le nom des imprim. Herhan et Bimont est suivi de la qualification d'imprimeurs de M. A. Hope.

Hélène, comtesse de Castle-Howell, par mistriss BENNETT, auteur de « Rosa, ou la Fille mendiante »... par le traducteur des romans historiques de sir Walter Scott (A.-J.-B. DEFAUCONPRET). *Paris, Ch. Gosselin,* 1822, 4 vol. in-12. D. M.

T. V.

Hélène et ses amies, histoire pour les jeunes filles. Traduite de l'anglais par Mme DE W*** (Conrad DE WITT, née Henriette Guizot). *Paris, Didier,* 1861, in-12.

L'ouvrage anglais est anonyme.

Hélène, ou l'héroïsme de la vertu. Par M. L. H*** (l'abbé T.-F.-X. HUNCKLER). *Paris, Bricon,* 1834, in-12.

Hélène, par Mme la baronne de W. (la baronne F.-H. WIESENHUTTEN), auteur du « Journal de Lolotte », 1797. *Francfort,* 1810, in-12.

Voy. « Supercheries », III, 989, b.

Hélie, poëme héroïque. (Par JACQUELIN.) *Paris, Ch. de Sercy,* 1661, pet. in-12.

Héliogabale, ou Esquisse morale de la dissolution romaine sous les empereurs. (Par J.-B.-T. CHAUSSARD.) *Paris, Dentu,* an XI-1803, in-8.

Hellénides, ou Chants dithyrambiques sur les événements de la Grèce. Par Aug. M. (Auguste MAECK). *Bruxelles,* 1826, in-8, 15 p.

Helviennes (les), ou Lettres provinciales philosophiques. (Par l'abbé Aug. BARRUEL.) *Amsterdam et Paris, Laporte,* 1781, in-12; — 1785, 3 vol. in-12; — 1788, 5 vol. in-12. — *Paris,* 1812, 4 vol. in-12.

Souvent réimprimé avec le nom de l'auteur.

Henri IV, à M. le comte d'Angiviller, directeur et ordonnateur général des bâtiments de Sa Majesté... *S. l.* (1775), in-8, 1 feuillet.

Extrait du « Journal ecclésiastique ». Vers au sujet du mauvais état de l'emplacement de la statue de Henri IV sur le Pont-Neuf, signés : D. C. D. S. B. (DINOUART, chanoine de S.-Benoît).

Henri IV et les Jésuites. On a joint à cet écrit une dissertation sur la foi qui est due au témoignage de Pascal dans ses Lettres provinciales, avec des notes... (Par Louis SILVY, ancien auditeur à la Chambre des comptes.) *Paris, Egron,* 1818, in-8, 192 et 224 p.

Henri IV jugé par ses actes, par ses paroles et par ses écrits; par l'auteur de l' « Histoire de Louis XIV » (J.-J.-E. ROY). *Lille, Lefort,* 1857, in-12. — Sec. édit. *Id.,* 1859, in-12.

Henri IV, ou la Réduction de Paris, poëme en trois actes, par M. P. DE V. (P. DE VALIGNY). *Paris, Lacombe,* 1768, in-8, 54 p.

Henri IV peint par lui-même. (Par J.-J.-G. BERTHEVIN.) *Paris, C.-L.-F. Panckoucke,* 1814, in-12. — 2e éd. *Id.,* 1814, in-12. — 3e éd. *Id.,* 1815, in-12.

Henri V est-il près d'arriver? Oui! par un homme. (Par l'abbé E. LATOUR.) *Toulouse, imp. Douladoure*, juillet 1871, in-8, 64 p.

Henri Bennet, traduit de l'anglais (de Jean RAITHBY, par D. LERIGUET). *Paris*, 1794, 5 vol. in-18.

Henri de Bavière, opéra en trois actes, par M. LÉGER (Pierre-Auguste-François), de l'Athénée des arts,... et M. D***Y (DU TREMBLAY). Musique de M. Deshayes. Représenté pour la première fois à Paris, sur le théâtre de l'Opéra-Comique et Vaudeville, rue St-Martin, le 4 fructidor an XII. *Paris, Masson*, an XII-1804, in-8, 45 p.
                     D. M.

Henri de Hochfurth, ou la Destinée; suivi de la parole d'un chevalier; traduit de l'allemand de VEIT-WEIBER (par Mme E. BULOS). *Paris, U. Canel*, 1830, 2 vol. in-12.

Henri de Valenciennes, précurseur de Froissart. Par H. HG. (Henri HELBIG). *Liége, Carmanne*, 1861, in-8, 15 p.

Voy. « Supercheries », II, 284, a.

Henri, duc de Bordeaux, ou Choix d'anecdotes sur la vie de ce prince. (Par J.-René THOMASSIN.) *Paris, Dentu*, 1832, in-8, 16 p. — 2ᵉ éd. *Paris, Dentu*, 1832, in-8, 24 p.

Henri, duc des Vandales, par Mme D... (BÉDACIER, née Catherine DURAND). *Paris, Prault*, 1714, in-12.

Henri l'Exilé, par le vicomte de B*** (Auguste-Henri DE BONALD). *Paris, Dentu*, 1832, in-8.   D. M.

Henri le Prétendant. (Par Aug. LUCHET.) *Paris, Guyot*, 1832, in-8.

Henri, ou l'Amitié; traduit de l'allemand, d'Auguste LAFONTAINE, par Mme de*** (Mlle FONTENAY, comtesse de RUOLZ). *Paris, Maradan*, 1810, 2 vol. in-12.

Henri Saint-Léger, ou les Caprices de la fortune, par H. SIDDONS, trad. de l'anglais par Mme Julie P.... (Mme Julie PÉRIN). *Paris*, 1807, 3 vol. in-12.

Henriade (la) de M. DE VOLTAIRE, avec des remarques et les différences qui se trouvent dans les diverses éditions de ce poëme. *Londres*, 1741, in-4.

C'est l'édition de Londres, 1728, enrichie d'importantes additions, telles que la préface de l'édition de 1737 (par Michel LINANT), etc.

Depuis le moment de sa publication, « la Henriade » a été l'objet des plus grands éloges et d'une critique souvent outrée.

L'abbé Goujet cite, dans son *Catalogue manuscrit*,

des « Pensées sur la Henriade », imprimées à *Londres*, sans date, in-8 de 23 pages. L'auteur déclame avec emportement contre la religion catholique et les Français. Voltaire, dit l'abbé Goujet, envoya un exemplaire de cette critique au président de Maisons, avec des notes écrites en marge. Dans une de ces notes, sur ce que l'auteur des « Pensées » reproche au poëte d'avoir fait un poëme à l'honneur du papisme, Voltaire dit : « Je suis né catholique; si j'étais né mahométan, il faudrait bien que je louasse Mahomet. » Il dit, dans une autre note : « Je vous supplie de croire que je ne parle de religion qu'en vers. »

Ces « Pensées sur la Henriade » ont été reproduites sous le titre de : « Critique de la Henriade ». Elles se trouvent à la fin de l'édition de « la Henriade » publiée à *La Haye, chez Gosse*, 1728, in-8, mais elles ne figurent plus dans l'édition de 1729.

Ce poëme parut d'abord sous le titre de : « la Ligue, ou Henri le Grand... » Voy. les mots.

Voy. pour le détail des différentes éditions de « la Henriade », Quérard, « France littéraire », tome X, pag. 298 à 303, et l'édition des « Œuvres » de Voltaire, donnée par « le Siècle », tome III.

Henriade (la) avec des notes et des observations critiques; dédiées à la jeunesse. Par M***, ancien officier (SARDY DE BEAUFORT). *Avignon, L. Aubanel*, 1809, in-18, 232 p.

Henriade (la) de Voltaire, avec la réponse de M. B** (Ch.-Fr.-J. BIDAULT) à chacune des principales objections du commentaire de La Beaumelle; la préface de Frédéric le Grand, roi de Prusse...; le détail des honneurs rendus dans Paris, au chantre de Henri IV; et plusieurs autres morceaux curieux, relatifs à Voltaire, recueillis et rédigés par M. D** DE C*** (P.-L. D'AQUIN DE CHATEAU-LYON). *Paris, J.-F. Bastien*, 1780, in-12, XXIV-480 p.

Le faux titre porte : « la Henriade vengée ».

Henriade (la) de Voltaire, mise en vers burlesques auvergnats, imités de ceux de la Henriade travestie de Marivaux, suivie du quatrième livre de l'Enéide de Virgile. (Par Am. FAUCON.) *S. l.*, 1798, in-18, 2 ff. de tit. et 174 p.

Henriade (la), poëme, auquel sont joints les passages des auteurs anciens et modernes qui présentent des points de comparaison. Édition classique. Par un professeur de l'Académie de Paris (M. Joseph NAUDET). *Paris, Duponcet*, 1813, in-18, 2 ff. de tit. et 270 p.

Henriade (la) travestie. (Par FOUGERET DE MONBRON.) *Berlin (Paris)*, 1745, in-12.

Souvent réimprimée.

Henriette de Marconne, ou Mémoires du chevalier de Présac. (Par J.-A.-R. PERRIN, avocat.) *Amsterdam (Paris), Durand*, 1763, in-12.

Henriette de Wolmar, ou la Mère jalouse de sa fille, pour servir de suite à la « Nouvelle Héloïse » (de J.-J. Rousseau, par Baument, imp.-lib. à Paris). *Paris, Delalain,* 1768, in-12. — *Paris, Delalain,* 1770, in-12. — *Amsterdam,* 1777, in-18.

Réimprimé avec le nom de l'auteur. *Paris, Rochette,* an V, in-12.

Henriette et Emma, ou l'Éducation de l'amitié. (Par Mme Cazenove d'Arlens.) *Paris, imprimerie des sciences et des arts,* an IV-1796, in-8.

Henriette et Sophie, ou la Force des circonstances. (Par J.-R. Ronden.) *Paris, Fréchet,* an XIII-1805, 2 vol. in-12.

Henriette, ou le Triomphe de l'amour sur la fatuité. (Par Jean-Baptiste Ansart, ex-gendarme.) *Paris,* 1769, in-8. D. M.

Henriette, parade et farce en prose, mêlées de vaudevilles, représentée pour la première fois le 30 novembre 1768, par les comédiens des Menus-Plaisirs du Roi. (Par J.-B.-F. Ansart.) *Paris, des Ventes de Ladoué,* 1769, in-8, 2 ff. de tit. et 46 p.

Henriette, trad. de l'angl. (de Charlotte Lennox) par M.... (G.-J. Monod). *Londres et Paris, Duchesne,* 1760, 2 vol. in-12.

Heptaméron françois, ou les Nouvelles de Marguerite, reine de Navarre. (Nouvelle édition, enrichie de figures, publiée par J.-Rodolphe [Sinner.] *Berne,* 1781, 3 vol. in-8.

Voy. le même ouvrage de la même édition, sous les mots « Nouvelles de Marguerite... »

Héraclite, ou de la vanité et misère de la vie humaine, par P. D. M. (P. du Moulin). 1610, in-12.

Voy. « Supercheries », III, 60, d.

Héraclius, empereur d'Orient, tragédie. (Par Pierre Corneille.) *Impr. à Rouen et se vend à Paris, Sommaville ou Augustin Courbé,* in-4, 6 ff., 126 p. et 1 f. — *Paris, A. Courbé,* in-12, 6 ff. et 95 p.

L'auteur a signé la dédicace.

Héraut (le) de la nation, sous les auspices de la patrie. (Par Michel-Ange-Bernard Mangourit.) 1789, 2 vol. in-8, 65 numéros.

L'auteur a écrit lui-même sur son exemplaire la note suivante, qu'il a permis de copier : « Je suis l'auteur, le seul rédacteur du « Héraut de la nation », précurseur de tous les journaux. Il sera utile à l'historien de la Révolution française, qui en cherchera les premiers mouvements dans le duché de Bretagne, ses ordres et leurs intérêts divers, qui depuis 1787 n'ont pas changé. Les ministres du roi, le cardinal de Brienne et M. de Lamoignon protégeaient cet ouvrage périodique imprimé à Paris, et son auteur. Point d'ordres privilégiés. — Plus de Parlements. — La Nation et le Roi. Tel fut le thème du « Héraut de la Nation ». Signé : Mangourit.

P.-S. Ce journal eut 65 numéros. Trois brochures politiques de ma composition le précédèrent en 1787, sous la même protection. — « Le Pour et le Contre », au sujet des grands bailliages. — « Le Tribun du peuple », qu'il ne faut pas confondre avec la feuille périodique de ce nom ' et « les Gracches français », brûlés par le parlement de Bretagne ; ces trois pamphlets furent imprimés à *Nantes, chez Malassis,* envoyés à Versailles en ballots, et passés de Versailles à Paris, par moi, dans le carrosse de M. le garde des sceaux (Lamoignon) et dans celui de M. Bertrand de Molleville, dernier intendant de Bretagne, depuis ministre de la maison de Louis XVI.

Herbert, ou Adieu richesse, ou es mariages, traduit de l'anglois (par P. Bernard de La Mare). *Edimbourg et Paris,* 1788, 3 vol. in-12.

Herbier élémentaire, ou Recueil de gravures au trait ombré, contenant la collection complète des plantes qui croissent aux environs de Paris ; par Mme *** (Menu-Benoist). *Paris, Clament frères,* 1811, in-8.

Il n'a paru qu'une livraison de cet ouvrage.
           D. M.

Hercule et Junon réconciliés, fable allégorique (par Louis Boily) sur l'affaire des francs-maçons de Naples ; avec quelques avis de Paris et de La Haye, outre un cantique à la gloire du R. Fr. de Livy, auteur du fameux mémoire apologétique pour les mêmes Frères. *La Haye,* 1777, in-8.
           A. L.

Hercule furieux, tragédie en 5 actes et en vers. (Par Nicolas L'Héritier Nouvelon.) *Paris, Quinet,* 1639, in-4.

Il y a des exemplaires avec le titre de : « Amphitryon ou Hercule furieux ».

Catalogue Soleinne, n° 1172.

Hercule (l') gaulois, opéra-ballet en trois actes, par M. G. de B....... (G. de Beaumont). *Paris, Barba,* 1810, in-8, 35 p.

Hercule (l') guépin, poëme en l'honneur du vin d'Orléans, par Simon Rouzeau, édit. conforme à celle de 1605, accompagnée de notes et d'une notice biographique. (Par M. G. Baguenault de Viéville.) *Orléans, H. Herluison,* 1860, pet. in-8.

Tiré à 100 exemplaires.

Hérédité (l') de la pairie, justifiée par l'état contitutionnel, industriel et progressif de la France ; par l'ancien jurisconsulte, auteur d'autres brochures, écrites dans le même sens (P.-N. Berryer père). *Paris, Vavasseur*, 1831, in-8, 1 f. de titre et 34 p.

Voy. « Supercheries », I, 332, *b.*

Hérédité (de l') politique, par J......P...... (Jullien PAILLET, de Plombières, ex-professeur de législation). *Paris, Garnot*, 1830, in-8.

Voy. « Supercheries », II, 425, *a.*

Héritage (l'), ou l'Épreuve raisonnable, com. en un acte. (Par MAURIN DE POMPIGNY.) *Paris, Cailleau*, 1792, in-8.

Héritage (l'), trad. de l'anglais de miss FERRIAR, par le traducteur des romans historiques de Walter Scott (A.-J.-B. DEFAUCONPRET). *Paris, Lecointe et Durcy*, 1824, 5 vol. in-12.

Héritier (l') de Redclyffe, traduit de l'anglais (de miss Charlotte-Mary YONGE). *Paris, Meyrueis*, 1855, 2 vol. in-12. — 2e éd., *Neuchâtel, Leidecker*, 1860, 2 vol. in-12. — 3e éd. *Paris, Grassart*, 1864, 2 vol. in-12.

Héritier (l') de village, comédie en un acte. Représentée pour la première fois par les comédiens italiens ordinaires du Roy, le 19 aoust 1725. (Par MARIVAUX.) *Paris, Briasson*, 1729, in-12, 1 f. de titre, 59 p. et 1 f. de priv.

Héritier (l') ridicule, ou la Dame intéressée, comédie. (Par Paul SCARRON.) *S. l.* (*Leyde*), 1650, in-12.   G. M.

Héritière (l') de Guyenne, ou Histoire d'Éléonore, fille de Guillaume, dernier duc de Guyenne. (Par Isaac DE LARREY.) *Roterdam, Reinier Leers*, 1692, in-8 et in-12.

Voy. « Histoire d'Éléonore de Guyenne ».

Héritière (l') de Pembrock, ou les Suites d'une première faute, par l'auteur de « Thérésia » (Mme DE SAINT-VENANT). *Paris, Pigoreau*, 1808, 2 vol. in-12.

Héritière (l') polohoise, par M. D. L. M. (le marquis L. DE LA MAISONFORT). *Paris, Allais*, 1811, 3 vol. in-12.

Hermann d'Una, ou Aventures arrivées au commencement du xve siècle... trad. de l'allem. (de Mme Benedicte NAUBERT) par le baron J.-Nic.-Et. DE BOCK. *Metz, Cl. Lamort*, 1791, 2 vol. in-12. — Nouv. édit. *Paris*, 1801, 2 vol. in-12.

L'édition de 1791 a été suivie d'un troisième vol. intit. : « le Tribunal secret... » Voy. ce titre.

Hermann et Émélie, trad. de l'allemand d'Auguste LAFONTAINE, par le Cen RAY......AL (J.-M. GÉRARD DE RAYNE-

VAL). *Paris, Debray*, an X-1802, 4 vol. in-12.

Hermann et Ulrique, traduit de l'allemand (par P.-B. DE LAMARE). *Paris*, 1792, 2 vol. in-12.

Pigoreau, « Bibliogr. romantique ».

Hermaphrodite (l'), ou lettre de Grand Jean à Françoise Lambert, sa femme. (Par Edouard-Thomas SIMON.) *Grenoble*, 1764, in-8.

Hermaphrodites (les). (Par Arthus THOMAS, sieur D'EMBRY.) *S. l.* (1605), petit in-12.

Réimprimé sous le titre de : « Description de l'île des Hermaphrodites ». Voy. IV, 893, *e.*

Herméneutique sacrée, ou Introduction à l'Ecriture sainte en général, par J. Hermann JANSSENS; traduit du latin par J.J. PACCAUD. Nouvelle édition, revue, corrigée et augmentée (par J.-B. GLAIRE, professeur d'hébreu à la Faculté de théologie de Paris). *Paris, Blaise*, 1833, 3 vol. in-12.

Hermès dévoilé. Dédié à la postérité. (Par CYLIANI.) *Paris, imp. de F. Locquin*, 1832, in-8, 64 p.

Hermès, ou Archives maçonniques. Par une société de francs-maçons. (Rédigé par RAGON, ancien sous-chef au ministère de l'intérieur, et par plusieurs autres littérateurs.) *Paris, Bailleul*, 1818-1819, 2 vol. in-8.

Hermès, ou le Génie des colonies. Essai politique contenant les principes fondamentaux en matière de colonisation, par M. A. R. (Auguste ROGNIAT, neveu du général de ce nom). *Paris. Hivert*, 1832, in-8.   D. M.

Herminie, ou la Chaumière allemande, mélodrame en trois actes. Représenté sur le théâtre de l'Ambigu-Comique. Par (E.-F. VAREZ) et E. ROUSSEAU. *Paris, Barba*, 1812, in-8.

Voy. « Supercheries », III, 1093, *c.*

Hermiogène. (Par CHEVREAU.) *Paris*, 1648, 2 vol. in-8.   V. T.

Hermippus redivivus, ou le Triomphe du sage sur la vieillesse et le tombeau, etc.; traduit de l'anglais (de Jean CAMPBELL), d'après le (latin du) docteur COHAUSEN, par DE LA PLACE. *Paris*, 1789, 2 vol. in-8.

L'auteur anglais a fait beaucoup d'additions à l'ouvrage latin.

Ermitage (l') du mont Cindre, près de Lyon, ou petit voyage par Saint-Rambert et Saint-Cyr, au sommet de cette montagne, par une jeune Languedocienne (Mme Bertille-Honorine DE BONALD, née Mazade). 2° édit. *Paris, L.-G. Michaud*, 1814, in-8, 22 p. — *Paris*, 1827, in-18, 162 p.

Réimprimé en 1843, avec le nom de l'auteur.

Ermite (l') au palais, mœurs judiciaires du XIXᵉ siècle, faisant suite à la « Collection des mœurs françaises, anglaises... » Par l'auteur des « Mémoires d'un page » (Em. MARCO DE SAINT-HILAIRE). *Paris, Verney*, 1832, 2 vol. in-12.

Ermite (l') dans le monde. (Par J. BERTON.) *Paris, Pélicier*, 1819, in-8.

Hermite (l') de Belleville, ou Choix d'opuscules politiques, littéraires et satiriques de Charles COLNET... précédé d'une notice sur la vie de l'auteur (attribuée à André-René-Balthazard ALISSAN DE CHAZET) et de deux fragments inédits de l'« Art de dîner en ville ». *Paris, Lenormant*, 1833, 2 vol. in-8. — Nouvelle édition ornée du portrait de l'auteur. *Paris, Lenormant*, 1834, 2 vol. in-8.   D. M.

Hermite (l') de la chaussée d'Antin, ou Observations sur les mœurs et les usages parisiens au commencement du XIXᵉ siècle. (Par Étienne DE JOUY.) *Paris, Pillet*, 1812-1814, 5 vol. in-12. — 2° éd. *Paris, Pillet*, 1813-1814, 5 vol. in-12.

J.-T. MERLE est auteur des « Observations détachées », qui font partie des deux ou trois premiers volumes. Voy. « Supercheries », II, 273, *f*.

Hermite (l') de la chaussée du Maine, ou Anecdotes inédites concernant des hommes célèbres et des événements mémorables de nos jours. Seconde édition. (Par Ant. SÉRIEYS.) *Paris, Roux*, 1819, in-12.

La 1ʳᵉ éd. a paru en 1813, sous le titre de : « Épigrammes anecdotiques inédites... » Voy. ci-dessus, col. 141, *c*.

Hermite (l') de la Guyane. (Par Étienne DE JOUY.) *Paris, Pillet*, 1816, 3 vol. in-12.

On doit au même auteur l' « Hermite en province ». On sait que ces ouvrages, ainsi que l'« Hermite de la chaussée d'Antin », contiennent le recueil des articles fournis par l'auteur à différents journaux, tels que la « Gazette de France », le « Mercure », le « Journal général », etc. Une collection du même genre est intitulée : « le Franc parleur ».

Ermite (l') de la Roche-Noire, ou la Marquise de Lauzanne et le comte de Luzy. Précédé d'un Essai sur la précellence des romans en style épistolaire. (Par LE PILEUR D'APLIGNY.) *Paris, Pigoreau*, 1820, 2 vol. in-12.

Hermite (l') de la Sarthe, ou mes Boutades. (Par THORY DE MORCY.) *Le Mans, Fleuriot*, 1818, 2 numéros in-8. plus un supplément au n° 1, ensemble 48 p.

Hermite (l') de la tombe mystérieuse, ou le Fantôme du vieux château. Anecdote extraite des Annales du treizième siècle, par Mme Anne RADCLIFFE, et traduite sur le manuscrit anglais, par M. E. L. D. L. (Étienne-Léon DE LAMOTHE), baron de LANGON. *Paris, Menard et Desenne*, 1815, 3 vol. in-12.

Traduction supposée.

Hermite (l') de la vallée de Luz et les Désespérées, par M. L..... (L.-P.-P. LEGAY), auteur du « Marchand forain », etc. *Paris, Davi et Locard*, 1816, 3 vol. in-12.

Hermite (l') de Londres, ou Observations sur les mœurs et usages des Anglais au commencement du XIXᵉ siècle; faisant suite à la « Collection des mœurs françaises ». (Trad. de l'anglais de Thomas-Skinner SURR, par A.-J.-B. DEFAUCONPRET.) *Paris, Pillet aîné*, 1819-1820, 3 vol. in-12, avec grav. et vign.

Ermite (l') du faubourg Saint-Honoré (Alph.-T.-Jos.-And.-Mar.-Marseille DE FORTIA DE PILES) à l'Ermite de la chaussée d'Antin (de Jouy). *Paris, Delaunay*, 1814, in-8, 96 p.

Voy. « Supercheries », II, 274, *b*.

Ermite (l') du faubourg Saint-Honoré à l'« Ermite de la chaussée d'Antin » et à « Guillaume le Franc-Parleur ». (Par Alph.-T.-Jos.-And.-Mar.-Marseille DE FORTIA DE PILES.) *Paris, imp. de Porthmann*, 1817, in-8.

Ermite (l') du Jura à son ami du Bugey. (Par l'abbé Jean-Irénée DEPÉRY, depuis évêque de Gap.) *Bourg, imp. de Bottier*, 1833, in-8, 8 p.

Voy. « Supercheries », I, 1247, *c*.

Hermite (l') du marais, ou le Rentier observateur. (Par LEBEL.) *Paris, Laurens aîné*, 1819, 2 vol. in-12.

Quérard, dans sa « France littér. », attribue ce roman à LEBEL et à J.-E. PACCARD. Pigoreau, qui, dans sa « Bibliographie », dit avoir été le libraire auquel PACCARD était demeuré fidèle, ne donne pas ce roman dans la notice qu'il lui a consacrée.

Hermite (l') en Belgique, par une société de gens de lettres (P.-Aug.-Flor. GÉRARD, avocat, Ch. FROMENT et autres). *Bruxelles, Galand et Cie*, 1827, 2 vol. in-12..

Hermite (l') en Écosse... (Trad. de l'angl. de Thomas-Skinner SURR, par

A.-J.-B. DEFAUCONPRET.) *Paris*, *Pillet aîné*, 1826, 2 vol. in-12.

Hermite (l') en Irlande... (Trad. de l'angl. de Thomas-Skinner SURR, par A.-J.-B. DEFAUCONPRET.) *Paris*, *Pillet aîné*, 1826, 2 vol. in-12, avec grav. et vign.

Hermite (l') en Italie, ou Observions sur les mœurs et usages des Italiens au commencement du xixe siècle... *Paris, Pillet*, 1824, 4 vol. in-12 ou 4 vol. in-8.

Rédigé par Ch.-Max. DE VILLEMAREST, sur les notes de LOUET, de Chaumont, avocat.

Voy. « Supercheries », II, 276, e.

Ermite (l') en Normandie. (Par J.-N. LEFEBVRE-DURUFLÉ.) *Paris*, *J. Didot*, 1827, 2 vol. in-8, cartes et vign.

C'est une nouvelle édition dont deux exemplaires ont été tirés sur papier de couleur. Cette réimpression a eu lieu lors de la publication des « Œuvres complètes de M. de Jouy », sous le nom duquel ce travail a paru, pour la première fois, comme formant les tomes VI et VIII de l' « Ermite en province » (1824-27). (Frère, « Manuel du Bibliogr. norm. », I, 190.)

Hermite (l') en Suisse, ou Observations sur les mœurs et les usages suisses au commencement du xixe siècle, faisant suite à la « Collection des mœurs françaises, anglaises... » (Par Alex. MARTIN.) *Paris, Pillet aîné*, 1829-1830, 4 vol. in-12.

Hermite (l') rôdeur, ou Observations sur les mœurs et usages des Anglais et des Français au commencement du xixe siècle; par l'auteur de l'« Hermite à Londres ». Ouvrage destiné à faire suite à la « Collection des mœurs françaises et anglaises. » *Paris, Malepeyre*, 1824, 2 vol. in-12.

Ouvrage traduit de l'anglais de Thomas-Skinner SURR, par MM. P.-J. CHARRIN et MALEPEYRE, libraire.

Ermite (l') toulonnais, faisant suite à l'Ermite en province de M. de Jouy, contenant : 1° l'Histoire de Toulon et de son siége en 1793; 2° la Description de la ville et des environs; 3° la Description détaillée de l'arsenal... Par M. B..... (BELLUE, libraire). *Toulon, Bellue*, 1828, in-18, 3 ff. lim., x-391 p.

L'auteur a signé la dédicace.

Ermites (les) blancs en l'île de Caprée, tableaux pantomimes en deux actions, représentés sur le théâtre des Jeux-Gymniques, le jeudi 14 novembre 1811. Par MM*** (Henri FRANCONI jeune et RÉVALARD.) *Paris, Barba*, 1811, in-8.

Catalogue Soleinne, r° 3448.

Héro et Léandre, poëme de MUSÉE; on y a joint la traduction de plusieurs idylles de THÉOCRITE. Par M*** C*** (J.-J. MOUTONNET-CLAIRFONS). *Paris*, 1775, in-8.

Héro et Léandre, poëme héroï-comique, en cinq chants, en vers. (Par LAURENCEAU, chef de bureau à la préfecture du département de la Seine.) *Paris*, 1807, in-8, VIII-52 p.

Héro et Léandre, poëme nouveau, traduit du grec. (Composé par le chevalier DE QUERELLES.) Avec des notes historiques. *Paris, Didot*, 1801, grand in-4, figures en couleur de Debucourt.

Catalogue Pixerecourt, n° 1350.

Hérodote, historien du peuple hébreu sans le savoir (par l'abbé Jean-Baptiste BONNAUD), ou Lettre en réponse à la critique manuscrite d'un jeune philosophe (l'abbé J.-B. Duvoisin), sur l'ouvrage intitulé : « Histoire véritable des temps fabuleux », par M. l'abbé Guérin du Rocher. Nouvelle édition corrigée et augmentée par l'auteur. *La Haye, et se trouve à Marseille, chez Jean Mossy*, 1785, in-8. — *Liége, J.-F. Bassompierre*, 1790, in-12.

FELLER est auteur de l'avertissement de cette dernière édit.

De Backer, 2e édit., in-fol., t. I, col. 747, n° 3.

Héroïde à Belle et Bonne. (Par Ch. PIERQUIN DE GEMBLOUX.) *Strasbourg, Levrault*, 1820, in-8.

Tiré à 5 exemplaires.

Héroïde; Armide à Renaud. Par M. C. (Ch.-P. COLARDEAU). *Londres (Paris)*, 1758, in-8, 29 p.

Héroïdes (les) d'OVIDE, traduites en vers françois (par Jean-de-Dieu-Raymond DE BOISGELIN DE CUCÉ, archevêque d'Aix), avec le texte. *Philadelphie (Paris)*, 1786, in-8.

Il existe une autre édition de cette traduction sans le texte, *Philadelphie*, 1784, in-8. Celle-ci est sortie des belles presses de Pierres. Il n'en a été tiré que douze exemplaires. L'édition qui contient le texte paraît aussi avoir été tirée à un très-petit nombre d'exemplaires.

Voy., pour des détails étendus sur cet ouvrage, Brunet, « Manuel du libraire », 5e éd., IV, col. 291.

Héroïdes et autres pièces de poésie. (Par L.-S. MERCIER.) *Bruxelles et Paris*, 1765, in-8, 40 p.

Héroïne (l') de la charité, ou la Vie de Jeanne Biscot. Par un prêtre du clergé de Paris (l'abbé François-Marie TRESVAUX, chanoine de N.-D.). *Lille, Lefort*, 1841, in-18. — 2e éd. *Id.*, 1850, in-18.
                            D. M.

Héroïne (l') de roman, par Mme Émilie CARLEN; traduit du suédois (par P.-D. DANDELY et Mlle DANDELY). *Liége, Desoer*, 1858, 2 vol. in-16.

Publié d'abord dans le « Journal de Liége ».
                          Ul. C.

Héroïne (l') incomparable de notre siècle, représentée au naturel dans la belle
Hollandoise, par Mlle S. (Par Jean NICOLAS,
libraire.) *Grenoble, 1680, in-12. — Amsterdam, 1681, in-12. — La Haye, Duré,
1713, in-8; — 1714, in-12.*

Héroïne (l') mousquetaire, histoire véritable. *Paris, Théodore Girard, 1677-1678,
4 vol. in-12.*

Les épîtres dédicatoires des diverses parties du
livre sont signées DE PRÉCHAC, au nom de qui le
privilège est aussi donné.

Ce roman a été contrefait au fur et à mesure de sa
publication, *suivant la copie imprimée à Paris
chez T. Girard; Amsterdam, Jacques le jeune,
1677-78, 4 part. en 1 vol. in-12*, et a eu plusieurs
réimpressions hollandaises, *Amsterdam, 1695, 1702,
1723, 4 vol. in-12.*

Réimprimé sous le titre de « Histoire de mademoiselle Christine... » *Amsterdam, 1744, in-12.* Voy.
ces mots.

Héroïnes (les) chrétiennes, ou Vies édifiantes. Par M. l'abbé *** (l'abbé G.-T.-J.
CANNON). *Limoges, M. Ardant frères, 1855,
in-18.*

Souvent réimprimé.

Héroïsme (l'), ou l'Histoire militaire des
plus illustres capitaines qui ayent paru
dans le monde. (Par dom Pierre-Paul
LABBÉ, bénédictin.) *Paris, Merlin, 1766,
in-12.*

Réimprimé avec une suite, sous le titre de « Modèles de l'héroïsme et des vertus militaires ». *Paris,
Nyon aîné, 1780, 2 vol. in-12.*

Héros (les) de Huisduinen, par un philanthrope (Antoine-Joseph-Théod.-Auguste
CLAVAREAU). *Maestricht, Nypels, 1824,
in-8.*   J. D.

Héros (le), traduit de l'espagnol de Bal-
tazar GRACIAN (par le P. François DE
COURBEVILLE). *Paris, N. Pissot, 1725, in-
12. — Amsterdam, 1729, in-12.*

Herwald de Wake, ou les Deux apostats,
traduit de l'anglais. Par M*** (DUBERGIER).
Paris, Bouland, 1825, 4 vol. in-12.

Heur et malheur, ou trois mois de la
vie d'un fol et de celle d'un sage, roman
français, suivi de deux soirées historiques,
par l'auteur du « Nouveau Diable boiteux »
(P.-J.-B.-P. CHAUSSARD). *Paris, Buisson,
1806, 2 vol. in-12.*

Heures canoniales contenues dans le
commencement du Pseaume 118, tiré des
SS. Pères. (Par Louis-Isaac LE MAISTRE
DE SACY.) *Paris, veuve Savreux, 1672,
in-12.*

Heures choisies, ou recueil de prières,
tirées des meilleurs livres de piété, pour

tous les besoins de la vie, avec des instructions et pratiques pour les diverses fêtes
de l'année. (Par la marquise D'ANDELARE.)
*Dijon, Frantin, 1816, in-12. — 2e éd.
augmentée d'un grand nombre de prières,
par Mme la marquise D'....... Dijon,
Douillier, 1822, in-16.*

L'avis de l'éditeur de la 2e éd. est signé G. P.
(Gabriel PEIGNOT). La marquise d'Andelare est morte
en 1821.

Heures chrétiennes ou occupations
saintes, contenant les cantiques spirituels
et les pseaumes qu'on chante dans les
églises luthériennes. (Par CLAUDÉ.) *Francfort-sur-le-Mein, 1740, petit in-8.*

Heures chrétiennes, ou occupations
saintes des âmes fidelles. 3e édition.
Francfort-sur-le-Mein, 1686, in-12.

On trouve dans cet ouvrage de Jean-Balthasar
RITTER une traduction française de la fameuse « Confession d'Augsbourg », dressée par Mélanchton. Voy.
IV, 678, *f*. Il paraît que cette traduction est celle qui
se réimprime encore aujourd'hui. Voyez l' « Almanach
statistique du Bas-Rhin » pour l'année 1813, et David
Clément, « Bibliothèque curieuse », au mot *Confession.*

Heures de loisir. (Par le comte B.-A. DE
BELISLE.) *Paris, imp. de F. Didot, 1837,
in-8, avec 14 lithogr.*

L'auteur a signé la dédicace.

Heures (les) de loisir, ou nouveaux contes moraux. (Par J.-H.-D. BRIEL.) *Paris,
Couturier, 1786, 2 vol. in-12.*

Heures (les) de récréation, contenant
les poésies amusantes, sérieuses, badines,
critiques et morales de M*** (Jean-François DREUX DU RADIER). *Paris, Clément,
1740, in-12.*

Heures (les) dérobées, ou Méditations
historiques de Phil. CAMERARIUS, traduites
du latin par S. G. S. (Simon GOULART,
Senlisien) et par F. D. R. (Fr. DE ROSSET).
Paris, 1608-1610, 3 vol. in-8.

Voy. « Supercheries », II, 22, *f*, et III, 642, *a*.

Heures du chrétien, à l'usage des missions. (Par le P. Joseph DE MENOUX.)
Nancy, Baltasard, 1741, in-12.

Heures (les) du chrétien, ou Prières et
Exercices de piété composés par des
saints... (Par Aug. SÉGUIN.) *Alais, Martin,
1826, in-18.*

Heures du fervent chrétien, ou Formulaire de prières à l'usage de tous les fidèles. (Par M. P.-Aug. MAGOT-GRETTON.)
Lille, Quarré, 1857, in-16.

Heures (les) françaises, ou les Vêpres de
Sicile et les Matines de la Saint-Barthélemy,

suivant la copie publiée à Amsterdam...
1590. *Paris, Hachette*, 1852, in-12.

Publié par Jules CHENU.　　　　D. M.

Heures perdues du chevalier de ***
(RIOR). (Par l'abbé L. BORDELON.) *Paris,*
1715. — *Amsterdam*, 1716, in-12.

Voy. « Supercheries », III, 430, *f.*

On trouve dans les « Nouvelles littéraires », *La
Haye*, 1716, t. IV, pages 293 et 323, la clef de certains passages de cette compilation.

Heureuse (l') année ou l'Année sanctifiée... *Rouen*, 1798, in-12.

Souvent réimprimé.

Traduit par l'abbé J.-B. LASAUSSE, de l'ouvrage
italien intitulé : *Diario spirituale*, et imprimé d'a-
bord à la suite du « Vrai Pénitent ». Voy. ces mots.

Heureuse (l') décade, almanach chantant, contenant des vaudevilles, couplets
et hymnes patriotiques. *Paris, Le Prieur,
s. d.*, in-32.

Rare chansonnier républicain. Les auteurs sont :
DORAT-CUBIÈRE, le cit. BAUDRAIS, membre du conseil
gén. de la Commune de Paris, et autres.

Heureuse (l') délivrance ou la Catastrophe du chevalier de Saint-P..... (Gueri-
neau de Saint-Péravi, poëte français établi à Liége), critico-comédie en un acte et
en prose. (Par L.-A.-J. ANSIAUX, avocat.)
Bruxelles, 1780, in-8, 20 p.

Heureuse (l') foiblesse. (Par Ant.-Urbain
COUSTELIER.) *Paris, Guérin*, 1736, in-12.

Heureuse (l') famille, conte moral. (Par
C.-F.-A. DE LEZAY-MARNESIA.) *Nancy, Le
Clère*, 1766, in-8.

Heureuse (l') nation, ou relation du
gouvernement des Féliciens, peuple souverainement libre sous l'empire absolu de
ses lois. (Par P.-F.-J.-H. LE MERCIER DE
LA RIVIÈRE.) *Paris*, 1792, 2 vol. in-8.

Heureuse (l') nouvelle, comédie en trois
actes et en prose, mêlée de vaudevilles ;
composée à l'occasion de la paix de Tilsitt,
célébrée à Gap, les 15 et 16 août 1807.
Par M. R***** (RUELLE) de Serres. *Gap,
J. Allier*, août 1807, in-8.

Heureuse (l') rencontre, comédie en un
acte et en prose, mêlée de chants. Par
M. L. (LOUIS). *Millau, Carrère jeune*,
1818, in-8.

Heureuse (l') rencontre, comédie en un
acte et en prose. Par MMmes R... et ......
(ROZET et CHAUMOND). Représentée pour la
première fois par les comédiens françois
ordinaires du Roi, le 7 mars 1771. *Paris,
veuve Duchesne*, 1771, in-8, 56 p.

Heureuse (l') rencontre, ou le pouvoir
d'un bon exemple, comédie en deux actes

et en prose. Par Mme B. L. P*** (Anne
Charlotte-Honorée BELLOT, dame LEPRIEUR
DE BLAINVILLIERS). Représentée, pour la
première fois, à Paris, sur le théâtre des
Jeunes-Élèves, rue de Thionville, le 1er septembre 1806. *Paris, Maldan jeune*, 1806,
in-8, 40 p.

Heureuse situation des astres à la nais-
sance de Mgr le Dauphin, arrivée au châ-
teau de Versailles, le 4 septembre 1729...
Traduction nouvelle du latin imprimé à
Paris en 1730. (Par Joseph GOIFFON.)
Paris, veuve Ganeau, 1738, in-4, 46 p.

Le nom de l'auteur se trouve dans l'approbation et
dans le privilège.

Heureuse (l') victime, ou le Triomphe
du plaisir. (Par DES BIES ?) *La Haye (Paris)*, 1756, in-12. — *La Haye et Paris*,
1760 ; 1765, in-12.

« Bibliographie des ouvrages relatifs à l'amour »,
3e éd., tome IV, p. 21.

Heureuses (les) Infortunes de Célianle
et Marilinde, veuves-pucelles, par D. F.
(DES FONTAINES). *Paris, Trabouillet*, 1636,
in-8.

Voy. Brunet, « Manuel du libraire », 5e éd., II,
col. 623.

Heureux (l') citoyen, discours à
J.-J. Rousseau. (Par G. GUILLARD DE BEAU-
RIEU.) *Lille, veuve Panckoucke*, 1759, in-12.

Heureux effets du christianisme sur la
félicité temporelle du genre humain, etc.,
par BEILBY PORTEUS, lord-évêque de Londres (traduit de l'anglais par M. DENIS).
Paris, Galignani, 1808, in-12.

Heureux (l') esclave, com. italienne en
3 actes, avec trois divertissements. (Par
Charles-Antoine VERONÈSE.) *Paris, veuve
Delormel*, 1747, in-8.

Heureux (l') esclave, ou relation des
avantures du sieur de La Martinière,
comme il fut pris par les corsaires de Barbarie et délivré. (Par Gabriel BREMOND.)
Paris, Ol. de Varennes, 1674, in-12, fig.;
1695. — *Cologne, P. Marteau (Hollande)*,
3 vol. in-12. — *Paris, Witte*, 1708, in-8.
— *La Haye*, 1716, in-12. — *Paris*, 1729,
in-12.

Lenglet Dufresnoy attribue ce roman à Olivier DE
VARENNES, libraire de Paris. Cette attribution a été
relevée par M. de Paulmy, sous le n° 345 de ses notes.

Heureux (l') infortuné, histoire arabe,
avec un recueil de diverses pièces fugitives
en vers et en prose ; par M. D***, académicien (par l'abbé L. DE COURT). *Paris,
Lefebvre*, 1722, in-12.

Attribué à DESTRICHÉ par une note manuscrite de
F. Grille.

Heureux (l') jeune homme. (Par J. DE MAIMIEUX.) *Paris, veuve Duchesne*, 1786, 2 vol. in-12.

Heureux (l') jour, comédie en un acte (et en prose), mêlée de chants ; par un Messin du temps de Henri IV (Didier MORY). *Metz, Collignon*, 1826, in-8.

Voy. « Supercheries », II, 1126, *d*.

Heureux (les) malheureux, ou Adélaïde de Walver, par M. B. (P.-J. BERNARD). *Paris*, 1772, in-12.   V. T.

Permission tacite.

Heureux (les) modèles, ou l'École du bonheur. (Par A.-J. LEMIERRE D'ARGY.) *Paris*, 2 vol. in-18.   V. T.

Heureux (l') naufrage, ou le Berceau du rocher, conte moral... par l'auteur du « Mentor de l'enfance... » (P. CUISIN). *Paris*, 1825, in-18, fig.

Heureux (l') naufrage, ou Suite des aventures et lettres galantes. (Par le chevalier DE MAILLY.) *Paris*, 1699, in-12.
                V. T.

Heureux (les) orphelins, histoire imitée de l'anglois. (Par DE CRÉBILLON fils.) *Bruxelles, Wasse (Paris)*, 1754, 2 parties in-12.

Heureux (l') page, nouvelle galante. *Cologne*, 1691, 1697, in-12.

Cet heureux page est le célèbre comte de Rabutin, devenu général des troupes de l'empereur, et dont le prince de Ligne a publié les « Mémoires », en 1787, in-8. Il a été page favorisé de deux grandes princesses, et en a épousé une en Allemagne ; il est mort estimé dans l'empire, après avoir rendu de grands services à la maison d'Autriche dans les guerres de Hongrie.

Heureux (l') Parisien, ou Esquisses des mœurs du XVIIIᵉ siècle. (Par Alexis EYMERY.) *Paris, Maradan*, 1809, 4 vol. in-12.

Réimprimé sous le titre du « Parisien parvenu, ou petit tableau des mœurs ». Par ***. *Paris, Eymery*, 1822, 4 vol. in-12.

Heureux (l'), pièce philosophique en 3 actes et en prose. (Par Alexandre SAVÉRIEN.) *Londres*, 1754, in-12, 83 p.

Catalogue Soleinne, nᵒ 1967.

Heureux (l') réfugié, ou Caroline et Belton. (Par J. PAILLET.) *Paris, an X-1802*, 3 vol. in-18, fig.

Il y a, dit Quérard (« Fr. littér. »), des exempl. datés d'Autun, où le livre a été imprimé, et qui ne sont pas anonymes.

Heureux (l') refus. (Par DIDE-DRIGAS.) 1766, in-8.

Comédie non représentée. Catalogue Soleinne, nᵒ 3142.

Heureux (l') retour, comédie en deux actes et en prose, représentée pour la première fois sur le théâtre de Genève le mercredi 14 septembre 1785. (Par J.-Gabr. CRAMER.) *Genève, Barde, Mangel et Cᵉ*, 1785, in-8, 38 p.

Heureux (l') retour, en un acte et en vers, au sujet du retour du Roi. (Par Charles-François PANNARD et Christophe-Barthélemy FAGAN.) *Paris, Prault fils*, 1744, in-8, 47 p.   D. M.

Heureux (l') retour, pièce en un acte (et en prose), mêlée de couplets. (Par DE WAILLY-DEVILLERS.) *La Haye, Constapel*, 1772, in-8.

Réimprimée la même année, dans la même ville, sous l'initiale V......

Hexaméron rustique, ou les six Journées passées à la campagne entre des personnes studieuses. (Par F. DE LA MOTHE LE VAYER.) *Paris*, 1670, in-12. — *Amsterdam, Jacques le jeune (Daniel Elzevier)*, 1671, in-12, 176 p. — *Cologne, P. Brencessen (Hollande)*, 1671, in-12. — Nouvelle édition. *Amsterdam, Mortier*, 1698 petit in-12, avec le nom de l'auteur.

Il y a d'autres éditions sous le titre de « Quatre (ou de Cinq) Dialogues » et avec le pseudonym, d'Orasius TUBERO. Voy. « Supercheries », III, 861, *b*, et Brunet, « Manuel du libraire », 5ᵉ éd., t. IIIᵉ col. 800.

L' « Hexaméron », à l'égard duquel on peut consulter « l'Analecta-Biblion », par le marquis D. R*** (du Roure), *Paris*, 1836, t. II, p. 312, ne se trouve pas dans les éditions des « Œuvres » de La Mothe Le Vayer, *Paris*, 1669, 15 vol. in-12 ; *Dresde*, 1756-59, 14 vol. in-8.

Hexaples (les), ou les six Colonnes sur la constitution *Unigenitus*. (Par l'abbé L.-T. BOURSIER, Jacq. LE FÈVRE, l'abbé Jacq. FOUILLOU, le P. Pasquier QUESNEL, l'abbé J.-B. LE SCÈNE DES MÉNILLES D'ETTEMARRE et l'abbé G.-N. NIVELLE.) *Amsterdam*, 1714 et années suivantes, 7 vol. in-4.

A la tête de l'exemplaire de cet ouvrage que possédait l'abbé de Saint-Marc, dernier rédacteur des « Nouvelles ecclésiastiques » imprimées à Paris, on a trouvé la note suivante :

« Cet exemplaire est le premier qui ait paru à Paris, où il a été envoyé par la poste, à mesure qu'on l'imprimait à Amsterdam, sous les yeux du P. Quesnel, par un libraire catholique.

« Commencé d'imprimer le 11 avril 1714. L'avertissement a été fait par DE FERNANVILLE. La troisième colonne est de l'abbé NIVELLE, DILHE, etc., sous la direction de Boursier et Le Fèvre, docteurs de la maison et société de Sorbonne ; la quatrième est de l'abbé D'ETTEMARE ; la cinquième par BOULENOIS et DILHE ; la sixième par LANIEZ, qui a dirigé l'impression de l'ouvrage sous les yeux du P. Quesnel et de l'abbé Fouillou.

« L'imprimeur était Jean Beus, et le libraire Nicolas Potgieter.

« L'histoire de la constitution *Unigenitus*, jointe à cet exemplaire, a été commencée par CHARPENTIER, continuée par Jean LOUAIL, auteur du premier volume ; les trois suivants sont de J.-J. CADRY. Il y a des additions manuscrites qui sont de DILHE.

« M. de Brigode-Dubois, négociant, chez qui logeait le P. Quesnel, et Dilhe, ont fait les frais de l'impression de cet ouvrage ».

Voy. Lettre d'un théologien à l'auteur des « Hexaples », qui amena une « Réponse de l'auteur des « Hexaples » à la Lettre du P. Lallemant », 1715, in-12, 96 p.

Hibou (le) **des Jésuites** opposé à la corneille de Charenton. (Par Jean MESTREZAT.) *S. l.*, 1624, in-8, 30 p.

Publié aussi sous le titre de : « Véron, ou le Hibou des Jésuites opposé à la corneille de Charenton, par J. M. » *Villefranche*, N. Selon, s. d., in-12, 30 p.
Attribué à tort à Ch. DRELINCOURT père. Voy. « Supercheries », II, 408, *b*.

Hic (le) **de la politique intérieure**, ou Moyens de réunion, par M. C.-V. (CARTIER-VINCHON), rédacteur du « Journal politique de l'Aube ». *Paris, Delaunay*, 1824, in-8, 29 p.

Hic, hæc, hoc. Cancans de l'an 40. (Par Fortuné MESURÉ.) *Paris, 26, rue de Rohan*, 1840, 3 numéros in-32 de 96 p. chacun.

Le 3e numéro porte : Par FORTUNAT.
Voy., pour les ouvrages publiés par M. Fortuné MESURÉ sous ce pseudonyme, « Supercheries », II, 66 et 67.

Hier et Aujourd'hui, satires. (Par Émile DUPRÉ DE SAINT-MAUR.) *Paris, Delaunay*, 1818, in-8.

Hierusalem. Voy. « Jérusalem ».

Hilaire et Berthelle, ou la machine infernale de la rue Saint-Nicaise. (Par C.-A.-R. SEWRIN.) *Paris*, an IX–1801, in-12.   V. T.

Hilaire (ou Hylaire, parodie de Bélisaire), par un métaphysicien (Jean-Henri MARCHAND). *Amsterdam* (*Paris*), 1767, in-12.

Hildour. Trait du caractère et des mœurs des anciens Normands, imité du danois de SAMSOE. *Copenhague, Gérard Bonnier*, 1825, in-12, 44 p.

Cet opuscule est de M. SERÈNE D'ACQUIERA, émigré français ; il a été réimprimé dans la « Revue de Rouen », 1838, p. 20-45.
Frère, « Manuel du bibliographe normand », t. II, p. 83.

Hindoustan (l'), ou religion, mœurs, usages, arts et métiers des Hindous... par M. P*** (Jean-Amable PANNELIER). *Paris, Nepveu*, 1816, 6 vol. in-18.

Hipalque, prince scythe, histoire merveilleuse. *Paris, Pissot*, 1727, in-12.

L'épître est signée : L. S... (Jean-Louis-Ignace DE LA SERRE).

Hipotiposes (les), ou institutions pirroniennes de SEXTUS EMPIRICUS, traduites du grec (par HUART, de Genève, maître de mathématiques), avec des notes. *S. l.* (*Amsterdam*), 1725, in-12.

Hipparchia, histoire galante... (Par l'abbé Jérôme RICHARD.)

Voy. « Aihcrappih », IV, 86, *a*.

Hipparchie et Cratès, conte philosophique, renouvelé des Grecs, par un habitant de Potsdam (le professeur Ch. DANTAL, lecteur de Frédéric II). *S. l.* (*Berlin*), 1787, in-12, 62 p.

Voy. « Supercheries », II, 236, *c*.

Hipparque, du Religieux marchand, par René DE LA VALLÉE (Théophile RAYNAUD, jésuite), traduit en françois par un de ses amis (TRIPIER, précepteur des enfans naturels du duc de Savoie). *S. l.*, 1645, in-12.

Voy. « Supercheries », I, 311, *f*.

Hipparque, ou de l'Amour du gain, dialogue de PLATON ; traduit du grec, avec une introduction et des notes (par le marquis A.-J.-F.-X.-P.-E.-S.-P.-A. DE FORTIA D'URBAN). *Paris, Treuttel et Würtz*, 1819, in-8, 108 p.

Extrait des « Annales encyclopédiques », tiré à 100 exemplaires.

HIPPOCRATE dépaysé, ou la Version paraphrasée de ses aphorismes en vers françois, par L. DE F. (Louis DE FONTENETTE). *Paris, Pepingué*, 1654, in-4.

HIPPOCRATE. Traité des airs, des eaux et des lieux ; traduit et accompagné de notes, et précédé d'un précis de la doctrine de ce médecin, par D. L. V. D. M. (DELEVAUD). *Paris*, 1804, in-8.   V. T.

Hypolite, comte de Douglas. (Par madame D'AULNOY.) *Paris*, 1698, in-12.

Hippolite et Arice, parodie nouvelle représentée pour la première fois par les comédiens italiens ordinaires du Roi, le 11 octobre 1742. (Par C.-S. FAVART et PARMENTIER.) *Paris, Prault fils*, 1744, in-8, 56 p. — *Paris, N.-B. Duchesne*, 1759, in-8, 56 p.

Hypolite et Aricie, tragédie représentée pour la première fois, par l'Académie royale de musique, le jeudi 1er octobre 1733. (Par Simon-Joseph PELLEGRIN.) *Paris, imp. de J.-B.-C. Ballard*, 1733, in-4, xx-52 p. — *Paris, id.*, 1742, in-4, xx-48 p. — *Paris, de Lormel*, 1767, in-4, 54 p.

Le nom de l'auteur se trouve au verso du titre de la dernière édition.

Hypolite, ou le Garçon insensible, tragédie. (Par Gabriel GILBERT.) *Paris, A. Courbé*, 1647, in-4, 4 ff. lim. et 126 p.

L'auteur a signé la dédicace.

Hippomène et Atalante, opéra en un a. (en v. libres, par L.-G. LE HOC). *Paris, an VI*, in-8. — *Paris, Roullet*, 1810, in-4.

Hippomètre, ou instrument propre à mesurer les chevaux... (Par Ch. BOURGELAT.) *Paris, Vallat-la-Chapelle*, 1768, in-8, 38 p.

Hirlanda, duchesse de Bretagne, ou le Triomphe de la vertu et de l'innocence, histoire édifiante et instructive du moyen âge. (Par l'abbé Christ. SCHMID.) Mise en ordre par l'auteur d'« Itha » (A.-A. WEIBEL). Traduit de l'allemand par M. N. D. G. *Lyon, Roland*, 1835, in-18.

Histoire abrégée d'Espagne, contenant les différentes races de ses rois..: le tout tiré des meilleurs auteurs espagnols (par Jean STEVENS). Trad. de l'angl. *Utrecht*, 1703, in-12.   A. L.

Histoire abrégée de Charles XII, roi de Suède. Ouvrage posthume de M. le chevalier de R***. *La Haye*, 1730, in-12.

C'est le récit d'un nommé DRYANDER, témoin oculaire de la plupart des faits. L'article Charles XII, dans Moreri, et ce livre sont la même chose. Formey, nº 925 du Catal. d'Et. de Bourdeaux.

Histoire abrégée de l'abbaye de Port-Royal, depuis sa fondation en 1204 jusqu'à l'enlèvement des religieuses en 1709. (Par Michel TRONCHAY.) *Paris*, 1710, in-12. — *S. l.*, 1710, in-12. — *Amsterdam, Hook*, 1710, in-12.

Réimprimée en tête des « Mémoires » de Fontaine, *Cologne*, 1738, 2 vol. in-12.

Histoire abrégée de l'Église, de la ville et de l'Université de Paris, par un docteur en théologie de la Faculté de Paris (Jean GRANCOLAS). *Paris, J.-B. Lamesle*, 1728, 2 vol. in-12.

Histoire abrégée de l'église métropolitaine d'Utrecht. (Par l'abbé Gabr. DU PAC DE BELLEGARDE.) *Utrecht*, 1765, in-12.

Histoire abrégée de l'Église, où l'on expose ses combats et ses victoires, etc. (pour servir de suite à l'« Histoire de la religion avant Jésus-Christ »), par l'auteur de la « Doctrine chrétienne.» (l'abbé C.-F. LHOMOND). *Paris, Berton*, 1787. — Seconde

édition. *Paris, Onfroy*, 1792. — Troisième édition. *Paris, Onfroy*, 1801, in-12.

Les trois ouvrages mentionnés dans ce titre ont obtenu le plus grand succès ; mais l' « Histoire de l'Église » a été plus souvent réimprimée que les deux autres, parce qu'on s'en est servi, contre les intentions de son respectable auteur, pour inspirer à la jeunesse des principes d'intolérance. L'abbé Lhomond est mort en 1795 ; ainsi il n'a pu soigner que les deux premières éditions de cette « Histoire ». La seconde a été augmentée de deux chapitres. On en trouve vingt nouveaux dans la prétendue troisième édition. Ils sont tirés d'une édition publiée à Munster, en 1800, par les soins du fameux abbé de Feller. On ne trouve point dans cette édition le chapitre sur les *investitures*, dans lequel l'auteur blâmait la conduite de Grégoire VII à l'égard de l'empereur Henri IV, et citait avec éloge les quatre articles du clergé de France, en les opposant aux maximes pernicieuses de ce pape.

Les nouveaux chapitres sont tout à fait opposés à l'esprit pacifique de l'abbé Lhomond. Le chapitre sur les investitures a été rétabli dans l'édition de Paris, 1801 ; du reste, elle représentait celle de Munster, et elle circula dans les maisons d'éducation, sans qu'il se soit élevé aucune réclamation dans les journaux livrés aux matières religieuses.

L'édition de Munster fut réimprimée à Liége, en 1805, avec de nouvelles augmentations. Deux des nouveaux chapitres sont relatifs au concile de Trente, et ils concernent le sacrement de l'ordre et celui du mariage. Les développements que renferme ce dernier sont entièrement opposés aux principes de l'Église gallicane.

Une cinquième édition de l'ouvrage de Lhomond, continuée par l'abbé Proyart jusqu'au concordat de Pie VII, fut publiée à Lyon, en 1806. On y trouve de pompeux éloges des jésuites et de Napoléon.

Des ballots de l'édition de Liége, décorée d'un nouveau frontispice daté de 1810, furent envoyés à Paris, en 1811. On en fit un grand éloge dans le « Journal des curés », mais le directeur général de la librairie la fit saisir dans le courant de novembre. L'édition de Lyon fut également saisie. Un censeur impérial, qu'on a su depuis être le judicieux et sévère M. Tabaraud, avait indiqué à M. de Pommereul les chapitres ou passages fabriqués depuis la mort de Lhomond, et indignes de faire suite à son ouvrage. En 1812, l'imprimeur de Liége remit en vente son édition, diminuée des chapitres les plus favorables aux jésuites.

Au retour de Sa Majesté Louis XVIII, l'édition de l'abbé Proyart, qui était la plus répandue en France, ne pouvait circuler dans les maisons d'éducation sans de graves inconvénients. Ce ne fut cependant qu'en 1840 que l'on vit paraître une nouvelle édition de l' « Histoire abrégée de l'Église », avec une continuation rédigée dans des principes applicables au temps présent. On la doit à M. l'abbé Ludovic LA GRAVIÈRE (pseudonyme de l'abbé DE LA BOURDONNAYE). Il a adopté treize chapitres des précédents éditeurs, et il en a ajouté sept nouveaux, dans lesquels on remarque moins de virulence que dans les autres. Son édition est composée de deux cent un chapitres, comme celle de 1801. Il a eu la sagesse d'exclure le chapitre sur le mariage, et de rétablir celui qui concerne les investitures. Le nouvel éditeur nous apprend que ce fut Tallien qui fit sortir M. Lhomond, son ancien maître, du séminaire Saint-Firmin, où il était enfermé avec beaucoup d'autres prêtres, et où il n'eût pas manqué de partager le sort affreux qui leur était réservé.

Il n'y a donc que la première et la seconde édition de l' « Histoire abrégée de l'Église », qui puissent être considérées comme l'ouvrage de l'abbé Lhomond.

Histoire abrégée de l'Europe. (Par Jacques BERNARD.) *Leyde, Jourdan,* 1686-1687, 3 vol. petit in-12.

Voyez le « Journal de Verdun », février 1715.

Histoire abrégée de l'origine et de la formation de la société dite des Quakers... par G. PENN (trad. de l'angl. par E.-P. BRIDEL). Nouv. édit. rev. et corr. *Londres,* 1839, in-16.

La prem. édit. est de Londres, 1790.

Histoire abrégée de la bienheureuse Collette Boellet... avec l'abrégé de l'histoire de la vertueuse Philippe, duchesse de Gueldres... Ouvrage posthume de M*** (P. COLLET)... Mis au jour par M. l'abbé DE MONTIS... *Paris, A.-M. Lottin aîné,* 1771, in-12.

Histoire abrégée de la campagne de Napoléon le Grand en Allemagne et en Italie, jusqu'à la paix de Presbourg... revue et corrigée d'après les observations d'un témoin oculaire, et dédiée à la grande armée. Par *** (Ant. SERIEYS). *Paris, Hénée et Demoraine,* 1806, in-12, XII-395 p.

Voy. « Supercheries », III, 1083, e.

Histoire abrégée de la constitution civile du clergé. (Par Hipp.-Fr. RÉGNIER-DESTOURBET.) *Paris, Gaume,* 1828, in-8.

Histoire abrégée de la découverte et de la conquête des Indes par les Portugais. (Par Louis D'USSIEUX.) *Bouillon et Paris,* 1771, in-12.

Histoire abrégée de la dernière persécution de Port-Royal; suivie de la vie édifiante des domestiques de cette sainte maison. (Par l'abbé Olivier PINAULT). Edition royale. (*Amsterdam*), 1750, 3 vol. in-12.

Histoire abrégée de la littérature grecque sacrée et ecclésiastique, par l'auteur de l' « Histoire de la littérature grecque profane »... (M.-S.-F. SCHOELL). *Paris, Gide,* 1822, in-8.

Réimpression textuelle du deuxième volume de l' « Histoire abrégée de la littérature grecque », *Paris,* 1813, 2 vol. in-8. Le premier volume a servi de canevas à l'auteur pour l' « Histoire de la littérature grecque profane », qu'il a publiée, en 1822, en huit vol. in-8.

Histoire abrégée de la mer du Sud. (Par J.-B. DE LA BORDE.) *Paris, Didot aîné,* 1791, 3 vol. in-8 et atlas in-4.

Histoire abrégée de la naissance, des progrès, de la décadence et de la dissolution prochaine de la réforme de Luther, tirée de l'Apocalypse, etc. Trad. de PASTORINI (par DU TRIEU). *Malines,* 1819, in-8.

Histoire abrégée de la naissance et des progrès du Kouakérisme, avec celle de ses dogmes. (Par Philippe NAUDÉ.) *Cologne, P. Marteau,* 1692, petit in-12.

Je suis ici l'opinion de Mylius dans sa « Bibliothèque des anonymes », t. II, p. 1276. D'autres bibliographes attribuent cette histoire à VARILLAS ; mais ils ne me paraissent pas avoir remarqué, comme Mylius, que l'auteur promet une réfutation du « Commentaire philosophique » de Bayle : or, Philippe Naudé a publié cette réfutation à Berlin, en 1718, 2 vol. in-12.

Cet ouvrage a reparu en 1699, sous le titre de « la Religion des Kouakres ».

Histoire abrégée de la paix de l'Église. (Par dom Denis de SAINTE-MARTHE.) Imprimée cette année, in-12, 99 p. — *Mons et Amsterdam, P. Marteau,* 1698, in-12, 150 p.

Cet ouvrage est ordinairement joint à l' « Histoire du formulaire... » Voy. ces mots.

Histoire abrégé de la religion avant la venue de Jésus-Christ. (Par Ch.-F. LHOMOND.) *Paris, Onfroy,* 1791, in-12.

Histoire abrégée de la religion avant la venue de J.-C., par LHOMOND (précédée d'une nouvelle notice sur la vie de l'auteur, par M. MENERET). *Paris, imp. de Beaucé-Rusand,* 1823 et 1824, 2 vol. in-18.

Histoire (l') abrégée de la sainte robe qu'on révère dans l'église du monastère royal des religieux bénédictins d'Argenteuil... Par un religieux de la congrégation de Saint-Maur (dom Gabriel GERBERON). *Paris, J.-B. Delespine,* 1706, in-18, 36 p. — *Paris, Thiboust,* 1746, in-12. — *Paris, Gueffier,* 1768, in-12.

Histoire abrégée de la vie, des vertus et du culte de S. Bonaventure; par un religieux cordelier (le P. BOULE). *Lyon,* 1747, in-8.

Histoire abrégée de la vie et des ouvrages de M. Arnauld. (Par le P. Pasquier QUESNEL.) *Cologne,* 1695, in-12. — *Cologne, N. Schouten,* 1695, in-12. — *Cologne, N. Schouten,* 1697, in-12. — *S. l.,* 1697, in-12. — *Liége,* 1698, 2 vol. in-12.

Réimprimé sous le titre de « Histoire de la vie et des ouvrages de M. Arnauld... » *Cologne, N. Schouten,* 1697, in-12. — *Liége, F. Massot,* 1697, in-12.

Histoire abrégée de la ville de Nismes. (Par Jean-François-Dieudonné DE MAUCOMBLE.) *Amsterdam,* 1767, 2 parties in-8.

Réimprimé avec le nom de l'auteur.

Histoire abrégée de Portugal et des Algarves... Par M. J. R*** (Josué Rousseau, imprimeur). *Amsterdam, J. Desbordes, 1724, in-4.*

La première édition porte le nom de l'auteur et ce titre : « l'Histoire de Portugal et des Algarves ». *Amsterdam, l'auteur, 1714, in-4.*

Histoire abrégée des coquillages de mer, de leurs mœurs et de leurs amours, par S.'..'.L.'.. P.....C....... (le marquis imp. de Pierres, an VI-1798, in-4 orné de 21 pl.

Histoire abrégée des ducs et du duché de Normandie, par M*** (Ch. GERVAIS), membre de la Société des antiquaires de Normandie. *Caen, imp. de A. Hardel, 1843, in-18, VIII-280 p.*

Histoire abrégée des empires et royaumes du monde. (Par le P. Michel MARCHANT, jésuite.) *La Flèche, veuve G. Griveau, 1702, in-8, 232 p.,* non compris les pièces limin.

Histoire abrégée des insectes qui se trouvent aux environs de Paris. (Par Étienne-Louis GEOFFROY, médecin.) *Paris, Durand, 1762, 2 vol. in-4.*

Réimprimée en 1799, avec un supplément et le nom de l'auteur. Il y a des exemplaires de cette édition avec le nom de l'auteur.

Histoire abrégée des Jésuites, et des missionnaires Pères de la foi... (Par J.-F. GOUBEAU DE LA BILLENNERIE, président du tribunal de Marennes, en Poitou.) *Paris, Delaunay, 1820, 2 vol. in-8.*

Histoire abrégée des merveilles opérées dans la sainte chapelle de N.-D. de Gray. (Par F.-M.-Aymon DE MONTEPIN.) *Gray, 1757, in-12.* V. T.

Histoire abrégée des papes depuis S. Pierre jusqu'à Clément XIV. (Par Pons-Aug. ALLETZ.) *Paris, 1776, 2 vol. in-12.*

Histoire abrégée des philosophes et des femmes célèbres. (Par Rich. DE BURY.) *Paris, Monory, 1772, 2 vol. in-12.*

Histoire abrégée des priviléges des habitants de la Lande-de-Goult. (Par l'abbé J.-J. GAUTIER, curé.) *S. l., 1789, in-8,* 31 p.

Histoire abrégée des singeries de la Ligue... extrait des secrètes observations de J. D. L. (Jean DE LA TAILLE), dit le comte OLIVIER, excellent peintre. *S. l., 1595, in-8.*

Plusieurs fois réimprimé. Une seconde édition est intitulée : « Histoire des singeries de la Ligue... »

Voy. pour le détail de ces éditions, Brunet, « Manuel du libraire », 5e éd., III, col. 179.

Histoire abrégée du comté de Bourgogne. (Par dom P.-P. GRAPPIN.) *Avignon (Vesoul), Poirson, 1773, in-12.* — Seconde édition, considérablement augmentée. *Besançon, J.-Félix Charmet, 1780, in-12.*

Histoire abrégée du duché de Bourgogne. (Par l'abbé Cl. COURTÉPÉE.) *Dijon, Causse, 1777, in-12.*

Histoire abrégée du jansénisme, et Remarques sur l'ordonnance de M. l'archevêque de Paris. *Cologne, Druckerus, 1668, in-12.*

On a attribué cet ouvrage à Jean LOUAIL et à Mlle Françoise-Marguerite DE JONCOUX ; mais il est certain qu'il est de Jacq. FOUILLOU. J'en ai la preuve dans une longue lettre de ce théologien, dont j'ai copie, écrite au P. Quesnel, à l'occasion d'une lettre de ce dernier adressée sur ledit ouvrage à M. Boileau, mort chanoine de Saint-Honoré, à Paris.

(Note tirée du Catalogue de l'abbé Goujet.)

Mlle de Joncoux a réellement composé la « Lettre de M*** », sur celle de Duguet à Boileau, en date du 11 mars 1697 ; elle est dans ce volume, à la suite de celle de Duguet. Voyez le « Mémoire » qui indique les principaux traits de la vie de Mlle de Joncoux et les ouvrages auxquels elle a eu quelque part (par SARTRE, son élève). *S. d., in-12, 48 p.*

M. Hauréau, « Histoire littéraire du Maine », IV, 268, fait observer que tous les témoignages contemporains s'accordent pour démentir l'attribution à l'abbé Fouillou, et il pense que c'est l'œuvre collective de LOUAIL, de FOUILLOU, de Mlle DE JONCOUX, et autres.

Histoire abrégée du parlement durant les troubles du commencement du règne de Louis XIV. *S. l., 1754, in-12.*

Attribué à l'abbé J.-B. GAULTIER, tome II de la « Bibliothèque historique » du P. Lelong, et à Louis-Adrien LE PAIGE, tome III du même ouvrage.

Histoire abrégée du règne de Constance, empereur d'Orient et d'Occident. (Par Adrien-Claude LE FORT DE LA MORINIÈRE.) *Paris, Prault, 1756, in-12.*

Histoire abrégée du sacrilége chez les différens peuples, et particulièrement en France... Par L. F. (LE FOUR), du Loiret. *Paris, l'auteur, 1825, 2 part. in-8.*

Histoire abrégée du siècle courant, avec un catalogue des historiens du même siècle, par DE CH*** (DE CHASAN). *Paris, Coignard, 1687, in-12.*

Histoire abrégée et chronologique du rétablissement des gouvernements renversés par des sujets révoltés ou par des usurpateurs, montrant la conduite invariablement tenue par les souverains légitimes lorsqu'ils ont ressaisi leur autorité, et repris possession des pays soumis à leur puissance. (Par le baron DE ROUVROU, maréchal de camp.) *Paris, Pihan-Delaforest*, 1827, in-8, 64 p.

Histoire abrégée, ou Éloge historique de la ville de Lyon. (Par Claude Brossette.) *Lyon, Girin*, 1711, in-4.

L'auteur a signé l'épitre.

C'est l' « Eloge historique de la ville de Lyon », par le P. Ménestrier, 1669, in-4, reproduit avec quelques modifications à la demande du corps consulaire de la ville de Lyon.

Histoire admirable des choses advenues à une religieuse (Jeanne Fary) des Sœurs noires de la ville de Mons, de Solre-sur-Sambre, possédée du malin esprit, et depuis délivrée. (Par Fr. Buisseret, alors grand-vicaire, et depuis archevêque de Cambrai en 1614.) *Paris*, 1586, in-8.

Histoire (l') ætiopique de Héliodorus, contenant dix livres, traitant des loyales et pudiques amours de Théagènes, Thessalien, et Chariclée, Æthiopienne, nouvellement traduite de grec en françois (par Jacques Amyot). *Paris, de l'imprimerie de Groulleau, chez Sertenas ou Longis*, 1547, in-fol.; — 1549, in-8.

L'édition in-fol. existe à la Bibliothèque du Roi; La Monnoye s'est donc trompé lorsqu'il a dit, dans une note du troisième volume de son édition des « Jugemens des Savans » de Baillet, *Paris*, 1722, in-4, p. 116, que personne jusqu'alors n'avait pu déterrer une plus ancienne édition de la traduction d'Héliodore, par Amyot, que celle de 1549.

L'édition in-8 ne diffère de l'in-fol. que par la date et par des vers en l'honneur du traducteur; ils ont pour auteur Claude Colet, de Rumilly en Champagne, et on les trouve à la suite de l'avertissement. Ces vers ont fait croire à Rigoley de Juvigny que ce Champenois avait traduit, en 1549, l' « Histoire æthiopique » d'Héliodore. Voyez l'article de Claude Colet, dans l'édition in-4 de la « Bibliothèque françoise » de La Croix du Maine, tome Ier.

La date de la première édition de la traduction de l' « Histoire æthiopique » est d'autant plus importante qu'elle éclaircit un fait révoqué en doute par beaucoup d'auteurs, et mal expliqué par d'autres. Il s'agit de la nomination d'Amyot, par François Ier, à l'abbaye de Bellozane, vacante par la mort de Vatable, arrivée le 16 mars 1547. On sait que François Ier mourut le 31 mars de cette année. Il put donc prouver à Amyot la satisfaction que lui causait la traduction de l' « Histoire æthiopique », dont l'impression fut achevée le 15 février précédent. Cette nomination néanmoins dut paraitre un fait controuvé à ceux qui étaient persuadés que la traduction d'Héliodore n'avait paru qu'en 1549. Les auteurs qui ont répété, d'après Rouillard, que François Ier était mort le 1er janvier 1547, ont eu aussi de la peine à croire que ce prince eût donné une abbaye trois mois après sa mort. Pour éclaircir cette difficulté, il faut se rappeler que, sous le règne de François Ier, quelques personnes comptaient l'année à dater du 1er janvier, et d'autres à dater du 1er mars; Rouillard a donc pu prendre le mois de mars pour le mois de janvier.

On regarde généralement aujourd'hui comme un conte ce qui a été rapporté originairement par un seul auteur, par le crédule Nicéphore, savoir, qu'Héliodore perdit son évêché pour n'avoir voulu ni supprimer ni désavouer son roman. Socrate, Photius et les autres écrivains ecclésiastiques ne parlent pas de cette prétendue déposition. Si Héliodore a été déposé du siège épiscopal qu'il occupait, ce fut pour avoir voulu conserver la femme qu'il avait épousée avant de recevoir les ordres sacrés. Cette conduite lui fait honneur, et prouve qu'il était supérieur à son siècle par son caractère comme par son esprit.

Le P. Niceron a eu tort d'avancer que la traduction du roman d'Héliodore avait été dédiée à François Ier. On peut dire tout au plus qu'elle a été présentée à ce prince, comme l'avait été, environ dans le même temps, le commencement de la traduction de Plutarque. Ce qu'il y a de certain, c'est que les premières éditions de l' « Histoire æthiopique » ne renferment aucune trace de dédicace.

Baillet a remarqué avec raison que cette traduction, si bien récompensée par François Ier, était défectueuse, et qu'Amyot, étant allé du concile de Trente à Rome, et ayant trouvé dans la bibliothèque du Vatican un manuscrit d'Héliodore, fort beau et assez entier, en fit une nouvelle version, qu'il rendit aussi accomplie à sa manière que l'autre était imparfaite. Amyot lui-même a déposé ces intéressans détails dans l'avertissement de la troisième édition de l' « Histoire æthiopique », publiée sous ce titre : l' « Histoire æthiopique... traduite du grec en françois, et de nouveau revue et corrigée sur un ancien exemplaire escript à la main par le translateur, où est déclaré au vrai qui en a été le premier auteur. » *Paris, J. Longis et Rob. Le Mangnier*, 1559, in-fol. Cette édition a servi de modèle à cinq ou six autres qui ont paru depuis à Paris, à Lyon et à Rouen, dans le format in-18.

Rouillard s'est exprimé avec inexactitude lorsqu'il a dit qu'Amyot apprit à Rome que l'auteur, par lui ignoré, de l' « Histoire æthiopique », était un nommé Héliodore, évêque de Trica, en Thrace. Amyot dit lui-même : « Quant à l'autheur, la première fois que je feis imprimer ma traduction, je ne sçavoye point qui il étoit »; ce qui veut dire, quelle était sa qualité. Son nom en effet ne lui était pas inconnu, puisqu'il intitula sa traduction : « Histoire æthiopique d'Héliodore », etc. Le manuscrit de Rome apprit à Amyot qu'Héliodore était évêque de Trica, en Thrace. Les expressions de Rouillard ont induit en erreur Baillet et le P. Niceron.

On ne doit pas considérer comme une nouvelle édition de la traduction d'Amyot celle qui a été donnée à *Paris, chez Claude de Roddes*, en 1616, petit in-12. L'éditeur dit, dans un avis au lecteur : « qu'il lui a pris envie de faire parler Héliodore un peu plus doucement que celui qui l'avoit traduit », c'est-à-dire qu'Amyot. « Ce n'est pas, ajoute-t-il, que ce ne fut un fort habile homme; mais le temps ne lui permettoit pas de mieux faire. » L'écrivain anonyme, qui s'est ainsi permis de corriger le bon, le naïf Amyot, est le sieur Vital d'Audiguier, auteur oublié des « Aventures de Lysandre et de Caliste », ainsi que des « Amours d'Aristandre et de Cléonice », mauvais traducteur des « Métamorphoses » d'Ovide, des « Nouvelles » de Cervantes, et de la « Perfection chrétienne » de Rodriguez. Suivant l'abbé Joly, dans ses « Remarques sur Bayle », cette révision de d'Audiguier parut pour la première fois en 1609, et fut réimprimée dès 1614.

Le nom de d'Audiguier se trouve sur le frontispice d'une autre édition de l' « Histoire æthiopique »

Paris, *Toussaints du Bray*, 1626, in-8. L'exemplaire de cette édition, indiqué dans le « Catalogue des livres du duc de La Vallière », première partie, n° 3964, n'a été vendu que 7 livres 10 sous ; ce qui prouverait qu'au jugement des amateurs, les corrections de d'Audiguier n'ont ajouté aucun mérite au travail d'Amyot. Mais il est convenable d'observer que l'annonce des figures de Crispin de Pas, portée sur cet article d'un catalogue de livres rares et précieux, a été trompeuse, puisque le volume ne contenait pas toutes les figures composées par ce célèbre graveur pour le roman d'Héliodore. Il ne s'y trouva, en effet, qu'un frontispice gravé et une figure, ainsi que je l'ai appris de M. Van Praët, qui m'a communiqué, avec sa complaisance ordinaire, une note faite par lui, dans le temps de la vente des livres du duc de La Vallière, sur l'exemplaire dont il est ici question. Voici l'ordre des figures de mon exemplaire, qui, au lieu des noms de *Toussaints du Bray*, porte ceux d'*Anthoine de Sommaville*. Après le frontispice gravé, on voit en tête du second chapitre une figure dont la place naturelle serait à la page 357, au commencement du sixième livre. La même figure se retrouve en tête du neuvième livre, imprimée sur le verso du dernier feuillet du huitième. La seconde figure est en face du sixième livre ; elle a été imprimée sur le revers de la dernière page du livre cinquième. La troisième figure se trouve au milieu du livre huitième, et on peut l'enlever sans nuire à la pagination. La quatrième est placée au milieu du dixième livre. Ces figures sont fort belles. L'exemplaire du dépôt central des bibliothèques particulières du Roi contient trois figures, y compris le frontispice.

Ces éditions de la traduction d'Amyot, revues par d'Audiguier, sont remarquables en ce que l'ouvrage y est divisé en vingt-neuf chapitres, avec des sommaires en tête de chacun des dix livres. Elles m'ont fait aussi découvrir une erreur assez généralement commise par les bibliographes du dernier siècle, laquelle consiste à indiquer la traduction d'Héliodore par Montlyard comme ayant été revue par d'Audiguier.

La traduction de Montlyard, nommé mal à propos Montliart par le célèbre P. Paciaudi, en tête de la belle édition grecque des « Amours de Daphnis et Chloé », imprimée à *Parme*, en 1786, in-4, par le célèbre Bodoni, parut pour la première fois, en 1623, in-8, à *Paris*, chez *Samuel Thiboust*, sous le voile de l'anonyme. Ce traducteur convient, dans une espèce d'avis au lecteur, qu'il n'a point cru pouvoir mieux faire que celui qui a traduit le premier le roman d'Héliodore ; mais il n'a pu se refuser aux prières de quelques-uns de ses amis, qui trouvèrent sa traduction conforme au *langage du temps*, et l'engagèrent à la mettre en lumière. Celle d'Amyot est marquée du sceau du génie, qui est de tous les siècles : aussi a-t-elle fait tomber dans l'oubli celle de Montlyard, qui a métamorphosé en un langage plat et insignifiant les phrases vives et énergiques d'Amyot.

La traduction de Montlyard a dû son succès momentané aux figures dont le graveur Michel Lasne l'a enrichie ; elle a été réimprimée en 1626 et 1633. Les frontispices et les avertissements de ces différentes éditions ne donnent nullement à entendre que d'Audiguier y ait eu quelque part. On a donc confondu la révision de la traduction d'Amyot avec celle de la traduction de Montlyard.

L'abbé Lenglet du Fresnoy cite, dans sa « Bibliothèque des romans », les « Amours de Théagènes et de Chariclée, traduits par J. de Montlyard, et corrigés par Henry d'Audiguier », *Paris*, 1620 et 1622. Ce

titre et ces dates me paraissent imaginaires. Ce qui m'étonne, c'est qu'ils aient été copiés par Prosper Marchand, dans son « Dictionnaire historique », au mot *Montlyard*. De Bure, dans sa « Bibliographie instructive », indique aussi les prétendues corrections de d'Audiguier, mais sous la date de 1623. J'ai plus de confiance dans une indication du P. Niceron. Ce laborieux bibliographe cite une édition de la traduction de l' « Histoire æthiopique » par Amyot, publiée à *Paris*, en 1614, in-8, chez *Toussaints du Bray*. C'est la seconde édition de la révision de d'Audiguier ; car, à la fin de l'édition de 1616, on trouve un extrait du privilège accordé à Toussaints du Bray le 21 octobre 1613, et ensuite le transport de ce privilège à Claude de Roddes et à Daniel Guillemot.

Après tant d'erreurs commises par des écrivains nationaux sur des faits d'histoire littéraire aussi intéressants, doit-on s'étonner que les étrangers nous transmettent des détails très-inexacts sur les traductions françaises des anciens auteurs ? Fabricius, dans sa « Bibliothèque grecque », et M. Harles, son continuateur, ne paraissent pas avoir connu l'édition de 1547 de la traduction du roman d'Héliodore ; mais elle a été citée d'après le « Catalogue de la Bibliothèque du roi », dans les *supplémens* de J.-Christ. Adelung, au « Dictionnaire des savans », de Jocher.

M. Harles n'a pas remarqué non plus que les traductions de *Paris*, 1623 et 1626, chez *S. Thiboust*, n'étaient autre chose que deux éditions de la traduction de Montlyard. Le n° 3965 du « Catalogue de la bibliothèque de La Vallière », première partie, l'a induit en erreur, en lui faisant croire que Coustelier réimprima, en 1743, la traduction d'Amyot. La version reproduite dans cette édition est celle qui parut anonyme à *Amsterdam*, ou plutôt à *Paris*, en 1727, 2 vol. in-12. Le Catalogue de la Bibliothèque du Roi l'attribue à l'ingénieux Poullain de Saint-Foix ; mais cette assertion est contraire à l'opinion générale où l'on est que l'auteur des « Essais sur Paris » ne savait pas le grec.

J'ai développé (voyez IV, 151, *a*) la conjecture d'un savant distingué, le célèbre abbé Le Blond, conservateur honoraire de la bibliothèque Mazarine, sur le véritable auteur de cette traduction. La mort de ce savant antiquaire, arrivée en 1809, m'a privé d'un ami sincère, et dont la correspondance m'avait souvent été très-utile dans mes travaux.

Je reviens à M. Harles ; ce savant se trompe évidemment lorsqu'il attribue à l'abbé de Saint-Léger la traduction d'Héliodore, insérée dans la « Bibliothèque des romans grecs », *Paris*, 1796 et 1797, 12 vol. in-18. Cette traduction est encore celle de 1727, c'est-à-dire de l'abbé de Fontenu ; l'abbé de Saint-Léger n'a fourni à la « Bibliothèque des romans grecs » qu'un mémoire très-curieux sur Jean Fournier ou Fornier, traducteur des « Affections d'amour » de Parthenius de Nycée.

Histoire africaine de la division de l'empire des Arabes, de l'origine et du progrès de la monarchie. des mahometans dans l'Afrique et dans l'Espagne, écrite en italien par J.-B. Birago, avogadro, traduit en françois par M. M. D. P. (Michel de Pure). *Paris, Guillaume de Luyne*, 1666, in-12.

Voy. « Supercheries », II, 1093, *b*.

Histoire (l') africaine, ou la Vie de Melotta Ossompey.....

Les registres de la Bastille attribuent cette brochure

à Louis-Joseph DE LA ROCHEGERAULT, natif de la province de Galles, en Angleterre, entré à la Bastille le 27 octobre 1753, transféré à Vincennes le 24 mai 1757, où il était encore au mois de septembre, d'après une note de l'inspecteur de la librairie d'Hemery.

Histoire agrégative des annales et croniques d'Anjou, contenant le commencement et origine, avecques partie des chevaleureux et marciaulx gestes des magnanismes princes, consuls, contes et ducz d'Anjou... recueillies et mises en forme par... messire Jehan DE BOURDIGNE... et depuis reveues et additionnées par le Viateur (Jean PELEGRIN). *Paris, par Antoine Couteau*, 1529, in-fol. gothique.

Voy. « Supercheries », III, 938, c.

Histoire allégorique de ce qui s'est passé de plus remarquable à Besançon depuis 1756, par M. T. D. C. (Joseph TERRIER DE CLÉRON). *Besançon*, 1759, in-12.

Le titre manque dans tous les exemplaires connus.

Histoire amoureuse de Flores et Blanche-Fleur l'Amye, le tout mis d'espagnol en françois (par Jacques VINCENT). *Lyon, Benoist Rigaud*, 1596, in-16.

Il existe d'autres éditions; celle de *Paris*, 1554, in-8, porte le nom du traducteur.

Histoire amoureuse de France, par M* (DE BUSSY-RABUTIN). *Amsterdam, Van Dyck*, 1671, 1677, in-12. — *La Haye, A. Moetjens*, 1700, 2 vol. in-12. — *Bruxelles, P. Dobbeleer*, 1708, petit in-12.**

Même ouvrage que l' « Histoire amoureuse des Gaules ». Voy. ce titre.

Histoire amoureuse de Pierre le Long et de sa très-honorée dame Blanche Bazu. (Par L.-E. BILLARDON DE SAUVIGNY.) *Londres (Paris)*, 1765, in-8.

Réimprimée avec le nom de l'auteur.

Il en existe une nouvelle édition sous ce titre : « Amours de Pierre le Long ». Voy. IV, 150, a.

Voy. aussi « Innocence du premier âge ».

Histoire amoureuse des dames de France. Par M* (BUSSY-RABUTIN). *Bruxelles (Hollande, à la Sphère)*, 1713, in-12.**

C'est une réimpression de l' « Histoire amoureuse des Gaules », avec les noms propres.

Voy. « Supercheries », III, 1024, c, et 1029, f.

Histoire amoureuse des Gaules. (Par BUSSY-RABUTIN.) *Liége*, 1666, in-12. — *Liége, s. d.*, in-12, avec une clef imprimée à la fin. — *(Hollande, Elzevier), s. d.*, 2 parties in-12.

Il y a plusieurs autres éditions auxquelles on a joint des pièces du même genre.

1º *Cologne*, 1696, in-12. On trouve le détail des pièces que renferme cette édition dans le tome II de la « Bibliothèque historique de la France », nº 24366.

2º *Cologne, P. Marteau, sans date*, 4 vol. in-12. Cette édition est augmentée des « Amours des dames illustres de nostre siècle ». Voy. IV, 151, e.

On trouve aussi dans cette édition la « France Cocogalante », qui se compose principalement des « Conquêtes amoureuses du grand Alcandre » (par Sandras de Courtilz), voy. IV, 695, b, et de la « France devenue italienne », autre ouvrage de Courtilz, qui a pour vrai titre : « Intrigues amoureuses de la cour de France ». Voy. ces mots.

Les mêmes pièces se retrouvent dans l'édition (*Paris*), 1754, 5 vol. in-12, et dans les éditions postérieures.

L'opuscule intitulé tantôt « les Amours du Palais-Royal », tantôt « la Princesse ou les Amours de Madame », tantôt enfin « Histoire galante de M. le comte de Guiche et de Madame », a donné lieu, en 1665, à des bruits qui semblent contradictoires. On assure qu'il fut cause de l'exil de Charles Patin, fils du célèbre Guy Patin. Il avait été envoyé en Hollande pour acheter tous les exemplaires de ce roman satirique; mais on l'accusa d'en avoir conservé plusieurs et de les avoir distribués à des amis infidèles. Cela fut su, et Charles Patin se vit obligé de sortir du royaume. Il est mort en 1693, à Padoue, étant professeur dans l'Université de cette ville.

L'abbé de Choisy affirme, dans ses « Mémoires pour servir à l'Histoire de Louis XIV », édition d'*Utrecht*, 1727, in-12, pages 367-371, ou in-8, troisième partie, pages 37-44, que Louvois, ayant eu le premier exemplaire d'une histoire merveilleusement bien écrite, intitulée : « les Amours du Palais-Royal », imprimée en Hollande, le donna au roi, qui le remit à MADAME (Henriette d'Angleterre) : elle y était cruellement traitée. MADAME confia son chagrin à l'évêque de Valence (Daniel de Cosnac), qui, le soir même, sans dire mot à MADAME, prit la poste, alla en Hollande, et acheta toute l'édition. Il revint le onzième jour, et dit à MADAME, étonnée et fâchée de son absence, qu'il lui apportait l'édition de l'histoire qui lui faisait de la peine, à l'exception de deux exemplaires, celui de M. de Louvois et un autre qui avait été envoyé au roi d'Angleterre. MADAME brûla tous les exemplaires apportés de Hollande, et celui que le roi lui avait remis. Son frère le roi d'Angleterre lui renvoya le sien, qu'elle brûla aussi. L'abbé de Choisy ajoute : « L'évêque de Valence m'a montré, quinze ans après la mort de MADAME, un seul exemplaire de cette histoire, qu'il avait gardé pour sa curiosité; il ne ressemble en rien à celui qui a couru depuis sous le même titre, et jamais l'on n'a rien su de cette histoire ». Cosnac avait promis à l'abbé de Choisy de brûler son exemplaire.

Le récit qui concerne Patin, et qui est pour ainsi dire de notoriété publique, me paraît plus probable que l'anecdote racontée d'une manière un peu romanesque par l'abbé de Choisy.

J'avais à peine terminé la rédaction de cette note, que je me rappelai qu'un ami m'avait donné une portion assez considérable des mémoires manuscrits de Daniel de Cosnac. J'y ai trouvé ce passage très-remarquable :

« L'assemblée (du clergé) finie, je pris la résolution d'aller dans mon diocèse.

« Avant mon départ, j'appris par Mme de Chaumont qu'un manuscrit portant pour titre : « Amours de Madame et du comte de Guiche », couroit par Paris, et s'imprimoit en Hollande.

« MADAME appréhendoit que ce livre, plein de faussetés et de médisances grossières, ne vînt à la connoissance de Monsieur par quelque maladroit ou malintentionné, qui peut-être envenimeroit la chose. Elle m'en écrivit pour lui en porter la nouvelle ; elle en écrivit à Mme de Chaumont, qui étoit à Saint-Cloud, et moi à Paris. J'allai à Fontainebleau. D'abord je vis MADAME, pour m'instruire plus amplement. Elle me dit que Boisfranc (trésorier du prince) avoit déjà dit la chose à Monsieur sans sa participation, mais que ce qui la touchoit davantage, c'étoit l'impression du manuscrit. J'envoyai exprès en Hollande un homme intelligent, ce fut M. Patin, pour s'informer de tous les libraires entre les mains de qui ce libelle étoit. Il s'acquitta si bien de sa commission, qu'il fit faire par les états généraux défense de l'imprimer, retira dix-huit cents exemplaires déjà tirés, et me les apporta à Paris ; et je les remis, par ordre de Monsieur, entre les mains de Merille. Cette affaire me coûta beaucoup de peine et d'argent ; mais, bien loin d'y avoir regret, je m'en tins trop payé par le gré que MADAME me témoigna. »

Voilà donc l'historien de Choisy bien convaincu d'avoir tracé un récit faux et mensonger.

Il ne paraît pas certain que l'exil de Charles Patin ait eu pour cause la conservation de quelques exemplaires du libelle qu'il avait été chercher en Hollande. Les lettres de Guy Patin ne parlent de la disgrâce de Charles qu'au commencement de l'année 1668. Le père en ignorait le véritable motif, puisqu'il cite, avec l' « Histoire galante de la cour », deux autres ouvrages trouvés chez son fils, et qu'il ajoute que ces trois livres ne sont qu'un prétexte. Voyez « Lettres » de Guy Patin, Rotterdam, 1725, t. III, p. 277.

Bussy-Rabutin a été surnommé le Pétrone français. Il n'a pas été, comme on le pense généralement, un simple imitateur de l'auteur latin, il en a souvent été le très-fidèle traducteur dans cet ouvrage.

Voy. dans le « Bulletin du Bibliophile » de Techener, 1869, p. 107-110, l'article de M. Alfred Gulliet. Voy. pour les différ. édit., Catalogue Walckenaer, nos 1818-1824 et 1829 ; Catalogue Leber, no 2196 ; Pieters, « Annales des Elseviers », 2e édit., p. 480, et Brunet, « Manuel du libraire », 5e édit., I, 1422. Voy. aussi J. Delort, « Histoire de la détention des philosophes », 1829, t. III, p. 99-110.

Histoire amoureuse et badine du congrès et de la ville d'Utrecht, en plusieurs lettres écrites par le domestique d'un des plénipotentiaires à un de ses amis. (Par Casimir Freschot.) A Liége, chez Jacob Le Doux, marchand libraire, s. d., petit in-12, 292 p., sans la clef, qui en a onze, et qui est datée de Cologne, P. Marteau, 1714.

Voyez sur ce livre la nouvelle édition du « Chef-d'œuvre d'un inconnu », Paris, Doublet, 1807, petit in-8, t. II, p. 469. Voyez aussi la « Lettre d'un Gascon à un religieux, pour servir de clef à l' « Histoire badine d'Utrecht », Brunswick, 1714, in-12. — Attribué à l'ex-jésuite DE LA MOTHE, par M. Paul Lacroix. Voy. « Supercheries », I, 976, a.

Histoire amoureuse et tragique des princesses de Bourgogne. (Par l'abbé C.-J. Chéron DE Boismorand.) La Haye, 1720, in-12.

a   Histoire ample et très-véritable, contenant les plus mémorables faits advenuz en l'année 1587, tant en l'armée commandée par M. le duc de Guyse, qu'en celle des Huguenots... Revuë, corrigée et augmentée par l'auteur (Claude DE LA CHASTRE). Troisième édition. Paris, G. Bichon, 1588, in-8.

Même ouvrage que « Discours ample et très-véritable... » Voy. IV, 1000, d, et « Histoire contenant les plus mémorables faits... » Voy. ci-après, col. 646, f.

b   Histoire ancienne de la Russie, par Lomonossow, traduite en françois sur la version allemande, par M*** (M.-A. Eidous). Pétersbourg et Paris, Guillyn, 1768, in-8.

Le traducteur allemand a retouché l'original russe et y a ajouté quelques remarques.

c   Histoire ancienne des Francs. (Par Pierre LE ROY DE FONTENAILLES.) Tome I (et unique). Paris, Chaubert, 1753, in-8.

Histoire ancienne des peuples de l'Europe. (Par le comte Gabriel-Louis DE BUAT, publiée par l'abbé F. Arnaud et J.-B.-A. Suard.) Paris, 1772, 12 vol. in-12.

d   Histoire ancienne. Par un professeur d'histoire de l'académie de Paris, docteur ès lettres (Adolphe Chéruel). Paris, Dezobry, E. Magdeleine et Cie, 1853, in-12, 2 ff. de tit. et 272 p.

Fait partie du « Manuel d'études pour la préparation au baccalauréat ès lettres ».
Voy. « Supercheries », III, 259, e.

Histoire ancienne racontée aux petits enfants. (Par la vicomtesse de Virieu.) Paris, 1831, in-18.

e   Histoire anecdote de la cour de Rome, la part qu'elle a eue dans l'affaire de la succession d'Espagne... (Par C. Freschot.) Cologne et Amsterdam, 1704, in-8 ; — 1706, in-12 ; — 1714, in-12.

Histoire anecdotique et raisonnée du théâtre italien. (Par J.-A. Jullien Desboulmiers.) Paris, Lacombe, 1769, 7 vol. in-12.

f   Histoire, antiquités, usages, dialectes des Hautes-Alpes, précédés d'un Essai sur la topographie de ce département... par un ancien préfet (J.-C.-F. Ladoucette)... Paris, Fantin, 1820, in-8.

La 2e éd., Paris, Fantin, in-8, porte le nom de l'auteur.

Histoire apologétique de la conduite des jésuites de la Chine adressée à MM. des

Missions étrangères. (Par le P. Gab. Daniel.) 1700, in-12, 83 p. sans l'avis.

Le P. de Backer, 2ᵉ édit. in-fol., cite cet ouvr.,
tome I, col. 1256, mais sans indication d'auteur.

**Histoire apologétique, ou Défense des
libertés des Églises réformées de France...**
Amsterdam, Desbordes, 1688, 2 vol. in-12.
— *Mayence, J. Le Blanc*, 1688, 3 vol. in-8.

La dédicace est signée : S. B., c'est-à-dire Saint-
Blancard, surnom que prenait le ministre Fr. Gautier, pasteur à Montpellier, et depuis à Berlin.

**Histoire auguste, contenant la vie des
empereurs romains en Orient et en Occident.** *Genève, Crespin*, 1610, 2 vol. in-8.

L'auteur, Jacques Esprinchart, sieur du Plomb
(petit port près de La Rochelle), né vers 1570, mort
le 29 août 1604, a laissé en manuscrit une relation de
ses voyages en Angleterre, en Allemagne, en Suisse
et en France.

**Histoire (l') auguste des six auteurs an-
ciens** Spartien, Capitolin, Lampride,
Gallican, Pollionet, Vipiscus, lesquels
ont écrit les vies des empereurs romains,
sous le titre d'Augustes et de Césars,
depuis Adrien iusques à Carin... avec des
remarques. Ce qui n'a point encore esté
traduit iusques à présent. Dédié au Roy.
Par M. de M. A. de V. (Michel de Marolles, abbé de Villeloin). *Paris, J. Couterot*, 1667, in-8, 16 ff. et 48 p.

Voy. « Catalectes, ou pièces choisies des anciens
poëtes latins... » Tome IV, col. 507, d.

**Histoire authentique et morale d'une
fille de marbre. Par un adorateur du soleil**
(Roisselet de Sauclières). *Paris, Bibliothèque historique du Juif-Errant, rue de
Buffault*, 22, 5959 (1859), in-12.

Voy. « Supercheries », I, 196, d.

Histoire bavarde. (Par A. Bret.) .

Voy. « B...t (le), histoire bavarde », IV, 422, e.

**Histoire chronologique d'Espagne, etc.,
tirée de Mariana, etc., par made***** (mademoiselle de La Rocheguilhem). *Rotterdam*, 1695, 3 vol. in-12.

C'est à tort que quelques auteurs ont attribué cette
histoire à Mᵐᵉ d'Aulnoy.

**Histoire chronologique de la bienheu-
reuse Colette... Par le V. P. S. (le P. Claude
Silvère, d'Abbeville)...** *Paris, veuve Buon*,
1628, in-8.

**Histoire chronologique de la ville du
Pont-Sainte-Maxence, sur l'Oise. (Par Fr.
Lamy, bénédictin.)** *Paris, imp. de Butard*,
1764, in-12.

Cette histoire était faite longtemps avant sa publication ; l'éditeur a été Lamy, avocat, frère du bénédictin.

V. T.

**Histoire chronologique de plusieurs
grands capitaines, princes... (Par Claude
Malingre.)** *Paris, Adrien Tiffaine*, 1617,
in-8, 3 ff. lim., 263 p. et 4 ff. de table. —
Paris, id., 1617, in-8, 3 ff. lim., 358 p. et
5 ff. de table. — *Arras, F. Bauduin*, 1617,
in-8, 3 ff. lim., 358 p. et 5 ff. de table.

L'auteur a signé la dédicace.

**Histoire chronologique des évêques et
du chapitre exempt de l'église Saint-Bavon,
à Gand (par E. Hellin), avec un supplément.** *Gand*, 1772-1777, 2 vol. in-8.

**Histoire chronologique des voyages vers
le pôle antarctique... par John Barrow;
traduit de l'anglais par le traducteur du
Voyage de Maxwell (A.-J.-B. Defauconpret).** *Paris, Gide fils*, 1819, 2 vol. in-8.

**Histoire chronologique du dernier siècle,
où l'on trouvera des dates de tout ce qui
s'est fait de plus considérable dans les
quatre parties du monde, depuis l'an 1600
jusqu'à présent. (Par le P. Cl. Buffier,
jésuite.)** *Paris, Giffart*, 1715, in-12, 329 p.

**Histoire chronologique, généalogique,
politique et militaire de la maison royale
de Wurtemberg... Par M. V***** (Nic. Viton
de Saint-Allais), ancien inspecteur général des équipages militaires. *Paris, Debray*,
1808, 2 vol. in-18.

**Histoire civile du royaume de Naples,
traduite de l'italien de Giannone, avec
des remarques.** *La Haye, Gosse*, 1742,
4 vol. in-4.

On sait les persécutions que cet ouvrage attira à son
auteur. Le magistrat chargé des affaires de la librairie
défendit pendant quelques années l'introduction en
France de la traduction française ; elle n'y pénétra
qu'en 1745. L'abbé Destrées en fit une annonce sommaire dans le second volume de son « Contrôleur du
Parnasse », p. 249, promettant à ses lecteurs un extrait
circonstancié qu'il n'a point donné. Il assure que cette
traduction a été imprimée à Genève.

Le nom du traducteur fut ignoré pendant longtemps.
De Bure le jeune, auteur de la « Bibliographie instructive », ne le connaissait pas ; l'abbé Ladvocat et
Chaudon ne le citèrent point dans les premières éditions de leurs « Dictionnaires historiques ». Ce ne fut
qu'en 1779 que Chaudon apprit au public que ce traducteur était un M. Desmonceaux, attaché à M. le duc
d'Orléans, fils du régent. Chaudon n'a pas fait connaître la personne qui lui a transmis ce renseignement :
on a lieu d'être étonné, en le lisant, qu'un Français
attaché à un prince connu par une dévotion minutieuse
eût employé son temps à traduire un ouvrage si opposé
aux préjugés vulgaires et surtout aux prétentions de la
cour de Rome ; et on dut faire quelque attention à
l'article Beddevolle, inséré en 1786, par Senebier,
dans son « Histoire littéraire de Genève ». Le soi-
gneux bibliothécaire y déclare positivement que l'avocat
Beddevolle est le véritable traducteur de l'histoire de
Giannone. Ce nouveau renseignement paraît bien plus

conforme à la vérité que celui de Chaudon, surtout quand on se rappelle la lettre que le traducteur de Giannone écrivit dès 1730 aux éditeurs de la « Bibliothèque italique », qui s'imprimait à Genève (voyez le tome 7). Le style de cette lettre indique bien plutôt un habitant de Genève qu'un habitant de Paris.

J.-J. Vernet a publié un extrait de cet ouvrage sous le titre de : « Anecdotes ecclésiastiques ». Voy. IV, 182, e.

Histoire civile et commerciale des colonies anglaises dans les mers occidentales, traduite de l'anglais de BRYAN EDWARDS (par François SOULÈS). *Paris, Dentu*, an IX-1801, in-8.

Histoire civile et ecclésiastique du comté d'Évreux. (Par Pierre LE BRASSEUR.) *Paris, Franç. Barrois*, 1722, in-4.

L'auteur a signé la dédicace.

Histoire civile, militaire, ecclésiastique, politique et littéraire, de Lorraine et de Bar. *Bruxelles (Francfort)*, 1758, pet. in-12, t. I à V, VIII et IX.

La dédicace, signée CHEVRIER, est adressée au prince Charles-Alexandre de Lorraine, et cependant cet ouvrage ne figure pas sur le Catalogue des livres de ce prince. Les tomes VI et VII n'ont pas été publiés. Dans les tomes VIII et IX, Chevrier a refondu les matériaux dont il s'était servi dans ses « Mémoires pour servir à l'histoire de notre temps ». Voy. ce titre, et pour plus de détails le n° 37 de la Notice bibliogr. de M. Gilet. Voy. aussi « Placet à S. M. Polonaise », et « Histoire d'une cause célèbre ».

Histoire civile, politique et religieuse de Pie VI, écrite sur des Mémoires authentiques, par un Français catholique (l'abbé Aug. BARRUEL). *Avignon, s. d.*, in-8, 390 p.

François Boccatini donne cet ouvr. à BARRUEL, dans la « Storia della vita di Pio VI », *Venezia*, 1802, t. IV, liv. XIV, p. 209. Caballero le lui attribue aussi. (De Backer, I, col. 422.)

Histoire civile, religieuse et littéraire de l'abbaye de la Trappe et des autres monastères de la même observance... Par M. L. D. B......... (Louis DUBOIS). *Paris*, Raynal, 1824, in-8.

Voy. « Supercheries », II, 706, a.

Histoire comique de Francion, fléau des vicieux. (Par Ch. SOREL.) *Paris*, 1663, in-8.

Voy. « Supercheries », II, 1208, e.

Histoire comique et galante de Pedrille del Campo, par M. T*** (THIBAULT), G. D. T. *Amsterdam*, P. Humbert, 1727, in-12.

Même ouvrage que « Vie de Pedrille... » Voy. ce titre.

Histoire comique, ou les Aventures de Fortunatus, traduction nouvelle (par Ch. VION D'ALIBRAY). *Lyon*, Champion, 1615,

in-12. — Nouvelle édition, revue et augmentée, *Rouen*, 1626, in-12.

Réimprimé dans la « Bibliothèque bleue ».

Histoire complète de l'empire de la Chine depuis son origine jusqu'à nos jours... Par MM. A. S. et D., professeurs d'histoire de l'Université, et continuée jusqu'à nos jours par M. P. D. (Pierre-François PARENT-DESBARRES), ancien professeur de l'Institution du Chevalier de Saint-Louis. *Paris, Parent-Desbarres*, 1860, 2 vol. in-16.

Histoire complète des voyages et découvertes en Afrique, depuis les siècles les plus reculés jusqu'à nos jours... Par le docteur LEYDEN et M. Hugh MURRAY, traduite de l'anglais et augmentée de toutes les découvertes faites jusqu'à ce jour; par M. A. C. S. du S. de F. (A. CUVILLIER, secrétaire du sceau de France). *Paris*, A. Bertrand, 1821, 4 vol. in-8 et atlas in-4.

Voy. « Supercheries », I, 180, c.

Histoire complète du maréchal Ney, contenant le recueil de tous les actes de la procédure, avec le texte des mémoires, requêtes, consultations et plaidoyers, précédée d'une Notice historique sur la vie du maréchal, par Evariste D*** (Evariste DUMOULIN). *Paris*, 1815, 2 vol. in-8.

Histoire complète et méthodique des théâtres de Rouen. Par J.-E. B., de Rouen (Jules-Edouard BOUTEILLER fils, docteur en médecine). *Rouen, Giroux et Renaux*, 1860-1867, 3 vol. in-8.   D. M.

Histoire contemporaine des hommes et des journaux politiques, par un ancien député (J. CRÉTINEAU-JOLY). 1. M. de Genoude et la « Gazette de France ». *Paris*, Colomb de Batines, 1842, in-8.

Histoire contemporaine. Le ménage impérial. Lui et elle en apparence et en réalité. Leur vie publique et leur vie privée, leurs mœurs, leur cour, leur entourage, leur politique, leurs intrigues, les mystères des Tuileries, de Saint-Cloud et de Compiègne dévoilés. Avec lettres autographes. (Par Léopold STAPLEAUX.) *Bruxelles, Office de Publicité*, 1871, in-8, 120 p.

Trois autographes, deux de Napoléon III et de l'impératrice Eugénie, empruntés aux « Papiers et correspondance de la famille impériale »; le troisième, de Napoléon III, douteux, même pour l'auteur de la brochure, qui en fait l'aveu dans l'avant-propos.

Histoire contenant les plus mémorables faits advenus en l'an 1587, tant en l'armée commandée par M. le duc de Guise, qu'en

celle des huguenots, conduite par le duc de Bouillon... le tout envoyé par un gentilhomme françoys à la royne d'Angleterre. (Par le maréchal Claude DE LA CHASTRE.) *Paris, D. Millot,* 1588, in-8. — *Lyon, prins sur la copie imprimée à Paris par D. Millot,* 1588, in-8.

Même ouvrage que « Discours ample et très-véritable... » Voy. IV, 1000, *d,* et « Histoire ample et très-véritable.... » Voy. ci-dessus, col. 642, *a.*

Histoire coquette, ou l'Abrégé des galanteries de quatre soubrettes campagnardes, composé par M. DE M... *Amsterdam,* 1669, pet. in-8, 88 p.

L'épître dédicatoire est signée DE MARUEIL.
Voy. « Supercheries », II, 1001, *c.*

Histoire critique de Jésus-Christ, ou Analyse raisonnée des Évangiles. (Par le baron D'HOLBACH.) *S. l. n. d.* (*Amsterdam, M.-M. Rey,* vers 1770), petit in-8.

Réimprimé, *sans date* aussi, dans le format grand in-8.

Histoire critique de l'Éclectisme, ou des nouveaux Platoniciens. (Par l'abbé Guillaume MALEVILLE.) *Londres,* 1766, 2 vol. in-12.

Histoire critique de l'établissement des Français dans les Gaules, ouvrage inédit du président HÉNAULT, imprimé sur le manuscrit original écrit de sa main (par les soins de A. SERIEYS). *Paris, Buisson,* 1801, 2 vol. in-8.

Voy. la « Biographie universelle ».

Histoire critique de la découverte des longitudes. (Par le P. Esprit PEZENAS.) *Avignon, A. Offray,* 1775, in-8, 164 p.

Suite de son « Astronomie des marins ». Voy. IV, 309, *e.*

Histoire critique de la Gaule narbonnoise... (Par J.-P. DES OURS DE MANDAJONS.) *Paris, Dupuis,* 1733, in-12.

Le nom de l'auteur est indiqué dans l'approbation.

Histoire critique de la philosophie, par M. D** (A.-F. BOUREAU DESLANDES). *Amsterdam, Fr. Changuion,* 1737, 3 vol. in-12.

Le quatrième volume, qui parut en 1756, porte le nom de l'auteur.

Histoire critique de la République des lettres, tant ancienne que moderne. (Par Samuel MASSON.) *Utrecht et Amsterdam Poolsum,* 1712-1718, 15 vol. in-12.

Jean MASSON, frère de l'auteur, et Phil. MASSON, son cousin, y ont inséré quelques articles. Voy. Camusat, « Histoire critique des journaux », tom. II, p. 159.

Histoire critique de Manichée et du Manichéisme. (Par DE BEAUSOBRE.) *Amster-* dam, *J.-F. Bernard,* 1734 et 1739, 2 vol. in-4.

Isaac de Beausobre est mort le 5 juin 1738. Le second volume de cette histoire a été rédigé et publié par Samuel FORMEY, sur les mémoires qui lui ont été fournis par le fils aîné du défunt. L'éditeur a mis en tête un éloge de M. de Beausobre, qui ne se trouve pas dans tous les exemplaires.

Histoire critique de Nicolas Flamel et de Pernelle, sa femme... Par M. L. V*** (l'abbé Et.-Fr. VILLAIN). *Paris, Desprez,* 1761, in-12.

Voy. sur cet ouvrage, du Roure, « Analecta-biblion », 1836, I, 132-134.

Histoire critique des Coqueluchons. (Par dom J. CAJOT.) *Cologne* (*Metz, Jos. Collignon*), 1762, in-12.

Histoire critique des dévotions au sacré cœur de Jésus et au cœur de Marie. (Par Henri GRÉGOIRE.) *Rome* (*Paris*), in-8.

Opuscule fort curieux, l'un des plus rares de l'auteur. (Catal. Leber, t. I, n° 213.)

Histoire critique des journaux, par M. C*** (D.-F. CAMUSAT, publié par J.-F. BERNARD). *Amsterdam, J.-F. Bernard,* 1734, 2 vol. in-12.

Histoire critique des mystères de l'antiquité, avec des observations et des notes sur la philosophie, la superstition et les supercheries des mages... (Par Louis GUILLEMAIN DE SAINT-VICTOR.) *Hispahan,* 1788, in-12, 234 p. — *Paris, Moutardier,* an VII-1799, in-12, 234 p.

Voy. « Supercheries », II, 131, *f.*

Histoire (l') critique des personnes les plus remarquables de tous les siècles. (Par l'abbé L. BORDELON.) *Paris, Coustelier,* 1699, 2 vol. in-12.

Histoire critique des pratiques superstitieuses qui ont séduit le peuple et embarrassé les savants. Par un prêtre de l'Oratoire (le P. Pierre LE BRUN). *Rouen et Paris,* 1702, in-12. — Nouvelle édition (avec le nom de l'auteur, augmentée par l'abbé J. BELLON DE SAINT-QUENTIN). *Paris, Desprez,* 1750, 4 vol. in-12.

Réimprimé plusieurs fois avec le nom de l'auteur.

Histoire critique des théâtres de Paris, pendant 1821, pièces nouvelles, reprises, débuts et rentrées... Par M. M*** et *** (Auguste-Philibert CHALONS-D'ARGÉ). *Paris, Lelong,* 1822, in-8.

Attribué à tort, dans la table de la « Bibliographie de la France », à J.-T. MERLE.
Voy. « Supercheries », II, 1020, *c.*

Histoire critique du gouvernement de la Grande-Bretagne (ou Abrégé de l'hisloire d'Angleterre), avec des réflexions politiques; traduit de l'anglois de Higgons, par M. L. B. D. G. *La Haye (Paris)*, 1730, in-8.

Cette traduction parut en 1720, à La Haye, in-8, sous le titre d' « Abrégé de l'Histoire d'Angleterre ». Voy. IV, 20, *d.* M. Contant d'Orville assure que le traducteur est le chevalier de Redmont, mort en 1778, lieutenant général des armées du roi. Voyez les « Mélanges tirés d'une grande bibliothèque », édition de 1779, t. Ier, p. 159.

Histoire critique du gouvernement romain. (Par l'abbé Dubignon.) *Paris, Guillyn*, 1765, in-12.

Cette histoire est tirée de l'ouvrage d'Em. Duni sur l'origine et les progrès du gouvernement civil de Rome, dont l'abbé Dubignon s'est approprié le travail sans en avertir le lecteur. Voir la lettre de Duni, dans la « Gazette littéraire de l'Europe », févr. 1766, p. 421.
Ul. C.

Histoire critique du passage des Alpes par Annibal... Par feu M. J.-L. Larauza... (Publiée par M. Viguier.) *Paris, Dondey-Dupré*, 1826, in-8.

Histoire critique du Vieux Testament. (Par Richard Simon, prêtre de l'Oratoire.) *S. l. n. d. (Paris, veuve Billaine*, 1678), in-4, 680 p., sans compter la préface, la table des chapitres et celle des principales matières.

Première édition d'un ouvrage assez estimé. Le docteur Antoine Arnauld, qui n'aimait pas l'auteur, ayant eu communication de la préface et de la table des matières de ce volume avant sa publication, les dénonça à Bossuet, alors évêque de Condom. Ce prélat, choqué du sommaire d'un chapitre conçu en ces termes : *Moyse ne peut être l'auteur de tout ce qui est dans les livres qui lui sont attribués*, conseilla au chancelier Le Tellier de supprimer l'ouvrage. Cet avis fut suivi, et la suppression s'exécuta avec tant de sévérité, qu'on assure que six exemplaires seulement échappèrent à la destruction. Deux de ces exemplaires ont été envoyés en Angleterre; Richard Simon en parle dans le tome quatrième de ses « Lettres », p. 58. La Bibliothèque nationale possède l'exemplaire que l'évêque d'Avranches, Huet, avait légué à la bibliothèque des Jésuites de la maison professe de Paris. Un autre a été placé dans la bibliothèque de la maison d'institution de l'Oratoire; on le trouve aujourd'hui à la Bibliothèque Mazarine. Un quatrième existait dans la bibliothèque du séminaire de Saint-Magloire; il fait partie aujourd'hui de l'ancienne bibliothèque du Conseil d'Etat, transportée à Fontainebleau en 1807 (1). L'abbé Rive raconte, dans sa « Chasse aux bibliographes » (t. I, p. 497), qu'en ayant aperçu un exemplaire dans un lot de livres acheté dans une vente par un bouquiniste, il racheta ce rare volume pour 3 fr. On ignore ce qu'est devenu cet exemplaire; peut-être est-ce celui que je possède. C'est probablement l'exemplaire de l'abbé de La Coste, chanoine de Notre-Dame, que le libraire Martin inscrivit

_____
(1) Cet exemplaire se trouvait en dernier lieu dans la Bibliothèque du Louvre, dont il a partagé le sort au mois de mai 1871.

de la manière suivante dans le Catalogue de la bibliothèque de cet abbé, *Paris*, 1722, in-12, sous le n° 385 : « Histoire critique du V. T., par R. Simon, première édition, » *Paris*, in-4. Achille de Harlay, quatrième du nom, mort conseiller d'Etat en 1717, en légua un exemplaire, relié en maroquin bleu, au collège des Jésuites de la maison de Clermont. Cet exemplaire est peut-être le seul qui ait paru dans les ventes publiques depuis soixante-dix ans. Il fut vendu 161 fr., en 1769, à la vente de M. Gaignat; 69 fr., en 1791, à la vente de M. de Saint-Céran; 133 fr., en 1803, à celle de M. Duquesnoy. L'exemplaire de M. Paris, en 1791, était aussi relié en maroquin.

On trouve en manuscrit, à la tête des exemplaires de la maison d'institution de Saint-Magloire et de M. de Harlay, l'extrait des registres du conseil d'Etat, en date du 19 juin 1678, signé Colbert. Ils n'ont aucun frontispice. L'exemplaire de la Bibliothèque nationale est aussi sans frontispice; mais on n'y a pas joint l'arrêt du Conseil d'Etat. Mon exemplaire ne contient pas non plus l'arrêt; le faux titre qu'il porte est d'un autre papier que celui de l'ouvrage.

Richard Simon, d'après ce qu'il dit dans ses « Lettres » (t. III, p. 260), conservait un huitième exemplaire avec quelques petites corrections de la main de Bossuet et de celle de Pirot, qui avait été son censeur. Il paraît que cet exemplaire a été brûlé à Dieppe avec d'autres ouvrages imprimés et manuscrits qui appartenaient à ce savant. Il ne s'est pas trouvé parmi les articles que Richard Simon a légués à la bibliothèque du chapitre de Rouen, au moins si l'on en juge par le silence que garde à ce sujet l'abbé Saas dans sa « Notice des manuscrits de l'église métropolitaine de Rouen ».

Peu d'années après la suppression de l' « Histoire critique », Bossuet témoigna qu'il emploierait tout son crédit auprès du chancelier pour faire réimprimer cet ouvrage, si Richard Simon consentait à y faire quelques corrections. Et, en effet, Le Tellier nomma une seconde fois Pirot pour censeur; mais celui-ci ayant gardé l'ouvrage pendant près de deux ans sans donner son approbation, Richard Simon retira l'exemplaire d'entre ses mains, et abandonna cette affaire.

Daniel Elzévir réimprima à *Amsterdam*, en 1680, l' « Histoire critique du Vieux Testament » sur la copie manuscrite d'un des deux exemplaires envoyés à Londres, copie qui a dû être défectueuse : aussi cette édition n'est point recherchée des amateurs. Pour faciliter l'entrée de cette édition en France, Daniel Elzévir mit à quelques exemplaires un premier frontispice ainsi conçu : « Histoire de la religion des Juifs et de leur établissement en Espagne et autres parties de l'Europe, où ils se sont retirés après la destruction de Jérusalem, par Rabbi Moses Levi. » *Amsterdam, P. de La Faille*, 1680, in-4. (Voy. « Supercheries », III, 302, *b.*) Dans ces exemplaires, le vrai frontispice se trouve après la préface et la table des chapitres.

Il parut à *Amsterdam*, en 1685, une nouvelle édition de l' « Histoire critique ». Suivant Bruzen de La Martinière, dans son « Eloge historique de Simon », p. 45, l'auteur a protesté de ne s'être point mêlé de cette édition. Cependant M. le cardinal de Bausset affirme, dans l' « Histoire de Bossuet », que Richard Simon *fit réimprimer en Hollande son Histoire critique*, telle qu'elle avait été imprimée à Paris dans l'édition que le gouvernement avait supprimée. Peut-être eût-il été convenable que l'illustre biographe donnât quelques preuves à l'appui de cette opinion, d'autant plus que les démarches de Bossuet auprès de Richard Simon, pour en obtenir de légères corrections, font entrevoir qu'il reconnaissait lui-même avoir agi avec un peu de précipitation dans cette affaire.

On trouve des renseignements bibliographiques sur les diverses éditions de l' « Histoire critique du Vieux Testament » aux pages 130 à 140 de l'ouvrage suivant : « Richard Simon et son Histoire critique du Vieux Testament. La critique biblique au siècle de Louis XIV. Thèse présentée à la Faculté de théologie de l'Eglise libre du canton de Vaud, par A. Bernus. » *Lausanne, imp. de Bridel*, 1869, in-8, 144 p.

Histoire critique et apologétique de l'ordre des chevaliers du Temple de Jérusalem, dits Templiers, dits feu le R. P. M. J. (le révérend père MANSUET JEUNE), chanoine régulier de l'ordre de prémontré... *Paris, Guillot*, 1789, 3 vol. in-4; et avec un titre rafraîchi, *Paris*, an XIII-1805, 3 vol. in-4.

Cet ouvrage a été publié par le P. BAUDOT, prémontré. Le P. Jos.-Romain JOLY, capucin, en a fait la préface et la table des matières.

Dans la 1ʳᵉ éd. de ce Dictionnaire, l'auteur est appelé le P. LEJEUNE.

Histoire curieuse de la vie, de la conduite et des vrais sentiments du Sʳ Jean de Labadie... (Par Samuel DES MARETS.) *La Haye, T. Duurcant*, 1670, in-12.

Histoire curieuse et amusante d'un nouveau voyage à la lune, fait par un aéromane. (Par Ant.-Fr. MOMORO.) 1784, in-8. V. T.

Permission tacite.

Histoire curieuse et amusante des singes... Par P.-J.-B. N. (Pierre-Jean-Bapt. NOUGARET). *Paris, Lerouge*, 1813, in-18. Voy. « Supercheries », III, 176, *b*.

Histoire curieuse et remarquable de la ville et province de Bordeaux. (Par Jean-Martin LA COLONIE.) *Bruxelles (Bordeaux)*, 1760, 3 vol. in-12.

Histoire d'A. (Anne), comte de Génévois, et de mademoiselle d'Anjou. (Par A. DE PRESCHAC.) *Paris*, 1680, in-8.

Histoire d'Abdal Mazour, suite des « Contes orientaux »; troisième récit du sage Caleb, voyageur persan. (Par Marie MOREAU, dame MONNET.) *Constantinople (Paris)*, 1784, in-12. V. T.

Voy. IV, 748, *a*, et « Supercheries », II, 1011, *f*.

Histoire d'ÆNEAS SYLVIUS touchant les amours d'Eurialus et de Lucrèce, traduite du latin (par Jean MILLET). *Paris, Nicolas Christian*, 1551, in-8.

Voy. ci-après, col. 657, *a*.

Histoire d'Agathe de Saint-Bohaire. (Par J.-P. FRÉNAIS.) *Lille, Henry*, 1769, 2 vol. in-12.

Histoire d'Agathon, ou Tableau philosophique des mœurs de la Grèce, imité

---

de l'allemand de WIÉLAND. (Par J.-P. FRÉNAIS.) *Paris, de Hansy le jeune*, 1768, 4 parties in-12.

Histoire d'Agathon, traduction nouvelle et complète faite sur la dernière édition des Œuvres de M. WIÉLAND, par l'auteur de « Piétro d'Alby et Gianetta » (F.-Daniel PERNAY). *Paris, Maradan*, an X-1802, 3 vol. in-12.

Traduction avec coupures et suppressions.

Histoire d'Albert et d'Isabelle, par Ch. D. (Charles DUBOIS). *Bruxelles, A. Jamar*, 1847, in-8, 224 p. et 4 pl.

Forme le n° 19 de la « Bibliothèque nationale ».

Histoire d'Albert, ou les Souvenirs d'un jeune homme. (Par Louis BONAPARTE.) *Paris, Poignée*, 1802, in-12, 159 p.

L'envoi à C*** F***, qui se trouve en tête de ce volume, est adressé à Cuvillier Fleury.

Histoire d'Alençon. (Par l'abbé J.-J. GAUTIER.) *Alençon, Malassis le jeune*, an XIV-1805, in-8, II-239 p. — Supplément. *Alençon, Poulet-Malassis*, 1821, in-8, 175 p. avec grav. sur bois.

Histoire (l') d'Alexandre Farnèse, duc de Parme et de Plaisance, par le sieur D. M. (l'abbé J.-C. BRUSLÉ DE MONTPLEINCHAMP.) *Amsterdam, Ant. Michiels*, 1692, in-12.

Histoire d'Alexandre le Grand suivant les écrivains orientaux. *Varsovie*, 1822, in-12.

La dédicace au grand-duc Constantin est signée : Démétrius DE GOBDELAS.

L'auteur est un Grec réfugié en Pologne. Cet ouvrage peu étendu a été reproduit textuellement par un autre Grec et dédié à M. Eynard, comme extrait d'un cours fait à Genève, en 1828. Voici le titre de ce volume littéraire : « Alexandre le Grand, d'après les auteurs orientaux », par G.-A. M*** , citoyen grec, auteur de plusieurs ouvrages, et profess. d'histoire et de littérat. grecque. Extrait de son cours fait à Genève, en 1828. *Genève, Abr. Cherbuliez*, 1828, in-8 (voy. IV, 94, *d*). Quelques changements dans la courte introduction dont le véritable auteur avait fait précéder son livre, et quelques mots substitués à d'autres dans les deux premières pages, voilà toute la peine que s'est donnée cet effronté plagiaire, qui a copié mot pour mot tout le reste, texte et notes. Cette action ridicule est en outre d'autant plus coupable, que ce travail de M. de Gobdelas (qui en avait fait plusieurs du même genre, notamment une traduction grecque du « Tableau historique de l'Orient », par d'Ohsson) est tout ce qu'il avait pu sauver de la barbarie des Turcs... (J. Berger de Xivrey, dans les « Notices et Extr. des Mss. de la Biblioth. du roi, » XIII, 2ᵉ partie, p. 175.) A. L.

Histoire d'Alger et du bombardement de cette ville en 1816. Description de ce royaume et des révolutions qui y sont arrivées... *Paris, Pillan*, 1830, in-8.

C'est la réimpression anonyme de l' « Histoire

d'Alger », par LAUGIER DE TASSY, publiée la première fois à Amsterdam, Henri du Sauzet, 1725, in-12. (Voy. le « Journal des savans », mars 1726, p. 179-187.) Le libraire a supprimé dans la préface tout ce qui pouvait éclairer sur sa date; il a grossi son volume d'une relation du bombardement d'Alger, par lord Exmouth, tirée, il est présumable, du compte rendu, par M***, interprète de l'expédition. Londres, 1819, in-8 (en angl.).

Voy.« Annales des Voyages », XLVI (1830), p. 105; et « Bull. des sciences géogr. » de Ferussac, XXII (1830), 318.

A. L.

Histoire d'Aménophis, prince de Lybie. (Par M.-L.-C. DE GIVRY, comtesse DE FONTAINES.) Paris, G.-F. Quillau, 1728, in-8. Le privilége, au nom du libraire, est daté du 24 oct. 1727.

On cite une édition de Genève, M.-M. Bousquet, 1725, et une autre de la même date, La Haye, in-12, suivie de la « Comtesse de Vergy » (par Adrien DE LA VIEUVILLE D'ORVILLE, comte DE VIGNACOURT). C'est le texte de 1728 qui a servi pour la réimpression, jointe à celle du « Comte de Savoie », qui a paru sous ce titre : « Œuvres de Mme de Fontaines. Nouv. édit., rev., corr. et précédée d'une notice littéraire. Paris, d'Hautel, 1812, in-18, 200 p. Cependant, en 1745, l'on avait publié sous la rubrique de Londres (à la Sphère), in-8 de VIII et 182 pp., « Histoire d'Aménophis, roi de Chypre ». On lit dans la préface : « L'auteur avait jeté cette histoire sur le papier il y a plus de vingt ans, pour satisfaire à l'empressement d'une grande dame de première considération... Telle que je la donne aujourd'hui, elle n'a d'autre conformité avec le manuscrit qui m'a été remis, après sa mort, par ses ordres, que dans le plan et les événements dont quelques-uns même sont changés ou augmentés. »

Le président Hénault, dans ses notes manuscrites, dit que CHAPELLE et FERRAND ont été les discrets auteurs des écrits de Mme DE FONTAINES.

Voy. ce dernier nom aux « Supercheries », II, 61, a.

Histoire d'Amyntor et de Thérèse, traduite de l'anglois (par Mme G.-Ch. THIROUX D'ARCONVILLE). Amsterdam (Paris), 1770, 2 parties in-12.

Histoire d'Angleterre, depuis l'invasion de Jules-César jusqu'à la révolution de 1688, par Dav. HUME (traduction de l'abbé A.-F. PRÉVOST et de Mme BELOT, depuis présidente DUREY DE MEYNIÈRES), et depuis cette époque jusqu'à 1760, par SMOLLETT (traduction de J.-B. TARGE). Nouvelle édition, revue, corrigée et précédée d'un essai sur la vie et les écrits de Hume, par M. CAMPENON. Paris, Janet et Cotelle, 1819, 16 vol. — Histoire d'Angleterre, depuis l'avénement de Georges III, jusqu'à la conclusion de la paix de 1783. Trad. de l'anglois de J. ADOLPHUS, par MM. D*** (J.-B.-D. DESPRÉS, F.-N.-V. CAMPENON et Edouard MENNECHET). Paris, les mêmes, 1822, 4 vol. — Précis des événements qui se sont passés en Angleterre sous le règne de Georges III jusqu'en 1820, par AIKIN et quelques autres historiens anglais (trad. par les mêmes). Terminé par une table des matières rédigée par M. QUESNÉ. Paris, les mêmes, 1822, 2 vol.; en tout 22 vol. in-8.

Cette collection a eu, de 1824 à 1827, une seconde édit. en 24 vol. in-8.

En 1839, le libraire Furne annonçait cette traduction comme l'œuvre de CAMPENON; mais dans une lettre insérée dans le « Journal des Débats » du 13 janv. 1839, il déclare que Campenon n'a été que le réviseur de la traduction faite par DESPRÉS..

Histoire d'Angleterre depuis la conquête de la Bretagne par les Romains jusqu'à nos jours, à l'usage de la jeunesse, par l'auteur de l'« Histoire de la Russie » (Just-Jean-Etienne ROY). Lille, Lefort, 1845, in-12, avec une grav. — 2e éd. Lille, Lefort, 1851, in-12.

Histoire d'Angleterre en forme de lettres d'un seigneur à son fils; traduite de l'anglais d'Olivier GOLDSMITH (par J.-Th. HÉRISSANT DES CARRIÈRES), à l'usage des écoles. Londres, 1777, 2 vol. in-12.

Voy. « Supercheries », II, 812, e.

Histoire d'Angleterre, par M. RAPIN DE THOYRAS, avec la continuation (par David DURAND et DUPARD). La Haye, Rogissart, 1724-1735, 13 vol. in-4. — Nouvelle édition, augmentée des notes de TINDAL et de l'abrégé fait par RAPIN DE THOYRAS des actes de RYMER, publiée par les soins de M. DE S. M. (C.-H. LEFEBVRE DE SAINT-MARC). La Haye (Paris), 1749, 16 vol. in-4.

Histoire d'Angleterre, racontée aux petits enfants, traduite de l'anglais sur la septième édition. Paris, P. Dufart, 1829, in-12. — 2e éd. Par Mme la vicomtesse DE V*** (la vicomtesse DE VIRIEU). Paris, Dufart, 1833, in-18. — 3e éd. Paris, Bellizard, 1834, in-18.

Voy. « Supercheries », III, 887, e.

Histoire d'Angleterre, représentée en figures par DAVID, avec un précis historique (par Pierre LE TOURNEUR). Paris. David, 1784, 2 vol. in-4.

Histoire d'Apollone de Tyane, convaincue de fausseté et d'imposture. Paris, Giffart, 1705, in-12.

Le privilége est au nom du sieur CLAIRVAL, pseudonyme de L.-E. DUPIN.

Histoire d'Aristarque de Samos, suivie de la traduction de son ouvrage sur les distances du soleil et de la lune, par M. DE F*** (A.-J.-F.-X.-P.-E.-S.-P.-A. DE FORTIA D'URBAN). Paris, veuve Duminil-Lesueur, 1810, in-8, 465 p.

Histoire d'Aristomène, général des Messéniens, avec quelques réflexions sur la tragédie de ce nom. (Par J.-B. JOURDAN.) *Paris*, 1749, in-12, 52 p.

Histoire d'Artus III, duc de Bretagne... depuis l'an 1413 jusques à l'an 1457. (Par Guill. GRUEL.) De nouveau mise en lumière par Théodore GODEFROY... *Paris*, *A. Pacard*, 1622, in-4, 4 ff. lim. et 171 p.

Histoire d'Assyrie, ou Histoire des monarchies de Ninive, de Babylone et d'Ecbatane, avec des vues sur la population de l'Asie. (Par J.-B. DELISLE DE SALES.) *Paris*, 1780, 2 vol. in-8.

Histoire d'aucuns favoris, par feu M. D. P. (Pierre DU PUY). *Amsterdam, Ant. Michiels (Elzevier)*, 1660, in-12.

C'est un extrait de l' « Histoire des plus illustres favoris ». Voy. ce titre.

Histoire d'Auguste, contenant les principaux événemens de sa vie, avec le plan de sa politique et de son gouvernement. (Par Isaac DE LARREY.) *Rotterdam, R. Leers*, 1690, in-8.

Cet ouvrage, joint à l' « Histoire du premier et du second Triumvirat... », a été publié sous le titre de : « Histoire des deux Triumvirats.... » Voy. ces mots.

Histoire d'Auguste, contenant ses actions avant et après le triumvirat, jusqu'à sa mort, etc. (Par S. CITRI DE LA GUETTE.) *Paris, Barbin*, 1686, 2 vol. in-12.

Histoire d'Auguste II, roi de Pologne, électeur de Saxe, etc., etc. Par M. D. L. M. (J.-B. DES ROCHES DE PARTHENAY). *Londres*, 1739, 2 vol. in-8.

Même ouvrage que l' « Histoire de Pologne ». Voy. « Supercheries », III, 34, f.   A. L.

Histoire d'Aurélio et d'Isabelle, fille du roi d'Écosse, en italien et en françois (traduit de JUAN DE FLORES, par Gilles CORROZET). *Paris, Gilles Corrozet*, 1547, in-16.

Voyez le tome X de la « Bibliographie instructive », par M. Née de La Rochelle, 1782, in-8.

Il existe plusieurs éditions de ce petit roman traduit en français. Voy. Brunet, « Manuel du libraire », 5ᵉ éd., II, col. 1303.

Histoire d'Ayder-Ali-Khan; Nabab-Bahader, ou nouveau Mémoire sur l'Inde. Par M. M. D. L. T. (MAISTRE DE LA TOUR). *Paris, Cailleau*, 1783, 2 parties in-12.

Histoire d'Écosse sous les règnes de Marie Stuart et de Jacques VI, jusqu'à l'avénement de ce prince à la couronne d'Angleterre, par Guil. ROBERTSON, traduite de l'anglois (par N.-P. BESSET DE LA CHAPELLE). *Londres*, 1764, 3 vol. in-12.

L'abbé A. MORELLET a revu cette traduction.

Il existe une nouvelle édition revue, corrigée et augmentée, par le traducteur, d'un appendice contenant un grand nombre de pièces originales, etc. *Londres (Maestricht)*, 1772, 4 vol. in-12.

La préface du traducteur a 12 pages.

J'ai peine à croire que les corrections de cette édition et la traduction de l'appendice soient de Besset de La Chapelle. Il est désigné, dans un avertissement du libraire, comme un écrivain éloquent et savant, épithètes qu'il est difficile d'appliquer à Besset. Peut-être que le libraire a voulu parler de SUARD, que l'on considérait assez généralement comme le traducteur de tous les ouvrages de Robertson.

Histoire d'Écosse, traduction nouvelle (par l'abbé J.-L. BLAVET). *Paris, Pissot*, 1785, 3 vol. in-12.

Dans les notes qui terminent le troisième volume, le traducteur renvoie à une préface qui devrait se trouver en tête du premier volume, et qui n'y est pas.

J'ai vu un exemplaire signé par le traducteur.

Histoire d'Éléonor de Guyenne... (Par Isaac DE LARREY.) Edition augmentée d'un supplément, de sommaires, de notes et d'observations. Par M*** (J. CUSSAC). *Paris, Cussac*, 1788, in-8.

Histoire d'Élisabeth Canning et de Jean Calas. (Par VOLTAIRE.) *S. l. n. d.*, in-8, 20 p.

Histoire d'Éloïse et d'Abélard, avec la lettre passionnée qu'elle lui écrivit, traduite du latin (par Nicolas RÉMOND DES COURS). *La Haye, Jean-Alberts*, 1693, 1697, in-12.

Voy. « Lettre d'Héloïse... »

Histoire d'Éma (ou de l'Ame). (Par Claude DE THYARD, marquis DE BISSY. *Paris* (1752), 2 parties in-12.

J.-P. MOET a été l'éditeur de cet ouvrage. On attribue à Julien BUSSON les considérations philosophiques qui composent la seconde partie.

Suivant Formey, l'auteur de cette histoire allégorique serait DIDEROT.

Histoire d'Émeric, comte de Tékély, ou Mémoires pour servir à sa vie... (Par Jean LE CLERC.) *Paris*, 1671, in-12. — *Cologne*, 1693, in-12. — *Cologne*, 1694, in-8.

Comme cet ouvrage n'est qu'une compilation des gazettes et des Mercures, LE CLERC ne l'a jamais avoué. (*Dictionnaire de Chaufepié*.)

Attribué par les « Supercheries », d'après M. G. Mouravit, à GILLOUX, et donné comme portant ***. Voy. III, 1025, f.

Histoire d'Émilie Montague, par l'auteur de « Julie Mandeville » (madame Fr. BROOKE), traduite de l'anglois (par J.-B.-R. ROBINET). *Amsterdam et Paris, Le Jay*, 1770, 4 vol. in-12.

Note manuscrite de Naigeon le jeune, qui tenait l'ouvrage du traducteur lui-même.

Frenais a publié la même année une imitation de ce roman. *Paris, Gauguery*, 5 vol. in-12.

Histoire d'Emmanuel Philibert, duc de Savoie... *Amsterdam, J. Lenoir, 1692, 1693,* in-12.

Signé : DEMONPLEINCHAMP.

Histoire d'Eugénie, racontée par une ex-religieuse du couvent de ***. Par C. A. W. (C.-A. WALCKENAER). *Paris, Dentu,* 1803, in-12.

Histoire (l') d'Euryalus et Lucresse, vrays amoureux selon pape PIE. S. l. n. d. (*Paris, Verard,* avant 1500), in-fol. goth., 93 f.

On peut croire que cette traduction est celle qu'Octavien DE SAINT-GELAIS fit dans sa jeunesse, et dont il parle dans son « Séjour d'honneur », p. 203. (Voy. la Croix du Maine, édition in-4, tome II, p. 202.)

Il existe une autre traduction en vers mêlée de prose, imprimée à *Lyon, Olivier Arnoullet, s. d.,* in-4 goth. Réimpr. à *Paris, Michel Le Noir,* et *s. l. n. d.,* in-4.

Un huitain donne par acrostiche le nom d'ANTHITUS, mais n'est-ce pas un nom supposé ? Voy. aussi ci-dessus, « Histoire d'Æneas Sylvus... » col. 654, f.

Histoire d'Eustache de Saint-Pierre au siège de Calais. (Par M.-A. POISSON, dame DE GOMEZ.) *Paris, Vente,* 1765, in-12.

Histoire d'Hélène Gillet, ou Relation d'un événement extraordinaire et tragique, survenu à Dijon dans le XVIIe siècle, suivie d'une notice sur des lettres de grâce singulières, expédiées au XVe siècle, et sur quelques usages bizarres en matière criminelle. Le tout publié textuellement d'après les manuscrits et imprimés du temps, avec des notes, par un ancien avocat (Gabriel PEIGNOT). *Dijon, V. Lagier,* 1829, in-8.

Voy. « Supercheries », I, 321, d.

Histoire de Henri d'Eichenfels. Conte pour les enfants. (Par Christ. SCHMID.) Traduit de l'allemand. *Paris, et Strasbourg, Levrault,* 1829, in-12.

Histoire (l') d'Hercule le Thébain, tirée de différens auteurs. (Par le comte DE CAYLUS.) *Paris, Tilliard,* 1758, in-8.

Histoire d'HÉRODIEN, traduite du grec, avec des remarques sur la traduction (par l'abbé Nic.-Hub. MONGAULT). *Paris, veuve Barbin,* 1700, in-12.

Réimprimée en 1745 et en 1784, avec le nom du traducteur.

Histoire d'HÉRODIEN, traduite en françois, par M. DE B. G*** (DE BOIS-GUILLEBERT). *Paris,* 1675, in-12.

Voy. « Supercheries », I, 523, b.

Histoire d'Hippolyte, comte de Douglas. (Par la comtesse D'AULNOY.) *Paris, Barbin,*

1690, 2 vol. in-12. — *La Haye, J. Swart,* 1726, 2 part. in-12.

Histoire d'Iris, par M. C. (POISSON). *La Haye, Roquet,* 1746, in-12.

Histoire d'Italie de 1789 à 1814, par Charles BOTTA (traduite en français par Théodore LICQUET). *Paris, Dufart,* 1824, 5 vol. in-8.

Histoire d'Izerbin, poëte arabe, traduite de l'arabe. *Amsterdam,* 1768, in-12.

Composé par L.-S. MERCIER.

Histoire d'Olivier Cromwel. (Par l'abbé François RAGUENET.) *Paris, P. Elzevier,* 1691, in-4. — *Utrecht, P. Elzevier,* 1692, 2 vol. in-12.

Histoire (l') d'Olivier de Castille et d'Artus d'Algarbe, preux et vaillans chevaliers (traduite du latin par Phil. CAMUS). *Paris, Bonfons,* 1587, in-4.

Histoire d'Osman, fils du sultan Ibrahim, empereur des Turcs, et frère de Mahomet IV, qui est celle du R. P. Ottoman, de l'ordre des Frères prêcheurs. (Par le chevalier Jacques DE JANT.) *Paris, Cusson,* 1665, in-12. — Autre édition augmentée. *Paris, Loyson,* 1670, in-12, avec le nom de l'auteur.

Le lecteur ne sera pas fâché, dit l'abbé Papillon, d'apprendre ce que pensait de cette histoire M. de La Mare, conseiller au parlement de Dijon : « Le fond de cette histoire est vrai, dit-il dans ses « Mémoires manuscrits », à la réserve que ce P. Ottoman ne fut jamais fils du sultan Ibrahim, sa mère, qui fut prise avec lui dans le grand gallion, le 28 septembre 1644, par les galères de Malte, commandées par le commandeur de Boisbougran, qui y fut tué, n'était point une sultane ; mais il est vrai que la mère et le fils étaient personnes de qualité, qui allaient en pèlerinage à La Mecque avec de grandes richesses. »

Histoire d'un braconnier, ou Mémoires de la vie de L. LABRUYÈRE, auteur des « Ruses du braconnage » (publ. par M. le baron Jérôme PICHON). *Paris,* 1844, in-8.

Extr. du « Bulletin du bibliophile ». Le manuscrit de cet ouvrage est indiqué au Catalogue Huzard, II, 4902.

Histoire d'un cheval de Napoléon, écrite sous sa dictée, par un cultivateur français qui l'a recueilli dans sa vieillesse. (Par Léon CHANLAIRE.) *Paris,* 1825, in-8, av. 2 pl.

Il n'a paru qu'une livraison de cet ouvrage, qui devait en avoir trois.

Histoire d'un chien, écrite par lui-même et publiée par un homme de ses amis ; ouvrage critique, moral et philosophique. (Par C.-A. DE BASSOMPIERRE, connu sous le nom de SEWRIN.) *Paris, veuve Masson,* an X-1802, in-12.

Histoire d'un chien naufragé, par E. DE M. (Edmond DE MANNE), élève au collége royal de Henri IV. *Paris* (1821), in-8.

Extrait du « Journal des voyages ».

Histoire d'un évêque de Liége (Henri de Gueldre) et des premiers bourgmestres élus par le peuple de cette ville, par M. M... (Charles-P.-M. MOULAN). *Liège*, 1833, in-8.

Histoire d'un jeune Grec, conte moral, traduit de l'allemand de M. WIELAND (par Fr. BERNARD). *Leyde et Paris*, 1778, 2 parties in-8.

C'est une traduction de l'« Histoire d'Agathon ».

Histoire d'un pauvre diable. (Par J. FRÉMOLLE.) Prospectus, in-18, 7 p.

Voy. « Supercheries », III, 45, d.

Histoire d'un pou français, ou l'Espion d'une nouvelle espèce, tant en France qu'en Angleterre... (Par DELAUNEY.) *Paris, imp. royale*, 1781, in-8.

Histoire d'un voyage aux îles Malouines, fait en 1763 et 1764, par dom PERNETTY. Nouvelle édition, refondue et augmentée d'un discours préliminaire, de remarques, etc. (Par J.-B. DELISLE DE SALES.) *Paris, Saillant et Nyon*, 1770, 2 vol. in-8.

L'édition originale de ce voyage parut à Berlin, en 1769. J'ai vu la quittance d'une somme de *quatre cents francs* payée à Delisle de Sales par les libraires Saillant et Nyon, *pour le voyage aux îles Malouines*.

Histoire d'un voyage littéraire fait en 1733, en France, en Angleterre et en Hollande, etc. (Par Charles-Etienne JORDAN.) *La Haye, Moetjens*, 1735, petit in-8. — La même, avec un discours préliminaire de LA CROZE. Seconde édition. *La Haye, Moetjens*, 1736, petit in-8.

Ce voyage a obtenu l'estime particulière des gens de lettres. L'auteur, dans les villes célèbres où il s'est trouvé, a visité les bibliothèques publiques et les savans; et il donne, soit sur les hommes, soit sur les livres, les renseignemens les plus curieux. S'il ne satisfait pas toujours en entier la curiosité des lecteurs, il faut croire que la prudence l'a forcé à quelques réticences. Voici un passage que j'ai regretté longtemps de ne pas pouvoir entendre complètement : « Il parut, pendant mon séjour à Londres, un nouveau journal sous le titre de « Bibliothèque britannique ». Il y a toute apparence que ce journal aura un heureux succès; les auteurs sont gens de mérite, et qui entendent tous parfaitement l'anglais : MM. S., B., le M. D. et le savant M. D. » La « Bibliothèque britannique » est en effet très-recherchée; elle a été continuée jusqu'en 1747, et forme 25 volumes partagés en deux parties, y compris un volume de tables. Je désirais beaucoup en connaître les auteurs; ma curiosité n'a été satisfaite qu'en janvier 1817, pendant le temps de la vente des livres de M. Guyot des Herbiers. Je rachetai l'exemplaire que ce savant possédait de la première édition du « Voyage

littéraire » de Jordan; et parmi les notes manuscrites qu'il renferme, je remarquai celle-ci à l'endroit que je viens de citer : *Sthœlin*, ministre; *Bernard*, ministre; *Daudé*. Ensuite *Duval*, *Beaufort*, *de Missy*. *Desmaiseaux*.

Il n'est pas étonnant qu'un journal rédigé par des hommes de ce mérite ait obtenu un grand succès, et soit encore recherché aujourd'hui. Je n'ai point de détail sur le ministre Sthœlin; Bernard (Jean-Pierre) était le fils de Jacques Bernard, continuateur de la « République des lettres » de Bayle. Il a eu part à la traduction anglaise du Dictionnaire de Bayle. Duval était secrétaire de la Société royale de Londres. Les autres noms sont suffisamment connus. Si l'on en croit le libraire Ermens, rédacteur estimé de plusieurs catalogues de livres, il faut joindre à cette liste M. Kempius, qui était probablement fils de Jean Campius ou Kemp, membre de la Société royale de Londres, mort vers 1720. (Voyez le Catalogue de la précieuse collection de livres de J. Moris, libraire et imprimeur à Bruxelles, par J. Ermens. *Bruxelles*, 1778, in-8, t. I, p. 769.)

Histoire d'une âme. (Par l'abbé Pierre-Félix ECALLE.) *Paris, Lethielleux*, 1865, in-18.

Histoire d'une ancienne famille de Provence (les Pellicot). (Par M. Octave TEISSIER.) *Toulon, imp. de E. Aurel*, 1862, in-8, fig. et tabl. généalog.   G. M.

Histoire d'une cause célèbre, jugée par arrêt du parlement de Nanci, le 3 août 1739. (*Francfort*), 1739, pet. in-12.

Le nom de l'auteur CHEVRIER est en tête de l'avertissement.

Histoire d'une cause célèbre, traitée au temple de la Gloire, toutes les nations assemblées, la veille des ides de décembre de la première année du 272e lustre depuis la fondation de la monarchie françoise. *A Paris, chez le moucheur de la Comédie italienne*. 1764, in-12.

Par Ph.-Ant. CHAINEL, Catalogue Noël, n° 6898.

Histoire d'une chatte, griffonnée par elle-même, et publiée par M*** ***. (Composée par C.-A. DE BASSOMPIERRE, connu sous le nom de SEWRIN.) *Paris, Mme Masson*, an X-1802, in-12.

Histoire d'une comédienne qui a quitté le spectacle. (Par le comte DE CAYLUS.) *Londres* (*Paris*), 1781, in-18.

Histoire d'une dame chrétienne de la Chine, où, par occasion, les usages de ces peuples... sont expliquez. *Paris, Est. Michallet*, 1688, in-12, 152 p. et 1 fig.

Signé à la fin du vol. P. C. (Philippe COUPLET), procureur général des missions de la Chine.

Suivant le P. de Backer, cet ouvrage aurait été écrit en latin, et le P. D'ORLÉANS serait l'auteur de la traduction française.

Histoire d'une détention de trente-neuf ans, dans les prisons d'État. Écrite par le prisonnier lui-même. *Amsterdam, et se trouve chez les principaux libraires de l'Europe,* 1787, in-8, 138 p. — Autre édit. *S. l.,* pet. in-8, 127 p.

Le rédacteur de cette histoire a encore publié : 1o Lettre de M. le marquis DE BEAUPOIL à M. Bergasse sur l' « Histoire de M. de Latude et sur les ordres arbitraires ». *Potsdam,* 1787, in-8, 54 p. — Autre édit., *ibid.,* in-8, 27 p. — 2o A un ami à l'occasion du mémoire de M. de Masers de Latude, ou Histoire de l'abbé de Buquois. *Paris, Buisson,* 1787, in-12, 72 p. — Seconde édit. *Paris, Bailly,* 1788, in-12.

La « Biographie des contemporains » de Rabbe, t. IV, p. 1210, dit que cet auteur est mort en février 1829, à Paris, dans un âge avancé ; elle le qualifie de colonel, comte DE BEAUPOIL DE SAINT-AULAIRE. Voy. ci-après, « Observations d'un avocat... »

Histoire d'une grande époque avec ses prodiges et ses désastres. Etudes sociales. (Par FROMAGE-CHAPELLE, ancien secrétaire particulier du maréchal Gouvion Saint-Cyr, sous-intendant militaire, connu sous le nom de SAINTE-CHAPELLE.) *Paris, imp. de F. Didot,* 1840, in-8.

Histoire d'une Grecque moderne. (Par l'abbé A.-F. PREVOST.) *Paris,* 1741, 2 vol. in-12.

Histoire d'une jeune fille sauvage trouvée dans les bois à l'âge de dix ans, publiée par Mme H.....T (HECQUET). *Paris,* 1755, in-12.

Racine fils, dans les additions qui suivent son poëme de la Religion, édition de 1763, a donné de nouveaux éclaircissements sur cette même fille sauvage. Elle se nommait dans le monde mademoiselle Le Blanc. Suivant une note manuscrite de M. Abeille, Charles-Marie LA CONDAMINE serait auteur de cette histoire.

Histoire d'une jeune Luthérienne, par l'auteur de « l'An 2440 » (Louis-Sébastien MERCIER). 1786, 2 vol. in-8.

Même ouvrage que « Jezennemours, roman dramatique ». Voy. ce titre.

Histoire d'une sainte et illustre famille de ce siècle (A. F. de Beauveau, mort jésuite ; Marguerite de Ragecourt, sa femme ; Cl. de Beauveau, leur fils, et Marie de Beauveau, leur fille) ; par le P. L... (Jacq. LEMPEREUR), de la compagnie de Jésus. *Paris, veuve R. Pépie,* 1698, in-12.

Note manuscrite de Beaucousin.   V. T.
L'épitre est signée : L. J.

Histoire d'une salle d'asile. Lettres de deux dames inspectrices. (Par Mme Dou-art, inspectrice, et Mme PELLAT, sa sœur, toutes deux filles de M. A. Rendu, conseiller de l'Université.) *Paris, Fouraut,* 1852, in-12.   D. M.

Histoire d'Urbain Grandier, condamné comme magicien, et comme auteur de la possession des religieuses Ursulines de Loudun, par M*** (AUBIN). *Amsterdam, la Compagnie,* 1735, in-12.

Même ouvrage que « Histoire des diables de Loudun ». Voy. ce titre.

Histoire de Bertrand du Guesclin, connétable de France... par messire P. H. D. C. (P. HAY, seigneur de Chastelet). *Paris, C. de Sercy,* 1666, in-fol.

Histoire de Bileam. *S. l. n. d.,* in-12, 19 p.

Attribué à G.-G. LEIBNITZ par le chevalier de Jaucourt dans le Catalogue des ouvrages de Leibnitz qu'il a placé en tête de l'édition des « Essais de théodicée », de cet auteur, par lui donnée en 1747, 2 vol. in-8.

Ch. Nodier a, par suite, attribué à Leibnitz toutes les pièces du recueil décrit ci-dessous, mais cette attribution n'est admise ni par J.-S. Merlin dans le Catal. de la vente Ch. Nodier, janv. 1830, nos 11 et 12, ni par Brunet, « Manuel du libraire », 5e édit., III, col. 184.

Histoire de Bileam. Renards de Samson. Machoirs d'âne. Corbeaux d'Elie. L'Ante-Christ. *S. l. n. d.,* in-12 de 12, 18, 24 et 54 p. y compris les titres.

Voy. « Renards de Samson ».

Histoire de Boëce, sénateur romain, avec l'analyse de tous ses ouvrages. (Par l'abbé Franc.-Arm. GERVAISE.) *Paris, Mariette,* 1715, 2 part. in-12.

Histoire de Bossuet, rédigée d'après l'histoire de M. de Bausset ; par F. J. L. (F.-J. LAFUITE). 2o édit. *Lille, Lefort,* 1836, in-12.

La prem. édit. a paru sous le titre de « Vie de Bossuet ». Voy. ces mots.

Histoire de Bruges... (Par Alexandre COUVEZ.) *Bruges, Vande Casteele,* 1850, in-8, 326 p.

A paru depuis avec le nom de l'auteur.   J. D.

Histoire de CAIUS VELLEIUS PATERCULUS, de l'Ancienne Histoire romaine et grecque, traduction nouvelle (ou plutôt nouvelle édition de la traduction de J. DOUJAT), avec le latin à côté (suivie de l' «Index géographique » du P. DE GRAINVILLE, jésuite). *Limoges, Barbou,* 1710, in-12.

Cette édition a été réimprimée à *Lyon, chez Molin,* en 1714, 2 vol. in-12.

La traduction de Doujat a été reproduite à *Anvers* dès 1670, in-12, sous le voile de l'anonyme. Elle avait paru à Paris en 1672, avec le nom de l'auteur.

Les éditeurs du Paterculus de *Deux-Ponts,* dans leur notice littéraire sur l'auteur, soit à l'article des éditions, soit à celui des traductions, indiquent la traduction imprimée à Limoges comme différente de celle de Doujat.

Histoire de Calejava, ou de l'isle des hommes raisonnables, avec le parallèle de leur morale et du christianisme. (Par Claude GILBERT, avocat.) (*Dijon*, J. *Ressayre*), 1700, in-12, 329 p.

Ouvrage dont il n'existerait, dit-on, qu'un *exemplaire*, vendu 120 livres chez le duc de La Vallière. Voy. son Catal., prem. part., n° 936.

Histoire de Carausius, empereur de la Grande-Bretagne... prouvée par les médailles. (Par GENEBRIER.) *Paris*, 1740, in-4.

Histoire de Castellane avec une suite chronologique et historique des évêques... (Par Joseph LAURENSI, curé de Castellane, né en 1719, mort en 1808.) *Castellane*, 1775, in-12.   G. M.

Histoire de Catherine de France, reine d'Angleterre. (Par BAUDOT DE JUILLY.) *Paris, de Luyne*, 1696, in-12. — *Lyon, Guillemin*, 1696, in-12. — *Suivant la copie de Paris, Amsterdam*, 1697, in-12.

Histoire de Catherine Fontaine, autrement la Prieuse... (Par P. NICOLE.) 1682, in-12.

Voyez la « Vie de Nicole », par l'abbé Goujet, 1767, in-12, p. 322.

Histoire de Catilina, tirée de PLUTARQUE, de CICÉRON, etc. (par l'abbé SERAN DE LA TOUR). *Amsterdam, Rey, et Paris, Durand*, 1749, in-12.

C'est à tort que Moreau, dans sa « Bibliothèque de madame la Dauphine », attribue cet ouvrage à l'abbé T.-G.-F. RAYNAL.

Histoire de ce qui concerne l'élection d'un roi des Romains et le couronnement d'un empereur... (Traduite de l'allemand de J.-W. HAMBERGER, par M. Charles-Hubert MEREAU.) *Gotha, Perthes*, 1791, in-8.

Histoire de ce qui est arrivé au tombeau de sainte Geneviève depuis sa mort jusqu'à présent ; et de toutes les processions de sa chasse. Sa vie traduite sur l'original latin, écrit dix-huit ans après sa mort. (Par le P. Pierre LALLEMENT). Avec le même original revu sur plusieurs anciens manuscrits (par le P. CHARPENTIER). *Paris, U. Coutelier*, 1697, in-8.

Histoire de ce qui s'est passé à l'entrée de la Reine-mère dans les villes des Pays-Bas. (Par PUGET DE LA SERRE.) *S. l.* (*Amsterdam*), 1631, in-fol.

Histoire de ce qui s'est passé au royaume du Japon, ès années 1625-27... Traduit d'Italien en françois par un Père de la compagnie de Jésus (le P. Jean VIREAU). *Paris, Cramoisy*, 1633, in-8.

Histoire de ce qui s'est passé de plus mémorable en Angleterre pendant la vie de Gilbert BURNET (traduit de l'anglois, quant au premier volume, par Fr. LA PILLONNIÈRE). *La Haye, Néaulme*, 1735, 2 vol. in-4.

Le premier volume de cette traduction avait paru dès 1725, sous le titre d' « Histoire des dernières révolutions d'Angleterre ». Voy. ces mots. Le titre en a été refait en 1735. Le second volume complète la traduction de l'ouvrage de Burnet. On ignore le nom du traducteur. Voyez le mot *Burnet*, dans mon « Examen critique des Dictionnaires historiques ».

Histoire de ce qui s'est passé en Ethiopie, Malabar, Brésil et ès Indes orientales, tirée des lettres escrites ès années 1620 jusques en 1624, traduit de l'italien en françois, par un Père de la compagnie de Jésus (le P. Jean DARDE). *Paris, Cramoisy*, 1628, in-8.

Histoire de ce qui s'est passé pour le rétablissement d'une régence en Angleterre. (Par L. DUTENS.) *Londres et Paris, Gattey*, 1789, in-8.

Réimprimé dans le recueil des « Œuvres » de l'auteur, Londres, 1797, 4 vol. in-4.

Histoire de Célémaure et Télesmène. (Par LE ROU.) *Paris*, 1667, 2 vol. in-8.   V. T.

Histoire de Céphale et de Procris. (Par S.-M. GAZON-DOURXIGNÉ.) *Paris*, 1750, in-12.   V. T.

Histoire de César Germanicus, par M. L. DE B. (Louis DE BEAUFORT). *Leyde, Verbeek*, 1741, in-12.

Histoire de Charlemagne, par ÉGINHART, traduction nouvelle, par M. D*** (DENISE), répétiteur des pages... *Paris, L'Huillier*, 1812, in-12.

Histoire de Charles V, duc de Lorraine. (Par Jean DE LA BRUNE.)

Voy. « Vie de Charles V ».

Histoire de Charles VII. (Par BAUDOT DE JUILLY.) *Paris, G. de Luyne*, 1697, 2 vol. in-12. — *Paris, Didot*, 1754, 2 vol. in-12.

On a quelquefois attribué cet ouvrage à Mlle Marguerite DE LUSSAN, par suite de confusion avec les « Mémoires secrets des intrigues de la cour de Charles VII ». Voy. ce titre.

Histoire de Charles XII, roy de Suède, par V... (VOLTAIRE). Nouv. édit. rev. et corr. par l'auteur. *Basle, Revis*, 1732, 2 vol. in-8.

Voy. « Supercheries », III, 884, a.

Histoire de Charles XII, roi de Suède, traduite du suédois de Gand. NORDBERG (par C.-G. WARMHOLTZ). *La Haye, de Hondt*, 1742-1748, 4 vol. in-4.

Histoire de Cicéron, tirée de ses écrits et des monuments de son siècle... (trad. de l'anglais de C. MIDDLETON par l'abbé A.-F. PRÉVOST). Seconde édit. revue et corrigée. *Paris, Didot*, 1749, 4 vol. in-12.

La première édition est de 1743.

Histoire de Conan Meriadec qui fait le premier règne de l'histoire générale des souverains de la Bretagne gauloise, ditte « Recherches générales » de cette province. Avec la première partie des Par le P. T. DE S. LUC C. (TOUSSAINT DE S. LUC, carme). *Paris, C. Calleville*, 1664, in-8, 4 ff. lim., 94 p., 1 f. de tit. pour les recherches et 106 p.

Histoire de Conaxa, riche marchand d'Anvers, publiée en 1673, par le révérend père Jacques RINALD, de la compagnie de Jésus ; suivie du testament mémorable de J. Conaxa, publié bien antérieurement (en 1624) par le révérend père François GARASSE, de la même compagnie, et du parallèle de Conaxa, des Deux Gendres, des Fils ingrats et du Roi Léar, par l'éditeur (DUFOUR). *Paris, G. Mathiot*, 1812, in-8.

Voy. « Supercheries », I, 1259, c.

Histoire de Dauphiné et des princes qui ont porté le nom de Dauphins.... (Par J.-P. MORET DE BOURCHENU, marquis DE VALBONNAIS.) *Genève, Fabri et Barillot*, 1722, 2 vol. in-fol.

Édit. revue par A. LANCELOT. Voy. « Mémoires pour servir à l'histoire du Dauphiné ». G. M.

Histoire de Démetrius, czar de Moscovie. (Par DE DURVILLE.) *Paris*, 1717, in-12.

Histoire de DION CASSIUS de Nicée. abrégée par XIPHILIN, traduite du grec en françois, par M. DE B. G*** (Pierre LE PESANT DE BOIS-GUILBERT). *Paris, C. Barbin*, 1674, 2 vol. in-12.

Histoire de dom B*****, portier des Chartreux, écrite par lui-même. (Par J.-Ch. GERVAISE DE LATOUCHE, avocat.) *Rome, chez Philotanus* (vers 1745), in-12, 318 p.

C'est l'édition la plus ancienne connue de cet ouvrage obscène plusieurs fois réimprimé ; il a été publié sous divers titres : « Histoire de Gouberdon, » « Mémoires de Saturnin », « le Portier des Chartreux ». Voy. ces divers titres et aussi « Supercheries », III, 606, e.

Histoire de don Belianis de Grèce, traduite nouvellement (par Cl. DU BEUIL). *Paris, Touss. du Bray*, 1625, pet. in-8.

Première partie, la seule publiée. C'est par erreur que Lenglet-Dufresnoy, dans sa « Bibliothèque des ro-

mans », t. II, p. 199, dans le titre qu'il reproduit en espagnol, a pris comme nom d'auteur le nom de Friston, qui est celui d'un des personnages. L'auteur est Géronimo FERNANDEZ. Voir sur cet ouvrage, « Bulletin du bibliophile », année 1854, p. 918.

Histoire de don Domingo de la Terra, fameux banquier de Cadix ; nouvelle espagnole, par le traducteur de G*** A*** (Gabr. DE BRÉMOND). *Amsterdam (Rouen)*, 1709, in-12.

BRÉMOND avait déjà publié la traduction du roman de Guzman d'Alfarache : c'est ce qu'indiquent les lettres initiales G*** A***.

Histoire de don Jean Palafox, évêque d'Angélopolis. (Par Antoine ARNAULD.) 1690, in-12.

Ce volume forme le quatrième de la « Morale pratique des Jésuites. »

Voy. « Vie du vénérable don Jean de Palafox ».

Histoire de don Juan d'Autriche, fils de l'empereur Charles-Quint. (Par Jean BRUSLÉ DE MONTPLEINCHAMP.) *Amsterdam, Lebrun*, 1683, in-12.

Histoire de don Juan de Portugal, fils de don Pèdre et d'Inès de Castro. (Par l'abbé P.-Fr. GUYOT DESFONTAINES.) *Paris, Pissot*, 1724, in-12.

Histoire de don Ranucio d'Aletès. *Venise, chez Francisco Pasquinetti*, 1736, 2 vol. in-12, fig. — Seconde édition sous le titre de : « Histoire véritable.... » *Ibid.*, 1738, in-12, fig. — 3e édit. *Ibid.* — Autre édit. intitulée : « Histoire de don René d'Aletès, écrite par lui-même ». *Venise, aux dépens de la Compagnie*, 1758, in-12, fig.

Quelques exemplaires de ce roman satirique contiennent une clef imprimée. Le « Bulletin du bibliophile » de Techener en a donné une en 1865, p. 340-347 et aussi p. 101-106 de 1869.

Le P. Lelong, n° 24620, attribue cet ouvrage au P. QUESNEL, mais il a été reconnu depuis qu'il a pour auteur Ch.-Gabr. PORÉE. Voy. un article de M. Alleaume dans le « Bulletin du bibliophile », 1869, p. 101.

Voy. « Supercheries », III, 320, c.

Histoire de dona Olympia Maldachini, traduite de l'italien de l'abbé GUALDI (masque de Gregorio LÉTI, par RENOULT). *Leyde, Foppens*, 1666, in-12.

Voy. « Supercheries », II, 221, d.

Histoire de dona Ruffina. (Par A. de Castillo SOLORZANO, traduite par A. LE MÉTEL D'OUVILLE.) *Paris*, 1661, in-8. — *Amsterdam (Paris)*, 1731, 2 vol. in-12.

Voy. ci-dessus, « la Fouine de Séville », col. 487, c.

Histoire de F. Hern, le cinquante-cinquième évêque de Tournai. (Par Adrien-

Marie HOVERLANT DE BEAUVELAERE.) *Tournai*, 1820, in-8.

Histoire de Favoride. (Par l'abbé Jacques PERNETTI.) *Genève, Barillot*, 1750, in-8.

Histoire de Fénelon, archevêque de Cambrai, par le cardinal de BAUSSET. Nouvelle édition revue, corrigée et augmentée, d'après les manuscrits de Fénelon et d'autres pièces authentiques, par l'éditeur des « Œuvres de Fénelon » (l'abbé A.-L.-P. CARON). *Paris, J. Lecoffre*, 1850, 4 vol in-8.

Histoire de Fénelon, rédigée d'après l'Histoire de Fénelon de M. de Bausset, par F. J. L. (F.-J. LAFUITE). 3e édit. *Lille, Lefort*, 1844, in-12.

Les deux prem. édit. étaient intitulées « Vie de Fénelon ». Voy. ces mots.

Histoire (l') de Filipe-Emanuel de Loraine, duc de Mercœur, dédiée à Sa Majesté Apostolique. *Cologne, P. Marteau*, 1689, pet. in-12, 11 ff. prélim. et 357 p., avec front. gravé.

L'Épître dédicatoire à Joseph I est signée : G. G. D. M., protonotaire du Saint-Siége. Vient ensuite une « Lettre à l'auteur qui servira de préface »; elle est signée : D. L. G.; on y lit que cet ouvrage est imprimé suivant l'*ortografe*... conforme à la prononciaclon.

Cet ouvrage est attribué à Jean BRUSLÉ DE MONTPLEINCHAMP. Il en existe deux réimpressions. Le titre de l'une porte : ... Seconde édition revue et corrigée. *La Haye, Abrah. Acher*, M. CD. XCI (sic pour 1691), pet. in-12 de 5 ff. prélim., dont 2 d'errata, et 332 pp. Il n'y a plus d'épître dédicatoire, et l'ancienne préface est remplacée par une nouvelle, où on lit que l'on a retranché dans ce livre « plusieurs endroits un peu outrés, des phrases inutiles et sans arrangement, quelques fautes d'histoire et son orthographe ». Cependant en copiant le frontispice gravé de l'édition originale, on y a laissé subsister l'orthographe du mot *Filipe*. L'autre réimpression ne porte pas l'indication de seconde édition ; elle est correctement imprimée, mais n'a pas de frontispice gravé ; elle est de *La Haye, Abrah. Acher*, 1692, pet. in-12 de 2 ff. prélim. et 332 pp.

L'oraison funèbre de Mercœur, prononcée par saint François de Sales, à Notre-Dame de Paris, le 27 avril 1602, se trouve dans le livre IV de l' « Histoire... de Mercœur. »

Sous la Supercherie G. G. D. M. (II, 173, *f.*), l'on trouve le titre qui formait le n° 18939 du « Dictionnaire des anonymes », titre qui me paraît factice. Quant à l'édition citée de *Londres*, 1737, 2 vol. in-12, c'est une erreur positive. La vraie place de l' « Histoire de Filipe Emmanuel » est ici.

Histoire de Florence, par MACHIAVEL, traduction de J.-V. PERIÈS, revue et corrigée (par Antoine DE LATOUR). *Paris, Charpentier*, 1842, in-12.   D. M.

Histoire de Florence, par Nicolas MACHIAVEL, traduction nouvelle (par Fr. TÉTARD).

Amsterdam, H. Desbordes, 1694, 2 vol. in-12.

Histoire de Fortunatus et de ses enfans (refaite sur l'ancien ouvrage de ce titre, par J. CASTILLON). *Paris, Costard*, 1770, 3 parties in-8.

Histoire de France. (Par Claude CHALONS, prêtre de l'Oratoire.) *Paris, Mariette*, 1720, 3 vol. in-12.

Réimpr. en 1741 et 1754, avec le nom de l'auteur. Le P. Chalons mourut en 1694. Son ouvrage, resté imparfait, a été complété, pour la première race de nos rois, par BOURGEOIS DU CHASTENET. Jacq. Guijon a été éditeur de l'ouvrage. (M. *Boulliot*.)

Histoire de France. (Par Ph.-I. BOISTEL D'EXAUVILLEZ.) *Paris, Gaume frères*, 1833, 2 vol. in-18. — 2e éd. *Paris, id.*, 1836, 2 vol. in-18.

Histoire de France à l'usage de la jeunesse, avec cartes géographiques. Par A. M. D. G*** (ad majorem Dei gloriam). Seconde édition. *Paris, imp. de Gueffier*. — *Lyon, Rusand*, 1816, 2 vol. in-12.

Ouvrage célèbre du P. J.-N. Loriquet, jésuite. La première édition date de 1814. L'auteur publia, en 1816, un Supplément à l'histoire de France depuis la mort de Louis XVI jusqu'à l'an 1816. Par A. M. D. G***. *Paris*, 1816, in-8, 171 p.

Voy. le P. de Backer, 2e édit., t. II, in-fol., col. 813, et « Supercheries », I, 297, *f.*

Cet ouvrage fait partie du « Cours d'histoire à l'usage de la jeunesse ».

Histoire de France au moyen âge, par un professeur d'histoire de l'Académie (Adolphe CHERUEL). *Paris, Dézobry et E. Magdeleine*, 1856, in-16, 2 ff. de titre et 173 p.

Fait partie du « Manuel d'études pour la préparation au baccalauréat ès sciences ».

Histoire (l') de France centenant les plus notables occurrences et choses mémorables advenues en ce royaume de France et Pays-Bas de Flandre jusqu'à présent... (Par Paul-Emile PIGUERRE, conseiller au Mans.) *Paris, J. Poupy*, 1581, in-fol.

On croit que Jean LE FÈVRE, de Laval, a eu part à cet ouvrage, qui a reparu avec le nom de l'auteur Milles (sic) Piguerre. *Paris, Guill. de La Noue*, 1583, in-fol.

Ce n'est qu'une nouvelle édition augmentée de la « Vraye et Entière Histoire » (voy. ces mots), par Lancelot de La Popelinière. On y a reproduit l'avertissement de l'édition de 1574. Voy. « Bulletin de la Société de l'histoire du protestantisme français », t. XII, 1863, p. 253-255.

Histoire de France d'Anquetil, abrégée par A. C. (Antoine CAILLOT), et entièrement refondue par M. LACROIX DE MARLÈS. *Paris, Didier*, 1839, 2 vol. in-12.

Voy. « Supercheries », I, 171, *d.*

Histoire de France de la jeunesse... jusqu'au 1er janvier 1808... (Par GIRARD DE PROPIAC.) *Paris, Gérard*, 1808, in-8.

Réimprimé avec le nom de DE PROPIAC.

Histoire de France depuis l'établissement de la monarchie française dans les Gaules, par le père G. DANIEL, nouvelle édition revue, corrigée (augmentée de notes, de dissertations critiques et historiques, de l'Histoire du règne de Louis XIII, par le père H. GRIFFET, et de la comparaison de l'Histoire de France de Mézeray et de celle du père Daniel, par Daniel LOMBARD), et enrichie d'une table générale des matières. *Amsterdam, Arkstée*, 1755 et 1758, 24 vol. in-12.

Histoire de France depuis l'établissement de la monarchie jusqu'au règne de Louis XV. (Par l'abbé J.-J. BOUVIER, connu sous le nom de LYONNOIS.) *Francfort-sur-le-Mein, chez les frères Venduren*, 1767, 2 vol. in-8.

Même ouvrage que « Abrégé chronologique ». Voy. IV, 15, d.

Histoire de France depuis les temps les plus reculés jusqu'en juillet 1830 (jusqu'en 1789 seulement). Par les principaux historiens et d'après les plans de MM. Guizot, Augustin Thierry et de Barante (rédigée par M. Henry MARTIN, avec une préface de M. Paul LACROIX). *Paris, Mame*, 1834-36, 16 vol. in-8.

A partir du tome XI, le titre porte : Par Henry MARTIN.

Une nouvelle édition, entièrement revue, et qui forme pour ainsi dire un ouvrage nouveau, a paru de 1838 à 1853, 18 vol. in-8, avec le nom de M. H. MARTIN.

Histoire (l') de France, depuis Pharamond jusqu'à Louis XIV, avec les éloges des rois en vers, réduite en sommaire. (Par DE PRADE.) *Paris, A. de Sommaville*, 1652, in-4.

L'auteur a signé la dédicace.

Histoire de France, enrichie des plus notables occurrences survenues ès provinces de l'Europe et pays voisins, soit en paix, soit en guerre, tant pour le fait séculier qu'ecclésiastique, depuis l'an 1550 jusques à ces temps. (*La Rochelle*), de l'imprimerie par Abraham H. (Haultin), 1581, 2 vol. in-fol. — S. l., 1582, 4 vol. in-8.

Par Lancelot DU VOESIN, sieur DE LA POPELINIÈRE, d'après Brunet, « Manuel du libraire », 5e éd., III, col. 835-836.

La Bibliothèque de la ville de La Rochelle possède le 1er vol. avec les corrections que le synode de La Rochelle imposa à La Popelinière.

Barbier disait de cette histoire : Elle a été composée par Jean LE FRÈRE, de Laval, et Paul-Emile PIGUERRE, du pays chartrain. Ce n'est presque qu'une copie de celle de La Popelinière.

Histoire de France et des choses mémorables advenues aux provinces estrangères, durant sept années de paix du règne de Henry IV. (Par Pierre MATTHIEU.) *Paris, J. Mettayer*, 1605, 2 vol. in-4. — *Ibid.*, 1606, 1609, 1614, 1615, 2 vol. in-8.

Dans l'édition in-4, entre l'avertissement et le frontispice gravé, on doit trouver l'épître dédicatoire, également gravée et entourée de figures allégoriques.

Histoire de France et histoire moderne depuis l'avénement de Louis XIV jusqu'aux traités de 1815, par un professeur d'histoire de l'académie de Paris, docteur ès lettres (Adolphe CHÉRUEL). *Paris, Tandou*, 1864, in-16, 2 ff. de tit. et 156 p.

Fait partie du « Nouveau Cours d'histoire à l'usage des lycées ».

Histoire (l') de France et l'histoire romaine, par demandes et par réponses. (Par Jean DU CASTRE D'AUVIGNY et l'abbé P.-Fr. GUYOT DESFONTAINES.) Nouvelle édition, corrigée et considérablement augmentée (par l'abbé GUYART). *Paris, G. Desprez*, 1749, 2 vol. in-12. — *Paris, Le Gras*, 1749, 2 vol. in-12.

La 1re éd. avait paru sous le titre de : « Nouvelle Histoire de France ». Voy. ces mots.

Histoire de France pendant la dernière année de la Restauration, par un ancien magistrat (A.-A. BOULÉE). *Paris, Desenne*, 1839, 2 vol. in-8.

Voy. « Supercheries », I, 333, f.

Histoire de France pendant les années 1825, 1826, 1827 et commencement de 1828, faisant suite à l' « Histoire de France » de l'abbé de Montgaillard. (Par le comte J.-G.-M. ROCQUES DE MONTGAILLARD.) *Paris, chez l'éditeur*, 1829, 2 vol. in-8.

Réimprimé avec le nom de l'auteur.

Histoire de France pendant trois mois... depuis le 15 mai jusqu'au 15 août 1789... Par le Cousin JACQUES (Louis-Abel BEFFROY DE REIGNY). *Paris, Belin*, 1789, in-8.

Histoire de France sous l'empire de Napoléon le Grand, représentée en figures gravées par David, accompagnées d'un Précis historique... *Paris, l'auteur*, 1810-1813, 6 vol. in-4.

Suivant Quérard, le texte est de A.-J. GUYOT et MARÉCHAL.

Histoire de France sous le règne de Louis XIV, par M. DE LARREY... (édition retouchée et augmentée de notes par L.-F.-J. DE LA BARRE). *Rotterdam, Bohm* (*Paris, Clousier*), 1738, 9 vol. in-12.

Histoire de François premier... Par l'auteur de l' « Histoire de Louis XIV » (J.-J.-E. Roy). *Lille, L. Lefort*, 1846, in-12. — 2e édit. *Ibid.*, 1851, in-12.

Histoire de François II... (Par madame G.-C. Thiroux d'Arconville.) *Paris, Belin*, 1783, 2 vol. in-8.

Histoire de François Wills, ou le Triomphe de la bienfaisance, par l'auteur du « Ministre de Wakefield » (Oliv. Goldsmith), trad. de l'anglais. *Amst., Changuion*, 1773, 2 part. en 1 vol. in-12.

Histoire de Frédéric-Guillaume I, roi de Prusse, par M. de M*** (Eléazar Mauvillon). *Amsterdam*, 1741, in-4, ou 2 vol. in-12.

Voy. « Supercheries », II, 1007.

Histoire de Frédéric le Grand, roi de Prusse. (Par Louis de Muralt.) 1757, 2 vol. in-12.

Histoire de Genève, par Spon, rectifiée et augmentée par d'amples notes, avec les actes et autres pièces servant de preuves à cette histoire (par Firm. Abauzit et Jean-Ant. Gautier). *Genève, Fabri*, 1730, 2 vol. in-4 et 4 vol. in-12.

Histoire de Geneviève de Brabant. Par l'auteur des « Œufs de Pâques » (l'abbé Christ. Schmid). Traduit de l'allemand. *Strasbourg et Paris, Levrault*, 1829, in-18.

Histoire de Geoffroy, surnommé à la Grand'dent, sixième fils de Mélusine, prince de Lusignan. (Par François Nodot.) *Paris, veuve Barbin*, 1700, in-12.

Forme le second volume de l' « Histoire de Mélusine ». Voy. ce titre.

Histoire de Georges Castriot, surnommé Scanderberg, roi d'Albanie (traduite du latin de Marinus Barletius, par Jacques de Lavardin). *Paris, Chaudière*, 1597, in-8.

Histoire de George de Browne, comte du Saint-Empire. (Par le comte M.-J.-V. de Borch.) *Riga*, 1794, in-8.

Hystoire (l') de Giglan filz de messire Gauuain, qui fut roy de Galles, et de Geoffroy de Maience, son compaignon. Translaté de langaige espaignol en nostre langaige françois (par F.-Claude Platin). *Lyon, Claude Nourry, s. d.*, in-4, 76 ff.

Le traducteur, « religieux de l'ordre Monseigneur Sainct-Anthoine », se nomme dans le prologue; il dit « avoir translaté ceste hystoire de ryme espaignolle en prose françoise ».

Il existe d'autres éditions. *Lyon, s. d.*, et 1530. Voy. Brunet, « Manuel du libraire », 5e éd., tom. II, col. 1590.

Histoire de Gouberdon, portier des Chartreux. (Par J.-Ch. Gervaise de La Touche.) *S. l.*, 1772, 2 vol. in-8. — *Rome*, 1781, 2 vol. in-8. — *Versailles*, 1790, 2 vol. in-18.

Voy. ci-dessus, « Histoire de dom B***** », col. 655, b.

Histoire de Grèce, traduite de l'anglois de Temple-Stanyan (par Diderot). *Paris, Briasson*, 1743, 3 vol. in-12.

Histoire de Guillaume (cocher, par le comte de Caylus). *S. d.*, in-12.

Réimprimé dans la collection des « Œuvres badines » de cet auteur, *Paris*, 1787, 12 vol. in-8, t. X.

Contant d'Orville, dans le tom. II des « Mémoires d'une grande bibliothèque », p. 129, dit que cet ouvrage est d'un ami de Caylus plus jeune que lui. Il veut probablement parler du comte de Maurepas.

Histoire de Guillaume de Nassau, prince d'Orange, fondateur de la république des Provinces-Unies des Pays-Bas, avec des notes politiques, historiques et critiques, par Amelot de La Houssaye (publiée par l'abbé P.-J. Sépher). *Londres (Paris)*, 1754, 2 vol. in-12.

C'est une réimpression, aux notes près, des « Mémoires pour servir à l'histoire de Hollande », par Louis Aubery du Maurier, *Paris*, 1680, in-8. On a reproduit jusqu'à la vie de Grotius : aussi cette réimpression de 1754 est-elle comptée, dans la « Bibliothèque du Maine » de l'abbé Ansart, pour la sixième édition des Mémoires du fils de ce Benjamin du Maurier dont Grotius avait dirigé les études politiques dans une lettre latine souvent réimprimée. Il y a des exemplaires de cette édition de l'abbé Sépher, qui, par parenthèse, a oublié d'y joindre un mot d'avertissement au lecteur; il y a, dis-je, des exemplaires de cette édition également avec la date de 1754, mais où l'ancien titre des « Mémoires », etc., est conservé. Du Maurier y est nommé *Aubry du Mourier* : malgré cette faute, le vieux livre est reconnaissable.

Amelot de La Houssaye mourut en 1706. Puisque l'abbé Sépher a mis à cet ouvrage le nom de cet écrivain, il est difficile de douter qu'il eût avant sa mort préparé cette édition; mais cela n'autorise point à dire, comme a fait l'abbé Ansart, que cette édition (donnée seulement en 1754) *parut par les soins d'Amelot de La Houssaye.*

Histoire de Guillaume le Conquérant, duc de Normandie et roi d'Angleterre. (Par l'abbé A.-F. Prévost.) *Paris, Prault*, 1742, 2 vol. in-12. — *Paris, Leblanc*, 1810, in-8.

Histoire de Guillaume I, prince d'Orange. (Par Neuville.) *Amsterdam*, 1689, in-8.

Histoire de Guillaume IV, roi d'Angleterre, et de Louis-Philippe Ier, roi des Français, par l'auteur des « Souverains de l'Europe en 1821 et en 1830 » (Bourguignon d'Herbigny). *Bruxelles, Méline*, 1831, in-8.

J. D.

Histoire de Gustave Adolphe, composée surtout... d'après M. Archenholz, par D. M*** (Eléazar MAUVILLON), professeur, etc. *Amsterdam, Chatelain*, 1769, in-4 ou 4 vol. in-12.

Histoire de Gustave III, traduite de l'allemand de POSSELT, par L. M. (Louis MANGET). *Genève*, 1807, in-8.

Histoire de Gustave Vasa, roi de Suède, par M. D'ARCHENHOLTZ, traduite de l'allemand (par C.-J.-F. GIRARD-PROPIAC). *Paris, Gérard*, 1803, 2 vol. in-8.

Histoire de Gyron le Courtois. Voy. ci-dessus, « Gyron le Courtois », col. 598, d.

Histoire de Hainault, par Jacques DE GUYSE, traduite en français, avec le texte latin en regard, et accompagnée de notes. *Paris, Paulin; Bruxelles, A. Lacrosse*, 1826-1832, 14 vol. in-8.

Le texte est publié, pour la première fois, d'après un manuscrit de la Bibliothèque nationale, par le marquis A.-J.-F.-X.-P.-E.-S.-P.-A. DE FORTIA D'URBAN. Les annotations ajoutées à cette édition sont de B. GUÉRARD.   D. M.

Histoire de Henri, duc de Rohan... (publiée par Antoine FAUVELET DU TOC). *Paris, C. de Sercy*, 1666, in-12. — Autre édition suivant la copie imprimée à Paris (Hollande, Elzevier), 1667, petit in-12, 12 ff. et 191 p.

La dédicace est signée : F. D.

Le véritable auteur n'est indiqué que par des initiales dans la « Bibliothèque historique de la France », t. II, n° 21043.

Il existe des exemplaires de l'édition de Hollande sous le titre de: « Histoire secrète de Henri, duc de Rohan, pair de France », *Cologne, P. Marteau*, 1697, petit in-12. Le P. Le Long les a attribués mal à propos à SANDRAS DE COURTILZ. Voy. le n° 21947 du volume cité.

Réimprimé aussi sous le titre de : « le Prince infortuné, ou Histoire secrète d'Henry, duc de Rohan ». *Amsterdam*, 1713, in-12.

Histoire de Henri III, roi de France. (Par l'abbé BILLARDON DE SAUVIGNY.) *Paris*, 1788, in-8.

Il y a des exemplaires qui portent le nom de l'auteur.

Histoire de Henri IV, roi de France et de Navarre, par l'auteur de l' « Histoire de Louis XIV » (J.-J.-E. ROY). Deuxième édition. *Lille, L. Lefort*, 1851, in-12.

Histoire de Henriette-Marie de France, reine de la Grande-Bretagne, avec un journal de sa vie. Par C. C. (Charles COTOLENDI). *Paris, Guéroult*, 1690, in-8.

Histoire de Jacques II, roi de la Grande-Bretagne. (Par dom Michel-Touss.-Chrétien DUPLESSIS.) *Bruxelles, J. Léonard*, 1740, in-12.

T. V.

Histoire de Jacques Féru et de la valeureuse damoiselle Agathe Mignard, écrite par un ami d'iceux. (Par Mlle DE BOISMORTIER.) *La Haye et Paris, Cuissart*, 1766, in-12.

Histoire de Jason. (Publiée par Jeh. DE MAUREGARD.) (*Paris*), 1563, in-fol. oblong.

Recueil de 26 gravures de René Boyvin d'Angers, d'après les dessins de Léonard Tyri de Bruges. (Cat. G. B. *Potier*, 1849, n° 191.)

Histoire de Jean Churchill, duc de Marlborough (composée principalement par MADGETT, interprète au ministère de la marine, rédigée et augmentée par l'abbé H. DUTEMS), imprimée par ordre du gouvernement. *Paris, imprimerie du gouvernement*, 1806, 3 vol. in-8.

Voy. l'article DUTEMS, dans mon « Examen critique des Dictionnaires historiques ».

Histoire de Jean de Bourbon, prince de Carency. (Par la comtesse D'AULNOY.) *Paris, Barbin*, 1691, 1692; — *La Haye, Jean Alberts*, 1692, 1704; —*Rouen, Amiot*, 1710; — *Paris, Prault*, 1729, 3 et 2 vol. in-12.

Histoire de Jean de Brienne, empereur de Constantinople. (Par Joseph-François LAFITAU.) *Paris, Moette*, 1727, in-12.

Histoire de Jean de Calais, sur de nouveaux mémoires. (Par J. CASTILLON.) *Paris, Lacombe*, 1770, in-8.

Cette composition a été insérée dans la « Nouvelle Bibliothèque bleue, ou Légendes populaires », *Paris, Colomb de Batines*, 1842, gr. in-18.

M. Le Roux de Lincy, dans l'introduction qu'il a jointe à ce recueil, dit que la plus ancienne édition qu'il a rencontrée est intitulée : « Histoire de Jean de Calais, par M***, seconde édition. » *Bruxelles, C.-H. Fricx*, 1738, in-18. Cette histoire ne se trouve point dans les catalogues antérieurs à cette époque et indiquant les divers ouvrages de la « Bibliothèque bleue », publiés chez Oudot, à *Troyes*.

Histoire de Jean VI, roi de Portugal, depuis sa naissance jusqu'à sa mort en 1826; avec des particularités sur sa vie privée et sur les principales circonstances de son règne. (Par LENORMAND.) *Paris, Ponthieu*, 1827, in-8, 130 p.   D. M.

Histoire de Jeanne Lambert d'Herbigny. marquise de Fouquesolle. S. l. n. d. (1653), pet. in-8, 221 p.

« Ce volume paraît avoir échappé jusqu'ici à l'attention de tous les bibliographes; et cela est d'autant plus remarquable que Mlle de Montpensier ne parle deux ou trois fois dans ses Mémoires.

« Il a pour auteurs MADEMOISELLE, la comtesse DE FRONTENAC, le comte DE FIESQUE et Mme DE FOUQUESOLLE. C'est un recueil de pièces satiriques composées à l'occasion de la rupture entre Mme de Fouquesolle et Mademoiselle. Il complète à quelques égards les mémoires de cette princesse.

« Ecrit de 1650 à 1653, il a été imprimé à Saint-Fargeau pendant le cours de cette dernière année. Mademoiselle était exilée alors. « Je fis venir, dit-elle, un imprimeur d'Auxerre, pour imprimer la vie de Mme de Fouquesolle, une lettre du royaume de la lune et quelques vers de Mme de Frontenac. C'était un grand secret ; il n'y avait que Mme de Frontenac, Préfontaines, son commis et moi, qui voyions l'imprimeur... »

« J'ai quelques raisons de croire qu'il n'a été tiré de ce livre qu'un seul exemplaire. Au moins est-il certain que Mademoiselle ne dut pas être empressée de le répandre, même dans le cercle de sa petite cour. Elle devait craindre qu'on en parlât à la reine-mère. »

(No 80 du Catalogue de la bibliothèque de M. M..... (Monmerqué), *Paris, Potier*, 1846, in-8o.)

Cette note avait affriandé les amateurs, aussi le marquis de Coislin paya-t-il cet exemplaire 155 fr., et à sa vente, bien qu'il l'eût fait couvrir par une reliure pleine en mar. vert par Kœhler, il ne fut payé que 61 fr. (no 476). Mais Monmerqué avait trouvé un second exemplaire qui, rel. en veau br., fut payé 96 fr. (et non 76) à sa vente, en 1851 (no 2298).

Outre ces deux exemplaires Monmerqué, nous pouvons constater l'existence d'un troisième, celui de la Bibliothèque nationale, qui porte cette note manuscrite : « Mademoiselle m'a dit que Mme de Fouquesolles estoit tout à fait superbe et mesprisoit Mme la comtesse de Fiesque, sa gouvernante, et mesme ses femmes de chambre, et que la meilleure chose qu'on pouvoit dire d'elle est qu'elle ne crachoit, ne toussoit et ne mangeoit jamais, 1654. »

La dédicace à Mme de Savion, dame d'honneur de Mme la duchesse d'Orléans, est signée : L. M. D. F.

Histoire de Jeanne première, reine de Naples... (Par l'abbé Vinc. MIGNOT.) *La Haye et Paris, Leclerc*, 1764, in-12.

Histoire de Jonathan Wild, traduite de l'anglois de FIELDING (par Christophe PICQUET). *Paris, Duchesne*, 1763, 2 vol. in-12.

Histoire de Jules, par l'auteur du « Presbytère », etc. (R. TOPFFER). *Genève*, 1838, in-8.

Histoire de Julie de Roubigné, par l'auteur de l' « Homme du monde » (Henri MACKENSIE). *Rotterdam*, 1779, in-12.

Histoire de Julie Mandeville, ou Lettres traduites de l'anglois de Mme BROOKE, par M. B*** (M.-A. BOUCHAUD). *Paris, Duchesne*, 1764, 2 parties in-12.

Histoire de Kamtschatka... (Par Etienne KRACHENINNIKOW.)

Voy. « Histoire du Kamtschatka ».

Histoire de l'abbaye de Port-Royal... (Par l'abbé Jérôme BESOIGNE.) *Cologne (Paris)*, 1752-1753, 6 vol. in-12.

Histoire de l'abbaye de Saint-Polycarpe, depuis sa fondation jusqu'à sa destruction. (Par l'abbé REGNAUD, curé dans le diocèse d'Auxerre.) *S. l.*, 1779, in-12.

Histoire de l'abbaye de Saint-Polycarpe,

de l'ordre de S.-Benoît, depuis sa fondation jusqu'à l'extinction de la communauté, dans le temps d'une reforme très-édifiante. Rédigée par ordre des temps. (Par dom P.-Dan. LABAT.) *S. l.*, 1785, in-12.

Histoire de l'abbaye royale de N.-D. de Soissons... Composée par un religieux bénédictin de la congrégation de Saint-Maur (dom Michel GERMAIN). *Paris, J.-B. Coignard*, 1675, in-4, 11 ff. lim., 504 p. et 8 ff. de table et d'errata.

L'auteur a signé la dédicace.

Histoire de l'abbaye royale de Saint-Ouen de Rouen... Ensemble celle des abbayes de Sainte-Catherine et de Saint-Amand. Par un religieux bénédictin de la congrégation de S.-Maur (dom Jean-François POMMERAYE). *Rouen, Richard Lallemant*, 1662, in-fol. — *Rouen, et Paris, S. Piget*, 1664, in-fol.

Histoire de l'abbé Joachim, religieux de l'ordre de Citeaux, surnommé le Prophète. (Par dom F.-A. GERVAISE.) *Paris, Giffard*, 1745, 2 vol. in-12.

Histoire de l'abdication de Victor-Amédée, roi de Sardaigne, etc., de sa détention au château de Rivoli, et des moyens qu'il c'est servi (*sic*) **pour remonter sur le trône.** *Turin, de l'imprimerie royale*, 1734, pet. in-8 de 63 p.

Sous forme de lettre, datée de Dresde, 29 janv. 1732. — Autre édition de 1734 (voy. « Recueil de pièces qui regardent... ») et dont le titre porte : par le marquis de TR...É. — Autre édition, sous ce titre plus court : « Anecdotes de l'abdication ». (Voy. ci-devant, IV, 179, *d*.) Cette édition contient une seconde lettre datée de Chambéry, 9 oct. 1734, qui n'est pas dans les autres. — Nouvelle édit. sur celle de *Turin*, 1734. *Londres, C. Seiffert*, 1782, pet. in-8 de 51 p. Edition où le style a été rajeuni et où l'on a fait quelques retranchements insignifiants. Une note, placée au commencement de ces éditions, indique comme auteur le marquis DE TRIVIÉ, qui fut envoyé par le roi Victor-Amédée à la cour de George Ier, et qui, vers cette époque, prit le nom de WICARDEL DE FLEURY.

Dans l'avertissement, on donne les raisons pour lesquelles le marquis de Trivié, alors âgé de 69 ans, n'a pas démenti publiquement cet ouvrage. Ce doit être l'édition qu'Œttinger, dans sa « Bibliographie biographique », 2e édit., p. 1847, donne à LAMBERTI en la qualifiant d'in-4.

Histoire de l'Académie royale des inscriptions et belles-lettres depuis son établissement, avec les éloges des académiciens morts depuis son renouvellement. (Par Cl. GROS DE BOZE.) *Paris, H.-L. Guérin*, 1740, 3 vol. in-8 et in-12 ; — *Amsterdam*, 1742, 2 vol. in-12.

L'abbé Cl.-P. GOUJET a fourni la liste des ouvrages de chaque académicien décédé.

L'abbé Paul Tallemant est auteur des éloges du duc d'Aumont, de Pavillon, de Duché, de Ponchart et de Barat.

Histoire de l'Académie royale des inscriptions et belles-lettres (le tout rédigé par Cl. Gros de Boze, Nic. Fréret, J.-P. Bougainville, Et. Lauréault de Foncemagne, A.-T.-V. Le Beau de Schosne, L. Dupuy et B.-J. Dacier). *Paris*, 1717-1809, 50 vol. in-4.

Il y a dans cette collection quatre volumes de tables, savoir : les tomes XI, XXII, XXXIII et XLIV. On ignore le nom du rédacteur du tome onzième ; T.-F. de Grace a rédigé les tomes XXII et XXXIII ; le quarante-quatrième l'a été par P.-D. Duhoy-Laverne, mort le 13 novembre 1802, directeur général de l'imprimerie du gouvernement.

Histoire de l'administration du lord North, depuis 1778 jusqu'en 1782, et de la guerre d'Amérique septentrionale, suivie du tableau historique des finances de l'Angleterre, depuis le règne de Guillaume III jusqu'en 1784. (Par Hilliard d'Auberteuil.) *Londres et Paris*, 1784, 2 vol. in-8.

Le tableau a été imprimé à part, sous le titre de : « Nouveau compte rendu, ou tableau... » Voy. ces mots.

Histoire de l'administration du royaume d'Italie pendant la domination française, etc., par M. Frédéric Coraccini ; traduit de l'italien. (Composé par Ch.-J. La Folie.) *Paris, Audin*, 1823, in-8.

Voy. « Mémoires sur la cour... »

Histoire de l'admirable don Quixotte de la Manche (traduit de l'espagnol de Michel de Cervantes, par Filleau de Saint-Martin). Revue, corrigée et augmentée de quantité de figures. *Bruxelles, Guill. Fricx*, 1706, 2 vol. in-12.

Chaque volume a un frontispice gravé ; le premier volume a de plus 24 grav. d'Harrewyn, et le second en a 25.

Une autre curiosité de cette édition est la dédicace adressée par Guill. Fricx à très-haut, très-preux... seigneur don Quichotte, qui n'occupe pas moins de 8 pp. Elle est suivie de 16 vers sous forme d'avis du « Libraire aux lecteurs ».

Le roman de Cervantes finit à la p. 425. A la suite aux « Aventures de don Quichotte », fort médiocre à la même qui forme le t. V de l'édition d'Amsterdam, P. Mortier, 1696, pet. in-12. Elle paraît d'origine française et elle n'a pas été achevée. L'année suivante, l'éditeur donna comme troisième volume, mais sans gravures : « Nouvelles Aventures de l'admirable don Quixotte... » (Voy. ce titre.) M. H. Helbig a donné une description détaillée de ces trois volumes. Voy. « Bibliophile belge », 1870, pp. 145-150.

Suivant le P. Bouhours, cette traduction, qui obtint un grand succès, fut attribuée au docteur Arnauld ;

et l'on crut alors que, n'étant pas capable d'une étude fort sérieuse au sortir d'une grande maladie, il s'amusa à traduire ce livre espagnol par pur divertissement. Voyez les « Lettres à une dame de province », p. 13. Des personnes plus instruites ou plus impartiales que le P. Bouhours ont soutenu que le docteur Arnauld avait seulement revu cette traduction.

Saint-Hyacinthe fit paraître en 1732 la traduction de la préface de don Quichotte dans une nouvelle édition de son « Chef-d'Œuvre d'un inconnu ». Ce morceau se retrouve dans toutes les éditions de la traduction de don Quichotte imprimées depuis cette époque.

Filleau de Saint-Martin est mort en 1695, c'est-à-dire vers l'année où parut le cinquième volume de don Quichotte.

Il serait possible que Filleau de Saint-Martin fût encore le traducteur du cinquième volume, dont le style me paraît ressembler à celui des quatre premiers.

Prosper Marchand prouve assez bien que R. Challes, auteur des « Illustres Françoises », réclama la traduction du sixième volume, publiée à *Lyon, chez Thomas Amaulry*. Ce serait donc ce volume que les frères Wetstein auraient réimprimé à *Amsterdam*, en 1715 : c'est indubitablement ce même volume qui a été reproduit à *Paris*, en 1722, par la compagnie des libraires. Pour assurer au commerce de Paris la propriété de cette continuation de don Quichotte, le volume fut présenté en manuscrit à la censure, ainsi que le prouve l'approbation de Fontenelle, datée du 18 octobre 1721.

Les figures du sixième volume de l'édition d'Amsterdam sont les mêmes que dans l'édition de Paris ; mais elles ont bien plus de fraîcheur. La pagination est la même dans les deux éditions.

En 1777, le libraire Cailleau publia à Paris une nouvelle édition de la traduction de don Quichotte, revue sur le texte original, et abrégée en beaucoup d'endroits par d'Hermilly, qui était très-versé dans la connaissance de la langue espagnole. Cette édition, réduite à quatre gros volumes in-12, fit peu de sensation, sans doute parce qu'elle est mal exécutée.

Histoire de l'agriculture ancienne, extraite de l' « Histoire naturelle » de Pline, avec des éclaircissemens et des remarques. (Par Laur.-Ben. Desplaces.) *Paris, Desprez*, 1765, in-12.

Histoire de l'ambassade russe destinée pour la Chine en 1805. (Par Strick.) *Saint-Pétersbourg*, 1809, in-8, 95 p.

Histoire de l'Ambigu-Comique, depuis sa création jusqu'à ce jour... (Par E. Deligny, ancien secrétaire de l'Opéra.) *Paris, imp. de Mme de Lacombe*, 1841, in-32, 120 p.

Histoire de l'Amérique, par Robertson, traduite de l'anglois par M. E..... (M.-A. Eidous). *Maëstricht, Dufour*, 1777, 4 vol. in-12.

Histoire de l'Amérique, par Robertson, traduite de l'anglois (par J.-B.-A. Suard et H. Jansen). *Paris, Panckoucke*, 1778, 2 vol. in-4 et 4 vol. in-12. — La même, de la même traduction, revue sur la seconde édition angloise (par A.-P. Damiens Gomicourt de Durival). *Rotterdam, Béman*, 1779, 4 vol. in-12.

Gomicourt a comparé la traduction de Paris avec l'original ; ce travail l'a mis en état d'y corriger quelques contre-sens et d'y restituer plusieurs omissions. Il a surtout profité des changements et des additions assez considérables faits par Robertson dans la deuxième édition de son ouvrage.

Histoire de l'anarchie de Pologñe et du démembrement de cette république, par Cl. Rulhière, suivie des anecdotes sur la révolution de Russie en 1762, par le même auteur (le tout précédé d'une notice sur Rulhière, et d'un avis des éditeurs de son histoire, par P.-Cl.-F. Daunou). *Paris, Desenne*, 1807, 4 vol. in-8.

Histoire de l'Ancien et du Nouveau Testament, première partie. Histoire de l'Ancien Testament, divisée en cinq âges, avec des réflexions théologiques, morales, critiques et chronologiques (par le P. Edmond Maclot, abbé de l'Etanche, de l'ordre de Prémontré). *Nancy, P. Barbier*, 1705, in-8, 644 p. — *Paris*, 1712, 2 vol. in-8.

Histoire de l'Ancien et du Nouveau Testament, représentée en 586 figures (avec un discours abrégé au bas de chaque figure, par Laur.-Et. Rondet). *Paris, J.-B. Hérissant*, 1771, in-8.

Histoire de l'ancienne Bibracte, à présent appelée Autun... (Par Denys Nault.) *Autun, Lamothe Tort* (1688), in-12.

Histoire de l'ancienne image de N.-D. de Boulogne-sur-Mer. (Par F.-Alph. de Montfort, capucin.) *Paris*, 1634, in-8.
V. T.

Catalogue de l'abbé Couet, n° 2488.

Histoire de l'antique cité d'Autun. *Lyon, Barbier*, 1660, in-fol., 104 p.

L'impression de ce volume a été interrompue par la mort de son auteur, Edme Thomas, chanoine d'Autun. Voyez son article dans la « Bibliothèque des auteurs de Bourgogne », par l'abbé Papillon.
Réimprimé avec le nom de l'auteur. Nouvelle éd. annotée (par M. l'abbé Devoucoux). *Autun, Dejussieu*, 1846, in-4.

Histoire de l'archiduc Albert, gouverneur, et puis prince souverain de la Belgique. (Par J. Bruslé de Montpleinchamp.) *Cologne*, 1693, in-12.

Histoire de l'Art chez les anciens, par l'abbé Winckelmann, trad. de l'allemand (par Godefroy Sellius, rédigée par J.-B.-R. Robinet). *Amsterdam* (*Paris, Saillant*), 1766, 2 vol. in-8.

Winckelmann a publié une nouvelle édition augmentée

de cet ouvrage ; Huber en donna la traduction française à Leipsick, en 1781, 3 vol. in-4, et y ajouta une vie de l'auteur. Cette traduction a été réimprimée à *Paris, chez Barrois l'aîné*, en 1789, 3 vol. in-8 (avec des corrections et additions par Krutoffen et l'abbé G. Le Blond).

Histoire de l'assassinat de Gustave III, roi de Suède, par un officier polonais (le chevalier Alexis-François Artaud de Montor). *Paris, Forget*, 1797, in-8, 182 p.

Voy. « Supercheries », II, 1295, f.

Histoire de l'Assemblée constituante, écrite par un citoyen des Etats-Unis. (Par P. Granié.) *Paris*, 1799, in-8.

Réimprimé en 1814, avec le nom de l'auteur, sous ce titre : « Histoire des états généraux, ou Assemblée constituante, en 1789, sous Louis XVI », in-8.

Histoire de l'astronomie ancienne et moderne, par J.-S. Bailly, dans laquelle on a conservé littéralement le texte historique de l'auteur, en supprimant les détails scientifiques... par V. C... (Victor Delpuech de Comeyras). *Paris, Bernard*, 1805, 2 vol. in-8.

Histoire de l'auguste et vénérable église de Chartres, dédiée par les anciens Druides à une vierge qui devait enfanter. Tirée des manuscrits et originaux de ladite église. (Par V. Sablon.) *Chartres, R. Bocquet*, 1671, in-12.

Il existe au moins 6 éditions ; la seconde, de 1683, porte le nom de l'auteur. En 1860, cet ouvr. a été refondu sous le titre de : « Histoire et description de l'église cathédrale de Chartres... » Voy. ces mots.

Histoire de l'édit de Nantes, contenant les choses les plus remarquables qui se sont passées en France avant et après sa publication, à l'occasion de la diversité des religions... (Par Elie Benoist, ministre à Delft.) *Delft, A. Berman*, 1693-1695, 5 vol. in-4.

Histoire de l'Église... par l'abbé de Bérault-Bercastel. Nouv. édit. continuée dep. 1721 jusqu'en 1820 (par l'abbé Aimé Guillon). *Besançon et Paris, Gauthier frères*, 1820-21, 12 vol. in-8. — Autre édition continuée (par l'abbé comte L.-M.-J. François de Salles de Robiano). *Paris et Besançon, Gauthier*, 1835, 16 vol. in-8.

Suivant Picot, dans ses « Mémoires », les quatre derniers vol. de l'édition originale (*Paris*, 1778, 24 vol. in-8) seraient de F.-X. de Feller. (De Backer.)

Histoire de l'église abbatiale et collégiale de Saint-Etienne de Dijon... (Par Claude Fyot.) *Dijon, Ressayre*, 1696, in-fol.

L'auteur a signé l'épître.

Histoire de l'église angélique de Notre-Dame du Puy. *Le Puy, A. Delagarde*, 1693, in-8.

La dédicace est signée : Frère THÉODORE,.... c'est-à-dire, suivant le P. Lelong, François-Théodore BO-CHART DE SARRON, de Champigny.

Histoire de l'église cathédrale de Rouen... (Par le P. François POMMERAYE.) *Rouen, par les imprimeurs de l'archevéché*, 1686, in-4.

Voy. Frère, « Manuel du bibliographe normand », II, 390.

Histoire de l'église collégiale et paroissiale des SS. Michel et Gudule, à Bruxelles, et des jubilés qui s'y sont célébrés depuis l'an 1570 jusqu'à ce jour... Par P.-J. BR...... (Pierre-Joseph BRUNELLE, typographe à Bruxelles). *Bruxelles*, 1820, in-18, 121 p.   J. D.

Histoire de l'église de Saint-Martin de Tours, par un religieux bénédictin (J.-E. BADIER). *Tours*, 1700, in-12.   V. T.

Histoire de l'Église du Japon, par M. l'abbé DE T*** (par le père J. CRASSET, jésuite). *Paris, Michallet*, 1689, 2 vol. in-4. — Seconde édition, avec le nom de l'auteur. *Paris, Montalant*, 1717, 2 vol. in-4.

Le fond de cette histoire est du P. SOLIER ou SOULIER. Le P. Crasset en a rajeuni le style.

Histoire de l'église et de l'image miraculeuse de la sainte Vierge sur le mont Roland, près de Dôle. (Par dom Simplicien GODY.) *Dôle, J.-B. Joly*, 1829, in-12, 168 p.

L'édition originale, *Dôle, A. Binart*, 1651, in-12, portait le nom de l'auteur.

Histoire de l'électricité, traduite de l'anglois de Jos. PRIESTLEY, avec des notes critiques (par Math.-Jacq. BRISSON). *Paris, Hérissant fils*, 1771, 3 vol. in-12.

Histoire de l'émigration des religieuses supprimées dans les Pays-Bas... (Par le P. Mar.-Max. HAREL.) *Paris*, 1784, in-12.

Histoire de l'empereur Charlemagne, traduction libre de l'allemand du professeur HEGEWISCH, avec un avant-propos, quelques notes et un supplément du traducteur (le baron J.-F. BOURGOING). *Paris, Henrichs*, an XIII-1805, in-8.

Histoire de l'empereur Charles VI et des révolutions arrivées dans l'Empire sous le règne des princes de l'auguste maison d'Autriche, par M. L. D. M. (Pierre MASSUET). *Amsterdam, L'Honoré*, 1742, 2 vol. in-12.

Histoire (l') de l'empereur Napoléon racontée par une grand'mère à ses petits-

enfants; orné d'une vignette par Camille Roqueplan. *Paris, Brégeaut*, 1834 et 1835, in-18.

Par suite d'une mauvaise transcription du titre dans la « Bibliogr. de la France », les « Supercheries » (III, 450, a) ont fait du nom du dessinateur un pseudonyme de l'auteur de l'ouvrage, le comte Adolphe-Charles-Théodore DE FONTAINE DE RESBECQ.

Histoire de l'empire d'Allemagne, et principalement de ses révolutions, depuis son établissement par Charlemagne, jusqu'à nos jours. (Par E.-C. FRÉRON.) *Paris, Hérissant*, 1771, 8 vol. in-12.

Il y a des fautes en assez grand nombre dans cette histoire, qui est proprement un abrégé du grand ouvrage du P. Barre; mais le soin avec lequel on releva ces fautes de date dans les « Annonces littéraires » de Gœttingue prouvent qu'on faisait cas du travail de l'abréviateur. On en parla dans plusieurs numéros de cette feuille. Au surplus, une anecdote sur ce livre de Fréron, c'est que les cinq premiers volumes auraient pu être publiés beaucoup plus tôt; ils attendirent pendant une quinzaine d'années, dans le magasin de mon père, que la suite pût paraître avec eux. Ce fut en 1769 ou 1770 que Fréron recommença à s'occuper de ce travail; son « Année littéraire » et le « Journal étranger » le lui avaient fait perdre de vue.

(Note de L.-T. Hérissant.)

Cet ouvrage était en partie composé dès l'année 1742, et devait s'imprimer chez Thiboust. Voyez les « Observations » de l'abbé Desfontaines, t. XXXII, p. 213.

Histoire de l'empire de Constantinople sous les empereurs françois, par Geoffroy DE VILLE-HARDOUIN, avec la suite de cette histoire jusqu'en 1240, tirée du manuscrit de Philippe MOUSKES (avec des observations faites par Charles DU FRESNE DU CANGE). *Paris, imprimerie royale*, 1657, in-fol.

La « Chronique » de Philippe Mouskes, évêque de Tournay au XIIIe siècle, a été publiée avec introduction et notes par M. de Reiffenberg. *Bruxelles*, 1836-38, 2 vol. in-4.

Histoire de l'empire de Russie sous Pierre le Grand. Par l'auteur de l' « Histoire de Charles XII » (VOLTAIRE). *S. l.*, 1761, pet. in-8, xlviij-379 p.

Souvent réimprimée.

Histoire de l'empire des Chérifs en Afrique, sa description géographique et historique, par M*** (l'abbé BOULET). *Paris, Prault père*, 1733, 2 vol. in-12.

Histoire de l'empire ottoman, par Démétrius CANTIMIR, traduite en françois par DE JONCQUIÈRES. (Publiée par le P. DESMOLETS.) *Paris, Nyon fils*, 1743, 4 vol. in-12 et 2 vol. in-4.

Histoire de l'empire ottoman, traduite de l'anglois du chevalier RICAULT (par

P. Briot). *La Haye, Johnson*, 1709, 6 vol. in-12.

On a inséré dans les deux premiers volumes de cet ouvrage la traduction de l' « Histoire des trois derniers empereurs turcs », publiée en 1682, à *Paris*, par de Rosemond. On trouve dans le tome sixième la traduction presque entière du « Tableau de l'Empire ottoman », publiée en 1670 par Briot. On doit à un anonyme la traduction libre de la suite de l'Histoire turque de Ricaut, ainsi que la continuation de cette suite jusqu'en 1704, et une introduction.

Histoire de l'Empire, par Heiss, nouvelle édition, continuée depuis le traité de Westphalie jusqu'en 1711. (Par Bourgeois du Chastenet.) *Paris*, 1711, 5 vol. in-12. — Autre édition, avec les notes de M. V. G. J. D. G. S. (Vogel, grand-juge des gardes suisses). *Paris*, 1731, 3 vol. in-4 et 10 vol. in-12.

Voy. « Supercheries », III, 936, e.

Histoire de l'emprisonnement de Charles IV, duc de Lorraine. (Par Nic. Dubois de Riaucourt.) *Cologne*, 1687, in-12, 132 p. et 10 ff. de table.

L'auteur a signé l'épître.

Histoire de l'enfant ingrat...

Voy. « Miroir et Exemple... »

Histoire de l'enfant prodigue, en douze tableaux, tirée du Nouveau Testament, dessinée et gravée par Jean Duplessis-Bertaux en 1815. (Le texte rédigé par P.-A.-M. Miger.) *Paris, Didot aîné et Auber*, 1816, in-4, 52 p.

Histoire de l'entrée des Allemands en Provence. (Par Fr. Morénas.) *Avignon*, 1747, in-12.   V. T.

Histoire (l') de l'esprit humain, ou des Egarements de nostre ame et de son retour à la vérité. Imitation du Tableau de Cebès. (Par Bony.) *Paris, veuve Ch. Savreux*, 1670, in-8, 250 p.

Histoire de l'esprit révolutionnaire des nobles en France, sous les 68 rois de la monarchie. (Par Giraud, ancien magistrat.) *Paris, Baudouin frères*, 1818, 2 vol. in-8.

On a publié : « Réfutation de l'écrit intitulé : « Histoire de l'esprit... », accompagnée de réflexions sur certains faits contestés de l'histoire de France, et sur certaines maximes dangereuses de la philosophie moderne, par M. de M***. » *Paris, Le Normand*, 1819, in-8.

Histoire de l' « Essai sur les mœurs champêtres ». (Par l'abbé J.-J. Gautier.) *Londres (Alençon, Malassis le jeune)*, 1788, pet. in-8, 78 p.

Voy. ci-dessus, l'art. « Essai sur les mœurs champêtres », col. 259, f.

Histoire de l'établissement des Juifs à Bordeaux et à Bayonne, depuis 1550, par le citoyen L. F. B. (Fr. de Beaufleury). *Paris et Bordeaux*, 1800, in-8.

Histoire de l'établissement des moines mendiants , ou Traité de l'origine des moines... *Avignon, aux dépens des libraires associés*, 1767, in-12.

Attribué à d'Alembert.

Je doute fort que d'Alembert soit l'auteur de cet ouvrage. Il n'en est pas question dans sa correspondance avec Voltaire ; cependant ces deux amis ont souvent parlé de la « Destruction des Jésuites », et le nouvel ouvrage était aussi favorable à leur cause que l'ancien. La « Destruction des Jésuites » parut, pour la première fois, en 1765, et Voltaire écrivait à d'Alembert, le 2 septembre 1768 : « Je relisais hier la « Destruction des Jésuites », je suis toujours de mon avis, je ne connais point d'ouvrage où il y ait plus d'esprit et de raison. » N'était-ce pas là l'occasion de faire quelques réflexions sur l' « Histoire des moines mendians », si elle eût été composée par d'Alembert? La « France littéraire » de 1769 attribue cette histoire à Poullin de Lumina. Voyez le « Supplément » du t. Ier, p. 448.

Ersch, « France littéraire », t. Ier, p. 7, attribue cet ouvrage à d'Alembert, et t. III, p. 93, à Étienne-Joseph Poullin de Lumina.

Cette dernière attribution paraît la seule fondée.

Le P. Richard a publié : « Examen du libelle intitulé : ... » Voy. ci-dessus, col. 356, b.

Histoire de l'établissement des réfugiés dans les États de S. A. E. de Brandebourg. (Par Charles Ancillon.) *Berlin*, 1690, in-8, 399 p.

Histoire de l'établissement des théâtres en France, avec l'état de dix ans en dix ans, depuis 1690 jusqu'à ce moment, des acteurs qui ont paru sur le théâtre français... (Par Edouard-Marie-Joseph Lepan.) *Paris, Fréchet*, 1807, in-12, 2 ff. de tit., iv-230 p.

Histoire de l'établissement du christianisme dans les Indes orientales (par Ant. Serieys), ouvrage imprimé sur le manuscrit original communiqué pendant l'impression à M. l'abbé Sicard. *Paris, Mme Devaux*, 1803, 2 vol. in-12.

Serieys avait pour ainsi dire sauvé la vie à l'abbé Sicard dans une crise de la Révolution, et sans doute que les fréquents besoins d'argent qu'il éprouvait il s'adressa à l'abbé Sicard, qui était d'un caractère très-reconnaissant ; mais l'obligé, ne pouvant toujours répondre aux demandes de son bienfaiteur, se contenta plusieurs fois de prêter son nom pour faciliter la vente des compilations que Serieys mettait au jour.

Histoire de l'état de France, tant de la republique que de la religion, sous le regne de François II. (Par Regnier, sieur de La Planche.) *S. l.*, 1576, in-8.

Dans des notes manuscrites sur l' « Esprit de la Ligue », l'abbé de Saint-Léger met en doute si l'auteur est L. Regnier de La Planche; il pense que c'est simplement LA PLANCHE, ministre, dont parle Bèze, p. 743 de son « Histoire ecclésiastique ». V. T.

Histoire de l'état de l'homme dans le péché originel (traduite du latin de Adr. BÉVERLAND). *Imprimé dans le monde (Amsterdam, J.-F. Bernard)*, 1731, in-12.

On croit que cette traduction est de J.-Fr. BERNARD.

Histoire de l'état de la religion et république sous l'empereur Charles V, par J. SLEIDAN, traduite du latin (par Robert LE PRÉVOT). *Strasbourg*, 1558, in-8 de 940 pages, sans compter les tables (édition non châtrée).

Histoire de l'état de Liége par M. le comte DE MIRABEAU. Seconde édition, revue avec soin, et publiée par un de ses amis, membre de l'Institut (Ant. SERIEYS). *Paris, Bidault*, 1806, in-8.

C'est à tort que Serieys a mis le nom de Mirabeau sur le titre de cet ouvrage de Germain LÉONARD. Voy. « Supercheries », II, 1161, b.

Voy. aussi ci-après, pour la 1re édition, également anonyme, « Histoire ecclésiastique et politique de l'état de Liége... »

Histoire de l'état et république des Druides, Eubages, Sarronides, Bardes, Vacies, anciens François... (Par F.-Noël TALEPIED.) *Paris, Jean Parant*, 1585, in-8.

L'auteur a signé l'épître.

Histoire (l') de l'Eucharistie. (Par Matthieu DE LARROQUE.) *Amsterdam*, 1671, in-4. — *Amsterdam, Elzevier*, 1672, in-4.

Le nom de l'auteur est en tête de la seconde édition. Cet ouvrage a été traduit en anglais. Bayle, « République des lettres », mars 1684, p. 53, le regarde comme le chef-d'œuvre de Larroque.

Histoire de l'ex-garde, depuis sa formation jusqu'à son licenciement... Terminée par une biographie des chefs supérieurs de la garde. (Par A. PERROT et Cl. AMOUDRU.) *Paris, Delaunay*, 1821, in-8, 2 ff. de tit. et 577 p.

Histoire de l'expédition de Russie, par M*** (le marquis G. DE CHAMBRAY). *Paris, Pillet aîné*, 1823, 2 vol. in-8. — 2e édit. augm. d'une introduction. *Paris, Pillet*, 1825, 3 vol. in-8, avec le nom de l'auteur.

L'atlas in-4 est de BRUSSEL DE BRULART, officier. Voy. « Supercheries », II, 1016, a, et III, 1106, a.

Histoire de l'expédition de trois vaisseaux envoyés par la compagnie des Indes-Orientales des Provinces-Unies aux terres Australes; par M. DE B. (Charles-Frédéric DE BEHRENS, sergent-major des troupes de l'expédition). *La Haye*, 1739, 2 vol. in-12.

C'est la traduction de la relation du voyage de

a l'amiral Rogewen, que l'auteur avait publiée en allemand, en 1738. D. M.

Histoire de l'hérésie de Viclef, Jean Hus et Jérôme de Prague. (Par Antoine VARILLAS.) *Lyon, J. Certe (Hollande)*, 1682, 2 vol. in-12.

Histoire de l'homme, considéré dans ses mœurs, dans ses usages et dans sa vie privée. (Par dom Achille FOURNIER.) *Paris, Leclerc*, 1779, 3 vol. in-12. — Édition améliorée (*sic*). *Yverdon*, 1781, 3 vol. in-12.

Histoire de l'homme, ou l'homme en harmonie avec la religion et avec la création. (Par Aug. PERRECIOT.) *Baume-les-Dames, Boudot*, 1847, in-8, 215 p.

La troisième édition porte le nom de l'auteur; elle est intitulée : « Histoire de l'homme, ou système universel du monde, d'après l'histoire naturelle et la religion du Christ. » *Besançon*, 1849, in-32.

Histoire (l') de l'hostie miraculeuse de Paris. *Paris, Seb. et Gabr. Cramoisy*, 1653, pet. in-8.

L'épistre à Monsieur est signée : « les Religieux carmes du Saint-Sacrement ». Le privilége, daté du 29 déc. 1649, est au nom du P. Léon, ex-provincial, commissaire général.

Une édition nouvelle, revue, corrigée et augmentée (*sic*), *Paris, veuve Thierry*, 1664, pet. in-8, est ornée d'un titre gravé portant : « le Sacrifice de la croix représenté en l'Eucharistie par l'hostie miraculeuse de Paris ». Elle a de plus huit autres gravures, signées F. Ragot, d'après la vitre des charniers de Saint-Étienne-du-Mont. La dédicace est signée : Fr. LÉON, carme du Saint-Sacrement.

La dernière édition paraît être celle donnée par l'abbé MONTÉPIN. *Paris*, 1753, in-12.

Voy. aux « Supercheries », II, 749, c, l'art. LÉON DE SAINT-JEAN, dont le nom était Jean MACÉ, de Rennes.

Histoire de l'Hôtel-Dieu de Québec. (Par la sœur Françoise SUCHEREAU DE S. Ignace.) *Montauban, Jérosme Legier; Paris, Cl.-J.-B. Hérissant*, 1751, in-12.

Histoire de l'île de Ceylan, traduite du portugais de J. RIBEYRO (par l'abbé Joachim LE GRAND). *Trévoux et Paris*, 1701, in-12.

Histoire de l'isle de Corse. (Par Franç.-René-Jean DE POMMEREUL.) *Berne, chez la Société typographique*, 1779, 2 vol. in-8.

Cet ouvrage fut attribué dans le temps à l'abbé RAYNAL.

Histoire de l'île de Corse, contenant en abrégé les principaux événemens de ce pays... *Nancy, A.-D. Cusson*, 1749, in-12. — *Nancy, A.-B. Cusson*, 1769, in-8.

Cette histoire est de M. DE LA VILLEHEURNOIS, commissaire des guerres très-intelligent, qui avait passé en Corse avec M. le comte de Boissieux, et y avait séjourné longtemps au département de la Balagne.

(Note copiée par M. Pluquet, sur un exemplaire provenant de la bibliothèque du médecin Baron.)

Pommereul est du même avis.

Cet ouvrage a aussi été attribué à Fr.-Ant. CHEVRIER, mais M. Gillet, dans son intéressante Notice sur Chevrier (Mémoires de l'Académie de Stanislas, 1863), prouve que le véritable auteur ne peut être autre que Jean-François GOURY DE CHAMPGRAND, secrétaire de l'intendance d'Alsace, en 1732, puis commissaire des guerres pour Ajaccio, Sartène et Bocagnano, en 1739 et 1740.

Cet écrit fut supprimé par suite des réclamations de la ville de Gênes, qui s'y trouvait maltraitée.

Histoire de l'île de Saint-Domingue depuis l'époque de sa découverte par Christophe Colomb jusqu'à l'année 1818... (Par Charles MALO.) *Paris, Delaunay*, 1819, in-8, 2 ff. de tit., II-390 p.

Histoire de l'image miraculeuse de Notre-Dame d'Onnoz, près d'Orgelet en Comté. *Besançon, J.-G. Bogillot, s. d.*, in-12.

Par le P. Jos.-Romain JOLY, 1758, suivant une note manuscrite de Jamet le jeune.

Histoire de l'image miraculeuse de Notre-Dame de Liesse... (Par l'abbé Etienne-Nicolas VILLETTE.) *Liesse, Lecaux*, 1821, in-16.

Il y a des éditions antérieures qui portent le nom de l'auteur.
Souvent réimprimé.

Histoire de l'image miraculeuse de Notre-Dame de Pradelles. *Le Puy, imp. de J.-B. Gaudelet*, 1843, in-18.

Abrégé de l'ouvrage du P. GEYMAN, publié en 1672.

Histoire de l'impératrice Irène. (Par l'abbé Vinc. MIGNOT.) *Amsterdam (Paris)*. 1762, in-12.

Histoire de l'imprimerie et de la librairie, où l'on voit son origine et son progrès jusqu'en 1689. (Par J. DE LA CAILLE.) *Paris, Jean de La Caille*, 1689, in-4.

L'auteur est nommé dans le privilége. Un petit nombre d'exemplaires contiennent des additions qui se placent à différents endroits du vol. Le « Manuel du libraire », 5e éd., t. III, col. 724, en donne le détail.

Histoire de l'inondation de Lyon et de ses environs en 1840, précédée d'une notice sur les inondations de Lyon... Recueillie et publiée par C.-J. C. *Lyon, Chambet aîné*, 1840, in-18.

Signé : CHAMBET aîné.

Histoire de l'Inquisition d'Espagne, exposée par exemples, pour être mieux entendue en ces derniers temps (traduite du latin de Reginaldus-Gonzalvius Mon-

TANUS, c'est-à-dire Raymond-Gonzalès DE MONTES). *S. l.*, 1568, in-8.

Montes, moine dominicain d'Espagne, embrassa la Réformation, et souffrit pour elle.

Histoire de l'Inquisition de Goa, enrichie des figures (sic). *Amsterdam, P. Mortier*, 1697, in-8.

Faux frontispice mis à quelques exemplaires de la « Relation de l'Inquisition de Goa », par C. DELLON. Voy. ces mots.

Histoire de l'Inquisition et de son origine. (Par l'abbé Jacques MARSOLLIER.) *Cologne, P. Marteau*, 1693, in-12.

Histoire de l'insigne abbaye de Saint-Mihiel en Lorraine, au diocèse de Verdun. *Toul, A. Laurent*, 1684, in-8.

D. Henri HENNEZON, abbé de Saint-Mihiel, pour cacher sa qualité d'auteur, fait dans ce livre l'éloge de sa personne comme abbé.

Catalogue Noël, no 1944.

Histoire de l'invention de l'imprimerie par les monuments. *Paris, de l'imprimerie rue de Verneuil, no 4*, juin 1840, in-4.

Le faux titre porte : « Album typographique exécuté à l'occasion du Jubilé européen de l'invention de l'imprimerie. »

Le nom de l'auteur de ce curieux et magnifique volume, M. E. DUVERGER, est le seul qui ne se rencontre pas sur les feuilles de texte ou sur les planches; mais on y trouve les noms de MM. J. DUSAQ, prote; LOMBARDAT, fondeur; MESNAGER, graveur; L. COINPOINT, conducteur des presses mécaniques; GRANDVILLE, dessinateur; PORRET, graveur, etc., etc.

Histoire de l'invention du corps de la glorieuse vierge Magdeleine dans la ville de Saint-Maximin. (Par le R. P. Cl. CORTEZ.) *Aix, E. David*, 1640, in-16.

Histoire de l'Italie, comprenant la description de ses singularités, par François et André SCHOTTUS, traduite du latin (par C. MALINGRE). *Paris, Collet*, 1627, in-8.

Histoire de l'Opéra-Bouffon, contenant les jugemens de toutes les pièces qui ont paru depuis sa naissance jusqu'à ce jour. (Par And.-Guill. CONTANT D'ORVILLE.) *Paris et Amsterdam*, 1768, in-8.

Histoire de l'ordre de Fontevraud. (Par Honorat NICQUET, jésuite.) *Paris, Michel Soly*, 1642, in-4.

L'auteur a signé l'épître.

Histoire de l'ordre de N.-D. du Mont-Carmel dans la Terre sainte, sous ses neuf premiers prieurs généraux. (Par Fr. Jean Nep, carme.) *Maestricht*, 1798, in-8.

Histoire de l'ordre de Sainte-Ursule, depuis sa fondation jusqu'à nos jours. (Par

BACELET.) *Orléans, J.-P. Jacob*, 1776, 2 vol. in-4.

Histoire de l'ordre royal et militaire de S.-Louis, précédée d'un précis historique sur l'ancienne chevalerie; et suivie de toutes les ordonnances relatives à cet ordre... (Par J.-T. MERLE.) *Paris, J.-N. Barba*, 1815, in-12, IV-196 p.

L'auteur a signé l'avertissement.

Histoire de l'origine de la royauté et du premier établissement de la grandeur royale. (Par DE PELISSERI.) *Paris, Ch. de Sercy*, 1684, pet. in-8, 12 ff. lim. et 580 p.

L'auteur a signé l'épître.

Histoire de l'origine de toutes les religions qui jusqu'à présent ont été au monde, avec les auteurs d'icelles, etc., traduite de l'italien de Paul MORISSE (par Jean LOURDENEAU d'Auxerre). *Paris, Rob. Columbet*, 1579, in-8.

Histoire de l'origine des dîmes, des bénéfices, et des autres biens temporels de l'Église. (Par l'abbé Jacques MARSOLLIER.) *Lyon, Anisson*, 1689, in-12. — *Paris, Daniel Hortemels*, 1689, in-12.

Quelques exemplaires portent le nom de l'auteur avec la date de *Paris*, 1694.

Pour la composition de cet ouvrage, l'abbé Marsollier s'est beaucoup aidé du « Traité des bénéfices » de Fra Paolo Sarpi, dont il n'avait voulu d'abord, ainsi qu'il le dit dans sa préface, donner qu'une simple traduction.

Histoire de l'origine du prince Menzikow, et de don Alvar del Sol. (Par l'abbé F.-T. DE CHOISY.) *Amsterdam, Michel-Charles Le Cène*, 1728, in-12.

Même ouvrage que : « le Prince Kouchimen » (voy. ces mots), de l'édit. de Wolfgang, avec titre renouvelé.

         A. L.

Histoire de l'origine du royaume de Sicile et de Naples... (Par le P. Cl. BUFFIER.) *Paris, Anisson*, 1701, in-12.

Histoire de l'origine et des premiers progrès de l'imprimerie. (Par Prosper MARCHAND.) *La Haye, veuve Levier*, 1740, in-4.

Voyez les mots « Supplément à l'histoire... »

Histoire de l'origine et des progrès de la poésie dans les différens genres, par le docteur BROWN, traduite de l'anglois par M. E.... (Marc-Ant. EIDOUS). *Paris*, Dehansy, 1768, in-8.

Voy. « Supercheries », I, 1199, c.

Histoire de l'origine et du progrès de la chirurgie en France. (Par le docteur François QUESNAY.) *Paris*, 1749, in-4.

C'est le même ouvrage que celui qui porte pour titre : « Recherches historiques et critiques... » Voy. ces mots.

Histoire de l'origine et fondation du vicariat de Pontoise. (Par Guy BRETONNEAU.) *Paris, Targa*, 1636, in-4, 4 ff. lim. et 84 p.

         V. T.

Histoire de la Bastille, avec un Appendice contenant une discussion sur le prisonnier au masque de fer (par Quentin CRAUFURD); traduit de l'anglais (par lui-même). 1798, in-8.

Histoire de la caisse de vétérance de la maison du roi, mise en état de blocus par les commissaires liquidateurs de l'ancienne liste civile, au mois d'août 1830, et emportée d'assaut par M. de Montalivet, ministre de l'intérieur, le 22 mai 1832; ou Eclaircissements sur un projet de loi relatif à cette institution. Par un intéressé ayant droit à une pension sur cette caisse. *Paris, imp. de L.-E. Herhan*, nov. 1832, in-8.

Par QUÉQUET, d'après une lettre autographe de l'auteur, reliée en tête de l'exemplaire de la Bibliothèque nationale.

Histoire de la campagne de l'armée angloise, hanovrienne, des Pays-Bas et de Bronswick, sous les ordres du duc de Welington, et de l'armée prussienne sous les ordres du prince Blücher de Wahlstadt, 1815. Avec les plans de bataille de Ligny, des Quatre-Bras et de la Belle-Alliance, Par C. DE W. (MUFFLING). *Stuttgard et Tubingue, Cotta*, 1817, in-8.

Histoire de la campagne de 1757 sur le Bas-Rhin, dans l'électorat d'Hanovre et autres pays conquis. *Francfort*, 1757, in-8, 180 p.

La dédicace, à M. T. C. D., est signée : CHEVRIER. L'édition de *Francfort*, 1757, pet. in-8 de 128 p., paraît être une contrefaçon.

— Autre édit. *Ibid.*, 1758, pet. in-8, 120 p. Avec cette épigraphe :

  Dicere verum quid vetat.

         Hor.

L'ouvrage est dédié au prince Louis de Nassau, et l'épître porte le nom de CHEVRIER. Il y a des exemplaires dont le titre porte seconde édition, au lieu de l'épigraphe.

— Troisième édit. *Ibid.*, 1758, pet. in-8, 96 p. Contient une Lettre de l'auteur à M. Rostan et réponse de Voltaire.

Histoire de la campagne de 1758. S. l. n. d. (*Francfort et Leipzig*, 1759), in-8, 64 p.

Commence par une épître en vers de deux pages à M. S., signée : CHEVRIER.

Histoire de la campagne, contenant tout ce qui s'est passé d'intéressant dans l'électorat de Hanovre, la principauté d'Embden.., depuis le commencement de cette année jusqu'à la fin du mois de juillet. *Francfort*, 1758, pet. in-8, 216 p.

La dédicace à M. le duc de ***, datée de *Francfort*, ce 1er août 1758, est signée CHEVRIER.

Les différentes parties de la campagne de 1757 et 1758 ci-dessus font suite ; elles ont été réunies sous ce titre : « Histoire de la campagne de 1757, jusqu'au 1er janvier 1759, par Fr.-Ant. CHEVRIER ». *S. l.*, 1759, 4 part. en 1 vol. pet. in-8.

(Voy. Gilet, n° 30 de sa « Notice bibliograph. sur Chevrier ».)

Histoire de la campagne de 1815, pour faire suite à l' « Histoire des guerres des temps modernes »; par le major DE DAMITZ, officier prussien, d'après les documents du général Grolman, quartier-maître général de l'armée prussienne en 1815; traduite de l'allemand par Léon GRIFFON, revue et accompagnée d'observations par un officier général français, témoin oculaire (le général baron Jacq.-Ant.-Adrien DELORT). *Paris, Corréard jeune*, 1840-1841, 2 vol. in-8.

Histoire de la campagne de S. A. I. Eugène Napoléon de France, prince de Venise, archichancelier de l'Empire français, général en chef de l'armée d'Italie, contre l'armée autrichienne, en 1809. (Par l'abbé Aimé GUILLON.) *Milan, Giegler*, sept. 1809, in-8, 163 p.

On lit dans l' « Hist. de l'administr. du royaume d'Italie » (voy. ce titre), p. 169, en note, que « deux exemplaires seulement ont échappé aux recherches qui en furent faites alors. »

Histoire de la campagne du maréchal de Suwarow, prince Italiski, en Italie; pour servir de suite aux deux volumes qui contiennent l'histoire de ses campagnes précédentes.(Par Alphonse DE BEAUCHAMP.) *Paris, Giguet et Michaud*, 1800, in-12 et in-8.

Ce volume forme le troisième des « Campagnes » de Suwarow.

Histoire de la capitulation de Metz. Enquête sur la trahison de Bazaine et de Coffinières. Trente-neuf pièces historiques, annotées, entre autres cinq récits du siège et de la capitulation de Metz. *Bruxelles, Briard, imp.*, 1871, in-8, IV-75 p.

La « Capitulation de Metz », p. 17, est de M. Edouard BOUSCATEL; l' « Histoire de la capitulation de Metz », p. 33, et « les Derniers Jours de Metz », p. 53, du capitaine N. ROSSEL; la « Lettre d'un colonel d'état-major sur la capitulation de Metz », p. 68, du colonel D'ANDLAU. Les récits du capitaine Rossel ont été réimprimés en deux brochures, avec le nom de l'auteur. *Alençon, de Broise*, 1871, in-8.

Histoire de la captivité de Louis XVI et de la famille royale, tant à la tour du Temple qu'à la Conciergerie; comprenant le Journal de Cléry... (publ. par Ch.-L. DE SEVELINGES). *Paris, Michaud*, 1817, in-8.

Histoire de la captivité, du jugement et de l'exécution de Louis XVI, par le Juif

errant (M. ROISSELET DE SAUCLIÈRES). *Paris, imp. Allard*, 1858, in-18, 162 p.
D. M.

Histoire de la Chiaramonte, par une demoiselle françoise (Mlle DE BEAULIEU). *Paris, J. Richer*, 1603, in-12.

Histoire de la chirurgie depuis son origine jusqu'à nos jours, par M. DUJARDIN, tome premier. *Paris, imprimerie royale*, 1774, in-4.

On assure que A.-G. MEUNIER DE QUERLON a retouché le style de ce volume. Bern. PEYRILHE a publié le tome second en 1780.

Histoire de la chute de l'empire grec (1400 à 1480), par l'auteur du « Duc de Guise à Naples » (le comte Amédée DE PASTORET). *Paris, Levavasseur*, 1829, in-8.

Histoire de la colonie française du Canada. (Par l'abbé FAILLON.) *Villemarie, Bibliothèque paroissiale (imp. à Paris par Poupart-Davyl et Cie, et s'y vendant chez Lecoffre)*, 1865, 3 vol. gr. in-8.

Histoire de la comédie et de l'opéra, où l'on prouve qu'on ne peut y aller sans pêché. (Par A. LALOUETE.)*Orléans*,1697,in-12.

Même ouvrage que « Histoire et Abrégé des ouvrages latins... » Voy. ces mots.

Histoire de la comtesse de Gondez. Écrite par elle-même. *Paris, Pepie*, 1725, 2 vol. in-12.

Dans l'avis au libraire, l'auteur est ainsi désigné : Mademoiselle DE L...... Les deux pièces de vers qui suivent sont signées : M. D. L******.

Dans la nouvelle édition, *Paris, veuve Pissot*, 1751, 2 vol. in-12, on retrouve les mêmes initiales, mais le nouveau privilège est pour les « Œuvres de Mlle DE LUSSAN », et on en donne le détail.

Histoire de la comtesse de Montglas, ou Consolation pour les religieuses qui le sont malgré elles. (Par DE CARNÉ.) *Paris, Hochereau*, 1756, 2 vol. in-12.

Histoire de la comtesse de Savoye. (Par Mme M.-L.-C. DE GIVRY, comtesse DE FONTAINES.) *S. l.*, 1726, in-12, 4 ff. lim. et 171 p.

Réimprimée à la suite des « Œuvres de mesdames de La Fayette et de Tencin ». *Paris, Colnet*, an XII-1804, 5 vol. in-8.

Histoire de la comtesse de Strasbourg et de sa fille. (Par SANDRAS DE COURTILZ.) *La Haye, Van Loom*, 1716, in-8.

Même ouvrage que « Aventures de la comtesse de Strasbourg... » Voy. IV, 336, b.

Histoire de la condamnation d'un templier en 1832. *Paris, Delaunay*, 1833, in-8, 1 f. de tit. et 48 p.

Signé : F. Jean DE NORD-AMÉRIQUE (Jean DUCHESNE aîné).

Histoire de la condamnation de M. l'évèque de Senez (Jean Soanen) par les prélats assemblés à Embrun. S. l., 1728, in-4.

Rédigé, dit le P. Lelong, par CADRY, sur des mémoires de BOURRET et de BOULENNOIS, théologiens de l'évêque de Senez au Concile d'Embrun.

Histoire (l') de la congrégation de Auxiliis, justifiée contre l'auteur des « Questions importantes » (le P. Germon, S. J.), par un docteur en théologie de la Faculté de Paris (le P. H. SERRY). Louvain, 1702, in-8.

Histoire de la congrégation des Filles de l'Enfance de N.-S. J.-C., établie à Toulouse en 1662, et supprimée, par ordre de la cour, en 1686. (Par Simon REBOULET.) Amsterdam, P. Girardi, 1734, 2 vol. in-12. — Amsterdam, aux dépens de la Compagnie, 1734, 2 vol. in-12.

Cet ouvrage fut condamné au feu par arrêt du parlement de Toulouse, du 25 mai 1735.

Histoire de la conjuration de Catilina, où l'on a inséré les Catilinaires de CICÉRON. (Par Isaac BELLET, médecin.) Paris, Guérin, 1752, in-12.

Histoire de la conjuration de Louis-Philippe-Joseph d'Orléans, surnommé Egalité. (Par C.-F.-L. DE MONTJOYE.) Paris, 1796, 3 vol. in-8. — Paris, chez les marchands de nouveautés, 1800, 6 vol. in-18.—Paris, Dentu, 1834, 3 vol. in-8.

Voy. ci-dessus, « Explication de l'énigme... », col. 676, b.

Histoire de la conjuration de Maximilien Robespierre. (Par C.-F.-L. DE MONTJOYE.) Paris, chez les marchands de nouveautés, s. d., in-8. — Paris, Maret, 1796, in-8.

Réimprimé avec le nom de l'auteur. Paris, 1801, 2 vol. in-18.

Histoire de la conjuration de Portugal (en 1640), par l'abbé René AUBER DE VERTOT). Paris, veuve Martin, 1689, in-12. — Amsterdam, Henri Desbordes, 1689, in-18.

On peut considérer cet ouvrage comme la première édition de l' « Histoire des révolutions de Portugal ».

Histoire de la conjuration du général Malet, avec des détails officiels sur cette affaire... Par M. l'abbé LAFON. (Revue par M. GUILLIÉ.) Paris, Maugeret et Béraud, 1814, in-8.

Histoire de la conjuration faite à Stockolm contre M. Descartes. (Par GERVAISE de Montpellier, protestant et ensuite catholique.) Paris, J. Boudot, 1695, in-12.

Histoire de la conquête d'Angleterre par Guillaume II, duc de Normandie. (Par

Nic. BAUDOT DE JUILLY.) Paris, Beugnié, 1701, in-12.

Histoire de la conquête d'Espagne par les Mores, composée en arabe par ABULCACIM TARIFF ABENTARIQ, traduit en espagnol par Michel DE LUNA, et en françois (par le P. LE ROUX). Paris, Cl. Barbin, 1680, 2 vol. in-12.

ABULCACIM est un personnage supposé. Voy. « Supercheries », I, 169, e.

Histoire de la conquête de la Floride par les Espagnols, sous Ferdinand de Soto, écrite en portugais par un gentilhomme de la ville d'Elvas, traduite en françois par M. D. C. (Bon-André, comte DE BROÉ, seigneur DE CITRI DE LA GUETTE). Paris, Thierry, 1685, in-12.

La « Revue bibliographique », publiée par Quérard, en 1830, dit, p. 167, que c'est à tort que l'on attribue cette traduction à Citri de La Guette.

Histoire de la conqueste du Mexique, ou de la Nouvelle-Espagne ; traduit de l'espagnol, d'Antoine DE SOLIS, par l'auteur du « Triumvirat » (Bon-André, comte DE BROÉ, seigneur DE CITRI et DE LA GUETTE, connu en littérature sous ces deux derniers noms). Paris, 1691, in-4, avec fig.

Cette traduction a été souvent réimprimée, et en dernier lieu sous ce titre : « Histoire de la conquête du Mexique, abrégée de l'historien espagnol ANTONIO DEL SOLIS, par Oct. B..... (André - Philippe - Octave BOISTEL D'EXAUVILLEZ fils). » Paris, Gaume, 1835, 2 vol. in-18.

Histoire de la conqueste du royaume de Jérusalem sur les chrétiens, par Saladin, traduite d'un ancien manuscrit. Paris, G. Clouzier, 1678, in-12.

Cette histoire, qu'on attribue à CITRI DE LA GUETTE, est bien réellement la traduction libre, en français du XVIIe siècle, d'un ouvrage dont la rédaction originale, remontant au XIVe siècle, se conserve en manuscrit à la Bibliothèque nationale. (« Les Manuscrits français », par P. Paris, VI, p. 132.)

L'ouvrage original est attribué à CABART DE VILLERMONT.

Histoire de la conspiration faite contre Charles IIe du nom, roi d'Angleterre, et Jacques II son frère. (Par Roger L'ESTRANGE.) Paris, Cl. Barbin, 1685, in-12. — Paris, R. Pepie, 1689, in-12.

Histoire de la conversion d'une dame parisienne, écrite par elle-même. (Par Camille JORDAN.) Paris, Lallemant, 1792, in-8, 64 p.

Histoire de la courtisanne Rhodope. (Par la comtesse Henriette-Julie DE CASTELNEAU MURAT.) Loches, 1708, in-12.

Ouvrage non terminé : on y vit une satire dirigée contre Mme de Maintenon, et la comtesse fut exilée de Paris. Voy. le « Cabinet des fées », t. XXXVII.

Histoire de la dame invisible, ou mémoires pour servir à l'histoire du cœur humain. (Par Jacq.-Nic. BELIN DE BALLU.) *Paris*, Mme *Devaux*, an XI-1803, 2 vol. in-12.

Histoire de la découverte et de la conquête du Pérou, trad. de l'espagnol d'Aug. DE ZARATE, par S. D. C. *Amsterdam*, 1700, in-4. — *Paris*, 1716, 2 vol. in-12. — *Paris, imp. de Guyot*, 1830, 2 vol. in-8.

La « Revue bibliographique », publiée par Quérard, en 1839, dit, p. 167, que c'est à tort qu'on attribue cette traduction à Bon-André, comte DE BROÉ, seigneur DE CITRI DE LA GUETTE.

Histoire de la dentelle, par M. DE *** (François FERTIAULT). *Paris, au Dépôt belge*, 1843, in-12.

Texte encadré.

Histoire de la dernière conjuration de Naples en 1701. (Par le sieur Jérôme DU PERRIER.) *Paris, Giffart*, 1706, in-12.

Cette histoire a été traduite du latin d'un seigneur espagnol, imprimée à *Anvers*, en 1704, in-4, aux dépens de J. Frik, sous ce titre : *Conjuratio inita et extincta Neapoli*, anno 1701, in-4, 64 p.

Suivant quelques personnes, l'auteur de cet ouvrage serait le duc de PEPOLI, de la maison Cantelmi, qui a joué un rôle important dans la répression de la conjuration.

Le « Dictionnaire des hommes illustres de Provence » présente l'abbé Anthelme TRICAUD comme traducteur d'une « Histoire » du même titre que celui donné ci-dessus, composée en latin par Jean-Claude VIANI, oratorien, né à Aix. Il s'agit probablement du même ouvrage, et il faut en effet remarquer que l'abbé Tricaud avait laissé paraître quelques-uns de ses ouvrages sous le nom de du Perrier.

Histoire de la dernière conspiration d'Angleterre, avec le détail des diverses entreprises contre le roi et la nation qui ont précédé ce dernier attentat. (Par Jacques ABBADIE.) *Londres, Redmayne*, 1696, in-8, 192 p.

Ce volume est d'une grande rareté.

Histoire de la dernière guerre de Bohême... (Par Eléazar DE MAUVILLON.) *Francfort, Paul Lenclume*, 1745, 2 vol. in-8. — *Amsterdam, Mortier*, 1756, 3 vol. in-8.

Histoire de la dernière guerre entre la Grande-Bretagne et les Etats-Unis d'Amérique... (Par Odet-Julien LEBOUCHER.) *Paris, Brocas*, 1787, in-4. — *Paris, Brocas*, 1788, 2 vol. in-8.

Réimprimé en 1830 sous le titre de « Histoire de la guerre de l'indépendance.... » Voy. ci-après, col. 698, *f*. Voy. aussi « Supercheries », I, 847, *d*.

Histoire de la dernière peste de Marseille, Aix, Arles et Toulon. (Par Arnould

MARTIN.) *Paris, Dumesnil*, 1732, 2 parties in-12.

Histoire de la dernière révolution arrivée en Danemark, écrite de la propre main de S. M. la reine Caroline-Mathilde, pendant sa détention au château de Kroonenbourg ; envoyée depuis au comte de *** copiée sur l'original. Traduite de l'anglois (de Fr. SHÉRIDAN, par J.-M. BRUYSET aîné). *Amsterdam, J.-F. Ebert, et Genève, Bardin*, 1783, in-8, 46 p. — *Paris, Belin*, 1794, in-12.

Histoire de la dernière révolution de Perse. (Par le P. J.-Ant. DUCERCEAU.) *La Haye et Paris, Briasson*, 1728, 2 vol. in-12.

Cet ouvrage a reparu en 1741 sous ce titre : « Histoire de Thamas Koulikan, sophi de Perse, nouv. édit. », *Amsterdam*, 2 vol. in-12, et en 1742, sous celui de : « Histoire des révolutions de la Perse depuis le commencement de ce siècle jusqu'à la fin du règne de l'usurpateur Aszroff ». *Paris, Briasson*, 1742, 2 vol. in-12.

L'auteur de l'éloge du P. du Cerceau, imprimé dans le « Mercure » de septembre 1738 dit que cet ouvrage a été composé sur les mémoires du P. Jude KRASINSKI, jésuite polonais qui avait fait un long séjour en Perse ; mais comme ces mémoires finissaient à l'année 1725, le P. DU CERCEAU prit dans les nouvelles publiques les matériaux pour la continuation de son histoire de 1725 à 1728.

Histoire de la dernière révolution des Indes orientales, composée sur les Mémoires originaux et les pièces les plus authentiques, par M. L. M. (l'abbé J.-B. LE MASCRIER). *Paris, Delaguette*, 1757, 1760, 2 vol. in-12.

Voy. « Supercheries », II, 795, *d*.

Histoire de la détention du cardinal de Retz... (Par Louis-Adrien LE PAIGE et par le président DU REY DE MENIÈRES.) *Vincennes*, 1755, in-12.

Histoire de la famille de Montelle. (Par Mlle A. DE PETITVAL.) *Paris, Bleuet*, 1819, 3 vol. in-12.

Histoire de la félicité. (Par l'abbé DE VOISENON.) *Amsterdam*, 1751, in-12.

Réimprimé dans le t. VI de « l'Évangile du jour ».

Histoire de la feste de la Conception de la sainte Vierge, et des contestations excitées dans l'Eglise sur la qualité de cette conception ; première partie. (Par Jean-Jacques PIALES, depuis avocat.) *Cologne* (*Paris*), 1740, in-8, 117 p.

La seconde partie de cet ouvrage est restée manuscrite ; elle est plus étendue que la première. M. Boursier ne voulut point qu'on la publiât, de peur d'exciter dans l'Eglise de nouvelles contestations.

Histoire de la Floride, ou Relation de ce qui s'est passé au voyage de Ferdinand de Soto, pour la conquête de ce pays; traduite de l'espagnol de Garcilasso de la Vega, par P. Richelet (publiée avec une préface, par l'abbé Nic. Lenglet Dufresnoy). *Paris, Nyon*, 1709, 1712, 2 vol. in-12. — *Leyde*, 1731, 2 vol. in-8.

La première édition de cette traduction parut en 1670. Dès l'année 1667, un privilége avait été obtenu par le P. L. C. C. (Nicolas Le Comte, célestin) pour traduire cet ouvrage.

Histoire de la fondation de Rome, l'établissement de la république, etc., par L. P. C. E. R. (les pères Fr. Catrou et Pierre-Julien Rouillé), augmentée de remarques par La Barre de Beaumarchais. *Rouen (Amsterdam)*, 1740, 4 vol. in-12.

Cette réimpression n'a pas été continuée.

Histoire de la fondation des colonies des anciennes républiques, adaptée à la dispute présente de la Grande-Bretagne avec ses colonies américaines; traduite de l'anglais (par A.-M. Cerisier). *Utrecht, J. Van Schoonhoven*, 1778, in-8.

Histoire de la fondation du monastère des religieuses Feuillentines de Toulouse; avec les éloges de plusieurs religieuses de cette maison, remarquables par leurs vertus. (Par un religieux Feuillent.) *Bordeaux, veuve G. de La Court et N. de La Court*, 1696, in-12. → *Paris, Muguet*, 1699, in-12.

La dédicace est signée: Fr. J.-B., religieux Feuillent (b.-J.-B. de Sainte-Anne, abbé et général des Feuillants, né à Pradillon).

Histoire de la garde nationale parisienne, depuis son organisation jusqu'à son licenciement, dédiée aux gardes nationaux licenciés, par un de leurs camarades (F.-E. Garay de Monglave). *Paris, imp. de Guiraudet*, 1827, in-32, 128 p.

Histoire de la grande crise de l'Europe, depuis la mort d'Auguste II, roi de Pologne, jusqu'à présent. (Par Jean Rousset de Missy.) *La Haye*, 1756, in-12. *Douteux.*

Histoire de la gravure en bois et des graveurs fameux, tant anciens que modernes, qui l'ont pratiquée. (Par J.-M. Papillon.) *S. l. n. d.*, in-12.

Tome I. C'est tout ce qui a été imprimé de cette édition non publiée, et dont il n'existe qu'un exemplaire donné par l'auteur, et refondu dans la bibliothèque du Roy. L'ouvrage a été refondu en 1766 en 2 vol. in-8 sous ce titre: « Traité historique et pratique de la gravure en bois, par J.-M. Papillon... »

Histoire de la Grèce, représentée en fig., accompagnée d'un précis historique par

Sylvain Maréchal. (Par Mixelle, graveur.) *Paris, Cailleau*, 1787-89, in-4.

Histoire de la Grèce, traduite de plusieurs auteurs anglais (Olivier Goldsmith et John Gast, par la duchesse de Villeroy), revue et corrigée par J.-J. Leulliette. *Paris, veuve Moutardier*, 1808; 2 vol. in-8.

Histoire de la guerre civile en France, et des malheurs qu'elle a occasionnés, depuis l'époque de la formation des états généraux, en 1789, jusqu'au 18 brumaire de l'an VIII (9 novembre 1799)... Par l'auteur de l' « Histoire du règne de Louis XVI » (P.-J.-B. Nougaret). *Paris, Lerouge*, 1803, 3 vol. in-8.

Histoire de la guerre contre les Anglois. (Par Etienne-Joseph Poullin de Lumina.) *Genève*, 1759-1760, 2 parties in-8.

Histoire de la guerre d'Allemagne en 1756, entre le roi de Prusse et l'impératrice d'Allemagne, traduite de l'anglois de Lloyd (par Roux-Fazillac), avec la campagne de 1744, écrite par le roi de Prusse (Frédéric II). *Lausanne*, 1784, in-4.

Histoire de la guerre d'Espagne et de Portugal, de 1807 à 1814... (Par le général Jean Sarrazin.) Seconde édition. *Paris, Dentu*, 1825, in-8.

La 1re éd., *Paris, Dentu*, 1814, in-8, porte le nom de l'auteur.

Histoire de la guerre d'Espagne, ou Etrennes à nos braves. Par P. C., pensionnaire du roi (J.-P.-R. Cuisin). Résumé de la campagne de la Péninsule en 1823... *Paris, Locard et Davi*, 1824, in-18, avec une grav. et une carte d'Espagne.

Histoire de la guerre de Guienne, commencée sur la fin du mois de septembre 1651, et continuée jusqu'à l'année 1653. *Cologne, Corn. Egmond (Holl.)*, 1694, pet. in-12, 153 p.

Cette histoire, qui constitue les « Mémoires du lieutenant général Balthasard » est très-rare; elle a été réimprimée dans la « Bibliothèque elzévirienne » en 1858, par les soins de M. Ch. Moreau, à la suite des « Mémoires de Jacques de Saulx ». Une réimpression tronquée avait paru précédemment dans le recueil publié sous le titre de « Pièces fugitives pour servir à l'histoire de France ». Voy. ces mots.

Histoire de la guerre de Hollande, où l'on voit ce qui est arrivé de plus remarquable depuis l'année 1672 jusqu'en 1677. (Par Sandras de Courtilz.) *Suivant la copie de Paris, La Haye, H. Van Bulderen*, 1689, in-12.

Histoire de la guerre de l'indépendance des Etats-Unis, par Odet-Julien Leboucher.

Nouvelle édition, ornée du portrait de l'auteur, et précédée d'une notice sur sa vie ; revue et augmentée de plusieurs lettres et fac-simile de personnages célèbres, et accompagnée d'un atlas, publiée par Emile LEBOUCHER... *Paris, Anselin,* 1830, 2 vol. in-8, avec atlas.

La notice est signée : D*** (l'abbé Jacques-Louis DANIEL, depuis évêque de Coutances). Voy. ci-dessus pour la 1re éd., col. 695, f.

Voy. aussi « Supercheries », I, 847, d.

Histoire de la guerre de la Péninsule (années 1808 et suivantes), par le lieutenant général Charles-William VANE, marquis de LONDONDERRY. (Trad. de l'anglais par RAYMOND, commis de la maison Rotschild, avec notes du général TOLOSÉ.) *Paris, Bossange,* 1828, 2 vol. in-8.

Histoire de la guerre de mil sept cent quarante et un. (Par VOLTAIRE.) *Amsterdam,* 1755, 2 parties in-12.

Histoire de la guerre de 1870, par V. D*** (V. DERRECAGNE), officier d'ordonnance. *Paris, Lachaud,* 1871, in-8.

Histoire de la guerre de Sept-Ans en Allemagne, de 1756 à 1763, trad. de l'allem. de J.-W. ARCHENHOLZ (par d'ARNEX ou A.-S. D'ARNAY). *Berne, Haller,* 1789, in-8. — 1794, 2 vol. in-8, portr.

Histoire de la guerre de Sept-Ans, par M. D'ARCHENHOLZ, traduite de l'allemand (par le baron J.-N.-E. DE BOCK). *Strasbourg,* 1789, 2 vol. in-8.

Histoire de la guerre de Trente-Ans, par SCHILLER, traduite de l'allemand par M. CH.....(CHAMFEU). *Paris, Le Normand,* an XI-1803, 2 vol. in-8.

Histoire de la guerre des Romains contre Jugurtha, et l'Histoire de la conjuration de Catilina, ouvrages de SALLUSTE, avec une préface ou discours sur l'art historique et jugement sur les ouvrages de Salluste, traduction nouvelle, par A. D. C. A. F. (l'abbé DE CASSAGNE, académicien françois). *Paris, Billaine, Barbin et Thierry,* 1675, in-12.

L'abbé de Cassagne mourut en 1679 ; différens libraires de Paris et des provinces regardèrent sa traduction comme leur propriété.

Cette traduction a été réimprimée à *Paris* en 1701 et en 1713 ; à *Limoges*, en 1719. On l'a réimprimée à *Lyon*, avec le texte latin, en 1696, en 1714 et en 1733.

Il en existe aussi une édition de *Paris, Barbou,* 1726, avec le texte latin.

Les frères Barbou, de Paris, avaient obtenu un privilége en 1724, pour la réimprimer ; mais ils ne mirent au jour cette édition qu'en 1726. Comme elle n'eut pas un grand débit, ils en renouvelèrent le frontispice en 1759 et en 1764.

Lottin, dans sa « Liste chronologique des éditions, etc. de Salluste », n'a pas connu ou a mal expliqué ces singularités bibliographiques. Il a cru, par exemple, que le frontispice de 1759 couvrait l'édition de Lyon, 1733 ; il eût dû remarquer que cette édition de 1759 mieux imprimée que celle de Lyon, était entièrement semblable à celle de 1726.

(Note extraite de ma « Notice des meilleures éditions et traductions de Salluste », en tête de la belle édition de Salluste, avec les notes de M. Burnouf, faisant partie de la collection des classiques latins de M. Lemaire.)

Histoire de la guerre entre la Russie et la Turquie, et particulièrement de la campagne de 1769 (par le chevalier Louis-Félix GUINEMENT DE KÉRALIO), avec des notes et des observations (du prince Dimitri DE GALLITZIN). *Saint-Pétersbourg (Amsterdam),* 1773, in-4 et in-8.

Histoire de la Jamaïque, traduite de l'anglois (de Hans SLOANE), par Mme (RAULIN, ancien officier de dragons). *Londres, Nourse,* 1751, 2 vol. in-12.

Cette histoire est un extrait de l'ouvrage de sir Hans Sloane sur quelques-unes des Antilles, et spécialement sur la Jamaïque. *London,* 1707-1725, 2 vol. in-fol.

Histoire de la jeunesse de Jésus-Christ, tirée de l'Evangile, par forme d'entretiens... (Par Claude-Anselme DUMOULIN.) Deuxième édit. *Epinal,* 1758, in-12.

Catalogue Noël, no 6285.

Histoire de la Laponie, sa description, l'origine, les mœurs, la manière de vivre de ses habitans, leur religion, leur magie et les choses rares du pays, avec plusieurs additions et augmentations fort curieuses qui jusques-icy n'ont pas été imprimées, traduites du latin de M. J. SCHEFFER, par L. P. A. L. (le P. Augustin LUBIN), géographe de Sa Majesté. *Paris, veuve Olivier de Varennes,* 1678, in-4.

La traduction des cinq premiers chapitres de cet ouvrage est de P. RICHELET. Voyez « les plus belles Lettres des meilleurs auteurs françois ». *Paris,* 1689, in-12, p. 60.

Histoire de la ligue faite à Cambray, entre Jules II, pape; Maximilien I, empereur; Louis XII, roi de France; Ferdinand V, roi d'Aragon, et tous les princes d'Italie, contre la république de Venise. (Par l'abbé Ch.-Fr. DUBOS.) *Paris, Fl. Delaulne,* 1709, 2 vol. in-12. — *La Haye, les frères Van Dole,* 2 vol. in-12. — 4e éd. *Haye, A. Moetjens,* 2 vol. in-12. — *Paris, Chaubert,* 1728, 2 vol. in-12. — 5e éd. *Paris, Barrois l'aîné,* 1785, 2 vol. in-12.

Histoire de la littérature. (Par GILSON.) *Liège,* 1848.   J. D.

Histoire de la littérature espagnole, traduite de l'allemand de M. BOUTERWEK,

professeur à l'université de Gottingue, par le traducteur des Lettres de Jean Muller (Mme DE STECK, publiée avec une préface, par Philippe-Albert STAPFER). *Paris, Renard*, 1812, 2 vol. in-8.

Histoire de la lutte et de la destruction des républiques démocratiques de Schwytz, Uri et Unterwalden ; par Henri ZSCHOKKE ; traduit de l'allemand par A. P. (Adolphe PICTET). *Genève*, 1823, in-8. — *Paris*, 1823, in-8.

Histoire de la machine du monde, ou Physique méchanique ; par le sieur P. (J.-A. PEYSSONNEL), docteur en médecine. *Marseille*, 1704, in-12.

Histoire de la maison de Brunswick. (Par P.-H. MALLET.) *Genève*, 1767, 2 t. en 1 vol. in-8.

Histoire de la maison de Fortia, originaire de Catalogne, établie en France dans le quatorzième siècle ; où l'on trouvera quelques détails historiques sur le royaume d'Aragon et, les anciens comtes de Provence. (Par le marquis A.-J.-F.-X.-P.-E.-S.-P.-A. DE FORTIA D'URBAN.) *Paris*, Xhrouet, 1808, in-12, 2 ff. de tit. et 262 p.

Histoire de la maison de France et de son origine ; du royaume et de la principauté de Neustrie. (Par le baron P.-L. DE BATZ.) *Paris, Mame*, 1815, in-8.

Titre, 4 pages ; épître dédicatoire au roi, 8 pages ; texte, 72 pages, et un tableau généalogique.

« Ce n'est, dit l'auteur, que l'introduction d'un ouvrage dont le corps entier est composé, mais qui a besoin d'être soigneusement revu avant d'être livré au public. »

Tiré à douze exemplaires.

Histoire de la maison de Plantagenet sur le trône d'Angleterre, depuis l'invasion de Jules César jusqu'à l'avénement de Henri VII, par David HUME, traduite de l'anglois par Mme B*** (BELOT, plus tard dame DUREY DE MEYNIÈRES). *Amsterdam* (*Paris*), 1765, 2 vol. in-4 et 6 vol. in-12.

Histoire de la maison de Stuart sur le trône d'Angleterre, jusqu'au détrônement de Jacques II, traduite de l'anglois de David HUME (par l'abbé A.-F. PRÉVOST). *Londres* (*Paris*), 1760, 3 vol. in-4 et 6 vol. in-12.

Histoire de la maison de Tudor sur le trône d'Angleterre, par David HUME, trad. de l'anglois par Mme B*** (BELOT, plus tard dame DUREY DE MEYNIÈRES). *Amsterdam* (*Paris*), 1763, 2 vol. in-4 et 6 vol. in-12.

Histoire de la maison des Salles, originaire de Béarn... (Par le P. HUGO, abbé

d'Estival.) *Nancy, Cusson*, 1716, in-fol. avec grav. par Noble Houat.

Histoire de la maladie d'Alphonse, fils de M. le baron de Rostaing, intendant militaire, traité par un somnambule magnétique, au moment où l'on en désespérait. (Par le baron DE ROSTAING.) *Paris, Dentu*, 1818, in-8, 25 p.

Extr. de la « Bibliothèque du magnétisme », n° 11, p. 93.

Histoire de la maladie et de la mort de Mlle de ***. (Par l'abbé BOURDELOT.) *S. l.*, ce onzième de décembre 1684, in-12, 48 p.

Histoire de la marche des idées sur l'emploi de l'argent, depuis Aristote jusqu'à nos jours ; par M. J. B. M. N..... (J.-B.-M. NOLHAC, de Lyon). *Lyon, Périsse*, 1838, in-8.

Histoire de la marquise de Terville. (Par Guill.-Alex. DE MÉHÉGAN.) *Paris, Jorry*, 1756, in-12.

Histoire de la médecine, depuis Galien jusqu'au seizième siècle, traduite de l'anglois de FREIND (par M. DE B***, revue et publiée par J.-B. SENAC, qui y a ajouté un discours sur l'histoire de la médecine). *Paris, Vincent*, 1728, in-4.

Le « Journal des savants », d'août 1725, ayant annoncé que P. NOGUEZ travaillait à une traduction de l' « Histoire » de Freind, nos anciens dictionnaires lui ont à tort attribué le présent ouvrage.

Histoire de la médecine, par M. L. C. D. M. (Daniel LE CLERC, docteur-médecin). *Genève*, 1696, in-8.

C'est la première édition d'un ouvrage estimé qui a paru, avec le nom de l'auteur, en 1723 et 1729, enrichi d'importantes observations, in-4.

Histoire de la mémorable semaine de juillet 1830, avec les principaux traits de courage... et un appendice de ce qui s'est passé jusqu'à la proclamation de Philippe Ier ; par M. Ch. L*** (Charles-Lazare LAUMIER). *Paris, Pierre Blanchard*, 1830, in-18.

Réimprimé plusieurs fois, mais avec le nom de l'auteur.

Histoire de la mission danoise dans les Indes orientales, depuis 1705 jusqu'à la fin de 1736, traduite de l'allemand de Jean-Lucas NIECAMP (par Benjamin GAUDARD). *Genève, Gosse*, 1745, 3 vol. in-8.

Histoire de la Moldavie et de la Valachie, avec une dissertation sur l'état actuel de ces deux provinces, par M. C.... (J.-L. CARRA), qui a séjourné dans ces deux provinces. *Paris, Saugrain*, 1778. — Nouvelle édition, augmentée de mémoires histori- *a* ques et géographiques sur la Valachie, par M. DE B*** (F.-Guill. DE BAUER). *Neufchâtel,* 1781, in-12.

L'épître dédicatoire au prince de Rohan est signée du nom de l'auteur.

Voy. « Supercheries », I, 614, *e.*

Histoire de la monarchie françoise sous le règne de Louis le Grand, par C. DE S. S. (Charles DE SOUVIGNY-SOREL). *Paris, Loyson,* 1662, 2 vol. in-12.

Voy. « Supercheries », I, 675, *d.*

Histoire de la monarchie françoise sous le règne de Louis XIV, par Simon DE RIENCOURT, nouvelle édition augmentée (par Thomas CORNEILLE). *Paris, Brunet,* 1697, 3 vol. in-12.

L'ouvrage de Riencourt avait paru pour la première fois en 1688, 2 vol. in-12.

Histoire de la mort de Lamoral, comte d'Egmont, décapité à Bruxelles, le 5 juin 1568, enseveli à Sotteghem, par E. V. D.... (Eugène VAN DAMME). *Gand, Verhulst* (1859), in-8, 244 p.   J. D.

Histoire de la mort déplorable de Henry IIII, roy de France. (Par P. MATTHIEU.) *Paris, veuve Guillemot,* 1612, in-8.

Histoire de la mort des persécuteurs de l'Eglise primitive, traduite du latin de LACTANCE (par Jacq. BASNAGE), sur la version angloise de BURNET. *Utrecht, Halma,* 1687, in-12.

Histoire de la musique. (Par l'abbé DES FOURNEAUX.) *S. d.* (1704), in-4, 8 p.

Histoire de la musique et de ses effets, depuis son origine jusqu'à présent. (Par Pierre BONNET.) *Paris, Cochart,* 1715, in-12.

Histoire de la musique et de ses effets, depuis son origine jusqu'à nos jours, et en quoi consiste sa beauté. *Amsterdam, Charles Le Cène,* 1725, 4 tomes qui se relient en 2 vol. in-12.

On sait que l' « Histoire de la musique » a été composée en grande partie par le célèbre abbé BOURDELOT et par son neveu Pierre BONNET, médecin, à qui il légua sa bibliothèque, à condition que ce neveu prendrait le nom de Bourdelot. Jacques BONNET, ancien payeur des gages au parlement, n'a donc fait, pour ainsi dire, que mettre au jour les travaux de son oncle et de son frère.

J'ai indiqué à l'article précédent la première édition de cet ouvrage, composée d'un seul volume. Celle-ci contient, outre l'ouvrage de l'abbé BOURDELOT et de BONNET-BOURDELOT, la « Comparaison de la musique italienne et de la musique françoise », en trois parties, par LE CERF DE LA VIÉVILLE DE FRENEUSE.

Cette compilation a été réimprimée à *La Haye* en 1743, 2 vol. in-12.

Histoire de la naissance et du progrès de la dévotion à l'endroit de Nostre-Dame de Bonne-Espérance, près la ville de Valenciennes, avec les plus signalées guérisons depuis l'an 1626, par un père de la Compagnie de Jésus (Pierre BOUILLE, de Dinant). *Valenciennes, J. Vervliet,* 1630, in-8.

Histoire (l') de la naissance, progrez et décadence de l'hérésie de ce siècle... par Florimond DE RAEMOND, conseiller du Roy en sa cour de parlement de Bordeaux. (Publiée par son fils, et attribuée au père L. RICHEOME, jésuite.) *Paris,* 1608, 1610; — *Rouen, L. Dumesnil,* 1618; — *Rouen, Th. Daré,* 1623, in-4. — Histoire générale du progrez et décadence de l'hérésie moderne. Tome second à la suite du premier, de M. Florimond de Raemond... plus un Traité des athéistes, déistes illuminez d'Espagne... *Paris, Chevalier,* 1624, 3 part. en 1 vol. in-4.

Les dédicaces des deux premières parties du tome II sont signées : C. M. H. S. (Claude MALINGRE, historiographe senonais).

Chaque partie a un titre particulier et une pagination spéciale. Le titre de la 2e partie ne porte pas le nom de Florimond de Raemond. La 3e partie porte le titre de « Traicté des athéistes, déistes... »

Histoire de la nation française, première race... (Par L.-Marie DE SADE, fils ainé de l'auteur de « Justine ».) *Paris, Delaunay,* 1805, in-8.

Histoire de la navigation, son commencement, son progrès et ses découvertes jusqu'à présent, traduite de l'anglois (de J. LOCKE); le Commerce des Indes occidentales (par......), avec un catalogue des meilleures cartes géographiques et des meilleurs voyages. *Paris, Ganeau,* 1722, 2 vol. in-12.

Histoire de la noblesse du comté Venaissin, d'Avignon et de la principauté d'Orange, dressée sur les preuves... (Par l'abbé PITHON-CURT.) *Paris, David le jeune,* 1743-1750, 4 vol. in-4.

L'auteur a signé l'épître.

Histoire de la nouvelle édition de S. Augustin donnée par les PP. Bénédictins de la congrégation de Saint-Maur (composée par dom Vinc. THUILLIER, et publiée avec des notes par l'abbé Cl.-P. GOUJET). *En France (Paris),* 1736, in-4, 34 p.

Histoire de la Nouvelle-York, depuis sa découverte, avec une description géographique, traduite de l'anglois de William

SMITH (par M.-A. EIDOUS). *Londres*, 1767, in-12.

Histoire de la pairie de France et du parlement de Paris... Par M. D. B. *Londres, S. Harding*, 1740, in-8. — *Londres, S. Harding*, 1745, 2 vol. in-12. — *Londres, Samuel Harding*, 1753, 2 vol. in-8.

On a cru que cet ouvrage était du comte H. DE BOULAINVILLIERS; mais les détails que donnent les continuateurs de la « Bibliothèque historique de la France », par le P. Le Long, t. III, nº 31222, semblent prouver que Jean LE LABOUREUR en est le seul et véritable auteur.

Attribué par les « Supercheries », I, 425, *c*, à Jean LEVESQUE DE BURIGNY.

Histoire de la paix conclue sur la frontière de France et d'Espagne entre les deux couronnes, l'an 1659... (trad. de l'italien de Galeazzo GUALDO PRIORATO, par Honoré COURTIN), avec un Recueil de diverses matières concernant le sieur duc de Lorraine; augmentée et enrichie du plan de l'île de la Conférence. *Cologne, P. de La Place*, 1664, 1667, in-12.

L'édition datée de 1665, également anonyme, est intitulée : « Histoire du traité de la paix... »

Histoire de la papauté, depuis son origine jusqu'à ce jour; ouvrage trad. de l'allemand, seconde édition. *Paris, Chemin*, 1802, in-12.

Cet ouvrage, mis à l'Index le 2 juillet 1804, n'est qu'une réimpression de celui qui a pour titre : « Rendez à César », etc. Voyez ces mots. La première édition était intitulée : « Histoire philosophique de la papauté ».

Histoire de la papesse Jeanne, fidèlement tirée de la dissertation latine la SPANHEIM (par Jacques LENFANT); nouvelle édition. *La Haye*, 1758, 2 vol. in-12.

La première édition de cet ouvrage avait paru en 1694, sous la rubrique de *Cologne*; mais elle avait été réellement imprimée à *Amsterdam par Huguetan*, et revue par Alph. DES VIGNOLES. La quatrième partie est toute de ce dernier, ainsi que quelques chapitres ajoutés aux autres dans les nouvelles éditions, à dater de 1720.

Histoire de la paroisse de Looz pendant la révolution française. (Par J. DARIS, professeur au séminaire de Liége.) *Tongres, Callée*, 1861, in-8, 167 p.   Ul. C.

Histoire de la patience de Griselidis (trad. ou imité du latin de Fr. PÉTRARQUE)... — Histoire admirable de Jeanne la Pucelle, native de Valoncour. *Lyon, P. Rigaud*, 1610, in-12, 87 p.

Réimpression du « Mirouer des femmes ». Voy. ce titre.

Histoire de la peinture aucienne, extraite de l'Histoire naturelle de PLINE, livre XXXX, avec le texte latin corrigé et

éclairci par des remarques nouvelles. (Par David DURAND.) *Londres, G. Bowyer*, 1725, in-fol.

Histoire de la peinture en Italie, par M. B. A. A. (Henri BEYLE, ancien auditeur). *Paris, Didot aîné*, 1817, 2 vol. in-8.

Voy. « Supercheries », I, 446, *c*.

Histoire de la Perse depuis les temps les plus anciens jusqu'à l'époque actuelle, suivie d'observations sur la religion... traduite de l'anglais de sir John MALCOLM (par BENOIST, directeur général des contributions indirectes, et continuée depuis 1814 jusqu'en 1820 par L.-M. LANGLÈS, autour des notes jointes à cet ouvrage). *Paris, Pillet aîné*, 1821, 4 vol. in-8.

Histoire de la persécution faite à l'église de Rouen sur la fin du dernier siècle. (Par Philippe LE GENDRE.) *Rotterdam, J. Malherbe*, 1704, in-8, 4 ff. lim. et 373 p.

Histoire de la persécution intentée en 1775 aux francs-maçons de Naples, suivie de pièces justificatives. (Par le fr. Félix LIOY.) *Londres*, 1780, in-8, 127 p.

A. L.

Histoire de la philosophie hermétique, accompagnée d'un catalogue raisonné des écrivains de cette science. (Par l'abbé Nic. LENGLET DUFRESNOY.) *Paris, Coustelier*, 1742, 3 vol. in-12.

Histoire de la philosophie payenne. (Par Jean LEVESQUE DE BURIGNY). *La Haye, P. Gosse*, 1724, 2 vol. in-12.

Cet ouvrage a été réimprimé en 1754, sous le titre de « Théologie payenne », avec le nom de l'auteur.

Histoire de la poésie françoise. (Par Joseph MERVÉSIN, prêtre.) *Paris, P. Giffart*, 1706, in-12.

L'auteur a signé l'épître. Il a fait paraître l'année suivante, avec son nom, une « Lettre sur l'histoire de la poésie françoise à M..., *Paris*, 1707, in-12, à laquelle il a été répliqué par une autre « Lettre à M. de *** », servant de réponse.... » Voy. ces mots.

Histoire de la poésie françoise, avec une défense de la poésie, par feu M. l'abbé Guillaume MASSIEU (publiée avec une préface, par son disciple, DE SACY, fils du célèbre avocat au conseil). *Paris, Prault*, 1739, in-12.

Histoire de la présente guerre. (Par François MORÉNAS.) 1744, in-12.

Histoire de la princesse de Montferat. (Par And.-Fr. BOURREAU DESLANDES.) *Londres*, 1749, in-12.

La 1re éd. est de 1677. Deslandes, né en 1690, mort en 1757, n'est donc que l'éditeur de cette nouvelle édition. (P. L. [Paul Lacroix], « Bulletin du biblio-phile », 1859, p. 54.)

Histoire de la princesse Henriette de France, reyne de la Grande-Bretagne, avec un journal de sa vie, par C. C. (Charles COTOLENDI, avocat). *Paris, Michel Brunet,* 1693, in-8.

Même ouvrage que « Histoire de Henriette-Marie de France ». Voy. ci-dessus, col. 673, *f.*

Histoire de la princesse Jaiven, reine du Mexique, trad. de l'espagnol (composé en françois par l'abbé Cl.-Fr. LAMBERT). *La Haye, H. Scheurleer,* 1750 et 1751, 2 part. pet. in-8.

Histoire de la prise d'Auxerre par les huguenots et de la délivrance de la même ville, les années 1567 et 1568... par un chanoine de la cathédrale d'Auxerre (Jean LE BEUF). *Auxerre, J.-B. Troche,* 1723, in-8.

Les exemplaires complets sont très-rares. Ils doivent être terminés par 8 p. sans pagination intitulées : « Corrections des principales fautes survenues dans ce livre, avec quelques additions importantes ». Voy. la curieuse histoire de ces 8 p. dans l' « Essai sur l'histoire de l'imprimerie dans le département de l'Yonne, par H. Ribière ». *Auxerre, Perriquet,* 1858, in-8.

Voy. « Supercheries », I, 603, *c.*

Histoire de la prison et de la liberté de M. le Prince. (Par Claude JOLY.) *S. l.,* 1651, in-8. — *Paris, A. Courbé,* 1651, in-4, 22 p.

Réimprimé la même année, deux fois au moins sous ce titre : « le Secret ou les véritables causes de la détention et de l'élargissement de MM. les princes de Condé et Conty et du duc de Longueville... » *S. l.,* 1651, in-4.

Histoire de la rébellion excitée en France par les rebelles de la religion prétendue réformée... *Paris, Jean Petitpas,* 1622-1629, 6 vol. in-8.

La dédicace est signée : C. M. H. (Claude MALINGRE, historiographe).

Les vol. III-V sont intitulés : « Tome troisième (-cinquième) de l'histoire de nostre temps... », et le VI° : « Suite de l'Histoire de la rébellion... »

Histoire de la réception du concile de Trente dans les États catholiques. (Par l'abbé Etienne MIGNOT.) *Amsterdam, Arkstée (Paris, Vincent),* 1756, 2 vol. in-12.

Histoire de la réforme de l'abbaye de Sept-Fonds. (Par l'abbé J.-B. DROUET DE MAUPERTUY.) *Paris, L. Guérin,* 1702, in-12.

Histoire de la réforme politique et religieuse, par l'auteur du « Duc de Guise à Naples » (le comte Amédée DE PASTORET). *Paris, Levavasseur,* 1829, in-8. D. M.

Histoire de la religion des Banians... traduite de l'anglois de Henry LORD (par Pierre BRIOT). *Paris, de Ninville,* 1667, in-12, 6 ff. lim. et 288 p.

L'ouvrage anglais : « A Discoverie of the sect of the Banians », parut à Londres en 1630, in-4 ; il a été réimprimé dans les collections de voyages publiées par Churchill, t. VI, et par Pinkerton, t. VIII.

Histoire de la religion et de l'État de France, depuis la mort du roi Henri II jusqu'au commencement des troubles en 1560. (Par DE MONTAGNE, président de Montpellier, protestant.) 1565, in-8.

Histoire de la république de Gênes depuis son établissement jusqu'à présent. Avec le catalogue des écrivains et historiens de Gênes et de la Ligurie, ajouté dans cette nouv. édit. (par le chevalier DE MAILLY). *Paris,* 1742, 3 vol. in-12. — *En Hollande,* 1797, 2 vol. in-8.

La première édition est de *Hollande,* 1687, 3 vol. in-12.

Histoire de la république de Venise, par Baptiste NANI, traduite de l'italien par l'abbé TALLEMANT (et par Paulin DE MASCLARI, gentilhomme françois mort réfugié en Hollande). Nouvelle édition, revue, corrigée et augmentée. *Cologne, Pierre Marteau,* 1682, 4 vol. in-12.

La première édition est de *Paris,* 1679, 4 vol. in-8.

Histoire de la république de Venise, depuis sa fondation jusqu'à présent, par M. l'abbé L*** (Marc-Antoine LAUGIER, ex-jésuite). *Paris, N.-D. Duchesne,* 1759-1768, 12 vol. in-12.

Histoire de la république des Lettres et Arts en France, années 1779-1783. (Par Rob.-Mart. LE SUIRE.) *Paris, Quillau,* 1780 et ann. suiv., 5 vol. in-12.

Histoire de la république des Provinces-Unies des Pays-Bas, depuis son établissement jusqu'à la mort de Guillaume III, roi de la Grande-Bretagne. (Par JENNET, ministre à Utrecht.) *La Haye, Millinge,* 1704, 4 vol. in-8.

Voy. « Apologie, ou défense de Guillaume... », IV, 249, *b.*

Histoire de la république française, depuis la séparation de la Convention nationale jusqu'à la conclusion de la paix entre la France et l'Empereur. (Par A.-E.-N. FANTIN-DESODOARS.) *Paris, Dufour, an VI-1798,* 2 vol. in-8. — Histoire de la république française depuis le traité de Campo-Formio jusqu'à l'acceptation de la Constitution de l'an XIII. *Paris, Maradan,* 1804, en tout 3 vol. in-8.

Histoire de la république romaine dans le cours du VII° siècle, par SALLUSTE, en partie traduite du latin, en partie rétablie et composée sur les fragments qui sont restés de ses livres perdus. (Par le président Ch. DE BROSSES.) *Dijon, 1777, 3 vol. in-4.*

Il y avait originairement aux pp. 467 à 470 du 1er vol. une note contre Voltaire qui a été supprimée.

Histoire de la Restauration et des causes qui ont amené la chute de la branche aînée des Bourbons. Par un homme d'Etat. (Par Jean-Baptiste-Honoré-Raymond CAPEFIGUE.) *Paris, Dufey et Vézard, 1831-1833, 10 vol. in-8.*

C'est indûment qu'on a attribué dans le public cet ouvrage à Armand MALITOURNE, comme l'ayant rédigé sous la direction du duc Decazes, ancien ministre de Louis XVIII. Les éditions suivantes portent le nom de l'auteur.   D. M.

Histoire de la révolte des Catalans et du siège de Barcelone. (Par l'abbé Anthelme TRICAUD DE BELMONT.) *Lyon, 1715, in-12.*

Histoire de la révolution d'Espagne de 1820 à 1823, par un Espagnol, témoin oculaire (Sébastien DE MIÑANO). *Paris, Dentu, 1824, 2 vol. in-8.*

Le Ms. a été soumis au roi avant l'impression, d'après l'aveu de l'auteur.
L'ouvrage a été écrit en espagnol par MIÑANO, et traduit en français par MEISSONNIER DE VALCROISSANT et Ern. DE BLOSSEVILLE pour les 364 premières pages, et par don Andrés MURIEL pour le reste. La majeure partie du second volume a été empruntée par Miñano, presque textuellement, à l' « Annuaire de Lesur ».   D. M.

Histoire de la révolution d'Espagne en 1820, précédée d'un aperçu du règne de Ferdinand VII, depuis 1814, et d'un précis de la révolution de l'Amérique du Sud, par Ch. L.... (Charles-Lazare LAUMIER). *Paris, Plancher, 1820, in-8.*

Une seconde édition, publiée la même année, porte le nom de l'auteur.

Histoire de la révolution d'Espagne et de Portugal, ainsi que de la guerre qui en résulta, par M. DE SCHEPELER, colonel et ci-devant chargé des affaires de Prusse à Madrid, traduit (de l'allemand), sous les yeux de l'auteur (par Mme Caroline DE MONTIGNY). *Liége, Desoer, 1829-31, 3 vol. in-8.*

Histoire de la révolution de juillet 1830. (Par Alfred DUBUC.) *Paris, au bureau de la Bibliothèque des villes et des campagnes, 1833, in-18, 113 p.*

Histoire de la révolution de l'Amérique, par rapport à la Caroline méridionale,

traduite de l'anglois de David RAMSAY (par LEFORT). *Londres et Paris, Froullé, 1787, 2 vol. in-8.*

Histoire de la révolution de Lyon, servant de développement et de preuve à une conjuration formée en France contre tous les gouvernements et contre tout ordre social ; suivie de la collection des pièces justificatives. (Par GUERRE, avocat à Lyon.) *Lyon, imp. de Regnault, 1793, in-8, 64 et 176 p.*

Presque tous les exemplaires ont été détruits, et le titre de tous ceux qui ont échappé a été enlevé.

Histoire de la révolution de 1789, et de l'établissement d'une constitution en France, précédée de l'exposé rapide des administrations successives qui ont déterminé cette révolution mémorable, par deux Amis de la Liberté (F.-M. KERVERSEAU, prisonnier de guerre à Londres, et CLAVELIN, libraire). *Paris, Clavelin-Bidault, 1791-1803, 20 vol. in-8.— Paris, Garnery, 1792-1803, 19 vol. in-18.*

Quelques volumes de cette histoire, à dater du septième, in-8, ont été composés par V. LOMBARD, de Langres, et D. LÉRIGUET. CAIGNART DE MAILLY, ancien avocat, est auteur des tomes XVI et XVII, in-8 ; ils ont paru en 1802.
Le volume relatif aux événements de 1792 a été rédigé par Cl.-F. BEAULIEU.

Histoire de la révolution de Naples, par l'auteur du « Voyage de Platon en Italie » (Vincent Cuoco). Traduite de l'italien sur la deuxième édition (par Bertr. BARRÈRE DE VIEUZAC). *Paris, Collin, 1807, in-8.*

La deuxième édition du livre de V. Cuoco avait paru à Milan l'année précédente.   D. M.

Histoire de la révolution de Pologne, en 1794, par un témoin oculaire (le général ZAIACZEK, dont le nom se prononce ZAIONCZECK). *Paris, Magimel, an V-1797, in-8.*

Histoire de la révolution de Siam, arrivée en 1688. (Par VOLLANT DES VERQUAINS.) *Lille, 1691, in-12.*   V. T.

Catalogue manuscrit des Barnabites.

Histoire de la révolution française, depuis la convocation des états généraux jusqu'à l'Empire, et suivie du testament de Louis XVI, par L. V. D. M. (le vicomte DE LA MORRE). Deuxième édition. *Lille, L. Lefort, 1851, in-12.*

Histoire de la robe sans couture de N. S. Jésus-Christ, qui est révérée dans l'église du monastère des religieux Bénédictins d'Argenteuil, avec un Abrégé de l'histoire de ce monastère, par un religieux bénédictin de la congrégation de S. Maur (dom Gabriel GERBERON). Seconde édition... *Paris, Hélie Josset,* 1686, in-12, 10 ff. lim. et 136 p.

La 1re éd., *Paris, Josset,* 1677, in-12, porte le nom de l'auteur.

Souvent réimprimé.

Voy. Hauréau, « Histoire littér. du Maine », 2e éd., tome V, p. 188.

Histoire de la Russie, depuis l'origine de la nation russe jusqu'à la mort du grand-duc Jaroslaws 1er, par Michel Lomonossow, conseiller d'Etat, et traduite de l'allemand par M*** (Marc-Ant. EIDOUS). Avec des cartes géographiques. *Paris, Guillin,* 1769, 2 vol. in-8. — *Paris, Dufour,* 1773, 2 vol. in-8:

Voy. « Supercheries », III, 1056; *d.*

Histoire de la Saint-Barthelemy, d'après les chroniques, mémoires et manuscrits du xvie siècle. (Par J.-M.-V. AUDIN.) *Paris, U. Canel,* 1826, in-8. — 2e éd., 1829, in-8, avec le nom de l'auteur.

Histoire de la sainte chapelle de Notre-Dame de Vassivière, près du Mont-Dore, en Auvergne... par un religieux bénédictin de la congrégation de Saint-Maur. *Clermont,* 1688, in-8. — *Clermont-Ferrand, imp. de Thibaud-Landriot frères,* 1844, in-18, 244 p.

L'épître est signée : F. I. M. C. R. B. (F. J.-M. CLADIÈRE, religieux bénédictin).

Histoire de la sainte Écriture du Vieil et du N. T., en forme de cathéchisme, traduite de l'anglois. (Par PAGIT, ministre de la parole de Dieu à Londres.) *Charenton, Étienne Lucas,* 1672, petit in-8.

Cet ouvrage est peut-être d'Éphraïm PAGITT.

Histoire de la sainte Église de Vienne. (Par l'abbé J.-B. DROUET DE MAUPERTUY.) *Lyon, Jean Certe,* 1708, in-4.

L'auteur a signé l'épître.

Réimprimé la même année avec le nom de l'auteur.

Outre cet ouvrage, Barbier dans sa 2e éd. en indiquait un autre sous le même titre : « Histoire de la sainte église de Vienne, par M. C. CHARVET... archidiacre de cette église... » *Lyon, C. Cizeron,* 1761, in-4, avec supplément.

D'après la « France littéraire » de 1769, Cl.-Ét. BOURDOT DE RICHEBOURG aurait seulement revu et publié cet ouvrage.

Barbier a dit à tort : Rédigé par Bourdot de Richebourg, ce qui a été traduit dans les « Supercheries », I, 703, *a,* par « Charvet, pseudonyme de Bourdot de Richebourg ». C'est là une grave erreur à rectifier. Charvet est bien l'auteur de cette « Histoire » dont Bourdot de Richebourg n'a été que le réviseur et l'éditeur.

Voy. « Revue du Dauphiné », tome VI, p. 370.

Histoire de la sainte jeunesse de J. Ch., tirée de l'Évangile, par forme d'entretiens.

(Par GRIZOT.) *Besançon, Charmet,* 1769, 2 parties in-12.

Histoire de la sœur Inès. (Par la comtesse MERLIN, née Maria de las Mercedes HARUCO.) *Paris, de l'impr. de Dupont,* 1832, in-18.

Réimpr. à la suite des « Mémoires et Souvenirs » de l'auteur.

Histoire de la Suisse. (Par Eug. GARAY DE MONGLAVE.) *Paris, Dauthereau,* 1826, in-32.

Histoire de la sultane de Perse et des visirs. Contes turcs. Composez en langue turque par Chéc ZADÉ, et traduits en françois (par Antoine GALLAND). *Paris, veuve Claude Barbin,* 1707, in-12, 6 ff. lim. et 404 p. — *Amsterdam, E. Roger,* 1707, in-12, 261 p.

Histoire de la terre neuve du Pérou en l'Inde occidentale, traduite de l'italien en françois (par Jacques GOHORRY). *Paris, V. Sertenas,* 1545, pet. in-8.

C'est la traduction de la 3e partie d'un recueil italien imprimé à Venise et à Milan en 1535, et qui paraît être lui-même une version d'un texte espagnol. Voy. Brunet, « Manuel du libraire », 5e éd., III, col. 188.

Histoire de la tourière des Carmélites, servant de pendant au P. des Ch. (au « Portier des Chartreux »). *La Haye,* 1745, in-12. — *Avignon,* 1748, in-16. — *Constantinople* 17 000.570, in-12. — *Paris, chez Clavilord,* 1770, in-12.

Le marquis de Paulmy, n° 6073 de son Catalogue, attribue cet ouvrage à Anne-Gab. MEUSNIER DE QUERLON. Il a été réimprimé sous les titres d' « Histoire galante de la tourière des carmélites », s. l., 1774, in-12, 56 p.; « Sainte-Nitouche, ou histoire galante de la tourière des Carmélites », *Londres* 1784 (*Paris,* 1830), in-8, 118 p.; « Suzon », *Londres* (*Paris*), 1830, in-18, 145 p. Voy. ces mots. Voy. aussi la « Bibliographie des écrits relatifs à l'amour, aux femmes, au mariage », par le C. d'I*** », 3e éd. (*Turin, J. Gay*), t. IV, p. 42.

Histoire de la tribu des Osages... écrite d'après les six Osages actuellement à Paris. (Par Paul VISSIER.) *Paris, Béchet,* 1827, in-8, 92 p.

Histoire de la vallée de Lièvre, extraite de Grandidier. (Par REBER.) *Sainte-Marie-aux-Mines,* 1810, in-12.

Histoire de la vie de Charles de Créquy de Blanchefort, duc de Lesdiguières... (Par Nic. CHORIER.) *Grenoble, L. Nicolas,* 1681, 2 vol. in-12. — *Grenoble, F. Provensal,* 1683, 2 vol. in-12. — *Paris, Colombel,* 1695, 2 vol. in-12.

L'auteur a signé la dédicace.

Histoire de la vie de H. Maubert, soi-disant chevalier de Gouvest, gazetier à Bruxelles, et auteur de plusieurs libelles politiques... (Par Fr.-Ant. CHEVRIER.) Londres, 1763, in-12.

Histoire de la vie de Louis de Bourbon, prince de Condé. (Par Jean DE LA BRUNE.) Cologne, Richard Lenclume, 1693, 2 vol. in-12.

La 1re éd., Cologne. P. Marteau, 1693, 2 vol. in-12, était intitulée « Mémoires pour servir à l'histoire de Louis de Bourbon, prince de Condé ». Voy. ces mots.

Réimprimé en 1694 sous le titre : « Histoire de la vie et actions de Louis de Bourbon.... » Cologne, P. Marteau, 2 vol. in-12. Deux éditions sous ce titre.

Histoire de la vie de mademoiselle F. Bader, fondatrice et première supérieure de la congrégation des Filles de la Sainte-Famille, à Valenciennes, avec les éloges de plusieurs filles et le règlement pour les pensionnaires de cette maison. Liége, 1726, in-8, avec portr.

La sœur Marg.-Ther. HORION a rédigé ce recueil, d'après les mémoires qu'avait laissés la fondatrice.

Histoire de la vie de messire Philippe de Mornay, seigneur du Plessis-Marly... Leyde, Elzevier, 1647, in-4.

Rédigée par David LIGOUES, d'après un manuscrit de madame de Mornay, jusqu'à l'année 1606, et pour les dix-sept dernières années, d'après les renseignements fournis par Jean Daillé, et par Jules de Meslay et René Chalopin, secrétaires de Mornay.

Histoire de la vie de Mgr Franç. de Salignac de La Motte Fénélon, archevêque duc de Cambray. (Par A.-M. DE RAMSAY.) La Haye, frères Vaillant, 1723, in-12.

Souvent réimprimé.

Histoire de la vie de M. François-Félix Pierron, chanoine, curé de Belfort, mort en odeur de sainteté. Par un de ses combourg, mensaux (J.-J.-P. DESCHARRIÈRES). Stras-bourg, l'auteur, 1826, in-12, 72 p.

Histoire de la vie de Notre-Seigneur Jésus-Christ, racontée aux enfants. Par Mme la vicomtesse DE V*** (la vicomtesse DE VIRIEU). Paris, Chamerot, 1834, in-18.

Voy. « Supercheries », III, 887, d.

Histoire de la vie de N. S. J. C., selon les quatre Évangélistes, avec de courtes notes. (Par l'abbé POTIN.) Paris, 1734, in-18.

Il ne faut pas confondre cette histoire avec celle ayant le même titre à peu près, publiée par Nicolas LE TOUR-NEUX en 1678, in-12, et dont il existe plusieurs éditions anonymes ou avec le nom de l'auteur.

Histoire de la vie de saint Sigisbert, roy d'Austrasie (trad. du latin de SIGEBERT de

Gemblours), contenant plusieurs singularités du duché et de la ville de Nancy... par Georges AULBERY... Nancy, imp. de J. Garnich, 1616, in-8. — Nancy, imp. de J. Garnich, 1617, in-8.

Histoire de la vie, des miracles et du culte du B. P. de Luxembourg. (Par Fr. MORÉNAS.) Luxeuil, 1766, in-12.
                         V. T.

Histoire de la vie du pape Sixte V, par G. LETI, trad. de l'ital. (par l'abbé LE PELLETIER). Nouv. édit. rev., corr., augm. et divisée en deux tomes. Anvers, 1703-1704, 2 vol. in-12.   A. L.

Histoire de la vie, du règne et du détrônement d'Iwan III, assassiné en 1764, par M. DE M. (Eléazar DE MAUVILLON). Londres, 1766, in-12.

Histoire de la vie et de la conversion de F. D. (Fr. DESGOUTTES), docteur en droit, exécuté à Aarrwangen, en canton de Berne, le 30 septembre 1817; écrite par lui-même dans sa prison. Lausanne, Petillet, 1818, in-8.

Indiqué par Heinsius : « Allgem. Bücher-Lexikon », VI, pour 1846 à 1821.   A. L.

Histoire de la vie et de la mort de Bianca Capello, traduite de l'allemand de MEISSNER (par Jean-Pierre-Louis DE LA ROCHE DU MAINE, marquis DE LUCHET). Paris, Maradan, 1788; — Le Jay, 1790, 3 vol. in-12.

Les exemplaires qui se vendaient chez Maradan sont tout à fait anonymes, soit pour le nom de l'auteur, soit pour celui du traducteur.

Histoire de la vie et de la mort de M. de Talleyrand-Périgord... avec un grand nombre de documents et de notes historiques, par S. D***** (Sosthène DUFOUR DE LA THUILERIE). Paris, libr. de la Société de Saint-Nicolas (1838), in-8.

Histoire de la vie et de la mort des deux frères Corneille et Jean de Witt. (Par VERHOEVEN.) Utrecht, Brœdelet, 1709, 2 vol. petit in-8.

Voy. le « Catalogue des livres de J. Morisse », par Jos. Ermens; Bruxelles, 1778, t. II, n° 6793.

C'est à tort que l'abbé de Claustre attribue cet ouvrage à madame de Zoutelandt. Voyez la « Table du Journal des Savans ».

L'abbé de Claustre a été trompé par la préface de la « Babylone démasquée », où l'on dit seulement que madame de Zoutelandt vient d'achever de traduire (en 1728) la vie et la mort des deux frères de Witt. Il paraît que cette traduction n'a pas vu le jour.

Histoire de la vie et de la mort tragique de Victoria Accorambona, duchesse de Bracciano, par J. F. A. O. (J.-F. ADRY, oratorien). Imprimée (au château de Dam-

pierre) par *G. E. J. M. A. L.* (*Mme Guyonne-Elisabeth-Joséphine de Montmorency-Albert-Luynes*), 1800, petit in-4.

Histoire de la vie et des ouvrages de François Bacon, grand chancelier d'Angleterre ; peinture exacte quoique anticipée de la conduite et du renversement du dernier ministère. (Trad. de l'anglais de David MALLET.) *La Haye, Adrien Moetjens,* 1742, in-8 de 207 p., plus la préface.— *Paris,* 1788, in-8.

Suivant Œttinger, le traducteur anonyme serait P.-J. BERLIN, qui a mis en tête du volume une assez longue préface et donné un relevé de toutes les œuvres latines et anglaises de Bacon, suivant l'ordre où elles sont imprimées dans l'édition de Lond., 1740, 4 vol. in-fol. Voy. « Analyse de la philosophie », IV, 166, *f.*

Histoire de la vie et des ouvrages de Jean-Jacques Rousseau, suivie de Lettres inédites. (Par V.-D. MUSSET-PATAY.) *Paris, Pélicier,* 1821, 2 vol. in-8.

L'auteur a signé l'introduction.
Réimprimé avec le nom de l'auteur sur le titre.

Histoire de la vie et des ouvrages de M. Arnauld... (Par le P. Pasquier QUESNEL.)

Voy. « Histoire abrégée de la vie... »

Histoire de la vie et des ouvrages de M. de La Fontaine, par Mathieu MARAIS, publiée pour la première fois avec des notes et quelques pièces inédites (par Simon CHARDON DE LA ROCHETTE). *Paris, Renouard,* 1811, in-8.

PARISON est auteur de l'*Avertissement.* On ne se souvenait plus dans ces derniers temps que l'ingénieuse Ballade de La Fontaine sur Escobar avait été imprimée vers 1711 en Hollande, dans plusieurs éditions d'un petit volume d' « Œuvres posthumes » de Boileau : Chardon La Rochette, quoique très-versé dans l'histoire littéraire, chercha en vain cette Ballade, pour la placer dans l' « Histoire de la vie et des ouvrages de La Fontaine », par Mathieu Marais. L'ayant trouvée quelques mois après la publication de cette histoire dans un recueil de pièces janséniennes, je la fis insérer dans le « Journal de Paris », du 21 avril 1811. Depuis, elle a été réimprimée dans le « Nouvel Almanach des Muses » de M. Beuchot ; dans le « Magasin encyclopédique » de Millin ; dans les « Œuvres diverses » de La Fontaine, édition stéréotype de MM. Didot, dirigée par M. Fayolle ; dans l' « Acanthologie, ou Dictionnaire épigrammatique » , publié par M. Fayolle ; enfin dans les éditions complètes des « Œuvres » de La Fontaine, publiées postérieurement à 1811 ; un manuscrit du XVII° siècle, acheté en 1818 à la vente de la bibliothèque de M. Adry, m'a convaincu que cette Ballade avait été imprimée fort incorrectement dans l'édition d'où elle avait été arrachée pour entrer dans le recueil que le hasard m'avait offert. Je crois faire plaisir aux amateurs en la reproduisant ici d'après le manuscrit que je possède :

C'est à bon droit que l'on condamne à Rome,
L'Evêque d'Ypre, auteur de maints débats,
Ses sectateurs nous défendent en somme,
Tous les plaisirs que l'on goûte ici bas.
En paradis allant au petit pas,

On y parvient, quoiqu'Arnauld nous en die :
La volupté sans cause il a bannie.
Veut-on monter sur les célestes tours ?
Chemin pierreux est grande rêverie,
Escobar fait un chemin de velours.

Il ne dit pas qu'on peut tuer un homme
Qui sans raison nous tient en altercas,
Pour un fétu ou bien pour une pomme ;
Mais qu'on le peut, pour quatre ou cinq ducats,
Même il soutient qu'on peut en certain cas,
Faire un serment plein de supercherie,
S'abandonner aux douceurs de la vie,
S'il est besoin, conserver ses amours.
Ne faut-il pas, après cela, qu'on crie ?
Escobar fait un chemin de velours.

Au nom de Dieu, lisez-moi quelque Somme
De ces écrits dont chez lui l'on fait cas,
Qu'est-il besoin qu'à-présent je les nomme ?
Il en est tant qu'on ne les connaît pas.
De leurs avis servez-vous pour compas,
N'admettez qu'eux en votre librairie.
Brulez Arnauld avec sa coterie.
Près d'Escobar ce ne sont qu'esprits lourds,
Je vous le dis, ce n'est point raillerie,
Escobar fait un chemin de velours.

ENVOI.

Toi, que l'orgueil poussa dans la voirie,
Qui tiens là bas notre conciergerie,
Lucifer, chef des infernales cours,
Pour éviter les traits de ta furie,
Escobar fait un chemin de velours.

Suivant une note manuscrite de J.-Q. Beuchot, cette Ballade a aussi été imprimée dans la brochure intitulée : « Satyre XII de monsieur Boileau Despréaux sur l'équivoque, suivie de quelques autres pièces curieuses ». (Hollande), 1713, in-12 ; le 2° vers porte... *vatns débats.* Il n'y a pas d'autre variante.

Histoire de la vie et du culte de sainte Savine, vierge et patrone d'une église sous son invocation dans un faubourg de Troyes. (Par J.-Ch. COURTALON-DELAISTRE, curé de Sainte-Savine.) *Troyes, Garnier,* 1774, in-12, 24 p.

Histoire de la vie et du ministère du bienheureux abbé Idesbald (Van der Gracht), sous Thierry d'Alsace, comte de Flandre ; avec des notes critiques et morales sur l'histoire et sur la politique, par M*** (D'HERMANVILLE). *Bruxelles, J. Léonard,* 1715, in-12.

Histoire de la vie et du règne de Frédéric-Guillaume, roi de Prusse. (Par Ant.-Aug. BRUZEN DE LA MARTINIÈRE.) *La Haye, Moetjens,* 1741, 2 vol. in-12.

Histoire de la vie et du règne de Louis XIV... rédigée sur les mémoires de feu M. le comte de *** (attribuée au P. LA MOTHE, dit DE LA HODE ; ex-jésuite), publiée par BRUZEN DE LA MARTINIÈRE.

Haye, J. *Van Duzen*, 1740-1742, 5 vol. in-4.

Mylius, dans sa « Bibliotheca anonym. et pseudonym. », t. I, p. 384. Mais le P. Griffet a très-bien prouvé qu'on ne pouvait regarder le P. La Mothe comme l'auteur de cet ouvrage. (« Traité des différentes sortes de preuves... de l'histoire. » Liége, 1770, in-12, p. 97.)

Histoire de la vie et mort de Jacques, cinquième roy d'Ecosse; ensemble l'Histoire déplorable de la belle Douglas, vray miroir de constance et de chasteté, par R. B. (Rolin BARAIGUES?). *Paris, Rolin Baraigues*, 1621, in-8.   G. M.

Histoire de la vie, faits héroïques et voyages de très-valeureux prince Louys III, duc de Bourbon (par Jean D'ORONVILLE, surnommé CABARET), donnée au public par MASSON, archidiacre de Bayeux. *Paris, F. Huby*, 1612, in-8.

Histoire de la vie, miracles et translation de sainte Marie d'Óingnies, traduite d'un manuscrit latin du cardinal DE VITRIACO, et augmentée d'un troisième livre (par François BUISSERET, évêque de Namur). *Louvain*, 1609, in-8.

Histoire de la vie, mort et miracles de sainte Aldegonde, vierge, fondatrice, patronne et première abbesse des nobles dames chanoinesses de la ville de Maubeuge, par un Fr. capucin de la province wallonne (Frère BASILIDES D'ATH). *Arras, imp. de La Rivière*, 1623, in-8.

Histoire de la vie privée, politique et militaire de Napoléon Bonaparte, depuis 1792 jusqu'à nos jours. Par un ancien officier supérieur (R.-P. AUGUIS). *Paris*, 1822, 2 vol. in-8.

Voy. « Supercheries », I, 339, c.

Histoire de la vie publique de Jésus-Christ, tirée des quatre évangélistes, avec des réflexions et une règle de vie pour se sanctifier dans le clergé. (Par GRIZOT.) *Besançon, Daclin*, 1765, 3 vol. in-12.

Histoire de la vie souffrante et glorieuse de Jésus-Christ dès la dernière Pasque jusqu'à son Ascension au Ciel, tirée des évangélistes, par un prêtre du diocèse (GRIZOT). *Besançon, Charmet*, 1770, 2 vol. in-12.

Voy. « Supercheries », III, 241, d.

Histoire de la ville d'Epernai... Par H. M. G***** (GARNESSON, curé de Chavot, près de cette ville). *Epernai, Warin frères*, an VIII-1800, 2 vol. in-12.

Histoire de la ville d'Étain (Meuse)... Par M. P. (PETIT DE BARONCOURT), d'Étain,

professeur d'histoire de l'Académie de Paris. *Verdun, M. Henriot*, 1835, in-8, 164 p.

Histoire de la ville de Clermont-l'Hérault et de ses environs; avec vue et plans lithographiés. Par l'abbé A. D. (Auguste DURAND, curé archiprêtre de la paroisse de S.-Nazaire de Béziers). *Montpellier*, 1837, in-8.

Voy. « Supercheries », I, 183, d.

Histoire de la ville de Leuze, depuis la fondation de son abbaye jusqu'à l'an 1838. Par J.-B. F. (Jean-Baptiste FLAMME). *Tournay, J.-A. Blanquart*, 1838, in-8, 88 p.   J. D.

Histoire de la ville de Lille, depuis sa fondation jusqu'en l'année 1434... Par M. DE M. C. D. S. P. D. L... (l'abbé DE MONTLINOT, chanoine de Saint-Pierre de Lille). *Paris, Panckoucke*, 1764, in-12.

Histoire de la ville de Lyon, ancienne et moderne, avec les figures de toutes ses vues; par le R. P. Jean DE SAINT-AUBIN... — Histoire ecclésiastique de la ville de Lyon, ancienne et moderne; par le R. P. Jean DE SAINT-AUBIN... *Lyon, B. Coral*, 1666, 2 vol. in-fol.

L'épître dédicatoire et les 2 préfaces, signées C. F. M., sont du P. Cl.-Fr. MÉNESTRIER, qui a soigné l'édition après la mort de Saint-Aubin.

Histoire de la ville de Paris... *Paris, P.-F. Giffart* ou *G. Desprez*, 1735, 5 vol. in-12.

Les tomes I-IV sont de l'abbé P.-F. GUYOT DESFONTAINES et Jean DU CASTRE D'AUVIGNY; le t. V est par L.-J. DE LA BARRE.

Histoire de la ville de Rouen divisée en 3 parties... *Rouen, Jacques Hérault*, 1668, 3 vol. pet. in-12.

Première édition; l'auteur, Fr. FARIN, l'a signée; c'est la seule qui ait paru de son vivant, et c'est toujours la plus recherchée.

— Nouv. édit. revue, corr. et augm. (par Jean LE LORRAIN, chapelain de la cathédrale de Rouen, et par Jacq. AMYOT, libraire). *Rouen, J. Amyot*, ou *Eust. Hérault*, 1710, 3 vol. in-12.

Quelques exempl. portent : *Bruxelles, Fr. Foppens*, 1734; ils sont de l'édition de 1710, avec titres, feuille A (24 p.), du 1er tome et table réimprimés.

— Nouv. édit. divisée en 6 parties. Par un solitaire, et revues par plusieurs personnes de mérite. *Rouen, Louis du Souillet*, 1731, 2 vol. in-4 ou 6 vol. in-12, avec un plan de Rouen.

Le nouveau travail de cette édition est dû à dom IGNACE, chartreux de Rouen, retiré alors à Utrecht, et au libraire L. DU SOUILLET.

Histoire de la ville de Rouen... suivie d'un Essai sur la Normandie littéraire, par M. S*** (Ant.-Nic. SERVIN)... *Rouen, Le Boucher*, 1775, 2 vol. in-12.

L'auteur a signé l'épître.

Histoire de la ville de Sancerre... *Cosne, Gourdet,* 1826, in-12.

Par Abraham-François MALFUSON, d'après un envoi manuscrit.

Histoire de la ville et cité de Tournay, capitale des Nerviens et premier siége de la monarchie françoise. (Par N. POUTRAIN.) *La Haye,* 1750, 2 vol. in-4.

Histoire de la ville et de l'église de Fréjus, par M. G. C. D. C. E. T. (Jacques-Félix GIRARDIN). *Paris, veuve Delaulne,* 1729, 2 vol. in-12.

L'auteur a signé l'épître.

Histoire de la ville et des Antiquités de Saint-Germain-en-Laye... (Par Abel GOUJON, libraire, et Charles ODIOT fils.) *Saint-Germain, veuve Goujon,* 1815, in-16, 214 p.

Histoire de la ville et du château de Saint-Germain-en-Laye ; suivie de recherches historiques sur dix autres communes de ce canton. (Par Abel GOUJON, libraire, et Charles ODIOT, avocat.) *Saint-Germain-en-Laye, imp. de A. Goujon,* 1829, in-8, 4 ff. lim. et 574 p.

La dédicace est signée : Abel GOUJON.

Histoire de la ville et du pays de Liége. *Liège, G. Barnabé,* 1725-32, 3 vol. in-fol.

Les tomes II et III portent le nom de l'auteur, le P. Théodore BOUILLÉ, religieux carme de Theux.

Histoire de la ville et principauté d'Orange, par L*** (le P. BONAVENTURE de Sisteron, capucin). *La Haye, Marc Chaves,* 1741, in-4.

Voy. « Supercheries », II, 465, *b.*

Histoire de la Virginie, par un auteur natif et habitant du pays (R.-B. BÉVERLEY), traduite de l'anglois. *Amsterdam, Orléans et Paris, Ribou,* 1707, in-12.

Des frontispices datés de 1712 portent : « Par D. S., natif... »
Voyez la « Bibliotheca americo-septentrionalis, ou Collection d'ouvrages écrits en diverses langues, qui traitent de l'histoire du climat, de la géographie, etc., de l'Amérique septentrionale » (par M. Warden). *Paris,* 1820, in-8, p. 10.

Histoire de Laïs, courtisane grecque, avec des anecdotes sur quelques philosophes de son temps. (Par Bénigne LEGOUX DE GERLAN.) *Paris, Jorry,* 1756, in-12.

Histoire de Laurent Marcel, ou l'Observateur sans préjugés. (Par Jean BARDOU.) *Lille, Lehoucq (Bouillon, Société typographique),* 1779, 1781, 4 vol. in-16.

Après avoir donné au médecin Jean BARDOU cet ouvrage, ainsi que deux autres indiqués au « Dict. des anon. », je ne sais sur quoi s'est fondé Quérard pour

attribuer celui-ci à un second auteur, l'abbé DE LIGNAC. Voy. « France littéraire », tomes I et V.

Histoire de Lazare de Tormes, traduite de l'espagnol, par I. G. DE L. (Jean GARNIER, de Laval). *Lyon. Saugrain,* 1560, in-8.

Voy. « Supercheries », II, 329, *f.*

Histoire de Léopold, premier roi des Belges... (Par J.-A.-S. COLLIN, de Plancy.) *Bruxelles, Langlet,* 1835, in-8. — 1836, in-18, 288 p.   J. D.

Histoire de Lideric, premier comte de Flandres, nouvelle historique et galante. (Par Adrien DE LA VIEUVILLE D'ORVILLE, comte DE VIGNACOURT.) *Paris, Didot,* 1737, 2 vol. in-12.

Histoire de Lille et de sa châtellenie... Par le Sr *** (THIROUX). *Lille, Charles-Louis Prévost,* 1730, in-12.

Histoire de Louis de Bourbon IIe du nom, prince de Condé... par P***** (Pierre COSTE). *Cologne, chez F******,* 1693, in-12. — Seconde édit. *Ibid., id.,* 1695, in-12.

La troisième édit., *La Haye,* 1748, 2 vol. in-4, porte le nom de l'auteur.

Histoire de Louys unziesme, roy de France, et des choses mémorables advenues de son regne, depuis l'an 1460, iusques a 1483. Autrement dicte la Chronique scandaleuse, escrite par un greffier de l'hostel de ville de Paris (Jean DE TROYES). *Imprimée sur le vray original,* 1611, in-8. — *S. l.,* 1620, in-4. — *S. l.,* 1620, in-8.

Voy. « la Chronique du tres-chrestien... », IV, 598, *f;* « les Chroniques du tres-chrestien... », IV, 602, *d;* « la Chronique scandaleuse », IV, 600, *e.*

Histoire de Louis XI, roi de France. (Par Pierre MATHIEU.) *Paris, Mettayer,* 1610, in-fol. — *Paris, veuve M. Guillemot,* 1628, in-4.

Histoire de Louis XII, roi de France... » par l'auteur de l'« Histoire de Louis XIV » (J.-J.-E. ROY). *Lille, L. Lefort,* 1845, in-12. — *Ibid.,* 1851, in-12.

Histoire de Louis XII. (Par l'abbé Jacques TAILHÉ.) *Milan et Paris, Lottin,* 1755, 3 vol. in-12.

Histoire de Louis XIII, dit le Juste. *Paris, M. Brunet,* 1695, in-12.

C'est le 7e vol. de l' « Abrégé de l'histoire de France » (par Simon DE RIENCOURT). Voy. IV, 20, *f.*

Histoire de Louis XIII, roi de France et de Navarre... (Par Claude MALINGRE.) *Paris, J. Petit-Pas,* 1616, in-4.

Histoire de Louis XIV, par l'auteur de l'« Histoire du Grand Condé » (J.-J.-E. Roy). *Lille, Lefort,* 1844, 1849, 1853, in-12.

Histoire de Louis XIV, par PELLISSON (publiée par l'abbé J.-B. LE MASCRIER). *Paris, Rollin fils,* 1749, 3 vol. in-12.

Voy. « Campagne de Louis XIV », IV, 484, *f,* et « Éloge historique de Louis XIV », V, 78, *f.*

Histoire de Louis Mandrin, depuis sa naissance jusqu'à sa mort, avec un détail de ses cruautés, de ses brigandages, et de son supplice. (Attribué à l'abbé REGLEY.) *Chambéry, Gorrin ; et Paris, Delormel,* 1755, in-12, 159 p. et 1 portrait.

Souvent réimprimée dans le format in-18.

Il ne faut pas confondre cet ouvrage avec l' « Abrégé » décrit tome IV, 33, *f.*

Histoire de Lyon sous la Restauration, à l'aide des chansons de cette époque. Extrait de la « Revue du Lyonnais ». (Par Paul-François CASTELLAN.) *Lyon, Boitel,* 1848, in-12, 84 p.

L'éditeur est M. Léon BOITEL, qui a fait la préface et les notes.   D. M.

Histoire de ma famille, par un ouvrier (Abram CAST). *Genève,* 1855, in-12.

Voy. « Supercheries », II, 1321, *d.*

Histoire de ma première condamnation à mort, par le chevalier R..... DE B...Y (ROCHELLE DE BRÉCY). *Paris, L.-P. Setier* (1817), in-8.

Voy. « Supercheries », III, 345, *c.*

Histoire de madame d'Erneville, écrite par elle-même. (Par Jean-François-Dieu-donné DE MAUCOMBLE.) *Paris,* 1768, 2 vol. in-12.

Histoire de madame de Bellerive, ou principes sur l'amour et sur l'amitié, par le chevalier D****. (Par le marquis J.-F.-M. DE CHASTENET DE PUYSÉGUR.) *Paris, Segault,* 1768, in-12. — *Paris, Le Jay,* 1780, in-12.

Voy. « Supercheries », I, 850, *b.*

Histoire de madame de Luz, anecdote du règne d'Henry IV. (Par DUCLOS.) *La Haye, P. de Hondt,* 1744, 2 part. in-12.

Histoire de madame de Mucy, par ma-demoiselle D***. (Par Guill. VALDORY.) *Amsterdam* (Paris), 1731, in-12.

Voy. « Supercheries », I, 837, *b.*

Histoire de madame la comtesse des Barres... (Par l'abbé DE CHOISY.) *Anvers, Van der Hey,* 1735, in-12. — *Bruxelles, Fr. Foppens,* 1736, in-12.

Réimprimée à Paris en 1807, chez Léopold Collin, in-18, avec le nom de l'auteur.

Ce fragment abrégé reparut dans la « Vie de l'abbé de Choisy », *Lausanne,* 1742. Voy. pour deux réimpressions modernes, « Aventures de l'abbé de Choisy... », IV, 335, *e.*

Histoire (l') de madame la marquise de Pompadour, traduite de l'anglois (ou plutôt composée en français par mademoiselle FAUQUE, ex-religieuse). *Londres, aux dépens de S. Hooper, à la Tête de César* (Hollande), 1759, 2 parties petit in-8, 160 p. — Autre édition sous le même titre et avec la même date, petit in-8 de 189 p.

On trouve la note suivante en tête d'un exemplaire de la traduction anglaise de cet ouvrage :

« Cette vie est d'une demoiselle FAUQUE, ci-devant religieuse, qui, après s'être fait connaître à Paris par de mauvais vers, de mauvais romans, et surtout par ses galanteries, passa en Angleterre, où elle épousa (dit-on) un officier prussien. Ce livre ayant été traduit du français en anglais, et d'abord imprimé en Hollande, M. le comte d'Affri, ministre de France, acheta l'édition par ordre du roi ; ce qui n'a pas empêché cet exemplaire d'échapper aux recherches de d' « Affri, et de tomber, par le plus grand des hasards, dans les mains de gens qui n'en connaissaient pas la valeur, ensuite dans celles de M. D. L.... »

On peut croire que cette note a été transcrite d'un exemplaire français sur lequel elle avait été posée, et que cet exemplaire aura servi pour la réimpression ci-dessus mentionnée. Ces deux éditions de l' « Histoire de madame de Pompadour » sont très-rares.

Il ne faut pas confondre cette « Histoire » avec les « Mémoires pour servir à l'histoire de la marquise de Pompadour », traduits de l'anglois, *Londres, Hooper,* 1763, in-8, 128 p., ni avec les « Mémoires de madame la marquise de Pompadour », *Liége,* 1766, 2 vol. petit in-8. Ces derniers ont eu beaucoup d'éditions.

Histoire de mademoiselle Christine, comtesse de Meyrac, ou l'Héroïne mousquetaire. (Par DE PRÉCHAC.) *Amsterdam,* 1744, pet. in-12.

Réimpression de l' « Héroïne mousquetaire ». Voy. ci-dessus, col. 624, *a.*

Histoire de mademoiselle Cronel, dite Frétillon (Mlle Clairon), actrice de la comédie de Rouen, écrite par elle-même. (Par GAILLARD DE LA BATAILLE, trésorier de France.) *La Haye* (Rouen), *aux dépens de la Compagnie,* 1740-1742, 3 parties in-12.

Attribué au comte DE CAYLUS, par la « Biographie universelle ». Il existe plusieurs éditions de cet ouvrage. Voy. « Mémoires de Mlle Frétillon ».

Histoire de mademoiselle de Cerni, par le sieur L. D. V. (Philippe LE FEBVRE). *Berlin,* 1750, in-12.

Voy. « Supercheries », II, 715, *b.*

Histoire de mademoiselle de Grisoles, écrite par elle-même. (Par P.-L. DE BEAU-CLAIR.) *Londres,* 1770, in-8.

Histoire de mademoiselle de Salens, par Mme *** (Mme Catherine CAILLEAU, comtesse DE LINTOT). *La Haye (Paris)*, 1740, 2 vol. in-12. — *Londres*, 1786, 3 vol. in-18.

Histoire de Magdelaine Bavent, religieuse du monastère de S. Louis de Louviers, avec sa confession générale et testamentaire, où elle déclare les abominations, impietez et sacrileges qu'elle a pratiqué et veu pratiquer, tant dans ledit monastère, qu'au sabat, et les personnes qu'elle y a remarquées. Ensemble l'arrest donné (par le parlement de Rouen) contre Mathurin Picard, Thomas Boullé et ladite Bavent, tous convaincus du crime de magie. *Paris, Jacq. Le Gentil*, 1652, in-4 de 80 p.

Madeleine BAVENT était prisonnière à la Conciergerie du Palais, à Rouen, lorsque, en 1647, elle rédigea son hist. d'après les conseils et avec l'aide de son confesseur, l'oratorien DESMARETS, sous-pénitencier de l'église de Rouen ; ce qu'on ne saurait comprendre, c'est qu'on ait osé dédier à la duchesse d'Orléans un recueil rempli des faits les plus scandaleux.

(Ed. Frère, « Manuel du bibliographe normand », t. II, art. Bavent et Bosroger, où le consciencieux auteur donne le détail de tout ce qui a rapport à cette fantastique histoire.)

Histoire de Mahomet IV dépossédé. (Par J. DONNEAU DE VIZÉ.) *Amsterdam*, 1688, in-12.

Histoire de Manon Lescaut. (Par l'abbé A.-F. PRÉVOST.)

Voy. « Histoire du chevalier des Grieux ».

Histoire de Marguerite de Valois, reine de Navarre, sœur de François II. (Par Mlle Charlotte-Rose DE CAUMONT DE LA FORCE.) *Paris, Fournier*, 1720, 4 vol. in-12. — *Amsterdam, P. Mortier*, 1745, 2 vol. in-12. — Nouvelle édition (publiée, avec le nom de l'auteur, par Jean-Benj. DE LA BORDE). *Paris, Didot aîné*, 1783, 6 vol. in-12.

Cet ouvrage avait paru en 1696, chez *Benard*, 2 vol. in-12, sous le titre d' « Histoire secrète de Navarre ».

Il a été réimprimé dans la « Bibliothèque de campagne », tome IX.

Histoire de Marie-Antoinette-Josèphe-Jeanne de Lorraine... reine de France, par l'auteur de l' « Éloge de Louis XVI » (MONTJOYE). *Paris, imp. de H.-L. Perronneau*, 1797, in-8.

Réimprimé avec le nom de l'auteur.

Histoire de Marie de Bourgogne, fille de Charles le Téméraire... (Par Gabriel-Henri GAILLARD.) *Paris, Leclerc*, 1757, in-12. — Nouvelle édition, augmentée d'une préface historique et critique (par Joseph ERMENS). *Bruxelles, Ermens*, 1784, in-12.

Histoire de Marie, royne d'Ecosse, touchant la conjuration faicte contre le roy et l'adultère commis avec le comte de Bothwell, histoire vraiment tragique, traduite de latin (de Georges BUCHANAN) en françois (par CAMUZ, avocat protestant réfugié à La Rochelle). *Edimbourg, par moy Th. Walter (Londres)*, 1752, pet. in-8.

Histoire de Marie Stuart, reine d'Ecosse et de France... (Par E.-C. FRÉRON et l'abbé Franç.-Marie DE MARSY.) *Londres (Paris)*, 1742, 2 vol. in-12.

On y joint quelquefois un volume de lettres écrites par Marie Stuart. Voy. « Mémoires de Melvill ».

Histoire (l') de Marie Stuart, reine des France et d'Ecosse... rédigée sur les pièces originales, par C. M. D. C. (C.-F.-X. MERCIER de Compiègne). *Paris, imp. de Mercier*, 1795, 2 vol. in-18. — *Paris, pigoreau*, 1820, 2 vol. in-18.

La 1re édit. avait paru en 1793, sous le titre de « la Vie, les Amours, le Procès... » Voy. ces mots.

A en croire cet éditeur, il reproduisait un ouvrage d'une *excessive rareté*, imprimé à Paris en 1597, sous ce titre : « le Combat de toutes les passions, représenté au vif en l'Histoire de la reine Marie Stuart, ou la vraie Histoire de la très-illustre et très-glorieuse Marie Stuart, reine de France et d'Ecosse ». C'est un mensonge qu'il s'est permis pour inspirer de l'intérêt en faveur de cette pièce, tirée entièrement de la « Cour sainte » du fameux jésuite CAUSSIN. Ce morceau parut pour la première fois en 1646 ou 1647. Le P. Caussin n'avait que quatorze ans en 1597. Son article sur Marie Stuart est vraiment intitulé : « le Combat de toutes les passions », etc., comme le faussaire Mercier l'assure de l'ouvrage de son prétendu anonyme.

Histoire de Marthe Brossier, prétendue possédée, tirée du latin de Jacques-Aug.-et DE THOU ; avec quelques remarques et considérations sur cette matière tirées, pour la plus part aussi, du latin de Bartholomæus PERDULCIS (par le sieur CONGNARD). *Rouen, Jacq. Herault*, 1652, in-4, 2 ff. lim. et 39 p.

Histoire de Martinus Scriblérus, de ses ouvrages et de ses découvertes, traduite de l'anglois de POPE (par P.-H. LARCHER). *Londres, Paul Knapton*, 1755, in-12.

Histoire de Maurice, comte de Saxe... enrichie des plans des batailles de Fontenoy et de Laweldt. (Par Louis-Balthasar NÉEL.) *Mittau*, 1752, 3 vol. in-12. — *Dresde, Walter*, 1755, 2 vol. in-12.

Histoire de Méhémet II, empereur otholoman, enrichie de lettres originales, traduites du grec et de l'arabe, sur des manuscrits trouvés à Constantinople, par M. B*** DE M*** (BELIN DE MONTERZI). *Paris, Duchesne*, 1764, 2 vol. in-12.

Voy. « Lettres turques » et « Supercheries », I, 479, *d*.

Histoire de Mélusine, tirée des chroniques de Poitou, et qui sert d'origine à l'ancienne maison de Lusignan. *Paris, C. Barbin et T. Moette*, 1698, in-12.

Signé : N.... (Fr. NODOT).

Histoire de mesdemoiselles de S. Janvier, les deux seules blanches conservées à Saint-Domingue ; par Mlle de P.... (DE PALAISEAU). *Paris, Blaise*, 1812, in-18.

Cet ouvrage a eu trois éditions.

Histoire de MM. Pâris (de Montmartel et Duverney), ouvrage dans lequel on montre comment un royaume peut passer dans l'espace de cinq années de l'état le plus déplorable à l'état le plus florissant ; par M. DE L*** (DE LUCHET). *S. l.*, 1776, in-8.

Histoire de messire Bertrand du Guesclin, connestable de France... écrite en prose l'an 1387, à la requeste de messire Jean d'Estouville, capitaine de Vernon-sur-Seine (par TREULLER). Et nouvellement mise en lumière par Me Claude MENARD... *Paris, S. Cramoisy*, 1618, in-4.

Voy. « Supercheries », I, 408, f.

Histoire de Metz par des religieux Bénédictins de la congrégation de S. Vanne... *Metz, P. Marchal*, 1769-1787, 5 vol. in-4.

Par D.-Jean FRANÇOIS et Nic. TABOUILLOT, d'après le P. Lelong. Une note manuscrite au verso du faux titre du tome I, dans l'exemplaire de la Bibliothèque nationale, porte : « Présenté à Mgr le duc de La Vrillière... », par... D. MAUGERARD, l'un des auteurs. Les titres des tomes II et III portent : « Histoire générale de Metz... » — Réimprimé sous le titre : « Histoire de la ville de Metz, avec les preuves ». *Metz, Marchal*, 1775-1787, 5 vol. in-4.

Histoire de miss Honora, ou le Vice dupe de lui-même. (Par Pierre LE FÈVRE DE BEAUVRAY.) *Paris, Durand*, 1766, 4 parties in-12.

Le Fèvre de Beauvray a déclaré, dans une lettre adressée aux auteurs du « Journal encyclopédique », qu'il avait dicté cet ouvrage, en 1765, à un galant homme de ses amis (l'abbé Aug.-Simon IRAILH), qui s'en était fait ensuite le vendeur et l'éditeur ; il lui reproche d'avoir livré à l'impression une copie informe et défigurée. « Journal encyclopéd. », mars 1766, p. 137.

Histoire de miss Indiana Danby, traduite de l'anglois par M. de L*** G*** (Nic. DE LA GRANGE). *Amsterdam, Rey, et Paris, Panckoucke*, 1767, 2 vol. in-12.

Histoire de miss West, ou l'heureux dénouement ; par Mme DE *** (mistr. Fr. BROOKE), auteur de « l'Histoire d'Emilie Montagne » ; traduite de l'anglois. *Rotter-*

dam, Bennet et Hake, et Paris, Le Jay, 1778, 2 vol. in-12.

Histoire de mon temps, par BURNET, év. de Salisbury. (Tr. de l'angl. d'après l'ancienne version de Fr. DE LA PILLONIÈRE et précédée d'une notice par M. et Mme F. GUIZOT.) *Paris, Béchet*, 1824, 4 vol. in-8.

Histoire de Moncade dont les principales aventures se sont passées au Mexique. (Par D'ALÈGRE.) *Paris*, 1736, 2 vol. in-12.

Histoire de M. Bayle et de ses ouvrages. (Par l'abbé DU REVEST.) *Genève*, 1715, in-12.

Réimprimé en 1716 sous le nom de LA MONNOYE. Voy. « Supercheries », II, 635, e.

Histoire de M. Cleveland, fils naturel de Cromwel, ou le Philosophe anglois, écrite par lui-même, et traduite de l'anglois. (Composée par l'abbé Ant.-Franç. PRÉVOST.) *Utrecht (Paris)*, 1739, 4 vol. in-12. — *Paris*, 1732, 4 vol. in-12. — *Utrecht (Paris)*, 1739, 8 vol. in-12. — *Londres (Paris)*, 1777, 6 vol. in-12.

Histoire de M. Constance, premier ministre du roi de Siam. (Par André-Fr. BOURREAU DESLANDES.) 1755, in-12.

Histoire de M. de Vaubrun, écrite par lui-même, recueillie et mise en ordre par M. G. (GASNIARD)... 1772, in-12.

Permission tacite n° 42, 22 août 1770. Titre pris dans le « Supplément à la France littéraire », *Paris*, 1778, in-8, p. 276.

Histoire de M. Duhamel, docteur de Sorbonne et curé de Saint-Merry. (Par Simon-Michel TREUVÉ.) *S. l. n. d.*, in-12.

Cet ouvrage a été composé en 1690. Voyez le « Dictionnaire historique des auteurs ecclésiastiques », *Lyon, veuve Bessiat*, 1767, 4 vol. in-8, au mot TREUVÉ.

Histoire de M. le marquis de Cressy, traduite de l'anglois par Mme de ***. (Composée par Mme RICCOBONI.) *Amsterdam (Paris)*, 1758, in-12.

Réimprimé dans les « Œuvres » de l'auteur.

Histoire de Mouley Mahamet, fils de Mouley Ismaël, roi de Maroc. (Par l'abbé SERAN DE LA TOUR.) *Genève (Paris)*, 1749, in-12.

Histoire (l') de Moyse. (Par L.-C. HUGO.) *Luxembourg, Chevalier*, 1699, in-8.

Histoire de Murger, pour servir à l'histoire de la vraie bohème ; par trois buveurs d'eau (Adrien LELIOUX, Félix TOURNACHON, dit NADAR, et Léon NOEL) ; contenant des correspondances privées de Murger. *Paris, J. Hetzel* (1862), in-18.

Histoire de Nader Chach, connu sous le nom de Thahmas Kuli Kan, empereur de Perse. (Par MYRZA MÉHDI.) Trad. d'un Ms. persan par ordre de S. M. le Roi de Danemarck. Avec des notes chronologiques, historiques, géographiques, et un traité sur la poésie orientale. Par W. JONES. *Londres, Ed. Jeffrey*, 1770, 2 part. in-4.

Histoire de Napoléon Bonaparte depuis sa naissance jusqu'à sa dernière abdication... Par C**** (Pierre COLAU). *Paris, quai des Grands-Augustins, 11*, août 1815, in-18.

. Plusieurs fois réimprimé.

Histoire de Napoléon Buonaparte, depuis sa naissance, en 1679, jusqu'à sa translation à l'île Sainte-Hélène, en 1815 ; par une société de gens de lettres. *Paris, L.-G. Michaud*, 1817-1818, 4 vol. in-8.

C'est la réunion, sans qu'il y ait eu réimpresion, des cinq parties de l' « Histoire du 18 brumaire » de Jean-Pierre GALLAIS (et un anonyme pour la quatrième partie).

Histoire de Napoléon Bonaparte depuis ses premières campagnes jusqu'à son exil à l'île Sainte-Hélène. Par M*** (Pierre PAGANEL). *Paris, C.-L.-F. Panckoucke*, 1815, in-8.

C'est le 3e vol. de l' « Essai historique et critique sur la révolution française », du même auteur ; voy. ci-dessus, col. 215, *a*.

Histoire de Napoléon Bonaparte, offrant le tableau complet de ses opérations militaires, politiques et civiles, de son élévation et de sa chute, par P. F. H. (P.-F. HENRY). *Paris, L.-G. Michaud*, 1823, 4 vol. in-8.

Histoire de Napoléon, contée dans une grange, par un vieux soldat. (Par H. DE BALZAC.) *Paris, impr. de Baudouin, s. d.*, in-12. — *Toulon, impr. de Baume* (1833), in-8.

Avait paru d'abord dans le « Médecin de campagne ».
Réimprimé avec le nom de l'auteur. *Paris, J.-J. Dubochet*, 1842, in-16.

Histoire de Napoléon d'après lui-même. (Par G. GLACE.) *Lyon, impr. de J.-M. Boursy* (1831), in-12.

Histoire de Napoléon, depuis sa naissance jusqu'à sa mort ; par A*** (Louis ARDANT, de Limoges). *Limoges, Martial Ardant*, 1829, in-18.

Réimprimée depuis avec le nom de l'auteur.

Histoire de Napoléon et de la grande armée. (Par Horace RAISSON.) *Paris*, 1830, 10 vol. in-18.

Cet ouvrage a reparu, abrégé et avec le nom de l'auteur, sous ce titre : « Histoire de Napoléon, empereur des Français ». *Paris, impr. de Mme Huzard*, 1836, in-12.

Histoire de Napoléon, par l'auteur de l' « Histoire de Vauban » (J.-J.-E. ROY). *Lille, Lefort*, 1846, in-12.

Histoire de Napoléon III, l'Homme, le Système, le Règne, les Prétendues réformes, les Désastres, Conclusion. Deuxième édition. (Par E. SPULLER.) *Paris, A. Le Chevalier*, 1872, in-16, 32 p.

On lit au verso du titre : Cette histoire de Napoléon III a été composée, pour la plus grande partie, avec la « Petite Histoire du second Empire », écrite par M. E. Spuller, à la veille du fatal plébiscite du 8 mai 1870...

Histoire (l') de Narcisse avec l'argument en prose, ou plutôt le sens mythologique et moral de cette fable si connue, par C. B. (Claude-Barthélemi BERNARD). *Lyon*, 1551, in-12.

Voy. « Supercheries », I, 665, *c*.

Histoire de Normandie, contenant les faits et gestes des ducs et princes dudit pays... jusques à la dernière réduction d'iceluy pays à l'obeissance de la couronne de France, revuë et augmentée en la plus part oultre les précédentes impressions, et remise tout de nouveau en la langue françoise. (Par Jean NAGEREL.) *Rouen, Jaspar de Remortier et Marguerin d'Orival*, 1558, in-8.

Il a des exemplaires qui portent : *Rouen, M. Le Mesgissier*, 1558. Ce libraire réimprima plusieurs fois ce livre sous ce titre :

« Histoire et cronique de Normandie, reveuë et augmentée oultre les précédentes impressions finissant au dit roi... Henri III... Avec les figures tant de la Normandie que de la ville de Rouen. » *Rouen, M. Le Mesgissier*, 1578, 1581, 1589 et 1610, in-8.

Ces trois dernières éditions (dit le « Manuel du libraire », 5e édit., I, 1875) des réimpressions faites page pour page de l'édition de 1578 et sans augmentation, avec des caractères moins neufs.

Les quatre éditions ont une seconde partie, avec titre particulier et pagination spéciale, intitulée : « Description du pays et duché de Normandie, appellée anciennement Neustrie... Extrait de la croniqu de Normandie, non encore imprimée, faicte par feu maistre Jean NAGEREL... »

C'est à tort, d'après Pluquet, « Curiosités littéraires de la Normandie », que Barbier a attribué cet ouvrage à Jean Nagerel, qui ne serait l'auteur que de la « Description du pays et duché de Normandie »

On a également, d'après le même bibliographe, regardé à tort Martin LE MESGISSIER comme l'auteur de cet ouvrage. Ce libraire, d'ailleurs fort instruit, n'a fait que rajeunir le style, et c'est comme éditeur qu'il signe la dédicace des éditions de 1578 et années suivantes.

Histoire de Notre-Dame de Basse-Wavre.

Voy. « Histoire des miracles ».

Histoire de Notre-Dame de Bon-Espoir, dont l'image miraculeuse qui est dans l'église de Notre-Dame est en grande vénération dans la ville de Dijon. (Par l'abbé GAUDRILLET.) *Dijon, Augé*, 1733, in-8.

Réimprimé avec le nom de l'auteur sous le titre de : « Histoire de l'image miraculeuse... » *Dijon, Noellat*, 1823, in-12.

Histoire de Notre-Dame de Chartres ; par un des rédacteurs de la « Voie de Notre-Dame de Chartres » (Mme Clémentine DE LA MORRE, baronne DE CHABANNES). *Chartres, chez le chapelain de l'église*, 1864, in-12.

Histoire de Notre-Dame de Grâce de Bruguières. (Par Etienne MOLINIER.) *Toulouse*, 1644, in-12.

Histoire de N.-D. de la Treille... d'après Turbelin et le P. Vincart. (Par M. l'abbé BERNARD.) *Lille, L. Lefort*, 1843, in-18, 184 p.

Histoire de Notre-Dame de Miséricorde honorée chez les Carmélites de Marchiennes-au-Pont. (Par le P. Pierre BOUILLE, Jésuite.) *Liège*, 1644, in-12.

Histoire de Nostre-Dame des Miracles, honorée à Rennes en l'église de Saint-Sauveur. Et les cérémonies faictes en la mesme ville l'an 1658, 7 d'avril, iour que ladite image fut solennellement remise en son premier et ancien autel. Par un P. D. L. C. D. I. *Rennes, J. Durand, s. d.*, in-8, 80 p.

L'épître est signée : G. F. D. L. C. D. I. (Georges PAUTREL, de la compagnie de Jésus).

Histoire de notre Sauveur, d'après le texte des saints évangiles... (Par l'abbé Gérard GLEY.) *Tours, Mame*, 1819, 2 part. en un vol. in-12.

Histoire de N.-S. Jésus-Christ, de Frédéric-Léopold, comte DE STOLBERG. Traduit de l'allemand, par P. D.... (Pierre-François PARENT-DESBARRES), ancien professeur à l'institution des Chevaliers de Saint-Louis... *Paris, Vrayet de Surcy*, 1838-1847, 2 vol. in-8.   D. M.

Histoire de nostre temps, contenant un recueil de choses memorables passées et publiées pour le faict de la religion et estat de la France depuis l'Edict de pacification du 23 iour de mars 1568 iusques au iour présent... (Par C. LANDRIN et C. MARTEL.) *S. l.*, 1570, in-8.   V. T.

Histoire de notre temps, ou suite de l'Histoire des guerres contre les rebelles de France... (Par Cl. MALINGRE.)

Voy. ci-dessus, « Histoire de la rebellion... », colonne 707, *d*.

Histoire (l') de Palamus, comte de Lyon (trad. du latin de Valentinus BARRUCHIUS,

par RAMÈZE), mise en lumière jouxte le manuscrit de la bibliothèque de l'Arsenal, par Alfred DE TERREBASSE. *Lyon, impr. de L. Perrin*, 1833, in-8.

Histoire de Pantagruel. *Amsterdam*, 1695, in-12.

C'est l'ouvrage de Pierre DE LESCONVEL : « la Comtesse de Chateaubriand », imprimé également sous le titre de : « Intrigues amoureuses de François Ier. » Voy. ces mots.

Histoire de Paris et Description de ses plus beaux monuments, dessinés et gravés en taille-douce par F.-N. Martinet... Par M. P*** (J.-C. PONCELIN DE LA ROCHE-TILHAC)... Tomes II-III. *Paris, au bureau de la Bibliothèque de France*, 1780-1781, 2 vol. in-8.

Le tome Ier est intitulé : « Description historique de Paris et de ses plus beaux monuments, gravés en taille-douce, par F.-N. Martinet.... pour servir d'introduction à l'Histoire de Paris et de la France... » Par M. BÉGUILLET... *Paris, chez les auteurs*, 1779, in-8.

Histoire de Parménide, prince de Macédoine. (Par LE COQ-MADELAINE.) *Bruxelles*, 1706, in-12.

Histoire de Perse, depuis le commencement de ce siècle. (Par LA MAMYE-CLAIRAC.) *Paris, Jombert*, 1740, 3 vol. in-12.

Histoire de Petit-Pierre racontée à une société de jeunes ouvriers, par A. DE B*** (le P. DE BENGY, S.J.). *Strasbourg, Leroux*, 1864, in-18.

Histoire de Philippe-Auguste. (Par Nic. BAUDOT DE JUILLY.) *Paris, Brunet*, 1702, 2 vol. in-12. — *Paris, Nyon*, 1745, 2 vol. in-12.

Histoire de Philippe de Valois et du roi Jean. (Par l'abbé DE CHOISY.) *Paris, Barbin*, 1688, in-4.

Histoire (l') de Philipe Emanuel de Lorraine...

Voy. « Histoire de Filipe... », ci-dessus, col. 667, *c*.

Histoire de Philippe, roi de Macédoine, père d'Alexandre, pour servir de suite aux « Hommes illustres de Plutarque ». (Par l'abbé SERAN DE LA TOUR.) *Paris, Briasson*, 1740, in-12.

Histoire de Photius, patriarche schismatique de Constantinople... Par le P. Ch. F. (Chrysostome FAUCHER). *Paris, Edme*, 1772, in-12.

Histoire de Pierre I, surnommé le Grand, empereur de toutes les Russies. (Par Eléazar MAUVILLON.) *Amsterdam, Arsktée et Merkus*, 1742, in-4 et 3 vol. in-12, avec des cartes géographiques et des plans.

Histoire de Pierre III, empereur de Russie, avec plusieurs anecdotes singulières. (Par P.-L. DE BEAUCLAIR.) 1774, in-8.

Histoire de Pierre III, empereur de Russie, suivie de l'Histoire secrète des amours et des principaux amans de Catherine II, (publiée) par l'auteur de la « Vie de Frédéric II » (Jean-Charles LAVEAUX). *Paris, Treuttel*, an VII–1799, 3 vol. in-8.

Histoire de Pierre d'Aubusson-la-Feuillade, grand-maître de Rhodes. *Paris, Cramoisy*, 1676, in-4. — Deuxième édition. *Ibid.*, 1677, in-12; — 1739, in-12.

Par le P. BOUHOURS, qui a signé la dédicace. Souvent réimprimé.

Histoire de Pierre le Cruel, roi de Castille (par TALBOT-DILLON), traduite de l'anglais (par Mlle FROIDURE DE REZELLE). *Paris*, 1790, 2 vol. in-8.

Quérard appelle le traducteur Mlle FROIDURE DE NEZELLER.

Histoire de Pierre le Grand. (Par VOLTAIRE.) *Paris, Touquet*, 1826, in-32, 139 p.

Bibliothèque populaire, 1re livraison.

Histoire de plusieurs aventuriers fameux, depuis la plus haute antiquité jusques et compris Buonaparte, etc., par N. L. P. (Noël-Laurent PISSOT). *Paris, Mongie*, 1814, 2 vol. in-12.

Voy. « Supercheries », II, 1254, a.

Histoire de plusieurs saints des maisons des comtes de Tonnerre et de Clermont. (Par le président COUSIN.) *Paris, Esclassan*, 1698, in-12.

Cette vie a été faite sur des mémoires communiqués par François de Clermont-Tonnerre, évêque de Noyon, qui avait choisi Esclassan pour son imprimeur, et dont le nom est lié avec l'histoire des bienfaiteurs de la littérature, par le fonds qu'il laissa pour l'augmentation du prix de l'Académie française.

(L.-Th. HÉRISSANT.)

L'auteur a signé l'épître.

Histoire de Pologne, depuis son origine jusqu'en 1795... Par F. M. M*** (F.-M. MONIER). *Paris, Fain*, 1807, 2 vol. in-8.

Histoire de Pologne et du grand-duché de Lithuanie. (Par J.-G. JOLLI.) *Amsterdam, Pain*, 1699, petit in-12.

Réimprimé la même année sous le titre de : « Histoire des rois et du royaume de Pologne... » et reproduit en 1733 dans l' « Histoire des rois de Pologne... » par Massuet. Voy. ci-après ces deux titres.

Histoire de POLYBE, traduite du grec par dom Vincent THUILLIER, avec un commentaire ou un corps de science militaire, enrichi de notes par DE FOLARD; nouvelle édition, augmentée d'un supplé-

ment, contenant les nouvelles découvertes sur la guerre, par DE FOLARD; la Lettre critique d'un officier hollandois (TERSON); les Sentimens d'un homme de guerre (DE SAVORNIN) sur le Système militaire de Folard, avec les réponses à ces critiques (par J.-Ch. DE FOLARD). *Amsterdam, Zacharie et Chatelain fils*, 1759, 7 vol. in-4. — *Amsterdam, Arkstée et Merkus*, 1774, 7 vol. in-4.

Ces deux éditions ont un frontispice avec le nom du graveur J.-V. Schley et la date de 1753.

Histoire de Pontus de Thyard de Bissy, suivie de la généalogie de cette maison, et de la relation de la campagne de 1664 en Hongrie. (Par Gaspard PONTUS, marquis DE THYARD DE BISSY, de l'Académie de Dijon.) *Neufchâtel (Semur)*, 1784, in-8, 212 p.

Histoire de Portugal, contenant les entreprises, navigations, etc., depuis l'an 1406 jusqu'en 1578, trad. du latin de Jerosme OSORIUS et de Lopez DE CASTAGNÈDE, par S. G. S. (Simon GOULART, Senlisien.) *S. l., François Etienne*, 1581, in-fol.

Cet ouvrage avait été donné dans la 2e éd. de ce « Dictionnaire » sous le titre : « Histoire du Portugal... » Cette erreur a été reproduite dans les « Supercheries », III, 641, a.

Histoire de Provence, par M. J. B. L. D. V. B........D (J.-B.-L. DE VILLENEUVE-BEAUREGARD). *Marseille, Camoin*, 1830, 2 vol. in-8.

La publication a été interrompue après la page 240 du tome II.

Histoire de Ptolémée Aulète, dissertation sur un pierre gravée antique du cabinet de Madame. (Par Ch.-César BAUDELOT-DAIRVAL.) *Paris*, 1693, in-8, avec grav.

Histoire de Pyrrhus, roi d'Épire. (Par J.-B. JOURDAN.) *Amsterdam, P. Mortier*, 1749, 2 vol. in-12.

Histoire de Rainville, ou la Jeune veuve. Par V. D. M. (P. VERDIER, docteur-médecin). *Paris, G. Mathiot*, 1820, 3 vol. in-12.

Histoire de Rasselas, prince d'Abyssinie, traduite de l'anglois de JOHNSON (par Mme BELOT, depuis présidente DUREY DE MEYNIÈRES). *Paris*, 1768, in-12.

La première édition de cette traduction souvent réimprimée est de 1759, 2 vol. in-18, avec le titre de : « le Prince d'Abyssinie ».

Histoire de Rasselas, prince d'Abyssinie, par Samuel JOHNSON; traduction nouvelle et posthume avec le texte en regard, par

Mme *** (DE FRESNE). *Paris, Baudry*, 1832, in-8.

Histoire de Rasselas, prince d'Abyssinie, par Samuel JOHNSON, traduction nouvelle, par M. G.... (GOSSELIN), traducteur des « Journaux des siéges entrepris par les alliés en Espagne ». *Paris, François*, 1820, 2 vol. in-12. — *Paris, Dauthereau*, 1827, 2 vol. in-32.

Histoire de Robert le Diable, duc de Normandie, et de Richard sans Peur, son fils. (Par J. CASTILLON.) *Paris*, 1769, in-12.

Histoire de Rochefort, contenant l'établissement de cette ville, de son port et arsenal de marine, et les antiquités de son château. (Par le P. THÉODORE de Blois, capucin.) *Paris, Briasson*, 1733, in-4. — *Blois, P.-J. Masson*, 1733, in-4.

Il y a des exemplaires portant cette dernière adresse avec le nom de l'auteur.

Histoire de Rolland l'Amoureux, avec ses faits d'armes et ses œuvres, traduite de l'italien de BOYARD, comte de Scandian. (Par Jacques VINCENT.) *Lyon, Cl. Morillon*, 1614, in-8.

Histoire de Ruspia, ou la belle Circassienne. (Par DU HAUTCHAMP.) *Amsterdam, Pierre Marteau*, 1754, in-12, 2 ff. lim. et 283 p.

Histoire de Russie, depuis les temps les plus reculés, par l'auteur de l' « Histoire d'Angleterre » (Just-Jean-Etienne ROY). *Lille, Lefort*, 1845, in-12. — 2e éd. *Lille, Lefort*, 1851, in-12.

Histoire de Russie, réduite aux seuls faits importants, par l'auteur des « Voyages de Pythagore » (Sylvain MARÉCHAL). *Londres et Paris, Buisson*, an X-1802, in-8.

Histoire de S. M. Léopold, roi des Belges... (Par Théod. DERIVE.) *Liége, Ledoux*, 1848, in-18, 26 p.

Histoire de Sa Sainteté Pie IX. Par C..... M...... (Charles MARCHAL). *Paris, veuve Comon*, 1854, 2 vol. in-8.

Une seconde édition, *Avignon, Séguin*, 1857, 3 vol. in-18, porte le nom de l'auteur.

Histoire de Saint-Calais et de ses environs. Par un membre de l'Institut des provinces de France... (l'abbé SAINT-ALBIN). *Le Mans, Gallienne*, 1850, gr. in-4, 132 p., fig., 1re partie.

Histoire de saint Félix, XVIe évêque de Nantes... (Par Théodore PERRIN.) *Nantes, impr. Merson*, 1845, in-24.

Histoire de S. Ignace, patriarche de Constantinople, et de Photius, usurpateur de son siége... (Par Gabriel-Nicolas MAULTROT.) *Paris, Dufresne*, 1791, in-8, 97 p.

Histoire de Saint-Kilda, imprimée en 1764, contenant la description de cette île remarquable; par le R. P. Kenneth MACAULAY, ministre d'Ardramurchan, missionnaire de la société établie pour la propagation de la religion chrétienne, traduite de l'anglais (par Mme D'ARCONVILLE). *Paris, Knapen*, 1782, in-12, XXIV-336 p.

A ce volume sont joints ordinairement : « Relation du nouvel archipel... de Stæhlin » (voy. ce titre) e. « Récit des aventures singulières... par P. L. Le Roy » (voy. ce titre).   A. L.

Histoire de Saint-Lô, en forme de complainte. (Par DIEU fils, avocat, fils du bibliothécaire de la ville.) *Saint-Lô*, 1866, in-24.

Histoire de Saint-Louis, divisée en XV livres. (Par FILLEAU DE LA CHAISE.) *Paris, J.-B. Coignard*, 1688, 2 vol. in-4, avec frontisp. par J.-B. Corneille, gr. par Mariette.

Mylius attribue cet ouvrage à M. de SACY, d'après les *Acta eruditorum*. C'est une erreur.

Histoire de saint Louis, par Jehan, sire DE JOINVILLE; les annales de son règne, par Guillaume DE NANGIS; sa vie et ses miracles, par le confesseur de la reine Marguerite; le tout publié d'après les manuscrits de la bibliothèque du Roi (par Jean CAPPERONNIER, aidé de Fr. BÉJOT et Jean-Michel MALIN, sur les recherches et travaux de Anicet MELOT et Claude SALLIER), et accompagné d'un glossaire (par Anicet MELOT). *Paris, Imprimerie royale*, 1761, in-fol.

Histoire de S. Louis, roi de France, IXe du nom... (Par Pierre MATTHIEU.) *Paris, B. Martin*, 1618, in-8.

Histoire de saint Louis, roi de France, IXe du nom. (Par J.-J.-E. ROY). *Lille, L. Lefort*, 1847, in-12 avec une grav. — 2e édit. *Lille, L. Lefort*, 1853, in-12.

Histoire de S. Louis, évêque de Toulouse. (Par L.-A. DE RUFFI.) *Avignon*, 1714, in-12.   V. T.

Histoire de saint Saturnin, martyr et premier évêque de Toulouse... Par M. l'abbé A... S...... (A. SAURIMONT), chanoine honoraire de la métropole de Toulouse. *Toulouse, P. Montaubin*, 1840, in-8.

Histoire de sainte Geneviève, patronne de Paris. (Par Max. FOURCHEUX DE MONT-

ROND.) *Paris, Grand*, 1843, in-32, 2 ff. de tit., III-175 p. et 1 f. de table.

Histoire de sainte Marie-Magdeleine, divisée en quinze chapitres... Par un religieux du couvent royal de S.-Maximin, de l'ordre des frères Prêcheurs (le P. GAVOTY). *Marseille*, 1701, in-12, 144 p.

Réimprimé depuis avec le nom de l'auteur.

Histoire de sainte Reyne, vierge et martyre... Par un religieux observantin de la province de St-Bonaventure (Pierre GOUJON). *Paris, E. Martin*, 1651, in-12, 4 ff. lim. et 52 p.

L'épître est signée : F. P. G.

Histoire (l') de SALLUSTE, de la conjuration de Catilina et de la guerre de Jugurtha, nouvellement traduites en françois par M. D. M. (DES MARES). *Paris, Antoine de Sommaville*, 1644, in-8.

Voy. « Supercheries », I, 962, *b*.

Histoire de Samuel, inventeur du sacre des rois, fragment d'un voyageur américain, traduit sur le manuscrit anglais. (Par le comte de VOLNEY.) *Paris, Brissot-Thivars*, 1819, in-8, IV-133 p. — 2e édit. *Paris, Bossange*, 1820, in-12.

Réimprimée in-18, avec le nom de l'auteur.

Histoire de Scipion l'Africain et d'Épaminondas, par l'abbé SERAN DE LA TOUR, nouvelle édition (revue par Laurent-Etienne RONDET). *Paris*, 1752, in-12.

Histoire de Scipion l'Africain, pour servir de suite aux « Hommes illustres de Plutarque », avec des observations du chevalier de FOLARD sur la bataille de Zama. (Par l'abbé SERAN DE LA TOUR.) *Paris, Didot*, 1738, in-12.

Histoire de sir Charles Grandisson, traduction complète de l'original anglois de RICHARDSON (par G.-J. MONOD). *Gottingue et Leyde*, 1756, 7 vol. in-12.

Histoire de soixante-trois descentes faites dans les trois royaumes d'Angleterre, par les Français, les Saxons, les Danois, depuis Jules-César jusqu'à l'expédition du général Hoche, en Irlande. (Par Mme GUÉNARD.) *Paris, Lerouge*, 1804, in-18.

Histoire de Sophie de Francourt. Par M*** (le marquis DE LA SALLE). *Paris, Merlin*, 1768, 2 vol. in-12.

Voy. « Supercheries », III, 1058, *f*.

Histoire de Sophie et d'Ursule, ou Lettres extraites d'un portefeuille, mises en ordre et publiées. (Par J.-C. LE VACHER DE

CHARNOIS.) *Londres et Paris, Buisson*, 1788, 2 vol. in-12. — Nouv. édit. 1789, 2 vol. in-12.

Histoire de Spa, où on examine si Pline a voulu désigner la fontaine de ce lieu célèbre... (Par H.-N. baron DE VILLENFAGNE D'INGIHOUL.) *S. l. n. d. (Spa*, 1796), in-24, 2 ff., 322 p. et 2 ff. d'errata.

Au bas du titre se trouvent les lettres V. B., qui doivent s'interpréter VILLENFAGNE, bourgmestre. La « Bibliographie liégeoise » de M. Theux indique (p. 366) une nouv. édit. de *Liége*, an XI-1802, 2 vol. in-12, considérablement augmentée. Il y a des exempl. avec la date de 1803, dont le titre n'indique pas de tomaison.

Histoire de Stanislas Ier, roi de Pologne. Par M. D. C*** (J.-G. DE CHEVRIÈRES). *Londres, Meyer*, 1741, 2 vol. in-12.

Quelques personnes attribuent cet ouvrage à DE CANTILLON, le même probablement dont on a un « Essai sur la nature du commerce ».

Histoire de Suède, par Samuel PUFENDORFF (traduite de l'allemand par ROUSSEL, revue et continuée par J.-B. DESROCHES DE PARTHENAY jusqu'en 1730). *La Haye*, 1732, 3 vol. in-12.

Histoire de Suger, abbé de Saint-Denis. (Par dom GERVAISE.) *Paris, Fr., Barois*, 1721, 3 vol. in-12. — *Paris, J. Musier*, 1721, 3 vol. in-12. — *La Haye, J. Néaulme*, 1730, 3 vol. in-12.

Histoire de Tamerlan, empereur des Mogols et conquérant de l'Asie. *Paris, H.-L. Guérin*, 1739, 2 vol. in-12.

L'épître dédicatoire est signée MARGAT de la C. de J. Publiée par le P. P. BRUMOY. Picot dit dans ses « Mémoires » que le P. Brumoy fut obligé de quitter Paris après la publication de cette Histoire, dans laquelle le Régent était fort maltraité.

Histoire de Tancrède de Rohan, avec quelques autres pièces concernant l'histoire de France et l'histoire romaine. (Par le P. Henri GRIFFET.) *Liége, Bassompierre*, 1767, in-12.

L'approbation attribue l'ouvrage au R. P. H. G.

Histoire de Thamas Kouli-Kan, roi de Perse. (Par l'abbé DE CLAUSTRE.) *Paris, Briasson*, 1758, in-12.

Histoire de Thamas Kouli-Can, sophi de Perse. (Par le P. J.-Ant. DU CERCEAU.) *Amsterdam, Arkstée*, 1741, 2 vol. in-12.

Réimpression de l' « Histoire de la dernière révolution de Perse ». Voy. ci-dessus, col. 696, *b*. Réimprimé en 1742 sous le titre de « Histoire des révolutions de la Perse... » Voy. ces mots.

Histoire de Tom Jones, ou l'Enfant trouvé, traduction de l'anglois de Henri FIELDING, par M. D. L. P. (P.-Ant. DE LA

PLACE). *Londres (Paris)*, 1750, 1767, 4 vol. in-12.

Histoire de tout ce qui est arrivé au tombeau de sainte Geneviève depuis sa mort jusqu'à présent, et de toutes les processions de sa châsse ; sa Vie traduite du latin (par le P. Jacq.-Phil. LALLEMANT, suivie du texte latin ; le tout publié par les soins du P. CHARPENTIER). *Paris, U. Coustelier*, 1697, in-8.

Voy. « Vie de sainte Geneviève ».

Histoire de tout ce qui c'est fait en ceste ville de Paris, depuis le septiesme de may 1588 jusqu'au dernier iour de iuin en-suyuant, audit an. (Par SAINT-YON, échevin de Paris.) *Paris, pour Michel Ioüin*, 1588, in-8, 32 p.

Histoire de tout ce qui s'est passé en Provence depuis l'entrée des Autrichiens dans cette province jusqu'à leur retraite. *S. l.*, 1747, in-12, 175 p.

Cette histoire est vraie dans tous ses points. L'auteur (François MORÉNAS) n'était ni un *Polybe* ni un *Tite-Live*. Le style est lâche et incorrect, et les détails ne concernent que la guerre. Il ne parle pas de la misère des peuples, ni du renchérissement de toutes les denrées. Le blé se vendit 24 livres le sac en 1747, et tout le reste à proportion. Quelques négocians s'enrichirent ; les propriétaires de blé et de vin acquirent plus d'aisance ; mais la multitude souffrit : *bella, horrida bella !* Ce furent cependant les individus tirés de cette multitude qui sauvèrent la province. Les paysans, en défendant les gorges des montagnes, rendirent les plus utiles services. (Article de M. CHAUDON.)

Voy. ci-dessus, « Histoire de l'entrée des Allemands... », col. 683, *d*.

Histoire de T. H. et T. P. princesse Henriette-Marie de France, reine de la Grande-Bretagne, avec un journal de sa vie. (Par Charles COTOLENDI.) *Paris, Brunet*, 1694, in-8.

Le titre de ce volume a été changé trois ou quatre fois. Voy. ci-dessus, « Histoire de Henriette-Marie... », col. 673, *f*, et « Histoire de la princesse Henriette de France... », col. 707, *a*.

L'histoire de tres noble et cheualereux prince Gérard, comte de Nevers, et de la... princesse Euriant de Savoye, sa mie. (Trad. de rime de GIBERT DE MONTREUIL, en prose.) *Paris, Hemon Le Fevre*, 23 may 1520, in-4.

Voy., pour d'autres édit., Brunet, « Manuel du libr. », 5e édit., II, col. 1546.

Les éditions de *Paris, S. Ravenel*, 1727, in-8, et *Paris, Saugrain*, 1729, in-8, sont enrichies de notes historiques et critiques (par Thom.-Simon GUEULLETTE).

Le poëme de Gibert de Montreuil a été publié pour la première fois par M. Francisque Michel sous le titre de « Roman de la Violette et de Gérard de Nevers ». *Paris*, 1835, in-8. Voir l'article que lui a consacré M. Raynouard dans le « Journal des savants », avril 1835, p. 202.

Histoire de Tullie, fille de Cicéron. Par une dame illustre (la marquise DE LASSAY). *Paris*, 1726, in-12.

Histoire de Turquie. (Par Eug. GARAY DE MONGLAVE.) *Paris, Dauthereau*, 1826, in-32.

Histoire de Vauban, par l'auteur de l' « Histoire de Louis XIV » (Just-Jean-Etienne Roy). *Lille, Lefort*, 1844, in-12.

Souvent réimprimé.

Histoire de Vidocq, chef de la brigade de sûreté à la préfecture de police depuis 1812 jusqu'en 1827... Par G.... (GUYON). *Paris, Chassaignon*, 1829, in-12. — *Id.*, 1829, 2 vol. in-18. — *Id.*, 1830, 2 vol. in-18.

Histoire de Vittoria Accorambona, duchesse de Bracciano, par J.-F. A—y (J.-Fél. ADRY), avec la vie de Mme de Hautefort, duchesse de Schomberg, par une de ses amies ; seconde édition. *Paris, Ange Clo*, 1807, in-12, 230 p.

Voy. « Supercheries », II, 397, *a*.

Histoire de Zulmie Warthey. Par mademoiselle M*** (MOTTE). *Paris*, 1776, in-12.

Voy. « Supercheries », II, 1011, *b*.

Histoire des amoureuses destinées de Lysimon et de Clytie. (Par Pierre DE DEYMIER.) *Paris, Millot*, 1608, in-12.

Histoire des amours de Chéréas et de Callirrhoé (par CHARITON), traduite du grec, avec des remarques (par P.-Henr LARCHER). *Paris, Ganeau*, 1763, 2 vol. in-12.

Cette traduction a été reproduite sous le titre de : « les Amours de Chéréas et de Callirhoé, histoire traduite du grec, avec des remarques ». *Paris*, 1797, 2 vol. in-12, qui forment aussi les tomes VIII et IX de la « Bibliothèque des romans traduits du grec » en 12 vol.

Il y a des exemplaires avec le nom de LARCHER.

Histoire des amours de Cléante et de Belise (par Anne FERRAND), avec le recueil de ses lettres (publiées par le baron DE BRETEUIL). *Leyde*, 1691 ; — *s. l.*, 1696, in-12.

La première édition, publiée à Rouen en 1689, porte le titre de : « Histoire nouvelle des amours de la jeune Belise... » Voy. ces mots.

Les « Lettres de Cléante et de Belise » ont été réimprimées à *Amsterdam* en 1699, 1702, etc., et à *Anvers* en 1720, 1722, etc., dans les recueils contenant les « Lettres d'Abailard et d'Héloïse ».

Anne Ferrand, née de Bellinzani, mariée, le 13 février 1676, à Michel Ferrand, mort conseiller à la cour des aides, est la mère d'Antoine Ferrand dont on a un recueil de pièces libres.

A. Ferrand perdit en 1738 un grand procès au parlement, où on l'a obligée, dit l'abbé Lenglet dans ses notes inédites, de reconnaître une fille qu'elle avait perdue depuis long-temps, ou qu'elle avait écartée du grand jour.

Histoire des amours de Grégoire VII, du cardinal de Richelieu, de la princesse de Condé et de la marquise d'Urfé. (Par Catherine Bédacier, née Durand.) *Cologne, Pierre Lejeune,* 1700, in-12.

Histoire des amours de Henri IV, avec diverses lettres écrites à ses maîtresses. (Par Louise-Marguerite de Lorraine, fille du duc de Guise, princesse de Conti.) *S. l. n. d.,* in-12. — *Leyde, Sambix,* 1663, 1664, in-12. — *Amsterdam, Abraham Wolfgang.* 1671, in-12.

Même ouvrage que l' « Histoire des amours du grand Alcandre ». Voy. ci-après ce titre. Il a été inséré dans le vol. V (E) du recueil A, B, C, etc., sur l'histoire de France.

Histoire des amours de la princesse de Condé et de la marquise d'Urfé. Par M. D. (Catherine Bédacier, née Durand.) *Cologne (Hollande),* 1700, in-12.

Ce livret est une portion de l'ouvrage intitulé : « Histoire des amours de Grégoire VII ». Voy. ci-dessus ce titre.

Histoire des amours de Lysandre et de Caliste. (Par Vital d'Audiguier.) *Leyde, P. Leffen,* 1650, pet. in-12. — *Amsterdam, J. de Ravesteyn,* 1657, 1659, 1663, 1670, in-12.—*Amsterdam, H. et Th. Boem,* 1679, in-12.

Histoire des amours du grand Alcandre... (par la princesse de Conti), avec annotations et la clef. *Paris, Guillemot,* 1652, in-4.

Cet ouvrage a été réimprimé :

1° Dans le « Recueil de pièces diverses pour servir à l'histoire du roi Henri III », in-4, in-8 et petit in-12;

2° Dans le « Journal de Henri III ». *Cologne,* 1720, t. I. — *Paris,* 1744, 5 vol. in-8, t. IV.

Voy. « les Amours du grand Alcandre », IV, 152, c.

On en trouve l'analyse, avec une nouvelle clef des noms principaux, dans la « Bibliothèque universelle des romans », octobre 1787, t. II, p. 80 et suiv.

Il est à observer cependant que l'éditeur de l' « Histoire », etc., a rétabli dans son édition les noms dont les masques seulement se trouvent dans les « Amours du grand Alcandre ».

Histoire des amours du prince Zizimi et de Philippine-Hélène de Sassenage. (Par Guy Allard.) *Grenoble,* 1673, in-12.

Voy. « Zizimi, prince ottoman ».

Histoire des amours et des infortunes d'Abélard et d'Héloïse, mise en vers satiri-

comi-burlesques. Par M***** (Armand). *Cologne, Pierre Marteau,* 1726, in-12.

Histoire des Anabaptistes, contenant leur doctrine et les diverses opinions qui les divisent en plusieurs sectes... (Par le P. Catrou.) *Paris, Ch. Clouzier,* 1695, in-12. — *Amsterdam, Desbordes,* 1699, fig., et avec un nouveau titre, *ibid.,* 1700.

Cette histoire, suivant M. Née de La Rochelle, est plutôt une traduction du *Lamberti Hortensii tumultuum anabaptistarum liber unus,* qu'un ouvrage composé par le P. Catrou.

Histoire des anciennes races chevalines du département de la Manche... (Par E. Houel.) *Saint-Lô, impr. de Delamare,* 1850, in-8, 16 p.

Histoire des anciennes révolutions du globe terrestre, avec une Relation chronologique et historique des tremblemens de terre arrivés sur notre globe, depuis le commencement de l'ère chrétienne jusqu'à présent. *Amsterdam et Paris, Damonneville,* 1752, in-12, 328 p. avec 3 pl.

Ce doit être une traduction de l'ouvrage de Kruger, intitulé : « Geschichte der Erde in den ältesten Zeiten », c'est-à-dire « Histoire de la terre dans les temps primitifs ». *Halle,* 1746, in-12. Suivant une note manuscrite de Naigeon le jeune, le traducteur serait F.-A. Deslandes.

Histoire des archevêques de Rouen, par un religieux bénédictin de la congrégation de Saint-Maur (dom J.-Fr. Pommeraye). *Rouen,* 1667, in-fol.

Histoire des arts qui ont rapport au dessin, leur origine, leur progrès, leur chute et leur rétablissement; avec des remarques curieuses sur la belle antiquité. (Par P.-F. Monier.) *Paris, Giffart,* 1705, in-12.

Cet ouvrage a paru pour la première fois en 1698.

Histoire des bons empereurs romains, à laquelle on a joint celle d'Agricola et de Pline le Jeune. (Par D.-Et. Choffin.) *Halle,* 1771, in-8.

Histoire des brigands célèbres et des bandits fameux en France, en Angleterre, en Italie, en Belgique, en Portugal, en Suisse, etc. (Par Jacques-Auguste-Simon Collin de Plancy.) *Paris et Bruxelles,* 1837, in-18.

Œttinger, « Bibliographie biographique ».

Histoire des campagnes d'Italie, de Suisse, etc., pendant les années 1796, 1797, 1798 et 1799. Traduite de l'anglais (du colonel Graham) par M***. Édition accompagnée de notes et de deux grandes cartes du théâtre de la guerre. *Paris, Fournier,* 1817-1821, 4 vol. in-8.

Histoire des campagnes de l'empereur Napoléon en 1805-1806 et 1807-1809, *Paris, Ch. Picquet*, 1843, 3 vol. in-8.

Un avertissement, signé G. P. (général PETIT), donne des renseignements sur la composition et la rédaction de cet ouvrage.

Histoire des campagnes de monseigneur le duc de Vendosme. (Par le chevalier DE BELLERIVE.) *Paris, P. Prault*, 1715, in-12.

L'auteur a signé l'épître.

Histoire des capitulaires des Rois français, sous la première et seconde race, ou Préface de M. Etienne BALUZE, sur l'édition qu'il a donnée en 1677 des capitulaires de nos Rois (traduite du latin par Charles-Armand L'ESCALOPIER DE NOURAR). *La Haye (Paris)*, 1755, in-12.

Histoire des caricatures de la révolte des Français. (Par J.-M. BOYER BRUN.) 1792, in-8.

Histoire des cérémonies du siége vacant, ou la Relation véritable de ce qui se passe à Rome à la mort du pape, etc. *Paris, J. Guignard*, 1665, in-4. Réimprimée en 1667. — La même, nouvelle édition. *Toulouse*, 1676, in-4.

Par DE MONSTREUL, secrétaire d'ambassade à Rome, suivant G. Patin, « Nouv. Lettres », t. II, p. 93.

Histoire des cérémonies et des superstitions qui se sont introduites dans l'Eglise. On a joint à ce livre quelques autres traités qui étoient devenus rares. *Amsterdam, Fr. Bernard*, 1717, in-12.

C'est une réimpression du « Traité des anciennes cérémonies... » (voy. ce titre), dans laquelle on a retranché les Epîtres dédicatoires à Charles I et à Charles II, rois d'Angleterre, au bas desquelles se lit le nom de Jonas PORRE ou PONNÉ dans les éditions précédentes.

Histoire des charençons, avec des moyens pour les détruire et empêcher leurs dégats dans le bled; qui a remporté le prix proposé par la Société royale d'agriculture de Limôges, par J. B. X. J. L. A. E. P. D. L. M. D. D. D. T. (J.-B.-X. JOYEUSE l'aîné, ancien employé principal de la marine, du département de Toulon). *Avignon, Louis Chambeau*, 1768, in-12.

Histoire des Chevaliers de l'ordre de Saint-Jean de Hiérusalem... cy-devant escrite par le feu S. D. B. S. D. L. (ou plutôt traduite de l'italien de Jacques Bosio, par le sieur DE BOISSAT, seigneur DE LICIEU), divisée par chapitres, et en cette dernière édition augmentée de sommaires sur chaque livre et d'annotations à la marge, ensemble d'une traduction des establissements et ordonnances de la religion, par

J. BAUDOIN. Œuvre enrichie d'un grand nombre de figures... et illustrée d'une ample chronologie, des éloges des sérénissimes grands maîtres... par F.-A. DE NABERAT... *Paris, Michel Soly*, 1629, 2 parties in-fol. — *Paris, Jacques d'Albin*, 1643, in-fol. — *Paris, Th. Joly*, 1659, in-fol.

L'ouvrage original de Bosio est de *Roma, G. Facciotti*, 1594-1602, 3 vol. in-fol. La 1re éd. de la trad. de Boissat est intitulée : « Histoire des Chevaliers de l'ordre de l'hospital de Saint-Jean de Hiérusalem... Par P. BOYSSAT... » *Lyon*, 1612, in-4.

Histoire des chevaux célèbres... (Par P.-J.-B. NOUGARET.) *Paris, L. Duprat-Duverger*, 1813, in-12. — Nouv. édit. *Paris, Depelafol*, 1821, in-12, fig.

Histoire des choses les plus remarquables et admirables, advenues en ce royaume de France, ès années dernières, 1587-88 et 89... *S. l.*, 1590, in-8, 86 p.

L'épître est signée : S. C. (SOLLREY DE CALIGNON), chancelier de Navarre.

Histoire des choses mémorables avenues en France, depuis l'an 1547 jusques au commencement de l'an 1597, sous le règne de Henri II, François II, Charles IX, Henri III et Henri IV, contenant infinies merveilles de notre siècle. Dernière édition. (Par Jean DE SERRES.) *S. l.*, 1599, in-8.

Avait d'abord été publié sous le titre de « Recueil des choses mémorables avenues en France... » Voy. ces mots.

Histoire des choses plus mémorables de ce qui s'est passé en France, depuis la mort du feu roi Henri le Grand, en l'année 1610, continuant jusques à l'Assemblée des notables, tenue à Rouen, au mois de décembre 1617 et 1618, sous le règne de Louis XIII, roi de France et de Navarre. Par P. B. (Pierre BOITEL), sieur de GAUBERTIN. *Paris*, 1617, in-12. — *Rouen, J. Besongne*, 1618, in-12.

Histoire des cinq propositions de Jansénius. *Liége, Moumal*, 1699, in-12. — Nouvelle édition avec des éclaircissemens. *Liége, Moumal*, 1699, 2 vol. in-12. — *Liége, D. Moumal*, 1700, 2 vol. in-12. — Autre édition augmentée. *Trévoux, Ganeau*, 1702, 3 vol. in-12.

C'est à tort que Barbier attribue cet ouvrage à Hilaire DUMAS. « L'abbé Dumas n'avait fait que prêter son nom aux Jésuites, et le Père LE TELLIER, depuis confesseur de Louis XIV, fut le principal auteur de ce livre. » (« Journal de l'abbé Le Dieu », publié par l'abbé Guettée. *Paris, Didier*, 1856, t. II, p. 357, note de l'éditeur.)

Histoire des colonies européennes dans l'Amérique, traduite de l'anglois de

W. Burk (masque de Soame Jenyngs, par M.-A. Eidous). *Paris, Nyon,* 1766, 1780, 2 vol. in-12.

Histoire des combats d'Almenar et de Pennalva, des batailles de Sarragosse, etc. (Par Fr. Gayot de Pitaval.) *Paris,* 1712, in-12.   V. T.

Histoire des comtes de Champagne et de Brie. (Publiée avec une préface par P.-A. Léveque de La Ravalière.) *Paris, Huart et Moreau,* 1753, 2 vol. in-12.

Cet ouvrage est de Robert-Martin Le Pelletier, chanoine régulier de la congrégation de France, né à Rouen le 31 décembre 1682, mort au prieuré de Graville, diocèse de Rouen, le 14 février 1748.

Histoire des comtes de Hollande (traduite du latin de Scriverius). *La Haye,* 1664 ; *Paris, Simeon Piget,* 1666, in-12.

Histoire des conclaves depuis Clément V jusqu'à présent. (Par Vanel.) *Paris, Barbin,* 1689, in-4. — Seconde édition augmentée de trois conclaves. *Lyon,* 1691, 2 vol. in-12. — Autre édition augmentée. *Cologne,* 1694, 2 vol. in-12. — Troisième édition, encore augmentée. *Cologne,* 1703, 2 vol. in-8.

Le catalogue manuscrit de la Bibliothèque du Roi m'a appris le nom du premier auteur. Son travail n'était, pour ainsi dire, que la traduction d'un ouvrage italien publié en 1667, in-4, et en 1668, 2 vol. in-12. Il en fut fait à Lyon, en 1691, une seconde édition augmentée. Si le baron de Haisson a eu part à cet ouvrage, il n'a dû s'en occuper que lors de la troisième édition, donnée en 1694.

L'édition de 1703, qui porte sur le titre *troisième édition,* est la quatrième. Elle a reçu de nouvelles augmentations, et contient d'ailleurs d'assez jolies figures.

Je serais porté à croire que Casimir Freschot a dirigé l'édition de 1703. A cette époque, le baron de Haisson était conseiller de Pierre I, empereur de Russie.

Histoire des conditions et de l'état des personnes en France et dans la plus grande partie de l'Europe. (Par Claude-Joseph Perreciot.) *Londres,* 1790, 5 vol. in-12.

Même ouvrage que « État civil des personnes.... » Voy. ci-dessus, col. 288, *b.*

Histoire (l') des congrégations *de Auxiliis* justifiée. (Par J.-H. Serry.) *Louvain,* 1702, in-8.   V. T.

La suite de cette justification parut sous ce titre : « le Correcteur corrigé » (par le même auteur). *Namur,* 1704, in-8.

Histoire des conquêtes et de l'administration de la compagnie anglaise du Bengale...

Voy. ci-dessus, « Etat civil, politique... », col. 288, *c.*

Histoire des conseils de guerre de 1852, ou précis des événements survenus dans les départements à la suite du coup d'Etat

de décembre 1851. Ouvrage... écrit d'après les documents officiels, les journaux de l'époque, et classés par ordre alphabétique par les auteurs du « Dictionnaire de la révolution française » (Joseph Décembre et Edmond Alonnier, connus sous le nom collectif de Décembre-Alonnier). *Paris, Décembre-Alonnier,* 1869, in-18, 2 ff. de tit. et 427 p. — 2ᵉ édit. *Id.,* 1869, in-18.

Histoire des contestations sur la Diplomatique, avec l'Analyse de cet ouvrage composé par le P. Mabillon. *Paris, A. Delaulne,* 1708, in-12.

J'ai trouvé cette note dans le catalogue manuscrit de la bibliothèque de la *Doctrine chrétienne,* t. XIX, fol. 85 : « On l'a attribuée à l'abbé Gilles-Bernard « Raguet, est-il dit dans le « Supplément de Moréri »; « mais elle est du P. Jacq.-Phil. Lallemant, jésuite, « ainsi qu'on le sait de ses confrères mêmes », Ce volume a été réimprimé à *Naples, chez Gravier,* 1707, in-8.

L'attribution à Raguet est reproduite à tort dans le Catalogue van Hulthem, III, nᵒ 20541. Suivant une note ms. de Barbier, le président Bouhier attribue aussi cet ouvr. au P. Lallemant. Quelques personnes l'ont donné au P. Germon. Voy. le P. de Backer, 2ᵉ édit., in-fol., t. I, col. 583.

Histoire des croisades. (Par Voltaire.) 1753, in-12.

Voy. Quérard, « Bibliogr. voltairienne », nᵒ 394.

Histoire des Dauphins de Viennois, d'Auvergne et de France. Ouvrage posthume de Le Quien de La Neufville, de l'Académie des inscriptions; mise au jour par Le Quien de La Neufville, petit-fils de l'auteur. Augmenté par un homme de lettres (E.-C. Fréron) de l'Histoire de Louis IX du nom, XXVᵉ dauphin de France. *Paris,* 1760, 2 vol. in-12.

Histoire des Dauphins françois et des princesses qui ont porté en France la qualité de Dauphines... (Par l'abbé Anthelme Tricaud.) *Paris, P. Prault,* 1713, in-12.

Histoire des découvertes faites par divers savans voyageurs (principalement par P.-S. Pallas, Sam.-Théoph. Gmelin et Lepechin ou mieux Lepekhin) dans plusieurs contrées de la Russie et de la Perse, relativement à l'histoire civile et naturelle, à l'économie rurale, au commerce, etc. (abrégée de l'allemand par J.-R. Frey des Landres). *Berne, Société typographique,* 1781-1787, 3 vol. in-4 et 6 vol. in-8.

On en trouve des exemplaires avec les figures coloriées.

Les tomes I et III ont été réimprimés en 1792 sous le titre de « Fragments de voyages dans toute la Russie ». Voy. ci-dessus, col. 493, *a.*

Histoire des Délassements-Comiques. Par deux habitués de l'endroit (MM. Jules

Prével et Emile Cardon). *Paris, imp. de Vallée*, 1862, in-32, 109 p.   D. M.

Histoire des démeslés du pape Boniface VIII avec Philippe le Bel, roi de France, par feu A. Baillet. (Mise au jour par le P. Jacq. Le Long, de l'Oratoire, qui y a ajouté les pièces servant de preuves.) *Paris, Barois*, 1718, in-12. — *Paris, F. Delaulne*, 1718, in-12. — 2e édit. *Paris, Barois*, 1718, in-12.

Histoire des démêlés entre François I et Charles-Quint. (Par Louis-Valentin de Goezmann.) *Paris*, 1790, 2 vol. in-8.

Même ouvrage que celui qui a pour titre : « Histoire politique des.... » Voy. ces mots.

Histoire des démêlés littéraires depuis leur origine jusqu'à nous. *Paris*, 1779, 2 vol. in-8.

Cet ouvrage peut être considéré comme le complément de celui de l'abbé Irailh, intit. : « Querelles littéraires » (Voy. ces mots). Il a pour auteur Jean-Zorobabel Aublet de Maubuy, né à Sens vers 1728, fils d'un conseiller en l'élection de cette ville.

Histoire des dernières campagnes et négociations de Gustave-Adolphe en Allemagne, ouvrage traduit de l'italien (du comte Galeazzo Gualdo Priorato) ; avec des notes historiques et géographiques, et une dissertation où l'on détruit les soupçons jetés de nos jours sur la conduite de Ferdinand II, à la mort du monarque suédois, par l'abbé de Francheville, chanoine d'Oppeln, augmentée : 1o d'un Tableau des Impériaux et des Suédois ; 2o de Remarques sur les principaux évé-nemens de cette histoire ; 3o d'un Discours sur les batailles de Breitenfeld et de Lutzen, avec des plans levés sur le terrain par un officier prussien (Charles-Guillaume Hennert, lieutenant à Reinsberg). *Berlin, Decker*, 1772, in-4.

Histoire des dernières révolutions d'Angleterre.

Voy. ci-dessus, « Histoire de ce qui s'est passé... », col. 664, a.

Histoire des derniers troubles de France, sous les règnes des rois... Henri III... et Henri IV... *Paris*, 1613, in-8.

Cet ouvrage de P. Mathieu parut à *Lyon*, 1594-1595, 2 vol. in-8, en quatre livres seulement, puis à *Lyon*, par E. Bonaventure, 1597, 2 vol. in-8. Il y a des éditions de 1599, 1600, 1601, 1604, 1606, 1610, in-8. *Paris*, 1622, in-4, avec un cinquième livre qui probablement est de Claude Malingre, auteur famélique. P. Mathieu se plaint amèrement de ces éditions dans l'avertissement de son Histoire du règne de Henri le Grand. Voyez « Histoire de France », etc. *Paris*, 1631, 2 vol. in-fol.

Histoire des désastres de Saint-Domingue, précédée d'un tableau du régime et des progrès de cette colonie, depuis sa fondation jusqu'à l'époque de la Révolution française, avec carte. (Par Mich.-Et. Descourtilz.) *Paris*, an III, in-8.

Histoire des descentes qui ont eu lieu en Angleterre, Ecosse, Irlande... depuis Jules-César jusqu'à nos jours... (Par Charles Millon.) *Paris, Prudhomme*, an VI-1798, in-8, 170 p.

Plusieurs fois réimprimé.

Histoire des deux Aspasies, femmes illustres de la Grèce. (Par le comte de Bièvre.) *Paris*, 1736, 1738, in-12. — *Amsterdam*, 1737, pet. in-12.

Histoire des deux Chambres de Bonaparte depuis le 3 juin jusqu'au 7 juillet 1815, contenant le détail exact de leurs séances, avec des observations sur les mesures proposées et les opinions émises pendant la durée de la session, précédée de la liste des pairs et des députés. Par T. F. D. (*sic*) (F.-Th. Delbare). *Paris, Gide et Egron*, août 1815, in-8.

Sur le titre de la sec. édit., *Paris, Gide fils*, 1817, in-8, les initiales sont dans l'ordre où l'auteur les mettait d'ordinaire, c'est-à-dire F. T. D.

Histoire des deux conquêtes d'Espagne par les Maures... Le tout trad. de l'arabe en 1589 par Michel de Luna... et mis de nouveau en françois par D. G. A. L. P. et R. B. de la C. de S. M. (dom Guy-Alexis Lobineau, prêtre et religieux bénédictin de la congrégation de Saint-Maur). *Paris, Muguet*, 1708, in-12.

Voy. « Supercheries », I, 934, e.

Histoire des deux croix miraculeuses d'Assche, traduite de l'ouvrage flamand de M. l'abbé Aug. Mertens (par G. Adriaens, libr. à Bruxelles). *Bruxelles, G. Adriaens*, 1862, in-18, 68 p.   J. D.

Histoire des deux derniers rois de la maison de Stuart, par Charles-Jacques Fox, ouvrage traduit de l'anglais (par l'abbé Barth.-Phil. d'Andrezel, inspecteur général de l'Université). *Paris, Michaud*, 1809, 2 vol. in-8.

M. l'abbé d'Andrezel est neveu de l'auteur des « Essais politiques ».
Traduction tronquée. L'ouvrage anglais est intitulé : « History of the early part of the reign of James II », *London*, 1808, in-4. Il est bien connu que M. Miller, libraire de Londres, a payé 4500 l. st. le manuscrit de cet ouvrage posthume dont le succès n'a répondu ni à son attente, ni à celle du public.

(*Manuel du libraire*, 5e éd., II, col. 1362.)

Histoire des deux triumvirats et la suite à l'Histoire du second triumvirat, augmentée de l'Histoire d'Auguste et des particularités de la vie de Jules-César. (Par S. Citri de La Guette.) 3e édit. *Paris, veuve Mabre-Cramoisy*, 1694, 4 vol. in-12, avec fig.

Cette édition existe encore avec des titres portant aussi 3e édit. *Amsterdam, G. Gallet*, 1694, 4 vol. in-12, fig. Une nouv. édit. augmentée de l' « Histoire d'Auguste », par de Larrey. (Voy. ci-dessus, col. 655, c.) *Amsterdam, David Mortier*, 1715, 4 vol. in-12. Une dernière édition, la sixième, est de *Trévoux*, 1741, 4 vol. in-12.

Voy. ci-après, « Histoire du premier et du second triumvirat. »

Hystoire (l') des deulx vrays et parfaictz amants cestassauoir Pierre de Prouence et la belle Maguelonne, fille du roy de Naples. (Rédaction en prose d'une composition en provençal de Bernard de Trevies.) *Avignon, Jehan de Channey*, 1524, in-8, 46 ff.

Ce roman avait déjà paru sous le titre de « Pierre de Provence » et « Histoire du vaillant chevalier Pierre de Provence », ainsi que sous celui de : « la Belle Maguelonne ». Voir de longs détails dans Brunet, « Manuel du libraire », 5e édit., tome IV, col. 643. D'après quelques écrivains, l'œuvre originale remonterait au XIIe siècle, et Pétranque n'y serait pas étranger.

Histoire des diables de Loudun, ou de la Possession des religieuses ursulines, et de la condamnation et du supplice d'Urbain Grandier, curé de la même ville. (Par Aubin, réfugié françois.) *Amsterdam, A. Wolfgang*, 1693, in-12. — *Amsterdam, N. Wolfgang*, 1694, in-12. — *Amsterdam, aux dépens de la Compagnie*, 1716, 1752, in-12.

Même ouvrage que l' « Histoire d'Urbain Grandier ». Voy. ci-dessus, col. 662, a.

L'édition de 1716 contient, de plus que l'édition originale de 1693, un Avertissement et la valeur d'une page ajoutée à la fin. La plupart des exemplaires ont reçu un nouveau titre portant : « Cruels Effets de la vengeance... » Voy. IV, 826, e.

Histoire des différends entre le pape Paul V et la république de Venise, ès années 1605, 1606 et 1607, traduite d'italien en françois (de Fra Paolo, par Jean de Cordes). 1625, in-8.

Histoire des différents peuples du monde... (Par And.-Guill. Contant d'Orville.) *Paris, Hérissant*, 1770, 6 vol. in-8.

Histoire des différens siéges de Berg-op-Zoom. (Par E.-J. Genet.) 1747, in-12.

Histoire des douze Césars de Suétone, traduite en françois par Henri Opheliot de La Pause, avec des mélanges philoso-phiques et des notes (par J.-B.-C. Delisle de Sales). *Paris, Saillant et Nyon*, 1771, 4 vol. in-8.

Quelques amateurs d'histoire littéraire, apercevant dans les mots *Henri Opheliot de la Pause* l'anagramme de *philosophe de la nature*, regardent Delisle de Sales comme l'auteur de cette traduction.

Histoire des drogues, espiceries et de certains médicamens simples qui naissent ès Indes et en Amérique. Ceste matière comprise en six livres, dont il y en a cinq tirés du latin de Charles de L'Escluse et l'histoire du baulme adioustée de nouveau... Le tout fidèlement translaté en françois par Ant. Colin, maistre apothicaire. *Lyon, J. Pillehotte*, 1619, in-8.

Cet ouvrage est la trad. franç. de celui de Garcia ab Orta, nommé par le traducteur Garcio du Jardin, et par d'autres Garcia ab Honto et Garcia del Huerto.

L'ouvrage original a paru à Goa en 1563, in-4. Voy. Brunet, « Manuel du libraire », 5e édit., IV, 240.

Histoire des Druides, des Bardes et des Vacides, traduite de l'anglois (de John Toland, par M.-A. Eidous). In-12.

Cet ouvrage est indiqué dans la « France littéraire » de 1769 et dans le quatrième volume de la nouvelle édition de la « Bibliothèque historique de la France », Suppl. 3840. Meusel, d'après ces deux autorités, en a fait mention dans le tome VII, première partie, de sa « Bibliotheca historica ». Je soupçonne cependant que cette traduction n'a pas été publiée, vu qu'aucun des auteurs qui la citent ne donne sa date de son impression, et qu'elle ne se trouve comprise dans aucun des catalogues de grandes bibliothèques, mis au jour depuis 1769, tels que ceux de Fontette, du duc de La Vallière, du prince de Soubise, etc.

Histoire des ducs de Bretagne. *Paris, Rollin fils*, 1739, 6 vol. in-12. — *Paris, Clousier*, 1739, 6 vol. in-12.

Le titre général ci-dessus ne se trouve que sur les faux titres :

Tomes I-II. Histoire des ducs de Bretagne et des différentes révolutions arrivées dans cette province...

La dédicace est signée : P.-Fr. Guyot Desfontaines.

Tomes III-IV. Histoire particulière de la Ligue en Bretagne. (Par de Rosvinien, marquis de Piré ; retouchée et rédigée par l'abbé Desfontaines.)

Tomes V-VI. Dissertation historique sur l'origine des Bretons... (Par Jac. Galet, mort en 1726, curé de Compan, diocèse de Meaux ; il avait été supérieur du séminaire de S. Louis, à Paris.)

Histoire des Égyptiens sous les Pharaons. (Par J.-B.-C. Delisle de Sales.) *Paris*, 1781, 3 vol. in-8.

Histoire des éléphans de la ménagerie nationale, et Relation de leur voyage à Paris. (Par J.-P.-L.-L. Houel.) *Paris*, 1798, in-8.

Histoire des embellissements, avec la méthode pour guérir les maladies du cuir, de l'invention de L. P. D. L. en la F. D. M. (Lazare PENA, docteur licencié en la Faculté de médecine). *Paris, Berjon*, 1616, in-8.

L'auteur a signé l'épître.
Voy. « Supercheries », II, 975, d.

Histoire des empereurs et des autres princes qui ont régné dans les six premiers siècles de l'Eglise, par le sieur D. T. (L.-S. DE TILLEMONT). *Paris, Ch. Robustel*, 1690-1738, 6 vol. in-4.

Voy. « Supercheries », I, 988, f.

Histoire des empereurs romains, byzantins et latins, depuis Auguste jusqu'à la prise de Constantinople par les Turcs, en 1453, par Th.-B. (Théodose BURETTE). *Paris, F. Didot*, 1832, in-18.

Cet ouvrage fait partie de la « Bibliothèque populaire ». Réimprimé en 1834 avec le nom de l'auteur.

Histoire des empereurs romains depuis Jules-César jusqu'à Posthumus, avec toutes les médailles d'argent qu'ils ont fait battre de leur temps. (Par J.-B. HAULTIN.) *Paris, de Sommaville*, 1643, in-fol.

Histoire des empereurs romains, écrite en latin par SUÉTONE, et mise en françois de la traduction D. B. (de BAUDOUIN), revue et corrigée en cette dernière édition. *Paris, Bobin et Le Gras*, 1667, in-12.

Voy. « Supercheries », I, 868, a.

Histoire des empereurs romains, écrite en latin par SUÉTONE, et nouvellement traduite (par M. DU TEIL), enrichie de notes, etc. *Lyon, Antoine et Horace Molin*, 1689, 2 vol. in-12.

On a ajouté sur le titre du deuxième volume : « Augmentée de la vie des illustres grammairiens, traduite par J. B. M. D. E. T. » Ces trois dernières lettres signifient évidemment : docteur en théologie; mais quel est le nom que les trois premières cachent? Peut-être faut-il y voir un chanoine de Saint-Dizier, Bédien MORANGE, mort en 1703, qui fut un des grands vicaires de Camille de Neufville, et dont on a quelques ouvrages de théologie et un *Factum* contre Philibert Collet.

                 D. M.

Histoire des empereurs romains. (Par CATHERINE II.)

« Ouvrage le plus étonnant, le plus original et le plus hardi, aussi bien que le plus court que l'on pût imaginer. « Il se réduit à dire, presque en une seule phrase, qu'un *tel* fut assassiné par un *tel*, que *tel* autre assassina à son tour ».

Imprimé à 51 exemplaires par les soins de Thiébault.

Voy. « Frédéric le Grand ou mes souvenirs », 4° édit., t. III, pp. 358-59.

Histoire des empires et des républiques depuis le déluge jusqu'à nos jours. (Par l'abbé Cl.-Marie GUYOT.) *Paris*, 1636-41, 12 vol. in-12.

Les quatre premiers volumes seuls ont été publiés sans le nom de l'auteur.

Histoire des entreprises du clergé sur la souveraineté des rois... (Par l'abbé Jacq. TAILHÉ.) *S. l.*, 1767, 2 vol. in-12.

Histoire des environs de Paris, comprenant la description des villes, bourgs et villages, sites pittoresques et curiosités naturelles, châteaux, églises, etc. Par l'auteur de l' « Histoire de Paris » (G. TOUCHARD-LAFOSSE). Ouvrage orné de 68 gravures. *Paris, Philippe*, 1837, 4 vol. in-8.

Histoire des États Barbaresques, qui exercent la piraterie, contenant l'origine, les révolutions et l'état présent des royaumes d'Alger, de Tunis, de Tripoli et de Maroc, avec leurs forces, leurs revenus, leur politique et leur commerce; par un auteur qui y a résidé plusieurs années avec caractère public (LAUGIER DE TASSY), traduit de l'anglois (par P. BOYER DE PREBANDIER). *Paris, Chaubert et Hérissant*, 1757, 2 vol. in-12.

Un Anglais s'étant emparé du travail de Laugier de Tassy, pillé par L. Leroi (voy. « Supercheries », II, col. 760, e), et augmenté de quelques pièces, y joignit une analyse des « Mémoires sur Tunis », par Saint-Gervais, et un morceau sur le Maroc; il intitula sa compilation : « A complete History of the pyratical states of Barbary ». *London*, 1750, in-8. Elle fut traduite en italien, *Venise*, 1754, et en allemand, sous ce titre : « Die Staaten der Seeränber, von einem Englischen Consul beschrieben, und aus dieser Sprache in die Teutsche übersetzt », *Rostock*, 1753, in-8, avec une carte et un plan d'Alger. J'ignore si le livre anglais porte aussi la qualité de Consul anglais donnée ici au plagiaire. C'est de ce remaniement anglais que Boyer a fait la traduction ; « toutefois, on doit convenir que cette traduction d'une traduction est mieux écrite que l'ouvrage original », dit M. Eyriès.

Voy. Struve, « Bibliotheca hist. »; Meusel, III, pars I, 441-42; Eyriès, art. « Laugier de Tassy » dans la « Biographie univ. », LXX, 307-68; et la notice publiée par A.-A. Barbier, sur l'ouvrage de Laugier de Tassy et ses différents traducteurs, dans le « Magasin encyclopédique », février 1805, t. LV, p. 344 et suiv.

                 A. L.

Histoire des États-Unis d'Amérique. (Par Eug. GARAY DE MONGLAVE.) *Paris, Dauthereau*, 1826, in-32.

Histoire des évêques d'Amiens ; par J. B. M. D. S. (Jean-Baptiste-Maurice DE SACHY). *Abbeville, veuve de Vérité*, 1770, in-12.

Histoire des évêques du Mans et de ce qui s'est passé de plus mémorable dans le diocèse pendant leur pontificat. (Par Antoine LE CORVAISIER DE COURTEILLES.) *Paris, S. Cramoisy*, 1648, in-4.

L'auteur a signé l'épître.

Histoire des évêques du Mans, par un ancien bénédictin de Saint-Maur (dom Jean COLOMB), continuée jusqu'à nos jours

et accompagnée de notes (par Ch. RICHE-
LET). *Le Mans, Ch. Richelet*, 1837, in-8,
416 p.

Histoire des faits, gestes, triomphes et
prouesses du chevalier Guérin, auparavant
nommé Mesquin, traduite d'italien (d'André PATRIA), par Jean DE CUCHERMOIS.
Paris, 1490, in-8.   **V. T.**

« Bibliothèque universelle des romans », janvier
1777, 2ᵉ vol.

Il y a de nombreuses éditions italiennes de ce roman,
1475, 1480, etc.; elles paraissent avoir été faites d'a-
près un ancien texte français, et Dante s'en est inspiré
dans sa « Divina Commedia ». La traduction de Jean
de Cuchermois a été réimprimée à Lyon en 1530, et
plusieurs fois sans date.

Histoire des fantômes et des démons qui
se sont montrés parmi les hommes... Par
Mᵐᵉ Gabrielle de P***** (PABAN). *Paris,
Locard et Davi*, 1819, in-12, VIII-244 p.

Quérard pense que Collin de Plancy, cousin de l'auteur, a dû coopérer à cet ouvrage.

Histoire des faux dieux de l'antiquité,
tome premier. *La Haye, Frédéric Heuss*,
1717, in-12, 584 p.

La seconde partie, par laquelle l'imprimeur a probablement voulu désigner le tome second, commence à la
page 229.

Cet ouvrage est la contrefaçon de la première édition
de la traduction française du « Pantheon mythicum » du
P. François POMEY, jésuite, par TENAND, maître de
pension à Paris. La seconde parut sous ce titre :
« Méthode pour apprendre l'histoire des faux dieux de
l'antiquité, ou le Panthéon mythique, composé en latin
par le P. POMEY, et traduit en françois par M. TENAND;
nouvelle édition, revue et très-exactement corrigée. »
Paris, Prault, 1732, in-12.

Cette traduction parut pour la première fois à Paris
en 1715, avec le nom de l'auteur et celui du traducteur.

Le libraire de *La Haye* a omis dans son édition l'épître
dédicatoire, l'avertissement et la table des auteurs.

Histoire des Favorites sous plusieurs
règnes, par Mⁱˡᵉ D*** (Mⁱˡᵉ DE LA ROCHE-
GUILHEM). *Constantinople (Amsterdam)*,
1699, in-12. — Nouvelles éditions, 1700,
1703, 1708, in-12.

Histoire des femmes qui se sont rendues
célèbres... (Par l'abbé Joseph DE LA
PORTE.)

Voy. « Histoire littéraire des femmes françaises... »

Histoire des fêtes de l'Église et de l'esprit dans lequel elles sont établies... (Par
dom Nic. JAMIN.) *Paris, Bastien*, 1779,
n-12.

Histoire des fêtes mobiles dans l'Église,
suivant l'ordre des dimanches et des féries
de la semaine. (Par Adr. BAILLET.) *Paris,
J. de Nully*, 1703, 2 vol. in-8.

Histoire des fêtes mobiles que l'Église
célèbre dans le cours de l'année. (Par Adr.

BAILLET.) *Paris, P.-N. Lottin*, 1730, in-12,
1 f. de tit., 217 p. et 2 ff. de priv.

Histoire des flagellans, par l'abbé Boi-
LEAU, traduite en françois ; seconde édition, revue et corrigée (par l'abbé Jean-
Joseph GRANET). *Amsterdam, du Sauzet*,
1732, in-12.

On ne connaît pas l'auteur de cette traduction, qui
parut pour la première fois en 1701.

Histoire des flibustiers, traduite de l'allemand de M. J.-W. D'ARCHENHOLTZ, avec
un avant-propos et quelques notes du
traducteur (J.-F. BOURGOING). *Paris, Henrichs*, an XII-1804, in-8.

Histoire des francs-maçons, contenant
les obligations et statuts de la très-vénérable confraternité de la maçonnerie, conformes aux traductions les plus anciennes.
(Par DE LA TIERCE.) *A l'Orient, chez G. de
L'Etoille*, 1745, 2 vol. in-12.

La première édit., publiée en 1742, est intitulée :
« Histoire, obligations et statuts.... » Voy. ces mots.

Histoire des fripons, ouvrage nécessaire
aux honnêtes gens pour se préserver des
grecs, qui savent corriger la fortune au
jeu. (Par le chevalier Ange GOUDAR.)
Amsterdam, 1773, in-12.

C'est une nouvelle édition de l' « Histoire des grecs »,
Voy. ces mots.

Histoire des généraux Desaix et Kléber,
avec des notes et remarques...(Par COUSIN,
d'Avallon.) *Paris, Barba*, an X-1802, in-12,
2 ff. de tit. et 256 p.

Histoire des gouvernemens du Nord,
traduite de l'anglois de M. WILLIAMS (par
J.-Nic. DÉMEUNIER). *Amsterdam (Paris)*,
1780, 4 vol. in-12.

Histoire des grands vizirs Mahomet Coprogli pacha et Achmet Coprogli pacha,
celle des trois derniers grands seigneurs,
de leurs sultanes et principales favorites,
avec plusieurs particularitez des guerres
de Dalmatie, Transilvanie, Hongrie, Candie et Pologne, avec le plan de la bataille
de Cotzchin. (Par DE CHASSEPOL.) *Paris,
Michalet*, 1677, 2 vol. in-12. — *Id.*, 1679,
3 vol. in-12.

L'auteur a signé la dédicace.

Histoire (l') des grecs, ou de ceux qui
corrigent la fortune au jeu. (Par le chevalier Ange GOUDAR.) *La Haye*, 1757, in-12,
XVI, 66, 77 et 59 pp. — Même édition,
avec un nouveau titre portant : Seconde
édition, revue, corrigée et augmentée d'un
Projet d'hôpital où les grecs pourront
avoir à l'avenir une retraite. *La Haye*,

chez *l'habile Joueur*, 1758, in-12. — *Londres, Nourse*, 1758, in-12.

Ce supplément a 22 p.

Quelques bibliographes attribuent cet ouvrage à P. ROUSSEAU, auteur du « Journal encyclopédique »; d'autres le donnent à tort à G. MAILHOL.

Réimprimé sous le titre de : « Histoire des fripons... » Voy. ci-dessus, col. 752, *c*.

Histoire des guerres civiles de France sous les règnes de François II, Charles IX, Henri III et Henri IV, par Henri-Caterin D'AVILA; avec des notes critiques et historiques, par M. l'abbé M***. *Amsterdam, Arkstée et Merkus* (*Paris*), 1754, 3 vol. in-4.

Les deux premiers livres ont été traduits par P.-J. GROSLEY, les autres par l'abbé Edme MALLET, auteur des notes.

Histoire des guerres civiles de Grenade. (Par Mlle DE LA ROCHE-GUILHEM.) *Paris*, 1683, 3 vol. in-12.

Note manuscrite de l'abbé Lenglet du Fresnoy.

Histoire des guerres d'Italie, traduite de l'italien de Fr. GUICHARDIN (par FAVRE), revue ensuite et retouchée par GEORGEON). *Londres* (*Paris*), 1738, 3 vol. in-4.

Histoire des guerres de l'Inde, depuis l'année 1745 à 1763, traduite de l'anglois (de Robert ORME), par M. T*** (J.-B. TARGE). *Paris, Panckoucke*, 1765, 2 vol. in-12.

Histoire des guerres de Louis XIII, roi de France, contre les religionnaires rebelles de son Etat. (Par Charles BERNARD, lecteur ordinaire de la chambre du roi, et historiographe de France.) In-fol.

Ce livre devait former au moins deux volumes in-fol.; mais le texte du premier volume, comprenant 488 pages, a seul été terminé. Le second n'a été imprimé que jusqu'à la p. 152. Ni l'un ni l'autre n'a de titre. De cet ouvrage, qui s'imprimait à l'imprimerie royale, il n'a été tiré qu'une trentaine d'exemplaires. Voyez ce que dit de ce livre Sorel, dans sa « Bibliothèque française ». Sorel était le neveu de Ch. Bernard, et c'est lui qui publia plus tard l'ouvrage de son oncle sous ce titre : « Histoire du roi Louis XIII », composé par messire Charles Bernard. *Paris, A. Courbé*, 1646, in-fol.

Histoire des guerres des huguenots. (Par Louis DE CHABANS, sieur DU MAINE.) *Paris*, 1634, in-4; — 1665, 2 vol. in-12.
V. T.

Histoire des guerres et choses mémorables arrivées sous le règne de très-glorieux Louis le Juste... — *Rouen, J. Besongne* (1622), in-8, 7 ff. lim., 664 p. et 8 ff. de table. — *Rouen, J. Besongne*, 1624, in-8, 8 ff. lim., 724 p. et 6 ff. de table.

L'épître est signée P. B. (Pierre BOITEL, sieur DE GAUBERTIN).

Histoire des guerres excitées dans le comté Venaissin et dans les environs par les calvinistes du XVIe siècle. (Par Jean-

François BOUDIN, en religion le P. JUSTIN.) *Carpentras, Quentin*, 1782, 2 vol. in-12. — Nouv. édit., précédée d'une Notice sur la vie et les écrits du P. Justin, par C.-F.-H. BARJAVEL. *Carpentras, Devillario*, 1859, in-12.

L'épître est signée : P. JUSTIN.

Histoire des hauts et chevaleureux faicts d'armes du prince Méliadus, dit le chevalier de la Croix, mise en françois par le chevalier DU CLERGÉ. Paris, 1584, in-4.

Dans l'exemplaire qui est à la bibliothèque de l'Arsenal, il y a la note suivante :

« Ce roman a été originairement composé en vers par GIRARDIN d'Amiens. Le chevalier du Clergé n'a fait que l'extraire ou traduire en prose. » V. T.

On lit dans Graesse, « Lehrbuch », IV, p. 241 :

« Le roman de Meliadus fut composé par RUSTICIEN de Pise, auquel on doit une traduction française de Marco Polo ; il est resté inédit ; le rédacteur du roman en prose a suivi surtout Hélie DE BORRON, qui avait amalgamé dans un même récit les hauts faits de Meliadus et ceux de Gyron. »

Histoire des Helvétiens, par le baron D'ALT, revue et corrigée par M... (J.-F. GIRARD). *Neufchâtel*, 1789, in-8. V. T.

M. Ersch, qui a fourni cet article à M. Van Thol, n'indique pas le nombre des volumes de cette édition. La première en avait dix.

Histoire (l') *des Histoires, avec l'idée de l'histoire nouvelle des François...* (Par VOISIN DE LA POPELINIÈRE.) *Paris*, 1599, in-8.

Histoire des hommes illustres de la maison de Medici, avec vn abbrege des comtes de Bolongne (sur mer) *et d'Avvergne.* (Par Jean NESTOR, médecin.) *Paris, Ch. Perier*, 1564, in-4. — *Paris, Auvray*, 1575, in-4.

Histoire des hommes illustres qui ont honoré la France par leurs talens ou leurs vertus. (Par P. MANUEL.) *Paris, Delaplace et Belin*, 1797, 4 vol. in-12.

C'est l' « Année françoise » de P. Manuel, *Paris, Nyon*, 1789, à laquelle on a substitué ce nouveau titre.

Histoire des hommes, ou histoire nouvelle de tous les peuples du monde réduite aux seuls faits qui peuvent satisfaire et piquer la curiosité. Paris, 1781 et ann. suiv., 52 vol. in-12 et 3 vol. d'atlas in-4. — Sec. édit. *Paris*, 1781, 53 vol. in-8, ornés de 111 pl.

Toute l'histoire ancienne, qui comprend les 41 premiers volumes de l'édit. in-8, a été rédigée par DE-LISLE DE SALES. Les autres parties sont de Ch.-Jos. MAYER et L.-S. MERCIER.

L'Histoire de France est de L.-S. MERCIER. Ce travail a paru depuis avec quelques réductions et le nom de l'auteur, sous ce titre : « Portraits des rois de France... publ. par Delisle de Sales, » *Neufchâtel*,

1783, 4 vol. in-8 ou 4 vol. in-12, et plus tard sous ce nouveau titre : « Histoire de France, depuis Clovis jusqu'à Louis XVI. » *Paris, Cérioux,* 1802, 6 vol. in-8.

Histoire des hosties miraculeuses, qu'on nomme le très-saint Sacrement de miracle, qui se conserve à Bruxelles depuis l'an 1370... (Par le P. H. GRIFFET, jésuite.) *Bruxelles, J. Van den Berghen,* 1770, in-8, avec 28 fig. de Fruytiers.

Histoire des illustres et grands hommes de nostre temps, qui, par leurs vertus et mérites, ont esté elevez dans les charges et dignitez de ministres d'Estat, connestables et mareschaux de France sous les règnes de nos roys jusqu'à Louis XIV; par M. V. D. L. C. (Marc VULSON DE LA COLOMBIÈRE). *Paris, J.-B. Loyson,* 1673, in-12, 5 ff. lim., 534 p. et 2 ff. de table.

Cet ouvrage avait d'abord paru plusieurs fois avec le nom de l'auteur, sous le titre de « les Portraits des hommes illustres françois... »

Il a ensuite été réimprimé également avec le nom de l'auteur, sous les titres de : « les Hommes illustres et grands capitaines françois... » et « les Vies des hommes illustres et grands capitaines françois... »

Histoire (l') des imaginations extravagantes de M. Oufle. (Par l'abbé L. BORDELON.) *Paris, Gosselin,* 1710 ; *Prault,* 1753, 2 vol. in-12, fig.

On a inséré une nouvelle édition, revue et diminuée (par Ch.-G.-Thomas GARNIER), dans le tome XXXVIe de la collection des « Voyages imaginaires », in-8.

Histoire des inaugurations des rois, empereurs et autres souverains de l'univers, par M*** (dom Charles-Joseph BÉVY.) *Paris, Moutard,* 1776, in-8.

Il y a des exemplaires qui portent le nom de l'auteur.

Histoire des Incas, rois du Pérou, par GARCILASSO DE LA VEGA, nouvellement traduite de l'espagnol en françois, et mise dans un meilleur ordre, avec des notes et des additions sur l'histoire naturelle de ce pays. (Par Th.-Fr. DALIBARD.) *Paris, Prault fils,* 1744, 2 vol. in-12.

Histoire des Incas, rois du Pérou, traduit de l'espagnol de GARCILASSO DE LA VEGA (par J. BAUDOUIN), avec l'histoire de la conquête de la Floride, par le même auteur (traduite par P. RICHELET). *Paris,* 1633, 2 vol. in-4. — *Amsterdam,* 1704 ou 1715, 2 vol. in-12. — *Amsterdam, J.-F. Bernard,* 1737, 2 vol. in-4.

Cette dernière édition est augmentée de la « Découverte d'un pays plus grand que l'Europe situé dans l'Amérique » (par le P. Louis HENNEPIN).

Histoire des Indes orientales et occidentales, du R. P. J.-Pierre MAFFÉE... traduite du latin en françois par M. M. D. P.

(Michel DE PURE). *Paris, Robert de Ninville,* 1665, in-4.

Voy. « Supercheries », II, 1093, b.

Histoire des indulgences et du jubilé. (Par Pierre FORESTIER, chanoine d'Avallon.) *Paris, Pierre Auboyn,* 1701, in-12.

Histoire des initiations de l'ancienne Egypte, avec un précis sur les expiations, d'après l'ouvrage de l'abbé Terrasson, intit. : « Séthos.... » (Par J.-B. CHEMIN-DUPONTÈS.) *Paris, imp. de Bobée,* 1825, in-12.

Deuxième supplém. à l' « Encyclopédie maçonnique ».

Histoire des inondations du Rhône et de la Saône... en l'année 1840. (Par Aug. BARON.) *Lyon, Dumoulin,* 1841, in-8.

Histoire des inquisitions; où l'on rapporte l'origine et le progrès de ces tribunaux, leurs variations, et la forme de leur juridiction. *Cologne* (*Paris*), *P. Marteau,* 1759, 2 vol. in-12.

Tirée des « Mémoires historiques » de L.-Ellies DUPIN, de l'Histoire de Jacques MARSOLLIER et du Voyage de C. DELLON, avec un discours sur quelques auteurs qui ont traité de l'Inquisition, par l'abbé Cl.-P. GOUJET.

On trouve le « Manuel des inquisiteurs » de l'abbé Morellet, à la fin d'une nouvelle édition de cet ouvrage publiée en 1769.

Histoire des insectes nuisibles à l'homme. (Par P.-Jos. BUC'HOZ.) *Paris,* 1781, in-12.

Histoire des intrigues amoureuses de Molière...

Voy. « la Fameuse comédienne », ci-dessus, col. 424, c.

Histoire des intrigues galantes de la reine Christine de Suède et de sa cour pendant son séjour à Rome. (Par C.-G. FRANCKENSTEIN.) *Amsterdam, J. Henri,* 1697, in-8, 2 ff. lim. et 300 p.

Réimprimé sous le titre de : « Mémoire des intrigues... » Voy. ces mots.

Histoire des intrusions les plus mémorables tirées des livres saints, de l' « Histoire ecclésiastique » de M. Fleury, et de la « Vie des saints et martyrs », traduite de l'anglais, par le rédacteur des « Principes de Bossuet et de Fénélon » (l'abbé Y.-M.-M. QUERBEUF, ex-jésuite). *Paris, Lallemand,* 1792, in-8, 166 p.

Histoire des Jacobins, depuis 1789 jusqu'à ce jour, ou Etat de l'Europe en novembre 1820. Par l'auteur de l' « Histoire des sociétés secrètes » (Vincent LOMBARD, de Langres). *Paris, Gide et fils,* 1820, in-8.

Réimprimé sous le titre : « des Jacobins depuis 1789 jusqu'à ce jour... » Voy. ces mots.

Histoire des Jacobins en France, ou examen des principes anarchiques et désorganisateurs de la révolution française... (Par M. LE RICHE, rédacteur du journal « la Quotidienne ».) *Hambourg, Hoffman,* 1795, 2 vol. in-12.

Voy. « Supercheries », I, 901, *a*.

Histoire des Juifs de Flavius JOSÈPHE, par demandes et par réponses, avec la vie de Josèphe. (Par l'abbé LIGER.) *Lyon (Paris)*, 1755, 3 vol. in-12.   V. T.

Histoire des Juifs, depuis Jésus-Christ jusqu'à présent, pour servir de supplément à l'« Histoire de Josèphe ». (Par Jacq. BASNAGE, revue par L. ELLIES DU PIN.) *Paris,* 1710, 7 vol. in-12.

Histoire des Juifs et des peuples voisins; traduite de l'anglois de HUMFREY PRIDEAUX (par DE LA RIVIÈRE et DU SOUL), avec des dissertations du P. TOURNEMINE et autres. *Paris,* 1726, 7 vol. in-4.

Cette attribution est du président Bouhier, qui a sans doute voulu parler ici de BRUTEL DE LA RIVIÈRE, ministre protestant, très-versé dans la connaissance de la langue française ; le second traducteur est probablement Moyse DU SOUL, qui publia à *Londres,* en 1729, l'édition grecque et latine des « Vies de Plutarque », commencée par Bryan ; l'académicien français qui a fait subir à cette traduction d'étranges mutilations dans l'édition de 1726, est le savant N. FRÉRET, qui y a joint la traduction de l'abrégé de la chronologie de Newton avec des « Observations critiques ». V. le « Journal des Savants », janvier 1726, p. 71, édit. in-4.

Histoire des Kosaques, Épreuve. *Paris,* 1813, gr. in-8, viij-632 p.

Ce travail, commandé à C.-L. LESUR par le gouvernement impérial, fut imprimé à l'imprimerie impériale au nombre de trente exemplaires. Lesur a publié cet ouvrage avec très-peu de changements et en y mettant son nom, *Paris, Nicolle,* 1814, 2 vol. in-8. Voyez dans l'« Athenæum français », 9 juin 1855, p. 489 : « Une Histoire ou plutôt un conte à propos de l'Histoire des Kosaques, par C.-L. Lesur. »

Histoire des langues romanes et de leur littérature, depuis leur origine jusqu'au XIVe siècle ; par M. A. BRUCE-WHYTE (trad. de l'anglais par M. Fr.-Gustave EICHOFF). *Paris, Treuttel et Wurtz,* 1841, 3 vol. gr. in-8.

M. A. Ladrague a relevé une erreur commise par l'auteur, qui attribue (I, 427-29) une pièce de vers intitulée : *Expansio rosarum Virgilii,* à Garlavid, tandis qu'elle se trouve attribuée depuis 1513 à Ausone, dans les Œuvres duquel elle est imprimée. Voy. le « Bulletin du Bibliophile belge », XIII (1857), 335-36.

Histoire des malheurs de la famille de Calas... (Par Edouard-Thomas SIMON.) 1765, in-8.

Histoire des martyrs persécutés et mis à mort pour la vérité de l'Evangile (pu-

a bliée dès 1554 ; par Jean CRESPIN) ; nouv. édition, continuée jusqu'à la mort de Henri IV (par Simon GOULART). *Genève,* 1619, in-fol.

Voyez la « Bibliothèque historique de la France », t. Ier, no 5582.

Goulart avait donné une troisième édition de cet ouvrage en 1597, in-fol., et une quatrième en 1600.

Histoire des matières ecclésiastiques.

Voy. « Dissertations sur l'autorité légitime des rois... », IV, 1091, *e*.

Histoire des membres de l'Académie françoise, morts depuis 1700 jusqu'en 1771, par M. D'ALEMBERT (publiée par CONDORCET). *Paris, Moutard,* 1787, 6 vol. in-12.

Histoire des ministres d'État qui ont servi sous les rois de la troisième lignée. (Par Charles DE COMBAULD, baron D'AUTEUIL.) *Paris, de Sommaville,* 1642, in-fol. — *Paris, Mauger,* 1669, 2 vol. in-12.

Histoire des ministres favoris anciens et modernes. (Par Franç.-Thomas DELBARE.) *Paris, Egron, Gide,* 1820, in-8.

Histoire des miracles advenus à l'intercession de la vierge Marie, au lieu de Mont-Aigu. (Par Ph. NUMAN, greffier à Bruxelles.) *Bruxelles,* 1604, in-8.

Histoire des miracles de Notre-Dame de Vaure. (Par Antoine RUTEAU.) *Louvain,* 1642, in-12.

Le véritable titre est peut-être l'« Arche d'alliance du Nouveau Testament, ou l'Histoire de Notre-Dame de la Basse-Wavre dicte de paix et de concorde ». *Louvain,* 1642, in-12.

Voy. Œttinger, 2e édit., col. 1124 et 1126.

Histoire des missionnaires dans le midi et l'ouest de la France. Lettres d'un marin à un hussard. *Paris, Plancher,* 1819-20, 3 vol. in-8.

Une addition au 3e vol. a paru sous ce titre : « les Missionnaires », poëme héroï-comique en VI chants, *Paris, Plancher,* 1820, in-8. C'est, dit Quérard, une addition au 3e vol. de l'histoire, dont le premier volume est dû à Eug.-Franç. GARAY DE MONGLAVE, tandis que les deux autres sont de Louis GUYON.

Auteurs et libraires furent condamnés par la cour d'assises de la Seine, à la date du 27 juin 1820, et le même arrêt ordonna la destruction de l'ouvrage.

Histoire des modes françoises, ou révolutions du costume en France, depuis l'établissement de la monarchie jusqu'à nos jours. Contenant tout ce qui concerne la tête des François, avec des recherches sur l'usage des chevelures artificielles chez les anciens. (Par Guill.-François-Roger MOLÉ, avocat.) *Amsterdam, et se trouve à Paris, chez Costard,* 1773, in-12, XXIV-205 p.

Il y a des exemplaires portant le nom du libraire

Mérigot le jeune, avec la date de 1777 ; c'est la même édition avec un nouveau frontispice.

Histoire des moines d'après la méthode de Buffon. Nouv. édit. *Kopenhague*, 1805, in-8. — Nouv. édit. 1811, in-8, fig.

Même ouvrage que « Essai sur l'histoire naturelle de quelques espèces de moines ».

Voy. ci-dessus, col. 233, *a*.

Histoire des Mongols depuis Tchinguiz-Khan jusqu'à Timour-Lanc, avec une carte de l'Asie au treizième siècle. (Par C. Mou-RADJA D'OHSSON fils.) *Paris, F. Didot*, 1824, 2 vol. in-8.

Histoire des Monts-de-Piété, avec des réflexions sur la nature de ces établissements. (Par J.-B. CERRETTI.) *Padoue*, 1752, in-12.

Histoire des mouvements de Bourdeaux. (Par FONTENEIL, jurat de Bordeaux.) *Bourdeaux, J. Mongiron Millanges*, 1651, in-4.

Tome Ier et unique.

L'auteur a signé l'épître.

Histoire des naturels des îles Tonga ou des Amis... rédigée par John MARTIN sur les détails fournis par William Mariner, qui y a passé plusieurs années ; traduite de l'anglais, par A. J. B. DEF. (A.-J.-B. DEFAUCONPRET). *Paris, Gide*, 1817, 2 vol. in-8.

Histoire des naufrages, ou Recueil des relations les plus intéressantes des naufrages, etc. Par M. D*** (J.-L.-H.-S. DE-PERTHES). *Paris, Maradan*, 1790, 3 vol. in-8.

Histoire des navigations aux terres australes... (Par le président Ch. DE BROSSES.) *Paris, Durand*, 1756, 2 vol. in-4.

Histoire des négociations et du traité de paix des Pyrénées. (Par Luc D'ESNANS DE COURCHETET, censeur royal.) *Amsterdam, Guy, et Paris, Briasson*, 1750, 2 vol. in-12.

Histoire des oies clériennes, écrite en l'an 1835, époque du quasi-assèchement des petites rivières ; par un amateur de l'eau claire (M. César MARETTE). *Rouen, imp. de Berdalle*, 1839, in-8, 16 p.

Clère est dans le département de la Seine-Inférieure.

Histoire des oracles. (Par DE FONTE-NELLE.) *Paris, G. de Luyne*, 1686, 1687, in-12.

Souvent réimprimée avec le nom de l'auteur.

Histoire des ordres monastiques, religieux et militaires... (Par les PP. Pierre HELYOT et Maximil. BULLOT.) *Paris, J.-B. Coignard*, 1714-1719, 8 vol. in-4.

Histoire des ordres religieux de l'un et de l'autre sexe. (Par Adrien SCHOONEBECK.) *Amsterdam*, 1695, 2 vol. in-8.

Histoire des Ottomans, grands seigneurs de Turquie. (Par T. PELLETIER.) *Paris, Orry*, 1600, in-8.

Histoire des ouvrages des sçavans, par Monsr. B*** (Jacq. BASNAGE DE BEAUVAL). *Rotterdam, Reinier Leers*, 1688-1709, 24 vol. in-12.

Un des meilleurs recueils littéraires qui aient été publiés à l'étranger. Voir Hatin, « Histoire de la presse », t. II, p. 251, et « Bibliographie de la presse », p. 34.

Histoire des papes ; crimes, meurtres, empoisonnements, parricides, adultères, incestes depuis saint Pierre jusqu'à Grégoire XVI. — Histoire des saints, des martyrs, des PP. de l'Eglise, des ordres religieux, des conciles, des cardinaux, de l'Inquisition, des schismes et des grands réformateurs. — Crimes des rois, des reines et des empereurs. (Par Maurice DE LA CHATRE.) *Paris, imp. de Mme Dondey-Dupré*, 1842-43, 10 vol. gr. in-8 avec grav.

Réimprimé en 1865 avec le nom de l'auteur.

Histoire des papes, depuis saint Pierre jusqu'à Benoît XIII. (Par Fr. BRUYS.) *La Haye, Henry Scheurleer*, 1732, 5 vol. in-4.

« Bruys fit imprimer cette histoire pendant son séjour en Hollande. Ce séjour dans un pays protestant et le changement de religion de l'auteur expliquent suffisamment pourquoi ce livre est fait dans un esprit d'hostilité contre la cour de Rome. Quatre ans plus tard, Bruys ne l'eût pas écrit, car il redevint catholique en 1736. » Note manuscrite.

Le véritable auteur du fonds de l' « Histoire des papes » est un bénédictin de la congrégation de Saint-Maur. Voir le « Journal des Savants », édit. de Hollande, juin et août 1752.

Histoire des passions, ou Aventures du chevalier Shroop, traduite de l'anglois. (Composée par Franç.-Vinc. TOUSSAINT.) *La Haye, Neaulme*, 1751, 2 vol. in-12.

M.-M. Rey réimprima cet ouvrage à Amsterdam en 1754, sous le titre simple d' « Histoire des passions ». Il déclare, dans un court avertissement, avoir appris que l'auteur des « Mœurs » venait de le publier à Paris, où l'on ne croyait nullement que cette histoire eût été traduite de l'anglois.

Histoire des Pays-Bas, depuis 1560 jusqu'à la fin de 1602 (tirée de l'Histoire de J.-F. LE PETIT, par S. GOULART, de Senlis). *A Saint-Gervais*, 1604, 2 vol. in-8.

V. T.

Histoire des pêches, des découvertes et des établissements des Hollandois dans les mers du Nord ; ouvrage traduit du hollandois par Bernard DU RESTE. *Paris*, an IX-1801, 3 vol. in-8.

On croit que cet ouvrage, en hollandais, est une compilation de celui de ZORGDRAGER, et que le rédacteur est peut-être V. Dr. VAN DER PLAATS.

V. T.

Histoire des persécutions des religieuses de Port-Royal, écrite par elles-mêmes. *Villefranche, aux dépens de la Société*, 1753, in-4.

Publié par l'abbé Pierre LECLERC, suivant la « France littéraire » de 1769, tome II, p. 302.

Histoire des persécutions et martyrs de l'Église de Paris, depuis l'an 1557 jusques au temps du roi Charles IX... (Par Antoine DE LA ROCHE CHANDIEU.) *Lyon*, 1563, in-8.

Histoire des plantes de l'Europe et des plus usitées qui viennent d'Asie, d'Afrique et d'Amérique... *Lyon, N. de Ville*, 1707, 2 vol. in-12. — *Lyon*, id., 1719, 2 vol. in-12.

La dédicace de la 1re éd. est signée Jean-Baptiste DE VILLE ; dans l'éd. de 1719, la même dédicace est signée Nicolas DE VILLE.

Histoire des plantes suisses, par Albert DE HALLER, traduite du latin. *Berne*, 1791, 2 vol. in-8.

C'est une nouvelle édition de l'ouvrage que le médecin Phil.-Rodolphe VICAT publia sous son nom, avec ce titre : Matière médicale, tirée de HALLERI *stirpium indigenarum Helvetiæ Historia*, avec beaucoup d'additions. *Berne*, 1776, 2 vol. in-8.

Histoire des plantes vénéneuses de la Suisse, rédigée d'après HALLER. (Par P.-R. VICAT.) *Yverdon*, 1776, 2 vol. in-8.

Histoire des plus illustres favoris anciens et modernes, recueillie par feu M. P. D. P. (Pierre DU PUY)... *Leyde, Elzevier*, 1659, in-4. — *Paris, sur l'imprimé à Leyde*, 1661, in-12.

Voy. ci-dessus, col. 655, b, « Histoire d'aucuns favoris... »,

Histoire des premières expéditions de Charlemagne, pendant sa jeunesse et avant son règne, composée pour l'instruction de Louis le Debonnaire. Ouvrage D'ANGILBERT, surnommé HOMÈRE, mis au jour et dédié au roi de Prusse par M*** (Jos. DU FRESNE DE FRANCHEVILLE)... *Amsterdam*, 1741, in-8.

Histoire des premiers temps de la Grèce, depuis Inachus jusqu'à la chute des Pisistratides... Par M. CLAVIER. (Seconde édition publiée par MM. A. BOBÉE, qui est auteur de la notice sur Clavier, et J. LEMBERT.) *Paris, Bobée*, 1822, 3 vol. in-8.

La 1re éd., qui parut en 1809, ne formait que 2 vol.

Histoire des premiers temps du monde. (Par le P. Guill.-Fr. BERTHIER.) *Paris, Valade*, 1778, in-12.

Histoire des princesses de Bohême, par Mme*** (Mme DE MAREUILLE, femme séparée de son mari, âgé de soixante ans). *La Haye (Paris)*, 1749, 2 vol. in-12.

Note de l'exempt de police d'Hemery du 19 mars 1750.

Van-Thol dit qu'une autre note signale And.-Franc. BOUREAU-DESLANDES comme l'auteur.

Histoire des principales découvertes faites dans les arts et les sciences, traduite de l'anglois (par M.-A. EIDOUS). *Lyon*, 1767, in-12.

Le privilége prouve que cet ouvrage est de la composition d'Eidous.

Histoire des principaux événemens arrivés en Europe depuis 1733 jusqu'au traité d'alliance de 1756, pour servir de suite à l' « Histoire de la maison d'Autriche », par le comte de G...... (DE GIRECOURT). *Paris, Moutard*, 1786, 3 vol. in-12.

Voy. ci-dessus, « Essai sur l'histoire de la maison d'Autriche... », col. 230, c.

Histoire des principaux hérésiarques. Par M. H.... (l'abbé T.-F.-X. HUNKLER). *Paris, Gaume frères*, 1833, in-18.

Histoire des progrès de la puissance navale de l'Angleterre. (Par le baron G.-E.-J. DE SAINTE-CROIX.) *Yverdon*, 1783, 2 vol. in-12. — Nouvelle édition, corrigée et considérablement augmentée, avec le nom de l'auteur. *Paris, de Bure*, 1786, 2 vol. in-12.

Histoire des progrès et de l'extinction de la réforme en Italie au XVIe siècle... trad. de l'angl. de Thomas MACCRIE (par Th.-H. HURET). *Paris, Cherbuliez*, 1831 (et avec un nouv. titre, 1834), in-8, 486 p.

L'ouvrage anglais a paru en 1827 ; une seconde édit. augm. a été publiée en 1833.

Histoire des progrès et de la chute de la république romaine, par Adam FERGUSON, traduite de l'anglois (par J.-Nic. DÉMEUNIER et Jacq. GIBELIN, médecin). *Paris, Nyon*, 1784, 7 vol. in-8 et in-12.

Demeunier abandonna cette traduction à la moitié du quatrième volume. M. Gibelin, dans une lettre que j'ai sous les yeux, convient avoir donné les tomes 4 à 7 à plusieurs travailleurs, dont il a ensuite revu et corrigé le travail. J.-Fr. ANDRÉ a été l'un de ces travailleurs.

Histoire des promesses illusoires depuis la paix des Pyrénées. (Par SANDRAS DE COURTILZ.) *Cologne (La Haye)*, 1684, in-12.

Histoire des protestants en Allemagne. *Halle*, 1767, in-8.

Traduction anonyme par J.-H.-S. FORMEY d'un ouvrage publié en allemand également sous le voile de l'anonyme par HAUSEN.

Histoire des quakers, trad. de l'anglais de CLARKSON... *Paris*, *Paschoud*, 1820, in-8.

La préface est de la duchesse DE BROGLIE, qui l'a réimprimée dans le volume publié sous ce titre : « Fragments sur divers sujets de religion et de morale.» Voy. ci-dessus, col. 494, *d*.

Histoire des quarante fauteuils de l'Académie française... Par TYRTÉE TASTET. *Paris*, *Lacroix-Comon*, 1844-1855, 4 vol. in-8.

D'après M. Livet, les 3 derniers volumes ont été rédigés par M. Léon RENARD, bibliothécaire du dépôt de la marine.
M. de Manne ne lui attribue que le dernier volume.

Histoire des quatre Cicérons. (Par l'abbé François MACÉ.) *La Haye*, *Van Duren*, 1715, in-12.

Quelques personnes ont attribué cette histoire à Simon DE VALHEMBERT, qui a donné dans le XVIII° siècle un ou deux écrits peu importants. C'était une méprise facile à réfuter. Simon Vallambert, d'Avalon en Bourgogne, a fait une histoire latine des quatre Cicérons, dont le nouvel historien a beaucoup profité, selon Ernesti ; et, par une rencontre assez singulière, cette histoire latine fut imprimée en 1587 chez Barthelemi Macé. Etait-ce un bien de famille que l'abbé Macé avait revendiqué?
Cet ouvrage fut aussi attribué au P. Jean HARDOUIN, jésuite. Lenglet Dufresnoy, dans la première édition de sa « Méthode pour étudier l'histoire », le donnait à l'abbé DUBOS.

Histoire des quatre dernières campagnes du maréchal de Turenne, en 1672, 1673, 1674 et 1675, enrichie de cartes et de plans topographiques, dédiée et présentée au Roi, par M. le chevalier DE BEAURAIN, géographe de Sa Majesté et son pensionnaire. *Paris*, *Beaurain*, 1782, in-fol.

Par le comte Philippe-Henri DE GRIMOARD.
L'auteur fut si mécontent des mutilations que la censure fit éprouver à son ouvrage qu'il ne laissa subsister son nom que sur une dizaine d'exemplaires distribués à ses amis.

Histoire des quatre fils Aymon, les nobles et très-vaillants chevaliers. Nouv. édit. complète (précédée d'une introduction historique, par M.-L. POLAIN). *Liège*, *Jeunehomme*, 1841, in-18, VIII-296 p.
J. D.

Histoire des quatre Gordiens, prouvée et illustrée par les médailles. (Par l'abbé J.-B. DUBOS.) *Paris*, *Delaulne*, 1695, in-12.

Histoire des XV semaines. (Par Joseph

MICHAUD.) *Paris*, *Lonchamps*, juillet 1815, in-8.

Il y a environ 27 tirages, dont plusieurs portent le nom de l'auteur.

Histoire des rats, pour servir à l'Histoire universelle. (Par Cl.-Guill. BOURDON DE SIGRAIS.) *Ratopolis*, 1737, in-8.

Cet ouvrage a été réimprimé en 1787, à la suite des « Œuvres badines » du comte de Caylus. Voyez le tome XI de cette collection. On a aussi reproduit dans le volume les « Chats » de Moncrif.
Voyez la « Lettre critique de l'abbé ** (P.-Fr. Guyot des Fontaines) » sur cette histoire, et la réponse de l'auteur, 1738 ; les « Mémoires pour servir de supplément à l'histoire des rats », par l'auteur de l' « Europe illustre » (J.-Fr. DREUX DU RADIER), 1753-1754 ; et surtout pour ce qui concerne les rats allemands, voyez la Cosmographie de Séb. Munster, liv. 4, page ou colonne 1783 et suiv., et les « Rats danois, ou l'Histoire des rats tombés du ciel, par Olaus Wormius », 1653, *Hafniæ*.
(Note tirée des Voyages de Montaigne, édition petit in-12, t. I, p. 134.)
Cette note est probablement de JAMET le jeune.

Histoire des recherches sur la quadrature du cercle... *Paris*, *Jombert*, 1754, in-12, XLVII-304 p.

Le privilége désigne l'auteur sous le nom de M. de M. (Jean-Etienne DE MONTUCLA). Réimprimé avec le nom de l'auteur, *Paris*, *Bachelier*, 1831, in-8. L'avertissement de cette édition est signé L. C. (S. L. CROIX).

Histoire des réformés de La Rochelle, depuis l'année 1660 jusqu'à l'année 1685. (Suivant le P. Le Long, par Abraham TESSEREAU, secrétaire du roi, et suivant le P. Arcère, dans son « Histoire de La Rochelle », par Louis RENARD.) *Leyde*, *Jordan*, 1688, in-12. — *Amsterdam*, *veuve Savouret*, 1689, in-12.

Histoire des reines Jeanne première et Jeanne seconde, reines de Naples et de Sicile. (Par Alex.-Touss. GUYOT, maître en la cour des comptes de Rouen, frère du fameux abbé Desfontaines.) *Paris*, *Barbin*, 1700, in-12.

Réimprimé dans les « Amusemens du cœur et de l'esprit » (par PHILIPPE), pour l'année 1748. *Paris*, *veuve Pissot*, 1748, in-12, t. I, p. 479 ; t. II, p. 104.
Table du « Journal des Savans ».
C'est par une faute d'impression, sans doute, que le P. Le Long (n° 17465) a appelé cet auteur Desfontaines DES HUYOTS : cette méprise a été copiée par Desmaiseaux, dans le tome quatrième des « Œuvres » de Bayle, p. 708. On la trouve dans plusieurs autres ouvrages.

Histoire des religieux de la Compagnie de Jésus, contenant ce qui s'est passé dans cet ordre depuis son établissement jusqu'à présent. Pour servir de supplément à l'histoire ecclésiastique des XVI, XVII et

xviiie siècles: (Par Pierre QUESNEL.) Soleure, chez les libraires associés, 1740,
4 vol. in-12. — Utrecht, 1741, 2 vol. in-12;
1751, 4 vol. in-12.

Histoire des revenans. 2 vol. in-12.

Attribué à CHOMEL, percepteur des contributions.
C'est un recueil des anecdotes les plus intéressantes et
les plus propres à détromper le vulgaire de ses craintes
superstitieuses. (Pigoreau, « Petite Bibliographie biographico-romancière ». Paris, 1821, in-8, p. 168.)

Histoire des révolutions arrivées dans
le gouvernement, les lois et l'esprit humain, après la conversion de Constantin
jusqu'à la chute de l'empire d'Occident.
(Par Charles-Antoine PILATI.) La Haye,
1783, in-8. — Harlem, 1793, in-8.

Histoire des révolutions d'Écosse et
d'Irlande. (Par DUMOULIN.) Dublin, Open,
1761, in-12.

Histoire des révolutions d'Espagne.
(Composée par L.-Ellies DUPIN, terminée
et publiée par l'abbé Jean DE VEYRAC.)
Paris, Hochereau, 1724; — Amsterdam
(Paris), 1730, 5 vol. in-12.

Histoire des révolutions de France depuis le commencement de la monarchie
jusqu'en 1788... (Par DUPUIS.) Paris, La-
viette et Baudouin, 1801, 2 vol. in-12.

L'ouvrage devait paraître en 1789.

Histoire des révolutions de France. Par
l'auteur de l'« Histoire des opérations de
l'armée royale sous les ordres de Mgr le
duc d'Angoulême » (Pierre CHAILLOT).
Avignon, impr. de P. Chaillot le jeune,
1817, 2 vol. in-18.

Il y a un volume pour l'Assemblée constituante et
un pour l'Assemblée législative.

Histoire des révolutions de Gênes. (Par
L.-G. OUDART FEUDRIX DE BRÉQUIGNY.)
Paris, 1750. — Nouvelle édition, augmen-
tée, Paris, 1752, 3 vol. in-12.

Histoire des révolutions de Hongrie.
(Par l'abbé BRENNER, publiée par Prosper
MARCHAND.) La Haye, Néaulme, 1739,
2 vol. in-4 et 6 vol. in-12.

Histoire des révolutions de l'église
d'Utrecht, par le comte L. Mozzi, trad. de
l'ital. (par M. D.-I. VERDUYN, curé doyen
de Gand.) Gand, P.-J. Vanryckegem, 1828,
3 vol. in-8.
　　　　　　　　　　　　　　　　J. D.

Histoire des révolutions de la barbe des
Français, depuis l'origine de la monarchie.
Paris, Ponthieu, 1826, pet. in-12, 47 p.

Publié par J.-Ch. MOTTELEY, d'après l'« Histoire
des modes françaises ». Voy. ce titre.

Histoire des révolutions de la haute
Allemagne... (Par PHILIBERT.) Paris, de

Hansy, 1766, 2 vol. in-12. — Amsterdam,
1775, 2 vol. in-12.

Histoire des révolutions de Mâcon, sur
le fait de la religion, par M. D*** (AGUT,
prêtre, fondateur de l'hôpital de la Providence à Mâcon). Avignon, 1760, in-8.

Histoire des révolutions de Perse, depuis le commencement de ce siècle jusqu'à
la fin du règne de l'usurpateur Aszraff.
(Par le P. J.-Ant. DU CERCEAU.) Paris,
Briasson, 1742, 2 vol. in-12.

Même ouvrage que « Histoire de la dernière révolution de Perse » et « Histoire de Thamas Kouli-
Kan... » Voy. ci-dessus, col. 736, c.

Histoire des révolutions de Pologne.
(Par GEORGEON et Jean-Jacques POULLIN,
revue par l'abbé P.-Fr. GUYOT DESFON-
TAINES.) Amsterdam (Paris), 1735; — Amsterdam, 1750, 2 vol. in-12.

Histoire des révolutions de Pologne, depuis la mort d'Auguste III jusqu'en 1775.
(Par l'abbé JOUBERT.) Varsovie (Paris),
1775, 2 vol. in-8. — Paris, F. Bastien,
1778, 2 vol. in-8.

Histoire des révolutions de Suède. (Par
VERTOT.) Paris, Mich. Brunet, 1695, 2 vol.
in-12.

La préface est signée des initiales L. D. V. (l'abbé
DE VERTOT). L'année suivante (1696), un libraire
d'Amsterdam s'avisa de faire une contrefaçon de cet
ouvrage, et comme le titre de l'édition originale ne
portait point le nom de l'auteur, il y étala par supercherie celui de FONTENELLE, afin d'en assurer le
débit.

Voy. « Supercheries », II, 62, a.
Souvent réimprimé avec le nom de l'auteur.

Histoire des révolutions des Pays-Bas.
(Par le P. PAGI.) Paris, Briasson, 1727,
2 vol. in-12.

Histoire des révolutions des Pays-Bas,
traduit de l'allemand de SCHILLER, par
A. D...y. Paris, G. Barba, 1833, in-8.

Traduit par Louis-François LHÉRITIER, de l'Ain,
d'après Quérard, « France littéraire », et d'après M. de
Manne.

Les « Supercheries » reproduisent cette attribution,
I, 1196, c, après avoir donné celle d'Armand DU-
PUY, contrôleur à la Monnaie, I, 203, b.

Histoire des révolutions et mouvemens
de Naples pendant 1647 et 1648, traduite
de l'italien de Galeazzo GUALDO PRIORATO
(par l'auteur même). Paris, S. Piget, 1654,
in-4.

Histoire des rois catholiques Ferdinand
et Isabelle. (Par l'abbé Vinc. MIGNOT.)
Paris, Leclerc, 1766, 2 vol. in-12.

Histoire des rois de Chypre de la maison
de Lusignan, traduite de l'italien de Henri

GIBLET, Cypriot (ou plutôt de J.-Fr. LO-
REDANO). *Paris, Cailleau*, 1732, 2 vol.
in-12.

Henri Giblet n'a été que l'éditeur de cet ouvrage,
dont l'auteur serait Et. DE LUSIGNAN.

Histoire des rois de Pologne et du gouvernement de ce royaume... Par M. M***
(Pierre MASSUET). *Amsterdam, François
L'Honoré*, 1733, 5 vol. in-8. — Nouvelle
édition. *Amsterdam, François L'Honoré*,
1733, 4 vol. in-12 (sans initiales sur le
titre). — Autre édition avec le nom de
l'auteur. *Amsterdam*, 1734, 5 vol. in-8.

Massuet avertit que le premier volume est une réimpression de l'ouvrage de Jolli, ci-après décrit.

Histoire des rois de Rome, par M. P***
DE M***. *Londres (Paris)*, 1753, in-12.

Réimprimé avec le nom de l'auteur PALISSOT DE-MON-
TENOY, sous ce titre : « Histoire raisonnée des pre-
miers siècles de Rome, depuis sa fondation jusqu'à la
République ». *Londres (Paris)*, 1764, in-8, 76 p.

Histoire des rois de Sicile et de Naples,
des maisons d'Anjou. (Par DESNOULIS.)
Paris, 1707, in-4.

Histoire des rois et du royaume de Pologne, et du grand-duché de Lithuanie.
(Par J.-G. JOLLI.) *Amsterdam, Pain*, 1699,
2 vol. in-12.

Avait paru d'abord sous le titre de « Histoire de
Pologne... » Voy. ci-dessus, col. 731, *e*. Reproduit
en 1733 dans l' « Histoire des rois de Pologne... »,
ci-dessus décrite.

Histoire des roys et princes de Polo-
gne, etc., traduite du latin de Jean HER-
BERT DE FULSTIN (par Fr. BAUDOUIN).
Paris, P. L'Huillier, 1573, in-4.

Histoire des sacres et couronnemens de
nos rois faits à Reims, à commencer par
Clovis... avec un recueil du formulaire...
Le tout tiré d'auteurs fidèles. Par M. R. C.
(REGNAULT, chanoine de Saint-Symphorien de Reims). *Reims, Regnauld Floren-
tain*, 1722, in-12.

Histoire des saints de la province de
Lille, Douay, Orchies, avec la naissance,
progrès, lustre de la religion catholique
en ces chastellenies. Par un Père de la
compagnie de Jésus (Martin L'HERMITE).
Douay, 1638, in-4.

Histoire des Sarrasins, traduite de l'anglois de Simon OCKLEY (par Aug.-Fr. JAULT).
Paris, Nyon, 1748, 2 vol. in-12.

Histoire des seigneurs de Gavres, roman du XVe siècle. (Publié par E. GACHET.)
Bruxelles, Vandale (1845), in-4.

Volume lithographié. C'est une imitation moderne
tendant à reproduire le caractère et l'aspect d'un manuscrit du moyen âge ; 95 compositions peintes, dues à
M. Kreins, imitent les anciennes miniatures.

Histoire des Sevarambes. (Par Denis
VAIRASSE, d'Alais en Languedoc.) Première partie, *Paris, Barbin*, 1677 ; seconde
partie, *Paris, l'auteur*, 1678 et 1679,
2 vol. in-12. — Nouvelle édition. *Amsterdam, Etienne Roger*, 1716, 2 vol. in-12.

La première édition était dédiée à Pierre-Paul de Riquet, déjà célèbre par l'entreprise du canal de Languedoc, et qui s'occupait à cette époque de la formation
d'un canal avec les eaux de la rivière d'Ourcq : cette
dédicace, qui faisait autant d'honneur à Vairasse qu'à
Riquet, a été supprimée, on ne sait pourquoi, par les
nouveaux éditeurs de l' « Histoire des Sevarambes ».
Voyez de longs et curieux détails sur cet ouvrage,
dans le « Dictionnaire historique » de Pr. Marchand,
au mot ALAIS.

Histoire des singeries de la Ligue...
Voy. « Histoire abrégée des singeries », ci-dessus,
col. 633, *f*.

Histoire des singes et autres animaux
curieux. (Par Pons-Aug. ALLETZ.) *Paris,
Duchesne*, 1752, in-12.

Histoire des singularités naturelles d'Angleterre, d'Ecosse et du pays de Galles,
traduite de l'anglois de CHELDREY, par
P. B. (P. BRIOT). *Paris, de Ninville*, 1667,
in-12.

Histoire des sociétés secrètes de l'armée
et des conspirations militaires qui ont eu
pour objet la destruction du gouvernement de Bonaparte. *Paris, Gide fils et
Nicolle*, 1815, in-8 de VIII ff. pour titre et
table, et 348 p.

Le catalogue de la Bibliothèque nationale qualifie,
à juste titre, cette publication de romanesque. Le conteur
ravissant et menteur qui s'appelait Ch. Nodier a été
pour quelque chose dans cet ouvrage. Suivant ce qu'il
dit dans son article Philadelphes du « Dictionnaire de
la conversation », *Paris*, 1837, t. 43, p. 324, il y
aurait concouru pour deux fragments assez étendus ; le
premier est un portrait d'Oudet ; le second, une analyse raisonnée de la procédure de Malet. Le reste de sa
coopération fut purement négatif, se bornant à faire des
suppressions. Les autres auteurs sont : RIGOMER-BA-
ZIN, DIDIER (de Grenoble) et LEMARE. Ul. G.

Dans la note placée à la suite de l'article Témoin
oculaire, dans ses « Supercheries », Quérard fait remarquer avec raison que sur les titres de deux ouvrages (« Histoire des Jacobins » et « des Jacobins...
depuis 1789 » ; voy. ces titres), leur auteur anonyme,
Vinc. LOMBARD, de Langres, se dit auteur de l' « Histoire des sociétés secrètes ». Voilà donc un 5e collaborateur à ajouter à ceux nommés dans la note précédente,
mais Lombard, de Langres, a pu n'être que le metteur
en œuvre.

Histoire des souverains pontifes qui ont
siégé dans Avignon. Par M. T*** (TEISSIER,
avocat). *Avignon, Aubert*, 1774, in-4.

On dit aux « Supercheries », III, 749, *f*, TEISSIER
ou TEXIER.

Histoire des successeurs d'Alexandre le Grand, tirée de Diodore de Sicile, mise autrefois en françois par Claude de Seyssel. (*Paris*, 1545, in-16); traduction nouvelle. *Luxembourg, Chevalier*, 1705, in-12.

Plachat Saint-Sauveur, dans son « Recueil de pièces fugitives », 1704, in-12, dit, p. 566, que cette nouvelle traduction est attribuée par quelques personnes au P. Hugo, prémontré, et par d'autres au P. de La Croix.

Histoire des Suisses, traduite de l'allemand de G. Muller (le tome Ier par Nic. Boileau, les suivans par A. Labaume). *Paris, Mourer et Pimparé*, 1797, 7 vol. in-8.

Paul-Henri Mallet, après avoir mis au jour deux autres volumes pour servir de suite à cet ouvrage, s'est déterminé à refaire une « Histoire des Suisses », qu'il a publiée en 1803, 4 vol. in-8.

Histoire des Templiers, ou chevaliers du Temple de Jérusalem, par Pierre du Puy; nouvelle édition (publiée par Jean Godefroy). *Bruxelles*, 1713, 2 vol. in-12. — Autre édition, augmentée d'un grand nombre de pièces justificatives (par un anonyme). *Bruxelles*, 1751, in-4.

Histoire des Templiers. Ouvrage imparfait, recueilli des meilleurs écrivains. Par J.-A.J. (Jacq.-André Jacquelin). *Paris, Pillot*, an XIII-1805, in-12, 132 p.

Histoire (l') des temps fabuleux, confirmée par les critiques qu'on en a faites. Par M. l'abbé Ch***, ancien professeur de philosophie (L. Chapelle). *Liège, Demazeaux et Lemarié, et Paris, Berton*, 1779, in-8, 332 p.

Réimprimé à la suite de plusieurs éditions de l'« Histoire des temps fabuleux », de Guérin du Rocher.

Histoire des temps modernes à l'usage des maisons d'éducation. Par un professeur d'histoire de l'Académie de Paris, docteur ès lettres (Adolphe Chéruel). *Paris, Delagrave*, 1867, in-8, 2 ff. lim. et 372 p.

La première édition, *Paris, Dezobry*, 1854, in-16, de tit. et 376 p., fait partie du « Manuel d'études pour la préparation au baccalauréat ès lettres ». Voy. « Supercheries », III, 259, e.

Histoire des traductions françoises de l'Écriture sainte, tant manuscrites qu'imprimées, soit par les catholiques, soit par les protestants... *Paris, Ch. Robustel*, 1692, in-12.

Ce morceau de l'histoire ecclésiastique avait été autrefois commencé par le P. Cotton dans sa « Geneve », et continué depuis par M. Véron, dans son « Nouveau Testament ». Un prédicateur, employé depuis plusieurs années à l'instruction des nouveaux catholiques, vient d'y mettre la dernière main. (Journal des Savans », 1693, juin, p. 368.) C'est l'abbé A. Lalouette que l'on veut désigner.

T. V.

Histoire des traités de paix et autres négociations du XVIIe siècle... (Par Jean-Yves de Saint-Prest.) *Amsterdam*, 1725, 2 vol. in-fol.

Histoire des Trapistes du Val-Sainte-Marie, diocèse de Besançon... (Par Michel Peeters, juge de paix à Bruxelles.) *Bruxelles* ou *Namur*, 1841, in-8.

         J. D.

Histoire des trembleurs. (Par le P. Fr. Catrou, jésuite.) *S. l.*, 1733, in-12.

Les feuilles portent la signature : t. III.

Cet ouvrage fait partie de l'« Histoire du fanatisme dans la religion protestante », publiée par le même auteur en 1707, in-4, et réimprimée en 1733, 3 vol. in-12.

Histoires des triomphes militaires, des fêtes guerrières et des honneurs accordés aux braves chez les peuples anciens et modernes... Par A. B. (Antoine Bailleul). *Paris, A. Bailleul*, 1808, in-12.

Composé par P.-J.-B. Nougaret. Ant. Bailleul est auteur de l'introduction et des dernières pages seulement.

Histoire des trois démembremens de la Pologne, pour faire suite à l'« Histoire de l'anarchie de Pologne », par Rulhière. Par l'auteur de l'« Esprit de l'histoire » et de la « Théorie des révolutions » (le comte Ant. de Ferrand). *Paris, Deterville*, 1820, 3 vol. in-8.

Histoire des trois derniers empereurs des Turcs, depuis 1623 jusqu'à 1679, traduite de l'anglois du sieur Ricaut (par Jean-Baptiste de Rosemond). *Paris*, 1682, 4 vol. in-12. — 2e édit. rev. et corr. *Paris*, 1684, 3 vol. in-12.

Histoire des trois derniers mois de la vie de Napoléon Bonaparte, écrite d'après des documents authentiques. Par S*** (A.-J.-B. Simonnin). *Paris, Chaumerot jeune*, juillet 1821, in-8, 44 p.

Histoire des trois fils d'Hali-Bassa, et des trois filles de Siroco, gouverneur d'Alexandrie, traduite du turc. (Composée par Henri Pajon.) *Leyde* (*Paris*), 1746, 1748, in-12.

Réimprimé dans le 04e vol. du « Choix des Mercures ».

Histoire des trois ordres réguliers et militaires des Templiers, Teutons, Hospitaliers, ou chevaliers de Malte. (Par l'abbé Roux, docteur en théologie.) *Paris, Lottin*, 1725, 2 vol. in-12.

Cet ouvrage a reparu sous le titre de « Histoire secrète des Templiers... » Voyez ces mots.

Histoire des tromperies des prêtres et des moines de l'Eglise romaine, contenues en huit lettres, écrites par un voyageur pour le bien du public. (Par G. D'Emiliane.) *Rotterdam*, 1693, 2 vol. in-8.

Réimprimé en 1708 et en 1719, avec le nom de l'auteur.

La « Biographie universelle », dans une note de son article JANIÇON, a confondu G. d'Emiliane avec Gavin, auteur du « Passe-partout de l'Église romaine », en 3 vol. in-8.

Histoire des troubles advenus au royaume de Naples sous le règne de Ferdinand Ier, depuis 1480 jusqu'en 1487, traduite de l'italien de Camille PORTIO (par l'abbé DE CORDES). *Paris, Cramoisy*, 1627, in-8.

Voyez l'éloge du traducteur par Gabriel Naudé, en tête du *Bibliothecæ Cordesianæ Catalogus, Parisiis*, 1643, in-4.

Histoire des troubles causés par M. Arnauld après sa mort, ou Démêlé de M. Santeul avec les jésuites. (Par le P. J.-Ant. DU CERCEAU.) *S. l.*, 1696, in-12.

Histoire des troubles de Hongrie. (Par VANEL.) *Paris, veuve Blageard*, 1685-1687, 5 vol. in-12.

L'abbé Lenglet cite cet ouvrage comme étant composé de six volumes. Il prenait apparemment pour le sixième celui dont il sera parlé ci-après. Voy. les mots « Histoire et Description ancienne... »

Histoire des troubles de la Grande-Bretagne. (Par MONTETH DE SALMONET.) *Paris, Vitré*, 1649, in-4.

Il y a une *seconde édition* de cet ouvrage, *Paris, Courbé*, 1661, in-fol., avec le nom de l'auteur, qui était Écossais. Il quitta sa patrie dans le temps des troubles, et vint à Paris, où il s'acquit beaucoup de réputation parmi les gens de lettres; il fut chanoine de Notre-Dame.

Cette histoire a été traduite en anglais par James Ogilvie. La seconde édition de cette traduction a paru à *Londres* en 1738, in-fol.

Histoire des troubles des Cévennes, ou de la guerre des Camisards sous le règne de Louis le Grand... Par l'auteur du « Patriote françois et impartial ». (Rédigé d'après les manuscrits d'Ant. COURT, par son fils, COURT DE GÉBELIN.) *Villefranche, P. Chrétien*, 1760, 3 vol. in-12.

La réimpression faite par les soins du pasteur Vincent, *Alais, Martin*, 1819, 3 vol. in-12, a donné lieu à une « Lettre à M. S., éditeur de l' « Histoire des troubles... par M... » *Paris, imp. d'A. Clo*, 1820, in-12.

Histoire des troubles des Pays-Bas, par L.-J.-J. VAN DER VYNCKT, avec discours préliminaire et notes par F. B. D. R. (Frédéric baron DE REIFFENBERG). *Bruxelles, Arnold Lacrosse*, 1822, 3 vol. in-8.

L'édition originale est de Bruxelles, 1705, in-4; il n'en existe, dit-on, que 5 exempl.

Voy. Brunet, « Manuel du libraire », 5e édit., V, 1072.

Histoire des troubles et choses mémorables avenues tant en France qu'en Flandres... depuis l'an 1562 jusqu'en 1570. (Attribuée à LA POPELINIÈRE.) *Bâle, P. Davantes*, 1572, in-8.

Histoire des Uscoques (par l'archevêque de Zara et FRA-PAOLO), traduite en françois par AMELOT DE LA HOUSSAYE. *Paris*, 1682, in-12.

Histoire des variations des Églises protestantes, par BOSSUET, avec la défense, les avertissemens, etc. (Nouvelle édition, accompagnée de notes par l'abbé Claude LEQUEUX et par Charles-François LE ROI.) *Paris, Cellot*, 1770, 5 vol. in-12.

Histoire (l') des vases de Bernay, à propos de ce qui se passe à la Bibliothèque royale. *Paris, impr. de E.-J. Bailly*, 1847, in-8, 15 p.

Extrait de l' « Univers religieux ».
Signé L. P. (Louis PARIS), ancien bibliothécaire.

Histoire des Vaudois, habitant les vallées occidentales du Piémont. (Par J. BREZ.) *Lausanne, Luquiens, et Paris, Maradan*, 1796, 2 vol. in-8.

L'auteur est mort en 1800, ministre du saint Évangile à Middelburg, en Zélande.

Histoire des villes vieille et neuve de Nancy, depuis leur fondation jusqu'en 1788... (Par le sieur J.-J. LIONNOIS.) *Nancy, an XIII-1805-1811*, 3 vol. in-8.

Cet ouvrage a été publié par E. PSAUME. Depuis, M. Paul DIGOT a donné une « Table alphabétique et analytique de l'histoire ». *Nancy*, 1855, in-8.

Sous le n° 1126 du Catalogue de M. Noël, on lit : « Tout ce que dit l'auteur de Catherine de Lorraine, abbesse de Remiremont, est copié mot pour mot dans D. Calmet, « Bibliothèque lorraine », et sans que cet auteur soit cité. Nous avons aussi trouvé des morceaux pris dans M. Mory d'Elvange, sans qu'il soit fait mention de cet auteur. »

Histoire des voyages de M. le marquis de Ville en Levant, et du siége de Candie. (Par Jos. DU CROS.) *Paris*, 1669, in-12.

V. T.

Catalogue manuscrit des Barnabites.

Histoire des voyages des papes, depuis Innocent Ier jusqu'à Pie VI, avec des notes. (Par Charles MILLON.) *Vienne*, 1782, in-8.

Histoire des Wahabis, depuis leur origine jusqu'à la fin de 1809. Par L. A*** (L.-A.-O. DE CORANCEZ); membre de la Légion d'honneur. *Paris, Crapart*, 1810, in-8, 200 p.

Histoire (l') des Wahabis, depuis leur origine jusqu'à la fin de 1809; par L. A***. *S. l. n. d.*, in-8.

Compte rendu, signé E. J. (Edme-Fr. JOMARD), numéro de Extrait du « Magasin encyclopédique », décembre 1810, p. 426.

Histoire diplomatique de la crise orientale de 1853 à 1856, d'après des documents inédits ; suivie d'un Mémoire sur la questions des lieux saints. *Bruxelles, Flattau,* 1858, in-8, 162 p.

La préface de cet ouvrage, signée A. G d. L.,est d'Auguste GATHY, littérateur musicien, né à Liége en 1800, mort à Paris en 1858.   Ul. C.

Histoire du barreau de Paris, dans le cours de la Révolution. (Par Jean-François FOURNEL.) *Paris, Maradan,* 1816, in-8.

Histoire du cabinet des Tuileries depuis le 20 mars 1815, et de la conspiration qui a ramené Buonaparte en France... (Attribuée à J. LINGAY, auteur du « Nain vert ».) *Paris, Chanson,* 1815, in-8.

Cette brochure a eu trois éditions. Dans le t. II de la 2e éd. de ce « Dictionnaire », sous le n° 7988, et avec un titre très-écourté, cet ouvrage était attribué au docteur GUILLIÉ, directeur des Jeunes-Aveugles. Dans le supplément du même volume, et avec un titre plus étendu, l'ouvrage est attribué à J. LINGAY. Ces deux attributions ont été acceptées par Quérard aux articles Guillié et Lingay. C'est la première qui a été adoptée à tort au Catalogue de la Bibliothèque nationale. J. LINGAY est le seul auteur de cet ouvrage.

Histoire du calvinisme et du papisme mis en parallèle. (Par Pierre JURIEU.) Tome I. Apologie pour les réformateurs et pour la réformation contre un libelle intitulé : « l'Histoire du calvinisme » (par le père MAIMBOURG). Première et deux. parties. Tome II. Histoire du papisme, ou suite (*sic*) de l'Apologie... Troisième et quatrième partie. *Rotterdam, Reinier Leers,* 1682-83, 2 vol. in-4, IV-572 et IV-420 pp.

Histoire du canevas de Paris. Voy. « Mémoires pour servir à l'histoire... »

Histoire du canon dans les armées modernes, par un vieil ami de la liberté (NAPOLÉON III), et suivie d'une notice de la famille Bonaparte. *Paris, Martinon,* 1848, in-18.

Histoire du cardinal Alberoni et de son ministère, jusqu'à la fin de 1719, par M. J. R. (Jean ROUSSET DE MISSY). *La Haye, Moëtjens,* 1719, in-12 ; — 1720, 2 vol. in-12.

Histoire du cardinal de Granvelle, premier archevêque de Maline et puis de Besançon... Publ. à Paris en 1761 (par M. Luc DENANS DE COURCHETET, secrétaire des villes anséatiques. Nouv. édit. augm. d'une préface historiq. et crit. sur tout l'ouvrage. *Bruxelles,* 1784, 2 vol. in-8.

Histoire du cardinal de Richelieu, par le sieur AUBERY (et par Antoine BERTIER)...

Paris, A. Bertier, 1660, in-fol. — *Cologne (Elzévier), P. du Marteau,* 1666, 2 vol. in-12.

Voyez les « Mémoires » de Charles Ancillon, *Amsterdam,* 1709, in-8, article L. AUBERY.

Histoire du cas de conscience signé par quarante docteurs de Sorbonne... (Par Jean LOUAIL et Mlle DE JONCOUX.) *Nancy, Jos. Nicolaï (Hollande),* 1705-1711, 8 vol. in-12.

Cette histoire a été revue par le Père Pasquier QUESNEL, par Nicolas PETITPIED et par Jacq. FOUILLOU.

Histoire du charbon de terre et de la tourbe, traduite de l'allemand de PFEIFFER (par Henri JANSEN). *Paris,* 1787, in-12 ; — 1795, in-8.

Histoire du chemin de fer de Paris à Rouen ; description historique, critique et monumentale des lieux situés sur cette ligne. Par M. R. DE P. (René DE PÉRIER). Ornée d'une belle carte routière, par A.-H. Dufour. *Paris, Dumoulin,* 1844, in-16, 224 p.

Histoire du chevalier de l'Étoile, contenant l'histoire secrète et galante de Mlle de M*** avec M. du ***. (Par l'abbé Ign.-Vinc. GUILLOT DE LA CHASSAGNE.) *Amsterdam,* 1740, in-12.

Histoire du chevalier des Grieux et de Manon Lescaut. (Par l'abbé A.-F. PRÉVOST.) *Amsterdam (Paris), Compagnie,* 1753, 2 vol. in-12. — Nouvelle édition suivie de Mademoiselle Javotte, ouvrage moral (par Paul BARET). *Londres (Paris),* 1782, 2 vol. in-18.

Le premier ouvrage parut pour la première fois en 1733, formant le septième volume des « Mémoires d'un homme de qualité qui s'est retiré du monde » (par le même auteur).

La 1re éd., publiée séparément, parut la même année sous le titre de : « Aventures du chevalier des Grieux.... » Voy. IV, 342, *f.*

Histoire du chevalier du Soleil, traduction libre et abrégée de l'espagnol. (Par le marquis de PAULMY.) *Amsterdam et Paris, Pissot,* 1780, 2 vol. in-12.

Voy. « Admirable histoire... », IV, 67, *b.*

Histoire (l') du chevalier du Soleil, tirée de l'espagnol. (Par J.-B. TORCHET DE BOISMELÉ.) *Paris,* 1740, in-8. — *Amsterdam (Paris),* 1750, 2 vol. in-12.

Histoire du chevalier Pâris et de la belle Vienne, nouv. édit. publ. d'après les man. de la Bibliothèque royale (par A. DE TERREBASSE). *Lyon,* 1835, gr. in-8.

Histoire du christianisme au Japon, d'après le R. P. de Charlevoix. Par M. D. L. C.

(Frédéric TITEU). *Paris*, *Gaume frères*, 1836, 2 vol. in-18.

Voy. « Supercheries », I, 954, *f*.

Histoire du ciel, considéré selon les idées des poëtes, des philosophes et de Moyse. (Par Noël PLUCHE.) *Paris, veuve Etienne*, 1739, 2 vol. in-12. — *La Haye*, 1740, 2 vol. in-12. — *Paris*, 1748, 2 vol. in-12.

Histoire du clergé de France pendant la révolution... Par M. R. (Hipp. REGNIER-D'ESTOURBET), auteur de plusieurs ouvrages politiques et religieux. *Paris, E. Bricon*, 1828, 3 vol. in-12.

Histoire du clergé pendant la révolution. (Attribué à N.-L. PISSOT.) *Paris*, 1803, 2 vol. in-12.

Histoire du clocher Saint-Michel et de son caveau. Par P. J. M. (P.-J. MARANDON). *Bordeaux, Balarac jeune*, 1842, in-8.

Histoire du commerce des colonies angloises dans l'Amérique septentrionale. (Par G.-M. BUTEL-DUMONT.) (*Paris*), 1755, in-12.

Histoire du commerce et de la navigation des anciens. (Par Pierre-Daniel HUET.) *Paris*, 1716, in-12.

Réimprimée à Lyon, in-8, avec le nom de l'auteur.

Histoire du commerce et de la navigation des anciens et des modernes. (Par Ph.-Aug. DE SAINTE-FOIX, chevalier D'ARCQ.) *Amsterdam et Paris, Saillant*, 1758, 2 vol. in-12.

Histoire du comte de Mansfeld, gouverneur de Luxembourg. (Par l'abbé C.-J.-F. SCHANNAT.) *Luxembourg*, 1707, in-12.

Histoire du comté de Ponthieu, de Montreuil et de la ville d'Abbeville, sa capitale... (Par L.-A. DEVÉRITÉ.) *Londres, J. Nourse*, 1765, 2 vol. in-12. — *Abbeville, Deverité; Paris, Desaint*, 1767, 2 vol. in-12.

Histoire du comte de Warwick. (Par la comtesse D'AULNOY.) *Paris*, 1703, 1704, 1729, 1740, etc., 2 vol. in-12.

Histoire du congrès de Vienne. Par l'auteur de l' « Histoire de la diplomatie française » (Gaétan DE RAXIS DE FLASSAN). *Paris, Treuttel et Würtz*, 1829, 3 vol. in-8.

Histoire du congrès et de la paix d'Utrecht, comme aussi de celle de Rastadt et de Bade... (Par Casimir FRESCHOT.) *Utrecht, Guil. Van Poolsum*, 1716, in-12.

Forme le tome VII de « Actes, mémoires... » Voy. IV, 59, *c*.

Histoire du consulat de Bonaparte. Par S. M. Y. (François-Xavier PAGÈS). *Paris, Testu*, 1803, 3 vol. in-8.

Histoire du couronnement, ou Relation des cérémonies religieuses, politiques et militaires qui ont eu lieu pendant les jours mémorables consacrés à célébrer le sacre et le couronnement de S. M. I. Napoléon Ier, empereur des Français. *Paris, Debray*, an XIII-1805, in-8.

La relation est de J. DUSAULCHOY, le discours préliminaire de Joseph LAVALLÉE, le classement et la vérification des listes de A. COUPÉ, et les portraits sont de Isabey et Desnoyers.

Histoire du culte de la très-sainte Vierge à Tourcoing, et spécialement de Notre-Dame de La Marlière. (Par l'abbé DUCO-LOMBIER, professeur au collège de Tourcoing.) *Tourcoing, imp. de J. Mathon*, 1860, in-8, 69 p. et 1 f. de table.

Réimprimé en 1864 avec le nom de l'auteur.

Histoire du culte et pèlerinage aux reliques de sainte Reine d'Alise, qui se voyent dans l'abbaye de Flavigny en Bourgogne. (Par Antoine GUYARD, bénédictin.) *Avignon*, 1757, in-12.

Histoire du démêlé de Henri II avec Thomas Becket, archevêque de Cantorbéry, précédée d'un discours sur la jurisdiction des princes et des magistrats séculiers sur les personnes ecclésiastiques. (Par l'abbé Etienne MIGNOT.) *Amsterdam et Paris, Vincent*, 1756, in-12.

Histoire du démêlé du pape Paul V avec la république de Venise, par le R. P. PAUL, Servite, traduction nouvelle de l'italien en françois (attribuée au P. V. DE LA BORDE, de l'Oratoire). *Avignon (Paris)*, 1759, 2 vol. in-12.

Histoire du département de l'Ain, depuis la révolution de février, paraissant par fragmens. (Par Léopold DE TRICAUD.) *Lyon, L. Perrin*, 1850, in-8.

Cette mystérieuse publication se glisse inaperçue; c'est à grand'peine que je suis arrivé jusqu'à elle. En mai 1851, quatre livraisons avaient paru; la pagination ne suit pas. (Siraud, « Bibliographie de l'Ain ».)

Histoire du détrônement d'Alphonse VI, roi de Portugal, contenue dans les Lettres de M. Robert SOUTHWEL, alors ambassadeur à la cour de Lisbonne, et précédée d'un abrégé de l'histoire de ce royaume. Traduite de l'anglois (par l'abbé P.-F. GUYOT DESFONTAINES). *Paris, David fils*, 1742, 2 vol. in-12.

Histoire du diable, traduite de l'anglois (de Daniel DE FOE). *Amsterdam*, 1729-1730, 2 vol. in-12.

Mylius, dans sa « Bibliotheca anonym. et pseudonym. », ayant attribué cet ouvrage à SCHWINDENIUS et la traduction à J. BION, cette double erreur s'est perpétuée jusqu'à ces derniers temps.

Histoire du différend d'entre le pape Boniface VIII et Philippe le Bel, roi de France... (par Simon VIGOR) ensemble le procès criminel fait à Bernard, évêque de Pamiez, l'an MCCXCV... (Publié par Pierre DU PUY.) *Paris, S. et G. Cramoisy,* 1655, in-fol.

L'ouvrage de Vigor a paru d'abord sous le titre de « Acta inter Bonifacium VIII, Benedictum XI, Clementem V, PPP. et Philippum Pulc., regem christian., auctiora et emendatiora. Historia eorumdem, ex variis scriptoribus. Tractatus sive quæstio de potestate PP. script. circa ann. MCCC. » *S. l.,* 1614, in-8.

Histoire du différend entre les jésuites et M. de Santeul. (Par l'abbé P.-V. FAYDIT.) 1696, in-12. — *Liége,* 1697, in-12.

Histoire du directoire constitutionnel... enrichie de notes curieuses et secrètes. Par un ex-représentant du peuple (Cl.-Mar. CARNOT-FEULLINS, frère du ministre). *Paris,* 1800, in-8, x-280 p.

Histoire du directoire exécutif de la république française, depuis son installation jusqu'au 18 brumaire inclusivement; suivie de pièces justificatives. (Par P.-Fr. HENRY.) *Paris, F. Buisson,* an IX-1801, 2 vol. in-8.

Histoire du divorce de Henri VIII, roi d'Angleterre, et de Catherine d'Arragon. *Paris, Durand,* 1763; — *Amsterdam (Paris),* 1766; — *Amsterdam,* 1773, in-12.

C'est un extrait des « Mémoires historiques, militaires et politiques de l'Europe » (par l'abbé T.-G.-F. RAYNAL). Voy. ce titre.

Histoire du divorce de Henri VIII, roi d'Angleterre, et de Catherine d'Arragon, avec la défense de Sanderus, la réfutation des deux premiers livres de l' « Histoire de la réformation » de M. Burnet. (Par l'abbé Joachim LE GRAND.) *Paris, veuve Edme Martin,* 1688, 3 vol. in-12.

Histoire du docteur Akakia et du natif de Saint-Malo. 1753, in-8, 44 p.

C'est la réunion de quelques opuscules publiés séparément, et que VOLTAIRE dirigea contre Maupertuis. Voy. l'édition Beuchot, tome XXXIX, et Quérard, « Bibliographie voltairienne », n° 205.

Histoire du donjon et du château de Vincennes, depuis leur origine jusqu'à l'époque de la Révolution... (Par P.-J.-B.-Alphonse DE BEAUCHAMP.) *Paris, Brunot-Labbe,* 1807, 3 vol. in-8. — *Paris, Brunot-Labbe,* 1814, 3 vol. in-8.

Histoire du droit canonique et du gouvernement de l'Eglise. Par M*** (J.-B.

BRUNET, avocat au parlement). *Paris, Ant. Warin,* 1720, in-12, 8 ff. lim. et 406 p. — *Paris, id., s. d.,* in-12, 8 ff. lim. et 406 p. — *Avignon,* 1750, in-12.

Un certain nombre d'exemplaires de la réimpression sans date reçurent un nouveau titre, lequel les transforme en tome III de l'édition in-12 de l'ouvrage intitulé : « Histoire du droit public ecclésiastique françois... » Voy. ci-après ce titre.

Voy. aussi « Supercheries », III, 1020, *f.*

Histoire du droit ecclésiastique et du gouvernement de l'Eglise.

Voy. ci-après, « Histoire du droit public ecclésiastique.... »

Histoire du droit françois. (Par l'abbé Cl. FLEURY.) *Paris,* 1674, in-12.

Cet excellent opuscule a été réimprimé à la tête de l' « Introduction au droit françois », par Argou, 2 vol. in-12.

Histoire du droit public ecclésiastique françois, où l'on traite de sa nature, de son établissement, de ses variations et des causes de sa décadence. (Par le marquis R.-L. D'ARGENSON et le P. LA MOTTE ou LA MOTHE, ex-jésuite.) On y a joint quelques dissertations sur les articles les plus importants et les plus contestés. Par Mr D. B. (DU BOULAY). *Londres, S. Harding,* 1737, 2 vol. in-12. — *Londres, id.,* 1740, 2 vol. in-12. — *Londres, s. d.,* 2 vol. in-4.

L'addition faite à cette histoire de deux opuscules de l'avocat DU BOULAY, savoir : les Vies des papes Alexandre VI et Léon X, a porté plusieurs bibliographes à lui attribuer l'ouvrage entier. Le frontispice et la *préface* ont aussi contribué à entretenir cette erreur ; mais c'est sans doute une ruse de l'éditeur ex-jésuite.

Il existe une édition séparée de ces deux vies. Voy. « Histoire du pape Alexandre VI », col. 785, *d.*

Le titre du tome III de l'édition in-4 porte : « Histoire du droit ecclésiastique et du gouvernement de l'Eglise, avec une dissertation sur le droit des souverains pour servir à l'histoire du droit public françois ecclésiastique.

Un certain nombre d'exemplaires des éditions in-12 sont augmentés d'un tome III, qui n'est autre chose que l' « Histoire du droit canonique et du gouvernement de l'Eglise, par M*** » (J.-B. BRUNET), voy. ci-dessus ces mots, pour laquelle on avait imprimé un nouveau titre.

Voici ce que dit de l' « Histoire du droit public » le marquis D'ARGENSON, dans l'excellente publication faite par M. Rathery, sous le titre de « Journal et Mémoires » :

« Il a paru, en 1737, un livre qui a pour titre : « Histoire du droit ecclésiastique françois ». J'avoue que plus de la moitié est de ma composition. Je me trouvais, en 1725, d'une conférence ou petite académie avec quelques amis. (Voy. t. I, p. 94 et suiv., l' « Histoire des conférences de l'entresol ».) Chacun y avait un district pour y composer et y lire des mémoires à tour de rôle ; j'eus pour moi celui qui fait le titre de ce livre. La raison de ma vocation est que, revenant alors d'intendance, j'eus au conseil le bureau des affaires ecclésiastiques chez l'abbé Bignon, et je cherchai à m'y distinguer par mon application, aimant beaucoup le travail... Après avoir composé cet écrit pour une bonne moitié (dont les mis au net sont chez l'abbé Alary) et ramassé la meilleure partie des matériaux, je fus plus accablé d'affaires et de commissions... Alors le P. de La Motte, qui avait été mon préfet au collège des Jésuites, fut très-mécontent de son ordre : on l'avait envoyé procureur de la petite maison d'Hesdin. Il me demanda de l'ouvrage ; je m'avisai de lui donner celui-ci pour l'achever ; je lui envoyai mes minutes et une petite bibliothèque de livres pour cela. Il continua donc le livre, et m'en envoyait des cahiers au fur et à mesure ; je les raccommodais à ma manière et je continuais mes lectures à l'entresol. Puis ledit P. DE LA MOTTE, jésuite, s'enfuit en Hollande et y a vécu sous le nom de M. DE LA HODE. Sous ce nom, il a donné au public plusieurs livres qu'il composait pour vivre, et entre autres celui-ci, malgré mes remontrances. »

      (T. VI, p. 167-169, 12 mars 1750.)

« ..... J'apprends que l'on me décrie dans le public à l'occasion du livre du P. de La Motte ou La Hode, dont j'ai parlé ci-dessus, touchant le droit public ecclésiastique français, et dont je conviens d'avoir fait ce qui est bon, mais où le mauvais style et les exagérations sont du fait de cet ex-jésuite. Par là, on me met à dos les jésuites, le haut clergé, la cour de Rome et tout ce qui est aujourd'hui animé contre messieurs des finances, qui veulent, dit-on, enlever tous les biens ecclésiastiques. M. de Machault en fait faire une nouvelle édition aux dépens du roi..... »

      (T. VI, p. 176, 20 mars 1750.)

« On parle de faire condamner par la Sorbonne un livre dont j'ai fait plus d'un tiers ; il a pour titre : « Histoire du droit public ecclésiastique français. » Le P. de La Motte, jésuite, qui avait été mon préfet, puis fugitif et retiré en Hollande, en a fait les deux tiers. »

      (T. VIII, p. 382, 7 déc. 1757.)

Histoire du droit romain. (Par Pierre TAISAND.) *Paris*, 1678, in-12.

Histoire du duc de Bourgogne... Par P*** (Arthur DE SEINE). *Limoges, Barbou frères*, 1853, in-12.

Réimprimé avec le nom de l'auteur.

Histoire du duché de Valois... jusqu'en l'année 1703. (Par l'abbé Cl. CARLIER.) *Paris, Guillyn*, 1764, 3 vol. in-4.

Histoire du formulaire qu'on a fait signer en France et de la paix que le pape Clément IX a rendu à cette Église en 1668. *Imprimé cette année*, in-12, 111 p. — *Imprimé en 1698*, in-12, 172 p. — *Cologne*, 1755, in-8, XII-167 p.

Par le P. Pasquier QUESNEL, d'après le P. Lelong ; par A. ARNAULD, d'après Barbier, et par dom Gabr. GERBERON, d'après la préface de l'édition de 1755.

Les deux premières éditions sont accompagnées de l' « Histoire abrégée de la paix de l'Église » (par dom Denis DE SAINTE-MARTHE). Voy. ci-dessus, col. 632, b.

Histoire du général Lafayette, comme général de la garde nationale du royaume.

(Par A. BECKAUS.) *Paris, Lemoine*, 1830, in-32.

Histoire du général La Fayette, par un citoyen américain, traduite de l'anglais par M*** (DUBERGIER). *Paris, Ponthieu, Jehenne*, 1825, in-8.

La couverture imprimée porte : Par M. B***. Cet ouvrage a eu trois tirages en peu de mois.

Histoire du général Pichegru, précédée d'une notice sur sa vie politique et militaire, et suivie des anecdotes, traits intéressants et réponses remarquables de ce général. (Par COUSIN, d'Avallon.) *Paris, Barba*, an X-1802, in-12.

Histoire du gouvernement de Neuchâtel sous la domination prussienne, depuis 1807 jusqu'en 1832 ; par un patriote du Val de Travers (H.-C. DUBOIS), publiée par Ulysse GUINAND. *Lausanne*, 1833, in-8.

Histoire du gouvernement des anciennes républiques (traduite de l'anglois d'Edouard-Worthley DE MONTAGUE, par Mlle LE GEAI D'OURXIGNÉ, retouchée par François-René TURPIN). *Paris, Dehansy*, 1769, in-12.

Histoire du gouvernement français, depuis l'assemblée des notables... (Par l'abbé Jean-Pierre PAPON.) *Londres et Paris*, 1788, in-8.

Histoire du grand Condé, par l'auteur de l' « Histoire de Louis XIV» (J.-J.-E. Roy). *Lille, Lefort*, 1844, in-12.

Plusieurs fois réimprimé.

Histoire du grand-duché de Toscane, sous le gouvernement des Médicis, par Riguccio GALUZZI, traduite de l'italien en françois (par J.-B. LEFEBVRE DE VILLE-BRUNE et Mlle DE KÉRALIO). *Paris*, 1782 et 1783, 9 vol. in-12.

Histoire du grand et véritable chevalier Caissant. (Par Joseph BONNET, jurisconsulte d'Aix en Provence.) *Versailles, Raphaël Coral*, 1714, in-12, 156 p., avec une approbation de Houdar de La Motte.

On trouve, dans le « Dictionnaire de la Provence et du comté Venaissin » (par Achard), *Marseille*, 1786, in-4, un article intéressant sur l'auteur de cet ouvrage et une note curieuse sur l'individu qui en est l'objet. Ce dernier était un fou d'une espèce singulière. Il naquit au Luc : après avoir amusé long-temps les principaux habitans de Brignolles, et avoir vécu à leurs dépens, il vint à Paris jouer le même personnage auprès du cardinal de Fleury, se disant aussi cardinal et le croyant, faisant du moins semblant de le croire. Quoi qu'il en soit, il eut le talent, par ses facéties et sa crédulité apparente ou réelle, de faire rire et d'amuser les autres en menant une vie commode et agréable. Le même individu est présenté, dans le Catalogue du duc de La Vallière, 1783, in-8, 1re partie, t. II, p. 567, comme une espèce de fou de cour, qui se prétendait frère de Louis XIV (on a mis par erreur Louis XV), se qualifiait cardinal laïc, pape laïc, roi de Mississipi, cordon bleu, etc.

Son histoire imprimée le conduit seulement jusqu'à son arrivée à Paris. L'exemplaire que j'en possède est celui de Beaucousin, qui a ignoré le nom de l'auteur, m'apprend, dans une note au crayon, que plusieurs exemplaires de ce volume portent au bas du frontispice l'adresse de *Paris. Cl. Bauche et Jos. Mongé*, 1714. Il ajoute qu'il a paru une *suite*, in-12 de 148 pages, en 1716, chez les mêmes libraires. Mais cette suite est presque entièrement composée de longues histoires épisodiques, absolument étrangères au héros principal, et n'offre rien de piquant ni d'agréable. Il y a toute apparence qu'elle vient d'une autre main que la première partie. Il n'en est point parlé dans le Dictionnaire d'Achard.

Histoire du grand martyr saint Mametz (ou Mammès), patron de l'église de Langres. Par A. C. (Antoine CORDIER), chanoine et archidiacre de la même église. *Paris, Seb. Cramoisy*, 1650, in-8.

Histoire du grand royaume de la Chine, situé aux Indes orientales... (*Genève*), *pour Jean Arnaud*, 1606, in-8. — *Lyon, F. Arnoullet*, 1609, in-8. — *Rouen, Nic. Angot,* 1614, in-8.

L'édition de *Paris, A. L'Angelier*, 1600, in-8, porte : « Faite en espagnol par R. P. Juan GONÇALÈS DE MENDOÇE, de l'ordre de S.-Augustin ; et mise en françois... par Luc DE LA PORTE, Parisien, docteur ès droits.»

Histoire du grand visir Acmet Coproglipacha. (Par DE PRESCHAC.) *Paris*, 1677, 3 vol. in-12.

Histoire du jeu de cartes du grenadier Richard, ou explication du jeu de 52 cartes en forme de livre de prières... (Par HADIN.) *Paris, Hadin*, 1811, in-12, av. fig.

Histoire du jeune comte d'Angeli. Par P. V. (P. VERDIER). *Paris, Lerouge*, 1812, 2 vol. in-12.

Histoire du Juif errant, écrite par lui-même, contenant une esquisse rapide et véridique de ses admirables voyages, depuis environ dix-huit siècles. (Par le comte Ch. PASÉRO DE CORNÉLIANO.) *Paris, Renard*, 1820, in-8.

Histoire du Kamtschatka, des isles Kurilski et des contrées voisines (par Étienne KRACHENINNIKOW), publiée à Petersbourg en langue russienne, traduite par M. E*** (M.-A. EIDOUS, sur la traduction angloise faite par James GRIEVE). *Lyon, Benoît Duplain*, 1767, 2 vol. in-12 avec 2 cartes.

Traduction très-abrégée et bien moins complète que celle de Saint-Pré; voy. « Histoire et description du Kamtschatka ».

Reproduit sous le titre de « Voyage de Kamtschatka... »
           A. L.

Histoire du Languedoc, tirée des pièces et chartres du trésor de S. M.; publiée par L. S. D. L. R. (DE LA ROQUE). *Paris*, 1603, in-4.

Ce n'est qu'un projet d'ouvrage.

Histoire du lion de la ménagerie du Muséum d'histoire naturelle et de son chien. (Par Georges TOSCAN, bibliothécaire de ce muséum.) *Paris, an III-1795*, in-8.

Histoire du livre des réflexions morales sur le Nouveau Testament et de la constitution *Unigenitus*, servant de préface aux *Hexaples, Amsterdam, N. Potgieter,* 1723-1739, 4 vol. in-4. — *Amsterdam, N. Potgieter*, 1733-1739, 16 vol. in-12.

Le premier volume est de l'abbé Jean LOUAIL et les trois autres de l'abbé J.-B. CADRY. Voy. ci-dessus la note des « Hexaples », col. 626, *d*.

Histoire du magnétisme en France, de son régime, de son origine et de son influence, pour servir à développer l'idée qu'on doit avoir de la médecine universelle. (Par BRACK, méd. de Lyon.) *Paris, Royez*, 1784, in-8, 32 p.

Histoire du maréchal de Boucicaut... (Par DE PILHAM.) *Paris, veuve C. Coignard,* 1697, in-12. — *Suivant la copie de Paris, La Haye, L. et H. Van Dole*, 1699, in-12. — *Paris, Beugnié*, 1699, in-12.

Histoire du maréchal de Fabert... (Par Gatien SANDRAS DE COURTILZ.) *Amsterdam, H. Desbordes*, 1697, in-12. — *S. l.*, 1698, in-12.

Voy. le « Catalogue de Lancelot », p. 302. Il est certain au moins que Courtilz a laissé un manuscrit intitulé : « Mémoires pour servir à l'histoire d'Abraham Fabert. » Voy. la « Liste de ses ouvrages », par de Bréquigny, dans le « Journal des Savans » de 1760.

Histoire du maréchal de Gassion... (Par l'abbé M. DE PURE.) *Amsterdam, J.-L. de Lorme et E. Roger*, 1696, 4 vol. in-12.

Avait paru en 1673 sous le titre de « la Vie du maréchal de Gassion ». *Paris, G. de Luyne*, 3 vol. in-12.

Histoire du maréchal de Villars, par l'auteur de l' « Histoire de Louis XIV » (J.-J.-E. ROY). *Lille, Lefort*, 1857, 1859, 1864, in-12.

Histoire du maréchal duc de La Feuillade, nouvelle galante et historique. (Par Gatien SANDRAS DE COURTILZ.) *Amsterdam, Schouten (Rouen)*, 1713, in-12.

Histoire du marquis de Saint-André Montbrun... (Par l'abbé Jos. MERVESIN.) *Paris, Barbin*, 1698, in-12.

Histoire du marquis de Séligni et de Mme de Luzal. ou Lettres authentiques et originales trouvées dans un portefeuille à la mort de M. le maréchal de ***. (Par le chevalier Pierre DUPLESSIS.) *Paris*, *Regnault*, 1790, 3 vol. in-12.

Histoire du marquisat de Franchimont, et particulièrement de la ville de Vervier et de ses fabriques. *Liége, veuve J.-F. Bassompierre*, 1809, 2 part. in-8.

La dédicace au préfet de l'Ourthe est signée : R.-J. DETROOZ.

Histoire du martyre de saint Martial et de ses frères, et de celui de sainte Félicité leur mère. *Paris*, 1723, in-12.

Par l'abbé CORNET, suivant les « Mémoires de Trévoux », juin 1724, p. 1132.

Par CORNET, seigneur de Stains, près de St-Denis, d'après Barbier.

Histoire du mémorable siège de la ville d'Orléans par les Anglois... enrichie de la vie de Jean d'Orléans... et ornée des noms de messieurs les maires et échevins... (Par BARROIS.) *Orléans, Ch. Jacob*, 1739, in-12.

Histoire du ministère d'Armand-Jean du Plessis, cardinal, duc de Richelieu... (Par Charles VIALART, dit DE SAINT-PAUL.) *Paris, G. Alliot*, 1650, in-fol. — *Paris*, 1650, 2 vol. in-12. — *Leyde, G. Sambix*, 1652, 2 vol. in-12. — *Amsterdam, A. Wolfganck*, 1664, 3 vol. in-12. — *Paris, par la compagnie des libraires du Palais*, 1664-1665, 3 vol. in-12.

Cet ouvrage fut condamné au feu par arrêt du Parlement du 11 mai 1650.

Histoire du ministère de G. Canning, par l'auteur du « Précis historique des événements qui ont amené la révolution espagnole » (P.-L.-P. DE JULLIAN). *Paris*, *Moutardier*, 1828, 2 vol. in-8 avec portr.

Histoire du ministère du cardinal Martinusius, archevêque de Strigonie, primat et régent du royaume de Hongrie. (Par Ant. BECHET, chanoine d'Uzès.) *Paris*, 1715, in-12.

Histoire du ministère du chevalier Robert Walpole. (Par J.-B. DUPUY-DEMPORTES.) *Amsterdam, M.-M. Rey*, 1764, 3 vol. in-12.

Histoire du ministère du comte duc d'Olivarez, avec des réflexions politiques et curieuses, traduite de l'espagnol (du comte DE LA ROCCA). *Cologne*, 1673, in-12.
　　　　　　　　　　　　　　　　V. T.

Catalogue manuscrit des Barnabites.

Histoire du monastère de Flines. (Par TUIROUX.) *Lille*, 1732, in-12.　V. T.

Histoire du monde, par M. CHEVREAU, troisième édition, revue, corrigée et augmentée (par BOURGEOIS DE CHASTENET). *Paris, Nyon*, 1717, 8 vol. in-12.

3e éd., augmentée par l'abbé DE VERTOT. *Amsterdam*, 1717, 8 vol. in-12. —

Ce sont des frontispices placés sur chaque vol. de l'édition de *Paris*.

Histoire du monde primitif, ou des Atlantes. (Par DELISLE DE SALES.) *Paris*, 1779, 3 vol. in-12. — 1780, 2 vol. in-8. — Nouvelles éditions, 1793, 1796, 7 vol. in-8 avec atlas.

Histoire du monde, sacré et profane, par Samuel SHUCKFORD, traduite de l'anglois (le premier volume) par J.-P. BERNARD, chapelain de mylord, comte de Loraine (le deuxième par J.-G. DE CHAUFFEPIÉ, le troisième par F.-V. TOUSSAINT). *Leyde*, 1738 et 1752, 3 vol. in-12.

Histoire du Mont-Valérien, dit le mont de Calvaire, près de Paris, traitant de l'origine, des motifs et de l'auteur de la dévotion au mystère de la croix établie sur cette montagne. (Par Antoine LE NOIR, prieur de Rantigny, et publié par J. LE ROYER, supérieur et directeur du Mont-Valérien.) *Paris, Jean Piot*, 1658, in-12, 16-142 p., plus 1 f. pour le privilége et 1 planche.

Attribué par erreur par Barbier à LE ROYER, dont le nom se trouve seul dans le privilège. Le nom de LE NOIR est donné dans l'approbation des docteurs de Sorbonne, pag. 15 et 16 de la première série de chiffres.

Histoire du Mont-Valérien. Par M. D... L... C... (Edouard MERCIER DE LA COMBE). *Paris*, *Gaume frères*, 1835, in-18. — 2e édit. *Paris, Gaume frères*, 1837, in-18.
　　　　　　　　　　　　　　　　D. M.

Par Frédéric TITEU, d'après les « Supercheries », I, 954, f.

Histoire du moyen âge, par un professeur d'histoire de l'Académie de Paris, docteur ès lettres (Adolphe CHÉRUEL). *Paris, Dezobry, E. Magdeleine*, 1853, in-16, 2 ff. de tit. et 318 p. — *Id.*, 1857, in-16.

Fait partie du « Manuel d'études pour la préparation au baccalauréat ès lettres ».

Voy. « Supercheries », III, 259, e.

Histoire du noble et vaillant chevalier Pâris et de la belle Vienne, fille du dauphin de Viennois, publiée d'après les manuscrits de la Bibliothèque royale, et précédée de préliminaires bibliographiques (par Alfred DE TERREBASSE). *Lyon, L. Perrin*, 1835, gr. in-8.

Tiré à 100 exemplaires.
Voy. ci-après, « Hist. du très-vaillant chevalier », col. 795, f.

Histoire (l') du noble, preux et vaillant chevalier Guillaume de Palerne, et de la belle Melyor sa mye (translatée par Pierre DURAND). *Paris, Nic. Bonfons, s. d.,* in-4 goth.

Voy. sur ce roman l' « Hist. littéraire de la France », tome XXII, p. 829.

Histoire du paganisme et du judaïsme, ou Introduction à l'histoire du chistianisme, par le chanoine DOELLINGER, trad. de l'allemand (par Léop. VAN STALLE). *Bruxelles, Goemaere,* 1857, 4 vol. in-8.   J. D.

Histoire du Palais-Royal. (Par J. VATOUT.) *Paris, impr. de Gaulthier-Laguionie,* 1830, in-8.

On y retrouve, en grande partie, l'ouvrage de l'architecte Fontaine, intitulé : « le Palais-Royal. » Voy. ce titre.

Histoire du Palais-Royal. *S. l.,* 1667, pet. in-12 de 96 p., édit. origin., ayant 15 lignes à la dernière page, tandis que la contrefaçon n'en a que 10.

Ce sont les Amours de Louis XIV et de mademoiselle de La Vallière, suivies de l' « Histoire de l'amour feinte du roi pour Madame ».

Cet ouvrage, attribué à BUSSY-RABUTIN, fait partie de l' « Histoire amoureuse des Gaules ».

Histoire du pape Alexandre VI et de César Borgia. Par D. B. (DU BOULAY). *Londres,* 1751, in-12.

Ces deux vies avaient déjà paru à la suite de l' « Histoire du droit public ecclésiastique françois ». Voy. ce titre, ci-dessus, col. 678, c.

Histoire du papisme, etc. (traduit du latin de J.-Henri HEIDEGGER, ministre de Zurich, par AUBERT DE VERSÉ). *Amsterdam, H. Wetstein,* 1685, 2 part. in-18.

On ignore le nom de l'éditeur de cette traduction, que son auteur avait laissée incomplète. Cet éditeur, que l'on a cru assez mal à propos avoir été le fameux Pierre JURIEU, a ajouté à l'ouvrage un petit supplément de trois années.

Histoire du papisme, ou suitte de l'apologie.

Voy. « Histoire du calvinisme et du papisme... », ci-dessus, col. 773, c.

Histoire du Paraguay sous les Jésuites et de la royauté qu'ils y ont exercée pendant un siècle et demi... (Par Bernard-Ibanez DE ECHAVARRY, prêtre, né à Victoria.) *Amsterdam et Leipzig,* 1780, 3 vol. in-8.

Traduction française du vol. IV de la « Coleccion gener. de documentos », publiée par Bern. de CARDE-NAS. *Madrid,* 1768-70, 3 vol. in-4.

On cite une édition avec date de 1782 et le nom de l'auteur.

Histoire du parlement assemblé à Westmunster le 21 février 1701... traduite de l'anglois (du docteur Jacques DRAKE). *Amsterdam, H. Schelte,* 1703, in-8, 16 ff. lim. et 224 p.   V. T.

Histoire du parlement de Paris, par M. l'abbé BIG... (par VOLTAIRE). *Amsterdam,* 1769, in-8. — Nouvelle édition. *Genève,* 1769, 2 vol. in-8. — *Londres,* 1773, in-8.

Une quatrième édition porte le nom entier de l'abbé DE BIGORRE.

Des éditions postérieures portent celui de Voltaire. Voyez Quérard, « France littér. », tome X, p. 363, ou « Supercheries », I, 530, b. C'est le même article.

Histoire du pays de Foix, contenant un précis sur les divers peuples qui, depuis les Volces Tectosages, ont successivement occupé ce pays... Par un prêtre du diocèse de Pamiers (M. l'abbé PEZET). *Paris, Debécourt,* 1840, in-8, VIII-416 p. et 1 f. d'errata.

Histoire du pays de Vaud. Par un Suisse (M. DELLIENT, ministre du saint Evangile). *Lausanne,* 1809, in-8.

Histoire du pays nommé Spitzberghe, montrant comment qu'il est trouvée, son naturel et ses animauls, avecques la triste racompte des maux que noz pecheurs tant Basques que Flamans, ont eu à souffrir des Anglois, en l'esté passée l'an de grâce 1613. Ecrit par H. G. A... *Amsterdam, à l'enseigne du Carte nautiq,* 1613, in-4, 32 p. avec 2 cartes. — Nouv. édit. en fac-simile. *Réimp. par Mess. J. Enschédé et fils à Harlem, pour M. Frederik Muller à Amsterdam,* 1872, in-4.

Par HESSEL GERRITZ, de Assum, d'après le « Catalogue of books... on America », de Frédérik Muller, *Amsterdam,* 1872, in-8, partie 1.

Par HESSEL GÉRARD, Amsterdamois, d'après les « Supercheries », II, 283, d.

Histoire du pélagianisme. (Par l'abbé Louis PATOUILLET.) *Avignon,* 1763, 2 vol. in-12. Sans épître dédicatoire.

Les exemplaires qui portent la date de 1767 renferment une épître dédicatoire au pape Clément XIII, signée par l'auteur.

Histoire du pèlerinage de N.-D. de Pitié, à Baudour, suivie de quelques exercices de piété. (Par L.-A.-J. PETIT, curé à Baudour.) *Péruwelz, Bailly,* 1863, in-12, 15 p.   J. D.

Histoire du pèlerinage de Saint-Marcoul à Corbeny, ou don de guérir les écrouelles, accordé aux rois de France. (Par l'abbé BLAT.) *Corbeny, chez l'auteur,* 1842, in-12, 43 p. — 2e édit. Par M. B***, ancien curé de Corbeny. *Corbeny, chez l'auteur,* 1853, in-12, 72 p.

Histoire du P. La Chaize... où l'on verra les intrigues secrètes qu'il a eues à la cour de France et dans toutes les cours de l'Europe, pour l'avancement des grands desseins du roi son maître. (Attribué à Phil.-Jos. Leroux.) *Cologne, P. Marteau,* 1693, in-12, 360 p. — *Id.,* 1695, 2 vol. in-12.

Histoire du petit Jehan de Saintré et de la dame des Belles-Cousines ; revue et publiée (en style moderne d'après Ant. de La Salle) par de Tressan. *Paris, Didot,* 1791, in-18. — Autre édit. *Paris, Nepveu,* 1823, in-8.

Voy. « Histoire et plaisante cronicque ».

Histoire du petit Pompée, ou la Vie et les aventures d'un chien de dame, imitée de l'anglais (de Fr. Coventry), par J. H. D. B**** (J.-H.-D. Briel). *Londres et Paris, Couturier,* 1784, in-12.

Histoire du peuple de Dieu, depuis la naissance du Messie jusqu'à la fin de la Synagogue, tirée des seuls livres saints, ou le texte sacré des livres du Nouveau Testament, réduit en un corps d'histoire, seconde partie. *La Haye, Néaulme et Comp.* (*Paris*), 1753, 4 ou 8 vol. in-12.

Souvent réimprimé par le P. Isaac-Joseph Berruyer, jésuite, qui n'a mis son nom qu'à un petit nombre d'exempl. de cette édition. La première, *Paris, Knapen,* 1728, 7 t. en 8 vol., n'est pas anonyme.

Histoire du pontificat de Paul V. (Par l'abbé Cl.-P. Goujet.) *Amsterdam (Paris, Nyon),* 1765, 2 vol. in-12.

Histoire du premier concile œcuménique de Nicée contre l'arianisme, par le Juif errant (Roisselet de Sauclières). *Paris,* 1859, in-18.   D. M.

Histoire du premier et du second triumvirat, depuis la mort de Catilina jusqu'à celle de Brutus (et d'Antoine). (Par S. Citri de La Guette.) *Paris, La Caille,* 1681, 3 vol. in-12. — Seconde édition. *Ibid.,* 1683, 3 vol. in-12 avec fig.

Le 3e vol. est tout à fait nouveau ; il est intitulé : « Suite à l'Histoire du second triumvirat depuis la mort de Brutus jusqu'à celle d'Antoine. Tome IIIe. »

Voy. ci-dessus, « Histoire des deux triumvirats.., » col. 747, *a.*

Histoire du prétendant. (Par J.-M. Durey de Morsan.) *S. l.,* 1756, in-12, 96 p.

Suivant Bjoernstahl, Durey de Morsan a écrit l'histoire de l'entreprise du prince Edouard sous le titre d' « Anecdotes pour servir à l'histoire de l'Europe », *Paris,* 1757, in-8.

Voy. l' « Esprit des Journaux », novembre 1781, p. 33.

Histoire du prétendu rapt de la comtesse de L*** (Luxelbourg), par Buonaparte

et Murat, ou Réponse au Mémoire de M. J. H. F. Ravel, par M. M***, ancien officier d'artillerie (Masson, avoué). *Paris, Davi et Locard,* 1816, in-12, 44 p.

Histoire (c'est l') du preuz et vaillant cheualier Jason filz au noble roy Eson roy de Thebes et de sa mye Medee. (Par Raoul Le Fevre.) *Paris, Phelippe Lenoir,* 1528, in-4, 98 ff. — *Paris, Alain Lotrian, s. d.,* in-4. Dans cette dernière édition, le style a été retouché.

Il existe une édition antérieure, sans lieu ni date et sans nom d'imprimeur, in-fol. goth., intitulée : « Faits et Prouesses du noble et vaillant chevalier Jason ; » et l'ouvrage avait déjà paru sous le titre de : « Roman de Jason et Médée. » Voy. ces mots.

Histoire du prince Adonistus, par Mme la marquise de L*** (de Lassay), tirée des manuscrits de Mme la comtesse de Verrue. *La Haye,* 1738, in-12 de 180 p. — *Amsterdam,* 1755, in-12.

Histoire du prince de Timor, contenant ce qui lui est arrivé pendant ses voyages dans les différentes parties du monde et particulièrement en France, après l'abandon et la trahison de son gouvernement, dans le port de Lorient. Par M. D. B. (Denis-Jean-Florimond Langlois du Bouchet). *Paris, Lerouge,* 1812, 4 vol. in-12.

Histoire du prince Erastus, fils de Dioclétien, empereur, traduction nouvelle de l'italien. (Par le chevalier de Mailly.) *Paris,* 1709, in-12.

L'auteur paraît n'avoir fait autre chose que de mettre en meilleur français l'ouvrage intitulé : « Histoire pitoyable du prince Erastus, fils de Dioclétien. *Lyon et Anvers,* 1568 ; *Paris,* 1587, in-16. Cette histoire elle-même a beaucoup de ressemblance avec « Dolopatos, ou roman des sept sages » (en latin *Ludus septem sapientum. Francof. ad Mœnum,* in-8, fig.). Voy. ces mots : « les Sept Sages de Rome... »

Histoire du prince Eugène de Beauharnais... Par G***, ex-officier d'infanterie, (Léonard Gallois). *Paris, H. Vauquelin,* 1821, in-12.

Histoire du prince François-Eugène de Savoie. (Par Eléazar de Mauvillon.) *Amsterdam, Arkstée,* 1740, 5 vol. in-8. — *Vienne,* 1755, 1770 ou 1790, 5 vol. in-12.

Histoire du prince Soly et de la princesse Feslée. (Par Henri Pajon). *Amsterdam,* 1740, 1746, 2 part. in-12. — *Londres* (*Paris*), 1743, 2 vol. in-12.

Réimprimé dans la collection des « Voyages imaginaires », tome XXV.

Histoire du prince Titi. (Par Hyacinthe Cordonnier, plus généralement connu sous le nom de Thémiseul de Saint Hya-

CINTHE.) *Paris, Pissot,* 1735, 2 vol. in-12. — *Bruxelles, F. Foppens,* 1736, 3 vol. in-12. — *Paris, veuve Pissot,* 1752, 3 vol. in-12.

Réimprimé dans le « Cabinet des fées ».

Il a paru une traduction anglaise, « by a person of Quality », London, 1736, in-12. On a avancé que cet ouvrage était écrit par le prince FRÉDÉRIC DE GALLES (père de George III), qui avait retracé, sous des noms supposés, l'histoire de son époque. Une controverse s'engagea à cet égard entre Macauley et J. Wilson Croker, dans l' « Edinburgh review », la « Quarterly review » et le « Blackwood Magazine. »

Histoire du procès de Louis-Pierre Louvel... Par M. G. (Louis Guyon), ex-officier d'infanterie. *Paris, Plancher,* 1820, 2 vol. in-8.

Ce titre est celui des prospectus et des couvertures des livraisons. Le titre définitif des volumes porte : « Histoire complète du procès... »

Histoire du Quillotisme, ou de ce qui s'est passé à Dijon au sujet du quiétisme, avec une réponse à l'apologie, en forme de requête, produite au procès criminel par Claude Quillot, prêtre, ci-devant déclaré atteint et convaincu de quiétisme par sentence de l'official de Dijon. (Par Hubert MAUPARTY, procureur du roi, du bailliage et siége présidial de Langres.) *Zell, Henr. Hermille (Reims, Multeau),* 1703, in-4.

Ouvrage singulier et très-rare. Voy. les « Mélanges historiques et philologiques » de Michault, tome II, p. 48, et le mot Quillot dans le supplément du Dictionnaire de Moréri, 1735.

Histoire du règne de Henry VII, roi d'Angleterre, traduite de l'anglois de Fr. BACON (par LA TOUR HOTMAN). *Paris, P. Rocolet,* 1627, in-8. — *Bruxelles, s. d.,* in-12.

Histoire du règne de l'empereur Charles-Quint, précédée d'un tableau des progrès de la société en Europe ; traduite de l'anglois de ROBERTSON (par J.-B.-A. SUARD et autres). *Amsterdam et Paris, Saillant et Nyon,* 1771, 2 vol. in-4 et 6 vol. in-12. — *Paris,* 1788, 2 vol. in-4 ou 6 vol. in-12. — *Paris, Janet et Cotelle,* 1817 ou 1822, 4 vol. in-4.

Le second volume a été traduit par l'abbé ROGER, ex-jésuite ; les tomes III et IV l'ont été par Pierre LE TOURNEUR ; la table a été faite par ROGER.

Histoire du règne de la reine Anne d'Angleterre, traduite de l'anglois du docteur SWIFT (par M.-A. EIDOUS). *Amsterdam, Rey,* 1765, in-12.

Histoire du règne de Louis XIII... prise du jour de sa naissance jusques à sa mort... par S. M. C. *Paris, M. Collet,* 1646, 2 vol. in-8.

Attribué à Claude MALINGRE.

Histoire du règne de Louis XIII, roi de France, et des principaux événemens arrivés pendant ce règne dans tous les pays du monde. (Par Jacques LE COINTE, revue par Ellies DUPIN.) *Paris, Fr. Montalant,* 1716 et 1717, 5 vol. in-12.

Il faut joindre à cet ouvrage : Recueil de pièces justificatives concernant l' « Histoire de Louis XIII ». *Paris, F. Montalant,* 1716-1717, 4 vol. in-12.

Histoire du règne de Louis XIV. (Par Simon REBOULET.) *Avignon, Girard,* 1742, 1744, 3 vol. in-4.

Histoire du règne de Louis XIV... par H. P. D. L. D. E. D. (Henri-Philippe DE LIMIERS, docteur en droit). *Amsterdam, Compagnie,* 1717, 7 vol. in-12. — 2e éd. *Id.,* 1718, 10 vol. in-12.

Histoire du règne de Louis XV, roi de France, par le Juif errant (ROISSELET DE SAUCLIÈRES). *Paris,* 1859, in-18. D. M.

Histoire du règne de Marie-Thérèse, impératrice d'Allemagne... précédée de tables généalogiques et chronologiques ; pour servir de suite à l' « Abrégé chronologique de l'histoire d'Allemagne », par M. Pfeffel, jusqu'à la fin de l'année 1780. Nouvelle édition, corrigée et augmentée de notes et de quelques pièces intéressantes. (Par l'abbé A.-T. MANN.) *Bruxelles, Lemaire,* 1781, 1786, in-12.

L'abbé Mann a reproduit avec des augmentations l'ouvrage de l'abbé FROMAGEOT, qui avait paru avec son nom à Paris, sous ce titre : « Annales du règne de Marie-Thérèse, » etc. *Paris, Prault,* 1775, in-4 et in-8.

Histoire du règne de Philippe II, roi d'Espagne, par M. WATSON, traduite de l'anglois (par le comte DE MIRABEAU et Jean DURIVAL). *Amsterdam, Changuion,* 1777, 4 vol. in-12.

Histoire du roi de Bohême et de ses sept châteaux. (Par Ch. NODIER.) *Paris, chez les libraires qui ne vendent pas de nouveautés (Delangle,* 1830), in-8, orné de 50 vignettes dessinées par Tony Johannot et grav. par Porret.

Cet ouvrage, qui n'a pas été réimprimé dans les Œuvres de l'auteur, a été reproduit avec son nom sous ce titre : « les Sept Châteaux du roi de Bohême ; les Quatre Talismans, » *Paris, V. Lecou,* 1852, in-12, avec illustr.

Histoire du roi de Campanie et de la princesse Parfaite. (Par J.-B. de BOYER, marquis D'ARGENS.) *Amsterdam, Wetstein et Smith,* 1736, in-12, 230 p. P. L.

Histoire du roi Louis XIII, composée par messire Charles BERNARD, lecteur ordinaire de la chambre du roi et historiographe de France (continuée et publiée par Charles SOREL son neveu). *Paris, A. Courbé*, 1646, in-fol.

On trouve en tête de ce volume un discours très-curieux sur la charge d'*historiographe de France*, rédigé par SOREL sur les mémoires de son oncle. Les rédacteurs de l'Encyclopédie eussent bien fait d'en profiter.

Histoire du roi Splendide et de la princesse Hétéroclite. (Par Henri PAJON.) *Paris*, 1748, 2 vol. in-12.

Voy. le « Cabinet des fées », tome XXXVII, p. 405.

Histoire du royaume de Naples, depuis l'empire d'Auguste jusqu'en 1459, par P. C. (Pandolfe COLLENUCIO). *Tournon*, 1596, in-8.

Histoire du royaume de Naples... par le général Colleta, tr. en fr. par Ch. Lefèvre et L. B**** (Louis-François BELLAGUET). *Paris, Ladvocat*, 1835, 4 vol. in-8.

Histoire (l') du royaume de Navarre, contenant, de roy en roy, tout ce qui y est advenu de remarquable dès son origine... par l'un des secrétaires interprètes de Sa Majesté (Gabriel CHAPUYS). *Paris, Nicolas Gilles*, 1596, in-8.

Histoire du royaume de Navarre, depuis le commencement du monde. Par D. L. P. (Pierre-Victor PALMA-CAYET.) *Paris, Rousset*, 1618, in-8.

Voy. « Supercheries », I, 959, d.

Histoire du royaume des lanternes, mise en lumière par un bec de gaz et racontée par un naïf, arrière-petit cousin de Candide (G.-M. MATHIEU-DAIRNWAELL).*Paris, Paulier*, 1842, in-32, 128 p. — 2° éd. *Paris, Paulier*, 1842, in-32, 128 p.

Histoire du Saint Sacrement de Miracle, traduit du flamand de P. CAFMEYER, par G. D. B. (George DE BACKER). *Bruxelles*, 1720, in-8.

Cet ouvrage est indiqué dans le « Catalogue J.-B.-Th. de Jonghe », *Bruxelles*, 1864, t. II, n° 5677, sous ce titre : « Vénérable (*sic*) histoire du très Sainct Sacrement de Miracle, notamment améliorée et enrichie de très-belles fig. en t.-douce, composée par P. de Cafmeyer. *Bruxelles*, 1720, in-fol., fig. (avec la première suite, par G. D. B.) ». L'édition in-8, citée par Barbier, est portée au numéro suivant du même Catalogue, avec la mention suivante : « Le même ouvrage », 1720, in-8.

Histoire du S. Suaire de N. S. J. C., gardé dans l'église des pères Augustins de la ville de Carcassonne, par un religieux augustin (le P. Th. BOUGES). *Toulouse*, 1722, in-12.   V. T.

Histoire du schisme de l'Église d'Antioche. (Par Gabr.-Nic. MAULTROT.) *Paris*, 1791, in-8, 237 p.

Histoire du XVI° siècle. (Par David DURAND.) *Londres, Coderc*, 1725-1729, 6 vol. in-8. — Nouvelle édition, avec le nom de l'auteur. *La Haye, P. de Hondt*, 1734, 4 vol. in-12.

David Durand a publié à Londres, en 1732, un septième volume, contenant la vie de M. de Thou. Il ne fait point partie de l'édition de Hollande. Ce volume est très-rare.

Histoire du serment à Paris, suivie de la liste de ceux qui ne l'ont pas prêté, et d'observations critiques sur le tableau des jureurs, certifié conforme à l'original, par M*** M. de Joly, secrétaire-greffier. Par M*** (l'abbé BOSSARD, alors un des directeurs du séminaire de Saint-Louis, à Paris, et ensuite grand-vicaire et supérieur du séminaire de Grenoble). *Paris*, 1791, in-8, 211 p.

Histoire du siècle d'Alexandre le Grand. (Par S.-N.-H. LINGUET.) *Amsterdam (Paris, Cellot)*, 1762, in-12. — Seconde édition augmentée. *Paris*, 1769, in-12, avec le nom de l'auteur.

Histoire du siége d'Orléans. (*Paris*), imp. de Crapelet (1835), in-8, 23 p.

Compte rendu de l'« Histoire du siége d'Orléans... par M. Jollois », signé : J. D. (Jules DESNOYERS). Extrait du « Bulletin de la Société de l'histoire de France ».

Histoire du siége de Bolduc, traduite du latin de D. HEINSIUS (par André RIVET). *Leyde, Elzevier*, 1631, in-fol.

Histoire du siége de Bude. *Paris, G. de Luyne*, 1686, in-12.

La dédicace est signée DEVIZÉ. Cet ouvrage forme la seconde partie du mois d'octobre 1686 du « Mercure galant ».

Histoire du siége de Gibraltar, fait pendant l'été de 1782, sous les ordres du capitaine général duc de Crillon... par un officier de l'armée françoise (le général MICHAUD D'ARÇON). *Cadix, Hermil frères*, 1783, in-8.

Réimprimé la même année sous le titre de « Mémoire pour servir à l'histoire du siége de Gibraltar ». Voy. ces mots.

Histoire du siége de Lyon, des événements qui l'ont précédé et des désastres qui l'ont suivi... (Par M. l'abbé Aimé GUILLON.) *Paris, Le Clère*, 1797, 2 vol. in-8.

Voy. ci-dessus, « Etrennes aux amis du 48... », col. 307, e.

Histoire du siége de Lyon, ou récit exact des événements qui se sont passés dans cette ville, sous le commandement du général Précy, et des horreurs qui s'y sont commises par ordre des proconsuls Collot d'Herbois, Albitte, Fouché (de Nantes) et autres scélérats, par un officier de l'état-major du siége, échappé au carnage et retiré en Suisse. *Lausanne (Paris)*, 1795, in-8, 116 p.

Cet écrit a pour auteur Paul-Emilien BÉRAUD, procureur de la Commune pendant le siége, député au Conseil des 500, conseiller à la cour royale de Lyon, né en 1750, mort en 1836. Il avait d'abord paru sous ce titre : « Relation du siége de Lyon... » (*Neufchâtel, en Suisse*), 1794, in-8. Voy. ces mots.
Voy. sur l'auteur, l' « Annuaire de Lyon » pour 1838, p. 73.

Histoire du siége de Pondichéry (levé par les Anglois le 17 octobre 1748), sous le gouvernement de M. Dupleix. (Par A.-G. MEUSNIER DE QUERLON.) Nouvelle édition. *Bruxelles (Paris)*, 1766, in-12.

Réimpression de la « Collection historique » de cet auteur. Voy. IV, 634, c.

Histoire du siége de Toulon... (Par J. DONNEAU, sieur DE VIZÉ.) *Paris, Brunet*, 1707, in-4 et 2 vol. in-12.

L'épître est signée : DEVIZÉ:

Histoire du siége du château de Namur. (Par J. DONNEAU, sieur DE VIZÉ.) *Paris, M. Brunet*, 1692, in-12.

Ce volume fait partie de la collection du « Mercure galant », juillet 1692, 2e partie.
La dédicace est signée : DEVIZÉ.

Histoire du singe de Napoléon. Deuxième édition. (Par Léonard GALLOIS.) *Paris, imp. de Guiraudet*, 1822, in-8, 16 p.

La 1re éd. est intitulée : « le Singe de Napoléon ». Voy. ces mots.

Histoire du socinianisme, divisée en deux parties. (Par le P. ANASTASE, religieux de Picpus.) *Paris, Barois*, 1723, in-4.

Histoire du soulèvement des fanatiques dans les Sevenes, lequel a commencé en 1702, et a été entièrement terminé en 1705, par M. D... (Fr. DUVAL, de Tours). *Paris, Nyon*, 1713, in-12, 275 p.

Cet ouvrage avait paru en 1708 sous le titre de « Mémoires historiques de la révolte des fanatiques...» et en 1712 sous celui de « Histoire nouvelle et abrégée... ». Voy. ces mots.
Réimprimée en 1725, à la fin du second volume des « Lettres curieuses », du même auteur. Voy. ces mots.

Histoire du stadhouderat, depuis son origine jusqu'à présent. (Par l'abbé T.-G.-F. RAYNAL.) *La Haye*, 1747, in-12.

Réimprimée en 1750, 2 vol. in-12, avec le nom de l'auteur.

Histoire du système des finances sous la minorité de Louis XV... (Par DU HAUTCHAMP.) *La Haye, P. de Hondt*, 1739, 6 vol. in-12.

Histoire du temps et harmonie de l'amour et de la justice de Dieu... (Par François DAVENNE.)

Voy. ci-dessus, « Harmonie de l'amour », col. 605, c.

Histoire du temps, ou Journal galant ; par M. V*** (VANEL), conseiller en la chambre des comptes de Montpellier. *Paris, Auroy*, 1685, 2 vol. in-12.

Histoire (l') du temps, ou le véritable Récit de ce qui s'est passé dans le Parlement depuis le mois d'aoust 1647 jusques au mois de novembre 1648. Avec les harangues et les advis différents qui ont été proposez dans les affaires qu'on y a solennellement traittées. *S. l.* (1649), in-4 de 7 ff. prélim. et 336 p. (cette dernière chiffrée par erreur 136).

Une réimpression de *Rouen, David du Petit Val...* 1649, in-4 de 240 p., contient un privilége daté du 26 mars 1649 ; elle ne reproduit que les 240 premières pages de l'édition originale. On a supprimé dans son titre l'indication des dates extrèmes : août 1647 — novembre 1648.

Dans ces deux éditions, l'*Epître à nos seigneurs du Parlement* est signée L. P. R. Dans une réimpression plus complète, décrite plus loin, cette épître est signée : I. P. R. (1). Il n'y a pas de signature dans la réimpression, *s. l. s. n.*, 1649, 2 vol. pet. in-8 de 7 ff. prélim., 349 et 395 p., plus une Carte de la Prévôté et Vicomté de Paris, dressée par P. Van Lochom. Le titre du second volume porte : Seconde partie de l'Histoire du temps, contenant tout ce qui s'est passé dans le Parlement de Paris, depuis le mois de novembre 1648 jusques à la paix publiée le premier jour d'avril 1649. » Le titre de chaque volume est orné d'une grav. s. b., qui représente la Fortune avec cette devise : *Regressum spero fortunæ*.

Une autre réimpression, *s. l.*, 1649, in-8 de 8 ff. prélim., 542 p. et 1 f. bl., 352 p., n'a pas de carte, et l'épître est signée I. P. R. au lieu de L. P. R. Son titre porte : « Augmenté de la seconde partie, qui va jusqu'à la paix. »

Histoire du temps, ou les trois Vérités historiques, politiques et chrétiennes sur les affaires du temps, par L. G. C. D. R. (Louis GURON, conseiller du roi). *Cologne, P. Marteau*, 1686, in-8.

Histoire (l') du temps, ou relation de ce qui s'est passé de mémorable en Europe, et principalement en Angleterre, depuis les règnes de Charles II et de Jacques II. Avec des Réflexions de politique sur ces évenemens. Traduit de l'anglois (du *Mer-*

(1) Le P. Lelong, sous le no 22313, dit : J. P. R., et il attribue l'ouvrage à Nicolas JOHANNES, sieur DU PORTAIL, mort en 1663.

curius reformatus de Jacques DE WELWOOD, depuis médecin du roi d'Angleterre). *Amsterdam, Abraham Wolfgang*, 1691-1692, 4 vol. in-12.

Voy. les « Lettres » de Bayle, éd. de Desmaiseaux; *Amsterdam*, 1729, t. II, p. 463.

Histoire du temps, ou Relation du royaume de Coquetterie, extraite du dernier voyage des Hollandois aux Indes du Levant. (Par l'abbé F. HEDELIN D'AUBIGNAC.) *Paris, Charles de Sercy*, 1654, pet. in-12.

Cet ouvrage a été réimprimé : 1° en 1655, avec d'autres pièces, sous le titre de « Nouvelle Histoire du temps » ; 2° en 1659, à la suite de la « Lettre d'Ariste à Cléonte, contenant l'Apologie de l'Histoire du temps » (par l'auteur de l' « Histoire », etc.) ; 3° en 1793, par Mercier de Compiègne, avec le nom de l'auteur, sous le titre de « Voyage au royaume de Coquetterie », petit in-12.

Voy. « Supercheries », II, 251, *f*.

Histoire du théâtre de l'Académie royale de musique.

Voy. « Histoire du théâtre de l'opéra en France... »

Histoire du théâtre de l'Opéra-Comique. (Par J.-Aug. JULLIEN, connu sous le nom de DESBOULMIERS.) *Paris*, 1769, 2 vol. in-12.

Histoire du théâtre de l'opéra en France depuis l'établissement de l'Académie royale de musique jusqu'à présent. En deux parties. (Par Louis TRAVENOL et Jacques DUREY DE NOINVILLE). *Paris, J. Barbou*, 1753, 2 part. en 1 vol. in-8.

La 2ᵉ éd., *Paris, Duchesne*, 1757, in-8, est intitulée : « Histoire du théâtre de l'Académie royale de musique de France., ... »

Histoire du Théâtre-François depuis son origine jusqu'à présent (1721)... (Par les frères François et Claude PARFAICT.) *Paris, P.-G.-L. Mercier*, 1745-1749, 15 vol. in-12.

Quérard, « France littéraire », donne cet ouvrage sous le titre de « Histoire générale du Théâtre-François... » *Paris, Morin*, 1734-1749, 15 vol. in-12. — *Amsterdam*, 1735-1749, 15 vol. in-12. Les premiers vol. ont seuls été réimprimés plusieurs fois.

Histoire du traité de la paix conclu...

Voy. « Histoire de la paix conclue.... »

Histoire du traité de paix de Nimègue, suivie d'une Dissertation sur les droits de Marie-Thérèse d'Autriche, reine de France, et des pièces justificatives. (Par Luc D'ESNANS DE COURCHETET.) *Amsterdam, Guy, et Paris, Briasson*, 1754, 2 vol. in-12.

Histoire du très-vaillant chevalier Paris, et de la belle Vienne, fille du dauphin (traduite du provençal en françois, par Pierre DE LA SIPPADE). *Anvers, Gerard Leew*, 1487, in-fol. — *Lyon, Cl. Nourry*, 1520, in-4. — *Lyon, Benoît Rigaud*, 1596, in-8.

Histoire du tribunat de Rome... (Par l'abbé SERAN DE LA TOUR.) *Amsterdam et Paris, Vincent*, 1774, 2 vol. in-8.

Histoire du tribunat des Gracques par M. M*** (D. V.) (Agricol MOUREAU, de Vaucluse). *Paris, Delaforest*, 1825, in-12.

Histoire du triumvirat d'Auguste, Marc-Antoine et Lépidus, contenant aussi les actions particulières d'Auguste, avant et après le triumvirat jusqu'à sa mort. (Par S. CITRI DE LA GUETTE.) *Amsterdam*, 1694, 2 vol. in-8.

Même ouvrage à peu près que l' « Histoire du premier et du second triumvirat... » Voy. ci-dessus, col. 787, *e*.

Meusel, dans sa *Bibliotheca historica, Lipsiæ*, 1782, in-8, t. IV, pars 1, pag. 304, attribue cet ouvrage à Citri de La Guette ; mais il ne détaille point les parties dont il est composé.

On y trouve :

1° L' « Histoire d'Auguste, contenant ses actions », etc. Voy. ci-dessus, col. 655, *c*.

2° L' « Histoire du second triumvirat », avec la suite de cette histoire.

L'éditeur hollandais n'y a point fait entrer l' « Histoire du premier triumvirat ».

L'auteur du « Journal des Savans » dit positivement que l' « Histoire d'Auguste », qui a été confondue par Meusel avec l'ouvrage du même titre, publié par Larrey, à *Rotterdam*, en 1690, in-8 (voyez ci-dessus, col. 655, *c*), est du même auteur que l' « Histoire des deux triumvirats ». Cette particularité n'a pas été connue de Coquebert de Taisy, qui a rédigé l'article *Citri de La Guette* dans la « Biographie universelle ».

Histoire du vaillant chevalier Pierre de Provence et de la belle Maguelonne, fille du roi de Naples. *Paris, Jehan Trepperel*, le 15 mai 1492, in-4 goth.

Un poëte provençal, Bernard DE TREVIEZ, avait composé sur ce héros un poëme qui n'a pas été publié (voy. Raynouard, « Poésies des Troubadours », II, p. 317), mais qui, mis en français, a eu, dès la fin du quinzième siècle, sous le titre ci-dessus et sous ceux de « Pierre de Provence », « Histoire des vrais et parfaits amants », « la Belle Maguelonne », etc., de nombreuses éditions.

Voy. Brunet, « Manuel du libraire », 5ᵉ éd., IV, col. 643 à 648.

Jean Castillon a rajeuni ce roman sous ce titre « Histoire de Pierre de Provence et de la belle Maguelonne sa mie », dans la « Bibliothèque bleue, ou Recueil d'histoires naïves et singulières ». *Paris, La Combe*, 1769, 4 vol. in-8.

Histoire du vaillant chevalier Tiran Le Blanc, traduite de l'espagnol (d'après l'original catalan de Jean MARTORELL, par le comte DE CAYLUS, avec un avertissement, par FRÉRET). *Londres* (1740), 2 vol. in-8 ; — 1775, 3 vol. in-12.

Martorell fit imprimer à Valence, en 1490, le roman de Tiran le Blanc, *a se ex anglicd in lusitanam, deindè e lusitand in valentinam linguam anno 1400 translatum.* Voy. Nic. Antonio, *Biblioth. hispana vetus*, t. II, p. 183. Suivant le docte La Croze, tous les romans de chevalerie doivent leur origine à la Bretagne et au pays de Galles, dont notre Bretagne est sortie.

Voy. « Vie de La Croze », par Jordan, in-12, p. 220. Tout est presque de l'imagination du comte de Caylus dans sa prétendue traduction de « Tiran le Blanc ».

Histoire du vénérable dom Didier de La Cour, réformateur des bénédictins de Lorraine et de France... par un religieux bénédictin de la congrégation de Saint-Maur (dom Ch.-Mic. HAUDIQUIER). *Paris, Quillau*, 1772, in-8, xvi-341 p., 1 f. de priv. et un portrait.

L'auteur a signé la dédicace.

Histoire du vénérable serviteur de Dieu Garembert. (Par Ch.-L. DE VILLIERS.) *Cambray*, 1769, in-8.　　　　V. T.

Historique du véritable dernier coucher de Mgr le duc de Berry, et Introduction à l'ouvrage qui fait suite, intitulé : « le Trône du martyr du 13 février 1820. » (Par L.-A. PITOU.) *S. l. (Paris), Duriez* (1820), in-8, 14 p. et 1 f.

Histoire du vicomte de Turenne... *Paris, veuve Mazières et J.-B. Garnier*, 1735, 2 vol. in-4 ; 1736, 4 vol. in-8. — *Amsterd*. in-8. — *Leipz.*, *Arkstée et Merkus*, 1749, 4 vol. — *Paris, C.-A. Jombert*, 1773, 1774, 4 vol. in-12.

Signé : DE RAMSAY.

Histoire du Wiclefianisme, ou de la doctrine de Wiclef, J. Huss et Jérôme de Prague... (Attribuée à Ant. VARILLAS.) *Lyon, Certes*, 1682, 1696, in-12.

Voy. ci-dessus, « Histoire de l'hérésie... », col. 886, *a*.

Histoire ecclésiastique ancienne et moderne, par MOSHEIM, traduite en françois sur la version angloise de MACLAINE (par M.-A. EIDOUS). *Maëstricht, Dufour*, 1776, 6 vol. in-8.

Le professeur DE FÉLICE a publié la même année, à Yverdun, une autre traduction du même ouvrage, composée également de 6 vol. in-8, plus exacte, mais qui est cependant moins recherchée.

Histoire ecclésiastique de la province de Normandie, avec des observations critiques et historiques, par un docteur de Sorbonne. (Par Charles TRIGAN, curé de Digoville, près de Valogne.) *Caen, P. Chalopin*, 1759-1761, 4 vol. in-4.

L'auteur a signé la dédicace.

Histoire (l') ecclésiastique de NICÉPHORE, fils de Calliste, depuis la naissance de J. C. jusqu'à l'an 625, de nouveau corrigée et mise en meilleur françois qu'auparavant par deux docteurs en théologie (Denis HANGART et Jean GILLOT, bernardin). *Paris, Abel L'Angelier*, 1586, in-fol. — *Paris, Séb. Nivelle*, 1587, in-8.

Histoire ecclésiastique des églises reformées au royaume de France, en laquelle est décrite au vray la renaissance et accroissement d'icelles depuis l'an 1521 jusques en l'année 1563... *Anvers, imp. de J. Remy*, 1580, 3 vol. in-8.

Suivant Dahlmann, p. 773, SAINT-GELAIS serait, avec Théod. DE BEZE, l'auteur de cette histoire, et il renvoie à « Sim. Oomius in Prognostico », p. 182, Addé Placcius, Anonym., 1327, *a*. Cet ouvrage a été réimprimé avec le nom de Th. DE BEZE. *Lille*, 1841-1842, 3 vol. in-8. Voir sur cette œuvre « tronquée, estropiée, déshonorée », le « Bulletin de la Société de l'histoire du protestantisme français », t. II, 1853, pp. 217-221.

Histoire ecclésiastique et civile de la ville et cité de Châlons-sur-Saône, dite anciennement Orbandale. (Par Léonard BERTAUD et Pierre CUSSET.) *Châtons*, 1662, 2 vol. in-4.

Voy. les mots « Illustre Orbandale... »

Histoire ecclésiastique et civile de Verdun, avec le pouillé, la carte du diocèse et le plan de la ville ; par un chanoine de la même ville (l'abbé ROUSSEL, retouchée et publiée par l'abbé J. LE BEUF). *Paris, Simon*, 1745, in-4.

Histoire ecclésiastique et politique de l'état de Liége, par M. le comte DE *** (Germain LÉONARD). *Paris, Fuchs*, 1802, in-8, xLIV-302 p.

Voy. pour une seconde édition publiée à tort par Serieys, sous le nom de Mirabeau, ci-dessus, col. 685, *b*. Voy. aussi « Supercheries », I, 437, *f*, et II, 1161, *b*.

Histoire (l') ecclésiastique extraite pour l'École militaire de Paris. (Par L.-E. RONDET.) *Paris*, 1778, in-12.　　　V. T.

Histoire ecclésiastique pour servir de continuation à celle de l'abbé Fleury (à commencer du vingt et unième volume, par J.-Claude FABRE, oratorien). *Paris*, 1734, 16 vol. in-4 et in-12.

Deux volumes furent saisis et déposés à la Bastille ; l'auteur a eu défense de continuer cet ouvrage. L'abbé Cl.-P. GOUJET dit, dans son Catalogue manuscrit, qu'il a retouché le manuscrit du P. Fabre.

Histoire édifiante et curieuse de M. A. Thiers. Par Satan. (Par Georges-Marie MATHIEU-DAIRNVAELL) *Paris, G. Dairnvaell*, 1848, in-32, 31 p.

Trois éditions la même année. Deux sont signées :

SATAN. L'autre est signée : Georges DAIRNVAELL.
Voy. « Supercheries », III, 606, a.

Histoire édifiante et curieuse de Rothschild Iᵉʳ, roi des juifs, suivi du récit détaillé et fidèle de la catastrophe du 8 juillet, par un témoin oculaire (Georges MATHIEU-DAIRNVAELL). *Bruxelles, chez tous les libraires*, 1846, in-18, 34 p.

Voy. « Supercheries », III, 605, f, et 774, c.

Histoire édifiante et curieuse du « Journal des Débats », avec les biographies de ses rédacteurs, le chiffre de ses abonnés à diverses époques, le tarif de ses subventions, etc., etc. Par un employé du Trésor (Scipion MARIN). *Paris, Baudry*, 1839, in-12.

Histoire en abrégé des quatre premiers conciles généraux. (Par le P. BUY, carme.) *Paris, Le Prest*, 1676, in-12.

Le même auteur, suivant le rédacteur du Catalogue manuscrit de la Bibliothèque du roi, a donné en 1679 les histoires du cinquième et du sixième concile général, 2 vol. in-12.
Voy. les « Mélanges » de Vigneul-Marville (Bonaventure d'Argonne), éd. de 1701, t. III, p. 2.

Histoire encyclopédique du siècle présent contenant l'état de l'Europe, ses révolutions, ses traités de paix et de guerre, ses batailles, le système général, les vues particulières des cabinets..... (Par Pierre GONDAR.) *Amsterdam*, 1773, in-4. A. L.

Histoire (l') entière des poissons, composée premièrement en latin par Guillaume RONDELET, maintenant traduite en françois par homme expert et à ce bien entendu (Laurent JOUBERT). *Lyon, Macé-Bonhomme*, 1558, in-fol.

Du Verdier, dans sa « Bibliothèque », aux articles RONDELET et JOUBERT, et plusieurs bibliographes d'après lui, présentent Laurent Joubert comme le traducteur de l'ouvrage de G. Rondelet ; cependant M. P.-J. Amoreux ne trouve pas cette assertion assez bien prouvée, et il conjecture que cette traduction pourrait être de DU MOULIN, traducteur de l' « Histoire des Plantes » de Dalechamp.
Voy. la « Notice historique et bibliographique sur la vie et les ouvrages de L. Joubert, par M. Amoreux » ; *Montpellier*, 1814, in-8, 142 pages.
L'épître du traducteur à l'auteur ne laisse aucun doute à ce sujet, et c'est bien à Laurent JOUBERT que cette traduction doit être attribuée.

Histoire et abrégé des ouvrages latins, italiens et françois, pour et contre la comédie et l'opéra. (Par Ambroise LALOUETTE.) *Orléans (veuve Paris et Jacob)*, 1697, in-12.

Voy. le même ouvrage, annoncé sous le titre d'« Histoire de la comédie », ci-dessus, col. 692, c.

Histoire et amours pastoralles de Daphnis et de Chloé escrite en grec par Lon-GUS et mise en françois (par J. AMYOT). Ensemble un Débat judiciel de Folie et d'Amour, fait par Dame L. L. L. (Louise LABÉ, Lyonnoise). Plus quelques vers françois, par M. D. R. (Mlle DES ROCHES, Poictevine. *A Paris, chez Jean Parent*, 1578, in-16.

Histoire et analyse du livre de l'Action de Dieu ; Opuscules de BOURSIER relatifs à cet ouvrage ; Mémoire du même auteur sur la divinité des Chinois ; Relation des démarches faites par les docteurs de Sorbonne pour la réunion de l'Église de Russie, et Recueil de pièces qui concernent cette affaire (le tout publié par l'abbé Christ. COUDRETTE). (*Paris*), 1753, 3 vol. in-12.

Voy. « Action de Dieu... », IV, 59, e.

Histoire et Antiquités du diocèse de Beauvais. (Par Pierre LOUVET.) *Beauvais, veuve G. Vallet*, 1635, in-8.

Histoire et antiquités du pays de Beauvaisis... (Par Pierre LOUVET.) *Beauvais, veuve Valet*, 1631, in-8.

L'auteur a signé la dédicace.

Histoire et apologie de la retraite des pasteurs à cause de la persécution de France. (Par Élie BENOIST.) *Francfort, chez J. Corneille*, 1687, in-8.

Voy. l' « Histoire des ouvrages des savans », janvier 1688, p. 105. Voyez aussi les mots « Défense de l'apologie », IV, 853, a.

Histoire et aventures de ***, par lettres. (Par GODARD D'AUCOURT.) 1744, in-12.

Histoire et aventures de dona Rufine, fameuse courtisanne de Séville, traduite de l'espagnol de don Alonço DE CASTILLO SOLORÇANO (par A. LE METEL D'OUVILLE). *Paris, Brunet*, 1731, 2 vol. in-12.

Voy. ci-dessus, « la Fouine de Séville... », col. 487, e, et « Histoire de dona Ruffina », col. 606, f.

Histoire et aventures de Kemiski, Georgienne, par Mad. D.... (par E. LE NOBLE). *Paris*, 1696 ; — *Bruxelles*, 1697, in-12.

Note ms., p. 126, d'un exempl. de Lenglet Dufresnoy, annoté par un amateur.

Histoire et aventures de mylord Pet, par Mᵐᵉ F***. (Par le chevalier DUCLOS.) *La Haye (Paris)*, 1755, in-12.

Cet ouvrage a été aussi attribué à Mᵐᵉ Mar.-Ant. FAGNAN.

Voy. « Supercheries », II, 4, a.

Histoire et aventures de sir William Pickle, traduite de l'anglois de Tobias SMOLLETT (par Franç.-Vinc. TOUSSAINT). *Amsterdam (Paris)*, 1753, 4 vol. in-12.

Paris, Rabaut le jeune, an VII-1799, 6 vol. in-12.

Reproduit sous le titre de : « Aventures de sir William Pickle.... » *Nouv. édit. Paris, Rabaut jeune* an VII, 6 vol. in-18, fig.

Histoire (l') et cronicque de Clotaire, premier de ce nom, VII. roy des François et monarque des Gaules. Et de sa très-illustre espouse : Mme saincte Radegonde, extraite au vray de plusieurs cronicques antiques et modernes. (Par Jean BOUCHET.) *Poictiers, E. de Marnef,* 1500, in-4. — *Id.,* 1527, in-4.

Histoire (l') et chronique de Normandie revue et augmentée... finissant au roi très-chrétien Henri III.

Voy. ci-dessus, « Histoire de Normandie », col. 728, c.

Histoire (l') et chronique du noble et vaillant Clamadès, fils du roy d'Espagne, et de la belle Clermonde, fille du roy Carmant (translatée de ryme du roy ADENEZ, par Phil. CAMUS). *Paris, s. d.,* in-4 goth. — *Troyes, Gilles le Rouge,* in-4 goth.

Histoire (l') et cronicque du petit Jehan de Saintré...

Voy. ci-après, « Hystoire et plaisante cronicque... », col. 804, b.

Histoire et commerce des Antilles angloises, où l'on trouve l'état actuel de leur population et quelques détails sur le commerce de contrebande des Anglois avec les Espagnols dans le Nouveau-Monde. On y a joint l'histoire des loix principales qui concernent les colonies angloises établies tant dans les isles que sur le continent de l'Amérique. (Par G.-M. BUTEL-DUMONT.) *Paris,* 1758, in-12, 2 ff. de tit., vi-6 et 28 p., 2 ff. d'errata et 1 carte.

Histoire et commerce des colonies angloises dans l'Amérique septentrionale... (Par G.-M. BUTEL-DUMONT.) *Londres et Paris,* 1755, in-12.

Histoire et concorde des quatre évangélistes, contenant, selon l'ordre des temps, la vie et les instructions de N.-S. Jésus-Christ. *Paris, veuve Ch. Savreux,* 1669, in-12. — Nouv. édit. revue, corr. et augm. des notes et explications de la concorde latine. *Bruxelles,* 1702, in-12, et dans le t. III de la « Sainte Bible », traduit en françois. *Paris, Desprez,* 1717, 4 vol. in-fol.

Le privilége est au nom du sieur L. D. M. Ant. ARNAULD a rédigé cet ouvrage d'après les concordes de C. JANSÉNIUS et Jean DU BUISSON ; il l'avait publié d'abord en latin. Voy. *Historia et concordia.*

Histoire et conquête de Grèce, faite par Philippe de Madien, autrement dit le Che-

T. V.

valier à l'éparvier blanc. (Par PERRINET LUPIN, en 1447.) *Paris, Jehan Bonfons* 1527, 1541, in-4 goth.

Histoire et description ancienne et moderne du royaume de Hongrie. (Par VANEL.) *Paris, de Sercy,* 1688, in-12.

Cet ouvrage paraît être de l'auteur de l' « Histoire des troubles de Hongrie ».

Voy. l'avertissement; voy. aussi ci-dessus, col. 771, c.

Histoire et description de l'église cathédrale de Chartres, dédiée par les anciens Druides à une vierge qui devait enfanter. (Par C.-C.-F. HÉRISSON.) *Chartres, P.-H. Laballe,* 1835, in-18, 180 p.

M. A.-S. Morin a publié en 1863 : « Dissertation sur la légende *Virgini pariturœ,* d'après laquelle les Druides, plus de cent ans avant J.-C., auraient rendu un culte à la vierge Marie et lui auraient élevé une statue, et consacré un sanctuaire sur l'emplacement actuel de la cathédrale de Chartres ». *Paris, imp. de Martinet,* in-8, 107 p.

Histoire et description de l'église cathédrale de Chartres... Revue et augmentée d'une description de l'église de Sous-Terre et d'un récit de l'incendie de 1836. *Chartres, Petrot-Garnier,* 1860, in-8.

Cet ouvrage, signé K. L. M. (Kergestein-Lucien MERLET), est la refonte de celui de Vincent SABLON, « Histoire de l'auguste et vénérable.... » Voy. ci-dessus, col. 680, c.

Histoire et description de la ville de Lyon, de ses antiquités, de ses monuments et de son commerce; avec des notes sur les hommes célèbres qu'elle a produits. (Par André CLAPASSON.) *Lyon, G.-M. Bruyset,* 1761, in-8.

Voy. « Description de la ville de Lyon..... », IV, 896, a.

Histoire et description des îles Ioniennes... avec un nouvel atlas. Par un officier supérieur (le baron Virgile-Antoine SCHNEIDER.) Ouvr. rev. et précédé d'un discours préliminaire, par BORY DE SAINT-VINCENT. *Paris, Dondey-Dupré,* 1823, in-8, avec atlas de 18 pl.

Histoire et description du Kamtchatka, contenant : I. les Mœurs et les coutumes des habitants du Kamtchatka; II. la Géographie du Kamtchatka... par M. KRACHENINNIKOW, traduit du russe (par DE SAINT-PRÉ). *Amsterdam, M.-M. Rey,* 1770, 2 vol. in-8, avec 6 fig. et 1 carte.

Réimpression de la traduction faite à Saint-Pétersbourg, sous les yeux de Ger.-Fréd. MULLER, secrétaire perpétuel de l'Académie des sciences de cette ville, formant le tome II du Voyage de Chappe d'Auteroche. Rey, en réimprimant cette traduction, qui forme les tomes III et IV de son édition du Voyage en Sibérie, s'est permis des suppressions ; malgré cette mutilation, cette réimpression est encore préférable à la traduction d'Eidous.   A. L.

Voy. ci-dessus, « Histoire du Kamtschatka... », col. 781, f.

Histoire et explication du calendrier des Hébreux, des Romains et des François. (Par Le Coq-Magdeleine.) *Paris, Simon, 1727, in-12.*

Histoire (l') et faits du tres preux noble et vaillant Huon de Bordeaux, pair de France et duc de Guyenne. *Rouen, Romain de Beauvais, s. d., in-8.*

Réimp. à *Paris*, 1566; *Lyon*, 1586, 1606, 1612 et 1626; *Rouen*, vers 1625, etc. Voy., pour le détail de ces éditions, Brunet, « Manuel du libraire », 5e éd., III, col. 381.

Les premières éditions étaient intitulées : « Prouesses et faits merveilleux.... » Voy. ces mots.

Rédaction en prose d'une chanson de geste composée entre 1180 et 1200 et qui a été attribuée à Huon de Villeneuve.

Elle a été publiée à *Paris*, en 1860, par MM. Guessard et Grandmaison. Voy. la « Revue germanique », juillet 1861, article de M. G. Paris, qui expose les origines de cette légende; voir aussi l'ouvrage de M. L. Gautier « les Epopées françaises », tom. II, p. 552.

Histoire et généalogie des quatre branches de la famille Bonaparte, depuis 1183 jusqu'en 1855. Par A. P. M. (Jean-Aloys Perrault-Maynand). *Lyon, Perisse frères, 1855, in-8.*

Voy. « Supercheries », I, 371, d.

Histoire (l') et la vie de S. Épiphane, archevêque de Salamine. (Par dom F.-A. Gervaise.) *Paris, J. Lamesle, 1738, in-4.*

Histoire (l') et le secret de la peinture en cire. (Par Diderot.) *S. l. (1755), in-12.*

Cet ouvrage a été tiré à un petit nombre d'exemplaires. On le trouve dans le quinzième volume des Œuvres de Diderot. Voy. l'avertissement que Naigeon a mis en tête.

Histoire (l') et les amours de Sapho de Mytilène, avec une lettre qui contient des réflexions sur les accusations formées contre ses mœurs. *Paris, Musier, 1724, in-12, vi p., 1 f. de priv. et 442 p.*

Attribué à Jean du Castre d'Auvigny. L'auteur de la « Bibliographie des ouvrages relatifs à l'amour » observe avec raison que cet auteur étant né en 1712, il est difficile d'admettre qu'il ait pu être, en 1724, l'auteur de cet ouvrage.

Les exemplaires non vendus ont reçu un nouveau titre portant : ... Nouvelle édition par M. G***. *La Haye, Néaulme, 1741, in-12.*

Histoire (l') et les aventures de Kemiski, Géorgienne, par Mme D*.** (Par l'abbé J.-B. de Chevremont.) *Bruxelles, Foppens, 1697, in-12.*

Histore et martiyre de la royne d'Escosse.

Voy. « Martyr de la royne d'Escosse.... »

Histoire et miracles de Notre-Dame de Liesse. (Par G. de Macrault.) *Paris, Febvrier, 1617, in-12. — Reims, E. Moreau, 1629, in-12. — Reims, E. Moreau, 1664, in-12.*

L'auteur a signé l'épître.

Histoire et parallèle de Charles V et de François Ier... tiré d'un manuscrit de la bibliothèque du Vatican, et traduit en françois (tiré de l'histoire de François Ier, par Antoine Varillas). *Paris, 1707, in-12.*

Voy. « Campagne de Louis XIV... », IV, 484, f.

Histoire et patience de Griselidis. (Trad. du latin de Fr. Pétrarque.) *S. l. n. d., in-4, 22 ff. goth.*

Voy. ci-dessus, « Grande et merveilleuse patience », col. 567, b.

Histoire (l') et plaisante cronicque du petit Jehan de Saintré et de la jeune dame des Belles-Cousines (par Ant. de La Salle sans autre nom nommer, auecques deux autres petites histoires : Lhistoire de Floridan et la belle Ellinde (trad. de Nicole de Clamengis ou Clamangis, par Rasse de Brinchamel, à la demande d'Ant. de La Salle), et l'extrait des Cronicques de Flandres (par Ant. de La Salle). *Paris, Michel Lenoir, 1517, pet. in-fol. goth., gravures sur bois.*

Autre édition... Ouvrage enrichi de notes critiques, historiques et chronologiques, d'une préface sur l'origine de la chevalerie et des anciens tournois, et d'un avertissement pour l'intelligence de l'histoire (par Thomas-Simon Gueulette). *Paris, Morel, 1724, 3 vol. in-12.*

Autre édition... publiée d'après les manuscrits de la Bibliothèque royale et sur les éditions du xvie siècle. *Paris, F. Didot, 1830, in-8, avec vign., fleurons.* Edition publiée par les soins de Lami-Denozan, dont le titre peut induire en erreur; elle est sévèrement appréciée par M. G. Guichard, dans l'avertissement qu'il a placé en tête de son édition. *Paris, Gosselin, 1843, in-12 de xxxi et 299 p.*

Histoire et portrait de Louis le Grand. (Par le P. Claude-François Ménestrier.) *S. l. n. d., in-4.*

Histoire et pratique de la clôture des religieuses, selon l'esprit de l'Eglise et la jurisprudence de France. (Par Sébastien Cherrier.) *Paris, Desprez, 1764, in-12.*

Histoire et procès complet des prévenus de l'assassinat de M. de Fualdès, accompagnée d'une notice historique sur tous les personnages qui ont figuré dans cette affaire. Par le Sténographe parisien (Hyacinthe Thabaud de Latouche et L.-F. L'Héritier, de l'Ain). *Paris, Pillet, 1818, in-8.*

L'éditeur parisien s'est amplement servi du travail

de P.-J. Gavand, de Lyon, qui s'était rendu à Alby pour recueillir les débats de cette mémorable affaire.

D.-M.

Histoire (l') et recueil de la triumphante et glorieuse victoire obtenue contre les Seduytz et Abusez lutheriens mescreans du pays Daulsays et autres ; par... Anthoine... duc de Calabre, de Lorraine et de Bar, etc., en deffendant la foy cátholicque, nostre mère léglise et vraye noblesse... (Par Nicole VOLCYRE DE SEROUVILLE.) S.l.n.d., in-fol. car. goth.

Histoire et statistique de la Germanie ancienne et moderne, de la Confédération helvétique et moderne, de la Confédération Belgique). (Par M. Arnault ROBERT.) Paris, impr. de Smith, 1833, une feuille in-plano gr. aigle.

Histoire et vies des glorieux saint Victor de Marseille et saint Clair-sur-Epte, martyrs, extraites des anciens manuscrits de l'abbaye Saint-Victor lez Paris. Par L. P. L. B. (le Père LEBON), chanoine régulier de ladite abbaye. Paris, Bessin, 1630, in-8, 39 p.

Histoire et vray discours des guerres civiles ès pays de Poictou, Aulnis, autrement dit Rochelois, Xainctonge et Angoumois, depuis l'année 1574 jusques à l'édit de pacification de l'année 1575. (Par P. BRISSON.) Paris, du Puys, 1578, in-8.

Histoire (l') éthiopique d'HÉLIODORE... Voy. ci-dessus, « Histoire æthiopique... », col. 635, b.

Histoire evangelique des quatre evangelistes, en ung fidelement abregée, recitant par ordre sans obmettre ni ajouter les notables faicts de N. S. Jesus-Christ. Lyon, Gilbert de Villiers, 1528, in-8, 44 ff. goth.

« Ce livre fut présenté à Madame Marguerite de France, duchesse d'Alençon... par ung chevalier de vray zelle », c'est-à-dire par Jean DE VAUZELLE, traducteur de l'ouvrage.

Voy. Brunet, « Manuel du libraire », 5e éd., III, 203.

Histoire (l') françoise de saint Grégoire de Tours, contenue en dix livres... augmentée d'un onzième livre, traduite du latin par C. B. D. (Cl. BONNET, Dauphinois). Tours, Seb. du Molin, 1610, in-8. — Paris, Cl. de La Tour, 1610, in-8, avec le nom de l'auteur.

Histoire galante d'un double cocu. Amsterdam (Rouen), 1703, in-12.

Cet ouvrage, attribué à Gabriel DE BREMOND, avait paru dès 1678, sous le titre de « Double Cocu ». Voy. IV, 1115, a.

Histoire galante de la cour de Vienne.

(Par DE MAISONCELLE.) Paris, Ballard, 1750.

Notes de l'inspecteur de la librairie d'Hemery.

Histoire galante de la tourière des Carmélites. (Par Anne-Gab. MEUSNIER DE QUERLON.) S. l., 1774, in-12, 56 p.

Même ouvrage que l' « Histoire de la tourière des Carmélites ». Voy. ci-dessus, col. 712, c.

Histoire galante et enjouée, interrompue par des entretiens de civilité, d'amitié et de passe-temps. (Par Fr. HEDELIN, abbé D'AUBIGNAC.) Paris, Loyson, 1673, in-12, 516 p.

C'est, avec un titre changé, le même ouvrage qu'«Aristandre, ou Histoire interrompue.» Paris, Dubreuil, 1646, in-12, livre qui n'avait eu aucun succès. Voy. IV, 272, e. (Bulletin du bibliophile, 13e série (1858), p. 766.)

Histoire généalogique de la famille de MM. Colas, de la ville d'Orléans. (Par LE GAINGNEULX, chanoine de Saint-Aignan.) 1768, in-4.

Histoire généalogique de la maison de Chastelard. (Par A.-M. D'HOZIER DE SERIGNY.) Paris, 1756, in-fol. V. T.

Histoire généalogique de la maison de Roucy et de Roye. (Par P. MORET DE LA FAYOLE.) Paris, F. Coustelier, 1675, in-12, 10 ff. lim. et 240 p.

L'auteur a signé l'épître.

Histoire généalogique de la maison de Sainte Colombe et autres maisons alliées ; par Cl. L. L. A. P. de l'Is. B. (Cl. LE LABOUREUR, ancien prieur de l'Isle Barbe). Lyon, Cl. Galbit, 1673, in-8.

Histoire généalogique de la maison de Villeneuve. (Par Jean-Baptiste DE VILLENEUVE.) Avignon, F. Séguin, 1789, in-4.

J.-B. de Villeneuve, né en 1723, était fils de Joseph de Villeneuve, seigneur de Bargemont. D. M.

Histoire généalogique de la maison royale de Savoie, commençant de Berold jusqu'à Victor-Amédée II. Par F. M. F. D. L. (François-Marie FERRIERO DE LABRIANO). Turin, in-fol.

Histoire généalogique de la maison souveraine de Hesse, depuis les temps les plus reculés jusqu'à nos jours. (Par le baron Jean DE TURCKEIM.) Strasbourg, impr. de Levrault, 1819, 2 vol. in-8.

Histoire généalogique des comtes de Ponthieux et maïeurs d'Abbeville, où sont rapportés les priviléges que les rois leur ont donnés... Paris, F. Clouzier, 1657, in-fol.

Signé : F. I. D. J. M. C. D. (frère Ignace DE

JÉSUS-MARIA, carme déchaussé, dans le monde Jac. SANSON).

Histoire généalogique des maisons souveraines de l'Europe, depuis leur origine jusqu'à présent... Par V*** (Nicolas VITON DE SAINT-ALLAIS). *Paris, veuve Le Petit,* 1811, 2 vol. in-8.

Histoire généalogique des rois de France, enrichie de leurs portraits et d'un sommaire de leurs vies... le tout extrait de l' « Histoire universelle » de Jacq. DE CHARRON... (Par Thom. BLAISE.) *Paris, T. Blaise,* 1629, 1630, in-8.

Histoire généalogique des Tatars, traduite du manuscrit tartare d'ABULGASI-BAYADURCHAN, et enrichie d'un grand nombre de remarques, avec les cartes géographiques nécessaires, par D*** (par BENTINCK, Hollandais). *Leyde, Kallewier,* 1726, in-12.

C'est à tort que les auteurs de la « France littéraire » de 1769 attribuent cette traduction à un M. DE VARENNES.

Voy. « Supercheries », I, 836, *f.*

Histoire généalogique du philosophe Ourseau (Rousseau), ou Critique du discours sur l' « Origine et l'inégalité des conditions parmi les hommes ». (Par dom J.-B. AUBRY, bénédictin.) *Genève (Nancy),* 1768, in-8.

L'attribution de cet ouvrage à dom Aubry, prieur de Breuil, à Commercy, est regardée comme douteuse par M. Dumont, dans son « Histoire de Commercy », t. III, p. 367. Pseaume assurait qu'il a pour auteur dom GEORGES, bénédictin de la congrégation de Vannes.

Histoire générale à l'usage des collèges, depuis Charlemagne jusqu'à nos jours, tome I (extraite de l' « Essai » de Voltaire, par l'abbé AUDRA). *Toulouse, Dalles,* 1770, in-12, 432 p.

Ce volume devait être suivi d'un second ; mais il attira à son auteur des persécutions qui le firent tomber malade. Une fièvre maligne l'enleva en vingt-quatre heures, le 17 septembre 1770.

(« Biographie universelle ».)

Histoire générale de l'Asie, de l'Afrique et de l'Amérique. (Par l'abbé P.-J.-A. ROUBAUD.) *Paris, Desventes de La Doué,* 1770-1775, 5 vol. in-4, ou 15 vol. in-12.

Histoire générale de l'Église chrétienne, tirée principalement de l'Apocalypse de S. Jean ; ouvrage traduit de l'anglois de PASTORINI (C. WALMESLEY, évêque de Rama) par un religieux bénédictin de la congrégation de Saint-Maur (dom Jacques VILSON). *Rouen, Le Boucher, et Paris, Durand neveu,* 1777, 3 vol. in-12.

Histoire générale de l'Église pendant le XVIIIᵉ siècle. Dans laquelle s'expliquent la cause, l'origine, les développements et les catastrophes de la révolution française. (Par l'abbé Aimé GUILLON.) *Besançon, Gauthier frères,* 1823, in-8, t. I et unique.

Histoire générale de l'état présent de l'Europe, traduite de l'anglois (par M.-A. EIDOUS). *Amsterdam et Paris, Costard,* 1774, 2 vol. in-12.

Histoire générale de l'Europe depuis la naissance de Charles V jusqu'au 5 juin 1527, composée par Robert MACQUEREAU de Valenciennes, publiée pour la première fois, avec de courtes notes pour l'intelligence des termes surannés (par l'abbé Jean-Noël PAQUOT). *Louvain,* 1765, in-4.

Histoire générale de la danse sacrée et profane, ses progrès et ses révolutions depuis son origine jusqu'à présent. (Par l'abbé P. BOURDELOT et publ. par son neveu Jacq. BONNET.) *Paris, d'Houry,* 1723, in-12.

Histoire générale de la France, écrite d'après les principes qui ont opéré la révolution. Par Cl.-J.-B. D. (Cl.-Jean-Baptiste D'AGNEAUX, ci-devant dom DEVIENNE). *Paris, Gueffier,* 1791, 2 vol. in-8.

Ouvrage inachevé.

Voy. « Supercheries », II, 369, *c.*

Histoire générale de la marine. (Par J.-B. TORCHET DE BOISMÉLÉ, Ch.-A. BOURDOT DE RICHEBOURG et le P. THÉODORE de Blois, capucin.) *Paris, Prault,* 1744 et 1758, 3 vol. in-4.

Histoire générale de la naissance et des progrès de la compagnie de Jésus, et analyse de ses constitutions et principes. (Par l'abbé Christ. COUDRETTE.) *Paris,* 1760; — *Rouen,* 1761, 4 vol. in-12.

La seconde partie, contenant l'analyse des constitutions de la société, est de Louis-Adrien LE PAIGE, bailli du Temple.

Voyez les mots : « Mémoires pour servir à l'histoire... »

Histoire générale de la rébellion de Bohême, depuis 1617-1623. (Par Claude MALINGRE.) *Paris, Petitpas,* 1623, 5 parties de 950 pages in-8.

Histoire générale de la réforme de l'ordre de Citeaux en France. Tome I, qui contient ce qui s'y est passé de plus curieux et de plus intéressant depuis son origine jusqu'en 1726... (Par l'abbé François-Armand GERVAISE.) *Avignon,* 1746, in-4. — *Avignon,* 1749, in-4.

On n'a que le premier volume de cet ouvrage, l'auteur ayant été arrêté à la sollicitation de l'abbé de Citeaux, et conduit à l'abbaye de Reclus, diocèse de Troyes, où il est mort quelques années après, âgé de quatre-vingt onze ans.

Histoire générale de Languedoc, avec des notes et les pièces justificatives... Par deux religieux bénédictins de la congrégation de Saint-Maur (Claude DE VIC et Joseph VAISSETTE). *Paris, Jacques Vincent,* 1730-1745, 5 vol. in-fol.

Les auteurs ont signé l'épître.

Les pères MARCHAND et BOYER ont donné les premiers soins à cet ouvrage ; mais leur âge et leurs emplois ne leur ayant pas permis de le continuer, on leur a substitué dom de Vic et dom Vaissette.

Histoire générale de Metz par des religieux bénédictins de la congrégation de Saint-Vannes.

Voy. ci-dessus, « Histoire de Metz », col. 725, c.

Histoire générale de Napoléon Bonaparte, de sa vie privée et publique, de sa carrière politique et militaire, de son administration et de son gouvernement, par l'auteur des « Mémoires sur le Consulat » (A.-C. THIBAUDEAU). *Paris, Ponthieu,* 1827-1828, 6 vol. in-8.

C'est tout ce qui a paru. L'ouvrage était annoncé en 12 volumes.

Histoire générale de Port-Royal... (Par dom Charles CLÉMENCET.) *Amsterdam, Van Duren* (*Paris, Barrois*), 1755-1757, 10 vol. in-12.

L'auteur a laissé manuscrite l' « Histoire littéraire de Port-Royal », en 6 vol. in-4. J'en dois la communication à M. Brial, et je la cite quelquefois dans cet ouvrage.

Histoire générale de Provence, dédiée aux États. (Par Jean-Pierre PAPON.) *Paris, Moutard,* 1777-1786, 4 vol. in-4.

L'auteur a signé l'épître.

Histoire générale des dogmes et opinions philosophiques, depuis les plus anciens temps jusqu'à nos jours, tirée du « Dictionnaire encyclopédique des arts et des sciences » (par DIDEROT). *Londres* (*Bouillon*), 1769, 3 vol. in-8.

Cette édition fourmille de fautes. L'ouvrage a été réimprimé avec exactitude, par les soins de Naigeon, en 1796, dans la collection des Œuvres de Diderot.

Histoire générale des Goths, traduite du latin de JORNANDÈS. *Paris, Barbin,* 1603 (1703), in-12.

Dans le privilége, le traducteur est nommé J.-B. DROUET, sieur de MAUPERTUIS.

Histoire générale des guerres et mouvemens arrivés en divers États du monde sous le règne auguste de Louis XIII. (Par Cl. MALINGRE.) *Rouen,* 1647, 4 vol. in-8.

Histoire générale des insectes de Surinam et de toute l'Europe, par Mlle Marie Sybille DE MÉRIAN ; traduite du hollandois par Jean MARRET (corrigée et augmentée

par P.-J. BUC'HOZ). *Paris, Desnos,* 1771, 3 vol. in-fol.

On joint assez ordinairement à cet ouvrage l' « Histoire naturelle de divers oiseaux qui habitent le globe, traduite du latin de JONSTON ». *Paris,* 1773, 2 vol. in-fol.

Histoire générale des Larrons, divisée en trois livres, par F. D. C. (François DE CALVI) ; Lyonnois... *Rouen, M. du Souillet,* 1636, 3 part. en 1 vol. in-8.

Première édition de cet ouvrage qui réunisse les trois parties, imp. d'abord séparément. La première partie a paru pour la première fois sous le titre de : « Histoire générale des Larrons, contenant les vols, massacres, assassinats.... le tout recueilli par le sieur d'AUBRINCOURT. » *Paris, Martin Collet,* 1628, in-8. Ce nom est probablement un pseudonyme.

Dans la réimpression de *Paris, Rolin Baragues,* 1631, in-8, les initiales F. D. C., Lyonnois, sont substituées au nom d'Aubrincourt.

Une seconde partie, sous le titre d' « Inventaire général des Larrons », et une troisième, sous celui de « Suite de l'Inventaire de l'histoire générale des Larrons », ont été imp. à *Paris, chez Rolin Baragues,* 1625, in-8.

Voy., pour le détail des nombreuses éditions des trois parties réunies, Brunet, « Manuel du libraire », 5e éd., III, col. 204.

Voy. aussi « Supercheries », II, 19, e.

Histoire générale des ordres de chevalerie civils et militaires existant en Europe. Empire français. Légion d'honneur, par M. V.... (Nicolas VITON DE SAINT-ALLAIS). *Paris, C.-F. Patris,* 1811, in-4.

Fig. color. représentant les décorations de la Légion d'honneur dans ses différents grades. •

Histoire général des Pays-Bas, contenant la description des dix-sept provinces (par le chancelier J.-B. CHRYSTIN) ; édition nouvelle divisée en quatre volumes, augmentée de plusieurs remarques curieuses, de nouvelles figures et des événements les plus remarquables jusqu'en 1720. *Bruxelles,* 1720, in-8.

Voy. « Délices des Pays-Bas », IV, 873, c.

Histoire générale des prisons sous le règne de Buonaparte, avec des anecdotes curieuses et intéressantes sur la Conciergerie, Vincennes, Bicêtre, Sainte-Pélagie, etc., et les personnages marquants qui y ont été détenus. (Par P.-F.-F.-J. GIRAUD.) *Paris,* 1814, in-8. •

Histoire générale des Provinces-Unies, par MM. D*** (Benigne DUJARDIN), ancien maître des requêtes, et S*** (Godefroy SELLIUS), de l'Acad. impér. et de la Soc. roy. de Londres. *Paris, Simon,* 1754-1770, 8 vol. in-8.

Ouvrage traduit en grande partie du latin de Jean WAGENAAR.

Histoire générale des voyages... (Par

l'abbé A.-F. Prévost, Alex. Deleyre, A.-G. Meusnier de Querlon et J.-P. Rousselot de Surgy.) *Paris, Didot*, 1746-1789, 20 vol. in-4, y compris la table (rédigée par Étienne-Martin Chompré). — Nouvelle édition, avec des additions considérables (par J.-P.-J. Dubois et autres). *La Haye, de Hondt*, 1747-1780, 25 vol. in-4.

L'abbé Prévost est auteur des dix-sept premiers volumes de cet ouvrage.

Histoire générale du Jansénisme, contenant ce qui s'est passé en France, en Espagne... par M. l'abbé ****** (par dom Gabr. Gerberon). *Amsterdam, de Lorme*, 1700, 3 vol. in-8.

Histoire générale du Pont-Neuf, en six volumes in-folio, proposée par souscription. *Londres (Paris)*, 1758, in-8, 36 p.

Badinage ingénieux et bien écrit, par J.-B. Dupuy-Demportes.

Histoire générale du progrez et décadence de l'hérésie moderne, tome second.

Voy. ci-dessus, « Histoire de la naissance...... », col. 704, *b*.

Histoire générale du Théâtre-François... (Par les frères François et Claude Parfaict.)

Voy. ci-dessus, « Histoire du Théâtre-François... », col. 795, *d*.

Histoire générale et impartiale des erreurs, des fautes et des crimes commis pendant la Révolution française... ornée de gravures et de tableaux. L. P. (Par Louis Prudhomme.) *Paris*, an V-1797, 6 vol. in-8.

Il y a des exemplaires qui portent le titre de « Histoire générale des crimes... », avec le nom de l'auteur.

Histoire générale et particulière de Bourgogne, avec des notes, des dissertations et les preuves justificatives... Par un religieux bénédictin de l'abbaye de S.-Bénigne de Dijon et de la congrégation de S.-Maur (Urbain Plancher). *Dijon, A. de Fay*, 1739-1781, 4 vol. in-fol.

Le 4ᵉ vol. a été rédigé par dom Merle, d'après les recherches d'Alexis Salazard.

Histoire générale et particulière de l'électricité. (Par l'abbé Mangin.) *Paris, Rollin*, 1752, 3 vol. in-12.

Voy. le « Journal de Verdun », avril 1753, p. 291, et *décembre*, même année, p. 435.

Cet ouvrage a été attribué mal à propos à l'avocat J.-A. Guer, dans la « France littéraire » de 1769.

Histoire générale et particulière de la Grèce, par l'Historien des Hommes (Delisle de Sales). *Paris*, 1783, 13 vol. in-8.

Histoire générale et particulière des religions et cultes de tous les peuples du monde, tant anciens que modernes. (Par Fr.-H.-Stan. de L'Aulnaye et l'abbé Gaspard Michel, dit Leblond). *Paris*, 1791, in-4.

Il n'a paru que trois livraisons.

Histoire générale et particulière du visa fait en France pour la réduction et l'extinction de tous les papiers royaux... (Par du Hautchamp.) *La Haye, Scheurléer*, 1743, 4 vol. in-12.

Histoire géographique de la Nouvelle-Écosse, traduite de l'anglois. (Par Et. de Lafargue.) *Londres*, 1755, in-12.

Histoire géographique, naturelle, ecclésiastique et civile du diocèse d'Embrun, par M*** (Albert, curé de Seyne). *S. l. (Embrun)*, 1783, 2 vol. in-8.

Histoire grecque, racontée aux petits enfants. Par l'auteur de l' « Histoire romaine » (J. Lamé-Fleury). *Paris, Dufart*, 1829, in-18.

Histoire héroïque et universelle de la noblesse de Provence ; avec huit grandes cartes armoriales. (Par Artefeuil.) *Avignon, Seguin*, 1776-1786, 3 vol. in-4.

L'auteur a signé l'épître.

Voici ce qu'on lit dans l'ouvrage intitulé « les Rues d'Aix », par Roux-Alphéran : Pierre-Laurent-Joseph de Gaillard-Lonjumeau, seigneur de Ventabren et conseiller en la cour des comptes, était un savant magistrat, né à Aix. Il eut la plus grande part dans la rédaction de l'ouvrage ayant pour titre : « Histoire héroïque et universelle de la noblesse de Provence », et fut aidé par Louis-Charles-Marie d'Arnaud de Rousset, son ami, conseiller au Parlement.

Histoire héroïque et universelle de la noblesse de Provence, dédiée à messeigneurs les syndics et commissaires possédant fiefs du corps de la noblesse, élus parmi les membres du même corps, dans son assemblée générale tenue à Aix le 3ᵉ juin 1754. (Par Honoré Coussin.) *Aix, Coussin, s. d.*, in-4.

Histoire impartiale des événemens de la dernière guerre dans les quatre parties du monde. (Par l'abbé Pierre de Longchamps.) *Paris, veuve Duchesne*, 1785. — Seconde édition. *Id.*, 1787, 3 vol. in-12.

La 3ᵉ éd., *Paris, veuve Duchesne*, 1789, 3 vol. in-12, porte le nom de l'auteur.

Histoire impartiale des Jésuites... (Par S.-N.-H. Linguet.) *Madrid (Paris)*, 1768, 2 vol. in-12.

Histoire impartiale des révolutions de Genève, dans le XVIIIᵉ siècle, jusqu'à celle de 1789 inclusivement, par M. D. (Francis d'Ivernois). *Genève*, 1791, 3 vol. in-8.

Histoire intéressante, ou Relation des guerres du Nord et de Hongrie au commencement de ce siècle. Première partie, contenant ce qui s'est passé de plus intéressant dans le Nord depuis l'année 1700 jusqu'en 1710. *Hambourg, la Comp. des libraires*, 1756, 2 vol. in-12.

Des deux ouvrages réunis sous ce titre, le premier, d'après l'éditeur, est l'œuvre d'un ambassadeur de France (le marquis DE BONNAC, alors envoyé extraordinaire en Suède), qui l'aurait écrit pour l'agrément de la duchesse de Bourgogne, mère de Louis XV, à laquelle l'ouvrage fut présenté en 1711. On y reconnaît, en effet, la main d'un homme au courant des affaires de son temps..... (Minzloff, « Pierre le Grand », 545-46.)
A. L.

Suivant une note manuscrite de A.-A. B., l'éditeur de cet ouvrage a été E.-Cath. FRÉRON.

Histoire journalière. *Compiègne, par l'imprimeur ordinaire du roi*, le 5 de sept. 1652, in-4, 12 p.

Par Charles ROBINET, de Saint-Jean, d'après la « Bibliographie des Mazarinades ».

Histoire journalière de Paris. 1716 et les six premiers mois de 1717. *Paris, Etienne Ganeau*, 1717, 2 volumes in-12.

Le privilége est accordé au sieur D. B. D. S. G. (DU BOIS DE SAINT-GELAIS).

Histoire joyeuse contenant les passions et angoisses d'un martyr amoureux d'une dame... (Par François GOMAIN.) *Lyon, par Rigaud et Jean Saugrain*, 1557, in-16.

Le nom de l'auteur se trouve au commencement d'un sonnet placé en tête de ce livre fort rare.

Histoire (l') justifiée contre les romans. (Par l'abbé Nic. LENGLET DU FRESNOY.) *S. l. n. d.*, in-12. — *Amsterdam, J.-F. Bernard*, 1735, in-12.

Histoire (l'), le cérémonial et les droits des États-Généraux du royaume de France... *S. l.*, février 1789, 2 vol. in-8.

La première partie de cet ouvrage est du duc DE LUYNES ; la seconde est de l'abbé J.-L. GIRAUD SOULAVIE.

Histoire littéraire de Fénelon, ou revue historique et analytique de ses œuvres ; pour servir de complément à son histoire et aux différentes éditions de ses œuvres. Par M*** (l'abbé Jean-Edme-Auguste GOSSELIN), directeur du séminaire de Saint-Sulpice. *Lyon et Paris, Périsse*, 1843, in-8.

Voy. « Supercheries », III, 1114, a.

Histoire littéraire de l'Europe, depuis le mois de janvier 1726 jusqu'en décembre 1726. (Par Mich. GUYOT DE MERVILLE.) *La Haye, G. de Merville*, 1726, 6 vol. in-8.

Histoire littéraire de la congrégation de Saint-Maur... (Par dom René-Prosper TASSIN.) *Bruxelles et Paris, Humblot*, 1770, in-4.

Desprez, imprimeur du clergé, n'osa pas y mettre

son nom, et crut devoir emprunter celui de Humblot. Il fut obligé de faire plusieurs cartons (quatorze).

On rencontre des exemplaires où ces cartons se trouvent réunis.

Pour la description de ces cartons, voy. Quérard, « France littéraire », IX, p. 348.

Histoire littéraire de la France... Par des religieux bénédictins de la congrégation de S.-Maur. *Paris, Osmont et Nyon*, 1733-1763, 12 vol. in-4.

Cet ouvrage fut commencé par dom Ant. RIVET DE LA GRANGE. Il est l'auteur des tomes I-IX et il fut aidé par DUCLOU, Mathieu PONCET et COLOMB, dont la collaboration se borna à lui fournir des notes et des extraits. Il mourut avant la fin du tome IX, qui fut terminé par dom Charles TAILLANDIER, qui rédigea aussi le tome X. Le tome XI eut pour auteur dom Ch. CLÉMENCET et Jean-François CLÉMENT ; ce dernier a été le principal rédacteur du tome XII.

L'Institut a fait continuer cet ouvrage par plusieurs de ses membres. Le tome XIII parut en 1814, et la collection en est arrivée en 1872 au tome XXV. Les noms de rédacteurs sont donnés dans les préfaces, qui indiquent aussi la part de travail de chaque collaborateur.

Les auteurs des tomes XIII à XXV sont : M.-J.-J. BRIAL, P.-L. GINGUENÉ, P.-C.-F. DAUNOU, E.-C.-J.-P. DE PASTORET, Amaury DUVAL, L.-C.-F. PETIT-RADEL, Emeric DAVID, Félix LAJARD, Victor LECLERC, FAURIEL, et MM. Paulin PARIS, Emile LITTRÉ, Ernest RENAN, Barthélemy HAURÉAU.

Histoire littéraire de Saint-Bernard. (Par dom Ch. CLÉMENCET.) *Paris, veuve Desaint*, 1773, in-4.

Avant 1814, ce volume était considéré comme le treizième de l' « Histoire littéraire de la France », Voy. ci-dessus.

Histoire littéraire des Arabes ou des Sarrasins pendant le moyen âge, traduite de l'anglais de Joseph BERINGTON, par A.-M.-H. B. (Ant.-Mar.-Henri BOULARD). *Paris, Debeausseaux*, 1823, in-8, 2 ff. de tit. et 112 p.

Voy. « Supercheries », I, 304, a.

Histoire littéraire des femmes françoises. (Par l'abbé Jos. DE LA PORTE, aidé de J.-Fr. DE LA CROIX, de Compiègne.) *Paris, Lacombe*, 1769, 5 vol. in-8.

Nouv. édit. sous ce titre : « Histoire des femmes qui se sont rendues célèbres dans la littérature françoise ». *Paris, Costar*, 1772, 5 vol. in-8.

Histoire littéraire des huit premiers siècles de l'ère chrétienne, traduite de l'anglais de J. BERINGTON (par Antoine-Marie-Henri BOULARD). *Paris, Delaunay*, 1814, in-8, 3 ff. lim. et 214 p. — Des IXe et Xe siècles. *Paris, Delaunay*, 1816, in-8, 2 ff. de tit. et 100 p. — Des XIe et XIIe siècles. *Paris, Maradan*, novembre 1818, in-8, 2 ff. de tit. et 180 p. — Du XIIIe siècle. *Paris, Maradan*, 1821, in-8, VIII-114 p. — Du XIVe siècle et de la première moitié du xvᵉ. *Paris, Debeausseaux,* 1822, in-8, 3 ff. lim. et 144 p.

Le vol. du ixᵉ et celui du xivᵉ siècle portent sur le titre le nom du traducteur. Celui du xiᵉ siècle est anonyme, comme le premier. Celui du xiiiᵉ siècle porte les initiales A. M. H. B.

Voy. « Supercheries », I, 300, *f.*

Histoire littéraire des troubadours du xiiᵉ au xiiiᵉ siècle. (Par J.-B. Lacurne de Sainte-Palaye ; publiée par l'abbé C.-F.-X. Millot.) *Paris, Durand,* 1774, 3 vol. in-12.

Histoire littéraire du moyen âge (traduite de l'anglois de James Harris, par A.-M.-H. Bouland). *Paris, Lottin de S.-Germain,* 1785, in-12.

Histoire mémorable de ce qui s'est passé tant en France qu'aux pays étrangers, commençant en l'an 1610 et finissant en l'an 1619... (Par Pierre Boitel, sieur de Gaubertin.) *Rouen, J. Besongne,* 1619, 1620, in-8.

Histoire mémorable de la guerre civile d'entre les deux rois des Noms et des Verbes, à cause de la contention qui fut entr'eux pour la primauté de l'oraison. Traduite du latin de messire André (Guarna) de Salerne, patricien de la ville de Cremone. Par P. R. P. *Paris, Jean Libert,* 1616, in-8, 95 p.

La dédicace du traducteur est signée : Pierre Rogen, Parisien.

Histoire mémorable de la vie de Jeanne d'Arc... (Par Jean Masson.) *Paris, P. Chevalier,* 1612, in-8.

Histoire mémorable des guerres entre les deux maisons de France et d'Autriche, depuis l'an 1515 jusques en 1598... (Par Pierre Matthieu.) *S. l.,* 1599, in-8. — *Rouen, I. Osmont,* 1603, in-8. — *S. l.,* 1603, in-8.

L'auteur a signé la dédicace.

Histoire mémorable et délectable à lire à toutes personnes, en laquelle est contenue la Patience de Gryselydis, femme du marquis de Saluces, ensemble l'obéissance que doivent avoir les femmes envers leurs maris (trad. du latin de Fr. Pétrarque). *Paris, Noël Le Coq* (vers 1575), pet. in-8.

Voy. ci-dessus, « Grande et merveilleuse patience...», col. 567, *b.*

Histoire merveilleuse de l'abstinence triennale d'une fille de Confolens en Poitou... trad. du latin de M. Citois (par Lescarbot). *Paris, J. de Heuqueville,* 1602, in-8.

Histoire merveilleuse de sœur Alis de Thésieux...

Voy. « Merveilleuse histoire de l'esprit... »

Histoire métallique de l'Europe, ou Catalogue des médailles modernes qui composent le cabinet de M. Poulhariez, écuyer, négociant de Marseille. (Par P. Anchier Tobiesen Duby.) *Lyon, Aimé Laroche,* 1767, in-8.

Histoire métallique de Napoléon, ou recueil des médailles et des monnaies qui ont été frappées depuis la première campagne de l'armée d'Italie jusqu'à son abdication en 1815. (Par James-V. Millingen.) *Londres, Treuttel et Würtz,* 1819-1821, in-4.

Histoire métallique des dix-sept provinces des Pays-bas, depuis l'abdication de Charles V jusqu'à la paix de Bade en 1716, par Gérard Van Loon ; traduite du hollandois (par l'abbé A.-F. Prévost et J. Van Effen). *La Haye, P. Gosse,* 1732, 5 vol. in-fol.

Histoire militaire de Charles XII, roi de Suède... par Gustave Adlerfeld (traduite du suédois en françois, par Charles-Maximilien Adlerfeld, fils de l'auteur). *Amsterdam, Wetstein,* 1740, 4 vol. in-12.

Histoire militaire de Flandre, ou les campagnes du maréchal de Luxembourg, depuis l'année 1690-1694. (Par le comte de Boisgelin.) Nouvelle édition, plus correcte et augmentée de notes tactiques, par un officier prussien. *Potsdam, C.-C. Horvath,* 1783, 2 part. in-4.

Les premières éditions ont été publiées sous le pseudonyme du chevalier de Beaurain.

Voy. « Supercheries », I, 490, *a.*

Histoire miraculeuse de la sainte hostie gardée en l'église de S. Jean en Greve. Ensemble quelques hymnes de l'église au S. Sacrement de l'autel de la traduction de H. S. P. (Hieronymus Seguier, Prætor). *Paris, F. Morel,* 1604, pet. in-8.

Histoire miraculeuse de N. D. de Liesse... (Par Saint-Perès.) *Paris,* 1648, in-12. — *Paris, J. Piot,* 1657, in-8.

Plusieurs fois réimprimé.

C'est le même livre que le « Vrai Trésor de l'Histoire sainte sur le transport miraculeux de l'image de N. D. de Liesse ». *Paris,* 1647, in-4 ; — 1648, in-8.
V. T.

Histoire miraculeuse de Notre-Dame de Sichem, au Mont-Aigu, en Brabant, escrite en latin par Justin Lipse, traduite en françois par un professeur du collège des jésuites de Tournon (Guillaume Reboul). *Lyon,* 1604, in-8.

Histoire moderne de Russie, traduite de l'anglais de M. Horne-Took (par l'abbé A.-J. de Bassinet). *Paris, Maradan,* an XI-1802, 6 vol. in-8.

Histoire moderne des Chinois, des Japonois, des Indiens, etc., pour servir de suite à l'Histoire ancienne de Rollin (par l'abbé F.-M. DE MARSY, et depuis le douzième volume par RICHER). *Paris, Saillant,* 1755-1778, 30 vol. in-12.

Histoire moderne, extraite de deux chapitres de l'histoire des temps passés, à l'usage de tous les partis. (Par Ant. JAY.) *Paris, L'Huillier,* 1816, in-8, 58 p.

Histoire monastique d'Irlande. (Par Louis-Augustin ALEMAND.) *Paris, L. Lucas,* 1690, in-12.

Histoire nationale, ou Annales de l'Empire français depuis Clovis jusqu'à nos jours. Avec figures. (Par M.-A. MOITHEY.) *Paris, Moithey,* 1791, 5 vol. in-12.

Histoire naturelle, civile et ecclésiastique de l'empire du Japon, composée en allemand par Engelbert KÆMPFER, et traduite en françois sur la version angloise de Jean-Gaspar SCHEUCHZER (par NAUDÉ, Francois réfugié à Londres). *La Haye, P. Gosse,* 1729, 2 vol. in-fol.

Histoire naturelle d'Irlande... traduite de l'anglois de Gérard BOATE (par P. BRIOT). *Paris, Rob. de Ninville,* 1666, in-12.

Histoire naturelle de l'âme, traduite de l'anglois de CHARP, par feu M. H... (Francois-Joseph HUNAULD). (Composée par Julien OFFROY LA METTRIE.) *La Haye, Néaulme,* 1745, in-8. — Nouvelle édition. *Oxford,* 1747, in-12.

La seconde édition est indiquée comme « revue, bien exactement corrigée de quantité de fautes qui s'étaient glissées dans la première et augmentée de la lettre critique de M. de La Mettrie à Mme la marquise du Châtelet. »

Histoire naturelle de l'Islande, du Grœnland, du détroit de Davis et d'autres pays situés sous le Nord, traduite de l'allemand de M. ANDERSON... par M*** (Godefroy SELLIUS), de l'académie impériale... *Paris, S. Jorry,* 1750, 2 vol. in-12. — *Paris, M. Lambert,* 1754, 2 vol. in-12.

Dans l'édition de 1754, le nom du traducteur est indiqué « par M. S. »

Histoire naturelle de la cochenille, justifiée par des documens authentiques. (Par Melchior DE RUSCHER.) *Amsterdam,* 1729, in-8.

Histoire naturelle de la fontaine qui brûle près de Grenoble. (Par J. JARDIN.) *Tournon,* 1618, in-12.   V. T.

Histoire naturelle de la religion, traduite de l'anglois de M. HUME (par J.-B. DE MÉRIAN). *Amsterdam,* 1759, in-8.

Histoire naturelle de la Suisse dans l'ancien monde, traduite de l'allemand de GROUNER (par le ministre DULON). *Neufchâtel, Renaud,* 1776, in-12.

Histoire naturelle de PLINE, traduite en françois, avec le texte latin et des notes (par Louis POINSINET DE SIVRY, A.-G. MEUSNIER DE QUERLON, J.-E. GUETTARD et autres). *Paris, veuve Desaint,* 1771-1782, 12 vol. in-4.

Histoire naturelle des abeilles (par G.-A. BAZIN.) *Paris,* 1744, 2 vol. in-12.

Histoire naturelle des fraisiers. (Par A.-N. DUCHESNE.) 1786, in-12, 46 p.

Extrait du « Dictionnaire de botanique » de La Marck, faisant partie de l' « Encyclopédie méthodique ».

Histoire naturelle des Lépidoptères les plus rares de Géorgie, avec les plantes qui leur servent d'aliment, composée d'après les observations de J. Abbot, par J.-S. SMITH, en anglais et en français (traduit par ROMET). *Londres,* 1797, 2 vol. in-fol.

On doit aussi à M. Romet la traduction française de l'ouvrage intitulé : « l'Aurélien ou Histoire naturelle des chenilles, chrysalides, phalènes et papillons anglais, etc. » *Londres,* 1794, in-fol.

Histoire naturelle des moines, écrite d'après la méthode de M. de Buffon. (Par P.-M.-A. BROUSSONNET.) *Paris,* 1790, in-8, 34 p.

Même ouvrage, quant au fond, que l' « Essai sur l'histoire naturelle de quelques espèces de moines... » Voy. ci-dessus, col. 233, *a.* La préface des deux ouvrages est la même.

Histoire naturelle des quadrupèdes et des reptiles. (Par Pierre LA MÉSANGÈRE.) *Paris,* 1794, in-12.   V. T.

Histoire naturelle des végétaux, considérée relativement aux différens usages qu'on en peut tirer pour la médecine et l'économie domestique. *Paris, Costard,* 1772, 10 vol. in-12, fig.

C'est le même ouvrage que le « Traité historique des plantes qui croissent dans la Lorraine, par BUC'HOZ ». *Nancy,* 1762, ou *Paris,* 1770, 10 tomes en 11 vol. in-12.

Histoire naturelle du cacao et du sucre. (Par D. QUÉLUS ou DE CHÉLUS, corrigée par Nic. MAHUDEL.) *Paris, d'Houry,* 1719, in-12.

Histoire naturelle du thé, avec des observations sur les qualités médicales et les effets qui résultent de son usage, par Jean COAKLEY LETTSOM. (Ouvrage traduit de l'anglois par J.-A. TROCHEREAU DE LA BERLIÈRE.) *Paris, Lacombe,* 1773, in-12.

Histoire (l') naturelle, éclaircie dans deux de ses parties principales, la lithologie et la conchyliologie, dont l'une traite des pierres et l'autre des coquillages, par M*** (A.-J. Dézallier d'Argenville). *Paris, de Bure*, 1742, in-4. — Nouv. édit., augmentée de la métamorphose. *Paris*, 1757, in-4, avec le nom de l'auteur.

Histoire (l') naturelle éclaircie dans une de ses parties principales, l'ornithologie, ouvrage traduit du latin du *Synopsis avium* de Ray, avec des augmentations par Salerne (publié par A.-J. Dézallier d'Argenville). *Paris, de Bure*, 1767, in-4.

Histoire (l') naturelle éclaircie dans une de ses parties principales, l'oryctologie, qui traite des terres, des pierres, des métaux, des minéraux et autres fossiles, par M*** (A.-J. Dézallier d'Argenville). *Paris, de Bure*, 1755, in-4.

Histoire (l') naturelle éclaircie dans une de ses parties principales, la conchyliologie, qui traite des coquillages de mer, de rivière et de terre, augmentée de la zoomorphose... Par M... (A.-J. Dézallier d'Argenville). *Paris, de Bure*, 1757, in-4.

Histoire naturelle et civile de la Californie... traduite de l'anglois (d'André-Marc Burriel, jésuite espagnol, d'après les mémoires de Michel Vénegas), par M. E** (M.-A. Eidous). *Paris, Durand*, 1767, 3 vol. in-12.

Voy. « Supercheries », I, 1197, b.

Histoire (l') naturelle et générale des Indes, isles et terre ferme de la grande mer Oceane, traduicte de castillan (d'Oviedo) en françois (par Jean Poleur). *Paris, Vascosan*, 1555, in-fol.

Cette traduction ne contient que les six premiers livres de cet ouvrage estimé, qui parut à Séville en 1535, qui a été réimprimé en 1547, et dont il a été donné à Madrid une bonne édition en 1851-55, 3 tomes en 4 vol. gr. in-4.

Histoire naturelle et morale des îles Antilles de l'Amérique, enrichie de plusieurs belles figures des raretez les plus considérables qui y sont décrites (par César de Rochefort), avec un vocabulaire caraïbe. *Rotterdam, Arnould Leers*, 1658, in-4. — 2ᵉ éd. *Id.*, 1665, in-4.

L'auteur a signé l'épître.

Le Père Dutertre, dans son histoire, dit positivement que Rochefort lui a volé son manuscrit.

Le savant Abeille, dans une note placée sur un exemplaire de cet ouvrage, dit que le véritable auteur est Louis de Poincy.

Cet ouvrage a été réimprimé avec le nom de Rochefort sur le titre. *Lyon, C. Fourmy*, 1667, 2 vol. in-12.

Le vocabulaire caraïbe paraît être du P. Breton.

Voy. pour plus de détails Ch. Leclerc, « Bibliotheca americana ». *Paris, Maisonneuve*, 1867, in-8, nᵒˢ 491, 1321 et suiv.

Histoire naturelle et politique de la Pensylvanie, et de l'établissement des quakers dans cette contrée. Traduite de l'allem. par M. D. S. (J.-P. Rousselot de Surgy). *Paris, Ganeau*, 1768, in-12.

La partie d'histoire naturelle est tirée du voyage de P. Kalm, publié en suédois, à *Stockholm*, 1753-61, 3 vol. C'est probablement d'après la traduction allem. de Ph. Murray, *Gott.*, 1753-64, 3 vol., que n. de Surgy a fait son travail. Quant à ce qui regarde les quakers, il l'a pris dans le voyage de G. Mittelberger. *Stuttg.*, 1756, in-8.

Histoire naturelle et politique du royaume de Siam. (Par Nicolas Gervaise.) *Paris*, 324 p. *Cl. Barbin*, 1688, in-4, 8 ff. lim., et 4 ff. de tab. et d'errata. — *Paris, Et. Ducastin*, 1689, in-4.

L'auteur a signé l'épître.

Histoire naturelle, par Buffon, Daubenton et M. de La Cépède, nouvelle édition (publiée par J.-N.-S. Allamand et autres). *Amsterdam*, 1766 et ann. suiv. *Dordrecht*, 1799, 38 vol. in-4.

Histoire navale d'Angleterre, depuis la conquête des Normands en 1066, jusqu'à la fin de l'année 1734, traduite de l'anglois de Thomas Lediard (par P.-F. de Puisieux.) *Lyon, Duplain*, 1751, 3 vol. in-4.

Histoire nouvelle de la cour d'Espagne. (Par la comtesse d'Aulnoy.) *La Haye, Alberts*, 1692, in-12.

Voy. « Mémoires de la cour d'Espagne ».

Histoire nouvelle de la révolte des Cévennes. (Par Fr. Duval.) *Amsterd., Jacq. Desbordes*, 1720, pet. in-12.

Voy. ci-après, « Histoire nouvelle et abrégé... », col. 821, b.

Histoire nouvelle de Margot des Pelotons, ou la Galanterie naturelle. (Par Fr.-Ch. Huerne de La Mothe.) *Genève*, 1775, 1776, 2 part. pet. in-8.

Voir une note signée P. L. insérée dans le « Bulletin du bibliophile », 1864, p. 1035, et reproduite dans la « Bibliographie des ouvrages relatifs à l'amour, aux femmes, par le C. d'I** », 3ᵉ édit., t. IV, p. 68.

Histoire nouvelle des Amazones. (Par de Chassepol.) *Paris, Barbin*, 1678, 2 vol. in-12.

Histoire nouvelle des amours de la jeune Belise et de Cléante. Par M. D... (la présidente Anne Ferrand, née Bellinzani). *Paris (Rouen)*, 1689, in-12.

Les éditions suivantes sont intitulées : « Histoire des amours de Cléante et de Belise ». Voyez ci-dessus, col. 738, e.

Histoire nouvelle des anciens ducs et autres souverains de l'Archipel, avec la description des principales îles et des choses les plus remarquables qui s'y voyent encore aujourd'huy. *Paris, Et. Michallet,* 1698, in-12, 7 ff. lim., 404 p. et 1 f. de priv. — *Paris, Jean Anisson,* 1699, in-12, 7 ff. lim., 404 p. et 1 f. de priv. — *Paris, Michallet,* 1708, in-12.

L'épître est signée : R***.

« J'ai su, dit le P. Baizé, par un endroit bien sûr, que l'auteur est le P. Robert SAULGER, jésuite missionnaire en Grèce, né à Paris en 1637, mort en 1709, et que ce fut le P. TARILLON qui fit imprimer cette histoire, après l'avoir retouchée. » (*Catalogue de la Doctrine chrétienne, t. XI, p. 473.*) L'abbé Lenglet a eu tort de nommer SAULGE l'auteur de cet ouvrage.

Histoire nouvelle et abrégée de la révolte des Cevennes. (Par Fr. DUVAL.) *Paris, Nic. Pepie,* 1712, in-12. — *Amsterdam, J. Desbordes,* 1720, in-12.

Ce volume avait été imprimé en 1708 sous le titre de « Mémoires historiques de la révolte... » Voy. ces mots.

Il a été réimprimé en 1713 avec beaucoup de changements, sous le titre d' « Histoire du soulèvement... », voy. ci-dessus, col. 793, *e,* et en 1720 sous celui d' « Histoire nouvelle de la révolte des Cévennes », voy. ci-dessus, col. 820, *d.*

Histoire nouvelle et facétieuse de la femme d'un tailleur d'habits de la ville de Lyon, qui est accouchée d'une monstre d'horloge. *Paris, Ramier,* 1625, in-8, 13 p.

Cette facétie est une reproduction de la 500e anecdote du « Chasse-ennuy » de Louis GARON. Elle est reproduite dans le « Bibliophile fantaisiste », p. 19.

Histoire numismatique de la révolution française... Par M. H..... (Michel HENNIN). Avec planches. *Paris, Merlin,* 1826, 2 vol. in-4.

Histoire, obligations et statuts de la très vénérable confraternité des Francs Maçons, tirez de leurs archives et conforme aux traductions les plus anciennes... (Par DE LA TIERCE.) *Francfort, E. Warrentrapp,* 1742, in-12, xxx-283 p.

Réimprimé en 1745 sous le titre de : « Histoire des francs-maçons... » Voy. ci-dessus, col. 752, *b.*

Histoire ou Anecdotes sur la révolution de Russie. (Par C.-C. DE RULHIÈRE.) *Paris, Desenne,* 1797, in-8.

Réimprimée dans l' « Histoire de l'anarchie de Pologne », Voy. ci-dessus, col. 679, *a.*

Histoire (l') ou les Antiquités de l'état monastique et religieux. (Par le père CL. DELLE, dominicain.) *Paris,* 1699, 4 vol. in-12.

Histoire ou Police du royaume de Gala, traduite de l'italien en anglois, et de l'an-glois en françois. (Composée par l'abbé A.-F. DE BRANCAS-VILLENEUVE.) *Londres (Paris),* 1754, in-12.

Histoire ou Romance d'Aucassin et de Nicolette (tirée d'un roman de chevalerie d'origine provençale, devenu picard au XIIIe siècle, en prose et en vers, et mise en langage moderne par J.-B. DE LA CURNE DE SAINTE-PALAYE). 1752, in-12, 60 p.

Réimprimé sous le titre de : « les Amours du bon vieux temps... » Voy. IV, 152, *a.*

Histoire panégyrique de Louis XIV... sous le nom de héros incomparable. (Par DE LA MOTTE LE NOBLE.) *Rouen, impr. de Maurry,* 1673, in-4.

Histoire parlementaire du traité de paix du 19 avril 1839 entre la Belgique et la Hollande... (Par Philippe BOURSON.) *Bruxelles, Mary-Muller et comp.,* 1839, 2 vol. in-8.

                      J. D.

Histoire particulière de l'abeille commune, considérée dans tous ses rapports avec l'histoire générale de l'homme... (Par B.-E. MANUEL.) *Paris, Agasse,* an XIV-1805, 2 vol. in-8, 5 fig.

Reproduit comme nouvelle édition augmentée d'un post-scriptum, *Paris, Lefèvre,* 1807 ; puis sous le titre de : « l'Aristée français, ou Traité curieux sur les abeilles... » *Paris, Laurens jeune,* 1808, 2 vol. in-8.

Histoire particulière de la Ligue en Bretagne. (Par DE ROSNIVINEN, marquis DE PINÉ, retouchée et rédigée par l'abbé DESFONTAINES.) *Paris, Rollin,* 1739, 2 vol. in-12.

Cette histoire forme les tomes III et IV de l' « Histoire des ducs de Bretagne ». Voy. ci-dessus, col. 748, *d.*

Histoire particulière des événements qui ont eu lieu en France pendant les mois de juin, juillet, d'août et de septembre 1792... Par M. M.... (MATON) DE LA VARENNE. *Paris, Périsse et Compère,* 1806, in-8.

Il y a des exemplaires qui portent le nom complet de l'auteur.

Histoire particulière des jésuites en France. (Par l'abbé MINARD.) *Sorbon,* 1762, in-12.

Histoire particulière des plus mémorables choses qui se sont passées au siége de Montauban, et de l'acheminement d'icelui. *S. l. n. d.,* in-8, 234 p. — *Leyden, par G. Basson, jouxte la copie apportée de France,* 1623, in-24, 209 p. — *Jouxte la copie imp. à Leyden,* 1624, in-8, 300 p. — *S. l.,* 1624, in-8, 192 p.

La dédicace est signée : A. I. D. Par A. JOLY, ministre à Montauban, d'après une note contemporaine sur l'exemplaire de l'ancienne Bibliothèque de la ville de Paris.

Une autre note, également d'une écriture du temps, sur l'un des exemplaires de la Bibliothèque nationale, porte : « On croit que BONENCONTRE en est l'auteur. »

La première de ces attributions, se rapportant mieux aux initiales de la dédicace, paraît la plus vraisemblable.

Histoire peu française de lord Guizot, organe des intérêts anglais et ministre des étrangers en France... Par un locataire de Sainte-Pélagie (Georges-Marie MATHIEU-DAIRNVAELL). *Paris*, 1842, in-8, 32 p.

Voy. « Supercheries », II, 802, *f.*

Histoire philosophique de l'homme. *Londres, Nourse (Paris, Prault)*, 1766, in-8.

M. Naigeon m'a affirmé d'une manière très-précise que cet ouvrage était de l'abbé C.-F.-X. MILLOT. C'est lui aussi qui m'en a nommé l'imprimeur. Le même nom s'est trouvé dans les cartes de M. Van Thol. Je dois dire cependant que, dans la « Notice sur la vie et les ouvrages de l'abbé Millot », insérée en tête de son ouvrage posthume qui a pour titre : « Dialogue et vie du duc de Bourgogne, père de Louis XV », *Besançon, Cabuchet*, 1816, in-8, on assure que l' « Histoire de l'homme » n'est point de l'abbé Millot. M. le chanoine Millot, frère de l'historien, et qui a revu la notice, aurait-il eu des raisons particulières pour ne pas reconnaître son frère comme auteur de l' « Histoire philosophique de l'homme » ?

Histoire philosophique de la naissance, du progrès et de la décadence d'un grand royaume, ou révolution de Taïti, avec le tableau du gouvernement, des mœurs, des arts et de la religion d'une nation intéressante. Par M*** (J.-Ch. PONCELIN DE LA ROCHE-TILHAC). *Paris, Royez*, 1784, 2 vol. in-12.

Voy. « Supercheries », III, 1074, *f.*

Histoire philosophique de la papauté.

Voyez ci-dessus, « Histoire de la papauté... », col. 705, *c.*

Histoire philosophique de la religion. (Par l'abbé YVON.) *Liége, Plomteux*, 1779, 2 vol. in-8.

Histoire philosophique du monde primitif...

Voy. ci-dessus, « Histoire du monde primitif », col. 784, *b.*

Histoire philosophique et politique de Lacédémone et des lois de Lycurgue, où l'on recherche par quelles causes et par quels degrés ces lois se sont altérées... Par M. l'A. D. G. (l'abbé DE GOURCY). Ouvrage couronné par l'Académie royale des inscriptions et belles-lettres. *Nancy et Paris, Valade*, 1768, in-8, 3 ff. lim. et 108 p.

L'auteur a signé l'épître.

Histoire philosophique et politique des établissemens et du commerce des Euro- péens dans les deux Indes. (Par l'abbé T.-G.-F. RAYNAL.) 1772, 6 vol. in-8. — *La Haye, Gosse fils*, 1774, 7 vol. in-8. — *Nouvelle édition. Genève, Pellet*, 1780, 5 vol. in-4 ou 10 vol. in-8, et atlas in-4.

On assure que, pour la partie philosophique, l'auteur a été aidé par DIDEROT, J. DE PECHMEJA, SAINT-LAMBERT et D'HOLBACH ; et pour celle du commerce, par PAULZE, fermier général.

J. DUTASTA, armateur de Bordeaux, a communiqué à l'abbé Raynal de si importantes recherches sur le commerce et les mœurs de l'Inde, que cet abbé se proposait de dédier son ouvrage à l'homme qui avait tant contribué à en augmenter le mérite. Voy. le « Tableau de Bordeaux », par M. BERNADAU, avocat. *Bordeaux*, 1810, in-12, p. 17.

A. DELEYRE a rédigé le dix-neuvième livre de cette histoire ; il forme la moitié du septième volume de l'édition de 1774, et le dixième de l'édition en 10 vol. Il a pour titre particulier : « Tableau de l'Europe », etc. Voy. ces mots.

Le comte D'ARANDA et le comte DE SOUZA ont fourni des mémoires intéressants pour les colonies d'Espagne et du Portugal.

Cette coopération de savants espagnols et portugais justifie pleinement le duc d'Almodavar qui, sous le pseudonyme d'Eduardo Malo de Luque, a publié : « Historia politica de los establecimientos ultra marinos de las naciones europeas, » *Madrid*, 1784-90, 5 vol. pet. in-4, ouvrage tiré en grande partie de celui de Raynal.

D'après M. Boulliot, celui qui a eu le plus de part à l' « Histoire philosophique » est l'abbé MARTIN, jésuite, mort à Saint-Germain-en-Laye en l'an VII. Cet abbé Martin est auteur du « Discours » prononcé par Robespierre, le jour de la fête de l'Être suprême.

Après la condamnation prononcée par arrêt du Parlement, un libraire de Paris envoya le restant de l'édition en dépôt à Emmanuel Flon, de Bruxelles, qui, au lieu de le mettre en vente en Belgique, s'avisa de réimprimer l'ouvrage et de vendre la contrefaçon comme édition originale. Ce fait donna lieu à la publication suivante :

« La Candeur bibliographique, ou le Libraire honnête homme. Récit dédié à la pucelle, belle-sœur d'Emmanuel... » A *Bibliopolis, chez Thomas le Véridique, à l'enseigne de la Vérité*, 1776, in-12 de 108 p.

La préface est signée M***.

On trouve p. 100-105 : « Catalogue des livres du fonds de MM. Emmanuel et Kirie, très-célèbres libraires, et non moins célèbres imprimeurs pour l'avenir », et p. 105-108 : « Livres qui doivent leur arriver incessamment ». Ce sont des titres d'ouvrages imaginaires.

Histoire philosophique et politique des révolutions d'Angleterre, depuis la descente de Jules-César jusqu'à la paix de 1783. Par le cit. *** (J. CHAS). *Paris, Moutardier*, an VII-1799, 3 vol. in-8.

Histoire philosophique et religieuse de l'homme ; par un prêtre du diocèse d'Orléans (l'abbé J. PELLÉ, curé de Bromeilles). *Paris, Vrayet de Surcy*, 1841, in-8.

Histoire physique de la mer, par L.-F. DE MARSIGLI (traduite en françois par Jean Le Clerc, publiée par Herm. BOERHAAVE). *Amsterdam*, 1725, in-fol.

Histoire physique et politique des îles françaises dans les Indes occidentales. (Par T.-G.-F. RAYNAL.) *Lausanne, Heubach*, 1784, in-8.

Histoire pitoyable du prince Erastus, fils de Dioclétien, empereur de Rome, contenant exemples et notables discours, trad. d'italien en françois. *Paris, Nic. Bonfons*, 1587, in-16.

On trouvera dans le « Manuel du libraire », 5e édit., III, 207, le titre de l'ouvrage italien trad. sous le titre ci-dessus.

Cet ouvrage, ajoute J.-Ch. Brunet, est une imitation du « Livre des sept sages ». Voy. ces mots.

Histoire pittoresque de la Convention nationale et de ses principaux membres. Par M. L***, conventionnel (le baron Étienne-Léon DE LAMOTHE-LANGON). *Paris*, Ménard, 1833, 2 vol. in-8.   D. M.

Histoire pittoresque des passions chez l'homme et chez la femme et particulièrement de l'amour. *Paris, imp. de Bailly*, 1846, in-8.

Même ouvrage, avec simple changement de frontispice, que la « Mimicologie, ou règles du geste et de l'éloquence dramatique..., par A. B*** et J. BOLL ». *Paris, Penaud*, 1845, in-8.

Histoire plaisante et recreative de la belle marquise de Saluste (*sic*), roy d'Hongrie. *Lyon, par Fr. Arnoullet le vieux*, 1613, in-16 de 308 p. y compris le titre, plus 4 ff. pour la table des chapitres.

Traduction du latin de l' « Histoire de Griselidis » de Fr. PÉTRARQUE.

Histoire (l') plaisante et recreative faisant mention des prouesses et vaillances du noble Sypperis de Vinenaulx et de ses diz septz filz. *Paris, Claude veufue de feu Iehan Sainct Denys*, in-4; — *Paris, N. Chrestien, s. d.*, in-4. — *Paris, J. Bonfons, s. d.*, in-4.

Réimp. dans la Collection publiée par le libraire Silvestre, de 1838 à 1858 (14e livraison).

Rédaction en prose d'une chanson de geste, composée par HUON DE VILLENEUVE. Voy. l' « Histoire littéraire de la France », t. XVIII, p. 730.

Histoire plaisante, facétieuse et récréative de Lazare de Tormes (trad. de l'espagnol de HURTADO DE MENDOZA, par SAUGRAIN), augmentée de la seconde partie, traduite de l'espagnol en françois (par J. VAN DER MEEREN). *Anvers, Guillain Jansens*, 1598, pet. in-12.

Voy. Brunet, « Manuel du libraire », 5e édit., t. III, col. 385.

Histoire poétique de la destruction et du rétablissement des parlements. (Par Fr. CIZOS-DUPLESSIS.) *Bordeaux, Pollandre*, 1775, in-12, 60 p.

Histoire poétique de la guerre nouvellement déclarée entre les anciens et les modernes. (Par François DE CALLIÈRES.) *Paris, Aubouin*, 1687; — *Amsterdam, P. Savouret*, 1688, in-12.

Histoire poétique, tirée des poëtes françois, avec un dictionnaire poétique, par l'auteur des « Anecdotes françoises » (l'abbé Guill. BERTOUX, chanoine de Senlis). *Paris, Nyon*, 1763; — *Savoye*, 1786, in-12, petit format.

On assure que cette histoire a été composée par Jean-Armand DE ROQUELAURE, ancien évêque de Senlis, aidé d'un de ses grands-vicaires. Ces messieurs eurent la générosité de l'abandonner à l'abbé Bertoux, qui s'en servit pour l'éducation de quelques jeunes gens : il la livra ensuite à l'impression, et s'en laissa considérer comme l'auteur.

Histoire politique, administrative, civile et militaire de Prusse, depuis la fin du règne de Frédéric le Grand jusqu'au traité de Paris (1763-1815). *Paris, A. Bossange*, 1828, 3 vol. in-8.

Ouvrage remarquable à plus d'un titre et qui aurait mérité d'être plus connu en France.

L'auteur est J.-G.-Fr. MANSO, né en 1759, m. en 1826. C'était un philologue et un historien éminent. Son ouvr. avait paru sous le voile de l'anonyme à Francfort, en 1819, sous ce titre :

Geschichte des Preussischen Staates vom Frieden zu Hubertsburg bis zum zweiten Pariser Abkunft. 3e vol. gr. in-8.

Il a été réimprimé en 1835.

Quant à la traduction française, Quérard, dans la « France littéraire », t. V, 496, l'attribue à A. BULOS; mais une note contemporaine de c tte traduction l'attribue à FAZY-CAZAL.

Histoire politique de la révolution en France, ou Correspondance entre lord D*** et lord T***. (Par Jacq. LE SCÈNE DES MAISONS.) *Londres*, 1789, 2 vol. in-8.

Histoire politique des grandes querelles entre l'empereur Charles-Quint et François Ier, roi de France... Par M. DE G....... (GOEZMANN), de la Société royale des sciences et arts de Metz. *Paris*, 1777, 2 vol. in-8.

Réimprimé en 1790 sous le titre de : « Histoire des démêlés... » Voy. ci-dessus, col. 745, *b*.

Voici une note trouvée sur un exemplaire et qui a été publiée dans le « Bulletin du bibliophile » en 1848, p. 677 :

« Je soussigné certifie, avec toute la véracité que comporte mon état et ma naissance, que cet ouvrage est de moy sous le nom de l' « Histoire du maréchal de Chabannes ». On a seulement transversé (*sic*) le titre; mais mes manuscrits existent au château de La Palisse, chez M. le marquis de Chabannes, mon frère, et ailleurs. A Paris, ce 1er janvier 1778. *Signé* : Gilbert-Blaise DE CHABANNES, abbé de Bonport, ordre de Cisteaux. »

Histoire politique du gouvernement françois, ou les quatre Ages de la monarchie françoise. (Par L.-V. DE GOEZMANN.) Tome Ier. *Paris, Grangé*, 1777, in-4.

Cet ouvrage, proposé par souscription, devait avoir quatre volumes; le premier seul a paru.

Voy. « les Trois Ages de la monarchie... »

Histoire politique du siècle, où se voit développée la conduite de toutes les cours, d'un traité à l'autre, depuis la paix de Westphalie jusqu'à la dernière paix d'Aix-la-Chapelle, inclusivement. (Par J.-H. MAUBERT DE GOUVEST.) *Londres, aux dépens de la Compagnie*, 1754, 2 vol. in-12 ; — 1757, in-4.

Histoire politique, ecclésiastique et littéraire du Querci, par M. DE CATHALA-COUTURE... continuée par M** (l'abbé DE TEULIÈRES), membre de plusieurs académies. *Montauban, P.-T. Cazaméa*, 1785, 3 vol. in-8.

La continuation avait été par erreur attribuée par Van Thol à CAZAMEA, libraire. Cette faute a été reproduite dans les « Supercheries », III, 1077, a.

Histoire politique et critique de la révolution de 1830. (Par Ferdinand FLOCON.) *Paris, Levasseur*, 1834, in-12, 36 p.

D. M.

Histoire populaire contemporaine de la France. (Par V. DURUY.) *Paris, Hachette*, 1864-1866, 4 vol. in-4.

Histoire populaire de la France... (Par V. DURUY.) *Paris, Hachette*, 1862-1863, 4 vol. in-4.

Histoire populaire de la révolution de 1830. *Paris, J. Lefebvre*, 1830, 2 vol. in-18.

L'avant-propos est signé : H. R.

Attribué par le « Catalogue de l'histoire de France », de la Bibliothèque nationale, à Edouard RASTOIN, et par Quérard à Horace RAISSON.

Histoire populaire de la révolution française. (Par Eug. L'HÉRITIER.) *Saint-Cloud, impr. de Chausseblanche* (1834), in-8.

Histoire populaire de la révolution française, par l'auteur du « Catéchisme populaire républicain » (M. C.-M. LECONTE DELISLE). *Paris, Lemerre*, 1871, pet. in-12, II-67 p.

Histoire populaire de Napoléon Ier, revue et corrigée. *Paris, Périsse frères*, 1862, in-12, 214 p.

La couverture porte : par M. l'abbé MULLOIS, premier chapelain de la maison de l'Empereur.

Histoire populaire et complète de Napoléon II, duc de Reichstadt, publiée d'après des documents authentiques. (Par le comte P. DE SUZOR.) *Paris, Maresq*, 1832; in-18, 2 éditions.

Une trois. édit. avec le nom de l'auteur a été publiée sous ce titre : « Napoléon II, duc de Reichstadt. Trois. édit. entièrem. revue et augm. de documents précieux, inédits jusqu'à ce jour.» *Bruxelles, Hauman et comp.*, 1841, in-18, 312 p.

Histoire (l') prodigieuse et lamentable du docteur J. Fauste, magicien, avec sa mort épouvantable. (Par Pierre-Victor-Palma CAYET.) S. l., 1589; — *Paris, Binet*, 1603; — *Rouen, Clément Malassis*, 1667; — *Cologne, héritiers de P. Marteau*, 1712, in-12.

Cette histoire n'est pas la traduction de l'allemand de Georges-Rodolphe WIDMAN, dont l'ouvrage ne parut qu'en 1599.

Quelques éditions de cette traduction portent le nom du traducteur; dans d'autres, la dédicace est signée V.P.C. Voir le curieux ouvrage de M. P. Ristelhuber, « Faust dans la légende et dans l'histoire ». 1863, in-8.

Histoire profane, depuis son commencement jusqu'à présent. (Par Louis-Ellies DUPIN.) *Paris*, 1714-1716, 6 vol. in-12.

Histoire prophétique, ou Essai d'un commentaire littéral et historique sur les prophètes. (Par dom P. PEZRON.) *Paris*, 1704, in-12.

Histoire publique et secrète de la cour de Madrid, de l'avénement de Philippe V à la couronne. (Par J. ROUSSET.) *Cologne*, 1719, in-12. *Douteux.*

Dans la préface d'une nouvelle édition de cet ouvrage, *Liége*, 1719, 2 vol. in-12, qui ne figure pas dans la « Bibliographie liégeoise » de M. de Theux, on assure que l'auteur n'est pas un Français. Je serais porté à croire que Rousset n'a eu part qu'à la seconde édition, où l'on trouve beaucoup de notes.

Histoire raisonnée des discours de Cicéron, avec des notes critiques, historiques, etc. (Par Cl.-Fr.-Guill. DE FRÉVAL, publiée par Jean GOULIN.) *Paris*, 1765, in-12.

Histoire (l') réduite à ses principes, dédiée à M. le duc de Bourgogne. *Paris, Fr. Muguet*, 1690, 2 vol. in-8.

Cet ouvr. est du P. GALIMARD, jésuite; c'est par erreur que dans la prem. édit. de ce Dictionnaire on l'avait attribué à J.-B. DE ROCOLES.

Histoire résumée de la guerre d'Alger, d'après plusieurs témoins oculaires... (Par L.-E. CHENNECHOT.) *Paris, Corréard jeune*, 1830, in-8.

Histoire romaine depuis la fondation de Rome jusqu'à la fin de l'empire d'Occident, avec cartes à l'usage des maisons d'éducation. A. M. D. G*** (ad majorem Dei gloriam. Par le P. J.-N. LORIQUET, supérieur du petit séminaire de S.-Acheul-les-Amiens.) 3e édition revue et augmentée. *Lyon, Rusand*, 1818, in-18.

Souvent réimprimé.

Histoire romaine, depuis la fondation de Rome jusqu'à la translation de l'empire par Constantin, traduite de l'anglois de Laurent ECHARD (par Daniel LARROQUE, revue par l'abbé P.-Fr. GUYOT DESFONTAINES, continuée par l'abbé C.-M. GUYON, et revue encore par DESFONTAINES). *Paris, G. Martin*, 1744, 16 vol. in-12.

Histoire romaine élémentaire. Par Al. P. M. (Jean-Aloys PERRAULT-MAYNAND). *Lyon, Perisse*, 1845, in-8 obl., 168 p.

Voy. « Supercheries », I, 371, *d*.

Histoire romaine, par demandes et par réponses. (Par l'abbé J.-B. MORVAN DE BELLEGARDE.) *Paris*, 1720, 2 vol. in-12.

Histoire romaine racontée aux petits enfants. (Par J. LAMÉ-FLEURY.) *Paris, Dufart*, 1829, in-18.

Histoire sacrée des saints ducs et duchesses de Douay, seigneurs de Merville, les SS. Gertrude, Adalbade, Rictrude, Maurand, patron de Douai... recherchée fidèlement aux auteurs ecclésiast. et profanes, archives et vieux manuscrits des églises, recueillis par le R. Père M. L. (Martin LHERMITE), de la compagnie de Jésus. *Douai, imp. de veuve M. Wyon*, 1637, in-4, 112 p.

Une réimpression fac-simile, faite en 1863, a un premier titre qui porte : « Histoire des saints ducs et duchesses de Douai, par le P. Martin LHERMITE. Nouvelle édition tirée à 30 exemplaires numérotés. » *Douai, De-christé*, 1863, in-4.

Histoire sacrée du Nouveau Testament, contenant la vie de Jésus-Christ, ornée de 72 figures. Par A. J. D. B. (l'abbé Alex.-Jos. DE BASSINET). *Paris, Desray*, 1802, in-8.

Histoire (seconde partie de l') sainte de Châtillon-sur-Seine, contenant l'origine, la situation, les qualitez de la ville et des habitants... Par le même P. E. L. G. (Etienne LE GRAND), de la compagnie de Jésus. *Autun, B. Simonnot, s. d.*, in-8.

La première partie porte le nom de l'auteur et la date de 1651.

Histoire sainte des deux alliances, composée du seul texte des livres historiques, prophétiques et moraux de l'Ecriture, etc. (Par Henri-Michel GUEDIER DE SAINT-AUBIN.) *Paris, Didot*, 1741, 7 vol. in-12.

Histoire (l') saincte jadis reduite en épitome latin par S. Sulpice SEVÈRE, trad. en françois par un Père religieux de l'ordre des Frères prescheurs du couvent de Rouen (F.-L. BAULDRY). *Rouen, Cousturier*, 1626, in-12.

Histoire sainte, par M. Lamé FLEURY; revue par un professeur (Henri DECAMPS, professeur au collège de Mons). *Mons, Hoyois-Derely*, in-8.   J. D.

Histoire sainte racontée aux enfants. (Par la vicomtesse DE VIRIEU.) *Paris, Dufart*, 1830, in-18. — 2e éd. Par la vicomtesse DE V***. *Paris, Chamerot*, 1834, in-18.

Voy. « Supercheries », III, 887, *c*.

Histoire secrète d'un écu de six livres transformé en une pièce de cinq francs... Par l'auteur du « Péruvien à Paris » (Joseph ROSNY). *Paris, Frechet*, an XII-1804, in-12.

Histoire secrète de Bourgogne. (Par Mlle Charlotte-Rose DE CAUMONT DE LA FORCE.) *Paris, Benard*, 1694; — *Amsterdam*, 1729, 2 vol. petit in-12.

Même ouvrage que « Histoire secrète de Marie de Bourgogne... » Voyez ci-après, col. 83, *f*.

Histoire secrète de Catherine de Bourbon, duchesse de Bar, et du comte de Soissons. (Par Mlle Charlotte-Rose DE CAUMONT DE LA FORCE.) *Nancy*, 1703, in-12.

Voyez « Mémoires historiques » et « Anecdote galante », IV, 178, *b*; « Anecdotes du seizième siècle », IV, 182, *d*; « Anecdotes secrètes », IV, 187, *b*.

Histoire secrète de Coblentz dans la révolution des Français, extraite du cabinet diplomatique électoral et de celui des princes frères de Louis XVI. (Par J.-G.-M. ROCQUES DE MONTGAILLARD, revue par Antoine RIVAROL.) *Londres*, 1795, in-8, 238 p.

Une autre édition de la même date porte sur le titre : Attribué à M. DE RIVAROL.

Réimprimée à Paris en 1814, sous le nom de M. DE MONGAILLARD.

Histoire secrète de Henri, duc de Rohan, pair de France. *Cologne, P. Marteau*, 1697, petit in-12.

Même ouvrage que « Histoire de Henri.... » Voy. ci-dessus, col. 673, *c*.

Histoire secrète de l'espionnage pendant la Révolution, et des causes qui ont opéré la Révolution française. *Francfort (Paris, Huet)*, 1799, 2 vol. in-8.

Cet ouvrage est de M. Isaac-Mathieu CROMMELIN, receveur de l'enregistrement à Saint-Germain; il a été imprimé à Versailles, en 1796, et publié à Paris, dans la même année, sous le titre d' « Espion de la Révolution; par M. C***, ci-devant membre de plusieurs académies. » *Paris, Huet*, an V-1797, 2 vol. in-8. L'éditeur ayant été poursuivi, fut condamné à un emprisonnement de six mois; quelques années après, on réimprima les deux premiers feuillets de chaque volume, et l'ouvrage reparut sous le nouveau titre : « Histoire secrète, etc. »

Histoire secrète de la cour de Berlin, ou correspondance d'un voyageur françois, depuis le 5 juillet 1786 jusqu'au 19 janvier 1787. Ouvrage posthume. (Par le comte DE MIRABEAU.) *S. l.* (*Alençon*, *Malassis le jeune*), 1789, 2 vol., XVII-318 et 376 p.

Voy. « Supercheries », II, 1158, *f*.

Réimprimé à l'étranger sous la rubrique de Paris et le millésime de 1789, avec 2 portraits, 2 volumes, plus, parfois, un troisième dont le titre est ainsi conçu : « Essai sur la secte des illuminés », mais qui porte sur le faux titre : « Histoire secrète de la cour de Berlin, tome III ». Il est certain néanmoins que ce troisième volume ne fait nullement partie de l'ouvrage, auquel on doit joindre : « Correspondance pour servir de suite à l'histoire secrète de la cour de Berlin ». *Potsdam*, 1789, in-8, 102 p. Ce livre fut condamné, par arrêt du 10 février 1789, à être lacéré et brûlé au pied du Grand Escalier, par la main du bourreau.   G. M.

Réimprimé dans les Œuvres de Mirabeau. *Paris*, 1820, t. III et t. VI de l'édit. de 1825.

Quérard dit que le baron de Treuck, dans une réfutation grossière, fit justice de l'écrit de Mirabeau, mais il ne donne nulle part le titre de cette réfutation qui a paru en allemand à Leipzig, en 1789 ; on en trouve le titre dans Heinsius. L'écrit suivant pourrait bien être aussi du baron : « Correspondance entre le diable et M. le duc (*sic*) de Mirabeau, sur celle de M. C. (Cagliostro ?), et l'Histoire secrète de la cour de Berlin. *S. l.*, 1789, in-8, 30 p. »   A. L.

Histoire secrète de la duchesse d'Hanovre, épouse de George Ier, roi de la Grande-Bretagne ; les malheurs de cette infortunée princesse ; sa prison au château d'Ahlen, où elle a fini ses jours ; ses intelligences secrètes avec le comte de Kœnigsmarck, assassiné à ce sujet. *Londres*, 1732, petit in-12.

Cet ouvrage est attribué par quelques personnes au baron J.-F. DE BIELFELD, et par d'autres au baron C.-L. DE POELNITZ. Ce dernier paraît en être le véritable auteur ; car Bielfeld n'avait que quinze ans en 1732.

Histoire secrète de la reine Zarah et des Zaraziens, ou la Duchesse de Marlboroug démasquée (traduite de l'anglois du docteur H. SACHEVERELL, fameux ministre anglican). *Dans le royaume d'Albigion*, 1708, in-12. — *Oxford* (*Hollande*), *Alexandre le Vertueux*, 1711, 2 vol. in-12. — *Amsterdam*, 1712, in-12.

« Bibliothèque universelle des romans », avril 1783, premier volume.

Histoire secrète de Marie de Bourgogne. (Par Mlle Charlotte-Rose DE CAUMONT DE LA FORCE.) *Paris, Beugnié*, 1710 et 1712, 2 vol. in-12.

Même ouvrage que « Histoire secrète de Bourgogne ». Voy. ci-dessus, col. 830, *b*.

Histoire secrette de quelques personnages de la maison de Lorraine, par l'auteur du « Colporteur » (Fr.-Ant. DE CHEVRIER). *Londres*, 1784, 2 vol. in-12.

L'auteur a signé l'épître.

Même ouvrage que les « Mémoires pour servir à l'histoire des hommes illustres de Lorraine ». Voy. ces mots. Le frontispice seulement a été changé.

Histoire secrète de Richelieu. Par D.... M..... (Denis MATTER). *Paris* (vers 1803), in-12.

Voy. « Supercheries », I, 964, *e*.

Histoire secrète des amours de Henri IV, roi de Castille, surnommé l'Impuissant. (Par Mlle Charlotte-Rose DE CAUMONT DE LA FORCE.) *La Haye, Van Dole*, 1695, in-12. — *Mathieu Roguet*, 1736, in-12.

Réimprimé dans le tome IV de la « Bibliothèque de campagne ». *La Haye et Genève*, 1749, 24 volumes in-12.

On lit la moitié du titre de cet ouvrage parmi ceux que le sieur de Vertron attribue à Mlle de La Force, dans le second volume de sa « Nouvelle Pandore », *Paris*, 1698, au Catalogue des dames illustres vivantes.

Histoire secrète des amours et des principaux amans de Catherine II ; (publiée) par l'auteur de la « Vie de Frédéric III » (Jean-Ch.-Thiébault DE LAVEAUX). *Paris*, an VII, in-8, fig.

Cet ouvrage forme le tome III de l' « Histoire de Pierre III ». Voy. ci-dessus, col. 731, *a*.

Histoire secrète des femmes galantes de l'antiquité. (Par F.-N. DUBOIS, avocat au parlement de Rouen.) *Paris, Ganeau*, 1726 et 1732. — Nouvelle édition, 1743, 6 vol. in-12.

Cet ouvrage a donné lieu à l'épigramme suivante, qui est attribuée à l'abbé YART :

> Ce livre est histoire secrète,
> Si secrète, que pour lecteur
> Elle n'eut que son imprimeur,
> Et monsieur Dubois qui l'a faite.

La Harpe, dans le tome premier de sa « Correspondance littéraire » avec le grand-duc de Russie, dit que cette épigramme a été faite sur un livre intitulé l' « Histoire secrète ».

Ce renseignement était-il suffisant ? Autant valait envoyer l'épigramme sans aucune explication.

Chaudon et Delandine ont répété textuellement la réflexion de La Harpe dans l'article YART de la nouvelle édition du « Dictionnaire des grands hommes ». Philipon La Madelaine fait observer, dans son « Dictionnaire portatif des poëtes français », que les mots « Histoire secrète » sont le titre de l'ouvrage contre lequel l'abbé Yart a décoché son épigramme.

Comme il existe beaucoup d'ouvrages anonymes dont les titres commencent par les mots « Histoire secrète », les auteurs que je viens de citer ne paraissent-ils pas avoir ignoré le véritable titre de l'ouvrage de Dubois ?

C'est à tort que l'abbé de Claustre, dans la « Table du Journal des Savans », et le rédacteur de la « Bibliothèque universelle des romans », volume d'octobre 1775, attribuent l' « Histoire des femmes galantes » à Jacques ROERGAS DE SERVIEZ, auteur des « Impéra tries romaines » et d'autres ouvrages. Le petit-fils de M. de Serviez a réclamé contre cette assertion. Voyez les « Siècles littéraires de la France », par Desessarts, t. VI.

L'épigramme est certainement de l'abbé Yart. Voy. sa lettre à Voltaire, 1778, imprimée dans les « Œuvres de Villette ».

Histoire secrète des intrigues de la France en diverses cours de l'Europe. (Par George LOCKHARD.) Traduite de l'anglois. *Londres*, 1713, 3 parties in-8.

Histoire secrète des templiers ou chevaliers de Malthe. (Par l'abbé Roux, docteur de Sorbonne.) *Amsterdam, J. Hofhout*, 1730, 2 vol. in-12.

Même ouvrage que l' « Histoire des trois ordres », etc. Voy. ci-dessus, col. 770, *f*.

Histoire secrète du cardinal de Richelieu, ou ses amours avec Marie de Médicis et Mme Combalet, depuis duchesse d'Aiguillon. (Publiée par Simon CHARDON DE LA ROCHETTE.) *Paris*, 1808, in-18, 90 p.

Histoire secrète du connestable de Bourbon. (Par Nic. BAUDOT DE JUILLY.) *Paris, G. de Luyne*, 1696, in-12.

Histoire secrète du Directoire. *Paris, Ménard*, 1832, 4 vol. in-8.

L'avertissement de l'éditeur est signé : X.-H.-A. DE BELVIÈRES-DOSEL.

Attribuée au comte J.-P. FABRE, de l'Aude, et rédigée sur ses notes.   D. M.

Histoire secrette du prince Croqu'étron et de la princesse Foirette. (Attribuée à Mlle DE LUBERT.) *A Gringuenaude, chez Vincent d'Avalos. (Paris*, vers 1701), pet. in-12.

Réimpr. à *Paris*, vers 1790, et à *Lille*, en 1865. Voir la *Bibliotheca Scatologica*, n° 28, et la « Bibliographie des ouvrages relatifs à l'amour... », IV, p. 77.

Histoire secrète du prophète des Turcs. (Par LANCELIN ou LANSELIN.) *Constantinople et Paris*, 1754, in-12.

Dans d'autres éditions, *Constantinople*, 1000, 700, 60, 15 (1775), in-8, et *Paris, Bastien*, 1775, 2 vol. in-12, le titre a été mis au pluriel : « Histoires secrètes... »

Histoire secrète et anecdotique de l'insurrection belgique, ou Vandernoot, drame historique en cinq actes et en prose, dédié à S. M. le Roi de Bohême et de Hongrie, traduit du flamand de VAN SCHONSWAARTZ, Gantois, par M. D. B. (Composé par A.-L.-B. ROBINEAU DE BEAUNOIR.) *Bruxelles, de Vryheid et de Waarheid*, 1790, in-8.

Voy. « Supercheries », I, 870, *c*. Quérard a omis le nom de Van Schonswaartz, qui est la traduction de celui de Beaunoir.

T. V.

Histoire sérieuse d'une académie qui ne l'était pas. (Par le Dr Jean-François PAYEN.) *Paris, imp. de Guiraudet et Jouaust*, 1848, in-8.

Tirage à part à 30 exemplaires d'une notice insérée dans le « Journal de l'amateur de livres », publié par P. Jannet.

Histoire singulière et fort récréative, contenant le reste des faitz et gestes des quatre filz Aimon... Semblablement les cronicque et histoire du chevaleureux et redoubté prince Mabrian, roi de Hierusalem... *Paris, Jacques Nyverd, s. d.*, in-fol. — *Lyon, Rigaud*, 1581, in-8.

Voy. « Cronicque et hystoire », IV, 599, *c*.

Histoire sommaire des choses plus mémorables advenues aux derniers troubles de Moldavie, composée par M. J.B.A. en P. (J. BARET, avocat en parlement), sur les mémoires de Charles DE JOPPECOURT. *Paris, du Bray*, 1620, in-8.

Histoire succincte de la succession à la couronne de la Grande-Bretagne, depuis le commencement de la monarchie jusques à présent, extraite des greffes et des meilleurs historiens, avec des remarques et une carte chronologique des rois et des reines, traduite de l'original anglois (de Georges HARDIN). *Amsterdam*, 1714, in-12.

Histoire succincte du dernier parlement de la Grande-Bretagne, avec cette épigraphe : *Venalis populus, venalis curia patrum!* (traduit de l'anglois de R. WALPOLE). *S. l.*, 1713, in-8, 67 p.

Cette brochure, composée et publiée en six jours, à la demande de lord Somers, un des pairs du parti whig, avait pour but, en censurant les mesures du ministère, de diriger le choix des électeurs. Elle fut imprimée dans la maison même de Robert Walpole, afin d'éviter les recherches des hommes en place.

Histoire sur les troubles advenus en la ville de Toulouse l'an 1562, le dix-septiesme may, par Georges BOSQUET, avocat en la cour du parlement de Tolose. Nouvelle édition avec notes (par M. Gustave BRUNET). *Paris, J. Gay*, mai 1862, in-18, 46 p. et 1 f. de table.

La 1re édit., *Tolose, Colomiez*, 1595, in-12, porte aussi le nom de l'auteur.

Histoire tragi-comique de la soi-disant princesse Stéphanie de Bourbon-Conti, par un homme présenté à l'ancienne cour, ruiné par la Révolution, aujourd'hui presque enterré, presque entièrement oublié (le comte A.-J. BARRUEL-BEAUVERT). *Besançon*, 1810, in-8.

Histoire tragi-comique de notre temps,

sous le nom de Splendor et de Lucinde.
Par G. D. C. (G. DE COSTE). *Paris*, 1524,
in-8.　　　　　　　　　　・V. T.

Histoire (l') tragique de la pucelle de
Dom-Remy, aultrement d'Orléans. Nouuellement departie par actes et representée
par personnages. (Par le P. FRONTON DU
DUC, jésuite). *A Nancy, par la vefue Iean
Ianson pour son filz, imprimeur de Son
Altesse*, 1581, in-4, 56 ff. — Nouvelle
édition (aux frais et par les soins de
M. DURAND DE LANÇON). *Pont-à-Mousson,
impr. Toussaint ; Paris, B. Duprat*, 1860,
pet. in-4, XXVIII et 106 p.

Dans ses « Nouvelles recherches de bibliographie lorraine », ch. II, p. 22-59, Beaupré a donné une description exacte et une analyse détaillée de cette pièce, qui a
pour auteur le P. FRONTON DU DUC, jésuite, et pour
premier éditeur et réviseur BARNET, conseiller et secrétaire intime du duc de Lorraine.

Histoire tragique de Pandosto, roi de
Bohême, et de Bellaria sa femme. (Par
L. RENAU ou REGNAULT.) *Paris*, 1615, in-12.
　　　　　　　　　　　　　V. T.

Histoire tragique et mémorable de Pierre
de Gaverston, gentilhomme gascon, jadis
le mignon d'Edouard II, roi d'Angleterre,
tirée des choniques de Thomas VALSINGHAN,
et tournée de latin en françois. Dédiée à
Monseigneur le duc d'Espernon. *S. l.*, 1588,
in-8.

Cet ouvrage a été fait par Jean BOUCHER, ligueur
furieux, curé de Saint-Benoît, contre le duc d'Epernon,
favori de Henri III. « Bibliothèque historique de la
France », t. II, n° 18754 ; « Catalogue de La Vallière »,
seconde partie, par Nyon, t. VI, n° 26082.
Il a été imprimé par les soins de Pierre d'Espinac,
archevêque de Lyon.
L'épître dédicatoire est signée : P. H. D. T.

Histoire très plaisante arrivée à un
bossu amoureux de la ville d'Angoulême.
(Par CHAUDON DE LA MEDE.) *Paris, Laurens
junior, s. d.* (vers 1788), in-8, 8 p.

Histoire très-véritable de ce qui est
advenu en ceste ville de Paris, depuis le
septiesme de may 1588, iusques au dernier iour de iuin ensuyvant audit an. (Par
SAINT-YON, échevin de Paris.) *Paris*,
M. Ioüin, 1588, in-8, 32 p.

Histoire universelle (jusqu'à la bataille
d'Actium ; par le comte André ROSTO-
PCHINE.) *Moscou, Semen*, 1843-44, 2 vol.
gr. in-8.

Quérard indique cet ouvrage dans son journal « le
Quérard », 1856, tome II, p. 342, n° 108, et il ajoute
la note suivante :
« Ces deux volumes sont attribués au comte André
ROSTOPCHINE, fils cadet de l'incendiaire de Moscou ;
mais ce ne sont que des cahiers de dictées du professeur abbé NICOLLE, revus et châtiés pour l'impression
par M. Hippolyte LECOINTE DE LAVEAU. »

L'auteur a répondu à cette affirmation dans le
« Gensiskana », n° 237 :
« J'ai écrit cette histoire pour mes enfants, et n'en dé-
« plaise au « Bulletin du bibliophile » (lisez « le Qué-
« rard »), auquel je donne un démenti, je l'ai écrite
« moi-même, sans être aidé de personne. Bonne ou
« mauvaise, elle a justifié le proverbe : *Nul n'est
« prophète dans son pays*, car bien que les journaux
« russes du temps en aient rendu un compte favorable,
« il ne s'en est pas vendu un seul exemplaire. »
A moi, maintenant, à dire : *mea culpa*. J'ai dit à
Quérard que les épreuves de l'ouvrage avaient été corrigées, en l'absence du comte, par Hippolyte Lecointe du
Laveau ; Quérard n'a saisi de ce renseignement que ce
qui pouvait flatter son esprit, trop enclin au dénigre-
ment, je suis fâché de le dire ; et sur d'autres indications venues d'ailleurs, il a composé la note malveil-
lante qu'on vient de lire.　　　　　(A. LADRAGUE.)

Histoire universelle à l'instruction (*sic*)
de la jeunesse et précédée d'un Discours
pour y préparer les enfants ; tr. de l'allem.
de MM. SCHLOETZER et SCHROECK (par
J.-C. SCHWAB). *La Haye, Van Cleef*, 1800,
2 vol. in-12.

SCHLOETZER n'est auteur que du discours.

Histoire universelle de ce qui s'est passé
ès années 619 et 620, savoir depuis le départ de la reine mère du roi, du château
de Blois, jusques à présent... (Par C. MA-
LINGRE.) *Paris, A. Vitray*, 1621, in-8.

Histoire universelle de TROGUE POMPÉE,
réduite en abrégé par JUSTIN ; traduction
nouvelle avec des remarques par M. D. L. M.
(Louis FERRIER DE LA MARTINIÈRE). *Paris,
Guillain*, 1693 ; — la même, nouvelle édi-
tion, par M. l'abbé A..., de Port-Royal
(Louis FERRIER DE LA MARTINIÈRE). *Paris,
Ribou*, 1698, 1708, 2 vol. in-12.

Les lettres D. L. M. sont les initiales du fief que
possédait le traducteur. L'abbé Goujet dit, dans le Supplément de Moréri de 1735, qu'il a été aidé par l'abbé
ADEILLE. Mais l'abbé Granet assure, dans les « Observations sur les écrits modernes », t. V, p. 42, que ceci
a l'air d'un conte. La lettre initiale A.... de P. R. y a
probablement donné lieu. Une seule chose est certaine,
c'est que Ferrier a eu des liaisons avec Port-Royal, et
qu'il a pu en être aidé pour sa traduction de Justin.
L'abbé Paul, qui a publié en 1774 une nouvelle traduction de Justin, ignorait son nom.

Histoire universelle depuis l'an 800 de
Notre-Seigneur jusqu'à l'an 1700. (Par
Jean DE LA BARRE, avocat.) *Paris, Loyson*,
1703, in-12.

Cette mauvaise *suite* d'un excellent ouvrage a été
très-souvent réimprimée, voy. ci-dessus, IV, col. 750, *b*,
et 1035, *d* ; mais le nom de l'auteur ne se lit plus
dans le privilège des nouvelles éditions.

Histoire universelle depuis le commencement du monde jusqu'à présent, traduite de l'anglois d'une société de gens
de lettres (Thomas SALMON, G. SALE, pour
les peuples orientaux, particulièrement

les Arabes; Jean CAMPBELL pour la partie des Indes orientales et pour la Cosmogonie; J. SWINTON pour l'histoire des Carthaginois; Archibald BOWEN pour l'histoire romaine et pour la correction des épreuves d'une grande partie de l'ouvrage, par Elie DE JONCOURT, J.-G. DE CHAUFEPIÉ, J.-B.-R. ROBINET, les frères DE SACI, J.-L. CASTILLON, etc.). *Amsterdam, Arkstée et Merkus; Paris, Mérigot le jeune, 1742-1792, 46 vol. in-4*, y compris la table des matières, publiée par l'abbé L.-A. DE FONTENAY, à Paris, chez Delalain, en 1802.

La préface générale est attribuée au docteur CHANDLER.

Cet ouvrage a pour principal auteur l'écrivain qui s'est caché sous le nom de PSALMANAZAR et dont le nom véritable est encore un mystère.

Il avoue être l'auteur des parties ci-après :

1º L'histoire des Juifs depuis Abraham jusqu'à la captivité de Babylone; 2º l'histoire des Celtes et des Scythes; 3º l'histoire ancienne de la Grèce durant les temps fabuleux ou historiques; 4º la suite de l'histoire des Juifs, depuis leur retour de la captivité de Babylone jusqu'à la destruction du temple de Jérusalem par Titus; 5º l'histoire des anciens empires de Nicée et de Trébisonde; 6º l'histoire ancienne d'Espagne; 7º celle des Gaulois; 8º celle des Germains; et dans la seconde édition; 9º la suite de l'histoire de Thèbes et de celle de Corinthe; 10º la retraite des Dix-Mille; 11º la suite de l'histoire des Juifs (depuis la destruction de Jérusalem par Titus jusqu'à l'époque où l'auteur écrivait).

Histoire universelle depuis le commencement du monde jusqu'à présent, composée en anglois par une société de gens de lettres : traduction nouvelle (par P. LE TOURNEUR, L. D'USSIEUX, F.-J. GOFFAUX et autres). *Paris, Moutard, 1779-1789, 126 vol. in-8.*

Histoire universelle, depuis 1543 jusqu'en 1607, par Jacques-Auguste DE THOU, traduite sur l'édition latine de Londres (par l'abbé A.-F. PRÉVOST, l'abbé P.-F. GUYOT-DESFONTAINES, l'abbé J.-B. LE MASCRIER, Jacq. ADAM, Ch. LE BEAU, l'abbé Nic. LE DUC et le P. J.-Cl. FABRE, avec une nouvelle préface, par GEORGEON). *Londres (Paris), 1734, 16 vol. in-4.*

Les premiers volumes ont été réimprimés en 1747. L'abbé Prévost avait traduit le premier volume de l'édition de Hollande, qui forme 11 vol. in-4. Ce premier volume parut en 1733; les libraires de Hollande ne voulant pas perdre les frais de son impression, y ajoutèrent la traduction de Paris.

L'abbé Desfontaines adopta pour l'édition de Paris la traduction du premier volume faite par l'abbé Prévost.

Histoire universelle des hommes, des événements et des découvertes. (Par Théod. DUCANLA, ex-sous-lieutenant.) *Gand, 1841, in-8.*   J. D.

Histoire universelle des Indes occidentales, où il est traicté de leur découverte...

(Par Corneille WYTFLIET.) *Douai, 1605, in-fol.*

Sur cet ouvrage, qui est une traduction du latin et qui fait partie d'une série d'ouvrages réunis sous un titre général, voyez Brunet, « Manuel du libraire », 5e édit., V, col. 1486; Eyries, art. Wytfliet, dans la « Biographie universelle », et Struve, « Bibliotheca hist. », t. X, pars II, p. 211-12.

Du reste, toutes les éditions ne sont pas anonymes.   A. L.

Histoire universelle des Indes orientales, divisée en deux livres, faite en latin par Antoine M*** (MAGIN)... *Douai, 1606, in-fol.*

C'est une partie de la série d'ouvrages réunis sous un titre général dont nous parlons à l'article précédent. Toutes les éditions ne sont pas anonymes.

Cet Antoine Magin ne serait-il pas Giovanni-Antonio Magini, quoique Niceron ne cite pas, à son article sur cet écrivain, XXVII, 317-23, de titre qui puisse le rappeler ? La notice des ouvrages donnée par Niceron n'est pas complète.   A. L.

Histoire universelle des théâtres de toutes les nations, depuis Thespis jusqu'à nos jours. (Par l'abbé J.-M.-L. COUPÉ, TESTU, DESFONTAINES DE LA VALLÉE et LE FUEL DE MÉRICOURT.) *Paris, veuve Duchesne, 1779-1781, 13 vol. in-8.*

Voy. « Supercheries », III, 671, b.

Histoire universelle des voyages. (Par l'abbé J.-B. MORVAN DE BELLEGARDE, publiée par DU PÉRIER DE MONTFRAISIER.) *Paris, Giffard, 1707, in-12. — Amsterdam, Isaac Elzevier, 1708, in-12.* (Imprimé en France, selon Pieters, « Annales », p. 376.)

Histoire universelle en style lapidaire. (Par Sylvain MARÉCHAL.) *Paris, Deterville, 1800, in-8.*

Histoire universelle, traduite du latin du P. TURSELIN, jésuite, avec des notes par D. M. L. (l'abbé LAGNEAU). *Paris, Simart, 1706, 3 vol. in-12. — Nouv. édit., augmentée d'une continuation jusqu'en 1700. Paris, 1757, 4 vol. in-12.*

Histoire véridique et lamentable des malheurs et persécutions de l'infortuné Retsin, affilié à la compagnie de Jésus, ex-receveur des contributions à Jemmapes, à 6.000 fr. de traitement. (Par REDARIO, Français.) *Liége, Collardin (s. d.) in-8, 7 p.*

En vers.   J. D.

Histoire véritable comment l'ame de l'empereur Trajan a esté délivrée des tourments d'enfer par les prières de S. Grégoire; trad. du latin de CIACONO, et dédiée à la royne Marguerite (par P.-V. PALMA-CAYET). *Paris, Bourriquant, 1607, in-8.*

Histoire véritable de ce qui s'est passé sous l'exorcisme de trois filles possédées ès pays de Flandres, etc., où il est aussi traité du Sabbat, de l'Ante-Christ et de la fin du monde. (Par J. Le Normant, sieur de Chiremont.) *Paris*, 1623, 2 vol. in-8.

Histoire véritable de don Ranucio...

Voy. ci-dessus, « Histoire de don Ranucio... », col. 666, *c*.

Histoire véritable de Fanchon la vielleuse, extraite de mémoires inédits. (Par J.-B. Dubois et C.-J.-F. Girard de Propiac.) *Paris, Capelle*, 1803, in-12.

Histoire véritable de Gillion de Trazegnies. (Par de Fabert.) *Bruxelles*, 1703, in-12.   V. T.

Histoire véritable de l'antiquité et prééminence du vicariat de Pontoise et du Vexin le François, servant de réponse à l'histoire supposée de son origine et fondation... (Par l'abbé H. Ferret, de Pontoise, curé de Saint-Nicolas-du-Chardonnet, mort en 1677.) *Paris, J. de La Varenne*, 1637, in-4, 4 ff. lim. et 160 p. — *Paris, veuve P. Chevalier*, 1637, in-4.

Voy. « Histoire de l'origine et fondation... », ci-dessus, col. 690, *a*.

Histoire véritable de la tour Saint-Jacques-la-Boucherie, nouvellement restaurée ; avec une notice sur le célèbre Nicolas Flamel et la dame Pernelle, son épouse. (Par F. Rittiez.) *Paris, imp. de Blondeau* (1854), in-fol. plano.

Réimprimé in-8 sous le titre de « Notice histor. sur la tour... », avec le nom de l'auteur.

Histoire véritable de la vie errante et de la mort subite d'un chanoine qui vit encore, écrite à Paris par le défunt lui-même (l'abbé Louis Rumpler, de Rohrbach, chanoine de Saint-Pierre le Jeune à Strasbourg). — Dossier des pièces pour un chanoine ressuscité à demi, contre les auteurs de sa mort et leurs complices. — Recueil de lettres et d'approbations des divers souverains, etc., pour être joint à l'Hist. véritable, etc. — Præsamlé dénoncé, par un sot, à la police correctionnelle, etc. *Francfort*, 1784-1788, 4 part. in-8, portr. et figures.

M. Justin Lamoureux a publié dans le « Bulletin du Bibliophile », 1858, p. 867 et 941, sous les initiales J. L., deux intéressants articles sur le chanoine Rumpler.

Histoire véritable de la vie et miracles du B. P. S. Louis Bertran, dominicain, traduite de l'espagnol du P. Baltazar-Jean de Roca, dominicain, par un sien affectionné du même ordre (le P. Jean d'Oye, prieur des Dominicains de Valenciennes). *Tournay*, 1628, in-12.

Histoire véritable de Vernier, maître

tripier du Champé, notable, et désigné pour être échevin de la paroisse Saint-Eucaire. Dialogue patois messin et français, à cinq personnages. *Metz, H.-X. Lorette*, 1844, in-8, 28 p.

Une note imprimée au verso du titre, signée : E.-J. L. (E.-J. Lecouteux), dit que l'abbé Georgen est l'auteur de cet ouvrage, composé en 1708.

Histoire véritable des martyrs de Gorcum, par Guill. Estius, translaté en françois (par le F. Benoit de La Grange). *Louvain, H. Nempe*, 1668, in-8.

Histoire véritable des martyrs de quelques religieux de Saint-François, advenus à Gorcum, l'an 1572, et ailleurs en Hollande, l'an 1573, en quatre livres, traduite du latin de Guillaume Estius, par D. L. B. (David Long Haye). *Cambray, Jean de la Rivière*, 1618, in-12.

Une édition in-8 avait été publiée, deux ans auparavant, à Douai, chez Balthasard Bellère.

                     D. M.

Histoire véritable des momiers de Genève, suivie d'une notice sur les momiers du canton de Vaud. Par un témoin oculaire (Nachon, curé de Divonne). *Paris*, 1799, in-8. — *Paris, Ch. Gosselin*, 1824, 132 p.

Voy. « Supercheries », III, 770, *d*.

Histoire (l') véritable des temps fabuleux, confirmée par les critiques qu'on en a faites, par M. l'abbé Ch*** (L. Chapelle), ancien professeur de philosophie. *Liège, Demazeaux, et Paris, Berton*, 1779, in-8.

Cet ouvrage a été réimprimé en 1824, à la suite de l' « Histoire des temps fabuleux » de Guérin du Rocher. Il forme le quatrième volume de cette édition.

Histoire véritable du géant Theutobocus, roi des Theutons, Cimbres et Ambrosins, défait par Marius... lequel fut enterré près du château nommé Chaumont, maintenant Langon, proche la ville de Romans en Dauphiné, etc. *Paris, Bourriquant* (1613), in-8 de 15 p.

Autre édition sous le titre de : « Discours véritable de la vie, mort et des os du géant Teutobocus... » *Lyon*, P. Poyet, 1613, in-8. — Réimprimé, d'après cette édition, par M. Ed. Fournier, dans le t. IX de ses « Variétés histor. et littér. », avec une intéressante note historique. — Cette brochure finit ainsi : « Le tout à la plus grande gloire de Dieu, et à l'honneur du sieur de Langon ; par son très humble serviteur Jacques Tissot. » Prosper Marchand, dans son « Dictionnaire histor. », prétend, d'après le « Mercure de France », t. III, que l'auteur se nommait Bassot. Sous ce nom et sous le mot *Antigigantologie*, il donne la liste des publications auxquelles donna lieu cette imposture. Voy. aussi « Bibliothèque physique de la France », par L.-A.-P. Hérissant, p. 395, et le « Catalogue des sciences médicales » de la Bibliothèque nationale, t. Ier, p. 425.

Œttinger, dans sa « Bibliographie biographique »

p. 1766, dit que « l'auteur véritable de ce livre, qui eut un grand succès, est le chirurgien MASUYER. Il montra au public, pour de l'argent, les ossements du prétendu roi Teutobochus, qui étaient ceux d'un mastodonte ou éléphant fossile ».

Histoire véritable et digne de mémoire de quatre Iacobins de Berne, heretiques et sorciers, qui y furent bruslez : ensemble les finesses et meschancetez, desquelles ils vsoyent enuers vn convers de leur ordre, traduite d'allemand. *S. l.* (*Genève*, J. Gérard), 1549, in-4, 33 p. et 3 ff. n. chiff.

M. J.-G. Fick a donné, en 1867, une reproduction fidèle de cette pièce, qui est des plus rares ; c'est un fragment de la Chronique de STUMPFF ; le nouvel éditeur a pu constater que cette traduction française est de P. BONIVARD, et que c'est le seul de ses écrits qui ait été publié de son vivant. Il y a joint le passage de la Chronique de BELLEFOREST : « d'Aucuns Iacobins qui furent brulez à Berne », avec gr. s. b.

Histoire véritable et divertissante de la naissance de mie Margot, et de ses aventures jusqu'à présent. *Paris, imp. de Valleyre*, 1735, in-4, 2 ff.

Réimprimé dans le t. II des « Variétés historiques et littéraires », publ. par M. Ed. Fournier dans la « Bibliothèque elzévirienne ».

Jamet le jeune attribue cet écrit à l'abbé DE GRÉCOURT.

Histoire véritable et naturelle des mœurs et productions des pays de la Nouvelle-France, vulgairement dite le Canada. (Par P. BOUCHER.) *Paris, 1664*, in-16. V. T.

Histoire véritable présentée sous le titre : le Mariage rompu et l'amour malheureux, suivie d'une Batardise injuste, tragi-comédie en prose, divisée en cinq actes. (Par Pierre MARION, de Salins.) *Soubance* (*Besançon*), 1764, in-8, VI-182 p.

Tous les personnages qui figurent dans cette pièce sont historiques, mais leurs noms sont retournés ; on les a rétablis dans la note du nº 2050 du Catalogue de Soleinne. Voy. aussi le t. VI, p. 73, aux corrections.

Histoire, vie, miracles, extases et révélations de la bienheureuse Vierge, sœur Jeanne de La Croix. (Par le P. Ant. DAÇA.) *Lyon, La Bottière*, 1626, in-18.

Histoires admirables et mémorables de notre temps, nouvellement mises en lumière, par S. G. (Simon GOULART). *Paris*, 1618, 6 vol. in-12.

Catalogue de La Vallière, par Nyon, t. IV, nº 20929.

Plusieurs fois réimprimé avec le nom de l'auteur sous ce titre et sous celui de « Thresor d'histoires admirables... »

Histoires choisies des auteurs profanes, traduites en françois (par Charles SIMON, maitre de pension), avec le latin à côté (retouché par J. HEUZET). *Bâle, Tourneisen*, 1754, 1775, 2 vol. in-12.

La traduction de SIMON parut pour la première fois à Paris en 1752, 3 vol. in-12, avec des notes, mais sans le latin.

Histoires choisies du Nouveau Testament, tirées des Paraphrases d'Erasme (et traduites en françois, par N.-F. DE WAILLY, avec le texte latin en regard). *Paris, Barbou*, 1764, pet. in-12.

Souvent réimprimé.

Histoires choisies, ou Livre d'exemples tirés de l'Ecriture et des auteurs ecclésiastiques, avec quelques réflexions morales (par l'abbé GENEVAUX). *Paris, Desprez*, 1718. — Nouvelle édition (revue et augmentée par Amb. PACCORI). *Paris, Desprez*, 1747, in-12.

Le nom de GENEVAUX se trouve à la suite du privilége dans les anciennes éditions ; mais les nouvelles sont tout à fait anonymes.

Histoires choisies, tirées de TITE LIVE, traduction nouvelle, avec le latin en regard... Par M. P*** (Jean-Amable PANNELIER), ancien professeur. *Paris, Delalain*, 1809, 2 vol. in-12.

Histoires (les) de Paul OROZE, traduites en françois. SENECQUE des mots dorez, des quatre vertus, en françois. *Paris, Ant. Vérard*, le XXIe jour d'aoust 1491, in-fol. goth.

L'abbé de Saint-Léger regardait le célèbre Claude DE SEYSSEL comme le traducteur de ces histoires. Il les avait d'abord attribuées à Laurent DE PREMIERFAICT ; mais, comme elles ont été faites pour Charles VIII, qui ne commença de régner qu'en 1483, elles ne peuvent être l'ouvrage de Laurent, dont on a une traduction datée de 1405.

Histoires de Philippe de Valois et du roi Jean. (Par l'abbé DE CHOISY.) *Paris, C. Barbin*, 1688, in-4. — *Amsterdam, Savouret*, 1688, in-12.

Réimpr. avec le nom de l'auteur. *Paris, Dezallier*, 1690, in-4.

Histoires de piété et de morale, par L. D. C. (l'abbé DE CHOISY). *Paris, J.-B. Coignard*, 1718, in-12.

Voy. « Supercheries », II, 706, c.

Histoires des amans fortunez, dédiées à très illustre princesse Madame Margueritte de Bourbon, duchesse de Nivernois. *Paris, Gilles Gilles, Jean Cavyller, ou Gilles Robinot*, 1558, in-4 de 184 p.

Suivant le « Manuel du libr. », 5e édit., III, 1416, cette édition a XIX ff. prélim. L'exempl. de Walckenaer, au nom de Gilles Robinot, n'en avait que deux. (Catal. Walckenaer, nº 1859.)

Le privilége, daté du 31 août 1558, est au nom de Vincent Sertenas. La dédicace est signée de P. BOAISTUAU, surnommé LAUNAY. Il est probable que cet auteur n'a pas été étranger à la composition de ces nouvelles généralement attribuées à MARGUERITE DE VALOIS.

Cette édition précieuse, et des plus rares, offre de nombreuses différences avec les suivantes, qui toutes ont été copiées sur celle que Cl. Gruget a publiée sous ce titre : « l'Heptameron des nouvelles de tres illustre et tres excellente princesse Marguerite de Valois... » *Paris*, V. *Sertenas*, 1559, in-4.

Histoires (les) des anciens comtes d'Anjou et de la construction d'Amboise, avec des remarques sur chaque ouvrage. *Paris*, J. *Langlois*, 1681, in-4, 204, 92 p. et 2 ff. de table.

Ce volume contient la traduction, par l'abbé DE MAROLLES, de deux ouvrages latins, dont l'un a été composé par un moine anonyme (Jean DE MARMOUTIER) qui vivait au milieu du XIIe siècle.

Le traducteur a signé l'épître.

Histoires des Indes, de Jean-Pierre MAFFÉE... Traduict par F. A. D. L. B. (François ARNAULT DE LA BOIRIE), chanoine et archidiacre de Périgueux. *Lyon*, J. *Pillehotte*, 1603, in-8.

Histoires, disputes et discours des illusions et impostures des diables... le tout compris en six livres, par WIER (traduit du latin par Jacques GRÉVIN), avec deux dialogues de Th. ERASTUS, touchant le pouvoir des sorciers. (*Genève*), *pour Jacques Chouet*, 1579, in-8.

Histoires diverses d'ÉLIEN, traduites du grec, avec des remarques (par Bon DACIER). *Paris, Moutard*, 1772, in-8.

Histoires édifiantes et curieuses, tirées des meilleurs auteurs ; avec des réflexions morales sur les différens sujets, par l'auteur de l' « Ame élevée à Dieu » (l'abbé Barth. BAUDRAND). *Lyon, Perisse*, 1779, in-12.

Souvent réimprimé avec le nom de l'auteur.

Histoires en forme de dialogues sérieux de trois philosophes, contenant plusieurs doctes discours en diverses sciences, le tout réduit en six journées et trad. (de l'espagnol de TORQUEMADA) par G. C. T. (Gabriel CHAPPUYS, Tourangeau). *Rouen*, J. *Roger*, 1625, in-12.

Histoires et contes du temps passé, avec des moralités. *Paris*, Cl. *Barbin*, 1697, in-12, 270 p., 1 f. pour le privil.

Vis-à-vis du titre, un frontispice gravé porte : « Contes de la mère Loye ». Chaque conte a une vignette. Edition originale des « Contes des fées » de Ch. PERRAULT. Elle ne contient ni le conte de l'*Adroite Princesse*, qui n'est point de Ch. Perrault, quoiqu'on l'ait joint aux différentes éditions de ses Contes, depuis celle de Hollande, 1742 ; ni *Peau d'Ane* (en prose), qui ne paraît pas non plus être de lui.

L'*Adroite Princesse* est de Mlle LHÉRITIER DE VILLAUDON.

Histoires et maximes morales, extraites

des auteurs profanes (et rédigées en latin par J. HEUZET) ; traduction nouvelle (par J.-J. BARRET). *Paris, Barbou*, 1781, in-12.

Voy. ci-dessus, « Histoires choisies des auteurs profanes », col. 841, f.

Histoires fabuleuses, traduites de l'anglois de TRIMMER, par M. D. D. S. G. (DAVID DE SAINT-GEORGE). *Genève, Dufart*, 1789, 2 vol. in-12.

Voy. « Supercheries », I, 879, f.

Histoires facétieuses et morales, mises au jour par J. N. D. P. (J.-N. DE PARIVAL). *Leyden, Sal. Vaguenaer*, 1663. — Histoires tragiques de notre temps arrivées en Hollande, par J. N. D. P. (J.-N. DE PARIVAL). *Leyden*, 1662, 2 part. en 1 vol. pet. in-12.

Histoires françoises galantes et comiques. (Attribuées à Rob. CHASLES.) *Amsterdam, Est. Roger*, 1710, 1712, in-12 ; 1716, 2 vol. in-12.

Histoires graves et sentencieuses, traduictes d'espagnol en françois, et dédiées à Mme la comtesse de Soissons. (Par Fr. DE ROSSET, Provençal.) *Paris, Jacquin*, 1620, pet. in-12.

Histoires illustrées des patronnes et patrons de tous les états et professions. Par un ancien acteur (LINSELLE, avocat). *Paris*, 1847, in-18.

Voy. « Supercheries », I, 320, e.

Histoires morales, suivies d'une correspondance épistolaire entre deux dames, par Mlle *** (Mme Suzanne BODIN DE BOISMORTIER). *Paris, Le Jay*, 1768, in-12.

V. T.

Histoires nouvelles et mémoires ramassés. (Par le comte DE CAYLUS.) *Londres* (*Paris*), 1745, in-12.

Histoires plaisantes et ingénieuses, etc., dédiées aux beaux esprits. (Par le P. Jacques RINALD, jésuite.) *Paris, Hélie Josset*, 1673, in-8.

Histoires pour les enfants qui veulent devenir sages, par l'auteur des « Récits d'un grand-père » (Mme Zélia LONG, née PELON). *Genève*, 1844, 2 vol. in-18.

Histoires secrètes du prophète des Turcs. (Par LANSELIN.) *Constantinople*, 1775, in-8.

Voy. ci-dessus, « Histoire secrète », col. 833, e.

Histoires sublimes et allégoriques, par la comtesse D***. *Paris, Delalain*, 1699, 2 vol. in-12.

Par la comtesse DE MURAT, d'après Barbier. Cette

attribution est reproduite dans les « Supercheries », I, 833, *a*. Le même ouvrage est donné dans le même volume, I, 848, *f*, sous l'initiale D****, à la comtesse D'AULNOY, ce qu'avait fait aussi Lenglet Dufresnoy (Bibliothèque des romans, tome II, p. 281 et 354).

Histoires tragiques de notre temps. (Par DE S.-LAZARE, historiographe.) *Rouen, D. Ferrand*, 1641, in-8 de 900 pages, front. gr.

Histoires tragiques de notre temps arrivées en Hollande. Par J. N. D. P. (J.-N. DE PARIVAL). *Leyden*, 1662, in-12.

Voy. ci-dessus, « Histoires facétieuses et morales...», col. 844, *b*.

Histoires véritables et curieuses, où sont représentées les étranges aventures des personnes illustres. Par le R. P. B. G. (Benoît GONON, célestin). *Lyon, de La Rivière*, 1644, in-8.

Historiale description de l'Afrique..., escrite par Jean LEON African, première-ment en langue arabesque, puis en tos-cane, et à présent mis en françois (par J. TEMPORAL). *Lyon, J. Temporal*, 1556, 2 vol. in-fol., fig. sur bois.

Ce livre contient une collection de voyages dans la-quelle l'ouvrage de Léon l'Africain ne tient qu'une très-petite place.

On y trouve : Tome I : Navigation d'Hanno, capitaine carthaginois. — Discours sur cette navigation, par un capitaine portugais. — Description de l'Afrique, par LÉON. — Navigation de Cademoste au pays des noirs. — Navigation de P. DE CINTRÉ. — Navigation de Lisbonne à l'isle Saint-Thomas, par un pilote portugais. — Lettres d'AMÉRIC VESPUCE.

Tome II : Navigation des capitaines VASQUE DE GAMME, F. ALVARÈS, Th. LOPÈS et Jean D'EMPOLI. — Voyage de L. DE BARTHÈME. — Navigation de JAMBOL. — Lettres de la royne HÉLÈNE, mère du Preste-Jan, à Emmanuel, roi de Portugal. — Lettres d'André DE CORSAL. — Description de l'Ethiopie, par Fr. ALVARÈS. — Lettres de PRESTE-JAN au pape Clément VII et à Jean et Emmanuel, roi de Portugal. — Discours sur le fleuve du Nil, par J.-B. RHAMNUSIO.

Historiale description de l'Etiopie, contenant vraye relation des terres, et pays du grand Roy et Empereur Preta-Ian... (Trad. du portugais de Fr. ALVAREZ, par Jehan BELLÈRE.) *Anvers, Christ. Plantin*, 1558, in-8.

Historien (l'). (Par P.-Sam. DUPONT, de Nemours.) *Paris*, 1er frim. an IV — fructid. an V, 634 numéros en 17 vol. in-8.

Interrompu par le coup d'État de fructidor; repris en l'an V par les collaborateurs de Dupont de Nemours, avec BIENAYMÉ pour rédacteur en chef, sous le titre de : « l'Historique ». 3e complémentaire an V — brumaire an VI, 37 numéros in-8.

Voy. Hatin, t. IV, p. 369.

Historien (l') de douze ans, ou faits remarquables de l'histoire ancienne et ro-

maine... Par A. M. (A. MASSON, libraire). *Paris, Lavigne*, 1834, in-12 av. 4 gr. — *Paris, Lavigne*, 1839, in-12.

Historien (l') villageois, ou la Promenade du bois de Boulogne. (Par DESCHAMPS DE SAINTE-SUZANNE.) 1751.

Note de l'inspecteur de la librairie d'Hemery.

Historiette. Père capucin, confessez ma femme. Seconde édition. (Par GENTILLIATRE.) *Nancy, Duplan*, an V, in-8, 32 p.

Catalogue Noël, n° 4560.

Historiettes baguenaudières, par un Normand (le marquis Ph. DE CHENNEVIÈRES-POINTEL). *Aix, Aubin*, 1845, in-8, 156 p.

Historiettes (les) d'un ermite, ou Recueil instructif et amusant à l'usage des enfants. Trad. de l'angl. et orné de 6 grav. Par le chev. A*** (le chevalier P.-Aug. ADET), traducteur des « Contes de la Chaumière ». *Paris, Locard et Davy*, 1823, in-8.

Voy. « Supercheries », I, 145, *d*.

Historiettes d'un voyageur, par Geoffroy CRAYON, gentleman (Washington IRVING). Traduites de l'anglais (par LEBÈGUE). *Paris, imp. de Carpentier-Méricourt*, 1825, 4 vol. in-12.

Cet ouvrage de W. Irving, « Tales of a traveller », avait déjà été traduit sous le titre de : « Contes d'un voyageur », par Mme Adèle de Beauregard, *Paris, Lecointe*, 1825.　　　　　　　　　　D. M.

Historiettes et conversations à l'usage des enfants qui commencent à épeler et de ceux qui commencent à lire un peu couramment... (Par la baronne Fréd.-Henr. WIESENHUETTEN.) *Paris, A.-A. Renouard*, 1805, 3 vol. in-12.

Souvent réimprimé.

Quelques éditions portent l'initiale W...., d'autres portent à tort le nom de BERQUIN.

Historiettes galantes, tant en prose qu'en vers. (Publiées par SAINT-HYACINTHE.) *La Haye*, 1718, 1730, in-8.

« Histoire critique de la République des lettres », t. XV, p. 378.

Historique (l'), voy. l' « Historien...»

Historique de l'assemblée générale des Églises réformées de France, tenue à Paris au mois de septembre 1848. Publiée par « le Disciple de Jésus-Christ ». (Par M. A.-L. MONTANDON.) *Paris*, 1850, in-8, 2 ff. de tit. et 200 p.

Historique de la loi proposée en faveur de la mine. (Par le marquis DE LA GERVAISAIS.) *Paris, Egron*, 1825, in-8, 32 p.

Historique de la Révolution, tiré des saintes Ecritures. (Par Ant.-Esmonin DE

DAMPIERRE.) *Dijon, imp. de Frantin*, 1824, in-8, 20 p.

Historique des jeux et anecdotes. (Par Henri-Alexis CAHAISSE.) *Paris*, 1803, in-8.

Historique des opérations de l'armée d'Italie, depuis le 27 frimaire jusqu'au 26 nivôse. (Par le général Nicolas-Charles OUDINOT, depuis duc de REGGIO.) *Milan*, an IX, in-8.

Catalogue de Nantes, n° 46348.

Historique du diocèse de Chartres. Notice historique sur les reliques de saint Prest, martyr, patron de la paroisse qui porte son nom, à une lieue et demie de Chartres. (Par M. Louis-François-Désiré-Edouard PIE, depuis évêque de Poitiers.) *Chartres, Garnier, imp.-lib.*, 1841, in-12.

Hiver (l') à Biarritz ; par M. J. S... (Jules SCHNEIDER). Extrait du « Courrier de Bayonne », des 14 et 16 mars 1862. *Bayonne, imp. de veuve Lamaignère*, 1862, in-8, 16 p.

Hochet (le) des sexagénaires, ou Souvenirs d'anecdotes galantes, poésies badines, par M. C.-D. F*** (C.-D. FURICHON). *Paris, Boucher*, 1821, 2 vol. in-8.

D'après la « Bibliographie des ouvrages relatifs à l'amour », la 1ʳᵉ édit. avait paru en 1819, 2 vol. in-8, sous le titre : « les Hochets d'un sexagénaire ».

Hochets (les) de ma jeunesse. (Par Michel DE CUBIÈRES.) *Paris, Valeyre*, 1781, 2 vol. in-8.   V. T.

Hola (le) des gens de guerre fait par le messager de la paix... (P. BEAUNIS DE CHANTERAINE DES VIETTES). *Paris, A. Champenois*, 1614, in-8.   V. T.

Holkar et Palamis, ou les Anglais dans l'Hindostan, pantomime en 2 actes. (Par LEBLANC.) *Paris*, 1805, in-8.

Catalogue Soleinne, n° 3433.

Hollandais (le) rendu facile, précédé d'un précis de grammaire. (Par J.-F.-X. WURTH.) *Liége*, 1829, in-8.

Hollande (la) au dix-huitième siècle. (Par Samuel-François L'HONORÉ, avocat à La Haye, fils d'un des pasteurs de l'Eglise française.) *La Haye, Detune*, 1779, in-12.

Holoferne, tragédie sacrée, extraite de l'histoire de Judith, par A. D'AM. (Adrien D'AMBOYSE, Parisien). *Paris, Abel L'Angelier*, 1580, petit in-8.

Pièce très-rare.

Voy. « Supercheries », I, 187, b.

Homélie de S. ASTÈRE, évêque d'Amasée, traduite en françois (par l'abbé Franç. DE MAUCROIX). *Paris*, 1695, in-12.

Homélie du citoyen cardinal CHIARA-MONTI, évêque d'Imola, actuellement souverain pontife, PIE VII, adressée au peuple de son diocèse, dans la République Cisalpine, le jour de la naissance de J.-C., l'an 1797. Imola, de l'impr. de la nation, an VI de la liberté, réimpr. à Come, chez Ch.-A. Ostinelli, an VIII. (Traduite en franç. par l'abbé H. GRÉGOIRE.) *Paris, Egron*, 1814.
—Troisième édition (avec le texte italien). *Paris, Baudouin frères*, 1818, in-8, 56 p., avec le nom du traducteur.

Homélies académiques. *Paris, Th. Jolly*, 1664, in-12, 272 p.

Le privilège du roi est donné à Fr. LA MOTHE LE VAYER ; M. du Roure, qui consacre une notice à cet ouvrage dans l' « Analecta-Biblion », t. II, p. 281, dit posséder un exemplaire sur lequel le nom de FURETIÈRE est écrit à la main au-dessous du titre.

Cette dernière attribution paraît contestable, et celle du privilège est la plus probable.

Homélies (les) de saint GRÉGOIRE, pape, sur Ezéchiel, traduites en françois (par Pierre LE CLERC). *Paris*, 1747, in-12.

Il n'y a que le premier livre.

Homélies de saint LÉON, pape, sur les mystères de la Nativité, l'Epiphanie, etc. (traduites en français par DE CROIS-SEUIL DE VERTEVOYE, ancien lieutenant général du bailliage de Saint-Domingue). *Paris, Mérigot le jeune*, 1788, in-12.

Note manuscrite de Beaucousin.

Homélies morales sur les évangiles de tous les dimanches de l'année. (Par Pierre FLORIOT.) *Paris, Elie Josset*, 1678, 2 vol. in-4 ou 3 vol. in-8. —Troisième édition, *Lyon, Anisson*, 1696, 4 vol. in-8.

On prétend que cet ouvrage n'est qu'une répétition de la morale du *Pater*, du même auteur.

Homélies ou Sermons de saint Jean CHRYSOSTOME sur la Genèse, traduites du grec en françois (par l'abbé J.-B. MORVAN DE BELLEGARDE). *Paris, Pralard*, 1702, 2 vol. in-8.

Homélies ou Sermons de saint Jean CHRYSOSTOME sur les Actes des apôtres, traduites du grec en françois (par l'abbé J.-B. MORVAN DE BELLEGARDE). *Paris*, 1703, in-8.

Homélies ou Sermons de saint Paul CHRYSOSTOME sur les Epîtres de saint Paul, traduites du grec en françois (par Nicolas FONTAINE). *Paris*, 1675, 7 vol. in-8.

Voy. « Abrégé de S. Jean-Chrysostome... », IV, col. 36, e.

Cette traduction donna lieu à la publication des écrits suivants :

Avertissement de l'auteur de la traduction des homélies de S. Chrysostome, sur quelques pages des homélies sur l'Epître aux Hébreux. S. d., in-12, 12 p. Voy. IV, 354, c.

Cartons du traducteur pour être mis aux pages 275, 276, 277 du VII° tome de sa traduction des homélies de S. Chrysostome sur les Epîtres de S. Paul. 4 pages chiffrées à part, où sont aussi des cartons pour les pages 284 et 285 du même tome.

Lettre écrite à Mgr l'archevêque de Paris par l'auteur de la traduction de S. Chrysostome sur les Epîtres de S. Paul. 12 pages in-12, y compris une rétractation datée de Viris comme la lettre et signée FONTAINE, avec 7 pages chiffrées à part et contenant d'autres cartons et une note pour le tome VII.

Nouveau progrès du nestorianisme renaissant, ou questions proposées par un docteur de Sorbonne, au traducteur des homélies de S. Chrysostome, touchant l'avertissement et les notes qu'il a publiés depuis peu pour se purger de l'hérésie qu'on lui impute, 1693, in-12, 66 p. non compris un avis au lecteur, de 8 pages, intercalé entre le frontispice et les questions. Le nestorianisme renaissant dénoncé à la Sorbonne. (Par le P. RIVIÈRE, jésuite.) Cologne, 1693, in-12.

Homélies prononcées à Londres en 1765, dans une assemblée particulière. (Par VOLTAIRE.) S. l., 1767, in-8, 78 p.

Réimprimées dans le « Recueil nécessaire ». Voy. ce titre.

Homélies (43) prononcées dans l'église de Saint-Sulpice de Paris. (Par Joach. TROTTI DE LA CHÉTARDIE, curé de cette paroisse.) Paris, Raymond Mazières, 1706-1713, 3 vol. in-4 ou 4 vol. in-12.

La première traite de la Correction fraternelle ; elle a été réimprimée la même année.
Voy. « Supercheries », I, 818, c.

Homélies sur la liberté, l'égalité et la philosophie moderne, par le P. Adeodat TURCHI, capucin, plus tard évêque de Parme, trad. de l'italien avec le texte en regard, par l'auteur du « Fervent Catholique » (l'abbé J.-B. LASAUSSE). Paris, Rusand, 1816, in-12.

Homère, danseur de corde, ou l'Iliade funambulaire. (Attribué à l'abbé FAURE.) En prose et en vers. Paris, Prault, 1716, in-12.

Homère en arbitrage. (Par le P. Cl. BUFFIER.) Paris, Prault, 1715, in-12.

Réimprimé, dans les « Nouvelles littéraires » de La Haye, 1715, t. I, dans le t. XII des « Amusements du cœur et de l'esprit », Paris, 1742, in-12, et dans le « Cours général des sciences », du même auteur, Paris, 1732, in-fol., p. 1507, sous ce titre : « Dissertation : Si nous sommes en état de juger des défauts d'Homère ».

Ce sont deux lettres adressées à la marquise de Lambert, sur la dispute entre Mme Dacier et de La Motte, au sujet d'Homère.

Homère (l') travesti, ou l'Iliade en vers burlesques. (Par DE MARIVAUX.) Paris, Prault, 1716, 2 vol. in-12.

Homère vengé, où Réponse à M. de La

Motte sur l' « Iliade ». Paris, Etienne Ganeau, 1715, in-12, 1 f. et 464 p., front. gravé.

L'épître dédicatoire à la duchesse du Maine est signée G*** (Franç. GACON). Outre le titre imprimé, ce livre en a d'ordinaire un gravé, placé après l'épître, et ainsi conçu : « Homère vengé, par L. P. S. F. (le poëte sans fard). A Paris, chez l'auteur, rue Beaurepaire, dans la maison de M. Perraut, sur le derrière. Avec privilége du roy. 1715. »

Hommage à l'agriculture, aux arts, au commerce, aux lettres, suivi de deux épîtres. (Par DERAIMOND, inspecteur des postes.) Dijon, Frantin, 1807, in-8, 23 p.

Hommage à l'association dont les travaux ont pour objet d'assainir les prisons et de purifier les prisonniers. Par l'auteur du « Moraliste du XIXe siècle » (J.-V. DELACROIX). Paris, Corby, 1825, in-8.

Hommage à la mémoire de Mme B. D. L. M. (Blanchard de la Musse ; par Edouard RICHER, BLANCHARD DE LA MUSSE et A.-J. CARBONNEL). Nantes, Forest, 1822, in-18, 10 p.

Hommage à la mémoire de Mme la princesse de Liéven. (Par le comte Serge OUVAROFF.) Saint-Pétersbourg, veuve Pluchard, 1828, in-4, 7 p.

Cette dame d'honneur de la cour imp. de Russie est morte le 24 févr., vieux style, 1828, à l'âge de 85 ans.
A. L.

Hommage à la mémoire de Mlle Armande Johanet. Orléans, autogr. de A. Jacob (1854), in-18.

Signé : A. Jt (A. JOHANET).

Hommage à la mémoire de M. Magloire Thévenot, décédé professeur émérite de la 4e classe de latinité, au collége de Troyes. (Par L.-M. PATRIS-DEBREUIL, éditeur des « Ephémérides » de Grosley.) Troyes, imp. de Mc Bouquot (s. d.), in-8, 40 p.

Hommage à la Société d'émulation, ou Galerie de portraits d'auteurs et d'artistes liégeois, et de quelques autres petites pièces qui leur sont relatives. (Par D. MALHERBE.) Liége, Bourguignon, an X-1802, in-8.
J. D.

Hommage à la vertu guerrière, ou Eloges de quelques-uns des plus célèbres officiers françois qui ont vécu et qui sont morts sous le règne de Louis XV. Hombourg-ès-Monts, H.-P. Wolff, 1779, in-8.

Signé : le Chevalier DUVERNOIS.

Réimprimé sous le titre de : « Eloges de quelques-uns.... » Voy. ci-dessus, col. 92, d.

Cet auteur, né à Ornans (Doubs), le 15 avril 1738, était avant la Révolution maréchal des logis des gardes du corps de M. le comte d'Artois ; il se nommait alors simplement DUVERNOIS, comme le montrent les initiales sur le titre de ses « Essais de géographie.... » Voy. ci-dessus, col. 267, *f.* Devenu chambellan du roi de Prusse, membre de l'académie de Berlin, il s'est appelé VERDY DU VERNOIS.

Hommage à Son Altesse Royale George Frédéric Auguste, prince régent du royaume-uni d'Angleterre. (Par L.-P. DE-CROIX.) *Paris, 1817,* in-8.

Hommage à une belle action, petit poëme sur le courage de François Remi l'aîné...(Par Marie-Joseph CHÉNIER.) *Paris, Dabin, 1810,* in-18, 8 p.

Hommage académique, en vers français, aux cardinaux Tomasi, Gerdil et Borgia. (Par l'abbé Pierre HESMIVY D'AURIBEAU.) *Rome, 1805,* in-8.   D. M.

Hommage au salon de Bruxelles. (Par Norbert CORNELISSEN.) *Bruxelles, 1811,* in-8, 8 p.   J. D.

Hommage au salon de la ville de Gand. (Par CORNELISSEN.) *Gand, Bogaert de Clercq (P. de Goesin),* 1812, in-8, 24 p.

Hommage aux dames. (Par Ch. MALO.) *Paris, Janet,* 1815, in-18.

Hommage aux dames, par C.-L. D. (Charles-Louis DUCOLLET). *Paris, Barba,* octobre 1831, in-12, 23 p.

Hommage aux principes religieux et po-litiques, ou court et simple exposé de quelques vérités importantes, par C. A. L. DE C. (C.-A. LACOMBE DE CROUZET, corde-lier). *Paris, Pélicier,* 1815, in-12. — 2ᵉ éd. *Paris, Pélicier,* 1816, in-12. — 3ᵉ édition, suivie d'une réponse à M*** et d'une ré-plique à M. P. (Picot). *Paris,* 1816, in-12.

Hommage aux Verhaegenistes. La dîme et la main-morte (enfoncées). Dialogue entre un mort et un vivant parlant. (Par Louis LABAR, dit LABARRE.) *(Bruxelles),* s. d., in-16, 8 p.   J. D.

Hommage d'un Français à son souve-rain. Stances sur la paix générale avec les princes alliés. (Par Pierre-François PAL-LOY.) *S. l.* (1814), in-8, 74 p.

Hommage de la Neustrie au grand Cor-neille. (Par David DUVAL-SANADON.) *Rouen,* 1811, in-8.   D. M.

Hommage du « Bulletin du bibliophile belge » à la mémoire de LL. MM. le roi Louis-Philippe et la reine des Belges Louise d'Orléans. (Par Charles-Julien LIOULT DE CHENEDOLLÉ.) *Bruxelles, Devroye,* 1850, in-8, 15 p.

Tiré à part à 25 exemplaires.   J. D.

Hommage et remercîments dédiés à la reine des Français, présentés à Sa Majesté

le 1er mai 1834, jour de la fête de Louis-Philippe. Par un vieillard octogénaire (Pierre-François PALLOY). *Paris, imp. de P. Renouard,* 1834, in-8, 8 p.

L'auteur a signé la dédicace.

Hommage funèbre à M. le comte Félix de Mérode. (Par TERWECOREN, de la com-pagnie de Jésus.) *Bruxelles, Vandereydt,* 1857, in-8, 35 p.   J. D.

Hommage (l') impromptu, intermède en prose, mêlé de chants, etc. (Par LU-PARD-DERCY.) *Boulogne, Leroy-Berger,* an XII-1804, in-8.

Catalogue Soleinne, n° 2894.

Hommage national à la mémoire de Ru-bens. (Par François SICOTTI.) *Anvers, veuve Le Poitevin de La Croix,* 1840, in-12.   J. D.

Hommage poétique et lyonnais aux mânes du général Foy. Par le chevalier Th. P*** (Th. PRINCETEAU), auteur de « Cornélie, ou la Pupille de Voltaire », *Lyon, Ayné frères,* 1825, in-8, 15 p., avec un portrait.

Hommage sur la paix, par la Muse limo-nadière de la rue Croix-des-Petits-Champs (Mᵐᵉ Charl.-Ren. BOURETTE). Ce 4 mai 1763. *(Paris), imp. de Séb. Jorry* (1763), in-8, 8 p.

Homme (de l'). (Par Ch. HIS.) *Paris,* in-8.

Homme (l') à bonne fortune, comédie. (Par BARON.) *Paris, Th. Guillain,* 1686, in-12. — *Paris, P. Ribou,* 1697, in-12, 6 ff. lim. et 144 p. — *Paris, P. Ribou,* 1718, in-12, 118 p. — *Paris, aux dépens de la Compagnie,* 1758, in-8, 86 p.

Dans les deux éditions de P. Ribou, la dédicace est signée par l'auteur.

Homme (l') à la longue barbe. Précis sur la vie et les aventures de Chodruc Duclos... Par MM. E. et A. (Edouard ELIÇAGARAY et Aug. AMIC). *Paris, Palais-Royal,* 1829, in-8, 72 p. — 2ᵉ éd. *Id.,* 1829, in-8, 80 p.

Homme (l') à sentiments, ou le Tartufe des mœurs, comédie en cinq actes et en vers, imitée en partie de *the School for scandal* de SHÉRIDAN (par L.-Cl. CHERON, *Paris, Huet et Charon,* an IX-1801, in-8, 2 ff. lim. et 107 p.

Réimprimée avec le nom de l'auteur.

Homme (l') à tout, ou l'Agence univer-selle, comédie épisodique en un acte, mêlée de couplets, par MM. A*** (Cl.-Aimé DESPREZ SAINT-CLAIR et HURON). *Paris, Barba,* 1813, in-8.   D. M.

Homme (l') ami de Dieu, trad. de l'anglois de Richard JONES (par ELISABETH-CHRISTINE de Brunswick, veuve du roi de Prusse, Frédéric II). *Berlin, G.-J. Decker*, 1780, gr. in-8, 212 p.

Homme (l') apostolique en la vie de S. Norbert. Avec des observations touchant les prérogatives de l'institut clérical et canonial des chanoines de Prémontré. Par I. P. C. (J.-P. CAMUS), E. (évêque) de Belley... *Caen, P. Poisson*, 1640, in-8.

Homme (l') au latin, ou la Destinée des savans. (Par SIRET.) *Genève*, 1769, in-8.   V. T.

Permission tacite.

Homme-automate (l'), folie-parade (en un acte et en prose), mêlée de couplets ; par MM*** (J.-G. YMBERT et A.-F. VARNER). *Paris, Pélicier*, 1820, in-8.

Homme (l') aux favoris et la jeune Bruxelloise. *Bruxelles, Tarlier*, 1830, 2 vol. in-8.

Par Prosper-Edouard NOYER, homme de lettres, né à Bruxelles, le 10 déc. 1806, m. à Rome le 28 juin 1846, où il était secrétaire de la légation belge. Voy. l' « Annuaire dramatique », 1840, p. 243.   J. D.

Homme (l') aux quarante écus. (Par VOLTAIRE.) *S. l.*, 1768, in-8, 2 ff. lim. et 119 p. — *S. l.*, 1768, in-8, 2 ff. lim. et 120 p. — *S. l.*, 1768, in-8, 124 p. — *Genève*, 1768, in-8, 80 p. — *Paris, avec la permission de la docte chambre sindicale, et de Messeigneurs les Gras Fermiers généraux*, 1768, in-8, 2 ff. lim. et 92 p.

Souvent réimprimé avec le nom de l'auteur. Condamné par le Parlement de Paris dès 1768, cet ouvrage ne fut mis à l'*index* à Rome qu'en 1771.

Homme (l') aux trois noms. (Par L.-B. DUTRUIT, général de brigade.) *Paris*, 1814, 3 vol. in-12.

Homme (l') aux trois révérences, ou le comédien remis à sa place ; étrennes à ces Messieurs, pour l'année 1790. Par un neveu de l'abbé Maury (Olivier SAUVAGEOT, plus connu sous le nom de DU CROISI). *Paris, Desenne*, 1790, in-8, 14 p.

Homme (l') avant le déluge. (Par Léon GRENIER.) *Paris, Dentu*, 1863, in-8. Extrait de la « Revue française ».

Homme (l') comme il n'est pas, par l'auteur de l' « Homme comme il est », traduit de l'anglais par le traducteur du « Polonais » (M. et Mme DE SENNEVAS). *Paris, Guillaume*, 1811, 2 vol. in-12.

Le titre de départ porte : « l'Américain, ou l'homme comme il n'est pas ».

Homme (l') confondu par lui-même, par M. le marquis D. (D'AST). *Bouillon et Paris, Gauguery*, 1770, in-12. — *Paris*, 1774, in-12.   V. T.

Permission tacite.

Homme (l') content de lui-même, ou l'égoïsme de la « Dunciade. » (Par DE CERFVOL et Jean-Henri MARCHAND.) *Berne (Paris)*, 1772, in-8.

Le titre de départ, page 1, porte : « Mémoires sur l'égoïsme... par Ego ».

Homme (l') content, œuvre plein de graves sentences, d'agréables reparties, et de bonnes pensées. (Par le P. Thomas LE PAIGE, dominicain.) *Paris, Gervais Alliot*, 1629, 1631, in-8.

Homme (l') content, où l'on voit si le contentement est chez les mariés ou chez les courtisans. (Par le P. Thomas LE PAIGE.) *Paris*, 1633, in-8.

Homme (l') d'État imaginaire, comédie en cinq actes et en vers ; par M. le chev. DE C*** (Mich. CUBIÈRES DE PALMEZEAUX). *Paris, Volland*, 1789, in-8, 2 ff. de tit., xx-136 p.

Homme (l') d'État, par Nicolo DONATO, ouvrage traduit de l'italien en françois, avec un grand nombre d'additions considérables, extraites des auteurs les plus célèbres qui ont écrit sur les matières politiques (par J.-B.-R. ROBINET). *Paris, Saillant, et Liége, G. Plomteux*, 1767, 3 vol. in-12, et aussi en 2 vol. in-4.

Homme (l') d'un livre, ou Bibliothèque entière dans un seul petit livre fait exprès pour les personnes qui ne peuvent avoir ni le temps, ni la commodité, ni même une vie assez longue pour lire des milliers d'auteurs... (Par Eudes DE L'ARCHE.) *Leide*, 1718, in-12.   A. L.

Homme (l') dangereux, comédie en trois actes et en vers. Par l'auteur de la comédie des « Philosophes » (Charles PALISSOT). *Amsterdam*, 1770, in-8.

Homme (l') dans la lune, ou le Voyage chimérique fait au monde de la lune, nouvellement découvert par Dominique GONZALÈS, aventurier espagnol, autrement dit le courrier volant, mis en notre langue par I. B. D. (traduit de l'anglois de François GODWIN, par Jean BAUDOIN). *Paris, F. Piot*, 1648, in-8 ; — *Cochart*, 1666, petit in-12.

Voy. « Supercheries », II, 15, *d*, et 196, *c*.

Homme (l') de désir, par l'auteur des « Erreurs et de la vérité » (SAINT-MARTIN).

Lyon, J. Sulpice Grabit, 1790, in-8, IV-412 p.

Reproduit comme nouv. édit., *Londres, de l'imprimerie de la Société philosophique,* 1808, avec un faux titre portant : « Œuvres philosophiques de Saint-Martin. »

Nouvelle édition revue et corrigée par l'auteur, sous le masque du Philosophe inconnu. *Metz,* an X-1802, 2 vol. pet. in-8.

Homme (l') de la douleur, traduit de l'anglais par M*** (DUBERGIER), traducteur du « Château de Dunimoile », de l' « Incendie de Moscou », etc. *Paris, Tenon,* 1825, 4 vol. in-12.

Ce roman paraît être la traduction de celui de R.-N. KELLY, intitulé : « DeRenzey, or the man of sorrow. » *London,* 1823, 3 vol. in-12.

Homme (l') de lettres bon citoyen, discours philosophique et politique de S. A. le prince Louis GONZAGA DE CASTIGLIONE, prononcé à l'académie des Arcades, à Rome, l'année 1776; traduit de l'italien (suivi de l'*Essai analytique sur les découvertes capitales de l'esprit humain,* du même, traduit de l'italien par lui-même et par P. GUÉNEAU DE MONTBEILLARD). *Genève,* 1777, in-4.

Tiré à cent exemplaires.

Homme (l') de lettres bon citoyen, discours philosophique et politique de don Louis GONZAGUE DE CASTIGLIONE, avec des notes de M. l'abbé GODARD; traduit de l'italien par M. P*** (J.-P. PARRAUD). *Londres et Paris, Barrois l'aîné,* 1785, in-12.

Homme (l') de lettres et l'Homme du monde, par M. DE ..... (Sim. DE BIGNICOURT). *Berlin et Paris, Saillant,* 1774, in-12.

Homme (l') de qualité, ou les Moyens de vivre en homme de bien et en homme du monde. (Par DE CHALESME.) *Paris,* 1671; — *Amsterdam, Pierre le Grand,* 1671, in-12.

Homme (de l'), de ses facultés intellectuelles et de son éducation, ouvrage posthume D'HELVÉTIUS (publié par Dimitri III, prince GALLITZIN); deuxième édition. *Londres (La Haye),* 1773, 2 vol. in-8.

Homme (l') des Gibeaux, ou Nouvelles preuves de la conjuration de M. Elie de Cazes et consorts, contre la légitimité. *Paris, Le Normant,* 1820, in-8.

Signé : Par l'éditeur du « Projet d'acte d'accusation » (J.-B.-Magl. ROBERT).

Homme (l') désintéressé. (Par S.-A. COSTÉ, baron DE SAINT-SUPPLIX.) *Bruxelles et Paris, Gab. Valleyre,* 1760, in-12.

Voy. « l'Ami de la France... », IV, 130, *f.*

Homme (l') détrompé, ou le Criticon de Balthazar GRATIAN, traduit de l'espagnol (quant au premier volume seulement, par Guill. DE MAUNORY). *La Haye, Jean Van Duren,* 1705-1717, 1734, 3 vol. in-12.

Le premier volume de cette traduction parut en 1696 à Paris, avec le nom du traducteur, qui avait promis de donner la suite. Comme il ne tint pas sa promesse, le libraire hollandais confia à un anonyme la traduction des tomes II et III de l' « Homme détrompé ».

Voy. Barbier, « Examen critique... », p. 404-405.

Homme-Dieu (l') et la Vierge-mère, par M. l'abbé.*** (Louis BESSON). *Besançon, Outhenin-Chalandre,* 1847, in-8.

Homme (l') du jour, ou l'Honnête homme selon le monde, par P. J. B. N*** (Pierre-Jean-Baptiste NOUGARET). *Paris,* 1806, 2 vol. in-12.

Homme (l') du monde éclairé, entretiens. (Par L.-Mayeul CHAUDON.) *Paris, Moutard,* 1774, in-12.

Homme (l') du monde, roman moral, traduit de l'anglois (de H. MACKENSIE), par DE SAINT-ANGE. *Amsterdam et Paris, Pissot,* 1775, 2 vol. in-12.

L'édition originale est de 1773; ce roman a été réimprimé plusieurs fois; on le trouve dans l'édition des œuvres de Mackensie. *Edinburg,* 1808, 8 vol. in-8.

Homme (l') du mystère, ou Histoire de Melmoth le Voyageur; par l'auteur de « Bertram » (Charles-Robert MATHURIN). Traduit de l'anglais par Mme E. F. B. (Mme Emile BÉGIN, née FOURNIER-PESCAY). *Paris, Delaunay,* 1821, 3 vol. in-12.

Homme (l') éclairé par ses besoins. (Par Jean BLANCHET.) *Paris, Durand,* 1764, in-12.

Il y a des exemplaires avec la date de 1775 et le nom de *Durand neveu.*

Homme (l') en société, ou Nouvelles vues politiques et économiques pour porter la population au plus haut degré en France. (Par Henri DE GOYON DE LA PLOMBANIE.) *Amsterdam, Marc-Michel Rey,* 1763, 2 vol. in-12.

J'ai vu le manuscrit de la moitié de cet ouvrage relié en maroquin rouge et portant le nom de l'auteur, 1 vol. in-4.

Homme (l') enrichi du trésor de la vérité, par l'auteur du « Chrétien par sentiment » (le P. FIDÈLE, de Pau, capucin). *Bordeaux, veuve Calamy,* 1778, 2 vol. in-12.

Homme (l') errant, fixé par la raison. (Par Mme Marie-Armande-Jeanne D'HU-

MIÈRE, depuis dame GACON-DUFOUR.) *Paris,* 1787, 2 vol. in-12. **V. T.**

Homme (de l') et de la Femme, considérés physiquement dans l'état du mariage. Par M. DE L*** (DE LIGNAC), chirurgien. *Lille, J.-B. Henri,* 1772, 2 vol. in-12.

Réimprimés en 1775 et en 1778, avec un troisième volume et le nom de l'auteur.

Homme (de l') et de la Reproduction des différens individus, pour servir d'introduction à l' « Histoire naturelle des animaux », par M. de Buffon. (Par C.-J. PANCKOUCKE le fils.) *Paris, Vincent,* 1761, in-12.

Homme (l') et la Femme sensibles, traduit de l'anglois (de Henri MACKENSIE) par J.-F. PEYRON. *Londres et Paris, Le Jay,* 1775, 2 parties in-12.

Homme (l') gris, ou petite Chronique. (Par Amédée FÉRET, puis par N.-J. CRETON.) *Paris,* 1817-18, 2 vol. in-8.

15 numéros avec caricatures ; 7 numéros furent condamnés comme séditieux. Voir Hatin, « Bibliographie de la presse », p. 334.

Homme (l') heureux dans toutes les situations de la vie, ou les Aventures de Misseno, poëme portugais du P. Th. DE ALMEYDA ; traduit par M. l'abbé J*** (P.-F. JAMET). *Caen,* 1820, 2 vol. in-12.

Voy. « Supercheries », II, 352, d.

Homme (l') inconnu, ou les Équivoques de la langue, dédié à Bacha Bilboquet. (Par l'abbé Claude CHERRIER.) *Dijon, Defay,* 1713, in-12. — *Paris,* 1722, in-12.

Voy. ce titre, et, en 1725 à la suite de «Polissonniana», et, en 1766, sous le titre d' « Equivoques et bizarreries de l'orthographe françoise ». Voy. ci-dessus, col. 168, a. Panckoucke a fait entrer cette facétie dans l' « Art de désopiler la rate », sans nommer l'auteur. Voy. le « Bulletin du bibliophile », 14e série, p. 1491.

Homme (l') intérieur, ou la Vie du vénérable Père Jean Chrysostome... (Par Henri-Marie BOUDON.) *Paris, E. Michallet,* 1684, in-8.

Réimprimé avec le nom de l'auteur.

Homme (l') juste à la cour, ou les Mémoires du C. D. R. (comte de Rivera ; traduits de l'allemand de J.-M. DE LOEN, par Mlle MARNÉ DE MORVILLE, plus tard Mme DE ROME). *Paris, Pissot,* 1771, 2 part. in-12.

L'édition originale du texte est de *Francf. a. M.*, 1740. — Nouv. éd. *Ulm,* 1771, in-8.

Homme (l') juste et l'Homme mondain, avec le Jugement de l'âme dévote, et exécution de sa sentence (moralité à 82 personnages, par Simon BOUGOUINC ou BOURGOUIN). *Paris, Ant. Vérard,* 1508, in-4.

Homme machine. (Par Julien OFFROY DE LA METTRIE.) *Leyde, Elie Luzac,* 1748, in-12.

M. J. Assezat a donné une nouvelle et consciencieuse édition avec introduction et notes ; elle porte le nom de l'auteur et elle est accompagnée de l'Eloge de La Mettrie, par Frédéric le Grand ; elle forme le second volume des « Singularités physiologiques ». *Paris, Fréd. Henry,* 1865, 2 vol. petit in-8 carré.

Homme (l') machine, ou l'Enseignement mutuel. *Paris,* 1821, in-8, 32 p.

Extrait du t. IV du « Mercure royal », signé A. DU PETIT-THOUARS, autrement dit G. AUBERT DU PETIT-THOUARS, membre du conseil général d'Indre-et-Loire.

Homme (l') moral opposé à l'homme physique de M. R*** (Rousseau, par le P. J.-B. CASTEL, jésuite). *Toulouse,* 1756, in-12.

Homme (l') moral, ou l'Homme considéré tant dans l'état de pure nature, que dans la société. (Par P.-Ch. LEVESQUE.) *Amsterdam,* 1775. — Quatrième édition, avec le nom de l'auteur et la seule avouée par lui. *Paris, Debure,* 1784, in-12.

Homme (l') ou le Tableau de la vie, histoire des passions, etc., trouvée dans les papiers de l'abbé P***. (Composée par Paul BARET.) *Francfort,* 1765, 6 parties in-8.

Homme (l') parfait, recherche inédite. (Par le P. Spiridion POUPART, religieux de Picpus.) *Paris,* 1706, in-12, 12 p.

Homme (l') plante. (Par Julien OFFROY DE LA METTRIE.) *Potsdam, Chrét.-Fréd. Voss,* s. d. (vers 1748), in-12, 58 p.

Réimprimé dans les « Œuvres » de l'auteur et à la suite d'un écrit anonyme intitulé : « de la Propagation du genre humain... » *Paris, Prudhomme,* an VII-1799, in-12.

Homme (l') plus que machine. (Par Elie LUZAC.) *Londres (Hollande),* 1748, petit in-12.

Réimprimé dans le t. III des « Œuvres » de La Mettrie, 1774.

Homme (l'), poëme philosophique en quatre chants, par C. F. J. V***** (C.-F.-J. VIMONT, prêtre, professeur au collège de Bayeux). *Bayeux, Groult,* 1809, in-12 oblong.

Homme (l') religieux, par le P. SAINT-JURE, de la C. de J. Nouvelle édition, revue et corrigée par un prêtre du diocèse de Lyon (l'abbé J.-L. TARPIN). *Lyon, Guyot,* 1835, 2 vol. in-8.

Réimprimé en 1841 avec le nom de l'éditeur.

Homme (l') rival de la nature, ou l'art de donner l'existence aux oiseaux, et principalement à la volaille, par le moyen d'une chaleur artificielle, etc. (Par l'abbé COPINEAU.) *Paris, Gay et Gide*, 1795, in-8.

C'est une nouvelle édition de l' « Ornithologie artificielle » ; voy. ce titre,

Homme (l') sans façon, ou Lettres d'un voyageur, allant de Paris à Spa. (Par l'abbé JEHIN, connu sous le pseudonyme de ROSECROIX.) *S. l.* (*Neuwied*), 1786, 2 vol. in-12.

Voy. « Supercheries », III, 979, *a*.

Homme (l') sans nom, épisode de 1793. (Par P.-Sim. BALLANCHE.) *Paris, imp. de Didot aîné*, 1820, in-8.

Tiré à 100 exemplaires. N'a pas été mis dans le commerce.
Une seconde édition, *Paris, imp. de J. Didot*, 1838, in-8, également anonyme, mais augmentée d'une préface, a eu le même genre de publicité. Elle a été destinée à accomplir la promesse faite par l'auteur, page 201-202 du premier volume de ses « Essais de palingénésie sociale ». Voy. ci-dessus, col. 270, *e*.

Homme (l') sauvage, histoire. *Amsterdam*, 1767, in-8. — Nouv. édit. *Neufchâtel*, 1784, in-8.

Après avoir dit que cet ouvrage était traduit de l'allemand de G.-B. PFEIL par L.-S. MERCIER, Ersch annonce une traduction allemande par C... A... Brackmann, *Hambourg*, 1787, et une traduction hollandaise, *Amsterdam*, 1783, in-8. (« France litér. », t. II, p. 372.)

Homme (l') sensible, traduit de l'anglois (de J. MACKENSIE) par DE SAINT-ANGE. *Amsterdam et Paris, Pissot*, 1775, in-12.

La première édition anglaise de ce roman souvent réimprimé est de *Londres*, 1771, sans nom d'auteur.

Homme (l'), ses dignités, son franc et libéral arbitre.(Par Nicolas DE MONTROEUIL.) *Paris*, 1599, in-12.

Homme (l') sicilien parlant au chancelier, caprice. (Par BOISROBERT). *S. l.*, 1649, in-4, 7 p.

Homme (l') singulier, ou Emile dans le monde ; imité (traduit) de l'allem. d'Aug. LAFONTAINE, par J.-B.-J. BRETON (et A.-J.-P. FRIESWINKEL, connu sous le nom de FRÉVILLE). *Paris, G. Dufour*, 1801 ou 1810, 2 vol. in-12.

Homme (l') sociable, ou Réflexions sur l'esprit de société. *Amsterdam, Mercus et Arckstée*, 1767, in-12.

Attribué par Sabatier de Castres, dans les « Trois siècles de littérature », à l'abbé Jacques PERNETTI.

Homme (l') tel qu'il est, ou Mémoires du comte de P***, écrits par lui-même, traduits de l'allemand (de Jean-Goulot-Ben-

jamin PFEIL) par Mlle DE MORVILLE. *Amsterdam et Paris, Valade*, 1771, 2 vol. in-12.

Homme (l') universel, trad. de l'espagnol de Baltasar GRACIEN (*sic*). *Paris, Pissot*, 1723, in-12, 3 ff. lim. — 312 p. 3 ff. de tab. et de priv. — *La Haye*, P. Gosse, 1724, in-12. — *Rotterdam*, 1729, in-12.

Le traducteur J. DE COURBEVILLE a signé la dédicace.

Homme (l') vrai. (Par B.-C. GRAILLARD DE GRAVILLE.) *Amsterdam et Paris, Dufour*, 1761, in-12.

Hommes (les). (Par Jacques-Philippe DE VARENNES, chapelain du roi.) *Amsterdam*, 1712. — *Paris, Barbou*, 1728 ; — *Henry*, 1734. — Quatrième édition. *Id.*, 1737. — Cinquième édition, revue et corrigée par l'auteur. *Paris, Ganeau*, 1751, 2 vol. in-12.

Hommes (les), comédie ballet en un acte. Représentée par les comédiens françois ordinaires du roi le 27 juin 1753. (Par G.-F. POULLAIN DE SAINT-FOIX.) *Paris, Duchesne*, 1753, in-8, 31 p.

Hommes (les) d'Etat les plus célèbres de la France... par l'auteur des « Magistrats les plus célèbres » (Maxime FOURNIER CHEUX DE MONTROND). *Lille, Lefort*, 1849, in-12, 213 p. et 1 f. de table.

Réimprimé en 1851, 1858 et 1862.

Hommes (des) de couleur. (Par Monésir RICHARD.) *Paris, imp. de Mie*, 1831, in-8, 8 p.

Hommes (les) de la Terreur, Robespierre, Marat, Saint-Just... Biographies et anecdotes, avec portraits et gravures. (Par M. l'abbé JORRY.) *Plancy, soc. de Saint-Victor*, 1854, in-18, avec port., 4 ff. lim. et 324 p. — *Paris, Putois-Cretté* (1861), in-18.

Dans cette dernière édition, le titre seul a été réimprimé.

Hommes (les) de sang démasqués, ou les meneurs du club de Bordeaux dénoncés à la Convention nationale, au représentant Treilhard et à l'opinion publique. (*Paris*), *imp. de Guffroy* (an III), 2 numéros in-4, 18 et 19 p.

Par DUTASTA ; médecin dans l'armée des Pyrénées occidentales. Un troisième numéro est intitulé : « Tableau expositif présenté aux représentants du peuple Boussion et Treilhard, envoyé à la Convention nationale et aux principales communes de la République, par les citoyens CASTÉRAN, DUTASTA, TUSTET, CHAVISADE et GOGOREUX. » (*Paris*), *imp. de Guffroy*, an III, in-4, 8 p.

Hommes (les) déchus. *Châlon-s.-S., imp. de J. Duchesne*, 1841, in-8, 8 p.

Signé : P.-C. ORD... (P.-C. ORDINAIRE).

Hommes (les) du centre, (Par Parent RÉAL.) *Paris, Dondey-Dupré, 1820, in-8, 32 p.*

Hommes du jour. (Par M. et Mme Henri BLAZE DE BURY,) *Paris, Michel Lévy, 1859.* — 2e édit. 1860, in-12.

Hommes (les) du jour, vaudeville en un acte. (Par ALLAIRE et HILLARD D'AUBER-TEUIL.) *Paris, 1797, in-8.*

Hommes (les) du mouvement et les hommes de la résistance, biographie des ministres, de tous les membres de la Chambre des députés, des principaux pairs de France et de quelques autres hommes politiques. *Paris, Pagnerre, 1831, in-8.*

Quérard, « France littéraire », t. XI, attribue cet ouvrage à l'éditeur Ant.-Laurent PAGNERRE.

Hommes et doctrines du parti libéral, par un membre de la droite (RAUCQ). 1re et 2e parties. *Bruxelles, Decq, 1859, in-8, 78 p.* J. D.

Hommes (les) et les mœurs aux Etats-Unis d'Amérique. Par le colonel HAMILTON. Traduit de l'anglais sur la troisième édition, par le comte D. L. C. (Franç.-Emmanuel-Fréd. DU SUAU DE LA CROIX). *Anvers, imp. de Lesourd, Paris, Fournier, 1834, 2 vol. in-8.*

Voy. « Supercheries », I, 954, f.

Hommes (les) girouettes, depuis la création d'Adam jusqu'à présent, et précis historique de la vie privée des Français... par un Messin philanthrope (D. MORY). *Metz, Verronnais, 1832, in-8.*

Hommes (les) tels qu'ils sont et tels qu'ils doivent être. (Par Jean BLONDEL, avocat.) *Londres et Paris, Duchesne, 1758, in-12.*

Hommes (les) volans, ou les aventures de Pierre Wilkins; traduites de l'anglois (par P.-F. DE PUISIEUX). *Londres et Paris, veuve Brunet, 1763, 3 vol. in-12.*

Reproduit dans la collection des « Voyages imaginaires ». *Amsterdam (Paris), 1788, t. XXII et XXIII.*

Homœopathie jugée par elle-même, au dispensaire spécial. (Par Napoléon LERICHE.) *Lyon, imp. de Pommet (1843), in-8, 32 p.*

Homoncée, ou de l'Accord et union des subjets du roi, souls son obéissance. (Par Ant. LOISEL). *Paris, Abel L'Angelier, 1595, in-8.*

Homonymie (l') dans les pièces de théâtre. (Par J.-M.-Jos. THOMASSEAU DE CURSAY.) *Paris, 1756, in-8.*

Hongrie (la) devant l'Europe. Les institutions nationales et constitutionnelles de la Hongrie et leur violation. (Par Jean LUDWIGH, anc. représentant et secrétaire à l'Assemblée nationale de Hongrie, secrétaire de Kossuth, réfugié à Bruxelles.) *Bruxelles, Van Meenen, 1860, in-8, 200 p.* J. D.

Hongrie (la) et la germanisation autrichienne. (Par J. LUDWIGH.) *Bruxelles, Van Meenen, 1859, in-12, 70 p.*

La seconde partie a paru sous ce titre : « la Liberté religieuse et le Protestantisme en Hongrie ». *Ibid, 1860, in-12, 102 p.* J. D.

Hongrie (la) et le droit public autrichien à propos du projet d'adresse de M. Deak, juin 1861. (Par le docteur Henri SCHIEL.) *Bruxelles, Flatau, 1861, in-8, 92 p.* J. D.

Hongrie (la) et les Slaves. (Par J. LUDWIGH.) *Bruxelles, Lacroix, Van Meenen et Ce, 1860, in-12, 119 p.* J. D.

Hongrie (la) politique et religieuse, études sur ses institutions et sa situation actuelle. (Par J. LUDWIGH.) *Bruxelles, Van Meenen, 1860, in-12, 363 p.* J. D.

Honnête (l') corsaire, ou la femme vendue, comédie. Par R. D. L. B. (REGNIER DE LA BRIÈRE). *Paris, 1782, in-8.*

Honnête femme (l'), par le P. DU BOSC, cordelier, conseiller et prédicateur ordinaire du roy. *Paris, 1632, in-4. — Paris, 1658, in-12.*

La préface est de PERROT D'ABLANCOURT, de l'Académie française ; c'est le seul ouvrage qu'il ait composé de son propre fonds ; ses autres écrits littéraires ne sont que des traductions. (Tallemant, « Historiettes », t. VI, p. 168, deuxième édition.)

Honnête (l') homme, comédie en 5 actes et en vers, par C...... (T. COURTAT). *Paris, F. Didot, 1860, in-12.*

On assure qu'il n'existe qu'un exemplaire non cartonné, aux pages 1-2, 57-58. Ceux qui portent le nom de l'auteur, avec la date de 1861, le sont tous.

Honneste (l') maîtresse. (Par L. COUVAY.) *Paris, C. de Luynes, 1654, in-12.*

Honneste Passe-temps recueilly des faits et propos de plusieurs princes, philosophes et hommes signalez de ce temps. (Par François DUTIL.) *Paris, 1608, 2 vol. in-12.*

Le nom de Dutil se trouve au bas de l'avis au lecteur, placé en tête de la seconde partie.

Honneste (l') volupté.

Voy. « Supercheries », III, 180, f.

Honnêtetés (les) littéraires, etc., etc., etc., etc., etc. Par M. DE V*** (VOLTAIRE). *S. l., 1767, in-8, 96 p. — S. l., 1767, in-8, 189 p.*

Honneur (l') considéré en lui-même, et relativement au duel... Par M. DE C*** (CHAMPDEVAUX). *Paris, Leprieur*, 1752, in-12.

Honneur (l') et l'échafaud, mélodrame, par MM. Barthélemy HADOT et *** (Ch. HUBERT). *Paris, Barba*, 1816, in-8.

Honneur (l') de l'Église catholique et des souverains pontifes, défendu contre les calomnies, les impostures et les blasphèmes du P. Le Courayer, répandus dans sa traduction de l'Histoire du concile de Trente, par Fra Paolo, et particulièrement dans les notes qu'il y a ajoutées. (Par dom Fr.-Arm. GERVAISE.) *Nancy, Fr. Midon*, 1742, 2 vol. in-12, ou 1749, 2 vol. in-8.

Honneur et patrie. Les fastes de la Légion d'honneur... Extrait. Comte du Mas de Polart, lieutenant général. *Paris, bureau de l'administration*, 1843, gr. in-8, 8 p.

Signé : B—G (BÉGAT).
La couv. imp. sert de titre.

Honneur (l') françois, ou histoire des vertus et des exploits de notre nation, depuis l'établissement de la monarchie jusqu'à nos jours. (Par Cl.-L.-Mich. DE SACY.) *Paris, Costard*, 1770, 12 vol. in-12.

Les quatre premiers volumes seulement ont été publiés sous le voile de l'anonyme.

Honneur (l') français, ou Tableau des personnages qui, depuis 1789 jusqu'à ce jour, ont contribué, à quelque titre que ce soit, à honorer le nom français. (Par J. BRAYER.) *Paris, L. Collin*, 1808, 2 vol. in-8.

Honneur (de l') national à propos des 24 articles, par un Luxembourgeois de la partie cédée (le baron DE REIFFENBERG). *Bruxelles, Muquardt*, 1839, in-8, 15 p.
J. D.

Honneur (de l') qu'on doit à Dieu dans ses mystères et dans ses saints. (Par Ambroise PACCORI, diacre, connu aussi sous le nom de L'ETANG.) *Paris, G. Desprez*, 1726, in-12, 313 p., plus la table et le privil. — Autre édition. *Ibid.*, 342 p.

Honneurs et préséances. Recueil de toutes les dispositions législatives et réglementaires qui déterminent les rangs et séances des diverses autorités dans les cérémonies publiques et fixent les honneurs à rendre. Par B... (Pierre-Antoine-Ferdinand BLOT), s.-adjudant au palais des Tuileries. *Paris, Blot*, 1852, in-16, 64 p.

Honneurs (les) et triomphes faits au roi de Pologne, tant par les princes allemands en son voyage, que par ses sujets à sa réception ; qui fut à Miedzeris le 24e jour de janvier dernier passé, 1574, brièvement récitée par une lettre missive, qu'un gentilhomme françois écrit de Posnanie. (Par Denis Nicolas DU MONT, de Saumur.) *Paris, Denis du Pré*, 1574, in-8, 62 p. plus le privilége.

Honneurs (les) funèbres rendus à la mémoire de très-haut, très-puissant, très-illustre et très-magnanime prince Monseigneur Louis de Bourbon, prince de Condé, et premier prince du sang de France, dans l'église métropolitaine de Notre-Dame de Paris. (Par le P. Claude-François MÉNESTRIER.) *Paris, E. Michallet*, 1687, in-4.

Honneurs funèbres rendus dans la R∴ L∴ de la parfaite Intelligence à l'or∴ de Liége, le 28e jour du 12e mois de l'an de la V∴ L∴ 5818, à la mémoire du T∴ V∴ F∴ Saint-Martin, ancien vénérable de la R∴ [____]. (Par DESTRIVEAUX.) *Liége, Desoer*, 5818, in-8, 31 p.
J. D.

Honneurs rendus à S. A. S. Mgr le duc (de Bourbon) en Bourgogne, à Lyon et en Bresse.

Catal. Coste, no 5957. Ex-dono : P. Fr.-Cl. MÉNESTRIER.

Honni soit qui mal y pense, nouveaux contes et autres poésies, par M. V. M. (Victor MENGIN). *Paris*, 1805, in-12.

Honny soit qui mal y pense, ou Histoire des filles célèbres du XVIIIe siècle. (Par J.-Aug. JULLIEN, connu sous le nom de DESBOULMIERS). *Londres*, 1760, 2 vol. in-12.

Réimprimée plusieurs fois.

Honni soit qui mal y pense, ou le Cheval de Caligula fait consul de Rome, en vers burlesques, par un plaisant (François-Marie MAYEUR). *S. l.* (1782), in-8.
D. M.

Honorable (l') M. Coomans, à propos des questions relatives aux fortifications d'Anvers. (Par Jean-Nicolas MERJAY.) *Bruxelles, Guyot*, 1862, in-8, 18 p.
J. D.

Extrait du « Journal de l'armée ».

Honorine Derville, ou Confession de Mme la comtesse de B*** écrites par elle-même. (Par le chevalier Pierre DUPLESSIS). *Paris, veuve Duchesne et fils*, 1789, 2 part. in-12.

Honorine, ou mes 22 ans, histoire véritable de Mlle de ***, publiée sur ses Mémoires, par un homme de lettres. (J.-A. JACQUELIN). *Paris, Marchant*, 1803, 3 vol. in-12.

Honte (la) de la république, ou le triste sort de ses honorables frères mendiants. S. l. (an IV), in-8, 12 p.

Signé : A.-G.

Par GARNIER, d'après une note ms. sur l'exemplaire de la Bibliothèque nationale.

Hospital d'amours. S. l., in-4, 34 ff. ; in-4, 26 ff. ; in-8, 28 ff.

On a attribué à tort ce livret à Alain CHARTIER ; La Monnoye, dans ses notes sur la « Bibliothèque françoise » de du Verdier, dit qu'elle est d'un jeune poëte de Tournay qu'il ne nomme pas.

Hôpital (l') des fous, traduit de l'anglois (de G. WALSH, par DE LA FLOTTE). Paris, Séb. Jorry, 1764, 1765, in-8, pap. de Holl., fig., vign. et culs-de-lampe d'Eisen.

Horace curieux et facile, ou les poésies d'HORACE en latin et en françois (par le P. Philippe BARBE, né à Londres en 1723 de parents français et m. à Chaumont en Bassigny, en 1792). A Vitry-le-Français, 1762, in-12.

HORACE. Première partie. Par le sieur J. (JOBÉ). Rouen, veuve A. Maurry, 1686, in-12.

Volume très-rare et qui a échappé aux recherches de l'abbé Goujet ; il contient la traduction, en vers alexandrins, des dix-huit premières odes d'Horace (catalogue Duputel, p. 115).

Horace, tragédie. (Par Pierre Corneille.) Paris, Courbé, 1641, in-4 de 5 ff. et 103 p., avec une grav. — Autre édit. Ibid., id., in-12.

L'auteur a signé l'épître.

Horaces (les), tragédie lyrique en 3 actes, mêlée d'interm. (en vers libres). (Par N.-Fr. GUILLARD.) (Paris), Delormel, 1786, in-4, ou Paris, 1786, in-8, et an IX-1801, in-8.

Horæ biblicæ, ou Recherches littéraires sur la Bible traduite de l'anglais, de Charles BUTLER (par Marie-Antoine-Henri Boulard). Paris, Maradan, 1810, in-8.

La première édition de l'ouvrage anglais est de 1807 ; elle ne fut pas mise dans le commerce ; elle fut suivie de plusieurs autres revues et augmentées.

Horispheme, ou les bergers, comédie pastorale en deux actes, par P.... DE M.... (P. DE MONTIGNAC). Nantes, Vatar, 1771, in-8.

Horizons (l') célestes, par l'auteur des « Horizons prochains » (Mme Agénor DE GASPARIN, née Valérie BOISSIER). Paris, Lévy frères, 1859, in-12.

Plusieurs fois réimprimé.

Horizons (les) prochains. (Par Mme Agé-

T. V.

nor DE GASPARIN.) Paris, Lévy frères, 1858, in-12, 295 p.

Plusieurs fois réimprimé.

Horloge de la passion, ou Réflexions et affections sur les souffrances de J.-C., par A. DE LIGUORI. Traduit de l'italien par l'abbé J. G. (Joseph GAUME). Paris, Gaume frères, 1832, in-18. — 2° éd. Id., 1833, in-18.

Souvent réimprimé.

La troisième édition et les suivantes portent le nom de Gaume.

Horlogeographie, ou la Manière de faire les horloges à poids, par le P. B. (le P. BEURIOT), religieux augustin. Rouen, Ph.-P. Cabut, 1719, in-8.

Horoscope (l') accompli. (Par le chevalier DE MAILLY.) Paris, 1713, in-12. V. T.

Horoscope (l') accompli. Comédie représentée pour la première fois par les comédiens italiens ordinaires du Roy, le 6 juillet 1727. Paris, Briasson, 1729, in-12, 60 p.

La dédicace est signée : Thomas GEULLETTE (sic, GUEULLETTE).

Horoscope (l') de la France. S. l., an IV, in-8, 16 p.

A la fin : Par le citoyen D*** (Bernard-Simon-Laurent DEBAUVE, chanoine régulier de la congrégation de France, dite de Sainte-Geneviève, suivant une note ms.).

Horoscope (l') de la Pologne, où se trouve le portrait caractéristique du prince héréditaire de Prusse. (Par Stéph. ZANNOWICH.) 5° édit. corr., augm., revue et analysée par un ex-ministre d'État. Cetigne, 1779, in-8.   A. L.

Horoscope (l') de la Révolution. Londres, et se trouve à Paris, chez les Impartiaux. 1790, in-8, 62 p.

A la fin on lit : « A Londres, chez Lehçim Dnamra Ollas Senneraved, hôtel de Calonne. » Ces noms renversés sont ceux de l'auteur, Michel-Armand SALLO DE VARENNES, ancien maire perpétuel de Sens, mort en floréal an X (1802), âgé de soixante-cinq ans. Il avait composé encore d'autres brochures au commencement de la Révolution.

Horoscope (l') des jésuites, où l'on découvre combien ils doivent durer, et de quelle manière ils doivent cependant tourmenter les hommes. (Par CARRÉ, ministre protestant.) Amsterdam, sur la copie imp. à Londres, chez M. Hills, 1691, in-18.

Horoscope (l') du roi, donnant à connaître le gouvernement de l'État sur les affaires présentes et pour l'avenir. Paris, 1652, in-4, 26 p.

La dédicace est signée : P. B. S. D. P. P. (Paul BOYER, sieur DU PETIT-PUY).

Voy. « Supercheries », I, 521, b.

Horoscope (l') impérial de Louis XIV, Dieudonné, predict par l'oracle françois et Michel Nostradamus. (Par Jacq. MENGAU.) *Paris, F. Huart,* 1652, in-4, 20 p.

10e avertissement. Voy. le détail de la série complète des « Avertissements » de J. Mengau, IV, 348, d.

Horoscope royal du très-chrétien... Louis XIII... *Paris, imp. de Alexandre,* 1623, in-8, 23 p.

La dédicace est signée : J. MESNIER.

Hors-d'œuvre. (Par Pierre LACHAMBAUDIE.) *S. l. (Bruxelles), s. d.,* in-fol. à trois colonnes.

Réimprimé à 50 exemplaires, sous le titre de « les Hors-d'Œuvre de Pierre LACHAMBAUDIE ». *Bruxelles,* 1868, in-8, 17 p., avec un avant-propos anonyme de M. POULET-MALASSIS.

Hortense de Rainville, ou la jeune veuve, par V. D. M. (P. Verdier, docteur-médecin). *Paris, G. Mathiot,* 1820, 3 vol. in-12.

Hortense et Sophie, ou la rivale d'elle-même, comédie en un acte et en vers, par G. M. (le comte Gabriel DE MOYRIA). *Boury,* 1808, in-8, 70 p.

Hortense, suivie du Chef des brigands. Par A. H. (A. HOPE). *Paris, Barba,* 1837, in-8.

Hortense est en 4 scènes. Le Chef des brigands est en chansons.
Le nom de l'imprimeur Herhan est suivi de la dénomination de imprimeur de M. Hope.

Hortus epitaphiorum selectorum, ou Jardin d'épitaphes choisies, où se voient les fleurs de plusieurs vers funèbres tant anciens que nouveaux... (Par Pierre GUILEBAUD, en religion Pierre DE SAINT-ROMUALD.) *Paris, G. Meturas,* 1648, in-12, 18 ff. lim. et 569 p. — *Id.,* 1666, in-12.

Hospice de charité; institution, règles et usages de cette maison. (Par Mme NECKER.) *Paris, imprimerie royale,* 1780, in-4, 62 p.

'Hospitalité (l'), ou le Bonheur du vieux père, opéra-comique en un acte et en vaud. mêlé de musique italienne. Par le citoyen D....y (DORVIGNY). *Paris, Louis,* an III-1795, in-8.

Hôtel (l') Bazancourt, ou la Prison de la garde nationale, vaudeville en un acte. par MM. L** et R*** (LETOURNEL et RAMOND DE LA CROISETTE). Représenté pour la première fois, sur le théâtre du Vaudeville, le 24 juin 1817. *Paris, Barba,* 1817, in-8, 40 p.

Hôtel (l') d'Enghien à Mons, XIVe siècle. (Par Félix HACHEZ.) *Mons, s. d.,* in-8, 8 p.

J. D.

Hubert, ou le Gilblas parisien. (Par J. QUANTIN.) *Paris, Brianchon,* 3 v. in-12.

Hudibras, poëme (de Sam. BUTLER), écrit dans le temps des troubles d'Angleterre, et traduit en vers françois (par Jean TOWNELEY) (publié par l'abbé Jean NEEDHAM TUBERVILLE), avec des remarques (par P.-Henri LARCHER). *Londres (Paris)* 1757, 3 vol. in-12. — Nouvelle édition. *Paris, Jombert,* 1820, 3 vol. in-12.

L'édition de 1820 est augmentée d'une clef générale de l' « Hudibras », par A.-P. LOTTIN le jeune, et d'une notice sur Towneley. Ce poëme satirique, souvent réimprimé en Angleterre, vit le jour en 1663.

Huetiana, ou Pensées diverses de M. HUET, évêque d'Avranches (publiées par l'abbé Joseph THOULIER D'OLIVET). *Paris,* 1722 ; *Amsterdam,* 1723, in-12.

Huit mois de mairie pendant l'occupation allemande, 1870-1871. *Vesoul, impr. L. Cival,* 1872, in-8, 131 p.

Signé : A. NOIROT.

Huit Oraisons de CICÉRON, traduites en françois; savoir, pour Quintius, pour la loi Manilia, pour Ligarius et pour Marcellus (par Nic. PERROT D'ABLANCOURT); la quatrième Catilinaire (par Louis GIRY); l'oraison pour le poëte Archias (par Olivier PATRU) ; les harangues pour la Paix et pour Déjotarus (par DU RYER). *Paris,* 1638, in-4. — Quatrième édition. *Paris,* 1644, in-4.

Huitième lettre sur l'œuvre des convulsions, au sujet des écrits intitulés : « Examen critique », etc., « l'Esprit en convulsions ». (Par PONCET DESESSARTS.) *S. l.* (1733), in-4, 24 p.

Voy. pour les sept lettres précédentes, « Lettres de M*** à un de ses amis... »

Huitième lettre sur les miracles, écrite par le proposant. (Par VOLTAIRE.) In-8, 7 p.

Voy. « Questions sur les miracles ».

Huitième (la) merveille du monde, ou le Chat mignon. (Par Mlle FOUQUET, Seès). *S. l. (Alençon), s. d.,* in-8, 4 p.

En vers.

Humanité (de l'). Genèse. (Par le Dr Eugène BODICHON.) *Alger, imp. Dubos frères,* gr. in-8 de 148 p. à 2 colonnes.

On lit p. 147 : Cet ouvrage se compose de la morale et d'une centaine de propositions de philosophie et d'économie sociale. Le gouverneur général de l'Algérie n'ayant pas accordé l'autorisation de continuer l'impression à Alger, force a été de nous arrêter là. Plus tard; nous publierons ces propositions et la morale.

28 avril 1852.

Humanité (l'), ou l'Histoire des infortunes du chevalier de Dampierre. (Par A.-G. Contant-Dorville.) *Paris, Cailleau*, 1765, 2 vol. in-12.

Humanité (l'), ou le Tableau de l'indigence, triste drame, par un aveugle tartare. S. l., 1761, in-8, xv-95 p.

Cette pièce a été insérée dans le t. V, pp. 343-397 d'une édition des « Œuvres de Diderot », faite à Londres en 1773, sans son concours. Naigeon l'a omise dans son édition des œuvres authentiques de cet auteur, sans en donner la raison.

Quérard attribue cette pièce, ainsi que celle qui porte le titre de « Zamir », à un nommé Randon, sur lequel il ne donne aucun détail.

M. Paul Lacroix, dans le cat. Soleinne, appelle cet auteur Randon de Boisset, célèbre financier.

Un article inséré dans la « Revue critique » du 11 août 1866, pp. 93-94, combat cette dernière attribution et fait avec raison observer que ces deux pièces ne se trouvent pas dans le catalogue de Randon de Boisset.

Humanité (l') récompensée par l'amour, traduit de l'espagnol. (Par Jean Digard de Kerguette.) *Amsterdam (Paris)*, 1764, in-8.

Humble supplication aux princes seigneurs... qui sont auprès de la Majesté du Roy, à ce qu'ils tiennent la main, et sollicitent que punition exemplaire soit faicte des mutins qui ont rompu la foy, à ceux qui sont sortis de S.-Jean-d'Angely... *Angoulesme, par I. de Miniers*, 1569, in-8.

Signé : Fr. Du Monst.

Humble supplique à Leurs Saintetés messeigneurs les archevêques et évêques réunis en congrès à Liége, l'an de grâce... 1846, par un Béotien (Ch. Potvin). *Bruxelles, chez tous les libraires*, 1846, in-8, 16 p.

Extrait du « Modérateur », journal de Mons.
　　　　　　　　　　　　　　　J. D.

Humbles remarques soumises à S. A. I. M. le prince Napoléon, sur la partie historique du discours qu'il a prononcé au Sénat dans la séance du 1er mars. (Par Marzuzi de Aquinne, directeur de la « Revue universelle des arts ».) *Bruxelles, Labroue*, 1862, in-8, 98 p.
　　　　　　　　　　　　　　　J. D.

Humbles requestes et remonstrances faictes au Roy pour le clergé de France, tenant ses estats... (Par Jean Quintin, publ. par Ant. Le Bague.) *Paris, P. Gueau*, 1588, in-8.

Il y a des exemplaires qui portent sur le titre : Par le frère Jean Quintin.

Humbles violettes recueillies sur les pas d'Hortense. (Par L.-F. du Poirier.) *S. d.*, in-18.

Humoriste (l'), boutade en un acte, mêlée de couplets. Par MM. Dupeuty et

Henry (Jules-Henry de Tully), tirée d'un proverbe de M. Théodore Leclercq; représentée à Paris sur le théâtre du Vaudeville, le 13 août 1829. *Paris, Bezon*, 1829, in-8. — *Paris, A. André*, 1833, in-32. — *Paris, Tresse*, 1840, gr. in-8, 15 p.

D'après Quérard, J.-D. Fulgence de Buny a eu part à la rédaction de cette pièce.

M. Etienne Arago, directeur du Vaudeville au moment où elle fut représentée, a été aussi l'un des collaborateurs de Dupeuty. Il a pris part à cette époque à la rédaction d'un grand nombre de vaudevilles joués sur son théâtre, et auxquels, à cause de sa situation, il n'a pas mis son nom.

Nous profitons de cette mention pour rappeler que dans les « Supercheries », tom. I, col. 374, e, le nom de M. Etienne Arago a été cité, d'après un article du journal « la Mode », qui donne à M. Camps, poëte-cordonnier à Perpignan, une part de rédaction dans la comédie « les Aristocraties », pièce jouée avec succès à la Comédie française à la fin de 1847.

Nous avons eu sous les yeux des lettres de M. Camps, de M. Altaroche, rédacteur en chef du « Charivari », et de M. Guillard, secrétaire-bibliothécaire de la Comédie française, qui mettent à néant cette affirmation. M. Etienne Arago est le seul auteur de cette pièce, et cet article est complétement à supprimer.

Huron, com. en deux actes et en vers libres, mêlée d'ariettes (paroles de Marmontel). *Paris, Merlin*, 1768, in-8. — *Parme, de l'impr. roy.*, 1787, in-8.

Huron (le), ou l'Ingénu. Seconde édition. (Par Voltaire.) *Lausanne*, 1767, 2 part. in-8, 118 et 120 p.

La première édition est intitulée « l'Ingénu, histoire véritable tirée des manuscrits du père Quesnel ». *Utrecht*, 1767, in-8 de 240 pp. encadrées.

Voy. « Supercheries », III, 282, a.

Une autre édition, sous le titre de : « le Huron... », *Lausanne*, 1768, 2 part. in-12, porte : par monsieur de V***.

Husard (le), ou courtes maximes de la petite guerre. *Berlin*, 1761, in-8, 77 p. et 7 p. pour la table.

Lieu et date d'impression supposés.

Traduction de l'ouvrage publié en allemand sous le voile de l'anonyme par le major suédois de Platen, puis avec le nom de l'auteur en 1805.

Hussard (le) ou la Famille de Falkenstein, trad. d'Aug. La Fontaine, par Mme Elise V..... (A.-E.-Elise Voiart.) *Paris, A. Eymery*, 1819, 5 vol. in-12.

Hyacinthe, poëme de Guillaume Le Blanc, évêque de Grasse et de Vence, traduit pour la première fois et précédé d'une préface sur la vie et les ouvrages de l'auteur. Par le traducteur des poëmes de Vida, de Sannazar et de Ceva. *Paris, A. Vaton*, 1846, in-8, LXXVI-106 p.

Publié par Guill.-Jean-Franç. Souquet de La Tour, curé de Saint-Thomas-d'Aquin.

Hydrographie nouvelle, ou Description des bains hydrauliques médicinaux de toutes les espèces, c'est-à-dire par distillation, etc., sur un mécanisme inconnu jusqu'à présent. (Par E.-M. LAUGIER.) *Paris, Morin*, 1785, in-8.

Hydrologie, ou Traité des eaux minérales trouvées auprès de la ville de Nuys, entre Prissey et Premeaux... Par un R. C. (le Père ANGE, religieux capucin). *Dijon, Palliot*, 1661, in-12.

Hygiène du fumeur et du priseur, pour faire suite et pendant à la « Physiologie ». Par une société de fumeurs. (Par LANGLEBERT, médecin.) *Paris, Desloges*, 1840, in-16, 128 p.

Voy. « Supercheries », III, 665, *b*.

Hylaire, par un métaphisicien.

Voy. Hilaire.

Hymen (l') réformateur des abus du mariage, ou le Code conjugal. *Dans l'Univers*, 1756, in-12. — *Ibid.*, 1764, in-12.

Ouvrage attribué à DIDEROT, cependant l' « Épître au genre humain » est signée DARGIR, ce qui paraît être l'anagramme de GIRARD.

Hymen (l) vengé, en cinq chants, suivi de la traduction libre en vers françois de Médée, tragédie de SÉNÈQUE, et de quelques pièces fugitives. Par M*** (MORELLY). *Londres et Paris, Hardouin*, 1778, in-12, 340 p.

« Je crois que cet ouvrage est de MORELLY, auteur de la « Basiliade ». Je le conjecture parce que, dans ce volume, p. 231 et p. 234, sont deux fragments de la « Basiliade », mis en vers. »

(Note de M. Boissonade.)

Hymne à Guttenberg, par Ph. M. (Philippo MEVIUS). *Mons, Alfred Thieman*, 1858, in-8.   J. D.

Hymne à l'Espérance. (Par J. ROUGET DE LISLE.) *Paris*, 1797, in-12.

Hymne à l'Etre suprême, à l'occasion de l'heureuse naissance du roi de Rome, composée en portugais, par Louis-Raphael SOYÉ, avec la traduction en vers français, par T. S. *Paris, Moreau*, 1811, in-8.

Cette traduction est vraisemblablement d'Edouard-Thomas SIMON, qui avait précédemment traduit, en 1808, du portugais en français, une ode du même Soyé, intitulée : « Napoléon le Grand. »   D. M.

Hymne à la femme, par un phalanstérien (Victor CALLANT). *Soissons, impr. de Gilles Gibert*, 1837, in-8, 10 p.

En prose.

Hymne à la Vierge d'août, par l'auteur de « la Pensée d'un soldat » (Alexandre

GOUJON, ancien officier d'artillerie). *Paris, Daubrée*, 1821, in-8, IV-4 p.

Hymne au soleil, traduite du grec (composé) par M. l'abbé DE R..... (François-Philippe DE LAURENS DE REYBAC). *Paris, Lacombe*, 1776, pet. in-12.

Hymne de sainte Geneviève, patronne de la ville de Paris. Par A. G. E. D. G. (Antoine GODEAU, évêque de Grasse). *Paris, Le Petit*, 1652, in-4, 12 p.

Voy. « Supercheries », I, 216, *a*.

Hymne marseillaise. (Par J. ROUGET DE LISLE.) *Paris*, 1792, en plusieurs formats.

Hymne patriotique. (Par E.-J.-B. DELRIEU, auteur de la tragédie d' « Artaxerce ».) *Tours, s. d.*, in-4, 3 p.

C'est le chant très-connu sous le nom d' « Hymne des Versaillais ». (Cat. Luzarche, n° 6328.)

Hymne pour l'inauguration du buste de S. M. Louis XVIII, dans la loge des Amis réunis dans la bonne foi, à Montpellier, le 29 septembre 1816. Paroles de M. P**** (PARIS), avocat... (Montpellier), *Jean Martel le jeune* (1816), in-8, 1 f.

Hymnes de CALLIMAQUE le Cyrénéen, traduites du grec en vers latins, de même mesure que ceux de l'original, avec la version française, le texte et des notes; par M. P. R. (Philippe PETIT-RADEL, docteur en médecine). *Paris, Ayasse*, 1810, in-8.

Hymnes de SANTEUIL, COFFIN et autres célèbres poëtes, traduites en cantiques, sur des airs connus, disposés suivant l'ordre de l'office divin; par M. G*** (GÉRARD), desservant de H. (Heloup), diocèse de Seés, département de l'Orne. *Alençon, Malassis le jeune*, 1810, in-12, IV-424 p.

Hymnes de SANTEUIL, traduits en vers françois, par J. P. C. P. D. (Jean POUPIN, curé, prieur d'Auxon). *Paris, Barbou*, 1760, in-12.

Hymnes (les) du nouveau breviaire de Paris, traduites en vers françois (par l'abbé BESGUE DE MAJAINVILLE, mort à Paris à la Doctrine chrétienne vers 1794). *Paris, Vente et Mérigot le jeune*, 1786, in-12.

Hymnes et odes sacrées, trad. de l'allemand de C.-F. GELLERT (par ELISABETH-CHRISTINE DE BRUNSWICK, veuve de Frédéric II, roi de Prusse). *Berlin*, 1789, in-8.

Hymnes français. (Par Denis MATER, conseiller à la cour de cassation.) *Paris*, 1845, in-12.   D. M.

Hypermnestre, tragédie en cinq actes. (Par Théodore DE RIUPEIROUX.) *Paris, Ribou*, 1704, in-12.

Hypnérotomachie, ou Discours du songe de Poliphile, deduysant comme amour le combat à l'occasion de Polia... nouvellement traduit du langage italien (de François COLUMNA, religieux dominicain) en françois. *Paris, Jacques Kerver*, 1546 ou 1554, in-fol. — *Id.*, 1561, in-fol.

C'est plutôt un extrait ou une imitation qu'une traduction du texte original publié à *Venise* en 1499, in-fol., et réimprimé dans la même ville en 1545.

Voy. Brunet, « Manuel du libraire », 5e édit., col. 778.

D'après Beuchot, c'est à tort que l'on a attribué cette traduction à Jean MARTIN, secrétaire du cardinal de Lénoncourt; il n'en fut que le réviseur ou l'éditeur. Il l'aurait reçue des mains de Jacques Gohorry, ami du traducteur, qui était un chevalier de Malte, dont le nom nous est resté inconnu. Selon M. Cicognara, « Catalogo », n° 645, ce serait le cardinal DE LENONCOURT. Il est certain que, dans sa dédicace, Jean Martin ne prend pas d'autre qualité. Jacques Gohorry donna lui-même, quelques années plus tard, une édition du « Songe de Poliphile », et dans un avertissement en latin, mis en tête, il y confirme ce qu'avait dit précé-

demment Jean Martin. Fr. Béroalde de Verville la reproduisit en 1600, avec quelques changements.

Voy. « Tableau des riches inventions... »

Prosper Marchand nous apprend encore que, près d'un demi-siècle après, en 1657, on vit paraître cette révision de Béroalde de Verville, annoncée comme une nouvelle édition, ce qu'on doit se garder de croire; car ce n'est que la même dont on a changé le titre et le frontispice.

Voy. de Manne, 3e éd., n° 1930.

Hypocrite (l') démasqué, ou Félix et Colombe. (Par J. DE MAIMIEUX.) *Paris, veuve Duchesne*, 1786, 2 parties in-12.

Hypocrite (l'), ou les Infortunes de la princesse d'Angleterre... (Par L.-R. BARBET.) *Paris, A. Bertrand*, 1822, 2 vol. in-12.

Hypocrite (l'), par l'auteur de la « Bonne emplète » (le pasteur César MALAN). *Genève, s. d.*, in-12.

Hyppolite.
Voy. Hippolyte.

Hystoire.
Voy. Histoire.

I

Ianthe, ou la Rose du mont Snodom et les Cinq Rivaux, trad. de l'anglais d'Emilie Clarke, par J. L. L.....x (J.-L. Lacroix). *Paris, Laurens jeune,* 1801, 2 vol. in-12.

Ibériade (l'), ou la Guerre d'Espagne, poëme en dix chants, suivi de quelques pièces fugitives du même auteur... (Jos. Faure, alors sous-préfet de Sisteron). *Digne, imp. de Guichard,* 1828, in-8, 196 p.

Ibrahim, ou l'Illustre Bassa. (Par Mlle DE Scudéry.) *Paris,* 1641, 1652, 4 vol. in-8. — Nouvelle édition, revue et corrigée. *Paris, P. Witte,* 1723, 4 vol. in-12.

Icon, traduit du latin en françois, ou le Tableau du tyran Mazarin. *Paris,* 1649, in-4, 4-20 p.

La dédicace est signée : M. D. B. (Mathieu DU Bos), Moreau, « Bibliographie des mazarinades », n° 1674. Pour le texte latin, voy. « Icon Tyranni... »

Iconographie des estampes à sujets galants et des portraits de femmes célèbres par leur beauté... par le C. d'I***. (Par J. Gay.) *Genève,* 1868, gr. in-8.

Voy. « Supercheries », I, 676, d.

Iconographie. La verrière de la Passion à l'église Saint-Martin-ès-Vignes de Troyes. *Troyes, imp. de Bouquot,* 1859, in-8, 7 p.

Signé : J.-P. F. (J.-P. Finot), Troyen.

Iconologie, ou la Science des emblèmes, tirés la plupart de Cézar Ripa. Par J. B. (Jean Baudoin). *Amsterdam, Braakman,* 1698, 2 vol. in-12.

Voy. « Supercheries », II, 324, e.

Icosameron, ou Histoire d'Edouard et d'Elisabeth, qui passèrent quatre-vingts ans chez les Mégamicres, habitans aborigènes du Protocosme, dans l'intérieur de notre globe, trad. de l'anglois (composé en françois) par J. Cas. (Jacques Casanova). *Prague* (1788-90), 5 vol. in-8.

Voir sur cet ouvrage singulier un article de M. Loré-

dan Larchey, dans le « Bibliophile français », numéro du 1er sept. 1869, p. 314.

Idarbas, ou le Prêtre de Saturne, épisode tiré du chant VIIIe de Régulus, poëme héroïque, inédit, en douze chants. (Par J. Paillet.) *Paris, Ponthieu,* 1827, in-8, 16 p.

Idée abrégée du nouveau bréviaire de Saint-Maur, ou Plan intéressant de la Religion chrétienne... (traduite en français du *Synopsis breviarii congregationis S. Mauri,* par le P. Fournier, bénédictin de Molesme, avec le texte latin en regard). *S. l.,* 1786, in-12, 95 p.

Idée d'un bon gouvernement, ou traduction commentée de l'ouvrage allemand de Ch.-Fréd. Moser, connu sous le nom du *Maitre et du Sujet* (par Verdier). *A Politicopolis,* 1761, in-8 ; — 1762, 3 vol. in-12.

Traduction plus complète que celle de Roques. Voy. ci-après : « Idée du prince... », col. 879, c.

En tête du premier volume, on trouve une épître dédicatoire A sa grandeur immense Mgr le public.

Outre le commentaire de Verdier, qui a plus d'étendue que le texte, on trouve joint à cette traduction plusieurs pièces qui ont rapport à l'ouvrage de Moser, à sa traduction par Verdier, et des réponses du traducteur à ses critiques.

Cette traduction a été reproduite sous ce titre « le Prince et les Courtisans, ou les ministres modernes, dépeints par M. Moser... Nouv. édit., considérablement augmentée d'additions et notes, ou commentaires politiques, critiques, etc. » *Londres, aux dépens de la Compagnie,* 1769, 3 vol. in-12, avec portraits et vignettes. (Quérard, « France littér. »)

L.-Th. Hérissant a donné, dans le « Magasin encyclopédique », 4e année, t. I, un extrait des « Variétés » de Ch.-Fréd. Moser.

Idée d'un règne doux et heureux, ou Relation du Voyage du prince de Montberaud dans l'isle de Naudely. (Par Pierre DE Lesconvel.) Premier (*sic*) partie (et unique). *Cazeres (Paris),* 1703, in-12.

C'est la première édition de la « Relation du voyage

du prince de Montberaud », du « Voyage de l'isle de Naudely » et du « Voyage du prince de Montberaud ».

Idée d'une souscription patriotique en faveur de l'agriculture, du commerce et des arts. (Par N. BAUDEAU.) Paris, 1765, in-8.

Idée d'une vierge chrétienne consacrée aux œuvres de charité, dans la vie de Mlle Marie-Anne du Val de Dampierre. (Par Guillaume LENOY, abbé de Haute-Fontaine.) Liége et Bruxelles, L. Marchant, 1684, in-12.

Idée de l'auteur, qualifiée d'avertissement. (Par Jean-Bapt. BOUSMAR.) S. l. n. d., in-8, 14 p.   J. D.

Idée de l'éducation du cœur, ou Manuel de la jeunesse. Par un père de famille (PITHOUD). La Haye et Paris, Cailleau, 1777, 2 vol. in-12.

Idée de l'Homme physique et moral, pour servir d'introduction à un traité de médecine. (Par Louis DE LA CAZE.) Paris, Guérin, 1755. — Nouvelle édition. Paris, Potey, an VII-1799, in-12.

Idée de l'œuvre des secours selon les sentimens de ses légitimes défenseurs. (Par le P. MITCHAL, dominicain.) En France, 1786, in-8.

Idée (l') de l'òraison. (Par DE LA GRANGE, chanoine de Saint-Victor de Paris.) Paris, Couterot, 1699, in-12.

Idée de la Babylone spirituelle, pour servir d'éclaircissement au livre des « Réflexions sur la captivité de Babylone. » (Par l'abbé J.-B.-R. PAVIE DE FOURQUEVAUX.) Utrecht, 1733, in-12.

Idée de la conversion du pécheur, et Traité de la confiance chrétienne (traduits du latin de J. OPSTRAET par Fr. DENATTES). 1730, in-12; — 1733, 2 vol. in-12.

Voy. « Nouvelles ecclésiastiques », 16 janvier 1766.

Idée de la forme du gouvernement de Russie. (Par le comte DE MUNICH.) Pétersbourg, 1774, in-12.

Le catalogue du comte André Rostopchin (Bruxelles, 1862) donne, sous le n° 1173, un titre ainsi conçu : « Ebauche pour donner une idée de la forme du gouvernement de l'empire de Russie. » Copenhague, 1774, in-12.

Idée de la gravure. Par M. DE M*** (MARCENAY DE GHUY). S. l. n. d., in-8.

Idée de la perfection chrétienne et religieuse. (Par Anne-Eléonore DE BÉTHUNE D'ORVAL, abbesse de Gif.) Paris, de Nully, 1719, in-12.

Idée de la personne et de la manière de vivre du roi de Prusse...

Voy. « Matinées du roi de Prusse ».

Idée de la Religion chrétienne. (Par Jean LOUAIL et Laur. BLONDEL.) Paris, Jouenne, 1723, in-12.

Voyez la préface du troisième volume de l'ouvrage de Goujet, intitulé : « Bibliothèque des auteurs ecclésiastiques du dix-huitième siècle. » Paris, 1736, in-8. Cet ouvrage, réimprimé en 1735 et en 1740, a été faussement attribué à M.-A. HENSAN par les rédacteurs du « Catalogue de la Bibliothèque du Roi ». Théologie, D, n° 4393, A.

Idée de la vérité et de la grandeur de la Religion, démontrée par des preuves claires et à la portée de tout le monde. Par M. l'abbé de C. D. P. CH. (l'abbé C. DU PETIT-CHATEAU), docteur de Sorbonne. Paris, Hérissant fils, 1750, in-12.

Idée de la vie et de l'esprit de messire Nicolas Choart de Buzanval, évêque et comte de Beauvais... (Par Fr.-Phil. MESENGUY.) Paris, Fr. Barrois, 1717, in-12.

Idée de la vie et de l'esprit de M. Lenain de Tillemont. (Par Michel TRONCHAY.) Nancy, 1706, in-12.

Idée de la vie et des écrits de M. G. de Witte, pasteur et doyen de la ville de Malines. (Par Pierre LECLERC.) Rome (Utrecht), 1756, in-12.

Cet ouvrage est donné comme le troisième volume de celui qui porte pour titre : « le Renversement de la Religion... » Voy. ces mots.

Idée des spectacles anciens et nouveaux. Par M. M. D. P. (Michel DE PURE). Paris, Brunet, 1668, in-12.

Voy. « Supercheries », II, 1093, c.

Idée du bon magistrat en la vie et en la mort de M. de Cordes, conseiller au Châtelet de Paris. Par A. G. E. D. G. (Ant. GODEAU, évêque de Grasse). Paris, Vitré, 1645, in-12.

Réimprimé en 1660, Rouen, Hérault, in-12, avec le nom de l'auteur.

Idée du caractère de Louis XIV, envoyé à un homme de province chargé d'en faire l'éloge. (Par l'abbé J.-P. DE VARENNES.) Paris, 1715, in-8.

Idée du caractère des oraisons funèbres. (Par Antoine LANGLET, avocat.) Paris, Lottin, 1745, in-12.

Idée (l') du conclave présent de 1676 et le pronostique du pape futur. Par un abbé romain (Gregorio LETI). Amsterdam, 1676, in-12.

Voy. « Supercheries », I, 160, b.

Idée du devoir de l'hospitalité et du soin des malades. (Par Nicolas HUGOT.) *S. l.*, 1739, in-12.

Idée (l') du fidèle ministre de Jésus-Christ, ou la Vie de Guillaume Farel, ministre. (Par David ANCILLON.) *Amsterdam, Garrel,* 1691, in-12.

Idée du gouvernement ancien et moderne de l'Égypte. Par M. L. L. M. *Paris, veuve Ganneau,* 1743, 2 vol. in-12.

Ces initiales désignent l'abbé J.-B. LE MASCRIER, mais l'ouvrage fut rédigé par Benoît DE MAILLET.

Voy. « Supercheries », II, 794, *c.*

Idée du monde, ou Idée générale des choses dont un jeune homme doit être instruit. (Par A.-F. CHEVIGNARD DE LA PALLUE.) *Dijon,* 1779, 2 vol. in-12. — *Paris,* 1782, 1784, 2 vol. in-12.

Idée (l') du peintre parfait. (Par André FÉLIBIEN.) *Londres,* 1707, in-8.

Idée du prince et de son ministre, tracée avec la liberté d'un patriote (traduit de l'allemand de Charles-Fréd. MOSER, par le pasteur J.-E. ROQUES). *Francfort,* 1760, in-12.

Idée (l') du sacerdoce et du sacrifice de J.-C., donnée par le P. DE GONDREN, avec quelques éclaircissemens (la première partie est du P. DE GONDREN, la seconde du P. Toussaints DESMARES, la troisième et la quatrième du P. Pasquier QUESNEL). *Paris,* 1677, in-12.

Catalogue de la bibliothèque d'Orléans, 1777, in-4, p. 16.

Idée du siècle littéraire présent, réduit à six vrais auteurs (Gresset, Crébillon, Trublet, Fontenelle, de Montesquieu ; le sixième n'est pas nommé, c'est Voltaire). (Par P.-L. DAQUIN DE CHATEAU-LYON, suivant l'abbé Goujet ; et par Jean BLANCHET, suivant la « France littéraire » de 1769.) *S. l. n. d.,* in-12, 24 p.

Idée (l') fixe, par l'auteur des « Aventures de la fille d'un roi »... (Jean VATOUT). *Paris, P. Dupont,* 1830, 2 vol. in-8.

Idée générale d'une collection complète d'estampes, avec une dissertation sur l'origine de la gravure et sur les premiers livres d'images. (Par Ch.-H. DE HEINECKEN.) *Leipsick et Vienne, Kraus,* 1771, gr. in-8, avec 32 pl.

Idée générale de l'histoire de France, contenue en quatre instructions... (Par le P. G. DANIEL, suivant une note ms.) *Paris, J.-B. Coignard,* 1699, in-12, 16 p.

Idée générale de l'histoire universelle.

(Attribuée à Charles DE BESANÇON, médecin.) *Mayence,* 1693, in-12.

Idée générale de l'ordre hospitalier du S. Esprit de Montpellier. *Paris, Mesnier,* 1743, in-8, 54 p.

Signé : COULET, avocat.

Idée générale de l'ordre régulier des commandeurs et chanoines hospitaliers du Saint-Esprit de Montpellier, en deçà les monts. *Paris, J. Josse,* 1718, in-8, 3 ff. lim., 44 p. et 1 f. de priv.

Par Frédéric LALLEMANT DE VAITTE, cy-devant religieux de Saint-Claude, en Franche-Comté, nommé co-adjuteur dudit ordre du Saint-Esprit, d'après une note manuscrite contemporaine.

Idée générale de la théologie payenne servant de réfutation au système (du « Monde enchanté ») de M. Bekker, touchant l'existence et l'opération des démons, ou Traité historique des dieux du paganisme. Par M. B*** (Benjamin BINET, curé d'Orgeval). *Amsterdam, J. du Fresne,* 1699, in-12, XII-227 p.

Imprimé dès 1796, sous le titre : « Traité historique des dieux... », avec le nom de l'auteur, pour faire suite à l'ouvrage de Bekker.

Idée générale des études, de leur choix, but et règles, avec un état des bibliothèques et le plan pour en former une bien curieuse et bien ordonnée ; pour servir de suite à la « Science de la cour », de M. de Chevigny. (Par H.-P. DE LIMIERS.) *Amsterdam, Chatelain,* 1713, in-12, et dans la « Science des personnes de la cour », édition de la même année, en 3 vol. in-12, ainsi que dans l'édition de 1716, en 4 vol.

Cet ouvrage est une copie presque entière du « Traité des plus belles Bibliothèques de l'Europe », par LE GALLOIS, *Paris,* 1680, in-12, qui n'est lui-même qu'une traduction abrégée de l'ouvrage latin *de Bibliothecis,* par LOMÉJER. Voy. le « Journal littér. » de La Haye, tome II, p. 174.

Idée générale des finances. (Par C.-E. PESSELIER.) 1759, très-grand in-fol.

Idée générale des vices principaux de l'institut des jésuites, tirée de leurs constitutions... (Par l'abbé Christ. COUDRETTE.) *En France,* 1761, in-4 et in-12.

L'abbé Lombard a publié une réfutation de ce livre, sous le titre de « Réponse à un libelle... » Voy. ces mots.

Idée générale du gouvernement et de la morale des Chinois, et Réponses à trois critiques. (Par Et. DE SILHOUETTE.) *Paris, Quillau,* 1731, in-8, 132 p.

Une première édition, dit l'auteur dans sa préface, a paru en janvier 1729, in-4, ne portant comme indication d'auteur que les lettres M. D. S.

Idée générale, ou Abrégé de l'administration de la justice, et principalement de la justice civile, pour servir d'introduction au commentaire de l'ordonnance de 1667. (Par Daniel Jousse.) *Paris, de Bure*, 1765, in-12, 148 p.

Idée générale, ou Abrégé des sciences et des arts, à l'usage de la jeunesse. (Par M.-L.-M. Moreau-Saint-Méry.) *Paris*, an V-1797, in-12.

Idée géographique et historique de la France, en forme d'entretiens pour l'instruction de la jeunesse. (Par le P. Joseph Bougerel, de l'Oratoire.) *Paris, Nyon*, 1747, 2 vol. in-12.

Idée (l') napoléonienne. Œuvre mensuelle, paraissant à Londres et à Paris. *Paris, imp. de Locquin, Chamerot, libraire*, n° 1 et unique, juillet 1840, in-8 et in-18.

L'exemplaire de cet ouvrage, porté sous le n° 1486 du catalogue des livres de la grande-duchesse Stéphanie de Bade, dont la vente a eu lieu à Francfort-sur-le-Mein le 21 janvier 1864, portait : *A ma tante Stéphanie, hommage respectueux de l'auteur* Napoléon-Louis.

Les articles qui composent ce numéro unique ont été réimprimés dans les œuvres de l'auteur. Voy. aussi l'« Occident français ».

Idée parfaite de la philosophie hermétique, ou l'Abrégé de la théorie et pratique de la pierre, des philosophes. (Par Jean Collesson, doyen de Maigné, né à Saint-Dizier.) Nouv. édit. *S. l.*, 1788, in-8, 70 p.

Réimpression faite en Russie sur la 2° édit. de 1631. Le Songe de l'auteur ne s'y trouve pas. La dédicace est rejetée à la fin du volume.

A. L. (Catal. Ouvaroff, spécimen, n° 1133.)

Idée sommaire d'un grand travail sur la nécessité, l'objet et les avantages de l'instruction ; sur les difficultés qui s'y opposent... Par le citoyen D. L. C. (Pierre-Louis Lacretelle). *Paris, Crèvecœur*, 1800, in-8, 352 p.

Idée (l') véritable du jansénisme, avec les conclusions que l'on doit prendre pour empêcher le progrès de cette hérésie. (Par le P. Jean Ferrier.) *Paris, F. Muguet* (1664), in-4.

Idées d'un agriculteur patriote sur le défrichement des terres incultes, sèches et maigres, connues sous le nom de landes, garrigues, gatines, friches, etc. (Par Chr.-G. de Lamoignon de Malesherbes.) 1791, in-8.

Réimprimé dans le t. X des « Annales d'agriculture française », par M. Teissier.

Idées d'un catholique sur ce qu'il y aurait à faire ; par l'auteur des « Solutions

des grands problèmes » (l'abbé Ant. Martinet). *Lyon, Pelagaud*, 1747, gr. in-18, 225 p.

Idées d'un citoyen sur l'administration des finances du roi. (Par l'abbé Nicolas Baudeau.) *Amsterdam*, 1763, in-8, iv-156 p.

Idées d'un citoyen sur l'institution de la jeunesse. (Par François Turben.) *Paris, Desaint*, 1762, in-8.

Idées d'un citoyen sur la comptabilité pour l'Etat, sur le gouvernement et sur les lois civiles... Seconde édition augmentée. (Par Lefebvre.) *S. l.* (1793), in-8, 111 p.

Idées d'un citoyen (J.-M. Pellerin) sur la réforme de l'administration de la justice. — Suite des « Idées d'un citoyen ». *S. l. n. d. (Nantes*, 1788), in-8.

Catalogue de la Bibliothèque de Nantes, n° 50358.

Idées d'un citoyen sur le commerce d'Orient et sur la Compagnie des Indes. (Par l'abbé Nic. Baudeau.) *Amsterdam et Paris*, 1764, in-8.

Idées d'un citoyen sur les besoins, les droits et les devoirs des vrais pauvres. (Par l'abbé Nic. Baudeau.) *Paris, B. Hochereau*, 1765, in-8, 212 et 140 p.

Idées d'un citoyen sur les chemins. (Par le comte de Thélis.) *S. l.*, 1771, in-12, 35 p.   D. M.

Idées d'un citoyen sur un système possible de finances, par un Alençonnais (Dufriche des Genettes des Madelaines, avocat à Alençon, frère de Valazé). *Alençon*, 1789, in-8.

Idées d'un habitant du Velay (Gaubert, de Montpellier), sur quelques-uns des articles à insérer dans les cahiers des différents districts du Languedoc. 1789, in-8.

Idées d'un Suisse sur la maladie qui a régné l'automne dernier à Livourne. (Par J. Fabroni.) 1805, in-8.

Voy. « Supercheries », III, 738, *e*.

Idées d'une Française (Fanny Raoul) sur la constitution faite ou à faire. *Paris*, 1814, in-8.

Voy. « Supercheries », II, 83, *c*.

Idées des abus, surtout dans l'ordre de procéder en matière criminelle, et des moyens d'y remédier. (Par Granger, membre de la cour de justice criminelle de Paris.) *Paris, Guerbart*, an VIII-1800, in-8.

Idées du génie et de l'héroïsme des

femmes, de la condition des maris, des écueils de la beauté et des passions. P. L. P. (Par Louis PRUDHOMME.) *Paris, A. Desauges*, 1826, 2 vol. in-12.

Idées et Desseins de sermons sur les mystères. (Par Jean RICHARD, avocat.) *Paris*, 1693, in-8.

Idées générales sur les tremblements de terre, précédées de la description des calamités de Lisbonne, par un spectateur de ce désastre (G. RAPIN). *Liége*, 1757, in-12.
         Ul. C.

Idées historiques, morales et chronologiques de tous les livres de l'Ecriture sainte. (Par le P. Joseph CHARLEMAGNE.) *Paris, Delusseux*, 1737, in-12.

Idées (des) libérales des Français, en mai 1815. Dédié aux électeurs, par A.... J.... (Achille DE JOUFFROY). *Paris, les marchands de nouveautés*, 1815, in-8, 75 p.

Idées patriotiques sur la nécessité de rendre la liberté au commerce. (Par J. AUFFRAY.) *Lyon*, 1762, in-8.

Idées patriotiques sur les premiers besoins du peuple. *S. l.* (1790), in-8.
Dono dedit auctor (N. DECREMPS). Note sur l'exemplaire de Maton de La Varenne.

Idées républicaines, par un membre d'un corps. (Par VOLTAIRE.) *S. l. n. d.*, in-8, 45 p.
Voy. « Supercheries », II, 1114, *c*.

Idées singulières : première partie, contenant le « Pornographe »; la seconde, la « Mimographe », etc. (Par N.-E. RÉTIF DE LA BRETONNE.) *Londres (Paris)*, 1770, 5 vol. in-8.

Idées sur l'éducation, à l'occasion de la nouvelle loi sur l'enseignement. Par un professeur de philosophie (l'abbé P.-H. MABIRE). *Paris, Lecoffre*, 1850, in-8, 2 ff. de titre et 90 p.

Idées sur l'enseignement civil, par M. J. (JACQUINET, propriétaire à Charneux). *Bruxelles, Decq*, 1862, in-8, 67 p. J. D.

Idées sur le geste et l'action théâtrale, par ENGEL, suivies d'une lettre du même sur la peinture musicale; le tout traduit de l'allemand (par Henri JANSEN). *Paris*, 1788, 2 vol. in-8, avec 34 pl.
Ces deux volumes font partie du « Recueil de pièces intéressantes concernant les antiquités... » Voy. ces mots.

Idées sur le phénomène des aérolithes. (Par Guillaume DE FREYGANG.) 2º édit. *Gœttingue*, 1805, in-8. A. L.

Idées sur les deux théâtres français, sur l'école royale de déclamation, etc. (Par Pierre-Victor LEREBOURS.) *Paris, Brianchon*, 1819, in-8, 31 p.

Idées sur les relations politiques et commerciales des anciens peuples de l'Asie, ouvrage traduit de l'allemand de A. L. HEEREN (par J.-J. DESAUGIERS, consul général à Dantzick en 1816). *Paris*, 1820, 2 vol. in-8.
La 1re éd. est de l'an VIII.

Idées sur les secours à donner aux pauvres malades dans une grande ville. (Par DUPONT de Nemours.) *Paris, Moutard*, 1786, in-8.

Identité (l') de l'intérêt général avec l'intérêt individuel, ou la libre action de l'intérêt individuel est la vraie source des richesses des nations. Principe exposé dans le rapport sur un projet de loi agraire adressé au conseil suprême de Castille, au nom de la Société économique de Madrid, par dom Gaspard-Mich. JOVELLANOS (tr. de l'espagnol par Guill. BOULANVIER). *Saint-Pétersbourg*, 1806, in-8.
         A. L.

Idéologie expérimentale, ou Théorie des facultés intellectuelles de l'homme, établie sur les faits; précédée d'une Théorie de l'homme organique, et suivie d'un Tableau méthodique des sujets de nos connaissances. (Par J.-F. CAFFIN.) *Paris, Migneret*, 1824, in-8.

Idilles.
Voy. Idylles.

Idolâtrie (de l') de l'Église romaine. (Par VIAL, ministre du saint Evangile.) 1728, in-12.

Idole (l') chinoise, drame burlesque en musique (trad. du russe par WOLKOW et LECHAVOI), représenté sur le nouveau théâtre de Zarsco Selo, le 19 août 1779. *Saint-Pétersbourg*, in-8. A. L.

Idoménée, tragédie... représentée par les écoliers du collége de la Compagnie de Jésus, à Lux..., le 5 févr. 1717. (Par le P. Clément AGARANT, jésuite.) *Luxembourg, J. Ferry*, 1717, in-4, 8 p.

Idylles (les) de BION et de MOSCHUS, traduites du grec en vers françois, avec des remarques (par H.-B. DE LONGEPIERRE). *Paris, Aubouin*, 1686, 2 part. in-12. — *Amsterdam, H. Desbordes*, 1688, in-8.

Idylles de GESSNER, traduites en vers françois, suivies de remarques sur l'art des vers, du chant de la Nuit de GESSNER, en prose française mesurée, et du Dartula d'Ossian, en vers iambiques sans rime ni césure (par Arcade). *Lausanne, H. Fischer, 1824*, in-12.

Idylles de Saint-Cyr, ou l'Hommage du cœur à l'occasion des mariages de M. le Dauphin... et de Monseigneur le comte de Provence... (Par C.-J. Dorat.) *Paris, Delalain, 1771*, in-8, 21 p.

Idylles de Théocrite, mises en vers français; suivies de quelques Idylles de Bion, Moschus et autres auteurs plus modernes. (Par A.-H. de La Pierre de Chateauneuf.) *Amsterdam, 1794*, in-8.

Idilles (les) de Théocrite, traduites du grec en vers françois, avec le grec à côté (par H.-B. de Longepierre). *Paris, 1688*, in-12.

Idylles de Théocrite, traduites en prose, avec quelques imitations en vers de cet auteur, précédées d'un Essai sur les poètes bucoliques (par Chabanon). *Paris, 1775*, in-8; — *1777*, in-12.

Idylles et pièces fugitives, trouvées dans un hermitage, au pied du mont Saint-Odèle. (Par Dufresnes.) *Paris , Durand (et Strasbourg, les frères Lejay)*, 1781, in-8, fig.
D. M.

Idylles et Poëmes champêtres de Gessner, traduits de l'allemand par Huber. *Lyon, Bruyset, 1762*, in-8.

Turgot, depuis ministre, a traduit le premier livre de ces Idylles. Il est aussi auteur de la préface. Voyez le tome neuvième des « Œuvres » de Turgot, publiées par Dupont de Nemours; *Paris, 1808-1811*, 9 vol. in-8.

Idylles nouvelles. S. l., 1761, in-8.

Le P. de Bérault-Bercastel avait envoyé la première de ses Idylles, intitulée : « la Vie champêtre », à un cardinal à Rome, qui la lui renvoya imprimée, avec des vers italiens faits sur cette Idylle. (« Année littéraire », 1761, VII, pp. 345-352.)
DE BACKER.

Idylles. Par D... L. *Lyon, Horace Molin, 1697*, in-12.

On lit dans le privilége :
« Permis à notre bien-aimé... d'imprimer un livre contenant deux parties : la première, les Idylles de Bion et Moschus, traduites du grec. La seconde, intitulée : Idylles, ouvrage de M. D*** L*** (Bernard de Longepierre).
D. M.

Idylles sentimentales, suivies de mes vœux. Par M. Ch. V. (Charles Verny, de Besançon). *Genève, 1787*, in-8.

Ignorant (l'), satire. Par B.... C... (Bernard Campan, docteur en médecine de la Faculté de Montpellier). *Montpellier, 1850*, in-8.

Tiré à 150 exemplaires et non mis dans le commerce.
Voy. « Supercheries », I, 476, d.

Il est minuit, ou le Mot de ralliement du pont des Arts. (Par J.-B. Gouriet.) *Paris, Lerouge, 1816*, in-18, avec un portr. de M. Pigeon.

Il est temps de fondre la cloche. Projet patriotique pour remédier sur-le-champ à la rareté du numéraire. (Par E.-T. Simon.) (*Paris*), impr. d'A.-J. Gorsas, *1790*, in-8, 22 p.

Il est temps de parler et il est temps de se taire, précédés de la Lettre au public, sur l'établissement d'une école dramatique, protégée par les comédiens françois. (Par A.-J. du Coudray.) *Paris, Ruault, 1779*, in-8.

Il est temps de parler, ou Compte rendu au public des pièces légales de Me Ripert de Monclar et de tous les événemens arrivés en Provence à l'occasion de l'affaire des Jésuites. (Par l'abbé Dazès.) *Anvers (Avignon)*, 1763, 2 vol. in-12.

C'est la « France littéraire » de 1769, tom. II, qui donne les renseignements sur cet auteur, reproduits par Quérard dans sa « France littéraire ». Une note manuscrite porte d'Azaïs et le qualifie d'ex-jésuite ; mais ce nom ne figure pas dans la « Bibliothèque » du P. de Backer, 2e édit., in-fol.

Il est temps de parler, ou Mémoire pour la commune d'Arles. (Par Jean-Etienne-Marie Portalis.) *Paris, impr. de Guffroy, 30 germ. an III*, in-8, 43 p.

Voy. Sainte-Beuve, « Causeries du lundi », V, 360.

Il était temps, ou Mémoires du marquis de Blainval; par l'auteur de « Dix titres pour un » (Henri-Alexis Cahaisse). *Paris, L. Collin, 1808*, 3 vol. in-12.

Voy. « Supercheries », II, 458, a.

Il eut tort. (Par l'abbé C.-H. de Voisenon.) 175.

« France littéraire » de 1769, et, par suite, Ersch et Quérard.

Il fallait ça, ou le Barbier optimiste. 1789-1830. *Paris, Cherbuliez, 1849*, in-18.

D'après l'avant-propos de l'auteur, signé : J.-F. Chaponnière, plusieurs éditions de la 1re partie de ce poëme ont été publiées à son insu : la première, par Palissot, en 1808, à Paris ; la seconde, qu'il attribue à un M. de M......; enfin la troisième, donnée par un sieur S..., de Lyon, continuée jusqu'à la rentrée des Bourbons (par Godet). Cette dernière, la seule que nous ayons vue, est de *Paris, A. Opigez* (1815), in-8, 16 p. Une note de l'éditeur porte : « Ce conte historique est originairement d'un Genevois (feu M. Ch.........), qui l'avait intitulé « la Révolution française, ou le Gascon content... »

Il faut choisir entre les droits de l'homme et le « Syllabus ». Eléments pour servir à l'histoire et au bûcher du futur concile. Par L.-P. M. (L.-P. MASSIP). *Marseille, impr. de J. Doucet*, 1869, in-8, 62 p.

La couverture commence par les mots « Au peuple » et porte l'adresse de *Paris, Lechevalier*.

Il faut semer clair, ou Moyen de remédier à la disette des céréales. Traduit librement de l'anglais de H. DAVIS, avec des annotations, par T. N. (P.-Arnold DE THIER-NEUVILLE), secrétaire de la section verviétoise de la Société agricole de l'est de la Belgique, etc. *Bruxelles, Tarlier*, 1854, in-12, 16 p.   J. D.

Il n'est pas mort!!! Par un citoyen ami de la patrie (Amédée VIBAILLE). *Paris, Brasseur*, 1821, in-8, 8 p.

Voy. « Supercheries », I, 737, c.

Il n'y a plus d'enfants, ou la Journée d'un pensionnat, tableau en vaudevilles, représenté sur le théâtre des Variétés, le 15 décembre 1817. (Par P.-Fr.-Adr. CARMOUCHE.) *Paris, Mlle Masson-Huet*, 1818, in-8, 35 p.

Il recule pour mieux sauter... (Par N.-E. RETIF DE LA BRETONNE.)

Voy. « Contes, poëme, épithalame..... », IV, 748, d.

Il vaut mieux prévenir le mal que d'être réduit à le punir. (Par Edouard CORDIER, inspecteur du Lycée de la jeunesse française.) *Paris, Jombert*, 1814, in-8, 36 p.   D. M.

Il y a des pauvres à Paris... et ailleurs, par l'auteur du « Mariage au point de vue chrétien » (Mme Agénor DE GASPARIN, née Valérie BOISSIER). *Paris, Delay*, 1846, in-12.

Ildegerte, reine de Norwége, ou l'Amour magnanime, par M. D. (Eust. LE NOBLE TENELIÈRE). *Paris, de Luyne*, 1693, in-12. — *La Haye*, 1695, in-12.

Isle (l') de France, ou la Nouvelle colonie de Vénus. (Par l'abbé MARCHADIER.) *Amsterdam, Arkstée et Merkus (Paris, Duchesne)*, 1753, in-12. — *Cologne, P. Marteau*, 1758, in-8.

Poëme en prose, mêlée de vers, en 4 chants.

Ile (l') de Saint-Pierre, dite l'île de Rousseau, dans le lac de Bienne (décrite par Ernest WAGNER, avec douze figures par KONIG, DE LA FON, LORY et un anonyme). *Berne, chez G. Lory et C. Rheiner, peintres*, s. d. (vers 1810), in-4, 56 p.

Je n'ai eu connaissance de cet intéressant volume qu'après avoir publié la seconde édition de ma « Notice des principaux écrits relatifs à la personne et aux ouvrages de J.-J. Rousseau ». Voy. le tom. XXII des « Œuvres » de Rousseau, avec des notes historiques par Petitain. *Paris, Lefèvre*, 1819 et 1820, in-8.

Ile (l') de Scio, ou la Délivrance de la Grèce, ballet héroïque en trois actes. Par MM. RAGAINE et E*** (Eugène de LAMERLIÈRE). Représenté pour la première fois sur le grand théâtre de Lyon, le 7 avril 1831. *Lyon, Chambet*, 1831, in-8, 15 p.

Ile (l') de Wight, ou Charles et Angelina. (Par C.-A. WALCKENAER.) Nouvelle édition. *Paris, Laurent Beaupré*, 1813, 2 vol. in-12.

La première édition, publiée en 1799, n'était pas anonyme.

Isle (l') des hermaphrodites nouvellement descouverte.

Voy. ci-dessus, « les Hermaphrodites », col. 616, b.

Isle (l') des Philosophes, et plusieurs autres nouvellement découvertes et remarquables par leurs rapports avec la France actuelle. (Par l'abbé BALTAZARD, prêtre du diocèse de Metz, décédé à Chartres en avril 1801.) *Chartres, Deshayes*, 1790, in-12.

Isle (l') déserte, comédie en un acte et en vers, par M. C.....(COLLET), représentée pour la première fois par les comédiens françois ordinaires du Roi, le 23 août 1758. *Paris, N.-B. Duchesne*, 1758, in-8, 45 p. — *Id.*, in-8, 40 p.

Voy. « Supercheries », I, 612, e.

Ile (l') frivole, comédie en un acte et en vers libres, par M. D**** (N. DELON). *Genève, Joly*, 1778, in-8, 40, 7, 4 p. et 1 f. d'errata.

Isle (l') sonnante, opéra-comique en trois actes, représenté par les comédiens italiens ordinaires du Roi, le lundi 4 janvier 1768. (Par Michel-Jean SEDAINE.) *Paris, C. Hérissant*, 1768, in-8.

Isle (l') taciturne et l'Isle enjouée, ou Voyage du génie Alaciel dans ces deux isles. (Par Nic. BRICAIRE DE LA DIXMERIE.) *Amsterdam (Paris)*, 1759, in-12.

Isles (les) Fortunées, ou Aventures de Bathylle et de Cléobule. (Par Julien-Jacq. MOUTONNET DE CLAIRFONS.) *Paris, Le Boucher*, 1778, in-12.

Réimprimé avec des corrections de l'auteur, dans le tome dixième de la collection des « Voyages imaginaires ».

Iles (les) Mariannes considérées comme siége d'une colonie de condamnés, de libérés et de travailleurs libres. (Par Ducolombier, ancien officier de la marine.) *Bruxelles, Lebègue*, 1862, in-18, 68 p.
                   J. D.

Iliade (l') (d'Homère), traduction nouvelle (par Ch.-Fr. Le Brun). *Paris*, 1776, 3 vol. in-4, 3 vol. in-8 et 2 vol. in-12.

Souvent réimprimée. Voy. les mots : « Odyssée d'Homère... »

Voy. aussi « Supercheries », II, 720, *b*.

Iliade (l') d'Homère, traduite en françois (par De La Valterie). *Paris, Barbin*, 1681, 1699 ; — Brunet, 1709, 2 vol. in-12.

Une édition de l' « Iliade » et l' « Odyssée », suivent la copie imprimée à Paris (Hollande), 1682, 4 parties en 2 vol. in-12, fig. de Schoonebeck.

Iliade (l') d'Homère, traduite en vers françois, avec des remarques (par Guill. Dubois De Rochefort). *Paris, Saillant*, 1770, 4 vol. in-8.

Iliade (l') travestie par une société de gens de lettres, de savans, de magistrats, etc., etc. (Par Louis Dumoulin, avoué, Abel Goujon, imprimeur, et Charles-Martin-Armand Rousselet, avocat.) *Paris, Ledoyen*, 1831, in-32.

Cette parodie avait été d'abord commencée par un nommé Gromelin. Celui-ci étant mort sur ces entrefaites, elle fut reprise et continuée par les collaborateurs susnommés, qui s'étaient ainsi divisé leur besogne : Dumoulin parodiait en prose ; A. Goujon mettait en vers, et Armand Rousselet s'était chargé des corrections et de donner l'ensemble à cet opuscule.
                   D. M.

Illégalité (de l') du remboursement, précédé d'une supplique à la Chambre. (Par le marquis De La Gervaisais.) *Paris*, 24 avril 1824, in-8.

Illumination (l') de la galerie du Louvre pour les réjouissances de la naissance de Mgr le duc de Bourgogne. (Par le P. Claude-François Ménestrier.) *Paris, R.-J.-B. de La Caille*, 1682, in-4.

Illusion (l') comique, comédie. (Par Pierre Corneille.) *Paris, Targa*, 1639, in-4, 4 ff. et 124 p.

L'auteur a signé l'épître.

Illusion faite au public par la fausse description que M. de Mongeron a faite de l'état présent des convulsionnaires. (Par Poncet des Essarts.) *S. l.*, 1749, in-4, 1 f. de tit. et 46 p.

Illustrations de l'ancienne imprimerie troyenne, 210 grav. sur bois des xve, xvie, xviie et xviiie siècles, publiées par V. L.

(Louis Varlot père). *Troyes, Varlot père*, 1860, in-4.

Illustrations de la Gaule belgique, antiquitez du pays de Haynnau, et de la grande cité de Belges : a present dicte Bavay... (jusqu'en 1528, extrait des livres latins de Jacques De Guise, par Jean Lessabée). *Paris, Galliot Dupré* (ou *François Regnault*), 1531-32, 3 tomes en 1 vol. pet. in-fol.

Cet ouvrage n'est qu'un abrégé. Il devait avoir quatre volumes. Il y a des exemplaires dont le premier volume porte : « le Premier volume des Illustrations... »

Ce n'est que de nos jours que le texte latin a été publié, avec une traduction complète par le marquis de Fortia d'Urban. *Paris*, 1826-1838, 21 vol. in-8.

Illustrations de la maison Dumortier. *Bruxelles, Hayez*, 1847, pet. in-8, 51 p.

Par Barthélemy Dumortier, membre de la Chambre des représentants.

Imprimé à 10 exemplaires en présence de l'auteur et distribué aux membres de la famille.   J. D.

Illustre (l') buveur à ses amis et autres gayetez de Caresme prenant. (Par Guill. Colletet.) *Paris, Anth. de Sommaville*, 1640, in-4, 16 p.

Illustre (l') destinée des Bourbons, ou Anecdotes intéressantes des princes de l'auguste maison de Bourbon en France, en Espagne et en Italie, depuis l'année 1256 jusqu'à nos jours... (Par Louis-Abel De Bonnefous, plus connu sous le nom de l'abbé De Fontenay.) *Paris, de Fer de Maisonneuve*, 1790, 4 vol. in-12.

Cet ouvrage a paru d'abord sous le titre de « l'Ame des Bourbons... » Voy. IV, 127, *a*.

Illustre (l') Génoise, nouvelle galante, (Par De Préchac.) *Paris, C. Blageart*, 1685, in-12, 4 ff. lim. et 279 p. — *Suivant la copie imprimée à Paris (Hollande)*, 1685, in-12, 151 p.

Illustre (l') malheureuse, ou la Comtesse de Janissanta, mémoires historiques et amusans, par l'auteur du « Roselli » (Olivier, ex-cordelier). *Amsterdam*, 1722, 1747, 2 vol. in-12.

« Qui croiroit, dit l'abbé Desfontaines, que le « Roselli (voy. ci-après, l' « Infortuné Napolitain ») et cet ouvrage (l' « Illustre malheureuse ») fussent d'un prêtre gascon, docteur en théologie ? » (« Nouvelliste du Parnasse », 1734, t. I, p. 17.)

Illustre (l') Orbandale, ou l'Histoire ancienne et moderne de la ville et cité de Châlon-sur-Saône, enrichie de plusieurs recherches curieuses et divisée en éloges. *Imprimé à Lyon et se vend à Châlon-sur-Saône, chez P. Cusset*, 1662, 2 vol. in-4.

Par Léonard Bertaud ou Berthault, minime, et Pierre Cusset, imprimeur, d'après le P. Lelong.

D'après le catalogue Fevret de Fontette, il y aurait eu un troisième collaborateur, Bern. DURAND.

Voy. ci-dessus, « Histoire ecclésiastique et civile... », col. 798, c.

Illustre (l') Parisienne, histoire galante et véritable (par PRÉCHAC), nouv. édition revue et corrigée. Amsterdam (Paris), s. d.. (1754), in-12.

L'édition originale de Paris, 1679, contient le nom de l'auteur.

Illustre (l') paisan, ou Mémoires et Aventures de Daniel Moginié, natif du village de Chézales, au canton de Bernes, bailliage de Moudon, mort à Agra, le 22 de mai 1749, âgé de 39 ans, omrah de la 1re classe, commandant de la seconde garde mogole... où se trouvent plusieurs particularités, anecdotes des dernières révolutions de la Perse et de l'Indostan et du règne de Thamas-Kouli-Kan, écrit et adressé par lui-même à son frère François, son légataire. (Ouvrage rédigé par J.-H. MAUBERT DE GOUVEST.) Lausanne, Pierre-A. Verney, 1754, in-12, 258 p.

La « Nouvelle Biographie générale » en annonce deux autres éditions : l'une de Londres, 1754, in-12; l'autre de Francfort, 1755, in-8. La Bibliotheca historica de Struve, édition de Meusel, t. II, pars II, p. 3-4, en annonce deux traductions allemandes différentes.

L'existence de ce Moginié est-elle bien authentique? Dans tous les cas, le récit de ces aventures ne manque pas d'intérêt et ne s'éloigne en rien de l'histoire.

　　　　　　　　　　　　　　A. L.

Illustres (les) aventurières dans les cours des princes d'Italie, de France, d'Espagne et d'Angleterre. Cologne, P. Marteau, 1701, in-12.

Ce sont les « Mémoires de la duchesse de Mazarin », attribués à l'abbé de SAINT-RÉAL, qu'on a dans ses « Œuvres » et dans celles de Saint-Evremont, et les « Mémoires de la connétable Colonne », sœur de la duchesse de Mazarin, l'une et l'autre nièces du cardinal Mazarin. L'auteur de ces derniers Mémoires parle comme étant l'auteur des premiers. Il fait parler, dans les uns et dans les autres, les dames qui en sont l'objet. (Note tirée du Catalogue manuscrit de l'abbé Goujet.)

Voy. IV, 249, f., et, ci-après, « Mémoires de M. L. D. M. »

Illustres (les) Fées, par Mme D*** (D'AULNOY et autres). Paris, Barbin, 1694, 8 parties en 4 vol. in-12. — Paris, Beugnié, 1709, in-12. — Amsterdam, 1749, 2 vol. in-12.

Plusieurs fois réimprimée sous le titre de « Contes des Fées » (voy. IV, 743, a) et « Contes nouveaux ou les Fées à la mode » (voy. IV, 747, d).

Illustres (les) Français en estampes, ou Vies abrégées des Français qui se sont le plus distingués dans tous les genres... Par A. E. D. S. (Alexis EYMERY, de Saintes).

Avec 28 belles gravures. Paris, Eymery, 1832, in-8 oblong.

Voy. « Supercheries », I, 208, d.

Illustres (les) Françoises, histoires véritables. (Par Rob. CHALLES.) La Haye, 1713, 2 vol. in-12 ; — 1721, 1722, 1723, 1725, 3 vol. in-12. — Paris, 1725, 4 vol. in-12. — Utrecht, 1737. — La Haye (Paris), 1748, 4 vol. in-12. — Amsterdam. M.-M. Rey, 4 vol. in-12. — La Haye, 1775, 4 vol. in-12.

Les deux dernières éditions contiennent des augmentations qui ne sont pas de l'auteur. Voy. le « Dictionnaire historique » de Prosper Marchand, article CHALLES.

Illustres (les) Proverbes historiques. Paris, P. David, 1655, petit in-12. — Nouvelle édition augmentée. Paris, Pépingué, 1665, 2 vol. petit in-12.

Grosley, dans un article du « Journal encyclopédique » (décembre 1775, t. VIII, troisième partie, page 519), attribue ce curieux ouvrage au comte DE CRAMAIL, connu par la « Comédie des Proverbes », imprimée pour la première fois à Troyes en 1639, in-8. L'abbé Goujet, dans le tom. II de sa « Bibliothèque françoise », l'avait laissé sous le voile de l'anonyme. Je crains que Grosley ne se soit un peu hasardé en le donnant au comte de Cramail, qui est mort en 1646.

Dans l'avis au lecteur de la première édition du premier volume, le libraire dit que l'ouvrage lui a été mis ès mains par une personne de très-haute considération, et dont la modestie ne voulait pas que son nom parût à la tête de ce livre. Ce premier volume doit être terminé par un « Ballet des Proverbes », dansé par Louis XIV le 13 février 1654. On trouve, dans quelques exemplaires du second, la « Comédie des Proverbes » du comte de Cramail, nouvelle édition.

Le « Manuel du Libraire » donne des détails sur cette publication, qui est un plagiat, puisqu'elle reproduit, avec peu de changements, un livre de FLEURY DE BELLINGHEN : « les Premiers Essais des Proverbes », La Haye, 1653. Voy. aussi Nodier, « Mélanges extraits d'une petite bibliothèque », 1828, p. 128.

Illustres (les) victimes vengées des injustices de leurs contemporains, et réfutation des paradoxes de M. Soulavie, auteur des « Mémoires historiques et politiques du règne de Louis XVI », etc., etc., etc. (Par Ch.-Cl. DE MONTIGNY.) Paris, Perlet, 1802, in-8, 424 p.

Cet ouvrage a été aussi attribué à G.-A.-J.-J. JAUFFRET, évêque de Metz.

Illyrine, ou l'Écueil de l'inexpérience. (Par G.....x DE MORENCY.) Paris, Rainville, an VII-VIII, 3 vol. in-8.

Suivant M. de Manne, l'auteur de cette production plus que libre est Barbe-Suzanne-Amable GIROUST, née le 11 novembre 1770, morte à Chailly, près de Melun.

Voir l'article Morency dans la « Petite bibliographie » de Pigoreau (1821), p. 267, et l'article signé W. Oldbook, p. 38-39 de la « Gazette bibliographique », 20 mars 1868.

Ils en ont menti. Par un rural (F. Pen- ron). *Paris, imp. Balitout, Questroy et C°,* 1871, in-18, 108 p.

Nombreuses réimpressions.

Image (l') d'une religieuse parfaite et d'une imparfaite ; avec les occupations in- térieures pour toute la journée. (Par la Mère Jeanne-Catherine-Agnès DE SAINT- PAUL-ARNAULD.) *Paris,* 1666, 1711, in-12.

Voyez le « Nécrologe de Port-Royal ». L'abbé Gou- jet dit, dans le Catalogue des livres de sa bibliothèque, qu'une note manuscrite de J. Racine porte ces mots : « La Religieuse parfaite, etc., a été recueillie par la sœur Euphémie PASCAL, sous la mère Agnès, lorsque celle-ci étoit maîtresse des novices. »

Le privilége a été accordé à un sieur DE MALSAIGNE.

Image de N.-D. de Liesse, ou son His- toire authentique. Par un religieux de la Compagnie de Jésus (René DE CÉRIZIERS). *Rheims, N. Constant,* 1632, in-8.

L'auteur a signé l'épître.

Images (les) des héros et des grands hommes de l'antiquité dessinées sur des médailles, des pierres antiques et autres anciens monuments, gravées par Picart le Romain. Avec les observations de Jean- Ange et Marc-Antoine CANINI, données en italien sur ces images, diverses remarques du traducteur (A. DE CHEVRIÈRES), et le texte original à côté de la traduction. *Amsterdam, B. Picart et J.-F. Bernard,* 1734, in-4, avec 115 pl.

Imaginaires (les) et les visionnaires. (Par P. NICOLE.) Traité de la foy humaine. (Par NICOLE et A. ARNAULD.) Jugement équi- table, tiré des œuvres de S. Augustin. Lettre de messire Nicolas PAVILLON, évê- que d'Alet, à messire Hardouyn Péréfixe, archevêque de Paris. *Cologne, P. Marteau,* 1683, in-8.

La première édition, *Liége, Adolphe Beyers (Amsterdam, Elzevier),* 1667, 2 vol. in-12, porte le nom de DAMVILLIERS.

Voy. « Supercheries », I, 859, a.

Une suite a paru sous le titre : « les Visionnaires ». Voy. ces mots.

Imagination (l'), ou Charlotte de Dre- lincourt, par l'auteur des « Trois Paulines » (Mme D'OLIVIER). *Lille, Lefort,* 1858, in-18, 72 p.

Imagination (l'), poëme, par Jacques DELILLE (avec des notes par J.-A. ESME- NARD). *Paris, Giguet et Michaud,* 1806, 2 vol. in-8. — Nouvelle édition, augmen- tée de plus de cinq cents vers, avec des notes (par l'abbé B.-P. D'ANDREZEL, L.-S. AUGER, l'abbé C.-M. DE FELETZ, DE CHOI- SEUL et le comte E.-L.-Z. DE SABRAN). *Paris, Firmin Didot,* 1816, 2 vol. in-8.

Imagination (l') poëtique (de Barthel. ANEAU), trad. en vers françois des latins et grecs par l'auteur même d'iceux. *Lyon, Macé Bonhomme,* 1552, in-8. — *Ibid., id.,* 1556, in-18, fig.

Imago... Armandi-Joannis Le Bouthillier de Rancé... Portrait de dom Armand-Jean Le Bouthillier de Rancé... (Par Louis D'ACQUIN, évêque de Séez.) *S. l.,* 1701, in-8.

Imago R. P. domni Armandi-Joannis Le Bouthillier de Rancé... ad numeros epita- phii descripta... Récit des principales cir- constances de la vie et de la mort de M. de Rancé... *S. l.,* 1708, in-8, 47 p.

Abrégé de Louis D'ACQUIN.

Imirce, ou la Fille de la nature. (Par l'abbé H.-J. DU LAURENS.) *Berlin, chez l'imprimeur du philosophe de Sans-Souci (Hollande),* 1765, in-12. — *Londres,* 1766, in-8, XXIV-328 p.

L'épître dédicatoire est signée Modeste-Tranquille XANG-XUNG.

Imitateur (l') des saints, contenant une sentence pour chaque jour de l'année. (Par l'abbé Jean-Bapt. LASAUSSE.) *Paris,* 1797, in-32.

Imitateurs (les) de Charles IX, ou les conspirateurs foudroyés, drame en cinq actes et en prose, orné de cinq gravures. Par le rédacteur des « Vêpres siciliennes » et du « Massacre de la Saint-Barthélemy » (Gabriel BRIZARD). *Paris,* 1790, in-8, 128 p.

Imitation (l') de Jésus-Christ.

Quel est l'auteur de cet ouvrage ?

Il y a trois siècles que le problème est posé, et l'on ferait une bibliothèque des documents publiés sur cette question.

On trouvera dans les « Supercheries », III, 802 à 830, la liste de 91 des principaux écrits sur l'Imita- tion de J.-C.

Nous y ajouterons :

Le P. Aug. de Backer. Essai bibliographique sur le livre de l'Imitation de J.-C. *Liége,* 1864, in-8, 257 p.

Voir aussi l'article Gerson, par B. Aubé, dans la « Nouvelle Biographie générale », 1857, t. XX.

Nous n'essayerons pas de résoudre une question qui n'aura probablement jamais de solution absolue, car, ainsi que le dit le savant éditeur de l'édition in-folio, *Paris, impr. impériale,* 1856, p. 3, l' « Imitation est de diverses mains et de divers temps ».

Nous allons seulement donner ci-après, dans l'ordre chronologique, les diverses traductions anonymes.

Pour celles qui ont été publiées sous un pseudo- nyme, voy. « Supercheries », articles DE BEUIL, I, col. 522, b ; GONNELIEU, II, 194, e ; MARSILLY, II, 1063, d ; ROSWEYDE, III, 455, b.

Imitation (l') de J. C., divisée en quatre livres, composés par THOMAS A KEMPIS, et nouvellement mis en françois par M. R. Ga. (par Michel DE MARILLAC, garde des sceaux de France). *Paris, André Soubron*, 1642 ; — J. *Roger*, 1646 ; — Nic. *Pépingué*, 1659, in-8.

Cette traduction parut pour la première fois à Paris en 1621. Voy. les mots : « Quatre livres de l'Imitation... » Elle a eu plus de soixante éditions ; deux seulement portent le nom du traducteur, l'une dans le format in-12 et l'autre in-24. Toutes deux ont paru en 1643, par les soins du P. VALGRAVE, bénédictin.

Imitation (l') de J.-C., traduite en françois (par Michel DE MARILLAC). *Paris, de l'imprimerie de Moreau*, 1643, in-8.

Les caractères de Moreau imitent l'écriture bâtarde.

Imitation (l') de Jésus-Christ, trad. en vers françois (par Pierre CORNEILLE). *Rouen, Laurens Maury, et Paris, Ch. de Sercy*, 1651, pet. in-12.

Edition princeps, qui contient les chapitres I à XX du livre Ier.

La seconde partie est de *Rouen, impr. de Laurens Maurry*, 1652; elle contient les cinq derniers chapitres (XXI-XXV).

Voir, pour le détail des différentes éditions, Frère, « Manuel du Bibliographe normand » (1858), t. I, p. 278.

Imitation (l') de J.-C., composée par THOMAS DE KEMPIS, chanoine régulier. Nouv. édit. fidèlement traduite du latin par M. R. C. A. (probablement par René CERISIER, aumônier). *Paris, Hélie Josset*, 1662, in-12. — *Lyon, Cl. Galbit*, 1678, in-12.

Claude Irson, dans sa liste des auteurs les plus célèbres de notre langue, à la suite de sa « Nouvelle méthode » pour apprendre la langue françoise. *Paris*, 1656, in-8, assure que René Cerisier a traduit l'Imitation de J.-C. en françois.

Imitation (de l') de J. C., traduction nouvelle, par le sieur C. I. E. A. A. P. (le sieur CUSSON, imprimeur et avocat au parlement). *Paris, J. Cusson*, 1673, pet. in-12, — Autre édition, 1673, in-18, avec des vignettes en tête de chaque chapitre. — Nouvelles éditions. *Paris, Cusson*, 1678, 1682, in-8. — *Lyon*, 1686, in-24. — *Paris*, 1693, 1718, in-12.

C'est cette traduction qui a une grande vogue depuis plus d'un siècle sous le nom du P. Gonnelieu, jésuite.

Voy. « Supercheries », II, 194, e.

Imitation (de l') de J.-C., traduction nouvelle (dédiée à M. de Harlay, archevêque de Paris,) par le sieur *** (Etienne ALGAY DE MARTIGNAC). *Paris, Lambert Roulland*, 1685, in-12; 1688, in-8. — Neuvième édition, avec le texte latin. *Paris, Roulland*, 1693, in-12.

Imitation (de l') de J.-C., traduction nouvelle, dédiée à Mme la Dauphine (attribuée à Philippe GOIBAUD, sieur DU BOIS). *Paris, J.-B. Coignard*, 1685, in-12. — *Rouen, veuve de J. Oursel*, 1708, in-24. — *Sainte-Menehould, de Liège*, 1723, in-12. — *Paris, J. G. Barbou*, 1771, in-24.

Imitation (de l') Jésus-Christ, traduction nouvelle (par l'abbé F.-T. DE CHOISY), première édition. *Paris, Ant. Dezallier*, 1692, in-12, fig.

J'avais cherché inutilement, pendant plus de quinze ans, la première édition de la traduction française de l' « Imitation de J.-C. », par l'abbé de Choisy, laquelle, si l'on en croit une multitude d'écrivains, a été dédiée à madame de Maintenon, et contient, au bas d'une estampe, en forme d'épigraphe, ces mots : *Concupiscet rex decorem tuum* (le roi désirera de voir votre beauté ; ps. 44, v. 12, *traduction de Sacy*). Je parlai un jour de mes vaines recherches à M. Adry, un des hommes de Paris les plus versés dans l'histoire littéraire : il me dit que je m'étais donné une peine bien inutile, vu que ni la dédicace ni l'inscription n'avaient jamais existé. Cette observation m'a déterminé à consulter les écrivains qui, les premiers, ont raconté l'anecdote ; le plus ancien est Amelot de La Houssaye, publié dans ses « Mémoires historiques et politiques », en 1722. « L'abbé de Choisy, de l'Académie française, dit cet auteur au mot CHOISY, a dédié sa traduction de l' « Imitation de Jésus-Chrit » à Mme de Maintenon. La première édition est remarquable par deux versets du psaume 44, qui sont au bas d'une taille douce, où cette dame est représentée à genoux au pied du crucifix, savoir : *Audi, filia, et inclina aurem tuam ; et obliviscere domum patris tui*, v. 2 ; et *Concupiscet rex decorem tuum*, v. 12 (Écoutez, ma fille, et soyez attentive ; oubliez la maison de votre père et le roi désirera de voir votre beauté). On les a retranchés dans la seconde édition, à cause de la malignité des gloseurs. »

Cette particularité se trouve citée, d'après l'ouvrage précédent, dans la « Vie de l'abbé de Choisy » (par d'Olivet). *Lausanne*, 1742, in-8. Elle a été répétée à peu près de la même manière par La Beaumelle, dans les « Mémoires de madame de Maintenon » ; par d'Alembert, dans son « Eloge de l'abbé de Choisy »; dans l'ouvrage intitulé : « Essais dans le goût de ceux de Montagne », composés, en 1736, par l'éditeur des « Considérations sur le gouvernement de la France ». *Amsterdam*, 1785, in-8 ; enfin, dans le « Dictionnaire historique de l'Encyclopédie méthodique » (par Gaillard, t. VI, article CHOISY.

En 1733, Voltaire raconta la même anecdote de la manière suivante, dans le « Siècle de Louis XIV », article des Hommes célèbres, au mot : CHOISY : « On a de l'abbé de Choisy une traduction de l' « Imitation de J.-C. », dédiée à madame de Maintenon, avec cette épigraphe : *Concupiscet rex decorem tuum*. »

En 1758, l'abbé Barral, rédacteur du « Dictionnaire historique, littéraire et critique », raconta l'anecdote à la manière de Voltaire ; et il a eu pour imitateurs Chaudon, dans le « Nouveau Dictionnaire historique », dit de Caen et de Lyon, et le jésuite Feller, dans le « Dictionnaire historique » imprimé à Liège en 1781 et en 1797.

Il est facile de démontrer que, racontée à la manière d'Amelot de La Houssaye ou à celle de Voltaire, cette anecdote est un de ces mensonges imprimés que les amis de la vérité doivent avoir honte de répéter.

Il ne faut pour cela qu'examiner avec un peu d'attention les quatre premières éditions de la traduction de l' « Imitation de J.-C. », par l'abbé de Choisy, qui se sont vendues à Paris, chez Dezallier : la première est dédiée au roi. Chaque livre de l'Imitation est précédé d'une estampe analogue à la matière qui y est traitée.

Le premier livre contient des instructions pour la vie spirituelle. On voit en tête un homme qui s'enfuit dans le désert, à la voix d'un ange qui lui crie : « Fuyez, cachez-vous, et gardez le silence. »

Des instructions pour la vie intérieure sont renfermées dans le second livre. La figure qui est en tête représente une dame habillée en noir, à genoux devant un crucifix ; à côté d'elle sont une multitude de jeunes demoiselles assises sur des gradins. L'inscription de cette estampe est celle-ci : *Audi, filia* (Écoutez, ma fille).

On voit bien, au premier coup d'œil, que l'abbé de Choisy a voulu représenter madame de Maintenon dans cette femme entourée de jeunes demoiselles. Mais les plaisants ont été plus loin que lui ; ils ont complété la légende *Audi, filia*, en y ajoutant ce qui suit dans le texte d'où elle est tirée : *Inclina aurem tuam... Concupiscet rex decorem tuum.*

Au reste, ces railleurs ne faisaient que renouveler l'application du même passage, faite en 1559, par un bon évêque d'Espagne, à Élisabeth de France, fille de Henri II, lors de la présentation de cette princesse aux commissaires de Philippe II, roi d'Espagne, dont elle fut la troisième épouse.

Ce trait est ainsi rapporté par A. Favyn dans son « Histoire de Navarre », liv. 14, p. 830, *Paris, 1612,* in-folio : « Le roi de Navarre (Antoine) mit la reine entre les mains du cardinal de Tolède et de l'évêque de Burgos. Le cardinal, en s'approchant à sa droite, lui dit ces mots du psaume 44 : *Audi, filia, et vide, et inclina aurem tuam, obliviscere populum tuum et domum patris tui* ; et l'évêque de Burgos à sa gauche, le commencement du vers suivant : *Et concupiscet rex decorem tuum, quoniam ipse est dominus tuus.* A cette prononciation espagnole, beaucoup plus rude que la nôtre, proférant *ou* pour *u*, cette belle princesse, nourrie au doux air de la France, se pâma tout aussitôt, tombant entre les mains du roi de Navarre. »

D'Alembert a raconté ce fait historique dans une des notes relatives à l'éloge de l'abbé de Choisy, sans citer l'auteur qui le lui fournissait ; il a supprimé de la citation de l'évêque de Burgos les mots : *Quia ipse est dominus tuus*, dont la prononciation a pu influer sur l'état de la reine, au moins autant que ceux qui les avaient précédés. Il ajoute ensuite : « La malheureuse princesse, qui entendait le latin et n'épousait qu'avec répugnance le vieux et odieux monarque espagnol, tomba évanouie entre les bras de la reine de Navarre, qui l'accompagnait. »

On voit que d'Alembert a pris la reine de Navarre pour le roi de Navarre. Quant au *vieux et odieux monarque espagnol*, Philippe II avait trente-trois ans lorsqu'il épousa Élisabeth de France, qui n'en avait que quinze ; il est vrai que cette princesse partit avec regret pour l'Espagne, et que Philippe II passe pour avoir fait empoisonner. Elle mourut à vingt-trois ans, des suites d'une fausse couche occasionnée par une médecine qu'elle avait longtemps refusé de prendre. Je reviens à l'abbé de Choisy.

La seconde édition de la traduction de l' « Imitation de J.-C. » parut dans les derniers mois de 1692, avec la même figure en tête du second livre : cette dernière se trouve encore dans la troisième édition, qui est de l'année 1694. Il paraît cependant que la plaisanterie fit assez d'impression sur l'abbé de Choisy, pour le déterminer à remplacer, dès 1692, dans quelques exemplaires, la figure de madame de Maintenon par un crucifix gravé très-grossièrement. Dans la quatrième édition, donnée en 1699, madame de Maintenon est remplacée par un homme à genoux devant un prie-Dieu, sur lequel est placé un livre, avec cette légende au bas de l'estampe : « Seigneur, je crierai vers vous et vous adresserai ma prière. » Les éditions qui ont suivi la quatrième contiennent la même figure.

Il résulte de ces détails :

1º Qu'Amelot de La Houssaye et Voltaire se sont trompés en affirmant que la traduction de l' « Imitation de J.-C. », par l'abbé de Choisy, avait été dédiée à madame de Maintenon. La dédicace au roi a été reproduite dans toutes les éditions ; le savant bibliographe dont j'ai parlé au commencement de ces réflexions l'a vue, ainsi que moi, en tête de la première. Le « Journal des Savans » dit expressément, dès le mois d'avril 1692, que l'abbé de Choisy avait dédié sa traduction au roi.

2º Que ces deux auteurs se sont également trompés, l'un en disant qu'on lisait au bas de l'estampe les mots : *Concupiscet rex decorem tuum* ; l'autre en assurant qu'ils étaient placés en forme d'épigraphe à la suite de la prétendue dédicace.

3º Que ces deux écrivains n'ont fait que recueillir un bruit semé par des hommes enclins à la raillerie, et fondé sur une ancienne application du passage : *Concupiscet rex decorem tuum.*

Parmi ceux qui racontent l'anecdote dont il est ici question, un seul paraîtrait mériter plus de croyance que les autres, quand il affirme qu'au bas de l'estampe où l'on voyait madame de Maintenon, était gravée la légende : *Audi, filia... Concupiscet rex decorem tuum.* C'est l'auteur des « Essais dans le goût de ceux de Montagne ». Le marquis de Paulmy, gouverneur de l'Arsenal et secrétaire d'État au département de la guerre, qui en a été l'éditeur, les présente comme ayant été composés par le marquis d'Argenson, son père, secrétaire d'État au département des affaires étrangères. Or, celui-ci avait été l'ami de l'abbé de Choisy, qui était son parent, et lui avait fait présent de ses ouvrages *en beau papier et beau caractère.* Mais, comme le narrateur se trompe en avançant, ainsi qu'Amelot de La Houssaye et Voltaire, que la traduction de l' « Imitation » par l'abbé de Choisy avait été dédiée à madame de Maintenon, il a pu également se tromper sur la légende : *Concupiscet rex decorem tuum.* Il avoue d'ailleurs que l'abbé de Choisy n'a jamais voulu lui procurer un exemplaire de sa traduction où se trouve la figure de madame de Maintenon. Au reste, on convient généralement que les « Essais dans le goût de ceux de Montagne » sont plutôt du marquis de Paulmy que du marquis d'Argenson. Il paraît les avoir rédigés avec beaucoup de liberté sur les mémoires de son père. J'ai le manuscrit de celui-ci sous les yeux, et j'y trouve, relativement à l'abbé de Choisy, des détails qui contredisent le récit de M. de Paulmy, au lieu de le confirmer.

Depuis la publication de la présente note dans le feuilleton du « Publiciste », en date du 16 prairial an XII (5 juin 1804), j'ai eu la satisfaction de me procurer un exemplaire de la rarissime édition qui en est l'objet. L'examen que j'en ai fait confirme tous les détails dans lesquels je suis entré. Une seule chose est à ajouter, c'est qu'on trouve en tête de l'épitre dédicatoire au roi une vignette charmante qui n'existe que dans cette édition ; elle représente la chapelle de Versailles. Louis XIV y est figuré entendant la messe à genoux.

Imitation (de l') de J.-C., traduction nouvelle (par Nicolas FONTAINE), avec des réflexions morales et chrétiennes de mademoiselle D'ORLÉANS sur le premier livre. *Paris, Elie Josset*, 1694, in-12.

Voyez l'article FONTAINE, dans le Dictionnaire de Moréri. Cette traduction a été réimprimée plusieurs fois, avec une explication des cérémonies de la messe, par Nicolas LE TOURNEUX.

Imitation (de l') de J-C., traduction nouvelle, dédiée à Mᵐᵉ la duchesse de Bourgogne (par l'abbé François MACÉ). *Paris, J.-B. Coignard*, 1698, in-12; — *Le Mercier*, 1739, in-8; — 1741, in-24.

Imitation (l') de J.-C., divisée en quatre livres, de l'autorité de monseigneur le révérend abbé général de Cisteaux, nouvelle traduction. *Paris, Fréd. Léonard*, 1698, in-24. — Autre édition, sous le nom du P. Q***. *Paris, le même Léonard*, 1699, in-12. — Autre édition. *Cologne, Balthasar ab Egmont*, 1704, in-24.

Cette prétendue nouvelle traduction n'est autre chose que celle de Louis-Isaac LE MAISTRE DE SACY, revue et corrigée.

Imitation (l') de J.-C., traduction nouvelle (par l'abbé A. ANDRY, avec une dissertation sur l'auteur, par le P. LAMY, bénédictin) ; quatrième édition. *Paris, Ch. Robustel*, 1699, in-12. — Cinquième édition. 1707, in-24.

Cet ouvrage parut en 1690, sous le titre de « Consolation intérieure ».

Voy. IV, col. 727, e, et ma « Dissertation sur soixante traductions françaises de l'Imitation de J.-C. » *Paris*, 1812, in-12, ch. VII, p. 121.

Imitation (l') de J.-C., en forme de prières, pour tous les dimanches et principales fêtes de l'année, et pour les différens états de la vie. (Par l'abbé Nic. LENGLET DU FRESNOY.) *Paris, J. Musier*, 1700, petit in-12.

Michault, de Dijon, dans sa vie de Lenglet du Frésnoy, p. 66, lui attribue cet ouvrage, mais il le présente faussement comme imprimé pour la première fois en 1698 ; ce qu'il ajoute sur les quatre réimpressions de ce livre prouve qu'il l'a confondu avec l' « Imitation de J.-C. traduite en forme de prières ». Voy. col. 900, d.

Imitation (de l') de J.-C., traduction nouvelle, contenant plusieurs choses trèsédifiantes qui ne se trouvent que dans quelques anciennes traductions. (Par François PARIS, prêtre.) *Paris, Mariette*, 1705, 1728, in-12.

Imitation (de l') de J.-C., traduction nouvelle. Par M*** (l'abbé Hil. DUMAS), docteur de Sorbonne. *Paris, T. Moette*, 1706, in-12.

Cette traduction parut pour la première fois en 1685, avec le nom du traducteur.

Imitation (l') de J.-C., imprimée par ordre de monseigneur l'illustr. et révér. évêque de Metz. *Metz, Brice Antoine*, 1708, in-8.

Cette traduction est celle du P. Ant. GIRARD, publiée pour la première fois en 1641, et revue sur les éditions de Le Gras, qui datent de 1689.

Les premières éditions de la traduction du P. Girard ne sont point anonymes ; celles qui ne portent pas son nom ont été revues, et dans celles-ci l'on a coutume d'insérer la permission donnée au P. Girard.

Imitation de Jésus-Christ, traduction nouvelle, dédiée au cardinal de Noailles. (Par l'abbé C. D. S.) Première édition, *Paris, Fr.-H. Muguet*, 1710. — Troisième édition, 1713. — Quatrième édition, 1719, in-18.

Le plus singulier des hasards a fait connaître le nom de ce traducteur. En 1813, M. Gence a acquis un volume in-folio, composé de papier blanc, sur chaque feuille duquel un amateur a collé l'Imitation en latin de l'édition de Frédéric Léonard en 1697, in-18, avec quatre traductions françaises en regard, imprimées dans le format in-18, savoir : celles du P. Girard, édition de 1708, de Sacy (1714), de Macé (1711) et de l'abbé DE SERCY (1710). Ce dernier nom est écrit à la main. Il est probable que cet abbé était fils de Christophle de Sercy, dernier libraire de ce nom, mort vers 1694.

Imitation (l') de J.-C., traduction nouvelle, en forme de prières (attribuée à Barthélemy GIRIN). *Paris, B. Girin*, 1711; — *Fr. Jouenne*, 1735; — *Durand*, 1740, in-12.

Imitation (l') de J.-C., traduction nouvelle, avec des réflexions et des prières, dédiée à la duchesse d'Orléans (par M. L. D., l'abbé L. DEBONNAIRE). *Paris, Witte*, 1719, in-12.

Imitation (de l') de J.-C., traduction nouvelle, dédiée au duc de Chartres (depuis duc d'Orléans, mort à Sainte-Geneviève en 1752). Par M. l'abbé D. R. (P. RABINES). *Paris, les frères Barbou*, 1719, in-12; — *Brocas*, 1757, in-24.

Imitation (l') de Jésus-Christ, traduction nouvelle (par l'abbé J.-B. MOLINIER, de l'Oratoire, célèbre prédicateur). *Paris, Lottin*, 1725, in-12.

Imitation (l') de J.-C., traduction nouvelle, avec des réflexions et des prières, et une dissertation sur l'auteur de ce livre (par J. Grancolas). *Paris, C.-J.-B. Hérissant*, 1729, in-12.

Imitation (l') de J.-C., traduction nouvelle, avec des réflexions, des pratiques et des prières à la fin de chaque chapitre (par l'abbé Nicolas Le Duc). *Paris, Savoye*, 1737, 1745, 1788, in-12.

Souvent réimprimé.

Imitation (de l') de J.-C., traduction nouvelle (par l'abbé Nic. Le Gros). *Cologne (Utrecht, Savoye)*, 1740, pet. in-12.

Dans le « Manuel du chrétien », qui renferme en outre la traduction des *Psaumes* et celle du *Nouveau Testament*, par le même abbé Le Gros.

Imitation de Jésus-Christ, avec l'ordinaire de la messe; nouvelle édition. *Cologne, aux dépens de la Compagnie*, 1742, petit in-12.

Cette traduction est celle de Sacy, et cette édition fait partie du « Manuel du chrétien » de Le Gros, réimprimé en 1742. On en a tiré quelques exemplaires séparément. Celui que je possède est sur papier de Hollande.

Imitation de J.-C., divisée en quatre livres par Thomas à Kempis, chanoine régulier; traduction nouvelle par H. R., de la Compagnie de Jésus. *Caen, P. Chalopin*, 1750, in-24.

L'éditeur a sans doute voulu désigner, par les lettres initiales H. R., le P. Héribert Rosweyde; mais la traduction qu'il présente est celle de Jean Cusson, publiée pour la première fois en 1673, c'est-à-dire quarante-quatre ans après la mort du jésuite.

Imitation (l') de J.-C., ou le Kempis approprié à toutes les communions chrétiennes (par Pierre Poiret). Nouvelle édition. *Lausanne*, 1771, 1782, in-12.

Voyez les mots « Kempis commun... »

Imitation de J.-C., traduction nouvelle (par Poullin de Viéville). *Orléans, Couret de Villeneuve*, 1779, in-12. — *Paris, Valleyre*, 1779, petit in-12.

Imitation (l') de Jésus-Christ, traduite en vers (par M. Delmas, curé de Saint-Orens, à Montauban). *Montauban*, 1791, in-12.

Imitation (l') de J.-C., mise par ordre de matières (par A.-A. Clément de Boissy). *Paris, Brajeux*, 1792, in-12.

L'auteur s'est servi de la traduction de Sacy.

Imitation de J.-C. (traduite par Nic. Beauzée), avec une pratique et une prière à la fin de chaque chapitre, par le R. P. Gonnelieu. *Paris, Beaucé*, 1810, in-12.

Il existe plusieurs autres éditions de l' « Imitation » en français, dans lesquelles la traduction de Beauzée se trouve jointe, sous le voile de l'anonyme, aux pratiques et prières du P. Gonnelieu.

Imitation (l') de Jésus-Christ, traduite en vers français (par l'abbé J.-Fr.-Martin de Boisville, depuis évêque de Dijon). *Paris, Renouard*, 1818, in-8.

Imitation (de l') de Jésus-Christ, traduction nouvelle, faite d'après une édition latine, revue sur les textes les plus authentiques, et principalement sur le plus ancien manuscrit de l'Imitation en quatre livres, inédit et conservé à la Bibliothèque du roi (par J.-B.-M. Gence). *Paris, Treuttel et Wurtz*, 1820, gr. et petit in-12.

Plus cette traduction sera connue, plus elle sera considérée comme supérieure à celles qui l'ont précédée.

Imitation (l') de Jésus-Christ, traduct. nouvelle, par M. L. B., du collége Stanislas (l'abbé Louis Buquet, ancien préfet des études au collège Stanislas, vicaire général à Paris, plus tard évêque de Parium, *in partibus*, et chanoine du 1er ordre de Saint-Denis). *Paris, Paulin et Hetzel*, 1840, in-8.

Imitation (l') de Jésus-Christ, traduction inédite du xviie siècle, avec le texte en regard (publié par M. Hatzfeld). *Paris, Adr. Leclère*, 1869, gr. in-8, frontisp., fig. d'apr. Lebrun, Piet, Mignard, Coypel.

Imitation de la sainte Vierge...

Voy. « Imitation de la très-sainte Vierge... »

Imitation de la très-sainte Vierge sur le modèle de l'Imitation de Jésus-Christ (Traduit de l'espagnol de François Arias, par Alexandre-Joseph Derouville ou d'Hérouville.) *Paris, P. Berton*, 1768, in-18, xvi-267 p.

Souvent réimprimé sous ce titre ou sous celui de « Imitation de la sainte Vierge... » Voy., pour l'indication d'un grand nombre de ces éditions, de Backer, I, col. 1507. Voy. aussi « Supercheries », I, 156, c, III, 92, e, et 1058, e.

Imitation (de l') de la Vierge, traduite de l'espagnol (du P. François Arias), par le P. J.-Fr. de Courbeville. *Paris, de La Guette*, 1740, in-12.

Imitation de Notre-Seigneur J.-C., traduction nouvelle, avec une prière affective, ou affectation du cœur à la fin de chaque chapitre, par un religieux bénédictin de la congrégation de Saint-Maur (dom Robert Morel). *Paris, Vincent*, 1722, in-12.

Cette traduction a été souvent réimprimée, et plusieurs fois avec le nom du traducteur.

Imitation des Odes d'Anacréon en vers, par M. de S*** (Colomb de Seillans), et la traduction de Mlle Le Fevre... en prose. *Paris, Prault*, 1754, in-8. — *Berlin*, 1754, in-24.

Imitation en vers françois des Odes d'Anacréon. (Par S.-P. MÉRARD DE SAINT-JUST.) *Paris, an VI, in-18.*

Tiré à fort petit nombre.

Imitation (de l') théâtrale à propos du romantisme. (Par Athanase RENARD.) *Paris, H. Féret, 1830, in-18, 144 p.*

Réimprimé dans les « Etudes littér. et dramat. » de l'auteur. *Paris, Guyot, 1832, in-8, 239 p.* — Troisième édition, revue et corrigée. *Paris, imp. de Claye, 1858, in-12.*

L'avertissement est signé : A. R.

Imitations d'HORACE, et poésies diverses, par J. L. G. (J.-L. GRENUS). *Paris, imprimerie de l'auteur, 1800, in-18.*

Imitations de Martial. Par C. B. D. L. (Claude BREGHOT DU LUT). *Lyon, Barret, 1830, in-8.*

Voy. « Supercheries », I, 668, d.

Imitations du latin de Jean BONNEFONS, avec autres gayetez amoureuses de l'invention de l'autheur (Gilles DURANT, sieur DE LA BERGERIE). *Paris, A. L'Angelier, 1588, in-12.* — *Paris, Ant. du Breuil, 1610, pet. in-8, 219 p.*

La première édition a paru à la suite du texte latin de Bonnefons, *Pancharis Jo. Bonefonii Arvini. Lutetiæ, Abel Langelier, 1587, en 2 part. in-12.*

Immolation (de l') de N.-S. J.-C. dans le sacrifice de la messe. (Par dom P.-Dom. LABAT.) *En France, 1780, in-12, 140 p.* sans la table.

Immoralité (de l') du remboursement. (Par le marquis DE LA GERVAISAIS.) *Paris, 2 mai 1824, in-8, 32 p.*

Immortalité, bonheur. Traité de philosophie pratique; par D. L. C. D. B. *Paris, Renouard, 1853, 2 vol. in-8.*

Le titre du tome II porte : « de l'Immortalité, de la Sagesse et du Bonheur... » Le nom de l'auteur, LA CODRE DE BEAUBREUIL, se trouve à la page 404 du 2e volume.

Immortalité (de l') de l'âme et de la vie éternelle, traduit de l'anglois de Guill. SHERLOCK (par DE MARMANDE). *Amsterdam, Humbert, 1708, in-8.*

Immortalité de l'âme, ou Essai sur l'excellence de l'homme, ouvrage divisé en trois parties, par M. B*** (Dominique BAUDUIN, prêtre de l'Oratoire, né à Liége en 1742, où il est mort en 1809). *Dijon, Bidault, 1781, in-8, XVI-224 p.*

Dans la 2e édit. de ce « Dictionnaire », cet ouvrage avait été attribué à Louis BAILLY. Cette attribution a été reproduite par Quérard dans sa « France littér. », t. I, p. 159, où l'on trouve cependant à la p. 223 du même vol. BAUDUIN indiqué comme auteur. Voy. aussi « Supercheries », I, 436, d.

M. de Theux, « Bibliographie liégeoise », p. 369, cite une réimpression de Liége, 1805, in-12, et il écrit BAUDOUIN.

Immortalité (de l'), de la sagesse et du bonheur...

Voy. Immortalité, bonheur.

Impartial (l'), réponse à M. de Chateaubriand sur la brochure intitulée : « du Bannissement de Charles X et de sa famille ». Article sur la quasi-légitimité ; par le Solitaire des Vosges. Deuxième numéro. *Paris; Garnier, 1831, in-8, II-13 p.*

Signé : B. D.

Le premier numéro, intitulé « le Somnambulisme de M. de Chateaubriand... », est signé : DE BARTHOLOT.

Impartialité (l') au salon, dédiée à messieurs les critiques présens et à venir. (Par Antoine RÉNOU.) *Boston et Paris, chez les marchands de nouveautés, 1783, in-8.*

Impartialité (l') sur la musique; épître à M. J.-J. Rousseau, par D. B. (M.-F. DANDRÉ-BARDON). *S. l., 1754, in-4, 36 p.*

Impatient (l'), comédie en un acte et en vers libres, représentée pour la première fois par les comédiens françois, le 3 septembre 1778. (Par Etienne-François DE LANTIER.) *Paris, Dessain junior, 1779, in-8, 44 p.*   D. M.

Impie (l') convaincu, ou Dissertation contre Spinosa, où l'on réfute les fondemens de son athéisme. (Par Noël AUBERT DE VERSÉ.) *Amsterdam, 1685, in-8.*

Impiété (l') de la morale des Calvinistes. (Par P. NICOLE.) *Paris, Desprez, 1675, in-12.*

Impiété (l') moderne. Six lettres du rédacteur en chef de « la Science sociale au point de vue chrétien » (l'abbé Léonard LEYNEN), à M. Peyrat, aut. d'une « Histoire élémentaire et critique de Jésus ». *Bruxelles, 1864, in-12.*

Impiété (l'), ou les Philosophistes, essai poétique en huit chants. Par F. P. A. M. C. (F.-P.-A. MAUGENET CLÉMENCE). *Paris, Domere, 1821, in-8.* — *2e éd. Id., 1821, in-8.* — *3e éd. Lyon, Pitrat, 1823, in-8.*

Importance (de l') de l'éducation publique et de son influence sur toute la vie. (Par l'abbé Yv.-Mar. AUDREIN.) *Paris, 1795, in-8.*

Importance (de l') de la langue flamande au point de vue national, littéraire, religieux et moral. (Par le P. VANDERMOERE, jésuite.) *Bruxelles, Goemare, 1853, in-8, 82 p.*

Extrait du « Journal historique et littéraire de Liège ».   J. D.

Importance (de l') des études classiques. Trad. de l'allem. de Fréd. TIERSCH (par N.-J.-S. SCHWARTZ, professeur à l'Université de Liége). *Liége, Kersten*, 1839, in-8. Ul. C.

Importance (de l') des premières impressions , ou Histoire d'Emma Nesbit, trad. de l'anglais. (Par Mme Ch. MORREN, née Marie VERASSEL, de Bréda.) *Bruxelles, Desprez et Parent*, 1833, in-12, 113 p. J. D.

Importance (de l') du Rhône. (Par P. LORTET.) *S. d.* (1842), in-8, 11 p.

Importance (l') et l'étendue des obligations de la vie monastique, son utilité dans l'Eglise et dans l'Etat, pour servir de préservatif aux moines et de réponse aux ennemis de l'ordre monastique. (Par dom J.-P. DEFORIS.) *En France (Paris)*, 1768, 2 vol. in-12.

Réimprimé en 1785 sous ce titre : « Mémoire pour les ordres religieux, contre les principes de la commission établie en 1768. » 1 vol. in-12. Voy. ces mots.

Impossibilité (de l') et impertinence du concile, tel qu'il est demandé par requeste au Roi... (Composé par D'AMBOISE, sieur D'HÉMERY.) *S. l.*, 1607, in-8. — *Paris, F. Huby*, 1608, in-8. — *Lyon, Thibaud Ancelin*, 1608, pet. in-12.

Imposteurs (les) démasqués et les usurpateurs punis... (Par l'abbé Esprit-Joseph CHAUDON.) *Paris, Nyon*, 1776, in-12.

Imposture (l') découverte des os humains supposés, et faussement attribués au roi Theutobochus. (Par Jean RIOLAN.) *Paris, Pierre Ramier*, 1614, in-8.

Voy. ci-dessus, « Histoire véritable du géant... ». col. 840, d.

Imposture (de l') sacerdotale, ou Recueil de pièces sur le clergé. Traduites de l'anglois (par D'HOLBACH). *Londres*, 1777, pet. in-8, 144 p.

Le titre de départ est : « Tableau fidèle des papes ». Traduit d'une brochure angloise de M. DAVIDSON, publiée sous le titre de : « True picture of Popery ». On cite une édition de Londres, 1767, contenant plusieurs écrits dont le premier serait intitulé : « de l'imposture sacerdotale », accompagné de l'ouvrage publié en français sous le titre de : « Traité des trois imposteurs ». Voy. Gust. Brunet, p. XXXI de son édit. du vol. de *Tribus impostoribus. Paris*, 1861, in-18.

Impostures (les) de l'histoire ancienne et profane (traduction de l'italien de LANCELOTTI, par l'abbé OLIVA, revue et corrigée). *Londres et Paris, Costard*, 1770, 2 vol. in-12.

Le manuscrit de cet ouvrage a été cédé au libraire Costard par Luneau de Boisjermain ; le président Rolland et Charpentier l'ont revu avant l'impression.

L'ouvrage de Lancelotti est de *Venetia*, 1636, in-8.

Impostures (les) innocentes, ou les opuscules de M*** (A.-G. MEUSNIER DE QUERLON). *Magdebourg*, 1761, petit in-12.

Impôt (l') du sang. Quelques observations dédiées à la tribune et à la presse belges, par le capitaine conscrit (Th. WEIMERSKIRCH), du 13e régiment de ligne. *Gand, Neut,* 1862, in-8, 26 p. J. D.

Impôt (l') du timbre sur les catalogues de librairie, ruineux pour les libraires, et arithmétiquement onéreux au trésor public. (Par Antoine-Augustin RENOUARD.) *Paris, A.-A. Renouard,* 1816, in-8, 27 p.

Impôt (de l') progressif. (Par le baron Ant.-Marie ROEDERER.) Juin 1848. *Paris, de l'impr. de Guyot et Scribe,* 1848, in-8, 16 p.

Impôt (de l') sur les sels dans l'intérêt de la production. (Par le marquis DE LA GERVAISAIS.) *Paris, A. Pihan-Delaforest,* 1828, in-8, 27, 36 et 39 p.

Impôt (de l') sur les tabacs. (Par le marquis DE LA GERVAISAIS.) *Paris, imp. de A. Pihan-Delaforest,* 1829, in-8.

Impôt (de l') sur les vins, les cotons, les sucres. (Par le marquis DE LA GERVAISAIS.) *Paris, A. Pihan-Delaforest* (1829), in-8, 47 et 48 p.

Impressions d'enfance, ou Récits du temps passé. Episode tiré de l'histoire manuscrite de la maison Favre, à partir du XIVe siècle. (Par Jean-Marie FAVRE, ancien juge de paix.) *Lyon, Louis Perrin,* 1861, gr. in-8, 36 p. D. M.

Impressions d'un pêcheur à la ligne sur les bords de la Mère... Par C. P. (Charles PALLOT). *Fontenay-le-Comte, imp. de Robuchon,* 1838, in-8, 32 p.

Impressions de voyage d'un Russe en Europe. (Par M. VASMER.) *Paris, Reinwald,* 1859, in-18.

Imprimerie (l'), poëme en vers français. *Paris, Lemercier,* 1765, in-4, 35 p.

Signé : J.-B. G. GILLET.

C'est en grande partie une traduction du poëme latin de L.-A.-P. HÉRISSANT, et surtout de celui de C.-L. THIBOUST ; mais il n'y a dans le travail de Gillet ni talent, ni élégance, et, dans les idées qu'il a ajoutées de son chef, il ne fait pas preuve de goût.

(*Biogr. univ.*)

Gillet travaillait à la casse chez Lemercier, et poëme français, où il y a des vers heureux, fut fait peu après la publication du *Typographia carmen* de L.-A.-P. Hérissant. Il y est cité.

(Note autogr. de L.-Th. Hérissant.)

Impromptu (l!) de garnison, comédie. (Par Dancourt.) *Paris*, 1693, in-12.

Impromptu (l') de l'hôtel de Condé, comédie en vers en un acte. (Par A.-J. de Montfleuri.) Représentée sur le théâtre de l'hôtel de Bourgogne (en janv. 1664). *Paris, Pépigné*, 1664, in-12.

Réimprimé avec une notice sur l'auteur dans le t. I des « Contemporains de Molière », par M. Fournel.

Impromptu (l') de la cour de marbre, divertissement comique à l'occasion de la naissance de monseigneur le duc de Bourgogne, représenté au château de Bellevue, en présence du Roi, le 28 novembre 1751. (Par Ch.-Sim. Favart et Philippe Bridard de La Garde.) *Imprimé par exprès commandement de Sa Majesté*, 1752, in-8, 18 p.

Impromptu (l') de la foire, ou les Bonnes femmes mal nommées. Divertissement en un acte, mêlé de chants et de danses. Par M. T*** (Toussaint-Gaspard Taconet). Représenté pour la première fois à la foire Saint-Germain, le 7 mars 1763. *Paris, C. Hérissant*, 1763, in-8. — *Avignon, Chambeau*, 1765, in-12.

Impromptu (l'). Lettre à Mme la comtesse de ***, dame du palais. Vers faits dans le jardin de M. le duc de Montmorency, près le bois de Boulogne, au moment où Mme la Dauphine passait. Par D. M. S. D. S. (Guillaume-François Marion du Mersan, seigneur de Surville). *S. d.* (vers 1774), in-8, 7 p.   D. M.

Impromptu sur le rétablissement des Bourbons, ou Dialogue villageois. (Par E.-G. Peignot.) *Dijon, imp. de Frantin*, avril 1814, in-8, 8 p.

Impromptus (les) de l'amour, comédie en un acte et en vers. Par M. G. (Mich. Guyot) de Merville. *Paris, Prault père*, 1742, in-8.

Improvisateur (l') français, par S........ (Sallentin), de l'Oise. *Paris, Goujon fils*, 1804-1806, 21 vol. in-12.

Le nom de l'auteur se trouve sur le titre à partir du 12e volume.

Imprudences (les) de la jeunesse, par l'auteur de « Cecilia » (miss Burney, ou plutôt par mistriss Elis. Bennett), traduit de l'anglois par Mme la baronne de Vasse. *Paris*, 1788, 4 vol. in-12.

Impureté (l') combattue sous les auspices de Jésus et de Marie, par un Père de la Compagnie de Jésus (J.-B. Maurage). Quatrième édition. *Namur, Albert*, 1690, in-12, 84 p.

Inamovibilité (de l') des pasteurs du second ordre, par l'auteur du « Traité de l'appel comme d'abus... » (M.-M. Tabaraud). *Paris, Brajeux*, 1821, in-8, 92 p.

L'année suivante, l'auteur a publié un « Supplément » à ce traité, in-8, 56 p.

Inauguration de la colonne de la Constitution et du Congrès, septembre 1859. (Par Nestor Considérant.) *Bruxelles, Bruylant-Christophe*, gr. in-8, 56 p., avec fig. et vue photographique.   J. D.

Inauguration de la statue d'Ambiorix. Chants patriotiques. (Par François Driesen, secrétaire de la Soc. scientifique et littéraire de Tongres.) *Tongres, Collée*, 1866, in-8.

Voy. « Supercheries », II, 18, c.

Inauguration de Pharamond, ou Exposition des loix fondamentales de la monarchie françoise, avec les preuves de leur exécution, perpétuées sous les trois races de nos rois. *S. l.*, 1772, in-12, 152 p.

A la suite de ce titre, Barbier, dans son premier supplément, donne la note suivante :

« J'ai trouvé ces mots sur un exemplaire : *Ex dono autoris* Monizot.

« On doit au même auteur le « Sacre royal », etc. 1776, 4 parties in-12. Voy. ces mots.

« Bachaumont raconte, dans ses « Mémoires secrets », t. XXIV, p. 181, sous la date du 31 août 1772, que le nommé *Caufman*, vulgairement appelé *Marchand*, avait été arrêté colportant diverses brochures clandestines, entre autres l' « Inauguration de Pharamond »,

« Il paraît constant aujourd'hui, ajoute Bachaumont, que l'inconnu auteur de l' « Inauguration », etc., était retiré dans le Temple depuis longtemps ; qu'il y vivait dans la plus grande solitude et sans aucune communication extérieure, même pour les besoins ordinaires de la vie ; qu'informé du sort du sieur *Caufman*, il est parti le même jour pour l'Angleterre. »

Ce renseignement est complété et modifié dans le second supplément par la seconde note qui suit :

« Il me paraît certain aujourd'hui que Morizot, auteur de l' « Inauguration de Pharamond », n'est pas le même Morizot sur lequel j'ai donné de longs détails dans une première note ; tous deux étaient avocats sans exercer leur profession ; tous deux paraissent avoir eu l'humeur très-querelleuse. Le plus âgé des deux est sans doute l'auteur de l' « Inauguration », Martin Morizot, natif de Winville, au duché de Bar. Il fut boursier au collége de la Marche, à Paris, et troubla la paix de ce collége pendant quarante ans. Son ambition le porta à briguer, vers 1759, l'office de procureur de ce collége, et celui de principal pour son frère. L'un et l'autre furent exclus par arrêts contradictoires du Parlement. Il fit paraître, vers 1762, le projet d'un journal de jurisprudence, auquel devaient coopérer l'avocat Castillon et le sieur de Flainville. En 1782, Morizot publia un mémoire pour les boursiers du collége de la Marche ; le célèbre Maultrot et sept autres confrères le signèrent, sans doute pour obliger un homme qui partageait leurs opinions politiques. L'avocat Jolly, dans son mémoire pour le principal du collége de la Marche, reprocha à Morizot d'avoir exercé des *professions très-opposées* à celle d'avocat. Voulait-il parler de la profession de pamphlétaire ? Cela me paraît très-probable.

« Les deux mémoires que je cite ici sont très-rares. Ils font partie de la riche collection de pièces imprimées et manuscrites rassemblées pendant l'intervalle d'un siècle par MM. Joly de Fleury, père, fils et petit-fils. »

Inauguration des sections du chemin de fer entre Tournai, Mouscron et Courtrai, 14 nov. 1842. Extr. des « Archives tournaisiennes ». (Par Frédéric Hennebert.) 1844, in-8, 16 p. **J. D.**

Inauguration du buste de S. M. Charles X au café Valois. (Par Jourgniac Saint-Méard.) Paris, imp. de Pinard, 1824, in-8, 8 p.

Deux éditions.

Récit en prose contenant un discours de C.-J. Lacretelle jeune.

Inauguration du monument élevé à la mémoire de S. A. R. Léopold, duc de Lorraine et de Bar, dans l'ancienne église des Cordeliers de Nancy, le 15 nov. 1840. Discours (par l'abbé Marchal); compte rendu (par F.-J.-B. Noel, avocat et notaire); procès-verbal et liste des souscripteurs. Nancy, imp. de Dard, 1840, in-8, 40 p. et 2 grav.

Incendie du Cap, ou le Règne de Toussaint-Louverture... Paris, Marchand, an X-1802, in-12, 256 p. et 1 planche.

Par René Périn, d'après une note manuscrite sur l'exemplaire de la Bibliothèque nationale.

Incendie (l') du Havre, comédie en trois actes (en prose) et en vaudevilles. (Par G.-F. Desfontaines de La Vallée.) Paris, Brunet, 1786, in-8.

Incendie (l') du monastère, ou le Perséthcuteur inconnu ; par l'auteur d' « Armand et Angela », du « Fantôme blanc », etc. (Mme Désirée Castéra). Paris, Béchet, 1812, 4 vol. in-12.

Incendie et destruction de la ville de Tongres (1672-1680). (Par François Driesen.) Tongres, veuve Collée (Liége, Carmanne), 1854, in-8, 40 p. **J. D.**

Incertitude (l') maternelle, ou le Choix impossible, comédie en un acte et en vers libres, représentée à Paris par les comédiens italiens. (Par J.-Cl.-Benédo Dejaure.) Paris et Lille, Deperne, 1793, in-8, 24 p.

Inceste (l') innocent, histoire véritable. (Par Desfontaines.) Paris, Quinet, 1644, in-8.

Inceste (l') supposé, tragi-comédie. (Par de La Caze.) Paris, Touss. Quinet, 1640, in-4.

Incompétence de la puissance civile dans l'érection des métropoles et des évéchés, démontrée de nouveau par un capitulaire de Charlemagne. (Par G.-N. Maultrot.) Paris, Dufresne, 1792, in-12, 19 p.

Incompétence (de l') du gr. Orient dans l'affaire de la Clémente Amitié. (Par Leblanc de Marconnay, 9 janvier 1827.) Paris, Setier, 1827, in-8, 23 p.

Incompétence (l') du pouvoir civil dans les choses spirituelles, ou Réfutation des faux principes des dix-huit évêques constitutionnels, signataires de l'accord. Par un docteur en théologie de la Faculté de Paris (l'abbé Dieche, docteur et professeur de Sorbonne). Paris, Crapart, 1792, in-8.

Inconnu (l'). Fragments. (Par F.-A. de Syon.) Paris, Sautelet, 1829, 2 vol. in-12.

Inconnu (l') persécuté, opéra en 3 actes (et en vers libres). (Par Durosoy.) Paris, Delormel, 1781, in-4.

Inconnue (l'), drame historique en trois actes et six tableaux. Par A. H. (A. Hope). Paris, Barba, 1836, in-8, 108 p.

Inconstance (l') punie, nouvelle du temps, par Mme la comtesse D......l (Mme d'Auneuil). Paris, Ribou, 1702, in-12.

Inconstant (l') ramené, comédie en un acte. Paris, imp. de Grangé, 1781, in-8, 48 p.

L'épître est signée : de B*** (Pierre-François-Cantien Baugin), membre de la Société des antiquités de Hesse-Cassel, et de l'Académie des sciences et belles-lettres de Béziers.

Inconstitutionnalité (de l') de l'ordonnance concernant les colonies, rendue le 26 févr. 1831, sur le rapport de M. le ministre de la marine. Paris, imp. de Moreau, 1831, in-8, 16 p.

Signé : Ad. G... (Gatine).

Inconvénients de voyage sur les chemins de fer, par un ex-chef de train (M. Lan). Paris, Amyot, 1862, in-18, 144 p. **D. M.**

Inconvéniens (les) des droits féodaux. (Par P.-Fr. Boncerf.) Ouvrage brûlé en 1776, en exécution de l'arrêt du Parlement du 23 février, ses chambres assemblées, les princes et pairs y séant. 32e édition. S. l., 1791, in-8, VIII et 90 p.

Cette édition commence par une préface historique de VI p., et se termine par la lettre que Voltaire a publiée sous le nom du R. P. Policarpe, prieur général des Bernardins, à M. l'avocat général Séguier, au sujet de la condamnation de cet ouvrage.

Voy. « Supercheries », III, 203, e.

On cite de cet ouvrage une édition qui porterait le nom de FRANCALEU, voy. « Supercheries », II, 83, *d*, et une autre, celui de TURGOT ; cette dernière avec la date de 1789.

Voy. « Supercheries », III, 862, *b*.

Inconvénients (les) du célibat des prêtres, prouvés par des recherches historiques. (Par l'abbé Jacq. GAUDIN, ex-oratorien, ensuite juge et bibliothécaire de la ville de La Rochelle.) *Genève, Pellet (Lyon)*, 1781. — *Paris, Lejay*, 1790, in-8.

Reproduit sous le titre de : « Recherches philosophiques et historiques sur le célibat des prêtres. *Londres*, 1783, in-8.

Incrédule (l') conduit à la religion catholique par la voie de la démonstration. (Par l'abbé Henri POSTEL, ex-jésuite.) *Tournay, Adrien Serré*, 1769 et 1772, 2 vol. in-8.

L'auteur est né le 28 mai 1707, à Binche, en Hainaut ; il est mort à Douai le 7 novembre 1788.

Incrédule (l') convaincu de la vérité de la religion chrétienne. Ouvrage... auquel on a ajouté l'analyse de l'histoire sacrée depuis l'origine du monde jusqu'à la venue du Messie, par M**** (l'abbé FANGOUSE), prêtre. *Paris, Bastien*, 1781, in-12.

Incrédule (l') convaincu, ou Fondemens de la religion chrétienne, traduit de l'anglois (par N.-P. BESSET DE LA CHAPELLE). *Paris, Despilly*, 1765, in-12.

Incrédulité (l') combattue par le simple bon sens, essai philosophique par un roi. *Nancy*, 1760, in-8 de 64 p. — 2ᵉ édit. *S. l. n. d.*, in-8, 2 ff. lim. et 60 p.

Voltaire écrit à ce sujet au comte d'Argental, le 28 août 1760 : « Le frère MENOUX m'a envoyé une mauvaise déclamation de sa façon... Il a mis cet ouvrage sous le nom du roi STANISLAS pour lui donner du crédit ; il me l'a adressé de la part de ce monarque... »
Le 29 septembre 1760, Voltaire écrit au comte de Tressan : « Le roi de Pologne a daigné me remercier de ma lettre par un petit billet de sa main qui n'a pas été contresigné Menoux. »

Incrédulité (l') convaincue par les prophéties. (Par J.-G. LE FRANC DE POMPIGNAN, évêque du Puy.) *Paris, Hérissant*, 1759, 3 vol. in-12 ou 1 vol. in-4.

Inde (de l'), ou Réflexions sur les moyens que doit employer la France, relativement à ses possessions en Asie. (Par LE BRASSEUR.) *Paris, Didot*, 1790, 1793, in-8.

Un anonyme a publié : « Observations sur le livre intitulé : « de l'Inde ». *Paris, impr. de P.-F. Didot jeune*, 1790, in-4, 24 p.

Indécence (de l') aux hommes d'accoucher les femmes, et de l'obligation aux mères de nourrir leurs enfants... (Par Philippe HECQUET.) *Trévoux et Paris, Etienne*, 1708, in-12. — *Paris, veuve Ganeau*, 1744, in-12.

Souvent réimprimé.

Indépendance (l') de la puissance spirituelle défendue contre un écrit intitulé : « Préservatif contre le schisme, ou Questions relatives au décret du 27 novembre 1790 ». (Par Gab.-Nic. MAULTROT.) *Paris, Dufresne* (1791), in-8.

Indépendance (de l') et du salut de la patrie. Situation de la France au 30 juillet 1815. (Par M.-A. JULLIEN.) *Paris*, 1815, in-8, 50 p.

Indépendant (l') à M. le comte Decazes, Iᵉ et IIᵉ lettres. (Par Michel PICHAT et AVENEL.) *Paris, Lhuillier*, 1818, in-8, 80 p.

Indépendant (l'), chronique nationale, politique et littéraire, 1ᵉʳ mai-7 août 1815, in-fol.

Continué sous le titre de « le Constitutionnel ». Voy. IV, 733, *f*.

Indépendant (l'), nouvelle anglaise imitée. (Par F. SOULÈS.) *Londres et Paris, Lagrange*, 1788, in-8.

Indes (les) dansantes, parodie des Indes galantes ; représentée pour la première fois par les comédiens italiens ordinaires du roi, le lundi 26 juillet 1751. (Par Ch.-Simon FAVART.) *Paris. Delormel*, 1751, in-8, 68 p. et 6 p. de musique. — 2ᵉ éd. *Id.*, 1751, in-8, 68 p. et 8 p. de musique. — 4ᵉ éd. *Paris, N.-B. Duchesne*, 1759, in-8, 72 p.

Indes (les) galantes, ballet héroïque, représenté par l'Académie royale de musique, pour la première fois, le mardi 23 août 1735. (Par L. FUZELIER.) *Paris, J.-B.-C. Ballard*, 1735, in-4.

Réimprimé, avec additions, en 1736, 1743, 1751 et 1761.

Index bibliographique des ouvrages cités dans les cinq premiers volumes de la « Table chronologique des diplômes... concernant l'histoire de France ». (Par Jean-Marie PARDESSUS.) *Paris, Imp. royale*, 1846, in-fol.

Indicateur complet de la ville de Caen, guide des étrangers, contenant les adresses de tous les habitants, et précédé d'une notice historique sur Caen et ses monuments. *Caen, A. Avonde*, 1836, in-12, 233 p.

Une première édition, *Caen, A. Avonde*, 1835, 144 p. in-12 et div. appendices, avait paru avec le nom de l'auteur, Victor Toussaint, depuis avocat au Havre, né dans cette ville le 21 novembre 1813, auteur de divers ouvrages. L. D. L. S.

Indicateur (l') d'Auvergne, ou Guide du voyageur aux lieux et monuments remarquables situés dans les départements du Puy-de-Dôme, du Cantal et de la Haute-Loire... Clermont, 1835, in-8, 2 ff. de tit. et 62 p.

Forme la 1re livraison de la « Description pittoresque de l'Auvergne »... Par H. Lecoq.

Indicateur de Dieppe... précédé d'une notice historique et statistique sur cette ville et sur les nouveaux bains de mer... (Par V. Charlet.) Dieppe, l'éditeur, juin 1824, in-8, 148 p.

Indicateur de Spa pour la saison de 1863. (Par Joseph Goffin.) Spa, Goffin, 1863, in-8, 16 p. J. D.

Indicateur des théâtres royaux de Bruxelles, dédié à MM. les abonnés. (Par Delaloy.) Bruxelles, Gambier, 1834, in-12, 109 p. J. D.

Indicateur gantois, avec un extrait de l'«Annuaire administratif du département de l'Escaut ». (Par L.-P. Couret de Ville-neuve.) S. l. (1806), in-8, 56 et LXXXVI p.

Indicateur nobiliaire de Belgique, de France, de Hollande, d'Allemagne, d'Espagne, d'Italie et d'Angleterre, d'après les collections manuscrites des bibliothèques de Belgique. (Par F.-V. Goethals.) Bruxelles, Weissenbruch, 1869, in-8.

Indicateur nobiliaire, ou Table alphabétique des noms des familles nobles susceptibles d'être enregistrées dans l' « Armorial général » de feu M. d'Hozier, dont une nouvelle édition est sous presse à l'imprimerie royale. (Par Amb.-L.-M. d'Hozier.) Paris, imp. de Doublet, 1818, in-8, 16 p.

Il avait été promis 12 cahiers, le premier seul a paru.

Indicateur, ou Comptabilité du compteur à gaz, à l'usage des consommateurs. Par B. D. (Baudoin-Delforge). Liège, de Thur et Lovinfosse, 1860, in-16, 16 p. et 13 tableaux.

Indication des éloges concernant plusieurs personnes recommandables, nées à Montpellier, ou qui s'étaient fixées dans cette ville. Montpellier, imp. de J. Martel le jeune (1818), in-8, 16 p.

Signé V.-L. S. (Vincent-Louis Soulier). Ce travail, qui s'arrête à l'année 1814, a été réimprimé la même année sous le titre de : « Liste chronologique des éloges... »

Voy. « Supercheries », III, 968, b.

Indication sommaire des principes et des faits qui prouvent la compétence de la puissance séculière pour punir les évêques coupables de crimes publics, et pour les contenir dans l'obéissance qu'ils doivent aux lois et dans la soumission qu'ils doivent au roi. (Par J.-B.-Fr. Durey de Meynières, président au parlement de Paris.) En France, 1655 (1755), in-12, 86 p.

Indications bibliographiques relatives pour la plupart à la littérature historico-géographique des Arabes, des Persans et des Turcs, spécialement destinées à nos employés et voyageurs en Asie. (Par Ch. Fraehn.) Saint-Pétersbourg, 1845, in-8, LV-87 p. A. L.

Indiculus universalis rerum fere omnium quæ in mundo sunt, scientiarum item, artiumque nomina aptè, breviterque colligens. L'Univers en abrégé... Par le P. F. P. (le P. François Pomey, S. J.). Lyon, 1667, in-12.

Souvent réimprimé.

Indienne (l'), comédie en un acte, mêlée d'ariettes. Représentée pour la première fois par les comédiens italiens ordinaires du roi, le mercredi 31 octobre 1770. (Par Nic.-Et. Framery.) La musique est de M. Cifolelli... Paris, veuve Duchesne, 1770, in-8, 44 p. — Id., 1770, in-8, 28 p.

Indigent (l') philosophe, ou l'homme sans souci. (Par de Marivaux.) Paris, 1728, in-12.

Indignation d'un Américain au sujet de MM. de Chateaubriand et Perrier. (Par Nic. Chatelain, de Rolle, dans le canton de Vaud, Suisse.) Paris, chez tous les marchands de nouveautés, mai 1832, in-8, 63 p.

Indiscret (l') conteur des aventures de la garde nationale de Paris. Par le chevalier H...y G...t (Henry Guyot). Paris, Delaunay, 1816, in-12.

Voy. « Supercheries », II, 322, b. Cet auteur y est désigné sous le nom de Henry Guillot.

Indiscret (l'), ou les Aventures parisiennes (Par P.-J.-B. Nougaret.) Londres (Paris), Bastien, 1779, in-12.

Indiscrétions. 1798-1830. Souvenirs anecdotiques et politiques, tirés du portefeuille d'un fonctionnaire de l'Empire (le comte Pierre-François Réal, ancien conseiller d'Etat), mis en ordre par Musnier Desclozeau. Paris, Dufey, 1835, 2 vol. in-8.

Indispensable (l') du collège et de l'école moyenne, ou Guide de l'élève. (Par Van Hemel.) Malines, 1855, in-4. J. D.

Indispensable (l'), ou Raisonnement humain, ouvrage utile à la jeunesse. (Par

Henri Lemaire.) *Paris, Blanchard*, 1815, in-18.

Sur la fin de la même année, cette édition a reparu sous ce titre : « l'Épictète de la jeunesse, ou Pensées morales, etc., par H. Lemaire ; seconde édition ». *Paris, Blanchard*, 1815, in-18.

Voy. ci-dessus, « Economie de la vie humaine », col. 22, *c*.

Indulgences du saint Rosaire. (Par le P. François Letoffé, dominicain.) *Douai, veuve Mairesse*, 1673, in-24, 36 p.

Industrie agricole et manufacturière. Mémoire sur la société royale anonyme de la Savonnerie, ses produits et les avantages qu'elle présente à l'agriculture et aux manufacturiers. (Par Jean Rey, fabricant.) *Paris*, 1827, in-8.

Cette brochure est extraite des « Annales mensuelles de l'industrie manufacturière et des beaux-arts ».

Industrie (de l') en France et de la situation commerciale de Bordeaux. (Par M. de Ségur-Dupeyron.) *(Paris), imp. de F. Locquin* (1837), in-8, 56 p.

Le nom de l'auteur ne figure que sur la couverture imprimée.

Industrie (de l') horlogère. Avantages de son développement sur la plus grande échelle possible au sein de nos montagnes, et moyens propres à faire atteindre ce but à la ville de Pontarlier. *Pontarlier, imp. Laitier*, 1851, in-8, 16 p.

Signé Ed. G.... (Edouard Girod).

Industrie linière. Lettre adressée au « Journal des Flandres », le 12 octobre 1846, par M. M. P. (Mabilde-Plettinck). *Gand, Van Ryckegem-Lepère* (1846), in-8, 8 p.   J. D.

Industrie (l') littéraire et scientifique, liguée avec l'industrie commerciale et manufacturière, ou Opinions sur les finances, la politique, la morale et la philosophie, dans l'intérêt de tous les hommes livrés à des travaux utiles et indépendants. Tome I, première partie. *Paris, Delaunay, imp. de Cellot*, in-8.

En 1817 parait un nouveau titre portant le nom de Saint-Aubin. La même année, cette prem. partie fut annexée à d'autres sous ce titre général : « l'Industrie, ou Discussions politiques, morales et philosophiques. Dans l'intérêt de tous les hommes livrés à des travaux utiles et indépendants, par H. Saint-Simon. » *Paris, au bureau de l'Administration.*

Sous ce titre général parurent quatre volumes. Voy. Fournel, « Bibliographie saint-simonienne », p. 16.

Industrie (l'), ou les Principes des arts et métiers réduits en pratique.

Voy. « Agronomie (l') et l'Industrie », IV, col. 83, *c*.

Industrie (l'), ou les Principes du commerce réduits en pratique.

Voy. « Agronomie (l') et l'Industrie », IV, col. 83, *c*.

Inès de Cordoue, nouvelle espagnole. (Par Mlle Bernard.) *Paris*, 1696, in-12.

Infante (l') de Zamora, comédie mêlée d'ariettes. (Par Nic.-Et. Framery.) *Paris, Durand*, 1781, in-8.

Infanterie (de l'), par l'auteur de l' « Histoire de l'expédition de Russie » (le marquis G. de Chambray). *Paris, Anselin et Pochard*, 1824, in-8.

Infernaliana, par Ch. N*** (Charles Nodier). *Paris, Sanson*, 1832, in-12.

Douteux. Voy. « Supercheries », I, 719, *d*.

Infidèle (l') par circonstance. Par M*** (Louis-Pierre-Prudent Legay). *Paris, Marchand*, an XI-1803, 3 vol. in-12, fig.

Infidèle (l') puni, pastorale en un acte et en vers libres. (Par Randon de Boisset.) *S. l. n. d.* (1761), in-8.

Catalogue Soleinne, n° 2028.

Infinie (de l') miséricorde de Dieu, trad. du latin d'Erasme (par Cl. Dubosc de Montandré). *Paris, de Nully*, 1712, in-12.

Infiniment (les) petits de la littérature, ou huitains, sizains, quatrains et distiques, avec notes critiq. sur les hommes de lettres, par l'infiniment petit auteur des « Délices de Chauffontaine » (Dieudonné Malherbe). *Liége, Chefneux*, 1803, in-8.

Influence (de l') attribuée aux philosophes, aux francs-maçons et aux illuminés sur la révolution de France. (Par J. J. Mounier, membre de l'Assemblée constituante.) *Paris, Ponthieu*, 1822, in-8, lxxj-234 p.

L'Avertissement de l'éditeur et la Notice historique sur J.-J. Mounier sont de M. Alphonse-Jacques Mahul, depuis membre de la Chambre des députés.

Influence comparée des dogmes du paganisme et du christianisme sur la morale. Par J. T....t (Claude-Joseph Tissot, avocat. *Paris, Bricon*, 1828, in-18.

Influence (de l') de Boileau sur l'esprit de son siècle. *Paris, Lesclapart*, 1787, in-8, 16 p.

Extrait du « Mercure de France », signé : Le M. de X. (marquis A.-L. de Ximenès).

Influence (l') de Boileau sur la littérature française, avec un coup d'œil rapide et un jugement impartial sur tous les ouvrages de ce poëte. Par M. M. D. C. C. R. (J.-J. Moutonnet de Clairfons, censeur royal). *Londres et Paris, Fournier*, 1786, in-8.

Influence (de l') de la démocratie sur la liberté, la propriété et le bonheur de la société, par un Américain, ancien membre du Congrès (Fisher AMES). Précédée (sic) d'une introduction par Henri EWBANK, trad de l'angl. par M. H.... J..... (H. DE JANVRY). *Paris, Chatet,* 1835, in-8.

Influence (de l') de la forme des gouvernements sur les nations, ou Fragment historique et politique. (Par le comte Sigismond EHRENREICH DE REDERN.) *Bruxelles, Demat,* 1817, in-8, 119 p.

La préface est signée : L. C. D. R*.
Voy. « Supercheries », II, 700, b.

Influence (de l') de la maçonnerie sur le bonheur et la liberté des peuples. (Par C.-F.-N. QUENTIN.) *Paris, imp. de Setier,* 1831, in-8, 16 p.

Influence de la médecine légale sur la morale et sur le jury. Par J.-E. L. B. (du Loiret) (Auguste BRUNET). *Paris, Migneret,* 1819, in-8, 2 ff. lim. et 38 p.

Influence (de l') de la philosophie sur les forfaits de la Révolution, par un officier de cavalerie (J.-E.-D. BERNARDI, jurisconsulte). *Paris, A.-A. Lottin,* 1800, in-8.

Influence (de l') de la poésie sur le bonheur public et privé. (Par MAUREL, ancien député au Corps législatif.) *Paris, Blaise,* 1814, in-8.

Tiré à 100 exemplaires.

Influence (de l') de la religion sur la gloire et le bonheur des peuples. (Par J.-J.-L.-G. MONNIN.) *Paris,* 1802, in-8, 100 p.

Influence (de l') de la Révolution sur nos mœurs, par M. Oth. D. (Othon DAST). *Paris, imp. de Imbert,* 1818, in-8.

Influence (de l') de la vente des 23, 124, 516 francs de rentes sur le cours des effets publics. (Par J. DE VILLÈLE.) *Paris, Ponthieu,* 1823, in-8.

Influence (de l') des beaux-arts sur la félicité publique. (Par le baron C.-T.-A.-M. DALBERG, alors archi-chancelier de l'empire germanique.) *Ratisbonne, imp. de H.-F. Augustin,* 1805, in-fol. de 38 p. — 1806, in-12. — *Ratisbonne,* 1806, in-8.

Réimprimé par Bodoni, sous le titre de « Périclès, de l'influence... », 1814, in-4.

Influence (de l') des directeurs généraux sur l'administration générale du royaume. (Par MONCLOUX.) *Paris, imp. de Fain,* 1816, in-8, 8 p.

Voy. le « Journal général » du 14 avril 1816.

Influence (de l') des irrigations dans le midi de la France, par P. C. (Pierre CAZEAUX), ancien ingénieur au service de

l'Etat. *Paris, Bouchard-Huzard,* 1841 in-8, 2 ff. lim. et 74 p. — 2e édit. *Paris, Bouchard-Huzard,* 1842, in-8, 2 ff. de tit. et 74 p.

Influence (de l') des mœurs sur les lois, et des lois sur les mœurs. Par M. X*** (Mgr Louis RENDU, évêque d'Annecy). *Lyon, Pélagaud,* 1840, in-8.

Influence (de l') des mœurs sur les spectacles, par T. D. (Théophile MARION DU MERSAN).

Articles, au nombre de 2, insérés dans les « Petites Affiches » de Babié et réimprimés dans le « Journal des arts, des sciences », etc., rédigé par Dusaulchoy, en novembre 1809, et tirés à part à 3 exemplaires seulement. 2 pages in-8.

On y joint : « Des pièces anecdotes », 2 articles du même, faisant suite aux deux précédents; le 1er signé des initiales T. D. et le 2e T. DUMERSAN. 2 pages in-8.

Influence (de l') des opinions sur le langage, et du langage sur les opinions. Dissertation qui a remporté le prix de l'Académie royale des sciences et belles-lettres de Prusse, en 1759, par M. MICHAELIS, traduit de l'allemand. *Brême, Ch.-L. Forster,* 1762, in-8 de 208 p. *Imp. de Porkwiltz et Barmeier à Gottingue.*

Le texte original a paru pour la première fois dans le volume intitulé : « Dissertation qui a remporté le prix proposé par l'Académie... » *Berlin, Hauser,* 1760, in-4.

La traduction française, due à A.-P. LEGUAY DE PRÉMONTVAL et à J.-B. MÉRIAN, a été augmentée de plusieurs morceaux fournis par l'auteur, Jean-David MICHAELIS. (Mensel, « Lexicon teutschen Schriftsteller », t. VIII, p. 146.)

Influence (de l') des progrès de la civilisation sur la mortalité et sur la longévité, par A. SP. (SPRING, professeur à l'Université de Liége). *Liége, Redouté,* 1846, in-8, 23 p.

Extrait de la « Revue nationale », tome XIII.
J. D.

Influence (de l') des questions de race sous les derniers Karlovingiens. (Par Pierre-Joseph VARIN.) *Paris, imp. de Crapelet,* 1838, in-8, 3 ff. lim. et 105 p.

Thèse de doctorat. Le nom de l'auteur se trouve à la fin, dans le permis d'imprimer de la Faculté des lettres de Paris.

Influence (de l') des représentations théâtrales sur les mœurs et l'état actuel de la société à Saint-Etienne, par M. Jules *** (Jules RIOCREUX). *Saint-Etienne, imp. de J.-P. Boyer,* 1822, in-8, 12 p.

Influence (de l') des romans sur les mœurs. (Par REYNOUARD, d'Avignon.) *Avignon, Séguin aîné,* 1818, in-8, 36 p.

Influence du despotisme de l'Angleterre

sur les deux mondes. *Boston , Londres et Paris*, 1781, in-8.

Cette brochure est d'un célèbre auteur. V. l'opuscule intitulé : « de la Nécessité de rendre nos colonies indépendantes », etc. *Paris* (1797), in-18, p. 105.

Chardon La Rochette attribuait à BEAUMARCHAIS l' « Influence du despotisme ».

Influence du régime représentatif sur la félicité publique. (Par L. MEZIÈRES.) *Paris. Ladrange*, 1846, in-8, 2 ff. de tit. et 390 p.

Une seconde édition, *Paris, Ladrange*, 1846-1850, in-8, dans laquelle le titre et les préliminaires seuls ont été réimprimés, porte, à la fin des préliminaires, la signature de l'auteur.

Influence (de l') prochaine des Etats-Unis sur la politique de l'Europe. (Par A. DE MOGES.) *Paris, imp. Wiesener*, 1856, in-8, 45 p.

Information contre Isabelle de Limeuil (mai-août 1564). (Publié par le duc d'AUMALE.) *S. l. n. d. (Londres)*, in-8.

Tiré à petit nombre pour la « Société Philobiblon ».

Infortune (l') des filles de joye. (Par Adrien DE MONTLUC, comte DE CRAMAIL.) *S. l.*, 1624, pet. in-8.

On retrouve cet opuscule dans le volume des « Jeux de l'inconnu », du même auteur. *Rouen*, 1646, in-8. Réimprimé à Paris en 1863 (*J. Gay*), pet. in-12, à 100 exempl., avec « la Maigre », facétie du même auteur.

Infortuné (l') Napolitain, ou la Vie et Aventures du seigneur Rozelli... (Par l'abbé OLIVIER.) *Paris (Hollande)*, 1708 ; — *Amsterdam*, 1709, 2 vol. in-12.

Ces deux volumes ont été revus par J.-B. CUSSON, imprimeur à Nancy. Ils ont été suivis de deux autres à la suite d'une réimpression. *Amsterdam (Rouen)*, 1719 ; et *Paris (Hollande)*, 1722, 4 vol. in-12.

La dernière édition a paru sous ce titre : « Aventures de l'infortuné Napolitain, ou Mémoires du seigneur Rozelli ». 1781, 4 vol. in-12.

Infortuné (l'), ou Mémoires de M. de ***. (Par Louis DE LAUS DE BOISSY.) *Paris, Gogué*, 1768, petit in-12.

Note manuscrite de l'auteur.

Infortuné (l') reconnaissant, poëme en IV chants. (Par J.-A. GUEN.) *Paris, Ballard*, 1751, in-8.

Infortunée (l') Sicilienne, par l'auteur de la « Nouvelle Marianne » (l'abbé Claude-François LAMBERT). *Paris et Liége*, 1742, 2 vol. in-12.

Infortunées (les) amours du comte de Comminges, romance par M. le duc DE L. V. (DE LA VALLIÈRE). 1752, in-8.

Infortunes (les) de Colinette et Ronflot (histoire de deux chiens). Poëme en quatre chants avec prologue et épilogue, par le Solitaire des allées du Parc (BOUILLON). *Bruxelles, chez l'auteur*, 1865, in-8, 34 p.
J. D.

Infortunes (les) de la marquise de Ben ***.

Voy. ci-dessus, « Effets (les) de la prévention... », col. 37, c.

Infortunes (les) de plusieurs victimes de la tyrannie de Napoléon Bonaparte , ou Tableau des malheurs de 71 Français déportés sans jugement aux îles Sechelles, à l'occasion de la machine infernale du 3 nivôse an IX (24 déc. 1800), par l'une des deux seules victimes qui aient survécu à la déportation (J.-B.-A. LEFRANC). *Paris, veuve Lepetit*, 1816, in-8, avec 1 pl.

Infortunes (les) du chevalier de La Lande, mort à Lausanne le 1er février 1778. (Par Ph.-Syr. BRIDEL, prédicateur à Bâle.) *Lausanne*, 1781, in-8.
V. T.

Infortunes (les) malheureuses de Mlle Farce, pièce en deux actes (et en prose), paroles d'un muet (J.-B. DUBOIS), musique d'un sourd, ballets d'un boiteux, décors d'un aveugle et costumes d'un manchot. Représentée sur le théâtre de la Gaîté. *Paris*, 1812, in-8.

Ingénieur (l') françois, contenant la géométrie pratique, etc. (Par NAUDIN.) *Paris, Michallet*, 1695, in-8. — *Lyon, Certe*, 1738, in-8. — *Paris, Jombert*, 1771, in-8.

Ingénieur (l') moderne, ou Essai de fortification , par le baron F. D. R. (DE ROTBERG). *La Haye , Scheurléer*, 1744, in-8.

Ingénieux (l') chevalier don Quixote de la Manche (trad. de l'espagnol de Mich. CERVANTES , par DE L'AULNAYE). *Paris, Desoer*, 1821, 4 vol. in-18, gr. s. b.

Ingénieux (l') chevalier don Quichotte de la Manche, traduction nouvelle (de Mich. CERVANTES, par Charles FURNE). *Paris, Furne*, 1858, 2 vol. in-8.

Ingénu (l'), histoire véritable tirée des manuscrits du P. Quesnel. (Par VOLTAIRE.) *Utrecht*, 1767, in-8, 240 p.

Plusieurs éditions portent le titre de « Le Huron, ou l'ingénu ». Voy. ci-dessus, col. 870, *d*. Voy. aussi « Supercheries », III, 282, *a*.

Ingénue (l') de Brives-la-Gaillarde, vaudeville en un acte. Par MM......... (Mich.-Nic. BALISSON DE ROUGEMONT) et H. SIMON. Représenté pour la première fois à Paris, sur le théâtre des Variétés, le 6 novembre 1817. *Paris, Barba*, 1818, in-8, 35 p.

Ingénue Saxancourt, ou la Femme séparée... histoire... écrite par elle-même. (Par Rétif de La Bretonne.) *Liége et Paris, Maradan,* 1785, 3 vol. petit in-8.

Inhumations (les) précipitées. (Par Mme Necker.) *Paris, imp. royale,* 1790, in-8, 22 p.

Iniquités (les) découvertes, ou Recueil des pièces curieuses et rares qui ont paru lors du procès de Damiens. *Londres,* 1760, petit in-8.

Ce recueil contient cinq pièces : les trois premières sont du célèbre Pierre-Jean Grosley. On lit à la fin du volume que la grand'chambre condamna au feu, sur la fin de mars, ces trois écrits, comme contenant des faits calomnieux, faux dans leur substance, etc., et composés dans le dessein criminel d'altérer la juste confiance due à la magistrature.

Initiation aux mystères du magnétisme. Nouvelle édition, entièrement revue et corrigée. Par Henri D*** (Henri Delaage). *Rouen, imp. de A. Péron,* 1847, in-18, 97 p.

Initiés (les) anciens et modernes, suite du « Tombeau de Jacques Molai », œuvre posthume, par le C. C. L. C. G. D. L. S. D. M. B. C. D. V. (le citoyen Charles-Louis Cadet-Gassicourt, de la section du Mont-Blanc, condamné de vendémiaire); avec une lettre à l'auteur du « Tombeau de Jacques Molai », par V. P. *Paris,* 3 fructidor an IV, in-8.

Injuste (de l') accusation de Jansénisme. Plainte à M. Habert... à l'occasion des défenses de l'auteur de la « Théologie du séminaire de Châlons », contre un libelle intit. : « Dénonciation de la théologie de M. Habert »... (Par l'abbé Nic. Petitpied.) *S. l.,* 1702 (*sic*), in-12. — Autre édit. *Id.,* 1712, in-12.

Injuste (l') locataire détrompé, ou Catéchisme pour inspirer de l'horreur de la coutume fatale appellée *scopèle* ou *scopelisme,* par un curé de Hesbaye (J. Herberto, curé de Fexhe-Slins). *Liége,* 1706, in-8.

Catalogue de Crassier, n° 266.   V. T.

Innocence (l') de la très-illustre et très-chaste princesse Marie Stuart, etc. (Par Fr. de Belleforest.) *Lyon,* 1572, in-8. — *Paris,* 1572, in-8.

Innocence du premier âge en France. *Paris, Delalain,* 1768, in-8, xvi-120 p.

La dédicace est signée : Sauvigny.

Titre gravé. Un second titre porte : « la Rose ou la Fête de Salency ».

Il y a des exemplaires dans lesquels le titre gravé a été remplacé par un nouveau frontispice portant : « la Rose ou la Fête de Salency. » *Paris, Gauguery,* 1770.

Réimprimé en 1778 sous le titre de l' « Innocence du premier âge en France, ou Histoire amoureuse de Pierre le Long et de Blanche Bazu » ; suivie de « la Rose ou la Fête de Salency. Nouvelle édition... » *Paris, Ruault,* 1778, in-8, 2 f. lim. et 276 p. — Autre édit. *Paris, Chevet,* 1796, in-12, 168 p.

Voy. aussi « les Amours de Pierre le Long... », I, 150, *a,* et ci-dessus, « Histoire amoureuse de Pierre le Long... », col. 639, *d.*

Innocence (l') et le crime, par l'auteur du « Marchand forain » (L.-P.-P Legay). *Paris, Chaumerot,* 1810, 3 vol. in-12.

Innocence (l') et le véritable amour de Chymène. (Par l'abbé Ant. Godeau.) *Imprimé cette année,* 1638, in-8.

Innocence (l') justifiée en l'administration des affaires... (Par P. Hay, sieur du Chastelet.) *S. l.,* 1631, in-8, 40 p.

Innocence (l') opprimée par la calomnie, ou l'Histoire de la congrégation des Filles de l'enfance de Notre-Seigneur Jésus-Christ... *S. l.,* 1687, in-8. — *Toulouse, P. de La Noue,* 1688, in-12.

Par Amable de Goureil, d'après le P. Lelong, et par Antoine Arnauld, d'après Barbier.

Réimprimé dans le tome II du « Recueil de pièces concernant la congrégation des filles de l'Enfance de N.-S. J.-C... », avec la suite (par Pierre de Porrade). *Amsterdam, P. Brunet,* 1718, 2 vol. in-12.

Innocence (l') reconnue, ou Preuves de la bonté du cœur, de l'infaillibilité du goût, de la justesse de l'esprit et de la rectitude du jugement de M. Geoffroy. (Par Ant. Année.) *Paris, Corbet jeune,* an XI-1803, in-8.

Innocente (l') et le mirliton, vaudeville. Par G*** et *** (Gabriel Moreau et P.-F.-A. Carmouche). *Paris,* 1818, in-8.

Innocens (les), poëme héroï-comique. (Par Alexis Maton.) *Lisbonne,* 1762, in-8.

Réimprimé sous le titre de « Victimes », avec beaucoup de changements, dans le tome VI de la « Collection d'héroïdes ». *Liége,* 1771, 10 vol. in-12.

Inoculation (l') de la petite vérole, déférée à l'Eglise et aux magistrats. (Par le comte de Bury.) *S. l.,* 1756, in-12, 1 f. de tit., 4-121 p. et 1 f. d'errata.

Inoculation (l') de la petite vérole, renvoyée à Londres. Par M*** (Louis-Pierre Le Hoc), docteur en médecine. *La Haye,* 1764, in-12, 116 p. — Nouvelle édition, augmentée de notes... sur le traitement moderne de la petite vérole, sur l'inoculation et la vaccination; par P. Chappon... *Paris, Cogez,* an IX, in-8.

La première édition avait paru sous le titre de : « Avis sur l'inoculation de la petite vérole ». *Paris, P.-F. Didot jeune,* 1763, in-12, 30 p. Signé : Candide.

Voy. « Supercheries », I, 637, *d.*

Inoculation (l') du bon sens. *Londres*, 1761, in-12, 34 p. — Autre édit. *Ibid., id.*, in-12, 69 p. — Autre édit. In-32, 60 p.

La « France littéraire » de 1778, partie II, p. 100, et partie III, p. 201, et celle de Ersch, t. III, p. 284, attribuent cet écrit à Jean Sonet ; le Dictionnaire des anonymes avait reproduit cette attribution sous le n° 8651 de la deuxième édition ; mais, à la table, il est reconnu que c'est une erreur, et que l'auteur est Nic.-Jos. Sélis. Dans le Catalogue du marquis de Morante, troisième partie (1873), l'on trouve, sous les n°⁵ 4818 et 4819, une édition de 1761 et une autre de 1762, données comme portant le nom de Sélis.

Inoculation (l'), poëme en quatre chants, par M. L. R. (l'abbé J.-J.-T. Roman). *Paris, Lacombe*, 1773, in-8.

Inondations (les) de Lyon, du Rhône et de la Saône en 1856 ; précédées d'une notice historique sur les inondations de 580 jusqu'à nos jours... Publiées par Ch.-Jos. Ch....t (Ch.-Jos. Chambet), auteur des « Inondations de 1840 », du « Guide pittoresque de l'étranger à Lyon », des « Améliorations dont la ville de Lyon est susceptible », etc. *Paris, Ballay et Conchon*, 1856, in-18, 234 p.

Inquiétudes (les) révolutionnaires, ou les maladies que nous n'avons point, suivies de celles que nous avons. (Par J.-F. Bellemare.) *Paris, Pillet aîné*, 1826, in-8.

Inquisiteurs (les) au xixᵉ siècle, ou Visite générale des couvents d'hommes et de femmes. (Par l'abbé Lupus.) *Namur, Douxfils (s. d.)*, in-12, 56 p.

En vers.   J. D.

Inscription en faux contre le texte cité sous le nom de M. Bossuet, évêque de Meaux, dans la « Réclamation de l'assemblée du clergé de France », en 1760... Par un licencié en droit (l'abbé J.-B. de La Porte). *En France*, 1761 ; in-8.

Inscription (l') faicte sur les principales actions du très-chrestien et très-victorieux Henry IV... (Par Pierre Matthieu.) *Paris, P. Ramier*, 1609, in-8, 15 p. — *Id.*, 1610, in-8, 14 p. — *Paris, A. de Meaux*, 1610, in-8, 14 p. — *Paris, A. Le Febure*, 1610, in-8, 14 p.

Cet ouvrage a paru aussi sous les titres suivants :

« Le Panégiriq d'Henry de Bourbon IV... » *Lyon, par J. Jullieron*, 1609, in-8, 13 p.

« Eloge du roy ». *Paris, M. Guillemot*, 1609, in-8, 2 f. lim., 18 p. et 1 f. de priv.

« Petit sommaire de la vie, actes et faits de... Henri IV... » *Paris, R. Ramier*, 1610, in-8, 14 p. et 1 f.

« Sommaires de la vie, actes et faicts de.. Henri IV. » *Caen, I. Mangen*, 1610, in-8, 15 p.

Inscriptions découvertes au Vieil-Evreux

(*Mediolanum Aulercorum*). *Evreux, imp. de J.-J. Ancelle fils*, 1840, gr. in-4.

Signé : T. B. (Théodore Bonnin).

Inscriptions du nouveau et magnifique reliquaire de la Sainte-Ampoule dans le trésor de l'église métropolitaine de Reims, suivies d'inscriptions pour les médailles du sacre et du couronnement de Charles X, roi de France. (Par l'abbé Pierre Hesmivy d'Auribeau.) *Paris, Beaucé-Rusand*, 1825, in-4, 25 p.

Inscriptions (des) du Sinaï. (Par Charles Ruelens.) In-8.

Tirage à part du « Courrier de Bruxelles », journal de librairie et de ventes publiques, 1852.

                    J. D.

Inscriptions et distiques qui sont sur les cloches de la paroisse Notre-Dame du Havre, nommées par Leurs Majestés. (Par Jean-Baptiste-Jacques Laignel, avocat.) *Le Havre, Fœure* (1777), in-4, 3 p.

                    D. M.

Inscriptions funéraires et monumentales de l'église de Saint-Sauveur à Gand. (Avec une notice historique, par Ph. Bl. [Philippe Blommaert].) *Gand*, 1858, gr. in-4, 48 p. avec 4 planches.   J. D.

Inscriptions funéraires et monumentales de la province de la Flandre orientale, publiées par un comité central (par MM. de Saint-Genois et Blommaert). *Gand*, 1857, in-fol.   J. D.

Inscriptions pour deux médailles gravées par Cahier, en l'honneur de la naissance du duc de Bordeaux. (Par l'abbé Pierre Hesmivy d'Auribeau.) *Paris*, 1820, in-8.

Inscriptions pour le globe céleste et le globe terrestre, tous deux commencés et achevés par P. Coronelli, Vénitien, des Mineurs conventuels. (Par Claude-François Ménestrier.) *Paris, imp. de R.-J.-B. de La Caille*, in-4.

Inscriptions pour toutes les fontaines de Rouen. *S. l. n. d.*, in-8, 11 p. et 2 ff.

Précédé d'une préface intitulée : *Eulogius Philocrenes amico suo*. — Eulogius Philocrenes est le pseudonyme de l'abbé Goulex.

Inscriptions principales des portes et arcs de triomphe faits pour l'entrée, sacre et couronnement du roi Louis treizième, en sa ville de Reims. (Par G. Baussonet, Rémois.) *Reims, N. Constant*, 1610, in-8, 19 p. — *Rouen, P. Courant, jouxte la copie imprimée à Reims par S. de Foigny*, 1610, in-8, 15 p. — *Lyon, B. Ancelin*, 1610, in-8, 16 p.

Insinuations de la divine piété de sainte Gertrude, vierge, abbesse de l'ordre de S.-Benoît, avec l'abrégé de sa vie. Traduction nouvelle. (Par dom A.-J. MÈGE.) *Paris*, 1671, in-4.

Inspection historique, politique et littéraire. Par le rédacteur des « Archives de Thalie » (Alexandre RICORD). *Paris, imp. de Bailleul*, 1818, in-8.

Inspiration (de l') des livres sacrés, avec un réponse au livre intitulé : « Défense des sentimens de quelques théologiens de Hollande ». Par le prieur de Bolleville (R. SIMON). *Rotterdam*, 1687, in-4.

Inspirations religieuses: (Par le marquis J.-B.-D. DE MAZADE D'AVÈZE.) *Paris, A. Cherbuliez*, 1834, in-18, 2 ff. de tit. et 264 p.

Inspirations religieuses, par M. L. P. (P.-Hyac. AZAÏS). *Paris, Emery*, 1822, in-18, VII-344 p.

Réimprimé en 1825, avec le nom de l'auteur.

Instinct (l') divin recommandé aux hommes. (Par Béat-Louis MURALT.) 1727, in-12. — Nouvelle édition. *Londres et Paris, Périsse*, 1790, in-12.

Institut du droit canonique, traduit en français (de J.-P. LANCELOT); précédé de l'Histoire du droit canon, par DURAND DE MAILLANE. *Lyon et Paris*, 1770, 10 vol. in-12.

Institutes du droit fiscal, ou Exposé historique et pratique de la perception des droits d'enregistrement; par M*** (OBISSIER), receveur de l'enregistrement et des domaines. *Paris, A. Durand*, 1860, in-8, VIII-176 p.

Instituteur (l') d'un prince royal. Tiré d'un ouvrage irlandais. (Par RÉTIF DE LA BRETONNE.) 1791, 4 vol. in-12.

Cet ouvrage, dit M. Monselet (p. 148), est le même que les « Veillées du Marais », pour lesquelles Rétif fit faire quelques cartons et mit un nouveau titre. Voy. « Supercheries », I, 977, b.

Instituteur (l') français, ou Instructions familières sur la religion et sur la morale... Par un ami de l'humanité (J.-B.-A.-P. MENNESSON). *Epernay et Paris, Merlin*, an X-1802, in-12, 317 p.

Instituteur (l') primaire, par l'auteur du « Visiteur des écoles » (A.-Jacques MATTER). *Paris, L. Hachette*, 1832, in-8.

La deuxième édition, *Paris, Hachette*, 1832, in-8, porte le nom de l'auteur.

Institution au droit françois (par Claude FLEURY). *Lyon*, 1692; *Paris*, 1730, 2 vol. in-12. — Nouvelle édition, publiée sous le nom de Gabriel ARGOU. *Paris*, 1739, 2 vol. in-12.

Il est certain que M. Fleury a composé une « Institution au droit françois ». On en trouve la note écrite de sa propre main en tête du manuscrit de son « Institution au droit ecclésiastique », ainsi que l'atteste M. Daragon, éditeur du « Droit public de France », ouvrage posthume de Fleury.

Cet estimable éditeur ajoute : « Une personne digne de foi savoit de M. le chancelier d'Aguesseau, dont elle avoit la confiance, que M. Fleury avoit fait présent de ce manuscrit à M. Argou, son intime ami ; que tel étoit alors, et depuis la première édition donnée en 1692, le bruit commun du Palais. On sait que le nom de M. Argou n'a paru à la tête de l' « Institution au droit françois » qu'après sa mort. On reconnoît de plus, à chaque page, la manière, le ton et le style de M. Fleury ; ce qui fait dire sans doute à l'auteur de l'avertissement qui est à la tête de la neuvième édition de cet ouvrage, page 6 : « Il paroît que M. Argou, en composant son « Institution au droit françois », suivi à peu près le « même plan que son ami (M. Fleury) s'étoit formé « pour l' « Institution au droit ecclésiastique ». Eh « effet, l' « Institution au droit françois » est renfermée « comme l'autre en deux volumes in-12 ; elle est divi- « sée à peu près de même ; le style y est également « précis et dégagé de toute discussion qui seroit très- « longue ; les autorités y sont portées en marge, comme « dans l' « Institution » de M. l'abbé Fleury. »

(Extrait de l'avertissement de M. Daragon, en tête du « Droit public de France », de l'abbé Fleury. *Paris*, 1769, 2 vol. in-12.)

Après avoir donné l'article ci-dessus sous le n° 8658 de son Dictionnaire, t. II, p. 171, Barbier ajoute, p. 546, aux corrections :

« Les principes d'impartialité auxquels je suis voué m'ont semblé exiger que je présentasse aussi ce titre de la manière suivante :

« Institution au droit françois par M*** (ARGOU), avocat au parlement (précédé de l'Histoire du droit françois, par l'abbé FLEURY). *Lyon*, 1692 ; *Paris*, 1699. — Troisième édit. rev. et augm. considér. (par BRETONNIER et BARBIER, avocat). *Paris*, 1730. — Huitième édit. rev. et augm. par BOUCHER D'ARGIS. *Paris*, 1753, 2 vol. in-12.

« Cette dernière édition a été réimprimée en 1762, 1771 et 1788. »

Institution au droit français, civil et criminel, avec un mémoire qui a remporté le prix à l'Académie des inscriptions en 1789. (Par J.-E.-D. BERNARDI.) *Paris, Jansen*, an VII-1800, in-8.

Réimprimé avec le nom de l'auteur.

Institution aux lois ecclésiastiques de France... Par l'abbé DE V*** (l'abbé DE VERDELIN, vicaire général de Cahors). *Paris, Demonville*, 1783, 3 vol. in-12. — 2e édit. *Toulouse, A. Manavit*, 1821, 2 vol. in-8, avec le nom de l'auteur.

Institution d'un prince... (Par l'abbé Jacq.-Jos. DUGUET.) *Leyde, Verbeck*, 1729, 4 vol. in-12. — *Londres, J. Nourse*, 1739, in-4. — Nouv. édit. (avec l'éloge historique de l'auteur, par l'abbé C.-P. GOUJET). *Paris*

(*Rouen*), 1740, 4 vol. in-12. — *Utrecht*, 1743, in-4 et 3 vol. in-12.

La vie de l'auteur est augmentée, dans cette dernière édition, par un ami de l'abbé Goujet.

L'édition en 4 vol. a été mise à l'index le 22 mai 1745.

Institution de bienfaisance. (Par l'abbé DE PONTDEVEZ.) *Paris, imp. de Herhan,* 1818, in-8.

Institution (de l') de l'orateur, traduit du latin de QUINTILIEN, par l'abbé GEDOYN; quatrième édition, revue et corrigée (par J.-F. ADRY), d'après un mémoire ms. lu à l'Académie des inscriptions par J. CAPPE-RONNIER. *Paris, Barbou,* 1803, 4 vol. in-12. — Nouvelles éditions, avec le texte latin. *Paris, Volland,* 1810, 6 vol. in-8; — *Lyon,* 1812, 6 vol. in-12.

Institution des sourds et muets... (Par l'abbé C.-M. DE L'ÉPÉE). *Paris, Butard,* 1774, in-8.

Réimprimé en 1776 sous le titre de : « Institutions des sourds et muets... », voy. ci-après, col. 928, *e,* et en 1784 sous celui de : « la Véritable manière d'instruire les sourds et muets... », voy. ces mots.

Institution (l') divine des curés, et leur droit au gouvernement général de l'Eglise... (Par G.-N. MAULTROT.) *En France,* 1778, 2 vol. in-12.

Institution (de l') du célibat dans ses rapports avec la religion, les mœurs et la politique; suivie de l'histoire de tout ce qui s'est passé au concile de Trente, relativement à la question du mariage des prêtres, par M*** (Louis DUBROCA). *Paris, Dubroca,* 1808, in-8, 110 p.

Institution du droit romain et du droit françois, par un auteur anonyme (Jean BOSCAGER) avec des remarques par Fr. DE LAUNAY. *Paris, Théodore Girard,* 1686, in-4.

Voyez le Dictionnaire de Moréri. Si l'on en croit Bruneau, dans son « Supplément (au Traité des criées)», *Paris,* 1686, in-12, le véritable auteur de cet ouvrage est FOREST ou LA FOREST, oncle de Boscager. Le « Journal des Savans », année 1688, p. 174, édition in-4, prétend aussi que Boscager n'a eu aucune part à cet ouvrage.

Institution (de l') du jury dans le canton de Vaud.(Par le général F.-C. DE LAHARPE.) *Lausanne,* 1827, in-8.

Institution (de l') du jury en France et en Angleterre, considérés l'un et l'autre dans leur pratique, par M. R. D. (RICARD D'ALLAUCH), président d'un tribunal criminel en 1791. *Paris, C.-F. Patris,* 1817, in-8.

Institution (de l') du jury, par rapport à la Suisse. (Par HANGARD.) *Lausanne,* 1819, in-18. D. M.

Institution et Instruction chrétienne, (connue sous le nom de Catéchisme de Naples, par l'abbé GOURLIN). *Naples (Paris),* 1779, 3 vol. in-12.

Institutions (les) astronomiques... (Par Pierre DE MESMES.) *Paris, Mich. Vascosan,* 1557, in-fol., fig.

Institutions astronomiques, ou Leçons élémentaires d'astronomie (traduites du latin de Jean KEILL, et augmentées par P.-C. LE MONNIER). *Paris, Guérin,* 1746, in-4.

Institutions au droit public d'Allemagne. *Leipsick,* 1766 ; — et avec un nouveau titre, *Strasbourg, Bauer et comp.,* 1771, in-8.

Le fond de cet ouvrage a été tiré des cahiers latins de EHRLEN, professeur de droit à Strasbourg, par J.-M. GÉRARD le jeune, qui s'est appelé depuis GÉRARD DE RAYNEVAL.

Institutions de chirurgie, traduites du latin de Laurent HEISTER (par François PAUL). *Avignon,* 1770 et 1773, 3 vol. in-4.

Institutions de philosophie morale, par FERGUSON, traduites de l'anglois (par E.-S.-P. REVERDIL). *Genève,* 1775, in-12.

Institutions de physique. (Par la marquise DU CHATELET.) *Paris, Prault,* 1740, in-8.

Institutions de THAULÈRE, traduction nouvelle (par Henri-Louis DE LOMÉNIE DE BRIENNE). *Paris, Savreux,* 1665, in-8; 1668, 1681, in-12.

Le P. Richard, dans son « Dictionnaire des sciences ecclésiastiques », attribue cette traduction au P. Louis CHARDON, dominicain.

Institutions des sourds et muets par la voie des signes méthodiques. (Par l'abbé C.-M. DE L'ÉPÉE.) *Paris, Nyon,* 1776, in-12.

Voy. ci-dessus, « Institution des sourds et muets », col. 927, *c.*

Institutions (les) divines de LACTANCE, traduites en françois (par l'abbé J.-B. DROUET DE MAUPERTUY). Livre premier de la fausse religion. *Avignon,* 1709, in-12.

Institutions du droit de la nature et des gens, traduites du latin de Chr. L. B. DE WOLFF, par M. M*** (Elie LUZAC). *Leyde, Elie Luzac,* 1772, in-4. — Nouv. édit, 6 vol. pet. in-8.

Institutions et préceptes pour le jubilé de l'année sainte, ou sommaire de tout ce qui est nécessaire de savoir pour gagner le jubilé; traduits de l'italien du P. Cæsar ALUCCI, de la compagnie de Jésus, par P. C. A.; augmentés et enrichis d'annotations par ledit P. C. A. (Pierre COLET, avocat). *Paris*, 1649, in-16.

L'ouvrage italien a paru en 1625.

Institutions leibnitiennes, ou Précis de la monadologie. (Par l'abbé P. SIGORGNE.) *Lyon et Paris, Saillant*, 1767, in-4 et in-8.

Réimprimées avec le nom de l'auteur.

Institutions (les) militaires de la France. Louvois, Carnot, Saint-Cyr. (Par M. le duc D'AUMALE.) *Paris, Mich. Lévy*, 1867, in-8 et in-12.

La couverture porte : par l'auteur de « les Zouaves », et « les Chasseurs à pied ».

Ce travail est extrait de la « Revue des Deux-Mondes », où il a été publié sous le nom de LAUGEL. Voy. « Supercheries », II, 677, *f*.

Institutions militaires de VÉGÈCE (traduites en françois par Claude-Guillaume BOURDON DE SIGRAIS). *Paris*, 1743; — *Amsterdam*, 1744; — *Paris, veuve David*, 1758 ou 1759, in-12.

Institutions militaires, ou Traité élémentaire de tactique. *Deux-Ponts, imprimerie ducale*, 1773, 3 vol. in-8.

La dédicace au roi de Suède est signée : le baron DE SINCLAIRE, commandant du régiment Royal suédois au service de France.

Institutions physico-méchaniques à l'usage des écoles royales d'artillerie et du génie de Turin, traduites de l'italien de M. D'ANTONI, par M.... (DE MONTROZARD). *Strasbourg, Bauer et Treuttel, et Paris, Durand neveu*, 1777, 2 vol. in-8.

Institutions pour améliorer le caractère moral du peuple, ou Adresse aux habitans de New-Lanark, en Ecosse, par Robert OWEN. Traduit de l'anglais sur la 3e édition, par M. le comte de L*** (Alex. DE LABORDE), membre de plusieurs sociétés savantes et philanthropiques. *Paris, Louis Colas*, 1819, in-8.

Institutions (des) provinciales et de la compétence des conseils provinciaux. (Par Théodore PARDON, conseiller à la cour d'appel de Bruxelles.) *Bruxelles, Vanderslagmolen*, 1853, in-18, 36 p.   J. D.

Institutions (des) sociales. (Par B.-E. MANUEL.) *Paris*, an VII-X, gr. in-8.

Instituts au droit coutumier du duché de Bourgogne, avec le texte de la coutume

(par Bernard DURAND); dernière édition (par Joseph DURAND, avocat général, son petit-fils). *Dijon, Jean Ressayre*, 1705, in-12. — Nouvelle édition. *Dijon, Siret*, 1735, in-12.

Les notes sur plusieurs articles de « la Coutume et sur le Règlement des criées » sont de D'AZINCOURT et PANÈZE, avocats.

La première édition est de *Bellayre*, 1697, in-12.

Instituts (des) d'Hofwill, considérés plus particulièrement sous les rapports qui doivent occuper les hommes d'Etat, par le comte L. DE V. (le comte DE LA VIEUVILLE). *Genève, Paschoud*, 1821, in-8.

Instituts religieux, ou Cours de droit public. (Par Alexandre BACHER, médecin.) *Paris*, 1796 à 1803, 6 vol. in-8.

Ces volumes, imprimés aux frais de l'auteur, n'ont pas été mis en vente. Chaque réimpression présente des changements et des additions.

Voy. « Cours de droit public », IV, 802, *c*.

Instruction abrégée à la géographie mathématique et à la connaissance du globe céleste, à l'usage des écoles publiques de l'empire de Russie. Traduit du russe. (Par Stanislas DE KOMAR, page de l'impératrice Catherine II.) *Saint-Pétersbourg*, 1790, in-8.

KOMAR., nom du traducteur qui a signé la dédicace à ses sœurs, est sans doute un nom abrégé.   A. L.

Instruction aux citoyens français, pour la reconnaissance de leurs droits d'électeurs et de jurés, par l'auteur du « Code électoral » (Fr.-And. ISAMBERT). *Paris, veuve Dècle*, août 1827, in-8.

Instruction catholique sur la dévotion au Sacré-Cœur. (Par l'abbé P. BRUGIÈRE.) *Paris*, 1777, in-8.

Instruction chrétienne, publiée par les soins d'une société de gens de lettres. (Composé par J.-J. VERNET.) *A la Neuveville (Genève)*, 1754, 1756, 1771, 5 vol. in-12.

Réimprimé en 1807 avec le nom de l'auteur.

Instruction chrétienne sur les dangers du luxe et les faux prétextes dont on l'autorise, en forme de conférence entre un prêtre et un séculier. (Par le P. J.-Fr. MAUGRAS, prêtre de la Doctrine chrétienne.) *Paris*, 1725, in-12.

Instruction chrétienne sur les indulgences et sur le jubilé, imprimée par l'ordre de monseigneur l'évêque de Châlons (Gast.-J.-B.-Louis de Noailles). *Châlons, Seneuze*, 1702, in-12.

« J'ai appris de M. l'abbé Bonardi que l'auteur de « ce solide ouvrage est M. Joseph GILLOT, de Savo-

« nières, diocèse de Châlons, docteur de Sorbonne, « chanoine et théologal, puis sous-chantre de la cathédrale et grand-vicaire de Châlons ; que cependant « l' « Instruction sur la conversion » étoit de M. Joseph Le Meur, bas Breton, docteur de Sorbonne, « mort chanoine de Saint-Honoré, à Paris. » (Baizé, « Catalogue de la Doctrine chrétienne », tome IV, « p. 39.)

Instruction chrétienne touchant la prison. (Par Philippe DE LA COSTE, docteur de Sorbonne.) *Paris*, 1684, in-12.

L'abbé de La Coste a été longtemps employé à assister les criminels à la mort.

Instruction (de l') civique et de l'enseignement industriel et bourgeois, par H. B. D. L. M. (Henri BOULAY DE LA MEURTHE). *Paris*, 1836, in-4.

Instruction concernant les manœuvres de l'infanterie, donnée par l'inspecteur général de l'infanterie de l'armée du Rhin (Balthazard DE SCHAUENBURG). *Strasbourg, Levrault*, an VIII-1800, in-12.

Voyez « Rapport fait... »

Instruction concernant les mûriers blancs. (Par C.-M.-A. VARENNE DE BEOST.) *Dijon*, 1759, in-8, 22 p.

Instruction concernant les personnes mordues par une bête enragée. (Par HERMANN.) *La Haye, de Tune*, 1778, in-8.

Instruction d'un père à son fils. (Par PERPONCHER.) *Utrecht*, 1774, in-8. — *Paris, Clousier*, 1787, in-12.

Instruction (de l') dans l'armée et des moyens de l'y répandre. (Par Ad. SALA.) *Paris, Anselin*, 1828, in-8, 52 p.

Instruction de F. DE MALHERBE à son fils, publiée pour la première fois en son entier d'après le manuscrit de la bibliothèque d'Aix. (Par Philippe, marquis DE CHENNEVIÈRES-POINTEL.) *Caen, F. Poisson et fils*, 1846, in-8, VIII-38 p.

L'impression de cette brochure fut surveillée par M. G.-S. TRÉDUTIEN, bibliothécaire de la ville de Caen.

Instruction de la jeunesse en la piété chrétienne, tirée de l'Ecriture sainte et des SS. Pères, par Charles GOBINET, principal du collège du Plessis-Sorbonne, édition retouchée par un professeur de l'Université de Paris (MENERET), suivant le plan de M. Lhomond. *Paris*, 1804. — *Lille*, 1815, in-12.

Il serait à désirer que cette édition fût généralement substituée aux anciennes, qui conviennent peu aux mœurs actuelles de la jeunesse.

Instruction de la paroisse de Chevannes pour ses députés à l'assemblée du bailliage

de Nemours. (Par P.-S. DUPONT, de Nemours.) 1789, in-8, 78 p.

Instruction de S. M. I. CATHERINE II pour la commission chargée de dresser le projet d'un nouveau code de lois (traduite de l'allemand par CATHERINE II elle-même). *Saint-Pétersbourg, de l'imprimerie de l'Académie des sciences*, 1769, in-8.

Cette édition n'a pas été mise dans le commerce ; elle est la seule complète.

Voy. ci-après, « Instruction donnée par Catherine II... » et « Instructions adressées par S. M... »

Instruction (l') des curez, pour instruire le simple peuple. Il est enjoinct à tous les curez, vicaires, maistres des escolles, hospitaulx, et aultres, par tout l'euesché de Paris, d'avoir avec eulx ce present liure et en lire souvent. Et y a grans pardons en ce faisant. In-4 goth.

On lit au verso du feuillet 47 : « Cy fine la liure de maistre Jehan GERSON... appellé en latin : « Opus tripartitum... », imprimé à Paris, le 7 iour de nov. 1507, pour Simon Vostre... »

Sur une édition de *Jacques Kerver*, 1575, in-4 car. rom., le titre porte : Euesché de Chartres, au lieu de Paris.

Instruction des négocians, tirée des ordonnances et des usages reçus. (Par Phil.-Jos. MASSON.) *Blois, l'auteur*, 1744, in-12.

Instruction (l') des prêtres, tirée de l'Ecriture sainte, des SS. Pères et des SS. Docteurs de l'Eglise... composée en espagnol par D.-A. DE MOLINA, chartreux, traduction nouvelle (par Nicolas BINET). *Paris, Coignard*, 1696 ; — *Collombat*, 1699, in-8.

Instruction donnée aux frères tailleurs des Capucins par leurs supérieurs, pour placer les poches des religieux de l'ordre. (Par M. Renier CHALON.) *Mons, Hoyois-Deréley* (1835), in-8.

Tiré à 25 exemplaires.

Instruction donnée par Catherine II, impératrice et législatrice de toutes les Russies, etc.; code de lois, traduit en françois (probablement par Jos.-Ant.-Félix DE BALTHASAR). *Lausanne, Grasset*, 1769, in-8.

Voy. ci-dessus, « Instruction de S. M... », et ci-après, « Instructions adressées par S. M... »

Cette instruction est si fidèlement tirée de Montesquieu et de Beccaria, que M. F... de B... qui s'était chargé de la traduire, ne crut pouvoir mieux faire qu'en copiant le texte de ces fameux écrivains. On peut s'en convaincre par sa traduction imprimée à *Lausanne*, chez *Grasset*. C'est de cet homme respectable que l'auteur tient ce fait.

(« Mémoires secrets sur la Russie » [par Masson]. *Paris, Pougens*, 1800, t. I, p. 123.)

Instruction donnée par S. A. S. monseigneur le duc d'Orléans à ses représentans aux bailliages (rédigée par GEOFFROY DE LIMON), suivie de délibérations à prendre dans ces assemblées (cette dernière partie a été composée par l'abbé E.-J. SIEYÈS); troisième édition, corrigée. 1789, in-8 de 8 p. pour l'instruction, et de 68 pour les délibérations.

Instruction du commerce général, dont on n'a pas eu de pareille, pour se conduire dans le commerce aux quatre parties du monde, par J. B. A. (Jean-Baptiste ANDRIESSENS). Liége, veuve Procureur (1727), in-fol., 119 p. Ul. C.

Instruction du gardien des Capucins de Raguse à frère Pediculoso partant pour la Terre-Sainte. (Par VOLTAIRE.) 1768, in-8.

Voy. « Supercheries », II, 137, b.

Cet écrit a été réimprimé dans le t. VII de l' « Evangile du jour ». Voy. ci-dessus, col. 329, e.

Instruction du peuple, divisée en trois parties : la morale, les affaires, la santé. (Par J.-A. PERREAU.) Paris, 1786, in-12.

Instruction du plantage des meuriers, avec les figures pour apprendre à nourrir les vers. (Par Barthelemy DE LAFFEMAS, sieur DE BAUTHOR.) Paris, David Leclerc, 1605, petit in-4.

Catalogue Bouchard-Huzard, II, 3255.

Instruction du plantage et des propriétés des meuriers, et du gouvernement des vers à soye. (Par Benigne LE ROY.) Lyon, Plaignard, 1695, in-12.

Instruction du procès entre les premiers sujets de l'Académie royale de musique et de danse et le Sr de Vismes, entrepreneur, jadis public, aujourd'hui clandestin, et directeur de ce spectacle. Par devant la Tournelle du public. Extrait de quelques papiers qui n'ont pas cours en France. 1779, in-8, 44 p.

L'exemplaire qui a appartenu à Millin porte sur le titre, de la main de Millin : « par GINGUENÉ ». Il contient, en outre, la clef suivante :

Le président ou le chevalier Le chevalier de Gril.
des Petites-Barres.
Babis.
Tripleau frères. Le comte Savari.
Beryo. Barthe.
De V**. Trefontaine frères.
Craquet. Boyer.
De Vismes.
Ginguené.

Instruction élémentaire sur la morale religieuse, par demandes et par réponses, rédigée par l'auteur du « Manuel des Théophilanthropes...» (J.-B. CHEMIN-DUPONTÈS). Paris, an V-1797, in-18, 54 p. — Nouv.

édit. Paris, an VI, in-18, 35 p., avec le nom de l'auteur.

Instruction (de l') en Allemagne...

Voy. « Souvenirs de captivité ».

Instruction envoyée aux officiers des siéges du ressort de la chambre souveraine de la réformation de la justice, par M. le procureur général de ladite chambre (Denis TALON). S. l. n. d., 1 f. in-4.

Instruction et exercices des greffiers...

Voy. « Quatre livres sur les procédures ».

Instruction facile pour connoître toutes sortes d'orangers et citronniers, qui enseigne aussi la manière de les cultiver, semer, planter... avec un traité de la taille des arbres. (Par P. MORIN.) Paris, C. de Sercy, 1680, in-18.

Instruction facile sur les conventions, ou notions simples sur les divers engagemens qu'on peut prendre dans la société. (Par JUSSIEU DE MONTLUEL.) Paris, Leclerc, 1766, in-12.

Souvent réimprimée.

Instruction familière par demandes et par réponses, sur l'autorité de l'Eglise, (Par J.-R. ASSELINE.) S. l. n. d., in-12.

Instruction familière sur la soumission due à la constitution Unigenitus. (Par Charles-Irénée CASTEL, abbé DE SAINT-PIERRE.) S. l. n. d., in-4. — Arles, G. Mesnier, 25 nov. 1718, in-12. — 2e édit. Avignon, G. Chastel, 1718, in-12.

Une troisième édition, Avignon, J. Chastel, 1718, in-12, porte le nom de l'auteur.

Instruction générale donnée le 30 octobre 1688, par le P. BOURDALOUE, à Mme de Maintenon, publiée par H. DE C*** (Hip. DE CHATEAUGIRON). Paris, Merlin, 1819, in-18.

Instruction militaire du roi de Prusse, pour ses généraux, traduite de l'allemand par FAESCH, avec des réflexions et des notes (par le marquis Fr.-Jean DE CHASTELLUX). 1761, in-12.

Souvent réimprimée.

Instruction militaire, ou partie de la science de l'officier... concernant la géométrie pratique relative à la guerre de campagne. (Par FOSSÉ, chevalier de Saint-Louis, officier au régiment du roi.) (Nancy), 1777, in-8, avec pl.

Catalogue Noël, n° 6030.

Instruction nouvelle sur l'état actuel du clergé de France. Par un prédicateur de l'Eglise catholique (l'abbé Pierre-François TINTHOIN). Paris, 1791, in-8, 109 p.

Instruction (de l') obligatoire et de son rôle dans l'Etat.(Par Bon, sous-instituteur à l'une des écoles communales de Bruxelles.) *Bruxelles, Vanderauwera*, 1858, in-8, 11 p.
J. D.

Instruction, ou, si l'on veut, Cahier de l'assemblée du bailliage de***. *S. l.*, 28 février 1789, in-8, 32 p. — Autre édit. *S. l. n. d.*, in-4, 12 p.

Par G.-J.-B. Target, suivant une note manuscrite contemporaine.

Instruction par demandes et par réponses sur l'humilité et le rapport des actions à Dieu, et sur la prière. (Par l'abbé Collard, publiée par l'abbé Emeri, prêtre séculier, mort vers 1775.) *S. l. (Paris)*, 1741, 1744, 1751, in-12.

Instruction pastorale de monseigneur l'archevêque de Lyon (Ant. de Malvin de Montazet) sur les sources de l'incrédulité et les fondemens de la religion (rédigée par le P. Bernard Lambert). *Paris, P.-G. Simon*, 1776, in-12.

Un anonyme (M. Courbon) a prouvé que cet ouvrage était tiré en grande partie des « Principes de la foi » du célèbre Duguet.

Voyez les « Plagiats de M. l'archevêque de Lyon », brochure in-8.

Instruction pastorale de monseigneur l'archevêque de Tours (de Rastignac), sur la justice chrétienne (composée par l'abbé Gourlin). *Paris, Desprez*, 1749, in-12.

Instruction pastorale de M. l'archevêque duc de Cambray (Fénelon), en forme de dialogues. Seconde édition (précédée d'une préface par l'abbé Stievenard). *Cambrai*, 1715, in-12.

Instruction pastorale sur la dignité de la nature humaine manifestée par la religion, pour le saint temps de carême de l'an de grâce 1800. (Par J.-R. Asseline.) *S. l. n. d. (Londres*, décembre 1799), in-8, 48 p.

Instruction pastorale sur la divinité de Notre-Seigneur Jésus-Christ, pour le saint temps de carême de l'an de grâce 1801. (Par J.-R. Asseline, ancien évêque de Boulogne.) *S. l. n. d. (Maestricht)*, in-12, 62 p.

Instruction pastorale sur la pratique de la religion, pour le saint temps de carême de l'an de grâce 1802. (Par J.-R. Asseline.) (*Imprimée en Allemagne*), décembre 1801, in-4, 24 p.

Instruction paternelle du docteur D****, ministre de la religion anglicane, à miss Emily Loveday; traduit de l'anglais par Charles Laum*** (Laumier), auteur de

l' « Histoire de la guerre d'Espagne en 1820 ». *Paris, chez l'éditeur*, 1822, in-8, 20 p.

Instruction paternelle laissée en mourant par un vieillard de soixante-quinze ans (Geffrard, marquis de Sanois) à trois jeunes demoiselles âgées de onze, neuf et sept ans, enfans de sa fille unique. *S. d.* (vers 1798), in-8, 48 p.

Instruction (l') populaire et le suffrage universel. (Par L.-C.-F. Hachette, libraire-éditeur.) *Paris, chez les principaux libraires, imp. Lahure*, février 1861, in-8, 31 p.

Instruction populaire sur les nouvelles mesures à l'usage du département de l'Ain. Par J*** (J. Jarrin, ancien ingénieur du cadastre du département de l'Ain). *Bourg, Bottier*, 1839, in-8, 16 p.

Sirand, « Bibliographie de l'Ain ».

Instruction pour l'usage de la canne de jauge... (Par J.-B. Allouard.) *Paris, imp. de Dondey-Dupré*, 1817, in-18.

Instruction pour la direction de l'Académie des nobles à Berlin. (Par Frédéric II.) Vers 1765.

M. Preuss n'a pu rencontrer aucun exemplaire de l'édition originale de cet écrit; il l'a réimprimé dans le t. IX de son édition des Œuvres de Frédéric, d'après l'édition des Œuvres de l'auteur, publiées de son vivant, t. III, p. 453-456.

Instruction pour le fait de la guerre.

Voy. ci-après, « Instructions sur le faict de la guerre », col. 950, e.

Instruction pour les arbres fruitiers, par M. R. T. P. D. S. M. (R. Triquet, prieur de Saint-Marc). *Paris*, 1653, in-12. — Troisième édition. *Paris*, 1664, in-12, avec le nom de l'auteur dans le privilège du roi.

Ce petit ouvrage a été souvent réimprimé avec la « Manière de cultiver ». Voy. ce titre.

Instruction pour les gens de guerre, ou Traité des armes à feu. (Par Gautier.) *Paris, Coignard*, 1692, in-12.

Instruction pour les jeunes dames. Par la mère et la fille d'alliance. *Paris, sur la copie imprimée à Lyon, par Iean Dieppi*, 1597, in-12, 69 ff. chiffrés.

On lit au dernier feuillet :
« Achevé d'imprimer le huictiesme juillet 1597.
« L'exemplaire de la Bibliothèque nationale est accompagné d'une note de Cangé, où on lit : « Le traducteur n'a pas jugé à propos d'avertir que son ouvrage n'était que la traduction d'un ouvrage italien. Au contraire, il a osté la préface de l'original et a mis une lettre adressée aux jeunes dames.
» Il y a ajouté seulement un sonnet, et a ôté dans l'ouvrage ce qui aurait pu le faire connaître pour venir d'Italie »

Le volume commence par : « J'ajoute une épître aux jeunes dames, signée : M. D. R. (Marie DE ROMIEU), et les neuf dernières pages sont occupées par une pièce intitulée : « Folastrie de P. D. R., en vers de sept syllabes. »

La première édition de cette traduction est de *Lyon*, *Dieppi*, 1573, pet. in-12. Elle a aussi été réimprimée, dit le « Manuel du Libraire », 5° édit., II, 668, et III, 1671, sous ce titre : « la Messagère d'amour, ou Instruction pour inciter les jeunes dames à aymer en forme de dialogue, par la mère et la fille d'alliance », *s. l.*, 1612, in-12 de 84 ff.

On a retranché de l'épître dédicatoire les lettres initiales M. D. R., qui en désignaient l'auteur, et aussi, au commencement du livre, le sonnet qui se lit au feuillet 3 de l'édition de 1573.

L'ouvrage italien est d'Alessandro PICCOLOMINI, il a paru pour la première fois sous ce titre : « la Rafaella, ovvero della creanza delle donne ». *Venez.*, 1539, in-8. Il a été souvent réimprimé avec le nom de STOR-*niro*, qui était le sobriquet de l'auteur comme membre de la société des Intronati.

Instruction pour les mères-nourrices, par RAST DE MAUPAS (et COLOMB). *Lyon*, 1785, in-12. 　　　　　　　　　D. M.

Instruction pour les nouveaux catholiques. (Par le P. DOUCIN, jésuite.) *Caën*, 1685, in-8. 　　　　　　　　V. T.

Instruction pour les petites écoles du diocèse de Mirepoix, par l'ordre de M. P. de La Broue, évêque de Mirepoix. (Par C. LEFEBVRE, ancien professeur au collége des Grassins.) *Toulouse*, 1699, in-8, 176 p.

Instruction pour les sous-préfets. (Par Jean-Louis LAYA.) *Melun*, germinal an VIII-mai 1800, in-4. 　　　　　　　D. M.

Instruction pour les voyageurs et pour les employés dans les colonies, sur la manière de recueillir, de conserver et d'envoyer les objets d'histoire naturelle ; rédigée... par l'administration du Muséum d'histoire naturelle. (Par André THOUIN, professeur de culture au Jardin des Plantes de Paris.) *Paris*, *Belin*, 1818, in-4, 47 p. — *Paris*, 1824, in-4, 39 p. — *Paris*, 1827, in-4, 42 p. — 4° édit. *Paris*, 1829, in-8. 61 p.

Instruction pour les voyageurs qui vont voir les glaciers et les Alpes du canton de Berne (traduction de l'allemand de Sam. WYTTENBACH, revue et corrigée par Berthold-Frédéric HALLER, patricien de Berne). *Berne*, 1787, in-8.

Instruction pour tous estatz : en laquelle est sommairement déclaré comme chacun en son estat se doit gouverner, et vivre selon Dieu. (Par René BENOIST, Angevin.) *Anvers*, *J. Waesberge*, 1565, pet. in-8.

Instruction pour tous les citoyens qui voudront exploiter eux-mêmes du salpê-tre. *Paris*, an II-1793, in-4. — La même. S. d., in-8.

Cette instruction est de L.-P. DUFOURNY, aussi bien que celle intitulée : « Instruction pour la fabrication du salpêtre brut ». S. d., in-8.

Instruction pour un jeune seigneur, ou l'Idée d'un galant gentilhomme. (Par le chevalier DE LA CHÉTARDIE.) *La Haye*, 1683, in-12.

Instruction pour une jeune princesse, ou l'Idée d'une honnête femme. (Par le chevalier DE LA CHÉTARDIE.) *Amsterdam*, *Wolfgang*, 1685, in-12.

Réimprimée à la suite de l' « Education des filles», par FÉNELON, *Liége*, *Bassompierre*, 1771, in-12.

Instruction pratique sur le magnétisme, par P.-J.-F. DELEUZE, suivi d'une lettre écrite à l'auteur, par un médecin étranger (KOREFF). *Paris*, *Dentu*, 1825, in-8 et in-12, 472 p.

Plusieurs fois réimprimée.

Instruction pratique sur une méthode pour déterminer les dimensions des murs de revêtement, en se servant de la méthode de R. Prony, membre de l'Institut, etc. *Paris*, *Péronneau*, an X-1802, in-4.

Cette instruction est de M. DE PRONY lui-même.

Instruction primaire. (Par le baron J.-M. DE GÉRANDO.) Extrait du « Moniteur » du 13 janv. 1818. *Paris*, *imp. de Fain*, in-8, 22 p.

Instruction (l') publique aux États-Unis d'Amérique. Écoles de Philadelphie. (Par Alph. LEROY.) *Bruxelles*, *Vanderauwera*, 1849, in-8, 15 p. 　　　　　　　J. D.

Instruction (de l') publique en Autriche, par un diplomate étranger qui a longtemps résidé dans ce pays (DE TEGOBORSKI). *Paris*, *Cousin*, 1841, in-8, av. 6 tableaux.

Instruction (de l') publique en France dans le passé et dans le présent ; par un ancien professeur (l'abbé Ch. MARTIN). *Colmar*, *imp. Hoffmann*, 1864, in-8.

Instruction (de l') publique et de l'Université de France. (Par le chevalier DE L'ESPINASSE DE LANGEAC.) *Paris*, *Dentu*, 1814, in-8.

Instruction (de l') publique et du système d'enseignement. (Par M. L.-M. DE FUMERON, ancien préfet, ancien député et conseiller d'État.) *Paris*, *imp. de Goupy*, 1865, in-12, 174 p.

Instruction publique. Notice sur l'Université et sur l'école d'enseignement mutuel (de Liége). (Par Charles Lioult de Chenedollé.) *Liége, Latour*, 1820, in-18, 12 p.   J. D.

Instruction (de l') publique, ou Considérations morales et politiques sur la nécessité, la nature et la source de cette instruction. Ouvrage demandé pour le roi de Suède. (Par P.-F.-J.-H. Le Mercier de La Rivière, conseiller honoraire au Parlement.) *Stockholm et Paris, Didot aîné*, 1775, in-8.

Instruction sociale de la jeunesse. (Par Alex. Olivier.) *Au Mans, Fleuriot*, 1818, in-16, 14 p.

Instruction spéciale sur la conscription en ce qui intéresse les conscrits et leurs parens, donnée par le préfet du département de Seine-et-Marne aux maires de son département. (Par Nouzou.) *Paris, imp. des Messageries impér.*, 1809, in-8.

Instruction sur l'établissement des nitrières et sur la fabrication du salpêtre ; publiée par ordre du roi, par les régisseurs des poudres et salpêtres. (Rédigée par A.-L. Lavoisier.) *Paris, Esprit*, 1777, in-8.

Instruction sur l'herbe Pétum, dite, en France, l'herbe de la royne, ou médicée... Par I. G. P. (Jacques Gohory, Parisien). *Paris, Galiot du Pré*, 1572, in-8, 16 et 15 ff.

L'auteur a signé la dédicace.

Instruction sur l'organisation des huissiers, sur les devoirs qu'ils ont à remplir... Par un ancien magistrat (le baron G.-J. Favard de Langlade). *Paris, Nève*, 1813, in-8, 528 p.

Instruction sur l'usage de la houille. (Par S.-F. Morand.) *Avignon*, 1775, in-8.

Instruction sur la balistique, à l'usage des élèves du corps royal d'état-major. (Par M. Poumet, chef d'escadron d'artillerie, professeur à l'école d'état-major.) *Paris, Anselin et Pochard*, 1824, in-8, 16 p., avec une planche.

Cette « Instruction » a été aussi attribuée à M. Ant.-Mar. Augoyat, chef de bataillon.

Instruction sur la constitution civile du clergé. *Paris*, 1791, in-8, 30 p.

L'auteur, l'abbé Fr. Girard et non Gérard, né vers 1735, fut successivement curé de Saint-Landry, vicaire épiscopal de Paris en 1791 et années suivantes ; il est mort chanoine de la cathédrale de Paris, le 7 novemb. 1811 ;

Voy. « Bibliographie de la France », feuilleton du 10 avril 1834.

Instruction sur la culture de la bette-

rave. (Par Gazan, médecin.) *Châtillon-sur-Seine*, 1810, in-8.

Instruction sur la culture des navets, sur la manière de les conserver, et sur les moyens de les rendre propres à la nourriture des bestiaux. (Rédigée par P.-M.-A. Broussonnet.) *Paris*, 1785, in-8. V. T.

Instruction sur la garde et la défense des places, à l'usage de l'infanterie, de la cavalerie et de la garde civique. (Par Jacques-Eugène Lagrange.) *Bruxelles, Demanet*, 1850, in-8.   J. D.

Instruction sur la grâce selon l'Écriture et les Pères, par feu M. Arnauld, avec l'exposition de la foi de l'Eglise romaine touchant la grâce et la prédestination, par feu M. de Barcos (neveu de l'abbé de Saint-Cyran), et plusieurs autres pièces sur ce sujet (le tout mis au jour par le P. Pasquier Quesnel). *Cologne, P. Marteau*, 1700, in-8.

L' « Exposition » avait paru dès 1697, sous le voile de l'anonyme. Voy. ci-dessus, col. 391, c. M. de Noailles, archevêque de Paris, en fit saisir l'édition, et rendit une ordonnance pour la condamner.

On trouve dans le recueil du P. Quesnel l'ordonnance et l'instruction pastorale de M. de Noailles, portant condamnation de l'*Exposition de la foi*, etc., du 20 août 1696. Dans la préface des « Œuvres posthumes » de Bossuet, imprimées en 1753, Le Roy, éditeur, prouve, p. 35, que cette pièce est de Bossuet. Suivant l'abbé Goujet, qui me fournit cette note, les remarques qui suivent l' « Ordonnance » ont été attribuées au P. Quesnel.

Il ne sera pas inutile de faire remarquer ici que le chancelier d'Aguesseau attribuait au P. Gerberon l' « Exposition » de l'abbé de Barcos. M. le cardinal de Bausset a fait remarquer cette méprise dans la seconde édition de son intéressante « Histoire de Fénelon ». *Paris*, 1809, t. II, p. 447. Voyez dans ce dictionnaire les mots « Problème ecclésiastique », etc.

Instruction sur la manière d'élever et de perfectionner les bêtes à laine, composée en suédois par Frédéric W. Hastfer, mise en françois par M*** (Poholi, et publiée par l'abbé Cl. Carlier). *Paris, Guillyn*, 1756, 2 vol. in-12.

C'est par erreur que l'auteur a été désigné sous le nom de Hortfer dans la deuxième édition de ce dictionnaire.

Instruction sur la manière d'élever et de perfectionner la bonne espèce des bêtes à laine en Flandre. (Par l'abbé Cl. Carlier.) *Paris, Guillyn*, 1763, in-12.

Instruction sur la manière d'inventorier et de conserver, dans toute l'étendue de la république, tous les objets qui peuvent servir aux arts, aux sciences et à l'enseignement, proposée par la commission temporaire des arts, et adoptée par le comité d'instruction publique de la Convention nationale. (Par Félix Vicq d'Azir et dom Germain Poirier.) (*Paris*), *imp. nationale*, an II, in-4, 88 p.

Un rapport de dom Poirier, paginé 71 à 88, manque dans beaucoup d'exemplaires.

On peut y joindre : le Comité d'instruction publique de la Convention nationale aux administrateurs du district d....., 4 p. in-4, sign. Villans, président, et Plaichard, secrétaire. C'est un sommaire de l' « Instruction », en ce qui regarde les livres.

Instruction sur la manière de gouverner les insensés et de travailler à leur guérison dans les asiles qui leur sont destinés. *Paris, imp. royale*, 1785, in-4, 1 f. de tit. et 44 p.

J. Colombier est auteur de la première partie et François Doublet de la deuxième.

Instruction sur la manœuvre et le tir du canon de bataille. (Par Jean-Louis Lombard.) *Dôle*, 1792, in-8, fig.

Instruction sur la nouvelle méthode de préparer le mortier. (Par A.-J. Loriot.) *Paris, Barbou*, 1775, in-8.

Instruction sur la très-ancienne institution des gardes du corps. (Par de Guigne.) *Paris, Ballard*, 1816, in-8.

Instruction sur le défilement des ouvrages de campagne... (Par Ant.-Mar. Augoyat.) *Paris, Anselin et Pochard*, 1824, in-8, 54 p., avec 3 pl. — 2ᵉ édit. *Paris, Anselin*, 1830, in-8, 60 p. et 3 pl. — Nouvelle édit. *Paris, Ch. Tanera*, 1854, in-8, 64 p. et 3 pl.

Instruction sur le faict des finances et chambres des comptes... (Par L. Le Grand.) *Paris, Robert Le Magnier ou Iehan Houzé*, 1582, pet. in-8. — *Paris, Guill. Le Noir*, 1583, pet. in-8, avec le nom de l'auteur.

Le « Manuel du Libraire », 5ᵉ édit., cite une édition de Tours, Jamet Mettayer, 1591, in-8.

Instruction sur le jubilé de l'église primatiale de Saint-Jean de Lyon. (Par le P. Dom. de Colonia.) *Lyon, Valfray*, 1734, in-12.

Chardon de La Rochette possédait l'exemplaire de présent au P. Oudin, signé de la main de l'auteur.

Instruction sur le nouveau système des poids et mesures. (Par Germain Raingo, ancien professeur à l'Athénée de Mons.) *Mons, Hoyois*, 1824, in-8, 27 p. J. D.

Instruction sur le service du génie en campagne... (Par A.-M. Augoyat.) *Paris, Anselin et Pochard*, 1825, in-8, 56 p.

Instruction sur les atteintes portées à la religion, donnée en 1798, au nom de tous les évêques de France sortis du royaume par suite de la constitution civile du clergé. (Rédigé par J.-R. Asseline, évêque de Boulogne.) Réimprimée en 1819, à *Besançon, Petit*, in-8, 2 ff. lim. et 155 p.

Cette Instruction est signée par 48 évêques de France et par l'évêque de Bâle.

Instruction sur les campements... (Par A.-M. Augoyat.) *Paris, Anselin*, 1824, in-8, 63 p. — 2ᵉ édit. *Paris, Anselin*, 1830, in-8, 80 p.

Instructions sur les dispositions qu'on doit apporter aux sacrements de pénitence et d'eucharistie. (Par l'abbé S.-M. Treuvé.) *Paris, Desprez*, 1676, in-12.

Souvent réimprimée.

Instruction sur les indulgences. (Par l'abbé de Lord.) *Paris, Hérissant*, 1761, in-12.

Instruction sur les instruments à réflexion. (Par A.-M. Augoyat.) *Paris, Anselin*, 1825, in-8.

Instruction sur les lettres de change et sur les billets négociables. (Par Philibert-Joseph Masson.) *Blois, Masson*, 1736, 1739, in-12.

Instruction sur les mesures déduites de la grandeur de la terre, et sur les calculs relatifs à leur division décimale. (Rédigée par l'abbé René-Just Haüy.) *Paris, imprimerie nationale*, 1794, in-8.

Souvent réimprimée.

Instruction sur les moyens de s'assurer de l'existence de la morve et d'en prévenir les effets. (Par Ph. Chabert.) *Paris, imprimerie royale*, 1785, in-8, 69 p.

Réimprimée avec le nom de l'auteur.

Instruction sur les moyens propres à prévenir l'invasion de la morve, etc. (Par J.-B. Huzard.) *Paris, imprimerie vétérinaire*, an II-1794, in-8, 30 p. — Seconde édition. *Paris*, an III, in-8.

Instruction sur les moyens propres à prévenir la contagion et à arrêter les progrès des fièvres épidémiques. (Par Ch. de Gimbernat.) Publiée par ordre du préfet... du Bas-Rhin. *Strasbourg, Levrault*, 1814, in-12, 76 p. et 1 f. de table.

Traduit en allemand la même année, par Bockmann, avec le nom de l'auteur.

Instruction sur les opérations de l'assemblée extraordinaire du Champ-de-Mai, par M. L. S. G. L. B. R. T. C. R. D. S. S. S. N. S. (Louis-Guilbert Cahier, ancien avocat général à la cour de cassation), électeur en 1789 et 1791. *Paris, chez tous les marchands de nouveautés*, 26 mai 1815, in-8; VIII-54 p.

Instruction sur les soins à donner aux chevaux pour les conserver en santé sur les routes et dans les camps, etc. (Par J.-B. Huzard.) Imprimée par ordre du comité de salut public. *Paris, imprimerie vétérinaire*, an II-1794, in-8, 57 p. — Seconde édition. *Paris, imprimerie vétérinaire*, an III, in-8, 62 p.

Cet ouvrage et celui du même auteur intitulé : « Instruction sur les moyens propres à prévenir l'invasion de la morve... » ont aussi été imprimés en même temps sous un seul titre et sous une pagination suivie, la première édition de 84 pag., la seconde de 84 ou de 94 pag. (Voy. ci-après « Instructions... », col. 952, a.) Ils ont aussi été réimprimés quatorze fois dans différentes villes de France, dont deux à Strasbourg, avec une traduction allemande, et une à Blois, sous le titre de : « le Parfait cavalier, ou Instruction », etc.

(*Note communiquée.*)

Instruction théologique en forme de catéchisme sur les promesses faites à l'Eglise...(Par le P. Tranquille, de Bayeux, capucin, nommé dans le monde Osmont, et en Hollande du Sellier.) *Utrecht, Corneille-Guillaume Lefèvre*, 1733, in-12.

Cet ouvrage fut composé sous la direction de l'abbé Nic. Legros.

Instructions à Ant.-Jacq. Rustan (Roustan). (Par Voltaire.) 1768, in-8.

Voy. « Supercheries », I, 790, a.

Instructions adressées par S. M. l'impératrice de toutes les Russies à la commission établie pour travailler à l'exécution du projet d'un nouveau code de lois; traduit de l'allemand (par J.-R. Frey des Landres). *Pétersbourg (Yverdon)*, 1769, in-12.

Voy. ci-dessus, « Instruction de S. M...», col. 932, a, et « Instruction donnée par Catherine II...», col. 932, c.

Instructions affectueuses sur la nécessité. l'excellence et les avantages des vertus chrétiennes. (Par Florent Castel, libraire à Marchienne.) *Marchienne-au-Pont, Castel* (1855), in-18, 136 p. J. D.

Instructions choisies des grands prédicateurs sur les épîtres et les évangiles des dimanches et fêtes, Bossuet, Bourdaloue, Massillon, Fléchier, etc. *Paris, Le Sort*, 1859, 4 vol. in-12.

L'avant-propos est signé R. DE B. (Mme R. DE Barberey).

D'après M. de Manne, Mgr Charles-Frédéric Rousselet, évêque de Séez, aurait été le collaborateur de Mme Barberey.

Instructions chrétiennes à l'usage de la jeunesse; par les pasteurs de l'église évangélique des Billettes. (Par G.-D.-F. Bois-

sard et le pasteur J.-J. Goepp.) *Paris*, 1832, in-12, 100 p.

Instructions chrétiennes mises en orthographe nouvelle. (Par le P. Gilles Vaudelin, religieux augustin, auteur de la « Nouvelle manière d'écrire », etc.) *Paris*, 1715, in-12.

Instructions chrétiennes, ou Conférences sur la pénitence et sur l'Eucharistie, par un ancien curé (Berthelot, anc. principal du collége de Rennes). *Rennes, Front*, 1808, 2 tomes en 1 vol. in-12.

Instructions chrétiennes pour faire un saint usage des afflictions. (Par le P. J.-Fr. Maugras, prêtre de la Doctrine chrétienne.) *Paris, P. Prault*, 1721, in-16. — Seconde édition. 1721, in-12.

Instructions chrétiennes pour les jeunes gens, etc. Par un docteur en théologie (l'abbé P.-Hub. Humbert). *Avignon, veuve Mouriès*, 1815 ; — *Lyon, Rusand*, 1815, in-12.

Dès 1740, cet ouvrage fut adopté par l'archevêque de Besançon ; il l'a été en 1760 par l'évêque de Toul : aussi en existe-t-il une multitude d'éditions.

Instructions chrétiennes recueillies des sermons de S.-Augustin sur les pseaumes. (Par G. Le Roy.) *Paris*, 1662, 7 vol. in-12.

Instructions chrétiennes sur la prière, traduites du latin en françois, d'après le catéchisme de Montpellier en 2 vol. in-fol. (Par le P. Gallyot, génovéfain.) *Paris, Simart*, 1728, 2 vol. in-12.

Instructions chrétiennes sur le sacrement de mariage. (Par l'abbé Nic. Cabrisseau.) *Paris, Ganeau*, 1737, 1753, in-16.

Instructions chrétiennes sur les huit béatitudes. (Par l'abbé Nic. Cabrisseau.) *Paris, Witte*, 1732, in-12.

Instructions chrétiennes sur les mystères de N.-S. J.-C. et sur les principales fêtes, par M. de S. G. (Antoine de Singlin) (nouvelle édition, revue par l'abbé Claude Lequeux, avec la vie de l'auteur, par l'abbé Cl.-P. Goujet). *Paris, Rollin*, 1736, 12 vol. in-12.

La première édition de ces « Instructions », rédigées dans l'origine par Le Maistre de Sacy, parut en 1671 ; la troisième, publiée en 1673, porte le nom du sieur Bourdouin, docteur en théologie. Celle-ci est la sixième.

Instructions chrétiennes sur les sacremens et sur les cérémonies avec lesquelles on les administre, par M. L. T. P. D. V. (Nicolas Le Tourneux, prieur de Villers).

Paris, Josset, 1687, 1696, in-12; — *Mariette,* 1726, in-16.

Instructions chrétiennes sur les souffrances, par M. l'abbé*** (BOISVENET, laïc, retiré à l'Hôpital général de Paris, publié par l'abbé SAUNIER DE BEAUMONT, sous-diacre du diocèse de Rouen). *Paris, Alix,* 1732, petit in-12.

Instructions courtes et familières sur le symbole. (Par l'abbé Nic. CABRISSEAU.) *Paris, Lottin,* 1728, 1742, 2 vol. in-12.

Instructions d'un curé à ses paroissiens, sur les événemens présens, par un curé (l'abbé BONNARDEL, curé à Semur.) *Paris, Rusand,* 1818, in-12 et in-8.

Instructions de morale à l'usage des enfans qui commencent à parler. (Par Samuel CONSTANT DE REBECQUE.) *Londres,* 1785, in-8.
                    V. T.

Instructions de morale, d'agriculture et d'économie pour les habitans de la campagne. (Par FROGIER, curé de Mayet.) *Au Mans, et Paris, Lacombe,* 1769, in-12.

Instructions de morale, qui peuvent servir à tous les hommes, particulièrement rédigées à l'usage de la jeunesse helvétique, par un citoyen du canton du Leman (S. CONSTANT DE REBECQUE.) *Lausanne, Fischer, et Paris, Maradan,* an VII-1799, in-8.

Instructions de St Dorothée, traduites du grec en françois, avec sa vie (par l'abbé A.-J. LEBOUTHILLIER DE RANCÉ). *Paris, Muguet,* 1686, in-8.

Instructions dogmatiques, historiques et morales sur le saint sacrifice de la messe. (Par l'abbé BASSET, vicaire de Saint-Leu.) *Paris,* 1743, in-12.

Instructions (les) du rituel du diocèse d'Alet. (Par Nic. PAVILLON, évêque de ce diocèse.) *Paris, G. Desprez,* 1678, in-12.

Instructions édifiantes sur le jeûne de Jésus-Christ au désert. (Par Mlle J.-A. BROHON.) *Paris, Didot l'aîné,* 1791, in-12.

Mlle J.-A. Brohon se retira dans un couvent après avoir écrit deux romans. Ses productions mystiques portent l'empreinte d'une imagination exaltée par les souffrances d'un cancer qui causa sa mort le 18 octobre 1778. Voy. Barbier, « Bibliothèque d'un homme de goût », t. V, p. 67 ; Grégoire, « Hist. des sectes religieuses », t. I, p. 362, et Renouard, « Cat. d'un amateur », t. I, p. 102.

Instructions électorales à l'usage des Français constitutionnels... (Par Alph. MAHUL.) *Paris, Ponthieu,* 1824, in-8, 44 p.

Avait déjà été publié en 1821 et 1822 sous le titre de « Tactique électorale.... » Voy. ces mots.

Instructions élémentaires d'artillerie données à MM. les officiers du régiment de Strasbourg du corps royal, pour les expliquer aux soldats de ce régiment. (Par LE DUC, lieutenant colonel de ce régiment.) *Toul, Carez,* 1767, in-4, 49 p.

Instructions et avis aux habitants des provinces méridionales, sur la maladie putride et pestilentielle qui détruit le bétail. (Par Et. MIGNOT DE MONTIGNY.) *Paris, imprimerie royale,* 1775, in-4.

Instructions et cahier du hameau de Madon. (Par A.-A. DE LAUZIÈRES DE THÉMINES, évêque de Blois.) *Blois, Masson,* 1789, in-8. — *S. l.,* 1789, in-8.

Instructions et lettres missives concernant le concile de Trente. (Publiées par Jacques GILLOT.) (*Paris*), 1607, in-8. — Les mêmes, tirées des mémoires de MM. D. (DUPUY). *Paris, Séb. Cramoisy,* 1635, 1654, in-4.

Instructions et mémoires pour l'Université de Caors. (Par Jean DE LA COSTE, régent de l'Université de Caors.) *Caors, Claude Ronneau,* 1600, in-8.

Instructions et modèles de procès-verbaux pour les gardes forestiers et les gardes-pêche de l'empire, des communes et établissemens publics, et des particuliers. Sixième édition..., suivie d'une méthode infaillible pour détruire les taupes... Quatorzième édition... Par M. D***** (DRALET, conservateur des eaux et forêts). *Toulouse, A.-D. Manavit,* 1810, in-12, IV-106-XI p.

La 2° partie a un titre particulier : « l'Art du taupier ou méthode infaillible pour détruire les taupes dans les clairières des forêts, les pépinières et tous autres terrains ; publiée d'après les ordres du gouvernement. Par M. D***** (DRALET). Quatorzième édition... » *Toulouse, A.-D. Manavit,* 1810, in-12, 45 p. et 1 planche.

Instructions et pouvoirs à donner par les villes, bourgs, paroisses et communautés des pays d'élection, à leurs députés aux assemblées des bailliages principaux. Par M. F. D. T. (FOISY DE TREMONT). 1789, in-8, 16 p.

Note ms.

Instructions et pratiques pour passer saintement tous les temps de l'année. (Par l'abbé GAUDRON.) *Paris, Delaulne,* 1695, in-12.

Instructions et prières pour la confrérie de Saint-Jean-Baptiste, érigée en l'église royale de Saint-Victor-lez-Paris. Par un chanoine régulier de Saint-Victor (le P. Simon GOURDAN.) *Paris*, 1684, in-12.

L'historique de cette confrérie, la bulle des indulgences qu'Innocent XI lui accorda et les statuts que Fr. de Harlay lui prescrivit de suivre, occupent une grande partie du volume.

Instructions et prières propres à soutenir les âmes dans la voie de la pénitence, etc., suite du « Directeur des âmes pénitentes ». (Par l'abbé J.-B. MOLINIER.) *Paris, Babuty*, 1724, in-12.

Voy. « Directeur (le) des âmes », IV, 995, b.

Instructions familières adressées aux jeunes personnes pour les prémunir contre les dangers du monde. (Par VAN DE KERCHOVE, de la compagnie de Jésus.) *Gand, J. Poelman*, 1836, in-24.   J. D.

Instructions familières en forme d'entretiens sur les principaux objets qui concernent la culture des terres. (Par THIERRIAT.) *Paris, Musier*, 1763, in-12.

Instructions familières historiques et polémiques sur le schisme. (Par l'abbé DE JUIN DE SIRAN.) 1791, 4 parties in-8.

Instructions familières pour la prière du soir pendant le carême... (Par l'abbé BONNARDEL.) *Paris, Rusand*, 1823, in-12.

Forme le sixième vol. du « Cours d'instructions familières ».

Instructions familières pour les dimanches et fêtes de l'année. Par l'auteur des « O. de l'Avent et des huit Béatitudes » (l'abbé Fr.-L. GAUTHIER, curé de Savigny-sur-Orge). *Paris, veuve Desaint*, 1784, 2 vol. in-12.

Instructions familières sur l'oraison mentale. (Par François MALAVAL.) *Paris*, 1685, in-12.   V. T.

Instructions familières sur la foi et la morale catholiques, composées en anglais par le Révérend Joseph CURRE, traduites par un prêtre du diocèse de Paris, avec l'approbation de Mgr l'archevêque de Paris, etc. *Paris, Hetzel et Paulin*, 1829, in-16, LI-185 p.

Le traducteur de cet excellent ouvrage est l'abbé Armand-Bernard-Charles FROMENT DES CONDAMINES, né à Paris le 20 août 1772, l'un des trois fondateurs de la pension Liautard, aujourd'hui *Collège Stanislas*.
En 1843, il fut nommé supérieur de la maison de retraite appelée Infirmerie Marie-Thérèse; et il conserva cette honorable position jusqu'à sa mort, survenue à Tulle le 23 juillet 1852.

Instructions générales concernant les devoirs des sous-officiers et caporaux de l'armée belge, ou Règlement général du service militaire, suivi d'un traité clair et succinct sur l'armement, l'habillement... Par un officier supérieur (C. BAETENS, major à l'état-major des places). (*Gand*), 1833, in-18, 338 p.   J. D.

Instructions générales en forme de catéchisme... imprimées par ordre de COLBERT, évêque de Montpellier (composées par le P. Fr.-Aimé POUGET, de l'Oratoire). *Paris, Simart*, 1702, in-4 et 5 vol. in-12.

Réimprimées depuis in-4 et en 2 ou 3 vol. in-12.

Instructions générales pour les recherches anthropologiques, anatomie et physiologie. (Par le docteur Paul BROCA.) *Paris, V. Masson*, 1865, in-8, 148 p. et 1 pl.

Instructions historiques, dogmatiques et morales, en faveur des laboureurs et autres habitans de la campagne. (Par madame Cath. VILLERS DE BILLY.) *Paris, Desprez*, 1746, in-12. — Seconde édition, revue et corrigée. *Paris*, 1751, in-12.

Instructions historiques, dogmatiques et morales sur les principales fêtes de l'Église. Par un directeur de séminaire (l'abbé Jean-Edme-Auguste GOSSELIN, directeur du séminaire d'Issy). *Paris, Lecoffre*, 1848, 2 vol. in-12. — Id., 1850, 3 vol. in-12.   D. M.

Instructions importantes aux étudians et à leurs parens, donnant introduction de l'histoire universelle, à la langue... à la théologie, etc. Par A. V. D. W. (A. VAN DE WALLE). *Bruxelles, Fricx*, 1732, 3 vol. in-8.

Instructions militaires. (Par le comte J.-I.-M. DE SPAR.) *Paris, Jombert*, 1753, in-8.

Instructions morales et amusantes, à l'usage des jeunes gens de l'un et de l'autre sexe, etc., rédigé par J. B. N. (P.-J.-B. NOUGARET). *Paris, Duprat-Duverger*, 1813, in-12.

Instructions nouvelles sur les procédures civiles et criminelles du Parlement. (Par Alex.-J. LE BRET.) *Paris, Mouchet*, 1725, in-12.

Instructions politiques, contenant le véritable remède aux maladies de l'État... (Par ALEXIS.) *Paris, imp. de J. Brunet*, 1652, in-4, 16 p.

Instructions pour l'histoire. (Par le P. René RAPIN.) *Paris*, 1677, in-12.

Réimprimé dans le recueil des « Œuvres » de l'auteur, 3 vol. in-12.

Instructions pour la jeunesse sur la religion et sur plusieurs sciences naturelles. (Par Franç.-Dominique RIVARD, ancien professeur de philosophie.) *Paris, veuve Lottin*, 1758, 2 vol. in-12.

Instructions pour le franc-alleu de la province de Languedoc. *Toulouse, Jean Boude*, 1640, in-fol., 14 ff. lim., 286 p. et 11 ff. de table.

La dédicace aux États de Languedoc est signée P. C (Pierre DE CASENEUVE).

Voy. pour la 2e éd., ci-dessus, « le Franc-alleu de la province de Languedoc », col. 495, d.

Instructions pour les habitants de Paris sur les contributions directes de l'an 1809 (par un ancien employé aux contributions (FARGEIX). *Paris, Debray* (1809), in-12, 46 p.

Instructions pour les Nicodémites, où, après avoir convaincu ceux qui sont tombés de la grandeur de leur crime, on fait voir qu'aucune violence ne peut dispenser les hommes de l'obligation de professer la vérité. Par J. G. P. (Jean GRAVEROL, pasteur). *Amsterdam, Wolfgang*, 1687, in-12. — Le même ouvrage, avec ce nouveau frontispice : Instructions pour les Nicodémites, ou pour ceux qui feignent d'être d'une religion dont ils ne sont pas, et qui cachent leurs véritables sentimens. Par J. G. P. *Amsterdam, H. et J. Boom*, 1700, in-12.

La « Biographie universelle » a faussement attribué à Jean GAGNIER l'édition de 1700.

Instructions pour les seigneurs et leurs gens d'affaires. Par M. R** (Joseph ROUSSELLE), avocat au Parlement de Toulouse. *Paris, Lottin l'aîné*, 1770, in-12, IV-280 p.

Instructions pour mon fils aîné, qui prend le parti de la guerre. (Par J.-L. comte DE BOUCIER, baron DE MONTUREUX.) *Nancy*, 1er janv. 1740, in-fol., 8 p.

Catalogue Noël, no 2280.

Instructions pour un pécheur touché de Dieu, qui veut se convertir, tirées du commentaire des Psaumes de David par le P. Berthier, suivies du récit motivé de la conversion d'un incrédule (La Harpe, par L.-P.-J. JOLY DE BÉVY). *Dijon, Coquet*, 1820, in-12.

Instructions pour un voyageur qui se propose de parcourir la Suisse, etc., traduites de l'allemand du docteur EBEL, par le traducteur du « Socrate rustique » (J.-R. FREY DES LANDRES), avec des corrections et des additions. *Bâle*, 1795, 2 parties in-12.

Instructions pratiques sur le drainage, réunies par ordre du ministre de l'agriculture, du commerce et des travaux publics. (Par Hervé MANGON, ingénieur des ponts et chaussées.) *Paris, imp. impériale*, 1855, in-18.

Une seconde édition de 1856 porte le nom de l'auteur.

Instructions secrètes des Jésuites, ou *Monita secreta societatis Jesu*. (Publié par M. ETIENNE fils.) *Paris, Ponthieu*, 1824, in-18. — Autre édit. (publ. par Franç.-Jos. DUCOUX, préfet de police en 1848). *Blois, Groubental*, 1845, in-8.

La trad. fr. est en regard du texte latin. Voy. Monita privata.

Instructions spirituelles en forme de dialogues sur les divers états d'oraison, suivant la doctrine de M. Bossuet, évêque de Meaux, par un Père de la compagnie de Jésus, docteur en théologie (le P. DE CAUSSADE). *Perpignan, J.-B. Reynier*, 1741, in-8.

Le P. Gabriel ANTOINE, jésuite, a été l'éditeur de cet ouvrage. On en a donné un abrégé en 1758, petit in-12.

Instructions sur l'usage de la houille, plus connue sous le nom impropre de charbon de terre, pour faire du feu ; sur la manière de l'adapter à toutes sortes de feux ; et sur les avantages, tant publics que privés, qui résulteront de cet usage. Publiées par ordre des Etats-généraux de la province de Languedoc (rédigées par Gabriel-François VENEL, professeur en médecine de l'Université de Montpellier). *Lyon, Regnault*, 1775, in-8.

Des exemplaires portent le nom de l'auteur.

Instructions sur la colique de Madrid. (Par Fr. THIERRY.) 1762, in-8.

Instructions sur la plantation, la culture et la récolte du houblon (par PAILLET); publiées par JACQUEMART. *Paris, Garnery*, 1791, in-8, 124 p.

Instructions sur le faict de la guerre. *Paris, imp. de Michel Vascosan, par luy et Galiot du Pré*, 1548, in-fol.

Un avis, signé A. D. R., placé au commencement de ce volume, nous apprend qu'à la mort de Guil. DU BELLAY, arrivée en 1543, il s'est trouvé dans la bibliothèque de ce seigneur « un traité de la guerre sur lequel plusieurs de ses serviteurs tesmoignent l'avoir veu besongner. Et l'un d'eux en apporte tost après un double à certain personnage, lequel a donné ce livre à l'imprimeur pour le publier, mais tout en la forme qu'il est venu en ses mains, c'est-à-dire sans porter en teste le nom de celui qui l'a fait. »

Bayle prouve très-bien, au mot BELLAY, que ce traité n'est pas de celui dont il porte le nom, mais de Ragmond

DE PAVIE, sieur DE FORQUEVAULS, qui en avait commu- niqué le manuscrit à du Bellay. Ce manuscrit, s'étant trouvé parmi les papiers de ce dernier, a été imprimé sous son nom. Voilà l'origine de la méprise.

Toutefois, il est surprenant, dit Brunet, « Manuel du libraire », 5e éd., III, col. 446, que Raimond DE FOURQUEVAULS, ayant vécu jusqu'en 1574, n'ait pas lui-même revendiqué l'ouvrage, dont il n'a peut-être été que le simple éditeur.

L'abbé Coupé, dans ses « Recherches littéraires sur le XVIᵉ siècle », en tête du tome II de la traduction des Lettres du chancelier de L'Hôpital, a eu tort d'avan- cer que le vieux connétable de MONTMORENCY était l'au- teur du « Traité de l'art militaire », attribué faussement à Guillaume DU BELLAY-LANGEY.

Bayle a réfuté d'avance cette assertion.

L'édition de Paris, 1549, in-fol., donnée également par Michel Vascosan, qui en imprima une autre en 1553, in-8, porte pour titre : « Instruction pour le fait de la guerre, extraicte des livres de POLYBE, FRONTIN, VÉGÈCE, CORNAZAN, MACHIAVELLE et plusieurs bons autheurs. »

Instructions sur le planisphère céleste, à l'usage de la marine, et détermination des éclipses de lune, de soleil et des occul- tations d'étoiles. (Par C. GUÉPRATTE.) *Brest, Lefournier,* 1826, in-8.

Instructions sur les dimanches et les fêtes en général, et sur toutes les fêtes qui se célèbrent dans le cours de l'année. (Par P. COLLOT, curé de Chevreuse.) *Paris, Henry,* 1734, in-12.

Souvent réimprimées.

Instructions sur les égaremens de l'es- prit et du cœur humain, ou sur les vices capitaux, et leurs remèdes. (Par l'abbé P.-H. HUMBERT.) *Paris, Berton,* 1779, in-12.

Instructions sur les moyens de rendre le bled moucheté propre au commerce et à la fabrication du pain. (Par A.-A. PAR- MENTIER.) *Paris, imp. roy.,* 1785, in-12.

Instructions sur les principales vérités de la religion et sur les principaux devoirs du christianisme (composées par l'abbé P.-H. HUMBERT), adressées par monsei- gneur l'évêque de Toul (DE DROUAS) au clergé et aux fidèles de son diocèse. *Fou- gères, Vannier,* 1804, in-12.

Même ouvrage que celui qui parut dès 1748, sous le titre de « Pensées sur les plus importantes véri- tés », etc. Voyez ces mots.

Il existe beaucoup d'éditions de cet ouvrage sous les deux titres.

Instructions sur les principaux devoirs d'un chevalier de Malte, dressées sur les mémoires d'un chevalier de Malte (le P. François-Aimé POUGET, de l'Oratoire). *Pa- ris, Simart,* 1712, in-12.

Instructions sur les principaux sujets de la piété et de la morale chrétienne. (Par l'abbé A.-J. LEBOUTHILLIER DE RANCÉ.) *Paris, Fr. Muguet,* 1694, in-12.

On voit dans la « Vie de Rancé », par de Maupeou, t. I, p. 523, et t. II, p. 104 et suiv., que cet ouvrage est tiré des lettres et des livres de cet abbé, qui fit cependant tout ce qu'il put pour en empêcher la publi- cation.

Instructions sur les soins à donner aux chevaux, pour les conserver en santé sur les routes et dans les camps... et sur les moyens propres à prévenir l'invasion de la morve... Imprimées par ordre du comité de salut public. (Par J.-B. HUZARD.) *Paris, imp. vétérinaire,* an II, in-8, 2 ff. lim. et 84 p. — 2ᵉ édit. *Id.,* an III, in-8, 2 ff. lim. et 84 p.

Le Catalogue Huzard, III, nᵒˢ 4007-4010, indique plusieurs éditions de ces Instructions, mais il ne men- tionne pas une édition de *Bourg, Philippon,* in-8, 84 p., donnée dans le Catalogue Coste, sous le nᵒ 18340, et attribuée au chevalier DE BOHAN, de Bourg, ex-colonel de dragons.

Ces deux instructions avaient d'abord été publiées séparément. Voy. ci-dessus, col. 942, *e,* et 943, *a.*

Instructions sur les vérités de la grâce et de la prédestination. (Par Nic. HUGOT.) *Avignon,* 1747, in-12.   V. T.

Instructions sur tous les mystères de N.-S. J.-C. (Par l'abbé GAUDRON.) *Paris,* 1706-1719, 6 vol. in-12.

L'abbé Cerveau a publié un extrait de cet ouvrage sous ce titre : « les Mystères de J.-C. expliqués en forme d'instructions. » *Paris, Mérigot,* 1770, in-12.

Insuffisance (l') de la vertu. (Par J.-P.-L. DE LA ROCHE DU MAINE, marquis DE LU- CHET.) 1784, petit in-12.

Réimprimé sous le titre de « Mémoires de Mᵐᵉ de Baudéon ».

Insuffisance (l') et la nullité des droits des trois puissances copartageantes sur plusieurs provinces de la république de Pologne... (Par LINDSEY.)

Voy. ci-dessus, « Droits des trois puissances... » IV, 1125, c.

Intendance (l') militaire au Corps légis- latif. (Par CARON.) *Bordeaux, Chaumas,* 1866, in-8, 2 ff. de tit. et 176 p.

Intendant (l') et son seigneur, ou le Danger des mariages clandestins, par Mᵐᵉ DE R*** (Mᵐᵉ DE ROME, née MARNÉ DE MORVILLE). *Paris, Lerouge,* 1816, 4 vol. in-12.

Interdiction (l') projetée, comédie en un acte et en vers. (Par LENTHÈRE.) *S. l.,* fructidor an XII, in-8, 18 p. — *Paris, Léopold Collin,* 1807, in-8, 20 p.   D. M.

Interdits (des) arbitraires de la célébration de la messe. (Par M.-M. TABARAUD.) *Limoges, Barbou,* 1809, in-8, 40 p.

Réimprimé à la suite du traité du même auteur, intitulé : « de l'Appel comme d'abus », *Paris, Egron,* 1820, in-8.

Intérêt (de l') d'un ouvrage, discours prononcé par M*** (J.-A.-J. CÉRUTTI) le jour de sa réception à l'Académie de Nancy. *Paris, Vallat-la-Chapelle,* 1763, in-8 et in-12.

Réimprimé dans l' « École de littérature » de l'abbé de La Porte, seconde édition, t. I, page 430.

Intérêt (l') de la France dans la question du Schleswig-Holstein, suivi d'un aperçu historique sur cette question, jusqu'à l'époque du soulèvement des duchés en mars 1848. (Par M. SCHLEIDEN.) *Paris, Firmin Didot frères,* 1850, in-8, 112 p.

Intérêt (de l') de la monarchie prussienne dans les conjonctures actuelles, en janvier 1796. (Par le comte Eléonore-Fr.-Elie DE MOUSTIER.) *En Allemagne,* février 1796, in-8.

Intérêt (de l') des comités de la Convention nationale et de la nation, dans l'affaire des soixante-onze députés détenus. *S. l.,* 1794, in-8, 1 f. de tit. et 28 p.

Signée : JACQUES. Par P.-L. RŒDERER. Voy. les « Opuscules » de l'auteur. *Paris, an VIII-1800,* in-8, t. I, p.185.

Intérêt (l') des femmes au rétablissement du divorce, etc., et celui des enfants. (Par DE CERFVOL.) *Amsterdam* (vers 1771), in-12.

Intérêt (de l') des princes et Estats de la chrestienté. A monsieur le cardinal de Richelieu. (Par le duc Henry DE ROHAN.) Dernière édition (à la Sphère). *Jouxte la copie imprimée à Paris,* 1639, pet. in-12 de 199 p. et 2 p. de table.

La préface de J. DE SILHON occupe les pp. 7 à 103. Voy. ci-après, « Intérêts et Maximes », col. 954, *e,* et « Nouveaux Intérêts des princes ».

Intérêt (l') général de l'Etat, ou la liberté du commerce des blés... avec la réfutation d'un nouveau système publié (par l'abbé Galiani) en forme de dialogues sur le commerce des blés. (Par P.-F.-J.-H. LE MERCIER DE LA RIVIÈRE.) *Amsterdam et Paris, Desaint,* 1770, in-12.

Intérêt (de l') politique de la Suisse relativement à la principauté de Neuchâtel et Valengin (traduit de l'allemand de MULLER DE FRIEDBERG, par Jean-Jacques DE SANDOZ DE TRAVERS, conseiller d'Etat du roi de Prusse à Neuchâtel). *Neuchâtel,* 1790, in-12.

Intérêts (les) de l'Angleterre, dépendant de la manière dont la Révolution française sera terminée ; adressés au Parlement d'Angleterre. (Par Errard DE L'ISLE.) *Londres,* 1795, in-8.

Intérêts (les) de l'Angleterre mal entendus dans la guerre présente, traduits de l'anglois (composés par l'abbé J.-B. DUBOS). *Amsterdam, Georges Gallet,* 1703, in-12.

Intérêts (les) de la France mal entendus dans les branches de l'agriculture, de la population, des finances, du commerce. Par un citoyen (le chevalier Ange GOUDAR). *Amsterdam, Jac. Cœur,* 1756, 3 vol. in-12. — *Paris,* 1757, 2 vol. in-12.

Réimprimé comme tomes IV et V de la collection intitulée : « Discours politiques de M. D. Hume... » Voy. IV, 1024, *c.*

Intérêts (les) de la Lorraine défendus contre les marchands. (Par D'AUVERGNE, directeur des fermes à Nancy.) (*Nancy*), 1787, in-8.

Intérêts (les) de la nation, conciliés avec ceux de la noblesse. (Par MIGNONNEAU.) *Paris, Barrois l'aîné,* 1790, in-8, 26 p.

Intérêts (les) des nations de l'Europe développés relativement au commerce. (Par Jos. ACCARIAS DE SÉRIONNE.) *Leyde,* 1766, 2 vol. in-4. — *Paris, Desain (Amsterdam),* 1767, 1768, 4 vol. in-12.

Intérêts (les) du temps. (Par le cardinal DE RETZ.) 1652, in-4.

Voyez « Mémoires du cardinal de Retz », t. III, p. 147. *Genève,* 1777.

Intérêts (des) et des Devoirs d'un républicain, par un citoyen de Raguse, ouvrage traduit de l'italien par M. B..... (Gasp. BOVIER). *Iverdun,* 1770, in-8.

D'après Ersch, le traducteur B. serait un être supposé : l'ouvrage aurait été composé en français par P.-H. MALLET.

Interests et maximes des princes et des Etats souverains. *Cologne, Jean du Pays,* 1666, pet. in-12 de 4 ff. et 248 p., et à la suite : Maximes des princes et Estats souverains (la Sphère). *A Cologne,* 1665, pet. in-12 de 245 p. y compris le titre, un avis au lecteur et la préface qui occupent 4 ff. non chiffrés.

Le premier traité est du duc Henry DE ROHAN, mais il a subi bien des changements et surtout bien des additions depuis qu'il est sorti de la plume de son illustre auteur. On remarque, en effet, qu'il a été conduit ici jusqu'au temps de l'édition ; et, d'ailleurs, l'éditeur n'en fait pas mystère. Voy. la Préface. Quant au second traité, l'auteur n'en est pas connu. (Leber, « Catalogue, » t. II, no 4528.)

Intérieur chrestien, ou la Conformité intérieure que doivent avoir les chrestiens avec Jésus-Christ. Seconde édition. *Paris, veuve Edme Martin*, 1674, in-12, 4 ff. lim., 174 p. et 5 ff.

Tiré des manuscrits de Jean DE BERNIÈRES-LOUVIGNY par N. CHARPY DE SAINTE-CROIX qui signe la dédicace à Jésus-Christ.

Voy. ci-dessus, « le Chrestien intérieur », IV, 592, *d*.

Intérieur (l') d'un comité révolutionnaire, ou les Jacobins. Par moi (MOREL, mort âgé de dix-neuf ans, en 1802). *Paris*, an VIII-1800, in-18.

Voy. « Supercheries », II, 1174, *d*.

Intérieur (l') de J.-C. (Par l'abbé TAVERNIER.) *Bruxelles*, in-12.

Réimprimé à Avignon avec le nom de l'auteur.

Intérieur (l') des actions ordinaires. Par un serviteur de Dieu (Ant. CHESNOIS). *Rouen*, 1683, in-12.   V. T.

Intérieur (l') des comités révolutionnaires, ou les Aristides modernes, comédie en trois actes. (Par C.-P. DUCANCEL.) *Paris, Barba*, an III-1795, in-8.

« Cette pièce eut un succès de vogue et fut réimpri-
« mée plusieurs fois sans le nom de l'auteur, qui n'avait
« garde de se faire connaître alors, quoique le danger
« fût passé. » (Catalogue de Soleinne, t. II, n° 2478.)
Malgré cette déclaration, nous avons constaté que la
Bibliothèque nationale possède trois exemplaires de cette
édition, tous avec le nom de l'auteur ; nous n'avons
point rencontré celle indiquée par Quérard, « France
littéraire ». *Chez les libraires en foire*, an V-1797,
in-24. Un autre édition portant le nom de l'auteur fait
partie de « la France dramatique ». 1839, gr. in-8.
Cette pièce a aussi été réimprimée par l'auteur avec
corrections et augmentations dans les « Esquisses dramatiques du gouvernement révolutionnaire de France, aux
années 1793, 1794 et 1795 ». *Paris, Bricon*, 1830,
in-8.

Intermèdes d'amour pour amour, comédie en trois actes et en vers, représentée devant Leurs Majestés, à Versailles, le 23 janvier 1765. (Par P.-Cl. NIVELLE DE LA CHAUSSÉE.) *Paris, imp. de Chr. Ballard*, 1765, in-4.

Internelle (le livre de l') consolation, composé premièrement en latin par maître Jean GERSON, et traduit en françois (peut-être par le P. Edmond AUGER, jésuite). Nouvellement revu et corrigé. *Paris, veuve Jean Ruelle*, 1573, in-12.

Voy. ci-dessus, l' « Imitation de J.-C. », col. 894, *d*,
et ma « Dissertation sur soixante traductions françaises
de l'Imitation », p. 14.
Les premières éditions ne portent pas de nom d'auteur, et nous ne conclurons pas plus que dans notre
note sur l'Imitation.
Voy. aussi pour le détail de ces éditions et pour
l'histoire des origines de ce livre, la préface de l'édition
publiée dans la « Bibliothèque elzévirienne » : « Livre
de l'internelle consolation, première version française
de l'Imitation de Jésus-Christ », nouvelle édition avec une
introduction et des notes par MM. L. MOLAND et Ch.
D'HÉRICAULT. *Paris, Jannet*, 1856, in-16.

Interprétation (l') des chiffres, ou Règle pour bien entendre et expliquer facilement toutes sortes de chiffres simples, tirée de l'italien du sieur Antoine-Maria COSPI, secrétaire du grand-duc de Toscane ; augmentée et accommodée particulièrement à l'usage des langues françoise et espagnole, par F. I. F. N. P. M. (frère indigne F. NICERON, religieux minime). *Paris*, 1641, in-8, IV-90 p.

L'auteur a signé l'épître.

Interprétation des secrets hébrieux, phi-caldéens et rabins du prince Dorcas, philosophe éthiopien, pour augmenter l'or et l'argent à dix pour cent de profit, chaque semaine. (Par DE MÉRAC.) *Paris*, 1622, in-8.

« Histoire de la philosophie hermétique », t. III, p. 140.

Interprétation et résultats chiffrés des dispositions principales du projet de loi sur une nouvelle organisation de l'armée... (Par E. GUALDRÉE BOILLEAU.) *Paris, Dumaine*, 1868, in-8, 180 p. et 2 tabl.

Interprétation grecque, latine, toscane et françoise, du monstre ou énigme d'Italie. (Par Gabriel SIMÉONI.) *Lyon, par Ant. Voulant*, 1555, pet. in-8, 79 p., fig. s. bois.

Interprète (l') des quatre langues, française, allemande, polonaise et russe, à l'usage des militaires et des voyageurs. Par le C. J. DE S. (le comte J. SMULIKOWSKI, auteur de l' « Almanach maçonnique »). *Bruxelles, imp. de Hublou*, 1829, in-8.   J. D.

Interprète (l') infidèle des saintes Ecritures, ou Analyse raisonnée du sermon sur l'accord de la religion et de la liberté. Par Claude F...... (Claude FAUCHET). *S. l. n. d.*, in-8, 47 p. *← Critique du sermon de Fauchet*

Interrogatoire de Louis XVI et de Marie-Antoinette, qui doivent être mandés à la barre de l'Assemblée nationale. (Par L.-M.-H. DE SYLVA.) (*Paris*), *imp. des patriotes* (1792), in-8.

Intervention (de l') armée et de l'état présent de l'Europe. Considérations politiques... par M. DE L*** (LINCISA, ancien sous-préfet de Gênes). *Paris, Treuttel et Wurtz*, 1840, in-8, 147 p.   D. M.

Intervention (de l') de l'armée dans le maintien de l'ordre public ; 2e édit. de l'ouvrage intitulé : « de la Liberté dans ses rapports avec le pouvoir militaire, ou Réfutation d'un opuscule sur les attributions de l'autorité militaire territoriale, par M. Gérard ». (Par M. Henri SCHUERMANS, procureur du roi à Hasselt.) *Bruxelles, Vanderslaghmolen,* 1857, in-8, 83 p.   J. D.

Intervention (de l') des étrangers dans le gouvernement de la France. (Par Ch.-Ph. MARCHAND, d'Alençon.) *Paris, Mongie,* 1819, in-8, 1 f. de tit. et 16 p.

Intervention (de l') du pouvoir dans les élections. (Par Gustave DE BEAUMONT.) *Paris, Paulin,* 1843, in-8, 2 ff. lim. et 75 p.   D. M.

Intima. Toast au mariage d'Eugène Dausse et de Marie Renard. (Par Gustave LE VAVASSEUR.) *Amiens, Lenoel-Herouart,* 1869, in-12, 7 p. non paginées.

Intimez (les) calomniez. (Par Nicolas CATHERINOT.) *S. l. n. d.,* in-4.

Intolérance (de l') considérée comme devoir du chrétien. Par un catholique (Alexis DE JUSSIEU). *Paris, imp. de Smith,* 1829, in-8, 29 p.

Intolérance (de l') de l'Angleterre et de la tolérance du pape. Lettre à M. le rédacteur du « Politique ». (Par le pasteur Edouard PANCHAUD.) *Bruxelles, Briard,* 1850, in-8, 12 p.   J. D.

Intolérance (l') ecclésiastique, ou les Malheurs d'un hétérodoxe, traduit de l'allemand. *Neufchâtel, de l'imp. de la Société typogr.,* 1779, 4 parties ou vol. in-12.

Sous ce titre sont réunis : I. Vilhelmine, poëme héroï-comique (par Maurice-Auguste DE THUMEL, trad. de l'allem. par M. HUBERT), qui forme la première partie. II. La vie de maître Sébaltus Nothanker (trad. de l'allem. de Chr.-Frédéric NICOLAÏ), qui remplit les trois autres volumes.
Comme on le sait, Nicolaï a repris le récit immédiatement après le mariage du pasteur Sebalde avec la belle Wilhelmine.
Pour ces deux ouvrages, voyez la Biographie univ. (Michaud) à THUMMEL et à NICOLAÏ.   A. L.

Intolérance religieuse des païens. (Par le baron DE ROUVROU, maréchal de camp.) *Paris, A. Pihan de La Forest,* 1827, in-8, 16 p.

Intrigants (les) et les meneurs des Jacobins au manége de Franconi; ordre de leur couper la queue. *Paris, Maudet* (mai 1794), in-8.

Pamphlet politique à plusieurs personnages, par l'abbé Pierre D'OLIVIER, d'abord curé de Manicamp, ensuite professeur d'histoire à l'école centrale du département de Seine-et-Oise.

Intrigue (l') dans la rue, ou le Professeur de Montmartre, vaudeville bouffon en un acte. (Par Max. DE REDON et DEFRENOY.) *Paris, Henée,* an XIV-1805, in-8.

Intrigue (l') des carosses à cinq sols, comédie en trois actes et en vers. (Par CHEVALIER, comédien.) *Paris,* 1663, in-12. — *Paris, Lécluse,* 1828, gr. in-32. (Publiée par MONMERQUÉ.)

Intrigue (l') des filous, comédie. (Par Claude DE L'ESTOILE, sieur DU SAUSSAYE, etc.) *Paris, Ant. de Sommaville,* 1644, in-4. — *Suivant la copie imprimée à Paris (Leyde, les Elsevier),* 1649, pet. in-12.

Intrigues amoureuses de François Ier, ou l'Histoire tragique de la comtesse de Châteaubriand. (Par LESCONVEL.) *Amsterdam,* 1695, in-12.

Voy. ci-dessus, « Histoire de Pantagruel », col. 730, a.

Intrigues (les) amoureuses de la cour de France. (Par SANDRAS DE COURTILZ.) *Cologne (La Haye), P. Bernard,* 1685, in-12.

Réimprimées sous le titre de « la France devenue italienne », dans le recueil intitulé « Histoire amoureuse des Gaules, » voy. ci-dessus, col. 639, f, et dans celui intitulé « la France galante ».

Intrigues (les) amoureuses de M. de M**** (de Molière) et de Mme **** (Guérin), son épouse. *Dombes,* 1690, in-12, 120 p.

Voy. ci-dessus, « la Fameuse comédienne », col. 424, e.

Intrigues (les) de la paix et les négociations faites à la cour par les amis de M. le Prince... (Par Guy JOLY.) *S. l.,* 1652, in-4, 15 p. — *Id.,* in-4, 8 p.

Voy. « Mémoires du cardinal de Retz », tome II, p. 247. *Genève,* 1777.

Intrigues de Molière et celles de sa femme. 1690, in-12, 88 p.

Voy. ci-dessus, « la Fameuse comédienne », col. 424, e.

Intrigues (les) découvertes, ou le Caractère de divers esprits. *Paris, veuve de Varennes,* 1686, in-12.

La dédicace à Monsieur, frère du roi, est signée DE PRÉCHAC. Dans le privilége, daté du 15 février 1680, au nom de Préchac, l'ouvrage est intitulé : « la Valise ouverte » (voy. ces mots); tel est en effet le titre courant de tout le volume, dont l'impression a été terminée le 15 juin 1680.

Intrigues (les) galantes de la cour de France, depuis le commencement de la monarchie jusqu'à présent. (Par VANEL.) *Cologne, P. Marteau,* 1695, 1698, 1740, 2 vol. in-12.

« Bibliothèque des romans », tome II, p. 86.

Même ouvrage que « Galanteries des rois de France ». Voy. ci-dessus, col. 515, c.

Intrigues (les) secrètes du duc de Savoye, avec une relation fidèle des mauvais traitemens qu'en a reçus M. Phelippeaux, ambassadeur de France, contre le droit des gens. (Par Casimir FRESCHOT.) *Venise* (*Utrecht*), *P. Dalphino*, 1705, in-12.

Réimprimées à la suite des « Mémoires de la cour de Vienne », par le même auteur.

Cet ouvrage n'est, pour ainsi dire, qu'une réimpression du « Mémoire » publié la même année, d'après un manuscrit de PHELIPEAUX lui-même, sous la rubrique de *Bâle*.

L'abbé Lenglet, dans sa « Méthode pour étudier l'histoire », t. II, p. 584, semble avoir pris l'ouvrage de Freschot pour celui de Phelipeaux ; les auteurs de la « Bibliothèque historique de la France » n'ont point cité celui de Freschot.

Voyez mon « Examen critique des Dictionnaires historiques », article FRESCHOT.

Introduction à l'Écriture sainte. (Par Jean HABERT.) *Rennes, Vatar*, 1729, in-12.

Introduction à l'Écriture sainte, composée en latin par le P. LAMY, prêtre de l'Oratoire, et traduite en françois (par l'abbé Fr. BOYER) ; dernière édition, revue, corrigée et augmentée par l'auteur. *Lyon, Certe*, 1711, in-12.

Voy. ci-après, « Introduction à la lecture de l'Écriture sainte ».

Introduction à l'étude du Digeste. (Par Jean BANNELIER, doyen de l'Université de Dijon.) *Dijon, Antoine de Fay*, 1730, in-8, 60 p.

Introduction à l'histoire de France. Ouvrage élémentaire, à l'usage des personnes qui veulent s'instruire de l'origine des Francs... (Par dom MERLE.) *Paris, Jorry*, 1787, 2 vol. in-12.

Introduction à l'histoire de l'Empire français, ou Essai sur la monarchie de Napoléon. *Paris, imp. de Poulet, P. Domère, libr.*, 1820, 2 vol. in-8.

Des titres de la même date portent seconde édition ; et d'autres, réimprimés chez Doublet, en 1821 : « par REGNAULT-WARIN ; 2e édit. rev. et corr. par l'auteur ».

Les faux titres de ces trois variantes du titre principal portent : « de la Monarchie de Napoléon ».

Introduction à l'histoire de la guerre en Allemagne en 1756, ou Mémoires militaires et politiques du général LLOYD, traduits de l'anglais, et augmentés de notes et d'un précis sur la vie de ce général. Par un officier français (G.-H. DE ROMANCE, marquis DE MESMON). *Londres, Bruys*, 1784, in-4.

Ce n'est que le premier volume. On l'a réimprimé en 1803, et il forme le tome III des « Mémoires militaires et politiques du général Lloyd. »

Voy. « Supercheries », II, 1292, c.

Il existe un exemplaire de cet ouvrage, sur lequel Napoléon a écrit beaucoup de notes pendant son séjour à Sainte-Hélène.

Introduction à l'histoire des principaux Etats, tels qu'ils sont aujourd'hui dans l'Europe (traduite de l'allemand de Samuel PUFFENDORFF, par Claude ROUXEL ou ROUSSEL, maître de langue). *Cologne, Pierre Marteau*, 1685, 2 vol. in-12.

Introduction à l'histoire des troubles des Provinces-Unies, depuis 1777 jusqu'en 1787. (Par Ch. MILLON.) *Londres*, 1788, in-8.

Introduction à l'office des notaires, avec des formules de toutes sortes d'actes. (Par Fr. SIMONON.) *Liége, Desoër*, 1764, in-8.

Introduction à l'ouvrage intitulé : « de l'Administration des finances de la France », par M. Necker, avec de petites notes. *S. l.*, 1785, in-8.

Les « Mémoires secrets » de Bachaumont, t. XXVIII, p. 68, attribuent cet ouvrage à LOISEAU DE BÉRENGER, fermier général ; d'autres auteurs le donnent à BOUR-BOULON, mais il est de Jean BLONDEL, alors avocat au conseil, mort en 1810, président de la cour impériale.

Introduction à la chronologie, pour faciliter la connaissance des temps. (Par DELAISEMENT, professeur de Navarre.) *Paris, Moreau*, 1699, in-12.

Il y a des exemplaires avec le nom de l'auteur.

Introduction à la connaissance de l'esprit humain, suivie de réflexions et de maximes. (Par le marquis DE VAUVENARGUES.) *Paris, Briasson*, 1746. — Seconde édition (publiée par les abbés N.-C.-J. TRUBLET et Jos. SÉGUY). 1747, in-12. — *Barrois l'aîné*, 1781, in-12.

On trouve dans cet ouvrage des jugements sur nos principaux écrivains. L'article sur J.-B. Rousseau a été réimprimé dans le *Mercure* de juillet 1759, p. 44 et suiv., avec des changemens et des additions. Il est terminé par des réflexions sur Voltaire, que l'on ne trouve pas dans le volume dont il est ici question. M. de Fortia a inséré sous un titre particulier cette partie relative à Voltaire, dans le tome 1er de la collection des Œuvres de Vauvenargues, qu'il a fait imprimer en 1797, à Paris, chez Delance, 2 vol. in-12. Il paraît s'être servi d'une copie à laquelle Vauvenargues avait fait des changements, et il se trompe en disant dans une note que cet article n'avait jamais été imprimé.

Sur les variantes et suppressions des premières éditions, voir le tome I des « Œuvres de Vauvenargues », données par M. Germain. *Paris, Furne*, 1857, 2 vol. in-8.

Introduction à la connaissance géographique et politique des Etats de l'Europe, par Ant.-Fréd. BUSCHING, traduite de l'allemand (par G.-L. KILG). *Strasbourg, Stein*, 1779, in-8. — Seconde édition, revue et corrigée. *En Suisse*, 1780, in-8, avec le nom du traducteur.

Cet ouvrage est entièrement reproduit dans celui intitulé : « Introduction générale à l'étude de la politique, des finances et du commerce ; par M. de Beausobre. Nouv. éd. corrigée et augmentée. » *Amsterdam, Schneider*, 1765, 2 vol. in-12. L'auteur, du reste, en prévient dans son introduction.

Introduction à la définition de la situation du monde au XIXᵉ siècle. (Par M. LÉ-FRANC. *Paris, Delaunay*, 1838, in-8, XVIII-319 p.

Introduction à la « Description de la Lorraine et du Barrois »; par D. (Nicolas DURIVAL). *Nancy, Babin*, 1774, in-8.

C'est par erreur que, dans la 2ᵉ éd. de ce « Dictionnaire », Barbier attribue cet ouvrage à DOISY, directeur des parties casuelles du roi.

C'est sans doute par suite d'une mauvaise transcription du titre ci-dessus qu'il l'indique sous le nom de Durival : « Introduction à l'histoire de la Lorraine et du Barrois, par M. D*** ». *Nancy, Barbin*, 1775, in-8. La « Description de la Lorraine et du Barrois », *Nancy, veuve Leclerc*, 1778-1783, 4 vol, in-4, porte le nom de l'auteur, qui y a refondu son travail de 1774.

Introduction à la géographie. (Par DE BAL.) *Gand, Vanderschelden*, 1834, in-16.
J. D.

Introduction à la géographie, par un instituteur (Antoine MONESTIER, ministre du saint Evangile). *Lausanne*, 1825, in-12.
D. M.

Introduction à la jurisprudence naturelle. (Par Fréd.-Henri STRUBE DE PIERMONT.) *Saint-Pétersbourg, imp. du corps des cadets*, 1767, in-8.
A. L.

Introduction à la langue hébraïque par l'examen des différens systèmes dont se servent les professeurs, etc. (Par LAUGEOIS DE CHASTELLIER.) *Amsterdam*, 1764, in-12, 50 p.

Introduction à la langue latine par la voie de la traduction, tirée de SCIOPPIUS et de SANCTIUS (par P.-C. CHOMPRÉ). *Paris, Guérin*, 1757, in-12.

Introduction à la lecture de l'Écriture sainte, traduite du latin du P. LAMY, de l'Oratoire (par Fr. BOYER, chanoine de Montbrison). *Lyon, Jean Certe*, 1689, in-12.

Réimprimée en 1693, à la tête du « Dictionnaire de la Bible », par Simon. 2 vol. in-fol. Cet ouvrage est la traduction de l'*Apparatus ad Biblia sacra per tabulas* du P. Lamy. L'auteur ayant reproduit son ouvrage en 1696, avec beaucoup de changemens, sous le titre d'*Apparatus biblicus*, l'abbé Boyer reproduisit sa traduction, d'après les mêmes changemens, sous le titre d' « Introduction à l'Écriture sainte », *Lyon, J. Certe*, 1709, in-4. Voy. ci-dessus, col. 959, c.

T. V.

L'abrégé de cet ouvrage porte le même titre. Voyez les éditions de *Lyon*, 1711 ou 1751.

Introduction à la lecture de S. Paul. (Par LAUGEOIS DE CHASTELLIER.) *Paris*, 1766, in-12, 36 p.

Introduction à la matière médicale, en forme de thérapeutique... Par M. D*** (Alex.-Den. DIÉNERT), docteur en médecine. *Paris, veuve Quillau*, 1753, in-12.

Introduction à la minéralogie, traduite de l'allemand de J.-F. HENKEL (par le baron D'HOLBACH). *Paris, Cavelier*, 1756, 2 vol. in-12.

Introduction à la philosophie, contenant la métaphysique et la logique, par S'GRAVESANDE, traduite du latin (par ELIE DE JONCOURT). *Leyde, chez J. et H. Verbeek*, 1737, 1748, in-8. — 3ᵉ édition (augmentée par J.-N.-S. ALLAMAND, en 1756).

Voyez la « France littéraire » de 1769, t. I, p. 446.
Dans le « Dictionnaire » de Pr. Marchand, au mot S'GRAVESANDE, Allamand dit que la traduction fut envoyée à l'auteur par une main inconnue.

Introduction à la philosophie des anciens, par un amateur de la vérité (BARENT COENDERS VAN HENPEN, retouchée quant au style, dans cette édition, par Fr.-M. Pompée COLONNE, abbé de Saint-Ussans). *Paris, Cl. Thiboust et P. Esclassan*, 1689, in-12, XII-39 p.

Une prem. édit. a paru sous le titre de l' « Escalier des sages... » Voy. Supercheries », I, 293, b, et ci-dessus, col. 172, e.

Introduction à la philosophie, ou de la Connaissance de Dieu et de soi-même. (Par BOSSUET.) 1722, in-8.

Mylius a tort d'attribuer cet ouvrage à M. de Cambray. Voyez sa « Bibliothèque des Anonymes », t. II, p. 1283. BOSSUET, évêque de Troyes, neveu de l'illustre évêque de Meaux, publia en 1741, une édition beaucoup plus correcte de ce traité.

Introduction à la révolution des Pays-Bas et à l'histoire des Provinces-Unies. (Par LE JEAN.) *S. l.*, 1754, 3 vol. in-12.

Introduction à la sagesse, ou la petite Morale de Jean-Louis VIVÈS, traduction nouvelle avec le latin à côté (par Louis BULTEAU). *Paris, Coignard*, 1670, in-12.

Introduction à la science des médailles, par dom MANGEART (ouvrage achevé et publié par l'abbé A.-P. JACQUIN). *Paris, d'Houry*, 1763, in-fol.

Introduction à la théologie. (Par l'abbé Fr. ILHARAT DE LA CHAMBRE.) *Utrecht*, 1746, in-12.

Introduction à la théologie, ou Prolégomènes et histoire de cette science. Par

M. l'abbé H. J. (H. Jannin), professeur de théologie. *Paris, Parent-Desbarres,* 1849, in-12.

Introduction à la vie dévote, composée par S. François de Sales, et traduite en bas breton par un prêtre du diocèse de Léon (l'abbé Charles Lebris). *Morlaix,* 1710, in-8.

Introduction à la vie dévote, par S. François de Sales, nouvelle édition revue et mise en meilleur françois (par Jean Brignon, jésuite). *Paris, de Nully,* 1709, in-12.

Introduction au barreau, ou Dissertations sur les choses principales qui concernent la profession d'avocat. *Paris, Le Camus,* 1686, in-12, 2 ff. lim., 264 p. et 1 f. de priv.

L'auteur est désigné dans le privilége sous le nom du sieur D** (Etienne Durand, de Rethel, avocat au parlement, auteur d'un commentaire sur la « Coutume de Vitry »).

Introduction au cours de physiologie du cerveau, ou Discours prononcé par M. le docteur Gall, et précis analytique de la marche suivie par le docteur dans ses recherches. (Par M.-A. Jullien.) *Paris, F. Didot,* 1808, in-8, 46 p.

Introduction aux nouveaux débats qui vont s'ouvrir à Albi contre les prévenus de l'assassinat de M. Fualdès, par J.-B.-P. B....L (J.-B.-P. Brunel). *Paris, Mme Perronneau,* 1817, in-8.

Introduction aux ouvrages de Voltaire, par un homme du monde (l'abbé J.-B. Flottes), qui a lu avec fruit ses immortels ouvrages. *Montpellier, imp. de Tournel aîné,* 1816, in-12.

Introduction aux « Révolutions de Paris ». (Par Armand Loustalot.) *Paris, L. Prudhomme,* 1790, in-8, 72 p.

Introduction chronologique à l'histoire de France pour Monsieur. (Par La Mothe Le Vayer.) *Paris, Jolly,* 1670, in-12.

Introduction familière à la connoissance de la nature, traduction libre de l'anglois de M. Trimmer. (Par Arn. Berquin.) *Paris, au bureau de l'Ami des Enfants,* 1784, 2 parties in-12.

Introduction familière en la science d'astronomie contre Copernic, avec un supplément touchant une nouvelle méthode de mesurer la hauteur du soleil pardessus la terre, par le sieur I. M. (probablement Jean Maurisse ou Meurisse). *Paris, Louis Vendôme,* 1672, in-4.

« Bibliographie astronomique » de La Lande.

Introduction générale à l'étude des sciences et belles-lettres, en faveur des personnes qui ne savent que le françois. (Par Ant.-Aug. Bruzen de La Martinière.) *La Haye, Beauregard,* 1731, in-8.

Réimprimé avec le nom de l'auteur à la suite de Formey, « Conseils pour former une bibliothèque... » Voy. IV, 701, b.

Introduction sur le service des patrouilles et des avant-postes composés de cavalerie et d'infanterie, publiée en allemand, traduite et augmentée de détails importants, par un ancien officier (Wernecke, général prussien en retraite). *Bruxelles et Liége,* 1863, in-18, 121 p.

Introït, par J. L. (l'abbé Jean Laboudérie). *Paris,* 1831, in-8, 15 p.

Inutilité (de l') d'un congrès dans la question polonaise. (Par Achille Bonoldi.) *Paris, imp. Pilloy,* 1863, in-8, 16 p.

Invasion (l') de la Saxe, ses prétendus motifs. (Par Fr.-Ant. Chevrier.) *Nancy, veuve d'Ant. Leseure,* 1757, in-8.

Voy. n° 33 de la « Notice bibliographique sur Chevrier, par M. Gilet ».

Inventaire de l'histoire de Normandie. (Par Eustache d'Anneville.) *Rouen, J. Osmont,* 1645, in-4, 206 p., plus 1 f. d'errata et 4 ff. prélim.; — et aussi *J. Osmont,* 1646, et *Charles Osmont,* 1645, 1646 et 1647.

Réimprimé sous ce titre : *Abrégé de l'histoire de Normandie.* Voy. IV, 22, e.

Inventaire de l' « Histoire généalogique de la noblesse de Touraine »... Par M. le C. D. L. S. (le chevalier François-Tristan de L'Hermite-Souliers). *Paris, veuve Alliot et G. Alliot,* 1669, in-fol.

L'auteur a signé l'épître.

Inventaire de l'histoire journalière, par T. G. P. (Thomas Galiot, prêtre). *Paris,* 1599, in-8.

Inventaire de tous les meubles du cardinal Mazarin, dressé en 1653, et publié d'après l'original conservé dans les archives de Condé. *Londres, imp. de Wittingham et Wilkins,* 1861, in-8.

Publié par Henri d'Orléans, duc d'Aumale. Ouvrage tiré à un petit nombre d'exemplaires et non mis dans le commerce.

Inventaire des archives du doyenné de Doudeville, par le doyen (M. l'abbé Simon). *Rouen, Mégard,* 1857, in-8.

Inventaire des faultes, contradictions, faulses allégations du sieur du Plessis, remarquées en son livre de la sainte Eucharistie, par les théologiens de Bourdeaux

(FRONTON DU DUC). *Bourdeaux*, 1599, in-12.

Inventaire des pièces que met et baille, par devers vous, nos seigneurs de Parlement, la Sagesse éternelle... demanderesse en restitution de la monarchie françoise... (Par Fr. DAVENNE.) *S. l.* (1652), in-4.

Inventaire des titres originaux généalogiques, conservés jusqu'à ce jour, des branches existantes de la maison de Chamborant... Par M. le chevalier DE C*** DE P*** (DE CHAMBORANT DE DROU). *Paris, P.-G. Simon et N.-H. Nyon*, 1783, in-fol.

Inventaire des titres recueillis par Samuel GUICHENON, précédé de la table du *Lugdunum sacroprophanum* de P. BULLIOUD; publiés d'après les manuscrits de la Bibliothèque de la Faculté de médecine de Montpellier, et suivis de pièces inédites concernant Lyon. (Publ. par M. Paul ALLUT.) *Imp. de L. Perrin, à Lyon*, 1851, in-8.

Inventaire général des affaires de France...

Voy. ci-dessus, « Etat général des affaires... », col. 898, f.

Inventaire ou catalogue des livres de l'ancienne bibliothèque du Louvre, fait en l'année 1373, par Gilles MALLET, garde de ladite bibliothèque. Précédé de la dissertation de BOIVIN le jeune sur la même bibliothèque, sous les rois Charles V, Charles VI et Charles VII. Avec des notes historiques et critiques (par J.-B.-B. VAN PRAET). *Paris, de Bure frères*, 1836, in-8, 2 ff. de tit., XLIV-259 p., 1 f. d'errata et 1 fac-simile.

Invention (l') de l'imprimerie à Strasbourg par J. Gutenberg. Courte notice publiée à l'occasion du quatrième anniversaire séculaire de cette invention, célébrée à Strasbourg les 24, 25 et 26 juin 1840. (Par LE ROUX père, doyen des imprimeurs.) *Strasbourg, imp. de Le Roux*, 1840, in-8, 20 p.

Invention de l'imprimerie, poëme, suivi de la Fête-Dieu. Par A. M. (Auguste MAME?) *Angers, imp. de A. Mame*, 1813, in-8. Catalogue de Nantes, n° 26484.

Invention de la poudre, poëme. (Par Cl.-Et. BOURDOT DE RICHEBOURG.) *Paris, Josse*, 1732, in-8.

Quelques exemplaires portent à la fin de ce poème la signature de l'auteur.

Inville (d'), ou les catastrophes amoureuses...

Voy. « Dinville... », IV, 994, b.

Invincibles (les), ou la Gloire des armées françaises. Précis des actions éclatantes qui ont fait surnommer les Français premiers soldats du monde ! Dédié aux braves; par P. C. (Pierre COLAU). *Paris, H. Vauquelin*, 1819, in-12.

Plusieurs fois réimprimé.

Inviolabilité (de l') de la propriété. *Paris, Dentu*, 1857, in-32, 62 p.

Signé : L. A. (Lazare AUGÉ).

Inviolabilité, principe et fin de la société et du commerce de l'homme, etc.; par le cit*** (J.-F. DUTRONE DE LA COUTURE). *Paris, Moutardier*, an VIII-1800, in-8, 132 p. — 2e édit. *Id.*, an VIII-1800, in-8.

Inviolable (de l') et sacrée personne des rois; contre tous assassins et parricides qui ozent attenter sur Leurs Majestez. (Par PELLETIER.) *Paris, F. Huby*, 1610, in-8.

L'auteur a signé l'épître.

Invisible (l'), journal politique, littéraire et moral. (Par FABRE D'OLIVET.) *Paris*, 1er prairial an V, in-8.

Supprimé le 18 fructidor, il reparut le 21 dans le format in-4, sous ce titre : « l'Avant-coureur, journal politique et littéraire », qui finit le 19 brum. an VI, au 63e numéro.

Voy. Hatin, « Bibliog. de la presse », p. 274.

Invisibles (les), ou les Ruines du château des bois; trad. de l'allem. d'Aug. LAFONTAINE, par Léon A*** (ASTOUIN). *Paris, Corbet*, 1820, 2 vol. in-12.

Suivant Quérard, cet ouvrage ne serait pas d'Aug. Lafontaine.

Invitation à la concorde, pour la fête de la Confédération, du 14 juillet 1792. (Par Jacques-Bernardin-Henri DE SAINT-PIERRE.) *Paris, imp. de P.-F. Didot*, 1792, in-fol. plano.

Invitation à Monsieur l'Miniss (Van de Weyer). Chanson par li P*** T*** (Charles DUVIVIER). (*Liége, Ghilain*, 1845), in-8, 4 p.

Ces initiales P. T. veulent dire « Pantalon trawé », titre d'une chanson populaire à Liége, dont Duvivier est aussi l'auteur. Ul. C.

Invitations familières faites aux élèves de ce temps dans les beaux-arts, par un ancien amateur (J.-L. DUPAIN-TRIEL). *Paris, s. d.*, in-8, 32 p.

Invocation aux autorités, relativement au système diffamatoire signalé en deux énormes volumes; suivie du texte de la dénonciation, réduit et mis au net. (Par le marquis DE LA GERVAISAIS.) *Paris, Hivert*, 1826, in-8, 20 p.

Invocation (l') et l'imitation des saints, pour tous les jours de l'année (par l'abbé

GIRAUD), avec des figures taillées en taille-douce par AUDRAN. *Paris, Audran, 1687, 4 vol. in-16.*

Iolanda Fitz-Alton, ou les Malheurs d'une jeune Irlandaise, par l'auteur de « Ladouski et Floriska » (J.-L. LACROIX DE NIRÉ). *Paris, Nicolle, 1810, 3 vol. in-12.*

Iolande, ou l'Orgueil au quinzième siècle. Galerie du moyen âge. Par Mme la baronne Adèle DE R..... (Adèle DE REISET), auteur d' « Atale de Montbard, ou ma Campagne d'Alger ». *Paris, G. Mercklein, 1834, 2 vol. in-8.*

Voy. « Supercheries », III, 292, e.

Iphigénie (l') d'EURIPIDE, tournée de grec en vers françois, par l'auteur de l' « Art poétique » (Thomas SIBILLET ou SEBILET, avocat au Parlement de Paris). *Paris, Gilles Corrozet, 1550, in-8, 75 ff.*

Dans cette édition, tous les E qui s'élident sont barrés, même dans l'avis au lecteur, qui est en prose.

Iphigénie en Aulide, tragédie-opéra en trois actes. (Par M.-F.-L. GAND LEBLAND DU ROULLET, GLUCK et GARDEL.) *Paris, Delormel, 1774, in-4, 63 p. — Paris, Ballard, 1782, in-8.*

Iphigénie en Tauride, tragédie (5 a. v. par PICK, receveur des tailles à Bordeaux). *Londres, 1752, in-8, 5 ff. lim. et 112 p.*

Catalogue Soleinne, nº 1931.

Iphis et Aglaé, par Mme *** (Charlotte-Marie CHARBONNIER DE LA GUESNERIE). *Londres et Paris, 1768, 2 vol. in-12.*

D. M.

Iphise, ou Fragment tiré du grec. (Par Jean VIEL DE SAINT-MAUX.) *S. l. n. d.*, in-8, 15 p., et in-12, 24 p.

Tiré à petit nombre.
Réimprimé dans la « Bibliothèque universelle des romans », juillet 1785, t. II, p. 166.

Ipsiboé, opéra en 4 actes. Représenté pour la première fois sur le théâtre de l'Académie royale de musique, le 31 mars 1824. *Paris, Vente, 1824, in-8, 4 ff. lim. et 63 p.*

On lit au verso du titre :
Paroles de M. DE St-... (SAINT-YON). Musique de M. R. Kreutzer. Ballets de M. Gardel. Décorations de M. Cicéri.

Irénée Bonfils, sur la religion de ses pères et de nos pères. (Par DUPONT, de Nemours.) *Paris, F. Didot, 1808, in-8, 16 p.*

Extrait du « Journal des arts et des sciences », réuni à la « Bibliothèque française ».

Irma, ou les Malheurs d'une jeune orpheline, histoire indienne, avec des ro-mances, publiée par la Ce GD (GUÉNARD). *Paris, an VIII, 2 vol. in-18.*

Souvent réimprimé avec le nom de l'auteur.

Ironie (l') française. Premier fascicule. Janvier 1866. La grande pensée du règne de Napoléon III, allocution machiavélique du cardinal Antonelli à l'Empereur des Français, prononcée, *in petto*, le premier jour de l'an du seigneur 1866. (Par Ernest LEBLOYS.) *Bruxelles, Ch. Sacré-Duquesne, 1866, in-16, 2 ff. de tit. et 49 p.*

Irons-nous à Paris? ou la Famille du Jura ; roman plein de vérités. (Par P.-E. LÉMONTEY.) *Paris, Déterville, frimaire an XIII-1805, in-12.*

Irrévocabilité (l') de l'édit de Nantes, prouvée par les principes du droit et de la politique. Par C. A. (Charles ANCILLON), docteur en droit et juge de la nation françoise à... *Amsterdam, H. Desbordes, 1688, in-12.*

Irsa et Marsis, ou l'Isle merveilleuse, poëme en deux chants, suivi d'Alphonse, conte. (Par C.-J. DORAT.) *Paris, Delalain, 1769, in-8, 77 p.*

Réimprimé dans les Œuvres de l'auteur.

Irus ou le Savetier du coin. (Par M.-Ferdinand DE GROUBENTALL DE LINIÈRES.) *Genève, 1760, in-8, 23 p.*

On dit qu'une édition porte le nom de VOLTAIRE. Voy. « Nouvelle Biographie générale », XXII, col. 220.
Esch, « France littéraire », t. I, p. 153, attribue, par erreur, cette pièce à GROUBER DE GROUBENTHAL.

Isabelle de Mélinder. Tableaux histor. III. Par l'auteur de « Péricla » et de « la Fille des Cèdres » (Mlle Sophie GALLOT). 3 vol. in-32.

Isabelle de Nesle, histoire du XVe siècle. Par M. P. D. C. (J.-A.-S. COLLIN, de Plancy), *Bruxelles, Société nationale, 1838, in-32, 160 p.*

J. M.

Isabelle double. (Par T.-S. GUEULLETTE.)

Parade insérée dans le « Théâtre des boulevards », 1756, tome II.
Nous restituons cette pièce à Gueullette, d'après une note de Collé, inscrite sur un exemplaire dudit théâtre ; le catalogue Soleinne, nº 3496, l'attribue à SALLÉ.

Isabelle et Fernand ; ou l'Alcade de Zalaméa, comédie en 3 actes, en vers (libres), mêlés d'ariettes. (Par FAUR.) *Paris, Prault, 1784, in-8.*

Isabelle et Jean d'Armagnac, ou les Dangers de l'intimité fraternelle ; roman historique. Par J. P. B. (J.-P. BRES.) *Paris, Marchand, an XII, 4 vol. in-12, fig.*

Isabelle grosse par vertu. (Par C.-B. FAGAN.)

Parade insérée dans le « Théâtre des boulevards », 1756, t. II.

Isabelle hussard, parade en un acte et en vaudevilles. Représentée sur le théâtre des comédiens italiens ordinaires du Roi, le mardi 31 juillet 1781. (Par G.-P. DESFONTAINES DE LA VALLÉE.) *Paris, Vente,* 1781, in-8, 40 p.

Isaïe vengé, sur le rappel futur des Juifs.(Par Laurent-Etienne RONDET.) 1762, in-12, 86 p.

Cet ouvrage est la réfutation de la « Traduction nouvelle du prophète Isaïe », par Deschamps.

Isaure, drame en trois actes, mêlé de chants, par MM. Théodore N*** (NEZEL), Benjamin (ANTIÉ) et Francis (CORNU). Représenté pour la première fois sur le théâtre des «Nouveautés», le 1er octobre 1829. *Paris, Bréauté,* 1829, in-8, 81 p.

Isaure et Dorigni, ou la Religieuse d'Alençon, histoire véritable; par Mme L. V*** (VILDÉ), auteur de « Betzi »... *Paris, Duponcet,* 1804, 2 vol. in-12, av. fig.

Voy. « Supercheries », II, 996, f.

Isaure, ou l'Inconstant dans l'embarras, comédie-vaudeville en un acte, mêlée de couplets, par M. Maurice S*** (le baron Armand-Louis-Maurice SÉGUIER), représentée pour la première fois à Paris, sur le théâtre du Vaudeville, le 20 janvier 1806. *Paris, Mme Masson,* 1806, in-8, 39 p.

D. M.

Isaure, ou le Château de Montane, trad. du languedocien, par l'auteur du « Marchand forain », de la « Roche du diable » (L.-P.-P. LEGAY). *Paris, Chaumerot jeune,* 1816, 3 vol. in-12.

Isidore et Juliette, anecdote du quinzième siècle. (Par A.-J.-N. DE ROSNY.) *Paris,* 1797, in-8.

V. T.

Isle (l').

Voy. « Ile ».

Ismenias, ou l'Ebolation de Taillan. *Dijon,* 1619, in-12, 16 p.

Attribué par Papillon à Benigne PERARD et à Etienne BRÉCHILLET. Réimp. en 1852 dans les « Mémoires de la commission des antiquités de la Côte-d'Or ». Mignard, « Histoire de l'idiome bourguignon, » p. 235.

'Ισοκράτους πρὸς Δημονικὸν λόγος. Discours d'ISOCRATE à Démonique, texte grec, avec sommaire et notes en français. Par E. G. (Eugène GÉRUZEZ). *Paris, imp. d'A. Delalain,* 1832, in-12, 22 p.

Isographie des hommes célèbres, ou Collection de *fac-simile*, de lettres autographes et de signatures. (Editée par S. BÉRARD, ancien maître des requêtes, le marquis R.-C.-H. DE CHATEAUGIRON, Jean DUCHESNE, alors employé et depuis conservateur du cabinet des estampes de la Bibliothèque nationale, et TRÉMUSOT, chef de bureau à la préfecture de la Seine.) *Paris, Alexandre Mesnier,* 1828-1830, 4 vol. in-4.

D. M.

Isotime; ou le Bon génie, poëme en prose (par C.-F.-X. MERCIER, de Compiègne), suivie de la Sympathie, histoire morale, par l'auteur de « l'An 2440 » (L.-S. MERCIER). *Paris, Mercier,* 1793, in-32.

Israël vengé, ou Exposition naturelle des prophéties hébraïques que les chrétiens appliquent à Jésus, leur prétendu messie; traduit de l'espagnol d'Isaac OROBIO, juif espagnol (par un autre juif appelé HENRIQUÈS). 1771, in-8. — *Paris, imp. de Lange Lévi,* 1845, in-18.

J'ignore si le juif HENRIQUEZ, désigné dans l'avis de l'éditeur comme ayant traduit en français l'ouvrage composé par OROBIO, juif espagnol, dans sa langue (l'hébreu ou l'espagnol?), a jamais existé. L'avis ajoute qu'un homme de lettres paraît avoir retouché ou corrigé la traduction. Il contient d'ailleurs un grand nombre de morceaux dont Diderot est l'auteur. Je sais avec certitude que le baron D'HOLBACH a refait en grande partie l'ouvrage, s'il n'est pas entièrement de lui, ce que je suis porté à croire. — Quelqu'un a-t-il jamais vu le manuscrit d'OROBIO ou celui de HENRIQUEZ?

(Note d'Eus. Salverte.)

Israélites (les) à la montagne d'Oreb. Poëme. (Par l'abbé C.-H. DE FUSÉE DE VOISENON.) 1758, in-8.

Ita, comtesse de Toggenbourg, ou la Vertu persécutée. Trad. de l'allemand (de A.-A. WEIBEL, par L. FRIEDEL). *Tours, Mame,* 1836, in-18.

Réimprimé avec le nom du traducteur.

C'est à tort que cette traduction a été présentée comme celle d'un ouvrage du chanoine Schmid.

Voy. ci-dessous, « Itha ».

Italiade (l'), poëme héroï-comique en six chants, par M. S. D. (Simien DESPRÉAUX). *Paris, Chaumerot jeune,* 1818, in-8, 54 p.

Italie (l') avant la domination des Romains, trad. de l'italien de G. MICALI (par JOLY et FAURIEL), avec des notes et des éclaircissements histor., par M. Raoul ROCHETTE. *Paris, Treuttel et Wurtz,* 1824. 4 vol. in-8 avec atlas in-fol. de 67 pl. et 1 carte.

La traduction a été revue par J.-B.-M. GENCE et Raoul ROCHETTE.

Le n° 50 de l' « Anthologie » de Florence a relevé

dans le travail de R. Rochette une foule d'erreurs et
de contre-sens grossiers.

Italie (l') depuis 1815. (par Th. JUSTE.)
Bruxelles, Muquardt, 1849, in-18, VII-315 p.
J. D.

Italie (l') militaire. (Par le général PÉPÉ.)
Paris, Anselin et G. Laguionie, 1836, in-12,
VIII-247 p.

L'avertissement est signé : A.-C. THIBAUDEAU.

Italie (l'), par lady MORGAN, traduit de
l'anglais (par Mlle SOBRY). *Paris, Dufart*,
1821, 4 vol. in-8.

Italie (l') politique et ses rapports avec
la France et l'Angleterre, par *** (le général Guillaume PÉPÉ), précédée d'une
introduction, par M. Ch. DIDIER. *Paris,
Pagnerre*, 1839, in-32, 168 p.

Italie (l') réformée, ou Nouveau plan de
gouvernement pour l'Italie, traduit de l'i-
talien (par LE BRUN). *Rimini (France)*,
1769, in-12.

Traduction incomplète.
J'ai vu un exemplaire portant le nom du traducteur.
L'auteur est PILATI DE TASSULO. Voy. la traduction
entière de son ouvrage, aux mots : « Projet d'une réforme... »

Italie (l') vengée de son tyran, par les
armes des bons François, par le sieur N. R.
(ROZARD), Champenois. *Paris, F. Musnier*,
1649, in-4, 8 p.

Italie (l') vivra ! ! ! Au comte de Cavour,
un de ses collaborateurs inconnus. Epilo-
gue. (Par F. TAPON-FOUGAS.) *Londres, imp.
de F. Tafery*, 1861, in-16.

Italien (l'), ou le Confessionnal des Péni-
tens noirs, traduit de l'anglais de Anne
RADCLIFFE, par A. M. (A. MORELLET). *Paris, Denné*, 1797, 3 vol. in-12.

Voy. « Supercheries », I, 283, *e*.

Italienne (l') à Londres, comédie en trois
actes, en prose, mêlée de musique de
M. Cimarosa. (Par NEUVILLE.) *Amsterdam,
G. Dufour*, 1792, in-8.

Catalogue Soleinne, n° 2872.

Italienne (l'), ou Amour et persévérance,
par F. D. (F. DOGNON), auteur de « Dunois,
ou l'élève de Mars et de l'amour. » *Paris*,
1803, in-12.

Italiens (les) aux boulevards, ou Dialo-
gue entre leur nouvelle salle et celle des
Français. (Par J.-A. DULAURE.) *Rome et
Paris, Guillot*, 1783, in-8.   V. T.

Italiens (les), ou Mœurs et coutumes
d'Italie, ouvrage traduit de l'anglois de
BARETTI (par M.-A. EIDOUS). *Paris, Costard*,
1773, in-12.

Itha, comtesse de Toggenbourg, ou l'Innocence persécutée (traduit de l'allemand
de A.-A. WAIBEL), par M. L. H. (l'abbé
T.-F.-X. HUNCKLER). *Paris, Gaume frères*,
1834, in-18. — 2e édit. *Id.*, 1836, in-18.

C'est à tort que plusieurs personnes ont attribué cet
ouvrage à l'abbé Christ. SCHMID.

La maison Levrault, de Strasbourg, qui a publié la
première traduction française des œuvres du chanoine
Schmid qui ait été approuvée par cet auteur, a partagé
elle-même cette erreur, puisque, p. 48 de son Catalogue de 1830, cet ouvrage figure pour une édition du
texte allemand au nom de Schmid.

L'auteur, A.-A. WAIDEL, religieux de l'ordre de
Saint-François, à Staufens (Bavière), est connu en littérature sous le nom de l'abbé Théophile NELK.

Voy., pour le détail des diverses traductions, ce nom
aux « Supercheries », II, 1238, *d*.

Voy. aussi ci-dessus, « Ita ».

Itinéraire d'Italie, contenant la description des routes fréquentées et des principales villes d'Italie, avec (13) cartes géographiques... VIIe édit. corr. et augm.
(par l'éditeur Nicolas PAGNÉ). *Florence*,
1807, in-8, XXXIV-448 p.

L'auteur donne, p. VIII, la liste des auteurs qui ont
publié des ouvrages sur l'Italie, depuis 1580 jusqu'en
1807.

Itinéraire d'Italie, ou la Description des
voyages par les routes les plus fréquentées
aux principales villes d'Italie. 9e édition
milanaise. Par P. J. V. (P.-J. VALLARDI).
Avec 17 cartes géographiques. *Milan*, 1817,
in-8.

Souvent réimprimé.

Itinéraire d'une partie de l'Asie Mineure,
par l'auteur de l' « Histoire des Wahabis »
(L.-A.-O. DE CORANCEZ). *Paris, Renouard*,
1816, in-8.

Itinéraire de Bonaparte à l'île de Sainte-
Hélène, depuis son départ de l'Elysée-
Bourbon ; avec des détails très-circonstan-
ciés et des anectodes sur ses différents
séjours à la Malmaison... Rédigé par
M. F. M. (François-Marie MAYEUR DE
SAINT-PAUL), qui n'a quitté Bonaparte
qu'à son départ pour Sainte-Hélène. *Paris,
Lerouge*, 1815, in-8, 84 p.

Itinéraire de Bonaparte, de l'île d'Elbe
à l'île Sainte-Hélène, ou Mémoires pour
servir à l'histoire des événemens de 1815,
avec le recueil des principales pièces officielles de cette époque, par l'auteur de
« la Régence à Blois »... (J.-B.-G. FABRY).
Paris, Le Normant, 1816, in-8. — 2e édit.
Id., 1817, 2 vol. in-8.

Itinéraire de Buonaparte depuis son départ de Doulevent, le 29 mars, jusqu'à son
embarquement à Fréjus, le 29 avril, avec
quelques détails sur ses derniers moments

à Fontainebleau et sa nouvelle existence à | *a*
Porto-Ferrajo, pour servir de suite à la
« Régence à Blois » (par J.-B.-G. FABRY).
Paris, Le Normant, 1814, in-8.

Itinéraire de Bruxelles et de ses faubourgs... accompagné d'un plan topographique, rédigé par M. D. B. (DE BOUGE), auteur de plusieurs ouvrages. *Bruxelles, Vahlen,* 1826, in-8. — J. D.

Itinéraire de l'Arabie Déserte, ou Lettres | *b*
sur un voyage de Bassora à Alep par le
grand et le petit désert, fait en 1750 par
MM. PLAISTED et ELIOT, capitaines au service de terre de la Compagnie des Indes
de Londres. Traduit de l'anglois (par DE
LA MARQUITIÈRE, ou plutôt par ROGER, de
Dijon). *Paris, Duchesne,* 1759, in-12, 4 ff.
lim. et 76 p.

La dédicace est signée : DE LA MARQUITIÈRE.

Itinéraire de l'artiste et de l'étranger | *c*
dans les églises de Paris, ou état des objets
d'art commandés depuis 1816 jusqu'en
1830 par l'administration de cette ville.
(Par Joseph-Amable GRÉGOIRE.) *Paris, l'auteur,* 1833, in-8, 2 ff. lim. et 76 p.

Itinéraire de la vallée de Chamouny, d'une
partie du bas Valais et des montagnes environnantes. (Par J.-P. BERTHOUT VAN
BERCHEM.) *Lausanne,* 1790, in-12. — *Genève, Manget,* 1805, in-12.

Itinéraire des routes les plus fréquentées, ou Journal d'un voyage aux villes
principales de l'Europe... (Par Louis DUTENS.) *Paris, Pissot,* 1775, in-8, XXXI-
128 p.

Réimprimé plusieurs fois avec le nom de l'auteur.

Itinéraire descriptif et instructif de
l'Italie en 1833, par M. Em.... P..... (Emile
POLONCEAU). *Paris, Pougin,* 1836, 2 vol.
in-8.

Itinéraire du chemin de fer de Rouen, le | *e*
Havre et Dieppe. *Paris,* 1851, in-16, 16 p.

Une éd. in-folio en éventail est signée : L. G. DE
MARSAY.

Itinéraire du chemin de fer du Nord et
de ses embranchements. *Paris,* 1851, in-16,
16 p.

Une édition in-folio en éventail est signée : L.-G. DE
MARSAY.

Itinéraire du mont Righi et du lac des
Quatre-Cantons, précédé de la description
de la ville de Lucerne et de ses environs,
trad. de l'allem. du chanoine BUSINGER,
par H. DE C*** (CROUSAZ). *Lucerne, Xav.
Meyer,* 1815, in-8.

Itinéraire en Bretagne, par E. D. V.
(Emile DUCREST DE VILLENEUVE, neveu de
l'amiral de ce nom). *Rennes,* 1837, in-8.
D. M.

Itinéraire et souvenir d'un voyage en
Italie en 1819 et 1820. (Par DUCOS.) *Paris,
Dondey-Dupré,* 1829, 4 vol. in-8.

Itinéraire et souvenirs d'Angleterre et
d'Ecosse, 1824-1826. (Par B. DUCOS, ancien régent de la Banque de France.) *Paris,
Dondey-Dupré,* 1834, 4 vol. in-8.

Itinéraire maritime d'Antonin. (Par
M. TOULOUZAN.) (*Marseille*), s. d., in-8.

Cet opuscule est formé de la réunion de huit articles qui avaient paru dans le journal « l'Ami du bien », publié par le même auteur, à *Marseille,* en 1826 et 27, 3 vol. in-8.

Itinéraire, ou Passe-Temps de Lyon à
Mâcon par la diligence d'eau. (Par J.-B.-D.
MAZADE D'AVÈZE.) *Lyon,* 1812, in-18.

Itinéraire pittoresque du Bugey, par
M. H. DE S⟨t⟩ D. (HUBERT DE SAINT-DIDIER),
de la Société royale d'agriculture et arts
utiles de Lyon... *Bourg, Bottier,* 1837, in-8.

Itinéraire portatif, ou Guide historique | *d*
et géographique du voyageur dans les environs de Paris, à quarante lieues à la
ronde... enrichi d'un plan de Paris et de
cartes géogr. levées d'après les observations de MM. de l'Académie des sciences.
(Par Louis DENIS.) *Paris, Nyon aîné,* 1781,
3 part. en 1 vol. in-8.

Le nom de l'auteur est indiqué dans le privilège.

Itinéraire topographique et historique
des Hautes-Pyrénées, principalement des
établissements thermaux... Par A. A***
(A. ABADIE). *Paris, de Palafol,* 1819, in-8.

Réimprimé plusieurs fois.
L'édition de 1840 porte le nom de l'auteur.

Ivan Nikitonko, le conteur russe, fables,
historiettes et légendes. (En vers. Par le
prince Emmanuel GALITZIN.) *Paris, Amyot,*
1843, in-12.

Réimprimé en 1846 avec le nom de l'auteur, et sous
le titre de : « le Conteur russe, fables et légendes »,
avec l'addition d'une « Notice biographique sur les
principaux fabulistes russes ».

Ivanhoé, opéra en trois actes, imité de | *f*
l'anglais par MM*** (Emile DESCHAMPS et
G.-G. DE WAILLY). Musique de Rossini,
arrangé pour la scène française par Pacini,
représenté pour la première fois sur le
théâtre royal de l'Odéon, le 15 septembre
1826. *Paris, Vente,* 1826, in-8, 2 ff. de
tit. et 8 p.

Voy. « Supercheries », III, 1099, *d.*

J'ai vu (les) du jeune homme (J. Aude), à la mort du vieillard (Voltaire). *Paris, Moureau*, 1779, in-8, 28 p.   V. T.

J. C. L. de Sismondi. Fragments de son journal et correspondance. *Genève et Paris, Cherbuliez*, 1857, gr. in-8, VIII-232 p.

Les 64 prem. pages imprimées à Paris contiennent: « Vie et Travaux de Charles de Sismondi ». Ce travail, signé A. M. (Adélaïde Montgolfier), a été publié à part en 1845.

J. J. L. B. (J.-Jos. Le Bœuf), citoyen de Marseille, à son ami, sur l'atrocité des paradoxes du contemptible J.-J. Rousseau. 1760, in-12, 128 p.

Un amateur a écrit sur son exemplaire *Nomine Bos, scriptis* Asinus.

J.-S. Brun, sculpteur statuaire… Notice historique. Par A. D. (A. Delcourt). *Paris, L. Hachette*, 1846, in-8.

La 2e éd., publiée la même année, porte le nom de l'auteur.

Jachères (des). Par un propriétaire-cultivateur du département de la Meurthe (Benoist, maire de Nancy sous la Restauration). *Nancy, Haener*, an II-1794, in-8, 38 p.

Jacinthes (des), de leur anatomie, reproduction et culture: (Par le marquis Maximilien-Henri de Saint-Simon.) *Amsterdam*, 1768, in-4, 164 p. et 10 pl.

Jacobin (le) espagnol, ou Histoire du moine Ambrosio et de la belle Antonia, sa sœur (trad. de l'anglais de M.-G. Lewis). *Paris, Favre*, an VI, 4 vol. in-18.

Jacobineïde (la), poëme héroï-comi-civique. Par l'auteur de la « Chronique du manège », de la « Constitution en vaudeville », etc. (François Marchant). *Paris, au bureau des Sabats jacobites*, 1792, in-8, IV-188 p.

Jacobiniade (la), fragment d'un poëme héroï-comique (en prose) sur l'horrible ca-tastrophe des Jaçobins. (Par M.-G.-T. Villenave.) *S. l. n. d.*, in-8, 8 p. — *Paris*, an III-1795, in-8, 16 p.

Jacobinisme (du) et de l'usurpation.

Voy. « Coup d'œil politique sur le continent », IV, 784, a.

Jacobinisme (le) réfuté, ou Observations critiques sur le mémoire de M. Carnot, adressé au Roi en 1814, par M. F.-M. G****** (F.-M. Guillot). *Paris, Delaunay, mai* 1815, in-8, 85 p.

Une 2e éd., *Paris, Delaunay*, 17 juin 1815, in-8, porte le nom de l'auteur.

Jacobins (des), depuis 1789 jusqu'à ce jour, ou Etat de l'Europe en janvier 1820, par l'auteur de l' « Histoire des sociétés secrètes » et du « Royaume de Westphalie ». 2e édit. *Paris, marchands de nouveautés*, 1822, in-8, 370 p.

Par Vincent Lombard, de Langres. La première édition est intitulée : « Histoire des Jacobins ». Voy. ci-dessus, col. 756, f.

Jacotins (les) et leur antagoniste, satire, par ***, initié (Sylvain Van de Weyer). *Gand, de Goesin* (1823), in-8, 11 p.

Voy. « Supercheries », III, 1106, c.

Jacqueline de Bavière, comtesse de Hainaut, nouvelle historique. (Par Mlle de La Roche-Guilhem.) *Amsterdam, Marret*, 1702, in-12.

Réimprimé dans le tome XVIII de la « Bibliothèque de campagne ». *La Haye et Genève*, 1749, in-12.

Jacqueline Foroni rendue à son véritable sexe, ou Rapport, réflexions et jugements présentés à l'Académie de Mantoue par la classe de médecine, sur le sexe d'un individu vivant. (Traduit de l'italien par E.-M. Siauve.) *Milan*, 1802, in-fol.

Jacquemardade (la), poëme épi-comique en patois de Besançon. (Par Bizot, conseiller au bailliage de Besançon.) *Dôle, Tournel*, 1751, in-12, 58 p.

Jacquerie (la), scènes féodales; suivies de la famille de Carjaval, drame, par l'auteur du « Théâtre de Clara Gazul » (P. MÉRIMÉE). *Paris, Brissot-Thivars, 1828, in-8.*

Jacques Bonhomme à ses descendants; manuscrit de l'autre monde découvert au centre d'un aérolithe tombé du ciel dans la plaine des Vertus, le 1er avril 1842. (Par Ange BLAISE.) *Paris, imp. de Blondeau, 1842, in-8, 24 p.*

Voy. « Supercheries », II, 356, a.

Jacques Bonhomme aux représentants de la nation. (Par Ange BLAISE.) *Rennes, imp. de Marteville, 1832, in-8, 8 p.*

Voy. « Supercheries », II, 355, f.

Jacques Bonhomme. Le bon sens du peuple sur les absolutistes. (Par Ange BLAISE.) *Rennes, imp. de A. Marteville (1832), in-8, 8 p.*

Voy. « Supercheries », II, 355, e.

Jacques Bonnefoy et l'Angleterre, ou de l'Equilibre maritime. (Par F.-F. BILLOT.) *Marseille, imp. Arnaud et Comp., 1858, in-8, 48 p.*

Jacques d'Artevelde, fragment. (Par KERVYN DE LETTENHOVE.) *Bruges, 1847, in-8.*

Tirage à part des « Annales de la Société d'émulation de Bruges ». J. D.

Jacques de Sainte-Beuve, docteur en Sorbonne et professeur royal, étude d'histoire privée, contenant des détails inconnus sur le premier jansénisme. (Par M. L.-E. DE SAINTE-BEUVE, magistrat de la cour de Paris.) *Paris, Aug. Durand, 1865, in-8, III-400 p. et un portrait gravé par L. Flameng.*

Jacques Fignolet sortant de la représentation du Vampire, pot-pourri, par M. A. R. (Auguste ROUSSEAU). *Paris, Martinet, 1820, in-8, 16 p.* D. M.

Jacques Manners, le petit Jean, et leur chien Blouff; histoire traduite de l'anglais d'Elisabeth HELME, suivi du Voyageur, traduit de l'anglais de GOLDSMITH, et de l'Hermite, traduit de l'anglais de PARNEL. (Par M. HENNEQUIN, ancien législateur.) *Riom et Clermont, Landriot et Roussel, 1801, in-12.*

Jacquot et Colas, duellistes, comédie en un acte et en prose. Représentée pour la première fois, à Paris, sur le théâtre des Variétés amusantes, en 1781. (Par L.-H. DANCOURT.) *Paris, Cailleau, 1783, in-8, 46 p.*

Jalouse (la) d'elle-même, comédie. (Par BOIS-ROBERT.) *Suivant la copie imprimée à Paris, 1662, pet. in-12.*

Jaloux (le) corrigé, op.-bouffon en un a. (en vers libres), avec un divertissement. *Paris, 1754, in-8. — Paris, Prault fils, 1759, in-12.*

Cette pièce est attribuée à Ch. COLLÉ, mais elle n'a pas été insérée dans son « Théâtre ».

Jaloux (le) par force, ou le Bonheur des femmes qui ont des maris jaloux (par Mlle DES JARDINS), adjoutée la Chambre de justice de l'amour (par Louis LE LABOUREUR). *Fribourg, Pierre Bontemps (Hollande), 1668, in-12, 177 p.*

Voy. « Chambre de justice », IV, 556, f.

Jamais trop tard pour s'amender. (Par Charles READE.) Traduction de l'anglais. *Londres, W. Clones et fils, 1857, in-4.*

L'ouvrage original porte le nom de l'auteur.

Jambe (la) de bois, chansonnier par M. le chevalier DE ST-D..... (Agis DE SAINT-DENIS). *Paris, J. Bréauté, 1833, in-18. — 2e édit. Id., s. d., in-18, 144 p.*

Jambe (la) de bois, ou le Rimailleur, poëme burlesque en six chants... œuvre postume (sic) de M. A... D... (Mme Aurore DOMERGUE, dame BURSAY), mise au jour par M. Alexandre P***. *Paris, Baillet, 1813, in-12, 3 ff. lim. et 123 p.* D. M.

Jammabos (les), ou les Moines japonnois, tragédie dédiée aux mânes de Henri IV, et suivie de remarques historiques. (Par C.-G. FENOUILLOT DE FALBAIRE.) *S. l., 1779, in-8, VIII-232 p. et 1 f. d'errata.*

Janaïde, ou Guerre pour l'indépendance, poëme épique et historique en XXX chants, par Thadée CHAMSKI, expatrié polonais. Prologue (traduction de Henri JEVIN). *Saint-Servan, imp. de Le Bien, 1846, in-8.*

Jane Gray, tragédie en cinq actes (et en vers, par Mme DE STAEL), composée en 1787. *Paris, Desenne, 1790, in-8.*

Janot au salon, ou le proverbe. (Par L.-J.-H. LEFEBURE.) *Paris, Hardouin, 1779, in-8, 32 p.*

Suivi de : « Lettres d'un voyageur à Paris à son ami sir C. Lovers, demeurant à Londres, sur les nouvelles estampes de M. Greuze, intitulées la Dame bienfaisante, la Malédiction paternelle, et sur quelques autres estampes, gravées d'après le même artiste, publiées par M. N*** ». *A Londres, et se trouve à Paris, chez Hardouin, 1779, in-8, 69 p.*

Jansénisme (le) démasqué dans une refutation complète du livre de « l'Action de Dieu ». Ouvrage promis par la lettre de monsieur de *** et partagé en plusieurs discours. (Par Guillaume PLANTAVIT DE LA PAUSE, abbé DE MARGON.) *Paris, N. Le Clerc*, 1715, in-12, 112 p.

Jansénisme (le) dévoilé, ou Jansénius convaincu d'athéisme. (Par DEUIL.) 1736, in-4.   (Boulliot.)

Janséniste (le) convaincu de vaine sophistiquerie, ou Examen des « Réflexions de M. Arnaud sur le Préservatif contre le changement de religion. » (Par P. JURIEU.) *Amsterdam, H. Desbordes*, 1683, in-12, 4 ff. lim. et 328 p.

Jansénius condamné par l'Église, par lui-même et ses défenseurs et par S. Augustin. *Bruxelles*, 1705, in-12.

Cet écrit, attribué par quelques-uns à Hilaire DUMAS, est du P. J.-P. LALLEMANT, jésuite, comme on le sait des jésuites mêmes.   (*Le P. Baizé.*)

Jansénius pour et contre, touchant les matières de la grâce, par M. J. (Jacques JUBÉ, curé d'Asnières, près de Paris). (*Paris*), 1703, in-12.

Ce livre fut supprimé.

Jardin (le) anglais, formé de productions diverses et de sites variés. (Par le baron H.-J. DE TRAPPÉ.) *Paris*, 1815, in-8.
                                           Ul. C.

Jardin (le) d'armoiries, contenant les armes de plusieurs nobles royaumes et maisons de Germanie intérieure. *Gand, Gérard Salenson*, 1567, in-8, 8 ff. lim. et 183 ff., av. armoiries grav. s. b.

Les préliminaires contiennent une épître de Jean LAUTTE, Gantois, lequel, s'étant déclaré en faveur du calvinisme, fut étranglé et brûlé à Gand en 1569. Voy. pag. 149 et 150 du tome I de Ferd. Vanderhaeghen, « Bibliographie gantoise ». *Gand*, 1858, in-8.

Jardin d'honneur (le) contenant en soy plusieurs apologies, proverbes et dictz moraux. *Rouen, Robert et Jean Dugort*, 1545, in-16. — *Paris*, 1548, 1559, in-16.

Ce petit ouvrage se compose de deux parties : la première est une réimpression de l'*Hécatomgraphie* de Gilles CORROZET, sauf quelques modifications dans l'ordre des pièces ; la seconde est un choix bien fait de dizains, rondeaux, ballades et autres petites poésies empruntées à divers auteurs.

Jardin (le) de felicité, auec la louange et haultesse du sexe feminin, extraicte de Henricus Cornelius AGRIPPA, par le *Bani de Liesse* (Fr. HABERT). *Paris, Pierre Vidoue*, 1541, in-8, 132 p.

Voy. « Supercheries », I, 455, c.

Jardin (le) de Hollande, planté de fleurs, de fruits, etc. (Par Jean DU VIVIER.) *Leyde, J. du Vivier*, 1714, in-12.

Jardin de l'enfance, de la jeunesse et de tous les âges, ou Compliments du jour de l'an et des fêtes pour des parens... (Par A.-N. PIGOREAU.) 10e édit. entièrem. refondue... (par DESROZIERS). *Paris, Pigoreau*, 1834, in-18.

Jardin (le) de plaisance et fleur de rhétorique, nouvellement imprimé à *Paris* (*pour Ant. Vérard*), pet. in-fol. goth.

Voir, pour les différentes éditions, le « Manuel du libraire », 5e édit., III, 506 et suiv., où l'on fait observer que le compilateur du Jardin de plaisance s'est caché sous le nom d'*Infortuné*, de JOURDAIN et enfin sous le nom de JEAN DE CALAIS. Quel est ce JOURDAIN? dit Viollet-le-Duc, « Bibliothèque poétique », t. I, p. 96 et suiv.

Jardin (le) de plaisir et récréation, contenant divers discours, tant de la nature, origine, conditions, effets et énormité des péchés auxquels on doit fermer l'entrée ou les extirper du jardin de l'âme, comme de la nature des effets admirables des vertus qu'on doit y planter ; par F. P. C. (Pierre CRESPET), célestin de Paris. *Paris*, 1602, 2 vol. in-8.

Jardin (le) de santé, translaté de latin en françoys, nouvellement imprimé à Paris. (Par Jean CUBA.) *Paris, Michel Le Noir*, 1539, in-fol.

Voy., pour les différentes éditions de l'original latin, *Ortus sanitatis*.

Jardin des muses, où se voient les fleurs de plusieurs agréables poésies recueillies de divers autheurs tant anciens que modernes. (Par Pierre GUILLEBAUD, en religion Pierre DE SAINT-ROMUALD.) *Paris, A. de Sommaville et Aug. Courbé*, 1642, in-12, 6 ff. lim. et 298 p.

Jardin (le) des plantes de Rouen. *Rouen, E. Julien*, 1856, in-18, 39 p.

Signé Jules B********* (Jules BOUTEILLER).   D. M.

Jardin (le) des racines gregues (*sic*) mises en vers françois. (Par Cl. LANCELOT.) *Paris, P. Le Petit*, 1652, in-12, front grav.

Nombreuses réimpressions.

Les vers français sont de SACY ; l'abbé DELESTRE, professeur au collège du cardinal Le Moine, en a publié une édition revue et corrigée, à *Paris, chez Colas*, 1774, in-12. Elle a servi longtemps de modèle à celles qui l'ont suivie.

Dans une édition donnée en 1840, M. Adolphe RÉGNIER a ajouté un traité de la formation des mots dans la langue grecque.

Jardin (le) des racines grecques, mises en vers français ; nouvelle édition, revue, corrigée et précédée d'une notice sur Claude Lancelot (par Simon CHARDON DE LA ROCHETTE). *Paris, Nicolle*, 1808, in-12, VII-114 p.

Ce volume est un court extrait du précédent ouvrage.

Jardin (lou) deys musos provençalos, ou Recueil de plusieurs pessos, en vers provençaus. Recuillidos deys otros deys plus doctes poëtos da quest pays. *S. l.* (*Marseille*), 1665, in-12, 386 p. — *S. l.*, 1666, in-12, 385 p.

D'après Brunet, « Manuel du libraire », 5° éd., III, 509, ces deux éd. du même recueil ont été imp. à *Marseille, chez Claude Garcin,* pour François DE BÈGUE, qui en fut l'éditeur et y fournit même deux morceaux de sa composition. Le Catalogue Soleinne, n° 3892, attribue ce recueil à Ch. FEAU.

Jardin du paradis pour leçon des enfants, ou Recueil de contes divers qui instruisent l'âme et le cœur des enfants et qui élèvent leur esprit. Russe et français. *Moscou, typogr. de l'Université,* 1818, pet. in-12, 120 p. avec 22 fig.

Recueil de 22 contes tirés du français par Michel Malveievitch SNEGRIEF, professeur à l'Université de Moscou; son fils Ivan Michaelovitch, professeur à la même Université, est l'auteur de la *retraduction* en français (mais quel français !) de cette malheureuse compilation, dont presque toute l'édition a été mise au pilon.

A. L.

Jardin (le) du roi, description en vers, suivie de notes historiques. (Par J.-B.-D. MAZADE D'AVEZE.) *Paris, imp. de Plassan,* 1818, in-8.

Jardin (le) public et l'école d'équitation de Bordeaux ; par L. L. (Léonce DE LAMOTHE). *Bordeaux, T. Lafargue,* 1849, in-8, 24 p.

Jardinage (le) d'Antoine MIZAULT, contenant la manière d'embellir les jardins, les préserver de toute vermine et tous remèdes propres aux maladies... mis en françois (par Antoine CAILLE). *Par Jean Lertout (de l'imprimerie de Jérémie de Planche*), 1578, petit in-8.

Jardinet (le) de poésie de C. D. G. (Christ. DE GAMON), avec la « Muse divine » du même auteur. *Lyon, Morillon,* 1600, in-12.

Jardinet des délices célestes : ou pratique de quelques nobles exercices de vertus, la plupart révélés par Nostre-Seigneur J.-C. à saincte Gertrude, et extrait des insinuations de la divine piété de la mesme saincte. (Par Antoine DE BALINGHEM.) *Douay, J. Bogard,* 1626, in-12. — *Douay, M. Bogard,* 1630, in-12.

Jardinier (le) de Sidon, tiré des « OEuvres de M. de Fontenelle », comédie en deux actes, mêlée d'ariettes. (Par R.-T. REGNARD DE PLEINCHESNE.) Représentée pour la première fois par les comédiens italiens ordinaires du Roi, le lundi 18 juil-

let 1768. *Paris, C. Hérissant,* 1768, in-8, 45 p.

Jardinier (le) des fenêtres, des appartements et des petits jardins. (Par P. BOITARD.) *Paris, Audot,* 1823, in-18, avec une grav. — Sec. édit. rev. et augm. *Ibid.,* 1829, in-18, avec 2 pl.

Jardinier (le) françois qui enseigne à cultiver les arbres et herbes potagères... *Paris, des Hayes,* 1651, in-12, 10 ff. lim., 374 p., 1 f. de priv., av. planches grav.

La dédicace est signée : R. D. C. D. V. B. D. N. (initiales au rebours de Nicolas de BONNEFONS, valet de chambre du roi).

Nombreuses réimpressions.

Le nom de l'auteur se trouve dans le privilége joint à la 8° éd. *Paris, A. Cellier,* 1666, in-12, 12 ff. lim., 390 p. et 3 ff. de table.

Jardinier (le) portatif, ou les principes généraux de la culture des quatre classes de jardins, et de l'éducation des fleurs, exactement expliqués par un amateur (Thomas-François DE GRACE). *Liége, Desoer* (1779), in-8, 231 p.

Le même imprimeur a donné en 1783 et en 1798 deux nouvelles éditions de ce livre considérablement augmentées, mais avec le nom de l'auteur.

Jardinier (le) prévoyant. (Par A.-N. DUCHESNE.) *Paris, Didot le jeune,* 1770-1779, 9 vol. in-18.

Jardinier royal (le) qui enseigne la manière de planter, cultiver et dresser toutes sortes d'arbres... (Par l'abbé GOBELIN.) *Paris, C. de Sercy,* 1677, in-18.

Jardinier (le) solitaire, ou Dialogues contenant la méthode de cultiver un jardin fruitier et potager. (Par GENTIL, en religion frère FRANÇOIS, chartreux.) *Paris, Rigaud,* 1705, in-12.

Réimprimé plusieurs fois, 1728, 1734, 1740, 1770.

Jardinière (la) de Vincennes, comédie-vaudeville en trois actes. Par O. (Christophe OPOIX). *Provins,* 1831, in-8.

Jardinière (la) de Vincennes, par Mme DE V**** (DE VILLENEUVE). *Londres,* 1771, 2 vol. in-12. — *Lille,* 1780, 2 vol. in-12. — *Paris, Pigoreau,* 1811, 3 vol. in-18.

Jardins d'enfants. Les Petits bâtons à l'usage des écoles et des familles. (Par Jules GUILLAUME.) *Bruxelles, Schnée,* 1858, in-12, 39 p. et 16 pl.

Jardins (les) de Betz, poëme, accompagné de notes instructives sur les travaux champêtres, sur les arts, les lois, les révolutions, la noblesse, le clergé, etc., fait en 1785 par M. CÉRUTTI, et publié en 1792 par M.... (J.-A.-J. Cérutti lui-même), éditeur (et auteur) du « Bréviaire philosophique du feu roi de Prusse ». *Paris, Desenne*, 1er janvier 1792, in-8.

Jardins (les), poëme en quatre chants du P. Rapin, traduction nouvelle, avec le texte, par MM. V*** (Voyron, ancien professeur à Saint-Cyr) et G*** (J.-L. Gabiot). *Amsterdam et Paris, Cailleau*, 1782, in-8.

Jargon (le) ou langage de l'argot reformé, tiré et recueilly des plus fameux argotiers de ce temps ; composé par un pillier de Boutanche qui maquille en molanche en la vergne de Tours... *Lyon, N. Gay*, 1634, in-12, 60 p.

Les réimpressions de cette pièce sont nombreuses. Voy., pour le détail, Brunet, « Manuel du libraire », 5e éd., III, col. 511.

Attribué, d'après un acrostiche qui se trouve dans plusieurs éditions, à Ollivier Chereau. D'autres ont traduit Ollivier Mereau.

Cet ouvrage a été réimprimé dans le 8e volume de la collection des « Joyeusetez » publiée par le libraire Techener. Voy. aussi les « Etudes comparées de philologie sur l'argot », par Francisque Michel, 1856, p. XLVII.

Jarretière (la), nouvelle traduite de l'allemand, par Mlle M. D. M. (Marné de Morville, depuis Mme de Rome). *Amsterdam et Paris, Dufour*, 1769, in-12.

Jason et Medée.

Voy. « le Roman de Jason et Medéo ».

Je cherche un dîner, vaudeville en un acte et en prose, par MM. Merle et M*** (Auguste-Marie Coster). Représenté, pour la première fois, à Paris, sur le théâtre des Variétés, le 11 juillet 1810. *Paris, Mme Masson*, 1810, in-8, 28 p. et 1 portrait. D. M.

Je m'y attendois bien. Histoire bavarde, par l'auteur du « Colporteur » (Chevrier). *Partout, chez Maculature, imprimeur ambulant des bavards sédentaires. L'an des méchancetés.* (Amsterdam, 1762), pet. in-8, 64 p.

Réimprimé dans « les Amusemens des dames de B*** ». Voy. IV, 158, c.

Je (le) ne sais quoi de vingt·minutes (poésies par l'abbé de Lamare, auteur de l'opéra de « Titon et l'Aurore »). *Paris, Briasson*, 1739, in-8.

Je ne sais quoi, par je ne sais qui, se vend je ne sais où. (Attribué à M. l'abbé Maquin, professeur au collège de Meaux.) *Paris, Belin, et Meaux, Charles*, 1783, in-12, 124 p.

Je (le) ne sai quoi, par M. C*** D** S** P** (Cartier de Saint-Philip). *La Haye,*

1723, 3 parties in-12. — Nouvelle édition sous ce titre : Mélange curieux et intéressant, ou le Je ne sai quoi, par M. Cartier de Saint-Philip ; nouvelle édition, augmentée de trente et un articles nouveaux par M. de Mirone (de Saumery). *Amsterdam, Barth. Vlam*, 1767, 2 vol. in-8.

Je suis maudit. Par A. H. (A. Hope). *Paris, Barba*, 1837, in-8.

Drame historique.

Je suis Pucelle, histoire véritable. (Par l'abbé H.-J. du Laurens.) *La Haye, Staalman*, 1767, in-12. — *Paris, Didot jeune*, an IV, in-12.

Je veux être heureux, par M. D*** (Ant. Jos. Durand), prieur-curé à Meaux. *Paris, Belin*, 1782, 2 vol. in-12.

Je vous prens sans verd, comédie. (Par La Fontaine et Charles Chevillet, sieur de Champmeslé.) *Paris, Pierre Ribou*, 1699, in-12, 24 p.

Jean-Baptiste de Glen et son économie chrétienne. Notice lue au Comité de littérature et des beaux-arts (de la Société d'émulation de Liége, par Henri Helbig). *Liége, Carmanne*, 1858, in-8, 12 p.

Tirage à part de l' « Annuaire de la Société libre d'émulation de Liége ».

Jean-Baptiste de Glen. Son tableau de la ville d'Anvers, etc. (Par Henri Helbig). *Liége, Carmanne*, 1862, in-8, 14 p.

Tirage à part de l' « Annuaire de la Société libre d'émulation de Liége ».

Jean Bart, ou le Retour à Dunkerque, vaudeville par MM. (Brazier et J.-B. Dubois). *Paris*, 1821, in-8.

Réimprimé avec le nom des auteurs sous le titre de : « la Fête de Jean Bart ».

Catalogue Soleinne, no 2587.

Jean danse mieux que Pierre, Pierre danse mieux que Jean ; ils dansent bien tous deux. *A Telonville, chez Jean Patinel*, 1719, 5 vol. in-12, frontispice gravé à chaque vol. et portr.

Les tomes I et II ont chacun un second titre qui porte : « Histoire du P. La Chaise », avec l'adresse : Cologne, P. Marteau. Le titre de départ des tom. III, IV et V porte : « Dialogue entre le P. Bouhours et le P. Ménestrier ».

Suivant la déclaration du libraire hollandais Van Duren, citée par A.-A. Barbier, et reproduite par Quérard, « Supercheries », II, 427, a, le titre et le titre planche Jean... sont de l'invention de F.-P. Nic. du Commun, dit Véron, qui, suivant la même note, serait aussi l'auteur du titre et d'une partie du « Dictionnaire comique, satirique... et proverbial » de Ph.-Jos. Leroux ; ce qui ne veut pas dire que ce dernier soit pour quelque chose dans la confection de « Jean danse mieux que Pierre », comme on le dit dans le catalogue Bergeret, 2ᵉ part., n° 1577, et comme l'a ensuite répété le P. de Backer.

Jean de Cassis, oou Martégué, imitation burlesque de Jean de Paris, mêlée de contes, saillies et bons mots, attribués aux anciens habitans du Martigues, en 1 acte et en vers provençaux, par C*** (CARVIN) aîné, de Marseille. *Marseille, Masvert, 1816, in-8, 45 p. — Marseille, 1829, in-8.*

Jean de Nivelle, ou les oreilles et les perdrix, folie-vaudeville en un acte, par MM. G. DUVAL et *** (Théophile MARION DU MERSAN). Représenté pour la première fois, à Paris, sur le théâtre des Variétés-Montansier, à la salle de la Cité, le 17 février 1807. *Paris, se vend au théâtre, 1807, in-8, 30 p.*   D. M.

Jean de Paris.

Voy. « le Roman de Jean de Paris ».

Jean deis pettos counsurtant lou médécin Moquet, dialoguo par A. P. B. (Pierre BELLOT). *Marsilho, Boy, 1832, in-8.*

Jean-fait-tout fait préfet du Morb hi han, ou Gros-Jean Longue-Oreille. (Par le comte Am.-Ch. DE BOUBERS-ABBEVILLE). *Abbeville, Devérité, 1834, in-4, 10 et 4 pages.*

Tiré à 200 exemplaires.

Le soi-disant préfet du Morb hi han, mot à terminaison assez expressive pour que l'on soit dispensé d'expliquer plus clairement l'allusion, est un M. Le Brun, inspecteur des écoles à Ailly-le-Haut-Clocher, en 1834, et dont M. de Boubers tourne en dérision la personne, la prose et les vers.

Cette pièce est divisée en plusieurs parties ; la première est en vers, elle est signée B. (de Boubers), intitulée *en portraits d'animaux* ; la deuxième est intitulée : « Réponse de l'âne-onyme Jean-fait-tout, préfet (in petto) du Morb hi han, au peintre en portraits, commentée pour l'intelligence de lui-même par son peintre ». Elle est signée le *Pas-chat* ; les troisième et quatrième parties contiennent des répliques en prose et en vers ; et la cinquième porte le titre de « Pièces justificatives ».

La cause de ce caustique débat est une expropriation pour cause d'utilité publique, par suite de laquelle M. de Boubers se déclare victime de l'estimation du jury, dont M. Le Brun faisait partie. Voir : « Mémoire sur un jury, pour expropriation forcée, en matière d'utilité publique, par M. le comte de Boubers-Abbeville », 30 p. in-4, imp. à Abbeville en 1834 ; — « Appendice au Mémoire », par le même, 14 p. in-4, imprimé au même lieu, en 1834 ; — « Correspondance, cinquième pièce de conviction », par le même, même imprimerie, 1835, 19 p. in-12.

Il n'est pas facile aujourd'hui de réunir toutes ces pièces, dans lesquelles M. de Boubers a trouvé à parler d'élections, de politique, d'histoire héraldique et de bien d'autres choses encore, étrangères à l'objet de ses difficultés. Sa critique est acerbe et mordante, les mots à double entente, et même les fermes propos ne sont pas ménagés aux malheureux jurés, surtout à M. Le Brun.

Jean GERSON, de l'Imitation de Jésus-Christ, livres IIII ; nouvellement revu, conféré avec le latin et corrigé. *Lyon, Michel Jove et Jean Pillehotte, 1578, in-18.*

Le libraire, dans un avis au lecteur, déclare avoir fait paraître le livre de l' « Imitation » en langue françoise, dans la vue de faire tomber l'habitude où l'on était de lire les ouvrages publiés par les hérétiques. Pour mieux atteindre son but, il s'est adressé à quelques personnages doctes qui ont revu ce petit traité, qui l'ont rendu *plus propre et poly en nostre vulgaire.* Il s'agit donc ici d'une ancienne traduction revue et corrigée : c'est la même retouchée ensuite l'évêque de Rennes, Æmar HENNEQUIN. Il est très-probable que l'édition de Michel Jove n'est qu'une réimpression de l'édition de Paris, 1573 ; et je crois voir dans l'avis du libraire le style vif d'Edmond AUGER, jésuite, qui, à cette époque, prêchait avec un zèle ardent contre les partisans des opinions nouvelles, et que Sotvel présente comme auteur d'une traduction de l' « Imitation de J. C. »

On trouve à la fin du volume que je décris ici vingt et une pages non chiffrées, contenant le sommaire des choses principales de la religion chrétienne ; ensuite les tentations du diable, avec la défense du bon ange.

Jean Gerson de nouveau restitué et expliqué par lui-même, ou parallèle plus ample des passages propres et semblables des « Œuvres morales » et principales de Gerson avec l'Imitation de Jésus-Christ. (Par J.-M.-B. GENCE.) *Paris, l'auteur, 1837, in-8, 20 p.*

Voy. « Supercheries », III, 817, *e.*

Jean Hennuyer, évêque de Lisieux, dr. en 3 a. (Par L.-S. MERCIER.) *Londres (Paris), 1772, in-8. — Autre édit. Lisieux, aux dépens du Chapitre, 1773, in-8.*

Réimprimé aussi dans le t. IX de « l'Evangile du jour ».

Il existe une édition avec le nom de VOLTAIRE. *Genève, 1772, in-8, 71 p.*

Jean-Jacques à M. S..... (Servan), sur des réflexions contre ses derniers écrits : lettre pseudonyme (par Mᵐᵉ C.-M. MAZARELLI, marquise DE LA VIEUVILLE DE SAINT-CHAMOND). *Genève, 1784, in-12. — Paris, Dufresne, 1789, in-12.*

Jean-Jacques Rousseau à l'Assemblée nationale. (Par M. AUBERT DE VITRY.) *Paris, rue du Hurepoix, 1789, in-8, 308 p.*

Voy. « Supercheries », III, 459, *f.*

Jean-Jacques Rousseau aristocrate. (Par Charles-François LE NORMANT, notaire à Paris, mort le 23 février 1816.) *Paris, 1790, in-8.*

Jean-Jacques ROUSSEAU, citoyen de Genève, à Jean-François de Montillet, archevêque et seigneur d'Auch, etc. *Neufchâtel, le 15 mars 1764, in-12, 22 p.*

Cette lettre est de Pierre-Firmin LA CROIX, avocat de Toulouse.

Jean-Jacques (le) ROUSSEAU de la jeunesse. (Extraits par J.-J.-B. NOUGARET.) *Paris*, 1808, 2 vol. in-12.

Jean-Jacques Rousseau justifié envers sa patrie, ouvrage dans lequel on a inséré plusieurs lettres de cet homme célèbre... (Par J.-P. BÉRENGER.) *Londres*, 1775, in-8.

Réimprimé dans le dix-huitième volume des Œuvres de Rousseau, édition de Poinçot.

Jean-Jacques Rousseau vengé par son amie, ou Morale pratico-philosophico-encyclopédique des coryphées de la secte. (Par Mme LATOUR DE FRANQUEVILLE.) *Au temple de la Vérité (Hollande)*, 1779, in-8, 72 p.

On trouve dans ce volume :

1° Lettre d'un anonyme à un anonyme, ou Procès de l'esprit et du cœur de M. d'Alembert ;

2° Lettre à M. Fréron, par madame DE LA MOTTE ;

3° Lettre de madame de SAINT-G*** à M. Fréron.

Madame de La Tour s'est cachée sous ces différents masques.

Ces lettres ont été insérées dans le trentième volume des « Œuvres » de J.-J. Rousseau, édition de *Genève*, 1782, avec d'autres opuscules de madame de Franqueville.

Jean l'Aveugle, roi de Bohême. De 1295 à 1346. (Par C.-P. BOCK.) *S. l.*, 1838, in-8.   J. D.

Jean le Bel. Chroniques et poésies, par K. D. L. (KERVYN DE LETTENHOVE). *Bruges, Vande Casteele*, 1852, in-8, 11 p.

Tirage à part des « Annales de la Société d'émulation de Bruges ».   J. D.

Jean le bon apôtre, roman de mœurs, par M. Arsène DE C*** (CEY, pseudonyme littéraire de François-Arsène CHAIZE DE CAHAGNE). *Paris, Pigoreau*, 1833, 4 vol. in-12.   D. M.

Jean le Brabançon au bon peuple de la Belgique. (Par Sylvain VAN DE WEYER.) *Bruxelles*, 1831, in-18.   J. D.

Jean le Noir, ou le Misanthrope. (Par l'abbé J.-J. GAUTIER, né à Exmes, alors curé de la Lande de Gul, et depuis professeur au collège d'Alençon.) *Paris*, 1789, in-8.

Jean le Rond à ses amis les ouvriers, à leurs patrons et aux gouvernants. (Par Ph. CHEMIN-DUPONTÈS.) *Paris, impr. de Pollet*, 1839, in-8, 144 p.

Voy. « Supercheries », II, 382, d.

Jean le Victorieux, comédie historique en trois actes. (Par J.-B. COOMANS.) *Bruxelles, impr. d'Anatole Coomans*, 1854, in-12, 99 p.   J. D.

Jean-Pierre mandu énu députatien de Marsillo à Zay. (par BONNET BONNEVILLE.) (*Aix*), 1789, in-8, 8 p.

Jean qui pleure et Jean qui rit. (Par VOLTAIRE.) *S. l. n. d.*, in-8, 8 p.

Réimprimé avec le nom de l'auteur, s. l., 1772, in-8, 8 p.; *Lausanne, F. Grasset*, 1772, in-8, 8 p., et dans le tom. IX de l' « Evangile du jour ».

Jean qui pleure et Jean qui rit, comédie en un acte et en prose. (Par J.-F. SEDAINE DE SARCEY, neveu.) *Amsterdam (Paris)*, 1783, in-8.

Jean sans Peur, duc de Bourgogne, scènes historiques. (Par Th. LAVALLÉE.) *Paris, Lecointe*, 1829, in-8.

Une édition de 1861 porte le nom de l'auteur.

Jean Sbogar. (Par Ch. NODIER.) *Paris, Gide fils*, 1820, 2 vol. in-12.

Réimprimé avec le nom de l'auteur.

« En mai 1818, il y eut, dans le « Journal du « Commerce », une petite guerre de plume au sujet « d'un roman intitulé : *Jean Sbogar*, que l'on attribua « à M. Charles Nodier, lequel se défendit d'en être « l'auteur ; le tout avec de petits mots aigre-doux, « de part et d'autre. On y prétendit que le sujet du « roman n'était pas original, qu'il était pillé de je ne « sais quel auteur, et personne ne s'avisa de remonter « à la vraie source, qui n'est ni éloignée, ni bien ca- « chée ; c'est « Abelino ou le Grand bandit » (voy. ci- « dessus, IV, 14, d), pièce allemande de Zchoké « (Zschokke), dont la traduction termine le second « volume du « Théâtre de Schiller », 1799, 2 vol. « in-8. » (Renouard, « Catalogue d'un amateur », tom. III, p. 123.)

Jean Steelsius, libraire d'Anvers (1533-1575). Relevé bibliographique de ses productions, par C. J. N. (Charles-Joseph NUYTS). *Bruxelles, F. Heussner*, 1859, in-8, 69 p.

Extrait du « Bulletin du bibliophile belge ».

Jean Zonderschrick peint par lui-même, ou simple histoire d'un Flamand du XIXe siècle. (Par D. CROMMELINCKX.) *Bruxelles, Sacré*, 1854, in-16.

Tome I. Le tome II n'a pas été imprimé.   J. D.

Jeanne d'Arc, chronique rimée par CHRISTINE DE PISAN (XVe siècle). *Orléans, Herluison*, 1865, in-32, 41 p., fig.

L'avertissement est signé : H. H. (H. HERLUISON).

Tiré à 100 ex.

Jeanne d'Arc, natifve de Vaucouleurs, en Lorraine, dite la Pucelle d'Orléans. *Orléans, Louis Foucault*, 1621, pet. in-8.

Edition du « Siège d'Orléans », par Léon TRIPPAULT, citée par H. Herluison, dans ses « Recherches sur les imprimeurs et libraires d'Orléans », *Paris*, 1868, in-8 de II et 196 pp.; elle ne diffère pas des autres et comprend 196 p.

Jeanne. d'Arc, ou le récit d'un preux chevalier. Chronique française du xve siècle. Par M. Max. DE M*** (Clément-Melchior-Justin-Maxime FOURCHEUX DE MONTROND). *Paris, société des bons livres*, 1833, in-12, 2 ff. de tit., xix-279 p.

Souvent réimprimé avec le nom de l'auteur.

Jeanne d'Arc, poëme par Mme *** (la comtesse DE CHOISEUL-GOUFFIER, née princesse DE BAUFFREMONT). *Paris, Delaforest*, 1828, in-8, 501 p.

Une deuxième édition, 1829, porte le nom de l'auteur.

Jeanne d'Arc, surnommée la Pucelle d'Orléans, poëme héroïque, en six chants, par le sieur H.... (HERBERT), de Bordeaux, membre correspondant de l'Athénée de la langue française. *Bordeaux, Lavalle jeune*, 1809, in-12, 89 p.

Jeanne de Vaudreuil. (Par Mme W.-H. WADDINGTON, née LUTTEROTH, morte en 1852.) *Paris, Amyot*, 1850, in-8.

Jeanne Hachette, ou le siège de Beauvais, pantomime en trois actes. Représentée au théâtre des grands danseurs du Roi, au mois de juillet 1784. Par Mlle M. F. A. G*** Cad (Fr.-Mar. MAYÉUR DE SAINT-PAUL). *Paris, Brunet*, 1784, in-8, 16 p.

Jeanne Maillotte, ou l'héroïne lilloise. Roman historique par l'auteur de « Londres en 1819, 1820, 1821, 1822 et 1823, etc. » (A.-J.-B. DEFAUCONPRET). *Paris, Ch. Gosselin*, 1824, 3 vol. in-12.

Jeanne. Par A. H. (A. HOPE). *Paris, Barba*, 1837, in-8.

Le nom des imprimeurs Herhan et Bimont est suivi de la qualification de : imprimeurs de M. A. Hope.

Jeanne Royez, ou la Bonne Mère ; à la Nature, pendant que les hommes n'eurent pas d'autre guide. (Par Fr. MARLIN.) *Paris, Le Normant*, 1814, 4 vol. in-8.

C'est l'histoire de la mère de l'auteur. Voy. « Petite Histoire de France ».

Jeannette et Guillaume, ou l'Amour éprouvé, trad. de l'allemand de A.-F.-F. KOTZEBUE), par le cit. D...CHE (J.-J.-M. DUPERCHE). *Paris, Ouvrier*, 1802, 3 vol. in-12.

Voy. « Supercheries », I, 874, e.

Jeannot et Colin. (Par VOLTAIRE.) 1764, in-8.

Jeannot et Colin, comédie en trois actes, et en prose, représentée, pour la première fois, à Paris, par les comédiens italiens ordinaires du Roi, le mardi 14 novembre

1780. (Par J.-P. CLARIS DE FLORIAN.) *Paris, Cailleau*, 1782, in-8, 24 p.

Jehan Daillon, seigneur du Lude, chambellan de Louis XI. Drame histor., coupé en trois journées, et écrit en vers octosyllabiques, à l'imitation des drames espagnols. 1477. (Par M. DAVID, anc. conseiller d'Etat.) *Paris, imp. de Wittersheim*, 1854, gr. in-8, xviii-183 p.

Jehanne la Pucelle (c'est de), legende de la fin du xve siècle. (Par Amédée DU PUGET.) *Paris, Guyot*, 1833, 2 vol. in-8.

Pastiche historique.

Jéhovah (lettre à M. le comte Volney, pair de France ; par M. J. LINGAY). *Paris, imp. de Chanson*, 1820, in-8, 15 p.

Jeniska, ou l'Orpheline russe, anecdote historique, etc., par M. M*** (A.-P.-F. MÉNÉGAULT), anc. officier d'artillerie. *Paris, Béchet*, 1813, 2 vol. in-12.

Jenni, ou le désintéressement, drame de société en deux actes et en prose. Par M. le chev. D. G. N. (B. J. MARSOLLIER DES VIVETIÈRES). *Nanci, J.-H. Hiacinthe Leclerc*, 1771, in-8, 2 ff. lim. et 47 p.

Voy. « Supercheries », I, 935, c.

Jephté, tragédie traduite du latin de George BUCHANAN, Écossais, par Fl. CH. (Florent CHRESTIEN). *Paris, Rob. Estienne*, 1573, pet. in-8.

Réimprimé avec le nom du traducteur. *Paris, Mamert Patisson*, 1587, in-8.

Jérôme à Fanchonnette, avec la réponse, héroïde. (Par Toussaint-Gaspard TACONET.) *Paris*, 1759, in-8.

Jérôme le porteur de chaise, comédie-parade en deux actes, en prose, mêlée d'ariettes, représentée devant Leurs Majestés à Versailles, en décembre 1778. *Paris, P.-R.-C. Ballard*, 1779, in-8, 2 ff. de tit. et 72 p.

On lit au verso du faux titre : Les paroles sont de M. MONVEL ; la musique, de M. Dezaides.

Jérôme Paturot à la recherche d'une position sociale, par M*** (Louis REYBAUD). *Paris, Paulin*, 1842-1843, 3 vol. in-8.

Souvent réimprimé avec le nom de l'auteur.

Jérôme Pointu, comédie en un acte, en prose. (Par A.-L.-B. ROBINEAU, dit DE BEAUNOIR.) *Paris, Cailleau*, 1781, in-8. — Nouv. éd. *Id.*, 1782, in-8, 32 p.

Jérôme spirituel, ou les Scudérys, vaudev. anecdotique en un acte. (Par le marquis Gaetan DE LA ROCHEFOUCAULD-LIANCOURT.) *Paris, Goujon fils*, an VIII-1800, in-8.

Jérusalem à Bordeaux. Curieux rapprochements entre Jérusalem au temps de N.-S. Jésus-Christ et Bordeaux au XIXᵉ siècle... Par J.-B. G*** (J.-B. GERGERÈS, bibliothécaire de la ville de Bordeaux). *Paris, Bray*, 1859, in-16, 102 p., av. 2 plans.

Voy. « Supercheries », II, 370, *f.*

Jérusalem céleste et la doctrine céleste, traduit de SWEDENBORG par un ami de la vérité (J.-P. MOET). *Versailles*, 1821, in-8.

Voy. « Supercheries », I, 304, *f.*

Hiérusalem (la) céleste, l'assomption de la théologie de Dieu, le lion de la tribu de Juda, et l'inventaire de la vérité. (Par Fr. DAVENNE.) *S. l. n. d.* (1651), in-4, 32 p.

Hiérusalem (la) délivrée du TASSE (tr. en vers franç. par Vincent SABLON). *Paris, D. Thierry*, 1671, 2 vol. in-16.

Cette traduction avait paru, pour la première fois, en 1659, in-4, sous le titre de : « le Godefroy, ou la Hiérusalem deslivrée.... » *Paris, Claude Barbin.*
D. M.

Hiérusalem (la) délivrée du TASSE (traduite par Michel LECLERC). *Paris, Claude Barbin* (1666), in-4.

Cette traduction ne comprend que les cinq premiers chants.
D. M.

Jerusalem (la) délivrée du TASSE, avec la trad. françoise (par C.-J. PANCKOUCKE et N.-E. FRAMERY). *Paris*, 1785, 5 vol. gr. in-8.

« Manuel du lib. », 5ᵉ éd., V, 670.

Jérusalem délivrée, poëme du TASSE, nouvelle traduction (par C.-F. LE BRUN, depuis duc de Plaisance). *Paris, Musier fils*, 1774, 2 vol. in-8 et in-12. — Nouvelle édition, précédée de la vie du Tasse par SUARD. *Paris*, 1811, in-fol. et 2 vol. in-8 et in-12.

Nombreuses réimpressions.

Jerusalem délivrée, poëme du TASSE, trad. en vers français (par Cl. DELOŸNES D'AUTEROCHE). *Paris, Égron*, 1810, in-8.

Jérusalem délivrée, poëme héroïque du TASSE, traduit en françois (par J.-B. DE MIRABAUD). *Paris, Barrois*, 1724, 2 vol. in-8.

Souvent réimprimée.

Hierusalem (la) du seigneur Torquato TASSO, rendue françoise. Par B. D. V. B. (Blaise DE VIGENÈRE, Bourbonais). *Paris, A. L'Angelier*, 1595, in-4.

Voy. « Supercheries », I, 484, *a.*

Jérusalem et la Terre sainte. Notes de voyage, recueillies et mises en ordre par

M. l'abbé G. D. (Georges DARBOY, depuis archevêque de Paris). Illustrations de M. Rouargue. *Paris, Morizot*, 1852, gr. in-8. — *Id.*, 1864, in-8, VIII-399 p.
D. M.

Jérusalem et Rome. Débats entre les journalistes protecteurs du catholicisme romain de nos jours, et les conservateurs du christianisme de l'Église primitive : pour faire suite au livre : « de l'Église chrétienne primitive, et du catholicisme romain de nos jours. » *Paris, Houdaille*, 1834, in-8, 82 p.

Suite de l' « Eglise chrétienne primitive », voyez ci-dessus, col. 40, *c.*

Par Bernard-Raymond FABRÉ-PALAPRAT, d'après le « Catalogue de l'histoire de France » de la Bibliothèque nationale, t. V, p. 771, nᵒ 9.

Par Aimé GUILLON, d'après les « Supercheries », III, 400, *c.*

Jessy Allan, nouvelle anglaise. Par l'auteur de « Anna Ross », du « Bon choix... » (miss Grace KENNEDY). Traduit de l'anglais (par Alfred-Jean LETELLIER). *Paris, Servier*, 1829, in-18.
D. M.

Jésuite (le) Misopogon séraphique, ou l'Ennemi de la barbe des capucins. (Par Jean-Louis-Claude TAUPIN-DORVAL, ci-devant receveur des aydes à Niort, mis à la Bastille le 20 févr. 1752, sorti le 15 avril 1753, transféré à Pierre-Encise, où il était encore en août 1757.) *Naples*, 1762, in-12.

Jésuite (le), par l'abbé ***, auteur du « Maudit ». *Paris, Librairie internationale*, 1865, 2 vol. in-8.

Nombreuses réimpressions.
Voy. « le Maudit ».

Jésuite (le) sécularisé. (Par DUPRÉ.) *Cologne, Villebard (Hollande)*, 1676, 1682, 1683, in-12.

Il existe une « Critique du Jésuite sécularisé ». *Cologne, Delpenck*, 1683, in-12.

Jésuites (les) atteints et convaincus de ladrerie. (Par AUGIER-DUFOT.) *S. l.* (20 mars 1759), in-12, 23 p.

Un anonyme a publié : « Conversation intéressante dénoncée par un espion de la société à l'auteur de la Ladrerie prétendue des jésuites français, où l'on trouve des faits graves, des reproches fondés, des avis salutaires pour et contre les bons pères jésuites » (31 juillet 1759), *s. l. n. d.*, in-12, 71 p., ce qui amena une « Réponse de l'auteur de la Ladrerie à l'Espion des jésuites » (30 septembre 1759), *s. l.*, in-12, 46 p.

Jésuites (les) célèbres. Par un capitaine de dragons (Clovis DETRANCHANT). (Première livraison et unique.) S. Ignace de Loyola. *Paris, Desloges*, 1844, in-18, 36 p.

Ouvrage dont on promettait quatre livraisons par mois, mais dont il n'a paru qu'une seule.

Jésuites (les) chassés de la maçonnerie, et leur poignard brisé par les maçons. (Par Nic. DE BONNEVILLE.) *Orient de Londres* (*Paris, C. Volland*), 1788, in-8.

Premier volume de « la Maçonnerie écossaise ». Voy. ce titre.

Jésuites (les) condamnés par leurs maximes et par leurs actions, ouvrage dédié à tous les souverains, par M. C**** (Fr. COLLIN). *Paris, Martinet*, 1825, in-8, 48 p.

Jésuites (les) démasqués, ou Annales historiques de la société. (Par ROUSSEL, avocat à Epinal.) *Cologne*, 1759, in-24, XVIII-144 p.

Le faux titre porte : « Étrennes jésuitiques pour l'année 1761 ». Voy. ci-dessus, col. 313, e.

Jésuites (les) dévoilés à leurs amis et à leurs ennemis. (Par C. MARITAN, de Neuvaches, dans le Briançonnais.) *Lyon, F. Guyot*, 1829, in-8, 119 p.

Jésuites (des) en France. (Par Hippolyte-François REGNIER-DESTOURBET.) *Paris, Victor Lagier*, 1825, in-8, 56 p. D. M.

Jésuites (les) en présence des deux chambres. (Par J.-F. BELLEMARE.) *Paris, Dentu*, 1828, in-8, 144 p. — 2e éd. *Id.*, in-8, 145 p. et 1 f. de table.

Jésuites (les) ennemis de l'ordre social, de la morale et de la religion par leur probabilisme, leur doctrine régicide, etc. (Par Louis SILVY.) *Paris, Delaunay*, 1828, in-8, VIII-78 p.

Jésuites (les), l'enseignement et la convention d'Anvers. (Par M. Walthère FRÈRE-ORBAN.) *Liège*, 1854, in-8, 55 p. J. D.

Jésuites (des), par un jésuite (le Père CAHOURS). *Paris, Poussielgue-Rusand*, 1843-1844, 2 vol. in-18. — *Bruxelles, Mertens*, 1844, in-8, 192 p.

Voy. « Supercheries », II, 388, f.

Jésuites (les), par un solitaire. Réponse à MM. Michelet et Quinet. (Par l'abbé Hippolyte BARBIER.) *Paris, A. Appert*, 1843, in-8, 1 f. de tit. et 288 p.

Voy. « Supercheries », III, 705, d.

Jésuites (les) peints par Henri IV et jugés par Montesquieu, Voltaire, Raynal, Buffon, etc. Par MM. P* et A** (PICARD et N.-L. ACHAINTRE). *Paris, Mme Picard*, 1825, in-8.

Jésuites (les) retrouvés dans les ténèbres. (Par Nic. DE BONNEVILLE.) *Paris*, 1788, 2 vol. in-8.

Jésuites (les) tels qu'ils ont été dans l'ordre politique, religieux et moral.., par M. S*** (Louis SILVY), ancien magistrat. *Paris, Egron*, mars 1815, in-8.

Jésuitiques (les), odes enrichies de notes curieuses pour servir à l'intelligence de cet ouvrage. (Par l'abbé H.-J. DU LAURENS et M.-F. DE GROUBENTALL DE LINIÈRES.) *Rome, aux dépens du général* (*Paris*), 1761, in-8.

L'abbé Du Laurens, que jusqu'ici, par une erreur très-répandue, on a appelé Laurent, partit à pied pour la Hollande le lendemain de la publication de cet ouvrage, sans dire adieu à son collaborateur et ami, qu'on vint prendre au gîte en vertu d'une lettre de cachet, et qui resta un mois à la Bastille.

L'abbé du Laurens publia en Hollande une nouvelle édition de ses satires contre les jésuites, sous ce titre: « les Jésuitiques, enrichies... suivies des honneurs et de l'oraison funèbre du R. P. Gabriel Malagrida, prononcée dans la sainte chapelle des Oreillons par le R. P. Thunder Ten Taonck, jésuite. » *Rome*, 1762, in-12. Voy. la notice sur l'abbé Du Laurens (par F.-J.-M. FAYOLLE), en tête de la nouvelle édition du poème de la « Chandelle d'Arras », *Paris, Delance*, 1807, in-12, et dans les « Quatre Saisons du Parnasse, Printemps », 1807, p. 105 et suiv.

Cet opuscule a été réimprimé de nos jours (1830), sous ce titre : « Trois Jésuitiques publiées en 1761 ».

Voy. sur Groubentall de Linières, qui, dans la 2e édit. de ce dictionnaire, avait été confondu avec Grouber de Groubental, J. Delort, « Histoire de la détention des philosophes », 1829, t. III, p. 1-36.

Jésus. Acte de foi et d'espérance. Par G. G. *Bayeux, Moularde*, 1864, in-8, 12 p.

Signé : Georges GARNIER.

Jésus-Christ, par sa tolérance, modèle des législateurs. (Par L.-Ant. DE CARACCIOLI.) *Paris, Cuchet*, 1784, in-12.

Jésus-Christ, par un conseiller (Jean THOMASSY, ancien conseiller à la cour royale). *Paris, Plon*, 1863, in-8, 259 p.

Jésus-Christ pénitent, ou Exercice de piété pour le temps de carême et pour une retraite de dix jours, avec des réflexions sur les sept Psaumes de la pénitence et la Journée chrétienne, par un prêtre de l'Oratoire (le P. Pasquier QUESNEL). *Paris*, 1680, 1728, in-12.

Jésus-Christ sous l'anathème. (Par GUDVERT.) *S. l. n. d.*, in-12, 67 p.

Brûlé par la main du bourreau en 1734.

Jésus en ses douleurs. (Par F.-Q. DE BAZYRE.) *Rouen*, 1609, in-12, V. T.

Catalogue manuscrit des Barnabites.

Jésus enfant; poëme épique du P. Thomas CÉVA, de la compagnie de Jésus. Traduit pour la première fois du latin en français par le traducteur de Sannazar et de Vida (l'abbé Guillaume-Jean-François Souquet de Latour, curé de Saint-Thomas d'Aquin), précédé d'une préface sur la vie et les ouvrages de l'auteur. *Paris, Merlin*, 1843, in-8.

Le texte est en regard.

Jésus mourant, poëme dédié à la reyne régente. (Par P.-L. Bigres.) *Paris, de l'imprimerie des caractères inventés par P. Moreau*, 1647, in-8, fig. grav. par B. Montcornet.

Imprimé en caractères cursifs, imitant l'écriture.

Réimprimé en 1652, sous le titre de : « le Vainqueur de la mort ».

Voy. ces mots.

Jésus parlant au cœur de ses disciples... (Par l'abbé Jean-Baptiste Lasausse.) *Paris, A. Leclère*, 1818, in-18.

Jeton des huit paroisses de la Flandre occidentale. (Par Th. de Jonghe.) *Bruxelles, s. d.*, in-8, 3 p.

Extrait de la « Revue de la numismatique belge ».
J. D.

Jetons (les), apologue politico-économique, trad. de l'arabe, suivi d'un développement de la partie systématique du texte, adapté à la position actuelle de nos finances. Par P. M*** (P. Marçon.) *Paris*, 1789, in-8, 22 p.

Jeu de cartes pour le blason. (Par le P. Claude-François Ménestrier, sous le nom du libraire Amaulry.) *Lyon, Thomas Amaulry*, 1692, in-18.

Jeu (le) de dominos, calcul des probabilités. *Versailles, imp. de Montalant-Bougleux*, 1850, in-8.

Signé : V. (Vannson).

Jeu (le) de géographie, ou nouvelle Méthode pour apprendre d'une manière facile et agréable les élémens de cette science. (Par Pierre Violier.) *Genève, Jean de Tournes*, 1706, in-12.

Cet ouvrage n'est pas indiqué dans l' « Histoire littéraire de Genève », par Senebier. Voy. le tom. III, p. 102.

Jeu (le) de l'amour et du hazard, comédie. (Par Marivaux.) *Paris, Briasson*, 1730, in-12.

Souvent réimprimé avec le nom de l'auteur.

Jeu (le) de la guerre de terre et de mer, et les derniers papiers de Tristram Shandy, trouvés dans les papiers d'Yorick, avec figures. (Par L.-Bernard de Montbrison.) *Paris, Goujon*, 1818, in-8.

Jeu (le) de la roulette démontré, avec les moyens de gagner à coup sûr 200 fr. par heure. Par G. L. H. B. (Louis-Hippol. Beaugrand). *Bruxelles, Office de publicité*, 1863, in-18, 24 p.
J. D.

Jeu (le) des eschecz. *Paris, Ph. Danfrie et Rob. Breton*, 1559, in-4 allongé, car. de civil.

Réimprimé sous le titre de : « le Jeu des eschecz, de traduction en vers français du poëme latin de Vida, de ludo scacchorum, par Vasquin Philieul. Réimprimé sur le seul exemplaire connu, existant aujourd'hui à la Bibliothèque de l'Arsenal, à Paris, et précédé d'une notice par M. P. L. (Paul Lacroix). » *Paris, J. Gay*, 1862, in-18, x-26 p. (Tiré à 115 exemplaires.)

Une autre traduction du même poëme a été publiée la même année par le même éditeur :

« Le Jeu des eschets, traduction en vers français du poëme latin de Vida, de ludo scacchorum, par M. D. C. Réimprimé sur le seul exemplaire connu, existant aujourd'hui à la Bibliothèque de Grenoble. » *Paris, J. Gay*, 1862, in-18, 4 et 31 p.

Le livre réimprimé porte l'adresse de *Paris, Abel L'Angelier*, 1605. Le nom du traducteur désigné par les initiales M. D. C. est inconnu.

Jeu (le) des échecs. (Par André Danican, dit Philidor.) *Amsterdam (Paris)*, 1792, in-12.

Jeu (le) des échecs, avec son invention, science pratique, etc. Traduit d'espagnol en français (par Delessand). *Paris, Jean Nicard*, 1609, in-4.
D. M.

Jeu (le) des eschez moralise, nouuellement imprime à Paris. — Cy finist le liure des eschez et lordre de cheualerie translate de latin en françoys. *Imprime nouuellement à Paris et fut acheue le 6 sept.* 1504, *pour Anth. Verart*, pet. in-fol. — Autre édit... *Paris...* 24 nov. 1505, *pour Michel Lenoir*, pet. in-4.

Ces deux éditions donnent la même traduction, qui est de Jean de Vignay ou du Vignay, suivant les PP. Quétif et Echard (« Scriptores ordinis prædicator »).

Quant au nom de l'auteur, il varie de forme suivant les copistes ; il y en a même qui donnent comme auteur Ægidius Romanus. Dans les éditions imprimées, on trouve Jacobus de Cessolis et Jacobus de Cessolis seu de Thessolonia, et dans la traduction italienne, Jacopo Dacciesole.

Voy. « Manuel du libraire », 5° éd., t. III, col. 480, Leber, dans le « Bulletin du bibliophile », 2° sér., p. 527 à 534, et Jean Gay « Bibliographie anecdotique du jeu des échecs ». *Paris*, 1864, in-12, p. 266 et suivantes.

Jeu du prince des sots. (Par Pierre Gringore.) *Paris*, in-4 goth.

Il existe une autre édition, avec le nom de l'auteur, *s. d.*, pet. in-8 goth., 44 f.

Réimprimé dans la collection Caron.

Jeu (le) du trictrac, ou les principes de ce jeu, éclaircis par des exemples en faveur des commençans... Par M. J. M. F. (J.-M. FALLAVEL). *Paris, Nyon l'aîné,* 1776, in-8, 2 ff. de tit., xvi-376 p. et 1 f. de priv.

Jeu (le) du whist, traité élémentaire des lois, règles, maximes et calculs de ce jeu, appuyé d'exemples tirés des meilleures autorités, etc.; traduit de l'anglais et rédigé de nouveau à l'usage des sociétés françaises. Par un amateur anglais (Jean-Spencer SMITH.) *Caen, imp. de Chalopin,* 1819, in-12.

Jeu pour apprendre l'histoire sainte. (Par le P. BERNOU, jésuite.) *Lyon,* 1709, in-18.

Voy. « Mémoires de Trévoux », 1710, p. 926.

Jeune (la) Américaine et les contes marins. (Par Mme Gabrielle-Suzanne DE VILLENEUVE, née BARBOT.) *La Haye et Paris,* 1740 et 1741, 5 parties in-12.

Jeune (la) artiste et l'étranger, nouvelle extraite des mémoires inédits d'un voyageur français en Italie. Traduit de l'italien (de *Giannina e Ludomir,* roman) par J. J. P..... (Jean-Jacques PACAUD). *Paris, Crapelet,* 1824, 2 vol. in-12.   D. M.

Jeune (la) belle-mère, par l'auteur de l' « Héritier de Redclyffe » (miss Charlotte-Mary YONGE). Traduit de l'anglais. *Paris, Meyrueis,* 1865, 2 vol. in-12.

Jeune (la) bergère du chevalier MARINO. *S. l. n. d.,* in-8, 21 p.

Cette traduction en vers a été composée par M. J. DUPUY, et imprimée par lui et chez lui, au nombre de douze exempl., avec une petite imprimerie portative. (Note de Walckenaer.)

Jeune (le) botaniste, ou Dialogues familiers sur les plantes. (Par Mlle Julie MIÉVILLE.) *Paris, Risler,* 1835, in-12, 252 p.

Jeune (le) chrétien, ou Explication familière des principes et des devoirs du chrétien. Par Jacob ABBOTT. Traduit de l'anglais (par le pasteur VIVIEN). *Paris, Risler,* 1834, in-12. — 2e édit. *Paris, Delay,* 1843, in-12. — 3e édit. *Paris, Grassart,* 1857, in-18, vi-311 p.

L'ouvrage original anglais a paru à Boston en 1825.

Jeune (la) fille séduite, poëme. (Par LEMAÎTRE, chef de bureau à la préfecture de la Seine, mort en 1821.) *Paris,* 1811, in-8, 31 p.

Jeune France (la); journal littéraire paraissant le dimanche. *Paris, imp. de Thunot,* janvier-23 juin 1861, 22 numéros in-fol.

Par Gustave ISAMBERT, Pierre DENIS, Emmanuel DURAND, Henri DU CLEUZIOU, Emile MAISON, ROGEARD, Arthur POUGIN, VERMOREL, etc.

Jeune (le) homme, comédie en cinq actes et en vers. (Par J.-Fr. DE BASTIDE.) *Amsterdam, M.-M. Rey,* 1765, in-12.
     D. M.

Représentée le 17 mai 1764.

Jeune (la) institutrice, ou les Heureux effets de l'instruction; par mistriss HOFLAND. Traduit de l'anglais sur la troisième édition, par A. B. (Auguste BRIAND). *Paris, H. Langlois,* 1827, 2 vol. in-18.

Voy. « Supercheries », I, 152, f.

Jeune (le) Irlandais. Par MATHURIN. Traduit par Mme la comtesse de*** (MOLÉ, née DE LA BRICHE). *Paris, Mame,* 1828, 4 vol. in-12.   D. M.

Jeune (la) Marie, ou Conversion d'une famille protestante, par M. l'abbé B......... (BOULANGIER), chanoine de Saint-Diez. *Tours, Mame,* 1840, in-18.   D. M.

Jeune (le) navigateur, ou les Merveilles de la mer, ouvrage moral, instructif et amusant. Par Mme G***, institutrice (J.-P.-R. CUISIN). *Paris, Dabo jeune,* 1827, in-18, avec gravures.

Jeune (le) peintre, ou mon Histoire. (Par L.-P.-P. LE GAY.) *Paris, Béchet aîné,* 1821, 4 vol. in-12.

Jeune (la) pensionnaire, traduit de l'anglais. Par M*** (DUBERGIER). *Paris, Tenon,* 1826, 5 vol. in-12.

Jeune (la) Rachel et la vieille Comédie française. (Par le baron Etienne-Léon DE LAMOTHE-LANGON.) *Paris, marchands de nouveautés,* 1838, in-12.   D. M.

Jeune (le) romantique. (Par Joseph-François GRILLE.) *Paris,* 1844, in-8.
     D. M.

Jeune (la) veuve, comédie-vaudeville en un acte, par M. R. S. PH. (ROUSSEAU-SAINT-PHAL, employé au ministère de l'intérieur). Cette pièce a été représentée en décembre 1805 et en 1806 au théâtre des Jeunes-Comédiens, et sur différens théâtres des départements. *Paris, Mme Huzard,* 1812, in-8, 31 p.

Jeune (le) voyageur dans la Syrie, l'Arabie et la Perse. (Par Mme ROCHAT.) *Genève, Mme S. Guers,* 1838, 2 vol. in-12, avec lithogr.

Jeune (le) voyageur en Egypte et en Nubie (trad. de l'anglais par J.-F.-P. AUBERT DE VITRY). *Paris, Bossange frères,* 1826, in-12, grav.

Jeunes (les) martyrs de la foi chrétienne. Par M. M. C. (Charles MALO). *Paris, F. Ja-*

net, 1818, in-18. — Id., 1833, in-18. — 3e édit. Tours, Mame, 1847, in-18.

Jeunes (les) voyageurs dans Paris, ou les Tablettes de Jules... Ouvrage posthume et inédit de Mme DE F......... (Mme DE FLESSELLES). Revu, corrigé et augmenté par Mme DE SAINT-SPÉRAT... Paris, Locard et Davi, 1829, in-12.

Mme DE SAINT-SPÉRAT est le pseudonyme de C.-O.-S. DESROSIERS. Voy. « Supercheries », III, 556, b.

Jeunes (les) voyageurs, ou Lettres sur la France, en prose et en vers, ornées de 88 gravures... Par L. N. A*** et C. T*** (Constant TAILLARD). Paris, Lelong, 1821, 6 vol. in-18. — Aut. édit. Ouvrage entièrement revu et en partie refondu par M. G.-B. DEPPING. Paris, E. Ledoux, 1824, 6 vol. in-18.

Jeunesse (la) de lord Byron, par l'auteur de « Robert Emmet » (Mme la Csse D'HAUSSONVILLE). Paris, Michel Lévy, 1872, in-18, 281 p.

Jeunesse (la) de Préville, ou les Comédiens de campagne, comédie en un acte, mêlée de vaudeville; par MM*** (Emile DUPRÉ DE SAINT-MAUR). Représentée pour la première fois à Paris, sur le théâtre du Vaudeville, le 18 mai 1809. Paris, Fages, 1809, in-8.

Jeunesse (la) du banny de lyesse, escholier, estudiant à Tholose (François HABERT), avec la suite. Paris, Denys Janot, 1541, in-8, 110 ff.

Meschinot a pris aussi quelquefois le nom du banni de liesse, suivant G. Colletet, dans la vie manuscrite de Meschinot.

Voy. « Supercheries », I, 455, c.

Jeunesse et folie, ou Mémoires et voyages de Victor de Lineul, par M*** (DUBERGIER), auteur de plusieurs ouvrages. Paris, Pigoreau, 1823, 2 vol. in-12.

Ce roman a paru d'abord sous le titre de : « le Chartreux, ou la famille de Lineul ».

Jeunesse (la) et les fonctions publiques sous le second Empire. (Par M. Fernand GIRAUDEAU.) Paris, imp. Jouaust, 1866, in-4, 39 p.

Tiré à 160 exempl.

« La cité nouvelle », que nous avons par erreur attribuée à cet auteur (IV, col. 610, b) est de M. Francis AUBERT.

Jeunesse (la) sanctifiée dans ses études, ou l'Ecolier chrétien instruit dans ses devoirs par d'illustres et saints exemples. (Par le P. Paul LE CLERC, jésuite.) Paris, Delusseux, 1726, in-24.

Cet ouvrage est une nouvelle édition revue de celui

qui sera annoncé sous ce titre : « la Vie d'Antoine-Marie Ubaldin ». On y trouve une approbation datée de Paris, le 15 février 1710.

Jeux (les), caprices et bizarreries de la nature. (Par DORVIGNY.) Paris, Barba, 1808, 3 vol. in-12.

Jeux d'esprit et de mémoire, ou Conversations plaisantes avec des personnes les plus distinguées de l'Etat, par leur génie et leur rang, avec quelques particularitez qui se sont passées sous le règne de Louis le Grand, par M. L. M. D. C. (Jean BRODEAU, marquis DE CHATRES). Cologne, Frédéric le jeune (Hollande, à la Sphère), 1694, in-12, 2 ff., 194 p. et 3 ff. de table. — Cologne (à la Sphère), 1697, pet. in-12, 4 ff., 322 p. et 3 ff. de table.

Il a paru une suite sous le titre de « Nouveaux entretiens des jeux d'esprit et de mémoire... par M. le M. DE CHATRES. » Lyon, J. Lyons, 1799, in-12, 6 ff., 356 p. et le privilége.

Voy. « Supercheries », I, 704, f, et II, 797, f.

Jeux (les) d'un enfant du Vaudeville (J. PHILIPON LA MADELAINE). Paris, 1799, in-8.   V. T.

Jeux (les) de Calliope, ou collection de poëmes anglois, italiens, allemands et espagnols (traduits en françois par J.-F. PEYRON). Paris, Ruault, 1776, in-8.

Jeux (les) de cartes des roys de France, des reines renommées, de la géographie et des fables... Par J. D. M. (J. DES MARETS DE SAINT-SORLIN). Paris, H. Lambert, 1664, in-18, 5 ff. lim. et 60 p.

Jeux de cartes tarots et de cartes numérales du XIVe au XVIIIe siècle, représentés en cent planches d'après les originaux, avec un précis historique et explicatif. (Par Jean DUCHESNE aîné.) Paris, imp. de Crapelet, 1844, in-fol.

Ce beau livre, exécuté avec le plus grand soin, n'a été tiré qu'à 132 exemplaires, dont 32 seulement en grand papier, avec les figures peintes en or, argent et couleur, pour les membres de la Société des bibliophiles.

Jeux (les) de l'amour, contes en vers, par M. G. R...... (G. REGNIER, homme d'affaires à Averton, près d'Alençon). Paphos (Alençon), 1785, in-12.

Jeux (les) de l'inconnu. Paris, de La Ruelle, 1630, in-8. — Rouen, 1637, in-12. — Augmenté de plusieurs pièces en cette dernière édition. Rouen, 1645, in-8. — Lyon, La Rivière, 1645, in-8.

La dédicace à Henri de Savoye, duc de Nemours et d'Aumale, est signée DE VAUX, masque du comte DE CRAMAIL. Voy. « Mém. du cardinal de Retz », t. I, p. 45. Genève, 1777.

Jeux (les) de la fortune. (Par C.-L.-M. DE SACY.) *Amsterdam (Lille)*, 1768, in-12.

Jeux (les) de mains, poëme inédit en trois chants, par C. C. DE RULHIÈRE, suivi de son discours sur les disputes... *Paris, Desenne et Nicole*, 1808, in-8, XVI-202 p.

La notice préliminaire anonyme est de G.-F. DESFONTAINES DE LA VALLÉE. Un « Supplément aux contes », de 16 p., doit se trouver à la fin du volume.

Jeux (les) de Mathilde d'Aguilar, histoire espagnole et françoise, par M. D. S. (Mlle Madelaine DE SCUDÉRY). *Villefranche*, 1704, 3 part. in-8.

Dernier ouvrage de cette féconde romancière.

Jeux (les) innocents de société. Par Mme T...... D...... (Mme TARDIEU-DENESLE, née DENESLE). *Paris, Tardieu-Denesle*, 1817, in-18.

Jezennemours. roman dramatique. (Par L.-S. MERCIER.) *Neufchâtel (Paris, Durand)*, 1776, 2 vol. in-12.

Réimprimé sous le titre de « Histoire d'une jeune luthérienne. » *A Neufchâtel, de l'imp. de J. Witel*, 1785, in-8, VIII et 403 p. Voy. ci-dessus, col. 661, d.

Jobardiade (la), petit poëme héroï-drôlatique, par le poëte borain (Philippe-Auguste WUILLOT). *Bruxelles, Raabé*, 1839, in-8, 24 p.   J. D.

Jobiane (la), ou les Songes du père Job, poëme en sept chants. (Par René FRUNEAU, de Nantes.) *Rennes, Marteville*, 1828, in-8, 4 ff. lim., 276 p. et 4 p. de table.

Jocaste, tragédie en cinq actes. (Par le comte Louis-Léon-Félicité DE LAURAGUAIS.) *Paris, G. Debure*, 1781, in-8, 2 ff. de tit., 184 et 74 p.

Cette tragédie, précédée d'une curieuse dissertation sur les Œdipes, laquelle ne contient pas moins de 183 pages, fut attribuée à G. DUBOIS DE ROCHEFORT, traducteur d'Homère.
(Catalogue Soleinne, no 2023.)

Joie (la) publique sur le retour de la paix. *Paris, N. de La Vigne*, 1649, in-4, 8 p.

Signé D. P. (DU PELLETIER).

Joli (le) recueil. (Par l'abbé P.-J. SÉPHER.) 2 vol. in-12.

Joli (le) temple de Flore, ou Choix de compliments et de chansons pour le jour de l'an et les fêtes, par M. D. G. M. (DU GRAND-MESNIL). *Paris, veuve Bouquet-Quillau*, 1807, in-32.   D. M.

Jolie (la) femme, ou la Femme du jour. (Par Nic.-Th. BARTHE.) *Lyon et Rouen*, 1769; — *Amsterdam et Paris*, 1769; —

Lyon, Deville, 1770; — *Toulouse*, 1778, 2 parties in-12.

Voyez la « Correspondance littéraire » de l'abbé Sabatier de Castres. *Londres*, 1780, in-12, p. 57.

Cet ouvrage a été attribué par Ersch à L.-S. MERCIER.

Jolie (la) fille de Perth, ou le Jour de la Saint-Valentin, par sir Walter SCOTT; traduction nouvelle (par MM. CHAILLOT). *Avignon, P. Chaillot*, 1837, 5 vol. in-18.

Jolies (les) Parisiennes. Par Mme Adèle de R*** (la baronne Adèle DE REISET). Avec gravures. *Paris, A. Eymery*, 1822, 2 vol. in-12.

Voy. « Supercheries », III, 292, d.

Jolis (les) péchés d'une marchande de mode.

Voy. « Ainsi va le monde », IV, 887, a.

Jolis (les) péchés des nymphes du Palais-Royal, rues et faubourgs de Paris... (Par BAUDOUIN.) *Paris, Terry*, 1836, 1839, in-18.

Jolisine, ou la fée du château de Brionne, conte moral. Par Henri H*** (Henri HUE). *Rouen, imp. de Nicétas Périaux*, 1829, in-32.   D. M.

Jonas, ou Ninive pénitente, poëme sacré. (Par J. DE CORAS.) *Paris, Ch. Angot*, 1663, in-12, fig.

Réimprimé avec le nom de l'auteur.

Jonction du Rhône au Rhin. (Par P. BERTRAND, inspecteur général des ponts et chaussées.) 1790, in-8.

Joseph Beelt et Séraphine de Saint-Prix, ou l'Influence de la religion. (Par Mme GUILLOBÉ.) *Paris, Delaunay*, 1821, in-12.

Joseph II, empereur d'Allemagne, peint par lui-même, avec un précis historique sur la vie de ce prince, par M. R. (N. RIOUST). *Paris, Plancher*, 1816, 2 vol. in-12.

Joseph et Caroline, ou le berger de la Sologne, histoire véritable, par un jeune officier de la légion des Ardennes (Joseph ROSNY). *Paris, imp. de Conort*, 1797, in-18. — *Paris, Marchand*, an VII-1799, in-18.

Cette dernière édition porte : par Joseph. R... Y. Voy. « Supercheries », III, 482, b.

Joseph liberato, de Freire DE CARVALHO, traduit du portugais, avec des notes... par M. F. S. C. (PINHEIRO FEREIRA). *Paris, Heideloff*, 1830, in-8.

Joseph Meeus devant la Société générale pour favoriser l'industrie nationale. Par

L. C. (par Joseph Meeus Vandermaelen). *Bruxelles, Labroue,* 1857, in-8, 128 p.
                     J. D.

Joseph Napoléon jugé par ses contèmporains. (Par M. Louis Belmontet.) *Paris, Levavasseur,* 1833, in-8.

Même ouvrage que « Biographie de Joseph-Napoléon… » Voy. IV, 427, *a*.

Joseph, ou l'Esclave fidèle, poëme. (Par dom Julien Gabien de Morillon, bénédictin.) *Turin,* 1679, in-12. — *Breda, Pierre et Jacques,* 1705, in-12.

On assure que les confrères de l'auteur ont retiré du commerce tous les exemplaires qui y avaient passé.

Joseph, ou la fin tragique de mame Angot, bagatelle morale (en un acte, en prose et en vers), mêlée de chants. Par l'auteur de « la Sagesse humaine », etc. (l'abbé F.-V. Mullot et C.-N.-J.-J. Favart fils). *Paris, Gueffier (s. d.),* in-8.

Joseph, poëme en huit chants. Par L. D. Lan… (Vinc. Lombard, de Langres). *Paris, Léopold Colin,* 1807, in-18, 2 ff. de tit. et 189 p.

Joseph, tragédie dédiée à M. Hermann Mertz… abbé des Chanoines réguliers de Prémontré au monastère de Wadgap… représentée par les écoliers du collége de la comp. de Jésus à Lux., le 30 août 1715, à deux heures précises pour les dames et le 31 à la même heure pour les messieurs. (Par le P. Clément Agarant, jésuite.) *Luxembourg, J. Ferry,* 1715, in-4 de 8 p.

De Backer, 2ᵉ édit., in-fol., I, col. 27.

Joséphine, ou Souvenirs d'une relâche à l'île de Juan-Fernandez. (Par le comte Gaspard de Pons.) *Paris, U. Canel,* 1825, in-8.

Josias, tragédie de messer Philone, traduite d'italien en françois (ou plutôt composée en françois par Louis des Mazures). *Genève, Fr. Perrin,* 1556, in-4 ; — *Gabriel d'Augy,* 1583, in-8.

« Bibliothèque françoise » de Du Verdier, t. II, p. 565.

Josué, ou la conquête de la terre promise, poëme en XII chants, par un ancien professeur de belles-lettres, de la Société d'émulation de Bourg (L. Collet, prêtre). *Bourg, A.-J.-M. Janinet,* 1807, in-8, 320 p. et 1 f. d'errata. — *Paris, A. Le Clère,* 1817, in-8, 24-232 p.

L'auteur a signé la dédicace de la 1ʳᵉ éd.; la 2ᵉ est complétement anonyme.

Joüeur (le), tragédie bourgeoise, traduite de l'anglois (d'Edouard Moore, par l'abbé Bruté de Loirelle). *Londres et Paris, Dessain junior,* 1762, in-12, 240 p.

L'article de ce traducteur a huit lignes dans le « Dictionnaire historique » de Chaudon et Delandine. Philipon la Madeleine l'a réduit à quatre dans son « Dictionnaire portatif des poëtes français » ; mais sa manière d'abréger se trouve ici en défaut. Suivant les éditeurs du « Dictionnaire historique », Bruté de Loirelle a laissé le poëme de « David et Jonathas » en quatre chants, 1776, in-12, et deux pièces de théâtre *qui n'obtinrent aucun succès* ; savoir : les « Ennemis réconciliés » (voyez ci-dessus, col. 116, *d*), et la traduction du « Joueur anglois ». Philipon dit que notre auteur a laissé un poëme de « David et Jonathas » en quatre chants, et deux comédies *jouées sans succès*.

Les deux pièces dramatiques de Bruté n'ont jamais été représentées. L'abréviateur a donc été induit en erreur par les expressions amphibologiques de Chaudon et Delandine, *deux pièces de théâtre qui n'obtinrent aucun succès*. Ce qui d'ailleurs n'est vrai dans aucun sens, car la traduction du « Joueur » est estimée et recherchée.

Joueurs (les) et M. Dusaulx. (Par l'abbé Louis Jacquet, Marcenay de Ghuy, l'abbé T.-J. Duvernet et Delaunay.) *Agripinæ, N. Lescot (Londres),* 1780, in-8. — *Id.,* 1781, in-8.

Cet ouvrage se trouvant reproduit presque textuellement à partir de la page 240 de la « Gazette noire… » (voy. ci-dessus, col. 526, *d*), doit être du même auteur, Ch. Thévéneau de Morande. (Catalogue Pixérécourt, 1838, n° 4594.)

Joueurs (les), ou le nouveau Stukéli, par Mᵐᵉ de D…., auteur de « la Pauvre Orpheline » (Joseph Senties). *Paris, Barba,* 1807, 2 vol. in-12.

Voy. « Supercheries », I, 850, *f*.

Joueuse (la) dupée, ou l'intrigue des académies, comédie. (Par Jean de La Forge.) *Paris, A. de Sommaville,* 1664, in-12, 5 ff. et 24 p.

Jouissance des sens, poëme en prose. (Par Michel Marescot.) 1759, in-12.
                     V. T.

Joujoux, ou les Lilliputiens, tragédie en 5 scènes et en vers. (Par de Martange.) *Dresde, veuve Stoessel,* 1751, in-4.

Jour (le) de l'an, ou chacun ses étrennes, proverbe en manière de vaudeville, par Alphonse de B……. (Alphonse de Boissieu). *Lyon, imp. de J.-M. Barret* (1833), in-8, 40 p.

Jour (le) de la communion, ou Jésus-Christ considéré sous les différents rapports qu'il a avec l'âme fidèle dans l'Eucharistie, suivis de sentiments affectueux. Par M. l'abbé *** (le P. Pierre-Nicolas Van Blotaque, de Givet, connu plus tard sous le nom de l'abbé de Saint-Pard). *Paris,*

Berton, 1776, in-12. — *Id.*, 1779, in-12.

Réimprimé avec le nom de l'auteur. *Paris, Beaucé-Rusand*, 1819, in-12.

Jour (le) des morts dans une campagne. (Par L. DE FONTANES.) *Paris, imp. de Chassaignon*, 1823, in-8, 8 p.

Fragment d'un poème, publié en 1808, qui porte le même titre et le nom de l'auteur.

Jour (le) des prières publiques en Néerlande. Vers de M. DE TOLLENS, trad. par un ami de la Hollande (Charles DURAND DE SAINT-HIPPOLYTE). (2 décembre 1832.) *Rotterdam, J.-L.-C. Jacob*, 1832, in-8, 10 p.

Jour (le) évangélique, ou trois cent soixante-six Vérités tirées du Nouveau Testament pour servir de sujet de méditation chaque jour de l'année, recueillies par J. B., abbé régulier de Rolduc, de l'ordre de S.-Augustin (le P. Pasquier QUESNEL). *Paris*, 1700, in-12.

Voy. « Supercheries », II, 367, *b*.

Journal...

Cette série est devenue aujourd'hui fort incomplète, mais elle a été depuis 50 ans l'objet de travaux spéciaux que nous n'avons pas à reproduire ici.

Nous nous contenterons d'ajouter au travail de Barbier les publications sous ce titre qui sont l'œuvre d'un petit nombre de rédacteurs seulement et qui sous cette forme sont plutôt un ouvrage qu'un journal proprement dit. Quant aux publications réellement périodiques, nous renverrons aux Bibliographies spéciales dont nous allons donner l'indication, et notamment à l'ouvrage exact et consciencieux de M. Hatin : « Bibliographie historique et critique de la presse périodique française, ou Catalogue systématique et raisonné de tous les écrits périodiques ayant quelque valeur publiés ou ayant circulé en France depuis l'origine du journal jusqu'à nos jours... *Paris, F. Didot*, 1866, gr. in-8 de cxvii-657 p. à 2 col.

Pour les journaux modernes on trouvera des indications intéressantes dans Firmin Maillard, « Histoire anecdotique et critique de 159 journaux parus l'an de grâce 1856 ». *Paris*, 1857, in-18, 96 p.

« Histoire anecdoctique et critique de la presse parisienne. » 2e et 3e années. 1857-1858. *Paris, Poulet-Malassis*, 1859, in-12, 250 p. et 1 f. de table.

J.-F. Vaudin, « Gazettiers et Gazettes. Histoire critique et anecdotique de la presse parisienne. » *Paris*, 1860-1863, 2 vol. in-18.

Nous ajouterons encore : J. Lemonnyer, « les Journaux de Paris pendant la Commune. Revue bibliographique complète de la presse parisienne du 19 mars au 27 mai... » *Paris, Lemonnyer* (1871), in-8, 94 p.

Journal abrégé des événements qui ont amené en France le changement de gouvernement et le retour au trône de la maison de Bourbon, par P. R. (Pierre REVOIL). *Lyon*, 1814, in-8.

Journal amoureux d'Espagne. (Par Mlle DE LA ROCHE-GUILHEM.)

Voy. « Journal des Savants », 17 déc. 1703, et

Hauréau. « Histoire littéraire du Maine », 2e édit., 1872, t. IV, p. 37.

Journal anecdotique de la ville de Castelnaudary depuis le 6 août 1821 jusqu'au 24 mars 1824 inclusivement. (Par Jacques-Pierre-Auguste DE LABOUISSE-ROCHEFORT.) *Castelnaudary, Labadie*, 1825, 3 vol. in-8.
D. M.

Journal central des académies. (Par J. DE ROSNY et G.-A.-F. HECART.) *Valenciennes, Prignet*, 1810-12, 3 vol. in-8.

Journal chrétien, ou l'Ami des mœurs, de la religion et de l'égalité. (Rédigé par Pierre-Vincent CHALVET.) In-8.

Ce journal, commencé le 15 août 1791, a cessé de paraître en août 1792. Au mois de février de cette dernière année, on l'intitula : « Journal de l'Eglise constitutionnelle de France », titre de celui du même genre que rédigeait Le Breton depuis le mois d'avril. Chalvet céda à Couret de Villeneuve le « Journal chrétien ».

Voy. Hatin, « Bibliographie », p. 209.

Journal chrétien sur divers sujets de piété, tirés des SS. Pères, par M. de M*** (Et. ALGAY DE MARTIGNAC), ouvrage périodique (depuis le 7 avril 1685 jusqu'au 16 juin suivant). *Paris, Roulland*, 1685, in-4.

Journal contenant la relation véritable et fidèle du voyage du roi et de Son Eminence, pour le traité du mariage de Sa Majesté et de la paix générale. (Par François COLLETET.) *Paris, J.-B. Loyson*, 1659-1660, quatre parties in-4.

Réimprimé sous ce titre : « Journaux historiques, contenant tout ce qui s'est passé de plus remarquable dans le voyage du roi et de Son Eminence..... par le sieur F. C. » *Paris, J.-B. Loyson*, 1660, in-4.

Journal contenant les cérémonies qui se sont faites à la création des nouveaux chevaliers du S.-Esprit, cette présente année 1662... (Par Fr. COLLETET.) *Paris*, 1662, in-4.

Journal d'agriculture, commerce, arts et finances...

Voy. « Journal de l'agriculture... »

Journal d'instruction sur toutes les parties de l'art de guérir, ouvrage périodique propre à constater l'état et les progrès de l'enseignement dans les écoles de médecine, et notamment dans celle de Montpellier, par une société de médecins (C.-L. DUMAS, J.-B.-T. BAUMES, etc.). *Montpellier, Martel aîné*, 1791, 92 et 93, 4 vol. in-8.

Journal d'opposition littéraire, ou Mémoires secrets de la République des lettres, rédigés par l'auteur des « Etrennes à l'Institut », de « la Fin du xviiie siècle », etc. (Ch.-Jos. COLNET) et par plusieurs littérateurs indépendants. *Paris, imp. de Moller,* 1er germin. an VIII au 1 niv. an IX, in-12.

La police fit saisir le 10e cahier et défendit la continuation en 1801. Hatin donne ce journal sous le titre de « Mémoires secrets » et il indique 4 vol., p. 311.

Journal d'un Boulonnais à Paris, pendant les mois de mars et d'avril, par F. M. (François MORAND, juge au tribunal civil). *Boulogne-sur-Mer,* 1835, in-8.
                                    D. M.

Journal d'un bourgeois de Caen (LAMARE, architecte à Caen), 1652-1733, publiée pour la première fois d'après un manuscrit de la bibliothèque de Caen, et annoté par G. MANCEL... *Caen, C. Woinez,* 1848, in-8, x-434 p.

Journal d'un déporté non jugé, ou déportation, en violation des lois, décrétée le 18 fructidor an V (4 septembre 1797). (Par François BARBÉ-MARBOIS.) *Paris, F. Didot frères,* 1834, 2 vol. in-8. — *Paris, Chatet,* 1835, 2 vol. in-8.

Journal d'un officier de l'armée d'Afrique (Fr.-Al. DESPREZ). *Paris, Anselin,* 1831, in-8.

Journal d'un officier de l'armée du Rhin (le colonel d'état-major Charles FAY). *Bruxelles, Muquardt,* 1871, in-8.

Réimprimé avec le nom de l'auteur.

Journal d'un officier français au service de don Miguel, pendant les campagnes de Portugal en 1833 et 1834. (Par le baron DE SAINT-PARDOUX.) *Paris, Dentu,* 1834, in-8.

Une seconde édition a paru sous le titre de « Campagnes de Portugal en 1833 et 1834... » *Paris,* 1835, in-8. La dédicace de cette édition est signée.

Journal d'un officier françois (Fr.-Auguste THESBY DE BELCOURT) au service de la confédération de Pologne, pris par les Russes et relégué en Sibérie. *Amsterdam,* 1776, in-12.

Quelques exemplaires portent le titre de « Relation ou journal... » Voy. ces mots.

Journal d'un Pèlerin. Ars et ses reliques. — Grenoble et ses communards. — La Salette et ses merveilles, août 1872. (Par M. P. CHETELAT.) *Poitiers, Henri Oudin;* — *Paris, Victor Palmé,* 1872, in-12, 45 p.

Journal d'un voyage à la Louisiane, fait en 1720. Par M*** (VALLETTE DE LAUDUN), capitaine de vaisseau du roi. *A la Haye, et se trouve à Paris chez Musier fils et Fournier,* 1768, in-12, 316 p.

Journal d'un voyage au Levant, par l'auteur du « Mariage au point de vue

chrétien » (la comtesse Agénor DE GASPARIN, née Valérie BOISSIER). *Paris, Ducloux,* 1848, 3 vol. in-8. — *Id.,* 1850, 3 vol. in-12.

Journal d'un voyage d'Espagne (en 1659), contenant une description fort exacte de ses royaumes et de ses principales villes, avec l'état du gouvernement et plusieurs traités curieux. (Par l'abbé BERTAUT, de Rouen, conseiller au parlement, ci-devant lecteur du roi.) *Paris, Thierry,* 1669, in-4.

L' « État du gouvernement de l'Espagne » avait paru séparément en 1664, sous le titre de « Relation d'un voyage d'Espagne, où est exactement décrit l'état de la cour de ce royaume et de son gouvernement », in-12.

Journal d'un voyage dans la Turquie d'Asie et la Perse, en 1807 et 1808, par M. Ange DE GARDANE. *Paris, Le Normant, et Marseille, Mopy,* 1809, in-8.

Le voyage est suivi d'un vocabulaire italien, persan et turc, composé par TIMURAT MIRZA, prince géorgien catholique, et mis en ordre par MOSSY ; ce vocabulaire est en lettres européennes.

                    (Catal. Sacy, III, 5100.)

Journal d'un voyage de Constantinople en Pologne fait à la suite de Son Exc. M. Jacques Porter, ambassadeur d'Angleterre, par le R. P. Joseph BOSCOVICH, de la compagnie de Jésus, en 1762 (trad. de l'italien par P.-M. HENNIN). *Lausanne, Fr. Grasset et Ce,* 1772, in-12. — *Paris, Hansy jeune,* 1774, in-12.

Le P. Boscovich a publié en 1784, à Bassano, une édition italienne plus complète que celle qui a servi pour cette trad. de son voyage.   A. L.

Journal d'un voyage de France et d'Italie fait par un gentilhomme françois, commencé le 14 septembre 1660, et achevé le 31 mai 1661 (par l'abbé Dalth. GRANGIER DE LIVERDIS). *Paris, Michel Vaugon,* 1667, in-8.

Journal d'un voyage en Italie et en Suisse pendant l'année 1828. Par M. R. C. (Joseph-Romain COLOMB, chef aux Messageries). *Paris, Verdière,* 1833, in-8.

Journal d'un voyage fait aux Indes orientales par une escadre de M. du Quesne, 1690-1691. (Par Robert CHALLES.) *La Haye,* 1721, 3 vol. in-12.

Pour une autre relation du même voyage, voyez les mots : « Relation du voyage et retour... »

Journal d'un voyage fait en 1775 et 1776, dans les pays méridionaux de l'Europe, par Jean-Georges SULZER, traduit de l'allemand (par H. REINFNER). *La Haye, Plaat,* 1782, in-8.

Journal d'un voyage militaire en Prusse, en 1789. (Par J.-A.-H. DE GUIBERT.) 1790, in-8.

Rumpf, « Littérat. univ. des sc. milit. », t. I, nº 10308.

Journal de Berlin, ou Nouvelles politiques et littéraires. 1740-41, in-fol.

Rédigé par J.-H.-S. FORMEY. FRÉDÉRIC II y collabora. (Hatin, « Bibliographie », p. 40.)

Journal de bibliographie médicale et de médecine pratique, par une société de médecins (A.-C.-L. VILLENEUVE, rédacteur principal, S.-Ch.-Fr. GIRAUDY et autres). Paris, Gabon, 1809 et années suivantes, 24 vol. in-8.

Journal de Bordeaux et du département de la Gironde. (Par MARANDON, qui rédigea en 1792 le « Courrier de la Gironde », et ensuite par TORNU DE BOISENCOURT.) Bordeaux, 1791-96, 13 vol. in-8.

Collection fort rare et curieuse.   G. M.

Journal de ce qui s'est fait à Metz, au passage de la reine; avec un recueil de plusieurs pièces sur le même sujet. Metz, imp. de J. Collignon, 1725, in-4, 23 et 12 p.

Une note manuscrite jointe à l'exemplaire de la Bibliothèque nationale indique comme auteur probable de ce journal AUDURTIN DE BIONVILLE, maître-échevin de la ville de Metz, et attribue les poésies signées : M. J. G. D. L. F., à GARDIEN DE LA F.
Tessier, dans son « Essai philologique sur les commencements de l'imprimerie à Metz », donne par erreur à cette pièce la date de 1755 et l'attribue à Jacques BALTUS, notaire, et alors échevin de l'Hôtel de ville.

Journal de ce qui s'est fait et passé à la maladie et à la mort de feu Mgr l'éminentissime cardinal duc de Richelieu, et les dernières paroles qu'il a proférées. Envoyé à Mgr le marquis de Fontenay-Mareuil, ambassadeur du roi à Rome. S. l. n. d., 1642, in-4, 8 p.

Signé : F. S. (Frère SÉRAPHIN, pseud. du P. LÉON DE SAINT-JEAN, suivant le P. Lelong). Ce religieux était carme déchaussé des Billettes, prédicateur et aumônier du Roi; son nom était Jean MAGÉ, de Rennes. Cet écrit existe sous les trois titres ci-dessous :
1º « Lettre à Mgr le marquis de Fontenay-Mareuil, ambassadeur de Sa Majesté à Rome, et Relation véritable de tout ce qui s'est passé en la maladie, les dernières paroles et la mort de Mgr l'éminentissime cardinal duc de Richelieu. » Orléans, veuve Gilles Hotot, 1642, pet. in-8.
2º « Journal véritable de ce qui s'est fait... » S. l.; in-4, 8 p.
3º « Lettre à Mgr le marquis de Fontenay-Mareuil, ambassadeur de Sa Majesté à Rome, sur le trépas de Mgr l'éminentissime cardinal duc de Richelieu, traduite en italien et en espagnol, en cette dernière édition », Paris, G. Meturas, 1650, in-12, 120 p. Cette édition est signée des lettres F. S. D. I. C. (Frère SÉRAPHIN DE IRSUS, carme).

Une autre éd. en français seulement, Tours, J. Oudet, 1642, in-8, 24 p. est signée : Fr. SÉRAPHIN DE JÉSUS.
Niceron, t. XL, p. 100, cite une édition qui serait intitulée :
« Lettre du P. Seraphin de Jésus à... » Lyon, 1642, in-4.

Journal de ce qui s'est passé à Dijon, à l'occasion de la rentrée du parlement et des autres cours de la province, etc. (Par LANDES.) Kehl, Baskerville (Dijon), 1789, in-8.

Journal de ce qui s'est passé à l'arrivée et pendant le séjour de Mesdames de France Adélaïde et Victoire à Lunéville, au château de la Malgrange et à Nancy. Nancy, Le Seure, 1761, in-8, 84 p. — Nouv. édit. (revue et augm. par JAMET le jeune). Paris, 1762, in-12.

La dédicace est signée : FILLION DE CHARIGNEU.

Journal de ce qui s'est passé à Rome dans l'affaire des cinq Propositions (rédigé sur les mémoires de Louis GORIN DE SAINT-AMOUR, par Ant. ARNAULD et Isaac LE MAISTRE DE SACY). (Hollande), 1662, in-fol.

Journal de ce qui s'est passé au siège de la ville et du chasteau de Namur, par le secrétaire d'un officier général, qui estoit dans la place, lequel a pris soin de n'y rien obmettre de la vérité. (Par J. DONNEAU DE VISÉ.) Paris, Michel Brunet, 1695, in-12, 282 p.

Ce volume forme la 2ᵉ partie d'octobre 1695 du « Mercure galant ».

Journal de Christine (trad. de l'allem. de Ph.-Jos. SCHALBACHER, libraire à Vienne en Autriche, par J.-F.-P. AUBERT DE VITRY, avec une conclusion par Ad. BOSSANGE). Paris, Bossange frères, 1825, in-8 obl., avec grav.

Journal de Clotilde, pages sérieuses écrites par une jeune fille après ses années de pension; par Mlle S. W. (S. WANHAM). Lille, Lefort, 1864, in-12.

Journal de commerce, dédié à Son Altesse royale Mgr le prince Charles-Alexandre, duc de Lorraine... (Par Louis-Florent LE CAMUS et l'abbé P.-J.-A. ROUBAUD.) Bruxelles, van den Berghen, 1759-1762, 24 vol. in-12.

Voy. Hatin, « Bibliographie », p. 65.

Journal de Dijon et de la préfecture de la Côte-d'Or, du 30 vendémiaire an IX au 10 frimaire an X. (Rédigé par GUIRAUDET, préfet.) S. d., in-4.   D. M.

Journal de Hambourg, contenant divers mémoires curieux et utiles sur toute sorte de sujets. (Par Gabriel D'ARTIS, ministre protestant.) *Hambourg, H. Heus*, 3 septembre 1694 au 27 avril 1696, 4 vol. in-12.

Voyez les « Œuvres » de Bayle, in-fol., t. IV, p. 690. Au mois de septembre 1693, d'Artis avait commencé à publier un « Journal d'Amsterdam », qui fut bientôt interrompu, et qu'il reprit au mois de février 1694.

Voy. aussi Hatin, « Bibliographie », p. 34.

Journal de Jean MIGAULT, ou Malheurs d'une famille protestante du Poitou à l'époque de la révocation de l'édit de Nantes. d'après un manuscrit récemment trouvé entre les mains d'un des descendants de l'auteur (publ. par J.-J. PACAUD, conservat. adj. de la biblioth. Sainte-Geneviève). *Paris, Servier*, 1825, in-12.

« Migault cumula la direction d'une école et les fonctions de notaire à Mougon de 1670 à 1681 ; tout à la fois ancien et secrétaire du consistoire, lecteur et chantre de l'église ; puis, en 1682, instituteur à Meauzé, pour remplacer celui qui venait d'apostasier, et que nous retrouvons, après tant de vicissitudes, maître de l'école française à Emden, et mourant à cet humble poste en 1707. »

(« Bulletin de la Soc. de l'hist. du protestant. franç. » *Paris*, 1854, in-8, p. 382-384.)

Journal de Jurisprudence, dédié à Son Altesse sérénissime électorale palatine. (Par J.-L. CASTILHON et P. ROUSSEAU.) *Bouillon, J. Brasseur*, janvier 1763 à mai 1764, 6 vol. in-8.

Voy. Hatin, « Bibliographie », p. 172.

Journal de l'adjudant général RAMEL, commandant de la garde du Corps législatif... l'un des déportés à la Guyane après le 18 fructidor... *Londres*, 1799, in-8, 2 ff. de tit., IV-174 p. — 2e éd. *Londres*, 1799, in-8, 2 ff. de tit., IV-186 p.

Rédigé par le général Mathieu DUMAS. Réimprimé sous le titre de « Journal de RAMEL... » *Londres*, 1799, in-8, VIII-271 p. et 2 ff. d'errata.

Journal de l'agriculture, du commerce et des finances, *Paris, Knapen*, juillet 1765 à décembre 1783, 55 vol. in-12.

Les premiers volumes de ce journal ont été rédigés jusqu'en 1767 par DUPONT de Nemours. De janvier 1772 à décembre 1774, il porte au frontispice le nom de l'abbé P.-J.-A. ROUBAUD. De 1780 à 1781, il est dirigé par H.-P. AMEILHON.

Les années 1782 et 1783, publiées sous la direction de l'abbé DE FONTENAY, sont intitulées : « Journal d'agriculture, commerce arts et finances ».

Les principaux rédacteurs furent : Franç. QUESNAY, Victor RIQUETTI MIRABEAU, Nic. BAUDEAU DE LA RIVIÈRE, G.-F. LE TROSNE, J.-N.-M. GUÉRINEAU DE SAINT-PERAVI, l'abbé LOISEAU, ROUSSELIN, C. DE BUTRET, DE LA TOUANE, J.-B.-G.-M. MILCENT, J.-C. PINGERON, etc.

Voy. Hatin, « Bibliographie », p. 65.

Journal de l'anarchie, de la terreur et du despotisme, ou chaque jour marqué par un crime, une calamité publique, une imposture, une contradiction, un sacrilège, un ridicule ou une sottise, et comme telle la doctrine des doctrinaires. (Par de LESPINASSE-LANGEAC.) *Paris, Delaunay*, 1821, 3 vol. in-18.

Journal de l'expédition anglaise en Egypte, dans l'année 1800 ; traduit de l'anglais du capitaine Th. WALLS. Par M. A. T****** (Alfred THIERY, capitaine d'artillerie), avec des notes fournies par d'anciens officiers de notre armée d'Égypte, un appendice contenant des pièces officielles, une introduction par M. AGOUB ; quatre plans de bataille et quatre figures coloriées. *Paris, Anselin et Pochard*, 1823, in-8.

En 1829, on a imprimé de nouveaux titres portant les mots : Seconde édition.

Journal de l'instruction publique. (Par Félix LECOINTA.) tome I, n° 1 (et unique). *Paris, imp. de Boucher*, 1825, in-8.

Journal de l'instruction publique, rédigé par une société de professeurs et d'hommes de lettres (J.-A. AMAR, P.-F. DE CALONNE, Jules PIERROT et autres, sous la direction de MM. Andrieux, Auger, Barbié du Bocage, etc.). *Paris, imp. de Béraud*, 1827-1828. 7 vol. in-8.

Journal de la campagne des îles de l'Amérique qu'a fait M. D***, la prise et possession de l'île Saint-Christophe... Par G. D. T. (GAUTIER DU TRONCHOY), enseigne dans le vaisseau du roi le Zeripsée. *Troyes, J. Le Febvre*, 1709, in-12.

Journal de la conquête du Port-Mahon. (Par A. DE GOUDAR.) 1756, in-12.

Journal de la cour d'appel de la Meurthe, de la Meuse et des Vosges, pour les tribunaux de son ressort. (Rédigé par Et. PSAUME.) *Nancy, imp. de Vigneulle*, 14 août 1807 à 24 juin 1808, 159 numéros in-8.

Journal de la cour de Louis XIV. depuis 1684 jusqu'à 1715 (extrait des mémoires manuscrits du marquis DE DANGEAU), avec des notes intéressantes (par VOLTAIRE). *Londres*, 1770, in-8. — *Paris, Xhrouet*, 1807, in-8.

Journal de la défense de Cassel. (Par A.-J.-F. DE LA BROUE DE VAREILLES SOMMIÈRES.) 1762, in-12. V. T.

Journal de la déportation des ecclésiastiques du département de la Meurthe dans la rade de l'île d'Aix, près de Rochefort, par un de ces déportés. S. l. (*Bruyères*, *veuve Vivot*), 1796, in-8, 111 p. — Seconde édition. *Nancy, Grimblot, Raybois et Cⁱᵉ*, 1840, in-12, 227 p.

La seconde édition est ornée du portrait de M. le curé Jean MICHEL, auteur de cet ouvrage, fort belle gravure de Lewicki, Polonais réfugié qui se trouvait alors à Nancy.

M. Noël, p. 849 de son Catalogue, dont le présent article est le n° 3677, dit : « Nous sommes peiné que « ce respectable ecclésiastique ait semblé ignorer « le nom de celui qui provoqua la mise en liberté des « prêtres insermentés. Aurait-il craint de pécher en « prononçant avec reconnaissance le nom du prétendu « schismatique Grégoire, son illustre compatriote ? »

Journal de la France... (Par l'abbé Guillaume VALEROT.)

Voy. « Journal historique et chronologique... »

Journal de la municipalité et du département de Paris. Correspondance des départements et des principales municipalités du royaume. (Par F.-L. BAYARD.) *Paris, hôtel Charot*, 1791, in-4.

Journal de la navigation d'une escadre françoise, partie du port de Dunkerque, aux ordres du capitaine Thurot, le 5 octobre 1759... (Par le marquis C.-B. DE BRAGELONGNE.) *Bruxelles et Paris, Vente*, 1778, in-12, 156 p.

Voyez le volume intitulé : « Aux États-Généraux », etc., par le comte de Sanois, 1789, in-8, p. 282.

Journal de La Rapée ou de Ça ira, ça ira. (Par Ant. ESTIENNE.) *De l'imp. de La Rapée, à l'enseigne de la Bonne-Matelotte* (1791), 6 numéros in-8.

Journal de la religion et du culte catholique. (Par l'abbé Dominique RICARD.) *Paris, Leclère*, 3 oct.-19 déc. 1795, 12 numéros in-8.

Ce journal a précédé les « Annales religieuses, politiques et littéraires » de MM. Sicard et Jauffret.

Journal de la Société de 1789. (Par CONDORCET, M.-F.-D.-T. DE PANGE, P.-A. GROUVELLE, DUPONT de Nemours, A.-G.-S. DE KERSAINT, L.-A. DE LA ROCHEFOUCAULD, E.-C.-J.-P. DE PASTORET, C.-P.-T. GUIRAUDET, André CHÉNIER et autres.) (*Paris*), 5-juin.-15 septembre 1789, 15 numéros in-8.

Voy. Hatin, « Bibliographie », p. 172.

A partir du n° 12, le titre devient : « Mémoires de la Société de 1789 ».

Journal de lecture, choix périodique de littérature et de morale. (Publié par DE LEZERN.) *Amsterdam, Marc-Michel Rey*, 1778-1779, 12 vol. in-8; et *Paris, Esprit*, in-12.

Voy. Hatin, « Bibliographie », p. 51.

Journal de Lorraine et Barrois. (Par THÉRIN, père du docteur Thérin.) Année 1778. *Nancy, Babin*, 1778, in-8, 296 p.

Dès l'année suivante, ce journal fut intitulé : « Journal littéraire de Nancy », 1780-1787, 24 vol. in-12. L'abbé P.-A. GRANDIDIER, M. FRANÇOIS DE NEUFCHATEAU, L. DE LAUS DE BOISSY, Remi WILLEMET et autres ont fourni des articles à ce journal.

Journal (le) de Louis XIII, ou l'Histoire journalière du règne de Louis XIII, contenant ce qui s'est passé de plus remarquable depuis l'an 1610 jusqu'à sa mort ; continué sous le règne suivant jusqu'en 1646, par S. M. C. (Cl. MALINGRE, Senonois). *Paris*, 1646, in-8.

Voy. « Supercheries », III, 655, *d*.

Journal de Lyon et du Midi. (Rédigé par F.-A. DELANDINE et J.-B. DUMAS.) *Lyon, imp. de Ballanche et Barret*, 1 nivôse à 29 ventôse an X, 45 numéros in-8.

Voy. Hatin, « Bibliographie », p. 302.

Journal de Lyon, ou Annonces et variétés littéraires pour servir de suite aux Petites Affiches de Lyon. (Par C.-J. MATHON DE LA COUR.) *Lyon, Aimé de Laroche*, 8 janvier 1784 à 12 juillet 1792, 8 vol. in-8.

A partir de 1788 : « Journal de Lyon et des provinces de la généralité » ; à partir de 1790 : « Journal de Lyon et du département de Rhône-et-Loire ». Voy. Hatin, « Bibliographie », p. 299.

Journal de marine, ou Bibliothèque raisonnée de la science du navigateur. (Par BLONDEAU, professeur de mathématiques.) *Brest*, 1778-1780, in-4.   V. T.

Voy. Hatin, « Bibliographie », p. 79.

Journal de médecine, chirurgie, pharmacie, etc. *Paris, Didot jeune*, 1754-1794, 96 vol. in-12.

Mensuel. Les cinq premiers volumes, pour lesquels il a été imprimé des titres avec la mention 2e édition, portent au titre de départ : « Recueil périodique d'observations de médecine... », titre sous lequel la publication avait paru d'abord de 1754 à 1757. Rédigé de juillet 1754 à octobre 1755 par François BERNARD, Nic. BERTRAND et GRASSE ; de novembre 1775 à juin 1762 par Ch.-Aug. VANDERMONDE ; de juillet 1772 à juin 1776, par Augustin ROUX ; de juillet à septembre 1776, par CAILLE ; d'octobre 1776 à décembre 1790, par DUMANGIN et Al.-Philibert BACHER ; de 1791 à 1794, par BACHER et J.-J. LEROUX.

En 1774, André-Marius LALLEMENT, médecin de Montpellier, fit imprimer, dans le format in-12, une table pour les trente premiers volumes.

On publia en 1788 : « Table indicative des matières, et table des auteurs pour les soixante-cinq premiers volumes du « Journal de médecine » ..... par M. J.-J. LE ROUX DES TILLETS... *Paris, de l'imprimerie de Monsieur*, 1788, in-4.

Journal de médecine pratique, ou de tout ce qui peut servir à la conservation de la santé et à la guérison des maladies, par une société de médecins. (Rédigé par le docteur Simon-Charles-François GIRAUDY.) *Paris*, août 1806 à 1819, in-4 et in-8.   D. M.

Journal de Monsieur. Table générale des journaux anciens et modernes... *Paris*, *Demonville*, 1776-1783, environ 30 vol. in-12.

Dans son premier état, il était divisé en deux parties, et il eut pour principal rédacteur GAUTIER DAGOTY. Abandonné après sept ou huit mois par ses auteurs, brouillés entre eux, il fut repris en 1778 par Mme la présidente D'ORMOY. En 1781, il fut acquis au prix de 4,000 livres par GEOFFROY et ROYOU, qui, à partir de ce moment, mirent leurs noms sur le titre. Abandonné par Monsieur, sur les plaintes de l'Académie, ce recueil mourut à la fin de 1783, après avoir fourni une trentaine de volumes, dont dix-huit pour la dernière série.

Voy. Hatin, « Histoire de la presse », tome III, p. 105, et « Bibliographie de la presse », p. 51.

Journal de M. l'abbé Dorsanne... contenant ce qui s'est passé à Rome et en France au sujet de la bulle *Unigenitus*... (Publié par l'abbé Pierre LE CLERC.) *Rome* (*Amsterdam*), 1753, 2 vol. in-4. — *S. l.*, 1753, 6 vol. in-12. — Seconde édition, revue et corrigée, avec des notes et un avertissement (par l'abbé G. DUPAC DE BELLEGARDE). *S. l.*, 1753, 5 vol. in-12.

On a publié :

« Mémoires et instructions secrètes du card. de Noailles, envoyées à Rome sous le pontificat de Benoît XIII, avec un Recueil de quelques autres pièces. Pour servir de supplément au « Journal de M. l'abbé d'Orsanne. » *S. l.*, 1750, in-12.

Journal de Paris. *Paris*, janvier 1777 à décembre 1826, 118 vol. in-4.

Les principaux rédacteurs de ce journal furent C.-S. SAUTREAU DE MARSY et Olivier DE CORANCEZ, depuis 1777 jusqu'en 1790 ; D.-J. GARAT, CONDORCET, M.-L.-E. REGNAUD de Saint-Jean-d'Angély, depuis 1789 jusqu'en 1793.

Depuis 1793, P.-L. RŒDERER, A.-L. DE VILLETERQUE, J.-B. LÉCUY, Remacle LISSOIR, J.-P. GALLAIS, P.-F.-F.-J. GIRAUD, Fabien PILLET, C.-L. DE SEVELINGES, E.-T.-M. OURRY, HUARD, L.-G.-J.-M. BENABEN, J. LINGAY, P.-R. AUGUIS, J.-F.-N. DUSAULCHOY DE BERGEMONT et autres.

Ch. COLNET y travailla depuis 1811 jusqu'après la deuxième Restauration.

J.-B.-B. SAUVAN, de 1812 à 1827. Il y a publié, en 1826, une suite de lettres sur l'Angleterre et Londres.

Marie-François-Denis-Thomas DE PANGE a inséré sous son nom, ou sous les initiales F. D. P., des articles dans les suppléments. Ils ont été reproduits dans ses « Œuvres », publiées par M. L. Becq. *Paris*, *Charpentier*, 1872, in-12.

Voy. Hatin, « Bibliographie », p. 76.

Journal de PIERRE le Grand, depuis l'année 1698 jusqu'à la conclusion de la paix de Neustadt, 1721. Trad. de l'original russe (publié par le prince Michel STCHERBATOW), imprimé d'après les manuscrits corrigés de la propre main de S. M. impériale, qui sont aux Archives (par Simon STCHEPOTIEF, officier russe, revu, corrigé et publ. par J.-H.-S. FORMEY). *Berlin*, *J. Decker*, 1773, in-4, VIII-504 p. — *Londres*, 1773, 2 vol. in-8.

Cette traduction, entreprise par ordre du prince Henri de Prusse, ne va pas au delà de 1715, bien que le titre dise 1721.

Une faute d'impression commise dans l'annonce de cette édition dans le « Catalogue hebdomadaire des livres nouveaux » de l'année 1774 a transformé le nom de FORMEY en celui de FURNECY qui a été admis par l'abbé de La Porte, Ersch et des Essarts.

Une troisième édition de cette traduction a paru sous ce titre : « Journal de Pierre le Grand, depuis l'année 1698 jusqu'à l'année 1714 inclusivement... Nouvelle édition ; avec des notes par un officier suédois. *Stockholm*, *s. n. d'imprimeur*, 1774, in-8, XV-475 p.

Quérard (« France littér. », t. VIII, p. 548) reproche à Barbier d'avoir dépensé treize lignes de notes de son n° 9001, pour relever l'erreur des bibliographes ses prédécesseurs, qui ont transformé le nom de FORMEY en celui de FURNECY ; malgré ce reproche injuste de Quérard, il nous faut encore signaler une autre mésaventure de ce genre, car ces observations critiques n'ont d'autre but que d'empêcher la reproduction d'erreurs trop faciles à commettre en bibliographie.

On lit, p. 204, du consciencieux ouvrage publ. par M. R. Minzloff, sous le titre de : « Catalogue détaillé « des *Russica* de la Bibliothèque impériale publique de « Saint-Pétersbourg... T. I. Pierre le Grand dans la « littérature étrangère. » *Saint-Pétersbourg*, 1872, « in-8 de XV et 691 p. »

« ... La traduction faite à Berlin par un jeune officier russe du nom de Simon STCHÉPOTIEW, et revu « par le savant Formey, est médiocre. L'auteur de « notes très utiles à consulter de la 3e édition, s'appe« lait Bouillon d'après Brunet, quoique la préface soit « signée le baron DE L***. »

Dans l'art. du « Manuel du libr. », auquel M. Minzloff fait allusion (5e édit., t. VI, n° 27768), le nom de l'auteur est écrit SCHTSCHERBATOW et celui du traducteur SCHTSCHEPOTIEF. De ces deux orthographes, quelle est la bonne ? Quant au nom de Bouillon, imprimé en italique et entre parenthèses, Brunet le donne comme lieu d'impression véritable de cette 3e édit. Nous ne relevons cette erreur de M. Minzloff qu'à cause de l'exactitude ordinaire de ses renseignements.

Journal de politique et de littérature, contenant les principaux événements de toutes les cours, les nouvelles de la république des lettres, etc. *Bruxelles et Paris*, *Panckoucke*, 25 octobre 1774-1783, 24 vol. in-8 environ.

Par S.-N.-H. LINGUET, jusqu'au 25 juillet 1776. Continué depuis cette époque jusqu'en 1783 par J.-F. LAHARPE et J.-G. DUBOIS-FONTANELLE.

L. FONTANES a été un des collaborateurs ; les les

tres signées : « l'Anonyme de Vaugirard », à propos de Gluck, sont de J.-B.-A. SUARD.

Voy. Hatin, « Bibliographie », p. 73.

Journal de RAMEL...

Voy. ci-dessus, « Journal de l'adjudant général RA-MEL... col. 1011, d.

Journal de Trévoux.

Voy. « Mémoires pour servir à l'histoire des scien-ces ».

Journal de Troyes et de la Champagne méridionale. (Par E.-T. SIMON.) Troyes, 1782-1790, in-4.

Journal de Verdun.

Voy. « Clef (la) du cabinet... », IV, 614, f.

Journal de Versailles, ou affiches, an-nonces et avis divers. (Par M.-L.-E. RE-GNAULT DE SAINT-JEAN D'ANGÉLY.) Ver-sailles, Blaizot, 1789-1791, in-4.

Ce journal a paru dès le 6 juin 1789, et a été réuni, le 1er janvier 1791, à celui qui portait pour titre : « Assemblée nationale et Commune de Paris. »

Voy. Hatin, « Bibliographie », p. 130.

Journal des arts, des sciences et de lit-térature. Paris, 5 thermidor an VII-1814, 55 vol. in-8.

Les trente-deux premiers numéros sont intitulés : « Journal des arts, de littérature et de commerce ». Le titre ci-dessus ne commence qu'au no 35 (15 niv. an VIII).

Rédigé par DUPONT DE NEMOURS, M.-C.-J. POU-GENS, R.-A. SICARD, P.-C.-F. DAUNOU, L.-M. LAN-GLÈS, l'abbé M.-N.-S. GUILLON, J.-F. RUPHY ou RUFFY; C.-J. COLNET, sous l'initiale C; E.-T.-M. OURRY, sous l'initiale T ; Mme BOSSY, sous l'ini-tiale Y ; R.-R. AUGUIS, sous l'initiale A ; J. T. VER-NEUR.

En décembre 1814, ce journal devient « le Nain jaune ».

Voy. Hatin, « Bibliographie », p. 286.

Journal des campagnes du roi en 1744, 1745, 1746 et 1747. (Par J.-B.-J. DAMARZIT DE SAHUGUET, baron D'ESPAGNAC.) Liége, 1748, in-12.

Journal des choses mémorables advenues durant le règne de Henri III, par un au-diencier de la chancellerie de Paris (P. DE L'ESTOILE). Paris, 1621, in-4 et in-8. — Nouvelle édition, augmentée de plusieurs pièces, notes et remarques (par Jacob LE DUCHAT et Denis GODEFROY). Cologne, P. Marteau, 1720, 4 vol. in-8. — Nouvelle édition (publiée par LENGLET DU FRESNOY). La Haye (Paris), veuve Gandouin, 1744, 5 vol. in-8.

Voy. « Recueil de diverses pièces servant à l'histoire de Henri III ».

Journal des Dames et des Modes. Paris, Lamésangère, an V-1837, 41 vol. in-8.

Fondé par SELLÈQUE et Mme CLÉMENT, née HE-

MERY; collaborateur pour les gravures : P. DE LAMÉ-SANGÈRE ; ce dernier devient propriétaire du journal à la mort de Sellèque, le 2 niv. an IX.

Après la mort de Lamésangère, arrivée en 1831, le « Journal des Dames » tomba en décadence.

En 1836, Mme la baronne BRUCHEZ, connue dans le monde littéraire sous le pseudonyme de Marie DE L'É-PINAY, en prit la direction, et, malgré la collaboration de talents distingués, le « Journal des Dames », qui avait pris le titre de « Gazette des Salons », ne fit plus que végéter, et il cessa de paraître au commence-ment de 1839.

Voy. « le Journal des Dames, 1759-1856. » Paris, juillet 1856, extrait du « Journal des Dames et Mes-sager des Dames et des Demoiselles », no du 15 juin 1856, signé Charles Richomme, et tiré à 30 exem-plaires.

Journal des débats de la Société des Amis de la Constitution, séante aux Jaco-bins. Paris, juin 1791 au 23 frimaire an II, 556 num. in-4. — Journal des débats et de la correspondance de la Société des Amis de la Constitution, séante aux Jacobins. Paris, janvier 1792 au 24 frimaire an II, 257 num. in-4.

Le rédacteur de ce journal fut DEFLERS, mort en no-vembre 1824.   (Note de J.-Q. Beuchot.)

Voy. Hatin, « Bibliographie », p. 634.

Journal des débats politiques et litté-raires. Paris, imp. de Lenormant, 1814 et années suivantes jusqu'à nos jours, in-fol.

Ce journal a commencé en 1789, sous le titre de : « Journal des débats et des décrets; ou Récit de ce qui s'est passé aux séances de l'Assemblée nationale de-puis le 17 juin 1789... » Paris, impr. nationale, 1791 à floréal an V, 93 vol. in-8.

Il est devenu ensuite :

« Journal des débats et lois du Corps législatif. » Paris, Baudouin, prairial an V à nivôse an VIII, 32 vol. in-8.

« Journal des débats, des lois, du pouvoir législatif et des actes du gouvernement ». Paris, Baudouin, pluviôse an VIII-10 nivôse an XIV, 10 vol. in-fol.

« Journal de l'Empire ». Paris, imp. de Lenor-mant, 1806-1814, 16 vol. in-fol.

Julien-Louis GEOFFROY, ancien professeur d'élo-quence, est auteur de presque tous les articles non si-gnés du feuilleton de ce journal. Ils sont relatifs aux pièces représentées sur les différents théâtres de la ca-pitale. A la mort de ce fameux critique, arrivée en fé-vrier 1814, les articles du même genre ont été confiés à DUVICQUET, qui les a signés de la lettre C.

Plusieurs gens de lettres ont fourni des articles de littérature, sous les différentes lettres de l'alphabet, soit pour le corps du journal, soit pour le feuilleton. Ainsi l'on voit sous les lettres A (l'abbé C.-M. DORIMONT DE FELETZ), M. B (J.-B.-B. BOUTARD), D (J.-M. JANIN, dit MÉLY-JANIN), H (F.-B. HOFFMANN), L (J. FIÉVÉE), N (J.-M.-B. BINS DE SAINT-VICTOR), S (GUAIRARD ou H. LA SALLE), T (L.-S. AUGER), X (E.-A. BOU-LOGNE ou C.-G. ETIENNE, pour la plupart des feuille-tons depuis 1814, etc.), Y (J.-J. DUSSAULT), Z (Ch. DELALOT ou HOFFMANN).

J.-Fr. BOISSONADE a fourni beaucoup d'articles sous la lettre grecque Ω.

Nous ajouterons, pour la partie moderne, les initiales suivantes :

A. G. (Adolphe Guéroult),

G. C. (Granier de Cassagnac),

J. J. (Jules Janin),

L. S. (Le Sourd),

R. (Bequet),

XXX (Castil-Blaze).

De 1820 à 1838, Ximenès Doudan a publié dans ce journal une vingtaine d'articles particulièrement consacrés à des œuvres philosophiques : Thomas Reid, Kant, Cousin, Lerminier, Mme Necker. (Voy. la notice de M. Cuvillier-Fleury sur Ximenès Doudan, mort le 20 août 1872, publiée dans le « Journal des Débats » de janvier 1873 et reproduite dans le « Bulletin du bibliophile » de janvier-février 1873.)

Voy. pour plus de détails :

« Histoire politique, anecdotique et littéraire du « Journal des Débats », par M. Alfred Nettement. » *Paris, Dentu,* 1838, 2 vol. in-8. — 2ᵉ éd. *Id.*, 1842, 2 vol. in-8.

« Journaux et Journalistes par Alfred Sirven. Le « Journal des Débats », avec les portraits des rédacteurs photographiés par Pierre Petit. » *Paris, P. Cournol,* 1865, in-16.

« Les Fondateurs du « Journal des Débats » en 1780, par Francisque Mège. » *Paris, Faure,* 1865, in-8, 32 p.

Et Hatin, « Bibliographie », p. 130, 131 et 633.

Journal (du) des Débats et de la déclaration du 23 juin 1789. *Lyon, Rossary,* in-8, 16 p.

Signé : Z. (Jean Passeron).

Journal des décrets de l'Assemblée nationale pour les habitants des campagnes, et de correspondance entre les municipalités des villes et des campagnes du royaume. Par M. de St-M..... (de Saint-Martin). *Paris, Clousier,* 1789 à juin 1792, 11 vol. in-8.

Journal des défenseurs de la patrie. *Paris,* 28 germinal an IV-30 ventôse an X, 2278 numéros in-8, in-4 et in-fol.

Les numéros 1 à 34 sont signés Lepreux. Continué par M. Dubois, ancien maire d'Amiens.

Voy., pour la description de ce journal et de ses différentes suites, Hatin, « Bibliographie », p. 264.

Journal des délibérations tenues en Parlement, toutes les chambres assemblées, et à l'hôtel d'Orléans, depuis le 5ᵉ jour d'aoust 1650 jusques à présent... (Par Fr. Davenne.) *S. l.,* 1650, in-4, 15 p.
V. T.

Journal des deux conseils de la république helvétique. (Par J.-P. Secretan, landammann, et Jules Muret, autre landammann.) *Lausanne,* 12 avril à 14 juillet 1798, in-8.

Journal des droits de l'homme. (*Paris*), imp. de Feret, 27 juillet-28 août 1791, 30 numéros in-8.

On lit à la fin des numéros 7 à 30 : Cette feuille est rédigée par l'auteur du « Journal du Diable » (Labenette).

Voy. Hatin, « Bibliographie », p. 211.

Journal des Émigrés, ou Tableau général des noms des Émigrés des quatre-vingt-trois départements. (Par A.-L. Lachevardière.) *Paris, Ballard,* 1792, in-4 de 176 pages, contenant huit numéros et neuf départements, savoir : Allier, Ardennes, Charente, Cher, Eure-et-Loir, Haute-Garonne, Hérault, Marne, Seine-et-Oise.

Ce journal, qui n'a pas été poussé plus loin, offre un tableau des émigrés, et de leurs propriétés.

Voy. Hatin, « Bibliographie », p. 229.

Journal des femmes, gymnase littéraire. *Paris, L. Janet,* mai 1832 à décembre 1836, 14 vol. gr. in-8.

Rédigé par MMmes F. Richomme, Joséphine Lasteyrie du Saillan, dame Sirey, Nanine Souvestre.

Journal des gens du monde. (Par J.-P.-L. de La Roche du Maine, marquis de Luchet.) *Francfort-sur-le-Mein, Vanbeck,* 1782 à 1785, 10 vol. in-8.

Suite du « Pot-Pourri ». Voy. ce titre.

Voy. aussi Hatin, « Bibliographie », p. 74.

Journal des gourmands et des belles, ou l'Épicurien français, par l'auteur de l' « Almanach des gourmands » (A.-B.-L. Grimod de La Reynière), plusieurs convives des dîners du Vaudeville et un docteur en médecine. *Paris, Capelle et Renaud,* 1806-1807, 8 vol. in-18.

En 1808, cette publication, abandonnant son premier titre, a pris celui de : « l'Épicurien français, ou les Dîners du Caveau moderne au Rocher de Cancale, journal de table », de 1808 à 1815, 32 vol. in-18.

Journal des hommes libres de tous les pays, ou le Républicain. Rédigé par plusieurs écrivains patriotes. *Paris, R. Vatar,* in-4.

Ce journal ne porte le titre ci-dessus qu'à partir du n° 40. Il a été fondé le 2 novembre 1792 sous le titre de : « le Républicain, journal des hommes libres de tous les pays », rédigé par un député à la Convention nationale (Charles Duval) et par plusieurs autres écrivains patriotes (P.-A. Antonelle, Scipion du Roure, Nic. Régnard, Charles de Hesse, J.-C. Vatar, P. Giraud).

Il a été supprimé à diverses reprises et a reparu sous douze titres différents jusqu'au 28 fructidor an VIII.

Voy. Hatin, « Bibliographie », p. 235.

Journal des journaux, ou Précis des principaux ouvrages périodiques de l'Europe, depuis janvier jusqu'en avril 1760. (Par l'abbé Regley, de Caux de Cappeval et Portelance.) *Manheim,* 1760, 2 vol. in-8.

Ce journal paraît avoir eu comme premier titre : « Conciliateur, ou Journal des Journaux ».

La permission fut accordée à A. BLANC DE GUILLET et DIBUSTY DE VILLENEUVE, ainsi qu'il résulte d'une lettre ms. de ce dernier à M. de Malesherbes, en date du 23 nov. 1761.

Voy. Hatin, « Bibliographie », p. 50.

Journal des laboureurs. (Par J.-M. LE-QUINIO.) (*Paris*), *imp. de J.-J. Rainville* (1790), 56 numéros in-8.

Le nom de l'auteur se lit sur le titre à partir du n° 34.

Journal des lois de la République française. *Paris, G.-F. Galletti*, octobre 1792-an V, in-4.

En l'an IV : « Journal des lois des deux Conseils et du Directoire de la République française ». — Au moment où la paix fut proclamée : « le Pacificateur », 1er prairial an V-4 messidor an VI, 2 vol. in-4. Deschiens et le « Catalogue de la Bibliothèque nationale » attribuent cette feuille à GALLETTI, qui n'en était en réalité que l'imprimeur. Un prospectus, joint à l'exemplaire du Corps législatif, dit : par C.-N. OSSELIN, député à la Convention nationale ; et les premiers numéros portent en marge, *in fine*, la griffe de ce conventionnel.

Voy. Hatin, « Bibliographie de la presse », p. 229.

Journal des muses. (Par J. LABLÉE.) *Paris*, 1796-1797, 6 vol. in-12.

Journal des nouveautés littéraires d'Italie. (Par Jean-Louis BIANCONI, de Bologne.) *Amsterdam* (*Leipzig*), 1748-49, 3 vol. in-8. (Melzi.)

Journal des opérations du centre de l'armée d'Italie, commandée par le lieutenant général Suchet, sous les ordres du général en chef Masséna, depuis le 15 germinal an VIII (5 avril 1800) jusqu'au 5 messidor (24 juin) même année... (Par COUSSAUD, adjud. général.) *Alexandrie, imp. de V. Alauzet*, an XIII, in-8, 2 ff. de tit., 16-136 p. et 1 tableau.

Journal des opérations du siége et du blocus de Gênes, précédé d'un coup d'œil sur la situation de l'armée d'Italie... Par un des officiers généraux de l'armée (le baron Paul THIEBAULT). *Paris, Magimel*, an IX, in-8.

Réimprimé avec le nom de l'auteur.

Journal des Pays-Bas. (Rédigé par MILON.) *Bruxelles*, 1791, 117 numéros in-4.

Note de M. Warzée, citée par M. Hatin, « Bibliographie de la presse », p. 289.

Journal des princes, ou Examen des journaux et autres écrits périodiques relativement aux progrès du despotisme. (Par le baron DE SAINT-FLOCEL.) *Londres, Rivington*, 1783, in-12, 195 p.

J'ignore si cet ouvrage a été continué.

L'introduction a pour titre : « Journal du despotisme ».

Voy. Hatin, « Bibliographie », p. 79.

Journal des provinces. 1er mai à 12 juin 1789, 6 numéros in-8.

Attribué à Jean-Louis GIRAUD SOULAVIE.

Voy. Hatin, « Bibliographie », p. 134.

Journal des savants... Par le sieur DE HÉDOUVILLE (SALLO). *Paris, J. Cusson*, 1765 à 1792, in-4, 1 vol. par année.

Les principaux auteurs qui ont travaillé au « Journal des Savans », depuis 1665 jusqu'à son interruption en décembre 1792, ont été :

Denis DE SALLO, sous le nom du sieur DE HÉDOUVILLE, depuis le 5 janvier 1665 jusqu'au 30 mars 1665, époque de la suppression momentanée du journal, d'après les instances du nonce du pape, qui avait été choqué de l'énergie avec laquelle SALLO avait défendu les libertés de l'Eglise gallicane. SALLO s'était associé dans ce travail l'abbé DE BOURZÉIS, GOMBERVILLE, CHAPELAIN et l'abbé Jean GALLOIS.

L'abbé GALLOIS reprit le journal en son nom le 4 janvier 1666 jusqu'en 1674.

L'abbé Jean-Paul DE LA ROQUE, depuis 1675 jusqu'en 1686.

Le président COUSIN, depuis 1687 jusqu'en 1701.

L.-E. DUPIN, docteur de Sorbonne, depuis 1702, époque où le journal fut confié à une société de gens de lettres, jusqu'en 1703.

Ce savant, ayant été exilé en Poitou en 1703, fut remplacé par BIGRES, aussi docteur de Sorbonne.

FONTENELLE.

DE VERTOT.

Julien POUCHARD, mort en 1705, professeur royal en langue grecque.

Etienne RASSICOD, pour la jurisprudence, depuis 1702 jusqu'au 6 septembre 1708.

Nic. ANDRY, pour la médecine, depuis 1702 jusqu'au 11 avril 1730.

G.-B. RAGUET, depuis 1705 jusqu'en 1724.

Jos. SAURIN, depuis 1702 jusqu'au 16 juillet 1708.

FRAGUIER (l'abbé C.-F.), depuis 1706 jusqu'au 26 juin 1710.

Math. TERRASSON, avocat, depuis février 1706 jusqu'au 16 novembre 1713.

P.-J. BURETTE, depuis le 3 juin 1706 jusqu'au 23 décembre 1739.

HAVARD, connu par une édition des « Délices de l'Italie » (voyez ci-dessus IV, 872, d), depuis le 29 décembre 1706 jusqu'au 4 juillet 1709.

MIRON, depuis le 25 août 1707 jusqu'au 6 septembre 1708.

L. DE HÉRICOURT, depuis le 8 février 1714 jusqu'au 21 janvier 1736.

L'abbé JOURDAIN, depuis 1736 jusqu'au 11 avril 1739.

P.-F. GUYOT DESFONTAINES, depuis le 21 novembre 1723 jusqu'au 5 avril 1727.

MANGENOT (l'abbé Louis), depuis le 20 septembre 1727 jusqu'au 17 novembre 1731.

J.-F. DU BELLAY, sieur DU RESNEL, depuis le 15 décembre 1731 jusqu'au 4 février 1736, et depuis le 25 novembre 1739 jusqu'au 9 février 1752.

TRUBLET (l'abbé N.-C.-J.), depuis 1736 jusqu'au 11 avril 1739.

F.-A. PARADIS DE MONTCRIF, depuis le 28 octobre 1739 jusqu'au 24 juillet 1743.

J. Vatry, depuis le 28 octobre 1730 jusqu'au mois de juillet 1741.

J.-J. Bruhier d'Ablaincourt, depuis le 9 juin 1742 jusqu'au 12 avril 1752.

Geynoz (l'abbé Fr.), depuis le 20 mai 1744 jusqu'au 24 novembre 1751.

de Mondyon, depuis le 18 juin 1744 jusqu'au 29 décembre 1745.

Huez, depuis le 3 mars 1745 jusqu'au 13 décembre 1747.

Maignan de Savigny, pour la jurisprudence, depuis le 12 juillet 1752 jusqu'au 1er août 1753.

Belley (l'abbé Aug.), depuis le 22 janvier 1749 jusqu'au 23 février 1752.

Joly (l'abbé P.-L.), depuis le 7 janvier jusqu'au 6 août 1750.

L.-A. Lavirotte, depuis le 22 avril 1750 jusqu'au 21 avril 1759.

de la Palme (l'abbé), depuis le 14 juin 1752 jusqu'au 13 septembre 1759.

Jos. de Guignes, depuis le 18 juin 1752 jusqu'à la fin de 1792.

de Passe, depuis le 18 juin 1752 jusqu'au 3 mars 1758.

C.-G. Coqueley de Chaussepière, avocat, depuis le 2 août 1752 jusqu'au mois de juin 1780.

G.-H. Gaillard, depuis le 16 août 1752 jusqu'à la fin de 1792.

P. Bouguer, depuis le 27 septembre 1752 jusqu'au 25 juin 1755.

A.-C. Clairaut, depuis le 19 novembre 1755 jusqu'à sa mort, arrivée en 1765.

Louis Dupuy, depuis le 12 juillet 1758 jusqu'à la fin de 1792.

P.-J. Barthez, pour la médecine, depuis le 4 avril 1739 jusqu'au 10 décembre de la même année.

Macquart (Jacques-Henri), depuis le 3 septembre 1760 jusqu'à sa mort, arrivée en 1768.

Jos.-Jérôme de La Lande, depuis 1765 jusqu'à la fin de 1792.

P.-J. Macquer, médecin, membre de l'Académie des sciences, depuis 1768 environ jusqu'à sa mort, arrivée le 15 février 1784.

M. l'abbé H.-A. Tessier, depuis 1784 jusqu'à la fin de 1792.

G. Dubois de Rochefort, depuis 1785 jusqu'à sa mort, arrivée en 1788.

L.-F. Guinement de Keralio, depuis 1785 jusqu'à la fin de 1792.

H.-P. Ameilhon, depuis 1790 jusqu'à la fin de 1792.

Plusieurs savans ont fourni de plein gré des extraits, ou envoyé des morceaux au « Journal des Savans ». On compte parmi eux l'abbé J.-P. Bignon, J.-B. Senac, J.-J. Dortous de Mairan, C. Gros de Boze, E. Lauréault de Foncemagne, de Fugères, Mercier Saint-Léger, l'abbé C.-L. Carlier, J.-B.-G. d'Ansse de Villoison, G.-E.-J. de Sainte-Croix, P.-C. Lévesque, l'abbé R.-J. Hauy, P.-F.-J. Gossellin, F.-J.-G. de La Porte-du-Theil, L. Dupuy, etc., etc.

En 1797, A.-G. Camus, P.-C.-F Daunou et P.-C.-L. Baudin publièrent chez Baudouin, imprimeur du Corps législatif, une continuation du « Journal des Savans », laquelle ne dura que six mois.

Le « Journal des Savans » a reparu au mois de septembre 1816. On en publie un numéro par mois.

Voici la liste des hommes de lettres que M. le chancelier a chargés de la rédaction de ce journal :

Assistants.

B.-J. Dacier, Sylvestre de Sacy, Gossellin, Cuvier.

Auteurs.

MM. Daunou, Tessier, Quatremère de Quincy, J.-B. Biot, E.-Q. Visconti, C. de Vanderbourg, F.-J.-M. Raynouard, J.-L. Gay-Lussac, J.-F. Boissonade, Raoul Rochette, A.-L. de Chézy, V. Cousin.

On joint à l'ancienne collection l'ouvrage intitulé :

« Table générale des matières contenues dans le Journal des Savans de l'édition de Paris, depuis l'année 1665 qu'il a commencé, jusqu'en 1750 inclusivement, suivie d'un mémoire historique sur le Journal des Savans, et d'une notice des journaux formés à l'imitation de celui-ci (par l'abbé de Claustre). » Paris, Briasson, 1753-1764, 10 vol. in-4.

A partir de 1816, on trouve en tête de chaque volume la liste des rédacteurs du journal.

Voir pour cette période :

« Table méthodique et analytique des articles du « Journal des Savans », depuis sa réorganisation en 1816 jusqu'en 1858 inclusivement, précédée d'une introduction historique de ce journal, depuis sa fondation jusqu'à nos jours, par Hippolyte Cocheris ». Paris, A. Durand, 1860, in-4, LXIII-309 et 58 p.

Voy. aussi Hatin, « Bibliographie », p. 23 à 32.

Journal des savans, combinés avec les Mémoires de Trévoux, suite des 170 volumes du « Journal des savants » Amsterdam, M.-M. Rey, 1754-1763, 79 vol. in-12, y compris le volume de table.

Les libraires hollandais s'étaient contentés, depuis 1665, de réimprimer le « Journal des Savans » avec un petit nombre d'additions extraites pour la plupart des Mémoires de Trévoux. Ces Mémoires, rédigés vers 1750 en grande partie par le célèbre jésuite Berthier, firent naître l'idée de les réimprimer en entier. Cette combinaison du « Journal des Savans » avec les Mémoires de Trévoux dura dix années, et fut très-goûtée.

Depuis 1764 jusqu'en 1775 inclusivement, les éditeurs hollandais ont ajouté au journal des articles tirés du « Mercure », du « Journal de Verdun », de l'« Année littéraire », des « Ephémérides économiques » et de divers journaux écrits en anglais.

En 1776, ils lui donnèrent le titre de « Journal des Savans combiné avec les meilleurs journaux anglais ». On trouve dans cette série beaucoup d'articles tirés des « Affiches de province » de Querlon.

Pour posséder la collection de ce petit journal, il faut depuis 1665 jusqu'en 1753 inclusivement, et y compris deux volumes de tables. . . . . . 172 vol.

Depuis 1754 jusqu'en 1763 inclusivement. 79

La table de ces dix années forme le soixante-dix-neuvième volume.

Depuis 1764 jusqu'à décembre 1775. . 84
Il n'y a pas de table pour cette série.

Depuis 1776 jusqu'en mai 1782 inclusivement. 45

Total. . . . . 380 vol.

Voici quelques détails sur les volumes de tables :

« Table générale alphabétique du « Journal des Savans », depuis son commencement en 1665 jusqu'à l'année 1753 inclusivement (rédigée par J.-B.-R. Robinet). » Amsterdam, M.-M. Rey, 1765, 2 vol. in-12.

Il ne faut pas confondre cette table avec celle de l'abbé de Claustre, dont il vient d'être parlé, laquelle a été dressée pour les deux éditions du « Journal des Savans » qui s'imprimaient à Paris, l'une dans le format in-4, et l'autre dans le format in-12. Le travail de Robinet a été exécuté pour l'édition du « Journal des Savans » faite en Hollande, édition dont l'entrée en France était interdite ; ce qui en rend les exemplaires très-rares à Paris : aussi mon exemplaire a-t-il été acheté en Hollande.

Le tome LXXIX du « Journal des Savans », combiné avec les « Mémoires » de Trévoux, contient la table des années 1754 à 1763. On le trouve quelquefois séparément ; alors il peut servir de complément à la table de Robinet.

Au commencement de l'année 1758, le libraire M.-Michel Rey publia des « Lettres critiques sur les divers ouvrages périodiques de France », composées d'une feuille de 24 pages par mois. Ces lettres, rédigées par Alex. Deleyre et J.-B.-A. Suard, étaient dirigées principalement contre les principes modérés du « Journal des Savans » et contre les principes religieux des « Mémoires de Trévoux ». La première feuille fut jointe par forme de supplément au mois de janvier 1758 du « Journal combiné », avec invitation à ceux qui souhaiteraient ce supplément d'envoyer leurs noms franc de port, afin qu'on le leur fît parvenir. Le libraire publia ce supplément pendant l'espace d'une année. J'en ai vu un exemplaire contenant douze numéros, sous ce titre : « Supplément aux Journaux des Savans et de Trévoux », ou Lettres critiques sur les divers ouvrages périodiques de France, petit in-12 de 346 pages.

Journal des sciences et de la législation. Par une société de gens de lettres (Renault et Périaux). Rouen, 1796, in-8.

Journal des spectacles, contenant l'analyse des différentes pièces qu'on a représentées sur tous les théâtres de Paris, depuis le commencement de l'année 1793, vieux style ; et des notices historiques sur tout ce qui peut intéresser les spectacles. (Rédigé par Pascal Boyer, homme de lettres, né à Tarascon, décapité le 19 messidor an II.) Paris, au bureau du Journal des spectacles, rue des Fossés-Montmartre, n° 7. 1er juillet 1793-19 nivôse an II, 3 vol. in-8.

Journal des théâtres (commencé, sous ce titre, en avril 1776, par Le Fuel de Méricourt, continué par J.-C. Le Vacher de Charnois et A.-B.-L. Grimod de la Reynière). Paris, Esprit, 1776-1778, 6 vol. in-8.

Voy. Hatin, « Bibliographie », p. 71.

Journal des voleurs, ou Relation des séances d'une société secrète ; suivie d'une anecdote curieuse sur Bonaparte. (Par L.-J. Clausson.) Paris, Pillet aîné, juillet 1821, in-8, 40 p.

Journal descriptif et croquis de 12 vues pittoresques faits dans un voyage en Savoie du 10 au 21 août 1837. (Par L.-P. Baltard.) Lyon, imp. de Brunet, in-4, fig.

Journal du bonhomme Richard. (Par Lemaire.) Paris, Caillot, 1er messidor an III (19 juin 1795) à 17 floréal an IV (6 mai 1796), 4 vol. in-8.

Journal du citoyen. (Par Jèze.) La Haye, 1754, in-8, x-484 p.

Journal du club des Cordeliers, société des Amis des Droits de l'Homme et du Citoyen. (Par Sinties et A.-F. Momoro.) Paris, imp. de Momoro, 28 juin à 4 août 1791, 10 numéros in-8, 90 p.

Voy. Hatin, « Bibliographie », p. 212.

Journal du concile d'Embrun, par M*** (le P. François de Montauzan, jésuite), bachelier de Sorbonne. 1727, 2 vol. in-12.

Journal du département de l'Oise, par le citoyen *** (Lagrange). Paris, Camus, messidor an VIII-vendémiaire an X, 39 numéros in-8.

Journal du diable. (Paris), imp. de veuve Hérissant, 26 mars à 12 octobre 1790, 83 numéros in-8.

Les nos 70, 72 à 80, 82 et 83 sont signés : Labenette.

Voy. Hatin, « Bibliographie », p. 175.

Journal du Gymnase de Bienfaisance. (Rédigé par les ordres de Gaston Rosnay.) Ans IV-V, 34 numéros in-8.

La postérité aura de la peine à croire que, sur la fin du xviiie siècle, il se soit trouvé à Paris un homme assez audacieux pour oser placarder et faire croire qu'il possédait le talent de construire des poêles de verre, de carton et même de gaze, qui devaient échauffer ou refroidir tout seuls et sans frais ; des souliers, des hardes, qui duraient plus que la vie de l'homme ; des vaisseaux insubmersibles, etc., toutes découvertes qui allaient produire des profits immenses aux coopérateurs. Pendant près de deux années, il ne fut question à Paris que de ce prétendu gymnase ; le chef fit publier le journal de ses séances ; une infinité d'individus de l'un et de l'autre sexe s'empressèrent d'y porter leurs assignats (dont ils n'ont jamais entendu parler depuis). La police, ayant ouvert les yeux sur cet établissement désastreux, fit apposer les scellés sur le local où il était situé ; enfin le chef fut traduit à la police correctionnelle, qui statua à son égard ainsi qu'il suit :

« Jugement rendu par le tribunal de police correctionnelle, le 17 nivôse an V (1797),

« Qui, conformément à la loi du 22 prairial dernier et à l'article 35 de celle du 19 juin 1791, déclare Gaston de Rosnay, entrepreneur de l'établissement connu sous le nom de Gymnase de Bienfaisance, coupable d'avoir, à l'aide d'espérances chimériques et en abusant de leur crédulité, tenté d'escroquer plusieurs citoyens ; en conséquence, le condamne en dix jours d'emprisonnement dans la maison de correction du département de la Seine, en 50 livres d'amende, impression et affiches du jugement au nombre de trois cents exemplaires, avec défense de récidiver. »

(Article communiqué par Bonnemain.)

Voy. aussi Hatin, « Bibliographie », p. 275.

Journal du journal de Prudhomme, ou Petites observations sur de grandes réflexions. *S. l.*, 1791, 20 numéros in-8.

Attribué à Stanislas DE CLERMONT-TONNERRE.

Voy. Hatin, « Bibliographie », p. 149.

Journal du journal, ou Censure de la censure. (Par Tanneguy LE FÈVRE, père de Mme Dacier.) *Saumur*, 1666, in-4. — *Utrecht, Elzevier*, 1670, in-12, 75 p.

Cette critique est une réponse à l'abbé Gallois, qui, dans le « Journal des Savans », avait donné son avis un peu trop brusquement sur les deux volumes des Lettres de Le Fèvre. Le journaliste ayant répondu, Le Fèvre répliqua dans un autre petit écrit qui parut sous le titre de « Seconde Journaline ».

Journal du monde, ou Géographie historique, orné de cartes analytiques et itinéraires, par une société de gens de lettres. (Par Louis BRION DE LA TOUR.) *Paris, Le Jay*, 1771, in-8.

Journal du palais. (Par Claude BLONDEAU et Gabriel GUÉRET.) *Paris, Guignard*, 1701, 2 vol. in-fol. — Nouv. édit. 1727, 2 vol. in-fol.

Journal (le) du Parlement à monsieur de Guéret. Bourges, 1er août 1685. (Par Nicolas CATHERINOT.) *S. l. n. d.*, in-4.

Journal du règne d'Henri III, composé par M. S. A. G. A. P. D. P. (Louis SERVIN, avocat général au Parlement de Paris).

Inséré dans le « Recueil de diverses pièces servant à l'histoire de Henri III, roi de France et de Pologne ». *Cologne, Pierre Marteau*, 1660, in-12.

D. M.

Journal du règne de Henri IV, roi de France et de Navarre, par Pierre DE L'ETOILE, tiré sur un manuscrit du temps (conservé dans la bibliothèque du président Bouhier, et publié par les soins de l'abbé Joseph THOULIER D'OLIVET). *Sans nom de ville ni d'imprimeur (Paris)*, 1732, 2 vol. in-8. — Supplément audit journal, tiré sur un manuscrit du temps (de la même bibliothèque, et publié par le même éditeur). 1736, 2 vol. in-8. — Le même ouvrage, avec des remarques historiques et politiques du chevalier C. B. A. (le P. C. BOUGE, augustin), et plusieurs pièces historiques du même temps. *La Haye, frères Vaillant (Paris, veuve Gandouin)*, 1741, 4 vol. in-8.

Barbier, dans la 2e éd. de ce Dictionnaire, avait combattu l'attribution au P. Bouge et avait donné les Remarques à l'abbé Nic. LENGLET DU FRESNOY.

Voy. « Supercheries », II, 667, b.

Journal du règne de Louis le Grand. (Par J.-E. DU LONDEL.) *Toulouse, J. Boude* (1694), in-12.

Voy. « les Fastes de Louis le Grand ».

Journal du siége de Berg-op-Zoom en 1747, rédigé par un lieutenant-colonel, ingénieur volontaire de l'armée des assiégés. (Par EGGERS.) *Amsterdam, Arkstée et Merkus*, 1750, in-8.

L'auteur a signé la dédicace.

Journal du siége de Landau en l'année 1702. (Par DE BRÉANDE.) *Metz, J. Collignon*, 1702, in-12, 192 p.

L'auteur a signé l'épître.

Dans le « Catalogue » de Le Pelletier des Forts, on cite une relation manuscrite du même siége par DE LAUDANIE.

Journal du siége de Luxembourg. (Par J. DONNEAU DE VIZÉ.) *Lyon*, 1684, in-12.

V. T.

Journal du siége de Metz en 1552. Documents relatifs à l'organisation de l'armée de l'empereur Charles-Quint, et à ses travaux devant cette place, et description des médailles frappées à l'occasion de la levée du siége. Recueillis et publiés par M. F. M. CHABERT. *Metz, typographie de Rousseau-Pallez*, 1856, in-4 de xx-155 p., 2 plans et pl. de médailles.

Plusieurs des bibliographes qui ont eu à citer la présente publication la donnent comme étant l'œuvre de M. Chabert, tandis qu'il n'en est que l'éditeur. Le « Journal du siége » contient (p. 1-113) la reproduction *fac-similé* de l'édit. de Bertrand DE SALIGNAC : « le Siége de Metz » (voy. ce titre). *Paris, Ch. Estienne*, 1553, in-4.

Cette nouvelle édition est accompagnée de pièces espagnoles tirées des archives de Simancas par le colonel espagnol Louis GAUTIER, traduites en français par le général LE PUILLON DE BOBLAYE, et annotées par M. DUFRESNE, conseiller de préfecture. La description des médailles frappées à l'occasion de la levée du siége est due à M. CH. ROBERT, alors sous-intendant militaire et depuis membre de l'Académie des inscriptions.

Journal du siége de Metz de 1552 (par Bertrand DE SALIGNAC), et notes historiques tirées de la bibliothèque de M. Lorette, libraire. Deuxième édit. *Paris, Richard (Metz, imp. de Nouvian)*, 1865, in-8, 30 p.

Dans la Bibliographie qui occupe les pages 28 à la fin, le nom de l'auteur du « Siége de Metz en 1552 » est à tort imprimé : SOLIGNAC.

Journal du siége de Mons en 1691, et la suite. (Par J. DONNEAU DE VISÉ.) *Paris*, 1691, in-4.

V. T.

Journal du somnambulisme de Mme D... Première partie, par C. (CATELIN), de Lyon. 1789, in-8, xii-184 p. — Journal du traitement de Mlle de R... Deuxième partie. 1789, in-8, 197 p.

Journal du théâtre françois. (Par DEPENNE.) *(Paris)*, décembre 1803-février 1804, in-8, 264 p., 2 planches et 1 tableau.

Journal du traitement magnétique de la demoiselle N., lequel a servi de base à l' « Essai de la théorie du somnambulisme magnétique »; par M. T. D. M. (TARDY DE MONTRAVEL), auteur de cet essai. — Suite du traitement.... *Londres*, 1786, 2 vol. in-8.

Journal du traitement magnétique de Mᵐᵉ B... Pour servir de suite au « Journal du traitement magnétique de la Dⁱˡᵉ N... » et de preuve à la théorie de l'essai. Par M. T. D. M. (TARDY DE MONTRAVEL). *Strasbourg, lib. académique*, 1787, in-8.

Voy. « Supercheries », III, 767, b.

Journal du voyage d'un ambassadeur anglais à Bordeaux en 1442, traduit et accompagné de quelques éclaircissements, par M. G. B. (Gustave BRUNET). *Paris, Techener*, 1842, in-8, 20 p.

« Le journal dont nous offrons une traduction est encore ignoré en France; il a été imprimé en anglais, à Londres, en 1828, par les soins d'un savant distingué auquel les études historiques doivent beaucoup, Nicholas Harris Nicolas. Cette édition, tirée à petit nombre, et d'un prix assez élevé, n'est guère sortie de la Grande-Bretagne; elle avoit été donnée sur un manuscrit écrit partie en latin, partie en anglois ou en françois, et qui se conserve à Oxford, dans l' « Ashmolean Museum », nᵒ 789. » (Introduction.)

Ce journal a paru en feuilletons dans l' « Indicateur »; il n'en a été tiré à part qu'un très-petit nombre d'exemplaires.

Le texte latin a été inséré dans le tome II de la « Correspondance » de l'évêque J. Beckington, publiée par le rev. Williams. *London*, 1872, 2 vol. in-8.

Journal du voyage de Collier, résident à la Porte pour les Etats-Généraux, traduit du flamand. (Par V. MINUTOLI.) *Paris*, 1672, in-12.

Journal du voyage de Siam fait en 1685 et 1686, par M. L. D. C. (l'abbé DE CHOISY). *Paris, Séb.-Mabre Cramoisy*, 1687, in-4, 2 ff. de tit. et 416 p. — 2ᵉ édit. *Id.*, in-12, 2 ff. de tit. et 651 p., avec le nom de l'auteur. — *Amsterdam, P. Mortier*, 1688, in-12. — *Trévoux*, 1741, in-12, avec le nom de l'auteur.

Voy. « Supercheries », II, 706, d.

Journal du voyage des grandes Indes. (Par Jacob DE LA HAYE et CARRON, directeur général aux grandes Indes pour la Compagnie française.) *Paris*, 1698, in-12.

Journal ecclésiastique, ou Bibliothèque raisonnée des sciences ecclésiastiques. Par M. l'abbé DINOUART. *Paris, J. Barbou*, 1760 à juillet 1792, 122 vol. in-12.

Commencé en oct. 1760 par l'abbé J.-A.-T. DINOUART, lequel, étant mort le 3 avril 1786, fut remplacé pendant quelque temps par l'abbé de MONTIGNON et en janvier 1788 par l'abbé *Aug.* BARRUEL. Celui-ci fit paraître un nouveau prospectus. L'ouvrage portait le titre de : « Journal ecclésiastique, ou Bibliothèque raisonnée des sciences ecclésiastiques, par une société de gens de lettres ». Cependant Barruel paraît avoir été à peu près seul rédacteur. Il le continua jusqu'en juillet 1792 : le dernier numéro est celui de ce mois.... La série de 1788 à 1792 forme neuf volumes.   (De Backer.)

Journal économique...

Voy. « Journal œconomique », col. 1037, e.

Journal en forme de lettres, mêlé de critiques et d'anecdotes. (Par Mᵐᵉ F.-A. PUZIN DE LA MARTINIÈRE, femme BENOIT.) 1757, in-12.

Journal en vers de ce qui s'est passé au camp de Richemont, commandé par M. de Chevert. (Par F.-C. DE VALLIER, comte DU SAUSSAY.) *Metz, Collignon*, 1755, in-4.

Journal encyclopédique, rédigé par une société de gens de lettres. *Liège, imp. de E. Kints*, 1756 à 1759; *Bouillon*, 1760 à nov. 1793, 288 vol. in-12.

Pierre ROUSSEAU, directeur; collaborateurs : J. D'ALEMBERT, A.-J.-D. BASSINET, A. BRET, L.-C. CADET, J.-L. et J. CASTILION, S.-R.-N. CHAMFORT, CHARPENTIER, J.-F. COSTER, Mich. DE CUBIÈRES, A. DELEYRE, J. DESCHAMPS, DURUFLÉ, J.-P. ERMAN, J.-H.-S. FORMEY, F.-E. GRUNWALD, G. IMBERT, G.-A. DE MÉHÉGAN, J.-B. MERIAN, MAIGNAUD, P. DE C. THEVENOT DE MORANDE, J.-A. NAIGEON et son frère, le P. PASCAL, jésuite, J. PRÉVOST, J. PANCKOUCKE, A.-F. PRÉVOST D'EXILES, PRÉVOST DE LA CAUSSADE, A.-G. MEUSNIER DE QUERLON, J.-B.-R. ROBINET, J.-J. ROUSSEAU, SABATIER DE CASTRES, A.-F. FARIAU DE SAINT-ANGE, M. WEISSENBRUCH, l'abbé YVON, VOLTAIRE, etc.

Voy. U. Capitaine, « Recherches sur les journaux de Liège »; « le Bibliophile belge », III, 1868, p. 111.; Hatin, « Bibliographie », p. 62.

Journal étranger, ouvrage périodique... Par Durand, 1754-1762, 45 vol. in-12.

L'idée de ce journal est due à HUGARY DE LA MARCHE-COURMONT, ancien chambellan du margraff de Bayreuth. C'est à lui que le privilège fut accordé par la protection du duc d'Orléans. V. le Nécrologe de 1770.

L'année 1762 du *Journal étranger* combiné avec l'*Année littéraire* a été réimprimée en dix numéros, à *Amsterdam, chez E. Harrevelt*, 5 vol. in-12. Les mois d'octobre à décembre n'ont paru qu'en 1764. Ce libraire y annonçait qu'il fournirait l'année 1763 en deux volumes; mais il renonça à ce projet et se borna à réimprimer la *Gazette littér. de l'Europe*, qui est la continuation du *Journal étranger*.   (U. Capitaine.)

Ce journal a été dirigé successivement par F.-V. TOUSSAINT, J.-P. MOET, l'abbé A.-F. PRÉVOST D'EXILES, A. DELEYRE, J.-B.-A. SUARD, etc. Il eut pour rédacteurs : DE COURCELLES, J.-J. ROUSSEAU, FAVIER, l'abbé A.-H. BERAULT-BERCASTEL, l'abbé Fr. ARNAUD, E.-C. FRERON, P. HERNANDEZ, etc.

Voy. Hatin, « Bibliographie », p. 47.

Journal français, ou Tableau politique et littéraire de Paris. *Paris*, 15 nov. 1792-2 juin 1793, 196 numéros in-4.

Par Nicole DE LADEVÈZE, suivant Hatin, « Bibliographie », p. 230. La 2e édit. du « Dictionnaire » ne donnait que le nom de NICOLLE.

Journal général de France. *Paris*, 1er sept. 1814 à 7 mai 1819, 10 vol. gr. in-4.

Remplacé par l' « Indépendant, journal général... » *Paris, imp. de L.-F. Panckoucke*, 8 mai 1819 à 13 avril 1820, 3 vol. in-fol. Ce journal a eu pour principaux rédacteurs : P.-G. DE ROUJOUX, C.-F.-J.-B. MOREAU, BERT, M.-H.-E.-E. CARRION-NISAS, CUGNET DE MONTARLOT, Benj. CONSTANT, le général A. JUDÉ, l'abbé B.-P. D'ANDREZEL.

Nous ajouterons à cette liste l'explication des pseudonymes ou la traduction des initiales des rédacteurs de ce journal en 1815 :

John SMART ou l'Anglais à
Paris. . . . . J.-N. BARBIER-WEIMAR.
Le franc parleur. . . . . V.-J. ETIENNE DE JOUY.
N. . . . . René PERRIN.
R. . . . . F.-A. HAREL.
Le Vieil Émigré. . . . . L.-B. PICARD, L.-S. AUGER, F.-N.-V. CAMPENON, J.-N. BARBIER-WEIMAR, E. FEUILLANT, J.-F. ROGER, F.-A. HAREL, F.-X.-J. DROZ, M. F. GUIZOT et Mme GUIZOT, née E.-C.-P. DE MEULAN.

CAUCHOIX, frère de l'opticien, rendait compte des séances de la Chambre des représentants.

Les articles signés O. L. sont de M. Onésime LEROY ; les feuilletons signés FERUS, de T.-M.-F. SAUVAGE.

Voy. Hatin, « Bibliographie », p. 320.

Journal général de l'Europe, commerce, agriculture. (Par P.-H.-M. LEBRUN TONDU, J.-J. SMITS et autres.) *Liège et Herve*, 1er juin 1785-90, 29 vol. in-8.

Voy., pour plus de détails, U. Capitaine, « Recherches sur les journaux liégeois ». *Liège*, 1850, in-12, p. 243 et suiv., et « Bibliographie » de M. E. Hatin, p. 79 et suiv.

Journal général de la cour et de la ville... *Paris, imp. de veuve Hérissant*, 15 sept. 1789 à 10 août 1792, 15 vol. in-8.

Ce journal célèbre, connu sous le nom du « Petit Gautier », fut commencé par G.-M.-A. BRUNE, le futur maréchal de France, sous le titre de « Magasin historique, ou Journal général ». 2 numéros, 15 et 16 septembre 1789. Les numéros 3 à 5, 18 à 23 sept., rédigés par BRUNE avec la collaboration de GAUTIER, sont intitulés : « Journal général, dédié au district des Cordeliers ».

A partir du no 6, 24 sept., « Journal général de la cour et de la ville... ».

Le 16 décembre de la même année, les deux rédacteurs se brouillèrent et continuèrent le Journal chacun de son côté sous le même titre. Celui de Brune dura peu. Celui de Gautier porte sur le titre : Par M. G****** L'initiale disparut à partir du 18 décembre 1790.

Ce journal avait deux éditions, l'une dite « des abonnés » et l'autre « des colporteurs ».

On manque de détails sur ce GAUTIER, dont le véri-

table nom aurait été SYONEX, d'après un catalogue Cas... publié en 1843.

Gautier a eu pour collaborateurs : JOURGNIAC SAINT-MÉARD, le chevalier J.-J.-O. DE MENDE-MONPAS, MARCHAND, DUPUY DES ISLETS, etc.

Une suite intitulée : « Journal du petit Gautier, suite de celui de la cour et de la ville, interrompu le 10 août 1792 », *Paris*, prairial à fructidor an V, 108 numéros in-8, n'a de rapport avec le journal de Gautier que par le titre.

Voy., pour plus de détails, Hatin, « Bibliographie », p. 134 à 136.

Journal général de la littérature de France, ou Répertoire méthodique des livres nouveaux... (Rédigé de l'an VI à l'an XIII par P.-W. Loos, pendant les années XIII et XIV, par Gilles BOUCHER DE LA RICHARDERIE.) *Paris, Treuttel et Würtz*, an VI-1841, 43 vol. in-8.

Journal général de la littérature étrangère, ou Indicateur bibliographique et raisonné des livres nouveaux en tous genres... *Paris et Strasbourg, Treuttel et Würtz*, 1801-1830, in-8.

Cette publication, qui fait le plus grand honneur à la maison Treuttel et Würtz, est demeurée unique en son genre. Elle a eu pour rédacteur pendant 20 ans Ph.-Werner Loos, m. en 1819. Elle a un utile complément dans les quatre tables quinquennales publiées sous le titre de : « Bibliothèque étrangère, ou Répertoire méthodique des ouvrages intéressants en tous genres, qui ont paru en langues anciennes et modernes dans les divers pays étrangers à la France.... » Le titre de départ est : « Catalogue systématique et raisonné de la littérature étrangère, ou Table méthodique... du Journal de la littérature étrangère »

Journal général des théâtres. (Par A. RICORD.) *Paris, Poulet*, 1816-1818, in-8.

Journal hebdomadaire des arts et métiers de l'Angleterre. (Trad. de l'angl. et rédigé par Martial SAUQUAIRE-SOULIGNÉ.) *Paris, Sautelet*, 1825-1826, 6 vol. in-8.

Journal historique de l'Europe, pour l'année 1694, par L. A. D*** (Louis-Augustin ALEMAND). *Strasbourg (Paris)*. 1695, in-12 de 600 p.

Voyez les « Nouveaux Mémoires » de l'abbé d'Artigny, t. I, p. 282 et suiv. Voy. aussi « Supercheries », II, 489, b, et Hatin, « Bibliographie », p. 34.

Journal historique de la campagne de Dantzick en 1734, par M*** , alors officier dans le régiment de Blaisois (A.-G. MEUSNIER DE QUERLON). *Amsterdam et Paris, Leprieur*, 1761, in-12.

Journal historique de la campagne du capitaine Thurot, sur les côtes d'Écosse et d'Irlande, en 1757 et 1758. (Par TASSIN.) *Dunkerque et Paris, Cuissard*, 1759 et 1760, in-12.

Journal historique de la dernière campagne de l'armée du roi, en 1746... (Par D'ESPAGNAC.) *La Haye, Scheurleer*, 1747, in-8, xv-235 p.

Le nom de l'auteur se trouve dans les préliminaires.
Réimprimé l'année suivante, avec le nom de l'auteur, sous ce titre : « Relation de la campagne en Brabant et en Flandres de l'an 1746... » Imprimé sur la copie. *Paris, et se vend à La Haye, chez F.-H. Scheurleer*, 1748, in-8.

Journal historique de la république des lettres. (Par Elie de JONCOURT et autres.) *Leyde*, juillet 1732-décembre 1733, 3 vol. in-8.

Ce journal fait suite au « Journal littéraire » de La Haye.

Journal historique de la révolution opérée dans la constitution de la Monarchie française par M. de Maupeou, chancelier de France. (Par M.-F. PIDANSAT DE MAIROBERT et MOUFFLE D'ANGERVILLE.) *Londres (Amsterdam)*, 1774-1776, 7 vol. in-12.

Les tomes VI et VII ont pour titre : « Journal historique du rétablissement de la magistrature, pour servir de suite à celui de la révolution opérée... »

Journal historique de tout ce qui s'est passé depuis les premiers jours de la maladie de Louis XIV jusqu'au jour de son service à Saint-Denis; avec une relation exacte de l'avénement de Louis XV à la couronne de France. (Par LE FEBVRE DE FONTENAY.) *Paris, D. Jollet et J. Lamesle*, 1715, in-12, 322 p. et 2 ff. de tab.

Cet ouvrage forme la 2ᵉ partie du « Mercure » d'octobre 1715. — On lit au verso du titre : Par le sieur LE FEBVRE. Mois d'octobre 1715.

Journal historique des assemblées tenues en Sorbonne pour condamner les « Mémoires de la Chine ». (Par le P. Jacques-Philippe LALLEMANT, jésuite.) *Paris*, 1700, in-8. — *Bruxelles*, 1700, in-12. — S. l., 1701, in-12, 282 p.

Voy. le P. de Backer, 2ᵉ édit. in-fol., t. II, col. 584, nᵒ 1.

Journal historique des fêtes que le roi a données à Potsdam, à Charlottenbourg et à Berlin, à l'occasion de l'arrivée de LL. A. R. et S. de Brandbourg-Baireuth, au mois d'août 1750. (Par J.-H.-S. FORMEY.) *Berlin, Henning*, in-4.

Journal historique des opérations militaires de la 7ᵉ division de cavalerie légère polonaise, faisant partie du 4ᵉ corps de la cavalerie de réserve sous les ordres de M. le général de division Sokolnicki; depuis la reprise des hostilités au mois d'août 1813 jusqu'au passage du Rhin, au mois de novembre de la même année. Rédigé sur les minutes autographes, par un té-moin oculaire. *Paris, imp. d'Ant. Bailleul*, 1814, in-8, 1 f. de tit. et 84 p.

Signé : Al.... A...., chef de bataillon du génie.
Par Alexandre D'ALFONCE, ex-officier supérieur polonais au service de la France.
Voy. « Supercheries », I, 252, b.
Attribué par Quérard à Michel SOKOLNICKI. Voy. « France littéraire ». Cette dernière attribution, évidemment inexacte, a aussi été reproduite dans les « Supercheries », III, 771, a.

Journal historique du blocus de Thionville en 1814, et de Thionville, Sierck et Rodemack en 1815, contenant quelques détails sur le siége de Longwy, rédigé sur des rapports et mémoires communiqués par M. A. An. Alm**, ancien officier d'état-major au gouvernement de Madrid. (Par le comte Joseph-Léopold-Sigisbert HUGO, lieutenant général.) *Blois, Verdier*, 1819, in-8.

Ce journal a été reproduit à la suite des « Mémoires » de l'auteur, qui ont paru chez Ladvocat, 1823, en 3 vol. in-8.

Journal historique du concile d'Embrun, tenu en 1727; par M***, bachelier de Sorbonne (le P. François DE MONTAUSAN, jésuite). 1727, 2 vol. in-12.

Ce journal devait avoir une suite, qui n'a pas été donnée. Voy. t. II, p. 756 de l' « Hist. littér. de Lyon », par le P. de Colonia.

Journal historique du dernier voyage que feu M. de La Salle fit dans le golfe de Mexique, pour trouver l'embouchure et le cours de la rivière de Mississipi, nommé à présent la rivière de Saint-Louis, qui traverse la Louisiane, où l'on voit l'histoire tragique de sa mort... (Rédigé et mis en ordre par M. DE MICHEL.) *Paris*, 1713, in-12.

Cette curieuse relation, la dernière de cette malheureuse expédition, a été écrite par un des compagnons du célèbre voyageur, et le seul sur lequel M. de La Salle pût compter ; JOUTEL lui a rendu d'importants services. (*Extr. de la Bibl. americana* de M. Ch. Leclerc, 1867, nᵒ 783.)

Journal historique du rétablissement de la magistrature...

Voy. ci-dessus, « Journal historique de la révolution opérée dans la constitution... », col. 1033, b.

Journal historique du sacre et couronnement de Louis XVI. (Par l'abbé Th.-Jean PICHON.) *Paris, Vente*, 1775, in-8, 1 f. de tit., iv-124 p. et 1 f. de privilége.

Journal historique du siége de la ville et de la citadelle de Turin, l'année 1706. Avec le véritable plan. (Par le comte SOLAR DE LA MARGUERITE.) *Amsterdam, Pierre Mortier*, 1708, in-12, 1 f. de titre, 166 p. et un plan.

Une édition in-4 de Turin, 1838, porte le nom de l'auteur.

Journal historique du voyage de l'ambassadeur de Perse en France. Février 1715. (Par LE FÈVRE DE FONTENAY.) *Paris, D. Jollet et J. Lamesle*, 1715, in-12, 284 p. et 2 ff.

Cet ouvrage forme la deuxième partie du mois de février 1715 du « Mercure de France ».

Journal historique du voyage fait au Cap de Bonne-Espérance, par l'abbé DE LA CAILLE; précédé d'un discours sur la vie de l'auteur (par l'abbé Cl. CARLIER). *Paris, Guyllin*, 1763, in-12.

Journal historique et chronologique de la France... Par M. l'abbé V***** (Guillaume VALEROT). Quatrième édition... *Paris, Mérigot*, 1752, in-8, 2 ff. lim., 142 p. et 6 f. de table.

Les trois premières éd. sont intitulées « Journal de la France », Dans la première. *Paris, C.-L. Thiboust*, 1715, in-12, 4 ff. lim., 88 p. et 4 ff., l'auteur a signé l'épître:

La 2° et la 3° portent le nom de l'auteur sur le titre.

Journal historique et littéraire. (Rédacteur en chef, l'abbé F.-X. DE FELLER; collaborateurs : J.-L. BURTON, J.-N. PAQUOT, les abbés H.-I. BROSIUS, J.-H. DUVIVIER, HACQUET, HUBENS et B. DE SAIVE.) Imprimé à *Luxembourg* de 1773 à 1787, à *Liège* de 1788 à 1790, à *Maestricht* de 1791 à juillet 1794, 60 vol. in-8.

Suite de la « Clef du cabinet des princes de l'Europe... ». Voy. IV, 614, *f*.

Voy. aussi Hatin, « Bibliographie de la presse », p. 56.

Journal historique et physique de tous les tremblements de terre... pendant les années 1755 et 1756, par M. DE ***, de l'Académie des sciences et des lettres (A.-A. AUGIER-DUFOT). *S. l.*, in-12, 48 p.

Voy. Perrey, « Bibliographie séismique », 1858-65, n° 1893.

Journal historique, ou Fastes du règne de Louis XV, surnommé le *Bien-Aimé*. (Par le président DE LÉVY.) *S. l.*, 1737, in-8. — *Paris, Prault*, 1766, 2 vol. in-8.

Journal historique, ou Mémoires critiques et littéraires sur les ouvrages dramatiques et sur les événements les plus mémorables, depuis 1748 jusqu'en 1772 inclusivement, par Charles COLLÉ, précédés d'une notice sur sa vie et ses écrits (par Antoine-Alexandre BARBIER). *Paris, imprimerie bibliographique*, 1805-1807, 3 vol. in-8.

M. Honoré Bonhomme en a donné une nouvelle édition augmentée de fragments inédits. *Paris, Didot frères*, 1868, 3 vol. in-8.

Journal historique, politique, critique et

galant. (Par J. VAN EFFEN.) 1719, 2 part. in-12.

Journal historique sur les matières du temps... Tom. VI-XXV (années 1707-1716).

Voy. « la Clef du cabinet des princes de l'Europe », IV, 614, *f*.

Journal humoristique du siége de Sébastopol, par un artilleur (P.-J. BEDARRIDES, capitaine au 19e régiment d'artillerie à cheval). *Paris, Librairie centrale*, 1868, 2 vol. in-18.

L'auteur a publié depuis, dans la « Revue militaire française », nouv. série, 2° et 3° vol., 1869 et 1870, t. II : « Etude sur l'avenir des armées permanentes et de l'art de la guerre », par l'auteur du « Journal humoristique ».

Journal littéraire. (Par le P. C.-L. HUGO, abbé d'Etival, archevêque de Ptolémaïde.) *A Soleure, chez Joseph le Romain*, 1705, in-12, 7 cah. form. 578 p., plus une table générale non paginée.

L'abbé Anthelme DE TRICAUD a passé pour être un des rédacteurs, ce qu'il a nié.

Voy. « Mémoires de Trévoux », septembre 1705, p. 1651.

Journal littéraire. *La Haye, Johnson et Van-Duren*, 1713-1737, 24 vol. in-8.

Composé principalement, depuis 1713 jusqu'en 1722, par G.-J. 'S GRAVESANDE, Prosper MARCHAND, J. VAN-EFFEN, A.-H. SALLENGRE, ALEXANDRE et SAINT-HYACINTHE; depuis 1729, époque de la reprise de ce journal, jusqu'en 1732; par 'S GRAVESANDE, MARCHAND, Daniel DE SUPERVILLE, Elie DE JONCOURT, Isaac SACRELAIRE, CALENDRIN, Gab. CRAMER, PELERIN, CARUFFE et DE HAFF; depuis juin 1732 jusqu'en 1737, par Ant. LA BARRE DE BEAUMARCHAIS.

Au moment où le journal passa entre les mains de La Barre de Beaumarchais, les anciens auteurs en publièrent une suite à Leyde, sous le titre de : « Journal historique de la république des lettres ». Cette suite n'a que 3 vol.

Voy. ci-dessus, col. 1033, *b*.

Voy. aussi Hatin, « Bibliographie », p. 38.

Journal littéraire. (Par J.-M.-B. CLÉMENT, de Dijon.) *Paris, Forget*, 15 messidor an IV au 2 thermidor an V, 4 vol. in-8.

L. FONTANES, sous l'initiale L (Louis), J.-M. DESCHAMPS et J.-B.-D. DESPRÉS ont coopéré à ce journal.

Journal littéraire d'Allemagne, de Suisse et du Nord, par les auteurs de la « Bibliothèque germanique ». *La Haye*, 1741-1743, 4 vol. in-12.

Suite de la « Bibliothèque germanique ». Voy. ce titre, t. IV, 417, *b*.

Journal littéraire de Nancy.

Voy. « Journal de Lorraine ».

Journal littéraire de Lausanne, ouvrage

périodique. (Par Mme la chanoinesse M.-E. DE POLIER.) *Lausanne, J.-B. Heubach*, 1794 et années suivantes, 10 vol. in-8.

Journal littéraire de Pologne, contenant un récit exact des livres nouvellement publiés dans ce païs, avec plusieurs remarques utiles et curieuses. (*Varsovie ?*), 1754, t. I, in-8.

La préface est signée : F. Z. L.
Suivant Meusel, l'auteur se nommait Joh.-Bogurlas PROSECHOWSKI, et prit les noms allemands de Christ.-Gottl. FRIESE.

Journal littéraire de Saint-Pétersbourg. (Rédigé par DE GASTON, assesseur de collège et chevalier de Malte.) *Saint-Pétersbourg, de l'imprimerie du corps impérial des cadets nobles*, 1798, 3 vol. in-12.

Journal littéraire, dédié au roi par une société d'académiciens. *Berlin, G.-J. Decker*, sept. 1772 à avril 1776, 22 vol. in-12.

Rédigé par G.-F.-M.-M. CASTILLON, Fréd. CASTILLON, F.-V. TOUSSAINT, Dieudonné THIÉBAULT et autres.

Continué sous le titre de « Bibliothèque du Nord ». Voy. IV, 416, b.

Journal mordant, ou mémoire historique, politique, foirant, récréatif et amusant, pour servir à l'histoire des Pays-Bas ou Ponant. Dédié aux chieurs par un ami de la chaise percée (MM. Victor et Charles DELECOURT). *A Etron, chez Mord-Mâche-Avale, proche le pignon doré*, l'an présent (1820), in-16 carré, 49 p.

Facétie imprimée par MM. Delecourt, au moyen d'une presse d'amateur et tirée à très-petit nombre.
                   J. D.

Journal novi-jérusalémite.

Ce journal se publiait à Londres en français et en anglais par les soins de Benedict CHASTANIER. M. La-drague (Bibliothèque Ouvaroff, spécimen, note du n° 119) avoue n'en rien connaître, et cependant, sous les n°s 116, 117, 118 et 119, il donne le détail de la composition des 4 premiers numéros, savoir :
I. Traité de la vie que doivent mener...
II. Doctrine de la Nouvelle Jérusalem.
III. Du dernier jugement.
IV. Continuation du dernier jugement.
Voy. ces titres.

Journal œconomique ou mémoires, notes et avis sur les arts, l'agriculture, le commerce... *Paris, A. Boudet*, 1751 à 1772, 34 vol. in-12 et 15 vol. in-8.

Par les frères Antoine et Antonin BOUDET, Jean GOULIN, A.-G. MEUSNIER DE QUERLON, Ant. LECATUS, J.-F. DREUX DU RADIER, E.-C. BOURRU et autres.

La traduction du *Prædium rusticum* est du P. Antonin BOUDET.

Journal ou Calendrier de Metz pour l'année 1758 et 1759. (Par N.-F.-X. STE-MER, secrétaire de l'intendance.) *Metz, Joseph Collignon*, 2 vol. in-12.

Journal, ou Relation fidelle de tout ce qui s'est passé dans l'université d'Angers au sujet de (contre) la philosophie de Descartes... (Par Fr. BABIN, auteur des « Conférences d'Angers ».) *S. l.*, 1769, in-4, 98 p.

Journal, ou Suite du voyage de Siam, en forme de lettres familières, fait en 1685 et 1686 ; par M. L. D. C. (l'abbé DE CHOISY). Suivant la copie de Paris. *Amsterdam, P. Mortier*, 1688, in-12.

Cette édition est donnée comme suite à la Relation du chevalier de Chaumont.
Pour les autres éditions, voy. ci-dessus, « Journal du voyage de Siam ».   A. L.

Journal politique et philosophique, ou Considérations périodiques sur les rapports des événements du temps avec les principes de l'art social. (Par D.-J. GARAT.) *Paris, imp. de J.-J. Smits*, in-8, 43 p. — *Id.*, in-8, 22 p.

N° 1 et unique.
C'est probablement là le discours préliminaire attribué par Barbier à D.-J. GARAT.

Journal politique national des Etats-Généraux et de la révolution de 1789, publié par M. l'abbé SABATIER et tiré des Annales manuscrites de M. le comte de R*** (Ant. RIVAROL). *S. l.*, 1790, in-8.

M. le comte L.-L.-F. DE LAURAGUAIS a coopéré à cet ouvrage.
Réimpression collective des 23 premiers numéros ou premier abonnement du « Journal politique national » (par l'abbé SABATIER de Castres). *Versailles, Blaizot*, 1789, in-8.
Plusieurs réimpressions, dont une, *s. l. n. d.*, porte le nom de l'auteur.
Le second abonnement est intitulé : « Journal politique national. Publié d'abord par M. l'abbé SABATIER et maintenant par M. SALOMON, à Cambrai. » *Paris, Turpin*, 1789-1790, 24 numéros in-8.
Le troisième abonnement : « Journal politique national, publié par M. SALOMON, à Cambrai. » *Paris, Turpin*, 1790, 8 numéros in-8.
Voy. Hatin, « Bibliographie », p. 136.

Journal politique, ou Gazette des gazettes. (Par J. RENEAUME DE LATACHE.)

Voy. ci-dessus, « Gazette des gazettes », col. 524, f.

Journal populaire, ou le peuple et ses amis, ouvrage sur l'éducation et l'instruction, par des jacobins... (principalement par F. CHABOT). *Paris*, 1792, 12 cahiers in-8.

Au n° 2 : « Journal populaire, ou Catéchisme des Sans-Culottes... »
Voy. Hatin, « Bibliographie », p. 231.

Journal (le) pour rire à l'usage des gens tristes.

Voy. le « Gaulois ».

Journal républicain des deux départements de Rhône et Loire, par une Société de Sans-culottes (P. DUVIQUET et autres). *Lyon*, 22 nivôse à 2 floréal an II, 51 numéros in-4.

Voy. « Supercheries », III, 692, *e*.

Journal universel, ou Révolutions des royaumes. Par une société de patriotes. *Paris, imp. de veuve Hérissant*, 23 nov. 1789 à 14 prair. an III, 1993 numéros in-8.

A partir du n° 50 (11 janvier 1790), le titre porte : Rédigé par M. AUD***.

A partir du n° 63 (24 janvier 1790), le nom de l'auteur, P.-J. AUDOUIN, figure en tête de chaque numéro.

Voy. Hatin, « Bibliographie », p. 1789.

Journal véritable de ce qui s'est fait.....

Voy. « Journal de ce qui s'est fait... »

Journal véritable de tout ce qui s'est passé en Candie sous le duc de La Feuillade. (Par DESROCHES, officier.) *Paris*, 1670, in-12.

Journalisme (le) en présence des élections. (Par le marquis DE LA GERVAISAIS.) *Paris, Pihan Delaforêt*, 1831, in-8, 44 p.

Journalisme (le) et les journaux, par un ministre d'hier. *Paris, Albert frères*, 1848, in-18, 2 ff. non paginés dont l'un contient *Un mot* signé ALBERT frères, et 149 p.

Cet écrit est signé CLÉOBULE.

Les « Supercheries », I, 754, *e*, indiquent comme auteur Cléobule LIADOUR.

Journaux (des), à l'occasion du projet de loi sur la presse. (Par le marquis DE LA GERVAISAIS.) *Paris, imp. de A. Pihan-Delaforest*, 1827, 4 part. en un vol. in-8.

Journaux (les) à la vapeur. Vaudeville en un acte. Par A. H. (A. HOPE). *Paris, Barba*, 1836, in-8, 42 p.

Journaux (des) à prime et des journaux sans prime, par M. H. M. (MAIN DE SAINTE-CHRISTINE), auteur de « la Politique réduite à un seul principe... » *Paris, C.-J. Trouvé*, 1823, in-8, 16 p.

Journaux des siéges entrepris par les alliés en Espagne, pendant les années 1811 et 1812 ; suivis de deux discours sur l'organisation des armées anglaises et sur les moyens de la perfectionner, avec notes, par M. John T. JONES, lieutenant-colonel des Ingénieurs royaux. Traduit de l'anglais par M. G. (GOSSELIN). *Paris, Anselin et Pochard*, 1821, in-8.

Journaux (les) doivent-ils rester soumis

à une surveillance politique ? (Par Charles THÉREMIN.) *Paris, M*ᵐᵉ *Perronneau*, 1817, in-8.

Journaux (des) et des théâtres. *Paris, imp. de David*, 1828, in-8, 32 p.

L'auteur, dit Quérard, dans sa « France littéraire », t. VI, p. 192, est Auguste LEPOITEVIN DE SAINT-ALME, fils de l'acteur DE RÉSICOURT, littérateur, connu parmi les romanciers sous le nom de VIELLERGLÉ, et parmi les auteurs dramatiques sous ceux de PROSPER et SAINT-ALME.

Journaux historiques, contenant tout ce qui s'est passé de plus remarquable dans le voyage du roi et de Son Eminence, depuis leur départ de Paris, 25 juin de l'an 1659, pour le traité du mariage de Sa Majesté et de la paix générale... par le sieur F. C. (François COLLETET). *Paris, J.-B. Loyson*, 1660, in-4.

Publié d'abord sous le titre de : « Journal contenant la relation... »

Voy. ci-dessus, col. 1066, *b*.

Journaux (les), poëme. (Par DEFRENNE.) *S. l.*, 1836, in-4.   J. D.

Journée calotine en deux dialogues ; savoir : Association de la république Babinienne au régiment de la calotte, et Oraison funèbre du général Aymon I. (Par BOSC DU BOUCHET.) *A Moropolis, chez Pantaléon de la Lune* (1732), in-8.

Journée chrétienne. (Par Ambroise PACCORI.) *Paris, Després*, 1750, in-12. Nouvelle édition, augmentée d'un abrégé de la vie de l'auteur (par L.-E. RONDET). *Paris, Després*, 1760, in-12.

Souvent réimprimée.

Journée (la) d'un rentier, ou la Restitution, comédie en prose. (Par Jean-Louis GABIOT, de Salins.) *Paris*, 1796, in-8.   D. M.

Journée de J.-B. Humbert, horloger, qui, le premier, a monté sur les tours de la Bastille. (Par G. FEYDEL.) *Paris, Volland*, 1789, in-8, 16 p.

Journée de l'Amour, ou Heures de Cythère. (Par la comtesse DE TURPIN DE CRISSÉ, N.-F. GUILLARD, C.-S. FAVART et l'abbé C.-H. DE FUSÉE DE VOISENON.) *Gnide*, 1776, in-8, XVI-165 p., fig.

Réimprimé sous le titre de : « Triomphe de l'Amour... »

Journée de Mᶫˡᵉ Lili. Vignettes par Frölich, texte par un papa (M. J. HETZEL). *Paris, Hetzel*, 1862, gr. in-8.

Les éditions suivantes portent : Texte par P.-J. STAHL (pseudonyme de M. J. HETZEL).

Voy. « Supercheries », III, 27, *a*, et 724, *b*.

Journée (la) des Capucins aux frontières, ou Valeur répare tout, pantomime en 3 actes. (Par GAULARD-DESAUDRAY.) *Paris*, 1793, in-8.

Catalogue Soleinne, n° 3474.

Journée (la) des Dupes, pièce tragi-politico-comique, représentée sur le théâtre national par les grands comédiens de la patrie. (Attribuée à Nic. BERGASSE et à A.-M.-J. CHASTENET, marquis DE PUYSÉGUR.) *S. l.*, 1790, in-8, 86 p.

Voici les noms cachés sous les différents anagrammes :

Bimeaura . . . . Mirabeau.
Pecheillar . . . . Chapellier.
Catepane . . . . Castellane.
Montmécy . . . . Montmorency.
Mola . . . . Lameth (Malot).
Almenandre . . . . Alexandre de Lameth.
Laibil . . . . Bailly.
Yetafet . . . . La Fayette.

Journée (la) des enfants, ou le Travail et la Récréation. (Par P. BLANCHARD.) *Paris, Blanchard*, 1814, in-32.

Journée du chrétien, en latin et en françois. (Par le P. BASILE, capucin.) *Lyon, Muguet*, 1617, in-12.

Journée (la) du chrétien, sanctifiée par la prière et la méditation. (Par le P. DE VILLE, jésuite.) *Nancy*, 1732, in-24.

Souvent réimprimée.

Journée (la) du chrétien, sanctifiée par la prière et la méditation. (Par l'abbé D.-X. CLÉMENT.) *Paris, Desaint*, 1768, in-18.

Journée du chrétien, sanctifiée par la prière et la méditation. (Par le P. Dom. BOUHOURS.) *Dresde, Walther*, 1797, in-8.

Cette attribution se trouve dans Heinsius ainsi que dans Kayser, et le P. de Backer cite deux éditions (peut-être deux traductions différentes) publiées en espagnol, avec le nom du P. BOUHOURS. *Valencia*, 1831, in-12, *Paris, Rosa*, 1853, in-18.

Journée du dix-huit fructidor. *Paris, imp. de la République*, pluviôse an VI, in-8, 32 p.

Réimprimé dans la forme suivante : Corps législatif. Conseil des Cinq-Cents. Journée du dix-huit fructidor. Imprimé par ordre du Conseil des Cinq-Cents le 23 pluviôse an VI. *Paris, imp. nationale*, pluv. an VI, in-8, 31 p.

Attribué par Barbier, d'après Ersch, 2° supplément, à N. RÉGNARD.

Nous avons vu un exemplaire qui porte la mention suivante : De la part de l'auteur : JOLLIVET.

Nous pensons que c'est cette dernière attribution qui doit être adoptée, et que l'ouvrage est bien de J.-B.-Moyse JOLLIVET, dit BARALLÈRE.

Journée du pieux laïc. (Par P.-A. ALLETZ.) *Paris*, 1747, in-12.

Journée (la) du poëte chrétien, sanctifiée par la prière et la méditation. (Par Thomas-Joseph ANGENOT, né à Verviers en 1773, mort en cette ville en 1855.) *Verviers, Remacle*, 1835, in-16, 264 p.
J. D.

Journée du 6 octobre 1789. Affaire complète de MM. d'Orléans et Mirabeau, contenant toutes les pièces manuscrites lues à l'Assemblée nationale, les discussions et le décret définitif, saisis mot à mot par la Société logographique (DUVAL, conseiller au Châtelet de Paris). *S. l.*, 1790, in-8, 139 p.

Voy. « Supercheries », III, 695, *f*.

Journée (la) du soldat chrétien, sanctifiée par les bonnes actions, offerte à l'armée par le chapelain d'une maison royale militaire. (Par l'abbé Gérard GLEY.) *Lyon, Rusand*, 1827, in-32.

Journée (la) sainte, ou choix de prières les plus en usage... (Par l'abbé CHAUCHON.) *Lyon, M*me *J. Buynand*, 1811, in-12. — 1819, *Lyon, J. Chambet*, in-12. — 1841, *Lyon, Pélagaud*, in-12. — 1844, 1850, 1856, *Lyon, Pélagaud*, in-12.

L'édit. de *Paris, Lottin*, 1742, porte le nom de l'auteur.

Journées de juin 1848, écrites devant et derrière les barricades par des témoins oculaires (A.-J. DELAAGE). *Paris, Garnier frères*, 1848, in-8, 72 p.

Journées de la Révolution de 1848... par un garde national (Charles-E.-H. RICHOMME). *Paris, veuve Janet*, 1848, in-8.

Journées (les) de septembre, drame lyrique en 14 tableaux, en prose. (Par GOUCHON-BELLIN.) *Ypres, Aunoy Vandevyver*, 1833, in-8.
J. D.

Journées des 12 et 13 germinal an III et événements qui les ont précédées et suivies. (Par Eus. DE SALVERTE.) *Paris*, 1795, in-8.

Journées des 29 juin et 10 août 1792 et de juillet 1830 ; par l'auteur des « Journées de la Révolution de 1848 »... (Charles-E.-H. RICHOMME). *Paris, veuve Janet*, 1848, in-8.

Journées mémorables de la révolution française. (Par C.-F. MARCHAND DU BREUIL, préfet du départem. de l'Ain, m. à Paris le 15 avril 1834.) *Paris, Audin*, 1826-27, 44 part. en 11 vol. in-32. — 2° éd. augm. *Paris, M*me *Vergne*, 1829, 2 vol. in-8.

Journées physiques. (Par Ch. DEVILLERS.) *Lyon, Deville ; Paris, Desaint et Saillant*, 1761, 2 vol. in-8.

Jours (les) d'Aristé. (Réponse aux « Nuits d'Young », par Barn. FARMIAN DE ROSOY.) (1771), in-12.

Il y a dans cette brochure un éloge du duc de Choiseul, maltraité par le même DE ROSOY dans une autre de ses brochures, intitulée : « le vrai Ami des hommes. »

Jours (les) heureux, tablettes d'une grisette et d'un étourdi. Par A. DELCOUR et Gustave DE B*** (BONNET). *Paris, Malot,* 1830, 3 vol. in-12.　　　D. M.

Jours (les), pour servir de correctif et de supplément aux « Nuits d'Young », par un mousquetaire noir (l'abbé J.-H. REMY). *Londres et Paris, Valade,* 1770, in-8.

Jouvencel (le). *Paris, A. Verard,* 1493, in-fol. goth., 97 ff.

Le « Jouvencel » est un roman allégorique, historique et militaire, que composa Jean DE BREUIL, dit le *Fléau des Anglais*, et qu'à la mort de ce guerrier, arrivée en 1474, achevèrent Jean TIBERGEAU, seigneur de LA MOTE, Martin MORIN et Nicole RIOLAI. Les textes imprimés ne contiennent que la première et la moitié de la seconde des trois parties de l'ouvrage auquel Guillaume TRINGANT, dit MESSODEZ, a ajouté une conclusion où est expliquée toute l'allégorie de cet ingénieux roman. Voir les « Mémoires de l'Académie des Inscriptions et Belles-Lettres », t. XXVI, p. 700 (art. de Sainte-Palaye), le deuxième catalogue de Van Praet, t. II, p. 203, et les « Manuscrits françois », par M. P. Paris, II, 130.
Pour le détail des édit., voir Brunet, « Manuel du libraire », 5e éd., III, 584.

Jovien, tragédie (en 5 a. et en v. par le P. Dom. DE COLONIA). *Lyon, J. Guerrier,* 1696, in-12.

Le nom de l'auteur se trouve dans le consentement daté du 5 juillet 1696, et qui est imprimé à la fin de la pièce.

Joye (lai) dijonnoise, sur l'entrée de M. le duc à Dijon. *Dijon, Cl. Michard,* 1701, in-12.

Opuscule attribué à Aimé PIRON.

Joyeuse (la) semaine, opuscule patriotique dédié à tous les bons Français ; détail plaisant et exact de tout ce qui s'est passé à Paris depuis le 12 juillet jusqu'au 18 inclusivement. *Paris, de l'imp. des amis de la monarchie,* 1790, in-8, 38 p. — 2e éd. *Id.,* 1790, in-8, 32 p.

On lit au bas de la dernière page : « Par l'auteur des « Réflexions d'un fou qui ne réfléchit jamais », et autres ouvrages aussi patriotiques ».
Par le chevalier FENON DE LITANY, d'après le « Bulletin du Bibliophile belge », XIX, p. 434.

Joyeuses (les) Adventures et nouvelles Récréations, contenans plusieurs contes et facétieux devis. (Par Bonaventure DES PERIERS, Jac. PELLETIER et Nic. DENISOT.) *Lyon, B. Rigaud,* 1582, in-16, 244 p. non

compris la table. — *Paris, P. Mesnier,* 1602, in-24.

Voy. « Contes et nouvelles, et joyeux devis… », IV, 745, b.

Joyeuses (les) recherches de la langue tolosaine, par Claude ODDE, de Tours (publ. par M. Gust. BRUNET). *Paris, Jannet et Techener,* 1847, in-8.

Joyeusetai su le retor de lai bonne santai du Roy. (Par Aimé PIRON.) *Dijon,* 1687, in-8, 20 p.

Voir Mignard, « Histoire de l'idiome bourguignon », p. 269.

Joyeusetez (les), facéties et folastres imaginations de Caresme Prenant, Gauthier Garguille, et autres (publiées sous la direction de M. Aimé MARTIN). *Paris, Techener,* 1829-34, 18 vol. gr. in-18.

Voir, pour le détail de cette collection, qui n'a été tirée qu'à 76 exempl., Brunet, « Manuel du libraire », 5e éd., III, col. 586 à 590.

Joyeusetés galantes et autres du vidame Bonaventure de la Braguette. (Par Albert GLATIGNY.) *Luxuriopolis, à l'enseigne du beau Triorchis,* 1866, in-16, 2 ff. de titre et 141 p.

Joyeux (le) devis recreatif de lesprit trouble. Contenant plusieurs ballades, epistres, chansons, complainctes, rescritz, dizains, huyctains, epitaphes, rondeaulx, et aultres nouvelletez. Nouvellement reveu et corrige depuis la première impression. *On les vend à Lyon aupres de nostre dame de Confort, cheulx Olivier Arnoullel, s. d.* (vers 1538), pet. in-8 goth. de 72 ff.

Recueil très-rare et du même genre que la « Fleur de toute joyeuseté ».
M. Brunet ne mentionne pas cette édition, qui a sans doute été faite sur celle de Paris, 1538, indiquée par de Bure (« Manuel du libraire », III, col. 500-594). Ni de Bure, ni M. Brunet, ne dit quel est l'auteur de ces poésies : nous pensons que c'est François GOMAIN, dont le nom est en tête d'un quatrain latin au lecteur, placé au verso du titre (*Lectori Francomanus*). Ce Fr. GOMAIN a publié un autre recueil qui paraît avoir beaucoup de rapport avec celui-ci et dont voici le titre : « Histoire joyeuse, contenant les passions et angoisses d'un martyr amoureux d'une dame ; le tout en ballades, rondeaux, epistres, etc. » *Lyon, B. Rigaud et J. Saugrain,* 1557, in-16. (« Manuel du libraire », II, col. 1654.) Peut-être est-ce le même. (Catal. L. Potier, 1870.)

Joyeux (le) moribond, comédie, par E..... B****** (Etienne BILLARD). *Genève, les frères Crammer,* 1779, in-8, 43 p.　　D. M.

Joyeux receil (*sic*) de le election imperialle en magnificque honneur du tres hault, tres excelent, tres-illustre et tres puissant prinche Charles V. *Imprimé pour Antoine Membru, libraire de la Croix sainct Andrieu* (s. l. n. d.), pet. in-4, 4 ff.

Petit poëme signé BETHUNE, composé à l'occasion de l'élection de Charles-Quint comme empereur, le 30 juin 1519. Par Nicaise LADAM ou L'ADAM, dit BETHUNE.

Juanna et Tiranna, ou laquelle est ma femme ? par l'auteur de « Véronique, ou l'étranger mystérieux ». Trad. de l'anglais par A. J. B. D. (A.-J.-B. DEFAUCONPRET), traducteur de « la Caverne d'Astolphe ». *Paris, Béchet*, 1816, 4 vol. in-12.

Voy. « Supercheries », I, 222, *a*.

Juba, tragédie. *Lyon, J. Guerrier*, 1698, in-12.

Le nom de l'auteur, le P. Dom. DE COLONIA, se trouve dans la conclusion (*sic*) datée du 7 mai 1695.

Jubé (le) de l'église de Ste-Waudru, à Mons, de Jacques du Breucq; par P. C. V. D. M. (Polydore VAN DER MEERSCH, archiviste de l'État à Gand). *Gand*, 1857, in-8.

Tirage à part du « Messager des sciences ».   J. D.

Jubilé (le) de Hasselt (1125-1854). Ode, par M*** (Marcellin LAGARDE). *Hasselt, Milis* (1854), in-8, 8 p.   J. D.

Jubilé (li) de 1846. Chant par l'auteur du « Pantalon trawé » (Charles DUVIVIER DE STREEL). *Liége* (1846), in-8, 4 ff.   J. D.

Jubilé (le), mosaïque de cinquante quadrains, sur l'heureuse bien-venue de la serenissime et tres-illustre Princesse la Princesse Marie de Medicis, Royne tres-chrestienne de France, par P. V. P. C. (Pierre-Victor PALMA-CAYET), lecteur du Roy. *Paris, F. Jacquin*, 1601, in-8, 7 ff.

Jubilé semi-séculaire du St-Sacrement des miracles, qui sera célébré à Bruxelles, dans l'église paroissiale des SS. Michel et Gudule, depuis le 16 jusqu'au 30 juillet 1820. (Par BRUNELLE.) *Bruxelles, J.-B. Dupon*, 1820, in-18, 64 p.   J. D.

Judith et David, tragédies, par M. L*** (J.-B. LACOSTE, avocat). *Amsterdam, Paris, Guillyn*, 1763, in-12.

Judith (la), l'Uranie, le triomphe de la foy, par G. DE SALUSTE, sieur DU BARTAS ; avec les argumens, sommaires et annotations (de S. GOULART, Senlisien). *Paris*, 1582, in-12.   V. T.

Juge (le) d'Anières, ou le procès sans cause, pièce en un acte, en vers, par M. T*** (Toussaint-Gaspard TACONNET). *Paris, Cl. Hérissant*, 1762, in-8.

Juge (le) prévenu, par Mme de V*** (G.-S. BARBOT, dame DE VILLENEUVE). *Paris, Hochereau*, 1754, 2 vol. in-12.

Jugement contre les danses, composé par un curé du diocèse de Narbonne (TAILHANT, curé de Soulatgé). *Toulouse, Hénault*, 1693, in-8.

Jugement critique, mais équitable, des vies de feu M. l'abbé de Rancé... écrites par les sieurs Marsollier et Meaupeou... (Par dom GERVAISE.) *Londres (Reims)*, 1742, in-12.

« Cet ouvrage, très-curieux, mais trop satirique, dit l'abbé Goujet dans le « Catalogue manuscrit de sa bibliothèque », est de dom Armand Gervaise, ancien abbé de la Trappe, connu par ses aventures et par la multitude de ses écrits. A la page 25, l'auteur reprend avec raison ce que l'abbé Marsollier a dit d'un *prétendu* commentaire de M. de Rancé sur Anacréon ; mais où dom Gervaise a-t-il pris lui-même l'épître dédicatoire latine qu'il rapporte à la page 26 ? J'ai vu l'édition d'Anacréon par M. de Rancé : *Parisiis, ex typographiâ Jacobi Dugast*, 1639, in-8. Elle est toute grecque : l'épître dédicatoire au cardinal de Richelieu est toute grecque aussi, et très-différente de la latine rapportée par dom Gervaise. »

La surprise de l'abbé Goujet vient de ce qu'il n'avait pas vu, comme dom Gervaise, un exemplaire de l'« Anacréon » de l'abbé de Rancé, où se trouve la dédicace au cardinal de Richelieu, traduite en latin par l'abbé de Rancé lui-même. Chardon de La Rochette a tenu un de ces exemplaires, et il en a donné la description dans l'addition à sa « Notice de l'Anacréon de l'abbé de Rancé », insérée dans le « Magasin encyclopédique », cinquième année, t. VI, p. 450. L'addition se trouve dans la septième année du même journal, tome II, p. 193.

La note sur laquelle je viens de me permettre une observation est imprimée dans la « Bibliothèque historique de la France », t. I, n° 13153.

L'abbé Goujet avait communiqué son catalogue aux éditeurs, et ceux-ci ont adopté une grande partie des notes, aussi curieuses qu'instructives, placées par le savant bibliographe à la suite d'une multitude d'articles de ce catalogue raisonné, que je regarde comme un très-bon ouvrage et comme un des plus beaux ornements de mon cabinet particulier.

Jugement (le) d'amour auquel est racomptée l'hystoire de Ysabel, fille du roy d'Escoce, translatée de espagnol (de Juan DE FLORES) en françois. 1530. *Cy fine le jugement d'amour nouuellement imprimé*, 1530, pet. in-8.

Pour d'autres éditions, voy. Brunet, « Manuel du libraire », 5e éd., t. II, 1302.

Jugement d'Apollon, ou le père Mamachi convaincu de plagiat (par A.-A. AUGIER DUFOT)... 1759, in-12.   V. T.

Jugement d'un amateur sur l'exposition des tableaux; lettre à M. le marquis de V***. (Par l'abbé Marc-Antoine LAUGIER.) *Paris, Duchesne*, 1753, in-12, 83 p.

Jugement d'un écrivain protestant touchant le livre de Fébronius. (Par l'abbé F.-X. DE FELLER, ex-jésuite.) *Leipzig* (*Luxembourg*), 1770, ou *Liége*, 1771, in-8.

Voy. « Supercheries », I, 1206, *f*.

Jugement d'un grand nombre de docteurs des Universités de Castille et d'Aragon, sur les propositions censurées en Sorbonne le 18 oct. 1700... (Par le P. Ch. LE GOBIEN, jésuite.) *Liége, H. Streel*, 1701, in-12, 45 p.

Jugement d'un ouvrier sur les romans et les feuilletons à l'occasion de « Ferrand et Mariette » (de l'abbé Adolphe de Bouclon). *Paris, Camus*, 1847, in-8.

Signé : L. S., ouvrier typographe (Léon SCOTT DE MARTINVILLE).

Jugement d'un philosophe chrétien sur les écrits pour et contre la légitimité de la loi du silence. (Par l'abbé Louis GUIDI.) *S. l.* (1760), in-12.   V. T.

Jugement d'une demoiselle de quatorze ans, sur le Sallon de 1777. (Par R.-M. LESUIRE.) *Paris, Quillau l'aîné*, 1777, in-12, 26 p.

Jugement (le) de caprice, comédie en vers, en 3 actes. (Par DUMONCEAU.) *S. l.*, 1761, in-12.

Jugement de l'Eglise catholique, contre les nouveaux schismatiques de France, précédé de considérations importantes sur l'utilité du Concordat de 1801, etc., par un ancien vicaire général (l'abbé J.-P.-J. LESURRE). *Paris, Beaucé-Rusand*, 1821, in-8, 155 p.

Le XVIe article de ce Concordat porte ce qui suit : « Sa Sainteté reconnaît dans le premier consul de la « République française les mêmes droits et prérogatives dont jouissait près d'elle l'ancien gouvernement. » L'auteur croit qu'il était utile de reconnaître dans Bonaparte les mêmes droits que dans les Bourbons.

Jugement de l'Europe impartiale sur la révolution de France, par un Suédois, ami de cette nation. (Par le chevalier J.-F. DE BOURGOING.) *Opsal*, 1790, in-8, 96 p.

Jugement de l'orchestre de l'Opera. (Par C.-C. DE RULHIÈRE.) *S. l. n. d.*, in-8.

Jugement de la comédie, du bal et de la danse...

Voy. ci-après : « Jugement du bal et de la danse... »

Jugement de La Fontaine sur la Révolution, adressé à la nouvelle législature. (Par DORNO.) *Paris*, 1791, in-8, 44 p.

Jugement de M......, avocat au parlement de Paris (Jean BOUHIER, président à mortier au parlement de Dijon), sur un écrit intitulé : « Essai de réponse aux Réflexions, ou Notes de Me...., avocat à la cour, sur les six lettres de N. » (par Fromageot), etc. *Dijon*, 1729, in-12.

Jugement (le) de Paris, dialogue, joué à Anguien-le-François, nommé par cy-devant Nogent-le-Rotrou, à la naissance du comte de Soissons... par N. DE R. H. T. *S. l.*, 1567, in-8, 16 ff.

Attribué à Florent CHRESTIEN, d'après le témoignage de Du Verdier, ce qui ne s'accorde guère avec les initiales du titre.

Jugement de Pluton sur les Nouveaux Dialogues des morts.

Voy. « Nouveaux dialogues... »

Jugement de tout ce qui a été imprimé contre le cardinal Mazarin, depuis le sixième janvier jusques à la déclaration du premier avril mil six cent quarante-neuf. (Par Gabriel NAUDÉ.) *S. l. n. d.* (1650), in-4, 492 p. — *Id.*, in-4, 717 p.

Cet ouvrage en dialogues est curieux et rare. Les interlocuteurs sont Naudé, sous le nom de Saint-Ange, et Camusat, imprimeur, sous le nom de Mascurat. Le recueil est ordinairement désigné sous ce dernier nom.

La première édition, beaucoup moins ample que la seconde, a l'avantage de présenter quelques passages qui n'ont pu être conservés dans cette dernière. Ces différences sont signalées par Beyer, *Memoria librorum rariorum*, p. 115-147. L'abbé B. MERCIER DE SAINT-LÉGER avait rédigé une table, formant 4 pages, pour l'exemplaire de la seconde édition conservée à la bibliothèque Sainte-Geneviève. Elle fut imprimée à son insu par les soins de D.-M. MEON, lequel omit plusieurs articles de l'original. Voir des détails sur cette table dans les « Annales du Bibliophile », no du 15 août 1802.

La bibliothèque de l'Arsenal possède un exemplaire de la seconde édition, avec une table manuscrite, par Camille FALCONNET.

Jugement dernier de Napoléon Bonaparte, ex-empereur, par M. C**** (J.-P.-R. CUISIN), membre de plusieurs sociétés académiques. *Paris, Plancher*, 1815, in-8, 2 ff. de tit. et 55 p.

Jugement des écrits de M. Hugo, évêque de Ptolémaïde, abbé d'Estival, en Lorraine. (Par D. BLANPAIN, prémontré.) *Nancy*, 1736, in-8.

Jugement des ombres d'Héraclite et Démocrite, sur la Réponse d'Habicot au « Discours apologétique touchant la vérité des géants ». (Par RIOLAN.) *S. l.*, 1617, in-8, 31 p.

Jugement du bal et de la danse, par un professeur en théologie (dom Gab. GERBERON). *S. l. n. d.*, in-12, 43 p.

L'approbation est datée du 17 janv. 1678. Réimprimé, avec quelques augmentations, sous ce titre : « Jugement de la comédie, du bal et de la danse, par un professeur en théologie ». 1688, in-8, 44 p.

Jugement du Champ de Mars, rendu le peuple assemblé, les laboureurs y séant, du 26 décembre 1788. (Par LE TELLIER, avocat.) *S. l. n. d.*, in-8.

Jugement équitable sur les conversions. (Par l'abbé FOURGON.) *Paris*, 1733, in-12.

Note manuscrite.

Jugement et censure de la « Doctrine curieuse », de Fr. Garasse. (Par François OGIER, prieur commandataire de Chomeil.) 1623, in-8.

Mylius se trompe en attribuant cet ouvrage à Théodore DE BÈZE : ce qu'il y a de singulier, c'est qu'il renvoie à l'article BÈZE du « Dictionnaire » de Bayle, où ce savant et judicieux écrivain dit positivement que la réfutation de la « Doctrine curieuse » a été publiée à Paris par OGIER.

Jugement (le) et les huit béatitudes de deux cardinaux, confrontées à celles de Jésus-Christ... (Par Fr. DAVENNE.) *S. l.,* 1651, in-4, 20 p.

Jugement et Nouvelles observations sur les œuvres grecques, latines, toscanes et françoises de maître François Rabelais, D. M., ou le véritable Rabelais réformé, avec la carte du Chinonois... *Paris, Laurent d'Houry*, 1697, in-12.

Le privilége, daté du 23 mai 1697, est au nom du sieur SAINT-HONORÉ, pseudonyme sous lequel s'est caché Jean BERNIER, médecin de Blois.
On cite une première édition qui aurait paru en 1694, chez le même libraire, avec le titre de : « Jugement et observation sur la vie et les œuvres de maître François Rabelais... »

Jugement impartial sur des Lettres de la cour de Rome, en forme de bref, tendantes à déroger à certains édits du duc de Parme, et à lui disputer, sous ce prétexte, la souveraineté temporelle, traduit de l'espagnol de CAMPOMANES (par VALQUETTE D'HERMILLY). *Madrid et Paris, Delalain*, 1770, 2 vol. in-12.

Jugement impartial sur M. N*** (Necker). (Par P.-A. D'AUBUSSON.) *S. l. n. d.*, in-12, 14 p.

Jugement pacifique entre l'auteur du « Cas de conscience », concernant la réforme des religieux, et les auteurs des « Réflexions » et des « Observations » sur le même cas, etc. (Par C.-L. RICHARD.) *Avignon*, 1768, in-12.

Les « Observations » sont de CHINIAC. L'auteur des « Réflexions » est resté inconnu.
Le Long, t. IV, n° 11571.

Jugement (le) par jury, ou la vengeance d'une femme. Par M*** (DUBERGIER). *Paris, Dondey-Dupré fils*, 1824, 2 vol. in-12.

Jugement (le) poétic de l'honneur féminin, et séjour des illustres, claires et honnêtes dames, par le Traverseur (Jehan BOUCHET). *Poictiers, de Marnef*, 1538, in-4.

Jugement porté sur les Jésuites par les grands hommes de l'Eglise et de l'Etat, ou Portrait des Jésuites, fait d'après nature par les plus illustres catholiques... *Lisbonne (Paris)*, 1761, in-12.

Cet ouvrage a, dit-on, été rédigé à la prière de MM. les gens du roi, par Olivier PINAULT, avocat au Parlement de Paris. Voyez « Méthode pour étudier l'histoire », par Lenglet du Fresnoy, in-12, t. X, p. 452.

Jugement rendu contre J. Rothschild et contre Georges Dairnwaell, auteur de l' « Histoire de Rothschild 1er », par le tribunal de la saine raison, accompagné d'un jugement sur l'accident de Fampoux. (Par G.-M. MATHIEU-DAIRNWAELL.) *Paris, Albert frères*, 1846, in-18, 24 p.

Jugement sommaire de la lettre de M. l'Evêque de Senez, sur les prétendues erreurs avancées dans quelques nouveaux écrits. (Par L. DE BONNAIRE.) *S. l. n. d.*, in-4.

Jugement sur les méthodes rigides et relâchées d'expliquer la providence et la grâce, pour trouver un moyen de réconciliation entre les protestants qui suivent la confession d'Ausbourg et les réformez. (Par P. JURIEU.) *Rotterdam, Abr. Acher*, 1686, in-12.

Analysé par Bayle : « Nouvelles de la république des lettres », août 1686.　　　　A. L.

Jugements (les) astronomiques des songes, par ARTEMIDORUS, autheur ancien et renommé. Plus, Auguste NIPHE, des divinations et augures, par Anthoine DU MOULIN. *Troyes, Nicolas Oudot*, 1634, in-12. — *Paris*, 1664, in-8.

David Clément, « Bibliothèque curieuse », t. II, p. 152, cite la seconde de ces éditions, et dit en note qu'il ne connaît pas l'auteur de la traduction française. S'il eût eu le volume sous les yeux, il eût remarqué que ce traducteur était Charles FONTAINE, Parisien, qui, après son épître dédicatoire, a placé huit vers adressés à la nation française, pour l'engager à recevoir sa prose comme elle avait reçu ses vers.
Suivant Du Verdier, cette traduction d'Artémidore parut pour la première fois à *Lyon, chez Jean de Tournes*, 1555, in-16; elle a été réimprimée plusieurs fois à Paris et à Rouen, dans le même siècle.

Jugements des savants sur les principaux ouvrages des auteurs (par Adrien BAILLET). *Paris*, 1685 et 1686, 9 vol. in-12. — Nouv. édit. revue et augm. par DE LA MONNOYE. *Paris*, 1722, 7 vol. in-4, ou *Paris*, 1725, 17 vol. in-12, avec le nom de l'auteur.

Jugemens sur les principaux ouvrages exposés au Louvre le 27 août 1751. *Amsterdam*, 1751, in-12, 40 p.

Par LE COMTE ou C.-A. COYPEL, d'après M. Montaiglon.

Jugemens sur quelques ouvrages nouveaux. (Par l'abbé P.-Fr. GUYOT DESFONTAINES, A.-M. DE MAIRAULT, E.-C. FRÉRON et l'abbé J. DESTRÉES.) *Avignon, P. Girou (Paris)*, 1745-1746, 11 vol. in-12.

Jugurtha, tragédie en 5 actes, par M. D........ (DELPIERRE, conseiller maître à la cour des comptes). *Paris, Migneret*, 1833, in-8, xv-97 p.

Juifs (les), comédie, par LESSING, trad. de l'allemand par J. H. E. (J.-H. EBERTS). *Paris*, 1781; in-8.

Juifs (les) d'Alsace doivent-ils être admis au droit de citoyens? Lisez et jugez. (Par SCARAMUZZA.) *S. l.*, 1790, in-8, 2 ff. lim., VIII-208 et 46 p.

Juifs (les) d'Europe et de Palestine. Voyage de MM. Keith, Black, Bonar et Mac-Cheyne, envoyés par l'Église d'Écosse. Trad. de l'angl. par le trad. de la « Vie et ouvrages de J. Newton » (Mᶦᶦᵉ DE CHABAUD-LATOUR). *Paris, Delay*, 1844, in-8.

Juillet! Manuscrit des tombeaux. (Par Paschal SAINTE-CHAPELLE, ancien secrétaire intime du maréchal S. Cyr à la Guerre et à la Marine.) *Paris, impr. de A. Belin*, 1838, in-8, 89 p.

Juin 1848. Histoire de Napoléon-Louis Bonaparte, représentant du peuple, par A. d'A. (Alfred D'ALMBERT, ancien secrétaire intime du prince Louis-Napoléon en 1840). *Paris, imp. de d'Aubusson*, 1848, in-16, 62 p.

Juive (la) errante. (Par Mᵐᵉ la marquise de VIEUXBOIS.) *Paris, Leclerc*, 1844-1845, 2 vol. in-8.

Jules de Blosseville. (Par le marquis Bénigne-Ernest PORRET DE BLOSSEVILLE.) *Evreux, A. Herissey*, 1854, in-8, 194 p.
                           D. M.

Jules, ou l'École militaire, tableau vaudeville en un acte, par Hippolyte R***** (Hippolyte ROLLAND), auteur d' « Un mois à Bagnères... » Représenté sur le Théâtre Français de Bordeaux, le lundi 24 mai 1819. *Bordeaux, imp. de Laguillotière et Cercelet*, 1819, in-8., 1 f. de tit. et 45 p.

Jules, par l'auteur de «Charette » (Edouard BERGOUNIOUX). *Paris, Legrand et Bergounioux*, 1835, in-8, 2 ff. de tit. et 243 p.

Jules Vanard. (Par Léon EVRARD, anc. secrét. du ministre de l'intérieur de Belgique en 1840.) *Liége, Ledoux*, 1839, 2 vol. in-12.
                           J. D.

Julie de Mersan, ou trop de complaisance entraîne souvent bien des malheurs; histoire anglaise. *Paris, Batillot jeune, an XII-*1804, 2 vol. in-12.

Par F.-T. DELDARE. Voy. ci-après « Julie, ou la Sœur ingrate ».

Julie de Saint-Olmont, ou les premières Illusions de l'amour. Par Mᵐᵉ**** (Mᵐᵉ GALLON). *Paris, Dentu*, 1805, 3 vol. in-12.

Mᵐᵉ Gallon paraît être seulement éditeur de cet ouvrage, ainsi que d' « Amélie de Tréville... ». Voy. IV, 128, d. Le véritable auteur des deux ouvrages est Mᵐᵉ DE FOURQUEUX, née MONTYON.

Julie et Dorval, ou qui veut prendre est pris, comédie en un acte. (Par J. RENOULT DES ORGERIES.) *Argentan*, 1807, in-8.

Julie et Ludolphe, ou les combats de l'amour et du devoir, drame. (Par Ch.-Ph. BONNAFONT.) *Manheim*, 1802, in-8.

Existe aussi en allemand.

Julie Norwich, par l'auteur de « Trevelyan » (lady Charlotte BURY). *Paris, Ollivier*, 1837, 2 vol. in-8.

Julie, ou j'ai sauvé ma rose. Par Mᵐᵉ de G..... (Mᵐᵉ GUYOT). *Paris, L. Collin*, 1807, 1821, 2 vol. in-12.

Voy. « Supercheries », I, 609, f, et II, 120, b, et « Amélie de Saint-Far... », IV, 128, c.

Julie, ou la sœur ingrate, par l'auteur d' « Amélie de Beaufort », d' « Auguste et Justine ». *Paris, Batillot*, 1800, 2 vol. in-12.

Suivant Pigoreau, « Amélie de Beaufort » et « Auguste et Justine » sont de F.-T. DELBARE, auquel il attribue aussi « Julie, ou la Sœur ingrate », et il ajoute : On a reproduit ce dernier roman sous le titre de : « Julie de Mersan ». *Paris, Batillot jeune*, 1804, 2 vol. in-12.

D'un autre côté, M. Weiss, dans la « Biographie universelle », article VILLENEUVE (Mᵐᵉ Gabrielle-Susanne BARDOT de), en citant le roman intitulé : « Mademoiselle de Marsange ». *La Haye; Paris*, 1757, 4 parties in-12 : « Roman que la « France littér. » de « 1769 donne à Mᵐᵉ DE VILLENEUVE. On ne connaît « pas l'auteur de ce dernier roman, mais il n'est « pas de Mᵐᵉ de Villeneuve. M. Delbare s'en est em- « paré et l'a reproduit sous le titre de : « Julie, ou la « Sœur ingrate ».

Quérard a reproduit ce renseignement dans sa « France littéraire » et dans ses « Supercheries », 1ᵉ édition, nᵒ 1516, et 2ᵉ édit., I, 893, c, mais en mettant le nom de Mᵐᵉ DE VILLEDIEU au lieu de celui de Mᵐᵉ DE VILLENEUVE, erreur qui n'existe pas dans l'article Delbare de la « France littéraire ».

Julie, ou le bon père, comédie en 3 actes et en prose, représentée pour la première fois sur le théâtre de la Comédie française, le 14 juin 1769. Par M. D* N** (DENON), gentilhomme ordinaire du roi. *Paris, Delalain,* 1769, in-12, 3 ff. et 88 p.

Julie, ou le pot de fleurs, comédie en un acte et en prose, mêlée de chants, paroles de M. A. J*** (A. JARS), auteur des « Confidences ». Musique de MM. Fay et Spontini. Représentée pour la première fois à Paris, sur le théâtre de l'Opéra-comique, par les comédiens ordinaires de l'Empereur, le 21 ventôse, an XIII (12 mars 1805). *Paris, Mme Cavanagh,* an XIII-1805, in-8, 37 p.

Julia, ou les Souterrains du château de Mazzini, traduit de l'anglais d'Anne RADCLIFFE (par MOYLIN FLEURY). *Paris,* 1798, 1820, 2 vol. in-12.

Julien Durand, nouvelle imitée librement de l'anglais, par l'auteur d' « Adhemar de Belcastel » (Mme J. DE GAULLE, née MAILLOT). *Lille, L. Lefort,* 1841, in-18, 108 p.

Souvent réimprimé.

Julien l'Apostat, ou Abrégé de sa vie... avec une comparaison du papisme et du paganisme, et une autre idée du papisme, avec un petit traité de l'Antechrist, traduit de l'anglais (de Samuel JOHNSON, controversiste anglais, m. en 1703). *S. l.,* 1688, pet. in-12 de 296 p., non compris le titre et la préface.

Des exemplaires dans lesquels la préface a été supprimée, et le premier feuillet réimprimé, ainsi que le titre, sont intitulés :

« La Peste du genre humain, ou la Vie de Julien l'Apostat mise en parallèle avec celle de Louis XIV ». *Cologne, Pierre Marteau (Hollande),* 1696, pet. in-12, titre rouge et noir.

D'autres exemplaires, où l'on a rétabli la préface, sont intitulés :

« La Vie de Julien l'Apostat mise en parallèle... » 1700, in-12.

Ce dernier titre est donné par le « Manuel du libr. », 5e édit., t. III, col. 170... Le « Catalogue de la Bibliothèque de l'abbé Sepher ». *Paris, Boulard,* 1786, in-8, Histoire, p. 158, n° 5981, donne ce titre : « Vie de Julien l'Apostat ». *Cologne,* 1688, in-12, article vendu, 8 liv., 19 s.

L'ouvrage anglais est intitulé : « Julian the apostate, or an account of his life and the primitive christians behaviour towards him... » *London,* 1682, in-8, et dans les « Œuvres » de l'auteur. *London,* 1710 et 1713, in-fol.

Julien l'Apostat, ou voyage dans l'autre monde, par M *** (H. FIELDING). *Reims, Cazin,* 1784, in-18.

Voy. « Supercheries », III, 1076, e.

Julien, ou le Prêtre. (Par M. BLAZE, notaire à Avignon.) *Paris,* an XIII-1805, 2 vol. in-8.

Julien, ou le Triomphe de la vérité sur l'erreur. (Par Jean-Charles-Vincent BETTE d'ETIENVILLE.) *Paris,* 2 vol. in-12.

V. T.

Juliette de Grenville, ou l'Histoire du cœur humain (trad. de l'anglais de H. BROOKE, par Gilbert GARNIER). *Paris, Lavillette,* 1801, 2 vol. in-12.

Juliette, ou les Malheurs d'une vie coupable...

Voy. l'article « Lucette... »

Jumeaux (les) de Bergame, comédie en un acte et en prose. Représentée pour la première fois par les comédiens italiens ordinaires du Roi, le mardi 6 août 1782. (Par J.-P. CLARIS DE FLORIAN.) *Paris, Brunet,* 1782, in-8, 31 p. — *Id.,* 1783, in-8, 31 p.

Junie, ou les Sentiments romains. (Par Mme DE PRINGY.) *Paris,* 1695, in-12.

Junius (le) français, journal politique. (Du mercredi 2 juin 1790 au jeudi 24 juin 1790. Par J.-P. MARAT.) *Paris, imp. Guilhemat et Arnulphe,* 13 numéros in-8.

Les trois premiers numéros seuls sont anonymes. Le nom de l'auteur se trouve dans l'en-tête de tous les suivants.

Jupiter curieux, impertinent, divertissement. (Par L. FUZELIER.) 1711, in-12.

Catalogue Soleinne, n° 3397.

Jupiter et Danaë, poëme héroï-comique. (Par DU ROUSSET.) 1764, in-8.

Juri.

Voy. « Jury ».

Juridiction (de la) de l'Église sur le contrat de Mariage, considéré comme matière du Sacrement. Par un ancien vicaire général (l'abbé LESURRE). *Paris,* 1824. — Sec. édit. *Lyon, Périsse frères,* 1836, in-8.

Juridiction (de la) ecclésiastique du royaume de France, cas privilégié et appel comme d'abus. Par A. B. C. G. A. D. R. (Adrien BEHOTTE, chan., grand archidiacre de Rouen). 1635, in-4.

Juridiction (de la) épiscopale, ou Observations sur le nouvel écrit de M. le comte Lanjuinais... « Des Officialités anciennes et nouvelles ». (Par le comte Louis-François JAUFFRET.) *Toulouse, imp. de Tislet* (s. d.), in-8.

Réimprimé avec le nom de l'auteur. *Paris, A. Leclère,* 1827, in-8.

Juridiction ordinaire immédiate sur les paroisses. (Par G.-N. MAULTROT.) 1784, 2 vol. in-12.

Jurieu convaincu de calomnie et d'imposture. (Par H. BASNAGE DE BEAUVAL.) *La Haye*, 1694, in-8.   V. T.

Jurisconsulte (le) national, ou Principes sur les droits les plus importants de la nation. (Par P.-J. AGIER, avocat.) (Vers 1789), 2 part. in-8.

Jurisprudence commerciale, ou Recueil des jugements et arrêts rendus en matière de commerce... (Par P.-J.-S. DUFEY.) *Paris, de La Tynna*, 1817, in-8.

Jurisprudence de la cour royale d'Amiens... (Par M. BOURGUET.) *Amiens, Ledien-Canda*, 1821-1837, 9 vol. in-8.

Jurisprudence de la cour royale de Metz, ou Recueil des arrêts rendus par la cour de Metz... *Metz, S. Lamort*, 1818-1827, tomes I-V, in-8.

M. Teissier indique Narcisse PARANT et Ch.-Narcisse OULIF comme rédacteurs de ces volumes.

Jurisprudence des rentes, par ordre alphabétique. *Paris, Prault père*, 1762, in-8, XVI-372 p.

La dédicace est signée : DEDEAUMONT.

Réimprimé en 1766 et en 1784 avec le nom de l'auteur sur le titre.

Jurisprudence (la) du grand-conseil examinée dans les maximes du royaume ; ouvrage précieux contenant l'Histoire de l'Inquisition en France. (Par L.-V. DE GOEZMANN.) *Avignon*, 1775, 2 vol. in-8.

Jurisprudence (la) du regrès bénéficial, justifiée contre l'ouvrage du président Bouhier. (Par J.-B. FROMAGEOT.) *Dijon*, 1726, in-12.   P. Boulliot.

Pour l'ouvrage du président Bouhier, voy. IV, 1070, f.

Jurisprudence observée en Provence sur les matières féodales et les droits seigneuriaux. (Par Louis VENTRE, seigneur DE LA TOULOUBRE, ancien substitut du procureur général au parlement d'Aix.) *Avignon, veuve Girard*, 1756, 2 part. in-8 ; — 1765, 2 vol. in-8.

Jurisprudence scandée. (Par Charles FAIDER, premier avocat général à la cour de Cassation.) *Bruxelles, Wouters*, 1847, in-8, 21 p.   J. D.

Jury (le) d'examen organisé au point de vue des intérêts sociaux et scientifiques et simplifié dans son exécution. (Par J.-H. BORMANS.) *Gand, Annoot*, 1849, in-8, 23 p.   Ul. C.

Jury (le) d'examen, par un professeur (Alphonse LEROY, professeur à l'Université de Liége). *Tournay, Malo-Levasseur*, 1855, in-8, 48 p.

Extrait du « Moniteur de l'enseignement ».

Juri (le) français au magistrat, ou Réponse à l'écrit intitulé : « De la procédure par jurés. » (Par Fr. BOURGUIGNON.) (*Paris*), imp. de C.-F. Patris (1820), in-8, 16 p.

Jury (le), histoire fantastique. (Par LESBROUSSART.) (*Liége, Jeune-Homme*), in-8.

Tirage à part de la « Revue belge ».   J. D.

Jurys (des) d'examen pour les grades universitaires, observations sur leur composition. (Par P.-N. DE VILLERS.) *Bruxelles, Tircher*, 1849, in-8, 8 p.   J. D.

Juste (la) balance des cardinaux vivans en 1650 (traduit de l'italien de Grégorio LETI par Pierre-Scévole DE SAINTE-MARTHE). *Paris, Pepingué*, 1652, 1655, in-12.

Les portraits tracés dans cet opuscule, et surtout celui du cardinal Mazarin, obligèrent le traducteur de publier l'ouvrage sous le voile de l'anonyme. Les recherches que fit le cardinal prouvèrent que Scévole de Sainte-Marthe avait eu raison de prendre des mesures de prudence. Il demeura inconnu.

« Bibliothèque historique et critique du Poitou », par Dreux du Radier, t. V, p. 348.

Juste (le) dicernement de la créance catholique d'avec les sentiments des protestans d'avec ceux des pélagiens touchant le mystère de la prédestination et de la grâce du Sauveur, mis en franç. par C. B. P. Entretien de Dieu-Donné et de Romain par G. de L. ; mis en françois par A. K. (dom Gabriel GERBERON). *Cologne, Jacq. de Valé*, 1691, 3 parties in-12.

On retrouve dans cette publication l' « Entretien de Théotime et de Philopiste sur l'alliance de la liberté avec la grâce », que dom Tassin disait ne pas être de dom Gerberon. Voy. Hauréau, « Hist. littér. du Maine », 2e édit., t. V (1872), p. 210.

Juste (de la) et canonique absolution d'Henri IV. (Par P. PITHOU, ou trad. du latin de P. PITHOU). *Paris*, 1695, in-8.

Juste (la) et saincte défense de la ville de Lyon, etc. *Lyon, Nigon*, 1848, in-8.

Réimpression faite par les soins de Pierre-Marie GONON.   D. M.

Juste (de la) idée de la grace immédiate, ou Réponse à la Critique de la doctrine de M. Jurieu. (Par DARBUSSY, ministre réfugié.) *La Haye*, 1689, in-12.

Juste idée que l'on doit se former des Jésuites, et leur vrai caractère ; avec un Recueil de pièces concernant leur bannissement du royaume, pour avoir enseigné et fait mettre en pratique, qu'on peut tuer les Rois, etc. (Par Nicolas PETITPIED.) *Utrecht, aux dépens de la compagnie,* 1755, in-12. — *Id.,* 1763, in-12.

Juste (le) milieu en toutes choses et surtout en politique. *Paris, imp. de Lefebvre,* 1832, in-8, 15 p.

Cet opuscule, signé : « l'Ami de la vérité, de l'impartialité, de la raison, de la justice et par conséquent du juste milieu », est de R.-J.-F. VAYSSE DE VILLIERS.

Juste milieu qu'il faut tenir dans les disputes de religion, ou Règles de conduite dans les tems de contestation, soit pour les Théologiens qui disputent, soit pour les fidèles qui en sont spectateurs. (Par l'abbé Jér. BESOIGNE.) *S. l.,* 25 août 1735, in-4. — *S. l.,* 1736, in-12.

Juste (de la) providence de Dieu ; Traité auquel est examiné un écrit du sieur Arnoux, jésuite, par lequel il prétend prouver que Calvin fait Dieu auteur du péché, par P. D. M. (Pierre DU MOULIN, le père). *La Rochelle, sans nom d'imprimeur,* 1617, in-8. — *Genève, P. Aubert,* 1624, in-8.

Justes (les) bornes de la tolérance, avec la défense des mystères du christianisme, etc. (Par J. PHILIPOT.) *Amsterdam,* 1691, in-8.

Justes (les) devoirs rendus à la mémoire de très-haute princesse Louise-Charlotte de La Tour d'Auvergne, dans la chapelle du séminaire des Missions étrangères. (Par le P. Claude-François MÉNESTRIER.) *Paris,* 1684.

Justes (les) plaintes des théologiens contre la délibération d'une Assemblée tenue à Paris le 2 d'octobre 1663... (Par Ant. ARNAULD et P. NICOLE.) *S. l.,* 1663, in-4, 58 p.

Justes (les) questes des ordres mendians. Tirées d'un escrit de M. l'E. de Belley (Jean-Pierre CAMUS, évêque de Belley). *Douay, imp. de veuve Marc Wyon,* 1630, in-12. — 1635, in-12.

Justice (la) aux pieds du roi pour les parlemens de France. (Par Ant. ARNAULD père, avocat.) *S. l.,* 1608, in-12, 136 p. — *Id.* 240 p. — *Id.* 224 p.

Cet ouvrage est-il réellement d'Arnauld ? On lit dans le « Mercure françois » de Jean Richer (année 1608, fol. 313, recto) : « Un Gascon fut si téméraire de faire imprimer, sur les bords de la Garonne, un petit livret intitulé : « La Justice aux pieds du roy »; sa plume, trop mal taillée contre l'honneur de son souverain, méritoit d'être rongnée. »

L'attribution de Barbier ne se retrouve dans aucun des articles biographiques sur Antoine Arnauld, et la « Bibliothèque historique de la France », n° 19800, n'indique pas le nom de l'auteur de la « Justice », mais elle mentionne divers écrits que provoqua la publication de ce « petit livre ».

Ajoutons que l'attribution de Barbier est confirmée par des mentions manuscrites sur l'exemplaire de Cangé et sur celui de Falconet, de la main de ces deux amateurs.

Justice (de la) de prévoyance et particulièrement de l'influence de la misère et de l'aisance, de l'ignorance et de l'instruction sur le nombre des crimes. (Par Ed. DUCPÉTIAUX.) *Bruxelles,* 1827, in-8, 36 p.

Justice (la) de S. A. implorée pour la défense des lois contre les calomnies. (Par Jean GIRARDOT.) *Anvers, Henri Ærtllen,* 1619, in-8.

Justice (de la) des saints, ou Point d'œuvres pour le salut et point de salut sans œuvres. Par l'éditeur de la « Valaisance » (le pasteur César MALAN). 3e éd. ent. refondue. *Genève,* 1831, in-8.

Justice (de la) distributive, diurnal des rois et conseillers d'État, où sont leurs maximes prouvées être fardées par le texte de l'Écriture sainte. (Par Pierre BLANCHOT.) *Lyon,* 1635, in-12.

Justice (la) divine, ou la punition des coupables. (Par J. BOUCHET.) *Bruxelles, Briard,* 1838, in-8, 2 p. J. D.

Justice (de la) du pseudonyme. (Par Edouard DUCPÉTIAUX.) *Bruxelles,* 1827, in-8.   J. D.

Justice (la) et la monarchie populaire, par le comte R. R. (Roger RACZYNSKI). Première partie (seule publiée) : La guerre d'Orient. *Paris, M. Lévy,* 1855, in-8.

Justice et nécessité d'assurer en France un état légal aux protestans. (Par J.-P. RABAUT DE SAINT-ÉTIENNE.) *Augsbourg,* l'an du rappel, in-8.

Réimprimé plusieurs fois avec le nom de l'auteur sous le titre de : « le Vieux Cévenol », et aussi en 1777 sous le pseudonyme de JESTERMANN, « Triomphe de l'intolérance ».

Voy. « Supercheries », II, 388, *d.*

Justice ! Par un officier d'artillerie de l'armée de Paris (P.-F. BORGELLA, aide de camp de Rossel). *Londres, imprimerie internationale,* 1871, 2 numéros in-16.

Justification de Fra Paolo Sarpi, ou Lettres d'un prêtre italien (Eust. DEGOLA) à un magistrat français (M. Agier) sur le caractère et les sentimens de cet homme célèbre. *Paris, Eberhart,* 1811, in-8.

M. AGIER a retouché cet ouvrage très-curieux qui a été mis à l'*Index* le 22 décembre 1817.

Justification de l'avis d'un ecclésiastique de Paris (le P. J.-Fr. BILLUART, dominicain). In-4.

Justification (la) de l'état de siége. (Par A.-M. Barthélemy.) *Paris*, juin 1832, in-8, 32 p.

En prose. La seconde édition, publiée la même année, porte le nom de l'auteur.

Justification de la doctrine de M. H. Denis, ancien professeur au séminaire de Liége, divisée en quatre parties. (Par P. Quesnel.) *S. l.*, 1700, in-4. Ul. C.

Justification de la musique françoise contre la querelle qui lui a été faite par un Allemand et un Allobroge. (Par Pierre de Morand.) *Paris*, 1754, in-8.

Justification de la naissance légitime de Bernard, roy d'Italie, petit-fils de Charlemagne. (Attribué au comte H. de Boulainvilliers.) *S. l. n. d.*, in-8, 14 p.

Justification de la tragédie d' « Oreste », par l'auteur (C.-F.-F. Boulanger de Rivery). *S. l.* (1760), in-12, 28 p.

Justification de M. de Favras. (Par Guill.-Fr. de Mahy de Cormeré, son frère.) *Paris, Potier de Lille*, 1791, 2 vol. in-8.

Justification de M. du Moulin contre les impostures de Léonard Le Maire, dit Limburg; par D. D. M. S. E. (Pierre du Moulin, le père). *Charenton, L. Vendosme*, 1640, in-8. — *Genève, P. Chouet*, 1659, in-8.

Justification de M. M*** (Jean-Charles Mercier), et de l'examen qu'il a fait de la réponse à sa lettre. *Nantes, chez les héritiers de la Sorbonne*, 1759, in-12.

Justification de plusieurs articles du « Dictionnaire encyclopédique » ou préjugés légitimes contre Abraham-Joseph de Chaumeix. (Par l'abbé C. A. J. Le Clerc de Montlinot.) *Bruxelles, et se vend à Lille, chez Panckoucke*, 1760, in-12.

Réimprimé dans le tome IV des « Œuvres » de Diderot. *Londres (Amsterdam)*, 1773, 5 vol. in-8.

Justification des comédiens français. Opinions sur les chefs-d'œuvre des auteurs morts, et projet de décret portant règlement entre les auteurs dramatiques et les comédiens du royaume. (Par Potier, de Lille.) 1790, in-8.

Justification des discours et de l'histoire ecclésiastique de M. l'abbé Fleury. *S. l.*, 1736, in-12 (1er vol.).

Le second volume a été publié en Hollande sous la rubrique de *Nancy*, en 1738.

Il y a dans ce dernier volume (pp. 287-8) une note sur l'unité de l'Eglise, que l'auteur désavoua plus tard.

Cet ouvrage est du P. Tranquille, capucin de Bayeux, dont le nom de famille était Osmont, et qui,

dans sa retraite en Hollande, prit celui de du Sellier.

Réimprimé dans les « Opuscules » de l'abbé Fleury. *Nîmes*, 1785, 5 vol. in-8.

Justification des Réflexions morales du P. Quesnel, par feu M. Bossuet (publiée avec un avertissement, par le P. Pasquier Quesnel). *Lille*, 1710, 1712, in-12.

Il y a eu deux éditions en 1710. Voy. sur cet ouvrage l'importante note de M. Tabaraud, p. 517 de son « Supplément aux histoires de Bossuet et de Fénelon, composées par M. le cardinal de Bausset. » *Paris, Delestre-Boulage*, 1822, in-8.

Justification du gouvernement des Bourbons, précédée d'un coup d'œil sur la Révolution française et sur le retour de Buonaparte, par Antoine F**** (Antoine Faivre), A. Nt. *Paris, Lenormant*, 1815, in-8, 83 p.

Justification du silence respectueux, ou réponse aux instructions pastorales et aux écrits de M. l'archevêque de Cambray. (Par Jacques Fouillou et Nicolas Petitpied.) *Paris*, 1707, 3 vol. in-12.

Justification et bienfaisance. Epître aux dames... (Par C.-F.-N. Quentin.) *Paris*, 1831, in-8, 8 p.

Justification générale des plaintes que l'on avait faites contre les sentiments et la conduite de M. l'archevêque de Malines. (Par dom Gabr. Gerberon.) 1691.

Le même auteur a publié : « Examen de la réponse aux plaintes contre la conduite de M. l'archevêque de Malines ». Voy. Hauréau, « Histoire littér. du Maine », 2e édit., t. V (1872), p. 202.

Justification sommaire de l'Histoire ecclésiastique de l'abbé Racine. (Par L.-E. Rondet.) *Paris*, 1760, in-12.

C'est pour servir de réponse à une lettre de M. D. (Denesle) sur cette histoire. Denesle répliqua par un écrit intitulé : « Analyse de l'esprit du jansénisme ». Cette réplique occasionna une seconde édition de cette justification, dans laquelle se trouvent insérés plusieurs suppléments en réponse à ce second écrit; cette seconde édition est jointe à l' « Abrégé de l'Histoire ecclésiastique du dix-huitième siècle » (voyez IV, col. 24, e), dont les libraires ont fait les tomes XIV et XV de l'ouvrage de l'abbé Racine. Elle est à la fin du tome XV.

Extrait de la « Notice des travaux littéraires de L.-E. Rondet », par lui-même.

Justin, vrai hystoriographe, sur les « Histoires de Troge Pompée », contenant XLIII livres, traduits du latin en françois (par maistre Guillaume Michel, dict de Tours). *Paris, Denys Janot*, 1540, in-12.

Justine Mussinger, roman historique, traduit de l'allemand sur la quatrième édition, par M. L. C***. *Paris, Roret*, 1838, 3 vol. in-8.

C'est, avec un nouveau titre, sur lequel on a supprimé le nom de l'auteur et celui du traducteur, l'ouvrage publié sous ce titre : « le Jésuite », par Spindler, auteur du « Bâtard », du « Juif » et des « Trois as », trad. par Charles Ledhuy. *Paris, Charles Lachapelle,* 1835, 3 vol. in-8.

« Le Jésuite » est le vrai titre du roman de Spindler, dont Justine Mussinger est l'héroïne.

Justine, ou les Malheurs de la vertu. (Par le marquis J.-F.-P.-A. de Sade.) *En Hollande, chez les Libraires associés,* 1791, 2 vol. in-8.

Cet ouvrage, très-immoral, n'est que trop connu ; son auteur l'a publié au milieu des troubles de la révolution. Il ne pouvait faire un plus mauvais usage de la liberté qui lui avait été rendue en 1789. Il est mort à Charenton en décembre 1814.

Voy., pour les différentes éditions, la « Bibliographie des ouvrages relatifs à l'amour... »

Justine, ou les Malheurs de la vertu. Avec préface par le marquis de Sade. (Par Raban.) *Paris, Ollivier,* 1835, 2 vol. in-8.

Ouvrage complètement différent du précédent.

K

Kaléidoscope (le) philosophique et littéraire, ou l'Encyclopédie en miniature, par Au***** H. (Auguste Hus). *Paris, veuve Maret,* 1818-1819, 8 numéros in-8.

Kanor, conte traduit du sauvage, par Mme *** (Marie-Antoinette Fagnan). *Amsterdam,* 1750, in-12.

Kara Mustapha et Bach-Lavi. (Par Nic. Fromaget.) *Amsterdam (Paris),* 1750, in-12.

Keepsake de la jeunesse, dessins de Louis Lassalle. (Par Charles-E.-H. Richomme.) *Paris, Fourmage,* 1841, in-8.

Kempis commun, ou les Quatre livres de l'Imitation de Jésus-Christ, partie traduits, partie paraphrasés, selon le sens intérieur et mystique pour l'édification commune de tous les chrétiens qui désirent de s'avancer dans le solide de la piété. (Par Pierre Poiret, ministre protestant.) *Amsterdam, H. Wetstein,* 1683, in-12, front. et fig. gr.

Édition originale de cette traduction à l'usage des églises protestantes. Voyez sur ce livre la note de la « Dissertation » de Barbier, p. 102 et 103.

Souvent réimprimée. Voy. ci-dessus, col. 901, *d.*

Kenneth, ou l'Arrière-garde de la grande armée, par l'auteur de l' « Héritier de Redclyffe » (miss Charlotte-Mary Yonge). Traduit de l'anglais par El.-J.-R. Thomas. *Neuchâtel, Delachaux,* 1863, in-12. — 2e éd. *Paris, Grassart,* 1872, in-12.

Kermesse (la), ou foire d'Utrecht, comédie en un acte et en prose, par M. R*** (Robert). Jouée au congrès d'Utrecht, le 23 juillet an 1712. *Amsterdam, Henri Schelte, s. d.* (1712), in-12.

Kyrie eleison, par J. L. (l'abbé Jean Labouderie). *Paris,* 1831, in-8, 15 p.

L

L'épousera-t-il ? ou la Prise de Vienne, impromptu en un acte et en prose, mêlé de vaudevilles, par MM. M. B. et F. P. (M. Bié et Félix Pitt), auteurs des « Bandoleros » et de « Clovis et Clotilde ». Représenté pour la première fois à Lyon, sur le théâtre des Célestins, le 23 novembre 1805... Lyon, Chambet, 1805, in-8, 24 p.

Labirynth (le).

Voy. « Labyrinthe ».

Laboureur (le) chinois, opéra en un acte, représenté pour la première fois sur le théâtre de l'Académie imp. de musique, le 5 février 1813. (Par J.-M. Deschamps, Et. Morel de Chadeville et J.-B.-D. Després.) Paris, Roullet, 1813, 4 ff. lim. et 26 p.

Laboureur (le) enrichi, ou Effets de la poudre de la Providence. (Par de Saint-Manière.) Strasbourg, 1775, in-8.

La Bruyère et La Rochefoucault, Mme de La Fayette et Mme de Longueville. (Par Sainte-Beuve.) Paris, imp. Fournier, 1842, in-8, 2 ff. et 284 p.

Ces portraits avaient paru (1836-1840) avec le nom de l'auteur, avant d'être réunis dans ce recueil « par quelques amis particuliers ». Outre les morceaux indiqués sur le titre, le volume contient « Une Ruelle sous Louis XIV », et la nouvelle de « Christel ».

Labirinthe (le) d'amour, autrement invective contre une mauvaise femme ; mis nouvellement d'italien (d'après Boccace) en français (par Fr. de Belleforest). Paris, Ruelle, 1571 ou 1573, in-16.

Labyrinthe (le) d'amour, opéra-comique. Par M. T...... (Toussaint-Gaspard Taconet). Amsterdam et Paris, Cuissart, 1757, in-12.

Labirynth (le) de fortune et seiour de trois nobles dames, compose par l'auteur des « Renars traversans et loups ravissans », surnommé le Trauerseur des voyes perilleuses (Jehan Bouchet). Paris et

Poictiers, Enguilbert de Marneuf et Jacques Bouchet, 1522, in-4, 171 ff. — Id., 1524, in-4, 172 ff. — Paris, Philippe le Noir, s. d., in-4. — Paris, Alain Lotrian, s. d., in-4.

Labyrinthe de recreations. Rouen, Cl. Le Villain, 1603, 3 vol. in-24.

Ce recueil se compose presque exclusivement, au moins pour les deux premières parties, de pièces de Durant de La Bergerie, imitées de Bonnefons. Le « Manuel du libraire » l'a confondu par erreur avec le « Labyrinthe d'amour, ou Suite des muses folastres », Rouen, Le Villain, 1615, 3 vol. in-24 ; ouvrage tout différent et que l'éditeur J. Gay a réimprimé à Bruxelles en 1863.

Labyrinthe (le) de Versailles, ou Description, en prose, des bosquets (par Ch. Perrault), avec l'explication de ses fables (39) en vers, par Isaac de Bensérade, et leurs représentations en (40) fig. grav. par Séb. Leclerc. Paris, imp. royale, 1677 et 1679, in-8. — Autre édition, en français, anglais, allemand et hollandais, avec les figures gravées par Vischer. Amsterdam, Vischer, s. d., in-4.

Cet ouvrage fait partie du « Cabinet du roy ».

Labyrinthe royal de l'Hercule gaulois triomphant, sur le sujet des fortunes, batailles, victoires, trophées, triomphes, mariages et autres faicts... de... Henry IIII, roy de France et de Navarre. Représenté à l'entrée triomphante de la reyne en la cité d'Avignon, le 19 novembre l'an MDC... (Par l'abbé André Valladier.) Avignon, Jacques Bramereau, s. d., in-4.

Lac (du) de Grand-Lieu et de son desséchement. (Par Gab. Hugelmann.) Nantes, imp. de Merson, 1860, in-8, 56 p.

Lacenaire après sa condamnation. Ses conversations intimes, ses poésies, sa correspondance, un drame en trois actes. Paris, Marchant, 1836, in-8, 4 ff. lim. 292 p. et 2 ff.

Attribué à H. Bonnelier et Reffay de Lusignan.

Ce dernier nom serait, dit-on, le pseudonyme de Jacques-Etienne-Victor ARAGO.

Voy. « Supercheries », II, 484, d.

Lacunes (les) de la philosophie. (Par F.-L. d'ESCHERNY.) *Amsterdam et Paris, Clousier*, 1783, in-12.

Ladislas, ou suite des Mémoires de la famille du comte de Revel, par Mme DE B*** (DE BLESENSKI). *Paris, Schœll*, 1810, in-12.

Les Mémoires de la famille du comte de Revel ont paru sous le titre de « Eugénie et Mathilde ».

Voy. ci-dessus, col. 323, a.

Ladouski et Floreska. Par L*** (J.-L. LACROIX DE NIRÉ). *Paris, Dentu*, an X-1801, 4 vol. in-12.

Orné de jolies gravures.

La Fontaine (le) des enfants, ou Choix de fables de La Fontaine, les plus simples et les plus morales, avec des explications à la portée de l'enfance. (Par P. BLANCHARD.) *Paris*, 1810, in-18.

La cinquième édit. a paru en 1823.

Laguillon d'amour divine.

. Voy. « Aiguillon », IV, 85, f.

La Harpe peint par lui-même, ouvrage contenant des détails inconnus sur sa conversion... terminé par une exposition impartiale de la philosophie du XVIIIᵉ siècle, par un membre de l'Académie française. Par *** (Ant. SERIEYS). *Paris, Plancher*, 1817, in-18.

La Haye, par un habitant (A.-L.-S. DIAZ DE FONSECA). *La Haye, imp. Stockum*, 1853, 2 vol. in-8. — 2ᵉ édit., avec additions et rectifications. *La Haye, Mart. Nyhoff*, 1857, 2 vol. in-8.   V. D.

Lai d'Havelok le Danois. Treizième siècle. (Publié par M. Francisque-Xavier MICHEL.) *Paris, Silvestre*, 1833, gr. in-8.   D. M.

Tiré à 100 exemplaires.

Laideur (la) aimable, ou les Dangers de la beauté. (Par P.-Ant. DE LA PLACE.) *Paris*, 1752, 2 vol. in-12. — *Paris*, 1769, in-12.   V. T.

Lairds (les) de Grippy, ou le Domaine substitué, traduit de l'anglais (de John GALT) par le traducteur des romans historiques de sir Walter Scott (A.-J.-B. DEFAUCONPRET). *Paris, Lecointe et Durey*, 1823, 4 vol. in-12.

Laïs (la) philosophe, ou Mémoires de Mme D*** et ses discours à M. de Voltaire, sur son impiété, sa mauvaise conduite et sa folie. *Bouillon, Pierre Limier*, 1760, pet.

in-8, 124 p. — *Ibid.*, 1761, pet. in-8, 125 p.

Il existe une continuation de cet ouvrage sous le titre de : « Suite de la Laïs philosophe, ou Sentiments de repentir de Mme D***, imitation du roi prophète (sic), pénitent. Nouvelle édition augmentée d'autres exemples de conversions illustres » (du même auteur). *Bouillon*, 1761, pet. in-8, 88 p.

Quérard, « France littér. », t. IX, donne ces titres sous le nom de THALÉA (Ermelinde), qui sont les noms que portait, comme bergère d'Arcadie, la princesse MARIE-ANTOINETTE WALPURGIS de Bavière, princesse de Pologne.

Voy. « Sentiments d'une âme pénitente ».

Laitière (la) polonaise, ou le Coupable par amour, pantomime en 3 actes. (Par CURMER.) Mus. de Rochefort. *Paris*, 1798, in-8.

Catalogue Soleinne, nº 3433.

Lalla Roukh, ou la Princesse mogole, histoire orientale, par Thomas MOORE; traduite de l'anglais, par le traducteur des « Œuvres de lord Byron » (Amédée PICHOT). *Paris, Ponthieu*, 1820, 2 vol. in-12.

Lamartine devant l'opinion. (Par Denis GUIBERT.) *Paris*, 1867, in-8, 64 p., avec une photographie.

C'est à tort qu'on a un moment attribué à M. Jules CLARETIE cette brochure, qui fut publiée lors de la dotation du célèbre poète.

Lamartine devant le tribunal du peuple, par un républicain de la veille (BARILLOT, ouvrier typographe). *Paris, imp. de Lacour*, août 1848, in-8, 32 p.

Lambertine Théroigne. (Par Ad. MATHIEU.) *Mons, Piérard* (1847), in-8, 56-XII p.   J. D.

Lamekis, ou les Voyages extraordinaires d'un Egyptien dans la terre intérieure... (Par Ch. DE FIEUX, chevalier DE MOUHY.) *Paris, Poilly*, 1735-1737, 2 vol. in-12.

Réimprimé dans la collection des « Voyages imaginaires », tome XXI.

Lamentations prophétiques mises en vers; par M. LA P... (l'abbé A. CHARVOZ). (De l'imp. de Ch. Woinez, à Caen), *Paris, Doyen* (sic), 1847, in-8, 24 p. dont 5 ff. blancs.

Lamentine, ou les Tapouis, pièce comi-tragique en deux actes et en vers. Par une société de jeunes gens (A.-E.-X. POISSON DE LA CHABEAUSSIÈRE et ROZET). Représenté pour la première fois par les comédiens italiens ordinaires du Roi, le jeudi 12 août 1779. *Paris, veuve Duchesne*, 1780, in-8, 67 p.

Lampe (la) du sanctuaire, nouvelle; par

le cardinal WISEMANN ; suivi de Marine, par M. X. *Paris, Josse*, 1859, in-32.

Traduit par Agathe PÉRIER, dame AUDLEY.

Lampyris, ou le Ver luisant, églogue traduite du latin (de P.-Daniel HUET, par Paul TALLEMAND). *Paris, Coignard*, 1709, in-12.

Le latin et la traduction ont été réimprimés en 1738, et encore sans le nom du traducteur, dans le recueil de l'abbé Saas, intit. : « Fables de La Fontaine, traduites en vers latins ». (Note de L.-Th. Hérissant.)

Lamuel, ou le Livre du Seigneur, traduction d'un manuscrit hébreu, exhumé de la bibliothèque tour à tour nationale, impériale et royale, histoire authentique de l'empereur Apollyon et du roi Behémot, par le Très-Saint-Esprit. Avec 3 jolies gravures faites d'après les derniers tableaux du célèbre peintre R. Girodet. Seconde édition soigneusement revue et corrigée, augmentée d'un errata et d'une postface, et enrichie du fac-simile d'une lettre de M. le vicomte de Chateaubriand. (Par J.-B.-G.-M. BORY DE SAINT-VINCENT.) *Liége, P.-J. Collardin*, 1816, in-18, 56-232 p.

La première édition, qui a un titre moins long, est de 1816, et non de 1841, comme on lit dans les « Supercheries », III, 852, c.

La « Biographie Rabbe » donne par erreur à cet ouv. le titre de « Samuel ».

Lancelle et Anatole, ou les Soirées artésiennes. Par D. J. D. (D.-J. DUPONCHELLE), ancien professeur de physique. 3e édition. *Lille, L. Lefort*, 1852, in-12, 204 p. — 4e édit., *id.*, 1860, in-12, 238 p.

Lancelot du Lac. Roman fait et composé à la perpétuation des vertueux faits et gestes de plusieurs nobles et vaillants chevaliers, qui furent du temps du roi Artus, compagnons de la Table ronde, spécialement à la louange de Lancelot du Lac. *Rouen, Jehan le Bourgeois, et Paris, Jehan Dupré*, 1488, 5 part. en 2 vol. in-fol. goth.

On en attribue la composition latine à Gautier MAP, chanoine à Londres, et la traduction française à Robert DE BORRON.

Voy. Brunet, « Manuel du libraire », 5e édit., III, col. 805-808.

Lancival et Homère, ou Dialogue entre quelques grands hommes des Champs-Elysées. (Par A. MAUGÉRET.) *Paris, Maugéret fils*, 1810, in-8.

Langage (le) de l'amour, ou Choix des plus jolies pensées, en prose et en vers, sur l'amour des femmes... (Par Ch.-J. CHAMBÉT.) *Paris, Peytieux*, 1825, in-8.

Langage (le) de la religion, par l'auteur du « Langage de la raison » (L.-A. CARACCIOLI). *Paris*, 1763, in-12.

Langage (du) en général et de la langue française en particulier, par E. H. R. (E.-H. ROBIN), ancien notaire. *Paris, imp. de L. Martinet*, 1859, in-8.

Langres pendant la Ligue, par T. P. DE S.-F. (Théodore PISTOLLET DE SAINT-FERJEUX). *Paris, Dumoulin*, 1868, in-4, 114 p.

Extrait des « Mémoires de la Société historique et archéologique de Langres ».

Langronet aux enfers. (Par l'abbé Fr.-Xav. DE TALBERT.) *Imprimé à Antiboine, de l'imprimerie de Pince Filleux, à la Plume de fer (Besançon, Charmet)*, 1760, in-12, 20 p. et 6 fig. gr. s. cuivre.

Satire dirigée contre M. de Boyne, qui réunissait la double charge de président du Parlement et d'intendant. (Weiss, *Biogr. univers.*)

Elle a été brûlée en vertu d'un arrêt du Parlement de Besançon. Voy. Peignot, « Dictionnaire des livres condamnés », II, p. 150, et Nodier, « Mélanges tirés d'une petite bibliothèque », p. 183.

Le « Langronet » se trouve dans l' « Histoire allégorique » publiée par Terrier de Cléron, s. l. n. d., in-12, volume dont le « Manuel du libraire », tome III, col. 181, parle avec détails.

Langue (la). (Par l'abbé L. BORDELON.) *Paris*, 1705, 2 vol. in-12. — *Rotterdam*, 1705, in-8.

Un anonyme a publié : « Lettre sur le livre intitulé : la Langue ». *Paris, J. Musier*, 1706, in-12.

Langue française. — 1er vol. : Prononciation, lecture et premiers principes d'orthographe (avec grav.). — 2e vol. : Choix de récits pour les premières études en français, à l'usage de la pension (de Mme) Pascault (par son mari A. PASCAULT). *Moscou*, 1845, 2 broch. in-12, 64 et 114 p.

Le « Choix de lectures » n'est que la reproduction des « Premières Lectures françaises » de Jos. Willm.

Adolphe-Etienne-Jérôme PASCAULT, ancien lecteur de l'Université de Moscou, né en basse Bretagne, est mort à Moscou le 8-20 février, dans sa 62e année.

A. L.

Langue (la) musicale, opéra-comique en un acte. Paroles de MM. GABRIEL et *** (C.-F.-J.-B. MOREAU). Musique de M. F. Halévy. Représenté pour la première fois sur le théâtre royal de l'Opéra-Comique, le 11 décembre 1830. *Paris, Barba*, 1831, in-8, 40 p.

Voy. « Supercheries », III, 1087, d.

Lanterne (la) magique. (Par Ch. MALO.) *Paris, L. Janet*, 1823, in-24.

Lanterne (la) magique de l'île d'Elbe : Entrez, messieurs, c'est la clôture. (Par

Ant. Serieys.) *Paris, imp. de L.-P. Setier*, 1814, in-8, 7 p.

Lanterne (la) magique de la Restauration, dans laquelle on verra paraître les différents personnages qui ont figuré dans les événements qui ont eu lieu sous le règne de Louis XVIII, par un officier de marine (Goutray). *Paris, imp. de Brasseur aîné*, 1815, in-8, 148 p.

Lanterne (la) magique de la rue Impériale. (Par Ant. Caillot.) (*Paris*), *imp. de Cellot*, in-8, 8 p.— *Rouen, imp. de Bloquel-Gallier*, 1814, in-12, 10 p.

Lanterne magique lyonnaise, ou les Petits Ridicules d'une grande ville de province. (Par J.-M.-V. Audin, libraire, et Blanc, huissier.) *Lyon*, 1814, in-8.

Lanterne (la) magique morale et instructive, recueil d'historiettes offert aux enfants. (Par Philibert-Auguste Chalons-d'Argé.) *Paris, Castel de Courval*, 1826, 1 vol. in-4 oblong, av. fig.   **D. M.**

Lanterne magique nationale. (Par le vicomte de Mirabeau.) *S. l. n. d.* (1789), 4 numéros in-8.

Le nom de Mirabeau ne se trouve que sur le nᵒ 4, qui précisément n'est pas de lui.

Voy. Hatin, « Bibliographie de la presse », p. 180.

Lanterne (la) magique, ou la Matinée d'une jolie femme, poëme en deux chants, par l'auteur de l' « Enlèvement d'Hélène », du « Nouveau Ragotin », etc. (le comte Courtin d'Ussy). *Paris, Didot*, 1832, in-16, 32 p.

Lanterne (la) magique républicaine. (Par A.-J. Barruel-Beauvert.) *Paris, de l'imp. du Luxembourg*, juillet 1799, in-8, 2 ff. lim. et 106 p.

Lanterne (la) sourde, ou la Conscience de M. Bonal, ci-devant évêque de Clermont, au département du Puy-de-Dôme, éclairée par les loix de l'Eglise et de l'Etat sur l'organisation civile du clergé. (Par P. Brugière.) *Paris, Bourgeois*, 1791, in-8.

Larmes (les) de joye de madame la Princesse. *Paris*, 1651, in-4, 6 p.

On lit à la fin : Par B. E. S. D. P. P. (Boyer, écuyer, sieur du Petit-Puy).

Larmes (les) de S. Ignace, ou Dialogue entre S. Thomas et S. Ignace, par un cousin du prophète Malagrida (le duc d'Ayen). *Arevalo en Castille, chez don Juan Velasco, s. d.* (1762), in-12, 23 p.

Larmes (les) de saint Pierre et autres vers sur la Passion; plus quelques para-

phrases sur les hymnes de l'année , à M. Phelypeaux. *Paris, imp. de R. Estienne*, 1606, in-8.

La dédicace est signée : R. E. (Robert Estienne). Il existe une première édition avec le nom de l'auteur. *Paris, Mamert Patisson*, 1595, in-8.

La Rochelle et ses environs, avec un précis historique de M. A. de Quatrefages... *La Rochelle, Mareschal et Chartier*, 1866, in-12, 393 p. avec plan.

Signé : L. de R. (Louis Meschinet de Richemont, archiviste de la préfecture).

La Salette. A tout le monde. (Par M. l'abbé Hector Bergé.) *Toulouse, chez M. l'aumônier de l'hôpital militaire*, 1859, in-32, 64 p.

La Salette en 1859 ; par l'auteur de « la Salette devant la raison et le devoir d'un catholique » (M. Amédée Nicolas). *Marseille, imp. de veuve M. Olive*, 1859, in-8, 15 p.

Lassone, ou la Séance de la Société royale de médecine, comédie en trois actes et en vers. (*Paris*), 1779, in-8, 55 p.

Par Le Preux, d'après Barbier.

Par A.-F.-Thomas Le Vacher de La Feutrie et non par Le Preux, d'après M. de Manne.

Attribué à M.-P. Bouvard, par le Catalogue Soleinne.

A l'occasion de cette pièce, H. Phelip, médecin à Nîmes et secrétaire perpétuel de l'académie du Gard, a publié : « Nouveau Dialogue des morts, ou Critique de la comédie intitulée : « Lassone.... » (Daté : *des Champs-Elysées*, ce 21 déc. 1779), in-8, 8 p.

Lasthénie, opéra en un acte, représenté pour la première fois sur le théâtre de l'Académie royale de musique, le 8 septembre 1823. *Paris, Roullet*, 1823, in-8, 42 p.

On lit au vᵒ du titre : Paroles de M. Ch...... (Chaillou), musique de M. F. Hérold.

Latude, ou Trente-cinq ans de captivité. Notice historique. (Par Guilbert de Pixérécourt.) (*Paris*), *imp. de Mme de Lacombe, s. d.*, in-8, 4 p. — *Rouen, imp. de Brière, s. d.*, in-8, 4 p.

Laure d'Arezzo, anecdote du xviᵉ siècle. (Par Louis Viardot.) *Bruxelles, Tapon*, 1827, in-18.   **J. D.**

Laure d'Estell. Par Mme *** (Mme Sophie Gay). *Paris, Ch. Pougens*, an X-1802, 3 vol. in-12.

Laure et Auguste, histoire véritable. (Par J.-P. Béranger, de Genève.) *Paris*, 1798, 2 vol. in-12.

Laure Montreville, ou l'Empire sur soi-même; traduit de l'anglais de Mme Brunton, par Mme M*** (la comtesse Molé de Cham-

PLATREUX, née DE LA BRICHE), traducteur des « Epreuves de Marguerite Linsay »... Précédé d'une préface par M. V*******N, de l'Académie française. *Paris, Mame et Delaunay*, 1829, 5 vol. in-12.

On a attribué cette préface à A.-F. VILLEMAIN, qui a réclamé contre cette interprétation toute naturelle. Elle est de Charles BRIFAUT, membre de l'Académie française.

Laure, ou Lettres de quelques personnes de Suisse. (Par Samuel CONSTANT.) *Genève, Barde, et Paris, Buisson*, 1787, 7 vol. in-12.

Laurent le Paresseux. (Par miss Mar. EDGEWORTH.) *Tours, Mame*, 1856, in-18.

Laurent le Prudent, septième chef des flibustiers, aventuriers et boucaniers d'Amérique. Par M. A*** (J.-Fr. ANDRÉ, des Vosges). *Paris, Tiger*, 1813, in-18.

Laurette, comédie nouvelle en un acte et en prose, mêlée d'ariettes. Représentée pour la première fois par les comédiens italiens ordinaires du roi, le mercredi 23 juillet 1777. Sujet tiré des « Contes moraux » de M. Marmontel. (Par Gérard DUDOYER DE CASTELS.) La musique est de M. Demereaux. *Paris, Cailleau*, 1777, in-8, 39 p.

Laurette, ou la Grange Saint-Louis, par l'auteur de « Sélisca » (Mᵐᵉ DE SAINT-VENANT). *Paris*, 1802, 2 vol. in-12.

Laurier (le) et l'olivier réunis, entrelacés et considérés sous tous les aspects possibles, ou Histoire naturelle du laurier et de l'olivier. (Par P.-J. BUC'HOZ.) *Paris, Servière*, an X-1802, in-8.

Lauriers (les) de Louis le Juste... (Par P. DU MAY.) *Paris, T. du Bray*, 1622, in-8.

Lauriers (les) du roy, contre les foudres pratiquez par l'Espagnol. (Par François DE CLARY.) *Tours, Iamet Mettayer*, 1590, in-8.

Lauriers (les) ecclésiastiques, ou les Campagnes de l'abbé de T.... (Par Ch.-J.-L.-A. ROCHETTE DE LA MORLIÈRE.) 1748, in-12.

Voy. « Campagnes de l'abbé T. », IV, 486, f.

La Vallière à Saint-Germain. Episode historique sous Louis XIV. Par A. H. (A. HOPE). *Paris, Barba*, 1836, in-8, 12 p.

En vers. Précédé d'un récit en prose.

Lavater (le) historique des femmes célèbres des temps anciens et modernes. (Par Nic. PONCE.) *Paris, Didot*, 1809, in-18.

Law et les chemins de fer, ou curieuse histoire des agioteurs de la rue Quincampoix, en 1719, pour servir à l'instruction des agioteurs de la Bourse, en 1845. *Paris, imp. de Léautey*, 1845, in-8, 52 p.

Signé : R. B. DE L. (R. BOUTILLIER DE L'ISLE).

Voy. « Supercheries », III, 342, b.

Lawater, comédie en un acte, mêlée de vaudevilles, par M. Maurice S*** (Maurice SÉGUIER), représentée pour la première fois à Paris, sur le théâtre du Vaudeville, le 19 octobre 1809. *Paris, Fages*, 1809, in-8, 48 p.

Lay (le) de paix. *S. l. n. d.* (*Paris, J. Didot*, 1826), pet. in-4 goth., 16 p.

Cette pièce en vers de différentes mesures est attribuée à Alain CHARTIER. L'édition originale est un livret de toute rareté qui a été imprimé vers l'an 1500. Cette réimpression figurée (publiée par DURAND DE LANÇON) est elle-même assez rare, car elle n'a été tirée qu'à *seize exemplaires* qui n'ont pas été mis dans le commerce. C'est en même temps la première réimpression qui ait été exécutée en France en fac-simile *gothique*.

Lazarille de Tormes (par HURTADO DE MENDOÇA); traduction nouvelle (par l'abbé DE CHARNES). *Paris*, 1678, 2 vol. in-18.

Voy. « Mercure galant », février 1686, p. 30.

George de Backer, libraire de Bruxelles, fit à cette traduction quelques changements de style, et la réimprima en 1698, 2 vol. in-18, sous ce titre : « la Vie et Aventures de Lazarille de Tormes... Trad. nouvelle sur le véritable original ». C'est cette traduction ainsi retouchée qui se réimprime encore aujourd'hui assez fréquemment.

Le ***, histoire bavarde. (Par A. BRET.) 1749, in-12.

Voy. « le B...t », IV, 422, e.

Le fut-il, ne le fut-il pas? ou Julie et Charles; suite et conclusion de l'Egoïsme de M. Pigault-Lebrun. (Par Mᵐᵉ GUÉNARD.) *Paris, Delavigne*, 1821, 2 vol. in-12.

Léandre ambassadeur. (Par SALLÉ.)

Parade insérée dans le « Théâtre des Boulevards », 1756, t. II.

Léandre-Candide, ou les Reconnoissances, comédie parade en deux actes, en prose et en vaudevilles. (Par Aug. PIIS, P.-Yon BARRÉ et J.-R. ROZIÈRES.) *Paris, Brunet*, 1784, in-8.

Léandre et Héro, tragéd. (lyr. en 5 a. et un prol. Le tout en v. libres, par J.-J. LE FRANC DE POMPIGNAN). *Paris, veuve Delormel et fils*, 1750, in-4.

Léandre fiacre. (Par SALLÉ.)

Parade insérée dans le « Théâtre des Boulevards », 1756, t. I.

Léandre hongre. (Par Ch. COLLÉ.)

Parade insérée dans le « Théâtre des Boulevards », 1756.

Léandre magicien. (Par SALLÉ.)

Parade insérée dans le « Théâtre des Boulevards ». 1756, t. III.

Léandre-Nanette, ou le Double quiproquo, parade (en un a.) en vaudev., mêlée de pr. et de vers. (Par Ch.-Fr. RAGOT DE GRANDVAL.) *Clignancour, s. d.,* in-12. — *Id.,* 1756, in-8, 39 p.

Leçon (la) de justice, de prudence. Bristol! Lyon! (Par le marquis DE LA GERVAISAIS.) *Paris, Pihan-Delaforest,* 1831, in-8, 40 p.

Leçon (la) du passé, fragments d'écrits en date de 1827. (Par le marquis DE LA GERVAISAIS.) (*Paris*), *Pihan-Delaforest,* (1835), in-8, 15 p.

Leçons à mes élèves, sur l'éloquence. Par E. B. (l'abbé Edouard BARTHE), professeur de rhétorique au collége de Saint-Affrique. *Saint-Affrique, J. Maurel,* 1834, in-12.

Leçons catholiques sur les doctrines de l'Eglise, etc., trad. de l'italien de François PANIGAROLE, par G. C. T. (Gabriel CHAPPUYS, Tourangeau). *Lyon, Jean Stratius,* 1583, in-8.

Leçons d'histoire et de chronologie. (Par dom L.-Mayeul CHAUDON.) *Caen,* 1781, 2 vol. in-12.

Leçons d'un père à ses enfans, ou Recueil de sentences et de pensées morales, extraites des meilleurs auteurs latins et français (par F.-A. DAVY DE CHAVIGNÉ, ancien auditeur des comptes à Paris), nouvelle édition revue et corrigée. *Paris, Le Normant,* 1806, in-12.

La première édition est de 1801.

Leçons d'un père à son fils. (Par M. DUVAL, ancien avocat.) *Paris, Le Normant,* 1820, in-8. — *Paris, Raynal,* 1821, in-8.

La troisième édition, 1826, in-12, porte le nom de l'auteur.

Leçons de botanique, faites au jardin royal de Montpellier, par M. IMBERT, professeur et chancelier en l'Université de médecine, et recueillies par M. DUPUY DES ESQUILES, maître ez arts, et ancien étudiant en chirurgie. *Hollande, aux dépens des libraires* (*Avignon, Simon Tournel*), 1762, in-12.

Satire virulente composée par P. CUSSON, A. GOUAN et P.-E. CRASSOUS, contre le professeur Imbert; ils étaient indignés de voir qu'un homme qu'ils regardaient comme inepte et ignorant eût été revêtu de la dignité de chancelier, et nommé professeur de botanique.

Cette critique est devenue très-rare, parce que les auteurs, par accommodement, livrèrent la plus grande partie de l'édition à M. Imbert, qui s'empressa de détruire ces exemplaires.

(Article communiqué par M. du Petit-Thouars.)

Leçons de chimie de l'Université de Montpellier. (Par Ant. FIZES.) *Paris,* 1750, in-12.

Leçons de chimie, propres à perfectionner la physique, le commerce et les arts, par P. SHAW (traduites de l'anglois par Mme G.-C. THIROUX D'ARCONVILLE). *Paris,* 1759, in-4.

Leçons de géographie, abrégé d'une forme nouvelle, par M. l'abbé M. D. L. B. (MORIN DE LA BAUME). *Paris, Brocas,* 1783, in-12.

Leçons de grammaire à un grammairien. (Par A. MORELLET.) (1793), in-8, 18 p.

Tirées du « Magasin encyclopédique », tom. V, p. 495.

Leçons de grammaire latine, à l'usage des jeunes gens, précédées de quelques leçons sur les principes généraux de la grammaire appliqués à la langue françoise. Par M. B*** (B. BONNEAU), licencié ès lois en l'Université de Paris. *Paris, Samson,* 1766, in-12.

Leçons (les) de l'histoire... (Par l'abbé Alex. GÉRARD.) *Paris, Moutard,* 1787-1806, 11 vol. in-12.

Leçons (les) de la nature, ou l'Histoire naturelle, la physique et la chimie, présentées à l'esprit et au cœur; par Louis D*** (Louis COUSIN-DESPRÉAUX). *Paris, Nyon,* an X-1802, 4 vol. in-12. — Nouvelle édition, avec le nom de l'auteur. *Paris, Mme Nyon,* 1806, 4 vol. in-12.

Cet ouvrage est tiré des « Considérations » de C.-C. STURM sur les œuvres de Dieu; il a été revu par l'abbé L.-P. GÉRARD, auteur du « Comte de Valmont ».

Leçons de la sagesse. (Par l'abbé A.-H. WANDELAINCOURT.) *S. l. n. d.,* in-18.

Leçons (les) de la sagesse sur les défauts des hommes. (Par l'abbé L. DEBONNAIRE.) *La Haye* (*Paris*), 1737, 1743, 1751, 3 vol. in-12.

Leçons de langue française données à quelques académiciens et autres auteurs français de Berlin, par un maître de langue (J.-Charles LAVEAUX). *Francfort,* 1782, in-12.

Leçons de mathématiques, à l'usage des colléges. *Paris, Barbou,* 1761, in-8.

Le P. J.-N. DE MERVILLE, jésuite, professeur au collége de Louis-le-Grand, est l'auteur de cet ouvrage, au frontispice duquel il y a : *Tome premier, Contenant l'arithmétique, l'algèbre, la géométrie et la trigonométrie rectiligne.* Le second tome n'a pas paru.

Leçons de morale, de politique et de droit public, puisées dans l'histoire de la monarchie... (Par J.-N. Moreau.) *Versailles, de l'imp. du département des affaires étrangères*, 1773, in-8.

Leçons de morale, ou Lectures académiques, trad. de l'allemand de Gellert (par Louis-Isaïe Pajon de Moncets). *Utrecht*, 1772, 2 vol. in-8.

Leçons de morale pratique, par le baron de T*** (le baron G. de Talairát). *Paris*, 1829, in-8.

Leçons de morale, trad. de l'allemand de C.-F. Gellert (par Elisabeth-Christine de Brunswick, veuve de Frédéric II, roi de Prusse). *Berlin, de l'imp. royale*, 1790, 2 vol. in-8.

Leçons de navigation, extraites de différents auteurs, et principalement du Traité de Bouguer. Par un professeur de Rouen (V.-F.-J.-N. Dulague). *Rouen, veuve Besongne*, 1768, in-8.

Plusieurs fois réimprimé avec le nom de l'auteur.

Leçons de physique expérimentale sur l'équilibre des liqueurs; traduites de l'anglois de Cotes (par L.-G. Le Monnier). *Paris, David*, 1742, in-8.

Leçons (les) de Thalie. (Par P.-A. Alletz.) *Paris, Nyon*, 1751, 2 vol. in-12.

Leçons économiques, par L. D. H. (l'ami des hommes, c'est-à-dire le marquis Vict. Riquetti de Mirabeau). *Amsterdam*, 1770, in-12.

Leçons élémentaires d'agriculture, de commerce et de géographie commerciale industrielle. Par une société de gens de lettres et de cultivateurs. (Par Ch.-M. Boutier.) *Cologne, Mathieux*, an VII-1799, 2 part. in-8.

Leçons élémentaires d'arithmétique, d'algèbre et de géométrie. (Par Aubert.) *Avignon, J.-J. Niel*, 1787, in-8; fig.

Leçons élémentaires de géographie. (Par M. l'abbé Nic.-B. Halma.) *Charleville, Raucourt*, 1792, in-8.

Leçons élémentaires de mathématiques, contenant les principes de l'arithmétique, de l'astronomie, de la méchanique et de l'algèbre. (Par D.-P.-J. Papillon de La Ferté.) *Paris, veuve Ballard*, 1784, 2 vol. in-8.

Leçons élémentaires de numismatique romaine, puisées dans l'examen d'une collection particulière. *Paris, Potey*, 1823, in-8.

Par Jean-François-Calixte de Péna, marquis de Saint-

Didier, né à Grenoble, mort en cette ville, le 1er août 1842, âgé de 63 ans.

Leçons élémentaires sur l'histoire naturelle, ou Notions sur les êtres les plus intéressants à connaître dans les trois règnes. Par l'auteur des « Eléments d'histoire naturelle » (C. Saucerotte). *Paris, Delalain*, 1836, 2 vol. in-18.

Leçons élémentaires sur la mythologie, suivies d'un Traité sommaire sur l'apologue. (Par Henri Engrand.) *Reims, Lebátard*, 1798, in-12.   D. M.

Leçons modèles pour les écoles du dimanche, par John Scott. Trad. de l'anglais par le traducteur du « Jeune Chrétien » (le pasteur Louis Vivien). *Paris*, 1845, in-18.

Leçons quotidiennes données par Jésus-Christ et par le saint jour. Par l'auteur de l' « Ecole du Sauveur » et de la « Vie de M. de Cormeaux » (l'abbé J.-B. Lasausse). *Paris, Pichard*, 1798, 2 vol. in-12.

Leçons sur la poésie sacrée des Hébreux, par M. Lowth, traduites pour la première fois du latin en français (par M. M. Sicard, conseiller à la cour impériale de Montpellier). *Lyon, Ballanche*, 1812, 2 vol. in-8.

L'ouvrage original, *Prælectiones*, publié à Oxford en 1752, in-4, a été plusieurs fois réimprimé. La traduction anglaise, par Gregory, a obtenu diverses éditions.

Leçons sur le calcul des fonctions (par J.-L. La Grange); nouvelle édition, revue, corrigée et augmentée par l'auteur. *Paris, Courcier*, 1806, in-8.

Lecteur (le) des écoles... par John Abbott, trad. de l'anglais par Mlle R. de C. (Victorine Rilliet de Constant). *Genève, Gruaz*, 1852, in-18.

Lecteur (le) y mettra le titre. (Par le comte de Mirabeau.) *Londres*, 1777, in-8, 195 p.

Brochure relative à la musique.

Lecture (de la) de l'Ecriture sainte, contre M. Mallet. (Par Antoine Arnauld.) *Anvers, Matthieu*, 1680, in-8.

Lecture (de la) des Pères de l'Eglise, ou Méthode pour les lire utilement, en quatre parties (seconde édition de l'ouvrage de dom Bonaventure d'Argonne, chartreux, publiée avec des augmentations considérables, par Pierre Pelhestre, de Rouen, laïc, mort au grand couvent des Cordeliers de Paris, où il avoit soin de la bibliothèque, le 10 avril 1710, âgé d'environ 65 ans). *Paris*, 1697, 1702, in-12.

L'ouvrage de dom d'Argonne avait paru en 1688, sous le titre de « Traité de la lecture », etc. Voy. ces mots.

Lecture (de la) des romans, fragment d'un manuscrit sur la sensibilité. (Par M. le marquis G.-H. DE ROMANCE DE MESMON.) *Paris*, 1777, in-8.

Réimprimé avec des additions, Bruxelles, 1785, in-8.

Lecture littérale des hiéroglyphes et des cunéiformes, par l'auteur de la « Dactylologie » (J. BARROIS). *Paris, F. Didot frères*, 1853, in-4, avec 17 pl.

Pour des détails sur cet ouvrage, voy. l' « Athenæum français », 27 janv. 1855, p. 94-95.

Lectures amusantes, ou Délassemens de l'esprit ; avec un discours sur les nouvelles. (Par le marquis J.-B. DE BOYER D'ARGENS.) *La Haye, Adrien Moetjens*, 1739, 2 vol. in-12.

Lectures choisies sur l'histoire naturelle et sur les phénomènes les plus remarquables de la nature... Par un professeur de l'Université (Constant SAUCEROTTE). *Paris, Delalain*, 25 nov. 1835, in-8, IV-356 p.

Lectures chrétiennes en forme d'instruction familière sur les épîtres et les évangiles des principales fêtes de l'année. *Paris, Ad. Leclère*, 1802, 1807. — Nouv. édit. 1819, 3 vol. in-12.

Une contrefaçon, imprimée en 1811, chez *Villeprent et Brunet*, pour *Savy, libraire à Lyon*, a donné lieu à un procès.

Il a été établi aux débats que cet ouvrage n'était qu'une compilation composée d'emprunts textuels ou à peu de chose près des « Prônes » de COCHIN, du « Pastoral de Paris », des ouvrages de BOSSUET, FÉNELON, etc., et que l'abbé CARDON, qui s'en reconnaissait l'auteur, n'y avait fait que peu de changements en convertissant notamment en prières les péroraisons des « Prônes » de COCHIN, et certains passages par lui tirés des ouvrages précités.

Voy., sur ce procès, Dalloz, « Jurisprudence générale du Royaume », 1830, in-4, tom. XI, p. 465, en note.

Lectures chrétiénnes, par forme de méditations, etc.; par un Père de la compagnie de Jésus (le P. P.-Gabr. ANTOINE). *Nancy*, 1736, 2 vol. in-8.

Lectures chrétiennes sur différens sujets de piété, par l'auteur de l' « Imitation de la sainte Vierge » (l'abbé D'HÉROUVILLE). *Paris, Berton*, 1779, in-12.

Lectures chrétiennes sur les obstacles du salut dans les conditions de la vie; traduit de l'italien du P. PINAMONTI, de la compagnie de Jésus (par François DE COURBEVILLE). *Paris, N. Pissot*, 1727, in-12. — *Paris, Bordelet*, 1737, in-12.

Lectures de piété à l'usage des maisons religieuses. (Par l'abbé Yves VALOIS.) *Paris, Méquignon*, 1764, in-12.

Lectures du soir, ou Nouvelles historiques en prose. (Par Barth. IMBERT.) *Paris, Bastien*, 1782, in-8.

Lectures et instructions familières pour le carême... (Par l'abbé BONNARDEL.) *Paris, Rusand*, 1817, 2 vol. in-12.

Formant les t. VII et VIII du « Cours d'instructions familières ».

Lectures graduées, à l'usage des écoles primaires. (Par A.-J. DEHAN.) *Liége, Grandmont-Donders*, 1854, 2 cahiers in-8.
J. D.

Lectures instructives et morales sur différens sujets, tirées des meilleurs écrivains français (précédées d'un discours sur l'origine et les progrès de la langue française, et son utilité dans l'étude des sciences, de la littérature et des beaux-arts, par Jacques-Nic. BELIN DE BALLU, professeur à l'Université impér. de Charkoff). *Charkoff, imp. de l'Université*, 1811, 2 vol. in-8.
A. L.

Lectures sur l'histoire et les principes du commerce chez les anciens, par J.-W. GILBART, F. R. S., administrateur général de la Banque de Londres et Westminster. Traduit de l'anglais par Mlle F. G. (Félicité GUILLAUMIN). *Paris, Guillaumin*, 1856, in-18.

Lectures variées, ou Bigarrures littéraires. (Par Barth. IMBERT.) *Paris, Bastien*, 1783, in-8.

Ledru-Rollin. Sa vie politique. (Par Alfred DELVAU.) *Paris, dans tous les dépôts de journaux*, 1848, in-18, 12 p.— *Le Mans, imp. de Julien*, 1848, in-12, 11 p.

Légataire (le) héritier. (Par Nicolas CATHERINOT.) *S. l. n. d.*, in-4.

Légataire (le) universel, comédie. (Par J.-F. REGNARD.) *Paris, P. Ribou*, 1708, in-12.

Souvent réimprimé avec le nom de l'auteur.

Légende d'un cœur (en vers, par J. BOULMIER). *Paris, imp. Poupart-Davyl et Cie*, 1862, in-32.

Tiré à 100 exemplaires.

Légende de domp Claude de Guyse, abbé de Cluny, contenant ses faits et gestes depuis sa nativité jusques à la mort du cardinal de Lorraine, et des moyens tenus pour faire mourir le roi Charles neufième... *S. l.*, 1581, in-8.

« Je crois qu'on ne doit guère hésiter sur l'auteur de cet écrit satirique ; le soupçon roule sur deux personnes : l'une est Jean DAGONNEAU, à qui M. de Thou l'attribue, livre XLI, année 1567 ; l'autre est Gilbert

REGNAULT, seigneur de Vaux, qui fut bailli et juge de Cluny. »

(Lenglet du Fresnoy, nombres VI et XXIII de son avertissement, en tête du volume intitulé : « Mémoires pour servir à l'histoire de Charles IX et de Henri IV, rois de France. » *Paris (Hollande)*, 1745, in-4, publié par Pr. Marchand.)

Une première édition avait été publiée sous ce titre : « Légende de saint Nicaise », 1574, in-8.

Cette satire a été réimprimée dans le sixième volume des « Mémoires de Condé ».

Légende (la) de Jeanne d'Arc, suivie des faits et gestes du Renard et des Amours des anges, poëme traduit de l'anglais de Thomas MOORE, par Toussaint C*** (CABUCHET). *Paris, Bray*, 1857, in-12, 143 p.

Légende (la) de la vie et de la mort de Demetrius l'imposteur, connu sous les noms de Grichka Otrepief, Samozvanetz, Bastriga ou Ljedmitri. *Imprimé à Amsterdam* en 1606, in-8.

Réimprimé en 1859 (avec une notice par le prince Michel OBOLENSKY. *Moscou, impr. de l'Institut Lazareff* (1859), pet. in-8, XVI-31 p., avec 6 pl.

Le prince pense que l'auteur de cette « Légende » pourrait bien être un Simon MENTCHOUK, marchand allemand, qui habitait alors Moscou.   A. L.

Légende de Robert d'Arbrisselles, avec le catalogue des abbesses de Fontevrauld. (Par Laurent PELLETIER, bénédictin.) *Angers*, 1586, in-4.   V. T.

Légende de saint Nicaise...

Voy. « Légende de domp Claude de Guyse ».

Légende des philosophes, par le neveu de mon oncle (Jacq.-Aug.-Simon COLLIN DE PLANCY). *Paris, Waille*, 1850, in-16, IV-244 p.

Voy., sur cet ouvrage et sur son auteur, la lettre signée Gaduarel (anagr. de Ladrague), et la réponse de J.-M. Quérard, dans le « Quérard », II (1859), p. 545.

Légende (la) dorée de Jacques DE VORAGINE, traduite en françois (par Jean DE VIGNAY). *Lyon, Jean de Vingle*, 1512 ; — *Paris, P. Leber*, 1525 ; — *Jean Ruelle*, 1554, in-fol.

Il existe d'autres éditions de cette traduction (voir le « Manuel du libraire », art. Voragine). Le traducteur est nommé sur le titre de l'édition de Verard, 1488.

Une version antérieure, imprimée à Lyon en 1498, s'annonce comme « diligemment corrigée auprès du latin, par maistre Jehan BATALLIER. »

Légende (la) dorée, par Jacques de VORAGINE, traduite du latin et précédée d'une notice historique et bibliographique, par M. G. B. (Gust. BRUNET). *Paris, Gosselin*, 1843, 2 vol. in-12.

Légende dorée, ou Histoire morale. (Par

G.-F.-R. MOLÉ, avocat.) *Genève et Paris, Dufour*, 1768, in-12.

Légende dorée, ou Sommaire de l'histoire des frères mendians... (Par Nic. VIGNIER le fils.) *Leyden*, 1608, in-8. — *Amsterdam*, 1734, in-12.

Légende et cantique de Notre-Dame de Liesse. (Par M. l'abbé E. DUPLOYÉ.) *Notre-Dame de Liesse*, 1862, in-16, 32 p.

Legende (la) ioyeuse maistre Pierre Faifeu... (Par Charles BOURDIGNÉ.) 1526, in-4 de 52 ff., chiff. goth. — *Angers*, 1531, in-4 goth.

L'épître dédicatoire, datée des Champs-Élysées, est signée : Jo. DAN. org. (*Joannes DANIEL organista*).

Légende (la) surdorée, ou Supplément au Martyrologe de Lyon, à l'usage de ceux qui ne récitent pas le bréviaire. (Par François BILLIEMAZ, greffier de la sénéchaussée de Lyon.) *Lyon*, 1790, in-8.   D. M.

Légendes bretonnes. Souvenirs du Morbihan. Par Cⁱᵉ D'A... (Charles-Paul ACLOCQUE, dit Cᵉ D'AMÉZEUIL), *Paris, Dentu*, 1862, in-18, 288 p.

Légendes d'atelier. (Par LAURENT-JAN.) *Paris, Claye* (1859), in-8, 2 ff. lim. et 43 p.

Imprimé aux frais de M. Solar. Tiré à 25 exempl. sur papier vergé et 3 sur papier de Chine.

Légendes d'autrefois et légendes d'aujourd'hui. Gare l'avalanche. (Par Louis DE TRICAUD, d'Ambérieux.) *Lyon, Aimé Vingtrinier*, 1863, in-8, 230 p.   D. M.

Tiré à 100 exemplaires.

Légendes philosophiques, par le neveu de mon oncle (Jacques-Aug.-Simon COLLIN DE PLANCY). *Bruxelles, Demortier*, 1830, in-12, 173 p.   J. D.

Voy. ci - dessus, « Légende des philosophes... » col. 1079, *d*.

Légères (les) amours, comédie en un acte, en vers. Par G*** M*** (Gabriel MICHEL). (*Marseille*, 1784), in-8.

Légion (la) d'honneur en 1819, par un membre de l'ordre, ancien auditeur au conseil d'Etat (le baron DE BEAUMONT). *Paris, Ladvocat*, 1819, in-8, 28 p. — La **Légion d'honneur en 1820, ou Réflexions sur l'organisation de l'ordre...** faisant suite à la « Légion d'honneur en 1819 », du même auteur... *Paris, Bataille et Bousquet*, 1820, in-8, 1 f. de tit. et 34 p.

Légion (la) d'honneur. Histoire et fastes de tous les ordres français et étrangers,

institués jusqu'à nos jours... (Par M. E. PASCALLET.) *Paris*, 1855, in-8.

Le tome I seul a paru.

Législateur (le) moderne, ou les Mémoires du chevalier de Meilcourt. (Par le marquis J.-B. DE BOYER D'ARGENS.) *Amsterdam*, 1739, in-12.

Législateur (le) tel qu'il devrait être, poëme, par N. L. A*** (N.-L. ACHAINTRE). *Paris*, an V-1797, in-8, 34 p.

Législation des douanes, par ordre alphabétique ; précédée d'un écrit ayant pour titre : « de l'Influence des douanes sur la prospérité nationale »... (Par MAGNIEN-GRANDPRÉ.) *Paris, Bailleul*, an IX-1801, in-4, xv-46 p.   V. T.

Législation du divorce (par DE CERFVOL), précédée du Cri d'un honnête homme qui se croit fondé en droit naturel et divin à répudier sa femme (par PHILIBERT, prêteur à Landau). *Londres*, 1769, in-8 ; — 1770, in-12.

Législation et culte de la bienfaisance en Belgique, d'après des documents authentiques, depuis le commencement du christianisme jusqu'à nos jours; par H. D. K. (Henri DE KERCHOVE), docteur en droit et en sciences, ancien commissaire d'arrondissement. *Louvain, Fonteyn*, 1852, in-8.

L'auteur a signé la préface.

Législation (de la) et de l'administration militaire, par des quartiers-maîtres trésoriers (LEMOINE et VANDEVOORDE). *Paris, Cordier*, 1820, in-8, 1 f. de tit., IV-82 p.

Légitime et nécessaire, lettre d'un solitaire de Paris (L.-F.-E. RAMOND DE CARBONNIÈRES) au solitaire des Pyrénées. *Paris*, an XII-1804, in-8.   V. T.

Légitimité de l'usure légale, où l'on prouve son utilité, etc. (Par J. FAIGUET DE VILLENEUVE.) *Amsterdam, Marc-Michel Rey*, 1770, in-12.

Légitimité (la) du serment civique. (Par BAILLET, ancien curé de Saint-Severin.) *Paris, Leclère*, 1791, in-8, 56 p.

« Légitimité (la) du serment civique », par M*** (Baillet), convaincue d'erreur. (Par H. JABINEAU.) *Paris, Dufréne*, 1791, in-8, 1 f. de tit. et 53 p.

« Légitimité (la) du serment civique » justifiée d'erreur. (Par BAILLET.) *Paris, Leclère*, 1791, in-8, 123 p.

Légitimité (la) et la nécessité de la loi du silence... (Par L.-A. LE PAIGE, avocat.) *En France*, 1759, in-12, 2 ff. lim. et 210 p.

Légitimité (la) expliquée d'après la religion et l'histoire. Par M..... (Louis-Philibert MACHET), de la Marne. *Paris, Dentu*, 1830, in-8, 16 p.

Légitimité portugaise. (Par le comte DE BORDIGNÉ.) *Paris, imp. de Pihan Delaforest*, 1830, in-8.   D. M.

Legs à la société et spécialement à la Belgique, par un cosmopolite (Louis DEJAER). (*Liége*, 1851), in-8, 73 p.   Ul. C.

Legs d'un médecin à sa patrie. (Par DOVAR.) *La Haye*, 1734, in-12.

« Ancd. de médecine », t. I, p. 305.

Legs d'un père à ses filles; traduit de l'anglois de GRÉGORY (par A. MORELLET). *Paris, Pissot*, 1774, in-8 ; — *Mérigot*, 1782, in-12. — Nouvelle édition, en anglais et en français. *Paris*, 1800, in-12.

Leila dans la maison paternelle. (Trad. de l'anglais de miss Anne FRASER-TYTLER.) *Lausanne, G. Bridel*, 1853, in-18, 326 p.

Voy. « Supercheries », I, 213, c.

Leila en Angleterre. (Trad. de l'anglais de miss Anne FRASER-TYTLER.) *Lausanne, G. Bridel*, 1851, in-18, 350 p.

Voy. « Supercheries », I, 213, c.

Leila, ou l'Ile déserte; trad. de l'anglais (de miss Anne FRASER-TYTLER) sur la 2e édition. *Lausanne, G. Bridel*, 1846, 1851, in-18, 268 p.

Voy. « Supercheries », I, 213, b.

Le Mans ancien et moderne et ses environs. (Par Ch.-J. RICHELET.) *Le Mans, Belon*, 1830, in-18, 4 ff. lim. et 230 p.

Lendemain (le), ou Esprit des feuilles de la veille. (Par L.-A. BEFFROI DE REIGNY.) (*Paris*), *Froullé*, 10 oct. 1790 à juin 1791, 3 vol. in-8.

L'édition dite des colporteurs est intitulée : « Assemblée nationale et esprit des feuilles de la veille. » Voy. Hatin, « Bibliographie de la presse », p. 180.

Léodgard de Walheim à la cour de Frédéric II, roi de Prusse. Par l'auteur du « Duc de Lauzun » (Mme SARTORY, née DE WIMPFEN). *Paris, Maradan*, 1809, 2 vol. in-12.

Léon, ou le Château de Montaldi, mélodrame en trois actes, à spectacle, paroles et musique de Mme *** (la baronne A.-S. DE BAWR). Représenté, pour la première fois, sur le théâtre de l'Ambigu-Comique, le 31 décembre 1811. *Paris, Barba*, 1812, in-8, 44 p.

Voy. « Supercheries », III, 1086, e.

Léonard et Gertrude, ou les Mœurs villageoises, telles qu'on les retrouve à la ville et à la cour (traduit de l'allemand de Henri PESTALOZZI, de Neuenhof, par L.-E. PAJON DE MONCETS). *Lausanne et Paris, veuve Duchesne, 1784, 2 vol. in-12.*

Léonce et Clémence, ou la Confession du crime. Par l'auteur des « Lettres sur le Bosphore » (la comtesse DE LA FERTÉ-MEUN, née COURBOIS). *Paris, F. Didot, 1824, 2 vol. in-12.*

Léonidas, par GLOVER ; traduit de l'anglois (par J. BERTRAND). *La Haye, J.-M. Husson, 1739, in-12.*

Il existe une autre traduction, mais moins exacte, de cet ouvrage ; *Genève, Barillot, 1738, 2 parties in-12.*

Léonie de Montbreuse. (Par Mme S. GAY.) *Paris, Renard, 1813, 2 vol. in-12.*

Réimprimé avec le nom de l'auteur.

Léonille, nouvelle, par Mlle L. (Mlle DE LÜBERT). *Nancy, Thomas, 1755, 2 vol. in-8.*

Léonore, ballade, traduite de l'allemand de BURGER (par Adolphe PICARD, vice-président du tribunal civil de Liége). (*Liége, Oudart, 1844*), in-8, 8 p.

Tirage à part de la « Revue de Liége », où cette pièce a paru avec le nom de l'auteur.   Ul. C.

Léontine de Blondheim, par Aug. DE KOTZEBUE ; trad. de l'allemand par H. L. C. (Henri-Louis COIFFIER DE VERSEUX). *Paris, Buisson, 1808, 3 vol. in-12.*

Léontine de Werteling, par Mme Adèle D*** (DAMINOIS). *Paris, Pigoreau, 1819, 2 vol. in-12.*

Léontine et la Grotte allemande, faits historiques qui se sont passés en Allemagne, par Mme DE F*** (FRASURE). *Paris, 1803, 2 vol. in-12..*   D. M.

Léontine, ou le Départ et le Retour ; par Mme J.-O. L* (Julie-O. LESCOT), auteur des « Folies à la mode ». *Paris, Leroy, 1820, 2 vol. in-12.*

Léopold Robert, dédié à Aurèle Robert ; par madame DE*** (Mme la comtesse César DE VALDAHON, née SAPORTA). *Auxerre, impr. de Gallet-Fournier, 1835, in-8, 146 p.*

Voy. « Supercheries », III, 1112 ; d.

Léopoldine, ou les Enfans perdus et retrouvés ; trad. de l'allemand (de F. SCHULZ, par A.-G. GRIFFET DE LABAUME). *Paris, 1795, 4 vol. in-18.*

Lépreux (le) de la cité d'Aoste, par l'auteur du « Voyage autour de ma chambre »

(le comte Xavier DE MAISTRE). *Paris, Michaud, 1817, in-12.*

Réimprimé la même année, in-18, à la suite du « Voyage », etc., voy. ce titre, et en 1824, sous ce titre : « le Lépreux de la cité d'Aoste », par M. Joseph (lisez Xavier) DE MAISTRE. Nouvelle édition, revue, corrigée et augmentée par Mme O. C. (Mme Octave COTTU). *Paris, 1824, in-8.*

Il existe de nombreuses réimpressions avec le nom de l'auteur. Nous citerons la suivante :

Quatrième édition valdotaine, enrichie de notes, de lettres et de documents. *Aoste, Lyboz D., impr.-libr. 1866, in-32 de 102 p.*

Les notes occupent les pp. 55-68 ; viennent ensuite deux lettres de X. de Maistre à l' « Elisa », dont il a fait mention dans son « Expédition nocturne », une réponse d'Elisa, un fragment de Lamartine sur X. de Maistre, une lettre de ce dernier à l'occasion de la mort de son frère, mort évêque d'Aoste en 1818, et un rapport écrit en latin par le docteur Mertignène, qui a soigné le lépreux pendant dix ans.

La première de ces intéressantes éditions valdotaines doit être de 1853. C'est M. G. CARREL, Ch. (chanoine ?), qui les a mises au jour.

Lequel des deux ? (Par Mlle Stéph. BIGOT.) *Lille, Lefort, 1859, in-8, 159 p.*

La deuxième édition, *id.*, 1864, in-12, 166 pag., porte le nom de l'auteur.

Les retrouverons-nous dans un monde meilleur ? par M***. de Genève (le pasteur César MALAN). *Genève, 1829, in-8.*

Lessive (la), épître au voisin, avec préface, notes et vocabulaire pour la plus grande intelligence de l'ouvrage. (Par M. A. MULHAUSER, de Genève.) *Paris, 1830, in-8.*

Lettice Arnold ; par l'auteur d' « Emilia Wyndham » (Anna CALDWELL, mistress MARSH). Traduction de M. A. ROLET. *Paris, Havard, 1856, in-12.*

Lettre à Éraste (Linière) pour réponse à son libelle contre la Pucelle. (Par J. DE MONTIGNY, évêque de Léon.) *Paris, 1636, in-4.*

Catalogue de la Bibliothèque d'Orléans, 1777, in-4, p. 309.

Lettre à J.-J. Rousseau sur son livre intitulé : Emile (par J.-A. COMPARET). *Genève, 1762, in-12.*

Lettre à l'abbesse et religieuses de Port-Royal pour les consoler. (Par Martin DE BARCOS.) *S. l.* (1661), in-4, 2 p.

Lettre à l'Assemblée nationale, aux représentants du peuple, sur le divorce. *Paris, imp. de Mme Lacombe, 1848, in-8, 16 p.*

Signé : G. S.

Ces initiales ne signifient pas Georges SAND, mais Gabrielle SOUMET, la fille du poëte Alexandre Soumet et la femme de M. D'ALTENHEIM.

Lettre à l'auteur d'un article inséré dans la « Feuille d'avis de Genève » du 4 août 1787. (Par J.-A. Comparet.) *Genève*, 1787, in-8, 13 p.

Lettre à l'auteur d'une brochure intitulée : « Réponse à la défense de mon oncle ». (Par le comte de La Touraille.) *Paris, Gauguery*, 1769, in-8, 1 f. de tit. et 16 p.

Réimprimé pag. 210 à 216 du t. I du « Nouveau Recueil de gaîté et de philosophie..., », 1785. Voy. ce titre.

Lettre à l'auteur de deux ouvrages intitulés, l'un « Avis aux Fidèles sur le schisme dont la France est menacée », et l'autre « Supplément à l'Avis aux Fidèles ». (Par le P. Bernard Lambert.) In-8.

L'auteur attaqué par le P. Lambert est le P. Minard, doctrinaire, mort à Paris le 22 avril 1798. Voy. IV, 361, *b*.

Lettre à l'auteur de l' « Année littéraire » sur la mort de Coligny dans la « Henriade ». (Par J.-J. Moutonnet-Clairfons). 1772.

Lettre à l'auteur de l'article second du « Journal des Savans » du mois de mars 1724, écrite au sujet du « Traité des maladies des os »; par M*** (Nic. Andry), docteur en médecine de la F. D. P. *Paris, Pissot*, 1724, in-12. — 2ᵉ éd. *Id.*, 1725, in-12.

Lettre à l'auteur de l'écrit intitulé : « la Légitimité et la Nécessité de la loi du silence » (Le Paige, par l'abbé Louis Guidi). *En France*, 1759, in-12, 1 f. de tit., xiii-128 p.   V. T.

Lettre à l'auteur de l' « Éloge du chancelier de l'Hôpital », qui a pour épigraphe : *Nec vitæ animæque peperci....*, contenant des recherches sur l'histoire du règne de Henri II. *La Haye et Paris, Esprit*, 1778, in-8.

Signé : D. B. (Ant.-Fr. de Bertrand de Molleville).

Lettre à l'auteur de l' « Examen philosophique de la règle de Saint-Benoît », ou Examen religieux de l' « Examen philosophique » (par dom P.-P. Grappin). *En France (Besançon)*, 1768, in-8.

L'auteur attaqué ici est dom Cajot. Voy. ci-dessus, col. 363, *a*.

Lettre à l'auteur de la « Dissertation sur la tolérance des Protestans », dans laquelle on revendique la distinction du mariage et du sacrement de mariage. (Par l'abbé Jér. Besoigne.) *S. l. n. d.* (1756), in-12, 80 p.

Attribué par la « France littér. » de 1769 à J.-H. Marchand.

Quérard, « France littéraire », la donne successivement sous chacun de ces deux noms.

Cette lettre a été publiée comme complément à « la Vérité vengée », ou réponse à la « Dissertation sur la tolérance des protestans », par l'auteur de « l'Accord parfait » (le chevalier de Beaumont). *S. l.*, 1756, in-12, 97 p.

Lettre à l'auteur de la « Dissertation sur le saint sacrifice de la Messe », etc. (Par Noël de Larrière.) 1779, in-12.

L'auteur a publié la même année une seconde et une troisième lettre.

La « Dissertation » est de l'abbé Pelvert.

Lettre à l'auteur de la « Noblesse commerçante. » (Par l'abbé Barthouil.) 1756, in-12.

Lettre à l'auteur de « la Nymphe de Spa. » (Par l'abbé T.-G.-F. Raynal.) *La Haye*, 1781, in-8.

Lettre à l'auteur de la « Prédication » (l'abbé Coyer) sur les moyens de réformer les mœurs. (Par l'abbé Louis Guidi.) 1780, in-12.

Lettre à l'auteur de « la Suisse dans l'intérêt de l'Europe » (voy. ce titre). *Bâle*, 1822, in-8.

Lettre à l'auteur de « Nanine. » (Par Guiard de Servigné.) *S. l.* (1749), in-8, 16 p.

Lettre à l'auteur des fabliaux. (Par Antoine-René de Voyer d'Argenson, marquis de Paulmy.) *S. l. n. d.*, in-8, 6 p.

Lettre (de Jean Racine) à l'auteur des « Hérésies imaginaires » et des « Deux Visionnaires » (P. Nicole). 1666, in-12.

Cette lettre donna lieu à deux réponses : l'une, du 22 mars 1666 (par Goibaud-Dubois ; l'autre, du 1ᵉʳ avril suivant (par Barbier d'Aucour). Racine composa une seconde lettre pour répliquer à ses deux adversaires ; mais, sur les représentations de Boileau, il ne la fit point imprimer : elle ne parut qu'en 1722 pour la première fois. Voy. ci-dessus, col. 893, *a*.

Lettre à l'auteur des « Lettres pacifiques ». (Par André de Marseille, suivant l'abbé Goujet.) In-12.

Lettre à l'auteur des « Mémoires sur la nécessité de fonder une école pour former des maîtres ». (Par l'abbé Pellicier, auteur des « Mémoires ».) 1763, in-12.

L'auteur a publié une seconde lettre.

Lettre à l'auteur des « Observations sur le commerce des grains ». (Attribuée à S.-N.-H. Linguet.) *Amsterdam (Paris)*, 1755, in-8.

Lettre à l'auteur des « Observations » sur le nouveau rituel de Paris (par l'abbé

A.-J.-C. Clément, depuis évêque de Versailles), datée du 1er mars 1787, in-12.

L'auteur a publié une seconde lettre, datée du 30 mars 1787.

L'auteur des « Observations » est Larrière.

Lettre à l'auteur des Observations sur un ouvrage intitulé : « Cas de conscience sur la commission établie pour réformer les Réguliers. » (Par Rivière de Colombiers.) *Rouen*, 1768, in-8. — Remerciment sincère au R. P. C., qui s'est donné la peine d'examiner les Observations sur un ouvrage intitulé : « Cas de conscience », etc. (Par le même.) *Rotterdam et Paris*, 1768, in-12.

Lettre à l'auteur des « Réflexions sur le projet de réforme pour le collége de Genève ». (Par Jean Téron.) *Genève*, 1774, in-8.

Lettre à l'auteur du « Cas de conscience sur la commission établie pour la réforme des corps réguliers. » (Par l'abbé Ambr. Riballier.) *S. l.*, 1767, in-12.

Lettre à l'auteur du « Dictionnaire des bénéfices », au sujet de l'abbé Dutens, auteur du « Clergé de France ». (Par le P. Ch.-Louis Richard.) 1718, in-8.

Lettre à l'auteur du « Mercure galant » concernant le temple de Grenoble. (Par Guy Allard.) *S. l.* (1685), in-4, 4 p.

Signé : *.*

Lettre à l'auteur du « Mercure galant », sur la conversion du sieur Vignes, ministre de Grenoble. — Seconde lettre à l'auteur du « Mercure galant », sur l'abjuration du sieur Vignes... (Par Guy Allard.) *S. l.* (1684), in-4, 4 et 4 p.

Signé : *.***

Lettre à l'auteur du « Mercure galant », sur le pronostic du sieur de La Rivière, médecin du roi Henri IV, concernant la religion protestante en France. (Par Guy Allard.) *S. l.* (1685), in-4, 4 p.

Signé : *.*

Lettre à l'auteur du « Préservatif contre le schisme » (Larrière, par Jabineau). 1791, in-8.

Lettre à l'auteur du « Traité des sons de la langue françoise », imprimé en 1760 (Boulliète), par l'auteur des « Remarques diverses sur la prononciation et sur l'orthographe », imprimées en 1757. (Par A.-X. Harduin, d'Arras.) *S. l.*, 1762, in-8.

Lettre à l'éditeur des lettres de Clément XIV, sur la crainte qu'on a que ce pontife n'en soit pas l'auteur. (Par le chevalier de Béthune.) *Paris, Boudet*, 1776, in-12.

Lettre à l'empereur Alexandre, sur la traite des noirs, par William Wilberforce (trad. en français par M. Benjamin La Roche). *Londres*, 1822, in-8.

Lettre à l'Empereur sur la question d'Orient. (Attribuée au comte Léon Ryszewski.) *Paris, Dumineray*, 1854, in-8, 24 p. — 2e éd., *id.*, 1854, in-8, 24 p.

On a publié, à propos de cette brochure : « le Journalisme actuel et la lettre à l'Empereur ». *Paris, H. Dumineray*, 1854, in-8 de 23 p.

Lettre à la Chambre du commerce de Normandie, sur le mémoire qu'elle a publié relativement au traité de commerce avec l'Angleterre. (Par Dupont de Nemours.) *Paris, Moutard*, 1788, in-8.

Lettre à la Convention nationale de France, sur les vices de la constitution de 1791, par Joël Barlow, traduite de l'anglais (par Ludger, Allemand, traducteur anglais de Werther). *Paris, Née de La Rochelle*, 1792, in-8.

Lettre à la Lune pour la prier de ne point se montrer un jour d'illumination. (Par J. Vernet.) *Paris*, 1729, in-8.

                                           V. T.

Lettre à la Maréchale***, sur le désastre de Messine et de la Calabre. (Par le P. Bernard Lambert.) *S. l.*, 1783, in-12.

Lettre à la noblesse française, au moment de sa rentrée en France sous les ordres de M. le duc de Brunswick, généralissime des armées de l'Empereur et du roi de Prusse. (Par Ant. Rivarol aîné.) *Bruxelles*, in-8.

Cette lettre, reproduite sous le nom de Rivarol, dans le « Dernier Tableau de Paris » de J. Pelletier, 2 vol. in-8, 1794, n'a pas été comprise dans l'édition des « Œuvres complètes » de l'auteur, 1808.

Lettre à la reine. (Par L.-P. Manuel.) *Paris, Volland, s. d.*, in-8, 8 p.

Lettre à la révérende mère Marie de Ste-Dorothée, élue, par M. l'archevêque de Paris, abbesse de Port-Royal du faubourg Saint-Jacques après le renversement de cette maison, écrite par une personne affectionnée particulièrement au salut de cette Mère et au bien spirituel de toute la communauté de Port-Royal, le 4 avril 1667, et imprimée au mois d'octobre suivant. (Par Antoine Bauldri, sieur de Saint-Gilles d'Asson.) *S. l.*, 1667, in-4, 29 p.

Lettre à la société de cotisation française. (Par Alexis DE JUSSIEU.) *Lyon, imp. de Coque*, 1827, in-8, 8 p.

Lettre à lady Morgan sur la Belgique. (Par Pierre-Auguste-Florent GÉRARD.) *Bruxelles, Laurent*, 1833, in-8, 28 p.

J. D.

Lettre à lord Palmerston par un ancien député au Congrès belge (le comte Félix DE MÉRODE), envoyé à Londres, en 1831, près du prince de Saxe-Cobourg. *Bruxelles,* 1838, in-8.

J. D.

Lettre (première) à Louis XVIII, roi de France et de Navarre, sur le salut de la monarchie française. (Par Errard DE L'ISLE.) *Londres, T. Booker*, 1797, in-8.

Cette lettre a été suivie de sept autres.

Lettre à madame*** (Gacon-Dufour), auteur du « Mémoire du sexe féminin contre le sexe masculin ». (Par D'ARTAISE.) *Paris*, 1788, in-12.

Lettre à Mme ***, sur l'émeute populaire excitée en la ville de Cuença, au Pérou, le 29 d'août 1739, contre les académiciens des sciences, envoyés pour la mesure de la terre. (Par C.-M. DE LA CONDAMINE.) *Paris*, 1746, in-8.

Lettre à madame ***, sur les peintures, les sculptures et les gravures exposées dans le Sallon du Louvre cette année. (Par C.-J. MATHON DE LA COUR.) *S. l.*, 1763, in-12, 22 p. — *Paris, G. Duprez et Duchesne*, 1763, in-12, 93 p.

Lettre à Mme D*** D***, sur la grammaire de M. Blondin, ou un Mot à M. Lequien, sur la critique qu'il a faite de cet ouvrage ; par J.-J. B. ... (J.-J. BAZIRE), instituteur. *Paris*, 1810, in-8.

Lettre à Mme de ***. (Par Gab. SENAC DE MEILHAN.) *Paris, Desenne*, 1792, in-8, 20 p.

Lettre à Mme de ***, sur la tragédie de « Rome sauvée ». (Par J.-B. DUPUY-DEMPORTES.) *S. l. n. d.*, in-12.

Lettre à Mme de ***, sur les affaires du jour, ou Réflexions politiques sur l'usage qu'on peut faire de la conquête de Minorque... (Par PIDANSAT DE MAIROBERT.) *S. l.*, 1756, in-12.

V. T.

Lettre à madame la baronne de *** sur la chaleur du globe, démontrée par MM. de Mairan et le comte de Buffon, soutenue par M. Bailly ; et encore existante, malgré les assertions de M. D. R. D. L. (de Romé de Lisle), de plusieurs académies, etc., etc.,

par M. L. S*** (LE SEMELIER). *Amsterdam et Paris, P.-Fr. Didot le jeune*, 1780, in-8, 92 p.

Signée : ****.

Ersch, t. III, p. 223, s'est trompé en attribuant à Louis LESAGE cet écrit, qui a reparu avec le nom de l'auteur sous ce titre :

Examen physico-chimique des principes de l'air et du feu, ou Lettres (4) à madame la marquise de P* M** sur la chaleur du globe. *Amsterdam et Paris, P.-F. Didot jeune*, 1788, 2 vol. in-8.

Lettre à Mme la comtesse... ou Contrecritique des auteurs de ce temps. (Par l'abbé Anth. DE TRICAUD.) *Paris*, 1704, in-12.

Lettre à Mme la comtesse D***, pour servir de supplément à l' « Amusement philosophique sur le langage des bêtes » (du P. Bougeant). *S. l.*, 20 mars 1739, in-12, 46 p. — Seconde édition revue, corr. et augm. à l'occasion de la lettre du P. B. (Bougeant) à M. l'abbé S. (Savalette, conseiller au grand conseil). In-12.

Par Fr.-Alex. AUBERT DE LA CHESNAYE DES BOIS. L'addition faite à la seconde édition est en *post-scriptum* et de 3 p. et demie, datée du 20 mai 1739.

Lettre à Mme la comtesse de *** (sur l'ordre des Fendeurs). (Par Et.-René VIEL, avocat.) 1782, in-8, 11 p.

Lettre à Mme la comtesse de .... sur la comédie du « Méchant ». (Par P. RÉMOND DE SAINTE-ALBINE.) 1747, in-12.

Lettre à Mme la comtesse de ***, sur la tragédie d' « Oreste », de M. de Voltaire, et sur la comédie de « la Force du naturel », de M. Nericault Destouches. (Par Cyprien-Ant. LIEUDÉ DE SEPMANVILLE.) *Amsterdam*, 1750, in-12, 36 p.

Lettre à Mme la comtesse de T *** (de Turpin), sur un second Théâtre-François, à Paris, et sur le retour de l'ancien Opéra-Comique. (Par Alex.-Jacq. CHEVALIER, dit DU COUDRAY.) *S. l. (Paris*, 1775), in-8.

Se retrouve à la suite de « l'Ombre de Colardeau... » Voy. ce titre.

Lettre à Mme la duchesse de ***. (Par J.-B. MAUDRU.)

Voy. « Lettre de M*** à Mme... »

Lettre à Mme la marquise de ***, sur la tragédie de « Mérope », de M. de Voltaire, sur la comédie nouvelle de l' « Ecole des mères », et sur les Francs-maçons. (Par C.-A. LIEUDÉ DE SEPMANVILLE.) *Bruxelles*, 1744, in-8, 14 p.

Lettre à Mme la marquise de L *** (Lambert), sur les « Fables nouvelles » (de la Motte), avec la réponse de M. D***, servant d'apologie. *Paris, Pepie*, 1719, in-12.

Réimprimée dans le t. VI des « Amusemens du cœur et de l'esprit ». L'éditeur de ce recueil dit que, suivant des gens bien instruits, le P. Claude Buffien serait auteur de ces deux critiques. L.-Th. Hérissant, dans la table des auteurs du « Fablier françois », 1771, in-12, attribue ces deux morceaux à P.-Cl. Nivelle de La Chaussée : c'était l'opinion de l'abbé Desfontaines dans le « Nouvelliste du Parnasse »; c'est aussi celle de l'auteur de la « France littéraire » de 1769.

Lettre à Mlle D. S. (de Schloeser, depuis Mme de Rodde), sur l'abus des grammaires dans l'étude du français, et sur la meilleure méthode d'apprendre cette langue. (Par Ch. de Villers.) *Goëttingue*, 1797, in-8.

Lettre à maître Godem ..., boucher émérite de la ville de Lyon. *Lyon*, 1810, in-8, 7 p.

Attribuée à François-Xavier-Marie-Nicolas Maret, ancien président et ancien procureur du roi au tribunal de première instance de Lyon, mort à Lyon le 25 avril 1842, âgé de 84 ans.

Lettre (1re et 2e) à mes concitoyens, par l'auteur des « Nullités du despotisme de la France » (Ant. de Ferrand). *S. l. n. d.* (1790), in-8.

Réimprimée sous le titre de « Première et seconde lettre... » *Id.*, in-8, 16 p.

Lettre à MM. de l'Académie françoise, sur l'éloge du maréchal de Vauban, proposé pour sujet d'éloquence de l'année 1787. (Par P.-A.-F. Choderlos de La Clos.) *Amsterdam et Paris, Durand neveu*, 1786, in-8.

Lettre à MM. de Port-Royal. Contre celle qu'ils ont écrite à Mgr l'archevêque d'Embrun pour justifier la « Lettre sur la constance et le courage qu'on doit avoir pour la vérité ». (Par le P. Dominique Bouhours.) *Paris, S. Mabre-Cramoisy*, 1668, in-4, 27 p.

Lettre à MM. de Port-Royal, sur leur esprit de révolte. (Par le P. Bouhours.) *S. l. n. d.*, in-12, 40 p.

Voy. la « Morale pratique des Jésuites », par Arnauld, 1695, in-12, t. VIII, p. 230 et suiv.

Lettre à MM. Jean-François Alphanty, Blaize David... échevins et lieutenants généraux de police, sur une inscription en l'honneur de Marseille, placée à la façade de l'hôtel de ville, le 12 du mois d'août de l'an 1726. (Par le P. Jos. Bougerel.) *Marseille, J.-B. Boy*, 1726, in-4, 19 p.

Lettre à MM. les auteurs du « Journal des savants » au sujet de la critique que les journalistes de Leipsick ont faite des

Pandectes de M. Pothier. (Par Breton de Mont-Ramier.) *Bruxelles et Orléans, J. Rouzeau-Montaut*, 1755, in-4.

Lettre à MM. les députés de la Sénéchaussée de Nantes à l'Assemblée nationale, sur les priviléges de la Bretagne. (Par Garneau du Brossais, procureur au présidial de Nantes.) *S. l. n. d.* (*Nantes*, 1789), in-8, 24 p.

Catalogue de Nantes, no 48817.

Lettre à MM. les doyen, syndics et docteurs en théologie de la Faculté de Paris. (Par l'abbé Nic. Lenglet du Fresnoy.)

Signée : E. E. T. S. M. M. D. L. et P.; c'est-à-dire : étudiant en théologie sous MM. de Lestocq et Pirot.

Voy. « Réponse à un libelle contre Marie d'Agréda ».

Lettre à MM. les Officiers français, au sujet de celle écrite par M. de La Clos à MM. de l'Académie française, dans laquelle il les blâme d'avoir proposé l'éloge de Vauban pour sujet du prix d'éloquence de 1787. (Par de Lense.) 1786, in-8.

Lettre à MM. les rédacteurs des « Archives du département du Rhône ». (Par J. Passeron.) *Lyon, Barret*, 1827, in-8, 16 p.

Une autre éd., s. l. n. d. (*Lyon*, 10 octob. 1827), in-8, 16 p., est signée : Z.

Compte rendu de l'ouvrage de Cochard : « Séjour de Henri IV à Lyon. »

Lettre à milady Morgan, sur Racine et Shakespeare. (Par Ch. Dupin.) *Paris, Bachelier*, 1818, in-8.

Lettre à mon caporal. (Par F.-J.-Th.-M. Saint-Georges.) 1789, in-8.

Au sujet de « la Cour du roi Pétau », du même auteur.

Lettre à Mgr l'archevêque d'Ambrun (Georges d'Aubusson), où l'on montre l'imposture insigne de son défenseur touchant la « Lettre sur la constance et le courage qu'on doit avoir pour la vérité ». (Par P. Nicole.) *S. l.*, 22 juillet 1668, in-4, 23 p.

Lettre à Mgr l'archevêque de Bordeaux, par un homme du monde (le comte Ch.-Ign. de Peyronnet). *Bordeaux*, 1815, in-8.

Lettre à Mgr l'archevêque de Lyon, dans laquelle on traite du prêt à intérêt à Lyon, appelé dépôt de l'argent suivant ses rapports. (Par A.-Fr. Prost de Royer.) *Avignon* (*Lyon*), 1763, in-8, 93 p.

Cette brochure ayant été réimprimée à Genève en

1769 sous le nom de Prost de Grangeblanche, avocat et procureur du roi à Lyon, celui-ci écrivit au « Journal de Verdun » en janv. 1770, p. 54, et aux « Mémoires de Trévoux » en février, pour déclarer qu'il n'était ni auteur de la brochure, ni même de la famille de l'auteur.

On croit que Voltaire a eu plus de part à la rédaction de cette lettre que Prost de Royer.

Voy. « Supercheries », III, 266, a.

Lettre à Mgr l'archevêque de Paris à propos de son mandement sur les élections. (Par E. Garay de Monglave et Marie Aycard.) *Paris*, 1824, in-8.

Lettre à Mgr l'archevêque de Paris, du 19 octobre. (Par Dudéré de Villeras.) *A Amsterdam*, 1752, in-12, 5 p.

Libelle diffamatoire des plus violents dirigé contre Mgr de Beaumont. Ce pamphlet fut brûlé par la main du bourreau et le libraire et l'auteur conduits à la Bastille.

Lettre à Mgr l'archevêque de Paris, par X... X... (M. Serge Oubril). *Paris*, A. Franck, 1851, in-8, 46 p.

Lettre à Mgr l'archevêque de Sens, au sujet de la « Lettre de M. l'archevêque de * à M***, conseiller au parlement de Paris ».** (Par J.-B. Gaultier.) S. l., 1752, in-12, 1 f. de titre et 56 p.

Lettre à Mgr l'évêque de Rennes, suivie d'une épître au Journal de Rennes; par l'auteur de « Un mot sur la liberté de l'enseignement » (J. David), accusé d'ingratitude. *Nantes*, V. Mangin, 1847, in-12, 20 p.

Catalogue de Nantes, n° 37304.

Lettre à Mgr l'évêque de Troyes (Et.-Ant. de Boulogne), au sujet de l'oraison funèbre de Louis XVI. (Par l'abbé Théophile Jarry.) (*Paris*), impr. de Gueffier (1847), in-8, 16 p.

Lettre à Mgr le cardinal de Bonnechose, archev. de Rouen, en réponse aux accusations portées par S. Em. contre le clergé de Lyon dans la séance du Sénat du 14 mars 1865, par un ancien magistrat (M. Jacquemont). *Saint-Etienne*, Chevalier, 1865, in-8, 42 p.

Lettre à Mgr le duc d'Orléans, premier prince du sang. S. l. n. d., in-8, 8 p.

Signée : L'amie de tous mes concitoyens et du repos public (Olympe de Gouges).

Lettre à Mgr le duc du Maine sur les cérémonies de la Chine. (Par le P. L. Le Comte, S. J.) S. l. n. d., pet. in-8, 213 p. — *Liège*, G.-H. Steel, 1700, in-12, 102 p. — S. l. n. d., in-12, 111 p.

Ces deux dernières éditions sont signées L. Le Comte.

Lettre à Mgr le M. de *, pour servir à la justification du livre des « Mœurs et Entretiens »,** etc. (Par l'abbé J. de Beaufort.) *Paris, Josse*, 1697, in-4.

Voyez les mots : « Mœurs et Entretiens... »

Lettre à Mgr le maréchal d'Albert, sur la mort de M. le marquis de Rabot (pour avoir mangé des champignons, par Galathieau). *Bordeaux, de La Court*, 1672, in-8.

Lettre à Mgr le marquis de Fontenay-Mareuil...

Voy. ci-dessus, Journal de ce qui s'est fait et passé... col. 1009, d.

Lettre à Mgr Visconti, archevêque d'Ephèse, sur la révolution arrivée en Suède le 19 août 1772. (Par l'abbé Michelessi.) *Stockholm, Fougt*, 1773, in-12.

Lettre à M*** (suivie de neuf autres lettres sur l'ouvrage de l'abbé Irail, intitulé : « Querelles littéraires », par l'abbé P. Barral, C.-F. Le Roy et dom Ch. Clémencet). (1762), in-12.

Dom Clémencet n'est auteur que de la lettre cotée neuvième, et qui est réellement la dixième. Elle renferme l'apologie de S. Bernard au sujet des croisades et de ses querelles avec Abailard.

La première lettre, qui roule sur la dispute du quiétisme entre Bossuet et Fénelon, est de Le Roy, ex-oratorien, éditeur des « Œuvres posthumes » de Bossuet.

Lettre à M*, avec une ode sur le départ de Voltaire** (pour la Prusse). (Par le comte L. Turpin de Crissé.) 1750, in-12.

Lettre à M*, conseiller au parlement de *****, pour servir de supplément à l'ouvrage qui est dédié à ce même magistrat, et qui a pour titre : « Sur la Destruction des Jésuites en France, par un auteur désintéressé ».** (Par d'Alembert.) S. l., 1767, in-12.

Lettre à M*, conseiller au parlement de Paris, où l'on propose quelques doutes au sujet de l'édit de bannissement des Jésuites, porté par Henri IV, en 1595. — Seconde lettre...** (Par l'abbé J. Grou.)

Ces deux lettres ont paru vers la fin de 1762 ou au commencement de 1763. La première a été réimprimée à Rome en 1763. Ce prétendu édit de Henri IV est une pure chimère. On a imprimé à la même époque un petit écrit intitulé : « Problème historique proposé à nosseigneurs les évêques. » *Soleure*, 1763, in-12. L'auteur se propose aussi de démontrer la fausseté de l'édit de 1595. Le parlement de Paris, dans son arrêt du 6 août 1762, rapporte en entier cet édit. (Le P. de Backer, 2ᵉ édit., I, col. 2305, n° 2.)

Il a encore paru sur le même sujet : « Lettre d'un magistrat du parlement de Bourgogne à M***, au sujet de l'édit donné par le roi Henri IV pour l'expulsion des Jésuites. » S. l., 1764, pet. in-8, 15 p.

Une édition de la pièce sujet du débat est intitulée :

« Edit du roi Henri IV pour le bannissement des Jésuites, du 7 janv. 1595. Avec les Arrêts d'enregistrement de cet édit dans les classes du parlement séant à Dijon et à Rennes. » *S. l.* (1762), in-12, 11 p.

Lettre à M***, conseiller de S. M. le roi de Saxe, relativement à l'ouvrage intitulé : « des Juifs au xixe siècle » (de C.-J. Bail), par M. le baron S. DE S. (A.-I. SILVESTRE DE SACY). *Paris, de Bure frères*, 1817, in-8, 20 p.

Lettre à M***, contenant plusieurs observations sur l'ostéologie. (Par DU VERNEY.) *Paris, L. d'Houry*, 1684, in-4, 26 p.

L'auteur est nommé dans l'approbation.

Lettre à M***, contenant quelques observations sur le poëme de « l'Art de peindre » (de Watelet, par DE LA FONT DE SAINT-YENNE). 1760, in-12, 32 p.

Lettre à M***, négociant de Lyon, sur l'usage du trait faux-filé sur soie dans les étoffes. (Par Fr. VÉRON DE FORBONNAIS.) 1759, in-12.

Lettre à M***, où l'on prouve la possibilité des naissances tardives... (Par CHIROL.) *Paris*, 1765, in-8.   V. T.

Bibliothèque de l'École de médecine.

Lettre à M***, relative à J.-J. Rousseau (par DUPEYROU)... avec la réfutation de ce libelle par le professeur DE MONTMOLLIN... en dix lettres à M. N. N. *S. l.*, 1765, in-8.

Cette lettre a été suivie de deux autres signées par l'auteur.

Lettre à M***, servant de réponse à une critique de la « Bibliographie instructive ». (Par G.-F. DE BURE.) (*Paris*, 1763), in-8, 80 p.

Cette lettre, signée par l'auteur, a été insérée dans le 1er juillet 1763, du « Journal de Trévoux », p. 1617. De Bure en a publié deux autres. Voy. Quérard, « France littéraire », tome II, p. 413.

Lettre à M***, suivie d'un discours prononcé en 1781, dans une assemblée particulière, sur l'administration de M. Necker; et du plan d'une loterie projetée en faveur du commerce, produisant cent millions en circulation, par M. C***. (Par CARRIÈRE-DOISIN.) *Lausanne*, 1788, in-8, 1 f. de tit. et 45 p.

Lettre à M***, sur celle que dom Pernetty a fait insérer dans une des feuilles de Fréron contre l' « Histoire critique de Nicolas Flamel ». (Par l'abbé E.-F. VILLAIN.) *Paris*, 1762, in-12.

Lettre à M***, sur l'Iliade de M. de La Motte. (Par J.-Fr. DE PONS.) *Paris*, 1714, in-12.   V. T.

Lettre à M*** sur la description du feu d'artifice de l'Hôtel de ville, sous le titre du Temple de l'honneur. *Paris, R.-J.-B. de La Caille, s. d.* (1689), in-4.

Deux éditions. Signées : C.-F. M. (Claude-François MÉNESTRIER, suivant le P. Le Long). Il y a une seconde lettre pour justifier l'inscription latine du Temple de l'honneur. *Ibid., id.*, in-4, signée des mêmes initiales.

Lettre à M*** sur la nouvelle théologie des convulsionnaires. (Par J. FOUILLOU.) *S. l.*, 1734, in-4, 8 p.

Lettre à M***, sur le Cirque qui se construit au milieu du jardin du Palais-Royal, par M. J.-A. D*** (J.-A. DULAURE). *Paris, Le Jay*, 1787, in-8, 15 p.

Lettre à M***, sur les remarques critiques faites contre la justification de la translation de saint Firmin le Confesseur, troisième évêque d'Amiens. (Par DE LESTOCQ, chanoine de l'Eglise d'Amiens.) *Amiens, Ch. Caron-Hubault*, 1714, in-12, 24 p.

Lettre à M***, sur Pierre Puget, sculpteur, peintre et architecte. (Par le P. Jos. BOUGEREL.) *S. l.* (1752), in-12, 1 f. de tit. et 14 p.

Lettre à M***, sur un écrit intitulé : « Eloge de la Fontaine », par M. D. L. H. (de La Harpe), où l'on discute les opinions modernes sur quelques auteurs du dernier siècle; et principalement sur Boileau, Quinault, etc. (Par J.-M.-B. CLÉMENT de Dijon.) *Paris, Moutard*, 1775, in-8.

Lettre à M***, sur un ouvrage intitulé : « Essai sur le caractère des femmes, par M. Thomas ». (Par DAILLANT DE LA TOUCHE.) *Londres et Paris, Prault*, 1772, in-8.

Lettre à M. A***, au sujet de la tragédie de « Mahomet II », de La Noue. (Par C.-H. LEFÈVRE DE SAINT-MARC.) *S. l. n. d.* (1739), in-8.

Attribuée par M. de Manne à l'abbé P.-F. GUYOT-DESFONTAINES.

Lettre à M. A. F. T. du F*** (du Fossé), membre du consistoire de l'Eglise protestante de Rouen. (Par John-Hurford STONE, imprimeur.) *Paris*, 1806, in-8, 55 p.

Signée : PHOTINUS.

Lettre à M. Abelli, touchant son livre de l'excellence de la sainte Vierge. (Attribuée à dom G. GERBERON.) 1674, in-12.

Lettre à M. Agier, avocat, sur la consultation pour M. l'abbé Saurine. (Par l'abbé H. JABINEAU.) *Paris, imp. de veuve Desaint* (1790), in-8, 27 p.

Lettre à M. Agier, sur la consultation de M. Fauro. 1791, in-8.

L'auteur d'une notice de différents ouvrages sur la constitution prétendue civile du clergé assure, page 2, que l'auteur de cette lettre est M. D., peut-être M. Dal-léas. M. Agier ignorait de qui elle était.

Lettre à M. Anquetil du Perron, dans laquelle est compris l'examen de sa traduction des livres attribués à Zoroastre. (Par W. Jones.) London, Emsly, 1771, in-8.

Diatribe des plus virulentes.
Catal. Langlès, nº 4217. Ce titre est donné aussi en français par Lowndes.

Lettre à M. B*** (Bayle), sur l'impossibilité des opérations sympathiques, par M. L*** (Lufneu), docteur en médecine. Rotterdam, Acher, 1697, in-12.

Lettre à M. B. M. D. R., faiseur d'Errata en finances. (Par Pillot.) Paris, Delaunay, 1818, in-8.

Lettre à M. Bailly, maire de Paris, par un de ses disciples (René Thomé, maréchal de camp). Paris, 1791, in-8.

Lettre à M. Bégon, intendant de marine, contenant la vie de Tournefort. (Par H.-M. Lauthier.) Paris, Delespine, 1709; — Huguier, 1717, in-4.

Lettre à M. Bellart... sur son réquisitoire contre les journaux de l'opposition. (Par M.-M. Tabaraud.) Paris, Fortic, 1825, in-8, 16 p.

Lettre à M. Benjamin Constant, sur l'obligation d'improviser dans les assemblées législatives. (Par J. Parent-Réal.) Paris, 1815, in-8, 24 p.

Réimpr. à la suite de la « Revue des institutions oratoires » de M. de La Malle.

Lettre à M. Bergasse, au sujet de ses Réflexions sur l'acte constitutionnel. (Par M.-A. Cornet.) Paris, 1814, in-8.

Lettre à M. Berger de Charancy, évêque de Montpellier. (Par J.-B. Gaultier, avec un avertissement par dom Ch. Clémencet.) 1740, in-4.

Cet ouvrage est connu sous le nom de Verges d'Héliodore.

Lettre à M. Bergier, docteur en théologie, etc., sur son ouvrage intitulé : « le Déisme réfuté par lui-même ». (Par Blonde.) 1770, in-12.

Lettre à M. Bossuet, touchant ses sentiments et sa conduite à l'égard de M. de Fénelon ; Traités de saint Augustin et de saint Bernard, de la Grâce et du Libre arbitre (traduits en françois par dom G. Gerberon). Toulouse, Denys de S. Saturnin (Amsterdam), 1698, in-8.

Lettre à M. C. (Charrier), curé d'A.... (Ainay), député à l'Assemblée nationale. (Par l'abbé Aimé Guillon.) S. l., 5 janvier 1791, in-8, 2 ff. de tit. et 20 p.

Voyez « Seconde Lettre à M. Charrier... » et « Lettre du chevalier de... » au même.

Lettre à M. C. N. A****** (Amanton), sur un ouvrage intitulé : « les Poëtes français depuis le XIIᵉ siècle jusqu'à Malherbe », avec une notice historique et littéraire sur chaque poëte, et notice sur la nouvelle édition des « Œuvres de Louïse Labé, Lionnoize » ; par G. P. (Gabriel Peignot). Paris, A.-A. Renouard, oct. 1824, in-8.

Voy. « Supercheries », II, 203, d.

Lettre à M. Cadet-Gassicourt, maire du quatrième arrondissement. Paris, Dentu, 1832, in-8, 8 p.

Signée : Un royaliste (le vicomte de Conny).

Lettre à M. Castiaux, par un jeune libéral (Oscar Lessines). Bruxelles, Nys, 1864, in-12, 20 p.   J. D.

Lettre à M. Cerutti, sur les prétendus prodiges et faux miracles employés dans tous les temps pour abuser et subjuguer les peuples. (Par P.-A. de La Place.) 1790, in-8.

L'auteur a publié une seconde lettre la même année, et une troisième l'année suivante.

Lettre à M. Ch. (Chardin), sur les caractères en peinture. (Par L.-G. Baillet de Saint-Julien.) Genève, 1753, in-12, 24 p.

La dix-neuvième page de cette brochure commence par une lettre de M. des R... (des Roches, secrétaire de M. Baillet, qui est l'éditeur du tout).

Lettre 1ʳᵉ (et 2ᵉ) à M. Charrier de La Roche... auteur des « Questions sur les affaires présentes de l'Eglise de France... » (Par G.-N. Maultrot.) Paris, Dufréne, 1791, in-8.

Lettre à M. Cl.-Xav. Girault, jurisconsulte, au sujet de sa notice historique sur les aïeux de Jacques-Benigne Bossuet et sa patrie d'origine. (Par P.-L. Baudot l'aîné, de l'académie de Dijon.) Dijon, Frantin, 1808, in-8, 16 p.

Lettre à M. Clément, dans laquelle on examine son épître de Boileau à M. de Voltaire, par un homme impartial. (Julien-Jacques Moutonnet-Clairfons.) Genève et Paris, Valade, 1772, in-8, 25 p.

Lettre à M. Coste, médecin de Nancy, sur la traduction des Œuvres de Mead, tant louée par M. Roux, le journaliste,

(Par J.-J. PAULET.) *Amsterdam et Paris, Ruault*, 1775, in-12.

Lettre à M. Crapelet... pour servir d'appendice au discours sur les publications littéraires du moyen âge et de réponse à sa brochure intitulée : « Villonie littéraire de l'abbé Prompsault, éditeur des Œuvres de Villon ». (Par l'abbé J.-H.-R. PROMPSAULT.) *Paris, Ebrard*, 1835, in-8, 36 p.

Lettre à M. Cuvier, sur l'époque de la dernière révolution du globe. (Par A.-J.-B. DARIDAN.) *Saint-Germain, impr. de Beau*, 1841, in-8, IV-56 p.

Antoine-Jean-Baptiste Daridan, né à Paris en 1769, y est mort le 15 avril 1832. Cet opuscule, extrait de travaux plus importants, a été publié par les soins de M. BAUDET DULARY, neveu de l'auteur.

Tiré à cinquante exemplaires, tous accompagnés d'un autographe et d'un portrait.

Lettre à M. D***, au sujet du prix de poésie donné par l'Académie françoise, l'année 1714 (par VOLTAIRE); insérée dans le volume intitulé : « Réflexions sur la rhétorique et sur la poétique, par M. de Fénelon ». *Amsterdam, J.-Fréd. Bernard*, 1717, in-12 ; et dans le « Recueil de divers Traités sur l'éloquence et la poésie » (publié par BRUZEN DE LA MARTINIÈRE). *Amsterdam, J.-F. Bernard*, 1730, 2 vol. in-12.

L'abbé Desfontaines, en rendant compte de ce dernier recueil dans le « Nouvelliste du Parnasse », convient que l'auteur de la « Lettre à M. D*** » est un *fin connaisseur.* « On soupçonne, dit-il sur la fin de l'article, que M. de Voltaire l'a autrefois composée. » Ces soupçons se changent en certitude aux yeux de ceux qui la lisent avec attention. Ils y remarquent en effet le ton agréable et piquant de Voltaire, l'élégante simplicité de son style et la justesse de son goût. Cette lettre, qui contient vingt pages, y compris le poëme couronné qui en a cinq, est suivie de l'ode que Voltaire envoya au concours. On a peine aujourd'hui à concevoir comment l'Académie lui préféra le poëme de l'abbé du Jarry, où il est question de *pôles glacés, brûlans,* etc. Cette bévue fit une telle impression dans le public, que l'auteur lui-même, dans le recueil de ses poésies, qui parut en 1715, substitua au mot *pôles* celui de *climats.*

Voltaire ne se contenta pas d'avoir critiqué le jugement de l'Académie dans la *Lettre à M. D***;* son dépit lui inspira encore une satire en vers, intitulée *le Bourbier* ou *le Parnasse.* Cette pièce se trouve sous le premier titre dans les « Nouvelles littéraires » de La Haye, 1715, t. I, p. 151, et sous le second à la suite de l'édition de la « Henriade » publiée en 1724, à *Amsterdam, chez J.-Frédéric Bernard* (ou plutôt à *Evreux*). Les éditeurs de Kehl ne l'ont point insérée dans leur collection des *Œuvres de Voltaire.*

Dans la satire en vers comme dans la critique en prose, Voltaire attaque particulièrement La Motte, qu'il savait avoir été un de ses juges. Dans la « Lettre à M. D*** », il l'accuse de vouloir fonder sa réputation sur

la ruine de celle des anciens, qu'il ne connaît pas. Il fait cependant l'éloge de ses mœurs douces et de sa modestie. Dans le *Parnasse*, il le représente comme habitant un noir bourbier au pied de ce célèbre mont. De là vient le titre du *Bourbier* donné d'abord à cette satire.

Il paraît que La Motte ne conserva aucun souvenir de ces traits de vengeance. Il répara même l'injustice qu'il avait commise envers Voltaire, puisque, ayant eu à approuver sa première tragédie, il n'hésita point à dire, dans son approbation, que cet ouvrage promettait au théâtre un digne successeur de Corneille et de Racine. De son côté, Voltaire reconnut enfin que La Motte était un sage qui prêta plus d'une fois le charme des vers à la philosophie. Ce sont les expressions dont il se servit en 1766, dans le « Dictionnaire philosophique », article CRITIQUE.

La lettre de Voltaire à M. D*** ne serait point déplacée dans la correspondance littéraire de ce grand homme.

J'ai été étonné de trouver cette époque de la vie de Voltaire présentée de la manière la plus infidèle par le marquis de Luchet, dans son « Histoire littéraire de Voltaire », t. I. Il prétend que Voltaire s'annonça dans la carrière des lettres par une ode, non sur la construction du chœur de l'église de Notre-Dame, mais sur Sainte-Geneviève, dont le sujet avait été donné par le P. Lejay, régent de rhétorique de Louis-le-Grand, conjointement avec le P. Porée. « L'abbé du Jarry, continue l'historien, en composa une sur le même sujet ; elle fut préférée à celle de Voltaire, et même couronnée par l'Académie française. » M. de Luchet cite ensuite trois strophes de l'ode du jeune Arouet. Je ne sais d'où il les a tirées, mais elles ne font pas cependant partie de l'ode de Voltaire sur Sainte-Geneviève. M. de Luchet ajoute que Voltaire, se croyant humilié par le jugement de l'Académie, exhala sa colère dans une espèce de satire intitulée *le Bourbier.*

1° M. de Luchet a tort de nier que Voltaire ait composé une ode sur la construction du chœur de l'église de Notre-Dame. On trouve cette ode dans les deux recueils imprimés chez J.-F. Bernard, et dans l'édition de *la Ligue* de 1724. Le recueil de l'Académie française pour 1714 eût pu prouver à l'historien de Voltaire que ce sujet était celui du poëme couronné de l'abbé du Jarry.

2° L'ode de Voltaire sur Sainte-Geneviève est antérieure à celle sur la construction du chœur de l'église de Notre-Dame. C'est une imitation de l'ode du P. Lejay sur la célèbre patronne de Paris. Voltaire la composa au collége de Louis-le-Grand, où il était pensionnaire et écolier de rhétorique sous le P. Lejay et Porée. Je tire cet éclaircissement du recueil C, publié en 1759 par l'abbé de Saint-Léger. L'autorité du plus savant de nos bibliographes ne sera pas suspecte.

3° Le récit de M. de Luchet prouve qu'il ne connaissait que la seconde pièce, dans laquelle Voltaire a manifesté le chagrin que lui avait causé le jugement de l'Académie française.

Piron, ayant à se plaindre de Voltaire, mit dans la bouche de son « Arlequin Deucalion » ces deux vers de la tragédie d'*Eriphile* :

Oui, tous ces conquérans rassemblés sur ce bord,
Soldats sous Alexandre, et rois après sa mort.

A la fin de la première représentation, l'auteur, traversant le théâtre, fut arrêté par Voltaire, qui lui demanda ce qu'il lui avait fait pour le tourner ainsi en ridicule : « Pas plus, répondit Piron, que La Motte à l'auteur du

Bourbier. » A cette réponse, Voltaire baissa la tête et disparut en disant : « Ah ! je suis embourbé. »

Ce n'est que depuis 1821 que cette pièce a été admise dans les Œuvres de Voltaire ; encore n'en a-t-on jusqu'à ce jour imprimé qu'une très-petite partie. « Je n'ai pu voir, dit Beuchot, l'édition de cette lettre qui a dû être faite dans le temps. »

Lettre à M. D***, avocat à Besançon, par un membre du conseil de Zurich. (Par Voltaire.) *S. l.* (1767), in-8, 7 p.

Lettre à M. D***, sur le livre intitulé : « Emile, ou de l'Education », par J.-J. Rousseau. (Attribuée au P. Henri Griffet, jésuite.) *Amsterdam et Paris*, 1762, in-12.

Lettre à M. D***, sur le nouveau système de la voix. *La Haye, Jean Néaulme*, 1745, in-8, 40 p.

Par Exup.-Jos. Bertin, d'après une note manuscrite contemporaine, reproduite par le « Catalogue des sciences médicales » de la Bibliothèque nationale.

Par de Chalettes, d'après Barbier.

Quérard, « France littéraire », la donne sous chacun de ces deux noms.

Lettre à M. D. V. (Voltaire), par un de ses amis sur l'ouvrage intitulé : « l'Evangile du jour ». (Par Jacq.-Jos. Ducarne de Blangy.) *Paris, Gueffier*, 1772, in-8, 72 p.

Suivi d'une « Seconde Lettre... », *Paris, Gueffier*, 1772, in-8, 86 p., et d'une « Troisième Lettre... », *Paris, Gueffier*, 1773, in-8, 59 p.

Pour l' « Evangile du jour », voy. ci-dessus, col. 328, *b*.

Lettre à M. d'Alembert, sur la deuxième édition de ses « Eléments de musique ». (Par de Chargey.) 1762, in-12.   D. M.

Lettre à M. d'Alembert, touchant ses nouvelles entreprises sur le calcul des probabilités. (Par Massé de La Rudelière.) 1767, in-12.

Lettre à M. d'Eslon, médecin ordinaire de Mgr le comte d'Artois. *Glascow et Paris, Prault*, 1784, in-8, 2 ff. de titre et 27 p.

Signée : le comte de Fontette Sommery.

Lettre à M. d'Hane-Steenhuyse, par un officier général (Guillaume). *Bruxelles, E. Guyot*, 1865, in-8, 11 p.   J. D.

Lettre à M. de ***. (Par Ch.-Guillaume Le Clerc, libraire.) *Paris* (*Londres*), 19 décembre 1778, in-8, 80 p.

Une autre édit. de même date est intit. : « Lettre de M. de N.... à M. Camus de Neville », in-8, 59 p.

Lettre à M. de ***, docteur de Sorbonne, (par l'abbé Louis Guidi), sur la pièce (de Chamfort) qui a remporté le prix à l'Académie françoise (en 1765). 1765, in-12.

Lettre à M. de ***, servant de réponse à M. de Mervesin, par l'auteur des « Remarques critiques » (Fr. de Remerville de S.-Quentin). 1707, in-12.

Lettre à M. de ***, sur l' « Année littéraire », et particulièrement sur la feuille du 11 mai 1755. (Par Guill.-Alex. Méhégan.) *Paris*, 1762, in-12.

Lettre à M. de ***, sur la tragédie de « Catilina » de M. Crébillon. (Par J.-B. Dupuy Demportes.) *Londres* (*Paris*), décembre 1748, in-12.

Le même critique a adressé la même année, à Voltaire, une lettre de quinze pages in-8, sur sa tragédie de « Catilina ».

La lettre sur le « Catilina » de Crébillon a été aussi attribuée à un M. Lievrel.

Lettre à M. de ***, sur le duc de Reichstadt, par un ami de ce prince (le chevalier de Prokésh ou Prakesh). (Traduite de l'allemand par Gerson Hesse.) *Fribourg, Herder*, 1832, in-8, 32 p.   D. M.

Lettre à M. de ***, sur les ouvrages écrits en patois. (Par M. G. Brunet.) *Bordeaux, imp. de Lafargue*, 1839, in-8, 68 p.

Lettre à M. de ***, sur les Rosières de Salency, et les autres établissements semblables. (Par Ch.-Jos. Mathon de La Cour.) *Lyon*, 1782, in-12, 70 p.

Lettre à M. de B..., ou Essais sur le goût de la tragédie. (Par P.-Ant. de La Place.) *Amsterdam, Henri Schelte*, 1738, in-8.

Lettre à M. de Bachaumont sur le bon goût dans les arts et les lettres. (Par J.-B. de La Curne de Sainte-Palaye.) 1751, in-12.   V. T.

Lettre à M. de Bausset, ancien évêque d'Alais, etc., pour servir de supplément à son « Histoire de Fénelon ». (Par M.-M. Tabaraud, ex-oratorien.) *Paris, Brajeux*, 1809, in-8.

Le même auteur a publié l'année suivante une seconde lettre.

En 1822, M. Tabaraud a publié un « Supplément aux vies de Bossuet et de Fénelon », par M. de Bausset, in-8.

Lettre à M. de Beaufort sur le projet de réunion de toutes les communions chrétiennes, ou Réflexions sur l'importance et sur les moyens d'opérer cette réunion. (Par Cl. Lecoz, archevêque de Besançon.) 1808, in-8, 152 p.

Lettre à M. de Beauvais, évêque de Senez, au sujet de son « Oraison funèbre de Louis XV ». (Par l'abbé Jos. Massillon.) 1775, in-12.

L'auteur a publié la même année une seconde lettre

au sujet du « Discours » prononcé par le même évêque à l'ouverture de l'assemblée du clergé, le 7 juillet 1775.

Lettre à M. de Brilhac... pour servir de réponse aux Dissertations de la mouvance de la Bretagne (de Vertot), imprimées en 1711. (Par dom G.-A. LOBINEAU.) *Nantes, J. Mareschal*, 1712, in-8.

V. T.

Lettre à M. de Charancy, evesque de Montpellier, en réponse à la « Lettre pastorale » de ce prélat, au sujet d'un écrit trouvé dans son diocèse. (Par J.-B. GAULTIER.) *S. l. n. d.*, in-4, 24 p. — *Id.*, in-4, 23 p. — *S. l.*, 1741, in-4, 26 p.

Lettre à M. de Crébillon... sur les spectacles de Paris, dans laquelle il est parlé du projet de réunion de l'Opéra-Comique à la Comédie italienne. (Par l'abbé LEBEAU DE SCHOSNE.) *Paris, Cailleau*, 1761, in-8.

Lettre à M. de D. L., conseiller au Parlement de Paris, sur les réjouissances faites et ordonnées par MM. les comtes de Lyon pour célébrer le rétablissement de la santé du roi. *Lyon, imp. de Delaroche*, 1744, in-8.

Signée : T*** D. L. C. D. J. (C.-P.-X. TOLOMAS, de la compagnie de Jésus).

Lettre à M. de Guattini, chirurgien-major de l'hôpital du Saint-Esprit de Rome, sur la cautérisation des plaies d'armes à feu. *Paris, imp. de Gonichon* (1749), in-4.

Signée : D... (DE CHAINEBRUN).

Lettre à M. DE L. C. P. D. B., sur le livre intitulé : « Historia Flagellantium ». (Attribuée au P. J.-Ant. DU CERCEAU, jésuite.) *S. l.* (vers 1703 ou 1706), in-12.

Suivant une note écrite de la main de l'abbé Boileau, cette lettre a été composée par le P. VITRY LA VILLE, revue et corrigée par le P. Dom. BOUHOURS.

Une autre note de bonne main l'attribue au P. RIVIÈRE.

Lettre à M. de Lassone. (Par A.-A.-P.-F. BACHER.) *S. l. n. d.*, in-8, 8 p.

Lettre à M. de La Luzerne, évêque, duc de Langres... au sujet de son oraison funèbre prononcée dans l'église de Notre-Dame de Paris, le 7 septembre 1774. (Par le P. Jos. MASSILLON.) *S. l.* (1774), in-12, 23 p.

Lettre à M. de La Motte, sur sa tragédie d'Inès de Castro. (Par l'abbé LE MASSON.) *Paris, Pissot*, 1723, in-8.

Lettre à M. de Marbeuf, archevêque de Lyon, au sujet de son mandement du 28 janvier 1789. (Par le P. Bern. LAMBERT.) 1789, in-8.

Lettre à M. de M. (Marmontel), sur sa tragédie d' «Aristomène». (Par Ch. PALISSOT.) *Paris, Clousier*, 1749, in-12. — Supplément. *Ibid. id.*

Il y a des exemplaires avec le nom de Marmontel.

Lettre à M. de Marmontel, sur les spectacles. (Par DE CHARGEY.) *Rouen*, 1762, in-8. D. M.

Lettre à M. de S... (Sauvigny), chevalier de Saint-Louis, par M. l'abbé de S... (BILLARDON DE SAUVIGNY), son frère. *Paris*, 1779, in-8.

Lettre à M. de S. R., sur les « Réflexions morales » d'Amelot de La Houssaye. (Par Timothée DE LIVOY.) *Paris*, 1769, in-12.

Lettre à M. de V***, sur sa tragédie de « Mahomet ». (Par Claude VILLARET.) *S. l.*, 1742, in-12, 2 ff. de tit. et 37 p.

Lettre à M. de Villèle, sur le projet de loi ayant pour objet le rétablissement du droit d'aînesse. (Par Jos. BERNARD.) *Paris*, 1826, in-8, 48 p.

Lettre à M. de Voltaire, sur la nouvelle tragédie d' «OEdipe». (Par H.-B. DE LONGEPIERRE.) *Paris, Guillaume*, 1719, in-8.

Cette lettre est attribuée par Beuchot à L. RACINE. Voy. Quérard, « Bibliographie voltairienne », n° 732.

Lettre à M. de Voltaire, sur la tragédie de Catilina. (Par J.-B. DUPUY-DEMPORTES.) *Londres*, 1748, in-8, 15 p.

Lettre à M. de Voltaire, sur les opéras philosophi-comiques. Où l'on trouve la critique de « Lucile », comédie en un acte et en vers, mêlée d'ariettes. (Par le comte DE LA TOURAILLE.) *Amsterdam et Paris, Desnos*, 1769, in-12, 68 p.

Lettre à M. de Voltaire, sur son écrit intitulé : « Réponse à toutes les objections principales qu'on a faites en France contre la philosophie de Newton ». (Par LE RATZ DE LANTHENÉE.) *S. l.*, 1739, in-8, 30 p.

Lettre à M. de Voltaire, sur son histoire de la guerre de 1741. (Par DE CHARGEY.) Août 1736, in-8. D. M.

Lettre à M. Demetrius Ammirally, docteur en médecine à Chio, sur la maladie vénérienne et les antivénériens. (Par Charles THUILLIER.) *S. l.*, 1688, in-8, 53 p. et 1 f. d'errata.

Lettre à monsieur des Alliers d'Argenville, maître des comptes, de l'Académie royale des sciences de Montpellier, au sujet d'un tableau appartenant au roi et dont il parle dans son ouvrage de la Vie des peintres. (Par Michel CHAPPOTIN DE SAINT-

LAURENT, attaché à la bibliothèque du roi.) S. l. (1747), in-12.

Extraite du « Mercure de France ».

Lettre à M. Desm***, I. D. M. D. L. (Desmarest, inspecteur des manufactures de Lyon), ou Réponse de P.-J. GROSLEY à la lettre de M. Lefèvre, sur les « Mémoires de l'Académie de Troyes », datée de Troyes, le 2 mai 1768. In-12.

Lettre à M. Etienne, membre de l'Institut impérial de France, par un habitant de Bar-sur-Ornain, membre de l'Athénée de cette ville (DOUBLAT), suivie du Rêve, ou la dernière apparition de M. Etienne. Paris, J.-G. Dentu, 1812, in-8.

Voy. « Supercheries », I, 1259, e.

Lettre à M. F., ou Examen politique des prétendus inconvénients de la faculté de commercer en gros sans déroger à sa noblesse. (Par Fr. VÉRON DE FORBONNAIS.) S. l. (1756), in-12.

Lettre à M. Faure, avocat au Parlement, sur sa « Consultation » du 27 mai 1790, dans laquelle il décide que l'Assemblée nationale a droit d'ériger et de supprimer les évêchés. (Par G.-N. MAULTROT.) Paris, Le Clère, 1790, in-8.

Cette lettre a été suivie d'une seconde.

Lettre à M. Fr... (Fréron) sur la tragédie d' « Epicaris », par M. le marquis de Ximenès. Paris, veuve Cailleau, 1753, in-12, 24 p.

Signée : G. DOURX. (S.-M.-M. GAZON DOURXIGNÉ). La tragédie d' « Epicaris » n'a pas été imprimée.

Lettre à M. Fréron, des Académies d'Angers, de Nancy... auteur de l' « Année littéraire ». (Par J. GOULIN.) Amsterdam, Paris, veuve Regnard et Demonville, 1771, in-8, 135 p. — (2e édit.) Ibid., id., 136 p.

Lettre à M. Fréron, ou Apologie d'un petit ouvrage du P. Jouvency, intitulé . « Appendix de Diis et heroibus poeticis. » (Par le P. F.-J. DESBILLONS, jésuite.) (Manheim), 1766, in-8.

Lettre à M. Fréron, sur l'isle de Belle-Isle... (Par F.-F. LE ROYER D'ARTEZET DE LA SAUVAGÈRE.) 1761, in-12.

V. T.

Lettre à M. Geoffroy, l'un des rédacteurs du « Journal de l'Empire », sur un attentat littéraire dont la gloire de l'Empire demande l'expiation. (Par DELACOUR.) Paris, 1811, in-8.

La question agitée dans cet opuscule est de savoir si la poésie est digne de chanter la gloire de l'Empereur.

Lettre à M. Granger, l'un des directeurs du Théâtre des arts, au sujet de la lettre de don Errata, gentilhomme castillan, écolier de M***, insérée dans le « Journal de Rouen », du 14 de ce mois. Rouen, Frère, 1804, in-8, 4 p.

Signée : D......z (GENTIL et Raoul CHAPAIS).
Voy. « Supercheries », I, 162, c.

Lettre à M. Grégoire, sur son ouvrage intitulé : « de la Constitution française de 1814 », par un condamné à mort en l'an III... Paris, Poulet, 1814, in-8.

Signée : D. D. (J.-F. DUTRONE DE LA COUTURE, médecin).

Lettre à M. Grenan, régent de seconde au collège d'Harcourt, auteur de l'Oraison funèbre (de Louis XIV) prononcée en Sorbonne le 11 décembre 1715. (Par l'abbé LE MASSON.) S. l., 1716, in-12, 48 p.

Lettre à M. Gresset au sujet de celle qu'il a publiée sur la comédie. (Par LA FONT DE SAINT-YENNE.) S. d. (1759), in-12, 16 p.

Lettre à M. Grimm, au sujet des remarques ajoutées à sa lettre sur Omphale, avec cette épigraphe :

Picœ quis docuit verba nostra conari?

(Paris), 1752, in-8.

Cette pièce anonyme m'inspirera à jamais des regrets ; j'en connaissais l'existence lors de l'impression de mon « Supplément à la correspondance de Grimm », imprimé en 1814, in-8, à Paris, chez Potey. Elle eût très-bien figuré dans ce recueil, que le public a daigné accueillir favorablement ; mais, ne sachant qui en était l'auteur, j'y attachai peu d'importance ; d'ailleurs, je ne la trouvai pas à la Bibliothèque du Roi. Sur la fin de 1847, le hasard me procura une note d'une écriture contemporaine, portant que l'on croyait J.-J. ROUSSEAU auteur de cette lettre, et que l'on en trouvait un long fragment dans les Œuvres de ce philosophe, imprimées à Neufchâtel, c'est-à-dire à Paris. Je n'avais sous la main que les « Œuvres diverses » de J.-J. Rousseau, imprimées à Amsterdam en 1776, par M.-M. Rey ; mais je remarquai dans le tome premier le morceau indiqué : c'est l' « Extrait d'une lettre à M*** », concernant Rameau. » Je découvris enfin la lettre entière. Il ne faut que la lire pour être persuadé que J.-J. Rousseau en est l'auteur. Elle contient des détails bien flatteurs pour Grimm ; et sans doute la rupture de J.-J. Rousseau avec cet homme de lettres aura empêché le premier de reproduire des éloges dont le second lui paraissait s'être rendu indigne. L'extrait de la lettre à M*** ne se trouve pas dans la belle édition de J.-J. Rousseau en 20 vol. in-8, imprimée chez Didot l'aîné. D'après mon conseil, M. Lefèvre a inséré la lettre entière dans ses nouvelles éditions des Œuvres de J.-J. Rousseau en 18 et en 21 vol. in-8.

J.-J. Rousseau, dans sa lettre, persifle très-agréablement l'auteur anonyme des « Remarques au sujet de la lettre de M. Grimm sur Omphale ». Paris, 1752, in-8.

Ces remarques, adressées à Grimm même, sont signées D***.

Lettre à M. Grosley... sur l'administration des corvées. (Par Ch.-Alex. GUILLAUMOT.) *S. l.* (1773), in-8.

Lettre à M. Guimas, sur l'Uromancie, ou l'art de deviner les maladies par l'inspection des urines. (Par M. GÉRARD, médecin.) *Bar-sur-Seine*, 1818, in-8, 29 p.

Lettre à M. Henri P... sur sa découverte d'une nouvelle ode de Sapho, suivie d'une traduction de cette ode, par M. P..., et du texte grec retrouvé dans une édition aldine de 1525, par M... (J.-S. LEFÈVRE). *Rouen* (*impr. de J.-S. Lefèvre*), 1846, gr. in-8, 16 p.

Facétie érotique tirée à 27 exempl. Le texte grec est une pièce de vers français (six stances de quatre vers) imprimée en caractères grecs.

Lettre à M. J.-J. Dussault, auteur de deux diatribes signées Y., dans le « Journal de l'Empire », contre M. Chenier et son Cours de littérature. (Par DESCHIENS.) *Paris, Dabin,* 1807, in-8, 18 p. — Sec. édit. rev. et augm. *Ibid.,* id., in-8, 24 p.

Lettre à M. J.-J. Rousseau, citoyen de Genève, à l'occasion de son ouvrage intitulé : « Discours sur l'origine », etc. (Par l'abbé PILÉ, prêtre du diocèse de Paris, sacristain de Saint-Germain-le-Vieux.) *Westminster* (*Paris*), 1755, in-12, 76 p.

Lettre à M. Jomard... sur la signification du nom d'Hercule et sur la nature de ce Dieu. (Par C.-J.-F. RAULHAC.) *Paris, Merlin,* 1818, in-8, 16 p.

Lettre à M. Jules Guillery à propos d'une réforme électorale, par un ancien journaliste (TINDEMANS). *Bruxelles, Office de publicité,* 1866, in-8, 29 p.   J. D.

Lettre à M. Jussi. *S. l. n. d.,* in-8.

Le titre de départ, page 3, porte, en plus : sur sa réponse à une lettre de M. Vacher... par MM. NN***, étudiants en chirurgie. (Par M. VACHER fils.)

Lettre à M. L. A. D. C., docteur de Sorbonne, où il est prouvé, par plusieurs raisons tirées de la philosophie et de la théologie, que les comètes ne sont point le présage d'aucun malheur. *Cologne, Marteau,* 1682, in-12.

C'est la première édition des pensées de P. BAYLE sur les comètes.

Lettre à M. L. M. de V. (Louis Morel de Voleine), sur l'étymologie de La Guillotière. *Lyon, veuve Mougin-Rusand,* in-8.

Cette lettre, signée V. DE V..., est de M. VITAL DE VALOUS, conservateur-adjoint de la Bibliothèque du palais Saint-Pierre, et membre de la Société littéraire de Lyon.   D. M.

Lettre à M. L... T. (l'abbé Trublet) contenant la généalogie de Corneille. (Par J.-F. DREUX DU RADIER.) 1757, in-12.

Extraite du « Conservateur » de nov. 1757.

Lettre à M. l'abbé ... (Mey), soi-disant de l'ordre des Minimes. (Par dom P.-Dan. LABAT.) 1781, in-12.

Lettre à M. l'abbé ***, sur la nouvelle histoire des disputes *De auxiliis* qu'il prépare. (Par le P. Barthélemy GERMON.) *Lyon* (1698), in-12, 119 p.

Lettre à M. l'abbé *** (Girardin), sur un nouveau projet de catalogue de bibliothèque. (Par le P. Pierre-François LE COURAYER, alors bibliothécaire de Sainte-Geneviève.) 1712, in-fol., 8 p. à 2 colonnes.

Le P. LE COURAYER passe en revue, dans cette lettre, les catalogues imprimés des bibliothèques d'Oxford, du cardinal Barberin, d'Utrecht, de l'archevêque de Reims, Le Tellier ; les systèmes bibliographiques de Rostgaard, du P. Garnier, jésuite, et de Prosper Marchand. Après y avoir fait remarquer différents défauts, il propose de partager chaque page de catalogue en deux parties : l'une, plus large, pour les titres entiers des livres ; l'autre, plus étroite, pour les mêmes titres abrégés et rangés dans l'ordre chronologique. Cette idée ne me paraît pas heureuse, puisqu'elle conduit à confondre les textes d'un auteur avec ses versions. La méthode généralement adoptée aujourd'hui me paraît plus simple.

Lettre à M. l'abbé de F., sur quelques assertions fausses et mensongères. Par un citoyen sans reproche (P.-H.-M. LEBRUN TONDU). (*Hervé*), *de l'imprimerie patriotique,* 1789, in-8, 32 p.

Lettre à M. l'abbé de La Mennais, par un homme potence. (Par Cl.-Th. DUCHAPT, conseiller à la cour royale de Bourges.) *Paris, Schwartz et Gagnot,* 1840, in-8, 1 f. de faux titre et 30 p.

Cette lettre, en vers, a été reproduite dans les « Supercheries », II, col. 611-619.

Lettre à M. l'abbé de Pradt. Par un indigène de l'Amérique du Sud (D.-S. JONAMA, consul d'Espagne à Amsterdam). *Paris, Rodriguez,* 1818, in-8, VII-223 p.

Voy. « Supercheries », II, 337, d.

Lettre à M. l'abbé de Vallemont, sur la nouvelle explication de la médaille d'or de l'empereur Gallien. (Par le P. Louis JOBERT.) *Paris,* 1699, in-8.

Lettre à M. l'abbé Desfontaines, sur une phrase de cent quatre-vingts mots d'un discours de l'abbé Hardion, à la réception de Mairan à l'Académie françoise. (Par le marquis Ch.-J. DE BEAUVEAU.) *Paris,* 1745, in-12.

Lettre à M. l'abbé Duvoisin, docteur de Sorbonne, au sujet des miracles opérés en faveur de l'appel. (Par le P. Bern. LAMBERT.) *S. l.*, 1786, in-12, 47 p.

Lettre à M. l'abbé Goujet, au sujet des hymnes de Santeuil. (Par J.-A.-Toussaint DINOUARD.) *Paris*, 1748, in-4.

Lettre à M. l'abbé Marquet, par l'auteur du Ververt (J.-B.-L. GRESSET), suivie de la Réponse de M. l'abbé M*** à la lettre de M. l'abbé G***. In-12, 12 p.

Lettre à M. l'abbé P. D. et P. en théologie, touchant l'inspiration des livres sacrés, par R. S. P. D. B. (R. SIMON). *Rotterdam*, 1686, in-4.

Lettre à M. l'abbé Prévôt, auteur de l'« Histoire des voyages », pour servir d'addition aux relations et autres pièces concernant les missions du Paraguay. (Par l'abbé ANDRÉ.) Paris, 1er octobre 1758. *S. l. n. d.*, in-8, 16 p.

Lettre à M. l'abbé Trublet, sur l'histoire. (Par Jacq. D'ESPRESMENIL.) *Bruxelles* (*Paris*), 1760, in-12.

Lettre à M. l'abbé Velly sur les tomes III et IV de son « Histoire de France », au sujet de l'autorité des Etats... (Par le président B.-G. ROLAND D'ERCEVILLE.) *S. l.* (1756), in-12, 23 p.

Lettre à M. l'éditeur de la « Revue archéologique » sur la valeur des hachures dans l'art héraldique. (Par Jean DUCHESNE aîné.) *Paris*, 1853, in-8.

Extr. de la « Revue archéologique », X⁰ année. L'auteur attribue l'ingénieuse invention d'exprimer les émaux par des hachures en sens différents à Vulson de La Colombière. Cette opinion a été réfutée par M. L. Douet d'Arcq dans la « Revue archéologique », XV⁰ année, où l'invention des hachures est attribuée au jésuite Petra Sancta.

Il est à remarquer que ni M. Duchesne, ni M. Douet d'Arcq n'ont cité le premier ouvrage qui ait traité la question des hachures ; il est intitulé : « Jo. Dav. Koelleri programma de inventoribus incisurarum, gallice les hachures dictarum quibus metalla et colores in tesseris gentilitiis absque pigmentis indicantur. » *Göttingæ*, 1736, in-4.

Lettre à M. l'évêque d'Angers, au sujet d'un prétendu extrait du catéchisme de Montpellier autorisé par ce prélat. (Par l'abbé J.-B. GAULTIER.) *Toulouse* (*Paris*), 1752, in-12.   V. T.

Lettre à M. l'évêque de ***, ou Réfutation de celle qu'il a publiée dans son diocèse et du discours qu'il a prononcé pour justifier son serment civique. (Par le P. Bernard LAMBERT.) *Paris*, *Crapart* (1791), in-8, 32 p.

L'auteur fit paraître la même année une seconde lettre de 54 pages, sur le même sujet. L'année suivante, il publia une troisième lettre, ou réfutation de l'ouvrage de M. l'évêque de Viviers, intitulée : « Examen des principes de la constitution civile du clergé », in-8, 103 p.

Lettre à M. l'évêque de Viviers, ou Réfutation des impiétés et erreurs que ce prélat enseigne dans l'« Examen des principes de la constitution civile du clergé ». (Par le P. Bern. LAMBERT.) 1792, in-8, 243 p.

C'est la quatrième et dernière lettre sur le même objet.

Lettre à M. Lamourette se disant évêque de Rhône-et-Loire, et métropolitain du sud-est. (Par Camille JORDAN et J.-M. DEGERANDO.) 1791, in-8. — Sec. édit. 1791, in-8.

Voy. ci-dessus, « Epître à M. Lamourette », col. 149, d.

Lettre à M. Lanjuinais, par M. B. (BALLEROY). *Paris*, an III-1795, in-8.

Lettre à M. Laval, ex-pasteur de Condé-sous-Noireau. (Par le pasteur G.-D.-F. BOISSARD.) *Paris*, *Servier*, 1823, in-8, 12 p.

Lettre à M. le baron d'Eckstein sur l'existence d'une science et d'une religion primitives... par M. N... M... (Nicolas MASSIAS). *Paris*, *F. Didot*, 1826, in-8.

Voy. « Supercheries », II, 1254, c.

Lettre à M. le baron S. de S., en réponse à celle qu'il a publiée relativement à l'ouvrage de M. Bail, ayant pour titre : « des Juifs au XIX⁰ siècle ». Par M. M.-D. (Mathis MAYER-DALMBERT). *Paris*, *Delaunay*, 1817, in-8, 21 p.

Lettre à M. le cardinal, burlesque. *Paris*, *A. Cottinet*, 1649, 20 p.

Signée : Nic. LE DRU, pseud. de l'abbé DE LAFFEMAS.

Il y a une réimpression, jouxte la copie... 19 p., et une contrefaçon sous ce titre : « Lettre de M. Scarron, envoyée au cardinal Mazarin...» Il en a paru une suite intitulée : « Lettre du soldat françois au cavalier Georges ». M. Moreau ne pense pas qu'elle soit de Laffemas. Voy. Moreau, « Bibliographie des maz. », n⁰ 1813.

Lettre à M. le Chancelier. *S. l. n. d.*, in-12, 32 p.

Signée L***. 10 fév. 1756. C'est la reproduction de la « Lettre de M. LE FRANC, premier président de la cour des aides de Montauban, à M. le chancelier, au sujet de l'exil de M. le président de Pouzargues... » *Montauban*, imp. de J.-F. Teutières, s. d., in-4.

Lettre à M. le chevalier de Born, sur la tourmaline du Tirol ; trad. de l'allem. de MULLER (par Jean-Louis-Wenceslas DE LAUNAY). *Bruxelles*, 1779, in-4.

Lettre à M. le chevalier de La Grave... sur un ouvrage qu'il vient de publier sous le titre d' « Essai histor. et milit. sur la province de Roussillon »... *Paris, Lami,* 1787, in-8.

Une note manuscrite contemporaine sur le titre de l'exemplaire de la Bibliothèque nationale attribue cet ouvrage au médecin J.-B.-F. CARRÈRE. Pour celui de La Grave, voy. ci-dessus, col. 216, *a*.

Lettre à M. le chevalier Goudar, sur celle qu'il a écrite à un académicien de Paris. (Par DAMPIERRE DE LA SALLE.) *Londres et Paris, Desaint et Saillant,* 1758, in-12.

Lettre à M. le comte *** sur les épitaphes de LL. EE. les cardinaux de Bausset et de La Luzerne... (Par l'abbé P. D'HESMIVY D'AURIBEAU.) *Paris, Pihan de La Forest,* 1826, in-4, 50 p.

Lettre à M. le comte de *** (Kersaint), auteur d'un ouvrage intitulé : « le Bon Sens ». (Par le comte Alexandre DE LAMETH.) *S. l. n. d.,* in-8, 22 p.

Voy. « Supercheries », II, 158, *d*.

Lettre à M. le comte de ***, ou Considérations sur le clergé, suivie d'une seconde et nouvelle lettre au même. (Par M. l'abbé D'HÉRAL, vicaire général à Bordeaux.) *Rome,* 1788, in-8, 82 p.

Lettre à M. le comte de B***, pendant son séjour aux eaux d'Aix-la-Chapelle, ou Parallèle entre M. de Chateaubriand et M. de Chénier. (Par M. Charles HIS.) *Paris, Dentu,* 1812, in-8.

Lettre à M. le comte de Buffon, ou Critique et nouvel Essai sur la théorie générale de la terre, avec une Notice du dernier discours de M. Pallas, sur les changements arrivés au globe. (Par P.-M. BERTRAND, inspecteur général des ponts et chaussées.) *Paris, Esprit,* 1780, in-12. — Seconde édition augmentée. *Besançon, Charmet,* 1782, in-8.

Ersch, « France littéraire », t. I, p. 127, attribue cette lettre à Élie BERTRAND, né à Orbe, en Suisse.

Lettre à M. le comte de Mirabeau, au sujet d'une brochure contre M. Lavater. (Par Fréd.-L.-Wilh.-Chr., landgrave DE HESSE-HOMBOURG.) *Frankfort,* 1786, in-4, 4 p.   A. L.

Lettre à M. le comte de Mirabeau... sur les dispositions naturelles, nécessaires et indubitables des officiers et des soldats français et étrangers, par un officier français (Marie-Joseph DE CHÉNIER). *S. l.,* 25 juin 1789, in-8, 27 p. — *Id.*, 38 p.

Lettre à M. le comte de Vergennes, du 21 février 1780. In-8.

L'auteur, E. CLAVIÈRE, s'est tué dans la Conciergerie en 1794. (Ersch, IV, p. 119.)

Lettre à M. le comte Lanjuinais... *Paris, Setier,* 1814, in-8, 2 ff. de tit., 55 p. et 1 f. d'errata.

Signée : M..... D... (Michel BENN).

Lettre à M. le comte Lanjuinais, pair de France, sur son ouvrage intitulé : « Appréciation du projet de loi relatif aux trois concordats ». Par un ami de la concorde (Joseph-Eléazar-Dominique BERNARDI). *Paris, A. Le Clère,* 1818, in-8, 48 p.

Lettre à M. le curé de..... (*Paris,* 1830), in-8, 8 p.

Datée du 14 août 1830 et signée J. L. (Jean LANOUDERIE). On trouve à la suite, pag. 6-8, une « seconde lettre à M. le curé de... », datée de *Paris,* le 6 septembre 1830. L'une et l'autre ont pour objet de justifier, d'après les autorités ecclésiastiques, la révolution de juillet et ses conséquences.

Voy. « Troisième Lettre, etc. »

Lettre à M. le curé de Lignière-la-Carelle, par un de ses amis (DAMOIS, ecclésiastique d'Alençon), sur les difficultés qu'excite sa « Réponse de la messe par les femmes, à une lettre anonyme ». *Amsterdam (Alençon, veuve Malassis),* 1778, in-4, 26 p.

Voy. l'art. « Réponse de la messe par les femmes » et « Supercheries », I, 313, *e*.

Lettre à M. le directeur des « Annales de la littérature et des arts ». 1828, in-8.

Cette lettre, extraite de la 110e livraison (t. XXXII) des « Annales », est signée : « Un abonné » ; elle est du comte A.-J.-F.-X.-P.-E.-S.-P.-A. DE FORTIA D'URBAN, et elle concerne la femme de Molière.

Lettre à M. le docteur Bard, sur Vienne en Dauphiné, par Joseph B... (BARD). *Lyon, Perrin,* 1832, in-8, 28 p.   D. M.

Lettre à M. le duc de Choiseul, sur le « Mémoire historique de la négociation entre la France et l'Angleterre ». (Par J.-B.-L. GRESSET.) 1761, in-12.
                         V. T.

Lettre à M. le général comte C*** (Chasseloup), par l'éditeur de l' « Essai sur quelques parties de l'artillerie et des fortifications » (le comte CHASSELOUP-LAUBAT lui-même).

Voy. ci-dessus, col. 283, *d*, et 404, *a*.

Lettre à M. Le Hardy de Beaulieu, représentant, par un officier général (GUILLAUME). *Bruxelles, E. Guyot,* 1865, in-8, 16 p.   J. D.

Lettre à M. le marquis d'Argence de Dirac. (Par VOLTAIRE.) *S. l.,* 24 auguste 1765, in-12, 8 p.

Lettre à M. le marquis de ***, sur l'éducation des jeunes militaires par rapport aux mathématiques. (Par J.-L. DUPAIN-TRIEL.) *Paris, Humaire,* 1772, in-8.

Lettre à M. le marquis de ***, sur la « Mérope » de M. de Voltaire, tragédie. (Par F.-A. AUBERT DE LA CHENAYE DES BOIS.) 1743, in-8, 22 p.

Il existe une autre édit. sous le titre de « Lettre sur la « Mérope » de Voltaire et celle de Maffei ». Voy. ces mots.

Lettre à M. le marquis de ***, sur le livre intitulé : « les Soupirs de l'Europe », etc., écrite en octobre 1712. (Attribuée à l'abbé Melchior DE POLIGNAC.) In-12.

Lettre à M. le marquis de Dangeau, sur une prétendue médaille d'Alexandre, publiée par M. de Vallemont (par C.-C. BAUDELOT DE DAIRVAL), où l'on traite plusieurs matières curieuses d'antiquité. *Paris, Pierre Cot,* 1704, in-12.

Cette lettre a été suivie de deux autres.

Lettre à M. le marquis de Latour-Maubourg, ministre de la guerre, sur les espérances des officiers de toute arme et de tout grade en non-activité; par G. T*** L*** (G. TOUCHARD-LAFOSSE), auteur de plusieurs écrits sur les intérêts de l'armée. *Paris, Mongie jeune,* 1820, in-8, 14 p.

Lettre à M. le marquis de Lauriston, ministre de la maison du Roi, sur l'état actuel de la scène française et sur les réformes qu'elle nécessite, par un comédien (Pierre-Victor, LEREBOURS). *Paris, Ponthieu,* 1822, in-8, 26 p.

Lettre à M. le marquis de Ximenès, sur l'influence de Boileau en littérature. *Amsterdam et Paris, Royez,* 1787, in-8, 52 p.

Signée : Le chevalier DE *** (le chevalier Mich. CUDIÈRES DE PALMÉZEAUX).

Lettre à M. le marquis Voyer-d'Argenson, en réponse à ses principes politiques. Par M. L. DE B. B*** (L. DE LA BORDÈRE). *Paris, imp. de Dezauche,* 1834, in-8, 55 p.

Lettre à M. le ministre des finances sur le monopole des assurances au profit de l'Etat, par *** (Théodore ENGELS). *Anvers, de Cort,* 1847, in-8, 24 p.   J. D.

Lettre à M. le président de ***, sur le globe aérostatique, sur les têtes parlantes et sur l'état présent de l'opinion publique à Paris. (Par le comte Ant. DE RIVAROL.) *Londres et Paris, Cailleau,* 1783, in-8.

Lettre à M. le président de l'Académie R. des inscriptions et belles-lettres, sur le projet de réduire le nombre des académiciens. *Paris, Debausseaux,* 1823, in-8, 8 p.

Signée : A. M. H. B. (A.-M.-H. BOULARD).

Lettre à M. le rédacteur de la nouvelle édition du « Dictionnaire de Trévoux ». (Par l'abbé Jos. DU MASBARET.) *Amsterdam et Paris, Clousier,* 1777, in-8, 36 p.

L'abbé DU MASBARET attribuait cette nouvelle édition à l'abbé Brillant, nom tout à fait inconnu dans la république des lettres.

Lettre à M. le rédacteur du « Globe », au sujet de la prétendue ambassade en Russie de Ch. de Talleyrand. (Par le prince Alex. DE LABANOFF DE ROSTOFF.) *Paris, Didot,* 1828, in-8.

Lettre à M. le rédacteur du « Journal de la Somme », sur les travaux du chemin de fer dans la ville d'Amiens. *Amiens, imp. d'Alf. Caron,* 1846, in-4, 12 p.

L'auteur de ce mémoire, M. Charles DUFOUR, n'était pas partisan de l'établissement du chemin à ciel ouvert, mais dans les anciens fossés de la ville. Il combattit d'une manière assez vive les projets de l'administration, ce qui lui attira quelques désagréments.

Lettre à M. le rédacteur du journal « le Nord », affaires de Pologne. (Par J.-B. OSTROWSKI.) *Paris,* 1858, in-8.

Lettre à M. le vicomte de Chateaubriand, par un garde national qui ne l'estime guère et ne l'aime pas (NOURTIER, ancien notaire, à Nonancourt). *Paris,* 1831, in-8.

Lettre à M. Lesb......:. (Lesbroussart). Par M. R. (M. ROUILLÉ). S. l. n. d., in-8, 7 p.

Voy. « Supercheries », III, 287, c.

Lettre à M. Louis Riccoboni, au sujet de celle qu'il a écrite à M. Muratori, touchant la nouvelle comédie de M. de La Chaussée. (Par L.-A. DU PERRON DE CASTÉRA.) *Paris,* 1737, in-12.

Lettre à M. Marmontel, par un déiste converti (Marc-Ant. REYNAUD, curé de Vaux, diocèse d'Auxerre). 1767, in-12.

Note manuscrite trouvée sur un exemplaire dans la bibliothèque de MM. Desprez de Boissy.

Lettre à M. Marmontel, sur sa tragédie d' « Aristomène ». (Par Ch. PALISSOT.)

Voy. ci-dessus, « Lettre à M. de M. », col. 1104, a.

Lettre à M. Matthyssens, sur les chambres de commerce et le conseil d'Etat, par un houilleur (Charles SAINCTELETTE, avocat à Mons). *Bruxelles, Decq,* 1852, in-8, 45 p.   J. D.

Lettre à M. Mercier, bibliothécaire de Sainte-Geneviève. (Par TRÉBUCHET.) 1765, in-12.

Lettre à M. Mille, auteur de l' « Abrégé chronologique de Bourgogne ». (Par Claude JOURDAIN.) 1771, in-8.

Lettre à M. Millin... pour servir de suite aux Observations sur une monnaie impériale du XIIIᵉ siècle. (Par P.-L. BAUDOT.) *Dijon*, 1810, in-8.

Les « Observations » ont été imp. dans le « Magasin encyclopédique », année 1808.

Lettre à M. Necker, sur « l'Importance des opinions religieuses ». (Par le comte Ant. DE RIVAROL.) *Berlin*, 1788, in-8, 24 p.

Rivarol a adressé, la même année, une seconde lettre à M. Necker sur la morale ; celle-ci a 44 pag. Elles ont été réimprimées toutes deux dans le tome II des « Chefs-d'œuvre politiques et littéraires de la fin du XVIIIᵉ siècle ». (Neuwied), 1788, 3 vol. in-8.

Lettre à M. Nollet, sur l'électricité. (Par Antoine LOUIS.) *Paris*, 1749, in-12.
V. T.

Lettre à M. Norberg, chapelain du roy de Suède Charles XII, auteur de l'histoire de ce monarque. (Par VOLTAIRE.) *Londres*, 1744, in-12, 14 p.

Lettre à M. Pagès, ou Observations modestes à l'auteur d'une nouvelle dissertation sur le prêt à intérêt. Par le traducteur de l' « Exposition de la morale chrétienne » (A.-M. FAIVRE). *Saint-Brieuc, Prud'homme*, 1821, in-8, 20 p.

Lettre à M. Palissot, l'un des auteurs du « Journal français », au sujet de la critique du livre intitulé : « les Incas », etc. (Par le P. Bernard LAMBERT, dominicain.) (1777), in-12, 51 p.

Note manuscrite.

Lettre à M. Palissot, sur le refus de ses « Courtisannes », par l'auteur de « l'Egoïste » (A.-J. DU COUDRAY). *Londres et Paris, veuve Duchesne*, 1775, in-12, 22 p.

Lettre à M. Poinsinet, sur la comédie du « Cercle » et autres sujets plus intéressants. (Par P.-J.-B. NOUGARET.) *S. l.* (1764), in-8.
V. T.

Permission tacite.

Lettre à M. R*** R. (Raoul Rochette)..., auteur des « Lettres sur quelques cantons de la Suisse ». (Par F.-J.-L. RILLIET DE CONSTANT.) *Paris et Genève*, 1820, in-8, 24 p.

Lettre à M. Racine, sur les spectacles en général, et sur les tragédies de Racine en particulier. (Par J.-J. LE FRANC DE POMPIGNAN.) *Paris, Chaubert*, 1755, in-12. — *Paris, de Hansy le jeune*, 1773, in-8, XII-84 p.

L'éd. de 1773 porte sur le titre : Par M. L. F. DE P***.

Lettre à M. Renouard, libraire, sur une tache faite à un manuscrit de Florence. (Par P.-L. COURIER.) (*Tivoli*), 1810, in-4, 23 p.

Lettre à M. Robillard-Péronville, éditeur du « Musée français », par un souscripteur (S.-C. CROZE-MAGNAN). *S. l.*, 1ᵉʳ août 1806, in-8, 22 p.

Lettre à M. Rouillé, contenant une relation de l'Egypte, de la Terre sainte, du mont Liban, etc., avec des réflexions. (Par VÉZIEN.) *Lisbonne*, 1702, in-12.

Catalogue manuscrit des Barnabites.　V. T.

Lettre à M. Rousseau. (Par DE CHARGEY.) *Rennes*, 1765, in-8.　D. M.

Lettre à M. Rousseau, sur l'effet moral des théâtres. (Par le marquis A.-L. DE XIMENÈS.) 1758, in-8, 30 p.

Lettre à M. Rousseau (J.-J.), sur la fête donnée en 1761 à l'occasion de l'exercice prussien introduit à Genève dans la milice bourgeoise. (Par J.-L. MOLLET.) *Genève*, 1761, in-8.　V. T.

Lettre à M. Secousse, de l'ancienne compagnie des censeurs royaux. (Par J.-F. BELLEMARE.) *Paris, Martinet*, 1818, in-8.

Lettre à M. Simon (par le P. Dom. BOUHOURS), au sujet des deux lettres du sieur de Romainville, écrites au P. Bouhours sur sa traduction françoise des quatre évangélistes. *S. l. n. d.*, in-12, 22 p.

Lettre à M. Thouret. Supplément au nᵒ 25 du « Journal de Paris ». (Par la marquise DE LONGECOURT.) 1785, in-4, 2 p.

Lettre à M. Treilhard, sur son projet de décret concernant les ordres religieux. (Par le P. Bernard LAMBERT.) *Paris, Leclère*, 1789, in-8, 16 p.

Lettre à M. Turgot (sur de Vaines). 1776, in-8.

Les « Mémoires secrets » de Bachaumont, t. IX, 2 février, attribuent cette lettre à BLONDE, avocat.

Lettre à M. Van Maanen, sur la responsabilité ministérielle. (Par Fr. TIELEMANS, président à la cour d'appel de Bruxelles.) *Bruxelles, Coché-Mommens*, 1827, in-8, 52 p.　J. D.

Lettre à nosseigneurs les archevêques et évêques de France, touchant la meilleure éducation que l'on puisse donner à leurs clercs. (Par J. ALLOTH DU DURANDO, prêtre du diocèse de Saint-Malo, prieur de la Lande.) *Paris*, 1701, in-12.

Lettre à Philopémènes, ou Réflexions sur le régime des pauvres. (Par SÉGUIER DE SAINT-BRISSON.) 1762, in-12.

Lettre à S. M. Napoléon, empereur des Français, sur l'acte additionnel aux constitutions de l'Empire, du 22 avril 1815. (Par C.-M. ROUYER.) *Paris*, 9 avril (lisez mai) 1815, in-8, 8 p.

Lettre à Sa Seigneurie le Lord comte de Moira, extraite d'un ouvrage en ce moment sous presse, et dont Sa Seigneurie a accepté l'hommage, contenant la démonstration d'une opération également utile aux pauvres et aux riches, par un homme depuis vingt ans cosmopolite (LA ROCQUE). *Londres, Schulz et Dean*, 1813, in-8.

D. M.

Lettre à S. A. R. monseigneur le duc de Brabant, par un Wallon (Adolphe BONNET). *Bruxelles, Lelong*, 1847, in-8, 9 p.

Cette lettre a été traduite en flamand par M. Victor Delecourt.   J. D.

Lettre à Son Altesse serenissime madame la duchesse du Maine, sur la victoire remportée par le Roi, à Lavfelt. Par M. DE V*** (VOLTAIRE). *Lyon, imp. d'Aymé Delaroche*, 1747, in-8, 8 p.

Lettre à S. Em. le cardinal Maury, sur son Mandement, pour ordonner qu'un *Te deum* soit chanté solennellement dans la métropole... Par L. M. D. L. M. F. (le marquis L. DE LA MAISONFORT). *Paris, Dentu*, 1814, in-8, 22 p.

Cette lettre avait été déjà publiée à Londres en 1813, à la suite du mandement du cardinal Maury.

Lettre à tous les membres du clergé, à tous les fidèles... sur la nécessité de rendre l'éloquence ecclésiastique à sa simplicité première... Par l'auteur de « Prêtre devant le siècle » (Ant. MADROLLE). *Paris, Beaujouan* (1837), in-8, 64 p.

Lettre à un abbé, sur l' « Année merveilleuse ». (Par VALDANCOURT, secrétaire de M. de La Chétardie.) *S. l.* (1748), in-4, 7 p.

Note de police de l'exempt d'Hemery, du 10 sept. 1749.

Lettre à un amateur de l'agriculture. (Par MAUPIN.) *Paris*, 1764, in-12.

V. T.

Lettre à un amateur de la peinture (par F.-C. JANNECK), avec des éclaircissements historiques sur un cabinet (de Dresde), et les auteurs des tableaux qui le composent; ouvrage entremêlé de digressions sur la vie de plusieurs peintres modernes (par C.-L. DE HAGEDORN). *Dresde, Conrad Walther*, 1755, in-8.

Lettre à un amateur, en réponse aux critiques qui ont paru sur l'exposition des tableaux. (Par C.-A. JOMBERT.) *S. l. n. d.*, in-12, 36 p.

Lettre à un ami, dans laquelle on rapporte le jugement qu'ont porté des Jésuites, le cardinal Le Camus, évêque de Grenoble, M. Le Tellier, archevêque de Reims, M. Bossuet, évêque de Meaux, et le cardinal de Bérulle. (Par C.-F. LE ROY, ex-oratorien.) 1762, in-12.

Lettre à un ami de province. (Par l'abbé Henri JABINEAU.) 1779, in-12.

L'auteur a publié une seconde et une troisième lettre la même année.

Ces lettres sont relatives à la dispute sur le sacrifice de la messe.

Lettre à un ami de province, sur la destruction des ordres religieux. (Par l'abbé Henri JABINEAU.) *S. l.* (1789), in-8, 1 f. de tit. et 26 p.

Lettre à un ami de province (par dom CH. CLÉMENCET), sur le désir qu'il témoigne de voir une réponse à la lettre contre « l'Art de vérifier les dates » et au journaliste de Trévoux. — Seconde lettre.

La 1re est datée du 18 nov. 1750, la 2e du 4 déc. Elles forment 24 pages in-4.

Voy. de Backer, 2e édit. in-fol., t. II, col. 1803.

Lettre à un ami du peuple, pour et contre les économistes et colbertistes; suivie d'une Relation des fêtes d'Ozouëre-la-Ferrière en Brie, sur le sacre du Roi. (Par J.-H. RONESSE.) *Amsterdam et Paris*, 1776, in-8.

Lettre à un ami, ou Considérations politiques, philosophiques et religieuses sur la révolution française... (Par Louis-Claude DE SAINT-MARTIN.) *Paris, Louvet*, an III, in-8.

Lettre à un ami (par Frédéric SPANHEIM), où l'on rend compte d'un livre (de Richard Simon) qui a pour titre : « Histoire critique du Vieux Testament », publié à Paris en 1678. *Amsterdam, Daniel Elzevier*, 1679, in-12.

Réimprimée à la suite de l' « Histoire critique », édition de *Rotterdam*, 1685, in-4.

Lettre à un ami, ou Notice sur le prêtre Rouvière. (Par P. BRUGIÈRE.) In-8, 12 p.

Lettre à un ami, sur l'exposition des tableaux faite dans le grand sallon du Louvre, le 25 août 1753. (Par P. ESTÈVE, de Montpellier.) *S. l.* (1753), in-12, 24 p.

Lettre à un ami, sur l'opinion de M. Treilhard, relativement à l'organisation du clergé. (Par G.-N. MAULTROT.) 1790, in-8.

Cette lettre a été suivie de deux autres.

Lettre à un ami, sur la dignité des curés et des chanoines, où l'on fait voir qui sont ceux qui représentent vraiment l'ancien presbytère, et qui tiennent le plus à la hiérarchie. (Par Claude SALOMON.) *Auxerre,* 1780, in-12, 120 p.

Lettre à un ami, sur la suppression de la charge de bibliothécaire du roi. (Par l'abbé B. MERCIER DE SAINT-LÉGER.) *En France,* 1787, in-8, 29 p.

Cette pièce a pour faux titre : « Suite à l'« An 1787 ». Voy. IV, 161, e.

Lettre à un ami, sur le rapport fait à l'Assemblée nationale au nom du comité ecclésiastique, par M. Martineau, député de la ville de Paris, sur la constitution du clergé, imprimé par ordre de l'Assemblée nationale. (Par G.-N. MAULTROT.) *Paris, Le Clère, s. d.,* in-8, 48 p. — Seconde lettre... *Id., s. d.,* in-8, 96 p.

Lettre à un ami, sur les arrêts du Conseil du 30 août 1777, concernant la librairie et l'imprimerie. (15 nov. 1777.) — Seconde lettre à un ami sur les affaires actuelles de la librairie. (21 janvier 1778.) — Troisième lettre à un ami, concernant les affaires de la librairie. (6 février 1778.) (Par l'abbé François-André-Adrien PLUQUET.) *S. l. n. d.,* in-8.

Lettre à un ami (par l'abbé Louis GUIDI), sur un écrit intitulé : « Sur la destruction des Jésuites en France, par un auteur désintéressé » (d'Alembert). (1765), in-12, 57 p.

Lettre à un ami, sur un monument public (la Madeleine). (Par Pierre DE COURT DE MONTAIGLON, m. à Paris, vers 1845.) In-4, avec 3 pl.

Ouvrage condamné.

Lettre à un ami, touchant la nouvelle confession de foi de Cyrille, soi-disant patriarche de Constantinople, nouvellement publiée, tant en latin qu'en françois. (Par Daniel TILENUS.) 1629, in-8, 32 p.

Lettre à un ami, touchant les sentences de M. l'official de Toul contre les curés de Veroncourt et de Lorrey. (Par dom Mathieu PETIT-DIDIER.) *S. l. n. d.,* in-8, 48 p. — Sec. édit. *Id.,* in-4, 27 p.

Le « Catalogue de la Bibliothèque nationale » (Histoire de France, t. VIII, pp. 658-9) indique sept autres brochures sur le même sujet.

Lettre à un Anglais, sur les moyens de l'Angleterre pour continuer la guerre. (Par DE LISLE, émigré français.) *Londres,* in-8.

Lettre à un conseiller du Parlement, sur l'écrit du P. Annat, intitulé : « Remarques sur la conduite qu'ont tenue les Jansénistes dans l'impression et la publication du Nouveau Testament imprimé à Mons ». (Par l'abbé LE ROY.) *S. l.,* 1668, in-4, 12 p.

Lettre à un curieux, sur des anciens tombeaux qu'on a découverts le 10 janvier 1697, sous le grand autel d'une église qui étoit autrefois l'église cathédrale d'Amiens. (Par Pierre DE L'ETOILE, abbé de Saint-Acheul.) (*Amiens,* 1697), in-4, 44 p.

Cette lettre a été condamnée par une ordonnance de M. Henri Feydeau de Brou, évêque d'Amiens, en date du 20 juillet 1697.
On trouve cette ordonnance dans la troisième partie de la « Bibliothèque volante », *Amsterdam, Pain,* 1700, in-12.

Lettre à un Député, sur la suppression des jeux de hasard. *Paris, imp. de Renaudière* (1818), in-4, 8 p.

Signée : S...... (SAMBARD).

Lettre à un député, sur les apanages. *Paris, imp. Porthmann,* 1814, in-8.

Signée : G.... (A.-C. GUICHARD), alors avocat aux conseils du roi, ci-devant avocat général du conseil de l'apanage de Monsieur.

Lettre à un diplomate, sur les « Mémoires du baron de Richemont ». (Par LIBRI BAGNANO.) *Bruxelles,* 1829, in-8.

Lettre à un docteur de la Faculté de Paris, sur les propositions déférées en Sorbonne, par M. Priou. (Par le P.-Ch. LE GOBIEN, jésuite.) 1700, in-12, 23 p.

Lettre à un docteur de Sorbonne, sur le sujet de plusieurs écrits, composez de la vie et de l'état de Marie des Vallées... (Par Ch. DU FOUR.) *S. l. n. d.,* in-4.
V. T.

Lettre à un docteur de Sorbonne, touchant le mémoire adressé à MM. les prélats de France, contre les Bénédictins. (Par le P. Denis DE SAINTE-MARTHE.) 1699, in-12.

Lettre à un docteur en théologie, par un de ses amis, au sujet de l'emprisonnement de M. Blache. (Par l'abbé BLACHE lui-même, suivant l'abbé Goujet, dans son catalogue manuscrit.) *S. l.* (1763), in-12, 93 p.

Lettre à un ecclésiastique du département du Gard, au sujet de celle que

M. l'évêque d'Alais a écrite à ses vicaires généraux, le 21 juillet 1790. (Par Pierre-Laurent LÉGER.) *Montpellier*, 1790, in-8.

Lettre à un électeur. (Par Louis-Antoine-Joseph DUVIVIER.) *Liége*, 1832, in-8, 23 p.
J. D.

Lettre à un évêque contre le fanatisme. (Par Charles-Emmanuel DE-CRUSSOL, duc D'UZÈS.)

Voy. Voltaire, « Lettres à l'auteur », du 28 janv. 1757 et 19 nov. 1760.

Lettre à un homme du vieux tems sur l'Orphelin de la Chine, tragédie de M. de Voltaire, représentée pour la première fois le 20 août 1755. (Par Antoine-Alexandre-Henri POINSINET le jeune.) *S. l. n. d.*, in-8, 15 p.

Lettre à un jeune curé. Avec l'examen critique d'une dissertation, sur l'objet des pseaumes, par l'auteur de la « Voix du pasteur », curé dans le diocèse de Lisieux. *Rouen, Laurent Dumesnil*, 1787, in-12.

La première édition de ce livre est entièrement anonyme, elle a été publiée en 1766. Les éditions parues depuis celle de 1787 portent l'indication du nom de l'auteur, ainsi conçue : « Par REGUIS, curé de Gap, ci-devant d'Auxerre ». Quérard a adopté cette attribution, mais M. Canel a consigné, dans le « Bulletin du Bouquiniste » de 1863, qu'il avait découvert un curé du Hamel (diocèse de Lisieux) du nom de REGAIS.
G. M.

Lettre à un journaliste à l'occasion du procès-verbal de la Faculté sur la vaccine. (Par M. LE MAÎTRE.) 15 octobre 1825, in-8, 8 p.

Lettre à un journaliste, sur les théâtres, par M. A. (Michel HENNIN). *Paris*, janvier 1849, in-8.

Lettre à un jurisconsulte hollandais, sur la réforme constitutionnelle des Pays-Bas, par un ancien député français (Louis VAN GOBBELSCHROY, ancien ministre de l'intérieur sous Guillaume Ier). *Paris*, 1839, in-8.

Cette brochure est excessivement rare. L'édition entière a été envoyée en Hollande, où elle a été détruite par le parti qui voulait la réforme constitutionnelle et dont l'un des agents était le libraire destinataire de l'édition.
J. D.

Lettre à un magistrat du parlement de Paris, au sujet de l'édit sur l'état civil des protestants. (Par l'abbé L.-B. PROYART.) *Avignon, Mérande*, 1787, in-8, 16 p.

Lettre à un magistrat sur la contestation actuelle entre les libraires de Paris et ceux des provinces. *S. l.*, in-8, 75 p.

Datée de Paris, 20 janvier 1778. Par Louis-Valentin DE GOEZMANN, d'après une note manuscrite contemporaine.

Lettre à un médecin de la province, au sujet d'une observation rare et intéressante sur les accidents survenus, seulement au bout de cinquante-quatre jours, en suite d'un coup reçu à la tête, qui n'avait occasionné aucun accident primitif. *Besançon, N. Couché* (1746), in-12, 83 p.

Signée : ATTHALIN.

Lettre à un membre de la Chambre des députés. 25 octobre 1816. (Par A.-F. DE FRÉNILLY.) *Paris, L.-G. Michaud*, 1816, in-8, 79 p.

Lettre à un ministre d'Etat d'un des plus puissants princes d'Allemagne, où il est prouvé... que l'âme de l'homme est immortelle. (Par DE LANGE, conseiller du roi de Prusse.) *Cologne*, 1682, in-4.

Placcius, Anon., 2406.

Lettre à un ministre protestant, au sujet d'une abjuration, par un prêtre du diocèse de Besançon (GRIZOT, directeur du séminaire). *Besançon, Daclin*, 1755, in-12, 48 p.

Lettre à un pair de France, sur les véritables moyens politiques d'augmenter et d'assurer le bonheur de la nation française. (Par le comte Ch. PASERO DE CORNELIANO.) *Paris, Delaunay*, oct. 1817, in-8, 72 p.

Lettre à un partisan du bon goût sur l'exposition des tableaux faite dans le grand salon du Louvre, le 28 août 1755. (Par L.-G. BAILLET DE SAINT-JULLIEN.) — Seconde lettre à un partisan du bon goût, sur l'exposition des peintures, gravures et sculptures, faite par Messieurs de l'académie royale, dans le grand salon du Louvre, le 28 août 1755. *S. l. n. d.*, in-12, 24 et 24 p.

Lettre à un père de famille, sur les petits spectacles de Paris, par un honnête homme (Nic.-Jos. SÉLIS). *Paris, Garnery*, 1789, in-8.

Lettre à un père spirituel, sur des affaires temporelles, par un croyant. *Bruxelles, Mertens et fils*, 1865, in-12, 15 p.

Cette brochure est attribuée, par M. Delecourt, à M. F. TINDEMANS, puis à M. V. WION.

Lettre à un prélat sur le refus que M. le cardinal de Noailles a fait de continuer ses pouvoirs aux Jésuites. *S. l.*, in-12, 35 p.

Datée du 28 nov. 1715, et signée ***, cette lettre est de l'abbé Bernard COUET.

Voy. « Supercheries », III, 789, c.

Lettre à un protestant sur la Cène du Seigneur, ou la divine Eucharistie, par un prêtre du diocèse de Besançon (l'abbé GRIZOT). *Besançon, Charmet*, 1767, in-12.

Lettre à un représentant sur la partie commerciale et maritime du nouveau projet de traité proposé à la conférence de Londres par le cabinet de La Haye. (Par le baron Osy, sénateur.) *Anvers, Vanderhey,* 1832, in-8, 32 p.   J. D.

Lettre à un seigneur d'Anjou accusé de tromper le peuple. (Par L.-M. La Réveillère-Lépaux.) *S. l.* (*Angers*), 28 fév. 1789, in-8, 11 p.

Signée : « les Associés pour la défense du peuple et l'instruction des paysans. »   L. D. L. S.

Lettre à un seigneur de la cour (par le P. Dominique Bouhours), sur la « Requeste présentée au roy par les ecclésiastiques qui ont été à Port-Royal ». *Paris, Sébastien Mabre-Cramoisy,* 1668, in-4 de 24 p. — Lettre à un seigneur de la cour, ou réponse au libelle intitulé : Recrimination des Jésuites. *Paris, veuve de Sébastien Mabre-Cramoisy,* 1690, in-12, 8 ff. et 67 p.

D'autres éditions portent le nom de l'auteur. Ces deux lettres ont été réimprimées dans le « Sentiment des Jésuites... » Voy. ce titre et de Backer, 2° édit., I, col. 807-8, n. 4; 817; n. 25.

Lettre à un seigneur étranger, sur les ouvrages périodiques de France, par M. l'abbé D. C. d'H***. (Par Edme Mentelle, suivant la « France littéraire » de 1769.) 1757, in-12, 53 p.

Lettre à un Suisse sur la nouvelle constitution helvétique, précédée de cette constitution, par A. L. (Adrien Lezay-Marnezia). *Paris, imp. de Rœderer,* an VI-1798, in-8, 63 p.

Lettre à une dame d'un certain âge, sur l'état présent de l'Opéra. (Par le baron d'Holbach.) *En Arcadie, aux dépens de l'Académie royale de musique,* 1752, in-8, 11 p.

Lettre à une dame de province, sur le pseautier, le Missel françois et l'instruction de M. Nicole sur la sainte messe. (Par le P. Blaise de l'Assomption, carme.) 1744, in-12.

Note manuscrite.

Lettre à une dame de province sur les dialogues d'Eudoxe et de Philanthe, de la manière de bien penser dans les ouvrages d'esprit. (Par le P. Dominique Bouhours.) *Paris, S. Mabre-Cramoisy,* 1688 ou 1689, in-12.

Lettre à une dame de qualité, où l'on examine jusqu'à quel point il est permis aux dames de raisonner sur les matières de religion. (Par le P. Gabr. Daniel, jésuite.). *Paris, Coignard,* 1715, in-8.

Réimprimée dans le Recueil de divers ouvrages de l'auteur. *Paris,* 1724, 3 vol. in-4.

Lettre à une dame, en réponse à ses questions sur quelques actes du gouvernement, concernant la religion et les prêtres ; par un habitant de l'Ouest, ami de la monarchie constitutionnelle et de l'ordre public (Letoudal, père). *Paris, Delaunay,* 1832, in-8, 16 p.

Lettre à une dame sur le culte que les catholiques rendent à Jésus-Christ, par un prêtre du diocèse (Grizot). *Besançon, Métoyer,* 1770, in-12.

Lettre à une illustre morte, décédée en Pologne depuis peu de temps, par l'auteur des « Caractères de l'amitié » (L.-A. Caraccioli). *Paris, Bailly,* 1770, in-12.

Lettre à une jeune dame nouvellement mariée. (Par l'abbé G.-F. Coyer.) *S. l.* (1749), in-4, 8 p.

Lettre à une jeune dame, sur l'inoculation. (Par J. Soret.) 1756, in-12.   V. T.

Lettre à une société d'amateurs prétendus. (Par C.-N. Cochin.) 1769, in-12.   V. T.

Lettre adressée à l'Observateur de Bruxelles par un Néerlandais (J.-D. Meyer). *La Haye,* 1815, in-8.   V. D.

Lettre adressée à Mgr l'évêque de Versailles...

Voy. l'art. « Quels sont les auteurs de Sophronius... »

Lettre adressée à monseigneur le Cardinal Légat (Jean-Baptiste Caprara), datée de Dijon le 2 septembre 1804, et signée Odèle de B***, née de Saint-Aubin. In-8, 34 p.

Cette lettre est partie de Toulouse, et non pas de Dijon. L'auteur n'est point Odèle de B***, mais M. Sébastien Lucnès, prêtre d'Albi, mort à Toulouse le 6 janvier 1823.

Lettre adressée à M. D. L. V., médecin du Roy, et doyen de la Faculté de Paris, sur l' « Apologie » du sieur Yvelin, médecin. (Par Maignart ; 2 janv. 1644.) *Rouen,* 1644, in-4, 5 p.

Lettre adressée à M. le marquis de Puységur, sur une Observation faite à la lune, précédée d'un système nouveau sur la mécanique de la vue, par M*** (Meltier, chirurgien à Trévoux). *Amsterdam,* 1787, gr. in-8.

Lettre adressée à M. P. Jurieu, touchant le règne de J.-C. sur la terre. (Par Henri, d'Anvers.) *Utrecht,* 1687, in-8.

Voir Placcius, Anon., n° 2168, a.

Lettre adressée à S. M. l'Empereur et

Roi sur la guerre actuelle, par un magistrat françois (POISSONNIER DE PERRIÈRES). *Londres*, 1795, in-8, 54 p.

Ersch, « Allgemeine Repertorium d. Litteratur ».

A. L.

Lettre adressée à S. Ex. le ministre de la marine et des colonies. (Par le bar. A.-R. ROUSSIN.) *Marseille, de l'imp. de Dubié*, 1820, in-8, 8 p.

Lettre adressée à un ami sur une brochure intitulée : « Cas de conscience ». (Par l'abbé DECOFRE.) *Bruges*, 1818, in-8, 36 p.   J. D.

Lettre adressée à un censeur royal sur la liberté de la presse, par M. M*** (L.-P. MANUEL). *Paris*, 1789, in-8.

Lettre adressée au roi, au nom des vrais citoyens de la ville de Rouen, à l'occasion de la pétition présentée dans le courant du mois de février dernier à l'Assemblée nationale, par la société dite des Amis de la Constitution, séante à Rouen, laquelle pétition a pour objet la destruction des maisons religieuses de cette ville. (Par M.-J.-A. BOIELDIEU.) *S. l. (Rouen)*, 1792, in-8, 24 p.

Lettre adressée de Rome à la reyne, mère du roi, traduite d'italien en françois, contenant utile admonition pour pourvoir aux affaires qui se présentent. *S. l.* (1563), in-8, 80 p.

Signée : Gio-Marco BRUCCIO, pseudonyme sous lequel s'est caché Jacques-Paul SPIFAME, ancien évêque de Nevers, et alors ministre réformé. Cette lettre se retrouve dans le t. IV de la nouv. édit. des « Mémoires de Condé », p. 442, et dans l'ancienne, t. III, p. 135.

Lettre amiable d'un Napolitain à l'abbé Lenglet du Fresnoy, par laquelle il est prié de corriger quelque endroit de sa géographie touchant le royaume de Naples. (Par D. Matteo EGITTIO, bibliothécaire du roi de Naples.) *Paris, Barrois*, 1738, in-12.

Cette lettre est écrite avec tant de science et de politesse, que l'abbé Lenglet adressa des remerciments à son censeur.

Lettre (la) anonyme, comédie en un acte, en prose, par MM*** (Charles-Maurice DESCOMBES, connu sous le nom de Charles MAURICE, Louis PONET et H. FRANCONI jeune). Représentée pour la première fois, à Paris, sur le théâtre de l'Ambigu-Comique, le 30 juillet 1823. *Paris, Quoy*, 1823, in-8, 32 p.

Lettre apologétique de l'auteur des « Paradoxes métaphysiques » au R. P. Berthier, jésuite, sur un article des « Mémoires de Trévoux ». (Par P. LE FEVRE DE BEAUVRAY.) 1756, in-12.

Lettre apologétique de l'auteur du « Voyage du monde de Descartes », accusé faussement dans un écrit intitulé : « le Roman séditieux du Nestorianisme renaissant », d'avoir fait le Nestorianisme renaissant, et d'en vouloir à M. Arnauld. (Par le P. Gabriel DANIEL.) 1693, in-16.

Lettre apologétique de l'Église de France, adressée au pape Pie VII (1803). (Par A.-J.-C. CLÉMENT, ancien évêque de Versailles.) *Londres, Cox*, 1803, in-4, 36 p.

Lettre apologétique pour la réformation de Luther, contre le P. Schefmacher, jésuite. (Par Jean-Henri LE MAÎTRE.) 1728, in-8.

Réimprimée à *Amsterdam* en 1737, à la suite des « Lettres » d'Armand de La Chapelle contre le même jésuite.

Voyez la « France littéraire », par Formey. *Berlin*, 1757, in-8.

Lettre au cardinal de Richelieu, contenant la relation de l'élection de sa personne pour l'abbé de Citeaux. (Par Jacq. LE BELIN.) *Dijon*, 1635, in-4. V. T.

Lettre au célèbre Camille des Moulins, sur l'inscription en faux qu'il a glissée, à la pag. 483 de son n° XXIV, contre une assertion de Pline le Nat., touchant le changement de sexe; suivie d'un post-scriptum, sur deux décrets très-peu pressants de la séance du 8 mai au soir, dans notre auguste Assemblée nationale. (Par l'abbé J.-Jos. RIVE.) *S. l.*, 1790, in-8, 15 p.

Lettre au citoyen Creuzé-Latouche... sur l'administration civile et financière de la république française. *Paris, A. Kœnig*, 1 prairial an VIII, in-8, 54 p.

Le titre de départ, p. 5, est : « Esquisse d'un plan de Constitution pour la république française. » La lettre d'envoi est signée : HIBERNICUS.

Une autre édit. de même date a une dédicace au premier Consul, signée James-Edward HAMILTON.

Lettre au comte de Bute, à l'occasion de la retraite de M. Pitt, traduite de l'anglois. (Par E.-J. GENET.) *Londres*, 1761, in-12.

Lettre au comte de L***, pour répondre à celle d'un Italien, au sujet des « Entretiens sur le newtonianisme », traduits par du Perron de Castera. (Par L.-A. DU PERRON DE CASTERA lui-même.) *Paris, Montalant*, 1739, in-12.

Lettre au conseil général de l'Eure. (Par A. GERMAIN.) *Paris, Dentu*, 1861, in-18, 53 p.

La 2e éd., *Paris, Dentu*, 1861, in-18, 53 p., porte le nom de l'auteur au verso du titre.

Lettre au « Courrier français » sur les Variétés du « Drapeau blanc » du 6 sept. 1821, par M. L***, étudiant en médecine (ROBOAM, interne des hôpitaux). *Paris, imp. de Constant-Chantpie,* 1821, in-8, 8 p.

Lettre au Directeur du « National » ou Examen des doctrines politiques du « National », du « Globe », de la « Gazette de France » et du « Journal des Débats ». (Par Benjam. GRADIS.) *Paris,* 1830, in-8.

Lettre au docteur Filangieri, 15 septembre 1786 (sur l'affaire des trois hommes condamnés à la roue, par M. le chevalier BIGOT DE SAINTE-CROIX). *Paris,* 1789, in-8.

Lettre au docteur Maty... sur les géants patagons. (Par l'abbé G.-F. COYER.) *Bruxelles (Paris),* 1767, in-12.

Lettre au P. Cyprien, capucin, où, pour le détourner du dessein d'apostasier, on lui représentoit ce qui s'étoit passé en sa présence dans une dispute entre un prêtre catholique et plusieurs ministres de la R. P. R. *Liége,* 1697, in-12.

L'auteur de cette lettre est Ernest RUTH DANS, chanoine à Bruxelles, qui a aussi publié « Réponse à l'examen d'une lettre écrite à un capucin qui a quitté la religion catholique », par l'auteur de cette lettre, *Bruxelles,* 1697, in-12. Cette « Réponse » est datée du 12 mars 1697. Dans sa « Lettre au P. Cyprien », Ruth Dans parle des écrits répandus contre l'édition pleine de fautes qu'on en avait faite d'abord.

                       (M. Boulliot.)

Lettre au peuple américain. Lettre au peuple suisse. (Par Félix PYAT.) *Bruxelles, Briard,* 1853, in-32, 14 p.   J. D.

Lettre au peuple français. (Par Félix PYAT.) *Bruxelles, Briard,* 1852, in-32, 32 p.   J. D.

Lettre au peuple français, sur la véritable conspiration du moment. Par M. R. Natalis (Natalis ROSSET). *Lyon, Rusand,* 1829, in-8, 2 ff. de tit. et 99 p.

Lettre au Peuple, ou Projet d'une caisse patriotique, par une citoyenne (Mme Olympe DE GOUGES). *Vienne et Paris, Maradan,* 1788, in-8, 31 p.

Lettre au président de l'Assemblée nationale, sur les avantages politiques à retirer du premier décret concernant les municipalités. (Par l'abbé J.-A. BRUN.) *Paris,* 1790, in-8.

Lettre au président de Ruffey, sur l'élection du comte de Clermont à l'Académie françoise. (Par l'abbé J.-B. LE BLANC.) 1753, in-4.   V. T.

Lettre au prince Léopold de Saxe-Cobourg, par l'auteur de la « Revue politique de l'Europe »... (P.-F.-X. BOURGUIGNON D'HERBIGNY). *Lille, Bronner-Bauwens,* 1831, in-8, 36 p.

Lettre au public. Par Main-de-Maître. *Francfort et Leipsick, La Haye, chez Van Laak,* 1753. — Seconde lettre au public. Par Main-de-Maître. (Par FRÉDÉRIC II, roi de Prusse.) *Berlin, E. de Bourdeaux,* 1753, in-8.

Il existe une troisième lettre, même année.

                       A. L.

Lettre au public, sur la mort de MM. de Crébillon... Gresset... et Parfaict... par l'auteur des « Anecdotes de l'empereur » (CHEVALIER, dit DUCOUDRAY). *Paris, Durand,* 1777, in-8.

Lettre au Rédacteur des « Annales de l'agriculture française », sur la conservation des grains. (Par DUSSEAUX-LEBRETHON, agriculteur.) *Saint-Omer,* 1813, in-8.

Catalogue Huzard, n° 1528.

Lettre au rédacteur des « Petites-Affiches de Valenciennes », sur l'arrondissement d'Avesnes. Réponse à « l'Hermite en province ». (Par GUILLEMIN.) *Valenciennes, Prignet, s. d.,* in-4.

Lettre au R. P. *** (Berthier), journaliste de Trévoux (sur le livre de l'« Esprit »). *Hollande* (1758), in-4, 8 p.

Le P. Berthier a réfuté cette lettre dans le « Journal de Trévoux » du mois de février 1759.

Lettre au R. P. Alexandre (dominicain) en faveur de l'auteur de la « Nouvelle réponse aux Lettres provinciales ». (Par le P. Gabr. DANIEL.) *(Rouen),* 1697, in-12.

L'auteur adressa dix lettres au même religieux sur la même matière, elles ont été réunies en un volume, et il en existe plusieurs éditions. Voy. de Backer, I, col. 1514 et 1515.

Lettre au R. P. Berthier, sur le matérialisme. (Par l'abbé G.-F. COYER.) *Genève (Paris),* 1759, in-12.

Cette lettre a été reproduite comme étant de DIDEROT dans la prétendue « Collection complète des œuvres philosophiques... de M. Diderot ». *Londres (Amsterdam),* 1773, 5 vol. in-8.

Lettre au R. P. Carayon, de la compagnie de Jésus. (Par Prosper LEVOT.) *Brest, impr. A. Anner, s. d.* (juin 1865), in-8, 12 p.

Catalogue de Nantes, n° 37436.

Lettre au R. P. D. S. G. D. L. D. C. (Saint-Genis, de la Doctrine chrétienne), sur les indulgences. (Par l'abbé Fr. JouBERT, de Montpellier.) 1759, in-12.

Lettre au roi. (Par B.-J. VAILLANT DE SAVOISY.) S. l. (19 mars 1791), in-8, 14 p.

Lettre au roi. (Par CHAUVIN-BELLIARD, avocat.) *Paris, Coniam*, 1829, in-4, 7 p.
D. M.

Lettre au roi, du 15 juin 1790, par l'auteur du « Tableau de la conduite de l'Assemblée prétendue nationale » (Ant. DE FERRAND.) *S. l. n. d.* (1790), in-8, 1 f. de tit. et 46 p.

Signée : Un Français royaliste.

Lettre au roi, sur la nomination aux emplois, aux fonctions, grades, magistratures civiles et militaires et sur les récompenses publiques. (Par Honoré-Hugues BERRIAT.) *Paris, Delaunay*, mai 1831, in-8, 2 f. lim., et 32 p.

Lettre au sujet de l'arrest du Conseil d'Etat du 22 mai 1720. (Par l'abbé Pierre GUÉRIN DE TENCIN.) *S. l.*, 1720, in-4, 8 p.
D. M.

Lettre au sujet de la découverte de la conjuration formée contre le roi de Portugal. (Par Rich. DE BURY, avocat.) *Paris*, 1759, in-12.

Lettre au sujet de la rentrée de la demoiselle Le Maure à l'Opéra, écrite à une dame de province, par un solitaire de Paris; avec une parodie de la quatrième scène du troisième acte de « Zaïre », et quelques pièces en vers sur le même sujet. (Par le chevalier J.-F.-J. DE NOEUFVILLE-MONTADON.) *Bruxelles*, 1740, in-12.

Lettre au T.-R. P. Abel-Louis de Sainte-Marthe... touchant la vie et la mort du Père François Lévesque... (Par l'abbé Jean-Paul BIGNON.) *(Paris), imp. de P. Le Petit*, 1684, in-12, 60 p.

Lettre au vicomte de ***, sur le respect que l'on doit avoir pour les lois. (Par Ernest GRILLE.) *Paris, imp. de Panckoucke*, 1816, in-8, 8 p.

Lettre au vicomte Palmerston, sur les affaires de Pologne (trad. de l'angl. de MONTAGUE-GORE). *Londres*, 1836, in-8.

Lettre aux agriculteurs, gros taillables et ménagers du diocèse de Montpellier, par deux propriétaires fonciers du diocèse de Montpellier (VIALARS et AUBARET). 1789, in-8.

Lettre aux alacoquistes, dits cordicoles, sur l'origine et les suites pernicieuses de la fête du sacré cœur de Jésus et de Ma-

rie. (Par Marc.-Ant. REYNAUD.) *Paris*, 1782, in-12, IX-106 p. — (Nouv. éd. publ. par Josse LE PLAT ou LE PLAET.) 1787, in-8.

La 1re éd. avait paru en 1781 sous le titre de « Lettre aux cordicoles ». Voy. ci-dessous, *e*, ces mots.

L'auteur a publié la même année une seconde lettre sur le même sujet.

On trouve, dans l' « Ami de la religion », 1823, tome XXXV, p. 59-64, une notice étendue sur l'abbé Reynaud, curé de Vaux, diocèse d'Auxerre, appelé REGNAULT par M. L. Asseline, dans la brochure qu'il vient de publier sous ce titre : « les Nouveaux Saints. I. Marie Alacoque et le Sacré-Cœur ». *Paris, O. Sagnier*, 1873, in-12, 48 p.

Lettre aux auteurs anonymes de l'ouvrage intit. : « Victoires, conquêtes, désastres, revers et guerres civiles des Francais », par l'auteur de la « Vie de Charette »... (U.-R.-T. LE BOUVIER-DESMORTIERS), pour faire suite à cet ouvrage. *Paris, Pélicier*, 1818, in-8, 2 f. de tit. et 134 p.

Lettre aux auteurs de l'Encyclopédie. (Par P.-Ch. JAMET.) 1750, in-8.

Lettre aux auteurs des « Mémoires pour l'Histoire des sciences et beaux-arts », sur la « Bibliographie instructive » de M. de Bure. (Par le P. Barth. MERCIER, depuis abbé DE SAINT-LÉGER.) 1763, in-8.

Cette lettre a été suivie de deux autres. On les trouve toutes trois dans le « Journal de Trévoux ».

Lettre aux auteurs du « Journal encyclopédique » au sujet de l'urne antique de plomb trouvée chez les Jésuites de Lyon. (Par L.-F. SOZZI.) 1763, in-12. V. T.

Lettre aux commettants du comte de Mirabeau. (Par A.-J.-M. SERVAN.) *S. l.* (1789), in-8.

Lettre aux cordicoles. (Par Marc.-Ant. REYNAUD.) *Avignon*, 1781, 42 p., in-12.

Réimprimée sous le titre de « Lettre aux Alocoquistes... » Voy. ci-dessus, col. 1129, *f*.

Lettre aux critiques de mon ouvrage intitulé : « des Femmes et de leurs différents caractères », par A. Alexandre F... (FAUCHEUX), simple particulier. *Paris, Delaunay*, 1818, in-8.   D. M.

Lettre aux députés, aux électeurs et aux Français en général, sur la folie, l'absurdité, la contradiction et l'inconstitutionnalité de la démarche politique du gouvernement, qui, contre l'esprit et le vœu formel de la Charte, soumet aux pairs la résolution du grand problème touchant la question de la modification de ce corps; par un ami de la liberté (M. FURLONG). *Paris, Garnier*, 1832, in-8, 35 p.

Lettre aux écrivains du temps présent, dont l'esprit, les lumières et les talents sont connus, par Ch. G*** (Ch. GAVET). *Paris, Dondey-Dupré* (1826), in-8, 8 p.

Lettre aux électeurs libéraux de l'arrondissement de Liége, par un vieux chrétien libéral (L. GÉRARD-JAMME, conseiller provincial). *Liége, Desoer,* 1866, in-12, 10 p.

Tirage à part du « Journal de Liége ». Ul. C.

Lettre aux Français sur l'histoire romaine. Les idées impériales, par *** (CAZALIS). *Bruxelles et Leipzig, Lacroix, Verbœckhoven et Cᵉ,* 1861, in-12, 65 p.

J. D.

Lettre aux Jésuites d'Angers, à propos de la Réplique au Discours de M. l'avocat général Belloc, par un père de famille angevin (Eugène TALBOT). *Angers, Cornilleau et Maige, imp.* (1844), in-8, 30 p.

Voy. « Supercheries », III, 70, e.

Lettre aux médecins sur l'abstinence de toute substance fermentée. (Par J.-B.-J. DOILLOT.) *Paris, A. Bertrand,* 1816, in-12, 148 p.

Lettre aux prédicateurs de la doctrine saint-simonienne (mission de l'Est). (Par PONSOT.) *Paris, Bricon ; Dijon, Popelain,* 1831, in-8, 68 p.

Lettre aux religieuses de la Visitation de Paris, sur la vie de la R. Mère Louise-Eugénie de Fontaine... (Par le P. Pasquier QUESNEL.) *S. l.,* 1693, in-12, 48 p.

Lettre aux religieuses de la Visitation du monastère de Paris, pour la justification des religieuses de Port-Royal... (Par le P. Pasquier QUESNEL.) 3ᵉ édition augmentée... (*Paris*), 1697, in-12, XXVIII-184 p. et 1 f. de table.

3ᵉ éd. considérablement augmentée de l'ouvrage précédent.

Lettre aux représentans... (Par A.-A.-F. PILEAU.)

Lettre aux représentants de la commune de Paris, sur les dangers de la défense qu'ils ont faite de publier des estampes et des écrits burinés sans l'approbation du censeur qu'ils ont nommé. (Par A.-L. MILLIN.) (*Paris*), *Lagrange* (1789), in-8, 7 p.

Lettre aux RR. PP. auteurs des « Mémoires de Trévoux », au sujet de la Lettre du R. P. Texte, dominicain, insérée dans le mois de février 1744. (Par l'abbé Henri PRÉVOST.) *S. l. n. d.,* in-12, 46 p.

Lettre circulaire à MM. les évêques de France, sur la solution de la question romaine. (Par Armand LÉVY.) *Paris*), *E. Dentu,* 1861, in-8, 31 p.   D. M.

Lettre circulaire au sujet de la mort de dom René Laneau, supérieur général de la congrégration de Saint-Maur. (Par dom Jean HERVIN.) *Paris, Vincent,* 1754, in-4.

Lettre circulaire de quelques membres du tiers état de Touraine à MM. les curés du diocèse, convoqués pour l'assemblée du 16 mars. (Par ROUILLÉ, curé de Veigné.) *S. l.* (1789), in-8, 8 p.

Lettre circulaire des prêtres de Port-Royal à MM. les disciples de saint Augustin. *Paris, Cramoisy,* 1654, in-4.

A la suite de l'ouvrage de Léonard DE MARANDÉ, intitulé : « Inconvéniens d'Etat, procédant du jansénisme. »

Pascal prouve, dans la quinzième de ses « Lettres provinciales », que cette circulaire a été fabriquée par les Jésuites ; Arnauld, dans le huitième volume de la « Morale pratique des Jésuites », démontre aussi la supposition de cette lettre. On peut voir encore ce qu'en dit dom Clémencet dans ses « Lettres à Morénas », édition de 1757, p. 538. C'est cependant cette lettre que Berger de Charancy, évêque de Montpellier, a publiée en 1740, comme une nouvelle découverte, avec des notes critiques de sa façon et une lettre pastorale de 40 pages in-4, qui sert de prologue à cette comédie.

Voy. « Anti-Phantôme du Jansénisme... », IV, 213, e, et ci-dessus, « Lettre à M. Berger de Charancy », col. 1097, e.

Lettre circulaire du chapitre de la sainte église d'Auxerre à l'occasion d'un baptême célébré en son église, le samedi saint, 15 avril 1786. (Par l'abbé DE VILLIARD, chanoine et pénitencier de la cathédrale d'Auxerre.) *Auxerre,* 1786, in-12, 32 p., et aussi in-4.

Lettre civile et honnête, à l'auteur malhonnête de la Critique de l'Histoire universelle de M. de V***, qui n'a jamais fait d'histoire universelle. Le tout au sujet de Mahomet. (Par VOLTAIRE.) *Genève,* 1760, in-12, 44 p.

On trouve une *notice* fort curieuse des premiers travaux de Voltaire sur l'histoire universelle, dans les pages 267 et suiv. du volume intitulé : « Lettres inédites de Mᵐᵉ la marquise du Châtelet ». Voy. ces mots.

Lettre confidentielle, adressée à un journaliste par un ami du roi, de la Charte et du repos (R.-J.-F. VAYSSE DE VILLIERS). *Versailles, imp. de la préfecture* (1828), in-8, 8 p.

Signée : Un de vos amis et abonnés.

Lettre confidentielle écrite par un chasseur involontaire de la garde nationale parisienne, à Louis-Philippe, roi des barricades. (Par L. DE LA CHASSAGNE.) *Paris*, 1833, in-8.   D. M.

Lettre contenant un récit abrégé de la vie sainte et de la mort édifiante de M. Pierre Sabatier, évêque d'Amiens, décédé le 20 janvier 1733. (Par Louis-Michel D'ARGNIES, depuis chanoine d'Amiens et grand vicaire.) *Amiens, C. Caron-Hubault*, 1733, in-4, 2 ff. lim. et 35 p.

Lettre contre le serment de 1790. (Par l'abbé BINARD, ancien professeur au collége de Navarre.) In-8, 24 ou 30 p.

On trouve à la fin un extrait de la réponse de l'ami à qui il écrit. (*Note manuscrite.*)

Lettre critique à M. de *** sur « Rhadamiste et Zénobie », tragédie de M. de Crébillon. (Par l'abbé J.-F. DE PONS.) *Paris*, 1711, in-12.

Lettre critique à M. l'abbé Lenglet Dufresnoy, auteur des « Tables chronologiques ». (Par l'abbé Joseph VALART.) (1744), in-8, 24 p.

L'abbé Valart se déclare l'auteur de cette critique dans l'avertissement qui précède son « Examen de la latinité du P. Jouvency, avec la Critique de Fréron, etc. » Il relève quatre-vingts fautes qu'il a aperçues dans deux pages du premier volume de l'abbé Lenglet, la cinquante-deuxième et la cinquante-troisième. L'abbé Desfontaines rendit de cette lettre un compte très-avantageux.

Les fautes reprochées à l'abbé Lenglet n'étaient que trop réelles; elles se trouvent corrigées dans les nouvelles éditions de ses « Tablettes ».

Lettre critique à M. S*** sur la tragédie de « Tancrède ». (Attribuée à Jean SAUVÉ, dit DE LA NOUE, comédien du roi.) 25 septembre 1760, in-8.   D. M.

Lettre critique d'Antoine VALISNIERI à l'auteur du livre de la « Génération des vers dans le corps de l'homme » (Nic. Andry), traduite de l'italien (par VERGY et non VERGÈS). *Paris*, 1727, in-12.

Lettre critique d'un officier hollandois (TERSON), sur l'histoire de Polybe, traduite par V. Thuillier. Imprimée à la suite de cet ouvrage. *Amsterdam*, 1774, in-4.

Lettre critique d'un religieux de Grandmont à un de ses confrères, sur le livre intitulé : « les Moines empruntés ». (Par l'abbé général Henri DE LA MARCHE DE PARNAC.) *S. l.*, 1697, in-8, 1 f. de tit. et 36 p.

Lettre critique d'une belle dame à un beau monsieur de Paris, sur le poëme de la bataille de Fontenoy. (Par VOLTAIRE.) 1745.

Voy. « Supercheries », I, 501, *c.*

Lettre critique de la pièce de Santeuil sur le P. Cossart : *Cossartii Tumulus.* (Par François CHARPENTIER, de l'Académie française.) *Paris*, 1675, in-12.

Voyez Moréri, article SANTEUIL.

L'abbé Dinouart dit que la réponse à cette lettre a été attribuée à Boileau.

Lettre critique de M.... (Bernard-Joseph SAURIN le fils) à M..... sur le Traité de mathématiques du P. C....: (Castel) et sur les extraits qu'il a faits, dans les journaux de Trévoux, des Mémoires de l'Académie des sciences de l'année 1725. *Paris, Martin*, 1730, in-4.

D'après le catalogue de Guérin et Delatour, 1758, in-18, p. 14, il faut joindre à cette lettre une réplique du même Saurin, sous le nom de Guyot, à la réponse du P. Castel.

Lettre critique de M. C.-G. S. (SCHWARTZ) à un ami en Angleterre, sur la zodiacomanie d'un journaliste anglais... *Paris, Migneret*, 1817, in-8, 40 p.

Voy. « Supercheries », I, 687, *c.*

Lettre critique de M. le chevalier *** à l'auteur du « Catéchisme des francs-maçons », avec un brevet de calotte accordé en faveur de tous les zélés membres de leur société. (Par Louis TRAVENOL.) *Tyr, Marcel Louveteau, rue de l'Échelle, à l'Étoile flamboyante, avec privilége du roi Hiram*, in-12, 38 p.

Lettre critique de M. le marquis D. à M. de Servandoni, au sujet du spectacle qu'il donne au palais des Tuileries. (Par P.-J. LE CORVAISIER.) 1754, in-8.

Lettre critique écrite à M. de *** sur le livre intitulé : « la Vie de M. de Molière. » *Paris, C. Cellier*, 1706, in-12, 44 p. et 1 f. d'approbation.

Attribuée à J. DONNEAU DE VISÉ.

Lettre critique et historique à l'auteur de la Vie de P. Gassendi. (Par l'abbé J.-P. DE LAVARDE.) *Paris, Fr. Hérissant*, 1737, in-12.

Lettre critique et historique touchant l'idée que les anciens avaient de la poésie et celle qu'en ont les modernes. (Par ANNEIX DE SOUVENEL.) *Paris*, 1712, in-12. — *Amsterd.*, 1718, in-12, x-194 p.

Bien que le titre soit au singulier, ce volume contient deux lettres.

Lettre critique, ou Parallèle des trois poëmes épiques anciens, savoir, l'« Iliade », l' « Odyssée » d'Homère et l' « Énéide » de Virgile, avec « la Ligue ou Henri le

Grand » de Voltaire. (Par DE BELLECHAUME.) *Paris, Le Gras,* 1724, in-8, 15 p.

Cette lettre a été suivie d'une seconde de 44 pages, laquelle renferme une critique du poëme de Voltaire; celle-ci est signée DE BELLECHAUME.

A. POUDEAU DE BELLECHAUME avait publié précédemment quelques pièces de vers.

Catalogue manuscrit de l'abbé Goujet.

Lettre critique sur l'éducation. (Par C.-M. DE LA CONDAMINE.) *Paris, Prault père,* 1751, in-12.

Lettre critique sur l'éloquence et la poésie. (Par l'abbé P. DE VILLIERS.) *Paris, Colombat,* 1703, in-12, 27 p.

Lettre critique sur l' « Histoire des Indes » de l'abbé Guyon, par M. D. C. I. E. C. D. B. (J.-F. CHARPENTIER DE COSSIGNY, ingénieur en chef de Besançon). *Genève, Fabri et Barillot,* 1744, in-24.

Lettre critique sur l'Histoire navale d'Angleterre. (Par A.-F. BOUREAU DESLANDES.) 1752, in-12.

Lettre critique sur la comédie intitulée « l'Enfant prodigue, ou l'École de la jeunesse.» (Par And.-Guill. CONTANT D'ORVILLE.) *Paris, P. Ribou,* 1737, in-12, 41 p.

Lettre critique sur la « Fable des abeilles » de M. Mandeville. (Par J.-François DE LUC.) *Genève, Gosse,* 1746, in-12.

Lettre critique sur la nouvelle salle dés Français. (Par J.-A. DULAURE.) *Amsterdam et Paris, Camusat,* 1782, in-8, 8 p.

« Premier ouvrage que j'ai fait imprimer; il a été annoncé favorablement dans les Petites-Affiches; l'édition a été vendue en huit jours. » (Note écrite de la main de M. Dulaure, sur un exemplaire de cette brochure.)

Lettre critique sur la nouvelle tragédie d' « Œdipe » (de Voltaire, par le P. Melchior DE FOLARD, jésuite). *Paris, Maugé,* 1719, in-8.

Note manuscrite d'un contemporain.

On donne aussi cette lettre au P. ARTHUYS, jésuite.

Lettre critique sur la tragédie de « Semiramis ». (Par DESFORGES, clerc de procureur.) *S. l. n. d.,* in-8, 30 p.

Lettre critique sur le « Dictionnaire » de Bayle. (Par l'abbé L.-J. LE CLERC.) *La Haye,* 1732, in-12.

Lettre critique sur le livre intitulé : « le Dessinateur pour les étoffes d'or, d'argent et de soie » (de Joubert de l'Hiberderie, par Fr.-L. CIZÉRON-RIVAL). 1766, in-12.
V. T.

Lettre critique sur le premier volume de l' « État présent de la république des

Provinces-Unies. » (Par Jean ROUSSET.) *Liége (La Haye),* 1729, in-12. V. T.

Lettre critique sur les acteurs et actrices des trois spectacles de Paris à M. Garick. (Par Ange GOUDAR.) *La Haye,* 1760, in-12.

Lettre critique sur les ouvrages du temps, ou Gazette littéraire à Mᵐᵉ la comtesse D. M. Par M. L. D. B. (l'abbé DE BELMONT, c'est-à-dire par l'abbé Anthelme DE TRICAUD). *Paris, Grou,* 1703, in-12.

Lettre critique sur notre danse théâtrale, par un homme de mauvaise humeur (L. LAUS DE BOISSY, fils de l'académicien). *Paris,* 1774, in-8.

Lettre critique sur « Philomèle », tragédie nouvelle, mise en musique. (Par RAIMOND, auteur du « Dialogue des Dieux ».) *Paris, P. Ribou,* 1705, in-12, 22 p.

Lettre critique sur Rossini. (Par A.-H. PAPILLON.) *Paris, Trouvé,* in-8, 8 p.
D. M.

Lettre d'A. S. L. (A.-S. LAZAROTTI, ancien maire de Bastia), capitaine de la garde nationale, à ses concitoyens (23 octobre 1830). *Bastia, typ. Fabiani,* in-4, 2 p.

Lettre d'Adélaïde de Lussan au comte de Comminges. (Par L.-J.-B. SIMONNET DE MAISONNEUVE.) *Paris,* 1781, in-8.
V. T.

Lettre d'Alcibiade à Glycère, bouquetière d'Athènes, suivie d'une lettre de Vénus à Pâris et d'une épître à la maitresse que j'aurai. (Par C.-J. DORAT.) *Genève et Paris,* 1764, in-8. — 1768, in-8.

Lettre d'Ariste à Cléonte, contenant l'apologie de l'Histoire du temps ; ou la défense du royaume de coqueterie, revu et corrigé par l'autheur (l'abbé F. HEDELIN D'AUBIGNAC). *Paris, P. Bienfait,* 1660, pet. in-12, 120 et 63 p.

Le privilége au nom du S. A. D. est daté du 15 janvier 1656.

L'apologie ou Lettre d'Ariste est signée L. D.

Voy. ci-dessus, « Histoire du temps », col. 795, a.

Lettre d'avis à messieurs du Parlement de Paris, écrite par un provincial (Jean BEAUDEAU, marquis DE CHANLEU). *Paris,* 1649, in-4, 38 p.

Lettre d'Héloïse à Abailard. (Par Nicolas REMOND DES COURS.) *Amsterdam, P. Chayer (Rouen),* 1695, in-12.

Voy. mon « Examen critique des Dictionnaires historiques », au mot HÉLOÏSE, et ci-dessus, « Histoire d'Eloïse et d'Abélard », col. 656, c.

Lettre d'Héloïse à Abailard, traduction libre de M. Pope, par M. C*** (Ch.-P. Collardeau). *Au Paraclet*, 1758, in-8.

Lettre d'Ovide à Julie, précédée d'une lettre en prose à Diderot. (Par le marquis Masson de Pezay.) 1767, in-8.

Lettre d'un abbé à M. Arnauld sur le sujet de celle qu'il a écrite à une personne de condition. *S. l.* (1655), in-4, 7 p.

Signée : P. C. (l'abbé Tronson).

Lettre d'un abbé à un abbé, sur la conformité de S. Augustin avec le concile de Trente, touchant la possibilité des commandemens divins. (Par M. de Bourzeis.) *S. l. n. d.*, in-4, 3 ff. lim., 76 et 46 p.

Lettre d'un abbé à un académicien, sur le discours de M. de Fontenelle, au sujet de la question de la prééminence entre les anciens et les modernes. (Par l'abbé Henri Favier du Boulay.) *Paris, Coignard*, 1699, in-12. — *Rouen, Hérault*, 1703, in-12.

Lettre d'un abbé (l'abbé de Sainte-Marthe) à un évêque, sur la conformité de S. Augustin avec le concile de Trente dans la doctrine de la grâce. *S. l.*, 1649, in-4, 4 ff. lim. et 78 p. — 2° éd. *S. l.*, 1650, in-4, 2 ff. lim. et 84 p.

Lettre d'un abbé (l'abbé Gabriel Girard) à un gentilhomme de province, contenant des observations sur le stile et les pensées de la nouvelle tragédie d'Œdipe et des réflexions sur la dernière lettre de M. de Voltaire. *Paris, Joseph Mongé*, 1719, in-12.

Lettre d'un abbé de Vienne (l'abbé L.-Séb. Jacquet de Malzet) à un de ses amis à Pétersbourg, sur l'électrophore perpétuel. *Vienne*, 1776, in-8.   V. T.

Lettre d'un abbé régulier, sur le sujet des humiliations et autres pratiques de religion. (Par l'abbé A.-J. Lebouthillier de Rancé.) *Paris, Coignard*, 1677, in-12.

Lettre d'un académicien à un seigneur de la cour, à l'occasion d'une momie apportée d'Egypte. (Par Claude-François Ménestrier.) *Paris*, 1692, in-4, 16 p. — Deuxième lettre. 1692, 13 p.

Voy. « Supercheries », I, 172, e.

Lettre d'un académicien de province à MM. de l'Académie françoise (sur la tragédie de Catilina de Crébillon, par Ch. du Molard-Bert). 1749, in-12.

Lettre d'un actionnaire du Waux-Hall de Mons (Adolphe Dumont) à un actionnaire de ses amis. (*Mons, Thieman*, 1864), petit in-4, 6 p.   J. D.

Lettre d'un agent de change à ses confrères. (Par J.-P. Pagès.) *Paris, imp. de Bailleul aîné*, 1818, in-8, 20 p.

Lettre d'un Allemand à un Français, ou considérations sur la noblesse ; par M. M... (Martineau). *Paris, Testu*, 1808, in-8.

Réimprimée la même année avec le nom de l'auteur.

Lettre d'un amateur à un médecin de province aspirant à l'honneur d'être correspondant de la Société royale de médecine (31 août 1779). (Par Le Preux.) *S. l. n. d.*, in-8, 8 p.

Lettre d'un amateur des beaux-arts (Gaspard Michel, plus connu sous le nom de l'abbé Le Blond, de l'Académie des inscriptions et belles-lettres). 1790, in-8, 10 p.

Cette lettre a pour objet le *Saint-Alype* de Caffieri.

Lettre d'un Américain aux citoyens français sur la représentation. (Par M. de La Chaise.) 1789, in-8.

Noté ms. de l'abbé Morellet.

Lettre d'un ami (l'abbé Massillon) à l'auteur de la « Dissertation sur la nature et l'essence du saint sacrifice de la Messe » (l'abbé Pelvert). (1779), in-12.

Lettre d'un ami à M. Necker. *S. l. n. d.*, in-8, 16 p.

Par J.-M. Augeard. Voy. p. 99 de ses « Mémoires secrets », publ. par M. Evar. Bavoux. *Paris*, 1866, in-8.

Réimprimée dans la « Collection complète de tous les ouvrages pour et contre M. Necker... », *Utrecht*, 1781, 3 vol. in-8, dont le Catalogue de la Bibliothèque nationale donne le détail, t. II, p. 465, n° 203.

Lettre d'un ami à un ami, sur les « honnêtetés littéraires » (de Voltaire, par C.-A. Nonnotte). 1767, in-8.

Lettre d'un ami à un ami, sur les *vœ* de l'Apocalypse du chapitre IX. (Par dom Hautman, bénédictin de Saint-Maur.) 1763, in-12.

Catalogue manuscrit de l'abbé Goujet.

Lettre d'un ami de la vérité à ceux qui ne haïssent pas la lumière, ou Réflexions critiques sur les reproches faits à la Société de Jésus relativement à la doctrine. (Par le P. Charles de Neuville.) *S. l. n. d.*, in-12.

Lettre d'un ami de la vérité (Philippe Baert, bibliothécaire du marquis de Chasteler), adressée à M. Paquot, au sujet de son supplément du *Generalis temporum notio*, nouvellement publié à Louvain, avec permission. *S. l.*, 1774, in-8.

Lettre (1re-5e) d'un ami de Leyde à un

ami d'Amsterdam sur l'exposé des motifs qui ont obligé le roi de Prusse à prévenir les desseins de la cour de Vienne. (Par L.-O. Marconnay.) *Berlin*, 1756-1760, 5 part. in-8.

Lettre d'un ami des hommes, ou Réponse à la diatribe de M. de V. (Voltaire) contre le clergé de France, par l'auteur du « Préservatif » (le P. Ch.-L. Richard, dominicain). *Aux Deux-Ponts, imprimerie ducale*, 1776, in-8.

Lettre d'un ami du sens commun à un Hollandais, docteur en médecine de la Faculté de Leyde, son ami, etc., au sujet de l'éloge de Benedictus de Spinosa, proposé par la Société hollandaise des beaux-arts et des sciences de Leyde, le 26 septembre 1807, pour le prix de l'éloquence de 1809. (Par Delouit, ancien oratorien, ensuite professeur au séminaire d'Amersfort.) *Utrecht*, 1809, in-8.

Lettre d'un ancien avocat aux conseils, à un de ses amis, au sujet du nouveau règlement et de ce qui s'est passé à cette occasion dans la compagnie des avocats au conseil. (Attribuée, suivant l'abbé Goujet, à M. d'Aguesseau, de Frène, fils du chancelier, aidé de M. de Romieu, avocat aux conseils.) *Paris, de l'imp. de Coignard*, 1739, in-12.

Lettre d'un ancien curé du diocèse de Paris à ses paroissiens. (Attribuée au comte E.-L.-H. Delaunay d'Entraigues.) *Londres*, 1807, in-8, 15 p.

Lettre d'un ancien docteur de Sorbonne à un magistrat. *S. l.* (1756), in-4, 6 p.

Signée : L. N. C. (le P. Bonhomme).

Lettre d'un ancien grand vicaire (Michel-Amant Clausel de Coussergues) à un homme du monde, sur l'écrit de M. de Lamennais. *Paris*, 1826, in-8, 74 p.

Voy. « Supercheries », I, 330, *d*.

Lettre d'un ancien lieutenant-colonel françois à M....... sur l'École royale militaire. (Par J.-B. Paris de Meyzieu.) *Middelbourg, F. Pontecaille*, 1753, in-12.— *Londres*, 1755, in-8.

Lettre d'un ancien magistrat à M. le vicomte de Chateaubriand, touchant l'abus de la représentation nationale. (Par Jean de Dieu Olivier.) *Paris, Bavoux*, 1820, in-8, 40 p.

Lettre d'un ancien munitionnaire des vivres des troupes du roi (de Dampierre de La Salle, mort en 1793). *La Haye*, 1777, in-8, 1 f. de tit., 190 et ix p.

Lettre d'un ancien officier breton à un gentilhomme de la même province, sur les troubles dont elle est agitée. (Par le P. Charles-Louis Richard, dominicain.) *S. l.* (1766), in-12, 11 p.

Lettre d'un ancien officier de la reine à tous les François, sur les spectacles. (Par Trebuchet.) *Paris*, 1759, in-12.

Lettre d'un ancien professeur de théologie de la congrégation de Saint-Maur, qui a révoqué son appel (dom Vincent Thuillier), à un autre professeur de la même congrégation, qui persiste dans le sien (dom Jean Gomaut). *Paris, P. Giffart*, 1727, in-12.

Dom Gomaut répondit, voy. « Réponse d'un professeur de théologie » ; dom Thuillier répliqua. On trouve des détails sur cette querelle dans l' « Histoire littéraire de la congrégation de Saint-Maur », p. 529.

Lettre d'un ancien sénateur à Timon. *La Presse et le Parlement.* (Par Elias Regnault.) *Paris, Pagnerre*, 1838, in-18, 79 p.

Lettre d'un Anglois à M***, sur la tragédie de « Venise sauvée ». (Par J.-B. Dupuy-Demportes.) *Paris, Berthier*, 1747, in-12.

Lettre d'un Anglais, à son retour en Angleterre d'un voyage en Italie, etc. Traduction de l'anglais, augmentée de notes pour servir à l'histoire du général Murat. (Par le comte Frédéric Dubourg-Butler.) *Londres (Paris)*, 1814, in-8.

D. M.

Lettre d'un Anglais à un Français sur la découverte du magnétisme animal, et observations sur cette lettre. (Par Sébastien Gérardin.) *Bouillon*, 1784, in-8, 24 p.

Lettre d'un Anglois (l'abbé J.-Novi de Caveirac) à un membre de la Chambre haute. *S. l.*, 1775, in-4, 10 p.

Voy. « Supercheries », I, 353, *b*.

Lettre d'un anonyme à feu M. de Beausobre, sur M. de Fénelon.

Dans la « Bibliothèque germanique », tome XLVI, p. 60.

Cet anonyme me paraît être l'abbé Jacq. Galet, qui a eu le bonheur de vivre pendant assez longtemps auprès de l'archevêque de Cambrai. Il le justifie très-bien au sujet d'une accusation de fanatisme, intentée fort légèrement contre ce grand homme par M. de Beausobre.

Cette lettre a été réimprimée en 1820 dans la « Correspondance de Fénelon », in-8, tome XI, p. 193.

Lettre d'un anonyme (E. Luzac), à M. Rousseau (sur le « Contrat social »). *Londres (Leyde)*, 1766, in-8.

L'auteur publia, l'année suivante, une seconde lettre (sur l' « Emile »). Voyez « Catalogue » de Van Goens, t. I, n° 1140.

Lettre d'un anti-philosophe de province (le comte L.-G. Dubuat-Nançay) à un journaliste de Paris, au sujet d'un fragment philosophique inséré dans la « Gazette de Leyde », n° 47. *S. d.* (1785), in-8.

Lettre d'un archer de la Comédie françoise à M. de La Chaussée, sur l'heureux succès de l' « École des mères », par un bel esprit du café Procope (J.-F.-A. Janvier de Flainville). *Paris*, 1744, in-12.

Lettre d'un armateur bordelais (Adolphe Chalès) à M. T. N. Bénard, rédacteur en chef du journal l' « Avenir commercial ». *Bordeaux, Suwerinck*, 1864, in-4, 12 p.

Lettre d'un Atlante aux Bretons. (Par de Beaucourt, avocat général). *S. l.* (1789), in-8, 14 p.

Lettre d'un aumônier de l'armée autrichienne. (Par le marquis J.-B. de Boyer d'Argens.)

Attribuée à tort à Frédéric II. Voy. Préface de l'édit. de ses « Œuvres ». *Berlin*, 1846, p. xi.

Lettre d'un avocat à un de ses amis sur l' « Onguent pour la brûlure ». (Par J. Barbier d'Aucour.) *S. l.* (1664), in-4, 8 p.

Lettre d'un avocat à un de ses amis, sur la signature du fait contenu dans le formulaire. (Par J. Barbier d'Aucour.) *S. l.* (1664), in-4, 24 p.

Lettre d'un avocat au défenseur du comte de Ch. (à M. de La Cretelle, qui avait pris la défense de l'infortuné comte de Sanois, en l'appelant le comte de Ch...). 1786, in-8.

Par C.-A. de Calonne. Cette lettre avait d'abord été attribuée à tort à J.-N. Moreau, historiographe de France.

Voy. « Supercheries », I, 417, c.

Lettre d'un avocat au parlement à un avocat de ses amis, touchant l'inquisition qu'on veut établir en France à l'occasion de la nouvelle bulle du pape Alexandre VII. (Par l'abbé Perrier et Antoine Le Maistre.) *S. l.* (1657), in-4, 8 p.

Cette lettre a été réimprimée dans la 7e éd. des « Provinciales ». *Cologne*, 1669.

Lettre d'un avocat au parlement (Gouye de Longuemare) à un conseiller au bailliage de Compiègne, sur les entreprises de la juridiction de la Prévôté de l'Hôtel contre les juges ordinaires... *S. l.*, 1758, in-12, 84 p.

Lettre d'un avocat au parlement de ** (Ant.-Sim. Lambert, avocat au parlement de Paris) à M. Albert, ci-devant lieutenant de police, aujourd'hui maître des requêtes,

sur le « Projet de traduire le droit romain », ou Réponse à la lettre de M. Albert, publiée contre le « Projet de traduire le droit romain ». *Paris*, 1787, in-8.

Lettre d'un avocat de Besançon au nommé Nonotte, ex-jésuite. (Par Voltaire.) 1767, in-8.

Voy. « Supercheries », I, 420, b.

Lettre d'un avocat de la cour (le P. Claude de Lingendes), à un conseiller du parlement de Rouen, sur ce qui s'est passé dans l'église de Saint-Paul, le 12 du mois d'avril 1654. *S. l. n. d.*, in-4, 8 p.

Lettre d'un avocat de Rouen à M. V., avocat au parlement de Paris, au sujet de feu l'abbé Desfontaines. (Par A.-G. Meusnier de Querlon.) *Paris*, 1746, in-12.

Lettre d'un banni (Libri-Bagnano) à Sa Majesté le roi de France. *Bruxelles, Voglet*. 23 avril 1825, in-8, vi-18 p.

Voy. la note que consacre à cet écrit M. de Reiffenberg dans le « Bulletin du bibliophile belge », t. III, p. 469 ; et Théod. Juste, « la Révolution belge de 1830 », *Bruxelles*, 1872, 2 vol. in-8, t. I, p. 153, 269-277, et t. II, p. 13 et 167.

Lettre d'un banquier à son correspondant de province. (Par François Véron de Forbonnais.) *S. l.*, 1759, in-4, 1 f. de tit. et 26 p. — *Lyon, imp. de J.-M. Bruyset*, 1759, in-12, 51 p.

Lettre d'un baron saxon, pour servir de réponse aux mémoires du ministre prussien. (Par l'abbé de La Coste.) 1757, in-12.

Il est probable que cette lettre est relative au « Mémoire raisonné... » (voy. ces mots), composé par le comte de Hertzberg, et publié en 1756.

Lettre d'un Belge à S. M. Louis XVIII, roi de France. (Par Ferraris, ex-inspecteur des contributions.) *Paris*, 1814, in-8.

G. M.

Lettre d'un bénédictin à monseigneur l'évêque de Blois touchant le discernement des anciennes reliques, au sujet d'une dissertation de M. Thiers contre la sainte larme de Vendôme. *Paris, P. de Bats*, 1700, in-8.

Signée : F. M. B. (dom Jean Mabillon).

Lettre d'un bénédictin de Franche-Comté à M. l'avocat général Séguier. (Par Voltaire.)

Voy. « Supercheries », I, 507, b.

Lettre d'un bénédictin, relativement à l'esprit des gloires du romantisme. *Paris, Dentu*, 1860, in-12, 8 p.

Première lettre d'une série de lettres nombreuses réunies sous le titre collectif de « Suite à l'éloge de la folie d'Érasme... » par un bénédictin (baron SIRTEMA DE GROVESTINS). *Paris, Dentu*, 1860-1865, 5 vol. in-12.

Cet ouvrage fait suite à « les Gloires du romantisme... » du même auteur. Voy. ci-dessus, col. 546, *c*.

Lettre d'un bénédictin (dom MERLE) sur une charte contenant les priviléges accordés par Clovis Ier au monastère de Réomans, aujourd'hui Moutier-Saint-Jean. 1771, in-8.

Lettre d'un Berruyer à propos de l'inauguration du chemin de fer d'Orléans à Bourges. (Extrait du « Journal du Loiret » du 14 juillet 1847.) *Orléans, Pagnerre*, in-8, 4 p.

Signée X. (Paul DUPLAN, avocat).

Lettre d'un bon Français au roi sur les administrations provinciales. *S. l. n. d.*, in-12, 22 p.

Réimprimée dans le t. III de la « Collection complète de tous les ouvr. pour et contre M. Necker... », *Utrecht*, 1781, 3 vol. in-8, dont le « Catalogue » de la Biblioth. nation. donne le détail, t. II, p. 465, nᵒ 293.

J.-M. AUGEARD s'en reconnaît l'auteur. Voy. p. 100 de ses « Mémoires secrets », publ. par M. Evar. Bavoux. *Paris*, 1866, in-8.

Lettre d'un Bourdelois à un de ses amis, au sujet de l'ouvrage de Lafiteau, intitulé : « la Vie et les Mystères de la très-sainte Vierge ». (Par le P. AYMAR, de l'Oratoire, et l'abbé Barthélemi DE LA PORTE.) 1759, in-12.

Lettre d'un bourgeois de Paris au Président de la République, touchant le projet de loi de M. de Falloux sur l'instruction publique. (Par Nic.-Louis ARTAUD, ancien inspecteur de l'Université.) *Paris*, 1849, in-18, 23 p.

Lettre d'un bourgeois sincère de la ville de Liége (DES CARRIÈRES, ministre de France à Liége), pour répondre aux sentiments imprimés sous le nom d'un franc et véritable Liégeois (par le baron de l'Isola, résident de l'empire à Liége). (*Liége*, 1674), in-4, 20 p. — Autre éd. *Liége, chez Jean bon Patriot, à l'enseigne de l'Aigle d'or*, in-12, 48 p. Ul. C.

Lettre d'un catholique à un ami protestant sur les raisons qui l'attachent à sa croyance, par un catholique (QUIRIN DE FLINES). *De l'imprimerie du Spectateur belge*, 1821, in-8, 38 p.

Lettre d'un catholique françoys (André MAILLARD) au roy de Navarre, pour l'induire à se retourner à l'Église apostolique et romaine. *S. l.*, 1586, in-8.

Il y a au moins deux éditions, l'une de 7, l'autre de 8 ff., signées : A. D. M., le catholique françois.

Lettre d'un chanoine à un de ses amis sur la proximité de la fin du monde. (Par l'abbé H.-M. RÉMUSAT.) *Marseille, imp. de Mme veuve Brebion*, 1819, in-12, 24 p. — *Avignon, Seguin*, 1835, in-12, 24 p.

Lettre d'un chanoine (Jean LE NOIR) à un évêque, sur la lettre de l'assemblée du clergé du 10 juillet dernier, au sujet de la régale... *Cologne, Eug. Vérité*, 1680, in-8. — *S. l. n. d.*, in-8.

Lettre d'un chanoine de l'église cathédrale de Noyon à un de ses confrères, au sujet de l'exemption du chapitre. *S. l.* (1754), in-4, 26 p.

Signée : *** (Louis-Claude DUCANDAS).

Lettre d'un chanoine pénitencier (P. DEDOYAR, ex-jésuite des Pays-Bas) à un chanoine théologal... 1785, in-8. — 20e édit. 1790, in-12.

Voy. « Supercheries », I, 694, *a*.

Lettre d'un chevalier de l'arquebuse de Châlons-sur-Marne (L.-Fr.-Xav. BESCHEFER), pour servir de supplément au « Mémoire » du baron de Van-Vert. In-8, 22 p.

Voy. « Mémoire en forme de lettre ».

Lettre d'un chevalier de Malte à M. l'évêque de *** (par le P. L. PATOUILLET, jésuite). *S. l.*, 1764, in-12, 62 p. — Nouv. édit. rev. et corrigée *S. l. n. d.*, in-12, 72 p.

Un arrêt du parlement de Rouen, du 7 févr. 1765, condamna cet écrit à être lacéré et brûlé.

Lettre d'un Chinois à un Belge. Réponse à M. Frère-Orban. (Par Eugène HUBERT, ancien notaire à Alençon.) *Bruxelles, Delavigne*, 1857, in-8.   D. M.

Lettre d'un chirurgien de Paris à un chirurgien de province, contenant un rêve singulier et quelques remarques sur l'excellence de la médecine moderne. *S. l.*, 1748, in-4.

Par P. MÉDALON et A. LOUIS, suivant une note manuscrite sur l'exempl. de la Bibliothèque nationale.

Lettre d'un citoyen belge (MOUREMANS, docteur homœopathe). *Bruxelles, tous les libraires*, 1830, in-8, 16 p.   J. D.

Lettre d'un citoyen de Bâle à un de ses amis à Neufchâtel. (Par P. OCHS.) 1781, in-8.   V. T.

Lettre d'un citoyen, en réponse au mémoire du chapitre Saint-André de Bordeaux, contre MM. les curés au sujet des fonts baptismaux. (Par François-Jacques-Thomas-Marie DE SAINT-GEORGES DE MONTMERCI.) *S. l.*, 1787, in-8.

Lettre d'un citoyen français, en réponse à lord Granville. (Par Bertrand BARRÈRE DE VIEUZAC.) *Paris, chez les marchands de nouveautés*, an VIII, in-8.

Lettre d'un clerc tonsuré de l'archevêché de Paris à Messeigneurs les archevêques et évêques, etc., qui ont signé la lettre au roi. In-4.

Cette lettre, suivie de dix autres, porte pour souscription : RENÉ, clerc tonsuré de l'archevêché de Paris. Baillet croit que le fameux Jean LE NOIR s'est caché sous ce masque.

Lettre d'un comédien de Lille sur la tragédie de « Mahomet » de M. de Voltaire. *Paris, Prault*, 1742, in-8, 14 p.

Cette lettre pourrait bien être de l'abbé CAHAGNE ; il avoue en avoir fourni le canevas. (Quérard, « Bibliographie voltairienne », n° 763.)

Lettre d'un comédien de Paris (J.-Fr.-Aug.-Janvier DE FLAINVILLE, avocat), au sujet d'un article des « Observations sur les écrits modernes ». 1742, in-12.

Lettre d'un comédien du théâtre de la République aux demoiselles Gros et Bourgouin, dont les débuts doivent suivre celui de Mlle Volnay. (Par C. COSTE D'ARNOBAT.) *Paris, Lerouge*, an IX-1801, in-8.

Lettre d'un comédien françois, sur l' « Histoire du Théâtre italien » de Riccoboni. (Par l'abbé P.-F. GUYOT-DESFONTAINES.) 1728, in-12.

Voy. « Supercheries », I, 769, a.

Lettre d'un conseiller communal (BRAAS) aux électeurs de Namur, à propos de son vote contre l'adoption des écoles des petits frères. *Namur, Misson*, 1844, in-8.
                              J. D.

Lettre d'un conseiller de Blois (Melchior DUPLEX, masque de PERDOUX DE LA PERIÈRE, d'Orléans) à un chanoine de Chartres, sur la « Bibliothèque chartraine » du R. P. Liron, bénédictin. 1719, in-12.

Lettre d'un cosmopolite, sur le réquisitoire de M. Joly de Fleury et sur l'arrêt du parlement de Paris du 2 janvier 1764, qui condamne au feu l'instruction pastorale de M. l'archevêque de Paris, du 28 novembre 1763. *Paris, chez Romain Constant*, 1765, in-12.

L'abbé FARDEAU, prêtre habitué, prêchant aux Carmélites du faubourg Saint-Jacques, a été arrêté le 30 mars 1765, comme soupçonné d'avoir eu part à cet ouvrage. La « France littér. », de 1769, attribue cette lettre à B.-L. VERLAC DE LA BASTIDE ; d'autres à l'abbé DAZÈS.

Lettre d'un curé (le P. François de Paule MARIETTE, de l'Oratoire), à un de ses confrères (à l'occasion du jubilé). *Orléans*, 1759, in-8.

Voy. « Supercheries », I, 814, e.

Lettre d'un curé catholique à une dame de sa paroisse qui s'est faite protestante. Par M. P., curé de N. (l'abbé POUGET, curé de Nérac). *Agen, impr. Noubel*, 1826, in-8, 32 p.

L'auteur est nommé dans une réponse intitulée : « Lettre à Mélanie, en réponse à celle d'un curé catholique... » par M. Pouget, curé de Nérac... Par Joel Audebez, ministre du saint Evangile, pasteur de l'Eglise réformée de Nérac. *Nérac, Galup*, 1826, in-8:
Il a publié avec son nom sur le titre : « Seconde lettre d'un curé catholique aux fidèles de son arrondissement », par M. Pouget, curé de Nérac, *Agen, imp. de P. Noubel*, 1826, in-8, 64 p., et « Réponse de M. Pouget... à M. Joel Audebez... » *Agen, imp. de Quillot*, 1826, in-8, 40 p.

Lettre d'un curé d'Avignon (l'abbé Marc-Antoine REYNAUD) à un curé de campagne, auteur de « la Constitution et la Religion parfaitement d'accord ». 1764, in-12, 49 p.

Lettre d'un curé de Paris à M. l'archevêque de Paris. (Par l'abbé L.-G. GUÉRET, curé de Saint-Paul.) S. l. (1755), in-12, 24 p.

Au sujet des refus de sacrements.

Lettre d'un curé de Paris à M. Saurin, au sujet de son écrit intitulé : « Etat de la Religion en France », en lui adressant le mandement du cardinal de Noailles et deux lettres d'un médecin touchant le miracle arrivé dans la paroisse de Sainte-Marguerite. 1725, in-12.

On a cru d'abord que cette lettre était de M. Goy, curé de Sainte-Marguerite ; elle est de Jacq. JUBÉ, curé d'Asnières, alors en Hollande.

Lettre d'un curé de Paris à un de ses amis, sur les vertus de Jean Bessard, paysan de Stains, près Saint-Denis. (Par Jean BRUTÉ, curé de Saint-Benoît.) *Paris, G. Desprez*, 1753, in-12, 48 p.

Lettre d'un curé de Rouen (Charles DUFOUR) à un curé de campagne, sur le procédé des curés de Rouen...

Voy. « Supercheries », I, 818, a, et ci-après, « Lettre d'un ecclésiastique de Rouen... », col. 1151, b.

Lettre d'un curé des départements réunis (l'abbé DUVIVIER), déporté à l'île de Cayenne, à ses paroissiens. *Bruxelles (Mons, Bocquet)*, 1802, in-8, 15 p.

Voy. la notice publiée par Hennebert d'après les notes de Delmotte, *Tournai, Hennebert*, 1840.
                              J. D.

Lettre d'un curé des Trois-Vallois (Jacques L'HERMITTE) à M. de Chaumont-la-

Galaizière, évêque et comte de Saint-Dié. *(Nancy), aoust* 1789, in-8.

Lettre d'un curé du diocèse de ***, à M. Marmontel, sur son « Extrait critique de la lettre de J.-J. Rousseau à d'Alembert ». (Par J.-F.-R. SECOUSSE, curé de Saint-Eustache de Paris.) *Paris*, 1760, in-8.

Lettre d'un curé du diocèse de Lyon (JACQUEMONT, curé de S.-Médard, dans le Forez) à Son Em. le cardinal Fesch, archevêque de Lyon, etc., sur la publication du nouveau catéchisme. *Paris, Égron*, 1815, in-12.

Lettre d'un curé (le P. François de Paule MARIETTE, de l'Oratoire), en réponse à son confrère, au sujet du jubilé. *(Orléans)*, 1759, in-12.

Voy. « Supercheries », I, 814, *e*.

Lettre d'un curé franc-comtois à MM. les gallicans du Rouergue et de la nouvelle Sorbonne, sur les affaires présentes. Juillet 1826. (Par l'abbé Fr. PÉLIER DE LA CROIX, aumônier du prince de Bourbon.) *Paris*, 1826, in-8, 40 p.

Voy. « Supercheries », I, 821, *a*.

Lettre d'un curé (P. BRUGIÈRE) sur le décret qui supprime le costume des prêtres. 1791, in-8.

Lettre d'un député de comité (le comte ORLOFF-DAVIDOFF) à M. le président de la commission de rédaction, aide de camp général Rostovzoff. *Paris, Guillaumin*, 1339, in-8, 47 p.   A. L.

Lettre d'un des chasseurs volontaires de Leyden en 1830 (le comte A.-N. DE SAINT-GEORGE) à ses anciens frères d'armes (écrite de Changins, en Suisse, le 23 juillet 1841). *La Haye*, août 1841. — Seconde lettre.... *La Haye*, 1831, in-8.   V. D.

Lettre d'un des plus anciens lieutenans de l'un des régimens du corps royal d'artillerie, à l'auteur de la brochure intitulée : « Observations ».

Voy. « Lettre en réponse aux observations... »

Lettre d'un disciple de la science nouvelle aux religionnaires prétendus saint-simoniens, etc. Par P.-C. R...x (Prosper-Charles Roux). *Paris*, 1831, in-8, 134 p.

Lettre d'un docteur à un de ses amis au sujet de « Bélisaire ». (Par Ambr. RIBALLIER.) 1768, in-12.

Voy. « Supercheries », I, 967, *a*.

Lettre d'un docteur catholique à une dame de condition, sur le sujet de celle qu'on a fait courir sous le nom de M. Ar-

nauld... (Par Louis ABELLY.) *Paris*, 1655, in-4, 21 p.

Signée : N. N.

Lettre d'un docteur de l'ordre de Saint-Dominique (le P. Noël ALEXANDRE) au R. P. Le Comte, confess. de Mme la duchesse de Bourgogne, sur son système de l'ancienne religion de la Chine. *Cologne*, 1700, in-8, 89 p.

Cette lettre a été suivie de six autres.

Pour cette interminable dispute avec les jésuites et sur les écrits qui y ont donné lieu, voy. les frères P.P. de Backer, « Biblioth. des écrivains de la C. de J. », 2e édit., t. I, col. 1349-1350, art. Comte (Louis Le)

                                                    A. L.

Lettre d'un docteur de la Faculté de Paris (P. WALLA, oratorien), à un jeune ecclésiastique de Lyon, au sujet d'un libelle (de l'abbé Pey) intitulé : « Observations sur la théologie de Lyon ». *S. l. n. d.*, in-12, 28 p.

Lettre d'un docteur de la Faculté de théologie (l'abbé Louis LE GRAND) au censeur royal, auteur des Notes, etc. *S. l. (Paris, 1769)*, in-8.

Cette lettre a été suivie de deux autres.

Lettre d'un docteur de Paris à un de ses confrères, ou Réflexions d'un patriote impartial sur quelques affaires du temps. (Par l'abbé BESSON, ci-devant de la verrerie de Sèvres.) *Paris, Cellot*, 1790, in-12.

Lettre d'un docteur de Sorbonne à l'auteur de « l'Essai historique et critique » sur les privilèges et les exemptions des réguliers (par Riballier). (Par le P. Ch.-L. RICHARD, dominicain). 1771, in-12.

Imprimée aussi à la suite de la « Dissertation sur les vœux » du même auteur ; voy. IV, 1086, *b*.

Lettre d'un docteur de Sorbonne (J. GERBAIS) à un bénédictin de la congrégation de Saint-Maur, touchant le pécule des religieux faits évêques ou curés. 1695, in-12. — Seconde lettre, 1696, in-12. — Troisième lettre. 1699, in-12.

Lettre d'un docteur de Sorbonne (Joseph LAMBERT) à un de ses amis sur le livre (de l'abbé Boileau) intitulé : *de Re beneficiariâ sub nomine abbatis Sidichembechensis. Paris*, 1710, in-12.

L'auteur publia l'année suivante une seconde lettre sur le même sujet.

Lettre d'un docteur de Sorbonne (Ch. WITASSE) à un docteur de la même maison, touchant le Système d'un théologien espagnol (Louis de Léon), sur la Pâque. » *Paris, P. de Nully*, 1665, in-12.

Voyez « Traduction du système d'un docteur espagnol ».

Lettre d'un docteur de Sorbonne (Hilaire Dumas) à un homme de qualité, touchant les hérésies du xviiᵉ siècle. *Paris*, 1708, in-12.

Lettre d'un docteur de Sorbonne (J. Gerbais) à une dame de qualité, touchant les dorures des habits des femmes... *Paris, F. Léonard*, 1696, in-12.   V. T.

Lettre d'un docteur de Sorbonne à une personne de qualité, sur le sujet de la comédie. (Par Jean Gerbais.) *Paris, C. Mazuel*, 1694, in-12, 127 p.

Lettre d'un docteur de Sorbonne (Nic. L'Herminier) sur la distinction qu'il faut admettre entre les attributs de Dieu. *Paris, F. Delaulne*, 1704, in-12.

V. T.

Lettre d'un docteur de théologie, contenant la réfutation d'un livre intitulé : « Vérités académiques » (de Godefroy Hermant), par C. T. C. T. (Charles Trappes, chanoine théologal, ex-jésuite). 1643, in-8.

Lettre d'un docteur en théologie (le P. François Chauchemer, jacobin) à Mⁱⁱᵉ ***, sur l' « Oraison funèbre de Mᵐᵉ Tiquet ». *Cologne, P. L'Enclume*, 1699, in-12.

Lettre d'un docteur en théologie (le P. L. Maimbourg, jésuite) à un de ses amis, sur la traduction du N. Testament imprimée à Mons. *S. l.*, 10 nov. 1667, in-4, 24 p.

Il y a une seconde lettre.

Lettre d'un docteur en théologie (le P. Le Tellier, jésuite) à un missionnaire de la Chine. *Paris, E. Michallet*, 1686, in-12.

D. M.

Lettre d'un docteur en théologie (Antoine Arnauld) à une personne de condition et de piété, sur le sujet de l'apostasie du sieur Jean Labadie ; du 1ᵉʳ mars 1651. In-4.

Lettre d'un docteur en théologie de l'université d'Ingolstadt (le P. Fr. Seedorf) à l'auteur d'un écrit allemand et traduit en françois, qui a pour titre: « Réponse aux douze lettres du P. Seedorf ». *Mannheim*, 1754, in-12.

Voy. « Supercheries », I, 974, c.

Lettre d'un docteur (Jacques Le Fèvre), sur ce qui se passe dans les assemblées de la Faculté de théologie de Paris. *Cologne*, 1700, in-12.

Cette lettre a été suivie de sept autres. La septième, qui est la meilleure, renferme une réponse à la préface du prétendu *journal* desdites assemblées, ce qui l'a fait désigner sous le titre d'*Anti-Journal*.

Voy. ci-dessus, col. 1033, *d*, et « Supercheries », I, 966, *d*.

Lettre d'un docteur sur le serment contenu dans le formulaire du pape. (Par Noel de La Lane.) *S. l.* (1665), in-4, 8 p.

Lettre d'un ecclésiastique à l'éditeur des « Œuvres » de messire Antoine Arnauld, docteur de la maison de Sorbonne. (Par le P. Louis Patouillet.) *Paris*, 1759, in-12, 24 p.

Lettre d'un ecclésiastique à M. H. Collin, laquelle servira d'éclaircissement aux fidèles touchant l'obligation d'assister aux paroisses. *Cologne (Liége)*, 1707, in-8, 82 ff.

Signée : F. R., de Charneux (Henrart, récollet, originaire du village de Charneux).

Lettre d'un ecclésiastique à son évêque, touchant la signature du formulaire de l'Assemblée du clergé. (Par Ant. Arnauld.) *S. l.* (1657), in-4, 12 p.

Lettre d'un ecclésiastique à un curé, où l'on expose le plan d'un nouveau bréviaire. (Par l'abbé Urb. Robinet.) In-4.

Lettre d'un ecclésiastique à un de ses amis. (Par Claude de Sainte-Marthe.) *S. l. n. d.*, in-4, 4 p.

Au sujet de Port-Royal.

Lettre d'un ecclésiastique à un de ses amis, sur le jugement qu'on doit faire de ceux qui ne croient pas que les cinq propositions soient dans le livre de Jansénius. (Par Antoine Arnauld.) *S. l. n. d.* (1657), in-4.

Lettre d'un ecclésiastique à un évêque. (Par l'abbé d'Etemare.) *S. l. n. d.*, in-4, 24 p.

Au sujet du diacre Pâris.

Lettre d'un ecclésiastique (le P. René Massuet, bénédictin) au R. P. E. L. J. (révérend père Émeric Langlois, jésuite), sur celle qu'il a écrite aux RR. PP. bénédictins de la congrégation de Saint-Maur, touchant le dernier tome de leur édition de saint Augustin. *Osnabruck*, 1697, in-12.

Au lieu de E.L. (Emeric Langlois), c'est J.-B. (Jean-Baptiste) qu'il faut ; cette erreur vient de ce qu'on a attribué la lettre contre l'édition de S. Augustin (voy. ci-après, « Lettre de l'abbé D***... ») au P. Emeric Langlois, autre jésuite qui vivait dans le même temps. Une autre édit. de la réponse de D. René Massuet parut à *Liége, chez J. Hoyoux*, 1700, in-12 de 219 p. Voy. de Backer, 2ᵉ édit. in-fol., t. II, col. 628.

Lettre d'un ecclésiastique (le P. Pasquier Quesnel) aux religieuses qui ont soin de l'éducation des filles, pour les exhorter à seconder les intentions du pape (Innocent XI), touchant les nudités. 1685, in-8.

V. Bayle, *Œuvres*, 1727, t. I, p. 549 et suiv. Des exemplaires portent la rubrique supposée : *Liége*.

Lettre d'un ecclésiastique de Flandre à un de ses amis, où l'on démontre l'injustice des accusations que fait M. de Meaux contre M. l'archevêque de Cambrai, dans un livre qui a pour titre : « Divers écrits ou mémoires » sur le livre intitulé : « Explication des maximes des saints sur la vie intérieure ». (Par le P. Jean Dez.) *Liége*, 1698, in-8.

Lettre d'un ecclésiastique de province à M. l'évêque de Blois. (Par le P. Bernard Lambert.) 1787, in-8.

Lettre d'un ecclésiastique de Rouen à un de ses amis, sur ce qui s'est passé au jugement du procès d'entre M. du Faur, abbé d'Aulney... (Par Charles Dufour.) *S. l.* (1657), in-4, 4 p.

Lettre d'un ecclésiastique de Troyes (Herluyson, chanoine de la cathédrale) à un de ses amis, sur l'incendie arrivé à l'église cathédrale de la même ville le 8 octobre 1700. *Troyes, C. Briden et J. Oudot*, 1700, in-4, 8 p.

Lettre d'un écuyer à la cour d'un prince bien expérimenté à un cavalier de qualité, qui contient des remarques nécessaires pour ceux qui ont fréquenté le manége, à l'égard de ce qu'ils doivent observer lorsqu'ils en sortent. (Par J.-E. Ridinger.) 1760, in-4.

Cat. Huzard, t. III, n. 4580.

Lettre d'un électeur du Finistère (D.-L.-O.-M. Miorcec de Kerdanet) à ses collègues. *Paris*, 1819, in-8.

Lettre d'un électeur liégeois (Théodore Fléchet) à M. Verhaegen aîné, à propos de la révision des listes électorales. *Liége, Desoer*, 1847, in-8, 68 p.

Extraite du « Journal de Liége ». Ul. C.

Lettre d'un émigré royaliste (le comte d'Antraigues) à l'auteur constitutionnel du « Coup d'œil sur la Révolution française ». *S. l.*, 1795, in-8.

Réimprimée à la suite du « Coup d'œil... » qui est du général Montesquiou. *Genève*, 1795, in-8.

Lettre d'un évêque (Honoré de Quiqueran de Beaujeu, évêque de Castres) à M. le marquis de La Vrillière, du 15 février 1721. *S. l. n. d.*, in-4, 3 p.

Lettre d'un évêque de France à un de ses collègues, sur la démission de leur siége. (Par L.-M. de Barral, évêque de Troyes.) *Paris, Mme Lami*, 1801, in-8. — 2° éd. *Id.*, 1802, in-8.

Lettre d'un fils parvenu à son père laboureur, qui a remporté le prix de l'Académie françoise en 1768. (Par le chev. de Lespinasse de Langeac.) *Paris, veuve Regnard*, 1768, in-8.

Lettre d'un Français (J.-P.-G. Viennet) à l'Empereur sur la situation de la France et de l'Europe, et sur la constitution qu'on nous prépare. *Paris, imp. d'Egron*, 1815, in-8, 32 p.

Lettre d'un Français à M. Pitt, ou examen d'un système suivi par le gouvernement britannique envers la France... *Paris, Dupont*, an VI-1797, in-8, 3 ff. lim. et 29 p. — Seconde lettre d'un Français à M. Pitt... *Id.*, in-8, 2 ff. de tit., II-60 p.

Signée L. A. P. (le baron L.-A. Pichon, sous-chef au ministère des relations extérieures, depuis conseiller d'État).

Lettre d'un François à un Anglois. (Par Ant.-Urb. Coustelier.) 1755, in-12.

Lettre d'un Français au Roi ; par M. P.-A. F*** (Paul-A. Fayolle). *Paris, imp. de Charles*, 1815, in-8, 11 p.

Voy. « Supercheries », II, 78, e.

Lettre d'un garçon barbier à M. l'abbé des Fontaines, auteur des « Observations sur les écrits modernes », au sujet de la maîtrise ès arts. *S. l. n. d.*, 1743, in-12, 23 p.

Signée : Zoilomastix, maître ès arts de B... et barbier à Paris. — Par J. Barbeu du Bourg.

Lettre d'un garçon de café au souffleur de la comédie de Rouen, sur la pièce des « Trois Spectacles » (de J.-D. Dumas d'Aiguebere, par lui-même). *Paris*, 1729, in-12. V. T.

Lettre d'un garde du roi, pour servir de suite aux « Mémoires » sur Cagliostro. (Attribuée à L.-P. Manuel.) *Londres*, 1786, in-12.

Lettre d'un Génois à son correspondant à Amsterdam, avec des remarques. (Par le chevalier Charles de Fieux de Mouhy.) *Génes (Paris)*, 1747, in-12.

Lettre d'un gentilhomme à un docteur de ses amis, pour savoir s'il est obligé de se confesser au temps de Pâques à son curé, ou d'obtenir de lui la permission de s'adresser à un autre confesseur, avec la réponse du docteur. (Par l'abbé J.-B. Girardin, curé de Mailleroncourt.) *Epinal, Claude-Anselme Dumoulin*, 1762, in-12.

Lettre d'un gentilhomme (F.-D. DE MORY D'ELVANGE) à un prince allemand, du mois de juin 1788. *S. l.*, in-8.

Catalogue Noël, n° 717.

Lettre d'un gentilhomme anglois à un de ses amis (sur la remise de Mardick et autres places entre les mains de Cromwel). (Par Guy JOLY.) *La Haye*, 1658, in-8

Lettre d'un gentilhomme bourguignon à un gentilhomme breton... (Par le vicomte de CHASTENAY SAINT-GEORGE.) *S. l.*, 1789, in-8, 27 p. — *Dijon*, 1791, in-8.

Lettre d'un gentilhomme catholique françois (Philippe DU PLESSIS-MORNAY), contenant breve Response aux calomnies d'un certain pretendu Anglois. *S. l.*, 1586, in-8, 84 p. — *S. l.* 1587, in-8, 71 p.

Lettre d'un gentilhomme de Provence (le P. VIDIAN DE LA BORDE, prêtre de l'Oratoire) à M. L. M. D., au sujet des lettres de M. de Marseille, contre les Pères de l'Oratoire. *S. l.*, 1721, in-12.

Cette lettre est une apologie de la conduite des PP. de l'Oratoire durant la peste contre les calomnies de M. de Belsunce de Castelmoron, évêque de Marseille.
(Catalogue de l'abbé Goujet.)

Lettre d'un gentilhomme de province à une dame de qualité, sur le sujet de la comète. (Par le P. C.-F. MENESTRIER.) *Paris*, 1681, in-4.

Lettre d'un gentilhomme de province au sujet de la tragédie d' « Inès de Castro ». (Par Philippe LE FEBVRE.) *Paris*, 1723, in-8.

Voy. « Supercheries », II, 159, *f.*

Lettre d'un gentilhomme françois à un de ses amis à Amsterdam, sur les desseins de Cromwell. (Par Samuel SORBIÈRE.) 1650, in-8.   V. T.

Lettre d'un gentilhomme françois au directeur de la « Gazette d'Utrecht », écrite de Varsovie le 22 novembre 1757. (Par L.-C. PYRRHYS DE VARILLE.) In-4.
       A. L.

Lettre d'un gentilhomme français (le comte DE SANOIS) sur la nécessité de la réforme de la justice criminelle. 1788. in-8.

Lettre d'un gentilhomme liégeois (le baron François-Paul DE LISOLA) à MM. de Liége ; avec la réponse d'un bourgeois de Liége au gentilhomme liégeois. *S. l.*, 1672, in-12, 92 p.

Cet écrit, dirigé contre la politique de Louis XIV, fut brûlé par la main du bourreau. Voy. « Bulletin du bibliophile belge », tome IV, p. 213.

Lettre d'un gentilhomme périgourdin (Charles-Honoré LE GALLOIS, sieur DE GRIMAREST) à un académicien de Paris, sur la réfutation de la « Grammaire italienne » de l'abbé Antonini, par M. de La Lande, interprète du roi, etc. *Paris, Claude Robustel*, 1730, in-12.

Lettre d'un gentilhomme polonois à M. Hennin, premier commis au département des affaires étrangères et secrétaire du Conseil d'Etat de France... (Par L.-C. PYRRHYS DE VARILLE.) *Varsovie* (1789), in-8.   A. L.

Lettre d'un gentilhomme polonais (Alexandre WIELOPOLSKI) sur les massacres de Gallicie, adressée au prince de Metternich, à l'occasion de sa dépêche circulaire du 7 mars 1846. *Paris, J. Renouard*, 1846, in-8.

Dans une brochure écrite par Louis Mieroslawski, ce dernier attribue faussement à Titus Dzialynski la « Lettre d'un gentilhomme polonais ».

Lettre d'un habitant de Berlin à son ami à La Haye. (Par Guillaume DE MOULINES.) *Berlin*, 1773, in-8.

Cette lettre est relative au fameux passage sur Frédéric II, roi de Prusse, inséré par l'abbé Raynal dans la seconde édition de son « Histoire philosophique ».

Lettre d'un habitant de la ville de Mons, écrite à un journaliste français, le 12 thermidor an X, sur la conservation de l'église de Sainte-Waudru. (Par Alexandre PEPIN.) Petit in-8.   J. D.

Lettre d'un habitant de Paris à un de ses amis de la campagne, sur la remontrance du clergé de France faite au roi par M. l'archevêque de Sens. *S. l.* (1656), in-4.

Cette lettre, signée PHILALÈTHE, est de Ch. DRELINCOURT. Voy. Bayle, et Benoît, « Histoire de l'édit de Nantes », t. III, p. 298.
Elle est attribuée par le P. Lelong à MARIN CUREAU DE LA CHAMBRE.

Lettre d'un habitant de Versailles (M. LEFÈVRE) à l'auteur de la Réponse à M. Hoffman. *Paris, Barba*, 1812, in-8.

Voy. « Supercheries », I, 1259, *f.*

Lettre d'un hermite à J.-J. Rousseau. (Par René DE BONNEVAL.) 1753, in-8.

Lettre d'un historien demeurant à Paris, à un savant de province, touchant quelques matières historiques de médecine et de médecins. (Par J. BERNIER.) *Paris*, 1687, in-12.

Lettre d'un homme à un autre homme, sur l'extinction de l'ancien parlement et la création du nouveau. (Par G.-J.-B. TARGET.) S. l. (1771), in-12, 16 p.

Cette lettre a été précédée de huit autres, qui parurent en une seule fois. Voy. « Lettres d'un homme,... »

Les neuf lettres ont été réimprimées dans le tome I du recueil intitulé : « les Efforts de la liberté et du patriotisme contre le despotisme du sieur de Maupeou... ou Recueil des écrits patriotiques publiés pour maintenir l'ancien gouvernement français ». (1770-1774.) Londres, 1775, 6 tomes en 3 vol. in-8.

« Je ne sais si vous connaissez les « Lettres d'un homme à un homme », écrivait Mirabeau à Chamfort, le meilleur des écrits polémiques qui parurent au temps de Maupeou ; cela est de lui (Target). » Voy. « Lettres de Mirabeau à Chamfort », p. 84.

Lettre d'un homme du monde à M. Renan. Par M. A. D. (A. DOUSSOT), ancien élève de l'Ecole polytechnique. Paris, Douniol, 1864, in-8, 29 p.

Lettre d'un homme libre (P.-J.-B. CHAUSSARD) à l'esclave Raynal. Paris, 1791, in-8.   V. T.

Lettre d'un horloger anglois à un astronome de Pékin, traduite par M***. Année 1740, in-12.

C'est une satire assez plaisante composée par M. DE MAUPERTUIS contre MM. Cassini, au sujet de la mesure de la terre. On n'en a tiré que quatre exemplaires, dont un a été donné à M. d'Argenson, qui engagea M. de Maupertuis à faire imprimer ce badinage, lequel n'est que le résultat d'une conversation qu'il avait eue chez ce ministre. M. Guérin, qui l'avait imprimé, avait conservé un exemplaire d'épreuves : c'est celui que j'ai lu. (Article du P. Brothier, jésuite.)

Lettre d'un ingénieur de province à un inspecteur des ponts et chaussées, pour servir de suite à l' « Ami des hommes ». (Composée par Cl. BOURGELAT.) Avignon (Paris, Duchesne), 1760, in-12, 160 p.

Lettre d'un Israélite français à M. de Muller, conseiller de S. M. l'empereur de Russie. (Par Jacob-Emmanuel POLAC.) (Paris, 1822), in-8, 31 p.

Voy. « Supercheries », II, 347, e.

Lettre d'un Italien à M. de Chateaubriand, auteur de « Bonaparte et les Bourbons, etc. » (Par le marquis DE TRIVULZIO, de Milan.) Paris, imp. de Fain, 1814, in-8, 15 p.

Italien-français. Voy. « Supercheries », II, 347, f.

Lettre d'un Italien (Vincent GIOBERTI) à un Français, sur les doctrines de M. de Lamennais. (Traduite de l'italien par l'auteur lui-même.) Louvain, Ansiau, 1846, in-8, 86 p.   J. D.

Lettre d'un jeune abbé. (Par VOLTAIRE.) S. l. n. d., in-8, 3 p.

Voy. « Supercheries », II, 390, a.

Lettre d'un juif de Metz à M. A. D. (Par Isaïe BERR-BING.) 1788, in-8.

Lettre d'un jurisconsulte françois (L.-V. DE GOEZMANN) à un jurisconsulte allemand, sur une question de droit public. Londres (Paris), 1771, in-8.

Le « Journal hist. de la révol. Maupeou », 2e édit., t. VII, cite une deuxième Lettre du même auteur.

Lettre d'un juriste (Edme POURCHOT) à l'auteur du livre de la « Véritable Eloquence » (B. Gibert). 1703, in-12.

Lettre d'un laboureur de Picardie à M. N*** (Necker), auteur prohibitif à Paris. (Par le marquis DE CONDORCET.) Paris, 1775, in-8.

Lettre d'un laboureur des environs d'Alençon, en Normandie, à tous ses confrères du royaume. Alençon, Malassis fils, 1790, in-8, 6 p. — Seconde lettre d'un laboureur, etc. In-8, 8 p. — Troisième lettre. In-8, 6 p. — Quatrième lettre. In-8, 11 p.

La quatrième lettre seulement est signée : VIEILH, maire de la commune d'Alençon. Il a été répliqué à la première lettre : « Réponse du nommé René Le Franc, laboureur du département de l'Orne, à la lettre d'un laboureur des environs d'Alençon ». Alençon, Malassis fils, 1790, in-8, 7 p.

Lettre d'un laïque à un laïque, du 4 février 1763. (Par François de Paule MARIETTE.)

Voy. « Supercheries », II, 503, c.

Lettre d'un laïc d'Auxerre au sujet d'un article des Mémoires de Trévoux, concernant le discours sur le renouvellement des études. (Par l'abbé Cl.-P. GOUJET.) Paris, 1735, in-4.

Lettre d'un libraire champenois à son confrère de Paris. (18 octobre 1848.) Troyes, typ. Lépine, Laffrat et Cie, 1848, in-8, 4 p.

Signée : G...n, lib. à Arcis-sur-Aube.

Par T.-B. WARÉE, lib. à Paris. Cette lettre avait d'abord été attribuée à FOUQUE, libraire, ou à WARIN-THIERRY.

Voy. « Supercheries », II, 784, d.

Lettre d'un libraire de Lyon à un libraire de Paris S. l., in-8, 20 p.

Datée de Lyon, 1er mars 1779, et adressée par BLONDE, avocat, au libraire Savoye, d'après une note manuscrite contemporaine.

Lettre d'un magistrat (M. DEBRIX, président de chambre à la cour d'appel de Lyon) à M. Bérenger, député de la Drôme, sur son projet de loi sur l'organisation de la magistrature. Lyon, imp. de P. Mougin-Rusand, 1871, in-8, 22 p.

L. D. L. S.

Lettre d'un magistrat, dans laquelle on examine également ce que la justice du roi doit aux protestans, et ce que l'intérêt de son peuple ne lui permet pas d'accorder. (Par J.-N. Moreau.) *Avignon et Paris, Gattey*, 1787, in-8.

Lettre d'un magistrat de province à M***. (Par H. Jabineau.) *S. l.* (1787), in-8, 38 p.

Au sujet de l'édit en faveur des protestants.

Lettre d'un maire de village à M. Félix Pyat. (Par Champsaud, maire de Montmartin.) *Paris, Ledoyen*, 1849, in-18.

Voy. « Supercheries », II, 1031, *b*.

Lettre d'un maire de village à ses administrés, à l'occasion des élections de 1849. Par l'auteur de la « Lettre d'un maire de village à M. Félix Pyat ». (Par Champsaud, maire de Montmartin.) *Paris, Ledoyen*, 1849, in-12, 34 p.

Lettre d'un marchand de Paris à un docteur de Sorbonne. (Par F.-A. Chevrier.) In-12.

L'auteur a eu en 1752 une permission tacite pour faire imprimer cette lettre.   V. T.

(*Registre de la police, manuscrit 42.*)

Lettre d'un Marseillais (le marquis J.-B.-J.-G.-T. de Montgrand, maire de Marseille) au maréchal Masséna. *Marseille, imp. de Ricard*, 1816, in-8, 36 p.

Voy. « Supercheries », II, 1062, *a*.

Lettre d'un mathématicien à un abbé, où l'on prouve que la matière n'est pas divisible à l'infini. (Par l'abbé Deidier.) *Paris*, 1737, in-12.

Lettre d'un médecin à un de ses amis, touchant les remèdes secrets. *S. l.*, 6 nov. 1708, in-12, 40 p.

Signée : B. (Pierre Brisseau).

Lettre (1-2) d'un médecin (Barbeu-Dubourg) à une dame, au sujet d'une expérience de chirurgie faite à l'hôpital de la Charité, le 22 juin 1754. *S. l. n. d.*, in-12.

Lettre d'un médecin de la Faculté de Paris à un de ses confrères, au sujet de la Société royale de médecine. (Par Jacq. Barbeu-Dubourg.) *S. l. n. d.*, in-8, 8 p.

Lettre d'un médecin de la Faculté de Paris (Nic. Bergasse, successivement avocat à Lyon, puis au Parlement de Paris) à un médecin du collège de Londres ; ouvrage dans lequel on prouve contre Mesmer que le magnétisme animal n'existe pas. *La Haye*, 1781, in-8, 70 p.

Lettre d'un médecin de la Faculté de Paris (Ph. Hecquet), sur ce que c'est que le brigandage de la médecine. *Paris*, 1736, in-8.

Lettre d'un médecin de Montpellier à M. C. D. F., médecin ordinaire du roi, au sujet de l'examen public que le sieur Louis a subi à Saint-Côme, le jeudi 25 septembre 1749... *S. l. n. d.*, in-4, 1 f. de tit. et 14 p.

Par M. Procope-Couteaux, d'après une note manuscrite contemporaine. Attribuée par Portal à Antoine Petit.

Lettre d'un médecin de Montpellier à un magistrat de la cour des aides de la même ville et agriculteur, sur la médecine vétérinaire. (Par P.-Joseph Amoreux.) *Montpellier (Avignon)*, 1771, in-8.

M. Amoreux a publié en 1773 une seconde lettre, contenant un « Essai de bibliographie vétérinaire ».

Lettre d'un médecin de Paris à M. G., médecin de la même faculté, sur la promotion de M. Michel Denyau, au premier lieu de sa licence. (Par Etienne Bachot.) *S. l.* (1658), in-4, 1 f. de tit. et 16 p.

Lettre d'un médecin de Paris à un médecin de province. (Par A. Mesmer.) *S. l.* (1784), in-8, 16 p.

Lettre d'un médecin de Paris (J.-B.-L. Chomel) à un médecin de province, sur la maladie des bestiaux. *Paris, Delespine*, 1745, in-8.

Lettre d'un médecin de Paris à un médecin de province, sur la place de médecin consultant occupée par M. Lapeyronie. *S. l. n. d.* (1738), in-8, 15 p.

Par Chomel, d'après une note manuscrite contemporaine.
Par J. Astruc, d'après Quérard.

Lettre d'un médecin de Paris (E. Grossin du Haume) à un médecin de province, sur le traitement de la rage. *S.-Hubert et Paris, d'Houry*, 1776, in-4, 1 f. de tit. et 17 p.

Signée : du Haume.

Lettre d'un médecin de province à un médecin de Paris. (Par Michel-Philippe Bouvart.) *S. l.* (*Châlons*), 1758, in-8, 16 p.

Lettre d'un membre du conseil de Zurich, à monsieur D***, avocat à Besançon. (Par Voltaire.) *S. l. n. d.*, in-8, 7 p.

Lettre d'un membre du conseil général de la Loire à ses collègues, sur la répartition de la contribution foncière. (Par Joseph d'Assier.) *Montbrison*, 1835, in-8, 39 p.

Catalogue Coste, n° 17810.

Lettre d'un membre du côté gauche à M. Casimir Périer. (Par le baron DE REIFFENBERG.) *Paris*, 1830, in-8.

On trouve à la suite l'épître du général des jésuites à un jeune Père.   J. D.

Lettre d'un membre du jeune clergé à Mgr l'évêque de Chartres. (Par l'abbé René-François ROHRBACHER.) *Paris, rue du Paon, 8*, 1826, in-8, 72 p.

Lettre d'un mendiant au public, contenant quelques-unes de ses aventures et ses réflexions morales. (Par P.-J.-B. NOUGARET.) Nouvelle édition. *Paris, Valleyre*, 1765, in-12.

Lettre d'un militaire protestant (CHAMBON DE MONRÉDON) qui vient d'embrasser l'état ecclésiastique. *Paris*, 1739, in-12.
                                    V. T.

Lettre d'un naturaliste de la baie de Quiberon (Jean LE BAS, chirurgien), qui croit à la vertu des femmes, sur le supplément au « Mémoire » de M. Louis (contre les naissances tardives). *Paris*, 1765, in-12.
                                    V. T.

Bibliothèque de l'École de médecine.

Lettre d'un Néerlandais (J.-D. MEYER) à l' « Observateur » de Bruxelles. *La Haye*, 1815, in-8.

Lettre d'un négociant à un milord, dans laquelle on considère sans partialité l'importance de l'île Minorque et de Port-Mahon, avec l'histoire et une description abrégée de l'une et de l'autre, traduite de l'anglois. (Par Guill. MAZÉAS.) (*Paris*), 1756, in-12.

Lettre d'un négociant anglais à un négociant français, sur les avantages ou les inconvénients de la nouvelle constitution donnée à la France. (Par Antoine-Louis SEGUIER.) *Paris, Senneville*, 1791, in-8, 124 p. — 2e édit. *Id.*, in-8, 124 p.

Lettre d'un négociant sur la nature du commerce des grains. (Par L.-P. ABEILLE.) *Marseille*, 1763, in-8, 23 p.

Lettre d'un Normand à M. Persil. (Par Frédéric DOLLÉ.) (*Paris*), *imp. de Smith* (1834), in-8, 20 p.

Lettre d'un observateur sur Buonaparte et Louis XVIII. (Par Ant. SABATIER.) *Erfurt*, 1801, in-8.

Voy. « Supercheries », II, 1280, b.

Lettre d'un officier (P.-R. JURIEN LA GRAVIÈRE) à M. D****, maréchal des camps et armées du Roi, ci-devant commandant général des îles de F.... et de B.....

Blois, imp. de J.-P.-J. Masson (1790), in-8, 28 p.

Lettre d'un officier autrichien à son frère. (Par Victor MAUBOURG.) *Paris, Huet, an V-1797*, in-8, 15 p.

Le titre de départ, p. 7, porte en plus : Traduit du « Morning-Chronicle », nov. 4. Olmultz. 15 août 1796.

Lettre d'un oncle à son neveu. (Par J.-B. GAUDRILLET.) 1749, in-4.   V. T.

Lettre d'un Orléanois (D.-C. JOUSSE fils, conseiller au présidial d'Orléans) à un de ses amis, sur la nouvelle « Histoire de l'Orléanois », par le marquis de Luchet. *Bruxelles, Em. Flon ; et Paris, de Bure*, 1766, in-12, 40 p.

Lettre d'un pair de France à M. de Chateaubriand... (Par RABAN.)

Lettre d'un paroissien de St-Roch à J.-B. Royer, se disant évêque métropolitain. (Par l'abbé E.-A. DE BOULOGNE.) 1788, in-8, 39 p.

Lettre d'un particulier sur la sortie de messieurs les princes. (Par DU BOSC DE MONTANDRÉ.) *S. l.* (1634), in-4, 4 p.

Attribuée à Fr. DAVENNE, par la « Bibliographie des mazarinades ».

Lettre d'un partisan de la cour de Vienne à son ami de Mayence. sur la paraphrase et l'amplification du mémoire de M. de Hellen, et sur la palinodie de cette paraphrase. (Par L.-O. MARCONNAY.) *Berlin*, 1757, in-8.

Lettre d'un pâtissier anglais au nouveau Cuisinier françois, avec un Extrait du Craftsman (par DESALLEURS l'aîné, fils de l'ambassadeur à ·Constantinople). *S. l.* (1739), in-8, 1 f. de tit. et 22 p. — *Id.*, in-12, 28 p.

Cette lettre est contre la préface des « Dons de Comus » (voy. I, 1113, c), faite par les PP. Brumoy et Bougeant, jésuites. Elle a été réimprimée sans l' « Extrait du Craftsman », mais avec quelques corrections et additions, in-12.

Lettre d'un patriote, où l'on rapporte les faits qui prouvent que l'auteur de l'attentat commis sur la vie du roi a des complices, et la manière dont on instruit son procès. (Par P.-J. GROSLEY.) *S. l.* (1757), in-12, 77 p.

Lettre d'un patriote sur la tolérance civile des protestants de France et sur les avantages qui en résulteroient pour le royaume. (Par Antoine COURT.) *S. l.*, 1756, in-8.

Lettre d'un paysan à son curé sur une nouvelle manière de tenir les États généraux. (Par L.-Ant. DE CARACCIOLI.) 1789, in-8, 25 p.

Attribuée à Nicolas VARTOUT, « Supercheries », III, 47, b.

Lettre d'un père (DEMONVILLE) à MM. de la Chambre des députés, sur le suicide projeté par son fils, officier dans les armées du roi. *Paris, Demonville*, 1817, in-8.

Lettre d'un père à son fils, sur les usages et les dangers du monde. On y a joint un conte analogue au sujet. (Par le vicomte Maxime CHASTENET DE PUYSÉGUR.) 1787, in-8.

Tirée à vingt-quatre exemplaires. Voyez le « Catalogue » de M. Mac Carthy Reagh, n° 1543.

Lettre d'un père de famille à M. Duruy. (Par Henri SCHIRMER.) *Paris, Dentu*, 1864, in-18, 16 p.

Deux autres lettres, publiées en 1865, portent le nom de l'auteur.

Lettre d'un père de famille à M. le garde des sceaux au sujet du droit d'aînesse. (Par le baron A.-J.-M. SCHONEN.) *Paris*, 1826, in-8.

Lettre d'un Père de la compagnie de Jésus (le Père Louis RICHEOME), sur le point des profès et des coadjuteurs spirituels, proposé par Théophile Eugène. 1615, in-8.

Lettre d'un philosophe à un cartésien de ses amis. (Publiée par le P. I.-G. PARDIES, jésuite.) *Paris, Jolly*, 1672, in-12.

Cette lettre, réimprimée en 1683 et en 1685, est signée R. J. On a cru que ces initiales désignaient le P. Rapin; mais elles appartiennent au P. Rochon, jésuite de Bordeaux. Le P. Pardies a mis cette lettre en état de paraître. Voyez la « Biographie universelle », au mot PARDIES.

Lettre d'un philosophe, dans laquelle on prouve que l'athéisme et le dérèglement des mœurs ne peuvent s'établir dans le système de la nécessité. (Par THOURNEYSER.) *Genève, Antoine Philibert*, 1751, in-12.

Lettre d'un philosophe sur le secret du grand œuvre... (Par Alex.-Toussaint LIMOJON DE SAINT-DISDIER.) *La Haye, A. Moetjens*, 1686, in-12. — *Paris, L. d'Houry*, 1688, in-12, 62-10 p.   V. T.

Note manuscrite de Lenglet du Fresnoy.

Lettre d'un physicien sur la philosophie de Newton, mise à la portée de tout le monde par M. de V. (de Voltaire). (Critique composée par le P. Noël REGNAULT, jésuite.) *Paris*, 1738, in-12, 46 p.

Voyez la table du tome XII des « Réflexions sur les ouvrages de littérature », par l'abbé GRANET.

Lettre d'un plaideur (BARBANSON, ancien avocat à la cour d'appel), sur l'office ministériel et sur les dissensions du barreau. *Bruxelles, Hayez*, 1839, in-4, 16 p.   J. D.

Lettre d'un Polonais (C.-A. HOFFMANN) à MM. les pairs et les députés de France, suivie de deux écrits, savoir: 1° de l'Etat actuel de la Pologne; 2° Débats de la Chambre des communes du 19 juillet 1833, sur la motion de M. B. Fergusson. *Paris, imp. de Fournier*, 1834, in-8, 92 p.

Voy. « Supercheries », III, 202, d.

Lettre d'un Polonais (le comte H.-C. DE KEYSERLING) à son ami, à Londres. 1773, in-8.

Lettre d'un Poperinchinois à un autre. (Par CADOR, imprimeur.) Vancoppernolleke à Bruxelles. *Bruxelles, Cador*, 1862, in-32, 20 p.   J. D.

Lettre d'un prêtre catholique (ELIE, dit DESCHAMPS, curé de Saint-Aignan de Cernières) à un autre du diocèse d'Evreux, sur la préférence qu'on doit donner au grand vicaire nommé par Son Eminence le cardinal de La Rochef. (La Rochefoucauld)... In-8, 18 p.

Voy. « Supercheries », III, 236, c.

Lettre d'un prêtre françois retiré en Hollande, à un de ses amis de Paris, au sujet de l'état de l'Eglise catholique d'Utrecht. (Par L. PARIS-VAQUIER.) *Utrecht*, 1753, in-12.   V. T.

Lettre d'un prieur (l'abbé J.-B.-R. PAVIE DE FOURQUEVAUX) à un de ses amis, au sujet de la nouvelle réfutation du livre « des Règles », etc. *Paris, Valleyre*, 1727, in-12.

L'auteur a publié de nouvelles lettres sur le même sujet, en 1729, in-12.

Lettre d'un prisonnier d'Etat (le baron D'ICHER-VILLEFORT), en réponse au marquis de P***, relative au concordat passé, en 1801, entre Bonaparte et le pape Pie VII. *Paris*, 1814, in-8, 132 p.

Lettre d'un profane à M. l'abbé Baudeau, très-vénérable de la scientifique et sublime loge de la Franche-Economie. (Par André BLONDE, avocat.) 1773, in-12.   V. T.

L'auteur a été mis à la Bastille pour cette lettre. « Bastille dévoilée », quatrième livraison, p. 82.

Lettre d'un professeur de Douay à un professeur de Louvain, sur le Dictionnaire historique portatif de l'abbé Ladvocat. (Par l'abbé Jean SAAS.) *Douay (Rouen), J.-Fr. Swertz*, in-8, 119 p.

Lettre d'un professeur de l'Université de Paris, à M***, sur le « Pline » du P. Hardouin. (Par J.-B.-L. CREVIER.) *Paris, Chaubert*, 1725, in-12.

Cette lettre a été suivie de deux autres.

Lettre d'un professeur émérite de l'Université de Paris (l'abbé Chrétien LE ROY), en réponse au R. P. D. V..., prieur de..., religieux de la congrégation de St-Maur, au sujet des exercices de Sorèze. *Paris, Brocas*, 1777, in-8, 343 p.

Lettre d'un proscrit italien (le comte LIBRI-BAGNANO) à M. de Chateaubriand. *Paris, imp. Chaigneau fils aîné*, 3 juin 1828, in-8.

Lettre d'un protestant à M. l'abbé Cerutti. (Par P.-H. MARRON.) *S. l.* (1789), in-8, 18 p.

Lettre d'un protestant d'Allemagne (le prince Pierre-Borisovitch KOSLOFFSKY, gentilhomme russe) à Mgr l'évêque de Chester, sur le discours prononcé par Sa Grandeur le 17 mai, dans la Chambre des pairs. *Paris, Le Normant père*, 1825, in-8, 32 p.

Signée : Un habitant des bords du Rhin.

Monseigneur avait malmené, et d'une manière peu pastorale, les catholiques d'Irlande.

Cette lettre a été reproduite par Wilh. Dorow, dans son *Fürst Kosloffsky, kaiserl. russischer wirklicher, Staatsrath... Leipzig*, 1846, pet. in-8, pp. 23-44 ; on trouve aussi dans le même volume le discours de l'évêque de Chester, pp. 161-90.   A. L.

Lettre d'un provincial (l'abbé Chrétien LE ROY) sur un discours latin de M. Crevier (à l'occasion de la dispute entre l'abbé d'Olivet et le président Bouhier, sur l'éloquence). *Paris*, 1738, in-12.

Lettre d'un quakre. (Par VOLTAIRE.) *S. l. n. d.*, in-8, 21 p. — *S. l. n. d.*, in-12, 23 p.

Le titre de départ porte : « Lettre d'un Quakre, à Jean-George Le Franc de Pompignan, évêque du Puy en Vélay, etc., etc., digne frère de Simon Le Franc de Pompignan. »

Lettre d'un quidam au premier Consul. (Par J. DESPAZE.) (*Paris*), *Moller* (1799), in-8, 15 p.

Lettre d'un rat calotin à Citron Barbet, au sujet de l' « Histoire des chats », par M. de Moncrif. (Par L. FUZELIER et l'abbé P.-F. GUYOT-DESFONTAINES.) *A Ratopolis* (*Paris*), *chez Mathurin Lunard, imp. et lib. du régiment de la calotte*, 1727, in-12.

Cette brochure a été réimprimée à la suite du « Dictionnaire néologique », par Jean-Jacques BEL, et a été, à cause de cela, attribuée par erreur à ce dernier.

Lettre d'un religieux bénédictin sur ce

qui s'est passé de plus édifiant à Aix pendant la contagion. (Par dom J. SABATIER.) *Paris, Sanson*, 1723, in-12.

Lettre d'un religieux de Compiègne, escrite à un notable bourgeois de Paris... *Paris, G. Sassier*, 1649, in-4, 8 p.

Signée : F. D. F. (François DAVENNE, Fleurançois).

Lettre d'un religieux de l'abbaye de Mairemoustier (Mathieu GIRON), escripte au roi sur le sacre de Sa Majesté... *Chartres, Cottereau*, 1594, in-4, 20 p.

Lettre d'un religieux de l'ordre de St-Dominique à un de ses amis, sur la mort du très-révérend Père Alexandre, du même ordre... (Par le P. ALISSAN.) *S. l.* (1724), in-12, 35 p.

Lettre d'un religieux, envoyée à monseigneur le prince de Condé, à Saint-Germain-en-Laye, contenant la vérité de la vie et mœurs du cardinal Mazarin, avec exhortation audit seigneur prince d'abandonner son parti. (Par BROUSSE, curé de Saint-Roch.) *Paris, Rolin de La Haye*, 1649, in-4, 11 p. — *Id.*, 8 p. — *Id.*, 8 ff. — *Paris, A. Cotinet*, 1649, in-4, 11 p. — *Id.*, 12 p.

Lettre d'un Rémois (dom Jacques-Claude VINCENT, bénédictin, bibliothécaire de l'abbaye de Saint-Remy de Reims, mort le 22 septembre 1777) à M. le M. D., ou Doutes sur la certitude de cette opinion, que le sacre de Pepin est incontestablement la première époque du sacre des rois de France. *Liège*, 1775, in-12.

Lettre d'un Rémois (J.-A. HÉDOUIN DE PONS-LUDON) à un Parisien, sur ce qu'il a éprouvé de contradiction en son état. 1774, in-8.

Lettre d'un Rémois à un Parisien, sur ce qui doit payer les corvées en France. (Par J.-A. HÉDOUIN DE PONS-LUDON.) *Paris*, 1776, in-8.   D. M.

Lettre d'un républicain à ses compatriotes, aux citoyens des communes du département de la Seine, adressée aux quatorze cantons et quarante-huit sections en assemblées primaires, le 20 fructidor, le jour de l'acceptation de la constitution républicaine, en leur envoyant l'adresse aux Français décrétée par la Convention nationale, et l'invocation d'un homme de bien à l'auteur de la nature. *S. l. n. d.*, in-8, 16 p.

Signée : P. F. P. P. L. V. (P.-F. PALLOY, patriote pour la vie).

Lettre d'un Romain (le P. Gabriel FABRICI), en réponse aux observations de

M. L.-E. Rondet, touchant les « Titres primitifs de la révélation » (ouvrage de cet auteur). *Rome*, 1774, in-8.

Lettre d'un Russe à un journaliste français, sur les diatribes de la presse anti-russe. (Par Jacques TOLSTOY.) (*Paris*), *imp. de Cosson* (1844), in-8, 31 p.

Lettre d'un Russe à un Polonais, à l'occasion du hati-schérif de Sa Hautesse le sultan Mahmoud. (Par Jacques TOLSTOY.) *Paris, Pihan de La Forest*, 1829, in-8, 15 p.

Voy. « Supercheries », III, 476, *e*.

Lettre d'un Russe à un Russe, simple réponse au pamphlet de Mme la duchesse d'Abrantès, intitulé : « Catherine II ». (Par Jacques TOLSTOY.) *Paris, Béthune et Plon*, 1835, in-8, 111 p.

Lettre d'un sacristain de village à M. Rivière..... *Tours, autogr. de Juliot* (1862), in-8, 19 p.

Signée : L. (M. l'abbé BORDEAUX).

Lettre d'un sage à un homme très-respectable, et dont il a besoin, sur la musique française et italienne. (Par C.-J.-L.-A. ROCHETTE DE LA MORLIÈRE.) *Paris*, 1754, in-8.

Lettre d'un Savoyard à un de ses amis, au sujet de la tragédie de « Pyrrhus » (de Crébillon) et de sa critique. (Par Alexis PIRON.) *Paris*, 1726, in-8.

Cette lettre a été insérée dans le tome VII des « Œuvres complètes » de Piron, *Paris*, 1776, in-8, et dans le tome XIII des « Amusemens du cœur et de l'esprit. »

Lettre d'un Saxon à M. le comte de Mirabeau, contenant quelques remarques sur son tableau de l'électorat de Saxe, qui se trouve dans l'appendice de l'ouvrage intitulé : « de la Monarchie prussienne sous Frédéric II. » (Par A.-P. GEBHARDT.) 1789, in-8.   A. L.

Lettre d'un seigneur anglois, écrite de Paris à milord Clarktone, sur la maladie du roi. (Par le chevalier C. DE MOUHY.) *Londres* (*Paris*), *A. Sammsonn*, 1744, in-12, 23 p.   V. T.

Signée : J. B..... D...... F.....

Lettre d'un seigneur du païs de Hainault envoyée à un sien voisin et amy, suivant la cour d'Espagne. (Par Charles DE VAUDEMONT, cardinal de Lorraine.) *Anvers, par G. Richman* (1565), pet. in-8, 27 p. — *Id.*, 31 p.

Lettre d'un sénateur absent à l'époque des séances des 3 et 6 avril 1814. *Paris, J.-M. Eberhart, s. d.*, in-8, 47 p.

Cette lettre, en date du 20 août 1814, est signée : PROBUS.

L'avis de l'éditeur est signé : L. V. R. (L.-V. REVELIÈRE, député de Nantes de 1822 à 1828).

Lettre d'un serviteur de Dieu, contenant une brève instruction pour tendre sûrement à la perfection chrétienne. (Attribuée au P. DE LA COMBE.) *Grenoble*, 1686, in-16.   V. T.

Catalogue manuscrit des Barnabites.

Lettre d'un serviteur du roi à un secrétaire allemand, sur les différends entre le roi et l'empereur. (Par Guillaume DU BELLAY.) *Paris, Sertenas*, 1546, in-8.

Fevret de Fontette indique une autre édit. sous ce titre : « Double d'une lettre écrite par un serviteur du roi, etc., et au bout d'icelle est ajouté un arbre de consanguinité d'entre les maisons de France, Autriche, Bourgogne, Milan et Savoie. » *Paris. s. d.*, in-8.

Cette lettre ne serait-elle pas la lettre à un Allemand, insérée par Sertenas dans le vol. publié par lui en 1546, sous le titre de « Epitome de l'antiquité des Gaules et de France, avec une préface sur toute son histoire ». *Paris, Sertenas*, 1556, in-4, et *Paris, de Marnef*, 1577, in-4.

M. Hauréau n'a pu se procurer un seul exempl. des deux éditions indiquées par Fevret de Fontette. (« Hist. littér. du Maine », 2e édit., t. IV, 1872, p. 100.)

Lettre d'un sociétaire non pensionné à un correspondant en province (sur la Société royale de médecine). (Par P.-A. PAJON DE MONCETS.) *S. l. n. d.*, in-8, 8 p.   D. M.

Lettre d'un sociétaire pensionné à un correspondant de province, écrite le jour même de l'installation de la Société royale de médecine. (Par LE PREUX.) *S. l.*, 1778, in-8, 16 p.

Lettre d'un solitaire à....., sur le sujet de la persécution des religieuses de Port-Royal. (Par LE ROY, abbé de Hautefontaine.) *S. l.* (1661), in-4, 2 p.

Lettre d'un solitaire de Chalcide (saint Jérôme) à une dame romaine, suivie de plusieurs pièces fugitives. (Par Mich. CUBIÈRES DE PALMEZEAUX.) *Amsterdam et Paris, Monory*, 1772, in-12.

Lettre d'un solitaire du Jura (l'abbé François MARTIN) à Mgr Mermilliod. *Genève*, 1858, in-8, 144 p.

Lettre d'un subdélégué à un intendant de province. *Paris*, 1759, in-8.

Attribuée à PERRIN, secrétaire du maréchal de Belle-Isle, d'après une note manuscrite de Jamet.

Lettre d'un subdélégué de la généralité de Guyenne à M. le duc de..... relativement aux corvées. (Par Dupré de Saint-Maur fils.) *Paris*, 1784, in-4.

Lettre d'un Suisse à un François. (Par J. de La Chapelle.) *Bâle*, 1702, in-4, 8 p.

L'auteur publia successivement dans la même forme, de sept. 1702 à sept. 1708, 46 lettres.

Voy. pour une réimpression collective, augmentée d'une 47e et d'une 48e lettre, plus loin, « Lettres d'un Suisse à un Français... »

Lettre d'un Suisse (Louis Estève) aux étudians en médecine de Peironellim (Montpellier). *Glaris*, 1775, in-12.

Voy. « Supercheries », III, 738, c.

Lettre d'un théologien (le P. Charles Lallemant, jésuite) à l'auteur des « Hexaples », dans laquelle on montre qu'il n'a fait que copier les auteurs protestans. *Paris, Montalant*, 1714, in-12, 44 p.

Lettre d'un théologien à l'auteur du « Dictionnaire des trois siècles ». (Par Condorcet.) *Berlin*, 1774, in-8, 91 p.

Il y a deux lettres dans ce volume.

Lettre d'un théologien (le P. Bern. Lambert), à l'occasion d'un écrit anonyme (de l'abbé Pelvert), en forme de carton, contre le « Traité du sacrifice de J.-C. », par Plowden. *S. d.* (1779), in-12.

Le P. Lambert a publié une seconde lettre sur le même sujet.

Lettre d'un théologien (M.-M. Tabaraud, supérieur de l'Oratoire de La Rochelle) à MM. les curés de La R... *S. l. n. d.*, in-8, 16 p.

Lettre d'un théologien à M. du Voisin, évêque de Nantes (deuxième, troisième et quatrième lettres, en réponse à son apologiste, par le P. Bern. Lambert). In-8.

Dans la « Bibliothèque pour le catholique et l'homme de goût », par M. Lucet, 1805, in-8, 18 cahiers.

Lettre d'un théologien à M. l'évêque de Meaux, touchant ses sentiments et sa conduite à l'égard de Monseigneur l'archevêque de Cambray. *Toulouse, Denys de Saint-Saturnin*, 1698, in-8.

Par René Angevin, d'après le Catalogue de la Bibliothèque du roy.

Cette attribution est contestée par M. Hauréau, « Histoire littéraire du Maine », 2e éd. t. V (1872), p. 200. Il attribue cette « Lettre », ainsi qu'une « Seconde lettre à M. l'évêque de Meaux », à dom Gabr. Gerberon.

Lettre d'un théologien (l'abbé Saunier de Beaumont) à un avocat, sur le droit que les curés ont dans le gouvernement de l'Église. 1719, in-12.

Lettre d'un théologien à un de ses amis, sur le livre de M. Chamillard, contre les religieuses de Port-Royal. (Par Noël de La Lane.) *S. l.* (1665), in-4, 12 p.

Lettre d'un théologien (le P. François Lamy, bénédictin) à un de ses amis, sur un libelle qui a pour titre : « Lettre de l'abbé*** », etc. 1699, in-12.

Lettre d'un théologien (dom F.-A. Gervaise) à un ecclésiastique de ses amis, sur une dissertation touchant la validité des ordinations des Anglois. *Paris*, 1724, in-12. V. T.

Lettre d'un théologien (le P. Chaduc, de l'Oratoire) à un sien ami, sur l'usure. 1672, in-4.

Cette lettre a été critiquée par le P. Thorentier, sous le nom de *Dutertre*.

Lettre d'un théologien à une personne de condition, où il déclare les raisons qui l'obligent à ne pas souscrire à l'ordonnance de messeigneurs les évêques assemblés au Louvre, l'an 1654.... (Par Jean Fronteau.) *S. l.* (1656), in-4, 16 p.

Lettre d'un théologien au curé de **, doyen rural de **, en Lorraine, touchant les sentences de M. l'official de Toul, contre les curés de Veroncourt et de Lorrey. (Par dom Mathieu Petit-Didier.) *S. l. n. d.*, in-8.

Lettre d'un théologien au R. P. de Grazac, où on examine si les hérétiques sont excommuniés de droit divin. (Par Pierre Collet.) *S. l.* (1737), in-8, 30 p.

Lettre d'un théologien catholique (l'abbé Jean Labouderie) à MM. les rédacteurs des « Tablettes du clergé ». *Paris, Demonville*, 1824, in-8.

Lettre d'un théologien de Salamanque (Nicolas Indès, masque de Denis Nolin, avocat), sur le rétablissement du texte de la Bible des Septante... (1708), in-12.

Mylius avance à tort, p. 1287, que cet opuscule est de R. Simon.

On trouve dans les « Mémoires de Trévoux », juin 1709, p. 927, une analyse de cette lettre, suivie de réflexions du P. Tournemine, et d'une lettre du P. Souciet sur le même objet.

Lettre d'un théologien en faveur des spectacles. (Par le père Caffaro, théatin.) *Lille, Leleux*, 1826, in-8, 2 ff. de tit., VII-63 p.

Cette lettre fut imprimée, pour la première fois, en 1694. Voy. ci-après, « Lettre d'un théologien illustre... »

Lettre d'un théologien françois à un théologien des Pays-Bas, sur l'état présent des Jésuites. (Par l'abbé J.-B. LE SCÈNE DES MENILLES D'ETTEMARE.) *S. l.*, *sur l'imprimé à Utrecht, chez Wanderveide* (1762), in-12, 23 p.

Suivant la « France littér. », de 1769, il aurait été publié cinq lettres.

Lettre d'un théologien illustre par sa qualité et par son mérite (le P. CAFFARO, théatin), consulté (par Boursault) pour savoir si la comédie peut être permise ou doit être absolument défendue. *S. l.* (1694), in-12, 62 p.

Cette lettre était adressée à Boursault, qui la fit imprimer en tête de son Théâtre. On s'éleva contre les principes qu'elle renfermait, principes favorables aux spectacles. Bossuet écrivit au père Caffaro une longue lettre pour lui démontrer le danger de ses doctrines, qu'il fut forcé de désavouer. Voy. l'art. Caffaro, de l' « Examen des Dictionnaires historiques », par Barbier.
Réimprimée en 1826, à Lille, sous ce titre : « Lettre d'un théologien en faveur des spectacles. » Voy. ci dessus, col. 1168, *f.*

Lettre d'un théologien, jésuite (le P. G. DANIEL), à M. l'archevêque duc de Reims, en forme de réponse à la dénonciation qui lui a été présentée par la Faculté de théologie de Reims, de plusieurs propositions qu'elle prétendait avoir été enseignées par les jésuites de la même ville. *Reims*, 1719, in-fol.

Lettre d'un théologien, où il est démontré que l'on calomnie grossièrement saint Thomas, quand on l'accuse d'avoir enseigné qu'il est quelquefois permis de tuer un tyran, et d'avoir posé des principes contraires à l'indépendance des rois. (Par le P. Jos. DUFOUR.) *En France*, 1761, in-12, 83 p.

Le même auteur a publié une « Seconde lettre d'un théologien, où l'on achève de mettre en évidence la calomnie élevée contre saint Thomas, au sujet du tyrannicide et de l'indépendance des souverains ». 1761, in-12, 62 p.

Lettre d'un théologien (l'abbé B.-F. RIVIÈRE, plus connu sous le nom de PELVERT), où l'on examine la doctrine de quelques écrivains modernes contre les incrédules. 1776, in-12.

Lettre d'un théologien (Louis-Gabriel GUÉRET, frère du curé de Saint-Paul), sur l'exaction des certificats de confession pour administrer le saint viatique. *S. l.*, 1751, in-12, 1 f. de tit. et 35 p.

Lettre d'un Turc à son correspondant à Constantinople. (Par OLIVIER.)

Note de l'inspecteur de la librairie d'Hémery, du 1er sept. 1750.

Lettre d'un vieillard de Ferney à l'Aca-

démie françoise ; éloge de Voltaire, pièce qui a concouru pour le prix de cette Académie. (Par le chevalier J. AUDE.) *Paris*, *Sorin*, 1779, in-8, 15 p.

L'auteur a signé la dédicace.

Lettre d'un vieux bibliophile belge (M. J.-Sylvain VAN DE WEYER) à M. P. Namur... *Londres*, 1840, in-18.
                       J. D.

Lettre d'un vieux commis du trésor à son ami. (Par JOURDAN.) *Paris, Delaunay*, mai 1819, in-8, 1 f. de tit. et 135 p.

Lettre d'un vilain au gentilhomme J. Vaysse, vicomte de Rainneville. (Par Alphonse COSTE.) *Roanne, Durand*, 1863, in-8, 29 p.

Lettre d'un villageois catholique romain (LEBRETON) à une dame sollicitée d'embrasser le culte prétendu français. *Paris*, *imp. de Lebègue*, 1832, in-4.

Voy. « Supercheries », III, 958, *f.*

Lettre d'un Visigoth à M. Fréron sur sa dispute harmonique avec M. Rousseau. (Par l'abbé J. NOVI DE CAVEIRAC.) *Septimaniopolis*, 1754, in-8, 20 p.

Lettre d'un voyageur à M. le baron de L***, sur la guerre des Turcs. (Par Foucher d'Obsonville.) *Paris, veuve Tilliard*, 1788, in-8.

Lettre d'un voyageur (GRIMOD DE LA REYNIÈRE) à son ami, sur la ville de Marseille. 1792, in-8.

La seconde édition porte le nom de l'auteur.

Lettre d'un voyageur (Louis-Olivier DE MARCONNAY), actuellement à Dantzig, à un ami de Stralsund, sur la guerre qui vient de s'allumer dans l'empire. Traduction libre de l'allemand. *Berlin*, 1756, in-8.

Lettre d'un voyageur en Suisse. (Par CHAILLOU DES BARRES.) *Paris, Renouard*, 1806, in-12.

Lettre d'un voyageur étranger, au préfet de la Côte-d'Or, sur quelques mausolées rétablis dans la nouvelle cathédrale de Dijon. (Par P.-L. BAUDOT.) *Paris, imp. de Mme Huzard*, an IX-1801, in-8.

Lettre d'un voyageur français, présent à l'inauguration du monument de Lucerne, consacré à la mémoire des officiers et soldats suisses morts pour la cause de Louis XVI, les 10 août et 3 sept. 1792. (Par DE LALLY-TOLLENDAL.) *Paris*, 1821, in-8.

Lettre d'un vrai royaliste (J.-P.-G. VIENNET) à M. de Chateaubriand, sur sa brochure intitulée « de la Monarchie selon la Charte ». *Paris, Renaudière*, 30 septembre 1816, in-8, 32 p. — *Id.*, 34 p.

Lettre d'une ânesse, servant de réponse au Mémoire de Jacques Féron pour son asne. (Par Antoine-Urbain COUSTELIER.) 1751, in-8, 12 p.

Voy. « Supercheries », I, 349, *c*.

Lettre d'une Anglaise, actuellement en France, à son amie à Londres. (Par DELOYNE DE GAUTRAY.) *Orléans, imp. de Guyot aîné*, 1813, in-8, 40 p.

Lettre d'une bourgeoise de la paroisse Saint-Eustache, présentée à Mademoiselle, suppliant Son Altesse de vouloir agir pour la paix du royaume. *Paris, G. Sassier*, 1649, in-4, 12 p.

Signée : S. D. N. (Susanne DE NERVÈZE).

Lettre d'une Carmélite à une personne engagée dans l'hérésie, avec les motifs de la conversion de Mme la duchesse d'Yorck. (Par l'abbé J.-J. DUGUET. alors de l'Oratoire.) *Paris, Roulland*, 1684, in-12.

C'est cette lettre qui fit dire au grand Bossuet : « Il y a bien de la théologie sous la robe de cette religieuse. »

Lettre d'une carpe du Rhin aux carpes de la Bresse, sur la question du desséchement des étangs.(Par Ennemond NOLHAC.) *Lyon, L. Perrin*, 1839, in-8.

En vers.

Lettre d'une dame de province (FOUCHER, médecin) sur l'article de l'amitié, inséré dans l' « Année littéraire ». *Caen*, 1762, in-12.

Lettre d'une dame retirée à la campagne, au sujet de l'éloge funèbre de M. le duc d'Orléans prononcé par M. Poullin. (Par JOHANNETON, greffier à Orléans.) 1752, in-12.

Lettre d'une personne de piété sur un écrit des Jésuites, contre la censure de quelques propositions des PP. Le Comte, Le Gobien, etc., touchant le culte des Chinois, faite par la Faculté de Paris... *Cologne, hérit. de Corn. d'Egmont*, 1701, in-12.

Attribuée au P. ALEXANDRE. (De Backer, 2e édit. in-fol., t. I, col. 1254.)

Lettre d'une religieuse du Calvaire. (Par J. GRISEL.) *Paris*, 1755, in-12.
                                    V. T.

Lettre d'une religieuse, présentée au roi et à la reine régente, le 1er février 1649, pour obtenir la paix. *Paris, G. Sassier*, 1649, in-4, 7 p.

Signée : S. D. N. (Susanne DE NERVÈZE).

Lettre dans laquelle on prouve que le retour des Juifs est proche. (Par GRON, chanoine, dont le vrai nom est JOURDAN.) *S. l.*, 1739, in-12.

Catalogue manuscrit de l'abbé Goujet.

Le chanoine Gron avait fixé le retour des Juifs à l'année 1748, ou environ.

C'est par erreur que cet auteur a été désigné dans les « Supercheries », II, 219, *e*, sous le pseudonyme de GNOU.

Lettre de Barnevelt, dans sa prison, à Truman, son ami, précédée d'une lettre de l'auteur (C.-J. DORAT). *Paris, Jorry*, 1763, 1764, in-8.

Lettre de BRUTUS à Cicéron (traduite en françois par l'abbé André MORELLET). *Paris (Barbou*, 1783), in-32.

Tirée à 25 exemplaires.

Lettre de Caïn après son crime, à Méhala, son épouse. 1763, in-8.

Par J.-P. COSTARD, suiv. Quér., *Fr. litt.*, II, 297. Dans la 2e éd. des « Supercheries », I, 632, *c*, l'on donne ainsi le titre : « Lettre de C*** après son crime... », *Paris, Jorry*, 1765, in-8, et l'on cite comme autorité : « Almanach des Muses », 1766, p. 149.

Lettre de change protestée, ou Réponse à la lettre de change de Jean Sirmond, caché sous le nom de Sabin. (Par Math. DE MORGUES.) 1637, in-4.

Voy. « Supercheries », III, 493, *c*.

Lettre de Clément Marot à M. de ***, touchant l'arrivée de Lully aux Champs-Elisées. (Par Ant. BAUDERON DE SENECÉ.) *Cologne, Marteau*, 1688, in-12. — Nouv. éd. publiée par P.-A. C. (P.-A. CAP). *Lyon*, 1825, in-8.

Lettre de consolation à une mère chrétienne au sujet de la mort de son fils aîné, et de l'état actuel de la religion en France, par l'auteur de l' « Adresse aux citoyens de bonne foi » (Urbain MABILLE). *Nantes, imp. de P.-F. Hérault, s. d.*, in-8, 37 p.

Catalogue de Nantes, n° 50484.

Lettre de consolation écrite à un seigneur sur la mort d'une sœur, par L. D. L. D. (l'abbé DE L'ISLE-DIEU). *Paris*, 1771, in-8.   V. T.

Lettre de consolation envoyée à Mgrs de Guise, sur la mort et trépas de feu M. le chevalier. *Paris, J. Brunet*, 1614, in-8, 14 p. — *Lyon, par Jean Poyet*, 1614, in-8, 15 p.

Il y a des exemplaires signés : D. P., et d'autres : DU PESCHIER.

Lettre (la) de corniflerie. Imprimée

nouuellement. (Par Jean D'ABUNDANCE.)
S. l. n. d. (*Lyon*, vers 1500), in-8.

Cette attribution est indiquée par du Verdier, dans
sa « Bibliothèque françoise ». Il a paru chez le libraire
Silvestre, en 1832, une réimpression *fac-similé* de
cet opuscule en vers, elle a été exécutée en lithographie par H. Jouy et tirée à 30 exemplaires.

Lettre de dom CARLOS à Élisabeth de
France, précédée d'un abrégé de leur histoire, suivie d'un passage de l' « Aminte »
du Tasse, traduit en vers, et du poëme
de la « Nuit », imité de Gessner. (Par
Henri PANCKOUCKE.) *Amsterdam et Paris,
Le Jay,* 1767, in-8.

Lettre de Figaro au comte Almaviva
sur le magnétisme animal... (Par BRACK,
médecin.) *Paris,* 1784, in-8, VIII-38 p. —
2ᵉ éd. *Id.*, in-8, 45 p.

Lettre de Gabrielle de Vergy à sa sœur,
par W. DA*** (F.-J. WILLEMAIN D'ABAN-
COURT). *Paris, Jorry,* 1766, in-8, 30 p.

Lettre (de la) de gage ou obligation
financière. (Par LANGRAND-DUMONCEAU.)
Bruxelles, Muquardt, 1863, in-8, 54 p.
　　　　　　　　　　　　　　　　J. D.

Lettre de H. V. P. (Hadrien VAN PAATS)
à M. B*** (Bayle) sur les derniers troubles
d'Angleterre, où il est parlé de la tolérance
de ceux qui ne suivent point la religion
dominante (traduite du latin par P. BAYLE).
Rotterdam, Reinier Leers, 1686, in-8.

Lettre. *De honore et cultu Dei...* —
Lettre II. *Monemus ut jura ecclesiarum...*
Lettre III. *Ego Karolus... S. l.,* 1751-1752,
3 vol. in-4.

Par Jean DE CAULET, évêque de Grenoble. Réponses
aux Lettres *Ne repugnate...* Voy. ce titre.

Lettre de Julie d'Étange à son amant, à
l'instant où elle va épouser Wolmar... (Par
DE VAUVERT.) *Paris,* 1772, in-8.

Permission tacite.　　　　　　V. T.

Lettre de l'abbé D*** (le P. Jean-Bapt.
LANGLOIS, jésuite) aux RR. PP. Bénédictins de la congrégation de Saint-Maur, sur
le dernier tome de leur édition de S. Augustin. *Cologne* (1699), in-4. — Autre édition. 1699, in-8.

Cette lettre, connue sous le nom de lettre d'un abbé
d'Allemagne, a été condamnée par un décret de l'Inquisition. Voyez David Clément, « Bibliothèque curieuse », t. II, p. 282.

Lettre de l'abbé P*** (l'abbé PETIOT, de
l'Académie de La Rochelle) à M***, sur le
magnétisme animal. 1784, in-8, 17 p.

Voy. « Supercheries », III, 8, *d.*

Lettre de l'ambassadeur d'Angleterre

(le duc de DORSET) au lord chancelier de
l'Échiquier, à Londres. *S. l.* (1788), in-8,
4 p.

Lettre de l'archevêque de Cantorbéri à
l'archevêque de Paris. (Par VOLTAIRE.)
S. l. n. d., in-8, 4 p.

Lettre de l'arlequin de Berlin à M. Fréron, sur la retraite de M. Gresset. (Par
P.-A. LAVAL.) *Amsterdam, Schneider,* 1760,
in-8.

On lit dans la « France littér. », de 1760 : « DAN-
COURT ayant publié en 1759 « L.-H. Dancourt, arlequin de Berlin, à J.-J. Rousseau », on lui attribue la
présente lettre ».

Lettre de l'auteur de l' « Almanach
champenois » (VILLARSY) à M. Silvestre,
etc. *Belfort,* 1818, in-4.

Lettre de l'auteur de l' « Essai historique sur l'origine des dîmes ». (Par C.-L.
D'OUTREPONT.) *S. l.* (1781), in-8, 8 p.

Voy. ci-dessus, col. 218, *d.*

Lettre de l'auteur de l' « Examen sérieux et impartial du magnétisme animal »
(P.-A.-O. MAHON) à M. Judel... *Philadelphie et Paris,* 1784, in-8, 16 p.

Lettre de l'auteur de l' « Histoire du
Collége royal de France » (l'abbé Cl.-P.
GOUJET) à l'auteur de l' « Histoire de l'Uni-
versité de Paris » (Crevier), au sujet du
Collége royal de France. *Amsterdam (Paris,
Lottin),* 1761, in-12.

Lettre de l'auteur de la comédie « les
Philosophes » (Ch. PALISSOT); pour servir
de préface à la pièce. *S. l.,* 1760, in-12.

Lettre de l'auteur de la « Découverte
du magnétisme animal » (Ant. MESMER), à
l'auteur des « Réflexions préliminaires »,
pour servir de réponse à un imprimé ayant
pour titre : « Sommes versées entre les
mains de M. Mesmer pour acquérir le
droit de publier sa découverte. » *S. l.*
(1785), in-8, 1 f. de tit. et 26 p.

Lettre de l'auteur de la « Physique mécanique » (J.-A. PEYSSONNEL). *Marseille,*
1705, in-12.

Lettre de l'auteur des « Lettres au
comte de B*** », à nos augustes représentants. (Par DUPLAIN DE SAINT-ALBINE.)
Paris, imp. de la Société littéraire, s. d.,
in-8, 8 p.

Lettre de l'auteur des « Réflexions sur
la peinture », et de l' « Examen des ouvrages
exposés au Louvre en 1746 ». (Par LA
FONT DE SAINT-YENNE.) *S. l. n. d.*, in-12,
1 f. de tit., 28 p. et 2 ff. d'errata.

Lettre de l'auteur du « Discours sur les

Nouvelles ecclésiastiques » (l'abbé Nic. Le Gros) à l'auteur de l'écrit intitulé : « Système du mélange... confondu ». *S. l.* (1735), in-4, 22 p.

Lettre de l'auteur du « Fanatisme renouvelé » (le P. J.-B. L'Ouvreleuil) à M. Brueys de Montpellier (2 mai 1710). *S. l. n. d.*, in-4.

Voy. ci-dessus, col. 431, *b*.

Lettre de l'auteur du « Mode français », où est agitée la question des assemblées provinciales. (Par Jean-François Sobry.) *S. l.* (1787), in-8, 44 p.

Lettre de l'auteur du « Projet de l'Histoire de la ville de Paris sur un plan nouveau », à l'auteur des « Observations sur les écrits des modernes ». (Par Coste, de Toulouse.) *Harlem*, 1739, in-12, 1 f. de tit. et 31 p.

Lettre de l'éditeur de la correspondance complète de l'abbé Galiani à l'éditeur de cette correspondance incomplète (M. Salfi), par M. C. de Saint-M. (Ant. Sérieys). *Paris, Dentu*, 1818, in-8.

Lettre de l'ermite du Jura, sur le château de Pont-d'Ain transformé en hospice... (Par l'abbé Jean-Irénée Depéry, depuis évêque.) *Belley, imp. de J.-B. Verpillon*, 1833, in-8, 30 p.

Voy. « Supercheries », I, 1247, *c*.

Lettre de l'homme civil à l'homme sauvage (J.-J. Rousseau, par Fr.-Louis-Cl. Marin). *Amsterdam*, 1763, in-12, 72 p.

Lettre de l'illustrissime Jean Palafox de Mendoza, évêque d'Angelopolis, au pape Innocent X, contenant diverses plaintes contre les entreprises et les violences des Jésuites et leur manière peu évangélique de prêcher l'Évangile dans les Indes, du 8 janvier 1649, traduite sur l'original latin (par Arnauld d'Andilly). 1659, in-4.

Lettre de l'inquisiteur de Goa à M. Delelay d'Achères, inquisiteur au Châtelet de Paris, sur la sentence qui condamne au feu la « Philosophie de la nature » (par l'auteur de cet ouvrage, J.-B.-C. Delisle de Sales, caché sous la signature d'Alphonse Torquemada, grand inquisiteur des colonies portugaises). 1776, in-4, 32 p. — Autre édition. In-8.

Voy. « Supercheries », II, 340, *c*.

Lettre de la cordonnière, écrite à M. de Barradas. *S. l.*, 1627, in-8, 29 p.

Cette lettre est attribuée au malheureux Urbain Grandier, curé de Loudun. Voyez « Longueruana »,

page 20, et Le Long, t. II, n. 21853, et t. III, n. 32485.

« Les contemporains ont attribué « la Cordonnière », les uns au marquis de Soret, d'autres en plus grand nombre à Urbain Grandier, dont l'étrange procédure a pu motiver cette supposition, sans la justifier. Rien ne prouve que le curé de Loudun ait composé la satire qu'on lui attribuait dans le monde, et il est fort douteux qu'on l'ait condamné pour l'avoir faite. » (Leber, *Catalogue*, t. II, p. 299.)

Lettre de la fille de Louis XVI à Benezech, ministre de l'intérieur. (Publiée par le Dr Pignier.) *Paris, Ve Bouchard-Huzard*, 1867, in-8, fac-simile.

Lettre de la logique à la puissance, où l'on considère l'acquittement des ministres comme le premier moyen de stabilité pour le gouvernement nouveau... (Par A.-M. Madrolle.) *Paris*, 14 déc. 1830, in-8, 40 p.

Lettre de la nation à la reine. Du 4 août. (Par L.-P. Manuel.) *S. l. n. d.*, in-8, 7 p.

Lettre de la nation française à nosseigneurs de la cabale, et avis au roi. (Par G. Feydel.) *S. l.* (1789), in-8, 7 p.

Lettre de la Société des amis de la liberté et de l'égalité d'Angers à celle de Paris. (Par J.-M.-A. Allard, secrétaire du club de l'ouest d'Angers.) *Angers*, 14 février 1793, in-8.

Voy. « Supercheries », III, 693, *d*.

Lettre de Louis XIV à Louis XV. (Par Claude-Guillaume-Robert de Steuil.) *S. l. n. d.* (1733), in-4, 18 p. — *Paris, impr. royale* (lieu d'impression supposé), 1733, in-4.

Cet écrit, où l'on donne une juste idée des jésuites, avait été faussement attribué aux appelants ; il a été condamné par arrêt du parlement de Paris du 20 mars 1733.

Lettre de Mme *** (A.-M. Lepage, dame Dubocage), à une de ses amies sur les spectacles et principalement sur l'Opéra-Comique. *S. l.*, 1745, in-12.

Lettre de Mme de *** (de Vertillac) à de M*** (Rémond de Saint-Mard), avec la Réponse, sur le goût et le génie. *Paris, Prault*, 1737, in-12.

Lettre de Mme de *** à sa fille (composée par l'abbé Jacq.-André Émery). *Paris, Crapart, s. d.* (1791), in-8, 8 p.

Note manuscrite.

Lettre de Mme de N*** à Mme la marquise de ***, sur la « Satire de M. D*** contre les femmes ». (Par Pierre Bellocq, valet de chambre de Louis XIV.) *Paris*, 1694, in-4, 22 p.

Lettre de Mme la marquise de L***, sur les « Fables nouvelles » (de La Motte), avec

la Réponse de M. D*** servant d'apologie.
Paris, Pepie, 1719, in-12.

Réimprimée dans le tome VI des « Amusemens du cœur et de l'esprit ».

L'éditeur des « Amusemens » dit que, suivant des gens bien instruits, le P. Cl. BUFFIER, jésuite, est auteur de ces deux critiques. L.-Th. Hérissant, dans la table des auteurs du « Fablier françois », 1771, in-12, attribue ces deux morceaux à P.-C. NIVELLE DE LA CHAUSSÉE ; c'était l'opinion de l'abbé Desfontaines dans le « Nouvelliste du Parnasse » ; c'est aussi celle de l'auteur de la « France littéraire de 1769 ». On croit que SABLIER y a eu part.

Lettre de Mme M*** (DUGUET-MOL) au R. P. Lenet... au sujet de la manière dont M. Detmar parle de M. l'abbé du Guet, son oncle... *S. l.*, 1734, in-12.

Lettre de Mme Semiramis à M. Catilina. Mise en vaudeville par un chansonnier de Paris (Cyprien-Ant. LIEUDÉ DE SEPMANVILLE). *Au Parnasse, par les libraires associés, s. d.*, in-8, 16 p.

Lettre de Mlle R*** (H.-V. BALETTI, dame RICCOBONI) à M. l'abbé C*** (Conti), au sujet de la nouvelle traduction du poëme de la « Jérusalem délivrée » du Tasse (par Mirabaud). *Paris, Ph.-N. Lottin*, 1725, in-12.

L'abbé DESFONTAINES, dit d'Alembert dans l'éloge de Mirabaud, « Histoire de l'Académie française », t. V, p. 626, joignit des notes injurieuses à un texte déjà très-offensant.

Lettre de maître ***, bedeau en l'Université de ***, à M***, docteur régent de la même Université. (Par le président J. BOUHIER.) *Dijon, s. d.* (1738), in-4, 8 p.

Lettre de MM. les curés de Rouen à monseigneur leur archevêque, pour lui demander la censure du livre de l' « Apologie des casuistes ». (Par Charles DUFOUR.) *S. l.* (1658), in-4, 15 p.

Signée : Turgis, Chrestien, du Clerc, du Four.

Lettre de MM. les curés du diocèse d'Anjou à Mgr l'évêque d'Angers. (Par l'abbé CHATISEL, curé de Soulaines, près d'Angers.) *S. l.* (La Flèche), 1785, in-12.
              D. M.

Lettre de M*** (J.-B. MAUDRU) à Mme la duchesse de ***. (*Paris*), *impr. de Le Breton*, 1771, in-12, 24 p.

Ersch, t. IV, p. 346, et, d'après lui, Quérard modifient ainsi le titre : « Lettre à Mme la duchesse de *** ».

Lettre de M..... à M..... (Par P.-E. LEMONTEY.) *Lyon*, in-8, 6 p.

Contre le comte de Laurencin.

Lettre de M*** à M*** (sur le sacre de Louis XVI). (Par Gabriel-Henri de RI-

QUETTI, comte de MIRABEAU.) 1776, in-8, 14 p.

Une faute d'impression, qui s'était glissée dans les « Lettres écrites du donjon de Vincennes », produisit une singulière erreur de la part d'un journaliste du temps, qui crut que MIRABEAU avait publié une *lettre sur le sucre.*   D. M.

Lettre de M** à M**, de l'Académie des Inscriptions, sur quelques monumens d'antiquité. (Par C.-A. PICARD.) *Paris, Barrois*, 1758, in-8.

Lettre de M*** (LE PICQUIER) à M. Brissot de Warville. *Le Havre*, 25 fév. 1790, in-4, 15 p.   D. M.

Lettre de M*** à M. de ******, membre de la Chambre pour le département de la ******* (Moselle), sur le système électif le plus convenable à la monarchie française, 26 déc. 1815. (Par N.-D. MARCHANT.) *Metz, imp. de C. Lamort*, 1815, in-8, 22 p.

Lettre de M*** (l'abbé Chrétien LE ROY) à M. de Lavau, sur son discours contre la latinité des modernes. *S. l.*, 1756, in-12, 88 p.

Lettre de M*** (N. PLUCHE) à M. G. (Ganeau), libraire, au sujet d'une nouvelle traduction de l'historien Josèphe (par le P. Barre). (*Paris*), 1747, in-4.
              V. T.

Lettre de M*** à M. l'abbé... sur la nécessité et la manière de faire entrer un cours de morale dans l'éducation publique. (Par J.-B. DARAGON.) *Paris, Durand le jeune*, 1767, in-12.

Lettre de M* (le P. Bern. LAMBERT, dominicain) à M. l'abbé A. (Asseline), censeur et approbateur du libelle intitulé : « Discours à lire au conseil... » *S. l.* (1787), in-8.

Voy. IV, col. 999, c.

Lettre de M*** (Isaac PINTO) à M. S. B. (Baretto)... au sujet des troubles qui agitent actuellement toute l'Amérique septentrionale. *La Haye, P. Gosse*, 1776, in-8, 29 p.

Voy. « Supercheries », III, 1067, f.

Lettre de M*** à M***, sur l' « Examen critique, physique et théologique des convulsions ». (Par J.-B. PONCET DESESSARTS.) *S. l.* (1733), in-4, 2 p.

Lettre de M*** (l'abbé Cl.-P. GOUJET) à un ami, au sujet du « Temple du goût », de M. de V***. *S. l. n. d.*. in-8, 7 p.

Lettre de M***, à un ami de province.
— Lettre à l'auteur des « Observations

sur les écrits modernes ». (Par Michel PROCOPE-COUTEAUX.) *S. l.* (1736), in-12, 24 p.

Lettre de M.... (l'abbé MASSILLON, neveu du célèbre prédicateur) à un ami de province, au sujet de plusieurs jésuites prisonniers à Rome, nouvellement élargis par ordre du pape. *S. l. n. d.*, in-8, 16 p.

Lettre de M*** (Charles CLÉMENCET, de la congrégation de S.-Maur) à un ami de province, sur le désir qu'il témoigne de voir une réponse à la Lettre contre l' « Art de vérifier les dates », et au journaliste de Trévoux. *Paris*, déc. 1750, in-4 et in-12.

Voy. « Supercheries », III, 1044, c.

Lettre de M*** à un de ses amis, à Paris, pour lui expliquer les estampes de M. Hogart. (Par ROUQUET.) *Paris*, 1746, in-8.

Lettre de M*** (François GUÉRIN, professeur à l'Université de Paris) à un de ses amis, au sujet de l'oraison funèbre de Louis XIV, prononcée par le P. Porée, jésuite. *S. l.*, 1716, in-12, 20 p.

Lettre de M*** (C.-F. LEROY) à un de ses amis de province, au sujet de l'écrit sur les convulsions intitulé : « Coup d'œil ». *S. l.*, 1733, in-4, 1 f. de tit. et 17 p.

Lettre de M*** (Jean-Pierre MORET DE BOURCHENU, marquis DE VALBONNAIS) à un de ses amis, pour répondre à celle qu'il lui avait écrite, au sujet d'une ancienne épitaphe découverte à Lyon depuis peu de jours. De Grenoble, le 17 déc. 1714. — Seconde lettre... — Troisième lettre... — Réflexions... — Quatrième lettre. *S. l. n. d.*, in-4, 20 p.

Ces lettres ont été publiées avec le nom de l'auteur dans les « Mémoires de Trévoux ».

Lettre de M*** (Denis-François SECOUSSE) à un de ses amis retiré dans une terre (sur le portail de Saint-Eustache). *Paris, Bullot*, 1753, in-12, 20 p.

Lettre de M*** (le président DE LESCHERENNE) à un de ses amis, touchant le titre d'altesse royale du duc de Savoye, et les traitemens royaux que ses ambassadeurs reçoivent de l'empereur et de tous les rois de la chrétienté. *Cologne, Sermat*, 1701, in-12. — *Paris, Collombat*, 1702, in-12.

Lettre de M*** (le professeur SALMON, du diocèse de Sens) à un de ses amis, touchant les dissertations de Marcel d'Ancyre (l'abbé Boileau). *Paris*, le 20 déc. 1695, in-12, 26 p.

Note manuscrite de l'abbé Boileau.

Lettre de M****** (Louis LE GENDRE) à un homme de qualité qui lui a demandé

son sentiment sur la « Lettre d'un Espagnol à un François », sur les réponses qu'on y a faites, et sur la requête des princes. *S. l.*, 1716, in-8, 46 p. — *Id.*, in-8, 63 p.

Lettre de M*** à un libraire de ses amis. *S. l.*, in-8, 8 p.

Datée du 18 avril 1779. Par DURANT DE MIREMONT, d'après une note manuscrite contemporaine.
Seconde lettre, datée du 19 fév. 1780.

Lettre de M*** (Paul-Gédéon JOLY DE MAIZEROY) à un officier général sur l'ouvrage intitulé : « l'Ordre profond », etc. *Paris*, 1776, in-12.

Lettre de M*** (le P. Ch.-L. RICHARD, dominicain) à une seule personne, touchant les Lettres de M** (Gaudet) à différentes personnes, sur les finances, les subsistances, les corvées ; on y a joint une Lettre à M. l'abbé de La Chapelle sur son ouvrage intitulé : « le Ventriloque », dans laquelle on discute le fait si fameux de l'assassinat commis dans la personne sacrée du roi de France Henri III. *Liége*, 1778, in-12.

Lettre de M*** (Barthélemy MERCIER DE SAINT-LÉGER), aux auteurs des « Mémoires pour l'histoire des sciences et beaux-arts », touchant les nouveaux écrits sur le véritable auteur du « Testament politique du cardinal de Richelieu ». *S. l.* (1765), in-12, 24 p.

Voy. « Supercheries », III, 1055, a.

Lettre de M...., avocat au Parlement de Paris, à M...., servant de réponse à un écrit intitulé : « Essai de réformation d'un jugement, etc. » (Par le président J. BOUHIER.) *Dijon*, 1730, in-12.

Voy. « Supercheries », III, 1118, e.

Lettre de M...., avocat en Parlement (GÉRAUD DE CORDEMOY), à un de ses fils qui s'est retiré en Angleterre, contre le système de Jurieu. *Paris*, 1689, in-4.

Lettre de M*** (Ch. TRONSON DU COUDRAY). capitaine au corps de l'artillerie, à M***, sur un passage de l'introduction à l' « Histoire des minéraux » de M. Buffon, relatif à une opération du nouveau système d'artillerie sur les anciens boulets. *S. d.* (vers 1775), in-8.

Lettre de M*** (Jacq. BAGIEU). chirurgien de province, à M***, chirurgien de Paris, au sujet de la remarque, page 249, de l'édition du « Traité des opérations » de Dionis, augmentée de remarques importantes par M. La Faye... *Paris, Le Breton*, 1740, in-8, 32 p.

Cet auteur a été par erreur, dans les « Supercheries », III, 1037, f, désigné sous le nom de BAGILA.

Lettre de M***, conseiller de la grand'-chambre, à M***, président des enquêtes, sur l'intérêt que le Parlement prend à la gloire du roi et au bien de la religion. *S. l.* (1755), in-4, 1 f. de tit. et 22 p.

Par le P. LE BALLEUR, d'après une note manuscrite contemporaine.

Par le P. BONHOMME, d'après les « Supercheries », III, 1047, *f.*

Lettre de M*** (Nic. FRÉRET), de l'Académie des Inscriptions et belles-lettres, à l'auteur des « Mémoires pour servir à l'histoire des hommes illustres », etc., pour la défense de M. Guillaume Delisle contre ce qui en a été dit dans ses Mémoires. Extrait du dixième tome, partie II, p. 9, des mêmes Mémoires, etc. *Paris, Briasson,* 1731, in-8, 1 f. de tit. et 46 p.

Lettre de monsieur *** (le cardinal DE LA ROCHEFOUCAUT), envoyée à Monseigneur pour la réformation de l'Etat; ensemble la méditation de M. DE L. (DE LUYNES). ou réponse à la remontrance au roi. *S. l.* (1620), in-8, 7 p.

Réimprimée la même année avec les noms des auteurs.

Lettre de M*** (PIET), étudiant en chirurgie à Paris, à M***, maître en chirurgie et accoucheur à R*** en P***, sur un nouvel ouvrage intitulé : « la Pratique des accouchements ». *Amsterdam et Paris, Clousier,* 1776, in-8, 1 f. de tit. et 70 p.

Voy. « Supercheries », III, 1066, *d.*

Lettre de M...., maître en chirurgie, sur l' « Histoire naturelle de l'âme..... » (par La Mettrie). 1745, in-12.

C'est sous ce déguisement que F.-B. TANDEAU, docteur de Sorbonne, a publié cette lettre.

Lettre de M*** (Roger DIBON), médecin de Rheims, à M. Darnouval, médecin à Clermont, où l'on essaye de démontrer les écarts de M. Astruc. *S. l.* (1742), in-12, 57 p.

Lettre de M*** (N. JADELOT), professeur en médecine, à M*** (Guillemin), en réponse aux notes insérées à la suite de l'éloge de M. Bagard, le 1er mai 1773. *Nancy,* 1773, in-8.

Lettre de M*** (Nicolas PETITPIED) sur la crainte et la confiance. *S. l.,* 1734, in-4.

Voy, « Supercheries », III, 1036, *a.*

Lettre de M. A***, négociant de Rouen, à dom A***, religieux de la congrégation de Saint-Maur, sur le projet de décret, concernant les religieux, proposé à l'Assemblée nationale par M. Treilhart, avo-

cat. (Par l'abbé B. MERCIER DE SAINT-LÉGER.) *S. l. n. d.,* in-8, 4 p.

Lettre de M. A. L. (Alphonse LEROY) à M. L. M. (L. Micheels). *Liége, de Thier et Lovinfosse,* in-12, 8 p.

Voy. « Grammaire élémentaire liégeoise... », ci-dessus, col. 553, *c.*

Lettre de M. B*** (L.-F. BOURSIER), D. de la M. et S. de S. (docteur de la Maison et Société de Sorbonne), au sujet de ce qui est dit contre lui dans la XIXe Lettre théologique de dom La Taste. *S. l.,* 1738, in-4, 9 p.

Lettre de M. B. (BILLET), docteur en médecine, sur l'analyse et la vertu des eaux minérales dont la source est dans son jardin, au faubourg Saint-Antoine-les-Paris. *Paris,* 1707, in-12.

Lettre de M. B**** (P. BAUX), médecin de Nîmes, à M. L. F. M. A. U., au sujet de la maladie de Provence. *S. l.* (Nîmes, 1721), in-4, 8 p.   V. T.

Lettre de M. B. (Pierre BRISSEAU), médecin des hôpitaux du roi, touchant les remèdes secrets. *S. l. n. d.* (1707), in-12.

Lettre de M. B*** DE L*** (le comte Louis-Léon-Félicité BRANCAS DE LAURAGUAIS), auteur éphémériste. *S. d.* (1790), in-12, 72 p.   D. M.

Lettre de M. C*** (CASTÉRA) à Mme B****, sur le magnétisme animal. *Paris, J.-G. Dentu,* 1813, in-8, VIII-28 p.

Lettre de M. C*** (J.-A.-C. CÉRUTTI) à Mme de ****, au sujet de deux billets ridicules que M. de L*** (Lauraguais) a fait courir et imprimer. *S. l.,* 1789, in-8, 18 p.

Lettre de M. C*** (Louis-Joseph CARREL), à M. Amelot de La Houssaye, sur une note de M. l'abbé de Saint-Réal touchant l'usure, en sa nouvelle traduction des « Lettres de Cicéron à Atticus ». *Paris, veuve Bouillerot,* 1691, in-12.

Lettre de M. C..... (Th. CARRÈRE), docteur en médecine, à M. G..... (Gourraigne), médecin de la Faculté de Montpellier, sur l'usage de la saignée et des purgatifs dans la péripneumonie catarrheuse. 1743, in-4.

Lettre de M. D*** (l'abbé DE LA COSTE) à M. D***, au sujet de la « Noblesse commerçante » (de l'abbé Coyer)... *S. l.,* 1766, in-8.

Lettre de M. D...., licencié en droit, à M. Fréron, directeur de l' « Année littéraire » et du « Journal étranger », en date du 20 janvier 1756, in-12.

Par A.-G. MEUSNIER DE QUERLON.
Voy. « Supercheries », I, 849, b.

Lettre de M. D. B*** (J.-L. DE BÉTHISY) à Mme ***, au sujet du « Discours sur l'origine et les fondemens de l'inégalité parmi les hommes », par J.-J. Rousseau. *Amsterdam, M.-M. Rey*, 1755, in-8.

Lettre de M. D. L. C. (C.-M. DE LA CONDAMINE) à M***, sur le sort des astronomes qui ont eu part aux dernières mesures de la terre, depuis 1735. Lettre de M. GODIN DES ODONAIS, et l'aventure tragique de Mme Godin dans son voyage de la province de Quito à Cayenne, par le fleuve des Amazones. *S. l.* (1773), in-8, 30 p.

Lettre de M. D. M. (MORABIN fils), étudiant en médecine, à un de ses amis, sur la lumière et la chaleur du soleil. *Paris, Lottin*, 1748, in-12.

Lettre de M. D. P*** à M. D. L***, au sujet du livre intitulé : *Origine de vulgari proverbii*, etc. (Par G.-F. MAGNÉ DE MAROLLES.) *Paris*, 1er juillet 1780, in-12, 14 p.

Réimprimée dans « l'Esprit des journaux » de la même année.
Il a été publié, en 1856, deux éditions de cette lettre, l'une in-4 à 2 col. et l'autre in-8.

Lettre de M. D'AL*** (D'ALEMBERT) à M. le marquis de C*** sur Mme Geoffrin. *S. l. n. d.*, in-8, 16 p.

Lettre de M. de ** (VILLERS) à Mme de **, sur les sourciers. 1782, in-8, 16 p.

Lettre de M. DE ** (G. PLANTAVIT DE LA PAUSE, abbé DE MARGON), au sujet du livre intitulé : « de l'Action de Dieu sur les créatures ». *Paris*, 1714, in-12, 36 p.

Voy. IV, 59, e.

Lettre de M. DE *** (l'abbé Jos. DE LA PORTE), sur les talents de la demoiselle Saint-Val l'aînée, actrice de la Comédie-Française. *S. l.*, 1776, in-8.

Voy. « Supercheries », III, 1067, f.

Lettre de M. DE B... (Richard DE BURY) à M. de Voltaire, au sujet de son abrégé de l'histoire universelle. *Londres, J. Nource*, 1755, in-12, 96 p.

Lettre de M. DE F.... (DE FORGE) à l'un de nosseigneurs les députés à l'Assemblée nationale, sur quelques-unes des droits féodaux, et particulièrement sur la chasse. — Deuxième lettre au même. *S. l.* (1789), in-8, 16 et 4 p.

Lettre de M. DE M*** (M.-F. PIDANSAT DE MAIROBET) à M. de **, sur les véritables limites angloises et françoises en Amérique. *S. l.* (1755), in-12, 29 p.

On a du même auteur : « Lettre de M. de M***, au sujet des écrits anglois sur les limites de l'Amérique ». 1755, in-12.

Lettre de M. de N.... (C.-G. LE CLERC) à M. Camus de Néville. 1778, in-12.

Il y a deux éditions, l'une de 59 pages in-8, l'autre de 80. Cette dernière paraît avoir été imprimée à Londres. Voy. ci-dessus, col. 1101, f.

Lettre de M. DE S... (SERANT) à M. Del....y (Delaunay) aîné, avocat au siége présidial d'Angers. *S. l. n. d.*, in-8, 8 p.

Signée : DE S....T.

Lettre de M. DE V*** (VOLTAIRE) à un de ses élèves (Desmahis). *S. l.* (1756), in-8, 4 p.

Lettre de M. de V*** (VOLTAIRE) au révérend père de La Tour, principal du collége de Louis-le-Grand. *S. l.*, 1746, in-4, 12 p.

Réimprimée avec le nom de l'auteur. *S. l.*, 1746, in-8, 1 f. de titre et 9 p.

Lettre de M. de V... (VOLTAIRE) sur un écrit anonyme. A Ferney, 20 avril 1772. *S. l. n. d.*, in-8, 8 p. — *S. l. n. d.*, in-8, 14 p.

Lettre de M. de Vol..... (VOLTAIRE) à M. d'Am..... 1er mars 1765, au château de Ferney. *S. l. n. d.*, in-8, 16 p.

Lettre de M. DE VOLNEY à M. le baron de Grimm, chargé des affaires de S. M. l'impératrice des Russies à Paris, en renvoyant la médaille d'or que Sa Majesté lui avait fait remettre (4 déc. 1791). Suivie de la Réponse de M. le baron de Grimm à M. Chasseboeuf de Volney, en date du 1er janvier 1792. (Publ. par A.-A. BARBIER.) *Paris, Potey*, 1823, in-8, 20 p.

Lettre de M. DESP. DE B** (Ch. DESPREZ DE BOISSY), avocat en parlement, à M. le chevalier D***, sur les spectacles. *Paris*, 1756, 1758, in-8.

Voyez « Lettres sur les spectacles... »

Lettre de M. du T. à M. Rissch, sur les bijoux d'or et d'argent. (Par Fr. VÉRON DE FORBONNAIS.) 1746, in-12.

Lettre de M. E**** (L. ESTÈVE), docteur en médecine en l'Université de Montpelier, à MM. V**** (Venel) et Le R** (Le Roy), docteurs en l'Université de médecine de la même ville. *Avignon*, 1758, in-8, 28 p.

Lettre de M. G*** (J.-B. Gibert) à M. Freret, sur l'histoire ancienne. *Paris, Leclerc et de Nully,* 1741, in-12.

Lettre de M. G. (Ant. Galland) touchant quatre médailles antiques nouvellement publiées par le R. P. Chamillard, J. *Caen, J. Cavelier,* 1697, in-12, 54 p.

Signée : Galland.

Lettre de M. J*** l'aîné (P.-C. Jamet) à M. le chevalier de P*** (Pacaroni), auteur de « Bajazet I », sur la métaphysique et la logique. *Paris,* 7 avril 1742, in-12.

Réimprimée dans le « Conservateur », septembre 1757.

Lettre de M. Josse à M. Linguet. (Par Pierre Bernard.) 1782, in-8.

Lettre de M. L.... (Etienne de La Montagne) à M. Castelberg. 1762, in-12.

Lettre de M. L*** (Le Clerc, avocat au bailliage de Caen), à M. D..., curé à portion congrue du diocèse de Vannes. *Amsterdam,* 1766, in-12, 120 p.

C'est une réfutation de la « Lettre à un magistrat sur les dixmes... »

Lettre de M. L. R. (l'abbé J.-J. Rive) à M. de La Borde, sur la formule *Nos Dei gratiâ. Paris, Pierres,* 1779, in-4.

Lettre de M. l'abbé *** (C.-J.-F. Schannat) à Mlle G***, béguine d'Anvers, sur l'origine et le progrès de son institut. *Paris (Hollande),* 1731, in-12.

Lettre de M. l'abbé ***** (Jacques Destrées), prieur de Nefville, à M. l'abbé d'Olivet, de l'Académie françoise; pour servir de réponse à sa dernière lettre à M. le président Bouhier ; ou réfutation de ses fausses anecdotes et de ses jugemens littéraires, avec une parodie de sa prosopopée. *Bruxelles, Fricx,* 1739, in-8, 2 ff. de tit. et 88 p.

Lettre de M. l'abbé D. F. (P.-F. Guyot Desfontaines) à M***, contenant le secret des francs-maçons. 1744, in-12.

Lettre de M. l'abbé D. G... (J.-J. du Guet) à un professeur de belles-lettres qui l'avait consulté sur plusieurs choses par sa lettre du 28 janvier 1732. *S. l.* (1732), in-12.

Lettre de M. l'abbé de *** (le P. Gab. Daniel) à Eudoxe (avec la réponse d'Eudoxe, par le P. J.-A. du Cerceau), touchant la nouvelle « Apologie des lettres provinciales » (par dom Petitdidier). *Cologne, P. Marteau (Rouen),* 1698-1699, in-12.

Six lettres.

Lettre de M. l'abbé de *** (l'abbé Au-

gustin Nadal) à M. le chevalier C***. *S. l.* (1729), in-12, 23 p.

Lettre de M. l'abbé de *** (Guillaume de Villefroy) au révérend père *** (Montfaucon) en lui envoyant une traduction françoise des cantiques arméniens... *Paris, Chaubert, s. d.,* in-4.

Voy. « Supercheries », I, 158, *d.*

Lettre de M. l'abbé de F*** (de Ferranville), au sujet des calomnies répandues contre lui dans le libelle intitulé : « Journal historique des convulsions du temps »... *S. l.* (1733), in-4, 4 p.

Lettre de M. l'abbé de M*** (Mathieu de Montreuil), contenant le voyage de la cour vers la frontière d'Espagne, en l'année 1660. In-12.

Contenue dans le « Recueil de quelques pièces nouvelles et galantes, tant en prose qu'en vers, *Cologne, du Marteau,* 1667, t. I.

Plusieurs auteurs attribuent à tort cette lettre à l'abbé de Montigny. Goujet, « Bibliothèque françoise », tome XVIII, p. 335.

Lettre de M. l'abbé de Villeloin à M. l'abbé de La Victoire touchant quelques traductions de l'Enéide de Virgile (1 juin 1667). In-8, 24 p.

Signée : M. D. M. A. D. V. (Michel de Marolles, abbé de Villeloin).

Voy. « Catalectes ou pièces choisies des anciens poëtes latins... », t. IV, col. 507, *d.*

Lettre de M. l'abbé F. X. D. F. (François-Xavier de Feller), touchant la soumission exigée des ministres du culte, datée du 15 juin 1797, adressée à un religieux du diocèse de Liége. In-8, 12 p.

Lettre de M. l'abbé L*** (le P. Bern. Lambert) au R. P.***, sur ce qu'on devait espérer de l'épiscopat de M. de Juigné. A Ch..., ce 20 février 1782, in-12.

On présume que *Ch....* veut dire *Chailly,* village où s'était retiré le P. Lambert, chez Milles de Champeron.

Lettre de M. l'abbé P*** (Petiau), de l'Académie de La Rochelle, à M***, de la même Académie, sur le magnétisme animal. *S. l.,* 1784, in-8, 7 p.

Lettre de M. l'abbé Winckelmann à M. le comte de Brühl, sur les découvertes d'Herculanum, traduite de l'allemand (par Michel Huber). *Dresde et Paris, Tilliard,* 1764, in-4.

Réimprimée dans le « Recueil de lettres de M. Winckelmann sur les découvertes faites à Herculanum, à Pompei, à Stabia, à Caserte et à Rome » (publié par Jansen). *Paris, Barrois l'aîné,* 1784, in-8.

Lettre de M. l'évêque de *** à Mme la duchesse de ***, sur cette question importante : S'il est permis d'exposer à la censure publique les excès dans lesquels tombent les ministres de la religion. (Par le P. Bern. LAMBERT.) *S. l.* (1784), in-12, 55 p.

Réimprimée à la fin des « Lettres secrètes sur l'état actuel de la religion ». Voy. ces mots.

Lettre de M. le C** de C** P** (le comte DE CHASTENET-PUYSÉGUR) à M. le P** E** de S** (le prince-évêque de Strasbourg). *S. l.* (1783), in-12, 59 p.

Lettre de M. le C** DE L*** (le comte L.-L.-F. DE LAURAGUAIS) a monsieur Dupont, auteur éphémériste, au château de Tourgeville, ce 15 septembre 1770. *S. l. n. d.*, in-12.

Lettre de M. le chevalier de *** (Ch. DESPREZ DE BOISSY) à M. de C** (Campigneulles), garde du corps du roi... au sujet de la lettre de M. des P. de B*** (Desprez de Boissy), avocat en parlement, sur les spectacles. *Berlin* (*Paris, veuve Lottin et Bulard*), 1759, in-8.

Voy. « Supercheries », I, 711, *f*.

Lettre de M. le chevalier de ***, capit. au corps du génie, à M***, auteur du livre intit. : « Essai général de tactique ». (Par M. DE VIALIS, ingénieur en chef à La Rochelle.) *S. l. n. d.*, in-12, 28 p.

Lettre de M. le chevalier de ***, major au corps royal du génie, à M. le marquis de **, lieutenant général des armées du roi. (Par M. DE VIALIS, ingénieur en chef à La Rochelle.) 1774, in-12, 21 p.

Lettre de M. le marquis du P*** (du Pourpris) à un gentilhomme de ses amis, sur les études et sur la méthode de M. de Morbidi. (Par DE MORBIDI lui-même.) *Paris, J. Boudot*, 1707, in-8.

Lettre de M. M*** (G.-N. MAULTROT) à M. J*** (Jabineau) sur l'écrit intitulé : « Opinion de M. Camus...» *Paris, Le Clère*, 1790, in-8.

L'auteur a adressé une autre lettre au même, sur le même sujet.

Lettre de M. M*** (G.-F.-R. MOLÉ) à M. J**** (Jamet le jeune) sur les moyens de transférer les cimetières hors l'enceinte des villes. *S. l.* (1776), in-8, 30 p.

Réimprimée avec le nom de l'auteur.

Lettre de M. M** (Pierre-Jean MARIETTE) à un ami de province, au sujet de la nouvelle fontaine de la rue de Grenelle... *S. l.* (1746), in-4, 13 p.

Lettre de M. P. (Michel PROCOPÉ-COUTEAUX) à M. Delille. *Namur*, 1732, in-12.

Voy. « Supercheries », III, 2, *a*.

Lettre de M. P.... (PONCET DESESSARTS) au sujet de l'écrit intitulé : « Vains efforts des mélangistes, etc. » *S. l.*, 1738-1740, in-4.

Huit lettres, les six premières avec pagination continue de 1 à 142. La septième, datée du 16 mars 1740, a 28 p. ; la huitième, du 6 avril 1740, a 51 p.

Lettre de M. P. AD*** (P. ADAMOLI) à M. le marquis de Migieu... sur une découverte faite à Lyon, le 4 février 1766, d'un monument antique enseveli sous les eaux de la rivière de Saône. — Seconde lettre de M. P. AD***, écrite de Lyon le 25 mars 1766... *Lyon, imp. de A. Delaroche* (1766), in-8, 23 p.

Lettre de M. P. de M. (Pierre-Abraham PAJON DE MONCETS), de l'Académie royale de Châlons-sur-Marne. (Extrait du «Journal de Verdun », octobre 1773.) *S. l. n. d.*, in-12, 8 p.

Au sujet des antiques portes dites papales, à Paris.

Lettre de M. R. sur la part...

Voy. « Relation de la querelle ».

Lettre de M. T*** (TREVILLIERS) à MM. les électeurs du Tiers-Etat, intramuros, de la ville de Paris. *S. l. n. d.* (1789), in-8, 15 p.

Réimprimée avec le nom de l'auteur, 1789, in-8, 18 p.

Lettre de M. T*** (TAITBOUT) à M. le baron de Servières, officier au régiment d'Orléans-cavalerie, etc., en réponse à ses observations sur les thermomètres. *Paris, Froullé*, 1778, in-8, 13 p.

Lettre de M. T. C. (Théodore CRINSOZ) à un ami, ou Examen de quelques endroits de la dissertation de J.-A. Turretin, sur les articles fondamentaux de la religion. In-4.
                        V. T.

Th. Crinsoz est aussi connu sous le nom de BIONENS.

Lettre de M. U*** (Joseph URIOT) à Mme la comtesse de M***, à Erlangen. 1766, in-8.

Lettre de N. N. au marquis N. N., sur le supplément au n° 41 du « Messager de Modène » ; ou Apologie de la Théologie morale des PP. Busembaum et Lacroix, jésuites, contre les arrêts des parlements qui ont condamné cet ouvrage, par le P. ZACCHARIE, jésuite italien, en italien avec la traduction françoise (et un avertissement par l'abbé C.-P. GOUJET). 1758, in-12.

Cet écrit a été traduit par ordre : il a été dénoncé au Parlement, *sans l'avertissement*, le vendredi 10 mars 1758, et condamné au feu.

Le P. Zaccharie avait travaillé sans permission. Dès que ses supérieurs eurent appris qu'il songeait à justifier Busembaum, ils lui envoyèrent ordre de n'en rien faire. Le P. Zaccharie, qui avait remis son manuscrit à l'imprimeur, courut le redemander ; mais il était imprimé, et un exemplaire fut soustrait à la diligence de l'auteur par une main ennemie, qui l'envoya en France, où on ne tarda pas à le réimprimer.

(*Catalogue manuscrit* de l'abbé Goujet.)

Lettre de Narival à Williams, son ami. (Par J.-F. WILLEMAIN D'ABANCOURT.) 1765, in-8.   V. T.

Lettre de Pékin, sur le génie de la langue chinoise, et la nature de leur écriture symbolique (*sic*), comparée avec celle des anciens Égyptiens ; en réponse à celle de la Société royale des sciences de Londres, sur le même sujet. On y a joint l'extrait de deux ouvrages nouveaux de M. de Guignes, relatifs aux mêmes matières. Par un Père de la compagnie de Jésus, missionnaire à Pékin (le P. P.-M. CIBOT). *Bruxelles, J.-L. de Boubers*, 1773, in-4, XXXVIII-46 p., 3 ff. et 27 pl.   A. L.

On trouve après l'avertissement un second titre qui porte : « Lettre sur les caractères chinois, par le révérend père ***, de la compagnie de Jésus. Avec figures. » *Bruxelles, J.-L. de Boubers*, 1773.

Cette lettre a été publiée par l'abbé Jean NEEDHAM TURBERVILL. Elle avait déjà paru dans les « Transactions philosophiques », et elle fut reproduite, en 1776, sous le nom du père AMIOT, autre savant missionnaire, avec de nouvelles planches et une partie de l'*Avis préliminaire* de NEEDHAM, dans le tome I des « Mémoires sur les Chinois ».

Lettre de Pétrarque à Laure, suivie de remarques... (Par Nic.-Ant. ROMET.) *Paris, Jorry*, 1765, in-8.

Lettre de plusieurs évêques de France au pape Pie VI, et réponse du souverain pontife, traduite en français par un prêtre exilé pour la foi (l'abbé HAMEL). *Londres, Dulau*, 1799, in-8.

Cette lettre avait été composée par les PP. J.-F. MANDAR et M.-M. TABARAUD, de l'Oratoire.

Lettre de quelques habitants du département de la Meurthe à Son Excellence Mgr le ministre des affaires ecclésiastiques. (Par POIREL, avocat.) *Nancy, imp. de Barbier*, 1828, in-8.

Lettre de quelques protestants pacifiques au sujet de la réunion des religions, à Messieurs du clergé de France, qui se doit tenir à Saint-Germain-en-Laye, le du mois de may 1685. (Par Pierre JURIEU.) *S. l. n. d.*, in-12.

Lettre de saint VINCENT DE PAUL au cardinal de La Rochefoucauld, sur l'état de dépravation de l'abbaye de Longchamps.

En latin, avec la traduction française et des notes, par J. L. (l'abbé Jean LABOUDERIE). *Paris, Moutardier*, 1827, in-8, 23 p.

Lettre de Sapho à Phaon, imitée d'Ovide, par C. DE M. (COUSTARD DE MASSI). 1768, in-12.

Lettre de Satan aux francs-maçons, suivie d'une réponse à Satan. (Par Victor-Amédée WAILLE.) *Paris, Potey*, 1825, in-8, 40 p. — 2e éd. *Id.*, in-8, 36 p.

Lettre de T*** (Pierre TOMBEUR), prêtre du diocèse de Liége, à Mgr Gillis, suffragant de Liége. *S. l.*, 1733, in-12, 24 p.

Voy. « Supercheries », III, 749, *b*.

Lettre de T*** (Pierre TOMBEUR), prêtre du diocèse de Liége, à Mgr le comte de Rougrave, vicaire général de Liége, avec un mémoire contenant des difficultés sur les propositions condamnées par la bulle « Unigenitus ». *Maestricht*, 1730, in-8, 108 p.

Voy. « Supercheries », III, 749, *b*.

Lettre de Thrasibule à Leucippe, ouvrage posthume de M. F. (Nic. FRÉRET). *Londres, s. d.* (vers 1768), in-12.

Voy. « Supercheries », II, 1, *b*.

Lettre de Valcour à son père, pour servir de suite au roman de « Zeïla ». (Par C.-J. DORAT.) *Paris*, 1767, in-8.

Lettre de VOLTAIRE (1745), relative à son « Histoire de Pierre Ier », adressée au comte d'Alion, ministre de France en Russie sous le règne de l'impératrice Elisabeth Ire, publiée pour la première et unique fois dans un journal russe de Moscou, en 1807, et omise dans toutes les éditions complètes de Voltaire, suivie de notes bibliographiques (par Serge POLTORATZKY). *Paris, imp. de Lange-Lévy*, 1839, in-8, 11 p.

Signée : Un bibliophile. Voy. Minzloff, « Pierre le Grand dans la littérature étrangère. » *Saint-Pétersbourg* (1872), p. 61.

Lettre de Zeïla à Valcour, en vers. (Par C.-J. DORAT.) *Paris*, 1764, in-8. 3.

Lettre déchiffrée. (Par J. SIRMOND.) *Paris*, 1627, in-8.

Nombreuses réimpressions.

Lettre des avocats au parlement de Provence à Mgr le garde des sceaux, sur les nouveaux édits... (Par J.-E.-M. PORTALIS.) (*Aix*), 1788, in-8, 46 p. — *S. l. n. d.*, in-8, 31 p.

Lettre des Bollandistes au R. P. V. (Vidal) pour le féliciter de ses écrits contre l'authenticité des reliques qu'on dit être de S. Germain. (Par Roux.) *Anvers* (*Auxerre*), 1752, in-8.

Lettre des bourgeois aux gens de la campagne, fermiers et vassaux de certains seigneurs qui trompent le peuple. (Par C.-F. Chasseboeuf de Volney.) *S. l.* (*Angers*), 1789, in-8, 24 p.

Lettre des Indes à l'auteur du « Siècle de Louis XIV ». (Par de Laflotte.) *Amsterdam et Paris, Mérigot le jeune* (1770), in-8, 16 p.

Lettre des rabins des deux synagogues d'Amsterdam à M. Jurieu, traduite de l'espagnol. (Composée par R. Simon.) *Suivant la copie imprimée à Amsterdam, chez Joseph Athias* (*à Bruxelles*), 5446 (*vers* 1687), in-12.

Voyez les « Œuvres » de Bayle, t. III, p. 629.

Lettre des soi-disant dissidents à M. Lambert, missionnaire, prédicateur à Poitiers, à l'occasion des erreurs de perfection qu'il attribue à la classe des soi-disant dissidents. (Par l'abbé Grillon, curé à Châteauroux.) In-8, 8 p.—2ᵉ édit. (*Toulouse*).

L'abbé Grillon est mort à Poitiers le 1ᵉʳ juillet 1820. Il a publié ce petit écrit peu de temps avant sa mort.

Lettre des trois puissances écrite de France à N. S. P. le pape Benoît XIII. (Par Dubreuil.) 1727.

Lettre XIXᵉ. (*Paris*), *imp. de veuve Agasse, s. d.*, in-8, 7 p.

Suivant Quérard, « France littér. », IV, 367, cette publication a pour auteur le R. P. C.-A. Lacombe de Crouzet ; elle est signée ***.

Lettre du Bourgeois désintéressé. (Par le cardinal de Retz.) *S. l.* (1652), in-4, 15 p.

Lettre du Brahmane à MM. les archevêques et évêques de France ; suivie de notices sur la lumière : Examen de la profession de foi de Broussais. Extraits de la 2ᵉ publication du « Brahmane ». (Par Ph. Aubé.) *Paris*, 1838, in-8, 40 p.

Lettre du chevalier de *** (masque de M. l'abbé Aimé Guillon) à M. l'abbé Charrier, au sujet de son écrit de janvier 1792, sur sa conduite dans la démission de l'évêché constitutionnel de Rouen. *Lyon*, 6 février 1792, in-8.

Lettre du chevalier de l'Union (le général Jubé de La Pérelle) à M. de Chateaubriand. *Paris*, 1816, in-8.

Il y a eu une seconde lettre.

Lettre du chevalier Séricourt à son

père, héroïde. (Par de Vauvert.) *Paris*, 1772, in-8.

Permission tacite.   V. T.

Lettre du citoyen S** (Sélis) au citoyen Palissot (4 germinal an VII). — Réponse du citoyen Palissot au citoyen S**. *S. l. n. d.*, in-4.

Lettre du commissaire du Directoire exécutif près l'administration du canton de Malines, à l'archevêque de cette ville, avec la réponse du cardinal, suivie de réflexions sur la lettre du cardinal-archevêque relativement à la soumission exigée des ecclésiastiques par la loi du 19 fructidor an IV. *Liège, impr. du clergé*, in-8, 11 p.

Les réflexions, datées du 3 oct. 1797, et signées : Un ancien professeur en théologie au diocèse de Liège, sont du curé d'Afden, S.-P. Ernst.

Ces réflexions n'ont pas été imprimées séparément, ainsi que le donnerait à croire le titre donné par Quérard dans sa « France littéraire », d'après l'article de l' « Examen critique des diction. histor. » communiqué à Barbier par M. G*** (l'abbé Grégoire).

Lettre du comte d'Essex. (Par J.-C.-L. de La Gravière.) *Paris*, 1765, in-8.

Lettre du « Désintéressé » au sieur Mayret. (Par P. Corneille.) In-8.

Nicéron, t. XX, p. 92.

Lettre du divan du Kaire à Bonaparte, en arabe et en français (trad. par A.-I. Silvestre de Sacy et P.-A.-E.-P. Jaubert). *Paris, impr. de la Répub.*, an XI-1803, in-fol.

Catal. Langlès, nº 4203.

Lettre (et seconde Lettre) du doge de la république des Apistes au général des Solipses, pour lui demander du secours dans une guerre qui intéresse les deux nations. (Par dom Ch. Clémencet.) *S. l.*, 1760, in-12, 60 p.

Lettre du duc de Noya-Caraffa sur la tourmaline, à M. de Buffon. (Par Michel Adanson.) *Paris*, 1759, in-4.

Voy. « Notice », par Lejoyand, p. 12, et « Annales typographiques », 1759, II, 401.

Lettre du fondateur et président de la Société de la paix de Genève, sur la séance du 1ᵉʳ décembre 1833 de cette Société. (Par le comte J.-J. de Sellon.) 1833, in-8.

Lettre du général Arthur Condorcet O'Connor au général La Fayette, sur les causes qui ont privé la France des avantages de la Révolution de juillet 1830. (Traduite par Ossian Larevellière-Lépeaux.) *Paris, A. Mesnier*, 1831, in-8,

2 ff. de tit. et 130 p. — 2º éd. *Paris,*
F. Didot, 1850, in-8, 2 ff. de tit. et 130 p.

Lettre du général Buonaparte à l'empereur Napoléon, réponse de Napoléon à
Buonaparte, suivies d'un *miserere* récité
par Napoléon Bonaparte à Orgon, département des Bouches-du-Rhône; par l'auteur du « Petit Homme rouge ». (*Paris*),
imp. de J.-M. Eberhart (1814), in-8, 8 p.

Signée : U. (Pierre-Alexandre LEMARE).

Lettre du lord Welford à milord Dirton,
son oncle, précédée d'une lettre de l'auteur (J.-P. COSTARD, ancien libraire).
Londres et Paris, Lesclapart, 1765, in-8.

Réimprimée dans les « Lettres en vers et Opuscules
poétiques » de l'auteur, 1789, in-12.

Lettre du mandarin Oei-Tching à son
ami Hoei-Tchang, sur les affaires des Jésuites. (Par S.-N.-H. LINGUET.) 1762, in-12.

Lettre du Marguillier à son Curé, sur
la conduite de M. le coadjuteur. (Par F.-J.
SAURAZIN.) *Paris*, 1651, in-4.   V. T.

Lettre du marquis de L.... (LOUVOIS)
quinze jours avant sa mort, avec la réponse de M. de C. (CHAMPCENETS, éditeur
de la brochure). 1788, in-8.

Lettre du marquis GUABRIELLI dans laquelle il désavoue un fait qui le concerne
dans le supplément aux « Réflexions d'un
Portugais », avec la réponse (trad. de l'italien par l'abbé C.-P. GOUJET). 1761, in-12.

Lettre du Mexique ou journal d'un officier du régiment Impératrice-Charlotte
(VANDERETWEG). (*Bruxelles, impr. de Fis-
chlin*, 1865), in-8, 8 p.   J. D.

Lettre du nouvel Atticus à un ami patriote. (Par DE CHAUMAREYS.) 26 avril
1792. *S. l.*, in-4, 4 p.

Voy. « Supercheries », II, 1274, *b*.

Lettre du P*** (G.-H. BOUGEANT) à
Monseigneur l'évêque de Marseille, sur la
mort du P. Porée, de la Compagnie de Jésus. (*Paris*, 1741), in-12.

Réimprimée dans le tome IX des « Amusemens du
cœur et de l'esprit ».

Lettre du P. D. (Gab. DANIEL), jésuite,
au T.-R. P. Antonin Cloche, général de
l'ordre de S.-Dominique, touchant le livre
du P. Serry, contre le sieur de Launoy,
et touchant une lettre imprimée contre
les jésuites, attribuée à ce religieux. *S. l.*,
1705, in-12, 1 f. lim. et 39 p.

Réimprimée dans le recueil de divers ouvrages de
l'auteur, *Paris*, 1724, 3 vol. in-4.

Lettre du père l'Incertain (Claude-Théophile DUCHAPT, conseiller à la Cour d'appel

de Bourges) aux électeurs. *Bourges, Sou-
chois*, 1827, in-12, 12 p.

Lettre du portier des Ignorantins (F.-J.-
Th.-M. SAINT-GEORGES) à celui du Musée,
au sujet de l'Académie de l'amusette.
Sottipolis, 1782, in-12.

Lettre du primat de Pologne (Th. Po-
TOCKI), écrite de Dantzig au pape, et trad.
du latin. *Suivant la copie imprimée à Dantzig, à La Haye*, 1734, in-4.   A. L.

Lettre du prince de Prusse au roi son
frère. (Par F.-A. CHEVRIER.) *Erlang*, 1758,
in-8.

Chevrier a aussi publié : « Réponse du roi de
Prusse... » Voy. ces mots.

Lettre du rabin Aaron Mathathaï à G.
Vadé, traduite du hollandais par le lévite
Joseph Ben Jonathan, et accompagnée de
notes plus utiles. (Par l'abbé Ant. GUÉNÉE.)
Amsterdam, Root, 1765, in-8.

Voy. « Supercheries », I, 150, *f*.

Lettre du R. P. ***, de l'ordre des Minimes, à M***, docteur de Sorbonne, au sujet
de l'écrit intitulé « de l'Immolation de N.-
S. J.-C. dans le sacrifice de la Messe ».
(Par l'abbé Claude MEY.) (1780), in-12.

Lettre du R. P. *** (le P. PRÉAU), prêtre
de l'Oratoire, à un de ses amis, pour lui
rendre compte des motifs qui l'ont engagé
à révoquer son appel. *S. l.* (1722), in-4,
4 p.

Lettre du R. P. d'Aubenton, jésuite, assistant du général, au R. P. Crozet, aussi
jésuite, et recteur à Avignon, où ce père dé-
veloppe le but que s'étaient proposé ses
confrères en sollicitant la bulle *Unigenitus*,
et l'usage qu'ils prétendoient en faire
après l'avoir obtenue. (Publiée par l'abbé
MASSILLON.) *En France*, 1780, in-12.

Cette lettre avait déjà été imprimée en 1726, comme
2º édition. Voy. « Mémoires de Trévoux », juillet 1726,
p. 1351, où l'on affirme que cette lettre est supposée.
Suivant les « Nouvelles ecclésiastiques », 1749, p. 92,
elle serait d'un abbé provençal nommé MICHAELIS.
L'abbé Goujet possédait cette édition ; mais il croyait
la lettre supposée.

Lettre du secrétaire de M. de Voltaire.
(Par VOLTAIRE.) *S. l. n. d.*, in-8, 7 p.

Le titre de départ porte : Lettre du secrétaire de
M. de Voltaire au secrétaire de M. Lefranc de Pompignan.

Voy. « Supercheries », III, 622, *f*.

Lettre du S. I. B. B. (Isaïe BERR BING,
né à Metz en 1760, directeur des salines,
mort à Paris, en 1805), juif de Metz, à
l'auteur anonyme (le général Aubert Dubayet) d'un écrit intitulé : « le Cri du citoyen contre les juifs ». *Metz*, 1788, in-8.

— *S. l. n. d.* (1805), in-8, 1 f. de tit. et 34 p.

La seconde édition a été donnée par Michel BERR, gendre de l'auteur.

L'auteur reproche à Aubert Dubayet de n'avoir consulté que les ouvrages les moins dignes de la plume de Voltaire pour établir son système contre la nation juive, tels que la « Défense de mon oncle », l' « Évangile du jour », le « Dictionnaire philosophique », la « Philosophie de l'histoire ». Voltaire concluait de tout cela qu'il ne faut plus brûler les juifs, Aubert Dubayet est animé de la même pensée, mais, dit Berr Bing : « *Vous demandez qu'on ne nous brûle pas, mais vous mettez dans les mains des pierres pour qu'on nous lapide.* »

Lettre du sieur ****** (LE ROUX), ancien négociant d'Amiens, à M. le comte d'Agay, intendant de Picardie.** *S. d.* (1785), in-12.

Cet écrit a été supprimé par arrêt du Conseil, en date du 10 septembre 1785.

Lettre écrite à Mme la comtesse Tation par le sieur de Bois-Flotté, étudiant en droit-fil. Ouvrage traduit de l'anglois. Quatrième édition augmentée de plusieurs notes d'infamie. *Amsterdam, aux dépens de la compagnie de Perdreaux,* 1770, in-8 de 28 et XVI p.

Par le marquis DE BIÈVRE, d'après Barbier.
Par Antoine SUMACEL, docteur en médecine de la Faculté de Paris, auteur de « la Médecine de l'esprit, etc. », d'après une note manuscrite.

Lettre écrite à M*** sur l'histoire de saint Sigebert XII, roi d'Austrasie. (Par le P. BENOIST, de Toul.) *S. l. n. d.,* in-8, 24 p.

Lettre écrite à M... sur la maladie de Mme*** (la duchesse de Foix). (Par J. MONGIN.) *Paris, P.-A. Le Mercier,* 1710, in-12, 32 p.

Lettre écrite à M*** sur le nouveau système des finances, et particulièrement sur le remboursement des rentes constituées. (Par l'abbé Jean TERRASSON.) *S. l.* (1720), in-4, 8 p. — *S. l.,* 1720, in-8, 14 p.

Lettre écrite à M. le cardinal Cibo pour apaiser le pape au sujet de la régale. (30 août 1683.) *Cologne, P. du Marteau,* 1684, in-12.

Cette pièce existe aussi en latin (voy. *Epistola pro pacando...*), mais avec cette date, qui est la bonne : 3 kalend. Augusti an. 1680. Une note manuscrite contemporaine en attribue la rédaction à l'abbé DE SAINT-FREMIN, mais les « Nouvelles de la république des lettres », 1686, p. 96 et 99, la donnent au P. MAIMBOURG.

Lettre écrite à M. M. sur une source d'eau chaude et minérale d'Aix, découverte l'an 1704, etc. Par R. M. (ROUARD, médecin). *Aix, imp. d'Ant. David,* 1704, in-12, 47 p.

Lettre écrite à Musala, homme de loy à Hispahan (capitale de Perse), sur les mœurs et la religion des François et sur la querelle des Jésuites et des Jansénistes.
— **Seconde lettre écrite à Musala, homme de loy à Hispahan. De Louis XIV ; de l'ambassadeur du roi de Perse ; des officiers de la couronne de France, caractère de la noblese ; raisonnemens sur la grâce, sentimens sur les Jésuites et les Jansénistes.** *S. l.,* 1716, in-12, 24 et 22 p.

Ces lettres sont écrites dans le genre de celles de l'*Espion turc* ; et, selon l'abbé Granet, « Bibliothèque françoise », t. IX, p. 156, elles sont de Joseph BONNET, de Brignoles en Provence, avocat au Parlement d'Aix, et elles le firent mettre pendant quelque temps à la Bastille.

Lettre écrite à un abbé de Liége sur le différend des affaires de l'ordre de Citeaux. *S. l. n. d.,* in-4, 23 p. — **Seconde lettre écrite à un abbé de Liége...** *Paris, imp. de S. Mabre-Cramoisy,* 1681, in-4, 22 p.

Signée : F. G. R. A. D. L. (GRILLET, avocat en parlement).

Lettre écrite à un provincial par un de ses amis, sur le sujet des disputes présentes.

C'est la première des Provinciales de Blaise PASCAL. Toutes ont été mises à l'index à partir du 3 janv. 1656.

Lettre écrite à un savant religieux de la compagnie de Jésus (le P. Gabriel Cossart), pour montrer que le système de M. Descartes, et son opinion touchant les bêtes, n'ont rien de dangereux, et que tout ce qu'il en a écrit semble être tiré du livre de la Genèse. (Par GÉRAUD DE CORDEMOY.) *Paris,* 1668, in-8. — *Paris, Girard,* 1669, in-8.

Lettre écrite à une personne de condition, sur le sujet des secondes Enluminures du célèbre et fameux almanach. (Par Ant. ARNAULD.) *Paris,* 1654, in-8, 15 p.

Lettre écrite au bonhomme Richard, concernant les assignats. (Par J.-B. JUMELIN.) *(Paris), imp. du Courrier de la librairie (s. d.),* in-8, 16 p.

Lettre écrite au sieur René-Jacques Croissant Garengeot... au sujet de la nouvelle édition de son Traité d'opérations de chirurgie. (Par MONTAULIEU.) *Paris, imp. de Hérissant,* 1731, in-12..

Lettre écrite au sujet de la réponse faite par le sieur Petit, dans l'amphithéâtre de S.-Côme, à la Dissertation qui a paru contre sa machine. (Par BOTENTUIT.) *Paris, Morel,* 1724, in-12.

Lettre écrite de l'autre monde, par l'A.

D. F. (l'abbé Desfontaines) à M. F. (Fréron). (Par J.-B.-A. SUARD.) 1754, in-8.

Lettre escripte de La Haye par un gentilhomme françois (SERVIENT, ambassadeur français), à un de ses amis à Paris. Avec un escript donné à Mess. les estats généraux des prov. unies des Pays-Bas, par l'ambassadeur de France. En l'an 1647, in-4.   V. D.

Lettre écrite de Linz, par un orientaliste allemand, au sujet d'un orientaliste françois célèbre par ses traductions, ses rédactions, ses éditions, ses notes. Traduite sur l'original allemand, par F. P. J. Strasbourg, s. d., in-8.

Violente critique contre Langlès ; cette brochure est d'Abel RÉMUSAT. Elle a été imprimée à Besançon, chez Chalandre, au commencement de 1815.

Lettre écrite du bas Dauphiné, à M. de Voltaire, le 1er fév. 1769, et la réponse. (Par VOLTAIRE.) 1769, in-8, 32 p. — Autre édition. In-8, 35 p.

Voy. « Mémoires secrets de Bachaumont », à la date du 4 mai 1769, et « Bibliographie voltairienne », nº 306.

Lettre écrite du Palais-Royal aux quatre parties du monde. (Par le comte DE LA CRÉPINIÈRE, né à Alençon.) Paris, Cailleau, 1785, in-8, 26 p.

Il y a eu une réponse, demeurée anonyme, sous ce titre : « Réponse de l'Amérique septentrionale » à la « Lettre écrite du Palais-Royal aux quatre parties du monde ». Philadelphie et Paris, Hardouin, 1785, in-8, 24 p.

Lettre écrite par M. Al... DE L....H (Alex. DE LAMETH) à ses correspondants dans les différentes garnisons du royaume, et trouvée parmi les indices recueillis à Perpignan, par M. le V.... de M..... (vicomte de Mirabeau), sur les auteurs de l'insurrection du régiment de T...... (Touraine). S. l. (1790), in-8, 8 p.

Lettre écrite par un chanoine de Luçon à un de ses amis, contenant ses réflexions sur la requête présentée au roi par les pères de France le vingt-deuxième février 1717. (Par Claude BLANCHARD, avocat au Parlement.) S. l., 1717, in-8, 30 p.

Lettre écrite par un seigneur étant en l'armée du roi, commandée par monseigneur le comte de Soissons, devant La Rochelle, en date du 24 septembre 1622. (Par BARENTIN, conseiller d'État.) Bordeaux, Millanges, 1622, in-8, 14 p.

Réimprimée avec le nom de l'auteur, Paris, M. Denis, 1622, in-8, 8 p.

Lettre électrique sur la mort de Richmann, professeur à Pétersbourg (tué par le tonnerre en faisant des expériences électriques). (Par Charles RABIQUEAU.) 1754, in-8.

Lettre en date du 1er mars 1804, adressée à M. Primat, évêque constitutionnel des départements du Nord et du Rhône, nommé à la nouvelle métropole de Toulouse. (Par M. FONT, curé de Pomiers.) in-8, 56 p.

Lettre en forme de dissertation à M. de Motz sur sa nouvelle méthode d'écrire le plain-chant et la musique. Par S. DE B. C. D. M. (Séb. DE BROSSARD, chanoine de Meaux). Paris, Ballard, 1731, in-4.

Lettre en forme de dissertation, pour servir de réponse aux difficultés qui ont été faites contre le livre des « Observations sur la saignée du pied... » (Par Ph. HECQUET.) Paris, Cavelier, 1725, in-12.

Lettre en forme de dissertation sur l'ancienneté de la ville d'Autun ou Bibracte. (Par François BAUDOT.) Dijon, Ressayre, 1710, in-12.

Voy. « Lettres en forme de dissertation... »

Lettre en forme de dissertation sur la création. (Par P.-Ch. JAMET.) 1733, in-8.

Lettre en forme de dissertation sur la prétendue découverte de la ville d'Antre, en Franche-Comté. (Par le P. F. ANDRÉ DE SAINT-NICOLAS, religieux carme.) Dijon, Michard, 1698, in-12, 1 f. de tit. et 190 p.

Lettre en prose et en vers à Mme Julie D. Ch... M... de R... (Par S.-P. MÉRARD DE SAINT-JUST.) 25 juin 1794, 3e édit. (Paris, Didot, 1794), in-18.

Lettre en réponse à un mémoire d'un médecin de Lyon. (Par A.-J.-M. SERVAN.) S. d., in-8, 16 p.

Lettre en réponse aux « Observations sur un ouvrage attribué à feu M. de Valière... » Amsterdam (Paris), 1772, in-8.

Cette lettre a été par erreur attribuée à DE VALIÈRE, mort en 1759.

Dans une note manuscrite, Doisy fait observer que le titre donné sous le nº 9676 de la 2e édit. du « Dictionnaire » n'est pas celui de la brochure, mais celui de la première page, et il dit être de l'avis de ceux qui attribuent cette Lettre à SAINT-AUBAN.

Lettre en vers à ma sœur sur le roman philosophique et sentimental de « Voldemar ». (Par P.-A. GROUVELLE.) Copenhague, 1797, in-8, 43 p.

Lettre en vers au curé de Fontenoy, en forme de critique, sur sa requeste, par un curé de ses voisins. (Par GENEST le fils.) (Paris), J. Chardon, 1745, in-4, 4 p.

Lettre en vers de Gabrielle de Vergy..., par M. Mailhol, suivie de la romance sur les amours infortunées de Gabrielle de Vergy et de Raoul de Coucy, attribuée à M. le duc *** (le duc de La Vallière). *Paris*, 1766, in-8.

Voy. « Supercheries », III, 1056, *f.*

Lettre en vers et en prose de M. de B. (Benserade) à M. le chevalier de Lorraine. *Paris, Ch. de Sercy*, 1672, in-4, 7 p.

Lettre, en vers libres, à un ami, sur le mandement de M. l'archevêque de Paris portant défense de lire le *Nouveau Testament* traduit en françois, imprimé à Mons. (Par Jean Barbier d'Aucour.) *S. l. n. d.*, in-4, 12 p. et 2 ff.

Lettre en vers sur les mariages de Mlle de Rohan avec M. de Chabot, de Mlle de Rambouillet avec M. de Montausier et de Mlle de Brissac avec Sabathier. 1645. *Paris, Aubry*, 1862, in-8, ix-51 p.

Cette pièce a été attribuée à Paul Scarron, mais elle ne se trouve dans aucune édition de ses Œuvres.

Cette édition est accompagnée d'une préface et de notes de M. William Martin.

Lettre envoyée à M. Edmond Richer, docteur... par un sien ami qui charitablement lui montre les erreurs de son livre : *de Eccles. et polit. potestate...* S. l., 1614, in-8.

Cette lettre, signée M. Philotée, est attribuée à Joachim Forgemont par le P. Le Long, t. 1, n° 7088.

Lettre et discours d'un maçon libre, servant de réponse à la lettre et à la consultation sur la Société des francs-maçons. (Par de Saint-Denis, avocat aux conseils du roi.) *Paris*, 1749, in-12.

Lettre et monologue d'un jaloux sur les opuscules de M. le chevalier de Parny. (Par Félix Nogaret.) *Amsterdam et Paris, Nyon*, 1782, in-12.

Lettre et réflexions de M**** (L. de Santeul), médecin de la Faculté de Paris, sur la qualité de maître ès arts nouvellement exigée pour être chirurgien de Saint-Cosme. *S. l.*, 1743, in-8, 1 f. de tit. et 32 p.

Lettre héroïque et morale, sur le temps et sur l'inconstance des choses humaines. (Par le P. Pierre Le Moine.) *Paris, A. Courbé*, 1657, in-4, 17 p.

Lettre historique à Mme la comtesse de ***, sur la mort de S. M. l'impératrice, reine de Hongrie. (Par L.-Antoine de Caraccioli.) *Paris, veuve Desaint*, 1781, in-8.

Lettre historique et critique sur l'installation des comédiens français à la nouvelle salle. (Par A.-J. Ducoudray.) *Paris*, 1782, in-8.

Lettre historique sur la réunion des PP. cordeliers, observantins de France, avec les PP. conventuels. (Par le P. Munier.) *Nancy*, 1772, in-8.

Catalogue Noël, n° 3664.

Lettre importante sur l'Histoire de France de la première race. (Par Gouye de Longuemare.) *Paris, Chaubert*, 1756, in-12, 24 p.

Lettre inédite d'Abailard à Héloïse, avec la traduction. (Par Alexandre Le Noble.) *Paris, Didot, s. d.* (1841), in-8, 13 p.

Catalogue de Nantes, n° 32971.

Lettre inédite de la seigneurie de Florence au pape Sixte IV, 21 juillet 1478. (Publiée par sir Francis-H. Egerton.) *Paris*, 1816, in-4, 17 p.

Catalogue Silvestre de Sacy, n° 4652.

Lettre instructive d'un catholique à un protestant de la ville de Lyon, sur le nom de l'Eglise romaine donné à l'Eglise catholique. (Par l'abbé Claude Andry.) *Lyon*, 1707, in-12.

Lettre instructive d'un théologien romain (l'abbé J.-B. de La Porte), sur la nouvelle dévotion au sacré cœur de Jésus. 1773, in-12.

Lettre maçonnique sur l'interprétation de la circulaire ministérielle du 16 octobre 1861. (Par L.-P. Riche-Gardon.) *Paris*, 1861, in-8.

Lettre miraculeuse adressée à M. le médecin, avocat malgré lui. *Te tango.* (Par Sylvi.) *S. l.*, 1743, in-8, 13 p.

Lettre missive de l'evesque du Mans (Claude d'Angennes), avec la response à icelle, faicte au mois de septembre dernier par un Docteur en théologie de la Faculté de Paris (Jean Boucher, curé de Saint-Benoît), en laquelle est respondu à ces deux doutes : A sçavoir si on peut suivre en seureté de conscience le party du roy de Navarre, et le recognoistre pour Roy. A sçavoir si l'acte de frère Iacques Clément doit estre approuvé en conscience, et s'il est louable, ou non ? *Paris, Chaudière*, 1589, in-8. — *Orléans, O. Boynard*, 1590, in-8.

Lettre modérée de M. A. L. (A. Lambin) à M. F. F. (Fatras). *Bourg, imp. de Dufour* (1828), in-8, 15 p.

Par Adalbert Pommier-Lacombe, d'après les « Supercheries », I, 227, *e.*

Lettre ou conseils d'une dame de Paris à une demoiselle de province, sur le choix d'un époux. (Par J.-B.-F.-C. DAVID.) *Cythère* (*Paris*), 1756, in-12, 23 p.

Lettre ou Réflexions d'un milord à son correspondant à Paris, au sujet de la requête des marchands des six-corps, contre l'admission des Juifs aux brevets, etc. *Londres* (*Paris*), 1767, in-12, 72 p.

Signée : J. B. D. V. S. I. D. R. (Israël-Bernard de VALABREGUE, secrétaire interprète du roi).

Voy. « Supercheries », II, 1146, *f*. L'auteur y est désigné par erreur sous le nom d'Israël BERNARD DE VALÉBREGUE.

Lettre ou réponse à MM. les doyen et docteurs de Sorbonne. (Par dom Jacq. MARTIN, bénédictin.) *S. l.*, 1734, in-4.

Lettre particulière de cachet envoyée par la reine régente à MM. du parlement... (Par Fr. DAVENNE.) *S. l.*, 1650, in-4, 36 p.

Lettre pastorale, à l'occasion de la naissance de monseigneur le Dauphin, adressée aux protestants de la ville et de la campagne de C... (Caen), en B.... (basse) N....... (Normandie). Par F. A. M. V., ministre du saint Evangile (DE FONBONNE). *S. l.*, 1781, in-4, 12 p.

Cette attribution est signalée par M. de La Sicotière, d'après une note qui se trouve sur un exemplaire en sa possession.

Lettre pastorale de l'archevêque de Trèves, à son église d'Ausbourg, traduite de l'allemand (par l'abbé PEY). *Paris, Laporte*, 1782, in-12.

Lettre pastorale pour le saint temps de carême de l'an de grâce 1798. (Par J.-R. ASSELINE, ancien évêque de Boulogne.) *S. l.* (*Maestrich*), 1797, in-4, 14 p.

Lettre pastorale pour les fidèles catholiques. (Par J.-R. ASSELINE.) (*Imprimé en Allemagne*), 1798, in-4, 23 p.

Lettre pastorale sur la maladie qui afflige une partie du diocèse. (Par J.-R. ASSELINE, évêque de Boulogne.) In-8, 8 p.

Lettre patriotique et chrétienne, ou Accord de la religion avec la Constitution... par un curé patriote du district de la campagne de Lyon (BOURDANCE). *Lyon*, 1791, in-8.

« Biblioth. lyonnaise » de Coste, n° 3421.

Lettre perdue. Paris, ce 2 mai 1849. (*Paris*), *imp. de Aubusson* (1849), in-fol. plano.

Signée : L.-P. G. (L.-P. GÉRARD), de l'Union électorale.

Une autre édition porte la signature de l'auteur.

Lettre philosophique, ou le Despotisme mitraillé par la raison. Par un ancien élève de l'Ecole polytechnique (MORTIER DU PARC, ex-officier d'artillerie). *Le Mans*, 1833, in-8, 44 p.

Lettre philosophique, par M. de V*** (VOLTAIRE), avec plusieurs pièces galantes et nouvelles de différents auteurs. Nouvelle édition augmentée de plusieurs pièces. *Londres, aux dépens de la Compagnie*, 1775, in-18, 316 p. — *Londres*, 1776, in-12, 254 p.

Lettre philosophique pour rassurer l'Univers. (Par le P. L.-B. CASTEL, jésuite.) 1736, in-12.

Cette lettre a été suivie d'une seconde. Un nommé PARIET DESPANS fit paraître une *troisième lettre* pour répondre à la seconde. Voyez les « Réflexions sur les ouvrages de littérature » (par l'abbé Granet), t. IV, p. 24.

Lettre philosophique, très-estimée de ceux qui se plaisent aux vérités hermétiques, traduction de l'allem. (de SENDIVOGIUS ou plutôt de SETHON), en françois par Ant. DUVAL. *Paris, L. d'Houry*, 1723, in-8, II-92 p. — Nouv. édit. d'après celle de 1674.

Catalogue Ouvaroff, Spécimen, n° 107, *a*.

Lettre (troisième) politique à Son Altesse le prince Jean Sangusko, sur les interrègnes de Pologne, depuis la mort du roy Jean III jusqu'à celle d'Auguste III. (Par PYRRHYS DE VARILLE.) *Varsovie*, 1764, in-8.   A. L.

Lettre politique de CICÉRON à son frère Quintus, touchant le gouvernement de l'Asie et le Songe de Scipion, du même autheur, avec divers avis, touchant la conduite des enfants, en forme de préface. *Paris, Claude Thiboust*, 1670, in-12.

La dédicace au duc de Montausier est signée T. G. L. B., initiales de Thomas GUYOT, dit LE BACHELIER.

Les divers avis se composent de 110 (lisez 210) p., plus 1 f. d'errata. La Lettre de Cicéron et le Songe, texte et traduction, occupent 134 p., plus l'extrait du privilége daté du 16 déc. 1666, « donné à nostre bien amé   , maistre ès arts en l'Université de Paris ».

Lettre politique de CICÉRON à son frère Quintus, traduite en françois (par Jean LE COMTE, professeur au collège Mazarin). *Paris, veuve Thiboust*, 1697, in-12.

Lettre pour servir de matériaux à l'histoire des deux introductions du système linguistique néerlandais en Belgique. (Par l'imprimeur RAMPELBERGH, en collaboration avec quelques amis.) *Bruxelles, Rampelbergh*, 1840, in-8.   J. D.

Lettre raisonnée de Louis *** (Adrien DE LA CROIX), docteur médecin de la Faculté de Perpignan, écrite à un fameux médecin de Montpellier. *Mai 1743,* in-4.

Pour une réponse à cette « Lettre », voy. ci-dessus, « Eclaircissements », V, 8, *c.*

Lettre respectueuse d'un catholique sincère (J.-F.-X. WURTH) à monseigneur Van Bommel, à l'occasion d'un sermon sur les avantages de l'obéissance... prononcé le 20 janvier 1833, suivi d'un cours vraiment populaire d'histoire universelle. *Liége* (1833), in-12, 90 p.   Ul. C.

Lettre servant de réponse à M. Basnage, sur son livre de l' « Unité », etc., et d'éclaircissement au « Témoignage de la vérité » (du P. de La Borde, par l'abbé MERCIER). 1717, in-12.   P. B.

Lettre servant de réponse aux remontrances faites au roi, par messieurs du Parlement, le dix-septième avril 1720. (Par LA FRENAIS.) *La Haye, I. Vanlootth,* 1720, in-4, 20 p.

Lettre sur ce qu'on pense dans le monde des auteurs et des comédiens. (Par A.-G. CONTANT-DORVILLE.) In-12.

Lettre sur « Cénie » (comédie de Mme de Grafigny, par J.-B. DUPUY-DEMPORTES). 1751, in-12.

Voy. ci-apr., 1209, *a.*

Lettre (au marquis de Beauteville) sur cette question : si l'esprit philosophique est plus nuisible qu'utile aux belles-lettres, par M. de R... (Géraud VALET DE REGANHAC). 1755, in-12.

Lettre sur J.-J. Rousseau, par M*** (le chevalier DE BRUNY). *Genève et Paris, T. Brunet,* 1780, in-8, 1 f. de tit. et 63 p.

Réimprimée dans le tome XXIX des « Œuvres de Rousseau ». *Genève,* 1782, in-8.

Lettre sur l'ancienne discipline de l'Eglise, touchant la célébration de la Messe (par Ellies DUPIN), qui peut servir de supplément au « Traité des dispositions pour offrir les saints Mystères » (de Duguet). *Paris, Damonneville,* 1708, in-12.

Lettre sur l'antiquité de la véritable religion. (Par Jacques SPON.) *Lausanne,* 1681, in-12.

Lettre sur l'antiquité de la ville de Dôle. *Besançon, imp. de Bogillot, s. d.,* in-8, 23 p.

Par F.-I. DUNOD DE CHARNAGE, suivant le P. Lelong. Le permis d'imprimer est du 28 janv. 1745.

Lettre sur l'apothéose de Voltaire en

Prusse, ouvrage allégorique. (Par le chevalier DE QUINSONAS.)

Pièce assez singulière. Note de l'inspecteur de la librairie d'Hemery, du 1er nov. 1750.

Lettre sur l'architecture actuelle, à propos du projet d'un nouveau palais de justice à Bruxelles. (Par Victor DELECOURT.) *Bruxelles (s. d.),* in-8.

Tirage à part de la « Revue nationale ».   J. D.

Lettre sur l'art de vérifier les dates.

Voy. ci-devant, « Lettre à un ami de province », col. 1118, *c.*

Lettre sur l'éducation. (Par FRÉDÉRIC II, roi de Prusse.) *Berlin, Chrét.-Fréd. Voss,* 1770, in-8, 32 p.

Réimpr. par M. Preuss dans le t. IX de son édition des « Œuvres » de Frédéric.

Lettre sur l'éducation d'un seigneur polonois. (Par PYRRHYS DE VARILLE.) *Varsovie,* 1757, in-8.   A. L.

Lettre sur l'éducation, par rapport aux langues. (Par l'abbé L.-B. SIMON.) *Amsterdam (Paris),* 1759, in-12.

Lettre sur l'éloquence de la chaire, et en particulier sur celle de Bourdaloue et de Massillon. (Par l'abbé L.-B. SIMON.) *Paris, Lottin,* 1755, in-12.

Lettre sur l'enthousiasme, traduite de l'anglois (par P.-A. SAMSON). *La Haye,* 1709, in-12, xv-144 p.

Cette lettre n'a pas pour auteur Rob. HUNTER, comme il est dit dans la 2e édit. du « Dictionnaire » d'après Watkins, mais Anthony Ashley Cooper, comte de SHAFTESBURY. Publié isolément en 1708, elle a été plus tard reproduite en tête du premier vol. de l'ouvr. de cet auteur intit. : « Characteristic of men, manners, opinions and times ». *Lond.,* 1711, 1714, 3 vol. in-8. (Voy. Lowndes.)

Lettre sur l'espèce de mal de gorge gangreneux qui a régné parmi les enfants, en 1748. *Paris,* 1748, in-4.

Quelques bibliographes attribuent cette lettre à J. ASTRUC et d'autres à J.-B.-L. CHOMEL, auteur de la « Dissertation » (voy. IV, 1058, *e*) à la suite de laquelle elle se trouve.

Lettre sur l'état de la Turquie et la crise actuelle. (Par Jacques TOLSTOY et un anonyme.) *Paris, Borrani et Droz,* 1853, in-8, xxvi-159 p.

Lettre sur l'exposition des ouvrages de peinture, sculpture, etc., de l'année 1747... à M. R. D. R. (Par l'abbé J.-B. LEBLANC.) *(Paris),* 1747, in-12.

Attribuée à LAFONT DE SAINT-YENNE, par M. de Manne.

Lettre sur l'exposition des tableaux au Louvre, avec des notes historiques. (Par HUQUIER.) 1753, in-12, 45 p.

Lettre sur l'exposition universelle des Beaux-Arts de Paris. Ecole italienne. (Par SEBASTIANI.) *Bruxelles, Labroue*, 1856, in-8, 15 p.

Extraite de la « Revue universelle des arts ».

J. D.

Lettre sur l' « Histoire du parlement d'Angleterre » (de Raynal, par LA FONT DE SAINT-YENNE). 1748, in-12.

Lettre sur l'homme et ses rapports. (Par Fr. HEMSTERHUYS le fils.) *Paris (Harlem)*, 1772, in-12.

Lettre sur l'hortensia, contenant sa culture dans les villes et sa propagation. (Par Antoine-Nicolas DUCHESNE, professeur à l'école centrale de Versailles.) *Paris, Mérigot*, 1805, in-12, 24 p.

D. M.

Lettre sur l'oraison funèbre du cardinal Fleury. (Par E.-C. FRÉRON.) *S. l. n. d.*, in-4, 16 p. — 3e édit. *Id.*, in-4, 16 p.

Lettre sur l'origine de l'imprimerie, servant de réponse aux observations publiées par Fournier le jeune. (Par Fr.-Ch. BAER, aumônier de la chapelle de Suède à Paris.) *Strasbourg (Paris)*, 1761, in-8.

Lettre sur l'origine de la ville de Dijon. (Par François BAUDOT.) *Dijon, Ressaire*, 1710, in-12.

Voy. « Lettres en forme de dissertation... »

Lètre sur l'ortografe à monsieur de Pontchartrain, conseiller au parlement. (Par Louis DE COURCILLON, abbé de DANGEAU.) *S. l.*, 1694, in-12.

Réimprimée avec changements, dans les « Essais de grammaire » du même auteur. (Voy. « Supercheries », I, 172, a).

Lettre sur l'usage d'exposer des devises dans les églises, pour les décorations funèbres. (Par Cl.-Fr. MENESTRIER.) *Paris, Pepie*, 1687, in-8, 24 p.

Lettre sur l'utilité des journaux politiques publiés dans les départements, et par occasion sur celui qui pourrait exister à Marseille ; suivie d'un mot sur les missionnaires. Par Alph. R. (Alphonse RABBE). *Paris, Brissot-Thivars* (1820), in-8, 38 p.

Lettre sur la bierre. (Par CREUDAL, médecin.) *Valenciennes, Gabriel Henry*, 1734, in-8.

Il a été publié une réponse sous le titre de « Dissertation sur la bière et réponse à la « Lettre » anonyme, par F. Queminel », *Bruxelles*, 1737, in-8.

Lettre sur la capture de l'abbé Maury à Péronne. (Par A. RIVAROL l'aîné.) *S. l.*, in-8, 11 p.

Cette lettre, datée de Péronne, 28 juillet 1789, a été donnée aux souscripteurs du « Journal politique national » comme représentant le no 24. Elle a eu plusieurs réimpressions en 1789, sans autre changement que celui du nombre de pages. Dans une réimpression du « Journal politique national », elle forme le no 8, sous le titre de : « Lettre de M. le chevalier de Kermol à Mme la comtesse de Château-Regnault, à Flavigny », et elle est suivie d'une note de l'abbé Sabatier de Castres, qui se trouvait à Péronne au moment de l'arrestation de l'abbé Maury.

Cet opuscule n'a pas été compris dans les « Œuvres complètes » de Rivarol, 1808.

Lettre sur la cause de l'épidémie de 1771. (Par RIDELOT.) In-12.

Lettre sur la comédie de l' « Imposteur ». *S. l.*, 1667, in-12, 130 p. — *Id.*, 1668, in-12, 4 ff. et 75 p.

Attribuée vulgairement, dit Barbier, à J. DONNEAU DE VIZÉ.

On a aussi prétendu que CHAPELLE en était l'auteur, à cause de l'initiale C imprimée après la souscription.

« Pourquoi M. Bret n'a-t-il pas inséré dans son édition (de Molière) la « Lettre sur la comédie de l'Imposteur », dont la première édition parut sous la date du 20 août 1667, c'est-à-dire qui fut composée et imprimée dans la quinzaine qui suivit la première représentation du Tartuffe, donnée le 5 août 1667. Cette lettre, de 130 pages in-12, y compris l'avis qui la précède, est anonyme ; ce qui la distingue des *défenses*, *observations*, etc., répandues dans le public pour servir de réponse aux critiques des comédies antérieures de Molière. Le ton de cette lettre, l'extrait du Tartuffe non encore imprimé, le point de vue sous lequel il est présenté, les aperçus sur les sources du ridicule, la célérité avec laquelle cette apologie fut composée, tout y annonce la main et la plume de Molière ; et, à ce titre, elle devait trouver place dans la nouvelle édition. Sa simple lecture suffit pour convaincre que le dénouement du Tartuffe, relégué parmi ceux qu'opère *Deus ex machinâ*, est un coup de maître, si on le considère relativement aux circonstances où se trouvait Molière. »

Extrait du « Journal encyclopédique », février 1775, p. 130 (article de Grosley).

Cette lettre a été imprimée dans « Molière commenté », 2 vol. in-12, par les soins de M. Simonnin.

On la trouve aussi dans la seconde livraison des « Mémoires sur l'art dramatique », à la suite des recherches de M. Després sur Molière.

L'opinion de Grosley a été acceptée par plusieurs des commentateurs de Molière et combattue par d'autres, mais presque tous ont reproduit cette lettre.

Elle a été réimprimée à part en 1870, à *Turin, J. Gay et fils*, in-18, xii et 75 p., et tirée à cent exemplaires ; elle est précédée d'une notice bibliographique de M. Paul Lacroix, qui fournit à son égard d'amples renseignements.

Lettre sur la comédie du « Méchant ». (Par F.-A. CHEVRIER.) 1748.

« Cette lettre est indiquée par l'auteur dans sa « Lettre à dom Calmet », mais sans mention de lieu d'impression et de format. Elle n'est pas signalée par les bibliographes, et porte peut-être le nom de l'auteur. » (« Notice histor. et bibliogr. sur Chevrier, par M. Gillet. » *Nancy*, 1864, p. 90.)

Lettre sur la comète. (Par P.-L. MOREAU DE MAUPERTUIS.) 1742, in-12.

Lettre sur la connexion des maisons de Brunswic et d'Este. (Par G.-G. LEIBNITZ.) *Hanovre, Sam. Ammon*, 1695, in-4.

Placcius, Anon., nº 1328.

Lettre sur la constance et le courage qu'on doit avoir pour la vérité, avec les sentiments de saint Bernard sur l'obéissance qu'on est obligé de rendre aux supérieurs... (Par Guillaume LE ROY, abbé de Hautefontaine.) *S. l.*, 1661, 1726, in-4.

Voy. « Lettre à Mgr l'archevêque d'Ambrun... », ci-dessus, col. 1092, *e*.

Lettre sur la convulsionnaire en extase, ou la vaporeuse en rêve. (Par P. HECQUET.) *S. l.*, 1736, in-12.

Catalogue de la bibliothèque publique d'Orléans, 1777, in-4, p. 306.

Lettre sur la cosmographie, où le système de Copernic est réfuté. (Par l'abbé A.-F. DE BRANCAS-VILLENEUVE.) *Paris*, 1745, in-4.

Lettre sur la différence qui se trouve entre la grande et la petite culture, avec une réponse (par PURICELLI, et des notes en réplique par l'auteur de la lettre). (Par P.-S. DUPONT de Nemours.) *Soissons, P. Courtois*, 1764, in-8.

Lettre sur la galanterie des jeunes conseillers au parlement de Paris, écrite à un avocat de province par monsieur D. (Par SORHOUET.) *Londres*, 1750, in-12.

Lettre sur la littérature allemande, à son A. R. Mme la duchesse douairière de Brunswich-Wolfenbutel. (Par l'abbé J.-F.-G. JÉRUSALEM.) Traduite de l'allemand (par le comte E.-F. DE HERTZBERG). *Berlin, G.-J. Decker*, 1781, in-8, 40 p.

Réimprimée dans les « Œuvres » primitives de Frédéric II, roi de Prusse, t. IV, *Amsterdam*, 1790.

Lettre sur la maladie du roi. (Par Michel PROCOPE-COUTEAUX.) *S. l. n. d.* (1744), in-8, 31 p.

Lettre sur la « Mérope » de Voltaire et celle de Maffei. (Par Fr.-A. DE LA CHENAYE-DESBOIS.) 1743, in-12. V. T.

Voy. ci-dessus, « Lettre à M. le marquis de ***... », col. 1113, *a*.

Lettre sur la mission donnée à Sisteron (Basses-Alpes) par M. Bellié, supérieur; Charbonnier, Douce et Chabau, missionnaires de Valence, en 1825. (Par Jos. FAURE.) *Gap, imp. de J. Allier, s. d.*,

in-8, 30 p. — 2e édit. *Ibid., id.*, in-8, 40 p.

Lettre sur la morale de Confucius, philosophe de la Chine. (Par l'abbé Simon FOUCHER.) *Amsterdam, P. Savouret* (1688), in-12.

Cette pièce se trouve souvent à la suite de la « Morale de Confucius ». Voyez ces mots.

Lettre sur la mort de madame Françoise de Vassé, prieure et supérieure perpétuelle du monastère et hôpital de Sainte-Anastasie, dit de Saint-Gervais, décédée le 26 décembre 1694... par M***. *S. l.* (1695), in-4, 8 p.

Par l'abbé COLON, docteur en théologie, chanoine de S.-Benoît, d'après une note manuscrite contemporaine sur l'exemplaire de la Bibliothèque nationale.

Par COHON, d'après Œttinger.

Lettre sur la mort de Madame Louise-Marie de France. (23 décembre 1787. Par l'abbé MAY, chapelain des Carmélites de Saint-Denis.) *S. l. n. d.*, in-8, 47 p.

Lettre sur la musique, à M. le comte de Caylus. (Par l'abbé Fr. ARNAUD.) 1754, in-8.

Lettre sur la musique moderne, à messieurs les rédacteurs du « Journal général d'annonces de musique », etc. Par M. D......GS (DÉSÉTANGS, sous-chef du bureau des gravures au ministère de l'intérieur). *Paris, Migneret*, 1832, in-8, 8 p.
         D. M.

Lettre sur la musique moderne, par G*** M*** (Gabriel DE MOYRIA). *Bourg, Dufour*, 1797, in-8, 56 p.

Lettre sur la nature de la matière et du mouvement (adressée par l'abbé G.-J. VALLÉ), à l'auteur des « Institutions de phisique » (la marquise du Châtelet). *Paris, Thiboust*, 1747, in-12.

Lettre sur la nouvelle édition de Corneille, par M. de Voltaire. (Par A.-M.-H. BLIN DE SAINMORE.) *S. l.*, 1764, in-8, 22 p.

Lettre sur la paix (de 1762), à M. le comte de ***. (Par J.-Nic. MOREAU.) *Paris, Vallat La Chapelle*, 1763, in-8. — *Lyon*, 1763, in-8, 45 p.

Cette attribution de Barbier est reproduite par Quérard, qui, d'après la « France littér. » de 1769, t. II, donne aussi cet ouvrage sous le nom de A.-L. THOMAS.

Cette lettre a été réimprimée dans le tome II des « Variétés morales et philosophiques », par J.-N. Moreau (voy. ce titre), et dans le t. VI des « Œuvres » de Thomas. *Paris*, 1822.

Lettre sur la peinture, sculpture et architecture, à M***. (Par L.-G. BAILLET DE SAINT-JULLIEN.) 1748, in-12, 2, 139 et

6 p. — Seconde édition, rev. et aug. de nouv. notes et de réflexions sur les tableaux de M. de Trocy. *Amsterdam*, 1749, in-12.

Lettre sur la phantasmatologie. (Par l'abbé P.-V. FAYDIT.) *S. d.*, in-12.

Cette lettre est dirigée contre le P. Malebranche.

Lettre sur la pièce de « Cénie », écrite à Mᵐᵉ de Gr** (de Graffigny). *S. l.*, 1750, in-12.

Signée : D. L. F. DE S. YE. (DE LAFONT DE SAINT-YENNE.) — Voy. ci-dessus, 1203, d.

Lettre sur la pierre philosophale. (Par E.-G. COLOMBE, dit SAINTE-COLOMBE.) 1756, in-12.

Lettre sur la primauté du pape. (Par Franç.-Dominique MÉGANCK.) *Utrecht*, 1764, in-12.

Réimprimée en 1772, avec des augmentations.

Lettre sur la question de savoir si les seigneurs moyens et hauts-justiciers, et les seigneurs échangistes, peuvent instituer et destituer à leur volonté les juge, procureur fiscal, greffier, notaire et sergent de leurs seigneuries, même les avocats et procureurs postulans, et autres questions relatives ; par M*** (P.-G. MICHAUX, procureur au Châtelet de Paris). *Amsterdam et Paris, Mérigot*, 1785, in-8.

Lettre sur la question romaine. Solution. (Par Eug. TAILLANDIER, ancien magistrat.) *Mortagne (Orne), Daupley*, 1862, in-8, 11 p.   L. D. L. S.

Lettre sur la révolution belge, son origine, ses causes et ses conséquences. Traduit de l'anglais. *Londres*, 1831, in-8. — *Bruxelles*, 1831, in-8.

Suivant l'auteur du « Dernier des protocoles », *Paris*, 1838, in-8, p. 118, cette lettre aurait été composée en français par M. Sylvain VAN DE WEYER.

Lettre sur la richesse et les impôts actuels comparés au temps de Louis XII. (Par HOCQUART DE COUBRON.) *S. l. n. d.*, in-8.

Lettre sur la sculpture, à M. Théodore de Smeth. (Par Fr. HEMSTERHUYS le fils.) *Amsterdam, Rey*, 1769, in-4.

Lettre sur la « Semiramis » de M. de Voltaire, représentée pour la première fois, sur le Théâtre-Français, le 29 août 1748. *Paris, J. Clousier*, 1748, in-8, 15 p.

D'après la « Bibliographie voltairienne », n° 780, cet ouvrage est de DUPUY-DEMPORTES, et a été attribué à tort à GAZON-DOURXIGNÉ. Suivant la « France littéraire », de 1769, Gazon-Dourxigné est auteur d'un autre ouvrage sur le même sujet intitulé : « Lettre sur

la tragédie de Sémiramis » (voyez ce titre). Cette dernière lettre, qui n'est pas citée par M. Beuchot dans son édition des « Œuvres de Voltaire », est donnée, sans nom d'auteur, dans la « Bibliographie voltairienne », n° 783.

Lettre sur la situation politique des catholiques dans les Pays-Bas. (Par J.-W. CRAMER.) *Amsterdam*, 1851, in-8.   V. D.

Lettre sur la traduction de Denis d'Halicarnasse, par le P. Le Jay. *Paris*, 1723, in-12.

Attribuée quelquefois au P. G.-H. BOUGEANT, mais plus souvent au P. G.-R. HONGNANT.
Le P. de Backer, 2ᵉ édit., I, col. 807.

Lettre sur la tragédie d' « Epicharis » de M. le marquis de Ximenès. (Par S.-M. GAZON-DOURXIGNÉ.) *Paris, Cailleau*, 1753, in-12.

Lettre sur la tragédie de « Sémiramis ». (Par GAZON-DOURXIGNÉ.) *Paris*, 1748, in-8.

Voyez ci-dessus, « Lettre sur la « Sémiramis ».

Lettre sur la ville de Rouen, ou précis de son histoire topographique, civile, ecclésiastique et politique, depuis son origine jusqu'en 1826, par M. Adre L......... (Alexandre LESGUILLEZ), de Rouen. *Rouen, imp. d'E. Periaux fils aîné*, 1826, in-8, 2 f. de tit., 604 p. et 6 f. de table et d'errata.

Lettre sur le désastre de Messine, traduite de l'italien. (Par GRIFFET DE LA BAUME.) 1779, in-8.

Le prétendu original italien n'existe pas.
Voyez l'article LA BAUME, rédigé par lui-même, dans le tome IVᵉ des « Siècles littéraires » de Desessarts.

Lettre sur le Diogène décent et la cause bizarre de M. de Prémontval. (Par L.-O. DE MARCONNAY et J.-P. ERMAN.) *Berlin*, 1756, in-8.

Lettre sur le général Bonaparte. (Par le comte Ant. DE RIVAROL.) 1797.

Imprimée sous le voile de l'anonyme, dans le t. Iᵉʳ du « Spectateur du Nord ».

Lettre sur le livre du P. Norbert, capucin, contre les jésuites. (Par le P. Louis PATOUILLET.) 1745, in-12. — 2ᵉ éd. *S. l.*, 1745, in-12, 63 p.

Lettre sur le luxe. (Par A.-F. BOUREAU-DESLANDES.) *Francfort, J.-A. Vanebben*, 1745, in-8. — *Paris, à la porte de la Bastille*, 1746, in-8. — *Londres*, 1746, petit in-8.

Lettre sur le manifeste du roi et les griefs de la nation. (Par Barthélemy DUMORTIER.) *Tournay, Casterman*, janv. 1830, in-8, 129 p.   J. D.

Lettre sur le méchanisme de l'Opéra italien. (Par DE VILLENEUVE.) *Florence et Paris, Lambert*, 1756, in-12.

Lettre sur le meilleur moyen d'assurer le succès de l'éducation. (Par Louis DE LA CAZE.) *Paris, Guérin et de La Tour*, 1764, in-12, 90 p.

Lettre sur le monde, à M. Ailhaud fils, légiste. (Par J.-B. LACOSTE, avocat de Dijon.) *Mai 1748*.

Imprimée dans le « Mercure de France ».

Lettre sur le nouveau Bréviaire de Paris imprimé en 1736, en date du 25 mars 1736. *S. l.*, in-4, 11 p.

On attribue cette lettre au P. C.-R. HONGNANT, jésuite. Elle fut suivie d'une remontrance ou « seconde lettre à M. l'archevêque de Paris », 12 pages in-4, et d'une « troisième lettre sur le nouveau Bréviaire de Paris », en réponse à son apologiste, le P. Vigier, de l'Oratoire, qui, de son côté, publia trois lettres contre le P. Hongnant. Voy. les mots : « Première lettre... » Les lettres du P. Hongnant sont aussi attribuées à GUILLAUDE, docteur en Sorbonne. (De Backer, 2e édit., in-fol., tome I, p. 193.)

Lettre sur le nouveau poëme de Clovis (de Saint-Disdier), par M. P. V. D. G. (Magdeleine POISSON, veuve DE GOMEZ). *Paris*, 1721, in-8.

Voyez « Bibliothèque françoise », t. VI, p. 244.
Mme DE GOMEZ n'a point inséré cette lettre dans ses « Œuvres mêlées », *Paris*, 1724, in-12.
Voy. « Supercheries », II, 1211, b.

Lettre (du S. DENESLE, Meldois) sur le nouvel- « Abrégé de l'Histoire ecclésiastique, par M. l'abbé R... (Racine). » 1759, in-12.

Dom Clémencet ayant critiqué cette lettre, Denesle se défendit en publiant : « Réponse à la Lettre d'un Quacker.... »
Voy. « Supercheries », II, 207, b.

Lettre sur le prétendu Solon des pierres gravées. (Par Ch.-Cés. BAUDELOT DE DAIRVAL.) *Paris, Lamesle*, 1717, in-4, 19 p.

A la suite doit se trouver : Explication d'une médaille de la famille Cornuficia (par le même), 59 p.
Réimprimée en abrégé dans le tome III des « Mémoires de l'Académie des inscriptions et belles-lettres ».

Lettre sur le projet du Code civil. *Paris, an IX-1801.* — Seconde lettre sur le projet du Code civil. (Attribuées à J.-F. FOURNEL.) *Paris, an IX-1801*, in-8.

Lettre sur le rhinocéros, à M***, membre de la Société royale de Londres. (Par l'abbé J.-B. LADVOCAT, bibliothécaire de Sorbonne.) *Paris, Thiboust*, 1749, in-8.

Lettre sur le spectacle à M. H. (Hubin), membre de plusieurs sociétés savantes. (Par le baron Herman DE TRAPPÉ DE LOZANGE.) *Bruxelles, Stapleaux*, 1817, in-18.
J. D.

Lettre sur le spectacle du chevalier Servandoni, à Mme D. L. M. (Par C. COSTE D'ARNOBAT.) *S. l.* (1757), in-12.

Lettre sur le sujet de l'ancienne et de la nouvelle version des Psaumes en vers françois, par A. R. D. L. D. (A.-R. DE LA DEVÈZE). *Amsterdam*, 1701, in-12.
V. T.

Lettre sur le testament politique du cardinal de Richelieu. (Par E.-L. DE FONCEMAGNE.) *S. l.*, 1750, in-12. — 2e édit. *Paris, Le Breton*, 1764, in-8.

Cette 2e éd. fait partie du tome II des « Maximes d'Etat, ou testament politique d'Armand du Plessis, cardinal, duc de Richelieu ». *Paris, Le Breton,* 1764, 2 vol. in-8.

Lettre sur le théâtre anglois, avec une traduction de l'« Avare », comédie de SHADWEL, et de la « Femme de campagne », comédie de WICHERLEY. (Par P.-J. FIQUET DU BOCAGE.) *S. l.*, 1752, 2 vol. in-12.

Lettre sur le traité « de la Souveraine Perfection ». (Par Is. JAQUELOT.) *Amsterdam*, 1708, in-8. V. T.

Lettre (et Seconde lettre) sur le ver solitaire nommé ténia, à M. B... (Par Jean-Baptiste TOLLOT, de Genève.)

Imprimées dans le « Mercure de France », août et septembre 1748.

Lettre sur Léonard de Vinci, à M. le C. de C. (comte de Caylus). *Paris*, 1730, in-4, 22 p.

Signée : M*** (P.-J. MARIETTE).
Voy. « Supercheries », II, 1008, d.

Lettre sur les *Amen* du missel de Meaux. (Attribuée à Fr. LE DIEU, chanoine et chancelier de l'église de Meaux, ancien secrétaire de Bossuet.) In-4, 11 p.

Lettre sur les arbres à épiceries, avec une instruction sur leur culture et leur préparation. (Par J.-F. DE CHARPENTIER-COSSIGNY fils, ingénieur, capitaine d'infanterie à l'isle de France.) *Paris, Didot le jeune*, 1775, in-12.

Lettre sur les Archives de la ville de Strasbourg. (Par M. Paul RISTELHUBER.) *Strasbourg, Noiriel*, 1866, in-8, 50 p.

Lettre sur les assemblées des religionnaires en Languedoc, écrite à un gentilhomme protestant de cette province, par M. D. L. F. E. M. (par ALLAMAND, ministre à Bex, dans le pays de Vaud). *Rotterdam (France)*, 1745, in-4.

Voy. « Supercheries », I, 957, b.

Lettre sur les avantages et l'origine de la gaieté françoise. (Par le P. J.-A.-J.

CÉRUTTI.) *Lyon, Aimé de La Roche*, 1761, in-12. — *Paris, Desenne*, 1792, in-8.

Lettre sur les aveugles, à l'usage de ceux qui voient. (Par DIDEROT.) *Londres*, 1749, in-12. — *Amsterdam*, 1772, in-12.

Lettre sur les Cérémonies de la Chine, au R. P. Le Comte, jésuite, etc.; par un docteur de l'ordre de Saint-Dominique (le P. Noël ALEXANDRE). *Cologne*, 1700, in-12.

Cette lettre a été suivie de six autres. On les trouve souvent à la suite de « Conformité des cérémonies ». Voy. IV, 684, *c*.

Lettre sur les corvées. (Par Victor DE RIQUETTI, marquis DE MIRABEAU.) 1760, in-4.

Lettre sur les découvertes de M. Didot l'aîné. (Par L.-P. ABEILLE.) *S. l.*, 12 juin 1783, in-8, 15 p.

C'est par erreur que le « Catalogue de l'histoire de France » de la Bibliothèque nationale, tome IX, p. 496, n° 6094, donne ce titre au pluriel.

Lettre sur les derniers discours prononcés à l'Académie françoise (par de Luynes, évêque de Bayeux, et de Montcrif; par l'abbé P.-F. GUYOT-DESFONTAINES). 1743, in-12.

Lettre sur les désirs, par M. H*** (Fr. HEMSTERHUYS). *Paris* (*Harlem*), 1770, in-8.

Lettre sur les désordres qui se commettent à Paris, touchant la comédie, et sur les représentations qui s'en font dans les maisons particulières. (Par Bénigne LORDELOT.) *Paris, Josse*, 1710, in-12.

Lettre sur les drames-opéras. (Par le bailli M.-F.-L. GAND-LEBLAND DU ROULLET.) *Amsterdam et Paris*, 1776, in-8.

Lettre sur les économistes. (Par P.-F.-J.-H. LE MERCIER DE LA RIVIÈRE.) *S. l. n. d.*, in-12. — Sec. édit. *S. l. n. d.* (1787), in-8.

Réimprimée dans le « Dictionnaire d'économie politique de l'Encyclopédie méthodique », au mot ÉCONOMIE POLITIQUE.

Lettre sur les éditions stéréotypes. (Par C.-J. CAMUS.) *Paris* (1799), in-8.

Lettre sur les grâces et la beauté. (Par F.-J. DE LA SERRIE ou par BLANCHARD DE LA MUSSE.) *Paris, de l'imp. des Grâces*, 1809, in-8, 16 p.

Catalogue de Nantes, n° 33134.

Lettre sur les hiéroglyphes. (Par M. le comte DE PAHLIN.) *S. l.*, 1802, in-8.

Voy. ci-dessus, « Essai sur les hiéroglyphes... » col. 258, *f*.

Lettre sur les Juifs, à un ecclésiastique de mes amis, lue dans la séance publique

du Musée de Paris, le 21 novembre 1782, par M. le B. DE C. D. V. D. G. (le baron DE CLOOTZ, du Val-de-Grâce). *Berlin*, 1783, in-12.

Le baron DE CLOOTZ, du Val-de-Grâce, appelé depuis Anacharsis CLOOTZ, était neveu de Xavier Paw, chanoine de Xanten dans le pays de Clèves, et auteur des « Recherches philosophiques sur les Américains ».

Lettre sur les lits de justice. (Par L.-A. LE PAIGE.) *S. l.*, 1756, in-4. — *Id.*, in-12. — Nouv. édit. (avec un avis de l'éditeur). 1787, in-8.

Lettre sur les massacres de la Gallicie. (Par le marquis DE WIELOPOLÇKI.) *Paris, Renouard*, 1846, in-8.

Lettre sur les « Mémoires de l'Académie de Troyes ». (Par André LEFÈVRE, un des auteurs des Mémoires.) *Amsterdam* (*Paris*), 1755 (1765), in-12.

Cette lettre est très-rare. L'abbé Goujet assure qu'on n'en a tiré que douze exemplaires. Grosley a publié à Troyes, le 2 mai 1768, une réponse à cette lettre.

M. J.-F. Payen, dans ses « Recherches sur l'Académie de Troyes », 1848, p. 7, fait observer qu'il existe deux éditions différentes de cette lettre, l'une 19 pages in-12, l'autre 15 p. in-8, et il ajoute : « La Réponse « de Grosley est une lettre adressée à M. Desm*** I. « D. M. D. L. (inspecteur des manufactures de Lyon). « Elle est très-rare, je ne l'ai jamais vue ; je ne l'ai « trouvée dans aucune des bibliothèques de Paris. »

Lettre sur les missionnaires, où l'on parle par occasion d'un journaliste détracteur des Manceaux. (Par J. POTÉ.) *Au Mans, imp. de Renaudin, avril* 1818, in-8, 8 p.

Lettre sur les moyens de prévenir les procès et d'abréger les formalités de justice. Par M. D. D. E. M. (DUFOUR, docteur en médecine). *Paris, Crapart*, 1788, in-8, 44 p.

Lettre sur les natifs de Genève. (Par J.-P. BÉRANGER.) (1780), in-12.　V. T.

Lettre sur les nouveaux bains médicinaux. (Par M. C***, docteur en médecine.) *Paris, veuve Quillau*, 1752, in-12.

Par CAVAUX, d'après une note manuscrite de Falconnet ; par CAILLOT, d'après Van Thol.

Lettre sur les observations du parlement de Grenoble. (Par Fr. VÉRON DE FORBONNAIS.) *Paris, Duchesne*, 1756, in-12.

Lettre sur les ouvrages écrits en patois. (Par M. Gustave BRUNET.) *Bordeaux*, 1839, in-8.

Lettre sur les ouvrages philosophiques condamnés par l'arrêt du parlement du 18 août 1770. (Par Rich. DE BURY.) *La Haye et Paris, Vente*, 1771, in-8.

Note manuscrite.

Lettre sur les paranymphes de la Faculté de médecine. *S. l. n. d.*, in-12, 37 p.

Signée : P... DE M... (P.-A. PAJON DE MONCETS).

Lettre sur les peintures d'Herculanum, aujourd'hui Portici. (Par C.-N. COCHIN.) *S. l.*, 1751, in-12.

Lettre sur les peintures, gravures et sculptures qui sont exposées cette année au Louvre, par M. Raphaël, peintre de l'Académie de Saint-Luc, entrepreneur général des enseignes de la ville, faubourgs et banlieue de Paris, à M. Jérosme, son ami, rapeur de tabac et riboteur. (Par DAUDÉ DE JOSSAN.) *Paris, Delalain*, 1769, in-8.

Lettre sur les premières livraisons de « l'Israélite français », adressée à M. Villenave, rédacteur en chef des « Annales politiques », membre de plusieurs sociétés savantes et littéraires. Par M. B*** (Michel BERR). *Paris, Setier*, 1818, in-8, 31 p.

Lettre sur les quatre modèles exposés au Salon (de 1743), pour le mausolée de S. Exc. le cardinal de Fleury. (Par C.-E. PESSELIER.) *S. l. n. d.*, in-4, 10 p.

Brochure relative aux projets envoyés par Lemoine fils, Bouchardon, Lavatte et N.-P. Adam.

Lettre sur les romans, adressée à Mme la marquise des Ayvelles. (Par G. BOUCHER DE LA RICHARDERIE.) *Genève et Paris*, 1762, in-12.

Lettre sur les romans du moyen âge. (Par Paulin PARIS.) *Paris*, 1833, in-8.

Lettre sur les sourds et muets, à l'usage de ceux qui entendent et qui parlent. (Par DIDEROT.) 1751, in-8.

Lettre sur les systèmes et les esprits systématiques, et sur leurs inconvénients ou leur nécessité dans les sciences et dans les affaires. — Pensées sur l'ambition, sur le désir et les moyens de s'avancer. (Par DE MESNIL-DURAND.) *Londres*, 1797, in-8, 48 p.

Lettre sur les transactions publiques du règne d'Elisabeth, contenant plusieurs anecdotes et quelques réflexions critiques sur M. Rapin, relativement à l'histoire de ce règne. (Par Et. DE SILHOUETTE.) *Amsterdam, Bernard (Londres)*, 1736, in-12.

Lettre sur Mlle de Salignac, aveugle. (Par F.-F. LE ROYER D'ARTEZET DE LA SAUVAGÈRE.) 1759, in-12.   V. T.

Lettre sur Paméla. (Par l'abbé MARQUET.) *Londres (Paris)*, 1742, in-12.

Cette lettre a été suivie de deux autres.

Lettre sur Paulowsky, château appartenant à l'impératrice-mère. (Par le comte G.-W. ORLOFF.) *Paris, Didot l'aîné*, 1809, in-8.

Lettre sur quelques ouvrages de M. de Voltaire. *Amsterdam et Paris, de Hansy*, 1769, in-8.

J'ai lu ces mots sur le *verso* de la première page d'un exemplaire : *De la part de M.* DE BURY. On peut donc l'attribuer à cet écrivain.

Lettre sur un « Nouveau Dictionnaire historique portatif », en 4 vol. in-8. (Par l'abbé Barth. MERCIER DE SAINT-LÉGER. Extrait du journal de Trévoux, février 1766.) In-8.

Cette lettre contient une critique assez vive des deux premiers volumes du Dictionnaire de Chaudon, qui étaient imprimés, mais n'étaient pas encore publiés à cette époque. Le censeur s'est caché sous les lettres : FONT... DE RI***.

Lettre sur un voyage à la grotte de Han-sur-Lesse, en juillet 1838. (Par CAMBIER, notaire à Elouges.) *Mons, Leroux*, 1838, in-12, 44 p.   J. D.

Lettre sur une nouvelle détermination des sept degrés successifs de la gamme. (Par DE LUSSE.) *S. l.*, 1766, in-12.

Lettre sur une pierre antique du cabinet de Th. de Smeth. (Par Fr. HEMSTERHUYS.) *La Haye*, 1762, in-4.   V. T.

Lettre sur une troupe de comédiens faits esclaves par un corsaire de Maroc, avec une Description de Gênes. (Attribuée à A.-G. CONTANT-DORVILLE.) In-12.

Lettre théologique sur l'approbation et la jurisdiction des confesseurs. (Par J.-B.-G. GRATIEN, évêque constitutionnel de Chartres.) *Chartres et Paris, Leclerc*, 1791, in-8, 43 p.

Lettre touchant l' « Histoire des quatre Gordiens prouvée par les médailles » (de l'abbé Dubos). (Par Antoine GALLAND.) *Paris, Boudot*, 1696, in-12, 1 f. de titre et 55 p.

Lettre touchant la fréquente communion, à un homme du monde, qui s'est mis dans le bien. (Par le P. Gabriel DANIEL.) *Avignon, J.-Ch. Chastanier*. 1702, in-8. — *Paris*, 1716, in-12. — *Imprimé à Louvain, s. d.*, in-12, 84 p.

Lettre touchant la religion du roi d'Angleterre. (Par Charles DRELINCOURT, pasteur de l'église de Charenton.) *Genève*, 1660, in-8.

Faussement attribuée à DE L'ANGLE, dans la *Bibliotheca Telleriana*.

Lettre touchant le doute proposé au sujet des auteurs des Annales connues sous le nom de Saint-Bertin. (Par l'abbé Jean Le Beuf.) (Paris, 31 janv. 1737.) *S. l. n. d.*, in-12, 12 p.

Lettre (la) véritable écrite par un bon religieux à un officier de la ville de Paris, où se voient la conversion d'un Mazarin et la vérité reconnue des fourberies d'un Sicilien... *Paris, imp. de veuve I. Guillemot*, 1652, in-4, 14 p.

Signée : F. D. de Paris, C. indigne. Par François Dosche, capucin, d'après Moreau, « Bibliographie des Mazarinades ». Ce nom a été par erreur écrit Dorche dans les « Supercheries », II, 19, f.

Lettres à Clémence sur la musique, par Mme E. L. (Laurent)... *Paris, A. Mesnier*, 1831, in-18, vii-136 p. — 2e éd. *Paris, Duverger*, 1834, in-18, vii-144 p.

Lettres à David, sur le Salon de 1819, par quelques élèves de son école. Ouvrage orné de vingt gravures. (Par Louis-François L'Héritier, H. de La Touche, Emile Deschamps et Ant. Béraud.) *Paris, Pillet aîné*, 1819, in-8, 2 f. de tit. et 256 p.

Lettres à demoiselle... sur l'histoire d'un magnétisme animal produit par les seuls efforts de la nature et d'une guérison merveilleuse. (Par de Coninx.) *Cassel*, 1813, in-8.

Lettres à Emile, ou correspondance d'un voyageur en France, en Savoie et en Suisse. (Par l'abbé Héry.) *Rennes, Mlle Jausions, s. d.* (20 mai 1830), in-8, 87 p.

Catalogue de Nantes, n° 34115.

Lettres à Eugénie, ou Préservatif contre les préjugés. (Par le baron d'Holbach.) *Londres (Amsterdam, M.-M. Rey)*, 1768, 2 vol. in-8.

L'avertissement et les notes sont de J.-A. Naigeon. Cet écrit a été réimprimé dans les « Œuvres (philosophiques) de Fréret », *Paris*, 1792, 4 vol. in-8 ; il en forme le t. I.

Lettres à Eugénie (d'Hannetaire, Mme La Rive), sur les spectacles. (Par le prince de Ligne.) *Bruxelles et Paris, Valade*, 1774, in-8.

Lettres à Jenny, sur Mme d'Epinay, J.-J. Rousseau, etc. (Par F. Le Normand, avocat à Caen.) *Paris, Bechet*, 1818, in-12.

C'est une édition augmentée des « Lettres à Sophie... » Voy. ci-après, col. 1221, f.

Lettres à Jennie sur Montmorency, l'Ermitage, Andilly, Saint-Leu, Chantilly, Ermenonville et les environs... Par M. F.

L*** (F. Le Normand)... *Paris, Nicolle*, 1818, in-12, vi-176 p.

Lettres (cinq) à l'auteur du Nouveau Supplément au Dictionnaire de Moréri (l'abbé Goujet, par l'abbé Jean Saas). *S. l. n. d.*, 1742, in-12, 117 p.

Voy. ce que dit Goujet lui-même de son « Supplément de Moréri » et de ces « Lettres critiques » de l'abbé Saas, dans ses « Mémoires » écrits par lui-même et publiés en 1767, in-12, depuis la p. 86 jusqu'à la page 100.

(Note autogr. de l'abbé Mercier de S.-Léger.)

Lettres à la marquise de ***, sur les sessions de 1819 et 1820. (Par A. d'Egvilly.) *Paris, G. Mathiot*, 1822, in-18, 333 p.

Lettres à la noblesse de Bretagne, par l'auteur du « Projet de réponse » au « Mémoire des princes » (l'abbé Morellet). *S. l.*, 1789, in-8.

Il y a quatre lettres.

Lettres à ma fille sur mes promenades à Lyon... *Lyon, Yvernault et Cabin*, 1810, 4 vol. in-18.

Signées : M. D. (J.-B.-D. Mazade). Les volumes III et IV sont intitulés : « Mes Promenades à Lyon. »

Lettres (première à quatrième, 8-30 sept.) à madame ***, sur les peintures, les sculptures et les gravures exposées dans le Salon du Louvre en 1763. (Par C.-J. Mathon de La Cour.) *Paris, Duchesne*, 1763, in-12, 1 f. de tit. et 93 p.

Lettres (deux) à Mme Dacier, sur son livre « des Causes de la Corruption du Goût ». (Par H. Themiseul de Saint-Hyacinthe.) 1715, in-12.

Lettres à Mme de C**, sur la botanique et sur quelques sujets de physique et d'histoire naturelle ; suivies d'une méthode élémentaire de botanique. Par L. B. D. M. (Louis-Simon-Joseph Bernard, de Montbrison). *Paris, Levrault*, an X-1802, 2 vol. in-12.

Lettres à Mme la marquise de ***, sur le sujet de la « Princesse de Clèves » (de Mme de La Fayette, par J.-B.-Henry du Trousset de Valincourt). *Paris, Cramoisy*, 1678, in-12, 370 p.

Le P. Bouhours a fourni les remarques sur le style, elles forment la lettre III. Elles ont été réimprimées par les soins du P. Adry à la suite de l'édition de « la Princesse de Clèves » qu'il a publiée. *Paris*, 1807, 2 vol. in-12.

(Le P. de Backer, 2e édit. in-fol., t. I, col. 812, n° 14.)

Lettres à Mme la marquise de P***, sur l'Opéra. (Par l'abbé Gabriel Bonnot de Mably.) *Paris, Didot*, 1741, in-12.

Lettres à mes électeurs, par J.-H. M. (J.-H. MICHON). Première lettre. *Angouléme*, 1848, in-18, 34 p.

Lettres à mes filles, sur mes voyages en Sibérie et en Chine (1833-34), par M. le comte Camille DE SAINTE-A*** (le comte Camille-Joseph-Balthazard DE SAINTE-ALDEGONDE). *Lille, imp. de L. Danel*, 1838, in-8, 98 p.

Lettres à messieurs de l'Académie française, sur la nouvelle traduction de Shakespeare (de Le Tourneur). (Par VOLTAIRE.) *S. l.* (1778), in-8.

Font partie du t. XV de l' « Evangile du jour ».

Lettres à MM. les députés composant la commission du budget, sur la permanence du système de crédit public, et sur la nécessité de renoncer à toute espèce de remboursement des créances sur l'Etat. Par M. G. D'E. (G. D'EICHTHAL). *Paris, Libr. centrale*, 1829, in-8, 83 p.

Lettres à MM. les prélats de l'Eglise gallicane. Lettre première. *S. l.*, 1698, in-12.

Par Isaac JAQUELOT, suivant la « France protestante » de MM. Haag. Il y a cinq lettres de ce format, tandis qu'il y en a 28, du 23 avril 1698 au 23 mars 1700), *La Haye, F.-L. Honoré*, 1700, in-4.

Lettres à mon curé. (Par Edmond SCHÉRER.) *Genève*, 1854, in-12. — 2e éd. *Genève, Cherbuliez*, 1858, in-12.

Lettres à mon fils. (Par Louise-Florence-Pétronille, née TARDIEU D'ECLAVELLES, femme de M. DE LALIVE D'EPINAY.) *A Genève, de mon imprimerie*, 1759, petit in-8, 136 p.

Tirées à 25 exempl.; renferment 12 lettres de Mme d'Epinay; on y a ajouté 18 lettres d'un chanoine nommé GAUDON à M. de Linan, à M. d'Epinay, fermier général, et à sa femme. Ces dernières lettres, assez singulières de la part de ce chanoine, offrent peu d'intérêt. (« Nouv. Mélanges » de M. Breghot, p. 17.) Réimprimées avec une introduction de M. CHALLEMEL-LACOUR. *Paris, Sauton*, 1869, in-8, XXXVIII-199 p.

Lettres à mon neveu, ou Courte explication des vérités de la foi et de la morale chrétienne, par un ancien curé du diocèse de Beauvais (l'abbé LE MOINE, vicaire général de Beauvais). *Paris, Samson*, 1790, in-12.

Lettres à monsieur**, sur les peintures, les sculptures et les gravures exposées au Salon du Louvre en 1765. *Paris, de l'imp. de G. Desprez*, 1765, in-12, 1 f. de tit. et 25 p.

Signées : M** DE LA COUR.

La seconde, la troisième et la quatrième lettre, 23, 24 et 24 p., sont signées : MATHON DE LA COUR.

Lettres à M. D. B. (de Bure) (par L. DUTENS), sur la réfutation du livre de l' « Esprit » (d'Helvétius), par J.-J. Rousseau, avec quelques lettres de ces deux auteurs. *Londres et Paris*, 1779, in-12.

Lettres à M. de..., contenant quelques observations sur la tragédie de « Mariamne », par M. de Voltaire (par J.-J. BEL). 1725, in-12.

Dans le 3e vol. de la continuation des mémoires de littérature et d'histoire (par le père Desmolets). Il y a trois lettres.

Lettres à M. de Mirabeau, le Démosthène, par M. DE *** (BACON). *S. l.* (1789), in-8, 15 p.

Réimprimées avec le nom de l'auteur. *S. l. n. d.*, in-8, 15 p.

Lettres à M. Faivre, précédées d'une analyse critique de sa réponse à M. Pagès... (Par l'abbé Clément DE VILLECOURT, de Lyon, depuis évêque de La Rochelle.) *Lyon, Darnaud-Cutty*, 1821, in-8.
                 D. M.

Voy. ci-dessus, « Lettre à M. Pagès... », col. 1115, c.

Lettres à M. H*** (Hérinch, petit-neveu de l'évêque d'Ypres, de ce nom), sur les premiers dieux ou rois d'Egypte. (Par l'abbé Dominique RÉVÉREND.) *Paris, Ribou*, 1712, in-12. — Seconde édition, augmentée d'une troisième lettre sur la chronologie des premiers temps, depuis le déluge. *Paris, veuve Ribou*, 1733, in-12.

Lettres à M. l'abbé Cattet, sur l'histoire des guerres de religion à Lyon pendant le XVIe siècle. *Lyon, Guilbert et Dorier*, 1847, gr. in-8, 23 p.

Signées : J.-B. M. (J.-B. MONFALCON).

Lettres à M. l'abbé de B***, sur les découvertes qu'on a faites sur le Rhin, 1716, le vingtième septembre. (Par le P. P.-J. DUNOD, jésuite.) *S. l.*, 1716, in-12.

Réimprimées en 1796 sous le titre de : « Découvertes faites sur le Rhin... » Voy. IV, 850, a.

Lettres à M. l'abbé de la Trappe, où l'on examine sa réponse au « Traité des études monastiques » (du P. Mabillon, par le P. Denis DE SAINTE-MARTHE). *Amsterdam, H. Desbordes*, 1692, in-12.

Lettres (cinq) à M. l'évêque de ***, sur les derniers événements, etc. (Par l'abbé H. JABINEAU.) 1769, in-12.

Lettres à M. le chevalier de ***, entraîné dans l'irréligion par un libelle intitulé : « le Militaire philosophe ». (Par l'abbé Louis GUIDI.) *En France*, 1770, in-12.

Le prétendu chevalier n'est autre que le littérateur

Barthe, qui, dans une société où se trouvait l'abbé Guidi, avoua que la lecture du « Militaire philosophe » lui avait fait reconnaître, ainsi qu'à M. Thomas, la fausseté de la religion chrétienne.

(*Note manuscrite de l'abbé Guidi.*)

Lettres à M. le comte de..., sur le commerce des colonies, par un ancien administrateur (DE KERMELLEC). *Paris, Grimbert*, 1824, in-8, 52 p.

Lettres à M. le comte de B***, sur la révolution arrivée en 1789, sous le règne de Louis XVI... (Par DUPLAIN DE SAINTE-ALBINE.) *Londres et Paris*, 1789-1790, 7 vol. in-8.

Lettres à M. le curé de ***, sur la légitimité de ce qui s'est passé en juillet 1830. Par J. L. (l'abbé J. LABOUDERIE). *Paris, Plassan*, 1830, in-8, 16 p.

Voy. « Supercheries », II, 405, e.

Lettres à M. le marquis de ***, sur l'état religieux. (Par J. DUPONT.) *Paris, Royez*, 1783, in-12.

Lettres à M. le rédacteur du « Progrès », sur l'histoire complète de la province du Maine, par A. Lepelletier de la Sarthe, ou quelques leçons d'histoire à l'usage de l'auteur. (Par BONDU, ancien libraire au Mans.) *Le Mans, Beauvais, imp.* (1862), in-8, 72 p.

Il y a eu une seconde édition.   D. M.

Lettres (deux) à M. Rousseau, pour servir de réponse à sa lettre contre le mandement de l'archevêque de Paris. (Par l'abbé YVON.) *Amsterdam, M.-M. Rey*, 1763, in-8.

L'auteur devait publier quinze lettres.

Lettres à Polydore, sur Cambo et ses alentours; par M. Y*** (C. DUVOISIN). *Bayonne, imp. de Lamaignère*, 1852, in-32.

Lettres à quelques propriétaires en province. (Par L.-C.-A. DUFRESNE DE SAINT-LÉON.) *S. d.* (vers 1816), in-8.

Lettres à Son Altesse monseigneur le prince de **** (Brunswick), sur Rabelais et sur d'autres auteurs accusés d'avoir mal parlé de la religion chrétienne. (Par VOLTAIRE.) *Amsterdam, M.-M. Rey*, 1767, in-8, 144 p. — *Londres*, 1768, in-8, 114 p.

Ces lettres ont été reproduites dans le t. III de l' « Evangile du jour ». Il y en a 10 et non pas 9 comme le dit Quérard (« Bibliogr. voltair. », n° 23), d'après le relevé donné sur le titre, où l'on a oublié de mentionner la seconde lettre : « Sur les prédécesseurs de Rabelais en Allemagne et en Italie, et d'abord du livre intitulé : *Litteræ virorum obscurorum.* »

Lettres à Sophie, ou Itinéraire de Paris à Montmorency, à l'Ermitage et à l'île des Peupliers, en passant par Chantilly;

avec des détails historiques sur le séjour de J.-J. Rousseau dans ces divers lieux... Par M***, avocat. *Paris, Nève; et Caen, Le Roy*, 1813, in-8, 85 p.

La dédicace est signée : F. L. (F. LENORMAND). Réimprimées en 1818 sous le titre de « Lettres à Jennie... » Voy. ci-dessus, col. 1217, f.

Lettres à Sophie, sur la physique, la chimie... (Par L. AIMÉ-MARTIN, avec des notes par E.-L.-M. PATRIN.) *Paris, Nicolle*, 1811, 2 vol, in-8.

Nombreuses réimpressions avec le nom de l'auteur. On lit page 5 du tome I : « Je dois beaucoup à M. Maurice S... (SIMONNET), mon compatriote, etc. » M. Simonnet est mort en 1820.

Lettres (douze) à un Américain, sur l'Histoire universelle, générale et particulière de M. de Buffon. (Par l'abbé J.-A. LELARGE DE LIGNAC.) *Hambourg*, 1751, 2 vol. in-12.

Lettres à un ami de Genève, sur la constitution et la prospérité des colonies françaises dans les Etats du roi de Prusse. (Par J. ERMAN.) *Berlin*, 1788, gr. in-8.

Lettres à un ami, sur les avantages de la liberté du commerce des grains et le danger des prohibitions. (Par G.-F. LE TRÔNE.) *Amsterdam (Paris)*, 1769, in-12.

Lettres (de Daniel TILENUS) à un amy, touchant la nouvelle confession de Cyrille, soi-disant patriarche de Constantinople. *S. l.*, 1629, in-8, 32 p.

Données par erreur sous le titre de « Lettre à un ami... » Voy. ci-dessus, col. 1119, e.

Lettres à un ecclésiastique, sur la justice chrétienne. (Par le P. GASPARD TERRASSON, de l'Oratoire.) 1733, in-12.

Lettres à un enfant, par l'auteur du « Ministère de l'enfance » (Maria-Louisa-Charles WORTH), traduit librement de l'anglais. *Toulouse, Société des livres religieux*, 1864, in-18.

Lettres à un évêque, sur divers points de morale et de discipline concernant l'épiscopat ; par LE FRANC DE POMPIGNAN, archevêque de Vienne : ouvrage posthume, imprimé sur le manuscrit autographe (par les soins de l'abbé J.-A. EMERY, auteur du discours prélim.). *Paris*, 1803, 2 vol. in-8.

Lettres à un franc-maçon, extraites du journal « le Bien public ». (Par l'abbé J.-G. GYR.) *Bruxelles, Goemaere (s. d.)*, in-8, 127 p.

Lettres (quatre) à un grand-vicaire de Montpellier (Loys, chanoine, par Esprit SABATIER, oratorien). 1763 et 1764, in-8.

Lettres à un Jacobin, ou Réflexions politiques sur la constitution d'Angleterre et la charte royale, considérée dans ses rapports avec l'ancienne constitution de la monarchie française. (Par C.-C.-L.-J.-M. d'Agoult, ancien évêque de Pamiers.) *Paris, Egron*, 1815, in-8. — 2e éd. 1816, in-8.

Lettres à un jeune artiste peintre, pensionnaire à l'Académie royale de France à Rome. Par M. C. (C.-N. Cochin). *S. l. n. d.*, in-12, 80 p.

Lettres à un jeune prince, par un ministre d'Etat (le comte de Tessin), chargé de l'élever et de l'instruire, traduites du suédois. *Londres et Amsterdam, Harrevelt*, 1755, in-8.

Une autre traduction a été publiée sous le titre de « Lettres au prince royal de Suède », Voy. ci-après, ces mots, col. 1226, *a*.

Lettres à un lord. 1776.

Attribuées à Nolivos de Saint-Cyr par les « Mémoires secrets » de Bachaumont.

Lettres à un médecin de province, pour servir à l'histoire de la médecine en France. (Par Jean Goulin.) *Copenhague et Paris, Pyre*, 1769, in-8, 96 p.

Il n'a paru que six de ces lettres ; la septième, qui fut imprimée, n'a pas été publiée. L'auteur en a rapporté les raisons dans la préface du dixième volume de la « Bibliothèque de médecine », et dans ses « Mémoires littéraires, critiques », etc., 1775, in-4. Un exemplaire existe à la Bibliothèque nationale.

Lettres à un protestant françois, touchant la déclaration du roi, concernant la religion, donnée à Versailles le 14 mai 1724. (Par Marc Guiton.) *Londres, chez Thomas l'Etonné*, 1725, 2 vol. in-12.

Lettres à une jeune mère ; par l'auteur des « Réalités de la vie domestique » (Mme Zélia Long, née Pelon). *Genève*, 1856, in-12.

Lettres à une princesse d'Allemagne, sur divers sujets de physique et de philosophie. (Par Léonard Euler.) *Pétersbourg*. 1768-1772, 3 vol. in-8. — *Mittau et Leipzig, Sleidel et comp.*, 1770-1774, 3 vol. in-8. — *Berne, Société typographique*, 1778, 3 vol. in-8.

Lettres académiques sur la langue française... (Par J.-H. Valant.) *Paris, Brunot-Labbe*, 1811-1812, in-8.

Lettres adressées à MM. les commissaires nommés par le roi pour délibérer sur l'affaire présente du parlement, au sujet du refus des sacrements. (Par L.-Adrien Le Paige.) *S. l.*, 1752, in-12, 7 lettres en 1 vol. in-12, 48 p.

Le titre de départ, page 7, porte : « Lettres pacifiques au sujet des contestations présentes. »

Réimprimées sous le titre de « Recueil des lettres pacifiques... » Voy. ces mots.

Lettres adressées à MM. les rédacteurs du « Courrier de la Meuse », sur divers articles publiés dans ce journal contre la commission pour l'instruction primaire et moyenne dans la province de Liége. (Par M. F. Rouveroy.) *Liége, J. Desoer*, 1829, in-8, 80 p.

Lettres adressées au rédacteur des « Affiches du Dauphiné », sur une cure opérée par le magnétisme animal. (Par A.-J.-M. Servan.) 1785, in-8, 24 p.

Lettres adressées aux membres de l'Université, par le rédacteur de la « Gazette des Ecoles » (Guillard). Première lettre (30 octobre). *Paris, imp. d'A. Mie* (1831), in-8, 8 p.

Lettres américaines, par le comte J.-R. Carli ; traduites en français, avec des observations et additions du traducteur (J.-B. Lefebvre de Villebrune). *Paris, Buisson*, 1788, 2 vol. in-8.

Lettres amoureuses et morales des beaux esprits de ce temps. Par F. de R. (François de Rosset). *Paris, veuve L'Angelier*, 1616, pet. in-12.

Voy. le « Bulletin du bibliophile », 14e série, p. 998.

Lettres amusantes et critiques sur les romans en général, anglois et françois, tant anciens que modernes. (Par F.-A. Aubert de La Chenaye des Bois.) *Paris, Gissey*, 1743, 2 part. in-12.

Lettres angloises, ou Histoire de miss Clarisse Harlowe, par Richardson (traduites de l'anglois par l'abbé A.-F. Prévost). Nouvelle édition, augmentée de l'éloge de Richardson (par Diderot), des Lettres posthumes et du Testament de Clarisse. *Paris, libraires associés*, 1766, 1777, 13 vol. in-12.

Le chevalier de Champigny a publié à Saint-Pétersbourg et à Francfort, en 1774 et en 1775, deux volumes in-8 de « Lettres angloises », pour servir de continuation à ce célèbre roman.

Je me suis exprimé avec quelque inexactitude à ce sujet, dans mon « Examen critique des Dictionnaires historiques ». Voy. le mot Champigny.

Lettres anonymes. (Par J.-A. Le Lurez, avocat.) *Leyde* (*Paris*), 1750, in-12.

Lettres apologétiques pour les Carmélites du faubourg Saint-Jacques de Paris. (Par l'abbé J.-B. Gaultier.) *S. l.*, 1748, in-12, 1 f. de tit., 86, 83, 56, 62 et 83 p.

Ces lettres, dont la pagination recommence à chacune, sont au nombre de cinq. Les trois premières sont datées du 18 novembre 1748 ; la quatrième, du 26 janvier, et la cinquième, du premier avril 1749.

Lettres apostoliques du clergé catholique du diocèse de Viviers (ou plutôt de M. l'abbé VERNET, grand vicaire), à M. Charles Lafond de Savine, évêque assermenté et abdicataire. 1800, in-8.

Lettres après les élections de la deuxième série ; par M. B*** L*** (BONNAU-LESTANG), potier de terre. *Nevers, imp. de Roch*, 1823, in-8, 29 p.

Le titre de départ porte : 13e Lettre. La 15e Lettre est intitulée « Lettre après les élections... »

L'auteur fut condamné par la cour royale de Bourges, par défaut, à un mois de prison, 300 fr. d'amende et aux dépens, le 20 janvier 1823.

Lettres athéniennes, extraites du portefeuille d'Alcibiade. (Par C.-P. JOLYOT DE CRÉBILLON fils.) *Londres (Paris)*, 1771, 4 vol. in-8.

Des exemplaires avec les titres de Paris, même date, portent le nom de l'auteur.

Lettres athéniennes, traduites de l'anglais, par VILLETERQUE. *Paris, Dentu*, 1801, 3 vol. in-8. — Nouvelle édition, 1804, 4 vol. in-12.

Ces lettres furent composées, dans les années 1739 et 1740, par une société d'amis qui achevaient leurs cours d'études dans l'Université de Cambridge. En 1741, ils les firent imprimer in-8, et n'en tirèrent que douze exemplaires ; dans une seconde édition faite en 1781, en un volume in-4, ils en tirèrent cent exemplaires. Ces deux éditions n'ont jamais servi qu'à l'usage de leurs auteurs ; c'est ce qui a fait dire qu'à proprement parler, les « Lettres athéniennes » n'avaient jamais paru. Les lettres signées P. sont de Philippe YORKE, comte de HARDWICKE, fils aîné du grand chancelier de ce nom ; celles qui ont pour signature C. sont de son frère, Charles YORKE, qui est lui-même parvenu au poste important de grand chancelier, mais qui est mort trop tôt pour sa famille et pour sa patrie. Les autres lettres sont écrites par ROOKE, GREEN, WRAY, HEATON, COVENTRY, LAWRY, BIRCH, SALTER et Mrs Kath. TALBOT, ou par leurs parents, ou par leurs amis. En 1758, les « Lettres athéniennes » ont été réimprimées et mises en vente à Londres.
La Lettre sur Hippocrate est du docteur HEBERDEN.

Lettres athéniennes, ou Correspondance d'un agent du roi de Perse, résidant à Athènes, pendant la guerre du Péloponèse. *Paris*, 1802, 4 vol. in-12.

Traduction autre que celle de Villeterque, suivant Pigoreau, et due à CHOMEL, fils du botaniste et percepteur des contributions.

Lettres au chevalier de Luzeincour, par une jeune veuve (publiées par Ant. GAUTIER DE MONTDORGE). *Londres (Paris)*, 1769, in-8.

Ce roman est de la marquise DE BELVO (Mlle Ducrest, cousine germaine de madame de Genlis).
Voy. « Supercheries », II, 395, f.

Lettres au duc de Broglie, sur les prisonniers de Vincennes. *Gand, Vanryckegem-Hovacre*, 1830, in-8, 24 p.

Par le prince KOSLOWSKI, Russe, d'après une note manuscrite sur l'exemplaire de la Bibliothèque nationale.

Lettres au prince royal de Suède, par M. le comte DE TESSIN, traduites du suédois (par ROGER, publiées par E.-C. FRÉRON). *Paris, Jombert*, 1755, 2 vol. in-12.

Une autre traduction a paru la même année sous ce titre : « Lettres à un jeune prince, par un ministre d'État... » *Londres et Amst.*, Harrevelt, in-8. Voy. ci-dessus, col. 1223, b.

Lettres au public. (Par FRÉDÉRIC II, roi de Prusse.)

Voy. ci-dessus, col. 1128, a.

Lettres au rédacteur du « Courrier de Londres... » (Par T.-G. DE LALLY-TOLLENDAL.)

Voy. « Première lettre... »

Lettres (du P. J. BERTHOLET) au R. P. Bonaventure de Luxembourg (dans le monde Rémi Micherout), auteur d'un ouvrage intitulé : « l'Ancienne tradition d'Arlon, injustement attaquée par le R. P. Bertholet. » *Liége, Kents*, 1744, in-12.

Lettres au R. P. P... (Patouillet), jésuite, pour servir d'introduction, de commentaire et d'apologie à son « Dictionnaire des livres jansénistes ». (Par l'abbé Pierre RULIÉ.) *Anvers*, 1755, in-12.

Lettres au sujet d'un livre intitulé : « Réflexions sur la poésie en général, sur l'églogue » (de Rémond de Saint-Mard, par NICOLAS, avocat). *Paris*, 1734, in-12.
V. T.

Lettres au sujet du différend de M. le marquis de Tavanes... avec le marquis de Brun... (Par l'abbé G.-L. CALABRE PÉRAU.) *S. l.*, 1743, in-8.

Lettres aux auteurs d'un journal, sur l'expérience du grand ballon de M. de Montgolfier. Par DE LA C. (C.-J. MATHON DE LA COUR.) *Lyon*, 15 janvier 1784, in-8, 13 p.

Catalogue Coste, n° 6175.

Lettres aux auteurs du « Militaire philosophe », du « Système de la nature », etc. (Par l'abbé Marc-Ant. REYNAUD, curé de Vaux, diocèse d'Auxerre.) 1769, 1772, in-12, 66 p.

Lettres aux catholiques romains... (Par Claude BROUSSON.) Adressées à Louis le Grand. *Au Désert*, 1687, in-12, 6 f. lim. et 110 p.

Lettres aux communes des villes, bourgs

et villages de la Suisse, ou l'Aristocratie suisse dévoilée. (Par Nic. CASTELLA.) *Paris*, sept. 1790, in-12.

Lettres aux femmes mariées, traduites de l'anglois (de SMITH). *Yverdon*, 1770, in-8.

Lettres aux Français, par l'auteur des « Lettres aux souverains » (Joseph GORANI). *Londres*, 1794-1795, 3 vol. in-8.

Le 3e vol. a un second titre, qui porte : « Nouvelle lettre aux Français sur les événements arrivés en France depuis la dernière révolution du mois de juillet 1794. »

Lettres aux Gascons, sur leurs bonnes qualités, leurs défauts, leurs ridicules, leurs plaisirs, comparés avec ceux des habitants de la capitale. (Par Gab. MAILHOL.) *Toulouse et Paris, Le Jay*, 1771, in-12.

Lettres aux imprimeurs du « Dictionnaire de Trévoux ». (Par P.-Ch. JAMET.) 1748, in-4.

Lettres aux ministres de la ci-devant Eglise constitutionnelle. (Par le P. Bern. LAMBERT.) *Paris*, 1795 et 1796, in-8, 34, 35, 56, 64 et 28 p.

Il y a quatre lettres du P. Lambert.
Dans la quatrième, l'auteur réfute une brochure du P. Minard, doctrinaire, intitulée : « Avis aux fidèles sur le schisme. » Voy. IV, 361, *b*.
Le P. Minard a répondu par un « Supplément à l'Avis aux fidèles », etc. 1790, in-8 de 100 pages.
La cinquième lettre, qui en comprend elle-même une sixième sous le titre de *seconde lettre*, a pour auteur MAULTROT ; elle est signée de la lettre M.
On trouve ordinairement à la suite une lettre (du P. LAMBERT) à M. Clément, se disant évêque de Versailles, datée du 21 avril 1797, in-8, 35 p.

Lettres bordelaises, ou Lettres à un maire des environs de Bordeaux, concernant les libéraux et les nouveaux ministres, par M***. Première lettre. *Paris, Ledentu*, 1829, in-8, 62 p.

La seconde lettre, publiée la même année, et paginée 65 à 166, est accompagnée d'un titre collectif pour la réunion des deux lettres qui porte : « Par M. l'abbé JOUIN... »
La troisième et la quatrième lettres, paginées 167 à 264, ont un titre collectif qui porte : « Par M. l'abbé Augustin JUNIUS... *Paris, Dentu*, 1830. »

Lettres cabalistiques, ou Correspondance philosophique, historique et critique entre deux cabalistes, divers esprits élémentaires et le seigneur Astaroth. Par l'auteur des « Lettres juives » (le marquis J.-B. DE BOYER D'ARGENS). *La Haye*, 1737, 4 vol. in-12. — *Ibid.*, 1738, 1741, 6 vol. in-12. —1769, 7 vol. in-12.

Mis à l'index le 8 juillet 1742.

Lettres certaines d'aucuns grands troubles et tumultes advenus à Genève, avec la disputation faite l'an 1534 par M. nostre maître frère Guy Furbité... à l'encontre d'aucuns qu'on appelle prédicants, qui étoient avec les ambassadeurs de la seigneurie de Berne. (Par Guill. FAREL.) Pet. in-8 goth., 95 p. — La souscription porte : *De Genève, le 1er avril 1534.*

Réimprimées en 1644 avec une traduction latine et des notes de François MANGET, in-8 de 189 ff., *Genève* ; les armes de Berne et le nom de l'imprimeur *Jacques de La Pierre* sur le frontispice.
(Gaullieur, « Études sur la typographie genevoise, » p. 89-90.)

Lettres champenoises, ou Correspondance politique, morale et littéraire, adressée à Mme D***, à Arcis-sur-Aube. *Paris*, 1817-1825, 24 vol. in-8.

La première série (1817-18) a été rédigée par J.-M. MÉLY-JANIN ; la deuxième jusqu'à son tome IV par l'abbé C.-M. DORIMONT DE FÉLETZ, J. MICHAUD, le comte Arthur O'MAHONY, MÉLY-JANIN, P.-S. LAURENTIE, A.-J. CASSÉ DE SAINT-PROSPERT, et à partir de cette époque par DE FÉLETZ, J.-P. LALANNE, M.-E. AUDOUIN DE GÉRONVAL, l'EYKOT, Léon MAUSSOLÉ et autres.
(Hatin, « Bibliographie », p. 36.)

Lettres champenoises, ou Observations critiques sur quelques tragédies et comédies modernes. (Par J.-F RUPHY.) *Paris, Colnet*, 1809, 2 part. in-8.

Dans ces Lettres, au nombre de cinq, l'auteur examine assez sévèrement « les Templiers », de Raynouard ; « la Mort de Henri IV », de Legouvé ; « Omasis », de Baour-Lormian ; « Artaxerce », de Delrieu ; et « l'Assemblée de famille », de Riboutté.
Il existe une réponse à ces lettres sous le titre de « Lettres d'Arcis-sur-Aube ». Voy. ci-après, col. 1233, *e*.

Lettres cherakésiennes, mises en françois, de la traduction italienne. Par J.-J. Rufus, sauvage européen. (Par Jean-Henri MAUBERT DE GOUVEST). *Rome, de l'imprimerie du Sacré-Collège de la Propagande, par ordre en forme de brevet de Sa Sainteté Clément XIII*, 1769, in-8, VIII-168 p.

Voy. « Lettres iroquoises ».

Lettres chinoises. (Par le marquis J.-B. DE BOYER D'ARGENS.) *La Haye, Paupie*, 1739, 1742, 6 vol. in-12. — Nouv. édit. augmentée de nouvelles Lettres et de quantité de remarques. *Ibid., id.*, 1755, 6 vol. in-12.

A la page 84 et dernière du t. VI, il y a une réclame pour les « Songes philosophiques ». — *Berlin, suivant la copie d'original*. 1746. La dernière page est chiffrée 187 au lieu de 271. — *La Haye*, 1779, 8 vol. in-12.
Cet ouvrage a été mis à l'index le 28 juillet 1742.
M. Damiron, p. 76 (note) de sa « Notice sur le marquis d'Argens », dit que ces « Lettres » sont bien de FRÉDÉRIC II ; témoin plusieurs lettres du marquis, celle-ci entre autres, où il est dit : « Si vous voulez, sire, « me céder ces six « Lettres chinoises », je les troque « contre dix volumes des « Lettres juives ».

Lettres chinoises, indiennes et tartares, à monsieur Paw, par un bénédictin. (Par VOLTAIRE.) Avec plusieurs autres pièces intéressantes. *Londres*, 1776, in-8, 2 ff. de tit., 182 p. et 1 f. de table.

Voy. « Supercheries », I, 506, d.

Lettres choisies de CHRISTINE, reine de Suède, par M. L*** (Franç. LACOMBE). *Villefranche, Henri Filocrate*, 1759, in-12.

Lettres choisies de M. BAYLE, avec des remarques (par Prosper MARCHAND). *Rotterdam*, 1714, 3 vol. in-12.

Lettres choisies de M. DE LA RIVIÈRE. (Publiées avec un abrégé de sa vie, par J.-B. MICHAULT, et un avertissement par Nic. LENGLET DU FRESNOY.) *Paris*, 1751, 2 vol. in-12.

Lettres choisies de M. FLÉCHIER, évêque de Nismes, avec une Relation des fanatiques du Vivarez, et des réflexions sur les différents caractères des hommes (par l'abbé GOUSSAULT). *Paris, Estienne*, 1715; *Lyon*, 1747, 2 vol. in-12.

Le P. Baizé, savant bibliothécaire de la Doctrine chrétienne, ayant remarqué que les « Réflexions sur les défauts ordinaires des hommes » n'étaient point de Fléchier, demanda au libraire pourquoi il avait joint ce morceau aux lettres de l'évêque de Nismes ; le libraire répondit naïvement qu'on l'avait fait pour rendre le second volume égal en grosseur au premier.

Lettres choisies de M. SIMON, où l'on trouve un grand nombre de faits, anecdotes de littérature (par A.-A. BRUZEN DE LA MARTINIÈRE). *Amsterdam, P. Mortier*, 1730, 4 vol. in-12.

Lettres choisies de S. CYPRIEN aux confesseurs et aux martyrs, avec des remarques historiques et morales (traduites en françois par le ministre Jacq. LENFANT). *Amsterdam, Desbordes*, 1688, in-12.

Lettre choisies de S. JÉRÔME, traduction nouvelle (par PETIT, avocat). *Paris, Couterot*, 1673, in-8.

Lettres choisies de VOITURE, BALZAC, MONTREUIL, PÉLISSON et BOURSAULT, précédées d'un discours préliminaire (par Vincent CAMPENON) et d'une notice sur ces écrivains (par L.-S. AUGER). *Paris, Dentu*, 1806, 2 vol. in-12.

Lettres choisies des auteurs françois les plus célèbres, pour servir de modèle. (Par Pons-Aug. ALLETZ.) *Paris, Guillyn*, 1768, 2 vol. in-12.

Lettres chrétiennes, écrites d'un Suisse à son compatriote...

Voy. « Lettres juives ».

Lettres chrétiennes et spirituelles sur divers sujets qui regardent la vie intérieure, ou l'esprit du vrai christianisme. (Par Mme J.-M. BOUVIÈRE DE LA MOTHE GUYON.) *Cologne*, 1717, 4 vol. in-8.

Ph. DU TOIT MAMBRINI en a donné une nouvelle édition en 1768, avec de nouvelles remarques.

Lettres concernant la religion, écrites par un jésuite du couvent de Lille (Joseph BONNIÈRES, de Souastre), à un capitaine du régiment de Lindeboom; avec les réponses dudit capitaine aux jésuites. *Lille, B. Le Francq*, 1710, in-12.

Voy. « Supercheries », II, 389, b.

Lettres confidentielles sur les relations intérieures de la cour de Prusse, depuis la mort de Frédéric II. (Par G.-Fr.-W. DE COELLN, mort le 31 mai 1820.) *A Paris (Leipzig)*, 1808, 3 vol. in-12 en 4 part.

L'original allemand forme les tomes II à VI de la collection intit.: « Beiträge zur Geschichte des Krieges in Preussen. » *Leipzig*, 1807-1809, in-8.

Lettres consolatoires, envoyées à Mme la princesse de Condé, durant sa maladie. (Par Pierre MARTYR.) *S. l.*, 1564, in-8, 7 ff.

Lettres contenant le journal du voyage fait à Rome en 1773. (Par J.-B.-M. GUIDI, censeur royal.) *Genève et Paris*, 1783, 2 vol. in-12.

Lettres contenant plusieurs anecdotes dans mon voyage aux eaux de Baréges... (Par Mme GAUTHIER.) *Bruxelles*, 1787, in-12.

Lettres contenant une relation des troubles que le nouvel évêque de Toul (Drouas?) a exécutés en Lorraine au sujet des billets de confession, avec les arrêtés, arrêts et remontrances du parlement de Lorraine à ce sujet. (Par COGNEL et CHATEAUFORT.) *Nancy*, 1755, in-12.

Note de l'abbé Grégoire.

Lettres cosmologiques sur la construction de l'univers, trad. de l'allem. de J.-H. LAMBERT, par Aug. D'ARQUIER DE PELLEPOIX. (Publiées avec des notes par D'UTENHOVE.) *Amsterdam*, 1801, in-8.

Traduction complète de l'ouvrage, dont Lambert avait donné lui-même en français une partie dans le « Journal helvétique de Neufchâtel », années 1763 et 1764, et dont un extrait avait été publié en français en 1770 par Merian, sous le titre de « Système du monde ». Voy. ces mots.

Lettres critiques à M. le marquis de...., sur le « Paradis perdu et reconquis » de Milton. (Par le P. Bernard ROUTH, jésuite.) *Paris, Cailleau*, 1731, in-12.

Lettres critiques au R. P. Benoît de Toul (Picart), capucin, sur son « Apologie de

l'histoire de l'indulgence de Portioncule ».
(Par J.-J. PETITDIDIER, jésuite, frère du
bénédictin.) *S. l.*, 1715, in-12.

Lettres critiques aux Arcades de Rome,
datées des Champs-Elysées (traduites de
l'italien du P. BETTINELLI, par LANGLARD).
Paris, Pissot, 1759, in-12.

Ces lettres sont écrites au nom de VIRGILE. L'ouvrage
est dirigé contre le Dante. L'auteur le compare à Ennius
et réduit à la valeur d'environ douze cents vers ce qui
mérite d'être lu et admiré des cent chants qui composent la Divine Comédie.

Voy. « Lettres sur la littérature... »

Lettres critiques d'un voyageur anglois,
sur l'article « Genève » du Dictionnaire
encyclopédique... (Par Jacques VERNET;
publiées par BROWN.) 1766, 2 vol. in-8.

Voy. l'analyse des « Lettres de M. Bjoernstahl »,
dans l' « Esprit des journaux », novembre 1784, p. 25.

Voy. aussi pour la réponse faite par Voltaire, sous
le pseudonyme de Covelle, « Supercheries », I, 800, b.

Lettres critiques, dans lesquelles on fait
voir le peu de solidité des preuves appor-
tées par ceux qui poursuivent la vérification des prétendues reliques de S. Germain, évêque d'Auxerre. (Par dom P.
VIDAL.) *(Auxerre).* 1752, in-8, 414 p. —
Suite aux « Lettres critiques » sur la vérification des reliques de S. Germain. *S. l.,*
1752, in-8, 21 p.

Lettres critiques et charitables d'un habitant de Cambridge (l'abbé Cl.-Ant. Cou-
LON, à M***, concernant l'instruction prétendue pastorale de M. de Boisgelin...
Londres, 1803, in-8, 59 p.

Voy. « Supercheries », II, 233, f.

Lettres critiques et dogmatiques adressées à M. Turretin au sujet de son livre
intitulé : *Nubes testium.* (Par le P. Fr. DE
PIERRE, jésuite.) *Lyon,* 1728, in-12.

Lettres critiques et philosophiques sur
la franc-maçonnerie... Traduites du portugais, et accompagnées de notes historiques, par M. G*** (GROS)... *Paris, Chamerot,* 1835, in-8.

Lettres critiques et politiques sur les
colonies et le commerce des villes maritimes de France, adressées à G.-T. Raynal;
par M*** (P.-U. DUBUISSON et DUBUCQ).
Genève et Paris, 1785, in-8.

Lettres critiques, ou Analyse et Réfutation de divers écrits contre la religion.
(Par l'abbé Gab. GAUCHAT.) *Paris, Hérissant,* 1755-1761, 16 vol. in-12.

Lettres critiques sur divers écrits de
nos jours, contraires à la religion et aux
mœurs, par M. C. (Louis CHARPENTIER).
Londres (Paris), 1751, 2 vol. in-8.

Lettres critiques sur divers sujets de
littérature, ou Nouvelles littéraires critiques et amusantes. (Par P. CLÉMENT. de
Genève.) *Amsterdam,* 1761, 2 vol. in-12.

Même ouvrage que les « Cinq Années littéraires » de
l'auteur.

Lettres critiques sur divers sujets importants de l'Ecriture sainte. (Par P. DE JON-
COURT.) *Amsterdam, P. Humbert,* 1715,
in-8.

Lettres critiques sur l'édition des Œuvres de S. Jérôme, donnée par les Bénédictins. (Par Richard SIMON.) 1699, in-12.

Voy. « Supercheries », II, 156, f.

Lettres critiques sur la difficulté qui se
trouve entre Moyse et saint Etienne, dans
le nombre des descendants de Jacob qui
passèrent de Chanaan en Egypte. (Par B.
DE MAROLLES et l'abbé Jean MASSON.)
Utrecht, J. Visch, 1705, in-8.

Lettres critiques sur la franc-maçonnerie d'Angleterre. (Par P.-L. GOULLIARD.)
Londres, 1773, in-8, 60 p.

Lettres critiques sur la « Henriade » de
M. de Voltaire. (Par THÉMISEUL DE SAINT-
HYACINTHE.) *Londres, Coderc,* 1728, in-8,
50 p.

Saint-Hyacinthe n'a publié que la première de ces
lettres. Il en envoya un exemplaire à M. de Burigny,
qui pensait que c'était le seul qui se trouvât à Paris.
Burigny était dans l'erreur ; car la Bibliothèque du roi
en possède un qui est indiqué sous le n° Y 5454 du
Catalogue imprimé, *Belles-Lettres,* tome Ier. M. Bleuet
l'aîné en a aussi vendu un exemplaire en 1805. Voyez
le « Catalogue des livres en partie rares, singuliers », etc.
(de M. Mésenge), n° 1459.

Lettres critiques sur le goût et sur la
doctrine de Bayle. (Par P.-Ch. JAMET.)
1740, in-8.

Lettres critiques sur le projet de constitution présenté à la Convention nationale de France par sa commission des
Onze. (Par JACQUEMONT.) *Paris, imp. d'An-
jubault,* an III, in-8, 67 p.

Lettres critiques sur les devoirs d'un
curé. (Par Fr. GÉNARD.) 1751.

Lettres critiques sur les Lettres philosophiques de M. de Voltaire, par rapport
à notre âme, à sa spiritualité et à son immortalité. Avec la défense des Pensées de
Pascal contre la critique du même M. de
Voltaire, par M*** (Dav.-R. BOULLIER,
ministre protestant.) *Paris, Duchesne,*
1754, in-8, 2 f. de tit. et 215 p.

Voy. « Supercheries », III, 1046, e.

Lettres critiques sur les « Voyages de
Cyrus »... (Par le P. Bernard ROUTH, jésuite.) *Paris, Rollin,* 1728, in-12.

Lettres critiques sur plusieurs questions de la métaphysique moderne. (Par dom J.-B. Aubry.) *Bruyères, veuve Vivot*, 1783, in-12, 88 p.

Lettres curieuses d'un gentilhomme allemand (Jean-Michel de Loen), pour l'année 1741, touchant les mœurs et les affaires du temps. *Francfort-sur-le-Mayn, Heinschut*, 1741, 2 vol. in-8.

Lettres curieuses et instructives, écrites à un prêtre de l'Oratoire. (Par Le Petit de Montfleury.) 1728, in-12.

Lettres curieuses, instructives et amusantes, ou Correspondance historique, galante, etc., entre une dame de Paris et une dame de province. (Par Mme Marie Le Prince de Beaumont.) *La Haye*, 1759, 4 part. in-8.

Lettres curieuses sur divers sujets. (Par François Duval.) *Paris, Nic. Pepie*, 1725, 2 vol. in-12.

Voy., dans mon « Examen critique des Dictionnaires historiques », un article entièrement neuf sur cet auteur.

Cet ouvrage a reparu sous le titre de : « Nouvelles Lettres curieuses et galantes, par M*** ».

Lettres d'Affi à Zurac. (Par J.-V. Delacroix.) *Amst. et Paris, Durand neveu*, 1766, in-12.

Lettres d'amour d'une religieuse portugaise (Mariane Alcaforada, traduites en françois par Lavergne de Guilleragues). *La Haye*, 1682, 1696, in-12.

Voyez « Lettres portugaises... »

Lettres d'amour du chevalier de ** (par J.-Fr. de Bastide). *La Haye*, 1752, 4 parties in-12.

Voy. « Supercheries », I, 711, d.

Lettres d'Angélique à Thérèse. (Par C.-E. Pesselier.) (*Paris*), 1739, in-12.

Lettres d'Arcis-sur-Aube, ou Réponse de Mme de *** (Mme Henrichs) au Champenois (M. Ruphy). Seconde édition. *Paris, Barba*, 1810, in-8, 72 p.

Voy. ci-dessus, « Lettres champenoises », col. 1228, c.

Lettres d'Aristenète, traduites en françois (par Moreau). *Cologne (Paris)*, 1752, n-12.

Voyez « Lettres galantes d'Aristenète ».

Lettres d'Aspasie, traduites du grec (composées par G.-A. de Mehégan). *Amsterdam*, 1756, in-8.

Voy. « Supercheries », I, 391, b.

Lettres d'Atticus, ou considérations sur la religion catholique et le protestantisme, par un Anglais protestant (lord Fitz-William). (Nouv. éd. publiée par M. F. de La Mennais, avec un avertissement et quelques notes de l'éditeur.) *Paris, au bureau du « Mémorial catholique » et chez Rusand*, 1826, in-12, 194 p.

La première éd. est de *Brentfort, P. Horbury*, 1802, in-12.

L'abbé Vinçon a publié en 1814, à *Paris*, les « Lettres et Pensées d'Atticus », in-12.

Lettres d'Aza ou d'un Péruvien. (Par Ign. Hugary de Lamarche-Courmont.) *Amsterdam*, 1749, 1760, in-12.

Lettres d'E...mée Ma...rie Cl... de de Bo...on (de Boudon) à sa sœur, ou journal d'un voyage à Paris, en Champagne, en Lorraine et au canton de Basle en Suisse, avec quelques remarques particulières sur la ville de Troyes et le caractère de ses habitants. *Troyes*, 1791, in-8.

Archives du bibliophile, n° 37271.

Lettres d'exhortation et de consolation sur les souffrances de ces derniers temps. (Par de Béringhen.) *La Haye*, 1704, in-12.

Lettres d'Héloïse et d'Abailard, en latin et en français (de la traduction de dom F.-A. Gervaise), avec une nouvelle Vie (par F.-H.-S. de l'Aulnaye). *Paris, Fournier*, 1796, 3 vol. in-4.

Voyez ces mots : « les Véritables Lettres. »

Lettres d'Henriette et d'Emilie, traduites de l'anglois, et augmentées par Mme G. D. D. S. G. (Mme G.-D. de Saint-Germain). *Londres*, 1763, in-12.

Lettres d'Hippocrate sur la prétendue folie de Démocrite, traduites du grec pour la première fois. (Par Claude Parfaict.) *Paris, Le Breton*, 1730, in-12, 33 p.

C'est à tort que le traducteur annonce que les lettres sont trad. en fr. pour la première fois ; elles l'avaient déjà été beaucoup mieux par Claude Fardy, doct.-régent de la Faculté de Paris, en tête de sa trad. des Œuvres d'Hippocrate. *Paris, Barbin*, 1667.

Lettres d'Osman. (Par Ph.-Aug. de Sainte-Foix, chevalier d'Arcq.) *Constantinople (Paris)*, 1753, 3 part. in-12.

Lettres d'un académicien à M***, sur le catalogue de la Bibliothèque du roy. (Par l'abbé Jean Saas.) 1749, in-12, 60 p.

Il n'y a qu'une lettre, et elle est aussi rare que curieuse.

Lettres d'un académicien de Bordeaux sur le fond de la musique, à l'occasion de la lettre de M. R*** (Rousseau, par le P. L.-Bertr. Castel). *Bordeaux*, 1754, in-12, 74 p. Tome Ier et unique.

Voy. « Réponse critique d'un académicien... »

Lettres d'un ami de la religion sur les discussions théologiques du moment. (Par Edouard DIODATI.) *Genève, Paschoud*, 1817, in-8, 36 p.

Lettres d'un anglican à un gallican. (Par l'abbé René-François ROHRBACHER.) *Paris, rue du Paon, 8*, 1826, in-8, 2 ff. de tit. et 111 p.

Lettres d'un archevêque (par le P. Ch.-L. RICHARD, dominicain) à l'auteur de la brochure intitulée : « du Droit du souverain sur les biens-fonds du clergé et des moines, et de l'usage qu'il peut faire de ces biens pour le bonheur des citoyens » (par de Cerfvol). *Cologne*, 1770, in-8, 2 ff. de tit. et 59 p.

Réimprimées aussi dans le recueil intitulé : « Pièces détachées relatives au clergé séculier et régulier, avec les réponses de l'auteur critique » (recueillies par de Puységur). *Amst.*, 1771, 3 vol. in-12.

Lettres d'un artiste à Bonaparte, sur le projet d'une nouvelle académie de peinture. (Par P. CHÉRY.) *Paris*, 1801, in-8.

Lettres d'un Auxerrois (l'abbé SALOMON, curé de Saint-Regnobert) à M. Frappier... *S. l.*, 1779, in-12, VIII-150 p. et 1 f. de table.

Voy. « Supercheries », I, 413, *a*.

Lettres d'un avocat (J. ALBISSON) à un publiciste, à l'occasion de la prochaine assemblée des Etats-Généraux du royaume. (*Avignon, J. Niel*), 1788, in-8.

Lettres d'un avocat au parlement de *** (ou plutôt de M. ALBERT, depuis lieutenant de police et maître des requêtes), à MM. les auteurs du «Journal des Savans », sur un projet de traduction du corps entier du droit civil (publié par HULOT). *Paris, Knapen*, 1765, in-8.

Voy. « Supercheries », I, 419, *a*.

Lettres d'un avocat en parlement (P.-Firm. LACROIX, prêtre de la Doctrine chrétienne) à un avocat de la cour des aides de Montpellier...

Voy. « Supercheries », I, 421, *f*.

Lettres d'un bibliothécaire de province à son ami G***, sur les suppressions à faire dans les établissements de Paris. (Par JOLY, avocat.) Première et dernière lettre. *Paris, Tilliard*, 1833, in-8, 64 p.

     D. M.

Lettres d'un bourgeois à M. P. Ad*** (Adamoli), sur la jambe de cheval, figure équestre, qu'il dit être celle de Tiberius Antisthius. (Par le P. LETI, de l'Oratoire, bibliothécaire du collège de la Trinité.) *S. l. n. d.* (1766), in-8.

Lettres d'un campagnard au « Journal de Charleroi », à propos de la discussion de la loi sur la chasse, suivies du texte de cette loi ; par M. Félix Is... (ISAAC, avocat à Charleroi)... *Charleroi, Deghistelle*, in-32, 64 p.   J. D.

Lettres d'un célèbre canoniste d'Italie, sur la bulle *Apostolicum*, dans lesquelles il est démontré que cette bulle est subreptice et nulle de toute nullité... (Traduit de l'italien par L. D. D. N. J.) *S. l.*, 1765, in-12.

Par J.-P.-R. DE LA BLÉTERIE, d'après une note contemporaine sur l'exempl. de la Bibliothèque nationale.

Lettres d'un chanoine de Lille à un docteur de Sorbonne, au sujet d'une prière hérétique... (Par l'abbé Nic. LENGLET DU FRESNOY.) 1707, in-12.

Lettres d'un chanoine pénitencier de la métropole de *** au chanoine théologal de la cathédrale de ***, sur les affaires de la religion... (Par le P. Pierre DEDOYAR, jésuite.) *S. l.*, 1785, in-12, 174 p. — Vingtième édition, corr. et augm. d'un grand nombre de notes. *De l'imprimerie des Nations*, 1790, in-8, 305 p.

Données par erreur sous le titre de « Lettres d'un chanoine... » Voy. ci-dessus, col. 1144, *b*.

Réimpr. en 1786 sous le titre de « le Triomphe des lettres... » Voy. ces mots.

Lettres d'un citoyen à messieurs les députés de la Lorraine, assemblés pour dresser un plan d'organisation pour les Etats de cette province. (Par Joseph-François COSTER.) *S. l. n. d.*, in-8, 28 p.

Lettres d'un citoyen à un magistrat, sur les raisons qui doivent affranchir le commerce des duchés de Lorraine et de Bar, du tarif général projeté pour le royaume de France. (Par J.-F. COSTER.) 1762, in-8.

Lettres d'un citoyen à un magistrat, sur les vingtièmes et autres impôts. (Par l'abbé Nic. BAUDEAU.) *Amsterdam*, 1768, in-12.

Lettres d'un citoyen des Etats-Unis à un Français, sur les affaires présentes ; par M. le M** DE C*** (CONDORCET). *Philadelphie*, 1788, in-8, 1 f. de tit. et 22 p.

Lettres d'un citoyen, sur la permission de commercer dans les colonies, annoncée pour les puissances neutres... (Par SAINTARD.) *Paris*, 1756, 2 part. in-8.

Lettres d'un constitutionnaire à un représentant, sur les affaires de Genève. (Par RIGAUD, avocat.) *Mai* 1782, in-8.

Lettres d'un contribuable. (Par le *comte*

Joseph DE VILLÈLE.) *Toulouse, impr. de veuve Dieulafoy* (1839), in-8, 24 p. — *Montpellier, impr. de I. Tournel, s. d.*, in-8, 24 p.

Lettres d'un Courtraisien (Eugène LANDOY). Revue critique de l'exposition des beaux-arts de la ville de Courtrai. *Bruxelles*, 1859, in-8, 66 p.

Imprimées à 30 exempl. qui n'ont pas été mis dans le commerce.   J. D.

Lettres d'un cultivateur américain, traduites de l'anglois par leur auteur (J.-H. SAINT-JOHN DE CRÈVECOEUR, publiées par P.-L. LACRETELLE aîné.) *Paris, Cuchet*, 1784, 2 vol. in-8 ; — 1787, 3 vol. in-8.

Lettres d'un curé de *** (VERMOT, missionnaire) à M. G. (Gousset), vicaire général capitulaire du diocèse de Besançon (depuis archevêque de Reims), sur sa prétendue justification de la théologie du B. Liguori. *Reims, imp. de Guyot-Roblet*, 1834, in-8.

Lettres d'un curé du diocèse de Rouen, à M. Charrier de La Roche, élu évêque du département de la Seine-Inférieure. (Par l'abbé Guillaume-André-René BASTON.) (*Paris*, 1791), in-8.   D. M.

Lettres d'un descendant de Caton le Censeur (J.-Cl. GRANCHER, recteur de l'Académie de Limoges). Première lettre (et unique). *S. l.* (*Paris*), 1796, in-8, 40 p.

Voy. « Supercheries », I, 910, *c*.

Lettres d'un docteur allemand de l'Université catholique de Strasbourg à un gentilhomme protestant, sur les six obstacles au salut qui se rencontrent dans la religion luthérienne. (Par le P. J.-J. SCHEFFMACHER, jésuite.) *Strasbourg, J.-F. Le Roux*, 1728, 1730, in-4.

Plusieurs fois réimprimées avec le nom de l'auteur.

Lettres d'un docteur catholique à un protestant, sur les principaux points de controverse. (Par le P. J.-J. SCHEFFMACHER.) *Rouen, Pierre Boquer*, 1769, 3 vol. in-12.

Voy. « Supercheries », I, 907, *e*.

Lettres d'un docteur de Sorbonne (l'abbé Hilaire DUMAS) à un homme de qualité, touchant les hérésies du dix-septième siècle. *Paris*, 1711-1715, 4 vol. in-12.

L'auteur avait publié une première lettre en 1708. Voy. ci-dessus, col. 1149, *a*.

Lettres d'un docteur en Sorbonne à un de ses amis, pour servir de réponse aux remarques anonymes sur l'ordonnance de feu M. l'évêque de Chartres portant con-

damnation des institutions théologiques du P. Juénin. (Par l'abbé MARÉCHAUS, doyen de l'église de Chartres.) *Paris, Langlois*, 1713, in-12.

Lettres d'un ecclésiastique (Nicolas LE TOURNEUX) à quelques personnes de la R. P. R., pour les exciter à rentrer dans l'Eglise catholique, et pour répondre à leurs difficultés. *Paris, Josset*, 1686, in-12.

Lettres d'un ecclésiastique de Flandres (J. VARLET, chanoine de S.-Amé de Douai), à l'évêque de Soissons, où il lui demande la manière d'accorder ses principes... *S. l.*, 1726, in-4, 26 p. — *Utrecht, C.-G. Le Febvre*, 1729, in-12.

Lettres d'un fermier de Pensylvanie (DICKINSON) aux habitants de l'Amérique septentrionale, traduites de l'anglois (par J. BARBEU DU BOURG). *Amsterdam* (*Paris*), 1769, in-8.

Lettres d'un forçat libéré, au sujet de la réforme pénitentiaire. (Par Edouard SERVAN DE SUGNY.) *Bourg*, 1844, in-8.

Lettres d'un François à Londres. (Par Michel MARESCOT.) 1759, in-12.

Voy. « Supercheries », II, 62, *e*.

Lettres d'un François, concernant le gouvernement, la politique et les mœurs des Anglois et des François. (Par l'abbé J.-B. LE BLANC.) *La Haye* (*Paris*), 1745, 3 vol. in-12.

Réimprimées sous le titre de « Lettres de M. l'abbé Le Blanc », etc., cinquième édition. *Lyon*, 1758, 3 vol. in-12.

Lettres d'un François sur certain discours faict nagueres, pour la preseance du roy d'Hespagne. (Par François PITHOU.) *S. l. n. d.*, in-8, 22 p.

Autre édition ; ensemble un Traicté de la grandeur, droicts, preeminences et prerogatives des Roys et du royaume de France. *S. l.*, 1587, in-8, 112 p.

Il n'y a qu'une Lettre qui a été réimprimée encore, *Paris, M. Patisson*, 1594, in-8, 24 p., et dans le 5e volume des « Mémoires de la Ligue ».

Le second ouvrage joint à l'édit. de 1587 a été aussi réimprimé à part ; voy. ci-dessus, « Extraict d'un Traicté... », col. 397, *d*. Il a été joint ensuite aux différentes éditions des « Recueils des libertés gallicanes ». Le P. Le Long, et Grosley lui-même, dans la « Vie des frères Pithou », n'ont cité que l'édition de 1594 du second ouvrage; Grosley a même considéré cette édition de 1594 comme un *extrait* d'un ouvrage plus important. C'est une erreur.

Les continuateurs du P. Le long citent les « Lettres d'un François », t. II, n° 26014, mais sans faire connaître le « Traité de la grandeur, » etc., qui est à la suite.

Lettres d'un Français (l'abbé Jean-Claude LUCET) sur le rétablissement de la roligion catholique en France, comme religion de l'Etat. *Paris,* an X-1801, in-8, 80 p.

Lettres d'un frère à sa sœur sur l'histoire ancienne. Par Charles R. (Charles Romagny). *Paris, Selligue,* 1829, 2 vol. in-18.

Réimprimées avec le nom de l'auteur sous le titre de « Leçons d'un frère à sa sœur sur l'histoire ancienne ». *Paris, Baudouin,* 1835-1836, 2 vol. in-18.

Lettres d'un gentilhomme des Etats de Languedoc à un membre du parlement de Rouen, sur la cherté des grains. (Par J.-F. Vauvilliers.) 1768, in-12.

Lettres d'un gentilhomme françois sur l'établissement d'une capitation générale en France. (Par Michel Le Vassor.) *Liége, chez J. Le Bon,* 1695, in-12.

Lettres d'un habitant de Genève à ses contemporains. (Par le comte Claude-Henri de Saint-Simon.) *S. l. n. d. (Genève,* 1802), in-12, 103 p.

C'est par erreur que les « Supercheries », II, 234, *a,* donnent ce titre au singulier. Ces lettres ont été réimprimées dans la première livraison des « Œuvres de Saint-Simon » publ. par O. Rodrigues, en 1832, qui devaient se composer de 10 à 12 vol. et dont il n'a paru que deux livraisons. Voy. Fournel, « Bibliographie saint-simonienne » (1833), p. 99.

Lettres d'un habitant de la campagne à son ami, sur un ouvrage célèbre (l' « Administration des finances » de Necker, par le comte J.-A.-H. de Guibert). In-12.

L'édition de cet ouvrage a été brûlée en présence de M. Necker et à sa sollicitation, à l'exception d'un très-petit nombre d'exemplaires.

Lettres d'un homme à un autre homme, sur les affaires du temps. (Par G.-J.-B. Target.) *S. l.* (1771), in-12, 98 p.

Voy. ci-dessus, « Lettre d'un homme... », col. 1154, *f.*

Lettres d'un homme du monde au sujet des billets de confession et de la bulle *Unigenitus.* (Par l'abbé Bon.) *S. l.,* 1753, in-12, 136 p.

Lettres d'un Indien à Paris, à son ami Glazir, sur les mœurs françaises... Par l'auteur des « Lettres récréatives et morales » (L.-A. Caraccioli). *Paris,* 1788, 2 vol. in-12.

Lettres d'un jeune lord à une religieuse italienne, imitées de l'anglais par madame... (Suard). *Paris,* 1788, in-12.

Lettres d'un jeune Lyonnais à un de ses amis, sur le passage de N. S.-P. le pape Pie VII à Lyon, le 19 novembre 1804, et sur son séjour dans la même ville les 17, 18 et 19 avril 1805... (Par Pierre-Simon Ballanche.) *Lyon, imp. de Ballanche père et fils,* an XIII-1805, in-8.

Lettres d'un jeune Romain à une Vestale. (Par l'abbé C.-J. Girod, l'un des collaborateurs au « Spectateur du Nord ».) *Hambourg,* 1797, in-12.

Lettres d'un jurisconsulte sur les intérêts actuels du clergé... (Par l'abbé A.-J.-C. Clément.) *Paris, Le Clère,* 1790, in-8, 58 p.   V. T.

Lettres d'un magistrat à M. F. Morénas, dans lesquelles on examine ce que dit cet auteur dans la continuation de son « Abrégé de l'histoire ecclésiastique »... (Par le président B.-G. Roland d'Erceville.) *S. l.,* 1754, in-12.

Ces lettres ont été désavouées par l'auteur, à cause des altérations faites dans son manuscrit. Dom Tassin, dans l' « Histoire littéraire de la congrégation de Saint-Maur », p. 636, et, d'après lui, les auteurs de la « Biographie universelle », ont eu tort d'attribuer ces lettres à dom Ch. Clémencet.

Lettres d'un magistrat de Paris à un magistrat de province, sur le droit romain et la manière dont on l'enseigne en France. (Par A.-J. Boucher d'Argis le fils.) *Paris, Le Boucher,* 1782, in-12.

Lettres d'un médecin à M. Pichaut de La Martinière, premier chirurgien du roi, au sujet du Mémoire qu'il a présenté à Sa Majesté. (Par Fr. de Paule Combalusier.) *S. l.* (1748), in-4, 16 p.

Lettres d'un médecin de Paris à un médecin de province, sur le miracle arrivé sur une femme du faubourg S.-Antoine. (Par Philippe Hecquet, 19 juillet et 6 août 1725.) *S. l.,* 1725, in-4, 36 p.

Données par erreur sous ce titre « Deux lettres.... » Voy. tome IV, 924, *f.*

Lettres d'un médecin des hôpitaux du roy à un autre médecin de ses amis... (Par François Petit, connu sous le nom de Pourfour du Petit.) *Namur, C.-G. Albert,* 1710, in-4.

Lettres d'un médecin (le Dr A.-A. Sovet) sur l'éducation physique et morale des enfants pauvres. *Bruxelles, Grégoir. s. d.,* in-8, 24 p.   J. D.

Lettres d'un membre du congrès américain à divers membres du parlement d'Angleterre. (Par Vincent, de Rouen.) *Philadelphie et Paris,* 1779, in-8.

Note manuscrite.

Lettres d'un militaire sur les changements qui s'annoncent dans le système politique de l'Europe. (Par le général E.-P.-S. Ricard, depuis comte et pair de

France.) *Bouillon et Paris, Volland*, 1788, in-8.

Si la date de 1771, qu'on assigne comme celle de l'année de la naissance de ce général, est exacte, l'auteur de ces Lettres n'aurait eu que dix-sept ans lors de leur publication.

Lettres d'un ministre d'une cour étrangère sur l'état actuel de la France. (Par Ant. DE FERRAND.) 1793, in-8.

Voy. « Supercheries », II, 1150, *e*.

Lettres d'un missionnaire de Pékin, contenant diverses questions sur la Chine, pour servir de supplément aux « Mémoires concernant l'histoire, les sciences, etc., des Chinois ». (Par J.-J. DE MAIRAN.) *Paris, Nyon aîné*, 1782, in-8.

Voy. « Supercheries », II, 1168, *e*.

Lettres d'un Norwégien de la Vieille-Roche, ou Examen des changements qui menacent la constitution du royaume de Norwége. (Par P.-A. HEIBERG.) *Paris, imp. de Mme Jeunehomme-Cremière*, 1822, in-8.

Lettres d'un observateur impartial sur les troubles actuels de la Hollande. (Par A.-S. D'ARNAY ou D'ARNEX.) *Nimègue (Berne)*, 1787, in-8.

Lettres d'un observateur sur la marine, sur son organisation actuelle, et sur la guerre continentale et maritime en général. (Par A.-L. FORFAIT.) *Paris, imp. de Clousier*, an X-1802, in-8.

Lettres d'un officier d'artillerie à un officier général, sur les questions qui agitent l'artillerie, relativement aux changements qui y ont été faits depuis 1764. (Par Charles TRONSON DU COUDRAY.) *Amsterdam, Arkstée et Merkus (Paris)*, 1774, in-8.

Voy. « Supercheries », II, 1286, *d*.

Lettres d'un officier ingénieur (Abraham DE HUMBERT) sur quelques sujets de fortification et de géométrie pratique. *Berlin*, 1734, in-4.

Lettres d'un pair de la Grande-Bretagne à milord archevêque de Cantorbéry, sur l'état présent des affaires de l'Europe, traduites de l'anglois par le chevalier Edward MELTON (ou plutôt composées par l'abbé Nic. LENGLET DU FRESNOY). *Londres, Innys (Paris)*, 1745, in-12.

Lettres d'un particulier (l'abbé P.-M. DE GOURNÉ) à un seigneur de la cour. *Paris, Panckoucke*, 1765, in-8.

Chaque lettre a un titre spécial qui porte : Première (2e et 3e) Lettre... ou Observations irénaïques sur la

science métallique et le style lapidaire, et en particulier sur les deux inscriptions proposées et actuellement tracées sur le plâtre, à la place de Louis le Bien-Aimé.

Lettres d'un patriote vaudois (Henri MONOD) à ses concitoyens. *Lausanne*, 1808, in-8.

Lettres d'un père à son fils, sur l'incrédulité. (Par l'abbé Yves VALOIS.) 1756, in-12.

Lettres d'un Persan en Angleterre, à son ami à Ispahan; nouvelle traduction libre de l'anglois (de G. LITTLETON, par J.-F. PEYRON). *Londres et Paris, J.-P. Costard*, 1770, in-12.

Lettres d'un philosophe (G. DAGOUMER) à M. l'évêque de Soissons, sur son premier avertissement. *S. l.*, 1719, in-8.

Signées : ***. Réimprimées avec le nom de l'auteur. *Soissons*, 1759, in-12.

Lettres d'un philosophe à un docteur de Sorbonne, sur les explications de M. de Buffon. (Par l'abbé J.-R.-A. DUHAMEL.) *Strasbourg, Schmouck* (vers 1751), in-12.

Lettres d'un philosophe sensible (P.-Firm. LACROIX). *La Haye*, 1769, in-12.

Lettres d'un protestant hollandais (A.-P. MIOULET) à l'auteur du « Mémoire sur la situation des catholiques dans les Pays-Bas. » *La Haye*, 1849, in-8.   V. D.

Lettres d'un provincial sur l'impôt du tabac. (Par L. HUBERT.) *Paris, imp. de Patris*, oct. 1814, in-8.

Ces lettres, au nombre de cinq, et formant chacune 16 p., ont été publiées sous le pseudonyme de STRETCHER.

Lettres d'un Prussien sur les écrits de M. de Chateaubriand... (Par le chevalier Alvar.-Aug. DE LLANO ou DE LIAGNO, Espagnol, attaché à la Bibliothèque royale de Berlin.) *Berlin*, 1815, in-8.

Lettres d'un rapin de Lyon à un rapin de Paris. Par Ernest B*** (Mlle Jeanne DU BUISSON)... *Lyon, imp. de Deleuze*, 1837, in-8, 20 p.   D. M.

Lettres d'un Romain (le P. Gab. FABRICY, dominicain) à M. de Villefroy, en réponse aux observations de M. L.-E. Rondet, sur l'ouvrage du P. Fabricy, touchant les « Titres primitifs de la révélation ». *Rome*, 1774, in-8.

Lettres d'un Russe (le prince Elim MESTCHERSKY) adressées à MM. les rédacteurs de la « Revue européenne, etc. » *Nice*, 1832, in-8.

Lettres d'un sauvage civilisé. (Par J.

JOUBERT DE LA RUE.) *Amsterdam*, 1747 et 1750, 3 vol. in-8.

Voy. « Supercheries », III, 607, *e*.

Lettres d'un sauvage dépaysé à son correspondant en Amérique, contenant une critique des mœurs du siècle, et des réflexions sur des matières de religion et de politique. (Par J. JOUBERT DE LA RUE.) *Amsterdam, J.-F. Jolly*, 1738, in-8, 240 p., et 1746 avec un nouveau frontispice.

Ces Lettres avaient d'abord été attribuées à tort au marquis J.-B. DE BOYER D'ARGENS.

Voy. « Supercheries », III, 607, *f*.

Lettres (deux) d'un sçavant de Strasbourg (le P. F.-J. TERRASSE DESBILLONS) sur la « Bibliographie instructive » de M. de Bure, in-12.

Réimprimées dans l' « Année littéraire » de Fréron, 1764, t. I, lettre 5, et t. II, lettre 6.

Lettres d'un seigneur hollandois (l'abbé Claude-François LAMBERT, de Dôle) à un de ses amis, sur les droits et les intérêts des puissances belligérantes... *La Haye*, 1747, 3 vol. in-12.

Lettres d'un solitaire (J.-Fr. DE BURE-SAINT-FAUXBIN) à un académicien de province, sur la nouvelle version française de l' « Histoire des animaux » d'Aristote (par Camus). *Amsterdam et Paris, Lamy*, 1784, in-4.

Lettres d'un solitaire au roi, princes et seigneurs faisant la guerre aux rebelles... (Par le P. André CHAUVINEAU.) *Poictiers, veuve A. Mesnier*, 1628, in-8, 10 ff. lim. et 247 p.

Le nom de l'auteur se trouve dans le privilége.

Lettres d'un Suisse à un François, où l'on voit les véritables intérêts des princes et des nations de l'Europe qui sont en guerre, et divers mémoires et actes pour servir de preuves à ces lettres. (Par J. DE LA CHAPELLE. Septembre 1702-janvier 1709.) *Bâle*, 1704-1709, 8 vol. in-12.

Les 18 premières lettres de cette collection, qui en comprend 48, avaient été réimprimées l'année précédente sous le titre de « Lettres, mémoires et actes concernant la guerre présente », *Basle*, 1703, 4 vol. in-12. Voy. ci-dessus, « Lettre d'un Suisse... », col. 1167, *a*.

Lettres d'un théologien (P.-S. GOURLIN) à l'éditeur des « Œuvres posthumes » de M. Petitpied. *Paris*, 1756, 2 vol. in-12.

Lettres d'un théologien (l'abbé Bon-François RIVIÈRE, dit PELVERT) à M***, où l'on examine la doctrine de quelques écrivains modernes contre les incrédules. 1776, 2 vol. in-12.

Voy. « Supercheries », III, 791, *d*.

Lettres d'un théologien (l'abbé DE BEAUFORT, frère de l'abbé de Sept-Fons) à un de ses amis, à l'occasion du problème ecclésiastique ; sec. édition. *Anvers*, 1700, in-12.

Lettres d'un théologien (le P. I.-J. BERRUYER) à un de ses amis, au sujet de différents écrits qui ont paru pour la défense du P. Berruyer (l'auteur de ces lettres). *Avignon*, 1756, in-12.

Lettres d'un théologien (Bernard COUET) à un évêque sur cette question importante : S'il est permis d'approuver les Jésuites pour prêcher et pour confesser. *S. l.*, 1716-1717, in-12.—*Amsterdam, H. Schelte*, 1717, in-12. — *Amsterdam (Paris)*, 1755, in-12.

Voy. « Supercheries », III, 789, *c*.

Lettres d'un théologien au R. P. A. de G. (André Grazac), où l'on examine si les hérétiques sont excommuniés de droit divin. (Par Pierre COLET.) *Bruxelles*, 1763, in-12, x-310 p.

Lettres d'un théologien (le P. Noël ALEXANDRE) aux Jésuites, sur le parallèle de leur doctrine et celle des Thomistes. 1697, in-12.

Lettres d'un théologien-canoniste à N. S. P. le pape Pie VI, au sujet de la bulle *Auctorem fidei*, etc., du 28 août 1794, portant condamnation d'un grand nombre de propositions tirées du synode de Pistoie de l'an 1786. (Par Josse LE PLAT ou LEPLAET.) *S. l.* (1795), in-12.

Mises à l'index le 26 août 1805.

Lettres d'un théologien de l'Université catholique de Strasbourg à un des principaux magistrats de la même ville, faisant profession de suivre la confession d'Augsbourg, sur les principaux obstacles à la conversion des protestans. (Par J.-J. SCHEFFMACHER.) *Strasbourg, J.-F. Le Roux*, 1732, in-4.

Voy. « Supercheries », III, 792, *c*.

Lettres (sept) d'un théologien françois à un théologien des Pays-Bas, sur l'institut et la proscription des Jésuites. (Par Pierre SARTRE, ancien prieur et docteur de Sorbonne.) 1756, in-12.

Lettres d'un vicaire campagnard (L. BUYSSE, alors vicaire à Beveren) à M. le Dr Winssinger sur la préface d'un livre intitulé *Corpus juris ecclesiastico civilis*. *Gand, Vanryckegem*, 1829, in-8.

Ces lettres ont été d'abord publiées dans le journal « le Catholique des Pays-Bas ».   J. D.

Lettres d'un voyageur à l'abbé Barruel, ou nouveaux documents pour ses mémoires, nouvelles découvertes faites en Allemagne, anecdoctes sur quelques grands personnages de ce pays, chroniques de la secte, etc. (*Londres*), *Dulau*, 1800, in-8, 1 f. de tit., IV p., 1 f. d'errata et 191 p.

On croit que l'abbé Aug. BARRUEL est lui-même l'auteur de ces lettres : du moins est-il certain qu'il en est l'éditeur.

Voy. « Supercheries », III, 979, *d*.

Lettres d'un voyageur anglais sur la France, la Suisse et l'Allemagne. Traduites de l'anglais de M. MOORE (par Henri RIEU). *Genève, Bardin*, 1781-1782, 4 vol. in-8.

Lettres d'un voyageur français (le baron G. DE RIESBECK) sur l'Allemagne, enrichies de notes et de corrections (par Bertholde-Frédéric HALLER, patricien de Berne). (*Hollande*), 1785, in-12.

Voy. « Supercheries », III, 981, *e*, et ci-après, « Lettres sur l'Allemagne ».

Lettres d'un voyageur gueldrois (G.-C. baron VAN SPAEN VAN VOORSLONDEN), écrites de Hollande, d'Angleterre et de Spa, dédiées à Mme la baronne de Spaen de Hardenstein. *Arnhem*, 1789-90, 3 vol. in-8.
V. D.

Lettres d'un voyageur sur l'Angleterre, la France, etc. (Par le baron Alex.-Stan. DE WIMPFEN.) *Paris, de Bure*, 1788, 2 parties in-12.

Lettres d'un voyageur sur les causes de la structure actuelle de la terre. (Par le célèbre John HOWARD, revues par l'abbé COLLOT DE RAMBERVILLE.) *Strasbourg, Lévrault*, 1786, in-8.

Lettres d'une belle-mère à son gendre sur quelques sujets d'histoire et de politique. (Publiées par M. H. PATIN.) *Paris, Sautelet*, 1829, in-8.

Lettres d'une chanoinesse de Lisbonne à Melcour, officier françois, précédées de quelques réflexions (imitation des fameuses « Lettres portugaises », par C.-J. DORAT). *Paris*, 1770, in-8.

Voy. « Supercheries », I, 694, *f*.

Lettres d'une dame angloise (Mme VIGOR, née GOODWIN) résidante en Russie. *Rotterdam*, 1776, in-8.
V. T.

Lettres d'une demoiselle entretenue à son amant. (Par A.-U. COUSTELIER.) *Cologne* (*Paris*), 1749, in-8.

Lettres d'une famille suisse. (Par Mlle H. CHAVANNES.) *Lausanne, Marc Ducloux*, 1841, 2 vol. in-12.

Lettres d'une femme du XIVe siècle, traduites de l'allemand (de Paul STETTEN).

Amsterdam et Paris, Nyon l'aîné et fils, 1788, in-18.

« Magasin encyclopédique », mars 1808, t. II, p. 167.

Voy. « Supercheries », II, 29, *c*.

Lettres d'une fille à son père. (Par N.-E. RÉTIF DE LA BRETONNE.)

Voy. « Adèle de Com*** », IV, 63, *a*.

Lettres d'une mère à son fils, pour lui prouver la vérité de la religion chrétienne. (Par l'abbé MONNET.) 2e éd. *Paris, Saillant*, 1763, 3 vol. in-12. — 3e éd. *Paris, Nyon*, 1776, 3 vol. in-12.

Lettres d'une Péruvienne. (Par Franç. D'ISSEMBOURG D'HAPPONCOURT, dame DE GRAFIGNY.) *A Peine* (1747), in-12.

Souvent réimprimées avec le nom de l'auteur.

L'abbé G.-L. CALABRE PÉRAU assurait avoir eu une grande part dans la composition et dans la rédaction de ces « Lettres ».

Cet ouvrage a été mis à l'*index* le 28 juillet 1765.

Lettres d'une société, ou Remarques sur quelques ouvrages nouveaux. (Par C.-F.-F. BOULANGER DE RIVÉRY, Jos. LANDON et P.-H. LARCHER.) *Berlin* (*Paris, Duchesne*), 1751, in-12, tome 1er et unique.

Lettres d'une Turque à Paris, écrites à sa sœur au sérail, avec les Lettres de Neddim Coggia, etc. (Par G.-Fr. POULLAIN DE SAINT-FOIX.) *Amsterdam*, 1730, in-12. — *Cologne, P. Marteau*, 1731, in-12.

Voy. « Supercheries », III, 865, *c*.

Lettres dauphinoises, ou correspondance politique et littéraire, par l'auteur de la « Revue politique en 1817 » (F.-I.-H. DE COMBEROUSSE)... *Paris, Delaunay*, 1817, in-8, 1 f. de tit. et 31 p.

N° 1. C'est tout ce qui a paru.

Lettres de Babet avec les Lettres d'une dame de qualité à son amant. (Par C.-P. JOLYOT DE CRÉBILLON fils.) *Amsterdam*, 1768, in-12. — *Ibid.*, 1781, in-12.

Lettres de Beauséant. Études de philosophie sociale et politique. (Par DE SION, officier savoisien.) *Genève, Gruaz*, 1849-1851, 3 part. in-8.

Voy. un long compte rendu de ce livre, signé : G. DARBOY, dans le « Correspondant », tome XXVII, pag. 416 à 433.

Lettres (des) de cachet et des prisons d'État (par le comte DE MIRABEAU). *Hambourg*, 1782, 2 part. in-8.

On assure que ces lettres sont du bailli DE MIRABEAU, oncle du comte ; on y trouve en effet trop de citations pour croire qu'elles aient pu être composées à la Bastille. Voyez le *Domine salvum fac regem*, par M. Peltier.   A.-A. B.

L'éditeur des « Mémoires de Mirabeau » ne partage pas cette opinion.

Etienne Dumont, qui s'est complu à contester à Mirabeau la plus grande partie de ses ouvrages, attribue celui-ci à E. CLAVIÈRE.

Mirabeau, sur le titre de l'ouvrage, semble bien en réclamer la paternité. *Ouvrage posthume*, puisque le prisonnier d'État n'existait plus, Mirabeau ayant été mis en liberté en 1780 ; *composé en 1778*, époque du séjour forcé de Mirabeau au donjon de Vincennes ; d'ailleurs on trouve en tête de la seconde partie le témoignage de sa reconnaissance pour M. Le Noir, qu'il déclare n'être en rien dans les iniquités qu'il est obligé de dévoiler.   A. L.

Lettres de Caius SIDONIUS APOLLINARIS, avec le Recueil de ses poésies (traduites en français par L.-Edme BILLARDON DE SAUVIGNY). *Paris (Knapen),* 1787, 2 vol. in-8.

Lettres de Cécile à Julie, ou les combats de la nature. (Par B. FARMIAN DE ROSOY.) *Amsterdam et Paris,* 1764, in-12. — Nouv. éd. augm. *Paris,* 1769, 2 vol. in-12.

Lettres de Charlotte pendant sa liaison avec Werther, traduites de l'anglois par M. D. D. S. G. (J.-J.-A. DAVID DE SAINT-GEORGE); avec un extrait d'Éléonore, autre ouvrage anglais, contenant les premières aventures de Werther. *Londres et Paris, Royez,* 1787, 2 vol. in-18.

Lettres de CICÉRON à Atticus (traduites en français par l'abbé C. VISCHARD DE SAINT-RÉAL). *Paris, Barbin,* 1691 ; — *David,* 1701, 2 vol. in-12.

Lettres de CICÉRON à Atticus (traduites en français par l'abbé C. VISCHARD DE SAINT-RÉAL et l'abbé N.-H. MONGAULT). *La Haye,* 1709, 3 vol. in-12.

Lettres de CICÉRON à Brutus, et de BRUTUS à Cicéron, avec une préface critique, des notes (par Conyers MIDDLETON), et diverses pièces choisies, pour servir de Supplément à l'Histoire de Cicéron (traduites en français par l'abbé A.-F. PRÉVOST). *Paris, Didot,* 1744, in-12.

Lettres (les) de CICÉRON à ses amis, traduites en françois avec le latin à côté, des avertissements et des notes. *Paris, Coignard,* 1704, 4 vol. in-12.

Le P. Houbigant, dans son ouvrage manuscrit intitulé : « Manière d'enseigner et d'étudier les humanités », attribue à l'abbé MAUMENET cette traduction des « Épîtres familières » de Cicéron.

« L'abbé Maumenet, dit le P. Houbigant, a voulu que les écoliers et les maîtres de latin eussent une traduction littérale qui aplanît les moindres difficultés. Il n'a pas eu dessein de plaire ; il a réussi. »

Il est étonnant que l'auteur de l' « Éloge de l'abbé Maumenet », inséré dans le « Journal des Savans » de l'année 1717, n'ait pas parlé d'un ouvrage de cette nature : ce silence donne quelque poids à l'opinion des rédacteurs du « Catalogue de la Bibliothèque du Roi »,

Belles-Lettres, qui attribuent la même traduction au P. GOLEFER, génovéfain.

Lettres de Clémence et Hippolyte, par l'auteur des « Orphelines de Flower-Garden »…. (Mme CAZENOVE D'ARLENS). *Brunswick, A. Pluchard,* 1806, 3 vol. in-12. — *Paris, d'Hautel,* 1806, 2 vol. in-12. — *Brunswick, F. Wieweg,* 1821, 2 part. en 1 vol. in-12.

Lettres de critique, de littérature et d'histoire, par Gisbert CUPER, publiées sur les originaux par M. DE B*** (DE BEYER, son gendre). *Amsterdam,* 1743, 1755, in-4.

C'est la même édition.

Lettres de deux armuriers liégeois, volontaires de 1830, à M. Charles Rogier. (Par SABLON, curé de Jaudrenouille.) *Bruxelles, Victor Devaux et Cie,* 1866, in-12, 47 p.   J. D.

Lettres de deux curés des Cevènes, sur la validité des mariages des protestans et sur leur existence légale en France. (Par GACON DE LOUANCY.) *Londres (Hollande),* 1779, 2 part. in-8.

Notes manuscrites trouvées sur deux exemplaires.

Lettres de deux Espagnols sur les manufactures, les greniers d'abondance, les communautés d'arts et métiers, etc. (Par M.-J. BRISSON.) *Vergera (Lyon),* 1769, in-12.   V. T.

Lettres de deux jeunes amies. (Par J.-L.-H. GENET, dame CAMPAN.) *Paris, imp. de Plassan,* 1811, in-8.

Cette édition n'a été tirée qu'à 200 exempl., mais il y a eu plusieurs réimpressions avec le nom de l'auteur.

Lettres de deux missionnaires de Pékin sur le génie de la langue chinoise et le caractère des Chinois. *Bruxelles,* 1773, in-4.

Même ouvrage, avec titre réimprimé, que « Lettres de Pékin… » Voy. ci-dessus, col. 1189, b.

Lettres de divers auteurs sur le projet d'une place devant la colonnade du Louvre, pour y mettre la statue équestre du roi. (Par J.-B. LACURNE DE SAINTE-PALAYE.) *S. l.,* 1749, in-8, 2 ff. lim. et 33 p.

Signées : J. B. D. D. N.

Lettres de FRANKLIN, trad. de l'anglais (par DE LA MARDELLE). *Paris, Treuttel et Wurtz,* 1818, 2 vol. in-8.

Lettres (des) de gage, à propos de la banque du crédit foncier et industriel. (Par LANGRAND-DUMONCEAU.) *Bruxelles, Muquardt,* 1863, in-16, 64 p.   J. D.

Lettres de Helvétius sur les diverses questions qui agitent la Suisse. (Par Fréd. César DE LA HARPE.) 1814, in-8.

Lettres de HENRI IV à madame de Grammont, veuve de Philibert, comte de Grammont... précédées de réflexions sur Henri IV ...Publiées par N. L. P. (Noël-Laurent PISSOT). *Paris, P. Mongie*, 1814, in-12.

Lettres de HENRI VIII à Anne de Boleyn, avec la traduction ; précédées d'une notice historique sur Anne de Boleyn. (Par G.-A. CRAPELET.) *Paris, de l'imp. de Crapelet*, 1826, gr. in-8, avec 2 portr.

Ce volume est terminé par une histoire d'Anne de Boleyn , écrite en vers français par un contemporain (Antoine CRISPIN, ou CRESPIN, sieur DE MIHERVE). Voy. « Manuel du libraire », 5ᵉ édit., I, col. 1580.

Lettres de Hortense de Valsin à Eugénie de Saint-Firmin. (Par Mᴵˡᵉ J.-Fr. DE POLIER DE BOTTENS.) *Paris, de Bure*, 1788, 2 vol. in-12.

Lettres de Jacopo ORTIS (Hugues FoscoLO), trad. de l'italien sur la seconde édition, par M. de S*** (Alex. DE SENONNES). *Paris, Pillet*, 1814, 2 vol. in-12.

Lettres de Jacques BONGARS, en latin et en françois ; nouvelle édition (dirigée par Jacques BERNARD), où l'on a retouché la version (de l'abbé DE BRIANVILLE) en divers endroits, et ajouté un grand nombre de passages retranchés dans l'édition de Paris, plusieurs Lettres françoises et une table des matières. *La Haye, A. Moetjens*, 1695, 2 vol. in-8.

Voy. ces mots : « Lettres latines de J. Bongars... » Voy. aussi les « Nouvelles de la République des lettres », janvier 1710, p. 98.

Lettres de Jean NEWTON à Thomas Scott, suivies de quelques lettres de Thomas SCOTT et d'une lettre de William COWPER. Extraites du « Cardiphonia ». (Traduites par Mᴵˡᵉ DE CHABAUD-LATOUR.) *Paris, Risler*, 1832, in-18.

Lettres de Julie à Ovide. (Par Charlotte-Antoinette DE BRESSAY, marquise DE LEZAY DE MARNÉSIA.) *Rome (Paris).* 1753, in-12.

Réimprimées dans différens recueil, notamment dans celui de Cailleau, intitulé : « Lettres de tendresse, etc. »

Lettres de Julien à sa mère. (Par Fréd. DE CONINCK.) *Le Havre, imp. Lemale*, 1860, in-8.

Lettres de l'auteur de l' « Anatomie de la langue françoise » (DE SAUSEUIL), à M. le baron de B*** (Bernstorf), du Musée de Paris, à l'occasion du « Discours sur l'universalité de la langue française » (par Rivarol). *Londres et Paris, Guillot*, 1785, in-12, XII-44 p. et 1 f. d'avis.

Il y a trois lettres ; elles sont toutes signées : le chevalier DE SAUSEUIL.

Lettres de l'auteur (J. PELLERIN) des « Recueils de médailles de rois, de peuples et de villes ». *Paris, Delatour*, 1770, in-4.

Lettres (deux) de l'auteur des « Usages » (TREYSSAT DE VERGY), contre d'Eon de Beaumont. *Genève (Paris)*, 1763, in-12.

Lettres de l'illustrissime et révérendissime cardinal D'OSSAT, évêque de Bayeux, etc. (Publiées par GRANIER.) 2ᵉ éd. *Paris*, 1624, in-4.

Lettres de l'observateur Bon sens (J.-P. MARAT) à M. de ***, sur la fatale catastrophe des infortunés Pilastre de Rosier et Romain, les aéronautes et l'aérostation. *Londres et Paris, Méquignon*, 1785, in-8, 39 p.

Lettres de la comtesse de *** au chevalier de ***. 1789, in-8.

Attribuées à J. DEVAINES. Voy. la « Correspondance » de Grimm, troisième partie, t. V, p. 181.

Lettres de la duchesse de *** au duc de ***. (Par Cl.-Prosp. JOLYOT DE CRÉBILLON.) *Londres, Nourse*, 1768, 2 vol. in-12.

Voy. « Supercheries », III, 1058, d.

Lettres de la Grenouillère, entre M. Jérôme du Bois, pêcheur du Gros-Caillou, et Mᴵˡᵉ Nanette Dubut, blanchisseuse de linge fin. (Par J.-J. VADÉ, A.-C.-P. DE CAYLUS, etc.) *A la Grenouillère et à Paris, chez Duchesne*, 1749, 2 parties, pet. in-12. — *Paris, Duchesne*, 1755, in-8, 56 p. — *A la Grenouillère et à Paris, Duchesne*, 1756, in-12. — *La Haye*, 1757, in-12.

Lettres de la marquise de M*** au comte de R***. (Par C.-P. JOLYOT DE CRÉBILLON fils.) *Paris*, 1732, 1738, etc., 2 vol. in-12.

Nombreuses réimpressions.

Lettres de la marquise DU DEFFANT à Horace Walpole, publiées avec une préface française et des notes anglaises (par miss BERRY, éditeur des « Œuvres » de Walpole). *Londres*, 1810, 4 vol. in-12. — Nouvelle édition (revue, corrigée et diminuée, par les soins de Alex.-Franç. ARTAUD). *Paris, Treuttel et Wurtz*, 1812, 4 vol. in-8.

Lettres de la marquise DU DEFFAND à Horace Walpole, nouv. édit. augmentée des extraits des Lettres de Walpole, avec des notes (par M. L.-A. THIERS). *Paris, Ponthieu*, 1824, 4 vol. in-8.

Lettres de la reine de Suède (CHRISTINE) et de quelques autres personnes (recueillies par P. COLOMIEZ). *S. l. n. d.*, in-12.

Lettres de la Vendée, écrites en fructidor an III, jusqu'au mois de nivôse an IV, roman historique, par Mme E. T*** (Emmanuel TOULONGEON). *Paris, Treuttel et Wurtz,* an IX-1801, 2 vol. in-12.

Lettres de Lay, écrites par un vieux rentier, bourgeois de Paris (TOURNACHON DE MONTVÉRAN). *Paris, Béchet aîné,* 1824, in-8, 95 p.

Lettres de Léandre à Théophile, sur la manière de remplir chrétiennement ses devoirs dans le monde. (Par Richard-Antoine-Corneille VAN BOMMEL, évêque de Liége.) *Lille, Lefort,* 1832, in-12. Ul. C.

Lettres de Livry, ou Mme de Sévigné juge d'outre ridicule. (Par Nic. CHATELAIN.) *Genève et Paris, Cherbuliez,* 1835, in-8, 103 p.

Lettres de Londres. (Par J.-G.-V. FIALIN DE PERSIGNY.) *Paris, A. Levavasseur,* 1840, in-18.

Réimprimées sous le titre de « Visite au prince Napoléon-Louis. Lettres de Londres ». *Paris, A. Levavasseur,* 1840, in-18.

Lettres de Mme *** à sa fille, sur les motifs et les moyens de mener une vie plus chrétienne. (Par le P. G.-F. DE BEAUVAIS, jésuite.) *Paris, Claude Hérissant,* 1755, in-12.

Réimprimées sous le titre de « Lettres morales et chrétiennes... » Voy. ci-après, col. 1280, a.

Lettres de Mme DE MAINTENON. (Publiées par Laurent-Angliviel DE LA BEAUMELLE.) *Nancy, Deillau,* 1752, 2 vol. in-12.

Souvent réimprimées.

Lettres de Mme DE MAINTENON. (Publiées par C.-S. SAUTREAU DE MARSY.) Précédées de sa vie (par L.-S. AUGER)... *Paris, L. Collin,* 1806, 6 vol. in-12. — 2e éd. *Paris, Tardieu-Denesle,* 1815, 3 vol. in-8.

Lettres de Mme DE S*** (DE SÉVIGNÉ) à M. de Pomponne, sur le procès de Fouquet. *Amsterdam (Paris),* 1756, in-12.

Lettres de Mme DE SÉVIGNÉ, de sa famille et de ses amis... (Publiées par M. DE MONMERQUÉ.) *Paris, J.-J. Blaise,* 1818-1819, 10 vol. in-8.

Plusieurs fois réimprimées.

Lettres de Mme DU MONTIER à sa fille, avec les réponses. (Par Mme LE PRINCE DE BEAUMONT.) *Lyon, Bruyset Ponthus,* 1758, in-12. — Nouvelle édition. 2 vol. in-12.

Souvent réimprimées. Voyez « Supercheries », I, 1178, f.

Lettres de Mme la comtesse de *** sur quelques écrits modernes, (Par E.-C. FRÉRON.) *Genève (Paris),* 1746, in-12.

Réimprimées dans le tome II des « Opuscules » de l'auteur.

Lettres de Mme la comtesse de L*** au comte de R***. (Par Mlle FONTETTE DE SOMMERY.) *Paris, Barrois l'aîné,* 1785. — Nouv. édit., corr. et augm. 1786, in-12.

Lettres de Mme la comtesse DE LA RIVIÈRE à la baronne de Neufpont, son amie... (Publiées par Mlle POULAIN DE NOGENT.) *Paris, Froullé,* 1776, 3 vol. in-12.

Lettres de Mme la comtesse de Mal... à Mme la marquise d'A... (à propos du différend survenu entre MMlles Vestris et Saint-Val aînée, de la Comédie française. Par Claire-Marie MAZARELLI, marquise DE LA VIEUVILLE DE SAINT-CHAMOND.) *Paris,* 10 mai 1779, in-8.   D. M.

Lettres de Mme la duchesse DE LA VALLIÈRE, avec un abrégé de sa vie pénitente (par l'abbé Claude LEQUEUX). *Liége et Paris, Boudet,* 1767, in-12.

Lettres de Mme la duchesse DU MAINE et de Mme la marquise DE SIMIANE, précédées de notices et de notes biographiques... (par Louis PHILIPON LA MADELAINE). *Londres (Paris), Léopold Collin,* an XIII-1805, in-12.

Lettres de Mme la marquise DE VILLARS, ambassadrice en Espagne dans le tems du mariage de Charles II (recueillies par le chevalier DE PERRIN). *Paris, Lambert,* 1759, in-12.

Le chevalier de Perrin mourut en 1754, lorsqu'il se disposait à donner ces lettres au public. Voy. « Ann. litt. », 1759, t. VI, p. 27.

Lettres de Mme la princesse de G*** (DE GONZAGUE), écrites à ses amis pendant le cours de ses voyages d'Italie, en 1779 et années suivantes. *Paris, P.-J. Duplain,* 1790, 2 vol. in-12.

Voy. « Supercheries », II, 119, b.

Lettres de Mlle de Boismiran, recueillies et publiées par Mme DE *** (Mme DE BOISGIRON). *Paris,* 1777, 2 vol. in-12.

Voy. « Supercheries », III, 1068, d.

Lettres de Mlle DE LESPINASSE, écrites de 1773 à 1776 (publiées par Mme Louise-Alexandrine DE GUIBERT, avec une préface par B. BARÈRE DE VIEUZAC). *Paris, Léopold Collin,* 1809, 2 vol. in-8 ; — 1812, 2 vol. in-12.

Lettres de Marie DE RABUTIN-CHANTAL, marquise DE SÉVIGNÉ, à Mme la comtesse de Grignan, sa fille. (*La Haye et Rouen*), 1726, 2 vol. in-12. .

Jusques en 1726, les lettres de Mme de Sévigné à sa fille ne faisaient encore que le bonheur de sa famille. Il paraît que, vers ce temps, Bussy-Rabutin, évêque de Luçon, obtint de Mme de Simiane la communication d'un recueil, au moins partiel, des lettres de sa grand'mère à Mme de Grignan, sa mère ; que, de plus, ce manuscrit n'avait été confié que sous la promesse qu'il ne serait divulgué d'aucune façon. Cette promesse fut mal tenue : il faut croire aussi que cette copie n'était pas la seule qu'on eût livrée à la curiosité de quelques amis ; il en existait une autre entre les mains d'un abbé d'Amfreville (voyez le « Mercure de France », mai 1726, et l' « Histoire littéraire de l'Europe », 1726, t. III, p. 78), ami de ce Thiriot si connu par la correspondance de Voltaire. Thiriot, ayant emprunté le manuscrit de l'abbé, se hâta de le faire imprimer dans le même temps où on en préparait une édition en Hollande : ainsi l'année 1726 vit paraître tout à la fois celle de La Haye et celle de Rouen, l'une et l'autre composées seulement de deux volumes. Lequel de ces deux recueils était le mieux fait ? C'est ce qu'il serait difficile de dire ; mais celui de La Haye fut imprimé sur un manuscrit confié par DE BUSSY : il s'y trouve une préface écrite par lui-même, contenant des détails sur la personne de Mme de Sévigné, et une lettre de Mme de Simiane, qui est un éloge naïf et touchant de ce recueil. (*Note extraite du Sommaire bibliographique concernant les principales éditions des lettres de Mme de Sévigné, en tête de la belle édition de ses Lettres, dirigée par M. Grouvelle. Paris, Bossange, Masson et Besson*, 1806, 8 vol. in-8 et 11 vol. in-12.)

Voyez « Recueil des lettres », etc.

Cette note peut servir à expliquer un passage des « Lettres » de La Beaumelle à Voltaire, édition de 1763, in-12, p. 155, où il est dit qu'un certain manuscrit des lettres de Mme de Sévigné, que Thiriot avait prêté à Voltaire, s'était trouvé imprimé à *Troyes*. Il est plus vraisemblable que cette impression a été faite à Rouen, et elle fut dirigée par Thiriot plutôt que par Voltaire.

Lettres de MM^mes DE VILLARS, DE LA FAYETTE et DE TENCIN, et de Mlle AÏSSÉ, précédées d'une notice biographique et accompagnées de notes explicatives (par L.-S. AUGER). *Paris, Collin*, an XIII-1805, in-12.

La notice sur Mlle Aïssé est de M. A.-G.-P. BRUGIÈRE DE BARANTE.

Dans une seconde édition, qui parut la même année en 2 vol. in-12, l'éditeur a substitué aux lettres de Mme de Tencin les lettres et la « Coquette vengée » de NINON DE L'ENCLOS.

Lettres de MM. DE HALLER et WYSS à M. Wursch, traduites de l'allemand (par le général F.-C. DE LA HARPE). 1818.

Lettres de milady ***, sur l'influence que les femmes pourraient avoir dans l'éducation des hommes. (Par Louis DAMOURS.) *Amsterdam et Paris, veuve Duchesne*, 1784, 2 vol. in-12. — 2e éd. *Id.*, 1788, 2 vol. in-12.

Lettres de milady CRAVEN à son fils, traduites de l'anglois (par P.-Noël DURAND, fils du libraire). *Paris, Durand fils*, 1788 in-12.

Lettres de milady Juliette Catesby à milady Henriette Campley, son amie. Par Marie DE M*** (MÉZIÈRES). 3e édition. *Paris, Humblot*, 1760, in-12.

D. M.

Lettres de milady Lindsey ou l'Épouse pacifique. (Par Mme MULARAM, née Charlotte DE BOURNON.) 1782.

Lettres de milady Marie WORTHLEY MONTAGUE, traduites de l'anglois (par TAVEL, FAGEL et MACLAINE). *Rotterdam, Béman*, 1764, 2 vol. in-8.

On trouve dans le t. II, p. 104 des « Mémoires de la margrave d'Anspach », *Paris*, 1825, 2 vol. in-8, les détails suivants sur les Lettres de lady Montague :

« Ma connaissance avec lady Bute, fille de la célèbre lady Mary Wortley Montague, commença d'une façon singulière. Elle m'envoya un message fort poli, en entendant parler de la remarque que j'avais faite au sujet des lettres imprimées sous le nom de sa mère. J'avais dit que le bout de l'oreille du pédant s'y faisait trop apercevoir ; qu'il pouvait y avoir quelques observations de cette dame, mais que j'étais assurée que la plupart de ces lettres avaient été composées par des hommes. Lady Bute, la première fois qu'elle me vit, me dit qu'elle avait toujours eu une haute opinion de mon esprit, et que le jugement que j'avais porté sur les lettres de sa mère l'avait confirmée. Elle m'apprit alors que M. WALPOLE et deux autres beaux esprits de ses amis s'étaient réunis pour s'amuser de la crédulité du public anglais, en composant cet ouvrage. »

Lettres de milady MONTAGUE, traduction nouvelle (par P.-H. ANSON). *Paris, Bailly*, 1795, 2 vol. in-12. — Seconde édition, augmentée d'une traduction française des poésies de milady MONTAGUE (par Germain GARNIER, sénateur). *Paris, Le Normant*, an XIII-1805, 2 vol. in-12.

Lettres de milady WORTHLEY MONTAGUE..., traduites de l'anglois (par le P. Jean BRUNET, dominicain). *Londres et Paris, Duchesne*, 1763, 2 parties in-12. — Nouvelle édition, augmentée d'une troisième partie (traduite par J.-B.-A. SUARD) ; on y a joint une réponse à la critique du « Journal encyclopédique », par M. G... (P.-A. GUYS). *Londres et Paris*, 1764 et 1768, 3 parties in-12, *plusieurs fois réimprimées.*

La critique du « Journal encyclopédique » est du baron Franç. DE TOTT.

Lettres de mistriss HENLEY, publiées par son amie (Mme DE CHARRIÈRE). *Genève*, 1784, in-12.

Lettres de M*** (le marquis E.-E. DE BÉTHISY DE MÉZIÈRES). *Manheim et Paris, Bauche*, 1760, in-12.

Lettres de M*** (GAUDET, directeur général des vingtièmes) à différentes personnes, sur les finances, les subsistances, les corvées, les communautés religieuses. *Amsterdam, M.-M. Rey,* 1778, in-8.

Lettres de M *** (DOYEN, avocat à Nancy) à M. M***, sur le commerce de la Lorraine et sur le projet d'un nouveau tarif. *Nancy, Thomas,* 1763, in-8, 29 p.

Lettres de M*** à son ami (ou Lettres de M... à Caron et de Caron à M...). (Par DE VARENNES DE MONDASSÉ.) *Amsterdam et Paris,* 1750, in-12.

Voy. « Supercheries », III, 1044, *d*.

Lettres de M*** (l'abbé R. DE LA BLETERIE) à un ami, au sujet de la « Relation du Quiétisme » (de J. Phélipeaux). *S. l.,* 1733, in-12.

Lettres de M* à un de ses amis, sur l'œuvre des convulsions. (Par PONCET DESESSARTS.) *S. l.,* 1734, in-4, VIII-173 p.

Contient les sept premières Lettres.

Il en a paru quatorze. Voici le détail des suivantes :
VIIIᵉ Lettre sur l'œuvre des convulsions... (30 déc. 1733). *S. l.,* in-4, 24 p.
IXᵉ Lettre au révérend père dom Louis La Taste, prieur des Blancs-Manteaux... (29 sept. 1734). *S. l.,* in-4, 16 p.
Xᵉ Lettre de M*** à un de ses amis... *S. l. n. d.,* in-4.
XIᵉ Lettre de M*** à un de ses amis... *S. l. n. d.,* in-4, 73 p.
XIIᵉ Lettre de M*** à un de ses amis... *S. l. n. d.,* in-4, 56 p.
XIIIᵉ Lettre de M*** à un de ses amis... *S. l. n. d.,* in-4, 67 p.
XIVᵉ Lettre de M. P. à un de ses amis... (15 avril 1733), in-4, 13 p.

Lettres (deux) de M*** (Esprit SABATIER, oratorien) au P. le Chapelain, sur différens sermons qu'il a prêchés dans l'église cathédrale de Montpellier, pendant le Carême de l'année 1761. In-12.

Lettre de M*** (Richard DE LIGNE), chanoine de Saint-Pierre de Bar, à M. Villemin, docteur en droit, doyen de MM. les avocats au bailliage de Pont-à-Mousson, sur les circonstances édifiantes qui ont précédé et accompagné la mort de M. Jean-Baptiste-Etienne-Aimé Bailly, son petit-fils, sous-diacre du diocèse de Toul, décédé à Bar, le 19 novembre 1781, à l'âge de près de vingt-quatre ans. *Verdun, imp. de Christophe,* 1782, in-12.

Lettres de M*** (Nic. LE GROS), docteur de l'ancienne Faculté de théologie de Reims, sur le « Cas de conscience » décidé par cinq docteurs de la nouvelle Faculté de théologie de Reims... *S. l.,* 1743, n-12.

Lettres de M. Ant. ARNAULD, docteur de Sorbonne (avec des notes par Jacques FOUILLOU). *Nancy, Jos. Nicolaï,* 1727, 9 vol. in-12.

C'est dans le tome III, lettre 194, que se trouve la fameuse « Dissertation sur la méthode des géomètres, pour la justification de ceux qui emploient en écrivant, dans certaines rencontres, des termes que le monde estime durs. »

Lettres de M. B. (J.-J. BOILEAU, chanoine de Saint-Honoré) sur différens sujets de morale et de piété. *Paris,* 1737, 2 vol. in-12.

Lettres de Mr. B. M. D. R. (P. BRISSEAU) à un médecin de ses amis, touchant les hospitaux des troupes. *S. l.* (1691-1692), in-8, 15 et 58 p.

Lettres de M. Ch. S. DE WINDISCH sur le joueur d'échecs de Kempelen, traduites de l'allemand (par Chrétien MÉCHEL). *Bâle,* 1783, in-8.

Lettres de M. D. L. M. (J.-O. DE LA METTRIE), docteur en médecine, sur l'art de conserver la santé et de prolonger la vie. *Paris, Prault,* 1738, in-12, 34 p.

Lettres de M. D'ET*** (J.-B. LE SCÈNE DES MENILLES D'ÉTEMARE), à l'occasion des faits faux avancés dans la XIXᵉ Lettre de dom La Taste. *S. l.,* 1738, in-4, 15 et 20 p.

Deux lettres.

Lettres de M. de *** sur un livre qui a pour titre : « Traduction entière de Pétrone », etc. (Par Jean-Georges DE MONGENET.) *Cologne, P. Groth (Grenoble),* 1694, in-12, VIII-252 p.

Voy. « Supercheries », III, 1026, *a*.

Lettres de M. DE LA MOTTE, suivies d'un recueil de vers du même auteur, pour servir de supplément à ses Œuvres (le tout publié par l'abbé J.-B. LE BLANC). 1754, in-12.

Lettres de M. de V*** (VOLTAIRE), avec plusieurs pièces de différents auteurs. *La Haye, P. Poppy (Rouen),* 1739, in-12.

Voy. « Supercheries », III, 884, *b*.

Lettres de M. DE VOLTAIRE à M. l'abbé Moussinot, son trésorier, écrites depuis 1736 jusqu'en 1742, pendant sa retraite à Cirey... Publiées par M. l'abbé D*** (Théoph.-J. DUVERNET). *La Haye et Paris, Moutard,* 1781, in-8, XX-244 p.

Lettres de M. DE VOLTAIRE à ses amis du Parnasse, avec des notes historiques et critiques (par J.-B.-R. ROBINET). *Genève (Amsterdam),* 1766, in-8.

Un « Avis au public contre un recueil de prétendues

lettres de M. de Voltaire » imprimé dans le « Journal encyclop. » du 15 nov. 1766, p. 127-136, a été reproduit pour la première fois dans les œuvres de Voltaire, édit. Beuchot.

Lettres de M. Desp. de B* (Charles Desprez de Boissy) sur les spectacles. Septième édition, augmentée; avec une Histoire des ouvrages pour et contre les spectacles. *Paris,* 1780, 2 vol. in-12.

La prem. édit. parut en 1756, sous le titre de « Lettre... » Voy. ci-dessus, col. 1184, *c*, et « Supercheries », I, 922, *e.*

Lettres de M. J. B. P. A. (Pistoye) à un de ses amis, contenant la relation générale des réjouissances faites en 1744 dans la ville d'Aix, à l'occasion de la convalescence de Louis XV... *Aix, veuve Jos. David,* 1744, in-12.

Lettres de M. Jean de Muller, auteur de l' « Histoire de la Suisse », à M. Charles de Bonstetten, patricien bernois, traduit de l'allemand par Mme *** (Mme de Steck, née Guichelin). *Zurich, Orell, Fuessli et Cie,* 1810, in-8. — *Paris, Schœll,* 1812, in-8.

Lettres de M. L. B. D. B. (le baron de Bormeo) à M. P. L. G. H. D. L. S., à Marseille, sur l'existence du magnétisme animal et l'agent universel de la nature, dont le docteur Mesmer se sert pour opérer ses guérisons... avec le moyen de se bien porter sans le secours des médecins. Par M. le B. D. B., ami bénévole et sans prétention du docteur Mesmer. *Genève et Paris, Couturier,* 1784, in-8, 2 ff. lim. et 87 p.

Lettres de M. l'abbé *** à M. l'abbé Houtteville, au sujet du livre « de la Religion chrétienne prouvée par les faits ». *Paris, Noël Pissot,* 1722, in-12, 1 f. de titre, 357 p. et 1 f. de priv. — Suite des lettres de M. l'abbé *** à M. l'abbé Houtteville... *Paris, id.,* 1722, in-12, 1 f. de tit. et 103 p.

Ces lettres, au nombre de vingt, sont le fond du P. Claude-René Hongnant; elles ont été revues pour la rédaction par l'abbé P.-F. Guyot Desfontaines; ce qui concerne la critique du style de l'abbé Houtteville est entièrement de lui.

Elles ont été attribuées à tort au P. Pierre-Julien Rouillé.

Lettres de M. l'abbé de *** à ses élèves, pour servir d'introduction à l'intelligence des divines Ecritures. (Par l'abbé G. de Villefroy.) *Paris, Collombat,* 1751-1754, 2 vol. in-12.

Lettres de M. l'abbé de ***, ex-professeur en hébreu, en l'Université de ***, au sieur Kennicott, Anglois. *Paris, de Hansy,* 1771, in-8, iv-131 p.

Cinq lettres composées par Joseph-Adolphe Dumay,

juif de Metz, converti, aidé des Capucins de la rue Saint-Honoré.

Voy. « Supercheries », I, 157, *f.*

Lettres de M. l'abbé de B. (le P. P.-Jos. Dunod) sur les découvertes qu'on a faites sur le Rhin. In-12.

Réimprimées avec augmentations sous le titre de « Découvertes faites sur le Rhin... » Voy. IV, 850, *a.*

Lettres de M. l'abbé de St-L*** (Barth. Mercier, abbé de Saint-Léger), de Soissons, au baron de H*** (Heiss), sur différentes éditions rares du quinzième siècle. *Paris, Hardouin,* 1783, in-8, 40 p.

Lettres de M. le marquis *** (de Robias d'Estoublon), écrites pendant son voyage d'Italie en 1669, etc. *Paris, Barbin,* 1676, in-12, 5 ff. lim. et 443 p.

Réimprimées sous le titre de : « Relations de M. le marquis de *** écrites pendant son voyage d'Italie... » *Paris, Claude Barbin,* 1677, in-18, iv-396 p.

Lettres de M. M. de M. (P.-B. Moreau de Mautour) à M. D. T. (du Tilliot), au sujet de la figure d'un nain antique du cabinet de M. Foucault. (*Dijon, A. Defay*), in-8.

Lettres (les) de M. Paul de Foix, archevêque de Tolose, ambassadeur auprès du pape Grégoire XIII, écrites au roi Henri III. (Publiées par Mauléon de Granier.) *Paris, Ch. Chapellain,* 1628, in-4.

Lettres de M. René Descartes, où sont traitées les plus belles questions touchant la morale, la physique, la médecine et les mathématiques. (Publiées par Cl. Clerselier.) *Paris, Angot,* 1657, 1659 et 1667, 3 vol. in-4. — Nouv. édition. *Paris,* 1724, 6 vol. in-12.

Lettres de M. (Jean-Baptiste) Rousseau sur différens sujets de littérature. (Publiées avec des notes, par Louis Racine.) *Genève* (*Paris*), 1749-1750, 5 vol. in-12.

Par une lettre insérée dans le « Mercure », année 1749, p. 138, Racine porte plainte contre le titre d'éditeur qu'on a voulu lui donner; cependant le « Nécrologe », 1, 47, dit qu'il y contribua.

(Note manuscrite de Beuchot.)

Lettres de M. S. (Maurice Séguier) à M. C. N. A. (Amanton), contenant des notes sur l'édition de Tacite qui fait partie de la nouvelle collection des classiques latins. *Dijon, imp. de Frantin,* 1821, in-8, 14 p.

Lettres de M. William Coxe à M. W. Melmoth, sur l'état politique, civil et naturel de la Suisse; traduites de l'anglois, et augmentées des observations faites dans le même pays, par le traducteur (L.-F.-E. Ramond de Carbonnières). *Paris, Belin,*

1781, in-8, VIII-328 p. avec le privilége. Nouvelle édition. *Ibid.*, *id.*, 1782, 2 vol. in-8.

L'épître à Mme de Serilly est signée RAMOND.

Quérard, art. COXE, cite une éd. de *Paris*, 1789, 3 vol. in-8.

Lettres de Nanine à Sinphal. *Lyon, Bohaire ; Paris, Delaunay*, 1818, in-12.

Bohaire, l'éditeur, avait acheté le Ms. de cet ouvrage avec garantie comme ayant été composé et écrit par Mlle NECKER, depuis Mme DE STAEL. L'authenticité de l'écriture est soutenue par Bohaire dans une lettre reproduite en son temps par plusieurs journaux et entre autres par la « Bibliographie de la France », 1818, p. 674-5. (Quérard, « France littéraire », t. IX, p. 254, lui fait dire tout le contraire.) Pour plus amples renseignements, Bohaire renvoie aux « Annales politiques, morales et littéraires » des 2, 3, 5, 6 et 10 novembre 1818.

Cet ouvrage peut être l'œuvre de Mlle Necker et être tout à fait indigne du talent de Mme de Stael ; aussi ne figure-t-il pas dans les « Œuvres complètes » de cette femme célèbre.

Lettres de NAPOLÉON à Joséphine pendant la première campagne d'Italie... et **Lettres de JOSÉPHINE à Napoléon et à sa fille.** (Publiées par Mme SALVAGE DE FAVEROLLES.) *Paris, F. Didot*, 1833, 2 vol. in-8.

Lettres de NINON DE L'ENCLOS au marquis de Sévigné (composées par L. DAMOURS), augmentées de sa vie et de quarante-trois lettres. *Amsterdam, Fr. Joly*, 1752, 2 vol. in-12. — Nouvelle édition, enrichie de notes historiques et explicatives sur chaque lettre, par MM. G. DES H. et A. L. (GUYOT DES HERBIERS et Auguste LABOUISSE), terminées par l'Histoire de Marion de Lorme, amie intime de Ninon (rédigée par J.-B. LA BORDE). *Paris, Capelle et Renaud*, 1800, 3 vol. in-8.

Ces lettres seraient de C.-P. JOLYOT DE CRÉBILLON fils, d'après une assertion de Voltaire insérée dans les « Lettres d'un voyageur anglois » (par Sherlock), 1779, in-8. (« Bulletin du bibliophile », 13e série, p. 225.)

Lettres de PACIAUDI au comte de Caylus. (Publiées par Ant. SERIEYS.) *Paris*, 1802, in-8.

Lettres de Paul à sa famille, écrites en 1815, suivies de la Recherche du bonheur, conte par sir Walter SCOTT ; traduit de l'anglais, sur la 5e édition, par le traducteur des « Œuvres de lord Byron » (A. PICHOT). *Paris, Gosselin*, 1822, 3 vol. in-12. — *Id.*, 1824, 3 vol. in-8.

Forme les tomes LVI à LVIII des « Œuvres complètes » de Walter Scott.

Lettres de piété des saints Pères grecs et latins des quatre premiers siècles de l'Église (traduites en françois par le P. Ju-lien LORIOT, de l'Oratoire). *Paris, Couterot*, 1700, 3 vol. in-12.

Lettres (les) de PLINE le Jeune, traduites en françois (par Louis DE SACY). *Paris, Compagnie des libraires*, 1721, 3 vol. in-12. — *Paris, Barbou*, 1773, 2 vol. in-12.

D'après Formey, Guillaume MASSIEU aurait eu une grande part à cette traduction.

Lettres de POLÉMARQUE (le P. N. LOMBARD) à Eusèbe, et d'un théologien (le docteur Ant. ARNAULD) à Polémarque, sur la « Théologie morale des Jésuites » (du même Arnauld). 1644, in-8.

Lettres de quelques Juifs portugais, allemands et polonais à M. de Voltaire (par l'abbé Antoine GUÉNÉE)... *Paris, Prault*, 1769, in-8. — 3e édition. *Paris, Moutard*, 1772, 2 vol. in-8. — 5e édition. *Paris*, 1781, 3 vol. in-8. — Nouvelle édition, précédée d'une notice sur la vie et les écrits de l'auteur (par le baron G.-E.-J. DE SAINTE-CROIX). *Paris, Méquignon junior*, 1805, 3 vol. in-8 et in-12. — 7e édition (avec une notice par B.-J. DACIER). *Paris, Méquignon junior*, 1815, 4 vol. in-12. — 8e édition, revue, corrigée... (par A.-J.-Q. BEUCHOT). *Versailles, Lebel*, 1817, in-8.

Nombreuses réimpressions avec le nom de l'auteur.

Lettres de Rocheville sur l'esprit du siècle et ses conséquences. (Par P.-I. BOISTEL D'EXAUVILLEZ.) *Paris, Gaume frères*, 1832, in-18.

Lettres (les) de S. AUGUSTIN, traduites en françois sur l'édition nouvelle des PP. Bénédictins de la congrégation de S.-Maur... (par Philippe GOIBAUD-DUBOIS, de l'Académie française), avec des notes sur des points d'histoire, de chronologie... (par L.-S. LE NAIN DE TILLEMONT). *Paris, J.-B. Coignard*, 1684, 2 vol. in-fol.

Les éditions de : *Paris, J.-B. Coignard*, 1701, 6 vol. in-8, et *Lille, J.-B. Brovellio*, 1707, 6 vol. in-12, portent le nom de DUBOIS.

Lettres de S. BASILE le Grand, traduites du grec (par l'abbé J.-B. MORVAN DE BELLEGARDE). *Paris, Pralard*, 1693, in-8. — *Paris, N. Pepie*, 1701, in-8.

Lettres (les) de S. BERNARD, traduites en françois sur l'édition nouvelle des Pères Bénédictins de la congrégation de Saint-Maur, avec des notes (par LE ROY). *Paris, Guillaume Valleyre*, 1702, 2 vol. in-8.

C'est le « Journal des Savans » de 1702, édit. in-4, p. 468, qui désigne M. Le Roy comme auteur de cette traduction. Peut-être a-t-il voulu parler d'Alexandre Le Roy.

Lettres de saint Bernard, abbé de Clairvaux... traduites en français sur l'édition des Bénédictins de 1690, enrichies de notes historiques et critiques par M. l'abbé P*** (Jean-Marie Peyronnet), prêtre du diocèse de Lyon. *Lyon, imp. de F. Guyot,* 1838, 3 vol. in-8.   D. M.

Lettres de S. Charles Borromée, archevêque de Milan, données au public pour la première fois ; l'original italien est à la suite de la traduction. *Venise (Paris),* 1762, in-12.

La traduction, les notes et la préface sont de P.-O. Pineault. L'original italien a été imprimé à Venise. Il eût été à souhaiter que le traducteur eût eu communication d'une autre édition faite à Lugano ; elle contient plus de lettres et de plus importantes que celle de Venise. (Catalogue de l'abbé Goujet.)

Lettres de S. François-Xavier, traduites sur l'édition latine de Bologne en 1795, précédées d'une notice historique sur la vie de ce saint et sur l'établissement de la Compagnie de Jésus, par M. A. F*** (Antoine Faivre), de Lyon. *Lyon et Paris, Périsse frères,* 1828, 2 vol. in-8.

Voy. « Supercheries », I, 210, d.

Lettres de Saint-James. (Par J.-F. Lullin de Chateauvieux.) *Genève, Paschoud,* 1821-1826, 5 part. in-8.

La dernière lettre a été imprimée à Paris, et il y a deux éditions de la première.

Lettres de saint Jean-Chrysostome, trad. en françois sur le grec des PP. Bénédictins, etc. (par Duranti de Bonrecueil, de l'Oratoire). *Paris,* 1732, 2 vol. in-8.

Lettres de S. Jérôme, divisées en trois livres, traduction nouvelle... (par Petit, avocat au Parlement). *Paris, F. Léonard,* 1672, in-8. — 2e édit. *Paris, J. Couterot,* 1682, in-8. — *Paris, L. Guérin,* 1702, in-8.

Le nom du traducteur se trouve dans l'approbation de cette dernière édition.

Lettres (les) de S. Paulin, ancien sénateur et consul romain, traduites en françois, avec des éclaircissemens et des remarques (par Claude Santeul, frère du poëte). *Paris, Louis Guérin,* 1703, 1724, in-8.

Cette traduction a été revue par Pierre Pelhestre, et elle a été imprimée par les soins du P. Frassen, cordelier ; ce qui a fait considérer ce Père comme l'auteur de cette traduction. Voyez Moréni, article de *Le Brun Desmarettes.*

Les endroits traduits en vers sont du P. Germain du Puy, de l'Oratoire.

Lettres de sainte Thérèse, traduites de l'espagnol en françois (par l'abbé Pelicot, pour le premier volume, et par la Mère

Marie-Marguerite de Maupeou, carmélite ; pour le second volume, publiées par dom L.-B. de La Taste, évêque de Bethléem, qui a fait la préface et les notes). *Paris,* 1660 et 1748, 2 vol. in-4.

Chappe de Ligny, avocat, a publié en 1753, in-4, une nouvelle traduction du premier volume.

Lettres de Sophie à une de ses amies, recueillies par un citoyen de Genève (Jean-Louis Mollet). *Genève, du Villard,* 1779, 2 vol. in-8.

Lettres de Sophie et du chevalier de ***, pour servir de supplément aux « Lettres du marquis de Roselle » (de Mme É. de Beaumont), par M. de *** (G.-Fr. Fouques Desfontaines). *Londres ; et Paris, L'Esclapart,* 1765, 2 vol. in-12, vi-222 et 191 p. — *Londres et Paris, Le Jay,* 1776, 2 vol. in-12 de 202 et 215 p.

Attribuées par erreur à J.-Mar. Deschamps. Voy. « Supercheries », III, 1066, a, et 1120, c.

Lettres de Stéphanie, ou l'héroïsme du sentiment, roman historique. (Par Mme Fanny de Beauharnois.) *Paris,* 1778, 3 vol. in-8 ou 3 vol. in-12.

Lettres de Sterne à ses amis, traduites de l'anglais (par Griffet La Baume). *Londres et Paris, Desray,* 1788, in-12.

Lettres de Synesius... traduites pour la première fois et suivies d'études sur les derniers moments de l'hellénisme (par F Lapatz). *Paris, Didier,* 1870, in-8.

Lettres de tendresse et d'amour, contenant les Lettres amoureuses de Julie à Ovide, par M. D. M*** (Charlotte-Antoinette de Bressey, marquise de Lezay-Marnézia), auxquelles on a joint les Réponses d'Ovide à Julie, par M. C*** (A.-C. Cailleau), suivies de Lettres galantes d'une chanoinesse portugaise (traduites du portugais de Mariane Alcaforada, religieuse, par le comte de Lavergne de Guilleragues). *Amathonte et Paris, Cailleau, s. d.,* 2 vol. in-12.

Lettres de Théodose et de Constance, traduites de l'anglois (de D. Langhorne, par J.-B.-R. Robinet). *Rotterdam,* 1764, in-8.

Lettres de Thérèse ***, ou mémoires d'une jeune demoiselle de province, pendant son séjour à Paris. (Par Philippe Bridard de La Garde.) *La Haye, J. Néaulme,* 1739, in-12.

Plusieurs fois réimprimées.

Lettres de Voltaire à Mme du Deffand, au sujet du jeune de Rebecque, devenu depuis célèbre sous le nom de Benjamin Constant. (Par Nicolas Chatelain, de Rolle, dans le canton de Vaud, Suisse.) *Paris, chez tous les libraires*, 1837, in-8.

Lettres des conservateurs de la Bibliothèque royale sur l'ordonnance du 22 février 1839, relative à cet établissement. *Paris, H. Fournier*, 1839, in-8, 2 ff. de tit., 27, 52 et 63 p.

Trois lettres. La 1ʳᵉ a été rédigée par Charles LENORMANT, la 2ᵉ par J.-A. LETRONNE, et la 3ᵉ par D. RAOUL-ROCHETTE.

Voy. « Supercheries », I, 776, b.

Lettres des femmes publiques du Palais-Égalité à tous les jeunes gens de Paris. (Par J.-P.-H.-Philippe QUIGNON.) In-8.

Lettres des hommes obscurs, traduites du latin par Victor DEVELAY. *Paris, librairie des bibliophiles*, 1870-1871, 3 séries in-32.

Ces lettres, publiées en latin par Ulric DE HUTTEN sous le titre de *Epistolæ obscurorum virorum* (voy. ce titre), furent composées à propos de l'accusation de judaïsme portée contre le philologue Reuchlin par les moines inquisiteurs de Cologne.

Lettres des jolies femmes du Palais-Égalité au consul Bonaparte, sur leur arrestation et leur déportation en Egypte. (Par J.-P.-H. QUIGNON.) *Paris*, an VIII, in-8.

Lettres des missions du Japon, ou Supplément aux « Lettres de saint François-Xavier. » Par M. A. F*** (Antoine FAIVRE), de Lyon. *Lyon et Paris, Rusand*, 1829, in-8, 36 ff.

Voy. « Supercheries », I, 210, e.

Lettres des pays étrangers, où il y a plusieurs choses curieuses et d'édification. (Par Ph. CHAHU, jésuite.) *Paris*, 1668, in-8. V. T.

Lettres des réformés du bas Languedoc et des Cévennes, adressées en 1685 au clergé de France, sur les maux qu'on faisoit souffrir aux réformés. (Par Claude BROUSSON.) 1685, in-12.

Lettres diplomatiques. Coup d'œil sur l'Europe au lendemain de la guerre...: par l'auteur des « Lettres militaires », publiées dans « le Temps » pendant le siége. *Paris, Plon*, 1872, in-18, 2 ff. de tit. et 167 p.

La préface est signée : T. C. C. (M. T. COLONNA CECCALDI, sous-chef d'état-major des gardes nationales de la Seine pendant le siége).

Lettres diverses. Par A. S. (A. STROGONOFF, sénateur russe). *S. l. n. d.*, in-8.

Lettres diverses à un ami de la Nature, sur les nouveaux produits tirés des trois règnes, minéral, végétal et animal. Par un scrutateur de la Nature (L'HOSTE). *Francfort (Paris)*, 1759, in-12. V. T.

Lettres diverses de M. le chevalier D'HER.... (Par FONTENELLE.) *Paris, Blageart; et Lyon, Amaulry*, 1683, in-12. — *Amsterdam, Mortier*, 1686, in-12.

Voy. ci-après, « Lettres galantes », col. 1274, f.

Lettres diverses et intéressantes sur les quatre articles dits du clergé de France, par un professeur en théologie, ex-jésuite (le cardinal Laurent LITTA); accompagnées d'une dissertation de MUZARELLI. *Paris*, 1809 (ou plutôt, *Lyon*, vers 1818), in-8, 144 p.

Voy. « Lettres sur les quatre articles... »

Lettres du baron d'Olban. (Par Mᵐᵉ DE COTTENEUVE.) *Londres et Paris, Costard*, 1773, in-12.

Lettres du baron DE VIOMENIL, sur les affaires de Pologne en 1771 et 1772 (publiées par le général P.-H. DE GRIMOARD). *Paris*, 1808, in-8.

Lettres du cardinal MAZARIN, où l'on voit le secret des négociations de la paix des Pyrénées... Nouvelle édition augmentée de plus de cinquante lettres... (publ. par l'abbé L.-J.-C. SOULAS D'ALLAINVAL). *Amsterdam, Zacharie Chastelain (Paris)*, 1745, 2 vol. in-12.

Ces lettres avaient été imprimées pour la première fois en 1690 et plusieurs fois réimprimées en 1692, 1693 et 1694.

Lettres du chevalier de *** à M***, conseiller au parlement, ou Réflexions sur l'arrêt du parlement du 18 mars 1755. (Par Jacob-Nicolas MOREAU.) In-12.

Réimprimées dans le tome Iᵉʳ des « Variétés morales et philosophiques ». Voy. ces mots.

Lettres du chevalier de Saint-Alme et de Mˡˡᵉ de Melcourt, par Mˡˡᵉ DE *** (SAINT-LÉGER, depuis Mᵐᵉ DE COLLEVILLE). *Amsterdam, Changuion, et Paris, Delormel*, 1781, in-12.

Lettres du chevalier Guillaume TEMPLE, traduites de l'anglois (par P.-A. SAMSON). *La Haye, Van Bulderen*, 1700, 2 vol. in-12.

« Nouvelles de la République des lettres », janvier 1703, p. 118.

Lettres du colonel Talbert, par M***, auteur d' « Elizabeth » (Fr.-Albine PUZIN DE LA MARTINIÈRE, dame BENOÎT). *Paris, Durand*, 1766, 4 parties in-12.

Lettres du commandeur *** à Mˡˡᵉ de ***, avec les réponses. (Par Charles DE FIEUX, chevalier DE MOUHY.) *Paris, Jorry*, 1753, 3 vol. in-12.

Lettres du comte DE MIRABEAU à un de ses amis en Allemagne (le major Jacq.

MAUVILLON, publiées par ce major, avec un avant-propos). (*Brunswick*), 1792, in-8.

Lettres du curé de *** (le P. J.-Ph. LALLEMANT), au sujet des affaires présentes par rapport à la religion. *S. l.*, 1741, in-12.

Voy. « Supercheries », I, 815, *d*.

Lettres du curé de Gurcy (l'abbé DUPONT, curé de Gurcy, au diocèse de Sens) à ses paroissiens. *Paris, Laurens jeune*, an X-1802, in-8. — 2ᵉ éd. *Ibid.*, an XI-1803, in-8, 28 p.

Lettres du faux Arnaud à M. de Ligny, licentié en théologie, cy-devant premier professeur en philosophie dans le collège du roy à Douay. (Par Honoré TOURNÉLY.) *S. l.*, 1692, in-12, 56 p. — *S. l. n. d.*, in-4, 28 p.

Lettres du maréchal de Moltke sur l'Orient, traduites de l'allemand (par M. Alfred MARCHAND). *Paris, Sandoz et Fischbacher*, 1872, in-18, 405 p.

Lettres du marquis de Roselle. Par Mᵐᵉ E. D. B. (ELIE DE BEAUMONT). *Londres et Paris, L. Cellot*, 1764, 2 vol. in-12. — Seconde éd. 1765, 2 vol. in-12.

Lettres du marquis de Sezannes au comte de Saint-Lis, par Mˡˡᵉ M*** (MOTTE). *Paris, veuve Duchesne*, 1778, 2 vol. in-12.

Lettres (les) du président MAYNARD. *Paris, Toussaint Quinet*, 1652, in-4, 11 ff. et 875 p., portraits de Louis de Lorraine, duc de Joyeuse, et de Maynard.

Publiées par DE FLOTTE, qui a signé l'épître dédicatoire.

Lettres du R. J. NEWTON à ses amis. Trad. de l'angl. par le traducteur de la « Vie du Rév. J. Newton » (Mˡˡᵉ DE CHABAUD-LATOUR). *Paris, Delay*, 1842, in-18.

Lettres du roi LOUIS XII et du cardinal d'AMBOISE, publiées avec des notes (par J. GODEFROY). *Bruxelles*, 1712, 4 vol. in-8.

Lettres du solitaire philalèthe (François BONDONNET, curé de Moulins, près d'Alençon) à un de ses amis, touchant le livre « de l'Invasion de la ville du Mans » (de Claude Blondeau). *S. l.*, 1667, in-8.

Cet auteur a été, par erreur, désigné sous le nom de BOUDONNET dans les « Supercheries », III, 708, *f*.

Lettres écrites à un ami, pendant le séjour que les troupes françoises ont fait à Zelle en 1757 et 1758. (Par le pasteur J.-E. ROQUES.) *Maëstricht, Dufour*, 1775, in-12.

Lettres écrites à un provincial (l'abbé Guillaume Leroy, d'abord chanoine de

N.-D. de Paris, puis abbé de Haute-Fontaine) par un de ses amis (Bl. PASCAL). *S. l. n. d.*, in-4.

Première édition des « Lettres provinciales ». Voyez les « Provinciales... »

Elle se compose de XVIII lettres publiées séparément.

Lettres écrites de Barcelone, à un zélateur de la liberté qui voyage en Allemagne, par M. CH*** (P.-N. CHANTREAU). *Paris, Buisson*, 1792, in-8.

Réimprimées avec le nom de l'auteur.

Lettres écrites de France à une amie en Angleterre, pendant l'année 1790, contenant l'histoire des malheurs de M. F*** (Augustin-François Thomas, baron Dufossé) par miss WILLIAMS, trad. de l'anglais par M.... (le baron Pierre DE LA MONTAGNE). *Paris, impr. de Garnery*, 1791, in-8.

Voy. Frère, « Bibliographie normande », I, 481, et précédemment, IV, 772, *e*.

Lettres écrites de Hollande, d'Angleterre et de Spa. (Par W.-A. VAN SPAEN.) *Amsterdam*, 1789, in-8.   V. D.

Lettres écrites de la campagne. (Par J.-R. TRONCHIN.) *Proche Genève*, 1765, in-8 et in-12, 117 p.

Lettres écrites de la campagne. O. D. A. (Par THEMISEUL DE SAINT-HYACINTHE.) *La Haye, Rogissart*, 1721, in-8.

Lettres écrites de la Plaine, en réponse à celles de *la Montagne* (de J.-J. Rousseau, par l'abbé Pierre SIGORGNE). *Amsterdam*, 1765, in-12.

Lettres écrites de la Trappe, par un novice ; mises au jour par M*** (Nic.-Jos. SELIS). *Paris, Garnery*, l'an 1ᵉʳ de la liberté (1790), in-12, 130 p.

Voy. « Supercheries », II, 1274, *e*.

Lettres écrites de Lausanne. (Par Mᵐᵉ DE CHARRIÈRES.) *Genève et Paris, Prault*, 1788, 2 part. in-8 de 118 et 148 p.

Le 2ᵉ partie est intit. : « Calixte, ou Lettres.... » Le faux titre seul porte : « Lettres écrites de Lausanne ». — Nouv. édit. *Genève, Paschoud*, 1807, 2 vol. in-12.

Lettres écrites de Londres, sur les Anglois et autres sujets, par M. D. V*** (DE VOLTAIRE). *Basle*, 1734, in-8.

Lettres écrites de Paris à un chanoine de l'église cathédrale de ***, contenant quelques réflexions sur les nouveaux breviaires. (Par l'abbé François-Philippe MESENGUY.) 1735, in-12.

Ces lettres, au nombre de trois, forment en tout 80 pages.

Lettres écrites de Portugal, sur l'état ancien et actuel de ce royaume, traduites de l'anglois (de miss Philadelphie STEPHENS, par H. JANSEN) ; suivies du portrait historique de M. le marquis de Pombal. *Londres et Paris, Desenne*, 1780, in-8, 72 p.

Réimprimées à la suite du « Tableau de Lisbonne en 1796 » (par J.-B.-F. CARRÈRE, publié par le même JANSEN). *Paris, Déterville*, 1797, in-8.

Lettres écrites de Suisse, d'Italie, de Sicile et de Malte ; par M*** (J.-M. ROLAND DE LA PLATIÈRE), avocat au parlement... à Mlle *** (Phelipon), à Paris, en 1776, 1777 et 1778. *Amsterdam et Paris, Visse*, 1780, 6 vol. in-12.

Lettres écrites de Suisse en Hollande pour suppléer au défaut de la response que l'on avoit promis de donner à un certain ouvrage que M. Pélisson a publié sous le titre d'un Nouveau converti, touchant les récriminations qui y sont faites aux Réformés des violences que les catholiques emploient pour la conversion de ceux qu'ils appellent hérétiques. (Par le ministre protestant G. HUET.) *Dordrecht*, 1690, in-12 en 2 part.

Lettres écrites des Cévennes par un ermite (DE SAINT-AMANS, de Toulouse) sur la suprématie du monarque, la réunion des cultes, etc. ; publiées avec des observations par M. DE BEAUFORT, jurisconsulte. *Paris, Gautier et Bretin*, 1818, in-8.

Lettres écrites en 1743 et 1744 au chevalier de Luzeincour, par une jeune veuve. *Amsterdam et Paris, Dufour*, 1767, in-8.

Même ouvrage que « Lettres au chevalier de Luzeincour... » Voy. ci-dessus, col. 1225.

Lettres écrites en 1786 et 1787. (Par Louise-Adélaïde DE BOURBON-CONDÉ.) Publiées par M. BALLANCHE. *Paris, J. Renouard*, 1834, in-12. — 2e édit. *Ibid.*, B. Duprat, 1835, in-12.

Lettres écrites par un observateur (D. KNOX), sur le démembrement de la Pologne. 1793, in-8.

Lettres écrites sous le règne d'Auguste, précédées d'un précis historique sur les Romains et les Gaulois, depuis leur origine jusqu'à la bataille d'Actium. (Par J.-A. MARC, de Vesoul.) *Paris, Ducauroy*, an XI-1803, in-8.

Lettres écrites (par GUILLET) sur une dissertation d'un Voyage de Grèce, publié par Spon, avec des remarques, etc. *Paris, Michallet*, 1679, in-12.

Lettres édifiantes et curieuses, écrites des Missions étrangères, par quelques missionnaires de la Compagnie de Jésus. (Recueillies par les PP. Charles LE GOBIEN, J.-B. DU HALDE, N.-L. INGOULT, A.-J. DE NEUVILLE, Louis PATOUILLET et autres.) *Paris, Le Clerc*, 1707-1776, 34 vol. in-12. — Nouvelle édition augmentée (dirigée par l'abbé Y.-M.-M. DE QUERBEUF, ex-jésuite). *Paris*, 1780-1783, 26 vol. in-12.

Les tomes XXIX et XXX, publiés en 1773, contiennent des épîtres dédicatoires signées M... J. C'est la signature de l'abbé MARÉCHAL, ex-jésuite. Les trente-unième et trente-deuxième volumes sont du même anonyme ; mais le trente et unième lui a été fourni par l'abbé Patouillet, éditeur des tomes XXXIII et XXXIV. Le nouvel éditeur a inséré dans la collection les neuf nouveaux volumes des « Mémoires des missions du Levant ».

On doit préférer, maintenant, la dernière édition : Lettres édifiantes et curieuses concernant l'Asie, l'Afrique et l'Amérique, avec quelques relations nouvelles des missions et des notes géograph. et histor. ; publiées sous la direction de M. L. AIMÉ-MARTIN (par Ernest G.....) *Paris, Desrez*, 1838-43, 4 vol. gr. in-8 à deux col.

Les PP. de Backer ont donné le relevé du contenu de cette édition dans l'appendice qu'ils ont annexé au tome II de leur « Biblioth. des écrivains de la compagnie de Jésus », appendice consacré aux Missions.

Lettres édifiantes sur l'Apocalypse du révérend frère N...., de Genève, capucin... (Par A.-B. MANGOURIT.) *Londres et Paris, chez Cagliostro aîné, au bénéfice du frère N....*, 1788, in-8, 18 p.

Lettres électorales. Extrait de « l'Emancipation ». (Par Jules MALOU, sénateur.) *Bruxelles, Demortier*, 1847, in-8, 72 p.
J. D.

Lettres en forme de consultation sur l'aumône. (Par J.-F. MAUGRAS.) *Paris*, 1726, in-12.
V. T.

Lettres en forme de dénonce, au sujet de quelques décisions de morale qui ont été avancées dans les conférences de la mission faite à Roman, diocèse de Vienne en Dauphiné, par les RR. PP. Jésuites, sur la fin de l'année 1744. In-8.

Voyez les « Nouvelles ecclésiastiques » du 24 juillet 1751.

On attribue ces lettres au P. HYACINTHE DE LORGUES, capucin, prédicateur et missionnaire ; mais elles sont plutôt de quelqu'un de ses confrères ou de ses amis, qu'on ne connaît point.

L'auteur était certainement un Provençal ou un Dauphinois, car *dénonce* pour dénonciation est un provençalisme ou un delphinisme.

Lettres en forme de dissertation, sur l'ancienneté de la ville d'Autun et sur l'origine de celle de Dijon. (Par François BAUDOT.) *Dijon, J. Ressayre*, 1710, in-12.

C'est la réunion des deux lettres publiées d'abord séparément.

Lettres en réponse à un ecclésiastique

de province, au sujet de l' « Histoire du peuple de Dieu, depuis la naissance de J.-C. » (Par le P. I.-J. Berruyer.) *Paris,* 1754, in-12.

Lettres en vers à la marquise de ***, sur les sessions de 1819 et 1820. (Par A. d'Egvilly.) *Paris, G. Mathiot,* 1822, in-18.

Lettres en vers d'une étrangère (Jean-Cl.-Laur. de La Gravière) à un François. *Paris,* 1764, in-8.

Lettres en vers et Œuvres mêlées de M. D** (C.-J. Dorat), ci-devant mousquetaire, recueillies par lui-même. *Paris, Sébastien Jorry,* 1767, 2 vol. in-8.

Lettres et ambassade de Philippe Canaye, seigneur de Fresne... avec un sommaire de sa vie, et un récit particulier du procès criminel fait au maréchal de Biron, composé par M. de La Guesle... (Publié par le P. Robert Regnault, minime.) *Paris, Richer,* 1635-1636, 3 vol. in-fol.

Lettres et autres pièces curieuses sur les affaires du temps. *Amsterdam,* 1672, in-12, 3 ff. lim. et 190 p.

Ce recueil se compose de lettres adressées par MM. de L'Isola et Cramprrecht à l'électeur de Cologne, de réponses de ce dernier et de détails sur ses différends avec l'Empereur. L'impression de ces lettres est due au marquis de Grana, qui y joignit des annotations.

G. M.

Lettres et chansons de Céphise et d'Uranie. (Par Mme Lévèque, née Louise Cavelier.) *Paris, Ballard,* 1731, in-8.

Lettres et mémoires à un magistrat du parlement de Paris, sur l'arrêt du conseil du 13 septembre 1774. (Par l'abbé Nic. Baudeau.) *S. l. n. d.,* in-12.

Lettres et mémoires choisis parmi les papiers originaux du maréchal de Saxe... depuis 1733 jusqu'en 1750... (par le général P.-H. de Grimoard). *Paris, J.-J. Smits,* an II-1794, 5 vol. in-8.

Lettres et mémoires d'Etat des rois, princes, ambassadeurs et autres ministres, sous les règnes de François Ier, Henri II et François II, contenant les intelligences de ces rois avec les princes de l'Europe, contre les menées de Charles-Quint... par messire Guill. Ribier... *Paris, F. Clouzier,* 1666, 2 vol. in-fol. — *Paris, F. Léonard,* 1677, 2 vol. in-fol.

Publiées par Michel Belot, neveu de l'auteur, qui a signé l'épître. Avec une préface et des notes par Nicolas Nyon, jésuite.

Lettres et mémoires de Mlle de G*** (de Gondreville) et du comte de S. Fl***. (Par Fr.-Ch. Huerne de La Mothe.) *Paris, veuve Damonneville,* 1762, 2 parties in-12.

Ces « Mémoires » avaient paru dans les premiers « Mercures » de 1760.

Lettres et mémoires pour servir à l'Histoire naturelle, civile et politique du Cap-Breton, depuis son établissement jusqu'à la reprise de cette île par les Anglois, en 1758. (Par Th. Pichon.) *Londres et La Haye, P. Gosse,* 1760, in-12.

Voy. la « Biographie universelle ». Il parut en 1760 une traduction anglaise de cet ouvrage.

Lettres et négociations du marquis de Feuquières en Allemagne (publiées par l'abbé G.-L. Calabre Pérau). *Amsterdam, Néaulme; Paris, Desaint,* 1753, 3 vol. in-12.

Lettres et négociations secrètes sur les affaires présentes. *Londres (Paris),* 1745, in-12.

Suite des lettres de Van Hoey, donnée par l'abbé Nic. Lenglet du Fresnoy.

Lettres et opuscules de M. Bossuet (publiés par dom Ildephonse Cathelinot). *Paris, Jacques Barrois,* 1748, 2 vol. in-12.

Voy. les mots : « Lettres spirituelles... »

Lettres et poésies de la comtesse de B. (de Brégy). *Sur l'imprimé à Leyde,* 1666, in-12.

Lettres et vie de Mlle d'Etcheverry, première prieure (supérieure) de la maison de retraite d'Asparrein, écrites à son directeur (publiées par l'abbé B. de La Tour). *Avignon, Jean Niel,* 1731, in-12.

Lettres familières de Balzac à Chapelain (publiées par Girard.) *Leide, J. Elzevier,* 1656; — *Amsterdam,* 1661, in-12.

Lettres (les) familières de Cicéron, nouvellement traduites de latin en françois par J. G. (Jean Godouin), lecteur et professeur du roi. *Paris, veuve Claude Thiboust,* 1679, in-8.

Suivant ce qu'indique le privilège, plusieurs auteurs ont refait cette traduction, qui avait paru en 1662, sous le nom de Jean Godouin.

L'auteur même en avait publié dès 1661 un essai en quatre livres, sous le voile de l'anonyme.

Lettres familières de Cicéron, trad. en françois par C. C. (Charles Chaumier), historiographe de France ; avec le texte latin. *Paris,* 1668, 2 vol. in-12.

Lettres familières de M. Winckelmann, traduites de l'allemand (par H. Jansen). *Amsterdam (Paris), Couturier,* 1781, 2 vol. in-8.

Lettres familières du président de Montesquieu (publiées avec des notes, par l'abbé Octavien DE GUASCO). (*Florence*), 1767 ; — *Florence* (*Paris*), 1767 ; — *Rome*, 1773, in-12 ; et dans toutes les collections des « Œuvres » de l'illustre auteur de l' « Esprit des lois ».

L'abbé de Guasco a écrit, en 1767, aux auteurs du « Journal encyclopédique », qu'il n'était pas certain que ces lettres eussent été imprimées à *Florence*, où aucun ouvrage ne paraît sans la permission de la censure ; qu'il n'en était pas l'éditeur ; qu'il avait seulement fourni quelques notes à cet éditeur.

Ce désaveu n'a point paru sincère. L'édition de Florence contenait trois lettres de Montesquieu contre Mme Geoffrin. Cette dame eut le crédit de faire réimprimer à *Paris*, sous le titre de *Florence*, les lettres de Montesquieu, sans les trois qui lui étaient si défavorables ; elle fit même supprimer les mêmes lettres d'une contrefaçon de l'édition de Florence 1767, exécutée à Paris. On retrouve ces lettres dans l'édition de *Rome*.

Lettres familières, instructives et amusantes sur divers sujets, à un nouveau millionnaire. (Par l'abbé L. BORDELON.) *Paris*, 1725, 2 vol. in-12.

Lettres familières sur l'Italie. P. G. (Par M. P. GAIGNEUX). *Rouen, imp. de Boissel*, 1869, in-12, 477 p.   L. D. L. S.

Lettres familières sur la Carinthie et la Styrie, adressées à Mme Bianchi, de Bologne ; par un officier général français, prisonnier de guerre en Autriche, en 1799 (le général MEYER). *Paris, Prault*, 1799, in-8, 208 p.

Lettres fanatiques. (Par B.-L. DE MURALT.) *Londres*, 1739, 2 vol. in-12.

Lettres flamandes à un ami françois, sur les différends du monarque de France avec ses parlements. (Par le P. Charles-Louis RICHARD, dominicain.) *S. l. n. d.* (*Lille*, 1788), in-12, 59 p.

Lettres flamandes, ou Histoire des variations et contradictions de la prétendue religion naturelle. (Par l'abbé R.-J. DUHAMEL.) *Lille, Danel* (*Auxerre, Fournier*), 1752, in-12.

Lettres françoises et germaniques, ou Réflexions militaires, littéraires et critiques sur les François et les Allemands... (Par Eléazar MAUVILLON.) *Londres, François Allemand*, 1740, in-12.

Lettres françaises, ou Correspondance sur la politique, la littérature et la morale entre un citoyen français et un citoyen du Champ-d'Asile. Par M.J.J. (J. JUGE). *Paris, Plancher*, 1818, 3 nos in-8.

Voy. Hatin, « Bibliogr. de la presse », p. 341.

Lettres galantes d'ARISTENÈTE, traduites du grec (par A.-B. LE SAGE). *Rotter-*dam. *Daniel de Graffe*, 1695, 2 parties in-12.

Plusieurs écrivains grecs ayant porté le nom d'*Aristenète*, les savans ne savent auquel d'entre eux attribuer les « Lettres galantes » qui nous ont été conservées sous ce nom : ils doutent même si ces lettres ont été composées par un auteur appelé *Aristenète*.

Fabricius, dans le livre premier de sa « Bibliothèque grecque », attribue les « Lettres galantes » à un *Aristenète*, ami de *Libanius*, qui posséda un emploi à Nicomédie, où Aristenète périt par un tremblement de terre, l'an 356 de l'ère chrétienne.

Moréri prétend que l'auteur des « Lettres galantes », qu'il nomme aussi *Aristenète*, a vécu vers le milieu du Ve siècle.

L'abbé Joly, chanoine à Dijon, dans une lettre adressée aux journalistes de Trévoux en juin 1753, assure qu'*Aristenète* n'a jamais existé ; il fixe le siècle où l'auteur des lettres a vécu entre le grand Constantin et Sidonius Apollinaris.

Josias Mercier, qui publia en 1596 une édition de ces lettres avec une version *latine* et des notes qui sont estimées, pensait que les « Lettres galantes » ont été attribuées à un *Aristenète*, parce que la première porte pour inscription : *Aristenetus Philocalo*. J. Corn. de Pauw trouve cette opinion très-probable ; il en prend la défense dans la préface de son édition des « Lettres d'Aristenète ».

Quoi qu'il en soit, les lettres que nous possédons sous le nom d'*Aristenète* n'ont obtenu le suffrage des savans ; elles contiennent nombre de pensées tirées de *Platon, Lucien, Philostrate, Apollonius de Rhodes, Alciphron* et d'autres bons auteurs. C'est ce qui les fait croire rédigées par quelque habile grammairien, pour donner des *modèles de lettres*.

Ces « Lettres » parurent, pour la première fois, en 1566, à *Anvers*, par les soins de Jean Sambuc. Fréd.-Louis Abresch en a donné une édition à *Zwolle* en 1749, avec les corrections et conjectures de plus de *six auteurs*. M. Polysois en a publié une nouvelle à Vienne en Autriche, en 1803.

La version latine de Mercier a été plusieurs fois réimprimée.

Le savant évêque d'Avranches, Huet, a placé plusieurs notes curieuses sur l'exemplaire qu'il possédait des *Lettres* d'Aristenète. On le voit à la Bibliothèque nationale.

Nous avons dans notre langue plusieurs traductions ou imitations d'*Aristenète*, mais incomplètes pour la plupart.

Le plus ancien traducteur est Cyre Foucault. Sa traduction parut à Poitiers en 1597, c'est-à-dire un peu après la version latine de Mercier.

En 1695, Le Sage, fort jeune alors, publia une prétendue traduction d'Aristenète. Non-seulement il a omis des lettres entières, mais il s'est permis de retrancher plusieurs passages de celles qu'il a traduites. On croirait qu'il s'est moins occupé à traduire le texte grec qu'à paraphraser la version latine.

Il parut en 1739, sous le titre de *Londres*, une traduction anonyme d'Aristenète. Son auteur paraît très-versé dans la connaissance de la langue grecque ; mais il ne connaît pas également les délicatesses de la langue française. Son style n'est ni pur ni coulant. Le volume est terminé par la traduction des « Lettres choisies » d'Alciphron.

En 1752, Moreau, procureur du roi au Châtelet, publia une nouvelle traduction d'Aristenète, mieux écrite que celle de l'anonyme de Londres, plus exacte que celle de Le Sage, mais très-incomplète encore.

Je place parmi les imitateurs d'Aristénète Marcassus et M. Félix Nogaret. Le premier, dans ses « Lettres politiques, morales et amoureuses, tirées des anciens », *Paris, 1629 et 1630,* in-8, a dénaturé environ vingt lettres d'Aristénète. On sait que les traductions de cet écrivain sont encore plus méprisées que celles de l'abbé de Marolles.

M. Félix Nogaret a publié en 1797 l' « Aristénète français », 2 vol. in-18 ; il a imité toutes les lettres d'Aristénète. On peut dire qu'il en a fait un ouvrage nouveau. Il a tâché surtout de déguiser la licence de l'auteur grec sous le voile de la galanterie française. On a de la peine à distinguer les morceaux qu'il a imités de ceux que son imagination lui a fournis.

Voici le tableau des éditions, traductions et imitations d'Aristénète dans les langues grecque, latine et française :

ÉDITIONS GRECQUES.

ARISTÆNETI *Epistolæ, græcè* (*edente* J. SAMBUCO) *Antverpiæ,* 1566, in-4.

ARISTÆNETI *Epistolæ, græcè, cum notis variorum, curante Frid. L.* ABRESCHII, *qui suas lectiones addidit, Zwollæ,* 1749, in-8.

Le même auteur a publié la même année, au même lieu : *Lectiones aristænetæ.*

On joint ordinairement à ces deux volumes : *Virorum aliquot eruditorum in Aristæneti Epistolas conjecturæ; accedunt Salmasii et Munkeri notæ in eundem. Amstelodami,* 1752, in-8.

ARISTÆNETI *Epistolæ, græcè* (*edente* POLYSOIS KONTOU). *Viennæ Austriæ,* 1803, in-8.

ÉDITIONS GRECQUES ET LATINES.

ARISTÆNETI *Epistolæ, græcè, cum versione latina et notis* J. MERCERI. *Parisiis,* 1596, 1600, 1610 et 1639, in-8.

Eædem, græcè et latinè, curante J. CORN. DE PAUW; *cujus notæ accedunt. Traj. ad Rhenum,* 1736, in-8.

Il existe une édition de la version de Mercier, sans le texte, imprimée à Paris, petit format, *sine anno et sine notis.*

ÉDITIONS FRANÇAISES.

Traductions complètes.

Les Epistres amoureuses d'ARISTENET, tournées du grec en françois, par Cyre FOUCAULT, sieur DE LA COUDRIÈRE, avec l'Image du vray amant, discours tiré de PLATON. *A Poictiers, pour Andre Citoys et Isaac Barraud, libraires jurez,* 1597, in-8.

Lettres d'ARISTÉNÈTE, auxquelles on a ajouté les Lettres choisies d'ALCIPHRON, traduites du grec. *Londres,* 1739, pet. in-12.

Les Lettres d'ARISTÉNÈTE, traduction françoise (par LE SAGE). Voy. ci-dessus, col. 1271, *f.* Cette traduction a été insérée dans la compilation de Mercier de Compiègne, intitulée : « Manuel des boudoirs », 1787 et 1788, 4 vol. petit in-12. Elle a été aussi réimprimée à *Lille, chez Le Houcq,* vers 1794, de format in-18, avec le nom du traducteur.

Les Lettres d'ARISTÉNÈTE, traduites en françois (par MOREAU). *Cologne (Paris),* 1752, in-12.

IMITATIONS.

Lettres politiques, morales et amoureuses, tirées des anciens, par MARCASSUS. *Paris,* 1629 et 1638, in-8.

L'Aristénète français, par M. Félix NOGARET. *Versailles,* 1797, 2 vol. in-18.

On avait à désirer : 1° une édition du texte d'Aristénète, revue d'après les manuscrits que l'on sait exister ; 2° une version latine, faite sur un texte ainsi épuré ; 3° une nouvelle traduction française.

Feu M. Bast, secrétaire de la légation du landgrave de Hesse à Paris, a publié en 1796, à Vienne, *chez* Blumauer : *Specimen editionis novæ Epistolarum* ARISTÆNETI, in-8 de 46 pages ; et il avoue dans sa « Lettre critique à Boissonade, sur Antoninus Liberalis, Parthenius et Aristenetes », *Paris, Delance,* 1805, in-8, n'avoir pas encore renoncé à publier une nouvelle édition de cet auteur. Il est probable qu'il y eût joint une nouvelle traduction latine. D'un autre côté, Boissonade avait dans son portefeuille une traduction des mêmes lettres. Il en a publié une édition sous ce titre : ARISTÆNETI *Epistolæ gr. et lat. ad fidem cod. Vindob. recensuit, Merceri, Pauwii, Abreschii, Huetii, Lambecii, Bastii, aliorum notis, suisque instruxit* J.-F. BOISSONADE, *Lutetiæ,* 1822, in-8.

On n'a pu, après la mort de Boissonade, retrouver dans ses papiers la traduction d'Aristénète dont il avait publié la préface dans le « Magasin encyclopédique », 5° année, tome I, page 450.

Lettres galantes de Julie à Ovide, par M. M*** (Mme Charlotte-Ant., marquise DE LEZAY-MARNÉSIA). *Paris, Bastien,* 1774, in-12.

Lettres galantes et morales. (Par J.-B. LACOSTE, de Dijon.) 1754, in-8.

Voy. les « Œuvres » de l'auteur, 1789, 2 vol. in-12.

Ces « Lettres » ont été réimprimées dans le recueil intitulé : « Lettres anonymes », 1754, in-12.

Lettres galantes et morales du marquis de *** au comte de ***. (Par A.-G. MOUSLIER DE MOISSY.) *La Haye et Paris,* 1757, in-12.

Lettres galantes et philosophiques, par Mlle de *** (par Toussaint RÉMOND DE SAINT-MARD). *La Haye, Scheurléer,* 1721, in-12. — Autre édition sous ce titre : Lettres galantes et philosophiques sur plusieurs matières curieuses et intéressantes, par l'auteur des « Nouveaux Dialogues des Dieux » (RÉMOND DE SAINT-MARD). *La Haye, Th. Johnson,* 1725, in-8.

Lettres galantes et poésies diverses de Mme la marquise DE P*** (DE PERNE). *Paris, Denys Mouchet,* 1724, 2 vol. in-12. — *Paris, P.-J. Bienvenu,* 2 vol. in-12.

Lettres galantes, ou Lettres du chevalier D'HER*** (par FONTENELLE). *Lyon,* 1683, in-12.

Dans la « Bibliothèque françoise » de du Sauzet, on ôte ces lettres à Fontenelle pour les donner au sieur D'HERMAINVILLE, baron DE LA TROUSSIÈRE : celui-ci a protesté le contraire dans une lettre datée de Pont-de-Veyle, 16 novembre 1734. (« Mercure suisse », avril 1735, p. 97.)

Lettres grecques, par le rhéteur ALCI-

PHRON, ou Anecdotes sur les mœurs et les usages des Grecs, traduites pour la première fois en françois, avec des notes (par l'abbé Jér. RICHARD). *Amsterdam et Paris, Nyon l'aîné*, 1785, 3 vol. in-12.

Lettres héroïques, historiques et intéressantes sur différens sujets. (Par l'abbé J.-B.-L. DE LA ROCHE.) *Paris, Mesnier*, 1732, in-12.

Lettres historiques à M. D. sur la nouvelle Comédie italienne. (Par Nic. BOINDIN.) 1717, in-12.

La première lettre a 44 p. Voy. plus loin, « Lettres histor. sur tous les spectacles de Paris ».

Lettres historiques, contenant ce qui s'est passé de plus important en Europe (rédigées par Jacq. BERNARD, H. BASNAGE, Jean DU MONT et autres). *La Haye et Amsterdam*, 1692-1728, 3 vol. in-12.

Lettres historiques et critiques, pour servir de réponse à l' « Essai historique sur l'origine des dixmes » (de d'Outrepont, par l'abbé J. DE GHESQUIÈRE DE RAEMDONK). *Utrecht*, 1784, in-8.

Imprimées à l'insu de l'auteur. (Le P. de Backer, 2ᵉ éd. in-fol., tome I, col. 2104.)

Lettres historiques et critiques sur l'Italie de Charles DE BROSSES (publiées par Ant. SERIEYS), avec des notes. *Paris, Ponthieu*, 1799, 3 vol. in-8.

Lettres historiques et critiques sur Les Andelys, par B. T. M. (Benoît-Théodor. MESTEIL, avocat aux Andelys). *Andelys, Mouton*, 1835, in-8.

Lettres historiques et critiques sur les spectacles, adressées à Mlle Clairon, dans lesquelles on prouve que les spectacles sont contraires aux bonnes mœurs. (Par le P. Romain JOLY, capucin.) *Avignon (Paris)*, 1762, in-8.

Lettres historiques et galantes de Mme DE C... (Mme DU NOYER, née Anne-Marg. PETIT.) *Cologne*, 1704, 7 vol. in-12.

Réimprimées plusieurs fois avec le nom de l'auteur, en 6 et en 9 vol. in-12.

Au sujet de la liaison de Voltaire avec Mlle Dunoyer, voy. Jacques Durban, « Une Aventure de jeunesse de Voltaire », dans le « Temps » du 12 nov. 1872.

Lettres historiques et philologiques du comte D'ORRERY sur la vie et les ouvrages de Swift, traduites de l'anglois (par Fr. LACOMBE). *Paris, Lambert*, 1753, in-12.

Lettres historiques, par PELLISSON. *Paris, Fr. Didot*, 1729, 3 vol. in-12.

L'éloge historique qui est en tête de ces « Lettres » est de l'abbé J. D'OLIVET, mais il n'a eu aucune part à cette édition. Voyez sa note aux auteurs du « Journal des savans », novembre 1729, p. 678, édition in-4.

Lettres historiques, politiques et critiques, sur les événemens qui se sont passés depuis 1778 jusqu'à présent, recueillies et publiées par un homme de lettres qui n'est d'aucune Académie, ni pensionné par aucun roi, république, visir, ou ministres quelconques (le chevalier de METTERNICH). *Londres, de l'imp. d'un ministre disgracié*, 1787-94, 18 vol. in-8.

Lettres historiques, politiques, philosophiques et particulières de Henri SAINT-JOHN, lord vicomte BOLINGBROKE, précédées d'un Essai historique sur sa vie (par le général GRIMOARD). *Paris, Dentu*, 1808, 3 vol. in-8.

Lettres historiques sur l'état actuel de la Pologne et sur l'origine de ses malheurs, par M. L. (l'abbé Nic. BAUDEAU). *Paris*, 1772, in-8.

Lettres historiques sur le Comtat venaissin et sur la seigneurie d'Avignon. (Par J.-N. MOREAU.) *Amsterdam (Paris)*, 1768, in-8.

Lettres historiques sur les fonctions essentielles du parlement, sur le droit des pairs... (Par L.-A. LE PAIGE.) *Amsterdam*, 1753-1754, 2 vol. in-4. — *Id.*, 2 vol. in-12.

Lettres historiques sur tous les spectacles de Paris. (Par Nic. BOINDIN.) *Paris, Prault*, 1719, in-12.

L'auteur avait publié précédemment plusieurs lettres sur la Comédie italienne. Voy. ci-dessus, col. 1275, b. — C'est à tort que plusieurs auteurs attribuent ces lettres à un M. DE CHARNY.

Dans le « Mémoire sur sa vie et ses ouvrages », Boindin nous a révélé qui était l'auteur de ces « Lettres ».

« Œuvres de Boindin », *Paris*, 1753, in-12, t. I, p. XIII et XIV.

Lettres hollandaises, ou correspondance politique sur l'état présent de l'Europe... (Par DERIVAL DE GOMICOURT.) 1779-81, 3 vol. in-8.   V. D.

Lettres hollandoises, ou les mœurs, les usages et les coutumes des Hollandois, comparés avec ceux de leurs voisins. (Par Fr.-Al. AUBERT DE LA CHESNAYE DES BOIS.) *Amsterdam*, 1747, 2 vol. in-12.

Lettres hongro-roumaines. (Par D. BRATIANO.) *Paris, imp. de Blondeau*, 1851, in-8, 48 p.

Lettres illinoises, par J. A. P. (J.-A. PERREAU, auteur de « Clarisse », drame). *Paris, Merlin*, 1772, in-8.

Lettres impartiales sur l'exposition des tableaux, en 1814. Par un amateur (Antoine Dupuis, avocat, artiste-amateur). *Paris, A. Eymery*, 1814, in-4.

Voy. « Supercheries », I, 289, *b*.

Lettres impartiales sur les expositions de l'an XIII, par un amateur (J.-P. Voïart). *Paris*, an XIII-1805, in-8.

Lettres importantes sur les différentes éditions du « Catéchisme de Montpellier ». (Par l'abbé Guill. Ricourt.) (1765), in-12.

Lettres indiennes, précédées de quelques pensées sur différens sujets de morale, de politique, pour servir de supplément et de correctif à l' « Histoire des établissemens », etc., de Raynal. (Par l'abbé J.-B.-M.-L. La Reynie de la Bruyère.) *Paris, Lottin le jeune* (vers 1780), in-12.

Lettres inédites de Mᵐᵉ de Sévigné. (Publiées par Claude-Xavier Girault, jurisconsulte.) *Paris, Klosterman*, 1814, in-8.   D. M.

Lettres inédites de Mᵐᵉ de Sévigné. (Publiées par M. Auguste Vallet de Viriville.) 1844, in-8.   D. M.

Extraites de la « Revue de Paris ».

Lettres inédites de Mᵐᵉ la marquise du Chatelet, et Supplément à la correspondance de Voltaire avec le roi de Prusse, etc. (Publiées par Ant. Serieys et J. Eckard.) *Paris, Lefèvre*, 1818, in-8.

Lettres inédites de Marc-Aurèle et Fronton, retrouvées dans les palimpsestes de Milan et de Rome, traduites avec le texte latin en regard et des notes par Armand Cassan (et É.-F. Corpet). *Paris, Levavasseur*, 1830, 2 vol. in-8.

Lettres inédites de Marie-Adélaïde de Savoye, duchesse de Bourgogne, précédées d'une Notice sur sa vie. *Paris, imp. de Crapelet*, 1850, in-8.

La notice est signée : V. D. N. (Mᵐᵉ la vicomtesse de Noailles).

Lettres inédites de Voltaire. (Publiées par M. P.-Gust. Brunet.) 40 exemplaires. *Paris, imp. de Moquet* (1840), in-8, 16 p.

Lettres inédites de Voltaire, adressées à Mᵐᵉ la comtesse de Lutzelbourg. (Publiées par E.-M. Massé.) *Paris, Massé*, 1812, in-8.

Lettres inédites de Voltaire, de Mᵐᵉ Denys et de Collini, adressées à M. Dupont, avocat au conseil souverain de Colmar ; précédées d'un jugement philosophique et littéraire sur Voltaire (par J.-B.-J.-I.-P.

Regnault-Warin). *Paris, P. Mongie*, 1821, in-8, 264 p.

L' « Avertissement sur Voltaire » occupe les 22 premières pages.

Lettres inédites du comte Joseph de Maistre. (Publiées par l'amiral Tchitchagoff, auquel elles sont adressées.) *Saint-Pétersbourg, Cluzel*, 1858, in-8, 53 p. et un fac-simile autographié.

Ces lettres sont déposées à la bibliothèque impériale de Saint-Pétersbourg.

Lettres inédites ou Correspondance de Fréderic II, roi de Prusse, avec M. et Mᵐᵒ de Camas. (Publ. par le libraire Umlang, avec une préface de Erman, consistorialrath.) *Berlin*, 1802, in-8 de 136 p.

Lettres instructives et curieuses sur l'éducation de la jeunesse, par le R. P. G. M. A. L. D. M. A. D. l'A. d'A. (le R. P. Grégoire Martin, ancien lecteur des Minimes, associé de l'Académie d'Auxerre). 1760, in-12. — *Paris*, 1762, in-12.

Lettres instructives et historiques sur la divinité de Jésus-Christ, etc. (Par Bernard Tribolet, jésuite, publiées par l'abbé Jacques Tribolet, son frère.) *Dijon (Paris)*, 1710, in-12.

Lettres instructives sur les erreurs du temps. (Par le P. Paul, capucin.) *Lyon, Bruyset*, 1715, in-12.

Lettres intéressantes aux amis de la vérité (contre les « Nouvelles ecclésiastiques » au sujet de l' « Emile », par l'abbé Louis Le Grand). 1763, in-12.

La première lettre est de l'abbé Gervaise, alors syndic de Sorbonne, qui défera l'*Emile* à la Faculté de théologie. Les six suivantes sont de l'abbé Le Grand ; la huitième et dernière est d'un anonyme.

Toutes ces lettres parurent d'abord in-4. Voyez les mots : « Observations sur quelques articles », etc.

Lettres intéressantes, philosophiques et critiques, par M. le marquis de C... de C... (R.-A. Culant-Ciré). *Amsterdam, P. Mortier*, 1753, in-12.

Catalogue de Bechennec, *Brest*, 1807, in-4, nᵒ 4420.

Lettres intéressantes pour les médecins de profession, utiles aux ecclésiastiques qui veulent s'appliquer à la médecine, et curieuses pour tout lecteur. (Par le P. J.-P. Rome d'Ardène.) *Avignon, L. Chambeau*, 1759, 2 vol. in-12.

Lettres iroquoises. (Par J.-H. Maubert de Gouvest.) *Irocopolis, chez les vénérables*, 1752, 2 vol. pet. in-8 de 166 et 164 p. — Nouv. édit. rev. et corr. *Ibid., id.*, 2 vol. in-8.

Ces deux éditions se composent de quarante-trois

lettres, dont 37 ont été réimprimées en 1769 sous le titre de : « Lettres chérakéesiennes ». Voy. « Supercheries », III, 472, c. Six lettres ont été supprimées dans cette réimpression : ce sont les lettres 10, 12, 13, 16, 17 et 29 ; la 31ᵉ présente beaucoup de changements, il en est de même pour d'autres probablement.

Lettres juives, ou Correspondance philosophique, historique et critique, entre un juif voïageur en differens endroits de l'Europe et ses correspondans en divers endroits. (Par le marquis J.-B. DE BOYER D'ARGENS.) *La Haye, P. Paupie, 1738,* 6 vol. in-8. — Nouv. éd. augm. de 20 nouv. lettres, de quantité de remarques, de plusieurs fig. 1742, 6 vol. in-8. — (*Paris*), 1754, 8 vol. in-12.

Ces lettres furent publiées pour la première fois en 1738, le jeudi et le samedi, par demi-feuille d'impression. La même année furent publiées des « Lettres chrétiennes écrites d'un Suisse à son compatriote à La Haye, ou Antidote de la LXVIIIᵉ lettre juive. » *Amsterd.*, in-8.

Les « Lettres juives » furent mises à l'*index* le 28 juillet 1742 et le 29 avril 1744.

Lettres latines de BONGARS, résident et ambassadeur sous le roi Henri IV, en diverses négociations importantes, traduites en françois (par l'abbé Claude-Oronce FINÉ DE BRIANVILLE). *Paris, Ch. Osmont,* 1668, 1681, 2 vol. in-12. — *Paris,* 1694, in-8.

Voy. ci-dessus, « Lettres de Jacques BONGARS... », col. 1249, d.

Lettres lyonnaises, ou correspondance sur divers point d'histoire et de littérature, par M. C. B. D. L. (Claude BREGHOT DU LUT). *Lyon, imp. de Barret,* 1826, in-8, 60 p., av. table.

Voy. « Supercheries », I, 668, b.

Lettres, mémoires et actes concernant la guerre présente. (Par J. DE LA CHAPELLE.) *Basle,* 1703, 3 vol. in-12.

Voy. ci-dessus, « Lettres d'un Suisse à un Français... », col. 1243, d.

Lettres, mémoires et négociations de M. le comte D'ESTRADES, pendant le cours de son ambassade en Hollande, depuis 1663 jusqu'en 1668 (publiés par Jean AYMON). *Bruxelles, Henri le jeune (La Haye, Abraham de Hondt),* 1709, 5 vol. in-12. — Les mêmes (depuis 1637 jusqu'en 1677), édition dans laquelle on a rétabli tout ce qui avoit été supprimé dans les précédentes (rédigée et publiée par Prosper MARCHAND). *Londres (La Haye),* 1743, 9 vol. in-12.

Dictionnaire historique de Prosper Marchand, au mot ESTRADES, t. I, p. 235.

Lettres, mémoires et négociations du chevalier CARLETON, ambassadeur ordi-

naire de Jacques I, roi d'Angleterre (publiés par P. YORKE, comte DE HARDWICKE); traduits de l'anglois (par Gaspard-Joel MONOD). *La Haye, Gosse,* 1759, 3 vol. in-12.

Lettres militaires. (Par G. KNOCK.) *La Haye,* 1779, 2 vol. in-8.   V. T.

Lettres morales et chrétiennes d'une dame à sa fille, sur les moyens de se conduire avec sagesse dans le monde. (Par le P. G.-F. BEAUVAIS, jésuite.) *Paris, Hérissant,* 1758, in-12.

Même ouvrage que « Lettres de Mᵐᵉ ... à sa fille... » Voy. ci-dessus, col. 1251, d.

Lettres morales et politiques de CICÉRON à son ami Attique, sur le parti qu'il devoit prendre entre César et Pompée (traduites en français par Thomas GUYOT). *Paris, Claude Thiboust,* 1665, in-12.

Lettres moscovites. *A Paris, aux dépens de la Compagnie des libraires,* 1736, in-8, IV-363 p. — *A Kœnigsberg,* l'an 1736, in-8, IV-363 p.

Je lis ces mots en tête de l'exemplaire que possédait l'abbé Sépher : « Par le comte LOCATELLI ou le comte D'ASTI. » Un autre exemplaire que je me suis procuré en 1816 renferme une note ainsi conçue : « L'auteur de ces Lettres, qui s'appelle BONDANELLI, arriva à Pétersbourg en 1733, avec une troupe de comédiens italiens ; il se disait gentilhomme, et avoir servi dans les régimens d'Albergotti et Magalotti. Il avait quitté la France, à ce qu'il disait, parce qu'on voulait le contraindre d'épouser une demoiselle qui ne lui convenait pas ; mais d'autres disaient qu'il l'avait assassinée et volée. Il fit connaissance, en arrivant à Pétersbourg, avec des académiciens astronomes que l'on envoyait à Casan : mais il eut querelle avec eux ; ce qui fut cause de sa détention. Il paraît fort mal instruit des faits dont il rend compte. » Ses relations sont en effet fort défavorables à la Russie.   A.-A. B.

Dès le mois de juillet 1736, Rousset, p. 68 de son « Mercure hist. et polit. », donnait le nom de LOCATELLI. M. A. Ladrague, qui veut bien nous transmettre ce renseignement consigné sur l'exemplaire qui fait partie de la bibliothèque du comte Ouvaroff confiée à ses soins, ajoute :

« C'est sous le nom de ROCCAFORTIS que Locatelli arriva de Dantzig à Saint-Pétersbourg, mais pas avec des comédiens. S'il dit tant de mal des Russes, c'est qu'il ne les a pas connus, n'ayant eu affaire qu'à la triste clique des agents de police. »

M. Poloudensky a donné dans le « Bulletin du bouquiniste » (1ᵉʳ nov. 1861) l'analyse des recherches faites au prince Obolensky au sujet de Locatelli.

Lettres Ne repugnate vestro bono... (sur les immunités ecclésiastiques). *Londres (Paris),* 1750, in-12. — Nouv. édit., rev. et considérablement augm. In-12.

Voy. « Journal » de E.-J.-F. Barbier, *Paris,* 1851, t. III, p. 144-145.

Une note manuscrite du temps porte : « M. de Génar m'a dit avoir en main la preuve que M. BARJETON (Daniel), avocat, a fourni tous les matériaux de cet ouvrage, pour lequel le gouvernement le gratifia d'une somme de 15000 livres. » Cet ouvrage fut supprimé par arrêt du conseil du 1er juin 1750 et mis à l'*index* le 25 janvier 1751.

C'est à l'occasion de cet écrit que Voltaire inventa l' « Extrait du décret de la sacrée congrégation de Rome à l'encontre d'un libelle intitulé « Lettres sur le vingtième »:

Lettres, négociations et pièces secrètes, pour servir à l'histoire des Provinces-Unies et de la guerre présente, et de confirmations aux lettres de M. Van Hoëy (recueillies par l'abbé Nic. Lenglet du Fresnoy). *Paris*, 1744, in-12.

Lettres neufchâteloises. (Par Mme DE Charrières.) *Amsterdam*, 1784, 1786, in-12. — Nouv. édit. *Neufchâtel, Petit-pierre*, 1833, in-18.

Lettres normandes, ou petit tableau moral, politique et littéraire, adressées par un Normand devenu Parisien (Léon Thiessé, Eugène-Amédée Balland et Foulon, libraire) à plusieurs de ses compatriotes. *Paris, Foulon*, 1817-1820, 11 vol. in-8.

Lettres nouuelles de Milan. Auec les regretz du seigneur Ludouic. *S. l. n. d.*, in-4, 6 feuillets non chiffrés.

Caract. goth. Par (Pierre) Gringore. Le nom de l'auteur se trouve sous forme d'acrostiche à la fin de la pièce.

Lettres nouvelles de S. Augustin, avec un traité de l'origine de l'âme (trad. par dom J. Martin). *Paris, veuve Mazières*, 1734, in-8.

Lettres nouvelles ou nouvellement recouvrées de la marquise DE Sévigné et de la marquise DE Simiane, sa petite-fille (avec une préface par J.-F. DE La Harpe). *Paris, Lacombe*, 1773, in-12.

Lettres orientales. (Par J.-Bernard DE Valabrègue, interprète à la bibliothèque du roi.) *A Tessalonique*, 1754, in-8.

Tome I et unique.

Lettres originales de J.-J. Rousseau à Mme de ... (la maréchale de Luxembourg), à M. de Malesherbes et à d'Alembert (publiées par M.-C.-J. Pougens). *Paris, an VII-1798*, in-12.

Lettres originales de Mme la duchesse d'Orléans, Hélène de Mecklembourg-Schwerin. Souvenirs biographiques recueillis par G.-H. DE Schubert (trad. de l'allemand par C.-F. Girard). *Genève, H. George*, 1859, in-8. — 3e édit. *Ibid.*, 1860, in-8.

Lettres, ou Dissertation, où l'on fait voir que la profession d'avocat est la plus belle de toutes les professions... (Par F.-B.

Cocquard.) *Londres (France)*, 1733, in-8.

Lettres, ou Observations sur l'écrit (de Frédéric II) intitulé : « de la Littérature allemande ». (Par Rauquil-Lieutaud.) 1781, in-8.

Lettres, ou pratique des billets entre les négociants, par M*** (Currel ou Le Correur), secrétaire d'État. *Paris, veuve Cramoisy (Hollande)*, 1696, in-12.

Voy. « Supercheries », III, 1026, f.

Lettres pacifiques au sujet des contestations présentes. (Par L.-Adrien Le Paige.)

Voy. ci-dessus, « Lettres adressées à MM. les commissaires... », col. 1223, f.

Lettres parisiennes. (Par J.-F.-N. Dusaulchoy de Bergemont.) *Paris, Delaunay*, 1817, in-8, 222 p.

Lettres parisiennes, ou discussion sur les deux liturgies parisienne et romaine... (Par l'abbé J.-J. Laborde.) Deuxième édition, revue, corrigée et augmentée d'une notice sur l'auteur. *Paris, Dentu et Huet*, 1855, in-32, x-190 p.

Lettres parisiennes sur le désir d'être heureux. (Par l'abbé A.-P. Jacquin.) *Genève et Paris, Duchesne*, 1758, 1761, 2 parties in-12.

Lettres particulières envoyez au Roy, par un gentilhomme françoys (Duplessis). *S. l.*, 1585, in-8, 1 f. de tit. et 11 p. — *Paris, faict auant que mourir*, 1622, in-8, 1 f. de tit. et 13 p.

Voy. « Supercheries », II, 160, b.

Lettres pastorales adressées aux fidèles de France qui gémissent sous la captivité de Babylon, où sont dissipées les illusions que M. de Meaux et les autres convertisseurs employent pour séduire, et où l'on trouvera les principaux événements de la présente persécution. (Par Pierre Jurieu.) Seconde édition. *Amsterdam, A. Acher*, 1686, in-12. — Quatrième édition. *Rotterdam, Abr. Acher*, 1687, in-4, et 1688, 3 vol. in-12.

Cet ouvrage a été mis à l'index par décrets des 22 déc. 1700, 12 mars 1703 et 4 mars 1709.

Lettres pastorales sur le renouvellement de la persécution. (Par Jacques Basnage.) Seconde édition. *Rotterdam, A. Acher*, 1698, in-4, 1 f. de tit. et 88 p.

Quarante lettres.

Lettres patentes et autres pièces en faveur des juifs portugais. *Paris, Valleire*, 1753, in-12 de 43 p.

L'épistre dédicatoire est signée J. R. P. (Jacob-Rodriguez Pereire), agent de la nation des juifs portugais de Bordeaux.

Lettres perdues d'un sauvage du Nord (J.-G. Hamann) à un financier de Pe-kim (à M. de Lattre) ; encore deux lettres perdues !!! (à M. A. Icilius). *Riga*, 1773, in-4.

Voy. « Supercheries », III, 608, *c*.

Lettres persanes. (Par Ch. de Secondat, baron de Montesquieu.) *Amsterdam, P. Brunel*, 1721, 2 vol. in-12.

Montesquieu, qui, dans cet ouvrage, a fait parler ses deux étrangers avec une assez grande liberté sur tout ce qui se passait chez nous au commencement du siècle dernier, a cru pourtant devoir user de discrétion dans un endroit, et laisser entrevoir seulement sa pensée par quelques lettres initiales.

Je ne veux point chercher quel a été en cela son motif, mais empêcher qu'on ne lui fasse dire plus longtemps autre chose que ce qu'il a voulu dire, désagrément le plus grand auquel puisse être exposé un écrivain.

C'est dans la lettre datée de Paris, le 20 de la lune de Chahban 1720, où se trouve celle d'*un médecin de province à un médecin de Paris*, que le lecteur jugera, pour peu qu'il soit instruit, si l'on n'a pas eu tort d'interpréter les lettres A** du C*** concernant la B** et la G*** des l**, que l'on voit dans les premières éditions, par ces mots : *Arrêts du conseil concernant la bulle et la constitution des Jésuites*, au lieu d'*Arrêts du conseil concernant la Bourse et la Compagnie des Indes*; et si Montesquieu dans cette autre phrase : *Une feuille de papier marbré qui ait servi à couvrir un recueil des pièces des J** F***, n'a pas voulu dire plutôt les *jeux floraux* que les *Jésuites français*.

Ces méprises sont répétées dans toutes les éditions des Œuvres de Montesquieu données depuis une trentaine d'années, sans en excepter même celles de MM. Didot et Lefèvre : il était donc nécessaire de les faire connaître, afin qu'elles ne se perpétuassent pas tout à fait.

L'abbé Denina a lu la note suivante, écrite sur la marge d'une édition des « Lettres persanes », *Cologne*, 1767, 2 vol. in-18 :

« Trois personnes ont travaillé à ces fameuses lettres. M. de Montesquieu est auteur de celles qui roulent sur la politique ; un M. Bel, conseiller au parlement, a fourni les badines ; et un président nommé Barbaud (lisez Barbot) a écrit les morales. » (Prusse littéraire », t. I, article Denina, p. 377.)

Cet ouvrage a été mis à l'*index* le 24 mai 1761. Pour le détail des éditions, voir l'ouvrage de M. Louis Vian, « Bibliographie des Œuvres de Montesquieu », *Paris*, 1872, in-8, 32 p., où la note ci-dessus est reproduite.

Voy. aussi, « Supercheries », II, 996, *c*.

Lettres (les) persanes convaincues d'impiété. (Par l'abbé J.-B. Gaultier.) 1751, in-12.

Lettres philosophiques et critiques, par Mlle Co** (Cochois), avec les réponses de M. d'Arg*** (le marquis J.-B. de Boyer d'Argens). *La Haye, Pierre de Hondt*, 1744, in-12.

Voy. « Supercheries », I, 379, *b*.

Mlle Cochois, comédienne française à Berlin, devint la femme du marquis d'Argens le 21 janv. 1749.

Lettres philosophiques et historiques à mylord S***, sur l'état moral et politique de l'Inde, des Indous et de quelques autres principaux peuples de l'Asie, au commencement du XIXe siècle, traduites en très-grande partie des *Asiatic researches*, des *Works* of William Jones, et d'autres ouvrages anglais, par l'auteur de l' « Essai historique sur l'art de la guerre, depuis son origine jusqu'à nos jours » (M. d'Écrammeville). *Paris, Pougens*, an XI-1803, in-8.

Lettres philosophiques et politiques sur l'histoire d'Angleterre, depuis son origine jusqu'à nos jours, traduites de l'anglais (d'Olivier Goldsmith, par Mme Brissot, née Félicité Dupont, avec des notes par J.-P. Brissot.) *Paris, Regnault*, 1786, 2 vol. in-8. — 2e éd. *Ibid.*, 1790, 2 vol. in-8.

Cet ouvrage parut en anglais sous ce titre : « History of England, in a series of letters from a nobleman to his son », *London*, 1763, 2 vol. in-12, et on l'attribua alors à lord Thomas Lyttleton. Il en existe deux autres traductions. Voy. « Supercheries », II, 812, *e*, *f*, et ci-dessus, col. 654, *b*.

Lettres philosophiques et théologiques, avec une dissertation sur les contradictions des propositions, et la réfutation d'une « Instruction pastorale » de M. de Beaumont, archevêque de Paris. (Par l'abbé Barth. de La Porte.) (*Paris*), 1760, in-12.

Lettres philosophiques, par M. de V. (de Voltaire). *Amsterdam, E. Lucas*, 1734, in-8 et in-12. — *Rouen, Jorre*, 1734, in-12. — Nouvelle édition, avec le nom de l'auteur et des notes par M. Beuchot. *Paris, veuve Perronneau*, 1818, in-12.

Pour l'histoire des premières éditions, voir : « Voltaire, la police et ses éditeurs », p. 350 et suiv. de J. Leouzon Leduc, « Études sur la Russie... Récits et souvenirs. » *Paris, Amyot*, 1853, in-12.

Lettres philosophiques, sérieuses, critiques et amusantes, traitant de la pierre philosophale, de l'incertitude de la médecine, etc. *Paris, Saugrain*, 1733, in-12. — *La Haye*, 1748, in-12.

L'épître dédicatoire, adressée au *chevalier Yonge*, est signée L. C. D. T. ; mais tout cela, aussi bien que les adresses des lettres, sont autant de fictions de l'auteur, l'abbé Saunier de Beaumont. Ces lettres sont tirées de différents auteurs, et notamment d'un Anglais.

L'approbation et le privilège, de 1732, sont donnés à un *philosophe provincial*.

Lettres philosophiques sur divers sujets importans. (Par le père Lamy, bénédictin.) *Trévoux* (*Paris*), 1703, in-12.

Lettres philosophiques sur l'origine des préjugés, du dogme de l'immortalité de l'âme, de l'idolâtrie, etc., trad. de l'anglois (de John TOLAND, par le baron D'HOLBACH, avec deux notes de J.-A. NAIGEON). *Londres (Amsterdam, M.-M. Rey)*, 1768, in-8.

Lettres philosophiques sur la magie. (Par l'abbé J.-B. FIARD.) 2e éd. *Paris, Richard, Caille et Ravier*, an IX-1801, in-12. — *Paris, Gréyoire et Thouvenin*, an XI-1803, in-8.

La 1re éd. est de 1781 ; elle parut sous le titre de « Lettres magiques, ou Lettres sur le diable. »

Lettres philosophiques sur le principe et la cause du mouvement machinal des êtres organisés. (Par PASSALAIGUE.) *Amsterdam, Changuion*, 1754, in-8.

« Bibliothèque des sciences et des beaux-arts », t. I, p. 243, et t. II, p. 232.

Lettres philosophiques sur les chats. (Par F.-A. PARADIS DE MONCRIF.) *(Paris)*, 1748, in-8.

Même ouvrage que « les Chats ». Voy. IV, 576, e.

Lettres philosophiques sur les physionomies. (Par l'abbé Jacques PERNETTI.) *La Haye, chez Jean Neaulme*, 1748, 2 part. in-12, 2 ff., 132 p. et 122 p., tit. et front. gravés. — 3e éd. *Lyon, Bruyset*, 1760, in-8.

Thiébault, dans le tome V de ses « Souvenirs de vingt ans de séjour à Berlin » (*Paris*, 1804, 5 vol. in-8), prétend, d'après l'affirmation de l'abbé Matte, ex-Jésuite, qui a vécu au collège de Louis-le-Grand avec le P. BOUGEANT, que ce dernier, si connu par son « Amusement philosophique sur le langage des bêtes », est le véritable auteur des « Lettres sur les physionomies », et qu'il en a donné le manuscrit à l'abbé Pernetti, pour ne pas s'exposer à être encore exilé par ses supérieurs à la maison de La Flèche, comme cela lui était arrivé pour son ingénieux ouvrage sur le langage des bêtes.

Lettres philosophiques sur saint Paul, sur sa doctrine, etc., et sur plusieurs points de la religion chrétienne considérés politiquement ; trad. de l'anglais par le philosophe de Ferney, et trouvées dans le portefeuille de M. V., son ancien secrétaire. (Attribuées à J.-P. BRISSOT.) *Neufchâtel*, 1783, in-8.

Lettres politiques, commerciales et littéraires sur l'Inde, par le lieutenant-colonel TAYLOR, ouvrage traduit de l'anglais (par A. JEUDY DUGOUR, MADGETT et Bertr. BARRÈRE DE VIEUZAC). *Paris, imp. de Marchant*, 1801, in-8.

Lettres politiques, par l'auteur de « la Pairie envisagée dans ses rapports avec la situation politique » (Ch. DUVEYRIER). *Paris, Beck*, 1843, 2 vol. in-8.

Lettres populaires, où l'on examine la

« Réponse (de d'Ivernois) aux Lettres de la campagne ». (Par J.-R. TRONCHIN.) (1765), in-8.

Lettres portugaises, traduites en françois. *Paris, C. Barbin*, 1669, 2 vol. in-12.

Cette première édition se compose de cinq lettres attribuées à une religieuse portugaise nommée Marianne ALCAFORADA. Ces cinq lettres passent pour avoir été traduites et publiées par l'avocat SUBLIGNY, auquel elles auraient été confiées par Noël Bouton de Chamilly, le destinataire, qui, après avoir servi en France, passa en Portugal, sous le nom de comte de Saint-Léger. C'est par erreur que dans l'avertissement de quelques éditions cette traduction est attribuée à GUILLERAGUES, que l'on a nommé aussi QUILLERAQUES.

Voir pour le détail des nombreuses éditions de cet ouvrage et de ses suites, publiées sous différents titres, la notice bibliographique de l'édition de 1824, donnée par M. DE SOUZA ; et Brunet, 5e éd., t. III, col. 1030-1032.

Nous nous contenterons d'indiquer les éditions données par des éditeurs anonymes.

Nouv. édit. (publiée par P.-F. AUDIN, avec une notice historique sur l'auteur de ces lettres, leur traducteur et leurs différentes éditions, par MERCIER, abbé DE SAINT-LÉGER). *Paris, Delance*, 1796, 2 vol. in-12. Cette édition a été réimprimée en 1806 avec des additions et la notice de Mercier de Saint-Léger, par A.-A. BARBIER.

Nouvelle édition, conforme à la première, avec une notice bibliographique sur ces lettres. *Paris, F. Didot*, 1824, in-12, 227 p. La notice est signée D. J. M. S. (don José-Maria DE SOUZA).

Dans un catalogue des livres de M. D. L. M., nov. 1808, l'auteur des Lettres portugaises est désigné sous le nom de Mme DE PÉDÉGACHE. Ce nom serait-il celui de l'auteur des sept lettres données comme 2e partie dès 1669 ?

Lettres portugaises en vers, par Mlle d'Ol*** (par le marquis A.-L. DE XIMENÈS). *Lisbonne (Paris)*, 1759, in-8. — Nouv. édit. *Francfort-sur-le-Meyn*, 1760, in-8, à la suite des « Quatre parties du jour » de l'abbé de Bernis.

C'est l'imitation en vers de la première et de la quatrième des Lettres portugaises indiquées à l'article précédent.

Lettres portugaises et brésiliennes. (Par Ph.-J. GAUCHER DE PASSAC.) *Blois et Paris*, 1824, 3 vol. in-12.

Lettres pour et contre, sur la fameuse question : si les solitaires appelés Thérapeutes, dont a parlé Philon le Juif, étoient Chrétiens. *Paris, Etienne*, 1712, in-12.

La première et la troisième lettre sont du président J. BOUHIER, la deuxième du P. Bern. DE MONTFAUCON ; le tout a été publié par Bern. DE LA MONNOYE.

Voyez d'intéressants détails sur cet ouvrage, dans la « Bibliothèque des auteurs de Bourgogne », par l'abbé Papillon, *Dijon, Fr. Desventes*, 1745, 2 vol. in-fol., t. I, article BOUHIER.

Lettres pour servir de suite à l' « Essai sur la théorie du somnambulisme magnétique ». Par M. T. D. M. (TARDY DE MONT-RAVEL). *Londres*, 1787, in-8, 2 ff. lim. et 65 p.

Lettres provinciales.

Voyez « Provinciales ».

Lettres provinciales, ou Examen impartial de l'origine, de la constitution et des révolutions de la monarchie françoise, par un avocat de province (Pierre BOUQUET) à un avocat de Paris. *La Haye, Le Neutre ; et Paris, Merlin,* 1772, 2 vol. in-8, 239-178 p. et 1 f. d'errata.

Voy. « Supercheries », I, 421, c.

Lettres purpuracées, ou Lettres consulaires et provinciales, écrites contre les consuls d'Aix et procureurs du pays de Provence. (Par l'abbé J.-J. RIVE.) *A Dicaiopolis, chez Agathon Eleuthère (Paris),* 1789, in-8, 117 p. et 2 p. d'errata.

Lettres qui découvrent l'illusion des philosophes sur la baguette, et qui détruisent leurs systèmes. (Par le P. Pierre LE BRUN.) *Paris,* 1693, in-8. — *Paris,* 1696, in-12.

Lettres récréatives et morales sur les mœurs du temps. (Par L.-Ant. DE CARACCIOLI.) *Paris, Nyon,* 1767, 4 vol. in-12.

Lettres relatives à une ordonnance du 24 juillet 1815, adressées à M. Lamb.... de Joan... *Paris, Migneret,* 1815, in-8, 1 f. lim. et 37 p.

Signées : L. M. (Louis-Mathias BARRAL), archevêque de Tours.

Lettres rurales. (Par le marquis de CHENNEVIÈRES-POINTEL.) *Mamers, imp. de Jules Fleury,* 1872, in-8, 120 p.

Extrait du « Journal de Mamers (Sarthe) ».

Lettres russes. *Bruxelles, Schnée,* 1854-1855, in-12, 13, 13 et 16 p.

Attribuées au prince Serge GALITZINE.   J. D.

Lettres russiennes. (Par Fr.-H. STRUBE DE PIERMONT.) *S. l.,* 1760, pet. in-8, 271 p.

Dirigées contre « l'Esprit des lois » de Montesquieu. C'est une apologie de l'autocratie en général et de celle du gouvernement russe en particulier.

A. L.

Lettres saxonnes. *Berlin, aux dépens de la Compagnie,* 1738, 2 vol. in-12.

Attribuées par Quérard au baron Charles-Louis DE POELLNITZ. Ce n'est peut-être, ajoute-t-il, qu'une réimpression de la « Saxe galante », sous un autre titre.

C'est une erreur ; cet ouvrage est tout à fait différent de la « Saxe galante ».

Attribuées par M. de Manne, d'après le Catalogue manuscrit de la Bibliothèque nationale, à CHAPUY.

Lettres secrettes de M. DE VOLTAIRE.

Publiées par M. L. B. (Jean-Baptiste-René ROBINET). *Francfort et Leypzig, J.-G. Eslinger,* 1765, in-8, 210 p. — *Genève,* 1765, in-12, 114 p. —*Genève,* 1785, in-12, 114 p. et 1 f. d'errata.

Lettres secrètes, sur l'état actuel de la religion et du clergé de France, à M. le marquis de..., ancien mestre de camp de cavalerie, retiré dans ses terres. *S. l.,* 1781-1783, in-12, 22 p. — Suite des « Lettres secrètes... » *S. l.,* 1783, in-12, 82-73 p. ou 83-70 p.

Attribuées aux abbés Nic. THYREL DE BOISMONT et Jean-Siffrein MAURY.

On croit aujourd'hui que l'abbé DE BOURMONT est le principal auteur des « Lettres secrètes ».

Quatre des « Lettres secrètes » (13, 14, 15 et 16) ont été réimprimées en 1789, sous ce titre : « le Triumvirat redévoilé à la nation assemblée », in-8, 70 p.

On comprenait dans le *Triumvirat :*

Étienne-Charles de Loménie, archevêque de Toulouse ;

Yves-Alexandre de Marbeuf, évêque d'Autun, chargé de la feuille des bénéfices ;

Jean de Dieu Raymond de Boisgelin de Cucé, archevêque d'Aix.

L'abbé de Vermont était désigné comme soutenant ce Triumvirat.

L'éditeur a mis en tête un avertissement de deux pages, et à la fin un *nota* d'une page et demie, le tout dirigé, comme on le pense bien, contre les trois prélats que l'on accusait de composer le Triumvirat.

Lettres semi-philosophiques du chevalier de ** au comte de **. (Par Jean-Baptiste PASCAL.) *Amsterdam et Paris, Mérigot,* 1757, 3 part. in-12.

Voy. « Supercheries », III, 1022, c.

Lettres sérieuses et badines sur les ouvrages des sayants et sur d'autres matières. (Par Ant. DE LA BARRE DE BEAUMARCHAIS.) *La Haye, J. Van Duren,* 1729-1740, 12 vol. in-8.

Lettres servant de réponse aux Lettres philosophiques sur les Anglois, etc., de M. de Voltaire. (Par l'abbé J.-B. MOLINIER.) *Paris,* 1735, in-12, 80 p.

Cette critique est écrite avec dureté ; elle paraît dictée par un zèle religieux bien étranger au caractère de BONNEVAL, qui passe, auprès de quelques écrivains, pour en être l'auteur. C'est d'après une note manuscrite que je la donne à l'abbé J.-B. MOLINIER.

On a pu attribuer à Bonneval le libelle du janséniste Molinier, et Voltaire a pu l'en croire l'auteur ; mais, si cela eût été vrai, Bonneval eût-il écrit en 1737 une lettre flatteuse et suppliante que Voltaire apostilla d'une manière si dure ? Voy. cette lettre parmi les pièces justificatives qui accompagnent la Vie de Voltaire, dans l'édit. de Beaumarchais, in-8, t. LXX.

On trouve dans le 22° volume de la « Bibliothèque française » de du Sauzet une lettre de M. de B*** sur la critique dont il est ici question. Cette lettre, terminée par un trait mordant contre Voltaire, est peut-être de Bonneval ; et c'est ce qui aura pu lui faire attribuer la « Réponse aux Lettres philosophiques ». Voy. ce titre.

Lettres siamoises, ou les Siamois en Europe. (Par Joseph LANDON.) *S. l.* (*Paris*), 1751, in-12, 1 f. de tit. et 158 p.

Lettres sincères d'un gentilhomme françois, fait par le sieur L. E. N. L. V. N. J. (Par Gédéon FLOURNOIS, ministre protestant.) *Cologne*, 1681 et 1682, 3 vol. in-12.

Lettres socialistes. Première lettre. Pourquoi le socialisme ? Mai 1850. Par M. C. C. (C. CHARPILLET), propriétaire. *Paris, Garnier frères*, 1850, in-8.

Une seconde lettre, publiée en 1851, porte le nom de l'auteur.

Lettres spirituelles de feu messire Louis-François-Gabriel d'Orléans DE LA MOTHE, évêque d'Amiens (publiées par M. l'abbé DARGNIES, chanoine et archidiacre).*Paris, Berton*, 1777, in-12.

Lettres spirituelles de messire Jacques-Bénigne BOSSUET, évêque de Meaux, à une de ses pénitentes (publiées avec une préface par dom Ildephonse CATHELINOT, bénédictin de la congrégation de Saint-Vannes). *Paris, Desaint et Saillant*, 1746, in-12.

Réimprimées en 1748, avec des augmentations et des corrections, sous le titre de « Lettres et Opuscules de M. Bossuet », 2 vol. in-12.

La seconde édition des « Lettres » est beaucoup plus conforme que la première aux manuscrits de Bossuet : celle-ci avait été faite sur une copie fort inexacte qui ne renfermait presque aucune date.

Toutes deux paraissent avoir été dirigées par le P. Cathelinot. A la vérité, les deux préfaces n'ont entre elles aucune ressemblance ; mais elles contiennent toutes deux des détails intéressants. On apprend, par la première, que le P. Cathelinot a été l'un des premiers possesseurs du Journal manuscrit de l'abbé Le Dieu sur Bossuet ; il regrettait beaucoup de l'avoir laissé échapper de ses mains.

Lettres spirituelles par *** (le P. Jean-Joseph SURIN, revues et corrigées par le P. CHAMPION). *Nantes et Paris, Couterot*, 1704, 3 vol. in-12. — *Lyon*, 1716, 2 vol. in-12.

Réimprimées avec le nom de l'auteur. *Paris, A. Galand*, 1825, 2 vol. in-12.

Lettres spirituelles sur la paix intérieure et autres sujets de piété, par l'auteur du « Traité de la paix intérieure » (LA PEYRIE, en religion le P. AMBROISE, de Lombez, capucin). *Paris, Hérissant*, 1766, in-12.

Réimprimées avec le nom de l'auteur. *Lyon et Paris, Périsse*, 1823, in-12.

Lettres spirituelles sur les mystères et

sur les fêtes. (Par le P. Jean-Joseph SURIN.) *Paris, Edme Couterot*, 1700, in-12.

Ce volume forme le troisième de la collection indiquée à l'avant-dernier article.

Lettres sur Alexisbad et ses environs. (Par W. DE FREYGANG.) *Leipzig*, 1830, in-8.

Lettres sur Constantinople, de l'abbé SÉVIN, etc.; le tout imprimé sur les originaux inédits (par les soins d'Ant. SÉRIEYS) et revu par BOURLET DE VAUXCELLES. *Paris, Obré*, 1802, in-8.

Lettres sur divers sujets concernant la religion, etc. (Par DE FÉNELON.) *Paris,* 1716, in-12.

Réimprimées en 1718, avec le nom de l'auteur (par les soins du chevalier A.-M. DE RAMSAY).

Lettres sur divers sujets de piété et de morale. (Par Jacq.-Jos. DUGUET.) *Paris, Etienne*, 1735 et 1737, 10 vol. in-12 et in-18.

Lettres sur divers sujets de politique et de morale, adressées à M. Clausel de Coussergues, membre de la Chambre des députés... Par A. L. B. (Vict.-L.-S. ANGLIVIEL DE LA BEAUMELLE). *Paris, Brissot-Thivars*, 1819, in-8, 1 f. de tit. et 32 p.

Lettres sur divers sujets, par Mme D. L. F. (Marie-Elisabeth BOUÉE, dame DE LA FITE). *La Haye, Gosse*, 1775, in-12.

Lettres sur Dresde à madame ***, contenant une esquisse de ce que cette ville offre de plus remarquable. (Par K.-H.-L. REINHART.) *Berlin, Duncker*, 1800, in-8.

Lettres sur Frédéric II, roi de Prusse. (Par J.-C.-T. LAVEAUX.) *Strasbourg, Treuttel*, 1789, 3 vol. in-8 et in-12.

Formant les volumes V à VII de la « Vie de Frédéric II... » Voy. ce titre.

Lettres sur l'administration du sacrement de Pénitence. (Par l'abbé G. MALEVILLE.) *Bruxelles* (*Toulouse*), 1740, 2 vol. in-12.

Lettres sur l'agriculture du district de La Rochelle et des districts voisins. Par un cultivateur (P.-Ch. MARTIN DE CHASSIRON). *La Rochelle, Lhomandie et Châteauneuf, s. d.* (1795), in-8.

Lettres sur l'Allemagne. *A Vienne*, 1787, in-12, VIII-303 p.

Traduction anonyme, en mauvais français, mais sans retranchements, des vingt-cinq premières lettres de l'ouvrage remarquable publié par le baron G. DE RIESBECK sous le titre de :

« Briefe eines reisenden Franzosen »... (c.-à-d.

Lettres d'un voyageur français sur l'Allemagne, adressées à son frère à Paris). *S. l.*, 1783, 2 vol. pet. in-8.

Une seconde édition revue et augmentée a paru la même année. Le titre allemand donne l'ouvrage comme étant traduit du français, par K. R., ce qui n'est pas vrai et ce qui a induit plusieurs bibliographes en erreur.

Voy. « Supercheries », III, 981, *e.*

L'avis au lecteur est celui de Riesbeck ; on l'a daté de 1786 au lieu de 1782. Quelques notes ajoutées portent, comme celles traduites de l'allemand : Note de l'éditeur. Voy. ci-dessus, « Lettres d'un voyageur français... », col. 1245, *b*, et ci-après, « Lettres sur les Allemands », col. 1301, *d.*

Lettres sur l'amour adressées à Mme A. D., par C. R. *Paris, Delaunay*, 1837, in-8.

Cet ouvrage est de Narcisse-Honoré CELLIER, connu sous le nom de CELLIER DU FAYEL ; les lettres sont adressées à Mme Aurore Dudevant.

Lettres sur l'amour de la patrie, ou Correspondance d'Anapistémon et de Philopatros. (Par FRÉDÉRIC II, roi de Prusse.) *Berlin, G.-J. Decker*, 1779, in-8, 92 p., texte allem. et franç. — *La Haye, Gosse*, 1779, in-8, 92 p.

Réimprimées par M. Preuss dans le t. X de son édition des « Œuvres » de Frédéric.

Lettres sur l'Angleterre, ou mon Séjour à Londres en 1817, par Mme M. D*** (Mme MARIOTTE, née D'AVOTH). *Paris, Germain Mathiot*, 1819, in-8.

Voy. « Supercheries », II, 1087, *b.*

Lettres sur l'astronomie pratique. (Par Aug. DARQUIER DE PELLEPOIX.) *Paris, Didot*, 1786, in-8.

Lettres sur l'écrit intitulé : « Pensées philosophiques » (de Diderot), et sur le livre des « Mœurs » (de Toussaint, par l'abbé F.-B. TANDEAU). 1749, in-8, 52 p.

Lettres sur l'éducation. (Par le comte Lancelot DE TURPIN DE CRISSÉ.) *Paris, Bauche*, 1762, 2 vol. in-12.

Je trouve dans cet ouvrage le style du comte DE TURPIN, à qui une note manuscrite le donne, plutôt que celui de C.-E. PESSELIER, qui en est cité comme auteur par la « France littéraire » de 1769.

Lettres sur l'éducation des femmes et sur leur caractère en général. *Saint-Omer*, 1758, in-12.

Ces lettres, qu'on avait annoncées sous le nom du chevalier DE LA BORIE, sont tirées mot à mot des « Révolutions des arts » de G.-A. MÉHÉGAN.

« Annales typographiques », septembre 1760, p. 258.

Lettres sur l'éducation des princes (par Cl. DE NONNEY DE FONTENAI), avec une préface et la traduction d'une lettre de MILTON, où il propose une nouvelle manière d'élever la jeunesse (par l'abbé J.-B. LE BLANC). *Edimbourg, John-True-Man* (*Paris, Barrois*), 1746, in-12.

Lettres sur l'Encyclopédie, pour servir de supplément aux sept volumes de ce dictionnaire. (Par l'abbé Jean SAAS.) *Amsterdam, Is. Tirion*, 1764, in-8, 2 ff. lim., 190 p. et 1 f. de table.

Lettres sur l'esprit de patriotisme, sur l'idée d'un roy patriote... ouvrage traduit de l'anglois (de BOLINGBROKE, par DE BISSY). *Londres*, 1750, in-8.

Voy. le « Journal historique de Collé », t. I, p. 307.

Lettres sur l'esprit du siècle. (Par dom DESCHAMPS, bénédictin.) *Londres, Edouard Young* (*Paris*), 1769, in-8, 61 p.

Note manuscrite de Diderot.

Lettres sur l'état actuel de la Pologne. (Par l'abbé Nic. BAUDEAU.) *Amsterdam et Paris, Delalain*, 1771, in-12.

Extr. des « Éphémérides du citoyen », année 1771. Voyez ci-dessus, « Lettres historiques... », col. 1276, *b.*

Lettres sur l'état actuel de la ville souterraine d'Herculée, et sur les causes de son ensevelissement sous les ruines du Vésuve. (Par le président Ch. DE BROSSES.) *Dijon*, 1750, in-8.

Lettres sur l'état présent de nos spectacles, avec des vues nouvelles sur chacun d'eux, particulièrement sur la Comédie-Française et l'Opéra. (Par Nic. BRICAIRE DE LA DIXMERIE.) *La Haye et Paris, Duchesne*, 1765, in-12.

Lettres sur l'histoire de la réforme en Angleterre et en Irlande. Par William COBBET. Traduction nouvelle (par MM. HIVERS et DOUQUET). 4e édit. *Paris, Gaume frères*, 1829, in-12.

La 1re éd. a paru en 1824, en 4 livraisons ; la 2e, en 1825, en 2 vol. in-18 ; et la 3e, en 1827, aussi en 2 vol. in-18.   D. M.

Lettres sur l'histoire, par Henri SAINT-JEAN, lord vicomte DE BOLINGBROKE (suivies de réflexions sur l'exil et de la lettre sur le véritable usage de la retraite et de l'étude, par le même auteur), le tout traduit de l'anglois (par Jacq. BARBEU DU BOURG). 1752, 2 vol. in-8.

Le tome II de cette traduction forme la 1re partie de l'ouvrage publié par Maubert de Gouvest, sous le titre de : « le Siècle politique de Louis XIV... » Voy. ces mots.

Lettres sur l'histoire physique de la terre, adressées à M. le professeur Blumenbach, par J.-A. DE LUC (publiées par l'abbé J.-A. EMERY). *Paris, Nyon aîné*, an VI-1798, in-8.

Lettres sur l'imagination. (Par J.-H. MEISTER.) *Zurich*, 1794, in-12.

Réimprimées avec le nom de l'auteur. *Londres, Bell*, 1799, in-8.

Lettres sur l'Inde. (Par le prince Alexis SOLTIKOFF.) *Paris, Amyot*, 1848, in-8, 32 pl.

Une sec. édition, avec le nom de l'auteur, a paru sous le titre de : « Voyage dans l'Inde ». *Paris, Curmer*, 1850, 2 vol. gr. in-8, 36 pl. et 1 carte.

Lettres sur l'instinct des animaux. (Par J.-Ch. LE ROY.) *Nuremberg*, 1768, in-12, 230 p.

Ces lettres ont paru pour la première fois, dans le « Journal étranger » et dans la « Gazette littéraire » de SUARD et ARNAUD. On les trouve aussi dans le troisième volume des « Variétés littéraires » de ces deux auteurs. Une autre édition publiée à *Nuremberg*, en 1781, est intitulée : « Lettres sur les animaux ». Voy. ci-après, col. 1302. *d*. M. Roux-Fazillac en a publié une édition avec le nom de l'auteur. *Paris*, 1802, in-8.

Lettres sur l'interprétation des saintes Ecritures. (Par Fr. JOUBERT.) 1744, in-12.

Lettres sur l'Italie, à Mᵐᵉ la baᵒⁿⁿᵉ X..... *Bordeaux, imp. G. Gounouilhou*, 1859, in-16, 32 p.

Signées : Un touriste bordelais (B. DANFLOU).

Lettres sur l'Italie, adressées à sa mère, par le comte D. (DUPERROUX). *Grenoble, Allier*, 1828, in-8.

Voy. « Supercheries », I, 828, *f*.

Lettres sur l'Italie en 1785. (Par C.-M.-J.-B. MERCIER DUPATY.) *Rome et Paris, Desenne*, 1788, 2 vol. in-8.

Souvent réimprimées en 3 vol. in-18, avec le nom de l'auteur.

Lettres sur l'Opéra. Par M. C*** (C.-N. COCHIN). *Paris, Cellot*, 1781, in-12, 20 p.

Lettres sur l'opinion dominante dans quelques pais. (Par N.-J. baron DE LOE.) *Zutphen, A.-M. Eldit*, 1790, in-8.

V. D.

Lettres sur l'origine de la noblesse françoise et sur la manière dont elle s'est conservée jusqu'à nos jours. (Par l'abbé MIGNOT DE BUSSY.) *Lyon, Jean de Ville*, 1763, in-12, XXXVI-353 p. et 1 f. de privilége.

Lettres sur l'origine et l'autorité des Parlements. (Par TOURNACHON DE MONT-VÉRAN.) *Paris*, 1790, in-8.

Lettres sur l'ouvrage intitulé : « la Vie du général Dumourier (*sic*) »...

Voy. « Réfutation des Mémoires... »

Lettres sur l'ouvrage intitulé : « Querelles littéraires. »

Voy. ci-dessus, « Lettre à M*** », col. 1094, *b*.

Lettres sur la botanique. (*Paris*, 1695), in-8, 44 p.

Deux lettres, signées : P. C*** (Philibert COLLET).

Lettres (de l'abbé LAURENT) sur la censure des « Principes de morale » de M. l'abbé de Mably (par la Sorbonne). 1784, in-12.

Réimprimées à la suite de l'édition des « Principes de morale ». *Amsterdam*, 1785, in-8.

Lettres sur la colonne du Congrès national et l'administration des beaux-arts. (Par ERÈBE, journaliste.) *Bruxelles, H. Adriaens*, 1859, gr. in-8, 80 p.

J. D.

Lettres sur la constitution actuelle de la Pologne et la tenue de ses Diètes. (Par PYRRHYS DE VARILLE.) *Varsovie et Paris*, 1771, in-12.

A. L.

Lettres sur la coutume d'employer le *vous* au lieu du *tu*, et sur cette question : Doit-on employer le tutoiement dans nos versions, surtout dans celle de la Bible ? (Par J.-J. VERNET.) *La Haye, Aillaud*, 1752, in-8.

On trouve dans ce volume une lettre de Fontenelle et une de Montesquieu, consultés tous deux sur la question qui fait le sujet de l'ouvrage. (Note manuscrite d'A.-A. Barbier.) « Dans la liste chronologique des ouvrages de J.-J. Vernet, que Senebier a donnée au t. III de son « Histoire littéraire de Genève », p. 25 et suiv., il s'est glissé une bien plaisante erreur typographique. Après l'indication de celui-ci vient celle d'un autre ouvrage qui aurait été publié la même année et sous le titre de « Lettre sur la coutume d'employer le *vin* au lieu du *thé*, etc. » C'est évidemment par la faute d'un copiste infidèle, ou d'un compositeur étourdi, que ces mots ont été ainsi transformés ; mais la faute existe, et elle a été copiée par Ersch et Desessarts. » (Quérard, « France littéraire ».)

Lettres sur la Crimée, Odessa et la mer d'Azoff. (Par mistress Martha GUTHERIE ; avec une traduction russe en regard. par M. J. SNEGIREF.) *Moscou, Bouvat*, 1810, in-8, VIII-294 p.

M. Michel Poloudensky a parlé des singuliers nonsens du traducteur, dans le « Bulletin du bouquiniste », 15 mai 1861, p. 272-73. Ces lettres avaient été publiées d'abord dans la « Bibliothèque britannique », revue publiée à Genève en 1808 ; c'est de ce recueil que M. Snegiref les a tirées, pour les republier avec traduction.

Lettres sur la dernière édition du « Dictionnaire historique » de Moréry, donnée en 1707. (Par Fr. VAFFARD, en religion le P. ANGE DE SAINTE-ROSALIE, augustin déchaussé.) (*Toulouse*, 1707), in-12.

Lettres sur la discipline ecclésiastique, par plusieurs desservants du diocèse de Limoges et des diocèses circonvoisins. (Par l'abbé J.-B. MAROUSSEAU.) *Limoges, imp. de Chapoulaud frères*, 1841, in-8, 2 ff. lim. et 78 p.

Lettres sur la France, l'Angleterre et l'Italie, par le comte F. DE H. (François DE HARTIG), chambellan de Sa Majesté impériale et royale. *Genève*, 1785, in-8.

Lettres sur la franche-maçonnerie. (Par J. URIOT.) *Francfort*, 1742, 1746. — *La Haye*, 1743. — *Stuttgard*, 1769, in-8.

Lettres sur la guerre de Russie en 1812; sur la ville de Saint-Pétersbourg, les mœurs et les usages des habitants de la Russie et de la Pologne. Par L. V. D.P. (le vicomte DE PUIBUSQUE)... *Paris, Magimel*, 1816, in-8.

Réimprimées l'année suivante avec le nom de l'auteur.

Lettres sur la Hollande... (Par Ch.-A. PILATI DE TASSULO.) *La Haye*, 1780, 2 vol. in-12.

Voy. « Observateur (l') français à Amsterdam... »

Lettres sur la Législation, ou l'Ordre légal dépravé, rétabli et perpétué, par L. D. H. (l'ami des hommes, Vict. RIQUETTI, marquis de MIRABEAU). *Berne*, 1775, 3 vol. in-12.

Lettres sur la littérature et la poésie italiennes, traduites de l'italien. Par M. DE P*********. *Florence et Paris, C. Cailleau*, 1778, in-8, VIII–364 p.

Ce volume se compose de deux parties, savoir :
1° D'une traduction des dix lettres publiées en italien par le P. BETTINELLI, jésuite, en 1758, et données ici sous ce titre : « Lettres de Virgile, écrites de l'Élysée aux académiciens des Arcades de Rome ».
Le traducteur, qui n'est autre que le général F.-R.-J. DE POMMEREUL, ou mieux DE POMMEREUIL, a fait suivre ces Lettres de citations prises dans les auteurs dont elles parlent, et en les accompagnant en regard de traductions en prose ou en vers, par divers auteurs (p. 99-211).
2° Des lettres d'un Anglais sur la littérature et la poésie italiennes, traduites de l'italien. Par M. de P********** (p. 213-364).
Ce volume est dédié par le traducteur à Mme de P***, D. G**, sa cousine.
Pour une autre traduction des Lettres de Bettinelli, voy. « Lettres critiques aux Arcades... », col. 1231, a.
Cet ouvrage n'a de commun que le sujet avec les « Observations sur les poëtes italiens, par M. Bassi, ou Réponse aux Remarques sur les mêmes poëtes du voyageur anglais M. Sherlock ». *Londres et Paris, veuve Duchesne*, 1780, in-8, VIII–71 p.

Lettres sur la littérature mandchoue, par A.-L. LEONTIEW; traduites du russe (par J. KLAPROTH). *Paris, imp. de Fain*, 1815, in-8, 76 p.

Lettres sur la manière de gouverner les maisons religieuses. (Par le P. Guill. BEAUFILS, jésuite.) *Paris, H.-L. Guérin*, 1712, in-12, 350 p.

Lettres sur la médecine. Septième lettre. *Paris, Migneret*, 1826, in-8, 34 p.

Signées : V. (VAREILHOT).

On lit dans l'avertissement : « Les six premières lettres ne seront jamais publiées. »

Lettres sur la minéralogie et la métallurgie pratiques; traduites de l'anglois de M. DIDERICK-WESSEL-LINDEN (par DE THÉSUT DE VINCY). *Paris, Durand*, 1752, in-12, 11 ff. lim. et 201 p.

Lettres sur la mythologie; traduites de l'anglois de BLACKWELL (par M.-A. EIDOUS). *Paris, Hérissant*, 1771, in-12. — *Leyde, Murrey*, 1779, 2 vol. in-12.

Lettres sur la nature et l'essence du sacrifice de la messe, ou Examen de la réfutation publiée par le P. L.... (Lambert) de l'ouvrage posthume de M. P... (Pelvert, par l'abbé Claude MEY). 1786, 2 vol. in-12.

Lettres sur la nouvelle Héloïse ou Aloïsia de Jean-Jacques Rousseau, citoyen de Genève. *S. l.*, 1761, in-8, 27 p.

Quatre lettres. La 1re est signée : Marquis DE XIMENEZ. C'est une supercherie. De l'aveu même de Ximenez, c'est VOLTAIRE qui est l'auteur de ces « Lettres », admises par Beuchot dans son édition des « Œuvres de Voltaire », tome XL.

Lettres sur la paix. (Par M. le comte Ch.-Léop. DE BELDERBUSCH.) 1797, in-8.
V. T.

Lettres sur la Palestine, la Syrie et l'Egypte, ou Voyage en Galilée ou en Judée, avec une relation sur la mer Morte et sur l'état présent de Jérusalem ; par T. R. J. (T.-R. JOLIFFE). Traduites de l'anglais sur la seconde édition, par AUBERT DE VITRY ; ornées d'une carte géographique et de cinq gravures. *Paris, Picard-Dubois, etc.*, 1820, in-8.

L'original anglais, également anonyme, a été publié à *Londres*, en 1819 et 1820, in-8, et en 1822, 2 vol. in-8, avec le nom de l'auteur.

Lettres sur la pasigraphie. (Par DESHAYES.) *Paris*, 1806, in-8.   D. M.

Lettres sur la peinture à un amateur. (Par L.-G. BAILLET DE SAINT-JULIEN.) *Genève*, 1750, in-8, 44 p. — *Genève*, 1750, in-12, 29 p.

Lettres sur la prise de Moscou en 1812. (Par l'abbé SURUGUE.) *Paris, imp. de F. Didot*, 1821, gr. in-8, 44 p.

Cet opuscule, qui n'a été tiré qu'à 30 exempl., n'a point de frontispice, mais seulement un faux titre, au verso duquel sont neuf lignes servant d'avertissement et signées MALARTIC.

Une 2e édit. avec le nom de l'auteur écrit Surrugues. *Paris, Plancher*, 1823, in-3, 48 p.

Il y a des exemplaires dont le titre ne porte pas : 2e édit. La préface de cette édition diffère de celle de la précédente.

L'abbé Adrien Surugue, docteur en théologie de la maison et société de Sorbonne, ancien principal du collège royal de Toulouse, chanoine de la collégiale de Pitten (diocèse de Vilna) et curé-doyen de l'église paroissiale de Saint-Louis des Français de Moscou, est mort dans cette ville, le 20 décembre 1812, âgé de 60 ans.   A. L.

Lettres sur la procédure criminelle de France, dans lesquelles on montre sa conformité avec celle de l'Inquisition, et les abus qui en résultent. (Par C.-M.-J.-B. MERCIER DUPATY.) *En France*, 1788, in-8.

Lettres sur la profession d'avocat, et sur les études nécessaires pour l'exercer ; on y a joint un catalogue raisonné des livres utiles à un avocat, et plusieurs pièces concernant l'ordre des avocats. (Par Arm.-Gast. CAMUS.) *Paris, J.-T. Hérissant*, 1772, in-12.

La seconde édition, *Paris*, 1777, in-12, porte le nom de l'auteur. La 3e, *Paris, Gilbert*, 1805, 2 vol. in-12, a été publiée après la mort de l'auteur par A. M. H. B. (Ant.-Mar.-Henri BOULARD). Une 4e édition, *Paris, Warée*, 1818, 2 vol. in-8, a été donnée par A.-M.-J.-J. DUPIN.

Lettres sur la religion essentielle à l'homme, distinguée de ce qui n'est que l'accessoire. (Par Mlle Marie HUBER.) *Amsterdam, Wetstein et Smith*, 1738, 2 part. in-8.

Après ces deux parties, l'auteur a publié :
Suite sur la religion essentielle à l'homme, servant de réponse aux objections qui ont été faites à l'ouvrage qui porte ce titre. Troisième partie. *Londres*, 1739, in-8, 40 ff. n. chiff., 316 p. et table.
Suite de la troisième partie sur la religion essentielle à l'homme, en douze lettres. *Londres*, 1739, in-8, 8 ff. n. chiff., 124 p. et table.
Ces deux parties ont été réimprimées à la suite de la nouvelle édition.
Lettres sur la religion... *Londres*, 1756, en 6 part. in-8. Edition augmentée des parties cinq et six, qui portent le titre de : « Recueil de diverses pièces servant de Supplément aux Lettres »; il en existe une édition de *Berlin*, 1754, in-8.
Cet ouvrage a été mis à l'*index* le 28 juillet 1742.

Lettres sur la religion, par un religieux bénédictin (dom J.-B. AGNEAUX DE VIENNE). *Avignon, Fez*, 1757, in-12.

Lettres sur la révocation de l'édit de Nantes, à Mme de ***, avec cette épigraphe : *Dulcis amor patriæ. S. l.*, 1788, in-8.

Attribuées à Guill. DE LAMOIGNON DE MALESHERBES, suivant une note manuscrite de Sautreau de Marsy.
Ces lettres sont plutôt d'un prêtre.

Lettres sur la route de Genève à Milan par le Simplon, écrites en 1809. (Par Georges MALLET.) *Genève et Paris, Pas-*

a choud, 1810, in-12. — Sec. édit., rev. et augm. *Ibid., id.*, 1816, in-12.

Attribuées aussi à P.-X. LESCHEVIN DE PRÉCOUR.

Lettres sur la Savoie, suivies d'une ode sur le pont Charles-Albert, à l'occasion du voyage de Sa Majesté en 1839. *Annecy*, 1839, in-8, 30 p.

L'ode est de M. DE JUGE.

Lettres sur la séance publique de l'Académie d'Amiens, tenue le 15 germinal *b* **an XII.** (Par RIVOIRE.) *S. l. n. d. (Amiens)*, in-8, 52 p.

Lettres sur la sépulture dans les églises, à M. de C..... (Par C.-G. PORÉE.) *Caen, J.-C. Peyron*, 1745, in-12, 48 p. — *Caen, J. Manoury*, 1749, in-12, 48 p.

Ces lettres sont suivies de « Observations sur les sépultures dans les églises... », avec pagin. particulière.

Lettres sur la Suisse, accompagnées de *c* **vues dessinées d'après nature par Villeneuve, publ. et lithogr. par E. Engelmann.** *Paris, Engelmann*, 1823-27, in-fol.

Le texte des trois premières parties est de Désiré RAOUL-ROCHETTE ; celui des 4e et 5e part. est de M.-P.-A. DE GOLDÉRY.

Lettres sur la Suisse, adressées à Mme de M***, par un voyageur français (J.-B. DE LA BORDE), en 1781. *Paris, Jombert jeune*, *d* 1783, 2 vol. in-8.

Voy. « Supercheries », III, 981, *c*.

Lettres sur la Suisse. Par un voyageur. *Paris, Boniface*, 1848, in-8, 43 p.

Signées : A. S. (André-Adolphe SALA).

Lettres sur la Suisse, premier volume, première partie ; P. L. C. L. D. C. (Par le comte Léopold DE CURTY.) *Altona*, 1797, in-8.

Lettres sur la « Théorie des lois civiles ». *e* (Par S.-N.-H. LINGUET.) *Amsterdam*, 1770, in-12.

Lettres sur la Valachie, ou Observations sur cette province et ses habitants, écrites de 1815 à 1821... Par F*** R*** (F. RECORDON, du canton de Vaud, architecte). *Paris, Lecointe et Durey*, 1821, in-12.

Lettres sur la ville de Rouen. Par *f* **M. Adre L..........** (Alexandre LESGUILLEZ). *Rouen*, 1826, in-8.

Voy. ci-dessus, col. 1210, *c*. Cet ouvrage y a été décrit par erreur sous le titre de « Lettre..... »

Lettres sur la ville et les eaux d'Aix-la-Chapelle, par M. D. B. (DE BARJOLE, de l'Académie des sciences). *La Haye, Gosse*, 1784. — Nouv. édit., corr. et augm. *Amsterdam*, 1786, in-8.

Lettres sur le Bosphore, ou Relation d'un voyage en différentes parties de l'Orient, pendant les années 1816-1819. (Par Mᵐᵉ DE LA FERTÉ-MEUN.) *Paris, Domère*, 1821, in-8. — 2ᵉ éd. *Paris, Locard et Davi*, 1822, in-8.

D'après M. de Manne, le comte DE BEAUREPAIRE DE LOUVAGNY n'aurait pas été étranger à la rédaction de cet ouvrage.

Lettres sur le Caucase et la Géorgie (par madame Frederika FREYGANG, née KUDRAJAFTSKI ou KOUDRIAVSKI), suivies d'une Relation d'un voyage en Perse, en 1812 (par Wilhelm von FREYGANG, agent diplomatique, mari de la précédente). *Hambourg, Perthes et Besser; Saint-Pétersbourg, Pluchart*, 1816, in-8, avec 2 cartes.

Traduites en allemand, en hollandais et en anglais sur l'original français.   A. L.

Lettres sur le choix d'un médecin. *S. l.*, 1684, in-12.

Quatre lettres, dont chacune a sa date et sa pagination. Lettre à Mˡˡᵉ D. B. (par Elie RICHARD). — Réponse à une lettre écrite à Mˡˡᵉ D. B. (par Nic. VENETTE). — Réponse de Mˡˡᵉ D. B. (par Elie BOUHEREAU). — Réponse à la lettre de Mˡˡᵉ D. B. (par Nic. VENETTE).

Lettres sur le commerce des grains. (Par Victor DE RIQUETTI, marquis de MIRABEAU.) *Amsterdam et Paris, Desaint*, 1768, in-12.

Lettres sur le commerce des grains. Par M*** (CONDORCET). *Paris, Couturier*, 1775, in-8, 29 p.

Lettres sur le Danemark. *Genève*, 1758, in-8. — Nouvelle édition. *Genève*, 1764-1767, 2 vol. in-8.

La première édition ne se compose que d'un volume, qui est de ROGER, secrétaire du comte de Bernstorff; la seconde est augmentée d'un deuxième volume, composé par E.-S.-F. REVERDIL, de Genève.

Lettres sur le désir de plaire, suivies de « Ce que c'est que l'occasion », conte moral par l'auteur des « Erreurs d'une jolie femme » (F.-A. PUZIN DE LA MARTINIÈRE, dame BENOIST). *S. l.*, 1780, in-12.

Lettres sur le gouvernement, les mœurs et les usages en Portugal, écrites par Arthur-William COSTIGAN, officier irlandais, à son frère (ou plutôt composées par le brigadier FERRIÈRE, et publiées en 1788, 2 vol. in-8). traduites de l'anglais (par BOURSIER). *Paris, L.-A. Pithou*, 1810, in-8.

Le général de Valleré, qui a été au service de Portugal pendant longtemps, est fort lestement traité dans ces lettres. Voyez les réclamations de sa fille dans l' « Appendice à l'Eloge historique de Guillaume-Louis-Antoine de Valleré ». *Paris, Firmin Didot*, 1808, in-8.

Lettres sur le magnétisme animal, où l'on discute l'ouvrage de M. Thouret, intitulé : « Doutes et recherches…, » et le « Rapport des commissaires sur l'existence… » (Par le docteur A.-M.-J. BOUVIER.) *Bruxelles*, 1784, in-8 de 102 p.

Pour vérifier les exemplaires, voir p. 48 des « Notes bibliographiques… d'A. Dureau ». *Paris*, 1869, in-8.

Lettres sur le Manuel à l'usage du diocèse de Castres. (Par L. TALLOT.) *Troyes*, 1774, in-8.

Il y a quatre lettres.

Lettres sur le ministère de M. Necker… (Par l'abbé J.-A. BRUN.) *Paris*, 1787, in-8.

Lettres sur le néerlandais, les néerlando-flamands et le flamand moderne belge. (Par BON, ancien professeur à l'Athénée de Bruxelles.) *Bruxelles*, 1841-1842, 4 parties in-12.   J. D.

Lettres sur le nouveau système de la voix et sur les artères sympathiques. (Par Exupère-Jos. BERTIN.) *S. l.*, 1748, in-12, 74 p.

La première éd. a paru en 1745, sous le titre de « Lettre à M. D*** ». Voy. ci-dessus, col. 1101, *b*.

Lettres sur le nouveau système des finances. (Par l'abbé Jean TERRASSON.) *S. l.* (1720), in-4, 16 p.

Deux lettres. La première avait été imprimée à part sous le titre de « Première lettre écrite à M***, sur le nouveau système des finances et particulièrement sur le remboursement des rentes constituées. » *S. l.* (1720), in-4, 8 p. L'auteur a publié une autre lettre sous le titre de « Troisième lettre, où l'on traite encore des constitutions et du crédit, et où l'on explique l'usage des monnaies en général et les avantages de la monnaie de banque en particulier. » *S. l.* (1720), in-4, 33 p.

Lettres sur le poëme de « la Pitié » (de l'abbé Delille), et Observations pour servir de réponses à ces lettres. (Par P.-L. ROEDERER.) *Paris*, an XI-1803, in-8.

Les Lettres ont pour auteur H.-Fr.-E. CARRION-NISAS, mort en 1842.

Lettres sur le pouvoir de l'imagination des femmes enceintes… (Par Isaac BELLET.) *Paris, frères Guérin*, 1745, in-12.

Lettres sur le préjudice qu'occasioneroient, aux arts et à la science, le déplacement des monuments de l'art de l'Italie, le démembrement de ses écoles et la spoliation de ses collections, galeries, musées, etc., par A. Q. (A.-C. QUATREMÈRE DE QUINCY). *Paris, Desenne, Quatremère*, an IV-1796, in-8, 74 p.

Une seconde édition, ou plutôt une contrefaçon, parut la même année : elle a un feuillet de plus n. chiffré, pour un errata qui s'applique à un passage de la p. 41.

Sur le titre de cette seconde édition, le nom du libraire Quatremère est imprimé avec un *e*.

Une troisième édition (publiée par les soins d'Ant. Canova) a un faux titre intitulé : « Lettres sur le projet d'enlever les monuments de l'Italie ; » mais le titre, qui est le même que celui de l'édition de 1796, porte de plus : Par M. Quatremère de Quincy. Nouvelle édition faite sur celle de Paris de 1796. *A Rome*, 1815, in-8, 98 p.

Ces lettres, au nombre de 7, sont adressées au général Miranda ; elles ont encore reparu dans le volume intitulé : « Lettres sur l'enlèvement des ouvrages de l'art antique à Athènes et à Rome », écrites les unes au célèbre Canova, les autres au général Miranda, par M. Quatremère de Quincy. *Paris, Adr. Leclere, Bourgeois-Maze*, 1836, in-8, XVI-283 p.

Le sujet traité par Quatremère a été repris de nos jours avec beaucoup d'élévation. Voy. « Bulletin de l'Acad. roy. de Belgique », 2ᵉ série, t. XXXIII, nᵒ 3, 1872 : « Quelque Mots touchant l'application du droit de conquête aux monuments de l'art., » 32 p. in-8.

La présente note s'y trouve reproduite avec une faute typographique qui rend inintelligible ce qui concerne la seconde édition des Lettres en question. Sur le titre de cette seconde édition, le nom de Quatremère indiqué comme libraire est imprimé Quatremère, *avec un e*. C'est là ce qui caractérise, à première vue, cette seconde édition.

Lettres sur le Salon de 1808, à M. Denon. (Par Eugène DANDRÉ.) *Paris*, 1808, in-8, 24 p.

Lettres sur le secret de la confession. (Par Jean BOILLOT, minime.) *Cologne, Pantin (Dijon, Augé)*, 1703, in-12.

Lettres sur les affaires du temps. (Par TRONCHIN DU BREUL.) *Amsterdam, Henri Desbordes*, 1688, 1689 et 1690, 3 vol. in-4 et in-12.

Lettres sur les affaires présentes. (Par Fr. BARBÉ-MARBOIS.) *Paris, Pierres*, 1775, in-8.

Lettres sur les Allemands. (Par C.-A. COLLINI.) *Hambourg*, 1790, in-12, XVI et 428 p.

Kayser ne cite pas d'autre édition. L'auteur de la Notice sur Collini mise en tête de l'ouvrage posthume de ce dernier : « Mon Séjour auprès de Voltaire, » *Paris*, 1807, in-8, en indique une de *Mannheim*, 1784, ce qui ne peut être qu'une erreur, puisque dans l'édition de 1790 la première et la dernière lettre sont datées de 1786.

On lit de plus dans cette Notice :

« Six ou sept ans après la publication de ces Lettres, « il parut un ouvrage en allemand intitulé, autant « que l'éditeur peut se le rappeler : « Lettres d'un « voyageur français ». Cette édition n'était autre chose « qu'un de ces hardis plagiats si communs dans la lit- « térature. On avait traduit la production de M. Collini « et il n'y avait de différence entre ces deux livres « que le titre et la suppression de quelques lettres « dans la version allemande. »

Admettant cette allégation comme réelle, Beuchot, article Collini de la « Biographie univers. », t.IX, publié en 1813, dit :

« Les « Lettres sur les Allemands », 1784, in-8,

« ont été réimprimées sous le titre de « Lettres sur « l'Allemagne ». *Vienne*, 1787, in-12. Elles ont été « traduites en allemand par le baron de Risbeck sous « le titre de : « Lettres d'un voyageur françois sur l'Al- « lemagne, » *Zurich*, 1784, 2 vol. in-8. Le travail de « Risbeck a été traduit en français sous le titre de : « Voyage de Risbeck en Allemagne ». *Paris, Re- « gnault*, 1793 (lisez 1788), 3 vol in-8. On en a « fait aussi une traduction anglaise, et d'après cette « traduction anglaise une seconde traduction française. »

Si maintenant vous prenez le t. VIII de la 2ᵉ édit. de la « Biographie univers. » publiée en 1854, qui porte toujours la signature de Beuchot, lequel est mort en 1851, vous lirez : « ..... Lettres sur l'Allemagne ». « *Mannheim*, 1784, in-12. Plusieurs bibliographes « ont cru que les « Lettres d'un voyageur français sur « l'Allemagne », traduction de l'allemand de l'ouvrage « du baron de Risbeck intitulé : *Briefe eines rei- « senden Franzosen*, etc., n'étaient qu'une traduc- « tion augmentée des Lettres de Collini. M. Weiss a « rectifié cette erreur en démontrant que l'ouvrage de « Risbeck publié en 1783 ne pouvait pas être la tra- « duction de celui de Collini, qui n'a été publié pour « la première fois qu'en 1784. »

Comme je l'ai déjà dit, je ne crois pas à une édition de 1784, mais l'édition de 1790 tranche la question, puisque Collini cite avec éloge l'ouvrage de Risbeck.

Lettres sur les Anglois et les François, et sur les voyages. (Par B.-L. DE MURALT.) 1725, in-8. — 1726, 3 tom. en 2 vol. in-12. — 2ᵒ éd., à laquelle on a joint « l'Apologie du caractère anglois et françois », avec la défense de la VIᵉ satire de Boileau, et justification du bel esprit françois. (Par l'abbé P.-Fr. GUYOT-DESFONTAINES et le P. BRUMOY.) *Cologne*, 1727, in-12. — *Paris, David*, 1742, 2 vol. in-12.

Voy. pour l' « Apologie... », IV, col. 246, *e*.

Lettres sur les animaux. (Par J.-Ch. LE ROY.) Nouvelle édition augmentée. *Nuremberg et Paris, Saugrain jeune*, 1781, in-12.

Voy. pour la 1ʳᵉ éd., « Lettres sur l'instinct des animaux », ci-dessus, col. 1293, *a*.

Lettres sur les avantages de l'amitié chrétienne, ou lettres à Gustave. (Par G.-J.-A.-Jos. JAUFFRET.) *Paris, veuve Nyon*, s. d., in-12, 384 p.   G. M.

Lettres sur les causes physiques et les effets de la sympathie. (Par And.-Jos. HAVÉ.)

Voy. « Supercheries », I, 825, *f*.

Lettres sur les « Contes des fées », attribués à Perrault, et sur l'origine de la féerie. (Par C.-A. WALCKENAER.) *Paris, Baudoin frères*, 1826, in-12.

Réimprimées avec le nom de l'auteur.

Lettres sur les dangers de changer la constitution politique d'un gouvernement public, écrites à un patriote hollandois. (Par E. LUZAC.) *Londres (Hollande)*, 1792, in-8.   V. D.

Lettres sur les devoirs d'un supérieur de religieuses, par M. L. D. M. (l'abbé DE MONTIS). *Paris*, 1777, in-12.

Lettres sur les disputes de religion, trad. de l'allem. de J.-J. SPALDING, par D. ST. (DE STUVEN). *S. l.*, 1766, in-

Lettres sur les disputes qui se sont élevées entre les médecins et les chirurgiens, sur le droit qu'a Astruc d'entrer dans ces disputes,... par M*** (François QUESNAY), chirurgien de Rouen, à M***, chirurgien de Namur... *S. l.*, 1737, in-4, 162 p.

Lettres sur les élections anglaises et sur la situation de l'Irlande. *Paris, Sautelet,* 1827, in-8, 2 ff. de tit., vi-263 p.

La préface est signée : P. D. H. (Prosper DUVERGIER DE HAURANNE).

Lettres sur les élections de la seconde série, par un électeur à double vote (BONNEAU-LESTANG, manufacturier de faïence à Nevers). *Nevers, septembre* 1822, in-8.

Lettres sur les émeutes populaires que cause la cherté des blés, et sur les précautions du moment. (Par TURGOT.) *S. l.*, 1768, in-12. *Douteux.*

Note manuscrite.

Lettres sur les États-Unis d'Amérique, écrites en 1832 et 1833, et adressées à M. le comte O'Mahony. Par J. M. B. DE*** (J.-M.-B. BINS DE SAINT-VICTOR). *Lyon et Paris, Périsse frères*, 1835, 2 vol. in-8.

Voy. « Supercheries », II, 409, *e.*

Lettres sur les finances de France. (Par VAUCHER.) 1795, in-8.

Voy. « Bulletin du bibliophile belge », t. XIX, p. 434.

Lettres sur les hommes célèbres dans les sciences, la littérature et les beaux-arts, sous le règne de Louis XV. Première partie. — Siècle littéraire de Louis XV, ou lettres sur les hommes célèbres. Seconde partie. (Par Pierre-Louis D'AQUIN DE CHATEAU-LYON.) *Amsterdam et Paris, Duchesne*, 1752-1753, 2 vol. in-12.

Lettres sur les îles Marquises, ou Mémoires pour servir à l'étude religieuse, morale, politique et statistique des îles Marquises et de l'Océanie orientale, etc. Par le P. Mathias G*** (GRACIA), prêtre de la Société des sacrés-cœurs (Picpus), missionnaires de l'Océanie, récemment arrivé de ces îles. *Paris, Gaume frères*, 1843, in-8.
D. M.

Lettres sur les Israélites et le judaïsme, au directeur du « Panorama des nouveautés parisiennes ». (Par Michel BERR.) *Paris,* 1825, in-8, 36 p.

Lettres sur les laboureuses de Noisy, près Versailles. (Par G.-F. LE TROSNE.) *Paris,* 1777, in-8.

Lettres sur les matières du temps. *Amsterdam, P. Savouret*, 1er février 1688 — 15 décembre 1690, in-4.

Rédigées par Jean TRONCHIN DU BREUIL, de Genève. Voy. Bayle, « Cabale chimérique », chap. IV, et Hatin, « les Gazettes de Hollande », 1865, in-8, p. 157-158. Attribuées aussi à Pierre JURIEU, et aussi à P. BAYLE. Le même auteur a également publié, sans se nommer : « Traité sur les controverses du temps ».

Lettres sur les ouvrages et le caractère de J.-J. Rousseau. (Par Mme DE STAEL.) *S. l.*, 1788, in-12. — Par Mme la baronne DE S***. *S. l.*, 1789, in-8.

Réimprimées avec le nom de l'auteur.

Lettres sur les ouvrages et œuvres de piété (appelées depuis « Journal chrétien », par Cl. JOANNET). *Paris, Chaubert, Hérissant et Panckoucke*, 1754-1764, 58 vol. in-12.

Lettres sur les prophéties modernes, et concordances de toutes les prédictions jusqu'au règne de Henri V inclusivement, par E. C. (l'abbé E.-O. CHABAUTY). *Poitiers, Oudin*, 1871, in-8, 120 p.

La 2e édition, *Poitiers*, 1872, in-18, porte le nom de l'auteur.

Lettres sur les quatre articles dits du clergé de France. (Par le cardinal Laurent LITTA.) *Rome*, 1816, in-8. — *Bruxelles*, 1818, in-8, 142 p. — Nouvelle édition avec des notes (de l'abbé F. DE LA MENNAIS). *Paris, au bureau du* « Mémorial catholique », 1826, in-12, 250 p.

Voy. ci-dessus, « Lettres diverses et intéressantes... », col. 1264, *a.*

Lettres sur les révolutions du globe, par M. Alex. B. (ALEXANDRE BERTRAND). *Paris, Bossange frères*, 1824, in-18.

Réimprimées avec le nom de l'auteur.

Lettres sur les tableaux tirés du cabinet du roi, et exposés au Luxembourg depuis le 14 octobre 1748. (Par LE DIEUX, peintre et poëte.)

Note de l'inspecteur de la librairie, d'Hemery.

Lettres sur les vérités les plus importantes de la religion, traduites de l'allemand de M. DE HALLER (par Gabr. SEIGNEUX DE CORREVON). *Yverdon*, 1772, in-8.

Lettres sur les vrais principes de la religion, où l'on examine le livre de la « Religion essentielle à l'homme » (de Mlle Marie Huber), avec la défense des « Pensées » de Pascal contre la critique de Voltaire, et trois lettres relatives à la philosophie de ce poëte (par D.-R. BOULLIER). *Amsterdam*, *Catuffe*, 1741, 2 vol. in-12.

Lettres sur M. de Fontenelle..... (Par Pierre-Louis D'AQUIN DE CHATEAU-LYON.) *Paris, Brunet*, 1751, in-12, 120 p.

Lettres sur Napoléon, ses campagnes d'Italie, ses cendres. (Par F.-J. GRILLE.) *Angers, Cosnier et Lachèze*, 1840, in-8, 24 p.

Tirées à 10 exemplaires.

Lettres sur Nice et ses environs. (Par Antoine DE TOURTOULON.) *Montpellier, Cristin*, 1852, in-8, 104 p.

Lettres sur Paris, ou Correspondance de M*** dans les années 1806 et 7. (Par K.-G. DE BERKHEIM.) *Heidelberg*, 1809, in-8.

Lettres sur quelques cantons de la Suisse, écrites en 1819. (Par D.-Raoul ROCHETTE.) *Paris, H. Nicolle*, 1820, in-8.

Lettres sur quelques écrits de ce temps. (Par E.-C. FRÉRON et l'abbé Jos. DE LA PORTE.) *Genève et Londres (Paris)*, 1749-1754, 13 vol. in-12.

Prennent au commencement de 1754, et après 62 numéros, le titre suivant, auquel la renommée de Fréron est demeurée plus particulièrement attachée : « l'Année littéraire, ou suite des lettres.... » Voy. IV, 201, *e*.

Lettres sur quelques points de la discipline de l'Église. (Par le P. P. LE COQ.) 1769, in-12.   V. T.

Permission tacite.

Lettres sur un mandement de Mgr le cardinal de Noailles sur la guérison de Mᵐᵉ de La Fosse. (Par J.-J. VERNET.) *Genève*, 1726, in-8.

Lettres sur un voyage d'Espagne par **** (C. COSTE-D'ARNOBAT). *Pampelune (Paris)*, 1756, in-12.

Suivant une note manuscrite, l'édition presque entière fut supprimée en décembre 1756, à la réquisition de l'ambassadeur d'Espagne en France.

Lettres sur un voyage fait dans quelques provinces méridionales de l'Angleterre, par le B. DE R. (le baron I.-W. DE RIESCH). *Dresde, Walther*, 1786, in-8, 46 p.

Lettres (vingt et une) théologiques aux écrivains défenseurs des convulsions et autres prétendus miracles du temps. (Par dom Louis-Bern. DE LA TASTE.) *Paris*, 1740, in-4.

La première est datée du 15 avril 1733.

Lettres théologiques (par l'abbé Nic. LE GROS) contre le « Traité des prêts de commerce » (de l'abbé Mignot). 1739, in-4. — Supplément. 1740, in-4.

Voyez « Traité des prêts... »

Lettres théologiques et critiques sur la tradition, ou défense de la tradition orale... (Par l'abbé GISSON, de Sarlat.) *Avignon, Giroust*, 1759, in-12, 152 p.

Lettres théologiques sur les nouvelles opinions du temps, à madame la marquise de ***. Première lettre, la « Presbytéromachie » (contre Malebranche) ; seconde lettre, le « Télémaque spirituel » (contre Fénelon, par l'abbé P.-V. FAYDIT). 1699, in-12.

Lettres touchant la matière de l'usure, par rapport aux contrats de rentes rachetables des deux côtés. (Par Nic. PETITPIED.) *Lille (Utrecht)*, 1731, in-4.

Lettres traduites de l'anglois (d'Éliza HAYWOOD). *Londres (Paris)*, 1751, in-12.

L'ouvrage original anglais a paru sous le titre de « Epistles for the ladies ».

Lettres trouvées. Pages historiques sur un épisode de la vie de Jean Diodati (publ. par Ch. PLAN.) *Genève, Z.-G. Fick*, 1864, in-8.

Lettres troyennes, ou Observations critiques sur les ouvrages d'histoire qui concourent pour le prix décennal. (Par Etienne JONDOT, ancien professeur d'histoire.) *Paris, Gérard*, 1810, in-8, 92 p.

Lettres turques et Lettres de Nedim Coggia, revues, corrigées et augmentées. (Par G.-F. POULLAIN DE SAINT-FOIX.) *Amsterdam (Paris)*, 1750, in-12.

Lettres turques, historiques et politiques, écrites tant par MÉHÉMET II, empereur ottoman, que par ses généraux, ses sultanes, un de ses ambassadeurs, et USUM-CASSAN, roi de Perse, son contemporain ; traduites du grec et de l'arabe, avec des notes et une histoire de la vie de ce conquérant, par M. B*** de M*** (BELIN DE MONTERZI). *Paris, Duchesne*, 1764, in-12.

Même ouvrage que « Histoire de Méhémet II... » Voy. ci-dessus, col. 724, *f*.

Lettres vendéennes (par le vicomte Walsh), 2ᵉ édition, à MM. les rédacteurs du « Journal de Nantes ». *S. l. (Nantes,* 2 mai 1826), in-8, 4 p.

Compte rendu, signé L.-F. DE T. (L.-F. DE TOLLENARE).

Lettres villageoises sur une secte imaginaire. (Par l'abbé JACQUEMONT.) *Paris, Egron*, 1821, in-12. — 2ᵉ éd. *Paris, A. Egron*, 1822, in-12.

Lettres violettes et noires ou anti-épiscopales et anti-grand-vicariales, pour servir de supplément aux deux histoires modernes de Provence par l'Exoratorien (*sic*) Papon et par le jurisconsulte Bouche, touchant les administrations de Jean de Dieu de Bois-Gelin, archevêque d'Aix, et d'Emmanuel-François de Beausset de Roquefort, évêque de Fréjus. (Par l'abbé J.-Jos. Rive.) *A Dicaiopolis, chez Agathon Eleuthère*, 1789, in-8, 96 pag., plus 2 pag. d'errata.

Lettres westphaliennes, écrites par M. le comte DE R. M. (G.-H. DE ROMANCE MESMON) à Mme de H., sur plusieurs sujets de philosophie, de littérature et d'histoire. *Berlin, Fréd. Vieweg*, 1797, in-12, 280 p.

Ces lettres avaient été par erreur, attribuées par Barbier à Charles DE VILLIERS.

Leuez-vous, monseigneur, mon Dieu ne mettez en oubli les pauures. Ps. 9.... (Par François LE BRETON.) *S. l.*, 1586, in 8.

Le titre est formé de trois versets tirés des psaumes 9, 11 et 139. On trouve au verso la liste des 10 pièces que contient le volume. Voy. « Remontrance aux trois estats de la France ».

Léviade (la), poëme catholique français, apostolique romain, en deux chants. (Par MÉLIOT.) *Chartres, Garnier*, 1833, in-8.

Leviticon, ou Exposé des principes fondamentaux de la doctrine des chrétiens-catholiques primitifs ; suivi de leurs évangiles... (Par Bernard – Raymond FABRÉ PALAPRAT.) *Paris, à la libr. des Chrétiens primitifs, et chez J. Machault, trésorier général*, 1831, in-8, 316 p.

Lexique grec-français de quarante fables d'Esope. (Par J.-B. BARBIER.) *Paris*, 1811, in-12.

Réimprimé avec le nom de l'auteur.

Liaisons (les) dangereuses ; lettres recueillies dans une société, et publiées pour l'instruction de quelques autres, par C*** DE L*** (P.-A.-F. CHODERLOS DE LA CLOS). *Amsterdam et Paris, Durand*, 1782, 4 part. in-12.

Souvent réimprimées.

Libelle (le) intitulé : « la Théologie morale des Jésuites » (par Arnauld), contredit et convaincu en tous ses chefs. Par un père théologien de la compagnie de Jésus (le P. Franç. ANNAT). *Paris, Hénault*, 1644, in-8.

Libéral (le), dédié à MM. les membres indépendants de la Chambre des députés. (Par CUGNET DE MONTARLOT, L.-A.-F. CAUCHOIS-LEMAIRE, et L.-S. BRISSOT-THIVARS.) *Paris*, 10 avril-22 juin 1819. Tome Ier en 12 livr. in-8, 512 p.

Libérale (la) et l'Ultra, histoire véritable, publiée par M. René de G*** (Alex. DE LA GARENCIÈRE). *Paris, Pillet*, 1820, in-8.

Voy. « Supercheries », II, 120, *f*.

Libéralisme et liberté, étude politique, février 1852. (Par Isidore VAN OVERLOOP.) *Bruxelles, Decq*, in-8, 14 p.

Extrait du « Journal de Bruxelles ».   J. D.

Libéralisme (du) exclusif, ou Études sur le système de l'exclusivisme considéré au point de vue de l'esprit national et de la constitution, suivies d'une lettre sur la mission du libéralisme, publiée par « l'Echo du Parlement », du 4 juillet 1863, sous l'initiale N.; par X (Charles WOESTE), docteur en droit. *Bruxelles, Vromant*, 1863, in-8, 83 p.   J. D.

Libéralisme (le) jugé par la « Civilta catolica » (vers 1862).

La traduction et l'analyse de cet ouvrage du Père CRUCCI, jésuite, résidant à Rome, ont été faites par Léonce DE LA RALLAYE, rédacteur du « Monde ».
    D. M.

Libérateur (le) annoncé et promis à tous les peuples... Précédé d'un précis historique de la religion, depuis la déchéance de l'homme jusqu'à la venue du Messie. Par l'auteur de « Dieu et l'Homme » (GIOVANELLI, anc. directeur des douanes). *Paris, Parent-Desbarres*, 1846, 2 vol. in-8.

Libération progressive des dettes de l'État, Extinction de la dette nationale, Assurance pour les créanciers de l'État démontrées. 1788, in-4.

Simon, bibliothécaire du Tribunat, m'a communiqué un exemplaire envoyé à Joly de Fleury, de la part du chevalier DE BAUMONT, mestre de camp de cavalerie ; ce qui peut faire penser qu'il est l'auteur de cet ouvrage.   V. T.

Libéraux (les) et les catholiques jugés par leurs actes, ou la Vérité en matière politique. (Par DUCAMP.) *Bruxelles, chez tous les libraires*, 1861, in-8, 34 p.   J. D.

Liberté. (Par M. Edouard BOINVILLIERS.) *Paris, imp. de Duverger*, 1854, in-8.

Liberté. (Par Ch. POTVIN.) *Bruxelles, Verteneuil*, in-8, 50 p.   J. D.

Liberté (la) commerciale, ou Examen critique de ce système appliqué aux denrées alimentaires. (Par J. ROUCHET.) *Bruxelles, Slingeneyer*, 1857, in-8, 14 p.   J. D.

Liberté (de la) considérée dans ses rapports avec les institutions judiciaires; par le premier président de la Cour royale d'Ajaccio (le chevalier Mézard). *Paris, Béchet aîné*, 1823, in-8.

Liberté (de la) d'association en Belgique, à l'égard des étrangers. Question de droit politique. (Par Bertinatti.) *Bruxelles, Méline*, 1845, in-8, 37 p.   J. D.

Liberté (la) d'enseignement demandée par tous les partis, avant et après 1830. Mémoire dédié à tous les amis de l'ordre, de la religion et des libertés. (Par l'abbé François Ténougi.) *Marseille, imp. de M. Olive*, 1845, in-8, 38 p.

Liberté de conscience resserrée dans ses bornes légitimes. (Par l'abbé Yvon.) *Londres*, 1754, 1755, 3 parties in-8.

Liberté (de la) de l'enseignement et des moyens de rendre l'éducation nationale... Par G.-F. P****** (G.-F. Pardonnet, maître de pension à Reims, Marne). *Paris, Delaunay*, 1831, in-8, 23 p.

Liberté (la) de l'enseignement, la science et les professions libérales, à propos de la révision de la loi sur les examens universitaires, par un membre du conseil de perfectionnement de l'enseignement supérieur (Antoine Spring, professeur à l'Université de Liége). *Liége, Blanchard*, 1854, in-8, 110 p.

Liberté (de la) de l'Escaut, à propos du traité des 24 articles. (Par Gressin-Dumoulin, rédacteur du « Précurseur ».) *Anvers, Jacobs*, 1838, in-8, 41 p.   J. D.

Liberté (de la) de l'Escaut, envisagée dans ses rapports avec l'agriculture, l'industrie et le commerce. (Par de Pouhon.) *Bruxelles, Hayez*, 1839, in-8.   J. D.

Liberté de la presse. Mars 1789, in-8, 15 p.

L'abbé Petiot est cité plusieurs fois dans cette brochure ; il paraît en être l'auteur : c'est la dénonciation au public d'un plan ministériel sur ou plutôt contre la liberté de la presse.

Liberté (de la) de la presse. *Besançon, imp. de J. Jacquin* (1849), in-4, 4 p.

Signé : C. (Chiflet).

Liberté de la presse. Catholiques, fermez vos portes, les théophilanthropes ont vos clefs. (*Paris*), *imp. de Desseinferjeux*, *s. d.*, in-8, 4 p.

Signé : Pierre C. (Pierre Colau).

Liberté de la presse, cause principale de la Révolution ; malheurs irréparables qu'elle a produits en France, en Europe et dans les deux Mondes. Par M*** (Mignonneau), auteur du « Règne de Louis XVI,

mis sous les yeux de l'Europe en 1791, au retour de Varennes ». *Paris, Desenne*, 1814, in-8.

Voy. « Règne (le) de Louis XVI ».

Liberté (la) de la presse, discours en vers, par M...... Clovis (Clovis Michaux). *Paris, Delaunay*, 1817, in-8, 16 p.

Liberté (de la) de la presse et de la liberté du bâton, par le citoyen B. F., imprimeur, républicain pur... (*Paris*), *imp. de Bénard*, 1849, in-8, 11 p.

Reproduction d'un passage des « Mélanges d'économie politique » de Benjamin Franklin, t. II, art. *Délits de la presse*.

Liberté (la) de la presse et des journaux sans restriction, seule garantie de toutes les libertés. (Par O.-C. Desmichels.) *Paris, Plassan*, 1817, in-8, 32 p.

Liberté (de la) de la presse, par J. B. A. S. (Jean-Bapt.-Ant. Suard). *Paris, Michaud*, 1814, in-8.

Liberté (de la) de la presse, par M. S** (J.-B. Say). *Paris, dans le temps de la convocation des États généraux*, 1789, in-8, 29 p.

Liberté (de la) de la presse sous le gouvernement du général Buonaparte, n° 1er. *Paris*, 1er sept. 1814, in-8, 16 p.

Agr. de La Pierre de Chateauneuf cite dans cette brochure plusieurs passages retranchés par la censure de 1809 à 1814, dans les différentes éditions de son « Cornelius Nepos français, ou Histoire des généraux français de 1809 à 1813 ».

Liberté (de la) de penser et de la liberté de la presse. (Par le marquis G.-H. de Romance-Mesmon.) *Paris, Mongie aîné*, 1818, in-8, 62 p.

Liberté (de la) des cultes et du concordat. (Par Ant.-Verrier Benoît, du Jura, secrétaire du duc de Bassano.) *Paris, Delaunay*, 1818, in-8, 72 p.

Liberté (la) des fondations, où la Question des administrateurs spéciaux, traitée par un élève de l'Université de Bruxelles (Jacobs). *Bruxelles, J.-B. Demortier*, 1857, in-8, 8 p.   J. D.

Liberté (la) du cloître, poëme, par l'auteur des « Lettres à Emilie » (C.-A. de Moustier). *Paris*, 1790, in-8, 47 p. — *Paris, Bossange*, 1790, in-8, 63 p.

Liberté (la) du commerce des grains. (Par G.-F. Le Trosne.) *Paris*, 1765, in-8.

Liberté (la) du concile et l'infaillibilité. *Paris, Plon*, 1870, in-8.

Cet écrit, rédigé sous l'inspiration de M. G. Dar-

BOY, archevêque de Paris, n'a été tiré qu'à 50 exemplaires. Il a été réimprimé par le Dr Joh. Friedrich dans ses « Documenta ad illustrandum concilium Vaticanum ». *Nordlingen*, 1871, 2 part. in-8. Voy. partie I, pag. 120-126 et p. I. Voy. aussi part. II, p. VI.

Liberté (de la) du culte. (Par Ant.-Ath. Roux de Laborie, avocat.) *Paris*, 1791, in-8, 56 p.

Liberté (de la) et de l'avenir de la République française, par l'auteur de la « Lettre à S. M. le roi de Prusse » (l'évêque d'Annecy, Louis Rendu). *Paris, Lecoffre*, 1849, in-8, XLVIII-398 p.

Liberté (de la) et de la servitude. (Par Fr. de La Mothe Le Vayer.) *Paris, Ant. de Sommaville et Aug. Courbé*, 1643, pet. in-12, front. gravé.

Liberté (la) française, ode nationale, par M. T. R**** , citoyen du district des Jacobins-Saint-Honoré. (Par Thomas Rousseau.) *Paris, Blanchon*, 1789, in-8, 15 p.

Liberté (de la) individuelle dans ses rapports avec le pouvoir militaire. Réfutation d'un opuscule intitulé : « des Attributions de l'autorité militaire territoriale », publié par M. Gérard.... (Par H. Schuermans.) *Bruxelles*, 1856, in-8, 82 p.

Extrait de « la Belgique judiciaire ». J. D.

Liberté (de la) individuelle des pauvres gens. Par un magistrat (Alex.-Jacq.-Denis Gaschon de Molènes). Surveillés, vagabonds, insensés, voyageurs sans passeport... *Paris, Tourneux*, 1829, in-8, 56 p. D. M.

Liberté individuelle sous le règne des Bourbons, ou Procédure instruite contre MM. P., de V***, L*** et R***, accusés d'avoir entretenu correspondance avec l'île d'Elbe, et d'avoir voulu opérer, en août 1814, le retour de l'Empereur; publiée par MM. P. et de V*** (de Vendel). *Paris, Laurent-Beaupré*, 1815, in-8, 78 p.

Liberté (la), les libéraux et les catholiques. (Par Diericksens.) *Anvers, Vandieren*, 1847, in-8, 36 p. J. D.

Liberté (la), poëme en quatre chants, par un petit-neveu de Scarron (Jos. Berchoux). *Paris, G.-A. Dentu*, 1833, in-8, II-56 p.

Liberté (la) reconquise, ou Histoire complète et détaillée de la révolution de juillet 1830... Dédié au peuple parisien. (Par J.-B. Ambs-Dalès.) *Paris, Terry*, s. d., in-18, 1 f. de tit. et 268 p.

Réimprimé avec le nom de l'auteur.

Liberté (de la) religieuse dans le service de la garde nationale. Juillet 1826. (Par F.-A. Isambert.) *Paris, Ladrange*, 1827, in-8, 1 f. de tit. et 36 p.

Liberté (la) religieuse et la législation actuelle. (Par M. E. de Pressensé.) *Paris, Dumineray*, 1860, in-8, 2 ff. de tit. et 244 p.

Liberté (la) religieuse et le protestantisme en Hongrie...

Voyez : « la Hongrie et la germanisation autrichienne... », ci-dessus, col. 862, a.

Liberté (de la), son tableau et sa définition; ce qu'elle est dans la société; moyen de l'y conserver. (Par Charles Villers.) *Metz*, 1791, in-8.

La troisième édition porte le nom de l'auteur.

Libertez (les) de l'Église gallicane. (Par Pierre Pithou.) *Paris, Mamert Patisson*, 1594, in-8, 27 p.

Il y a des exemplaires qui contiennent une épitre dédicatoire à Henri IV. Voyez la « Vie des frères Pithou », par Grosley. *Paris*, 1756, in-12, t. I, p. 342.

Libertés (les) de l'Église helvétique, traduit de l'allemand (de Jos.-Ant.-Félix de Balthasar père, par Viend). *Lausanne, Heubach*, 1770, in-12.

Libertés de la France, contre le pouvoir arbitraire de l'excommunication, ouvrage dont on est spécialement redevable aux sentiments généreux et supérieurs de Mlle Clai** (Clairon). (Par Fr.-Ch. Huerne de La Mothe.) *Amsterdam*, 1761, in-12, XXXVI et 255 p.

L'auteur a signé, page 255.

Cet ouvrage a paru aussi sous le titre de « Mémoire à consulter » (voyez ces mots); il contient quelques pièces de plus sous le dernier titre.

Mlle Clairon, dans ses « Mémoires », *Paris*, 1799, in-8, p. 194, parle d'une manière assez peu favorable de l'avocat Huerne de La Mothe; elle ajoute qu'un M. Coqueley de Chaussepière, avocat aussi, ami particulier de la maison Préville, allant diner et souper chez tous les comédiens, et de plus choisi pour être un des membres de leur conseil... alla dénoncer le livre et l'auteur : le premier fut brûlé au bas du grand escalier; le second fut rayé du tableau.

Libertez et franchises de Genève. *Genève, J. Bellot*, 1507, in-8, 27 p.

Ces libertés, écrites en latin, furent recueillies par l'évêque Adhémar Fabri en 1387; la traduction française fut faite en 1455 par Michel Montyon, notaire. Voir le « Manuel du libraire », t. II, col. 1150, et Gaullieur, « Études sur la typographie genevoise », p. 96. Il y a une réimpression en latin et en français. *Genève*, 1767, in-8.

Libertin (le) de qualité, ou Confidences d'un prisonnier au château de Vincennes.

(Par le comte H.-G. RIQUETTI DE MIRA-
BEAU.) *Hambourg*, 1784, in-8.

Voy. « Supercheries », III, 250, *d*.

La première édit. du « Libertin de qualité » a été
publiée avec les initiales M. D. R. C. D. M. F. (M. DE
RIQUETTI, comte DE MIRABEAU, fils).

Cette édition, citée dans les « Mémoires de Bachaumont », au 5 janvier 1785, est probablement très rare.

Ce livre n'est d'ailleurs probablement pas plus de
Mirabeau que le « Rideau levé ».

Libertin (le) devenu vertueux, ou Mémoires du comte d'*** (d'Aubigny; rédigés par Louis DOMAIRON). *Londres et Paris, veuve Duchesne*, 1777, 2 vol. in-12.

Libertin (le) puni, comédie. (Par Marc-
Ant. LEGRAND.)

Inséré dans les « Étrennes libertines pour 1743 »,
in-8, 32 p. C'est la même pièce que le « Luxurieux ».
Voy. ci-après, col. 1355, *b*.

Libertinage (le) combattu par le témoignage des auteurs profanes, par un religieux de la congrégation de Saint-Vannes
(dom Remi DESMONTS). *Charleville, P. The-
sin*, 1744-1747, 4 vol. in-12.

Libre (de la) défense des accusés; par
un avocat (A.-M.-J.-J. DUPIN). *Paris,
A. Bertrand*, octobre 1815, in-8, 1 f. de
tit. et 38 p.

Réimprimé avec le nom de l'auteur, *Paris, B. Warée
fils aîné*, 1824, in-18.

Libre discours fait au roi par un grand
de la cour (CHEVALIER, conseiller au Parlement de Dijon), pour le rétablissement
de la paix. *S. l.*, 1616, in-8, 13 p.

Imprimé la même année sous le titre de « Harangue prononcée au roi en sa ville de Blois,.... » Voy.
ci-dessus, col. 603, *b*.

Libre discours sur l'état présent des
Églises réformées en France, auquel est
premièrement traité en général des remèdes propres à composer les différens
en la religion à leur naissance, puis ensuite de ceux qui sont propres pour étein-
dre le schisme qui est aujourd'hui entre
les François, tant en ce qui concerne la
religion que la police. (Par Théodore-
Agrippa D'AUBIGNÉ.) *S. l.*, 1619, in-8.

Libre discours sur la délivrance de la
Bretagne. (Par Ant. ARNAULD.) *S. l.*, 1598,
in-8, 15 p.

Libre (le) échange, ou quelques mots
sur la grande aberration du jour. (Par
J. ROUCHET.) *Bruxelles, principaux libraires*,
1862, in-8, 14 p.   J. D.

Libre (le) penseur, par un anonyme,
qui bientôt se nommera (J.-G. LOCRÉ),
ouvrage périodique. *Paris, Maret* (an III
ou IV), in-8. Trois numéros.

Licoris, ou l'heureuse bergère. Tragédie
pastorale à neuf personn. (en 5 a. et en v.,
par Gervais BAZIRE D'AMBLAINVILLE).
Troyes, Nic. Oudot, 1627, in-8, 92 p.

La première édit. est de *Paris, Ruelle*, 1614; il y
a encore deux autres édit. *Ibid., id.*, 1627, in-12;
1631, in-8. Bazire a traité plus tard le même sujet
sous un autre titre : « le Berger inconnu ». Voy. IV,
400, *c*.

Lidorie, ancienne chronique allusive
publiée par l'auteur de « Blançay » (GONGY).
Paris, Louis, 1792, 2 vol. pet. in-12, avec
fig.

Lignes de navigation à vapeur entre la
Belgique et les pays transatlantiques. Par
A. T. (TACK), ancien officier de la marine.
Bruxelles, Lelong, 1858, in-8, 24 p.
                        J. D.

Ligue (la) aristocratique, ou les Catilinaires françoises, par un membre du comité patriotique du Caveau (Ch.-Ph. RON-
SIN). *Au Palais-Royal, imp. de Josseran*,
1789, in-8, 14 p.

Voy. « Supercheries », II, 1112, *e*.

Ligue (la) de salut. (Par le marquis DE
LA GERVAISAIS.) *Paris, imp. de A. Pihan-
Delaforest*, 1835, 2 broch. in-8, 36 et 36 p.

Ligue (la) des neutres. (Par TAVERNIER.)
Bruxelles, A. Bluss, 1856, in-18, 81 p.
                        J. D.

Ligue (la) du crédit des femmes. Association légale, mutuelle et constitutionnelle pour improviser l'organisation du
crédit des femmes... pour rendre crédita-
bles leur travail, leur capacité et leur
amour... (Par JESLEIN, auteur d'un certain
nombre de poésies fort curieuses, et inventeur de la presse à quatre usages.)
Bruxelles, Jeslein, 1858, in-8.   J. D.

Ligue (la), ou Henri le Grand, poëme
épique, par M. DE VOLTAIRE (publié d'après
un manuscrit incomplet, par l'abbé P.-F.
GUYOT-DESFONTAINES). *Genève, Jean Mok-
pap (Rouen, Viret)*, 1723, in-8, VIII-230 p.

Réimprimé l'année suivante sous le même titre, avec
des additions (par l'abbé DESFONTAINES), et un recueil
de pièces diverses du même auteur. *Amsterdam, J.-F.
Bernard (Evreux)*, 1724, in-12.

La seconde édition de ce poëme, donnée par Desfontaines, est aussi imparfaite que la première. L'éditeur
s'est avisé d'y glisser des vers de sa façon aux endroits
où il y avait des lacunes; ils sont faciles à distinguer.

Pour les éditions suivantes, voy. ci-dessus, « la
Henriade », col. 611, *f*.

Lilasie, ou la Beauté outragée par elle-
même. (Par L.-A. CARACCIOLI.) 1795, in-12.
                        V. T.

Lilia, histoire de Carthage, par Mme L***

(Louise CAVELIER, dame LÉVESQUE). *Amsterdam* (*Paris*), 1736, in-12, 50 p.

Voy. « Supercheries », II, 464, *f.*

Limites (les) de la Belgique. (Par Gust. DE MOLINARI.) Réponse aux « Limites de la France ». *Bruxelles, Decq*, 1852, in-18, 175 p. — 2ᵉ édit. *Bruxelles, Decq*, 1853, in-18.
                               J. D.

Limites projectives de quelques surfaces et applications de la théorie des ombres, par L. G. (Louis GUILLAUME). 2ᵉ éd. corr. *Angers, Launay-Gagnot*, 1842, in-8, 11 p., 4 pl.

Lina, ou le Mystère, opéra en trois actes, paroles de M. R*** ST C** (RÉVÉRONY ST-CYR), musique de M. Dalayrac; représenté pour la première fois sur le théâtre impérial de l'Opéra-Comique, par les comédiens ordinaires de Sa Majesté l'Empereur et Roi, le 8 octobre 1807. *Paris, Barba*, 1807, in-8, 2 f. de tit. et 43 p.

Lindamire, histoire indienne tirée de l'espagnol. (Par J. BAUDOUIN.) *Paris*, 1638, in-8
                               V. T.

Lindorf et Caroline, ou les Dangers de la crédulité; trad. de l'allem. de l'auteur de « Hermann d'Una » (Mme Bened. NAUBERT), par le traducteur de « Rinaldo Rinaldini » (J.-J.-M. DUPERCHE). *Paris, Ouvrier*, 1801, 2 vol. in-12.

Linguétiana, ou Recueil des principes, maximes, pensées... de Linguet... par C..... (COUSIN) d'Aval. (d'Avalon). *Paris*, 1801, in-18.

Lion (le) amoureux, comédie-vaudeville en un acte, par M. THÉAULON (et Louis-François-Théodore ANNE). *Paris, Barba*, 1836, in-8.   D. M.

Lion (le) d'Angélie, suivi du Temple de Marsias, par Pierre-Corneille BLESSEBOIS, avec une notice sur l'auteur et sur ses ouvrages (par M. Gustave BRUNET). *Paris, J. Gay*, 1862, in-18, XXIV-131 p.

Lion (le) de Florence, ou l'Héroïsme maternel, tableaux historiques en deux actions (et en pantomime). (Par Frédéric DUPETIT-MÉRÉ.) *Paris, Barba*, 1810, in-8.

Lionel. (Par le comte DE LA TOUR DU PIN, officier.) *Paris, Maradan*, 1819, 2 vol. in-12.

Lionnes (les) de Paris, par feu le prince de ***. (Par la comtesse MERLIN, née Mer-cedes JARUCO.) *Paris, Amyot*, 1845, 2 vol. in-8.

C'est par erreur que cet ouvrage a été donné dans les « Supercheries », III, 1127, *d*, sous le nom de la comtesse MERLIN, née GOHIER.

Lisady de Rainville, par madame DE *** (Caroline TROCHON, femme du comte Henri DE VALORI). *Paris, Mathiot*, 1814, 3 vol. in-12.

Lise et Valcourt, ou le Bénédictin. Par la Cne G***D (GUÉNARD). *Paris, Pigoreau*, an VII, 2 vol. in-18.

Lise, ou les Hermites du Mont-Blanc, roman nouveau, faisant suite à « Illyrine » et à « Rosaline », par Mme G*** (Barbe-Suzanne-Amable GIROUST). *Paris, Et. Charles*, an IX-1801, in-12.   D. M.

Lisély (trad. de l'allem. de HEUN), suivi de Nantilde... Par Mme DE MONTOLIEU. *Paris, A. Bertrand*, 1828, in-12.

Voy. « les Chevaliers de la cuillère », IV, 582, *d.*

Lisette toute seule, ou ils se trompent tous deux, vaudeville en un acte, par MM. S*** et B*** (A.-J.-B. SIMONNIN et BRAZIER). *Paris, Fages*, an XII-1803, in-8.

Lisistrata, ou les Athéniennes, comédie en un acte et en prose, mêlée de vaudevilles, imitée d'Aristophane, dont les représentations ont été suspendues par ordre..... (Par F.-B. HOFFMANN.) *Paris, Huet et Charon*, an X-1802, in-8, XII-42 p.

Réimprimé dans l'édition des « Œuvres » d'Hoffmann en 10 vol. in-8.

Lismor, ou le Château de Closton...

Voy. « le Lord impromptu », ci-après, col. 1342, *e.*

Liste alphabétique des auteurs morts jusqu'en 1805. (Par DUJARDIN SAILLY.) *Paris, Dujardin-Sailly*, 1805, in-8, 131 p.
                               D. M.

Liste chronologique des éditions, des commentaires et des traductions de Salluste (par Aug.-Mart. LOTTIN l'aîné); seconde édition, revue, corrigée et augmentée. *Paris, A.-M. Lottin aîné*, 1768, in-12. 36 p.

Tirage à part d'un travail fait pour être joint au « Salluste » de Dotteville et qui y a été inséré.

J'ai fait remarquer les inexactitudes de cette « Liste ». Voyez ma *Notice* des principales éditions et traductions de Salluste, dans le Salluste de M. Burnouf. *Paris*, 1821, in-8, p. XLI, vingtième volume de la collections des « Classiques latins » de M. Lemaire.

Liste chronologique des édits et ordonnances de la principauté de Liége, de 1507 à 1684. (Par M. L. POLAIN.) *Bruxelles, E. Devroye*, 1860, in-8, XIII-254 p.

Liste chronologique des édits et ordonnances de la principauté de Tlavelot et de Malmedy, de 650 à 1793. (Par M. L. POLAIN.) *Bruxelles, E. Devroye,* 1852, in-8, 2 ff. de tit., VIII-134 p.

Liste chronologique des éloges de nombre de savans nés à Montpellier, et de plusieurs savans étrangers qui y ont fait leur demeure, et qui se sont distingués dans les sciences, ou dans les lettres, ou dans les arts; par M. V. L. S...... (Vincent-Louis SOULIER, de Montpellier). *Montpellier, veuve Picot, née Fontena,* 1818, in-8, 16 p.

Voy. ci-dessus, « Indication des éloges... », col. 913, *e.*

Liste chronologique des maires de Dijon. Extrait de l' « Annuaire » de 1843... *Dijon, imp. de Douillier, s. d.,* in-16, 13 p.

Signé: G. P. (GABRIEL PEIGNOT).

Liste chronologique des ordonnances de la principauté de Liége, de 1684 à 1794. (Par M. L. POLAIN.) *Bruxelles, Devroye,* 1851, in-8, 2 ff. de tit., XXXII-470 p.

Liste civile de Napoléon III comparée avec celle de Louis-Philippe et avec le revenu et la dépense du peuple. Pétition des bûcherons du Morvan au Sénat. (Par MALARDIER.) *Bruxelles, imp. de Nys,* 1862, in-18, 46 p.

Liste (la) civile dévoilée. Lettre d'un électeur de Joigny à M. de Cormenin, député de l'Yonne. (Par J. LINGAY.) *Paris, Delaunay,* 1837, in-32, 122 p.

Liste comparative des cinq appels nominaux faits dans les séances des 15, 16, 17, 18 et 19 janvier 1793, sur le procès et le jugement de Louis XVI... (Par J.-F. FROULLÉ et Thomas LEVIGNEUR, tous deux imp. et lib.) *Paris, Levigneur et Froullé,* 1793, in-8, VIII, 56 et 109 p.

Liste de messieurs les chevaliers, commandeurs de l'ordre royal militaire et hospitalier de N.-D. du Mont-Carmel, et de Saint-Lazare de Jérusalem, suivant l'année de leur promotion. (Par DOUBLET, secrétaire de l'ordre.) *Paris, L.-D. Delatour et P. Simon,* 1722, in-8, 48 p.

Du 12 février 1650 au 15 octobre 1721.

Autre liste sous le même titre, allant du 2 mai 1667 au 28 avril 1725. (Par BOULARD, secrétaire général de l'ordre.) *Paris, L.-D. Delatour,* 1725, in-8, 47 p. — Autre liste par le même, allant du 2 juin 1668 au 26 juillet 1729. *Paris, L.-D. Delatour,* 1729, in-8, 54 p. — Autre liste allant du 17 décembre 1705 au 17 décembre 1773. (Par DORAT DE CHAMEULLES, secrétaire général de l'ordre.) *Paris, imp. de P.-F. Gueffier,* 1774, in-4, 18 p.

Liste des adresses de la ville de Nantes par ordre alphabétique de rues et de noms, avec le tableau des places, quais, rues, etc., par V. F. (Vincent FOREST) et E. G. (Emile GRIMAUD). *Nantes, V. Forest et E. Grimaud,* 1868, in-8, 1 f. de tit., II-261 p.

Une deuxième édit., *Nantes,* 1869, porte le nom des auteurs.

Liste des nobles... (Par J.-A. DULAURE.

Voy. « Collection de la liste... », IV, 631, *d.*

Liste des noms de famille et patronymiques des ci-devant ducs... (Par Louis BROSSARD.)

Voy. « les Métamorphoses, ou Liste... »

Liste des noms des ci-devant nobles... (Par J.-A. DULAURE.)

Voy. « Collection de la liste... », IV, 631, *d.*

Liste des présidents et conseillers au Parlement de Besançon. (Par M. SEGUIN DE JALLERANG.) *Besançon, imp. d'Audibert,* 1858, in-4, 14 p.

Liste des Sociétés savantes des départements. (Par Ch.-Em. RUELLE.) *Paris, imp. P. Dupont,* 1862, in-8, 28 p.

Liste et noms des coquins qu'il faut chasser des élections et fonctions publiques pour rendre le peuple heureux. *(Paris), imp. de de La Chave* (1798), in-8, 8 p.

Signé: H.......N (HENNEQUIN).

Liste générale de MM. les sous-fermiers des domaines, aides, marque d'or et d'argent, marques des fers et inspecteurs aux boucheries, avec l'intérêt de chacun dans chaque partie pour chaque généralité et le prix de leurs baux. *(S. l.),* 1750, in-8, 24 p.

Publié par MERON, secrétaire de M. de Fontagnieux, conjointement avec La Foliot. (Note de police de l'exempt d'Hemery.)

Liste (la) générale et particulière de messieurs les colonels, capitaines, lieutenants, enseignes et autres officiers et bourgeois de la ville de Paris, avec l'ordre qu'ils doivent tenir dans leur marche et dans les autres cérémonies qui s'observeront à l'entrée royale de Leurs Majestés... *Paris, J.-B. Loyson,* 1660, in-4, 8 p.

Le privilége est au nom du sieur F. C. (François COLLETET).

Liste (la) royale des chevaliers de l'ordre du Saint-Esprit nommés par Sa Majesté pour être créés et reçus au premier jour de janvier l'an 1662... (Par François COLLETET.) *Paris, J.-B. Loyson, s. d.,* in-4, 10 p. et 1 f. de priv.

L'auteur est nommé dans le privilége.

Réimprimé sous le titre de « l'Ordre des chevaliers du Saint-Esprit... »

Listes des titres de noblesse, chevalerie et autres marques d'honneur accordées par les souverains des Pays-Bas, depuis 1689 jusqu'en 1794, précédées d'une « Notice historique » (rédigée par GÉRARD, substitut de l'auditeur général militaire). *Bruxelles*, 1847, gr. in-18.   J. D.

Suivant le Catalogue du chanoine de Ram, *Bruxelles, Olivier*, 1865, nos 1557 et 1562, cette *Notice* serait de M. DE JONGHE. C'est aussi l'opinion de M. Ul. Capitaine, p. 138 de la « Bibliographie liégeoise » de M. de Theux.

Lit (le) de camp. Scènes de la vie militaire. Par l'auteur de « la Prima donna et le Garçon boucher » (Clément et Edmond BURAT-GURGY frères). *Paris, veuve Charles Béchet*, 1831-1833, 3 vol. in-8.   D. M.

Lit (le) de circonstance, comédie en deux actes, mêlée de chant, par M. Eugène de P*** (F.-A.-E. DE PLANARD). Représentée pour la première fois à Paris, sur le théâtre des Nouveautés, le 4 décembre 1827. *Paris, Bezou*, 1828, in-8, 50 p.

Litanies (les) de la littérature dédiées aux auteurs du jour. Par un docteur en chirurgie, académicien de Montmartre (le baron Étienne-Léon DE LAMOTHE-LANGON). *Paris*, 1809, in-8.

Litanies (les) de la sainte Vierge, avec des réflexions et des affections de cœur. (Par LAURENT, de l'Oratoire.) *Paris*, 1771, in-12.   V. T.

Litanies historiques des saints de la Belgique. (Par Félix BOGAERTS.) *Anvers, de Cort*, 1847, in-16, avec gravures sur bois.   J. D.

Litanies tirées de l'Écriture sainte, qui contiennent en substance toute la doctrine chrétienne (par Guill. LE ROY, abbé de Haute-Fontaine), imprimées par l'ordre de Mgr l'évesque et comte de Chaalons, pair de France. *Chaalons, Seneuze*, 1670, 1678, in-18.

Lithogéognosie, ou Examen chymique des pierres et des terres, etc., traduit de l'allemand de J. POTT (par D'ARCLAIS MONTAMY). *Paris, Hérissant*, 1753, 2 vol. in-12.

Lithographie sicilienne, et catalogue raisonné de toutes les pierres de la Sicile propres à embellir le cabinet d'un amateur. (Par le comte DE BORCH.) *Naples*, 1777, in-4.

Littérature (de la) allemande; des dé-

fauts qu'on peut lui reprocher ; quelles en sont les causes; et par quels moyens on peut les corriger. (Par FRÉDÉRIC II, roi de Prusse.) *Berlin, Decker*, 1780, in-8, 80 p. — *Hambourg*, 1781, in-12.

M. de Hertzberg a composé à l'occasion de cet écrit un opuscule intitulé : « Histoire de la dissertation sur la littérature allemande », publiée à Berlin en 1780. Il est joint aux huit dissertations de ce ministre d'État. *Berlin*, 1787, p. 39-58.

Les assertions contenues dans la Dissertation de Frédéric ont donné naissance à plusieurs ouvrages, dont on peut voir le catalogue dans *J.-D.-E. Preuss, Friedrich der Grosse als Schriftsteller*, p. 344-348.

L'édition de Berlin est accompagnée d'une traduction allemande que l'auteur fit faire par le conseiller de guerre et archiviste DOHM.

Littérature (de la) de MM. de Pradt, Fiévée et Villiers, suivie d'un portrait littéraire, et précédée d'une Épître dédicatoire à Momus-Potier. Par A.... H.... (Auguste HUS), ex-bibliothécaire de l'Université de...., né à T..... d'un père et d'une mère français. *Paris, Beauchamp*, 1816, in-8, 8 p.

Littérature (de la) des offices divins, ou les Offices divins considérés sous le rapport des beautés littéraires. Par l'auteur de « la Littérature des Hébreux » (J.-B. SALGUES), et pour faire suite à cet ouvrage. *Paris, Dentu*, 1829, in-8, IV-432 p.

Littérature (de la) et des Littérateurs, suivi d'un nouvel Examen de la tragédie françoise. (Par L.-S. MERCIER.) *Yverdon*, 1778, in-8.

Littérature (la) et la société à propos du cours de M. Saint-Marc Girardin. Par S. R. (S. ROUSSEAU). *Paris, J. Renouard et Cie*, 1846, in-8, 63 p.

Littérature (la) française pendant la guerre de 1870-71, par un Berlinois (A. BORCHARDT). *Berlin*, 1871, in-8, VIII-52 p.

Littérature (de la) française pendant le XVIIIe siècle. (Par le baron A.-G.-P. BRUGIÈRE DE BARANTE.) *Paris, Léopold Collin*, 1809, in-8. — Seconde édition. *Paris, H. Nicolle*, 1810, in-8. — *Londres, Colburn*, 1814, in-8.

Les éditions suivantes portent le nom de l'auteur.

Littérature (de la) néerlandaise au XVIIe siècle. Pierre Looft. (Par A. WILLEMS.) *Bruxelles*, 1856, in-12.

Littérature (la) néerlandaise jugée à l'étranger. (Par Constant LEIRENS, avocat à Gand.) *Gand, Hoste, s. d.*, in-8, 16 p.

Extrait de « la Chronique contemporaine et rétrospective ».   J. D.

Littérature renversée (la), ou l'Art de faire des pièces de théâtre sans paroles; ouvrage utile aux poëtes dramatiques de nos jours; avec un Traité du geste, contenant la manière de représenter les pièces de théâtre à l'aide des bras et des jambes, pour la commodité des acteurs qui ont une mauvaise prononciation; et offrant en outre une excellente méthode aux gens mariés, pour se quereller dans leur ménage, sans faire de bruit; suivi de l'Art de se louer soi-même, d'après les principes de M. Lin**. (Par P.-J.-B. NOUGARET.) *A Berne, et à Paris, Cailleau*, 1775, in-8.

Liturgie (la) de la sainte Église de Lyon, d'après les monuments. (Par l'abbé Jean ROUX.) *Lyon, imp. d'A. Vingtrinier*, 1864, gr. in-8, VIII-168 p.

Livre mis à l'*index*.   D. M.

Liturgie de saint JEAN CHRYSOSTOME (trad. en français par M. THIRION, prêtre). *Saint-Pétersbourg, de l'impr. de l'Acad. impér. des sciences*, 1846, in-8, 157 p. — Autre édit. *Paris, à l'Eglise russe*, 1862, in-18, 131 p.

Liturgie (la), ou Formulaire des prières publiques, selon l'usage de l'Eglise française. *Londres, impr. de Weed et Rider*, 1818, in-32.

Ce volume, qui est bien imprimé, présente cela de particulier qu'il n'a pas de pagination; les feuilles ont les signatures A-Z et AA-DD, de 8 feuillets chacune.

C'est Théod. ABAUZIT, pasteur de l'Église française de Saint-Martin Orgar, qui a modifié les passages tirés de la Bible d'après la traduction publiée à Genève en 1805.

Liturgies (des) françaises en général et de la liturgie normande en particulier... (Par l'abbé BOURDIN.) *Paris, Lecoffre*, 1856, in-12.

Livre (le) à la mode. (Par L.-Ant. CARACCIOLI.) *A Verte-Feuille, de l'imprimerie du Printemps, au Perroquet, l'année nouvelle (Paris, Duchesne*, 1759), in-8.

Imprimé en vert. — Nouvelle édition marquetée, polie et vernissée. *En Europe (Paris*), 100070050, in-12. Imprimé en rouge.

Livre (le) à la mode, ou le philosophe rêveur. (Par le chevalier DESESSARTS.) *Amsterdam*, 1770, in-8.

Livre (le) blanc, ou Révolution gordune (sic). (*Gand*), 1790, in-8. — Premier supplém. *Lille, Jacquez*, 1791, in-8.

Livre rare, généralement attribué à Ch. DIERICX, B. COPPENS ET VERVIER. (Vanderhaeghen, « Bibliogr. gantoise, » t. V, 1865, nº 11243.)

Livre (le) contenant dévote exposition sur le cinquantiesme pseaulme du royal

prophète DAVID, commençant : *Miserere mei, Deus*, etc. *Nouvellement imprimé à Paris*, veu et corrigé par l'autheur d'icelui livre, chanoine de la sainte Chapelle (probablement Jean DE GAIGNY, *Joan. Gagnœus*). *Paris, Nicolas Barbou, imprimeur*, 1541, petit in-8.

On a du même auteur les « Commentaires de PRIMASIUS sur les Épîtres de saint Paul, traduits en françois. » *Paris, Étienne Roffet*, 1540, in-8.

Livre (le) d'airain, histoire indienne. (Par Nic. BRICAIRE DE LA DIXMERIE.) (*Paris*), 1759, in-12.

Livre d'amour. (Par C.-A. SAINTE-BEUVE.) *Paris (impr. de Pommeret et Guenot)*, 1843, in-12, 2 ff. pour les faux titre et titre, et 108 p.

Ce recueil de poésie a été tiré à 500 exemplaires, qui ont tous été détruits par l'auteur, sauf quatre ou cinq donnés lors de l'impression à différentes personnes, et sept corrigés et annotés de sa main, que Sainte-Beuve avait fait relier à la suite de divers ouvrages du même format dont le titre figurait seul sur le dos de la reliure.

Dès l'année 1840, Alph. Karr, dans ses « Guêpes », du mois d'août, avait fort maltraité ce recueil poétique, et, en 1848, lorsque Sainte-Beuve se mit sur les rangs pour être nommé professeur à l'université de Liége, deux articles violents contre le « Livre d'amour » et son auteur parurent dans la « Revue de Belgique », 3e année, 2e série, t. I, p. 188-193 et p. 244-248.

La pièce XXXVII, 1er *septembre*, p. 94, a été reproduite dans la 2e série du « Parnasse contemporain » *Paris, Lemerre*, p. 289-290.

Liure damours ouquel est relatee la grant amour et facon par laquelle Pamphille peut iouyr de Galathee... *Paris, A. Verard*, 1494, pet. in-fol. — *Paris, Ieanne de Marnef*, 1545, in-16.

C'est une paraphrase en vers français du poëme latin : « Pamphili carmen de arte amandi », dont il existe diverses éditions du XVe siècle. (Voir le « Manuel du libraire », t. IV, 338.) L'abbé Goujet (Bibl. franç., t. XI) attribue cette traduction à l'auteur anonyme de la traduction en vers français des « Vigiles des morts » ; ce sentiment est partagé par Mercier de Saint-Léger ; qui paraît regarder GRINGORE comme l'auteur des « Vigiles » en français ; mais M. Ch. Potvin, dans une notice sur un manuscrit du poëme français (nº 4783 de la bibliothèque de Bourgogne à Bruxelles), a montré, d'après des acrostiches très-nettement indiqués, que le traducteur se nommait Jehan BRAS-DE-FER, de Danmartin (près de Meaux). Cette traduction est du XIIIe siècle ; ni l'« Histoire littéraire de la France », ni la « Bibliothèque des romans », n'en font mention. Voir le « Bulletin du bibliophile belge », t. XX, p. 101-106.

Livre d'amour, ou Folastreries du vieux temps. *Paris, Janet*, 1821, pet. in-12, avec 6 grav. color.

Recueil de poésies des XIe-XVe siècles, fait par C. MALO.

Livre d'or (le), ou l'humilité en pratique. Instruction à tous les fidèles chrétiens. (Par dom Sans de Sainte-Cathe-rine.)

Petit livre dont nous ne pouvons assigner la date de la première édition, mais qui a été réimprimé très-fréquemment. Les éditions faites, tant à Paris qu'en province, de 1815 à 1836, sont au nombre de vingt-trois. Toutes, à l'exception de deux, sont anonymes. (Quérard, « France littéraire », t. VIII, p. 440.)

Livre d'or (le). Révélations de l'archange saint Michel. Publié par M. l'abbé Alexandre Ch. (Charvoz), l'un des nombreux témoins. *Paris, Ledoyen,* 1849, in-8, 440 p.

Voy. « Supercheries », II, 884, e.

Livre (le) de bonne vie, qui est appelle Mandevie. *Chambery, Ant. Neyret,* 1485, pet. in-fol. goth.

Ouvrage divisé en huit livres, les sept premiers en prose, le huitième en vers. Ce dernier occupe un peu plus du tiers du volume. L'auteur, Jean Dupin, né dans le Bourbonnais en 1302, et mort en 1372, était moine dans une abbaye de l'ordre de Citeaux, au diocèse de Cambrai. Son ouvrage est une satire très-vive des divers états de la vie, dans laquelle le pape, les rois, les cardinaux, les évêques, etc., ne sont pas plus ménagés que les simples artisans.

Autre édit. intit.: « le Champ vertueux de bonne vie appelé Mandevie. » *Paris, Michel Le Noir, s. d.,* pet. in-4 goth. Voy. le « Manuel du libr. », 5e édit., II, 891.

Livre (le) de C. Galen (Galien) traitant des viandes qui engendrent bon et mauvais suc, mis en françois pour M. le baron de Sainct-Plancard, capitaine de galères. *Paris, V. Sertenas,* 1553, in-8.

Au verso du titre est un sonnet par F. D. E. G. qui révèle le nom du traducteur, Starach. Il est suivi d'une épître adressée par ce traducteur au baron de Saint-Plancard.

Livre de chant à l'usage des congrégations de la T. S. Vierge établies en Lorraine (par M. Lange, curé de Saint-Nicolas). *Nancy, Vagner,* 1846, in-12.

Livre (le) de Clamades, fils du roy d'Espaigne, et de la belle Clermonde, fille du roy Carnuant (traduit de l'espagnol, par Phil. Camus). (*Lyon, vers* 1480), in-fol.

Le « Manuel du libr. », t. II, col. 76, indique plusieurs autres éditions. Le texte espagnol fut publié pour la première fois à *Burgos,* 1521, in-4. Ce roman de chevalerie a été rédigé d'après un poème du roi Adenez, resté inédit.

Livre (le) de clergie nomme lymage du mõde translate de latin en francois. *S. l. n. d.,* pet. in-4, 36 ff. — *Paris, Michel Le Noir, s. d.,* in-4. — *Paris, J. Trepperel, s. d.,* in-4.

« Le Livre de clergie traite des sept arts libéraux, du ciel, de la terre et de la mer ; il n'est point traduit du latin, comme le porte son titre, mais d'un poème français de Gautier de Metz, écrit vers le milieu du XIIIe siècle sous le titre de « Mappemonde ». C'est à tort

que les rédacteurs du « Catalogue de la bibliothèque du roi » (in-fol.) attribuent le « Livre de clergie à Saint-Pierre de Luxembourg », auteur du « Chemin de pénitence », opuscule placé à la suite de l'exemplaire de l'édition *s. l.* que possède cet établissement. » (« Manuel du libraire », III, col. 1118.)

Livre de comptes nécessaire à chaque ménage pour pouvoir compter sans risque de perdre le linge, avec les personnes chargées de le blanchir. (Par L.-J. Groizard.) *Paris, Quillau* (1785), in-4.

Le nom de l'auteur se trouve dans le privilège.

Livre de consolation, par l'auteur de « la Foi nouvelle cherchée dans l'art » (Alfred Dumesnil). *Paris, Dentu,* 1855, in-18.

Livre (le) de Facet. Comploration sur le trespas de deffuncte ma dame la Régente, mère du roy Françoys premier. Champ royal, ballade et rondeau en lhonneur de la vierge Marie. *Ce vend par Galliot du Pré.* (A la fin :) *Imprime a Paris, par maistre Pierre Vidoue, pour Galliot du Pré,* 1535, pet. in-8.

Avant le prologue se trouve cet intitulé : « le Livre de Facet translaté de latin en françoys et mys en forme de rhétorique, par Jaques de La Hogue, sergent a cheval au Chastellet de Paris. »

Le Livre de Facet occupe 21 feuillets. Il offre la traduction ou une imitation en vers français du *Liber Faceti de moribus juvenum docens,* qui a eu de nombreuses éditions dans le XVe siècle. C'est un petit traité de morale divisé en trois chapitres. Le premier traite de ce qui appartient à Dieu, le second de ce qui au tiers de ce qui a soy appartient. Dans ce dernier se trouvent plusieurs préceptes sur la civilité écrits avec la naïveté du temps. Les auteurs de l' « Histoire littér. de la France », t. VIII, p. 94 et suiv., prouvent fort bien que Jean de Garlande est l'auteur de ce poëme, qui a été réimprimé à Bâle en 1496 sous le nom de Brandt.

La « Comploration sur le trespas de Madame Loyse de Savoye, etc. », se compose de 8 feuillets. La marque de Pierre Vidoue, sur un feuillet blanc, est à la suite.

Livre (le) de Galien, de l'Art de guérir par la saignée, traduit du grec. Ensemble un discours dédié à MM. les médecins de Paris sur les causes pour lesquelles on ne saigne pas encore, tant aillieurs qu'à Paris, et pourquoy quelques médecins mesme ont détracté de cette pratique de Paris. (Par Louis Savot.) *Paris, P. Mettayer,* 1603, pet. in-12, 99 p.

Livre (le) de Job, traduit du latin de Schultens (par E. de Joncourt, I. Sacrelaire et J.-Nic.-Séb. Allamand). *Leyde,* 1748, in-4.

Origène, saint Grégoire le Grand et d'autres anciens écrivains l'attribuent à Job lui-même ; saint Grégoire de Nazianze penchait pour Salomon. Des critiques modernes fixaient la composition à l'époque de la captivité de Babylone. M. l'abbé Glaire est porté à croire que Job a composé lui-même le fond de l'ouvrage.

M. Renan observe que s'il n'est plus guère possible de dire avec certitude quel est l'auteur du Livre de Job, bien des motifs portent à croire qu'il a été écrit par celui qui en est le principal sujet. Lowth paraît incliner pour cette opinion. Néanmoins les raisons qui font conjecturer à Jahn (*Introd. in libr. Sacr. Vet. Fœd.*, p. 416) que Moïse est l'auteur du Livre de Job et que ce législateur l'a écrit pendant son exil dans le désert de Madian, ne sont point à dédaigner. Des critiques attribuent le prologue et l'épilogue à un auteur autre que celui du corps du poëme.

Livre (le) de Judith, avec des réflexions morales. (Par le P. Anne-Jos. DE NEUVILLE, jésuite.) *Paris*, 1728, in-12.

Livre (le) de l'enfance chrétienne; instructions religieuses d'une mère à ses enfants. (Par Mᵐᵉ la vicomtesse DE FLAVIGNY.) *Paris, Perisse*, 1840, in-18.

Plusieurs fois réimprimé avec le nom de l'auteur.

Livre de l'estat et mutation des temps, prouvant par authoritez de l'Escripture saincte, et par raisons astrologales, la fin du monde estre prochaine. (Par Richard ROUSSAT, chanoine de Langres.) *A Lyon, chez Guillaume Rouillé*, 1550, in-8, fig.

On a remarqué à la page 162 le passage suivant : « Pour autant, changeons propos, et venons à parler de la grande et merveilleuse conjonction que messieurs les Astrologues disent estre à venir environ les ans de Nostre-Seigneur mil sept cens octante et neuf (1789), avec dix révolutions saturnales ; et oultre, environ vingt-cinq ans après (1814), sera la quatrième et dernière station de l'altitudinaire Firmament. Toutes ces choses imaginées et calculées, concluent les susdits Astrologues que, si le monde jusques à ce et tel temps dure (qui est à Dieu seul congnu), de tresgrandes, merveilleuses et espouvantables mutations et alterations seront en cestuy universel monde, mesmement quant aux sectes et loix. »

Le nom de l'auteur se trouve dans le privilège.

Livre (le) de l'Imitation de J.-C., traduit du latin de Thomas à KEMPIS, approprié à toutes les communions chrétiennes (par Pierre POIRET). *Lausanne, Vincent*, 1800, in-12.

Voy. ci-dessus, col. 894, *d.*

Livre (le) de la femme forte et vertueuse, déclaratif du Cantique de Salomon, ès Proverbes, au chapitre qui se commence : *Mulierem fortem quis inveniet?* laquelle exposition est extraite de plusieurs excellens docteurs, utile et profitable à personnes religieuses et autres gens de dévotion; faict et composé par ung religieux de la réformation de l'ordre de Fontevrault (François LE ROY), à la requête de sa sœur, religieuse réformée dudit ordre. *Paris, Jehan Petit*, s. d., in-8, goth. — *Paris, S. Vostre*, 1501, in-8. — *Paris, F. Regnault*, s. d., in-8.

Voy. « Supercheries », III, 387, *e.*

Livre (le) de la Fontaine périlleuse, avec la Charte d'amours, autrement intitulé le Songe du Vergier... avec commentaire de J. G. P. (Jacques GOHORRY, Parisien)... *Paris, Jean Ruelle*, 1572, in-8.

Voy. « Supercheries », II, 331, *e.*

Livre (le) de la jeune femme chrétienne. Lettres à ma filleule pour les différents âges de la vie. (Par Mᵐᵉ Marie-Bénigne-Esther LETISSIER.) *Paris, Denaix*, 1842, in-12. — 2ᵉ éd. *Paris, Devarenne*, 1846, 3 part. en 1 vol. in-12.

Livre (le) de la nationalité belge, par un Béotien (Ch. POTVIN). *Bruxelles, Decq*, avril 1848, in-8, 16 p.   J. D.

Livre (le) de la nature, ou le vrai sens des choses expliqué et mis à la portée des enfants; trad. librement de l'anglois (de Bénédict CHASTANIER, disciple de Swédenborg). *Londres*, 1788, in-18.

Livre (le) de la première communion, etc. Par un prêtre du diocèse de Liége (l'abbé N.-J. CARPENTIER, directeur de l'école moyenne catholique). *Liége, Lardinois*, s. d., gr. in-12.   Ul. C.

Livre (le) de la Sagesse en françois, avec des réflexions morales sur chaque verset. (Par GUILLEMINET.) *Paris, Simart*, 1712, in-12.

Livre (le) de la Sagesse, traduit en vers françois, avec le texte latin (par DU VERNEY, avocat). *Paris*, 1696, in-12.

Livre (le) de la Vierge, ou le Mois de Marie du chrétien dans le monde, recueilli par un prêtre du diocèse de Liége (l'abbé Mathieu BODSON). *Liége, Lardinois*, 1856, in-8.

Voy. « Supercheries », III, 241, *f.*

Livre (le) de maistre Regnard et de dame Hersant, sa femme... *Paris, Philippe Lenoir* (vers 1521), in-4, goth.

Traduction en prose française, par Jean TENESSAX, du poëme composé à la fin du XIIIᵉ siècle par GIÉLÉE, de Lille, en Flandre.

Voy. Brunet, « Manuel du libraire », 5ᵉ édit., t. IV, col. 1222.

Livre (le) de Marie, conçue sans péché, pour implorer son assistance, etc. (Par l'abbé C.-M. LE GUILLOU, prêtre du diocèse de Quimper.) *Paris, Louis Janet*, 1835, in-12.   D. M.

Livre (le) de MATHÉOLUS,

Qui nous montre sans varier
Les biens et aussi les vertus
Qui viegnent pour soy marier,
Et à tous faicts considérer,

> Il dist que l'homme n'est pas saige,
> Si se tourne remarier
> Quand prins a été au passaige.

Le tout composé en rime françoise. *Paris, Ant. Vérard*, 1492, in-fol.

L'auteur de ce livre, MAHIEU, MATHIEU ou MATHIOLET, est né à Boulogne-sur-Mer; il écrivit son ouvrage en latin vers 1260. Jean LE FÈVRE, de Thérouane, le traduisit en rimes françaises vers 1340.

L'édition de Vérard, 1492, se termine par un acrostiche où l'on trouve les noms d'Alessandre PRIMET, qui est peut-être l'éditeur du livre. Pour d'autres éditions, voy. le « Manuel du libraire », III, 1526. Voy. aussi les « Supercheries », II, 1074, *e*, et dans le « Bulletin du bibliophile » de Téchener, août 1851, p. 375-398, l' « Étude littér. et bibliogr. sur Matheolus », par M. Fr. Morand, bon travail dont il a été fait un tirage à part. Voy. aussi l'éd. du « Livre de Matheolus ». *Bruxelles, Mertens*, 1864, 2 vol. in-18.

Livre de morale universelle (par DÉAL). *Paris*, 1815, in-8.

Ce n'est qu'une traduction de l' « Économie de la vie humaine » de DODSLEY. Voy. ci-dessus, col. 22, *e*.

Livre (le) de PHILON, de la Vie contemplative, traduit du grec (par dom Bernard DE MONTFAUCON). *Paris, Guérin*, 1709, in-12.

Livre de poésie à l'usage des jeunes filles chrétiennes. (Par Mme Charles LE-NORMANT.) *Paris, Leleux*, 1840, in-12.

Livre de prières à l'usage des chrétiens de l'Eglise orthodoxe catholique d'Orient, traduit du grec et du slavon. (Par Alexandre STOURDZA.) (*Saint-Cloud, imp. de Mme Ve Belin.*) *Paris*, 1852, in-18, IV-284 p., texte encadré.   A. L.

Livre (le) de quatre couleurs. (Par Louis-Ant. DE CARACCIOLI.) *Aux quatre Elémens, de l'imprimerie des quatre Saisons, en 4444 (Paris, Duchesne, 1760)*, in-12, 2 ff. de tit., XXIV-114 p.

Voy. un compte rendu de cet ouvrage dans l' « Année littéraire », 1760, t. III, p. 217 à 225.

Livre (le) de S. AUGUSTIN, de l'Utilité de la foi, traduit en françois (par le P. ESTÈVE, mathurin). *Paris, J. Desaint*, 1741, petit in-12.

Publié aussi sous le titre de l' « Utilité de la foi ». Voy. ces mots.

Livre (le) de S. GRÉGOIRE le Grand, du Soin et du Devoir des pasteurs, traduit par J. Le C. C. de S. (Jean LE CLERC, curé de Soisy, proche de Provins). *Paris, Pralard*, 1670, in-8.

Livre (le) de sapience (trad. du latin de Guy DE ROYE, archev. de Sens, par un religieux de Cluny). *Genève*, 1478, in-fol.

Voy. « le Doctrinal de sapience », IV, 1104, *d*, et le « Manuel du libraire », 5e édit., IV, col. 1434.

Livre (le) des âmes affligées, ou recueil de prières et de consolations chrétiennes... (Par Hippolyte MENESSIER.) *Metz, Pallez et Rousseau*, 1853, in-12.

Livre (le) des chants nouveaux de Vau-de-Vire par ordre alphabétique, corrigé et augmenté oultre la précédente impression. *Vire, Jean de Cesne, imp. lib.*, de 1664 à 1670, in-16.

Ces poésies sont attribuées généralement à Olivier BASSELIN, mais les auteurs du « Dictionnaire du patois normand », MM. A. et Ed. du Méril, reconnaissent comme l'auteur de ces poésies J. LE HOUX, qui en a été l'éditeur; c'était aussi l'opinion du poëte Sonnet de Courval, contemporain et compatriote de Le Houx. (Frère, « Manuel du bibliogr. norm. », II, 199.)

Livre des Connoilles faites à l'honneur et exaulsement des dames, lesquelles traictent de plusieurs choses joyeuses... *Lyon, J. Mareschal*, 1493, in-4, goth.

Du Verdier attribue cet ouvrage à Jean DUPIN, moine de l'abbaye de Vauxelles en Cambrésis, qui vivait sous Philippe de Valois, au XIVe siècle, et qui est auteur du livre intitulé : « Mandevie ».

Voy. ci-dessus, « Evangiles des Quenouilles », col. 332, *f*, et pour le détail des éditions, Brunet, « Manuel du libraire », 5e éd., II, col. 1125 et 1126.

Livre (le) des destins, comédie lyrique en un acte, représentée en janvier 1806, à la Pépinière des artistes dramatiques, rue de Thionville. Par l'auteur du « Réveil d'Adam » (F.-F. NOGARET). *Paris, Locard*, 1806, in-8, 25 p.

Livre (le) des deux amans, Guisgard et Sigismunde, fille de Tancredus (traduit du latin de Léonard ARETIN en ryme françoise, par Jehan FLEURY, dit FLORIDUS). *Paris, Michel Lenoir, s. d.*, in-4, goth.

Livre (le) des enfans et des jeunes gens sans études, par M. F. G. *Paris*, 1728, in-12. — Nouvelle édition, augmentée par M. M*** (MOREAU, curé de Buzancy, diocèse de Soissons). *Paris*, 1771, in-12. — Autre édition, encore augmentée par A.-A.-J. FEUTRY. *Paris, Berton*, 1781, in-12.

Voy. « Supercheries », II, 1007, *b*.

Livre (le) des enfants laborieux, ou petits tableaux des principales connaissances mises à la portée des enfants... par Mme D. R*** (Sophie DE SENNETERRE, dame DE RENNEVILLE). *Paris, Eymery*, 1824, in-18.

Livre (le) des enfans, ou méthode facile et sûre pour enseigner en très-peu de temps à lire et à prononcer le français, par D. J. T. (Denis-Joseph TREMBLAY). *Beauvais*, 1802, in-12.

L'auteur a publié la même année l'extrait de cet ouvrage, sous le titre de « Livret des enfans ».

Livre (le) des gardes-malades. *Lyon, Girard et Guyot*, 1846, 3 part. in-18.

Signé : le Dʳ É...

Souvent réimprimé. A partir de la 4ᵉ éd., porte sur le titre : Par le Dʳ E. Eɴʀᴀʀᴅ... *Grenoble, imp. de Prudhomme*, 1862, in-16.

Livre (le) des hirondelles. (Par l'abbé Léon ᴅ'Aᴜʀᴇᴠɪʟʟʏ, G.-S. Tʀᴇʙᴜᴛɪᴇɴ, etc.) *Caen, Domin*, 1858, in-12, vɪɪɪ-48 p. — *Cuen, imp. Leblanc-Hardel*, 1867, in-8, xᴠɪ-197 p.

Tiré à petit nombre.

Livre des lumières, ou la conduite des rois, composé par le sage Pɪʟᴘᴀʏ, Indien, traduit en français par David Sᴀʜɪᴅ (G. Gᴀᴜʟᴍɪɴ).

Voy. « Supercheries », III, 495, *f*, et ci-dessus, « Fables de Pilpai... », col. 413, *b*.

Livre (le) des manifestes, où l'on trouve développé par les lumières de la raison et des divines Écritures : 1º quelles sont les véritables causes de notre étonnante Révolution ; 2º quelle doit en être l'issue. *Dernière année du XVIIIᵉ siècle de l'ère chrétienne (Avignon*, 1800), 2 vol. in-12.

L'auteur de ce livre rare et curieux est un nommé Cʜᴀɪx ᴅᴇ Sᴏᴜʀᴄᴇsᴏʟ, instituteur d'Avignon. Le Livre des manifestes a été condamné par décret du 9 décembre 1808.

On a du même auteur « la Clef des oracles divins, ou Supplément au Livre des manifestes ». *Paris*, 1800, in-12.

On trouve une notice sur cet ancien économe du séminaire de Saint-Sulpice, dans le second volume de l' « Histoire des sectes religieuses », par Grégoire. *Paris*, 1810, tome II, p. 21.

Livre (le) des marchans, fort utile a toutes gens, pour cognoistre de quelles marchandises on se doit garder destre trompé... *S. l.*, 1534, in-8, 31 ff.

Attribué à Guillaume Fᴀʀᴇʟ.

L'édition originale de cette satire, publiée sous la rubrique *Corinthe*, 1533, in-8, 24 ff., portait sur le titre : Nouvellement composé par le sir Pᴀɴᴛᴀᴘᴏʟᴇ, bien expert en telle affaire, prochain voisin du seigneur Pantagruel.

Voy. pour le détail des éditions, Brunet, « Manuel du libraire », III, 1123 à 1125. Toutes sont anonymes, à l'exception de la première, publiée sous le pseudonyme ci-dessus indiqué.

L'édition de *Genève, par Gabriel Cartier*, 1582, in-16, 77 p., a induit en erreur Barbier, qui donne le nom de Gabriel Cᴀʀᴛɪᴇʀ comme celui de l'auteur de ce livre.

Livre (le) des martyrs depuis Jean Hus jusqu'en 1554, en plusieurs recueils (attribué à J. Cʀᴇsᴘɪɴ). *Genève*, 1554, 1556, 1661, in-8 et in-12.

Le Long, nº 5851.

Livre (le) des pères et des mères, pour la première éducation de leurs enfants. (Par Louis Dᴜʙʀᴏᴄᴀ.) *Paris, Delaunay*, 1823, 2 vol. in-12.

Livre (le) des patiences, par Mᵐᵉ ᴅᴇ F*** (la marquise ᴅᴇ Fᴏʀᴛɪᴀ). *Paris, imp. de Locquin*, 1842, in-18, 4 ff. lim. et 98 p.
D. M.

Souvent réimprimé.

Livre (le) des Psaumes en vers françois, retouchez sur l'ancienne version de Cl. Mᴀʀᴏᴛ et de Théodore ᴅᴇ Bᴇᴢᴇ, par feu M. Cᴏɴʀᴀʀᴛ, conseiller et secrétaire du Roy, etc. (continué et publié par Marc-Ant. ᴅᴇ Lᴀ Bᴀsᴛɪᴅᴇ). *Amsterdam*, 1686, in-12. — *Amsterdam, Desbordes*, 1692, in-12.

Livre (le) des sauvages au point de vue de la civilisation française, avec des planches explicatives tirées du prétendu « Manuscrit pictographique américain », traduit de l'allemand de Pᴇᴛᴢʜᴏʟᴅᴛ (par Philippe Vᴀɴᴅᴇʀʜᴀᴇɢᴇɴ, bibliothécaire du duc d'Arenberg). *Bruxelles*, 1861, in-8, 15 p. de texte et 8 pl. de fig. J. D.

J. Petzholdt a encore pris à partie la publication de l'abbé Domenech dans son « Neuer Anzeiger für Bibliographie », 1862, p. 1, 59, 83, 107 et 398.

Livre (le) des seigneurs, ou le papier terrier perpétuel. (Par A.-A. Cʟᴇᴍᴇɴᴛ ᴅᴇ Bᴏɪssʏ.) *Paris, Cellot*, 1776, in-4, xx-184 p.

Livre (le) des sept sages.

Voy. Sept (les) sages de Rome.

Livre des signaux de jour, à l'usage des vaisseaux de guerre français. (Par le chev. E.-P.-E. ᴅᴇ Rᴏssᴇʟ.) *Paris, impr. royale*, 1819, in-4.

Livre (le) des spectacles, et le premier livre des épigrammes de Mᴀʀᴛɪᴀʟ. Traduits en vers par M. D. M. A. D. V. (Michel ᴅᴇ Mᴀʀᴏʟʟᴇs, abbé de Villeloin). *Paris*, 1667, in-8, 100 p.

Voy. « Catalectes ou pièces choisies des anciens poètes latins... », tome IV, col. 507, *d*.

Livre doré de Marc-Aurèle, empereur et éloquent orateur, trad. du vulgaire castillan (de Ant. ᴅᴇ Gᴜᴇᴠᴀʀᴇ) en francoys par R. B. (René Bᴇʀᴛᴀᴜᴛ), sieur ᴅᴇ Lᴀ Gʀɪsᴇ. *Paris, Galliot Dupré*, 1631, petit in-4, goth.

Pour d'autres édit., voy. Brunet, « Manuel du libraire », 5ᵉ éd., II, 1797.

Livre (le) du consulat, contenant les lois, statuts et coutumes touchant les contrats, marchandises et négociations maritimes, traduit de l'espagnol et de l'italien en françois. (Par ᴅᴇ Mᴀʏssᴏɴɪ.) *Marseille, G. Giraud*, 1577, in-4.

Voy. « le Consulat... », IV, 730, *b*.

Livre (le) du diable, recueil de satires et de pamphlets sur les hommes et les choses de la révolution belge. (Par Philippe-Auguste VUILLOT.) *Bruxelles, tous les libraires*, 1848, in-12, 234 p.   J. D.

Livre du résolu en mariage..... *Paris, veufve J. Trepperel, s. d.*, in-4, goth., 30 ff.

C'est une édition augmentée du « Rebours de Matheolus », ouvrage attribué à Jehan LEFEBVRE, de Thérouanne. Voy. Brunet, « Manuel du libraire », 5ᵉ éd., III, 1128.

Livre (le) du second âge, ou instructions amusantes sur l'histoire naturelle... (Par J.-B. PUJOULX.) *Paris, Debray*, 1801, in-8.

Réimprimé avec le nom de l'auteur.

Livre (le) du très-chevaleureux comte d'Artois et de sa femme, fille au comte de Boulogne, publié d'après les manuscrits et pour la première fois (par Jean-Baptiste BARROIS). *Paris, Téchener*, 1837, in-4, fig.

Livre (le) du Verbe, mis au jour dans la naissance de Marie, mère de Dieu. (Par G. RAYNAUD.) *Lyon*, 1668, in-8.   V. T.

Livre (le) et traicte de toute vraye noblesse nouuellement translate du latin (de Josse CLICHTOVE) en françoys... *Lyon, Thibault Payen*, 1533, in-8, goth.

Une autre édition lyonnaise, que ne cite pas M. Guigard, est indiquée par le « Manuel du libraire », 5ᵉ éd., t. II, col. 107, comme portant le même titre que celle-ci : *Imprime lan mil ccccxxxiiij*, et, à la fin : *A Lyon, par Grand Jacques Moderne, en rue Mercière, auprès de Nostre-Dame de Confort*, in-4, goth. Cette édition doit être des plus rares, puisque le « Manuel » n'indique pas le nombre de ses feuillets et ne signale aucune adjudication ; mais il cite encore une édition de *Paris, Ant. Bonnemère (s. d.)*, petit in-8, 33 ff. chiff.

Le texte original a été imprimé par H. Estienne, en 1512, in-4 ; il est également anonyme.

Livre (le) faisant mention des sept paroles que Nostre-Seigneur dit en la croix, avec des expositions sur icelles, par un chanoine de la sainte Chapelle (Jean DE GAIGNY). *Paris, Est. Caveiller*, 1538 ; — *Chr. Wechel*, 1545, in-8, goth.

Livre (le) intitulé : l'Exemplaire de confession, où il est traité des conditions que doit avoir le pénitent, etc. (Par Olivier MAILLARD.) *S. l. n. d.*, *imprimé par Baptiste Bourguet*, in-4, goth.

Livre (le) jaune, contenant quelques conversations sur les logomachies, c'est-à-dire sur les disputes de mots... (Attribué à Cl. GROS DE BOZE.) *Bâle*, 1748, in-8, 184 p.

Tiré à peu d'exemplaires.

Quelques bibliographes donnent cet ouvrage à G.-A. BAZIN, et ils me semblent avoir raison. On sait en effet que Bazin distribuait cet ouvrage à ses amis. Dans mon exemplaire, l'épître dédicatoire à M. de (Corberon) est signée à la main, *Bazin*.

Au mois de juin 1748, Bazin envoya ce livre comme son ouvrage à l'Académie de La Rochelle.

Voy. du Roure, « Analecta biblion », tome II, p. 444.

Livre merveilleux, contenant en bref la fleur et substance de plusieurs traictez tant de prophéties et révélations qu'anciennes cronicques..... *Paris, J. Bessault*, 1588, petit in-8.

C'est la traduction d'un manuscrit latin conservé à la bibliothèque de Lyon et dont l'auteur indiqué est frère TÉLESPHORE DE SANCES, prêtre et ermite près de Thèbes, qui l'adressa, le 3 septembre 1386, à Antoine, « noble duc de Gênes ». Voir une longue note dans le « Bulletin du bibliophile », 13ᵉ série (janvier 1858), p. 715.

Livre (le) mignard, ou la fleur des fabliaux. (Par Ch. MALO.) *Paris, L. Janet*, 1826, in-12, avec 6 grav.

Livre (le) noir, ou la propagande ecclésiastique dévoilée par ***, prêtre catholique (BEECKMAN, ancien professeur au collège de Bruges). *(Bruxelles), Périchon*, 1838, in-12.

Quérard attribue par erreur ce livre à Laurent RENARD, de Liége.

Voy. « Supercheries », III, 236, *e*.

Livre pour l'instruction de la jeunesse, dans lequel on y trouve (sic) un Abrégé de l'histoire romaine, de l'histoire de France, et un Abrégé de la géographie et des pensées choisies, par demandes et par réponses, par P. A. P*** (P.-A. PRADEL). *Paris, Perrault*, an XII, in-12, 23 p.

Livre (le) rouge, ou notice historique sur le procès fait par les deux Chambres du Parlement d'Angleterre aux meurtriers de Charles Iᵉʳ ; suivi du tableau des juges de Louis XVI qui ont péri sur l'échafaud ou de mort violente, des noms de ceux morts paisiblement. — Liste des évêques, curés, moines et autres ecclésiastiques régicides. — Noms de ceux employés par Bonaparte, et qui occupaient encore des places en 1815. — Désignation des régicides membres de l'Institut, etc. (Par A.-J. RAUP DE BAPTESTEIN DE MOULIÈRES.) *Paris, imp. de veuve Jeunehomme*, 1816, in-8.

Livre (le) rouge, tableau des persécutions exercées contre les catholiques en Prusse au XIXᵉ siècle. (Par BINTERIM, curé de Bilk, près de Dusseldorf.) *Bruxelles, François*, 1838, in-18.   J. D.

Livre (le) sans nom. (Par Ch. COTOLENDI.) Divisé en cinq dialogues. *Paris, Brunet*,

1695, in-12. — *Amsterdam*, 1711, 2 vol. in-12.

Cet ouvrage a été aussi attribué à l'abbé L. BORDELON.

Livre (le) sans titre à l'usage de ceux qui sont éveillés pour les endormir, et de ceux qui sont endormis pour les éveiller. (Par COUTAN, maître boutonnier à Paris.) *Amsterdam et Paris*, 1775, in-12.

La « France littér. » de 1769 cite une édition de 1768.

Liure (le) traiclant quelque déuotte exposition sur le cinquentiesme pseaulme du royal prophete David, commençant : *Miserere mei Deus*, etc. *Paris, en la rue Neufve-Nostre-Dame, à l'enseigne de l'Escu de France*, 1532, in-8, goth., feuillets non chiffrés.

L'abbé de Saint-Léger, d'après un titre donné par La Croix du Maine, avait cru que cette exposition du psaume *Miserere* était de J. BOUCHET. Le véritable auteur est Jean DE GAIGNY.

Livre (le) universel, ou mélange utile et agréable. (Par BILLECOQ.) *Paris*, 1717, in-8, 91 p.   V. T.

Le nom de l'auteur se trouve dans le privilège.

Livre (le) utile. (Par l'abbé L. BORDELON.) 2 vol. in-12.

Même ouvrage que la « Correspondance » qui fait partie des « Diversités » du même auteur.
Voyez IV, 1098, *b*.

Livre utile aux négociants de l'Europe, par M. S*** (A. SERRÉ, arithméticien). *Paris, Valade*, 1774, in-12.

Livres apocryphes de l'Ancien (et du Nouveau) Testament, traduits en françois, avec des notes (par le P. Ant. LE GRAS, de l'Oratoire), pour servir de suite à la Bible de Sacy (suivi de l'épître à Diognète, traduite du grec en françois, par le même auteur). *Paris, Desprez*, 1742, 2 vol. in-12.

Cette traduction des livres apocryphes forme la moitié du quatrième volume de l'édition latine et française de la Bible. *Paris, Desprez*, 1717, in-fol.

Livres (les) classiques de l'empire de la Chine, recueillis (et traduits du chinois en latin) par le P. NOEL, jésuite (du latin en français, par l'abbé F.-A.-A. PLUQUET), précédés d'observations (du traducteur français) sur l'origine, la nature et les effets de la philosophie morale et politique de cet empire. *Paris, de Bure, Barrois l'aîné*, 1784-1786, 7 vol. in-18.

Livres (les) d'OVIDE, de l'Art d'aimer et des Remèdes d'amour ; et ses poëmes, de l'Art d'embellir le visage, du Noyer, des Poissons, de la Puce, et du Langage des

bestes et des oiseaux ; traduits du latin, avec des observations (par l'abbé Michel DE MAROLLES). *Paris, Lamy*, 1660, in-12.

Livres (les) de CICÉRON, de la Vieillesse, de l'Amitié, traduction nouvelle (par J.-J. DE BARRETT) ; les Paradoxes, le Songe de Scipion et la Lettre politique à Quintus (de la traduction de l'abbé J.-B. GEOFFROY, publiée dès 1725), avec des remarques et le latin à côté. *Paris, Barbou*, 1754, in-12.

En 1760, de Barrett a publié une traduction pour ainsi dire nouvelle de tous ces traités. Voyez ces mots, « les Offices de Cicéron. »

Livres (les) de CICÉRON, de la Vieillesse, de l'Amitié, des Paradoxes, le Songe de Scipion, etc. Traduction nouvelle avec le latin en regard, par M. DE BARRETT. 6e édition, corrigée d'après un manuscrit de l'auteur, et augmentée de la « Lettre de Quintus », etc., traduite par J. F. A. O. (Jean-Félicissime ADRY, oratorien). *Paris, Delalain*, 1809, in-12.   D. M.

Livres de l'Ancien et du Nouveau Testament, avec des explications qui regardent la vie intérieure, etc. In-8.

Voy. « la Bible traduite en françois... », IV, 405, *b*.

Livres (les) de la doctrine chrétienne par S. AUGUSTIN, traduits en françois (par F.-J. BOURGOING DE VILLEFORE). *Paris*, 1701, in-8.

Livres (les) de la Genèse, de l'Exode et du Lévitique (jusqu'au vingt-troisième chapitre), traduits en françois (par Michel DE MAROLLES), avec des notes (atribuées à Isaac LA PEYRÈRE). In-fol.

Cet ouvrage n'a pas été achevé ; l'impression fut arrêtée par ordre du chancelier Séguier.

Livres (les) de S. AUGUSTIN contre les philosophes académiciens, avec le Traité de la grâce et de la liberté, traduits en françois sur l'édition des PP. Bénédictins (par J.-F. BOURGOING DE VILLEFORE). *Paris, Josset*, 1703, in-12.

Livres (les) de S. AUGUSTIN, de la Manière d'enseigner les principes de la religion chrétienne à ceux qui n'en sont pas encore instruits ; de la Vertu de continence et de tempérance ; de la Patience et contre le mensonge ; traduits en françois (par Ph. GOIBAUD-DUBOIS). *Paris, Pralard*, 1678, in-12.

Livres (les) perdus de Tacite. (Par Ch. DE RUELENS.) *S. l. n. d.*, in-8.

Extrait du « Courrier de Bruxelles », 1852.
                                        J. D.

Livres (les) sacrés de toutes les religions

sauf la Bible; traduits ou revus et corrigés par MM. Pauthier et Gustave Brunet. *Paris, Migne*, 1858, 2 vol. grand in-8.

Les traductions du Soma-Veda, des Pouranas, des Upanishads, du Vendidad-Sadé, etc., ont été faites d'après des versions anglaises ou allemandes; celles de deux livres thibétains : la *Parabole de l'enfant égaré* et le *Rgia tch'er rol pa* (ou le Développement des jeux), sont l'œuvre, sur les textes originaux, de M. Foucaux, professeur de thibétain à l'École des langues orientales.

Livret de folastries à Janot, Parisien, plus quelques épigrammes grecques et des dythyrambes chantés au bouc de Étienne Jodelle, poëte tragique. *Paris*, 1553, in-8, 69 p. — *S. l.*, 1584, in-8, 71 p.

L'attribution de cet ouvrage faite par Barbier, d'après Goujet, à Ambroise La Porte (ou plutôt de La Porte), fils du libraire Maurice de La Porte, à la veuve duquel est accordé le privilége, n'est pas mieux fondée que celle du « Catalogue des livres imprimés de la Bibliothèque du roy », qui a donné Jodelle comme auteur de ce recueil. Pierre Ronsard est l'auteur de presque toutes les pièces.

Voy. Brunet, 5e éd., tome IV, 1379-1380, et l'avant-propos de la réimpression faite par Gay en 1862, *Paris*, in-12, xx-52 p.

Livret des emblemes de maistre André Alciat, mis en rime françoyse (par Jean Le Fevre, de Dijon) et présenté à M. l'admiral de France (Phil. Chabot). *Paris, Chr. Wechel*, 1536, in-8, goth., 113 fig. sur bois.

Première édition en français.
Réimprimé en 1539, 1540, 1542.
Cette version n'est pas complète; celle de *Lyon, Jean de Tournes*, 1548, in-16, porte le nom de l'auteur.

Llano (le) de Sant Lazaro et le camp de Tualzimapa. (Par l'impératrice du Mexique, Charlotte.) 1865.

Opuscule de 6 pages tiré à 50 exempl. C'est le récit du petit voyage fait par cette princesse au-devant de son mari lorsqu'il revint de sa tournée dans l'intérieur de son empire. (« Petite Revue », 7e trimestre, page 4.)

Loge centrale des véritables francs-maçons, ou Lettre d'un philosophe du Nord à Mme la princesse de N*** (Par L.-R. Barbet.) *Paris, Michelet*, an X-1802, in-12, viii-272 p.

M. Barbet a débuté dans la littérature par un « Almanach philosophique », 1792, in-12.

Logique à mon usage, (Par J.-H. Meister.) *Amsterdam, M.-M. Rey*, 1772, in-8.

Réimprimée dans le « Journal de lecture », avec plusieurs autres articles signés M.

Logique (la) adaptée à la rhétorique, par le P. Le Br., clerc-régulier théatin

(Joachim Le Breton, depuis membre de l'Institut). *Paris, Pichard*, 1788, in-12.

Logique de l'esprit et du cœur, à l'usage des dames, par M. D*** (Jean Blanchet). *La Haye et Paris, Cailleau*, 1760, in-12.

Logique et Principes de grammaire, par du Marsais. (Publiés par E.-F. Drouet.) *Paris*, 1769, in-8 et 2 vol. in-12.

Le manuscrit de ces ouvrages était entre les mains du commissaire de Rochebrune.

Logique (la), ou l'Art de penser, etc. (Par Ant. Arnauld et P. Nicole, avec un avis de l'éditeur, P. Nicole.) *Paris, Savreux*, 1662, in-12. — Sec. édition, revue et augmentée. *Paris, Savreux*, 1664, in-12. — Trois. édit. *Paris, Savreux*, 1668, in-12. — Quat. édit. *Paris, Savreux*, 1674, in-12. — Dernière édition (conforme à la seconde, à la troisième et à la quatrième). *Amsterdam, Abr. Wolfganck* (Elzevier), 1675, in-12. — Cinq. édition, revue et de nouveau augmentée. *Paris, Desprez*, 1683, in-12.

La cinquième édition a servi de modèle aux suivantes. Selon un manuscrit de Racine, élevé à Port-Royal, les discours et les additions sont de Nicole. Les premières parties sont du même, avec le docteur Arnauld. La quatrième partie, qui traite de la *Méthode*, n'est que de ce docteur. Suivant un autre manuscrit, ce qu'il y a de Nicole est le fruit en partie de ce qu'il avait enseigné sur la philosophie à Le Nain de Tillemont, instruit dans les écoles de P.-R., qui ont été la source de tant de bons ouvrages; elles avaient été établies en 1645. Voy. « Mémoires pour servir à l'histoire de P.-R. » (Catalogue manuscrit de l'abbé Goujet.)

Logique, ou l'Art de penser. (Par Mercier, ministre du S. Évangile.) *Genève*, 1766, in-8.   V. T.

Logique, ou l'Art de raisonner. (Par L. Dutens.) *Paris, Molini*, 1773, in-12, in-8 et in-4.

Réimprimé dans les « Œuvres diverses » de l'auteur.

Logique, ou Réflexions sur les forces de l'entendement humain, par M. Christian Wolf (traduite du latin par J. Deschamps). *Berlin*, 1736, in-8.

Logique (la) sans épines, et ses matières rendues les plus claires du monde par des exemples sensibles, composée par M. C. D. (de Laniolle) ; seconde édition. *Paris, Guillaume Sassier*, 1670, in-12.

Logographe (le), journal national, rédigé par Le Hodey, d'après le travail des membres de la Société logographique. *Paris, imp. de Le Hodey*, 27 avril 1791-17 août 1792, 3 vol. in-fol.

Ce journal a été fondé par Adrien Dupont, Alex. Lameth et autres, députés à l'Assemblée constituante.

Voy. Hatin, « Bibliographie de la presse », p. 132 133.

Logogriphes. (Par C.-F. PANNARD.) *Paris*, 1742-1744, 2 vol. in-12.

Loi civile en France. (Par Jérôme Morin.) *Lyon*, 1860, in-12.   D. M.

Loi (la) de Dieu sur la charité chrétienne, basée sur l'Ecriture sainte, les saints Pères et les docteurs de l'Eglise, par F. X. V. (F.-X. VOORMANEK). *Gand, Vandosselaere*, 1858, in-8, 280 p.

Loi (la) de justice et d'amour, jugée par ses frères, (Par B.-E. DE BLOSSEVILLE et MEISSONNIER DE VALCROISSANT.) *Paris, Trouvé*, 1827, in-8, 26 p.

Loi (la) des circonstances. (Par le marquis DE LA GERVAISAIS.) *Paris, imp. de A. Pihan Delaforest*, 1830, in-8, 80 p.

Loi (la) du besoin, dogme social. (Par le marquis DE LA GERVAISAIS.) *Paris, Pihan-Delaforest*, 1832, in-8, 2 ff. lim. et 48 p.

Loi morale en France. (Par Jérôme Morin.) *Lyon*, 1860, in-12.   D. M.

Loi (de la) naturelle. (Par J.-J. DE BARRETT.) *Paris, Defer de Maisonneuve*, 1790, 2 vol. in-8.

Loi (la) sans motifs, ou Etat de la discussion sur l'exploitation de la mine Vic. (Par le marquis DE LA GERVAISAIS.) *Paris, Egron*, 1825, in-8, 2 ff. de tit. et 51 p.

Loi sur la compétence en matière civile, avec le projet primitif, l'exposé des motifs, les rapports des commissions, la discussion aux Chambres et les dispositions de lois qu'elle a modifiées, complétées ou abrogées ; par D. L. (DE LOCHIT) et V. (VANDEREST), docteurs en droit. *Bruxelles, Gregoir, Wouters et Cie*, 1841, in-8.   J. D.

Loire (la) de Nantes à Orléans, guide du voyageur... (Par M. Jules FOREST.) *Nantes, Forest*, 1839, in-18, 2 ff. de tit., 82 p., 1 f. de table et 1 carte. — *Id.*, 1845, in-18, 88 p., 1 f. de tab. et 1 carte.

Loix (les) civiles dans leur ordre naturel (Par J. DOMAT.) *Paris*, 1693, 5 vol. in-4.

Réimprimées in-fol., avec le nom de l'auteur.
Dans l' « Histoire des ouvrages des Scavans », septembre 1695, on trouve cet ouvrage attribué, par erreur, à DE LAUNAY, professeur du droit naturel.

Lois (les) civiles et l'administration de la justice ramenées à un ordre simple et uniforme, ou Réflexions morales, politiques, etc., etc., sur la manière de rendre la justice en France avec le plus de célérité et le moins de frais possible. (Par J. PÉTION DE VILLENEUVE.) *Londres*, 1782, in-12. — *Ibid.*, 1783, in-8.

Réimprimé en 1789 comme « Fragments d'un ouvrage sur les lois... attribué à M. Pétion de Villeneuve », in-8, puis inséré dans les « Œuvres » de Pétion, t. I, pages 33-242.

Lois civiles intermédiaires, ou Collection des lois rendues sur l'état des personnes et la transmission des biens, depuis le 4 août 1789 jusqu'au 30 ventôse an XII (mars 1804), époque du Code civil; par J. B. S. (Jean-Baptiste SIREY). *Paris*, an XIV-1806, 4 vol. in-8.

Il y a des exemplaires qui portent : *Nouvelle édition*, mais il n'y a de nouveau que le frontispice.

Lois (les) civiles, relativement à la propriété des biens ; ouvrage traduit de l'italien par M. S. D. C. (François SEIGNEUX DE CORREVON). 1766, in-8. — Autre édition, augmentée de quelques remarques par DE FÉLICE. *Yverdun*, 1768, in-8.

Loix (les) de la galanterie. 1644. *Paris, Aubry*, 1855, in-8, IX-30 p.

Publié par Ludovic LALANNE.
L'introduction est signée : Lud. L.
Tiré à 250 exemplaires.

Loix (les) de Minos, ou Astérie, tragédie en 5 actes. (Par VOLTAIRE.) *Genève et Paris, Valade*, 1773, in-8, ij-65 p.

Edition tronquée et falsifiée que l'on pense avoir été faite par le marquis H.-L. d'Erbigny de Thibouville, ou plutôt par le censeur F.-L.-C. MARIN, qui s'était procuré une mauvaise copie de la pièce, l'avait tronquée et mutilée, parée de vers à la Pellegrin et vendue en cet état au libraire Valade. En qualité de censeur, Marin avait écrit à Voltaire, à la date du 27 mai 1772, une curieuse lettre qui est reproduite par M. Ch. Nisard, p. 168 et suiv. du vol. par lui publié sous ce titre : « Mémoires et correspondances histor. et littéraires inédits », 1726-1816. *Paris*, 1858, in-12. — Autre édition avec les notes de M. DE MORZA (pseudonyme de VOLTAIRE), et plusieurs pièces curieuses détachées. *Genève*, 1773, in-8, xvj-396 p. plus les faux titre, titre et errata. — Autre édition. *Lausanne, Fr. Grasset et Cie*, 1773, in-8, xvi-170 p.
On a supprimé dans cette édit. les morceaux qui ne sont pas de Voltaire et quelques-uns qui sont de lui. — Autre édition, in-8 de XIII et 82 p. dans le t. X de « l'Evangile du jour ».

Loix (les) de PLATON, traduites du grec en françois (par l'abbé J. GROU). *Amsterdam*, 1769, 2 vol. in-8 et in-12.

Lois (les) de PLATON, traduction de Grou, revue et corrigée sur le texte grec d'Emm. Bekker (par Henri TRIANON). *Paris, Lefebvre*, 1842, in-12.   D. M.

Lois, décrets et règlements relatifs à l'administration des cultes, publiés avec

l'autorisation de M. le ministre de l'instruction publique et des cultes. (Par MM. Jacques-Hippolyte-Sylvestre BLANC et Adolphe TARDIF.) *Paris, Durand*, 1853, in-8.
                   D. M.

Loix (les) ecclésiastiques de France dans leur ordre naturel, par Louis DE HÉRI-COURT, nouv. édit. (dirigée par Fr. RICHER, avocat). *Paris*, 1756. — Autre édit. (rédigée par P.-O. PINAULT, avocat). *Paris*, 1771, in-fol.

Cet ouvrage estimé parut pour la première fois en 1718, et eut quatre éditions avant 1756.

Loix (les) ecclésiastiques tirées des seuls livres saints. (Par J.-B. FROMAGEOT et Claude MORIN.) *Paris, Desaint et Saillant*, 1753, in-12. — *Metz, Lamort*, 1811, in-12.

Voy. « Discours philosophiques… », IV, 1022, *f*.

Lois et Constitutions de S. M. le roi de Sardaigne, publiées en 1770, traduites de l'italien (par Joseph DONJON). *Paris, Le Jay*, 1771, 2 vol. in-12.

Lois (des) fondamentales, considérées dans leurs rapports politiques. (Par Étienne FEUILLANT.) *Paris, Le Normant*, 1818, in-8.

Lois municipales et économiques du Languedoc, ou Recueil des ordonnances, édits, déclarations, lettres patentes, arrêts du conseil, du parlement de Toulouse, etc. (Par J. ALBISSON, avocat et archiviste des États de Languedoc.) *Montpellier (Avignon)*, 1780 et ann. suiv., 7 vol. in-4.

Lois (les) pénales dans leur ordre naturel. (Par C.-E. DUFRICHE DE VALAZÉ.) *Paris, Royez*, 1784, in-8.

Lois (les) puisées chez les Grecs, développées par les Romains, aujourd'hui la base du droit des nations policées. (Par Edme MARTIN, professeur en droit.) *Paris, Merlin*, 1765, 2 parties in-12.

Le nom de l'auteur se trouve dans le privilége, ce qui n'a pas empêché plusieurs bibliographes d'attribuer cet ouvrage à M.-A. BOUCHAUD.

Loisir (le) philosophique, ou Pièces diverses de philosophie, de morale et d'amusement. (Par E. DE VATTEL.) *Dresde, Walther*, 1747, in-8.   V. T.

Loisirs champêtres. Mélanges et essais lyriques. (Par A. MONOSTIER.) *Moscou*, 1836, in-8.

Catalogue Sobolewski, n° 1008.

Loisirs d'un curé. Par M. l'abbé H…. (l'abbé T.-F.-X. HUNCKLER, chanoine à Vienne, en Autriche). *Paris, Béthune*, 1833, in-18.

Voy. « Supercheries », II, 233, *b*.

Loisirs d'un flâneur, poésies dédiées aux dames qui l'honorent de leur amitié, par Félix B… (BERBERAT). *Paris, imp. de Thunot*, 1859, in-16, 88 p.

Loisirs d'un ménage en 1804. Nouvelles publiées par M. le comte DE S*** (C.-M. D'YRUMBERRY, comte DE SALABERRY). *Paris, Roret*, 1828, in-12.

Loisirs d'un ministre, ou Essais dans le goût de ceux de Montaigne, composés en 1736. (Par R.-L. DE VOYER D'ARGENSON.) *Liége*, 1787, 2 vol. in-8.

Même ouvrage que « Essais dans le goût de ceux de Montaigne… » Voy. ci-dessus, col. 267, *b*.

Loisirs d'un officier d'infanterie (LANNOY, officier au régiment de Cambrésis). *Bruxelles*, 1784, in-8.

Loisirs (les) d'un soldat au régiment des gardes françoises (Ferdinand DESRIVIÈRES, dit BOURGUIGNON). *Paris, Saillant*, 1767, in-12. — 2e édition… *Paris, Saillant*, 1767, in-12, 5 ff. lim. et 168 p. — *Paris, Bastien*, 1775, in-12.

La dédicace est signée : D* R** S.

Loisirs (les) d'une jeune dame. (Par Marie-Joseph DE LESCUN, d'abord Mme MONBAR ou MONTBARD, et plus tard Mme SYDOW.) *Berlin, Decker*, 1776, in-8. — *Breslau, Korn*, 1784, in-8.

Loisirs de conférence, par G. B. (Georges BOUCLIER, notaire à Paris). *Paris, Guyot et Scribe*, 1855, in-24, 116 p.

Loisirs (les) de ma solitude, ou mélanges de poésies diverses, par J. L. C. D. V. (Jean-Louis-Conrad DE VERDALLE). *Paris, Deroy*, an IX, in-8, 110 p. et 1 f. d'errata.
                   D. M.

Loisirs (les) de M. DE C*** (CHENEVIÈRE). *La Haye (Paris)*, 1764, 2 vol. in-12.

Voy. « Supercheries », I, 604, *d*.

Loisirs de M. L*** (LEDHUY). *Paris, Didot aîné*, 1811, in-18.

Voy. « Supercheries », II, 470, *b*.

Loisirs de trois amis, ou opuscules de A.-B. RÉGNIER, N. BASSENGE et P.-J. HENKART, de Liége. *Liége, A. Haleng* (1823), 2 vol. in-8.

La notice sur Régnier est de Hyacinthe FABRY, celle sur Bassenge de M.-P. DESTRIVEAUX, et celle sur Henkart d'ANSIAUX.   D. M.

Loisirs des bords du Loing, ou Recueil de pièces fugitives. (Par M.-J.-H. PELÉE DE VARENNES, publié par P.-A. LÉORIER-DELISLE.) *Montargis*, 1784, in-12.

Il y en eut 50 exemplaires imprimés sur divers papiers d'herbes dont Léorier est l'inventeur. Ces exemplaires sont curieux et rares.

Ce livre, outre les poésies de Pelée de Varennes, contient plusieurs lettres calquées sur un mémoire de Hureau de Livoy, relatif à l'histoire de Montargis et du Gâtinais, inséré dans le tome II des « Nouvelles Recherches sur la France ». *Paris*, 1766, 2 vol, in-12.

Marie-Joseph-Hippolyte Pelée de Varennes, né à Sens, fut imprimeur en cette ville, et ensuite receveur particulier des finances à Montargis. Il a été décapité à Paris en 1794, âgé de 53 ans. Le « Petit Dictionnaire des grands hommes » en parle assez mal.

Voy. une notice sur Léorier dans le « Bulletin du bibliophile », 1863, p. 481.

Loisirs des salons. Leçons de tricot, appliquées aux objets de fantaisie, etc., traduit de l'allemand sur la 5e édit. (par Ch. STALLAERT) et orné de figures, *Bruxelles, Périchon*, 1847, in-12, 144 p.

J. D.

Loisirs philosophiques, ou l'étude de l'homme de M. B. (J. BLONDEL). *Londres et Paris*, 1756, in-12.

Loix (les).

Voy. « Lois ».

Lolotte et Fanfan, ou les Aventures de deux enfants abandonnés dans une île déserte.... par M. D*** DU M*** (F.-G. DUCRAY-DUMINIL). *Charle'stown et Paris, Maradan*, 1788, 4 vol. in-12, fig.

Réimprimé plusieurs fois avec le nom de l'auteur.

Lomelli, le hardi brigand, ou la Caverne de la vengeance, par l'aut. de « Rinaldo Rinaldini » (C.-A. VULPIUS), tr. de l'allemand par J.-J.-M. DUPERCHE. *Paris, Lerouge*, 1823, 4 vol. in-12.

Londres. (Par P.-J. GROSLEY.) *Lausanne (Paris)*, 1770, 3 vol. in-12. — Nouvelle édition, considérablement augmentée. *Lausanne (Paris)*, 1774, 4 vol. in-12.

C'est à tort que cet ouvrage fut attribué à LEBLANC lors de sa publication.

Londres en 1819 (à 1824), ou Recueil de lettres sur la politique, la littérature et les mœurs, écrites de Londres... par l'auteur d' « Une Année à Londres » (A.-J.-B. DEFAUCONPRET). *Paris, Gide*, 1820-1825, 6 vol. in-8.

Le sixième volume porte seul le nom de l'auteur.

Londres (de) et de ses environs. (Par J. CAMBRY.) *Amsterdam*, 1788, in-8.

Réimprimé en 1789.

Cette brochure a été réunie en 1791, par le libraire Poinçot, au « Voyage philosophique » d'Angleterre, imprimé en 1786, 2 vol. in-8.

Londres et l'Angleterre, ouvrage élémentaire à l'usage de la jeunesse (trad. de l'anglais par AUBERT DE VITRY). *Paris, Bossange frères*, 1826, in-12, fig.

Londres et ses environs..., par M. D.

S. D. L. (DE SERRE DE LATOUR). *Paris, Buisson*, 1788, 2 vol. in-12.

Londres, la cour et les provinces d'Angleterre, d'Écosse et d'Irlande. (Par P.-J.-B. NOUGARET.) *Paris, Briand*, 1816, 2 vol. in-8.

Long Parlement (le) et ses crimes, rapprochements faciles à faire.

> *Sotto gli esempi altrui narra i suosi lasi.*
> Adone, canto 6.

Sous des traits étrangers, il raconte ses propres hasards.

Paris, de l'imprimerie d'un Royaliste, 1790, in-8, 151 p.

Attribué à Angélique-Marie DARLUS DU TAILLIS, comtesse DU MONTROND, par l'auteur des « Notices et Observations à l'occasion de quelques femmes de la société du XVIIIe siècle » (M. Hippolyte de La Porte). *Paris*, 1835, in-8. Voy. page 43.

Longueruana, ou Recueil de pensées, de discours et de conversations de Louis DUFOUR DE LONGUERUE... (Fait par l'abbé J. GUIJON, publié par N. DESMARETS.) *Berlin*, 1754, in-12.

Lord BYRON. Don Juan, traduit en vers français. (Par M. FAUVEL, juge de paix à Caen.) *Paris, Librairie centrale (Caen, imp. de Goussiaume de La Porte)*, 1866, 2 vol. in-18.

Lord Byron jugé par un témoin de sa vie. (Par Mme la marquise DE BOISSY.) *Paris, Amyot*, 1868, 2 vol. in-8.

Lord Davenant, drame en quatre actes et en prose, par MM. *** (J.-B.-C. VIAL, Justin GENSOUL et J.-B.-G.-M. DE MILCENT), représenté pour la première fois le 8 octobre 1825, sur le Théâtre-Français... *Paris, Barba*, 1825, in-8, 2 ff. de tit. et 67 p.

Lord Guizot, chanson élogique; par M. Francisque L*** (Antoine-François LALLEMANT, dit FRANCISQUE, comédien attaché au Théâtre royal français de Berlin). *Paris, Le Guillois*, 1846, in-8.

D. M.

Lord (le) impromptu, nouvelle romanesque, traduit de l'anglais. *Amsterdam, Arkstée et Merkus*, 1767, in-12.

Ce roman est de J. CAZOTTE; il a été reproduit dans ses Œuvres. Suivant Pigoreau, « Petite Bibliophie romancière », n° 845, il a été traduit en anglais sans que le nom de l'auteur ait été révélé, et une traduction française de la version anglaise a paru sous ce titre :

« Lismor, ou le Château de Clostern, par W. Sheridan ; trad. de l'anglais sur la 4e édition par J.-B.-M. D...Y. *Paris, Chaigneau, Maradan*, an VIII-1800, 2 vol. in-12. » Quérard (« Fr. littér. », t. IX, 123) a reproduit ce renseignement, dont il a oublié de faire usage dans ses « Supercheries ». D'un autre côté, et cela probablement d'après le Catalogue manuscrit de la Bibliothèque nationale, il attribue à CHARLOS, avocat au parlement, « le Lord impromptu, nouvelle romanesque » (1766), in-12.

Lord Ruthwen, ou les Vampires, roman de C. B. (Cyprien BÉRARD, d'Arles, depuis directeur du Vaudeville et des Nouveautés), publié par l'auteur de « Jean Sbogar » et de « Thérèse Aubert » (Ch. NODIER). *Paris, Ladvocat,* 1820. — 2e édit. augm. de notes sur le vampirisme. *Ibid., id.,* 2 vol. in-12.

Lord Wisely, ou le Célibataire, par l'auteur du « Voyage à Constantinople » (C.-M. d'YRUMBERRY, comte DE SALABERRY). *Paris, Maradan,* 1808, 2 vol. in-12.

Lorenzo, ou l'Empire de la religion. Par un non-conformiste écossais qui a embrassé la foi catholique (E.-S. DRIEUDE). *Lille, Lefort,* 1833, 3 part. en 1 vol. in-18.

Souvent réimprimé. Les éditions de 1835, 1837, 1839, 1842, portent sur le titre les initiales G. T. D. Voy. « Supercheries », II, 221, b.

Lorgnette (la) des spectacles. Par un journaliste, etc. (Fabien PILLET et autres). *Paris, Hollier,* an VII, in-18, 292 p.

Lorgnette philosophique trouvée par un R. P. capucin sous les arcades du Palais-Royal, et présentée au public par un célibataire (A.-B.-L. GRIMOD DE LA REYNIÈRE). *Londres et Paris,* 1785, 2 vol. in-12.

Cet ouvrage est presque entièrement copié de « la Berlue ». Voy. IV, 400, f.

Lorgnon (le). (Par Mme Emile DE GIRARDIN, née Delphine GAY.) *Paris, C. Gosselin,* 1831, in-8.

Une seconde édition, publiée en 1832, porte le nom de l'auteur.

Lothaire et Maller, roman de chevalerie, traduit de l'allemand (de Ch.-W.-F. SCHLEGEL). *Genève, Paschoud, et Paris, Gauthier,* 1807, in-12.

Voy. Quérard, « France littéraire », t. VIII, p. 523.

Lothaire et Valrade, ou le Royaume mis en interdit, tragédie (5 actes, v., par P.-P. GUDIN DE LA BRUNELLERIE). *Amsterdam, D.-J. Changuyon,* 1768, pet. in-8, 88 p.

Première édition de cette tragédie, qui fut réimprimée plusieurs fois en secret, sans nom de lieu et sans date, à Genève, en 1769 (voir l'article suivant), etc. — Autre édition. Tragédie brûlée à Rome par les moines inquisiteurs de cette ville, le 28 sept. 1768. *Rome, imp. du Vatican,* 1777, in-8, XXIII et 117 p. plus l'errata.

La dernière édition porte, dit-on, le titre de : « le Royaume mis en interdit, » *Paris* (impr. *de P. Didot*), 1801, in-18, et suivant la Biographie Rabbe elle aurait été enlevée « tout entière, à l'instant, sans que l'auteur ait su comment. »

Lothaire, roi de Lorraine, tragédie. (Par P.-P. GUDIN DE LA BRUNELLERIE.) *Genève,* 1769, in-8.

Même ouvrage que le précédent.

Louange (la) de la folie, traduit d'un traité d'ÉRASME, intit. : *Œncomium moriæ,* satyre en prose. *Paris, J. Cottin,* 1670, in-12.

La dédicace est signée PETIT, nom du traducteur qui se trouve dans l'extrait de privilége et que l'on trouve sur quelques exemplaires avec même date et même adresse que ci-dessus.

Louange de la loi, traduit du grec de DION CHRYSOSTOME (par F. MOREL). *Paris, F. Morel,* 1598, in-8.

Louange (la) de la sotise. Déclamation d'ÉRASME, de Rotterdam, mise en françois. *A La Haye, chez Théodore Maire,* 1642, in-12.

Le traducteur a signé de l'initiale P. l'épître dédicatoire au prince Roderic, duc de Wirtemberg et de Teeck, comte de Montbéliard, etc.

Ce volume se termine par une « Préface » mise au-devant du Livre des tactiques d'ÆLIAN, trad. en franç. par le commandem. de S. A. Mgr le prince d'Orange, comte de Nassau, etc., 1642.

Cette préface, qui n'est point paginée, est signée encore P., et elle continue les signatures du volume par la lettre N.

Ce volume est décrit comme très-rare par M. Franç. Morand dans le « Bulletin du bibliophile », 36e année, p. 445-448.

Cette lettre P. pourrait bien être l'abréviation du mot Polygraphe, qualification sous laquelle se cachait Nicolas DE VOLKYR ou WOLKIR, ou VOLKIER, qui a publié en 1536 une traduction d'Ælian, « de l'Ordre et Instruction des batailles », à la suite de Flave Végèce, « du Fait de guerre ». Voy. ci-dessus, col. 168, b, et « Suporehories », III, 209, f.

Louenge (la) des femmes. Invention extraite du commentaire de Pantagruel sur l'Androgyne de Platon. *Lyon, de Tournes,* 1551, in-8, 54 p.

Ce livre est signé du pseudonyme André MISOGYNE. M. Paul Lacroix, dans un article inséré au « Bulletin du bibliophile », croit pouvoir l'attribuer à RABELAIS. Il en a été donné une réimpression, *Bruxelles, imp. A. Mertens,* 1863, in-18 ; elle contient, p. 61-63, une petite notice anonyme (par M. G. BRUNET) relative à cet ouvrage.

Louenge (la) et beauté des dames. *S. l. n. d.,* in-8, goth.

« Cet écrit pourrait bien être de Jean DU PONT-ALAIS. » (« Manuel du libraire », 5e édit., III, 1182.) Il a été réimprimé pour la « Bibliothèque elzévirienne », par M. de Montaiglon, dans le t. VII de son « Recueil de poésies françaises ».

Louenge (la) des roys de France. (Par

A. DE LA VIGNE.) *Paris, Eustace de Brie,* 1508, in-8, goth., 72 ff.

Louanges de la folie, traicté fort plaisant en forme de paradoxe, traduit d'italien en françois par feu messire Jehan DU THIER. *Paris, pour Hartman Barbe,* 1566, aussi *Poictiers, de Marnef et Bouchet frères,* 1566, in-8. — Autre édit. *Lyon, Ben. Rigaud,* 1567, pet. in-8, 38 ff.

Le texte italien, imprimé au XVI° siècle sous le titre de *la Pazzia,* est anonyme. Il est généralement attribué à Ascanio PERSIO ; cependant une note ajoutée à l'article LANDI de la « Biographie universelle » (1re édition) le donne à ce dernier auteur, se fondant sur ce que l'on a trouvé la *Pazzia* reliée avec les *Paradossi* de Landi, édition de 1544.

Louis (I) le Débonnaire, empereur, délivré du purgatoire... tragédie représentée par la jeunesse du collège de la Compagnie de Jésus, à Luxembourg, le 13 sept. 1635. (Par le P. Martin DU CYGNE.) *Trève, imp. de H. Reulandt,* in-4, 4 p.

Louis IV, dit d'Outre-mer, drame historique en quatre actes. (Par le baron de SELLE DE BEAUCHAMP.) *Saint-Germain-en-Laye, imp. de Beau,* 1850, gr. in-8.

Louis IX en Egypte, opéra en trois actes. (Par N.-F. GUILLARD et F.-G.-J.-S. ANDRIEUX.) *Paris,* 1790, in-4.

Louis IX, roi de France ; Louis-Philippe, roi des Français ; et les fleurs de lys. *Lyon, imp. de L. Boitel,* 1841, in-8, 16 p.

Signé : J. S. P. (J.-S. PASSERON).

Louis XIV. (Par le comte ROGUET, général de brigade.) *Paris, J. Dumaine,* 1869, in-18, 435 p.

Voyez précédemment, IV, 376, *a* (article « Bacon »), et V, 507, *d* (article « Frédéric »).

Louis XIV et ses amours, galerie historique. (Par DE BOURBON CONTY.) *Paris, Didot,* 1824, in-4. — *Id.,* in-8.

Louis XIV et son siècle, ou Galerie historique des personnages illustres de la France sous le règne de ce grand roi. (Par F.-Th. DELBARRE.) *Paris, L. Janet, s. d.,* 2 vol. in-18.

Louis XIV vengé de ses détracteurs, ode par ThleH. (Théophile HAET). *Paris, Chaumerot,* 1820, in-8, 8 p.

Louis XV. Poëme. (Par GODART D'AUCOUR.) *Paris, David jeune,* 1744, in-4, 24 p.

Louis XVI au salut ; les trois ministères ; par un indépendant (J.-F.-A. BAYARD). *Paris, Dupont, imp.,* 1819, in-8, 24 p.

Louis XVI confondu, Antoinette désespérée. Pétion consolé et divinisé... (Par P.-P. BARDIN.) *(Paris), imp. de Feret* (1792), in-8.

Louis XVI dans sa prison. *S. l.* (1814), in-8, 9 p.

Par le baron Étienne-Léon DE LAMOTHE-LANGON, d'après l'envoi autographe de l'auteur sur l'exemplaire unique appartenant à la Bibliothèque nationale.

Louis XVI, du séjour des heureux, à son auguste et très-respectable frère Louis XVIII, faisant sa première entrée au château des Tuileries. *Paris, Saint-Michel,* 1814, in-8.

La dédicace est signée : M. R. (J.-B.-Magloire RÓBERT).

Louis XVI et ses défenseurs, dédié au roi. (Par M. DUFRICHE-FOULAINES.) *Paris, Migneret,* 1818, 2 part. in-8.

Cet ouvrage n'a pas été continué.

Louis XVI et ses vertus, aux prises avec la perversité de son siècle. (Par Fr. BABIÉ DE BERCENAY.) *Paris,* 1805, 5 vol. in-8.

L'ouvrage fut saisi et l'auteur enfermé à Bicêtre.

Louis XVI peint par lui-même, ou Correspondance et autres écrits de ce monarque (composés par Fr. BABIÉ DE BERCENAY et S. IMBERT DE LA PLATIÈRE), précédés d'une notice sur la vie de ce prince, avec des notes historiques... (par J.-B. PUJOULX). *Paris, Gide fils,* 1817, in-8.

Voy. « Supercheries », II, 825, *a.*

Louis seize, son testament et sa mort. Par une femme (Mme SUARD). *Paris, Dentu,* 1814, in-8, 25 p.

Louis XVI, tragédie en vers et en cinq actes. (Par le comte DE SAINT-ROMAN.) *Francfort et Bruxelles, Benoît Le Francq,* 1793, in-8, 118 p. et 1 f. de note.

Louis XVII, ouvrage fait sur des arrêtés originaux, des procès-verbaux et les dépositions des témoins oculaires. (Par Simien DESPRÉAUX.) *Paris, Larnault,* 1816, in-12.

Louis XVIII, assassin de Louis XVI. Par M. le colonel S. *Bruxelles,* 1817, in-8 et in-12.

La partie du raisonnement, de la discussion, l'état de la France, tout enfin, à l'exception des listes des condamnés, est de M. Edme-Théod. BOURG, dit SAINT-EDME.

Le manuscrit fut porté à Bruxelles par M. Arnaud, employé supérieur de la maison du roi.

Louis XVIII et Napoléon dans les Champs-Elysées. (Par Mme MONGELLAZ, née Fanny BURNIER.) *Paris, Ponthieu,* 1825, in-8, x-214 p.

. Louis XVIII, sa vie, ses derniers moments et sa mort, suivis du détail de ses funérailles, d'un recueil d'anecdotes sur ce prince... d'un choix de ses lettres et de quelques-unes de ses poésies. Par E.-M. DE St-H. *Paris, Peytieux*, 1825, in-12, x-214 p. et 1 f. de tit. — 2ᵉ édit. *Id.*, 1825, in-12, VIII-214 p. et 1 f. de table.

Par Ph.-L. ORRY, marquis DE FULVY, d'après Quérard. Attribué par Œttinger et par le « Catalogue de l'Histoire de France » de la Bibliothèque nationale à Emile-Marco DE SAINT-HILAIRE, que semblent en effet désigner les initiales qui se trouvent sur le titre.

Louis (le) d'or, à Mᶫᶫᵉ de Scudery. (Par Samuel ISARN.) *Paris, Loyson*, 1661, in-12.

Réimprimé dans le « Recueil de pièces choisies tant en prose qu'en vers » dont La Monnoye fut l'éditeur anonyme, *La Haye, Van Lom*, 1714, in-8, et dans le « Recueil de poésies » de Mᵐᵉ de La Suze. M. Ed. Fournier l'a reproduit avec annotations dans le t. X de ses « Variétés historiques et littéraires ». Voy. aussi « Pistole parlante ».

Louis de Geer, notice historique. 1587-1652. (Par le comte DE HAMAL.) *Bruxelles*, 1847, in-8, 32 p.

Extrait de la « Revue de Belgique ».
　　　　　　　　　　　　　　　Ul. C.

Louis-Napoléon Bonaparte, représentant du peuple à l'Assemblée nationale, candidat à la présidence de la République française. (Par Edmond WERDET.) *Paris, Werdet*, 20 nov. 1848, in-12, 24 p.

Louis-Napoléon, satire. (Par Philippe-Auguste WUILLOT.) *Bruxelles*, 1852, in-8, 16 p.　　　　　　　　　　J. D.

Louis, ou le Petit Emigré. Par l'auteur des « Œufs de Pâques » (l'abbé Christ. SCHMID), traduit de l'allemand par F.-C. GÉRARD. *Paris, Langlumé*, 1834 ou 30, in-18.

Souvent réimprimé avec le nom de l'auteur.

Louis-Philippe à Valenciennes, ou les trois Séjours. Par un garde national à cheval. *Valenciennes, Prignet*, 1833, in-8, 39 p.

Signé : Arthur DINAUX. Attribué à tort par Quérard à G.-A.-J. HÉCART. Voy. « Supercheries », II, 136, *f*. Tiré à 50 exemplaires.

Louis-Philippe et la dictature. (Par LIBRI-BAGNANO.) *Londres*, 1835, in-8.

Louisa Beverley, ou le Père égoïste, trad. de l'angl. par le traducteur de la « Décadence de l'empire romain », de M. Gibbon (A.-S.-M. CANTWELL). *Paris, Maradan, Nicole*, an VI, 3 vol. in-12.

Louise de Sénancourt, par Mᵐᵉ DE T. (Fanny MESSAGEOT, dame DE TERCY), au-

teur de « Cécile de Renneville » et de « Marie Bolden ». *Paris, Maradan*, 1817, in-12.

Louise de Valrose, ou Mémoires d'une Autrichienne, traduits de l'allemand sur la troisième édition. *Paris*, 1789, in-12.

C'est une nouvelle édition déguisée du roman de Mᵐᵉ C.-A. GUÉRIN DE TENCIN, intitulé : « les Malheurs de l'amour ». Voyez la « Nouvelle Bibliothèque des romans », *Paris*, 1798, t. I, p. 151.

Louise de Vaudemont. Par Marie-Ange DE T*** (Just-Jean-Etienne ROY). *Tours, Mame*, 1866, in-12.

Nouvelles éditions en 1869 et 1870.

Louise et Cécile, par Mᵐᵉ *** (Joséphine LASTEYRIE DU SAILLANT, épouse de M. J.-B. SIREY). *Paris, Niogret*, 1822, 2 vol. in-12.

Louise et Volsan, comédie en trois actes et en prose, représentée pour la première fois, à Paris, par les comédiens italiens ordinaires du roi, le 2 août 1790. (Par Jean-Claude BEDENE DEJAURE.) *Paris, Cailleau et fils*, 1790, in-8, 62 p.

Louise Leclerc, suivi de : Alexandrine. Par Marie-Ange DE T*** (Just-Jean-Etienne ROY). *Tours, Mame*, 1867, in-8.

Nouvelle éd. en 1870.

Louise, ou la Vocation, nouvelle chrétienne... (Par M. D'ARGENTON.) *Paris, imp. de Béthune*, 1828, in-12.

Louise, ou le père juge, mélodrame en trois actes, à spectacle, par MM. St-HILAIRE (Amable VILAIN DE SAINT-HILAIRE) et HYACINTHE (Fr.-Isaac-Hyacinthe DECOMBEROUSSE et Michel PICHAT).... représenté pour la première fois, à Paris, sur le théâtre de l'Ambigu-Comique, le 24 mai 1823. *Paris, Pollet*, 1823, in-8, 50 p.
　　　　　　　　　　　　　　　D. M.

Louise, ou le Pouvoir de la vertu du sexe, conte moral, traduit de l'allemand (de F.-W. ZACHARIE) par JUNKER. *Paris, de Hansy le jeune*, 1771, in-12.

Louise, par Mᵐᵉ la duchesse de G. (DE GONTAUD). *Paris, U. Canel*, 1832, in-18.
　　　　　　　　　　　　　　　D. M.

Louise, poëme champêtre en trois idylles, traduit de l'allemand de M. Voss (par A.-G. GRIFFET DE LABEAUME). *Paris, Maradan*, 1800, in-12.

Louiséide (la), ou le Héros chrétien, poëme épique. (Par LE JEUNE.) *Paris, Merlin*, 1773, 2 vol. in-8; et avec un nouveau titre, *Paris, Nyon l'aîné*, 1779, 2 vol. in-8.

Louisiane (la), poëme en douze chants, par Mme la comtesse D*** (DUCHILLEAU, née DE TOURNON). *Paris, Dentu,* 1824, in-8.

Loup (le) galleux et la Jeune vieille, contes, par Mme DE V... *Leyde,* 1744, in-12.

Cet ouvrage a été attribué à Mme G.-S. DE VILLE-NEUVE, à cause de l'initiale sous laquelle il a paru ; mais on le retrouve dans les « Cinq Contes de fées » de A.-C.-P. DE CAYLUS (1745, in-12) et dans les « Œuvres badines » de l'auteur, 12 vol. in-8.

Loups (les) se font brebis, par F. C. de D. (Félix CHARPENTIER, de Damery). *Liége, Denoel* (1844), in-8, 8 p.

Ul. C.

Love ; par l'auteur de « Trevelyan », de « Godolphin » (E.-Lytton BULWER, trad. de l'angl. par Mme Th. MURET, née VIAL). *Paris, Dumont,* 1838, 2 vol. in-8.

Loy.

Voy. « Loi ».

Loyauté (la) consciencieuse des taverniers. (Par Arthus DÉSIRÉ.) *S. l. n. d.,* in-16.

En vers. Du Verdier cite une édition de *Paris, Buffet,* 1550. Voy. Brunet, « Manuel du libraire », 5e éd., II, col. 628.

Loyaulté (la) des femmes, avec les Neuf Preux de gourmandise. *S. l. n. d.,* pet. in-8 goth., 5 ff.

Les « Neuf Preux » se retrouvent dans les « Faicts et Ditz » de MOLINET, édit. goth. de *Jehan Longis,* 1531, in-fol., mais cet opuscule y est en vers de sept pieds, tandis que dans la présente édition il est en vers de huit. Voy. Montaiglon, « Recueil de poésies françaises », t. II, p. 35 et suiv.

Loyer des folles amours. (Par GUILLAUME CRETIN.)

Cette pièce de vers se trouve à la suite du « Débat de deux dames sur le passe-temps de la chasse », par Crétin, *Paris, Anthoine Couteau,* 1536, in-8, et, sans nom d'auteur, dans l'édition des « Quinze Joies de mariage » donnée par Le Duchat. *La Haye,* 1726, in-8.

Lucain travesti, ou les Guerres civiles de César et de Pompée en vers enjoués. (Par BREBEUF.) *Rouen et Paris, de Somma-ville,* 1656, in-12.

Lucelle, tragédie disposée d'actes et de scènes suivant les Grecs et les Latins, par L.... J.... (Louis LE JARS). *Paris,* 1576, in-8.

Voy. « Supercheries », II, 780, b.

Lucelle, tragi-comédie, par J. D. H. (DUHAMEL). *Rouen,* 1607, in-12.

Voy. « Supercheries », II, 327, a.

Lucetto et Lucas, comédie en un acte et en prose. (Par Nic.-Jul. FORGEOT, musique de Mlle DEZÈDE.) *Paris, veuve Duchesne,* 1781, in-8.

Lucette, ou les Progrès du libertinage. (Par P.-J.-B. NOUGARET.) *Genève (Paris, Quillau),* 1765, 2 vol. in-12 ; Suite, 1766, in-12.

Suivant Pigoreau, dans sa « Petite Bibliographie biographico-romancière », ce roman a été réimprimé et reproduit sous les quatre titres suivants :

1° La Paysanne pervertie, ou les Mœurs des grandes villes, Mémoires de Jeannette R***, recueillis de ses lettres et de celles des personnes qui ont eu part aux principaux événements de sa vie, mis au jour par M. N***. *Londres et Paris, Bastien,* 1777, 4 vol. in-12.

2° Suzette et Perrin, ou les Dangers du libertinage. *Londres et Paris,* 1777, 2 vol. in-12.

3° Les Dangers de la séduction et les Faux Pas de la beauté, ou Aventures d'une villageoise et de son amant. *Paris, l'auteur; Fuchs,* an VII-1799, 2 vol. in-12, fig.

4° Juliette, ou les Malheurs d'une vie coupable. *Paris, G.-C. Hubert,* 1821, 3 vol. in-12.

Lucia Mondella, nouvelle italienne, tirée des « Fiancés de Manzoni »; par l'abbé D. (DIDON). *Paris, Gaume frères,* 1834, 4 vol. in-18. — 2e édit. *Id.,* 1836, 4 vol. in-18.

Luciade (la), ou l'Ane de LUCIUS de Patras, avec le texte grec, revu sur plusieurs manuscrits (par P.-L. COURIER). *Paris, Bobée,* 1818, in-12.

Cette traduction a été réimprimée en 1824, in-8, sous le titre de l' « Ane de Lucius de Patras, suivi de l' « Histoire véritable de Lucien », etc., *Paris,* 1824, in-8, et dans la « Collection des romans grecs », *Paris,* 1822 et années suiv., in-18, tome XIII.

Luciade (la), ou l'Ane de Lucius, traduction nouvelle (par R. AUCHER-ELOY). L'Histoire véritable de LUCIEN, traduction de BELIN DE BALLU. *Paris, J. Renouard,* 1827, in-16.

Chaque ouvrage a sa pagination. Le texte grec est en regard.

Lucie et Victor, nouvelle par J.-H. H. (J.-H. HUBIN, de Huy). *Bruxelles, Stapleaux,* 1797, in-18.

Lucien de Belleroche, par l'auteur d' « Adhémar de Belcastel » (Mme J. DE GAULLE). *Lille, Lefort,* 1852, in-18.

Lucien de Murcy, ou le Jeune Homme d'aujourd'hui ; par P. L. B., auteur de « Chrysostome, père de Jérôme ». (Par Mme GUÉNARD, baronne de MÉRÉ.) *Paris, Locard et Davy,* 1816, 2 vol. in-12.

Voy. « Supercheries », III, 187, e.

Lucien en belle humeur, ou Nouvelles

Conversations des morts. (Par J. Bruslé de Montpleinchamp.) *Amsterdam*, 1694, 2 vol. in-12.

Lucien moderne, ou Légère Esquisse du tableau du siècle, dialogues entre un singe et un perroquet, recueillis et publiés par M. P*** D*** (A.-E.-F. Pillon-Duchemin, employé à l'enregistrement). *Paris, Allut*, 1807, 2 vol. in-8.

Lucifer pris au Baytan, noëls bourguignons, par J.-B. F. D. L. C. (Jean-Benigne Foulon de La Chaume). *Dijon, J. Grangier*, 1660, in-12.

Voy. « Supercheries », II, 370, *e*.

Lucile, comédie en un acte, meslée d'ariettes. Représentée pour la première fois par les comédiens italiens ordinaires du roi, le 5 janvier 1769. (Par Jean-François Marmontel.) *Paris, Merlin*, 1769, in-8.

Lucile, ou les Progrès de la vertu, par un mousquetaire (Rétif de La Bretonne). *Quebec et Paris, Delalain*, 1768, in-12, 174 p. — *La Haye et Francfort*, 1769, in-12.

Voy. « Supercheries », II, 1209, *f*.

Lucinde ou la Vallée de Vic, par M. D*** de V*** (Denis de Villeron). *Paris, Lenormant*, 1810, 2 vol. in-12.

Lucrèce, de la Nature des choses, traduit en françois, avec des remarques (par le baron des Coutures). *Paris, Guillain*, 1685, 2 vol. in-8.

Réimpr. avec le nom du traducteur, en 1708.
Un anonyme a ajouté à l'édition de 1708 des notes tant sur les endroits les plus difficiles que pour la justification et la critique du traducteur.

Lucrèce (le) français; fragments d'un poëme, par Sylvain M***l (Sylvain Maréchal). Nouvelle édition, revue, corrigée et considérablement augmentée. *Paris*, l'an VI, in-8, 120 p.

Lucrèce, ou la Royauté abolie, tragédie en trois actes et en vers. (Par F.-M.-Jos. Riou de Kersalaun, depuis baron de l'Empire et préfet du Cantal, né à Brest.) Représentée par les citoyens comédiens de la ville de Brest. *Brest, Gauchlet*, 1793, in-8. — *Aurillac* (1810), in-8.

Lucrèce, traduction nouvelle avec des notes, par M. L* G** (La Grange, revue par J.-A. Naigeon). *Paris, Bleuet*, 1768, 2 vol. in-8 et in-12.

Il y a des réimpressions avec le nom du traducteur.

Lucrèce vengée, poëme; par :: T. M :: (l'abbé Timothée Mignot, curé à Jouy-sur-Eure). *Evreux, Bernaudin*, 1861, 2 vol. in-12.

Lucy Wellers, histoire traduite de l'anglois (par le marquis de La Salle). *La Haye et Paris, Vente*, 1766, 2 vol. in-12.

Ludovic, ou l'Homme de quarante ans. (Par M. d'Eyraud.) *Paris*, 1824, 3 vol. in-12.

Ludovico, ou le fils d'un homme de génie, trad. de l'angl. (de mistr. Hofland) par Mme la baronne de Montolieu. *Paris, A. Bertrand*, 1817, 2 vol. in-12.

Ludovico, ou le Petit Emigré. Par l'auteur des « OEufs de Pâques » (l'abbé Christ. Schmid, trad. de l'allemand). *Strasbourg et Paris, Levrault*, 1835, in-18.

Voy. ci-dessus, « Louis, ou le Petit Émigré », col. 1347, *d*.

Ludwig d'Eisach, ou les Trois Educations; traduit d'Auguste Lafontaine, par Mme Elise V.... (Voiart), traducteur des « Aveux au tombeau ». *Paris, Arthus Bertrand*, 1817, 3 vol. in-12.

Lueurs du passé, poésies. (Par M. Jules Nast.) *Paris, Dentu*, 1860, in-18, 168 p.

Lui. (Par Lemolt-Phalary.) *Orléans, Guyot aîné*, 1824, pet. in-8.

Lumçon (le), chant lyrique, pindarique et dithyrambique, dédié aux riverains de la Trouille, par un élève de l'école moderne (Adolphe Mathieu). *Mons, Hoyois*, s. d., in-8, 16 p.

Réimprimé dans les « Passe-temps poétiques » d'Ad. Mathieu. J. D.

Lumeçon (le), poëme burlesque. (Par Motte, juge de paix à Mons.) *Mons, Lelong*, s. d., in-8, 4 p. J. D.

Lumière (la) brillante des vérités de la religion chrétienne, mise sur le chandelier par son fondateur J.-C. N.-S.... (Par Alb.-Mich. d'Efrangnière, ex-juge.) *Paris, Petit, Brajeux*, 1823, in-8, 80 p.

Première livraison et unique.

Lumière (la) cachée sous le muid, mise au jour, la lampe méprisée dans la pensée des riches... ou l'Esprit de défunte D. M. Lumague, institutrice et fondatrice de la maison et hôpital de la Providence des Filles de Dieu. (Par Victor Faydeau, chanoine de l'Eglise de Paris.) *Paris, J. Quesnel*, 1659, in-12.

Lumière d'un voyant. Le miracle des miracles. Bonnet populaire aux anti-civiques. A. B. C. D. Par un célibataire sexagénaire (Victorien Scaliette). *Paris, imp. de P. Dupont*, 1835, in-8, 152 p.

Lumière (la) du chrétien, divisée en deux parties, etc., corrigée et augmentée par l'auteur (de Beauneaux, évêque de Nantes). *Nantes, P. Querro*, 1693, 2 vol. in-12.

Note manuscrite.

Lumière (la) tirée du chaos, ou Science hermétique du grand œuvre philosophique dévoilé. Par M. L. G*** (L. Grassot). *Amsterdam*, 1784, in-16.

Lune (la), ou le Pays des coqs, histoire merveilleuse... par un homme qui a voyagé dans la lune. (Par C.-S.-G.-J. Rougemaitre, de Dieuze.) *Paris, G. Mathiot*, 1819, in-12.

Lunes parisiennes, ouvrage dont il paraît une livraison à chaque phase de la lune... (Par J.-B. Gouriet.) *Paris, A. Bailleul*, 30 octobre 1822-18 avril 1823, 2 vol. in-8.

Lunettes (les) du citoyen zélé, par l'auteur du « Jugement du Champ-de-Mars » (Le Tellier, avocat). *S. l.* (1789), in-8, 56 p.

Lunettes (les) du Père Duchêne, journal chantant, comique, satirique, anecdotique et orné d'images, rédigé par L. C*** (Léon Guillemin, connu sous le pseudonyme de Léon de Chaumont)... *Paris*, juin 1848, 2 numéros in-fol.

Lunettes pour éclaircir la vue, ou Aventures singulières arrivées récemment dans un hôtel garni, poëme burlesque. (Par Coulon.) *Amsterdam et Paris, Humaire*, 1769, in-12.

Lupanie, histoire amoureuse de ce temps. *A la Sphère* (*Hollande, Elzevier*), 1668, in-12, 94 p.

Première éd. de ce petit roman satirique, qui en a eu cinq au XVIIe siècle, plus une réimpression sous le titre de « Alosie, ou les Amours de M. T. P. », en tête du recueil intitulé « Amours des dames illustres de notre siècle », *Cologne, Jean Le Blanc*, 1680, in-12. Ce titre a fait supposer à tort que c'était un pamphlet contre Mme de Montespan.

Dans une notice anonyme en tête d'une réimpression de « Lupanie » faite en 1867, à 260 ex., *Leyde* (*Bruxelles, imp. Briard*), in-32 et in-8, M. Poulet-Malassis a établi que cet écrit libertin, généralement attribué à Corneille Blessebois, ne pouvait être de lui.

Lusiade (la), poëme héroïque, traduit du portugais de Louis Camoens (par J.-F. de La Harpe et Vaquette d'Hermilly). *Paris, Nyon aîné*, 1776, 2 vol. in-8.

Lusitains (les), ou la Révolution de Portugal, tragédie par Sixte ***. *A Berlin, s. d.* (1753), in-8, 108 p.

Attribué tantôt à Félix-Marie-Sixte Caradeuc de Karanroy, tantôt à Caradeuc de La Chalotais.

Donné d'une façon dubitative par le Catalogue Soleinne sous le nom de A.-F. Sticotti.

Lutéciennes, par J.-B.-Gustave M*** (Mérigot). *Paris, imp. de Carpentier-Méricourt*, 1827, in-8.

Luth (le) des Alpes, essai poétique, historique et descriptif des eaux d'Aix, en Savoie... Par Mlle Jenny B*** (Jenny Bernard). *Paris, Dufart*, 1834, in-4.

Luthomonographie historique et raisonnée. Essai sur l'histoire du violon et sur les ouvrages des anciens luthiers, par un amateur (le prince Nicolas Yousoupoff). *Francfort-sur-le-Mein, Jugel*, 1856, in-8.
D. M.

Lutin (le). (Par Nic. Bricaire de La Dixmerie.) *Paris*, 1770, in-12.

Lutin (le) couleur de feu, ou mes Tablettes d'une année ; mœurs, politique, réputations en 1818 et 1819. (Par G. Touchard-Lafosse.) *Paris, Mongie aîné*, 1820, in-12.

Réimprimé l'année suivante avec le nom de l'auteur.

Lutins (les) du château de Kernosi, nouvelle historique, par Mme la comtesse de M*** (H.-J. de Castelnau, comtesse de Murat). *Paris, Lefevre*, 1710, in-12.

Lutrigot, poëme héroï-comique (parodie du « Lutrin » de Boileau, par Bonnecorse). *Amsterdam, Desbordes*, 1686, in-8. — *Toulouse, J. Boude*, 1686, in-12. — *Marseille, Brebien*, 1686, in-12, 56 p.

Voy. sur cet auteur, J.-T. Bory, « les Origines de l'imprimerie à Marseille ». *Marseille, N. Boy*, 1858, gr. in-8.

Lutrin (le), poëme héroï-comique de Boileau-Despréaux, traduit en vers latins. *Paris, Le Breton*, 1767, in-8, 126 p. — *Nyon l'aîné*, 1780, in-8.

C'est la même édition.

Le traducteur des livres I et V est l'abbé Denis Bizot, dont le travail avait été publié séparément, au moins pour le livre V (*Paris*, 1708). Le traducteur anonyme des quatre autres livres est un professeur au collége de Louis-le-Grand, nommé Neveu. (Berriat Saint-Prix, édit. de Boileau, t. I, p. clxxxj.)

Lutrin (le) vivant et le Carême impromptu, poëmes par l'auteur du « Vert-Vert » (J.-B.-L. Gresset). *Amsterdam, Pierre Marteau*, 1740, in-12.

Souvent réimprimé avec le nom de l'auteur.

Luxe (le) considéré relativement à la population et à l'économie. (Par J. Auffray.) *Lyon*, 1762, in-8.

Luxe (le) effréné des hommes. Discours tenu dans un comité de femmes. (Par Mme Olympe Audouard.) *Paris, E. Dentu,*

1865, in-18, 36 p. — 2º éd. *Id.*, in-18, 36 p.

Luxe (le), poëme en six chants, avec des notes historiques et critiques, suivi de poésies diverses. (Par A.-J. Chevalier dit du Coudray.) *Paris, Monory, 1773,* in-8.

Luxembourg (le), boutade, suivie de notes historiques. Par l'Aveugle improvisateur (J.-B.-D. Mazade d'Avèze). *Paris, imp. Plassan,* juin 1816, in-8, 16 p.

En vers.

Voy. « Supercheries », I, 416, *a*.

Luxurieux (le), comédie en vers, en un acte, par le sieur L, G. (Le Grand). (*Vers* 1732), in-12.

Cette pièce a aussi été attribuée à Grandval. Elle a été réimprimée avec le nom de l'auteur dans les « Pièces libres » de M. Ferrand, *Londres,* 1744, in-8.

Voy. « Supercheries », II, 776, *a, e*.

Lycas et Chloé, ou la Bergère coquette et corrigée. (Par L. Damin.) *Paris, Desenne,* an VIII-1800, 2 parties in-12.

Il y a des exemplaires avec le pseudonyme de Danière sur le titre.

Voy. « Supercheries », I, 860, *a*.

Lycée (le) Armoricain. *Nantes, imp. de Mellinet-Malassis,* janvier 1823 — août 1831, 18 vol. in-8.

M. Ed. Richer, sous son nom et sous les pseud. de *Mériadec, d'un Armorique,* a été le principal collaborateur de ce recueil.

M. Athenas, sous le pseud. de Tamallery, a publié plusieurs analyses critiques d'ouvrages modernes.

M. Ludovic Chapplain est auteur, sous les noms de *Flâneur breton* et de Budée l'Armoricain, d'une suite de Tableaux de mœurs.

Les autres collaborateurs de ce recueil, fondé par M. Mellinet, ont été MM. Le Boyer, de Tollenare, Souvestre, Guépin, Huette, Thomine, At. Allotte, Amondieu, Bertrand-Fourmand, Bertrand-Geslin, Chaillou, Guillet, Impost, Jannière, Le Cadre, Ogée, Paquer, Priou, Sallion, Simon, Ursin, Verger, Miorcec de Kerdanet, de La Roussière, Rever, Piet, Lebouvier-Desmortiers, Blanchard de La Musse, de Penhouet, Deguer, A. Duchatellier, de Marquessac, Taslé, Hersart, Greslier, Morlent, Frion, Ducrest de Villeneuve, Mlle Elisa Mercœur, etc.

(G. Mellinet, « Annales de la Société R. académique de Nantes », 1833, IV, 477 et 478, in-8.)

Lycée français, ou Mélanges de littérature et de critique, par une société de gens de lettres. *Paris, Béchet aîné,* 1819-1820, 5 vol, in-8.

Voy. « Supercheries », III, 679, *e*.

Lycée, ou Cours de littérature ancienne et moderne, par J.-F. Laharpe. (Précédé d'une Notice historique sur la vie et les Œuvres de La Harpe, par H. Agasse.)

Paris, Agasse, 1799 et ann. suiv. 14 t. en 17 vol. — Philosophie du XVIIIe siècle. Ouvrage posthume. *Paris, le même,* 1805, 2 vol. En tout 19 vol. in-8.

Nouvelle édit. augm. de la vie de l'auteur (par J.-M. Mély-Janin). *Paris, A. Costes,* 1813 et ann. suiv., 16 vol. in-12.

Le même (précédé d'une Notice sur la vie et les ouvrages de l'auteur, par M.-G.-T. Villenave). *Paris, Verdière,* 1817, 5 vol. in-8.

Le même (édition mise en ordre par L.-G. Peignot). *Dijon, V. Lagier,* 1820, 16 vol. — Philosophie du XVIIIe siècle. Ouvrage posthume. Nouv. édit. *Dijon, le même,* 1822, 2 vol. ; en tout 18 vol. in-12.

En tête du premier vol., après un court *Avertissement des éditeurs,* sont des *Recherches historiques, littéraires et bibliographiques sur la vie et les ouvrages de M. de La Harpe,* par M. L.-G. Peignot. Ces *Recherches* remplissent 160 p. ; il en a été tiré un petit nombre à part.

Le même (édition publiée avec une notice sur l'auteur, par Saint-Surin). *Paris, Verdière,* 1821-23, 16 v. in-8.

Le même (édition publiée par les soins de J.-A. Buchon, précédé d'un Discours préliminaire sur la vie de La Harpe, sur ses ouvrages et spécialement sur son Cours de littérature, par P.-C.-F. Daunou). *Paris, P. Dupont,* 1825-26, 18 vol. in-8.

Lycidias, ou la Feinte Maladie, c. en 3 a., d'après Molière, Arrang. pour un divertissem. de jeunes gens et adaptée au théâtre du collége de Cambrai. (Par Alteyrac, professeur au collége.) *Cambrai, Hurez,* 1806, in-12.

Lycoris, ou la Courtisanne grecque. (Par A. Bret.) *Amsterdam (Paris),* 1746, 2 vol. in-12.

Lydie de Gersin, ou Histoire d'une jeune Anglaise de huit ans... Nouv. édit. ornée de 15 grav. (Par la baronne F.-H. Wiesenhutten.) *Paris,* 1812, in-18.

Lydie fut imprimée pour la première fois à la suite des « Historiettes et conversations... » Voy. ci-dessus, col. 846, *d*.

Ce petit ouvrage a été souvent réimprimé, et il y a des éditions qui portent le nom de Berquin comme celui de l'auteur.

Lyon affligé par sieges et eschallades, lequel néanmoins Dieu a gardé en son entier, avec observation et maintien de la doctrine apostolique et prédication de son Évangile. Publié par P.-M. G. (Gonon) sur l'imprimé de Lyon de 1564. *Impr. à Lyon, par Boursy,* le 15 vendém. an LVII de la fondation de la Républ. française et de son rétablissement le premier, in-16, 2 ff. de tit. et 8 p.

Lyon dans son lustre... (Par Samuel Chapuzeau.) *Lyon, S. Iasserme,* 1656, in-4, 4 ff. lim. et 112 p.

L'auteur a signé la dédicace.

Lyon en 1793. Procès-verbaux authentiques et inédits du Comité de surveillance de la Section des Droits de l'homme pendant le siège. (Publié par P.-M. Gonon.) *Lyon, Mothon*, 1847, in-8.

Lyon en 1840. Récit des inondations qui ont frappé cette ville et le département du Rhône... Par un témoin oculaire (Hugues-Marie-Humbert Bocon de Lamerlière). *Lyon, L. Perrin*, 1840, in-8, 64 p.

D. M.

Lyon et ses faubourgs mis en presqu'île et préservés à jamais de toute inondation. par C. C. (Cussinet), ancien bourgeois de Lyon. *Lyon, Pezieux*, 1826, in-8.

Lyon marchant, satyre françoise sur la comparaison de Paris, Rohan, Lyon, Orléans, et sur les choses mémorables depuis l'an 1524, soubz allégories et énigmes, par personnages mysticques, jouée au collège de la Trinité, à Lyon, en 1541. (Par Barthélemy Aneau.) *Lyon, Pierre de Tours*, 1542, in-16, 20 feuillets, gothique.

Au verso du titre se lit une épitre de Barptolemy Aneau à Mgr de Languy. Une réimpression de cet opuscule, copie figurée, a été publiée en 1831 (*Paris, Pinard*) et tirée à 42 exempl.

Lyon souterrain, ou Observations archéologiques et géologiques faites dans cette ville depuis 1794 jusqu'en 1836 ; par Joseph-François Artaud... *Lyon, imp. de Nigon*, 1846, in-16.

L'avertissement est signé : J.-B. M. (J.-B. Monfalcon).

Lyon tel qu'il était et tel qu'il est, ou tableau historique de sa splendeur passée ; suivi de l'histoire pittoresque de ses malheurs et de ses ruines. Par A. G** (l'abbé Aimé Guillon). *Paris, Desenne*, 1797, in-12.

Réimprimé avec le nom de l'auteur, *Lyon, Maire*, 1807, in-12.

Lyon vu de Fourvières. Esquisses physiques, morales et historiques. (Par une société de gens de lettres lyonnais, et publ. par M. Léon Boitel.) *Lyon, L. Boitel*, 1833, in-8, xxiv-572 p.; orné de onze planches lithogr. et de vignettes.

Ce volume contient les articles suivants :

1° Lettre à l'éditeur, sur la décentralisation littéraire, par Anselme Petetin ;

2° Notre-Dame de Fourvières, par Fr.-Zénon Collombet ;

3° Lyon vu de Fourvières, par L.-A. Berthaud ;

4° Fourvières vu de Lyon, par Ern. Falconnet ;

5° Le père Thomas (personnage célèbre dans les rues de Lyon), par Léon Boitel ;

6° Un Concile à Lyon, en 1330, et la mort de saint Bonaventure, par Cam. Jacquemont ;

7° Une Émeute aux Terreaux en 1790, morceau si-

gné : *Un Lyonnais*, auteur de « Paris, Versailles et la Province » (Mémoires inédits) ;

8° Vos Femmes (les femmes de Lyon), par Jacq. Arago ;

9° Les Tilleuls de Bellecour, par Léon Boitel ;

10° Des Pensionnats de demoiselles à Lyon (par Mlle Jane Duduisson) ;

11° La Tour de la belle Allemande, par Ern. Falconnet ;

12° Loyasse et la Madeleine, par César Bertholon ;

13° Charbonnières, par Kauffmann ;

14° La Guillotière à diverses époques : la Politique et l'Amour, épisode de 1815, par Mme Louise Maignaud ;

15° Bellecour, Saint-Clair et la rue Mercière, par Eug. de Lamerlière ;

16° L'Antiquaille, par Ariste Potton, chir. interne ;

17° La Poste restante, par de Servière ;

18° Le quartier Saint-Jean, le Pont-de-Pierre et la place des Célestins, par Léon Boitel ;

19° La Prison de Roanne et l'abbé Perrin, par E. Favier.

20° Souvenirs de Lyon, par Aug. Desportes ;

21° L'Ile Barbe, par Stan. Clerc ;

22° Les Enseignes, par Jacq. Arago ;

23° Thomas et Ducis à Lyon, par F.-Z. Collombet ;

24° Lyon aux xv° et xvi° siècles, par Hipp. Leymarie ;

25° Une Heure de flânerie, divagations, par Vict. Denouvion ;

26° Bayart à Lyon (par Alfred de Terrebasse) ;

27° Lyon, par Michelet ;

28° Lyon, impressions de voyages, par Alex. Dumas ;

29° La Rue de la Juiverie, chronique de 1415, par Mlle Jane Duduisson ;

30° Un Fabricant, par Th. de S. ;

31° Un Canut, par Joannès Cherpin, avec une conclusion par Jules Favre ;

32° Mlle Donmartin (bouquetière de Lyon), par Léon Boitel ;

33° Cinq-Mars et de Thou, circonstances relatives à leur exécution à Lyon en l'an 1642, par Eugénie Niboyet ;

34° Le Tombeau de la fille d'Young à l'Hôtel-Dieu de Lyon, par Alfr. de Terrebasse ;

35° Lyon malade de la peste, par P.-R. Martin ;

36° L'Ile de Robinson, par H. Leymarie ;

37° Notice sur saint Nizier, évêque de Lyon, par Ant. Péricaud ;

38° J.-J. Rousseau à Lyon : Horace Coignet (compositeur de musique) sur J.-J. Rousseau ;

39° Description de la prison de Perrache, par Amédée Roussillac.

Lyonnais (les) dignes de mémoire (par J. Pernetti.) — Supplément aux Lyonnois dignes de mémoire. (Par Pierre Laurès).

Voy. « Recherches pour servir à l'histoire de Lyon... »

Lyonnel, ou la Provence au xiii° siècle. (Par le vicomte L.-F. de Villeneuve-Bargemont.) *Paris, J.-J. Blaise*, 1824, 5 vol. in-12.

Lyre (la) chrestienne, avec la Monomachie de David et Goliath et plusieurs aultres chansons spirituelles, nouvellement mises en musique par A. de Hauville, *Lyon, Gorlier*, 1560, in-8, 72 p.

Le texte est de G. GUEROULT, nommé dans l'épître dédicatoire à Marguerite de France, duchesse de Savoie, imprimée au verso du frontispice.

Lyre (la) protestante, consacrée aux partisans de la bonne cause. (Par J.-D. RAMIER.) *S. l. n. d.*, in-12.   V. T.

Cet ouvrage parut en Hollande vers 1760 ; l'auteur signa tous les exemplaires ; le livre ne fut pas mis en vente ; il était adressé sous enveloppe à des personnages puissants et considérés. (Catalogue Dinaux, n° 2833.)

Lyres (les) chrétiennes, ou Choix de poésies morales et religieuses... (Par J. LABLÉE.) *Paris, Delalain*, 1824, in-12, IV-372 p.

Lys d'Évreux (le), tragédie en cinq actes et en vers, représentée au théâtre de l'Odéon, le 19 janvier 1845. (Par M.-A. LOYAU DE LACY.) *Paris, de l'imp. de Maulde*, 1845, gr. in-8, 211 p.

Lys (le) royal arrousé par les larmes de joye des fidelles François et l'explication des armes de France. Présenté à Leurs Majestés par S. D. N. (Suzanne DE NERVEZE). *Paris, G. Sassier*, 1649, in-4, 7 p.

Lysis, poëme trouvé par un jeune Grec sous les ruines du Parthénon, et traduit en vers français par l'éditeur (avec le texte). La Veillée de Vénus, hymne traduit en français sur le texte corrigé (avec le texte latin en regard). Par Jos.-Victor L*** (J.-V. LE CLERC). *Paris, Delalain*, 1814, in-8.

Traduction supposée.

FIN DU TOME DEUXIÈME.

www.ingramcontent.com/pod-product-compliance
Lightning Source LLC
Chambersburg PA
CBHW071132270326
41929CB00012B/1728